中国企业

改革发展优秀成果

—— 2021（第五届）上卷 ——

THE COLLECTION FOR ACHIEVEMENTS OF CHINA
ENTERPRISE REFORM AND DEVELOPMENT

中国企业改革与发展研究会 ◎ 编

中国商务出版社
CHINA COMMERCE AND TRADE PRESS

图书在版编目（CIP）数据

中国企业改革发展优秀成果. 2021 : 第五届 / 中国
企业改革与发展研究会编. -- 北京 : 中国商务出版社,
2021.12

ISBN 978-7-5103-4154-0

Ⅰ.①中… Ⅱ.①中… Ⅲ.①企业管理—经济体制改
革—研究—中国—2021 Ⅳ.①F279.21

中国版本图书馆CIP数据核字(2021)第241513号

中国企业改革发展优秀成果2021（第五届）

ZHONGGUO QIYE GAIGE FAZHAN YOUXIU CHENGGUO 2021（DIWUJIE）

中国企业改革与发展研究会　编

出版发行：中国商务出版社

社　　址：北京市东城区安定门外大街东后巷28号　　　　　　**邮　　编：**100710

网　　址：http://www.cctpress.com

责任编辑：云天

电　　话：010-64212247（总编室）　　010-64515163（事业部）

　　　　　　010-64208388（发行部）　　010-64515150（直　销）

印　　刷：北京蓝图印刷有限公司

开　　本：787毫米×1092毫米　1/16

印　　张：95.5

版　　次：2021年12月第1版　　**印　　次：**2021年12月第1次印刷

字　　数：2300千字　　　　　　**定　　价：**398.00元（上、下卷）

奋楫笃行谋发展　扬帆奋进正当时

在社会各界的广泛关注、积极支持与踊跃参与下，2021中国企业改革发展优秀成果申报审定发布活动（以下简称"审定活动"）已经顺利完成。经过公开、公平、公正的审定流程，评审委员会优中择优，从来自政府部门、各类企业、研究机构、高等院校、社团组织、新闻媒体等相关方面参与申报的534项成果中萃选出161项成果进入榜单，并形成公开出版物，呈现出我国企业在战略管理、双循环发展及商业模式创新，国资管理体制改革及完善公司治理，一带一路、国际化经营及在抗疫中实现新发展，科技创新、数智化转型、双碳目标及高质量可持续发展，财务法务管理、产融结合及风险管理，标准品牌建设及精益管理、工匠精神，绩效管理及机制创新，新时代企业党的建设与企业文化建设等方面的重要成就和突出贡献。

在国务院国资委指导下，审定活动作为选树典型、分享企业改革发展经验的窗口，已经成功举办了五届，累计收到申报成果2108项，入选成果691项，形成了1200余万字的公开出版优秀成果集，并收录于中国知网、中国管理案例库，得到主流媒体的广泛宣传，确实成为共话企业改革发展合作，跨领域，跨企业，对接对话的桥梁。

回首五年来，改革创新释放了新动能，激活了企业的一池春水，我国企业改革发展各领域均取得了新的辉煌，审定活动推出的系列优秀成果更是着力体现了我国企业深化改革的成效和高质量发展成就。

一是一流党建工作引领一流企业发展。我国企业强党建促发展的典型经验证明,党建工作就是企业的"红色引擎"，党建工作优势通过创新的思路，创新的载体，创新的方法与业务深度融合，切实转化为企业发展优势，加快世界一流企业建设。

二是现代企业制度与公司治理机制不断改革与完善。新时代国有企业在探索并实现公有制与市场经济有效结合的过程中，进一步建立、健全和完善中国特色现代企业制度，形成了科学有效的公司治理机制。民营企业也在建立现代企业制度过程中，实现了规范化，增加了实力与活力。

三是科技创新数量与质量齐头并进。我国在基础研究和关键核心技术攻关不断取得新突破，企业层面的科技创新研究更是对社会经济发展做出了重要贡献，为我国经济高质量发展增添新动力。

四是数字化转型打开企业改革发展新赛道。随着数字技术快速创新，我国企业在互联网、物联网、工业互联网、云计算、大数据、人工智能等方面的应用不断深入，驱动了生产方式等颠覆性创新和深刻变革，进一步加快企业自身业务增长，推进了数字化转型。

五是全球布局逐步实现向产业价值链中上游迈进。构建双循环新格局，促进高水平对外开放，为我国企业国际化发展带来新的机遇与挑战，我国企业充分发挥全球制造业中心的优势，质量提高与品牌提升同行，不断优化产业价值链的全球布局，逐步实现向中上游地迈进。

企业强则国家强，我国企业是国民经济和社会发展的生力军，是建设现代化经济体系推动经济实现高质量发展的重要基础，是实现中华民族伟大复兴不可或缺的力量。当前，我国统筹推进疫情防控和经济社会发展，经济实现持续稳定发展，但国际形势变化纷纭，面临新的下行压力。我国企业要坚定信心，正视挑战，在公司治理、科技创新、社会责任等方面坚持改革与发展，将"卡脖子"技术清单转化为科技创新任务清单，顺应"双碳目标"引领的绿色低碳发展潮流奋发作为，积极寻求资本市场对企业创新发展的支持等，不断激发内生动力与活力。

在全面建设社会主义现代化国家、向第二个百年奋斗目标进军的新征程上，中国企业改革与发展研究会将始终坚持问题导向、实践导向，一如既往地服务我国企业改革发展事业，以愈加成熟的中国企业改革发展优秀成果申报审定发布活动为平台，深入研究我国企业改革发展问题，促进我国企业贯彻新发展理念，以实践促进理论提升，以理论指导实践创新，为新时代我国企业高质量发展做出更多贡献。

宋志平
中国企业改革与发展研究会会长
2021年12月

关于发布和推广
2021中国企业改革发展优秀成果的通知

各有关单位、各成果创造单位、各成果创造人：

2021年是中国共产党成立100周年，也是"十四五"开局之年，全面开启建设社会主义现代化国家新征程。为促进我国企业在以习近平同志为核心的党中央坚强领导下，准确把握发展之机，牢牢掌握发展主动，为塑造我国经济发展新格局不断谋势、蓄势、聚势，中国企业改革与发展研究会（以下简称"中国企业研究会"）组织开展"2021中国企业改革发展优秀成果"申报审定发布活动（以下简称审定活动）。本届活动收到并受理申报成果534项，申报成果在往届基础上呈现出覆盖范围更广泛、体系结构更合理、创新特色更鲜明、整体内容更高质量的突出特征，展现了我国企业创造的丰厚成就。经过审定活动办公室初审、专家审定委员会复审、中国企业研究会官方网站公示，共161项成果审定为"2021中国企业改革发展优秀成果"，其中特等7项、一等49项、二等50项、三等55项，现予以公布（见附件）。

2021中国企业改革发展优秀成果是我国广大企业立足新发展阶段、贯彻新发展理念、构建新发展格局，通过深入研究、探索实践形成的典型经验和重要成就，积极推进我国企业理论创新、实践创新，充分引领我国企业当好新时代赶考路上的答卷人。结合本届优秀成果特色与优势，中国企业改革发展优秀成果审定活动办公室将于近期汇编本届成果进行出版发布，供广大企业及研究人士学习借鉴。关于本届优秀成果奖励及宣传推广，具体建议如下：

1.按照党的十九届六中全会精神，应积极鼓励支持实践创新、理论创新，对中国企业改革发展优秀成果创造人的表彰、奖励可以参照中华人民共和国国务院第731号令公布的《国家科学技术奖励条例》及实施细则和地区、行业有关规定执行，也可按企业内部规定执行。

2.2021年12月将召开"2021中国企业改革发展优秀成果发布会"，宣传展示我国企业改革发展的优秀成果，并为优秀成果创造人颁发荣誉证书。具体事宜另行通知。

3.本届成果将分类汇编于《中国企业改革发展优秀成果2021（第五届）》及我会年度权威报告产品《中国企业改革发展2021蓝皮书》，中国企业研究会将联合新华网、人民网、中国经济网、网易财经、新浪财经等主流媒体广泛宣传本届优秀成果，并围绕优秀成果组织开展系列专题研讨会、课题研究或成果交流等，扩大优秀成果影响力。

4.中国企业改革发展优秀成果创造企业、创造个人应以此次活动为平台，积极参与优秀成果宣传推广活动，加强相互学习交流，把握企业发展的主动与使命担当，在新时代新征程上展现新气象，实现新作为。

附件：2021中国企业改革发展优秀成果名单

中国企业改革与发展研究会

2021年12月15日

附件：

2021中国企业改革发展优秀成果名单

审定等级	成果名称	申报单位（所在单位）	主要创造人	参与创造人
特等	有效经营者的五项修炼	中国上市公司协会	宋志平	
特等	大型能源企业基于"1+3+N"构建全面风险管理体系的实践	中国海洋石油有限责任公司	李 勇 霍 健 徐永昌	金 波 田 鹏 王 琛 蒋廷瑞 关 欣 时 超 贺韵霏
特等	多元化、多业态大型企业集团一体化集中智慧管理模式创新与实践	国家能源投资集团有限责任公司	刘国跃	丁 涛
特等	中粮集团以混合所有制改革为突破口 深化国企改革的创新及实践	中粮集团有限公司	吕 军 栾日成	
特等	华润集团数字化转型创新助推企业实现高质量发展	华润（集团）有限公司	董坤磊	韩东辉 王文建
特等	新时代中央地勘企业投身"三个地球"建设研究与实践	中国煤炭地质总局	赵 平	张 昊 赵彦雄 林中月 宋思哲 张 卓 高天扬 曹正军 张 宏 江 涛 李 培
特等	打造中国特色的现代国有企业管理体系——深圳投控对标世界一流、深化卓越绩效模式探索实践	深圳市投资控股有限公司	何建锋 王文杰 杜秀峰	甘卫斌 彭兴庭 吴 畏 邵留长 黄柏生
一等	从战略高度支持中小企业发展研究	国家发展和改革委员会市场与价格研究所	周 适	杨宜勇 刘泉红
一等	中国职业经理人年度报告2020	职业经理研究中心	王永利 许艳丽 张红涛	王新伟 张铁铮 赵长清

审定等级	成果名称	申报单位（所在单位）	主要创造人	参与创造人
一等	中国国有企业创新驱动发展研究与调研报告	吉林大学	李 政	杨思莹 刘丰硕
一等	军工央企构建党建工作深度融合机制的实践与研究	中国航天科工集团有限公司	袁 洁 刘石泉 陈国瑛	龚界文 李慧敏 孙 越 李宏伟 李 杰 朱纪立 范诗琴 陈晶晶
一等	深化三项制度改革 实现更高质量发展	中国化学工程集团有限公司	戴和根	刘德辉 赵庆贺
一等	对国有相对控股混合所有制企业实施差异化管控的思考和实践	中国建材集团有限公司	常张利 魏如山 黄振东	牛振华 李秀兰 李龙飞 马 原 欧阳斐 司艳杰
一等	企业创新资源优化配置研究与实践	南方电网能源发展研究院有限责任公司	吴宝英 胡志广 夏振来	杨 丽 李于达 雷 兵 邹儒懿 祁 辉 徐璐杨 蔡文静
一等	中国船舶以提升资本运作推进上市公司发展质量的实践与思考	中国船舶工业股份有限公司	陶 健 张东波	陈 琼 郎 文 包博竞
一等	全球疫情背景下海外投资项目服务保障创新与实践	中国电建集团海外投资有限公司	盛玉明 俞祥荣 赵新华	王 中 刘 凯 王耀东 朱晓儒 张腾斌 贾 蕾 杨 杰 段雨欣 黑继燕
一等	新时代国家电网科技项目管理改革创新研究及实践	国网能源研究院有限公司	徐 翀 王冠群 陈 伟	姚建国 严 胜 魏冠元 盛 兴 陈立斌 杨 芳 邓春宇 郭 鑫 陈 晰 刘紫熹 梁芙翠 王 頔 付 蓉 马轶群 王光达
一等	国资国企改革新形势下中央企业董事会建设研究	国网能源研究院有限公司 国家电网有限公司	张 勇 卢江水 吴鸾莺	张 翔 孟维烜 王雪冬 朱文浩 杜 娟 刘 进 吕嘉林 卢健飞 左新强 郑海峰 张 园 鲁 强 夏利宇 王 庆 王 宇 朱 伟 张红宪
一等	面向供应链能力提升的大型军工集团电子装备"通用化、系列化、组合化"管理改革创新	中国电子科技集团公司电子科学研究院	何世新 徐晨华 胡振强	沈方达 任 勇 程志强 郭 宁 张 冰 刘 悦 肖英萍 徐银华 陈 茜 陈晓丽
一等	以全员绩效考核引领的人才管理体系	中铁建设集团有限公司	文 华 申彦涛 连 昫	詹 杰 张子昂 卢显朋 于涵民 王 超

审定等级	成果名称	申报单位（所在单位）	主要创造人	参与创造人
一等	特大型传统水泥制造企业集团的"优化升级"	南方水泥有限公司	曹江林 肖家祥	潘晓萍　贺　誉　苏东方
一等	以提升六大能力为导向实施"双百行动"综合改革的探索与实践	成都产业投资集团有限公司	石　磊 陶　迅	袁水全　周卫东　吕康东
一等	构建中国制造新模式，打造数字化转型新标杆	凯盛科技股份有限公司	夏　宁 倪植森	许　波　宋　畅　李若尘　陈　雯 章　贯　罗　丹　马　迎　刘鑫章
一等	全球贸易新形势下我国制造业全产业链转型升级路径	华东理工大学 上海财经大学 上海对外经贸大学	孔令丞	谢家平　梁　玲
一等	优化国资布局，加快结构调整	上海国有资本运营研究院有限公司	罗新宇	马　丽　陈　韬
一等	健全推进发展先进制造业的体制机制研究	国家发展和改革委员会经济体制与管理研究所	张晓文	张浩然　李　华　王广珍　杜元辉
一等	中国数字平台畅通国内国际双循环的理论机制与实现路径	江西财经大学经济学院 中国商务出版社	裘　莹	郭周明　张利国
一等	能源革命背景下能源央企区域性公司数字化转型路径与创新实践	华北电力大学	侯　瑞 赵云灏 马玉寅	胡　阳　李珊珊　汪　鹏
一等	航天科工统筹策划、系统推进国企改革的探索与实践	中国航天科工集团有限公司	胡雪梅 江　山 张　帅	徐　磊　徐　鹏　范瑞杰　陈曦宇 苏鑫鑫　刘　青　刘峥嵘　谭红雨 孙　越　王庆国　谭立忠
一等	央地合作共发展　企业混改破瓶颈——中国航发南方宇航混合所有制改革取得重要成果	中国航空发动机集团有限公司	唐　斌	牟　欣　吕泽铭
一等	京东集团发挥新型实体企业优势"以实助实"战略的实施与思考	京东集团		

审定等级	成果名称	申报单位（所在单位）	主要创造人	参与创造人
一等	"双三角"理论框架下国有电力企业高质量发展路径研究	国网能源研究院有限公司	鲁 刚 徐沈智 王 芃	闫晓卿 郑 宽 谭 雪 张富强 元 博 贾浦方 陈海涛
一等	国有资本投资公司建设治理型管控体系的探索与实践——以中国建材集团为例	中国建材集团有限公司改革办、办公室	于志平 黄振东 牛振华	金 星 丁 泉 李龙飞 于海琴 张 希 汪慧珣 马 原
一等	"一带一路"倡议下中央企业高质量海外党建工作创新路径研究	中国航油集团国际控股有限公司	曹永晖 陈 智 冯 海	周 莹 丁煜玥 吴冰寒
一等	搭建工业互联网赋能与服务平台（TCDRI IIESP）以全生命周期数字化服务推动水泥行业智能制造转型	天津水泥工业设计研究院有限公司	何小龙 彭明德 隋明洁	刘 涛 胡亚东 常 斌 孙利波
一等	以任期制和契约化为抓手，以高质量改革赋能高质量发展	中国中材国际工程股份有限公司	刘 燕 印志松 蒋中文	范丽婷 李荧琳 岳立广 王雪琴
一等	通信企业面向"以人民为中心"和提质增效的客户服务端到端数智化转型创新与实践	中国移动通信集团有限公司 中国移动通信集团广东有限公司	杨 斌 姚 琨 陶 轶	魏 明 赵 芳 娄 鹏 白秋富 陈 虎 刘以勇 张 琳 刘志敏 何家恩 黄 琦
一等	基于"价值创造＋赋能"的产融结合实践与创新	中建材集团进出口有限公司	赵延敏	陈 刚 陈卫东 王伟波 陈 静 刘岳蕊 李日强
一等	探寻绩效考核的平衡艺术——兵器工业集团20年差异化绩效考核探索实践	中国兵器工业集团人才研究中心	李 鹏 仲利华	谌 飞 徐余庆 马 骁 陈朋月
一等	建材行业碳减排技术路径研究	中国建材集团有限公司科技部	郅 晓 安晓鹏	闫浩春 刘佩成 刘 韬 邓 嫔
一等	高质量党建，促进高质量发展	万达集团党委	张万红	杨丰铭 刘栋栋
一等	新时代国有企业内部审计定位及改革思路	中国建材股份有限公司	陈学安 于月华	陈豪雅 陈钊新

审定等级	成果名称	申报单位（所在单位）	主要创造人	参与创造人
一等	依托数字阅读平台打造智慧党建新模式 以"红色引擎"有效助力学习型社会建设	掌阅科技股份有限公司	吴 迪	陈 超 王丽楠
一等	构建业务链、产业链、价值链"三链合一"模式推动海外投资高质量发展研究	中国电建集团海外投资有限公司	李胜会	谭 毅 刘向晨
一等	构建企业协同创新中心新模式推动企业新旧动能转换	吉林大学 枣庄中联水泥有限公司	于光民	于 潇 孙 猛 陈 玮 余红卫 刘 鑫 祁广旺 杨名计 李理国
一等	产业园区发展驱动与特色模式实践分析	上海国有资本运营研究院有限公司	罗新宇	潘 登 姚以立
一等	中材建设属地化经营助力国际化发展的实践与探索	中材建设有限公司	童来苟 张思才 刘贞华	荣亚坤 成 功 郭永生 彭露青
一等	非金融国有控股上市公司以"二次混改"推动完善治理的分析研究	清华大学	王 悦	
一等	创新求变深化改革 创世界一流企业	双星集团有限责任公司	柴永森 张军华	郭 林 李 昆 邹 阳
一等	科研院所产研融合的技术创新体系建设	中建材蚌埠玻璃工业设计研究院有限公司	彭 寿 李志铭	陶立纲 夏 宁 周 鸣 官 敏 谢浏莎 钱学君 胡华波 王小飞 陶天训 余 郦
一等	新时代优秀企业文化助力企业高质量发展研究	中国建材集团有限公司党委宣传部	张 静	江秀龙 姚桂艳 史娅茹 王璐璞 吴 奇
一等	海外电力投资企业构建复盘三体系促高质量发展路径	中国电建集团海外投资有限公司	盛玉明 杜春国 高 超	袁 泉 杨 玲 齐晓凡 石雪杰 于 波 费一鸣 潘姝月
一等	大智移云背景下对财务共享服务的探索与实践	大唐国际发电股份有限公司京津冀财务共享服务中心	郑 冲	景爱华 赵 昕 高 远 赵 蕾 荣 杏 牛 妞 马丹红 张 彬 赵 榕 马素杰 杨素芳 王 鹏 候文革 田 菲 朱 琳 晋红媛 杨希泽 牛雷雨

审定等级	成果名称	申报单位（所在单位）	主要创造人	参与创造人
一等	中铁十七局创新"价值文化"引领高质量发展的实践与思考	中铁十七局集团有限公司	陈宏伟	武宝君　周娟
一等	大型产业集团"1+N"产融服务平台建设的创新实践与研究	中国建材集团财务有限公司	刘成　黄书寒　王晓丹	徐达飞　李兆康　李腾　殷衍昕　杨青　汪允杰　孟祥俊
一等	以12个核心要素为支撑的非常规能源企业价值体系构建	中石油煤层气有限责任公司　中联煤层气国家工程研究中心有限责任公司	齐振林　马鹏飞　韩冰	徐立明　鹿倩　王平　郭旭　闫霞　彭宏钊　张凯伟　王虹雅　苏璟　邓钧耀　徐博瑞　杨光　张双源　王渊　董海超　解蓓　曹毅民　刘玲　王栋　胡唤雨
二等	推动科技创新高质量发展的新模式——零号车间成立的探索、成效与展望	上海飞机制造有限公司航空制造技术研究所零号车间	郭家宁	卢鹄　李汝鹏
二等	通用技术沈阳机床股份有限公司深化"三项制度"改革探索与实践	通用技术沈阳机床股份有限公司	刘成明　康裕陆　张永	杜守志　刘菲　周慧姝　踪念伟　唐凤云
二等	基于价值创造能力提升的航天制造企业技术管理创新	北京航星机器制造有限公司	张铁军　姚为　张建刚	韩维群　刘玉平　吴凯　刘刚　刘国柱　王志敏　熊珍琦　张云鹏　段轶锋
二等	军工总体部数字化科研生产管理体系建设	北京机电工程研究所	程进　刘鹏	柳琼俊　陈建江　杜庆胜　王艳玲　张欣欣　孟令华　石学海
二等	国企改革思维实证研究	国企改革思维实证研究课题组	刘秉君　杨建国　温亚震	
二等	国有企业参股管理评价体系设计与应用	上海国有资本运营研究院有限公司	田志友	刘军洋　姚以立
二等	混改企业差异化管控方案设计	上海西姆企业管理咨询有限公司	徐怀玉	宋蕊　应慧燕
二等	地方国资国企改革分析报告（2020年度）	国资报告	王倩倩	

审定等级	成果名称	申报单位（所在单位）	主要创造人	参与创造人
二等	国有汽车经销商集团高质量发展的路径探索——以河北省国和投资集团有限公司汽车业务板块改革发展的实践为例	河北省国和投资集团有限公司	刘汝东 谷俊柏 刘维思	朱成奎
二等	推进市场机制建设 激发改革发展动能——以保利发展控股为例谈国企市场机制建设	保利发展控股集团股份有限公司	宋广菊	刘 平 周东利 胡在新
二等	创新运用互联网技术构建混凝土企业经营管理和风险管理体系的探索与实践	南京中联混凝土有限公司	王盛伟	熊巧林 雷素林 潘金敢 王子龙 陶 涛 赵优俊
二等	以智慧集群平台建设赋能国企党建数字化转型的探索与实践	国网山西省电力公司	朱珊珊	
二等	省级电网企业数字化多维价值评价体系构建和应用	国网江苏省电力有限公司	林汉银 王 婷 任腾云	芮 筠 方 莉 杜 洋 张 波 陆晓冬 刘宇辉 邵 鑫 储飞飞
二等	智能化改造和数字化转型的率先探索	波司登羽绒服装有限公司	高德康	梅 冬 戴建国
二等	市场化投融资企业：打造地方基础设施投融资企业升级版——重庆发展投资有限公司的探索与实践	重庆发展投资有限公司	冉 斌	梁继平 向家祐 陈 驰
二等	基于融合发展战略的一体化航空维修与服务保障管理	中航西安飞机工业集团股份有限公司	吴志鹏	王 琰 高建龙
二等	广西移动探索实践企业总法律顾问履职新模式	中国移动通信集团广西有限公司	何 玲	伍剑威 杨海波
二等	联合装备企业集团改革创新转型升级的探索与实践	中国联合装备集团有限公司	卢党军	武文杰 张笑尘 赵 娟 苟晓晋 吴 鹏 陆漫远 苗红琳 张 英 吴承明
二等	全面风险管控体系，为国际化油品贸易保驾护航	中国航油（新加坡）股份有限公司	王延军	许国宏 郑必然

审定等级	成果名称	申报单位（所在单位）	主要创造人	参与创造人
二等	混合所有制企业投管结合管控体系的创建与实践	中国同辐股份有限公司	王锁会 李　超 任　燕	彭启慧　陈昱仁　管　荷　李　振 刘　坤　尹玉吉　祝　军
二等	科技型企业精益化管理体系构建与应用实践	煤炭科学技术研究院有限公司	杨庆功 刘　博 顾　闯	商铁成　牛晓宇　王　鑫　李志佳 陈亚科　曾柳燕　刘媛媛　魏龄玉 赵建斌　王　佼　闻　静　刘亦轩
二等	国企改革三年行动在央企集团层面股权多元化改革的首家落地——东航集团股权多元化改革	中国东方航空集团有限公司	方照亚	钱　奇
二等	南方电网公司构建能源生态系统的创新与实践	南方电网能源发展研究院有限责任公司	薛　武 蔡文璇 杨育鉴	胡志广　李海涛　刘　杰　雷　兵 彭玮麟　江雪菲　郭学敏　胡　勇 周　亮　姚文莹
二等	以"六位一体"攻克关键核心技术，破解国有企业科研体制机制难题	中海油田服务股份有限公司	赵顺强 卢　涛 时　超	刘小刚　黄　微　宋春旺　赵　璧 马修恩　刘海志　范　伟
二等	建设项目审计数智化管理创新与实践	中国移动通信集团广东有限公司	朱国胜 许　琦 黄邦夏	卓文婉　黄康强
二等	国有境外船舶租赁企业以"双百行动"综合改革提升发展动力的实践	中国船舶（香港）航运租赁有限公司	钟　坚 马云翔 胡　凯	江　涛　袁　超　王　磊
二等	中国电信天翼电子商务有限公司落实国企改革三年行动的实践与思考	天翼电子商务有限公司	罗来峰 李雪冰 成　昱	刘　欣　朱岫芹　梅　岭　常　亮 王　华　高景汶　王钒吉　刘超强
二等	打造国际产业链高端化发展新格局	中国能源建设集团规划设计有限公司 中国电力工程顾问集团有限公司	罗必雄 刘　壮 顾　军	陈长浩　左　鹏　黄明亮　刘国芳 蔡岭松　严　军　杨　帆　胡　烨 张雅楠
二等	开拓创新 共享协同 以数字驱动助力铁路运输企业改革转型	国能包神铁路集团有限公司	惠舒清 孙　彬 周志成	刘朝晖　郭尽朝　姜大佐　王龙江 杨彦妍　郭浩男　杨　宁　张　兰 姚　广
二等	中国境外投资企业以"强化合规性、提升效益性"为核心的跨境重组税收优化体系构建	中国电建集团海外投资有限公司	卢洪波 袁子丽 徐　莉	滕华英　王　莹　包瑞雪

审定等级	成果名称	申报单位（所在单位）	主要创造人	参与创造人
二等	海外电力投资企业监管体系构建与实践	中国电建集团海外投资有限公司	俞祥荣 付绍勇 刘新峰	李 明 武夏宁 郭 伟 葛玉萍 袁 莉 菅志刚 戴吉仙
二等	以"云雀"协同平台推进军工院所数字化转型	北京电子工程总体研究所	张维刚	宋保华 施国强
二等	军工企业基于"一核多维"高端芯片的创新改革成果	北京遥感设备研究所	曹 哲 肖海潮 刘春利	刘志哲 李 齐 曹小康 高腾腾 杨全义 郑 茜 高 航
二等	复杂多项目背景下的军工院所科研生产管理体系建设	北京机械设备研究所	杨小乐 范利明 韩世礼	黄 赟 肖 劼 郭晋伟 郭林岩 郭 勉 韩 永
二等	军工制造企业战略驱动型产学研协同体系构建与实施	北京新风航天装备有限公司	耿树庆 张 伟	魏佳童 刘名洋 崔 宁 张秀秀 陈 峰 郭 远 于超跃 李 靖 崔阳阳
二等	基于全面从严治党视域下的问题整改长效机制的构建与实施	湖北三江航天万峰科技发展有限公司	蔡昭斌	王 宇 叶蘩漪
二等	基于工程建设领域的全产业链业务管控体系	中国航天建设集团有限公司	李治国 杨 帆	宋春影 曹 刚 屈会超 苏 捷 梁鹏志
二等	军工科研单位以加快产业发展为目标的市场化模式的构建与实施	贵州航天电器股份有限公司	王跃轩 王 旭 邹作涛	曾腾飞 吴春燕 匡秀娟 徐 超 曹艳霞 常 晨
二等	以市场化转型为核心 积极稳妥推进混合所有制改革	湖南航天有限责任公司	焦继革 严 波	陈 哲 许 岚 胡晓洪 程诗妍 谢金毅 周晋田 周 敏
二等	央企网上党校实践与探索——以国家能源集团"网上党校"建设为例	中共国家能源集团党校（培训中心、党建研究所）	周忠科	许婉卿 孙 文 沈 丽 杨艳成 赵 霞 高 华 陈宇航 康来松
一等	践行宣传思想工作使命任务 充分发挥国有企业政治优势	中国建材集团有限公司	王广珍	

审定等级	成果名称	申报单位（所在单位）	主要创造人	参与创造人
二等	构建国产商用飞机人才激励约束体系——以中国商飞公司激励约束机制改革试点为例	中国商用飞机有限责任公司	沈大立	宁方明　武　洋　江夏颖　陈　志
二等	基于强矩阵的商用飞机项目组织变革——中国商飞公司项目统一经营管理模式探索与成效	中国商用飞机有限责任公司系统工程与项目管理部	钱仲焱	魏　博　查振羽　李　媛　房　峰
二等	大型化工企业集团推行精益思想指导下的"算账文化"的探索与实践	潞安化工集团公司	王志清 马军祥	王　强　崔树江　毛永红　郭成刚 武　鹏　张路刚　常跃刚　田文香 王　伟　张宇鹏
二等	中国电建供应链管理的创新与实践	中国电力建设集团有限公司	姚　强	苟达平　万明罡
二等	基于"小核心，大联合"理念的海洋网信"产学研"平台构建	中电科海洋信息技术研究院有限公司	王小漠	王多涛　王成才
二等	航空工业平台智能化商品数据治理体系研究与实践——大数据与人工智能助推数据资源价值转化	中航金网（北京）电子商务有限公司	付茂胜 王明磊	胡　洋　谷　雨　周立芳　赵会芳 姜璎琦　左幸运　高　林
二等	基于物联网的智慧化货运停车系统方案研究与探讨	天津克运集运集团股份有限公司	范金魁	赵　元　范书成　郭昱良　许亚东
二等	基于"互联网＋"人力资源管理创新实践	中国铝业集团有限公司	伍祚明 茹文松 万红岩	王云峰　郭晓军　刘　方
二等	紧抓思想建党理论强党　锻造世界一流矿业企业	中国中铁资源集团有限公司党委	蒲青松	张瑞刚　陈振华
三等	改革创新驱动广西农信高质量发展	广西壮族自治区农村信用社联合社	罗　军 李　燕 梁定基	严　夏　李永军　蓝　谦　曹韩云
三等	"1+2+3"模式纵深推进混合所有制改革助力打造民爆龙头企业	中国葛洲坝集团易普力股份有限公司	邓小英	刘　刚　罗　茜　王宇曦

审定等级	成果名称	申报单位（所在单位）	主要创造人	参与创造人
三等	远程异地评标系统在大唐电商公司 B2B 平台的创新应用	大唐电商技术有限公司	叶河云 马燕南	潘玉平　毛　茅　台哲学　喻　疆 陆　磊　赵　亮　张嗣欣　张文玉 周东泽　程雅欐　潘国鋆　黄家良 肖士杰
三等	聚焦主责主业 加快市场运营 在服务国家战略和城市发展大局中贡献国企智慧和力量	青岛经济技术开发区投资控股集团有限公司	张金楼	陈　腾　王志远
三等	复杂装备数字化协同生产管理的创新与实践	北京无线电测量研究所	张志衡 赵宏忠 康绍峥	卞玉柱　朱吉锋　吉红伟　王小龙 范瑞成　张　珣　宋德儒
三等	基于"感知与进化"的工业数字化探索	中恒天越野汽车有限公司	尚　强 金　磊	姜艺红　董建农
三等	实施国企改革三年行动方案重点把控的"三个一"	上海西姆企业管理咨询有限公司	徐怀玉	宋　蕊　应慧燕
三等	铁路装备制造企业以高质量发展为核心的转型升级实践	中车长江运输设备集团有限公司	李　炯	蔡德权　佘银生　邓民轩　洪建斌 刘志强　汪思军　彭　蓓　罗　磊
三等	华东医药以"世界一流"为目标的国际化经营	华东医药股份有限公司	吕　梁	李阅东　胡群彦
三等	湖南广电聚力建设主流新媒体集团	湖南广播影视集团有限公司	张华立	龚政文
三等	推进精益生产 提升卓越运营	上海华谊（集团）公司		王　霞　陈　耀　胡国伟
三等	支撑大型核电基地专业化改革的新型能力建设	中核核电运行管理有限公司	邹正宇	伍吉泽　张丕钢
三等	关于非经资产"兜得住 可持续"的实践 ——老旧小区可持续发展路径探索	北京首都开发控股（集团）有限公司	李　忠	

审定等级	成果名称	申报单位（所在单位）	主要创造人	参与创造人
三等	基于员工发展的"岗位－培训－绩效"一体化管理体系建设与实践	华能（广东）能源开发有限公司海门电厂	蔡国忠 张 峰 姚永忠	李晓凤 林 燕 李培鹏 张家宽 杨 萍 纪洁虹 陈 博
三等	企业党建是看得见的生产力——华侨城在海南自由贸易港的"天涯模式、马岭实践"	海南华侨城全域旅游发展有限公司	马超骏	李 敏 范增友
三等	新型国有企业经营机制的创新实践	杭州五丰联合肉类有限公司	汪选华	
三等	围绕项目精细化施策，聚焦成本深度受益	中国化学工程第六建设有限公司	田耀鹏	郑敏莉 郭金艳
三等	坚持技术创新和机制创新两轮驱动 构建"一核多元"高质量发展新格局	中国天辰工程有限公司	袁学民	焦在月 王春光
三等	增量绩效驱动的国防基础科研院所核心能力体系构建	中国航空综合技术研究所	赵 波	孙东伟 任占勇
三等	科学谋划 精准施策 以改革促进企业高质量发展	哈尔滨飞机工业集团责任有限公司	刁飞萌	谭 飞 刘文鹏 孙大伟 李广伟
三等	新型举国体制下军工科研院所科技创新体系重构	中国航空工业集团公司沈阳飞机设计研究所	刘志敏	左林玄 王 战 林 鹏 侯 强 郑 航 王言伟 唐彦兵 徐 港 张 亮 赵业伟 白 娜
三等	航空国企多维架构"内嵌式"党建模式应用与实践	航空工业庆安集团有限公司	安 刚	刘 萍 李耕耘
三等	国有企业构建以目标为导向的计划管理体系	航空工业昌河飞机工业（集团）有限责任公司	徐德朋	杨 慧 张 钺
三等	中国航发商发改革创新驱发展，稳步推进求成效	中国航发商用航空发动机有限责任公司	辛 田	储俊庚 李 辉

审定等级	成果名称	申报单位（所在单位）	主要创造人	参与创造人
三等	现代供应商管理在国有企业的应用实践研究	国家石油天然气管网集团有限公司西气东输分公司	李超	苗文伟　李利军
三等	广东电网省地区镇"四级一体"战略运行管控体系研究与实践	广东电网有限责任公司	莫锦和　黄东文　梁敏杰	杨旭　蔡徽　吴桂华　罗学伟　万婵　邓楚然　王俊丰　谢瀚阳　赵双　潘徽　李恒真　黄忠靖
三等	基于 WPS 云平台实现管理数字化转型的创新实践	中国水利水电第十四工程局有限公司	崔志森　陈光霞　麻岸泉	刘齐艳　施碧娟　马昆伦
三等	关于子企业完善法人治理结构与加强董事会建设的研究报告	南航集团深化改革领导小组办公室	周俊宝	
三等	把握产业变革机遇，技术与模式创新引领新能源汽车高质量发展	北京国家新能源汽车技术创新中心有限公司	连庆锋　原诚寅　田雨时	张思遥　李春阳
三等	数字化新型管理助推企业高质量发展	北京天地玛珂电液控制系统有限公司	张良　王进军	张龙涛　邢世鸿　黄曾华　田成金　张雷　李森　王昕　杨毅
三等	南方电网深化现代产业链供应链的改革与创新	中国南方电网有限责任公司	周姝丽　袁黎　赖婧	贺晓柏　何晓冬　孙威　罗日朗
三等	大型调峰调频发电企业多厂站集约化、专业化管控模式研究与实践	南方电网调峰调频发电有限公司	李定林　周建为　曾广移	李明　王喜志　杨伟聪　李永兴　张明华　郭小涛
三等	抢抓数字机遇，重塑业务价值，以数字化转型赋能企业高质量发展	中海石油炼化有限责任公司	孙大陆	王少飞　陈淳　刘学刚　武铁峰　张大卫　付鸿儒　曹晓红　谢勇勇　王勇
三等	标准化在企业风控管理中的应用——以大唐宁德发电公司为例	福建大唐国际宁德发电有限责任公司	兰演明	王卫华　马作森
三等	中国特色现代管道公司建设标准研究与应用	国家管网集团西部管道有限责任公司	张平　闵希华	李学亮　温九良　尹志国　贺安兵　杨华丽　李芸　但蕾蕾　刘庆

审定等级	成果名称	申报单位（所在单位）	主要创造人	参与创造人
三等	赋能产业升级 助力区域发展——合肥产投集团股权投资模式研究	合肥市产业投资控股（集团）有限公司	王 晴 杨希娟	
三等	柳钢集团"十三五"期间深化多元产业改革的实践研究	广西柳州钢铁集团有限公司	金 闯 杨俊丹 唐瑜萍	刘 鹏
三等	以融入经济业务维护企业利益为核心的合同法律风险管理体系构建与实施	原子高科股份有限公司	杨桂梅 张丹丹 孙萌萌	伍 杰　宋 璨　高海蒂　刘安泽
三等	创新驱动的绿色煤炭港口全流程智能化建设与管理实践	国能黄骅港务有限责任公司	李洪军 兰 力 刘 林	孔祥先　张英波　马海深　宋桂江 潘 攀　刘 强　刘 建　李 刚 赵利军　王明乐　刘 鑫　刘金光 怀 全　鲍建员　汪大春　郭超凤 陈致远　李 娜
三等	践行"以人民为中心"发展理念 走好神东网上群众路线探索实践	国能神东煤炭集团有限责任公司	李新华	王国青　梁作文
三等	准能集团关于数智化财务管控模式的探索	国能准能集团有限责任公司	陈来源 沈光江 贾铁军	武国平　霍 文　于树斌　王 程 田治强　刘昭武　宋 梅　贾 娟 刘 辉　刘恩佑　张宇峰　仝 玲 倪艺轩　赵士博　李沛敏　王尚荣 高振兴　郭艳峰　张彩霞　及时雨 贺冰艺　田 丰　王柄印　刘立松
三等	新发展格局下电网企业供应链金融探索与实践	南方电网能源发展研究院有限责任公司	才 华 宁晓龙 陈 洋	王 威　胡 璨　林蔚颖　谢骏骐 吴鸿亮　王 玲　刘本杰　彭道鑫 江雪菲
三等	基于产业链协同创新驱动核心产品安全可控与产业化转型的产业改革发展体系的构建与实施	北京航天长峰股份有限公司	金苍松 苏子华 赵志华	侯云龙　刘恺洁　高海燕　刘建伟 黄抒敏　李军町　张大维　费博研
三等	基于COSO框架下国有大型工业企业合同管理内部控制机制的研究	北京星航机电装备有限公司	李瑞棠	安远丽
三等	国有企业以战略新兴产业优化布局为目标的管理改革实践	中国航天三江集团有限公司	谭千红	吴代满　谢永丰

审定等级	成果名称	申报单位（所在单位）	主要创造人	参与创造人
三等	大型军工企业市场化运营体系的构建与实施	湖北三江航天万山特种车辆有限公司	谭千红	郑家龙　陈　岩
三等	基于数字孪生的人力资源管理体系的构建与实践	深圳航天工业技术研究院有限公司	刘　浩	陈巧琳　景军强
三等	全面深化改革，提升经营质效坚定不移打造世界一流工业互联网企业	航天云网科技发展有限责任公司	於　亮　王丽娜　贝宇红	汤　滔　王　男　温　迪　钟　楠　刘珈延　林淮平
三等	资产公司推动参股公司党建工作的探索与实践	航天科工资产管理有限公司	卢克南	高　蕾　李登龙
三等	打造"中华料理尖牌"的探索与实践	杭州金羚羊企业咨询管理有限公司	蔡红亮	陆　阳　刘铁楠
三等	大型军工企业以业务深度融合为导向的数字化转型管理	中国电子科技集团公司第十四研究所	胡明春　王建明　荆巍巍	章　宏　倪　菁　赵玉洁　胡亮兵　陈学勤　石　磊　章　磊　田　俊　张雷鸣
三等	"数字海威"赋能工程项目管理	中交一公局海威工程建设有限公司	刘逸轩	孙亚刚　杨晓敏
三等	5G 智慧路灯杆及其综合管理系统在实施"双碳"战略和新基建中的价值研究	厦门市致创能源技术有限公司	洪极慧	杨凤君　陈聪敏　邵勇民
三等	国有煤炭企业生产经营协同管控平台的探索及实践	河南能源化工集团焦煤公司赵固二矿	慕松利　何宏伟　朱鹏飞	赵启兴　贺伟锋　张超伟　王　璐　陈　蕾　杜秀珍
三等	测井市场资源整合创新实践	中国石油集团测井有限公司	张　宪　王佳凡　桂林海	曾　可　杨德山　宋德静

目　　录

上卷

战略管理、双循环发展及商业模式创新

国资管理体制改革及完善公司治理

"一带一路"、国际化经营及在抗疫中实现新发展

绩效管理及机制创新

标准品牌建设及精益管理、工匠精神

下卷

科技创新、数智化转型、双碳目标及高质量可持续发展

财务法务管理、产融结合及风险管理

新时代企业党的建设与企业文化建设

战略管理、双循环发展及商业模式创新

有效经营者的五项修炼

宋志平

德鲁克先生在20世纪60年代写过一本书，叫《卓有成效的管理者》，书中提出了有效管理者的5个基本能力，即善用时间、聚焦贡献、用人于长、要事优先、有效决策。受此启发，我提出要做有效的经营者。与有效管理者的有效主要指的是效率不同，我认为有效的经营者的有效主要指的是效益。我认为有效经营者有五项修炼，这也是我在做企业时常琢磨的5个心得体会。

一、正确选择

对于经营者来说，最重要的是做选择，这是别人代替不了的，战略的选择则是重中之重。不管大企业还是小企业，都存在着战略选择的抉择，做什么、不做什么，这就是企业战略的取舍。

战略选择一般有两种方法，一种是基于现有资源，有什么做什么，沿着这样的思路一直做下去。另外一种是先定目标，再找资源。我认为应该先确定目标再找资源，缺什么找什么，这才是战略的本质。

美国桥水基金创始人瑞·达利欧写了一本书叫《原则》，里面提到做企业的原理包括4条：先定目标，再看看实现目标的过程中存在的问题，接着找到这些问题的解决方法，最后把它做成。这个想法跟我所主张的是一致的，关键是先定目标。

在确定目标以后，还有两件事情特别重要，一件是选业务，另一件是选人。选业务是比较难的事情，有不少企业效益做得好，就是因为选好了业务，所以选业务非常重要。

到底选什么样的业务呢？我们得先问问自己。一是对这个业务自身是否有优势，是不是足够熟悉和了解？二是这个业务有没有发展空间，有多大的市场空间？三是这个业务有没有可复制性？四是这个业务能不能资本化，能不能和资本市场对接？

我主张业务选择要专业化，而不太主张盲目多元化，因为人的精力有限，企业的财力也是有限的，今天的市场竞争又非常激烈，所以对多数企业，尤其是中小企业，更适合专业化地去做细分市场，做专精特新小巨人和隐形冠军。

除了选业务以外另一个重要事项就是选人，选人和选业务哪个更重要呢？我认为选人比选业务更重要，因为业务是人做的。即使业务再好，如果没有合适的人去做，也做不好。选人怎么选呢？我觉得有两点。

一是德才兼备，以德为先。德是最重要的，因为没有德，企业不可能做得长远。引用明代的思想家吕新吾的一段话，领导者所需的资质是什么？第一等是深沉厚重，第二等是磊落豪雄，第三等是聪明才辩。三个资质依次对应的是人格、勇气和能力。对领导者来说，人格厚重最重要。一流的领导者要有一流的人格。小胜靠智，大胜靠德。有才无德的人即使能力再强也不能用；有德无才也不行，没有真才实学，只是个"好好先生"，做企业也不会有大起色。

二是专业主义者、痴迷者。什么叫做痴迷者？就是能一心一意做企业、做事情，干一行、爱一行、精一行的人，就是早晨起来想这件事，晚上睡觉之前还想，半夜醒来还在想，一门心思做好一件事的人。这样的专业主义者、痴迷者往往才能做成一件事。这是我这么多年的经验，我在中国建材选择的水泥、石膏板等平台的干部们，都是专业主义者。

二、整合资源

企业确定了目标以后，到底资源从什么地方来？这是大家困惑的。是靠自己去创造资源，还是去整合社会的资源呢？我认为要整合社会的资源。今天的企业无限多，智慧无限多，故事无限多。资源并不一定都是自己的，也不必凡事都从零开始，那样做既没有必要，也过于迂腐，还会错失良机。我们讨论的有效经营者考验的不是创造资源的能力，而是整合资源的能力。纵观全世界的大企业很少是靠自己滚雪球成长，大都是在资源集中和优化的过程中发展壮大的，这就是为什么我们要研究整合。

尤其是社会经济发展到今天，我国很多行业都出现了过剩，这种情况下其实是整合资源的好时机。2002年我刚到中国建材的时候，这家企业只有很少一点水泥业务，后来我们制定战略，决定进入市场空间大、现阶段国家基础建设需要的水泥这个行业。当时水泥行业很分散，市场集中度只有12%。2006年中国建材通过与市场资源的联合和与社会资本的混合发起了大规模重组，通过发展混合所有制，央企的实力加上民营的活力，实现战略目标。方法是什么？端出三盘牛肉：第一，公平定价，不"欺负"民营企业，和民营企业合作。第二，为民营企业保留一定股权。第三，保留经营团队并吸引创业者成为职业经理人。就这样先后重组了1000多家企业，逐步整合建立了中国水泥行业的生态，推动我国水泥行业的集中度从12%提升到超过70%。整合之前水泥行业的利润只有80亿元，去年的利润超1800亿元。现在中国建材的水泥产能有5.3亿吨，是全球最大的水泥企业。

在任国药董事长期间，我把中国建材的行业整合和资本混合的经验成功复制过去。国药集团率先改制公司最大的医药流通业务板块，引入民营股东上海复星医药，推动国药控股香港上市。2009年9月，国药控股在中国香港成功上市，在资本市场融资60多亿港元，之后利用融到的资金在全国先后收购了600多家医药企业，覆盖全国290个地级市，打造出国家级医药健康平台。

这就是整合的力量，我们今天做企业，单打独斗很难走远，最重要的就是要学会整合资源，发挥资源集聚效应，创造出更多的效益。

三、资本运营

自20世纪90年代上交所和深交所成立，我国资本市场有30余年的历史，而全球最早荷兰阿姆斯特丹证券交易所成立已有400多年；如果从《梧桐树协议》签订之日算起，美国的资本市场已有200多年。相比之下，我国资本市场在这么短的时间内发展是快速的。今天A股上市公司有4500家，市值超90万亿元，销售收入占我们国家GDP的53%，公司利润占到企业利润的50%，可以讲上市公司是我国经济的半壁江山，资本市场确实发挥了重要的作用。

过去30年，资本市场对我们国有企业的市场化改革有很大意义。1997年我带领北新建材在深交所上市，2006年带领中国建材在中国香港上市，2009年又推动国药控股在中国香港上市。中国建材和国药这两家公司旗下有20家上市公司，上市给了企业极大的推动力，降低了企业的资产负债率，减少了企业的财务费用，关键是引入了积极股东，改变了企业的内部机制，这些都是非常重要的。对于国企来说，上市改造是一场深刻的自我蜕变。如今，央企控股上市公司的资产总额、利润分别占央企整体的67%、88%。同时资本市场也支持了民营企业的融资发展，如果没有资本市场，很难想象宁德时代、海天味业等企业能有今天这样的发展状态。现在资本市场正在支持我国的科创事业，成为我国科技进步、创新发展的土壤。这就是资本市场的力量。

1912年，熊彼特在《经济发展理论》中讲到了创新、企业家和资本，并提出资本的主要功能是用于创新。所以资本真正的意义是什么？其实是企业家创新的杠杆。我跟一些上市公司负责人交流时，有人讲到当年创新创业时，几个合伙人创造了几个亿，但从几个亿到几十亿、几百亿的过程就必须有资本的支持。我常讲，上市好像是在天上飞，不上市好像在地上跑，天上飞和地上跑的高度和视野是不一样的。

企业在发展过程当中，不只是需要资金，更需要资本，因为资金借了得还，企业还得承担利息。而资本，一方面可以通过股权融资获得，现在中国有近10万家私募基金，掌握资金量有17万亿人民币，企业可以通过这些私募基金进行融资；另一方面上市也是一个主要渠道，企业可以对接创业板、科创板、主板，包括新三板这些不同层次的资本市场来获得资本。

企业在今天身处产品市场和资本市场两个市场。企业利润是价值的支持，但是有时候利润和价值并不完全吻合。价值会被资本市场提前发现。很多创新的企业一开始并没有太多经济效益，但资本市场重点看未来，会给它很高的估值，企业就可以拿这些钱进行发展。我们既要重视产品市场的利润，又要重视资本市场的价值，学会将产品市场和资本市场结合去创造价值。

四、有效创新

创新前面为什么加"有效"两个字呢？因为我们常讲"不创新等死，盲目创新会找死"。创新虽然重要，但也充满风险，所以关键在于要进行有效的、有目的的、有模式方法的创新。

什么叫做有效呢？摩托罗拉曾发射到天上66颗卫星组成了铱星电话系统，但是这种系统的室外信号差，同时费用高，就被后来的蜂窝电话系统打败了，损失了27亿美元，成为摩托罗拉由盛到衰的拐点。企业家和科学家的共性是什么？是创新。创新是他们的灵魂。但是企业家和科学家的创新又有不同，科学家的创新是发现和发明，并不一定要有短期的经济效益。而企业家则不然，企业家既要创新，还必须有效益。因为企业存在的硬约束就是效益，如果没有效益就很难持续。所以企业家的创新要规避和降低风险，创造效益。

什么叫做有目的呢？创新活动开始之前，要分析创新的机遇、目标和路径，认真学习前人的经验，细致地谋划组织。德鲁克认为，有目的的创新甚至能减少90%的风险。很多人一听到创新就坐不住了，项目不了解清楚就立马干起来，这种盲目创新的例子并不少见。2000年，社会上曾涌现出互联网热和纳米热，大家一窝蜂去做，结果很多企业都失败了，而现在又掀起石墨烯热，石墨烯技术的确重要，但不是谁都能做的。企业不是兴趣小组，在创新上不能做冲动派，不能做盲从者，而是要有方向、有风险意识，有的放矢、谋定而动。像中国建材在超薄玻璃、碳纤维、风电叶片、薄膜太阳能电池等领域的成功，都是在认真分析产业形势、市场需求、自身优势的基础上，锁定目标，长期技术攻关的结果，都是有目的的创新。

除了有效益、有目的的创新，企业还要讲究创新的模式。创新的主要模式有四种。我们现在讲的比较多的是自主创新，包括原始创新和独立创新，这种创新需要比较长的周期、比较大的投入，主体多是大企业，像华为一年投入1400多亿元的研发费用，才能够研发出5G、鸿蒙等创新成果，这不是一般企业都能做的。

大多数企业做的是什么？集成创新。既有借鉴的部分，又有自己的创新，结合起来形成一种新的产品。这是很多企业采用的创新模式。全世界的电动车原理都是一样的，电池、电机和电控，但是多了一点不同的款式、设计，变成了不同企业的不同品牌的汽车，其实做的是集成创新。

创新模式还包括颠覆性创新和持续性创新。颠覆性创新很重要，企业不搞颠覆性创新必然被颠覆，但颠覆性创新不会经常发生，一般来讲在一个行业是15~20年发生一次。比如数码相机颠覆了胶片技术，液晶显示器颠覆了CRT（彩色显像管），现在电动车正在颠覆汽油车。对于大多数企业来讲，既要关注颠覆性创新，还要重视持续性创新，就是我们日常渐进性的创新。

我们企业要知道这四大创新模式。当然还有一种商业模式创新，商业模式的创新本身其实是一个零科技的创新。比如说我们今天的平台经济、消费互联网等，其实是应用了互联网技术，其本身并没有什么实质性的科技创新，但是从商业模式来看这是一个很大的创新。

总的来说，对于创新，我们强调它的有效性、有目的，而且要很好地研究它的模式。大企业可以更多地进行自主创新和颠覆性创新，但是对于绝大多数企业来讲，我觉得最重要的是两种创新，一个是集成创新，一个是持续性创新。

五、重视机制

企业发展不能只靠领导人自己单打独斗，还要靠经营团队、技术骨干、广大员工共同奋斗，这是很重要的。有时候我被问到管理的真谛是什么？我想就是要调动人的积极性，而调动人的积极性要靠企业里的机制。那什么叫做机制呢？我理解，企业机制是经营者、员工的利益和企业效益之间的关系，如果有关系，这就有机制，如果没有关系就是没有机制。

为什么过去国有企业干不好呢？因为干和不干一个样，干多干少一个样，企业没有机制。今天国有企业改革的根是想改什么？就是引入市场机制。2018年6月，习近平总书记到万华考察时的重要讲话非常发人深省，"谁说国企搞不好？要搞好就一定要改革，抱残守缺不行，改革能成功，就能变成现代企业"。万华原来是个做聚氨酯、合成革的小工厂，现在变成了效益突出的跨国化学公司，被称为中国的"巴斯夫"。这其中，员工持股和科技分红两大机制改革发挥了重大作用。万华的股本结构是20%职工股、21.6%国有股，国有股和职工股联合起来一致行动，剩下的则是散户投资者，这种股权设计很巧妙。在科技分红方面，技术人员只要有所发明，创造的效益提成15%，一提五年，这是真金白银的奖励。受益于这个机制，企业发展得非常好。

只有国有企业需要机制吗？未见得。任何企业都存在机制问题，民营企业虽然有天然的机制的环境，但是不见得每一个企业都有好的机制。我们学习华为，华为靠什么？任正非的企业家精神和"财散人聚"的机制，把财富更多地给员工分享。华为是近乎全员持股的公司，但它把股权和能力、贡献和年功很好地结合起来，增强了企业的向心力、亲和力，提高了企业的创新力和竞争力。今天华为面临这么大的压力还能够众志成城，靠的就是机制。

机制非常重要，我常讲有机制的企业不需要神仙，没有机制的企业神仙也做不好。清代晋商票号的兴起和繁荣就是因为机制。它们设立了银股和身股。什么叫做银股呢？就是东家的投资——金融资本。什么叫做身股呢？就是经营者、技术人员和员工——人力资本。年底分红的时候，利润50%分给了银股，50%分给了身股，其中掌柜和账房先生分25%，伙计们分25%。这样的分配机制即使今天看也很先进。

我前两天见到一家大的金融公司的领导，了解到他们为什么发展得这么好，就是因为一开始定下了一个非常好的原则，如果挣一块钱，所有者分5角，经营者和员工分5角。这个原则一直坚持到今天。我听了觉得这根儿上的事还是机制。

今天我们做企业，不能只看到厂房、设备、资金这些有形资产，还要看到人，看到人力资本这个在企业里最重要的要素。尤其现在是高科技、新经济的时代，企业主要的依靠是人力资本。我们不能只看到金融资本，还要看到人力资本，国有企业、民营企业在这一点上完全是一样的。谁能够破解了机制的难题，谁能够有好的机制，谁就能够发展得快、发展得好。

我本人是一个机制主义者，我主张在企业里面一定要有好的机制，一定要让大家共享财富，实现利益相关者的共赢。我联想到最近提出的共同富裕以及引发的热议，共同富裕是人类美好的向往，也是我们共同理想的基石，企业不应是单纯为所有者造富的工具，企业既要为金融投资的股东，也要为提供人力资本的员工，还要为其他利益相关者创造财富，从而让企业成为整个社会共享、共赢、共荣的平台，通过企业这个平台，实现橄榄型收入结构，打造更多的中产阶层，缓解贫富差距。

成果创造人：宋志平　中国上市公司协会

健全推进发展先进制造业的体制机制研究

国家发展和改革委员会经济体制与管理研究所

一、课题研究背景及相关概念界定

先进制造业是制造业的重要组成部分，是一种新型制造形态，是先进的制造模式、技术手段和管理方法的有机结合，代表一个国家的工业实力和发展水平。发展先进制造业是我国制造业转型升级的内在要求，也是我国经济进入高质量发展阶段的必经之路。党的"十九大"报告明确提出，"加快建设制造强国，加速发展先进制造业"。促进我国产业迈向全球价值链中高端，并"培育若干世界级先进制造业集群"。目前，各界已经达成共识，以各类新兴产业为主体、以大数据和人工智能等新技术驱动的先进制造业，将是未来推动我国实体经济长期健康发展的要要动力。在这一要求下，我国制造业也将从传统的机械制造业为主，逐渐转向高端装备制造和战略新兴产业。

进入21世纪以来，全球产业结构不断调整，制造业因此受到了巨大的挑战和冲击。然而，2008年发生的经济危机，让世界上的不少国家将目光重新转向制造业。2011年美国提出"先进制造业"伙伴计划，欧盟提高对科技创新的投入，中国则在改革开放之后凭借制造业的迅速发展在国际上确立明显优势。然而，传统粗放的制造模式已经逐渐丧失优势，以先进技术为生产手段是未来制造业发展的必然趋势，面临制造业的转型升级，各国都在努力争夺先进制造业的制高点。

（一）加快发展先进制造业是实现高质量发展的必然选择

1.加快发展先进制造业是促进转型升级的重要支撑

先进制造业具有技术先进、知识密集、附加值大、成长性好、带动性强等特征。当前，我国经济发展已进入高质量发展为主题的新阶段，支撑制造业快速增长的成本优势日益弱化，能源资源和环境约束不断趋紧，传统粗放型发展模式难以为继，经济发展必须更多依靠技术进步和劳动者素质提高，不断提高全要素生产率。加快发展先进制造业，提高先进产能比例，推进制造业向价值链中高端跃升，促进发展模式向绿色集约方向转型，才能实现发展方式的根本性转变。

2.发展先进制造业是实施创新驱动发展战略的重要抓手

《中共中央关于制定国民经济和社会发展第十四个五年规划和二〇三五年远景目标的建议》明确指出，就要坚持创新在我国现代化建设中的核心地位，把科技自立自强作为国家发展的战略支撑，深入实施创新驱动战略。先进制造业是科技创新的重要载体，是科技创新最为集中最为活跃的领域。先进制造业是技术创新的主要承担者，是创新成果最为集中的领域。以高端制造业和战略性新兴产业和为代表的先进制造业，处于制造业价值链高端和产业链核心环节，是决定整个产业链竞争力的关键因素。当今，我国在航天、大飞机、高铁、数控机床、新能源汽车等领域取得了一系列重要突破，在高附加值行业的国际份额也不断攀升。大力发展先进制造业，把发展先进制造业与建设创新型国家统一起来，进一步提升我国制造业的整体国际竞争力。

3.加快发展先进制造业是满足人民日益增长的美好生活的需要

我国制造业领域的结构性矛盾主要表现在低端供给过剩和高端供给不足。在一些行业产能严重过剩的同时，大量关键装备、核心技术、高端产品还不能满足需求。供给结构还不适应需求的新变化，产业整体处于价值链中低端。先进制造业不仅体现为产品技术上的先进，也体现为先进的生产模式和管理方式。发展先进制造业，能够强化创新的引领作用，优化要素配置，提升质量品牌附加值，扩大有效和中高端供给，提高供给体系的质量和效率，破解发展不平衡不充分问题，满足人民日益增长的美好生活需要。

4.加快发展先进制造业是建设现代化经济体系的重要支撑

《中共中央关于制定国民经济和社会发展第十四个五年规划和二〇三五年远景目标的建议》明确指出，要坚持把发展经济着力点放在实体经济上，坚定不移建设制造业强国、质量强国、网络强国、数字强国，推进产业基础高计划，产业链现代化，提高经济质量和核心竞争力。纵观历史发展历程，大国经济必须依靠实体经济，而实体经济的核心是制造业。制造业从低端逐步向中高端升级迈进，是支撑大国经济实现工业化和现代化的根本力量。加快发展先进制造业，能够促进实体经济、科技创新、现代金融、人力资源协同发展，更好顺应现代化发展潮流和赢得国际竞争主动，为建设现代化经济体系提供强有力的支撑。

5.发展先进制造业是赢得产业竞争新优势的战略选择

当前，新一轮科技革命日新月异，产业革命加快推进，制造业发展模式深刻变革。发达国家为加快发展先进制造业纷纷出台战略规划，前瞻布局。如美国2012年制定出台了《先进制造业国家战略计划》，加强研发能力，在新一代信息技术、快速成型制造、智能制造、生物制造等领域已明显处于领先地位；德国2013年推出《"工业4.0"战略》，积极谋求在关键工业技术上的国际领先地位。而新兴国家迅速崛起，通过政府政策大力推动先进制造业发展，积极抢占未来先进制造业的巨大商机。未来一个时期，国际上围绕市场、技术、资本和产业转移的竞争将更加激烈，我国必须加快发展先进制造业，以抢占产业制高点，赢得国际竞争新优势。

（二）相关概念的界定

先进制造、高技术制造、高端装备、装备制造等产业是国民经济行业中大类、中类、小类等不同层次行业的组合。

1.先进制造业

目前，国家对先进制造业尚无明确定义。从国务院、发改委和工信部等政府部门发布的文件显示，先进制造业（Advanced Manufacturing）以战略性新兴产业和高端装备制造业为代表，处于制造业价值链高端和产业链核心环节。具体包括航天、大飞机、工业机器人、高铁、数控机床、新能源汽车、智能汽车、5G、超级计算机、无人机、新材料、现代农业机械、高端医疗器械和药品、高端船舶和海洋工程装备等行业。由此可见，先进制造业是以国民经济行业分类标准为基础，大类、中类、小类等不同层次行业的组合。赛迪顾问智能装备产业研究中心认为，当下的先进制造业是应用人工智能、云计算、增材制造、微纳制造、生物制造、新材料技术、先进制造工艺等先进技术，并在产品的研发、生产、质量、服务、维护的管理过程中运用智能制造、网络化协同、个性化定制、绿色制造等先进化管理方法或模式，达到产出高附加值、高技术含量的产品或产品全生命周期先进化管理（特别是制造过程先进化）的产业。概括而言，先进制造业是相对于传统制造业而言，指制造业不断吸收电子信息、计算机、机械、材料以及现代管理技术等方面的高新技术成果，并将这些先进制造技术综合应用于制造业产品的研发设计、生产制造、在线检测、营销服务和管理的全过程，实现信息化、自动化、智能化、柔性化、生态化生产，取得很好经济社会和市场效果的制造业总称。

2.高技术制造业

我国高技术制造业分类标准是以《国民经济行业分类》为基础，对国民经济行业分类中符合高技术产业（制造业）范畴相关活动的再分类。经梳理发现，高技术制造业中的"医疗仪器设备及仪器仪表制造业"，就是专用设备制造业和仪器仪表制造业两个大类中各挑选部分中类和小类组合而成，在标准的国民经济行业中并不存在一个大类与之直接相对应。而高技术制造业中的"医药制造业"则是由医药制造业一个大类组成，正好完全对应。

3.装备制造业

装备制造业又称装备工业，是为满足国民经济各部门发展和国家安全需要而制造各种技术装备的产业总称。按照《国民经济行业分类》，其行业范围包括机械、电子和兵器工业中的投资类制成品，分属于金属制品业、通用装备制造业、专用设备制造业、交通运输设备制造业、电器装备及器材制造业、电子及通信设备制造业、仪器仪表及文化办公用装备制造业7个大类185个小类。

重大技术装备是指装备制造业中技术难度大、成套性强，对国民经济具有重大意义、对国计民生具有重大影响，需要组织跨部门、跨行业、跨地区才能完成的重大成套技术装备。

4.高端装备制造业

高端装备制造业又称先进装备制造业，是指生产制造高技术、高附加值的先进工业设施设备的行业。高端装备主要包括传统产业转型升级和战略性新兴产业发展所需的高技术高附加值装备。高端装备制造业是以高新技术为引领，处于价值链高端和产业链核心环节，决定着整个产业链综合竞争力的战略性新兴产业，是现代产业体系的脊梁，是推动工业转型升级的引擎。大力培育和发展高端装备制造业，是提升我国产业核心竞争力的必然要求，是抢占未来经济和科技发展制高点的战略选择，对于加快转变经济发展方式、实现由制造业大国向强国转变具有重要战略意义。

高端装备制造业包括航空装备产业、卫星及应用产业、轨道交通装备产业、海洋工程装备产业与智能制造装备产业，是七大战略性新兴产业之一。国家统计局公布的《战略性新兴产业分类（2012）》明确指出，战略性新兴产业分类是在《国民经济行业分类》基础上，对战略性新兴产业相关活动的再分类。由于战略性新兴产业涉及到更细的活动和产品，国民经济行业分类的详细程度不能完全满足战略性新兴产业分类的需要。因此，战略性新兴产业分类细化到行业和产品（服务）。高端制造具有高技术含量、高附加值、低污染、低能耗等特点，相较传统的中低端制造业，具有更强的产业竞争优势。

表1 先进制造、高技术制造、高端装备、装备制造等产业包含的大类行业

高技术制造业	高端装备制造业	装备制造业	先进制造业

| 医药制造业
航空、航天及设备制造业
电子通讯设备制造业
计算机及办公设备制造业
医疗仪器设备及仪器仪表制造业
信息化学品制造业 | 航空装备产业
卫星及应用产业
轨道交通装备产业
海洋工程产业 | 金属制品业
通用设备制造业
专用设备制造业
汽车制造业
铁路、船舶、航空航天和其他运输设备制造业
电气机械和器材制造业
计算机、通讯和其他电子设备制造业
仪器仪表制造业 | 国家对先进制造业尚无明确定义。从国务院、发改委和工信部等政府部门发布的文件显示，先进制造业以战略性新兴产业和高端装备制造业为代表，处于制造业价值链高端和产业链核心环节 |

资料来源：Q017年国民经济和社会发展统计公报、《战略性新产业分类Q012》。

二、我国先进制造业发展状况及趋势

制造业从低端向中高端转型升级，是产业发展的自身规律。根据制造业的发展水平，可以大致划分为低端制造、中低端制造和高端制造等不同发展阶段。在低端制造模式下，制造业产品以手工式作坊或小规模机械化生产为主，生产规模有限、效率较低；伴随生产力的提升，中低端制造模式下，产品得以规模化、大批量生产，工厂流水线模式使得生产效率明显得到提升；伴随生产技术的进一步提升，制造业将逐步向高端迈进，以实现高质量生产和信息化智能生产。

（一）近年来我国制造业发展概况

改革开放以来，我国制造业发展迅速，现已成为世界第一制造大国。目前，在500多种主要的工业产品中，我国有200多种产量位居世界第一。总体而言，近年来，我国制造业提质增效稳步发展，国际竞争力持续提升。

1.产出效率提高，盈利状况得到改善

2018年末，我国制造业企业法人单位有327万个，比2013年末增长45.2%，年均增长7.7%，占全部工业的比重为94.8%，比2013年末提高1.3个百分点；制造业企业资产总计过百万亿，比2013年末增长32.1%，年均增长5.7%。制造业企业产出效率显著提高，盈利状况得到改善。2018年，规模以上制造业人均营业收入比2013年提高20.8%；营业收入利润率为6.6%，比2013年提高0.6个百分点。

2.产业体系健全，行业构成多元

国民经济行业分类中，制造业的31个大类行业、179个中类行业和609个小类行业我国均有生产，已成为拥有联合国产业分类中全部工业门类的国家，200多种工业品产量居世界第一。2018年，规模以上制造业中增加值居前的大类行业依次为电子、汽车、化工、电气机械、石油加工、建材、钢铁、通用设备和农副食品加工，形成了装备制造、原材料和消费品多元行业齐头并进的格局。

3.国际竞争力持续提升

据联合国工发组织数据，2013—2018年，世界制造业年度增速在2%～4%区间徘徊，美国、日本及欧元区发达经济体制造业增速基本位于-1%～3%区间，发展中国家制造业增速也多在4%～6%区间，我国规模以上制造业年均增长7.4%，在世界主要经济体中位居前列，继续成为推动全球制造业持续增长的重要引擎。在制造业影响力扩大的同时，产品竞争力也在不断上升，五年来，机电产品出口增速一直保持高于总体水平的增长态势，占出口总额的比重持续提升，对外贸易的比较优势正逐渐转向中高端的技术领域。

（二）我国先进制造业发展状况

概括而言，我国先进制造业，近年来，通过深入实施创新驱动战略和制造强国战略，制造业发展逐步从要素驱动向创新驱动转变，新动能快速成长，新产业、新业态、新模式不断涌现，产业结构持续优化，创新成为制造业高质量发展的引领力量。

1.先进制造业保持快速增长，在高端技术装备领域有突破性进展

2018年末，规模以上高技术和装备制造业企业法人分别为3.4万个和13.3万个，比2013年末分别增长24.8%和12.2%；资产总额增长均在50%以上，营业收入占规模以上制造业比重分别比2013年提高4.0和4.5个百分点。劳动力和资金等生产要素向先进制造业的转移步伐加快。

我国先进制造业在高端技术装备领域获得了突破性进展，技术水平跃居世界前列。例如，在卫星导航领域，北斗三号系统完成部署，预示着我国自主研发的卫星导航系统即将开启全球化服务进程。在轨道交通领域，我国自主研发的全球首套时速350公里高铁自动驾驶系统（C3＋ATO）完成现场测试，高铁核心技术实现100%国产。在量子领域，中国科学家率先实现了12个超导比特量子纠缠态，刷新了世界纪录。这些重点领域我国实现了从无到有，从跟随到领先的飞跃，为先进制造业的发展提供了源源不断的动力。

2.战略性新兴产业成为制造业发展新引擎

2018年，全国规模以上工业企业中从事战略性新兴产业生产的企业有6.6万个，占规模以上工业企业单位数的17.7%，比上年提高3.3个百分点；工业战略性新兴产业增加值占规模以上工业增加值的比重达21.2%，比上年提高3.5个百分点。八大战略性新兴产业分类中，新一代信息技术产业增加值保持领先，占工业战略性新兴产业增加值的比重超过30%，生物和新材料产业分列第二、第三位，占比均在15%以上。

2018年，规模以上制造业企业新产品开发项目数达到55.0万项，比2013年增长56.3%，数字化、智能化、自动化设备和高端信息电子产品成为新增长点，符合产业升级和消费升级方向的新产品不断涌现，新能源汽车、智能手机、工业机器人、民用无人机年产量分别达到120.2万辆、13.4亿部、18.3万套和308.8万架。

3.科技投入大幅增加，自主创新能力显著提高

近年来，创新驱动发展战略大力实施，中国制造企业科技投入大幅增加，企业研发能力明显提升。2018年，规模以上制造业中有R&D活动企业个数占比为29.2%，比2013年大幅提升13.5个百分点；R&D人员占从业人员的比重为5.7%，比2013年提高2个百分点；R&D经费支出年均增长9.5%，远超同期制造业营业收入增速。

专利申请数和发明专利数大幅增加。2018年，规模以上制造业企业专利申请数为91.6万件，与2013年相比，年均增长11.3%；有效发明专利数达到106.2万件，年均增长26.5%；发明专利境外授权增加到9.6万件，比2013年增长了4倍，年均增长31.8%。

重大创新成果竞相涌现。新的科技成果为实现制造业高质量发展提供了强有力的科技支撑，制造业多个领域取得重大突破，许多技术达到国际先进水平。如高铁动车组已成中国靓丽名片，走出国门；发电设备、输变电设备、轨道交通设备和通讯设备产业方面已处于国际领先地位。

4."智能＋"制造业融合发展，产业转型升级加快

在新一代信息技术（物联网、人工智能、大数据、云计算等）快速发展的基础上，人工智能逐渐融入制造业领域，催生了制造业的智能化变革。为实现制造业的转型升级，我国相继出台了一系列产业政策促进人工智能的发展，"智能＋"多领域融合发展态势逐渐呈现。通过与产业融合，人工智能在应用层（机器人、智慧交通、智能医疗、智慧物流等）、技术层（语音及自然语言处理、计算机视觉、机器学习等）和基础层（传感器、AI芯片、云计算）领域均取得了良好的发展成果，培养了一批综合实力较强的龙头企业和独角兽企业。这不仅改变了先进制造业的设计生产和销售模式，也加快形成了先进制造业与医疗、汽车、物流等产业深入融合的发展格局。

5.先进制造产业集群建设取得积极成效

近年来，我国加速推进先进制造业产业园区和基地的建设。从发展现状来看，我国已基本建成G60科创走廊、珠江西岸城市群以及成都城市圈等数十个具有一定规模和影响力的先进制造业集群，有力地拉动了区域经济发展和传统制造业转型升级。据国家统计局数据显示，2014-2018年，中国高技术制造业增加值及装备制造业增加值占规上工业增加值的比重均呈现增长趋势，且在2018年分别达到13.90%和32.90%。如图1所示。

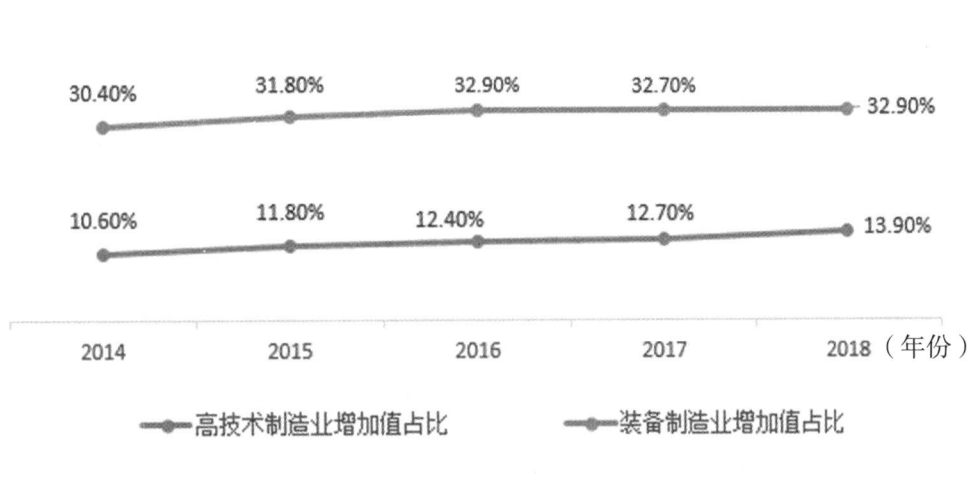

图1　2014—2018年中国高技术和装备制造业增加值占规上工业增加值比重

数据来源：国家统计局。

（三）我国先进制造业的发展的几个趋势

1.由要素驱动向创新驱动转变

一直以来，我国的制造业都处于"大而不强"的尴尬境地。近几年，我国制造业面临的突出问题和挑战就是劳动力成本快速上升，这在一定程度上促使制造业企业将生产工厂转移到东南亚等劳动力成本更低的国家和地区。长期以来，劳动力低成本一直都是中国制造业崛起的重要优势，但伴随着中国工业化进程步入后期、人口红利逐渐消失以及人口老龄化，中国劳动力低成本的优势正在逐渐丧失。在此背景下，我国制造业发展模式亟待从要素驱动型转为创新驱动型。中国已经有很多企业开始将企业化成本压力转化为创新动力，而向创新驱动转变，则需要充分发挥市场、企业家、中小企业创新群体以及产学研等多方面合作的力量，沿着制造业高端化、信息化、服务化、智能化的发展方向不断探索创新，新产品、新模式、新业态不断涌现，我国经济增长的新动能正在稳步达成。

与此同时，欧美等发达国家都在其先进制造业发展规划中强调了创新驱动的重要性，并制定了细节性的技术创新计划和激励措施，由此可见，智能化和高端化是未来先进制造业发展的必然方向，诸如云制造、物联网、航空航天等产业均需要以创新驱动为导向实现快速发展。

2.由粗放制造向绿色制造转变

过去我国制造业一直是粗放型的发展模式，以消耗能源、污染环境作为经济发展的代价，造成了对我国环境和资源的较大破坏。绿色制造则是指在保障产品质量和功能的同时，努力提高能源的使用效率，将产品制造过程中的环境污染降到最小，进而实现可持续发展。为实现制造业从粗放型向绿色环保方向转变，我国对能源消耗、二氧化碳排放、污染物排放等指标做出了明确规定，不断推动传统技术的改造和工业设计理念的转变，美国、德国、日本等国也十分重视绿色制造产业的发展，制造业向绿色制造发展是实现可持续发展的必经之路。

发展绿色制造，首先要调整产业结构，淘汰高耗能的落后行业，优化资源配置；其次应建立高效清洁的煤炭供应体系，避免过度开发和资源浪费；此外，还应重点发展可再生能源，提高太阳能、风能、水能等在制造业能源结构中的比重；最后，要加大对环境污染行为的惩处力度，通过各种环境手段约束企业向环境友好型发展。

3.由低端制造向高端制造转变

随着新一轮技术革命的到来，全球经济价值链开始发生变化，物联网、新能源、新材料等各类高端产业成为制造业的新领域。德国"工业4.0"计划提出应通过智能工厂和智能生产将人、机器、能源和信息有机结合，由制造向智造转变。美国也在高端机器人、纳米技术、3D打印等领域驱动了高端制造业发展计划，以期保持自身的制造强国地位。

我国若想真正成为制造业"大国"，必须推动制造业技术向高端层面发展。在生产手段方面，在产品制造过程中，充分利用数字技术、智能装备和云服务平台，进而降低时间成本；在发展模式方面，重视提供产品与服务的整体解决方案。

三、我国先进制造业发展中存在的主要问题及受新冠疫情的影响

经过30多年来的高速发展，我国已成为先进制造业大国，部分产品技术水平跃居世界前列，涌现出一批国际化经营能力较强的骨干企业，形成了若干具有重要影响力的产业聚集区。但也要清醒地认识到，我国先进制造业与世界先进水平相比仍存在较大差距。同时，2020年初爆发的新冠病毒肺炎疫情，将对我国先进制造业的发展及国际化经营都会产生一定的消极影响。

（一）先进制造业发展中存在的主要问题

1.产业整体创新能力有待提升

我国制造企业普遍存在研发投入低、创新能力不强的问题。比如，在集成电路领域，我国目前尚需加大研发力度以增强自我供给能力，在高性能电子功能材料、航空发动机、纳米级光刻机、高端数控机床等领域，仍需持续发力，努力达到世界领先水平。我国大量企业以引进技术、组装生产为主，技术对外依存度高达50%以上，出口产品附加值和技术含量不高。在对未来发展具有关键、颠覆性影响的重大技术创新上，欧美国家的领先优势和我国的弱势地位形成鲜明对比。在创新能力上，我国先进制造业仍需全面发力，有待进一步提升。

2.核心零部件、关键设备等基础能力不强

长期以来，我国产业政策对基础性、配套性产品重视不够，很多关键基础材料、核心基础零部件

依赖进口。95%的高档数控系统，80%的芯片，几乎全部高档液压件、密封件和发动机要依靠进口，使得这些行业沦为组装加工业，产品附加值较低。国产风电机组传动齿轮保修期仅2年，而国外产品寿命一般在20年以上，轴承和对接螺栓等全部从国外进口。高端机械装备主轴承平均寿命约300小时，仅相当于美国上世纪60年代的1%，且故障频发。薄弱的基础能力限制了我国先进制造业整机能力的提升。

3.自主品牌建设存在较大差距

近年来，随着企业对自主品牌建设重视程度的不断加深，制造企业品牌世界排名稳步提升，但品牌数量依然与世界发达国家存在着较大差距。品牌建设滞后，缺少一批能与国外知名品牌相抗衡、具有较大国际影响力的自主品牌。据不完全统计，世界装备制造业中90%的知名商标所有权掌握在发达国家手中。品牌是市场对特定商品和服务的承认，是企业多年努力的成果，在这方面我国企业还有很长的路要走。2018年世界品牌实验室（World Brand Lab）公布的《世界品牌500强》榜单中中国占据38席，其中制造业品牌有9席；另据Brand Finance发布的《2019年全球最具价值品牌500排行榜》，有21个中国品牌进入前100名，其中制造业品牌有3个分别为：华为（12位）、中国石油（33位）和中国石化（49位）。据2018年《中国各行业十大品牌》数据库显示，中国先进制造业主要行业的十大知名品牌发现，我国现有先进制造业中的许多知名品牌均不是自主品牌，因此在推进品牌建设的同时要注重自主创新品牌的发展。

4.大企业国际竞争力有待提升

作为先进制造业发展的领军者，我国大企业近年来取得了快速发展，但与国外同行比，差距依然明显。首先，盈利能力偏弱。2012年，苹果利润总额为417亿美元，而我国电子信息百强企业利润总和仅为141亿美元。其次，品牌影响力较低。2013年世界品牌500强中，我国内地有25个品牌（制造业企业7个）入选，远低于美国的232个。再次，国际化经营能力不强。根据中国企业联合会报告，2013年中国100大跨国公司的平均跨国指数为15.7%，而世界100大跨国公司在2011年就达到了60.7%。在自主创新、组织管理和资源整合等方面，我国先进制造企业与国外大企业差距较为明显，难以参与国际先进制造业制高点的竞争。

5.先进制造业发展环境有待优化

长期形成的唯GDP论的观念根深蒂固，决定了各地规模优先的工作思路在短期内难以彻底改变，以项目引进替代集群发展，视生产线引进为技术创新，重招商轻配套等问题突出。先进制造业的行业标准化、规范化水平与国际相比还有很大差距，上下游企业供应链缺乏有序对接。军民资源共享、军民产业结合存在一些障碍，部分可转为民用产品的企业缺少最终产品平台。人才体系建设观念滞后，重视待遇提升却忽视发展环境建设，致使高端人才流失。政策体系滞后与市场需求多变之间矛盾显现，制约着先进装备制造业健康有序发展。

（二）新冠疫情对我国制造业发展的影响

2020年初爆发的新冠病毒肺炎疫情，给国内经济活动带来极大影响，第二、三产业大面积停工，一季度全国GDP增速降至-6.8%。疫情得到初步控制之后，由于员工短缺，供应配套短板多，物流运输不畅，复工复产一度受阻。制造业受开工不足，以及原料、人工及防疫费用增加的影响，企业利润下降，亏损面加大，部分企业停工倒闭（主要是一些中小企业、债务负担重的企业、原料市场两头在外的企业）。

为此，国家有关部门集中发布了多项扶持与救助政策，涉及市场保障、财税支持、金融支持、职工返岗等诸多方面。第二季度超过九成的企业生产经营将得以恢复。预计全年制造业经济运行将呈现前低后高，逐步回升的走势。

受疫情影响，国外新增需求减少，原有订单延期或取消现象频发。全球产业链不会在短期内得到恢复，可能需要几年甚至更长的时间，不排除全球经济进入大萧条的可能性，国际市场的需求可能也会大量减少。企业国际化难度可能加大。直到目前，全球疫情仍未迎来拐点。面对严峻复杂的国际疫情和世界经济形势，我们要坚持底线思维，做好较长时间应对外部环境变化的思想准备和工作准备。

四、深化体制机制改革，加快先进制造业发展的政策建议

要将发展先进制造业作为长期坚持的战略任务，以供给侧结构性改革为主线，以实施"中国制造2025"为抓手，强化创新驱动、改革推动、融合带动，推动质量变革、效率变革、动力变革，加快实现我国制造业由高速增长向高质量发展的跨越。

（一）提高认识，深化改革，统筹规划，突出重点

1.要充分认识加快发展先进制造业的重要性

把发展制造业、增强产业竞争力、建设现代化经济体系作为重要目标。根据社会主义市场经济发展的要求，加快转变职能，处理好政府和市场、宏观和微观、国内和国际、当前和长远的关系，在完善发展环境、创造平等竞争条件、提高规划水平和政策能力等方面下好功夫。进一步明确工作重点，紧紧围绕提升产业核心竞争力，加快解决制约产业发展的软肋和短板，确立目标任务，突出工作重点，深化体制改革，创新运行机制，不断提高先进制造业发展的活力、竞争力和产业带动力。

2.强化行业管理，加强全局谋划

明确政府综合、工业、科技等各部门职责，强化管理职能，完善部门协调机制。明确各工业协会权责范围，理顺领导关系，配备专职干部，负起行业管理责任，推进行业技术创新和有序发展。同时，对各部委历年来有关支持先进制造业发展的政策文件进行系统梳理、做必要的调整，统一协调有关政策。建立咨询保障机制，为制定政策、标准规范等提供咨询建议。加强工业、科技规划和重大项目的协调，汇聚各方资源，加强军民融合，共同推动关键核心技术的攻关。

（二）建立协同、高效、合作的制造业创新体系

1.突出抓好制造业创新中心建设

创新是先进制造业的主引擎，是实现制造业高质量发展的关键。要以先进技术的产业化应用为导向，推动产业链、创新链、资金链、政策链相互支撑，形成协同、高效、合作的制造业创新体系。当前，要突出抓好制造业创新中心建设，面向行业关键共性技术，解决行业反映突出的专用设备、材料、工艺等共性问题。按照聚焦战略性、引领性、基础性的要求，加强对国家制造业创新中心建设领域总体布局，明确共性技术研发定位，抓好以企业为主体、产学研深度融合的技术创新机制建设，提升科技成果转移转化的辐射带动能力。

2.统筹加强行业创新体系建设

按照中央要求，发挥高校和科研院所在应用基础研究方面的优势，发挥企业在技术创新中的主体作用，引导有条件的企业开展应用基础研究。形成以企业为重点、企业和专业研发机构并行的研发体系。

加大加快对工业科研机构调整重组，打造国家级基础研究平台和行业基础共性技术研究平台；各

部委已建立的各类科研机构、基金需进行梳理，明确领域和方向，加强协同合作。制订全行业科研发展规划，突出问题导向和目标导向，重点抓好高端产品研发、基础及共性技术研究。对各行业共性技术研发机构给予一定比例资助，促其面向市场和企业，服务全行业技术进步。探索推动龙头企业、高校、科研院所等相关机构共同参与，建立股份制行业共性技术研发中心。

3.推动产学研用深度融合

推动"产学研用"结合，鼓励相关各方形成具有股权关联的联盟，加强设备使用方与制造企业的交流，联合设计、合作开发，形成有利于解决装备自主研发产品"首台套"应用难题，降低制造企业创新风险。

发挥市场机制作用，发现和培育一批集研发制造、工程设计、系统集成和建设运营于一体的龙头企业，完善标检认证体系，推动重大技术装备质量品牌整体提升；以龙头企业为主导，鼓励上下游企业联合重组；联合各方配套企业，推动建设技术创新联盟；鼓励企业与高校和、科研院所协同攻关。

4.发挥新型举国体制优势，实施重大短板和核心关键技术的攻关

针对在产业链、供应链暴露的问题，制定和实施"补链"计划，需求引领、突出重点、分类施策，集中优势力量进行科技攻关，力争在基础薄弱领域和产业链关键环节实现新突破。注重先进材料、核心零部件/元器件、精密加工设备、仪器仪表、控制系统、重要工业软件等弱项的攻关和产业化。

国家有关部门牵头，行业协会、地方主管部门合作，统筹协调"产学研用"各方，整合创新要素，建立产业技术联盟，建立产学研用结合、上下游衔接、大中小企业协同的创新机制。

5.加强国际交流合作

引进来和走出去并重，支持国内企业走出去，面向全球布局事关核心技术的创新网络。积极参与国际标准和区域标准制定，推动计量标准和认证认可结果的互认采信提升重大技术装备在全球产业链中的控制力。

（三）加大整合重组，优化产业结构

推动国有装备制造业龙头企业进行重组。目前我国装备制造业领头大企业数量较多，但产品结构、技术水平相近。如重机行业有6家领头企业，发电设备3家，工程机械5～6家。作为机电制造第一大国，至今没有产生西门子、GE、三星、博世等在国际市场占显著优势的企业集团。企业间整合，要发挥好较好市场机制，减少或避免行政干预，企业根据自身战略的考虑，通过协商方式实现。

借助供应链再造、大数据和工业互联网的应用，以及环保政策的落实，引导中小企业走"专精特"发展路子，促进整机-配套（零部件及总成、工具刀具、检测设备、控制系统等）上下游全产业链的互动与整合。

建议：①调研和制定优秀专业型企业名录，给予重点支持；②对优秀专业零部件企业实行税收优惠政策；③制定针对关键零部件和功能部件鼓励市场应用的政策；④参照德国经验，鼓励整机厂和配套部件企业合作，鼓励整机企业和配套系统及关键零部件企业之间相互参股。

（四）积极拓展国际化经营

（1）加强国际交流合作，鼓励企业充分利用"一带一路"沿线国家的市场，与西方跨国公司进行差异化竞争。进一步鼓励海外投资项目（生产基地、工业园区）的设备应用，如通过加强信贷支持、适当放宽对民营企业海外项目的授信、适当减税降费等，增强企业在国际市场的成本优势。

特别是在具有竞争优势的产业如高铁、核电、工程机械，以及冶金、电力、石化装备等具备相当

竞争力的行业，在巩固国内市场的同时，支持龙头企业向国际市场发展。

（2）发挥企业成套设备能力的竞争优势。鼓励企业联合，改进经营模式、延揽高级国际经营人才，提高国际营销服务水平，由成本优势向质量和品牌优势转化，变"借船出海"为"造船出海、抱团出海"。鼓励有实力的大企业面向全球布局研发网络和生产基地。

（3）注重跨国并购和国际化资本运作。近些年，越来越多的中国企业（包括国企和民企）走出去并购国外企业，获得先进技术、拓展市场。在这方面已经有比较成功的例子，包括一些民营装备制造企业。建议：①谨慎支持企业跨国并购决策，重视所在国法律法规和营商环境，做好成本收益测算，避免盲目投资。②注意政治风险。③虚心学习，争取通过并购获取核心技术，但不抱不切实际的期望。

（4）积极参与国际标准和区域标准制定，推动计量标准和认证认可结果的互认采信，提升我国在全球重大技术装备产业链中的控制力。

（五）加快制造业与现代ICT技术的融合

我国5G技术率先应用和对全云化、全融合、全业务和全自动支撑水平的提升，给我国工业互联网的普及，加快数字技术和智能技术在制造业的应用，带来了历史性的机遇。数字化技术的深层次应用，可以帮助企业提高内部协作效率，提高生产与运营的透明度，帮助企业更高效地应对市场需求的波动，缩短新产品上市周期，乃至创新商业模式、发展客用服务业务等。

5G技术与工业互联网的结合，涉及多行业、多技术领域和环节，需要在国家层面进行规划协调，制造业和信息技术领域的高度协同。要选择有能力的企业作为试点，梯级推进；同时抓紧研发一批应用于生产的高端软件、传感器、工业识别技术等。加大对工业互联网硬件和软件人才的培养。

（六）营造良好营商环境，健全体制机制，强化保障服务能力

1.打造公平透明的市场竞争秩序

实施负面清单制度，建立透明公正的市场准入制度，完善行业标准体系，推动垄断行业有序开放，促进市场主体平等竞争、优胜劣汰。

2.完善财政金融政策体系

创新投融资机制，更好发挥财政资金的引导和杠杆作用，增强金融服务实体经济的能力，拓宽先进制造业融资渠道，形成促进先进制造业发展的合力。

3.健全多层次人才培养体系

健全多层次人才培养体系，加强技术技能人才和企业家队伍建设，实施专业技术人才知识更新工程和先进制造卓越工程师培训计划，吸引海内外制造业人才特别是领军人才投身先进制造业发展。

4.深化"放管服"改革，提高政务服务效能

深化"放管服"改革，巩固和扩大行政审批制度改革成果，推进"互联网+政务服务"，大力促进产业政策与财政、货币、区域等政策的协调配合，切实激发市场活力和社会创造力。

成果创造人：张晓文、张浩然、李华、王广珍、杜元辉

中国数字平台畅通国内国际双循环的理论机制与实现路径①

江西财经大学经济学院　中国商务出版社

一、引言

当今世界正经历百年未有之大变局，世纪疫情与百年变局交织，全球经济陷入严重衰退，传统国际经贸规则遭受巨大挑战。新形势下，亚洲乃至亚太区域经济协调发展成为推动构建开放型世界经济的强劲动力。2021年4月27日，习近平总书记在博鳌论坛2021年年会开幕式上提出"要推动贸易和投资自由化便利化，深化区域经济一体化，巩固供应链、产业链、数据链、人才链，构建开放型世界经济"。《中华人民共和国国民经济和社会发展第十四个五年规划和二〇三五年远景目标纲要》中明确提出要大力"促进平台经济健康发展"，从而"促进数字技术与实体经济深度融合，赋能传统产业转型升级"。

作为覆盖全球30%左右人口和GDP最大规模的自由贸易区，《区域全面经济伙伴关系协定》（以下简称"RCEP"）的成功签署，代表着全球多边主义和自由贸易的胜利，也是亚洲区域价值链一体化的重要里程碑。2020年，RCEP覆盖了全球共计23亿人口，GDP总和超过25万亿美元，约占全球贸易总量25%，一旦生效后，90%以上的货物将实现零关税，涵盖我国1.4万亿美元的贸易额。全球的数字经济高度集中于中美两国，共同拥有全球70大数字平台90%的市场份额。但是东盟发展数字经济的潜力很大，互联网活跃用户达到3.3亿；到2025年，东盟数字经济规模将达到3000亿美元，约占东盟国家GDP的8%，是拓展我国平台经济的重要贸易伙伴。如何牢牢抓住深化区域全面经济伙伴关系的战略契机，进一步发掘我国平台经济的全新比较优势，在RCEP伙伴国进一步拓展我国数字平台，全面赋能传统产业结构转型，是构建经贸往来与产业投资双循环互促的新发展格局，实现区域经济发展良性循环的重要保障。

在我国数字平台发展推进国内国际双循环过程中，以下几方面问题亟待解决：

第一，急需平衡好"内"和"外"之间的关系。国内国际双循环并不是由外循环向内循环转变，或者弱化外循环的作用，而是强调或加强内循环的主导作用，要解决好国民经济循环中供给与需求匹配问题，提高资源配置效率，同时在要素、中间投入品和最终品市场都进一步打造国内一体化大市场，扩大内循环的规模效应和需求引致能力，并利用区域自由贸易协定中的累积原产地规则与外循环的互补效应拓展区域一体化大市场。在数字经济领域则应当扩大统一的国际规则范围，加强区域数字经济合作。

第二，互联网时代以来数字平台的一阶收益逐渐递减，亟需开发和获取二阶收益作为全新增长点。数字平台为传统行业发展带来的收益可以区分为一阶收益和二阶收益。其中，一阶收益来自需求端，即

---

①作者简介：袁莹，江西财经大学经济学院副院长、副教授，对外经济贸易大学全球价值链博士后；郭周明，中国商务出版社社长兼总编辑、国际贸易杂志社社长兼主编、编审；张利国，江西财经大学经济学院院长、教授。

数字平台的网络效应。企业与消费者通过在线交易降低交易成本，同时增加消费者剩余和生产者剩余。但随着平台规模扩大和使用者增多，一阶收益将逐渐递减。而二阶收益来自供给端，即创新平台的二次开发，基于云计算PAAS平台，针对区域、产业和企业的差异化需求进行数字技术的再开发，满足细分行业生产需求或消费者对产品多样化的需求。我国业已在交易平台上取得与美国领导企业平等竞争的比较优势，但是再进一步实现二阶收益时，暂时还没有孵化出如Google、微软或苹果这类具有国际竞争力的创新平台领导企业，因此未来藉由云计算等数字平台推进传统产业的供给端数字化转型将成为促进国内国际双循环的重要抓手。

第三，数字平台将加剧数字鸿沟，而我国尚缺乏与区域自由贸易协定相对应的国内制度体系。数字平台的数字化非竞争性加剧数字鸿沟，造成"赢者通吃"的市场结构。数字平台企业具有领先数字技术或市场势力，可能通过限制中小企业的数字连通性，或者垄断创新性数字系统来获取和巩固其垄断利润。因此，中小企业很容易随着价值链参与度加深而被锁定在以数字化为基础的生产网络低端。RCEP、CPTPP以及USMCA均针对数字经济与电子商务等设定了高水平自由化协定条款，我国相对应的制度和政策散落在不同的法律制度之中，亟待整理成系统，构建完备的监管体系来保障数字平台的良性运行和发展，保障数据和平台在公平竞争的环境下持续创造价值。

二、数字平台的内涵与外延

（一）数字平台的内涵

数字平台是指在互联网技术下，通过双边市场或多边市场构建买卖双方对商品、服务或技术的交易媒介，并构建包含供应商、中间品提供商、物流商、增值服务提供商和消费者等利益相关者在内的商业生态系统。围绕数字平台企业为核心将重构环形价值链，包括后向关联的研发中心、供应商和前向关联的物流商、客户以及不同群组的消费者。数字平台的核心本质是数字市场，作为中介促进生产者和消费者的在线交易。平台产生利润的关键在于，数字平台的网络效应大幅度降低搜寻成本、验证成本、跟踪成本等交易成本，同时还能通过算法并引导消费者的购买行为。

根据数字平台的内涵，可以得到其双重属性：第一，数字平台作为新兴的数字市场，对传统线下市场具有替代作用。根据国家统计局数据显示，2011—2020年间，我国网上零售交易量从0.72万亿元跃升至11.76万亿元，年复合增长率高达32.22%，占我国消费品零售总额比重也由3.9%提升至30%。在线市场日益成为实物商品与无形服务的重要交易平台，甚至对传统线下市场具有替代效应，可能逐渐取代传统市场为消费者和生产者提供交易场所。第二，数字平台通过其价值链治理的核心地位和垄断市场地位可能损害市场配置效率与消费者福利。数字平台的本质是垄断企业，其垄断地位来自网络效应、先进数字技术与标准制定等垄断优势。与传统市场相比，数字市场可以显著降低交易成本，改进生产流程，但价格作为看不见的手调节供求的功能也可能逐渐被算法取代。数字平台通过控制交易数据，再利用算法对消费者需求进行分析和预测，指导供应商的生产行为，甚至通过低价倾销、掠夺性定价、搭售、大数据"杀熟"等系列不正当竞争来损害消费者剩余。

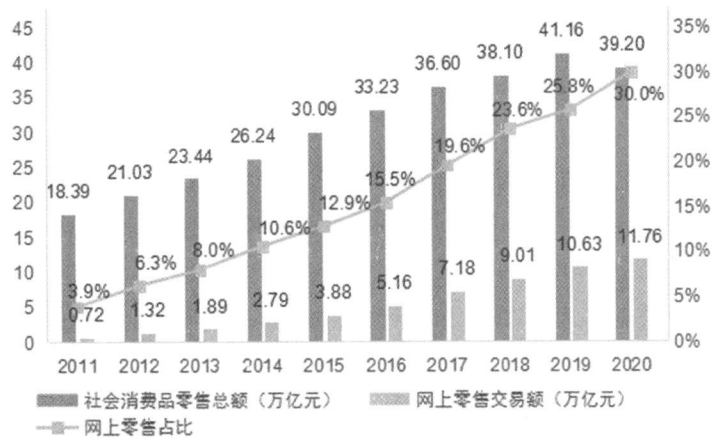

图1　2011—2020年网上零售交易占社会消费品零售总额比值变化趋势

数据来源：国家统计局。

（二）数字平台的外延

本文基于GHS的价值链治理驱动力进行拓展，基于Wu和Gereffi的平台驱动模式进一步拓展，将数字平台按照治理驱动价值链驱动力分为购买者驱动型、生产者驱动型和双向驱动型三种类型。

第一，购买者驱动型数字平台。该类数字平台也称为交易平台，完全以消费者需求为价值链核心驱动力。消费者以平台为媒介搜寻商品和服务并下订单，生产者通过平台将产品或服务交付给消费者。淘宝、亚马逊等电子商务平台就是典型的购买者驱动平台。交易平台通过为供应商、中间品供应商、物流方以及消费者等利益相关者实时共享订单信息，促进其进行密切协同，提供支持和增值服务。其主要增值模式依然是依托双边市场的传统模式，一方面通过直接网络效应产生规模经济，消费者和生产者数量的增加将吸引更多同组的消费者和生产者入驻；另一方面消费者增加还会吸引更多生产者入驻平台，反之亦然，产生间接网络效应的交互作用，直至形成赢者通吃的市场结构。交易平台的最大优势在于可以通过网络效应和轻资产扩张模式快速打造国内一体化大市场，并拓展到区域自由贸易区，快速响应不断变化的市场需求。该类平台的最新趋势是通过定制化需求和柔性生产线结合，消费者的定制化需求通过数字平台进行发布，供应商将传统生产线改造为柔性生产与分布式生产，推动微型工厂加速发展，并提升了智慧物流的市场需求，加速即时制供应链形成（Just-in-Time Supply Chain），以需求端带动供给端的数字技术升级。

第二，生产者驱动型数字平台。该类数字平台也称为创新平台，是指开发数字技术的协同创新环境和构架，该平台的增值环节包括开放式代码编写、操作系统等软件开发、技术标准制定和数字内容生产等，是数字平台创造二阶收益的主要来源。苹果IOS系统、谷歌安卓系统、华为鸿蒙生态系统以及西门子Mindsphere生态系统均是该类型平台的代表。生产者驱动型平台立足于具有巨大竞争优势的先进技术、行业标准或生态系统，在价值链治理结构中占据主导地位，基于平台组织小型供应商或生产者进行开放式创新、向消费者提供具有创新性的技术或服务，并利用技术、标准等优势引导消费者需求。创新平台的典型特征包括：第一，创造价值的重要来源是技术标准和模块化。数字平台企业通过制定国际标准和网络协议来获取和巩固垄断优势，主导创新链的形成。将数字产品变为模块化生产形式，将非核心环节外包给供应商，固化价值链从上到下的治理结构。第二，以研发众包为主要形式的开放式创新，众包对象包括代码、标准设计和产品研发。第三，平台分层。创新平台从低到高分为三层：基础平台，提供基础的硬件架构和编程语言；核心平台，提供标准化的软件系统环境和大数据处理服务，例如云计算平台；应用平台，针对行业异质性和区域异质性需求进行差异化数字应用开发。因此，生产者驱动型数字平台是实现数字化从消费端过渡到供给端，打造数字化供应链，对传统行业企业进行数字化改造的关键。

第三，双向驱动型数字平台。该类数字平台的特征在于其参与者既是生产者又是消费者，数字平台特征表现为同时以生产者和消费者为中心，生产者和消费者之间的界限变得模糊，群组之间也体现为复杂交互的网络效应。典型的双向驱动型数字平台包括微博、Facebook等社交媒体平台、维基百科、知乎等知识共享平台，以及哔哩哔哩、YouTube等原创视频平台。该类平台的增值模式来自于数字产品和服务的价值共创，是企业与消费者通过互动共同创造消费者体验的过程，在满足消费者个性化需求中不断创造新增价值。其典型特征在于零边际成本和每用户平均收入（ARPU）为零，收益的90%以上来自广告收益，消费者不为平台新增成本付费，而是由广告商负担成本，这意味着每笔新销售都直接为收入贡献力量，平台除了支付固定的运营成本，几乎没有新增固定成本支出，能够快速实现低成本扩张。以社交媒体平台为例，存在交互的网络效应符合奥德兹科—提利定律（Odlyzko-Tilly Law）[1]，因此随着参与者数量增加，则将形成指数型增长，甚至出现爆炸性网络效应。在区域自由贸易协定背景下，区域内安慰由于其地理位置邻近，文化背景相似，更容易通过双向驱动型数字平台产生巨大的价值共创效应。

三、数字平台促进国内国际双循环的理论机制

（一）网络效应

网络效应的本质是协同价值，单独客户并不具备该协同价值，但每个新增客户都将带来数字平台网络效应的增加。购买者驱动数字平台明显分为三个阶段，即启动阶段、发展阶段和成熟阶段。在启动阶段，交易者需要承担平台无法跨入发展阶段的风险，为了达到网络临界效应，平台可能需要通过补贴或者提升评价机制等方式降低交易成本，鼓励供应商和消费者交互增加。在发展阶段，消费者开始从希望商品种类增加过渡到对质量和个性化差异诉求提升，同时要求增值服务，因此数字平台应当引导供应商加强管理、优化供应链、提升品牌意识等，激励数字平台继续沿着正反馈效应发展。在成熟阶段，不同圈层消费者出现了深层差异化需求，应当进一步通过平台分层来打造细分市场，同时鼓励供应商提升规模，培育具有明显异质性的品牌效应，同时通过完善平台生态系统来增加消费者使用平台的端口，提升消费者转换成本，增加消费者黏性。

生产者驱动数字平台则是通过垄断关键技术和预测市场需求来主导价值链形态。一方面，创新平台将通过其数字平台技术、数据要素以及标准带来的模块化成为创新链核心驱动力。该类数字平台打造标准化软件开发环境和硬件基础架构，赋予创新者先发优势，包括知识产权、品牌声誉、网络外部性和行业准入的专有权，这种排他性使创新型供应商和研发企业从创新中获得租金和价格加成，打造强大的创新网络。另一方面，创新平台基于海量数据对市场需求进行实时掌握与跟踪。通过控制和分析智能产品的反馈数据来打通与组织外部合作伙伴的数据协同网络，该平台可以缔造数据外部水平一体化网络，为客户提供数字技术服务整体解决方案，从而提供全新增值服务，获取二阶收益。

---

[1]奥兹奇-蒂利定律是根据齐普夫原理将独立个体与其他个体互动的频率推导得到，即人与人之间的互动最频繁或最大项的频率是序列中第二项的两倍频率，是第三项的三倍频率，令一个人与所有其他人之间的交易总数T为：$T = 1 + \frac{1}{2} + \frac{1}{3} + \cdots\cdots + \frac{1}{n}$ $\ln n$，从而得到网络价值为 $V_{0-T}(n) = nT \sim n \ln n$。

（二）开源创新

开源创新是生产者驱动数字平台促进国内国际双循环的重要机制。数字平台将基于IaaS、PaaS等开放式高性能开发平台对工程师和技术人员进行免费或按时租用开放，同时通过发布众包任务，在线组织大型研发活动，标准设计和软件代码编写等共享和协同开发。第一，大幅度缩短创新周期。通过在硬件层和软件层提供开放式标准和接口，能够非常便捷地围绕平台核心模块添加新功能和新模块，并与现有功能进行关联。平台的开源创新使得创建新产品和新服务所需的专业知识大幅减少，创新周期大幅缩短。第二，大幅度降低创新成本。数字平台的开源数字技术还同时降低了生产、管理和交流新知识等入门成本，下游成本和扩展成本，但是却增加了发明成本。成本曲线将呈现固定成本提高，边际成本逐渐趋近于零的水平线特征。第三，同时降低数字创新的扩展成本。数字平台的零边际成本和低运营成本使得它们具有可扩展性，可以覆盖近似无限数量的客户。随着数字平台规模的发展，引入新产品的主要成本将表现为源代码开发成本和平台维护成本。

（三）前向关联

数字平台的前向关联效应主要来自于购买者驱动型平台，即通过数字平台在线服务消费者，通过网络效应降低交易成本来实现销售额扩大。第一，数字平台前向关联方式分为直接参与和间接参与。直接参与是通过跨境电商平台直接出口产品，间接参与是通过为在电商平台上进行出口的大型企业提供中间品来间接出口，从而打通国内价值链与全球价值链的连接。其中，间接出口可以有效降低中小企业出口成本，是前向参与价值链的主要方式。第二，数字平台通过前向关联降低企业分销成本，在价值链下游为企业提供了去中介化的机会。上游供应商和最终产品制造商不再受零售商和批发商的束缚，可以直接连接最终客户。例如，淘宝等购买者驱动型平台通过对接海量需求，催生了众多"淘宝村"，在物流便利、劳动力成本低廉地区促进本地劳动密集型生产网络集群，帮助中小生产商对市场需求快速反应，从而进一步鼓励以分销为核心组织大规模生产。在RCEP的促进下，劳动密集型产业可能想东盟地区转移，而拓展数字平台的覆盖区域将在区域内重新整合价值链布局。未来发展趋势将进一步朝定制化生产、智慧物流与在线营销一体化的"即时制供应链"发展，按照产业比较优势助推我国与RCEP国家的产业互补和产业链重构。

（四）后向关联

传统企业通过数字平台参与价值链的第二种方式是后向关联，即通过数字平台直接进口产品或通过在数字平台上交易的大型跨国企业间接进口。第一，企业从数字平台进口可以带来"上游外溢效应"。通过降低投入品价格、获取创新和技术溢出，通过生产力、创新力和技能三大反馈循环来提高竞争力。由于直接进口存在固定成本，数字平台可以通过其强大的网络效应帮助企业通过间接后向参与，从使用进口产品的当地企业来获得高质量投入品，同时引入新的国外供应商并降低本国市场集中度，打破国内上游供应链垄断。第二，数字平台可以通过大数据算法预测来重构供应链治理结构。数字平台可以将传统的线性供应链改造成以数据分析为核心的一体化供应链生态系统，提高库存控制和新产品开发能力来优化供应链。通过基于物联网（IoT）的传感技术可以实时实现客户需求追踪，通过算法优化大数据分析和预测准确性，再无时延地传输到供应链各个环节，从后向关联角度重塑供应链治理结构。

四、关于数字平台的RCEP协定条款与国内政策比较分析

RCEP已成为全球区域经济合作的新标杆，其高水平自贸条款的实施与生效必将加快我国数字经济

实现国内国际双循环。制度与要素、贸易与产业链、对外开放与国内改革三大循环畅通是建设我国领导型数字平台的关键议题，打造数字产业和数字贸易发展的国内和国际双轮驱动新格局。在数字平台建设上，RCEP主要集中于电子商务章来进行阐述，其受益对象以购买者驱动型数字平台为主，其他两类平台为辅。具体内容包括促进贸易便利化、保护消费者权益与网络信息安全、有条件允许跨境数据自由流动、加强合作对话等，自由贸易协定条款和国内政策对比见表1。

表1　RCEP协定和国内制度关于数字平台的条款比较和改进方向

数字平台相关章节		RCEP协定条款	国内现行政策规定	评价及未来拓展方向
免征关税，以电子方式促进贸易便利化	电子传输暂时免征关税	现有电子传输免征关税，并保留未来调整这一做法的权利，即"暂时性"免关税，政策灵活度较高	根据《财政部海关总署国家税务总局关于跨境电子商务零售进口税收政策的通知》《财政部等11个部门关于公布跨境电子商务零售进口商品清单的公告》，海关总署发布《关于跨境电子商务零售进出口商品有关监管事宜的公告》，跨境电子商务仍是基于电子方式开展的商品交易，而未包含电子传输产品	中国履行RCEP关于电子传输暂时免征关税的承诺并无困难，但仍需针对数字产品制定完整的法律框架
	促进无纸化贸易	接受以电子形式提交的贸易管理文件与纸质版贸易管理文件具有同等法律效力；使电子形式的贸易管理文件可公开获得；在国际层面开展合作，以增强对贸易管理文件电子版本的接受度	海关总署发布《关于进一步推进优惠贸易协定货物申报无纸化》，允许进口人报关时自行选择"通关无纸化"或"有纸报关"方式申报，报关单证均可以电子方式提交	中国无纸化贸易已达到较高水平，履行RCEP相关承诺并无障碍
	承认电子签名与电子认证	RCEP要求除非法律法规另有规定，不得仅以签名为电子方式而否定该签名的法律效力；对于特定种类电子交易，允许缔约方认证方法符合绩效标准或由法律法规授权机构进行认证	2005年实施的《中华人民共和国电子签名法》第三条规定"当事人约定使用电子签名、数据电文的文书，不得仅因为其采用电子签名、数据电文的形式而否定其法律效力"	与RCEP要求相符
加强监管，保护消费者权益与网络信息安全	线上消费者权益保护	制定法律法规，保护电子商务消费者免受欺诈和误导行为的损害或潜在损害；加强负责消费者保护的主管部门间电子商务相关活动的合作，增强消费者保护	2019年，《中华人民共和国电子商务法》第十七条规定，"电子商务经营者应当全面、真实、准确、及时地披露商品或者服务信息，保障消费者的知情权和选择权。电子商务经营者不得以虚构交易、编造用户评价等方式进行虚假或者引人误解的商业宣传，欺骗、误导消费者"	《电子商务法》为RCEP实施提供了重要法律保障

加强监管，保护消费者权益与网络信息安全	线上个人信息保护	制定全面的隐私权和个人信息保护的法律和法规；制定涉及个人信息保护的具体部门法律和法规；制定确保执行企业法人承担的与保护个人信息相关的合同义务的法律和法规；明确规定应发布个人信息保护的相关信息，包括个人寻求救济，以及企业遵守法律要求，鼓励法人通过互联网公布个人信息保护的政策和程序	（1）2020年10月，第十三届全国人大常委会第二十二次会议对《中华人民共和国个人信息保护法（草案）》进行了审议，并公开征求社会公众意见；（2）2021年，《中华人民共和国民法典》第四篇第六章规定"自然人的个人信息受法律保护"，要求个人信息处理"遵循合法、正当、必要原则"；（3）《中华人民共和国网络安全法》第四十条规定"网络运营者应当对其收集的用户信息严格保密，并建立健全用户信息保护 制度"	中国国内法律法规基本符合RCEP要求，但仍需加快推动《个人信息保护法》的出台，构建更加完善的个人信息保护法律体系
	加强国内监管	建立监管电子交易的法律框架，同时努力避免施加任何不必要的监管负担	已建立以《电子商务法》为核心的电子交易法律框架，承认使用自动信息系统订立或者履行合同的行为具有法律效力	基本符合RCEP要求
	加强网络安全	确认网络安全的重要性，一方面是负责计算机安全主管部门的能力建设；另一方面是利用现有合作机制，开展网络安全合作	建立以《网络安全法》为核心的法律体系。2017年3月，发布《网络空间国际合作战略》，积极推进网络安全国际合作	基本符合RCEP要求
促进跨境电商，有条件允许跨境数据自由流动	允许电子信息跨境传输	（1）明确规定不得阻止投资者或服务提供者为进行商业行为而通过电子方式跨境传输信息；（2）也规定了一些例外条件：一是允许基于实现合法的公共政策目标而采取必要的措施，只要适用方式不构成任意或不合理歧视或变相的贸易限制，且必要性由实施政策的缔约方决定；二是允许基于保护基本安全利益而采取任何必需的措施，其他缔约方不得对此类措施提出异议	（1）根据《网络安全法》第三十七条规定，"关键信息基础设施的运营者在中华人民共和国境内运营中收集和产生的个人信息和重要数据应当在境内存储。因业务需要，确需向境外提供的，应当按照国家网信部门会同国务院有关部门制定的办法进行安全评估"；（2）2020年6月，中国正式实施《网络安全审查办法》，对关键信息基础设施运营者采购网络产品和服务进行安全审查	中国允许电子信息跨境传输，但也存在一些限制条件和例外，基本符合RCEP要求，但仍需尽快出台《个人信息出境安全评估办法》和《数据安全管理办法》，进一步完善现有法律体系

续表

| 促进跨境电商，有条件允许跨境数据自由流动 | 不得要求计算设施本地化 | （1）承认各缔约方为保证通信安全和保密要求，对于计算设施的使用或位置可能有各自的措施；
（2）同时明确规定，缔约方不得将使用其境内计算设施或将设施置于境内作为投资者或服务提供者在其领土内进行商业行为的条件，在不要求计算设施位置的同时，RCEP也规定了与电子信息跨境传输条款一样的例外条件，有利于保障重要数据信息安全 | （1）国家网信办2019年公布《个人信息出境安全评估办法（征求意见稿）》，对个人信息出境安全评估的申报、评估程序以及相关合同等内容作出具体规定；
（2）国家网信办同年公布《数据安全管理办法（征求意见稿）》，要求网络运营者向境外提供重要数据前，应评估可能带来的安全风险，并报经行业主管监管部门同意，且要求境内用户访问境内互联网的，其流量不得被路由到境外 | 中国现行条款在特定领域规定了数据设备本地化，仍需进一步完善现有法律体系 |

资料来源：根据RCEP条款和国内相关法律政策规定整理得到。

总体而言，一方面，在RCEP沿用的WTO成员已基本达成共识的第一代数字贸易规则"电子签名""无纸化贸易"和"透明度"等方面，我国现行法律和政策体系已经完全达到和覆盖了相关协定标准。例如，RCEP明确规定了数字环境下知识产权保护，我国现有的《刑法》《民法典》和《商标法》等法规基本涵盖了RCEP高标准知识产权保护条款，也进一步推动了我国法律对特定的数字环境下知识产权保护做出更为详细的规定。同时，RCEP在电子商务章节详尽规定了对电子传输暂时性免征关税，保护线上交易的消费者权益与网络信息安全，有条件允许跨境数据自由流动等，我国基本在《电子商务法》和《网络安全法》框架下满足了RCEP对促进电子商务发展的需求。另一方面，"跨境数据自由流动""数据存储非强制本地化"等条款是属于自由化水平较高的第二代数字贸易规则，其覆盖广度逐渐从购买者驱动数字平台转向生产者驱动数字平台，我国现行法律政策中有相关条款进行规定和保障，但尚未形成完善的制度体系，将是未来进一步进行优化改进，扩大我国数字平台二阶收益的主要方向。

五、RCEP下我国数字平台发展促进国内国际双循环的政策建议

从现有我国数字平台相关法律体系出发，为了更好对接RCEP规则，以数字平台为抓手促进国内国际双循环，应当以提升区域内整体高水平制度供给来促进数字经济的供应链与创新链的循环畅通，以打造我国自贸试验区和自由贸易港作为促进数字贸易和数字产业链互促发展的先行示范区，以提升RCEP自贸协定水平来共同促进对外开放和国内改革的良好衔接。

（一）优化区域数字平台发展的制度体系，围绕数字平台打造供应链与创新链"双循环"网络

RCEP是我国首次在国际协定中以负面清单力度来做出高水平服务贸易的开放承诺，在数字贸易规则领域强化了竞争法律法规的有效执行，增强区域内各国企业公平竞争的一体化大市场活力。RCEP还带来知识产权激励效应，通过加强对商标、专利和数字环境下知识产权保护，为知识密集型的数字技术外资企业打造更为安全透明的营商环境，鼓励数字要素在区域间自由流动。

第一，围绕领导型生产者驱动数字平台构建区域开放创新系统。对以数字经济为代表的高科技产业

来说，最大的应用市场在中国，要以高水平开放扩大我国现有数字平台规模，发挥我国数字要素禀赋优势。与RCEP成员国加强务实合作，通过高水平自贸协定扩大数字技术外溢效应，围绕生产者驱动数字平台共同打造开放的数字技术和产品供应链合作网络。

第二，围绕数字平台构建高效区域产业链和供应链。与"一带一路"倡议深度融合，鼓励企业采用物联网和人工智能技术推动海关便利化，促进新型跨境物流发展，将传统价值链改造为定制化与批量化深度融合的即时制供应链，提升区域内消费者体验和福利。鼓励区域内数字平台企业通过交叉投资，监管合作进行深度捆绑，签署互认协议（MRA），互相承认对方的电子、无线电和电信终端设备的认证有效。

第三，对跨境数据流实施有效保护，保障创新主体权益。借鉴CPTPP，EPA和USMCA确立的区域性数据流动规则，率先在自贸试验区和自贸港内试行推动个人数据隐私分级管理，构建促进数据自由流动和隐私保护相协调的个人信息保护制度。确保投资者权益和数字技术的开放性创新环境，包括保护源代码，监管协调和双向数据流畅通。对RCEP成员国开放创新前瞻计划，通过专属授权使得数字技术和产品创新主体优先分享知识产权收益，提高创新主体研发动力，形成围绕数字平台的数字技术供应链和创新链协同发展的集聚效应，建立更加广阔和活跃的数字交易市场。

第四，利用平台分层先行突破数字应用层面的创新。鼓励数字企业基于国际数字平台已经构建好的基础平台和核心平台，利用应用平台开发差异化的数字应用，来满足我国不同区域不同行业的企业数字化流程改造的需要。

（二）建设RCEP先行示范区，以数字平台为抓手促进贸易与投资双向循环畅通

中国加入WTO之后，已经逐渐取代日本成为了东亚价值链中心国家，随着RCEP建立世界上最大的自由贸易区，将进一步释放区域内贸易自由化红利。一方面，RCEP协定生效后，将与中国与RCEP成员之间现有的双边FTA形成互补，进一步产生叠加的贸易优惠效应，扩大贸易规模。另一方面，以跨境数据流交易和跨境电子商务为代表的数字贸易将重塑我国外贸比较优势，进一步夯实中国亚洲价值链的中心枢纽地位。

第一，将我国现有自贸试验区和自由贸易港打造为发展数字平台跨境合作的制度高地。加快将我国自由贸易试验区、自由贸易港打造对外开放的重要窗口和创新高地，积极对标RCEP高标准规制要求，先行先试，推进数字平台创新发展试点开放，提升传统贸易数字化水平；推进粤港澳大湾区数字平台建设，打造国内前沿数字平台投资合作聚集区，为数字平台发展持续提供高质量制度供给，打造高效国内价值链的前沿高地。加快海南自由贸易港和广西自由贸易试验区的跨境电子商务平台全面开放试点，对照RCEP协定标准，加快优化跨境电商平台的供应链和流程管理，提高贸易便利化水平。其次，拓宽与区域成员的数字平台跨境合作广度与深度。

第二，拓展与东盟等RCEP成员数字平台合作的深度与广度。尽快实现中日韩跨境数字贸易合作的新突破，整合各国平台资源，重新调整区域内产业链布局。例如，充分利用我国互联网优势，与日本充分加强在电子商务、机器人和智能制造等战略新兴领域的合作，积极引入数字技术创新企业进行跨国合作研发以及在华投资。

第三，打造RCEP区域数字平台协同生态系统，加快亚洲价值链一体化建设。充分利用RCEP服务贸易开放承诺和促进平台经济发展的经贸规则标准，与东盟等RCEP成员共同打造数字平台协同发展共同体，推动RCEP区域在全球制造业中心的基础上构建全球数字与服务经济中心，大大加快亚洲价值链一

体化进程。

（三）加快RCEP自贸协定升级，促进高水平开放与国内制度改革的循环畅通

中国作为RCEP成员中最大的经济体，国内市场容量接近美国，是吸引其他成员国参与RCEP的重要磁场，也是拉动RCEP区域经济发展的重要引擎。进入新发展阶段，我国扩大开放的重要标志是由商品和要素流动型开放向规则等制度型开放转变。RCEP促进国际协议规制与国内政策融合，着力推进我国现行规则、规制和标准等与国际通行做法对接，形成制度型开放的重大突破。

第一，构建以数字市场的竞争政策为基础的监管体系。首先，尽快明确数字平台的数字市场本质，将平台监管纳入制度建设范畴。数字平台以私营身份运营数字市场，极有可能因为追求垄断利润导致市场失灵。其次，扩大消费者剩余范畴来应对数字市场新型监管要求。传统的价格监管来限制垄断的方式可能失效，是因为数字商品具有免费商品属性，领导型数字平台也可能借助掠夺性定价方式通过低价逼退对手。因此，需要扩大消费者剩余的范畴，包括消费者隐私、个人数据保护、消费者选择、转换成本和锁定效应等，来考察数字市场是否因为寻租而伤害消费者福利。

第二，依托现有RCEP条款，建设发展中国家参与高标准贸易协定的范本。中国应与其他成员国共同积极履行RCEP协定的承诺与义务，积极开展能力建设和经济技术合作。以RCEP协定电子商务章为基础，对标CPTPP等更高标准的贸易协定，在跨境数据流动、数据存储本地化和电子传输等领域加快国内关于数字平台的制度改革。加快我国在互联网个人信息保护、电子信息跨境传输规制、免除计算设施本地化等方面尽快出台更加详尽的法律法规，构建数字企业自由贸易和投资的公平营商环境。

第三，帮助RCEP成员尽快推进国内制度体系构建和优化。在数字平台反侵权、商标电子申请和注册等领域对柬埔寨、老挝、缅甸、越南等国给予人员培训和技术援助等支持，帮助其逐步接受更高标准的知识产权保护规则，推进区域内各国制度高水平开放。加强RCEP推广宣介，与自贸伙伴合作建立区域自贸协定文本与市场准入承诺的公共数据库，为各国投资企业在当地合规利用FTA条款、规避投资和创新风险等提供免费宣讲与咨询服务，形成自贸协定应用的良好示范。

第四，推动RCEP与其他区域贸易协定合作，产生政策叠加效应。在推动RCEP生效实施的基础上，加快中日韩自贸区以及中国与蒙古、以色列、海合会成员国等自贸协定谈判，积极探讨加入CPTPP的可行路径，促进RCEP与CPTPP协定规则的协调合作，推动形成更大范围的亚太自贸协定。

成果创造人：裘莹、郭周明、张利国

京东集团发挥新型实体企业优势
"以实助实"战略的实施与思考

京东集团

党的十八大以来，习近平总书记多次强调实体经济的重要性，强调"不论经济发展到什么时候，实体经济都是我国经济发展、在国际经济竞争中赢得主动的根基"以及"促进数字技术与实体经济深度融合，赋能传统产业转型升级"。《"十四五"规划和2035年远景目标纲要》提出，要"充分发挥海量数据和丰富应用场景优势，促进数字技术与实体经济深度融合，赋能传统产业转型升级，催生新产业新业态新模式，壮大经济发展新引擎"。京东集团作为同时兼具实体企业基因和属性、拥有数字技术和能力的新型实体企业，不但自身在各项实体业务上全面推进，还以扎实、创新的新型实体企业发展经验助力实体经济高质量发展，走出一条"以实助实"的京东特色之路。

一、京东发挥新型实体企业力量"以实助实"的实施背景

（一）壮大实体经济发展的时代要求

实体经济是国民经济的基石，实体经济健康发展是防范化解风险的基础。党的十九届五中全会提出，坚持把发展经济着力点放在实体经济上，坚定不移建设制造强国、质量强国、网络强国、数字中国，推进产业基础高级化、产业链现代化，提高经济质量效益和核心竞争力。"坚持把发展经济着力点放在实体经济上"的重要表述是以习近平同志为核心的党中央基于两个大局的全局性重大战略判断做出的，进一步明确了"十四五"时期振兴实体经济对全面建设社会主义现代化国家的重大战略意义。对中国经济而言，要在新常态下"稳中求进"，就必须勇于创新，依靠创新推动实体经济高质量发展，推动产业基础高级化、产业链现代化，发挥协同联动的整体优势，全面塑造创新驱动发展新优势。

（二）京东基于自身能力和定位的必然选择

随着科技与数智化发展，京东数智化社会供应链作为新一代基础设施有利于连接和优化社会生产、流通、服务的各个环节，降低社会成本、提高社会效率。另一方面，除了18年来建起的覆盖全国的供应链基础设施，京东还选择开放自身积累的数字技术和能力，以技术和基础设施能力为数百万合作伙伴打开增长的新空间。

2020年初，京东将战略定位正式升级为"以供应链为基础的技术与服务企业"，提出面向未来十年，打造数智化社会供应链基础设施，并充分发挥数智化社会供应链能力，持续推动助力实体经济、提升社会效率、促进环境友好三大长期目标，以创造更大的社会价值，营造高效、公平、和谐的美好社会环境。

图1　京东企业社会责任战略框架

（三）京东壮大自身实体经济发展的内在诉求

实体经济是京东高质量发展的根基。京东生长于实体经济，服务于实体经济，扎根于实体经济。近40万员工服务着5.32亿消费者，拥有800多万个活跃企业用户，拥有超过900万SKU的自营商品，以及数万家线下实体门店。京东理所当然期待中国实体经济的蛋糕不断做大做强。京东的实体属性，主要体现在以下四个方面：

1.物流基础设施的重资产投入

京东建设了32座"亚洲一号"大型智能仓库。同时，建设冷链物流体系，在18个城市落地40多个多温层生鲜仓，在北京建设了11座多温区冷库，总面积超过15万平方米。截至2021年6月30日，京东物流运营约1200个仓库，仓储总面积约2300万平方米，服务触达超55万个行政村，全国92%区县、84%乡镇实现"当日达"或"次日达"。

2.与平台企业赢利模式的本质区别

平台企业做的是收租的生意，靠的是赚取巨额佣金；京东做的是类似大卖场的生意，帮助品牌商卖货，是零售商的薄利多销模式，利润率很低，经营利润率仅为2%左右。收租利润远高于卖货利润，部分平台企业的净利润率水平甚至超过30%。由于商家营收计入京东营业收入，表面上看京东营业收入比某些平台企业高出很多，但利润率远低于平台企业。加上自建物流体系的高成本投入，也让京东相较其他平台企业处于较不利的竞争地位。在一些平台企业看来，京东干的是最苦最累的活。但京东相信这些投入具有公共性和外部性，相信京东模式带给实体经济、消费者和全社会的增量价值。

3.城乡大量实体店的布局

目前，七鲜超市、京东家电超级体验店、京东家电专卖店、京车汇、京东母婴生活馆、京东大药房等多种线下业态在全国开店数量达到数万家。京东便利店在全国1.1万家。京东家电专卖店数量超过1.5万家，实现对全国行政村的深度覆盖。京东通讯专卖店数量逾600家。七鲜超市在全国开店49家。

4.重实体模式吸纳大量就业

京东员工总数已近40万人，从事分拣、仓储、配送等一线员工达到19万人。在京东仓库工作的是大量新生代蓝领工人，包括从事自动化设备维护维修类人员、中控系统控制人员、现场自动化设备操作人员等。与一些平台企业让配送员在网络注册、双方没有法律意义上的直接劳动关系不同，京东这些配送员都是正式员工，京东与他们签订正式劳动合同并为其缴纳"五险一金"。

二、"以实助实"的京东模式的内涵及做法

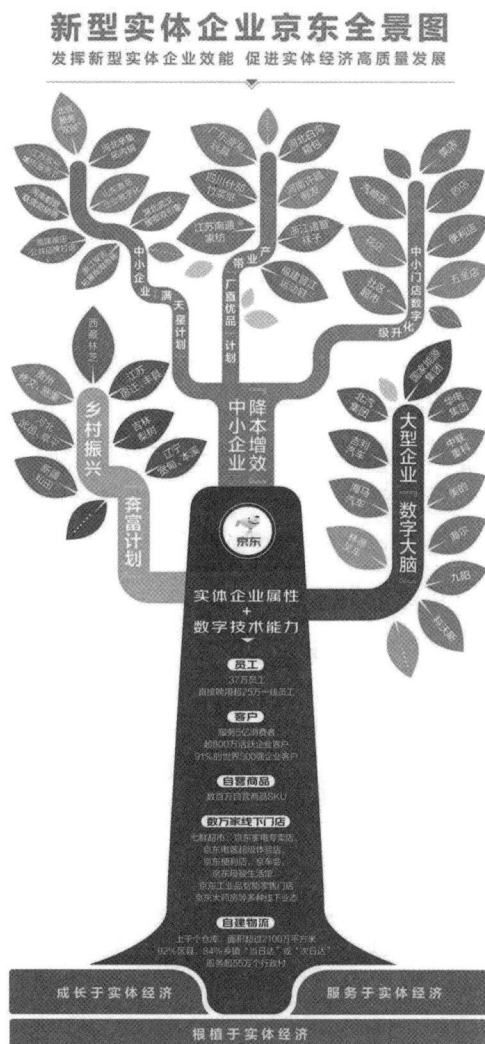

图2 发挥实体经济效能，促进实体经济高质量发展，是京东作为新型实体企业的价值所在

无论是服务大型企业数字化转型升级、中小微企业降本增效，还是乡村振兴，京东都取得了很多"以实助实"的丰硕成果。

（一）京东植根实体经济，引领大型企业数字化转型升级

1.以反向定制模式助力"中国智造"，推动高质量发展

加快发展智能制造是推进信息化和工业化深度融合、推动中国制造迈向高质量发展的必然要求，而C2M模式的兴起正成为产业互联网时代制造业数字化转型的重要契机。C2M又称"反向定制"，是以工厂直接对接消费者需求为特征的新型生产制造和商业形态。2019年，京东建立C2M平台，在B端厂商和C端用户之间搭建了一条信息通道，真正实现以用户需求驱动产品开发和生产制造；2020年，京东发布"C2M智能工厂"计划，覆盖从需求分析到销售服务的全流程环节，服务中国制造的智能化转型。作为最早布局C2M的企业之一，京东将丰富的能力和资源开放给众多品牌商，打造一个开放共赢的生态，为合作伙伴创造价值，为推动中国制造业数字化转型，提升行业的竞争力，助力实体经济发展打造一条

快速路。2020年"618"期间，京东与国内某顶尖电器生产商合作推出全球第一款全自动化、智能化的C2M反向定制冰箱，令上市周期缩短83%以上，该产品在当月上市冰箱中销量冠军。

2.以数智化的服务支持，实现"强链""补链"

工业产业行业特殊、供应链复杂，京东通过数字化技术链接和优化供应链环节，以商品数字化、采购数字化、履约数字化、运营数字化帮助工业企业降库存、控成本，提升生产效率和精细化管理水平。

京东以长期服务企业客户积累的成熟采购管理技术能力和管理模块，结合工业行业特点，重构工业品采购底层逻辑，重点打造京东工采、智能履约决策等数智化解决方案，有效解决了工业品采购因品类繁多、规格参数复杂、描述缺乏"统一标准"等造成的选型难、寻源难问题，为工业企业提供更优综合价值的采购管理服务。

京东聚焦工业品服务"最后一公里"，吸纳大量行业优质合作伙伴，构建起覆盖驻厂、末端供应链、专业品类场景的服务体系。其中，驻厂服务可现场为客户提供专业化采购建议及商品售前咨询服务；末端供应链服务可通过前置仓、企配仓、智能柜等多种方式，满足企业对履约服务的差异化需求；此外，还联合各地服务商提供属地化的调试、安装、维修服务，确保售后服务及时响应。

3.以全供应链服务和物流科技解决方案，推动行业降本增效

京东物流既拥有遍布全国的物流网络和长久投入形成的科技能力，同时还拥有天然的商流基因和独特的行业洞察。这意味着京东物流的一体化供应链能力，不仅能为大型企业客户提供高效的仓配送能力，还可以参与到客户的整个决策，用供应链的视角对各个环节进行审视，思考怎么帮助客户实现全局最优，而不是局部最优。截至2021年6月30日，京东物流运营约1200个仓库，包含京东物流管理的云仓面积在内，仓储总面积约2300万平方米。京东物流已为超5万家企业提供一体化供应链服务。

面向大型企业，京东发挥供应链与技术服务能力，满足汽车、能源、机械、家电等众多实体产业数字化升级需求，做"数字大脑"力促提质、降本、增效。

在汽车行业，京东围绕研、产、供、销、服的全链条为北汽集团提供数智化供应链服务。在机械行业，京东科技为中联重科打造"泵送机械AI专家诊断系统"，每年为售后团队节省故障排查时间4200小时、为研发团队节省电话支持时间2000小时，单次设备维修时间缩短了20%以上。

此外，超过1000家制造企业通过京东打造C2M反向供应链，从消费者差异化需求出发驱动生产，不仅提升了新品开发能力，也更好地满足消费者多样化、定制化需求，有利于推动消费升级和制造业转型。未来三年，京东将为超过10000家制造企业打造C2M反向供应链。

（二）京东发挥资源优势，服务中小企业降本增效

对我国经济而言，中小企业是国民经济和社会发展的生力军，其价值不仅仅在于对GDP的贡献，更在于其能够容纳就业，稳住最大的民生。中小企业的健康高质量发展，不仅需要中小企业在转型升级中提高自身价值链、聚焦主业增强竞争力，也需要更多新型实体企业来"助攻"。

1.构建产业生态圈，服务专精特新企业"强链补链"

在中小企业群体中，专精特新"小巨人"企业长期深耕细分领域，专业化程度高、创新能力强，是产业发展的"排头兵"。工信部最新数据显示，目前我国已经培育了三批共4762家专精特新"小巨人"企业，带动各地培育省级"专精特新"中小企业4万多家。

为了更好地帮助中小企业冲刺"小巨人"，从政府到产业，各方都推出了多种举措，助力中小企业向专精特新，进而向"小巨人"方向发展。作为新型实体企业，京东已建立起覆盖全国的供应链基础设

施，为专精特新"小巨人"企业高质量发展提供助力。

在供应链合作方面，京东通过开放共享，协助专精特新企业与自身供应链产生深度协同，帮助企业构建高质量的客户服务能力，达到对专精特新企业"补链"的效果。

在产业生态圈打造方面，针对专精特新企业深耕行业的特性，京东将其纳入到京东企业业务服务商体系，拓展其服务大型企业的空间。通过不断提供专业应用场景，强化、提升专精特新企业在各自领域的技术服务能力，从而达到"强链"的效果。

在创新协同方面，京东打造大中小企业融通发展标杆模式，在北京、广东等专精特新企业高浓度城市承办企业创新服务专项赛，向参赛企业项目分享自身技术见解，并对获奖企业进行资源倾斜，助力专精特新企业创新发展。

2.打造"一城一策"服务，激发中小企业内生动力

面向中小企业提供的服务也需要因地制宜，针对不同区域企业的差异化需求，整合、匹配与之相应的资源和服务。京东的供应链连接着百万级的社区超市、菜店、花店、药店、汽修店、五金店等，以及全国各地产业带的制造工厂，能准确洞察各地中小企业的发展痛点。

根据不同区域中小企业的发展需求，京东以城市为单位，联合各地政府机构、商协会、SaaS服务商、品牌厂商打造"一城一策"城市专项服务。2020年12月，工信部中小企业发展促进中心联合京东发布全国性中小企业服务行动"满天星计划"，重点关注中小企业的可持续发展，通过降成本、拓销路、人才培养等多种手段打造长效服务模式，在"输血"基础上实现企业的自我"造血"。截至目前，以"满天星计划"为主的城市专项服务已覆盖全国27个中小企业高浓度城市。

在河北省，以服务特色产业带中小企业为重点，京东陆续在多个地区落地服务行动。以"箱包之城"白沟为例，京东在消费市场与企业市场同时发力，为当地7.5亿只箱包打造产业上行"绿色通道"。在广东省，京东运用新型营销方式启动中小企业专场直播，在该省7地市开展百场粤商直播秀，目前已为500家专精特新"小巨人"企业打造直播带货的线上阵地，为当地中小企业快速向直播特色化电商转型做出良好示范。

（三）京东"以实助实"，夯实乡村振兴基石

1.实施农产品品牌化，推动形成农产品优质优价的正向激励机制

以品牌化为核心增加农产品溢价。京东在河北武邑、江苏泗洪、河北阜平等地推动"跑步鸡""游水鸭""飞翔鸽"等项目，从金融、种植养殖、加工、品牌包装、物流、营销推广、技术追溯等各环节介入，打造绿色、安全农特产品的规模化、标准化生产和销售，培育农产品品牌。

京东还通过原产地直采＋自营模式，利用京东信誉为农产品背书，大幅提高农产品质量安全和销售溢价。京东先后推动苍溪红心猕猴桃、宁陕野生猕猴桃、百色芒果、阜平香菇、丹寨酸笋、满洲里羊肉、抚远鲟鳇鱼、同江马哈鱼等几十个贫困县的数百个农产品向规模化、品质化和品牌化方向发展，带动参与项目的农民人均增收2000多元。以京东2016年在河北武邑县落地的"跑步鸡"项目为例，"跑够100万步"才上市成为"跑步鸡"的网红标签，在京东平台经常上架就被抢空。"跑步鸡"作为武邑县贫困户参与度最高的项目，每只"跑步鸡"最高售价达188元，贫困户饲养每只鸡可获利40元左右，每个贫困户平均可受益3000元。近千户贫困户因此受益。2021年2月全国脱贫攻坚总结表彰大会上，京东"跑步鸡"项目所在地河北武邑县成为"互联网＋产业扶贫"的范本之一获得表彰。

2.大力推动形成农产品优质优价的正向激励机制

坚持把农产品的质量做上去、品质做上去。农产品质量越高，消费者越满意，农户的收益相对更高，就更愿意改善生产，从而提供更多高质量农产品，形成从产到销的正向循环。举例而言，在江苏丰县，京东与当地共建数字化生产基地，导入京东智能化管理，包括建立京东农场的生产管理标准，搭建全程可视化的溯源体系，再加上京东的物流、配送和销售渠道，让当地苹果销售有了明显提升。当地苹果良品率提升了20%，每斤售价也由原来的2元增长到5元。

3.与全国110个国家级贫困县直接签署扶贫合作协议

开设各级扶贫特产馆250多个，设立扶贫频道，全力推动贫困地区产品上行。帮助全国扶贫地区上线300余万种商品，实现扶贫销售额超1000亿元，直接带动超100万户建档立卡贫困户增收。

4.物流普惠、基建助力，服务偏远地区脱贫致富

众所周知，农村地区物流基础设施薄弱、运营效率低，配送体系建立相对缓慢。京东物流大幅提升了贫困地区农产品与外部消费市场的对接能力。

5.成立农产品滞销帮助中心，解决全国每年大量出现的农产品滞销问题

几年来，京东先后帮助化解剑河土鸡、庆阳苹果、乾县酥梨、乌兰察布鸡蛋、永胜大蒜等几十起滞销事件。

6.以京东技术优势的注入，为农产品提质做保障

举例而言，在跑步鸡项目上，京东在业界率先使用了区块链溯源及鸡脚环等物联网技术，对跑步鸡160天的全养殖周期进行监测，通过互联网技术对于养殖过程进行追溯，保证产品的绿色、健康。针对国内养殖业基本全靠劳动者个人经验、智能化程度低的现状，京东大力推动"AI养猪"，以AI猪脸识别、IoT、区块链等数字科技手段，实现了机器人饲喂、全程可溯源。"AI养猪"把生猪出栏时间缩短5～8天，把每头猪的饲养成本降低80元，推广到整个中国养猪业每年可以节约行业成本至少500亿元。

三、京东"以实助实"促进实体经济高质量发展思考与启示

（一）京东发挥新型实体企业效能，创造社会价值

通过以上"以实助实"的实践，我们感受到，这种发展模式不但对促进京东自身发展非常重要，也为全社会降本增效、产业数字化转型、乡村振兴战略的实施发挥着力量，也取得了一些成绩。主要有：

1.京东携手社会各界所共建的全球智能供应链基础网络（GSSC），不但支撑着京东的业务扩展，也直接助力着全社会降本增效

纵观全球零售市场，目前，拥有自营超百万量级SKU的零售公司只有亚马逊和京东，其中，京东物流已将库存周转天数降低至31天，这一数据已处于世界领先水平。此外，京东物流使京东零售近90%的自营订单实现了当日或者次日送达。京东物流以扎实的物流基础设施、创新的技术应用和深厚的商业洞察三大能力为基石，帮助品牌优化存货周转时间、应对不同时期消费需求的剧烈波动、合理部署海量库存，从而实现以京东物流一体化供应链物流服务整体助力客户降本提效，全面优化供应链网络。

2.京东不断发挥基础设施价值降低数字化门槛，助力中小企业跨越"数字化鸿沟"

当前中小企业已成为数字产业化先锋力量和产业数字化重要承载，不过，中小企业并不会为数字化而数字化，而是针对自身的突出问题应用数字化工具来解决。但受制于规模、资金、人才等因素，部分中小企业存在"不会转、不能转、不敢转"的障碍。京东充分发挥其基础设施价值，降低企业数字化转型门槛，助力中小企业跨越"数字化鸿沟"。根据企业的不同需求，京东通过打造"数字化工作台"向

企业提供轻量化数字应用工具，帮助中小企业实现更低成本、更高效率企业经营管理。

3.京东多环节赋能农村农业，助力脱贫与乡村振兴

面向乡镇农村，京东从2016年在河北武邑县打造跑步鸡开始，介入养殖、加工、品牌营销、物流、技术追溯等环节，陆续打造出游水鸭、飞翔鸽、游水鱼、跑山猪等标准化的农特产品，形成品牌化的京东扶贫产品矩阵，在全国更多地区推广复制，有效促进了当地农民增收致富。京东的扶贫助农涉及种养殖、加工、品牌营销、物流、金融、服务的现代农业全价值链，支持农村构建起可持续发展的产业能力，使贫困农村从"接受输血"转变为"具备造血"能力。

京东新型实体经济企业的属性和能力，使其能帮助农村地区打造产业链、供应链、生态链的闭环，即从全供应链的帮扶机制入手全面扶持扶贫产业带，并发挥自身在产业投资等领域的资源优势，以产业互联网能力赋能农业。

（二）京东"以实助实"发展规划与路径

2021年是我国"十四五"规划开局之年，也是迈向社会主义强国建设新征程的起步之年。今年更是中国2020年向世界承诺"2030年碳达峰、2060年碳中和"的"双碳"目标的首个完整年度，中国经济要向着更加绿色、更可持续的方向发展。对京东而言，后疫情时期既具挑战又充满机遇，是企业重要的发展、转型期。面临新经济形势，如何持续发展，也是京东思考的问题。京东将在以下方面不断努力：

1.京东将在一体化供应链物流服务上不断发力，推动物流行业朝向自动化、数字化、智能化转型升级

随着物流与供应链产业逐渐进入以数字化引领的新时期，物流与供应链创新在构建现代经济体系中的作用日渐凸显。在这一特殊背景下，一体化供应链物流将成为企业高质发展的增长点、数字化转型的着力点、端到端效率的新引擎，创造长久而深远的价值。一体化供应链物流服务既可以提供覆盖贯穿供应链战略到执行的解决方案，又可以提供从方案到网络到运营的一体化落地支撑。

2.京东将以"奔富计划"为引领，帮助农村地区产业实现跨越式发展

京东已在2020年10月提出全面的"奔富计划"—致力于将长期以来打造形成的"新一代基础设施"向农村地区开放，发挥自身供应链、物流、金融、技术、服务等五大核心能力，从智慧农业、新基建打造、产业带帮扶、供应链赋能、金融支持、生态体系等方面入手，打通农村全产业链条，帮助农村地区产业实现跨越式发展，推动乡村振兴，力争带动农村实现万亿产值成长。

3.京东将带领上下游合作伙伴在绿色发展上发力，助推可持续发展

围绕至2030年实现碳排放总量比2019年减少50%的减碳目标，京东物流2021年10月宣布将重金投入绿色低碳的一体化供应链建设，使未来五年京东物流自身碳效率提升35%。京东物流还将携手上下游合作伙伴共同采取三大举措，合力推进全环节循环包装使用、全国重点城市清洁能源汽车上路，全链条生产运营管理数字化。此外，京东还将通过绿色消费倡导，带动品牌商和消费者共同践行低碳环保，助推我国"双碳"目标实现。

京东是一家同时具备实体企业基因和属性、拥有数字技术和能力的新型实体企业。京东根植于实体经济，成长于实体经济，服务于实体经济，凭借扎实的零售和物流基础设施、数智化社会供应链和创新的技术服务能力，在服务乡村振兴、推动大型企业数字化转型升级和中小企业降本增效方面，发挥了重要作用，为业界提供了可以借鉴的经验，为我国实体经济高质量发展做出了重要贡献。

成果创造人：京东集团

"双三角"理论框架下国有电力企业高质量发展路径研究

国网能源研究院有限公司

一、背景与意义

（一）我国将形成"经济—能源—环境"三者同步重大调整的局面

党的十八大以来，面对国际国内形势发生的复杂深刻变化，以习近平总书记为核心的党中央对能源安全、经济社会绿色发展、能源转型等作出了一系列重大战略部署，提出了"四个革命、一个合作"能源安全新战略、构建以国内大循环为主体、国内国际双循环相互促进的新发展格局、"碳达峰、碳中和"等多重战略目标。在国家多重战略目标叠加下，我国将形成"经济—能源—环境"三者同步重大调整的局面，即同步实现新发展格局—以新能源为主体的新型电力系统—碳达峰、碳中和。电力行业作为现代化经济体系的重要组成，保障能源电力安全的关键环节和绿色低碳发展的重点行业，在同步重大调整过程中必将成为各方关注的焦点，电力企业作为行业主体也必将面对诸多机遇与挑战，特别是国有电力企业必须发挥关键作用。

（二）多重战略目标下电力企业发展机遇与挑战并存

当前，我国开启全面建设社会主义现代化国家新征程。进入新阶段，站在新起点，面对新形势，电力企业发展迎来一系列新的历史机遇。

一是能源电力消费稳定增长带来重大机遇。我国加快构建"双循环"新发展格局，伴随着乡村振兴、西部大开发和区域协调发展等战略同步深入实施，我国内需潜力将不断释放，能源需求将保持持续增长。同时，随着能源清洁低碳转型深入推进，电气化水平不断提高，电力消费需求也将保持快速增长，预计"十四五"期间全社会用电量年均增速超过4.8%，给电力企业发展带来重大机遇。

二是坚持扩大内需带来重大机遇。扩大内需是国内大循环畅通运行的战略基点，也是满足人民群众美好生活需要的根本保障。从扩大投资和提升消费两大主要途径看，均需要加快电力基础设施建设。一方面电力基础设施项目整体规模大，能够稳定社会基本投资预期；另一方面可以通过基础设施建设提供高质量、多元化的电力商品，创造电力消费需求，拉动消费增长。因此，扩大内需给电力企业投资建设基础设施带来重大机遇。

三是碳达峰、碳中和目标带来重大机遇。习近平总书记强调实现碳达峰、碳中和是一场广泛而深刻的经济社会系统性变革，要把碳达峰、碳中和纳入生态文明建设整体布局。构建清洁低碳安全高效的能源体系和以新能源为主体的新型电力系统，释放出加速能源电力系统清洁低碳转型的强烈信号。这给电力企业推动能源生产清洁化和能源消费电气化，推动全社会绿色低碳转型带来重大机遇。

四是构建以新能源为主体的新型电力系统带来重大机遇。构建以新能源为主体的新型电力系统是碳达峰、碳中和背景下能源安全新战略纵深推进的标志性目标，为电力发展指明了方向。这一目标将全面促进电力领域的技术创新、产业创新和商业模式创新，同时新能源、电网、储能等相关产业领域将获得更大的资金和市场关注，给电力企业提升创新活力与产业升级带来重大机遇。

但也要清楚认识到，电力企业在助力同步实现新发展格局—以新能源为主体的新型电力系统—碳达峰、碳中和过程中也面临一系列新的挑战。

一是高水平对外开放合作面临挑战。在"逆全球化"思潮和我国传统要素成本优势弱化的大背景下，新发展格局要求对外合作从商品、要素的跨国流动转向以机制对接为重心，从资源、技术、市场"三头"在外转向以我为主、国际嵌入的全球产业链分工方式。一方面，我国新能源、储能等产业的资源和市场对国外依赖严重，部分电力产业领域仍存在"卡脖子"技术制约；另一方面，我国在参与全球能源治理体系中影响力不足。电力企业实现高水平对外开放合作面临巨大挑战。

二是电力安全保障面临挑战。在传统电力系统向以新能源为主体的新型电力系统转型升级过程中，电力企业保障电力安全面临巨大挑战。一方面，电源结构从以煤电等传统稳定电源为主转变为以新能源等随机性、波动性电源为主，我国电力需求冬、夏"双峰"特征愈发明显，电力平衡难度不断增大；另一方面，新能源大规模替代常规发电机组，致使电力电子设备广泛接入，改变了传统电力系统的物理形态和运行特性，电力系统运行控制难度显著增大。

三是可持续发展面临挑战。"双循环"新发展格局和构建以新能源为主体的新型电力系统均要求电力企业保持持续、稳定和规模化投入，但受国际疫情持续蔓延、经济下行压力加大、政策性降价等因素影响，电力企业盈利能力下降，对投资的支撑能力有所弱化，给电力企业可持续发展带来严重挑战。

（三）多重战略目标下电力企业高质量发展迫切需要进行深入理论分析

面对机遇与挑战并存的发展环境，如何把握机遇、应对挑战，实现高质量发展，是电力企业乃至整个电力行业需要回答的时代命题。但是，包括电力企业在内的各方对如何同时处理好能源安全新战略、服务构建新发展格局、助力实现"双碳"目标、构建以新能源为主体的新型电力系统等多重战略目标的认识不尽相同，高质量发展路径尚不明确。究其原因，在于多重战略目标下，"经济—能源—环境"三者之间的耦合关系更为紧密、相互作用更加复杂，但目前缺少一套理论工具和分析方法能够对这些变化进行系统性分析，帮助电力行业和企业明确高质量发展的内在要求。因此，电力企业为实现高质量发展，首先需要加深对于"经济—能源—环境"三者关系的理论认识。

实际上，不同战略目标往往直接作用于经济、能源和环境中的某一个子系统，然后通过三者之间的联动关系对其他子系统产生影响。因此，为分析多重战略目标下电力行业和企业高质量发展的内在要求，首先需要置身于整个能源系统，一方面从外部"经济-能源-环境"系统层面进行分析；另一方面从内部"安全性-经济性-清洁性"平衡关系层面进行分析，综合得出多重战略目标下能源系统在发展方式、发展任务或发展空间等不同方面的变化，在此基础上结合电力行业自身特点及在能源系统中的位置，进一步明确这些变化对于电力行业和企业的发展要求，从而为电力企业高质量发展指明具体方向。

二、电力企业高质量发展的理论分析与思路研判

（一）"双三角"理论框架

为从内外两个层面对能源系统发展进行分析，立足于现代能源经济、能源供给侧结构性改革、能源

高质量发展等中央对能源行业的相关部署，构建了由"可持续发展三角""能源不可能三角"构成的"双三角"理论框架，分析多重战略目标下能源系统发展面临的变化，研判电力行业及企业高质量发展的具体方向。其中，能源系统外部的"可持续发展三角"用于描述"经济—能源—环境"三者的联动关系；能源系统内部的"能源不可能三角"用于描述能源系统自身发展在安全性、清洁性与经济性之间的平衡关系。

"可持续发展三角"方面。从能源-经济关系看，能源是经济社会发展的物质基础，能源的供应保障、供能成本、产业发展对经济活动产生影响，经济社会发展会促进能源大规模开发利用；从能源-环境关系看，能源的开发利用会对环境产生影响，环境保护目标会对能源转型方向和速度提出要求；从经济-环境关系看，经济发展方式及产业结构影响能源消费结构、进而影响生态环境，然而生态环境承载力有限，将对经济社会的发展空间产生限制，同时环境的破坏与污染将抵消部分经济发展的成果。

"能源不可能三角"方面。世界能源理事会等机构认为的"能源三难选择"，即一国能源转型在既定技术、体制等条件下无法在能源安全、可负担性和环境可持续性三方面同时达到最优，需要根据不同阶段能源发展目标的轻重缓急合理选择能源发展重心。

"双三角"方面。"可持续发展三角"影响能源发展方向，进而影响"能源不可能三角"的重心选择，例如当经济发展承压时，要求降低用能成本为经济增长提供更大空间，此时能源发展重心向经济性方向倾斜；"能源不可能三角"中的能源经济性、清洁性将影响"可持续发展三角"中的经济社会与生态环境活动，例如当能源发展重心向清洁性方向倾斜时，在提升外部环境系统的承载力同时可能造成能源价格冲击、削弱经济发展潜力。

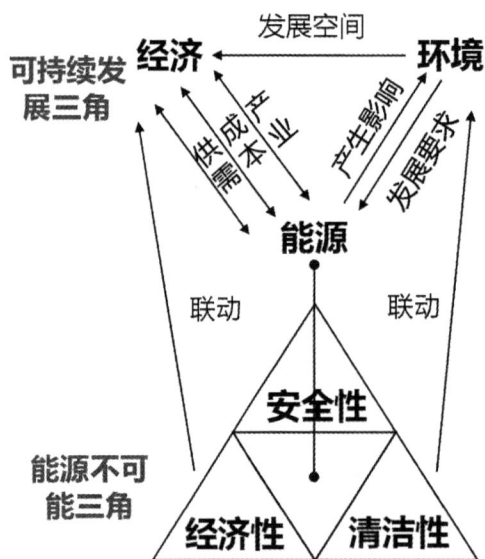

图1 "双三角"理论框架

（二）电力企业发展需要适应的六大变化

借助"双三角"理论框架，按照"由上至下、由外及内、内外联动"的总体分析思路，根据不同战略目标对"可持续发展三角"关键变量的重大调整，即经济向新发展格局转型、能源向构建以新能源为主体的新型电力系统发展、环境向以"碳达峰、碳中和"为具体目标的生态文明建设迈进，分析多重战略目标下"经济—能源—环境"三者关系的变化，结合对"能源不可能三角"平衡关系和"双三角"联动关系的分析，明确能源系统发展产生的变化及其对电力企业的发展要求。通过研究发现，多重战略目标叠加影响下，电力企业发展需要适应"经济—能源—环境"关系重塑、能源发展需求增加、能源转型节奏加快、能源安全风险增多、能源系统内部压力全面提升、可持续发展矛盾加深等六大变化。

1.从"可持续发展三角"整体看，电力企业需要适应以能源绿色发展引领经济社会绿色发展的新 关系

习近平总书记指出，"需要加快形成绿色发展方式和生活方式，建设生态文明和美丽地球，抓住新一轮科技和产业变革的历史性机遇，推动经济绿色复苏。"能源绿色发展一方面可以为经济提供新的增长点和重要支撑；另一方面能够推动减污降碳协同治理、提高环境承载力，为经济发展释放更大空间，推动"经济—能源—环境"三者形成良性循环，实现能源引领经济社会绿色发展。

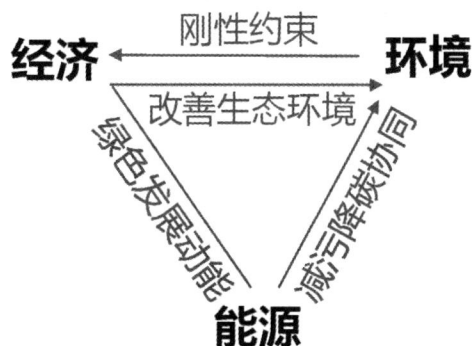

图2　以能源绿色发展引领经济社会绿色发展的新关系

电力作为国民经济发展的先行官和减污降碳的重点领域，相关企业需要以更高的绿色发展水平适应"经济—能源—环境"三者间的新关系，推动社会绿色发展。

一是要注重绿色低碳技术研发与产业培育。绿色低碳技术和产业市场前景广阔，通过加大绿色低碳技术的研发、投入、使用和产业培育，可实现企业效益、社会效益和环境效益的共赢。

二是要立足大局实现能源结构有序调整。煤电作为我国现阶段电力供应的主体电源仍发挥着重要的作用，并担负着应急保障和调峰重任，不切实际追求降碳速度导致传统电源过早退出或投资严重不足将影响电力供应安全，不利于经济社会发展。

2.从能源—经济关系看，电力企业需要适应以能源作为拉动经济增长、实现高水平对外开放的战略支点的新需求

一方面，"双循环"新发展格局标志着过去以外循环带动内循环的发展方式发生根本性变化，要求充分发挥国内超大规模市场优势和内需潜力，以消费拉动为主。经济发展在要求能源提供持续稳定用能保障的同时，更需要能源行业主动作为，以高质量供给引领和创造消费需求，并为经济发展提供新动能、新赛道。另一方面，在全球化遭遇逆流、国际市场需求萎缩的大背景下，要改变过去以生产要素跨国界流动与交换为主的对外合作模式，推动制度规则与国际接轨。能源国际合作作为大国地缘政治博弈、"一带一路"互联互通、应对气候变化全球合作的关键战略工具，将成为我国实现高水平对外开放的战略支点。

面对经济发展方式和对外交流合作的变化，电力企业需要以更好的经济带动能力拉动国民经济增长，以更深的国际合作程度实现高水平对外开放。

一是要稳步推进基础设施建设。一方面，电力基础设施建设能够稳定基本投资预期，缩小不同地区

基础设施水平差异，带动地区消费能力提升；另一方面，以新能源汽车充电桩、数字基建等为代表的新型基础设施可以带动新模式新业态快速发展。

二是要充分发挥电力的产业属性。电力产业链条长、带动能力强，能够带动整个能源甚至社会全产业链发展，构建以新能源为主体的新型电力系统意味着电力产业发展对国民经济的拉动作用将日益凸显。

三是要积极参与构建绿色低碳全球能源治理格局。在全球绿色低碳转型的大趋势下，以电力技术和产能国际合作为抓手，可以充分发挥我国电力领域技术和产能优势，推动国际能源治理体系变革。

3.从能源—环境关系看，电力企业需要适应能源绿色转型步伐不断加快的新节奏

碳达峰、碳中和目标下，能源绿色低碳转型节奏将进一步加快。能源生产加速清洁化，主要体现为新能源等清洁能源大规模开发利用，预计2030年、2060年新能源装机规模占比将分别超过30%和60%，新能源将逐步发展成为第一大电源和电量供应主体，而煤电发展空间则受到进一步压缩，预计2060年煤电装机占比将降低至10%以下。能源消费加速电气化，随着电能替代和节能提效全面深入推进，预计2030年、2060年电能占终端能源消费比重将分别达到35%和70%左右。

面对能源绿色低碳转型步伐不断加快，电力企业需要以更强的清洁发展能力服务能源生产加速清洁化和能源消费加速电气化的发展趋势。

一是要持续提升系统安全稳定运行能力。新能源大规模接入与电能消费需求不断增长导致电力系统呈现"双高""双峰"特征，系统平衡难度增大，运行特性发生显著变化，控制难度和复杂性不断上升。

二是要深入推进电能替代和综合能源服务。工业、建筑、交通等领域存在较大的碳减排需求，电能替代和综合能源服务市场潜力巨大，可实现终端电气化水平加速提升。

4.从"能源不可能三角"内部安全性看，电力企业需要适应能源安全态势日趋复杂的新风险

随着国内外形势深刻变化，我国能源安全态势也相应发生改变，可从图3中的九方面对我国能源安全态势进行评估。

类　型	内　涵
供给安全	满足经济社会发展所需能源消费的供应保障能力
资源安全	国家能源资源禀赋，以及油气、战略性矿产等能源资源对外依存状况
生态安全	能源系统各环节对生态环境可持续发展的影响情况
通道安全	石油、天然气、电力等能源物理运输通道安全
网络安全	能源信息网络系统中数据不被破坏、更改或泄露
科技安全	关键核心技术及装备制造自主研发情况，"卡脖子"技术风险情况
产业安全	能源电力产业链、供应链的韧性、完整性及稳定性
金融安全	能源商品定价权与金融保障能力
合作安全	在全球能源治理领域的话语权，及能源合作制度、方案、理念等国际公共产品的提供能力等

图3　我国能源安全风险评估框架

从供给安全看，我国能源消费总量仍将持续增长，煤炭、石油、电力等能源需求压力巨大；从资源安全看，"贫油少气"资源禀赋影响下油气对外依存度持续偏高；从生态安全看，减污降碳要求调整以煤为主的高排放能源结构；从通道安全看，油气进口依赖海上通道，因缺乏主动权易受封锁控制，电网结构、特性越发复杂，安全运行难度加大；从网络安全看，石油、电力等关键能源领域信息网络受攻击成为新的风险关键点；从科技安全看，芯片、软件等高端产品缺失的短板更加突出；从产业安全看，现有产业技术体系仍存在不足，关键设备及零部件存在突发断供的产业链供应链安全风险；从金融安全看，极端情况下对外金融交易渠道易被切断；从合作安全看，国际战略博弈日趋激烈、合作不稳定因素增多。总的来看，我国能源安全态势不确定性增强。

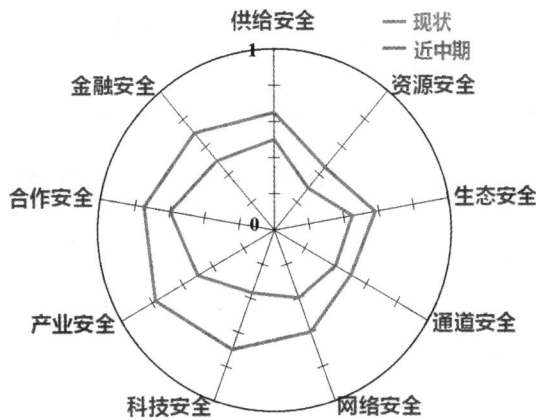

图4 近中期我国能源安全态势

面对能源加速绿色低碳转型下，保能源安全的重心、责任主体转向电力系统，电力企业需要以更强的风险防范能力保障系统安全。

一是做好电力产业链、供应链安全风险防范。整体来看，我国电力产业链供应链较为稳定，但关键设备及零部件一定程度上依赖国外进口，部分技术尚未实现自主化或与国外存在代际差距，存在突发断供风险。

二是做好信息网络安全风险防范。电力系统网络终端多、涉及面广，随着"大云物移智链"等信息技术广泛应用，与新能源、电动汽车等各类终端的信息交互将越来越频繁，电力系统的网络边界愈发模糊，威胁与风险增多。

5.从"能源不可能三角"看，电力企业需要适应能源发展安全性、经济性、清洁性要求全面提升的新局面

安全性方面，以国内大循环为主体本质上要求我国立足国内，提升能源行业安全性，增强能源自主保障能力，牢牢掌握能源安全的主动权，守住能源安全的底线；经济性方面，新发展格局、新冠肺炎疫情等形势要求扩大内需，提升经济内生发展动力，要求提升能源行业经济性，以更低的用能成本释放更大的发展空间；清洁性方面，碳中和目标要求提升能源行业清洁性，加快能源清洁低碳转型，应对气候变化对能源发展提出更强约束性要求。客观上，这三个方面是相互平衡的关系，侧重其中任一个方面都会受到其他两个方面的制约。

面对能源发展安全性、经济性、清洁性要求全面提升的新局面，电力企业需要以更强的改革创新能力寻求平衡。

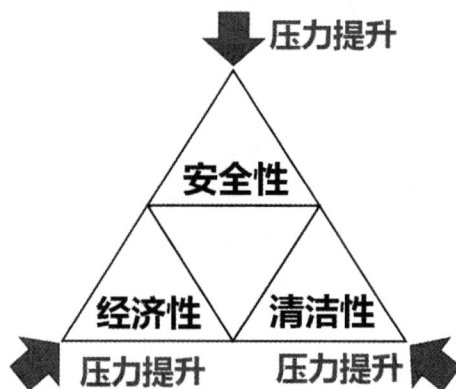

图5　"能源不可能三角"进一步收缩

一是要深化科技创新与体制改革。唯有通过技术创新实现生产力的突破性飞跃，破除体制藩篱重塑能源电力生产关系，才能不断拓展资源优化的可行域，实现"能源不可能三角"在更高水平上的平衡。

二是要创新构建电力产业生态。单靠某一家企业的努力难以平衡"能源不可能三角"，需要合作共建新型电力产业生态，实现产业价值链延伸，创造更多融合发展机遇，平衡能源转型对经济性造成的不利影响。

6.从"双三角"整体看，电力企业需要妥善处理发展成本上升与盈利能力下降的新矛盾

一方面，提升能源安全性与清洁性将加大能源基础设施建设、运维投入，同时为支撑经济发展、稳定社会发展预期，近年来电力企业始终保持较高强度的投资规模，可预见多重战略目标下，电力企业的发展成本将进一步上升；另一方面，受国际疫情持续蔓延、经济下行压力加大、政策性降价等因素影响，电力企业的盈利能力持续下降，投资能力受到一定程度挤压，可能进一步导致企业出现资金缺口、经营亏损等问题，严重影响企业可持续发展。

面对发展成本上升与盈利能力下降的新矛盾，电力企业需要以更强的可持续发展能力保障企业生产经营。

一是要提升企业运营管理水平。发展条件、目标、任务等发生变化后，企业运营管理策略须对应作出调整，保证有限资源发挥最大效用价值，增强企业经营效益。

二是要抓住数字化发展机遇。企业数字化转型既可以带来生产和管理效率的跨越式提升，也可以对传统业务、产业进行赋能升级，适应数字化时代发展趋势。

三是要提升企业核心竞争力。企业核心竞争力是企业实现可持续发展的关键要素，有助于电力企业在新模式新业态发展过程中抢占有力位置，发掘新的盈利增长点。

（三）电力企业高质量发展的总体思路与推进路径

基于上述"双三角"理论框架分析，多重战略目标下电力企业高质量发展的总体思路是坚持以习近平新时代中国特色社会主义思想为指导，深入贯彻党的十九大和十九届二中、三中、四中、五中全会精神，立足新发展阶段，践行新发展理念，围绕全面提升绿色发展能力、经济带动能力、风险防范能力、改革创新能力、可持续发展能力、国际合作能力，在服务与融入我国经济—能源—环境同步迈向新发展格局—新型电力系统—双碳的格局中发挥重要作用。

围绕电力企业高质量发展的总体思路，电力企业高质量发展的推进路径在于以"三个坚持"（坚持党建引领、坚持创新驱动、坚持深化改革）提升企业改革创新能力和可持续发展能力；以"三个升级"（运营管理升级、数字化升级、产业升级）提升企业绿色发展能力、经济带动能力、风险防范能力和可持续发展能力；聚焦构建以新能源为主体的新型电力系统提升企业绿色发展能力，追求形成推动能源绿色转型的国际引领提升企业国际合作能力。

1.明确"三个坚持"

坚持党建引领。持续提高政治判断力、领悟力和执行力，切实发挥党委（党组）领导作用、党支部战斗堡垒作用和党员先锋模范作用，把党的领导优势转化为引领和带动电力企业高质量发展的核心竞争力，不断推动贯彻落实党中央决策部署，实现国家重大发展战略同企业发展有机融合。

坚持创新驱动。创新是引领发展的第一动力，是推动电力企业高质量发展的重要支撑，通过持续提升企业创新能力，加快从要素驱动向创新驱动转变，瞄准能源电力产业技术前沿布局高端技术，不断提升创新成果转化率和技术自主化程度，实现创新引领。

坚持深化改革。改革是解放和发展生产力的重要途径，可有效激发企业的活力动力，通过破除体制机制束缚，突破利益固化的藩篱与效率瓶颈，实现市场资源优化配置能力和企业经营管理能力的同步提升。

2.实现"三个升级"

实现运营管理升级。面对全社会降低用能成本的诉求，电力企业可持续发展能力受到限制与挑战，亟需提质增效，保障投资能力；面对电力产业链、供应链的潜在断供风险，亟需提升相应组织管理能力；面对电力系统复杂程度增强、非常规事件增多，保障能源电力安全亟需加强风险管理。

实现数字化升级。应用先进数字技术可有效提升电力生产运行能力和企业经营管控能力；把握能源革命与数字革命的发展机遇，充分发挥能源电力数据价值，赋能产业升级和社会治理能力提升。

实现产业升级。充分发挥电力企业在清洁低碳发展方面的引领带动作用，对传统产业实现升级改造的同时积极培育战略性新兴产业，构建绿色低碳产业生态圈，为经济社会发展增添新动能。

3.聚焦构建以新能源为主体的新型电力系统，追求形成推动能源绿色转型的国际引领

聚焦构建以新能源为主体的新型电力系统。进一步科学谋划、加快构建以新能源为主体的新型电力系统，不断提升源端清洁化和终端电气化水平，提升电网大范围资源配置能力，促进"源网荷储"协同互动，确保电力运行安全可靠，为经济发展、人民美好生活提供优质电力保障。

追求形成推动能源绿色转型的国际引领。依托电力互联互通，加快技术、装备、标准、管理全方位走出去，提供能源绿色低碳转型的中国解决方案，巩固强化我国电力企业在全球行业的领先地位，提升国际影响力，助力国家构建绿色低碳全球能源治理格局。

三、电力企业高质量发展的主要举措

（一）着力提升科技创新能力

一是加快研发构建新型电力系统的相关技术。加快新型清洁能源发电技术研发。重点研发新一代光伏发电、大容量低成本海上风电、化石能源低碳化、燃气机组掺氢/纯氢燃烧等技术。加快新型电力系统规划、运行及安全稳定控制技术研发。重点研发未来电网形态规划、氢能/P2X等关键技术运行模拟分析、"双高"电力系统运行控制等技术。

二是全力攻克关键领域技术瓶颈。重点突破"卡脖子"技术环节。重点攻关电力基础设施网络安

全、高温堆核心部件、燃机自主运维、电力工控芯片等技术，加快关键核心部件、应用软件、基础材料等的国产化替代。着力突破一批具有自主知识产权的核心装备技术。提高重大技术装备的设计、制造和系统集成能力，加强重大科技攻关统筹协调，实现重大前沿技术战略卡位，提升企业核心竞争力。

三是搭建联合创新平台。发挥新型举国体制优势，搭建国家级、行业级联合创新平台、推动"政产学研用"深度融合，培育一批具有国际影响力的科技人才队伍、打造能够全面激发活力动力的创新氛围，提升科技成果转化应用，带动产业链全面升级。

（二）同步推进电力市场与企业改革

一是深入推进电力市场改革。各类发电企业要积极参与电力市场化交易，强化市场意识、信用意识。电网企业要坚持"统一市场、两级运作"的总体框架，完善市场交易机制、信息披露机制等，加快推进电力现货市场试点建设，积极组织省间交易，努力建设公平高效的市场服务与交易平台。

二是持续深化企业改革。要积极落实国企改革三年行动方案，深入探索三项制度改革，不断释放发展活力动力。基于企业发展现状和战略规划，分析"双碳"转型发展对组织结构的内在要求，优化机构和职能设置，提升决策效率。深入推进供给侧结构性改革。着重防范化解煤电等产能过剩风险，在控制新增产能的同时有序淘汰落后产能，加速培育新技术新模式新业态。推进混合所有制和股权多元化改革。加大国有资本向"双碳"、新型电力系统产业方向战略布局，加大开放力度，积极引入社会资本，带动共同发展。

（三）加强企业精益化运营管理

一是降本增效，保障投资能力。聚焦主责主业。推动技术、人才、资金等各类资源向主业集中，保障主业投资能力并提升投资针对性。持续优化经营管理策略。全面提升企业内部管理质量，做好成本管理和控制，深入挖掘内部潜力，大力压减一般性管理费用和非生产性开支。不断提升投入产出效率。以提升效益为导向，以保障生产安全为根本，通过管理优化或技术改造等手段降低生产损耗，提高生产效率。

二是增强产业链、供应链组织优化能力。面向国家重大战略需求，引导产业链关键环节留在国内，坚持产业转移和产业转型升级一体推进，努力成为现代产业链"链长"；采取资本合作等多种方式，强化与海外高端供应链龙头企业关系，推动供应链多元化，增强抗风险能力；建立产业链、供应链风险预警机制，密切追踪战略性矿产资源、关键原材料及产品供需变化情况，提升重大风险识别、监测预警和防控能力。

三是夯实安全风险管理，实现全社会共建共保共享电力系统安全。提升安全风险识别能力，在关注传统电力安全同时注重电力安全与其他领域安全间的相互影响；重点解决电力系统与新一代信息技术深度融合发展带来的网络安全和数据保护问题；针对愈发频现的极端场景，加强系统可靠性与恢复能力建设，推进安全防控体系构建，加快建设极端场景下电力供应保障合作框架，提升极端场景下电力供应保障能力。

（四）推动企业数字化转型

一是加快数字化技术创新应用。加强数字基础设施建设。提升人机交互系统、自动传感与控制、智能终端操作系统和平台等核心软硬件水平。提升生产数字化运营管理能力。应用数字化技术高效整合各类生产资源，加强项目规划、投资、建设、运维全过程数字化管控，提升数据驱动的决策分析能力。提升企业数字化经营管控能力。在资产全寿命周期管理、财务风险防范等方面提高企业内部数据处理和服务能力。

二是充分释放电力数据价值。提升数据流通利用效率。推动完善数字化标准体系，大力推进数据基础治理、共享开放和创新应用，放大数据赋能新兴产业乘数效应。提升客户服务能力，构建精准识别、主动响应客户需求的服务体系，聚焦关键场景深化数据应用，为客户提供个性化、多元化、智能化服务。构建数字化生态，打造核心数字化产品，充分发挥数据核心生产要素作用，催生能源数字经济新产品、新业态、新模式。

（五）积极促进产业发展与生态圈构建

一是升级改造传统产业，培育战略性新兴产业。一方面，对传统产业进行数字化、智能化改造，推动能源基础设施和数字基础设施融合发展，实现传统产业升级和核心价值再造，提高产业现代化水平。另一方面，加快培育和发展储能、氢能等战略性新兴产业，为企业发展增添动能，打造新的核心竞争力。

二是构建产业生态圈，带动上下游企业发展。汇聚各方力量，加强跨界融合，推动政府、行业、企业等各类主体合作，实现信息深度共享、资源充分汇聚、供需高效对接，加强与产业链、供应链上下游企业的合作，为各类市场主体赋能，进一步带动上下游企业实现共同发展。

（六）多措并举构建以新能源为主体的新型电力系统

一是推动源端清洁化发展。推动新能源实现跨越式发展。坚持集中式与分布式并重原则加快发展陆上新能源项目，积极发展海上风电项目，创新实践新型光伏、风力发电技术。优化发展煤电。严格控制煤电建设规模和发展节奏，从增量发展向存量优化转变，积极推进煤电机组灵活性改造。因地制宜发展其他清洁能源发电。根据资源条件，择优发展水电、核电等清洁能源，拓展生物质及垃圾发电项目，探索建设地热能、海洋能发电项目，丰富多元化清洁能源供应体系。

二是不断提升终端电气化水平。围绕工业、建筑、交通三大重点领域，推动业态模式创新，加强电能替代的广度和深度；结合新型基础设施发展，积极拓展工业互联网、智慧建筑等新兴领域的增量电能消费市场；积极开展以电为中心的综合能源服务，实现跨能源品种资源整合。

三是持续提升电网大范围资源配置能力。高质量建设以特高压、超高压为核心的骨干网架，持续提升特高压输电利用水平。跨省跨区输电要更多承载清洁能源远距离输送，送端需提高主网架电力汇集、输送和支撑能力，受端需统筹考虑区域内电力供需特点和省间互济能力，扩大输电通道参与电力平衡范围。

四是促进"源网荷储"协同互动。推进抽水蓄能电站和调峰电源建设，推广应用电化学、压缩空气等储能技术，挖掘电力需求侧响应潜力，加强系统运行层面广域感知和灵活调控技术应用，推动完善协同运行市场机制，着重加强"源网荷储"及"风光水火储"协调规划和布局引导，实现高水平协同互动。

（七）多维度加强国际能源电力合作

一是全面服务绿色"一带一路"国际能源项目合作。以"一带一路"沿线国家为重点，开展绿色能源开发与电力基础设施建设合作。积极开发绿地项目，深入开展国际产能合作，提升国际工程总承包国际竞争力，提升电工装备产品的国际化水平。同时，加强国际业务风险防控能力，稳健运营境外资产，提升国际业务效益水平。

二是提升国际标准规范输出能力。推动优势技术和自主创新成果向国际标准转化；健全电力企业国际标准化管理组织体系和管理制度，深化与国际电工委员会等国际标准组织的交流合作；积极推动我国行业标准国际认证交流合作，不定期举办电力技术标准国际研讨会，向国际标准组织、重点国别推介中国电力标准。

三是积极提供公共产品，深度参与全球能源治理。通过开展多领域合作共享发展经验，为全球能源绿色低碳转型提供参考借鉴；积极倡导构建以清洁能源发展和电力互联互通为主的地区能源合作机制，并提供体制机制、国际标准、法律法规等公共产品；持续深化应对气候变化、能源转型等重大议题研究，为政府双多边合作提供政策建议。

【参考文献】

[1]国务院新闻办公室, 中央文献研究室, 中国外文局. 习近平谈治国理政(第一卷). 北京: 外文出版社, 2014.

[2]国务院新闻办公室, 中央文献研究室, 中国外文局. 习近平谈治国理政(第二卷). 北京: 外文出版社, 2017.

[3]国务院新闻办公室, 中央文献研究室, 中国外文局. 习近平谈治国理政(第三卷). 北京: 外文出版社, 2020.

[4]郝鹏. 做强做优做大国有资本 加快培育具有全球竞争力的世界一流企业. 国资报告, 2018, (2): 8-13.

[5]章建华. 推动新时代能源事业高质量发展 稳步推进新一轮电力体制改革. 电力设备管理, 2019, (10): 24-27.

[6]舒印彪, 张智刚, 郭剑波, 张正陵. 新能源消纳关键因素分析及解决措施研究. 中国电机工程学报. 2017(01): 1-8.

[7]张运洲, 鲁刚, 王芃, 等. 能源安全新战略下能源清洁化率和终端电气化率提升路径分析. 中国电力, 2020(2): 1-8.

[8]王耀华, 焦冰琦, 张富强, 等. 计及高比例可再生能源运行特性的中长期电力发展分析. 电力系统自动化, 2017(21): 9-16.

成果创造人：鲁刚、徐沈智、王芃、闫晓卿、郑宽、谭雪、张富强、

元博、贾渭方、陈海涛

全球贸易新形势下我国制造业全产业链
转型升级路径[①]

华东理工大学　上海财经大学　上海对外经贸大学

一、全球贸易新形势与我国制造业现状

我国制造业以"大进大出，两头在外"的代工特征嵌入全球价值链分工，曾以全球价值链位势攀升为转型升级的实现路径。一方面，随着全球价值链分工的逐步深化，我国制造业通过沿OEM（代工加工）→ODM（代工设计）→OBM（自主品牌）的路径，深入嵌入全球价值链，以实现价值位势攀升。攀升路径节点的相应对策包括嵌入全球价值链积累资本和能力，在工艺流程、产品、产业功能和链条等环节由知识外溢增强"干中学"效应，取得技术、产品、商业模式、互联网跨界等创新能力。尽管这种实现路径提升了我国制造业在全球价值链中的位势，但总体上仍没摆脱在价值链中处于"被管控"和"低端锁定"状态。另一方面，全球分工已呈现出发达国家和发展中国家两条共轭的价值环流，我国制造业因处于枢纽地位而享有更多的外溢，开始借助"一带一路"倡议构建包容性全球价值链，以集群模式"抱团嵌入"全球价值链并向创新链升级。然而，面对国际贸易规则正在发生重大变化，诸如一些规则一致、竞争中立、知识产权及劳动与环境等"边境后措施"正日益取代WTO规则；自贸区协定、更高级的关税同盟和共同市场开始主导全球贸易规则。这导致全球制造业竞争开始向产业链、供应链和价值链的管控能力方向转变，全球价值链呈现重新布局的趋势。贸易新规产生贸易转移效应，让我国制造业面临产业流失的威胁；我国通过"一带一路"构筑包容性全球价值链，因贸易新规与现行制度存在冲突而面临阻滞威胁；发达国家制造业"低端回流、高端重塑"，让已经嵌入全球价值链的我国制造业面临产业链断裂、供应链被管控、价值链被阻断的威胁。面对这三大威胁，我国"两头在外"格局难以延续原有路径实现转型升级，加重了我国制造业转型升级之路的阻碍。

当然，新形势为中国重塑兼顾多边利益的贸易新规则提供了机遇，为我国制造业在更大空间内推动转型升级创造了合作条件；发达国家的再工业化也打破了各国全球价值链分工的固化状态，我国制造业可以借此之机，选择自身优势领域构造在全球价值链中的主导力量，向低投入、低排放和高价值、高效率的循环"集约型"转变，即制造业向高端化、服务化、智能化、绿色化的方向转变。因此，新形势下我国制造业转型升级路径已经无法依赖代工实现，需要重构转型升级之路：（一）重构过程首要任务是突破制约自主技术创新的瓶颈，而最大的瓶颈来源于科创成果转化率低。为推动科创成果商业转化，各级政府纷纷出台促进高端科创设备共享的科创平台建设方案；但平台运行效率低，导致平台上的科

---

①国家社科基金重点课题(20AJY008)"全球贸易新形势下我国制造业转型升级路径与对策研究"阶段性成果。

创资源不足与冗余并存；因此，合理设计科创平台治理机制、运行机制和转化功能，提高运行效率，加大科创资源共享、加快成果转化并实现产能规模化，是构筑制造业技术优势的重要对策。（二）其次，科学规划产能才能实现转型升级的稳步推进。目前，我国制造业至少有260种产品全球产量第一。不受控制的产能扩张，创新产品可能迅速陷入高端竞争加剧、"高端产业低端化"局面。为避免新一轮的产能过剩，综合评估全球区域性的资源与市场，并科学规划产能规模，是构筑制造业加工优势的重要对策。（三）尽管我国制造业具有"市场在外"格局，但进入国际市场、特别是发达国家市场，长期以来却只能依赖贴牌。因此，借助后市场服务创造技术依赖优势，针对区域市场特点，选择有助于形成"锁定""客户群"和"外部性"效应的后市场模式，构建、稳固、扩大海外市场渠道是构筑制造业渠道优势的重要对策。

总的来说，就是以集群方式突破技术与市场高壁垒的挑战；通过科创平台共享高端创新资源而强化自主创新；通过评估场景规划产能动态优化方案；通过后市场服务与前端科创成果市场化的联结，最终构建全球营销渠道推动制造业品牌创新之路。这种采用重点突破的方式能够培育出我国制造业在全价值链的全球竞争优势，增强在GVC重构中建立自身优势产业的GVC管控能力，以此带动上下游制造企业实现GVC的位势攀升，将转型升级路径演变为科创平台创造技术优势、最优产能创造成本优势、后市场服务创造渠道优势。

本成果综合应用共享经济、平台经济、双边市场和纵向契约理论等，一方面，研究提高科创平台运行效率来实现自主技术创新市场绩效最大化目标，引入自主技术转型升级多理论综合应用的方法，丰富了创新驱动制造业发展的理论与实践。另一方面，研究后市场服务模式与服务质量差异化的定价机制与利益分享机制，形成并提高市场"锁定""客户群"与"外部性"效应，以此构造全球营销渠道网络，进而实现渠道升级。这一研究构思为制造业实现从自主创新到营销和售后服务的全价值链转型升级，提供了新的理论观点和分析框架。最后，通过基于后市场服务的企业供应链上下游契约机制设计，实现对全球供应链的管控；进而构造市场结构下的制造业全球产业链优势，实现对全球价值链的管控。以期从全球供应链管控延伸到产业链管控，进而实现全球价值链升级，提供了创新理论构思和解决方案。

二、全球贸易新形势下我国制造业转型升级的路径实现

新形势下我国制造业转型升级路径已经无法依赖代工实现；需要重构转型升级新路径：通过科创平台运行效率强化自主创新；通过评估场景规划产能动态优化方案；通过后市场服务构建全球营销渠道推动品牌创新。

（一）基本思路

首先以提高科创平台运行效率来加强科创资源共享，提高自主创新能力和科创成果转化能力，创建具有自主知识产权的产品品牌；之后对可能场景进行设定并组合，按场景规划最具优势的产能规模；最后，构建后市场服务体系，选择区域市场最适宜的服务模式，按照服务质量制定差异化的定价机制和利益分享机制，推进服务品牌创新，建构全球营销网络；最终实现以自主创新驱动制造业转型升级。转型升级思路框架如图1所示。

（二）实现路径

采用重点突破的方式，用科创平台创造技术优势、用产能规划创造加工优势、用后市场服务创造渠道优势，培育我国制造业在全价值链的竞争优势，重构自身优势产业的全球价值链管控能力，以此带动

上下游实现全球价值链的位势攀升，就成为可行的转型升级之路径。如图2所示。

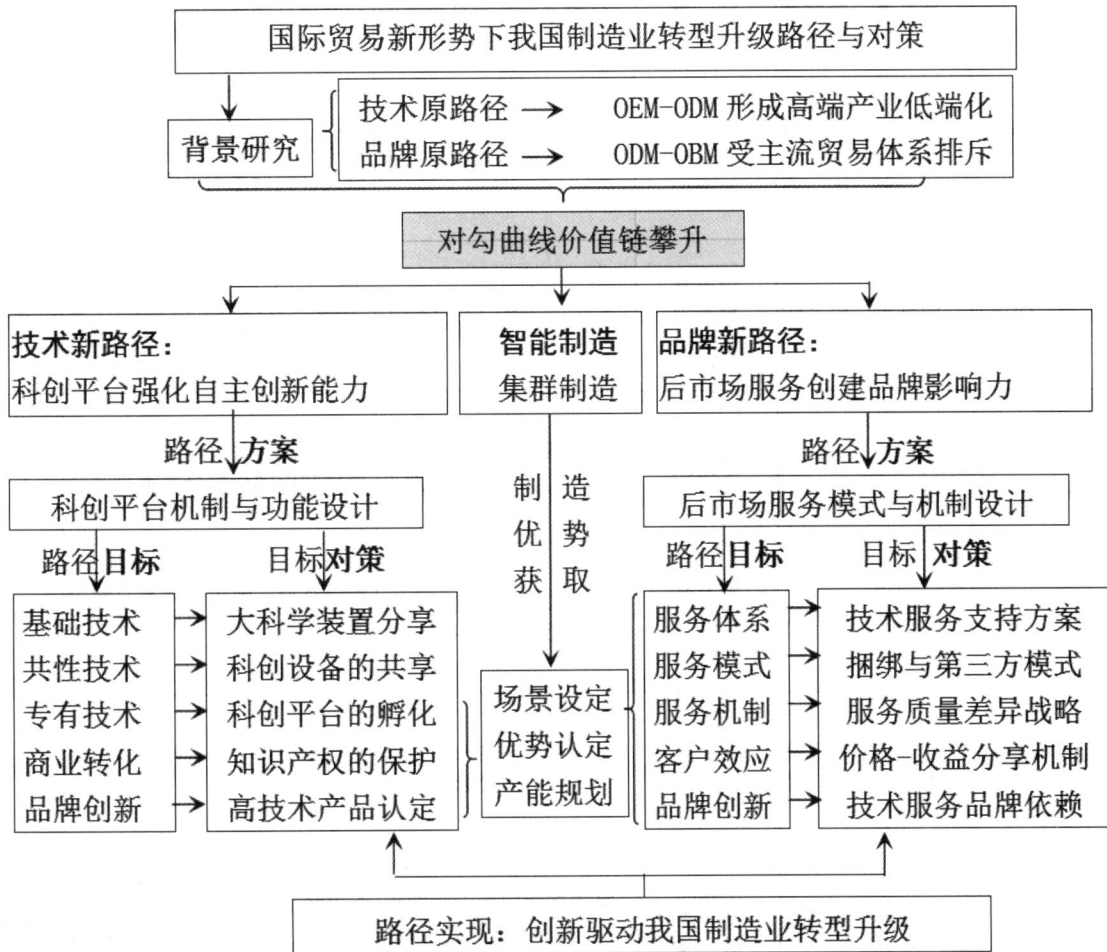

图1 全球贸易新形势下我国制造业转型升级的思路

其中每一主路径的分路径如下：首先，对科创平台进行运行机制和功能设计的技术转型升级路径。一方面研究自主创新型，平台如何推动共享大科学装置加快基于产业基础技术和公共技术的创新成果产出及应用性推进；另一方面就产业专有技术与应用技术而言，重点研究某类产业科创平台的机制与功能，推动基础与公共技术的商业转化。这样依托技术创新的新产品在核心关键技术领域具有了自主知识产权优势，就能以技术差异为核心优势进行产品品牌创新。其次，为避免产生新一轮的"产能过剩"，设定可能场景组合进行动态产能的最优规划，形成制造环节的成本优势。最后，进入渠道品牌化推进的路径。建立后市场服务体系之后，要按照不同区域的市场需求特征选择后市场服务模式，进而提供不同服务质量下客户锁定/客户群/外部性效应最大化的定价机制和分成契约机制，最终形成基于帕累托最优的服务品牌创新效果。

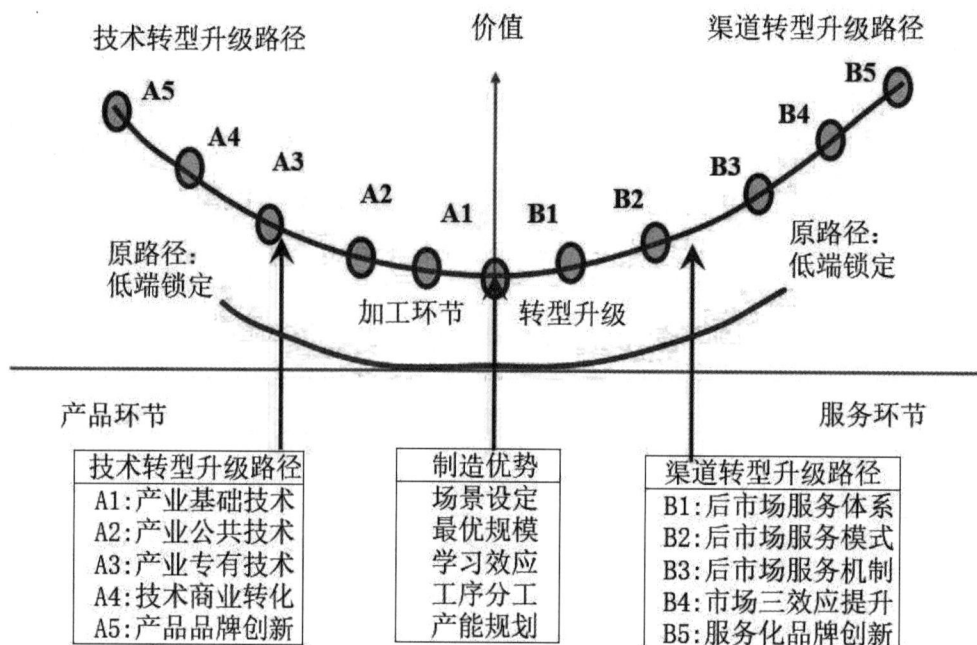

图2 全球贸易新形势下我国制造业转型升级的路径

三、全球贸易新形势下我国制造业全产业链转型升级策略

（一）自主创新成果市场绩效的科创平台机制与功能设计

为提高制造业创新成果商业转化绩效，政府亟待出台促进科研设施和仪器共享的科创平台建设方案，避免平台情境下责任缺失与"道德困境"等异化行为。科创平台属于研发类基础设施，具有公共产品性质，应由政府主导、联合产业界与学研界共建。

依托科创平台的制造业技术创新流程如图3所示。提高运行效率，加大科创资源共享、加快成果转化并实现产能规模化，是构筑制造业技术优势的重要对策，为此，设计平台有效治理机制、运行机制和共享功能，提高平台运行效率和解决异化行为，从而提高自主创新成果的市场化效益。

一是科创平台治理机制设计，设计"权利配制，信任关系，监督协商"的治理机制，构造"政府法治、企业自治、多方共治"的权利分配架构，保障平台稳定高效运行。二是科创平台运行机制设计，设计平台参与方的利益分享契约机制、平台会员制与占用时段技术服务定价机制，规范平台交易流程和交易契约以降低道德风险和机会主义行为，激励学研界将科创仪器设备置于平台托管，吸引产业界共享并推动成果转化。三是科创平台的共享功能设计，建设平台的共性技术联合攻关集成器功能，设计"官产学"的成果转化模式，强化平台的专利技术产业化倍增器功能，构建科创设备托管共享的服务器功能。

市场导向的绿色技术创新体系逻辑。5G等信息技术主导的数字化赋能助力主体间商业模式创新，从内向外搭建全产业链的目标体系（"有为政府"和"有效市场"共同作用下的技术创新能力提升目标）、动力策源体系（创新资源配置体系、创新全过程数字化赋能体系）、网络组织体系（项目合同式合作、产业竞合联盟、区域网络集群、科创平台共享模式）、过程运行体系（科创平台资源与服务共享机制、环境市场交易机制、绿色技术交易机制、科创全过程协同机制）、制度保障体系（市场引导、市场激励、开放合作、市场服务、市场规范等政策）、实践评估体系（重点区域、重大流域、重要园区、核心产业、关键集群/联盟/企业试点），其创新体系逻辑如图4所示。

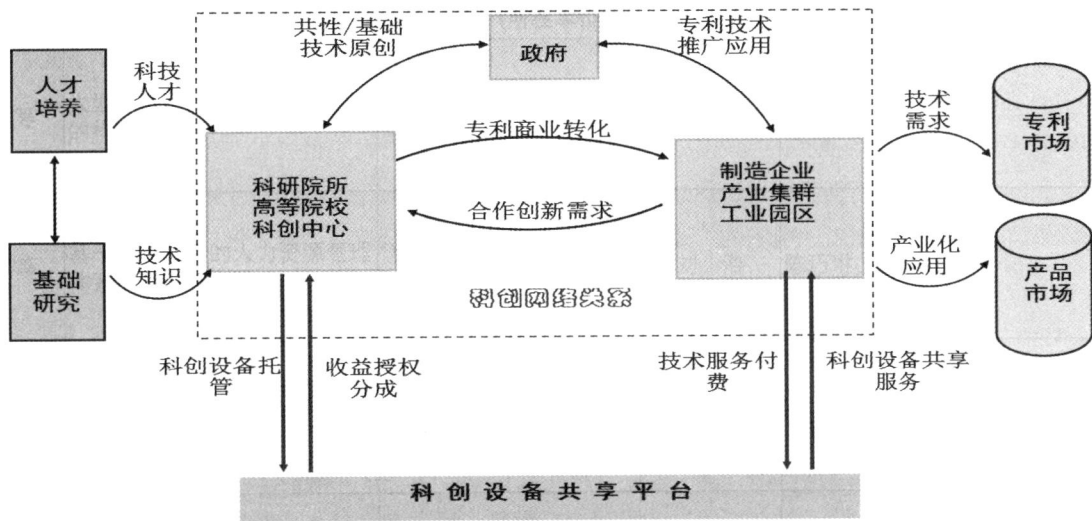

图3 制造业技术创新流程

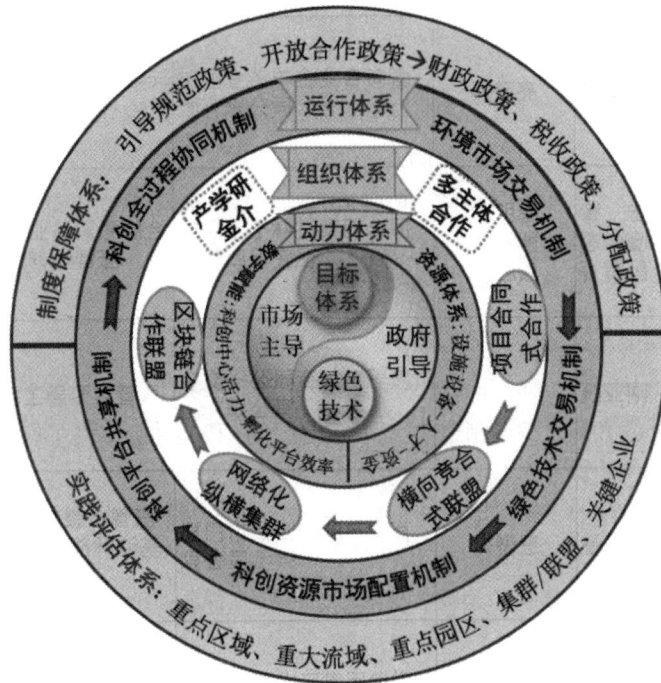

图4 绿色技术创新体系之圈层逻辑关系

　　首先，政府规制和激励政策引导、社会多主体参与、市场机制有效运作，从而建立与完善区域之间、行业之间、企业之间、项目之间的环境市场交易与专利技术市场交易机制，提升创新资源的市场配置效率；其次，通过政府引导与市场主导的内生动力机制，建构多主体合作共生的网络化组织与市场化平台的运行机制；通过多主体网络化协同创新和科创平台资源共享，提升"知识/专利创新活力–专利技术转化效率–产业化应用效益"的过程创新体系。再次，通过创新全过程嵌入区块链、物联网、大数据、云计算等新兴互联网技术来建构多主体网络的社会信任度，转换重大科研成果；借助科创平台载体，促成产学研金介多主体协同创新，发挥科创平台的资源虹吸效应、集聚效应、整合效应、共享应用等网络效应，实现绿色技术创新的意愿协同、能力协同、关系协同、预期协同和环境协同；利用科创平台共享服务机制，实现绿色创新资源的有效共享，以网络化集群或企业联盟组织协同创新突破研发关键技术、核心技术和卡脖子技术，提升知识/技术专利的市场供给量，进而促进科创成果的高质量转化提升创新效率；最后根据产业实践应用，基于市场遴选机制，有选择、有目的、有针对地逐步实现知识/技术专利的产业化，提高创新效益；优选目标企业，实现专利并购，发挥规模化效应，最终形成原创性创新成果、关键性技术创新、引领性产业实践。最终实现共创绿色技术创新价值体系；进而形成区域合作创新网络、园区创新集群或联盟。

（二）科学评估与规划产能动态配置方案

完成科技成果化-产品化-商业化之后，一旦形成大规模产能，如果该产业的技术和市场更迭迅速，甚至出现颠覆性变化，那么短期内便会形成大量过剩产能。科学评估不同场景组合下的产业制造成本，规划产能动态配置方案，才能实现转型升级的稳步推进。目前，我国制造业至少有260种产品全球产量第一。不受控制的产能扩张，创新产品可能迅速陷入高端竞争加剧、高端产业低端化局面。为避免新一轮的产能过剩，综合评估全球区域性的资源与市场，并科学规划产能规模，是构筑制造业加工优势的重要对策。即使日德等制造业强国，也并非在所有制造业技术领域谋求全球领先，而是选择极具市场与技术前景的领域领跑全球。考虑到我国制造业已具备相当的技术实力，且处于价值链"双环流"结点而不再受本土禀赋的制约，因此，按照"一带一路"沿线国家的禀赋优势，对制造环节实行区域性分工，并对产能科学规划，从投入期就开始培育对未来产业的全球价值链管控能力。

（三）以后市场服务体系构建为切入点创建全球营销网络

尽管我国制造业具有"市场在外"格局，但进入国际市场、特别是发达国家市场，长期以来却只能依赖贴牌。因此，借助物联网将"微笑曲线"转型升级为"对勾曲线"，创造后市场服务创造技术依赖优势，针对区域市场特点，选择有助于形成"锁定"、"客户群"和"外部性"效应的后市场模式，构建、稳固、扩大海外市场渠道，是构筑制造业渠道优势的重要对策。产品后市场服务因在已购产品的后续使用中会生成大量的服务需求，如零部件更换、升级维护、保养维修、技术支持、咨询培训、动产融资等，且与产品形成互补。尤其是装备制造业产品，其耐用品和高性能属性，在使用中会形成后市场服务的"技术依赖"，促成重复购置。这让后市场服务的市场规模能够达到产品市场规模的4-5倍。进入产品后市场服务的制造商将供应链和价值链延伸至服务领域，兼得产品和服务两个市场的利润，并与产品市场联动，构建全球营销网络，如图5所示。

以后市场服务模式切入构建的全球营销网络将分为两种渠道模式：一是针对"一带一路"沿线国家，对产品和后市场服务建立捆绑式营销方案，建构中方企业主导的垂直式渠道，以此构建"一带一路"沿线国家市场的自主渠道模式；二是针对发达国家市场，选择第三方服务商外包模式，建立可变授权与固定授权的定价机制，构建基于第三方服务商嵌入的网络式渠道。从而构建并稳固后市场服务的渠道网链，培育对价值链的管控能力，不断增强产品的品牌效应。

以后市场服务模式切入构建的全球营销网络将分为两种渠道模式：一是针对"一带一路"沿线国家，对产品和后市场服务建立捆绑式营销方案，建构中方企业主导的垂直式渠道，以此构建"一带一路"沿线国家市场的自主渠道模式；二是针对发达国家市场，选择第三方服务商外包模式，建立可变授权与固定授权的定价机制，构建基于第三方服务商嵌入的网络式渠道。从而构建并稳固后市场服务的渠道网链，培育对价值链的管控能力，不断增强产品的品牌效应。

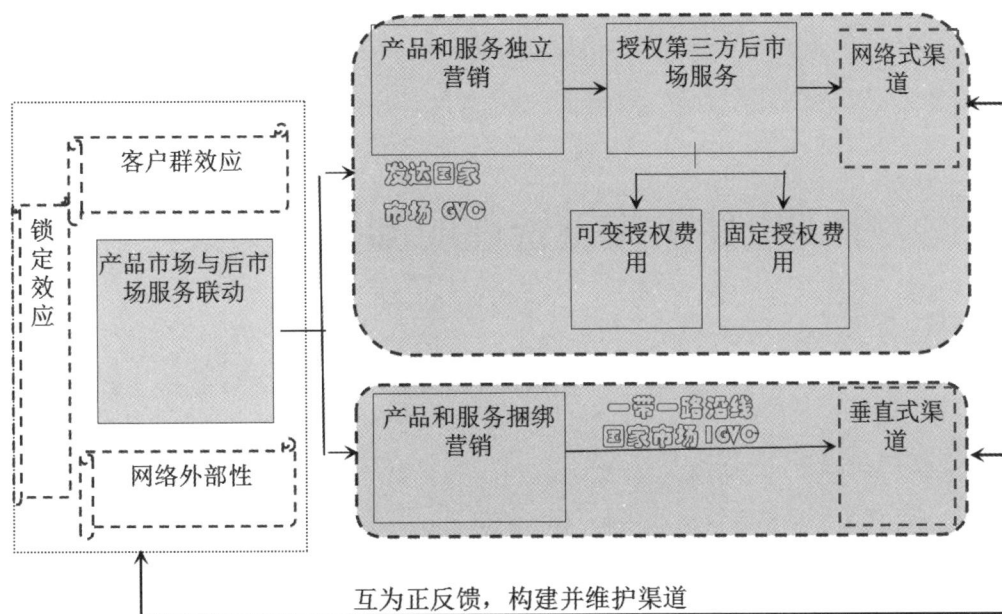

图5 全球营销网络的后市场服务模式

四、研究总结

众所周知，制造业是对环境影响最大的产业，同时也是技术容量最多的产业。"世界第一"的大规模生产在带来大量消费的同时也导致了大量的废弃。技术、价值的升级与产业的绿色化转型是此报告不可避免的重点研究内容。全面解决"全产业链"的转型升级问题，需要将技术升级的产业动能纳入到中国本土产业中。为此要解决高端科创资源存在的稀缺度高、单个企业利用率低的问题。一方面，尽管有很多学者和地区政府都提出了采用地区、企业联合的方式来共创共建科创网络平台从而实现产业技术能力提升的构想；但科创平台效率不高，企业间的联合也面临着受技术局限导致的签约率和履约率"双低"的困境。为此，设计科创平台的市场定价机制能提高科创平台运行效率并能使市场趋向高效率的均衡。另一方面，由于人口与资源禀赋的原因，全球规模最大的制造业体系依然会在中国长期存在。既然不可能缩减制造业的规模，那么就考虑将产业格局由"市场在外"转变为"市场在内"的产业。为此提出制造业要向后延伸到市场服务领域，要能为自身提供产品消费和使用服务的观点。尽管建立后市场服务的构思，不能在总规模上减少制造业的成分，但却可以增加服务业的内容。服务业内容的增加会产生技术与附加价值双重提高效应。这种效应的产生，是因为增加了制造业的后向市场化应用环节，提供服务化能够扩张制造业市场需求；由于制造商本身也是服务商，因此产品在消费与使用过程中能提供高附加值的专业化运维以及金融服务，从而提高产品利用率进而增加消费者效用，最终将扩大制造品的消费市场规模。这部分的研究内容涉及到制造商、第三方服务商和零售商组成的网络式产品-服务产业链的价格、服务质量制定、渠道选择以及契约设计等问题。研究过程和结论提供了推进全产业链能级向后市场服务高位势延伸的解决方案，有利于强度减排目标的实现。

成果创造人：孔令丞、谢家平、梁玲

中国电建供应链管理的创新与实践

中国电力建设集团有限公司

2021年是实施"十四五"规划开启全面建设社会主义现代化国家新征程的开局之年，在崭新的时代浪潮中，中国企业改革发展面临着新使命、新目标、新机遇。

在这样的大环境背景下，中国电力建设集团有限公司（以下简称"中国电建"）作为全球清洁低碳能源、水资源与环境建设领域的引领者，全球基础设施互联互通的骨干力量，服务"一带一路"建设的龙头企业。中国电建积极主动拥抱新时代，把握大变局，"立潮头、献良策、出对策"，积极推动中国企业改革发展，紧紧围绕全面建设社会主义现代化国家的高质量发展的新要求，积极应对企业的实际问题，坚持实事求是，坚持问题导向，优化自身经济结构，转换增长动力，展现了一批具有前瞻性、创新性和引领性的优秀研究成果，为中国经济发展贡献电建人的智慧和力量。

本文全面总结中国企业改革进程中，中国电建供应链管理创新发展的优秀成果，深刻把握国家经济新发展阶段，深入贯彻供应链管理新发展理念，推动构建上下一体的供应链发展新格局。

一、国家对供应链管理的要求

近年来国家面向国有企业与金融机构，陆续推出多项供应链相关要求或指导意见。2017年10月，国务院办公厅下发了《关于积极推进供应链创新与应用的指导意见》，要求促进制造协同化、服务化、智能化，提高流通现代化水平，积极稳妥发展供应链金融，积极倡导绿色供应链，努力构建全球供应链。

2018年9月13日，国务院办公厅发布《关于加强国有企业资产负债约束的指导意见》，要求"推动国有企业平均资产负债率到2020年年末比2017年年末降低2个百分点左右，之后国有企业资产负债率基本保持在同行业同规模企业的平均水平。"

2020年9月，人民银行等八部委下发了《关于规范发展供应链金融支持供应链产业链稳定循环和优化升级的意见》。要求探索提升供应链融资结算线上化和数字化水平；加大对核心企业的支持力度，支持核心企业提高融资能力和流动性管理水平，畅通和稳定上下游产业链条；提高中小微企业应收账款融资效率；提升产业链整体金融服务水平。

这些政策及指导意见，切实鼓励科技创新、鼓励体制改革、鼓励依托平台开展金融业务、鼓励信用共享、要求国有企业能够切实解决拖欠民营企业账款、国有企业2020年底负债率大幅压降、解决小微企业"融资难、融资贵"问题等多个方面，特别是当前国家强调进一步加强中小微企业信用体系建设，优化地方融资环境。

习近平总书记指出："要紧扣产业链供应链部署创新链，不断提升科技支撑能力。"党的十九届五中全会将"提升产业链供应链现代化水平"作为加快发展现代产业体系、推动经济体系优化升级的重点任务。这将供应链管理的重要性上升到了一个新的高度。为中国电建供应链管理体系建设提供了更加有利的政策缓解及背景条件，同时也对企业自身供应链管理转型升级提出了更高的要求。

二、中国电建供应链管理的发展阶段

（一）中国电建的特点

中国电建是全球清洁低碳能源、水资源与环境建设领域的引领者，全球基础设施互联互通的骨干力量，服务"一带一路"建设的龙头企业，为海内外客户提供投资融资、规划设计、施工承包、装备制造、管理运营全产业链一体化集成服务、一揽子整体解决方案的工程建设投资发展商。

2020年，中国电建仅设备物资采购就达1800亿元，内容涵盖风电、光伏、水电、火电发电设备，盾构、TBM、凿岩台车、推挖装运类施工机械设备，水环境治理设备，钢材、水泥、商品混凝土、砂石料等施工原材料，在建筑施工行业产业链供应链上扮演着重要的角色。

（二）发展阶段

电建集团业务广泛，业务数据和信息庞大，迫切需要高水平的供应链管理信息化的支撑。为有效帮助集团供应链实现供应链过程可视化及管理动态化，推动供应链信息的集成、有效传递与实时共享，实现采购管理向供应链管理、乃至数字电建建设的持续探索，集团供应链管理不断进行着创新与实践工作，主要分为以下几个阶段。

1.分散采购

2007年以前，中国电建各子企业自主进行采购，这个阶段的特点是采购规模小，有些采购行为集中在子企业本部，有些集中在项目部，管理行为未统一规范，管理水平参差不齐。

2.集中采购

2007—2014年，中国电建从规范采购行为、提高规模采购效益出发，构建了集团公司总部和子公司总部两级集中采购招标平台以及大型专用设备管控平台，加强大宗设备物资采购管理。出台了相应的规章制度，逐步建立和完善了平台的运行机制；规范了供应商管理，建立了合格供应商库；扩大了评标专家的遴选范围，建立了专业知识丰富、结构合理的评标专家库；对两级平台的采购权限做了合理划分和调整，按照动态分流、提高效率的原则进行分工协作，有机互动，高质高效地完成设备物资集中采购招标任务。

3.响应型供应链管理

2014—2020年，中国电建以业主需求为导向，通过制定统一标准和建立统一的信息化管理平台，实现信息的共享和快速传递，带动物流的合理流动，实现供应链的资源整合，从设计开始，经过采购、施工、调试等全过程或若干阶段，通过物流、信息流和资金流等的控制，将业主、总承包商、分包商、设计单位、设备材料供应商等连成一个整体的供应链体系，从而达到缩短工期、降低总成本、提高供应链的竞争力和满足业主的个性化需求等目的。

4.智慧型供应链管理

2020年以后，中国电建进入智慧型供应链阶段，以供应链云服务平台的打造为标志，树立整体思维和智慧思维，全面提高采购供应链集约化管控水平，智能化各环节的业务衔接和关联互动，全面整合优化物流资源，优化采购管理策略、提高采购效率，深度结合供应链金融，实现采购需求计划、质量监控、供应商选择评估、合同管理、项目风险管控的全过程督查、考核与闭环管理，实现供应链全过程的智慧化管理。

三、创新与实践

（一）近年来中国电建供应链管理的主要创新

1.快速精准的采购计划

发挥设计总承包一体化优势，建立基于需求的精准采购计划机制。主要通过设计、生产与采购紧密结合，建立大型项目中标即后策划机制，采购平台与集团PRP、ERP系统充分结合和交互等措施，建立起年度、季度、实际发生三级采购计划体制，实现无计划不采购，解决了过去采购计划与实际执行偏差过大、报送不及时、采购准备周期长等问题，实现了科学可靠的采购预判与准备，快速准确的订单响应，缩短了供应链反应时间，提高供应链的效率与准确性。

2.科学阳光的集中采购

在集团层面成立了设备物资集中采购管理委员会，搭建了集团总部及成员企业两级集中采购平台，以"统一领导、两级集中"为原则，开展了科学阳光的集中采购。按照采购种类及金额，实行分级集中，其中，单机价值800万元人民币及以上，单项（类）价值3000万元人民币及以上的设备，单种类价值6000万元人民币及以上的物资由集团采购中心统一采购，其余设备物资由成员企业集中采购。

建设了全集团统一的集中采购电子平台，采用了大数据、云计算、区块链、手机扫码签、电子营业执照、实体CA等技术，引入征信系统和风铃预警系统，将法律法规、采购标准、采购流程等固化至系统中，实现从发布招标公告、售卖标书、供应商投标、评标、中标、结果公布等采购全流程在线，实现了采购过程、供应商及专家管理的信息化、价格信息及合同信息的共享、招评标工作的移动化、自动化。

依据国家法律法规，结合企业实际，创新采购方式，将集中采购分为依法必须招标类、固定资产类、普通类采购，实行技术与商务分离、决策与执行分离的原则，注重依法合规，科学规范地开展采购工作。建立常态化的数据深度分析机制，通过信息技术等手段对各项基础数据的运行分析，促进集中采购管理工作的有效开展。充分利用纪检监察、巡视、审计等手段，结合现代信息化手段，加大监督力度，将采购工作置于阳光下，减少和预防违规违纪事件的发生。

3.高效灵活的战略框架采购

对采购频次高且技术标准通用的设备或物资，开展战略框架采购。集团采购中心通过统计年度总需求，确定年度框架采购的种类及总量，通过公开招标的方式开展集团级框架采购，并公布框架采购目录。目前较为固定的框架采购有风力发电机组、光伏组件、箱变、逆变器等发电类设备年度框架招标；推土机、挖掘机、装载机、自卸汽车等十六大类通用施工设备年度框架招标。各子企业需采购框架目录产品时，经集团采购中心审核后通过集采电子平台采用竞争性谈判或询比价方式，在框架入围供应商中选择具体供应商，并签署采购合同。同时，各子企业可根据切实需求组织本企业的框架采购并形成框架采购目录。通过年度框架采购减少了采购的频次，大幅提高了采购的效率，降低了采购成本，并与国内一流厂商建立了"总对总"的关系，引领子企业与供应商实施多层次的战略合作。

4.创新开展集采分供和区域联采

对部分投资建设项目中的钢材、水泥、油品等大宗物资，开展集采分供采购。集团采购中心组织实施大宗物资生产厂商的招标采购工作，汇集信息流、资金流的专业化供应链公司作为集采分供平台公司与入围生产厂商签订框架采购合同。作为采购方的子企业与集采分供平台公司签订供货合同，并与集采分供平台公司对接供货计划。集采分供平台公司按照计划供货，采购方按照合同约定进行结算并支付货款。通过在津石高速、南京句宁、西藏JR、云南宜昭等项目开展集采分供实践，进一步保障了大宗物资供应，降低了物资采购成本，保证了投资项目工程质量。

对部分区域（川渝）的钢材、水泥等大宗物资，开展区域联采。针对各子企业项目分布广，采购行为相对分散，重复采购频次高，议价能力较弱等问题，统筹开展国内大宗物资区域联采，按片区整合各个子企业所属项目一段时期的采购需求，解决基层单位采购频次高和采购效率低的问题，并进一步通过提高集中度实现降本增效，提升基层单位议价能力。

5.统一规范的电商采购

将零星采购化为集中采购，建立统一的物资采购电商平台—电建商城。商城引进国内知名供应商，采用现代主流电商模式，实现科学比价、大范围优选、一站式购物，快速、便捷、低价地采购相关商品。商品主要包括办公用品、劳保生活用品、办公电脑打印机及耗材、MRO工业品、工程零配件5大品类，商品量约60万种。商城为各成员企业、基层单位提供了有效的网上采购手段，比照京东、天猫等主流电商平台管理模式，实现零星采购的管理、人力和时间成本降低、减少库存和物料的损耗，高效化、阳光化。同时，电建商城发挥全球资源优势，有效应对突发事件，特别是在2020年上半年疫情严重的时刻，在防疫物资紧缺的情况下，电建商城协调了大批防疫资源，为防疫防控、复工复产发挥了重要的作用。

6.合作共赢的供应商关系

将供应商视为宝贵资源和合作伙伴，打造多层次、规范高效、合作共赢的供应商管理体系。依托信息平台建立起集团公司、子企业和基层单位三个层级的供应商库，对7万多家供应商实施标准化、专业化、国际化的管理；实施供应商准入，严把供应商入口关；实时开展供应商申报资料的审核工作，并对供应商的资料和履约情况进行日常评价和定期评价；大力培育优质供应商，对供应商进行分级，对AAA级供应商在采购活动中给予一定的优待，对采购活动和履约过程中存在违规、违纪及不良履约行为的供应商建立黑名单，予以一定期限的禁入处罚；加强与战略供应商之间的合作，在国内新能源项目、大型基础设施建设项目开展战略联合，建立高层互访沟通机制，增强供应商忠诚度，实现合作双赢。

7.重大装备的监督监造

对发电机组、盾构、TBM、运架提等重大设备，开展监督建造。设备中标后，按照EPC合同和项目策划对设备进行监造分包服务管理，制定监造计划，按照监造计划实施监造，对发现的不合格品按照不合格品监督流程出具NCR、并开展处理及关闭程序，对需要进行质量认证的设备，进行工厂制造过程的认证管理。审核确定ITP中所有检验点见证结束并且所有不合格项全部关闭后，出具质量放行单。通过重大装备的监督监造，进一步提高采购设备的质量，为后续的设备安装调试、运行维护打下良好基础。

8.全球化工程物流管理

着眼于国内国际工程的设备物资保障，内外结合，打造全球化的工程物流管理体系。在国内工程项目上，充分依托较为发达的国内社会物流业，利用市场机制，打造包装、运输、仓储、物流配送等环节完善、紧密衔接的物流管理体系，同时，根据业务需求，培育了17家具备一定竞争力、经验能力较为丰富的子企业开展物流物贸业务，整体提升物流业务管理水平。在国际工程项目上，与马士基、运通、中远等国际知名公司开展密切合作，发展跨大洲、跨国家的全链条物流管理能力，同时，推动部分子企业打造了适合能源建设企业特点的，具备航运、物流、包装、大件运输、吊车和工程设备租赁、工程现场仓储管理等模块化管理的专业工程项目物流公司，大力推行条形码、RFID射频卡、便携式数据采集器和EDI技术等信息化技术，实现货物整个物流过程各个环节所需数据快速、实时采集和传输，在工程物流行业内排名前列，有力地提升了海外项目物流管理能力。

9.降本增效的供应链金融

以"供应链+互联网科技+金融"的创新理念，将供应链金融与供应链有机融合，打造出"供应链金融生态圈"。立足于供应链，依托互联网科技将供应链中的商流、物流、信息流和资金流整合，实现产融结合，业财融合，降本增效。通过供应链金融平台的运行，充分、高效地利用中央企业优质银行授信，将低成本资金注入到以中小企业为代表的实体经济当中，提供全链条金融服务，从而降低整个供应链的成本。通过将财务资金管理与各类金融服务"嵌入"供应链流程中，从而提升"业财融合"水平；同时，基于平台上的数据资产，实施应收账款融资，降低带息负债，压降"两金"，化解三角债，盘活资产，落实普惠金融政策。

（二）供应链云服务平台的建设

供应链云服务平台是集团层面建设部署的供应链业务云端协同平台、可视化管理平台、信息服务平台。是承载上述供应链管理创新、推动提质增效的重要载体和抓手。

供应链云服务平台实现了供应链过程可视化、管理动态化，推动了供应链信息的集成、有效传递与实时共享，引入金融手段助力企业进一步降本增效，是集团提高供应链管理水平、打造数字电建迈出的重要一步。

1.云服务平台建设背景

受疫情影响，集团面临补缺口、稳经营、稳产业链的重要挑战，同时疫情防控的常态化也对企业无纸化办公、数字化管理提出了更高的要求。集团采购管理与财务资金管理环节，有着诸多优化提升需求，如：提升战略供应商培养支持力度，提升招标响应、实现设备物资采购过程"看得见，管得了"、供需两端合理调配资源、信贷资源统一调配、金融工具统一管控等。子企业经营层面，同样存在诸多供应链管理相关需求，如：履约支付，避免断供，降低成本，扩大收入，降低负债，压控两金等。

集团采购供应链主要包含六个环节，依次为：采购招标、合同签署、采购下单、物流配送、验收结算、支付融资。其中采购招标与合同签署环节，已在集采平台的功能模块中覆盖，但合同管理模块应用不够充分，合同流程的线上管理能力有待加强。且从采购下单到支付融资的采购执行过程，集团无法取代子企业在这些环节的经营与项目管理职能，但有必要通过信息化手段，加强对于采购执行过程和结果的统一管理与统一支持力度，从而提升采购执行环节业务运营效率以及信息化管理水平。

供应链云服务平台的建设，内部有需求、建设升级有集采平台作为基础，必要性与可行性均具备，通过供应链云服务平台的建设，可推动集团由采购管理向供应链管理迈进，为建设质量效益型的世界一流企业做出应有的贡献。

2.云服务平台总体架构

云服务平台平台建设采用总体规划，分步实施的方式进行。平台主体由5大模块构成，集中采购模块、合同管理模块、设备物资交易模块、物流仓储服务模块和数字金服模块。云服务平台与内部BIM、PRP、ERP、财务共享等系统交互对接，打破系统间纵横向壁垒。与电建财务公司、电建保理、电建基金、电建租赁、银行、外部保理、券商等金融机构系统对接，为金融机构的业务开展提供数字化场景以及数据信息服务。平台应用区块链、CFCA、智能合约、云存储、人工智能、大数据等大量现代信息化技术。

一期主要建设目标为"一个完善，两个打造"。对集采平台现有功能，尤其是合同管理功能进行完善升级；应用区块链分布式记账技术、CFCA签章认证技术、智能合约、云存储等技术打造设备物资交易系统与金融信息服务模块。

二期主要建设目标为：结合海外项目物流需求，打造主要服务于海外项目的物流仓储管理服务系统；根据资金管理需求，进一步丰富金融信息服务手段；根据集团劳务分包商管理需求，部署相应模块帮助加强劳务分包商线上化管理水平，引入针对劳务分包商或农民工的融资类产品。

长远来看，平台经过多年成熟稳定运营，必定能够积累大量、多维度的供应链相关数据，届时可根据供应链需求，引入成熟的人工智能、大数据技术服务商，进一步挖掘集团供应链数据潜在价值，为建设数字电建提供强有力的支持。

平台总体结构如图1所示。

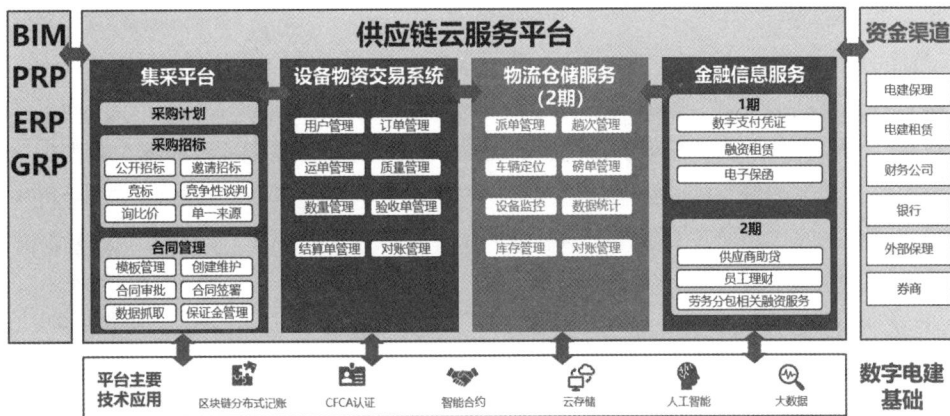

图1 供应链云服务平台

3.平台功能特点

供应链云服务平台定位与愿景是"强化集团引领，着力降本增效，构建世界一流的供应链管理平台；创新数字驱动，打造数字电建，构建多方共赢的产业链服务平台"。

从业务上来说，平台包括采购招标、合同签署、采购下单、物流配送、验收结算、支付融资六个环节；从功能上来说，平台包括集采平台，设备物资交易系统、物流仓储服务模块以及数字金服模块；从系统交互对接上来说，平台与电建财务公司、电建保理、电建租赁、电建基金、外部金融机构等系统对接，并能够与内部BIM、PRP、ERP、GRP等系统交互对接，从而实现了供应链不同环节、不同系统的无缝嵌入，实现了供应链信息的畅通流转，真正实现采购招标、订单执行、验收结算、支付融资等环节的一链互通，打造集团供应链管理的新工具。

（1）集中采购

集中采购模块以集采平台和电建商城为主，集采平台实现了采购招标环节全流程在线管理和操作，实现了各类招标公告的发布，支持公开招标、邀请招标、框架采购、集采分供、区域联采、竞争性谈判等多种采购方式。实现了专家库、供应商库的在线实时动态管理。电建商城实现了零星物资的在线一站式集中采购。

（2）合同管理

采购招标后，合同要素信息被推送至合同管理功能模块，由项目责任单位进行合同的线上审批和签署，合同签署完毕后，对合同关键数据进行提取归集并形成结构化数据存储。在数据归集时，充分利用图像对比技术、NLP语义识别、OCR扫描验真等技术，提高数据准确性，降低数据归集难度。

（3）设备物资交易

归集后的合同相关数据推送至设备物资交易模块，从而实现采购前端的合同数据与采购执行阶段的过程数据整合互通，每个动作都有与之对应的时间戳、执行人、结果数据等多维度信息数据可供查询，从而有效促进交易场景实现数据化、交易过程实现可视化，提高供应商订单响应速度，实现设备物资采购过程"看得见，管得了"。

（4）物流仓储服务

包括库存管理、仓库管理、运输管理等功能，能够实现接收、存储和跟踪库存，在补给方面保持平衡，避免库存缺货和过剩库存；货物到达仓库后，追踪在货位内的存储，以及跟踪订单管理和进一步的发货的位置；开展交付管理和时间安排、对接配送、订单跟踪、运输结算等，实现物流仓储管理的精细化、智能化。

（5）数字金服

该模块是各类供应链金融业务的集中管理工具。数字金服模块集中对接各个子企业、供应商以及内外部金融机构，对目前分散的金融业务渠道进行整合，有效推动了信贷资源的统一调配，金融工具的集中管控，避免资源重复配置。供应链金融需求一经产生，平台便能迅速将其推送至金融机构，改变过去两者之间沟通渠道不畅、沟通成本高、效率低下的情况，真正实现"业财融合""以融助产"。

4.平台建设目标

（1）采购管理向供应链管理转型

由集中采购作为源头，建设供应链云服务平台，拓展合同签订、履约、支付等业务环节，打通供应链管理全流程，帮助集团及子企业各级采购管理部门对于设备物资的采购过程"看得见，管得了"，从而提高设备物资全生命周期管理水平，构建集团标准供应链管理体系。

（2）先进信息化技术引领产业革新

供应链云服务平台通过信息化手段与线上流程管理，在多环节融入大数据、云计算、物联网、区块链等新兴技术，优化用户体验，满足不同板块的业务需求，推动数字电建基础设施、基础环境建设。提高集团对于数据资产的运营能力，使集团能够借助信息化服务打造新产业，形成持续盈利能力。

（3）汇聚多元资金融通渠道

供应链云服务平台将财务资金管理以及各类金融工具"嵌入"供应链流程中，提升"业财融合"水平；根据集团资金管理需求部署相应模块或与相关系统对接，汇聚多种类金融产品、多元金融机构。助力集团实现对信贷资源的统一调配，对金融工具的集中管控，为项目参与方提供稳定的、优惠的支付、融资渠道，从而更加有效地帮助子企业控资产、压"两金"、减负债。

（4）建立购销合作良性循环

建设供应链云服务平台，全方位提升子企业项目管理水平，从而提高企业综合竞争力。借助集团统一调配的金融资源优势，降低供应商融资成本，从而直接降低子企业采购成本，减轻成员单位及供应商账期、资金压力，可大大降低项目断供风险，改善项目寻源问题，吸引优质供应商，建立长期合作，进一步降低采购成本。

（三）经济效益和社会效益

1.经济效益

中国电建开展供应链管理以来，经济效益显著，其中：在集采招标环节，2015—2020年设备物资累计集中采购金额近7000亿元，2020年集采率达96.6%，上网采购率达89.2%，整体节资率为5%～10%。

设备物资类合格供应商七万五千家，其中：股份公司级合格供应商600多家，子企业级合格供应商5万多家，基层单位级合格供应商2万多家。

设备物资类评标专家共计18736人，其中：股份公司级评标专家1546人，子企业级评标专家17190人。

在金融服务环节，平台共发行资产证券化产品223亿元。电建集团成员企业通过平台累计开具电建融信等供应链金融产品349亿元，每年为供应商提供无抵押低息融资超100亿元。

中国电建的供应链管理依法合规、流程优化、过程追溯、数据积累、降本增效成效显著，有力支撑了国内外项目的顺利开展。

2.社会效益

中国电建的供应链管理社会效益突出，主要有以下四点：

（1）供应链资源最优化配置

通过强化集团引领，着力降本增效，推进集约化采购管理，打通供应链管理的各主要环节，整合了集团内外部实体资源和信息资源，全面提升了资源统筹能力、集中管控能力、供应保障能力和价值创造能力，搭建了世界一流的供应链管理平台，形成了"无缝链接、信息通畅、资源优化、奖惩合理"的供应链管理新机制，实现物流、资金流、信息流、商流四流合一，实现供应链各环节资源最优化配置。

（2）打造供应链生态系统

通过创新数字驱动，打造数字电建，建设大数据支撑、网络化共享、智能化协作的智慧供应链系统，建设全业务统一数据中心，强化内外高效协同，搭建供应链上下游企业互助共赢的平台，打造了覆盖供应链上主要企业的、更有活力的供应链生态系统。

（3）推进"业财融合、以融助产"

供应链云服务平台是连接供应链与金融服务的科技平台。为金融机构提供数据信息服务，及线上开展业务的环境。集团成员企业的供应链金融需求能迅速通过平台推送至金融机构，改变过去两者之间沟通渠道不畅、沟通成本高、效率低下的情况。有力推动集团金融板块业务的发展，帮助金融板块企业做大做强，真正实现"业财融合""以融助产"。

（4）降低供应链成本，实现合作共赢

通过引入供应链金融的方式，为供应链管理赋能、赋信，向上下游中小企业提供融资保障，缓解了这些企业的资金压力，一方面提高了集团子企业的议价能力、降低采购成本、保障供应稳定，另一方面促进了供应商的产品销售、加大了合作深度，最终实现了购销双方合作共赢，为整个行业的健康稳定发展做出了贡献。

四、结语

以上是中国电建近年来供应链管理中的主要创新和实践工作，我们将始终秉持"世界一流，合作共赢"的新理念，在应用中完善，在实践中创新，在探索中突破，确保供应链转型发展工作不断强化，推进集团公司迈入供应链管理的新阶段，助力集团公司高质量发展。为中国经济发展贡献电建人的智慧和力量。

成果创造人：姚强、苟达平、万明罡

改革创新驱动广西农信高质量发展

广西壮族自治区农村信用社联合社

党的十九大以来，为加快完善社会主义市场经济体制改革，习近平总书记对企业改革发展作出重要指示，党中央和国务院作出精心部署，以新发展理念，推动企业改革发展，构建新发展格局。面对新形势新目标新任务，近三年来广西壮族自治区农村信用社联合社（以下简称"广西农信社"）以习近平新时代中国特色社会主义思想为指导，认真贯彻落实党的十九大和十九届二中、三中、四中、五中全会精神，以深化金融供给侧结构性改革为主线，紧跟时代脉搏，在新一届领导班子的坚强领导下，以建设区域一流、全国农信领先的"六好"银行为目标，进行了党建人才、组织形式、管理体制、风险防控、产品服务等一系列改革创新，取得了喜人的改革发展成效，日益成为地方金融不可或缺的重要力量。

一、企业概况

1951年，广西农信社在八桂大地破茧而出，先后历经人民银行管理、人民公社管理、生产大队管理、农业银行代管、人民银行恢复管理、广西银监局管理等多个时期。2005年9月，乘着国务院深化农信社改革的东风，全区91家农信社出资入股组建广西壮族自治区农村信用社联合社（以下简称自治区联社），并受自治区人民政府的委托，对全区农村商业银行、农村合作银行、农村信用合作联社（简称农合机构）履行管理、指导、协调和服务职能。在自治区党委的领导下，对全区农合机构党的工作实行垂直领导，统一管理。广西农信社迎来了深化改革、转型升级、加速发展的全新时期，在波澜壮阔的发展历程中，实现了一个又一个跨越，创造了一个又一个辉煌。

目前，自治区联社内设19个部室、8个办事处、2个区域审计中心和1家金融信息科技服务公司。全区共有91家县级农合机构、2,334个网点、13,277个便民服务点、24,946多名员工、191,559户自然人股东和法人股东、2,267万有效客户，建成了自治区、市、县、乡、村五级全覆盖的金融服务"一张网"，紧紧围绕建设新时代中国特色社会主义壮美广西大局，坚持业务发展与八桂经济同频共振，为广西经济"壮"起来、"美"起来源源不断注入"金融活水"，成为地方金融主力军、三农小微金融主力军、乡村振兴主力军、绿色金融主力军、普惠金融主力军。自治区联社先后连续8年荣获自治区人民政府授予"金融机构支持广西经济发展突出贡献奖"，获广西五一劳动奖状、全国五一劳动奖状、脱贫攻坚先进集体，近8年连续入选"广西企业100强"前11名，近6年连续入选"广西服务业50强"前5名，是2021年全区唯一一家被中国红十字会授予人道主义勋章的银行业金融机构。此外，近两年先后涌现2家机构获评"全国文明单位"、1家机构团支部获评"全国五四红旗团支部"、5家机构获评"自治区文明单位"、11家机构荣获"广西五一劳动奖状"、13个集体获自治区脱贫攻坚先进表彰。

二、改革创新背景

省级联社的设立促使农村金融发展日益规范、农村金融市场化改革持续推进、农村农民的金融可得性大幅提升。但随着改革发展的深入推进和外部形势的不断变化，农信社管理体制机制深层次矛盾问题日渐凸显。省联社管理体制存在股权与管理权逆向倒置的制度性缺陷，在引领农合机构改革发展中面临法律地位不明确、履职边界不清晰、责权利不对等矛盾性问题，使得空有资源优势而由于缺资格、缺"牌照"难以最大限度地发挥银行的服务实体功能。同时，产权固化为"小法人"的农合机构，由于让利实体、同业竞争加剧等因素影响，息差模式的传统盈利手段受限，信用卡、理财等新的盈利业务受资金、资本规模限制不能全力开展，在经济下行期不良贷款反弹压力持续加大的不利条件下，许多单体机构抗风险能力不足的问题凸显，生存和发展再遇考验，亟待通过深化改革加以解决。

习近平总书记多次深入广西视察指导，赋予广西"三大定位"新使命、"五个扎实"和"四个新"的总要求，强调广西要"在深化改革开放上下功夫"，为广西经济社会发展指明了方向，为广西农信社聚焦金融主业，服务实体经济、防控金融风险，开创农村金融改革发展新局面提供了十分重要的契机。近年来，全国开始新一轮农信社改革的探索，2020年，中央一号文件、中国银保监会关于深化农村信用社改革实施意见、中国银保监会等6部委出台了中小银行深化改革和补充资本方案等重要政策均对进一步深化农信社改革提出要求。2021年7月，中国银保监会在贵州召开专题会议，提出支持各省因地制宜探索不同模式，"一省一策"推进改革。广西壮族自治区党委和政府认真贯彻落实习近平总书记重要指示精神，按照国家关于农信社改革的决策部署，高度重视、高位推动，自治区层面成立深化农村信用社改革工作领导小组和自治区防范化解重大金融风险工作领导小组，统筹协调农信社改革发展和风险化解工作，推动广西农信建设成为产权明晰、治理健全、资本充足、支农支小特色鲜明的现代中小银行，聚力打造金融服务边疆地区、民族地区和乡村振兴、县域经济发展的主力军，为加快广西边疆民族地区高质量发展提供全方位的金融支持。

三、改革创新内涵

广西农信社为农而生，因农而兴，在坚守服务好农村地区经济发展、推动社会进步的同时，按照"优化管理体制、建设合格主体、防控金融风险、增强服务功能、各方协同发力"的要求，直面机遇和挑战，守"正"创"新"，激"活"做"实"，走出了具有广西农信特色的改革创新之路。

（一）全面加强党对金融工作的领导

坚定"为党分忧、为民解困"的使命，实施党建融入治理的"双入双创"工程、发挥利剑作用的"纪检派驻和党委巡察"两项制度改革，确保党的领导和始终"正"向引领广西农信改革发展。

（二）持续打牢深耕八桂的基础

坚守"立足三农、服务百姓"的初心，传承"以农为本、以社为家"的"挎包"精神，实施"万名农信党员进万村"党建工程、"亮岗组队联建"提升工程和"智慧金融让群众少跑腿"工程，确保广西农信始终扎根"三农"沃土躬耕八桂大地。

（三）倾力搭建现代金融企业框架

坚定"深化改革、创新发展"的步伐，集聚市场、政府、人才等各方"活"力加速推进改制化险，深入推进内部三项制度改革，建立符合现代金融企业制度要求的农村商业银行体系，为广西农信发展提供强有力的制度保障。

（四）全力发挥地方金融主力军作用

坚定"客户至上、服务至上"的理念，紧跟客户需求与时俱进创"新"有情怀、有温度、有深度、真实惠、接地气、更智慧、更低碳的产品和服务，不断丰富金融产品供给，持续提升广西农信客户的获得感和满意度。

（五）不断做实合作发展的平台优势

坚持"协同发力、合作共赢"的精神，大力推进银政、银企、银银合作，不断做优做"实"行业发展和战略合作平台提升服务能力，逐步形成了业务拓展的整体优势。

（六）制定实施新时代"12345678"战略规划

坚定"规划引领、全面提升"的决心，深入实施新时代"12345678"战略规划，即，坚持一以贯之：落实中央和自治区各项决策部署；夯实"两个基础"：党建立魂，经营守道；立足"三个面向"：面向三农，面向市场，面向未来；坚持四个引领：党建引领，战略引领，合规引领，科技引领；抓好"五维发展"：做好三农小微普惠金融，做大公司机构金融，做新绿色金融，做优市场投融资金融，做强网络科技金融；统筹"六个结合"：自治区联社、县级机构、基层网点的上下结合，前、中、后台的结合，线上、线下的结合，加快改革发展与加强风险管控的结合，业务发展、资产发展与人力发展的结合，员工、股东和社会效益的结合；建立七大机制：服务乡村振兴的保障机制，特色化的行业法人治理机制，健全有效的行业服务机制，明确的风险处置责任机制，科学的监督评价机制，激励员工担当作为机制，廉洁从业体制机制；秉持八个战略导向：深耕八桂、立足三农、振兴乡村、细作小微、衔接城乡、重龙特优、降险提质、改革增力。引领广西农信在"十四五"时期迈上高质量发展新征程。

四、改革创新举措

（一）突出"正"向引领改革发展

1.坚持党的领导，优化治理机制

习近平总书记强调，坚持党的领导、加强党的建设，是国有企业的光荣传统，是国有企业的根基。广西农信社把党的政治建设作为推动内部治理改革的首要抓手，贯彻落实"两个一以贯之"要求，建立健全"第一议题"制度，强化政治引领，坚持和强化全系统党的工作垂直领导、统一管理，积极推动"双人双创"工程，把党组织嵌入公司治理结构各环节、党建工作融入生产经营全过程促进党建工作创新、创效，明确党组织在法人治理结构中的法定地位。自治区联社和91家县级农合机构全部把党的领导将党建工作要求写入章程，修订了党委会议事规则，健全了党委前置研究讨论工作机制和决策清单。全面落实"双向进入、交叉任职"领导体制，确保党在发挥把方向、管大局、促落实的领导作用，形成党组织领导、各司其职、协调运转、有效制衡的法人治理机制。

2.加固政治保障，推进两项改革

党的十八大以来，党中央大力推进党风廉政建设和反腐败斗争，企业的纪检监察体系迫切需要改革创新。为破解"上级监督远，同级监督难"的难题，广西农信社推进纪检派驻和党委巡察两项制度改革，强化不敢腐的震慑、扎牢不能腐的藩篱、提高不想腐的自觉。一是积极稳妥推进纪检派驻体制改革。根据中央纪委相关部署要求，2019年7月撤销自治区农村信用联社纪委，设立自治区纪委监委驻自治区农村信用联社纪检监察组，实行派驻体制管理。驻区联社纪检监察组于2020年5月21日正式挂牌，根据自治区纪委监委授权，履行党的纪律检查和国家监察职责。派驻改革以来，广西农信社强化政治监

督，坚定正风肃纪反腐，营造了风清气正的政治环境。二是实施党委巡察制度改革。成立违规问责委员会和党风廉政建设工作办公室，建立健全自治区联社党委巡察工作体系，是广西区直企业首家、全国省级农信社第二家设立专职巡察机构、配备专职巡察人员、建立巡察工作机制的金融企业。自体系和工作机制建立以来，自治区联社对8家办事处党委和91家县级农合机构党委首轮巡察全覆盖，并对42家县级农合机构党委开展专项巡察。通过开展巡察，层层传导压力，健全规章制度，严格内部管理，强化风险防控，促进各项业务发展，为全力推进全区农合机构全面从严治党，实现高质量发展提供坚强的政治保障。历史川流不息，精神代代相传。

3.弘扬挎包精神，推进便民服务"三大工程"

广西农信社在改革发展中坚持改制不改向，更名不改姓，形成了服务"农业、农村、农民"的"三农"宗旨、"同吃、同住、同劳动"的"三同"情怀、"一头露水、一身汗水、一脚泥水"的"三水"精神、"手勤、嘴勤、腿勤"的"三勤"作风、"铁账本、铁算盘、铁规章"的"三铁"品质。"挎包精神""背包下乡、走村入户"，是广西农信人诚信、敬业、务实作风的集中反映，是党的群众路线的具体体现。在走进新时代，建设中国特色社会主义壮美广西的伟大征程中，广西农信始终牢记初心使命，践行宗旨定位，深入推进便民服务"三大工程"：实施"万名农信党员进万村"党建工程，累计选派5217名金融专员奔赴15787个村镇（社区）挂职，当好"四大员"[1]，助力"五振兴"[2]；实施"亮岗组队联建"提升工程，把党员身份亮出来、把岗位职责亮出来、把干事创业承诺亮出来，组建各类先锋队、攻坚队、志愿队，广泛开展党建联建、实事联抓、难题联解等共建活动；实施"智慧金融让群众少跑腿"工程，与广西大数据局、人社厅、乡村振兴局等联合上线助力乡村振兴涉农信息系统，接入政务共享数据，实现个人信贷业务"无纸化、纸上化、移动化、标准化"全流程业务管理，建立了区域级涉农数据规范体系，巩固了金融服务"最后一百米"，忠实履行了企业的经济责任、政治责任、社会责任，使"以农为本、以民为家"的"挎包"精神的底色越擦越亮，改革发展的步伐愈发坚定。

（二）突出"新"品强化科技赋能

1.助力脱贫攻坚，创新"有情怀"的扶贫模式

脱贫攻坚时期，广西农信社针对贫困户发展资金不足、还款能力较弱、承债能力较低的特点，创新推出"银行＋政府＋贫困户"的金融精准扶贫模式，即农合机构向建档立卡贫困户发放扶贫小额贷款，为贫困户发家致富提供资金支持，由政府对贫困户贷款进行利息补贴，并对贷款损失按比例对银行进行补偿，既为贫困户在不增加财务负担的情况下提供了发展资金支持，又保障了农合机构商业发展可持续性，同时发挥了政府在脱贫攻坚战中的主导地位。例如，全州农合行支持习近平总书记牵挂的毛竹山村村民发展葡萄种植贷款近2000万元。截至目前，全州农合行小额信贷"输血"帮扶"三农"发展12.53亿元，助力全县2万余户农户走上致富路。2021年，广西农信社继续弘扬脱贫攻坚精神，严格落实"四个不摘"巩固脱贫攻坚成果，确保脱贫人口小额信贷"应贷尽贷"，创下全区脱贫人口小额信贷类放量、贷款余额、新增发放量三个第一的佳绩，"贷"领群众走上富路。目前已累计向全区54个贫困县发放贷款6763亿元，19个定点贫困村及突击支援贫困村全部脱贫摘帽。累计对120.1万户贫困户开展评级授信，授信总额570.72亿元，累计向86.12万户（次）贫困户发放扶贫小额信贷381.87亿元，居全国农信系统首位，占全区各金融机构扶贫小额信贷发放量的99%以上。其中2020年发放扶贫小额信贷131.32亿元，助力广西扶贫小额信贷全年投放量居全国第一，2020年，广西三江召开的全国扶贫小额信贷工作会上得到原国务院扶贫办、中国银保监会的高度肯定。此外，积极打造"利农商城"电商扶贫销售平台，通过开展扶贫产品营销、网络直播、发放暖心券等主题活动，2016—2021年6月末，累计通过利农商城帮扶建档立卡

贫困户6158户，上架助农产品3508款（通过国务院扶贫办认定，并在中国社会扶贫网上公布的扶贫产品631款），销售助农产品62.1万笔，助农产品销售额2.22亿元，其中，已认定扶贫产品销售额1.08亿元。

2.护航市场主体，创新"有温度"的抗疫产品

面对新冠疫情的冲击，广西农信社积极创新"复工贷""复产贷""暖心贷""胜疫贷""天使贷""惠农贷""爱心e守贷""兴边复工贷""清疫贷""商摊贷"等十几种复工复产专项信贷产品，保护市场主体。比如，钦州市区联社为提供新型冠状病毒消杀用品的生产企业——广西新天德能源有限公司，开创视频面签的方式签订保证合同，给予5000万元流动资金循环贷款支持，保障该企业生产经营活动。南宁市区联社在2020年2—3月期间为广西四大糖业生产企业发放流动资金贷款共计4.72亿元，支持企业全面复工复产，切实保障民生物资生产。凭祥农商行于2020年8月25日给予经营农副产品的小微企业——广西凭祥洪林贸易有限公司发放了360万元的"兴边复工贷"财政贴息贷款，为客户减少融资成本7.2万元，帮助企业扭转歇业困境、恢复生产经营。

3.活用"桂惠贷"[1]，创新"有深度"的信贷产品

自治区政府"桂惠贷"政策发布后，广西农信社迅速响应，推进线上信贷产品与"桂惠贷"深度融合，积极探索开发个性化、差异化、定制化金融产品，支持企业经营发展。截至2021年7月末，全区农合机构累计投放桂惠贷39065户，金额471.96亿元，户均放款120万元，直接降低企业融资成本9.58亿元，实现了广西"六个第一"：投放金额广西第一，投放户数广西第一，信用贷广西第一，投放涉农、小微、民营企业金额广西第一，为广西经济高质量发展提供了有力支持。

4.助力兴边富民，创新"四个真"的边贸结算模式

围绕国家"兴边富民"战略以及贯彻落实建设面向东盟的金融开放门户工作要求，创新和推广"边民贷＋边贸结算专户"的边民互市贸易结算"农信模式"，完善"向边民发放贷款用于进口货物—代扣归集边民进口货款—跨境支付—代发边民销货收入—还本付息"的业务结算流程，在向边民提供参与互市贸易融资支持的同时，实现互市贸易资金的封闭运营，有效防范洗钱和恐怖融资风险，还能最大程度保障资金安全，做到"真边民、真交易、真结算、真实惠"，让边民足不出户获得收益。凭祥农商行将边民互市贸易结算"农信模式"融入金融服务口岸升级转型，实施"党旗引领＋跨境金融改革创新＋边民＋互市贷"运营模式，成为凭祥市唯一一家被授予"中国——东盟跨境金融创新试点（崇左片区金融改革创新试点）"示范项目的金融机构。截至2021年6月末，全区农合机构共开立边民结算账户2.02万个，通过"农信模式"累计办理边民互市贸易结算量175.40亿元，累计发放边民贷4.6万户，金额62.67亿元。互市贸易结算"农信模式"获得广西建设面向东盟的金融开放门户2020年度创新案例二等奖，并入选十大创新案例。

5.提升服务精准，创新"接地气"的定制化金融产品

面对农村金融服务需求朝着产业化、特色化、互联网化、精准化方向发展的新趋势、新变化，广西农信社不断丰富金融产品供给，增强涉农主体获得感，以优化乡村振兴系列产品营销和服务为核心，量体裁衣推出颇具"乡土味"的"金香蕉""香牛贷""油茶贷"等特色农业信贷产品以及纯线上纯信用"金猪贷""易农消费贷"和"易农经营贷"等涉农网贷产品，截至2021年6月末，"金猪贷"授信总额3.0亿元，贷款余额1.64亿元，"易农经营贷"授信总额22.46亿元，贷款余额11.58亿元；"易农消费贷"授信总额2.17亿元，贷款余额0.98亿元。加速金融科技融合完善手机银行功能、推出数字信用卡——桂盛V付卡、研发投产上线行业场景赋能型产品——"桂盛市民云"App，创新开展生猪活体抵押、农业保险保单质押融资等试点业务，设计完善"企业＋农民合作社＋农户"和"企业＋家庭农场"

等信贷服务模式，构建"社银一体化"服务模式，积极开展"银税互动"和创新研发"商税贷""企税贷"产品，深入推进"百行进万企"融资对接专项活动，实现了与三农、小微等普惠金融服务新需求的无缝对接。

6.强化科技赋能，创新"更智慧"的场景化金融产品

广西农信社认真贯彻中央和自治区关于建设"智慧城市"、建设"数字广西"等相关精神和工作部署，创新研发推出了赋能型场景金融产品"桂盛市民云"，实现"智慧校园""智慧银医""智慧交通""智慧政企"等多场景应用，促进互联网、大数据、人工智能等新技术与实体经济、政府治理、民生服务深度融合，为进一步推动乡村振兴奠定扎实基础。此外，运用人工智能技术开发在线客服智能机器人，建立一个实时应答式网络智能机器人，能够在人机交互端表现出丰富的业务功能；在微信、网站、手机银行、网上银行等多渠道接入智能机器人，通过自然语言理解技术，实现自然语言识别、业务交互和业务引导、聊天对话、营销活动支撑、业务支撑等功能，打造7×24小时的互联网全渠道多媒体智能交互平台，提升客户服务体验。

7.助推绿色发展，创新"更低碳"的金融产品

广西农信社深入贯彻绿色发展理念，切实履行社会责任，积极探索建立符合自身实际的绿色信贷长效机制，大力践行"绿色金融"，持续加大对绿色经济、低碳经济、循环经济的支持力度。例如，通过"绿色信贷"助力打造"美丽乡村"，广西横县农信社年均累放1亿多元贷款，让一朵小小的茉莉花做成了芬芳大产业，成为横州人的致富花、幸福花，走出了一条独具特色的农信支持"美丽乡村"的兴旺之路。通过"绿色信贷"托起八桂"林业生态"，按照广西区党委政府作出的建设生态文明示范区和林业强区的重大战略决策，切实加大对林业等生态文明建设的支持力度。截至2021年6月末，林业贷款余额296.44亿元，有力地推进了广西林业产业发展和生态文明建设，为实现美丽广西作出积极贡献。通过"绿色信贷"助推引领"绿色发展"，充分发挥金融引擎作用，积极调整信贷结构，积极支持绿色农业开发、绿色林业开发、可再生能源及清洁能源等项目。截至2021年6月末，监管统计口径的绿色贷款余额67.33亿元，比2018年末增长17.12个百分点，有力地支持了广西产业结构调整、节能环保产业发展和带动点经济的绿色发展。

（三）突出"活"力激发主体动力

1.注入市场活力，加快县级机构改革

自治区联社成立以来，广西农信社经历了县级统一法人社改制、组建县级农合行、组建县级农商行等多个多元化产权模式和组织形式改革阶段。从2011—2017年，广西全区改制组建县级农商行只有29家，改制进度相比全国其他省份较为落后。为改变改制进度慢等问题，2018年以来，广西农信社进入全面推进改制组建县级农商行阶段，三年来新增组建农商行达21家。主要举措是：一是建立会商督导制度，推进改制工作落地。通过建立自治区、市、县三级联动会商督导制度，自治区分管领导靠前指挥，与48家未改制农信社所在市县政府逐一会商改制化险工作，形成"一行一对策、一行一会商、一行一纪要"的工作模式。自治区联社统筹研究制定整体推进工作规划，分类指导农合机构对照准入条件，切实摸清风险底数，制定"一社（行）一策"改制方案，根据改制方案倒排工作进度工期，细化改制的时间进度、关键节点、主要任务、主体责任。二是多措并举改善提升监管准入指标。积极探索通过贷款要素重组、引进第三方投资经营、地方国企收购、市场化转让等方式加大对不良贷款的清收力度，指导农合机构加强经营管理、持续改善资产质量、提升盈利能力、进一步加大拨备计提，逐渐改善经营指标。三是强化领导督导对过程管理。自治区联社成立专项改革工作领导小组和8个督导组，对改制化险工作进

行督促指导、协调联动和监测考核。四是加强改制化险工作调度。定期组织改制化险调度会，指导和督促县级农合机构加强改制化险的流程管理，确保相关工作按工作进度有条不紊地推进。通过上述举措，近两年县级农合机构改制组建农商行的进度明显加快，全系统市场化程度进一步提高。五是持续规范股东股权管理。织密制度大网，优化完善股东股权管理办法。完成全区91家县级农合机构股权登记托管，全面上线股权管理系统，提升股权管理精细化水平。加强股东及其关联方、一致行动人穿透式管理及其关联方信息的核查，严把股东资质和资金来源审核关、强化股东行为管理、持续推进股东股权和关联交易乱象排查整治工作，不断提高股东股权和关联交易管理合规性及有效性。

2.集聚各方活力，同步推进改革化险

广西农信社通过构建"政府＋市场＋监管＋农合机构"的四方联动模式，同步推进改制化险，为经营发展打下坚实基础。根据人民银行公布的2021年二季度评级结果，全区高风险农合机构从2018年最多时候的32家下降至7家，近三年来化险成效非常显著。一是农合机构切实承担改制主体责任。县级改制目标机构压实主体责任，穷尽自救手段清不良、补资本、优管理，不断做优做实监管指标，夯实改制基础。自治区联社切实承担牵头抓总责任，给予县级农合机构改革化险专项利差补助和返还管理费等资金帮扶。二是运用市场化方式引入合规资本。积极引导符合条件的在桂优质国有企业和认同服务"三农"战略的优质民企参与农信社改革改制，为农合机构补充资本、化解不良贷款。2020—2021年6月，全区共定向募股11.95亿股，用于消化不良贷款4.2亿元。三是争取国家政策资金支持化解风险。2020年在全国首个采用转股协议存款方式承接107亿元专项债资金助力改制化险，注资后18家农合机构2020年末总资本充足率提升了6.42个百分点。2021年继续积极申请新增地方政府专项债补充农合机构资本。四是通过打响三大"攻坚战"压降不良贷款。针对"社团、集群关联、内部员工"三类不良贷款，实行控新增压存量，制定压降方案、管理制度、问责追责方案，切实现压降不良贷款的目标。五是争取各级政府协调属地资源参与化解风险。广西壮族自治区人民政府推动落实《关于支持农村信用社改革发展的政策措施》（桂政办发〔2020〕95号），在改制化险、支农支小、引入优质股东、司法清收、优质资产置换、资产确权、财税扶持等方面对全区农村信用社进行全方位支持。六是争取监管部门全程政策辅导和帮助。如在改制组建苍梧农商行过程中，人民银行梧州中心支行累计安排3.18亿元支农再贷款，落实普惠小微企业延期支付工具利率互换本金7413万元，信用贷款支持免息贷款4503万元，使苍梧联社贷款利率同比下降0.84个百分点，为企业减费让利600万元。梧州银保监分局对改制工作同步做好政策辅导、严格把关、验收审核、加快审批等工作。

3.激发人才活力，推行三项人力制度改革

广西农信社坚持以习近平总书记人才工作重要思想为指导，坚持党管人才、党管干部原则，以"人才强社"战略为导向，近三年来紧紧围绕"人才立社强社"的战略导向，把人力三项制度改革和人才引育、人才使用紧密结合起来，着力建设"领军型、复合型、专业型"三支队伍，打造公司治理、金融科技、财务会计、风险管理等方面专业人才，实现人才队伍年轻化、专业化、知识化、梯队化。一是在干部管理制度上建立管理人员竞聘上岗、能上能下的机制，采用新设总监类管理岗位、向社会公开选聘高级管理人员和专业技术骨干人才，推动县级农合机构高管跨地区交流，通过资格考试优选广西农信系统后备干部等方式，全面优化干部结构。二是在职工用工制度上通过研究优化职能部门和管理层级，对原有职能部门进行精简优化，并创新设立产品创新部等部门，积极参与广西人社厅组织的招聘急需紧缺高层次人才活动，2020年自治区联社成功获批建设第六批博士后创新实践基地，与中国—东盟金融合作学院成立广西农信社金融研究院和广西农信社培训基地，共建面向东盟的金融人才"蓄水池"，解决了人才素质不高等引才困难，优化了全系统职工用工制度。三是推进内部体制机制改革项目，深化内部分配制度改革，加强对关键人才的激励机制建设，对不同序列人才、关键岗位设置不同的激励机制，打造"七险两金"的多层次福利保障机制，健全绩效薪酬体系，构建全方位保障机制。四是制定了人才队伍建设中长期发展规划、不断完善人才目标考核激励机制，形成了"党委统一领导，组织部门牵头抓总，有关部门各司其职"的人才工作新机制。

（四）突出"实"体做优服务平台。

1.搭建七大服务平台，做实行业服务体系

自治区联社通过搭建七大行业服务平台，强化自身的服务职能，为县级农合机构经营发展提供坚实的服务保障。"7平台"具体包括：一是综合营销和产品创新平台，该平台利用自治区联社的省级机构优势，牵头协调各级政府、监管部门以及社会各方面加强合作，解决单个县级法人机构无法有效对接更高层级政府和部门以及金融产品服务研发创新力度差的难题；二是金融科技运维平台，通过设立专门的科技部门和专业队伍，不断加强信息科技和电子化建设，解决了单个法人面临专业人才紧缺、建设周期长、资金投入大、维护成本高而无法建立信息科技系统的难题；三是金融清算和资金融通服务平台，该平台是全系统平台，可促进资金高效配置和调剂余缺，提高资金使用效益，并有效避免流动性风险；四是数据治理和大数据运用平台，该平台通过制定系统化的制度、流程和方法，确保数据统一管理、高效运行，满足业务业务运营、决策支持、数据战略和监管报送的需要，解决了以往数据口径不一致、数据繁杂难以梳理等难题；五是股权股东管理平台，该平台通过大数据管理模式，全面掌握全区19万股东股权信息，从前端系统建立机制规范股东股权交易，极大提升区联社和全区91家机构规范股东股权管理的有效性；六是风险防控和资产处置平台，该平台建立了统一的信贷管理制度和操作流程，开发运行信贷管理系统，并配备专职资产管理部门、专业清收队伍，帮助县级农合机构提高防范和处置风险的能力；七是教育培训和法律服务平台，通过该平台加强干部队伍建设，多渠道招聘人才和开展培训，不断优化队伍结构，解决了单个法人机构招人难、培训难的问题。

2.增强专业团队实力，做实专业服务能力

为增强特色服务专业化、特色化、精品化发展，建设专业化的业务人才体系和发展平台，提高市场竞争力，强化专业服务能力，广西农信社近两年积极探索增强专业团队实力，助推行业服务体系创新。2020年以来，自治区联社推动提升区联社科技服务水平，推进金融信息科技公司化运营，多次通过社会公开招聘方式吸收科技条线专业技术人才，探索科技条线员工薪酬考核制度向国内互联网公司接轨，积极探索将金融信息科技服务平台打造成为全区农合机构信息科技服务平台。强化专才专用的团队建设理念，通过社会公开招聘和内部竞聘等形式优化管理职能部门的骨干员工结构，逐步强化各业务条线的员工整体素质，强化专业服务能力。

3.搭建合作平台，做实战略协同优势

自治区联社充分利用区级平台优势，大力推进银政、银企、银银合作，牵头与其他金融机构、集团性企业、省直部门等建立合作关系，积极搭建交流平台，开展业务合作，逐步形成了业务拓展的整体优势。如通过与农业农村厅、水库和扶贫异地安置中心分别签订乡村振兴战略合作协议，为全区农业发展、农村繁荣、农民（移民）增收提供有力支持和坚实保障；通过与自治区林业局、农投集团、林业集团、北部湾投资集团签订战略合作协议，支持林业、农业和重大项目建设；通过与人社厅签署农民工工资保证金监管合作，使区联社成为了农民工工资保证金三方监管准入合作银行，为更好服务农民工和建

筑施工企业奠定基础；通过与财政厅签署代理自治区本级财政国库集中支付业务协议，使区联社成为自治区本级财政国库集中支付业务代理银行，拓宽财政性存款营销途径；通过与国家开发银行广西分行、农业发展银行广西分行签订战略合作协议，实现了地方金融机构与政策性金融的资源共享，为进一步深化金融精准扶贫、更好服务乡村振兴提供"优势互补"的同业联动模式；通过与广西广电网络公司签订战略合作协议，进一步深化银企合作，携手探索"银行＋广电"新模式，实现了双方互惠共赢；通过与自治区司法厅合作，提升了诉讼清收工作时效，推动"以诉促谈、以诉促和，以司法重整促协议重整"风险化解模式落地。2020—2021年8月末，自治区联社与共43家区内行政事业单位、大型企业以及金融同业签订战略合作协议，意向授信总计2641亿元，建立全面战略合作伙伴关系。

五、改革创新效果

广西农信社用改革创新迈上高质量发展，用实际行动服务壮美广西，谱写了坚守初心，支持实体，服务百姓，与客户相伴致远，与社会各界同创共赢的时代华章。

（一）综合实力显著增强

广西农信社资产总额和经营利润持续增长，综合实力持续增强。截至2021年6月末，资产总额10695亿元，是2005年末的12.5倍，2020年率先在全区突破1万亿元，是资产规模率先破万亿的4个西部省份（自治区）之一；存款余额8923亿元、贷款余额6894亿元，分别是2005年末的16.77倍、17.72倍，存、贷款余额占全区银行业比例由区联社成立时的12.41%、13.27%提升到24.4%、18.44%，占比、排名在全区同业中均排在第一位。面对经济下行和新冠疫情的冲击，广西农信社整体经营状况并未出现大幅下滑，三年来经营持续迈上新的台阶，2020年经营利润突破190亿元，2021年上半年实现经营利润108亿元，同比增长8.6%，有望全年突破200亿元。2011—2020年累计缴税273.88亿元，缴税金额在广西金融同业中排名第一，2017—2020年连续四年保持缴税金融超32亿元。

（二）金融普惠能力明显提升

2005—2021年6月末，全区农合机构累放涉农贷款超2万亿元，达到20619.79亿元。2021年6月末，农户贷款余额2548.65亿元，涉农贷款余额4335.89亿元，小微贷款余额3357亿元，分别占全区同业的63.97%、41.73%、34.18%，上述三项贷款余额分别比2018年末增长24.82%、6.45%和19.58%。县域及以下网点占比84.49%，ATM自助设备8164台，便民服务点遍布全区行政村，推出广西农信流动银行服务车，让银行真正"移动"起来，持续巩固完善"自治区—市—县—乡—村"五级全覆盖的普惠金融服务体系。

（三）服务乡村振兴保持"加速度"

全区农合机构继续保持主要金融帮扶政策总体稳定，逐步实现支持脱贫攻坚向全面推进乡村振兴平稳过度，接续推进脱贫县乡村振兴支持力度，脱贫地区贷款余额较年初增长199.83亿元。全区20个国家乡村振兴重点帮扶县各项贷款增速7.2%，高于全区各项贷款增速1.3百分点。2021年1—6月，累放已脱贫户贷款26,845户、21.75亿元，其中，累放脱贫人口小额信贷10,195户、4.58亿元。截至2021年6月末，已脱贫户贷款户数36.14万户，余额212.99亿元，其中脱贫人口小额户数29.29万户，余额128.32亿元。

（四）支持"六稳""六保"成效显著

复工贷、稳企贷、桂惠贷全区第一。2020年累计支持"复工贷""稳企贷"3355亿元，惠及市场主体"半壁江山"。截至2021年6月末，累放桂惠贷437.42亿元、3.65万户，投放量、投放户数均居全区同业首位，直降企业融资成本8.89亿元。2020年通过降低贷款加权平均利率和对受困疫情客户延期还本付息合计让利44亿元。

（五）改制化险效果明显

2018年以来，新增组建21家农商行，农商行达50家，占比54.95%，其余41家正按计划推进改制达标工作，其中36家机构已经实现全口径达标。2018年以来，不良贷款每年都实现"双降"，高风险机构数量显著下降。股东股权管理规范，股东股权结构不断优化。全区法人股占比显著提高，比2018年末提升6.82个百分点；新增66家县级农合机构达到监管要求的法人股占比要求。实现党建工作与公司治理有机融合，公司治理架构进一步健全，公司治理有效性持续提升。

（六）科技赋能及业务创新明显提速

2018年以来，金融科技创新飞快提速，全面提升广西农信科技服务水平。个人网贷系统、移动信贷管理系统等33个新业务系统建设大幅度提高；核心业务系统、信贷管理系统、农信银二代支付等应用系统935项功能模块得到改造和优化；投产上线银医通、银企直连共享平台、边贸互市前置系统等代理业务91项，满足各级农合机构业务拓展需要；引进并实现生物认证平台及人脸识别系统在移动信贷、手机银行、信用卡进件等多个业务场景的应用；2020年6月，广西农合机构智能客服机器人正式上线，该项目荣获2020年第四届农村中小金融机构科技创新优秀案例评选的"应用创新优秀案例"和"十大网络人气优秀案例"。信息科技投入连续三年加快提高，其中2018年、2019年、2020年度信息科技投入分别为72150万元、89416万元、97209万元，信息科技投入占本年度总投入的比例分别为7.27%、8.14%、8.58%。信息科技投入占比远高于监管部门规定的5%的要求，科技赋能显著增强。

（七）人才引育显成效，干事创业氛围浓厚

截至2021年6月末，全区农合机构在岗员工2.5万余人，35岁及以下员工占比46%；研究生学历近700人（含博士8人），本科及以上学历占比约65%；专业技术人员占比15%，其中取得高级专业技术职称约100人（4名正高级职称），中级及以上职称约1800人，占比6%；博士后创新实践基地成立一年来先后联合招收培养博士后研究人员3人，人才队伍年轻化、专业化、知识化建设成效明显。人才队伍干事创业氛围持续激活，三年来先后涌现一批先进个人和模范。其中，1人作为广西金融机构唯一代表当选2020年"全国劳动模范"、2人获"自治区劳动模范"、1人获广西区政府授予在"六稳""六保"工作中担当作为表现突出个人奖、4人荣获"广西五一劳动奖章"、6人获自治区脱贫攻坚先进表彰等。

【参考文献】

[1] "六好"即2019年7月广西壮族自治区党委书记鹿心社对广西农信社发展提出"服务好、改革好、风控好、班子和队伍好、作风好、党建好"的"六好"新指示。

[2] "四大员"即地方金融政策的宣传员、普惠金融的推广员、服务"三农"的信贷员和乡村振兴的联络员。

[3] "五振兴"即推动广西乡村产业振兴、人才振兴、文化振兴、生态振兴和组织振兴。

[4]根据广西壮族自治区人民政府印发的《关于深入开展"桂惠贷"支持广西经济高质量发展的实施方案》，从2021年开始的未来5年时间里，每年统筹广西各级财政资金40亿元，对符合条件的贷款按照2或3个百分点利差比例进行补贴，带动金融机构每年新发放2000亿元优惠利率贷款。

成果创造人：罗军、李燕、梁定基、严夏、李永军、蓝谦、曹韩云

市场化投融资企业：打造地方基础设施投融资企业升级版
——重庆发展投资有限公司的探索与实践

重庆发展投资有限公司

中国基础设施投融资已经由过去十几年主要依靠企业融资转为政府举债和市场化融资并举的新阶段；面临政府严控地方债、严防金融风险的新形势；面临政府平台公司不再具备政府融资职能，储备土地不能贷款，严防隐形债务并严肃问责等一系列新政策，构建新型市场化投融资企业，推进市场化投融资成为新的要求。重庆市积极探索打造市场化投融资企业，重庆发展投资有限公司（以下简称"重发公司"）进行了积极的探索实践，给我们深刻启示。

一、打造基础设施市场化投融资企业的背景

（一）国家政策倒逼建立市场化投融资企业

一批限制性政策陆续出台。近几年来，国家陆续出台了一系列新政策新要求，对融资平台公司转型发展提出了迫切要求。政府债务只能通过政府及其部门举借，不得通过企业举借；剥离融资平台公司政府融资职能，融资平台公司不得新增政府债务，企业债务不得推给政府偿还；切实做到谁借谁还、风险自担；地方政府及其所属部门不得为任何单位和个人的债务以任何方式提供担保，不得承诺为其他任何单位和个人的融资承担偿债责任；坚决遏制隐性债务增量，严格管控新增政府债务；对隐性债务的认定实行穿透式，实质重于形式；严禁以政府购买服务、PPP等名义变相举债；不得将公益性资产注入融资平台公司，不得承诺将储备土地预期出让收入作为融资平台公司偿债来源；建立规范的地方政府融资机制；推广社会资本合作模式；明确政府性债务管理责任人，加强对违规融资行为严厉追责。这些重大政策的出台，融资平台公司面临转型发展的"硬约束"。

（二）市场化投融资是基础设施建设的重要补充力量

2020年全国31省市区，一般公共预算收入均不能满足一般公共预算支出，无一能实现财政自给。连经济最好的上海财政自给率（财政自给率＝一般公共预算收入（本级税收＋非税收入）/一般公共预算支出）也只有86.97%，而西藏仅有10.01%。东部、中部、西部也随经济集中度的递减，导致消费能力递减，投资需求递增，财政收支矛盾持续加剧。总而言之，多数省市和区县政府都面临发展和财政方面的双重压力，特别是东北、华北、西北及西南一些地方甚至存在政府失信和财政不能平稳运行的风险。在"三保"就还捉襟见肘的地方政府，如果不充分利用市场机制去进行基础设施投融资，地方经济发展特别是基础设施建设就会面临无钱可用的窘况。

（三）一批市场化投融资企业加大探索力度

川发展以划入的22户省属国有企业股权443亿元，18处煤矿探矿权、采矿权评估作价200亿元，外加财政专项资金120亿元起步，带动投资超过1万亿元，有力保障了重大项目资金需求，同时开始拓展市场化投资范围，增强企业造血功能。安徽省投抓好资本注入（财政拨款）、资产注入、税收支持（税收返还）、财政补贴（财政贴息）、专项支持（每年3000亩建设用地指标）等五大政府支持工具，通过国家专项建设资金、银行贷款、铁路基金及土地开发收益等渠道和跨省合作模式筹集资金，通过重组整合、股东增资、地市补足（土地综合开发、财政补贴、政府性基金预算收入补贴）等渠道建立铁路投资运营亏损分担机制。上海地产集团在国有股权注入等方面得到上海市政府大力支持，集团所属的16家二级企业多为政府相关部门下属企业，均由政府主导整合在上海地产集团旗下，逐渐形成以房地产综合开发为核心的产业体系。山东高速紧紧围绕路产做文章，目前产业布局包括高速公路、铁路运营、物流产业、港口航运、建设施工、金融保险等，其辅业已经超过主业。山东高速集团已经成为投资、铁路、港航、物流等为主业，集主业产业链上的建设、建材、信息、金融、地产等于一体的大型企业集团，形成了大交通、大物流、大资源、大建设的产业格局。安徽省投通过实施"3+X"战略，在承担政府战略任务的同时，积极拓展市场化业务，形成以基础设施投资、产业投资、金融投资为主的主营业务和控制X家上市公司的战略格局。合肥建投围绕基础设施、产业投资两大主业，完成投融资任务，实现产业布局。承担了合肥全市50%以上市政道桥、公路、轨道交通、铁路枢纽、园林绿化等项目的投融资任务过千亿元（融资过千亿元）；围绕"芯屏器核"产业布局完成投资过千亿元（项目总投资过2000亿元），并逐步向"集终生智"（集成电路、智能终端、生物医药、人工智能）新的产业方向转型发展。

二、重庆发展投资有限公司的探索与实践

重庆发展投资有限公司顺应新形势下基础设施投融资体制改革和重庆新阶段发展而生，成立于2018年8月，注册资本100亿元，由重庆市财政局代表政府履行出资人职责。成立以来，在市委市政府市财政局的正确领导和大力支持下，公司快速发展，取得积极成效。

——迅速搭建起发展内涵。拥有近40家全资、控股、参股企业，其中全资企业15家，控股企业5家，参股企业18家。资产总额2021年将突破1000亿元。已评为双"3A"企业。资产负债率控制在45%左右。实现营收131亿元、净利润29.5亿元。

——大规模投融资工作相继展开。累计完成投资540亿元，其中市场化筹集各类资金342亿元。控股组建市属重点企业重庆铁路集团，开展重庆"米"字型高铁投资建设；全资组建数字重庆公司；收购公租房商业资产200万元；即将增资重庆机场集团，占比29%。

——市场化投资、运营迈出坚实步伐。积极布局大科技、大健康、大消费、先进制造等重要产业，已累计投资市场化项目、民企纾困项目近20个，投资总额60多亿元。纾解力帆集团、隆鑫集团、北汽银翔等企业流动性困难20余次。成功助推力帆纾困和实现重整，妥善化解纾困资金风险。助力北汽银翔纾困，目前司法重整通过法院裁定。顾全大局纾困隆鑫集团，体现重发公司关键时刻的担当。我司委贷纾困模式走在全国前列。全力打造公租房商业资产管理2.0版本，公租房商业资产经营效果取得积极成效。

（一）公司总体定位

结合基础设施投融资面临的新形势新政策新特点和重庆新阶段大发展，重发公司致力于打造成重庆市委市政府市财政局基础设施的市场化投融资操作手、产业发展大平台、资产运作大平台，成为市委市

政府市财政局资金资产资源整合改革的操作工具、市场化"资金池"、市财政局体系的国有资本投资运营公司、重庆财政体制改革的承接器和转化力量，更好地发挥重发公司在畅通产业循环、市场循环、经济社会循环等方面的引领带动作用，推动重发公司成为落实习近平总书记对重庆提出的营造良好政治生态，坚持"两点"定位、"两地""两高"目标，发挥"三个作用"和推动成渝地区双城经济圈建设等重视指示要求的重要抓手，成为把成渝经济圈建设成为具有全国影响力的重要经济中心、科技创新中心、改革开放新高地、高品质生活宜居地的重要推力，重庆建成高质量发展和高品质生活新范例的重要力量。

（二）市场化投融资逻辑

市场化融资是重发公司的核心竞争力所在，是重发公司区别于平台公司的重要分野线，是重发公司安身立命的重大挑战。市场化投融资，就是通过重发公司资金、资产、资源的集聚，通过经营性资产的规模、质量和生生不息的产业运转，产生巨大的现金流，增强持续"造血"机能，运用企业自身的力量实现企业的付息还本和可持续健康运转。重发公司从一开始构建开始，就立足于市场化构建、打造和发展。

（三）公司的角色区别

重发公司是重庆新阶段基础设施市场化投融资主体。重发公司与重庆渝富集团的角色区别于：重发公司是以基础设施投融资为核心的国有资本投资运营公司；渝富公司是以战略性新兴产业发展为核心的国有资本运营公司。两者主攻的重点不同。但都把市场化放在重要位置。重发公司与原来的重庆基础设施投资集团的角色区别于：重发公司重在"融资""投资"，原基础设施投资集团重在"建设""运营"。重发公司加速形成庞大的优质经营性资产体系，加速形成丰盈雄厚的现金流，加快形成投融良性循环，加快走出一条与原投资集团投融资不一样的路子，加速形成辐射原投资集团的投融资新体系。坚定做大做强做优重发公司，形成庞大的优质资产体系、产业体系、资金体系，加快替代原投资集团体系的投融资功能。重发公司与重庆铁路集团的角色区别于：重发公司代表市政府，行使对重庆铁路集团的出资职责，负责项目政府资本金出资及相关融资；重庆铁路集团具体行使铁路建设、运营等职责，并负责除政府资本金外的项目融资。重发公司与重庆铁路集团形成风险隔离。重发公司与重庆铁路集团形成高度协同。重发公司与市财政局的关系：市财政局与重发公司的关系，就好比是市政府的两只手一样。市财政局着重体现政府职能，重发公司着重体现市场职能。市财政局掌控着市政府资金的"大盘子"，重发公司积极履行职能，在市场化运作资金上发挥"市场化大盘子""市财政大盘子补充盘子"的职能。

（四）系统发展战略

"1"：坚持一个核心，即以为高铁等重大基础设施建设项目融资为核心，完成重庆高铁建设项目的资本金筹措任务。同时，肩负着引领全市投融资体制改革的重任，突破原有政府投资平台在水利、轨道交通、高速公路、城际铁路等重大基础设施建设中存在的短板，按照市政府和市财政局部署，逐步承担起其他领域基础设施投资和新基建的投资任务。"2"：加速构建两翼，打造并做强产业投资和资产管理"两翼"，强化对重大基建项目的反哺。选择符合国家产业发展方向，具有成长性的大数据及智慧城市、生态环保、康养、新一代安保、人力资源产业、"轻资产"行业以及信息技术、新材料、新能源、装备制造、生物医药等战略性新兴产业和其他新型业态项目投资布局。投资9.8亿元参与西南证券定增，目前项目浮盈约0.8亿元。招银朗曜基金、力帆股权等项目浮盈约4亿元，收益率超20%。已退出的蓝黛科技项目实现收益0.34亿元，年化收益率约26%。联合高新区投资并引进重庆的山东亦度项目，已取得狂犬疫苗生产批件，市场估值已经翻倍。投资的植恩药业，目前正快速推进其上市工作。购买或划拨一批优质资产，做强做优做大。"6"：六大市场化领域支撑，即金融股权投资、上市公司、优质"轻资产"公司、成熟企业股权、战略性新兴产业布局、基础设施延伸产业投资等。"3"：打造三大主体，即提升城市品质的基础设施建设和公共服务能力的筹资主体；助力全市战略布局，推动传统产业转型升级、新兴业态培育发展的投资主体；政府资金、资产、资源市场化统筹运作、有效运营、提高效率的操盘主体。"3"：构建三大管道，即通过财政资本金及补贴注入管道，存量经营性资产注入管道，增量培育注入管道，打造公司"资金池"。"1"：服务重庆发展，围绕重庆新阶段基础设施、发展短板以及发展优势，加速打造一批资产、营收、投资、市值等过百亿集团，做强做优"重发元素"，致力打造重庆新阶段的国有市场力量。持续助力打造资产千亿级的重铁集团，目前重铁集团在建项目投资规模近1400亿元，预计2025年末资产规模将近2000亿元，着力打造成为全国一流的路市合资示范企业。不断投资打造市值百亿级的数字重庆公司，数字重庆公司"十四五"期间拟实施重点项目20个，总投资约58.4亿元，加快推进上市进程，力争市值突破100亿元。合力打造市值百亿级的招商检测重庆公司。招商检测重庆公司总资产46.8亿元，与招商局集团一起，"十四五"期间强化地方检测认证机构进行市场化整合，力争在2025年末建设成为具有全球竞争力的检测认证龙头企业，实现营收超50亿元，市值突破100亿元。做强做优资产、投资百亿级的科创投集团。科创投集团累计发起设立子基金63支，基金规模达600亿元，投资项目936个，投资金额约340亿元，着力打造成为国内知名的科创投资企业。做实百亿级资产管理集团重发置业公司，重发置业公司目前总资产189亿元，"十四五"期间将投资98亿元，预计2025年末资产规模将超过300亿元，着力打造成为重发公司资产运营管理领域的龙头企。打造资产、营收百亿级的大环境产业集团。环卫集团总资产106亿元、环投集团总资产67亿元，适时推进环卫集团、环投集团的重组整合，着力打造全国一流的生态环保产业集团。打造市值百亿级的安保集团，安保集团目前总资产15亿元，构建"人防保安、武装押运、交通管理、中虎国际"核心业务，打造新型安防安保服务集团，力争在"十四五"期间培育上市，致力市值百亿级安保集团。合力打造市值百亿级的人力资源集团，加快推进人力资源服务板块企业的重组整合和上市进程，力争在"十四五"期间培育上市，致力市值百亿级人力资源集团。加快打造资产、投资百亿级的重发产业集团，重发产业公司总资产21.91亿元，"十四五"期间将进一步做实产业公司，重点投资Pre-IPO等中后期项目、上市公司定向增发和可转债项目、市区重大产业招商项目，着力打造成为资产、投资过百亿的产业投资集团。"1"：协同推进一批基金群，助推产业集群发展。"1"：一批上市公司。围绕环卫、环投、人力、检测、安保等已有行业基础的重点板块，以兼并收购、引战重组等方式实现板块或整体上市；围绕大数据、智慧城市等新兴产业板块，以引进嫁接头部企业、孵化培育等方式，有序推进在科创板、创业板实现上市。

（五）市场化投融资企业"五位一体"

一是国有资本投资运营公司。重发公司从一开始就致力于打造国有资本投资运营公司。重庆渝富集团致力于战略性新兴产业的国有资本运营公司，重发公司致力于基础设施投资的国有资本投资运营公司。二是"三资"归集企业。市委市政府市财政局市国资委全力支持重发公司成为资金、资产、资源三资归集平台。2019年，划入市级部门资产的一半到重发公司。将公租房商业资产200亿平方米全部配置到重发公司。市财政局通过重发公司这个口子，注入资金，推动市场化投资。三是综合型投资公司。重发公司的功能主要立足于基础设施投融资，但其市场化投融资属性，又决定了其必然是一个综合性投资公司。成立以来，除直接投资高铁建设外，重发公司成为重庆市场化投资的重要力量。四是资产、产业绑定企业。一方面，重发公司拥有大量资产，例如200万平方米公租房商业资产；另一方面，重发公司又拥有大量的股权资产，又投资了大量的产业。资产、产业共推重发公司的市场化。五是股权进退流转型企业。通过股权的进退流转，实现资产的保值增值。

（六）创新推动综合性投资举措

一是高质量完成高铁等重大基础设施投融资工作。重发公司作为重铁集团等公司的出资人，在筹集项目资本金的同时，支持重铁集团等公司打造成为市场化合格融资主体。重铁集团、西昆铁路公司、长江铁路公司作为高铁项目建设管理公司，筹集除项目资本金外的其他建设资金。高铁建设项目筹资中的资本金通过市级财力支持、争取财政专项债注入、通过资金、资产、资源三资统筹而得。明确全市干线铁路、城际铁路、市域（郊）铁路的市级出资与区县分摊的边界。明确重发公司负责落实干线铁路与城际铁路市级资本金筹集。利用铁路土地综合开发政策优势，通过整合优质土地资源，形成开发收益支撑铁路建设投资，以此实现长期的建设运营与资源配置相平衡。市政府及规划资源部门划定一定数量的地块作为铁路沿线综合开发配置的土地资源，通过调整两规覆盖尽快达到土地储备条件。储备整治后实施土地招拍挂，公司通过搭建土地资源归集平台以市场化方式参与铁路沿线综合开发土地公开招拍挂，一级收入全额缴入市级财政统筹安排用于高铁建设资本金出资，引入社会资本或区县国资平台实施二级开发，二级开发收益将用于补充后续建设资本金出资和项目还本付息。精准把握国家地方政府投融资与金融业严监管的政策要求，以合规为前提，开展高铁等基础设施建设的投融资交易结构设计与创新，形成以中长期融资为主、短期融资为补充，金融机构的间接融资与金融市场的直接融资相互补充的多元化融资结构，有序降低融资成本，促进"借（筹）—用—还"体系的可持续循环，完成高铁等重大基础设施投融资任务。面对"十四五"时期加快推动基础设施建设的大环境，我市将迎来区域经济干线走廊、货运港口、铁路专线、综合管廊、市政管网、水利、生态环境等为主的新一轮重大基础设施陆续立项开工。公司根据项目推进情况，与受金融监管新政影响、存在市场化融资难的其他市属投资公司建立协同效应，成立SPV公司等合作模式开展融资，SPV公司的主要筹资任务交由重发公司负责，项目建设、运营管理由SPV公司承担，形成新的协同机制和责任共担机制，推动全市重大基础设施建设。

二是高质量推进重大产业布局。在支撑高铁等重大基础设施建设基础上，重点聚焦引领产业升级、保障公共服务等功能定位，推动全市重大产业布局，通过做实"产业翼"提升反哺"一体"的能力。在优化布局传统产业基础上，积极培育壮大新兴产业，通过产融结合，以融促产，形成"传统产业＋战略新兴产业＋财务类投资＋基金群"的发展格局。深度对接国家、全市"十四五"规划，选择有广阔市场前景和成长性良好的产业进行投资布局，强化产业投资的时间布局、空间布局、业态布局、产融互促。以划入股权企业为基础，进行产业整合优化，加快实施现有产业布局的"强链""延链""补链"，做大做强做优现有产业。甄选划入股权企业涉足具有较好发展基础的产业、行业、以及战略性新兴产业，采取以项目收益为导向，以风险控制为底线，布局股权投资、债权投资等多种类型的财务投资项目。选择符合国家产业发展方向，具有成长性的行业以及新兴业态进行投资布局。稳妥推进大数据、大健康、大消费、智慧城市、智能制造、新能源、生态环保、生物医药等新兴产业投资，积极探索碳达峰与碳中和领域产业布局，培育公司践行绿色发展的能力。即巩固传统赛道，稳住基本盘，赋予传统产业新的生命力，用新技术为传统产业在当下开辟道路，并与国家的大战略规划紧密结合，解决融入与融合的问题；优化已有赛道，掌控基本面，优化重组，股改整合，形成有影响力的大公司，提高已有产业、成熟产业的贡献率；打造新赛道，拓展新空间，确定"支点赛道"，即高新技术的赛道、智能化智慧化赛道、生态绿色发展的赛道；畅通资本赛道，将单个投资项目串联成为资本链为纽带的创新链、技术链、产业链、资金回报链，通过链式闭环形成支撑未来发展产业集群，提高产业投资回报率。

三是高质量提升资产经营管理能力。打造资产管理、资产运营、资产投资、咨询服务为一体的综合性"大资管"平台，构建差异化定位、特色化发展、专业化运作的多元资管生态体系。进一步探索优化经营性资产管理模式，完善内部管理体系，实现资产管理可视化、信息化和智能化，增强大数据处理能力，全面提升公司经营性资产运营的市场化水平和经营效益。

三、启示

（一）地方政府融资平台公司转型的七个方向

一是将一批平台公司转型为国有资本投资运营公司。不少平台公司在发展过程中已经培育起一批重要产业或企业，在市场化方向上迈出了坚实步伐，具备打造国有资本投资运营公司的条件。二是将一批平台公司转型为专业的项目代建公司。在政府融资功能被剥离后，平台公司凭借在重大基础设施工程和公益性项目的规划、设计、咨询、融资、投资、建设、运营等方面积累的丰富经验，具备朝项目代建公司方向发展的条件。三是将一批平台公司转型为专业运营公司。目前，不少地方的基础设施及公益项目的建设任务已经接近尾声，可以打造一批资产运营公司，对基础设施、公益性资产进行统一运营。四是将一批平台公司转型为新业务公司。将一批符合条件的投融资平台公司重组改建为能够开展融资担保、融资租赁、信托、商业保理业务的公司或创投性的投资公司，成为自主经营、自负盈亏的国有独资企业，以实现投融资主体的多元化和平台公司的华丽转身。五是将一批平台公司实行混合制改革。平台公司要积极参与混合所有制改革，不断探索出适合自身发展的混合所有制经济的领域和模式。六是将一批平台公司整合重组。平台公司数量过多、运作效率偏低、成本偏高是各地需要正视的问题和挑战，要加大整合重组力度。将只承担公益性项目融资任务，且主要依靠财政性资金偿还债务的"空壳类"平台公司直接撤销。对兼有政府融资和公益性项目建设、运营职能的"实体类"平台公司，剥离其政府融资职能，通过兼并重组、整合归并同类业务等方式，转型为公益类国有单位，承接政府委托实施的基础设施、公用事业、土地开发等公益性项目建设。对承担一定政府融资职能的"商业类"国有企业，鼓励支持其充分参与市场业务，今后不得为政府融资。七是将一批平台公司退出。对失去清偿能力的投融资平台公司要依法破产重整或清算，按法律处置平台公司的资产和债务。对资信差、无持续经营能力、资不抵债的平台公司必须依法破产清算，这样平台公司的发展才具有可持续性。

（二）地方政府要加大"三资"整合改革力度

建立财政统筹机制，聚集资金资产资源，优化财政资金支出结构，改革资金资产资源运营管理模式，实现"三资"效益最大化。一是改革财政支出方向。地方财政在"保基本民生、保工资、保运转"的前提下，应加大对事关地方经济发展、老百姓民生的投入，尤其是生态环保、循环经济、科技创新、互联网经济、人工智能、高速公路、高速铁路、能源等产业的投入，促进财政与经济的良性循环。二是聚集各类基础设施建设资金。将分散在个职能部门的基础设施建设资金进行分类归并，实行"基础设施建设资金整合"。改变资金"散、乱、小"的状况，发挥财政资金的聚集效应和乘数效应。三是清理整合资产资源。按市场原则进行交易，转变资产资源无偿划转给企业或由企业无偿使用的方式，最大化发挥资产资源作用。将地方政府及所属行政事业单位闲置的房产、土地、车辆经三方中介机构评估后划转给平台公司有偿使用，在资产保值增值的前提下，实现财政增收和平台公司增强的双赢目的；将政府或政府职能部门所拥有或控制的资源，如城市道路占道使用权、城市广告位使用权、特许经营权、矿产等，通过有偿使用方式划转给平台公司，并要求上交 "资源有偿使用费"，实现财政增收、平台公司增效之目的。四是盘活财政存量资金。地方各级财政部门要在政府的大力支持下，按财政部的规定及时将已拨付给部门、单位的但尚未使用的各类结余资金和沉淀闲置结转资金全额收回，将这些资金重新安排，重点用于基础设施建设所需。五是改革财政投入方式，推行财政支出的基金化模式。财政部门凡是补助、拨付给平台公司（企业）用于发展的各类资金，应建立产业发展基金、政府性投资基金、担保补助资金、贷款贴息补助资金等，通过政府投资公司、担保公司、产业发展公司等市场化运营的公司给予支持，也可通过"资本金注入""以奖代补""先建后补""股权化改革"等方式支持平台公司的发展，以发挥好政府资金的引导作用并据以提高财政资金的效益。六是落实好税费改革措施。把减税降费作为减轻企业负担、增强企业内生发展动力的重要推手。地方政府应在认真落实国家减税降费政策的基础上，应尽可能的让利给平台公司，让其轻装上阵。七是改革地方政府债券发行方式。可把基层的市区县作为债券的发行主体，并将债券定位为"市政基础设施债"。根据《预算法》《预算法实施条例》及财政部颁布的地方政府债券发行管理办法，虽然地方政府被赋予了举债融资权并采用自发自还方式发行债券，但中央政府仍然承担着地方政府债券的管治权，这就容易出现中央与地方因信息不对称，导致地方政府的债务需求与中央确定的债务规模和结构出现偏差的情况。况且地方政府举债融资权也仅局限于省级政府（含批准的计划单列市），可偿债权却偏偏又是市区县人民政府，这样发债主体与偿债主体就不一致，市区县人民政府就有可能会把主要的时间和精力放在争指标、争债务额度上，不利于债务风险防控，反而易造成权力寻租。因此应从法律层面上明确允许符合条件的市区县人民政府按照其经济发展状况与财政状况、资源及负债情况、偿债能力情况、信用资质等自主决定举债融资规模并将其定位为"市政基础设施债"，并对其使用作出严格的界定，以防不合法或不合规行为。八是积极推进财政从"粗放式管理"向"精细化管理"转变。全面实行预算绩效管理及财政支出绩效评价。财政作为国家治理的基础和重要支柱，必须改革现有的预算管理方式及支出评价模式，推行预算绩效管理，严格实行财政支出绩效评价。①建立一套包含预算绩效目标在内的预算申报、预算审核、预算下达、预算执行、预算监督、预算评价的预算绩效管理模式，也可通过购买政府服务的方式引入三方中介机构对预算的事前、事中、事后进行独立、客观、公正的评价、监督，做到"花钱必问效，无效必问责"；②财政部门或项目主管部门通过设置项目立项、绩效目标、资金投入、资金管理、组织实施、产出数量、产出质量、产出时效、产出成本、项目效益、满意度等十一类二级指标对项目财政支出的决策、过程、产出、效益进行全方位的分析评价，也可通过聘请三方中介机构的方式参与绩效评价，凡是评价结果为良（注：评价结果有优、良、中、差4个等级）以下的，一律对实施单位的主管领导及经办人予以追责、追回违法违纪资金，并在以后年度安排预算时予以削减，最终实现预算安排有依据、使用有监督、成效有评价、无效要追责的管理目标；③强化审计、财政监督，对财政资金的分配、使用进行监管，及时查处财政资金分配管理使用中的违法违纪行为，既讲财政资金的公平分配、也讲财政资金的使用效益，把效益和公平放在财政工作的首位。

（三）市场化投融资企业必须牢守"333原则"

核心模式为四个"三"：一是实施资金、资产、资源"三归集"，促进公司强身健体。目前地方政府经营性资产还有较大的盘整空间。地方政府要加强对"三资"的清晰界定，制定"三资"整合指引，明确"三资"整合方向，制定长中期规划，明确近期目标。鼓励地方政府进行"三资"整合改革试点。地方政府及财政、国资等部门要强化顶层设计，统筹谋划资本、资产、资源持续注入投融资企业的范围和途径。二是推动资产负债、投入产出、现金流"三平衡"，确保企业健康运行。净资产与负债平衡，即资产负债率始终控制在50%～60%，大体上净资产和负债是1:1。如果负债率较高，就会有泡沫，会丧失信用。始终把贷款额度保持在授信额度的1/3左右，随着资本逐步增加再相应扩大债务规模。现金流平衡，做好公司现金需求和供给的调剂，实现现金流的良性周转。投入产出平衡，坚持按经济规律、价值规律、市场原则办事，接受的任务必须有相应的资源配置或通过特定的盈利模式收回投资。三是严格执行财政不为企业担保、企业相互不担保、专项资金不相互挪用"三不"原则，严格控制经营风险财政不为投资集团担保。政企之间必须保持严格的界限，防止财政债务危机。坚持从根本上增强企业资本实力，提高信用等级，银行按照市场原则、信贷原则自愿授信。投资集团之间不相互担保。互相担保，容易掩盖矛盾，一旦某集团出事，会殃及其他集团，形成"多米诺骨牌"效应。专项资金不交叉使用，财政拨付的专项资金虽然放在投资集团，但使用范围受财政掌控，必须专款专用，不准交叉使用，互相挪用。

成果创造人：冉斌、梁继平、向家祜、陈驰

远程异地评标系统在大唐电商公司B2B平台的创新应用

大唐电商技术有限公司

一、引言

2020年初新冠肺炎疫情突然来袭，人员聚集交叉传染风险极高。传统的聚众开标、集中评标模式，在病毒面前只能踩下刹车，而电子化招标系统虽然解决了投标人足不出户可以参与项目的问题，却无法解决评标专家难以到达指定评标室开展评标活动的问题，导致绝大部分公共资源交易、企业和政府采购纷纷宣告停摆。为此，大唐电商技术有限公司将中国大唐集团电子商务平台的招标系统改造升级，使平台快速适应疫情带来的影响，为传统评标注入科技新"血液"。本成果将远程异地评标系统在大唐电商技术有限公司B2B平台的创新应用作为讨论重点。

二、成果背景

（一）企业介绍

中国大唐集团有限公司（以下简称"大唐集团"）是2002年12月29日在原国家电力公司部分企事业单位基础上组建而成的特大型发电企业集团，是中央直接管理的国有独资公司，是国务院批准的国家授权投资的机构和国家控股公司试点，注册资本金为人民币180.09亿元。主要经营范围为：经营大唐集团及有关企业中由国家投资形成并由大唐集团拥有的全部国有资产；从事电力能源的开发、投资、建设、经营和管理；组织电力（热力）生产和销售；电力设备制造、设备检修与调试；电力技术开发、咨询；电力工程、电力环保工程承包与咨询；新能源开发；与电力有关的煤炭资源开发生产；自营和代理各类商品及技术的进出口；承包境外工程和境内国际招标工程；上述境外工程所需的设备、材料出口；对外派遣实施上述境外工程所需的劳务人员等。

大唐电商技术有限公司（以下简称"电商公司"）注册资金5000万元，主要负责中国大唐集团电子商务平台（以下简称"电商平台"）的建设和运营。该平台拥有采购组织1000多家，注册供应商11万余家，近三年平均交易规模超过500亿元。电商公司按照集团化管控、专业化运营、市场化运作模式，建设运营电子商务平台，构建"两级三线"运维体系，明确"一平台、三中心"业务定位，致力于建设安全稳定的软硬件平台、高效完备的运维体系，移动互联网、物联网、人工智能、大数据分析等先进信息技术充分应用，物流、资金流、信息流高效融合，大数据分析成果显现，形成业务全面覆盖、数据融合共享、决策科学有据的数字化采购及物资管理支撑服务体系；对内服务于集团公司采购及物资管理，提供专业化支撑，对外以面向电力行业采购与服务为主要目标，快速拓展集团外市场，提供社会化服务。

电商平台在2016年底已实现了线上招标、非招标、长协等采购业务，并于2018年7月完成平台2.0升级改造，其中招标业务模块已实现招、投、开、评、定全流程电子化，通过国家招标投标系统交易平台三星级检测认证，积极响应国家发改委"10号令"要求，成为国内首批完成与中国招标投标公共服务平台对接的央企电商平台。

（二）远程异地评标提出的背景

为保证评标工作的安全性、保密性，电商平台一直采用专家集中、评标室封闭、全流程离线操作的方式进行，这也是国内大部分招标平台主流评标方式。2020年初，新冠疫情的突然爆发使得原来的评标方式难以实施，传统的聚众开标、集中评标模式，在病毒面前瞬间崩溃，电子化招标又无法解决专家不出门评标的问题，导致80%的公共资源交易、企业、政府采购纷纷宣告停摆。电商平台为保证评标工作稳步进行，根据国家发改委《关于积极应对疫情创新做好招投标工作保障经济平稳运行的通知》（发改电〔2020〕170号）的要求，并结合集团公司招标采购实际情况，本着安全、稳定、高效的原则，开始着手远程异地评标功能建设，于同年2月完成基础功能开发并投入使用，3月底完善专家在线签字、线上视频会议及桌面监控、投标文件销毁等功能。

三、成果实施路径

（一）整体方案

1.评审环境基本要求

硬件要求：每位专家需配备一台笔记本或台式机。CPU：2.0GHz双核及更高级别的处理器。内存：4GB及以上。硬盘：50G及以上或用空间。

操作系统：Windows 7及以上系统。

网络带宽：20M以上。

视频采集终端：笔记本摄像头及外接移动手机终端。

必备软件：Office或者WPS、远程异地评标系统。

2.专家身份认证

远程异地评标系统集成了手机扫码App，实现个人实名认证，分别包括以下几个环节。

（1）只能通过手机号及验证码进行注册和登录；

（2）个人姓名及身份证信息手动录入；

（3）身份证正反面上传，上传后的身份证图片与前一环节中录入的信息自动校验；

（4）人脸识别，实时调用手机摄像头拍摄人脸，与前一环节中上传的身份证人脸进行符合度校验。

通过以上认证，专家使用手机扫码App进行评标系统扫码登录时，可确保登录人为专家本人。

3.评标视频会议

在评标过程中，专家可以在评标系统中一键开启评标项目的视频会议，系统通过直接调用笔记本摄像头或外接移动手机终端，接入每个专家的实时音视频，从而组成远程虚拟评标室，视频会议支持组长管理、单人发言、桌面共享、多人互动等功能，完全满足专家交流讨论的需要。所有接入视频会议终端画面云端自动实时录制，评标结束后将相关数据录制资料上传至服务器，专家在评标过程中，全程无感知，为后续审计监察查档提供支持。

4.评标过程监控

为保证评标过程的合法合规性，在评标过程中，该系统从以下两个方面进行过程监控：一是专家评审桌面录屏，评标系统启动后，自动进行后台录屏截屏操作，并将相关数据资料实时上传至服务器。二是专家评审场景监控，电脑接入一个网络摄像头，将该摄像头放置专家的侧面或者背后，确保能录入专家评标周围环境。在专家评标过程中，监标人可以通过监控台，实时查看所有专家的周围环境，整个场景监控音视频材料也会同步实时传输至服务器进行电子存档。

5.评审结果签名

评审完成后，专家使用手机扫码App对评标报表进行签名，App支持在线及时办理，及时获取数字证书，为专家生成专属个人数字证书，其证书有效性及合法性已获得国家密码管理局颁发的二级商用密码产品型号证书。

6.远程澄清与答疑

在评审过程中，如果需要投标人进行远程述标、澄清与答疑，评标系统可以连接投标人专属的投标管家终端以视频会议的方式发起远程音视频交流，在投标人述标或澄清答疑过程中，投标人只能共享自己的终端桌面，无法看到专家端的视频，从而保证了专家安全性和保密性。

7.结构化范本应用

招标文件范本通过结构化工作，结合电商平台功能的完善和招标、投标工作，将标准化成果固化于平台，发挥标准化、结构化文件作用。

系统能够实现招标投标业务过程的各类范本文件的编制，除招标文件范本的制作外，还可以制作资格预审公告、招标公告、邀请函、变更公告、中标候选人公示、中标结果公示、澄清文件等多种范本。

8.结构化数据清标

在评标环节，通过数据分析，可自动识别投标文件中的评审项并进行汇总，形成评议表，实现一键清标、细化评标办法，同时提高评标精准度，减少专家评标时间和自由裁量权，降低成本，提高效率。

9.大数据智能评标

通过大数据分析整理及招标文件结构化模板化，提升采购文件编制工作效率及质量，从采购源头提升质量；自动识别围标、串标，同时对投标人相关商务文件进行汇总记录，进一步分析投标人的行为，减少商务文件的重复评审；通过外部权威数据接入，自动辨识投标文件中资质、业绩、财务信息等内容真伪，并按照事先设定好的权重进行智能化、自动化打分。

（二）实施过程

1.实施目标

本成果的实施以建设高质量、创新型的远程异地评标系统为目标，通过明确各级工作人员职责，保障成果实施始终处于有序的控制之中，确保整个成果实施按计划进行，确保成果实施各阶段及最终结果符合规定的质量要求，完整规范的文档管理。

2.实施内容

本成果实施的全过程包括前期准备、需求调研、总体设计规划、详细设计、开发、测试、联调、用户培训、系统上线、应急预案等各个实施环节和阶段。管理内容包括人员管理、进度管理、质量管理、风险管理、沟通管理、费用管理等各个方面。

3.组织架构

由领导小组、项目经理、需求调研与分析组、支持与服务组、项目实施组组成，各自负担相应的职责。组织结构见图1，项目的组织结构由项目总指挥、技术总监、项目经理、质量保证组、系统分析组、系统设计组、系统开发组等组成，各自负担相应的职责。

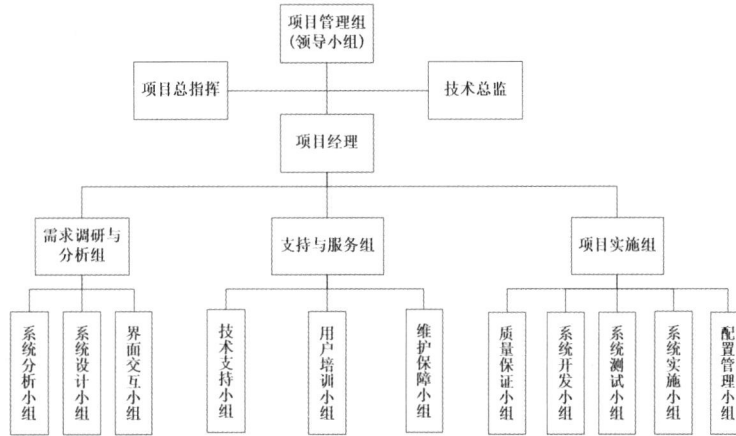

图1 组织架构图

4.开发过程

本成果开发主要包括业务需求阶段、系统设计、编码及测试、现场实施以及运行维护各阶段逐步进行。各阶段完成的主要内容以及进度控制措施具体见表1。

表1 成果实施过程进度控制措施

阶段	主要内容	进度控制措施
业务需求	完成需求调研及编写调研报告、需求分析及编写需求说明书、需求评审与确认	成立业务需求小组，加强组织协调及人员调拨力度；筛选具有丰富调研经验的工程师参与本项目调研工作
系统设计	系统概要设计	严格把控需求分析阶段进度，保证足够资源投入以及设计人员设计经验丰富
系统设计	系统详细设计	严格把控概要设计阶段进度。保证足够资源投入以及设计人员经验丰富
编码及测试	完成系统编码、测试工作	严格按照项目进度计划进行控制。SQA将对项目开发计划以及测试计划进行评审；协调资源，保证人员的充分投入。按照公司CMM规范，加强质量评审、配置管理、测试管理
现场实施	完成系统安装、调试、培训等工作	严格按照项目进度计划进行控制，保证开发、测试工作按时完成。做好实施前期充分准备，编写实施计划、培训计划以及相关培训文档资料。筛选有丰富实施经验的工程师参与实施工作。组建项目实施小组，负责实施期间的协调组织工作

现场实施	完成系统试运行及验收工作	需求变更进行合理控制，试运行期间，实施人员全程跟踪，并每日汇报修改意见，开发小组成员及时修改并进行系统　更新
运行维护	运行维护及升级	无

最终，经过近3个月的技术攻关和项目研发，远程异地评标系统得以在电商平台落地应用。

四、系统主要功能说明

电商平台利用远程异地评标系统打造适合疫情时代不见面、不接触的新型评标体系，可以实现个人签章在线办理、可随时随地参与评标、远程实时监控评审过程，为用户提供灵活多样的服务。主要功能包括以下几项。

（一）评标办法设置

1.符合性指标

设置评标专家符合性检查的指标，对指标名称、评审选项、一致性检查、评审说明等进行修改和完善，需要手动设置评标类型，区分商务技术类型，见图2。

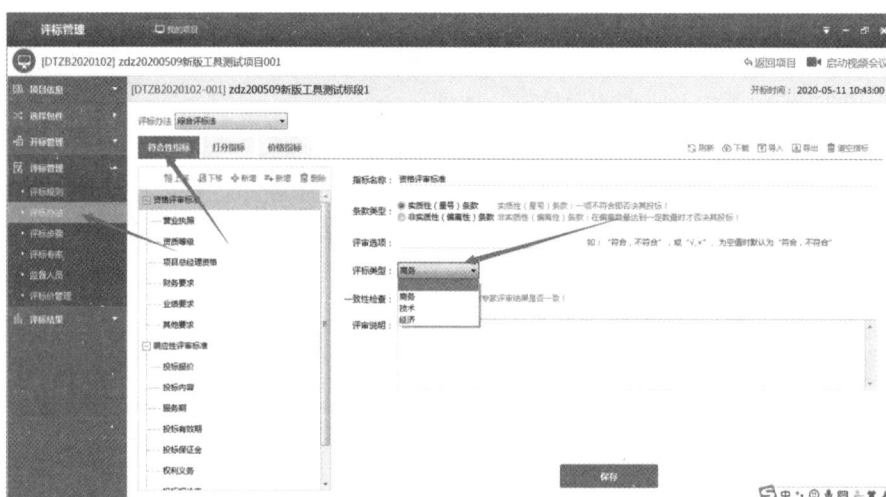

图2　设置符合性评审指标

2.评分指标

设置评标专家需要打分的指标，需要设定每个指标的分值范围以及权重，需要手动设置评标类型，区分商务技术类型。

3.价格合理性指标

如果评标办法是根据综合评标法设置，无价格合理性，选择价格指标，单击"设置价格得分公式"，根据要求设置公式即可。若评标办法采用的是性价比法，可以单击"评标办法"，选择性价比法，价格指标无需设置。

报价合理性设置指标在"评分指标"栏，评标类型选择为商务。合理性得分设置为20分，权重为整体打分的40%（商务打分占10%，技术打分占50%）；价格得分设置为80分，权重也设置为整体打分的40%（商务打分占10%，技术打分占50%）。

（二）评标步骤管理

评标步骤管理设置专家参与评标的步骤及过程，系统可根据评标办法管理中的步骤设置来生成对应的默认评标过程，可直接创建默认评标过程。

生成默认的评标过程，见图3。

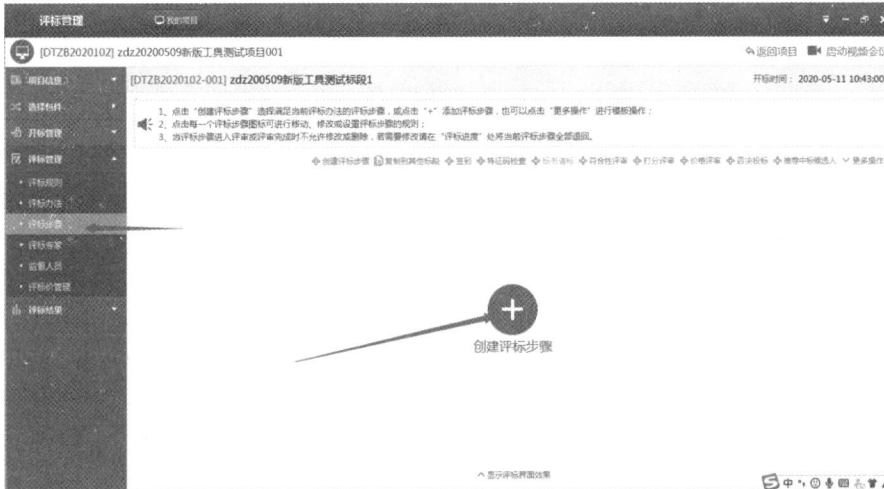

图3　评标步骤管理设置

对评标过程的评标节点可移动（前移和后移）、修改和删除操作。若系统评标过程有特殊要求，可自定义评标过程。

价格评审和推荐中标候选人，两个环节中，可选择是由专家组长评审或者由项目经理评审。在评标步骤中选中价格评审节点/推荐中标候选人节点，单击"修改按钮"，评标专家选择专家组长/项目经理。

默认步骤模板里若有评议步骤的可以直接右键进行设置。如果默认步骤中没有评议步骤，可以单击上方的"标书清标"创建评议步骤。按照勾选评标类型、分配清标人员、选择供应商、分配清标人员、确认分配的顺序来进行评议步骤的设置（商务和技术评议步骤需要单独设置）。

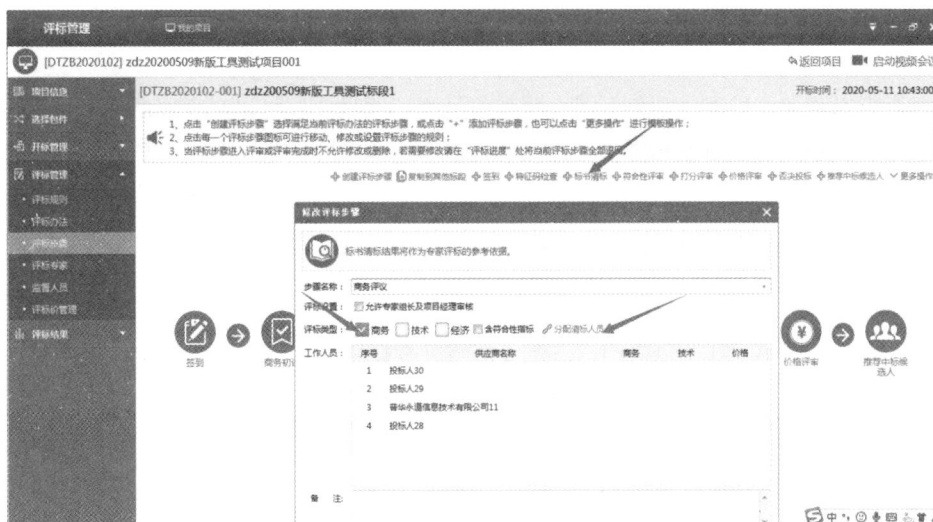

图4　评标步骤设置

（三）视频会议

评标工作开始前，单击"启动视频会议"按钮，进入视频会议主页面。可对窗口布局，摄像头和麦克风进行操作设置。项目经理启动视频后，可通知指导专家进入项目评标页面，单击视频会议启动视频。

在专家进入到视频会议中，项目经理可对专家的摄像头以及话筒进行关闭和打开的操作，也可全程观看专家的评标电脑桌面。

如需对专家电脑的评标环境进行监控，则选择启动视频会议，查看并复制会议室号，发送给专家，让专家使用手机登录。专家登录成功后，根据项目经理要求，将手机对准需要监控的地方进行评标环境的监控录制，评标结束后，单击"结束"按钮。

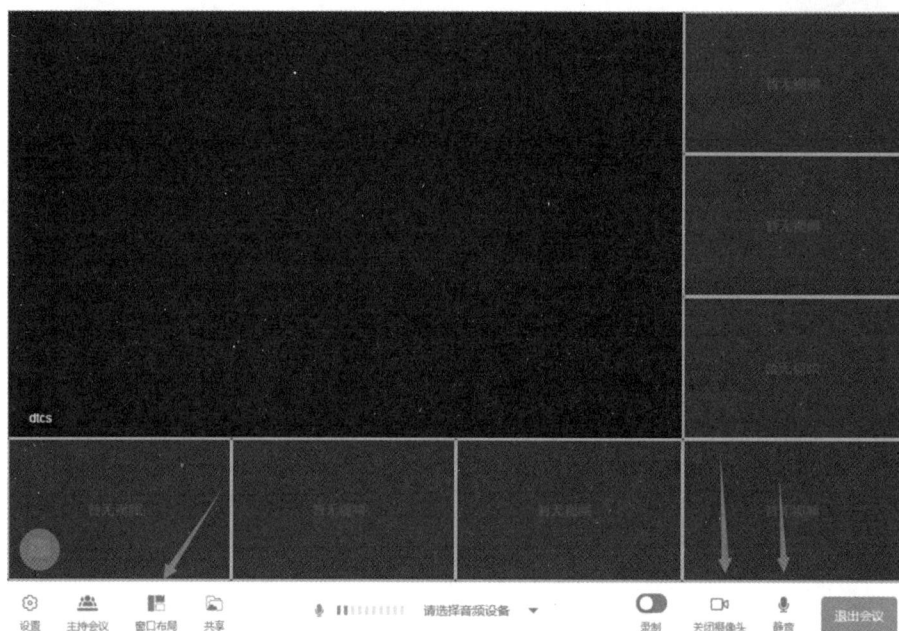

图5 视频会议界面

（四）评标结果

1.评标进度

可以实时查看专家评标进度，颜色不同表明当前进度。项目经理可以对专家的评标进度进行设定。整体进度：每个步骤必须每位专家都提交，才能进行下个评标步骤操作；自由进度：每位专家可以自由对评标步骤进行操作，评完一个可以接着评另外一个；手动控制：由项目经理设置评标进度，只有项目经理设置步骤以后，专家才可以进行操作。

2.评标报表

评标结束，勾选报表、报告模板单击生成文件，且可导出、编辑进行数据备份，见图6。

图6　评标报告

3.上传评标结果

评标完成后将所有评标结果以及评标文件上传至招标平台。

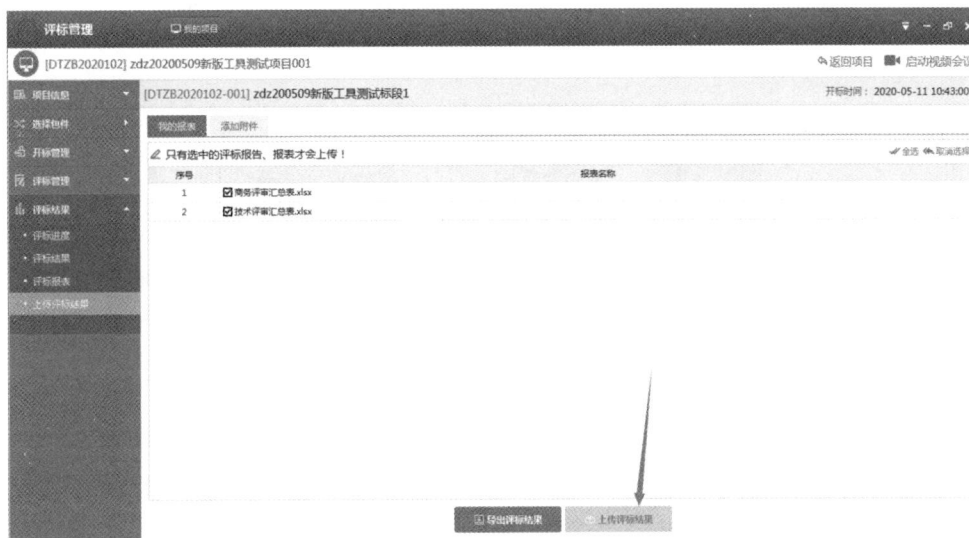

图7　上传评标结果

4.完成评标

确认无误且上传完评标结果后，在评标进度页面，单击"完成评标"按钮，提示是否完成评标，选择确认完成评标后，专家工具端将不再显示该项目信息，无法对项目进行任何操作。

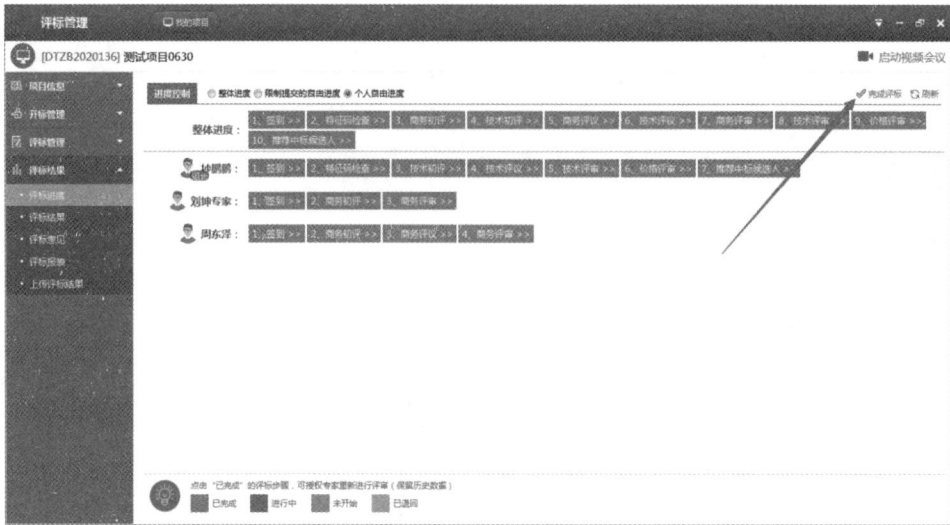

图8　完成评标

（五）专家签App

1.登录

进入登录页，使用正确的手机号码和验证码，单击"快速登录"按钮，即可登录e采专家签软件，成功进入首页，如图9所示。

图9　登录界面

2.我的认证

（1）实名认证

单击"我的认证"菜单，进入身份验证页，输入真实姓名、证件号码，单击"确认并提交"按钮，提交个人基本信息成功，页面跳转至身份认证上传证件照片页。

身份认证上传证件照片页，单击"拍摄/上传人像面或国徽面"，可通过拍照或从相册选取上传身份证正反面，单击"下一步"按钮，即可完成身份实名认证成功。

图10　实名认证

返回至我的页面，可看到"我的认证状态"变为"已认证"。

（2）人脸识别

依次单击"我的认证""实名认证""人脸识别菜单"，进入人脸识别页，可采集个人人脸与上传的证件照片中的照片比对一致性，完成人脸识别。

图11　人脸识别

3.个人证书

（1）购买个人证书

单击首页"个人证书"图标，进入个人证书页，个人证书无需申请，可直接单击"购买个人证书"按钮进入个人证书缴费页面。个人证书缴费页面，选择需要购买平台和CA证书，选择支付方式微信或支付宝，单击"支付"按钮后即跳转至对应三方支付页面，输入密码即可完成个人证书购买。

图12　购买证书

支付完成后，单击"支付成功"弹窗中确定按钮，页面返回至个人证书页，显示一条证书记录，且会自动安装下载证书，证书有效截止日期默认为1年，格式为XXXX-XX-XX。（若安装下载失败，可手动单击页面上的"安装"按钮进行手动安装）

（2）个人签名

单击首页"个人签名"图标，进入个人签名页面，单击重设签名按钮，在重设签名页可重新设置签名内容，并设置相关签名字体属性如颜色、粗细等效果，保存即可设置签名成功。如图13所示。

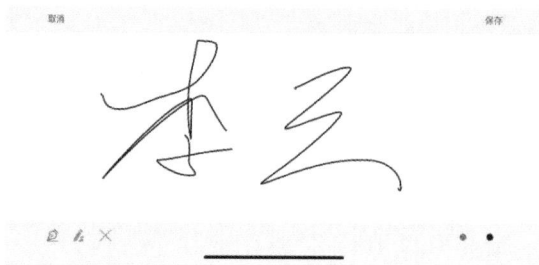

图13　个人签名

（3）证书密码

单击首页"证书密码"图标，进入证书密码页，输入证书密码和确认密码后可设置证书密码成功；也可输入旧密码进行重置密码操作；密码忘记，可在此页面操作忘记密码，通过获取手机验证码重置证书密码。

4.专家扫码

专家购买个人证书和设置签名后，可单击"扫一扫"图标，在评标工具扫码签名模块操作。

图14　专家扫码

五、技术创新与应用

以往，在电商平台使用原有评标工具，对于设备及人员都有着十分严格的要求。在评标开始前，需要将大量评标电脑运输到指定的封闭场所，由网络专员以项目经理的电脑为中心搭建一个固定的局域网络，再将评标电脑进行相关配置接入该局域网，每台设备才可以使用评标工具。同时，专家需提前一天到达指定评标场所报到，开标期间也被要求不能擅自离开。在评标过程中的，由于手写板设备数量十分有限，专家签字时需要轮流使用，若遇到大型集中采购的情况，专家人数众多而设备较少，严重影响评标效率。评标结束后，项目经理需要将个人电脑重新连接外网，才可以将评标数据及评审结果回传到电商平台进行审核并公示。专家使用过的评标电脑需要安装小程序并关机，重启并重置才可以从该设备上抹去本次全部评标数据，再由专人检查后回收评标电脑，操作相对复杂。

与原有招标系统相比，远程异地评标系统在安全、便捷、高效等方面都有了较高的提升。

（一）全面实现云部署

电商平台远程异地评标系统通过云服务技术将原有的局域网独立评标系统改造升级，对所有项目进行集中管理、集中配置和集中存储等功能，有效解决的网络因素限制和人员分散管理的问题，同时解决了评标过程只能使用专用电脑的问题。使用现有系统，项目经理、评审专家只需在个人电脑简单安装工具，便可通过外网远程登录访问评标项目并进行有序的评标工作。使专家和项目经理彻底摆脱网络、设备的限制条件，不用再指定的地点就可以顺利完成评标工作，实现不见面、无纸化，使用更加方便。

（二）5G和视频会议技术的应用

利用5G和视频会议技术增加了远程视频会议和监控功能，搭建远程异地分散评标虚拟环境，提供远程异地协同评标、远程异地在线述标的完整解决方案。

在评标环境搭建方面，该方案对设备要求简单，一台含有摄像头的笔记本电脑即可实现一键启动视频，在评标和述标过程中，可对专家进行实时一对一监控，还可支持组长管理、单人发言、多人互动、桌面共享等功能，整个评标过程全程记录，评标桌面同步采集，为后续审计监察查档提供支持。此外，在评标地点（会议室、办公位、家中）需再架设另外一个网络摄像头，实现无死角双摄，达到行业标准的评标监控环境。如果没有单独的网络摄像头,只需要专家使用自己的手机安装一个软件也可以做到双摄采集远程监控环境，满足评标条件（见图16）。

图15　评标环境

在评标监控方面，远程异地评标系统做到了评审操作与视频会议强关联，开关同步。在专家开启评标工具进行评审操作的同时，视频会议自动打开，全程记录专家评审过程；如视频监控窗口被人为关闭则评标工具自动退出，无法继续评审工作。由于评审工具与视频会议的同步关联，保障了评审过程的公开透明可追溯。

在沟通问题及监督方面，此技术利用电脑摄像头及手机摄像头，全面实现在不添加任何设备的情况下全程视频会议及360°视频、音频监控，全面解决了评标过程中各方沟通问题和监督单位的监督需求。项目经理和专家、专家之间均可在线交流评标过程中产生的问题，系统自动存档专家沟通视频及桌面操作文件，保证了评标工作的流畅度和安全性。专家在评标工具中直接发起澄清或答疑请求，投标人使用投标工具中的视屏协同系统，参与远程线上澄清或答疑。评标结束后，视屏会存储在指定的位置，可根据各方需求分配权限查看回放。

（三）文件结构化及智能评审

在评标环节，自动一键清标、细化评标办法，通过大数据分析整理及招标文件结构化模板化，提升采购文件编制工作效率及质量，从采购源头提升质量；自动识别围标、串标，同时对投标人相关商务文件进行汇总记录，进一步分析投标人的行为，减少商务文件的重复评审；通过外部权威数据接入，自动辨识投标文件中资质、业绩、财务信息等内容真伪，并按照事先设定好的权重进行智能化、自动化打分。

（四）安全加固

本成果的关键技术主要包括5G、云部署、大数据应用、人工智能、人脸识别、移动扫码签章等技术。多措并举，安全全面升级。为满足远程异地评标过程中的安全要求，系统还开展了多项安全加固：

第一，云端系统开展各类安全加固，确保云端系统的安全可靠，例如，加入白名单、安全https协议、接口的权限认证等方式的安全措施，保证数据安全；

第二，云端与评标工具端之间增添加密算法，确保评标文件、资料及数据在传输和存储过程中不被篡改；

第三，增加有关评标文档自动删除功能。远程异地评标系统根据评标流程自动判断，若评审环节已结束，则系统自动删除相关评标文件，专家端无法再次打开或查看，从而确保评标资料不泄露；

第四，增加远程评标电脑桌面实时监控。专家在使用评标工具进行评审时，系统对专家所用电脑桌面进行实时监控和记录，确保各评标环节在控可控。

六、效益提升

远程异地评标工具在电商平台实施应用以来，取得了良好的效果，管理提升明显，经济效益和社会效益显著。

（一）管控效率提升

2020年初新冠肺炎疫情突然来袭，导致绝大部分公共资源交易、企业、政府采购纷纷宣告停摆。本成果应用的远程异地分散评标真正的解决了评标中对设备、人员较高的限制条件，通过线上视频监控的方式对专家评审行为做到可管可控，使不同地域的专家可以顺利参与评标，大大缩短了项目评审时间，有效的提升了采购效率。

同时，系统的一键清标及智能评审功能大大缩减了专家在评审过程中耗费在检索投标文件相关内容的时间，一是减少了人工查询容易出错的风险；二是有效提升了专家评标的工作效率，降低时间成本。

（二）经济效益提升

融合视频会议、视频监控、5G、智能评审等技术，远程异地评审系统进一步降低人员评审成本和评标室建设设备投入成本。一方面通过异地评审的方式，专家可以在家开展评审工作，免去交通及住宿等差旅、会议等评标费用，每年合计节约5000万元；另一方面该系统的应用可大幅度降低传统异地评标室建设成本。传统评标室需要对会议室进行改造，并购置大量高配置电脑等设备。而远程异地评标系统对场地几乎没有要求，对设备的要求相对也较低，只需要成本不高的网络摄像头，从而将评标成本大幅降低。以大唐集团拟建800个评标室为例，预计可一次性节约资金超亿元。

（三）社会效益提升

电商平台作为大唐集团电子化采购平台，既是集团公司采购业务的枢纽，又担负着保障集团采购效率的重大责任。电商平台在疫情期间及时对原评标系统进行了升级改造，从而保障了大唐集团正常采购的运转，为疫情保电供电作出了积极地贡献。电商平台向中国招投标协会反馈了电商平台在远程开评标方面所做的工作以及方案，中国招投标协会认为大唐集团电商平台制定的内外网远程评标方案，考虑周全，切实可行，远程异地评标工具的应用走在央企前列，发挥了行业带头师范作用，为其他同类型交易平台未来的发展提供了榜样。

七、结语

远程异地评标系统打破了评标专家受地域的限制，实现更广区域的评标专家资源共享，进一步促进电子招标采购的公平公正、高效透明。该系统在疫情期间的保供方面发挥重大作用，传统的电子化招标系统无法实现远程分散评标，尤其是无法解决专家远程签章问题，针对这一问题，电商公司研发应用了远程异地分散评标系统并迅速投入应用。该系统一是通过云技术将原有的局域网独立评标系统升级，有效解决了网络限制和分散管理的问题；二是整合5G、视频会议技术和视频监控功能，有效解决评标过程会议互动和监督管理问题；三是文件结构化应用及智能评审功能，有效缩减专家检索时间，提升评审效率。

为深入学习贯彻习近平新时代中国特色社会主义思想，贯彻落实党的十九大和十九届二中、三中、四中全会精神，践行新发展理念，推进深化改革，电商公司及时总结本企业发展过程中的凝结的改革成果，为行业内其他企业未来的发展提供可行性参考案例，助力同行业企业加快转型升级，持续提升本企业应对经济下行压力加大和新冠肺炎疫情冲击等新形势的能力和水平，抢抓"新基建"等国家级战略机遇，实现高质量发展。

成果创造人：叶河云、马燕南、潘玉平、毛茅、台哲学、喻疆、陆磊、

赵亮、张嗣欣、张文玉、周东泽、程雅橱、潘国鋆、

黄家良、肖士杰

基于融合发展战略的一体化航空维修与服务保障管理

中航西安飞机工业集团股份有限公司

中航西安飞机工业集团股份有限公司（以下简称"中航西飞"）位于陕西省西安市阎良区，隶属于中国航空工业集团有限公司，是集科研、生产、试验、试飞为一体的国有大型航空制造企业，是我国大中型军民用飞机科研生产基地，拥有员工16000余人，资产总额约402亿元。1958年建厂以来，公司始终坚持航空报国、航空强国，致力于国防建设和经济建设，先后研制生产了轰六系列、新舟系列、大中型运输机等30多个型号军民用飞机，累计交付飞机数百架，为我国空、海军提供了大批高质量、高性能的武器装备，为我国国防装备建设和航空工业发展做出了重要贡献。"十三五"期间，自主创新和技术进步能力不断提升，经济运行质量不断提高，经营规模不断扩大，2020年中航西飞完成重大资产置换，置入西安飞机工业（集团）有限责任公司、陕西飞机工业（集团）有限公司、中航天水飞机工业有限责任公司等飞机整机制造及维修资产，实现了对大中型飞机整机制造资产的专业化整合。

公司坚持军民融合战略导向，充分利用武器装备科研生产能力和资源，积极拓展武器装备维修保障业务，构建贯穿"研发—制造—服务"全寿命周期、全要素能力、全区域布局的航空维修服务保障体系，推进基地级维修保障能力建设，实现公司航空维修保障产业化和高质量发展。

一、基于融合发展战略的一体化航空维修与服务保障管理背景

（一）构建全周期全要素能力是一体化航空维修保障模式的必然趋势

根据目前国际先进的武器装备管理模式，为更好发挥武器装备的使用效果，交付军队使用的武器装备已由"原购买并自行维护改为向制造商租赁，由制造商提供全寿命维护的模式"。基于性能的保障（PBL）作为一种优化系统可用性，降低寿命周期费用和缩小保障规模的保障策略，已得到欧美等国实践证实。

C-17运输机维修保障代表了美国空军大型运输机的最高水平和国际维修保障发展趋势，在维修保障策略上采用基于性能的保障（PBL）和全寿命周期全要素能力持续保障相结合的模式。这种全寿命管理和全要素能力机制实现了武器装备采办集成化、维修保障一体化，是引领新时期军队两级维修体制改革与军民融合战略下中航西飞创新一体化航空维修保障模式的发展方向。

（二）贯彻融合发展战略是构建一体化航空维修服务保障体系的重大举措

航空装备维修保障是军队装备建设的重要方面，但新时期航空装备维修保障面临一些突出问题。一是当前大国博弈、军事竞争加剧，周边安全问题交替升温，战备训练强度加大，部队对航空维修保障"快、准、专、优"的需求越来越高；二是航空装备维修保障体系效率低，管理层次复杂，指挥协调困

难，难以适应信息化和联合作战的要求；三是航空装备维修保障体制分立，军民自成体系，条块分割严重，难以发挥体制、技术和规模优势；四是保障性设计欠缺，全寿命周期全要素能力体现不足，维护维修对研发前端支撑脱节。

当前，军民融合发展上升为国家战略。国务院办公厅《关于推动国防科技工业军民融合深度发展意见》明确提出"充分利用武器装备科研生产能力和资源，积极参与武器装备维修保障和服务，推进完善军民一体化维修保障体系"。为确保部队能够遂行多样化军事任务，必须统筹融合军地资源，充分利用工业部门维修保障技术优势，构建功能齐全、运行高效、协同保障的一体化装备维修保障体系，加快形成全要素、多领域、高效益的军民融合深度发展格局。从总体上看，以军民融合战略为核心的一体化航空维修服务保障管理是实现成员单位之间"车同轨、书同文"的有效途径，也是构建一体化航空维修保障体系的重大举措。

（三）建设一体化航空维修保障能力是实现产业化发展的内在需要

新时代背景下，随着军队维修保障体制从三级（基层级、中继级、基地级）向两级（基层级、基地级）转变，仅靠以军方为主的传统的维修保障理念、体制和模式已难以满足当前和未来军事斗争准备需求，迫切需要工业部门建设一体化航空维修保障能力，尤其是基地级飞机维修能力。

飞机维修是国防与军队改革的重要内容，科技含量高，技术难度大，产业链条长、业务关联度强，主机厂所集先进技术之大成，天然具有产业化发展的内在要求。中航西飞持续开展技术创新，采用先进的脉动修理节拍，修理深度和难度达到最高等级，飞机大修、定检、延寿、加改装、修复、战损抢修等一批关键技术形成能力，公司已具备了建设基地级维修企业的基础和条件。但公司仍处于产业化进程中，与军队修理厂相比还有差距。维修产业结构不合理，市场存在壁垒；部附件自主修理能力弱，维修成本较高；视情维修开展不足，维修周期长，用户抱怨；与成员单位融合深度不够，产业化程度不高。

建设一体化航空维修保障能力必须抓住军民融合战略机遇，实现维修业务向维修产业、维修单元向维修基地、维修产品向维修品牌的转变，完成公司基地级、产业化和高质量发展布局的战略任务。

二、基于融合发展战略的一体化航空维修与服务保障管理的内涵和主要做法

统筹融合资源，以全面构建全寿命周期、全要素能力、全区域布局的航空维修保障体系为目标，按照"机构融合、业务融合、体系融合"发展思路，制定航空维修与服务保障融合发展战略，创新一体化维修服务保障模式；聚焦效能提升，构建了"1＋N"架构的一体化维修保障体系。通过持续开展体系治理与优化改进，着力推进基地级维修能力建设，面向用户提供客户服务、航材支持、用户培训、技术资料、飞机维修"五位一体"航空维修服务保障，把航空服务打造成为公司产业增长的第三极。以加强维护客户关系为引领，持续满足并超越客户需求，提升公司品牌形象。各成员单位以"航空服务产业共同体"为纽带，实行要素联结、优势互补、资源共享和产业协同，实现"1＋1>2"融合发展战略效应。

从认识论角度分析，一体化航空维修服务保障遵循"战略→模式→体系→能力→客户价值"循环往复升华的规律，核心是一体化战略愿景，据此理顺发展思路，制定发展策略和发展规划。体系构建聚焦用户备战作训需求，逐步建立"本部＋区域维修中心＋服务站"的维修保障模式。体系构建的外在表现为"1＋N"架构的两套体系，即运营管理体系（AOS）和飞机维修技术管理体系，互补共生。以战略、体系为纵轴，以技术、标准为横轴，体系架构划分为四个象限，统筹维修保障资源，同步推进体制和机制改革、业务和要素融合、制度和流程重构，进而形成全寿命周期、全要素、全领域的融合发展格局。

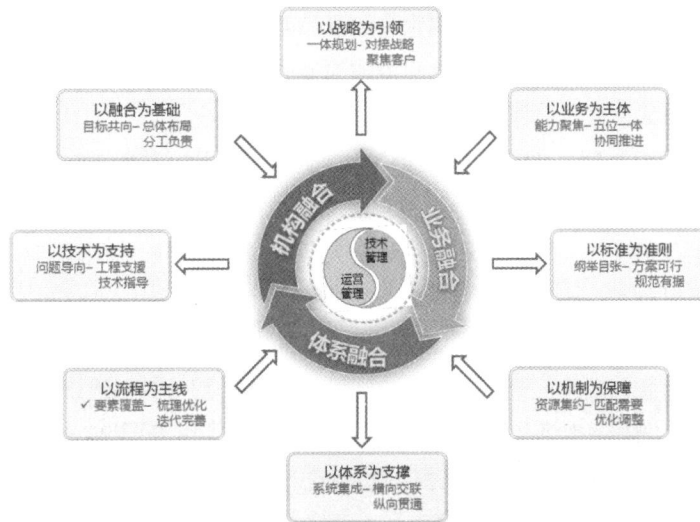

图1 基于融合发展战略的航空维修服务保障体系构建思路

从方法论角度出发，以满足飞机维修服务保障需求为导向，拉动内部管理链、供应链各环节的供需协同，打通公司维修服务保障战略落地的经脉。面对多机型、大机群和多地域交叉的局面，中航西飞从管理体系变革的角度出发，以融合发展战略为指引，从基础抓起，深入到公司内部业务运营和技术管理层面，扎实打造航空维修服务保障体系和"五位一体"能力建设。体系构建有系统思维，有整体框架，能力建设聚焦效能提升，业务有流程、工作有标准、管理系统化，维修产业化、保障一体化。主要做法如下。

（一）理顺成员单位融合发展思路，制定航空维修服务发展规划

1.确立指导思想和发展愿景

始终坚持贯彻新时代国家军民融合发展战略和公司高质量发展策略，以"强军首责、体系发展、问题导向、技术引领、创新驱动"为原则，把握航空维修保障一体化改革良机，在维修服务保障五种核心能力基础上，通过组织与运营、技术与产品、规模与效益三个跨越，统筹布局，整合资源，融合发展，做实做大航空服务产业，实现产业化和高质量发展。最终建成拥有卓越客户支持能力和一流维修保障能力的大中型军用飞机维保一体化基地。

2.开展战略分析并制定发展策略

（1）基于发展环境开展战略分析

运用SWOT分析法，中航西飞对维修市场、内外部环境、企业规模、维修模式、维修能力、客户需求、服务保障能力等进行全面诊断分析，对各成员单位的优势、劣势以及面临的机遇和威胁进行了认真梳理，扬长避短，趋利避害。

（2）聚焦核心制定发展策略

基于SWOT分析，航空维修服务保障业务制定如下发展策略：

一是在研判内外部环境和获取用户需求的基础上，统筹成员单位维修保障资源，整体规划布局，分工分类施策，融合发展。

二是各成员单位聚焦核心能力找出差距和不足，按照"两个基于"的先进理念形成保障能力，强化内功。维修业务逐步推进"基于状态的维修"模式，推进基地级维修能力建设；服务保障业务借鉴"基于性能的后勤保障"模式，面向用户提供一体化服务保障能力。

三是以军方航空装备体制改革、机制变化和需求为导向，发挥总师单位与主机厂集成优势，聚集公司优势力量，拓展市场增量，打破维保业务市场壁垒。

四是顺应国家军民融合战略，创新维保合作模式，共同构建主机牵头的多厂所航空服务产业共同体，实现维保业务高效发展。

表1　航空维修服务保障SWOT分析

优势Strength	劣势Weakness
1.具有总师单位与OEM集成优势 2.率先完成维保一体化改革，综合效能潜力巨大 3.基于性能保障模式(PBL)取得阶段性成果 4.OEM资源对维修业务形成强有力支撑 5.快速响应信息化及管控机制相对成熟 6.航材军民融合产备一体化保障具有领先经验 7.用户技术资料系统完全自主可控 8.具备完善的质量管理体系和质量控制能力	1.缺乏统一规划，体系未能深度融合 2.维修保障业务发展程度不一，不易统筹 3.混线修理模式对批生产线依赖程度高 4.未全面形成适宜的维修理念，过度维修 5.机载设备自修能力不足，修理周期长，供应链成本及进度难以控制，市场竞争力不强 6.数据管理机制不健全，应用不充分 7.未形成针对维修的系统化、标准化培训 8.快速响应网络未覆盖全部机型 9.航材需求分析及预测能力不足 10交互式电子技术手册（IETM）跨代升级资源和技术储备欠缺
机会Opportunity	威胁Threaten
1.军民融合战略推进带来新机遇 2.集团统筹规划，利于业务发展 3.维修保障业务纳入核心圈进行产业化发展 4.实战化作训对维保业务提出了更高挑战 5.军方和集团联合推动标准化工程，维修保障业务向标准化、规范化迈进 6.军方新研装备维修能力未系统形成 7.新兴科技为维修保障提供了更多手段方式	1.根据装备"军方主修、地方辅修"定位，维修业务存在市场壁垒 2.现有维修能力无法满足部队需求，有可能失去应有的市场份额 3.改装项目一次性居多，市场竞争激烈 4.军方针对维修体制变化缺乏操作层面办法 5.新型号/机群规模/专项任务常态化等因素，维修保障压力日益增大 6.部分供应商产品质量影响外场飞机完好

3.组织编制整体规划与循环推进升级

中航西飞前身是中航飞机股份有限公司，成员单位包括西飞、一飞院、陕飞和天飞，在协调公司层面业务时，一般以航空工业飞机（又名板块）统称公司层级，成员单位业务层级隶属于板块。作为国内唯一同时具备维修和服务保障业务的主机厂，中航西飞牵头组建板块维修体系建设领导小组、工作小组，分策略、分阶段制定整体规划，有效推进维修保障能力建设，系统构建飞机维修保障体系。

第一阶段，为适应国家军民融合战略发展要求，逐步将航空维修保障发展成为支柱产业，体系化推动板块维修保障体系建设，促进板块的要素交流融合，建立飞机维修产业合作组织（AMICO），并制定《飞机板块维修保障体系规划方案》。

第二阶段，遵循飞机维修产业合作组织（AMICO）"统筹布局，健全体系，分类施策，合作共赢"发展原则，中航西飞以公司红头文件形式颁布《航空维修业务发展分规划》和《航空服务保障业务发展分规划》，明确发展目标。2019年10月，公司推进维保一体化改革布局，整合了整机大修、加改装、服务保障业务，形成飞机"研发→制造→服务"完整产业链、价值链。

第三阶段，中航西飞再次启动战略升级转型，以维修保障一体化为主体，将航空服务产业提升为公司核心产业，航空维修和服务保障业务发展分规划升级为《航空服务产业发展规划》，发展规划目标为：到2020年实现维修保障业务营业收入10亿元，飞机完好率≥95%，顾客满意度≥92.4分。

（二）统筹"三融合"发展理念，创新一体化维修保障发展模式

1.厘清"三融合"发展理念

一是机构融合，以高质量发展战略为指引，以问题为导向，优化调整成员单位的组织机构和分工布局，以匹配维保一体化产业的融合发展需要。二是体系融合，在公司原制度管理体系建设的基础上，通过开展体系重构、体系职能分配、流程再造和体系治理等，系统梳理并构建一体化维修保障体系。三是业务融合，以用户需求为宗旨，加强与军方机关、用户的业务协调，构建航空维修与服务保障核心业务的融合发展能力，并通过信息化平台贯通各项业务流程和管理要素。

2.创建一体化维修保障模式

聚焦用户备战作训需求，以全区域覆盖、贴身式服务为目标，实现"以研发技术引领维修，以维修验证优化设计，迭代完善装备六性"良性循环，公司基于装备情况、维修规模、修理特点提出了"T+4S"维修保障理念，即技术引领贯穿，维修、备件、服务保障、信息反馈同步发展，创新构建"本部+区域维修中心+服务站"维修保障模式，面向用户提供一体化的用户培训、技术资料、客户服务、航材支持和飞机维修"五位一体"维修保障能力。本部、区域维修中心、服务站之间通过快速响应中心进行总体调度、管控和支持。

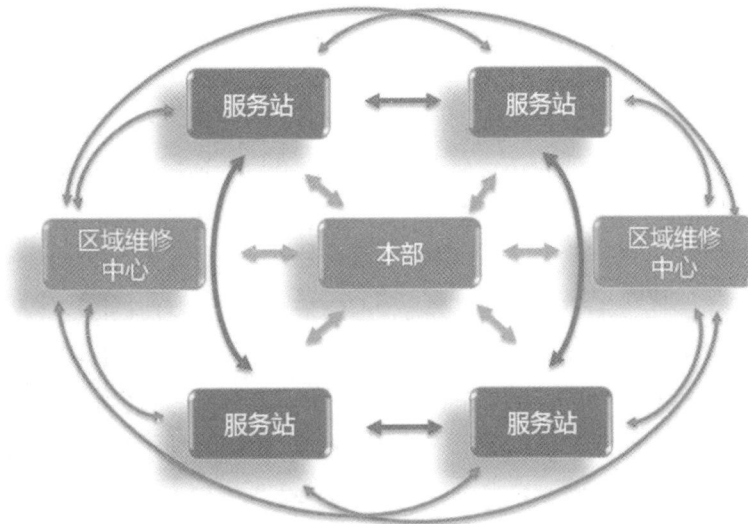

图2　一体化维修保障布局模型

3.优化成员单位融合发展分工布局

基于信息化技术条件下组织机构"扁平化、网络化和虚拟化"等发展趋势，中航西飞在融合发展布局和维修保障管理活动中进行了组织优化变革，41个生产厂调整为20个专业厂，34个职能部门整合为18个职能部门，实现公司组织的精干、高效，促进公司整体组织绩效的提升。

依据板块产业发展规划定位与调整，公司牵头设立航空服务产业共同体（虚拟化组织），统筹资源、优化布局，制定差别化的发展目标，引导各成员单位融入中航西飞整体发展规划。本部（西飞）负责建成三代机/新质装备领先维修保障基地，统筹维修保障规划和体系能力建设，制定并输出技术标准；一飞院作为总设计师系统，负责飞机研发，并从设计前端开展维修性、保障性等研究，对维修保障业务提供技术支持；天飞作为专业化维修中心和部附件维修基地，除负责自揽机型外，承担西飞、陕飞生产机型的部分维修保障与制造任务；陕飞负责自产机型维修保障业务，为区域维修中心提供必要技术支持。航空服务产业共同体负责与军方机关、战区协调市场开拓和计划落实，各成员单位与军方对等机构协调业务并提供一站式服务。

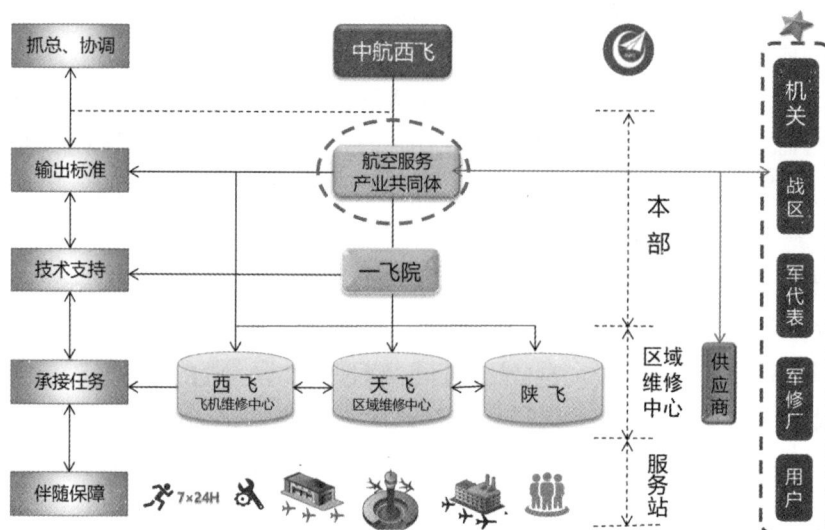

图3 基于融合发展的一体化维修保障模式

4.重塑多厂所协同机制下的融合发展价值观

融合发展战略是中航西飞构建一体化维修保障模式的纽带。飞机维修产业合作组织（AMICO）设立之初，各成员单位分处阎良、天水、汉中三地，对融合发展战略是抵触的，有越级向用户机关争取市场未果的，有满足于既有资源、流程、体系积习相沿的，也有专注于技术权威不以介怀的。AMICO多次组织成员单位召开专题分析会，鉴于成员单位对组织认同度存在歧义，板块呈现松散型组织，公司适时进行调整和重组，统筹共建航空服务产业共同体并替代AMICO，承接和行使板块职能。

航空服务产业共同体以合作共赢为宗旨，以"三融合"推动一体化维修保障模式构建，通过优化布局、分类施策、技术扶持等多种策略，成员单位明晰了母子公司属性、主机牵头定位和自身维保能力局限性，确立了共同遵从的"一个战略、一个模式、一个体系、一体发展"的融合发展价值观。天飞在公司全面扶持下实现了三代机试修并完成产业升级，陕飞拓展了"服务＋维修"一体两翼业务转型，一飞院在主机牵头模式下主导技术支持，各成员单位在公司融合发展战略框架内实现了组织与运营、技术与产品、规模与效益三个跨越，融合发展战略得到了成员单位的广泛认同。

（三）聚焦资源融合发展，构建"1＋N"架构的一体化维修保障体系

为实现维修保障资源深度融合和集约利用，以战略为引领，以"三个融合"往复循环为驱动，维修保障各业务模块和流程嵌入公司运营管理体系，推进维修保障技术创新与标准创制，技术、标准相互映射，机构、机制共向融合，要素、能力迭代完善，推动基于流程驱动的运营管理体系（AOS）和飞机维修技术标准体系落地生根，实现业务横向到边、项目纵向到底的维保一体化全面布局。

航空维修服务保障体系总架构特征为"1＋N"，"1"是指1套基于融合发展理念的各成员单位通用适配的运营管理体系，"N"是指按照用户需求和产业发展需要建立的分军种、分型号、分状态的技术体系，飞机型号包括西飞、陕飞自研自产机型，也包括天飞自揽拓展机型。运营管理体系基于组织机构、管理职能和业务流程构建；技术标准体系以AOS为基础，基于型号和技术构建，运营管理体系与技术体系是"纲与目、干与支"的关系。

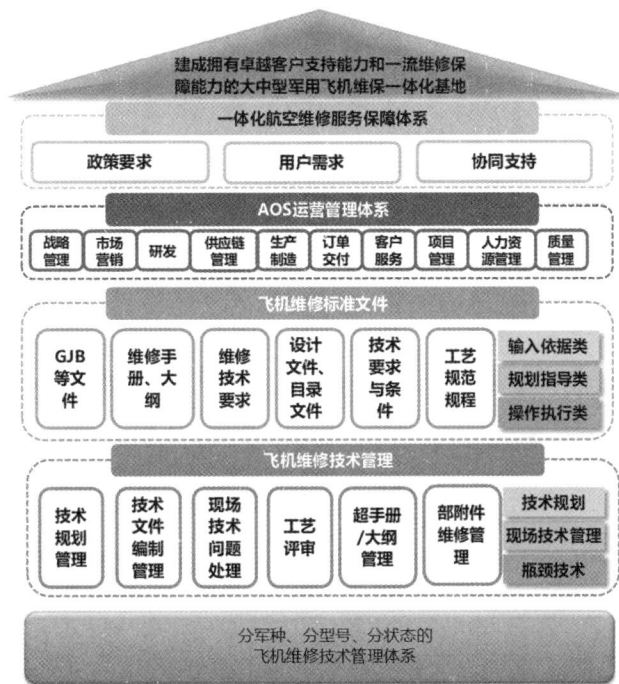

图4　一体化维修服务保障体系构建（纲目架构）

1.构建以流程为驱动的运营管理体系

运营管理体系（AOS）是中航西飞的重大运营管理变革，旨在促使业务工作标准化、规范化，改变习惯，改善效率低、内耗大的职能管理模式，实现了管理模式从职能管理导向到流程管理导向的转变。作为航空装备全生命周期中的重要环节，中航西飞聚焦维修保障整体效能发挥，为实现维修保障资源深度融合和集约利用，按集约化、精准化原则，以业务为对象，以流程为核心，通过开展"自上而下梳理，自下而上迭代"的全业务域流程梳理，构建了与航空装备制造"相对独立、又相互交联"的维修服务保障运营管理体系（见图4），为实现维修服务保障业务流程框架夯实了基础。

航空维修服务保障运营管理体系建设本着定位、定标、定法的理念，运用架构理论方法工具，从公司运营的内外部环境出发，从需求识别、导入到承接、贯彻，通过整合公司管理资源，覆盖维修服务保障全体系要求，形成了一套包含战略管理、市场营销、研发、供应链管理、生产制造、订单交付和客户服务等模块业务的维修服务保障运营管理体系，实现了多业务、多要素融合设计并实施。2018年4月，经过3年的改革实践和迭代优化，完成了106份运营管理体系文件发布，统一了流程制度和标准。2020年，针对体系文件质量不高、支撑条件不足、落地运行困难等问题，公司持续开展体系治理和改进优化工作，从根源上有针对性地解决"顽疾""痼疾"，使维修保障一体化工作取得了较大成效。

2.搭建以技术为引领的飞机维修技术体系

运营管理体系识别评价的业务模块、业务域即为飞机维修各项管理活动的对象，是飞机维修技术标准体系的基础。基于军队对飞机基地级维修的迫切需求，以及公司飞机维修产业化发展的要求，中航西飞依托运营管理体系，分军种、分型号、分状态搭建了飞机维修技术体系（见图5）。技术体系的构建遵循统筹规划、分工负责的原则，并结合维修技术发展及时更新和维护，以满足飞机维修需求。

针对飞机维修涉及的技术文件，按照输入、输出、文件编制顺序梳理各类标准、技术文件之间的关系，如图6所示。设计技术文件/目录、GJB等上级标准、维修大纲、维修技术要求均为输入条件；质量保证大纲计划、工艺方案、维修技术条件、目录文件、工艺规范、维修技术单、维修工作卡等为维修实施技术文件。

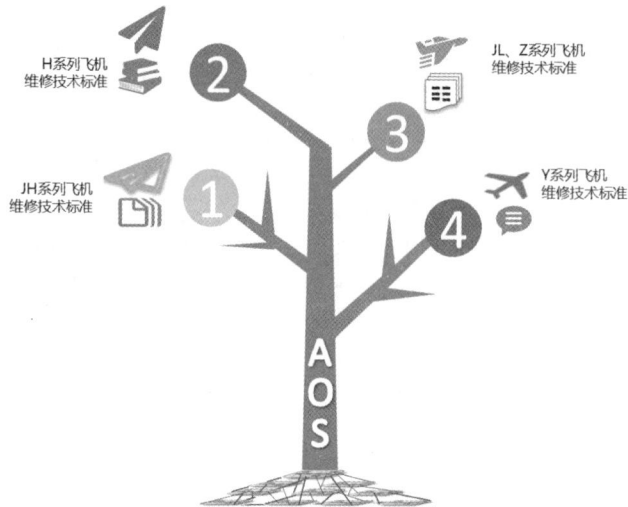

图5　"1＋N"航空维修服务保障体系拓展(干支架构)

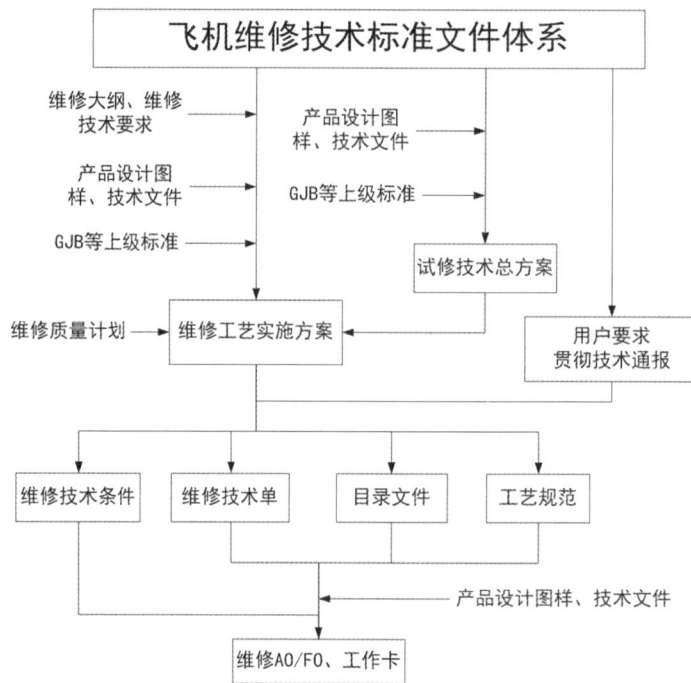

图6　维修技术标准/文件逻辑关系

结合飞机维修涉及的业务以及维修技术文件类型，飞机维修技术体系由维修技术管理文件、维修技术标准文件、维修操作标准文件三部分组成。目前，通过试修、批修，西飞和天飞已完成了飞豹、战神、歼教X、直X等6个系列型号的整套飞机维修标准体系建设，同时正在开展运–20飞机各级别定检技术标准文件体系构建，成员单位之间建立了一个型号、一份大纲、一套标准的"统一度量衡"。一飞院发挥技术优势，建立军民融合产业标准化工作交流平台，在地面保障设备领域开展了军标向民用转化应用，获批"西安市军民融合产业标准化试点单位"。

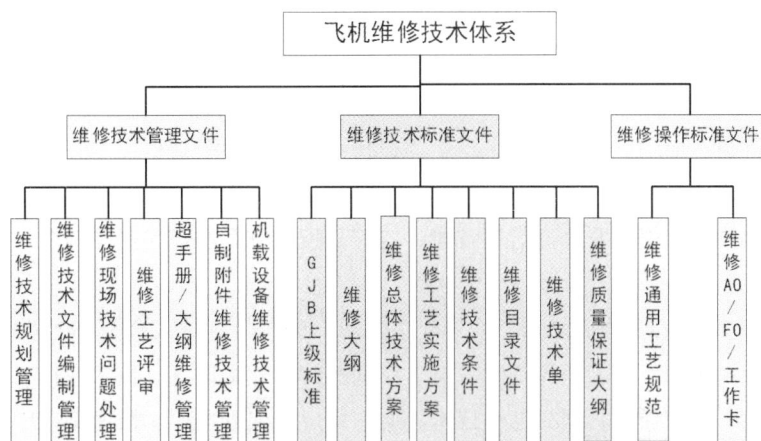

图7 飞机维修技术体系结构

（四）坚持高质量发展目标，面向用户战训需求提供一体化服务保障

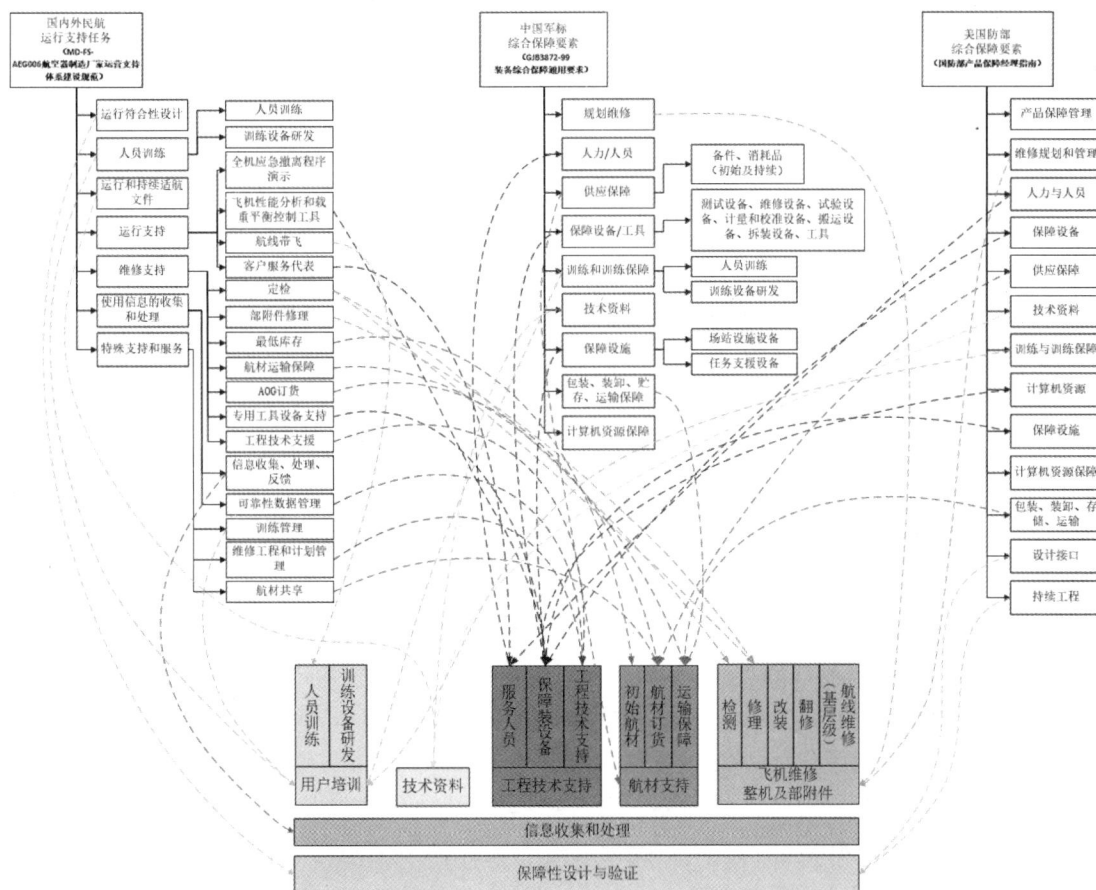

图8 维修保障全要素对标与承接分析

在航空服务产业发展规划的战略指引下，中航西飞聚焦高质量、产业化发展目标，对标美国军方保

障模式、民航运行支持体系和国军标综合保障要素，推进"本部＋区域维修中心＋服务站"维修保障新模式，持续加强维修服务保障体系建设，运用系统工程的技术方法统筹推进用户培训、技术资料、客户服务、航材支持和飞机维修"五位一体"维修保障总体布局，促进一体化服务保障要素高度融合和服务保障资源有序流动，面向用户备战作训需求提供一体化的服务保障。

1.推行基于快速响应的客户服务管理

基于快速响应机制，采用"现场伴随保障＋远程技术支援"两级工程技术支持保障模式，中航西飞为数百架飞机提供全寿命周期一站式维修服务保障。其中，现场伴随保障主要负责现场服务故障处理、现场资源管理。远程技术支援主要负责信息收集、监控、技术方案制定、资源调配、数据分析、持续改进等工作。

（1）建立快速响应中心。为满足用户快速响应需求，公司累计投入资金16098.3万元建立了快速响应中心等服务保障专用场地，功能涵盖基础数据、作训监控、外场信息、技术通报、技术通知单航材备件管理、故障件拆换、专项任务管理、电子技术手册、用户培训管理等。快速响应中心以型号为主线构建"前台响应＋后台支援"的两级快速响应模式，建立三级坐席（监控、呼叫、支援）、三级响应运行机制，与重点用户之间搭建了专网。坚持信息处理"快、准、专、优"管理方针，实时监控，实现外场信息从"输入—接收—处理—监控—利用"全流程、标准化快速响应管控。

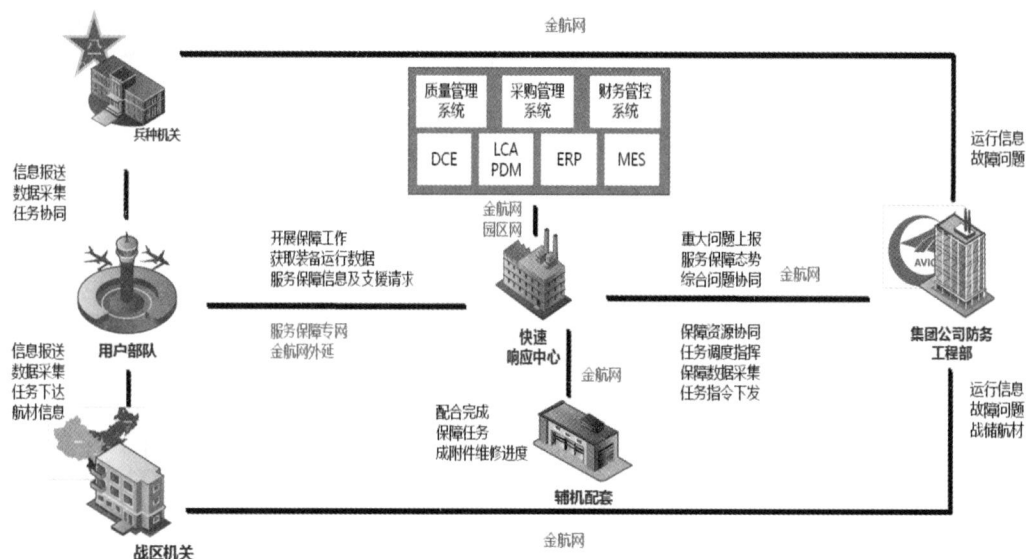

图9 快速响应中心运行模式

（2）建立现场标准化管控机制。以标准化为引领，按照"主机牵头组织，用户协调配合、总师技术支持，机载配套保障"分工原则，在重点用户和专项保障任务驻地，公司设立服务站并委派区域服务经理，依托型号建立现场联合保障团队和管控机制，规范服务标准与现场问题处置流程。从领受任务伊始，公司充分发挥牵头作用，科学筹划，迅速响应，抽调骨干组建团队，制订标准化演训任务保障方案和预案，圆满完成了2019年国庆阅兵、南海战巡、出国抗疫物资运送等重大保障任务，在集团公司"保A"考核中西飞与陕飞并列第二。

（3）开展有效沟通与精准保障机制。与部队、机关建立了"日沟通、周例会、月总结"工作机制，实现了重大、严重类事件"24小时反馈、48小时实施"的目标，服务现场规范化管理效果显著。

2.融入研发前端的一体化服务保障生态管理

研发是装备全寿命管理的基础，为了破解传统服务保障"头痛医头、脚痛医脚，摁下葫芦浮起瓢"生态性困局，以新型号研发为载体，一飞院创新提出"设计＋制造＋服务化"融合发展理念，将维修性、标准化、通用化等重要原则问题贯彻到型号论证和工程设计过程中，主动把研发视角延伸到科研生产和维修领域，制定维修策略和维修大纲等，西飞维修工程部门根据经验数据和服务要素需求融入研发前端，在设计发图、通报贯彻等过程采取"前后端交互式"会签流程，通过模块化设计研制多功能综合保障设备，为开展全寿命周期全要素的一体化服务奠定了坚实基础。在研制过程中，同步研发和制造了多种自动检测设备，实现了重要系统和关键设备的监控和预测，避免了大量修复性工作。

3.创新基于军民一体化的航材保障管理

运用基于性能的保障（PBL）先进理念，以创新航材保障模式为目标，中航西飞试点构建新机航材军民一体化保障模式，得到空装机关的支持，并成为空装机关主导、中航西飞主抓推进的国内首家军民融合重点项目。

新模式下，航材保障由"全寿命周期军方自主保障"转变为"以合作、合约换服务、保障"方式，军方拨付经费，主机厂统筹统购航材。在采购策略创新方面，通过收集整理、迭代优化历年各类可靠性数据，建立了航材储备新标准，军厂双方签订框架协议、服务合同，明确保障标的，最大限度保障双方权益。航材管控采取"两级储备，逐级供应，共享共用"方式，部队和主机厂按照合同约定分类储存航材，使用顺序按照先部队、后工厂。两级储备的航材定期优化和置换，主机厂负责升级并监控代储航材备件，部队存储按技术通报执行，每12个月进行冗余处置。

采用航材军民一体化保障后，航材利用率提高85%～90%，平均保障周期仅为2.4天，保障时效性优于国内外主流航空产品供应商，形成了军民一体化航材管控的"西飞模式"，为国内同类企业提供兼备保障效率和保障效益的解决方案。

4.拓展以训练和实操为主的用户培训管理

按照"依托主机厂所，借鉴民航经验，转变培训模式，实现接装培训向以训练为主的方式转变"的理念和"作训要向实战转变"的要求，组织梳理用户培训业务流程，制定培训管理工作程序，建立用户培训业务顶层业务架构及要求，形成了用户培训业务21项工作程序。以空军某型号研制为平台，定向研发整套培训设备及教学系统，包括教学管理系统、多功能训练模拟器、计算机辅助教学系统、虚拟维护训练器、综合程序训练器。通过标准程序制定、教员团队组建、培训资料编制、培训设备研发、培训模式规划等工作的开展，形成了标准清晰、管理规范、设施完备、具备全寿命周期培训服务保障能力的用户培训能力，中航西飞研制生产的全谱系飞机首装及持续培训设备获得了空装机关的肯定，成为空军飞机接装培训的典范。

5.提供基于IETM的用户技术资料支持与管理

充分借鉴民机用户技术资料经验，采用标准通用标记语言/可扩展标记语言技术，应用GJB6600、S1000D标准和ATA2300标准，构建了交互式电子技术手册（IETM）编制管理发布系统平台，支持技术资料编写、管理、发布、交付的全过程管理。通过建立同一数据源、基于XML语言的数据模块制作、国产化客户端开发及应用、样式开发、手册同源发布等关键技术研究，实现飞机全部手册的PDF版和IETM版基于单一数据源的编写、管理、发布和持续修订，大幅降低了用户技术资料全寿命周期编写成本，缩短修订周期。

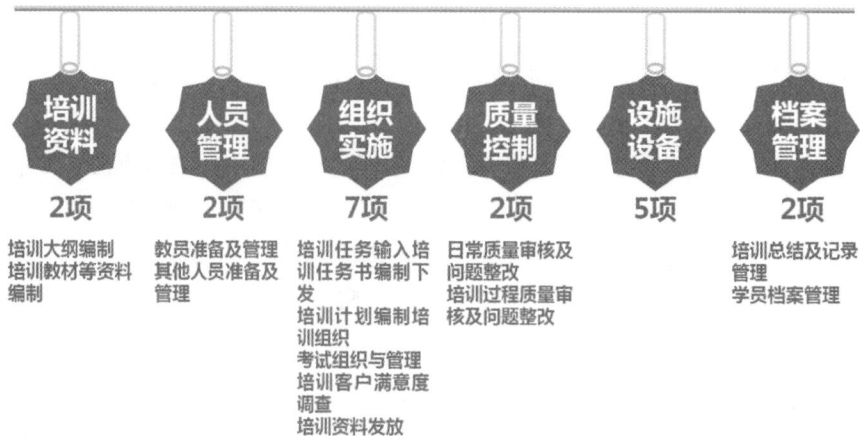

图10　以训练和实操为主的用户培训工作程序架构

（五）推进基地级维修能力建设，打造产业化发展的飞机维修

1.改造脉动维修线及设施

中航西飞整合公司优势资源，实施了某型机先进脉动生产线向脉动维修线的改造，采用拉动式生产组织方式，飞机大修主进度按修理关键路径推行节拍式生产。成功研制全包围式修理机坞等修理设施，提高维修工作效率和质量，保障飞机和操作工人的安全。

2.提升流程再造与建章立制

某型机在试修环节，维修工卡多，各专业分别发放，不易管理。开展批修后，以流程化和模块化为抓手，建立"两个周期"（修理周期、在厂周期）和"三个阶段"（入厂验收、修理、接机）的周期控制模型，通过科学排产，精细管控，无缝衔接，提升流程再造和管理水平。依据修理节拍，制定网络图，将飞机从进场到交付共8000余份维修工卡整合在13个模块内进行管理，使整个修理流程高效有序。通过SQCDP管理工具的应用，在生产现场设置可视化看板，开展生产自主管控，安全、质量、成本、进度、人员等五方面要素得到了有效监控。

适应新的运营管理（AOS）和技术标准体系，公司从建章立制着手，完成了周例会制度、自主质量控制管理办法、单机修理目标成本管控办法、绩效考核办法等30多份管理制度的编发，完善内部制度体系，强化执行力，形成"事事有考核、考核有改进、改进有措施、措施有落实"的管理闭环。

3.迭代完善视情维修标准

在飞机机体修理过程中，公司成功贯彻视情维修理念，制订"基于状态的维修"理念的视情维修大纲和修理技术要求，区域维修中心把积累的数据形成数据库、故障库，再向总师单位反馈，逐步健全和统一标准，依据技术和数据支撑解决经验式维修、过度维修等问题。

4.构筑人才融合培养通道

以"本部+区域维修中心"融合发展为契机，天飞突出专业化区域维修中心的优势，采取"跟研、跟产、跟修"的方式，先后派出技术、生产骨干200余人次到西飞调研、观摩，承接西飞外委大部件和成品修理任务，融入发展的同时降低了本部维修成本和周期压力。

基于建设基地级维修企业和专线能力封闭的需要，挖掘和融合内部管理潜力，从批生产线补充调整100多名维修专业技术技能人才，做强专业、专线维修团队。建立维修与服务工程师/技师等专业人才库，培养"一专多能"等综合型人才65人，比例超过50%，人员技能素质得到较大提升。

5.加强供应链管控

供应链管控是制约飞机维修周期的关键和瓶颈环节，公司坚持走"小核心，大协作"军民融合发展道路，切实保障飞机修理配套。制定供应链管控实施细则、维修供应商评价和考核办法等制度，推行"一本账"，梳理配套级别、长周期机载设备实行战略储备，确保按节点配套。借助航空工业集团供应商大会制度，将维修供应链纳入公司供应商管理体系。

目前，公司已建成了6个机种12个型号的飞机批量维修能力，加上为部队提供整机定检维修服务，2020年完成超过50架各类飞机修理任务，基本实现了公司提出的产业化和基地级发展目标。

（六）加强维护客户关系，持续满足并超越客户需求

中航西飞主张开拓、包容、诚信、奉献的维修服务保障文化，追求"用户所思就是我们所想，用户所愿就是我们所为"的客户观，倡导"保障作战完好，服务创造价值"的价值观，加强维护客户关系，建立军方机关、集团公司、使用部队、供应商等目标共向的"朋友圈"。

1.做实以顾客满意度为核心的客户关系维护

为了建立全要素、多领域、高效益的军民融合深度发展格局，公司极为重视客户关系，以客户联系信息为中心，以项目信息为主线，以任务收发为主要方式，对客户及各项业务进行管理。公司持续开展用户走访调研工作，与军方机关、战区机关和使用部队建立了持续沟通、协调的渠道，掌握客户诉求信息。通过开展结对共建、临时党支部、主题党日等活动与驻地部队开展党建和联谊活动，既完成了外场服务保障任务又融洽了军民关系，战区、部队向公司发（送）来感谢信和锦旗，顾客满意度连续四年保持90分以上。

2.做强以品牌关注度为内涵的企业形象建树

外树公司形象，内强服务品牌精神，成为中航西飞实现维修服务保障战略愿景的软实力。2017年，公司荣获朱日和阅兵指挥部颁发的装备优质服务奖牌。2019年国庆典礼上，中航西飞生产和精心保障的多型飞机飞越天安门上空，米秒不差，接受党和人民的检阅，展现了西飞人的"阅兵保障"精神风貌和企业文化。西飞"快响中心"是航空工业第一家创立的服务品牌，目前已有航空工业、商飞和中国航发等多家大型军工企业的子公司效法建成或在建，成为军方、政府、集团和社会单位团体考察、调研的打卡地。

2020年，中航西飞遂行驰援武汉、出国战"疫"、红场阅兵、迎归烈士遗骸等专项任务，仅运-20这一个型号飞机的保障服务航程超过13万公里，凝聚了军队训练有素和西飞保障有力的共同心血，所有专项任务都和中航西飞产生了紧密关联，被国内外媒体广泛关注，为公司树立了良好的企业形象。运-20飞机夺得"2020年度航空工业明星装备"，持续刷屏腾讯、头条、抖音等App视频网络，并被央视、人民网、新华网、《中国航空报》等众多新闻媒体、微博及微信公众号刊发、报道、转载，树立了良好的品牌形象。

三、基于融合发展战略的一体化航空维修与服务保障管理的实施效果

（一）维修保障效能充分发挥，顾客满意度持续提升

通过创新全区域布局的维修服务保障模式、构建基于流程驱动的维修保障一体化体系、面向用户提供一体化维修保障等方面举措的切实推动，中航西飞充分释放和发挥了维修保障总体效能，切实提升了

顾客满意度。其中：用户满意度从2016年的91.15分上升至2020年的94.2分；飞机完好率由2016年的86%上升至2020年的94.84%；外场信息关闭率由2016年的92.71%上升至2020年的94.2%。此外，紧急类类备件配套率、专项任务保障完成率始终保持在100%，有力保障了用户实战化、多频次、高强度的战训需求。

（二）维修保障迈向产业化发展，经济效益稳步增长

中航西飞发挥引领优势，将维修保障业务纳入核心圈统筹，进行产业化发展，通过打造一体化维修服务保障体系，持续发挥体系治理效能，持续释放维修保障效能，建立了卓越的航空维修服务保障能力和价值创造能力，维修保障业务营业收入取得了跨越式的发展。

从经营发展能力分析，2017年实现维修服务保障营业收入6.2亿元，利润总额2604万元；2020年实现维修服务保障营业收入11.99亿元，利润总额4800万元。两项指标年平均增速均超过17%，实现了快速增长。

从效率效能提升分析，在母公司营业收入保持高增速情形下，航空维修保障营业收入与母公司总体收入占比从3.67%增长到6.14%，万元产值消耗的维修服务保障费用从31.24万元下降到24.22万元；公司各年度服务保障差旅费用从成果实施前的4230万元逐年下降到2349.395万元、2245.98万元、2350.298万元、1430.985万元。

从经济效益增长分析，飞机试修阶段单机平均亏损148万元，目前批修阶段实现单机平均盈利水平约231万元，剔除相关因素费用，2020年飞机维修项目单独产生经济效益约850万元。采取航材军民一体化保障后，单机直接维修成本（DMC）降低了64万元/年，按照现行的机队保障规模，每年直接维修成本降低448万元。

（三）创新维修保障一体化模式，发挥引领示范作用

聚焦新时期装备维修保障及用户备战打仗需求，在集团公司内部率先完成了维修保障一体化改革，引用国际先进标准，建立覆盖航空武器装备全寿命周期、全要素能力、全区域布局的维修保障新体系、新模式，向用户提供一体化维修保障，该模式对布局"研发—制造—服务"全产业链的国内大中型工业企业普遍适用，为军方航空装备维修保障提供了有益的示范。主创推进和持续开展的某型号军民一体化航材保障模式，成为国家军委推进的国内首家军民融合重点项目，率先实现了武器装备采办、维修保障一体化。据军方统计，采取航材军民一体化保障后，采购初始航材比空军传统标准少投入3亿～7亿元，军方每年可节约5.3%（按主机厂期间费用率标准）的期间管理费用。

航材军民一体化保障采用的"以合作、合约换服务、保障"的西飞模式，是基于性能的后勤保障（PBL）创新实践的成功案例，体现了服务创造价值的发展趋势，为协同用户开展新模式的服务保障产品，实现了军事效益与经济效益最优化，积极推进了军民融合的深度发展。

成果创造人：吴志鹏、王琰、高建龙

聚焦主责主业　加快市场运营
在服务国家战略和城市发展大局中
贡献国企智慧和力量

青岛经济技术开发区投资控股集团有限公司

一、成果背景

青岛经济技术开发区投资控股集团有限公司（以下简称"经控集团"）成立于2017年，是第九个国家级新区青岛西海岸新区直属国有企业，注册资本50亿元，是青岛和西海岸新区实施融合创新、功能区开发建设和体制机制改革等国家战略的主要平台。主营开发建设、融合创新、双招双引、园区运营、贸易、金融投资等业务。现有青岛开发区投资建设集团、青岛军民融合发展集团、招商集团、园区运营管理集团、国际贸易集团、金融投资集团6家一级子集团，控股参股2家上市公司和5家拟上市公司。

国企改革，市场化是唯一出路。经控集团从一开始成立就把市场化看作是重中之重。成立4年来，经控集团紧紧融入国家战略，服从和服务于国家级新区发展大局，强化党建品牌统领，推动重大项目，加快市场运营，取得了突破性进展。其中：承担青岛经济技术开发区、古镇口核心区2个国家级功能区和王台新动能产业基地等区域开发建设任务，其中省市重点项目13个，总建筑面积超过600万平方米，总投资过千亿元，已累计完成投资额近500亿元；建成全国一流舰船修造基地、特种装备修造基地，服务融合创新国家战略，得到中央、省市军民融合办充分肯定。企业总资产由成立之初的5000万元骤增至目前的600亿元；累计实现营业收入350亿元、利税15亿元。建成中国北方地区最大的木材交易中心和全国一流跨境电商综合服务平台青云通，打造国内一流贸易平台。与保利、融创、中交、中建、正和岛等50余家央企、国企和行业头部企业战略合作，借势借力发展壮大。成功发行全国首单军民融合信用债，获批国开行一次性授信60亿元。获评全国诚信示范单位、全国AAA级信用企业、全国治淮建设文明工地、山东省富民兴鲁劳动奖章、山东省诚信建设示范企业、山东省档案管理先进单位、山东省科技进步奖、青岛年度最具影响力企业、青岛年度最具创新力企业等100余项国家、省市级荣誉。

二、主要做法与成效

（一）创新融资模式，破解融资难题

资金是企业的血液和发展的基础。在防风险、去杠杆的背景下，地方国有企业融资难问题凸显。经控集团承担青岛2个国家级功能区开发、13个省市重点建设项目以及融合创新等国家战略重大投资任务，责任重大，资金需求多。经控集团成立之初，一无资产二无抵押，也没有现金流项目。为此，经控集团积极争取各大金融机构的授信支持，创新融资模式，拓宽融资渠道，4年来累计获批各大金融机构授信300亿元，发行各类公司债券61亿元，有力保障了企业扩张和重大项目资金需求。

（1）通过市场化运营，与央企、大型国企、行业头部企业等机构开展战略合作等方式，拓展金融投资、贸易、城市开发等主营业务，迅速做大集团资产规模，提升企业经营效益，所属3个企业获得AA＋主体信用评级，打通资本市场直接融资渠道，已发行私募公司债、PPN、中票等各类债券产品61亿元，成功发行全国首单融合创新信用债，有效降低了企业的资金成本，增加了集团在资本市场的影响力。

（2）利用新旧动能转换、融合创新、产业转型等政策，获取国家开发银行、中国农业发展银行和中国进出口银行等政策银行的资金支持。其中，利用古镇口核心区融合创新项目、青岛开发区转型发展区殷家河片区改造项目、王台新动能产业基地等省市重点项目，积极沟通国家开发银行开展项目授信工作，邀请国开行相关审批人员实地考察，对接政府相关部门了解产业规划，一次性获批国开行授信60亿元，期限15～20年，保障了项目的顺利推进。

（3）通过获批股权基金、证券基金等金融牌照，积极参与和引导各类基金投资新区，目前经控集团在投基金规模150亿元，带动社会资本为融合创新、"十强"产业和"四新"经济等领域投资超过200亿元。

（二）积极承接服务融合创新国家战略

青岛是全国唯一获批的国家融合创新示范区，核心区位于西海岸新区古镇口，承担多项国家示范任务。经控集团旗下青岛军民融合发展集团是山东和青岛唯一的融合创新专业化投资平台，承担古镇口核心区开发建设和投融资任务。集团围绕融合创新国家战略，按照省委"一核引领、多区联动、全省协同"部署，立足青岛，面向山东，多点布局，加快突破。

（1）敢于担当，快速推动总投资约316亿元的西海岸机场项目获国务院和中央军委立项并启动建设，成为航母基地配套航空维修保障基地。

（2）立足全省协同原则，收购蓬莱京鲁船业，建成运营全国一流的航母基地配套舰船建造、维修基地，服务国家深远海保障战略，顺利完成全国海上动员演练任务，成为2020年省新旧动能转换重大项目库第一批优选项目，并入选国家"十四五"规划军民融合专项初审。

（3）开拓创新，以国企民企混改方式，与军工企业烟台市台海集团合作，控股山东融发成海智能装备有限公司，参与海军重要作战设备制造，快速启动建设目前世界上最大的力能参数设计大型环轧机项目。

（三）全力推动国家级功能区开发建设和体制机制改革

在青岛，功能区是承接国家战略、建设国际化大都市、支撑带动全域开发开放的主战场和主阵地，事关经济社会发展大局。如何以市场化的方式服务和服从于功能区的开发建设，是青岛地方国企面临的重大现实课题。经控集团旗下开投集团和融发集团分别承担国家级经济技术开发区青岛开发区和国家（青岛）融合创新示范区古镇口核心区2个国家级功能区的开发建设和投融资任务，总占地面积160万平方公里，总投资超过1000亿元，在建项目建筑面积超过600万平方米，其中有13个省市重点项目，体量和数量排名全市国企前列。4年来，经控集团通过推进实施收购、并购、混改、股权投资和实施土地一级开发及招商等方式，不断做大做强，切实增强开发建设能力。累计完工项目110余个，已投入使用建筑面积超过200万平方米，完成固投近550亿元，排名全市国企前列。

其中，经控集团联合青岛开发区管委探索实施"管委会＋平台公司""小管委＋大公司"运营机制。平台公司负责开发建设、双招双引、园区运营管理、国际国内贸易、资本运作、土地整理等工作，青岛开发区管委会负责为平台公司提供相应的发展规划、政策扶持、要素支撑、业务指导、行政审批、项目推进等方面的管理与服务。平台公司累计承担建设项目123个，投资总额近600亿元，已完成投资超过300亿元。2019年，双方联合在全省开发区率先成立专业化招商集团，吸引高端项目落户，已累计利用外资6.7亿美元、内资125亿元。2020年12月，在山东省政府"'十三五'成就巡礼"主题系列新闻发布会上，青岛开发区和经控集团的"管委会＋平台公司"运营模式被充分肯定，并得到新华社、人民网、大众日报等主流媒体广泛报道。

（四）加强资本运作，加快市场化运营

国企改革，市场化是唯一出路。经控集团从一开始成立就把市场化看作是重中之重。集团抢抓央企聚焦主业、瘦身健体的机遇，收购大唐集团旗下华欧集团并迅速推动扭亏为盈；抢抓造船业整合机遇，控股蓬莱京鲁船业并迅速推动扭亏为盈；抢抓高校剥离校属企业机遇，接收整合中国石油大学（华东）旗下石大控股优质资产。目前，经控集团拥有2家上市公司、5家拟上市公司、7家高新技术企业，参股中科院4家高科技企业。其中，成为上市公司石大胜华（股票代码：603026）第一大股东，目前项目浮盈约60亿元。抢抓与保利、融创、中交、中建、正和岛等50余家央企、国企和行业头部企业战略合作，借势借力发展壮大。推动企业总资产由5000万元增加至目前的600亿元，实现营业收入300亿元、利税13亿元。2020年，企业营业收入、利税额同比分别增长94%和50%。

（五）凝心聚力推动新旧动能转换，助力产业链"固链、补链、延链、强链"

发起设立山东首支军民融合产业基金和青岛首支新旧动能转换基金，在投基金规模约150亿元，带动社会资本为军民融合、"十强"产业和"四新"经济等领域投资超过200亿元。规划建设总面积12平方公里的王台新动能产业基地，打造省市新旧动能转换示范区，带动社会投资超过100亿元。

在青岛前湾港，整合木材、小宗农产品、冷链产品、跨境电商等贸易企业600家，打造千亿级贸易产业集群，2年内累计带动产业增加值300亿元、新增税收10亿元。建设运营中国北方地区最大、山东自贸区青岛片区唯一的木材交易中心，年吞吐量40万～50万立方米，年交易额约60亿～70亿元。组建西海岸新区跨境电商综合服务平台青云通，整合跨境电商产业资源，培育跨境电商产业链和生态链，带动了青岛跨境电产业快速发展，线上业务峰值超1000万美元/天，业务量占全市的90%，打造全国跨境电商产业示范基地。在芝麻、建材、木材等品类上，巩固和增加市场份额，不断提升产业影响力、行业引领力。其中，以水泥熟料为代表的建材产品，在全国市场份额达到10%以上；芝麻进口、加工及出口等可以占全国近20%市场份额，有效促进了本地纳税纳统和产业升级。

托蓬莱京鲁船业，完成从军民通用舰船研发设计、生产设计、建造、维修、改装到报废退役的船舶修造工业全产业链搭建，建成运营总投资过百亿、拥有35000吨举力浮船坞的全国一流舰船修造基地，助力山东舰船修造产业链走在全国前列。

依托融发戎海公司，引进、消化和吸收国外先进技术的基础上，完成从高端装备制造、设备安装、运营到退役及后处理的核工业全产业链搭建，启动世界上最大的力能参数设计大型环轧机项目，在耐压、耐腐蚀、高强度等金属材料领域填补了国内空白，突破了多项卡脖子技术。

抢抓第二条海底隧道建设机遇，与国信集团等企业联合打造地下空间新型建材产业链。

集团公司和所属多个企业成为动能转换领域龙头企业，融发集团成为全国知名融合创新企业，京鲁船业成为全国一流的舰船修造企业、山东省制造业高端品牌培育企业，石大胜华成为全球最大的锂电溶剂DMC生产商，昆仑绿建成为全国木结构建筑标准领军企业、国家火炬计划重点高新技术企业。

（六）内引外联，助力招才引智

设立山东省院士工作站、山东省船舶与海洋工程装备创新中心等5个省级研发创新平台，引进6名中国两院院士，1名新西兰工程院院士，1名泰山产业领军人才工程蓝色人才专项人选，1名国外船舶专家，1名长江学者特聘教授。

依托新引进人才组建青岛天河制造业转型升级研究院，累计为省内50余家智能制造企业提供转型升级技术服务，获得中国商业联合会科学技术奖一等奖、山东省优秀软件产品。

建总投资约25亿元、总面积约30万平方米的人才公寓项目，青岛首个大学毕业生租赁型住房和海创融园·博士邨项目已投入使用，为120余名中高端人才提供住房保障。

（七）积极履行国企社会责任，打造有温度的企业

（1）积极响应上级关于乡村振兴和脱贫攻坚决策部署，派驻6名业务骨干担任6个帮扶村"第一书记"和乡村振兴工作队成员，开展党建联建共建，承担新区30余个村改、11个乡村振兴与扶贫项目，项目总投资额近100亿元，2020年完成投资超过20亿元。其中，建设总占地面积20平方公里、总投资30亿元的杨家山里田园综合体项目，获得青岛市级田园综合体评估评分第一名，带动当地村民人均增收1万元，村集体收入年增长10%以上，年旅游收入2000多万元。主动承担甘肃陇南和贵州安顺地区扶贫任务，完成捐款和消费扶贫近500万元。

（2）利用"飞地经济"模式，在青岛经济薄弱地区莱西市规划建设总投资约10亿元的高端机械制造工业园，项目一期预计2022年建成后每年可为当地新增税收约2000万元，带动就业300多人，为当地居民增收约1600万元。

（3）积极参与团省委发起的"希望小屋"儿童关爱项目，为菏泽市定陶区捐助400万元，建设400个"希望小屋"，已竣工100个，大大改善了当地贫困少年儿童的学习环境。

（4）承担3条河道治理、3所学校新建改建、19个交通大会战项目等民生工程，总投资超过50亿元，已完成投资20亿元。成立红十字基层组织，疫情发生后，党员和干部职工自愿捐款900余人次、超过20万元，138名职工自愿献血45000毫升。在全区国企率先成立青岛市黄岛区慈善总会融发慈善基金，建立国企参与公益事业的长效机制。

（八）打造党建品牌，永葆国企发展活力

牢记"国企姓党"，旗帜鲜明抓党建，认真履行"第一责任人"职责，打造"阳光经控、奉献有我"党建品牌，发扬"激情、高效、创新、共赢"企业精神，筑牢国企发展的精神大厦。

（1）紧紧围绕重大项目和市场化业务抓党建，坚持"支部建在连上"，与项目参建单位合作成立联合党支部，"实施五创建，打造五标杆"，推行"支部个个堡垒，党员人人是旗帜"。在重大项目一线设置20个党员先锋岗、25支青年突击队。注重把业务骨干发展成党员，把党员培养成业务骨干。近2年内，新发展党员90余名，新培养入党积极分子150多人。

（2）深入开展"不忘初心、牢记使命"主题教育、党史学习教育，每年组织"党委书记讲党课"、参观廉政教育基地等主题活动超过40次，党建经验做法被人民日报客户端、"学习强国""灯塔在线"等平台关注报道20余次。

（3）变"伯乐相马"为"阳光赛马"，创新干事创业激励机制。在全区国企首先推行市场化薪酬改革试点，开展"创新、创业、创造"劳动竞赛、"每月之星"评选、动态考核，激励党员和干部职工干事创业。倡导一级做给一级看、一级带着一级干，坚持党员亮身份、职工佩戴工作证，每天发布《工作日报》，每周发布《重点工作督查周报》，创办企业内刊《阳光经控》和网站、公众号，广大党员干部像当年的延安一样，每个人心里都有一团火，比学赶超、大干快上。2年内培养出5名区属国企正职、4名区属国企副职，7名员工获评全国、省、市、区劳动模范。

（4）企业获评全国诚信示范单位、全国AAA级信用企业、中国工业大奖表彰奖、山东省诚信建设示范企业、山东省科技进步奖、山东省档案管理先进单位、青岛年度最具影响力企业、青岛年度最具创新力企业等100余项国家级、省级、市级荣誉，获得实用新型和发明专利近200项。企业发展经验做法被新华社、中央电视台、《中华英才》、人民网、科技日报、大众日报、山东电视台等国家、省级主流媒体报道超过200次，社会知名度和品牌美誉度日益提高。

三、未来发展规划

"十四五"时期，经控集团总的发展战略是：紧紧围绕国家战略和城市发展大局，以打造国内一流专业化国有投资运营平台为目标，树立平台思维和市场化理念，聚焦主责主业，深入推进资源整合、产业集聚、资本运作，全面提升投融资能力、开发建设能力、产业发展能力和园区运营服务能力，打造成一个主业突出、核心竞争力强的紧密管理型控股集团公司，引导和带动社会资本共同服务区域经济社会高质量发展。

经控集团"十四五"发展目标是：到2025年，集团总资产达到2000亿元，营业收入超过600亿元，利税超过20亿元，控股、参股10家上市公司，进入中国500强、山东50强、青岛10强企业名单。紧紧围绕融合创新、新旧动能转换、胶东一体化等国家和山东发展战略，布局融合创新、开发建设、贸易等三个千亿级产业集群。

（一）打造国内一流的城市更新平台

立足青岛，依托开投集团和融发集团，担当新区开发建设生力军和排头兵，加快推动总投资额超过1000亿元的省市区重点项目建设，确保固投项目建设任务和纳统任务全部完成年度目标。同时，走出新区，在青岛、烟台、蓬莱等地积极承接旧村改造、基础设施配套、重大工程等城市更新任务，联合全国城市更新领域的央企、国企和行业领军企业进行市场化开发，在改善城市人居环境、投资环境的同时，对旧城旧村中的老工业企业、中小微企业实施"关停并转"，通过对存量土地的二次开发及整体改造，推动腾笼换鸟、新旧动能转换。

（二）打造国内一流的靠前保障平台

依托融发集团，推动古镇口核心区加快示范引领，助力新区完成国家示范任务。在青岛古镇口核心区、烟台莱山区、烟台蓬莱区，重点推动总投资约1000亿元的三大军工产业园开发建设。持续深入推进蓬莱京鲁船业舰船修造基地和董家口舰船保障基地建设，与融通集团、台海集团等军工企业深化战略合作，推动融合创新产业发展。与中央、省市军民融合办和军方等部门做好对接，争取更多融合创新政策、资金扶持。

（三）打造国内一流的招商引资平台

依托招商集团，整合开投集团、融发集团现有资源，通过经控大厦、融发大厦、开投大厦、海尔信息谷（经控科创园）、民营经济产业园、王台新动能产业基地总部办公中心等载体以及市场化地产项目，综合运用以商招商、产业链招商、第三方招商、产业基金招商、园区联合招商、以投促商等招商手段，吸引高新技术、智能制造、新能源新材料、航运、金融等符合新区"2＋14"产业体系的项目落户，加快推进产业集聚进程，赋能新区工业经济。

（四）打造国内一流的园区运营管理平台

以园区集团为载体，坚持产融结合，通过与天瑞金MAX等产业园区领域头部企业的合资合作，借助外部资源，盘活存量、收购增量，加快布局园区产业载体资源，搭建产业投资、规划建设、招商运营、企业服务四位一体产业资源共享体系的业务结构，构建含运营、管理、金融、资源、服务、孵化、引导等要素的平台或生态圈，形成全方位产业园区开发运营服务能力，吸引大型创新型科技企业和中小型创业企业集聚，不断提升园区资产价值。力争到2025年，实现管理服务产业园区面积达到100万平方米，园区内主导产业集聚度达到70%以上。

（五）打造国内一流的贸易平台

以国际贸易集团为载体，学习对标厦门国贸、厦门建发等国内顶级国际贸易平台，以金融手段整合青岛贸易企业和资源，打造北方木材交易中心、小宗农产品交易中心、智慧冷链产业交易中心、国际航运中心，带动产业增加值超过1000亿元。运营好西海岸新区跨境电商综合服务平台，引进跨境电商企业不低于100家，新增进出口业务量不低于6000万单，进出口额不低于100亿元，助力青岛港、前湾港向贸易港、金融结算港转型。

（六）打造国内一流的金融投资平台

加快金融投资集团的市场化运营，获批股权基金等金融牌照，对标股权投资领域、证券投资领域的优秀企业，依托西海岸新区及青岛市的经济体量和财富管理需求，承接资产管理、资本运营业务服务。通过企业并购、股权投资、混改等方式，入股一批上市公司，提高集团资本运作水平。加快拟上市企业的培育与引导，投资入股一批高精尖企业，助力企业实现上市、利用资本市场做大做强。加快集团AAA外部信用评级，提高资本证券化率，提升资本市场影响力。加强与国开行、农发行、进出口银行等政策性银行合作，争取更多长期低息资金。发挥国有资本引领带动作用，继续做好民资借贷业务、融资租赁业务，并通过设立有关基金、发债、混改、股权投资等方式，支持区域内中小企业发展和创新成果转化落地，解决其融资难题，服务新区高质量发展。

（七）坚持党建统领，持续完善治理结构，打造有温度的企业

旗帜鲜明抓党建，持续创建"阳光经控、奉献有我"党建品牌，践行"激情、高效、创新、共赢"企业精神，组织开展好"庆祝建党100周年"、党史学习教育等系列活动，加强精神文明建设和企业文化建设。全力做好党员发展工作，强化对党员和干部职工教育管理。把党的领导融入公司治理各环节，进一步完善管控制度，降低各项经营成本，防范债务、财务等各类风险。以经济效益为中心，坚持市场化导向，继续实施"三创"劳动竞赛、"每月之星"评选、子公司动态考核，进一步完善选人用人机制、绩效考核机制。担当国企社会责任，实施好民生工程，为职工办好事、办实事，打造有温度的企业。

四、集团重点项目成果

（一）中科院海洋大科学研究中心

该项目为山东省重点项目，位于青岛古镇口核心区，总规划面积2000亩，总投资70亿元，总建筑面积95万平方米，整合中科院13个涉海研究所，打造以山东为总部、辐射全国乃至全球的海洋科技创新和融合创新平台。目前，该项目一期27个单体建筑投入使用，完成投资超过23亿元。获"山东省建筑施工安全文明标准化工地""山东省优质结构""第八届全国BIM大赛施工组三等奖""全国BIM技术大赛铜奖""山东省绿色施工示范工地""薄壁斜墙自密实混凝土"、山东省省级工程建设工法；"多角度超高清水砖幕墙综合技术"通过省科技成果鉴定，被评为"国际先进"。

（二）全国深远海保障基地——蓬莱京鲁船业军民通用深远海保障基地

该项目为2020年省新旧动能转换重大项目库第一批优选项目，位于蓬莱市西城临港工业区，总占地约3000余亩（含海域），拥有码头岸线将超过15公里，可停靠维修大中小型船舶近百艘次，致力于打造全国一流协同创新产业发展平台，服务国家深远海保障战略。拥有军用舰船修造资质（军工四证），是目前我国唯一可以修造战斗舰船、登陆舰艇和军辅船的地方造船企业。目前，已完成投资超过20亿元，战时作战，急时救援，平时训练，军方大型舰船等关键核心产品提供产业化的服务保障，年维修和建造12万吨以下船舶约50艘次，入选国家"十四五"规划军民融合专项初审，有望成为全省唯一一个入选国家"十四五"规划的军民融合项目。建造了世界上最大的散装水泥运输船、新建35000吨举力浮船坞补强了舰船应急抢修能力，获中国工业大奖表彰奖、山东省科技进步奖等国家、省级荣誉30余项，专利近百项。

（三）全省新旧动能转换示范区——王台新动能产业基地

2018年，承担青岛西海岸新区王台新动能产业基地开发建设任务，总占地面积12平方公里，总投资超过180亿元，致力于打造省市新旧动能转换示范区。9个月内拆迁清场近4000亩，2年内新建、改造道路25公里、管网65公里，绿化总面积57.6万平方米。引入京东方、联东U谷、德盛利等行业头部企业，打造半导体、智能制造等高端园区，累计带动社会投资超过100亿元，一座动能转换新城拔地而起。

（四）中国北方地区最大、山东自贸区青岛片区唯一的木材交易中心

以混改方式成立供应链公司，发挥国企的投融资优势和民企市场运营及资源优势，建设运营北方木材交易中心，推动山东木材进出口产业转型升级。该园区占地面积20万平方米，主要从事木材进口贸易、仓储、加工及物流业务，年吞吐量40万～50万立方米，年交易额约60亿～70亿元。在不断向全国各主要木材港口拓展业务的同时，整合木材进口企业，吸引贸易商在供应链平台开展业务，营业收入、税收全部留在新区。目前，吸引江苏万林、厦门象屿、厦门国贸等行业上市公司和中小企业300家入驻，累计完成贸易额超过100亿元。

（五）全国跨境电商产业示范基地——西海岸新区跨境电商综合服务平台青云通

建成西海岸新区跨境电商综合服务平台青云通，协同西海岸保税物流中心，开展跨境电商的保税展示、线上线下交易进出口综合服务，带动直播、培训、创新创业、产业基金、供应链金融等综合业态发展，推动山东跨境电商产业转型升级。目前，青云通线上业务峰值超1000万美元/天，2021年一季度累计实现业务量35亿元，占2020年全年业务量50亿元的70%，占青岛的90%以上。三年内可累计实现新增进出口业务量不低于6000万单，招商引进跨境电商产业相关企业不低于100家；每年实现进出口额不低于100亿元。

（六）中科系军民融合高端产业项目

与中科院工程热物理研究所合作成立中科航星、中科睿航、中科国晟、中科方舟4家公司，推动总投资近20亿元的轻型航空动力发动机、舰船发动机、40MW级燃气轮机等航空航天航海军民融合高端项目落户山东。引进中国科学院工程热物理研究所，引入中科院院士2名（徐建中、金红光）。参股的中科航星、中科睿航、中科国晟、中科方舟4家公司中，2个项目入选省市重大项目，1家企业正推动上市，获山东省科技进步奖1项。国家"两机"重大专项已明确40MW级舰船燃机研制任务，海军也将40MW级燃机列入重点发展型谱。

（七）全省棚改和城市更新典范——殷家河片区改造项目

承担省棚改项目殷家河片区改造工程，总规划面积约7.26平方公里，总投资约208亿元，其中安置区项目规划建筑面积约68万平方米，87栋单体。规划建设1个三甲医院、1个长途汽车站、1个大型商业综合体、2处文体活动中心、3个地铁站、14所学校和科技类产业总部办公中心以及9条道路管网，快速通达胶州湾第二海底隧道和青岛胶州国际机场，打造青岛城市副中心之一。目前项目87栋单体已全部封顶，正在进行内部装修和外墙保温施工。按现有进度，2021年底前即可竣工交付，比原计划提前一年。被山东省住建厅棚改专项检查组评价为全省棚改项目典范，被青岛市"十五大攻势"检查组评价为全市进度最快、管理最完善的棚改项目。

（八）全省文旅医养健康产业典范——胶州青年湖文旅医养健康产业项目

该项目为2020年省新旧动能转换重大项目库第一批优选项目，总占地900余亩，总建筑面积190万平方米，总投资约150亿元，一期建筑面积17.8万平方米。建设内容包括医养地产、养老公寓、酒店、学校、护理院等，周边配套大型商业设施，致力于打造集健康、养生、护理、休闲等功能于一体的健康宜居产业集群，完善空港新城城市功能，对于青岛及周边地区文化旅游和医疗养老产业发展将起到良好示范带动作用。

（九）全省智能制造公共服务平台——青岛天河制造业转型升级研究院

与清华大学等科研院所合作，建设青岛天河制造业转型升级研究院，为山东制造业企业转型升级提供技术服务。累计为50余家制造业企业提供转型升级技术服务，取得软件著作权24件、专利7项，获得2020中国科协海外人才创新创业大赛三等奖、2020全国商业科技进步奖一等奖、山东省优秀软件产品等奖项。

成果创造人：张金楼、陈腾、王志远

基于工程建设领域的全产业链业务管控体系

中国航天建设集团有限公司

中国航天建设集团有限公司（以下简称"航天建设"）成立于1965年，作为中国航天科工集团有限公司建筑业发展唯一平台，半个多世纪以来，承担着航天领域绝大部分工程项目的咨询、设计、勘察和建设任务，在"两弹一星"、三线建设及调迁、载人航天、奥运场馆等国家重大项目中为国防工业和航天事业做出了重要贡献。航天建设拥有工程服务全产业链比较完整的从业资质，是工程设计综合资质甲级、城乡规划编制资质甲级、工程勘察综合资质甲级、工程造价咨询资质甲级、对外承包经营资格、建筑工程施工总承包特级等"八甲一特"资质。同时，拥有市政公用等7类施工总承包资质、机电设备安装等14类专业承包资质和施工劳务资质，具备援外成套项目总承包企业资格。设有全资子公司、控股公司和参股公司共20余家，营销布局地跨全国30余个省、市、自治区，并在境外设有肯尼亚公司和德国WKS公司。

近年来，航天建设坚持"强主业、拓领域、增能力、促升级、创品牌"的发展思路，业务范围涉及航天、电力、公路、电子通信广电等21个行业，业务领域覆盖全国。国际工程方面，完成中国驻智利、德国波恩等多国大使馆、领事馆设计施工项目，建立东非、中东、欧洲和东南亚四大重点市场，与肯尼亚、阿联酋、柬埔寨等近20个国家建立业务往来，"航天建设"品牌在国内外遍地开花。

一、工程建设领域的全产业链业务管控体系的实施背景

（一）传统业务管控模式无法满足高质量发展需求

改革开放40年来，我国建筑业依托劳动密集型产业形态，借助人口红利、基础设施浪潮，获得巨大发展。根据国家统计局统计，2019年我国建筑业的增加值增速为5.6%，虽然在国民经济的所有行业中仍然属于领跑者，但其发展的矛盾逐步凸显，经济增速换挡、结构调整阵痛、前期刺激政策消化等对建筑业均产生了巨大压力。尤其是房地产行业"黄金十年"一去不复返，导致全行业产能过剩，大量的建筑企业陷入发展困境，增长动力的缺失直接致使企业无暇顾及管理模式创新和高质量发展。据统计目前我国现有的建筑企业中约90%采用传统的运营管理模式和管控手段，产品服务同质化现象比较明显，多依靠低价中标维持企业的基本运营。

航天建设近年来虽然持续保持着高速发展趋势，但是仍然沿用主观经验管理、无计划管理等方式，迫切需要从集团化管控的角度进行业务管理总体方案设计和管控规则的标准化统一通过完善现代企业制度和强化监督效率、效果来促进企业内在动力发展，不断提高产品质量、服务质量、客户满意度以及管理效益，实现提升企业口碑、树立航天品牌形象目的，切实推动高质量发展。

（二）新时代、新战略下对企业业务管控要求日益精细化

党的十九大报告指出，中国特色社会主义进入新时代，我国经济已由高速增长阶段转向高质量发展阶段，正处在转变发展方式、优化经济结构、转换增长动力的攻关期。党的十九届五中全会在《中共中央关于制定国民经济和社会发展第十四个五年规划和二〇三五年远景目标的建议》再次申明，我国发展仍然处于重要战略机遇期，"十四五"时期要继续坚持统筹推进"五位一体"总体布局，以推动高质量发展为主题，以深化供给侧结构性改革为主线，以改革创新为根本动力，加快建设现代化经济体系。随着新型城镇化建设、"一带一路"倡议、粤港澳大湾区、海南自贸区、雄安新区等重点经济圈建设、"新型基础设施建设"以及保障和改善民生等国家重大战略政策的相继推出，为建筑业发展带来新机遇、赋予新使命。

航天建设要在新时代、新战略、新机遇下崭露头角，就必须从依靠规模扩张向提高质量效益转变，必须从粗放式管理向精细化管理转变，切实树立起质量第一、效益优先、管理规范、风险防范的观念，通过不断提高工程质量和提升过程管控赢取客户和市场机会，为支撑企业未来发展拓展更广阔的市场空间。

（三）保障企业转型升级、可持续发展的必然举措

众所周知，建筑业是一个门槛较低、项目流动频繁的行业，自改革开放以来，建筑业不断传出"资质挂靠""围标串标""豆腐渣工程""烂尾楼""贪污受贿"等消息，虽然国家、地方政府不断出台相关政策杜绝此类问题，但在部分细化领域仍无完善的法规进行约束，导致仍有部分企业、个人铤而走险。

航天建设自成立以来，按照集团公司指示先后合并5家企业，截至目前共设有全资子公司、控股公司和参股公司共20余家，营销布局地跨全国30余个省、市、自治区，承建百万元以上项目近千余个。在业务管控体系出台前，航天建设面临20余家企业业务管控各自为政、管理水平参差不齐的局面，其中所属一家企业因"房地产退出政策"，从零基础直接转型至工程建设领域，如何避免前述问题发生的同时实现企业转型升级、可持续发展是航天建设的当务之急。2018年3月，航天建设党委进一步解放思想、提高认识、与时俱进、直面问题，制定印发了《中国航天建设集团有限公司业务运作管理架构》（以下简称业务管理架构）和《中国航天建设集团有限公司工程建设领域业务管控规则》（以下简称业务管控规则）（建计〔2018〕146号），通过制定企业内部统一的业务管控标准、管理架构和运作模式，初步建立起工程建设领域全产业链业务管控体系（以下简称业务管控体系），全面加强生产过程中各环节业务管控力度，为提升建设项目工程管理水平、化解重大经营风险、保障企业健康可持续发展奠定了坚实基础。

二、工程建设领域的全产业链业务管控体系的内涵及主要做法

自1998年我国出台《建筑法》至今，分别出台或修订《必须招标的工程项目规定》《工程施工招标投标管理办法》《工程总承包管理办法》等多项工程建设管理办法，但在部分细化领域仍无完善的法规进行指导和约束，且办法多为结果性导向，即对过程管控并无具体的管控准则。业务管控体系是航天建设结合国家法律法规、行业标准、集团公司制度建立的高于行业标准的工程建设领域全产业链管理体系，是指导、监督所属各单位开展工程业务的行为准则，其内涵由业务运作管理架构和业务管控规则两部分组成，指明了工程建设项目要"管什么、如何管"和"干什么、如何干"。

业务运作管理架构通过明晰各管理体系模块之间的关系，建立起航天建设本级与各直属单位、控股公司之间的系统业务关系。通过明确以独立法人为主体的运营方式以及各管理部门间的工作衔接，为企业经营生产划边划界、规范各类专项业务流程、协调管理环节上的业务活动形成的标准化、清单化、规范化的内控制度和监督机制。

业务管控规则作为工程建设领域项目管理的管控准则，用于指导各单位规范、完善本单位的规章制度和业务流程。通过对工程建设项目管理过程中的关键环节进行明确要求，能够直接规范各生产环节业务行为，达到有效规避经营重大风险、助推企业高质量发展的目的。

（一）全面梳理业务现状，重塑管理体系

1.梳理管控范围，搭建管理架构

航天建设通过总结近年来开展的工程项目，将业务管控分为外控和内控，涉及的外控对象主要是销售对象（客户或项目发包人，以下简称客户）和外协、外购对象（供应商品或服务的个人或法人，以下简称供方），只有做好客户审查、强化供应链质量、注重企业内部审核三方面工作，方能为项目顺利实施奠定基础。为此，航天建设重新搭建管理架构如图1所示。

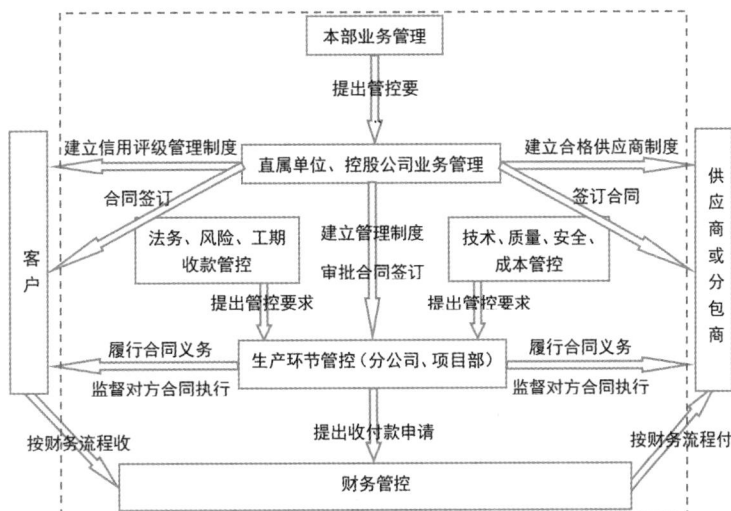

图1　管理架构

图中虚线框外涉及与客户的工作内容主要是确定合作关系、签订合同、合同履行、按财物流程收款；涉及与供方的工作内容主要是确定合作关系、签订合同、合同履行、按财务付款；图中虚线框内范围为航天建设管理架构管控的内容，航天建设本级作为业务监督管理主体，负责对管理架构内的管控规则提出要求并对所属各单位的业务实施动态监管；所属各独立法人单位是业务执行的责任主体，针对各管控环节结合业务管控规则设立岗位职责并建章立制，督导所属分公司、项目部贯彻执行于生产环节全过程。

2.强化内部管控，建立运作模块

通过搭建管理架构，航天建设进一步明晰以航天建设本级作为管理机构，所属分支机构、法人单位为业务执行主体的"分级管理、各负其责"战略定位，明确了加强业务执行主体单位管控力度是全面贯彻高质量发展的重要奠基石。航天建设从企业管理理念、行业管理模式、财务管控力度、风险控制机制等方面着手，建立起业务管控规则、生产管理体系和生产作业管理三大运作模块。其中，业务管控规则

和生产管理体系是贯穿企业生产全过程的管理机制，业务管控规则是标准化的制度平台，通过管控规则和管理制度约束生产环节管控的关键点直接监控生产环节各项业务行为，是企业依法依规开展业务的首要保护屏障；生产管理体系与业务管控规则并行，作为生产管理的信息通道，即确保企业规划任务、生产目标的有效向下传达，也将生产环节中的信息向上传递，对经营生产指标完成情况进行预测，动态关注经营生产中的问题并提前预知和防范风险，是企业完成经营生产任务的重要保障体系；生产作业管理以工程建设项目为牵引，直接面对生产一线，在业务管控体系下确定生产环节中的各项规章制度并执行，在生产管理体系下确定生产计划目标并确保完成，是企业开展业务的责任主体和实施主体，也是倍受监督和管控的重要环节。

3.加强业务监督，完善保障机制

业务管控体系通过正向管理和逆向管理两条管理线路形成双向保障机制，其中正向管理是通过业务管控规则、生产管理体系等方面贯穿生产全过程的业务管理；逆向管理是对生产作业管理进行复盘，通过业务、财务、审计等方面的监督检查手段，对现行管理制度下发现的问题进行管理修正和整改，为后续业务管理提升提供支撑。正向管理与逆向管理相结合，从制度设计范围和衔接、内控风险量化标准和可操作性、制度执行记录留痕和归档、监督检查可衡量可执行四个维度使业务管控迭代提升。双向管理互动，形成自检自查机制，对于开展业务中的管理问题自我检查，自我纠正，将管理工作形成闭环。

（二）全面吃透政策制度，明确管控要素

航天建设通过不断研究国家相关法律法规、行业标准及集团公司相关制度，学习业内优秀企业管控方式，分近年来行业弊病不断的根源问题及解决措施，总结所属各单位业务发展的优劣势，明确"7＋N"管控、指导方案，"7"即是加强客户、投标、项目、合同、采购、结算、后评价的全产业链管控，"N"指的是7大管控范围内各项管控要素，指导所属各单位规范、完善本单位的规章制度和业务流程，有效杜绝传统的粗放式、无效化管理模式，确保业务管控体系正常运作，实现开展各项业务行为标准化、制度化目的。"7＋N"管控方案如图2所示。

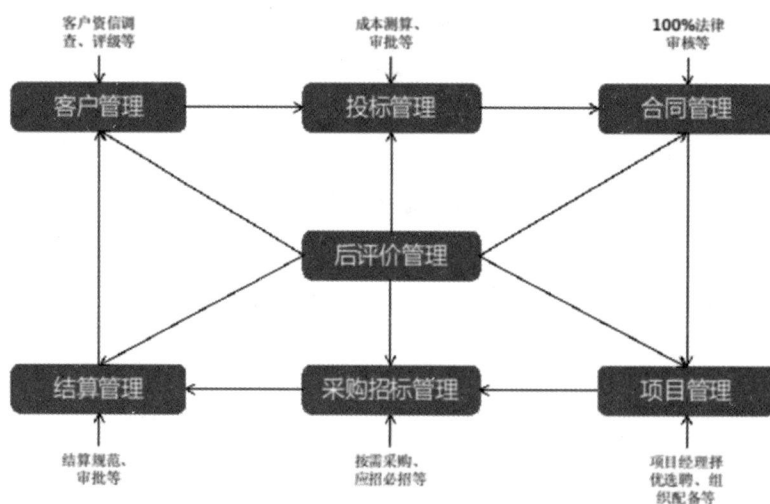

图2 "7＋N"管控方案

1.加强客户管理，源头控制风险

随着我国国民经济发展，建筑行业市场竞争日趋激烈，各大建筑央企、地方建筑国企、优秀建筑民企在站稳脚跟后大力拓展市场，面对如此严峻的市场环境，部分企业为占据市场地位谋求发展或禁不住巨额利益诱惑，降低企业风险防范意识，在未进行有效信用评估的情况下签署不合理条款，导致倒闭垫资、大量应收账款无法收回情况出现，影响企业的运营与发展。

为有效防范客户信用产生损失，业务管控规则明确建立"客户信用评级管理制度"，通过事前控制、事中监督、事后总结三方面管理有效提升客户鉴别能力，从源头扼杀风险。事前控制方案如图3所示。

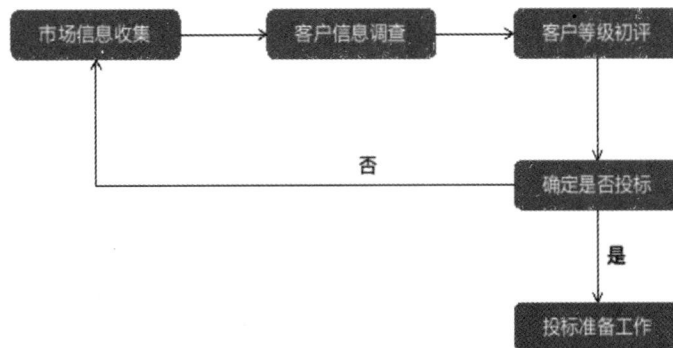

图3 事前控制方案

航天建设所属各单位在收集市场信息后，立即开展客户资信调查，通过对客户基本信息、资金实力、经营状态、法律诉讼、违约失信等方面评估是否参与合作并初步评定客户等级，对列入业务往来黑灰名单的客户则禁止或审慎开展业务，通过客户等级评定的方可开展投标准备工作。事中控制即合作过程中对客户履约情况进行评估，主要是通过对客户工程款支付、施工生产综合管理等方面进行评估，对出现违约的情况及时制定止损、补损措施；事后控制则是在项目完结后对客户工程款支付、履约保证金退还、施工生产综合管理、恶意违约、工程结算办理、法律诉讼等方面进行评估并重新评定客户等级。同时建立客户信用档案，对客户名称、法定代表人或实际控制人、营业执照注册号、信用评级等信息进行归档以备后续合作参考使用。

2.加强投标管理，严控标前审核

面对建筑业日新月异的市场竞争，以获取项目资源为生存条件的建筑施工企业，必须加大市场的开发力度和占有力度。航天建设通过分析近年来工程项目，发现从工程信息收集、筛选、工程项目的投标、施工过程管理到竣工结算，每一环节都存在风险，尤其是投标阶段，直接关系到项目盈利情况。一旦企业产生急于谋求中标的心理则会使其投标过程承受更多风险。经过航天建设归纳总结认为投标阶段管理风险主要分为三类：经营决策风险、标书编制风险、投标报价风险。造成经营决策风险的客观因素多为市场变化快、不可预知因素多导致计划未按预期实行，主观因素则多为市场信息分析不透彻、获标心切、标前评估不细致等导致判断失误，最终形成决策上的风险；标书编制风险存在于整个标书的编制过程中，风险产生主要是主观上的原因，例如，编制标书人员素质及能力、项目调研情况、施工方案是否合理等；投标报价风险主要来源于部分企业为完成产值指标而饥不择食，抱着"养活设备、安置人员"的观念，对成本、利润缺乏科学的分析和预测，最终导致投标报价低于成本价格。投标管理方案如图4所示。

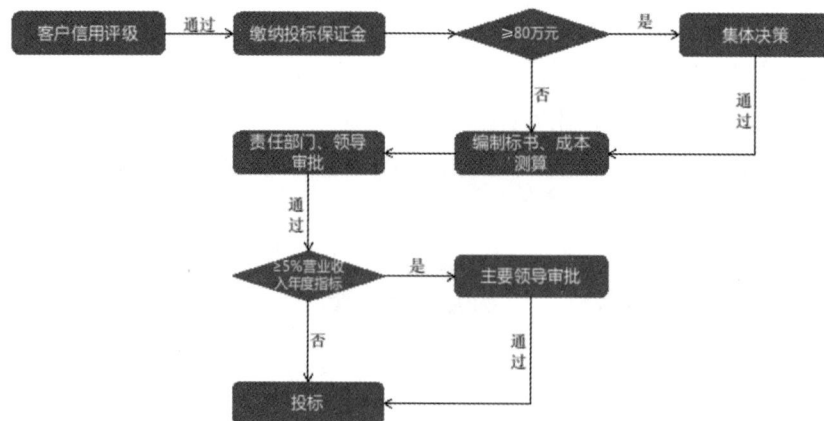

图4　投标管理方案

为保障企业高质量发展，规避投标风险，航天建设通过研究大量投标风险案例并参照现代化企业管理流程，制定投标管理方案，明确通过客户资信调查审批的项目方可参与投标。同时，要求所属各单位制定投标管理办法，建立投标管理审批流程，明确投标责任领导和责任部门，通过对投标项目成本、建设方案、投标文件、质量目标、项目工期及付款方式等方面审查或评审，结合当前市场方向、客户资信、盈利情况等方面给予投标意见，全面识别标前风险。"投标审批流程须按照项目的规模进行审批层级的划分，至少应经过本单位业务主管领导审批，标的金额大于本单位营业收入年度指标5%的项目应经过本单位主要领导审批"进一步确保投标前风险管控到位、组织管理到位。为确保将投标风险降到最低，严令各类超过80万元的保证金（或保函等同类风险抵押）项目须通过公司集体决策后方可投标，实现投标全过程"制度化管理、流程化运行、特殊问题特殊处理"的风险管控模式，为项目后续开展、企业良性发展奠定坚实基础。

3.加强项目管理，择优配备人员

在现代化工程项目建设中，项目管理作为其关键环节直接影响工程质量、安全、进度、成本。在实际的工程项目施工过程中，由于部分建筑工程项目所处的施工环境较为恶劣，如果建设单位以及施工单位在施工前期做好准备工作，相应的施工人员经验不足，会导致项目的整体进程受到阻碍，对施工单位经济效益造成威胁甚至一些无法挽回的损失。由于施工现场环境等各方面情况存在差异性，导致其所面对的风险不同，工程建设项目管理风险主要包括了组织风险、技术风险、环境风险、经济风险、合同风险等。其中，经济风险、合同风险在业务管控规则投标和合同签订环节进行有效规避；组织风险主要是指施工单位在实际施工过程中没有按照实际施工要求来制定有效的工作流程，在项目管理过程中由于组织不健全、管理人员经验不足导致的施工混乱等风险。技术风险则是指由工作发包人供应设计图纸、工程变更不及时导致的施工不符合要求，对后续的施工作业造成不良影响。

业务管控规则创新性提出所属各单位建立与营业范围及项目要求相适应的项目组织体系并制定明确的项目管理办法，确保各项目部在工程建设中严格按照管理办法行使项目管理职能，保障各项工作高效开展、有据可依。项目经理作为项目直接负责人，其能力、品质也是影响项目成败的关键因素之一，因此要求所属各单位制定项目经理选聘办法，根据工程规模从项目管理经验、个人信誉以及组织协调能力等方面择优选聘，具体方案如图5所示。

图5 流程方案

项目经理选聘完成后由企业法定代表人签发书面授权委托书并签订项目管理目标责任书，根据项目合同和企业管理规定，明确项目管理目标、利润目标、授权管理范围、职责及权限。通过授权委托书和项目管理责任书两相结合，既给予项目经理一定管理权限又对其权力限制，充分调动项目经理工作积极性，确保项目有序开展。同时，设置基于标准化业务流程链条组织机构并匹配具备执业上岗资格的人员，明确各岗位在管理体系中的角色定位，形成跨部门、跨岗位的监督约束机制，保障信息公开、资源共享，让职权在阳光下运行。

4.加强合同管理，规范审理流程

由于工程建设项目具有规模较大、周期较长、投入成本高的特点，且极易受到内外部因素影响导致施工全过程管理困难加大。因此健全的合同管理能有效降低项目实施过程风险，保障企业经济效益最大化。工程建设合同主要分为工程承包合同和采购分包合同。工程承包合同签订风险主要源于建设单位与承包单位之间的不平等地位而签订的不对等合同，如在合同条款约定的诸多"霸王"条款中隐含大量承包商风险责任条款和反赔偿条款，而未对建设单位进行约定；或部分企业轻信建设单位答应的既没有法律约束力又无法兑现的"口头承诺"，导致合同条款不全面、不完备、不具体，缺乏对建设单位的权力限制和对承包单位的保护而造成风险损失。采购分包合同风险主要源于原材料价格、工程质量、工程款支付等方面容易发生纠纷，此类问题大多与合同签订前把关不严、基础工作不到位有关。

航天建设通过学习现代化企业管理方式并结合实际业务状态构建科学合理的审批流程，明确经营管理部门、法律管理部门、招投标管理部门、业务主管领导等相关部门的分类与分级审批流程，对各类合同从不同角度进行审查，层层压实岗位责任，严格控制合同风险，确保合同条款符合国家法律法规、符合公司利益。同时，"收款合同金额1000万元及以上的重大经营合同需要主要领导审批"进一步明确合同层层把控、各负其责的风险管控原则。合同风险把控方案如图6所示。

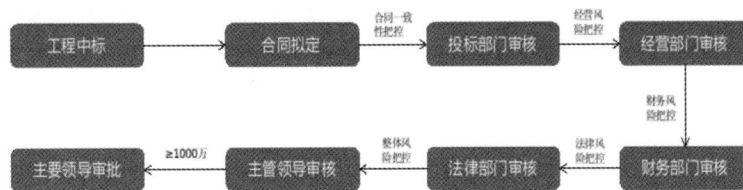

图6 合同风险把控方案

同时严禁非法人机构对外签订经营合同，加强对非法人机构的权力限制，避免发生合同未经审批即生效的问题。在合同签订完成后对其进行分类归档并动态跟踪，实时监督收付款及合同执行情况，确保合同正常履约。为防止企业出现现金流短缺以及应收账款大幅增加，提倡对各项目采取"以收定支"的原则进行管理，强化风险意识。通过业务管控规则要点管控，实现合同管理全过程监督，全面保障工程建设过程中每一阶段、每一环节能够提前防范重大风险并严格按照合同条款执行。

5.加强采购管理，落实阳光采购

采购及招标作为工程建设项目在建设过程中对成本造价管理的一项重要内容，合理的工程采购及招标管理能够准确把握工程建设进度，同时实现最大限度的成本控制，并全面提升建设工程的施工质量。采购及招标风险主要来自于外部市场风险、供方信用风险、内部计划风险、验收质量风险等方面，其中外部市场风险主要集中在国家政策宏观调控、市场波动导致的价格、运输成本增加以及物资质量、分包资质不达标导致的风险损失；供方信用风险为供方存在欺诈、隐瞒等信用问题造成的合同违约并导致既定时间完成的项目无法顺利开展；内部计划风险则表现为采购招标与生产目标不匹配导致超目标采购或超前采购；验收风险是材料入场时未达到检测标准和分包施工过程中未达到行业标准造成的风险。以上四类风险主要归结于企业招标及采购风险意识和监督控制能力不足。

为提升企业采购及招标风险意识，杜绝徇私舞弊行为，业务管控规则通过要求所属各单位成立规范组织管理机构、制定采购及招标管理办法、建立合格供应商名录、编制资金需求计划等方式，形成高效透明、环环相扣、层层监督的管理机制。采购管控方案如图7所示。

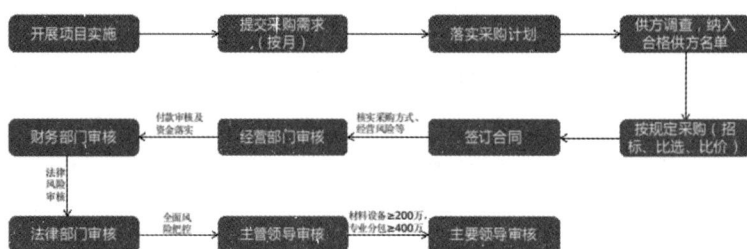

图7　采购管控方案

（1）制定采购及招标管理办法

企业作为工程建设项目的责任主体，根据总部的采购及招标管理办法并结合本单位实际情况制定清晰合规的采购招标管理办法，明确责任领导和责任部门，建立招标采购、单一来源采购、比选采购、比价采购、直接采购标准，设立采购招标小组，全面统筹并监督所属项目部、分公司严格按照管理办法开展采购工作。

（2）规范组织管理机构

项目部、分公司作为生产主体，设立物资采购部门，在严格按照采购及招标管理办法开展工作的前提下，充分引入市场竞争机制，针对项目除单一来源以外的所有采购均需采用三家以上比选、比价、询价方式择优选择承包方，达到招标条件的必须通过招标方式进行采购。同时，所有采购过程资料均留档并作为后续合同签订过程中的参考资料。

（3）建立合格供应商名录

为确保企业经营过程中具备持续、稳定、低成本的供应商，业务管控规则要求所属各单位建立合格供应商名录，并按季度对名录内的供应商增减更新。只有通过供应商资格预审、合作过程中无违约和合同纠纷的供方可列入名录。

（4）编制资金需求计划

为避免工程建设项目入不敷出，项目部在承接项目后须编列资金需求计划并按照按照动态管理、季度调整的方式上报至公司，由公司依据工程进度落实审批资金使用计划，全面确保业财一体化到位。同时，资金支付经营管理部门、财务管理部门核准，经财务负责人和业务主管领导审批后方可按财务管理流程付款，超过大额资金管理额度（一般为单位净资产的1%）的须主要领导审批，进一步确保资金支付按计划实施。

6.加强结算管理，维护合法权益

工程竣工结算是指施工单位按照事先签订的合同规定内容完成相应的承包工程并通过质量验收，向客户进行最终的工程价款结算。航天建设研究多种竣工结算案例，发现产生争议的多是由于部分工程规模较大、施工过程中增量、引入复杂技术及一些突发状况等因素导致的竣工结算文件提交时间有误、结算文件资料不全、结算依据不充分、谈判工作组织不到位、结算错误等问题，最终使竣工结算难以达成一致，直接影响项目收益。竣工结算文件提交时间有误通常是指承包单位没有按时提交结算编制，对结算的主动权造成不利；结算文件资料不全、依据不充分是指在工程竣工结算审核过程中，承包单位由于在施工过程中忽视对结算依据和文件资料的收集、整理和保管，导致结算时以追溯而减少经济效益；谈判工作组织不到位指谈判前对谈判事项的熟悉程度、谈判时机的选择、谈判人员的选派、对谈判采取的策略等方面组织策划不到位，影响最终结算结果；结算错误主要是指在结算资料的收集过程中出现遗漏，某些项目的单价取值错误，导致计算错误而影响竣工结算的总额。为保障结算规范详尽，维护各方合法权益，制定结算流程方案如图8所示所示。

图8 结算流程方案

业务管控规则明确所属各单位结合本单位实际制定竣工结算管理制度，明确结算流程、结算报告规范、责任部门和责任领导，确保项目结算依规严格落实。项目部依据合同约定严格按照管理制度编制项目结算报告，项目结算报告及资料经本单位业务主管部门审查、业务主管领导审批后按时向发包人提交，进一步确保竣工结算文件详细全面、仔细清楚，避免出现漏项而减少项目应得收入。在项目结算后，通过对项目进行成本分析，为后续项目实施积累经验，不断提升。

7.加强后评价管理，促进能力提升

项目后评价是指在工程建设项目已经完成并运行一段时间后，项目管理者对该项目的完成情况、建设过程、经济效益等方面进行客观、系统的总结及分析的技术经济活动。企业管理者依靠项目后评价，能够对项目的预期目标达成情况、项目规划合理性、项目经济效益、管理团队能力等情况进行分析总结，及时发现问题和不足，通过切实有效的信息反馈，为企业提升项目管理能力、提供经营决策奠定基础。

业务管控规则为完善项目后评价管理机制，实现项目管理整体闭环，一是要求所属各单位制定项目后评价管理制度，明确责任领导并由审计职能部门作为后评价管理责任部门组织开展项目后评价工作。二是规定后评价管控内容必须包含项目管理目标责任书完成情况、项目经理评价、项目团队成员评价、客户供方评价。根据对客户工程款支付、履约保证金退还、施工生产综合管理、恶意违约、工程结算办理、法律诉讼等方面评价，重新评定客户等级并备案，实现客户评价闭环管理；通过对工程建设项目收入、利润、安全、质量、项目经理能力等方面评价情况，实现对项目管理目标责任书、项目组织管理的闭环管理；通过对工程建设项目的成本、供方分析评价，加强了合格供应商名录管理，进一步总结了项目成本管理经验，实现对采购及招标环节闭环管理。

（三）全面开展业务培训，推广体系应用

业务管控体系建立并发布后，为使该体系在推广实施中成为全体员工的行动指南并最终落地实施，航天建设分别于2018年4月和11月开展两次全级次系统宣贯和培训，对管理岗位关键环节上的人员进行了系统讲解。讲师团队由航天建设业务主管领导、主管部门负责人及业务主管人员组成，他们既是业务管控体系的创造者，也是航天建设变革的引领者，对法律法规、地方政策、集团制度以及业务活动都了然于心，对体系贯彻落实时产生的阻碍和负面影响也比较清楚，能够更有针对性的、全方位的普及开展宣贯培训与推广实施工作。由于此次体系建设涉及制度变革创新、流程优化再造、业务覆盖全产业链，对于培训采取演讲授课的形式，参与培训人员回到原单位后再次对其单位人员进行宣贯培训，确保全级次、全体员工认知并落实到工作中，切实树立起"规矩规范"的企业名片，提升企业行为自信。

（四）全面落实监督机制，持续检查优化

航天建设本级作为业务管控体系执行情况的监督管理主体，不定期对所属各单位的管理体系建设、管控规范性及制度执行情况等进行巡查，持续优化所属各单位业务管控体系，不断强化过程管控能力，全面提升风险管控水平。对检查提出的问题建立整改台账，要求被检查单位"立行立改"的同时从"举一反三"和"源头治理"两个维度进行深化。在推进各项整改工作过程，对相关责任单位提出问责处理，持续跟踪检查整改效果，明确完成一项、处理一项，确保闭环管理。对重复出现的问题严肃处理，持续加压，重锤到位，切实做到抓实效、抓反馈，将整改到位后的效果服务于业务发展。

三、工程建设领域的全产业链业务管控体系的实施效果

自2018年业务管控体系建立以来，航天建设不断加强业务管理运营流程的分析研究，全面优化和改进控制流程，始终以高于行业的标准管控工程建设各环节，通过模块化、标准化、系列化业务管控模式，航天建设及所属各单位业务管理水平显著提升，风险化解能力大幅增强，经济规模持续增长，为打造行业标杆、树立航天品牌、实现高质量发展奠定坚实基础。

（一）业务管控水平显著提高

航天建设着力将高质量发展的理念贯穿到企业经营的各个环节之中，全力推进业务管控水平提升。通过理清航天建设本部与所属各单位、项目部之间的系统业务关系，全面落实"本部做实、所属单位做强、基层做精"的管控模式，确保责权关系更加清晰、监督机制更加完善；通过梳理职能部门、业务部门间逻辑关系，建立有效的制衡机制，明确相互间的合作关系和服务机制；通过业务管控体系的持续优化，航天建设建立起统一的业务管控标准，所属各单位构建起权责明晰的全过程管控流程机制，切实将业务管控规则运用到工程建设每一环节。所属单位贵州航天建设工程有限公司于2017年退出房地产行业，在基础能力不足的情况下进军工程建设领域，通过业务管控体系的指导，快速搭建企业管理架构、制定管控制度、建立业务流程、吸纳关键岗位人才，仅3年的时间完成平稳过渡，业务能力显著提升，在规避大量转型初期风险的同时，实现2020年在共计90名员工的情况下收入过亿元、利润过千万元的目标。

（二）规章制度体系逐步完善

自业务管控规则实施以来，航天建设紧密围绕保障业务稳健发展，持续开展规章制度体系优化工作，坚持"高风险长流程，低风险短流程"的原则建立差异化、专业化的业务实施细则，形成具备规范公司治理的前瞻性制度约80项，涵盖业务经营、监督保障等领域，切实加强了规章制度体系建设。同时，进一步精简制度总量，通过提高制度制定（修订）质量，努力实现精准立规、科学立规。充分发挥

管理优势，有针对性地对部分所属单位开展规章制度体系建设精准帮扶，从制度体系的构建、规章制度的撰写以及规章制度印发等方面作定向指导，带动所属各单位规章制度体系的建立健全和持续优化完善。

（三）风险防控能力明显增强

三年来，航天建设以持续高压态势加强业务管控规则执行与监督力度，通过发挥领导干部"关键少数"作用，扎实履行规范治院职责，全面贯彻落实业务管控规则，提高业务管理和风险管控能力；通过业务管控规则的宣贯和培训，使全体职工从根本上认识自己的责任和义务，牢固树立风险意识、底线思维，对业务的管理或操作规范入脑入心，严格执行相关的规章制度和管理办法，管理深度的渗透有效提升业务风险防范能力；通过业务管控规则的多次检查和反复整改，航天建设已将依规治企落实到具体措施和行动上，各级领导干部一级抓一级、一级督促一级，认真执行业务管控规则等各项规章制度，真正做到依法、依规、依制度开展工作，在进行问题整改的基础上举一反三并建立长效机制，实现规范业务流程、重塑风险管控体系的目的。

（四）企业发展质量稳步提升

航天建设当前正处于转型升级的重要阶段，制约企业快速发展的深层次矛盾也越发凸显，要保持企业规模稳步增长就要着力在产业结构优化调整方面下苦功夫、真功夫、实功夫，在转型升级、提质增效、深化改革方面花大力气、啃硬骨头。通过贯彻落实业务管控体系，完成工程建设领域基础夯实和业务流程再造，为实现质变和未来高质量发展奠定坚实基础。2018—2020年航天建设实现经济规模与发展质量的双跃升，营业收入从146.24亿元增至200.71亿元，累计实现营业收入566.57亿元，年均增长率达到11.14%，高于行业平均增速5.46%（2020年建筑业统计数据未发布，增长率按2018—2019年统计）；利润总额从2.72亿元增至4.77亿元，累计实现利润总额12.12亿元，年均增长率高达20.59%，高于行业平均增速17.19%（2020年建筑业统计数据未发布，增长率按2018—2019年统计）；新签合同额从202.99亿元增至322.12亿元，累计实新签合同额917.57亿元，年均增长率高达16.64%，高于行业平均增速6.4%（2020年建筑业统计数据未发布，增长率按2018—2019年统计），全面实现经济规模与发展质量同步提升。

综上，通过业务管控体系设计与实施，航天建设进一步建立健全工程项目标准化管理模式，形成标准性一致性强的刚性管控方式，通过搭建业务管控架构，明确生产建设各环节管控要点，实现全产业链环环相扣、紧密相关，各环节流程化、制度化、责任化的闭环管理模式，全面提升工程建设项目高标准、高质量、高效率的管理能力，有效降低项目管理风险、法律诉讼风险、重大经营决策风险，形成具有航天特色的业务管控规范化引领的标杆。后续，航天建设将进一步加强业务管控体系的研究与优化，结合国家、地方、行业最新政策以及集团公司、企业发展战略保持更新，确保业务管控体系与时俱进、适应发展。

成果创造人：李治国、杨帆、宋春影、曹刚、屈会超、苏捷、梁鹏志

军工科研单位以加快产业发展为目标的
市场化模式的构建与实施

贵州航天电器股份有限公司

一、前言

贵州航天电器股份有限公司（以下简称"航天电器"）成立于2001年12月31日，是中国航天科工集团有限公司（以下简称"集团公司"）下属航天江南集团有限公司所属上市公司（2004年在深交所上市，股票代码002025），公司主要从事高端电子元器件科研生产，是中国电子元器件龙头骨干企业，属商业二类企业。公司构建了集团化、跨地域的发展格局，分别在贵阳、上海、遵义、苏州、泰州、镇江、东莞等地拥有8家控股子公司；现有资产总额56亿元，员工4668人；2020年实现营业收入42.18亿元，利润总额5.638亿元。公司不断传承优秀企业文化，始终坚持持续改革和创新，经营规模和业绩连续保持稳健、快速的增长，2020年度在中国电子元器件百强企业中名列第22位，在高端电器元器件细分领域综合能力名列前三名。

公司经营层始终坚持以经济建设为中心，强化统一领导、顶层设计、改革创新，积极推动各项改革工作，做强做优做大企业，确保国有资产保值增值，对标一流，率先导入卓越绩效理念，持续推进公司高质量发展。在企业治理与改革方面，公司经营层抢抓每次的机遇，从1998年大力推行"三项制度改革"到2004年上市再到2015年以来对照"双百行动"开展了一系列改革工作。特别是在成立上海研究院以来，将其定位为航天电器的研发中心，作为航天电器的"人才高地、创新高地"，充分发挥区位优势，率先开展市场化选人用人机制、市场化激励约束机制等研究工作，通过职业经理人、外部团队及柔性专家引进、科研项目目标激励、技术团队市场化薪酬改革等工作，取得了一定成效。

二、实施背景

（一）以产业发展为目标的市场化模式的构建与实施是深化国有企业改革、"科改示范行动"要求的必要手段

国企改革是个漫长、艰难的探索过程。自改革开放以来，以建立市场化企业为目标，国有企业经历了多轮体制机制改革，取得了丰硕的成绩，但也遗留了一些问题和隐患，随着市场竞争的不断加剧和国有企业垄断地位的下降，为了推进国有企业改革，党的十八大以来，国务院先后下发了《关于深化国有企业改革的指导意见》《关于印发<国企改革"双百行动"工作方案>的通知》《关于印发〈百户科技型企业深化市场化改革提升自主创新能力能力专项行动方案〉的通知》为国有企业改革指明了方向。

《国企改革"双百行动"工作方案》明确了"双百行动"主要目标是"五大突破，一个坚持"，即在混合所有制改革、法人治理结构、市场化经营机制、激励机制以及历史遗留问题方面实现突破，同时要坚持党的领导。深化国有企业改革，归根到底要在激发科创动能，推动产业化发展这一关键因素下功夫。

（二）以加快产业发展为目标的市场化模式的构建与实施是扩大市场份额的必然诉求

"十三五"期间，针对新一代武器装备信息化、网络化、智能化的发展需求以及移动互联网、物联网驱动5G技术的快速发展，互连传输技术正朝着小型化、高密度、低功耗、高容量、低时延、高可靠等方向发展，模拟、数字、电源、流体、光信号等的传输与材料、结构、微系统等多学科交叉，创新性、颠覆性技术突飞猛进，给传统互连传输行业带来了全新的挑战。

而公司市场开发主要集中在元器件单一产品，系统集成开发刚刚起步，随着市场化的进程，客户更趋向于电、光、气、液、热、磁等一体化的系统解决方案。公司通用器件配套级别较低，虽然配套领域广，但市场配套主要依赖于用户选型，主动性不强，研发的产品路线图与配套单位产品路线图匹配度不高，导致公司市场份额进一步扩大受到限制。因此，公司迫切需要通过产业行业研究的手段推动单一元器件向"互连器件＋系统链路＋总体架构"的集成化解决方案转型，以此参与用户选型，提高产品配套级别，不断输出平台产品，进一步扩大市场份额。

（三）以加快产业发展为目标的市场化模式的构建与实施是提升核心竞争力的必要任务

当前，随着我国实现现代化、建成社会主义现代化国家的战略目标，要求全面提升装备制造的自主设计水平和系统集成能力，解决一连串"卡脖子"问题，元器件自主可控、本土化替代已成为国内装备自主能力提升的趋势，军品方面在高速、射频和光电等高端领域连接器的市场需求将迎来新的爆发点；民品方面在5G通信、物联网、数据中心等多项重大工程的拉动下，预计技术驱动的中高端连接器市场、光模块等产品需求将快速增长。

近年来，虽然公司主要业务领域射频、高速、光电的技术在不断发展，但市场技术更新换代非常迅速，公司技术发展速度无法跟上市场快速发展的步伐，公司此时再投入团队研发技术，而市场早已发展到更高层次，公司将永远落后于市场，落后于行业。为了实现弯道超车，公司按照技术深入的思路持续打造核心竞争力。在技术方面，夯实基础，柔性引进外部专家，在基础材料、工艺打造核心技术优势；在产品层面，利用项目引才的方式，引入在专业技术上更高更精的外部团队，建立外部团队合作新模式，一方面快速抢占市场；另一方面快速提升内部项目组成员的能力。

（四）以加快产业发展为目标的市场化模式的构建与实施是借鉴民用市场化商业模式的必然选择

由于企业经营性质的不同，军工企业与一般的国有企业、民营企业在承担社会责任、受到体制机制限制以及企业文化方面有着很大区别，我国军工企业的内部管理方法相对滞后，企业内部存在"等靠要"思想、创新力不足，效率不足、应对市场灵活性不足，而作为科研单位，为了更好地实现科研成果转化以及关键技术推广应用带动相关产业的技术升级，需要在内部更为科学、合理、完善企业内部市场化管理。为此，上海研究院借鉴知名民用企业，建立了市场化的商业模式，如市场化激励模式、科研项目目标激励、市场化选人用人等，为公司实现加快产业发展、扩大市场份额、抢占市场提供了必要的管理支撑。

三、内涵

航天电器上海研究院以深化国有企业改革、"双百行动"及"科改示范行动"为指导思想，开展以加快产业发展为目标的市场化模式的构建与实施。项目内涵主体现在以下方面：为了加快产业发展，抢占市场份额，上海研究院构建了市场化模式，从解决如何扩充产品线，增长市场份额；如何保证核心竞争力，增加商业效益；如何建立市场化管理机制支撑市场份额和经济效益的实现三个痛点难点着手，以系统牵引，为产业化扩大市场辐射力；技术深入，为产业化提升核心竞争力；建立市场化商业模式，为产业化增强源动力三个方面入手实现企业的经济效益的增长。

四、主要做法

（一）系统牵引，为产业化扩大市场辐射力

1.从单一元器件向"互连器件＋系统链路＋总体架构"的集成化解决方案转型

首先，公司引进知名企业管理理念，形成团队"作战"模式。原研发组织架构模式为根据产品类别形成各研发室，各研发室单兵作战，缺乏牵头集成产品职责的"领头羊"，不利于快速响应客户需求，不利于集成化发展。公司改革创新了原研发组织架构模式，借鉴先进知名企业的研发架构模式，导入先进理念，结合研究院的实际情况，设置"主战"团队和"主建"团队。分工明确，职责清晰。主战团队即为研发团队，主要负责市场开发与支撑、新项目开发、产品实现以及事业部项目输出支撑，聚焦整体方案解决能力。主建团队即为技术研究部，主要负责产业研究及孵化，集团化前沿技术、材料研究及平台建设，集团化数字仿真、验证及平台建设，为主战团队提供公共性、弹性资源，聚焦支撑能力。主建团队从主战团队分离以后，业务更聚焦，更容易深入研究，同时，主建团队不仅仅只为研究院服务，还为航天电器的产业行业发展提供决策依据。招聘10名博士承担包含新材料和光电前沿技术研发等8项共性技术研究和预先研究项目，均取得了不错的技术成果。通过与哈尔滨工业大学、浙江大学、上海交大、重庆大学等多家高校进行产学研合作，创新性开展具有前瞻性的新产业、新技术研究等工作，自主创新能力持续增强。

主战团队围绕项目可以驱动公司各专业室灵活运转，实现"端到端"的全流程打通。之前各专业室都是各自负责各自的领域，不利于互连互通一体化建设，进行优化后，主战团队可以集结多个横向组织，一条龙模式提供服务保障。接到项目任务后，由产品经理从各专业室自主选择，抽调人员立即组建项目组。

同时，公司对市场化转型升级进行了"两步走"规划：第一步，谋求互连产品和元器件双向发展，迈向产业更高端。搭建产品研发部和技术研究部平台，为研究院和各事业部提供技术服务和产品实现。

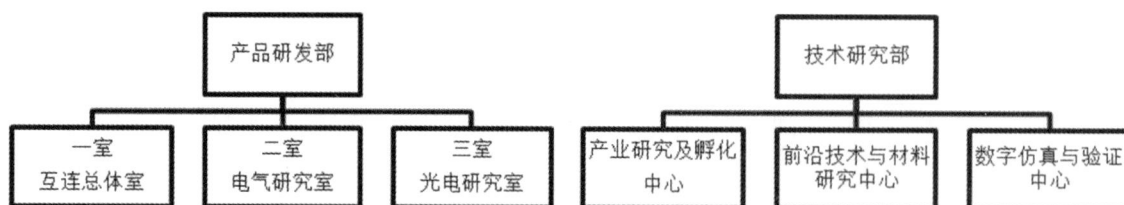

图1　转型升级第一步

第二步是完善互连专业体系建设。在第一步的基础上，聚焦互连产品开发，细分产品专业，优化专

业体系建设，进一步整合专业室业务职能，将部组件、结构、硬软件部分从互连总体室剥离，融合连接器板块，形成互连总体室抓总、"主战"，各专业室"主撑"的体系架构，让主战团队更"专"，让支撑团队更"强"，实现产品从元器件级产品向链路级解决方案的全面跨越发展。

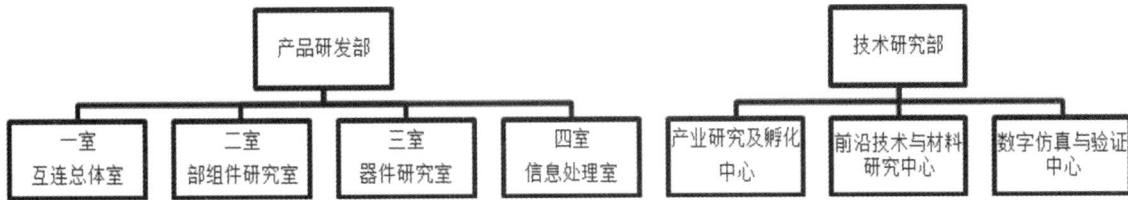

图2 转型升级第二步

通过以上转型升级，公司军民国际市场订货均呈现良好发展态势，公司经营业绩稳步增长，主要经济指标持续向好，产业结构不断优化。积极研究技术和产业发展方向，通过产业拓展，有序延伸高端电子元器件产业链，产品从相对单一的产品发展成为多平台、系列化的产品，逐步实现了从单一产品销售到全链路产品解决方案提供的转变。

2.梳理产品/技术路线图，不断输出平台产品

2018年以来，公司大力推进技术创新和产品开发，通过专利授权、项目引才、核心制程能力打造等，形成了5G电源连接器、射频跳线、高端射频板间连接器、高速背板/扣板连接器、高速IO、毫米波、光背板、光模块、电机等通信综合互连及驱动解决方案并形成产品发展路线图，大幅提升了公司在通信领域的业务规模、行业影响力和客户合作深度。

上海研究院自成立之初，便一直是以技术战略的智囊团、研究成果的诞生地、未来和新技术的孵化器的定位。近年来，聚焦定位，为了推进研究院转型升级，改革创新，释放活力，在项目转化和成果拓展等方面持续发力，并加强同其他事业部之间的协同、协调与协作，促进了苏州华旃、泰州航宇、江苏奥雷等事业部产业发展和产品拓展。自上海研究院成立以来，上海研究院向航天电子公司苏州华旃、泰州事业部、贵阳事业部、广东华旃等事业部输出产品共计900余项，累计转产形成销售收入12亿元。同时，新产品销售收入保持在40%以上，高于公司30%的平均水平。

在平台产品方面，高速领域近两年共完成16个军用高速平台产品、华为首个民用高速产品输入苏州华旃事业部，形成约3.5亿元销售额；配套某所舰载、车载的上万套光纤光电产品持续输入奥雷事业部，提升奥雷在该领域的影响力；一体化项目积极与贵阳产品事业部协作，完成航天江南多项重点型号配套，转产四院某所机柜项目订单600余万元，同时获得了上亿元的后续订单；2020年诺基亚首个39.8mm配高产品在广东华旃小批量生产，打通了后续同类产品在广东华旃批产的通道。

在技术支持方面，采用"技术派驻，联合办公"的模式，分别在深圳、成都、西安成立研发分支机构，当地引进光电、高速、射频等专业技术人员9人，同时在北京、南京、韩国长期派驻技术人员支撑市场，为所在区域市场开发起到积极作用。

在人才支撑方面，近3年先后输出了3名专业总师到苏州华旃事业部、奥雷事业部担任副总经理，推动了新能源项目、光电项目、射频项目的产业发展，同时为了确保产业化的顺利推进，上海研究院先后输出了20名技术项目负责人。

（二）技术深入，为产业化提升核心竞争力

1.项目引才，弯道超车，打造人才核心竞争力

为解决外引人才的问题，公司创新商业模式，提出"同行合作、用户联盟"的市场开发策略，适时引进高水平专业技术团队，突破了市场瓶颈，实现了产业级项目的增长。2019年，为进一步抢抓元器件自主可控、本土化契机，充分利用市场化资源，公司通过"项目引才"方式，引进了以王健为组长的民用高速专业研发团队，并于2020年4月在深圳成立研究所，以此提升公司在通信、新能源汽车等领域数据传输与互连解决方案的能力。深圳研究所的成立是公司在华南地区两个开发进一步得到深化和巩固的结果，是技术引领、市场牵引的两个开发成功的体现，也是华南地区民用产业两个开发作用和地位得到进一步的提升和巩固的标志，取得的成绩，得到用户肯定，彰显了公司近年来以市场为导向，创新商业模式，转变工作思维方式，助推公司在通信市场的快速发展，为公司民用产业化发展奠定了坚实的基础。在不到一年半的时间内，外部引入的深圳研究所以实际业绩向公司递交了一份满意的答卷。

2019年，公司抓住5G用配套高速连接器机会，完成了华为多款高速背板连接器的开发，其中两款编码产品已获得华为批量订单，形成销售收入2000多万元，同时获得华为400多万元的研发经费资助，成功获得首个诺基亚5G平台高速连接器平台化项目，获得第一张爱立信预研项目订单，有力支撑了公司高速连接器进入通信领域配套。2020年，公司配合华为开发的第一款传输速率超过26G的连接器，在华为完成样品测试、在板测试、小批量测试，于4月正式发放编码，进入量产阶段，并获得华为286万元的研制开发费用。高速正交弯公连接器，传输速率10G，3pair*6wafer，此产品是华为技术预研项目，是华为下一代平台产品，目前完成华为小批量验证，进入量产阶段，并获得华为192万元的研制开发费用。

外部团队以客户为导向，对产品怀有敬畏之心，在状态、有激情的工作作风也给航天电器注入了新的能量，各事业部多次邀请深圳研究所授课分享工作经验。通过培训和交流，吸收了王健团队先进、实用、实效的管理经验和工作思路，也碰撞出技术团队管理理念的火花，融合了技术团队研发管理的经验和方法，对上海研究院未来发展方向、团队模式、差异化团队激励方案都有很好的借鉴作用。

2.平台引才，弹性自主，打造产品核心竞争力

在引才的方式上，上海研究院立足于"平台＋项目"的引才模式，一是通过重大平台柔性引才。2018年，上海研究院获批建立专家工作站。以工作站为契机，公司柔性引进电子科大、重庆大学的微波、天线方面的教授，通过培训、项目合作等形式达到提高企业自主创新能力和核心竞争力，培育发展创新团队和创新人才，引领攻克核心技术的目的。二是重大项目柔性引才。聘任信号完整性专家，从技术层面协助公司与团队一起共同完成高速传输类连接器的项目开发，尤其是在SI方面提供全面支持。

在专家人才管理方面，上海研究院充分把握专家人才尊重需求高、成就动机强、自我驱动力足的特点，从提升和满足专家人才"四感一度"（即安全感、公平感、归属感、认同感和业绩贡献度）着眼，突破传统管理的窠臼，着力加强专家人才管理的自主性和弹性，对专家人才更多开展柔性管理，更多发挥协同效益，有效激发专家人才动能，全面盘活专家人力资本。

以项目为中心，集中资源和力量攻关克难。以项目为中心，集中资源和力量攻关重点课题和难点问题。以项目、需求为中心，匹配资源，攻坚克难，引导专家人才积极投身微波、天线、一体化、信号完整性等重点项目，授课培养和锤炼一支高水平人才队伍，形成人才工作的强大合力。

创设新机遇条件，拓宽专家人才成长空间。高度关注专家人才的自我成就和成长需求，支持专家承担公司重大发展课题研究；与高校、科研院所合作，邀请外部专家参与公司高端人才培养。

探索新激励机制，优化专家人才价值实现。构建满足专家人才多层级需求的综合激励机制。提供差异化薪酬激励，实施成果转化奖励，探索开展专家中长期激励。

在专家人才培育和科技成果转化方面取得了一定成效。2018年以来，专家团共开展100余次授课培训，为公司明确未来发展方向及专业领域提供了智力支持。通过柔性引进专家的机制，建立上海市专家工作站。2020年，在上海市参评的346家专家工作站中，上海研究院脱颖而出，获评上海市优秀专家工作站。2019年，以专家站位牵引，共授权专利90件（其中发明专利39件），申请PCT国际发明专利6件，现阶段共有6项在研IEC标准，其中《射频同轴连接器（SMA型）分规范》为航天江南集团第一个发布的国际标准。2020年参与制修订3项国家军用标准及国家标准，其中GB/T39341-2020《宇航用高速传输连接器通用规范》为研究院第一份发布的国家宇航标准。

公司专利和标准等创新成果的不断增长，同时引领了公司民品和国际市场的开发与拓展，民品逐步实现华为、中兴、三星、诺基亚西门子等企业批量供货。此外，也为公司品牌形象的树立起到了积极的推动作用，在中电元协百强排名从2015年的第29名跃升到22名；获得了上海市专利示范企业、上海市名牌等称号，有效提升了公司在上海市的知名度。

（三）建立市场化商业模式，为产业化增强源动力

1.创新市场化选人用人机制

为了树立市场化选人用人导向，加强职业化经营管理人才队伍建设，建立规范化、制度化的职业经理人管理模式，招聘一流经营管理人才，推动公司转型升级发展战略的实施，航天电器于2017年试行了职业经理人制度。2018年5月，为上海研究院选聘了一名拥有多年世界500强外企管理经验的职业经理人。该职业经理人自2020年12月退出，在任期管理上公司形成了"任期明确、职责清晰、考核到位、激励有效、退出有力"的管理体系。

任期明确：根据航天电器出台的《职业经理人管理办法》，职业经理人实行聘任制。任高级管理人员的，每届聘任期限不超过三年。中途补充聘任的，任期至本届经营班子届满。任期届满，根据考核结果，经党委研究决定是否续聘，并按有关规定办理任免手续。

职责清晰：按照市场化选聘、合同化管理、契约化考核、对标化薪酬、制度化退出的职业经理人"五化体系"要求，公司与该职业经理人签订了劳动合同、绩效合同、岗位聘任协议书，明确职业经理人岗位职责、业绩目标、责任追究等内容，将双方权责利进行对等。上海研究院职业经理人的主要职责为在总公司领导下全面负责上海研究院的经营管理。尤其是重大项目研发，研究院自产，转产项目；重要客户技术支持；重要专业的发展方向的研究及人才培养。而上述他在其中的贡献也很好地履行了这些职责。

考核到位：职业经理人考核评价采取定量为主、定量与定性相结合的方式进行，主要采用绩效合同和述职评价，做到实事求是、客观公正。职考核评价分为经营管理指标考核和能力素质评价两个方面，实行年度考评与任期考评相结合。职业经理人与公司签订了年度和任期《绩效合同》，确定考核周期内的KPI/KPT基础性、发展性、监控性绩效目标和基础值、目标值、挑战值。

激励有效：放眼市场，科学对标定薪。立足市场化原则，兼顾企业类别、地域分布差异性等，与同行业、同规模、业绩相当的境内外企业职业经理人薪酬水平进行对标，统筹考虑公司发展战略、其他中层管理人员薪酬水平、员工工资等因素，确定职业经理人市场化薪酬水平。针对研究院的职业经理人，航天电器"首开先河"，给出了年薪百万的薪酬，突破了国有企业原有的薪酬体系，起到了一定的激励作用。

退出有力：公司健全职业经理人退出机制，完善职业经理人解聘、辞职和退休等管理制度。职业经理人因个人或其他原因，可依据《劳动合同法》和签订的《劳动合同书》有关条款提出辞职申请，并经

审批同意后办理离职手续。上海研究院职业经理人契约期满，由于个人原因，提出辞职，公司在进行了任期评估以后，审批同意其离职正是这一表现。

自任职以来，在该职业经理人的带领下，公司销售收入及转产收入均超过指标；形成光电产品专业，高频高速产品专业、信号一体化传输产品专业及产品路线图；2019年下半年，带领GEM3高速扣板的研发成功，民用高速背板产品重新赢得华为的信任，成立深圳研究所，对民用通讯领域和高速产品起到良好的支撑作用；大力推动国际通讯产品研发移转苏州华旃，401综合互连产品生产移转贵阳事业部，高速产品在广东华旃植入式研发，为产业化的发展做出了重要贡献。

2.创新市场化科研项目目标激励机制

目前，传统的经营理念和激励方式已难以适应目前市场的快速变化和企业的发展要求，为解决内生动力问题，2019年初，上海研究院创新项目激励方式，通过领导层详细筛选和周密策划，先后实施了"微波毛钮扣垂直互连"模块，"芯片测试用高密度高速互连链路产品"两项科研项目目标激励。芯片测试用高速连接器项目年销售收入1500万元；毛钮扣项目年销售收入200万元，该项目已返还员工入股本金，并已完成第一次项目分红28.65万元。方案实施后项目成员把个人成长与该项目成败、公司发展紧密融合在一起，为了攻克项目难点主动作为、乐于奉献。以实施的第一个项目为例，项目实施后项目组成员为了缩短项目周期，经常通宵达旦，主动加班时间与同期相比增长了45%；团队人员稳定，攻坚克难的科研氛围浓郁，项目实施后该团队离职人数为0人，而上年同期该团队离职人数为6人。

3.创新市场化薪酬激励机制

为构建完善的市场化激励机制，激发骨干人员的工作热情，上海研究院实施了技术系列市场化激励方案。方案以市场对标性、内部一致性、成果导向性、管理扁平化四大原则为导向，将固定薪酬分为6档24职级，按照年度13薪制实行，增加员工月均固定待遇；畅通社招、校招、谈判薪酬人员的晋升通道；以市场支撑、多专业研发能力、重大项目、市场突破、成果转化、职称申报等成果为导向；员工职级晋升与团队绩效、个人业绩及评定结果紧密关联，强化中层干部职能，提升中层干部执行力和领导力。

五、实施效果

（一）市场份额进一步扩大

实施从单一元器件向"互连器件＋系统链路＋总体架构"的集成化解决方案转型后，公司走在了用户前端，参与了用户选型，帮助用户规划互连系统。积极研究技术和产业发展方向，通过产业拓展，有序延伸高端电子元器件产业链，产品从相对单一的产品发展成为多平台、系列化的产品，逐步实现从单一产品销售到全链路产品解决方案提供的转变。

同时进行了智能制造和新能源汽车连接器两个行业/产业研究，推动了公司智能制造产业外部订货实现两千万的突破，迈上了新台阶，新能源汽车领域实现突破，成功进入比亚迪、中车时代电动、四川凯翼合格供应商名录。持续研究的核电等行业，为公司进入新行业提供了机会，市场份额进一步扩大。

（二）核心竞争力进一步提升

通过项目引才，构建的外部团队合作新模式，外部团队可以利用市场化的资源实现"弯道超车"，在华为、中兴等客户领域迅速占据市场，2020年，公司获得华为3.1亿元竞标份额，连续获得华为银牌供应商及感谢信，同时通过派驻内部技术人员进驻外部团队，外部团队先进的管理模式进一步带动了内部技术人员的成长。

通过平台引才，构建外部专家弹性合作模式，提升了基础能力，在基础材料、工艺等方面实现了元器件自主可控，避免被"卡脖子"，提升了核心竞争力。高速领域，成功研发的HADI系列连接器解决了在高电性能要求下，近十万个接触件同时插拔的行业难题；武器用VPX机箱，实现了车弹之间的信息互连互通，打破了国外同类型的垄断；光纤领域，开发的单、多模光纤扩束产品，单模扩束性能达到国内领先水平；民用领域，80GHz铜盒子＋毫米波连接器模块研制成功，链路测试回波损耗高达15dB，达到国内一流国际领先水平。

研究院同时积极探索外部团队联合创新和同行知识产权合作，促使公司射频连接器进入5G配套、增强高速互连产品创新能力和市场竞争力。"十三五"期间国际民用通信市场竞争激烈，公司自2014年开始与三星公司接触，但苦于专利技术封锁，进展缓慢。随后公司积极引进人才，项目研发团队刻苦钻研，终于突破国外厂商的专利封锁，实现核心专利的突破，快速占领了4G市场。2017年，在"同行合作、用户联盟"的战略下，积极参与雷迪埃X-max板间用连接器的专利授权，进入华为板间射频连接器资源池。在此基础上，公司配合华为展开5G宏站、微站板间射频用POGOPIN产品的研发，并获得超亿元的1标，使公司成为行业内射频板间主流供应商。正是在自有专利技术积累的基础上，恰逢5G商用元年，公司开发了5G用POGOPIN板间射频连接器，现在已实现批量供货。

（三）内核支撑动力进一步增强

在军用管理上借鉴民用市场商业模式，建立了军民融合新模式，实施的市场化选人用人机制，引进的职业经理人为公司的转型升级、产业行业研究、民用通讯领域起到了积极的推动作用。市场化科研项目目标激励机制实施，吸引和留住了关键技术人才，提升了研发效率，降低了研发成本，激发了持续发展增量，增强了公司凝聚力和战斗力。市场化薪酬激励机制进一步提升了骨干人员干事创业的热情，强化了中层干部的职能，提升中层干部执行力和领导力。研究院先行先试的市场化商业模式获得成功后，进一步在航天电器其他事业部进行了推广应用，取得了良好的示范作用。

"唯改革者进，唯创新者强，唯改革创新者胜。"航天电器上海研究院将继续深入推进集团公司"1＋4"战略，不断深化航天江南"12345"的发展思路，坚决落实航天电器六大发展战略，以实现研究院转型升级高质量发展为目标，全面深入推进改革，切实提升研究院自主创新能力和核心竞争力，充分发挥好上海研究院的职能，为航天电器可持续高质量发展贡献力量。

成果创造人：王跃轩、王旭、邹作涛、曾腾飞、吴春燕、匡秀娟、徐超、

曹艳霞、常晨

基于强矩阵的商用飞机项目组织变革
——中国商飞公司项目统一经营管理模式探索与成效

中国商用飞机有限责任公司系统工程与项目管理部

中国商用飞机有限责任公司系统工程与项目管理部（以下简称"项目管理部"）是公司项目管理与系统工程业务的主管部门，是公司的企业级项目群管理办公室（EPMO），归口公司产品项目的管理工作，包括负责公司的商用飞机项目群管理，包括对现有ARJ21支线客机项目群、C919单通道窄体干线客机项目群和CR929双通道宽体干线客机项目群及后续项目群的管理；负责组织开展公司项目研制与管理体系的建设与实施，是公司的"开发产品和服务"及"管理产品全生命周期与项目群"两个过程的所有者；负责公司全生命周期构型管理体系建设与实施；负责组织开展项目监控与评估工作；负责组织开展系统工程、项目管理的工具方法在商用飞机领域应用的研究和推广。

商用飞机产品研制具有产品复杂程度高、研制技术难度大，质量要求高，研制周期长等特点，是一项极其复杂的系统工程。为适应商用飞机高端复杂产品研制项目管理的需要，伴随着项目实践的深入，公司不断加深认识、自我革新，按照"坚定、理性、渐进、有效"的原则，深入推进项目组织变革，一直走在优化项目组织模式、创新项目管理机制的路上。近几年，中国商飞公司开始逐步统一项目管理职能和机制，开展了基于强矩阵的项目统一经营管理模式的探索，带动公司资源的"小核心、大协作"工作方式，实现了从单项目管理向项目群管理的转变，形成了一套符合当前公司发展阶段与内外部环境的商用飞机产品的科学有效的项目管理方法。

一、基于强矩阵的商用飞机项目组织变革背景

（一）适应公司产品从单一型号、单一状态向多型号并举、多状态并存转变的需要

随着公司的不断发展，ARJ21型号已交付运行，并正在开展公务机、货机、灭火机等衍生机型研制，C919型号也处于取证交付关键点，CR929型号也进入产品设计阶段，同时CXF、C939等型号不断上马，公司已从单一型号单一状态逐渐转变为多型号并举多状态并存，项目管理模式也由单一项目管理向项目群管理发展。由于项目群的多重性、高度复杂性和不确定性，需要对多个项目进行总体的控制和协调，统一各型号项目的做法和项目管理模式，对于管理的战略性、主动性、系统性都提出了较高要求。面对研发的攻坚期、投入的叠加期、市场的困难期"三期叠加"带来的严峻考验，商用飞机产品发展带来的企业级项目管理尤其是项目群管理要求与自身能力建设之间的矛盾日益凸显，有必要通过对公司项目组织变革来适应战略及发展的要求，激发项目管理活力和效能，有必要统一公司各型号项目管理组织，固化公司统一的项目管理模式，提升公司项目管理能力成熟度等级。

（二）提升高端复杂产品研制效率、更好满足客户要求的需要

商用飞机产品研制在项目初期就要从客户需求和市场竞争角度考虑产品性能，对各项需求进行层层分解，需要依靠团队协作完成产品定义，包括结构和系统的并行设计、生产计划定义、关键工装设计、基础设施和技术文档跟进等。由于这些过程是高度相互依赖的，需要运用集成工作方式来完成这些复杂的任务。所以，传统的串行研制和基于IPT（集成产品团队）的平衡矩阵模式很难满足现有高端复杂产品研制的实际需要，必须进行研制和项目管理模式的变革与创新，不断完善项目团队高效运行管理的机制。为此，需要公司牢牢把握商用飞机研制规律，遵照"一图三略"中产品实现策略的要求，顺应国外商用飞机研制项目组织形式发展趋势，遵循系统工程全局最优的理念，推广DBMOCT（设计、制造、维修、运营、成本、试验）要素落地，推进以强矩阵IPT为核心的项目组织变革，实现从以"两总系统"领导下的平衡矩阵团队向项目经理责任制的强矩阵团队转变，形成符合公司发展需求的项目组织模式，以满足型号研制的需要，满足提升型号研制效率的需要，更好地满足客户要求的需要。

（三）公司从产品研制阶段逐步走向产品经营阶段的需要

公司从2008年创立以来，经过这13年的努力，型号研制取得了不错的成绩，项目管理能力得到了明显的提升。随着ARJ21飞机的不断交付，衍生型不断发展，C919飞机也即将交付运营，公司已实现从初创期向成长期迈进，从产品研制向产品经营的转变，在这个转变过程中就要求公司要更加关注项目研制过程中的组织经营行为，激发各级组织的活力，控制产品研制的成本，提升研制工作所产生的价值。以前公司更多的关注单个型号产品的研制和实现，对产品经营、成本、价值理念关注不够，对面向价值、面向经营的精细化的管理模式理解也不够，这也是促使公司不断进行项目管理改革的初衷之一，有必要加强项目经营理念，加强项目财经管理，压实经济责任，形成成本意识、经营意识、价值意识，进一步提升项目经营管理能力。

二、基于强矩阵的商用飞机项目组织变革主要做法

项目管理部以系统工程思想理论为指导，精心组织、科学论证、统筹规划了公司项目组织变革工作，着力提升公司项目管理能力，激发公司各方面资源活力，充分发挥组织效力，开展了项目管理职能、计划管理模式、集成产品团队、项目经营管理四个方面的创新变革，主要做法如下。

（一）统一项目管理职能，构建三级管理机构

2019年公司总部四个部门（原系统工程与项目管理部，ARJ21项目办、C919项目办、CR929项目办）合并组建新的系统工程与项目管理部，成立公司项目中心，加之各单位的项目管理部，进而形成了总部项目管理部—项目中心—各单位项目部的三级项目管理职能机构，统一了项目管理组织机构的职能，三级管理机构密切合作，分工明确，为统一各型号项目管理流程方法奠定基础。

其中，项目中心作为深化项目管理条线建设、落实条线三级管控模式的创新载体，以整合项目管理组织机构、强化项目顶层管理、强化项目间融合管理、强化项目一线管控的"一整合、三强化"为目标，以统一方法工具、优化资源配置、共享型号经验、加强能力建设为抓手，着力强化项目管理体系能力、提升项目管理水平效率。

（二）统一多项目计划管理模式，形成顶层管控

针对超大规模复杂产品的型号项目计划管理，统一了多项目管控模式。

1.统一要求

统一年度计划编制模板，落实WMCRH方法（任务清晰、要求明确、沟通充分，工具方法能力支撑足够，人财物等资源到位、状态到位，任务上下游关系明确），确保计划科学完整可执行。统一计划编制逻辑，采取"全面覆盖与重点突出相结合"的原则，即从WBS出发，确保工作全面覆盖无遗漏，从里程碑和目标出发，识别关键路径，确保工作重点突出，根据不同管控重点，构建了层次化"个十百千万"三级计划（公司级管控计划、0级项目团队管控计划、1级项目团队管控计划）体系，确保计划层级清晰可控，实现了谁的计划，谁来管，避免一本计划"人人管，人人松"的局面。统一公司型号项目工作分解结构（WBS）框架，采用统一标准更新各项目WBS框架，统一WBS的控制账户，形成各型号任务进展、工时、成本统计归集的统一基础，为后续项目四算管理、全生命周期数据的积累、以及后续型号的工作规划提供基础，实现公司三大型号WBS顶层结构统一。

2.统一流程

统一了十万数量级年度计划的多层级协同编制逻辑，发布项目顶层计划管理规定，以及相应的实操程序；统一了各项目、各层级计划新增、调整、关闭、考核等全业务流程，规范各型号计划新增、调整等操作，同时借助信息化工具实现所有计划管控流程线上操作，避免以往纸质流程容易丢失、签署周期长、信息汇总繁杂等问题，提高计划管理效率。

3.统一平台

开发型号计划管理模块，加强计划管理信息化，提升计划管理正确性、完整性和效率。完成基于CMOS（商飞制造运营系统）平台的型号项目计划管理模块开发及上线应用，开发项目智慧互联管控系统，实现型号计划、工时数据的跨单位、跨团队多维度、精准化统计、分析和显性化显示，同时实现了实时监控三大型号项目计划完成情况、工时填报状态等功能，可在线进行多维度统计分析和图形化展示，有助于加强项目计划、工时管控，有助于加强多型号项目群统筹管控。

（三）建立集成产品团队机制，做实DBMOCT

不断探索集成产品团队模式，实现从两总系统的职能项目组织，到两总系统领导下的平衡矩阵团队，到项目经理负责制的强矩阵团队模式的转变。以客户需求为牵引，基于项目研制阶段特点，按照"突出产品导向、实现产品集成、促跨专业协调、落实三个责任"的IPT团队设置理念，即围绕产品实现、落实全生命周期要求，有利于解决产品综合与系统集成的问题，促进跨单位、跨部门、跨专业的协同，落实产品责任、技术责任、成本责任，在公司各型号成立由跨单位、跨部门、跨专业的人员组成的，实施项目经理责任制的面向产品的强矩阵IPT团队，形成中国商飞特色的IPT团队，即DBMOCT（设计、制造、维修、运行、成本、试验）各要素协同作战，进行并行工程、科学决策，以提高效率、降低成本。通过四同时等要求，落实协同工作机制，依托公司科创楼集中办公，推进项目团队内部DBMOCT各要素协调，保证团队间有效沟通，营造"抬头可交流，转身可沟通"的环境，提升团队成员的全局意识。精干化IPT队伍，缩减项目团队规模，重点针对产品实现类工作设置IPT团队，对应产品分解结构（PBS），以工程设计为核心，根据不同阶段需要，集中各要素协同工作。统一规范团队领导建制和组织架构，规范工程项目管理办公室（PEMO）要素组成要求，实现向围绕产品的项目团队运行模式转变。

（四）拉通项目四算，优化资源配置

1.落实经营理念，强化项目"四算"（概算、预算、核算、决算）管理

统一公司各型号项目"概算、预算、核算、决算"管理规则，强化价值意识，压实财经责任，强

化"炮火是有成本的，谁呼唤炮火谁对成本负责"的成本意识。初步形成基于任务的项目"四算"管理，按照更新的WBS架构，完成了各项目概算分解，明确项目团队各级负责人的经济责任，明确了项目各工作包全生命周期的经费控制数，考虑项目研制工作的投入和产出，进一步将预算权、结算权、激励权落实到项目团队。在概算范围内根据项目年度计划任务，制定项目年度预算，实现项目预算和年度任务的关联，并向各单位发布项目年度计划任务资源需求；根据任务执行和工时填报情况，及时掌握已消耗的人工成本等，按照任务完成情况向各个单位进行研制经费结算，形成了基于任务完工情况的项目精细化核算和决算。

加强项目概算管理。公司根据研制任务确定项目全生命周期的概算，按照公司门禁管理要求中定义各个阶段的概算和WBS的概算，明确概算的控制责任人。加强项目预算管理。项目预算以战略目标为导向，确保有充分的资源来支撑战略目标实现。项目团队从战略目标分解开始，通过明确任务，识别任务WMCRH等要素的资源需求，进行充分策划来合理制订各项任务的经费需求，最终确保项目整体预算与各项任务经费需求总和相匹配。加强项目核算管理。在项目执行过程中，应能够及时掌握每个任务已经消耗掉的人工成本(工时)、内部经费、外部经费，由财务部门来进行项目独立核算，实现科学、合理判断任务完成的绩效，同时为后续公司的挣值管理工作奠定基础。推进基于项目年度任务的实动工时填报，让填报工时成为项目团队工作习惯，根据型号任务完成情况，向各单位每月拨付研制经费，实现研制经费从"人头费"方式转变为任务"完工考核"方式。加强项目决算管理。在项目决算阶段，不仅要对项目的实际经营结果做出全面评价，同时要对概算阶段的风险及假设进行回顾。

2.建立基于挣值管理体系的项目绩效考核机制

对标行业最佳实践建立公司项目挣值管理体系，设立进度绩效指标（SPI），成本绩效指标（CPI）等，通过SPI评估进度情况，CPI评估资源使用情况，监控项目各WBS工作执行情况，对完工情况进行预测，提前进行资源动态调整，实现资源最优配置，确保项目实施绩效更加精准的管控，并利用信息化平台自动生成挣值指标报表，实现按责任单位、WBS层级等维度统计分析挣值指标。

将项目绩效考核KPI指标，纳入挣值指标，综合考虑项目任务的完成情况和资源使用情况，完善项目考核激励，激发职能单位动能，激励项目战略目标达成。按A、B目标设置项目绩效包。A目标为由公司战略目标牵引的任务目标构成；B目标为由公司当前能力所能完成的年度工作任务加上10%的挑战任务构成。完成B目标，项目获得项目基本绩效奖励；完成A目标，项目获得额外的项目战略绩效奖励，鼓励IPT团队与职能单位冲击A目标。通过设立两个绩效目标，鼓励员工、基层作战单元向公司战略目标努力奋战。根据任务完成情况确定项目绩效包。项目绩效包按任务完成情况设定，以任务为单元，按任务难度系数、完成率和完成质量，综合后形成各级任务的绩效包，项目IPT团队负责的任务，由项目团队负责人分配到个人；项目团队分包给职能单位的任务，由团队分配到职能单位后，由职能单位自主进行内部分配。实施项目绩效工资包备案制。为充分激发基层作战单元的战斗积极性，项目绩效工资包由各级团队负责分配。项目管理部牵头各项目间统筹，各项目绩效工资盘子确定及分配情况备案。通过目标导向，关注型号年度目标、重点任务以及刚性计划等实现公司战略，通过价值导向，关注产品实现过程中的进度和成本，降低研制成本，通过过程导向，关注产品实现过程中的程序和标准规范，保障产品质量。

3.建立团队任务职能分包机制

根据项目不同任务类型，比如：专业性强、接口关系简单的工作，由项目团队分包职能单位负责。通过对项目任务分包职能，优化资源配置，按任务协调匹配资源，以最大化的利用有效资源，明确团队负责人的责、权、利，实现经费预算、人员配置等WMCRH全要素的同步规划、同步评估、同步确认、同步调整，通过机制运转做到经费和人力资源在两者之间动态有序的流动。

针对项目中的五类任务，建议原则如下：第一类是协调面复杂、集成度高、需要面向产品全生命周期进行设计的任务，以IPT团队为主完成；第二类是协调面单一的、职能单位完成效率更高的任务，由团队分包给职能单位；第三类是具有临时性、关键性特点的攻关类任务，为更易获得跨项目资源，发挥集中力量的优势，由团队分包给职能单位负责；第四类是管理类工作，采用管理费形式向职能机关购买服务。项目团队以一定比例的管理费购买服务，项目团队对其提供服务的质量进行考评；第五类是归零类工作，由团队分包给职能单位，更易在职能单位形成问题根原因的闭环。另外，针对IPT团队分包给职能开展的任务工作，应建立工作包验收考核机制。将技术文件确认单一模式，改为以产品和任务贯彻落实作为项目验收的标准。所有团队分包出去的工作，团队应定义任务的内容、工作要求（包括成本、可制造性、可维修性等）、时间要求、匹配的工时与经费等，并形成验收标准。双方协商一致后，职能单位依据其要求，负责自由组织资源完成任务。同时职能建立相应技术体系，负责任务交付物的职能内部审批。任务的阶段性和最终工作成果将由团队负责评估、验收和考核。验收成功后，则相应的内部经费、外部经费等划拨职能单位。IPT团队内完成的任务，由上一级IPT包长对任务完成情况进行评估、验收和考核。

三、基于强矩阵的商用飞机项目组织变革效果

商用飞机产品是公司发展的命脉，产品研制成功和商业成功取决于对项目的有效控制。在公司各型号攻坚克难的同时，公司将"职能式"组织形式调整为"矩阵式"组织形式，顺应商用飞机研制规律和国际发展趋势，确保项目研制成功和提高研制效率。根据商用飞机复杂高端产品研制特点，公司从系统最优、全局最优出发，推进基于强矩阵的项目组织变革，有效推进了型号研制，促进了多项目融合管理，全面提升公司多项目统一管理能力。

（一）开启管理创新的引擎，为公司项目管理贡献新的智慧

公司整合国际项目管理知识体系和公司六维管理要求，提出组建强矩阵IPT团队，协调系统和工作包接口，有效控制变化，快速解决问题，通过IPT团队建设拉动了公司管理创新的整体升级。在计划经费上，建立项目和职能双向责任链条，探索业财融合，实现了以IPT为主体的预算、核算、决算闭环管理。在人员管理上，建立人力资源在项目和职能间的双向流动机制，在团队首先开展工时填报，树立"挣工时"理念，设置团队绩效工资，将工时与考核挂钩，加大绩效奖励。创新提出把党的基层党组织建在项目IPT团队上，体现了公司对商用飞机项目管理的思考和创新。

（二）统一项目做法，促进融合管理

通过项目组织变革形成100余份项目管理制度文件，发布《公司系统工程手册》《公司项目管理手册》《公司项目IPT团队建设手册》《型号项目计划模块操作手册》等多份手册，在顶层策划到实际操作两方面，建立了较为完备的制度规范体系和工具方法，对项目团队进行30余次的宣贯和培训，提升了三个型号的项目管理流程效率，切实有效指导公司各型号按统一模式开展项目管理工作。探索形成"职能策划＋团队应用"的工作模式，完成250余项型号共通性任务研究，做实型号经验互鉴；策划统一项目信息管控机制，简化85%的型号信息报送；开发项目智慧互联管控系统，首次实现型号计划、挣值等数据的在线监控和多维度统计分析。

（三）构建三级计划管控体系，提升计划管理效率

公司各型号实现了从计划顶层策划、计划编制、计划调整等计划管理流程的统一，形成了"个-十-百-千-万"的三级计划管控体系，发布项目顶层计划管理规定和程序文件约15份。开发型号项目计划管理模块及上线应用，捕获型号计划管理模块约20个子功能30余项开发需求，统一在CMOS平台进行计划的监控、关闭和验收，采用信息化的手段进行计划的监控、关闭和验收，实现实时项目执行情况以及资源使用情况信息的获取，实现所有型号计划（每年超过10万条）的全线上无纸化管控，联合公司智慧互联管控平台实现了计划管理结果的图形化展示，并实现对计划执行情况、未完成计划等信息实时推送给相关项目团队，提升计划管理效率。

（四）落实强矩阵管理，提高产品研制效率

公司在系统研究其他主制造商应用模式基础上，结合产品对系统集成、试验验证的要求，考虑客户对维修性、运营性的关注，进一步提出将IPT打造为DBMOCT团队。不同专业的工程师集中在同一个团队工作，为同一个目标而共同努力，协调沟通更加顺畅。在强矩阵IPT模式下，工程师走进供应商和制造生产车间，一起面对问题，一起解决问题，团队工作更加明确，处理问题也更加高效。公司在优化IPT团队组织的同时，注重精干化IPT队伍，根据型号阶段任务灵活配置IPT团队人数，精干化项目团队规模，2020年累计"瘦身"约650人，占比约10%，使项目团队更精干。精简工程项目管理办公室（PEMO）要素组成，主要负责项目计划制定、进度管理、经费管理以及工程技术管理等方面工作，使项目管理更专注。全面做实DBMOCT强矩阵的集成项目团队，确保团队要素配备齐全，根据不同阶段需要，集中各要素协同工作，使项目团队更协同，显著提升了公司产品研制效率，确保了项目研制快速推进。

（五）强化价值意识，探索项目经营管理

通过统一的信息化平台，将PBS、WBS、OBS等联动起来，和任务工时填报平台进行联动。通过计划、资源等多方面的严格管理，促进工时填报更准确，促进进度和成本的匹配，综合任务完成情况和资源使用情况，进行研制经费的拨付，实现研制经费拨付从"人头费"向"完工考核"方式的重要转变。建立服务与资源的买卖机制，落地任务分包管理机制，组织各项目团队分别制定了项目IPT团队优化工作方案，在信息化平台上实现部署了任务分包功能，推动各单位、各专业部门统筹资源、优化配置。最大化的利用有效资源，做到物尽其用、人尽其才，形成了基于价值的职能与IPT互为依存、相互支持、有序流动机制，压实经济责任，激发各方动能，形成产品经营的理念，初步建立了"以价值为纲"的项目经营管理机制。

成果创造人：钱仲焱、魏博、查振羽、李媛、房峰

现代供应商管理在国有企业的应用实践研究

国家石油天然气管网集团有限公司西气东输分公司

国家石油天然气管网集团有限公司西气东输公司（以下简称"西气东输"）是一家国有管道运输企业，隶属于国家石油天然气管网集团有限公司，2000年3月成立，主要从事所辖区域天然气干（支）线管网等基础设施投资建设及运营，并做好公平开放服务。作为国家西部大开发标志性工程，西气东输所辖管网横亘西东、纵贯南北、联通海外、服务万家，形成了"西气东输、南气北上、海气登陆"的多气源、多通道互联互通供气网络，打造了系统完备、安全高效的生产经营管控体系，发挥着国家油气管网"骨干枢纽"的重要作用。

西气东输总部位于上海，运营4条干线管道、9条支干线、16条联络线、84条支线，267座站场、666座阀室，管道总长16415千米，途经19个省（市、区）和香港特别行政区，供气范围覆盖了我国西北东部、中原、华东、华中、华南地区，并向华北、西南地区转供天然气，管网年一次管输能力超千亿方，资产总额超1700亿元，截至2021年3月1日，公司累计实现税前利润超1240亿元，天然气管输商品量超6455亿立方米，占我国新增天然气消费量近50%，在国家清洁能源供应中起着"大动脉"的作用。

一、实施背景

西气东输作为管道行业能源大动脉，国家领导人曾提出"输气一刻不能停，供气一刻不能断"的要求，这种要求也对管道建设所需物资设备提出了更高的标准，可以归纳为"高可靠、低能耗、快恢复、强互换"，高质量的物资必须有高质量的供应链作为保障，高质量的供应链就必须有高质量的供应商作为合作伙伴。

供应商管理是对供应商的了解、开发、选择、管理和控制等综合性的管理工作的总称，供应商管理的目的就在于为企业建立一个稳定可靠的供应商队伍，为企业工程建设和生产运行提供稳定可靠的物资供应。供应商管理在新的物流与采购经济形势下，出现了很多新的管理机制。传统采购管理中企业与供应商通常处于竞争关系，企业与供应商之间进行价格博弈，从而实现其中一方的利益最大化。而现代供应链理论将企业与供应商关系定义为双赢关系，企业与供应商形成伙伴关系，通过长期、稳定的合作，实现互利共赢的目标。

国有企业因其性质的特殊性，在供应商开发选择和管理过程中必须符合合规性要求，首先要遵守的就是招投标法，与供应商之间更多地是强调竞争关系，不能满足现代供应链体系的要求，需要建立一套符合行业和企业特点的供应商管理方法，既利于企业寻找最优供应商，又有利于供应商自我提升，最终实现企业与供应商双方的共同进步和互利共赢。

（一）供应商管理的重要性

现代供应链的特点是企业与供应商之间建立了互利共赢、信息共享、密切合作、高度协同伙伴关系，供应链战略是企业战略的重要内容，供应商管理又是供应链战略的核心内容，供应商不仅仅是意味着货源，也是企业竞争的重要战略资源。现代供应链要求企业识别战略供应商、关键供应商、一般供应商，并与战略供应商、关键供应商建立资源、能力的互补关系，进行密切协作、战略协同，从而推动供需双方共同进步、实现双赢。

将供应商管理提升到战略的高度，主要原因来源于以下三个方面：一是供应链复杂度的提高，随着技术驱动、供应商整合等行业市场因素，供应链趋于全球化、多级化，供应商区域逐步整合，导致供应商数量大大增加，供应商议价能力不断提高；二是供应链风险的增大，在互联网时代，企业的很多信息处于透明状态，一旦发生质量、缺货问题很容易给企业带来大量损失；三是企业自身腐败问题的优化，采购的腐败问题主要发生在两个阶段，供应商的寻源和供应商的后期管理，在寻源阶段如果没有系统的供应商评估和流程，只是凭直观印象和价格进行评估，就为采购寻源的腐败创造了客观条件，供应商的后期管理阶段如果没有绩效管理，一些不良供应商就可能长期隐藏。

（二）国企现行供应商管理方法存在的问题

1.被动的供应商选择方式难以满足现代供应链要求

在传统的采购模式中，企业一直处于被动状态，导致合作的供应商不一定是最优质的供应商，同时由于存在价格博弈，企业与供应商之间处于对立关系，难以建立一支稳定可靠的供应商队伍。

2.依据招投标文件难以了解新供应商的真实情况

当前国有企业在物资采购和物资供应商选择时，按照招投标管理制度的要求，需要通过公开招标确定供应商，但单纯以供应商提供的投标文件定商的方式，难以掌握供应商真实水平，"一单一招"的方式让供应商着眼于短期利益，不能形成供应链的协同效应。

3.已准入供应商水平良莠不齐，没有形成"优胜劣汰"机制

西气东输以及上级集团公司已准入的在库供应商，来自历年招标准入的积累，由于不同单位不同时期供应商准入的标准不一，导致在库供应商的水平参差不齐，进多出少，没有形成优胜劣汰机制。另外，随着时间推移和市场竞争情况不断变化，对供应商的要求也发生了较大变化，对于拟选择的在库供应商或者参与投标的供应商资质、能力及运营情况是否满足企业要求，所供产品的设计、原材料、制造、质量检验是否符合项目需求，缺少准确详细的信息支持。

4.目前很多企业缺乏供应商的数据化管理的标准

数据化管理主要发生在供应商寻源、供应商分类、供应商的后期管理三个阶段。在供应商寻源上提供各家供应商可量化的数据对比分析，避免"拍脑袋"选择供应商，提高供应商的质量水平、减少在供应商寻源阶段的腐败现象；在供应商分类阶段提供数据支持，对现有供应商分类维护；在供应商后期管理方面，提供持续的绩效量化分析，继续排除质量等方面不合格的供应商，同时给供应商传达一个在对其绩效进行对比分析的信息。因此，需要建立一套系统的供应商考核评价标准和一套绩效考核标准，对供应商进行现场认证考评和后期对供应商进行管理和控制。

（三）现代供应商管理方法研究的急迫性

对于供应商选择方法，目前国际通用做法采用供应商认证的方式，经过初步筛选供应商和详细考察供应商两个阶段，将有意愿合作，经过认证也有能力合作的供应商纳入物资供应体系中，并建立长期合作关系。

由于我国管道企业多为国有企业，要求采购选商既要符合招标采购的合规要求，也要保障物资的及时供应，同时还要实现物资采购效率高、交付质量高、管理效益高的要求。为兼顾各项要求，急需建立一套符合管道行业国有企业性质的供应商管理办法，对新增供应商严把入口关，对在库供应商进行优胜劣汰。

为了贯彻供应链理念和全生命周期成本最优的决策机制，也需要选择经营状况良好、设计及加工制造能力优秀、质量管理可靠的供应商，需要按照供应链管理中供应商调查、开发和选择要求，结合招投标法和企业管理制度的合规要求，建立一套供应商开发与选择的流程，设计一套量化的供应商考核评价标准，识别供应商优势、揭示供应商短板，掌握供应商真实全面的信息，为采购决策提供重要参考信息，同时督促供应商进行整改和提升，促进整体供应链水平的提升，也为识别和发展战略供应商、关键供应商提供依据。同时，对已经在库的供应商进行补充认证，对在用供应商的绩效进行考核，对供应商进行筛选确定合格的供应商参与后续的采购招标。

西气东输公司作为长输管道企业，其行业特点要求必须以生产运行为中心，"供气一刻不能停、输气一刻不能断"，要求供应链必须按照现代供应链的理念进行搭建，从源头上就要选择高质量的物资供应商，需要将现代供应链理念贯彻到供应商开发和选择中，掌握供应商真实全面的信息，选择出经营状况良好、设计及加工制造能力优秀、质量管理可靠的供应商，从而为采购决策提供重要参考信息。

（四）研究目标

研究制定一套在国有企业中可行的供应商管理程序，既能满足合法合规的要求，又能体现现代供应链管理的思想，使现代的供应商管理方法得到实际的应用。要达到以下几个方面的具体目标：

（1）建立一套既符合招投标法的要求，也符合企业内部合规管理要求的供应商开发、选择的程序。

（2）制定一套供应商考核的评分标准，使供应商的考核实现数据化，使供应商开发阶段供应商的考察更加客观准确。

（3）制定一套供应商日常绩效考核的标准，对供应商开展绩效考核。

（4）制定在库供应商现场考核与绩效考核相结合的"优胜劣汰"机制和PDCA提升机制。

二、内容和主要做法

（一）本成果的基本内容和特色

本成果基本内容体现在四个方面：

首先，依据物资采购需求调研潜在供应商，开展入围招标对供应商进行初步筛选，对入围的供应商进行认证考评，考评合格的供应商可以参与后续采购，建立了一套既符合招投标法的要求，也符合企业内部合规管理要求的供应商开发、选择的程序。

其次，制定了一套供应商考核认证的评分标准，从基础实力、设计管理能力、工艺管理能力、生产装备及管理能力、质量体系运行状况、队伍技术实力、供应链管理能力和售后服务机制等八个方面进行量化考核，使供应商的考核实现数据化，考察更加客观准确。

再次，制定一套供应商日常绩效考核的标准，对在用供应商从供应评价指标、经济评价指标、质量评价指标、服务评价指标四个方面，进行持续的绩效管理量化评价。

最后，通过考评和绩效管理，形成一套供应商管理与控制的"优胜劣汰"的管理机制；将结果反馈给供应商，督促供应商在PDCA循环中不断提升，达到不断提升供应链的整体水平的效果。

本成果的主要特色体现在以下四个方面。

一是在供应商开发与选择机制方面实现了创新。将现代供应链管理中供应商开发的方法与理念——现代供应商认证制与招投标制度实现了有机结合。在满足招投标管理的前提下，在供应商开发与选择中增加了考核认证的程序，把住了新增供应商的入口关。

二是在供应商考核认证标准上实现了创新。制定了一套适用于国有企业实际的供应商认证考评标准，制定了各类物资考评评分标准表，确定了供应商认证考评管理的实施流程，通过量化打分为供应商数据化、智能化管理提供了基础。

三是在供应商管理与控制上实现了创新。对重要的物资库内供应商开展量化考核评价，将供应商考评与绩效管理结合起来，按照得分的不同对在库供应商按优选、可选、限制选择和淘汰进行分类管理，淘汰不合格的供应商，建立了供应商的优胜劣汰机制。

四是以供应商考核认证和持续的绩效管理，帮助供应商揭示了短板，督促可选和限制选择的供应商进行整改提升，同时逐步完善和改进认证考评方法，持续积累和追踪绩效，在PDCA循环过程中提升全供应链的管理水平。

（二）研究思路

在招投标法规范下和合规管理的框架下，以现代供应链理念为指导，按照"Q.C.D.S"的基本准则也就是质量、成本、交付与服务并重的原则，首先制定一套供应商开发的程序和标准，制定一套供应商现场考核的评分标准作为供应商考察的评分卡，制定一套供应商绩效考核的标准用于供应商的日常考核激励机制，对在库的供应商建立优胜劣汰的机制，形成一套整体的供应商管理的程序，不断提高供应商的管理水平，通过激励机制和淘汰机制的建立，督促供应商在PDCA循环中不断改进，以不断地提升整个供应链的水平。

（三）研究建立一套供应商开发与选择的程序

国有企业的供应商开发与选择大多采用的是准入制和招标制的结合。采用准入制就是对供应商的注册地、注册资金、主要股东结构、生产场地、设备、人员、主要产品、主要客户、生产能力等进行调查，通过分析这些信息，可以评估其工艺能力、供应的稳定性、资源的可靠性，以及其综合竞争能力等，进一步是组织进行实地考察，这种方式缺乏一些量化的可比指标，定性的多，定量的少；采用招标制的方式就是如果供应商在公开招标中中标就给予办理准入手续，这种方式对供应商的实际情况缺乏了解。因此需要研究出一套更好的供应商开发与选择的程序，以适应现代供应链管理的要求。

首先确定拟开发选择的物资供应商范围，依据物资采购需求，分析需采购物资的市场竞争环境，了解资源市场的规模、容量、性质、环境和总体水平，梳理所需物资对应的集团公司在库供应商、历年有供货业绩的供应商，调研供应商的初步信息，对各类物资列出潜在供应商清单；然后开展入围招标，对供应商的资质进行初步筛选，排除不具备资质的供应商；对入围的供应商进行认证考评，考评合格的供应商可以参与后续采购选商。

1.确定要开展供应商开发的品类

企业所需物资按照供应定位模型分析，可以分为关键品、瓶颈品、杠杆品、常规品，其中常规品由于采购金额小、影响程度低、市场供应充足，不作为供应商管理的主要关注点，另外三类物资，或者是由于采购金额大，或者对企业影响大，或者是获取风险大，或者是数者兼具，对企业供应链均有重要影响，需要高度关注。

管道企业常用物资包括线路管材、管件、阀门、阀门执行机构、计量橇、调压橇、过滤分离器、电气设备、仪表自动化设备和通信设备等，这些设备在项目建设和生产运行中需求频繁、种类众多、金额较大、可靠性要求高，对安全生产运营和效益实现影响较大，需要有一定数量、具备一定资质供应商进行物资保障，对其中金额特别大、可靠性要求特别高的物资，需要进一步发展为战略供应商和关键供应商，与企业共同改进提高。经研究筛选，确定管材、阀门、阀门执行机构、过滤分离器、计量橇、调压橇、电气设备、管件和滤芯等62种设备或材料作为需认证考评的物资。

2.对资源市场开展调查

对需要考评认证的设备或材料，首先分析、整理历年采购合同和投标资料，梳理参与过供货和投标的潜在供应商。供应商少于4家的，在集团公司集中采购结果、物资供应商库中进行查询和补充。经补充仍不足4家的，进一步通过互联网查找、行业协会调研等方式查找潜在供应商。

了解资源市场的规模、容量和性质、资源市场的环境、资源市场的总水平。对特定的分类市场进行竞争分析，要了解谁是市场的领导者，市场的发展趋势是怎样的，各大供应商在市场中的定位是怎样的，从而对潜在供应商有一个大概的了解。

对供应商的初步调查：了解供应商的能力、硬件设施、软件情况。了解供应商的产品序列、基本规模，分析供应商公开的客户信息，所获认证和专利等。

3.新供应商入围招标

对于潜在供应商数量不足的物资，主动梳理市场资源，寻求与实力雄厚、质量过硬的供应商合作，并发展为长期战略伙伴，按照先进行公开招标入围，再对入围供应商开展认证考核的供应商开发思路，按照招投标法律法规和公司招投标管理制度的要求，组织开展入围招标。

根据设备特点编制定商招标方案和入围评分办法，对投标人进行资质审查、关键废标项目审查，并开展商务和技术项目审查打分，按投标得分情况确定入围供应商。入围评分包括商务评分（30分）和技术评分（70分），商务部分评审供应商的财务状况、售后服务能力、产品业绩、产品认证和招标文件编制情况；技术部分评审供应商产品基本参数、生产设备、检测设备、检测系统、生产人员、检测人员、研究人员和研发能力等，如表1所示。

表1 入围招标评分表(示例)

商务评分条款（30分）			
序号	评审内容	评标细则	分值
1	财务状况	评审有效投标人的近三年平均净资产	4
		评审有效投标人的近三年平均销售收入	4
		评审有效投标人的近三年平均资产负债率	3
2	售后服务	评审有效投标人的售后服务方案和售后承诺	8
		评审有效投标人近两年售后服务获得良好的评价证明	
		评审有效投标人的售后服务机构和人员	
3	产品业绩	评审有效投标人的近三年产品业绩	8

4	管理体系认证	评审有效投标人的环境管理体系认证	1
		评审有效投标人的健康安全职业管理体系认证证书	1
		评审有效投标人的相关的GB/T19001或ISO9001质量保证体系认证证书	1
总分			30

技术评分条款（70分）			
序号	评审内容	评标细则	分值
1	技术参数	评审投标人所供设备的基本参数	15
2	生产设备	评审投标人关键生产设备资料	10
	检测设备	评审投标人的检测设备	9
3	检测系统/检验人员	评审投标人的产品的标定检测系统和专职检测人员	7
	操作人员	评审投标人的关键岗位操作人员数量和资质	5
	设计研发人员	评审投标人的设计研发人员数量和资质	9
4	设计研发能力	评审投标人的设计研发产品数量、试验室资质、专利数量、知识产权数量、参与国家标准化制订能力、对外研发合作能力等	15
总分			70

按照定商招标方案委托专业招标机构开展招标，通过招标按照少量优秀、满足采购需求的原则确定入围供应商。当有效投标人数量$N \geqslant 9$时，选择排名前8位的投标人为入围供应商；当有效投标人数量$3 < N < 9$时，选择排名前$N-1$位的投标人为入围供应商；当有效投标人数量$N = 3$时，依据综合评标情况，满足80分（含）及以上的全部为入围供应商，若出现其中一家投标人综合得分低于80分，则入围招标失败；当有效投标人数量$N < 3$如时，入围招标失败，重新开展市场调研。

4.对入围供应商开展认证考评

对定商招标入围的供应商，组织进行现场认证考评。组成一个考评小组，按照供应商现场考核评分标准进行考核。以获得一份公平、客观、数据化的评价结果，掌握供应商的真实情况，具体考评评分标准将在本成果后续章节详细介绍。

（1）成立认证考评小组

组织开展供应商认证考评，首先成立认证考评小组，小组由物资部的管理人员、专业处室的技术人员和第三方质量认证机构的专业认证人员组成。为保证专业性和公平性，第三方专业机构应选择认证行业中的权威机构，如可选择中国船级社质量认证中心、挪威船级社等组织开展现场考评，能够充分理解考评的意义，可以专业地考评各项状况，并利用自身的权威性，公正客观地进行评判，使考评结果不因业主喜好、供应商拉拢等因素失真。物资管理人员负责监督整个考评过程的规范性，专业技术部门人员对考核评分的客观性进行把关，确保考评结果客观全面地反映供应商在考评各方面的真实状况，考评结果得到各方的一致认同。

（2）认证考评实施

考评小组按照供应商现场考核计划到供应商工厂进行现场考评，依据《XXX类设备供应商考核评分标准表》进行现场评分，根据现场考评评分结果编制考评报告，经审核后发布。考核评价过程中详细记录现场情况，并保存现场检查的影像资料记录，以便验证查询。通过考评充分地掌握供应商设计、工艺、质量管理、供应链、生产制造、售后服务各方的真实状况，在后续合作过程中有针对性地予以关注。

5.对考评结果合格的供应商办理准入

根据入围供应商现场考察结果排序，将供应商分为甲、乙两个等级，70分（含）及以上为甲级；60（含）~70分为乙级；60分以下为不合格供应商。未办理准入的甲级供应商，可办理国家管网集团西气东输公司准入，乙级供应商暂不办理准入，如在后续定商定价采购中中标，可根据中标通知书办理国家管网集团西气东输公司准入。

甲级供应商参与有效期内（有效期三年）招标人的询比价、邀请定价招标等采购业务（甲级供应商数量不足时，可从乙级供应商中邀请），不合格供应商将不能参加后续采购工作。

（四）制定一套供应商考核的评分标准

无论是供应商开发和选择阶段还是供应商管理阶段，都需要一套供应商考核评价标准作为支撑，以实现供应商管理的数据化，按照"Q.C.D.S"的基本准则，需制定一套供应商现场考核的评分标准作为供应商考察的评分卡。

决定产品品质的因素包括"人、机、料、法、环、资、能、信"等多个环节。按照现代供应链管理的理念和供应链采购的指导思想，借鉴国外大公司的供应商认证制的做法，结合中国现行的法律要求，确立了对供应商的合规性（否决项）、基础实力、设计管理能力、工艺管理能力、生产装备及管理能力、质量体系运行状况、队伍技术实力、供应链管理能力和售后服务机制等九个方面考核要素，将供应商的考核数据化，使供应商开发阶段供应商的考察更加客观准确。

1.确定8个考核要素及子要素的权重

对9个考核方面的要素进行权重分配，合规性作为否决项不参与权重分配，只要出现一项供应商将被否决，其余8项的权重分别为：基础实力占8%、质量管理体系占24%、设计管理能力占8%、工艺管理能力占8%、供应链管理能力占22%、生产装备及管理能力占14%、队伍技术实力占10%、售后服务机制占6%，并进一步确定各要素中子要素的评分权重，具体权重如表2所示。

表2　供应商考评权重表

序号	评价项目	评价权重
否决项	（1）未取得涵盖本次考察产品的国家强制要求的特种许可 （2）未取得质量管理体系认证证书 （3）企业资不抵债 （4）未履行环保优先的执行 （5）安全管理原则不是安全第一 （6）质量管理原则不是质量至上 （7）企业的法定代表人有信誉劣迹	
1	基础实力：无HSE体系或HSE体系严重不健全，整项不得分	8
1.1	财务情况	2
1.2	注册资本	2
1.3	企业在行业中的地位	2
1.4	质量、HSE管理	2
2	质量管理体系：无质量管理体系或质量管理体系严重不健全，整项不得分	24
2.1	质量管理体系	6

2.2	检测机具及人员	5
2.3	产品中控指标检验	5
2.4	成品检验测试	5
2.5	不合格产品的管理（可追溯性）	3
3	设计管理：没有被考核产品的设计资质，整项不得分	8
3.1	设计队伍	2
3.2	产品整机设计文件	2
3.3	产品的零部件设计文件	2
3.4	外购品技术规格书	2
4	工艺管理：企业没有被考核产品的生产加工工艺设计文件，整项不得分	8
4.1	产品工艺设计文件	2
4.2	工艺管理机构和人员	2
4.3	零部件加工工艺文件	2
4.4	整机装配工艺文件	2
5	供应链的管理：没有明确的采购决策机制或未执行质量性能优先的采购决策机制的，整项不得分	22
5.1	供应商的管理制度及评价	4
5.2	采购物资的技术管理	3
5.3	采购选商决策机制	9
5.4	原材料/外购件质量管理	6
6	生产能力：装备能力不满足被考核产品制造的需要，整项不得分	14
6.1	生产机构设置	2
6.2	生产装备	4
6.3	装备管理	2
6.4	生产管理	6
7	技术实力：关键岗位人员不能满足产品制造的要求，整项不得分	10
7.1	工艺管理技术实力	2
7.2	生产管理人员	2
7.3	加工操作实力	3
7.4	研发实力	2
7.5	标准更新情况	1
8	售后服务机制：售后服务机制不健全或未设售后服务机构，整项不得分	6
8.1	售后服务反应机制	2
8.2	现场调试、测试	2
8.3	问题响应机制	1
8.4	改进提升机制	1

2.建立供应商考核评价的通用标准

做好考核要素和子要素的权重分配后，就要研究各子要素的考核内容和评分标准，建立一套通用的供应商考核评分标准，用于指导各类不同物资的考核标准的制定如图1所示。

（1）合规性：作为供应商考核的否决项，只要其中任何一项发生均不能通过考核。

（2）企业基础实力：8分，考核企业的财务状况、注册资本、企业在行业中所处地位、HSE体系，确定每个项目的计分方式。

（3）质量管理体系运行状况：24分，考核企业的质量体系文件、质量管理人员和机具、中控指标检验、产成品检验测试、不合格品处置，确定每个项目的计分方式。

（4）设计管理实力：8分，考核企业的设计队伍、整机设计文件、部件设计文件、采购物资技术文件，确定每个项目的计分方式。

（5）工艺管理实力：8分，考核企业的工艺管理机构、加工工艺设计文件、各零部件加工工艺文件、总装工艺文件，确定每个项目的计分方式。

（6）供应链管理机制：22分，考核企业的供应商管理、采购决策机制、采购物资技术文件、采购物资质量管理体系运行，确定每个项目的计分方式。

（7）生产管理实力：14分，考核企业的生产机构设置、生产装备、装备管理、生产管理，确定每个项目的计分方式。

（8）队伍技术实力：10分，考核企业的工艺管理技术实力、生产管理人员、加工操作实力、研发实力、标准更新情况，确定每个项目的计分方式。

（9）售后服务机制：6分，考核企业的售后服务反应机制、现场调试测试、问题响应机制、改进提升机制，确定每个项目的计分方式。

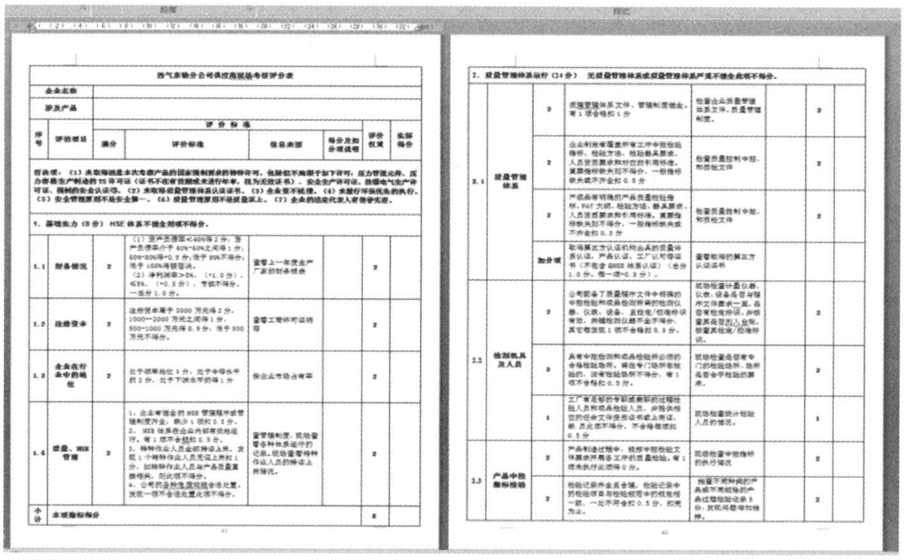

图1　供应商现场考评表（示例）

3.编制各类物资供应商考评评分标准表

依据常用的物资或设备的不同的特点，制定出不同物资或设备供应商认证考评评分标准，并实现表格化。不同的类型设备具有不同的设计管理要求、生产制造设备、工艺管控文件和质量检验流程，在每种设备的具体评分表中，将相应的内容进行细化，以便在现场考评时更具体更有针对性。相同类型的设备如球阀与旋塞阀、过滤分离器与收发球筒则可以共用同一套评分表。共计为62种设备制定了40类物资评分清单表（各类物资评分，篇幅所限，每种物资的评分表不再详细列出）。

（五）制定一套供应商日常绩效考核的标准

供应商绩效管理的主要目的是对供应商进行分类管理，在供应商之间进行比较，以便继续同优秀的供应商进行合作，淘汰绩效差的供应商，提高供应商物资供应质量。同时，通过供应商的绩效管理使企业可以掌握供应商的不足之处，并将不足之处反馈给供应商，督促供应商改善绩效，为更好地完成供应活动打下良好的基础。

1.确定绩效管理的考核要素和各要素权重

对在用供应商通过持续的绩效管理进行持续量化评价，绩效管理指标通常包括经济评价指标、供应评价指标、质量评价指标、服务评价指标，各项指标的内容包括。

（1）供应评价指标：包括供货准时率、交货周期、变更接受率、生产计划准确性、生产进度报送及时性准确性、紧急定单执行的及时性等内容。

（2）经济评价指标：包括价格水平高低、报价及时性和准确性、降低成本的态度及行动、分享降价的成果行动、付款条件的好坏、结算单据提报及时性等要素。

（3）质量评价指标：包括到货验收合格率、检验缺陷率、监造通知的整改积极性、监造的配合程度、FAT问题出现及整改情况、SAT问题出现及整改情况、质量投诉率等。

（4）服务与合作评价指标：包括售后服务水平（机构设置及人员数量和素质），备品备件的支持力度，参与公司设备攻关或新设备和新技术的开发的行动和共同改进能力，沟通手段，售后响应的及时性，培训参观及其它支持等。

考虑各项指标对供应管理的影响，占比为20:20:30:30，具体如表3所示。

表3 供应商绩效评价权重表

序号	考核项目	考核指标	权重
1	供应指标（20分）	供应商准时率	8
		供货周期	3
		订单变更接受率	3
		生产计划准确性	3
		生产进度报送及时性准确性	3
		紧急订单执行及时性	加分项
2	经济指标（20分）	价格水平	6
		报价及时性准确性	3
		降低成本的态度	2
		分享降价成果的行动	4
		付款条件	5
		供应商结算资料交付情况	扣分项
3	质量指标（30分）	到货验收合格率	8
		到货检验缺陷率	6
		监造审查整改情况	3
		监造配合程度	3
		FAT问题出现及整改情况	5
		SAT问题出现及整改情况	5
		质量投诉率	扣分项
4	支持、合作与服务指标（30分）	售后服务水平	8
		备品备件支持和共同改进	8
		售后服务沟通手段	3
		售后服务响应的及时性	5
		培训、参观及其他支持	3
		参与公司设备攻关或新设备和新技术的开发的行动和共同改进能力	3

2.建立供应商绩效管理通用标准

做好绩效考核各要素和子要素的权重分配后，就要研究各子要素的考核内容和评分标准，建立一套供应商绩效管理考核评分标准，用于指导各类不同物资的考核标准的制定。

（1）供应评价指标

供货准时率：考核供应商交货的准时性及影响；

交货周期：考核供应商交货周期在同类产品的水平；

变更接受率：考核供应商对增、减订单的接受情况；

生产计划准确性：考核供应商按计划生产的准确性；

生产进度报送及时性准确性：考核供应商报表的及时性和准确性。

紧急订单执行的及时性：此项为加分项，考核供应商对紧急订货的执行情况。

（2）经济评价指标

价格水平高低：考核供应商价格在同类产品的水平；

报价及时性和准确性：考核供应商报价及时性和分项明显准确性；

降低成本的态度及行动：考核供应商是否积极采取措施降低成本；

分享降价的成果行动：考核供应商是否将降低成本效果进行分享，实现降价；

付款条件：考核与供应商对付款条件的接受程度；

结算单据提报及时性：此项为扣分项，考核供应商是否及时开具发票、具备结算条件。

（3）质量评价指标

到货验收合格率：考核供应商所供物资一次性验收合格率；

检验缺陷率：考核供应商所供物资是不是有质量缺陷及是否造成影响；

监造通知的整改积极性：考核供应商是否对监造发现问题及时整改；

监造的配合程度：考核供应商是否配合监造工作；

FAT问题出现及整改情况：考核供应商是否提报FAT大纲、并按FAT大纲开展测试并对发现问题进行整改；

SAT问题出现及整改情况：考核供应商是否提报SAT大纲、并按FAT大纲开展测试并对发现问题进行整改；

质量投诉率：此项为扣分项，考核供应商是否因质量问题被现场投诉。

（4）服务与合作评价指标

售后服务水平：考核供应商售后服务机构设置及人员数量和素质；

备品备件的支持力度：考核供应商备品备件支持和储备的支持能力和效果；

沟通手段：考核供应商售后服务是否可以多种手段沟通以便能及时服务；

售后响应的及时性：考核供应商售后服务响应的时效性；

培训参观及其它支持：考核供应商是否可提供培训及参观；

参与公司设备攻关或新设备和新技术的开发的行动和共同改进能力：考核供应商是否可帮助提升公司技术或设备开发以提升效益。

（六）制定在库供应商现场考核与绩效考核相结合的"优胜劣汰"机制和PDCA提升机制

1.通过对在库供应商补充认证考评进行筛选

按照供应商认证考评的流程，将所需物资的在库供应商进行筛选后，补充进行考评认证。考评认证程序与供应商开发环节基本相同：成立认证考评小组，考评小组按照供应商现场考核计划到供应商工厂进行现场考评，依据《XXX类设备供应商考核评分标准表》进行现场评分，根据现场考评评分结果编制考评报告，经审核后发布。

通过对供应商的现场认证考评，淘汰不合格供应商。考察结果80分（含）及以上为优选供应商，70（含）~80分为可选供应商，60（含）~70分为限制选择供应商，60分以下为不合格供应商，不合格供应商将不能参加后续采购工作。

2.通过绩效管理开展在用供应商筛选

按照绩效管理各项指标对在用供应商进行季度跟踪考核，对每份合同进行评价积累供应商考核数据；每年度依据季度考核数据进行最终评价确认，得出年度绩效考核评价结果。

对供应商绩效管理结果应体现"少量优秀"原则。根据得分分为优秀、合格、不合格三个等级。得分在85分（含）以上的供应商为优秀，得分在70（含）~85分之间为合格，得分在70分以下或基本条件不满足的，考核结论为不合格，其中，得分在60（含）~70分范围的供应商观察使用、督促整改，60分以下停止采购交易。对绩效考核中出现问题的供应商，视严重程度，由轻到重给予警告、暂停交易权限、取消产品准入资格、取消供应商准入资格的处理，并通过管理信息系统通报，记入合同执行问题记录中，并在一年内的评标过程中给予扣分处罚。

通过考评认证和绩效管理建立双轮淘汰机制，考评认证不合格的供应商或绩效管理不合格的供应商，均不得参与后贯采购，达到对筛选供应商的目的。

3.实现PDCA循环提升机制

通过对供应商从准入到考评再到绩效管理一整套程序，督促和引导供应商进行提升。

（1）供应商考评和绩效考核的结果反馈给供应商，使其了解自己的短板，有针对性地进行改进。

（2）对认证考评结果，尤其是对处于观察使用、限制使用级别的供应商，供应商完成改进提升后，可以申请进现场考评进行复评，复评按考评流程完成后，复评结果替换原考评结果，并获得原考评结果相应等级的供货权限。供应商考评有效期为3年，期间供应商可以持续改进，期满后将组织新一轮考评。

（3）对供应商开发阶段处于乙级不能办理市场准入的供应商，在其对照整改提长后，申请复评并获得70分以上的，可以为其办理市场准入。

（4）绩效考核结果也对供应商公布，对考核中出现的问题，督促供应商就绩效提升提供整改方案，对得分在60~70分之间观察使用的供应商进行重点关注，对不合格的供应商进行淘汰，其完成整改提升后，可按供应商开发程序重新获得市场准入资格。

通过持续的考评和绩效管理，督促供应商在PDCA循环中不断提升，从而提升全供应链质量水平，满足公司高质量发展的需要。

（七）创新点

（1）在供应商开发与选择机制方面实现了创新。将现代供应链管理中供应商开发的方法与理念——现代供应商认证制与招投标制度实现了有机结合。在满足招投标管理的前提下，在供应商开发与选择中增加了考核认证的程序，把住了新增供应商的入口关。

（2）在供应商考核认证标准上实现了创新。制定了一套适用于国有企业实际的数据化的供应商认证考评标准，制定了各类物资考评评分标准表，确定了供应商认证考评管理的实施流程，通过量化打分为供应商数据化、智能化管理提供了基础。

（3）在供应商管理与控制上实现了创新。对重要物资的在库供应商开展量化考核评价，对在用供应商开展绩效管理，通过考评认证和绩效管理双轮淘汰机制，将供应商进行分类，区分为优秀、合格和不合格供应商，对不合格供应商限制使用并督促整改，建立了供应商的优胜劣汰机制。同时通过量化打分将供应商管理数据化，通过数据的持续积累和分析，为智慧互联管网建设、供应商智能化管理、供应商大数据智慧化应用奠定了基础。

（4）以供应商考核认证和持续的绩效管理，帮助供应商揭示了短板，督促可选和限制选择的供应商进行整改提升，同时逐步完善和改进认证考评方法，持续积累和追踪绩效，在PDCA循环过程中提升全供应链的管理水平。

三、实施效果

本成果的实施，获得了以下有形成果：

（一）供应商考评物资类别（62种产品）；

（二）供应商入围招标评分；

（三）供应商考评表模板及各类物资现场评分表；

（四）2017—2021年物资供应商现场考评结果；

（五）物资供应商绩效考核评分表。

通过本成果的研究和实践，取得了以下效果：

一是通过先入围招标再现场考评的方式，组织开展供应商开发考评342家，对考评合格的供应商拟新增准入合格供应商78家，不合格不予办理准入的供应商4家，从源头上保证新准入的供应商必须从质量、技术、服务、经营各方面满足公司高质量发展的需要，不合格供应商无法进入西气东输市场，把住了供应商的入口关。

二是通过对供应商的绩效管理实施，考核评价供应商399家，剔除在用不合格供应商18家，建立了对已入库的供应商的筛选淘汰机制，通过该机制淘汰不合格供应商，精简供应商库，提高管理效益，降低管理成本。

三是建立了全供应链协同发展的机制，优化了供应商队伍。通过现场考评和持续的绩效管理，帮助供应商揭示了短板，复评机制和动态的绩效打分又督促供应商进行整改提升，企业与经认证合格、不断改进提升的供应商共同发展，并结合供应定位模型，与优质供应商建立战略合作关系，达到提升全供应链的质量和管理水平的目的。

四是本项目的研究成果，在管道企业和国有产权性质的企业具有相当的通用性，可以供其他管道企业和国有企业借鉴使用，进一步提高全行业和全产业的供应链管理水平。

成果创造人：李超、苗文伟、李利军

广东电网省地区镇"四级一体"战略运行管控体系
研究与实践

广东电网有限责任公司

广东电网有限责任公司（以下简称"广东电网公司"）是国有大型骨干企业中国南方电网有限责任公司（目前世界500强排名第105位）的全资子公司，注册资本668亿元。公司拥有变电站2591座（其中500千伏变电站50座），变电容量5亿千伏安，输电线路总长度8.7万千米，资产总额3804亿元，是全国规模最大的省级电网公司之一。广东电网公司秉承"人民电业为人民"的企业宗旨，负责投资、建设和经营管理广东省20个地级市（不含深圳市）的电网，供电面积17万平方公里，供电客户4436.56万户，供电人口超过1亿人，并为中国香港、中国澳门提供电力供应。广东电网公司现有员工10.5万人，其中博士研究生239人、硕士研究生5832人，国务院特殊津贴专家7人。公司设有博士后科研工作站，拥有省部级重点实验室2个、工程技术研究中心3个，在多个业务领域具有较强的科技创新和自主研发能力，拥有发明专利3750件，公司复杂大电网管控、可靠性管理、电力市场化交易等关键技术走在全国前列。广东电网连续安全稳定运行超过25年，供电可靠性上榜全国前十的地市供电单位数量连续11年领跑全国，连续12年在广东省地方政府公共服务评价中排名第一。

一、实施背景

党的十九届四中全会明确要求要推进治理体系和治理能力现代化，对中央企业运营管控能力提出了更高要求；近年来，中央提出建设网络强国、数字中国、智慧社会，大数据、云计算、人工智能等技术成为产业升级、新旧动能转换的驱动力，数字化成为驱动经济社会发展的新要素、新引擎。随着电力改革与市场化建设进入深水区，电力行业面临供给侧结构性改革、国有企业改革等新要求以及"粤港澳大湾区"建设、"碳达峰、碳中和"的新机遇，电力企业需全面提升运营效率和质量，持续深化改革创新，走高质量发展之路。南方电网公司提出建设"数字南网"战略，建设战略运行管控平台，推动公司战略有效落地。通过建设战略运行管控平台，实现对中长期目标、年度目标以及重点任务执行情况的有效管控，实现对战略落地执行全过程闭环管控。

广东电网公司是全国规模最大的省级电网公司之一，公司秉承"人民电业为人民"的企业宗旨，负责投资、建设和经营管理广东省20个地级市（不含深圳市）的电网业务。公司紧盯创建全国最好世界一流省网企业定位，勇当改革发展先行者，在保持多年运营管控实践经验的先发优势基础上，进一步建设完善战略运行管控平台，打造全员运营管控生态，持续提升公司数字化运营管控水平，推动管理数字化转型，支撑公司高质量发展，形成标杆示范，走在行业改革发展前列。

二、成果内涵和主要做法

成果内涵：2018年以来，广东电网公司以公司战略为引领，数字驱动业务为思路，创新性地开展省地区镇"四级一体"全方位监控预警的战略运行管控体系研究，并形成具有广东电网特色的"1+1+N"的战略运行管控平台实践（即1个战略运行管控平台、1个数字化全景展示平台、N个主题运监应用），实现"上承战略，下接业务、纵向贯通、横向协同"的数字化管控模式，满足省地区镇各级对关键指标、重点任务、关键流程穿透到业务前端的有效监控和高效协同管理，实现对广东电网公司运营和业务发展的高效支撑，为电网行业打造一套先进的、可推广应用的数字化转型以及数字化运营监控模板和标杆。

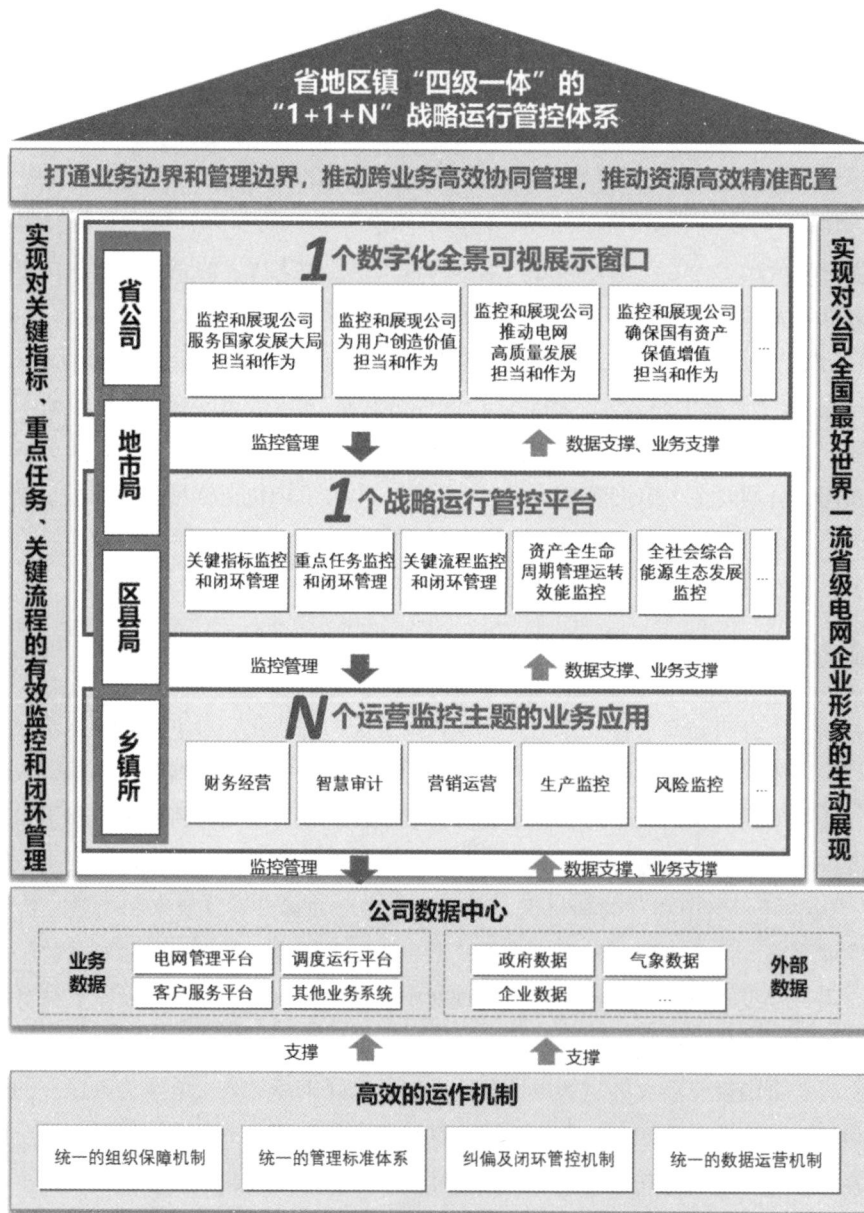

图1 "四级一体"的"1+1+N"的战略运行管控体系

主要做法：

（一）构建"四级一体"的战略运行管控体系

广东电网公司从发展战略出发，按统一建设、统一标准、分级维护、开放共享的管理原则开展战略运行管控体系研究及建设，通过构建省地区镇"四级一体"战略运行管控体系，明确省级公司定战略、定方向、定设计，地市、区、镇级公司强落地、重应用、贴业务的功能定位，实现公司战略管理、专业管理与作业层的有效衔接，促进专业管理落实公司整体战略部署、作业层落实专业管理要求，真正实现上下一盘棋，有效推动公司横向高效协同、纵向全面贯通，从而提升公司战略的执行力。

1.省级层面：聚焦公司战略，实现价值引领

省级战略运行管控聚焦广东电网公司战略，全面支撑南方电网公司战略落地，围绕指标、任务、主题等开展战略运行管控体系设计与建设。通过"地图导航"的方式，将省地有机结合，实现全方位、多维度、多层级的动态监控，促进用数据说话、用数据管理和用数据决策。

聚焦服务国家及网省公司战略落地。服务双碳、粤港澳大湾区、新型电力系统、电网高质量发展、全国最好等国家及网省公司战略，构建指标、任务管控体系。在指标层面，对全国最好、网公司考核和直属单位考核指标进行一级监控，分别从组织维度、业务维度、最好维度、管控提效等方面开展关键指标管控。在组织维度方面，对关键指标监控穿透到三四级单位，确保上下联动和一管到底。在业务维度方面，系统梳理支撑关键指标完成的二三级业务指标，将关键指标管控延伸到业务前端，打通生产、基建、营销、经营的管理边界，真正实现横向高效协同。在最好维度方面，开展关键指标全国最好动态对标纠偏，确保实现"全国最好"目标。加强关键指标完成存在问题的闭环管控，各单位依托战略运行管控平台，实时查看亮灯指标情况，支撑各单位开展原因分析、提出整改计划和监控问题整改完成。在任务层面，主要围绕"全国最好2021"项目集、网省公司督办任务、公司年度工作要点任务、经营业绩考核任务等维度构建任务管控内容，明确亮灯规则，实现任务闭环管控。

聚焦价值引领，实现电网高质量发展。围绕"122362"价值创造体系[①]，坚持以价值创造理念为引领，提高可持续盈利能力、抵御风险能力，打造战略财务、业务财务、共享财务"三位一体"管理体系，发挥经营策划、资源配置、深化改革、运营监控、风险防控、评价考核六大功能，构建八大经营管控场景和15种经营预测场景，实现对经营全过程、全价值链管控，促进业务横向贯通与价值链融合，通过深入业务前端的管控与前瞻性的经营预测，引领公司业务高质量发展。

聚焦业务高效协同，实现公司健康可持续发展。围绕生产、安监、营销、基建等业务领域，全面监控各业务流程、业务环节，打通业务管理边界，构建灵活、丰富的应用场景，智能洞察业务存在的问题，支撑业务高效运转，全面提升运营效能，有效防控运营风险，为公司健康可持续发展保驾护航。

2.市局层面：上承公司战略，下接业务落地

在指标方面，全面承接省公司指标管理和绩效考核要求，基于公司指标库，运用平衡计分卡工具，构建涵盖一流的电网、经营、服务和党建的指标体系，并对战略运行管控平台监控的指标的进度、同比、排名三个维度进行综合展示。包括常规型指标和任务型指标两大类，其中常规型指标全面承接省公司指标体系考核要求，并分解到市局、区局、供电所；任务型指标，全面承接省公司考核任务要求。

---

① "122362"价值体系，即坚持以价值创造理念为引领，提高可持续盈利能力、抵御风险能力，发挥好资源配置中心和运营监控中心作用，打造战略财务、业务财务、共享财务"三位一体"管理体系，发挥经营策划、资源配置、深化改革、运营监控、风险防控、评价考核六大功能，并以经营数字化转型和人才队伍建设为两大动力支撑。

在任务方面，围绕省公司组织绩效考核任务、"全国最好2021"项目集、地市供电局年度工作要点三个主要任务来源，统筹整合形成"督办任务一张表"，对重点任务里程碑节点、预期目标、完成时间等进行量化分解，并将相关任务分解至市局、区局、供电所层面，实现工作任务状态全景展示和实时监控。

在场景主题方面，从市局组织特性出发，监控场景上实现完全映射和数字化穿透，构建用电负荷、电量增长、电网基建、安全生产、供电可靠性、客户诉求和电费回收等业务场景，实现地市层面对关键指标、变化趋势和组织维度因子的全天候监控。

3.区、镇层面：打造数字化供电所典型样例

区、镇层面根据业务管理界面，承接市局布置的指标、任务，并做好相应管控，打造数字供电所等数字化运营管控样例。

主题设计采用"数据+场景"模式，聚焦供电所生产、服务核心业务，打破不同业务线之间的数据壁垒，推动供电所关键业务信息聚合，打造综合、生产和营销三大类9个业务场景。

区镇层面实现数字供电所（服务点）业务全景监管，供电所层面实现"核心业务调度"，支撑合理快速调配资源，为基层提供核心业务"一站式"管控服务功能。

（二）搭建"1+1+N"的战略运行管控平台及应用实践

搭建广东电网特色的"1+1+N"的战略运行管控平台，满足省地区镇各级对关键指标、重点任务、关键流程穿透到业务前端的有效监控和高效协同管理。

1.建设1个战略运行管控平台

基于"云大物移智"等先进技术，构建战略导向、实时真实、高效运转、闭环管控的战略运行管控平台。由省公司采用"一级部署，多级应用"的技术路线，打造敏捷前台，高效中台，坚强后台。在架构方面，应用微服务化，灵活的可配置组件，通过搭积木式，先进的预测工具，实现前台敏捷、灵活应用。支持指标层层下钻，建立指标拓扑树，任务闭环管控，支持运营异动自动"浮上来"，支持横向高度协同，纵向贯通。构建高效的业务、数据中台，将共享业务服务组件共享化，通过中台汇聚各层级信息，确保数据唯真唯实。

（1）管理决策"智慧支撑"

依托战略运行管控平台，让各级管理人员及时掌握战略实施进展、经营效益状况、业务运转效能、客户服务动态和新兴业务发展等情况，通过对异动自动预警推送，让运营异动自动"浮上来"，不需各级管理人员层层下钻穿透，为管理提速增效，支撑各级管理高效决策，提升整体运营管控水平。

（2）运营指挥"一屏总览"

依托战略运行管控平台，及时反映各项指标、任务完成情况及业务推进情况，支撑会议的高效召开。简化会议流程，提升会议效率，统一汇报关键指标、重点任务、安全监督等方面的内容，对完成进度质量好的指标和任务提出表扬，对下月关键指标和重点任务计划做提醒说明，对各类会议上领导部署任务，通过业务督办分配功能，分配至各业务部门，由业务部门提出落实举措及完成时限，并在战略运行管控平台对落实情况进行反馈，实现任务"件件有着落、件件有回音"，支撑公司高效运营指挥，提升运营管控效率。

应用场景 应用层级	综合会议	专业线条会		
公司本部	月度例会 ……	生产线 营销线	基建线 经营线	……
地市供电局	月度例会 ……	生产线 营销线	基建线 经营线	……
区县局	月度例会 ……	生产线 营销线	基建线 经营线	……

图2　支撑各级高效运营指挥应用场景矩阵

（3）关键业务"只看一张图"

市区局维度：发挥平台"上承战略，下接业务、纵向贯通、横向协同"的功能，将数据与业务有机融合，实现对市区关键业务数字化全覆盖，构建了用电负荷、电量增长、电网基建、安全生产、供电可靠性、客户诉求和电费回收7个业务场景，实现对关键指标、变化趋势和组织维度因子的全天候监控。

供电所维度：采用"数据＋场景"模式，聚焦供电所生产、服务核心业务，打破了不同业务线之间的数据壁垒，将各业务系统关键信息聚合，全景监控供电所（服务点）的业务统计和实时数据，涵盖综合、生产和营销三大类11个业务场景，并将精准地理定位数据进行图形化展示，为基层提供核心业务"一站式"管控服务功能。同时，进一步深化推进管理自动化，通过设置业务阈值，系统自动推送督办信息，实现业务不办、监控不停、及时预警，支撑供电所管理人员聚焦异动管理，快速合理调配资源，实现数据赋能业务发展。

（4）业绩管理"只看一张图"

以重点任务和关键指标为核心，建立PDCA闭环管理体系，通过抓好监控体系设计，重点任务指标拓扑，常态监督和绩效评价，实现全方位、多层级、多维度动态监控，推动用数据说话、数据管理和数据决策。聚焦重点任务，通过"红黄绿"灯形式，实现任务下达、管控、办结等全过程实时监控和预警。聚集关键指标，通过"只看一张图"模式实现指标可视化管理，通过排名对比、趋势分析，形成"比学赶帮超"的良好氛围；通过设置监控阈值，异动指标自动触发预警工单，将传统的"事后管控"转变成"事前、事中管控"。聚焦绩效可视化，将各层级的指标、任务评价结果与业绩考核挂钩，实现全方位、多层级的业绩动态监控，让每个部门和单位及时掌握"干什么、干得怎么样"，促进各层级及时发现短板，调整管理策略，全面支撑业绩闭环管理和精准提升。

2.打造一个数字化全景可视展示窗口

充分利用先进的可视化技术和各类展示载体，用有说服力的数据、实体现场、变化趋势等形式，动态展示广东电网公司贯彻南方电网发展战略政策等方面取得的成效，实现全国最好世界一流省网企业形象数字化"全景展示"。

在创建全国最好世界一流企业方面，重点展现全国最好关键指标提升过程中的亮点，项目集、亮点名片建设过程与成果、关键核心技术突破、达到国际国内领先水平的成果。在服务国家发展大局方面，重点展现在服务粤港澳大湾区建设、服务"碳达峰、碳中和"目标实现、参与电力市场化改革、助力新型电力系统发展和服务精准脱贫等方面的担当作为。在为用户创造价值方面，重点展现公司贯彻解放用户服务理念，推进现代供电服务体系建设，提升获得电力水平，提升供电可靠性，降低用户用电成本，为用户提供增值服务取得的成效。在推进电网高质量发展方面，重点展现公司加强目标网架和保底电网建设的投入及成效，加强智能配电网建设的投入及成效，加强农网建设服务脱贫攻坚乡村振兴的投入及成效，加强智能电表覆盖提高服务质量的投入及成效，加强海上风电接入电网建设的投入及成效等。在确保国有资产保值增值方面，重点展现公司在完善公司治理，加强队伍建设、深化提质增效和打赢风险三大攻坚战取得的成效。

3.拓展N个运营监控主题的业务应用

基于公司统一的战略运行管控平台，构建财务、营销、生产、安监、基建等业务域的运监主题，从应用场景、业务流程、各业务环节等进行全链条监控，为企业战略提供更加丰富、翔实、生动的数据及应用支撑，拓宽战略运监管控领域、管控深度，实现业务＋数据的裂变，通过数据赋能业务。

（1）以价值创造为引领，建设财务运营监控主题应用

打造经营管控功能，构建预算执行管控、销售收入管控、成本费用管控、资金收付管控、应收应付管控、项目进度管控、资产管控与物资管控等八大场景，自动获取各类业务活动管控信息，掌握业务开展情况，提供问题指标及流程节点预警，实现经营全价值链管控，支撑"122362"价值创造体系的落地。打造经营预测功能，充分运用大数据预测、机器学习、人工智能等最新技术，利用数字驱动业务，构建售电收入、购电成本、供电成本、年度现金流、资金日排程、资产墙分析、投资效益挂钩等15个智能认知计算模型，涵盖经营价值链各环节，对市场、电价走势、投资能力、经济效益、项目经济评价、现金流等主题进行预测和规划，通过价值流带动业务流、信息流，科学规划经营绩效，精准配置资源，引导业务聚焦战略目标和价值创造，提升投入产出效益，防范经营风险，解决未来经营目标规划与资源配置的问题。

（2）以安全智能为导向，建设生产运营监控主题应用

在生产管理领域，围绕"设备状况一目了然、风险管控一线贯穿、生产操作一键可达、决策指挥一体作战"的生产管理体系，通过构建生产监控指挥应用场景，全面建成电网运行智能驾驶舱，融合实时调度、状态监测以及直升机、无人机巡检等多源数据信息，实现设备运检智能决策、故障远程诊断和电网态势智能感知与预警预控，大幅提升复杂大电网驾驭能力，提高设备运维质量效率。创新运用"云大物移智"等技术，以数据驱动为手段，实现设备状态、执行过程、作业环境、绩效指标的全景可视的生产运营监控中心，支撑生产指挥中心的智能决策、高效指挥，促进电网本质安全。

（3）以客户服务为中心，建设营销运营监控主题应用

在营销管理领域，对营销域各专业全业务、全过程监控，实现纵向管理到底、横向高度集成的营销全方位集约化管控模式，促进营销运营和客户服务管控水平的提升。按照"独立于业务，层级式覆盖，全流程监控，精益化管理"的原则推进，分步实现客服运营、业扩、停复电、电费以及市场化结算、线损、计量全生命周期管理及营配信息集成等营销业务的实时、在线监控。主要监控内容包括：概况、客服运营、抄核收、业扩、停复电、计量、线损、营配集成管理等258个指标。

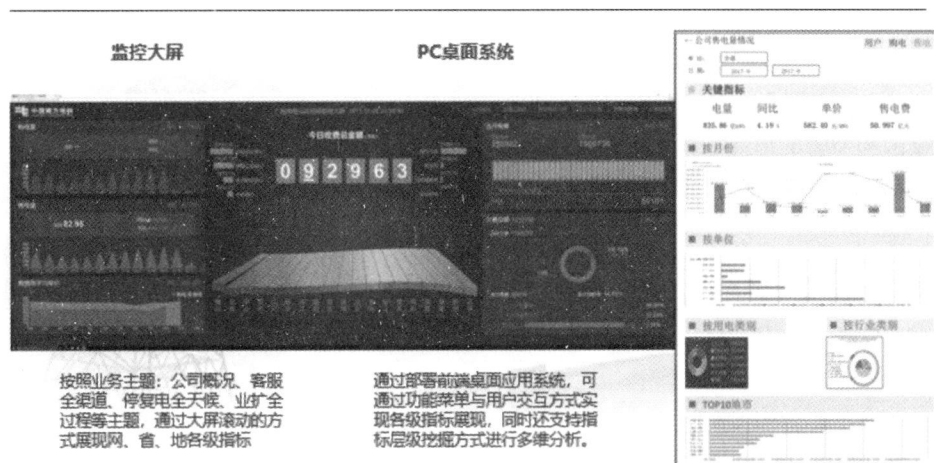

图3 营销运营管控主题应用功能

（4）以大数据技术为驱动，建设跨业务领域主题应用

依托战略运行管控平台，构建跨业务领域的应用场景体系，利用大数据分析，对可靠性、客户投诉等跨业务领域进行联合监控分析，精准定位问题，有效支撑电网高质量发展。如构建以客户为导向的跨专业跨业务领域应用场景，利用大数据分析从客户用电问题反向追溯，发现背后存在的设备重过载、三相不平衡、低压跳闸、低电压等问题，主动监测设备问题，及时预警，督促整改，并建立台区综合治理机制等长效闭环解决机制。

（三）建成高效的运作机制

1.统一的组织保障机制

2019年，省地市公司成立了运营监控中心，构建基于数据应用的省地区镇四级运营监控体系，各运营主体分级、分层管理，有序推进战略运行管控平台和运营监控大厅建设。

2.统一的数据运营机制

依托公司统一数据中心和统一数据标准，建立统一的"数据云＋数据集市＋统一指标库"数据管理体系以及数据运营机制。通过数据云平台的数据架构规范，明确了原始数据、整合数据、指标数据、个性化分析应用等各类数据在数据云平台的存储分布原则和流向；同时，通过对数据供应链路进行监控分析，优化数据分布架构；通过主数据系统，统一业务系统间的数据分布和流向，有效支持跨系统、跨业务的业务协同；通过制订直采提升计划，明确数据直采定义和刚性要求，逐一进行数据溯源，确保数据唯真唯实。

3.统一的管理标准体系

在集团化建设和应用过程中，通过发布战略运行管控管理办法、业务设计规范等制度文件，明确职责分工、管理流程、管理规范等，明确战略运行管控体系的需求梳理、业务设计、数据管理以及发布应用各环节的管理标准、技术标准以及应用标准等，输出一套标准化应用模板，支撑全集团标准化应用。

4.纠偏及闭环管控机制

通过梳理省地区镇各层级监控业务体系和监控预警规则，明确各业务指标、重点任务、流程管理的监控预警、纠偏反馈、发布报告的工作要求，建立"精准定位问题、闭环跟踪督办、定期反馈分析"的PDCA闭环管控机制，为专业工作提效。

三、成果主要创新点

（一）打造"四级一体"的企业数字化运营管控体系示范样本

基于集团型一体化管理模式，构建基于数据应用的省地区镇"四级一体"的战略运营管控体系。建立相应的体系框架、业务标准、技术规范等，总结提炼出一套完整、体系化、可复制、可推广的企业数字化运营管控"广东样本"。

（二）建成"1＋1＋N"的开放共享企业数字化运营管控生态

基于云大物移智等先进技术，构建"1＋1＋N"的高效运转、闭环管控的战略运行管控平台及实践。通过平台化的技术方式，将以往基于单一数据来源、单一业务领域、迭代复杂的传统业务系统进行一体化整合，构建敏捷前台、高效中台、坚强后台的平台模式，通过搭积木式的预测工具、数据微服务化、组件可配置化、数据服务共享化，整体实现前台灵活应用、中台数据整合、后台数据汇集，构建和扩大以数据为核心的生态圈，创新资源共享模式，充分挖掘数据、资源价值，通过分析过程可视化与开展多项运监主题应用，总体实现一切业务数据化，一切数据业务化。

（三）构建"数字运营管控全景图"，树立数字化转型标杆

通过应用数字孪生、图形化、可视化等工具，围绕企业的电力流、业务流、信息流、价值流等，实现"一屏总览、分类管控、层层穿透、关联分析"，支撑"一码通全网、只填一张表、就看一张图、一次都不跑"，打造数字化供电所等数字化典型标杆，全方位、多层次展现公司运营状况，突显公司数字化转型先锋形象，实现企业发展从业务驱动转向数据驱动，助力公司数字化转型。

四、实施效果

（一）提升企业的管理效益

1.为电网发展赋能

依托战略运行管控平台，公司紧抓关键指标提升、重点任务闭环和关键流程提效三条主线，精准定位经营管理的异动和问题，不断提升管理质量和经营效益。在电网建设方面，通过巩固网架结构，加大投资力度，全面推进安全、可靠、绿色、高效、智能的现代化电网建设，有力支撑广东省经济快速发展。

2020年，广东电网公司营业收入3363亿元，资产总额3804亿元；经营绩效考核连续18年获全南方电网第一，是南方电网公司的管理排头兵；连续12年获得广东省地方政府公共服务评价排名第一，电网连续安全运行突破25年。在电网投资方面，2020年投入504亿元，累计建成全省变电站2575座，增长33.8%，线路总长度达88345千米，增长41.9%。

2.为专业工作提效

依托战略运行管控平台，实现了对供电可靠性的高效管理，平均供电可靠性已达99.95%，用户平均停电时间为1.16h/户，同比下降56.23%，实现珠海、中山、佛山、广州、东莞等5个城市供电可靠性进入全国前十。

在提升办电效率方面，高压单电源业扩报装平均用时21.1个工作日，同比下降18.7%，安装环节缩减至3个；低压非居民业扩报装平均用时2.8个工作日，同比下降46.9%，报装环节缩减至2个。

3.为基层员工减负

依托战略运行管控平台，成功实现为基层减负。创新月度例会会议模式，实现指标任务的实时展示和通报回应，简化工作会议流程，且改变了以往层层报送数据、准备会议资料的繁琐形式，实现了会议"无纸化"，总体实现会议数量下降43%。

建立指标综合监测模型，实现从组织维度、业务维度、最好维度、管控提效等方面的指标监控分析，让指标异动自动"浮上来"，提高数据分析的纵深性和全面性，降低监控与挖掘业务动因的难度，使报表数量压减65%，督查检查考核数量下降83%，发文数量下降53%，营造了"严细实、精简要"的浓厚氛围，广大干部员工更有时间、更有精力十好本职工作。

（二）取得良好的经济效益

1.增供增收方面

依托战略运行管控平台对供电量和售电量进行监控管理，通过增供扩销，广东电网公司2020年售电量超额完成40.63亿千瓦时，新增销售额220亿元，新增利润约5亿元。

2.降本增效方面

依托战略运行管控平台对供电成本进行监控管理，降低供电成本，推动资源合理配置，重点强化对安全生产、客户服务等方面的投入。广东电网公司2020年单位供电成本降低了0.94元/千千瓦时。

3.降损降耗方面

依托战略运行管控平台对线损率、线损异常率等进行监控，推动技术降损和设备降损管理水平持续提升。广东电网公司2020年线损率3.98%，同比降低0.09个百分点。

（三）实现显著的社会效益

依托战略运行管控平台，全面提升"获得电力"水平，持续优化用电营商环境。2020年，广东电网公司持续推行电网投资界面延伸至客户红线，业扩界面延伸年均投资约100亿元，为客户大幅节约用电投资。通过普及居民阶梯电价政策，实行一户多人口，总共惠及24.2万人。

为服务国家"双碳"战略，广东电网连续开展清洁能源消纳专项工作，当好能源革命践行者，充分利用清洁能源，不断优化广东省能源结构，打造绿色能源供给体系。2020年总计消纳清洁能源电量3086亿千瓦时，占总电量的48.5%，连续5年实现清洁能源100%消纳，总计消纳西电东送电量2021.6亿千瓦时，相当于减少燃烧6064.8万吨标准煤。

五、成果展望

未来，广东电网公司将聚焦公司建设全国最好世界一流省级电网企业的发展目标和人民电业为人民的初心使命，持续进行战略运行管控平台建设及不断丰富数字化运营管控应用实践。通过打造电网行业数字化运营管控成熟解决方案，强化管制业务和新兴业务发展协同，为公司挖掘更多能源服务转型商机，赋能数字化转型。同时，逐步向能源生态系统延伸，助力新型电力系统发展，服务国家"双碳"目标实现。

成果创造人：莫锦和、黄东文、梁敏杰、杨旭、蔡徽、吴桂华、罗学伟、

万婵、邓楚然、王俊丰、谢瀚阳、赵双、潘徽、

李恒真、黄忠靖

南方电网深化现代产业链供应链的改革与创新

中国南方电网有限责任公司

中国南方电网有限责任公司（以下简称"南方电网"）是中央管理的国有重要骨干企业，是2002年国家电力体制改革的产物。南方电网服务广东、广西、云南、贵州、海南五省区，并与中国香港、中国澳门地区以及东南亚国家的电网相联，供电面积100万平方公里，供电人口2.54亿人，供电客户9670万户。

近20年来，公司扎根我国改革开放最前沿，充分发挥毗邻港澳、辐射东南亚的区位优势，伴随南方五省区经济社会发展不断成长。公司运营的"八交十一直"西电东送主网架是全球科技含量最高、结构最复杂的电网，全网非化石能源装机和电量占比均超50%，高于全国平均水平，直流综合能量可用率保持在96%以上，处于世界一流水平。公司在世界500强企业中排名91位，连续15年获得国资委经营业绩考核A级。近年来，南方电网公司贯彻落实国企改革三年行动部署，积极推进对标世界一流管理提升行动，聚焦现代供应链体系建设，谋战略、优管理、抓服务，深化供应链管理体制机制改革，着力构建自主可控、安全可靠的能源电力产业链供应链，以供应链创新发展之路，推动企业高质量发展。

一、成果背景

党的十八大以来，以习近平同志为核心的党中央高度重视供应链创新与发展，明确"要在现代供应链领域培育新增长点、形成新动能"。推动供应链创新发展已成为落实新发展理念的重要举措，深化供给侧结构性改革的重要抓手，"一带一路"建设和形成全面开放新格局的重要载体。

（一）抓住政策机遇，着力发挥央企产业链供应链龙头带头作用的必然要求

党的十九大报告指出"在中高端消费、创新引领、绿色低碳、共享经济、现代供应链、人力资本服务等领域培育新增长点、形成新动能"，标志着"现代供应链"发展正式上升为国家战略。推进现代供应链管理是国家培育新增长点、形成新动能的重要领域，是落实新发展理念的重要举措，是供给侧结构性改革的重要抓手。中央企业作为国家战略的贯彻者和国民经济的支柱力量，尤其是南方电网公司作为现代供应链创新与应用试点单位之一，面对当前国内外严峻复杂形势，应以供应链创新为抓手，加快建立完善现代供应链体系，着力发挥央企产业链供应链龙头带头作用，助力经济高质量发展。

（二）推动公司发展战略在供应链领域落地

公司作为能源产业链核心企业，对于上游庞大的设备供应链商、电力设施施工单位、设计单位、新能源发电公司以及下游的售电公司、交易中心、综合能源公司等具有明显的供应链整合优势。以供应链作为价值创造的中心资源，创新供应链管理模式，是公司向智能电网运营商、能源产业链整合商、能源

生态系统服务商转型的重要实施路径，是公司发展战略在供应链领域的具体体现。

（三）破解公司供应链管理的重点难点问题

近年来，公司供应链管理上取得了长足的进步，现代供应链管理的意识进一步转变，供应链管理创新和技术创新持续推进，招标采购业务集约化进一步提升，信息平台支撑力度显著加强，采购廉洁风险得到有效防范。但与先进企业对标，管理效率、服务质量、价值创造等方面仍存在较大差距，需求管理、采购管理、库存和供应商管理等方面的管理指标值有待提升，采购招标、仓储物流等服务环节的客户体验存在不足，对上下游资源的整合力度、在业务拓展和供应链生态圈等方面的经营意识和价值创造能力有待加强。加快公司供应链管理创新也是破解这些供应链管理的重点难点问题的现实需要。

二、成果内涵

通过梳理政策、把握理论、对标先进、剖析问题，研究提出公司供应链管理体系创新路径总体框架设计（详见图1），并以南网物资公司改革为突破口创新实践，推动公司供应链管理战略作用的发挥。

总体思路：坚定不移将保障生产经营作为公司供应链管理的核心目标，积极发挥供应链管理的价值创造和提升核心竞争力战略作用，构建具有南方电网公司特色的供应链管理架构和服务管理体系，对内显著提升供应链领域的全方位管理能力，将管理范围逐步从管制业务板块沿伸至公司各业务板块，深化供应链标准化、集约化、专业化和平台型建设，对外积极向平台服务型供应链拓展，打造供应链生态圈，不断提升供应链数字化管理水平，为公司建设具有全球竞争力的世界一流企业提供坚强支撑。

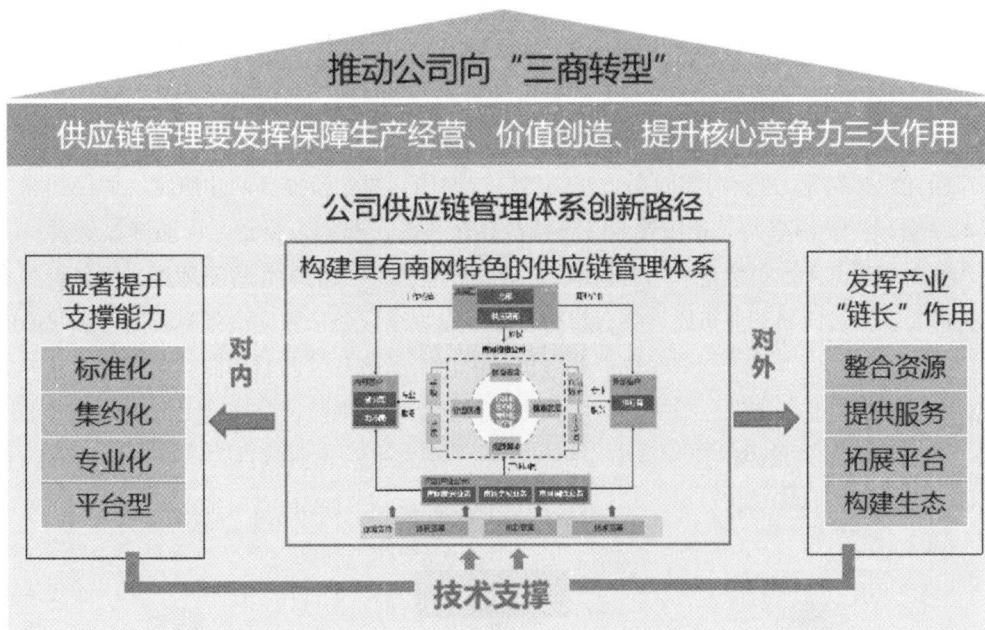

图1 供应链管理体系创新路径架构

（一）在发展定位上"谋战略"，坚定不移将保障生产经营作为公司供应链管理的核心目标，积极发挥供应链管理的价值创造和提升核心竞争力战略作用

在资源保障方面，紧紧围绕生产经营全力确保电网建设和安全生产所需物资准确、及时、安全、高效的供应，夯实公司正常运营、可持续发展的物资基础。

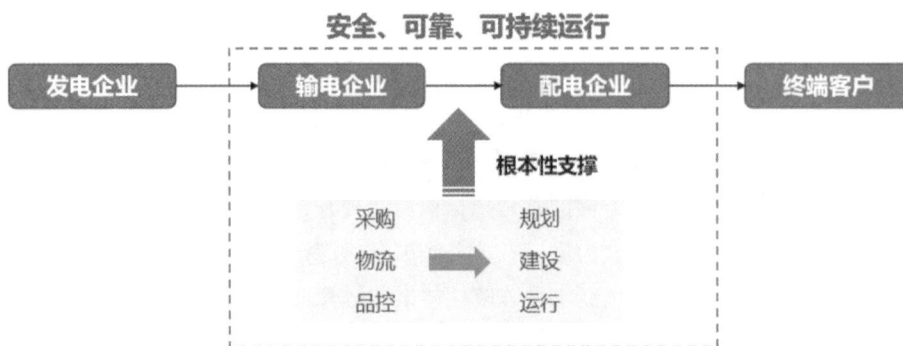

图2　供应链管理保障物质基础

在价值创造方面，着眼公司全局和长远发展需求，落实资产全生命周期管理的理念和方法，通过体制机制设计、先进管理手段在采购、物流、运行、报废等环节降本增效，系统提高公司经营效益。

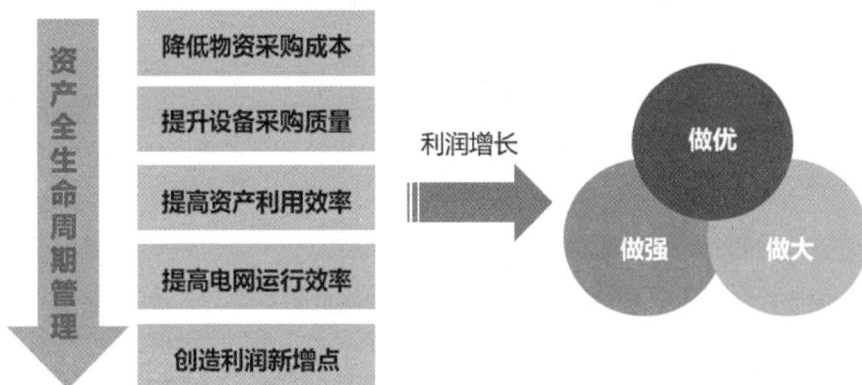

图3　供应链价值创造提升方向

在提升核心竞争力方面，以数字化、智能化、物联网的技术应用推动传统物资管理改造升级，以资金流、信息流、实物流的全链条服务推动公司向产业链上下游沿伸，以虚拟平台、物理平台资源推动构建开放、共享、和谐的供应链生态圈，提升公司在技术、服务、管理等方面的核心竞争力，推动公司向三商转型。

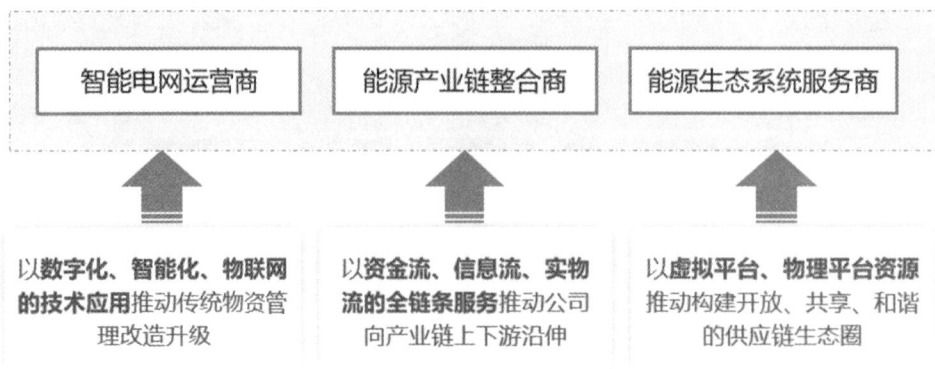

图4　供应链管理提升促进三商转型

（二）在组织体系建设上"优管理"，构建具有南方电网特色的供应链管理体系

在管理架构方面，梳理明确各主体职责定位，减少行政指令式管理，健全内部服务交易定价机制，构建协同高效的管理架构和集团管理机制、内部服务共享机制。在管理关系方面，依据职责定位，重点厘清供应链部与南网物资公司的管理权限和职责界面，明确供应链部和南网物资公司在需求与采购、供应商管理、履约品控、逆向物流和仓储配送五大业务板块的职责分工，持续改进协同关系。加强南网物资公司与省级物资公司业务协同，推进资源整合，推进全网供应链服务链条从"多条链"整合成"一条链"，提升公司内部协调力、市场谈判力、质量控制力。在权责调整方面，按照供应链管理的体系框架，优化管理权责，通过全网采购权上收、分类选择权下放、联储联备，发挥规模效益，提供低成本、高效率、高质量、低风险的资源保障。

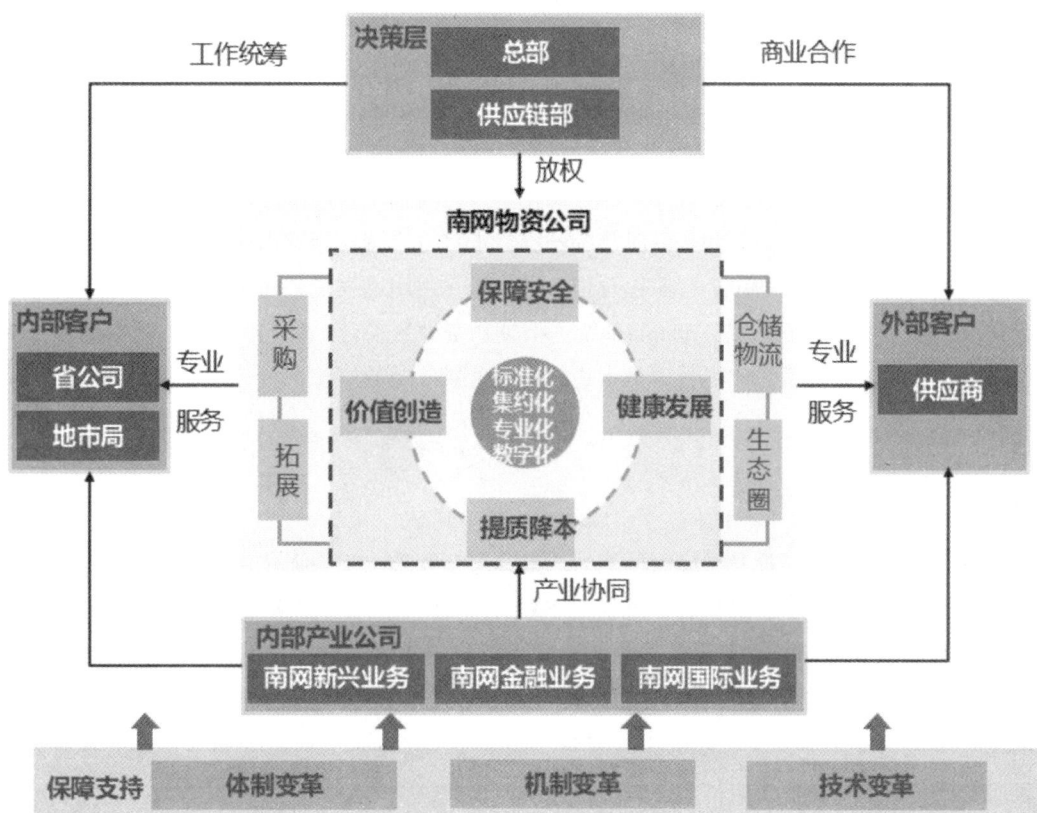

图5　供应链管理体系架构设计

（三）在改革发展路径上"抓服务"，把握现代供应链的发展趋势，对内深化供应链"三化一型"建设，对外坚持打造平台服务型供应链，构建供应链生态圈

对内要把握现代供应链整合、协同、开放、绿色、共赢、创新的六大显著特征，显著提升供应链服务对公司各业务板块的支持能力，深入推进公司供应链标准化、集约化、专业化和平台型建设。对外要立足南方电网的市场影响力、资源整合能力和科技支撑能力，走出南方电网构建供应链生态圈，集聚上下游资源，提供资金流、信息流、实物流的全链条服务，积极拓展平台服务型供应链。

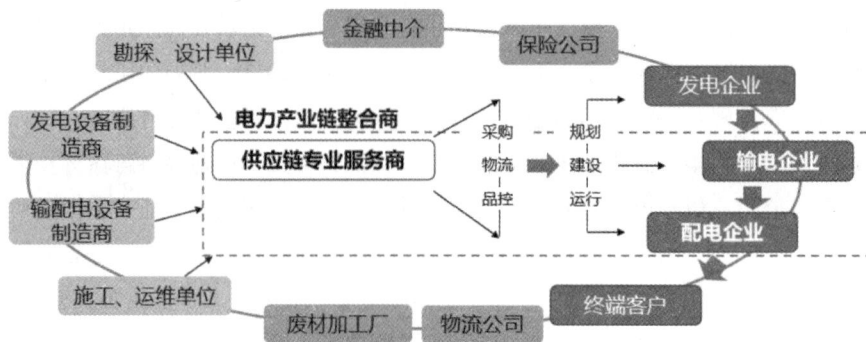

图6 打造平台型供应链专业服务商

（四）在技术方向上"重创新"，以提升供应链数字化水平为核心，推进供应链管理创新与应用

运用"云大物移智"新技术，积极构建统一供应链服务数字化平台，支持采购、物流、仓储、品控等核心业务链实现数字化、可视化、可控化、智能化。一是建设统一的供应链服务数字化平台。集成应用电子商务系统、电子采购交易平台、供应链统一服务平台等系统；推进供应链内外部和全过程信息集成共享，实现供应链业务的可视化、智能化管理。二是统一由南网物资公司运营供应链数字化平台。南网物资公司统一运营电子商务系统、Simple系统、报废物资处置平台、智能调配平台等供应链平台；南网物资公司承接在建供应链信息化项目，负责进一步完善供应链数字化平台建设，提升供应链服务数字化支撑能力。

三、成果措施

在优化供应链服务体系、提升供应保障能力、提升服务管理水平、强化供应链全过程风险防控、推进供应链生态圈建设、强化体制机制配套改革六个方面，具体有19项成果措施。

（一）优化供应链服务体系

优化供应链服务职责定位。将供应链管理定位由"保障服务"提升为"战略运营"，南网物资公司作为"共享服务平台"企业，主要职责为强服务、保供应、推共享，保障公司生产运营物资供应，提供优质供应链服务，积极拓展供应链生态圈。优化统筹供应链共享服务业务。支持南网物资公司开展供应链服务业务统筹和资源共享，结合各省和所属单位具体情况，研究采用股权转让、资产租赁、业务代理、代管或协调组织等多种方式，构建全网高效协同的供应链服务链条。统一运营供应链数字化平台。将招标采购、物资调配、报废物资竞价、供应商服务等信息系统及功能模块委托南网物资公司统一运营，研究完善运营机制。开展流程监控、状态预警、数据维护、统计分析、辅助决策等业务，加强对供应链全过程实物流、信息流、资金流的运营监控。

（二）提升供应保障能力

提升全网采购需求计划整合能力。规范开展公司全品类目录和编码维护等基础保障工作，推行采购需求结构化申报，建立品类优化结果应用快速响应机制，加强需求计划整合，做好采购计划协调和执行跟踪，压减采购批次。提升公司集约化采购服务能力。建立高效规范的集约化采购服务机制，支撑公司不断提升物资采购集中度。做好公司各单位所需的供应商管理、供应商服务热线、供应链服务标准化体系等基础性支撑服务工作。提升采购专业支撑能力。推进绿色采购和重要设备LCC采购。加大供应商资质能力评价、运行评价、履约评价和信用评价在评标中的应用。推行招投标文件结构化、细化、量化评审要素，推进计算机辅助评标，探索开展智能评标。推广全流程电子化、远程异地评标等采购服务模式。开展采购大数据分析和采购后评价，健全采购闭环管理机制。加强物资合同履约支撑。开展区块链等技术在智能合约、电子签章和电子发票等领域的应用研究，配合推进全流程线上统签统付。配合开展全网物资合同签订履约情况的运营监控。提升品控资源统筹服务能力。支持南网物资公司统筹全网品控资源和计划管理，承接公司监造业务。通过内部资源优化调配开展检测业务，创新应用新技术、新手段推进品控优化。

（三）提升服务管理水平

统筹优化采购服务资源和服务标准体系。完善采购技术、采购服务和采购作业的标准化体系。优化完善公司评标场所、远程异地评标、电子化采购、音视频监控等技术标准和作业标准。完善网级封闭评标基地建设和运营管理，指导省级封闭评标基地建设，统筹全网评标专家、评标基地、音视频监控系统等服务资源。构建联储联备的仓储物流体系。构建公司统一的线上虚拟仓，推进公司仓储物流资源整合和联储联备。逐步开展公司仓储物流业务整合。配合开展库存结构和定额优化调整、协议储备、供应商寄售等。开展全网物资调配运营服务。运营全网统一的智能调配系统，支持南网物资公司开展物流业务，实现对全网仓储、物流资源和在库、在厂、在途物资的可视化管控。配合开展网级物资调配，实现需求与供应精准匹配。推动绿色逆向物流。构建公司逆向物流体系和平台，积极取得拍卖业务资质，开展报废物资竞价处置业务，协同各省级物资公司做好退役计划协调、鉴定、回收、再利用及处置工作。研究开展报废物资拆解处理、分类处置，提升处置收益。

（四）强化供应链全过程风险防控

进一步全面推进阳光采购。坚持公开、公平、公正、透明的原则，推进阳光采购。大力推进采购全流程电子化。推广应用电子采购交易平台，推进公司系统竞争性业务企业和职工持股改革后企业的采购业务"上平台"。试点引入专业部门、省市级单位等相关主体参与网络监督。加快推进远程异地线上评标和远程专业监督。加强专家库建设和专家考核评价。运维公司统一的评标专家库、业主代表库和监督专家库。加强专家廉洁纪律教育和专业培训。强化评标专家的履职考核和结果反馈，配合做好评标专家履职考核纳入专家个人绩效和所在单位的组织绩效。强化供应链服务风险防控。配合构建供应链风险防控体系，创新供应链服务风险管控模式。持续健全权力运行的全过程制约和监督机制。

（五）推进供应链生态圈建设

深化供应商关系管理。统筹开展全网供应商资格预审、资质能力评价，优化使用者评价机制，配合开展基于物资品类的供应商分类分级管理。拓展供应链统一服务平台互联应用的广度和深度。建立与供应商"共商共建共享共赢"的长效机制。积极开展生态圈业务拓展。开拓国际采购业务，向供应商提供应收账款质押等金融服务，协同公司系统金融业务单位推广投标保证保险等。推进服务和贸易一体化发展，拓展供应链咨询等业务。积极参加能源采购供应协会（EPSA）等国际组织，稳步融入全球供应链。

（六）强化体制机制改革

完善中国特色现代企业制度。深入贯彻"两个一以贯之"，把党的领导融入治理各环节，进一步规范南网物资公司董事会建设，进一步明晰南网物资公司党委、董事会、经理层等治理主体之间的权责关系，确保治理机制规范有效。完善市场化经营机制。加大对南网物资公司授权放权力度，全面推行经理层任期制和契约化管理，加大力度引进物流管理、供应链管理、供应链金融等紧缺专业人才，建立薪酬业绩联动的工资决定机制，建立健全市场化经营机制。

四、成果方法论

在研究中，按照坚持政策指引、加强理论研究、对标先进案例、坚持问题导向、把握整体和局部关系的工作方法，开展研究实践。公司供应链管理体系改革取得阶段性成功的主要方法如下。

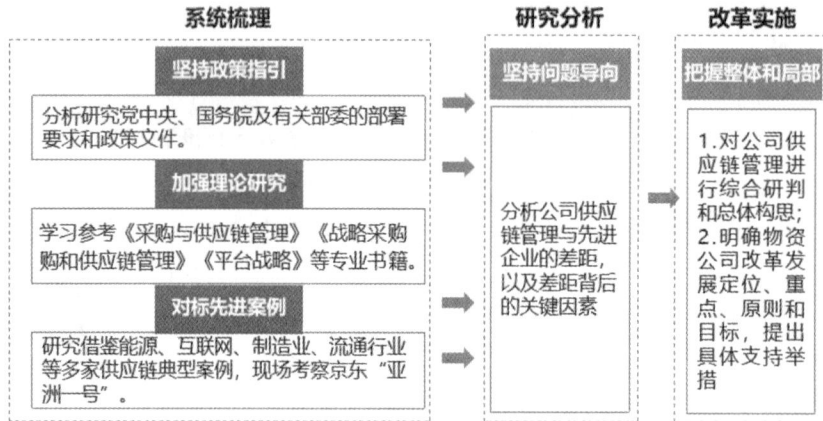

图7 供应链管理体系改革主要方法

（一）坚持政策指引

从党中央、国务院对现代供应链的部署要求，以及国家各项支持政策文件看，现代供应链已在国家层面提升到前所未有的高度，是国家培育新增长点、形成新动能、推进我国经济转型升级的重要领域，是落实新发展理念的重要举措，是供给侧结构性改革的重要抓手，是"一带一路"建设和形成全面开放新格局的重要载体。南方电网作为供应链创新与应用试点单位，抓住当前政策机遇，推动公司供应链创新发展。

（二）加强理论研究

近年来，供应链管理已经发展成为一门专业化、现代化、数字化的管理学科。现代供应链管理在发展理念、发展特征、在企业战略中的作用等方面，是对传统物资管理的根本变革。从概念上看，传统物资管理局限于围绕物资供应的实物流管理，现代供应链强调将实物流、信息流、资金流有效融合，并通过链条上各环节、各节点的高效协同，实现全产业链的价值创造。从管理上看，传统物资管理重心是对生产的物资支持，重点在采购管理和物流管理，而现代供应链强调供应、生产计划、物流、需求等要素在信息平台上实现集成、同步、协同，实现物资保障、高效管理、价值创造等多重目标。公司顺应供应链发展趋势，转变观念、主动作为，以物资公司改革发展为突破，推进公司供应链管理变革和提升。

（三）对标先进案例

系统梳理法国电力、华为、京东、中国石化等现代供应链管理强企的管理经验，总结发现现代企业的供应链管理模式大致可分为生产支撑型、产品导向型、平台服务型等类别，不同类别的企业在供应链管理的目标、重点、特点上有较大差异，因业施策、因企施策是先进企业供应链管理的基本要求。生产支撑型以法国电力作为典型代表。管理目标是支撑公司生产运营。管理重点是提高供应质量、降低采购成本。管理特点是以采购为核心，打造集团内部统一的供应链平台，向前端推动需求计划整合，向后端推动供应商整合。产品导向型以华为技术作为典型代表。管理目标是创造满足客户需求的产品。管理重点是提高需求响应灵活度和协同效率。管理特点是以供应链全流程响应为核心，加强销售、物流、制造、供应商等环节的协同管理，整合优化全流程耦合关系。平台服务型是以京东集团作为典型代表。管理目标是为平台接入企业提供专业化服务。管理重点是提高服务质量、提升增值空间。管理特点是以平台运营为核心，富集上下游数据资源，实现供需精准匹配，打造物流、仓储、金融等多领域专业公司，对平台交易的资金流、信息流、实物流提供全链条服务。

管理模式	管理目标	管理重点	管理特色
生产支撑型	支撑公司生产运营	• 提高供应质量 • 降低采购成本	• **以采购为核心** • 打造集团内部统一的供应链平台。 • 向前端推动需求计划整合，向后端推动供应商整合。
产品导向型	创造满足客户需求的产品	• 提高需求响应灵活度 • 提高协同效率	• **以供应链全流程响应为核心** • 加强销售、物流、制造、供应商等环节的协同管理。 • 整合优化全流程耦合关系。
平台服务型	为平台接入企业提供专业化服务	• 提高服务质量 • 提升增值空间	• **以平台运营为核心** • 富集上下游数据资源，实现供需精准匹配。 • 打造物流、仓储、金融等多领域专业公司，对平台交易的资金流、信息流、实物流提供全链条服务。

图8　对标先进案例

（四）坚持问题导向

近年来，公司贯彻落实国家有关政策，在供应链发展上取得了长足的进步：一是现代供应链管理的意识逐步建立，供应链发展目标更加明确，供应链管理思路更加清晰，管理体系的内涵得到了提升和外延的扩展。二是供应链管理创新和技术创新持续推进，公司供应链创新与试点行动方案的工作思路和成效获得商务部肯定。三是招标采购业务集约化进一步提升，2019年网省两级采购集中度提升至98.5%。在国资委组织的中央企业采购管理对标评估工作中，连续4年位列能源组第二名，评比总分和单项得分均逐年提升。四是信息平台支撑力度不断加强，电子商务平台持续完善，电子商城得到了大力推广，营业额进一步提升。五是采购廉洁风险防范体系不断完善。采购管理制度体系得到进一步完善，招标采购业务进一步规范，供应链部的监督职能进一步强化。同时，通过与先进企业现代供应链管理对标分析，公司存在一定差距，主要有三个方面：一是管理效率有待提升；二是服务质量仍需改善；三是价值创造有较大提升空间。以上三个方面的问题和差距是外在表现，背后深层次原因主要集中为体制、机制、人、技术等方面。在管理体制上，横向上多分枝，纵向上多节点。在管理机制上，供应链管理跨部门、跨主体运转有待进一步理顺。在人员上，人才活力有待激发。在技术支持上，管理信息化、数字化、智能化、平台化支持有待进一步加强。

（五）把握整体和局部关系

在整体层面，要对公司供应链管理做整体性的分析和研究，经分析有以下4点综合研判。一是物资管理已经提升到现代供应链这一前所未有的高度，公司抓住了供应链创新发展政策机遇，把握发展大势，争当改革先锋。二是公司供应链管理尚处于现代供应链建设发展的起步阶段，顺应发展趋势，学习借鉴现代供应链管理的管理思想和工具，抢占能源产业链核心企业的制高点。三是公司结合行业特点、市场地位、核心优势等因素，借鉴先进企业的管理经验，选择和构建符合公司实际的供应链管理模式。四是公司以战略为指引，坚持深化改革，集中力量解决制约公司供应链发展的关键问题，打造供应链管理服务平台，着力构建供应链生态圈。在局部层面，物资公司是南方电网供应链体系非常重要的组成部分，也是推进公司供应链改革的重要切入点。南网物资公司要落实公司发展战略纲要，以提高供应链服务效率、质量和效益为中心，按照"标准化、集约化、专业化、数字化"的发展路径，以保障物资供应、提升采购质量、加强资源统筹整合、提高共享服务能力、加强风险管控为重点，优化公司供应链服务体系，大力支持南网物资公司改革发展，构建高效协同的供应链共享服务平台，充分发挥供应链管理资源保障、价值创造和提升核心竞争力的三大战略作用，为公司向智能电网运营商、能源产业价值链整合商、能源生态系统服务商战略转型发展提供坚强的支撑。

五、改革创新与实践的实施效果

（一）经济效益

本研究成果为南网物资公司改革发展提供了顶层设计，南网物资公司根据本研究成果制定物资公司贯彻落实工作方案和任务清单，形成30项改革任务、131项具体举措，动态管控任务清单并纳入日常督办管理，同时与南网物资公司"十四五"规划相互衔接。根据本研究成果：南网物资公司2021年上半年实现全网采购批次数量同比下降32%，网级物资采购集中度提升至80%；协同系统内金融单位拓展供应链金融业务，截至2021年上半年为全网释放投标保证金超20亿元，试点上线"企采贷"，向供应商提供无担保、免抵押、低利率的融资服务；供应链统一服务平台（标杆项目）上线，完成302家供应商对接，打通内部信息系统与外部供应商数据互联互通，实现供应链两端延伸；有力支撑广东电网物资公司、广东南电物资公司整合工作，目前已提前完成了人员划转安置方案、业务衔接方案等前期准备工作，具备股权无偿划转条件。

（二）管理效益

本研究成果形成了支持南网物资公司改革发展指导意见等管理文件，为公司编制供应链改革方案、供应链"十四五"规划提供方向指引，公司在供应链改革方面的实践探索获得了国资委的高度认可和专题宣传。本成果主体研究报告入选公司决策内参（2020年第1期），作为公司领导决策的重要参考。

【参考文献】

[1]马士华,林勇等.供应链管理(第5版)[M].北京:机械工业出版社,2018.

[2]丁俊发.中国供应链研究:供应链理论前沿[M].北京:中国铁道出版社,2018.

[3]国务院办公厅.关于积极推进供应链创新与应用的指导意见[J].中国供应链发展报告,2017(00):3-9.

成果创造人：周姝丽、袁黎、赖婧、贺晓柏、何晓冬、孙威、罗日朗

中国特色现代管道公司
建设标准研究与应用

国家管网集团西部管道有限责任公司

国家管网集团西部管道有限责任公司隶属于国家石油天然气管网集团有限公司，成立于2004年8月，主要负责甘肃、宁夏两省交界以西的天然气管道和甘肃兰州以西的原油、成品油管道运营管理；负责区域内的油气储运项目建设；受托管理鄯善和兰州原油商业储备库。公司所辖油气管道干（支）线46条，总里程1.57万千米，总库容697万立方米，管理资产总额1259亿元，员工总数3049人。天然气、原油、成品油出疆干线输送能力分别为770亿方/年、2000万吨/年、1000万吨/年。所辖管道接收中亚进口原油、天然气，输送新疆油田、塔里木油田、吐哈油田、青海油田等油气资源，以及独山子石化、克拉玛依石化、乌鲁木齐石化、玉门炼化等炼厂生产的成品油。管输天然气配送至国内二分之一区域，管输原油服务东西部7个省区市13家炼厂，管输成品油辐射13个省区市。

公司以习近平新时代中国特色社会主义思想为指导，深入贯彻落实习近平总书记"四个革命、一个合作"能源安全新战略和重要指示批示精神，深入贯彻集团公司打造智慧互联大管网、构建公平开放大平台、培育创新成长新生态战略目标，坚持市场化、平台化、科技数字化、管理创新发展战略不动摇，秉承服务国家战略、服务人民需要、服务行业发展宗旨，传承结果导向、团结协作、科技创新核心价值观，立足新发展阶段，贯彻新发展理念，构建新发展格局，努力建成中国特色世界一流能源基础设施运营商的战略目标，坚持"思想建党、政治建企、打造铁军、创新发展"总体原则，聚焦"本质安全、持续效益、人才建设"硬任务，实施技术、管理、人才、党建"四轮"驱动，培育践行以"责任、坚守、奉献"为内核的西部国脉文化，积极履行油气保供、扶贫帮困、"访惠聚"驻村等社会责任，塑造"忠诚责任共担 油气正气同输"的良好形象，在集团公司建设中国特色世界一流能源基础运营商、实现新疆社会稳定和长治久安总目标、保障国家能源战略安全等方面发挥着重要作用。公司荣获全国五一劳动奖状、第六届中国工业大奖、国有重点企业管理标杆创建行动标杆企业、全国石油石化企业管理现代化创新优秀成果一等奖、安全生产模范企业、环境保护先进企业、新疆维吾尔自治区先进基层党组织、全国企业文化顶层设计与基层践行优秀单位等荣誉。

2008年，公司提出建设国际先进水平管道公司的奋斗目标。为保障国际先进水平管道公司建设工作的顺利实施，公司构建了《国际先进水平管道公司建设标准》。标准一经提出，迅速深入人心，成功引领了企业发展。十七载风雨兼程，公司在现代化装备系统、生产管控模式、风险防范能力、人才科技驱动实力等方面获得长足发展。在党的十九大指引的新时代、新征程中，公司需要不断深化国际先进水平管道公司建设，持续完善《国际先进水平管道公司建设标准》，以长期保持公司良好发展势头，为油气长输管道事业发展、为祖国富强、民族复兴贡献赤子之力。

一、实施背景

（一）外部环境发生深刻变化

党的十九大明确指出"加强管道等基础设施网络建设"，管道业务受重视程度前所未有，这必将加速推进西四线、西五线、俄气西线等重大项目的建设步伐。同时，"一带一路"建设的加快实施，公司必将在油气资源互联互通、储运基础设施建设、保障能源战略安全等方面，发挥更加重要的作用。未来我国经济仍将保持中高速增长，能源需求快速攀升。此外，科学技术快速发展，将为管网智能化运行、国产设备成熟发展提供坚实基础，这些都为公司发展提供了难得机遇，西部能源大通道的战略价值将不断凸显。伴随国家对油气管网设施投资主体限制的放开、油气管网运营体制改革的推进以及天然气市场价格机制的逐渐形成，必然导致天然气市场价格持续走低，进而压缩公司利润空间。同时，亚太地区统一的天然气交易中心逐渐形成，进口LNG的议价能力不断提高，LNG价格将持续走低，进口LNG供应显著增强，必将对天然气管输企业产生巨大冲击。此外，随着国家《安全生产法》和《环境保护法》要求相继收紧，安全、环保监管更加严格，对公司高质量发展提出更高要求。同时，地方经济发展和城市规划调整，使公司多条管道由一级地区升级为三级或四级地区，征地、环评难度增大，企地关系协调更加困难，这将为公司"平安管道、绿色管道、和谐管道"任务的实现带来新的更大挑战。创新驱动发展，科技不断进步，国内外管道装备及技术发展日新月异，管道管理理念推陈出新，管道运营机制多元纷呈，个体特征更加明显，国际先进水平管道企业不断发生着深刻变化。这就要求我们必须紧跟时代步伐，持续完善《国际先进水平管道公司建设标准》，为企业发展找准"标杆"、补足"动力"。

（二）公司发展的内在需要

2008年，公司启动国际先进水平管道公司建设，13年来，公司历届领导班子坚定发展方向，保持战略定力，一以贯之、一如既往地引领公司走上了高质量发展之路。公司在现代化装备系统、生产管控模式、风险防范能力、人才科技驱动实力等方面都取得了骄人成就，已从2008年的成长型企业跨越了成熟企业阶段，正在奋力迈向世界一流管道企业行列。但是，制约公司快速稳健发展的短板依然存在。公司在役管道腐蚀、环焊缝缺陷、阀门内漏等影响管道本质安全的因素尚未根除；高风险区和高后果区管道安全隐患的防控，以及风险识别、风险削减、突发事故应急处置能力还有待提高；面对管输负荷率不高、成本刚性增长等困难，公司降本增效空间仍然很大；员工素质和能力还不能充分满足企业发展需要，激励机制未充分发挥作用，吸引人才、留住人才的问题亟待解决；关键技术研究的主导能力不足，成果转化及推广仍需加强，信息化手段应用与融合不充分，对生产运行支撑作用未能充分发挥；精细化管理不够深入，全面现代化管理理念的形成与落实仍然任重道远。为顺利完成新的历史使命，公司必须通过建立标准、完善标准、对照标准来查找短板、分析差距、补齐短板，开启走向国际先进水平管道公司的新征程。

二、基本内涵

企业在发展过程中必须以敏锐的眼光时刻关注内外环境变化和同行业最新发展态势，在保持自身稳健发展的前提下，突出强化标杆管理效应，以取长补短的胸怀、奋发有为的精神不断指引和推动企业快速发展。为此，国际先进水平管道公司建设标准的研究和应用就是以集团公司建设中国特色世界一流能源基础设施运营商为总体发展目标，在全方位扫描公司发展现状基础上，坚持"以我为主、为我所用"的原则，充分借鉴行业内外最佳实践，梳理全球领先的创新成果、基本做法和管理经验，通过分析国际先进管道企业特征，提炼出国际管道企业的先进性，设计了一套用于评价管道企业发展水平、分析自身短板、明确提升方向、不断追求卓越的先进标准，为公司的破浪远航点亮了指路明灯，为国家管道企业的可持续发展提供了有价值的参考。

国际先进水平管道公司建设标准包括一级架构三项：管控体系、业务能力、技术支撑；二级架构25项，每个类别均包括定义说明、最佳实践，同时在二级架构下明确具体的先进标准，共计99项；在每个标准下系统设置了评价指标，用以评价达标情况，共计406项，其标准架构如图1所示。

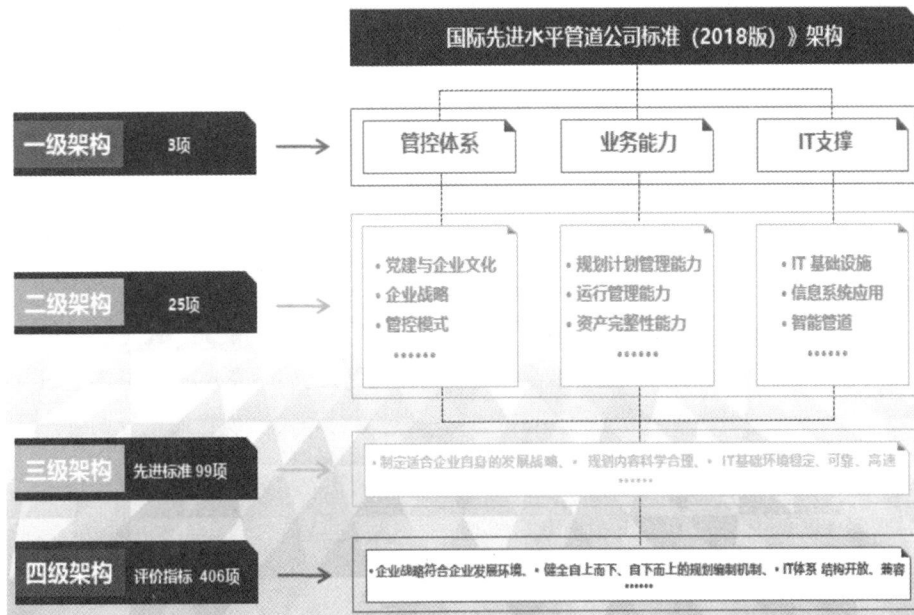

图1 标准架构

该标准在架构划分上更加科学，在概念上易于理解，在结构及内容的界定与归集上精准合理，有效避免了同级之间的重叠和上下级之间的交织；遵循"定量为主、定性为辅"的原则，标准内容更加直观清晰，标准的比对性、指导性和操作性更加突出；基于中国管道企业实际、国人逻辑思维模式和语言习惯，改变了晦涩难懂的西化范式，采用更适合国人的行文规范，使之更利于中国管道企业应用和推广。同时，汇入了中国管道企业和优秀的高新技术企业的卓越实践，彰显中国企业特色，并融入了西部管道公司十多年来遵循的基本做法。

三、创新做法

（一）应用"中国化"理论，全方位扫描公司发展现状

运用软实力理论，结合中国管道企业特点，构建了管道企业综合实力模型，从软实力、硬实力、影响力三个方面，分析出管道企业应具备的14个基础能力以及内在关系（如图2所示）。党建工作、管控体系、企业文化、人才建设、合规管理纳入软实力，装备系统、本质安全、科技创新、工程建设、信息化归入硬实力，战略作用、企业规模、创效能力和社会贡献并入企业影响力。通过对公司14个基础能力的分析，全面总结了公司发展成就。

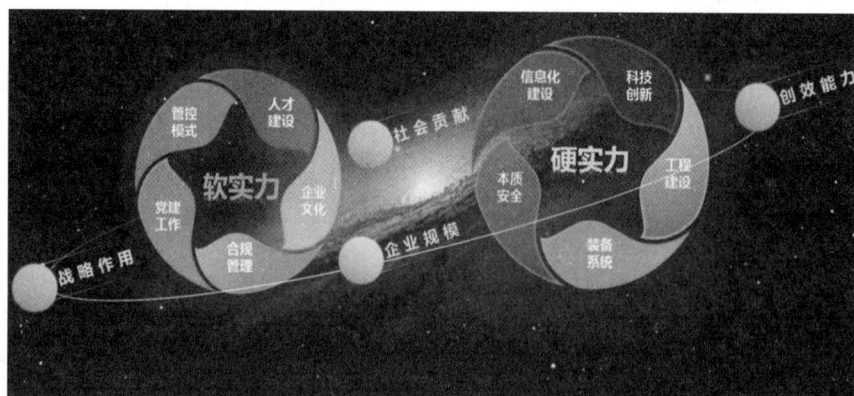

图2　管道企业综合实力模型

运用木桶理论，将管道企业的竞争力视为"木桶"，其中，持续效益作为木桶所盛的水，本质安全、人才建设作为"桶底"，工程管理、生产运营、经营管理、科技创新、信息化建设等业务能力作为木板，管理沟通与协作作为"缝隙"，将管理制度、企业文化作为"桶箍"，构建了管道企业竞争力木桶模型，衍生出符合中国管道企业的"新木桶"理论（如图3所示）。在该理论的指导下，公司开展了充分的现状调研，调研范围涵盖公司所辖的13个机关部门、12个二级单位、16个基层单位，访谈员工328人，形成15余万字的访谈记录，发放回收问卷1000余份。通过调研发现，公司"桶底"还有漏点、桶身还有短板、板间仍有"缝隙""桶箍"还需扎紧。通过对公司发展现状的充分调研，全面、客观、准确地掌握公司发展水平及制约公司发展的关键短板。

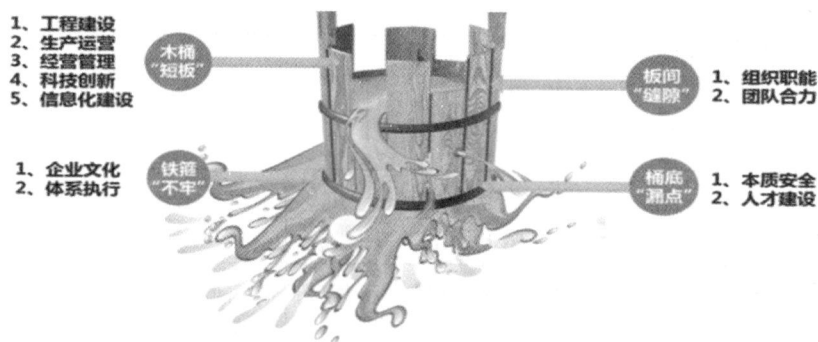

图3　管道企业新木桶原理结构示意图

（二）基于"开放性"视角，吸纳行业内外最佳实践

标准的建立需要以最佳实践为支撑，借鉴行业内最佳实践可以增加标准的深度，引进行业外最佳实践可以扩展标准的广度。公司持续研究TransCanada、Enbridge、Gasunie、PG&E、Gaspro、Shell等国际先进管道企业的各类报告材料，查阅《全球油气管道建设现状及发展趋势》《油气管道设备国产化现状和展望》《EPC模式下的国际管道建设风险管理研究》等最新管理和技术文献百余篇，对国际优秀管道企业的管理理念及运行机制有了更深刻的掌握。组织干部员工对西南管道、西气东输、管道公司3家国内管道企业进行了实地考察，参加座谈会12次，访谈99人，形成了5万余字的考察记录，在地质灾害防范、管道维抢修能力提升、工程建设等方面积累了宝贵的经验，充分掌握了国内管道企业的最佳实践。公司还注重对行业外优秀企业的考察，调研中国中车、海康威视、浙江中控等12家国内优秀企业，进一步了解管道公司上下游企业的发展情况和国内优秀企业的最佳实践，在能耗管理、大数据应用、智能化提升等方面取到了真经，为《国际先进水平管道公司建设标准》的建立完善提供了有力支撑。

（三）运用"系统性"思维，构建《国际先进水平管道公司建设标准》

公司以国内外最佳实践为依据，全面总结了国际先进水平管道公司的特征，构建了以一、二级架构为基础、以先进标准为核心的三级架构、以评价指标为判定条件的四级架构的《国际先进水平管道公司建设标准》，并根据内外环境的变化持续完善。

1.凝练的国际先进水平管道公司特征

管道行业是集油气储运、热能工程、机械装备、材料设备、经济管理等领域优秀实践成果的能源运输行业。"输油输气"是管道行业的天职，"平安、绿色、和谐"是管道企业的根本任务，"创新创效"是管道公司基业常青的基础。基于对公司成就的梳理、管道行业发展的最新动态的深入研究，结合我国管道企业实际，归纳总结出当前国际先进水平管道的五大特征，如图4所示。

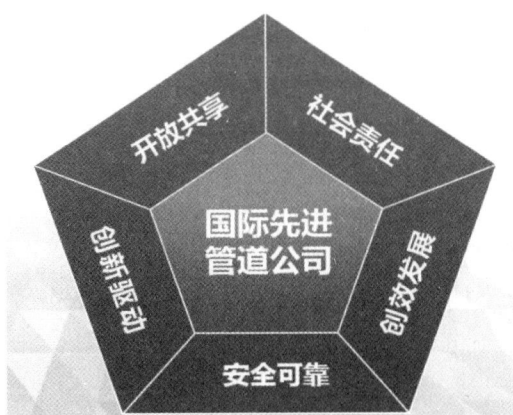

图4 国际先进水平管道公司特征

（1）安全可靠：安全可靠是国际先进水平管道公司的基本特征。没有安全就没有公司的一切，没有可靠就没有公司的生存之基。（2）创新驱动：创新驱动是国际先进水平管道公司的内在特征。创新是管道公司持续发展不竭的动力，是推动管道公司不断发展的内在动力。（3）创效发展："效"既包括效率、效益、效果、效能。创效发展是管道公司竞争实力的根基。（4）开放共享：开放共享是国际先进水平管道公司的公益特征。管道设备设施作为国家的基础服务设施，具有"服务、公用、保障"共享特征，实行"公开、公正、公平"；管道公司属于能源服务业，需要"联通海内外，服务上下游"。（5）社会责任：社会责任是国际先进水平管道公司的重要特征，包括社会声誉和责任担当等。

2.构建四级架构的国际先进水平管道公司建设标准

（1）一级架构

从我国石油管道行业发展的实际出发，运用现代企业管理理论，从管控体系、业务能力和技术支撑三个方面，构建了《国际先进水平管道公司建设标准》一级架构体系。管道运营先进性是由内部要素和外部环境共同决定，内部要素包括管控体系、业务能力和技术支撑，外部环境包括管道上下游市场供需、行业法规与标准和技术发展等。企业通过改进内部要素来更好地适应外部环境的变化，双力协同驱动企业稳健发展，如图5所示。

图5 国际先进水平管道公司建设标准一级架构体系

（2）二级架构

按照战略力、组织力、控制力、执行力在管控体系下设置了八个二级架构。其中，战略力对应的是企业战略模块，组织力对应的是组织结构模块。将控制力具体分解为管控模式、绩效管控、风险管控、文化管控四个模块，将执行力分解为制度管控、IT管控两个管控模块。坚持党的领导、加强党的建设，是国有企业党"根"和"魂"，坚持党对国有企业的领导是重大的政治原则。坚持党对国有企业的领导不动摇，发挥企业党组织的领导核心和政治核心作用，保证党和国家方针政策、重大部署在国有企业贯彻执行，设置了党的领导模块，如图6所示。

图6 管控体系架构

管道企业的价值创造是通过一系列业务活动构成，这些业务活动可分为价值增值活动和价值支撑活动两类，为此，在业务能力下设置了13个二级架构。其中，价值增值活动包括规划计划、工程建设、运行管理、资产完整性管理、供应链管理、销售管理六个方面，价值支撑活动包括人力资源管理、合规管理、QHSE管理、行政与公共关系、财务管理、承包商管理、技术管理七个方面。这些互不相同但又紧密关联的生产经营活动凝聚着企业的业务能力，推动企业不断向前，经营效益持续向好，彰显管道企业价值，如图7所示。

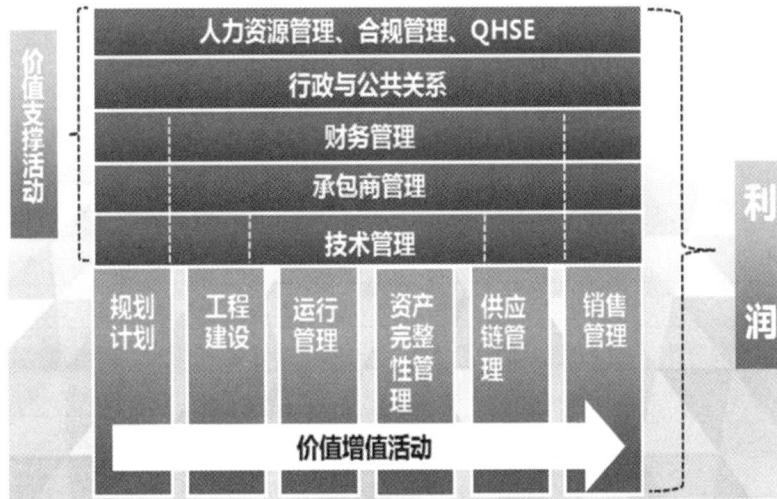

图7　业务能力架构

技术支撑包括IT基础设施、信息系统应用、智能管道以及信息安全等四个二级架构。IT基础设施是通过提供软硬件运行环境、数据环境以及IT服务来保障信息系统应用和智能管道的实施；信息系统的应用是智能管道实现的重要基础；智能管道是管道企业信息系统发展的最高阶段；信息安全可以实现IT基础设施、信息系统以及智能管道中数据的准确、完整、有效、可靠，从而形成强有力的技术支撑，如图8所示。

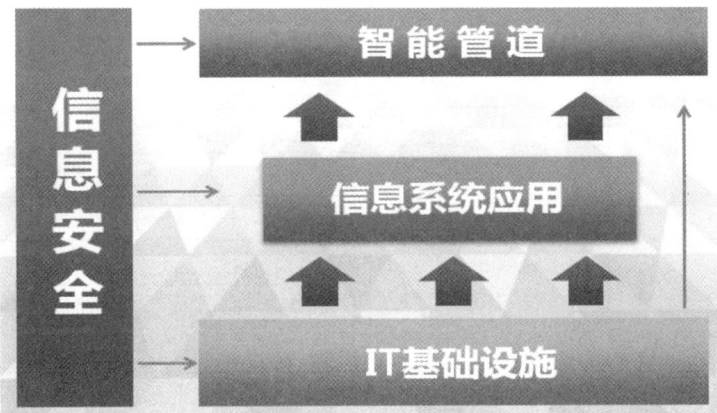

图8　技术支撑架构

（3）三级架构（先进标准）

公司结合我国管道行业具体情况和自身发展水平，分析了国内国外、行业内外优秀实践的适应性，转化为对我国管道企业具有实际意义的、可操作的先进标准。同时，融入党的工作、中国管道行业规则等中国元素，建立了99项先进标准（如表1所示）。

表1 先进标准

一级指标	二级指标		先进标准
A管控体系	A1 党建及企业文化		企业党组织的领导核心和政治核心作用充分发挥，把方向、管大局、促落实，有效推动企业发展
			党组织作用充分发挥
			先进企业文化已经形成
	A2 企业战略		制定适合企业自身的发展战略
			资源保障，措施落实
	A2 管控模式		建立适宜企业运营的管控模式，能够对企业进行有效管控
	A4 组织结构		组织结构有效支持管控模式
	A5 制度管控		建立一体化综合管理体系（IMS）
			体系运行配套完善
	A6 绩效管控		基于管控模式选取绩效管控模式
	A7 风险管控		风险管理体系健全
			风险文化与风险意识深入人心
			岗位能力与风险意识培训满足企业运营需要
	A8 IT 管控		IT管控体系完整
			IT管控措施能够有效提高企业信息化建设绩效
B业务能力	B1规划计划管理能力		规划内容科学合理
			规划实施措施有力
			规划有效引领企业发展
			生产经营计划准确
			投资管控能力卓越
	B2运行管理能力	B2.1运行监控能力	运行监控管理体系健全清晰
			全面实现集中调控
			集中监控系统先进可靠
			运行分析系统实时先进
			应急决策系统可靠先进
		B2.2节能环保能力	节能环保问题受到高度重视
			节能环保技术在生产中广泛应用
			节能减排效果显著
		B2.3计量管理能力	计量标准统一规范
			计量数据及时准确
			计量工作高度自动化
			计量数据分析及时
		B2.4应急管理能力	预防与应急体系健全
			监测与预警技术先进
			应急处置与抢修及时
			事后处理与恢复得当

一级指标	二级指标		先进标准
B业务能力	B3资产完整性管理能力	B3.1管道完整性管理能力	实施管道全寿命周期数据管理
			高后果区全面动态准确识别
			风险评估科学合理
			监测技术先进可靠
			基于完整性数据优化的风险消减与维护维修管理策略有效
			管道年失效频率低于0.17次（千千米·年），完整性管理有效实施
		B3.2场站完整性管理能力	全寿命周期管理理念落实于设备管理的各个阶段
			自动化设备与信息技术有机融合，全面实时监控储运设备的运行状态，及时发现设备运行风险
			建立以可靠性为中心的维修维护策略，关键设备完好率达到98%以上
	B4技术管理能力		技术管理组织体系健全
			技术研发体系高效
			建立并有效实施单个科研课题、多个科研课题集成以及科技成果的认定预发布、推广和后评价等管理程序，形成科技成果的闭环管理
			技术保护措施可靠得当
			科技支撑保障安全生产
			技术标准体系成熟完善
	B5工程建设项目管理能力		建立完善的工程全寿命周期管理体系
			项目立项、设计、施工与运营环节充分融合
			高效实施工程现场管理
			实施工程技术应用与创新
			建立全寿命周期管理数据信息平台
			关键项目指标高效完成
	B6供应链管理能力		战略采购流程清晰
			采购管理制度健全
			物资采购快速可靠
			库存控制合理有效
	B7人力资源管理能力	B7.1人才队伍建设能力	人才发展机制健全并有效实施
			人才队伍精干高效
		B7.2绩效管理能力	绩效管理体系支持企业战略
			绩效管理推动公司业务持续改进
		B7.3激励管理能力	激励机制合理有效
	B8 QHSE管理能力		QHSE体系全面融入一体化管理体系
			制定QHSE策略与计划
			实施QHSE风险控制
			QHSE分析科学化与QHSE报告生成自动化

一级指标	二级指标	先进标准
B业务能力	B9 财务管理能力	预算编制、执行、控制良好
		资金调配与使用高效
		资产价值管理完善
		成本控制有效
		财务信息分析与利用有效
	B10 销售管理能力	销售管理体现客户价值
	B11 合规管理能力	合规管理体系完善
		法律法规数据库建立并可及时更新
		合规管理执行到位
	B12 承包商管理能力	承包商信息管理选择系统建立
		承包商过程管控流程清晰、责任明确
		承包商考核评价机制有效
	B13 行政与公共关系管理能力	行政工作高效
		行政工作内部满意度高
		企业公共形象良好
		政府关系维护良好
		前瞻性公共危机管理制度完善
C技术支撑	C1 IT基础设施	IT基础环境稳定、可靠、高速
		建立企业统一的数据中心
		IT服务能够有效支撑IT运营
	C2 信息系统应用	应用系统有效支撑全部业务
		应用系统性能优良
		应用系统高度集成
	C3 智能管道	信息采集全面及时精确
		管控一体化
		实现管网全数字化
		全智能化运营
	C4 信息安全	建立全面的信息安全管理体系
		建立有效的信息安全技术体系

（4）四级架构（评价指标）

评价指标是用来评价管道企业先进标准的达标情况，作为标准的测量尺度，评价指标具有操作性、衡量性、系统性、可量化等特点，如表2所示。

表2 管道完整性管理能力评价指标

先进标准1：实施管道全寿命周期数据管理	
评价指标	实现管道全寿命数据收集； 统一数据标准，实现数据整合； 构建管道完整性管理系统平台

	先进标准2：高后果区全面动态准确识别
评价指标	制定高后果区识别标准和程序； 高后果区识别率达到100%； 高后果区分级准确率100%
	先进标准3：风险评估科学合理
评价指标	构建有效的风险评估模型； 管道风险评估覆盖率达到85%； 高后果区风险评估覆盖率达到100%
	先进标准4：检测技术先进可靠
评价指标	应用高精度漏磁、超声波等先进检测技术并持续改进； 完整性评价覆盖率95%； 高后果区完整性评价覆盖率100%
	先进标准5：基于完整性数据优化的风险消减与维护维修管理策略有效
评价指标	高风险点风险控制完成率达到100%； 管道缺陷整改计划完成率达到85%； 管道阴极保护率100%； 防腐层大修计划完成率100%； 泄漏检测系统有效率90%； 违章占压清理计划完成率90%。 管道年失效频率低于0.17次（千千米·年）

3.研究国际先进水平管道公司建设标准运用方法和程序

目前，国际上流行的构建评价体系的综合分析方法有多种，如经济增加值法、专家团评价法、平衡计分卡法、层次分析法、数据包络分析法、计量经济模型法等，每一种方法均有其优点和特色，层次分析法是通过对评价目标进行逐层分解，细化指标，再对相关指标进行评判得分，并乘以相应权数后得出最终结论的分析方法。该方法相对专家团评价法、平衡积分卡法来说，具有降低主观干扰、纠正不一致观点的优势。此外该方法计算过程相对简单，构建模型相对固定，具有较强的通用性和推广性，适合对国际先进水平管道公司建设标准进行评价。

评价过程包括评价四级指标（评价指标）评价、三级指标（先进标准）评价、二级指标评价、一级指标（管控体系、业务能力、技术支持）评价、总体评价。达标等级是依据指标的得分情况进行划分的，共分四个等级，根据逐级评价结果进行确定，如表3所示。

表3　达标等级划分表

等级	得分率	分值	备注
达标（A级）	85%以上	3.4分以上	包含3.4
基本达标（B级）	70%～85%	2.8～3.4分	包含2.8
未达标（C级）	60%～70%	2.4～2.8	包含2.4
差距较大（D级）	60%以下	2.4以下	不包含2.4

（1）四级指标（评价指标）评价

首先，分析判断四级指标即评价指标达标情况并赋值。聘请10～15名行业内专家，基于公司的运营实际，对每一项指标进行打分，达标情况分为4个等级：A–达标（赋予4分值）；B–基本达标（赋予3分值）；C–未达标（赋予2分值）；D–差距较大（赋予1分值）。定性评价指标赋值（如表4所示），定量评价指标赋值（如表5所示），定量评价指标赋值方法详见附录。

其次，根据专家打分情况，运用加权平均法计算每个四级指标得分情况，对照表3确定该项指标达标情况。

表4 定性评价指标赋值条件对应表

评价等级 ／ 指标类型	A 4	B 3	C 2	D 1
管理理念类	具有国际先进的管理理念	具有国内先进的管理理念	具有一般的管理理念	没有管理理念
制度流程类	具备优于最佳国际实践的制度或流程	具备与最佳国际实践相似效果的制度或流程	基本具备管理制度或流程	不具备相应的制度或流程
执行措施类	执行有效或具备有效措施	执行比较有效或具备比较有效措施	基本能够执行或有基本的措施	没有相应措施
管理效果类	效果或优势突出	效果或优势比较突出	有一定效果或优势	没有效果或优势

表5 定量评价指标赋值条件对应表

评价等级 ／ 指标类型			A 4	B 3	C 2	D 1
绝对需要完成指标			达到指标	—	未达到指标	—
存在容错空间的指标	百分比指标		高于（含）指标ZA	低于指标ZA但高于（含）指标ZB	低于指标ZB但高于（含）指标ZC	低于指标ZC
	绝对数值指标	正指标	低于指标但高于指标的0.90Z	低于指标的0.90Z但高于指标的0.80Z	低于指标的0.80Z但高于指标的0.60Z	低于指的0.60Z
		逆指标	低于指标N	高于指标N但低于1.2N	高于1.2N但低于1.4N	高于1.4N
设定特定值指标			T值高于90%	T值低于90%但高于80%	T值低于80%但高于60%	T值低于60%
其它特殊指标			由专家主观判定赋值			

备注：①百分比指标ZB级的计算公式为100%-[(1-x)×40%+1-x]；

百分比指标ZC级计算公式为100%[(1-x)×20%+1-x]。

②设定底线值的指标采用如下计算公式计算换算值T判断：

$$\frac{x-特定值（例如90\%）}{100\%-特定值（例如90\%）}\times 100\%$$

（2）三级指标评价

首先，运用层次分析法确定四级指标即评价指标权重。

最后，评价每项国先标准得分＝∑评价指标权重*对应评价指标得分（第一阶段已计算得出），对照表3确定该项指标达标情况。

（3）二级指标评价

首先，运用层次分析法确定每个二级指标对应的国先标准权重。

其次，评价每个二级指标得分＝∑国先标准权重*对应国先标准得分（第二阶段已计算得出），对照表3确定该项指标达标情况。

（4）一级指标评价

首先，运用层次分析法确定每个二级指标权重。

其次，评价每个一级指标得分＝∑二级指标权重*对应二级指标得分（第三阶段已计算得出），对照表3确定该项指标达标情况。

（5）公司总体评价

首先，运用层次分析法确定每个一级指标权重。

其次，公司总体评价得分＝∑一级指标权重*对应一级指标得分（第四阶段已计算得出），对照表3确定公司总体达标情况。

四、取得实效

西部管道始终瞄准建设国际先进水平管道公司的奋斗目标，持续对标，2018年制定并发布了公司《发展现状分析报告》《国际先进建设标准（2018版）》《国际对标分析报告》及《实力提升研究报告》。经过多年奋进，公司核心产品实现由单一油品向油气并举拓展，人均利润、人均产值、管道总里程、资产总值、管输总收入和人均管道里程均居国内管道企业首位，国际先进水平管道公司建设取得了阶段性成效。

（一）软实力不断提升

1.党建引领作用充分发挥

公司党委始终贯彻落实党中央、自治区党委、集团公司党组各项决策部署，充分发挥党委的政治核心作用，有效发挥党支部的战斗堡垒作用，积极发挥党员的先锋模范作用，为公司高质、高效、可持续内涵式发展提供了有力的政治保障。

2.现代化管理取得突破

公司坚持制度自信，创新构建"基本法"，在国际上率先完成多体系的融合，探索出一条先进的管理体系革新之路；成功推行区域化生产管控模式，基层组织得到优化，走出一条精干高效的发展之路；顺利实施基层标准化建设，管控行为得到规范。

3.企业文化逐步形成

公司坚持文化自信，历经多次重组，以广阔包容的胸怀，充分吸收、融合各种文化内涵，确立了"忠诚责任共担，油气正气同输"的价值追求，凝练以"国门责任文化、红柳坚守品格、高原奉献精神"为内核，具有鲜明时代特征的"西部国脉文化"，在公司发展进程中起到了统一思想、凝聚人心、汇集力量、增强战斗力的重要作用。

4.人才建设扎实推进

人才是企业的核心战略资源，从2009—2018年，人均管理管道由2.3千米增至5.2千米，人均劳动生产率由100万元/年升至625万元/年，人才队伍结构不断优化，员工整体素质大幅提升。

5.合规管理日渐增强

随着法治中国建设的持续深化，围绕打造"法治央企、阳光央企"的目标，公司以"基本法"为主要抓手，坚持法治机构、法治体系、法治能力、法治文化一体建设，强化"依法治企，以规治党"，将合规管理作为保障公司稳健发展的战略举措，贯彻落实到生产经营的全过程和各方面，实现依法治企新发展。

（二）硬实力显著增强

1.装备系统达到国际先进

公司加大装备投资力度，不断扩大装备系统规模，持续提升装备系统质量，优化管网运行工艺，完善设备设施管理，推进"中国创造"，管线级别、装备数量质量、装备系统可靠性和安全性均达到国际先进。

2.本质安全持续强化

公司推进管道完整性管理，提升人员安全能力，完善安全管理机制，着力提高对物的不安全状态和人的不安全行为的管控，注重生态环境保护，实现安全管理良性循环。17年来，未发生重大安全生产事故和环保事故，DNV国际安全评级在国内管道行业率先达到8级水平，管道完整性管理覆盖率、高后果区风险响应率、维抢修保驾能力综合达标率均实现100%。

3.科技创新成果丰硕

建成五大科技平台，创建亚洲首座、世界第三座高钢级大口径天然气管道全尺寸爆破试验装置及试验方法，成功开展Φ813～Φ1422毫米管道全尺寸爆破试验，是亚洲首次爆破试验。攻克六大核心技术，4项达到国际领先，2项达到国际先进，设备国产化率达到91%，新建管道可实现100%国产化，打破国外垄断，装备系统和储运技术总体水平达到国际先进。获专利63项，国家级科技进步奖10项、省部级科技进步奖17项，其中，"油气战略通道建设与运行关键技术"获得国家科技进步一等奖。

4.工程建设富有成效

公司始终坚持"环保优先、安全第一、质量至上、生命至上"的理念，2008年以来，累计完成各类投资项目1200余项，总投资约544亿元。首次提出管廊技术设计理念，大胆尝试应用新技术、新工艺、新材料，全面完成了西部能源战略通道建设任务。

5.信息化建设全面推进

公司成立之初，信息化水平应用较低，主要业务仍然采用传统的管理手段，制约着管理效率和质量的提升。多年来，通过国际对标，公司不断加强信息化建设，先后建立和应用37套管理信息系统、26套信息化工具，覆盖决策支持、经营管理、生产运营、基础应用四大业务群，按照"管理制度化，制度流程化，流程信息化"要求，实现了90%以上业务线上处理，有效提升了管理质量与效率。

（三）影响力日益扩大

1.战略作用有效发挥

西部管道作为西部油气能源的大动脉，公司累计输送天然气6943亿立方米、原油26244万吨、成品油14449万吨，在保障国家能源战略安全、推进能源生产和消费革命、服务国民经济社会发展等方面发挥着举足轻重的作用，取得了巨大经济效益和社会效益。

2.企业规模不断扩大

在国家宏观战略的指引下，公司呈现迅猛发展的态势，管输介质在成品油、原油的基础上增添了天然气，达到国际先进管道公司的多介质输送标准，在资产规模、输送能力、管理里程等方面均处于行业领先水平。

3.创效能力持续攀升

公司以技术为基础，以管理为核心，以人才为根本，大力实施"增资源、降能耗、压投资、控成本"综合举措，开源节流并进，公司连续七年经营利润突破百亿，实现利润从2008年的7亿元增至2020年的127亿元，利润总额突破1000亿元，累计纳税276亿元，在国内管道公司中稳居前列。

成果创造人：张平、闵希华、李学亮、温九良、尹志国、贺安兵、杨华丽、

李芸、但蕾蕾、刘庆

赋能产业升级 助力区域发展
——合肥产投集团股权投资模式研究

合肥市产业投资控股（集团）有限公司

合肥市产业投资控股（集团）有限公司（简称"产投集团"）是合肥市属三大国资平台公司之一，定位于产业发展和创新推进的国有资本投资运营公司。集团以引领区域产业发展为己任，聚焦城市产业布局，发挥平台作用、立足产业发展，努力成为专业化、市场化、价值化的产业赋能型投资平台，持续推动地方产业实现高质量发展，并实现了与城市发展的同频共振、共进共赢，走出了独具特色的 "产投路径"，尤其是形成了独特的"合肥产投"股权投资模式。

一、产投集团股权投资业务发展背景

（一）合肥产业发展布局

近年来，随着京东方、长鑫、蔚来等巨头的崛起，合肥声名鹊起，成为"选对赛道，投中企业"的"最牛投行"，走出了在宏观上勾勒城市产业发展大方向、以产业基金方式进入战新产业的特色路径，首创了政府领投、社会资本参与的合肥产业发展模式。

1.战新产业高质量快速发展

合肥市实施"工业立市"战略以来，全市规上工业增加值年均保持两位数增长，稳居全国省会城市前列；产业结构不断优化，已形成"3＋7＋6"的国家、省、市战新集群梯次培育体系，实现了从有到优、从优到精的蜕变和跨越。"十二五"规划以来，合肥市战略性新兴产业连续跨越2个千亿台阶，占工业比重由23%提高到55%。2020年，合肥市战略性新兴产业增加值增长16.4%，推动区域生产总值突破万亿元大关，跻身全国省会城市前十强，并首次跻身全国城市二十强。2021年上半年，合肥战略性新兴产业产值增长39.2%，占规模以上工业比重达57.4%，创历史新高。

2.主攻"芯屏汽合""集终生智"

近年来，合肥市培育壮大优势产业，已拥有家电、智能语音、新型显示、新能源汽车等4个国家新型工业化产业示范基地，新型显示器件、集成电路、人工智能等三个产业入选首批国家级战略性新兴产业集群。围绕产业核心竞争力集聚，合肥市按照建链、补链、延链、强链的思路，主攻"芯屏汽合""集终生智"，引领战新产业快速发展、能级提升，融入国际国内产业分工体系。

（二）产投集团股权投资布局

产业蓬勃发展，企业是重要驱动力量，而企业的发展离不开资本的护航。近年来，在合肥建设综合性国家科学中心、国家级产业创新中心及"创新之都"的过程中，在新型显示器件、集成电路、人工智能等战略性新兴产业集群建设的过程中，在长鑫存储、联宝、视涯、新汇成、富芯微等明星企业落地合肥的过程中，处处闪耀着"产投系"投资基金的身影。

作为合肥市产业发展和创新推进的国有平台，产投集团立足服务合肥"五高地一示范"和综合性国家科学中心建设，以产业投资核心业务为引擎，以促进区域产业发展为引领，聚焦产业投资核心主业，筑强产业投资平台功能，以旗下产投资本公司、创新投资公司、国正公司为载体，依托市天使投资、市科创基金、市创业投资引导基金、市场化基金，不断衍生迭代子基金和专项基金，构建了涵盖大使投资、风险投资、产业基金、并购基金、引导基金等全周期的股权投资基金体系；围绕合肥"芯屏汽合""集终生智"的产业主线，贯彻"龙头企业—大项目—产业链—产业集聚—产业基地"的发展思路，形成了"引进专业团队—国有资本投资引领—项目落地—通过上市通道退出—循环支持新项目发展"的产业运作模式；充分发挥科技创新、产业培育平台功能，促进产业整合和资本集聚，高站位引领产业发展、高能级带动产业创新、高质量推进产业集聚，嫁接全球产业资源，放大国有资本功效，重点培育了一批掌握核心技术与自主知识产权、竞争力强、为支撑合肥持续快速发展发挥重要作用的创新型头部企业；同时聚焦头部企业上下游布局，助力合肥逐步建立起梯次型创新型头部企业群，推动产业链、资金链、创新链深度融合，形成具有规模优势和集聚效应的产业创新生态，建成一批具有产业带动、产业集成作用的大基地、大产业、大项目，助力合肥打造产业"新地标"。

二、产投集团深化改革创新的举措与成效

产投集团投资平台通过旗下产投资本公司、创新投资公司、国正公司，依托合肥市创业投资引导基金（以下简称"创投引导基金"）、合肥市天使投资基金（以下简称"市天使基金"）、合肥市科创投资基金（以下简称"市科创基金"）、合肥市产业投促创业投资基金（以下简称"市投促基金"）及市场化基金群，形成"产投系"基金群。截至2021年6月底，产投集团投资平台管理基金45支（母基金2支，子基金及合作基金43支基金），总规模超过980亿元，累计投资项目超过400个，34个项目实现IPO或并购上市（登陆科创板13家）。其中，创新投资公司管理的市天使母基金及其县区子基金共11支，总规模超过10亿元，累计投资项目超过200个；设立市场化基金6支，总规模近18亿元，实现18个项目IPO或并购上市。产投资本公司受托管理的市创投引导基金母基金及其参股子基金共21支，总规模超过920亿元，累计投资项目超过180个，累计投资近45亿元。国正公司参与设立合作型基金4支，基金规模合计28亿元。

凭借优异的业绩，合肥市创业投资引导基金荣获清科"2021中国政府引导基金50强"、融资中国"2020—2021年度中国最佳政府引导基金TOP30"等奖项；产投资本入选"2020年度中国投资机构软实力LP100榜单"，并获得"募资力"维度TOP10奖项；产投资本投资团队获得CLPA 2018—2019年度最佳创业投资引导基金管理团队20强；产投系投资机构连续三年蝉联"创响中国"安徽省创新创业大赛十佳投资机构；创新投资公司连续六年荣获"高新区优秀金融机构奖"、连续七年荣获"合肥市股权投资优质服务奖"。

（一）锻造团队，协同发展，构建全周期投资格局

1.协同发展，打造产投系"基金丛林"

产投集团按照"1＋3＋3＋N"的架构，依托产投集团投资大平台为中心，以创新投资公司、产投资本公司、国正公司三家基金管理公司为载体，错位发展，强强联合，形成投资板块一盘棋，在投资策

略、具体项目和专业能力等方面协同发展、合作共赢，形成优势突出、协同高效的"组合拳"，发起设立和运营管理天使投资基金群、创业投资基金群、产业投资基金群，形成N支子基金、产业基金和专项基金的基金丛林。

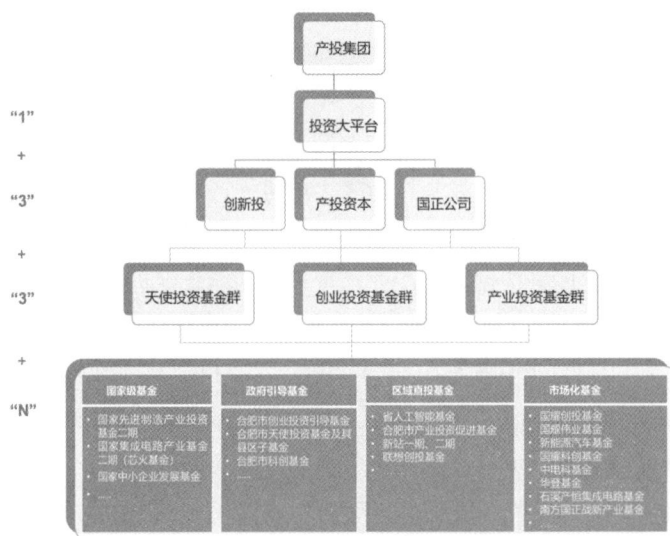

图1 "1＋3＋3＋N"发展架构

合肥市创新科技风险投资有限公司（简称"创新投资公司"）成立于2000年8月，是安徽省成立最早、合肥市国资委系统专业化、市场化程度较高的国有投资机构。相继受托管理了合肥市种子基金、合肥市科技创新基金、合肥市天使投资基金等政策性投资基金，后又发起设立了汇智创投基金、国耀创投基金、国耀伟业创投基金、新能源汽车基金、国耀科创基金等6支市场化基金。形成了以天使投资业务和市场化投资业务为核心的双核驱动，充分利用"财政资金"与"社会资本"比较优势，以天使基金捕获原始"创新"，以专业化"创投"配置社会资本，突出市场化运作能力，共同驱动"科技"与"资本"的深度融合，聚焦战新产业发展与科技成果就地转化，重点支持科技型中小微企业的创新发展。

合肥产投资本管理有限公司（简称"产投资本公司"）成立于2019年12月，全面承接产投集团直接管理的创投引导基金和各类新设的投资基金，参与产投集团重大项目投资。此外，按照集团部署，陆续参与国家集成电路产业投资基金二期基金、国家先进制造产业投资基金二期两支国家级基金组建。产投资本围绕"芯屏汽合""集终生智"等重点产业链，创新实践"基金＋基地""基金＋产业""基金＋招商"等模式，助力产业招商，推动重点产业项目落地，塑造了专业化投资品牌。

合肥市国正资产经营有限公司（简称"国正公司"）成立于2005年12月。2015年，国正公司顺应产投集团的战略部署，确立了"专业投资平台、服务重点产业"的发展路线，逐渐发展成为集投资业务、资产运营为一体的专业投资公司。国正公司聚焦集成电路、新型显示、生物医药、新能源等战新产业，设立各类细分领域市场化灵活运作的产业投资基金，以资本为纽带，挖掘产业链优质项目，价值化投资，为合肥市战新产业强链补链，致力于成为集团投资板块市场化、专业化、特色化的高回报投资平台。

2.差异化布局，构建全周期投资体系

产投集团投资板块形成差异化布局，创新投资公司聚焦"出生"与"成长"，产投资本聚焦"成长"与"成熟"，国正公司聚焦重点产业项目协同配套布局，构建了对初创期、成长期、成熟期企业的全生命周期覆盖的"产投系"基金群，助力合肥创新型企业"从无到有、从小到大、从大到强"。

（1）早期项目，基金帮助企业"从无到有"

创新投资公司运营的合肥市天使投资基金，是安徽省规模最大、投资进度最快、国内排名前列的直投型政府天使基金。近年来，发挥市级天使基金的辐射和带动作用，充分联动各县区，组建10支县区天使子基金，构建"覆盖全市、深耕县区、走出合肥"的天使基金群。截至目前，市、县两级天使基金总规模超过10亿元。市天使基金专注"投早、投小、投科技"，有力缓解了初创期企业风险大、融资难的问题，有力支持了科技创业团队在肥创新创业。在已投项目中，超过60%在获得市天使基金支持时成立不足2年，超过90%由基金作为首轮投资方；获得国家级高新技术企业资质的项目超过80家，累计新增产品1449个，发明专利、实用新型、软件著作权等知识产权2389项，多项科研成果完成了从实验室到产品、产业化的过程。

（2）成长期项目，基金助推企业"从小到大"

在成长期项目的培养方面，创投引导基金及其参股子基金、创新投资公司发起设立的市场化基金发挥了主力军作用。创新投资公司充分发挥母基金职能，发起设立市场化创投基金，先后组建了国耀科创、国耀伟业、国耀创投多支市场化基金，助推企业"从小到大"成长与发展。2019年，创新投资公司依托运营的市科创基金，发起设立合作子基金——国耀科创投资基金，与前期市天使投资基金实现优质项目对接、接力投资，重点支持具有硬科技特色、在细分市场占据重要地位的创新型企业，打造一批"隐形冠军""单项冠军"，助推其走向资本市场。

创投引导基金通过参股方式，参股各类子基金20支，引入华登、凯泰、中兴创投、国投等知名投资机构在合肥设立创投基金，通过"母基金＋母基金直投＋子基金投资"投资路径，主要投向半导体、平板显示、节能环保、新材料、数字信息和大健康等新兴产业，大力培育成长期项目。

（3）成熟期项目，基金助力企业"从大到强"

产投资本公司运营的创业投资引导基金及国正公司产业基金，围绕合肥"芯屏汽合"产业主线，组建了包括安徽省人工智能基金、新站产投基金、合肥市产业投资促进基金、合肥石溪产恒集成电路产业基金、华登基金等5支产业基金，打造产业龙头项目。

以集成电路产业为例，产投集团组建安徽芯火基金，参股国家大基金二期，撬动国家大基金支持长鑫存储等重点项目；与华登国际等知名投资机构合作，招引集成电路企业落户合肥。参股国家先进制造业基金二期，撬动国家先进制造业基金支持蔚来汽车等重点项目。新站基金创新实践市区两级联动投资的新模式，践行"基地＋基金""招商＋基金""产业＋基金"新思路，助力合肥视涯、新汇成等项目落地建设。国正公司参股合肥石溪产恒集成电路产业创业投资基金，做大IC产业集群，协同产投集团推进长鑫存储的落地投产。

3.培养人才，锻造自有投资团队

产投集团投资板块坚持强化人才队伍建设，以内部培育为主，外部吸收为辅，打造优质的自有投资团队，锻造核心竞争力。例如产投资本投资团队，从新站基金到语音基金，再到市投促基金，在投资项目的磨练中，培育了一支懂产业、会投资的国有投资队伍——熟悉基金投资的"募投管退"，从引导基金管理办法起草、运营谋划起步到母基金投资运营、投后管理，全程参与项目洽谈、投资结构设计和产业研究，深刻领悟合肥市产业布局与产业痛点，与基金投资共同成长。又如，创新投资公司市场化基金投资团队，践行"动车组"理论，每位员工都力争成为车厢"动力装置"，在丰富的项目实践中快速成长，成熟项目经理平均培养周期为1.5年；同时团队致力于市场化投资，嫁接资本和产业，联姻资源和市场，以科技创新驱动为投资方向，已实现18个项目IPO或并购上市，投资业绩令人瞩目。

（二）扎根合肥，覆盖全市，创新迭代基金管理模式

1.三次迭代，奠定产投投资优势

产投集团基金投资业务经历了"从无到有、从小到大、从大到强"的发展历程，合肥市天使基金和市创业引导基金更是经历了1.0—3.0的迭代升级。以市创业投资引导基金为例，历经"委托管理—合作管理—自主管理"三次迭代升级：成立初始引入知名投资机构，采用"委托管理"的模式，撬动社会资本，放大国有资本引领带动功能。在发展过程中，采取与知名投资机构共同组建基金管理公司或"双GP"的模式，逐步探索"合作管理"，跟着投、合着投，在向优秀投资机构借力的同时培养自己的投资团队。例如，合肥华登基金利用本土优势助力优质项目落地合肥，助力中微半导体成为首批科创板上市企业，为合肥芯碁微电子装备有限公司等提供增值服务。在投资团队"兵强马壮"后，"自主管理"模式水到渠成——与合肥新站开发区合作设立直投基金，创新实践"基金＋基地"的合作模式，发起设立省人工智能基金、市产业投资促进基金、芯火基金、新站基金二期等多支自主管理型基金，管理规模超100亿元，形成基金与省、市、区、县各级招商合作的高效机制，引领合肥市集成电路、人工智能、新型显示等产业投资布局。

2.深耕县区，输出产投投资品牌

在三次迭代升级中，产投集团在"自主管理"模式下，深耕县区，实现县区全覆盖，输出产投投资品牌，助力合肥市产业转型升级和高质量发展。联合高新区、新站区、肥西县等9个县(市、区)共同出资设立合肥市投促基金，与县(市、区)招商投促团队充分联动，共同促进优质重点产业项目落地合肥；市天使基金发起设立县区子基金10个，包括蜀山、包河、肥西、长丰县区天使基金，已形成的"1＋10＋2"整体架构；联合高新区发起设立人工智能语音基金，该基金致力于支持产业发展中处于初创期、成长期和成熟期的智能语音及人工智能项目；市科创基金的参股子基金国耀科创基金，联合长丰县发起设立，主要投向科技型企业；创投引导基金与高新区合作参股设立中兴合创基金、紫煦投资基金、合肥华登基金，与经开区合作参股设立凯泰成长投资基金、与长丰县合作参股设立北城壹号基金、与庐阳区合作参股设立中安庐阳基金，与新站区合作参股设立新站产投基金；国正公司联合经开区参与发起设立合肥石溪产恒集成电路创业投资基金。

（三）政策性引导，市场化运营，接力投资加速企业成长

1.政策性引导，发挥国有资本引领作用

产投资本公司管理的合肥市创投引导基金，阶段参股设立的创业投资机构主要向创业期中小企业投资，不以盈利为目的，并在约定的期限内退出；创新投资公司运营管理的合肥市天使基金为安徽省首支政策性非盈利基金，通过"让渡收益、共担风险，市场估值、协议退出"等创新政策设置，有力缓解了初创期企业风险大、融资难的问题，大力扶持了一批早期小微科技型企业。充分发挥国有资本的引导和放大作用，以"四两拨千斤"的撬动效应，吸引社会资本和专业投资机构入驻合肥，并通过资本的力量支持本地产业发展，引进外地优质项目落地合肥，助推合肥市产业升级。值得一提的是，合肥市创投引导基金撬动社会资本近6倍，充分发挥杠杆效应，引导社会资本集聚。

2.市场化运营，实现国有资本保值增值

产投集团长期坚持价值导向、市场导向、战略导向投资，坚持市场化、专业化运营。一方面，创新投资公司市场化投资项目捷报频传、星光夺目，在多年的投资运营过程中，提炼出了清晰的投资逻辑，

形成了一套行之有效的运营模式，打造了"国耀"系市场化投资强品牌。另一方面，产投集团基金群与各投资平台公司以丰富的投资手段帮助企业走向资本市场，打通了"募投管退"的全流程，实现了国有资本的保值增值，促进了国有资本在一级市场的良性循环，完善了产业投资圈的生态体系。产投集团更是把握科创板与创业板注册制等历史性新机遇，不断加速被投企业的证券化进程，近年来被投企业逐渐开花结果，硕果累累。目前已累计有34家被投企业IPO或被上市公司并购。

3.联动接力投，价值投资伴随企业成长

产投集团旗下各基金管理公司利用市天使基金、市创业引导基金及其参股子基金、市科创基金及其子基金、石溪产恒基金等丰富的基金手段，形成了良好的全周期基金生态，依托布局早期项目，积累了丰富的企业库与资源库。在企业库中寻找优质标的，跟踪企业发展、了解资金与资源需求情况，发挥国有资本长期投资、价值投资的优势，用资本加速企业成长，实现优质项目的接力投资，打造一批"隐形冠军""单项冠军"，助推企业迈向成熟，走向资本市场。

例如，合肥芯碁微装项目，2016年12月项目处于早期的产品化阶段，创新投资公司天使轮投资600万元；2018年8月，项目完成产品化，处于将产品推向市场的快速扩张期，市天使基金投资400万元；2019年9月，项目完成市场推广，处于完善资本构成和冲击上市阶段，创新投资公司及华登基金联合投资5000万元。2021年4月，芯碁微成功登陆科创板。

图2 合肥芯碁微装项目接力培育过程

再如，合肥视涯项目，2018年初，在项目初创阶段，产投资本公司以新站产业基金分阶段投资5000万元；2018年9月，产投资本公司以新站众智基金追加投资20000万元；2020年4月，在项目成长关键阶段，创新投资公司以国耀科创基金对其投资5000万元；2020年7月，产投资本公司通过华登基金追加投资1亿元，助力合肥视涯完成产品的量产与市场的推广，成为全球最大的硅基OLED生产工厂。

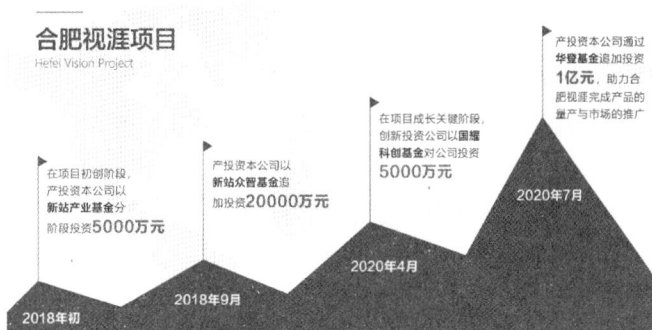

图3 合肥视涯项目接力培育过程

上述案例也充分体现了产投集团全生命周期投资体系的优势。集团通过旗下多个投资平台及基金产品，在项目初创期、成长期、成熟期等不同阶段，匹配不同基金进行接力投资和联合投资，发现并培育高成长性企业，助力企业发展，筑牢产业根基。

（四）专注产业，重点发力，助推合肥战新产业发展

1.重大项目，做大重点产业"朋友圈"

产投集团重大项目直投和海外并购以助推合肥战新产业发展为目标，树立重点行业明星项目，攻破卡脖子关键核心技术和产品，助推形成千亿级产业生态链，做大产业"朋友圈"。

例如，恩智浦（NXP）射频芯片项目——合肥市第一个跨国并购项目。由合肥产投集团出资3亿美元，联合中信并购基金、北京建广资产以及安徽省信用担保集团总投资18亿美元共同投资荷兰恩智谱射频芯片业务。目前已成功退出，较原始投资增值1.2亿元。作为合肥市的第一个跨国并购项目，通过撬动社会资金杠杆，提升政府资金运作效率，并通过金融结构设计保障国有出资的安全，是资本运作创新的典型代表。

再如，联宝项目——合肥市第一个跨境收购项目。项目投资总额2.57亿美元，由合肥市与联想集团共同组建专项基金承接中国台湾仁宝持有的联宝香港49%股权。推进联宝合肥的发展再上新台阶，再造"新联宝"，支持联宝合肥打造"千亿产值"，助推打造安徽首个千亿级智能终端产业生态链。

又如，长鑫12吋存储器晶圆制造基地项目。该项目是产投集团助力合肥打造"中国IC之都"投资建设的重要集成电路产业项目。项目位于合肥市经开区空港经济示范区，总投资超过2200亿元，是中国大陆第一家投入量产的DRAM设计制造一体化项目，也是迄今为止安徽省单体投资规模最大的工业项目，将建成国内规模最大、技术最先进的首个自主研发DRAM制造基地。

2.聚焦产业，围绕战新产业集中布局

近年来，合肥战略性新兴产业加速发展，培育形成千亿级别的新型平板显示和集成电路产业集群，一批尖端核心技术成果达到全国乃至世界领先水平，实现了规模增加、产业集聚和技术突破"三合一"，树立起"IC之都""平板之都""中国声谷"的响亮招牌。这些成就中深藏着产投集团的身影。

产投集团积极担当引领战新产业发展的主力军，围绕推动产业转型升级目标，聚焦"芯屏汽合""集终生智"，积极布局集成电路、新型显示、信创产业、新能源产业、人工智能等领域，延链补链强链，投资了一批在产业链中地位突出、影响显著、前景广阔的项目，打造国有资本引领战新产业发展的"产投模式"。据统计，产投系基金群已累计投资超过200家企业，其中投向战新产业的企业超过160家，占投资企业总数的比例超过80%。

例如，在新型显示产业，产投集团及产投系基金群重点发力，投资完善合肥市平板显示产业链。

一是纵向布局，以技术创新为导向，围绕京东方上下游打通产业链关键环节：先后引入合肥新汇成（国内首家具备显示驱动IC封测全段工艺的企业，就近配套京东方、晶合产线），合肥先导（打破了国外厂商对高端靶材市场的垄断，能够实现京东方8.5、10.5代线ITO靶材的自主供货），微睿光电（解决面板企业在上部电极等消耗性备件的国产化、本地化配套问题）等。

二是横向扩面，紧抓国际前沿技术储备，引领合肥新型显示产业迈上新台阶：抓住视涯硅基OLED微显项目的产业化契机，作为发起方引入项目落户合肥；推动维信诺大尺寸OLED项目落户合肥，同时市投促基金投资、创新投资公司联合投资北京鼎材科技，为维信诺等OLED面板企业提供OLED有机发光材料。

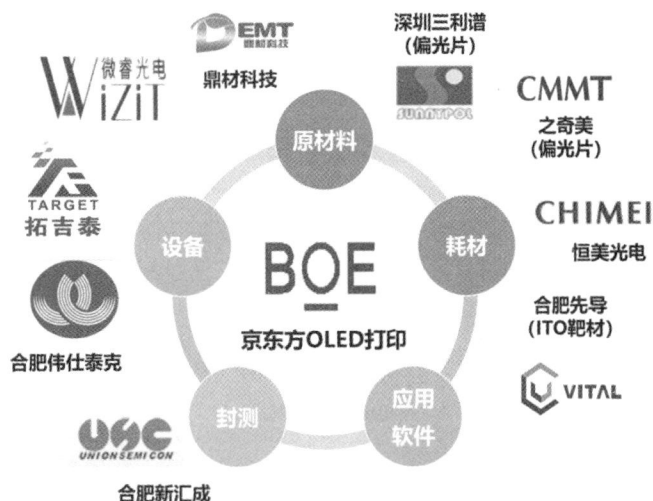

图4 产投集团在新型显示领域的投资布局

3.围绕硬科技，激活科技创新源动力

"硬科技"是支撑我国战略性新兴产业的源动力。产投集团及旗下产投系基金群，重点投资合肥市优势主导产业和战略性新兴产业等一系列"硬科技"类项目，有力促进领域内项目的技术创新及科技成果产业化，助推产业发展升级。市天使基金子基金投资项目——科威尔，主营测试电源设备制造，已在光伏、储能、电动汽车、轨道交通、功率半导体等多个行业领域渗透，成为细分领域龙头，已在科创板IPO；国耀科创基金投资会通新材料，主营高分子改性材料的研发、生产和销售，是国内规模最大、客户覆盖最广的高分子改性材料企业之一，目前科创板IPO已过会；安徽省人工智能语音基金投资卓怡恒通，是国内提供信创产品和技术解决方案的龙头企业，与核心芯片厂商、国产行业中的核心固件厂商和操作系统厂商建立战略合作伙伴关系，下游客户覆盖清华同方等多家核心优质客户。

此外，产投系投资平台充分利用合肥大院大所资源，加强孵化联动，促进科技成果转化。一是与产投集团内部的创新院公司等科技成果转化平台合作。例如，2015年，刘青松带领"哈佛八剑客"团队归国创业，以创新院公司为产业孵化平台成立了合肥中科普瑞昇生物医药科技有限公司，致力于肿瘤体外模型构建、药物检测新技术开发、临床精准用药检测技术开发三大领域，2016年市天使基金即投资600万元支持项目发展，并于2020年成功退出，目前该项目已成为行业内翘楚。二是与中科大、微电子所、中电科等单位科研院所合作，持续孵化高科技企业。如围绕中电科三十八所体系内孵化的高科技项目，市天使基金利用自身的政策奖励优势弥补所内孵化的激励短板，已成功探索出一套行之有效的合作模式，孵化出博微太赫兹、博微联控、博微新磁等项目。

三、经验与启示

伴随着合肥综合实力显著提升、创新之都建设蓬勃兴起，产投集团作为产业发展和创新推进的国资平台引领作用凸显，尤其是集团投资板块，致力于推动区域产业创新发展，形成了独特的"合肥产投"股权投资模式，积淀了相关发展经验与启示。

图5　产投集团股权投资经验与启示

（一）一个核心，服务城市产业转型升级

产业是城市发展的物质基础和动力源泉，在城市发展中起着决定性作用。产投集团与合肥这座城市，共生共荣，共同成长。作为合肥市产业发展和创新推进的国有平台，产投集团是城市发展的参与者、建设者，也是城市崛起的见证者、受益者。

一是服务城市重大战略，聚焦合肥产业主线。产投集团服务合肥产业发展布局，重点投资新型显示、集成电路、智能制造、新能源、新材料等领域，尤其是合肥市战略性新兴产业布局最为突出的新型显示产业、智能语音及人工智能产业、集成电路产业、智能终端产业，都有产投集团重点项目布局或基金投资的身影，成为推动城市崛起的力量源泉。

二是构筑产业投资平台，优化城市产业生态。产投集团投资平台通过天使投资、创业投资、产业基金、并购基金、引导基金等全周期股权投资基金体系，构筑专业化产业投资平台：以天使投资基金添翼创新创业，以创投引导基金助力企业成长，以产业基金培育优势产业；布局关键环节，开创"资本＋产业"格局；设立专项基金，重点产业精准扶持；创新突破，成功实践"基金＋基地"模式；积极对接国内外优质资源，通过设立基金、共建重大项目等多元化方式，参与组建国家级大基金。上述举措有助于全面引入资本、人才、技术等产业资源落户合肥，营造高效多元、环境优良的产业创新生态圈，优化城市营商环境，提升城市竞争软实力。

（二）双轮驱动，实现社会经济效益双赢

作为国有投资集团，产投集团既传承着国家队的"基因"，肩负着服务地方经济发展的重任，同时又是独立的市场竞争主体，始终坚持以"政策性"与"市场化"双轮驱动为核心，打好投资"组合拳"，抢占产业制高点。

一方面，落实"政策性"。产投集团以政府投资基金为主要手段，服务合肥产业发展战略，不断创新投融资模式，坚持市场化运作，通过发起设立基金，以"基金＋产业""基金＋基地""基金＋招商"等多种模式，打通"藩篱"，引入社会资本，发挥国有资本的杠杆撬动作用，实现"四两拨千斤"，做好协调资金流向、引导产业发展的关键抓手。

另一方面，探索"市场化"。既通过市场化运营提升股权投资的运行效率和效益回报，又通过市场化基金锻炼投资团队，提高投资收益。打好"政策性"＋"市场化"投资组合拳，在把握好"政策性"方向原则的同时提升"市场化"的效益和效率，实现社会效益与经济效益的双赢。

（三）扎根本地，塑造"双招双引"崭新模式

2017年，合肥产投集团通过设立新站基金，与合肥新站开发区合作，首次成功实践"基金＋基地"业务，开创了市区两级联动投资的"新模式"，创新了引导基金参股投资的"新方式"，实现了引导基金产业引导、项目投资的"新速度"，优化了区域战略产业集聚发展的"新生态"。这一模式创新，全面打开了产投集团与全市各县区的合作触角，之后，市投促基金、市天使基金县区子基金等陆续设立。

这一模式定向特定区域，助力企业成长，引领产业发展，重点关注区域内轻资产运营或亟待重资产投入的融资需求紧迫项目，借助"产业＋资本""基金＋基地""投资＋招商"，打造"资本＋服务＋资源"的产业生态闭环，形成当地政府招商引资、招才引智的核心竞争力，促进原有的产业格局从被动追赶到主动超越。同时，通过合作设立基金，实现了市县区联动发展一盘棋：既充分发挥基金在招商引资和产业引领中的引导作用，实现产业引导，又有助于实现市、区投资联动，行成"风险共担、利益共享"的格局，加快推进项目投资落地；既充分发挥招商引资和项目投资的协同作用，又实现资本与产业的有效对接，有效带动产业转型升级，产业落地效应明显，投资速度迅猛，精准支持区域经济。

（四）模式升级，创新迭代树立"产投"品牌

创新精神是产投集团融入血脉的发展基因，股权投资领域的基金管理模式更是历经"委托管理—合作管理—自主管理"三次迭代升级，全面践行产投集团创新精神。

三次迭代实现了产投集团投资机构从"LP"到"双GP"再到"独立GP"的转变，即从"单纯作为LP出资参与基金的设立，可在基金投资决策委员会中享有一个委员席位，但并不参与GP和基金管理公司的运营管理"，到"作为LP出资参与基金的设立，同时又与外部投资机构共同设立GP及基金管理公司，或者以投资顾问的形式参与基金的投资管理"，再到"作为LP参与基金的设立，产投集团作为基金的GP和基金管理人，负责基金的募集、设立、项目尽调、投后管理等职责"。

通过创新模式、迭代升级，形成了区别于其他国有投资机构的独特竞争优势，塑造了"合肥产投"投资品牌。同时，在扎根合肥、深耕县区的过程中，实现了投资品牌和投资模式的输出，产业落地效应明显，有力地助推了本地产业升级。如新站基金一期、二期、语音基金和芯火基金、市投促基金、天使县区子基金等相继设立，既得益于模式的升级，更是通过自主管理基金的运行，形成品牌效应，推动更多自主管理型基金的设立，实现了良性循环。

（五）紧扣产业，聚力构筑新兴产业链群

合肥市产业布局以战新产业为核心，以"打造产业集群"为战略，以"紧扣产业链供应链部署创新链，全力抓重点产业链、龙头企业和重大投资项目"为战术，打造现象级产业地标。围绕这一战略、战术，产投集团形成清晰的产业投资思路，以产业育成为总体目标，以"投行思维"和"链"式思维发展产业，以"龙头企业—大项目—产业链—产业集聚—产业基地"为发展路径，推动城市经济发展与项目招引、产业培育共融共生、协同发展。

以集成电路产业为例，首先，以扛鼎之力投资长鑫12吋存储器晶圆制造基地项目，通过大项目打造产业龙头；其次，以产投系基金群全面深入产业，以产业链为核心实现集成电路上下游投资全覆盖，形成产业集聚效应和上下游联动效应，包括：设计领域的思瑞浦、格科微、矽磊科技、恒烁半导体、宏晶微电子等，制造领域的比亚迪半导体等，封测领域的新汇成、悦芯半导体等，半导体材料领域的安德科

铭等，半导体设备领域的芯碁微等，第三代化合物半导体领域的芯谷微电子。同时聚焦"卡脖子"关键技术问题，重点支持拥有核心技术的企业发展，如创新投资公司及市天使基金投资合肥芯碁微装，填补了国内掩模光刻设备空白。

图6　产投集团在集成电路领域的投资布局

上述发展思路与举措，以投行思维和"链"式思维，推动产业链、资金链、政策链、创新链、人才链的有机融合，"链"多方资源，促项目落地，为产业赋能，连点成线，连线成面，助力合肥打通"从一粒沙子到一台计算机"集成电路全产业链，打造了存储、驱动芯片2个产品线方向的12英寸生产线，入选首批国家战略性新兴产业集群，成为国内集成电路产业发展最快、成效显著的城市之一，是全国唯一获批的"海峡两岸集成电路产业合作试验区"。

同时，这一发展思路也将产投集团三家投资公司拧成一股绳。围绕产业发展的统一目标，三家公司集中核心产业，实现内部协同，利用良好的全周期基金生态优势匹配产业链中全生命周期企业。与此同时紧抓产业链发展机遇，弥补产业链薄弱环节，并主动谋求接力投资，助力企业发展壮大，以促进产业集聚，形成产业集群。

成果创造人：王晴、杨希娟

国有企业以战略新兴产业优化布局为目标的
管理改革实践

中国航天三江集团有限公司

中国航天三江集团有限公司（中国航天科工运载技术研究院、中国航天科工集团第四研究院，简称"航天三江"）由原中国航天科工集团第四研究院和原中国航天科工集团第九研究院于2011年12月合并重组而成，隶属于中国航天科工集团有限公司，是中央在鄂的国有特大型高科技企业和国防科技工业的骨干力量，也是湖北省规模最大的军工企业。航天三江本部注册在湖北省武汉市，共有成员单位28个，主要分布在湖北省武汉市、孝感市、宜昌市和北京市、南京市、成都市，形成了"六地十二区"的格局，拥有总资产超过710亿元，在岗员工约1.9万人，控股上市公司1个。

航天三江坚持走自主创新之路，拥有2个国家级企业技术中心和3个分中心，16个省级企业技术中心，1个国家地方联合工程实验室和3个国家地方联合工程研究中心，16个省部级实验室和研究中心，7个省级创新型（试点）企业，4个院士专家工作站，3个博士后科研工作站。"十三五"以来，航天三江加快推进融合发展，积极融入地方经济建设，逐步确定并完善"4＋3＋N"的民用产业发展思路，重点培育发展商业航天、激光装备等有航天特色的战略新兴产业，深入推进管理改革，为圆满完成"十三五"各项经营发展目标，实现高质量发展奠定了坚实的基础。

一、成果实施的背景

（一）新时期国家经济高质量发展的要求

当今世界正经历百年未有之大变局，全球疫情冲击，世界经济严重衰退，产业链供应链循环受阻，国际贸易投资萎缩。同时，全球科技创新进入空前密集活跃的时期，新一轮科技革命和产业变革正在重构全球创新版图，重塑全球经济结构。党的十九大报告指出，我国经济已由高速增长阶段转向高质量发展阶段，正处在转变发展方式、优化经济结构、转换增长动力的攻关期，建设现代化经济体系是跨越关口的迫切要求和我国发展的战略目标。推动高质量发展是保持经济持续健康发展的必然要求，是适应我国社会主要矛盾变化和全面建成小康社会、全面建设社会主义现代化国家的必然要求，是遵循经济规律发展的必然要求。习近平总书记顺应时代和时间发展新变化、新要求，坚持以人民服务为中心，旗帜鲜明地提出了"创新、协调、绿色、开放、共享"的新发展理念，成为实现我国高质量发展的重要指引。航天三江传统的自主研发、自主配套、自主生产的经营发展模式已不能满足国家、部队武器装备现代化需求及迭代速度，也不适应高质量发展的要求。原有的科技创新模式距离关键核心领域自主可控要求还有很大差距，企业发展速度和效益也不能满足广大职工日益增长的美好生活追求。为此，航天三江在传统产业和管理模式基础上，探索培育新兴产业发展布局的新模式，为国家和行业高质量发展贡献力量。

（二）对接国家和地方区域布局规划的载体需要

《关于依托黄金水道推动长江经济带发展的指导意见》和《长江经济带发展规划纲要》相继印发，推动长江经济带高质量发展成为国家战略。长江经济带将依托区域人才、智力密集优势，坚定不移推进供给侧结构性改革，坚决淘汰落后过剩产能，大力激发创新创业创造活力，实现由要素驱动、投资驱动向创新驱动的转变，使之成为培育新动能引领转型发展的创新驱动带。湖北省武汉市作为长江经济带长江中游城市群核心城市，承担着长江经济带创新、高效、绿色发展的重要使命责任。"十三五"期间，湖北省将商业航天、激光装备、新能源汽车等产业作为重点产业并从政府层面开展区位布局，航天三江在相关领域具有较强的技术优势和发展基础，与湖北省、武汉市等协作开展武汉国家航天产业基地等论证与实施工作，牵头或参与政府重点产业规划的实施落地，具有发挥航天产业优势，布局整合有航天特色的产业链、创新链，全面开启战略新兴产业布局的基础和条件。

（三）航天三江转型升级与可持续发展的迫切要求

航天三江传统业务以航天型号产品研发制造为主，产业相对单一，市场增长空间有限，单纯依靠军用产业不能满足持续增长的需要。同时，航天三江民品小散弱的形势多年未改变，在湖北省孝感区域多个传统制造企业亟待转型升级发展，只有进一步优化产业结构，推进管理创新与变革才能进一步整合协同社会资源，增强规模效应与品牌力，促使内外部资金、技术、人员等要素的流通与聚合。航天三江把重点战略新兴产业协同发展写入"十三五"综合发展规划，逐步形成了"4＋3＋N"民用产业发展思路，搭建起"制造＋平台"协同共存的企业架构和管理模式，同时加快在承载战略新兴产业发展的平台公司开展内外部资源整合，在传统制造企业开展系列转型升级工作，积累改革经验后再全面推广，为全面开启战略新兴产业优化布局积累了大量管理经验。

二、内涵与做法

国有企业以战略新兴产业优化布局为目标的管理改革实践主要以国家区域布局和产业布局为指引，以现代企业治理体系理论为指导，结合当前高质量发展要求和国内外政策形势，按照"制造与服务相结合、线上与线下相结合、创新与创业相结合"新业态体系建设的总体思路，优化战略新兴产业布局，形成新业态和新动能；配套开展企业市场化竞争机制改革，争取社会资本、政策、人才与创新资源；补齐传统制造业短板，增强产业链、供应链、品牌、市场等影响力。在全面激发企业活力，促进内部资源挖潜，社会资源整合等方面取得了较好的效果，促进了企业的高质量发展。主要做法如下：

（一）明确战略发展目标和管控模式

1.开展顶层设计，明确发展定位与目标

航天三江结合自身资源及能力实际，认真分析了国际、国内和行业发展态势，以"十三五"规划论证为契机，在高端装备领域积极培育壮大与航天主业关联度高、具备竞争优势和市场空间的战略新兴产业集群，提高资源配置效率，实现高质量发展。明确并完善了军用产业发展思路和"4＋3＋N"的民用产业发展思路，重点发展商业航天、激光装备、能源装备、车辆及重工装备四大重点产业，大力推进信息产业、微电子与微系统产业、以金融租赁为主的现代服务业。2018年以来，航天三江坚持每年组织召开战略管理委员会会议，专门研究形势任务，明晰战略方向，探索发展路径，结合形势政策对产业发展方向及重点工作开展评估与布局。目前，航天三江发展布局的战略新兴产业得到较为充分的发展，其中商业航天、激光装备、车辆及重工装备等列为航天科工集团重点产业化项目，与湖北省、武汉市共同推进武汉国家航天产业基地建设，以激光院为依托成立航天科工集团光量子技术及应用总体部，开展激光量子产业总体牵引，航天三江激光科技园成为武汉市激光产业创新高地。

2.组建产业发展平台，优化战略管控模式

航天三江通过研究自身资源条件和产业平台化发展新业态新模式要求，明确了"制造＋平台"型企业的发展模式，重点民用产业板块成立平台公司，以平台公司为牵引，打造产学研用融的一体化平台，盘活传统制造业资源。其中成立火箭公司，作为商业航天产业平台公司；成立激光院，作为激光装备产业平台公司，成立微电院，作为微电子与微系统产业平台公司；成立航天金租公司，作为现代服务业平台公司；成立金智院，作为智能装备产业平台公司。按照"建平台、用平台、育生态"的发展路径，以平台为支撑，服务作铺垫，从被动适应市场向主动引领市场转变。航天三江本部作为战略决策中心和投资决策中心，追求企业总体战略控制和协同效应的培育，通过战略规划和业务计划体系进行管理，业务范围主要集中在综合调控、提高总体效益等，所属各单位在战略规划框架下开展业务工作，有较大的自主权，明确所属各企业在航天三江战略新兴产业发展中的位置和职责。具体职责为：组织编制五年综合发展规划、产业专项规划及专题规划，并对所属单位的综合规划予以牵引并批复；授权平台公司牵头开展重点产业板块的专题规划论证编制，并对相关单位的营销链、供应链及计划考核工作提出建议，极大推动内部各单位产业协同发展。

3.利用区位政策优势，开展战略新兴产业布局

2014年5月，航天科工集团主要领导与湖北省主要领导专题会晤时提出，通过深化战略合作，以发展商业航天技术为核心，在湖北武汉共同打造以商业航天为核心特色的产业基地，打造"具有全球影响力的产业创新中心"，推动航天高新技术及配套产业集群发展；2015年7月，产业基地有关构想得到李克强总理明确批示与支持；2016年8月，武汉国家航天产业基地获得国家发改委的正式批复。航天三江迅速行动，抓住国家和地方战略布局契机，布局发展商业航天产业。2016年组建国内第一家商业航天公司——航天科工火箭技术有限公司，成为首家入驻武汉国家航天产业基地并开展建设的单位。火箭产业园规划面积1500亩，采取"整体规划、分期建设"的形式。快舟系列运载火箭总装总调（一期）建设项目占地面积450亩，于2017年10月启动建设，2020年7月投产使用，形成了年产20发快舟固体运载火箭的总装测试能力。行云卫星科技园征地91.95亩，主要为行云工程提供研制保障条件，包含卫星研制、运营、应用开发及生活配套等。2020年12月，行云工程研制保障条件（一期）建设项目动工建设，预计2021年12月底前竣工并具备投产条件。

武汉东湖"激光科技园"作为武汉国家航天产业基地六大功能区之一，新征土地416亩，其中建设用地面积247亩，一期分摊新征土地103.85亩，新增建筑面积78870平方米。初步建成航天三江激光产业核心研发平台，以满足高功率半导体激光器芯片、特种光纤等产品设计、研发、试验、生产及产业化的需要。在"十三五"期间兼顾量子点芯片、光纤光栅等孵化项目发展的需要，同时初步建成激光产业孵化技术平台，以满足激光产业创业孵化的前期需求。

（二）深化国有企业改革，激发企业创新发展活力

1.推进治理能力现代化

"十三五"期间，持续推进所属各级公司建立健全法人治理结构，规范公司治理，推动所属单位"三会一层"治理主体依法履职，充分发挥章程在公司治理中的基础作用和党组织的领导作用。累计组

织完成控股公司和参股公司年度股东会1500余项议案审查工作，修订完善了《航天三江派出董事监事、投决委委员和投资人代表管理办法》。先后完成各年派出董监事考核，持续强化派出董事监事和投决委委员的责任意识和履职能力，提升公司治理的能力和效率。

精准指导新设公司尽快步入有序快速发展轨道，在现行有效机制基础上，经整理提炼归集，于2018年8月印发了《中国航天三江集团有限公司新设、并购公司管理指导手册1.0版》，指导新设、并购公司建立具有可复制、可移植特性的运行管理要素和基本规则，防控经营风险，规范治理行为。"十三五"期间，航天三江对新设公司开展3次现场指导，对9家新设、并购公司开展股权投资期间评价。打造新设公司快速实现规范化经营管理的"样板工程"。2017年，针对新设立的微电院，组建帮扶小组，帮助微电院快速建立规范化的经营管理机制，微电院经营管理水平显著提高。航天三江以此为"试验田"，推动新设公司帮扶常态化，并以此为"样板"，组织制定新设立和并购公司规范化管理指南，在新设立公司中推广应用，快速提升了新设公司的经营管理规范化水平。

2.建立创新奖励激励机制

航天三江开展创新激励机制建设，激发内生动力活力，抢抓发展机遇，争取赢得先机。航天三江研究制定预研创新激励机制，为了从深层次解决预研创新动力不足、预研成果不能支撑后续发展的问题，航天三江提出"预研创新十一条"，制定重大项目立项及竞标成功奖、技术创新积分制、知识产权分红制、科技创新全流程价值分配机制等一系列措施，从根本上解决了影响创新的体制机制问题，推动航天三江军民产业创新成果不断涌现，为后续发展提供了源源不断的动力。

3.开展引智育智工程

在当前战略新兴产业激烈的市场竞争中，谁拥有一流的人才，谁就拥有了企业发展的优势和主导权。"十三五"期间，航天三江加快汇聚高端人才，在商业航天领域，组建了以国家级技术专家为核心、博士为骨干的涵盖商业航天全产业链的团队，突破了一大批关键核心技术，也为商业航天未来发展奠定了良好的人力储备基础；在激光技术领域，加大国内外高层次人才引进力度，成功引进6名国家级高端专家，形成了海内外高端人才聚集效应，打破了国外的技术封锁，为激光装备高质量发展打下了坚实基础；高端专家实行协议工资制，创造高薪引智的条件，部分专家采用技术成果入股形式，与企业形成战略伙伴关系。在量子技术领域，与潘建伟院士合作，紧跟国家"量子通信与量子计算机"重大专项，积极推进国家量子通信骨干网延长线"合肥—武汉干线"商业应用示范线建设，打造中部地区量子保密通信骨干网重要枢纽中心，已建成并投入使用，进一步巩固航天三江在国内光量子产业领域引领地位。

推进高管和骨干人员股权激励，完善中长期激励约束机制，以实施企业股权激励为主要手段，火箭公司、激光研究院、万山公司、江北公司等单位先后开展股权激励，积极实践企业经营管理模式的调整，获得了宝贵经验，进一步调动骨干人员的主动性、积极性和创造性，激发企业活力，初步构建了企业和员工风险共担、利益共享、价值共创的利益共同体，对稳定核心骨干人才队伍和增强企业核心竞争力有一定支撑作用，促进了企业经营业绩持续提高。

4.完善计划考核体系

为进一步提升所属单位经营活力，树立经营绩效和效益评价导向，合理设置研发单位与生产经营企业的考核重点，研发单位突出项目立项、预研研制成果及转化，生产经营企业突出"两利四率"考核，发挥好考核的"指挥棒"作用，推动经营活动的科学化、精细化、精准化和动态化管控。加强新设单位、股权多元化公司治理，通过股东会、董事会等渠道参与公司治理，逐步实现"去行政化"，从"控股控权"根本出发，形成国有控股股东与上市公司间的有效管理模式，在管理理念、制度体系、组织架构等方面提升规范化水平。

5.加快智慧企业建设

围绕"打造数据驱动创新型企业"的目标，综合运用"数字化、网络化、智能化和云化"等信息化手段，打造装备产品研制模式和企业运营管控模式的数字化特征，助推战略新兴产业管理的便捷化和快速化，为企业质量效益双提升赋能。核心业务领域基本实现信息化覆盖，数据治理体系基本建成，业财一体化功能建设由89%提升至100%，财务活动重复工作减少60%，智慧企业运行平台赋能企业数字化运营的效能初步显现。深入推进"两贯穿"，基于PDM的技术状态管理应用深度和广度不断增强，高性能计算能力由百万亿次提升至近千万亿次，数字化协同研发能力显著提升。以产品创新牵引科研生产模式转型，4部CPDM系统入选2020年国务院首批企业数字化抗疫产品和服务目录，9部质量管控App创新对火箭产品进行"彩超"体检。信息化从基础应用、集成应用到创新应用不断深化，有力地提升了研发制造能力、企业管控能力和市场竞争能力。

6.深化综合要素运用

航天三江综合运用政策、资本、市场等要素加速产业发展。一是争取政策支持，航天三江在实施战略新兴产业规划发展时积极争取国家、地方政府支持，在武汉国家航天产业基地的论证、批复、建设，大推力固体动力研发能力建设，激光科技园的建设，量子通信网的建设，新能源汽车的发展过程中均获得了地方政府给予的各项政策引导和大力支持，充分体现了区位要素深度融合。同时，组织引导所属单位加强研发机构和创新平台建设，"十三五"期间，新增6家国家级创新平台和11家省级创新平台，围绕商业航天、激光装备等战略性新兴产业，组织科技创新、军民两用技术、科技成果转化等领域项目申报累计获得各类政策资金支持超4亿元。二是增强资产运营服务实体经济能力，锐科公司的成功上市，为实现激光产业的快速发展、竞争能力的有效提升和市场地位的不断巩固奠定了重要基础。2017年，成功推动火箭公司实现A轮融资，募集资金12亿元，为后续重点项目研发提供了资金支持。2019年，激光院完成A轮融资。2020年，万山公司以"内部增资＋骨干持股＋外部融资"方式，实现混合所有制改革落地。

（三）开展传统制造企业转型升级专项提升

航天三江制造企业是航天型号产品科研生产的主力军，是航天三江技术、质量和品牌的代表，航天三江发展战略新兴产业，为的是航天传统产业的转型升级，靠的是传统产业的人才基础、技术转化、质量管理与品牌赋能。近些年，航天三江孝感区域传统制造单位存在技术创新和工艺创新能力不足、经济规模不大、运行质量不高、产品（业务）单一结构不合理、资本（资产）结构急需优化、供应链和营销方式亟待优化等问题，对自身发展和战略新兴产业培育的支撑严重不足。2018年以来，航天三江制定并实施了孝感区域转型升级举措。通过深入挖掘孝感区域单位内部潜能，积极拓展吸引外部资源，以技术创新、工艺创新、供应链优化、营销方式与营销渠道优化、社会化引资引战、智能制造6项重点工作为抓手，固底板、补短板、加长板，激发自主创新活力和内部"造血"能力，孝感区域多家单位转型升级工作取得突出成果。一是孝感区域各单位完成产业规划论证、产权确认等工作，形成了"一企一策"的发展思路；二是进一步深化产业协同发展，明确分工界面，平台公司协调带动孝感区域单位实现技术协同、产品协同和市场协同；三是按照"强基础、建体系、成系统"三个阶段推进智能制造建设，完成红林公司某智能化总装生产线、万山公司地面车辆总装总调生产线等重点智能产线建设，示范带动了孝感各单位核心制造能力快速提升；四是万山公司通过转型升级各项措施，营收利润率每年提升一个百分点，2020年成功实现引资引战和股权多元化改制，募集资金8.4亿元；五是孝感区域实施转型升级三年以来，营业收入增长了49.45%，平均每年增长14.33%；利润总额增长52.41%，平均每年增长15.08%，支撑战略新兴产业发展的动能和基础进一步提升。

三、实施效果

（一）管理效益

通过战略新兴产业优化布局和相关管理改革措施，航天三江产业结构进一步优化，产业发展路径逐步清晰，产业化发展的规模化和集群化效应逐步显现，经营发展的质量稳步提升，呈现出全面健康可持续的发展态势。商业航天、激光装备、微电子与微系统、智能制造等产业形成新经济增长点，重点项目产业化速度加快，非主业领域逐步退出，四大重点产业规模效益快速提升，占民用产业比重较规模2015年提升32.72个百分点。锐科公司成功IPO，成为航天科工集团第一家创业板上市公司，资产证券化率由1.49%大幅提升至5.53%。火箭公司、激光院、万山公司先后实现股权多元化，社会化融资及股权多元化背景下的公司治理体系逐步建立健全，管理效能得到极大提升。进一步提升航天品牌价值，形成了一批可借鉴、可复制、可参考的传统制造业企业转型升级与高质量发展的管理经验。

（二）经济效益

"十三五"期间，航天三江累计实现营业收入1426.67亿元，年均增速达到17.99%；实现利润总额115.50亿元，年均增速达到13.11%。全员劳动生产率43.60万元/人·年，较2015年增长156.78%；净资产收益率10.29%，营业收入利润率7.07%，进入行业较好水平；资产负债率61.55%，较2015降低8.02个百分点。2020年，虽受新冠肺炎疫情影响，但航天三江统筹疫情防控与科研生产经营两个大局，全年实现营业收入394.26亿元、利润总额29.40亿元，全面完成年度经营目标，充分表明了航天三江"十三五"实施战略新兴产业布局以来的经济发展具有深厚的内力和韧性。

（三）社会效益

航天三江实施战略新兴产业优化布局以来，充分对接并落实了国家和地方政府的战略部署，商业航天、激光装备、车辆及重工装备等产业链充分与地方上下游产业融合，为地方社会经济发展作出一定贡献。航天三江相关产品及产业发展模式得到了社会各界关注，航天三江开启了国家商业航天发展的新局面，KZ-1A保持航天发射最"快"的纪录，连续6年在武汉市承办商业航天高峰论坛；激光器国内市场占有率第一，多项技术打破国外垄断，实现自主可控；航天三江万山公司重型平板运输车承担了建国70周年阅兵临时观礼台运输重大专项任务，行业引领地位和影响力进一步提升，入选中央电视台《中国建设者》《大国重器》专题纪录片。

成果创造人：谭千红、吴代满、谢永丰

大型军工企业市场化运营体系的构建与实施

湖北三江航天万山特种车辆有限公司

湖北三江航天万山特种车辆有限公司（以下简称"万山公司"），国家批准汽车整车及底盘定点生产企业，隶属于中国航天三江集团有限公司。万山公司前身国营万山特种车辆制造厂，始建于20世纪70年代湖北省远安县；2002年调迁至湖北省孝感市；2005年6月根据国家政策，完成分立破产改制；2008年初，航天三江将万山公司和技术中心合并重组，实行"统一运行、一体化管理"；2020年12月完成增资扩股，由国有全资企业转变为混合所有制企业，注册资金5.61亿元。万山公司现有从业人员1655人，其中各类专业技术人员812人，高级专业技术人员126人，享受政府特殊津贴专家3人。20世纪80年代，四大系列70余种万山牌轻型客车，创造了"西有万江"航天辉煌；20世纪90年代，开发六大系列60余种具有国际先进水平重型越野车底盘。经过50年来艰苦创业，公司已跻身于中国500家最大机械工业企业、企业信息化建设500强之列。

一、大型军工企业市场化运营体系构建与实施的背景

（一）外部市场环境的需要

为适应新时代企业高质量发展要求，适应市场经济发展需要，公司通过深入剖析影响公司转型升级的主要矛盾和问题，研究提出了"大型军工企业市场化运营体系构建与实施"工作思路，通过苦练内功强基础、加大培育新能源汽车产业，形成新的经济增长点，加快推进"三个转变"，推动"特车产业"实现规模化、产业化、效益化发展，助推企业"降本增效""提质扩能""转型升级"。

（二）集团公司发展的需要

为深入贯彻落实集团公司、航天三江系列战略部署、转型升级总体思路和重大举措，万山公司立足新发展阶段，明确将新观念、新要求，贯穿于"大型军工企业市场化运营体系构建与实施"方方面面，从产品流、业务流、资金流等全维度、全方位、全流程、全寿命周期具体实施，同时在智能化改造、ODM实施、云端业务工作室、云端营销、PPM质量提升等方面，努力提升产业基础高级化。

（三）企业自身发展的需要

为实现企业跨越式发展，万山公司立足"大型军工企业市场化运营体系构建与实施"3年专项工作，瞄准综合经营管理能力和员工收入"双提升"，不断强化全员经营效益意识和算账意识，持续构筑企业"成本领先"优势，持续提升盈利能力，持续增强竞争力、创新力、控制力、影响力和抗风险能力，全方位提升公司经营管理和科研生产能力，持续提高公司经济运行质量、发展潜力。

二、大型军工企业市场化运营体系构建与实施的主要内涵和主要做法

（一）主要内涵

全面贯彻落实集团公司加强成本管理指导意见，坚持"一切成本皆可控"原则。万山公司紧盯产品开发、经营管理全过程，明确"成本费用压控"重点和经济技术指标改进目标，应用最优控制理论，以"长期实现跨越式高质量发展，近期实现'增资引战'优化体制机制，深入贴近市场化运营"为目标引领，以方案指标设计优化为保障，以政策激励多样化为手段，以"院企两级"联动与企业党政工团联合形成的系统管理平台为基础，对标市场化经营管理目标，针对7个专项攻关领域，实现企业经营目标成本管控精准到位、综合治理到位、消耗控制到位、考核激励评价到位，最大限度地降低技术成本、生产组织成本、管理运营成本，不断优化成本结构，强劲公司创新发展能力、产品创利水平，实现企业效益最优化、可持续发展目标。

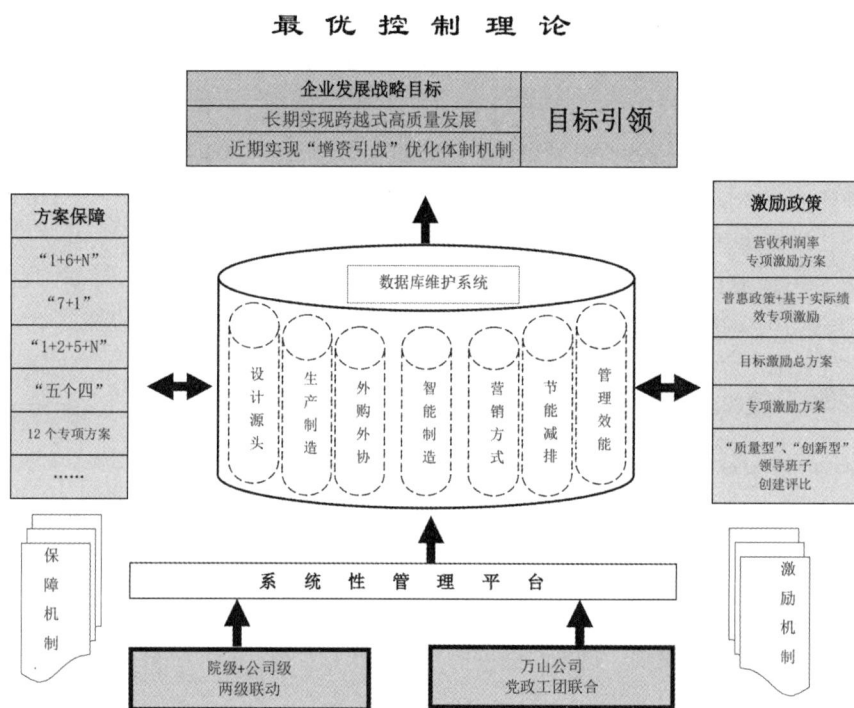

图1　大型军工企业市场化运营体系

（二）主要做法

1.立足企业经营管理系统性平台，持续优化降本增效管理体系

一是"院企两级"联动，上下协调，提供了组织保障。为推进万山公司营收利润率提升专项工作，航天三江成立了由总经理任组长，相关分管领导任副组长，航天三江发展计划部、人力资源部、财务部等部门负责人与万山公司主要领导为成员的专项工作领导小组。期间，形成了航天三江与万山公司两级协调会、双月领导小组专题会工作机制，确保相关资源，及时全面保障专项工作开展。

二是企业党政工团联合，统一思想，全员行动凝心聚力，形成了舆论氛围。在航天三江定期组织召开万山公司专题座谈会的积极促进下，公司党、政、工、团与之呼应，并充分利用公司及其二级单位的线上线下各类平台（例如专栏、专题会、主题课、主题演讲、主题征文、主题竞赛、经验交流会等），

广泛深入的宣传专题工作的重要意义，确保专项计划、保障措施及激励政策全员知晓，做到全面覆盖、全员发动、人人行动、效能发挥。

三是注重顶层设计，突出重点，以点带面全面覆盖，明确了行动方向。根据市场发展引领需要，认真领会航天三江提质增效、转型升级、高质量发展的战略部署，通过"1+6+N""7+1""1+2+5+N""五个四"目标逐步迭代升级，通过促进产品质量、工作质量、经营质量提升，公司从产品流、业务流、资金流，逐步形成了全维度、全流程、全寿命周期的课题攻关计划，确保了专项提升工作纵向到底、横向到边，有效推进了公司"三创新"工作。

四是树立奋斗目标，发挥职能，人人履职共担责任，建立了激励约束。结合集团公司、航天三江发展战略，按照万山公司明确的三年总体目标，结合企业年度转化重点，以问题为导向，充分发挥业务管理部门积极性，明确改进优化路径，逐步形成归口总体协调、牵头项目责任单位负责、相关执行单位配合的工作机制，形成了月度专题讲评考核、半年工作交流机制。公司设立奖励基金、考核激励指标细化分解到了公司重点装备产线、班组和个人。

五是开拓发展视野，围绕中心，多方领域创新创效，丰富了创新活力。开展营收利润率提升工作，最终是实现公司综合经营管理能力与员工自主创新能力、企业经济效益与员工收益的"双提升"。公司从最初的全员减少浪费"7+1"管理创新活动的开始，到公司充分研究利用国家、地方和上级产业政策；从营收利润率提升的公司级项目、部门级项目、员工自发创新项目申报，到公司各类科技成果、专利等政策资金支持；从员工群众性创新活动的蓬勃开展，到公司"五个四""找短板"的持续创新激励；应该说，万山公司的全员经营效益意识和算账意识明显提高，促进了系列新战略、新思维、新方法与业务工作深度融合与落实。

2.狠抓企业运营关键环节攻关，持续完善降本增效工作平台

三年来，对标市场化经营管理目标，深入推进"设计源头、生产制造、外购外协、智能制造、营销方式、节能减排、管理增效"7个方面的开源节流、降本增效、提质增效，不断丰富内涵、拓展外延，逐步实现工作平台体系化、工作业务程序化、运行机制常态化。

（1）设计源头降本提质增效

重点改进目标成本限额设计，加强合格供方管控，坚持外购外协件比价择优，强化"三化"（通用化、系列化、组合化）设计，积极开展新材料、新技术应用研究和验证，建立成本工程控制体系，实现降本提质增效。一是优化公司研发体系，提高研发设计效率。根据研发体系及核心能力建设要求，推进资源重组、深度融合，组建万山公司技术中心，全面负责产品的规划论证、预先研究、设计开发、产品试验，以及产品销售、生产、售后等全过程技术支持，形成整体优势和核心竞争力，提高研发设计效率。二是加强项目顶层策划，坚持项目经济性分析，控制目标成本。近三年累计新设计开发项目，均编制产品开发成本及经济性分析报告，从源头加强成本管理。三是规范新开发供方审批程序、外购件选用程序，压缩供应厂家，提高通用化设计率，节约成本。近三年新选择新供方、新选择外购（协）件，均按程序实行实施动态建账管理，适时更新。四是坚持外购外协件多厂家竞价，对比择优，压减外购成本。五是在原有数字化设计手段基础上，组织开展全三维设计、模型在线协调和电装检查，减少低层次问题。

（2）生产制造降本提质增效

通过优化生产组织方式，实行批产分组投入，严格控制预投产项目，加强临时生产任务管控，同步消化压减库存物资。以底盘和整车的总装集成能力，以关键、重要总成加工为重点开展制造能力提升，

持续推进底盘数字化协同研发能力建设，实现生产制造降成本。期间，万山公司整车总装总调能力提升效果显著，底盘产能稳步提升。一是全力推进底盘总装生产线、车辆关键总成部装生产线、核心零件精密加工生产线、特种驾驶室装配线、车架生产线、大功率变速器装配生产线等"六大产线"建设并取得明显成效；二是某底盘实现流水线装配及在线调试、试验，已形成月产30~40台生产能力；三是某总成零部件已形成月产60套装配、试验能力；四是开展行星齿轮支架、半轴套管等核心零件精密加工生产线建设；五是以某型号驾驶室为代表，兼容基本型和专用型，已形成月产54台驾驶室能力；六是按照小流水线形成车架生产线，已形成月产70套装焊能力。据不完全统计：2019年任务同比2018年增长1.9倍，底盘总装同比增长900%，整车同比增长60%；2020年，底盘零部件生产同比2019年增长49%，整车同比年增长62%，三年任务总体翻番。

（3）外购外协降本提质增效

充分发挥设计、制造一体化管理优势，改变原有采购成本控制串行模式（即研发部门确定厂家/型号，采购部门询价，财务定价，三者之间缺乏成本信息反馈，没有形成合力；未利用好研发技术人员专业技术力量；缺乏定价环节监督，整个流程没有形成闭环），实施"三方联动"控制采购成本并行模式（即坚持外购件设计、财务、采购联动；外协件工艺、财务、采购联动；改进协同办公系统"三方联动"价格管理业务流程；充分发挥各部门专业人员优势，快速传递价格成本信息，及时发现并有效解决价格偏离问题，有效降低采购成本）；持续优化合格供方目录，持续开展目标成本管控，加强物资采购竞争性配套体系建设。主要反映在三个方面。一是新研项目开展经济性分析和限价设计，开展项目目标成本确定并组织落实。二是加强竞争性配套体系建设，贯彻落实"四个两"2.0版的第二十九条"加强外协外购竞争择优工作，明确主要外购外协件配套单位（代理商）必须选择两家以上，以保证质量、进度和成本"要求，积极推进第二供方开发验证工作，以"四优"产品（优的性能、优的质量、优的价格、优的服务）为标准，实现竞争择优。截至目前，万山公司已经建成整车、底盘、商用车、重工装备、新能源汽车、大功率和分动器等核心零部件，均已形成较为完整的供应链配套体系；同时，主要零件建立健全了两家及以上的配套体系。三是重点从质量改进、准时齐套、成本控制等方面优化供应链，形成与公司持续发展相适应的供应链体系。

（4）智能制造降本提质增效

公司深入贯彻集团公司"数字航天"战略和"质量制胜"战略，围绕智能制造、协同制造和云制造，从数字化工艺设计与管理能力建设、智能改造、智能生产线建设等方面，打造研发、管控、生产一体化平台，实现设计、工艺、生产、检测、物料等数据流的统一，建设高效协同的一体化智能生产单元、智能生产线、智能生产车间，在产品制造、产品质量和管理体系三方面形成有效闭环，实现智能研发、智能管控、智能生产，提升公司核心制造能力。持续提升公司产品快速反应能力、质量管控能力，以及价值创造能力。主要体现在三个方面。一是重点实施整车总装总调生产线和厂房建设、超重型越野车底盘总装总调生产线改造，提升生产线自动化水平；开展智能化整车涂装生产线应用研究和大型结构件智能焊接等生产线的规划论证；开展科研生产数字化管理系统相关建设，实现产品全过程在线管理；自顶向下开展产品结构设计，推进数字化试验验证，深入开展协同设计框架系统应用。二是以总装、外协工艺优化改进为突破口，高质量完成型号产品工艺保障；稳步推进核心重要工艺技术体系建设，深入开展工艺优化；工艺策划源头控制成本；优化精简工艺。三是推广应用新材料、新技术，大力推进工艺装备覆盖与手工工艺全治理、三大类在线检测技术应用，大力推行去手工化；确保手工工序压减比率，关键工序数控化率提高，工装常态化全覆盖。

（5）营销方式降本提质增效

加强营销模式和服务模式创新延伸，强化网络渠道建设，培育稳固有实力经销商、代理商队伍。积极建设外贸渠道，不断加大自主外贸力度。充分利用外部股东资源，拓展营销渠道。坚持"巡检巡修"特色服务，重点实施大客户保障专项计划。主要体现在两方面。一是优化营销方式与渠道，提升市场拓展能力。2019年，以1910KT专项任务为典型代表（该项目获得集团公司"2020年商业模式创新二等奖"），实现重型工程运输装备向大型活动保障、应急救援等领域拓展应用，同时实施项目总包、金融租赁、集团能力协同、云端业务发布、产业链集群等营销管理创新工作。2020年，重点从营销模式、营销渠道、业务结构等方面进行优化。创新"线上＋线下""产品＋服务"的商业模式，重工装备实现签单23836万元，同比增长97.33%。二是改进服务组织方式，实现服务增值；开展"维保承包"一站式服务，积极开展服务业务延伸，通过"互联网＋特约维修商"方式提升售后服务效率。

（6）节能减排降本提质增效

围绕电费改革这条主线，充分利用国家有关政策，以节能新产品、新工艺为牵引，提高电力使用效率，节水、节气等多项措施并举，探索研究并形成节能增效新模式，实现节能增效。主要体现在以下六点。一是创新基本电费缴费模式，通过研究用电政策，运用商业模式创新思维，引进合作方建设了电力需量监测系统和重点能耗设备能源管理系统。同时与电力公司协商变更供电收费方式，将按固定基本容量收费，改为按需申报最大需求功率收费，减少基本电费。二是积极争取基本电价改革红利，利用湖北省高新技术企业优势，参加湖北省电力交易市场交易，一定幅度降低购电价格。三是积极推广工业大风扇、LED灯等节能新产品应用，节约电费（包括后期大量维修费用）。四是提高电力使用效率，组织安装功率因数表，实现各独立作业场所全覆盖并及时监控、调整投入电容，提高电力使用效率。五是堵漏工业区供水管网，节约水费。六是集中供气，实施循环水系统节能改造，节约电费。七是根据政府扶持政策，争取水电气等能耗使用优惠，降低水电成本。

（7）管理效能提质增效

在企业管理方面：推进"三创新"工作，下发《公司关于开展以创新为导向，激发全员创新潜力，促进企业转型升级提质增效的通知》，重点从技术创新、管理创新和商业模式创新三个方面进行全员创新激励。2017年至今，公司持续深化开展减少浪费"7＋1"管理创新活动，从生产、技术、质量、经营管理等方面，实施公司层面＋部门层面，20＋N/年个管理创新项目，引导职工向创新要效益。

在财务管控方面：一是开展成本工程，以设计、工艺、生产、采购、销售、服务等产品全寿命周期经营活动为主线，系统分析影响产品成本因素，寻找控制成本关键点，相继制定特车产业、研发系统、采购系统、售后服务、生产系统等成本工程实施方案，建立成本控制规章制度体系，促进科研生产经营活动各环节成本管理常态化；二是积极研究利用各项政策创收创效，通过争取国家财政资金补贴支持，申请项目贷款贴息、贸易贴息，积极研究利用各种税收政策，创收创效；三是精打细算提高资金使用效率；四是认真策划，逐年降低财务费用。

在人才激励方面，按照"控制人员总量、改善人员结构、提升人员素质、提高人员效益"管理思路，重点开展以下工作：一是加强人才培养和精准配置力度，确保人才保障和智力支持，保障科研生产、经营管理需要；二是积极调整公司工资总额发放中绩效发放部分的占比，进一步调整和优化薪酬分配、激励政策，出台系列措施，突出骨干、突出绩效、提升激励效果；三是突出业绩贡献和实际绩效，创新薪酬发放方式，坚持向重点任务、重点项目和骨干人才倾斜，坚持向关键岗位和核心骨干倾斜，彻底打破高水平"大锅饭"，确保有效发挥薪酬激励约束作用；四是对23名核心骨干人才实施股权激励

（共投入2180万元），建立中长期激励机制，让"核心骨干"个人利益与公司发展深度绑定，激发核心骨干积极性；五是积极提升全员劳动生产率，适度提高全体干部职工收入，进一步增强职工获得感、幸福感。三年来，严格贯彻落实基于实际的激励机制要求，深化业绩考核，不断优化职工收入分配，员工收入水平增长与公司整体经济效益增长协调，增强了职工获得感、幸福感。

3.实施企业经营管理目标引领，促进跨越式发展战略目标实现

为实现企业内涵式跨越发展，万山公司充分研究国家关于军工企业的"混合所有制"改革政策，积极开展三年营收利润率提升专项工作，全方位提升公司经营管理和科研生产能力，进一步夯实企业运营管理基础。通过三年营收利润率提升专项工作成果，主动先行先试，在航天三江领导及其相关部门的强力支持下，分解落实33项节点，向省市政府4次呈文，组织召开28次专题对接会，进行出资方案20多轮颠覆性调整，最终圆满完成"增资引战"项目落地，成为航天三江、孝感区域传统企业中，第一家"成功募集社会资本、实施股权激励、实现混改"的单位，圆满完成以"内部增资＋骨干持股＋外部融资"三位一体方式混改，实现体制创新突破。期间，通过积极引进外部战略投资者，注入活力和动力，改善企业治理结构，优化企业资本结构，整合社会优质资源，促进企业经营体制机制取得新突破，实现公司由"任务型"向"能力型、效益型"转变。实施股权激励，激活体制机制，内生动力，建立与行业和市场接轨的精准、高效、协同和持续运行的管理体系，提高管理效能，实现人员高效利用，提高全员工作效率和积极性，提升管理经营效率和效益，实现"增资引战"战略目标。

其主要体现在以下三点。一是积极落实改革创新举措，根据"增资引战"要求，进一步建立健全"三会一层"管理制度，确保落实股东各项要求；进一步建立健全了岗位绩效工资制、项目制、协议制等多种方式相结合的薪酬分配体系；进一步推进了多种激励方式并存的中长期激励机制，激发核心骨干人员积极性；进一步完善了员工成长通道，建立相适应的薪酬激励约束机制和教育培训体系，激发各类人才潜能；进一步完善了人才评价机制，推进专业领军人才、复合型管理人才和高技能人才队伍建设。二是切实强化经营过程管控，优化了管理部门和分公司考核方案，逐步加强了经济运行专项统计分析；强化了"两金"管控、成本费用控制，资源配置效率持续提升；逐步完善了财务监督体系、价格工作体系；不断拓展内控体系建设、审计监督广度和深度，强化内部审计管控作用。三是法律管理与经营管理深度融合，规章制度、经济合同、重大决策程序不断加强。

三、大型军工企业市场化运营体系构建与实施的主要成效

（一）企业市场化运营能力得到持续提升

三年来，通过构建实施"大型军工企业市场化运营体系"，全员成本意识、经营意识、高质量发展意识，得到进一步激发与提升。全程精细化管理，是全方位、全员参与的一项重要工作。通过各项激励措施——量化，将提升专项任务全面落实到日常计划管控，落实到管理部门和分工公司，落实到生产线和班组，充分调动了广大干部职工积极性，做到了"党、政、工、团联合，公司上下凝心聚力，全员行动保证各项任务完成"，形成整体推进效果。

三年来，通过构建实施"大型军工企业市场化运营体系"，公司经营管控能力、经营管理创新活力，得到进一步激发与提升。通过突出"设计源头、生产制造、外购外协、智能制造、营销方式、节能减排、管理激励"七个重点领域，不断丰富内涵、拓展外延，以点带面、开源节流、提质增效，逐步实现工作平台体系化、工作流程程序化、运行机制常态化，公司反应速度不断提升，市场能力持续增强。

（二）企业市场化运营质量得到持续提升

三年来，通过构建实施"大型军工企业市场化运营体系"，不断迭代优化管理措施，经济效益指标实现了一年一个台阶的跨越式发展。2018年，主要通过节约增效，实现营收利润率提高1个百分点（策划方向：降本贡献0.7个百分点，增效贡献0.3个百分点），当年实现降本增效目标1480万元，实际完成2162.21万元（其中，降本增效1316.37万元，增收增效845.84万元），完成年度计划的146.10%；2019年，主要通过提质降本、扩能增效，实现营收利润率提高1个百分点（策划方向：降本贡献0.5个百分点，增效贡献0.5个百分点），当年实现降本增效目标1790万元，实际完成2911.55万元（其中，降本增效1090.59万元，增收增效1820.96万元），完成年度计划的162.66%；2020年，主要通过精细管理，精准管控增值增效，实现营收利润率提高1个百分点（策划方向：增效贡献0.7个百分点，降本贡献0.3个百分点），当年实现增收增效目标2800万元，实际完成5210.25万元（其中，增效4096.05万元，降本1114.2万元），完成年度计划的186.08%。

公司"十三五"累计实现利润总额2.31亿元，较"十二五"增长209.44%，年均增速50.65%；累计实现经济增加值1.6亿元，较"十二五"增长49.14%，年均增速64.08%；净资产收益率、营业收入利润率、存货、应收账款周转率、资产负债率、全员劳动生产率等指标逐年优化提升。

（三）企业市场化"增资引"战获得圆满成功

三年来，通过构建实施"大型军工企业市场化运营体系"，在持续强化练内功，增强企业经营能力的同时，公司实现了"外引内联，优化资产结构，改变体质基因，促进机制改变，实现跨越式发展"的战略经营目标。"十四五"期间，通过2018年准备、2019年实施、2020年出资，三步跨越，实现了公司增资扩股项目的全面完成，共募集资金8.41亿元，新增注册资本2.89亿元，公司注册资本由2.72亿元增加至5.61亿元，公司股东由1名增加至7名。企业整合优化社会资源的能力得到进一步增强，初步构建了与市场接轨的精准、高效、协同和持续运行的管理体系，为企业实现"十四五"规划前景目标奠定了坚实的发展基础。

成果创造人：谭千红、郑家龙、陈岩

测井市场资源整合创新实践

中国石油集团测井有限公司

为贯彻党中央国务院深化国企改革决策部署、做强做优做大国有企业，2017年12月，中国石油天然气集团有限公司对工程技术业务改革重组，组建了中国石油集团油田技术服务有限公司，将归口管理的西部钻探、长城钻探、渤海钻探、川庆钻探、东方物探、测井、海洋工程公司作为成员企业管理，并对测井、物探业务进一步专业化重组整合。纵观百年测井，也正酝酿着一场前所未有的革命性的产业变革，测井公司牢牢抓住这次专业化重组的宝贵机遇，与斯伦贝谢等世界顶尖油田技术服务公司对标，认真落实"油藏研究、施工保障"的业务定位，聚焦塔里木、川渝页岩气、冀东油田等几个相对开放性油田市场，以"六统一""三共享"为抓手，唱响市场资源整合主旋律，走出了一条具有测井特色的改革发展之路。

一、实施背景

中国石油集团测井有限公司（以下简称"中油测井"），成立于2002年12月6日，是中国石油天然气集团公司（以下简称"集团公司"）独资的测井专业化技术公司。该公司主要从事国内外油气田测井、录井、射孔、测试等完井技术服务和技术咨询，钻井测控、压裂测控、注采测控等工程技术服务和技术咨询，测井数据、测井解释、油藏评价等技术服务和技术咨询，与上述相关的仪器设备、配件、应用软件、专用工具的开发、物理实验、试验、制造、销售、租赁、检测、维修等业务。现有在册员工超过1.2万人，本科及以上学历占比50%。下设20家基层单位，包括14家技术服务单位、4家技术研发单位和2家保障单位；现有各类作业队伍854支，主要专业设备1077套，资产总额120亿元。国内服务市场覆盖中石油的16个油气田和陕西延长油田等国内其他市场，海外市场覆盖中亚、南亚、中东、非洲、南美五大区25个国家，年施工作业10万多井次。

2017年12月，集团公司实施测井专业化持续重组，将大庆钻探、西部钻探、渤海钻探、川庆钻探的国内外测井业务，以及长城钻探的国内测井业务划入中国石油集团测井有限公司。通过此次重组，中油测井员工数量破万，作业队伍、设备总量增加一倍多，技术实力稳居国内第一，初步具备了与国际大的测井行业公司同台竞技的规模和实力。但对标斯伦贝谢等世界顶尖油田技术服务公司，该公司在资产创效能力、自主创新能力、国际化经营能力等方面仍存在较大差距。尤其在市场管理方面，5家钻探企业的测井业务整合划入后，中油测井下属的14家技术服务单位中有多家单位在国内各油气田市场存在服务交叉重叠、同区域管理人员臃肿、后勤基地建设重复等问题。尤其是在塔里木、川渝页岩气、冀东油田等几个相对开放性油田市场，其下属单位存在服务共存、各自为战、市场无序竞争、资源浪费等突出问题，区域市场发展受到严峻的考验。推进区域市场管理体制改革意义重大，且势在必行，中油测井迫切需要从整体利益出发，探索切实可行的区域市场管理新模式，统筹配置区域市场各类资源，扭转区域市场形势，从而提高区域市场运行效率，资源利用效率，实现"1＋1＞2"。

二、成果内涵

2018年以来，中油测井坚决贯彻习近平总书记对中国石油的重要指示批示精神，紧密围绕"建设世界一流测井公司"总体目标，针对塔里木、川渝页岩气、冀东油田等问题突出的几个区域市场，坚持问题导向，围绕区域市场内各单位各自为战、无序竞争、资源浪费等突出问题，克服区域甲方多年形成的区域管理工作模式习惯等不利历史因素，多次专题研讨、调研论证、征集意见，按"一市场一策略"研究制定改革方案措施，从业务发展实际出发，充分发挥整体优势，创新体制机制，激发市场活力，合理、有序调度和配置优势资源，强化各成员单位间、各专业间的协作，全力提升区域市场的服务保障能力，稳步推进区域市场资源整合改革，更好地服务油气、保障钻探。

中油测井先后在塔里木、冀东、川渝页岩气区域开展市场资源整合改革，在塔里木区域市场推行了"三行、两优、三促进"管理模式改革、在冀东区域市场推行了"五统一、两集中、一套班子"管理模式改革、在川渝页岩气市场推行了"六统一"管理模式改革。经过三年多的稳步推进，目前在塔里木、冀东、川渝页岩气区域市场已实现统一市场开发、统一资源配置、统一生产组织、统一技术标准、统一后勤保障、统一费用结算，实现人员共享、物资共享和装备共享，最大限度地提高资源利用率，有效降低成本。

三、主要措施

中油测井结合各区域市场实际，先后在塔里木、冀东、川渝页岩气区域市场推进资源整合改革，围绕"建立区域市场治理机制，实现市场开发、生产组织、技术标准统一；建立区域资源共享机制，实现队伍、人员、设备和物资统筹协调；建立区域人员协调机制，实现单位间人员流动、轮休轮训通道顺畅；建立区域后勤保障机制，实现基地、食宿、危化品和民爆物品集中管理"四项改革思路，在思考中实践、在实践中总结经验，完成三个区域市场资源整合改革，市场形势得到快速扭转，资源整合的优势逐步显现。各区域市场整合改革推进情况详见表1。

表1 各区域市场资源整合改革推进情况表

区域市场	存在问题	资源整合思路	整合时间及主要措施
塔里木	全开放性市场，中油测井内部6家单位及中石油外多家服务单位服务共存、各自为战，市场无序竞争，内部资源浪费突出	（1）建立区域市场治理机制，实现市场开发、生产组织、技术标准统一（2）建立区域资源共享机制，实现队伍、人员、设备和物资统筹协调（3）建立区域人员协调机制，实现单位间人员流动、轮休轮训通道顺畅（4）建立区域后勤保障机制，实现基地、食宿、危化品和民爆物品集中管理	2018年5月推进资源整合改革；"三行、两优、三促进"
冀东	全开放性市场，中油测井内部5家单位服务共存、各自为战，市场无序竞争，内部资源浪费突出		2018年5月开始推进，2020年11月进一步优化整合；"五统一、两集中、一套班子"
川渝页岩气	半开放性市场，中油测井内部5家单位及中石油外多家服务单位服务共存、各自为战，资源浪费突出		2019年3月推进，2020年11月进一步优化整合；"六统一"

（一）塔里木区域市场

塔里木区域市场资源整合是中油测井区域市场改革的重要起步，中油测井专业化重组伊始，在塔里木市场有塔里木分公司、西南分公司、新疆分公司、天津分公司、大庆分公司、辽河分公司6家单位共同服务、市场各自开发、队伍各自管理、后勤各自保障，区域市场资源远距离协调难度大、成本高。中油测井结合区域实际，按照"统一市场开发、统一生产组织、统一技术标准、统一后勤保障、统一资源配置、统一费用结算"思路制定改革方案，2018年5月，对塔里木区域市场进行资源整合改革。

主要措施：将西南、新疆、天津、大庆、辽河等5个分公司在塔里木区域市场运行业务全部划归塔里木分公司，资产以租赁方式、生产生活基地以划归方式、人员以劳务输出方式由塔里木分公司统一管理。推行"三行、两优、三促进"管理模式，市场形势得到快速扭转，资源整合的优势显现。

1. "三行"：即思想先行、政策先行、服务先行，全力保障队伍稳定

（1）思想先行。深入每一个整合单位进行调研，分类整理基层群众急难愁盼的问题，统计分析各单位生产经营、队伍装备等相关信息，与广大员工进行面对面交流，排疑解惑，在政策范围内，为员工明确各类资源整合保障措施，并建立畅通基层问题反馈机制，了解员工所思所想，稳定员工思想动态。

（2）政策先行。六家单位原生产管理模式、薪酬分配办法、轮休假管理制度等与员工切身利益息息相关的政策均差异较大，要实现统一管理，首先要有统一的政策。塔里木分公司各机关部门分头行动，统一维稳信访、财务、人事、经营、市场、生产、安全等各项管理制度，确保制度管人管事，保障员工切身利益。

（3）服务先行。资源整合后，塔里木区域各单位工作人员以劳务输出方式，整体借聘到塔里木分公司，由塔里木分公司统一管理、统一考核、统一培养使用，职业发展、政治待遇一视同仁。整合后塔里木区域用工总量为370人，比整合前少了35人。在人力资源极度短缺的严峻形势下，塔里木分公司上下加强服务意识，树立"待遇留人、感情留人、事业留人"的服务理念，积极协调解决基层员工各类疑难问题；工会组织筹建两个职工之家、三个阅览室，丰富员工文体生活；积极进行公寓改造，改善员工的生活环境，通过服务质量的提高，保障员工生产生活，解决员工后顾之忧。

2. "两优"：即优化资源配置、优化生产组织，提高服务质量

（1）优化资源配置。塔里木分公司优化组织机构设置，明确机构职责，理顺管理机制，按照技术服务类型，一线作业队伍统一划归四个基层项目部，调整完善了组织架构。全面增强裸眼测井、射孔、随钻、生产测井四大主体业务的技术实力与市场竞争实力，与塔里木油田公司建立了战略联盟持续合作关系，借助资源整合优势，测井技术服务价格动辄下浮20%～50%的无序竞争市场境况得到遏制，形势稳步好转。通过以工程技术外包引进整建制队伍、以劳务输出引进技术服务人员、以人力资源统筹配置平台引进集团公司内部岗位员工、从专业技术类承包商引进技术服务、非主营业务实行业务外包等方式，优化人力资源结构，机关及后勤服务保障单位与基层生产及辅助单位员工比例由整合前的30.4%优化到26.6%。优化生产装备资源，集中管理井下仪器、车辆设备，积极培育培养双系统操作工程师，极大地提高了队伍作业能力和动用效率。

（2）优化生产组织。统一生产调度管理，全面掌握作业队动态信息，重点井钻井动态全程跟踪。将全部射孔队伍和部分裸眼测井、生产测井队伍前移至轮南前线基地，靠前组织生产；物资、仪修等后勤及辅助单位也分别前移，靠前服务保障。资源整合后，每年减少测井行车时间约1000小时、车辆行驶里程30000公里以上，提高了作业响应时效，降低了交通风险隐患。同时，强化生产标准化管理，制定

《重点井管理办法》《测井工艺管控要点》《测井设备管理规定（试行）》等一系列规章制度。

3."三促进"：即促进基层党组织建设、促进人才作用发挥、促进服务效率提升

（1）促进基层党组织建设。资源整合后，塔里木分公司党委先后两次优化调整基层党组织设置，增配党务人员，梳理编制基层党建指导手册，积极筹措新建党员活动室3个，加强基层党组织的阵地建设，推进党建工作的有形化，党员身份的认同感快速提升，党员先锋岗不断显现。资源整合进程中，基层党组织在凝心聚力、促进思想融合、制度融合、文化融合方面，发挥了重要的战斗堡垒作用。

（2）促进人才作用发挥。通过调整绩效奖金分配方式，实现工资增量向一线岗位、向艰苦岗位、向关键岗位激励，资源整合前后按产值收入落实到作业队的比例从3.8%提高到4.6%；关键岗位（作业队长、操作工程师）的绩效奖金水平达到本单位平均水平的1.5倍以上；选聘二级工程师9人、三级工程师42人、四五级工程师26人。通过薪酬政策调整和专业技术岗位序列改革，促进了人才作用发挥，为中油测井培养一批过硬的超深、超高温、复杂井测井专业技术人才。

（3）促进服务效率提升。按照"提前谋划、靠前部署、高效运行"的原则，实行队伍统一调派，提升测井作业时效。疫情期间，全力保障油田的测井、射孔生产需求，发挥"一队多能"的优势，迅速在塔中、库车、英买、拜城等重点区块统筹部署12支作业队伍，优质高效地完成了阳探1等多口重点井的测井、射孔任务，得到了油田公司的充分肯定，并获得甲方单位多封表扬信及感谢信。

（二）冀东区域市场

冀东油田市场是一个开放型市场，市场竞争激烈。测井专业化重组初期，中油测井内部有天津分公司、西南分公司、大庆分公司、辽河分公司、华北分公司5家单位在为冀东油田服务，各分公司均在唐海县周边租赁了办公后勤基地，队伍工作量不均衡，各自管理队伍、互相抢占市场，各类资源浪费突出。针对冀东油田区域市场情况，自2018年5月起，中油测井整合全公司在冀东区域市场各类资源，紧扣"共商、共建、共享、共赢"主线，牢固树立"一盘棋""一家人"思想，团结协作、创新实干，在"冀东"市场形成一体推进、多点发力的良好局面。

主要措施：中油测井在冀东油田市场成立冀东测井项目部，由天津分公司管理，将西南、大庆、辽河、华北分公司在该区域业务全部划归冀东测井项目部，资产以租赁方式、生产生活基地集中方式、人员以劳务输出方式，由冀东测井项目部统一管理。推行"五统一、两集中、一套班子"管理模式。

1."五统一"：即市场统一运筹、安全统一监管、生产统一组织、经营统一管理、维稳统一协调

（1）市场统一运筹：针对冀东市场统一进行开拓，同时发挥在该区域服务的各分公司项目部开拓市场的优势，发挥各家技术之长，寻求资源整合与甲方需求的最佳结合点，结束了各家在价格上恶性竞争的旧格局，在队伍和人员减少的情况下，保证公司冀东市场的市场占有率和产值稳中提升。

（2）安全统一监管：按照统一的量化考核标准，逐步完善安全管理制度，明确职责，加强现场的安全监管，各项责任明确到人，确保安全清洁生产。成立生产安全督导组，明确了冀东测井项目部安全生产第一责任人及各分公司项目部安全生产第一责任人，制定制度措施，组织落实以安全促统一，依靠天津分公司的地域优势实现了射孔器材和火工品的统一管理与使用，射孔器材和火工品的统一管理与使用后，实现了五家在冀东油区射孔器材规格型号的统一，火工品的规格型号的统一，管理制度与技术标准统一，操作规程工艺规范统一。

（3）生产统一组织：生产的统一组织、队伍的统一协调，冀东油田将工作量统一交给冀东测井项目部，实现测井、射孔、动态监测工作量的统一分配，保证了甲方的增储上产。资源整合前后，单井

作业时效同比提高10%，施工复杂率同比下降45%。同时，注重工作总结，提炼经验做法，将经验变规范、规范变标准、标准变制度，保障各项工作有力落实。冀东项目部逐步形成了"七三五"队伍融合机制、水平井施工"四步法"、所属华北分公司项目部视频化安全生产监督模式和"三化式"管理法等一大批具有推广价值的工作经验，达到了生产组织高效和资源优化利用。

（4）经营统一管理：冀东测井项目部经营统一协调管理，保市场、保价格、保效益，保证全公司在冀东市场的整体利益。各分公司降低了在区域市场队伍人员和设备投入，在整体队伍减少、人员减少的情况下，市场占有率保持了"不降反增"，结束了各家在价格上恶性竞争的旧格局，形成了团结协作的新局面。

（5）维稳统一协调：探索实施了冀东区域建立党建协作区，探索开启党建联盟模式，本着"共商、共建、共享、共赢"原则，使党建在融合中加强、施工质量在共建中提升、管理体系在融入中丰富、传统精神在协作中弘扬，保证冀东市场施工队伍和人员的稳定。

2. "两集中"：即生产生活基地集中、火工品存放集中

（1）生产生活基地集中：组建新的服务基地，将中油测井各单位在冀东区域服务全部队伍和人员食宿、办公、生产保障场所集中在一起。完成5家单位基地集中，撤销5个分公司原基地，实现住宿和办公集中运维。推进文化共建，解决餐饮等问题，持续加强基地完善和住宿管理，做好关怀慰问，不分彼此，共建和谐家庭，提升项目部形象。

（2）火工品集中存放管理：完成冀东北10火工品存储库建设运营，实现天津马西库和冀东北10库共享资源，实现合规存储和运输，随时满足装枪上井需求。集中管理后，创单日施工9口井，装弹7000余发的记录。

3. "一套班子"：成立了以天津分公司主管冀东市场副经理为总指挥

5个分公司项目部经理为指挥的领导小组，分别由5个分公司项目负责人兼任市场、安全、生产、经营，稳定"五办"负责人，按照"总体市场份额增加、各家份额相对固定"的思路，积极稳妥地推进冀东油田市场的有效整合和精益管理。

（三）川渝页岩气区域市场

测井专业化重组初始，中油测井内部有西南、天津、大庆、辽河、吐哈等5个分公司在川渝页岩气区域市场提供测井施工服务，各分公司均在该区域设立有项目部，西南分公司有自己的基地，其他分公司分别在当地租赁场地，都配备管理及后辅人员；该区域市场放射源及火工品作业较多，危化品的管理和使用各行其政，安全监管不统一、不规范，在地方相关部门办理放射源及火工品存储和运输资质难度大等问题在各单位均不同程度存在。同时，由于区域市场服务共存，施工作业能力、服务质量、技术水平参差不齐，在甲方不断降低施工服务价格的情况下，各分公司为完成各自的生产经营任务互相压价、无序竞争，造成资源浪费、服务保障能力弱、甲方满意度低。

中油测井充分借鉴塔里木、冀东油田区域市场资源整合经验，为提升川渝页岩气市场服务保障能力，协调推进页岩气区域测井射孔作业的全面统一管理，围绕区域市场存在的突出问题，自2019年3月起，开展对川渝页岩气区域市场资源整合改革。一是成立了川渝页岩气联合项目经理部，建立健全组织机构，配齐领导班子、精干管理人员，明确工作职责和岗位规范。二是同步推进区域市场各类资源整合，整合川渝页岩气市场相关方设备、队伍和人员，关停部分项目部（组）基地，统一后勤支撑保障。三是落实联合项目经理部市场开发和维护主体责任，优化生产组织，推进放射源统一管理、火工品统一

配送。四是有序推进川渝地区测井射孔队伍融合，根据生产实际，进一步优化西南分公司测井项目部、射孔项目部和联合项目经理部的测井、射孔队伍设置和人力资源配置，提高了单队作业效率和创效能力，初步建立了生产资源快速高效的调配保障体系，持续提升川渝页岩气区域各建设方满意度。五是持续加强和改进内部管理，制订了联合项目经理部绩效考核分配、员工休息休假暨轮换等实施办法，绩效考核以单位经营绩效和员工岗位工作业绩为导向，充分体现岗位价值，在确保员工队伍稳定的同时，不断优化队伍和人员配置。

主要措施：在西南分公司设立川渝页岩气联合项目经理部，统一管理、协调和服务保障川渝页岩气区域市场资源；推行"六统一"管理模式，实现占市场、保安全、降成本、提效益的工作业绩，更快、更优地服务川渝页岩气开发。

1.统一市场开发与维护

联合项目经理部作为川渝页岩气区域市场开发和维护的主体，统一负责。

2.统一生产组织运行

设立联合项目经理部生产安全综合办公室，优化调整相关分公司在该区域的队伍、装备隶属关系，将原辽河、吐哈分公司的测井（射孔）队伍和人员借聘到西南分公司。作业任务安排按照"原属优先、先近后远、先内后外"原则，联合项目经理部统一生产组织和队伍调配，不断提高单队作业效率和创效能力，逐步建立生产资源快速高效的调配保障体系，持续提升川渝页岩气区域各建设方满意度，有序推进川渝地区测井射孔队伍融合，保障生产需求。

3.统一施工技术标准

实现桥射联作井下工具串统一，逐步实现不倒防喷管、一次性桥塞工具、模块枪等工器具及工艺技术的统一。逐步统一火工品和射孔器材的规格、型号。按照电缆和存储式逐步统一测井系列。逐步建立测井和桥射联做统一施工技术标准，实现标准化作业。

4.统一安全环保管控

以中油测井QHSE管理体系为指导，统一使用西南分公司QHSE管理体系。放射源（测井源、校验源）集中存放在隆昌源库，自管源（密度稳峰源）集中存放在隆昌仪修工房，火工品的存放和使用按照当地公安机关的要求进行管理。

5.统一后勤支撑保障

所有生产耗材由联合项目经理部统一申请购买，采取"谁受益、谁承担"方式内部成本划拨。HSE设施的配置、维护、保养、检验，车辆设备的维修保养，由联合项目经理部组织实施，采取"谁受益、谁承担"方式内部成本划拨。在隆昌建立工作生活保障基地，联合项目经理部管理人员集中办公，将天津、辽河、吐哈三个分公司的项目基地搬迁至隆昌并撤销其原基地，设立统一食堂、员工宿舍和活动室，供职工就餐、休息及休闲锻炼。

6.统一合同结算办理

由川渝页岩气联合项目经理部作为合同签订主体，统一进行结算，根据各分公司参与项目管理、投入资源、工作量完成等情况再进行内部分配。

四、取得效果

中油测井通过对塔里木、冀东、川渝页岩气区域市场内部资源整合，推进区域市场资源共享、市场治理、人员协调、后勤保障等管理体制机制改革，市场资源利用效率得到明显提高，整体市场占有率稳中有升，安全管控能力进一步增强，控本增效成效显著，三个区域市场在提升服务保障能力和市场竞争力的同时，服务油气、保障钻探能力得到进一步加强。

（一）建立区域资源共享机制，资源利用率明显提升

通过区域市场资源共享机制建立，中油测井在塔里木、冀东、川渝页岩气区域市场的队伍、人员、设备实现统一调配和管理，整合前后对比，三个区域市场队伍投入整体减少了11支、人员投入整体减少了150人、各类设备投入整体减少66台/套，队伍、人员、设备减幅分别达18%、19%、30%，资源利用率得到显著提升，队伍、人员和设备投入得到有效压减。整合前，该公司在塔里木、冀东、川渝页岩气区域市场共投入一线作业队伍共61支，员工789人，各类设备213台/套；整合后，三个区域市场共投入一线作业队伍共50支，员工639人，各类设备147台/套；该公司通过针对性的资源共享机制改革，单队作业效率和创效能力得到全面提高，有力地保障了区域生产。区域市场整合前后队伍、员工及设备投入情况详见表2。

表2 区域市场整合前后队伍、员工及设备投入情况对比表

区域市场	整合前			整合后			整合前后对比		
	队伍（支）	员工（人）	设备（台/套）	队伍（支）	员工（人）	设备（台/套）	队伍（支）	员工（人）	设备（台/套）
塔里木	28	410	84	26	375	78	-2	-35	-6
冀东	16	177	66	10	109	21	-6	-68	-45
川渝页岩气	17	202	63	14	155	48	-3	-47	-15
合计	61	789	213	50	639	147	-11	-150	-66

（二）建立区域市场治理机制，市场占有率稳步提高

通过建立区域市场治理机制，整合前后，中油测井三个区域市场总体市场占有率提升超过5%，年产值收入同比增加1.75亿元以上，实现了区域市场整体利益最大化。该公司充分发挥各区域市场内部单位所长，找准资源整合与甲方需求的最佳结合点，整合优势资源，全面增强了裸眼测井、射孔、随钻、生产测井四大主体业务技术实力与市场竞争实力，结束了各家在价格上恶性竞争的旧格局，测井技术服务价格动辄下浮较大的无序竞争的市场境得以遏制，各类业务市场占有率均有提升，总的市场占有率和产值收入得到稳步提高。区域市场整合前后市场占有率、产值收入情况详见表3。

（三）建立区域人员协调机制，人力资源统筹配置

塔里木区域已建立完善了人员借聘、调入、轮休、轮换，薪酬待遇等机制，一是为所有借聘员工搭建公平、公正的人才成长通道和职务晋升通道，职业发展、政治待遇一视同仁；二是完善了人员调入、轮休、轮换机制，确保了员工队伍稳定；三是积极推进薪酬分配制度改革，通过调整绩效奖金分配方式，实现工资增量向一线岗位、向艰苦岗位、向关键岗位激励；四是积极稳妥推荐双序列改革工作，促进人才作用发挥，充分调动专业技术人员工作积极性，为公司培养一批过硬的超深、超高温、复杂井测井专业技术人才。其他区域市场结合自身实际，按一区域一策略稳步搭建适合本区域市场特点的人员统筹协调机制。

表3　区域市场整合前后市场占有率、产值收入情况对比表

区域市场	整合前		整合后		整合前后对比	
	市场占有率	产值(万元)	市场占有率	产值(万元)	市场占有率	产值(万元)
塔里木	裸眼测井　84%	24945	裸眼测井　86%	38542	裸眼测井　2%	13597
	射孔　79%		射孔　84%		射孔　5%	
	随钻　76%		随钻　80%		随钻　4%	
	生产测井　41%		生产测井　45%		生产测井　4%	
冀东	裸眼测井　81.7%	9510	裸眼测井　83.5%	11774	裸眼测井　1.8%	2264
	射孔　82%		射孔　100%		射孔　18%	
	生产测井　74%		生产测井　79.6%		生产测井　5.6%	
川渝页岩气	裸眼测井　81.7%	12270	裸眼测井　97.5%	13940	裸眼测井　15.8%	1670
	射孔　67.5%		射孔　87.5%		射孔　20%	
	随钻　100%		随钻　100%		随钻　/	
	生产测井　95.3%		生产测井　100%		生产测井　4.7%	

（四）建立区域后勤保障机制，控本增效成果凸显

资源整合后，中油测井通过建立区域后勤保障机制，全面实现了区域市场后勤集中管理运维，分别在库尔勒、唐海和隆昌为三个区域市场设立了单独的后勤保障基地，撤销各单位原项目部生活基地13个，每年节省基地运行成本275万元以上。同时，三个区域市场火工品和放射源集中存储、统一监管，安全管控更加有效。塔里木区域市场：已完成6家单位基地集中，撤销其他5个分公司原基地，节约基地运行成本100万元/年，并对轮南前线基地进行了改造建设，利用生产组织前移，每年减少测井行车时间约1000小时、车辆行驶里程30000公里以上，提高了作业响应时效，降低了交通风险隐患。冀东区域市场：已完成5家单位基地集中，撤销5个分公司原基地，实现住宿和办公集中运维，节约基地运行成本75万元/年。川渝页岩气市场：在隆昌建立工作生活保障基地，联合项目经理部管理人员集中办公，2020年12月底完成合并搬迁天津、辽河、吐哈三个分公司的项目基地至隆昌，撤销其他3个分公司原基地，共享生产生活资源，避免了重复建设造成的浪费，预计节约成本将达到100万元/年以上。

（五）深入体现"六个融合"，测井品牌得到提升

中油测井通过区域市场资源整合改革，以管理融合为抓手，以资源共享为着力点，发挥一体化优势深化区域各内部单位间合作，齐心协力、共克难关、相互协助、携手共进，推动塔里木、冀东、川渝页岩气区域市场"思想、理念、标识、制度、行为、信息"全面融合。区域人员形成"上下同心、目标同向、责任同担、荣辱与共"思想，形成"以井为中心"的精益管理、"以规为中心"的合规管理理念，视觉形象标识系统广泛应用，基础管理、QHSE体系、党建等制度有效运行，工作流程统一规范，ERP等信息系统全面运行，形成测井"一家人、一条心、一股劲、一起干"局面，服务保障质量效率不断提升。

五、结束语

2021年，中油测井认真贯彻落实集团公司党组关于推进公司治理体系和治理能力现代化的指导意见、集团公司改革三年行动实施方案一系列安排部署，立足发展实际，持续深化改革。在总结测井市场

资源整合改革实践经验基础上，持续坚持专业化发展、市场化运作、精益化管理、一体化统筹的改革原则，聚焦当前业务布局不够合理，科技研发、产品制造、装备维保、质量监督等业务分布在多个二级单位，资源利用效率低，资源共享协同性差，未形成有效资源配置，未形成专业化发展合力等问题。从部门职能、技术研发、装备制造、装备共享、物资集中采购、质量计量监督业务、解释评价、国际测井业务、三项制度改革、二线领导项目制十个方面加快推进各类资源优化整合改革，目前十项改革任务已全面深入推进，中油测井专业化重组优势将更进一步显现。

成果创造人：张宪、王佳凡、桂林海、曾可、杨德山、宋德静

混改企业差异化管控方案设计

上海西姆企业管理咨询有限公司

2020年9月29日，国资委召开视频会议，对中央企业改革三年行动工作进行动员部署。国资委党委书记、主任郝鹏强调，要深入学习贯彻习近平新时代中国特色社会主义思想，坚决贯彻落实党中央、国务院决策部署，按照全国国有企业改革三年行动动员部署电视电话会议要求，切实把国企改革三年行动抓到位见实效，在形成更加成熟更加定型的中国特色现代企业制度和以管资本为主的国资监管体制，推动国有经济布局优化和结构调整，提高国有企业活力和效率等方面取得明显成效，切实增强国有经济竞争力、创新力、控制力、影响力、抗风险能力。

从2015年发布《关于深化国有企业改革的指导意见》至今，国企改革已经走过了五个年头。在此期间，西姆国有经济研究院参与了大量国有企业的改革方案设计，深入研究了国企改革的路径、手段和成效。结合多年实践经验和此次会议精神，我们认为，在落实国企改革三年行动方案中，一个最为关键的环节，就是如何落实国有企业的差异化改革。

混合所有制改革在国企改革中关注度很高，国务院国资委三年改革行动方案提出，支持国有企业集团公司对国有股权比例低于50%且其他所有制股东能够有效参与公司治理的国有相对控股混合所有制企业，根据法律法规和公司章程实施更加市场化的差异化管控。

但是差异化管控到底应该如何实施呢？本成果将通过我们的一个实操案例，来阐明差异化管控的重点与特点。

一、差异化管控涵盖的内容

（一）明确混改企业的管控模式

治理型管控是混改企业差异化管控的重点模式。在2019年底出台的《中央企业混合所有制改革操作指引》中，对于治理型管控提出了明确的方向，也作出了定义："中央企业要科学合理界定与混合所有制企业的权责边界，避免'行政化''机关化'管控，加快实现从'控制'到'配置'的转变。国有股东要在现代企业制度框架下按照市场化规则，以股东角色和身份参与企业决策和经营管理，不干预企业日常经营。通过股东（大）会表决、推荐董事和监事等方式行使股东权利，实施以股权关系为基础、以派出股权董事为依托的治理型管控，加强股权董事履职支撑服务和监督管理，确保国有股权董事行权履职体现出资人意志。依法保障混合所有制企业自主经营权，落实董事会对经理层成员选聘、业绩考核和薪酬管理等职权"。

国有大股东与混改企业之间的关系，从"申请—审批"的上下级关系到"企业确认自己对所有股东的责任"的股权关系。对混改企业不能直接发文让企业照办，而是要通过董事会、监事会或者股东大会来发表意见。

1.从"上下级"模式向"合作"模式转变

这种合作既体现在股东间的合作，也体现在"国有"与"民营"的合作，以及股东与经营层的合作，变长臂管理为取长补短、优势互补。

2.由管理向监督转变

以监督代替管理，以契约代替要求，以结果考核代替过程控制，缩小范围，简化流程，抓住主要矛盾及关键节点，加强监督，以充分授权代替大包大揽。

3.事项审批向备案转变

以充分获得知情权的备案代替事项审批，以风险的可视可控避免替企业决策带来的权责不清。

（二）完善混改企业治理机制

清晰界定三会及经理层的权责边界是混合所有制企业治理机制有效的核心内容。

国有全资或国有控股企业往往不设股东会或股东会没有正常运作，由出资人机构行使股东会职权，通过履行"三重一大"决策程序来完成相应决策。规范股东会运作，要求出资人股权代表在股东大会发表意见，履行股东义务，出资人机构要根据其"三重一大"决策要求，在规定时间内审核需有股东决定的事项。

混改企业董事会是混改企业的决策中心，董事会代表企业所有者行使独立的经营管理权力。充分发挥国有股东派出专职董事在一般经营事项的独立决策作用。除界定的重大事项，派出董事依据自己的判断对需要决策的事项在企业董事会独立发表意见，缩短决策链条，提高决策效率。对混改企业的重大经营决策事项，通过股权董事体现股东意志，不直接干预混改企业的日常经营活动，与混改企业其他主要股东有效沟通，开展监督管理工作。

明确混改企业董事会对经理层的授权范围，充分发挥经营活力和效率。通过拟定授权清单的形式，明确经理层的权责界限，以此制定企业的制度体系。

混改企业成立党组织，将党建工作要求纳入公司章程，对于成立党委的混改企业，落实"双向进入、交叉任职"，对于成立党总支、党支部的混改企业，加强混改企业的党员管理、党内学习教育，引导党员发挥先锋模范作用，围绕企业生产经营中的重点、难点开展攻关，使党的工作融入经营、服务发展。

（三）建立市场化经营机制

第一，建立和完善职业经理人制度。企业家的培养和发展，能够最大程度地引领和带动企业的发展。通过推进职业经理人制度，发现和激励企业经营管理人才，最大化地激发管理者的内在动能，支持企业突破式发展。

第二，完善中长期激励机制。企业建立员工中长期激励机制，使员工与企业利益趋于一致，形成利益共同体，以此保证员工的长期回报和提升员工对企业的忠诚度。

第三，建立健全配套政策衔接机制。改革完善产权保护制度，提振民营企业参与混改的市场信心；建立明确的进入与退出机制，确保资本以出资人的经营战略和商业价值为导向进行流动，能够在规则之下自由地进入与退出，保证各类资本能进能出；建立健全改革容错免责机制，鼓励企业家担当作为，先行先试，大胆创新。

二、差异化管控改革的突破点

（一）探索完善优先股

探索完善优先股和国家特殊管理股方式，即国有资本参股非国有企业或国有企业引入非国有资本时，允许将部分国有资本转化为优先股。

实施优先股的前提是"充分竞争性领域的国家出资企业和国有资本运营公司出资企业"通过混改成为混合所有制企业，因此，"混改+优先股"有望成为今后国企混改的新着力点以及重要选项之一。

优先股作为国有企业混合所有制改革后的国家持股方式，能够厘清政府与企业的边界，改变国有企业政企不分的现状。通过完善优先股的市场准入、企业国有资产价值的确定、优先股的定价等程序，按照企业国有资产的价值与优先股的发行价1:1的方式将国有资产转化为优先股，并在制度上明确优先股、可转化优先股以及优先股发行数量上限等，为国有企业混合所有制改革提供新的思路。

与国有资本转化为优先股相对的是如何发挥中小股东在治理结构建设中的积极作用，鼓励探索中小股东特别表决权、累积投票制、分类表决制、关联事项回避表决等，提高中小股东参与公司决策的积极性。

（二）持续推进员工持股

混改是产权层面的改革，没有回头路，探索和创新员工持股制度，打造资本所有者和劳动者的利益共同体，是混改企业发展源动力。

《中央企业混合所有制操作指引》（国资产权〔2019〕653号）对混合所有制企业推动实施员工持股计划定调，即"稳慎开展"。该基调在《国企改革三年行动方案》中也再次延续明确。

个人对"稳慎开展"的理解在于当前员工持股主要政策规定《国有科技型企业股权和分红激励暂行办法》（财资〔2016〕4号，简称4号文）、《关于国有控股混合所有制企业开展员工持股试点的意见》（国资发改革〔2016〕133号，简称133号文）存在一些值得探讨的问题，主要集中在双90关联交易限制、单一员工持股比例限制、股权强制流转价格机制等。

混改企业员工持股要持续推进，研究优化员工持股的实施条件、比例限制、流转调整等政策，适度放宽员工持股企业与所在集团交易比例限制，在轻资产企业适度放宽单一员工持股比例，在重资产、长回报期企业探索放宽退休员工股权退出机制，深入探索员工股在放弃、限制部分股东权利情况下的定价问题。通过员工持股深化推进混合所有制改革。

（三）加大对混改企业的授权放权力度

把加大对混改企业的授权放权力度作为对混改企业差异化管控的突破点有点勉强，但不得不谈。首先是落实混改企业董事会六项职权，重大投资决策、经理层成员选聘、业绩考核、薪酬管理、职工工资分配管理、重大财务事项管理等各项职权。特别是对混改企业工资总额管理机制，实行预算备案制管理，单独管理，工效联动的监督管理。

三、差异化管控的关键点：国有大股东不缺位、不越位

（一）国有大股东不缺位、不越位

国有大股东作为实际控制人做到不缺位。一是要求企业运营管理信息及时全方位披露，知情但不干预日常经营；二是要求企业无条件接受股东定期、不定期审计，转事前插手为事后监督；三是要求企业

战略规划须事先与国有大股东共商确定后提交董事会、股东会审议。通过公司章程的修订清晰界定股东会、董事会和经理层的职责，充分发挥股东会作为混改企业最高权力机构的作用，以董事会为中心完善治理体系。

国有大股东作为实际控制人做到不越位。将依法应由企业自主经营决策的事项归位于混改企业。一是除界定的重大事项，派出董事依据自己的判断对需要决策的事项在企业董事会独立发表意见，缩短决策链条；二是按照市场化选聘经理人原则，在混改企业实施职业经理人制，充分授权经理层负责日常经营工作；三是完善对经理层、业务骨干及关键技术研发人员的中长期激励，不事先设定工资总额，由董事会确定考核和薪酬激励方案。

（二）挪威政府对国家持股企业监管参考

挪威政府在一些有关国计民生的领域掌握着一批"国家队"，如在电力领域，国家拥有挪威国家电力公司和国家电网公司百分之百的所有权；在邮政、通讯和交通领域，国家拥有挪威邮政公司和国家铁路公司百分之百的所有权，拥有挪威电信公司大部分股权和北欧航空公司部分股权；在石油天然气领域，国家拥有挪威国家石油公司绝大部分股权和海德鲁公司近一半的股权；在医疗领域，挪威地方政府完全拥有医疗卫生机构；在金融领域，国家拥有挪威最大的商业银行——挪威银行近一半的股权。

挪威政府对国家持股企业的监管原则基于两个出发点：一是国有股增值，为了这个目标，国家投资的返还、企业资金构架、企业董事任命以及奖惩措施都非常重要；二是必须强调国家监管的基础和确保股东权利。由于对个人股东来说，国家在许多企业中是控股人，因此政府不能做有损于其它股东权利和经济利益的事。公平对待股东、国有利益透明以及股东大会作用的发挥都十分重要。如果处理好这些问题，就能保证国有资产增值。挪威政府根据以上两点制定了10个监管原则，见表1。

表1 挪威政府对国家持股企业的10条监管原则

1	平等对待所有股东
2	企业中的国有权益透明化
3	企业所有权的决定和处理方案由企业股东大会决定
4	国家与其它股东一起为企业设立经营目标，董事会负责完成目标
5	企业的资金构成应与企业的状况及所有权目标相一致
6	董事会的组成应具有多样性、竞争性、与能力相适应的特点，并能反映企业的不同特征
7	合理的补偿和鼓励措施能促进企业价值的创造
8	董事会代表企业所有者行使独立的经营管理权力
9	董事会应为自己的工作制定计划，从提高自身竞争力的角度出发努力工作，并对工作成绩进行评估
10	企业确认自己对所有股东和债权人的责任

四、某公司差异化管控案例设计详解

（一）ZHJC混合所有制改革基本情况

ZHJC公司为DSJ集团发起投资并控股企业，位于S省C市，成立于2018年10月。ZHJC的战略定位是技术领先的大数据产品设计、研发、销售及技术服务企业。

2019年7月11日，S省国资委《关于我省国有控股混合所有制企业开展员工持股试点的批复》明确，将ZHJC纳入S省国有控股混合所有制企业员工持股试点名单。作为混改试点，ZHJC要充分用好"双百行动""政策包"和"工具箱"。

根据《DSJ集团关于同意ZHJC增资扩股至2亿元项目立项的批复》，ZHJC将通过增资扩股，对公司的股权结构进行调整，在实施并购重组、引入多元股东、员工持股"三位一体"混改项目之后，国有资本、战略投资者、民营资本、员工将共同持有ZHJC的股份，ZHJC将成为在C市属国企中具有代表性的混合所有制企业。

混合所有制改革包含两个层次：一是资本层面上，形成股权架构上不同所有制性质主体的结合；二是治理结构层面上，形成多种所有制取长补短、有效制衡的治理融合。在实践过程中，"混合易""治理难"，股权结构调整不是目的，关键是通过国有资本和民营资本的优势互补，相互激发和带动，建立有效制衡的企业治理结构，提高企业的竞争力。

ZHJC在收购民营企业FLYM公司，成为以市场化业务为主体的混合所有制企业之后，按照国资国企管理规定，建立对FLYM内控机制，保障控制权交接并平稳过渡。为提升ZHJC经营活力和效率，《DSJ集团国企改革三年行动实施方案》中明确对ZHJC实施市场化差异化管控。

（二）ZHJC发展规划

2021年1月，DSJ集团领导对DSJ公司及ZHJC的发展现状和未来规划作出重要指示：要争做全省全市的国企改革尖兵，做好机制创新、制度创新、业务创新，确保ZHJC混改项目成果落地；要珍惜改革成果，上下勠力同心、勇挑重担，以孵化ZHJC登陆资本市场为改革目标。对于ZHJC的发展规划，重点强调：要做好ZHJC的"十四五"规划，把ZHJC打造成为DSJ集团的上市平台、业务支撑平台，DSJ公司要依托数据资源，不断孵化新业务，持续将业务资源注入ZHJC，实现"十四五"期间的"两步走"计划，即在2022年末实现营业收入2亿元、利润8000万元至1亿元，在2025年末实现营业收入5亿元、利润2亿元至2.5亿元。

ZHJC在对FLYM并购完成后，针对FLYM完善修订了十五个制度和三个细则，管控规范性明显增强。由于沿用DSJ集团既有制度体系，FLYM决策需要经过多层审核、审批，决策流程冗长，客观上降低了FLYM的决策效率，表现在，差旅费报销流程需要多次填报、签字，对业务人员存在困扰；技术外包和设备采购决策流程和规定影响决策时效；合同审查的规定对与强势甲方协商合同条款难度加大；面对程序、合规的要求需要额外增加行政人员。FLYM在对赌期内，有较强的特殊性，需要对FLYM进行差异化管控，明确对FLYM经理层的授权，保障企业经营活力和效率。

ZHJC形成了自身业务定位和发展规划，在对赌期内FLYM专注房产数据业务的持续发展，在ZHJC层面开拓三个新兴数据增值业务，一是金融机构数字化运营；二是国有企业资产数字化管理；三是产业园区数字化平台建设和运营。围绕ZHJC产业定位，正在落实相应的组织和人员。作为市场化的新兴产业，需要充分发挥企业自主经营活力和效率，高质量发展，实现企业"十四五"发展目标，完成上市。

对ZHJC实施市场化差异化管控，对ZHJC快速发展具有显著的促进作用。

（三）差异化管控方案突破一：治理机制突破

1.确立治理型管控模式

治理型管控是ZHJC确定的市场化差异化管控模式，在2019年底出台的《中央企业混合所有制改革操作指引》中，对于治理型管控提出了明确的方向，作出了定义："国有股东要在现代企业制度框架下按照市场化规则，以股东角色和身份参与企业决策和经营管理，不干预企业日常经营。通过股东（大）会表决、推荐董事和监事等方式行使股东权利，实施以股权关系为基础、以派出股权董事为依托的治理型管控，加强股权董事履职支撑服务和监督管理，确保国有股权董事行权履职体现出资人意志。依法保障混合所有制企业自主经营权，落实董事会对经理层成员选聘、业绩考核和薪酬管理等职权。"

围绕治理型管控模式，ZHJC与大股东DSJ集团之间的关系发生的改变：

（1）从"申请—审批"的上下级模式向"合作"模式转变。这种合作既体现在股东间的合作，也体现在"国有"与"民营"的合作，以及股东与经营层的合作，变长臂管理为取长补短、优势互补。

（2）由管理向监督转变。以监督代替管理，以契约代替要求，以结果考核代替过程控制，缩小范围，简化流程，抓住主要矛盾及关键节点，加强监督，以充分授权代替大包大揽。

（3）事项审批向备案转变。以充分获得知情权的备案代替事项审批，以风险的可视可控避免替企业决策带来的权责不清。

围绕治理型管控模式，对ZHJC、FLYM现行的制度进行相应的调整和优化，ZHJC、FLYM根据自身的业务特点、行业参考制定相应的业务管理制度。

2.建立符合现代企业制度的治理结构

（1）加强党的领导和企业党建工作

在ZHJC成立党支部，将党建工作要求纳入公司章程，加强ZHJC的党员管理、党内学习教育，引导党员发挥先锋模范作用，围绕企业生产经营中的重点、难点开展攻关，使党的工作融入经营、服务发展。

（2）高标准建设ZHJC董事会

根据国有股、其他非公投资人和员工持股比例，设置由7名成员组成的董事会。

董事会人选建议如下：

①由DSJ集团的股东推荐1名董事人选；

②由股东DSJ集团推荐1名董事人选；

③由其他非公投资者A推荐1名董事人选；

④由其他非公投资者B推荐1名董事人选；

⑤由员工持股平台推荐1名员工持股代表作为董事人选；

⑥职工代表大会推荐1名职工董事；

⑦一名外部董事（行业专家或管理专家）。

（3）发挥经理层经营管理权

落实经理层谋经营、抓落实、强管理职责，制定ZHJC董事会向经理层的授权清单，充分发挥经理层经营管理权，保障总经理依法行使管理生产经营、组织实施董事会决议等职权。

FLYM作为ZHJC全资子公司，在对赌期内需要给予FLYM经营管理层足够的经营自主权，ZHJC作为唯一股东，通过FLYM董事会对FLYM经理层进行充分的授权，制定相应的授权清单。

3.落实ZHJC董事会职权、提高决策效率

（1）DSJ集团不缺位不越位

DSJ集团作为实际控制人做到不缺位。一是要求ZHJC运营管理信息及时全方位披露，知情但不干预日常经营。二是要求ZHJC无条件接受股东定期、不定期审计，转事前插手为事后监督。三是要求ZHJC战略规划须事先与DSJ集团共商确定后提交董事会、股东会审议。通过公司章程的修订清晰界定股东会、董事会和经理层的职责，充分发挥股东会作为ZHJC最高权力机构的作用，以董事会为中心完善治

理体系。

DSJ集团作为实际控制人做到不越位。将依法应由ZHJC自主经营决策的事项归位于ZHJC。通过派出董事体现DSJ集团意志。派出董事除界定的重大事项外，依据自己的判断对需要决策的事项在ZHJC董事会独立发表意见，充分发挥派出董事在一般经营事项的独立决策作用，缩短决策链条。

（2）提高ZHJC董事会决策行权效率

通过派出董事体现DSJ集团意志，DSJ集团派出董事除界定的重大事项之外，依据自己的判断对需要决策的事项在ZHJC董事会独立发表意见，充分发挥派出董事在一般经营事项的独立决策作用，缩短决策链条。

界定DSJ集团派出董事重大事项，在ZHJC董事会议案提交DSJ集团派出董事时，由DSJ集团根据《DSJ集团贯彻落实"三重一大"决策制度实施细则》履行决策程序，研究提出决策意见，通过派出董事，将DSJ集团组织的决策意见在董事会上充分体现。

提高决策效率，并通过董事会议事规则进一步明确决策程序、时间要求。

（四）差异化管控方案突破二：用人机制突破

1.推行职业经理人制度

在ZHJC全面推行职业经理人制度，利用职业经理人的经验和能力，逐步构建起市场化的人才机制、激励机制、发展机制、约束机制、运行机制等，提升企业内部发展活力，推进企业发展。

按照市场化选聘经理人原则，在ZHJC实施职业经理人制度，除DSJ集团派出的管理人员之外，留用FLYM原班职业经理人团队，在FLYM业绩对赌期内逐步完成相应的人员安排。

2.确立市场化用工制度

市场化用工、契约化管理，形成完全市场化的"能进能出"用工制度。包括全面实施公开招聘制度，依法规范各类用工形式，强化劳动合同对职工能进能出的作用等。

（五）差异化管控方案突破三：激励机制突破

1.工资总额实施预算备案制

国务院、S省、C市相继出台《关于改革国有企业工资决定机制的意见》（国发〔2018〕16号）、《关于改革国有企业工资决定机制的实施意见》《C市市属国有企业工资总额管理试行办法》。

《C市市属国有企业工资总额管理试行办法》明确市属国有企业根据企业功能定位、公司治理、人力资源管理市场化程度等情况，对企业工资总额预算进行管理。竞争类企业、功能I类企业原则上实行备案制。根据不同的企业类别，相应确定与工资总额挂钩的经济效益指标。明确工资总额"效益增工资增、效益降工资降"的同向联动原则、工资总额确定办法，分类确定工资效益联动指标、完善工资与效益联动机制。明确工资总额预算管理方式，工资总额预算方案由企业自主编制，按规定履行内部决策程序后，报履行出资人职责机构备案或核准后执行、确定工资总额预算周期、强化工资总额预算执行。

ZHJC作为S省国有控股混合所有制企业员工持股试点企业，在进行混合所有制改革之后，形成了规范的治理体系，作为竞争类企业制定了相应的业务定位和发展规划，在发展的初期急需充实队伍，坐实组织架构和业务体系，有必要有条件实施工资总额预算备案制管理。

ZHJC实施工资总额预算备案制，由ZHJC董事会提请DSJ集团审议，报C市国资委审批。ZHJC工资总额单列，不占用DSJ集团工资总额，不受DSJ集团工资总额限定。

ZHJC实施工资总额预算备案制管理，由董事会审定工资总额预算，在企业初步完善相应人员配备后，明确工资总额"效益增工资增、效益降工资降"的同向联动机制。

可选的方案还有ZHJC提出申请把完成混合所有制改革作为新设企业的时点，两年内实施工资总额单列，不与工效挂钩，由DSJ集团报C市国资委审批。两年后ZHJC工资总额纳入DSJ集团统一管理，实行工效联动。

2.企业依法依规自主决定薪酬分配

在明确的薪酬策略下，员工实行市场化薪酬，以市场为导向的人才匹配以市场为导向的薪酬。

3.完善中长期激励机制

完善对经理层、业务骨干及关键技术研发人员的中长期激励，不事先设定工资总额，由董事会确定考核和薪酬激励方案。

对符合条件的骨干员工持续推进员工持股，积极实施超额利润分享、员工跟投等中长期激励措施。

（六）通过"五个有别"落实差异化管控

相对国有全资及国有控股企业，对ZHJC的市场化差异化管控模式主要体现在决策方式、决策内容、监管政策、信息披露、监督管理等五个方面。

1.决策方式

对于ZHJC，DSJ集团不能直接发文让企业照办，而是要通过董事会、监事会或者股东大会来发表意见。

国有全资或国有控股企业往往不设股东会或股东会没有正常运作，由出资人机构行使股东会职权，通过履行"三重一大"决策程序来完成相应决策。规范股东会运作，要求出资人股权代表在股东大会发表意见，履行股东义务，出资人机构要根据其"三重一大"决策要求，在规定时间内审核需有股东决定的事项。

DSJ集团建立专职股权董事制度，充分发挥专职股权董事在一般经营事项的独立决策作用，缩短决策链条，提高决策效率。除界定的重大事项，派出董事依据自己的判断对需要决策的事项在企业董事会独立发表意见，缩短决策链条。

2.决策内容

对ZHJC的重大经营决策事项，通过股权董事体现DSJ集团意志，不直接干预ZHJC的日常经营活动，积极与ZHJC及其他主要股东有效沟通，开展监督管理工作。

明确ZHJC董事会对经理层的授权范围，充分发挥经营活力和效率。FLYM作为ZHJC全资子公司，在对赌期内通过ZHJC董事会对FLYM经理层授权的形式对其经营层充分的权限，保障经营自主权。

建议DSJ集团与ZHJC共同组成"对接小组"，从战略、业务和管理等层面开展全面对接。

3.监管政策

DSJ集团在国有相对控股混合所有制企业的管理、治理模式上积极探索有别于国有及国有控股企业的管理模式，充分落实企业市场主体地位，转换经营机制，激发企业活力。

中国企业改革与发展研究会会长宋志平提出当前混合所有制已经有了"出生证"，但他认为这还不够，还要有"身份证"，也就是政策的支持，使混合所有制企业与独资、全资国有企业在监管上有区别。

4.信息披露

对于国有企业公司治理而言，信息公开制度发挥着关键的制衡作用。无论是否是上市公司，还是国有企业，都应该建立事前报告制度、事后报告制度和总体报告制度。

作为混合所有制企业，ZHJC需要平衡好股东过度干预和内部人控制两个方面，对标优秀上市公司，向股东全面及时的信息披露，接受股东定期、不定期审计。

以充分获得知情权的备案代替事项审批，以风险的可视可控避免替企业决策带来的权责不清。

5.监督管理

以监督代替管理，以契约代替要求，以结果考核代替过程控制，缩小范围，简化流程，抓住主要矛盾及关键节点，加强监督，以充分授权代替大包大揽。

核心是对派出股权代表、股权董事的监督管理。明确任用，明确任命的下属企业董事当中，选择其中一个最为重要的，一般是董事长或者副董事长，作为国有股权代表，承担起国有股权管理的责任，组织其他公司董事，在公司法人治理结构基础上进行决策。明确授权，混改企业的国有股权代表，需要得到国有股东较为明确的授权。根据差异化管控的要求，国有股东需要在规划权、投资权、经营权、用人权等不同的方面，将原来由母公司"一刀切"集中决策的模式，改变为授权给国有股权代表行使部分或者大部分权限的新模式。明确机制，国有股权代表机制是指，在国有股东授权范围内由"股权代表"负责组织决策并进行事后报备，同时国有股东明确"责任经理"进行专业支持的基本管控机制。明确衔接，国有股权代表制度需要国有股东的管控机制进行衔接配套优化，主要体现在职能体系如何与国有股权代表进行良好的沟通、联系和管理。

成果创造人：徐怀玉、宋蕊、应慧燕

国资管理体制改革及
完善公司治理

打造中国特色的现代国有企业管理体系
——深圳投控对标世界一流、深化卓越绩效模式探索实践

深圳市投资控股有限公司

深圳市投资控股有限公司（以下简称"深圳投控"）成立于2004年，由原深圳市投资管理公司、商贸控股公司、建设控股公司三家资产经营公司合并新设而成，先后经历了国企改制退出、事业单位划转整合和转型创新发展三个阶段，一直是深圳市委、市政府深化国企改革的重要抓手和深圳市国资委履行出资人职责的辅助平台，现已发展成为以科技金融、科技园区、科技产业为主业的国有资本投资公司。公司注册资本280亿元，全资、控股企业41家，其中上市公司13家，全系统员工约7万人。

近年来，深圳投控立足城市发展战略，聚焦服务科技创新和产业培育，不断加强管理体系和管理能力建设，以卓越价值观为导向，以对标世界一流为抓手，围绕"卓越绩效管理"的根本主线，先后建立实施"卓越党建"牵引框架、"卓越董事会"决策框架、"卓越集团管控"驱动框架，率先打造符合国有资本投资公司功能定位的"三点一线"卓越管理体系，初步形成系统完备、科学规范、运行高效的中国特色现代国有企业管理体系，有效激发了企业高质量发展活力动力。截至2020年底，深圳投控总资产8454亿元、净资产3528亿元，全年营收2149亿元、利润总额279亿元，位列《财富》世界500强第396位。

一、对标世界一流、深化卓越绩效模式的背景意义

加强管理是企业发展的永恒主题，是企业实现基业长青的重要保障。当前，科技创新、商业模式创新不断加快，新技术、新业态不断涌现，对企业提升管理能力和发展质量提出了更高要求。结合新时代国有企业高质量发展要求，在对标世界一流管理的基础上，全面导入实施和持续深化卓越绩效模式，对做强做优做大国有资本和国有企业，增强国有经济竞争力、创新力、控制力、影响力和抗风险能力具有重要意义。

（一）对标世界一流、深化卓越绩效模式是全面贯彻习近平总书记和党中央决策部署、更好服务党和国家事业的必然要求

党的十九届五中全会提出"做强做优做大国有资本和国有企业"。习近平总书记强调，国有企业是壮大国家综合实力、保障人民共同利益的重要力量，必须理直气壮做强做优做大。当前，深圳迎来粤港澳大湾区、深圳先行示范区"双区"驱动和深圳经济特区、深圳先行示范区"双区"叠加以及实施综合改革试点等一系列国家战略交汇带来的黄金发展期，赋予深圳国资国企空前责任使命和发展重任。深圳投控作为落实深圳市委、市政府战略部署的重要抓手，一直把提升管理效能贯穿企业改革发展始终，近

年以对标世界一流、深化卓越绩效管理为牵引，推动企业不断激发活力、释放效能，提高服务国家重大战略、促进经济社会发展、应对重大风险挑战的能力和水平，为"双区"建设和深圳率先实现社会主义现代化提供战略支撑，为党和国家事业行稳致远贡献国企力量。

（二）对标世界一流、深化卓越绩效模式是推动国资国企综合改革向纵深发展、激发企业内生动力的重要保障

随着国企改革三年行动、区域性国资国企综改试验、国企改革"双百行动"等一系列改革部署全面铺开，国资国企改革进入了探路攻坚、率先突破的深水区、关键期。习近平总书记在审议《国企改革三年行动方案》时提出，要在国有重点企业开展对标世界一流提升行动，大力推进管理体系和管理能力现代化。国务院国资委也对开展对标世界一流管理提升行动作出系列部署要求。深化卓越绩效、加强精益管理，是落实国企改革部署、提升国企改革效能的重要手段。深圳投控作为国有资本投资公司，借助卓越绩效管理体系这一切入点，坚持以改革强管理、以管理促效能，推动国资监管制度更加成熟定型、企业市场化经营机制更加健全完善，努力在国资国企改革重点领域和关键环节取得新突破、形成新示范，主动为国资国企改革向纵深推进探索新路径。

（三）对标世界一流、深化卓越绩效模式是完善国有资本投资运营公司管理体系、建立中国特色现代国有企业管理范式的有益探索

党的十八届三中全会提出了国有资本投资、运营公司的概念，并赋予其"以管资本为主加强国有资产监管，完善国有资产管理体制"的历史重任。2018年，国务院下发《关于推进国有资本投资、运营公司改革试点的实施意见》，要求两类公司试点先行、大胆探索，尽快形成可复制、可推广的经验和模式。两类公司是国资监管机构的职能延伸，是"以管资本为主"推动国资监管机构职能转变的市场化载体，完善两类公司运营管理模式，对于推动有为政府和有效市场充分结合具有重要作用。深圳投控2014年即被明确为深圳市属国有资本投资公司，在全国较早开展两类公司试点改革。近年来，始终秉持"走在前列、勇当尖兵"的自觉担当，持续推进体制机制改革，主动接轨国际先进管理理念和标准，全面深化卓越绩效管理，在全国率先建立符合国有资本投资公司功能定位的"三点一线"卓越管理体系，为构建中国特色现代国有企业管理范式提供"深圳经验"。

（四）对标世界一流、深化卓越绩效是深圳投控增强核心竞争力、加快建设高质量世界500强的重要举措

近年来，我国国有企业规模实力不断提升，2021年全国共有96家国有企业入选《财富》世界500强。但与世界一流企业相比，国有企业在治理水平和管理能力上仍有较大差距，存在"大而不强""多而不优"等问题，"缺乏核心技术、明星产品、一流品牌"等现象较为普遍。实践证明，卓越绩效管理体系是被国际社会广泛认同的经营绩效评价体系，为高质量发展提供了有效的管理方法和工具。"十四五"时期，深圳投控提出了加快建成国际一流国有资本投资公司的战略目标，立足世界500强新起点，以深化卓越绩效管理体系为契机，瞄准世界一流企业找差距、补短板、强弱项，全方位、全流程加强精益管理，推动战略目标落实落地，努力在与世界一流企业跟跑过程中超越强者、实现领跑，在与世界一流企业对标过程中创造一流、成为一流。

二、对标管理、卓越绩效管理的内涵

习近平总书记强调，创新是企业的动力之源，质量是企业的立身之本，管理是企业的生存之基。

2020年9月，国务院国资委对国有重点企业开展对标提升行动作出部署安排。深圳投控以卓越绩效管理体系为本，将卓越绩效指标作为核心对标要素，对战略、组织等各个环节进行全方位管理对标。

（一）对标管理的内涵

对标管理发源于20世纪70年代末。1976年，一直在世界复印机市场处于领先地位的美国施乐公司遭遇日本企业的挑战，市场份额不断下降。为了应对威胁，施乐公司开始对日本佳能、NEC等公司进行研究，通过全方位比较分析，改变经营策略，降低仓储成本，重新夺回失去的市场份额，在此基础上，施乐公司总结提炼出对标管理理论。此后，美国企业如福特汽车、IBM等掀起了一股对标管理的热潮。以壳牌石油公司对标为例，该公司以赛车加油团队、宾馆和家具卖场为标杆，对其加油站业务开展对标活动，迅速提高了工作效率和顾客忠诚度，明显改善了经营管理绩效。所谓对标管理，顾名思义就是以行业中领先或竞争力强、经营业绩好的企业在发展战略、生产经营管理、业务流程和组织协调等层面的先进经验作为目标，按照设定的指标体系逐一与先进标杆企业进行比较，找到差距及其原因，实施赶超措施，提升盈利能力和核心竞争力。对标管理是一个具有导向性、持续性的对比和改进过程，其实质是一种促进组织绩效改进和提高的工具，是模仿、学习和创新的循环过程。

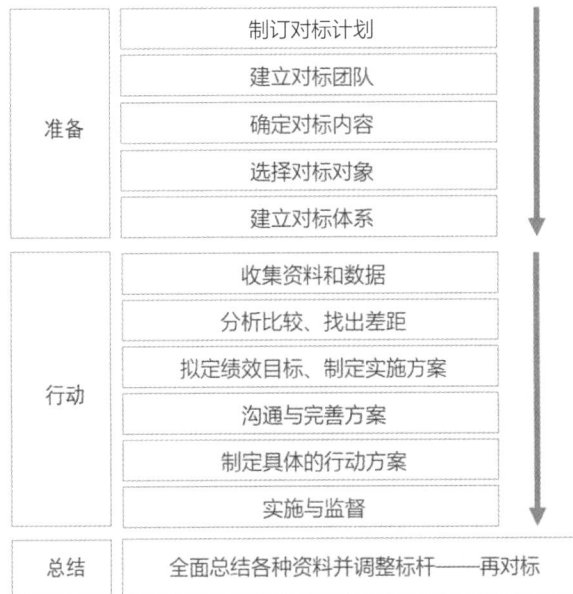

准备	制订对标计划
	建立对标团队
	确定对标内容
	选择对标对象
	建立对标体系
行动	收集资料和数据
	分析比较、找出差距
	拟定绩效目标、制定实施方案
	沟通与完善方案
	制定具体的行动方案
	实施与监督
总结	全面总结各种资料并调整标杆——再对标

图1　对标管理体系

（二）卓越绩效管理的内涵

改革开放以来，中国质量管理事业取得了巨大进步，逐渐从"质量检验""统计质量控制"，过渡到"全面质量管理"阶段，质量的内涵外延已经超越产品、服务或者工程质量的范畴，更加关注企业为客户、员工和社会所创造的价值，以提高组织整体绩效和能力、促进组织可持续发展。卓越绩效模式源于1987年的美国波多里奇国家质量奖，即在"全面质量管理"理念基础上发展起来的系统化、集成化管理模式，也是世界级企业成功经验的总结，已成为各类组织践行新发展理念、追求高质量发展的有效途径。在质量强国的战略环境下，我国建立了相应卓越绩效评价体系如GB/T19580-2012《卓越绩效评价准则》，其中提出了9项基本理念，即：远见卓识的领导、战略导向、顾客驱动、社会责任、以人为本、合作共赢、重视过程和关注结果、学习改进和创新、系统管理。为推动更多企业导入卓越绩效模式，全国已有31个省（自治区、直辖市）、超过100个市（地、州）依据卓越绩效评价准则设立了政府质量奖。多年来，在各种政府质量奖的推动和引导下，越来越多的企业开始导入卓越绩效评价体系，实施卓越绩效管理模式。

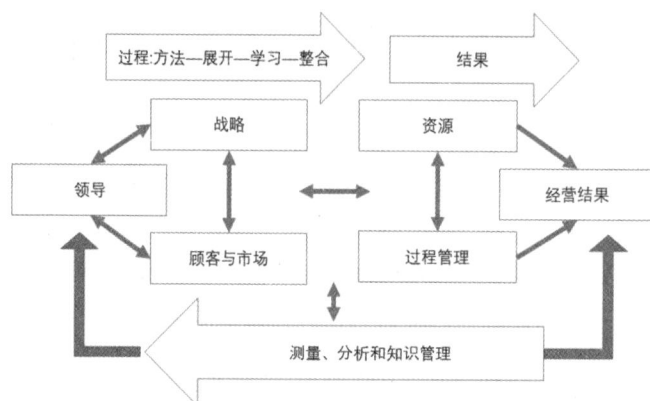

图2 卓越绩效体系

（三）对标管理是深化卓越绩效的有效方法

卓越绩效管理是企业的"诊断仪"，对照《卓越绩效评价准则》，导入卓越绩效管理，在各个工作领域开展自我评价，有利于查找出企业发展中存在的问题和不足，有利于评价企业科学管理的成熟度，为企业提升管理水平奠定基础。但是，卓越绩效模式侧重于自我评价，侧重通过找短板、细分析、定策略、立计划等方式推动管理水平提升，在"施改进"方面则缺乏较好的机制手段。当前，许多企业在争创质量奖、导入卓越绩效管理体系过程中，存在"重评价、轻改进"的情况。"对标"作为一种管理工具，侧重于学习标杆对象的成长经验和优点，制定改进和追赶的措施和方案。在世界500强企业中，大约90%的企业在管理中应用了对标管理。对标管理作为追求卓越的过程，是实现和突破自我的一个有效方法，是组织推进、深化卓越绩效模式的一种高效工具。对标管理的确认、比较、分析、学习和提高过程，与卓越绩效管理一脉相承，能够帮助企业全面地实践先进企业的优势方法和优势经验，更有效地加快赶超步伐，进行全面改进完善。

三、对标淡马锡、导入卓越绩效体系

习近平总书记指出"以推动高质量发展为主题，必须坚定不移贯彻新发展理念"，这是根据我国发展环境、发展条件变化等作出的科学判断。近年来，深圳投控以新发展理念作为改革实践指南，在对标新加坡淡马锡的基础上，通过导入实施卓越绩效体系和争创市长质量奖，着力打造经济社会的"压舱石"、城市运营的"主力军"、科技创新的"加速器"，努力成为地方国企高质量发展标杆。

（一）在提升管理过程中处理好"三个关系"

一是处理好城市战略和企业发展之间的关系。国有资本投资公司主要以服务国家和地区战略、优化国有资本布局、提升产业竞争力为目标，与国家战略、城市战略息息相关。深圳投控作为深圳规模最大市属国企和国有资本投资公司，必须把自身管理提升摆到城市战略和地方经济社会发展大局中去谋划和定位，在完善城市功能、助力科技创新、服务产业培育等方面发挥主力军作用。

二是处理好深化改革和管理提升之间的关系。深化改革与管理提升如"鸟之两翼、车之两轮"，共同推动企业行稳致远。改革注重破旧立新、打破体制机制束缚，解放生产力；管理注重降本节支、挖潜增效，更有效地组织生产力；深化改革为管理提升提供了动力源泉和体制机制保障，加强管理为推动改革提供了有效手段和运行基础。近年来，深圳投控以落实国企改革三年行动为契机，统筹推进、压茬实施对标淡马锡、国企改革"双百行动"、区域性国资国企综合改革试验、对标世界一流管理提升行动，持续强化改革与管理之间协同联动，建立健全鼓励管理创新的制度机制，推动商业模式迭代升级、业务流程优化再造，增创发展新动能、新优势。

三是处理好共性问题和个性差异之间的关系。企业管理需要统筹兼顾共性与个性、普遍性与特殊性的关系。接轨国际一流管理标准、导入实施卓越绩效管理体系虽然有共性内容，但关键还是要结合个性差异进行管理创新。深圳投控在实践中，始终坚持因地制宜、因企施策，不盲目迷信，不照搬照抄，充分结合国情、市情和行业特点、企业发展阶段等特征，探索具有时代特征、中国特色、深圳特点的运营管理模式。

（二）以淡马锡为标杆，改革公司体制机制

党的十八大以来，习近平总书记对国资国企改革发展和党的建设作出系列重要讲话和批示指示，我国国资国企改革发展和党的建设进入全面实施、全面攻坚阶段。深圳作为全国改革开放先锋城市，承担着为全国国资国企改革探路的使命与责任。深圳投控作为深圳规模最大的市属国企，国企改革工作一直走在前列，被选取作为对标改革试点对象，探索"以管资本为主"的国有企业监管新模式。

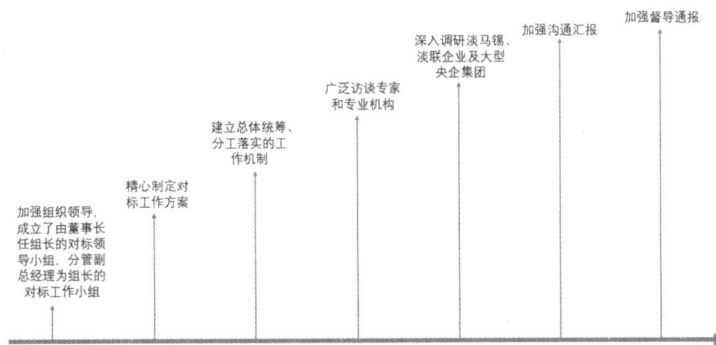

图3 对标淡马锡实施流程

一是精准选取学习对标对象。淡马锡成立于1974年，是新加坡最大的国有独资公司，隶属于新加坡财政部，主要职责是管理和运营新加坡政府对企业的投资，是新加坡国家战略的忠实执行者。自1974年组建成立以来，复合年化股东总回报率约15%，树立了全球国有企业持续盈利的标杆。考虑到深圳与新加坡经济体量相当、地缘文化相近，以及深圳市场经济水平较高、具有特区立法权等先天优势条件，因此选择新加坡淡马锡作为学习对标对象，并参考中国平安集团、招商局集团、中信集团等大型企业集团治理模式，通过学习借鉴标杆企业的先进治理经验和优秀管理成果，推动深圳投控加快建成国际一流国有资本投资公司，为全国国资国企深化改革和做强做优做大探索科学路径。

二是因地制宜建立对标改革方案。对标淡马锡要突出以我为主、为我所用，而不是盲目照抄、生搬硬套。鉴于国情、市情以及企业发展阶段的不同，深圳投控并未完全照搬淡马锡相关经验。例如，在坚持党的领导方面，深圳投控必须发挥党的领导这一国有企业独特优势，旗帜鲜明地坚持和加强党对国有企业的领导。同时，考虑到国资国企改革涉及产权改革、公司治理、选人用人、激励约束、监管体制、国企党建等多个领域，面临系统性体制机制问题，"头痛医头、脚痛医脚"式的改革难以实现标本兼

治。为破解上述问题，深圳投控按照"总体设计、分步实施、重点突破、系统推进"的原则，研究制定了对标淡马锡改革"1+7方案"，其中，"1"指总体改革方案，"7"指公司治理、组织架构与选人用人、激励约束、投资管理、风险管理、下属企业管控、加强国企党建等7个子方案，并制定了58项具体举措，对每一项改革举措进行了细化分解，根据改革难易程度，划分为近期、中期和远期措施，确保改革工作取得突破、循序渐进。

三是同步制定强有力的保障措施。深圳市委、市政府高度重视深圳投控学习对标新加坡淡马锡综合改革，市委改革办、市国资委和深圳投控联合成立研究工作组，牵头制定对标改革方案。深圳市委组织部、发改委、人力资源保障局、法制办等国企改革领导小组成员单位高度重视，对改革方案和改革举措提出意见建议，增强了改革方案和改革举措的可操作性。最终由市政府向全市各区及各职能部门印发实施，成员单位各司其职、各负其责，有效形成工作合力，保证对标改革落地见效。

（三）以争创质量奖为契机，导入卓越绩效体系

深圳投控高度重视质量管理，所属的制造类企业普遍引入了ISO 9000质量标准体系、精益制造体系，类金融企业深圳担保集团曾获2014年度市长质量奖鼓励奖，但系统企业全面质量管理仍呈现出碎片化、差异化、不均衡等特点。近年来，随着深圳投控战略目标瞄向国际一流后，对于提升管理能力、增强"软实力"等方面提出了更高要求。深圳投控以申报市长质量奖为契机，全面导入卓越绩效管理体系，对标世界一流企业，接轨国际先进规则，全面提升公司管理水平、质量内涵和品牌效应。

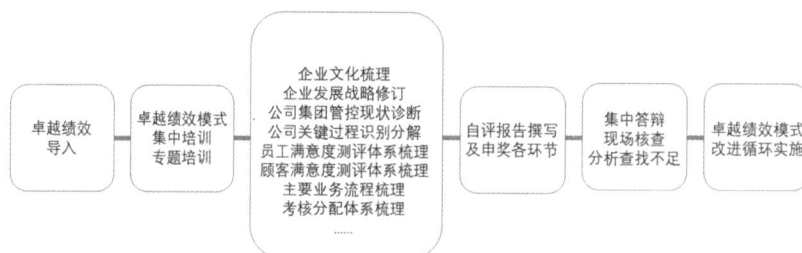

图4 卓越绩效导入流程

一是高位推进组织。成立公司导入卓越绩效管理体系工作领导小组，由董事长任组长、总经理任副组长、公司其他领导班子成员任组员，负责统筹领导管理体系导入工作，对工作进度和成果质量进行监督。领导小组下设办公室，由分管副总经理任主任，公司各部室负责人为成员，办公室负责协调推进各项任务落实；办公室下设若干工作小组，各部室抽调熟悉业务的骨干人员组成，负责衔接、宣贯、导入和组织实施等具体工作。三层次组织架构为工作推进提供机制保障，确保组织到位、责任到位、落实到位。

二是全面把脉问诊。卓越绩效标准体系复杂、专业性较强。深圳投控采取"漫灌到滴灌""骨干到全员"的思路，邀请国内卓越绩效模式第一人、全国质量奖大师级培训和评审专家江奇峰，先后多次组织召开系统卓越绩效培训、领导班子专项培训、骨干员工专题培训等，自上而下导入卓越绩效模式。同时，在卓越绩效框架下对公司企业文化、战略规划、集团管控模式、商业模式等进行系统梳理，全面诊断公司管理中的薄弱环节，并针对性予以整改完善。

三是系统总结推广。在充分研讨的基础上，深圳投控抽调精干人员组成团队，高质量、系统性梳理了公司的企业文化、发展战略、顾客服务、员工培养、创新策略、运营模式，成为推行卓越绩效的指南。在集中答辩、现场核查两轮评审中接受专家评委的严苛审查，针对系统不足明确了改进方向，并在

系统企业全面铺开，定期交流分享最佳实践，形成了"评价—改进—创新—分享"的螺旋式提升体系。

四、建立中国特色的现代国有企业管理体系

2020年9月，国务院国资委下发《关于开展对标世界一流管理提升行动的通知》，提出通过对标世界一流企业，聚焦自身存在的突出问题，进一步加强管理体系和管理能力建设。在新一轮"对标世界一流管理提升行动"中，深圳投控结合公司功能定位、特点特性，以卓越绩效管理为抓手，全面对标世界一流企业、一流标准、一流体制机制，分层分类分领域深化卓越绩效管理，在全国率先建立符合国有资本投资公司功能定位特征的"三点一线"卓越质量绩效管理模式，探索打造系统完备、科学规范、运行高效的中国特色现代国有企业管理体系，持续激发企业管理活力和改革创新动力，为高质量可持续发展提供有力支撑。

（一）新形势下对标管理的新任务

当前，疫情变化和外部环境存在很多不确定性，世界经济形势仍然复杂严峻，全球产业格局和秩序加速重构，全球产业链、供应链、价值链深度调整；同时，新一轮科技革命和产业变革蓬勃兴起，坚持创新驱动、提升发展质量、寻找新的经济增长点已成为国际共识。在这种背景下，国务院国资委开展"对标世界一流管理提升行动"工作任务，提出以对标世界一流为出发点和切入点，以加强管理体系和管理能力建设为主线，主要聚焦8大领域、34个核心工作模块，涉及战略管理、组织管理、运营管理、财务管理、科技创新管理、风险管理等方方面面，在企业的职能管理和业务管理领域基本上形成了比较完整的覆盖。

图5 对标世界一流管理提升行动

深圳投控面对新的市场形势、新的产业变化与新的发展需求，不断拓展丰富对标管理的价值和内涵。一是新阶段的对标管理，不再仅仅针对一两家领先企业、几项优秀实践对标分析，而是基于对标资源数据库，建立从行业整体、到战略群落、再到关键企业的完整对标体系；二是新阶段的对标管理，不再是过去静态的对比和分析，而是基于特定时间周期与长期行为跟踪的持续性动态对标管理；三是新阶段的对标管理，强调"行动"是对标工作的出发点和落脚点，通过对标管理，形成从学习、优化，到选择、实践的闭环，核心任务是要落到企业的业务行为与管理行为上；四是新阶段的对标管理，关注焦点不再集中于业绩指标，而是对企业的全面质量管理和卓越绩效的综合对比分析，要求建立相关要素间的逻辑关系，形成包含数据对标、行为对标、最佳实践对标的逐层递进式对标体系。

前期，深圳投控对标淡马锡、导入卓越管理体系的实践证明，推进对标管理是追求卓越的重要战略。在新一轮对标世界一流管理提升行动中，一方面，深圳投控坚持系统化思维，着眼于公司全面质量

的提升，分别从集团层面、国内同行、同际同行寻找标杆，以深化卓越绩效为抓手，全面对标世界一流企业、一流标准、一流体制机制，既从"量"和"结果"的角度关注业绩表现，又从"质"和"过程"的角度关注管理效能，不断创新管理方式、优化管理流程、培育管理文化。另一方面，深圳投控结合功能定位独特性和业态布局多元化特征，分层分类分领域深化卓越绩效管理，建立涵盖公司总部、产业板块、系统企业的体系化对标管理架构，形成从立标、对标、达标到创标的递进式提升路径，围绕"卓越绩效管理"根本主线，先后建立实施"卓越党建"牵引框架、"卓越董事会建设"决策框架、"卓越集团管控"驱动框架，打造"三点一线"的管理体系，塑造追求卓越的组织文化。

（二）立足中国特色，构建"卓越党建"牵引框架

对标世界一流管理提升行动，不是盲目对标，必须立足符合中国国情的中国特色现代国有企业制度，这里的"特"就特在把党的领导融入公司治理各环节，把企业党组织内嵌到国企公司治理结构之中，明确和落实党组织在公司法人治理结构中的法定地位，做到组织落实、干部到位、职责明确、监督严格。

在深圳经济特区建立40周年庆祝大会上，习近平总书记强调"深圳处于改革开放最前沿，加强党的全面领导和党的建设有着更高要求"。深圳投控定位于党和城市战略决策部署的忠实履行者，肩负优化产业结构、引领经济发展、带动其他所有制经济健康发展的重任，必须以更高标准筑牢国有企业的"根"和"魂"。近年来，深圳投控坚持将政治建设摆在首位，树牢"四个意识"，坚定"四个自信"，坚决做到"两个维护"。坚持系统性推进，将PDCA循环管理理念、项目化工作思维等创新运用到党建领域，对党建工作计划、实施、督查、整改等实行全过程管控，构建"卓越党建"牵引框架，推动党建工作引领发展、嵌入管理、落到实处，努力将党的政治优势转化为企业发展优势，为改革发展提供强有力的政治保证、组织保证。

一是完善顶层化设计。坚持把国企党建与管理提升一体推进，构建投控系统党建"1＋N"制度体系，将党委前置研究制度化，党建进章程在全系统400家各级企业实现全覆盖，建立健全"双向进入、交叉任职"领导体制，全面推行系统企业董事长和党委书记"一肩挑"、总经理兼党委副书记，持续巩固党组织在公司法人治理结构中的法定地位，实现党的领导与公司治理有机融合。

二是加强项目化管理。将党建重点工作项目化管理、指标化分解，以项目锁定目标、确定任务、明确责任、制定标准。发挥公司产业多元优势，探索建立以党组织领导为中心，涵盖生产经营各领域的"党建＋"模式，全面推动"党建＋""园区楼宇""产业服务""金融支撑""境外共建"等项目落地，促进国企党建与经营发展互融并进。

三是实施绩效化考核。完善基层党建工作专项考核和党支部书记履行党建职责考核，通过KPI体系实现党建工作目标管理，确保各项措施可操作、考核指标可量化、工作过程可检测，并将考核结果与领导人员业绩考核紧密挂钩，推动党建工作由"软指标"变为"硬约束"，有效解决企业党建弱化、淡化、虚化、边缘化问题。

四是推进品牌化建设。推动系统企业结合实际开展各具特色的党建工作，树立一批国企党建闪亮品牌。比如，从"中国共产党是最成功的创业者"历史启示出发，在全国首创"跟党一起创业"理念，深圳湾创业广场"党建＋园区楼宇"模式，荣获"全国基层党建十佳创新案例"，得到中组部、中联部、国务院国资委充分肯定。系统企业深福保探索成立深圳首个生物医药产业党委；深越公司境外园区党建共建受到商务部和驻越南大使馆高度认可。

（三）借鉴行业标杆，构建"卓越董事会"决策框架

董事会是市场经济的名片，是法人治理的关键。深圳投控作为一家国有资本投资公司，近年来，致力组建科技金融控股平台，积极布局银行、证券、保险、担保、资管、基金等金融和类金融业务，服务深圳科技创新和产业培育。根据这些特点属性，深圳投控对标淡马锡、中信集团、伯克希尔·哈撒韦等，借鉴这些行业标杆企业权威、专业、高效董事会制度经验，推动全系统董事会建设从规范迈向卓越，并以董事会建设为突破口，全面提升公司治理管理水平，主要包括以下措施。

一是制定卓越董事会建设方案。从顶层设计、战略决策、组织管理、能力建设、评价考核等五方面、26项措施入手，制定系统企业卓越董事会建设方案，持续加强系统企业董事会建设，提高系统企业治理效能。规范公司党委、董事会、监事会、经理层等治理主体权责定位，夯实党组织领导、董事会决策、经理层执行、监事会监督的中国特色现代企业制度基础，形成各司其职、协调运转、有效制衡的公司治理机制，保证企业健康运行、和谐发展。

二是优化董事会成员结构。拓宽外部董事来源渠道，结合公司战略规划和主业方向，聘请马蔚华等金融专家、资深律师、财务专家担任外部董事，建立起外部董事占多数，内部董事、专兼职外部董事合理搭配、规模适中、专业互补的董事会。董事会下设4个专门委员会，为重大决策提供咨询、意见和建议。设立董事会执行委员会作为董事会常设执行机构，并授予其一定的决策权限，提升董事会决策效率。

三是强化董事会职权。健全以公司章程为核心的制度体系，科学界定国资监管机构和公司之间、公司和系统企业之间的权责边界，全面依法、依章程落实和维护董事会行使重大决策、选人用人、薪酬分配等权利，增强董事会的独立性和权威性。根据深圳投控作为国有资本投资公司的功能定位，市国资委在投资、产权变动、资本运作等方面对公司董事会加大授权，确保公司董事会更好地履职尽责。深圳投控"一企一策""分类分步"授予下属企业董事会更大的自主决策权限，推动企业形成灵活高效的市场化经营机制。

四是提升董事会运作水平。推动董事会应建尽建、配齐建强，强化董事会定战略、作决策、防风险功能，促进决策的科学性和执行的有效性。规范董事会议事规则，重点把好董事会"时间关、程序关、沟通关、质量关、督办关"，保障董事会规范高效运作。建立董事队伍人才库，储备资本运作、科技金融、科技园区、新兴产业及高端服务业等领域专家，优选具有国际视野、前瞻性战略眼光和运营管理经验丰富的国际化人才。

（四）对标世界一流，构建"卓越集团管控"驱动框架

国务院国资委《关于开展对标世界一流管理提升行动的通知》多处提到"管控"，其中特别强调"加强组织管理，提升科学管控能力"，要求从总部组织、授权放权、组织流程、法人治理、组织文化等角度，提高管控水平。深圳投控是一家综合性投资控股平台，系统企业遍布经济、社会、管理、文化、生态等多个领域，涵盖宏观、中观、微观多个层面，客户面向政府、企业、个人，是一个多层次、全领域、广覆盖的产品和服务体系，与一般企业相比，业务多元，资产状况较复杂，管控难度较大。深圳投控积极对标世界一流资本投资公司，打造"卓越集团管控"体系，推动从"管企业"向"管资本"转变，推动公司整体资源配置优化和效率提升。

一是构建"3＋1"集团管理体系。根据形势变化动态修订完善公司章程、议事规则和配套制度。按照"分类管理、分类考核"的改革思路，结合系统企业所处行业特点、市场化经营水平等因素，指导系统企业修订完善公司章程，确保制度建设向基层延伸拓展。以新收购的民营上市公司为试点，率先探索

以"管资本"方式参与公司治理，通过构建一部章程、一支队伍、一套程序和紧急情形干预的"3＋1"管理体系，确保国有股东不缺位、不错位、不越位，保持上市公司活力和竞争力，促进国企、民企高效融合发展。

二是打造价值创造型总部。结合公司战略规划及管控需求，强化总部"战略引领＋管理赋能＋风险监督"功能定位，开展组织架构诊断，适时动态优化调整，完善总部人才队伍、信息化建设等配套机制，提高投资融资、产业培育、资本运营、战略管理、财务运营、风险管理"六大能力"，形成"小总部、大产业"的管理架构。推行纪委书记兼监事会主席模式，建立企业党委领导、纪委统筹，纪检监察、监事会、财务总监、内审、内控、风控协同联动的"六位一体"大监督体系，实现出资人监督与党内监督、监察监督有机融合。

三是构建差异化管控模式。建立集战略管控、财务管控、运营管控于一体的管控体系，根据企业市场化程度、行业特征、发展阶段等因素，强化分类管理、分类授权、分类考核。创新构建企业分类标准，把直属企业划分为商业类、功能类和公益类三类。推动商业类企业优化资源配置，持续提升经营效益和盈利水平，培育一批具有创新能力、行业影响力和核心竞争力的一流企业。推动功能类企业更好地落实政府部门的战略部署，高质量完成服务政府宏观调控、重大项目建设、专项任务等工作。推动公益类企业引入市场机制，不断提高公共产品、公共服务的供给质量、供给效率和目标人群覆盖率，实现社会效益与经济效益的有机统一。

四是创新投融资管理机制。构建"本部直接投资＋产业集团投资＋基金群投资"三层次投资架构，实现对投资的动态、专业、高效管控；打造由职能业务部门、风险管理部门、审计监督部门组成的风险管理"三道防线"，实施风险限额管理，助力企业稳健发展。建立结算中心和财务共享中心，实现预算、结算、筹融资"三统一"。形成涵盖超短融、中票、公司债、银行贷款、债权融资等交叉互补的良性融资机制，保持融资灵活性。审慎管控杠杆比例，资产负债率严控60%以下。公司连续三年荣获惠誉A＋、标普A、穆迪A2国际主体评级，达到地方国企最优水平。

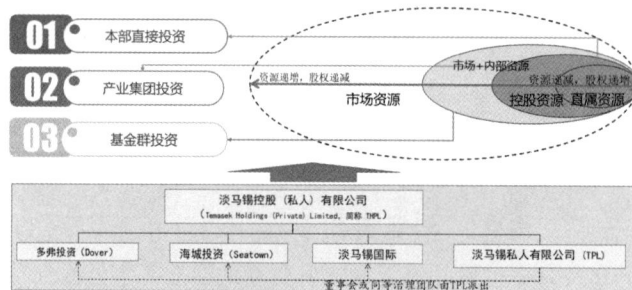

图6　深圳投控投融资管理机制

（五）找镜子配机制，持续深化"卓越绩效管理"模式

国务院国资委《关于开展对标世界一流管理提升行动的通知》"重点任务"提出，综合分析世界一流企业的优秀实践，深入查找企业管理的薄弱环节，持续加强企业管理的制度体系、组织体系、责任体系、执行体系、评价体系等建设，全面提升管理能力和水平。近年来，深圳投控以争创质量奖为契机，聚焦领导、战略、顾客、员工、创新、运营六大领域综合施策，导入卓越绩效管理体系，坚持"高谋划、见真章"，重点在"找镜子、定目标、配机制"上下功夫，制定可量化、可考核的目标任务，高标准推动对标提升行动取得实效。

一是以闭环管理强化战略实施，提升战略引领能力。深圳投控围绕服务城市发展战略和提升企业核心竞争力，科学谋划战略定位、主攻方向和业务结构，确立了城市战略执行者的使命定位和建设国际一流国有资本投资公司的战略目标。在此基础上，深圳投控以闭环管理强化战略实施，建立了涵盖公司总体战略、集群战略和企业战略在内的三层次战略规划体系，构建以战略管控为本、绩效管理为主，全面预算管理、战略实施督办相结合的监测体系。定期对战略执行开展多维度分析，强化对关键目标任务的监控、评估和调整，对战略执行方向、落实结果等进行审计监督，为业绩评价、考核任免等提供依据，实现从战略制定、实施、评估到优化调整的闭环管理，促进企业改善营运效率和效益。

图7 深圳投控"十四五"发展战略

二是塑造追求卓越的企业文化，持续强化组织凝聚力。深圳投控按照"忠诚、担当、创新、融合、卓越"的核心价值观，将"敢闯敢试、敢为人先、埋头苦干"的特区精神融入文化建设，坚持塑造追求卓越的企业文化，形成"深圳投控＋产业集群＋系统企业"高度融合的企业文化体系，并通过制度建设、会议宣贯、文体活动、行为规范等方式加强文化传播，以先进的企业文化凝聚力量，以科学的组织治理提质增效，激励全体干部员工，引领系统企业从"要我发展"向"我要发展"转变，持续强化组织领导力、创造力和凝聚力。

三是完善协同化运作机制，不断提升精益运营能力。深圳投控围绕国有资本投资公司功能定位，加强业务协同顶层设计，健全协同考核激励机制，树立全员参与、协同高效、持续改善的精益管理理念。同时，构建集团总部与系统企业、三大产业集群相互支撑、耦合协同、精简高效的运营体系，全面释放公司整体优势和价值。比如，在深圳湾园区设立金融超市和投资基金，为入园企业提供全方位金融服务，加速优质项目孵化培育；金融企业联合新兴产业企业设立产业投资基金，发挥基金投资对产业培育的引导作用。

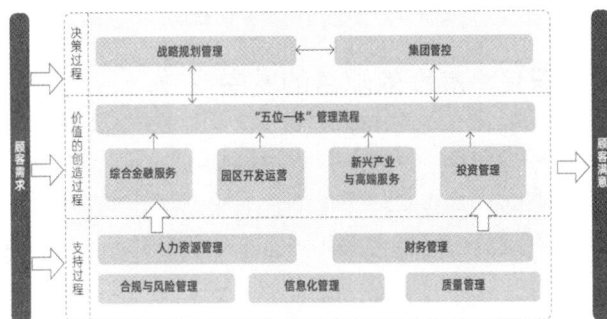

图8 深圳投控运营系统

四是健全科技创新闭环生态体系，提升自主创新能力。深圳投控因改革而生、应创新而兴，在全国率先探索国企综合改革，持续深化商业模式创新和产品服务创新，形成国有资本投资公司创新发展的"投控模式"。一方面，围绕科技企业全生命周期发展需求，构建"科技创新资源导入＋科技园区＋科技金融＋上市公司＋科技产业集群"五位一体商业模式，形成服务科技创新和产业培育的闭环生态体系。另一方面，大力"建平台、补链条、育龙头、强集群"，聚焦半导体、新材料、环保科技等"卡脖子"环节和重点领域投资培育一批优质企业，自主创新能力显著增强。

五是坚持"人才第一资源"理念，提升科学选人用人能力。在坚持党管干部、党管人才的基础上，深圳投控突出"市场化选聘、契约化管理、差异化薪酬、强制化退出"，弱化高管人员行政级别，推进职业经理人制度建设，实现高管人员由"内部配备"向"市场配置"转变，全面提升高管人员市场化、专业化、职业化水平。深圳投控坚持"人才第一资源"理念，积极构建与战略相匹配的人力资源管理机制，拓宽视野"选好人"，搭建平台"培育人"，市场契约"管好人"，人岗相适"用好人"，强化激励"留住人"，完善人才发展生态体系，打造企业家和高素质人才高地。

六是加快数字化转型步伐，提升系统集成能力。坚持以数字技术驱动管理变革，积极探索大数据、云计算等新一代信息技术与企业管理深度融合的发展路径，规划建设1个智脑（投控智脑）、2大支撑（技术平台和投控云）、3大应用（业务融合应用、产业集群应用和综合管控应用）和4大保障体系（标准规范体系、安全保障体系、运行维护体系、组织保障体系）。通过创建统一的数据规范和标准，强化金融科技、智慧园区、产业协同等各类业务场景应用和统一综合管控，推动决策辅助智能化、业务运作协同化、投资管控全面化和企业服务一体化。

图9　深圳投控数字化规划

五、对标世界一流、深化卓越绩效取得的发展成效

深圳投控不断加强管理体系和管理能力建设，将"对标世界一流"作为重要管理工具，以卓越的价值观为导向，打造符合国有资本投资公司定位特征的"三点一线"的卓越质量绩效管理模式，探索建立系统完备、科学规范、运行高效的中国特色现代国有企业管理体系，有效激发企业高质量发展活力动力。

（一）初步建立中国特色现代国有企业管理体系，示范效应逐渐形成

权威期刊《管理世界》发表论文《国有资本投资运营公司双向治理路径研究》，以深圳投控为研究

对象，分析国资委、国有资本投资运营公司、投资企业三层监管架构之双向治理路径，认为深圳投控模式为深化国资国企改革，畅通双向治理路径，提供了理论支撑和实践经验。除此之外，深圳投控着力推进改革创新、转型发展，为优化营商环境和推动经济社会发展做出了积极贡献，荣获多项国家级荣誉奖项，包括"全国先进基层党组织""第六届全国文明单位""中国生产力发展十大卓越企业""全国内部审计先进集体"等。

（二）质量效益大幅攀升，世界500强地位不断巩固

深圳投控坚持改革和管理"双轮驱动"，向改革要活力、向管理要效益，推动公司实现跨越式发展。2016—2020年，公司合并总资产从4006亿元增长到8454亿元，净资产从1748亿元增长到3528亿元，营业收入从428亿元增长到2149亿元，利润总额从151亿元增长到279亿元，上缴利税从120亿元增长到211亿元，五项指标增幅分别达111%、102%、402%、85%、76%。2021年在疫情冲击下经营业绩逆势上扬，位列世界500强第396位，较上年大幅跃升46位，高质量发展态势更加巩固。

表1　深圳投控2016—2020年主要经济指标　　　　　　　　　　单位：亿元

指标	2016年	2017年	2018年	2019年	2020年
资产总额	4006	4792	5561	6995	8454
净资产	1748	2199	2336	3055	3528
营业收入	428	470	718	1993	2149
利润总额	151	193	210	252	279
净利润	113	150	160	196	208
上缴税收	108	94	86	162	180
上缴利润	12	10	14	30	31

（三）管理水平显著增强，国有资本运行质量不断提升

国有资本授权经营体制更加完善，逐级实现充分、规范、有序的授权放权和行权。据统计，加大授权放权后，深圳投控董事会需上报深圳市国资委审批的投资事项减少93%，经理层在投资、产权变动、担保借款等方面决策额度分别提高5.7倍、2倍和9倍，组织效率和企业活力充分释放。国有资本布局结构更趋合理，进一步向重点行业、关键领域、优势企业集中，"十三五"期初的67家存量企业整合至21家，管理效能大幅提升。国有资本功能进一步放大，直属商业类企业混合所有制改革实现全覆盖，引入社会资本超220亿元，控股上市公司13家，公司资产证券化率超过70%，流动性、营利性和配置效率持续提高。

（四）行业地位保持领先，核心竞争优势不断厚植

科技金融板块形成具有鲜明科技特色的金融服务体系，控股的国信证券发展成为国内服务中小板、创业板高新技术企业最多的券商；高新投、担保集团是全国融资担保行业的"双龙头"，累计服务企业超6万家，担保金额超1万亿元；深圳天使母基金成为国内规模最大、最具影响力的天使投资引导基金，获得国务院通报表扬。科技园区板块形成从规划设计、投资开发到运营管理的完整产业链条，开发运营园区50多个，规划总建筑面积3000万平方米，"深圳湾"成为国内知名、行业领先的园区品牌。科技产业板块在半导体、新材料、环保科技、供应链等领域打造一批行业头部企业，在加快核心技术攻关、推进产业基础高级化、产业链现代化中发挥了积极作用。

（五）"城之重器"作用彰显，服务大局能力不断增强

近三年公司累计上缴利税超500亿元，投资规模超千亿元。承担深圳市政府支持民营经济发展"四个千亿"计划任务，从股权和债权两方面向300多家企业提供超400亿元资金支持，在支撑民营经济稳健发展、防范化解金融风险方面发挥了重要作用。疫情期间，全系统园区物业免租降费8亿元，高速公路免收通行费11亿元，保障经济社会平稳运行。大力开展产业、教育、金融扶贫，累计投入帮扶资金超2亿元，助力全面打赢脱贫攻坚战，充分彰显了国有企业作为经济社会"稳定器""压舱石"的价值和作用。

成果创造人：何建锋、王文杰、杜秀峰、甘卫斌、彭兴庭、吴畏、

邵留长、黄柏生

航天科工统筹策划、系统推进国企改革的探索与实践

中国航天科工集团有限公司

改革是破解发展难题和矛盾的有力手段，是促进经济社会发展的必然选择。党的十八大以来，以习近平同志为核心的党中央将全面深化改革作为国家"四个全面"战略布局之一来推进，对国企改革工作做了顶层部署，国务院国有企业改革领导小组就贯彻落实推动国有企业改革进行了全面部署。2020年，党中央、国务院决定实施国企改革三年行动方案，为新阶段深化国企改革提供了根本遵循。

中国航天科工集团有限公司（以下简称"航天科工"）是我国航天事业和国防科技工业的中坚力量，航天强国建设和国防武器装备建设的主力军，中国工业信息化发展的领军企业，现辖属21家二级企业，控股8家上市公司，企事业单位500余户，分布于中国内地31个省市自治区及亚洲、非洲、欧洲、拉丁美洲等有关国家和地区，在职职工近15万人，拥有包括8名中国工程院院士、200余名国家级科技英才在内的一大批知名专家和学者。2021年位列世界500强企业第320位，位居全球防务百强企业前列。

图1　航天科工是我国航天事业和国防科技工业的中坚力量

航天科工始终坚持以习近平新时代中国特色社会主义思想为指导，全面贯彻党中央、国务院、中央军委战略决策部署，以"国家利益高于一切"作为核心价值观，以"科技强军、航天报国"作为企业使命，以"服务国家战略、服务国防建设、服务国计民生"作为企业定位，以提供世界一流装备、成为世界一流航天防务集团公司作为主要责任，发挥航天、防务、安全三方面支撑作用，大力发展防务装备产业、航天产业、信息技术产业、装备制造产业、现代服务业等五大业务板块，不断深化国企改革，着力推动战略性结构调整和企业体制机制改革创新，资源布局不断优化，产业结构更趋合理，发展活力进一步释放，取得了一批重要改革发展成果，为推动实现高质量发展和发展战略的落地实施提供了有力支撑。

一、深刻认识改革的重大意义，在思想上行动上与党中央保持高度一致

习近平总书记指出，新时代坚持和发展中国特色社会主义，根本动力仍然是全面深化改革。同时多次强调，国有企业是中国特色社会主义的重要物质基础和政治基础，是党执政兴国的重要支柱和依靠力量，深化国有企业改革，做强做优做大国有资本和国有企业，对坚持和发展中国特色社会主义、实现"两个一百年"奋斗目标具有十分重大的意义。

（一）把推进国企改革作为贯彻落实习近平总书记指示批示精神的重要举措

党中央、国务院高度重视国有企业改革发展和党的建设工作。党的十八大以来，习近平总书记亲自谋划亲自部署推动国企改革，多次发表重要讲话，作出一系列重要指示批示，为国企改革指明了方向、提供了根本遵循。航天科工始终坚持"两个一以贯之"，在"十三五"期间制定实施《集团公司深化国有企业改革总体方案》，推动落实国企改革"1＋N"政策体系；按照国企改革三年行动部署要求，制定实施《集团公司改革三年行动实施方案（2020—2022年）》，不断加强对标对表，坚持问题导向，以构建形成一套改革基本体系、打造形成一批改革示范样板、突破形成一批改革创新高地、强化形成一套改革保障措施为目标，推动新时期深化改革，推动竞争力、创新力、控制力、影响力、抗风险能力显著提升。

（二）把推进国企改革作为服务党和国家战略大局的重要抓手

习近平总书记在"七一"重要讲话中，立足中国共产党百年华诞的重大时刻和"两个一百年"历史交汇的关键节点，深情礼赞了我们党百年奋斗的历史功勋，科学指明了以史为鉴、开创未来的前进方向，为我们奋进新时代、走好新征程进一步明确了前进方向、提供了根本遵循，同时对中央企业提出更高要求。航天科工始终立足"两个大局"，心怀"国之大者"，将中央的决策部署贯彻到集团公司"十四五"发展规划中，落实到改革的各个环节，充分发挥改革的关键作用，坚持把推进改革同打造原创技术"策源地"和现代产业链"链长"、科技自立自强、加快建设世界一流企业等国家战略和重点任务紧密结合，通过深化改革助力世界一流航天防务集团公司建设。

（三）把推进国企改革作为建设世界一流航天防务集团公司的重要支撑

当今世界正处于百年未有之大变局，国际环境日趋复杂，国内发展环境也经历深刻变化，我国已转向高质量发展阶段。这就要求中央企业要实现更大作为、发挥更大作用、作出更大贡献。面对外部形势的变化和自身转型发展的诸多问题，航天科工立足新发展阶段，贯彻新发展理念，构建新发展格局，紧密围绕建成世界一流航天防务集团公司的战略目标，将改革创新作为集团公司高质量发展的重要抓手，致力于在形成更加成熟定型的中国特色现代企业制度上取得明显成效、在推动经济布局优化和结构调整上取得明显成效、在提高国有企业活力和效率上取得明显成效，不断提升核心竞争力和发展活力，服务建设世界一流军队、发展航天事业、建设航天强国。

二、航天科工推进新时期深化改革的主要做法

习近平总书记指出，改革重在落实，也难在落实。改革进行到今天，抓改革、抓落实的有利条件越来越多，改革的思想基础、实践基础、制度基础、民心基础更加坚实，要投入更多精力、下更大气力抓落实，加强领导，科学统筹，狠抓落实，把改革重点放到解决实际问题上来。航天科工认真学习贯彻习近平总书记重要指示批示精神，认真贯彻落实党中央、国务院关于国有企业改革系列部署以及国企改革三年行动方案，立足自身改革实际，持续推动深化改革，不断强化改革顶层设计，坚持法治化、市场化

改革方向，突出抓重点、补短板、强弱项，着力推动国企改革向纵深挺进。

（一）坚持全局视野和系统思维，谋划航天科工改革三年行动整体架构

按照党中央、国务院《关于深化国有企业改革的指导意见》，航天科工在全面深化改革工作领导小组的指导下，制定印发了《集团公司深化国有企业改革总体方案》，明确了政策制定（2015—2017年）、试点示范（2017—2018年）、全面推进（2019—2020年）三个实施阶段，以及推进分层分类推动企事业单位改革、发展混合所有制经济、深化人事制度改革、提高监管控能力和水平、剥离企业办社会职能和解决历史遗留问题、加强党对国有企业的领导、合理构建保障机制等方面的重点任务，全面推进深化国有企业改革各项工作，基本形成了工作体系和顶层设计，完成了国家政策性改革任务，体制机制改革创新不断深化，为进一步推动深化改革奠定了重要基础。

2020年6月，中央全面深化改革委员会第十四次会议审议通过了国企改革三年行动方案；8月，国企改革三年行动方案正式印发，明确要通过实施国企改革三年行动，持续推进国企改革"1＋N"政策体系落实落地，不断推动国企改革走深走实，提升改革综合成效。

面对改革的新形势、新任务、新要求，通过对标对表，航天科工发现了自身改革工作中还存在着一些问题和不足，表现在：全面改革还不够深入，改革工作力度有待加强；部分单位对改革的认识不够，没有真正把改革作为一把手工程来抓；缺乏顶层设计和常态化的工作机制；各类示范试点专项改革尚未形成引领示范；现代企业制度建设不够完善，总部管控模式、公司治理能力、市场化激励约束机制、资本布局和产业结构尚需优化提升，企业管理体系和管理现代化水平与建设世界一流航天防务集团公司的战略要求存在差距。

按照党中央、国务院关于实施国企改革三年行动的重大决策部署要求，航天科工以问题为导向，以改革促发展，认真梳理了国家国企改革系列部署要求及集团公司改革工作基础，结合自身实际，研究制定了《集团公司改革三年行动实施方案（2020—2022年）》，明确将通过实施改革三年行动，全面形成改革顶层体系化设计，如期全面完成党中央部署的改革任务，实现党的领导党的建设进一步加强，中国特色现代企业制度更加成熟，国有资本布局与结构更加优化，市场化经营机制更加完善，企业运行更加高效，创新活力更加充沛，为建设世界一流航天防务集团公司提供强力支撑。

《集团公司改革三年行动实施方案（2020—2022年）》共包括8个方面、52项改革任务和73项改革清单事项，方案明确：2020年，航天科工改革三年行动全面启动实施，改革工作组织体系实现各级次单位100%覆盖，集团管控模式进一步明晰，公司管理市场化转型和专职董监事队伍建设全面启动，厂办大集体改革、退休人员社会化管理按期完成，医疗机构改革、"三供一业"分离移交全面收尾，国企改革"双百行动"形成综合改革"头雁效应"。2021年，航天科工所属单位功能界定与分类进一步优化，公司管理市场化转型试点、专职董监事队伍建设、内部资源重组整合和自主创新取得实效，符合条件的三、四级科技型企业100%实施股权激励，完成70%"两非"剥离专项治理任务，国有资产监管机制有效运行，集团公司改革三年行动取得重要阶段性成效。2022年，国企改革"双百行动"深化实施，"科改示范行动"顺利收官，经理层成员任期制和契约化管理全面推行，职业经理人队伍建设取得重大突破，国家规定的中长期激励方式实现全覆盖，"两非"剥离专项治理任务基本完成，研发经费投入强度不低于12%，改革政策体系成熟定型，企业规章制度体系有效运行，改革三年行动全面收官。

图2　航天科工改革三年行动实施方案框架

（二）坚持法治化方向，推动中国特色现代企业制度更加成熟定型

航天科工自觉运用法治思维和方式推动深化改革，坚持依法行权，坚持公平公正，不断健全规章制度体系，让改革中各种利益关系的调整获得规章制度的保障，不断推动企业管理体系和管理能力现代化水平持续提升。

一是坚持"两个一以贯之"。深入贯彻《关于中央企业在完善公司治理中加强党的领导的意见》要求，印发《集团公司党组关于在完善公司治理中加强党的领导的工作方案》，把党的领导落实到公司治理各环节。集团公司及所属子企业制定党委（党组）前置研究讨论重大经营管理事项清单，进一步明确党委（党组）在决策、执行、监督各环节当中的权责，规范党委（党组）前置把关程序。严格落实党委（党组）把方向管大局促落实、董事会定战略作决策防风险、经理层谋经营抓落实强管理的职能职权，充分发挥并处理好党委（党组）和董事会、经理层等治理主体的关系，厘清各治理主体权责，使各治理主体不缺位、不越位，不相互替代、不各自为政，有效发挥在法人治理结构中的功能作用。

二是持续强化各级董事会建设。落实国资委关于规范中央企业董事会建设有关要求，成立董事会战略与投资委员会，制定与修订《集团公司章程》《集团公司外部董事履职保障方案》《集团公司派出专职董事监事管理办法》《集团公司派出专职监事履职管理实施细则》《集团公司董事长办公会议事规则》《集团公司董事会战略与投资委员会工作规则》，建立健全权责法定、权责透明、协调运转、有效制衡的公司治理机制，不断提升董事会运行决策规范化、科学化水平。制定实施《加快完善法人治理结构、推动公司管理市场化转型总体方案》，印发《集团公司公司治理规定》《集团公司派出专职董事监事管理办法》《集团公司派出专职监事履职管理实施细则》，持续深入开展董事会应建尽建和董事会构成情况统计分析。加强选派所属单位外部董事和外部监事管理，建立董监事人才库，开设专项培训班，强化履职能力。不断增强董事会行权履职能力，制定并适时修订《集团公司董事会授权管理办法》，推动所属子企业董事会落实中长期发展决策权、经理层成员选聘权、经理层成员业绩考核权、经理层成员薪酬管理权、职工工资分配管理权、重大财务事项管理权，在实现董事会规范运作的基础上，全面依法落实董事会各项权利。

三是推动改革重点要求纳入公司章程等制度体系。统筹推进改革任务落实与制度体系建设，高标准、高质量推进制度体系建设，持续巩固深化完善公司治理中加强党的领导、规范董事会建设和发挥董事会作用、健全市场化经营机制、推动混合所有制企业经营机制转换等方面的改革成果，使各治理主体在决策、执行、监督各环节依章程履职、按规章制度办事，不断推动中国特色现代企业制度建设系统化、规范化、制度化，制度优势有效转化为治理效能。不断深化领导人员经济责任审计工作，对"三重一大"决策、项目投资、招投标、大额资金管控、科技资金投入、境外资产管理等重点经营环节加大审计力度，狠抓审计问题整改，加强问题销号管理，督促整改落实到位。制定《集团公司违规经营投资责任追究实施办法》《违规经营投资问题和线索移送办理工作规范》《违规经营投资问题线索查处工作规范》，不断健全优化违规投资责任追究工作体系，保障国有资产保值增值。

（三）坚持市场化方向，推动三项制度改革和正向激励取得更大成效

增强微观主体活力，打赢国企改革攻坚战，市场化是大方向。航天科工坚持按市场规律办事，聚焦三项制度改革，持续健全"管理人员能上能下、员工能进能出、收入能增能减"的市场化经营机制，逐步构建形成更加市场化的选人用人与激励导向，有效激发了广大干部职工的干事创业热情。

一是紧盯三项制度改革这个关键环节和标志性工程。持续加大工作力度，建立集团公司三项制度改革按月评估通报机制，按月从制度建设、机制运行、改革成效三个方面梳理统计所属单位三项制度改革进展，切实把三项制度各个关键环节改到位、改彻底。强化"能上"的条件把关，在强调政治素质的同时，重点对经营业绩真实性把关，选拔任用中实行"审计背书"制度，强化考核及结果运用，将干部的综合考核评价结果作为选拔任用的重要参考；强化"能下"的标准，实行考核末等和不胜任的退出机制。坚持深化市场化用工机制，促进员工能进能出，围绕集团公司重大发展战略、重大工程项目需求，全面规范各类人才招聘程序，坚持公开、竞争、择优原则开展招聘工作。完善负责人年薪管理，与经营业绩考核紧密挂钩，提高绩效年薪的增/降幅度，拉开分配差距。

二是抓好经理层成员任期制和契约化管理。紧紧扭住经理层成员任期制和契约化管理"牛鼻子"，制定实施《集团公司所属企业推行经理层成员任期制和契约化管理指导意见》和《实施方案》，规定经理层成员每届任期3年，任期内新聘任的经理层成员重新签订契约并承接上一任经理层成员的考核内容、指标和目标；由董事会授权董事长代表董事会与经理层成员签订《岗位聘任协议》以及年度、任期《经营业绩责任书》，结合企业发展战略、发展规划、近三年历史业绩、行业对标情况等制定经理层成员经营业绩考核指标，并按照契约约定刚性兑现薪酬；将所属单位副职绩效年薪占正职的平均倍数放开至0.8~0.9倍，持续加大对领导干部"关键少数"的激励作用。为确保实施效果，严格确定了经理层成员任期制和契约化管理实施单位的范围，按照"第一年规范、第二年提升、第三年深化"的作战思路，梳理形成"实战解剖、横纵贯通、步调一致"的战术推进方式，制定了"专家队伍层层渗透机制、问题实时反馈及答复机制、日常检查及交叉检查机制"等保障机制，确保专项工作快速迭代推进。

三是建立更加灵活的工资总额管理机制。修订完善《集团公司工资总额管理办法》，健全与劳动力市场基本适应、与单位经济效益和发展质量挂钩的工资决定和正常增减机制，实现"能力决定位置、效率决定用工、业绩决定薪酬"。二级单位的工资总额实行与利润总额和净利润之和挂钩，为鼓励研发创新，在计算"效益挂钩"工资总额将研发费用增量加回，同时为提高经营质量，在核定各单位"效益挂钩"工

资总额的基础上，与毛利率、"两金"占比等指标进行挂钩。对入选国资委"科改示范企业""双百企业"等的单位，探索实施工资总额单列或备案制管理。实施全员绩效考核，落实差异化工资总额管理，通过设立飞行试验质量奖惩、较高层次人才单列工资总额以及关键核心技术攻关项目团队单列工资总额等特殊工资总额增减机制，实现工资总额向效益倾斜、向一线倾斜。

四是加大中长期激励力度。印发《国有科技型企业股权和分红激励实施办法（试行）》《上市公司股权激励实施办法（试行）》，建立健全中长期激励顶层制度体系。积极推进条件成熟的所属科技型企业和控股上市公司实施股权和分红激励。鼓励所属单位积极探索股权奖励、虚拟股权、分红激励、超额利润分享、员工跟投等机制，推动更多的企业采取不同的方式增强活力和效率。同时，同步完善约束机制，构建形成有压力、有活力的激励。

（四）坚持做强做优做大，推动重点难点领域改革实现突破

一是推进总部和二级单位本部职能定位高效协同。建设世界一流的集团公司，必须要有与世界一流相适应的组织架构和管理机构。航天科工深入开展世界一流企业管控模式研究，明确集团公司总部 "战略管控、资源配置、重大项目管理、风险管控"四大核心职能，优化部门职能和编制设置，同步深化二级、三级单位本部机构设置与职能调整优化，做好职能界面接口梳理，规范授权放权清单，形成上下贯通、协同高效的管理中枢机构。

二是加快资源资本结构优化调整。聚焦主责主业，发挥集团内部主力军工科研院所、优势单位等战略科技资源作用，协同军方、地方、企业、学校等外部一切可以协同的优势资源和力量，以增量激活存量，研究推动推动资源重组、专业化整合、资产上市。积极稳妥深化混合所有制改革，推动"混资本"与"改机制"同步实施，切实做到完善治理、强化激励、突出主业、提高效率。大力推进"两非"剥离，按照国家政策和集团要求，认真对照集团公司主责主业，针对非主业、非优势以及长期亏损、没有竞争优势、不可持续发展的企业（业务），未雨绸缪，主动作为，加大清理力度。持续突出主业，实现资源聚集。

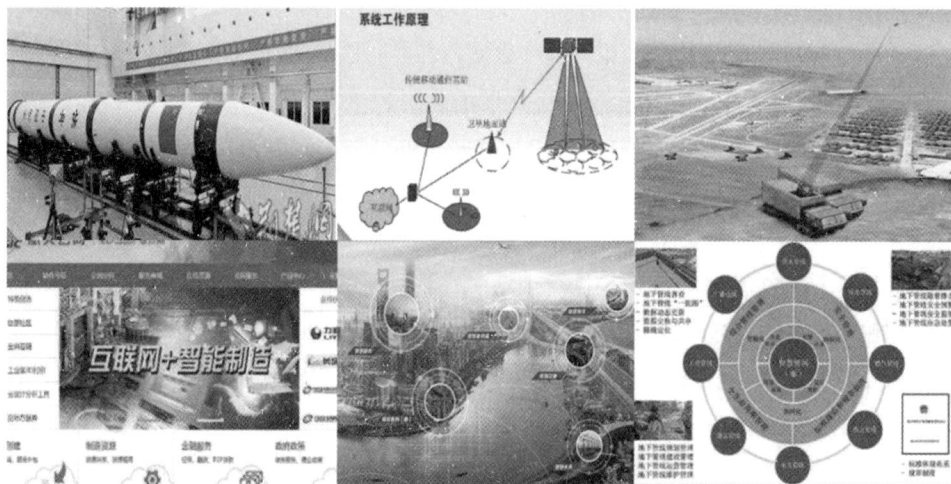

图3 航天科工改革试点企业新兴产业布局

三是充分发挥改革专项工程"头雁效应"。紧紧抓住实施"科改示范行动"、国企改革"双百行动"等改革专项工程的有利契机，遴选航天信息、航天电器、湖南航天、航天云网、空间公司、海鹰航空、火箭公司等7家与集团公司主业符合度高、企业规模及成长性好、改革基础与改革意愿强等单位开

展示范，充分给予改革政策支持和探索空间，鼓励基层发挥首创精神，统筹推进股权多元化和混合所有制改革、健全法人治理结构、完善市场化经营机制、健全激励约束机制、解决历史遗留问题等方面改革任务，大胆探索实施具有突破性的改革政策，特别是在董事会授权放权、科技管理体制改革、社会化融资、员工持股和股权激励、经理层任期制和契约化管理、工资总额单列等一系列具有创新性和先导性的改革举措方面开展了一系列有益探索和实践，逐步总结上升为经验，打通了改革"最后一公里"，通过改革创新提升了相关单位的经营质量和发展活力，为那些"不想改""不会改""不敢改"的单位做了良好的示范，有效引领集团公司整体改革向纵深挺进。

为及时准确监测集团公司整体及所属各级子企业改革推进情况，航天科工开发了改革重点量化指标在线采集模块，实现穿透全级次在线填报、审核、上报和自动汇总，由各部门派专人对改革指标线上审核把关，做实数据基础，务求改革质量和实效。

三、航天科工深化改革的主要成效

习近平总书记强调，要有钉钉子精神，落实落细改革主体责任，把加强改革系统集成、推动改革落地见效摆在更加突出的位置。航天科工立足自身改革实际，推动各项改革融会贯通、系统集成，逐步构建形成了一套改革基本体系，打造形成了一批改革示范样板，突破形成了一批改革创新高地，强化形成了一套改革保障措施，纵深推动改革三年行动取得重要成果和扎实成效，实现三年改革任务时间过半、任务过半，在多个领域和重点环节取得了扎实成效。

（一）改革基本体系健全完善，实现改革责任落实、组织到位、机制形成

一是学懂弄通做实习近平总书记关于国有企业改革发展和党的建设的重要论述首要任务深入扎实推进。2020年，党组理论学习中心组集中学习19次共40学时，深入交流研讨6次，围绕国企改革集中学习4次，有力推动改革工作持续深入推进。2021年1—8月，党组理论学习中心组组织4次关于习近平总书记在中央全面深化改革委员会上的重要讲话精神，指导部署推动落实集团公司改革三年行动；各级党委理论学习中心组累计学习1800余次，为各项改革发展举措的落地实施提供了政治保证与组织保证。

二是改革主体责任逐级有效落实。航天科工完善了全面深化改革领导小组设置，制定印发了全面深化改革领导小组工作规则及办公室工作细则，常态化召开改革领导小组或专题会议，顶层推动国家有关深化改革的重大方针、政策有效落实。改革责任体系持续完善，所属单位改革"第一责任人"制度全面落实，全部21家二级单位将"一把手"改革职责写入领导分工文件，各单位改革领导小组运行机制健全完善，改革工作提上重要日程，深化改革工作的组织领导和推进力度显著增强。

三是集中培训持续深入开展。2020年以来，组织开展的国有企业改革发展和党的建设集中培训共计321次，参训人员达2000余人次；举办加快落实国企改革三年行动专题培训班，邀请中央党校（国家行政学院）、中国企业改革研究会以及专业研究机构等专家进行授课；采取专题讲座、在线学习、调研交流等方式组织所属单位领导班子成员、改革责任部门负责同志和相关工作人员分层分类开展集中学习，改革人员队伍通过"学习、实践，再学习、再实践"不断迭代，理论水平和实践能力得到了持续提升，更好推动各项改革部署要求落地见效。

四是考核"指挥棒"作用充分发挥。航天科工首次将改革纳入经营业绩考核范畴，拿出3～6分对各二级单位年度改革工作及成效进行考核评价，每年初根据上级改革任务要求、改革三年行动实施方案以及其他改革创新任务等，"一企一策"确定各单位改革考核事项清单并动态调整；每年末对各单位改革

任务落实情况、组织推进情况以及改革综合成效等方面进行整体评价。在考核评价的加持作用下，所属单位对待改革工作积极性、主动性更强，促进实现了"要我改"向"我要改"的转变，有效督促引导各项改革工作落实到位、取得实效。

（二）充分发挥改革示范样板的引领带动作用，推动改革重点领域和关键环节率先突破、率先成势

一是5家"双百企业"聚焦治理机制、用人机制、激励机制，推动综合改革取得突破性进展。湖南航天成功引进4家战略投资者，实现社会化融资13.37亿元，在全级次单位推行骨干员工持股计划，通过混改引入股东提名董事、监事，实现外部董事占多数；航天云网开展了股权激励计划，新一轮社会化融资共计26.32亿元，创工业互联网领域单笔融资额纪录；二院空间公司建立了动态岗位调整机制和多元化薪酬管理模式，股权激励和社会化融资取得积极进展；三院海鹰航空积极引进职业经理人和社会成熟人才，对46名核心管理技术骨干实施了股权激励，"基薪＋考核绩效＋市场提成"模式激励效果明显；航天三江火箭公司建立了与市场接轨的薪酬及绩效考核体系，对新型航天企业运营模式进行了探索实践，5家"双百企业"深化推进综合改革取得实效，湖南航天、海鹰航空入选了国资委《国企改革"双百行动"案例集》。

二是2家"科改示范企业"不断深化市场化改革，提升自主创新能力取得重要阶段性进展。航天信息不断规范上市公司治理，完成了所属三、四级单位"三重一大"决策制度及事项清单修订备案，所属单位法人治理结构不断健全完善；推动构建"共性基础技术研发（研究院）＋行业应用研发（产业组织）＋客户产品化研发（市场组织）"研发布局，非政策性业务毛利占比提升超过20%。航天电器不断健全公司法规体系，探索实施项目跟投激励方式，市场化选人用人机制不断健全，入选国资委《"科改示范行动"案例集》；建立创新基金池，实施即时创新激励，近三年累计发放创新奖励近6000万元，完成了大股东授权清单制定、《高价值专利培育专项行动计划实施方案》等。

三是自主实施重大改革创新事项深入实施。围绕"十四五"发展规划、产业结构调整、研发机构建设、上市公司质量提升、数字化转型等方面统筹布局了17项重大改革创新事项制定实施专项工作方案，通过大力推进实施，集团公司主业管理更加规范，内部资源重组和专业化整合方案不断深入论证，与雄安新区具体合作事项逐步深化，数字航天战略加快实施，有力推动了集团公司系列战略举措落实落地。

（三）坚持对标对表、问题导向，推动各项政策性改革任务按时高质量完成

一是个性化改革政策体系基本形成。持续深入开展国企改革"1＋N"政策文件及配套政策的研究，制定印发《国企改革政策汇编》《国企改革案例集》《事业单位改革政策汇编》；围绕完善中国特色现代企业制度、推动国有经济布局优化与结构调整、健全市场化经营机制、抓好国企改革专项工程、加强国有企业党的领导和党的建设、组织实施和政策保障等领域，累计研究制定出台42份改革政策文件，形成《航天科工深化改革"1＋M"政策体系1.0版》，为基层单位推动改革实施提供政策指引，改革人员队伍对于党中央、国务院和上级机关的改革部署要求的理解认识得到显著提升。

二是现代企业制度逐步健全完善。深入推动党的领导融入公司治理，严格落实党组织研究讨论"前置程序"要求，所属相关子企业全部制定党委前置研究讨论重大经营管理事项清单，境内公司"党建入章"实现全覆盖。推动董事会制度建设系统化、规范化，99.5%的所属子企业实现董事会"应建尽建"，外部董事占多数的企业占比为76%。

三是企业自主创新能力持续提升。航天科工持续加大研发投入，2020年度研发投入强度达12.6%；

着力推动关键核心技术攻关，着力打造自主可控产业链、供应链，2020年度获国防科学技术奖39项，其中技术发明一等奖2项，累计有效专利达3.1万件。

四是剥离企业办社会职能和解决历史遗留问题妥善化解。对9家医院实施专业化整合并已整体移交通用技术集团，完成25.5万户"三供一业"、13家教育机构、11个办市政、3个社区及5家消防机构改革任务，积极稳妥推进培训疗养机构改革，为集中资源做强主业创造了有利条件。

图4　航天科工与通用技术集团航天医科合作协议签约仪式

（四）充分发挥改革突破和先导作用，推动体制机制改革创新取得积极成效

一是总部功能定位与机构设置逐步完善。大力开展总部与二级本部职能整合与功能协同，从解决总部与二级单位本部职能交叉重叠入手，研究出台《强化总部和二级单位本部职能整合和功能协同为基层减负有关措施》，编制《"十四五"总部和二级单位本部功能协同专题规划》，《职能整合与功能协同工作总体方案（1.0版）》已实施完成。同时，按要求完成了"总部机关化"问题专项整治工作。

二是资本布局与结构调整更加优化。三年专项工作累计压减企业法人336户，共清理亏损和微利的小散弱企业214户，减少经营性亏损4.07亿元；清理房地产、纺织板块、汽车4S店等非主业法人112户，累计盘活资产总额183.3亿元、回收资金48.97亿元、安置职工20804人，超额完成压减任务目标。按要求完成17户企业处僵治困主体任务。充分利用产权市场和多层次资本市场结合产业发展需要引资、引制、引智，积极稳妥推进重点领域、重点地区、重点单位社会化融资工作，2015年以来通过增资扩股实施股权融资项目50余个，外部融资总额累计上百亿元，按照"三因三宜三不"的原则推动混合所有制改革，所属混合所有制企业占比超过三分之一，有力助推战略新兴产业和相关企业发展。

三是推动公司管理市场化转型。完善法人治理结构推动公司管理市场化转型成效初现，推行派出董监事专职化，及时调整优化董监事人员配备，集团公司首批选配专职董事6人（派出履职11人次）、专职监事3人（派出履职8人次），董事会、监事会治理作用更加规范有效。

四是市场化经营机制更加健全。全力推行经理层成员任期制和契约化管理，已实施任期制和契约化的子企业占比52.3%；已实施的经理层成员占比42.8%。持续完善领导人员晋升及退出机制，综合分析年度考核、平时考核、任职考察等情况，区分不同情形，按程序实施职位调整。探索实行职业经理人制度，已完成职业经理人制度的企业户数占比8.4%。股权激励广泛实施，累计已有19家科技型企业、3家上市公司实施股权激励，正向激励成效逐步显现。

通过一系列改革创新实践，航天科工在新时期推动深化改革取得了扎实成效，深化改革工作逐步由单项改革向综合改革转变，改革突破性不强、改革系统性不够、改革支持政策不足等问题得到了有效化解，航天科工深化国企改革取得了系统性、整体性成效，逐步开创了改革发展的新局面。后续，航天科工将进一步推动国企改革"1＋N"系列文件落地，全面落实国企改革三年行动方案，着力抓重点、补短板、强弱项，坚持和加强党对国有企业的全面领导，坚持和完善基本经济制度，坚持社会主义市场经济改革方向，不断健全中国特色现代企业制度、优化资源结构布局、完善市场化经营机制和激励约束机制、激发科技创新动能，加快建设世界一流航天防务集团公司，在实现高质量发展和做强做优做大的同时，推动国有经济竞争力、创新力、控制力、影响力、抗风险能力进一步提升，为实现航天梦、强军梦和中华民族伟大复兴的中国梦、航天梦提供坚强保障和有力支撑。

成果创造人：胡雪梅、江山、张帅、徐磊、徐鹏、范瑞杰、陈曦宇、
苏鑫鑫、刘青、刘峥嵘、谭红雨、孙越、王庆国、谭立忠

通用技术沈阳机床股份有限公司
深化"三项制度"改革探索与实践

通用技术沈阳机床股份有限公司

一、"三项制度"改革背景

改革开放以来，我国国有企业在探索企业改革的道路上不断推进，走出了一条具有中国特色的改革之路，国有企业三项制度改革探索始终未停止。

1992年破"三铁"（铁交椅、铁饭碗、铁工资）时实行全员劳动合同制。1998—2000年国有企业施行改革三年攻坚战，三项制度改革初见雏形。2001年经贸委、人事部、劳动和社会保障部联合发布230号文《关于深化国有企业内部人事、劳动、分配制度改革的意见》，明确提出"改革国有企业内部人事、劳动、分配制度，是充分调动职工积极性、增强企业市场竞争力的一个关键因素"。党的十八届三中全会在《中共中央关于全面深化改革若干重大问题的决定》中明确要求"深化企业内部管理人员能上能下、员工能进能出、收入能增能减的制度改革"。2016年，国资委印发《关于进一步深化中央企业劳动用工和收入分配制度改革的指导意见》，对中央企业"三项制度"改革提出了具体要求，标志着"三项制度"改革进入新阶段、新常态。2018年，国务院印发《关于改革国有企业工资决定机制的意见》，对国有企业工资总额决定机制、工资总额管理方式、企业内部工资分配管理等事项进行了规定。2020年6月，中央深改委审议通过了《国企改革三年行动方案（2020—2022年）》，针对性开展中央企业提质增效专项行动，"三项制度"改革揭开新的篇章。

时至今日，改革仍任重道远，只有把握新时代改革的核心意义，深刻理解新内涵，顺应新趋势，才能取得改革阶段性胜利。

（一）新内涵

新一轮国企改革背景下，三项制度改革已成为新常态，通过干部人事、劳动用工、收入分配三项制度改革，实现"去行政化""契约化"和"市场化"，提升国有企业经营业绩、管理效率及人员效能。新形势下的三项制度改革，在企业基本管理能力已构建后，更加强调市场化、契约化，更关注角色价值和激励牵引。通过建立起体现岗位价值的薪酬体系，通过完善绩效考核机制等，向关键岗位和核心人才倾斜，以此激发人力资源的活力，增强企业持续发展的动力与核心竞争力。

（二）新趋势

从试点实行到全面推进，从单项内容突破到建立相对完备的管理机制并实现系统联动，三项制度改革从"提质增效"走向"提效赋能"的新阶段。

1.从"自我管理"到"标杆管理"，强调先进典型标杆引领作用

2019年，国务院国资委《关于开展2019年中央企业三项制度改革专项行动的通知》提出国企三项制度改革的重点任务和工作要求，要求各企业选树改革标杆，开展对标诊断，制定改革方案，推进改革措施。在对标对象上，充分发挥典型企业的示范引领作用。强调典型企业选择可综合考虑行业定位、行业特点、发展阶段和经营状况等因素，围绕管理人员能上能下、员工能进能出、收入能增能减，分层分类选择标杆，标杆可以选择企业内部或者外部。

2.从"体系化建设"到"精细化管理"，强调管理效能化

新三项制度改革在基础管理体系基础上更加强调精细化管理。例如，实行任期制和契约化管理经理人、职业经理人，强调在上岗之时签订岗位聘任协议、经营业绩责任书等，明确考核内容和指标，建立"上"与"下"的依据。例如，在劳动用工机制上，强调提升用工效率，应根据企业发展战略目标，合理分解至部门和岗位上，进而合理确定用工总量，实现定岗定编效能化，避免多余的员工"进"，切实做到人员精简。例如，强调市场化薪酬分配机制破解收入分配问题，通过建立经济效益与劳动生产效率相挂钩的分配机制，增强收入分配的外部竞争性与内部公平性，既要实现薪酬水平市场化，又要实现内部公平性，实现工资福利差异化。

3.从"注重形式"到"注重内容"，强调改革创新性

随着改革工作的不断深入，国有企业改革从建立现代企业制度逐步向目标更明确、举措更具体的改革方向转变。改革内容涉及组织结构、定岗定编、人员选择、岗位考核、奖惩淘汰、薪酬水平等方方面面。一些企业纷纷探索适合企业自身的改革路径。国家层面也从政策上鼓励、支持国有企业大胆探索、勇于创新，例如，2019年11月8日印发的《中企企业混合所有制改革操作指引》（国资产权〔2019〕653号）明确提出"鼓励混合所有制企业综合运用国有控股混合所有制企业员工持股、国有控股上市公司股权激励、国有科技型企业股权和分红激励等中长期激励政策，探索超额利润分享、项目跟投、虚拟股权等中长期激励方式，注重发挥好非物质激励的积极作用，系统提升正向激励的综合效果。"

二、"三项制度"改革成果内涵

近几年来，随着国际环境发生的重大变化，机床行业成为国外对中国封锁"卡脖子"的领域之一。通用技术沈阳机床股份有限公司（以下简称"通用技术沈机股份"）作为曾享誉世界的机床企业、国内中国行业的龙头企业，企业的改革发展工作，受到各方面高度关注。在党中央、国务院对沈阳机床改革发展问题的深切关怀下，在深化推进我国"2025中国制造"战略的背景下，在发展机床产业作为"国家安全"制造产业基石的战略要求下，2017年10月底，国务院国企改革领导小组专题审定了沈阳机床的综合改革方案。在改革的过程中，尤其是2017—2020年，沈阳机床始终面临重重历史的、经营的压力。面对负债率高、历史包袱沉重、市场及行业异常波动、疫情影响、运营资金匮乏、债务违约风险加剧等各种困难，通用技术沈机股份全体员工勠力同心、砥砺奋进，通过系列改革措施，助力企业扭亏脱困。

通过全员竞聘上岗、全员实行硬考核硬约束、建立市场化薪酬激励体系等措施，实现了人员合理定岗定编、富余人员稳妥安置、人工成本缩减、全员薪酬水平提高等实际效果，员工干事创业积极性明显提高，企业人力资源效能有效提升。具体改革措施，如图1所示。

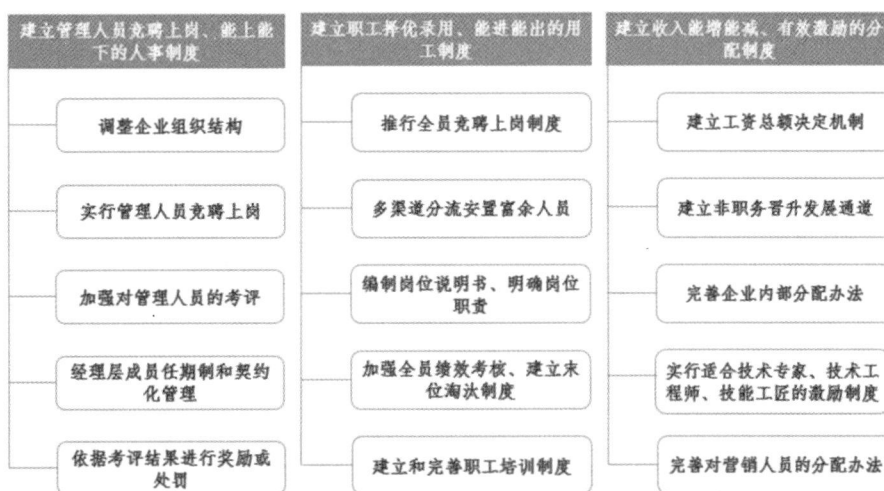

建立管理人员竞聘上岗、能上能下的人事制度	建立职工择优录用、能进能出的用工制度	建立收入能增能减、有效激励的分配制度
调整企业组织结构	推行全员竞聘上岗制度	建立工资总额决定机制
实行管理人员竞聘上岗	多渠道分流安置富余人员	建立非职务晋升发展通道
加强对管理人员的考评	编制岗位说明书、明确岗位职责	完善企业内部分配办法
经理层成员任期制和契约化管理	加强全员绩效考核、建立末位淘汰制度	实行适合技术专家、技术工程师、技能工匠的激励制度
依据考评结果进行奖励或处罚	建立和完善职工培训制度	完善对营销人员的分配办法

图1 公司三项制度改革具体措施

三、"三项制度"改革具体举措

（一）加强顶层设计，引领改革实践

1.立足企业实际，推进组织模式变革

推进三项制度改革过程中，通用技术沈机股份根据企业规模、业务领域、产品范围及未来发展规划，经过广泛调研、全面对标学习和充分研讨论证，进行组织模式变革，确立运营管控型管理模式（如图2所示）。公司总部承担的管理职能涵盖制定战略目标、经营绩效评定、运营管控、人力资源管理等各个领域，打造总部战略控制中心、资源配置中心、投融资决策中心、绩效评价中心和风险控制中心的定位。在对分（子）公司进行集中统一管控的基础上，优化企业资源配置，使下属企业能够实现统一经营、统一发展。

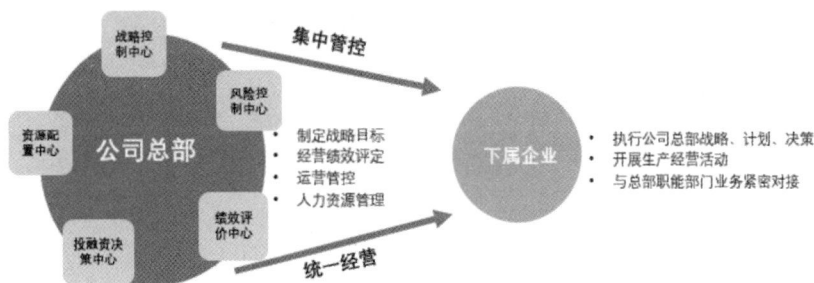

图2 公司组织模式变革-运营管控型模式

为推进管理变革向纵深延伸，公司总部同步推进各分（子）公司管理优化，统一明确各分（子）公司的权责边界，按照各分（子）公司业务体量规范职能部门设置，总部与各分（子）公司管理部门职能对接更加紧密（公司组织结构详见图3），公司管理效能明显提高。

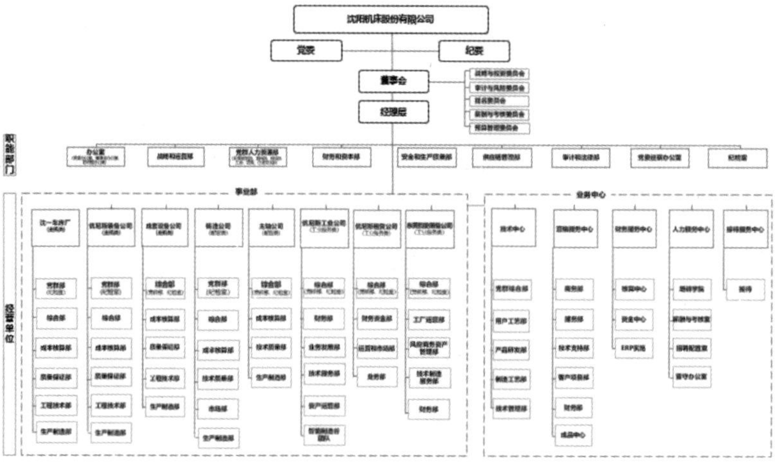

图3　公司组织架构

2.重构人力资源管理模式，打造复合型人力资源管理团队

改革前公司人力资源管理按照功能模块划分业务，过分关注内部视角、专业导向，无法发挥出支持公司战略发展的作用。公司人力资源管理积极调整方向，向更关注外部视角、业务导向转变，进行人力资源部门的组织重构，形成"三支柱"管理模式，设立COE、HRBP、SSC组织架构，致力于提供公司业务发展需要的客户化、集成化的解决方案（如图4所示）。同时，从源头上建强人力资源管理队伍，建设包括人力资源专业人士，熟悉技术、生产、市场、财务等企业主要业务的复合型人才人员，面向未来全球化招聘具有行业前沿从业或研究经验的精英人才，打造了一支复合型的人力资源管理团队。

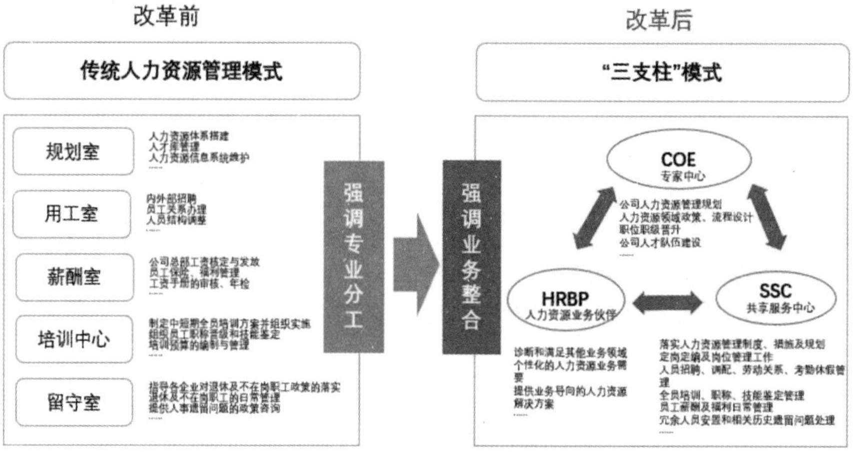

图4　公司人力资源管理模式转变

3.科学定岗定编，提高人工效能

在考虑现有岗位设置的基础上，为适应企业参与市场竞争及长远发展的需要，采用组织分析法，梳理业务流程。通过合并、压缩、撤销低效岗位，优化工作组合，科学设定岗位及编制（如图5所示）。一方面，公司总部职能部门、业务中心坚持"一岗多责、一专多能"原则，优化岗位配置，压缩编制，提升管理效能。另一方面，各下属企业按照"缩减管理层级，优化作业模式，提升运行效率，降低人工成本"的原则，科学核定岗位设置，优化组织机构，进一步降低人工成本，提高劳动效率。

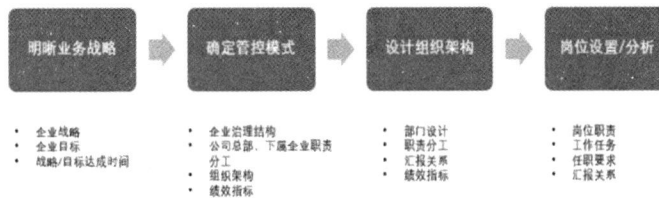

图5 公司岗位设置流程

在人员编制设置上，以企业经营目标为中心，以经营管理人才、科技人才、专业技术人才和技能人才四支人才队伍建设为抓手，增大价值链上直接创造价值员工的比重。同时对标国内装备制造业中具备一定规模和行业代表性企业的技术人员、生产人员及其他人员类别占比情况，科学、合理地进行定编。

（二）实行"全员起立"，重新竞聘上岗

1.完善干部选拔机制，激发干部队伍活力

干部选拔聘任中，强调树立鲜明的用人导向，坚持政治素养优先，选拔出一批政治合格、素质过硬、作风优良、成绩突出的干部队伍。选聘范围面向集团所属各二级公司，注重新鲜血液的输入。对于专业领域岗位，以职业资格作为基本准入条件，坚持基本标准不放低。组建由企业领导班子成员、纪委、职工代表组成的专业面试团队，突出政治素养考察、业务能力评估、工作规划评价，并引入第三方进行性格特点测试，综合多个维度充分评估干部人选。对于没有选出合适人选的职务，宁可暂时空缺也不勉强使用，适当时候要向社会或公司内部再行公开选聘，以确保干部队伍质量。

2.识别保留优秀员工，实现员工择优上岗

根据定岗定编要求，按照"先职能部门后分（子）公司"的时间要求，采取分类别、分阶段组织全员开展公开选聘。

在操作层面上，结合不同类型员工的特点，采取不同的选拔方式，精准识别出合适人选，最大程度实现人岗匹配。例如，针对党群、人力资源部门员工面试环节后引入申论考核环节，突出政治能力、文字表达能力考察；对一线生产类、生产辅助类员工，考虑到员工主要从事操作性技能工作，采用"背靠背"员工互评打分的方式，应聘者原所在部门负责人及其他员工通过填写互评表对应聘者进行评价，评价内容涉及政治素养、工作业绩、工作作风、工作能力等。各类人员公开选聘基本过程，如表1所示。

表1 公司各类别人员公开选聘基本过程

招聘对象	招聘范围	招聘流程	人才识别队伍	突出特点
中层干部	集团所属各二级公司	简历筛选—面试—性格测试—确定考察人选—干部考察公示—录用	公司领导班子人员、纪委、员工代表	强调"德才兼备""宁缺毋滥"
普通员工	公司内部	简历筛选-笔试（限总部职能部门）-面试-录用——其中党群、人力资源加入公文写作能力测试，具体为：简历筛选-笔试-面试-申论考核-录用	公司领导、部门领导、纪委、人力资源部	强调"人岗匹配"
一线生产、辅助类员工	公司内部	简历筛选-员工互评-录用	直接领导、员工	采取"背靠背"评价，突出实际操作能力

（三）多渠道分流安置富余人员，稳妥高效推进减员

安置工作本身是个系统工程，各个环节需要紧密结合、环环相扣，才能实现安置工作高效推进。通用技术沈机股份为妥善分流企业富余人员，多措并举积极推进安置工作（如图6所示）。

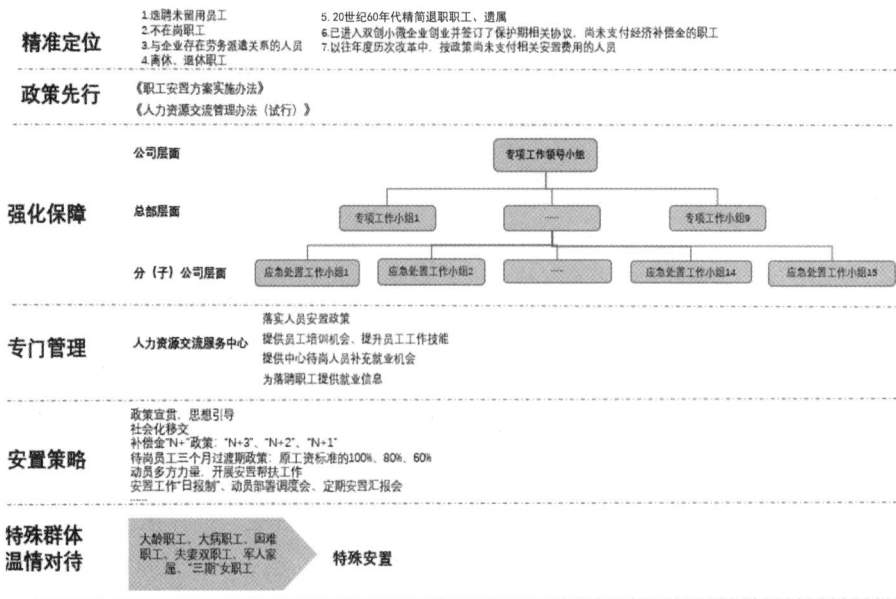

图6 公司人员安置工作思路设计

1.摸清底数、掌握实情，超前谋划稳人心

从2020年年初开始，公司组织进行摸底调查工作，准确掌握第一手资料和详实数据，超前谋划职工安置工作（如图7所示）。

在政策层面，依据国家相关法律法规，本着从员工需求的角度出发，结合公司实际，先后制定出台了《职工安置方案实施办法》《人力资源交流管理办法（试行）》等政策，也主动与沈阳市人社局及仲裁部门建立联系，做到勤沟通、多交流、常咨询，争取获得更大支持，积极吸纳建设性意见、经验性做法，降低安置障碍，规避法律和政策风险。

在组织保障层面，按照"责任到人、管理到位、保障到家"的思路，分别在公司层面、总部层面、分（子）公司层面设立工作组。按照主管主责、分管专司、部门合力方式，实行各单位党政一把手亲自挂帅、从上到下包保分工，强化组织领导。

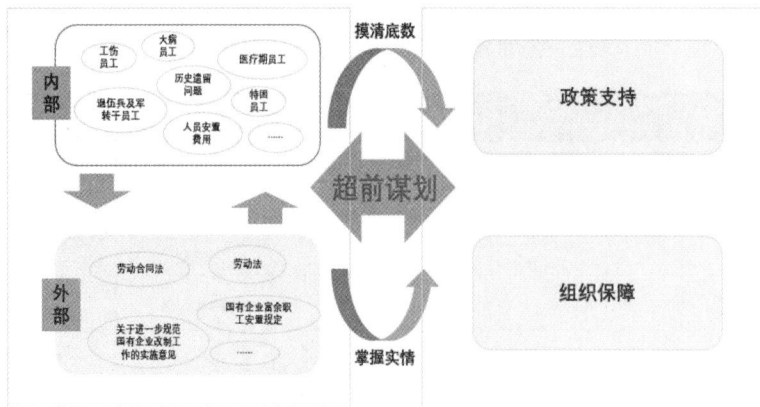

图7 公司人员安置摸底过程

2.细化安置策略、丰富安置方式，多措并举安人心

员工安置工作事关职工切身利益，事关企业人才队伍建设和长远发展，事关社会稳定。公司始终坚持从细处着眼、从全局谋划，细化员工安置策略，扎实稳步推进安置工作。

（1）通过建立人力交流服务中心，专门负责人员安置工作：一是落实人员安置政策；二是提供员工培训机会，提升员工工作技能；三是提供中心待岗人员补充就业机会，对未补充到位的定编岗位及时补聘，满足部分落聘人员与公司的二次双向选择需要，同时缓解落聘员工心理压力；四是为落聘职工提供就业信息，持续性地推荐外部工作机会。通过公司内网和微信公众号开通"工作信息推介平台"，集中发布和展示外部招聘信息。同时，各分（子）公司基于本身行业特点和自身能力，积极与上下游联系为员工推荐就业机会。让员工感受到企业实施的是"有温度的改革"，也尽可能地让离开的员工尽快走上新的工作岗位。

（2）采用多种策略，引导员工主动离开。一是抓住落聘关键期，及时开展思想动员工作。按照先公开选拔再有序安置的程序，落聘人员自然产生，精准锁定安置对象。第一时间又开始组织力量对落聘人员开展全员谈心谈话，了解员工实际意愿，引导员工协商解除劳动关系。二是创新性地制定了职工安置补偿金"N＋"刺激政策。在员工落聘后的10个工作日、20个工作日、30个工作日内分别实施"N＋3""N＋2""N＋1"的司龄补偿特殊政策。通过设置不同的时间段，引导员工主动与企业解除劳动合同。三是设置待岗员工三个月过渡期特色政策。员工进入人力交流服务中心后，工资计发标准按照原工资标准的100%、80%、60%逐月降低发放，给予员工适当的生活保障，为员工提供一定的寻找工作的时间。四是保证员工诉求通道畅通。职工安置过程中，上至主要领导，下至各职能部门、各基层都参与进来，全面启动员工诉求服务应急响应，倾听职工心声，形成齐抓共管的良好局面，尽量不让员工因为遭遇　"打太极""踢皮球"的工作方式对安置工作造成不利影响。五是安置工作常规化管理。通过建立"日报"制、召开动员部署调度会、定期分析职工安置工作推进情况等，压实责任，形成一级抓一级，层层抓落实，各负其责，确保安置工作推进有序。六是协调社会资源，调动多方力量，积极开展安置帮教工作。安置中始终坚持与市区两级公安局、人社局、退役军人事务管理局、信访局、仲裁部门积极联系，争取到了各部门的大力支持。

（3）特殊群体温情对待。对大龄职工、大病职工、困难职工、夫妻双职工、军人家属及"三期"女工等特殊群体，本着温情操作、关爱员工的精神，在认真核实情况的前提下，结合各职能部门、分（子）公司岗位需求及本人工作能力进行妥善安排，共安置特殊职工近200人。另外，对距法定退休年龄5年内受劳动合同法保护不能单方解除劳动合同的通过内部退养妥善安置。

（四）"硬考核、硬约束"，实行刚性化管理

1.全面推行干部任期制与契约化管理

根据中央深改委《国企改革三年行动方案（2020—2022年）》要求，公司积极推行各级企业经理层成员任期制和契约化管理，按照"市场化选聘、契约化管理、差异化薪酬、市场化退出"原则，制定并实施《经理层任期制和契约化管理实施方案》。

（1）在任期管理上，明确经理层成员每届任期3年。任期届满时，由公司董事会依据法律法规、公司章程及企业管理制度对公司经理层进行任期考核评价，根据考核评价结果决定是否续聘。

（2）在契约化管理上，关键在于夯实业绩考核。重点突出考核项目及指标、指标目标值、计分规则、考核实施等事项。其中考核内容及指标根据岗位职责和工作分工，按照定量与定性相结合、以定

量为主的导向来确定每位经理层成员及中层干部的考核指标和内容。考核目标值根据企业发展战略、经营预算、历史数据、行业对标情况等进行科学化设置。薪酬激励方面实行激励与约束相统一，薪酬与风险、责任相一致，与绩效考核相挂钩的薪酬管理制度。进一步推动企业内部分配调整，坚持业绩导向，根据考核结果兑现薪酬，合理拉开经理层成员薪酬差距。

通过建立健全市场化约束激励机制，充分激发各级经营管理干部的积极性，增进发展活力。

2.突出晋位争先，推动员工末位淘汰制管理

以增强员工的市场竞争意识与责任意识、创造市场化用工氛围为出发点，对除公司领导班子成员外的全体在岗员工实行5%末位淘汰制管理，具体的实施流程见图8。所有员工采取360度绩效考核，并以绩效考核结果作为员工岗位胜任的验证标准，成为员工"能上能下"的衡量依据。公司对绩效考核排名末位5%的员工优先进行转岗或待岗培训管理，对能力确实不足以胜任工作岗位的员工，经双方协商一致可解除劳动关系。

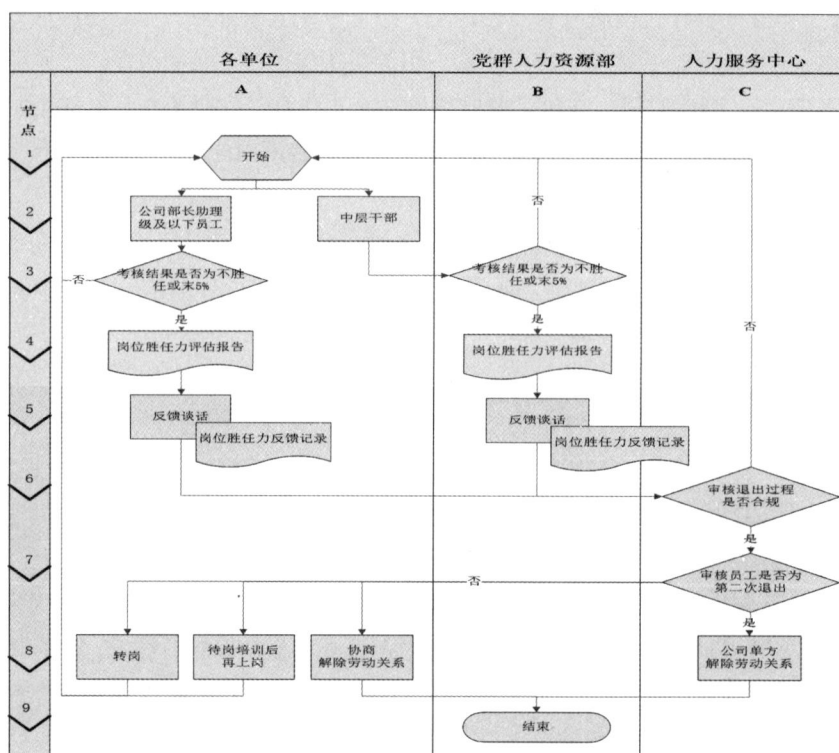

图8 员工退出管理工作实施流程

（五）改革薪酬管理制度，建立市场化薪酬激励体系

薪酬制度改革主要建立健全以效益为导向、以市场为方向的收入分配激励约束机制，理顺收入分配关系，强化薪酬激励作用。

1.优化薪酬体系，构建"3P+1M"现代薪酬付薪理念

根据企业实际，调整原有的薪酬体系，构建新的薪酬体系。首先对现存的岗位、职责进行重新梳理，明确各个岗位在企业中的相对价值，并兼顾不同部门、岗位在贡献度上面的区别。坚持以岗位价值为主，将个人能力与绩效产出工作作为员工的付薪依据，同时对标同行业市场薪酬水平，提高薪酬外部竞争力，全力构建"3P+1M"的现代薪酬付薪理念（如图9所示）。

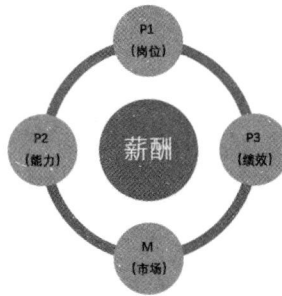

图9 "3P+1M"薪酬付薪理念

P1（Position）：为岗位付薪，根据员工所在岗位确定其岗位所属系列和岗位级别，体现岗位的真正价值，建立内部公平的标准。一共分为技术、管理、营销、生产辅助、行政辅助及一线生产六大系列。其中，一线生产系列设置1个岗位级别，技术、管理、营销系列设置5个岗位级别，生产辅助系列设置6个岗位级别，行政辅助系列设置3个岗位级别。

P2（Person）：为能力付薪，根据员工个人综合素质，确定其个人等级。公司对各序列员工制定个人能力等级评定指标，通过部门评定小组打分，对员工的基本素质、专业知识、综合能力、工作业绩等进行评定，从而确定员工初次定岗定级时的个人等级。综合岗位级别和个人级别即可确定员工的固定薪酬。

P3（Performance）：为业绩付薪，根据员工的关键业绩指标完成情况核定发放绩效薪酬。一线生产类员工绩效薪酬按照计时计件方式发放，一线营销类员工绩效薪酬按照相关营销指标完成情况发放，其他员工绩效薪酬结合个人绩效考核结果、部门业绩考核结果、公司经营业绩情况发放。充分体现干好干坏不一样，激励员工付出努力，从而获得好的回报。

M（Market）：依据市场水平，实现薪酬外部竞争性。综合考虑了可比城市、同类型企业各类岗位员工薪酬水平，通用技术沈机股份原有自身水平，预计收入水平等多个维度因素。对于技术、管理、营销类员工提供在沈阳市有较强竞争力的薪酬水平，对于辅助类员工总体略高于一般市场水平。

2.建立工效挂钩机制，实现工资总额与业绩联动

坚持与企业经营考核结果紧密联系、与企业发展阶段相适应、以客观发展规律为准绳、向"一线营销""高科技研发""苦险特累差""高级管理""高技能"五类人员倾斜的原则，构建由工资效益联动、工资水平调控等共同组成、协调运转的工资总额决定机制，合理确定企业工资总额。具体计算模型，如图10所示。

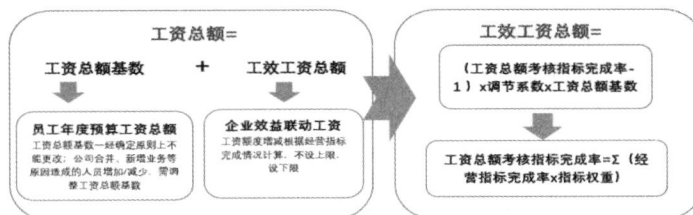

图10 工资总额计算模型

其中，工资总额基数为各单位上年度实际计提的职工工资总额核减上年度单列工资后的金额。

工效工资总额为与企业效益联动的工资总额，根据与企业经营效益考核结果挂钩实现工资额度的

增减。

为适当调整经营指标与工资总额变动幅度之间的比例关系，坚持"适当调控"原则，设置调节系数α。

3.实施绩效考核全覆盖，实现员工工资与考核结果联动

以绩效考核为抓手，结合薪酬标准体系，推动工作效率和人均效能提高，提升企业运营效益。通过"人员全覆盖"，从公司总部到各分（子）公司，从干部到普通员工，按照不同的考核标准和内容，全员接受绩效考核。

员工层面上，绩效考核结果作为年度绩效薪酬发放依据。综合各单位绩效和个人绩效两方面因素，核算并发放员工年度绩效薪酬。同时，考核结果作为员工职位职级调整的重要依据。根据公司职位职级体系（如图11所示），通过职级评定，让有不同业绩表现的员工进行相应的升降，例如对员工个人年度绩效考核等级为"不合格"的或者员工连续两年个人年度绩效考核等级为"合格"的，进行降级处理。通过与薪酬进行相应的联动，促使优秀员工可以获得更高的劳动报酬。

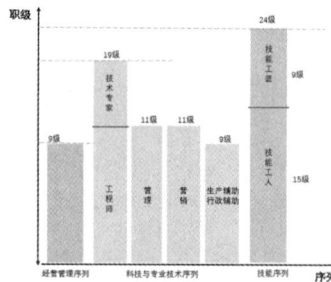

图11 职位职级体系

管理层层面上，绩效考核结果作为干部履职"称职""不称职"等的直接依据，并据以核定绩效年薪。管理层年度考核薪酬的发放规则是"年度考核薪酬＝年度目标薪酬×[P年度×W＋Q×(1–W)]"。其中，公司董事会秘书及经营单位正副职的P年度＝经营绩效考核得分÷100，其他员工的P年度为其个人绩效系数，具体数值根据各单位（部门）绩效考核等级和个人考核等级确定；Q为调整系数，为企业经营班子经营绩效考核得分÷100；W为权重调整系数。

4.探索多种激励方式，加大激励力度

公司探索多种激励方式，将员工与组织利益紧密结合起来，充分运用各种激励方式，构建适应时代特点、组织发展和员工需求的激励机制，充分启发人员潜能，使人力资源效能实现最大化。

经理层成员实行任期激励，建立实际性的经营性考核指标体系，根据岗位职责分工和重点任务目标对经理层成员进行"一人一岗、一岗一表"的差异化考核。根据任期考核结果确定任期激励水平，实现"差异化薪酬"管理，合理拉开薪酬差距。任期绩效考核等级也作为岗位聘任及退出等管理的重要依据。

重视对技术人才、技能人才的激励，按照"一评、二定、三津贴"的方式，对技术专家和工程师等技术人才和技能工匠、技能工人进行专业能力评定，确定个人能力等级，以发放月度"津贴"的方式在待遇上进行倾斜，进一步加大对科技人才和技能人才的激励力度，充分肯定高质量人才对企业发展的贡献和付出，在企业内树立人才标杆，营造"靠素质立身、凭实绩进步"的用人氛围。

同时，公司逐步完善各序列员工的薪酬分配方式，加大薪酬的激励作用，如营销人员按照回款后的

毛利额合理确定薪酬总额，充分发挥薪酬的导向作用。

四、改革成效

（一）人员总量大幅缩减，人员结构逐步合理

人员总量上，2021年6月末同比2020年6月末，在册人数减少4492人，缩减57.4%；管理的退休职工由4212人降至19人，减少4193人，降幅高达99.5%；留用的劳务人员由742人降至278人，降幅为63%（如表2所示）。人员总量减少按照时间进程可分为两个阶段，第一个阶段是2020年6月末至2020年底，公司全面推行市场化用工形式，实施全员竞聘上岗，过程中主要开展人员分流安置工作实现减员；第二个阶段是2021年初至2021年6月末，主要通过启动经济性裁员和部分员工特殊安置等实现减员。

表2 人员数量变化

时间	在岗职工	不在岗职工	在册职工合计	离退休职工	劳务人员
2020年6月	6861	962	7823	4212	742
2020年12月	3007	1590	4597	4264	393
2021年6月	2949	382	3331	19	278

改革后，公司在岗员工的岗位结构、素质情况、年龄结构均不断优化并逐步趋于合理：①从岗位结构上看，经理层48人，技术类214人，管理类334人，生产类1858人，营销类495人；生产类人员占比超过63%，较去年同期增加8个百分点。②从素质情况上看，现有博士2人，硕士129人，本科943人，公司拥有本科及以上学历员工占比超过三分之一；现拥有高级职称员工80人，中级职称355人，高级技师166人，技师326人，高级工489人。公司在岗职工整体素质显著提升。③从年龄结构上看，在岗职工30周岁及以下205人，31～40周岁1875人，41～45周岁646人，51～60周岁223人，分别占6.95%、63.58%、21.91%、7.56%。可以看出，公司31岁至40岁员工占比较大，在全员竞聘及人员安置过程中保留了公司的中坚力量，对公司的发展起到积极的推动作用。

（二）人工成本有效控制，员工薪酬水平稳步提高

结合改革需要，全面优化调整薪酬体系，推进全员薪酬收入结构性调整。通过优化收入结构、重新权衡岗位价值、拓宽薪酬等级与带宽等措施，突出薪酬与公司经营发展成果挂钩，在人工成本总额控制的范围内，2021年上半年各类人员薪酬水平较近三年呈现稳步发展趋势，分配结构也更加趋向合理。各类人员月均收入水平整体呈现上涨趋势（如图12所示），其中在岗职工人均工资较2019年重整前人均增幅54.6%，在岗职工人均收入（工资＋福利）较2019年重整前人均增幅55.2%。

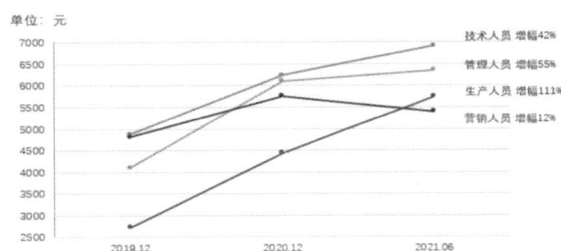

图12 各类岗位人员月均应发工资情况(沈阳地区)

（三）人力资源活力充分激发，人力资源效能显著提升

人力资源效能的提升是一项复杂的系统工程，通过健全机制体制、人力资源系统运营和整合、转变管理理念、推动人才队伍等方式，充分激发企业人力资源活力，提高企业劳动生产率，降低人事费用率，不断提升人力资源效能，增强企业的核心竞争力。改革后，公司2021年上半年劳动生产率与去年同期相比增长了141%；环比方面，较去年下半年增长了108%；与去年下半年的环比增长率16%相比，增速大幅提高。人事费用率也由2020年上半年的41%下降至19%，整体下降趋势明显。

成果创造人：刘成明、康裕陆、张永、杜守志、刘菲、周慧姝、

踪念伟、唐凤云

央地合作共发展　企业混改破瓶颈
——中国航发南方宇航混合所有制改革取得重要成果

中国航空发动机集团有限公司

中国航空发动机集团有限公司（以下简称"中国航发"）深入学习领会习近平总书记关于深化国有企业改革、发展混合所有制经济的重要论述，贯彻落实党中央、国务院关于国企混合所有制改革（以下简称"混改"）的决策部署，按照国家发展改革委国有企业混合所有制改革第四批试点（以下简称"试点企业"）和国务院国有资产监督管理委员会"双百行动"有关要求，统筹谋划、攻坚克难，与广州市高标准高质量地合作推进试点企业——中国航发湖南南方宇航工业有限公司（以下简称"南方宇航"）混改，打破了企业发展瓶颈，实现了央地协调共赢发展，混改工作取得重要成果。

一、成果背景

南方宇航沿革于331厂，是中国航发所属二级企业，所在地为湖南省株洲市，混改前中国航发合计持股比例89.72%。

混改前，南方宇航发展处境就像"生活在牛圈里的羊"——优势不突出、获得资源少、生存靠自己，正处在发展瓶颈，面临着生存难题。一是南方宇航从事的航空发动机及燃气轮机零部件和高精传动系统两个主营业务不属于中国航发的核心主业，在中国航发聚焦主业的战略背景下，南方宇航的主营业务优势无法突出，无法形成核心竞争力。二是对南方宇航资本金投入不足，带息负债偏高，混改初期资产负债率达到83.70%，严重制约企业发展壮大，连续两年亏损。三是南方宇航作为以民品为主的企业，在军工行业"保军首要"的管理背景下，缺乏市场化竞争优势，盈利能力较弱。

南方宇航急需通过混改，同步实施让渡控股权、引进资本、转变机制、激发活力、轻装上阵等改革举措，实现打破发展瓶颈、实现改革转型的目标。

二、内涵及主要措施

为打破南方宇航发展瓶颈，解决生存难题，实现改革目标，中国航发制定了"1+5"的混改模式，即：一条路径，联合有产业基础的地方政府形成改革合力，让渡企业控股权，共同打造航空发动机产业链。五个同步：一是同步引进外部资金，支持主业发展；二是同步实施员工持股，做好中长期激励；三是同步引入战略投资者，形成资源合力；四是同步解决历史遗留问题，扫清发展隐患；五是同步做好党建，加强党的领导。央地联合混改成功后，各方形成多赢局面：南方宇航打破了瓶颈、实现了转型、积蓄了动能；中国航发进一步聚焦主责主业，促进企业高质量发展；广州市引入了航空发动机的制造优势和管理优势，构建了有利于提升产业基础能力和供应链现代化水平的生态体系。

中央企业联合地方政府推进企业混合所有制改革并让渡控股权，为央企高质量发展，凝聚了更多力量；集团向地方政府让渡企业控股权，为地方经济发展，注入了央企动力。央地联合混改并让渡控股权的做法创造了央地联合混改模式的先例，为国有企业持续深化改革，积累了宝贵经验。

（一）央地合作推进混改，顺利让渡控股权

高质量引入战略投资者让渡控股权，是实现混改目标的基础。引战初期，南方宇航按照"卖羊羔"的常规方式设计混改方案并实施引资，但受疫情影响，资本市场观望情绪浓厚，直接引资面临巨大困难。摆在中国航发面前有两条路：一是等待，等疫情过去、情绪改善，但等待的时间就是企业的成本；二是降价，但降下去的价格就是国有资产的流失。面对困难，中国航发党组牢牢把准改革方向，在困境中辟蹊径，指出要用"养孩子"的创新方式推进混改，即联合具有产业合作基础的地方政府，用地方优势补齐南方宇航发展短板，用航空发动机主业优势锻造南方宇航技术长板，共同打造航空发动机区域供应链的方式推进混改。中国航发集团领导谋篇布局，高位推动，找准企业和地区发展的最大公约数，最终选定工业基础深厚、管理机制灵活、具有市场需求的广州市作为第一合作对象。中国航发董事长曹建国赴广州市推动合作，广州市委市政府缜密论证、着眼大局，表示愿与中国航发战略合作，协同推进国家航空发动机产业发展，南方宇航与广州工业投资控股集团有限公司（以下简称"广州工控"）正式建立合作意向。中国航发总经理李方勇多次赴现场指导南方宇航混改发展，在关键时刻支持协调推动混改核心合作条款和风险控制措施落实落地。经过多轮谈判，多方协调，2020年底，中国航发与广州市签署战略合作协议，中国航发向广州工控让渡南方宇航控股权，南方宇航高质量引入战略投资者的目标全面实现。

（二）市场认可合作混改，超额引进外部资金

随着南方宇航混改的深入推进，中国航发党组准确做出"央地合作支持企业混改，必将取得发展实效"的正确判断，指出要把握国家支持风电产业发展的有利时机，引入更多外部资本，支持主业发展的引资方向。中国航发立即行动，加大引资力度，沿产业链、供应链、价值链、资本链的上中下游深入挖掘吸引投资者。一是用产业化思维讲清央地合作推进混改的优势，中国航发与广州市合作推进混改、共同支持混改企业发展，必将打开南方宇航风电产业、海工产业的市场空间，必将产生航空发动机产业链的带动效应、溢出效应。二是用市场化思维挖掘混改后的企业价值，南方宇航具备完整的军品科研生产资质、完备的科研生产能力和稳定的市场配套关系，混改后由中央军工企业控股变为地方工业企业，必将继续依托主业优势，创新体制机制，适应市场需求，激发主体活力。三是用资本化思维回应投资者的关切，从投资者的角度，统筹考虑招商引资条件的公允性和竞争力，在市场化大前提下，支持南方宇航混改。南方宇航央地合作推进混改的模式受到资本市场认可，以3.55亿元的净资产，成功引入超过10亿元投资资金。

（三）获得地方配资支持，攻克员工持股难关

混改初期，面对试点企业的员工持股优惠政策，南方宇航干部和骨干员工的反应并不积极。经过调研，原因是南方宇航连续亏损，骨干员工"没钱"持股，按某南方宇航中层干部的话说：全厂骨干砸锅卖铁凑上一千万（入股），增资后就稀释"没"了（持股比例不到1%）。同时，南方宇航员工的实际收入和员工家庭的抗风险能力，也不足以承担员工持股贷款的利息和担保责任。激发企业活力需要员工持股，新股东控股也要求员工持股，有干劲的员工也希望持股。"道理千千万，没钱全白干"，员工的需要就是混改要解决的问题。在获悉株洲市政府在支持企业发展、吸引人才方面先行先试，建立了员工持股政策性支持基金的消息后，中国航发一方面与株洲市反复沟通，争取支持；另一方面与广州市分析研究，一致认为南方宇航混改成功和未来发展离不开广州市、株洲市两地共同支持。最终，中国航发与两市形成了南方宇航混改后军品业务在株洲发展、民品及部分增量军品业务在广州发展的两地共赢发展方案，广州市支持南方宇航原有军工业务在株洲市发展，维持原有业务稳定；株洲市按照配资比例和配资总额的双上限，给予南方宇航7500万元员工持股配资支持。株洲市国有投资平台更加看好南方宇航未来发展，作为原股东追加投资8500万元，以保持持股比例不变。员工的信心空前高涨，骨干员工共拿出1500万元参与持股，在持股平台已经满额的情况下，南方宇航对关键业务人员和优秀技术工人又成立了两个持股平台，承接员工持股。

（四）股东形成资源合力，体制机制更加完善

混改不仅是引资本，更是引机制，是以资本的混合促进企业经营机制和治理体制的改革。混改后，南方宇航形成了背靠两大军工央企、依托两大地方国资平台、骨干员工持股、社会资本参与的多元资本架构，形成了共赢合力：广州工控、中国兵器集团投资平台的控股和加入，极大拓宽了南方宇航在海上风电、船舶制造、战车传动等领域的市场；株洲市投资平台的新增投资，代表所在地政府的持续支持；中国航发所属基金的加入，坚定了外部投资者信心；非公资本的加入，将发挥其在企业治理中的"鲶鱼效应"。通过规范公司治理和管控模式调整，南方宇航经营机制更加贴近市场、主业优势更加巩固突出。中国航发作为第二大股东，和其他股东共同组建了以广州市属控股股东为主，军工央企、地方国企和员工持股共同组成的专业化董事会，让听到炮声、冒着炮火的人有机会参与经营决策，构建了权责对等、运转协调、制衡有效的公司法人治理结构。

（五）坚决理好历史旧账，解决混改发展隐患

南方宇航历经20余年经营变迁，经历了上市、退市、兼并收购、清理退出等诸多事项，积累了不少历史旧账。企业若正常经营，旧账则为隐患；若实施混改，旧账则立刻显现，成为横亘在改革发展上的重大障碍。若不理旧账，即使混改成功，也必将成为南方宇航发展的更大"地雷"。中国航发党组本着合作共赢、取得实效的混改初心，明确要求理清旧账、不留隐患。面对历史形成的众多难题，中国航发一方面不藏不掩，直接向广州市、投资者说明情况，取得理解、建立信任；另一方面直接上手，确保问题在混改完成前得到解决。

例如，解决南方宇航大额负债问题。混改初期，南方宇航负债超过15亿元（其中中国航发借款超10亿元），相对3.55亿元的净资产而言，犹如在香瓜藤上结西瓜。面对既要确保国有资产保值增值、又要抢抓企业混改机遇、还要促进企业长远发展的多目标决策，中国航发抓住超10亿元国有全资企业借款这个主要矛盾，用发展的增量价值解决历史的存量问题，提出了"增＋换＋缩"的一揽子方案。"增"：用新股东信用的增量，增加南方宇航的信用存量，释放南方宇航的融资能力。"换"：引入金融机构贷款的增量，置换中国航发的借款存量，确保了国有资产保值增值。"缩"：用混改投资资金的增量，偿还金融机构贷款的存量，促进企业长远发展。南方宇航的大额负债问题得到圆满解决。

（六）坚持两个"一以贯之"，全面加强党的领导

无论企业如何改革、体制机制如何调整，党对国有企业的领导必须坚持，混合所有制企业党组织的政治引领作用必须坚持。南方宇航在混改伊始就按照中国航发党组要求，始终坚持两个"一以贯之"。混改谋划过程中，始终坚持"四同步"原则，把建立党的组织、开展党的工作作为推进混改的必要前

提，做好党的建设和企业治理四个对接：体制对接、机制对接、制度对接、工作对接。混改实施过程中，充分发挥好三类主体作用：党委的领导核心和政治核心作用、基层党组织的战斗堡垒作用、党员的先锋模范作用，党的建设真正成为南方宇航改革发展的"压舱石"和"稳定器"。控股权让渡过程中，中国航发与地方深入沟通加强南方宇航党的建设工作，将党的建设写入公司章程，明确四个坚持：坚持"双向进入、交叉任职"的机制，坚持党管干部原则，坚持"一岗双责"，坚持重大决策事项党委会前置讨论制度，落实党组织在公司法人治理结构中的法定地位，实现加强党的领导和完善公司治理有机统一。

（七）依法合规安全稳定，实现混改平稳有序

依法合规是国有资产安全的必要保证，是混改成功坚实基础。在集团管控层面，中国航发审计与法律等有关部门全程参与，对混改全流程监管，确保南方宇航混改严格遵守国家法律法规和相关政策文件要求。在内部管控层面，南方宇航组织合规性自查，同时聘请独立第三方法律机构对混改全流程进行检查，出具法律意见，确保混改依法合规。在中介管控层面，中国航发所属资产管理公司充分发挥经纪服务平台作用，混改增资扩股项目通过上海联合产权交易所公开挂牌，及时披露相关信息，通过市场发现、合理确定资产价格，自觉接受社会监督。

改革必然伴随阵痛，面对改革发展，南方宇航部分职工思想上"有疙瘩"、感情上"过不去"。中国航发党组第一时间作出指示，工作组及时掌握南方宇航员工思想动态，赴一线指导工作，南方宇航发挥党组织作用、做好职工思想工作、加强政策宣传沟通。混改最终获得员工理解支持，改革过程安全平稳。

三、取得效果

南方宇航混改的圆满完成，是中国航发贯彻党中央国务院关于深化国有企业改革的重要举措，标志着中国航发承担的第四批国有企业混改试点改革、"双百行动"任务取得重要成果。

中国航发与地方合作推进企业混改，为南方宇航改革发展，打破了瓶颈、实现了转型、积蓄了动能。一是实现混资本与改机制有机融合。央企与地方、新老股东的合作与南方宇航的特点形成了共赢合力，通过控股权转移、发展环境转换，将南方宇航军品业务不突出的生存劣势转变为民品业务军民融合的发展优势，转型成为以军为本、以民为主的军民融合企业。二是企业活力有效释放。通过配资实现员工持股，充分调动了企业家、科研人员、技术骨干、管理骨干及广大职工的积极性和创造力，经营机制更加贴近市场，释放了国有企业发展活力。三是一揽子解决了企业发展瓶颈。通过超额引入投资资金，混改完成当年，南方宇航资产负债率下降至65%左右，恢复了融资能力，有效解决了南方宇航负债偏高、盈利能力较弱的难题。四是实现企业轻装上阵。南方宇航通过混改，解决了历史隐患，扫清了发展障碍，卸下了发展包袱。五是企业创新能力有效提升。获得战略投资后，南方宇航资金情况得到极大改善，加大了设计、技术、工艺等方面的创新投入，通过骨干员工持股，极大激发了南方宇航科研人员主动创新的积极性，企业创新能力有限提升，进一步巩固了企业核心竞争力。

混改完成后，南方宇航治理机制进一步完善：一是建立了职业经理人制度，通过市场化方式选聘，实现现有经营管理者与职业经理人身份的顺利转换，充分尊重、发挥企业家作用。二是实施了职业经理人任期制、契约化管理和市场化退出，建立以董事会为考核主体、以经营业绩为导向的市场化管理体系，严格任期管理和绩效考核，实施超额利润分享计划，激发和保护企业家精神。三是形成了市场化的

选人用人、劳动用工机制，中管层以竞聘方式选聘，员工市场化公开招聘。四是构建了劳动合同、岗位合同双向管理机制，劳动合同解决身份问题，岗位合同解决进出问题，实现员工流动"能进能出"，让企业能够紧跟市场需求变化灵活高效运转。

混改完成当年（2020年），南方宇航营业收入由2019年的6.6亿元增长至16.9亿元，实际净利润4840万元（剔除因混改审计评估调账及其他因素影响）；2021年上半年实现收入10.7亿元、利润5900万元，全年收入有望实现20.3亿元、利润1.3亿元，实现扭亏为盈，混改取得实效。

中国航发与地方合作推进企业混改，为中央企业高质量发展，凝聚了更多力量。一是国有经济运行效率和竞争力有效提高。引入了战略控股方及财务投资者，重组整合了存量国有资产，促进了新旧动能转换，实现了国有企业增活力、提效率的混改总方向。二是确保了国有资产保值增值。中国航发全面实现了用发展增量解决历史问题的战略构想，借款全部收回；在疫情期间，攻坚克难，守正创新，完成混改，化解了国有资产流失风险。三是航空发动机主业进一步聚焦。南方宇航控股权的让渡，一次性实现了中国航发非核心主业二级单位的整建制剥离，有效支撑了中国航发"小核心、大协作、专业化、开放型"研发生产体系的建设。

中国航发与地方合作推进企业混改，为地方经济长远发展，注入了央企动力。一是打基础。航空发动机产业具有很高的产业带动性和经济溢出性，以南方宇航混改为纽带，实现中国航发与广州市合作，将航空发动机"大协作"的产业市场与广州市深厚的工业基础对接，推动了航空发动机产业区域供应链体系雏形在广州市的初步构建。二是强功能。南方宇航混改后作为广州市市属企业，可以将航空发动机先进的传动技术，衍生拓展到海上风电传动、舰船和海工传动等在广州市具有广大市场潜力的行业领域，增强地方相关产业发展能力。目前，南方宇航正在风电领域逐步实现后发超越，多领域开拓取得实质性进展。三是利长远。南方宇航具备完整的军品科研生产资质，在整合成为广州工控的有机组成部分后，将盘活以广州工控为代表的市属优秀工业生产加工能力，为打通、拓宽地方军工产业链和供应链奠定坚实基础，有利于广州工控长远发展。

四、工作经验

本成果的取得，主要得益于两个重要因素。

（一）得益于中国航发党组坚强领导，牢牢地把握了正确的混改方向

习近平总书记强调，要按照完善治理、强化激励、突出主业、提高效率的要求，在重要领域迈出实质性步伐，积极推进混合所有制改革。南方宇航是国家发改委、国务院国资委确定的混改第四批试点企业之一，作为中国航发成立以来首个实施混改的直属单位，既承担着中国航发破解直属单位体制机制创新难题的重任，又肩负着发挥市场配置资源决定性作用试点的职责。中国航发党组坚决贯彻落实十六字方针，高度重视南方宇航混改，历经数次方案论证、多轮引战引资，尤其是面对突如其来的新冠疫情、错综复杂的国际形势以及复杂激烈的维稳情况，中国航发党组坚强领导，牢牢把握正确的混改方向，正视困难，周密部署，深入一线，积极推进，全面实现了南方宇航打破发展瓶颈、实现改革转型的混改目标。

（二）得益于高标准高质量央地合作，发挥了共赢发展的乘数效应

坚持实施区域协调发展战略和区域重大战略是新阶段贯彻新发展理念、构建新发展格局，推动我国经济社会实现高质量发展的重要举措。中国航发、广州市委市政府深入学习领会习近平总书记关于实施

区域协调发展战略和区域重大战略的重要指示批示精神，以坚决贯彻落实党中央、国务院决策部署，找准企业和地区发展规划的结合点，积极开展高标准高质量的合作，在推动中央企业高质量发展的同时，促进了地方产业结构调整和经济社会发展。中国航发聚焦发展战略，聚焦主责主业，在央地合作推进混改中，锻长板补短板，促进企业高质量发展。广州市依托广大的市场需求和深厚的工业底蕴，在央地合作推进混改中，通过市属企业引入"工业皇冠上明珠"——航空发动机的高端制造优势和中国航发AEOS管理优势，积极构建有利于提升产业基础能力和供应链现代化水平的生态体系。在项目实施中遇到困难和问题，得到了南方宇航所在地——株洲市委市政府的大力支持。央地大力协同、共赢发展，使各项改革措施在混改实施过程中相互促进、形成合力，在混改成效上相得益彰，发挥了乘数效应。

成果创造人：唐斌、牟欣、吕泽铭

以任期制和契约化为抓手，以高质量改革赋能高质量发展

中国中材国际工程股份有限公司

中国中材国际工程股份有限公司（以下简称"中材国际"）是国务院国资委所属、世界500强企业中国建材集团有限公司（以下简称"中国建材集团"）旗下上市公司，是国资委"双百行动"试点企业，是国家高新技术企业、国家技术创新示范企业及制造业单项冠军示范企业。2020年，荣获中国工业领域最高奖项–中国工业大奖。

中材国际于2001年12月正式组建，2005年在上交所挂牌上市，是全球最大的水泥技术装备工程系统集成服务商。通过引进、消化吸收和自主创新，相继研发并建设了我国首条日产1000吨到全球最大的日产14000吨系列生产线，实现了关键设备从成套进口、全面国产化到整线出口的重大突破，为我国基础设施建设和经济发展做出了巨大贡献。

中材国际以国际工程为载体，带动中国装备、技术、标准、资本等全要素输出，累计在全球75个国家承建了259条水泥生产线，77个粉磨站，国际市场占有率连续13年保持世界第一，"SINOMA"品牌成为国际建材工程市场最具影响力的品牌，受到全球客户和多国领导人的肯定和认可。

党的十八大以来，以习近平同志为核心的党中央将全面深化改革作为国家"四个全面"战略布局之一来推进，对深化国企改革工作做了顶层部署，发布了国有企业改革"1＋N"政策体系，推动了"双百行动""科改行动"等一系列改革示范工程。2020年，党中央对国企改革做出了新的部署，将国企改革三年行动作为未来三年落实"1＋N"政策体系和顶层设计的具体施工图。中材国际作为"双百行动"试点企业，始终坚持以习近平新时代中国特色社会主义思想为指导，认真贯彻落实党中央及中国建材集团各项战略部署，以任期制和契约化为抓手，扎实推动国企改革三年行动走深走实，实现企业高质量发展。

一、实施背景

（一）全面深化改革是落实党中央决策部署的必然要求

国有企业是中国特色社会主义的重要物质基础和政治基础，是党执政兴国的重要支柱和依靠力量。经过几十年的改革发展，国有企业作为独立市场主体与市场经济深入融合，规模实力显著增强，经济效益稳步提高，在很多行业和领域已经形成世界级规模的大企业大集团。但在新的发展格局下，与对标世界一流、实现高质量发展的要求相比，"大而不强、大而不优"的问题仍存在，科技创新能力不强、关键核心技术"卡脖子"问题仍然突出，法人治理结构不够健全，市场化经营机制还未落实落地，内部发展活力动力还未被有效激发。

发展出题目，改革做文章。面对新阶段、新形势、新要求，党中央做出实施国企改革三年行动重大

决策部署。中材国际作为中国建材集团所属企业及双百试点企业，必须率先适应新要求，勇担新使命，以习近平新时代中国特色社会主义思想为指导，积极主动深化改革，抓重点、补短板、强弱项，全力破除影响和制约企业高质量发展的顽瘴痼疾，依靠改革应对变局、开拓新局，不断增强竞争力、创新力、控制力、影响力、抗风险能力。

（二）全面深化改革是实现"新国际、新发展"的关键举措

党的十九大明确提出"推动高质量发展、培育具有全球竞争力的世界一流企业"的目标要求。自2001年成立以来，中材国际以技术创新和业务模式创新为引擎，各项经营指标实现了稳步增长，营业收入和净利润复合增长率达20%。近年来，受全球水泥市场影响，公司水泥工程业务面临发展"天花板"，公司进入发展平台期，亟需寻找新跑道，注入发展新动能。在此背景下，中材国际制定"1236"发展规划，以传统水泥矿业工程装备业务为核心，实现绿能环保和属地化经营业务突破，通过平台化管控和全球化运营，实现绿色化发展和数字化转型。新的发展形势下，传统的管理体制机制难以在激烈的市场竞争中赢得主动，必须全面深化改革，激发企业内生动力。

为有效实现转型升级，确保战略目标落实落地，中材国际牢牢把握国企改革的重要机遇，按照中国特色社会主义现代企业制度和市场化经营机制改革的要求，全面推进和深化改革，建立与发展战略相适应的管理体制和运行机制，真正做到"一张蓝图绘到底"，不断提高国际竞争力，实现高质量发展。

（三）任期制和契约化是全面深化改革的重要抓手

火车跑得快，全靠车头带。推动改革走深走实，需要管理层以身作则，带好头，起好步。习近平总书记在全国国有企业党的建设工作会议上强调，要按市场规律对经理层成员进行管理，立下军令状，明确责任制，干得好就激励，干不好就调整。任期制和契约化旨在推动经理层成员实现职务能上能下、薪酬能增能减的目标，是落实国企改革三年行动的重要内容，是激发企业内生活力的关键举措。

中材国际将任期制和契约化管理作为激发"关键少数"队伍活力的重要抓手，通过全面推行经理层成员任期制和契约化管理，建立面向市场、面向国际的创新型经营责任制，调动经理层成员新时代新担当新作为的活力和动力，再创业、再出发，全面推动中材国际战略目标落地，实现高质量发展。

二、瞄准关键，全面推行任期制和契约化管理

中材国际立足"十四五"新发展阶段，将任期制和契约化管理作为全面深化企业体制机制改革、推动企业做强做优做大的重要法宝。以习近平新时代中国特色社会主义思想为指导，以提高企业活力和效率为目标，按照公司整体"一盘棋"，分层推进、全面落实的思路，统筹构建了任期制和契约化管理的"123"（1套制度、2类指标、3大环节）实施框架，稳步推进全级次企业145名经理层成员高质量完成任期制和契约化管理工作，实现企业户数及经理层人数100%覆盖。

（一）建立一套制度，着力构建顶层架构

习近平总书记指出，要把制度建设和治理能力建设放在更加突出的位置，推动各方面制度更加成熟，更加定型。中材国际高度重视改革推进与制度建设的顶层谋划，以制度建设指导改革行动，以制度执行确保改革成效，有效推动任期制和契约化工作的制度化、规范化和常态化。

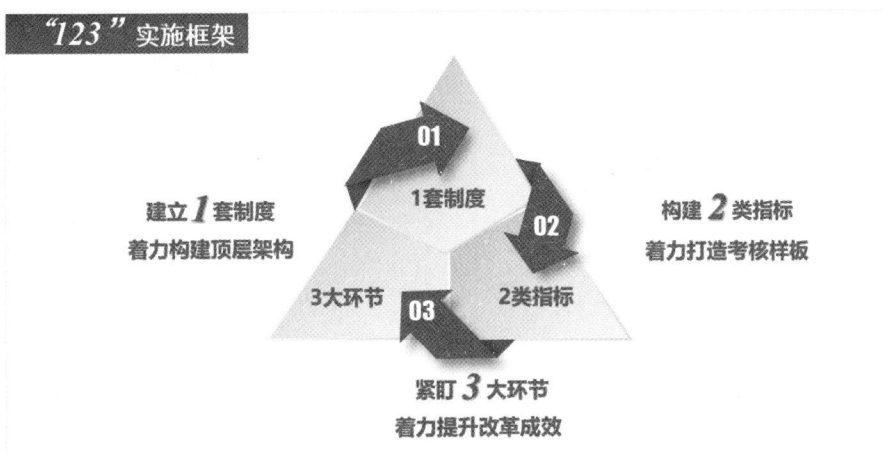

图1　任期制和契约化管理"123"实施框架

中材国际严格按照《"双百企业"推行经理层成员任期制和契约化管理操作指引》及《中国建材集团有限公司推进经理层成员任期制和契约化管理实施经理人制度的指导意见》相关要求，建立了以《所属企业任期制和契约化管理办法》为基本制度、以《所属企业领导班子和领导人员综合考核评价办法》《所属企业考核管理办法》《所属企业负责人薪酬管理办法》《经理层成员考核管理办法》及《经理层成员薪酬管理办法》为配套文件的"1＋5"管理制度体系，对实施范围、操作流程、考核管理、薪酬管理和退出管理等全过程进行规范，明确了年度和任期考核相结合、业绩贡献和薪酬激励强关联、考核结果与岗位退出硬约束的管理原则，为实现管理人员"岗位能上能下、薪酬能增能减"提供了制度保障。

图2　"1＋5"管理制度体系

（二）构建两类指标，着力打造考核样板

考核指标的设置决定经理层成员的努力方向，是任期制和契约化取得实效的关键。为进一步提高考核指标的科学性，针对所属企业业务同质化特点，中材国际组建了跨单位的专项工作组，全面梳理各单位经营发展现状及经理层成员职责体系，建立了涵盖盈利能力、运营质量、资本回报等6个维度40项指标的公司考核指标库及涵盖市场、采购、项目管理、财务等15类120项指标的岗位考核指标库等2套指标库，打造了任期制和契约化管理的考核指标样板。

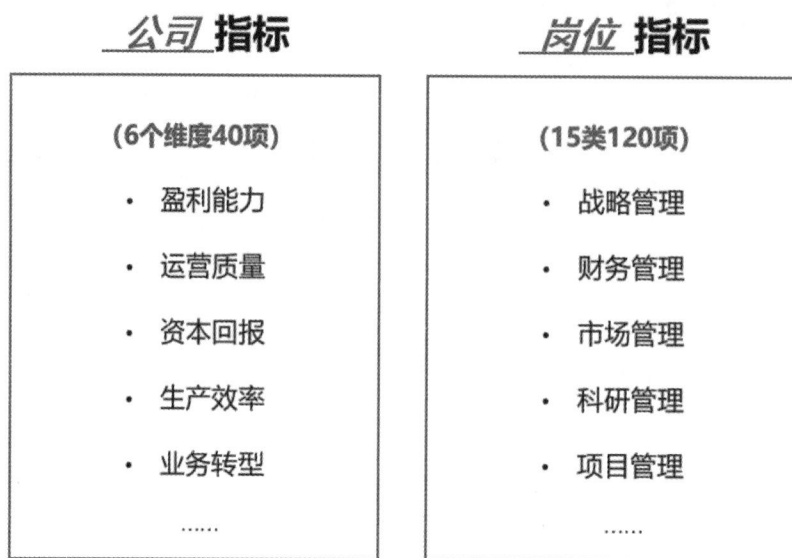

公司 指标

（6个维度40项）

- 盈利能力
- 运营质量
- 资本回报
- 生产效率
- 业务转型

……

岗位 指标

（15类120项）

- 战略管理
- 财务管理
- 市场管理
- 科研管理
- 项目管理

……

图3 考核指标库示例

一是年度指标与任期指标有效衔接，有所区分。任期考核紧密围绕公司"十四五"发展战略目标，重点对业务转型、经营短板、资本回报等中长期经营成果进行考核，涵盖属地化业务、生产运维业务占比、净资产收益率、数字化转型等指标；年度考核包括年度KPI指标及重点工作任务考核，有效分解和承接任期考核指标，重点对经济效益、盈利能力、运营质量、研发投入等方面进行考核，主要包括净利润、毛利率、两金、盈余现金保障倍数、研发投入强度等指标。

二是公司指标与岗位指标有机结合、差异化分配。公司坚持同心、同向的原则，将公司总体指标与各经理层成员挂钩，结合岗位职责，差异化明确公司指标与岗位指标的权重分配，总经理公司指标权重不低于80%；其他经理层成员，兼任二级单位董事长/执行董事的，公司指标权重为20%～40%，不兼任二级单位董事长/执行董事的，公司指标权重为40%～60%，确保经理层成员共同推动公司总体目标的实现。同时，结合各单位业务特点、发展阶段及经营短板对考核指标进行差异化设置，如传统水泥工程企业侧重盈利能力提升和业务转型，新业务企业侧重市场开拓和规模扩张，境外企业侧重属地化经营投资业务拓展。

三是定量指标和定性指标有所侧重，尽可能量化。经理层成员岗位指标以定量指标为主，难以量化的指标明确具体的工作节点目标及量化的加减分评分规则，考核指标100%实现可衡量、可评价。

（三）紧盯三大环节，着力提升改革成效

中材国际坚持市场化导向，紧盯任期制和契约化管理重点环节，切实强化考核、薪酬及退出管理，以考核结果为依据，坚持薪酬的刚性兑现和岗位的刚性退出，真正实现薪酬的"能增能减"和岗位的"能上能下"。

一是强化任期管理，优化考核机制，用好考核"指挥棒"。经理层成员实行任期制，每个任期为三年，任期期满后，根据任期考核结果重新履行聘任程序，打破干部身份"铁交椅"。实行"一人一岗、一岗一表"的契约化管理和差异化考核，按照"跳一跳、摸得着"的原则，结合近三年平均水平和上年数值综合确定具有挑战性的考核目标，建立目标逐级分解、责任层层落实的绩效考核机制。通过协议签署，每位经理层成员能够了解自己"要干什么""有什么权利""干好干坏有什么后果"，心无旁骛谋经营、强管理、抓落实，确保公司发展战略和经营目标的实现。

二是以绩定薪，优化薪酬机制，打破高水平"大锅饭"。坚持内外部对标，合理确定经理层成员薪酬水平，突出"强激励硬约束"。构建"基本年薪＋绩效年薪＋任期激励＋中长期激励"的薪酬结构，浮动工资占比不低于60%，年度绩效上不封顶，任期激励兑现系数最高达1.5倍。强化目标薪酬透明化，明确业绩贡献与薪酬兑现的关联规则，实现"按业绩算薪酬""业绩升、薪酬升，业绩降、薪酬降"，真正体现"业绩是干出来的，薪酬也是干出来的"价值导向。对于超额完成考核目标任务的进行奖励，对于年度和任期考核结果不合格的，扣减当年全部绩效年薪及任期激励，经理层成员薪酬差距最高达2.5倍。

三是明确红线，优化退出机制，打破身份"铁饭碗"。依据考核结果明确退出"底线"，如出现年度考核结果未达到完成底线（70分）、年度经营业绩责任书中约定的主要指标未达到完成底线（完成率低于70%）、连续两年考核结果不合格（80分）、任期业绩考核结果为不合格（80分）等情形，终止任期、免去现职。明确"双达标"考核要求，对经理层成员实行经营业绩考核和领导人员综合考核评价，针对未达到经营业绩考核目标或综合考核评价要求的经理层成员，进行岗位调整或退出。

（四）深化"四化"管理，探索推行职业经理人制度

为了进一步激发经营管理人员活力和动力，持续深化市场化经营水平，中材国际在全面推行任期制和契约化基础上，选取市场化程度较高的所属二级单位安徽节源开展职业经理人试点，并在具备条件的企业进行推广，着力提升"四化"管理水平。

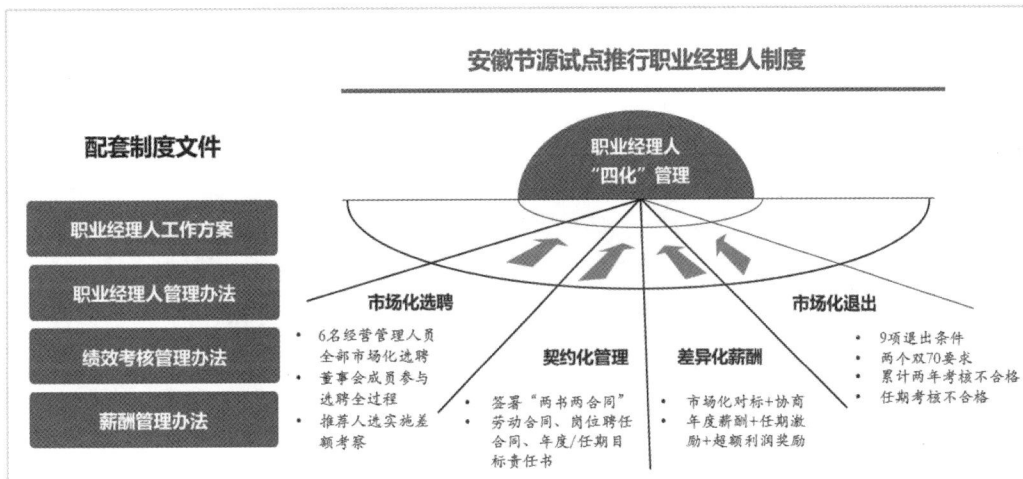

图4 职业经理人"四化"管理

一是全面推行市场化选聘。在职数设置上契合公司业务发展需要，围绕试点企业业务发展方向，优化调整班子职数和分工，明确了"1名总经理＋4名副总经理＋1名总会计师"的职数设置，现有班子全体起立，100%实现市场化选聘。在条件设置上注重市场导向，坚持五湖四海、选贤任能，采取公开招聘、内部竞聘、猎头推荐等多种方式公开遴选。在选聘管理上严格把关，试点企业董事会全体成员全过程参与选聘工作，对简历筛选、综合考评、背景调查等重要环节亲自把关，确保选聘程序规范、有序。在人选确定上实行差额考察。依据综合考评结果，每个岗位选取2名候选人进行考察，由试点企业董事会最终确定聘任人选，有效落实董事会选聘经理层成员的职权。在选聘效果上实现了高管团队更新换

代。6个选聘岗位中有5个实现了人选的重新匹配，原有高管人员转为非管理岗位，高管团队的年龄及学历结构进一步优化。

二是切实强化契约化管理。严格执行任期制，明确职业经理人聘期，届满刚性考核，到期重聘或解聘。明确并细化岗位职责及分工，"一岗一责一表"签订劳动合同、聘任合同、年度和任期经营业绩考核责任书。以战略目标为导向，结合试点单位历史业绩、行业可比业绩等，合理确定年度和任期考核目标，提高挑战性和科学性。

三是有效落实差异化薪酬。在内外部"业绩＋薪酬"双对标的基础上，通过协商确定职业经理人的薪酬水平。建立业绩与薪酬强挂钩的薪酬分配机制，合理拉开经理层成员薪酬差距。丰富职业经理人薪酬结构，实现短期激励与中长期相结合，促使职业经理人个人利益与企业长远健康发展紧密联系，形成利益共同体。

四是刚性实施市场化退出。坚持从市场中来、到市场中去，建立完善职业经理人退出机制，以考核结果为基础，明确9项退出条件，强化底线意识，对履约不力、经营不善、管理不强等情形及时解聘。

三、统筹推进，全面落实国企改革三年行动

任期制和契约化管理是完善公司治理、落实董事会职权的突破口，是市场化经营机制改革的"牛鼻子"，是落实国企改革三年行动、增强企业活力、提高效益效率的重要切口。中材国际牢牢抓住经理层成员任期制和契约化管理"牛鼻子"，以上率下，上下贯通，形成改革合力，推动国企改革三年行动不断走深走实。

（一）明确改革目标，统筹构建"1336"改革框架

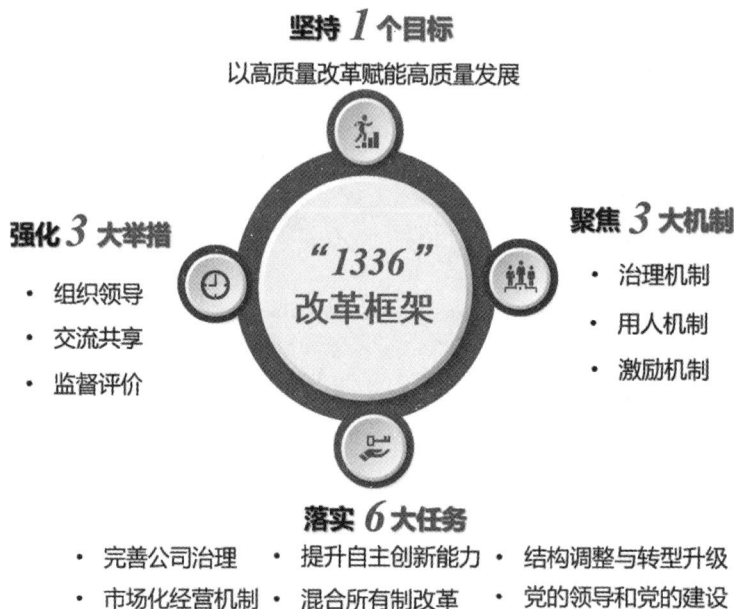

图5 "1336"改革框架

为进一步深化"双百行动"取得的改革成果，充分激发公司发展的内生动力，提升公司效率和效益，中材国际坚持以习近平新时代中国特色社会主义思想为指导，以国企改革"1＋N"政策文件为指引，按照国企改革三年行动方案要求，坚持问题导向、目标导向、结果导向，统筹构建"1336"改革框

架，以实现高质量改革赋能高质量发展为目标，强化组织领导、交流共享、监督评价三大举措，聚焦治理、用人、激励三大机制，从完善公司治理机制、推进业务转型升级和结构调整、提升自主创新能力、积极稳妥深化混合所有制改革、健全市场化经营机制、加强党的领导党的建设等6大领域，切实推动改革工作落实落地，加快建立更加符合高质量发展要求、具有中材国际特色的体制机制，努力成为材料工业世界一流服务商。

（二）强化三大举措，确保改革有力有序

一是强化组织领导。中材国际及各单位成立深化改革领导小组和工作小组，总部层面设立专职的改革办，各单位明确改革工作牵头部门，确保改革责任层层落实。坚持问题导向，开展全范围改革工作问卷调查，系统梳理公司发展中的痛点难点问题，制定覆盖6大领域85项任务的改革台账，做实做细改革施工图。从全公司层面进行部署安排，组织19家主要所属企业制定细化改革任务累计1161项，逐级分解到月，层层落实到人，确保改革任务可考核、全覆盖。

围绕治理、用人和激励机制，制定发布《重点改革工作指引》，明确15项重点改革任务、操作要点和时间安排，指导督促各单位全面推进重点改革工作。为解决改革过程中的共性难点问题，结合各单位管理优势和业务特点，在公司治理机制、深化任期制契约化管理、职业经理人机制等方面建立了4个专项工作组，按照先集中攻坚再全面推广的思路，努力寻求"点"上突破，力争实现"面"上搞活。

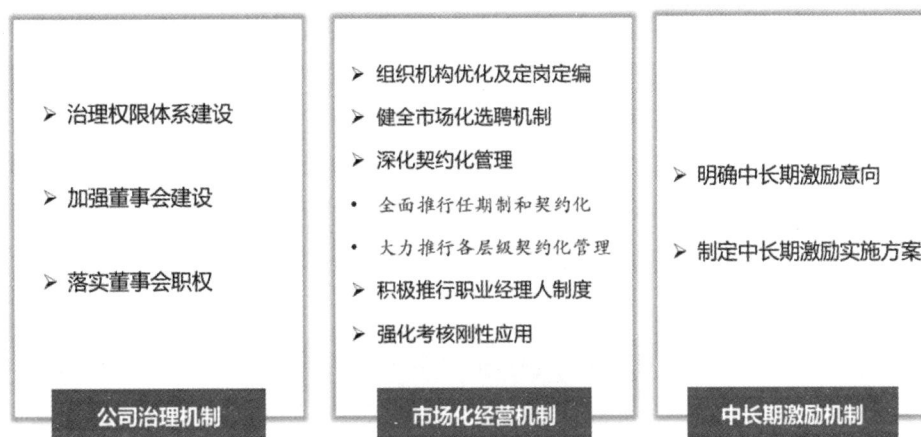

公司治理机制	市场化经营机制	中长期激励机制
➤ 治理权限体系建设 ➤ 加强董事会建设 ➤ 落实董事会职权	➤ 组织机构优化及定岗定编 ➤ 健全市场化选聘机制 ➤ 深化契约化管理 • 全面推行任期制和契约化 • 大力推行各层级契约化管理 ➤ 积极推行职业经理人制度 ➤ 强化考核刚性应用	➤ 明确中长期激励意向 ➤ 制定中长期激励实施方案

图6 重点改革工作指引内容

二是强化交流共享。为营造想改、敢改、会改的改革氛围，中材国际统一思想认识，召开全级次改革工作沟通交流会，深入各单位了解改革意愿和想法，凝聚改革共识；提升共享服务，开设改革工作专栏，持续共享政策文件、改革动态及典型案例，实现改革政策及信息及时宣贯；深入调研学习，通过"引进来＋走出去"方式组织开展内部培训和外部调研十余次，充分了解重点改革领域的政策要求和操作要点；加强成果交流，及时总结所属企业改革工作亮点，梳理形成具有示范意义的改革经验及经典案例，在全级次范围内进行共享，相互对标、取长补短，全面提升改革工作质量。

三是强化监督评价。中材国际切实加强改革工作跟踪检查，通过"线上＋线下""周总结＋月例会＋季检查"相结合的方式，密切跟踪各单位改革情况。各单位每月汇报改革工作进展，总部编制改革月度报告，对标各单位改革进展及重点指标表现，季度开展跟踪检查，针对进展较慢的单位及时督促整改。建立督导评价机制，研究制定《改革工作考核细则》，按照总体任务和重点任务相结合、改革进度和质量指标相结合的思路，将改革工作的完成情况纳入各单位的业绩考核体系，并与总部及各单位改革

分管领导的考核评价直接挂钩，促进改革工作的全面落实。

图7　改革工作专栏

（三）聚焦三大机制，实现重点工作再突破

中材国际紧密围绕"1236"发展战略，坚持加强党的领导和党的建设，以完善公司治理机制为基础，统筹推进健全市场化经营机制、推行中长期激励机制等重点工作，全面落实国企改革三年行动，不断激发体制机制活力。

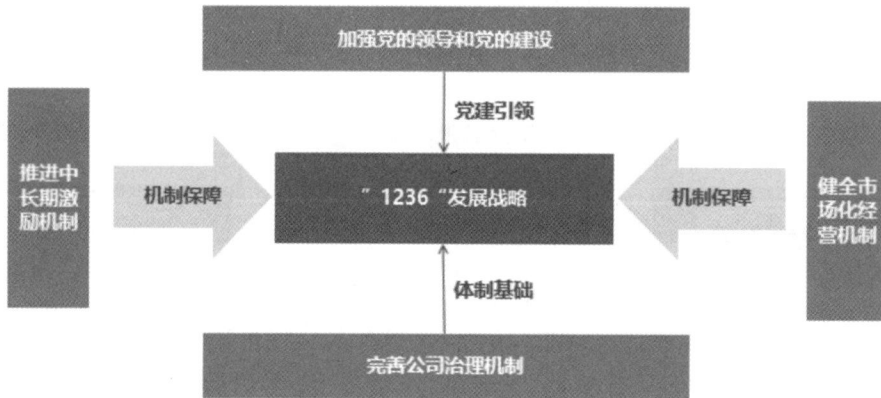

图8　改革重点工作推进图

1.完善公司治理机制，深植企业发展"活力之根"

（1）党的领导党的建设进一步加强

中材国际全级次企业完成党建工作要求进章程，统一规范内容表述。完善"双向进入、交叉任职"，将党组织研究讨论作为董事会、经理层决策重大问题的前置程序，将党的领导融入公司治理各环节。有效落实中国建材集团"1345"党建工作体系，建立基层党组织标准化工作手册，制定发布《党建责任制考核实施办法》，将党建考核从"软指标"变成"硬约束"。

（2）优化治理权限体系，提升公司治理水平按照"权责统一、应授尽授"的原则，公司层面完善股东大会、董事会、经理层的分级授权体系，发布106项《议事清单》，明确界定各治理主体议事内容和决策权限；对所属单位明确25类事项权限划分，发布内部治理决策权限指引，健全了以公司章程为核心的治理制度体系，修订完善各类治理制度20余项。所属单位层面，选取天津水泥院、安徽节源分别作为党委、党总支设置企业，探索优化治理权限体系，对决策事项进行"分类管理、分级授权"，进一步区分各治理主体决策/把关重点。在此基础上，推动全级次企业制定完善议事清单，确保各治理主体不缺位、不越位，有效发挥党组织领导作用、董事会决策作用、经理层经营管理作用。

（3）加强董事会建设，规范董事会运作

中材国际加强董事会队伍建设，实现所属企业董事会"应建尽建、配齐配强"，100%实现外部董事占多数。编制发布《所属企业三会管理办法》，指导督促所属单位全面修订三会议事规则。创新"专独董"联合工作机制，编制发布《专独董联合工作机制管理办法》，形成9大联合工作机制，通过联合调研12家所属企业和3个工程项目，围绕战略、治理、风险等重点领域提出管理建议30余项，充分发挥外部董事监督职能和"外脑"作用；发布《派出所属企业外部董事、监事管理暂行办法》，试点探索落实董事会6项职权，进一步强化董监事责任意识，提高履职能力。

2.健全市场化经营机制，激发企业发展"动力之源"

（1）持续优化总部管控模式和组织机构

一流的企业必须有一流的总部。中材国际紧密围绕公司发展战略，经过内部充分研讨，明确"战略＋运营"的管控模式，充分发挥总部价值创造作用；精简优化组织机构，开展部门调整及定岗定编，职能部门由12个压减为8个（不含党群、纪检），减少部门重叠和职能交叉；强化创新管理、改革管理等职能，新设科技管理部、改革办公室及数字化事业部等部门，全面履行总部8大重点领域职能，有效引领、服务、协调并赋能公司业务发展。

所属单位层面，根据公司战略规划及业务转型需要，完成3家企业的重组整合，运用吸收合并、股权转让、清算注销等多种方式，完成14家低效无效企业处置，并对部分单位的管理主体进行调整，简化工作程序和管理流程；各单位进一步精简部门设置，职能部门数量普遍控制在10个以内，进一步优化管理层级及管理幅度，实现管理机制优化创新。

（2）持续强化市场化选人用人机制

严把入口关，打造以岗位需求说话的招聘机制，员工100%实现市场化公开招聘。破除论资排辈和隐性台阶，实行管理人员竞争上岗，坚持内部竞聘与公开招聘相结合，把内部优秀人才"选上来"，把外部优秀人才"引进来"。管理人员竞争上岗比例超60%，其中5家所属单位100%实现竞争上岗。

（3）构建业绩导向的绩效考核机制

建立完善"一适应两挂钩"的工资总额管理机制，修订完善各层级考核和薪酬管理制度百余项，强化绩效考核和薪酬激励的联动，合理拉开薪酬分配差距，树立"做多做少不一样，做好做坏有差别"的分配导向，同一级别员工薪酬差距最高超过8倍。同时，建立不同岗位的调整退出机制，强化考核结果强制分布和刚性运用，进一步明确末等调整及不胜任退出条件，确保该调整的及时调整，该退出的坚决退出。近年来，对共73名管理人员进行了末等调整或不胜任退出位，226名员工解除劳动合同。

3.积极推行中长期激励，打造企业与员工"共享平台"

中材国际有效落实国资委、中国建材集团中长期激励的相关操作指引要求，探索建立多层次多类别的中长期激励架构，初步构建了从上市公司到所属单位到工程项目的全方位全贯通中长期激励体系建设，有效实现经理层成员、骨干员工与企业利益共享、风险共担。

上市公司层面，积极推行上市公司股权激励，坚持激励关键、少数的原则，重点将公司及各单位的高级经营管理人员和骨干员工纳入激励范围，差异化确定授予数量，首期股权激励向489名激励对象授予1742万份股票期权。

所属单位层面，结合中国建材集团五类八种中长期激励工具箱，全面梳理各单位工具适用情况及激励意向，逐步建立灵活多样的中长期激励架构。针对自主创新能力强、科技水平高的所属企业（如天津水泥院、上饶中材等），推动实施科技型企业岗位分红，针对重点科研项目，研究实施科研项目收益分红。针对绿能环保领域的新业务企业（如中材环境、安徽节源等），探索实施科技型企业股权激励或员工持股。针对经营效益稳步增长的企业，大力推行超额利润分享机制。

同时，工程项目是中材国际效益的重要来源，是公司持续发展的基石。中材国际高度重视工程项目的考核激励机制建设，在各单位积极探索的基础上，制定《工程项目超额利润分享指引》。以实现　"有利润的收入、有现金流的利润"为目标，坚持效益导向、激励关键原则，鼓励通过揭榜挂帅等竞争方式确定目标利润，综合项目总体超额及分项超额情况确定分享额度，按照超额比例及毛利率分档确定计提比例，依据项目回款进度确定兑现比例。通过指引，推动和规范各单位全面实施项目超额利润分享机制，充分调动工程项目核心骨干人员降本增效的积极性、主动性和创造性，有效提升公司盈利能力和竞争力。

指引要点	具体内容
激励对象	与工程项目执行紧密相关的主要管理人员、核心技术和业务骨干，原则上不超过参与总人数的30%
目标利润确定	结合历史数据、市场现状、原材料价格、汇率信息等相关情况，核算项目基准利润，鼓励通过"揭榜挂帅"等竞争方式，确定目标利润
计提比例	结合项目超额利润比例、毛利率水平等，设置计提比例，原则上最高档计提比例不高于30%
激励额度	兼顾效率与公平 （1）激励额度不超过项目超额利润，项目实际利润的一定比例 （2）奖励处罚金额限定在绩效薪酬的一定比例范围内
兑现机制	递延机制，与项目现金流挂钩，分期兑现

图9　项目超额利润分享指引要点

四、改革成效

（一）改革主动性明显增强

任期制和契约化先行，有效带动了国企改革三年行动的开展，形成改革的良好氛围，实现了从"要我改"到"我要改"的根本转变。根据中材国际全级次改革问卷调查结果显示，95%以上的调研对象认为公司需要改革，对改革工作成效充满信心，公司的改革目标和思路得到了普遍认同。

（二）改革工作稳步推进

国企改革三年行动时间紧，任务重，起步即冲刺。中材国际提前部署、科学谋划，加快推进各项改革工作，按下改革快进键，跑出发展加速度。今年以来，公司全级次企业改革总体任务完成比例均超75%，预计2021年底完成比例超90%，重点改革指标走在央企前列，如所属企业实现董事会应建尽建、外部董事占多数、议事清单制定比例、任期制和契约化签约比例均实现100%、管理人员竞争上岗比例超过60%，末等调整和不胜任退出人数占比超过4%等，努力成为改革工作的"排头兵"和"领头雁"。

（三）体制机制改革取得突破

中材国际及所属企业制定完善以公司章程为核心的治理制度体系，明确界定各治理主体决策权限，基本形成权责法定、权责透明、协调运转、有效制衡的公司治理体系，"四会一层"运作更加规范高效，公司治理效能显著提升。

经理层成员率先垂范，全面实现任期制和契约化管理，有效带动三能机制改革全面落地，实现"能者上、平者让、庸者下、劣者汰"，企业活力有效激发、发展动力有效释放。

（四）经营效益持续提升

中材国际以双百试点和国企改革三年行动为契机，扎实推进各项改革工作，改革红利不断显现。2021年上半年，中材国际努力克服全球疫情、汇率大幅波动、原材料价格上涨等多重不利因素，实现营业收入118.97亿元，同比增长28%；归属于母公司净利润7.01亿元，同比增长27%。新签合同182.63亿元，同比增长55%。结构转型进程加速，新签多元化工程合同38.52亿元，同比增长3.3倍；绿能环保业务实现营业收入10.00亿元，同比增长31%。科技创新能力持续提升，上半年申请专利101项，授权专利94项，有效专利达到984项，为"十四五"战略目标开好局、起好步打下坚实基础。

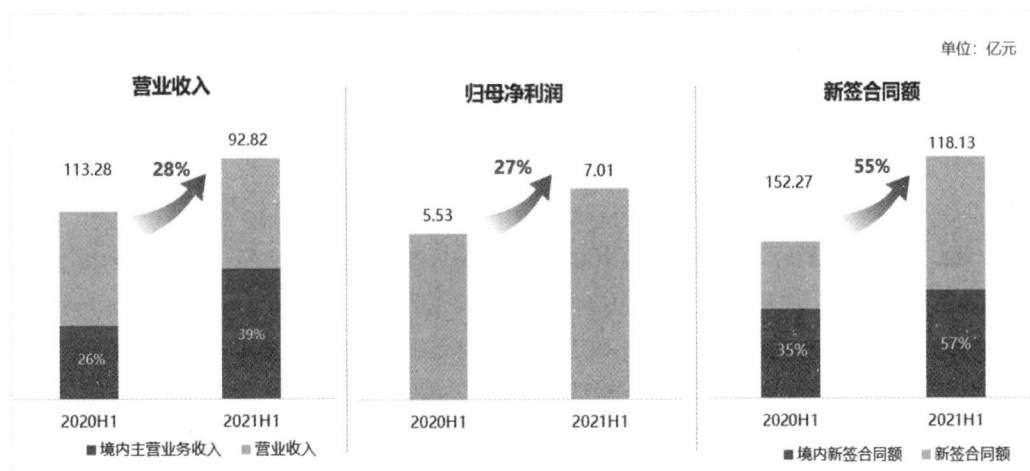

图10　中材国际2021上半年整体经营情况

五、展望与思考

经过持续不断的探索和实践，中材国际按照"双百行动"及国企改革三年行动的要求，以"123"任期制和契约化管理为突破口，持续深化"1336"改革工作体系，完成了从双百试点向综合改革的深化、从总部向全级次的延伸、从管理层向全员的覆盖，实现了横向到边，纵向到底，改革成效不断显现。但是，改革永远在路上。当前，公司"十四五"发展蓝图已经绘就，如何紧密围绕"国际化、绿色化、数字化、平台化"的发展方向，聚焦发展的痛点难点，将顶层设计与基层探索有机结合，通过组织、体制、机制等方面的持续变革，为人才赋能、为组织赋能，切实提升公司科技创新水平和国际竞争力，实现世界一流企业目标还任重道远。

惟改革者进，惟创新者强，惟改革创新者胜。中材国际将深入学习习近平新时代中国特色社会主义思想，贯彻落实党中央、国务院各项改革决策部署，持续深化"1336"改革工作体系，以高度的责任感、使命感和紧迫感，抓重点、补短板、强弱项，有效激发发展活力和动力，以高质量改革赋能高质量发展！

成果创造人：刘燕、印志松、蒋中文、范丽婷、李荧琳、岳立广、王雪琴

新时代国有企业内部审计定位及改革思路

中国建材股份有限公司

一、研究背景

1983年审计署成立后，国家相继出台了一系列法律法规，我国国有企业的内部审计工作制度开始逐步建立。1985年国务院发布《内部审计暂行规定》，1992年审计署印发《改进内部审计制度增强大中型企业活力》，此后内部审计在理论、实务方面的研讨交流日益丰富，内部审计对于促进企业加强内部管理，建立健全自我约束机制，提高经济效益发挥了有益作用。2004年，随着国务院国资委发布出台《中央企业内部审计管理暂行办法》《中央企业经济责任审计管理暂行办法》，国家对国有企业内部审计的要求越来越清晰具体，国有企业内部审计工作开始步入发展的快车道。2018年，为进一步提升内审的工作质量，充分发挥内审的作用，审计署发布了《审计署关于内部审计工作的规定》。同年，为加强党对审计工作的领导，中央组建了中央审计委员会。习近平总书记在中央审计委员会第一次会议上指出"要加强对内部审计工作的指导和监督，调动内部审计和社会审计的力量，增强审计监督合力"，这对国有企业的内部审计工作既指明了方向，又提出了更高的要求。

三十多年来，国有企业内部审计工作从无到有，取得了长足的发展，为深化国有企业改革、健全现代企业制度、优化国有经济布局发挥了积极的作用。具体表现在：一是国有企业内部审计工作机制日趋成熟。随着现代企业制度的不断推进，各企业陆续成立了专门的审计委员会，致力于规范内部审计部门的机构设置、人员配置、专业能力和职业道德建设，指导企业内部控制机制的建设，督导企业内部审计和风险管理体系的有效运行，使得内部审计机制日渐趋于成熟，并成为公司治理结构的重要组成部分。二是国有企业内部审计工作内容不断丰富完善。从最早的财务收支审计、经济责任审计逐步拓展到内部控制审计、管理审计、项目审计、专项审计等，对企业经营管理的各领域的覆盖面越来越广。三是国有企业内部审计工作效果显著提升。除通过传统的合规性检查进行查错防弊，保障会计信息的真实性外，还开始对经营管理决策的合理性、有效性进行评价并提出改进建议，对国家宏观经济调控、行业政策的贯彻落实情况进行监督，对于保障国有资本的投资方向、国有资产的运营效率发挥积极作用。

党的十九大报告提出了中国发展新的历史方位——中国特色社会主义进入了新时代，我国经济由高速增长阶段转向高质量发展阶段，正处在转变发展方式、优化经济结构、转换增长动力的攻坚期，经济发展从要素驱动、投资驱动转向创新驱动、科技驱动。在新时代环境下，国有企业必须大力提升内部治理、风险管控水平，提高经营管理质量，实现健康可持续发展，实现做优做大，发挥国有经济主体地位的作用，推动经济发展质量变革、效率变革、动力变革，从经济基础上显现中国特色社会主义的优势。

近年来，随着经济的发展和科技的进步，内部审计工作迈向崭新台阶。一方面，内部审计作为企业风险管理的"第三道防线"，新时代背景下组织目标的变化，对内部审计工作的作为空间赋予了更高的使命要求，另一方面，大数据、云计算、人工智能等技术的快速发展,也为内部审计向纵深延伸、提高审计效率和精准度提供了技术支撑，使内部审计对企业的经营管理发挥出更大的作用。

二、国有企业内部审计工作现状与新时代职能定位的差距及原因分析

2018年1月，审计署发布《关于内部审计工作的规定》（以下简称《规定》），拓展了内部审计的"建议"职能，强调内部审计在发挥监督职能的同时，应更多地发挥在战略、决策、管理方面的咨询顾问或参谋的角色，促进单位改善管理、提升效益、提高效率，增强风险防范能力，对内部审计提出了很高的要求。但从我国当前国有企业内部审计的实践来看，距离实现上述目标还有很长的路要走，由于存在一些治理机制与领导体制、职能定位、从业人员职业教育体系等根本性问题未能在理论上、实务中予以澄清解决，束缚了企业内部审计的发展。

（一）国有企业内部审计的领导体制不顺畅

独立性是审计的灵魂所在，是审计能否发挥有效作用的关键。对比内审体系较为先进的欧美企业，我国国有企业内审体系尚存在领导体制不顺畅的现象，内审独立性有待进一步加强。

从企业内部来看，欧美企业的内部审计是公司治理的内在要求，为解决所有权、经营权分离而产生的代理问题，内部审计由董事会直接委派，并对其负责，审计代表出资人立场对企业的经营管理进行监督检查，审计报告直接提交给董事会审计委员会，这种独立于经营管理体系的定位直接决定了其工作的独立性、权威性。对比来看，我国国有企业的内部审计，普遍存在管审不分离的现象。国有企业的内部审计表面上是对董事会负责，但实质上是作为公司的一个职能部门存在，接受企业的行政领导，与其他职能部门是平行关系，在资源配置上受制于行政体系的安排。这种非独立的地位，意味着内部审计很难对内发挥出独立客观的监督作用，工作中处处捉襟见肘，对平行职能部门的监督容易遭到抵触，对领导层决策的监督更是无从谈起。

从企业外部来看，欧美企业以私营企业为主，董事会直接代表出资人立场，内部审计是企业的独立性行为，不需向企业外部的机构负责，仅需从执业规范上满足行业协会、审计准则的指导和约束，汇报和管理模式简捷清晰。而我国国有企业的内部审计，依托于国家审计发展而来,并非来源于企业完善治理的内在需要。内审机构设置与内审人员配置具有浓厚的行政任命色彩，需同时接受自上而下的垂直领导，这就进一步增大了内部审计工作的局限性和复杂性。内部审计机构直接归属于本级企业，内审人员的职务晋升和薪酬激励都来自本级企业，但需要履行上级企业所赋予的监管职责来对本级企业进行监督，内部审计被企业管理层视为是对自己权威的挑战和经营管理权的限制，容易导致内部审计与企业管理层之间的不和谐。

与此同时，我国国有企业的内部审计，还需接受审计署、财政部、国资委、证监会、银监会、保监会等主管部门的多重指导与监管，监管环境复杂；行业协会等自律组织又比较弱势，导致基于企业立场的内部审计话语权较弱，很难发挥出应有的作用。

由于国有企业内审机构的设立不是源于企业的内在需要，而主要来自行政监管的要求，带来的直接后果是内部审计资源配置不合理，部分国有企业甚至未建立单独的审计部门，将审计机构设在财务部门中，或与监察、法务等部门合署办公，内部审计人员配备不足，部分三、四级及以下层级企业甚至没有内审人员或者由财务人员兼任，每年疲于应付经济责任审计等规定性动作，很难再有精力从企业经营管

理的需要出发来策划自选性动作；部分内部审计从业者缺少任职资格要求，专业背景单一，仅发挥形式性检查的作用，不具备开展深入业务的能力，更谈不上系统辨识风险、发现深层次问题的能力，影响了内审职能的发挥。

（二）国有企业内部审计的职能定位不清晰

目前我国部分大型国有企业高层决策者对于内部审计定位的观点存在偏差，认为企业内部审计的主要作用就是查错防弊，内审人员不熟悉业务本质，思维模式偏教条，根本不具备评价和改善企业经营管理的能力。由此也决定了内部审计的工作重点集中在财务会计领域，主要关注会计信息的真实性，作用与外部审计无差别，鉴定能力和鉴定效力上又逊于外部审计，使内部审计成为企业可有可无的鸡肋，监督职能在一定程度上形同虚设。

与此相反的另一个极端，是将内部审计万能化，赋予审计部门无禁区、全覆盖的权利，相应也希望内部审计发挥出全能手的作用，发现企业内部所有的问题，无论哪个环节出现审计未曾发现的问题，均归责为内部审计工作不到位，使内部审计承担了过大、不合理的工作压力。

不管是弱矮化内审的作用，还是万能化内审的职能，都意味着内部审计职能定位的错位，从而使内部审计的工作目标偏离合理的轨道，影响内部审计作用的发挥。对比美国的企业，其内部审计的价值定位非常清晰，主要是针对财务安全性、现代内部控制及以风险为导向的"服务型"内部审计。审计领域非常广泛，不仅涵盖财务的查错防弊、保护资产的安全等，还涉及企业发展战略和经营决策审计、投资效益审计、市场景气状况审计、物资采购审计、生产工艺审计，产品推销(包括广告促销效果)审计、研究与开发审计、人力资源管理审计、后勤服务系统效率审计、信息系统设计与运行审计等，这对我国内部审计的职能定位也有很大的借鉴意义。

（三）国有企业内部审计人员的综合能力有待提高，职业成长环境不够健全

内部审计工作覆盖面广，涉及经营管理的方方面面；内部审计工作的难度大，需要在搞清业务流程和逻辑的基础上，对已通过职能管理程序的内容进行再次的问题识别；内部审计工作的压力大，面对发现的缺陷和不足，要谨慎分析问题产生的原因，从而提出对问题性质的判断结论，既要避免问题被扩大化和妖魔化，对公司的协作文化产生不利影响，又要防止碍于同事情面将大事化小，小事化了，而不能起到应有的警戒作用。

与上述内部审计工作难度大及内部审计人员素质要求高相对应的，是内部审计人员职业成长环境的不健全。从内审人员的来源上，大多不是各部门的核心骨干；从专业背景而言，知识结构单一，具有会计类职称的人员较多，其他专业很少，缺少对公司经营管理的全局性视角，缺少对业务的深入理解，这些思维限制使内部审计很难从深度、广度上实现突破；从任职资格和后续教育体系而言，虽然2003年国家制定发布了《内部审计人员岗位资格证书实施办法》，为内部审计人员职业资格管理提供了基本依据，但该办法规定较粗，认定标准较低，认定形式单一，对从事内部审计的知识、能力等基本要求过低，仅获取该资格证书无法满足企业提升内部审计工作的要求，而且也未建立起类似财务的继续教育规范；从职业道德需求来看，内部审计人员与企业其他部门的人员互为同事，却要扮演监督作用，对从业人员客观公正性、职业道德的水准有较高的要求；从发展通道而言，内部审计人员实际的工作出路比较局限，而在本工作领域内部，又缺少具有普遍社会认可度的职业资格等级标准和晋升通道。

内部审计人员职业成长环境的不健全，既减少了内部审计工作对潜在候选人的吸引力，也制约了内部审计人员的成长，内审人员普遍面临胜任力不足的问题，进一步束缚了内部审计职能在企业中的作用

发挥。

对比来看欧美国家的实践，美国企业的内部审计机构是企业内部综合性最强的部门，最典型的当属GE公司，自杰克·韦尔奇时代开始，公司特别重视内部审计部门的作用，由于内审所需的专业知识、职业判断力以及沟通能力都是高级管理人员必须具备的，因此内审人员成为企业高级管理人员的后备军，也只有具备各部门丰富经验的人员才能从事内部审计工作，这就从源头上保障了内审队伍的能力，也确保了内审工作的吸引力。

在德国，为适应广泛的内部审计范围的需要和发挥不同专业的协同效应，对内审人员的专业背景没有严格限定，但实际对内审人员的素质要求较高，一般为大学以上学历，熟练掌握1-2门外语和计算机技术。在职业培训方面，企业很重视对内部审计人员的针对性专业培训。内部审计人员要想成为专业人士，要经过半年左右的培训，系统学习包括审计法律、数据保密、工程投资、内部控制、人事管理、商品采购、营销等方面的审计专业理论，再参加两年以上的审计实践。德国内部审计师协会每年还组织上百次研讨会，邀请会员进行信息共享和经验交流，促进成员企业从业人员不断提升技能水平。

（四）国有企业内部审计工作的考核评价机制不清晰

这一点与前面所讲到国有企业内部审计的领导体制不健全息息相关，由于面临多重监管，向多头汇报，而并非来自企业的内在需要，所以内部审计的考核评价，存在考核主体缺位的先天性不足。监管部门、汇报部门有工作指令性要求，但不负担内审人员的薪酬，无法真正行使考核评价职能；名义上负责指导管理内部审计工作的董事会，由于普遍性缺位，不具备对内部审计进行评价的能力；企业的经营管理层，属于内部审计的监督对象，更是很难对内部审计工作做出公允性评价。

由于考核评价对人的行为有直接的影响和决定作用，考核主体的模糊性，带来了考核目标的模糊性，相应地，不同企业内部审计工作的方向和重点，不可避免地呈现出"海阔凭鱼跃、天高任鸟飞"的差异化局面。

三、新时代环境下国有企业内部审计的转型升级需求

当前我国国有企业内部审计工作存在上述诸多不足，企业的内审发展不平衡现象尤为突出，内审作用普遍发挥不到位。同时新时代国有企业的组织目标面临更高的要求，内部审计作为企业的"上层建筑"，必须要为适应企业生产经营活动这个"经济基础"的改变而做出必要的调整，以满足新时代的需要，使内部审计成为企业增加价值、防范风险、提高运营效率的推动者。为更好地发挥内部审计的效能，本成果认为，要通过以下几方面的转型升级进行发力。

（一）内部审计要从查错防弊进阶到揭示机制性缺陷

内部审计的首要职责是监督，监督就必须查错纠弊，围绕监管重点和重要风险领域开展审计评价，纠正企业内部对规则、秩序和决策的背离和偏差。但如果仅仅停留在查错防弊层面，内部审计的作用就过于局限，相应也会使内审的生存环境受到挑战。重复开展查错防弊的工作，被审计对象将逐渐积累如何应对检查的经验，甚至出现日常运行与迎检记录的"两张皮"。同时，浮于表面的查错防弊，也容易导致内部审计吹毛求疵，发现的问题陷于琐碎，得不到被审计对象的认可和重视，也无助于重要问题的发现和解决。

所以，内部审计要从查错防弊入手，但一定不能停留在查到的错弊本身，而更要深入分析产生错弊的原因，是一时疏忽，还是内控机制失效？如是后者，是内控机制设计缺失，还是发生了不相容岗位未

分离的问题？通过揭示深层的原因，来提出解决问题的合理建议。

从查错防弊进阶到揭示机制性缺陷，还意味着即使从表象上未发现徇私舞弊的问题，也要从防范风险的角度去分析内控机制的健全性、合理性，并在审计工作开展过程中，与被审计对象对机制性缺陷的风险及后果进行充分的沟通交流，从而增进其改善提升内控机制的主动性和自觉性。

（二）内部审计要从发现散点式风险进阶到识别系统性风险

内部审计工作的开展，确实帮助企业发现和规避了很多风险。但不可否认的事实是，由于未能真正建立基于风险导向的审计管理体系，未能以风险识别、评估、计量、应对、报告等风险管理的基本原理引导内部审计工作的全流程，所以内审发现的多为散点式风险，受制于审计人员的经验和技能，具有一定的偶然性，对于企业防范风险只能发挥有限的作用。

内部审计如果要在企业中发挥更大的价值，就必须要从散点式风险的识别进阶到对系统性风险的辨识，运用科学的、流程化的思维，对企业的生产经营进行系统的诊断，将风险评估与判断作为审计计划、审计方案、审计抽样、问题认定与确认、审计报告等审计活动的重要性标准，将目标定位于揭示和防范系统性、全局性、关键性风险。

（三）内部审计要从合规性审查进阶到发现效率效益改善空间的管理审计

2011年1月，国际内部审计师协会（IIA）发布新版《国际内部审计专业实务框架》，内部审计被全新定义为是一种独立、客观的确认和咨询活动，旨在增加价值和改善组织的运营。我国在2013年8月修订发布的内部审计准则，以及2018年1月发布的《关于内部审计工作的规定》也都有类似的解释，即内部审计要促进组织完善治理、增加价值和实现目标。

上述描述实际上道出了内部审计职能的一个重要改变，就是要从合规性审查向服务性延伸，提升审计层次，充分发挥内部审计的价值增值作用，通过数据分析和管理评估，对形式合规但效率、效果有改进空间的内容进行识别，从而为实现企业经营管理效益最大化发挥更大的建设性作用。这就需要内部审计牢固树立"监督寓于服务，防范胜于纠正"的工作理念，从单纯监督向监督与评价、咨询服务并重转变，更多参与面向未来的规划与决策工作，适时探索开展战略管理审计，为管理决策提供咨询服务，实现价值增值，确保内部审计的目标与企业的管理目标相一致。

（四）内部审计要从事后揭示问题进阶到事前预防、事中纠正的风险预警防控

传统的内部审计，主要基于已发生的事实，以事后审查的方式来揭示存在的问题，虽然亡羊补牢为时未晚，但毕竟经济损失或其他不良后果已是既成事实。所以如果仅在事后才能揭示问题，内部审计就很难得到被审计单位的重视。要想发挥出更大的作用，内部审计要将工作的阵线前移，一是通过总结以往在事后发现的问题，来事前策划并优化方案以避免今后出现类似问题，并对相关部门提出预防性建议；二是总结事中苗头初现的缺陷特征，在今后的事中阶段，就开始识别这些缺陷特征是否再次出现，并在苗头初现时进行过程干预。

四、新时代国有企业内部审计职能实现的路径探索

前述转型升级的重点，在理论上、方向上在业内早有共识，但为什么在实践上始终停留在比较初期的水平，其关键的症结点就在于未理顺国有企业内部审计在领导体制、工作机制中的问题，这个问题不解决，实现转型升级的目标就只能是天方夜谭，无法满足新时代环境下国家对"国有企业要不断做强做优做大，为新时代中国特色社会主义制度提供更加雄厚的物质基础，为党的执政能力提供更加有力的保

障"的定位要求。

本成果认为，要在坚持审计工作"统一领导、分级管理"的基本原则下，理顺政府主管部门、企业集团、基层企业在内部审计上的职能定位，在合理明晰的分工框架下进行精准发力，使内部审计真正成为企业内在的原发性需求，并进一步发挥专业协会的力量，来推动构建内部审计的良好生态。

（一）政府职能部门负责审计监督体系的顶层设计，通过外部审计实施对国有资产的监管，对企业的内审工作开展"合规性审计"

政府职能部门作为内部审计领域的最高领导，对内部审计要求、规范、功效等需进行顶层设计，明确并实施本层级的审计监督职责，并对下级的内部审计职能与任务进行指导。

1.制定并不断完善内部审计相关法律法规体系

在学习借鉴国内外先进实践经验的基础上，制定完善符合我国国情特点、有助于发挥中国特色社会主义优势的中国内部审计法律法规体系，除内部审计的基本执业规范外，还要不断丰富内部审计职业准入、资格认证、职称评定、职业培训、继续教育的相关制度规范，明确内审人员理论与实务技能的准入标准，把好"入口"关，来优化和合理化内部审计人员的结构，把好"过程"关，促进内部审计人员的知识技能与国家的有关法规、政策相接轨，从而保障内部审计人员的执业素质。

2.完善内部审计职能分工体系

制定政府审计、企业集团审计、基层企业审计的职能分工体系，明确统一领导、分级管理的内涵，明确各自的主要任务，既保证国有资产审计监管的全面性，又保证各级内审工作的相对独立性。

3.履行出资人职责，充分发挥内审监督职能

作为国有资产出资人的代表，通过直接审计或委托外部审计的方式，对中央企业落实国家经济政策、国家监管治理重点领域及社会公众关注领域的工作部署与成效进行重点检查，评估内控机制的健全性，以及重要岗位的履职是否到位、充分。这里要特别强调的是对中央企业进行监督应主要发挥外部审计的独立性作用。

4.加强对中央企业的内审工作的"合规性审计"

审查企业的审计项目是否完整，是否做到了应审尽审；审计程序是否规范，步骤是否完整，各步骤的痕迹是否清晰；审计方法是否科学，抽样方法是否得当，抽样比例是否达标等，以此来督导国有企业内部审计的履职尽职。对外部审计发现而内部审计未发现的问题，本着实事求是的态度来评估内部审计是否履职尽职，避免对内部审计的求全责备。

（二）企业集团对基层企业的内部审计开展合规性检查，并对基层企业内审难以覆盖约束的领域实施直接审计

对国有企业而言，在保护出资人利益，维护国有资产保值增值方面，企业集团就是国资监管机构的延伸，要发挥集团向下的监督指导作用。

1.对基层企业审计计划的合理性进行指导

企业集团对基层企业审计工作的领导首先体现为行政性领导，重点是通过审查基层企业内审计划的合理性，来督导其充分履职。（1）内控审计、经济责任审计等基础审计项目是否覆盖完整，是否做到了应审尽审。内控审计的资产、收入覆盖率是否达标，经济责任审计的对象是否覆盖了应审的所有对象。（2）专项审计的计划是否合理，是否覆盖了企业集团要求的重点领域和重点事项。（3）期末对计划实施的完整性进行监督，推进审计计划落地。

2.对基层企业内部审计程序的合规性进行检查

内审程序的合规性是保证内部审计工作质量的基本手段，同时，只有内审程序合规才能客观看待评价待审计抽样所无法避免的固有风险。所以，企业集团对基层企业审计工作领导的第二个维度是专业性领导，即对照审计规范，审查基层企业内部审计程序是否合规。

3.对基层企业内审难以覆盖的领域实施直接审计

企业内部审计无法避免的一个问题，就是作为"局内人"，受内部行政体制的影响，难以对企业领导层面实施监督。所以企业集团应针对此薄弱领域，直接开展审计，从而实现对企业运行主要风险监管的全覆盖。

（三）基层企业的内部审计要接受公司行政体系的工作效果评价，持续提高从业能力和水平，提高对企业价值的贡献度

1.理顺内部审计的汇报体系

虽然内部审计部门是作为公司的一个行政部门而存在，但是基于其工作性质的特殊性，首先要从领导分工上来保证其工作的相对独立性。由于国有企业的董事会成员，主体仍是来自企业内部的高管，外部独立董事的席位不仅有限，而且对企业日常生产经营的接触频次也有限，所以内部审计向董事会汇报负责，看似有独立立场，但实则很难在实务中发挥出作用，容易流于形式。更为有效的方式是明确由企业最高负责人来直接管理内部审计部门，一方面最高负责人的职务等级保障了内部审计部门的特殊性地位，对其以下各级的监管就具备了法理基础；另一方面，最高负责人面向公司全局的工作定位，也决定了内部审计部门的独立性、中立性立场，在工作上能够不依附和受制于其他行政领导及其分管的领域，保障审计拥有充分的话语权。

2.创新内部审计工作理念

结合上述审计转型升级的工作重点来创新审计工作理念，提升审计工作价值。一是树立审计风险理念。强化风险意识，运用新技术、建立新机制，提高对各类风险的防范、化解和管控能力，对组织存在的问题及早发现或提前预测，将风险化解于无形之中。二是树立审计监督与服务并重理念。在审计策略上，立足企业管理和发展需要，既要勇于查错纠弊，又要善于谏言优化管理，采取与被审计对象积极合作的态度，审计计划充分征求被审计对象的意见，及时与当事人讨论审计中发现的问题，共同探讨改进的可行性措施，为公司防范风险献计献策。三是树立审计价值增值理念。既要关注企业经营管理活动的合规性与合法性，更要关注经营管理活动的效率性与效益性，切实处理和把握好两者的关系，努力实现审计效益最大化。四是积极推进审计文化建设,引导被审计单位正确地看待内部审计工作的出发点，树立起监督常态化的心态，将内部审计作为改进工作的重要契机，从而增强接受监督的自觉性，构建企业良好的部门生态环境。

3.构建审计标准化管理体系，统一审计工作标准

为提高审计成果的一致性水平，着力构建审计标准化体系。一是审计工作职责标准化。规范审计职责，明确内审工作界面。优化调整内部审计与社会中介机构的管理职责及定位，明确各项审计工作业务界面。二是审计业务流程标准化。完善内部控制审计、经济责任审计、工程投资审计等审计业务标准流程，厘清审计工作管理链条，规范各类审计业务全过程工作程序和工作标准，促进审计工作精益化管理。三是审计项目质量标准化。强化质量意识和风险意识，明确审计组成员工作职责，充分运用审计信息系统实时监控，加强现场审计的动态管理，严控审计流程节点，确保审计过程可控在控。

4.加强自身能力建设，并接受公司对内部审计工作效果的评价

打铁还需自身硬，企业的内部审计部门和从业人员，必须花大力气提高工作的水平和效果，通过系统化学习、自主性学习、交流式学习、实践性学习等开展自身能力建设。正如全国劳动模范，前武钢审计部部长谭丽丽所说的，内部审计"有为才有位"，只有工作上有为，不管是发现和暴露损公肥私的问题，堵塞机制漏洞，还是审减工程造价，给企业带来实实在在的价值，才能水到渠成地实现"有位"，得到企业领导层的认可，得到被审计单位的尊重。除提高审计技能和水平外，还要牢牢把握对事不对人、治病救人的原则，除非发现严重的渎职犯罪，否则应把沟通改进而不是处理处罚作为内审工作的主要目标。

前面提到，政府主管部门和上级公司对企业的内部审计只开展"合规性审计"，而真正的工作效果，还应由内部审计的受益方——被审计企业来进行评价，从而促使内审部门围绕企业自身的需求来制定审计计划，部署审计方案，以更好地达成对企业内部的服务性目标。而且，企业对内部审计的评价不宜停留在查摆问题数量的层面，而要更加关注内部审计对于防范风险、查缺补漏的非定量成果。

5.多措并举，促进审计成果的有效运用和责任追究机制

审计效能的发挥与审计工作的升级，离不开审计成果的恰当应用。一是将查处问题与有效整改、提示风险与考核问责、分析原因与改进管理（或健全制度）有机结合，举一反三。二是实行"一把手负责制"整改，以单位负责人为考核对象，针对审计整改、审计结果转化、审计结果及整改评价等进行考核，并将此项也作为领导人业绩实现和考核的参考项，有利于从根本上保证被审计单位各种整改措施落实到位。三是建立健全整改工作台账机制，明确整改标准和时限要求，随时跟踪整改情况，做到整改一项，销账一项，并在审计结束一段时间内，实施整改落实情况跟踪审计。四是与组织人事部门建立联动机制，对于在内部审计中发现的问题和干部态度能力的不足，及时通报给相关部门，发挥内部审计成果的最大效用。

6.运用大数据，创新内部审计技术方法

随着科技手段的进步，企业的内部审计工作，还要树立科技意识和大数据审计理念，加大非现场分析技术的运用，破除现场审计对时间、地点、人员相对固定的限制，实现对被审计单位实时、持续和全过程监控。同时立足于全量分析，将内部审计服务实时嵌入业务流程和场景应用之中，实现对系统性、趋势性、苗头性及重要性问题、风险的准确发现和精准揭示，有效提高风险识别能力，确保审计覆盖面广，监督不留死角，提高审计效率。

（四）行业协会的主要使命是促进审计理论的完善，通过继续教育提升内部审计的水平，推动审计理论的实践应用

行业协会要发挥企业与高校之间、企业与企业之间的桥梁作用，从理论和实践两个维度来发挥出专业影响力。通过组织企业间的交流，来促成审计实务从范围到方法上的拓展与延伸；基于对企业实务的链接，与高校开展课题合作研究来促进审计相关理论的完善，从而更好地指导企业内部审计的实践；基于对高校相关研究、国外先进实践的跟进链接，组织建立企业内部审计的职业教育体系，实现内部审计从业人员的持续教育，促进审计研究成果在实践中的应用。

综上所述，国有企业功能定位的强化，对内部审计提出了更高的要求，面对当前国有企业内部审计工作存在的普遍性问题和制约因素，需要从体制、机制上实现根本性创新，理顺政府、协会、企业的关系，为内部审计松绑，同时企业的内部审计部门也要聚焦于为企业创造价值的核心定位，对审计的理念、目标和方法，以及审计人才队伍建设进行系统性发力，从而为实现国有资产的保值增值发挥有益有效的内部监督作用。

【参考文献】

[1]宋艳.企业内部审计职能定位探讨[J].内控与审计,2018(04):54-55.

[2]韩子榕.现代内部审计的定义演进与职能定位的应用研究[J].财会学习,2016(15):152.

[3]陆雨碧.HDY国有企业内部审计问题研究[D].2017:1-43.

[4]王兵,刘力云,张立民.中国内部审计近30年发展:历程回顾与启示[J].会计研究,2013(10):83-88.

[5]程健.供给侧改革视角下内部审计职能优化问题研究[J].中国乡镇企业会计,2017(2):138-139.

[6]林原.企业内部审计职能定位研究[J].消费导刊,2017(23):181.

[7]刘洪辉.浅议内部审计职能[J].信息记录材料,2018(4):241-242.

[8]张治强.新加坡淡马锡控股有限公司的内部审计[J].中国审计信息与方法,2002(2):40-41.

[9]程姣姣.从华为公司读懂内部审计职能[J].新会计,2016(4):42-43.

[10]张庆龙.中国内部审计发展中的几个现实问题思考[J].会计之友,2014(3):4-8.

[11]张维世.加快内部审计转型管理促进企业经济本质安全—访神华准能集团董事长[J].中国内部审计,2013(12):4-7.

[12]宋瑞.神华集团风险导向内部审计的转型及其启示[J].西部财会,2014(6):71-73.

成果创造人：陈学安、于月华、陈豪雅、陈钊新

国有企业参股管理评价体系设计与应用

上海国有资本运营研究院有限公司

国有参股股权在国有经济中占有十分重要的地位。伴随着我国社会主义市场经济改革的持续深化，特别是以"管资本"为主推动国资监管加快转型逐步落地，以股权为载体，加强对参股股权全过程的科学化、系统化、规范化管理，实现有进有退、有所为有所不为，成为"管资本"的重要任务。

同时，随着国有企业混合所有制改革的全面推开，以及各类国资基金的发展壮大，国有企业参股类型更加多样，对参股股权的管控要求也不断提高。

与之矛盾的是，当前国有企业对于参股股权的管理缺乏有效手段，难以保障国有股东权益，导致作为小股东的权益受损，抑或是逃避责任、谨小慎微不作为"只投不管"。此外，对于国资监管而言，国有企业的参股管理工作缺乏有效评估，难以对其工作开展形成有效评价和指导改善。

因此，本成果在对国资监管相关政策梳理的基础上，全面总结过往参股管理有效经验和先进实践，剖析当下国有企业参股管理过程中存在的主要问题及面临瓶颈，总结参股股权管理的先进经验，系统构建国有企业参股股权管理评价体系，指导开展参股管理工作的系统评价，为加强参股股权的"管好"与"放活"提供切实可行的实践基础，同时也为后续政策制定、实践改善提供科学依据。

一、加强国有企业参股管理的必要性

（一）深化国有企业改革的重要抓手

2015年9月，中共中央办公厅印发的《中共中央、国务院关于深化国有企业改革的指导意见》中提出，引入非国有资本参与国企改革、鼓励国有资本以多种方式入股非国有企业，鼓励国有企业通过投资入股、联合投资、重组等多种方式，与非国有企业进行股权融合、战略合作、资源整合。通过股权运作、价值管理、有序进退，促进国有资本合理流动，实现保值增值。

《国企改革三年行动方案(2020—2022年)》中，提出要积极稳妥深化混合所有制改革，加强对混合所有制改革全过程的监督，规范国有企业参股投资，加强参股股权管理，切实防止只投不管，同时开展对虚假投资、挂靠经营等不规范行为的清理整顿行动。因此，加强国有企业参股管理在国有企业管控中的重要地位更加凸显，成为深化国有企业改革的重要组成部分。

（二）提升资源配置效率的强力举措

党的十九大报告中指出，要加快完善社会主义市场经济体制，提出经济体制改革必须以完善产权制度和要素市场化配置为重点，实现产权有效激励、要素自由流动、价格反应灵活、竞争公平有序、企业优胜劣汰，同时完善各类国有资产管理体制，改革国有资本授权经营体制，加快国有经济布局优化、结

构调整、战略性重组。国有企业是国有经济的主体，是中国特色社会主义的重要物质基础和政治基础，要旗帜鲜明、理直气壮地做强做优做大，在要素市场及资源配置中发挥重要作用。

此外，国企混改的客观要求倒逼国有企业通过全面引入市场竞争机制，将内部资源配置全面推向市场，推动各类资源要素协同发展，成为彻底的市场主体。因此，进一步加强国有企业在参与市场经济中的参股股权管理，加快推进要素市场化配置，实现要素自由流动，通过科学规范的治理体系及内部管控制度，来引导和规范全社会的资源配置市场，实现各种所有制经济依法平等使用生产要素、公平参与市场竞争，提升资源配置效率，进而加快完善社会主义市场经济体制。

（三）调整国资布局结构的核心路径

2020年11月2日，中央全面深化改革委员会第十六次会议审议通过《关于新时代推进国有经济布局优化和结构调整的意见》（以下简称《意见》），明确提出了国有经济布局优化和结构调整的要求，以深化供给侧结构性改革为主线，坚持有进有退、有所为有所不为，进一步聚焦战略安全、产业引领、公共服务等功能，抓重点、补短板、强弱项，不断提升国有经济发展质量和效能，更好服务国家战略目标，在全面建设社会主义现代化国家新征程中更好发挥作用。

其中，针对充分竞争领域国有资本强调市场化流动机制的完善，逐步退出不具备竞争优势的行业领域，提高国有资本收益，强化资本收益目标和财务硬约束，增强流动性，完善国有资本优化配置机制。《意见》提出，主业处于充分竞争领域的国有企业要深化混合所有制改革，大力推进公司治理和市场化经营机制改革，探索将部分国有股权转化为优先股，更多以参股不控股的方式强化资本收益功能。因此，进一步完善参股股权管理是对优化国有经济布局、参与市场竞争必不可少的机制保障，是持续调整存量国有企业结构、优化增量国有资本投向的核心路径。

（四）确保国资保值增值的必要手段

参股股权管理是企业战略合作发展，开拓新市场、新技术、新产品，进入非核心业务的有效途径之一，同时也是倒逼国有企业内部管理体系和管理能力现代化建设的推手之一。随着以"管资本"为主导的监管体系的进一步强化，尤其是对处于充分竞争领域的国有经济，聚焦资本收益目标、强化财务硬约束的要求逐步明确，国有资本以参股和财务投资为主，以资本和产权为纽带开展国有股权运营逐渐凸显，如何规范科学的开展参股及财务投资管理是确保国有资本保值增值必须要考虑的课题。

而由于参股股权自身的限制，参股管理普遍存在难管理、难合作、难控制、难退出等问题，再加上投资后跟踪不到位，缺乏有效的监管手段和机制，很容易形成管理盲区。因此，为了保证国有资产保值增值，势必要对投资项目从事前、事中到事后加强管理，规范参股管理行为，坚决防止国有资产流失，不断增强国有经济竞争力、创新力、控制力、影响力、抗风险能力。加强参股股权管理，以及对国有企业开展参股管理工作评价就成为国有资本保值增值改善的一个有力手段。

二、国有企业参股管理存在的主要问题

基于对我国国有企业对外开展参股管理现状分析，梳理过往研究成果，结合相关走访调研，剖析存在的主要问题，并针对性的改善和突破，提升国有企业参股管理的有效性和经济性，强化国有资产监督效率和质量。

（一）参股投资方向不明确

调研发现，多数国有企业在开展参股投资时属于非主业投资，且较多为随机性、机会型的投资案

例，抑或是交办任务，缺乏基于自身战略发展和产业引领需要的参股投资。同时，对投前研判和分析缺乏科学支撑，对尽职调查和风险把控流于形式，研究力度明显弱于优质民营企业及投资机构。因此，应尽快梳理明确国有企业主责主业，规范投资方向，科学开展投前论证研究工作，全面衡量经济效益和社会效益。

（二）参股管控界面不清晰

现阶段，国有企业对参股企业管理监督存在管控界面模糊的情况。对于多数参股企业缺失管控，存在所有权丧失现象，部分参股企业由于在最初投资协议中并未规定股东会及董事会议事规则，导致无法保障最基本的股东权益。而同时，对于有些参股企业，也往往会出现"一管就死"限制过多的情况，影响参股企业运行效率和市场活力。此外，参股管理的管控界面模糊，也会导致产权代表无法有效行使权利、履行职责，进一步降低参股管理效率。

（三）参股管理机制未深化

大多国有企业未能基于自身企业实际，制定参股股权管理和产权代表相关规章制度，缺乏具体工作清单及细则，缺乏建立参股投资、管理、退出、评价、考核全流程管理体系，导致国有企业对参股企业的运营信息没能及时掌握、提前研判、及时预防，一旦参股企业出现运营失误造成自身经济损失，严重时还可能对国有企业运营造成影响。因此，急需建立健全参股管理体制机制，修订与参股管理相匹配的对外投资管理办法，实现对参股公司日常运营以及项目实施的监督管理。

（四）产权代表管理未健全

国有企业产权代表多为兼职开展工作，且存在一人兼职多家企业产权代表，难以真正有效行使监督权利。同时，在产权代表的选聘、任命、评价、解聘等缺乏合理流程及科学方法，多数缺乏个人履职评价，并且对履职表现缺失激励与约束机制，而履职效果也很难在参股企业的财务数据上体现，导致产权代表的作用较难发挥和评价。此外，多数国有企业对于产权代表的职责、权利、义务也存在一定的模糊不清，导致产权代表开展工作无从下手。

（五）参股企业治理不完善

国有企业的参股股权较为分散，作为小股东没有实质控制权，且部分参股企业中"三会"制度构建不到位，导致国有股东的作用无法有效发挥，从而使得小股东的权益没有得到良好的保障。在部分参股企业中，"三会"也没有按照企业流程和议事规则进行召开，导致即使派遣了董事、监事，也无法在企业重大项目决策时执行表决权。更为甚者，在投资协议或合资章程层面缺失合理的治理结构设计，更不存在有利于小股东的条款预埋，往往导致作为小股东的国有股权难以发挥应有的作用。此外，对于参股企业的党建引领作用更是微乎其微。

（六）国有参股股权难退出

多数国有企业在制定对外投资管理办法中缺乏参股企业的退出路径思考，缺少有效的股权退出机制，因此无论是通过股权转让、减资退出、还是清算注销实现退出投资，均存在较大难度。其次，由于参股企业占股比例小，控制能力弱，股权退出时常引发公司间的关联问题，难以促成其他股东共识。并且，对于政治性参股任务和接管的历史遗留的参股企业，以及为了规避投资风险责任，容易产生"固定保底""名股实贷"等问题。

三、国有企业参股管理相关政策梳理

为维护国有资产合法权益，规范国有企业参股投资行为，中央及地方国资监管机构进行了一系列探索与实践。

（一）中央加强国企参股管理的政策梳理

2013年11月，党的十八届三中全会通过《中共中央关于全面深化改革若干重大问题的决定》，明确要求积极发展混合所有制经济。在深化改革的浪潮中，大量国有参股的混合所有制企业应运而生，然而对于该等企业中的国有资本如何监管，尚无明确指引。为完善国有资产管理体制，落实以管资本为主加强国有资产监管之要求，中央及地方国资监管机构进行了一系列探索与实践。

2019年10月31日，党的十九届四中全会通过了《中共中央关于坚持和完善中国特色社会主义制度推进国家治理体系和治理能力现代化若干重大问题的决定》，进一步强调发展混合所有制经济，增强国有经济竞争力、创新力、控制力、影响力、抗风险能力，做强做优做大国有资本。党中央发布的各项文件中愈发强调"管资本"之重要性，就国有参股公司而言，如何在管理实践中聚焦国有资本的价值贡献，以实现国有资本的收益性，并葆有其控制力，日益成为国资监管的重要课题。

2019年12月，国务院国资委研究出台《关于中央企业加强参股管理有关事项的通知》（国资发改革规〔2019〕126号），从规范参股投资、加强股权管理和强化监督问责等3个层面提出13条针对性措施。在对加强参股管理方面，要求国有企业要依法履行股东职责、注重参股投资回报、严格财务监管、规范产权管理、规范字号等无形资产使用、加强领导人员兼职管理、加强党的建设等7个方面提出了具体措施，进一步规范了中央企业开展参股管理工作。

（二）地方国资开展参股管理的政策要求

1.上海

2018年10月30日，上海市国资委印发《章程示范条款（国有参股股东权益保护）》，通过规范国有参股公司章程防止大股东恶意损害国有股东合法权益。

2021年3月8日，上海国资委发布《上海市国资委监管企业投资监督管理办法》（沪国资委规划〔2021〕62号）的通知。围绕提高监管效率，上海将完善章程、预算、投资、资金、风险和信息化"六位一体"的市属经营性国资监管全覆盖管理体系。主要围绕投资事前、事中、事后等八个章节的三十三条举措，建立分层分类投资监管体系。聚焦大额资金、境外投资和存续资产，强化财务审计监督，健全联合整改和通报机制，整合国资监管信息平台，优化监管流程。

2.深圳

2020年10月15日，深圳市国资委为进一步规范市属国有企业投资参股行为,防范化解投资参股风险,切实提高国有资本运行和配置效率,起草了《深圳市属国有企业参股管理办法(试行)》(征求意见稿),并广泛征求意见。该《办法》共分为七章三十一条，贯彻合规、分类、重点防控及兼顾效益的思路，系统提出参股企业的投资、管理、退出等环节的监管要求。

在投资参股管理方面，重点对合作方与企业发展战略、价值理念是否一致，合作方经营情况、风险状况，参股企业发展前景，权益安排是否合理等内容进行关注，管理措施涵盖决策程序、可行性研究与尽职调查、股权结构、公司章程、履约风险。同时，对参股企业占用或使用企业核心资源、合作方非货币出资、参股企业股东包括多家市属国有股东、混所有制改革等特殊情形提出具体要求。

在参股企业日常管理方面，重点关注参股企业的公司治理是否健全及有效运作，经营发展是否符合

预期目标，是否存在有失公允的关联交易，是否出现重大安全、财务及法律等风险事件等内容，管理措施涵盖企业管理职责、差异化策略、参股企业公司治理、议案管理、股权代表、信息管理、收益管理、关联交易和投资后评价等。

在参股企业退出管理方面，重点关注退出决策是否科学，退出方式是否合理，退出程序是否合规，权益是否得到保障等内容，并对该环节风险提出具体管理措施。

四、国有企业参股管理评价体系设计

基于国有企业对参股管理现状的分析，结合相关政策要求，借鉴优秀实践做法，本成果构建一套参股管理评价体系，从投前策划、投资决策、投后管理、退出管理等四个维度对国有企业开展参股管理进行评价与分析，并提出下一步优化建议。

（一）参股管理评价体系

1.基本原则

搭建参股管理评价体系及加强国有企业参股管理应当遵循以下基本原则。

（1）规范建设。参股企业的监督管理及法人治理建设应严格遵循法律、法规及章程约定，贯彻落实党风廉政建设和从严治党要求，评价体系建设需要基于合法合规的基础，维护出资人的合法权益，规范设计相关监督及评价体系。

（2）战略引领。符合国家、地方相关监管政策要求，符合国资布局和结构调整方向，服务国企发展战略和区域发展规划，强化国有资本的投资收益水平，不断提升创新能力、品牌影响力和核心竞争力。

（3）体系构建。参股企业的监督管理应围绕参股投资的全生命周期开展，在对外投资制度建设、投资决策、投后持续管理、退出机制等方面构建系统化的监管和评价措施，针对相关维度存在的问题进行专项完善与修正。

（4）全面监督。强化产权代表的全方位监督管理，在参股企业法人治理构建方面，前置性预埋国有企业投资意图的产权代表配置和议事规则，对于股东代表、董事、监事、经理层、财务总监等产权代表的职责进行明晰和规范，以产权代表为抓手开展全面监督管理。

（5）分类指导。根据国有企业的不同功能定位，以及对外参股投资战略意图的差异，进行分类管理与监督，基于投资意图的区别开展差异化的设计法人治理机制和管控模式，优化投资谈判过程中的相关条件，确保国有企业社会效益和经济效益的有效达成。

（6）优化改进。参股企业管理及产权代表的完善是一个循序渐进的过程，结合国资监管的要求，持续优化完善参股管理评价指标体系，加强对国有企业的参股管理的综合评价，查漏补缺，学习优秀做法，不断创新、优化和改进国有企业对外参股管理效果。

2.设计思路

基于股权投资的全生命周期事项，进行关键要素分拆，并对关键要素层层分解，形成评价指标及要素，同时基于外部对标及理想状态，给出评价指标标杆值及细分评分方式，指导开展参股企业的评分评价，为后续政策制定、实践改善提供科学依据。

3.评价维度

此次参股管理评价体系设计主要从四个维度展开，基于投资生命周期理论进行分阶段管理与升级，即投前策划、投资决策、投后管理、退出管理等方面内容。

（1）投前策划

投前策划是指国有企业在开展对外投资（控股、参股、项目等）前所需明确的规章制度、组织机构、投资计划及相关程序。从国资监管角度来看，国有企业在制定相关投前策划的制度、组织机构、投资计划、投资程序时，需基于国资委相关政策及文件要求，进行规范制定，并履行内部审批程序，必要文件或投资计划需备案至国资监管机构，以此来指导国有企业开展对外投资（参股）管理。

表1　投前策划评价指标维度

评价维度	二级指标	指标标杆值
投前策划	规章制度	具备专业规范的制度及流程，能够指导业务开展
	组织机构	管理机构设置合理，职责清晰，人员配置高效
	投资计划	有明确的投资计划，且与战略规划息息相关
	投资程序	内部决策程序高效严谨，且具备系统论证信息支撑上级决策

（2）投资决策

投资决策是指国有企业在对外具体投资项目时，需实际开展的相关投资分析、投资实施，以及具体投资方式的选择等工作，包括必要的尽职调查、可行性研究报告、风险评估、投资谈判、法人治理结构制定等工作。其中，对于政府交办的参股投资或带有功能属性的对外投资，还需明确相关功能性、公益性目标，规范相关投资方式；对于国有企业自主市场化的参股投资需强化必要的投资分析和风险预判，对于投资议价和参股比例均要符合市场公允要求。

表2　投资决策评价指标维度

评价维度	二级指标	指标标杆值
投资决策	投资分析	对于具体投资项目开展的投资分析，做到科学、严谨，考虑事项周全
	投资方式	具体投资方式符合国有企业战略诉求及利益
	投资实施	匹配战略规划要求，以适宜的方式开展参股投资实施
	法人治理	法人治理结构合理，产权代表能够完全履职

（3）投后管理

投后管理是指国有企业对外完成参股投资后，基于参股企业的持续管理与支持，一方面加强对参股企业的监督与管理，提升经营效益和回报，强化产权代表有效履职；另一方面对于参股企业提供持续的投后服务，包括利用信息化的手段完善参股企业信息管理，匹配相关资源，协同国有企业与参股企业的业务发展等。

表3　投后管理评价指标维度

评价维度	二级指标	指标标杆值
投后管理	经营评价	企业正常经营，投资回报符合或超预期
	产权代表履职	产权代表派出合理，履职良好，符合集团利益要求
	持续服务	利用信息化的手段，持续监测参股企业，并资源互补

（4）退出管理

退出管理是指国有企业在对外投资计划中所约定的相关退出策略，以及在实际开展过程中，按照投资周期所需退出的相关安排和方式。基于对退出策略、退出计划、实际退出安排、退出活跃度、退出方式等指标的评价，评估和优化国有企业的退出管理。其中，对于国有产业公司和带有政府功能属性的投资平台，有别于基金投资的是退出不仅仅剥离，还有可能基于发展战略和政府意图，加大投资、由参变控或全资等形式。

表4 退出管理评价指标维度

评价维度	二级指标	指标标杆值
退出管理	退出策略	具有明确的退出计划，并按计划较好的执行
	退出安排	较好的按照预期开展退出工作，并不受阻力影响
	退出活跃度	匹配战略及计划要求，有序开展退出工作，高效开展投资资金流动
	退出方式	基于集团战略及主业需要，选择适宜的退出方式开展退出或收购

4.评价体系

基于对评价体系各维度的展开说明，以及各维度二级指标中的标杆指标值的确定，进而建立国有企业参股管理评价体系。评价体系的建议，一方面，需要对二级指标进行可量化的分解，基于二级指标标杆值，形成可量化、可评价、可描述的三级评价指标，并明确各指标的评分标准，其中评分方式以风险控制、强化管控的角度形成三梯度评分方式（即5分、3分、1分），明确各梯度情形。另一方面，需要对评价指标各自权重进行区分与量化，基于管控难易度和重要性程度对指标权重进行明确，确定二级指标权重值，并给出三级指标权重建议值，便于开展参股管理评价。

参股企业评价体系的建立，一方面，用于对国有企业开展参股管理的定期评价，基于国资监管相关要求安排，可对内部指标进行动态调整评价；另一方面，基于评价结果指导国有企业加强参股管理，查漏补缺，逐步完善国资监管要求和提升国资投资收益。

表5 参股管理评价指标体系

评价维度	二级指标	三级指标	评分标准（1~5分）	权重	得分
投前策划（25%）	规章制度（8%）	投资管理制度	具备制度，且依法个性化制定，得5分；无专有制度，有条款融入其他制度，得3分；无规范，得1分	3%	
		参股管理制度	具备制度，且依法个性化制定，得5分；无专有制度，有条款融入其他制度，得3分；无规范，得1分	3%	
		产权代表管理制度	具备制度，且依法个性化制定，得5分；无专有制度，有条款融入其他制度，得3分；无规范，得1分	2%	
	组织机构（6%）	管理机构	设立专业独立机构，得5分；合署机构，得3分；无机构，得1分	2%	
		职责设置	职责划分清晰且饱和，得5分；有专业职责，得3分；无职责，得1分	2%	
		人员匹配	配备充沛专职人员且能力匹配，得5分；人员兼职担任，得3分；无人员负责，得1分	2%	

评价维度	二级指标	三级指标	评分标准（1～5分）	权重	得分
投前策划（25%）	投资计划（6%）	年度投资计划	明确投资意向及资金规模，得5分；原则性计划，得3分；无计划，得1分	3%	
		远期投资规划	有明确的投资规划内容，得5分；有所涉及，得3分；无，得1分	3%	
	投资程序（5%）	程序规范	明确且高效的内部投资程序，得5分；实操与程序存在一定的差异，得3分；无规范程序，得1分	3%	
		内部决策	自下而上决策信息传递，得5分；论证领导决策，得3分；自上而下传达，得1分	2%	
投资决策（30%）	投资分析（10%）	尽职调查	具备详尽真实的尽调报告，得5分；具有形式上的尽调，得3分；无尽调，得1分	4%	
		可行性分析报告	具备详尽真实的可行性报告，得5分；具有形式上的报告，得3分；无报告，得1分	3%	
		风险评估	经过详细论证提出有建设性风险揭示，得5分；具有程序性的风险提示，得3分；无风险评估，得1分	3%	
	投资方式（8%）	投资主体	基金投资比例占多数，得5分；基金参与股权投资，得3分；集团直投，得1分	2%	
		资金来源	私募基金资金，得5分；政府专项资金，得3分；集团自有资金，得1分	2%	
		出资方式	品牌或无形资产，得5分；实物资产或房租，得3分；现金，得1分	3%	
		标的来源	战略型标的，得5分；财务型标的，得3分；遗留改制标的，得1分	1%	
	投资实施（4%）	参股比例	从控制力角度评估，占比30～49%，得5分；占比10～30%，得3分；占比10%以内，得1分	2%	
		合作对象	资信良好、公司治理健全，得5分；公司资信及法人治理一般，得3分；公司各项管理较差、潜在风险较多，得1分	2%	
	法人治理（8%）	议事规则	法人治理层面各项议事规则健全完备，得5分；仅具备格式条款，得3分；无相关规范，得1分	2%	
		章程	章程具备有利于集团的核心条款，得5分；模板化章程，得3分；无章程，得1分	2%	
		否决条款	有较为显著且影响力强的否决条款，得5分；无明显否决条款，得3分；被限制性条款，得1分	2%	
		产权代表约定	有明确的产权代表数量约定且超出股权约定，得5分；按股比约定，得3分；无约定，得1分	2%	
投后管理（25%）	经营评价（10%）	经营状况	正常经营，得5分；出现重大异常，得3分；吊销未注销，得1分	2%	
		投资回报	有符合或超过预期的投资回报，得5分；对于主业或公共服务具有良性支持，得3分；无回报，得1分	6%	

评价维度	二级指标	三级指标	评分标准（1～5分）	权重	得分
投后管理（25%）		投资评估报告	具有定期有见解性分析的投资评估报告，得5分；有形式上的报告，得3分；无报告，得1分	2%	
	产权代表履职（9%）	派出评价	按照章程约定满员派出且含专职，得5分；缺员兼职派出，得3分；无派出，得1分	3%	
		履职评价	高效履职且具有履职考核，得5分；仅被动式参与参股管理，得3分；无履职痕迹，得1分	3%	
		制度执行评价	产权代表按制度选聘与管理，得5分；未严格按制度选聘与管理，得3分；无产权代表管理制度，得1分	3%	
	持续服务（6%）	跟踪监测	与企业业务经营周期相匹配的运营监测频率（小于一年），得5分；年度监测，得3分；无监测，得1分	2%	
		信息手段	利用集团统一的信息化手段进行参股管理，得5分；手工数据统计，得3分；被动式汇报，得1分	2%	
		资源对接	主动式协助对接外部资源，得5分；被动式对接集团资源，得3分；无对接资源，得1分	2%	
退出管理（20%）	退出策略（5%）	策略计划	投资计划明确退出计划及情形，得5分；具有形式上的退出策略，得3分；无相关退出计划及策略，得1分	2%	
		执行评价	定期开展退出执行评价及优化建议，得5分；被动式开展执行评价，得3分；无执行评价，得1分	3%	
	退出安排（6%）	预期偏离度	很好地完成预期退出工作安排，得5分；退出计划偏离较大，得3分；远超预期退出计划，得1分	3%	
		退出难易度	有清晰的退出渠道和计划，并能够顺利按约定执行，得5分；有一定难度较难退出，得3分；法理上及程序上难以退出，得1分	3%	
	退出活跃度（4%）	退出占比	退出占比计划80%以上，得5分；退出占比计划30%以上，得3分；退出占比10%以内，得1分	2%	
		预期退出占比	短期内均能退出，得5分；较长一段时间内退出，得3分；存在长期情况下难以退出，得1分	2%	
	退出方式（5%）	方式选择	资金溢价退出，得5分；资产未实质亏损回收，得3分；亏损退出或难以退出，得1分	2%	
		被迫退出	无被迫退出情形，得5分；战略性止损，得3分；被迫亏损退出，得1分	1%	
		属性转变	主动性由参转控，得5分；加大投资，得3分；长期无转变，得1分	2%	
得分（＝∑单项得分*权重）				100%	

说明：

1.根据参股管理的完善程度进行评价打分，1～5分依次升高，除评分规则的1分、3分、5分外可根据实际评分为2分、4分，1分代表较差，5分代表优异；

2.可采用3～5人小组评分方式开展，小组的综合评分为，各成员的评分的平均数或根据需要设定相应权重，加权平均数作为小组的最终评分。

五、国有企业参股管理评级体系应用及提升建议

基于对国有企业参股管理评价体系的应用及优化，联合东部某地国资委开展委管企业参股管理评价，结合评价结果完善委管企业参股管理。

（一）东部某地区区管企业参股管理测评

利用参股管理评价指标体系，对东部某地区的8家区管国有企业进行参股管理评价[①]，并给出针对性提升建议。

表6　委管企业参股管理评价测评结果表

评价维度	A	B	C	D	E	F	G	H
投前策划（25%）	3.36	4.21	2.81	4.44	2.76	4.12	4.51	2.72
投资决策（30%）	2.30	3.51	1.47	2.01	1.87	2.70	4.22	2.33
投后管理（25%）	3.12	4.78	3.20	4.16	2.92	3.76	3.48	3.28
退出管理（20%）	2.35	3.31	2.20	3.5	1.73	2.65	3.91	2.45
合计	2.78	3.96	2.38	3.45	2.32	3.31	4.05	2.69

针对八家区管国有企业参股管理的评价情况来看，整体八家国有企业评分均不是很高，平均分值为3.12，其中在投资决策（2.55）、退出管理（2.76）维度普遍较差。具体来看，在投资决策方面，对于可行性研究报告、尽职调查、风险评估等投资分析方面还需进一步科学规范，以及投资分析的全面性和真实性、投资方式的多样性优化等方面还能进一步梳理和优化，此外完善的投资分析、规范的法人治理协议等均需有所提升。在退出管理方面，退出策略制定及执行有待明确，整体退出预期完成较慢，退出计划缺失，实际退出安排方面有待探索创新方式，确保退出计划的有序完成。

（二）加强参股管理对策与建议

基于东部某地区国有企业对外开展参股管理现状分析，结合对标案例及相关政策要求，结合参股管理评价体系的搭建，以及前述国有企业参股管理评价结果，提出加强参股管理的相关建议。

1.投前策划

（1）加强投资制度建设，规范行为准则

对外参股投资管理是一个系统性工作，从前期的评估工作，到实施过程中的控制，再到投资后的评价、监管，这一系列工作都需要一个完整的制度、准则来指导。着力构建参股管理的专业部门，制定、优化、完善参股管理制度，包括对外投资管理制度、日常监管制度、委派高层的管理制度等，支撑国有企业的投资行为显得尤为重要。制度可以指导国有企业的参股投资行为，将参股投资全过程的管控流程加以细化和明确，可以最大限度指导参股投资活动，重复投资、浪费投资此类消极情况能得以规避，参股投资业务可朝着健康稳定的方向发展，在提升国有企业的优势和价值的同时优化产业结构，保障国有

---

①数据已经过脱敏处理，无特指具体企业。

资本的安全性与收益率。

（2）规范专业组织机构，明确相关职责

在规范投资管理制度的基础上，要建立健全参股企业的管理工作体系。参股企业数量众多，需要专门的部门归口管理，应成立相应的参股企业投资管理部门。凡是涉及参股企业的事项，包括成立伊始的合资合作谈判、企业经营过程中的法人治理事宜、"三会"运作和建设、重大经营事项、股权处置、改革调整等事项均由该部门与相关部门协调解决。同时，还需要界定清楚该部门与公司其他职能部门的管理边界，做到职责清晰、管理有序。

2.投资决策

（1）完善投资事前评估，强化可研深度

国有企业根据国家发展要求、企业战略定位和发展目标，结合外部环境变化，选择合适的参股投资机会。国有企业应强化参股投资前期的风险评估，制定合理明确、切实可行的投资参股目标，加强参股投资的可行性研究。具体可行性研究可分为机会研究、初步可行性研究、详细可行性研究和项目评价四个阶段。投资机会研究结果得到批准后应对投资项目的各方面进行更仔细的调查研究，即初步可行性研究阶段，通过深入详细分析和研究后确定投资决策的可能性。详细可行性研究阶段应对投资目标所处市场环境、行业现状、业务特点等方面进行深入的研究与比较分析，最终确定能够获取最大效益或者满足社会需求、符合参股投资目标的方案。最终的项目评价阶段对参股投资项目的投资必要性、盈利能力、未来发展潜力等方面进行分析评价，进而得到可行性研究的最终结论。

（2）规范参股法人治理，夯实合作根基

规范参股企业"三会"和总经理办公会运作机制，对章程进行有效补充，例如通过公司章程明确对参控股类子公司的人员派驻权、关联交易、重大人事任免、对外投融资、重大事项决策权或知情权、日常运营管理权等。同时，规范参股企业的财务管理制度，督促配合参股企业，依法建立投融资管理、财务管理、招标管理、人事薪酬管理等内控制度体系，明确利润分配政策及相关决策程序，形成良好的股东回报机制。加快参股企业治理文件的出台，从制度上加强对控股股东行为的约束，使企业在股东会、董事会、监事会建设以及行为规范方面有规可依。

（3）规范参股章程管理，维护股东权益

规范参股公司章程管理，在章程或协议中约定好股东权益，是维护参股股东利益的最直接手段。一是强化章程制定规范性，参股企业章程制定应由国有企业集团法务部门审核把关，并初具法律意见。二是放大投票权和否决权，增加特别决议事项，这些事项须经代表全部或三分之二以上表决权的股东通过，增加通过门槛，降低控股股东控制力、间接提高参股股东话语权。三是在协议中增加大股东兜底条款，针对参股前存在的资产瑕疵、或有负债等潜在风险，一旦发生由大股东承担损失。四是在协议中约定退出机制，确保退出渠道畅通，具体来说，可以选择股权转让、股权置换等手段来收回自身股权，实现国有企业从低效、无效、竞争力差、资金负债结构不合理的被投资公司中退出，从而保障国有资本。

3.投后管理

（1）强化投后监督评价，提升投资效率

以国有企业自身总体战略为出发点，从产业的布局情况、行业的发展趋势、市场竞争的激烈程度、参股公司的可持续盈利能力等方面，多维度考察国有参股投资效率。同时，构建完善的国有企业高管考核体系，将参股投资效率与高管考核完美融合，在考核经营业绩的同时，加入可持续发展评价体系，将参股投资产生的未来价值、隐性价值纳入系统，重视任期考核，更着眼于投资行为的长期收益，以展现更为真实科学的股权投资效率。引导高管从本地政府总体经济战略角度出发，做高质量投资，避免因追求股权投资的近期效益而发生短期行为。

（2）建立信息管理系统，畅通信息沟通

国有企业作为参股企业投资人，尽管对参股企业没有绝对控制权，但法律法规、公司章程等都赋予了股东必要的知情权等权益，国有企业可以通过获取财务报表、年度报告等重要信息资料，及时了解参股企业的运营状况。此外，还应建立并优化投资管理信息系统，对参股投资项目信息进行监测、分析和管理，通过信息化手段提高监管效率，保障国有资本收益和安全。国有企业应根据外部市场环境及项目情况的变化对参股投资进行调整，及时将参股投资情况报送上级单位，加快提质增效升级，实现国有资本保值增值。

（3）完善委派人员考核，强化激励机制

国有企业应及时了解委派人员的工作情况，完善对派出董监事的工作要求和评价考核。每年年初由国有企业董事会下达派出董事、监事年度指标及任务要求，年底由派出董事、监事进行年度述职，报告所任职企业指标完成情况及个人履职情况。国有企业对派出董事、监事进行考核，薪酬与年度指标及任务要求直接挂钩，考核不合格的，将调离岗位。派驻的经营班子成员要采用轮换制，根据企业实际情况设置弹性的履职上限期间，到期轮换，避免和减少舞弊事件发生，并根据其任期履职情况做出新的任免或升迁决定。

4.退出管理

（1）优化参股退出机制，完善闭环管理

退出管理应作为国有股权参股投资管理中的重要内容，给予足够的重视，想要有效减少投资项目发生风险的概率，必须采用科学合理的手段进行综合管控。例如对盈利期望点和止损点的设置，项目运行前，应预选设置好，当投资目的得以达成，应及时回收项目经济效益，实时关注和掌握股权投资项目的运行情况，为退出机制的有效执行，做好充分的预判工作。在签订股权投资合作协议的环节，投资双方应在充分有效的沟通机制下，将国有股权的退出条件和具体方式做好约定，写入协议条款。既可以最大化实现国有资产的收益，又为国有股权的退出提供了便捷、合法的途径。

（2）制定股权调整计划，合理配置资源

国有企业及投资主体应及时了解、充分分析被投资企业生产经营及管理情况，运用定量与定性相结合的国有资本投资评价方法，结合被投资企业类型、所处的行业特点及发展阶段，灵活调整并不断优化具体评价方法，合理调整国有资本投资比重，定期编制参股投资完成情况报告。对已完成的参股投资项目进行分析评价，总结参股投资经验及教训，不断调整和完善国有企业的参股投资决策机制，促进参股管理水平的提高。若被投资企业出现经营状况持续恶化、资产结构不合理、可持续发展能力和竞争力缺乏、与国家经济结构调整方向不符以及不满足国家能耗环保安全标准等问题，国有资本投资主体应考虑通过股权转让、股权置换等方式减少股权或退出投资，防止国有资本出现进一步损失，优化国有资本布局，促进国有经济健康有序发展。

（3）创新参股退出渠道，盘活低效资产

对于定位于股权退出的参股股权，除采用常规退出方式、"一企一议"以外，还需系统性地考虑创新退出渠道。一是实施股权置换，比如在几家股权结构近似的参股企业中，可以通过股权置换，将国有企业分散的参股股权置换成对其中一家企业的控股股权，随后，无论作为公司主业发展还是以控股股东身份转让股权，对提升国有股东的控制力或是股权转让的可实现性、收益性都十分有利。二是助推参股企业资产证券化。根据参股企业自身条件，对照各类资本市场的上市条件，帮助参股企业在新三板、创业板、中小板、主板上市，进而实现国有股权的退出畅通。此外，还包括产权交易所挂牌转让、启动司法强制清算程序、司法拍卖等渠道方式。

六、小结

一直以来，参股企业由于股权占比小、信息不对称、话语权弱等自身特征，导致国有企业难以有效开展管控工作，本成果设计该评价体系是试图通过评价现状，引导国有企业完善和强化参股管理工作，企业通过参与各维度的自评或他评，来发现问题、改进方法、完善机制。同时，也为国资监管机构完善监督体系、改善企业考核提供建议。

成果创造人：田志友、刘军洋、姚以立

地方国资国企改革分析报告
（2020年度）

国资报告

当势能积累达到一定临界点，就会喷薄而出、不可逆转。跨越"十三五"，国资国企改革积势蓄势释放出强劲活力。

2021年1月18日，地方国资委负责人会议暨地方国有企业改革领导小组办公室主任会议公布了一组数据。

截至"十三五"末，全国国资系统监管企业资产总额和所有者权益分别为218.3万亿元和71.9万亿元，较"十二五"末分别增长82.1%和80.3%。"十三五"时期，国资系统监管企业营业收入、利润总额年均增长率分别为7.4%、10.7%。

5年来，以实施国有企业改革"1＋N"文件为牵引，中国特色现代企业制度全面推行，市场化经营机制不断完善等，混合所有制改革积极稳妥推进，国资国企改革在关键领域和重要环节取得决定性成果；

5年来，全力推动党的领导党的建设严起来、实起来、强起来，管党治党责任和效果明显增强，国资国企党的领导党的建设全面加强；

5年来，高质量推进共建"一带一路"，全力承担地方重大工程、基础设施和公共服务建设，在抗击救援中发挥了骨干作用，国资国企服务国家战略、支撑地方发展的示范带动作用充分发挥。

在各方汇聚起的国资国企高质量发展大势、时代大潮中，地方势能不可小觑。这其中，既有上海、广东、江苏、山东等国资重镇改革创新一马当先，也不乏江西、安徽、四川等地提速加码奋力赶超，万华化学、云天化股份、深投控等一批改革尖兵的争相涌现，为提升改革综合成效增添不少成色和亮色。

展望2021年，"十四五"新征程再启，国企改革三年行动纵深推进。攻坚再发力，深改再出发，地方国资国企亟待展现更大作为、发挥更大作用。为透视地方改革脉络，勾勒发展创新图景，本报告全面梳理地方国资监管工作会议、地方两会等公开信息，提炼改革趋势、探寻实践亮点，在行进的时间线中触摸国资国企改革脉搏。

一、回顾2020：锚定目标 精准发力

新一轮深化国企改革进程中，2020年极具关键性意义：这一年，国有企业改革重要领域和关键环节要取得决定性成果；这一年，国企改革三年行动全面启动实施，吹响深化改革冲锋号。锚定攻坚目标，改革精准发力。面对疫情防控和经济下行严峻挑战，多地国资委"点对点"破解复工难题，多路并进拓

市增收，江苏等9地全年利润正增长；天津等地全面推行三项制度改革，湖南、广西等地"三因三宜三不"推混改，国企改革三年行动多点攻坚，跑出改革加速度；海南、西藏建立"第一议题"制度加强政治建设，河南开展"党建质量提升年"活动夯实党建基础等，国企党建严起来、实起来、强起来……回顾2020年，地方国资国企牢牢牵住改革"牛鼻子"拔寨攻坚，为"十三五"圆满收官打下坚实基础。

（一）攻坚克难全力以赴稳增长

疫情暴发，国民经济遭受重创。面对前所未有的严峻形势，地方国资委出台一系列政策举措，推动企业分类分批、科学有序复工复产，抢抓区域经济发展机遇拓市场，压降两金防风险等，全力以赴发挥好国民经济"压舱石""稳定器"作用。据统计，2020年地方监管企业实现营业收入29.2万亿元，同比增长7.2%，实现净利润1.2万亿元，降幅从一季度78.9%的最低谷逐月收窄至8.5%，江苏等9地净利润实现正增长。

1.多路并进夯实增长根基

复工复产关乎国民生计。数据显示，2020年春节节后复工多延迟一天，全国减少的国内生产总值就约达1500亿元。

抢抓时间，全力复产，辽宁省国资委相继出台有针对性的举措，建立疫情防控期间日调度机制，全力推动辽宁省国企有序精准复工复产。

疫情发生以来，陕西省国资委先后7次召开党委会，深入企业调研督导，"点对点"协调解决影响复工复产突出问题278个，推动产业链上下游同步恢复。

河南是国有企业复工复产最早的省份之一。通过加强重点企业运行分析，河南省国资委建立问题会商机制，千方百计打通难点堵点，一企一策、精准有序，以龙头企业复工带动全产业链复产。

经营效益稳增长，拓展新增长点、抢抓新机遇是关键。2020年，地方国有企业有力有效服务国家区域发展战略，在践行战略使命中赢得发展。如，上海、江苏、浙江、安徽召开长三角地区国资国企第二次联席会议，集中签约15个战略合作和重大项目；重庆、四川积极服务成渝地区双城经济圈建设，签订川渝国资国企合作协议，推动组建总规模300亿元发展基金。一系列区域间深化合作的务实举措相继落地，成为地方国有经济全新增长极。

2.创新驱动注入增长动能

科技创新是企业稳增长的不竭动力。2020年以来，地方国资国企大力攻坚科技创新短板，针对产业薄弱环节，实施好关键核心技术攻关工程，为高质量发展注入增长动能。

比如，安徽省国资委出台了《关于推动省属企业科技创新实施意见》，并制定了20项"关键核心技术和产品清单"、65项"重点创新示范项目清单"，引导省属企业加大创新投入，推动省属企业高质量发展。

陕西省国资委围绕产业链部署创新链，建立关键核心技术攻关清单，加大研发投入和研发平台建设。截至2020年底，省属企业建立32个关键核心攻关技术清单，工业类企业研发投入强度2.07%。

在国有资本加速向重点领域聚集的带动下，2020年广西国资委系统企业新产品产值达229亿元，柳工欧维姆预应力技术、玉柴国六发动机、南南铝加工航空航天高端铝合金、鱼峰特种水泥、北投路桥集团大跨径拱桥设计与施工技术等一批高、精、尖"广西制造"在市场上取得领先地位。

（二）国企改革多点攻坚

国企改革三年行动全面实施，吹响了新一轮改革"冲锋号"。深化改革，一呼百应。2020年以来，各地国资委积极制定国企改革三年行动方案，加强改革攻坚，推动重点领域改革走深走实。

1. 中国特色现代企业制度持续完善

完善中国特色现代企业制度，是国企改革三年行动聚焦的重点任务之一。开局之年推动改革加速度，地方国资国企在治理机制、完善治理结构等方面形成了一系列特色实践。

中国特色现代国有企业制度，"特"就特在把党的领导融入公司治理各环节，把企业党组织内嵌到公司治理结构之中。为此，内蒙古国资委通过落实"双向进入、交叉任职"领导体制，实行党委会前置研究讨论重大经营管理事项，企业党委把方向、管大局、保落实的领导作用进一步发挥。

在四川，省属国企长虹集团母、子公司全面完成党建要求写进章程工作，在省内率先构建起"外大于内"的董事会结构，并以"调整配置结构、提拔年轻人才、剔除庸才"为目标对BU高管团队进行结构性优化，发挥党委领导作用，铸强改革发展引擎。

2. 国有资本布局结构持续优化

以市场为导向、以企业为主体，优化国有资本布局结构，是增强国有经济整体功能和效率的重要举措。2020年，地方国企重组整合力度持续加大，剥离办社会职能和解决历史遗留问题基本完成，为国有经济高质量发展注入强劲动能。

战略性重组是广东深化省属企业改革的关键举措。广东按照功能性、专业性、规模性等要求，成熟一个，推进一个，已实施5组集团层面战略性重组，将省属企业从原有的23家重组为18家。

2020年，山东省属企业加大重组整合力度，加快向主业集聚优势资源，启动实施了山东能源与兖矿集团、山东高速与齐鲁交通的联合重组，通过主业相近企业的强强联合，加大开放创新力度，积极培育具有全球竞争力的世界一流企业。

重组不只带来"量"的变化，更带动"质"的提升。山东重工与中国重汽重组后，中国重汽集团2020年收入首次突破5000亿元，利润总额首次突破200亿元。

优化布局，必须坚定不移剥离非主营业务和低效无效资产，深入推进"僵尸企业"处置工作。肩负改革重任，2020年，全国国有企业"三供一业"、市政社区分离移交和教育医疗机构深化改革基本完成，退休人员社会化管理完成94.1%，厂办大集体改革职工安置完成率超99.2%。剥离办社会职能和解决历史遗留问题基本完成。

3. 市场化经营机制加快健全

改革要奔着问题而去。实施国企改革三年行动，重在激发国有企业活力，健全市场化经营机制，加大正向激励力度。这一背景下，大力推行经理层成员任期制和契约化管理，全面推进用工市场化，多种方式的中长期激励等成为2020年地方国资国企改革重头戏。例如，天津全面推开三项制度改革，市管一级企业层面选聘职业经理人66名，269户二三级企业选聘职业经理人648名，改革的力度走在全国前列。

建立职业经理人制度是南京旅游集团"双百行动"综合改革"五突破、一加强"中市场化经营机制改革的重要内容。在集团层面，南京旅游集团通过市场化方式选聘一名集团副总经理，实行董事会聘任、契约化管理、差异化薪酬、市场化退出，开南京市属国企先河。在所属企业层面，混合所有制企业全面实行职业经理人制度，目前11家企业15个岗位聘任了职业经理人，对业绩未达标的职业经理人将按照协议约定实行市场化退出，充分激发集团各层级企业活力。

4. 混合所有制改革积极稳妥推进

混合所有制改革作为国企改革的重要突破口，但混改绝不可"一刀切"，更不存在"一混就灵"。在试点探索基础上，地方国资委进一步明确目标、路径和方向，混合所有制改革积极稳妥推进。

推动混改要建立规范的、法治化的环境。从2019年《中央企业混合所有制改革操作指引》开始，内蒙古、广东等地相继出台了本地适用的混改操作指引，各有特色、各有所长。在《广东省省属企业混合所有制改革操作指引》中，明确"省属企业应当研究分析下属企业特别是二三级企业与集团主业的产业链、供应链和价值链关系，对照企业定位和发展战略，研究二三级企业内部重组整合、外部资源引入、上市资本运作、市场化退出等改革方向，确定拟混改企业总体范围和目标"。

回顾2020年，地方国资国企以上市为载体实施混改的趋势更加鲜明。福建以改制上市为主要形式积极稳妥推进混合所有制改革，省属控股上市公司达16家。山东将混合所有制改革作为国企"倒计时"改革的重要内容，通过资产证券化等方式，深入落实混改三年(2019—2021年)工作计划。全年有248户企业完成混改或实施二次混改，吸引各类资本269.51亿元，混改户数占比达到68.9%。

5.改革专项工程扎实推进

"双百行动"深入实施、"科改示范行动"全面提速、"区域性综改试验"高质量开局……2020年，多项改革试点和专项工程出新出彩，改革示范引领和突破带动作用充分发挥。

青岛市双星集团是首批入选"双百企业"的公司之一。2020年以来，双星完成混改签约，引进启迪科技城、融控集团、鑫诚恒业三家战略投资者，并实施员工持股，由市属国有独资企业转为国有控股混合所有制企业，成为载入双星发展史册的重大里程碑。

204家国有科技型企业是"科改示范行动"的主力军，也是国企深化市场化改革、提升自主创新能力的示范生、领头雁。以赋予更大改革自主权、持续强化正向激励为方向，2020年已有66户地方科改示范企业积极推进改革方案落地。随着改革方案的推进实施，企业创新力、活力和竞争力将持续迸发和提升。

（三）国资监管效能新提升、新跨越

从转变国资监管职能到提升国资监管效能，新时期国有资产监管体制改革迈出了重要步伐。从实践来看，各地国资委坚持以管资本为主强化依法监管，优化监管方式，完善授权机制，推动国资监管效能实现新提升、新跨越。

1.国资监管法制化、数字化趋势突显

以管资本为主，科学界定国有资产出资人监管边界，是推动国有企业真正成为独立市场主体，夯实发展壮大国有经济的微观基础。

2020年以来，多地国资委紧扣出资人职责定位持续动态完善监管权责清单，国有资产监管法治化、市场化趋势更加突显。

为优化监管流程，提高监管效率，地方国资委不同程度加大运用信息化手段的力度，专业监管优势进一步彰显。例如，北京、山西、内蒙古、上海、山东、宁波、深圳等地积极推进国资监管数字化智能化。

2."两类公司"升级扩围

"两类公司"改组组建进程，直接影响国资监管效能的发挥。在改革试点基础上，2020年省级"两类公司"升级扩围。据统计，33个地方改组组建国有资本投资、运营公司107家，在优化国有资本布局结构、激发市场主体活力等方面发挥重要作用。

为真正实现政企分开、政资分来，内蒙古国资委将5方面14项出资人权力授予包钢、蒙能、交投等国有资本投资公司试点企业董事会，向国资运营公司董事会授予了10项出资人权力，董事会职权得到有

效落实。

3.国资监管大格局加速成型

地方经营性国有资产集中统一监管，有利于提高国有资本的运营效率，有利于国有资本布局优化调整。随着国资监管体制改革进程的持续加快，经营性国有资产集中统一监管覆盖面持续扩大。据统计，2020年，全国省级经营性国有资产集中统一监管比例超过91%，24个地方超过95%，其中上海、甘肃、青岛等地已基本实现全覆盖。

以加快推进经营性国有资产集中统一监管为方向，国资委系统联系更加紧密、合力明显增强。

（四）党的领导党的建设全面加强

坚持党的领导加强党的建设是做强做优做大国有企业的根本保证。为推动党的领导党的建设严起来、实起来、强起来，地方国资委积极创新工作机制、完善制度体系，以高质量党建引领国有企业高质量发展。

1.党的政治建设明显加强

以党的政治建设为统领，不断提高国有企业党的建设质量，才能确保国有企业改革发展始终沿着正确的政治方向前行。2020年3月，湖南省国资委党委印发《关于建立实施"第一议题"制度的通知》，不折不扣抓好落实。

吉林省国资委建立实施"第一议题"制度，推进国企党建重点任务落实。此外，宁夏国资委建立党员领导干部带头讲党课、宣讲理论、做形势报告的常态化机制，实施习近平新时代中国特色社会主义思想入脑入心工程。

在全面加强新时代国有企业党的政治建设进程中，地方国资国企以实践创实效，推动党的政治建设切实加强。

2.党建基层基础加快夯实

党的基层组织是确保党的路线方针政策和决策部署贯彻落实的基础，是国有企业的坚强战斗堡垒。

为强化基层党组织战斗堡垒作用，陕西省国资委扎实开展"党建质量提升年"活动，集中整治系统180个基层软弱涣散党组织，切实推进省属企业党建工作质量全面进步、全面过硬。

2020年，湖南省国资委以省属企业集团党委班子成员、企业二级及以下基层党组织书记和副书记和在岗党员为重点，深化开展"国企千名书记联项目"和"国企党员先锋行"活动，累计创效25亿元以上，交出了一张党建工作与企业改革发展、生产经营深度融合的优秀答卷。

3.全面从严治党纵深推进

纵深推进全面从严治党是国有企业持续健康发展的坚强保证。

2020年，安徽省国资系统聚焦政治建设、政治监督、巡视整改、专项整治、作风建设、标本兼治，把全面从严治党贯穿于国资国企发展改革监管和党的建设全过程。湖南省严格落实全面从严治党 "两个责任"，着力抓好执纪监督和预防惩处，进一步强化对"关键少数"的监督，积极打造忠诚干净担当的纪检监察干部队伍，以更大的担当、更高的标准、更严的要求、更实的作风，不断开创新时代全面从严治党新局面。

二、展望2021：攻坚之年 砥砺前行

乘势而上推动"十四五"开好局起好步，纵深推进国企改革三年行动落实落地，2021年国资国企

发展改革重任在肩。

攻坚克难谋新篇，砥砺奋进开新局。展望2021年，地方国资国企在贯彻落实"十四五"发展规划的主航线上，结合区域发展特色围绕提质增效稳增长，构建新发展格局，科技创新，优化国有经济布局结构，推动国企改革三年行动落实落地，强化党建护航国资监管系统建设等六大方面攻坚发力，决心更大、力度更强、举措更实。

（一）打响提质增效稳增长升级战

国有经济高质量发展的核心是质量第一和效益优先。2021年，抓住中国经济由结构性复苏向全面复苏转换，经济增长内生动力逐步增强的有利条件，地方国资国企提质增效、管理提升、开源节流等多措并举，以高质量发展为"十四五"开好局起好步。

深入实施东北振兴战略，是吉林省国资国企承担的改革重任。2021年，吉林在省监管企业"十三五"整体实现扭亏为盈基础上，进一步提出全面强化国资国企基础管理，全力打赢扭亏脱困攻坚仗。

防控风险是提质增效稳增长必须坚守的底线。各地明确严防债务风险、安全生产风险、生态环保风险等，以做到心中有数、应对有招。

陕西省国资委党委书记刘斌表示，要着力防范化解运营投资、疫情反弹、安全生产、债务、法律等重大风险，坚决守住不发生重大风险底线。

2021年，多种不稳定不确定因素影响下经济稳增长依旧困难重重。突破重围稳增长，地方国资国企在攻坚实干中推动国有经济高质量发展再上新台阶。

（二）主动发力构建双循环新发展格局

构建双循环新发展格局是我国应对国内外形势变化、提升我国经济发展水平、塑造国际合作和竞争新优势作出的战略抉择。对此，全国地方国资委负责人会议提出，各地国资委要指导推动国有企业结合各地区的资源禀赋和比较优势，主动发力、率先行动，充分发挥带动拉动作用。

为积极主动融入"双循环"，浙江省国资委提出要积极扩大有效投资，促进消费扩容提质，优化产业链供应链，深化对外开放，助力构建新发展格局；甘肃省国资委则提出国有企业要着眼内外循环，紧紧扭住供给侧结构性改革，"强龙头、补链条、聚集群"，增强产业链供应链自主可控能力，勇当"链长"。

围绕构建新发展格局，央企特长和地方禀赋相叠加，合作前景广阔。为此，广西将抓住央地合作有利时机，推进"央企入桂"走深走实，深化与全区国有企业的务实合作。

（三）科技创新摆在突出位置

党的十九届五中全会首次"把科技自立自强作为国家发展战略支撑"，并对科技创新专章部署，放在规划任务的首位，凸显了科技创新的极端重要性和紧迫性。

国有企业是科技创新的主力军和国家队。围绕科技创新补短板、强弱项，地方国资国企发力方向更加明确，攻坚力度持续加强。如四川省国资委2021年围绕创新发展，大力实施"科技强企"战略，补齐地方国企创新主体不多、创新能力不强、创新成果转化不够短板。

着眼于省属企业创新不足的突出矛盾，江西从三个方面发力，引导督促国有企业提升创新研发能力。一是每年从国有资本经营收益中安排专项资金，用于激励企业加大研发投入，奖励科技创新先进集体和个人；二是在全省国有企业中建立100家左右创新平台，梯次培育100户左右国有科技型企业，健全国企人才引进培养、使用管理、考核评价、激励分配等制度，建设一支高素质人才队伍；三是加快健全科技成果转化机制，提升成果转化率，通过科技成果转化和产业化，不断为企业挖掘和培育新的增长点。

（四）国有资本布局结构加速优化

"十四五"时期，深化国有经济领域改革，对更好服务国家战略目标、更好适应高质量发展、构建新发展格局具有重要意义。在此背景下，地方国资委在推进国有经济布局优化和结构调整进程中，更加注重解决突出问题，提高改革的战略性、前瞻性、针对性。

北京市国资委明确要加快构建符合首都战略定位的国有经济布局结构，提高智能化、精细化、高效化服务水平，更好发挥特殊时期国有企业在畅通循环方面的引领作用。

近年来，地方经济转型升级压力明显。把发展着力点放在实体经济，助推制造业转型升级，地方国有资本结构布局优化有了鲜明落脚点。如，福建省国资委推动国有资本更多向新经济领域、先进制造业和现代服务业集中，着力打造"千亿厦钨""千亿三钢""千亿电子""千亿石化"等千亿产业集群，助力锻造万亿主导产业，确保在推进国有资本布局优化和结构调整上取得新突破。

以聚焦国家战略目标，迈步产业链高端的方向，国有企业战略性重组和专业化整合将掀起一轮高潮。

（五）国企改革三年行动见真章、出实效

2021年是国企改革三年行动的攻坚之年、关键之年。多地在实施方案出台基础上，建立台账、压实责任，坚定不移推动各项改革任务落实落地。

山东省国资委按照国务院国企改革领导小组"可衡量、可考核、可检验、要办事的"要求，把三年行动实施方案细化分解为106项任务，并建立调度机制，压紧压实责任。广东、黑龙江、四川等地速度加码、改革对标，明确提出2021年完成三年改革总任务量的70%以上。为鼓励开拓创新，安徽赋予各地和国有企业集团公司更大改革自主权，制定省属企业尽职合规免责事项清单，激励企业领导人员主动担当作为。

改革千钧担，实干见真章。攻坚之年再出发，各地国资委以"钉钉子"精神推动改革走向纵深。

1.中国特色现代企业制度加快完善

国有企业要成为有核心竞争力的市场主体,必须建设更加成熟定型的中国特色现代企业制度,更好地将制度优势转化为治理效能。

立足"两个一以贯之"，要突出抓好党的领导融入公司治理。广西国资委明确，区直企业修订完善"三重一大"决策制度和党委议事决策制度，明确党委在决策、执行、监督各环节的权责和工作方式。结合实际制定完善企业党组织决策事项清单和前置研究重大生产经营管理事项清单，厘清各治理主体权责边界。到2022年党的领导全面融入公司治理各环节，实现制度化、规范化、程序化。

2.混改：立足优势互补协同发展

在改革实践基础上，地方国资委更加注重通过混改促进国有企业转换经营机制，更加注重依法合规、分层分类推动混改沿着正确方向积极稳妥推进。

为分层分类深化混合所有制改革，上海明确支持和引导国有股东持股比例较高的国有控股上市公司，引入战略投资者作为重要积极股东参与公司治理，实施"二次混改"；鼓励暂不符合上市条件的充分竞争领域企业，适时引入具有高匹配度、高认同感、高协同性的战略投资者，发展成为混合所有制企业。与此同时，上海明确深化员工持股试点，支持整体上市或核心业务资产上市的企业集团经营管理团

队和核心员工参与员工持股。

3.健全市场化经营机制望有新突破

充分激发企业内生活力，必须进一步加大市场化改革力度。对此，多地在推动国企改革三年行动落实落地过程，对健全国企市场化经营机制提出了明确的目标和要求。

"我们讲经营机制有没有活力，实际是利益分配机制，"广西国资委主任李杰云表示。为此，广西提出要灵活开展多种方式的中长期激励，用好已有明确政策规范的国有控股上市公司股权激励、国有科技型企业股权和分红激励、国有控股混合所有制企业的员工持股。

从全面推行经理层任期制到实行超额利润分享、非上市公司中长期薪酬激励，国企市场化经营机制改革多个关键领域加速破冰突围。

4.国资监管体制改革持续完善

加强国有资产监管，是深化国企改革的体制保障。立足"管资本"，地方国资监管体制改革围绕效能提升、效率提升、创新力提升攻坚发力。

2021年，四川省国资委大力实施监管效能提升行动，在以管资本为主加强国资监管上取得新突破。准确把握"管资本"的重点任务，优化"管资本"的方式手段，既要管住管好，又要放开放活，不断增强国资监管系统性针对性有效性。

在构建国资监管大格局背景下，浙江明确全省国资国企"一盘棋"。为完善国资监管体系建设，浙江提出构建完善全省国资国企发展目标体系、工作支撑体系、政策制度体系、考核评价体系，全面建设智慧国资监管体系，加快完成集中统一监管，深化职能转变、服务提质，探索省域国资监管运营新模式。

5.专项工程再提速、再提质、再提效

实施国企改革三年行动，凡是要求面上企业做到的，纳入有关试点和专项工程的企业要成为样板、率先实现。进入攻坚之年，地方国资国企"双百行动""科改示范行动""区域性综改试验"等专项工程再提速、再提质、再提效，进一步激发专项工程的示范引领和突破带动作用。

上海市国资委提出"双百企业"在确保列入改革工作台账的任务清单全部完成基础上，研究制定后三年新的改革实施方案；天津市国资委以"科改示范行动""双百行动"、世界一流企业创建示范工程为重点，推动国企改革各项政策措施综合运用和系统集成，发挥示范引领和突破带动作用，激发基层改革创新动力。

2021年，在首批综改试验深入推进基础上，青岛、西安、武汉、杭州等第二批区域性综改试点已经启动。例如，青岛提出力争到2022年形成党的领导坚强有力、市场化激励科学有效、企业化微观活力迸发、国有资本功能彰显的国资国企改革新局面，用改革的突破性进展激活国有企业发展潜能，进一步提升国有企业综合竞争力；杭州加快构建全市国资监管"一盘棋"大格局，不持续提升国资监管的权威性和国企改革发展的活力，为奋力展现"重要窗口"的"头雁风采"做出国资国企更大努力和贡献。

透过改革动向不难看出，第二批综改地区区域特色更加突出，更加注重完善配套政策，区域性国资国企综改进一步扩围提效，将以点带面推动全国的国企改革。

（六）强化党建护航国资监管系统建设

面对严峻复杂的外部环境和艰巨繁重的国资国企改革发展任务，要不断提升国有企业党的建设质量，以高质量党建带动系统建设，引领国资国企高质量发展。

　　四川省国资委以建党100周年、全国国企党建会召开5周年为契机提出大力实施党建提升行动，推动国企党建优势转化为治理优势、竞争优势、发展优势。

　　浙江省国资委提出2021年重点要促进国企党建提质增效，强化国企党的政治建设，有效激励国企领导人员担当作为，纵深推进清廉国企建设，打造地方国企党建新标杆。

　　在完善国资监管体制机制上，江西省国资委提出全面履行国资监管机构三项职责，推动实现全省国资监管"一盘棋"。

　　进入新发展阶段，地方国资委全面贯彻新时代党的建设总要求和新时代党的组织路线，不断推进党建工作理念创新、机制创新、方式创新，以高质量党建护航国资监管体系建设新时代。

成果创造人：王倩倩

推进市场机制建设　激发改革发展动能
——以保利发展控股为例谈国企市场机制建设

保利发展控股集团股份有限公司

保利发展控股集团股份有限公司（SH600048），简称"保利发展控股"，前身为1992年成立的保利地产，是中国保利集团控股的上市公司。自成立以来，公司始终坚持以发展为主题，以经济效益为中心，从一家区域性房地产企业，稳健快速发展成为涵盖不动产开发、综合服务、不动产金融三大业务序列、十二大业务板块的大型企业集团。截至2020年底，保利发展控股已进驻国内115个城市、海外3个国家，共有员工6万人，控股总资产达到12514亿元，净资产2666亿元，营业收入2432亿元，利润总额525亿元，实现房地产销售签约5028亿元，2020年《福布斯》世界500强排名第172位。

与同体量的国企相比，1992年邓小平同志南方谈话后成立的保利发展控股是一家年轻的企业，成立之时并不起眼，没有大手笔的人员重组和资源划拨，注册资本实际到位56万元，其中现金只有12万元，与现在资产过万亿的世界五百强形成了鲜明对比。与一般人的认识不同，房地产开发并不是一个"躺赚"的行业，经营效益取决于对市场周期的把握与项目运营的效率，国资民企各有优势。自1998年启动住房体制改革以来，房地产开发行业经历了1998年、2008年等全球性金融危机及多次行业周期，房企起起落落，其中破产重组的国企、民企不在少数。从办公室里的"一张桌子、两张椅子"起步，28年间，保利发展控股保持增长，实现了从12万元到12万亿元的跨越，这一成绩不仅是在国企，在整个企业界也较为罕见。2020年6月，中央全面深化改革委员会第十四次会议审议通过了《国企改革三年行动方案（2020—2022年）》，国企改革的目标、时间表、路线图进一步明确，改革步伐进一步加速。值此改革攻坚的关键时刻，探究保利发展控股发展成绩背后的管理经验和实践，对国有企业深化机制改革，激发发展动力，具有很强的现实意义。

一、保利发展控股的发展历程

（一）创业起步，夯实基础（1992—2002年）

保利发展控股前身为广州保利房地产开发公司，成立于1992年9月。注册资本1000万元，实际到位56万元，其中现金资产12万元，员工基本为原广州军区的军人。公司成立之初就建立了党支部，重大决策坚持民主集中制，努力探索企业生存、发展的路径。公司通过运土方、钢材贸易、征地拆迁收管理费等方式，积累起步资金。1995年，公司开发首个项目保利红棉花园，走上了自主开发房地产项目的发展道路，解决了生存问题，完成了经验、人才和资金的积累。这一阶段，公司成立了建筑、物业和销售代理公司，为下一阶段发展打下了良好基础。

1992—2002年，两个五年计划均超额完成。截至2002年底，公司总资产11亿元，净资产4亿元，营业收入5亿元，利润总额0.6亿元。

（二）布局全国，资本运作（2002—2010年）

2002年8月，公司完成股份改制，编制了十年发展纲要，将经营理念概括为"三个为主、两个结合"，提出"五年总资产过百亿"的目标。在战略布局上，走出广州、布局全国，率先进入500万以上人口城市，形成覆盖京广线和长江沿线主要城市的"大十字布局"。

2006年3月，公司更名为保利房地产（集团）股份有限公司。同年7月31日，公司在上海证交所挂牌上市（股票代码SH600048），成为国家IPO重启后第一家上市房企。4年内借助资本市场融资214亿元，为公司的跨越式发展提供了坚实的资本支持。公司组建了高尔夫、会展、商业、基金等专业公司，并收购重工院设计院，社会影响力不断提高。

公司提前完成了十年规划目标。截至2010年底，公司总资产1523亿元，净资产320亿元，营业收入359亿元，利润总额74亿元，实现销售签约662亿元。

（三）深耕主业，多元发展（2010—2016年）

2010年，公司提出"十二五"发展规划：用五年时间再造一个保利地产，实现总资产2500亿元，销售超千亿，利润过百亿；同时，将"三个为主、两个结合"的经营理念，完善为"三个为主、三个结合"。

2012年，公司成为第二家销售业绩过千亿的房企。2014年，在集团公司"走出去"的战略部署下，拓展海外市场，先后进入澳洲、英国、美国市场，打开全球化业务布局。公司坚持"相关多元化战略"，对产业板块加大投入力度，进入养老、教育等多个领域，基本完成产业链上下游的布局，增强了服务民生的能力。

2015年底，公司"十二五"规划主要目标超额完成：公司总资产4038亿元，净资产971亿元，营业收入1234亿元，利润总额229亿元，实现销售签约1541亿元。

（四）战略升级，发展改革（2016年至今）

2016年，公司提出"十三五"发展规划，明确了"一主两翼"业务布局：以房地产开发经营为主，以美好生活服务和不动产金融为两翼。2018年，保利地产实施战略升级，更名为保利发展，以"美好生活同行者"为愿景，定位为"不动产生态发展平台"。以不动产投资开发为主体，以综合服务与不动产金融为翼的"一主两翼"业务板块布局，通过三者的协同发展，打造不动产生态发展平台。

在"十三五"期间，地产板块每年保持不低于20%的复合增长率，两翼产业的市场化营收年复合增长率达到26%。2019年12月19日，保利物业在中国香港上市，是当年发行PE最高的物业公司。截至2020年底，保利发展总资产达到12514亿元，净资产2666亿元，营业收入2432亿元，利润总额525亿元，实现销售签约5028亿元。

二、保利发展控股机制建设举措

回顾国有企业的发展，从1990年只有1家世界500强发展到2020年的80家，我国国有企业的成长，实际是中国特色现代国有企业制度的成功，党组织在这一制度创新中发挥的作用至关重要。如何将党的领导融入公司治理架构，与现代企业机制建设融合，是国有企业提高管理决策和行为效率、完善公司治理机制的关键。

保利发展控股，脱胎于人民军队，继承了"党指挥枪"的基因；成立于南巡春风中，市场化导向深入人心。经过近30年的探索和实践，逐步形成了一套行之有效的公司治理机制，既发挥了党组织把方向、管大局、促落实的作用；又通过现代化企业机制的建立和完善，提升了企业整体的运营效率。

（一）坚持党的领导，融入顶层设计

1.确保一个领导核心

与传统理论把公司治理看作是股东与董事会之间的委托代理关系不同，根据利益相关者理论，一个有效率的企业治理结构取决于责权利对等基础上的利益相关者之间的长期合作，所有的利益相关者都应该参与公司治理。党的宗旨和国有企业的全民属性决定，党组织作为广大人民根本利益的代表，理应成为国有企业治理的主体，充分发挥党的领导作用，又能够统筹协调多元相关方的利益诉求，提高公司治理的整体效率。保利发展控股自成立之初成立了支委会，进军房地产行业、开发第一个地产项目保利红棉花园的决定，便是在支委会上以3:2的民主集中决策作出。后续做住宅开发还是商业开发，公司股份制改革、全国化战略、A股上市乃至每一个五年规划也均由党组织按照集体领导、民主集中、个别酝酿、会议决定的原则研究决定并严格执行到位。

2.保障一个基本前提

公司章程是公司内部的"根本大法"。确立党组织在公司治理结构中的法定地位，是确保加强党的领导与完善公司治理相统一的前提。2017年，保利发展通过把党委职责权限、机构设置、运行机制、基础保障等内容写进公司章程，对工作职责、工作任务以及讨论和决定企业重大事项的工作程序等方面予以规范，确保无论公司发展到哪个阶段，始终坚持和加强党的全面领导，在重大事项决策中把关定向。2020年，根据国资委统一部署，保利发展结合实际再次对公司章程进行修订，进一步体现新时代党的建设新要求。除了在公司章程体现前置程序，保利发展同步落实配套其他制度，先后修订《党委会议事规则》《董事会议事规则》《总经理工作细则》等制度，把公司党委会组织研究讨论是董事会、经理层决策重大事项的前置程序，明确写入其中，为党委履行前置程序充分做好制度铺垫。

3.坚持一个领导体制

公司治理是由国家的公司法所规定的，同时会受到国家政治、经济、文化、历史等众多因素的影响。在借鉴西方企业治理模式基础上，中国国有企业逐步探索出"双向进入、交叉任职"的领导体制，把党的领导融入董事会、监事会、经理层环节。保利发展一直坚持党委书记、董事长"一肩挑"，在"三会一层"（股东会、董事会、监事会、经理层）公司治理结构不变的情况下，党委书记、董事长既是国有资产"守护人"，又是国有企业的"当家人"。保利发展控股在厘清党委会和董事会、经理层的权责边界的基础上，制定党委前置研究事项清单，每年根据工作需要进行动态调整，保证前置清单的规范性、有效性和可操作性，并结合公司组织架构和管理模式加强对下属子公司落实前置程序的指导督导，实行"地产平台统一制定，两翼平台一企一策"的模式，确保党组织的领导地位贯通到企业各层级。

4.小结

正是始终坚持党组织的全面领导，保利发展控股对社会经济发展需要及国家政策精神理解更加深入、执行更加到位，在多次的房地产周期考验中实现了持续发展。回顾近30年的发展，保利发展控股坚决贯彻执行党中央决策部署和国家调控政策，不拿地王、不哄抬地价、不捂盘惜售、落实房住不炒，累计参与建设政策性住房900万平方米，长租公寓在全国16城开业38个项目5971个房间；严格执行房地

产金融监管要求，是前5房企中唯一一家没有逾越融资监管"三道红线"的企业；积极发挥资源整合优势，通过不动产生态发展平台，提高对产业链上下游的控制能力，提高全域服务水平，充分发挥了地产央企排头兵的行业引领作用。

（二）加强董事会建设，落实董事会职权

1.规范董事会架构，优化董事成员构成

国有控股上市公司，具有国有企业和公众公司的双重属性，在健全治理机制时，一方面要以有利于提高国有控股上市公司决策管理的科学性为原则，来更好地解决决策效率和决策科学性问题；另一方面，要以坚持共同保护大股东、中小股东合法权益为原则，切实保障上市公司和投资者的合法权益。要有效地解决以上问题，必须将董事会建设作为公司机制建设的重点。保利发展控股于2002年即完成了股份制改造，引入战略投资者和自然人推动混合所有制改革。2006年A股上市后，严格按照《上市公司治理准则》等规定，设立了股东大会、董事会、监事会"三会制度"，建立了外部董事占多数的规范董事会，下设战略、提名、审计、薪酬与考核四个委员会，实行董事会领导下的总经理负责制，并形成了一套有效的议事规则和办事流程。现任董事会为第六届，现任董事为宋广菊、张振高、傅俊元、张万顺、刘平、邢怡、朱征夫、李非、戴德明。其中邢怡为公司第二大股东泰康保险集团代表，2016年公司完成非公开发行股票募集90亿元，同时引入泰康保险集团成为公司第二大股东，并由其推荐、由保利南方公司提名邢怡进入公司董事会，不仅丰富了公司董事会人员结构，还促进优化董事会决策程序，进一步强化保护中小股东权益，得到市场机构普遍认可。朱征夫、李非、戴德明分别为法律、企业管理、财务会计领域的专家，在对宏观经济形势、房地产和相关产业发展趋势、管理机制优化等方面有深入的理解，不同背景的董事之间形成碰撞，有效提高了决策质量。

2.提升规范治理，经营公开透明

为确保职责落实到位，保利发展控股董事会持续优化公司治理建设，结合监管要求与企业发展现状，修订多项基础制度，完善经营决策程序。保利发展控股于2017年3月首批完成"党建进章程"，明确党委工作机构设置、党委决策流程，并要求下属子公司统一修订《公司章程》，为落实并强化党建工作奠定制度基础；系统梳理决策权限体系，完善投资立项、关联交易等事项决策机制，修订《公司章程》《董事会议事规则》《关联交易决策制度》等制度，为公司规范持续发展保驾护航。为有效保障公司经营决策需要，公司董事会会议以现场或通讯表决方式组织召开。现场会议主要安排在年度报告、半年度报告披露前召开，听取管理层汇报公司经营情况，审议定期报告、重大项目投资、资本运作方案等议案；现场会议也结合公司重要经营安排召开，就重大项目收购、重大关联交易、创新产业投资等事项进行讨论审议。此外，投资项目立项、季度报告披露等事项也需提交董事会审议，并应结合市场机遇、信息披露要求等及时完成决策程序，因此董事会根据经营需要安排召开临时会议，以通讯表决方式审议相关议案，提高决策时效性。

3.充分授权决策，深入一线监管

有了机制的保障，保利发展控股董事会坚持以发展为主题，大力推动企业发展。为充分发挥经营层专业优势、有效提高投资决策效率，董事会在项目拓展、对外担保等日常经营相关范畴向经营层充分授权。以项目拓展为例，董事会每年严格把关年度投资计划及项目立项标准，授权经营层在标准内开展房地产项目拓展，有效缩短项目决策周期，提高公司市场竞争力。同时，董事会积极听取经营层建议，结合土地出让规则变化，及时调整项目立项标准，提升决策灵活度，保障经营有序开展。此外，在充分授

权经营层开展日常经营管理的基础上，密切关注行业发展趋势与公司经营情况，定期出席经营分析会、审阅经营情况报告，结合政策热点及市场焦点选取北京、上海、广州、杭州等地开展实地调研，听取一线公司经营情况汇报，及时全面把握公司发展动态与经营风险，就市场政策动向、合作项目管理、持有资产运营等重点方向提出建议，要求经营层重视内部控制与关键节点管理，有效控制风险，稳步提升经营业绩，推进落实公司规划目标。

4.小结

健全和有效的董事会建设极大地保障了保利发展控股的业绩增长，在充分实现国有资产保值增值的同时，也为中小股东创造了丰厚的价值。作为国有企业，保利发展控股累计向集团公司上缴利润191亿元，向国家纳税2770亿元，直接或间接创造就业岗位数以百万计；作为A股上市公司，上市以来累计实施现金分红458亿元，2020年分红87.38亿元，占归母净利润的比例为30.18%。公司的法人治理一直受到证监会、交易所及主流机构的高度认可，连续7年获得上海证券交易所最高的A类评价。

（三）组织架构精简，一线驱动发展

1.减少管理层级，落实二级管控

层级过多、冗员、组织庞大，是过去许多国企的通病，这与计划经济时代国有企业的行政化和机关化有关，本质上是国企市场化竞争机制没有完全形成，没有从业务市场竞争需要出发设计组织架构。保利发展控股成立之初，现金资产仅有12万元，所从事的也均为市场竞争业务，形成了业务需要决定组织架构的理念，并一直坚持至今。因行业特点、税收政策影响，房地产开发公司每获取一个项目，就必须根据地方政府要求在项目所在区域成立项目公司。为满足政府要求，综合风险防控、管理效率等方面因素，保利发展控股对地产板块采取了扁平化两级管控模式，按进驻区域在省会城市或核心城市设置平台公司，项目公司不作为独立管理实体，平台公司直接负责项目开发管理，各部门人员一人对接多个项目的业务工作。与房地产行业惯常的三级管控乃至四级管控相比，保利发展控股的二级管控模式充分发挥了减少层级、提高效率，节约成本的作用，根据中国指数研究院及上市房企2020年报披露数据，保利发展控股的全员劳动生产率在2020年签约销售额排名前10房企中排名第一。

2.充分业务授权，强调一线驱动

房地产行业具有较强的地域性，各地气候条件、经济基础、文化传统等方面的差异，都会直接、间接影响到当地房地产的产品与市场，形成各自不同的市场特点。各地子公司需要对当地市场需求和变化作出快速响应，才能在市场竞争中赢得优势。保利发展控股于2002年完成股份制改革并启动全国化布局，除投资决策、子公司领导班子任免、资金调拨等关键事项外，对地产子公司予以了充分的业务授权。新成立一个子公司，总部完成班子搭建、给予了启动资金或启动项目支持后，原则上由子公司通过自我造血实现运转，一线的具体生产经营活动，总部日常不作过多干涉，出现重点、难点项目时则调配全公司力量集中突破。尽管企业规模持续扩大，保利发展控股始终坚持了授权一线的管控要求，现阶段总部"定标准，找偏差、抓落实、强监督"的工作方法，便是源自于此。充分的业务授权，极大地激发了一线的经营活力，子公司在深耕驻地的基础上，能够通过自我造血实现自我扩张，有效地支撑了公司规模扩张。现阶段公司下属34家地产平台公司中，已进驻国内115个城市、海外3个国家，除34个平台驻地城市外，其余城市基本为平台公司自主拓展进入。其中规模最大的，经过15年的发展，由1个城市、1个项目、不到2名员工起步，现已进驻9个城市、累计开发129个项目，员工超过900人，年度签约销售突破600亿元、年利润突破74亿元，单独的规模体量已经与行业中等规模企业相当。

3.总部架构精简，决策快速高效

除了实施二级管控、强调一线驱动，保利发展控股在行业中也以精简高效的总部著称。2002年前，保利发展控股在广州深耕发展，部门围绕一线业务设置，仅设置少量的后台支持部门，满足基本的职能管理需要。2002年启动全国化布局后，伴随着公司进驻城市和项目数量不断增加，保利发展控股结合实际逐步将开发、工程等具体业务职能下沉，并于2011年完成总部与广东区域开发业务分离，进一步明确总部定位，保持架构和人员精简。截至2020年底，保利发展控股作为央企下属经营实体，总资产已超过12万亿元，员工超过6万人，直接管理34家地产平台公司、18家两翼产业平台公司，总部人数仍控制在200人左右，远少于同体量房企总部水平。在落实二级管控、业务充分授权、总部架构精简的基础上，保利发展控股实现了经营决策的快速高效。以投资立项为例，2020年保利发展控股总部全年共召开47次立项会，研究项目共1257个，其中通过了1031个项目立项，成功获取地块180宗，折项目数155个，补充货值6268亿元，高效的业务决策为持续发展奠定了基础。

4.小结

房地产开发行业作为典型的资金密集型行业，具有项目开发周期长、资金需求量大等特点，在保证产品质量的前提下，高效周转能够为企业撬动巨大的价值。"滚动开发、快速周转"是保利发展控股长期以来的经营策略，而精简高效、一线驱动的管理机制无疑有效地支撑了这一经营策略落地，为保利发展控股在房地产开发的规模扩张年代赢得了管理红利，平均首开时长、收回股东投资时长、实现现金流回正等项目运营核心指标在行业中长期保持领先。这无疑打破了国企在市场化业务领域低效率的刻板印象，充分说明了作为独立市场主体的国企在提速增效方面的巨大潜力。

（四）充分发挥绩效考核的指挥棒作用

1.地产板块考核根据业务需要持续优化

房地产开发是保利发展控股的主业，经过多年的实践，按照规模、利润、效率、管理四个维度设计指标体系，摸索出一套较为科学的评价方法。保利发展控股从企业经营获取利润这一本质要求出发，结合房地产开发企业实际，聚焦销售签约额、权益回笼额、签约毛利率、总资产周转率等核心指标进行量化考核，实现有利润和现金流的发展；同时，通过管理指标引导下属公司落实专项工作任务，促进管理提升。在基本框架稳定的前提下，考核方案坚持一年一调，确保考核导向与业务需要匹配。近年来，房地产行业利润下行，现金流及周转效率对企业发展的重要性逐步提升，公司迅速对考核方案进行调整，加大了对周转效率、权益回笼的考核力度，并增设了标准化建设、开发效率提升、全面风险管理等管理指标，较好地引导下属公司转变思路，适应新发展需要。从实施效果上看，考核指标有效地引导了下属公司的经营行为，公司在规模、利润、周转方面取得了较好的平衡，在合理控制财务杠杆的基础上，实现了规模利润的良性增长，2020年房企融资三道红线政策出台以后，保利发展控股成为规模前5房企中唯一的绿档企业。

2.两翼板块"一企一策"落实分类考核

保利发展控股是行业内部较早涉足非地产业务的房企，早在2002年股份制改革前即成立了物业、经纪子公司，后随着公司发展逐步完善在不动产上下游布局，至今已在地产业务外布局11个两翼业务板块共18家子公司。各业务板块成立时间不同，发展阶段各异，其中成立时间较久、规模较大的物业、经纪板块在所在行业领域排名全国前三，物业公司（06049.HK）已成功在香港联交所上市，基金、文旅、会展等业务在细分领域也排名靠前，也有部分企业仍处于培育和发展的阶段。为充分发挥考核对经营的引领作用，保利发展控股对两翼产业采取个性化地设计考核指标。对于体量相对较大，经营成熟的企业，考核以规模及市场化收入、利润和管理质量为主；对于体量相对较小，经营不够成熟的企业，考核导向为降本增效、提高经营质量；对于现阶段主要任务为支持地产主业的企业，主要考核支持效果。对于市场化程度高的产业，如物业管理、产业金融等，要求向行业标杆看齐，考核营收规模、利润水平、管理水平，强调"不仅要超越自己，更要跑赢对手"。

3.积极落实经理层任期考核和契约化管理

《国企改革三年行动方案(2020—2022年)》明确了各大国企需要在2022年前完成的八项重点工作，其中"推行经理层任期制和契约化管理"已从2020年初双百企业的范围覆盖到所有国企。在中国保利集团有限公司的统筹指导下，保利发展控股制定了下属企业经理层成员任期制和契约化管理的实施方案，进一步强化正向激励，提高效率，增强活力。考核指标分三层设置，以为股东创造价值为战略发展目标，把净利润作为经营管理的最终评价指标；中期目标聚焦规模增长和净资产收益率增长，通过杜邦分解细化为营业净利率、总资产周转率、资产负债率，作为任期考核的主要指标；短期目标为业绩和综合管理水平提升，对任期考核指标进行再分解，形成每年的具体考核指标；通过长期、中期、短期指标的协同，构建完整的组织指标考核体系，实现公司战略目标逐层拆解。

4.小结

绩效考核不是目的，而是企业提升经营效率和效益方法和手段，考核机制要始终围绕经营目标构建。保利发展控股的考核机制建设，始终围绕利润创造这一本质目标构建，结合行业性质、发展阶段等要求，将战略目标逐层分解为具体的考核指标，形成了长期、中期、短期统筹结合的考核体系，考核结果广泛地应用到薪酬、晋升、培训等多个领域，通过绩效考核指挥棒作用的发挥，促进了战略目标的执行落地。

（五）薪酬分配坚持市场化道路，合理拉大收入分配差距

1.组织激励与核心经营指标直接挂钩

保利发展控股自成立以来，便坚定走市场化路线，"干多干少不一样""拿多拿少业绩说了算"是公司薪酬决定和分配机制的主导思想，下属子公司的奖金包与经营指标直接挂钩。地产平台公司奖金包早年直接与利润挂钩，多挣多得，部分新公司成立初期没有利润结转，只能向总部预借奖金，后续有利润后扣除预借奖金后才能计提奖金，平台公司经营欠佳的，则只发放基本工资、不发放奖金；2016年起，为兼顾规模和效益增长需求，地产主业奖金直接与回笼、利润挂钩，两翼产业奖金直接与市场化营收、利润增量挂钩，同时设置地产单项奖、两翼市场化激励等专项奖励，鼓励提高经营效益和管理水平。奖金机制的持续优化有力地支撑了公司的经营发展，2016年至2020年，公司利润总额从233亿元，增加到525亿元，复合增长率23%；地产签约销售额从2101亿元，增加到5028亿元，复合增长率24%；两翼板块市场化营收复合增长率19%，特别是物业公司市场化收入、利润复合增长率达到38%、21%，为上市打下坚实基础。

2.个人收入按业绩贡献合理拉开差距

在个人薪酬分配方面，"挣效益"的理念深入人心，个人的学历、工龄、司龄等只占个人收入极小的影响因素，业绩贡献是员工获得回报的主要基础。员工整体薪酬中，固定收入占比低于浮动收入占比，且职级越高，浮动收入占比越高，高级管理人员薪酬浮动占比超过80%。下属子公司领导班子的奖金与考核结果全部挂钩，不同子公司的主要负责人因所在公司业绩差异，年度收入拉差可达2倍。员工

薪酬分配强调要向做出业绩的基层团队倾斜，一线岗位分配高于支撑服务岗位。具体将奖金包细化到业务部门并与业绩直接挂钩，打破大锅饭，鼓励做大拉差，同时设立重难点攻坚奖、关键业务节点奖等措施进一步激励先进、鞭策后进，同一级别人员的奖金分配最大拉差可以达到5倍。通过收入与业绩直接挂钩的薪酬机制设计，奖金分配从"自上而下、人为分配"转变为"自下而上、获取分享"，员工"有贡献，就能分享经营成果"，促使员工将所有努力聚焦到业务经营与发展上来。

3.严格管控人工成本 为激励分配创造空间

作为国有企业，严格落实工资总额管控是薪酬机制建设的红线，要充分发挥分配机制的激励性，严格控制人工成本、保持人均效能的高水平是前提。保利发展控股在持续做大经营成果的基础上，一直很重视人均效能的管控，人均效能在行业保持领先地位，为充分发挥分配机制作用创造了空间。对于地产板块，在优化架构流程、提高效率的基础上，通过人均签约面积、人均签约金额、人均有效在建面积、人均交付套数，将地产人员编制与业务发展均衡挂钩，对于无法满足管理要求的员工，根据考核结果进行优化调整，确保人均效能保持高水平；对于两翼板块，人员增长严格按照经营业绩增长比例控制，对于其中的劳动密集型产业通过架构优化、科技替代等方式降本增效。以物业公司为例，通过上线智慧停车管理平台实现停车场无人值守，每年节省人工成本约1000万元。

4.小结

房地产行业人员流动较快，行业整体流动率在20%左右，要有效地保留优秀人才，价值分配必须合理，使那些真正为企业作出贡献的人才得到合理的回报，才能保持发展的活力。保利发展控股以市场化为核心构建分配机制，整体奖金包与组织整体的经营发展成果直接挂钩，个人分配向一线和业绩优秀者倾斜，有效提高了分配机制的有效性，充分发挥了对员工行为的正向引导作用。

（六）创新激励约束机制，个人与企业风险共担、成就贡献

1.积极开展股权激励

股权激励，也称为期权激励，是企业为了激励和留住核心人才而推行的一种长期激励机制，是目前最常用的激励员工的方法之一，也是国企改革三年行动在激励机制建设方面的重点。保利发展控股作为上市公司，分别于2012年、2016年实施了两期股权激励计划。激励计划明确行权条件与净利润增长率、加权平均净资产收益率、营业利润率、资产周转率等核心指标挂钩；个人激励对象行权比例与年度绩效考核结果挂钩，由于未满足行权条件而未能获得行权的股票期权自动失效并不可追溯行使，由公司无偿收回并统一注销。两期股权激励计划均已行权完毕，共覆盖核心骨干人才近千人，整体预期收益占薪酬总水平26%，有效提高了保利发展控股对优秀人才的吸引、保留能力。现阶段，第三期股权激励计划和保利物业限制性股票期权正在积极推进，保利发展控股的股权激励机制将进一步完善。

2.推动地产项目跟投

项目跟投起源私募基金股权投资，在国内房地产行业的应用指的是指经股东同意，允许负责项目决策与经营的团队等核心员工跟投，以持股、融资、债权、收益权等方式投资项目，并按照约定共同承担项目的盈亏，相关举措在我国房地产行业已有广泛应用。2017年，在中国保利集团有限公司的支持下，保利发展控股引入了项目跟投机制。跟行业普遍做法相比，保利发展控股的跟投方案具有：对项目负有关联责任的人员强制跟投，对项目不可挑肥拣瘦；通过考核进行超额亏损、盈利同步同倍放大；使用资金峰值而非注册资本金计算权益；返本分红均晚于一般做法等特点，充分体现了优先保障国有股东权益、条款设置较规范、约束力度大于激励力度的特点。通过跟投机制的落地，保利发展控股成功实现了

个人与企业利益进一步统一，提升了项目利润和开发效率，降低了项目成本和监管成本。自2018年地产项目实施跟投以来，共实施17批、438个跟投项目，参与者超过4万人次。共募集跟投资金32.7亿元。已实施跟投的项目较实施前平均首开时长、收回股东投资时长、实现现金流回正时间分别缩短4个月、4.8个月、2.4个月，机制成效受到国资委的高度评价。

3.小结

在股权激励、项目跟投的基础上，保利发展控股在经纪、会展、教育等业务板块推进混合所有制改革，在商业、金融等业务板块实施了员工持股，并按照"国企改革三年行动""双百行动"等要求积极探索中长期激励的创新做法。这些举措不仅对已有的薪酬机制形成有效补充，提高了员工获得感，还通过员工和企业"共担风险、共享收益"，降低了管理成本、提高了运营效率。我们也可以看到，现有的顶层设计下，国企中长期激励机制创新的空间是充分的，关键是要准确把握政策精神，把政策用好用实。

三、保利发展控股机制建设的思考

习近平总书记在全国国有企业党的建设工作会议上强调，坚持党对国有企业的领导是重大政治原则，必须一以贯之；建立现代企业制度是国有企业改革的方向，也必须一以贯之。两个"一以贯之"，是习近平总书记对新形势下加强国企党建工作的重要论断和明确要求，为国有企业在全面深化改革中坚持党的领导、加强党的建设、坚定不移做强做优做大指明了方向。保利发展控股从小到大，从弱到强的发展历程，充分说明了在中国特色现代国有企业制度下，国有企业能够获得何等的发展活力。具体到保利发展控股，其持续推动市场机制建设、激发改革发展动能，还有以下几个显著特点。

（一）顶层设计的持续完善，为机制建设创造了空间

保利发展控股持续推动机制建设，激发改革发展动能的30年，也是国企改革顶层设计持续深化完善的30年。1993年11月，《中共中央关于建立社会主义市场经济体制若干问题的决定》，首次提出"建立适应市场经济要求，产权清晰、权责明确、政企分开、管理科学的现代企业制度"，此时保利发展控股刚刚成立，正在探索在市场生存发展的路径。10年之后，2003年10月，《中共中央关于完善社会主义市场经济体制若干问题的决定》进一步提出"大力发展混合所有制经济，实现投资主体多元化，使股份制成为公有制的主要实现形式"，保利发展控股刚完成股份制改造，正在迈向全国化发展。又是10年以后，2013年11月《中共中央关于全面深化改革若干重大问题的决定》出台后，国企改革的顶层设计也随之加紧酝酿出台，随着2015年8月《关于深化国有企业改革的指导意见》和后续相关的配套文件陆续出炉，构建了国企改革"1+N"政策体系，国企改革顶层设计基本完成，而保利发展控股也进去了战略升级、改革发展的新阶段。保利发展控股每一个关键的发展节点，都与国企改革顶层设计的重大突破紧密相关，正是顶层设计的不断深化为企业创造了持续改革空间。

（二）激烈市场竞争的需要，推动机制建设持续优化

与很多行业一样，房地产的第一个高潮，来自1992年之后。中央首次提出建立社会主义市场经济体制，有效地解决了计划与市场的关系问题，由此带动了整个房地产开发的热潮。时任原广州军区参谋部后勤部长李彬海感应到时代的召唤，毅然放弃了军队职务，创立了保利发展控股。保利发展控股初期资源很有限，只有50多万启动资金，还包含了办公费用和车辆共同使用的分摊，起步资金只能通过运土方、钢材贸易、征地拆迁收管理费等方式积累，直到1995年开发首个项目保利红棉花园，通过对市场需

求的准确判断取得了开门红，才走上了自主开发房地产项目的道路。可以说，正是因为成立早期一无所有，只能在市场中求生存、要发展，保利发展控股的机制建设也就奠定了市场化基本导向。后续，随着房地产开发行业的发展，保利发展控股从广州走向全国，大浪淘沙后，能够在行业留存的房企多以狼性、高效著称，一有松懈，规模、营收、利润均会迅速下降，高度的危机意识驱使机制建设始终围绕能市场需要持续优化。

（三）创始团队的军旅背景，为机制建设注入了基因

创始团队对企业有深远的影响。他们讨论决定企业的愿景、使命、战略所需要的价值观、信念和行为规范，并严格要求自己，以身作则，从而层层传递下去，让整个组织都以同一种价值观、信念和行为规范去做事，渗透到机制建设的各个方面，最终决定了企业的运行方式。保利发展控股创始团队均来自人民军队，为保利发展控股的机制建设注入了鲜明的军旅基因，正如第二任董事长宋广菊所说，"军人最适合做开发商。房地产的每一个链条都不能掉以轻心，必须齐头并进，一个大盘做下来，在体力、脑力消耗上，与打一场海陆空全面进攻的长期战役没什么两样。而军人在协调作战、战略规划、决策能力等方面有自己的独到优势。"我们可以很明显地看到，保利发展控股始终坚持和加强党的领导，源自人民军队对党忠诚、听党指挥；其精简高效的架构设置，授权一线的权责体系，简单量化的考核机制，论功行赏的分配机制，也无不体现着浓厚的军队特点，这些特点已经固化到保利发展控股的机制设计理念中，这某种意义上也成了机制建设上的独特优势。

本成果对保利发展控股的发展历程进行了梳理，总结提炼了保利发展控股机制建设中的典型做法，并对其典型特点进行了分析，希望能够为国企改革改革和管理创新提供参考。

成果创造人：宋广菊、刘平、周东利、胡在新

"1+2+3"模式纵深推进混合所有制改革
助力打造民爆龙头企业

中国葛洲坝集团易普力股份有限公司

中国葛洲坝集团易普力股份有限公司（以下简"称易普力公司"）于1993年随三峡水利枢纽工程上马而成立，系中国能源建设集团股份有限公司（简称"中国能建"）所属中国葛洲坝集团股份有限公司（简称"葛洲坝股份公司"）控股的混合所有制企业。主营民爆物品生产爆破一体化业务，拥有集科研、生产、销售、爆破服务及绿色矿山建设、矿山开采施工总承包、安全产业于一体的完整产业链。近年来，通过不同层面的资本交叉融合，促进了易普力的高质量发展，实现了国有资本保值增值。易普力已经发展成为国内民爆行业的龙头企业，现有业务遍及全国20余个省（区、市）和利比里亚、巴基斯坦、科威特、马来西亚、纳米比亚等国，拥有工业炸药生产许可能力38.65万吨，工业雷管生产许可能力1.06亿发，工业炸药许可产能位居行业前列，年爆破量、盈利能力排名行业第一。为积极应对不断加剧的行业竞争，提升企业的可持续发展能力，易普力公司通过引入战略投资者、开展员工持股活动等形式进行了混合所有制改革，经过多轮股权结构调整，易普力公司形成了"国有资本＋战略投资者＋核心员工"的多元化股权结构，现有股东95名，其中，葛洲坝股份公司持股68.36%，攀钢集团矿业公司持股7.43%，战略投资者持股19.76%，核心员工持股4.46%。

一、成果背景

（一）坚定践行供给侧结构调整，推动行业高质量发展的需要

民爆行业属于限制性领域，炸药产能为核准制。随着国家供给侧结构改革的深入推进，工信部明确提出不再新增炸药产能，民爆行业去产能、调结构、科技进步的步伐加快，一些安全管理水平差、产品结构不合理的民爆企业面临产能核减。易普力公司作为行业内先进技术的引领者，必须深化与民营资本合作，提供技术与管理团队，协同推进产能结构调整，推进自动化生产线、少（无）人化车间、智能化监控平台建设，助力民爆行业高质量发展。

（二）适应转型升级需要，打造多元化竞争力的需要

由于民爆行业在生产、流通、运输、使用等各个环节都有较高的准入许可要求，各地区主管部门要求有所差异，加之安全运输距离限制，全国民爆市场呈区域性强、生产点分散的特点。易普力公司依托爆破工程业务起家，经历了长期的全国漫游的"游击战"发展模式，市场与业务拓展面临较强不确定性。通过放开股权，引入战略合作方，将川渝地区打造为进军全国的大本营，并逐步在湖南、湖北、新疆、内蒙古等多个省份落地生根，成为行业内市场布局最广的企业之一，大幅提升了市场影响力。

（三）优化内部管控效能，凝聚更大可持续发展合力的需要

易普力公司通过投资并购、股权置换等形式在所属单位层面推行混合所有制，现有所属子企业共29家，其中混合所有制企业14家，股权多元化企业4家，全资企业11家，所辖单位中现有混合所有制企业比例近50%左右。所属企业数量多、混合所有制企业占比大，在进入并购企业初期，出现了流程对接不畅、经营理念冲突等情况，间接提升了内部管理成本，亟需通过全面理顺管理关系，实现全面融合，充分发挥协同有优势，真正在民爆行业领域实现集团化作战。

二、主要做法

在混合所有制发展过程中，易普力公司始终坚持民爆主责主业"1"个发展方向，坚持厘清党的建设和现代化企业治理"2"条主线，坚持做好组织创新、制度创新、机制创新"3"个配套保障，形成了具备易普力特色的"1+2+3"混合所有制发展模式。

（一）瞄定一个目标，整合产业资源，引领行业进步

1.坚持战略导向，聚焦主业，以资本"小杠杆"撬动资源"大协同"

易普力公司早期的混合所有制改革中，主要目的是通过引入其他资本方形成资源互补，达到"1+1>2"的协同效应。在战略投资者的选择上，基于易普力公司从事民爆业务的专业化定位，充分考虑到民爆行业区域性强、资源分散的行业特点，审慎确定了三大核心标准。

（1）业务协同性

所选合作方均是从事包装炸药生产销售为主，在产品品类和业务类型上，与易普力公司从事混装炸药生产及爆破施工高度协同，通过引入合作者，有利于迅速扩大规模。

（2）市场协同性

为改变全国漫游，分散作业的发展模式，易普力公司在确定合作方时，优先选择在局部区域市场具备较好掌控力的民爆上下游企业，通过与其合作，逐步建立了易普力公司的核心省域，并有利于进一步形成跨区连片的竞争优势，加强市场合作黏性。易普力公司通过增资扩股的方式引入四川、湖南、湖北等区域的战略投资者，形成了多个核心区域市场，为跻身民爆行业领军企业奠定了坚实基础。

（3）经营理念协同性

合作方在财务、人事、合规等关键领域的认知与运作上能与易普力公司达成一致。基于在民爆行业的长期深耕，易普力公司深刻的行业洞见、扎实的技术实力、领先的爆破作业能力都成为与合作方建立互信互利关系的基础。

2.深化资源整合，以并购重组促转型升级，引领行业"一体化"发展

随着民爆行业进入行业整合高峰期，为了进一步整合资源，充分发挥国有资本和民营资本优势，易普力公司加快了行业内横向并购进程，通过大力并购进一步完善产业链布局，通过股权置换的方式获取山东泰山民爆公司控制权，新增雷管产能9500万发，真正实现了民爆物品的全品类布局。另一方面，易普力公司瞄准民爆关联产业，通过与民营资本合资新设葛洲坝易普力（湖南）科技有限公司，布局二氧化碳膨胀爆破激发管业务，进一步拓宽产业链。通过新一轮的混合所有制改革，易普力公司的产品布局更加完善、市场覆盖更加广泛、规模优势更加突出，逐步发展成为综合实力全国前列的民爆企业。

（二）"党的建设"与"现代化治理体系"两手抓两手硬

1.打造混合所有制企业特色党建，护航混改方向

（1）党建治理深度融合，确保决策机制有效衔接

易普力公司及所属子企业均依据《公司法》制定《公司章程》，以独立章节明确党组织的法定地位，明确党组织在企业决策、执行、监督各环节的权责和工作方式，使党组织成为企业法人治理结构的有机组成部分。为进一步完善党委会对于重大事项的前置审议程序，制定《党委会议事规则》《党委常委会议事规则》《"三重一大"决策监督管理工作细则》《前置审议事项清单》等制度，对党组织在企业日常经营管理中的职责权限、运转机制等方面进行了进一步澄清，有效规避了前置泛化、权责模糊等常见问题。

（2）充分发挥混合所有制企业党组织政治核心作用

在把方向上，围绕贯彻上级党委精神，明确具体任务事项，并逐一落实工作要求，确保方向正、行动快、效果佳，以战略制订和年度经营计划编制为抓手，定好发展基调、把控发展的方向和节奏；在管大局上，重点抓机制与体系建设，建立健全党委前置研究、"三重一大"事项决策机制，构建了党的领导与企业治理有机融合的治理体系；在保落实上，系统打造了党建网格体系，将党建与生产经营相融合的综合考评体系覆盖到各级党组织，实行本部与基层党支部"结对共建"，聚力打通基层党建"最后一公里"。

（3）系牢群团工作纽带，发挥党员先锋队的模范作用

混合所有制企业股东、经营管理者、职工、党员来自各方、构成复杂，又有着不同的利益地位、从业心态、价值取向，对党组织增强凝聚力提出了更大挑战。易普力公司通过系牢"三种纽带"，增强党组织在混合所有制企业的凝聚力。一是系牢系统纽带，坚持党建带团建、促工建，将群团组织统一纳入"大党建"格局，打造了职工之家、安全之家、青年之家、学习之家，使党组织发挥作用有了更多载体。二是系牢情感纽带，结合员工组成多元的特点，建立工会分会、工会小组，推行基层工会主席直选，让广大职工信赖、各级党组织信任的干部成为工会工作的带头人，匹配完善职工民主管理和关心关爱帮扶体系，形成了企务公开、党务公开制度，搭建爱心基金、领导对口帮扶等情暖平台，使混合所有制企业员工衷心拥护党的领导。三是系牢文化纽带，以民爆行业易于接受、广泛认同的安全文化为突破口，推广安全可视化管理、标准化流程、安全管控十大法等先进管控模式，找准了多元利益主体在文化层面的共融点，形成了强大的向心力。同时，筑强基层战斗堡垒，发挥党员先锋模范作用，在技术改造、降本增效、市场开拓等职工关心的急难险重问题上出实招、见真效，推动党建与中心工作深度融合，让党建工作成为推动混合所有制企业生产经营发展的重要环节和可靠力量。

2.完善公司治理顶层设计，提高科学决策能力

（1）健全法人治理结构，动态完善治理机制

构建完善的混合所有制企业公司治理结构，推动党的领导与公司治理的有机融合，形成"党组织领导核心，股东（大）会充分行使权利，董事会科学决策，监事会独立监督，高管层按照授权经营"的现代公司治理结构。按照"总体稳定，局部优化"的原则，在治理体系运行过程中，根据企业发展的内外部环境需要，适时调整"三会一层一组织"的运行机制。按照权利法定、权责对等、授权有章的原则，转方式、建清单，厘清党委会和董事会职责和分工的边界，明确党委会"三重一大"事项的具体范畴，畅通党委会、董事会、监事会、经理层之间正式的磋商沟通机制，形成各治理主体各负其责、各尽其职、不越位、不缺位，相互配合形成公司治理合力。

（2）提高董事会治理效率，强化核心决策作用

优化董事的选聘和构成，强化其科学决策、战略研究、理解并执行公司治理程序的能力。梳理派出

董事履职要点，形成履职事项清单，制定派出董事调研工作计划及调研课题库，引导正确履职，探索建立报告评价机制，做实派出董事考核评价。充分发挥决策支持类委员会的专业优势，特别强化在发展战略、投资决策、风险管理、薪酬、审计等领域的作用，为董事会科学决策提供有力保障。

（3）加强监事会制度建设，确保监督成效

优化监事的选聘和构成，强化其监督职能的专业性、及时性和权威性。加强监事会制度建设，促进各监事会基础工作标准化、规范化，切实做好对董事会、高管层的履职监督。建立协同机制，加强与纪检监察、审计、财务等部门的协调配合，形成监督合力，扎实开展风险、内控和财务监督，围绕干部任免、财务资金、债务融资、对外担保、重大经济合同、利润分配等关键事项做好监督。保障监事会工作开展所需要的各种软硬件设施，充分配置监事会运行所需要的各项资源，建立健全监事与公司职能部门定期的沟通、交流机制。

3.强化治理前移，方案做实做细，谈判入情入理

混合所有制改革是一个长期复杂的过程，做好方案设计是确保混改行稳致远的第一步。在启动混改项目前，提前谋划商业模式和治理管控方案，把准各合作方的核心诉求，通过合作协议、新的公司章程对企业管理和运行的相关事项做好约定，将治理风险防控关口前移。建立依法合规、多渠道的投资者关系管理和信息沟通机制，秉承言必行、行必果的理念，充分兑现合作前对民营资本的承诺，促发展，求大同，将合规、透明、尊重制度、恪守契约精神的公司治理文化贯穿生产经营始终，在合作过程中取得了民营资本的充分信任。

在易普力公司的战略合作者中，很多在合作前是家族企业，其负责人辛勤打拼，使企业不断发展长大。同时，经过几十年的发展，创业的一代可能年近退休，对企业又怀有深厚的感情，如何实现企业的平稳过渡，引导企业健康发展是混企治理面临的问题。在这种情况下，在前期谈判阶段，既要"理性谈判"，更要尽可能照顾这种企业感情，不能以强势"夺权"相待，要考虑创业一代的企业情怀，最大限度的照顾创业一代的感情，以时间换空间，让创业一代成为并购企业文化融合的传播者。

4.组专班促融合，求大同存小异，以发展聚合力

混合所有制企业利益主体多元，能否凝聚发展合力，达到上下同欲，事关企业发展大局。合作中，双方的管理模式有很大差异，传统模式是选派2~3个干部，担任企业主要负责人、财务负责人等，以此为窗口依靠易普力公司的指导来理顺管理。易普力公司通过多年的治理经验和教训，改进对接方式，自费派专班或工作组，进驻企业半年或者一年，手把手指导企业适应上级单位的管理要求，甚至在某些特别地区选派一些能力强的女干部，发挥她们柔性治企、以柔克刚的长处和优势，既有效植入现代化企业管理模式，又极大地促进了文化融合。近年来，由于工作组能力强、作风过硬、勤奋务实，企业管理受到混企员工的认同。

混合所有制企业不同于纯国有企业和民营企业，其治理也存在着其独有的难点，如国有企业遵循"照章办事"和"集体决策"，决策过程科学严谨，而民营企业往往是凭借领导的个人能力和丰富经验快速判断，决策过程高效迅速，合作中，双方在日常管理上肯定会存在许多争议，但只要秉承相互尊重、求大同存小异的原则，就能够化解很多矛盾。

发展是解决一切矛盾的根本途径。作为主导企业经营管理的大股东或国有资本方，必须全力以赴谋发展，要让企业员工看到合作可以得到更好的发展，跟着企业一起干有前途，同时也能让合作方看到未来"1+1>2"的效果，这样才能发挥合作方的主观能动性，双方形成合力为企业创造最大价值。易普力公司正是通过企业的不断做强做优做大，促进各方深度融合，形成了共赢共进、互利互信的合作格局。

5.聚焦"经营管控"型定位，以"三个分类"促进治理机制落实落地

按照本部"管战略、配资源、强管控"、子企业本部"抓经营、拓市场、强管理"、生产经营单元（含分厂、项目部）"抓生产、控成本、保安全"的组织定位，统筹优化治理体系框架，明确各层级职能职责，构建主体权责清晰、运行精简高效的责任体系。

（1）分类确定"授权放权"力度

坚持放管赋能、放权授权的总基调，聚焦解决管理"痛点"，扩大对所属单位授权放权20项，制定决策事项清单，厘清权责管理边界，实现"放得下、授得准"。

（2）分类设计治理管控重点

根据各企业的管控能力以及发展阶段，划定审批标准、规定管理权限，确保权利"接得住、行得稳"，为发挥子企业市场主体地位和法人主体地位提供支撑。

（3）分类确定"三重一大"事项决策等级

构建了完备的"三重一大"制度体系，并按照职能分类梳理出战略管理等15个管理职能，合计52项事项形成"三重一大"权责清单。在OA协同办公平台的基础上，结合会议管理、流程管理等功能，打造"三重一大"决策监察系统，更好地支撑"三重一大"制度的执行落地，实现"管得好、效率高"。

（三）组织保障、制度保障、机制保障三位一体，助力企业行稳致远

1.打造柔性组织体系，激发企业运行活力

大部分情形下，国有企业的决策模式是"集体决策＋合规为先"，而民营企业家通常采取的是"个人意志＋效率为先"。这两种模式都有明显的优势和短板，混合所有制企业想要实现二者间的平衡，离不开组织上的支撑。

（1）打造决策支持系统

围绕安全、投资、技术、采购等10个重点方面，设立了具有决策支持性质的专业委员会，通过审核完善决策方案，为决策提供支持，避免决策会议议而不决、决策会变讨论会等情形，切实提高决策效率。

（2）设立"矩阵式"专业小组

对于涉及公司改革发展的重大事项，成立跨部门、跨单位的专业小组。专业小组成员不离开原岗位，建立以任务为核心的临时性团队，建立健全横向协调机制，突破组织界限，实现公司与子企业及子企业之间的资源调动，集合力解决专项问题。通过专业小组的协作攻坚，增进不同企业、不同部门员工的沟通，也更有利于打通部门门墙，形成灵活性好、协同性强的组织文化。

2.以标准化、信息化推进制度体系与治理机制深度衔接

在混合所有制企业发展过程中，很多基层企业容易陷入治理设计与治理执行两张皮的情形，这种情形的产生并不是主观故意，而是习惯了过去的"一言堂"，缺乏治理意识，对于授权放权的理解认识不到位。为了让基层企业更好的按公司的治理管控要求执行，易普力公司将治理要求全面融入了企业的制度体系中，通过标准化和信息化促进治理与经营衔接。

（1）重构制度体系

全面对标公司治理体系要求，秉承项目"管得住、效率高"的管理思路，构建了系统完备、科学规范、有效管用的制度体系，促进企业精细管理，深化效率效益变革，完善科学合理的决策体系、执行体系和监督体系，全面提升企业的治理效率和效能，确保管理责任无真空、范围全覆盖。

（2）定流程、建模板

系统梳理各级职能职责、规章制度要求、会议决策事项、上级单位要求、检查反馈情况、日常工作安排等六方面的工作事项，对所有重点管控事项、管控环节均配套了标准化的流程、模板。从制度规定的审批环节开始，到治理体系规定的最终决策会议为止，各个节点所需的请示模板、议案模板、会议模板、通知模板一应俱全。

（3）信息化升级赋能

构建微系统职能管理信息化平台，提升模块化管理能力，全面打通公司本部与各级所属单位的OA系统，将各类流程模板全面嵌套微系统，通过一个信息化平台整合公文管理、财务管理、采购管理、人力资源管理等多个职能系统，以勾稽完整、内容精简的信息化系统为组织赋能。

3.推行董监高分类管理机制，把好"选、用、评"三道关

管理最终落到实践中，都离不开"法治"与"人治"的结合。一套科学的治理体系最终是否能够顺利落地运行，也与治理设计中的"关键人"密不可分。易普力公司聚焦董监高队伍建设、董事会行权监督、落实董事会职权，构建了董事选任、履职、考核、履职要点等完备的制度体系，做到管理全覆盖、工作有标准、评价有依据。

（1）把好选人关

在选人环节，重点需要解决是两个问题，以什么方式选人，选什么样的人。易普力公司建立了子企业董监事及高级管理人员后备库，可通过内部选拔、公开竞聘、外部引进三种方式入库，确保了后备库来源多样、储备充足，在部分具备条件的所属混合所有制企业试点推行职业经理人制度。选拔标准方面，确定了政治素质、核心能力、工作经验、业务专长四个维度，明确了基本要求和加分条件两类标准，在进行具体匹配时，结合子企业的发展阶段、业务结构、现有队伍情况，一企一策"搭班子"。

（2）把好用人关

在董监事的派出方式上，充分平衡了内部董监事与外部董监事数量的配比，外部董监事的任职方式又分为了专职和兼职两种。由于大部分的派出董监事都出现了工作角色的多重性，为避免因此在履职过程中出现的角色混同，指导董监事充分履职，出台了《董监事工作指引》，建立派出董监事工作联席会、下沉驻点办公等机制，发挥派出董监事履下沉工作、双向融入、参与决策、靠前监督的优势，促进高效决策，防范风险。在经理层层面，制定总经理职权清单，推行总经理对董事会负责、向董事会定期报告的工作机制，保障经理层依法行权履职。

（3）把好评价关

对子企业董监高采取"2×2"评价机制，评价周期分为了年度评价和任期评价，评价范围上分为了个人评价和班子评价。突出价值创造导向，建立子企业经营班子及负责人收入与本单位员工薪酬增长水平挂钩机制，增强企业经营班子及负责人强企富民意识；建立完善了经营效益、企业规模与挂钩机制，引导各级干部多创效益，多作贡献。有效运用考核评价结果，综合运用日常考核、任期考核、民主测评和个别谈话等方式多维度考核评价干部，依据考察结果对部分干部调整岗位，引导干部树立正确的业绩观。

4.多元化激励约束机制协同发力，持续巩固改革成果

（1）坚持短期目标与长远发展有机统一，年度与任期考核相结合

一方面实行年度考核，树立质量第一、效益优先的发展理念，强化以业绩论英雄的价值导向，聚焦战略布局、业务布局、资源布局，"靶向到人、聚焦到事"，实现精准激励，充分发挥考核评价工作的

引导作用、诊断作用、评判作用和纠偏作用，以价值为引领，以全面性、客观性、效益性、发展性为原则，深化考核评价新机制；另一方面推行任期考核，强化企业发展意识，持续提升管理水平，促进企业健康可持续发展，保障战略目标实现，国有资本保值增值。

（2）围绕"创造价值、四劳多得"，实施多元化人才期激励约束机制

健全考核维度和分配导向，完善全员绩效考核、薪酬分配制度，增强员工获得感、成就感。构建差异化薪酬激励机制，策划特别奖励方案，对标市场，以强激励、精准激励为导向，加大市场、投资、科技等人员的激励力度，激发业务人员干事创业的"狼性"。对部分核心员工实施股权激励，促进企业和员工的共同成长，有效发挥员工积极性和创造性，助力企业实现稳定发展的长期目标。

5.强化综合监督机制，以"三个融合"强化合规管理

（1）注重各类监督贯通融合

统筹公司监督力量，构建党委统一领导、纪委统筹协调、党政齐抓共管、部门联动协同、职工群众积极参与，核心监督、职能监督和群众监督"三位一体"的"大监督"体系。

（2）推进业务管理和法律审查的有机融合

实施法律审查制度，注重审核质量和效果，确保规章制度、重要决策、经济合同的法律审核率达到100%，有效防范经营风险。

（3）推动合规管理和信息化手段的有效融合

运用信息化手段，开发了合同、设备、物资、会议管理等微系统固化管理流程，提高合规管理效率。同时，通过系统数据集成实现了大数据分析和合规管理联动，有效整合各类风险，预防和检测合规风险，实现快速响应。

三、改革成效

（一）经营效益持续向好，主要指标稳步增长

通过持续深化混合所有制改革，坚持市场化运作，易普力公司的市场竞争力、市场反应力、风险防控力都有了显著的增强，形成了良性的发展循环。实施混合所有制改革后，易普力公司发展迅速，各项经营绩效指标连年增长，人才队伍长期稳定。实施混合所有制改革前（2007年），易普力公司资产总额4.86亿元、净资产2.06亿元、营业收入5.18亿元、利润总额0.76亿元、净利润0.61亿元、劳动生产率24.12万元/人、国有资本权益1.62亿元、净资产收益率29.55%。

截至2020年末，易普力公司资产总额47.72亿元、增长8.82倍，净资产23.32亿元、增长10.32倍，营业收入48.87亿元、增长8.43倍，利润总额6.2亿元、增长7.16倍，净利润5.18亿元、增长7.49倍，劳动生产率125.31万元/人、增长4.2倍，国有资本权益17.68亿元、增长9.91倍，净资产收益率22.19%。

（二）品牌效应持续攀升，行业影响力不断扩大

产能规模方面，易普力公司工业炸药生产许可能力38.65万吨，位居行业前列；产能利用率始终保持在90%以上，连续多年位居行业第一。产品结构方面，国家倡导的混装炸药占比达到61.25%，超行业平均水平30.65个百分点。业务布局方面，覆盖国内10余个省（区、市）和国际的利比里亚、巴基斯坦、科威特、马来西亚、纳米比亚等国别，构建了西北、西南、华中、华南四大核心区域市场。行业话语权方面，易普力公司是全国爆炸物品公共安全管理标准化技术委员会唯一的企业类副主任委员单位、全国安全文化建设示范企业，还是中国爆破行业协会轮值会长单位、中国爆破器材行业协会副理事长单

位、中国砂石协会副会长单位。

（三）提升本质安全水平，树立民爆行业安全标杆

易普力公司通过牢固树立"四大安全理念"，忽视安全的人是我们的共同敌人、履行安全职责是我们的道德底线、安全是我们为员工谋求的最大幸福、安全是我们为客户创造的最大价值，系统构建符合行业特点的安全管理体系。坚持用文化管控安全，从理念、制度、行为、环境四方面系统构建安全文化体系，打造了易普力安全文化品牌。将"四个责任体系"，全面安全生产责任体系、安全生产实施体系、安全技术保障体系、安全生产监督体系，覆盖到作业面，全面创建安全管理标准化班组，夯实安全管理的最末端。在行业内首创全面覆盖作业现场的安全生产信息化监管平台，集日常监控与应急救援指挥为一体，"天眼系统"让违章行为无处可遁，得到政府部门的高度认可。强化安全管理"抓现场、现场抓"，实行派出安全总监巡查制度，深入现场查隐患、纠违章、做纠偏，不断提升企业本质安全水平。

成果创造人：邓小英、刘刚、罗茜、王宇曦

混合所有制企业投管结合管控体系的创建与实践

中国同辐股份有限公司

中国同辐股份有限公司（以下简称"中国同辐"）是中国核工业集团有限公司（以下简称"集团公司"）控股子公司，于2011年在原中国同位素有限公司的基础上重组设立，2018年7月6日在香港联合交易所成功上市（中国同辐，1763.HK）。中国同辐业务覆盖核技术应用大部分领域，核医药、放射源等产品市场占有率处于领先地位，是集研发、生产、销售、服务于一体的国内核技术应用龙头企业。中国同辐作为核技术应用产业的驱动者，承载着中国核工业集团60多年来在核工业领域的资源和成果，一直保持较高的经济发展速度，已成为全球同位素及其制品和辐射加工领域内产品最丰富、产业链最完整的高新技术企业，截至2020年末，总资产约92.58亿元，在全国设有70余家企业，员工3000余人。

核技术应用产业作为中核集团三大支柱产业之一，正面临快速发展的历史机遇期。与发达国家相比，我国核技术应用产业在国民经济中所占比例非常小，产业规模发展空间巨大。中国同辐肩负着我国核技术应用产业发展的重要使命，需要不断加大改革创新力度，引领核技术应用产业高质量、高速度发展，实现"做大做强做优"的战略目标。

一、实施背景

（一）中国同辐落实战略发展，向上下游产业链应用扩张的需要

中国同辐作为中核集团核技术应用的市场平台，实现了在放射性药物和放射源领域的垄断，但长期以来并未涉足核技术应用产业的其他领域。2017年上市后，中国同辐党委结合新时代、新形势，着眼公司改革发展大局，按照上市要求，在大量调研的基础上，经过多次专题研讨，形成了中国同辐新战略体系。确立了"做大做强做优"的战略目标；明确了"投控源头、做强核心、扩张应用"的战略实现路径；肯定了资本运作是产业延伸的关键抓手；提出了强化核心，"同心多元"发展，打造八大业务单元、两大产业发展方向的全新布局。

核医疗健康和辐照应用两大产业方向上，从产业中端向下游、消费端、应用方向延伸，从提供产品向提供系统服务解决方案转变，从有限市场向无限产业市场进军；"以核为本、始于核、不止于核"，通过打造产品供应平台和推动产业链延伸，实现从产品供应商到推动行业快速发展者的角色转变。

（二）扭转中国同辐控股合资企业发展不及预期局面，促进企业加速发展的需要

中国同辐自2017年中国香港上市以来，加大了在资本运作方面的各项资源投入，以期通过资本运作扩大产业规模，加快推进战略落地和开辟新的经济增长点。截至目前，已完成君安、赛王、雷克、三金、美全、优晶、派特、易必固等12家企业的收购，联合收购金额达4亿元，新组建2家合资企业（不含原子高科医药配送中心业务），总投资金额超2亿元。

首先，从中国同辐整体角度出发，中国同辐新收购和组建的合资公司对于中国同辐整体的收入和

利润增长率的贡献和占比仍处于较低水平。据统计，2020年上述12家并购企业和2家新设企业的收入合计仅占同辐总体收入的8%，其中中核安科锐2020年贡献收入2.04亿元，占并购和新设企业收入总额近60%。

其次，从合资企业自身角度出发，部分合资业务、收入水平在被并购前后并无明显提升。例如由中国同辐参股的北京同辐创新产业投资基金合伙企业，在2020年投资了陕西迪泰克新材料有限公司收购前2019年营收1182万元，2020年营收略有增长1594.98万元。经营指标虽略有好转，但是变化并不显著。

最后，合资企业在一些关键的核心技术上尚未实现有效突破，技术溢出效应方面表现平平。比如易必固公司，主要从事低能电子加速器的应用拓展，但是在最核心的电子帘加速器的自主研发和生产上仍依靠进口；中核安科锐也只是迈出了国产组装放疗设备注册的第一步，离真正获得拥有知识产权的自主创新核心技术还有很长的道路。

亟需探索新的管理模式扭转上述控股合资企业经营不达预期的现状，促进中国同辐更好更快发展，不但做到"投成"更要做到"管好"。

（三）调整以产权管理和风险控制为主的传统投后管理模式，系统建立更适应合资企业发展的投后管理体系的需要

由于中国同辐加大资本运作力度也仅有不到5年的时间，因此在合资企业的投后整合管理缺乏经验和现成体系。首先，在以往的国企控股合资企业的管理中，国企往往习惯性凭借自身的国企身份和控股股东地位，强势地将自身的管理制度和流程照搬到合资企业，缺乏对整合管理体系的认知和重视；其次，国企股东缺乏主动管理，过分依赖协议规避风险，或者常常陷入既需要依靠核心管理团队负责公司运营，又对核心团队信任度不够，加强管控的矛盾中；再次，投后管理模式不匹配，中国同辐的对外投资几乎都是以产业和战略投资者出现，但在实际管理中过多的采用财务投资的监控方式管理战略投资标的；最后，低估了文化差异、沟通和关系建立等"软件"对企业运营的影响。因此，基于上述中国同辐在投后整合过程出现的问题，急需总结和建立更适应企业发展的投后管理体系。

二、以股东赋能为主线的投后管理体系构建与实施内涵和主要做法

本成果以解决中国同辐在以收并购和新设合资公司为主要手段的新业务扩张投后管理过程中存在的企业"资合心不合""资合制不和""投管有脱节"等突出问题为重点，构建以股东关系嵌入为出发点、以创新体系建立为中介、以评价框架为结果的投后管理体系。通过共享机制、相互信任、关系强度和设置投后管理部门四个维度详细论述如何建立和谐、共赢的股东关系嵌入机制，加快推进中国同辐控股的合资企业业务发展和战略落地；将合资企业的创新体系建设作为企业在市场竞争中获胜和取得可持续发展动力的关键，从股东视角出发，引导合资企业从党建、人力、科技和流程再造四个方面建立创新机制；最后加强前投后管衔接，建立科学的评价框架，通过对合资公司的绩效评价来检验中国同辐的投后管理效果，并不断修正和完善相关具体措施，实现投资管理体系的闭环和动态调整。

该成果是一项庞大的管理创新系统工程，具有主体多重性、途径多样化和层次复杂性的特点，创新突破难度大，中国同辐通过近三年来不断摸索创新、强化实施，有效推动中国同辐整合和创新管理能力提升，促进公司高质量快速发展。

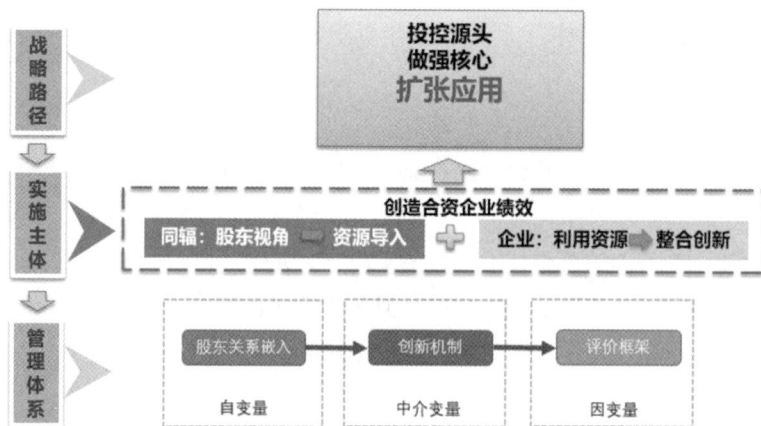

图1 以股东赋能为主线的投后管理体系

主要做法如下：

（一）从股东视角出发，聚焦影响中国同辐控股合资企业发展的关键问题构建以股东赋能为主线的投后管理体系

中国同辐自2017年中国香港上市以来，加大在资本运作方面的各项资源投入，以期通过资本运作扩大产业规模，加快推进战略落地和开辟新的经济增长点。但在实际运作过程中，无论是控股收购企业，还是新设合资企业，由于固有的双重甚至多重管理结构，管理难度非常高，企业绩效在一定程度上不达预期。总结归纳近几年中国同辐新布局合资企业碰到的各种问题，主要集中在以下三个方面。

1."资合心不合"，股东之间的合作关系出现分歧和摩擦

中国同辐作为中核集团的核技术应用产业的发展平台，其产业范围和发展方向是系统内市场化程度最高、竞争性最激烈的一块。因此在产业延伸和扩张上，合作方涵盖了集体、民营和外资等各种经济体。合资企业的所有者之间，所有者与管理者之间因为利益诉求、文化差异和管理方式的不同，而导致互相之间的沟通不畅，信任不足，最终导致股东之间的合作关系出现分歧和摩擦，影响企业的经营发展。例如，XX项目作为中国同辐与产业基金共同投资的第一个项目，同辐更看重战略布局，基金偏向财务收益，因此同辐和基金在XX项目的发展上还处于磨合期。除此之外，还包含了民营股东和核心团队股东，相互之间的发展理念和想法也存在不同，国企股东对民营股东和核心团队股东的某些做法存疑，民营和个人股东觉得国企的决策流程缓慢，不能很好应对市场变化等等，因此在XX项目的初期，股东之间相互缺乏足够的信任和支持，各方考虑问题首先想到的是如何防范对方，而非从有利于公司发展角度出发，在一定程度上加大了沟通成本，降低了效率，导致前期公司部分业务发展不及预期，同时后续花费了更多的时间和人力成本去修复股东关系。

2."资合制不合"，制度、流程和愿景在公司运营中出现冲突和抵触

中国同辐在收并购和新设的合资企业是为了实现应用扩张，国企股东在进入之后，习惯性地依靠国企的控股地位和优势，直接照搬国企的管理制度，必然导致原有管理团队从心理上和行为上的天然抵触。并在执行过程中，国企制度的流程，层层审批与管理团队以往的快速决策习惯不相适应。例如，中国同辐现执行的制度就有130多项，混合所有制的控股企业照搬制定制度，消化制度是一项工作量相当大的任务，后续执行过程中与原有的习惯性操作的冲突更是不胜枚举。

另一方面中国同辐作为控股股东的管理模式过于单一，主要依靠投资协议和财务监控方式来规避风

险，缺少主动作为和赋能管理。中国同辐原有的控股企业管理还主要是依靠股东会和董事会，以及派出高管人员等三种方式，在协助企业发展，积极赋能方面考虑较少，导致协同效应不明显。例如，中国同辐的在放射性药物和呼气诊断药物遍布全国的销售渠道与新设的医疗器械销售之间的共享和放大效应并未完全体现。此外，中国同辐的赋能与企业的管理团队所预期的赋能不匹配。例如XX项目，核心团队关注的重点是希望同辐在产业协同、客户和资源等方面能给公司赋能，但从同辐来说，本身在设备研发和应用上就是短板，企业所处行业更是跨领域的陌生行业，因此同辐要想在短时间内协助该企业完成对赌条款就是一件困难的事情。而同辐优势的地方在于高校、科研院所的资源对接，少量的经费支持等，双方对于赋能的预期不匹配，也导致合作的不畅快。

3."投管有脱节"，企业管理缺少连贯性，发展落后预期

在同辐的投资管理流程里，投前和投后团队相对独立，在确定标的企业之后，投前主要由总部投资部主导，二级单位参与；投后管理主要责任在承接的二级单位或战略规划部门。这一运作模式的优点在于专业分工明确，在一定程度上提高了同辐收并购的效率和成功率。缺点在于投前团队在前期的谈判过程中，为了规避风险或者促成合作，对于投资协议的约束性条款、业绩要求等要求过严，或者新设企业商业预期设定过高。到了投后管理阶段，由于投前没有深入参与，对于合资企业的战略发展理解有偏差，或者其他原因导致投后落实协议条款和实现预期目标难度大。比如2020年新设的XXX公司，由于组织绩效、注册资金、投后管理等诸多因素导致并未按照预期的计划执行，目前设立已有一年才启动相关业务的工作，并未给中国同辐的营收及利润做出贡献。主要原因在于投前考虑的问题过于简单，并未深思熟虑设立公司之后业务的整合与开拓、组织绩效的衔接及人员的配备等，导致规划的蓝图也未能按时落地，错失市场良机。

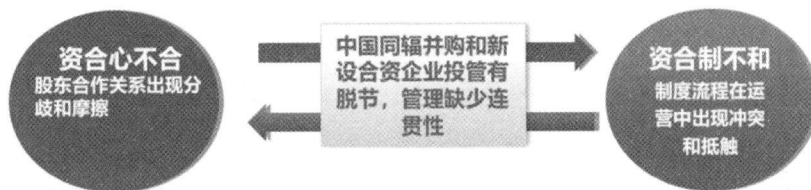

图2 投管有脱节，管理缺少连贯性

4.聚焦问题，构建以股东赋能为主线的控股企业投后管理体系

针对前述提到的合资企业在管理实践中遇到的三个问题和原因，结合中国同辐合资企业的运行实际情况，将合资企业的运行过程分解为三大块，逐步分析和提对应措施。

在"资合心不合"问题上，关键在于合资企业股东方之间如何建立良好、和谐的关系。从共享机制、互相信任、关系强度和设置投后管理部门这四个维度，系统的分析合资企业良好的股东关系嵌入，对企业发展的积极影响。

针对"资合制不合"，在充分提炼股东方制度和资源优势的基础上，深入分析合资企业情况和特点，通过股东赋能和资源导入，引导合资企业吸收、消化和有效整合股东方的优势制度和流程的基础上；进而创新，制定适应自身发展需要的制度、流程和运行模式，实现企业的可持续发展。

最后在"投管有脱节"问题上，除了投后团队要深入参与投前环节之外，投后团队需要建立一套完整的复盘和评价框架，分析和验证投后管理成果，进而指导投后管理工作，甚至修正部分不合理的投前约定。

由此可见，合资企业的股东关系管理、创新机制建立和效果评价框架三个方面是逐层递进关系，相互联系和影响的。股东关系为因变量，创新机制建立为中间变量，效果评价框架为自变量，股东赋能贯穿整体，三者共同构成了投后管理体系。

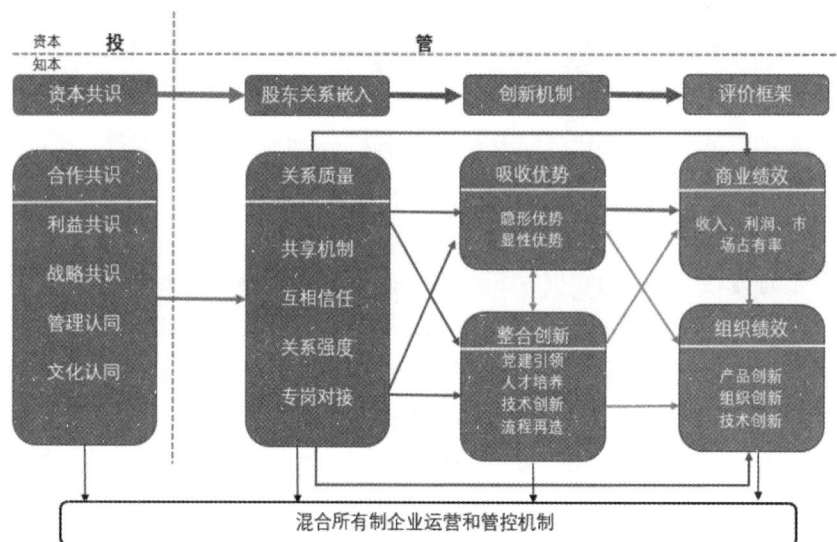

图3　混合所有制企业运营和管控机制

（二）多角度，全方位建立和谐，相互信任的股东嵌入关系机制

合资企业与母公司之间的关系并不是简单意义上的组织关系，有其鲜明的特点，具有复杂性、层次性和跨文化性。一是关系的复杂性，表现为双方关系的多样性，包括经济关系、社会关系和政策关系；同时表现为动态变化性，双方的关系随着合资企业的发展而不断变化。二是关系的层次性，包括了组织间的关系，团队和部门间的关系以及员工间的关系等。三是关系的跨文化性，合资企业涉及外企、民企和国企的不同文化背景。

合资企业与母公司之间的关系嵌入包括四个维度：共享机制、相互信任、关系强度和设置投后管理部门，这四个核心概念共同构成了关系嵌入的内涵。共享机制：共同目标、共同价值观及共享机制和流程三个方面；相互信任：合资企业与母公司关系嵌入的核心成分，对于合资企业建立创新体系具有重要作用；关系强度：合资企业从母公司获得的管理支持、情感支持、时间投入等来表示关系互动的内容和程度，集中体现了几方之间的互动程度，有利于合资企业和母公司之间的融合创新；设置投后管理部门：构建起消化矛盾的缓冲带，有利于合资企业的平稳过渡和无缝衔接。

1.注重培育股东方之间的相互信任

合资企业与股东方，股东方之间的相互信任是构建几方长期稳定关系的基础。在合资企业的经营管理过程中，要特别注意培育相互的信任关系。

首先，股东要树立平等意识。中国同辐无论在与民企还是外企的合作过程中，要以一种平等的态度来对待对方。在中核安科锐项目上，中国同辐从与美方的谈判初期，就展示出来平等互利的态度积极合作，对于小股东权益，对于美国安科锐在中国总代理合理利益诉求上予以尊重，成功地建立了双方的初步信任。也是基于相互信任的不断加深，安科锐在通常谈判中最难点的知识产权使用上给出了最大诚意，不收取中核安科锐的相关使用费，同时在设备入资价值、对方的技术支持等方面也给予了全方位的支持。同样，在易必固项目上，股东方之间关系更为复杂，涉及中国同辐、基金公司、个人小股东以及个人股东兼核心团队等多个股东关系。在合作过程中，中国同辐要寻求各方利益诉求的平衡点，既要顾及基金公司在投资收益方面的诉求，也要考虑核心团队在公司经营上的困难，建立多方的互信和理解，也是推动项目顺利进行的基础。

其次，股东之间在签署协议和进行合作的过程中，要充分考虑和尊重对方合理的利益诉求。慎用投资期业务承诺条款，相关条款要与新公司发展步骤相一致，避免因满足短期目标而牺牲长期利益的情况。

最后，艺术地处理互相之间的不同意见及冲突。需要采用高度管理技巧的方式，更加柔性的沟通方式来化解冲突，进一步增强互相之间的信任，实现冲突的软着陆。在中国同辐的合资企业运行过程中，针对同辐与基金的内部不同意见，基本通过内部例会和沟通进行协商解决；对于与外部小股东和经营层的不同意见，不能急于给予否定和反对，要充分了解对方的原因和初衷后进行判断是否对企业发展有利，有利于企业的发展行为，尽最大可能地支持。如果某些原则性或者存在国企无法突破的制度障碍，要与对方进行充分沟通，积极寻求替代方案。

2.增强股东方之间的关系强度

关系强度是合资企业实现互动的基础。一般来说，互相关系中的资源支持、情感支持和时间支持以及交往频率都是体现关系强度的重要指标。为此，首先，在合资企业与股东方的互动过程中，股东方要具体分析合资企业运营情况，争取做到精准支持，赋能到位。中国同辐作为国企，主要优势集中在资金、国家政策及科研项目等方面，因此在合资企业的赋能和资源支持方面要结合合资企业需求，做到"精准赋能，赋能不添乱"。在中核安科锐和易必固项目上，中国同辐主要的支持体现在产业链延伸整合、技术研发升级和企业在行业和国家层面的地位提升等方面。而在面向市场的具体经营决策上，更多地交由经营团队负责，减少国企流程的干预也是另一方面的支持。其次，股东方要注重对合资企业的情感支持。情感支持是处于政策、资源支持范围之外不可量化的支持。例如合资企业在运营过程中，可能会遇到很多困难与股东方没有必然的关系，但是，如果股东方能够从情感和道义上支持合资企业，对于合资企业的发展也可以营造一个很好的环境。最后，增加股东方对于合资企业的时间投入。互动的时间量在很大程度上决定了互动的深度和强度。中国同辐作为股东方，积极建立多种沟通和互动的平台和联系管道，让合资企业能够有更多机会与股东方进行互动，提高学习的机会。

3.积极构建股东方的畅通共享机制

股东方之间建立共享机制是进行相互之间关系长效管理的关键。制度、流程和共同机制是极为重要的关系。

一是股东方要根据实际情况，适当调整自己对应的管理制度，做到有针对性和适应性。在中核安科锐项目上，如何让外企的工作流程和习惯有效地和国企的制度和规范有机融合是中核安科锐是否能有效运行的核心和关键，也是确保关系长效管理的关键。因此结合公司实际，以及原有安科锐上海及香港公司的管理制度与中国同辐的管理制度进行梳理和对比，不硬性要求制度名称和条款的一致性，可以突破国企要求的按照原有标准执行，不能突破的严格按照中国同辐标准修改。这样既加入了国企管理的必要制度和相关规定的同时，也尽可能保留其原有机制和流程。

二是共同设定办事流程。国企、外企和民企在办事流程和工作习惯上存在很大差异，因此在合资企业的办事流程的设定上，尽量保留原有先进、高效和简易的程序，减少和降低国企层层汇报和请示对企业的影响。

4.设立专职投后管理部门，实现专人专岗对接

在混合所有制企业运营过程中的一大难点就是不同的企业文化、不同的运行流程带来的差异和矛盾，进而影响企业的正常运转。在中国同辐内部设立专职投后管理部门，形成了对外的统一接口；有利于股东方之间，股东方与管理层之间良好的沟通，使得合资企业与股东方之间能够迅速、准确地理解对方所表达的真实含义。在中核安科锐项目上，在同辐内部指定专人专门的对接将国企股东决策需要的流程和沟通工作消化在内部，起到了加强沟通和缓冲带的作用。在易必固的投后管理上，成立了专门的投后管理委员会，定期召开会议，通报和商议易必固相关股东事宜，统一意见后由专人对接易必固执行，减少了易必固管理团队多头对接的问题，也充分体现了中国同辐和基金公司的一致行动人角色。

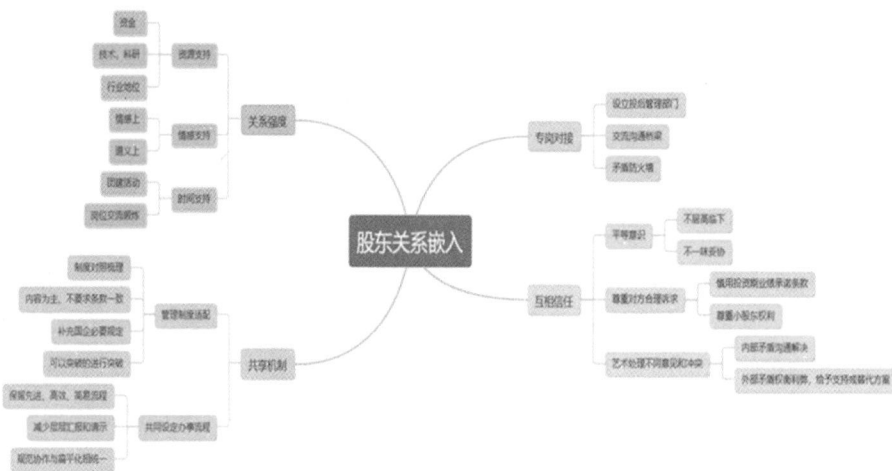

图4　股东关系的思维导图

（三）通过股东赋能和资源导入，引导合资企业建立创新机制；通过科学动态的评价框架，检验投后管理成果，实现投资管理体系闭环

股东对合资企业的赋能和资源导入，引导企业建立适应自身发展的创新机制对于企业的组织绩效有着极为重要的意义。为了有效提高组织绩效，确保关系管理产生实效，合资企业必须把创新机制的建立作为竞争力的核心来源，大力加强和推动自身消化、吸收和创新体系建设。下面我们将从党建、人力、科技等几个方面论述如何引导企业建立创新机制。

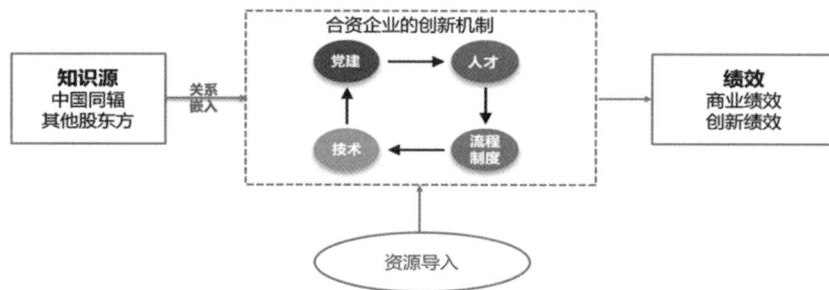

图5　合资企业创新机制

1.在合资企业建立党支部，发挥党建引领作用

中国同辐积极将国企的组织优势融入合资企业。中核安科锐在公司组建之初，在公司章程中就约定了组建党组织。在2019年年中，中核安科锐党支部组建成立，由公司财务总监担任支部书记，充分将党

组织和党员的作用融入企业运行中，在发挥党员的带头作用的同时，也通过这样的模范示范，让其他非党员员工更好地理解了国企文化，形成了党建引领与外资文化融合的典范。

2.从人员整合到人才培养，完善企业人才梯度建设

合资企业的是否能平稳过渡，实现长期发展，其中最关键的核心要素在于人，因此在合资企业成立之初，首先需要将员工有效整合起来，实现协同效应，提高整合能力。这一系统化过程为后续创新机制的建设提供了极为重要的平台和环境。中核安科锐成立后，其人员团队主要来自原安科锐上海、香港公司员工和安科锐中国总代理的员工。中核安科锐通过多种形式的团队活动，共同谋划企业愿景，在提升员工对于中核安科锐这一个新的集体有了认同和归属感的同时，也有效地把公司的发展战略、理念传递到每个员工。同时，所有团队成员均是通过市场化选聘而来，采用市场化薪酬和管理体系。

在完成人员整合的同时，中核安科锐也充分考虑到人才梯队的建立和完善，建立以工资激励为主体，福利保障为补充，履职待遇、业务支出管理为重点的全面薪酬管理模式。坚持薪酬水平及结构、福利水平、履职待遇水平全面对标。通过以行业对标的薪酬、企业良好的发展愿景和荣誉认可的精神激励等多维度的吸引人才、稳定队伍。经过近两年的实践，中核安科锐的团队稳定性保持在98%以上。

作为合资企业普遍的弱项在于科研人员和能力建设不足，因此中国同辐充分发挥国企在科研实力、行业影响力等优势，重点协助合资企业组建和补足科研人员队伍。例如中核安科锐，中国同辐通过科研项目研发，在引入外部高校科研资源做辅助的基础上，通过内部培养和外部招聘相结合的方式，组建中核安科锐的研发团队。在易必固项目上，初期该企业还是一个不足20人的初创型公司，在经过多股东方一年的协助，易必固已初步建立了专业完善，人数超过30人的科研人员队伍，并且在项目研发提前完成上发挥重要作用。

3.从引进吸收到再创新，引领合资企业科技创新

先进的技术和优秀的产品是一个企业最终在市场上赖以生存的根本。在技术创新方面，合资企业不能仅仅满足于原有股东方技术的消化和吸收，必须在原有的技术基础上，不断创新，才能实现企业的长久和可持续性发展。中国同辐作为央企子公司，在把握国家政策方面具备天然优势，因此在合资企业的发展过程中，积极引导，并在政策、技术和资金等方面全面支持合资企业的技术创新。安科锐的两款主要产品虽然在高端放疗设备里占据了绝大部分市场份额，但同时因为缺乏阶梯性的产品系列，在中国市场需求量最大的中端市场（1000万～2000万元）毫无作为。中核安科锐成立后，针对国内市场需求，以提高设备治疗效率和降低成本为目的，具备自主知识产权的暂定名X4的研发项目。

4.导入股东方优势制度，开发适应自身发展的制度和流程

合资企业可以借助股东方成熟的工作流程和程序，通过流程再造和规范，来提高管理的规范性和有效性，实现与股东方在管理流程上的一致性，以及工作联动的无缝衔接。例如中核安科锐有国企股东，外资股东，还有来自合资企业的管理团队，原有的管理制度和文化不尽相同，因此在吸收几方制度和流程优势之后，中核安科锐根据自身业务相对集中的特点，制定了适应自身发展的扁平式的管理模式，这在一定程度上确保公司业务正常开展的同时，也提升了效率。

5.加强前投后管衔接，建立科学、动态的评价框架，检验投前和投后管理效果，实现投资管理体系闭环

合资企业的投后管理工作是通过企业的组织绩效来体现的。合资企业的组织绩效评价指标的选择往往与其成立的战略意图和目标密切相关。因为建立合资企业的战略目的往往是复合性的，应采取绩效评价和考核标准应与战略目标一致。对待合资企业的组织绩效评价上，股东方要努力做到商业绩效和创

新绩效的平衡，并且根据企业的不同发展阶段进行动态的调整，采用不同的指标或者修改各指标的权重占比。

首先，合资企业的商业绩效评价体系大体分为三类：目标达成程度、市场表现和盈利水平。进一步细分包括：企业竞争力、营销能力和财务指标。以中核安科锐项目为例，商业绩效占据大部分比例，经营层薪酬也与商业绩效密切挂钩。反观易必固项目，中国同辐进入阶段为该企业的初创期，因此在绩效考核上更多地倾向于关键技术突破方面，商业绩效的考核比例相对很低。

其次，创新体系分为产品创新、管理创新和技术创新三大类。其多维评价指标包括管理过程、组织学习。同样结合中核安科锐项目特点，中国同辐在积极引导和培育中核安科锐的技术创新能力的同时，在创新绩效评价方面也集中在公司内部整合、管理创新和团队建设等方面。在易必固项目，其核心技术团队就是公司的股东之一，因此易必固的创新绩效是近期评价的重点，不仅要重点关注易必固公司的团队建设情况，也要督促和评价其新技术研发及其他潜在发展机会等。

最后，通过对于企业组织绩效的评价结果，要对合资企业的投前和投后管理进行复盘和验证。以易必固项目为例，在投资之初，对于易必固的定位为同辐电子束固化平台公司，但未明确具体的实现路径。完成收购之后，投后委员会对易必固的战略定位及实施路径进行了梳理，进一步强调了易必固作为同辐电子束固化的应用平台定位不动摇，同时主体围绕着电子帘加速器的研发，开发周边应用场景，开展部分自营生产和销售；后端应用及辅助部分与行业内厂商进行合作，推动企业发展，即"抓核心，放拓展"的发展路径。

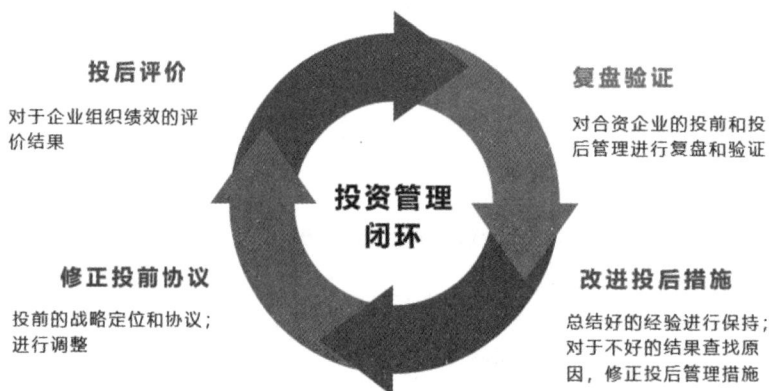

图6 投资管理闭环

三、以股东赋能为主线的投后管理体系实施效果

通过实施，中国同辐股东赋能为主线的投后管理体系对于加速战略落地、新增产业布局和发展、经济效益和管理水平的提高、企业文化的塑造等方面产生了显著的推动作用。

（一）推动同辐战略落地，实现产业应用扩张

中国同辐新增产业布局加速推进，已初步实现投控源头、做强核心、扩张应用的发展路径落地，初步形成"同心多元"的发展格局。在核医学装备方向，中国同辐在天津设立中核高能装备有限公司，设立中核安科锐，面向全国销售高端放疗设备，加快引进国外先进技术。在辐照应用领域，联合基金公司完成易必固的收并购，板材电子束固化产线按时完成专家验收，具备商用条件，其他关键技术研发和低能加速器国产化均稳步推进，初步实现中国同辐在辐射固化领域的高端布局。

（二）提升同辐整合和创新能力，拉动经营业绩

中国同辐通过中核安科锐、易必固等一系列合资企业的整合运行中，通过整合小组进行业务交流和沟通，极大地缩短了合资企业的整合过渡时间，实现了企业的平稳过渡和经营业绩的快速提升。中核安科锐市场团队在短短一年时间内完成了对大部分代理商的资格审查和调研，形成了覆盖全国的经销商代理体系；在国家卫健委的两次甲类设备集中采购招标中，拿下了75%的份额，牢牢巩固了其产品在甲类设备中的霸主地位，实现了很好的经济效益和业务增长。2019年，中核安科锐成立仅6个月实现收入9338万元。2020年，营收实现2.04亿元，净利润506万元，在成立第二年实现扭亏为盈。

（三）构建多元企业文化，提升中国同辐品牌价值

以股东赋能为主线的投后管理体系的实施，中国同辐通过各合资公司作为载体，实现了国有资本与外资、民营资本在文化、制度和流程上的融合和创新。这融合和创新的过程，也在一定程度上影响着同辐企业文化的不断多元化，建立更加适应市场发展需求的工作作风和办事流程，加速推进改革。目前，中国同辐正在积极推进深化改革，经理层任期制契约化、收入分配改革等措施全面推开，中国同辐的品牌价值将得到进一步提升。

成果创造人：王锁会、李超、任燕、彭启慧、陈昱仁、管荷、李振、
刘坤、尹玉吉、祝军

科技型企业精益化管理体系构建与应用实践

煤炭科学技术研究院有限公司

一、公司简介

煤炭科学技术研究院有限公司（以下简称"煤科院"）为中国煤炭科工集团有限公司（简称集团公司）所属二级企业。煤科院前身为煤炭科学研究总院（以下简称"煤科总院"），成立于1957年，是原煤炭工业部直属的事业单位，1999年7月转制为中央直属大型科技型企业。2009年8月，集团公司实行扁平化管理，原属煤科总院直接管理的京外院所划归集团公司直接管理。2013年3月，根据企业改制要求，成立了煤科院。

煤科院在煤科总院60多年来积淀的历史、品牌和文化基础上，积极进取，坚持和加强党的全面领导，在科技创新上勇于突破、在产业发展上稳步前进、在管理提升上再上台阶、在深化改革上有所作为，推进全面高质量发展。截至2020年底，煤科院资产总额38.56亿元，净资产23.4亿元，资产负债率39.3%；实现营业收入14.26亿元，利润总额6120万元。"十三五"期间，煤科院取得了丰硕的科技成果，共获得各类科技成果奖励106项，其中国家科技进步奖2项，省部级奖103项。

我国已经迈入全面建设社会主义现代化国家的新发展阶段，开启第二个百年奋斗目标的新征程。在新发展阶段，煤科院坚持以习近平新时代中国特色社会主义思想为指导，完整、准确、全面贯彻新发展理念，贯彻落实集团公司"1245"总体发展思路，以引领煤炭科技、推动行业进步、提升企业价值、创造绿色未来为使命，强化创新驱动，聚焦主责主业，服务国家战略需求和煤炭行业发展需求，致力于攻克煤矿智能绿色安全建设和能源清洁高效低碳利用关键技术，做优做强煤炭转化与加工利用、环境保护与节能工程、煤矿安全技术与装备、煤炭及矿用产品检测检验、矿用油品等产业，持续推进全面高质量发展。

二、实施背景

煤科院从科研院所专制为公益类科技型企业，存在企业属性不强、市场化能力偏弱、科研成果转化渠道不畅等问题，随着发展规模的逐步扩大和外部环境趋向复杂多变，需要探索现代管理新模式，实施精益化管理体系，以管理推动研发和经营顺畅运转、强化应对风险的能力，推进企业高质量发展。构建精益化管理体系也是积极贯彻落实国资委深化国企改革各项决策部署的重要举措，是改革攻坚三年行动、提质增效高质量发展的重要抓手，更是响应习近平总书记对领导干部坚持底线思维、着力防范化解重大风险的重要保障。

（一）贯彻十九大及历届全会精神，提升科研转化能力

党的十九大报告指出，促进我国产业迈向全球价值链中高端，培育若干世界级先进制造业集群。党的十九届四中全会指出，积极发展新动能，强化标准引领，提升产业基础能力和产业链现代化水平。

在此背景下，煤科院结合自身实际，将推进精益化管理工作纳入企业改革三年行动总体规划，全面梳理企业科研项目情况和产业转化比率；认真分析各类、各项业务流程；重点摸排重要领域和关键环节的管控现状，对影响科研转化力的重要因素、产业运行中的重大缺陷以及关键控制点，及时制定改进措施，提高供应链管理和关键环节的信息化覆盖率，增强内控体系刚性约束，促进科研转化能力提升。

（二）统筹谋划布局，推进管理创新改革

2021年是国企改革三年行动的攻坚之年、关键之年，煤科院全面贯彻落实国资委深化国企改革的各项决策部署。围绕"1245"总体发展思路，切实把各项改革任务落到实处，坚持全面整体推进，既抓重要问题、又抓关键环节，以重点突破带动全局，坚决止住"出血点"。改革工作呈现全面发力、纵深推进的良好态势，企业管理运行效率不断提升，以改革促高质量发展成效日益凸显。

（三）精准对标一流，助力高质量发展

国内外经济形势严峻复杂，突发性事件频发，市场环境呈现多变、高竞争和高风险的特征，给企业平稳发展带来诸多不确定因素和潜在挑战。国资委始终把提升企业管理能力和管理水平作为一项重要工作来抓，实施了对标提升行动。

煤科院依据国资委对标工作要求，以对标世界一流作为切入点，对标一流科研企业科技创新能力、产业转化能力；对标一流生产企业精益化、标准化管理能力。坚持眼睛向内，全方位、全流程开展管理提升，夯实管理基础，优化管理流程，推动管理创新，致力构建科学规范、系统完备、运行高效具有煤科院特色的管理标准、管理体系和管理文化，全面推进煤科院科技创新体系完善、企业管理体系加强和管理能力提升。

（四）找准问题弱点，精准对标施策

1.管理意识淡薄

科技型企业普遍存在重科研、轻管理问题，急需企业快速提高基础管理水平。煤科院属于转制类科研企业，注重科学研究，对科研转化、精细化管理等企业管理意识淡薄，管控能力弱，还遗留着很多承包制、小作坊的痕迹。

2.风险管控能力弱

煤科院内控体系不健全，内部控制管理工作不到位，职责界限不清晰、以岗位职责代替内控职责，对重点业务、重点环节、重点流程缺乏调研分析，风险点不明确，导致风险管理流于形式，事前控制能力弱。在国资委近几年不断加强中央企业内部控制体系建设与监督背景下，需要进一步加强风险管理。

3.非标产品管理难度大

煤科院承载了科研院所的科技创新能力，但是在科研成果产业化过程中，相比于标准化生产企业，管理难度大，亟需总结出一套标准化的流程和管控手段来不断提高科研成果产业化的经济效益，在企业经营发展中，提高管理能力，创造效益，增强核心竞争力，促使其在市场中的发展更加稳定。

4.信息化水平落后

煤科院信息化水平落后，基础管理依然采用手工操作，标准化水平差、工作效率低。而当今社会已经步入了信息化时代、互联网时代、人工智能时代，现代化企业管理是基于信息流通和数据挖掘的高效

管理和科学管理，煤科院需要提高信息化建设水平，基于信息化实现一体化、精细化管理，建设一流企业。

三、科研型企业精益化管理内涵和体系建设思路

（一）科研型企业精益化管理内涵

与其他企业相比，科研型企业的不同在于"科研"是企业发展的核心，深刻的影响企业各方面工作，企业的可持续发展来源于技术的不断创新和成果的成功转化；与高校等科研机构相比，科研型企业充分体现企业的本质特征，其运行要遵循最基本的市场规律，需要实现利益相关者价值最大化。科研型企业运行过程中，面临着科学研究能否成功的高度不确定性引发的研发风险、管理能力弱带来的管理风险和科研投入巨大但获利周期高度不确定引发企业财务风险。

精益化管理的本质是向内挖掘潜力，围绕企业内部价值链，通过优化统一的系统和过程，消除价值链各环节的浪费和非增值行为，以最少的时间和资源消耗，生产出高质量的产品，实现资源的高效配置和充分利用，提高企业的基础能力。科研型企业的价值链构成主要环节为"科研＋生产＋营销＋服务"，辅助环节为"采购＋人力＋财务"等。对于科研型企业而言，精益化管理的内涵主要体现在：

1.精益化管理的前提是价值链运作以客户需求为导向

服务于客户、服务于市场的技术创新是科研型企业技术创新的重要组成部分，科研型企业只有进行满足客户需求的技术创新迭代，才能保证生存，进而实现发展，因此客户需求是科研型企业内部价值链运行的根本导向，通过联结市场的弹法、生产、营销和服务，为客户创造价值，为企业带来收益，脱离了客户需求的价值链运作就是对资源最大的浪费。

2.精益化管理要实现科研、生产、营销等主环节有机协同

企业是复杂系统，精益化管理体系的搭建，要注重系统的整体性和要素的协同性，既要实现各环节的价值识别和优化，也要推动各环节之间的联动和集成，以终端的营销到端的科研，顺畅的传递客户需求，形成总体成本最小产出最大化，构建专业化优势和核心竞争力。

3.精益化管理要推动各类资源高效流动和优化配置

企业内部的主要资源为人、财、物、信息、数据等，企业正常运转的本质是各类资源的有序流动。精益化管理以消除浪费和非增值行为为导向，优化资源配置和高效流动，提高管理效率和效能，并将这种资源流动固定为流程，提升为工作标准和业务规范，进而通过流程、标准、规范强化过程管理，实现科研、生产、营销、财务、人力等各价值环节输出工作的质量，也有利于推进绩效管理。

4.精益化管理要以现代信息技术为管理手段

随着精益管理的深入推进和体系的逐步完善，各项管理幅度和深度不断加大，在推动数字化转型的背景下，要通过顶层设计和统筹规划，强化科研、生产等各个环节的子系统建设和统一集成平台建设，依托信息化手段实现协同、风险控制、效率提升。

（二）精益化管理建设思路

煤科院以提质增效和对标一流为目标，在集团公司"1245"总体发展思路的引领下，围绕企业发展目标，以"导入精益管理理念，营造精益管理氛围"的切入点，协同企业内部各业务单位，聚焦业财融合一体化，构建精益化管控体系。

精益化管控体系主要利用大数据、云计算等技术，将科研、生产、管理集于一体，重点加强非标科

研成果产业化，构建的集多业务管控、财务共享服务、成本库存精益核算的平台体系。在更加复杂的业务场景模式中，利用数据平台解决数据融通，形成数据资源中枢，为各项业务管理提供数字化决策支撑。通过智能分析、数据联动等方式，实现业务流、审批流、管控流的图表化、系统化、可控化，实现集约化管控、高效化管控、一体化管控，为科研成果落地和产业化发展提供有效支撑，推动科研型企业克服管理短板，实现管理从粗放向集约转变。同时，也为国有企业多系统融合，探索一条有针对性、行之有效的数字化赋能之路。

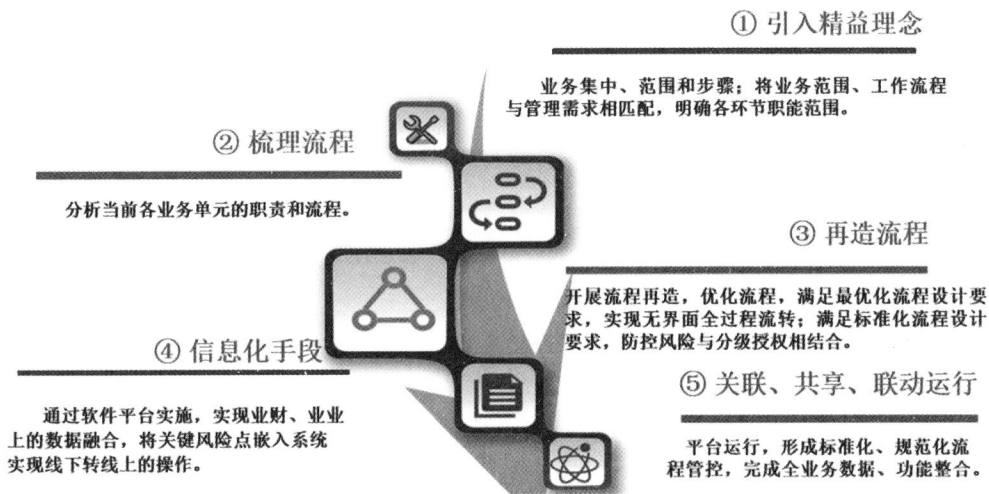

图1　煤科院精益化体系建设思路

四、精益化管理实施举措

（一）搭建研发、生产一体化平台架构

煤科院现有煤化工、安全装备和技术、检测检验、矿用油品等主要产业方向和科研、技术服务、工程、产品销售等多种业务类型。科学研究分布于煤焦油加氢制清洁燃料、煤基碳材料及应用、矿用材料、瓦斯灾害防治、露天开采、边坡治理等多个领域，科研成果转化类别多、领域广，整体上形成了"科研＋产品＋技术＋服务"一体化产业模式。全产业链模式的建立有利于产业发展，但同时也给生产经营和管理带来了更多的挑战，相比于业务和产业单一的生产企业，煤科院的业务流程系统更加复杂，需要搭建内部价值链各环节一体化运行平台。

1.科研项目重预算执行与过程管理

按照科研项目管理需要依据科研预算体系进行管控，强化科研过程管理，对科研立项、执行、决算全过程实施固化流程。同时，分门别类，对科研项目兼有日常费用报销、设备、材料的实际情况，采取网报与ERP相结合、固定资产二维码系统为辅助的方式构架平台，对过程进行监控，实现科研预算管控，一键出表等功能，为科研项目管理提供辅助。

2.科研成果转化重统计口径与关联性

科研转制企业与纯科研事业单位的区别，是科研成果需要推向产业化发展，确保企业经济效益良性循环。因此需要重点关注科研技术投入比例、科研成果转化率等指标，在企业运行过程中，根据多维度查询、汇总逻辑实现对重点指标变化的深层次挖掘。

3.多产业并行重标准化管控与个性化开发

针对多产业类别采用个性化开发，实现多模式管控。对可标准化产品类业务采用ERP标准流程、非标产品采用"订单式""清单式"管理方式；技术类、工程类项目统一采用ERP管理模式；采取采购服务"物料化"，项目核算"进度化"，利用ERP实现服务类业务的标准化管理，同时更好地遵循"权责发生制"，业务进展与财务数据同步化更加精进。

4.识别并制定核心业务循环流程

结合精益化管理体系架构，在分析煤科院基础资源、科研、经营及供应链生态情况的基础上，从平台功能、流程模式、操作入口和管理模式多方面展开分析，在细分为市场、采购、财务、生产、科研项目等重点业务模块功能，归纳出精益化平台的核心业务循环流程和财务管理等管控功能点。结合煤科院多业务类型特点，设定销售、采购、生产、存货、研发、资金等环节的业务内循环流程以及各业务间的循环衔接；结合全面预算管理及内控管理等制度，制定业务循环中各节点的标准单据、审批流程及附件要求；按照系统对各业务节点会计科目的预设，实现业务信息标准化；结合业务全周期流程，整合各业务部门管控点和平台期初业务切入模式。通过ERP系统标准流程延展至业务系统定制功能需求，在重点单位进行实际测试和使用，从业务实现和关键技术点出发，发现现有问题的痛点、关注关键管理问题，并反复对模型进行调整，通过不断完善，构建可满足各业务部门管理和应用需求的煤科院特色的精益化管控平台，见图2。

图2 煤科院精益化管控平台架构

（二）实现财务共享中心模式管控

煤科院产权结构复杂，具备科研院所和公司的双重属性，既需要考虑财政资金的准确核算，又需要考虑正常生产经营的核算，同时要兼顾各分、子公司以及二级单位考核的公平性。煤科院财务采用共享中心模式进行管理，确保科研项目、产业经营、成果转化在各个实体间统一化管理，尺度一致，考核公平。

（1）基于煤科院在同一法人组织下存在多个非法人实体的实际情况，依据科研成果转化的主营业务内容，实施同一项目编码规则，合理区分科研纵向项目、横向项目、产品、工程、技术等生产项目，通过财务共享中心模式，统一财务管理模块建设，业务模块共享，实现应用操作线上运行、审核、流转，统一化管理。

（2）针对同一法人组织的多个非法人实体需要单独核算、单独出表、单独考核的特点，建立分层账套管理模式，非法人组织建立独立账套，自动复制凭证、数据至产权结构账套，实现了多账套数据独立，并满足产权口径数据的归集，同时满足内外部财务分析需求，管理双结构模式。

（3）结合财务制度、会计准则和非法人实体单位的统计需求，设计了多账套财务结算方案，大大提高了财务共享中心的成本核算速度，克服了常规财务共享中心一张单据有问题系统整体停滞的弱点。有效解决了煤科院与二级单位，二级单位之间的数据分离，便于对数据的查询、追踪和个性化优化。

财务管理按照科研项目管理方式再上新台阶，由事后被动关注转变为科研预算式，提前介入业务循环，大大提高了财务事项的合规性。同时财务管理由月末结账时的"事后控制"转变为财务与业务无缝衔接控制，业务数据随时可查，可视化平台展示重点预算指标，为最终实现全流程管理监控奠定基础。

（三）充分开发标准化系统功能

基于蓝图设计部署和业务建设需求，发挥标准化产品的模块化优势，结合科研项目、科研成果与产业化联系的理念，一方面实现项目归集的准确性；另一方面实现科研成果转化的产品、技术链条清晰可查，多维度数据共享，通过快速的内置模块设置，搭建满足常规科研项目管理体系、财务管理体系和业务服务价值的标准化功能。

精益化平台采用定制化功能开发，对煤科院特色管理的重要部署环节，推动从销售、审核、采购申请、采购计划、采购结果到生产、运输的多方业务协同。通过对平台功能和流转节点进行部署试用，推进各个环节的持续融合，找到满足业务需求和管理要求的最优方式，快速将标准ERP产品和定制化系统统一运转形成煤科院精益化管控平台。

（四）挖掘并充分利用企业数据资源价值

精益化管控平台汇集了煤科院现有科研、经营等各业务系统数据内容。通过对数据资源的整合，实现对业务流程跟踪，财务数据分析和公司决策支撑。在不断积累的企业数据基础上，通对数据的处理，分析和洞察，形成有价值的规则，持续改造运营和业务运作的能力，逐步形成数据思维，数据驱动管理运营的思想，做到将业务能力数据化和数据能力业务化。同时对于数据持续积累，最终支持更高级别的自我学习，并推动业务运营的数字化和智能化，形成闭环持续优化改进。

1.推动数据资源融合

数据资源融合主要从业务来源、数据类型和数据管理三个方向研究数据融合方案，如图3所示。

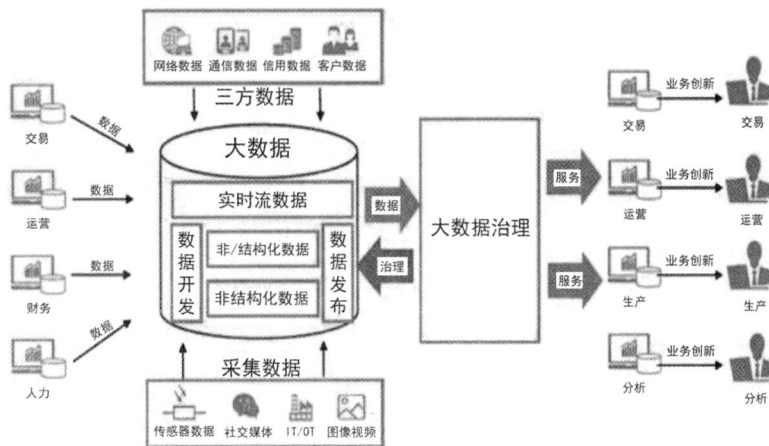

图3 煤科院精益化管控平台数据应用架构

煤科院精益化管控平台主数据及企业服务总线处于系统架构中的基础设施层，通过主数据和ESB，统一系统交互"语言"和"渠道"。打通应集成脉络，夯实统一数据平台基础，确保战略、运营、数据、基础4层架构对接，实现单一数据源、应用集成。煤科院信息系统架构如图4所示。

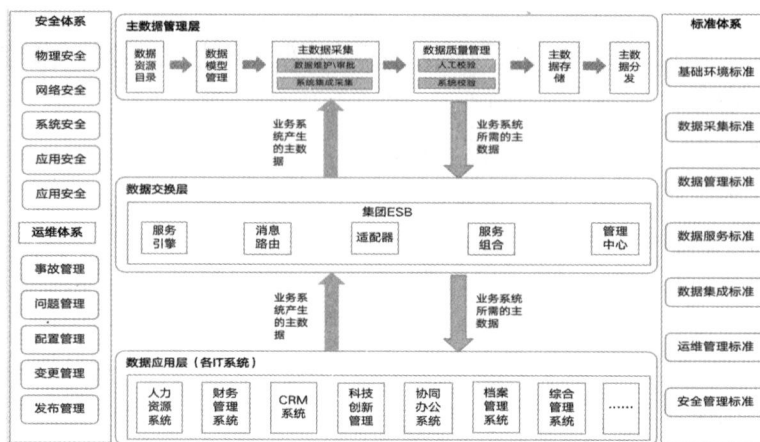

图4　煤科院精益化管控平台数据总线架构

针对数据类型，从主数据设计角度出发，对现有各系统中的同意不同名、技术单位不一致、组织角色信息冲突等情况，统一设计规范的数据字典和数据同步规范机制，满足平台启用后多系统关联操作的数据通用性，业务系统通过标准服务接入方式、应用接入框架方式、OpenAPI/APILink方式等方式接入ESB系统，完成主数据的访问任务，如图5所示。

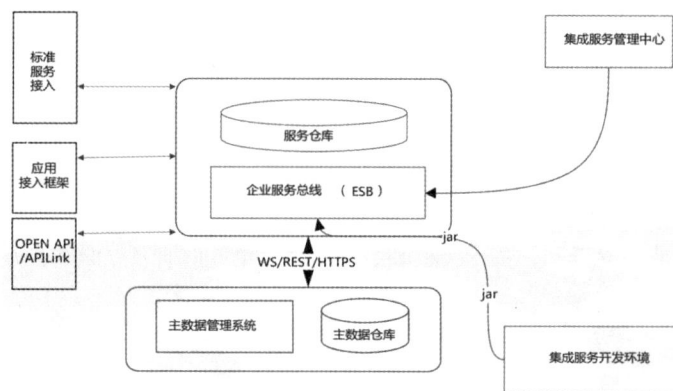

图5　煤科院精益化管控平台数据流构架图

煤科院精益化管控平台根据业务定义、特征、经验、量化等方式建立定义主数据。

（1）根据特征、定义识别

主数据重点整理在业务活动中相对静止不变的、在平台内跨越多个部门被重复使用并且存在于多个异构的应用系统中的数据，例如物料、客户、供应商、产品、员工和部门等。

（2）根据经验识别

根据经验整理识别平台内能跨业务重复使用的高价值基础数据。这些主数据在进行主数据管理前经常存在于多个异构或者同构系统中与录入业务活动、波动较大的交易数据相比，主数据具备重要性、共享性、唯一识别性、变化缓慢等关键特性。

（3）通过量化识别方法

根据共享程度判断，主数据应当具备共享性。例如，市场、销售和财务应用都使用客户数据，则客户数据成为主数据的可能性就越大。根据业务价值判断，主数据应当具备充足的业务价值。例如，产品数据描述了企业的核心业务。根据基础性识别，主业务实体是基础的业务单元，它支持所有主要的业务行为或交易基础，一般最小不可拆分。根据复杂性、周期性、流动性识别，主数据一般涉及多个业务系统，具有较高的复杂性，数据会在长时间内被使用，生命周期较长。

2.挖掘企业数据资源价值

企业数据资源价值主要从数据规范集中、数据分析应用和数据价值分析三个方向进行。

（1）针对数据规范化集中，平台统一构建多维度的业务数据指标库。数据库按照业务类型、数据类型、应用类型和目标用途进行分类管理。平台数据库设计满足系统中产生的财务、业务数据进行有序流转，在集中的同时，为数据分析、挖掘、可视化展现提供基础。

（2）针对数据分析应用，通过轻分析、中台系统等模块平台，建立数据的处理、展示应用规则，并通过标准化的财务余额表等进行动态仿真开发。平台集中的基础数据可进入分析规则或者查询规则，进行多维度、多样式的展现，达到可被运用的条件。

（3）针对提升数据分析价值，根据公司日常管理需求，以平台数据为基础，搭建核心资源、合同质量、收入分析、销售费用控制、成本情况、客户满意度等分析模型，实现可对公司的市场竞争能力、运行状况、资金流量、企业管理方面的重点指标进行直观展示和高效分析。

（五）灵活运用全面预算工具

精益化管控平台的搭建一方面为了实现科研管理的标准化以及业务流程信息化，实现业财数据的一体化管控；另一方面融合内控管理思想，充分管控企业运行风险点，固化流程，形成自动地风险管理系统和机制。随着业财深度融合，全面预算不再是简单的数据预测预算，而是提供数据预测、业务掌控准确化的重要工具，实施精益化管理，将有效推动全面预算管理工具的创新，通过与精益化管理流程深入对接，为管理手段、管控效率提升融入新鲜元素。

1.深入推进科研预算管理

按照科研预算预先设置，超预算系统自动锁死，无法实现科研费用的超额支出，保证了科研预算执行的准确性。

2.不断深化定额管理

全面获取科研研制产品的定额、工艺流程技术资料，在产业化过程中，植入精益化管理平台，大大提高了产品成本结转的效率，同时确保产品与物料一一对应。

3.应用量本利速算法进行利润测算

将量本利速算法与定额、历史价格有机结合，为合同签订提供了新签合同毛利率的测算基础，利用BOM选取物料，自动测算历史加权平均采购价格形成主要材料成本预算，利用量本利速算模型中给定的期间费用等分摊原则测算相关费用，与签订合同销售收入自动比对，生成合同预计利润率，推送给签批流程中的各位审批人，为审批提供了数据化直观的依据。

4.助力项目经理负责制

精益化管控平台利用ERP，融合项目管理系统思想，对项目物料、服务等进行精细化设置，确保项目成本单独核算，确保项目核算多维度可查，为项目经理负责制保驾护航。

（六）实现管理流程再造升级

精益化管控平台的构建实现了基于精益化管理体系的数字化决策支撑。针对合同签订，建立从销售计划订单前置到合同审批，通过销售、技术、生产多环节审核后，再完成合同签订，避免订单信息失真造成的库存增加。针对合同执行环节，研究设计合同信息与物资流转关联方案，实现可追踪每一个销售订单的变更信息。库房物资建立安全库存管理方案，实施物料多属性"画像"，把原材料、半成品、产成品，依据物资来源、行业稀缺情况、知识产权情况、年内预计需求情况等，建立物料安全库存红线，保障生产的有序进行。针对采购环节，设计串行采购业务流转方案，通过必要的系统制约，建立物资采购申请—采购执行分类—采购计划请示—供应商准入—招标执行—物资采购六步环节，增加必要的制约和控制管理机制。

通过系统应用，实现固化流程、数据融合、精益管控的目标，面向业务创新整合各环节数据资源，优化供应链管理，逐步建立生态圈，有效促进精益化管理工作的推进，全面提升煤科院生产管理水平。精益化管理生产以煤矿装备系统生产线为主，矿用高端液压液和煤质仪器生产线为辅，打造机械电子产品工位制节拍化连续流的精益产线，优化高端液压液生产工艺流程，建立生产现场可视化、作业标准化、流程高效化、异常显现化的精益车间，建设准时化、自动化、柔性化、信息化、数字化、网络化的精益工厂，实现仓储、物流、研发、生产、营销、战略等全环节精益管理的全面提升。

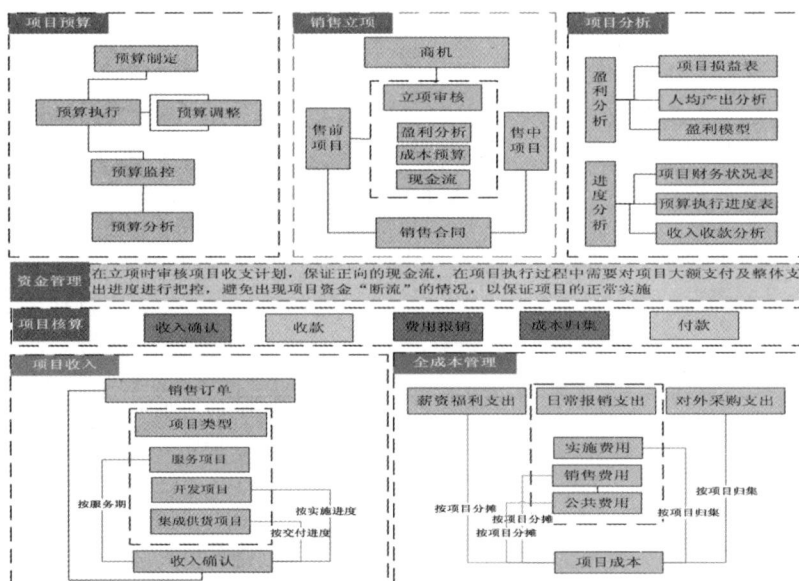

图6 煤科院精益化管控流程

精益化管控平台建设以标准化、规范化的内嵌流转逻辑为基础，针对业务单据建立源头与流转业务的内部程序关系，形成各单据的时间或编号顺序，实现将关键的数据信息和状态，通过程序技术实现，将定制化的管理需求与标准化产品流程融合，最终实现针对各项管理与服务需求，建立流程规范和闭环管理。具体来说：

1.实现组织、信息的统一化管理

煤科院分、子公司无独立财务，均依托煤科院财务部门以共享中心的模式进行管理。组织、客户、供应商、物料等基础信息必须实现统一管理、规则一致，才能实现财务核算共享模式。精益化管理平台与天眼查系统对接，查验比对客户、供应商等基础信息后，形成源数据，通过系统设置的统一编码规则进行添加。

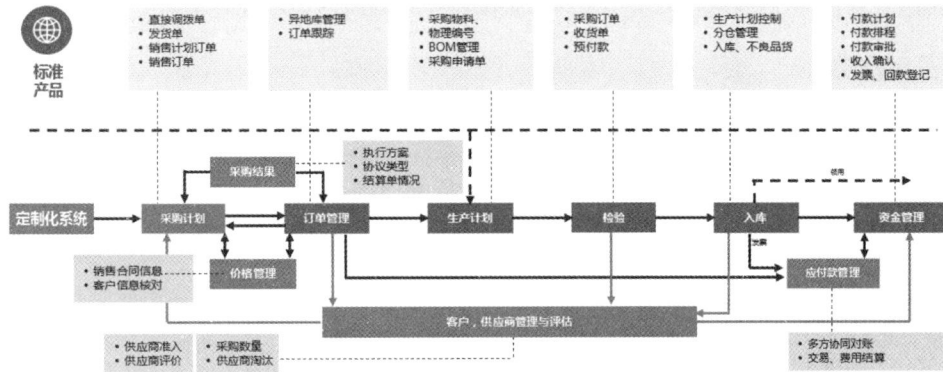

图7　煤科院精益化管控平台系统融合设计

2.利用成本定额分析为销售合同的签订提供更可靠的依据

在平台建设的过程中，充分利用全面预算管理工具，如BOM、工艺工时测算、量本利分析模型等组合嵌入系统，测算合同的预计利润率，为业务单位签订合同提供基础依据以及销售业绩考核提供参考标准。

3.打通ERP系统与合同系统

推动两个系统有机结合，完成合同签订、归档、执行全流程管控。由ERP系统发起销售订单，根据系统测算的利润率推送至合同系统，在合同系统中完成全流程签批、留痕环节，双方盖章归档后，才可推送至ERP系统生成合同代码，作为后续经济业务执行的唯一依据。未完成审批、未签章、未归档的合同均不能发起销售、采购、收付款、开票等经济业务，保证了经济业务执行的"三流"一致以及业务执行前提合同的有效性。同时根据合同代码，可以全流程根据合同的执行情况，直至合同履约完毕，可以测算实际的利润率与预算利润率进行对比分析，为产业发展提供依据，为营销人员考核提供数据基础。

4.强化供应商信用管理

采购流程在平台中结合实际需要增设合格供应商库、供应商黑名单，系统自动判定供应商信用，实现供应商管控，降低采购风险。同时，在入出库过程中融入产品检验流程，确保不合格品、返修品能够合理区分，有助于分析采购的合格率及产品成本的损耗率。

5.优化库存管理

库存管理过程中，针对煤科院科研与产业一体化发展特征，存在大量产业项目与科研项目协同进行的情况，如边坡治理等项目均在异地进行，区域分散，不易管理。增设异地库、库位等功能，分别实现项目数量多、细化区域的库存核算，在库存盘点时能够及时定位到库存区域以及库存用途及状态。

6.实现非标产品的标准化管理

在生产过程的构架中，充分考虑科研转制院所产品的非标、小批量的特殊性，利用平台"半成品标准化＋销售清单"的模式实现了非标产品的标准化管理，即半成品有标准的BOM及工艺图纸等，例如监测监控系统会根据客户的不同需求进行个性化设计；采取清单模式即利用系统的组件形成销售清单，每一个组件是一个标准化的半成品，最终完成销售订单的产品成本核算，从而使看似不相关、不可比的产品，实现成本的同一性比对，为降本增效提供分析依据。

精益化管理体系作为煤科院贯彻学习现代企业管理重要思想的实践运用和重要管控工具，在生产经营管理过程中发挥着重要的作用。通过精益化管控，有效组织协调了公司在科研成果产业化过程中涉及的生产、销售、人力、采购、投资等各项活动，保证战略目标的贯彻执行和年度经营目标的实现。

四、实施成效

（一）合同管控手段优化升级

精益化管理体系的构建明确了行为规范要求，从管理薄弱环节入手，查漏补缺，明确责任，明晰流程。

1.实现合同源头化管理

针对源头合同管理细化环节审核内容，要求"合同审核全程留痕、审核材料全面归档"，大幅提升了合同文本质量，降低了合同履约风险，实现了合同的"源头化管理"，2020年实现100%电子合同存档，随时调阅。

2.提高合同审批效率

在合同审核中，强化环节审核责任，按照合同类型和审核要求，通过初审、复审、审批各环节"串并联"结合的方式，优化并缩短审核流程；同时，将合同修改过程及内容直观地展现在审核流程内，避免因责任不明导致审核时间拖延的情况发生，大幅提高了合同的审核效率，合同审核周期缩短近20%。

3.实现合同全周期管控

精益化管控平台通过信息化手段辅助，穿透壁垒，实现对合同管理系统与合同履约数据（应收、应付、余额、履行异议等）全面对接，减少业务人员工作量、避免重复性劳动、提高工作效率，实现管理人员利用统一平台进行合同及应收数据统计分析的可操作性和即时性，真正实现合同全生命周期管控，市场营销部专职统计人员减少至1人。

（二）"两金"管控成效显著

煤科院贯彻高质量发展要求，严格按照集团公司"双清攻坚"行动步伐，自2019年开始，全面梳理应收账款和库存的类别及清收措施，并按照形成账龄及形成原因逐一落实清收时间及计划，提早动手、常抓不懈。基于精益化管控平台，强化对"两金"的源头管控，成效显著。

1.库存管控效率大幅提升

强化库存管理，通过精益化全过程管控，强化全员的库存管理意识，提高加强库存管理理念，重视库存的控制、分析和管理。通过内部资源的整合，加强生产、采购、库房、财务和销售等各个环节的配合，使各部门切实参与到库存的管理中，实现库存信息共享，提高库存管理的效率。2020年同比减少库存积压10%，提高资金周转率两倍左右。

2.库房信息化水平大幅提升

围绕精益化管控平台，部署库房管理信息化软件，扩大精益化管理范围。结合煤科院库存管理实际情况，建设供应链管理系统，合理设计各环节管理流程，严格按照存货入库、出库、在途、发出等办理相应的库存手续及财务核算手续，实现采购、生产、销售与库存衔接的全流程管理，提升库存管理水平，库管人员减少约15%。

3.生产管理精益化水平提高

按照精益管理理念，构建精益生产管理体系，通过打造精益生产线逐步建设精益车间和精益工厂，提高生产效率，推动生产成本下降，缩短生产周期，提高订单交付及时率目标，完成仓储、物流、研发、生产、营销、战略等全环节管理的全面提升，实现了"管理手段＋规范意识＋提升工艺"三提升的阶段性效果，生产能力提高了15%，生产周期缩短了25%左右。

4."两金"占比大幅下降

平台建设为强化"两金"考核奠定基础。本着"控增量、减存量"的应收账款压控思路，通过精益化管理和绩效考核等方式，强化落实应收账款的全链条跟踪管控；执行落实将询证函数据与合同执行周期阶段对接，保障催收的常态化，不断降低经济运行风险。"两金"占收入的比例下降4个百分点。

（三）全业务周期提质增效

1.科研成果产业化比例提升

平台系统实施，实现了对科研项目进一步细分，科研成果转化的产品、技术多维度清晰可查，核算更加准确，数据易于归集，科研成果的产业化利用情况易于分析，为进一步提升产业转化能力和寻找技术更新点提供了数据决策支持，科技投入比例增加3个百分点，科技成果产业转化率增加近10%。

2.生产效率显著提升

煤科院通过精益化体系建设和精益化管控平台运行，经过近2年时间，有效提高了企业生产效率，各项指标有了明显的提升。采购提前期缩短40%，紧急采购率降低至10%；基于原材料料况和销售需求，完成生产计划计算作业时间压缩50%。停工待料时间减少50%；生产能力提高15%，缩短生产周期25%左右；接单作业时间缩短40%，总体缩短交货期20%左右。

3.降本增效成果显著

平台系统能够及时、准确地提供对生产经营过程有重要影响的信息，从而可以提前优化资源配置，避免重复采购，节约资源；同时可以根据大数据分析，集约区域性资源，获取谈判优势。平台的搭建，提高了生产运营的柔性，保障了科研试制产品多样性、小批次产品服务的交货效率。总体上，减少了库存积压10%，提高资金周转率2倍左右，降低呆账坏账3%左右；产品的市场占有率提高，销售额增加约10%，管理和生产成本降低5%左右。

4.工作效率大大提高

平台建设有效促进了业财一体化建设，大大提高了资金管控效率，确保了三流一致的系统自动校验；银企直联机器人的建立，大大提高了财务人员的工作效率，日均节省汇款时间2小时；通过系统融通，天眼查核实过的客户信息保证了付款信息的准确性；对应收款项的管理的强化，有效缩短了应收款项的回收期，实现资金的按期回收，增加了流动资金和利息收入，提高了企业盈利能力。

（四）管理模式创新升级

1.以点带面融合性不断加强

煤科院精益化管理系统的建设和推进，坚持"量入为出、统筹兼顾、把握重点、业务驱动、全员参与"的原则，综合平衡公司各个方面，作出全面合理的安排，推动科技、经营、生产、管理等各业务板块统筹推进发展。业财融合强调以收定支，保证公司科研任务的前提下，年度收入、利润指标大幅前进，坚持量力而行与尽力而为相结合；精益化管理从紧成本管理，关注重点环节，在最大化利用现金流的情况下保证重点科研项目和具有转化潜力的项目的顺利进行；业务精益化是财务精益化的基础，既要坚持业务与财务的关系，又要考虑财务与考核的关系，围绕企业的战略目标有序开展业务计划，以点带面，通过科技与产业的高度融合，通过数据反馈，为科研项目寻找新的突破点，为产业发展寻找新的增长点。

2.持续迭代升级速度加快

煤科院围绕"整合、优化、归集"三个关键词的核心思想构建了精益化管控平台建设。在平台建设过程中充分发挥全员的能动性，特别是科研人员、生产技术人员等，尤其是科研管理人才的主动性，为管理提升提供了大量行之有效的建议，对产业发展过程中寻找管理薄弱点意义重大。全员参与的管控才能称之为有效的管控，同时可以提高员工的成就感和归属感。

精益化管控平台持续迭代，离不开科研项目式思维的精雕细琢，每优化一处业务环节，每实现一项闭环管理应用，就形成一个规范化流程,形成一个成果，制定一个标准，最终充实形成管控平台的业务蓝图，使得科研、产业融合模式逐渐走向成熟，使得业财、业业融合管理模式逐渐走向深入。

3.考核导向性进一步强化

企业需要强有力的管控手段和工具，建立基于精益化管理的考核指标，把公司的管理重点以专项考核的形式作为方向标，推动公司战略与下属单位的目标有机融合，充分发挥考核的战略方向性和引导性，发挥企业"方向盘"作用，保障精细化管控的高质量落地执行。精益化管控平台的建设，有效推动了考核指标的拓宽、拓深；在科技创新与经营效率齐抓共管的前提下，创新业务融合管理模式，有效拓展基于财务大数据的共享服务，增加了科技管理的经济效益附加值，使企业管理改进方向有据可依、数据明晰，推动了科学管理和科学决策。

成果创造人：杨庆功、刘博、顾闯、商铁成、牛晓宇、王鑫、李志佳、

陈亚科、曾柳燕、刘媛媛、魏龄玉、赵建斌、王佼、

闻静、刘亦轩

以"六位一体"攻克关键核心技术，
破解国有企业科研体制机制难题

中海油田服务股份有限公司

一、前言

中海油服是中国近海市场最具规模的综合型油田服务供应商，服务贯穿海上石油及天然气勘探、开发及生产的各个阶段。业务分为四大类：物探勘察、钻井、油田技术及船舶服务。作为中国海上最大的油田服务上市公司，既可以为用户提供单一业务的作业服务，也可以为客户提供一体化整装、总承包作业服务。服务区域涵盖中国海域，并延伸至南美、北美、中东、非洲、欧洲、东南亚和澳大利亚等国家和地区。

在全力保障国家能源安全战略实现、以中国海油整体利益最大化维持低于市场服务价格体系的同时，仍然保持自身的高质量治理发展。2020年，公司营业收入为人民币289.59亿元，净利润为人民币27.18亿元。公司营业收入基本恢复并稳定至行业形势剧变前水平，其中技术板块在行情整体持续低迷情况下，成功稳住了高速发展趋势。自研技术累计降本1.6亿元，降低分包费1.5亿元，应用新型增产措施累计为有限公司增油18.5万方，共计协同降本增效12亿元，根据国际知名咨询机构IHS、SPEARS等第三方信息，据国际知名服务商SPEARS统计，物探业务合同工作量从2016年的全球第六提升2020年的第四，电缆测井和定向井全球排名从2016年的第七提升2020年的第四，钻完井液全球排名从2016年的第十提升到2020年第四，固井全球排名从2016年的第四提升到2020年的第三。2020年，公司旋转导向和高温测井系统两项成果入选国务院国资委中央企业2021年科技创新成果目录。

二、中海油服"六位一体"破解国有企业科研体制机制实施背景

党的十九届五中全会首次提出"把科技自立自强作为国家发展的战略支撑"，习近平总书记多次强调"核心技术要不来、买不来、讨不来，必须掌握在自己手中"。只有在不断提升自身知识能力和学习能力的基础上坚持自主创新，把握创新核心环节的主动权，掌握核心技术的所有权，把发展的主动权牢牢把握在自己手中，才能化解各种重大风险，从根本上保障国家经济安全、国防安全和其他安全。中海油服上市以来，持续优化、整合业务链条，提升管理效率，作业和服务质量大幅提升，收入、利润增长率长期维持20%左右，市场竞争力不断增强。但在公司发展初期，业务还主要集中在国内的四海区域，不但国内高端服务严重依赖国际大型油田服务公司，海外市场的突破也屡屡受困于技术实力的不足。为了快速提升公司核心竞争力，并在中长期发展成为具备国际竞争力的油田服务公司。

公司持续推进技术发展战略，通过"六位一体"破解科研体制机制，"一体"是保持战略定力，紧握技术驱动的"生命线"；"六位"包括：一是加强顶层设计，保障持续不断的科研投入；二是试点揭榜挂帅，探索灵活高效的科研形式；三是突破体制束缚，建设联动激励的长效机制；四是完善科学管理，规范科研管理的行为方式；五是打造开放平台，拓展人才技术的获取途径；六是营造科研氛围，培育创新奉献的文化土壤。按照这种工作思路，中海油服通过整合与调整，建立起"纵向有层次、横向有衔接"的立体化科技管理、技术研发和技术支持的组织网络架构，不断完善科技创新体系，增强自主创新能力，在测井、定向井、油田化学、物探、钻进等关键核心技术领域实现全面突破，使技术创新成为推动事业发展的不竭动力。比如通过"六位一体"破解科研体制机制，中海油服跨越了技术难度堪比运载火箭、深海载人潜水器等尖端科技的高温、高压、超高振动、超长工作时间这四项技术难关，"贪吃蛇"技术迅速在国内四海和陆地油田成功应用，从此，中国海油成为国内首家、全球第四家完全掌握这项技术的企业，我国也成为世界第二个拥有这项技术的国家。

未来，中海油服将继续以科技报国己任，持续加强关键核心技术攻关、加快高质量科技成果产出、加速数字化转型，为公司实现高质量发展、中国海油建设中国特色国际一流能源公司、保障国家油气能源安全贡献力量。

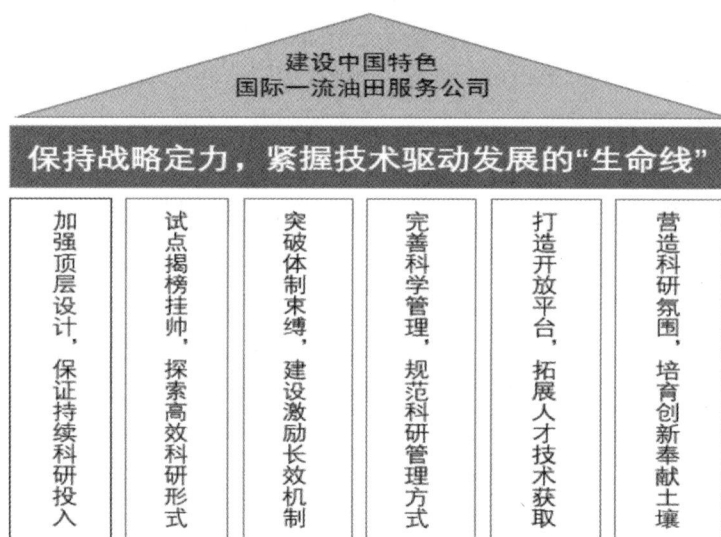

图1　以"六位一体"破解科研体制机制难题

三、"六位一体"破解国有企业科研体制机制内涵和主要做法

（一）"六位一体"破解科研体制机制内涵

1."六位一体"机制是提升公司核心竞争力的可靠保障

国际一流油田服务公司均拥有自己的核心技术和产品，使得其在市场竞争中处于优势，中海油服要想实现中长期发展目标，首先就要具备满足油公司勘探、开发、生产各个环节的服务需求，为其提供优质的解决方案，降低成本，提高效率，这样才能不断赢得市场，持续发展壮大。通过落实技术驱动战略，建立和完善公司科技创新体系，使公司的主要技术达到国内领先、部分关键技术达到国际先进水平，使具有中海油服特色的科技创新成果成为公司核心竞争力，使公司的相当部分技术达到国际先进水平。

2."六位一体"机制是降低公司运营成本的有效手段

成本控制是企业发展的基石。降低公司运营成本的途径有很多种，例如降低原材料采购价格、优化物流运输、提高物资周转效率、自修设备等，但是这些方法都只能取得一定效果。相比而言，技术创新是降低成本更有效的方法。中海油服通过坚持实施技术驱动战略，有效提高生产效率，提高资源利用效率，从而持续降低油田服务公司成本，使得公司在竞争中处于优势地位，获得发展先机。技术创新带来总体成本大幅降低的案例众多，尤其体现在页岩油气开发和深海油田开发中，技术创新使得以前没有开采价值的油田具备经济开采价值。

3."六位一体"机制是公司国际化发展的坚实基础

国际一流油田技术服务公司都有自主知识产权的产品和过硬的技术、工具和仪器。以前中海油服缺乏油田服务高端的仪器和技术，只有通过采购途径获取的部分高端技术产品，在国内市场使用；同时由于整体技术水平较落后，在国际市场开拓中也屡屡受挫。要想在国际市场上赢得一席之地，赢得认可和尊重，就必须拥有自主的核心技术。核心技术的获取只有通过多年如一日的踏踏实实的技术研发才能获得。只有持续强化技术研发的投入，不断完善科技创新体系增强科技创新能力，通过自主研发、合作研发等方式，才能实现公司技术快速发展，获取支撑公司国际化市场开拓所需的核心技术产品，才能更好地推进国际化发展。

（二）"六位一体"破解科研体制机制主要做法

1.保持战略定力，紧握技术驱动的"生命线"

只有保持战略定力，才能收获技术发展的果实。自成立伊始，技术发展就是中海油服战略的重要组成，可以说技术驱动战略一直是中海油服的"生命线"，十多年来公司坚持技术发展，不断推进技术产品系列化、产业化，持续增强公司的核心竞争力。

一是确定四大发展战略。2006年，中海油服就确定了"技术驱动、国际化、低成本、一体化"四大战略。"技术驱动"在于建立和完善技术研发体系，增强核心技术竞争力；"成本领先"旨在保持公司成本领先的相对优势，提高成本控制力，提升服务价值；"一体化"是发挥公司业务链完整的相对优势，以强势专业为龙头，以大型装备为载体，集成专业化技术，实施油田服务一体化，推行整体解决方案；"国际化"是拓展生存空间，提高国际竞争力，以期获得更多的市场份额。经过发展，公司装备技术实力持续提升，国内市场不断扩大，经济效益大幅增长。

二是确立做专做强的发展思路。2010年，结合内外部实际情况，中海油服召开战略规划研讨会，在四大战略的基础上确定"做专做强"总体发展战略，进一步明确技术发展的根本思路，"做专"是公司资源配置只向主营业务倾斜，所有投资围绕业务主线进行，"做强"是装备精良、技术先进、队伍过硬、管理科学，最终体现在优秀的安全环保业绩和持续的盈利能力上。中海油服重点发展六大核心事业部，撤销其中三个事业部，针对核心事业部明确各版块发展方向，构建核心竞争力，比如油田技术事业部，定位为研究型单位，必须一以贯之投入科研，立下军令状、画好路线图、明确时间表，各事业部子系统需要研发的产品内容必须确定，自主研发的装备到哪一年要达到什么程度必须清晰。

三是聚焦技术系列化、产业化。2016年，中海油服坚持做专，重点做强，确定"重资产向轻资产重技术转移、聚焦国内向国内外并重转移"的发展总体思路，包括技术产品系列化、产业化和国际化能力建设等发展目标。2018年，中海油服召开战略研讨会，以"打造国际一流油田服务公司路线图"为主题，结合集团公司五大战略和公司历史的四大战略，进一步梳理和完善新的资源和目标，确立了公司未来发展的两大战略——技术驱动、国际化发展两大战略，加快技术成型，将其产业化、系列化，持续通过技术凝聚发展动能。

2.加强顶层设计，保障持续不断的科技投入

一是持续科研技术的投入。在"做专做强"理念和"技术发展战略"指引下，中海油服保持稳定增长的科研投入，"十三五"科研总投入31亿元，拉动产值194亿元，自主创新技术占技术板块收入的75%，一举推动技术板块收入占比从2016年的37%提升至2019年的49%，公司实现了发展动能质的变化和历史性成就，连获"高新技术企业"资质认定。以油田技术事业部为例，"十二五"以来累计投入近40亿元，"十三五"期间重大投资项目主要集中在随钻和旋转导向设备，2016—2018年累计投入6.78亿元，占总投入7.74亿元的87.6%，总投资涉及随钻、电缆、套管井、装备制造等主要生产作业领域，启动实施各类装备投资项目350个，投资主要方向为自主研发的随钻和旋转导向设备和补充进口随钻设备，适量投入补充配套电缆测井设备和生产测井设备，设备资产总值年年上升，设备成新率略有降低，设备利用率略有上升。油田化学事业部以自主研发、自主创新为主，技术合作、技术引进和完善研发平台等方式为辅，开展技术工程化应用研究和前瞻性研究，目前已具备水基和非水基钻井废弃物处理在前端减量及回收业务的技术能力，正在积极谋求与外部资源进行战略合作，实现资源化利用，打造技术产业化平台，构建中海油服特色的"钻完井液＋EPS"一体化服务能力。

二是加大科研平台的投入。建成燕郊科技园和新疆实钻试验基地，为科研人员大展拳脚打造了广阔舞台，在研究院燕郊科技园本部和新疆实钻测试基地的基础上组建了研究院塘沽分院，架起了与区域作业实体和客户之间技术沟通的桥梁；为满足"贪吃蛇"系统产业化的迫切需求，创新管理思路和工作方法，引入"机加工专业强者"—中南机械，以"托管"方式突破油技机加工产能瓶颈，加快推进技术产品的系列化、产业化，实现设备工艺质控全覆盖，2018年已落实553种机加零部件采购需求。建成燕郊—佛山两大机加工基地，新增高端机加工设备（燕郊）2000万元，设备利用率平均提升40%，初步形成全工序加工能力，导向头液控单元和随钻电阻率基体等关键件实现完全自主加工，超深精密孔电火花加工、电阻率天线焊接等技术能力得到逐步提高。机加工托管后，员工由先前的31人增加至年底100人，机加工产能从150万元/月提升至2018年年底的550万元/月；D＋W关键件加工，托管后可实现完全自主加工。

3.试点揭榜挂帅，探索灵活高效的科研形式

习近平总书记多次强调，科技体制改革破除一切制约科技创新的思想障碍和制度藩篱，有力有序推进创新攻关的"揭榜挂帅"体制机制。中海油服以"科技项目经理负责制"探索揭榜挂帅组织形式，试点方案在用人权、采办权、财务权、考核权等方面进行大胆尝试，努力破除制约科技创新的制度约束，为科技创新营造良好生态环境。

一是建章立制，打通制度梗阻。以科技体制机制创新为立足点，深入践行公司技术发展战略，首推"科技项目经理负责制"，以打通制度"梗阻"为核心，以科研成果的市场产出为导向，构建项目"能进能出、交叉互动、灵活转化"的全流程全要素精细化管理。为确保科研目标的实现，公司法人代表直接与项目经理就技术/产品系列长期及年度工作内容、目标、成本、考核指标、考核形式等具体目标形成约定，签订目标责任书，增强项目责任意识，传递工作压力。为规范科研投入产出，充分发挥科技对公司发展的支撑和引领作用，建立了科研成果经济效益测算模型，制定《中海油服科研成果经济效益测算及激励方案》，形成科研成果转化模拟利润分成机制，探索建立长效科研激励机制。通过上下联动，界定跨部门合作促进科研项目研发、生产、应用主体责任，同时注重过程管控，针对性制定项目管理手册，最大限度保障科技项目合理、合规、高效开展。

二是跨部门组建多功能项目组，项目管理充分放权。科技项目经理的聘任灵活多样，结合项目类型，按照"公开、公正、公平"原则，可竞聘、直聘或组织推荐，多种形式开展揭榜挂帅。例如，试点项目负责人即通过科研攻关课题张榜、竞聘人自主申报、提交课题实施方案、公开评审竞选等环节而最终确定。科技项目经理可根据项目研究需要，自行设置项目组岗位，组建项目团队；根据项目运行管理需要，项目组可配备财务、采办、科技、市场等兼职人员。此外，科技项目经理负责制对项目管理给予充分放权，赋予项目经理与项目高效运行相匹配的管理权限，项目经理可在权限范围内自行制定项目组内部各项运行管理制度，结合项目运行需要自行开展项目调整、采办、财务等权限范围内相关审批。项目经理对团队组建有充分的自主权，成员也将基于对项目任务和目标的认同自愿加入，避免"行政化"组队带来的动力不足、目标感不强。

三是转变考核方式，提高科研成果转化效率。科技项目经理负责制将传统的科研成果考核延伸至"产值、利润"考核，在考核节点上，转变终点考核为周期考核，项目运行过程中根据技术进展情况开展即时激励。在考核内容上，综合技术指标、研究周期和经济效益等进行奖励考核，若项目完成情况无法达标或延期达标，则不予奖励或按延迟系数递减奖励，以督促项目组加快项目进度，提高成果转化效率。在考核方法上，制定逐级考核激励机制。项目及项目经理由公司考核，项目经理拟定项目成员绩效考核方案，对项目成员进行绩效考核，并自主进行绩效奖金分配。为解决科研人员动力问题，借鉴科研成果的确权收益管理，即时激励和延时激励相结合，奖励来源于研发成果转化后的利润，按照15%的比例进行直接分配并限定3年时限，贡献突出追加奖励。将项目考核总目标分解到每年，并进行年度考核：年度考核达标，兑现即时激励，项目经理奖金系数上浮20%以上；总目标考核达标，根据产出情况，给予团队专项奖励，项目经理依据成员贡献价值分配激励，兑现延时激励承诺；提前完成目标给予额外嘉奖。

四是推进科研项目全生命周期统筹管理。为解决科研成果转化难、利润产出难等问题，科技项目经理负责制统筹制定科研项目的全生命周期规划，既统筹研发，更负责产出。通过签订责任书，既明确预算成果，更明确目标产出。中海油服党委书记、董事长齐美胜代表公司党委与试点项目经理签订中海油服首个科技项目经理负责制目标责任书，明确责任和目标。该项目的总体目标是：开发能够满足技术和市场需求的钻井液高温处理剂，构建以3类高温处理剂为核心材料的3套技术体系，形成相应的控制规范和指导现场作业的工艺技术，增强钻井液核心技术服务能力，提升自有技术在国际高端市场上的竞争力。与以往科研项目不同的是，科技项目经理负责制不仅明确研发预算和研发成果，更明确成果转化应用的产值目标。试点项目要求通过技术研发推广，在3年周期内实现目标产值，且投入产出比不低于1:4。

4.突破体制束缚，建设联动激励的长效机制

中海油服不断探索科研长效激励机制，通过分层级、立体式的激励机制，形成科研成果转化模拟利润分成激励方案，引导科研人员不断开发新的高技术附加值产品，提升技术产品盈利能力，推进技术推动发展的价值导向。

一是设立产业化基金激励项目。瞄准新成果转化应用、技术产品产业化以及新技术攻关等研发关键环节，加大激励力度，加速研发进程，促进成果转化。自2017年起，每年拿出500万元作为技术产品产业化激励基金，按照技术产品产业化项目的重要性（开发难度、产值贡献度）和完成时间节点相结合的方式，设定阶梯式奖励标准。2018年，仅大直径旋转井壁取心仪科研团队获得年度技术产品产业化激励150万元，研发人员切实享受到研发红利，该技术产品成果转化进一步加速，2019年和2020年作业、

产业化全面推进，作业井次分别达到21和36井次；2020年产业化仪器数量达到12支，海上作业市场占比达到82%；此外，该技术产品在2019年获得集团公司技术发明一等奖，2020年获得天津市技术发明一等奖。

二是各事业部设立科研激励"奖金池"。为进一步激励科研人员，各事业部从奖金"大盘子"拿出资金设立奖金池，针对"年度重大科技成果""新技术推广应用"和"在用技术支持"进行专项奖励，"年度重大科技成果"和"新技术推广应用"分为四等级奖，最高奖励100万，"在用技术支持"每项2万元。每年年初会公布当年科研关注的重点领域和核心技术，项目组和技术人员根据自身的情况进行申报，如果年底考核完成预期目标，进行实时奖励。2020年，以油田技术事业部为例，年度重大科技成果发放94万元，涉及8项技术产品；新技术推广应用发放158万元，涉及16项技术产品；在用技术支持总共发放54万元，包括27项重点在用技术支持，累计发放专项奖励306万元。专项奖励金的发放范围包括科技研发人员和现场推广作业人员，覆盖新技术产品研发到应用的全链条。

三是研究院开展科研成果即时奖励。公司技术板块事业部都设有研究院，下属研究院每月拿出奖金总额的10%作为科研即时激励。以油田技术研究院为例，这种奖励分为"技术进步""故障关闭"和"支持推广"三类，主要针对研究周期在1～3个月的科研成果。2020年，研究院已发放激励11期，累计激励项目240项，获得激励759人次，激励总额52.36万元。即时激励的执行对推动技术进步，提高有效技术供应，激发科研人员创新热情起到了积极效果。油田技术事业部坚持效益优先、成果导向，2020年部分同职级技术人员的全年效益奖相差约3.5倍，通过合理拉开工资分配差距，极大地鼓舞了民心士气，2020年科研人员离职率为0，2016—2020年科研人员流失率由12%降至1%。

5.完善科学管理，规范科研管理的行为方式

一是构建公司科技管理体系。通过梳理科研项目管理工作流程，对工作思路及方法进行调整，以加快流程、放管结合、管控风险为思路，以落实规划、对接市场、保障成果转化为重点，不断优化、完善，形成"大科技"蓝图下的科技管理体系。科技管理体系涵盖了科研项目管理、专利、技术交流、标准化、奖励、科技统计等方面的管理制度和实施细则，包括科技管理基本制度、14项管理办法、10项科技管理操作细则三层管理制度架构，科技管理体系的实施，提高了科技成果转化效率，助推公司在技术发展的道路上高速前行。

二是加强知识产权管理工作。在已建成三大国际一流油田服务公司专利文献数据库的基础上，分专业开展公司专利的质量与价值分析，从追求专利数量向质量转变，由单一的专利、著作权的申请维护转变为系统化的知识产权保护工作。通过分析专利的新颖性、布局点的可控性和市场价值，为与跨国公司进行知识产权谈判，交叉持有和相互付费使用，全面参与国际竞争等做好准备。提升专利申请质量，增加发明申请比例，形成有一定规模的、商业价值的专利储备，形成能与竞争对手形成不同程度的相互制约关系。加强对产值贡献区知识产权保护研究，完成对六大产值贡献区内主要国家的知识产权环境分析，并调整相应技术发展规划布局。

三是推进技术产品系列化、产业化。系列化旨在摸清短板，提升能力，产业化旨在创造效益，技术产品系列化梳理是以国际国内市场需求为导向，以全球技术发展趋势为引领，以公司发展战略为根本出发点展开的，同时把握完整性、时效性、经济性的原则。国内充分搜集四海有限公司技术需求，及时获取市场反馈，研究攻关稠油开采、深水勘探开发、低孔低渗、高温高压油田开发等技术难题。海外聚焦六大产值贡献区的市场开拓，明确各专业在六大产值贡献区的技术需求内容、规模、时间等要素，进行国内外技术研发及应用布局。经过综合技术调研和反复论证，公司梳理出了3大类（装备仪器、工艺技

术、方法解释）、11个技术系列（电缆测井、随钻测井、旋转导向钻井、钻完井液、水泥浆、增产增注技术系列等）、39个子系列的核心技术产品，编制技术产品系列化清单，部署每个子系列系列化产业化进程。

6.打造开放平台，拓展人才技术的获取途径

一是拓展技术获取途径。在坚持自主研发的基础上，公司先后与国内外30多所科研院校建立了技术联系，签订了技术合作框架协议，开展了多种形式的联合技术研究，真正实现了优势互补。例如，公司先后与电子科技大学、中国石油大学（华东）、中国石油大学（北京）和山东大学分别建立了"电法测井联合实验室""声波测井联合实验室""钻井装备与技术联合实验室"及"油田胶体化学联合实验室"，充分发挥和利用企校双方各自的优势，建立全面的、长期的、稳定的合作关系，加快技术发展步伐。建设海外创新平台，构建全球研发资源获取能力。与国际一流油田服务公司合作，开展互联互通作业，以公司技术体系为标准，在公司自有采集与控制平台上运行，快速弥补我方技术短板，共同开发国内外市场；以新加坡海新基地为依托，打造高端设备、备件加工与采购基地。

二是夯实科研人才队伍。加大对科研团队的支持，配齐技术人员，优先扩容技术领军人物团队，确保科研团队撑起公司发展的重任。依据专业技术水平、个人发展潜质和专业建设需求三个方面，按照技术发展方向，兼顾战略科技人才、科技领军人才和高技能人才的培养，梳理"总公司专家—所属单位专家—青年科技英才"人才梯队　，系统规划总公司级、国家级专家后备力量的培养方案，差异化实施。依托国家科技强国战略，利用国家对央企的各种优惠政策，通过国际交流、与科研院所及知名院校合作等方式，发现并吸纳行业高端人才，实现一个专家带出一批队伍、带动一个业务的目标。引导科技领军人才申报国家级科研项目，承担国家863类科研课题，着力解决限制行业发展的尖端技术难题或者世界级技术难题，加强高端科技人才的行业话语权。

7.营造科研氛围，培育创新奉献的文化土壤

一是以党建赋能关键技术突破。认真贯彻落实习近平总书记关于"加大国内油气勘探开发力度"重要指示批示精神，深入践行集团公司"七年行动计划"，用高质量党建引领关键核心技术攻关，针对关键核心技术攻关项目，立足科研技术领域，随钻测井研究所党支部组建关键核心技术攻关党员先锋队，充分发挥引领示范效应，如油田技术事业部电缆测井研究所党支部发挥党建引领关键核心技术攻关作用，组建高温满贯装备推广党员先锋队，2020年ESCOOL高温测井装备完成25井次作业，其中最高井温193℃，承担了渤海所有高温井的满贯作业，实现了自主高温技术装备应用的突破，成功打破国外公司高温测井技术垄断，彻底扭转长期以来国内四海高温测井作业严重依赖国外公司被动局面。

二是激发科研人员的首创精神。瞄准国内外市场需求，对标国际前沿技术，找差距，补短板，部署技术产品系列化布局，开展有针对性的立项工作。以成果转化为导向，倡导"接地气"的研发，大力扶持与生产结合紧密的项目。不断完善成果转化制度，推动"研发—制造—作业"协同联动机制，促进研发成果的首次应用。对于科研成果中试、首次应用等重要节点，层层跟踪，积极推进，根据现场应用实效及客户意见反馈，持续改进，提升技术产品稳定性，有效掌控成果转化节奏。对于重点攻关项目，成立一体化项目组（研发/制造/维保/应用)，高效协调各路资源，合力突破机构壁垒，实现问题及时反馈和快速响应，推进产品升级和现场应用。

三是打造尊重工程师的文化氛围。中海油服充分尊重技术、尊重研发团队，让技术发挥出真正的价值，在技术团队建立起科研报国的坚定信念、技术导向的价值观、良好的工程师文化，保持技术团队创新与活力；科研管理中，明确科研发展方向，让这种方向成为全体科研人员的目标和共识，将科研做专

做强；针对科研项目注重结果考核，只在设备的联调测试、实钻试验和海上试作业等重要节点开展方案设计和疑难故障排查等专题研讨，尽量减少无关的论证会、评审会。

四、"六位一体"破解科研体制机制实施效果

回顾近年发展历程，中海油服的技术实力不断增强，在物探技术、油田技术、油田化学等技术方面不断攻克关键核心技术，并取得显著的效果。

（一）践行使命当担，持续保障国家能源安全

一是保障国家"七年行动计划"顺利推行。正是得益于"十三五"期初对技术板块和关键核心技术的高度重视，勘探方面，公司突破"两宽一高"地震采集处理技术；国内首套自研小道距海洋拖缆采集装备投入三维地震采集作业；电缆测井装备系列化产品实现高温低渗突破，满足国内市场95%需求。钻完井方面，随钻和旋转导向钻井系统实现三种尺寸全覆盖，稳步推广规模化应用；固井、钻完井液系列技术产品覆盖近100%内部市场需求；耐压5000psi的全井筒完井工具、井筒故障综合处理技术实现产业化应用。开发开采方面，稳油控水技术系列日趋完善，形成覆盖注水/生产井、深水深层9项新技术；建成集团首个热采实验研发平台，形成注热装备等五大稠油技术产品系列，为保障国家"七年行动计划"集聚持久动能。

二是关键核心技术持续助力油田发现。测井技术实现高温、低渗技术突破，全面满足高温高压及复杂地层勘探挑战：自主高温ESCOOL作业25井次，助力有限公司增加探明油气储量超2000万吨；EFDT功能性能获关键提升，形成3D探针样机，满足复杂储层取样需求，直接助力垦利6—1亿吨级油田重大发现。物探采集处理新技术新装备产业化提速，海上油气勘探重大发现参与率100%：拖揽双方位地震采集技术助力南海东部惠州26—6古潜山油田重大发现，二次三维地震采集技术实现"高精度、高效率、低成本"，助力曹妃甸油田群落实井位56口。

（二）加速战略落地，技术核心竞争力日益增强

一是关键核心技术持续获突破。首批3项集团关键核心技术攻关项目进展顺利，成果产出及产业化进程符合预期。其中，旋转导向与随钻测井产业化快速推进，累计进尺已超52万米；随钻高速泥浆遥传技术获突破，传输速率提升24倍，巩固了公司在国内该领域的领导者和国际上强有力的竞争者地位；自主小道距拖缆采集装备零故障率高效完成国内首次6×6km规模三维采集作业，一举扭转海洋地震采集装备长期依赖进口的局面；提前实现了235℃/175MPa条件下的声、电、核测井能力，最高作业井温达到196℃，保障了渤海全部高温井的声电核大满贯测井作业，彻底打破外方设备在中国海上高温测井的垄断地位。

二是淬炼技术利器，助力油气田稳产增产。随钻旋转导向高端产品频获突破，实现全功能全规格作业能力覆盖。随钻探边仪在渤海油田完成31口井地质导向作业，储层钻遇率90%；随钻测压仪在渤海作业7井次，大幅提升作业时效，助力客户清晰判断地层压力分布；增产稳产技术系列日益完善，助力单井产量及油田采收率提升。新型热采装备LD21调试成功，比纯蒸汽提高采收率2%；新型聚合物凝胶在线调剖技术现场实施45井井次，累增油超20万方。

三是构建一体化技术体系，助力高效钻井服务。高温堵漏等新技术缩短建井周期8—20%，旋冲马达钻井提升火成岩地层机械钻速60%；钻井设备零部件国产化深入推进，自研深水固井水泥头实现产业化应用；四位一体EPS环保技术实现年度减排7.7万，9—5/8″一次多层砾石充填工具在渤海完成高难度

作业；HT-FLOW抗温210℃无固相零伤害储层钻开液成功应用于渤中19-6，有效实现储层保护、保障钻后产能。

（三）技术品牌彰显，传扬国内外油田服务市场

一是技术品牌捷报频传。聚焦集团公司深水、高温高压、稠油等重大领域需求，配套2期科研高效孵化专项激励、项目经理负责制科研红利阶梯共享、"2050"引才计划、加快培育"技术树"等一系列技术产品系列化产业化创新型体制机制，形成6个专业25个技术发展方向，攻克103项关键技术，54项产业化应用技术，产品系列覆盖油气勘探开发生产及弃置全流程，"卡脖子"技术打破西方长期垄断。截至2020年，公司拥有技术装备805台套，较2016年初净增211台套，自主研发D＋W设备由0增加至66台套，一大批行业关键技术、装备被牢牢掌握在COSL人手里。

二是技术产品广销国内外。D＋W旋转导向与随钻测井系统累计作业210井次，并成功打入中石油辽河及中石化川渝陆地市场，一次入井成功率提升至86.2%；随钻高速率脉冲遥传技术在渤海实现重要突破，传输速率同比提升24倍，同比提高钻井时效20%，标志整套系统突破"限速"，正式跻身世界前列，填补了我国高速率脉冲器技术应用空白；自主小道距拖缆采集装备成功应用南海西部工区533平方千米三维采集作业，作业时效保持100%；235摄氏度/175兆帕超高温声电核满贯测井仪研制成功，渤海油田"六战六捷"，进一步攻克了高温高压地层地质资料获取难题。

三是技术综合实力增强。联合科研项目再结硕果，《复合式旋转导向钻井工具的理论与方法研究》，获国家自然科学基金委员会批准。截至2020年已累计销售31套，订单总额超亿元。2020年，中海油服产品供应能力和产品质量再次得到国际一流公司的高度认可，获得贝克休斯颁发的"全球优秀供应商"奖项，表彰其以客户需求为导向，在提升产品质量和客户服务方面的优异表现，该奖项系贝克休斯首次在全球范围内颁发，共评选出约20家供应商。

只有拥有核心技术才能不受人掣肘，更不至于在关键时刻被竞争对手卡住脖子！未来，中海油服将持续技术发展战略，创新方式方法，深入研究国家科研激励体制与政策，完善公司科研激励体系，提升公司的整体技术竞争力，坚决落实中国海油"1534"总体发展思路，努力实现中海油服"十四五"新征程良好开局，在中国海洋石油工业发展历史恢宏巨著上，写下更加光辉灿烂的不朽篇章。

成果创造人：赵顺强、卢涛、时超、刘小刚、黄微、宋春旺、赵璧、马修恩、

刘海志、范伟

中国电信天翼电子商务有限公司
落实国企改革三年行动的实践与思考

天翼电子商务有限公司

为了贯彻党的十九届五中全会关于深化国有企业改革的有关精神，全面贯彻落实党中央、国务院《国企改革三年行动方案（2020—2022年）》和中国电信集团有限公司（以下简称"集团公司"）关于《中国电信国企改革三年行动实施方案（2020—2022年）》的有关决策部署，天翼电子商务有限公司（以下简称"翼支付"）全面加强党的建设，以推进混合所有制改革为抓手，积极推进"双百行动"全面落地，进一步健全法人治理结构，完善市场化经营机制，健全激励约束机制搞活机制，提高效率、增强活力，力争将公司打造成金融科技行业"央企标杆"和改革尖兵。现结合公司经营及改革发展实际，就国企改革三年行动实施方案落实情况，形成以下工作成果报告。

一、成果背景

（一）公司简介

公司成立于2011年，是集团公司下属的二级专业子公司、中国人民银行核准的第三方支付机构、国家高新技术企业，是兼具运营商特点、互联网特征的金融科技企业，拥有数字生活、数字金融和科技服务三大业务板块，公司核心产品"翼支付"在国内移动支付App活跃用户数排名第三位。

公司坚持"支撑服务电信业务发展"和"拓展金融科技领域，实现价值增长"两大战略发展目标，紧紧围绕"具有互联网特征、运营商特点的现代金融科技企业"和"聚焦电信产业链，提供创新的金融科技服务"两大定位，以打造最受信赖的金融科技企业作为公司愿景，秉持让政府信赖、让客户信赖、让员工信赖、让股东信赖的初心，坚持党建统领，守正创新，依托金融牌照和金融科技能力，为电信产业链供应商、代理商、个人、家庭和政企用户，提供安全、便捷的金融科技产品和服务。

公司拥有6家全资子公司，3家参股公司。截至2021年5月底，翼支付拥有员工749名，主要分布于北京、上海、广州和西安四地，其中科技人员占比57%。

（二）经营概况

公司收入稳步提升，结构持续优化。2018—2020年，主营收入由23.38亿元增长至28.71亿元，其中外部市场化收入由7.72亿元增长至15.72亿元，复合增长率42.61%；利润总额由0.37亿元增长至1.31亿元，复合增长率88.16%。

公司业务指标持续较快增长。2018—2020年，月均活跃用户数由1498万增长至5500万，复合增长率91.61%；橙分期用户数由530万增长至903万，复合增长率30.53%。

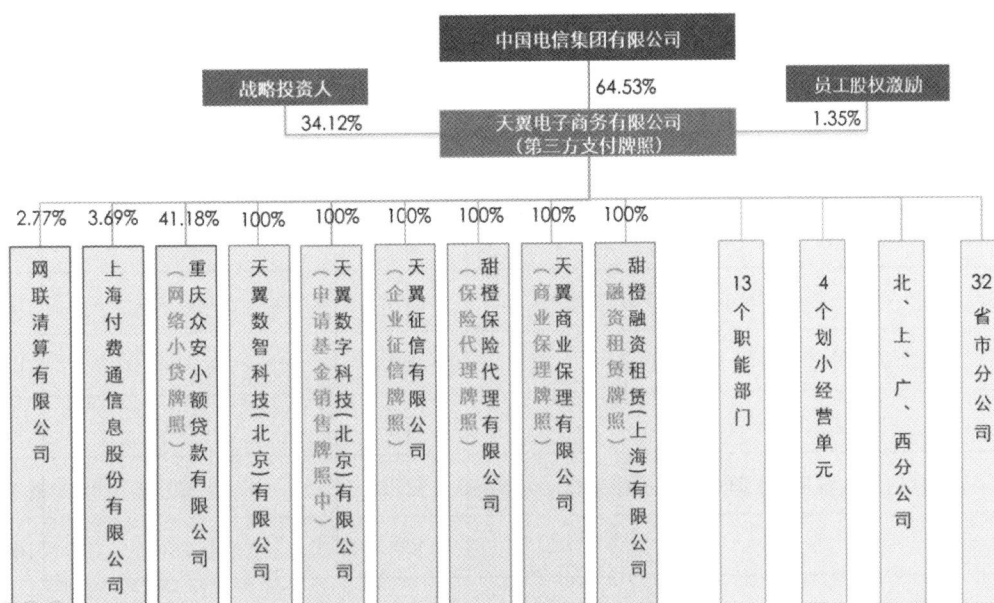

图1 公司组织架构及牌照布局

（三）股权结构

公司于2021年完成第二轮引入战略投资人工作，具体股权结构见表1。

表1 股权结构

股东名称	出资形式	持有注册资本（万元）	出资比例
中国电信集团有限公司	货币	50,000.0000	64.5289%
深圳前海淮润方舟投资企业（有限合伙）	货币	5,400.0000	6.9691%
成都产业资本控股集团有限公司	货币	3,783.0687	4.8823%
北京润信瑞恒股权投资管理中心（有限合伙）	货币	3,722.4944	4.8042%
东兴证券投资有限公司	货币	2,303.0000	2.9722%
深圳中广核信诺一期创新投资发展基金企业（有限合伙）	货币	2,064.2857	2.6641%
共青城华章一本文金投资合伙企业（有限合伙）	货币	1,807.1428	2.3322%
睿智合创（北京）科技有限公司	货币	1,322.7513	1.7071%
天津同历并赢五号企业管理咨询中心（有限合伙）	货币	1,126.3227	1.4536%
宁波梅山保税港区钛丰股权投资合伙企业（有限合伙）	货币	1,071.4285	1.3828%
杭州翼起橙企业管理合伙企业（有限合伙）	货币	1,048.5000	1.3532%
苏州苏商联合产业投资合伙企业（有限合伙）	货币	661.3756	0.8536%

深圳润信新观象战略新兴产业私募股权投资基金合伙企业（有限合伙）	货币	661.3756	0.8536%
北京旷视科技有限公司	货币	661.3756	0.8536%
嘉兴启应股权投资合伙企业（有限合伙）	货币	529.1005	0.6828%
深圳信诺二期创新产业发展企业（有限合伙）	货币	501.3227	0.6470%
瑞世云帆（平潭）投资合伙企业（有限合伙）	货币	396.8254	0.5121%
金圆资本管理（厦门）有限公司	货币	396.8254	0.5121%
中信建投投资有限公司	货币	14.2857	0.0184%
北京中互金启航一号基金管理中心（有限合伙）	货币	13.2275	0.0171%
总计	货币	77,484.7081	100.0000%

（四）改革原因

翼支付的改革虽然取得了一定的成绩，也促进了公司的进一步发展，但是对照中央和集团公司关于深化国有企业改革的要求，翼支付的改革工作还存在不足。主要体现在以下几个方面。

1.员工股权激励效果欠佳，约束大于激励

翼支付严格按照财政部4号文实施员工股权激励，但是对标市场化的企业，依然存在差距。一是员工与二轮投资人认购价格一样，但锁定期较长、无股权预留机制，导致同股同价不同权，对员工吸引力不高，约束性较强，科技金融类人才基本没有认购公司股权。二是针对员工主动离职、被动优化等情况，员工股权激励方案虽然明确了相关处理路径与方法，但是可操作性不强，导致公司面临较大的管理成本压力。结合本次公司实施员工股权激励的实践，建议在下一步改革过程中，探索多种中长期激励手段，如岗位分红、IPO战略配售等，适当对现有政策进行突破，以更好地激励约束核心团队骨干。

2.市场化薪酬未全面落实，科技人才引进难

在落实集团公司"云改数转"战略过程中，人才队伍需要向科技类人才优化布局。目前科技类人才薪酬水平与市场化薪酬水平存在较大差异，不利于科技创新、金融产品创新等领域的人才吸引与激励。建议增量业绩牵引，存量科技人才拉平，分步实施，公平公正，精准激励，优先向科技创新类岗位提升薪酬竞争力，聚焦行业高端领军人才，给予工资总额单列政策。

3.选人用人改革仍需深化，干部能上不易下

公司在三项制度改革里面存在"干部能上不易下"的问题。翼支付一直坚持干部能上能下，调整幅度较大，但随着调整的人员增加，存在少数降职、免职人员不理解、不认可的现象。建议全集团形成"能上能下"的选人用人氛围，加强对专业公司干部调整相关制度、流程规范性、实操上的指导。

4.公司性质定位不符主业，进一步改革受限

国资委对翼支付的性质定位，影响公司进一步深化改革。翼支付致力于通过改革打造金融科技国家队，但是由于公司业务不是电信集团主业，既影响集团公司对公司的进一步支持，使公司在发展过程中面临诸多限制，也影响翼支付全面服务集团公司云改数转战略。建议集团公司与国资委沟通，将"科技

信息服务"和"科技金融服务"列为中国电信主业，并将互联网金融和金融科技牌照获取工作列为中国电信未来发展重点工作。

二、成果内涵

中国电信国企改革三年行动方案和"双百行动"为公司战略目标实现提供发展契机，公司始终坚持党建统领下用好改革政策、加快战略落地，实现公司新一轮的发展目标。公司改革方案的总体原则、主要目标、改革进展及成效总结如下。

（一）基本原则

一是坚持党的领导。把握深化国企改革的政治方向、政治原则，充分发挥企业党组织在改革中的政治核心和政治引领作用。

二是坚持战略为先。以落实集团公司"云改数转"战略，坚持"一梁三柱"发展策略，服务并支撑服务电信业务发展为目标，聚焦战略推动与执行过程核心环节。

三是坚持问题导向。立足实际，规划长远，全面系统谋划深化改革，着力解决企业快速可持续发展面临的难题。

四是坚持市场化导向。充分发挥市场在配置资源中的决定性作用，遵循市场经济规律和企业发展规律。

五是坚持落实责任主体。公司统一思想、统一认识、统一思路，梯次展开、分类推进，确保改革成效。

（二）改革目标

公司将继续对照中国电信国企改革三年行动方案和"双百行动"方案要求，在持续加强党的领导基础上，努力在深化混合所有制改革、健全法人治理结构、完善市场化经营机制、健全中长期激励约束机制、推进科技创新与成果转化方面实现全面深化改革，突破流量＋科技＋金融＋机制等方面的发展瓶颈，打造符合现代企业制度和高质量发展要求、行业内具有市场影响力、集团公司内具有示范突破带动作用的国企改革尖兵和金融科技国家队。

1.战略目标

2018—2020年，公司营业收入增长50%以上，净利润翻两番；2021年，启动并完成公司股份制改造及IPO上市工作；2022年，形成2～3个新的业务增长点，多点开花、全面突破。

2.核心能力建设

聚焦"流量＋科技＋金融（牌照）"为发展核心路径，公司围绕做大流量规模、加强科技创新、做到多金融牌照发展，聚焦打造核心竞争力。

3.人才队伍建设

打造"能者上、优者奖、庸者下、劣者汰"的选人用人机制，营造"想干事、能干事、干成事的浓厚氛围"，制定高端人才引进管理办法，明确对高端人才的引进、培养、评价机制。

（三）改革进展及成效

公司以混合所有制改革为契机积极推进"双百行动"全面落地，并已初步取得显著成效，主要体现在加强党的领导、开展混合所有制改革、健全法人治理结构和强化市场化激励约束机制四个方面。

1.坚决贯彻两个一以贯之，进一步加强党的领导

一是坚决贯彻两个"一以贯之"。为确保党委会议前置程序规范执行，公司2017年下发《天翼电子商务有限公司"三重一大"决策制度实施办法》（中电信支付〔2017〕63号），并于2019年对"三重一大"事项清单进行了更新，明确并细化了党委会前置研究的具体事项，建立"党委统领、股东会授权、董事会审批、经理层落实、监事会监督"的分级授权体系，推动企业的所有者、经营者、监督者通过"三会一层"履行职权。

二是在公司章程中明确党委发挥把方向、管大局、促落实的领导作用，坚持党委研究讨论是董事会、经理层决策重大经营管理事项的前置程序，公司总经理、党委书记由一人担任，并进入公司8人董事会，真正做到"董事会决定公司重大问题，事先听取公司党委意见"，使党组织成为公司法人治理结构的有机组成部分，确保党的领导、党的建设在混合所有制改革中得到充分体现和切实加强。

2.积极开展引战融资工作，推动混合所有制改革

公司于2021年4月底完成二轮引战的央行审批、产权登记和工商变更工作，目前已顺利完成两轮引入战略投资人工作。通过两轮混改引战，公司共引入14家战略投资人，累计融资超过20亿元，中国电信持股比例从100%下降至64.53%，保持绝对控股地位。2021年6月16日，公司召开天翼电子商务股份有限公司创立大会暨第一次临时股东大会，标志着股份制改造工作已初步完成，目前公司正持续推进股改的监管审批及IPO上市工作。

公司的经营活力和市场竞争力显著提升，近三年，主营收入、非关收入、利润总额复合增长率分别为11%、43%、88%。公司将持续与两轮股东的在场景、科技、金融等领域加强战略合作，与引入的头部产业集团、风控科技、人工智能公司和金融机构等股东签署战略合作协议，推进战略资源落地。另外，按照《国有科技型企业股权和分红激励暂行办法》（财资〔2016〕4号）要求，公司在第二轮引战工作中实施核心员工股权激励计划，同股同价同步授予151名核心员工股权激励，约占员工总数的20%，包括高级管理人员、经营管理人才、重要技术人员等核心骨干，员工合计出资0.79亿元，投后出资比例约1.35%。

3.不断健全法人治理结构，完善现代企业制度

一是全面加强党的领导，准确界定各治理主体的权限边界。坚持"两个一以贯之"，公司章程明确党委研究讨论是董事会、经理层决策重大经营管理事项的前置程序；建立健全"三会一层"治理结构，通过完善公司章程和内控制度，推动各方履职行权，实现"党委统领、股东会授权、董事会审批、经理层落实、监事会监督"。

二是组建董事会，明确董事会在混合所有制公司治理和经营决策中的核心地位，切实落实和维护董事会依法行使重大决策、选人用人、薪酬分配等权利，授权董事会审批公司净资产10%以内、约2.5亿元的各类经营事项，并进一步优化董事会构成，由投资人股东提名3名董事进入8人董事会，外部董事占比达到88%。外部董事担任薪酬委员会、风险委员会等董事会专业委员会主任或委员，充分发挥外部董事的积极作用

三是充分授权放权，保障经理层经营自主权。公司混改后同步修订公司章程、"三重一大"清单和内控权限列表，按照市场化原则对标中国电信旗下中通服、号百控股等上市公司和"BATJ"等头部互联网公司，充分保障经理层经营自主权。董事会审批事项减少88%，极大提升了公司的决策审批效率。

表2　分级授权体系

分级授权体系（写入公司章程）	
党委统领	（1）研究讨论公司改革发展稳定、重大经营管理事项和涉及职工切身利益的重大问题，并提出意见建议； （2）坚持党管干部原则与董事会依法选择经营管理者以及经营管理者依法使用人权相结合。公司党委对董事会或总经理提名的人选进行酝酿并提出意见建议，或者向董事会、总经理推荐提名人选等
股东会授权	（1）决定公司经营方针和投资计划； （2）授权董事会审批工资总额机制、股权激励计划、职业经理人以及市场化聘任高级管理人员等国企改革方案； （3）选举和更换非由职工代表担任的董事、监事，决定有关董事、监事的报酬事项等
董事会审批	（1）执行股东大会的决议； （2）决定公司的经营计划和投资方案（股东会授权董事会审批投资金额为净资产10%以下的对外投资）； （3）在股东会的授权下，审批工资总额机制、股权激励计划、职业经理人以及市场化聘任高级管理人员等国企改革方案； （4）聘任或者解聘公司总经理、董事会秘书；根据总经理的提名，聘任或者解聘公司副总经理、财务负责人等高级管理人员，并决定其报酬事项和奖惩事项等
经理层实施	（1）主持公司的生产经营管理工作，并向董事会报告工作； （2）组织实施董事会决议、公司年度计划和投资方案； （3）在董事会的审批下，组织实施工资总额机制设计、股权激励计划、职业经理人以及市场化聘任高级管理人员等国企改革方案

4.持续强化激励约束机制，激发员工工作活力

一是建立市场化选人用人机制。翼支付坚持打造"能者上、优者奖、庸者下、劣者汰"的用人文化，加快推进干部年轻化，2020年提任年轻干部与技术专家38人，任用35岁及以下干部10人，年轻干部占比持续提升；公司强化末位淘汰，建立述能、述职制度，公司每年对全体干部进行综合测评，排名靠后的干部要进行答辩，截至2020年底，答辩不通过者予以降免职共26人。

二是加强行业高端人才引进。翼支付坚持按照"高、精、尖、缺"的原则，通过"筑巢引凤"计划，引入阿里、华为、平安等公司20余名人工智能、区块链等科技类高端人才和行业专家，并以此为基础设立技术创新中心、人工智能研究院、区块链研究院，形成"一心两院"研发架构体系，每年研发投入占收比超过15%，2020年研发投入4.6亿元，占营业收入16%，累计提交专利140项，公司科技创新工作再上新台阶。

三是深化市场化薪酬和激励改革。翼支付坚持以考核结果兑现薪酬，部门负责人年度薪酬绝对差异值达55%，员工激励性收入变动在±30%。同时，实施股权激励计划，151名（约占员工总数20%)核心骨干员工获得股权，投后出资比例约1.35%，充分调动了员工干事创业的积极性。

四是打造具有改革特色的企业文化。公司保持和发扬"艰苦创业"和"共同奋斗"精神，提倡"快快快"的工作作风，培育"能力＋业绩＝平台＋薪酬"的价值导向，形成了"想干事、能干事、干成事"的干事创业浓厚氛围，有效激发了企业和员工活力。

三、下一步改革具体举措

公司坚持党建统领，深入学习贯彻党的十九届五中全会精神，落实集团公司"云改数转"战略和"十四五"规划，坚持和完善"一梁三柱"发展策略，聚焦中国电信产业链，围绕"强化科技创新，提升核心竞争力"和"深化混合所有制改革，推动IPO上市，激发员工活力"两条主线，推动三大业务转型，实现高质量发展。

（一）坚持党建统领，建立容错纠错机制

一是深入落实两个"一以贯之"。抓好中国特色现代企业制度建设，持续推动党的领导融入公司治理制度化、规范化、程序化。结合公司引战混改实际，适时修订"三重一大"事项清单，明确细化党委会前置研究的具体事项，通过程序前置把好政治方向、改革方向和发展方向，使党的理论和路线方针政策在国有企业得到坚决贯彻。

二是建立健全容错纠错机制，破除思想包袱，进一步解放思想。坚决贯彻落实习近平总书记"三个区分开来"重要思想，结合公司自身实际制定容错纠错机制，建立"三看"原则，一看是否存在私利，明确"为公"还是"为私"，分清"无心"还是"有意"；二看决策程序是否合规，明确"合规"还是"违规"，判定"集体决策"还是"个人独断"；三看问题处理方式是否客观，区分是"以解决问题为导向、积极作为"，还是"掩盖过失、消极应对"。鼓励大家积极做事、大胆尝试，同时通过嵌入式风险防控等一系列手段从源头避免腐败风险。

（二）积极推进混改，加快股改上市进程

一是积极稳妥推进混合所有制改革，提高配置和运行效率。为贯彻落实《国企改革三年行动方案（2020—2022年）》要求，积极稳妥深化混合所有制改革，加快完成翼支付IPO上市工作，翼支付成立IPO上市项目组。项目组由项目领导小组和工作小组组成，工作小组在领导小组统筹及指导下开展工作，按时序工作目标推进项目实施，力争2021年完成公司股份制改造的监管审批及工商备案工作，同步推进公司IPO上市。

二是实现战略资源高效协同发展，做好上市后投资人关系。一方面，公完成IPO上市工作后，公司拟通过与战略配售投资人签订《战略合作协议》的方式，在场景、科技、金融等领域加强战略合作，推进战略资源落地。另一方面，公司将持续做好上市后的投资人关系及信息披露工作，完善并持续优化信息披露制度，按监管要求对重大信息及时披露，守好合规底线。

（三）健全治理结构，做实董事会治理机制

一是突出董事会作用。持续优化董事会组成结构，实现战略投资者提名董事与国有出资人提名董事并存的多元董事构成，建立权责能力适配、能够真正推动公司市场化变革发展的董事会；在《公司章程》中要落实和维护董事会依法行使重大决策、选人用人、薪酬分配等权利；成立战略与提名、审计等专门委员会，由外部董事担任专门委员会主任和主要成员，推动公司发展策略不断升级迭代，防范化解经营风险；同步制定《天翼电子商务有限公司三会管理办法》《天翼电子商务有限公司信息披露管理办法》等相关办法制度，全面依法落实董事会各项权利。

二是完善分级授权体系。公司修订《公司章程》、三重一大和内控权限，进一步明确公司股东会、董事会和经理层决策权限，在两轮引战的背景下，公司董事会决策最近一期经审计净资产的比例超过5%且在10%以下的交易事项，经理层决策最近一期经审计净资产的比例在5%以下的交易事项，单笔交易金额小于1.25亿元的一般经营及投融资事项授权经理层审批，1.25亿元至2.5亿元的较大经营及投融资事项授权董事会审批，超过2.5亿元的重大经营及投融资事项由股东会审批，在依法合规的基础上进一步简化决策流程、提高决策效率。

（四）完善经营机制，探索职业经理人制度

在干部人才队伍建设方面，持续推动子公司市场化选聘、契约化管理、制度化退出机制，子公司实施任期制和契约化。通过任期制和契约化管理办法，在经营业绩和薪酬"双对标"的基础上，子公司管理层全部签订任期和年度考核激励契约书，同时设定了高固浮比的薪酬结构，形成了激励与约束相结合的契约化管理体系。

围绕"市场化选人、契约化管理、市场化薪酬、强业绩考核、市场化退出"的工作思路，适时探索建立子公司职业经理人机制。同时统筹好内部和外部两个人才市场，激发内部人才队伍活力，吸收外部优质人才资源，从侧重新技术、运营、风控等人才的技术优先策略向技术、产品、管理并重的人才均衡策略发展，打造高素质专业化的干部人才队伍，进一步夯实公司持续快速发展的组织基础。

（五）开展薪酬改革，建立激励约束计划

积极开展薪酬改革，通过岗位价值评估、能力匹配、业绩考核三位一体更新薪酬体系，聚焦核心管理层和技术岗，推进其市场化薪酬水平，搭建科学合理确定工资总额配置机制和内部分配机制。开展战略解码，识别公司业务，科学配置资源支撑，坚持业绩和薪酬双对标，以同行业、同规模选取可对标企业，坚持同业绩、同薪酬以及企业可支付原则，横向对标选取人事费用率、百元人工成本收入/利润率等人效指标，根据企业盈利能力、企业营业规模合理测算工资总额需求量。对于缺口，采取分步调高到位，通过优化工资总额实现正向激励。

建立基于业绩导向的一揽子激励约束计划。坚持市场化导向，以"用工市场化"为重要基础，根据人工成本合理确定机构设置和人员编制，持续提升人力资源的配置效能，为工资总额管理提供保障支撑；以"水平市场化"为重要手段，逐步提高关键岗位的薪酬竞争力，合理拉开收入分配差距，促进工资总额管理市场化；以"效率市场化"为主要目标，探索收入抢盘机制、超额利润分享，通过增量改革，用增量发展来解决问题。率先实现"不看身份、不看级别，只看岗位、只看贡献"的市场化氛围，加大对关键骨干人才的激励力度，增强企业活力。

四、改革经验及亮点

自翼支付实施混合所有制改革以来，公司大胆探索、锐意创新，在改革重要领域和关键环节迈出了实质性步伐，取得了突破性进展。改革工作的经验汇报如下。

（一）学习贯彻中央决策部署，坚持和加强党的领导

翼支付把深入学习贯彻习近平总书记关于国有企业改革发展和党的建设的重要论述作为首要任务，把学习贯彻总书记重要讲话和重要指示批示精神作为第一议题，把深化国企改革作为重大政治责任，坚决贯彻落实党中央、国务院关于国企改革三年行动的决策部署，坚持和加强党的全面领导。

一是联系实际系统学，增强改革部署的整体性，翼支付系统学习近平总书记有关国有企业改革发展和党的建设的最新重要讲话，包括习近平总书记在主持召开中央全面深化改革委员会第十八次会议时的重要讲话、在全国两会上的重要讲话精神等，结合国有企业改革新部署新要求，推动改革和发展深度融合、高效联动，以改革促创新、强动力、推转型、优结构、提质量、增效益、转作风，不断提高贯彻新发展理念、构建新发展格局能力和水平。

二是深入开展调查研究，服务基层解决实际问题，翼支付经理层全部奔赴前线调研，深入市场、深入基层，服务客户、服务员工，通过"走一线、听声音、解难题"，进一步摸情况、摸底数、摸问题，针对体制机制改革、基层党组织建设、创新商业模式等工作中的重点难点问题，现场沟通研讨、深入分析，对标一流企业，研究制定整改措施，纳入改革任务实施方案中。

三是着眼未来，统筹谋划改革发展大局，翼支付着力抓重点、补短板、强弱项，科学制定《天翼电子商务有限公司综合改革方案（2021—2022年）》和《天翼电子商务有限公司落实国企改革专项督查问题整改实施方案》，配合国企改革三年行动落实落地，实现"综合实力再上新台阶、科技创新实现新突破、生态运营取得新进展、学习共创塑造新优势、企业治理达到新水平、企业价值得到新提升"的"六新"目标。

（二）健全组织领导工作机制，完善改革闭环管理机制

翼支付在推进国企改革实践过程中，结合企业实际，勇于探索，大胆创新，形成一套具有自身特色的组织体系、工作机制和激励机制，已建立起较为完善的推进改革闭环管理流程和管理体系。

一是抓组织保障，成立改革专项项目组，翼支付先后成立包括全体经理层成员在内的"双百行动"改革项目组、股份制改造和IPO上市项目组，从公司各部门抽调10余名精兵强将成立专项工作队伍，建立起推动改革落实的"尖刀班""攻坚队"。以公司股改上市为契机，按照国企改革三年行动任务部署，进一步推动落实公司混合所有制改革，同时将项目组划分为若干小组，明确各项任务的责任人、参与人和督导人，做到"项项有跟进、件件有督办"，强化组织领导、健全工作机制、压实领导责任、加强督查考核、做好宣传引导。

二是抓跟踪督办，加大工作推进力度，翼支付通过制定双百行动工作台账及改革专项督查问题整改工作台账，按季度持续跟进各项改革任务完成进度，并将整改情况进行通报。公司纪委对整改工作的落实情况进行监督和检查，对相关主责部门负责人的履职尽责情况进行抽查，对未落实整改职责、整改不到位的责任人进行问责，并提出处置建议。对重大改革方案，改革领导小组进行专题研究审议，推进解决重点难点问题。

三是抓激励考核，激发各部门改革动力，将改革工作纳入相关部门、事业群2021年组织绩效考核（确保与现有考核指标一致），明确改革完成的时间，落实改革责任到人，突出改革工作的严肃性、紧迫性和重要性。制定专项激励方案，按照相关流程审批通过后，作为项目评优、激励的依据，对改革过程中的优秀部门及项目组成员进行表彰。

（三）打好改革高效联动组合拳，牵引企业高质量发展

翼支付认真贯彻党中央国务院关于国有企业改革发展相关要求，着力打好改革与发展深度融合、高效联动的组合拳，把推进国企改革三年行动与企业布局优化和结构调整紧密结合起来，把体制机制改革与公司未来布局紧密结合起来，加快推进全面深化改革，牵引驱动企业高质量发展，切实发挥改革在构建新发展格局中的关键作用。在兼顾完善公司治理，健全科学高效的经营决策机制和强化市场化激励约束机制，调动员工干事创业激情的同时，全面提升金融科技创新能力，加快企业数字化转型。

一是坚持战略协同，提升公司技术实力。翼支付以"混"促"改"，通过与战略投资人进行合作，实现技术合作的"多点开花"与重点突破。例如，公司和国家头部AI公司联合清华大学，申报国家级联合实验室；与另外一家清华背景的技术企业，共同在雄安开展区块链建设。

二是坚持特色化培养，提升技术人才黏性。翼支付对人工智能研究院、区块链研究院试点人力资源差异化政策，通过OKR考核方式，柔性牵引科技人员进行科技创新，试点项目制，加大激励约束；针对科技人员培养发展，定制技能培养、职业发展专项计划，鼓励专家型人才复合交叉成长。

三是坚持自立自强，提升自主研发水平。翼支付通过体制机制改革，进一步破除科技创新的障碍，激发技术团队的内在活力，自主研发水平不断提升。例如，公司自主研发分布式数据库YiDB的底层支撑、水平扩展计算、"密流安全计算平台"等，截至2020年，翼支付已取得了近150项各类专利及450项软件著作权，跻身金融科技行业第一梯队。

（四）中国电信集团高度重视，着力营造良好改革氛围

翼支付能够取得上述改革成效，主要得益于集团公司党组的坚强领导，为翼支付改革营造了良好的氛围。集团党组书记、董事长柯瑞文同志多次主持召开党组会议，审议翼支付改革方案，协调关键环节，督导改革落实情况；李正茂总经理带队拜访央行范一飞副行长，加快推动二轮引战增资结果审批；邵广禄副书记带队拜访国资委，为翼支付争取人工成本；朱敏总会计师多次听取翼支付混改过程中的审计与资产评估工作汇报，确保如期实现进场挂牌交易的目标；王国权副总经理在兼任翼支付董事长期间，多次带队拜访战略投资人，最终引入旷视科技等具备科技能力的战略投资人。

针对翼支付混改项目，集团成立专门的项目组，协调各部门深度参与，明确各部门在项目组中承担的职责。企业战略部、资本运营部、财务部、人力资源部、市场部、法律部等各部门在项目组例会上对翼支付混改的关键环节进行充分讨论，从可行性研究、国家政策、行业趋势、财务预测、资产评估、产权管理、风险管理等诸多方面指导翼支付混改工作，确保方案科学可行，程序合规合法。

2020年6月22日，集团党组书记、董事长柯瑞文主持召开集团党组会，审议翼支付二轮引战进场交易方案和股权激励方案，会议强调"翼支付二轮引战是集团党组统筹行业发展、企业战略布局和业务生态建设的重要举措。要进一步提高站位，站在国家和行业的角度，充分认识互联网金融业务健康发展对于国家防范化解金融风险的重要意义，要积极推动翼支付做大做强，打造领先的金融科技国家队，不断增强国有资本在互联网金融领域的控制力和影响力"。

会议要求：一是要积极推动行业协同，努力深化与中国移动、中国联通在移动支付领域的合作。二是要强化战略协同，结合业务拓展和合作情况，重点选取具备业务协同能力的战略投资人。三是要继续完善市场化激励约束机制，进一步创新内部机制、激发员工活力、留住核心人才，打造崇尚奋斗的企业文化。四是集团各部门要高度重视，协同配合，按照集团统一工作部署和要求，积极推动和帮助翼支付落实二轮引战工作。

2020年11月12日，集团党组书记、董事长柯瑞文主持召开党组会，审议翼支付二轮引战增资结果和后续工作安排，会议要求：一是要提高认识，积极推动三家运营商在支付领域的协同工作。二是要加快进度，尽快完成第二轮引战增资混改有关工作，加快启动IPO上市工作。三是要加大科技投入和技术研发，切实发挥好引战资金的作用和效益。

2021年6月11日，集团党组书记、董事长柯瑞文在"企业改革发展迎接建党百年有关工作专题研究部署会"上强调，"要巩固和扩大支付体系改革成果，不是简单把支付公司推向市场，而是通过改革激发翼支付的经营活力与创新能力，更好服务中国电信云改数转战略，改革后支付公司对省公司的服务不仅不能减弱，还要进一步加强。各省公司要用好支付和金融科技差异化能力，实现用户、数据、渠道和平台协同，实现'支付＋金融＋云网'融通互促发展"。

成果创造人：罗来峰、李雪冰、刘欣、朱岫芹、梅岭、常亮、王华、

高景汶、王钒吉、刘超强、成昱

中国境外投资企业以"强化合规性、提升效益性"为核心的跨境重组税收优化体系构建

中国电建集团海外投资有限公司

一、前言

中国电建集团海外投资有限公司（以下简称"电建海投公司"）是中国电力建设集团有限公司主要子企业中国电力建设股份有限公司的重要骨干控股子公司，是从事海外投资业务市场开发、项目建设、项目运营与投资风险管理的法人主体，以投资为先导，带动海外工程总承包（EPC）业务的发展，成为中国电建调整结构、转型升级、推动国际业务优先发展的重要平台与载体。公司于2012年7月1日成立，注册资本金为54.1亿元。

电建海投公司在海外电力能源投资开发领域具有良好的资本运作和项目开发建设能力。截至目前，电建海投公司在16个国家（地区）设有各层级全资及控股子公司36个、4个参股公司和1个代表处，已在柬埔寨、老挝、尼泊尔、印度尼西亚、巴基斯坦、孟加拉国、澳大利亚、刚果金等国家投资建设电站、水泥厂、钾盐矿、铜钴矿等项目。电建海投公司目前在境外投资的项目主要集中在水电行业、火电行业、风电行业、矿产资源行业和建筑建材行业，已建成投产运营的项目10个，在建项目3个。根据电建海投公司"光之年"发展战略规划，目前正积极推进新能源电站项目投资，探索推进波黑、保加利亚等欧洲市场的新能源电力开发工作。

截至2020年末，电建海投公司资产总额481.07亿人民币，2020年全年实现营业收入103.72亿人民币，净利润10.03亿人民币。电建海投公司将在未来持续提升资产经营管理能力，以重组的方式对资产结构进行整合优化以放大资源优势，在重组过程中构建合理的税收优化体系将为公司跨境重组效用提升筑牢根基。

二、境外投资企业跨境重组税收优化体系构建背景

（一）优化资源配置，适应结构性改革发展的需要

近年来，随着需求侧的宏观政策空间与效率约束日渐凸显，越来越多的经济体与国际组织将目光聚焦于结构性改革，2015年11月，在中央财经小组第十一次会议上，习近平总书记提出，在适度扩大总需求的同时，着力加强供给侧结构性改革，着力提高供给质量和效率，增强经济持续增长动力，推动我国社会生产力水平实现整体跃升。主流结构性改革观点认为，经济运行中存在的流动性及竞争性等障碍影响资源的有效配置，从而无法实现资源配置的最优化，因此，结构性改革要从解决资本、劳动力、技

术要素等流动性障碍，以及从产品市场及制度层面提升企业和个体的有效竞争性，提高资源配置效率效果，进而提高潜在经济增长力。

企业重组是有效实现资源优化配置的手段，可以通过资本的重组和流动来实现资本的保值增值，提高全要素生产率。尤其在"一带一路"背景下，境外投资企业在"一带一路"沿线国家存在多点投资，通过重组，可以重新配置和调整企业内部资源，促使资源向能创造更高价值的领域转移和流动，优化企业各种资源要素的结构，达到资源的优化配置，从而可以激发企业的创新能力，以更好地进行资本运作，从而深入挖掘资源潜力，以更充分地发挥资源的放大效应。

（二）激发资产活力，促进价值链优化升级的需要

2017年，证监会修订发布《公开发行证券的公司信息披露内容与格式准则第26号——上市公司重大资产重组》，鼓励上市公司并购重组，配合停复牌制度，减少简化上市公司并购重组预案披露要求。2020年3月，修订后的新证券法正式实施，新证券法加大了对内幕交易的处罚力度，进一步强化了信息披露要求，对市场而言，更加公平公正，由于信息不对称给投资者带来损失的概率将进一步降低，因此，新证券法下的并购重组业务将更加注重质量，业务的发生将更加严格规范，同时，上市公司开展并购重组的积极性会更加活跃，并购重组规模预计将显著提升。

新证券法的实施将推动企业切实提升治理水平，提高资本运作能力，充分利用多层次资本市场推动公司资产价值回归，提高资产变现能力和周转速度，走内源式发展之路。重组可以通过对资产的重新组合产生协同效应，使其高于原单个资产获利能力总和，尤其跨境重组，可以使境外投资企业更加充分地利用国际金融中心进行资本运作，充分激发资产活力，消除管理无效性，从而带动企业价值链的优化升级。

（三）推动提质增效，提升企业国际竞争力的需要

2016年1月中央企业负责人会议上，将"提升发展质量和效益"作为中央企业的重点任务之一，中央企业要从做好增量、盘活存量、管理提升三个方面要效益。要做好提质增效，就要运用科学的管理手段和先进的管理技术，更加关注宏观成本对经济效益和企业价值的贡献度或毁损水平，要从业务布局、管理链条、资源配置、资金成本、税收筹划等多层次、多维度综合施策。

企业重组可以从根本上改变企业存在的管理弊端，促进资源优化配置，形成规模经济，但在企业重组尤其是跨境重组的过程中，也会产生一些税收成本，在国家政策导向鼓励有效并购重组的背景下，2014年，《财政部、国家税务总局关于促进企业重组有关企业所得税处理问题的通知》（财税〔2014〕109号）对原财税〔2009〕59号文中提到的享受特殊性税务处理的条件明确放宽，为企业重组整合提供了税收助力器；2016年，《财政部、国家税务总局关于全面推开营业税改征增值税试点》（财税〔2016〕36号）予以明确，资产重组过程中涉及的不动产、土地使用权转让行为不属于增值税征税范围。企业在重组过程中，应充分利用税收优惠政策，在合规的前提下，尽可能降低重组过程中的税负，以助力重组效益的提升，切实为重组后企业国际竞争力的提升奠定良好基础。

三、境外投资企业跨境重组税收优化体系内涵和主要做法

（一）境外投资企业跨境重组税收优化体系内涵

跨境重组，主要指企业针对其境外股权或资产进行的交易，进而会涉及境外股权或资产权属的转移。本成果所述的跨境重组，主要针对中国境外投资企业出于境外投资平台公司发展及再融资等战略需

求，将其直接持有的投资项目股权通过内部重组转移至境外投资平台公司持有。在这个过程中，鉴于股权为内部转让，不涉及重组后的整合问题，因此，税收将成为影响跨境重组效益的重要因素。

境外投资企业跨境重组税收优化体系主要基于跨境重组税收实践，以强化合规性、提升效益性为核心，以事前规划和过程控制为重点，以财税管理职能前置为先决条件，通过设立中间控股公司以充分利用税收协定网络确立优化重组架构，并在重组方案及重组协议设计时从税务角度出发选择更贴合税收及相应优惠政策要求的重组方式、重组路径及重组定价，以在强化跨境重组税收合规性基础上，实现跨境重组税收效益性的提升，带动财税管理模式向价值创造转型。

鉴于跨境重组业务属于企业非常规业务，在企业跨境重组过程中，应充分认识到税收成本在整个交易设计过程中的重要性，基于复杂的并购重组税收政策和现实中税务监管操作环境，企业内部及外部各方专业人士应该充分配合协调，成立专业小组并进行专门化分工，以合法性、效益性、前瞻性、可行性、持续性为基本原则，建立税收优化体系的宏观框架，避免在标的股权或资产交割完毕才考虑税务问题造成的重组税务优化被动局面。境外投资企业跨境重组税收优化体系宏观框架，如图1所示。

五个原则包括合法性、效益性、前瞻性、可行性和持续性。其中，合法性原则要求跨境重组税收优化体系的构建将始终以法律法规为依据，熟知政策且不逾越政策要求，在合规性框架范围内进行优化体系建设；效益性原则要求结合企业跨境重组实际情况，充分考虑可适用的税收优惠政策，进行合理的税收筹划，以提高跨境重组税务管理效益；前瞻性原则要求在跨境重组业务进行过程中，对存在的问题和难点做好预判，前置税务管理职能，建立健全税收优化体系建设的事前预测和评价机制；可行性原则要求确立的跨境重组税收优化体系应充分考虑其可操作性，做到因地制宜、实事求是、易于执行；持续性原则要求税收优化体系的执行贯穿于跨境重组活动的全过程，事前做好筹划、事中做好控制、事后做好反馈和资料留存。

四个应用是跨境重组税收优化体系构建的主要做法和核心考虑要素，包括重组架构、重组方式、重组路径和重组价格四个方面；三个保障是税收优化体系稳定运行的重要助推器。

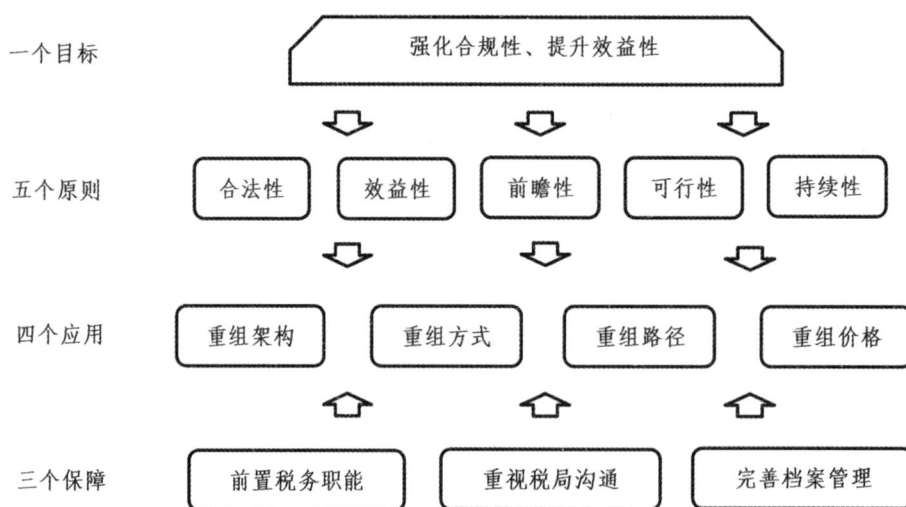

图1　境外投资企业跨境重组税收优化体系宏观框架

（二）境外投资企业跨境重组税收优化体系构建主要做法

1.充分利用双边税收协定，搭建合理的重组架构

跨境重组若不区分标的所在国别直接重组至境外投资平台，可能会造成重组后股息汇回成本较高，从而造成跨境重组后期效益的损失。重组架构的搭建主要通过在税负较低、税制清晰、税务管理规范的国家或地区设立中间控股公司，充分利用税收协定网络，以提升重组后税收效益，主要考虑股息汇回和投资退出两方面因素。

（1）股息汇回角度

股息汇回税务效率，主要包括重组标的所在国股息预提税、中间控股公司企业所得税及股息汇出预扣税，以及中国境外已纳税款抵免政策。

一般情况下，从重组标的所在国会对非居民企业来源于本国境内的所得征收所得税，且由支付所得的居民企业代扣代缴，股息预提税征收机制即基于此。同时，在国际税收实践中，为鼓励资本相互流动与投资，许多国家之间签订了包含预提所得税优惠条款在内的税收协定，以降低股息、利息等预提所得税，重组架构的设立首先要考虑在与重组标的所在国有税收协定的国家或地区设立中间控股公司，其次，从中间控股公司所在国税制考虑，需满足所在国对境外股息所得税及分红预扣税相对较低，最后，中间控股公司的商业实质维护成本考虑，双边税收协定的通常需要获取中间控股公司所在国颁发的商业实质证书，需投入一定的运营维护成本，因此，中间控股公司也不宜设立在需投入较高管理成本的国家或地区。举例来说，新加坡、阿联酋等国家，中国香港等地区税收较低、管理相对透明的国家或地区是常用的中间控股公司选择地。

根据中国企业所得税法及财政部、税务总局联合印发《关于完善企业境外所得税收抵免政策问题的通知》（财税〔2017〕84号）规定，业的境外所得已在境外缴纳的所得税税额，不超过五层的部分，可以从其当期应纳税额中抵免，抵免限额为该项所得依照企业所得税法规定计算的应纳税额；超过抵免限额的部分，可以在以后五个年度以内，用每年度抵免限额抵免当年应抵税额后的余额进行抵补。因此，在重组架构搭建时，尤其是为了红筹等资本运作搭建重组架构时，为了便于利润汇回国内时可以享受抵免政策，建议应将重组架构控制在五层六级之内。

（2）投资退出角度

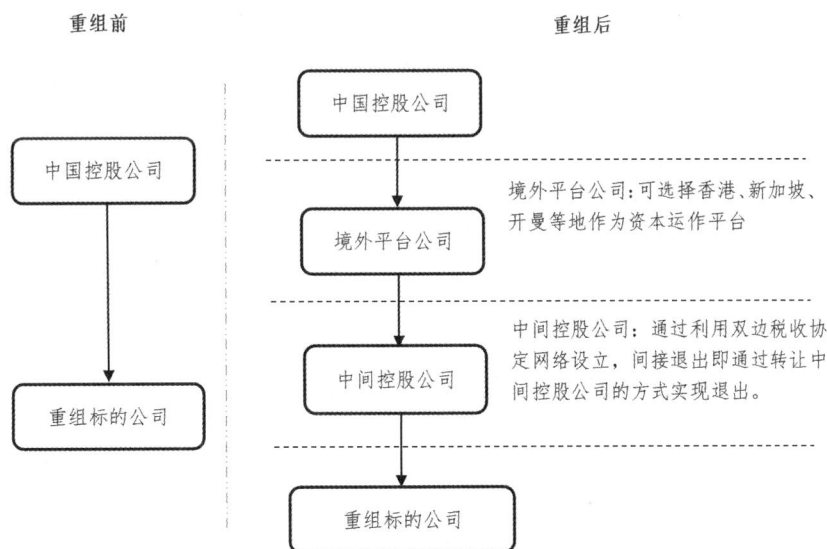

图2　跨境重组架构搭建示意图

投资退出时，一般有直接转让重组标的公司或间接转让两种方式。直接转让标的公司可能涉及标的公司所在国资本利得税、不动产税及印花税等，间接转让可以有效规避标的公司所在国税负，投资退出效率更高。此外，采用间接转让的方式，不会再次引起重组标的公司直接股东的变化，可以减少标的公司所在国审批环节，投资退出具有更大的灵活性和便利性，风险相对更低。

综上所述，综合考虑股息汇回效率及投资退出效率，基本重组架构的搭建，如图2所示。

2.基于重组相关税收政策，选择合理的重组方式

跨境重组共包括现金支付、股权支付及混合支付三种支付方式，国家重组相关的所得税政策对于适用税收优惠有设定相应前提条件，因此，应在重组方式设计时充分考虑后期税收优惠政策的适用条件，并与税局做好沟通，避免方案设计缺失造成的重组所得税负增加。

（1）跨境重组方式

跨境重组的实现方式通常包括现金支付、股权支付或其二者结合的混合支付三种方式。

①现金支付方式

现金支付方式，即原持股方向其境外平台公司转让标的公司股权时，境外平台公司向原持股方支付现金作为股权收购对价。该方案下，需境外平台公司资金充裕或原持股方向其进行增资以满足资金流转的需求，现金的周转成本较高，且现金周转涉及商务部、外管等一系列前置审批或备案手续，耗时较长，存在一定的不确定性。具体方式，如图3所示。

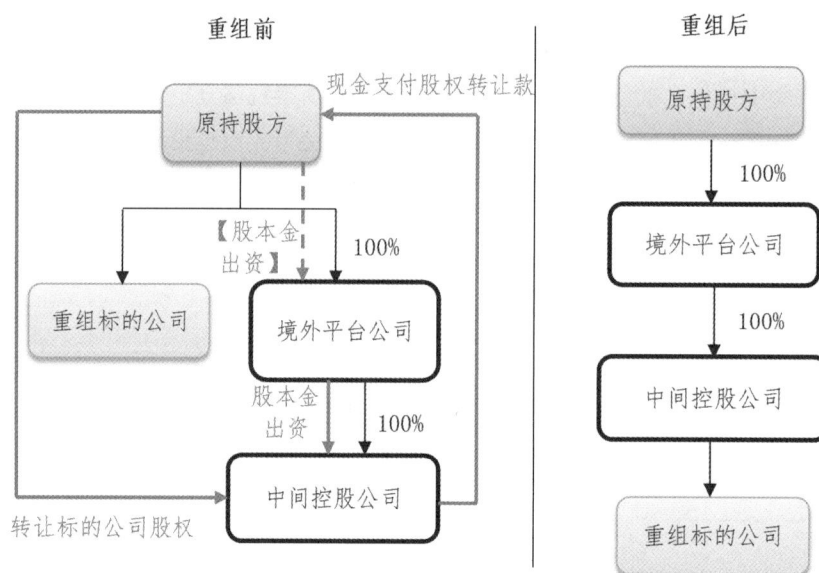

图3 跨境重组现金支付方式

②股权支付方式

股权支付方式，即原持股方与其境外平台公司签署换股协议，原持股方将境外标的公司股权转让给境外平台公司，并同意接受境外平台公司增发的股份作为股权转让的对价，股权支付方案涉及发改委、商务部的审批或备案，不涉及额外的用汇额度，也可以避免现金支付模式对日常运营资金的挤占，但股权支付方式会造成每股收益的不利变化，可能会影响后续的资本运作。具体方式，如图4所示。

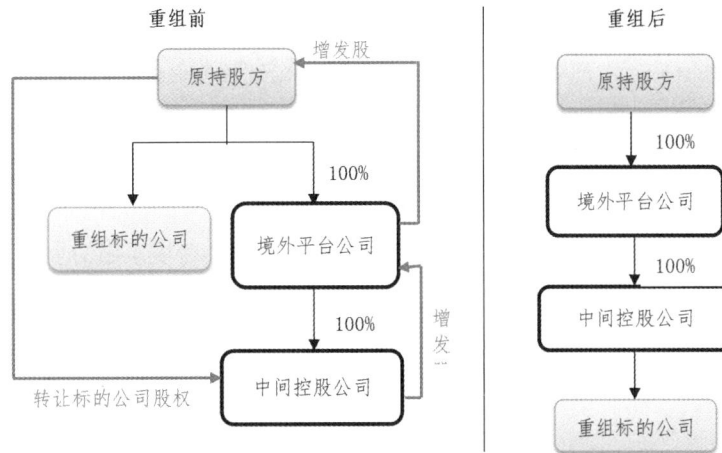

图4　跨境重组股权支付方式

③混合支付方式

混合支付方式，即原持股方接受的支付对价中，既包含现金部分，也包括境外控股平台增发的股份。在实务中，将多种支付工具组合在一起并搭配得当，可以避免现金支付和股权支付方式各自的缺点，既可以避免收购方大量的现金支出造成现金流紧张，也可以防止增发过多股份导致每股收益的稀释。

（2）跨境重组方式选择的税务考虑因素

根据《财政部、国家税务总局关于全面推开营业税改征增值税试点》（财税〔2016〕36号）规定，股权重组、资产重组过程中涉及的不动产、土地使用权转让行为不属于增值税征税范围，而印花税的税收成本较低，境外投资企业跨境重组方式确认的税务影响因素主要集中于企业所得税的范畴。

为鼓励企业并购重组，国家税务总局2009年出台《关于企业重组业务企业所得税处理若干问题的通知》（财税〔2009〕59号），将企业重组税务处理通常可分为一般性税务处理和特殊性税务处理两种方式。一般性税务处理与正常股权交易相同，以公允价值确认股权的计税基础，在重组实质完成的时点确认相应的利得或损失，而特殊性税务处理计税基础以原计税基础确认，交易发生时无须确认应税所得或损失，该部分利得或损失待被转让方再次转让时予以释放，以起到递延纳税的作用。2014年，为进一步为并购重组业务提供税务助力，《财政部、国家税务总局关于促进企业重组有关企业所得税处理问题的通知》（财税〔2014〕109号）就享受特殊性税务处理的条件予以放宽。根据上述文件规定，若拟适用特殊税务重组，需满足五个方面的要求。

①具有合理的商业目的，不以减少、免除或者推迟缴纳税款为目的；

②被收购、合并或分立部分的资产或股权比例不低于50%；

③企业重组后的连续12个月内不改变重组资产原来的实质性经营活动；

④重组交易对价中涉及股权支付金额不低于85%；

⑤企业重组中取得股权支付的原主要股东，在重组后连续12个月内，不得转让所取得的股权。

对于跨境重组，除满足以上五个条件外，根据59号文第七条规定，还需符合以下三个条件。

①非居民企业向其100%直接控股的另一非居民企业转让其拥有的居民企业股权，没有因此造成以后该项股权转让所得预提税负担变化，且转让方非居民企业向主管税务机关书面承诺在3年（含3年）内

不转让其拥有受让方非居民企业的股权；

②非居民企业向与其具有100%直接控股关系的居民企业转让其拥有的另一居民企业股权；

③居民企业以其拥有的资产或股权向其100%直接控股的非居民企业进行投资。

总体来说，跨境重组适用特殊性税务重组条件更为严苛，首先，受让方需是转让方的全资子公司；其次，转让方式仅限于母公司向其全资子公司转让，子公司向其母公司转让不可适用；最后，对再转让做出了更为严格的规定，需向税务机关书面承诺3年内不再转让。

针对中国居民企业将其持有的境内股权转让至境外平台公司的跨境重组情形，除五项基本规定外，还需满足受让方为转让方100%持股子公司的规定，且为防止因我国税收管辖权丧失而导致的税源流失，根据59号文规定，在此情形下即使适用特殊性税务重组，也不应在股权或资产再次被转让时纳税，而应在10个纳税年度内均匀计入各年度应纳税所得额，以避免跨境重组将境内资产潜在增值转移至境外避税。

针对中国居民企业将其持有的境外股权转让至境外平台公司的跨境重组情形，59号文中并没有明确界定是否可适用特殊税务重组，但由于中国境外投资企业跨境重组多由于经济结构或战略布局的调整，将股权在集团内部下属境外公司之间重建，具有合理的商业目的，且不存在避税动机，在满足特殊性税务重组的基本五项条件后，企业可参照59号文第七条第三点"居民企业以其拥有的资产或股权向其100%直接控股的非居民企业进行投资"，向税局争取适用，从而实现将股权转让所得在10个纳税年度内均匀计入各年度应纳税所得额的递延纳税效果。跨境重组方式选择税务考虑因素，如图5所示。

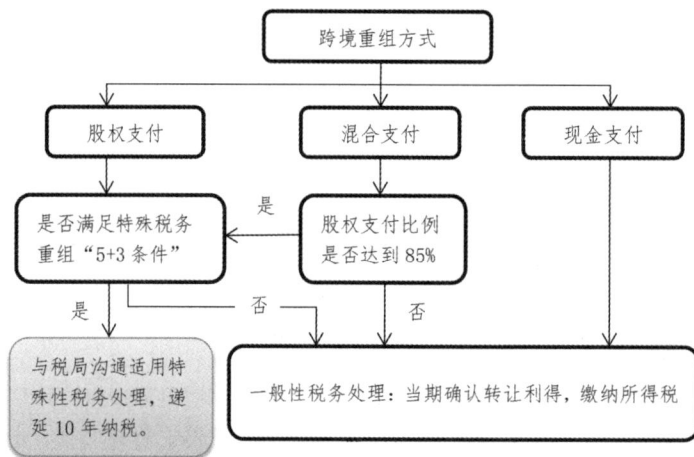

图5 跨境重组方式选择示意图

综上，企业设计重组方式时，应充分考虑未来特殊税务重组政策的适用性，即重组方式中股权支付比例需达到85%以上，从而未来跨境重组实施时可争取股权支付部分实现递延纳税的效果，有效降低企业的税收负担，相较而言，现金支付的重组方式将直接导致企业现时纳税义务的增加。因此，考虑税务因素，股权支付方式或混合支付方式（股权支付比例不低于85%）是更优化的选择。

3.权衡项目国别税收成本，寻求合理的重组路径

在针对中国居民企业将其持有的境外项目股权转至其境外平台公司持有的跨境重组方案设计中，可以选择境外标的公司先分红再重组或直接重组两种方式，主要区别在于标的公司所在国税负成本不同。根据一般税法规则，境外标的公司分红需缴纳股息预提税，母公司转让境外标的公司股权需在当地按照

股权转让所得缴纳资本利得税和印花税等。母公司收到分红及境外标的公司转让所得需在中国缴纳企业所得税，境外已缴纳税款根据企业所得税法规定在五层内可抵免。

以缅甸某项目重组为例，根据缅甸税法要求，缅甸企业所得税税率为25%，股息分配不征收预提税，居民或非居民转让缅甸公司的股权资本利得税税率为10%。假设缅甸标的公司净资产仅包括注册资本1000万元及未分配利润1500万元，重组以账面净资产定价，税负测算，如表1所示。

表1　缅甸项目重组税负测算表

项目		方案1：全部分红后转让	方案2：直接转让
缅甸税负	未分配利润已缴纳缅甸企业所得税	500万元	500万元
	股息预提税	0	不涉及
	资本利得税	0	150万元
中国税负	境外所得补缴企业所得税	0	0
综合所得税负		500万元	650万元

若境外项目公司可获取免税优惠，则在境内可抵免的税额减少，以老挝某项目为例，假设该项目在投资时已向政府争取了免除企业所得税的税收优惠，根据老挝税法规定，非居民企业转让老挝公司股权，需按照转让所得缴纳10%资本利得税，根据中国与老挝双边税收协定，老挝标的公司向中国公司分配股息需缴纳5%股息预扣税，假设老挝标的公司仅包括注册资本1000万元及未分配利润1500万元，重组以账面净资产定价，税负测算，如表2所示。

表2　老挝项目重组税负测算表

项目		方案1：全部分红后转让	方案2：直接转让
老挝税负	未分配利润已缴纳缅甸企业所得税	0	0
	股息预提税	75万元	不涉及
	资本利得税	0	150万元
中国税负	境外所得补缴企业所得税	300万元	225万元
综合所得税负		375万元	375万元

综上，在重组路径的选择上，需要综合境外标的公司已形成的未分配利润所缴纳的税款、境外标的公司所在国股息预提税和资本利得税，同时考虑中国企业所得税及五层抵免要求等因素进行测算比较。

一般来说，在境外综合所得税率高于中国企业所得税税率的情况下，受惠于中国与其他国家的双边税收协定及其他可争取的当地税收优惠政策，股息预提税税率会低于资本利得税，选择先分红后重组方式税负成本更低。若二者综合税负无差异，则选择直接转让的方式手续更便捷，实操上更具便利性。

值得注意的是，若选择先分红后转让的方式，需要提前与律师、税务师等专业人士进行沟通，了解当地税务机关的征管口径，并做好分红决议等文档的留存，以避免税局将分红也认定为转让所得缴纳资本利得税，影响前期筹划成果。

4.综合考虑税务合规要求，确定合理的重组价格

（1）中国税务机关征管要求

境外投资企业跨境重组价格的确认是重组过程中的重要考虑因素，在税收实践中，存在由于将股权转让给境外关联方定价过低而被税务机关核定调整的案例。

在企业所得税政策中，对于股权转让如何确认计税价格、定价公允合理的判定没有明确的规定，但跨境重组定价仍是实务中税务机关审核的核心关注点。跨境重组定价应有一定的参考依据，企业可以聘请有资质的评估公司对境外标的公司股权进行评估，并参考评估价格确定重组定价。

在实操中，若境外标的公司股权评估价值低于经审计账面净资产，存在被税局认定为股权转让价格偏低的风险，税局可能会重新核定股权转让价格，并要求企业补缴税款及滞纳金。尽管如此，若严格按照评估准则开展评估工作，有充分合理的因素作为支持证据，即使税务机关对低于账面净资产的评估值有所质疑，也可以与税务机关进行进一步解释沟通以寻求税务机关的认可。

对于评估增值的情形，由于需缴纳大量的企业所得税款，参考国有企业重组案例，可以考虑向税务主管部门申请税务专项政策，如应缴纳的企业所得税转增国有资本金或分期缴纳等。2008年，中国中材集团公司在重组改制过程中发生的资产评估增值11.95亿元，经财政部、国家税务总局研究决定，同意将资产评估增值直接转计中国中材集团公司的资本公积，作为国有资本，不征收企业所得税，同时允许中国中材股份有限公司按评估后的资产价值计提折旧或摊销，并在企业所得税税前扣除。

（2）国际税务合规性要求

税基侵蚀和利润转移（BEPS）行动以来，跨国税收信息交换的逐步推行有效打击了跨国逃避税的行为，同时也提高了境外投资关联交易定价合理性的审查风险，一旦企业被认定为有利用关联交易将更多的利润留存在税收洼地的可能性，将面临国家税务机关的纳税调整和税收处罚。

跨境内部重组涉及关联交易，且交易额较高，更易引起关注，尤其是转让各方税负不均衡的情况下，关联交易定价是否符合独立交易原则不仅会面临中国税局的审核，也会面临境外标的公司所在国税局的考验，企业在重组定价时可参考其他可比案例，控制转让定价合规风险。

5.建立完善实施保障体系，实现最优的重组目标

（1）前置税务职能，优化跨境重组方案设计

在跨境重组方案设计过程中，除考虑监管、法律、评估等因素外，应充分认识到税收成本对于方案成败与否的重要性。由于跨境重组业务设计的税收政策法规相对更为复杂，且实践过程中，交易案例中涉及的法规未明确部分，税务机关可能有不同的理解和税务处理，从而产生不同的纳税结果。因此，基于跨境重组业务税收政策的复杂性和实务中存在一定的不确定性，企业在设计重组方案时应前置税务职能，在充分考虑税务因素的基础上前瞻性地做出适当规划，使后续方案实施时能依法合规地享受税收优惠政策。

（2）重视税局沟通，加强跨境重组方案落实

跨境重组由于涉及境外交易且交易额较高，通常是税局关注的重点，在实施过程中，企业需充分了解税局的"窗口指导"因素及审核尺度。

其一，对于中国境外投资企业将其持有的境外标的公司股权转移至其境外平台公司持有的跨境重组情形，税法政策中未明确是否可直接适用特殊税务重组，为争取递延纳税，可将企业重组的战略需求、境外标的公司投资目的等实际情况积极与税务机关沟通，以寻求税务机关的认可。

其二，若企业依据实际情况对境外标的资产进行评估后，评估股权价值低于经审计账面净资产，企业应向税务机关阐明评估中考虑的因素以及评估价值低于账面净资产的原因，以使税务机关认可评估报告的客观公允性。

其三，若境外标的公司所在国与中国签署了双边税收协定，且标的公司存在免税情形，可向税务机关申请税收饶让的适用。

（3）完善档案管理，巩固跨境重组方案效果

"放管服"背景下，税务机关简政放权，减少核准要求，相对地，未来税务机关将强化事后管理与跟踪监督力度。因此，境外投资企业在跨境重组方案落地后，应严格按照税收征管法及其实施细则规定，对相关资料进行分类汇总，确保真实性完整性，并妥善保管，留存备查，切实降低涉税风险。

四、境外投资企业跨境重组税收优化体系实施效果

电建海投公司作为中国电力建设股份有限公司的从事海外投资业务的重要骨干控股子公司，深入践行"一带一路"政策，近年来投资成果丰硕。截至2020年末，公司注册资本总额54.1亿元，资产总额481.07亿人民币，2020年全年实现营业收入103.72亿人民币，净利润10.03亿人民币。已在孟加拉国、澳大利亚、柬埔寨、老挝、巴基斯坦、印度尼西亚、尼泊尔、刚果（金）等多个国家投资建设水电站、火电站、水泥厂、铜钴矿等项目，建成后总投资超过100亿美元。

在多个电站逐步进入运营期后，电建海投公司注重加大资产经营力度，激活存量资产、盘活优质资产，持续优化资产结构，拟对已投资项目按不同产业板块、不同国别进行进一步整合优化，并通过上述一系列举措，提升整合过程中的税收效益，夯实境外投资平台作用，切实避免整合行为造成后期管理成本和税收成本的增加，为谋求上市、引入新投资者等资本运作安排奠定坚实基础。

（一）紧贴政策方向，提升跨境重组税务效益

若中国境外投资企业将直接持有的孟加拉国项目直接转让至设立在中国香港的境外投资平台公司，根据调研，孟加拉国与阿联酋签订的双边税收协定规定股息预提税税率为5%，孟加拉国与中国签订的双边税收协定规定股息预提税税率为10%，孟加拉国与中国香港未签订双边税收协定故适用孟加国拉税法规定的20%股息预提税税率。因此，从税收优化角度考虑，设置的重组架构应为中国—中国香港—阿联酋—孟加拉国，在此情况下，对比中国直接投资，项目整体税负率可降低3.25个百分点；对比中国香港直接投资，项目整体税负率可降低9.75个百分点，税负对比，如表3所示（假设营业利润为100）。

表3 税负测算对比分析表

	中国直接投资	中国香港直接投资	通过阿联酋间接投资
（1）孟加拉国合资公司的营业利润	100	100	100
（2）孟加拉国合资公司缴纳的孟加拉国企业所得税	−35	−35	−35
（3）税后利润（假设不考虑股权比例，所有利润均通过股息形式汇回）	65	65	65
（4）孟加拉国预提税	−6.5	−13	−3.25
（5）阿联酋公司利润	不适用	不适用	61.75
（6）阿联酋企业所得税	不适用	不适用	0
（7）阿联酋预提税	不适用	不适用	0
（8）中国香港公司利润	不适用	52	61.75
（9）中国香港企业所得税/预扣税	不适用	0	0
（10）中国公司利润	58.5	52	61.75
（11）中国企业所得税	0	0	0

（12）孟加拉国项目投资整体税负	−41.5	−48	−38.25
（13）孟加拉国项目整体税负率	41.5%	48%	38.25%

重组时，假设孟加拉国项目公司为中国境外投资企业的全资子公司，账面净资产价值1亿美元，其中投资成本3000万美元，若直接按照账面净资产转让，且无任何税收优惠政策支持，需缴纳所得税1750万美元，若重组方案设置可满足特殊税务重组五项基本条件，经与税局进一步沟通，争取申请税款递延10年纳税，则每年应缴纳税款175万美元，考虑时间价值的影响，总计可节约纳税资金的时间成本约462万美元。

（二）夯实重组作用，放大投资平台聚合效应

随着"走出去"步伐和"一带一路"建设的加快，越来越多的境外投资企业选择通过登陆国际资本市场的方式提高国际品牌影响力，获取更便利的境外融资渠道，保障主业经营。如国家电投、中广核、中核工业、大唐集团、中国能建等电力行业均选择在中国香港上市。因此，对于拥有多板块资产的境外投资企业而言，将优质资产按不同产业板块整合至投资平台后进行资本运作，有助于提高专业板块独立资信能力、独立经营能力与盈利能力。电建海投公司业务涉及水电、火电、新能源电站及矿产、建材多个板块，在推动其境外全资子公司水电香港公司红筹上市的过程中，拟将前期境内企业直接投资的项目重组至水电香港公司持有，并按不同板块进行整合，以实现估值最大化，目前已有项目取得初步成果，其他多个项目重组正在推动中。跨境重组税收优化体系的构建，可以在重组整合过程中最大限度地控制税务风险，从短期重组过程至长期重组后经营管理均可在合规的基础上带来税收效益的提升，从而夯实重组的作用，助力跨境重组进一步放大投资平台的聚合效应，提升投资平台整体估值，最终实现股东利益最大化及国有资产的保值增值。

（三）突出价值创造，推动财务管理转型升级

在跨境重组实操过程中，重组主导方通常会参考律师或投行的意见，审慎设计重组方案，包括交易标的的体现形式、交易进度安排、交易审批流程等，财务部门介入相对较晚，跨境重组税收优化体系的构建要求财税管理职能前置，主动担当作为，会同律师、投行一起，参与到重组方案设计中来，以实现跨境重组税收合规性和效益性的提升。在财政部积极推动财务转型升级的背景下，跨境重组税收体系的构建为推动财税管理向"价值创造"型转变创造了良好契机，新时期财务工作应围绕企业发展战略目标，坚守"大财务"理念，聚焦业务、同心同向，主动作为、务求实效，以价值创造为导向，不断提高财务资源配置效率，切实提高财税管理在企业发展中的作用，为企业全面开创高质量发展新局面注入更多的财务动能。

成果创造人：卢洪波、袁子丽、徐莉、滕华英、王莹、包瑞雪

复杂多项目背景下的军工院所
科研生产管理体系建设

北京机械设备研究所

北京机械设备研究所（以下称"研究所"）成立于1970年，隶属于中国航天科工集团第二研究院，是以发射和发射控制技术为核心，集研究、设计、试验、生产和服务保障于一体的综合性工程技术研究所，承担70多型航天产品装备科研生产任务，是国防科工委认定的重点保军单位及军委科技委和装备发展部地面发射技术专业组副组长单位。

研究所现有在职员工2000余人，其中博士及硕士研究生749人，党员964人，其中在职党员839人，占员工总数42%；35岁以下青年968人，占员工总数49%。拥有国家"千人计划"专家1人，享受国务院政府特殊津贴专家9人，全国五一劳动奖章获得者1人，先后荣获国家科技进步特等奖3项、一等奖7项、各类成果140余项，获得全国质量奖和8个国家级管理创新奖，多项创举填补领域空白。

建所50年来，研究所秉承"国家利益高于一切"的核心价值观，忠实履行"科技强军、航天报国"的神圣使命，被国家六部委联合授予"高技术武器装备发展建设工程突出贡献奖"。研制装备圆满完成建国35周年、50周年、60周年、70周年，以及庆祝世界反法西斯战争胜利70周年、建军90周年阅兵任务，强军威，壮国威，为维护国家安全、捍卫世界和平提供了强有力支撑。

一、复杂多项目背景下的军工院所科研生产管理体系建设实施背景

（一）是顺应国家发展形势，满足国内外激烈军事斗争需要

近年来，世界安全形势发生了复杂而深刻的变化，我国面临前所未有的政治、军事复杂局面，国家安全和领土、领空面临严峻调整。无论是台海局势、中印局势、南海局势，都表明了现代军事力量的较量实质上是高科技武器之间的较量，要打破域外大国和周边敌对国家的封堵，维护地区安全和世界和平，全面提升大国影响力，必须加快高科技装备建设步伐。

（二）是助力国防装备建设，提高军方用户满意度的需要

国防装备建设以战斗力生成为核心，正面临激烈的由"交装备"到"交能力"转变，面对装备研制周期从6~8年缩短到平均2~3年，作战能力要求越来越高，产品越来越复杂等现实要求，传统的任务触发式"一项目一团队单打独斗"的研发模式使组织级负重累累，一线管理和设计人员在忙、累、低水平的重复劳动中已没有精力探索尝试新的产品技术，且直接导致共性资源冲突严重。积极开展复杂多项目背景下的军工院所科研生产管理体系建设，实现共性资源高效共享，缩短装备交付周期，降低研制过程风险，助力军队作战能力升级，具有极其重要意义。

（三）是主动适应行业竞争，实现规模化产业化转型的需要

随着武器装备竞争性采购深入推进，国家明确要求"推动军民融合深度发展"和"引导优势民营企业进入军品科研生产和维修领域"，民参军热情高涨，市场竞争进一步加剧。面对新形势，研究所亟需顺应时代潮流，抓住发展机遇，主动"识变""应变""求变"，建设协同共赢的复杂多项目管理体系，推动企业发展内生动力外生活力，在完成军品发射平台板块既有任务的基础上，积极迎接行业竞争，在无人智能、应急安防、能源动力等板块实现任务拓展与承揽，实现产业转型升级。

二、复杂多项目背景下的军工院所科研生产管理体系建设内涵和做法

面对难得的发展机遇，研究所响应信息经济时代发展趋势，以武器装备发展新需求为牵引，以"抓创新成果转化、抓军品竞标成功、抓基础能力提升"为重点，成立专职项目管理办公室（PMO，Project Management Office），以敏捷可信的协同工作平台和多方位考核评价体系为支撑，推进项目全层级综合管控、研发生产流程再造优化和资源全方位统筹保障，聚焦管理专业化、标准化、规范化建设，实现了多项目全要素的精益运营管控，用实际行动践行了"科技强军，航天报告"的使命担当。主要做法如下。

（一）全局统筹规划，建立多层级综合管控机制

1.成立专职管理部门，明确一本方案分步实施

为了进一步推进多项目统筹管理，研究所成立了由专职人员负责的项目管理办公室，组织架构为"1＋1＋8"，由1个指导委员会、1个管理办公室、8个专项业务工作小组构成。

1个指导委员会：由全体所领导、科技委组成。负责顶层决策、战略部署和资源保障，指导全所复杂多项目管理能力提升的组织实施。

1个管理办公室：由主管科研生产所领导担任主任，科研生产处处长担任副主任，产品保证处处长、其他项目管理部门领导及专职调度担任组员。负责贯彻和落实指导委员会的决定和部署，负责实施复杂多项目管理的资源统筹、组织实施、协调推进和过程监督。

8个业务小组：由各业务主管部门领导及项目管理部门代表组成。负责制定专项业务能力提升工作方案及计划，并组织推进实施。8个业务小组分别为：综合调度管理系统、项目规范化管理、绩效考核激励、共性资源统筹、供应链管控、CBB建设、数字化模式落地、流程优化再造。

管理办公室基于整体工作策划，立足单位业务和未来发展方向，印发《复杂多项目科研生产管理能力提升实施方案》，按照"一本方案，分步实施，以点带面，迭代完善"的总体思路有序推进业务落地。

2.优化研发生产结构，实现多项目分级有序管控

近年来，研究所并行管理的型号、项目数量众多（以2020年为例，涉及70个型号477个项目，涵盖陆军、海军、空军、火箭军、战支、空间、技术创新、联勤、民品等客户），各项目所处生命周期阶段各异，管控要求有别，涉及的军方、总体、配套厂家等相关方承担职能不同。面对复杂的管理形势，为适应相关方个性化要求，研究所对研发生产组织结构采取了一系列创新性优化措施。

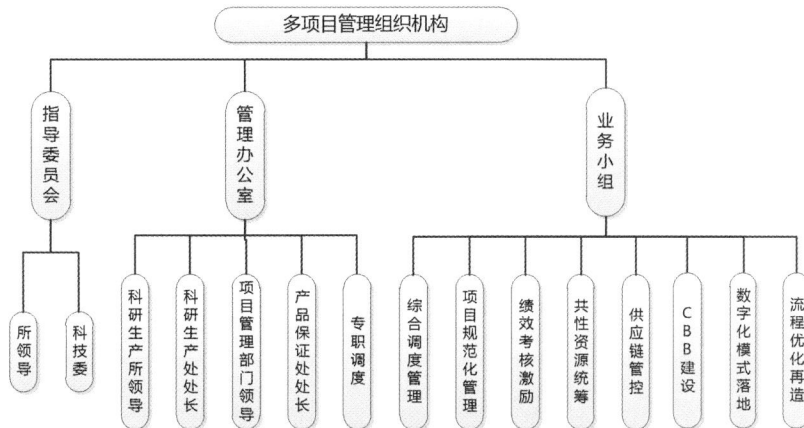

图1　科研生产管理体系专职管理结构

研究所层级，成立技术、战略、预算、市场产品四大管理委员会，负责所级重大决策负责，以制度形式明确四大管理委员会专家的任命和工作流程，以加强所级研发管理工作的整体策划和决策。其中，战略管理委员会负责企业发展战略、产业方向和产品规划的研究；预算管理委员会负责审查项目预算制定和项目盈利预测；市场产品委员会做好产品与客户的对接工作，审查客户调研报告，审核重大新产品或项目立项；专业技术委员会根据战略规划及市场需求做好专业技术体系建设、技术规划和技术创新的顶层策划与实施、评价。此外项目管理办公室从研究所级别、人力资源、财务资源、科研试验条件、生产制造能力等项目共性需求进行统筹决策，实时调度分配。

产品线层级，将所管项目按照用户需求特点和产品特性划分为八大产品线，分别为陆军、海军、空军、火箭军（含战支）、空间、技术创新、联勤、民品，将全所年度承担的经营目标分解至各产品线，在产品线中实施两总制，设置产品线主管所领导和技术负责人。赋予产品线对所级项目群的经营管理职能，由产品线负责所管项目重大经营和技术决策，负责所属领域横向市场开拓、产品规划，负责协调内部产品开发工作有序进展。将行政主管领导精力从具体的项目管理中解放出来，进一步做好专项业务管理和产品线经营管控。

项目层级，研究所打破"技术团队管技术、经营团队管成本"的军工院所传统理念，实施总师负责制，赋予总师（副总师）在项目技术和经营的统筹管理职能，实现任务争取、研发进度、交付质量、利润水平的协调管理。

在上述组织结构下，各产品线根据经营预算组建内部项目管理团队，项目负责人带领各业务部门成员，完成技术攻关和产品研制，完成最终产品的生产并交付用户，开展产品试用培训、使用维修等综合保障工作。研究所实现了营销、人力、财务、科研试验和生产制造等全所资源保障项目团队创造价值，全力支撑各产品线多项目并行高效协同运行。

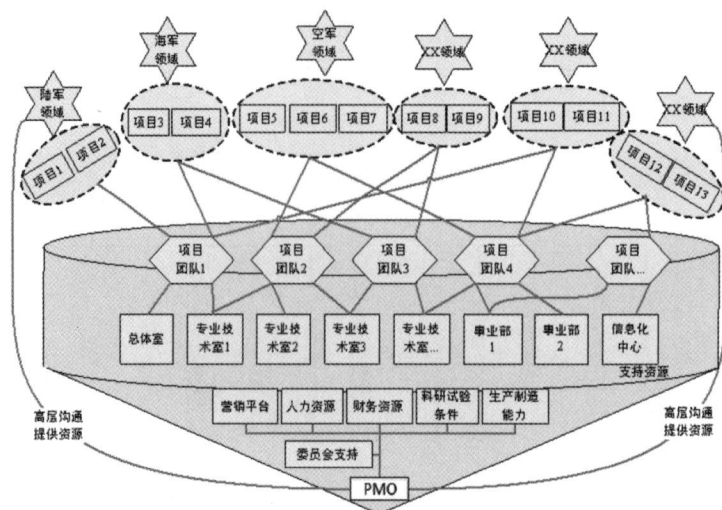

图2 研究所项目管理组织架构

在三级管理架构的基础上，研究所建立起了完善的复杂多项目沟通协调机制，包括科研生产信息通报制度、变更控制制度及审查确认制度，明确了复杂多项目协同管理中的以下几个原则：（1）对于可以闭环在单项目内部的简单问题，采取敏捷化方式"短平快"处理。（2）对于较重大问题，采取室内同行专家评审方式进行验证，提交项目例会进行确认。（3）对于依然较难解决的问题，记录处理意见并上报产品线例会进行处理。（4）对于所级重大事项，提交月度综合调度例会及科研生产办公会进行决策。项目管理办公室定期实施科研生产任务通报，明确各方工作边界，跟踪推进重难点事项，保证多项目任务平稳推进。

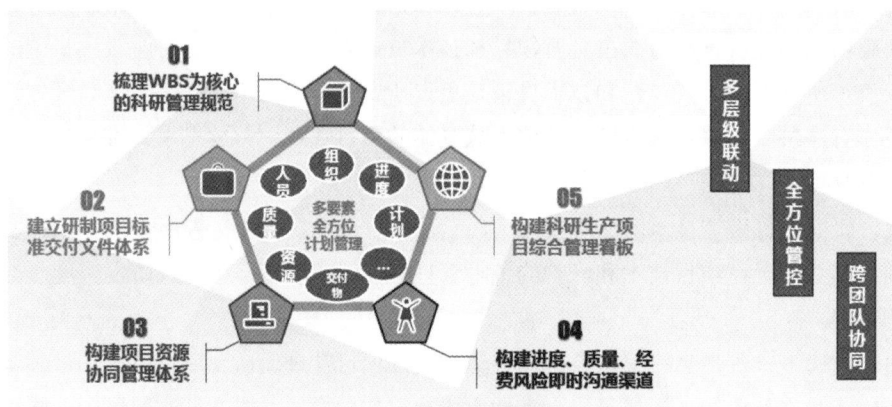

图3 分级业务管控内容

3.综合评估统一考量，实施全面绩效考核激励

2021年年初，项目管理办公室组织开展细致年度工作策划，以涵盖院军品责任令、课题任务、订货合同为原则，识别各项目年度科研生产任务里程碑计划，形成项目所责任令（以2020年为例，全所共有477个活动项目，形成全年2000条项目所责任令）。项目所责任令一经发布，原则上不再调整，在项目运行过程中，将具体执行情况与项目团队尤其是项目负责人绩效挂钩，通过问责、考核等实施"任务全覆盖，偏差全闭环"。产品线在所责任令基础上对年度任务进行再部署再策划，分解成为滚动部门计

划，每月迭代更新并发布（每月部门计划约2000条，与所责任令比例约12:1），并将部门计划执行情况与部门绩效挂钩。

费用包方面，在已发布的所责任令及部门计划基础上，按照内部资源定价标准，项目管理办公室组织研究室和项目管理部门迭代填报设计师资源占用情况（单位为人·年，简称费用包），形成项目与部门费用包占用矩阵，建立费用包与绩效奖励的钩稽嵌套，通过"劳资双方"在费用包预算管理上的倒逼，打造具有研究所特色的费用包挣得制管理新模式。也即将费用包纳入项目成本预算，优质项目内部核算利润率较高，费用包预算策划时，费用包发放控制余量大，可吸引更多的人力资源，开展技术创新和精细化的项目管理，内部核算利润低的项目费用包吃紧，技术和研发资源调配力度相对就小一些。引导资源优先保障重点型号，实现重点资源的有序流动，建立各类资源的高效、动态优化机制。

表1　费用包填报模板

		项目1	项目2	项目3	……	部门汇总
部门一	所责任令11费用包					
	所责任令12费用包					
	……					
部门二	……					
	……					
部门三	……					
	……					
部门四						
……						
项目汇总						

运营奖方面，项目管理办公室基于项目责任令节点，结合项目战略特点、经营难度、信息化应用试点等情况，综合评估逐一匹配相应运营奖额度（以2021年为例分配运营奖额度约XXX万元，占到员工全部奖金的三分之一）。项目运营奖与项目责任令节点在多项目管理系统（MPM系统）中硬性关联，完成即可实时发放，发放范围为项目一线团队成员，分配由项目负责人民主化决策执行。通过上述措施，一方面提升了项目团队凝聚力，提升项目负责人扁平化管理力度（运营奖分配由项目负责人组织实施）；另一方面促进了内部的团结合作，"有问题共同商量，有困难共同克服，有余量共同掌握，有风险共同承担"（只有完成项目责任令团队才能有奖励）。此外针对急难险重任务，项目管理办公室组织实施专项奖励申报制度，按照"一事一议"的原则，基于完成效果、取得效益、组织贡献度等情况进行综合评估并发放奖励，保障重难点任务如期推进。

（二）识别淤堵难点，再造优化研发生产流程

1.统一管理活动标准，提升项目运行规范化水平

针对科研生产管理流程，研究结合承担的典型产品特点，系统梳理现行规章制度及业务流程，以流

程和需求为牵引，设计了贯穿项目研制全生命周期，以面向研制过程的管理活动为核心，制定技术、责任、输入、交付物为附属属性的管理活动框架，实现工作内容、预期风险、资源需求、作业依据等管理要求与业务活动相结合。通过推行标准流程库增强各类业务指导性、关联性及一致性，提升复杂多项目管理的标准化与规范化水平。

活动名称	活动定义	输入	输出	责任人	参与人	模版	时限（工作日）	约束条件
任务输入确认	对军方、总体的需求进行识别，完成任务输入评审	军方、总体任务书、合同等	任务书	发射车总体设计师	各分系统设计师 计划主管 质量主管 市场主管	任务书	20	—
发射车设计开发策划（含虚拟样机）	发射车总体设计师根据任务令编制设计开发策划，并将策划工作向各分系统细化分解，传递技术策划。技术策划需在保系列大纲、标准化大纲的基础上，充分考虑数字化设计、仿真、验证等工作要求，完成虚拟样机构建及应用策划。	立项批复 任务令 任务输入 产品保证大纲 标准化大纲 信息化大纲	发射车设计开发策划	发射车总体设计师	项目负责人 计划主管 质量主管 设计师系统	发射车设计开发策划	60	
产品和服务运行策划修订	计划主管负责基于各分策划形成产品实现策划。	分工定点策划 技术策划 工艺策划 进度策划 产品保证策划 成本管理策划 沟通管理策划 技术状态管理策划 建模仿真与数据采集实施策划 知识产权策划 研保条件策划 人力资源策划 合同与商务策划 风险管理策划	产品和服务策划	计划主管	项目负责人 设计师系统 质量主管 财务主管 工艺主管 人力资源处 技术保障处	产品和服务运行策划	5	
发射车技术指标分解与初/试样任务书编制	发射车总体设计师组织各分系统设计师依据前期方案设计的技术成果，协调确认任务书技术指标要求。在任务书中更重要的是设计师依据任务输入和设备分系统能够形成的初细设计技术要求及实物产品。	发射车方案详细设计报告 分系统方案详细设计报告 研制总要求	各分系统任务书	发射车总体设计师	分系统设计师	任务书	30	
发射车详细技术设计（含虚拟样机）	发射车总体设计师在任务输入和策划基础上，明确系统的技术状态要求确定详细技术设计，同步完成虚拟样机构建。	发射车任务书 发射车技术设计要求 发射车标准化大纲 发射车数字化要求	发射车技术设计报告 发射车模型	发射车总体设计师	分系统设计师	发射车技术设计报告	80	
发射车虚拟仿真验证	计划主管组织团队对虚拟样机组成系统仿真运行开展实物验证。	发射车详细技术设计	虚拟仿真验证报告	计划主管	设计师系统 质量主管	半实物仿真试验报告	200	—
配合完成内场联调试验方案设计	总体设计师配合总体单位内场调试验方案设计	发射车任务书 发射车详细技术设计	内场联调试方案	发射车总体设计师	分系统设计师	内场联调试方案	15	
配合完成飞行试验方案设计	总体设计师配合完成飞行试验方案设计	发射车任务书 发射车详细技术设计	飞行试验方案	发射车总体设计师	分系统设计师	飞行试验方案	15	
发射车工艺方案与设计方案协同优化设计	总体设计师与工艺室基于详细设计同步开展工艺方案和设计方案优化	发射车详细技术设计	完善后发射车详细技术设计和工艺方案初稿	发射车总体设计师、工艺室	分系统设计师	发射车技术设计报告	15	

图4　工程研制阶段典型活动表

针对管理流程中的关键环节，研究所进一步规范细化管控行为，编制管理规范类文件，按层级依次为工作流程、岗位对照表、岗位说明书、岗位操作细则。以大型试验为例，其中试验工作流程为外场试验程序的一般工作流程，包括但不限于产品转运、技术交底、产品下车、自检、维护保养、装填、发射前检查、发射、撤收等流程，以流程图形式体现，由项目总体设计师组织编制。试验流程岗位对照表应明确各流程中所需岗位配置，明确各岗位负责的流程，由项目总体设计师编制。试验岗位说明书应明确各试验岗位的工作项目、操作依据文件、文件准备、设备及工具准备等项目，由各岗位人员编制。试验操作细则为每个岗位根据试验的流程、试验流程岗位对照表以及试验策划制定的试验全过程指导性文件，包括引用文件、保障条件、工作流程及岗位说明、操作细则及检查项目、检查判据及签署确认等内容，由各岗位人员负责编制，项目团队在试验进场前应组织对岗位管理文件进行宣贯，通过上述一系列措施保证了重大试验流程规范，各岗位各司其职，保障了多年来飞行试验发射成功率和弹射试验成功率均为100%。

针对产品开发流程，设计和重构了11个设计评审点（DR）和5个业务决策点（DCP），其中设计评审点重点关注产品技术状态，拉通研发、采购、制造、财经、保障等多业务领域，支撑形成"利益相关"的内部有效评审模式。业务决策点则是从所级层面对项目阶段目标达成进行的综合评审，包括进度、成本、质量、销售额和盈利能力等方面，支撑将产品研发作为投资的管理模式，保障多领域多项目协作高效管理。同时针对军用（含军贸）产品研发、平台开发、民用产品开发、产品升级改造、军贸（含军贸）工程样机开发等5个场景进行了裁剪描述，确保有效适配，切实落地。

试验流程岗位对照表

流程岗位对照表																									
流程		铁路转运			技术阵地工作程序					转场工作程序									发射阵地工作程序				产品撤收		
					产品技术阵地测试					装填转载								发射阵地测试							
岗位		保护筒铁路卸车	保护筒分解及弹体转载	保护筒恢复及装车	导弹发射车自检	多功能导弹发射车自检	弹体转载	导弹测压补气	技术阵地测试供电	发射装置下车	发射装置空载功能检查	弹射动力装置组装、测试	导弹转载	导弹装填	发射装置满载功能检查	满载发射装置上车前状态准备	满载发射装置上车	导弹发射车满载功能检查	多功能导弹发射车功能检查	武器系统垂直模飞总检查	待机	武器系统实际发射	导弹发射车撤收	发射装置清洗	发射装置上车
导弹发射车	导弹发射车				√	√				√	√				√	√	√	√	√	√		√	√	√	√
	发射装置				√	√				√	√			√	√	√	√	√	√	√		√	√	√	√
	弹射动力装置											√							√	√		√	√	√	
	调温系统				√	√				√						√	√	√	√	√	√	√	√		√
	液压系统				√	√				√							√	√	√	√		√	√		√
	电控系统				√	√				√							√	√	√	√		√	√		√
	供配电系统				√	√												√	√	√	√	√	√		
支援设备	保护筒水平吊具	√		√																					
	产品水平吊具						√						√												
	筒弹转载吊具									√							√							√	√
	转接吊具									√							√							√	√
	配气系统（含配气测试电缆）							√																	
	综合地面电源								√																
	伺服机构地面电源								√																
	水平装填装置（含装填对接组）									√			√	√											
	发射装置功能检测台										√				√										
	弹射动力装置装卸吊具														√										
	适配器安装固定装置													√										√	
	保护筒支座	√																							
	底部装卸架车										√			√		√								√	
注释：导弹装填流程含水平装填装置扫平、自检、气瓶充气、发射装置试对接、水平装填装置状态恢复等； 发射装置清洗含发射装置下车、筒上机构维护保养、状态恢复等。																									

图5　试验流程岗位对照表模板

Δ：必须、O：可选、－：裁减

产品开发流程	方案阶段				工程研制								设计定型		生产定型	
	DR1	DR2	DR3	MDCP	DR4	DR5	DR6	CDCP	DR7	DR8	DR9	SDCP	DR10	DDCP	DR11	ADCP
备注	形成完整产品需求	分配基线	分系统方案设计完成	方案决策点	初样机试制完成，开发待测试	初样机摸底试验通过	初样机随武器系统试验通过	初样通过决策点	试样机试制完成，开发待测试	试样机摸底试验通过	试样机鉴定通过	试样通过决策点	设计定型试验通过	设计定型决策点	生产定型鉴定数据	发布决策点
S1:军用(含军贸)产品开发	Δ	Δ	Δ	Δ	Δ	Δ	Δ	Δ	Δ	Δ	Δ	Δ	Δ	Δ	Δ	Δ
S2:平台开发	Δ	Δ	O	Δ	O	O	O	O	Δ	O	Δ	Δ	O	O	Δ	Δ
S6：民用产品开发	Δ	Δ	O	Δ	-	-	-	-	Δ	O	Δ	Δ	O	O	Δ	Δ
S7：产品升级改造	-	-	O	O	-	-	-	-	Δ	-	Δ	Δ	Δ	Δ	Δ	Δ
S9：军用(含军贸)工程样机开发	Δ	Δ	Δ	Δ	Δ	Δ	Δ	Δ	Δ	Δ	Δ	Δ	-	-	-	-

图6　工程研制阶段典型活动表

2.关注知识共建共享，推进技术与产品货架落地

一方面，研究所积极推广数字化快速设计平台建设，基于技术流程、设计经验和专业知识的梳理，实现平台内知识嵌入化管理。根据地、舰、潜、空、天基发射系统的发展需求，规划了相应类型平台，以陆基为例，现共有5t、10t、20t、30t、40t五型平台。实现了基于快速设计平台一键开展典型装备技术途径选择、结构布局、计算校核、指标分配、接口设计、任务书编写等功能，实现了基于设计组件开展相应发射系统开发，包括设计输入定义、功能框架定义、选型布局、分系统匹配、作业流程分配等。固化了相应计算组件，实现了质量质心、轴荷、起竖载荷、横坡纵坡稳定性、风载、弯道通过性等数据自动生成。以某重点型号应用为例，发射车完成一轮方案更新设计由周迭代提升为日迭代，总体骨架可随方案设计同步生成，显著提升了设计效率与质量规范性。

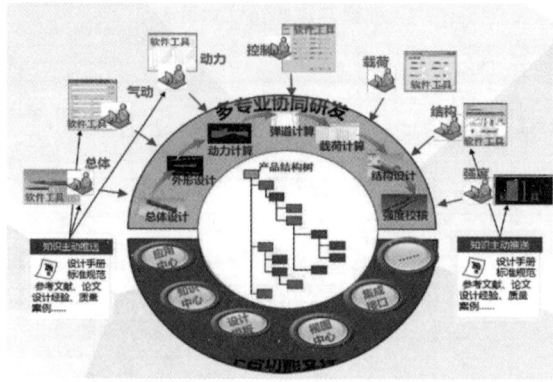

图7 基于知识推送的多专业协同研发

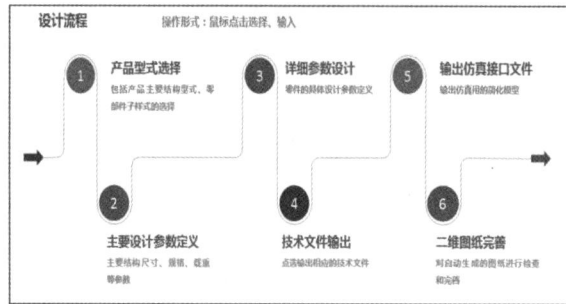

图8 基于平台产品的快速设计流程

另一方面，研究所积极探索打通CBB产品快速研发通道，系统梳理货架产品和价值基础模块增量产品，对标客户需求规格的发展变化趋势，迎合趋势、填补空白，取得竞争优势。

首先梳理形成所级典型产品树，建立统一的产品货架层次结构，将产品分为系统、整机、单机、模块、组件、元器件等货架层次。在所级产品树梳理的同时，系统梳理各部门已装备、在研和预研的产品，形成产品货架体系。

表2 某典型电源组合机柜产品货架梳理

整机	单机	模块	组件
XX-1000直流电源组合	AC/DC电源	XXX-1AC/DC模块	输入/输出电路板
			控制与显示电路板
			主变压器
			滤波电感
			交/直流输入滤波组件
			风机组件
	控制单元	XXX20-1 检测控制模块	控制电路板
			电源电路板
			检测控制软件
	配电装置	XX1-1000/1-0 配电组合	配电电路
			面板组合
			插箱
	机柜	XXXXX1-3 机柜1200	机柜骨架及中间梁
			机柜门
			风机组合

然后按照关键性与通用性原则选出CBB（Common Building Block，共用基础模块），优先进行产品标准化开发工作。发布《CBB产品项目建设管理办法》，有效指导CBB产品研发的全流程、全生命周期管控。在PDM系统中搭建形成CBB资源库，发布《CBB产品资源库管理规定》，对CBB项目策划、产品研制策划、设计文件、研试文件等全生命周期文件组织进行线上审查及签署。通过各层级模块标准化开发及共享，逐步提升产品研发过程中的精益管理水平。

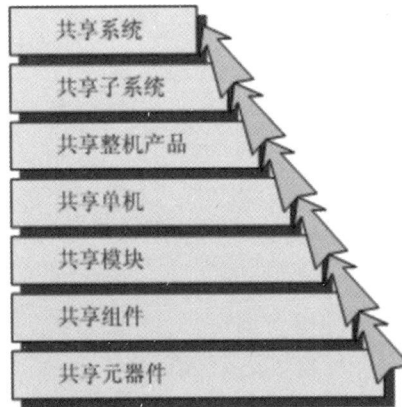

图9　基础模块层级及研发共享

截至目前已累计实现31项CBB产品入库，其中19项已在型号产品中同技术状态应用，显著提升了产品和模块成熟度，预计在2021年可实现86项次的型号正式应用，为缩短项目研制周期，夺取竞标项目获胜提供有力支撑。

3.业务贯通要素互联，助力管理效率提升

为进一步提升企业核心竞争力，研究所专项开展了科研生产流程优化与再造工作，目标是识别淤堵难点，聚焦数据治理，改善一线工作体验。

以某年实施情况为例，共整合所内业务流程131个，收集流程吐槽283项，对所内OA、ITIL、网上报销、综合经营等多个信息系统中共计107个流程进行优化，去除无效环节203个。流程平均执行时间由12.1天缩短至7.2天，单环节平均审批时间由1.2天缩短至0.4天，审批拖沓现象明显缓解，流转审批效率大幅提升，做到了科研生产工作更好地按照流程，实现效率、效益双突破。

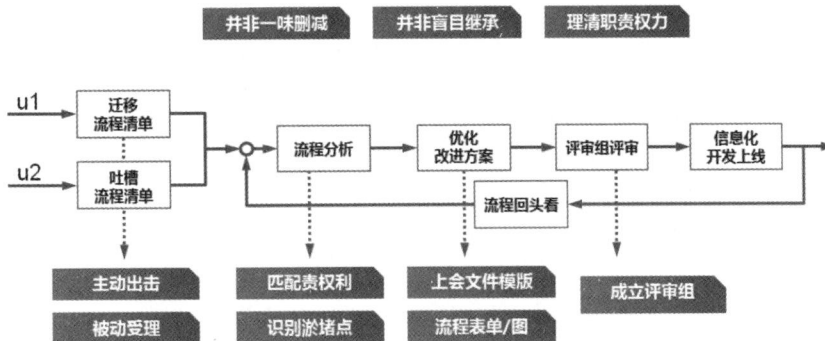

图10　流程再造与优化

图11　数字化业务流程架构

为了进一步深挖科研生产数据关键绩效指标，提高多项目的计划、财务、质量、采购等业务内容数据利用价值，研究所构建了多项目运行综合数据分析与展示平台—项目管理驾驶舱。

在主数据的建设基础上，实现了科研生产业务的结构化数据管理，为数据综合分析提供了基础保障；数据基础坚持100%自动抽取原则，全部展示数据均基于已有的业务系统进行日更新，所内计划、经营、采购、质量等科研生产管理相关业务系统提供基础数据支撑；基于数据分析计算技术，从组织维度、时间维度、流程维度对业务运行情况进行多KPI分析，支撑型号项目的管理决策需要；重点构建了型号管理过程的质量、计划、采购指标，基于型号项目的管理需要，实现所内型号采购过程、计划管理过程、质量信息管理过程的全要素、全阶段管理；各项业务指标可以基于系统实现多层的穿透查询，可以实现层层下钻的数据检索，自顶向下地对关心指标实现逐级查看；结合所内总师负责制的管理模式，支撑所领导、型号总师、项目管理人员、任务承接人员等不同权限类别用户的使用需求，可以按照型号项目区分浏览内容，有效控制知悉范围，为所内关键业务决策提供强有力支撑。

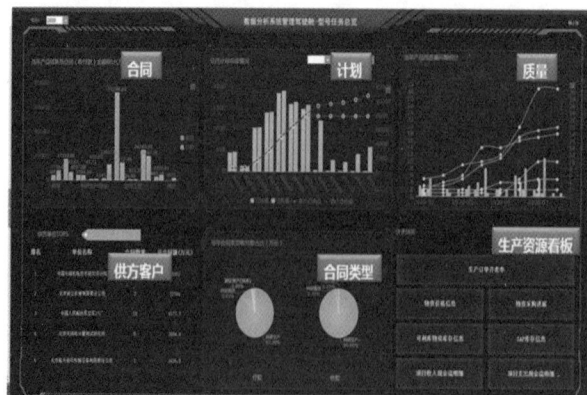

图12　项目管理驾驶舱

（三）全方位资源保障，确保产品与服务高质量按期交付

1.聚焦重点关键，集中资源保障任务全面完成

需求端，从项目立项源头入手，以"市场需求"为导向，以"为企业创造价值"为目标，组织科技委、项目管理部门及各研究室把可承接的军品任务划分为六个业务板块90项产品，按照不同军兵种用户确定不同的任务承接策略，明确哪些任务必须全力争取，哪些直接放弃，形成《军品任务承接指南》，发布《任务承接管理办法》，规定了承接任务的相关要求，强化战略、产业定位，积极推进全所资源向优质领域集中，进一步巩固专业领域内的领先地位。

生产端，项目管理办公室牵引各项目基于标准流程编制详细年度策划，统筹汇总后抽丝剥茧分段分类管理，形成所内所外2大类15个维度共性资源。其中所内共性资源包含客户关注度高（预研技术评审、研制技术评审、飞行试验）、占用资源复杂（交装、整车生产、舵机生产）、风险系数较高（弹射试验、火工品作业、关键技术攻关）、综合管理难度较大（外协外购）的10个维度，所外共性资源包含软件评测、环境试验、电磁兼容试验、公路运输、车辆喷涂5个维度。项目管理办公室从15个共性资源维度提取关键点并细化管理，实施纵向任务线与横向资源线统筹匹配，合理优化，狠抓关键，保障任务平稳有序推进。

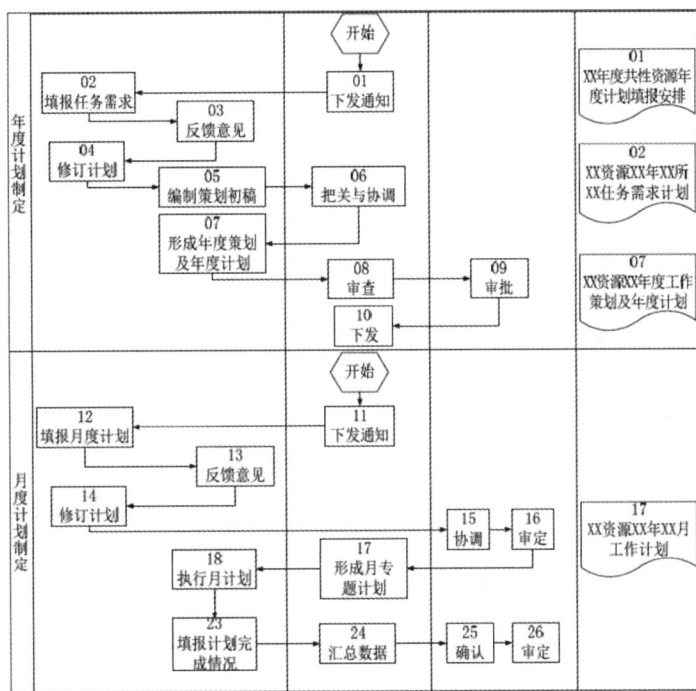

图13 共性资源统筹

2.凝聚供方合力，牵引供应链转型升级

管控策略方面，研究所秉承"两头在内，中间在外，核心关键在手"的原则，组织全面梳理所内产品数据826条，划分为12个专业领域，明确核心技术和关键产品，制定差异化的技术发展和产品研发策略，形成了《产品外协准则》，发布了《产品外协管理方案》和《外协供方竞争择优工作管理办法》，规范了产品外协工作要求，明确哪些可以外协，哪些坚决不可以外协，哪些可以暂时外协待所内具备能力后再行自研，哪些必须进行竞争择优。重点关注应自研产品的开发进展，并将其纳入型号计划管理，

不断提升核心专业技术能力。以2020年为例，研究所全年组织竞争择优119项，节约年度外协成本3000余万元，平均压缩周期21天。

序号	产品名称	研发责任部门	结构设计	电气设计	仿真计算	软件设计	结构生产	电气生产	结构总装	电气总装	集成调试	试验保障	备注
1	公路机动发射系统	一室	●	●	●	●	●		●	●	●	●	
1.1	I类II类底盘	一室	○	○	○	○	○	△	○	○	○	○	
1.2	III类底盘	一室	●	●	●	●	○	△	●	●	●	●	含半挂车及无人平台底盘所内设计下决心以后各型号必须用。
1.3	发射装置	二室	●	●	●	—	○	△	△	●	●	●	
1.3.1	发射集装箱	二室	●	●	●	—	●	△	△	●	●	●	
1.3.2	发射转台	二室	●	●	●	—	●	△	△	●	●	●	
1.3.3	发射（托）架	二室	●	●	●	—	△	△	△	●	●	●	
1.4	通用发射架	二室	●	●	●	—	△	△	△	●	●	●	
1.5	车显终端	一室	○	○	—	●	○		●	●	●	●	含综合处理机
1.5.1	车显终端硬件	一室	○	○	—	●	○		●	●	●	●	
1.5.2	车显终端软件	一室	—	—	—	●	—		—	—	—	—	
1.6	健康管理单元	四室	○	●	●	●	○		●	●	●	●	
1.7	舱体	一室	○	○	●	○	○	△	○	●	○	—	普通型舱体

图14　产品外协准则

供方优选方面，发挥外协外购供方优选目录的作用，持续开展产品和物资选用统型优化，有效压缩选用规格，引导任务逐步向研发生产能力强、供货稳定、品质过硬的核心供方集中，持续提高供方集中度，同时积极邀请优质供方参与竞争择优，并实现竞争择优结果和供方动态评价结果与供方的准入和退出"强关联"，逐步实现大批量专业化采购，降低采购成本，节约采购周期，确保供应链长期、稳定、可靠、共赢。

专业化供应链管理方面，研究所从结构件加工、复合材料简体、无线电装、电机生产等四个类别开展跨型号外协专业化管理，统筹处理外协任务下达、资源排序、过程生产信息沟通协调及价格谈判、合同签订等工作事宜，同步积极构建上述四类产品的精细化价格库，开展全国范围战略寻源，通过专业化的管理保障供应链专业化的服务，并反向作用于设计端，逐步实现外协产品通用化。

综合管理方面，研究所上线外协管理专项流程，实现了项目产品结构树创建、研发策略、投产策略、竞争择优策略、择优结果和分工定点在线集中审批及变更，将管理办法等要求通过数字化系统流程强制约束实行，实现了审批可追溯，数据可分析，为供应链管理提供了宝贵的基础数据。基于各项目任务承揽数据分析情况，研究所与二院201所、苏试试验集团、广电计量公司等外部厂家建立了长期友好战略合作伙伴，合作业务包括元器件筛选、组合级综合试验等，达成了年度阶梯价格机制，以2020年为例，节约元器件筛选经费703万元，组合级综合试验经费1663万元。

3.横向到边纵向到底，推动数字化研发生产模式落地

研究所积极追踪行业前沿先进技术，通过构建数字化协同平台和虚拟样机在产品研制生产全生命周期中的融合应用，实现产品的数字化定义、数字化研制、数字化生产和数字化管理以及业务流程的贯通，推动数字化研发生产模式全面落地，做到横向到边（军品项目全覆盖），纵向到底（研发生产全周期打通）。

设计研发方面，研究所积极开展基于平台的产品开发应用，依据任务需求完成了多个典型产品的数字化快速设计平台建设，完成了设计流程、设计经验和知识的梳理，实现设计流程知识嵌入化管理。以某平台为例，完成了系列设计组件开发，包括设计输入定义、功能框架定义、选型布局、分系统匹配、作业流程分配等；完成了系列计算组件固化，包括质量质心计算、轴荷计算、起竖载荷计算、横坡纵坡稳定性计算、风载计算、弯道通过性计算等。可基于快速设计平台一键开展典型装备技术途径选择、结构布局、计算校核、指标分配、接口设计、任务书编写等功能。

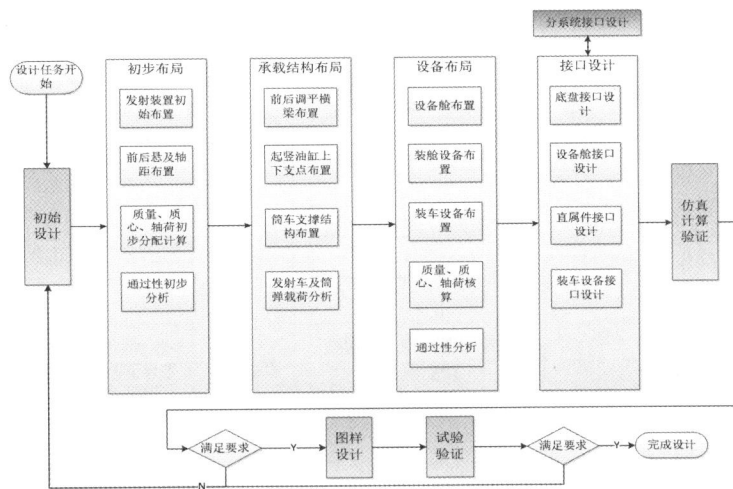

图15　基于平台设计

仿真验证方面，研究所结合典型产品的通用特点，系统梳理并明确了研制生产过程中建模与仿真工作的必选项目和可选项目，发布《产品仿真地图》，进一步规范产品研制全过程的建模与仿真管理。

图16　典型产品仿真地图

工艺实现方面，研究所积极开展装配工艺可视化设计，制作形成了工艺图解文件，提高了装配工艺的可读性和可理解性。将整车级报表类工艺编制时间由以往的7天缩短至3天；工艺文件的可视化元素由图片、表格2种形式，增加至了图片、表格、视频、仿真动画、3DPDF等5种形式。

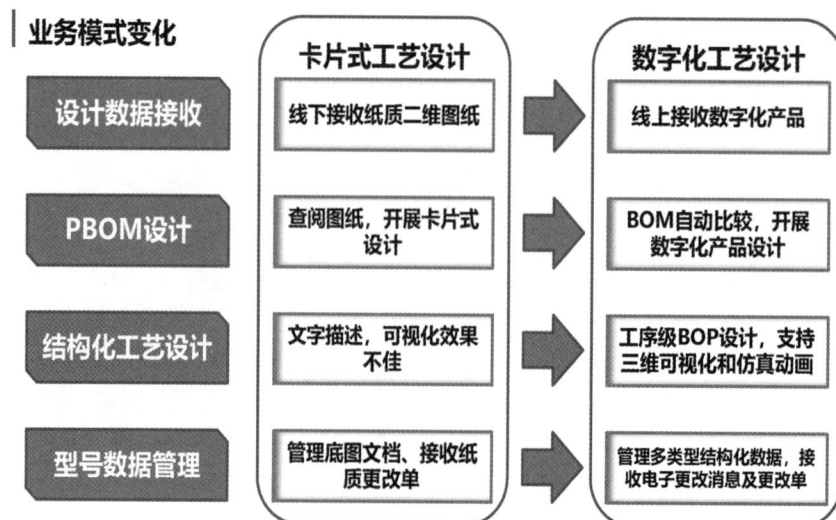

图17 数字化工艺设计

生产组织方面，研究所建设并投入使用某机电设备工序装配自动化生产线。通过技术改进和工艺流程优化，开发专用设备与采用通用设备相结合，实现了从物料齐套到最终产品交付的全生产流程信息化管控，采用视觉、激光、接触等多种检测手段替代传统手工检测模式实现100%数字化、网络化、自动化在线检测，产品过程数据一致性大大提高。在重点装配、测试环节实现了自动化、半自动化操作；物料管理实现条码化、实现物料信息自动采集，整体生产效率提升100%，生产管理水平大幅度提高。

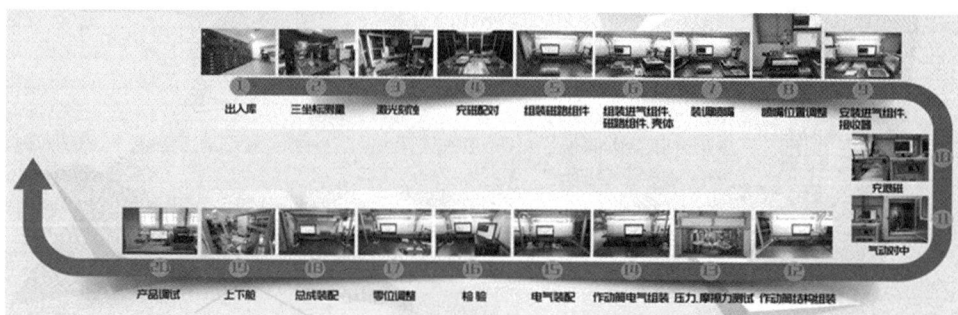

图18 某机电设备工序装配自动化生产线

三、复杂多项目背景下的军工院所科研生产管理体系建设的效果

四年以来，所内核心项目管理能力不断提升，在承接任务量翻倍，场地人力等基础资源增长有限背景下，各项任务均圆满完成，经综合评估，研发能力提升50%，生产能力提升100%，并在无人智能、应急安防、能源动力等领域获得大量新兴项目立项。事实证明，复杂多项目背景下的军工院所科研生产管理体系建设取得了巨大成功。

（一）市场拓展成绩斐然

实施复杂多项目背景下的军工院所科研生产管理体系建设，打通了从军事需求到工程研制、试验考核与鉴定和批量生产的高效链条，提高了研究所对市场和客户的快速反应能力及敏捷研发能力，市场拓展成绩斐然。四年以来累计完成竞标74项，同比增长252%，新签横向合同175亿元，有效拓展了战支、空间工程、武警联勤和民用领域任务内涵。

（二）型号任务全面完成

实施复杂多项目背景下的军工院所科研生产管理体系建设，进一步提高了研制质量，降低了研发成本，缩短了任务周期，经过测算，四年来研发效率提升了50%，生产效率提升了100%。一系列型号研制任务取得了重大进展，多个平台项目脱颖而出，得到军方高度认可，四年来累计完成近两千辆整车和XX只舵机产品生产交付，全面完成各类科研生产任务。

（三）基础能力持续提升

实施复杂多项目背景下的军工院所科研生产管理体系建设，进一步规范和细化了科研生产管理流程，推动了数字化设计手段与研发流程的有效结合，基于信息化平台开展装备的论证、设计、试验与生产，满足了武器装备系列化发展要求，促进了知识共享机制的推广，实现了对复杂多项目的技术、进度、质量、成本等核心要素的动态实时管控，同时也促进了研究所人才队伍的持续优化，涌现出了一批青年科技领军人才和高级项目管理人员，挑起了研发和管理的大梁。

（四）经济社会效益显著

四年以来，研究所收入年化增长率15.1%，全员劳动生产率达到84.23万元/人年，处于行业领先水平。多型装备参加并圆满完成了2017年庆祝建军90周年以及2019年庆祝新中国成立70周年阅兵任务，彰显了研究所装备研制的最新成就，也极大地振奋了国威军威，增强了全体中华儿女的民族自豪感。

成果创造人：杨小乐、范利明、韩世礼、黄赟、肖劼、郭晋伟、郭林岩、

郭勉、韩永

基于全面从严治党视域下的
问题整改长效机制的构建与实施

湖北三江航天万峰科技发展有限公司

湖北三江航天万峰科技发展有限公司（以下简称"万峰公司"）隶属于中国航天三江集团有限公司，是一家集科研生产经营于一体的国有独资企业。公司是"国家火炬计划重点高新技术企业"和"湖北省创新试点企业"，拥有一个省级企业技术中心和"湖北省工程实验室"。万峰公司始建于1970年，目前已在光学应用、测试与控制、定位定向、电力电子、智能控制、特种车辆设计和农产品加工成套装备综合集成等领域形成了专业技术优势，企业效益连续20年保持增长。先后获国家科技进步特等奖1项，国防科技进步二等奖1项、专利242项，并主持编制了4项行业标准。

万峰公司先后培养了全国学习型班组、全国工人先锋号、全国青年文明号、国家级技能大师工作室、全国技术能手、全国五一巾帼标兵、湖北省劳动模范、湖北省五一劳动奖章获得者等一大批先进模范群体和个人。万峰公司先后荣获湖北省"最佳文明单位"、湖北省国资委"先进基层党组织"、湖北省"五一劳动奖状""综合治理先进单位""厂务公开民主管理先进单位"、中国航天科工集团"先进性教育活动先进基层党组织""'五保'劳动竞赛先进集体"等多项荣誉称号。

一、成果背景

勇于自我革命是中国共产党最鲜明的优秀品质，把检视发现的问题整改落实到位，是党的公信力的集中体现。在实际工作中，许多企业存在"问题年年查、措施年年订、整改年年做、验收项项清、再查年年有"的"树倒根在"现象。在"不忘初心 牢记使命"主题教育总结大会上，习近平总书记指出，"有些问题的整改还没有到位，一些深层次矛盾和问题还没有从根本上破解"。

当今世界正经历百年未有之大变局，我国正处于实现中华民族伟大复兴关键时期。2018年开始，万峰公司面对形势环境变化、改革发展稳定任务和矛盾风险，把"改"字贯穿始终，聚焦企业党的建设，聚焦企业发展难题，聚焦群众最关心的问题，全面梳理党的十八大以来整改工作的得与失，通过对顽固性、复发性问题的成因、背景、措施、效果研究，完善问题整改长效机制，为航天企业落实全面从严治党要求开展探索与实践。

（一）推进问题整改具有政治必要性

习近平总书记强调："不明确责任，不落实责任，不追究责任，从严治党是做不到的。"整改成效是影响企业党组织公信力的重要因素，是衡量领导班子、干部队伍是否政治合格、求真务实、真抓实干的重要标准。当前，部分党员干部理想信念不坚定，思想观念陈旧，宗旨意识淡薄，学用脱节，习惯于常规思维，整改措施缺少系统性、创新性和前瞻性，处理问题墨守成规，"大而空"与"小而碎"并存，"不愿改"与"不会改"并存，导致整改质量不高，影响了企业党组织的公信力。

万峰公司坚持党建引领企业治理，健全党的全面领导制度，结合航天企业实际，明确构建问题整改长效机制的基本原则、总体思路、路径走向和根本要求，建立可行、管用、能够长期坚持的问题整改管理制度，将党的制度优势转化成为治理效能，不断巩固党的执政根基。

（二）推进问题整改具有现实紧迫性

国有企业是中国特色社会主义的重要物质基础和政治基础，是党执政兴国的重要支柱和依靠力量。历次学习教育检视发现了许多问题，但因为整改主体责任不清晰，部门协同缺乏统筹协调机制，协调内容不规范，协调层级不明确，协调方式不具体，协调的力度不够，投入缺乏稳定保障等问题，导致许多问题治标不治本，缺乏源头治理力度和长效控制机制，存在难改、迟改、改后又犯等现象。这些问题互相交织、互相作用，是国企深化改革进程中的严重阻碍。

党的十八大以来，明确了"五位一体"总体布局和"四个全面"战略布局，国企改革进入深水区。万峰公司牢固树立"一分部署，九分落实"的认识，将整改视为轻装上阵、转型升级的一次重要政治机遇，审视整改环节存在的系统性问题，加大对典型性、普遍性、倾向性问题研究分析，重点关注历史遗留的老大难问题和前进道路上的新问题，实施靶向治疗，去存量、遏增量，全力推进整改措施落地见效。

（三）推进问题整改具有现实必要性

目前是国有企业改革三年行动的关键期，干部群众关心发展，也关心整改成效。当前企业各类制度中，一是对整改的具体工作步骤、监督检查内容、责任主体等缺乏明确规定，对于整改不力缺乏相应的追究办法；二是监督部门之间协调配合不够，有时出现多头检查、重复检查、监管缺位的问题；三是动态跟踪和调整机制缺失，整改计划经常拖延；四是一些整改项目专业性强，监督人员受经历、知识限制，效果评估困难。

万峰公司履行管党治党政治责任，大力推进作风建设，加强问题的系统治理、依法治理、综合治理、源头治理，按照层次清晰、相互协调、结构合理、精简适用、便于操作原则，对整改做出系统性的体制机制安排，改善党群关系和干群关系，不断提升职工获得感和幸福指数。

二、成果内涵

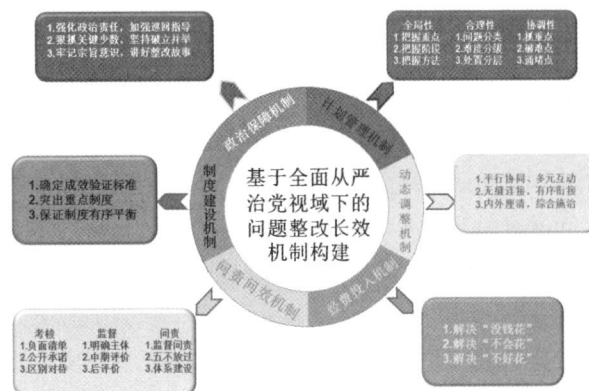

图1　成果内涵图

本成果坚持"体系协同、集成优化、统筹衔接、有机融合"的总体思路，把着力点放在健全落实全面从严治党责任制上，坚持基于全面从严治党视域，将整改工作纳入企业计划管理体系，与审计、保障监督、干部管理等体系有效衔接，科学迭代整治形式主义、官僚主义的系统策略，全面健全计划管理机制、动态调整机制、经费投入机制、问责问效机制、制度建设机制和政治保障机制，坚持过程控制和持续改进，巩固拓展"不忘初心、牢记使命"主题教育成果，固化形成全方位、立体化、常态长效的工作机制，实现整改工作流程衔接、信息贯通、资源联动、效能倍增，推动治理体系和治理能力现代化迈上新台阶。

三、成果实施的主要做法

（一）健全计划管理机制，提高整改的全局性、合理性和协调性

1.确保整改工作的全局性

把握整改目标。坚持在党的路线方针、企业的发展战略中找准整改方向，以问题整改开局亮相，使整改行动聚焦从严治党，聚焦改革发展，聚焦群众期盼。每次民主生活会后，从实际出发提出整改目标，及时列入企业管理改革计划，明确整改标准。把握整改阶段。坚持共性与个性评价相结合，根据企业发展阶段以及不同部门、不同基础的特点，对不同类别和难度问题提出不同整改目标、要求、方式方法及时限。确保整改内容与阶段任务、内部环境、外部监管、员工结构、业务特点、员工素质、企业发展阶段等相匹配。推动整改扎实有效开展。把握整改方法。避免整改短视现象，把着力点放在制度建设上，重点解决问题背后的问题，坚持有责必问、问责必严，划出"红线"，标出"雷区"，架上"高压线"。制定"一方案三清单"（整改方案、问题清单、任务清单、责任清单），明确整改"路线图"，推动整改扎实有效开展。

2.全面提升整改计划的合理性

做好问题分类。公司在研究国家战略、行业发展战略、上级规划、企业发展战略和资源保障条件的基础上，召开调研成果交流会、计划讨论会，做好检视问题分类，把整改纳入综合计划体系各专项规划，层层传导压力、层层落实责任。做好难度分级。以问题整改注入动力，广泛开展各类调研，形成调研报告，深入分析整改难点，把着力点放在推进优化协同高效上，坚持着眼提升整体效能，推进科学合理、权责一致，实现有统有分、有主有次，层层传导，层层落实。做好处置分层。下发《万峰公司深化全面从严治党促进高质量发展专项工作实施方案》，每年制订高质量发展的具体目标和行动路线。明确各部门职责和分工，催生内生动力，保证部门之间的信息共享和持续沟通。理顺整改流程，建立台账，重点跟踪。

3.全面提升整改工作的协调性

抓住重点。从推进整改的根本目标出发，真正把握好全面从严治党的总趋势，针对历史成因复杂、涉及面广的问题，避免各部门、各领域各行其是、资源分散、合力不强现象，集中全系统力量解决重点问题，构建"一体化"专业联动机制，形成示范效应和整改氛围。破解难点。坚持以上率下，公司党委严格落实《中央企业党建工作责任制实施办法》，制定《党建工作任务指导书》，签订《党委书记抓党建工作公开承诺书》，形成自下而上和自上而下的整改合力。建立干部百分制胜任力模型，将重点任务、支部工作等17项评价内容纳入胜任力模型。疏通堵点。公司党委坚持实事求是，坚决杜绝只在提法上创新、口号中创新但偏离中心的整改行为，对问题暴露在基层，管辖权限、问题根源在中层或上层的

进行集中整治，避免"头疼医头，脚疼医脚""顾此失彼"。

（二）健全动态调整机制，强化立体沟通，提高计划动态适应性

1.坚持平行协同，多元互动

加强高层协同。将整改放在企业发展全局的高度进行安排，对于系统间因业务未无缝衔接出现的问题，健全完善《"三重一大"决策实施制度》，落实党委议事规则和决策机制，重新梳理形成了3大类38项的"三重一大"决策事项清单。确定牵头部门与配合部门，分清主次关系和责任分工，压实整改主体责任。推进基层沟通。健全完善沟通协调和信息共享机制，从源头解决整改的难点问题，打破独立封闭的小活动、小系统，确保整改步骤无缝衔接、同频共振、协调一致。与部门调整、干部调整有序有效衔接，及时督促提醒新部门、新干部认领整改任务。促进各层互动。对于整改工作中出现的新情况、新问题以及重要敏感事项，通过党委会、总经理办公会、周例会、月讲评会等会商机制，提高整改措施的可操作性，科学合理地调整时间进度和整改目标。

2.坚持无缝连接，有序衔接

明确权力分配。严格限制整改目标调整权限的分配，科学确定考评程序步骤，形成统一的调整决策，增强整改规范性。明确请示汇报渠道，确保把握不准、界定模糊的问题得以准确请示、及时沟通和有效支持，实现无例外、无死角。明确责任边界。整合各部门的专业意见，区分链条分界点、衔接点，及时解决工作中遇到的矛盾和问题。对可以量化的指标，进一步逐项细化目标任务，合理划分比例权重，尽量提高定量指标的权重值。构筑沟通渠道。强化基于数字化的分层采集能力，开发实现对整改流程"自动化监管控"和"智能化监管控"，使整改工作与管理、研制、生产、试验、交付、售后服务过程与信息和网络进行高度融合，形成了具备自动管理、自我完善、自我演进的整改组织形态和管理模式。

3.坚持内外厘清，综合施治

明确牵头机制。在整改计划中确定整改主责部门，要求主责部门从全局性做好顶层策划，在更长的时间区间谋划整改，发挥桥梁纽带作用。对困难事项和遗留问题，强化牵头部门的沟通协调责任，在抓常、抓细、抓长中形成新常态。完善研判机制。分析整改推动困难的内外部原因，注重定性和定量评价相结合，厘清是制度问题还是执行问题，是普遍问题还是特殊问题，是客观困难还是主观因素。尽可能地把定性指标转化为定量指标，使考核有依据，评价有标准，检验成效有尺度。推进辐射机制。对涉及体制机制的问题，按照企业总体战略部署，推进制度建立健全。对已经整改的问题，举一反三深入查找管理漏洞，深化完善整改长效机制，实现"整改一个、解决一类"。

（三）健全经费投入机制，强化预算执行的主体责任

1.健全整改投入机制，解决"没钱花"的问题

树立长远观念。既要优质快速解决影响企业发展的问题，也不能"饮鸩止渴""杀鸡取卵"。在企业资金允许的前提下，企业年度预算编制要优先保障整改资金投入。在固定资产投资、薪酬、福利等预算论证时，与整改计划合并考虑，分阶段逐步提高用于整改的投入比例。重视帮扶机制研究，认真研究新形势下的企业保险制度、救济制度、福利制度和互助制度等。近年来，公司组织开展老党员、困难职工和离休干部走访慰问工作，累计慰问29人次，发放慰问金16万余元。

2.加强整改资金绩效管理，解决"不会花"的问题

推动绩效管理覆盖所有整改项目资金，避免有钱不敢花、不会花的现象。进一步完善整改投入绩效

评价制度，防止前紧后松、防止矛盾积压、防止简单粗糙、防止短期效应。运用信息化手段，加强整改项目资金使用的动态监控，把预算使用率与项目完成率作为重要考核依据，切实保障整改资金有效使用。公司每年明确基于实际绩效的奖励基金，对做出绩效的干部职工进行奖励。

3.优化资金使用审批流程，解决"不好花"的问题

按照管理权限明确资金审批权限，确定不同级别的审批时限，优化内控程序，提高整改响应速度。打通信息壁垒，及时将批复意见、用款预算、结算进度等信息反馈至承办部门。设立"绿色通道"，对发票、合同、申请表、验收单等基础材料齐全但领导尚未审批的（如领导出差未归），电话确认后例外放行。从2018年开始，公司坚持开展基础信息化建设，通过指纹识别、人脸识别等技术，提高了数据准确性、及时性和复用性，"让数据多跑路，让基层少跑腿"，降低了工作强度，获得了职工好评。

（四）健全问责问效机制，提升企业治理力度

1.构建实事求是的整改考核机制

建立负面清单。提高对问题的顽固性和反复性的认识，对整改不力的行为进行"画像"，通过定性与定量方法，建立整改问责负面清单（详见表1）。清单对"虚假整改""拒绝或拖延整改""无正当理由整改不到位，或经约谈后无效的""履行整改反馈责任不到位""履行整改督促、协助责任不到位"等5种现象进行了细分，明确了加重、从轻问责的情况。健全公开承诺机制。坚持发扬民主、主动开门纳谏，进一步完善群众信访信件受理、交办、督办、协调解决工作程序。建立群众利益诉求数据库和销号制度，承诺一件，落实一件，销号一件，做到"承诺"实事求是、"议诺"民主公开、"示诺"形式多样、"践诺"求真务实、"监诺"严肃认真。累计完成立行立改项目35件。坚持区别对待。对偶然失误或不够规范等问题设立一定容忍度，对一犯再犯的严肃处理。持续提高监督人员职业素养，从监督式追责向追责和帮助解决问题并举转变，指导整改责任部门提升整改效果。

2.创新整改效果跟踪评价机制

明确监督评价主体。发挥党委全面监督、纪委专责监督以及职能监督、日常监督和民主监督作用，采取"点穴"式和"紧盯"式监督，周督办、月公示、纳入计划考核等硬手段与党员代表职工代表"问政"评价等软方法相结合，大力推行首问负责制、限时办结制、服务承诺制、责任追究制等工作制度。建立整改中期评估制度。加强岗位责任制、工作督查制和责任追究制度运用，建立整改月报制度和督办制度，对整改不实问题，纳入保障监督体系亮牌警示范围。加大任中整改项目审计比例，将整改效果纳入离任审计范围。完善后评价制度。建立党委书记专题会议点名督办机制和通报曝光机制。设立"问题整改率""问题反复率"考核指标，对整改结果进行完成性评价，与绩效考核挂钩，并在每季度党组织书记例会上进行点评。

3.完善成效问责机制

强化监督问责。通过保障监督平台，采取常规检查、随机抽查、专项检查等方式，经常性"回头看"，定期通报干部作风情况，强化预警监督。把整改工作纳入各部门的年度目标考核中，坚决整治不担当、不作为和侵害群众利益问题。两年来，万峰公司诫勉干部4人、通报批评15人、经济处罚35人、提醒谈话8人。坚持"五不放过"。落实《中华人民共和国公职人员政务处分法》，对整改不力的现象做到"五个不放过"：问题不清、定位不准放过；原因不清、根源不明不放过；解决问题措施不力、效果不显著不放过；对"报告已整改、实质未整改"等弄虚作假不放过；举一反三、建章立制不完成不放过。深化保监体系建设。积极推进"惩防体系、保障监督体系和廉洁风险防控体系"三大体系建

设。2018年开始，对整改措施的及时性、完整性及可操作性、整改措施落实情况分别考核，对整改不到位、屡审屡犯、拒绝、拖延整改的干部进行了组织处理。分别与外协厂家、关重岗位人员签订业务往来廉洁协议和《廉洁从业责任书》。

（五）健全制度建设机制，巩固整改成效，实现常态化预防

1.确立整改成效验证标准

把评判权交给群众。通过领导基层调研、班子成员基层联系点制度、党代表联系群众机制、社情民意收集、职工工作满意度调查等渠道，让群众成为评判整改的最高裁判，延伸了监督触角，增强了监督管理合力，"大监督"格局逐步健全。拓宽监督截面。进一步明确跟踪检查的原则、内容、程序，着力推动监督信息共享、监督成果共用、问题整改问责共同落实。纪检监察机构主动发现执行偏差，反馈问题清单，明确整改期限，促进规范管理，累计开具问题67项，提出改进建议22项。坚持开门定制度。通过基层员工谈话，调查问卷及基础资料核查，借助职能业绩考核，多维度开展"靶向"诊断。涉及职工群众切身利益的制度，都能吸收党代表、职工代表、青年代表充分参与。

2.以重点制度保证治理效能

优化固有制度。把握整改的时、度、效，改进党员领导干部基层蹲点调研制度、领导接待日制度、职工满意度调查制度、职工思想动态调研分析制度，为及时全面掌握整改进度与成效提供支持。健全现有制度。落实职工代表大会提案、民主评议干部、合理化建议征集制度等，拓宽群众参与民主管理范围。进一步完善信访信件受理、交办、督办、协调解决工作程序，重点完善整改落实成效的监督检查，健全销号制度。创新工作制度。把握效率意识，避免因考核验证程序过于繁琐、牵扯精力过大而出现新的形式主义问题。编制下发《万峰公司中层领导人员管理规定》《万峰公司领导人员履职尽责问责规定》，把整改满意度作为评价干部、识别干部、任用干部及奖惩干部的重要依据。

3.确保制度间有序平衡

推进持续改进。为整改长效化提供制度保障，追求简洁高效，具备可操作性，体现层次性和关联性，切实填补"制度空白"和"制度漏洞"，将决策权限及程序、把关审批要求、整治"四风"落实中央八项规定精神要求等切实融入业务链条。加速循环递进。关注制度执行过程中出现的问题，对零散、不系统的制度进行整合，及时反馈，及时分析，及时纠偏，持续改进。2019年，公司组织修订完善了《公商务接待管理办法》《日常费用报销管理办法》等7项制度；实现螺旋上升。针对改进后出现的新问题，进一步实施再分析、再完善、再总结、再提高，形成刚性约束。针对上级党委常规巡察问题整改，举一反三组织制度清查并修订完善了《"三重一大"决策制度实施办法》《党委会议事规则》《物资采购比价管理办法》等28项制度，确保所有措施奔着问题去、奔着目标去、奔着效果去。

（六）健全政治保障机制，从政治高度担起整改责任

1.坚持从严治党，认清整改落实的政治性

强化整改的政治责任。把整改作为一项严肃的政治任务，明确党委书记的整改第一责任，党委成员切实履行督导落实整改责任。党委成员走上讲台，深入支部，以专题党课讲解整改的重要性、必要性和紧迫性。主题教育期间，两级党组织325条整改措施已全部完成。加强政治巡回指导。围绕研制生产中存在的重大难点和突出问题，围绕解决群众反映强烈的热点难点问题，成立5支巡回指导组，对每个支部的作用发挥情况全面调查和评估，对上一年整改落实进行"回头看"，坚持学改结合、立行立改。发挥党支部作用。定期检查党支部落实中央及上级决策部署、落实从严治党主体责任、落实党建工作责

任、落实整改责任、业务建设及基础管理工作等5个方面的情况，把党建思想政治工作渗透到整改工作的全过程。

2.狠抓"关键少数"，增强落实整改的自觉性

狠抓干部作风建设。坚持发挥干部表率作用，设立作风建设"曝光台"，进一步完善建立技术、管理和思想"三归零"机制。突出考察政治品质和道德品行。发挥《万峰公司推进中层干部能上能下若干规定》中25个大类62条的组织处理负面清单效用，进一步促进了干部履职尽责意识和能力提升。公司建立健全行政和技术干部双重晋升渠道，通过笔试、面试、演讲答辩、轮岗交流、青年助理、青年挂职锻炼等平台，提升干部活力。坚持党建工作量化考评机制。自上而下，对准焦距、找准穴位、抓住要害，定期开展支部整改计划的检查考核，考核结果与支部书记收入挂钩。采取"述、问、评、测"的方式，18个党支部书记定期向公司党委报告整改工作进展情况。深入开展思想政治工作保障体系建设，为身边群众办实事办好事244件。坚持破立并举。重点防范"只破不立"和"只立不破"。以抛开面子、揭短亮丑的勇气，以动真碰硬、敢于交锋的精神，以深挖根源、触动灵魂的态度，认真开展批评与自我批评，增强党内政治生活的政治性、时代性、原则性、战斗性。

3.牢记宗旨意识，加强思想政治工作引导，营造"人人关心整改，人人参与整改"的积极氛围

讲好"整改故事"。围绕整改工作，坚持"整改工作谁主管、整改效果宣传工作谁负责"，在公司主页、信息平台、宣传橱窗等平台增设整改效果信息公示栏，推行责任公示。及时持续报道整改工作的新举措、新做法、新成效等，以数据化、可视化的进步让基层让职工感受得到明显变化。落实"五必谈""五必访"。区分轻重缓急，抓住主要矛盾，多种方式倾听职工群众关于整改工作的意见建议。对于一时无法满足的，做好疏导，获得职工的理解。通过三会一课、党员升旗、集中听党课、组织"红歌赛"、开展主题党日等形式，引导群众正确处理个人利益与集体利益，局部利益与整体利益，当前利益与长远利益的关系，引导职工平和看待整改效果。加强"大政工"作用发挥。编制《党员突击队章程》，组建了8支跨部门、跨型号、跨专业的公司级党员突击队。广泛发动干部职工积极参与到整改工作中，通过参加群众经济工作创新、整改主题劳动竞赛、技能比武、团内主题活动、青年突击队、青年先锋号等方式踊跃投身于整改工作中去。

四、取得的成效

（一）推进转型升级高质量发展，企业保持了良好的发展态势和良好的经营业绩

万峰公司用发展成果破解整改难题，系统对接科技强国、质量强国、航天强国和军民融合发展战略，组织编制《万峰公司"十四五"综合发展规划纲要》，"聚焦一个产业，主攻三大领域，做强六类产品，打造两个一批"的"1+3+6+N"的新发展阶段思路更加清晰。经过整改，管理效率进一步提高，科研生产计划更新响应速度提高了30%，参与飞行的项目成功率保持100%，交检合格率99.65%，顾客满意度98.85%。公司不断突破传统的业务结构，在火箭军、空军、海军、陆军等军兵种实现全面配套，营业收入年均增长率达到26.2%，抗风险能力和综合竞争力得到大幅度提高。发挥"国家火炬计划重点高新技术企业"和"湖北省创新试点企业"的平台优势，累计完成预研课题100余项，累计获有效授权专利317项。某项目荣获"国家科技进步特等奖"，"分导控制系统"荣获"国防科学技术进步二等奖"。

（二）全体干部树牢"四个意识"，坚定"四个自信"，做到"两个维护"，工作本领得到强化

通过本成果的实施，公司先后制定《万峰公司中层领导干部管理办法》等 6个基础制度，促进干部的思想淬炼、政治历练、实践锻炼、专业训练。《基于容错纠错机制的干部考核评价体系重构与实践》荣获科工集团2018年度党建思想政治工作优秀研究成果一等奖。《国有企业整治形式主义官僚主义的斗争策略》荣获科工集团2019年度党建思想政治工作优秀研究成果二等奖。三年来，年终考核为"优秀"的中层干部累计达60人次，评选"四好班子"8个。干部队伍中国家级有突出贡献的中青年专家1人，享受国务院"政府特殊津贴"的专家4人。32人次获得专利成果。

（三）以职工群众的满意为最高标准，整改成效大大提高了群众满意度

本成果的成功实施，实现了"党员干部受教育，经营管理上水平，职工群众得实惠"的整改预期。公司确保每个整改环节、每项整改工作都让群众参与、受群众监督、请群众评判。对形式主义、官僚主义的大力整治，注重解决干部不愿做、不敢做和不会做群众工作等问题，增进了上下级之间、部门之间沟通与理解，选人用人的群众满意度明显提升。构建了与工作业绩紧密联系、多样化的收入分配机制和"一类多岗、一岗多级、一级多档"宽幅浮动的薪酬体系。新冠肺炎疫情期间，公司党委建立"对口包保"工作机制，全体干部响应号召，分片包干，企业职工家属"零感染"。为克服疫情影响，公司干部职工以"开局就是决战、起步就是冲刺"的干劲，全面完成当年预定目标，取得了"经营指标不降，任务底线不破，合同订单不少"的好成绩。

（四）制度意识和制度思维得到强化，企业管理体系得到优化

万峰公司面对整治形式主义、官僚主义的长期性、复杂性、艰巨性的问题，及时研究整治工作中的新情况、新问题，不断回应从严治党的新要求。以"强内控、防风险、促合规"为目标，整合优化规章制度体系。定期召开的考核联席会议，搭建了沟通桥梁，万峰公司上下互动，整体推进，过去被掩盖的矛盾与不足得以发现，许多长期干扰科研生产经营的难题得到有效解决，推动了科研生产管理体系的不断完善，提升了企业的战略地位和整体形象。本成果实施以来，共修编各类制度65项，合并零散、不系统的制度18项，为加大重点产业、重大项目和重要产品的培育力度、优化资源配置、创新体制机制、提高核心产品产业化、规模化水平发挥了重要作用。

表1 整改问责负面清单

序号	应问责类别	应问责事项	问责形式
1	虚假整改	问题实际整改未到位，弄虚作假，隐瞒事实真相的	视情节轻重，综合采用经济处罚、组织处理和纪律处分
		为应付检查、考核，采取应付措施达到整改要求，事后问题回到原来状态的	
		因客观原因无法整改并承诺改正，但未按承诺改进并再次发生同类问题的	
		采取违规违纪违法措施进行整改的	
2	拒绝或拖延整改	无正当理由不接受整改计划安排，或不采取整改措施的，或不配合整改检查的	

	拒绝或拖延整改	在整改期限内或经整改督促后，敷衍应付整改，致使整改任务应完成未完成的，或未及时采取整改措施的	视情节轻重，综合采用经济处罚、组织处理和纪律处分
		超出计划规定的整改期限，无正当理由，未报送或拖延报送整改方案和整改结果，导致问题未整改落实的	
3	无正当理由整改不到位，或经约谈后无效的	对应整改事项，未完全按整改要求达到整改目的	
		采取的整改措施不符合相关法律法规和企业制度规定的	
		对应当追究当事人责任而未追究的	
4	履行整改反馈责任不到位	应当报告而未报告或未在规定时限内报告整改结果的	
		报告的整改内容不真实、不完整的	
5	履行整改督促、协助责任不到位	在职责范围内应协助落实的事项，无正当理由未予配合，致使整改未落实的	
		在职责范围内未认真履行监管责任，督促相关部门落实整改计划不力，导致重大损失或造成严重后果的	
		对监管领域查出的共性问题，未按整改计划及时组织研究、采取有效措施，致使问题屡禁不止、造成严重影响的	
		对需研究决定的事项，无正当理由长期未处置，导致整改事项无法落实的	
		有意隐瞒职责范围内整改事项真相的，或授意、指使和放任隐瞒整改真相的	
6	加重问责	整改责任落实不到位、督促协助不力，导致问题进一步扩大，造成恶劣影响的	
		存在应当问责情形，无正当理由拒不履行问责的	
		干扰、阻碍、不配合跟踪检查、问责调查的	
		经多次督办未见成效的	
		法律法规或党纪政务规定的其他从重问责情节	
7	从轻问责或免责	积极配合整改工作，主动说明情况，承诺在一定期限内完成整改的	
		经督促、约谈后，态度积极，主动消除不良后果的	
		在整改过程中，由于整改环境发生重大变化等原因，造成整改要求无法继续执行的，经确认后可以不再执行的	
		法律法规或党纪政务规定的其他从轻、减轻或者免于问责情节	

成果创造人：蔡昭斌、王宇、叶蘩漪

基于"互联网＋"人力资源管理创新实践

中国铝业集团有限公司

一、概述

新时代，新一轮科技革命和产业变革正在推动数字经济蓬勃发展，深刻改变着人类生产生活方式，也正在对各国经济社会发展、全球治理体系、世界企业生产经营和转型升级等方面产生重大而深远的影响。党的十九届五中全会和《中华人民共和国国民经济和社会发展第十四个五年规划纲要和2035年远景目标纲要》提出，要立足新发展阶段，推动数字经济和实体经济深度融合，激活数据要素潜能，推进网络强国建设，加快构建国内大循环为主体、国内国际双循环相互促进的新发展格局。自2020年新冠疫情全球蔓延以来，国际形势中不稳定不确定性因素增多，经济全球化遭遇逆流，新一轮科技革命和产业变革加速演进，我国经济社会发展面临的形势严峻复杂。在此背景下，加快数字化发展，打造数字经济新业态、新模式，以"双融合"全面支持"双循环"，为经济社会各领域的数字转型、智能升级、融合创新提供坚实支撑（李天宇等，2021）。做大做强数字经济意义重大而深远，是提升产业链供应链自主可控能力、打造未来竞争新优势的迫切需要，是推动产业（制造业为主）高质量发展、支撑构建新发展格局的重要途径，也是抢占国际竞争制高点、把握发展主动权的战略选择（肖亚庆，2021）。

目前数据作为国家战略性要素资源和生产力，其具有非竞争性、使能性及生产与消费统一性等特征，使其作为数字科技的"底座"，赋能实体经济，已成为推动经济增长动能持续转换、生产力水平整体跃升的有效路径（姚景源，2019）。需要我们抢抓新一轮科技革命和产业变革的历史机遇，努力突破关键核心技术，聚力打造标杆应用，推进5G为代表的新一轮技术融入百业、服务大众，从更深的层面上引发社会和企业价值创造逻辑的颠覆性变革（Nambisan, Satish, Lyytinen, et al, 2017）。

就企业而言，企业为适应内外部环境变化、提高生产管理效能，将由原来简单的借助数字技术解决分工和管理效率问题，单纯地提高员工的工作效率，向以数据驱动企业整体发展和转型的战略层面、业务层面，并以此实现可持续高质量发展新模式，帮助企业更好地做出管理上的决策及调整，是数字化转型的主要战略出发点。但需要注意的是，企业的数字化转型不可能一蹴而就，而是持续迭代和重构衍生的过程，其资源投入和效能之间存在非线性关系。在对数字化转型的进程中，企业的商业模式、业态创新、商务营销、战略目标、组织形式、运营管理也随之发生改变，逐步由"传统层级型"向"平台共治型"，由"纯粹雇佣型"向"合作共生型"，由"成本控制型"向"投资共赢型"，由"保守封闭性"向"开放共创型"转变。在这其中，人力资源管理发挥了重要作用。

与传统人力资源管理变革不同，"互联网＋"人力资源管理变革是价值创造、组织架构、产业生态和数字化技术的使用相互影响的再平衡行为（Matt等，2015），是组织与信息系统战略的两种不同方式的有效融合，往往表现出更强的动态性和组织的感知、获取和转化能力。本成果以某国有大型骨干企业为例，在系统分析其"互联网＋"人力资源管理变革创新管理实践基础上，提出了人力资源数字化转型理念及管理框架，并将数字化理念和管理框架融入企业体制机制、服务和流程中，推动企业发展理念、管理和工作模式、科技创新等方面的实践变革，在此基础上分析其治理逻辑，为我国中央企业人力资源管理数字化转型创新理论与实践提供借鉴。

（一）成果背景

中铝集团着眼于建设具有全球竞争力的世界一流有色金属企业，立足国内面向海外，积极整合国内资源，加快开拓全球业务以及广泛的产品组合。依法进行国有资产的投资和经营管理；铝土矿采选，铝冶炼、加工及贸易；稀有稀土金属矿采选，稀有稀土金属冶炼、加工及贸易；铜及其他有色金属采选、冶炼、加工、贸易及相关工程技术服务。

近年来，随着业务不断扩张，经营环境快速变化，现有人力资源系统功能与实际业务需求的差距越来越大，中铝集团人力资源管理工作不断面临新的挑战。具体表现为：没有统一的人力资源平台，集团人力资源统一调配难度大、效率低；没有自顶向下贯穿的人力资源业务系统，人力资源管理理念、政策难以贯彻到基层；没有实现全部用人用工管理信息化，决策数据手工上报获取效率低、准确度低；没有标准一致的业务流程运行平台，业务开展标准不统一，难以事前事中监督；人力资源主要办公流程没有实现电子化，工作效率难以提高、事后追溯效率低下；没有设立员工自助平台，政策宣传、意见收集、个人信息查询更新效率低、效果差，人力资源服务能力提升困难；没有统一的培训平台，整体生产和管理水平提升、企业文化建设缺少高效工具。

为缩小差距，扭转局面，更好地支持中铝集团"十四五"规划和全面转型升级战略布局，中铝集团人力资源部以供给侧结构性改革为主线，创新应用"互联网＋"人力资源管理的科技理念，提出了在全集团范围内，分阶段有计划地实现全部用人用工管理信息化的总体目标。

（二）建设目标

全局目标：标准统一、流程规范、资源共享、信息全面。

总体目标：在大力开展人力资源管理科技创新，努力提升人力资源管理业务核心能力的同时，通过深度融合云计算、大数据、移动通信等现代信息技术，以原型系统为依托，以用户体验为核心不断迭代。在中铝集团内选择一批人力资源管理业务基础较好的单位为试点，然后逐步向全集团推广，形成中铝集团全级次人力资源信息化覆盖的布局，从而大幅提高了人力资源管理业务系统整体效率、效益和效能，实现了人力资源管理业务整体能力跨越式提升的目的。

主要内容：建成全集团统一的人力资源业务和数据平台，实现人力资源数据和流程标准化，消除数据孤岛和资源壁垒，拓宽各层级有效管理范围；建成自顶向下穿透各层级的业务系统，减少管理扭曲；实现全部用人用工管理信息化，支持集团各级人力资源业务分析和管理监督；制订人力资源主要业务流程模板，在集团总部、各板块公司本部、直属单位实施，向下属企业推广；主要办公流程在线上运行，提高核心团队效率；实现公司移动门户上人力资源公共政策查询、问卷调查、个人信息自助等功能；建成覆盖全集团全级次的培训平台，打造生产和管理技能提升、企业文化建设高效工具；减少各层级事务性工作，进一步推动集团人力资源整体效率提升。

各板块公司本部目标：落实集团总部目标，制订执行策略，在执行层面组织本部实施、指导下级单位实施。

直属单位目标：落实集团总部目标，制订执行策略、具体实施。

下属企业目标：落实集团总部和各板块公司本部目标，在上级指导下完成推广模板个性化修订，在操作层面实施推广。

二、中国情形下的"互联网+"人力资源管理内涵

数字经济时代，"互联网+"人力资源管理，有较丰富的内涵，其中依托互联网、大数据技术，开展业务创新是其中的共识，其本质是对用户（员工、管理人员）、服务和流程的全面"在线"——以互联网工具对用户数字化赋能、管理和激励。通过数字化孪生人力资源管理世界，使得人力资源管理者从日常重复烦琐的事务中解脱出来，进而有更多的时间和精力关注人力资源发展战略和企业战略发展。使得人力资源管理变得更加高效科学合理。

数字化转型必须要基于思维模式的转变，而数字化大数据分析应用于人力资源管理恰恰是基于思维模式的变革，数字化人力资源管理是把互联网、大数据的创新成果与人力资源管理深度融合，通过大数据分析、数据挖掘等技术，将"互联网+"创新能力融入人力资源管理当中，推动人力资源管理的效能提升，建立快速适应内外部变化要求的扁平化、专业化、灵活敏捷的组织架构。实现基于物理隔离与远程办公业务工作场景，以数字赋能而产生的HRM新范式将是唯一有效且可靠高效的创新解决方案，推动领导力转型，激活组织和员工创新活力，推动组织竞争力提升，建立匹配的绩效考核和激励约束机制。

三、人力资源管理数字化转型框架

"数字化企业"正加速向"企业数字化"演进，其本质区别不仅仅表现在支撑技术体系的差异性，而且体现在数字化企业面临的市场特征、经营理念、技术诉求、技术开放性、技术交付形态的差异性。

企业人力资源数字化转型的核心不仅仅是技术，更是观念的更新、认识的提升、管理的进步，是技术与企业管理的深度融合，是系统性的建设工程，是创新变革之旅。数字化转型需要对企业战略重新思考，对企业资源、业务、组织架构、管理、技术应用进行全方位的升级和优化。

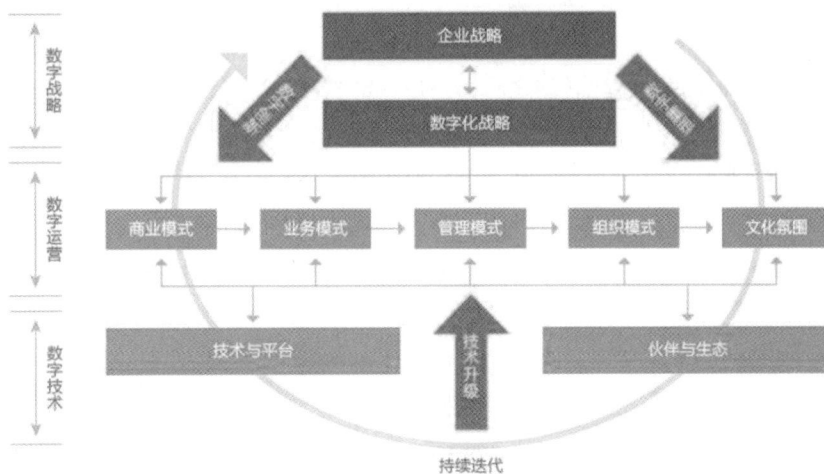

图1 "互联网+"人力资源管理数字化转型框架

包含人力资源数字化战略、数字化运营、数字化技术三个层面的数字化转型框架，其核心理念为：

（1）坚持2大战略融合。将人力资源数字化战略纳入企业战略规划体系中，并为之制定详细的执行细则，确定数字化转型路径。

（2）抓住1条变革主线。对大多数企业而言，数字化转型的过程，就是从人力资源管理模式、业务管理模式到商业逻辑、从组织结构到企业文化的一次变革。

（3）把握2大关键因素。打造强大的技术平台、建立广泛链接的生态圈是决定企业人力资源数字化转型效率的关键因素。

（4）遵循1个基本原则。数字化转型是一个循序渐进的过程，需要企业在转型过程中，瞄准目标，持续迭代，不断优化，最终实现企业的全面数字化。

四、人力资源管理数字化的实施模式

"天下武功，唯快不破"，面对不断高涨的管理创新需求和日新月异的技术更新脚步，没有哪个管理思路、哪种技术方法能一劳永逸，也没有哪项措施能解决所有问题，只有见招拆招、快速迭代才是解决问题的核心思路。

人力资源管理数字化建设的核心思路同样是通过快速迭代，不断试错纠错，保持和发展业务创新能力，为企业核心竞争力进步持续提供动力。在实践中，实际用户体验是快速迭代的最重要的工作依据来源，国有企业人力资源管理数字化建设过程中，也应根据自身情况，建立以实际用户体验为核心的快速迭代机制。

（一）数智转型，标准先行

标准是信息化建设成功的最佳发力点，世界顶级的标准铸造出的是世界一流的系统。要保证人力资源管理数字化建设的规范性和可持续发展，就必须坚持"标准先行"的理念，发挥标准的引领作用，从制高点上确立人力资源管理数字化发展的质量要求。按照总体目标和主要内容要求，讨论分析技术和方法，进行了内、外部调研，并邀请企业内、外部人力资源管理专家、学者和咨询机构，对梳理出的业务流程进行论证、分析，进而形成一套适用于中铝集团的人力资源管理标准流程。

如果说数字标准化没有做好，或者说流程标准化没有做好，在这个基础上谈到数字化，基本上做出来的数字，也没法实现"数字化"，所以说怎么把我们的信息标准以及流程标准准确梳理出来，能决定整个数字化的宽度和深度。

我们管理和经营企业，做数字化转型之前，还是一定要按照最传统的，当然现在看到流程框架都太传统了，你必须回到最传统的流程领域做完整的梳理，把整个企业人力资源管理的业务域识别出来。

在中铝集团做整个数字化之前，虽然是一个非常大的央企，还是完整地用了几个月时间，把目前所有的人力资源的业务流程做了识别，查缺补漏，在这个基础上进行数字化。我们可以非常明确地知道，到底目前数字化程度怎么样，已经有多少流程进入了系统，这样就将现状摸清，为下一步数字化转型工作做好准备。

数字化还有一个特点，我们平常讲流程、讲数据，数字化的数据绝对不是产生传统的采集或者人工录入，数字化非常大，没法通过人工方式处理数据，只有通过流程。数据完全通过流程来驱动，任何员工档案、组织档案修改，必须要完全通过流程驱动。产生非常好的效果，因为流程记录过程信息，让它的人力资源的状态，可以时时刻刻地做还原。这是我们给它做的分析，可以实时切换到任何一个时点看当时的人员结构状况，因为它的流程和数据是绑在一起的，它的数据是通过流程产生的。这是为什么我们说数字化一定要把基础打好。

中铝集团项目组制定发布了中铝集团组织架构、职位体系、人员信息、薪资项目、人事报表的数据、逻辑、规则校验等统一标准，系统固化相关标准、强化集中统一管理。系统实现了管住两头、过程可选的人事事务和请示发文等业务审批流程，规范了相关业务的审批管理。通过统一标准、规范流程、统一授权，满足了中铝集团对组织职位体系、人员信息、人事事务、薪资核算、套打模板、人事报表、流程管理、权限管理等统一管理的共性要求；通过分级维护兼顾了中铝集团统一管控下的人员信息、薪资核算、审批流程等个性要求。

中铝集团根据本企业人力资源管理数字化建设的标准业务流程，运用云计算、大数据、数据挖掘相关技术，搭建适用本企业人力资源管理体系的系统架构、设计标准的内部调用接口、统一的底层数据存储标准，使得人力资源相关业务数据深度融合，发挥大数据分析作用，发现更多人力资源服务新规律。

（二）统一规划，敏捷研发

按照形成的适用于中铝集团的人力资源管理标准业务流程，以及按照云计算、大数据等技术要求形成的数据结构标准，规划搭建本企业人力资源管理数字化应用平台（业务标准平台、数据平台、流程平台），全面建立线上业务有规可依、有据可查的运行机制，全面实现"数对人头、发对工资"的项目建设初期目标，实现"总额、定员"双控目标，支持全集团人力资源管理精准决策。

将组织管理、人事管理、人员合同、薪酬管理、考勤管理、请示发文（含干部发文）、流程应用、权限应用、业务报表，按照统一的标准要求规划设计，让各模块之间数据联动、业务联动，最终形成统一的顶层设计方案。

图2　敏捷研发

采用敏捷的研发方式，以统一规划方案为依托，实现以用户需求、用户体验为核心的快速迭代机制，循序渐进的推进人力资源管理数字化建设。在统一规划方案之下，将项目切分成多个子项目（模块），各个子项目的成果经过测试，具备可视、可集成和可运行的使用特征，换言之，就是把一个大项目分解为多个相互联系，但又可独立运行的小项目，通过不断迭代，保证各测试模块里新功能的正确性。在版本发布前的上线阶段，可使用"车轮战"，即：调集测试人员、开发人员等全面参与测试，将这些人员分为若干个小组，每个小组分别对系统进行测试，对传统的瀑布开发模式进行微调，引入了一些螺旋开发模式的优势特征。解决了瀑布模式迭代速度上的弊端，保持了原有的质量，提高了开发效率和响应能力，人力资源管理数字化实现了开发中使用、使用中开发，形成了效率质量兼顾的良好局面。

（三）集中部署，分步实施

根据"集约化、扁平化、专业化"的管理要求，在企业集中部署人力资源管理数字化应用平台，以各级单位为上线应用组织单元，覆盖中企业全级次单位，可实现"集中部署、分级应用、全级次覆盖"的业务格局，建立扁平化的业务体系。梳理入转调离到干部管理、请示发文等全流程并进行优化调整，截弯取直，实现集中统一管理的标准化流程环节，实现数据流程集约化。

严格按照项目管理和文档管理要求，统计各单位总人数，并根据各单位实施团队中每人的工作量，对人员信息的采集、审批流采集、权限采集、薪资配置等模块进行科学计算，形成针对每家企业实际情况的系统实施标准化方案。（根据实践得知，人员档案信息采集为：15本/人天为最优）

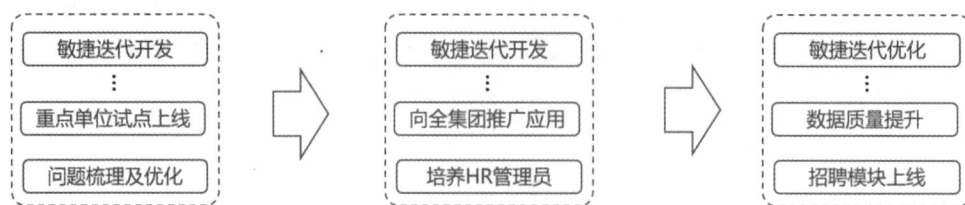

图3 项目分步实施生命周期

同时，人力资源管理数字化应用平台集中部署后，应用平台应严格按照正式生产系统管理，组织人事部门、信息化管理部门制定的平台业务管理办法、运维管理办法，所有操作严格按照平台业务管理办法、运维管理办法执行，从而保证数字化应用平台的数据准确性，以及平台的安全性。

（四）业务数据，自生为本

企业人力资源管理数字化转型，以数据为本。数据质量决定了数字化应用的效果。按照"强化规范统一、兼顾个体差异"的建设原则，在满足集团标准化、规范化的管控基础下，允许企业存在合理的差异性，确保系统建设与实际业务贴合，强化数据治理，确保实时准确更新。

通过业务流程驱动数据更新，继而达到系统数据及时、准确更新，满足企业数字化分析、数字化管控需求。建立权威中央数据库就是我们进行数字化转型的最重要一环。企业通过统一的标准和数据管理平台，消除数据孤岛和资源壁垒，拓宽有效管理范围，建成自顶向下穿透各层级的管理体系。当管理人员需要做出决定时，他可以随时随地拿出手机通过系统内置的各种分析模型，经过简单的维度选择，通过树状图，卡片图等方式展示出想要的信息，并通过层层点击穿透，直达员工个人信息，帮助制定决策。

五、人力资源管理数字化应用及保障措施

针对人力资源管理数字化应用而言，"三分靠建设，七分靠数据"，数据的重要性不言而喻。由于一般前期数字化应用建设是"开发中使用、使用中开发"，从纸张数据采集到数字化应用平台，没有标准遵循，信息采集标准在滚动中更新，实际造成前后标准不统一。同时人力资源管理由原来手工维护和统计的方式，转变为依托数字化应用平台，也需要一个适应过程。这些情况综合起来，造成人力资源数据准确性、完整性还需要进一步提高。这个问题需要从管理和技术两方面花大力气长期坚持解决，否则很容易导致人力资源管理数字化应用中各类人员信息、统计报表数据不准，形成不好用到不想用的恶性循环。

人力资源管理数字化应用的建设，应统筹全局考虑，明确系统数据的重要性，没有准确的数据录入和维护，理念再先进功能再强大的系统也无法做到正常运行。因此建设人力资源管理数字化应用，应标准先行，制定统一的人员信息采集原则和方法，明确系统数据维护规范，建立数据质量督察机制，对维护数据不力的单位予以通报公示，数据质量督察结果在年度绩效考核时予以体现。此外，人力资源管理数字化建设无法一蹴而就，需要根据顶层设计，实施"集中部署，分步实施，重点先行"的建设策略。通过绩效驱动各企业建立人力资源管理数字化建设的信心，并根据前期建设的经验不断调整优化后期建

设的思路和路径。

六、人力资本管理数字化应用效果分析

首先，通过人力资源管理数字化应用，从根本上扭转了各单位独立系统之间信息无法共享的局面。按照组织管理体制机制原则，数字化应用平台相应的功能模块信息只能在规定的权限范围内被调用，所有的信息由各单位专人进行维护和更新，从而保证了信息及时、准确、安全地录入和使用。其次，通过人力资源管理数字化应用，除了人事管理、薪资管理外，还包括组织机构管理、绩效测评、考勤管理、员工自助、人力资源OA、业务报表、权限管理、高级查询等功能，已形成与真实业务紧密贴合，较为完整的人力资源管理信息化体系。在这个相对完整的体系中，复杂的跨级别的职能操作，不仅变得简便快捷，而且由于数据能够及时更新，使管理者可以通过报表对各方面的情况全面掌握。最后，通过人力资源管理数字化应用，实现了人性化员工服务，员工可以在移动端办理和查询个人相关业务，如：查看薪资明细、请假管理、用印申请、户籍卡借用等；通过经理服务（高级查询、人力洞察、绩效打分等），高层管理者可以通过网络实时查看企业人力资源配置、进行人力资源工资成本分析、了解重要员工的状况、掌握员工绩效情况等；各部门综合职能处室经理（直线经理）可以在网上管理自己部门的员工，如在授权范围内修改属下员工的考勤记录、审批休假申请等。

同时，人力资源管理数字化应用，可以实现大型集团型企业统一管理，促进大型集团型企业全级次单位之间的信息共享，简化工作业务流程，降低人力资源管理成本，建立快速适应内外部变化要求的扁平化、专业化、灵活敏捷的组织架构，推动领导力转型，激活组织和员工创新活力。

中铝集团人力资源信息化平台实现了全集团全级次人力资源信息共享，主要包含组织管理、人事管理、薪资管理、绩效测评、员工自助、业务报表。并针对各层级人员资源调配难度大、效率低，各层级角色过度依赖以往经验，工作执行随意性大、难以监督等缺点，提出了所有人力资源管理业务流程根据业务单据自动驱动，如干部的调离录转、员工自助服务、人力洞察、绩效测评、人员数据跨纬度式的模糊查询等管理方式的转变。

将数字化理念和管理框架融入企业体制机制、服务和流程中，推动企业发展理念、管理和工作模式、科技创新等方面的变革，打造智能化管理、网络化协同、个性化人力资源服务等新能力，开创基于用户、数据、创新驱动的新商业模式、新管理方式和新组织生态，给企业带来了较好的经济效益和社会效益。

（一）管理与业务创新

创新应用人力资源管理数字化管理模式，彻底改变了传统业务的工作模式，将人力资源从业者从日常繁杂重复的工作中解脱出来，推动了企业管理体制机制改革。

一是业务应用数据自动统计上报。传统的统计分析、管理服务工作中需要下发通知，逐级传达落实，基层企业统计后的数据，逐级汇总并向上反馈，整个过程效率偏低、数据准确性不高。在依托人力资源管理智能化应用平台后，各层级企业在实际工作中，实现了自动抓取基层数据，自动生成统计报表，将人力资源从业者从繁杂且重复的统计工作中解脱出来。同时，建立了十分便捷的集中监督渠道，在现有机制下既可自动获取数据，又可起到明确的监督效果。由于近年来业务重心不断前移，管理层对不干扰业务的监督需求空前高涨，监督是否有效会持续引起管理者关注，产生越来越大的管理影响。

二是线上360度测评。针对传统绩效评估的不足：选票问卷的印制，手工分发、回收以及统票等既

重复又低效的问题，以数字化思维与人力资源管理深入融合的方式，通过移动端支撑360度测评，既大幅提高了工作效率，又实际加强了绩效评估的有效性及科学性。在集团级会议和调研中，工作量由几天压缩到几小时，效率的提高突破了隐形的阈值，一些难以开展但又急需的集团级调研调查活动相继启动，将对集团管理产生长期且深远的影响。不但提升了人力资源管理体系和管理能力现代化水平，管理也更加人性化。

三是实现动态更新"干部任免审批表"。干部信息数据质量一直是国有企业人力资源工作重点，且随着中央越来越严格的选人用人要求而不断提高。系统平台可以将所有业务单据线上处理，实施了"动态更新的干部任免审批表"，实现了静态数据自动抓取，动态数据被流程驱动自动更新，为业界首创。

四是全员工资自助查询。改变了传统纸质工资条的模式，员工可在系统上（移动端）实时自助查询工资的详细内容，同时也可以设定时间段统计工资各项内容的总额。基于移动端的设计符合人性化设计思路，员工个人能够方便的查询工资发放情况。

五是高级查询。利用"互联网＋"的大数据思维和方法，既实现人员结构化数据的查询，也将人员的非结构化数据标签化处理，实现人员数据全文分析和搜索。可将组织机构名称、姓名、出生年月、毕业学校、所学专业、现任职级、入党时间、政治面貌、家庭成员、婚姻状况、籍贯、参加工作时间、奖惩情况等结构化和非结构化信息进行多项任意组合模糊查询。

六是人力洞察。人力资源从业者可以通过人力洞察，对企业人员结构（性别、年龄、学历、员工类别等）进行分析，对入职、离职进行分析，通过对比入职和离职等大数据分析功能，掌握人力流动状况，分析并找到其原因，便于集团的管理等。

七是薪酬管理。通过考勤与薪资联动、薪资公式计算，实现工资快速自动计算、保证核算准确。

八是无纸化办公及归档。所有审批、请示和发文等流程全部实现线上办理和审批，人力资源部基本实现了无纸化办公；所有审批、请示和发文全部在线上归档，实现一键查询，一键导出等功能，基本解决了传统人力资源归档业务繁杂低效问题，大大提高工作效率。

（二）经济效益和社会效益

人力资源管理的数字化应用的实施，取得了良好的效果。一是提高了工作效率。可以实时快速统计分析，将原有需要多人及3～5天时间完成的统计工作，在几分钟内完成。二是降低了人力成本。创新应用人力资源管理数字化平台后，通过线上无记名投票以及视频会议谈话的方式，短时间内即可完成民主推荐。与传统方式相比，所需要的飞机票、车票及食宿费等全部节省，差旅成本得到明显降低。三是为领导决策提供支持。通过对人力资源治理的所有信息进行分析，形成各种统计报表和图表，为集团及相关企业领导层更好、更快地进行决策和解决问题提供支持。四是发挥员工价值。通过对员工的技能治理、个人培训档案治理和360度测评，可以更好地培养优秀员工，留住优秀员工，挖掘员工的潜能，有利于调动员工的积极性，最大限度地发挥员工的创造价值和创造能力，员工和集团的发展空间得到进一步拓宽。

企业人力资源管理数字化建设，使得企业数字化改革发展水平得到了很大的提升，进一步树立了央企自身良好的形象。动态更新的"干部任免审批表"有良好的推广前景，可能为央企国企干部管理水平提升带来良好助力。向上级单位上报的各项人力资源数据更为准确完整快速，有利于上级单位管理和工作水平的开展和提升。一定程度上树立了央企人力资源数字化标杆形象，为央企数字化提供助力。

七、结论

本成果以国有骨干企业人力资源管理数字化转型的迫切需求为契机，阐述了人力资源管理数字化应用平台设计出发点和主要思路，简要介绍了该平台实现全集团全级次人力资源信息共享的方法。针对上规模企业传统线下人力资源业务数据不及时、不准确等顽疾，提出了人力资源管理业务流程自动驱动数据更新的理念，将数字化思想和技术手段深度融入企业体制机制、业务流程中。

人力资源管理数字化应用，在企业业务数据化、数据标准化、业务规范化、流程集中化等方面取得了巨大的成绩，在推动人力资源业务创新、管理变革上不断取得突破。一是组织和体制变革。由于数字化应用有利于拓宽管理幅度，可以更好地推行管理层级扁平化改革，加强横向的专业技术协同以及不同战略单元和业务市场信息的共享，形成纵向管控和横向协同融合的矩阵模式，建立适应快速变化的柔性组织，实现服务组织的专业化。深化管理体制改革，加快人力资源的数字化转型。二是管理系统变革。按照数字化思维重塑经营管理和综合管理架构和流程，建设相应的数字化支持体系。三是后台服务共享。充分发挥数字化优势，持续推动专业化服务共享，深化人力资源、财务等服务共享能力建设，逐步扩展到客户服务、法律合同、信息技术等领域，实现专业技术人员集中共享。本成果深入实践了数字化对企业业务发展的推动作用，通过创新技术手段促进了管理和工作模式变革，打造了智能化管理、网络化协同、个性化人力资源服务等新业务能力，建立了面向用户、基于数据的创新业务模式和创新组织生态，具有广泛的推广应用价值。

但在人力资源管理数字化应用的过程中，需要思考以下两个问题。

一是体系架构。人力资源管理数字化应用平台的体系架构设定，对于平台所能提供的功能服务、性能要求及功能扩展都至关重要，架构与功能一旦匹配欠佳，开发者就要花大力气克服先天问题；同时架构对平台有恰如其分的约束（约束不一定是坏事），平台的体系架构设计，也是必须考虑的因素。平台架构的设计就是对决策进行推敲与取舍，判断什么该做，什么不该做。

人力资源管理的各个模块相互独立，因此在人力资源管理数字化应用中，前端各个功能模块也具有相互独立的特性，而后端数据标准统一，且数据深度融合。换句话说，人力资源管理业务之间的耦合度较低，业务之间前后逻辑性较强，存储的数据格式标准统一，与微服务架构的特点基本一致。

同时，随着社会的发展，管理思想与理念也在迎合时代发展需求，向服务意识转变，日新月异的管理创新需求不断涌现。传统系统无法根据新的需求快速反应，提供更好的服务。而微服务架构，可以在特定的服务中增加所需功能，而不影响整体进程的架构，因此可以通过快速迭代，不断试错纠错，研发出最适用的新功能，为人力资源管理提供支持和服务。

但人力资源管理数字化应用平台中所有功能微服务化后带来的挑战也是显而易见的。例如服务粒度小，数量大，前期管理复杂，后期运维困难等。因此，在人力资源管理数字化应用中，应根据自身企业实际需求通盘考虑，一定要找到适用于本单位的人力资源管理数字化应用的发展思路。因为最先进的技术，不一定是最适用的。

二是激活业务信息化融合组织和人员的需求。人力资源业务数字化过程中，需要以互联网、大数据和人工智能等数智技术对全部业务数据、流程进行描述，既准确表达业务意图，又符合数字技术规范，才能顺利转化成数字化的业务。由于需要将全部业务进行转换，过程中稍有偏差即会对实际业务造成负面影响。因此需要既深度理解人力资源管理业务，也非常熟悉数字技术的人员长期承担这项工作。另外，由于其产生大量的新知识，业务做实、知识承载都需要固定的组织和人员。

企业数字化转型离不开对新IT技术的深度应用，更离不开数字化专业人才。因此在数字化转型的过程中，一方面需要引入外部专家或外部咨询；另一方面，还要提升内部人才的数字化能力。数字化人才的培养是整个社会的事情，需要政府、高校、企业协同推进。在政府层面，国家既要出台政策，引进海外高端人才，又要推动建立和健全数字化人才的培养体系，为我国企业的数字化转型赋能，并提供人才队伍。在高校层面，则需要结合企业的实际需求，优化和调整人才培养体系，为社会输送合格的人才。在企业层面，数字化转型不是一蹴而就的，更不能仅仅依靠外脑，这就要求企业既要积极利用外部人才队伍，也要考虑现有员工的数字化赋能问题。

【参考文献】

[1]李天宇,王晓娟.数字经济赋能中国"双循环"战略:内在逻辑与实现路径[J].经济学家,2021,(5):102-109.

[2]肖亚庆.大力推动数字经济高质量发展[N].学习时报,2021-07-16(001).

[3]姚景源.数字科技推动中国经济向高质量发展[N]. 学习时报,2019-10-25(003).

[4]Nambisan,Satish,Lyytinen,et al.DIGITAL INNOVATION MANAGEMENT:REINVENTING INNOVATION MANAGEMENT RESEARCH IN A DIGITAL WORLD.[J].MIS Quarterly,2017.

[5] Teece D J.Profiting from innovation in the digital economy:Enabling technologies,standards,and licensing models in the wireless world[J].Research Policy,2018,47.

[6]Matt C,Hess T,Benlian A.Digital Transformation Strategies[J].Publications of Darmstadt Technical University,Institute for Business Studies(BWL),2015,57(5):339-343.

[7]徐刚.人力资源数字化转型行动指南[M].北京:机械工业出版社,2020.

成果创造人：伍祚明、茹文松、万红岩、王云峰、郭晓军、刘方

实施国企改革三年行动方案重点把控的"三个一"

上海西姆企业管理咨询有限公司

2020年9月29日，国资委召开视频会议，对中央企业改革三年行动工作进行动员部署。国资委党委书记、主任郝鹏强调，要深入学习贯彻习近平新时代中国特色社会主义思想，坚决贯彻落实党中央、国务院决策部署，按照全国国有企业改革三年行动动员部署电视电话会议要求，切实把国企改革三年行动抓到位见实效，在形成更加成熟更加定型的中国特色现代企业制度和以管资本为主的国资监管体制、推动国有经济布局优化和结构调整、提高国有企业活力和效率等方面取得明显成效，切实增强国有经济竞争力、创新力、控制力、影响力、抗风险能力。

从2015年22号文至今，国企改革已经走过了五个年头。在此期间，西姆国有经济研究院参与了大量国有企业的改革方案设计，深入研究了国企改革的路径、手段和成效。结合多年实践经验和此次会议精神，我们认为，国企改革三年行动方案的核心就是"三个一"：一个终极目标，一个重要手段，一个重大课题。

一、一个终极目标：完善中国特色现代企业制度，创世界一流企业

国有企业作为我们党执政兴国的重要支柱和依靠力量，是党领导的国家治理体系的重要组成部分，是国家治理能力的重要集中体现。在党的十九大报告中就明确提出，要深化国有企业改革，发展混合所有制经济，培育具有全球竞争力的世界一流企业。这也是在新的历史起点上，以习近平同志为核心的党中央对国有企业改革做出的重大部署和明确要求。

在党的十九届四中全会上审议通过的《中共中央关于坚持和完善中国特色社会主义制度、推进国家治理体系和治理能力现代化若干重大问题的决定》中明确提出，要"探索公有制多种实现形式，推进国有经济布局优化和结构调整，发展混合所有制经济，增强国有经济竞争力、创新力、控制力、影响力、抗风险能力，做强做优做大国有资本。深化国有企业改革，完善中国特色现代企业制度。"

而在国企改革三年行动方案中，再次强调，今后三年是国企改革关键阶段，要坚持和加强党对国有企业的全面领导，坚持和完善基本经济制度，坚持社会主义市场经济改革方向，抓重点、补短板、强弱项，推进国有经济布局优化和结构调整，增强国有经济竞争力、创新力、控制力、影响力、抗风险能力。增强国有企业活力和效率，实现国有资本、国有企业的做大做强，发挥国有经济战略作用。

虽然在三年行动方案的具体举措中，提出了完善中国特色现代企业制度、积极稳妥深化混合所有制改革、健全市场化经营机制、加强国有企业党的领导和党的建设等多项改革重点领域，但我们认为，都可以囊括为一个目标，即完善中国特色现代企业制度，创世界一流企业。

完善中国特色现代企业制度，我们认为，主要就是做好四个层面：战略层面、股权层面、治理层面

和经理层面。

（一）战略层面：聚焦主责主业，做好三年行动方案规划

2020年的政府工作报告中，首次提出了"聚焦主责主业"的要求。聚焦主责主业，就是做强做优做大主要产业，对于不具备竞争优势，缺乏发展潜力的非主业，非优势业务进行剥离，对于无效资产和低效资产要进行处置。国企聚焦主责主业，是优化国有经济结构的重要举措，将推动国有企业布局发生重大转变。未来国有资本将更多投向重要行业、关键领域、战略性新兴产业。有效推进企业战略性重组和专业化整合是"十四五"规划的重中之重。

国资委副秘书长彭华岗曾表示，有一句话叫"有所为，有所不为"。那么在民营经济发挥作用不够的地方，国有经济的投资要更多地在这些方面，比如说基础设施建设，以及关系到国民经济命脉的一些行业、一些领域，国有经济要更多地往那儿去集中。而在高度市场化、高度竞争的行业，我们将会通过混合所有制改革进行股权结构的调整，逐步退出一些，有进有退。

对于国有企业而言，落实战略层面就是要做好企业的"十四五"规划，做好三年行动方案规划，一定要结合企业实际，秉承"可衡量、可考核、可检验"的基本原则，绝不能只是"纸上画画、墙上挂挂"，最后完成不了，也依然不了了之。

比如，我们前段时间调研过的云锡控股，就非常明晰自己"锡"的主业，紧紧围绕全产业链重塑云南有色产业新优势，发挥龙头企业带动作用，勇当锡产业链、供应链、创新链、价值链全球"链主"，立志打造云南省以锡为主的有色金属产业整合发展平台和云南省重要的有色金属产业集团公司。

（二）股权层面：积极稳妥深化混合所有制改革

近年来，混改一直是国资国企改革的重头戏，例如在电力、石油、天然气等领域迈出实质性步伐，开展混合所有制、员工持股试点等具体举措。2021年政府工作报告中，关于国企改革只提了两句话，第一句是落实国企改革三年行动方案，第二句则是"深化混合所有制改革"。不难看出，混改依然是国企改革的重头戏。

混改不是一个新话题，从2015年22号文发布以来，混改一直都是国企改革的重点。但是在实际操作过程中，却存在各种各样的难点与问题，比如资产规模太大、业务市场化程度低等，难以找到改革的突破口；涉及员工安置等问题，内部难以达成共识；缺乏战略投资者资源，难以引战，容易踩雷；不了解相关政策，缺乏实操经验；忽略混改后的产业发展规划及国有资产保值增值需求，导致方案难以过审；或者干脆就为了混改而混改，只是"混资本"，没有做到"改机制"等。

而在三年行动方案中，对于这些方面都做了详细的安排。除了强调要深化混合所有制改革外，还提出一定要分类分层推进混合所有制改革，比如，要积极推行两类公司和商业一类公司子企业的混合所有制改革，引入"高匹配度、高认同感、高协同性"的战略投资人，尤其对于处于充分竞争领域的国有企业，要按照"三因三宜三不"原则，制定切实可行的改革方案，在战投持股比例、员工持股、差异化监管等方面充分突围，坚持"以混促改"的"真混改"，杜绝"只混不改"的"伪混改"等。这其实为国有企业的混合所有制改革已经指明了方向与路径，关键就在于企业如何根据三年行动方案去规划和落实。

我们根据国企混改实操多年的经验，提出了一个西姆国企混改"四位一体"模型。

第一位，设计重整及混改方案。方案既要体现法律专业性，又要体现现代企业管理的优势，通过改革解决企业发展的掣肘问题。这就要求企业立足大局，制定具有战略意义的混改方案，在方案撰写过程中，就明确"混什么""和谁混""怎么混"等问题，而不是随便写写了事。撰写混改方案的过程，其实就是企业总体把握的过程，在这个过程中计划得越明白，后续的工作就越简单。

第二位，设计引战商业计划书。主要向投资者阐明企业的商业模式，比如企业历史沿革、产品情况、所属产业链位置、核心竞争力、盈利情况等等，最重要的是，明确企业需要什么样的投资者，以及投资者投你的理由。很多企业会觉得商业计划书不重要，随便写一下就好了，但其实这是能成功引战的关键，撰写商业计划书的过程，也正是领导班子深度思索企业核心竞争力，明晰企业发展战略及未来前景，为战略投资人做出初步画像的关键环节。

第三位，设计路演渠道与资源。明晰战略投资人画像，由专业团队对接资源和渠道，挖掘双方各自利益诉求，寻找最佳合作点。在投资领域，信息不对称一直是最难解决的问题之一。因此，设计路演的资源与渠道就显得尤为重要，尤其是渠道的广度与深度，直接决定了企业融资的成败。很多企业就是忽略了这一点，只抓着一两个客户或者一两个渠道不松手，最终往往很难达到有效的结果。

第四位，设计混改后治理模式。最后一步，也是最关键的一步，就是要做好混改后的机制设计，也就是要强调"以混促改"。毕竟我们引入民营企业，是希望充分发挥民营企业的活力和积极性，带给国企新鲜的血液和力量，而不是让民营企业在里面做一个只会点头的傀儡。

（三）治理层面：各司其职、各负其责、协调运转、有效制衡

现代企业制度是以市场经济为基础，以企业法人制度为主体，以公司制度为核心，以产权清晰、权责明确、政企分开、管理科学为条件的新型企业制度。股东会、董事会、经理层、监事会要各司其职、各负其责、协调运转、有效制衡。在国企改革三年行动方案中，就明确地提出了党组织要"把方向、管大局、保落实"；董事会要落实董事会职权，发挥董事会"定战略、做决策、防风险"作用；经理层，就是"健全市场化经营机制"，发挥经理层的"谋经营、抓落实、强管理"作用。

而中国特色的现代企业制度，关键就在于党委（党组）与三会一层的关系如何协调，也就是"加强国有企业党的领导和党的建设"，将党的领导与现代企业治理机制相结合，建立企业党委党组发挥领导作用的"把方向、管大局、保落实"职能。可以看出，国企改革下一步要进入改革深化的过程，关键是通过完善现代企业制度让企业机制活起来，提高国有企业的核心竞争力，从而让国企成为高质量发展的强劲动力。

比如，我们就提出要用"三个清单"来平衡三会一层之间的关系，对于董事会，建议用权力清单来约束，"法无授权不可为"。股东会对董事会的授权，就是要落实董事会中长期发展决策权、经理层成员选聘权、经理层成员业绩考核权、经理层成员薪酬管理权、职工工资分配管理权、重大财务事项管理权这六项权能。没有授权不可为，但该有的授权一定要授到位，做得好。对于经理层，建议用负面清单来管理，"法无禁止皆可为"，要推行对经理层的容错纠错机制，在改革的路上不能因为怕犯错而畏首畏尾；对于监事会，则用责任清单来监管，"法定责任必须为"。

（四）经理层面：推进任期制契约化与职业经理人制度

应该说，在国企改革三年行动方案中，关于经理层面的改革举措是最容易落地的，也是最可圈可点，能够立竿见影出效果的。经理层面的改革，关键就在"劳动、人事、分配"的三项制度改革。

2020年初，国务院国有企业改革领导小组办公室制定了《"双百企业"推行经理层成员任期制和契约化管理操作指引》和《"双百企业"推行职业经理人制度操作指引》，已经非常明确的为国有企业经理层改革指明了方向和路径，包括制定方案、履行决策审批程序、签订契约、开展考核、结果应用等。

而在三年行动方案中，再次强调，要尊重市场经济规律和企业发展规律，紧紧围绕激发活力提高效率，持续深化劳动、人事、分配三项制度改革，破除利益固化的藩篱，真正实现管理人员能上能下、员工能进能出、收入能增能减。

针对经理层面，重点在三个方面的改革，最基础的就是经理层的任期制和契约化管理，在三年行动方案中，要求在国有企业的子企业中全面推行。升级版就是职业经理人，优先支持商业类子企业推行。另外，则是中长期激励改革。

积极探索建立市场化选人用人机制和职业经理人制度是国企深化改革的重点，也是完善企业市场化经营机制、激发国企发展活力、调动高管人员积极性和创造力、提高企业核心竞争力的重要举措。目前从中央到地方各层级政府均出台了相关支持政策，部分重点企业也开展了相关试点改革，但在实际操作中却普遍出现了职业经理人"水土不服"、权责不清、目标不明、激励不足等问题，制约了职业经理人改革效果的发挥。

职业经理人改革的核心目的是自上而下地为企业建立市场化的经营机制和激励约束机制，推动国有企业市场主体地位的落实，增强、释放企业发展活力和潜力。职业经理人改革是一个体系工程，其实施需要以公司治理结构完善为先决条件，以人才发展体制机制改革为制度基础，以契约化管理和有效的考核、激励、约束机制作为保障，涵盖战略引导、治理机制、岗位价值、薪酬策略、激励前设、契约管理等多个方面。

中长期激励则是以国有控股上市公司股权激励、国有科技型企业股权和分红激励、国有控股混合所有制企业骨干员工持股为主要手段，辅助以超额利润分享、岗位分红、跟投等多种政策，要统筹运用各类中长期激励政策，强化业绩考核和激励水平"双对标"，最终实现激励与约束相统一。比如，鼓励商业一类国有企业以价值创造为导向，聚焦关键岗位、核心人才，建立超额利润分享机制；鼓励从事新产业、新业态、新商业模式的国有企业，或者在具有较高风险和不确定性的创新业务领域的国有企业，按照风险共担、利益共享原则实施跟投。再比如，鼓励上市公司、科技型企业、国有控股等公司灵活开展多种方式的中长期激励，包括超额利润分享、跟投制度等，要全面落实三项制度的改革，从"老三样"向"新三样"转变。

经过对国企改革理论与实践的大量探索，我们认为，国企改革其实就是做好三件事：体制、机制与制度。其中机制是企业效益和经营者、劳动者利益之间的关系，可以通过中长期激励等手段来实现；制度是国有企业的运作方式，是所有者、经营者、决策者、执行者之间的关系；体制则是国有经济、国有资本、国有企业之间的关系，如何建立高效运作的国资监管体系，也是国有企业改革最重要的手段之一。

二、一个重要手段：发挥两类公司的功能作用

在党的十九届四中全会上，除了提出要完善中国特色现代企业制度，还特别强调要"不断完善国资监管体制机制，大力推进国资国企治理体系和治理能力现代化"。完善国资监管体制机制，就是要以管资本为主加强国有资产监管，切实转变出资人代表机构职能和履职方式，建成与中国特色现代国有企业制度相适应的国有资本授权经营体制，实现授权与监管相结合、放活与管好相统一，促进国有资本做强做优做大。

从2015年22号文出台以来，围绕着"政府、国资委与国有企业的关系""国有资本专业化运营路

径"等问题，试点企业进行了积极的探索和实践，比如中粮集团，通过重新梳理、优化调整公司业务结构，推动主要业务向国计民生领域集中，实现了国有资产的做大做强；中国诚通、国新公司，则通过基金的发起和实际运作，把中央企业、地方企业和社会资本等各方的资金聚集起来，放大国有资本，为国企结构调整和转型升级提供了新的融资渠道和投资机制，为推动国企改革发挥了积极作用。

表1　国有资本投资公司与国有资本运营公司的区别

	国有资本投资公司	国有资本运营公司
目标定位	服务国家战略、优化国有资本布局、提升产业竞争	提升国有资本运营效率、提高国有资本回报
设立形式	通过选择具备一定条件的国有独资企业集团改组设立	通过划拨现有商业类国有企业的国有股权以及国有资本经营预算注资组建
持股特征	在关系国家安全、国民经济命脉的重要行业和关键领域，按照政府确定的国有资本布局和结构优化要求，以对战略性核心业务控股为主	以财务性持股为主
实施方式	投资融资、产业培育和资本运作等	股权运作、基金投资、培育孵化、价值管理、有序进退等
效果要求	发挥投资引导和结构调整作用，推动产业集聚、化解过剩产能和转型升级，优化国有资本布局结构，培育核心竞争力和创新能力，积极参与国际竞争，着力提升国有资本控制力、影响力	盘活国有资产存量，引导和带动社会资本共同发展，实现国有资本合理流动和保值增值

作为国企改革"施工图"的三年行动方案的出台，更有利于构建以管资本为主的国有资产管理体制，实现政企分开、政资分开，界定了政府的权力边界和行为边界，最大限度减少政府对市场活动的直接干预，使国有资产管理部门回归到对国有资产行使监督权利的位置上，让两类公司履行出资人责任，最终实现国资产向管资本的转变，进一步释放国有企业的活力，为创世界一流企业奠定基础。

要充分发挥两类公司的功能作用，就要认真研究和推动授权放权工作，充分发挥国有资本投资公司市场化运作专业平台作用，增强集团总部在战略引领、资本运作、风控合规、审计监督等方面的职能，同步开展落实董事会职权、推行职业经理人制度等多项改革。其中，授权放权是改革的核心。通过以资本为纽带，建立权责相统一的授权链条，在整个国资监管系统中形成三层授权框架，国资委统一履行经营性国有资产监管职能，由国有资本投资、运营公司直接履行出资人职责；合理确定政府、国有资产监管机构、国有资本投资运营公司和国有企业四个层次的权利边界；确定授权代理链条；建立授权监管闭环体系。

目前两类公司的运营模式主要可分为三类，以江苏国信为代表的国有资本投资运营平台"混合一体化模式"，以上海为代表的国有资本投资平台＋国有资本运营平台的"双平台模式"，和以山东为代表的一个国有资本运营平台＋N个国有资本投资平台的"1＋N"模式。

在此，我们以江苏国信为例，阐述如何利用好两类公司这个"重要手段"。

（一）"一整一改"行动拉开江苏国企改革序幕

在中央文件顶层设计的基础上，江苏省在2018年6月正式启动了国企领域的"一改一整"两大改革动作。其中，"一改"即江苏省国信集团改建为国有资产投资运营公司，"一整"则是整合江苏省的酒店资源，注入金陵饭店集团。江苏省国资委直接监管的省属国企包括国信集团、交通控股集团、苏豪控股以及金陵饭店等共24家企业。其中，国信集团不仅收入规模和盈利能力在各省属企业中均属前列，江苏省超过50%的电力和15%的天然气由国信集团控参股的电厂天然气公司供应，同时国信集团下设能源、贸易、金融以及社会事业、酒店等多个产业领域，业务结构在各省属国企中也比较复杂，是江苏省属企业资源配置状况的一个典型代表，对其进行改革试点具有很强的示范效应。因此，江苏省最终选择了国信集团作为国有资本投资运营公司的试点单位。

（二）五大目标确立国信集团改革方向

在国信集团成为国有资本投资运营公司的试点单位后，针对制约公司发展的董事会建设运行不规范与董事会职权落实不到位的问题并存、公司集团层面管控不到位与子公司机制不活的问题并存、主业发展不充分与非主业过多的问题并存等主要问题，江苏省国资委与国信集团确立了此次改革的五大改革目标：第一，探索适合国有企业更快发展的模式和路径，努力把国有资本投资运营公司控股的企业建设成为盈利能力较强的市场经济主体。第二，完善公司法人治理结构，坚持和加强党的领导，厘清出资人事权边界，落实董事会职权，完善外派监事会制度。第三，聚焦主业，做强能源，做优金融，投资战略性新兴产业和高新技术产业。第四，提升非主业资产整合能力和效率，推动国有资本有序进退。第五，释放企业发展活力，加快建立激励与约束有效结合、压力与动力有效传递的管控体系。

在五大改革目标确立之后，针对公司存在的主要问题，江苏省国信集团主要从以下方面进行了改革。

1.完善法人治理结构

针对集团及公司董事会建设和董事会职权等相关问题，国信集团首先强化了董事会作为公司决策机构的地位，并实行外部董事占多数的制度，公司9人董事会中有5名为外部董事。同时在董事会下设立战略投资、合规审计以及薪酬考核三个委员会，董事进入委员会履行职责。其次，完善董事会的工作机制，实行集体审议、独立标记、个人负责的决策制度；修订完善"三重一大"决策制度、内控权限指引等。第三，健全"双向进入、交叉任职"的领导体制，符合条件的集团党委领导依法进入董事会和经理层，二级公司董事长由党组织书记兼任，同时推进党委专职副书记进入董事会。最后，加强党的领导，落实党委在董事会、经理层重大问题决策的前置程序。

2.构建"集团—子公司"的三级管控体系

在"强总部、大产业"的原则下，国信集团也从"管资产"向"管资本"进行转变，构建"集团总部—二级平台公司—三级子公司"的三级管控体系。其中，集团总部以管资本为核心，是资本运营中心，负责管理集团战略方向、资源配置和投资方向与规模。二级平台公司负责所属板块的发展定位与战略，进行专业化的板块业务管理。三级子公司则负责具体的专业化生产和经营，着力提升技术优势等核心竞争力。在建立三级管控体系后，集团逐步向二级平台公司和三级专业化公司下放人事权、资产配置权、生产和研发创新权、考核评价权和薪酬分配权等五大类的关键权力，在精简总部机构人员的同时，也赋予了二三级公司充分的经营管理权。

3.完善市场化经营机制

首先，国信集团建立管理人员能上能下、收入能高能低、员工能进能出的"三能机制"，淡化行政级别，强调劳动合同、岗位管理、业绩考核的市场化用人机制。同时在信托公司试行职业经理人制度，引进副总经理、中层干部及技术骨干共23人，在积累经验之后向其他子公司推广。其次，在"以岗定薪、按绩取酬、对标市场"的原则下，实行市场化的企业薪酬管理和分配制度，重点向核心骨干、一线员工以及业绩考核优秀的员工倾斜，建立和完善现代企业绩效考核评价体系。最后，通过混合所有制改革建立和完善中长期激励约束机制。

4.建立战略性国有投资和运营平台

国信集团以子公司江苏省投资管理公司为平台，通过设立基金的方式，引入社会资本，发挥国有资本放大效应，推动江苏省的先进制造、节能环保以及新能源等新兴产业领域。发展2018年以来，先后成立30亿元规模的南京国调国信智芯基金、100亿元规模的江苏国信新能源技术与装备产业基金；联合中金资本设立中金上海长三角科创发展大基金及其平行基金中金国信扬子江城市群科创发展基金，平行基金首期规模20亿元；携手苏州元禾控股公司合作设立江苏省战略性新兴产业母基金，基金总规模100亿元，首期规模30亿元。

而在国有资本运营方面，国信集团充分利用拥有的江苏国信、江苏新能以及江苏舜天三家上市公司，通过逐步优质资产注入上市公司提高集团的资产证券化率乃至最终的整体上市。同时，通过在二级市场上增持华泰证券、江苏银行等参股公司的股权，履行战略股东的职责，提升国有资本的控制力与影响力。

5.整合资源聚焦公司主业

2019年9月，国信集团将旗下的江苏国信酒店集团及其所属的上海国信紫金山大酒店、南京国信状元楼大酒店以及淮安国信大酒店等共11家酒店以及江苏舜天海外旅游公司、省外事旅游汽车公司等通过国有股权入股的方式划入金陵饭店集团，基本完成了集团下属酒店板块的资产剥离。

对于金陵饭店集团而言，除国信集团的酒店资源外，还整合了江苏交通控股的苏州南林饭店、徐矿集团的西安紫金山大酒店等酒店类和旅游类资产。此举不仅有利于国信集团进一步聚焦金融和能源的公司主营业务，也有利于金陵饭店整合江苏省的酒店资源，快速提高国内市场的份额，打造国内一流、国外适度布局的国际化酒店集团。

三、一个重大课题：加强党建工作和公司治理的深度融合

我们强调的中国特色现代企业制度，其中的"中国特色"，就在于如何实现党委（党组）与原有三会一层的有效融合。西方国家的现代企业制度是以私有制为基础，在市场经济的发展过程中自发形成的，经历了单一制、合伙经营、民间公司、法律规范的公司、有限责任、经营者阶层的形成等六个阶段，通过漫长的时间磨合形成"三会一层"的均衡关系。而中国特色的现代企业制度是以公有制为基础，在社会主义市场经济体制形成的过程中逐步磨合而成，目前也还在探索的过程之中。

2016年10月，习近平总书记在全国国有企业党的建设工作会议上强调，坚持党对国有企业的领导不动摇，开创国有企业党的建设新局面。2018年6月，习近平总书记在山东考察期间进一步强调，"要坚持党对国有企业的领导不动摇，坚持建强国有企业基层党组织不放松，为做强做优做大国有企业提供坚强组织保证"，对新时期国有企业党的建设提出新要求。中国特色现代国有企业制度，"特"就特在把党的领导融入公司治理各环节，因此新时期健全国有企业法人治理结构必须要与企业党组织紧密结合起来。

对于企业而言，党委（党组）与公司治理的有机融合是十分必要的，只有做到两者之间的深度融合，才能够提升企业的核心竞争力，实现国有企业的做大做强，最终实现创建世界一流企业。但是，党委（党组）与公司治理之间处于不同维度，如何化解党委（党组）与公司治理之间存在的冲突，使得两

者之间和谐共处，推动企业进一步的发展建设，在实际操作过程中依然处于摸索与实验之中，这也是三年行动方案实践过程中面临的一个重大课题。

从目前的改革实践当中，党委（党组）和公司治理的融合方式，要么过于简单，要么过于融合。融合简单化，就是简单地把党委会前置。凡是董事会讨论的必先经党委会，党组织的地位写进章程，简单粗暴，但难以形成体系，更不具有实操性。融合过度化，就是把党委纳入事无巨细的生产环节，凡事以党委（党组）的名义执行，公司的其他组织，诸如董事会、监事会和经理层形同虚设。但不管是简单化，还是过度化，其实都没有实现党委真正作用，即"把方向、管大局、保落实"，都是对党委（党组）与企业治理深度融合的庸俗化。

根据我们的实践经验，公司治理，应该体现的是公司治理结构之间的制衡，而不是简单的谁领导谁，谁管谁的问题。因此，党组织作为公司治理结构之一，就应该回归到公司治理的基本逻辑中来。

首先，应该规范党组织在公司治理结构中的位置。党委会、股东会、董事会、监事会和经理层，通过权利义务的设定，各自发挥在公司治理中的作用。

其次，通过公司治理结构的权力行使程序的设定，保障各个治理结构权力正确有效地行使。例如，党管干部是一项原则。我们可以把干部选聘的程序、标准和监督权利由党委会行使，具体按照这个程序以及选符合这个标准的人的权利由董事会行使，这样分工既保证党委的干部管理权限及其权威，也保证干部选聘不会犯方向性的错误和产生道德风险。

再次，公司章程是约束股东的协议，是公司治理的基本法。因此，党组织进章程，要全面修改章程，通过党组织进章程，把章程系统化、个性化，成为党委、董事会等组织共同遵守的规则，任何组织和个人都不能有超越章程的权利，否则，公司治理就流于形式，"创世界一流企业"就成为一句空话。

最后，为了积极鼓励国企干部在未来三年的改革大潮中勇于担当，要积极贯彻习近平总书记"三个区分开来"的指示精神，在国企内部要建立容错纠错机制，保护干部创业干事，给这些干部一个好的创业干事的环境，提倡企业家精神，塑造国企企业家队伍，使之成为增加企业"五力"的基础。

如果能够通过理论与实践的结合，最终完成中国特色现代企业制度的设计与落地，实现党委（党组）与公司治理的深度融合，我们相信，这将是国企改革过程中的重大课题成果之一。

【参考文献】

[1]徐怀玉."三个一":深度解读国企改革三年行动方案[J].国企,2020(11):18-20.

成果创造人：徐怀玉、宋蕊、应慧燕

支撑大型核电基地专业化改革的新型能力建设

中核核电运行管理有限公司

一、前言

秦山核电基地位于中国浙江省嘉兴市海盐县，处于华东电网的负荷中心地区，是中国大陆核电的发源地，共有9台运行机组，总装机容量为654.6万千瓦，年发电量约500亿千瓦时，是目前国内核电机组数量最多、堆型品种最丰富、装机容量最大的核电基地。经过30多年的建设发展，秦山核电基地成功实现了"中国核电从这里起步""走出一条核电国产化的道路""核电工程管理与国际接轨"，我国核电"从30万千瓦到100万千瓦"自主发展的历史跨越。

中核核电运行管理有限公司（以下简称"中核运行"）是中国核工业集团公司为推动"集团化运作、专业化经营"战略方针而成立的核电专业化运行管理公司，由中国核能电力股份有限公司100%控股。公司于2010年9月19日注册成立，目前在册人数约4000人，负责秦山核电基地的运行管理工作以及巴基斯坦恰希玛核电的运行支持和调试工作等。公司实施"一体两翼"发展战略，打造"世界一流"的核电专业化公司。"一体"是生存之基，以奉献安全高效能源、创造清洁低碳生活为使命，持续保持九台机组的安全稳定经济环保运行，推动数字型管理建设，抢占智慧核电高地，建设世界一流的运营业绩，成为世界核电运营管理的领跑者。"两翼"包括发展之翼和服务之翼，发展之翼是按照国家能源革命的战略要求，融合中核集团发展战略和长三角一体化等区域规划，调动一切内外部资源，推动在浙核电新厂址开发，推动"四个基地"和零碳未来城建设，全力再造一个新秦山；服务之翼是依托秦山核电三十五年的深厚历史积淀形成的核心竞争力，集成开发面向市场的产品，继续推进高质量的对外服务，提升秦山核电品牌的影响力。

二、实施背景

（一）核电发展进入新的战略机遇期

当前，我国经济发展进入新常态，国企与电力体制改革继续深化，按照碳中和、碳达峰目标要求，核电发展进入新的战略机遇期，参照中国核电发展中心发布的《我国核电发展规划研究》，预计2030年、2035年核电发展规模达到1.31亿千瓦、1.69亿千瓦，发电量占比达到10.0%、13.5%，为发展提供了持续的机遇和空间。

（二）新能源、环保政策对核电发展产生重大影响

中共中央发布了《关于进一步深化电力体制改革的若干意见》（中发〔2015〕9号），明确了国家

电力改革的新方向。国家能源局配套出台了《关于改善电力运行调节促进清洁能源多发满发的指导意见》（发改运行〔2015〕518号），明确了"核电在确保安全下兼顾调峰需要安排发电"的产业政策。核电面临的调峰压力逐年增加，发电量受电网因素影响增大。电力市场供求关系转变。

（三）秦山核电专业化改革

秦山地区实施核电专业化改革前，三家核电公司都是独立的法人实体，各自承担着电厂的运营。由于企业文化、管理体系等差异，使得原有运行机制已不适应核电的快速发展：各自为政、资源浪费、骨干人员调配和操纵人员培训困难、人才流失严重；新建电厂从零开始、低水平重复建设。2010年，集团公司启动了秦山核电专业化改革工作。改革按照第一阶段"平稳过渡"（2012年底前），第二阶段"资源整合"（2014年底前），第三阶段"持续提升"（2015年至今）的策略，整体规划，分步实施。

（四）信息技术迅猛发展迫使核电转型升级

秦山核电信息化走过了4个阶段：第一个阶段是1990年年初至1997年，信息化因PC电脑的普及而出现，这是一个"IT工具"的阶段。第二个阶段是1998年至21世纪初，随着电脑终端的大量普及而成为"业务支撑阶段"，IT发展处于被动式的跟随业务需求而动的模式。第三个阶段是二十一世纪初至2009年期间，投用了大型的企业资产管理系统EAM，对核电厂生产管理提供了有效支撑，属于"运作阶段"。第四个阶段从2010年至2015年，信息化发展到了"业务伙伴阶段"，信息化随着资源管理的集中而出现平台集中、数据集成等局面，进入了核电标准化信息系统建设的时代，集中建成了N1-ERP（企业资源管理系统）、N1-EAM（生产管理系统）、N1-ECM（企业内容管理系统）、决策支持系统、技术支持系统、管理支持系统、应急指挥系统、综合信息系统等八大核电标准信息系统，实现信息集成、共享和高效利用。从2015—2020年，充分运用建成信息系统的数据，提升大数据管理和分析能力，靶向工作问题。通过大数据分析应用，逐步建立生产经营指标；将秦山地区历史数据梳理整合，发挥历史数据价值，改善现有管理问题和优化现有生产经营数据，降本增效；通过大数据展示，实时展示工作问题，有导向地跟踪和指导实际工作。优化公司生产、经营、管理流程，提高工作效率和效益。

（五）围绕公司战略的能力打造和提升

需要紧密围绕公司"一体两翼"发展战略，梳理公司的发展优势，以"两化深度融合"为抓手，以公司发展和创造九台机组一流运行业绩为"主体"，提高核心竞争能力。积极参与市场化竞争，增强公司对外服务与经营管理能力。秦山核电机组堆型复杂，部分机组运行年限较长，设备老化和固有设计缺陷日渐暴露，部分重要关键设备的可靠性还需提高，对机组的安全稳定运行存在潜在的影响，对公司核心能力打造提出了更高、更迫切的要求。

三、成果内涵

（一）打造核电生产精益化管控能力

通过DCS、N1-EAM、N1-ERP、PI、生产绩效指标管理平台、ERDB等系统的实施，实现多堆型机组运营高度标准化、一体化和管理控制全面化，建设核电机组数字化控制能力、核电机组实时数据及历史数据监控能力、生产绩效指标管控能力、设备可靠性管理能力。

（二）打造核电运营成本精细化管控能力

N1—ERP以SAP软件为基础，通过全面系统实施经营管理系统建设，采用和发挥ERP系统横向集成、纵向贯通的优势，实现人、财、物等核心业务的集约化、标准化、集团化管理，提升企业的运营管理水平。

（三）打造提高核电运营风险管控能力

以N1-EAM、风险监测器、MSPI（缓解系统性能指标）、SDP（安全事项重要度确认程序）、全面风险管理信息系统、工业安全管理系统、质保管理系统的实施为基础，建设工作管理风险管控能力、堆芯熔化概率安全评价（PSA）能力、电站运行风险监测能力、电厂全面风险管理能力、工业安全及质保管理能力。

（四）打造基于大数据分析的备品备件管控能力

备品备件的管理是维修成本控制的重要组成部分，因此公司在采购标准化和信息化的基础上，充分选择、挖掘备品备件物资数据管理，进行分析、开发利用等，扎实备品备件的基础管理，严格控制备品备件采购、库存、消耗等过程，并在集中采购和库存控制优化方面充分发挥积累的经验作用，保障秦山九台机组安全生产和经营发展需要，进一步支持中国核电开展采购体系、采购平台和采购标准等建设，提高对内节省成本、对外提供供应链服务的能力。

（五）建立信息化和工业化融合管理体系

明确两化融合目标、指标、项目建设、体系建设运行监视与测量计划，确定统计处室、责任处室和统计时间等要求。其中，统计处室的职责为：对监视测量的数据进行统计、分析，发现问题并提出纠正措施。

（六）建立指标和考核体系

为确保三个新型能力的落地，公司组织对新型能力进行了分解，将能力的体现和提升落实在公司的指标体系中，把新型能力量化，可测量，可考核，共制定24个两化融合关键能力指标、机组绩效指标、机组健康指标、设备可靠性指标、大修绩效指标。

四、主要做法

（一）建立两化融合组织管理体系与运行机制

1.建立推进两化深度融合的组织与管理体系

成立了总经理为组长，公司副总经理及其他领导层人员为小组成员的两化融合领导小组。下设两化融合工作办公室，公司信息主管副总经理担任办公室主任，总体考虑公司改革发展，研究制定推进两化融合的政策、方针和方案计划。

2.围绕公司战略，梳理识别可持续竞争优势

从"一体两翼"发展战略出发，全面梳理和识别可持续竞争优势，分析新型能力配比及推进思路和相关措施。

（1）多堆型多机组运行管理优势

中核运行从2011年开始创建了独特的领域管理模式，在领域内统筹技术资源，试行不同堆型管理人员流动，实现了共性和个性的有机结合。多堆型机组运行管理能力在国内是独有的，使中核运行在技术跨度、转变适应方面具有得天独厚的优势。

（2）可复制应用的核电标准化运营优势

公司根据核电运营业务标准化要求和经验积累，逐步建立标准化程序体系，依托3E系统（EAM、ERP、ECM）的推进和两化融合工作的开展，提高核心流程的标准化、信息化水平。推动信息系统标准

化建设，整合信息化平台和信息资源，建成八大核电标准信息管理系统，实现信息集成、共享和高效利用。

（3）生产准备和机组调试优势

经过三十年的建设，完成了四种堆型、九台机组的生产准备和调试工作，方家山2号机组提前62天商运，创造国内同类项机组的最佳调试工期记录。

3.统一制定方案，统筹推进新型能力建设

机组生产运行精细管理。提高机组状态控制水平和风险管理能力。加强机组状态管理，确保三道屏障完整性，保障机组安全稳定运行；持续优化设备管理，推动重大技术改造项目的实施和重大科研专项工作的开展。

安全质量管理责任体系。进一步落实安全生产责任制，加强核安全文化建设，推进责任心建设，不断提升人员安全质量意识和安全质量管理水平，改善现场作业环境；持续优化辐射防护技术和管理措施，提升辐射防护最优化实践能力，实现单堆集体剂量达到WANO前1/4水平。

持续优化设备管理。推动重大技术改造项目的实施和重大科研专项工作的开展，增强核心技术能力；应用先进的设备管理理念和方法、工具，建立统一、完整的设备管理体系。

资源成本精益管理。加强财务管控能力和财务资源保障能力建设，提升财务规范化管理水平。推进成本精益和全面预算管理，进一步提升财务管控能力，优化预算管理责任体系和过程控制。

4.建立指标体系，开展两化融合评价考核

构建统一的两化融合考核评价体系，并列入公司绩效考核管理办法。明确管理体系目标、指标、项目建设、体系建设运行监视与测量计划，确定统计处室、责任处室和统计时间等要求。

核电生产精益化管控能力指标是指非计划能力损失因子、强迫能力损失率、非计划停机停堆次数、高压安注系统不可用度、应急交流电系统不可用度、化学性能、工业安全事故率、承包商工业安全事故率。

核电运营成本精细化管控能力指标是指大修预算偏差率、大修工期偏差率、生产成本预算执行偏差率绝对值（代理可控成本）、人均管理性费用。

核电运营风险管控能力指标是指工业安全事故率、承包商工业安全事故率、最大个人有效剂量、人因导致的执照运行事件数、非计划停堆停机次数、到期未关闭的CAR/OBN。

（二）打造核电生产精益化管控能力

1.实现运营高度一体化和全面管理控制能力

以现代管理技术与制造技术为基础、参照业内企业最佳管理实践，构建企业信息化共享数据平台N1-EAM，实现工作管理、受控文档、工程变更、设备管理、工器具管理、辐射防护、行动跟踪的一体化管理。包括整个物流、资金流、计划流、信息流等方面的全面运作，实现公司对各个业务单元的有效管理和控制，实现企业各种资源的优化配置和有效利用。

（1）提供统一的标准化系统，为公司生产业务标准化提供平台

N1-EAM系统是基于SNPM（标准核电绩效模型）的核电标准业务流程系统，其功能模块涵盖了核电生产业务的各个环节，比如工作管理、运行管理等重要模块，实现了现场生产业务在同一个平台下实施的功能。

（2）注重软件接口开发实施，提升生产业务集成化水平

通过技术研发，实现N1-EAM系统与ERP、ECM、P6、状态报告系统等生产业务功能及数据的接口，通过系统接口的贯穿连通，为现场生产业务提供更大的便捷性，提升生产业务工作的效率，同时也为业务决策提供更多的数据支持。

（3）创新工作控制流程，提升核电生产业务的智能化水平

开发实现了工单开完工许可及AWT电子开完工终端，实现了对工作控制流程的电子化控制功能，通过AWT自动工单终端和工作开完工电子许可流程，可以使无主控室锁定工作由工作负责人自助在AWT终端机上实现开完工操作，减少了工作负责人在隔离办排队取票、结票的工作，也减少了隔离办运行人员的工作负担。

（4）利用数据关联，提升业务数据的二次利用及展示能力

通过强有力的业务数据关联，开发N1-EAM配套的电厂信息系统，为用户提供定制的生产业务报表，方便业务直接进行生产数据的查询。加强对关键业务数据更强的监督及展示能力，一方面方便信息部门的系统保障，同时也为更好的业务数据、指标展示及监测提供了平台，更好地掌握现场的生产业务开展情况，为管理决策提供支持数据。

2.建设核电机组数字化控制能力

秦山地区的9台机组投用时间跨度较大，最早的大陆第一座核电站在20世纪90年代商运，最新的方家山100万机组在2015年商运，因此核电机组的DCS系统按30万机组、65万机组、70万机组和100万机组的顺序发展，其数字化程度越来越高。

3.建设核电机组实时数据及历史数据监控能力

为提升公司在经营管理监测、安全生产监控、应急响应与支援、运行经验反馈等各方面的水平与效率，保障核电设备可靠、经济运行，一个综合、集中的生产实时数据、经营管理数据中心是这一切的基础。

（1）建立集中式的基础数据仓库，实现多源数据的交互式管理

利用HANA内存数据库，将其他应用系统所需数据提前在HANA数据库中提前进行二次建模，建立集中式的基础数据仓库；为支持多个数据源的数据集成，标识和生成专用的一致性维度属性、一致性事实的度量属性，同时为能够及时捕获变化数据的更新情况，建立以PI系统为基础数据源的电厂生产工艺大数据平台。

（2）通过集中式的基础数据仓库为电厂各个生产应用系统提供合法、精确、唯一的生产业务、生产工艺数据

以基础数据仓库为数据源，为生产系统提供高性能基础数据源。基于HANA建模后形成的基础数据仓库，识别出逻辑复杂、数据量大和关联表多的报表，通过前期分析和对已开发完成的查询速度慢的报表进行性能优化。通过以生产单元为单位建设电站生产工艺数据平台（PI），为生产业务系统提供实时、稳定的生产数据。将机组2万多点实时数据传输到办公网，基于实时数据库而产生的生产运行统计、分析、计算与展示，成为电厂EAM和ERP系统中的重要一环，为综合形成最终的决策支持系统提供必要和重要的数据依据。

（3）以业务为导向，建立标准系统体系，为电厂用户提供多元化的生产工艺、业务数据应用系统

建立生产报表查询系统（简称PIM），使之成为N1-EAM系统的有益补充，提高了EAM系统的易用性，满足业务部门的数据查询需求，使EAM的生产数据库能发挥真正的效益。建立以PI系统为主的电站

生产信息系统，并以此为基础，以业务为导向，针对各生产单元的不同需求进行二次开发。

4.建立生产绩效指标管控能力

建立统一的数据集市，实现生产数据口径统一，便利共享。减少数据填报及数据需求之间的无效环节，提高效率；加强生产过程监测，通过曲线趋势、指标状态灯报警，及时对公司生产活动提供支持信息；通过统一标准的生产绩效指标设置，促进各领域流程及规范的统一。研制开发的生产业绩指标管理系统，全面反映生产管理水平，向决策者提供绩效提升和持续改进决策依据。

5.建立设备可靠性管理能力

实施了设备分级、系统设备性能监测与评价、设备与维修历史数据应用、可靠性持续提升过程、可靠性分析、设备可靠性基础数据集成与应用等能力建设。通过ERDB系统将中国核电或业界积累的设备可靠性管理经验转化为产品纳入数据库，实现经验共享，提高新建核电厂的起步水平，以各电厂关键、重要设备在设计、制造、调试、运行期间产生的数据为采集对象，从各电厂生产管理系统（EAM）和实时监测数据库（PI）中收集设备有关的数据，通过数据抽取、转换和加载，存入设备可靠性数据仓库中。

设备可靠性数据库由基础数据库、动态数据库及设备可靠性分析模块三部分组成。动态数据库由各电厂EAM系统和PI系统提供数据源，经过对EAM和PI系统数据仓库内数据的抽取，转换装载后转换成标准设备数据，以便对设备失效模式、失效概率、平均无故障运行时间（MTBF）、平均修复时间（MTTR）等数据进行分析和计算，并实时刷新设备基础数据库。

（三）推进核电运营成本精细化管控能力

采取分步实施，逐步推进策略，推进生产成本和管理费用的智能化管控，加强源头控制和过程控制，落实成本责任，实施库存指标考核，单位上网电量成本逐年降低，管理性费用逐年下降，较好地实现了"节流"。通过打造核电运营成本精细化管控能力，降低发电成本，获取核电运营竞争优势。以SAP软件为基础，通过全面系统实施ERP系统建设，利用和发挥ERP系统横向集成、纵向贯通的优势，建设人财物一体化管理平台建设，实现人力资源管理、财务管理、预算管理、资金管理、采购业务、仓储业务、项目管控的预算控制业务、固定资产管理等活动的集中统一管理。

1.建设全面预算管控能力

以N1-ERP系统为基础，夯实财务工作的标准化、规范化、信息化基础，不断完善JYK一体化的全面预算管理体系，提高资源配置效率；修订预算项目，按工作计划编制预算，提升资源使用效率；定期分析预算执行情况，编制预算管理报告，提出改进措施。

2.实现财务及人力资源数据的互联互通能力

通过互联互通实现中国核电财务核算与集团财务标准化的衔接对照、差异调整，包括公司、会计科目、辅助核算、客户、供应商、币种、项目、人员等。通过开发接口实现中国核电N1-ERP系统电子会计凭证按照集团公司财务标准化要求转换后，传送到集团公司财务统一核算系统。

3.打造电厂备件管理能力

结合ERP/EAM平台，开发从备件库存、定额报警、工单备件检查、采购过程、到货验收、出入库管理、库存管理等多角度查询报表，加强备件整体生命周期闭环管。将备件的专项保养基础数据与维修信息相集成，指定了备件保养目标和预防性保养工作计划，保证了重要备件的可用性，避免现场检修需要时领用失效备件或没有库存备件的风险。

（四）提高核电运营风险管控能力

1.建立工作管理风险管控能力

通过引入世界先进的核电管理系统N1-EAM，基于ABB公司的VENTYX平台，对工作管理、受控文档、工程变更、设备管理、工器具管理、辐射防护、行动跟踪等进行管控。工作管理中充分考虑整个维修组织过程中风险分析、高风险作业、动火证等特别作业风险控制。

2.完善堆芯熔化概率安全评价（PSA）能力

采用系统可靠性评价技术与概率风险分析方法对复杂系统的各种可能事故的发生和发展过程进行全面分析，从它们的发生概率以及造成的后果进行综合考虑，计算得出堆芯损伤频率和大规模放射性释放频率。参考美国核电厂的管理经验，开发了三大应用工具：Risk Monitor（风险监测器）、MSPI（缓解系统性能指标）、SDP（安全事项重要度确认程序）。

3.推进电站运行风险监测能力

建立了对电站运行风险管理、维修计划风险管理以及电站状态控制等的应用软件，反映电厂当前配置，在线监测电厂风险，让电厂所有人员看到重要专设安全设施的运行和退出服务状态，了解电厂历史风险曲线、未来风险趋势和应关注的重点设备。还可以评估和优化电厂维修计划的风险水平，为计划人员制定风险受控的维修计划提供辅助。

SDP软件分析电厂安全事项，确认其风险重要度以确定给核电厂带来的额外风险，即堆芯损坏频率增量。根据分析结果，电厂可以对重要度高的安全事项增加资源配备，对重要度低的减少资源配备。

4.深化电厂全面风险管理能力

在公司建立全面风险管理能力，通过建设企业风险管理信息系统，对风险管理和内部控制状况实现实时掌控，满足风险管理和内部控制日常管理的要求，同时在一定程度上提高公司管理水平。

5.提高工业安全管理能力

结合安全管理工作需求，通过工业安全管理系统，支持工业安全现场情况管理、安全巡检管理、高风险作业管理、特种设备检验管理、工业安全标牌、安全学习管理功能等，要图文并茂地记录现场安全情况，支持各类报告报表的生成、查询，具备对承包商安全绩效进行总体评价的功能。实现工业安全日常监督、大修监督、专项监督、高风险作业监督中各类隐患/偏差的闭环管理，隐患的整改跟踪应图文并茂，前后有对照。

6.机组危险源可视化管理能力

建立机组3D可视化风险管理系统，通过国内首创的应用型3D可视化安全管理系统：集三维模型、安全风险分析、动态管理三位一体，将识别的海量风险点信息纳入至核电机组厂房、房间、设备的3D模型中，并以3D模型和实景双重形式体现，构建了可视化互动性的创新型安全管理平台。风险点量化管控，重点风险挂牌督办：采用科学的安全评价方法，对所有厂房工业安全风险进行全面识别、分析、量化评估，按照风险等级高低，实施分级管理。

7.加强质保管理能力

通过质保监督机制不断发现大修管理中存在的短板，降低质量缺陷发生的概率。

（1）统一大修质保监督管理体系

按照专业化改革总体要求，在秦山三家电厂原有质保监督体系基础上，从组织机构、程序体系、监督项目、监督依据等多个方面统一管理模式及管理要求。

（2）改进大修质保监督的管理方法、工作方式

总结以往大修过程中质保监督良好实践，从工作流程、监督技能、监督理念、监督方法、经验反馈等多个方面完善质保监督的实现过程。通过对大修质保监督体系及质保监督工作方法的优化，逐步形成"高标准、高绩效、零容忍、零缺陷"的工作理念。

五、实施效果

（一）推动了管理变革，实现了管理提升

1.平稳过渡，成立专业化的核电运行公司

2010年9月，专业化的中核运行注册成立。2011年11月，三家业主公司与中核运行签订《运行委托协议》，并以"联合持照"模式共同持有秦山核电厂、秦山第二核电厂和秦山第三核电厂运行许可证。中核运行受托负责秦山七台机组的生产运行管理，同时承担方家山核电工程两台机组的生产准备和调试接产任务。

2.资源整合，领域管理模式运作

为了彻底整合生产资源，构建运行、维修、技术、安全等专业领域的核心能力建设平台，推进生产管理标准化，提升核心竞争力，提升管理效率，2013年4月，中核运行启动了二阶段改革调整—"资源整合"阶段的准备工作，经过思路策划期、方案编制期、切换准备期、切换实施期四个阶段，于2014年1月6日正式切换至领域管理模式运作，即：按照生产运行、维修、技术等划分为八个职能领域，各处室按照职责分工，划入相应的八个管理领域之中，组织机构按照扁平化设置。管理模式切换后，公司总体运作平稳。

3.持续提升，实现秦山地区管理一体化

集团公司明确了"在四家单位产权关系与法律地位保持不变的前提下，实现秦山地区内部集中统一管理"，即"一体化管理"的改革调整原则和方案。2016年上半年，集团公司对秦山核电主要党政领导的职责范围进行了调整，为"一体化管理"工作提供了组织保障。2016年7月，根据上级单位关于"一体化管理"的要求，秦山核电集团筹备组与中核运行联合成立了统一的方案策划团队——"秦山核电工作组"，全面启动了一体化管理准备工作。

通过大量细致的准备和沟通，"一体化管理"方案最终获得上级部门、各股东方、国家核安全局、国家能源局以及秦山核电干部员工的一致认可，业主公司与中核运行公司（2016—2021年）运委协议正式续签。2017年1月3日，秦山核电正式切换至新的统一管理模式运作，切换后整体平稳有序，队伍稳定。

（二）提升了企业核心竞争能力，实现了提质增效升级

人、财、物、项目等方面管理能力大幅提升。系统实施推广了大量涉及人、财、物、项目等方面的业务规范和标准流程，其中业务标准22类，业务流程148支，制度模板50份，形成大量核电业务标准和统一流程。ERP项目实施，坚持ERP项目由业务需求驱动，由业务部门主导，IT人员配合的项目组织模式，强调管控要求与生产作业的深度融合，通过接口打破经营管理与生产作业系统的架构界限，设计了高效的数据互通模式，达到管理行为服务生产作业，生产作业遵行管理要求。形成了大量的业务共享解决方案，为未来中国核电规模化发展打下了业务基础。通过大数据分析的备品备件管控能力建设，备件变动率由6%降低到0.03%。内部控制固化到信息系统，重点业务实现网上公开，网上巡视，提升了经营

风险防范能力。

文件、档案全过程管理能力显著提高。ECM系统主要实现了公司文件、档案从采集、加工、存储、利用的全过程管理，满足了公司管理程序、信函、会议纪要、行政文件、通用文件等文种的存储利用和流程管理，并为其他外围系统提供文件调用标准接口服务，同时随着EAM系统的推广，公司将完成所有文档数据的一个系统归口管理。

核电厂工作管理能力明显增强。形成核电生产业务的标准业务蓝图，并以此为基础，形成系统流程及配置文件，形成了一整套配套的生产业务标准。在实施过程中，对管理制度进行了适应性的升版工作，完成了管理制度的升版工作。EAM实施后，电子化的开完工流程大大提升了现场开完工工作的效率，特别是在大修期间尤为明显。秦一厂117大修期间，单日最高开票数量达到718张，秦三厂109大修单日最高开票数量为436张，不仅提升了大修的进程，相应隔离办及开工人员的工作压力明显减小。EAM的大修预演在秦一厂117大修及秦三厂109大修中成功实施，提前识别冲突项400余项，为大修的顺利开展提供了保障。通过EAM系统工作控制流程的优化，缺陷数据的及时处理，将非计划能力损失因子从1.427%降低至0.59%。设备可靠性显著增强，将强迫能力损失率从1.573%降低至0.65%，化学性能由1.75提升到1。

（三）提升了企业核心竞争实力，经济效益和社会效益显著

截至2021年6月底，秦山核电已安全运行137堆·年，累计安全发电6600亿千瓦时，相当于减排二氧化碳约6.3亿吨，相当于植树造林约418个西湖景区，为国家节能减排工作和清洁能源建设做出了重要贡献。其中秦山30万千瓦机组设计与建设获得了国家科学技术进步特等奖，60万千瓦机组设计与建造获得了国家科学技术进步一等奖和中国工业大奖表彰奖，70万千瓦机组钴60技术研发获得国家科技进步一等奖。

在推进改革期间，加快了公司群堆、群厂管理融合的一体化管理进程，管理优化再上了一台阶，9台机组取得了良好的安全稳定运行记录，从深化改革开始到2015年，9台机组实现年度发电量492.6亿千瓦时，完成年度发电任务的104.93%。2016年，通过两化融合能力打造和提升，非计划停机停堆次数由2015年的6次降为2次，实现年度发电量503.64亿千瓦时，创历史新高，完成年度计划任务的102.76%。由于业绩突出，2015年、2016年，秦山核电蝉联集团公司"业绩突出贡献奖"。世界核电运营者协会（WANO）公布的2019年综合指数中，五台机组达到满分100分，并列世界第一。2021年6月，9台机组中有8台机组WANO综合指数达到满分100，再创优异的运行业绩。

成果创造人：邹正宇、伍吉泽、张丕钢

新型国有企业经营机制的创新实践

杭州五丰联合肉类有限公司

一、背景

（一）国有企业经营机制创新的背景与概况

国有企业是推动经济建设的顶梁柱和主力军，国有企业的改革始终是党和国家的重要任务，也是社会关注的重点领域。而体制机制的转换、创新、再造不仅是深化国企改革的关键点和着力点，更是一大难点。

在十九大报告中，习近平总书记做出了"中国特色社会主义进入新时代"的重大论断，提出新时代中国特色社会主义思想，揭示了新时代的主要矛盾，提出了新的奋斗目标。据此，十九大报告对经济社会发展、国企改革等重大议题做了新的论述和部署。当前，国有企业改革到了该啃硬骨头的关键阶段。李克强总理在十三届一中全会的报告中指出："五年来，我们坚持全面深化改革，着力破除体制机制弊端，发展动力不断增强。国有企业效益明显好转，去年利润增长23.5%"。国有企业是推进国家现代化、保障人民共同利益的重要力量，一方面要切实担当起"解决人民日益增长的美好生活需要和不平衡不充分的发展之间的矛盾，推动经济从高速增长迈向高质量发展"的重任；另一方面要迎接更加激烈的国际竞争，责任更重，挑战更大。传统国有企业面临着破除障碍和确立主体的双重压力，必须着力构建灵活高效的市场化经营机制，真正成为自主经营、自负盈亏、自我约束、自担风险、自我发展的独立市场主体。而"新国企"则需要进一步解放思想，实施创新驱动发展战略，不仅仅是对技术、产品等进行创新，更包括对经营机制进行创新，把创新作为引领发展的第一动力，提高自身经营管理水平，增强核心竞争力，同时为传统国有企业改革和运作提供有益参考。

（二）国有企业经营机制创新的阻碍

从国有企业内部来看，机制不活、动力不足等弊病普遍存在。而创新经营机制的关键在于解放思想、转变观念、大胆改革。此外，对国有企业在市场经济中的判断认识不到位，实施创新后的结果无法确定，传统的管理方式都是国有企业在创新经营机制过程中需要破除的障碍。

第一，国有企业长期处在计划经济条件下，经营者和员工已经形成了固定的观念认识和思维习惯。尽管接受了不少新观念、新事物，但对于新形势的反应仍然比较迟缓，普遍缺乏创新意识和冒险精神。企业经营机制得不到创新的根本原因在于僵化的思想认识和陈旧的观念。

第二，国有企业同时肩负着经营目标和调控功能，其性质、功能、目标究竟是什么，如何评价其对经济社会发展的贡献，缺乏清晰的认识和有效的指标。另外国有企业经营机制创新所依赖的体制改革的不完善，导致经营机制创新不可能一蹴而就。因此，清楚认识国有企业在市场经济中的地位和作用、深入研究国有企业运作和发展的客观规律、分析现有经营机制的弊端就显得尤为重要。

第三，经营机制创新的效益难以评估。实施前，会出现不良后果的推测和传言，使相关人员在心理上对重大改变有抵制。这就需要与相关人进行充分沟通和协调，将机制创新的目的、潜在结果表达清楚，减少参与者的不安，积极鼓励他们接受新挑战。

第四，国有企业传统的组织架构、管理规则和工作流程一定程度上成了经营机制创新的桎梏。如果不对管理模式进行变革，要提高效率是很困难的，要创新经营机制更是难上加难。

（三）杭州五丰联合肉类有限公司的基本情况

杭州五丰联合肉类有限公司是一家典型的"新型国有企业"代表，诞生于六十年前的计划经济体制下，通过建立公司制、引进新投资人等两次改制成为独立市场主体，经营业务从单纯的屠宰加工发展壮大到肉类食品全产业链。

二次改制以来，公司积极参与市场竞争，经营规模虽有扩大，但"天花板效应"也开始显现，诸多问题使企业陷入发展的瓶颈。例如，公司员工年龄结构偏老龄化，平均每年适龄退休的员工多达50人，部分关键岗位存在着断层现象，中青年骨干力量不足，专业技术人员、市场营销人员比较匮乏。在管理效率上，由于公司下属企业分布于淳安、德清、杭州城南的滨江、杭州市区还有杭州城北的余杭，经营分散，管理点多、线长、面广，从一定程度上造成了资源浪费，增加了管理难度。对于改革创新，员工队伍大部分习惯于凭经验办事，缺少具有创新能力的人才，主管层面创新动力不足。由于较长一段时间处于体制下，传统国有企业"守摊子"和"等靠要"的思想依然存在，满足于现状，不敢创新也不想创新，缺乏危机意识和企业家精神。

2014年以来，公司在实践层面进一步尝试改变，探索经营机制创新，解决了各种历史遗留问题，克服了现实困难，将国有企业与市场经济紧密交融。为新时代国有企业深化改革和转型升级提供具有可操作性的借鉴样本。

二、杭州五丰经营机制改革创新主要进展及成效

（一）优化经营模式，推进业务转型

面对新的城市管理要求下养殖、屠宰发展受限的情形，杭州五丰以大力发展肉类交易平台为商业模式转型。2018年，非洲猪瘟暴发加速了产业转型升级，杭州五丰五和肉类交易市场冷鲜肉交易量顺势激增，成为行业领跑者，吸引了重庆市农业投资集团、天津食品集团等38批次的"取经者"，为产业的转型发展作出了有益探索，形成了有效、可复制的推广经验。2018年11月29日，市场交易猪肉11230头，单日猪肉交易量首次突破万头大关，随后又达到11363头，创下市场自2008年开办以来的历史最高水平。转型后的杭州五丰管理更加规范，市场猪肉供应量占杭州市区消费量的90%以上，进一步巩固了杭州市场"放心肉"供应的主渠道地位，更好地履行社会责任，服务"菜篮子"工程。同时，树立了产业升级的标杆，为行业转型发展作出了积极探索。

（二）明确权责，构建高效的运行机制

公司在厘清党委会、董事会、监事、经营班子、职工代表大会、工会等权责关系时，保证党委会在战略决策（把方向）、纪检监督（管大局）、工作执行（保落实）各环节中的核心地位。公司党委隶属地方国企市商旅集团党委，接受华润五丰党委、市商旅集团党委和华润集团浙江区域工委的网格化领导

和指挥，信息渠道畅通，基层党建更强。公司总部各职能部门、下属各企业的负责人和骨干人员几乎都是共产党员，在生产经营中发挥了中流砥柱的作用，将党组织的政治优势转化为了生产经营优势。

针对公司经营分散、管理链长的问题，公司采取了"大部制、扁平化、一对一"的管理模式，通过减少中间环节，提高管理效率和经济效益。总部职能部门实行大部制改革，最大限度地避免交叉推脱，减少内耗，并提倡"一人多岗、一专多能"，职能部门人员退休后原则上不补员，重新定岗定编，以此加快职能部门工作节奏，消除人浮于事的现象。总部职能部门与下属各企业还建立了一对一服务机制，增强职能部门的服务意识，指导、帮助各企业解决问题，打造价值创造型总部。

公司十分重视战略管理。坚持每年编制短中长三期商业计划，并编发年度工作意见（每年以内部1号文件的形式于年初下发），分解下达经济指标，梳理重点工作任务，明确薪酬分配原则等，将1号文件作为全年工作的统领。结合重要决策、经营举措、重大风险，实行"清单化、项目化"管理。所谓"清单化"，即整理编发重点工作清单，明确量化目标、时间节点、分管领导、责任单位、跟进部门，并加强督查督办，纳入执行力考核，推动各项工作按期保质保量完成。所谓"项目化"，是根据不同产品、业务条线或某项专题性工作，建立项目小组，分解落实经济责任，加强横向协同和全局控制。每年公司会对战略执行情况进行检讨，以便进行及时、合理的调整。

公司加强制度建设，每年梳理规章制度和关键流程，进行修订完善或补充，实现依法依章治理。党委书记、总经理每月腾出两天为"员工接待日"，分别在公司两大厂区专门接待基层职工群众来访，倾听他们对党员干部的问题反映和对企业的合理化建议，为他们答疑解困，打通"最后一公里"的沟通屏障，保障和维护员工的参与权。

（三）多种维度，构建科学的激励机制

公司对各职能部门、各利润中心实行党建、经营、EHSQ三大工作相结合的绩效管理体系，签订党建合同、业绩合同、EHSQ合同，其中业绩合同采取"平衡记分卡"方式，分别从财务层面、客户层面、流程层面、学习与发展层面设定量化指标。以业绩为主导，但不以业绩为唯一衡量标准，使绩效考核更加科学合理。同时从上至下层层分解，将绩效考核落实到每一位员工，根据岗位不同制定个性化的绩效考核方案，将绩效工资与生产、销售实绩挂钩，职能部门管理人员与公司业绩、履职情况的量化标准挂钩。如市场业务员，除了销售业绩考核，还有新客户指标、货款回笼情况。

公司借鉴"阿米巴"经营模式，对"联合康康"直营网点实行合伙人机制，搭建内部创业平台，鼓励员工当"店老板"，提高员工自主经营水平。公司积极提供技能培训，灵活调整配货方式，帮助员工提升门店效益，使员工与企业共享经营成果。实行合伙人制的门店库存和损耗明显下降，毛利率平均提升14.3个百分点，员工收入平均增长28.7%。

对安全、创新、营销等工作，公司制定了短期激励办法。例如，对经营管理中的创新项目给予实行单项奖励，激发全员创新的热情；对产品营销开展"总动员"，特别是在节日礼包营销上，对包括党委书记、总经理在内的全体中高层经理人、职能部门管理人员下达任务指标，以正向奖励为主，鼓励人人参与营销、推广品牌、宣传企业。

在人力资源规划方面，公司每年制定五年规划，对关键岗位进行一对一培养。特别设立了人才库，并推出师带徒、挂职锻炼、轮岗交流等制度，共同起到人才"蓄水池"的作用。在培训与开发方面，组织"内容全方位、学用相结合、效果可持续"的培训活动，打造具有高水平高素质的管理人才、技术人才、营销人才和创新创业人才，建设知识型、技能型、创新型组织。

（四）闭环管理，构建有力的约束机制

公司实行全面预算管理，从生产经营的人、财、物、产、供、销各个层面、各个环节编制年度预算，包括销售预算、利润预算、生产预算、资金预算、费用预算（如人工成本、业务费）、投资预算等，并层层分解，将责任传导到人。公司每年在1号文件中，根据下属各企业规模大小和实际需要，明确业务招待费额度，要求规范业务招待行为，坚持"小额、合理、必须"的原则控制业务招待费的开支，严禁超额开支。

在风险防控方面，每年梳理风险事件库，并制定相应的措施嵌入到各职能部门、下属各企业的日常工作中。同时运用"杜邦分析法"等工具，建立内部控制和风险管理模型，为企业良性发展保驾护航。公司牢固树立"红线意识、底线思维"的安全环保理念，实行安全一票否决制，对发生重大安全事故对主要责任人采取立即停职的熔断机制，对隐患排查采取不打招呼、不听汇报、直奔现场的飞检机制，对隐患整改采取追责机制。

公司专门成立内审部，从运营管理、资产管理、人事薪酬管理、资金管理、战略执行等方面开展内部审计，提出整改建议，并逐一落实责任限期整改，保障经营的规范性、资产的安全性与保值增值以及信息的真实、完整性。自内审部成立以来，累计发现问题300多个，提出整改建议400多条，问题整改率达到97%。总部职能部门与下属企业还建立了联保机制，实行责任连带、同奖同罚，加大对管理不作为的问责力度。此外，公司根据各利润中心规模大小委派财务总监、财务经理或主办会计，向公司主要领导和所在单位领导双向汇报，接受双线考核，强化对各利润中心的财务、资金监管。

公司党委对企业生产经营活动进行全域、全时、全程的动态监督。"三重一大"事项严格遵循"集体讨论、严格审批、事前公示、征求意见、群众监督"等原则。公司纪委在招标、采购、物业招租等环节进行有效介入与监察管理，对商铺使用权、车辆收费管理权等公开竞拍。采取纪委监督与客户自治相结合的方式，确保经营管理的合规性。

对中层经理人，公司在绩效考核的同时实行年度考评机制，采用述职报告和民主测评（班子评、中层评、员工评），并将考评结果运用到干部的选拔任用中，解决干部能上能下的问题。

在"预算—执行—检查—改进"闭环管理下，干部职工"戴着镣铐跳舞"，公司各类风险得到有效管控，使企业发展进入良性循环。

（五）掌握核心，构建轻资产运营机制

公司转变传统国有企业"重资产型"的运营机制，在牢牢掌握自身核心能力的前提下，采取"轻资产"运营机制。公司下属的杭州五和肉类交易市场有限公司（以下简称：五和肉类市场），通过国有企业与民营企业的优势互补，公司以"全租赁、轻资产"运营机制对五和肉类市场进行整体搬迁。搬迁后的新市场，成为全国单体市场面积最大、交易量最大、同类市场中档次最高的市场，单日交易量最高超过6000头属全国之最，进一步巩固了杭州市场"放心肉"供应的主渠道地位，弥补了杭州五丰肉联屠宰业务代宰量下降造成的业绩缺口。

表1 公司自行投资搬迁与"轻资产"搬迁对比表

公司投资搬迁	"轻资产"搬迁
五和肉类市场股权结构复杂，除公司以外，有4个民营企业股东，资金紧张，不愿意为搬迁增加投资。如果只有公司一家出资，风险较大	无投资风险

从前置审批、施工到验收，耗时长	合作方是大型知名民营企业，效率更快。由于要求合作方按照公司的设计方案实施，且公司全程监督，项目质量可控

表2 "轻资产"搬迁后五方共赢分析表

		搬迁前	搬迁后
肉类交易市场	交易面积（平方米）	15000	32000
	经营户数量（家）	326	402
	年交易量（万头）	118.9	144.5
	供应量在杭州市区肉类消费量的占（%）	55	70
	营业利润（万元）	721.73	1099.8
	净利润（万元）	541.07	806.86
	硬件	设施陈旧	市场档次大幅提升，被评为浙江省四星级文明规范市场
	软件	"车上交易"和"场外交易"，增加了交通、食品安全隐患	有效解决了食品安全监管难题，食品安全工作得到了国务院食品安全委员会督察组的充分肯定
		结算模式原始，信息化水平低	将冷鲜肉收费模式调整为与交易量挂钩，年增加收入约200万元，并实现了全程追溯
	可持续发展	发展受到制约	利润将保持每年300万元的可持续增长
冷冻食品市场		发展受到制约	原出租场地重新开发利用，开辟了新的交易区，降低市场禽类产品比重。档口数量增加42间，同年增加了档口一次性进场费收入1260余万元，档口租金收入450余万元，弥补了五和肉类市场迁出后的租金收入缺口，也保证了未来每年租金收入500万元的增幅
经营户		经营空间狭小	经营面积普遍扩大，经营规模有所发展，同时通过公开抽签定位获得了公平竞争的机会
合作方		与第三方合作开办，因第三方经营不善，营业房空租赁率高。与园区内其他市场相比，该市场门可罗雀，资源大量闲置	盘活了资源，提高了资源价值
所在园区		老市场附近交通拥堵	园区秩序更加稳定，也带动了新市场周边的人气

对卫生保洁、车辆收费等非关键岗位，公司通过外包托管的形式控制人工成本。新五和肉类市场将停车收费管理权公开竞价引入第三方管理，增加收入150万元/年，为场地面积扩大所增加的租金150万元/年提供了消化途径。

（六）做好加法，构建保值增值机制

公司充分发挥市场在资源配置中的决定作用，对出租物业建立评估机制，采取第三方机构调研—评估市场价格—公开竞价招租方式。公司8处沿街商铺租金收入同比增长52.87%；冷冻食品交易市场新增的营业档口，在纪委监督与客户自治的模式下由专业机构公开竞价招租，档口一次性进场费从原来的10万元/户增长到封顶价30万元/户，累计增加收入近2000万元；公司1799件历史遗留珠宝也通过专业机构公开竞拍，以高于账面价值的成交价完成处置。

对于非核心业务特别是非盈利项目，公司通过共享经营机制，将国有资源共享给社会资本，让专业的人做专业的事，减轻企业负担，增强造血能力。如食堂、市场小卖部等由于运营成本高，连年亏损。公司公开竞价引入社会资本，并将公司车库、停车场等配套设施与合作方共享，错峰使用，提高资源利用率，把原来的"出血点"转化为了"造血点"，年利润净增加420万元。公司商务楼3~9楼原零散出租，出租率约80%，年租金收入约195万元，通过公开竞价并限定经营范围（只允许经营商务型酒店、写字楼）整体招租，实现100%出租，年租金收入提高到280万元。

公司积极做好"主业＋"的文章，加快与互联网、与金融的融合。为增强市场经营户对市场的黏性，公司推出产融结合的增值服务机制，提出以档口使用权为质押，为经营户提供小额快捷借贷增值服务"易企银"，授信额度30万元/户。公司与杭州商旅金融投资有限公司、浙商银行合作，基于档口的市场价值（档口转让费已超过50万元），专门针对冷冻食品市场经营户开发设计，与其他传统的融资服务相比：利率更低；风控可控，由冷冻食品市场履行监督责任，协助做好风险把控工作，如有违约情况，可通过收回营业房使用权，有效规避风险；随借随还，方便灵活，为经营户经营资金周转提供了便捷途径，解决了经营户短期融资难融资贵的问题。杭州商旅金融投资有限公司、浙商银行通过借贷服务增加了盈利，超过基准利率的收益将按比例返利给冷冻食品市场。自2016年8月启动以来，至今已通过授信商户25家，累计放款1100余万元，还有72家已在申请审批阶段，在经营户中收到了良好的反响，便捷的流程和优质的服务得到了商户的一致好评，实现了四方增值的目的，促进企业与经营户共同发展。

通过市场评估、共享经营、"主业＋"等保值增值机制，把资源变资产，把资产变资本，使国有经济真正市场化。

（七）贡献社会，构建长期的回馈机制

国有企业更应具有使命感。不仅仅着眼于短期的经济效益，更要兼顾长远的可持续发展，勇于承担社会责任，作出更多贡献。公司组建了一支党员志愿服务队伍，经常性地开展无偿献血、义务劳动、进社区等志愿服务。从2010年以来，公司每年为杭州市"春风行动"捐款10万元，还建立了"联合康康"爱心助学基金，累计为淳安县两所学校捐赠助学款项30余万元，用于资助贫困学生、奖励优秀师生、改善教学条件。在"联乡结村"活动中，公司提供20万元专项扶贫资金……坚持长期的回馈机制，是国有企业应尽的义务，也极大地提升了社会对企业的认同感，大大增强企业的正能量。

高效的运转机制、科学的激励机制、有力的约束机制、轻资产运营机制、保值增值机制以及长期的回馈机制等共同形成了一套分权制衡的系统，公司依托内涵式发展，增强了内生动力，2020年，公司实现营业收入8.68亿元，同比增长9.02%，实现利润总额7802万元，同比增长6.01%。综合实力显著增强，

发展质量显著提升。同时，公司荣获中央企业先进集体、中国肉类食品行业"先进团队"、中国肉类行业50强、中国肉类产业影响力品牌、全国诚信兴商示范单位、浙江省农业龙头企业、浙江省信用管理示范企业、浙江省服务业百强企业、杭州市农业龙头企业、杭州市五一劳动奖状、杭州市经济文化保卫工作先进集体等荣誉称号。

成果创造人：汪选华

围绕项目精细化施策，聚焦成本深度受益

中国化学工程第六建设有限公司

一、成果背景

中国化学工程第六建设有限公司（以下简称"中化六建"）是中国化学工程股份有限公司（以下简称"中国化学"）的全资子公司，总部位于湖北省襄阳市，拥有员工4000余人，具有多项一级资质，经营石油化工、煤化工、精细化工、医药、轻工、市政、建材、电力、环保、食品、高层建筑等项目的施工和管理，在全国各地及多个国家和地区建成各类大中型项目2000多项。

（一）国内背景

在经济"新常态"的大背景下，国际国内形势复杂多变，不稳定不确定因素增多，世界经济增长持续放缓，贸易保护主义不断升温；我国经济下行压力加大，仍处于爬坡过坎阶段，抵御外部冲击、实现经济稳定增长的基础还有待进一步夯实。我国已进入转型升级和全面深化改革的攻坚时期，为落实"去产能、去库存、去杠杆、降成本、补短板"五大任务，要全力做好提质增效攻坚战。

（二）行业背景

化工行业受国内经济增长放缓、国际竞争环境加剧因素影响较大，"双碳"战略倡导绿色能源和绿色新材料，高排碳行业增产受限，传统化工行业面临较大下行压力，化工建筑各企业间竞争日趋激烈和残酷。

（三）企业背景

近几年建筑（化工）市场人工、材料、机械费用迅速上涨，工程中标价格不断下降。"三高一低"的市场环境，不断压缩施工企业的利润空间。经过内部测算，近三年的人工工资平均涨幅在50%左右，施工材料平均涨幅在30%左右，施工机械平均涨幅在20%左右，各类成本要素的快速增长对施工企业的生存和发展提出了严峻的挑战。

当前，高品质、短工期、好服务是业主对项目建设的普遍要求。在施工过程中，业主常常打破常规，大幅压缩工期，打乱了合理工期计划及资源调配计划，各类资源使用期高度集中，工序间深度交叉，增加了协调和管理难度，加大了各类投入，导致工程成本快速增长。

企业面对合同条件、管理要求、成本环境和施工状况，对成本的有效管控，是企业维持合理利润，可持续发展的基本要求。因此，以成本为核心的项目精细化管理显得尤为重要，尤为突出，这也是市场成熟、规范发展的必由之路；改变过去粗放型管理，提高管理水平，走精细化管理之路，做到企业发展速度与发展质量相匹配，是企业必然的选择。

二、成果内涵

精细化管理是提高企业管理水平、全面提升企业素质、提高经济效益的必由之路。项目管理是施工企业管理的重点，施工企业的利润来源于施工项目，成本绝大部分发生在项目，项目控制好了盈利了，企业才能有利润，才能生存发展。所以施工企业的精细化管理，其核心就是工程项目的成本管理。

工程项目精细管理围绕工程项目全覆盖、全过程管理这一主线，切实强化企业法人对工程项目关键环节的全面管控，推进项目管理方式、组织模式和运行机制向规范、科学、高效的方向转变，最终实现企业健康可持续发展。

实施工程项目精细化管理是工程项目管理的一场深刻变革，是加强内控体系建设，防范化解重大风险的必然要求；是推进党风廉政建设，构建"不能腐"体制机制的有效手段，是提高企业核心竞争力、提升企业治理效能、实现企业高质量发展，建设具有全球竞争力的世界一流企业的战略举措。

三、采取措施及效果

中化六建自2018年开始试行工程项目精细化管理以来，经过2019年持续推进、2020年连续提升、2021年继续深化的艰苦历程，基本实现了"四个转变"——"项目经理管项目"向"法人管项目"转变、"粗放式管理"向"集约化管理"转变、"前台管理"向"后台管理"转变、"经验管理"向"科学管理"转变。加深信息化平台功能开发，强化信息化对精细化管理的后台管理、集约管理的保障作用，使精细化管理更加规范化、标准化，进一步加强项目的管控能力。

（一）成本管控——确立项目精细化的核心

1.建立健全的成本管理体系

中化六建根据企业实际情况，建立健全的成本管理体系，明确公司、分公司、项目经理部的三个层级的管理职责，按权、责、利相结合的原则，根据管理层级、责任范围、成本要素的不同，实行分级管理，归口组织、分工协作、形成项目全覆盖、全过程控制、全员参与、各负其责的成本管理体系。

2.全面推行项目成本管理

项目成本管理重点在于"算总账、勤算账、会算账"，不能先干后算（干了再说），而必须先算后干。首先要做好项目责任成本测算工作，算好项目的"总帐"。其次要做好项目施工过程中的成本分解和控制，定期开展经济活动分析，做到"勤算账"。再次是在严格控制各项正常支出的同时，寻找、研究变更索赔的机会，主动提出有利变更，做到"会算账"，只有把账算好，项目才能有效益。

中化六建要求全部所属项目必须全面推行项目成本管理，把项目责任层层分解，把成本细分到每个单元，做到项目管理者人人都有责任成本意识，个个做到心中有数。

3.构建成本要素价格体系

中化六建结合企业实际状况、技术和管理水平，对项目成本各要素的价格进行认真调研，遵循"简单、易懂、好操作"的指导思想，制定成本关键要素的价格体系，形成企业内部定额，促使责任成本测算有据可依，同时可最大程度发挥价格和技术优势，提高管理水平和市场竞争能力。内部定额坚持标准统一原则，即在同一地区、同一专业、同一分包模式、同一工作内容应执行同样的指导价，体现标准化、信息化、精细化管理要求。同时也坚持个体差异化原则，即分专业、分区域、分装置分别制订，体现后台管控、例外管理的价格控制理念。

4.分阶段进行责任成本管理

中化六建对项目责任成本在预测、指标下达、过程控制、核算、期末分析、考核等各环节上实行分级管理，控制从项目策划到收尾结算各个环节的全过程成本。

项目在开工前期，对中标合同条款、招投标文件以及同类型项目的各种数据进行分析、归纳总结，同时对项目成本要素进行实地调研，收集各项资料和当地资源信息，分析项目成本控制的难点和风险，根据《企业内部定额》测算项目成本，制定并下达目标成本。

项目在施工过程中，通过信息化手段，对项目实行全过程跟踪、监控、分析，实时监控项目成本运行情况并及时纠偏，还辅以绩效考核手段，激励以项目经理为首的项目管理团队来保证项目成本目标在可控、可行、合理的轨道上运行。

5.严控项目过程成本

（1）分包管理

全面开展分包商准入及工程招投标制度，依法分包、严禁转包或违法违规分包。中化六建在分包管理上始终贯彻两个理念：阳光理念和双赢理念，对分包商的管理既要做到公平、公正、公开，又要做到合规、合理、科学、有序，既要与分包商建立长期合作伙伴关系，也要实事求是地严控分包成本。对分包成本采用事前预控、事中监督、事后审核手段，全过程对工程项目成本进行良好控制。事前进行招投标拦标价控制，同时制订分包合同统一文本，规避合同风险，从源头上控制分包成本，可起到事半功倍的作用；事中对分包合同条款进行审核，对分包过程成本进行监督，对分包过程实时监控，可随时进行分包风险预控；事后进行分包结算复审，可提高项目分包执行效果，有效控制分包成本。

（2）集中采购

开展材料的集中采购和招投标制度，对大宗物资签订框架协议，并推行材料采购限价，其他零星材料的采购价格需进行审批后方可执行，实行周转材料租赁和机械设备租赁限价。成立"集中采购中心"，对大额物资、重点工程项目及采购管理人员不足的项目进行物资采购招标。以甲供材料台账标准化为抓手，做到甲供材台账标准、账目清晰、记录准确，提升甲供材料管理能力。根据采购规模及采购量的大小选取重点关注的采购项目，依据现场进度要求，组织相关人员对潜在供货商的生产能力、产品业绩、合同信誉等综合实力进行考察调研，有效压减后续招标采购成本，保障生产交货进度。

（3）技术创新

持续深化智能焊接技术研发，不断优化焊接工艺。依托在建项目，开发推广装配式建筑施工技术。加大新型工机具的推广及运用，提升科研平台的实体化运作能力，做实工程技术研究中心，强化自主创新能力，充分发挥国家级企业技术中心、博士后工作站作用。加大产学研合作力度，拓宽研发领域增强研发深度，强化技术创新成果的转化与应用。加快推进管道专业施工数字化管理、数字化交付，提升BIM技术在施工现场的应用深度，逐步建立健全集成化、数字化、可视化的工程建设运营管理体系。

（4）项目经济运行分析

在项目施工过程中，坚持月度、季度经济运行分析，及时掌握项目成本和盈亏情况，提出专业的意见和建议，对症下药、及时预警、限期纠偏、严格考核，使项目总成本始终处于受控状态。对于核定的项目成本利润率有较大偏差的重点项目，要认真分析、查缺补漏，根据项目经济运行分析结果，寻找降低项目成本的有效途径，捕捉二次经营机会，及时调整经营管理策略，积极努力创造效益。发挥经济运行分析的指导作用。

（5）强化后台管控能力

加强信息化系统的推进，明确界定后台管控与前台执行的职能划分及授权权限，增大管控深度，逐步推进项目成本预算网络体系，做到合理分工、权责统一、管放结合，实现各级后台对项目部关键资源要素的有效管控。

6.加强项目成本考核兑现

完善项目部经营业绩考核办法，优化分公司、专业分公司绩效考核办法，提高经济指标超额完成的奖励比重，加强管理指标的考核，形成"多劳多得""干好干坏有差异""收入比贡献"的良好管理机制，充分调动项目人员的工作积极性。

（二）开源创效——挖掘项目精细化的源泉

单纯谈成本等于闭门幻想，只有统筹国内外市场布局，抢占市场先机，加大订单落实才能为企业生产运营提供保障。

中化六建通过对客户进行资信评估，对项目线索分级评估（A、B、C级），根据评估情况确定项目跟进策略和力度。严格进行市场调查、成本分析，进行投标前报价评审，开标后各竞争对手报价比对，总结中标经验、分析失标原因。严守价格底线，不追求低价中标。坚持高端经营、大市场、大客户开发理念，实行生产、经营一体化管理机制，增强企业在传统市场的影响力和控制力。加强业绩项目推广，利用品牌工程进行滚动营销。

完善海外市场营销体系，明确市场开发责任。在海外成立了专职营销团队，加大区域市场开发力度。招聘海外市场开发综合型高端人才，在稳定现有市场的同时开发新市场。紧跟国家政策和方向，加大海外市场开发力度。积极参与"一带一路"沿线国家建设，坚守企业优势的传统化工行业，加大非化工领域的开发力度。加强与国际投资公司的联系，建立战略合作关系，拓宽源头信息获取渠道。

强化基础设施领域市场开发，加快转型升级步伐。科学定位基础设施板块发展方向与思路。紧紧围绕基础设施发展"一个理念""两核多辅""三个对接""四个合作""五大特色"五个要点，积极响应"长江大保护"、化工"退城入园"等国家政策，加快推进企业业务结构转型；利用本土央企优势和地方政府扶持政策，推动重点项目落地。建立健全投融资管理体系，积极获取集团公司及外部银行资金支持。

中化六建通过不懈努力，巩固了国内传统市场优势，持续调整产业结构；优化了海外市场布局，国际市场营销取得新进步；坚定了基础设施板块发展方向与思路，市场营销取得新成效。

（三）安全履约——筑牢项目精细化的支撑

1.安全管理

项目安全履约是最大的成本管控。中化六建始终秉持"从零开始，向零奋斗"的安全理念，认真落实习近平总书记关于安全生产重要指示精神，深入贯彻党中央、国务院安全生产工作决策部署，进一步加强和落实企业安全生产主体责任，扎实开展安全生产专项整治三年行动，立足风险预控和隐患治理，通过安全检查和专项督导等活动，加大宣传、突出重点、强化监管、狠抓闭环管理。

逐级签订《安全生产目标管理责任书》，坚守安全"红线"、强化安全"底线"、筑牢安全"防线"，算好安全管理的"八笔账"。（"政治账""经济账""名誉账""家庭账""亲情账""自由账""健康账""生命账"）安全生产形势总体可控并保持平稳，未发生较大及以上生产性死亡事故，未发生重大火灾、重大机械设备责任事故和职业病报告事故，未发生重大环境污染事故。

2.质量管理

中化六建要求项目在开工前期进行项目策划时，要根据项目的合同要求以及企业总体质量目标，确定本项目的质量目标并进行分解，制定实现质量目标的措施，形成质量计划、创优规划等质量策划相关管理文件。

在施工过程中根据质量策划方案，严格执行工程质量"三检制""工程首件制"，并采取相应的质量控制措施。

（1）施工作业前，技术人员向施工作业人员、质检员进行技术交底，明确施工方法、操作技术、质量标准、合格要求等内容。

（2）严格工序施工过程控制，严格工艺纪律，上道工序不合格，不得进入下道工序。

（3）项目经理部每周组织召开一次质量讲评会，总结本周质量情况，分析存在的质量问题，制定相应整改方案，并对下周质量风险、状况进行预控，对质量情况进行奖罚。

项目部在施工过程中要保存完整的施工原始记录、试验数据、分项工程自查数据等质量保证资料，资料的日常收集和整理必须与施工进度同步。

同时中化六建对在建项目和竣工项目进行顾客满意度调查，在建项目按季度进行，竣工项目在工程项目竣工后半年或一个生产周期内进行。在顾客满意度调查中对于业主（或总承包商）提出的各类质量问题分析原因，制定纠正预防措施，及时进行整改。

3.进度管理

按照"以月保季、以季保年"的原则，对全年的生产任务进行了分解下达，定期召开生产运营点对点会议督导落实。项目部根据施工季度（月度）计划，及时完成机具、材料、人力资源的季度（月度）需求滚动计划，做到准确、可行、动态管理。以每日生产交班会、周例会或专题会等方式，对实施进度有效控制。

进度管理不是单纯加人加机械，还是对项目管理能力的考验，统筹计划，尽最大能力为分包单位解决影响施工进度的问题，才能让进度向期望的方向发展。

积极与业主（总包商）协调各施工单位作业面；加强自身调度能力，加强各分包商间工作面的协调，合理划分作业范围；按计划提前沟通并催促设计图纸到场、设备材料到场、材料到场批次匹配合理；合理安排施工人员、施工机械到场，减少停工、窝工；及时向业主进行工程款回收，向分包进行进度款支付。

通过以上措施，控制项目过程中发生的各项成本，从根本上保证施工进度。

4.技术管理

中化六建充分发挥公司专家组作用，全面监控在建项目施工进程，结合项目施工进度需求，组织对应专家组成员进驻现场或以网络视频会议方式点对点解决项目技术难题，通过前后台融合的方式提升项目技术管理质量；深化施工现场技术管理，加强专项方案的审批。

同时积极进行技术创新，通过研发手段，解决技术和效率上的瓶颈，进一步提高项目的机械化水平，降低项目成本。

5.班组建设

班组是企业生产经营活动的基层组织，是企业一切工作的落脚点与着力点。中化六建针对近些年班组建设弱化、班组人员流动率大、技术传承不强、创新能力不足的现象，开展"五型"（学习型、创新型、安全型、节约型、和谐型）班组建设。树立"班组是我家，建设靠大家"的思想意识，将班组建设工作真正纳入企业行为，把管理的触角深入到每一个班组，将责任细化到每一名员工，营造积极向上的团队氛围，不断增强班组的凝聚力和战斗力，以此来促进企业精细化管理工作，丰富企业核心竞争力内涵。

（四）科技创新——提升项目精细化的加速器

中化六建不断加强技术创新，健全技术创新体系，建设多元化创新平台，获得国家级技术中心、湖北省工程技术研究中心资格和国家高新技术企业资格，公司自主创新能力进一步提升。

由于加强了新领域技术的探索，加强了新材料、基础设施工程、节能环保、新能源技术的研发，中化六建获得了中国建筑业协会、中国化工施工企业协会科技进步奖，同时凭借这些技术的优势承接了多个工程，在技术领域的竞争力大大提升。

加强"四新""四化"的推广和运用，加快推广普及管道自动焊、管道工厂化预制等施工技术，转化建筑行业先进施工技术，改进传统的施工生产方式，通过产学研合作开发模式，与高等院校联合研发管道自动焊视觉跟踪系统研制等技术，提高了管道施工效率，降低了施工成本，减少了对人工的依赖。

中化六建不断加大技术投入，为科技创新提供资金保障。同时加强知识产权管理，提高公司自主创新能力。截至目前中化六建拥有授权专利230项，其中发明专利96项，实用新型134项。2017—2018年连续两年被襄阳市知识产权局评为襄阳市发明专利授权大户；2017年，公司被国家知识产权局认定为"国家级知识产权优势企业"；2019年，通过知识产权管理体系认证，取得知识产权管理体系证书，获省市级专利奖2项。

（五）品牌建设——打造项目精细化的品质

中化六建按照"质量上乘、本质安全、管理精细、服务优质、效益良好、用户非常满意"的核心要求，坚持建设更高标准、更有影响力的品牌工程理念，大力开展创建品牌工程建设。通过专项推动实施，不断完善品牌工程系统建设，将开展品牌工程建设，实施品牌战略，打造品牌工程，贯穿于日常的各项生产经营管理活动之中，全面提升项目管理水平、效益与用户满意度，实现公司高质量发展。

积极围绕"做实"和"全覆盖"的工作要求，制订《品牌工程建设标准化指导手册》、标准化图册及品牌工程建设评价标准，创建品牌工程建设评价考核系统，努力使工程项目有章可循、有据可依、有量可评、有奖可促、有罚可惩，推动工程品牌做实做优。召开以"品牌工程建设"为主题的项目管理研讨会，邀请外部专家授课、推广品牌工程建设经验、通过检查考核评比等方式，深化对品牌工程建设的认知；制定检查计划，以现场联合检查、专项检查为主、自查为辅的方式，深入开展督导评价工作。

积极推进现场临建设施标准化，打造品牌工程形象，以品牌工程营销新工程，使企业每年有47%的合同额都来源于老客户，品牌工程建设已大大提升了企业的品牌竞争力和影响力。

（六）"两金"管控——提供项目精细化的保障

资金是企业的血液，而"两金"过高对施工企业最大且最直接的影响就是对流动资金的影响，如果不能有效控制两金规模、降低两金总量，企业很可能因流动资金短缺而导致企业资金链的断裂，致使企业面临巨大的财务危机。

1.加大"两金"管控力度，明确"两金"压控指标

中化六建加大"两金"管控力度，明确"两金"压控目标，细化项目债权清收目标，落实具体责任领导、清收责任人。按季度召开"两金"点对点视频会议，通报"两金"压降情况，分析"两金"重、难点症结，提出解决思路，全力压降"两金"，降低债权清收损失。

2.保持"两金"压控高压态势，强力清收债权

中化六建持续保持"两金"压控的高压态势，工程款回收实施年度预算和月度计划管理，每周安排

专人督导，落实到具体项目，层层传导压力；每日上报工程款回收金额，实时跟进回款情况，每月通报工程款回收排名，分析原因，采取有力措施，确保工程款应收尽收。

3.持续推进债权全过程动态管理

（1）完善债权管理制度，规范基础管理。一是强化债权基础管理，对各类债权明确到期时间，催收责任人，以及项目周转性垫资的决策权限和程序；二是调整清欠奖励政策，将"限短奖长"的激励导向改变为"限长奖短"，引导项目早收款，减少项目资金占用，降低坏账风险。

（2）推进投标阶段客户信用评价机制。运用信息化手段，嵌入投标保证金支付环节，严控承接资信差、付款比例低的项目，从源头上防范债权风险损失，实现债权管理前移；建立重大项目客户资信动态监测机制，重点排查1亿元以上项目客户资金状态、偿债能力。评估业主资信情况，加强监测，有效控制项目风险，实现事前有效防范。

（3）深化"两金"的事中管控。加强重点项目的过程监测，对指定范围的项目，定期盘点清查项目的确权、回款、资金及债权债务情况，分析风险点，加强对盲目、过渡投入造成债权债务连带风险的管控。持续组织开展工程款回收的对账工作。加强拖欠工程款风险预警工作。通过《工程款拖欠法律纠纷预警管理办法》不断树立风险管理意识，确保发现在早、处置在小，提高处置风险事件的警惕性。

（4）强化"两金"的事后管控。按年下达"两清"指标，落实责任，做到颗粒归仓。一是紧盯完工时间久、账龄长的工程项目清理工作的落实，力争清理工作"天天有进展，月月有收获"。二是紧盯预计清理后的大额债权、重难点债权，制订专项措施，通过积极清理，将劳动成果转化为"真金白银"。三是创新清理方式，对同一客户、规模小、数量多的项目，以在建促清理、打包清理，加快清理速度，控制清理成本。

（七）人才培养——夯实项目精细化的基础

人才是企业的核心竞争力，是企业发展的源头。中化六建为了吸引和留住人才，通过内外部调研，优化了薪酬结构，在增加新员工收入的同时，进一步提高了近十年入职员工的整体薪资待遇。同时落实中高层管理人员、市场营销人员、特殊专业技术管理骨干协议工资待遇，充分与市场接轨。优化薪酬结构，增加绩效工资在薪酬收入中的比重，让员工的收入与个人绩效挂钩，积极倡导"上岗靠竞争，收入比贡献"。

通过线上线下相结合的校招形式引进应届生，不断为企业输入新鲜血液。在校招展开的同时，重新梳理企业内部单位人员编制，对企业内部重点岗位开展常态化成熟型人才引进工作，定期发布招聘需求，按时组织面试，持续引进优秀人才，形成良好的招聘循环。

完善选人用人规章制度，进一步规范领导干部管理环节和工作程序。在干部选拔任用过程中，严格履行干部选拔任用工作程序，规范管理，提高选拔任用工作的规范化程度。同时，加大基层单位选人用人监督、指导力度，营造良好的选人用人氛围。同时不断优化中层干部知识和年龄结构，提升领导干部成员综合素质和管理能力，为公司的高质量发展提供坚强的干部人才队伍保障。

（八）检查监督——确保项目精细化的运行

中化六建为确保工程项目精细化管理全覆盖，按分公司（项目部）自查、公司抽查、职能部门系统随机查等方式进行检查。组建工程项目精细化检查组，由分管领导带队，开展"四不两直"对分（子）公司、项目部两个层级进行精细化检查。同时党委巡察办公室根据需要适时开展精细化管理专项巡察与专项督查工作。

项目经理部根据项目精细化管理要求和项目实际情况，建立有针对性的责任制度，将项目精细化管理的各项要求落实到项目管理目标和责任人，并适时开展自查自纠。

检查结束后，检查组将检查意见反馈至被检查单位，被检查单位应根据检查意见，在限定的时间内定人、定措施、定节点、定验证人予以整改，未在要求时限内完成整改的单位或项目经理部，按有关规定处理。

通过项目精细化管理专项检查，公司、分（子）公司、项目三级自检和互检相结合，做到项目全覆盖，以问题为导向，对症施策，巩固提升精细化管理水平和效益。

四、取得效果

中化六建经过四年的项目精细化管理历程，实现了从粗放型管理向精细化管理转变，通过强化成本精细化管理，夯实了项目管理基础，提高了项目管理质量，规范了项目管理行为，提高了企业项目的整体盈利能力，增强了企业的核心竞争力。

"十三五"期间新签、主营、利润分别较"十二五"增长276.2%、100.82%、79.17%，成本增长的幅度得到遏制；坚持品牌工程建设、打造精品工程，"十三五"期间共获得中国建设工程鲁班奖4项、国家优质工程奖2项、全国优秀焊接工程2项，百项经典建设工程1项、化学工业建设工程奖41项；2020年实现全年"从零开始，向零奋斗"的安全目标，复工复产实现新冠疫情"零感染"；高压态势，严控"两金"始终在正常范围内；严格责任成本管理考核，人人控成本，绩效比贡献；以诚相待分包商、合作共赢齐发展。

项目精细化管理不是一蹴而就的，需要不断地精进，中化六建将坚持以习近平新时代中国特色社会主义思想为指导，"对标世界一流管理提升行动"，坚持不懈地以集团公司及公司的"三年五年规划、十年三十年愿景目标"为战略引领，扎实推进工程项目精细化管理的落实，提升综合管理效能，为实现"十四五"规划而努力奋斗！

成果创造人：田耀鹏、郑敏莉、郭金艳

国有企业构建以目标为导向的计划管理体系

航空工业昌河飞机工业（集团）有限责任公司

航空工业昌河飞机工业（集团）有限责任公司（以下简称"昌飞公司"）隶属中国航空工业集团有限公司（以下简称"航空工业集团"），始建于1969年，是我国直升机科研生产基地和航空工业骨干企业，具备研制和批量生产多品种、多系列、多型号直升机和航空零部件生产的能力。公司现已形成军机、民机、国际合作项目和通航产业"四极"发展的产业格局，产品基本覆盖1吨级到13吨级直升机型号，主要产品有直8、直10、直11、AC310、AC311、AC313等系列直升机。与美国西科斯基公司、波音公司、意大利莱昂纳多公司、中国商飞公司等国内外知名航空企业开展深层次转包合作生产。

公司现有资产总额272亿元，占地面积244万平方米，职工6000余名，工程技术人员1800余名，具有中高级技术职称的1000余名。拥有各类生产设备4500余台套，具有雄厚的科研生产技术实力，是国家认定的企业技术中心，设有博士后科研工作站和全国首个低空空域管理暨通航飞行服务院士工作站，是工业和信息化部"智能制造试点示范单位"、国防科技工业高效数控加工研究应用中心，理化计量中心获得国家实验室资质。公司荣获了"全国先进基层党组织""第五届全国文明单位""全国群众体育先进单位""全国五四红旗团委""全国工业企业质量标杆""全国实施卓越绩效模式先进企业""全国质量管理小组活动优秀企业""第二届江西省井冈质量奖""全国设备管理先进单位""全国安全文化建设示范企业""中国军工文化示范单位""集团文化建设示范单位""江西省企业文化建设示范单位"等多项称号。

一、成果背景

（一）新时期企业改革对国有企业管理提出了新挑战

国有企业作为共和国的长子，在我国社会主义建设过程中发挥着中流砥柱的作用，是我国国民经济发展过程中不可或缺的一部分，是我国参与国际化竞争的主力军，是我国支柱产业的重要支撑，是国家出口创汇的主要力量。随着市场化改革深入推进，国有企业缺乏竞争力和创新精神的问题逐渐凸显，国有企业改革已迫在眉睫。

国有企业因其特殊性，在市场经济中既需要国有化运营，又离不开市场化竞争。国有化运营即企业须圆满完成国家所赋予的各项任务，充分体现企业所承担的政治使命；市场化竞争即企业在市场经济中须与其他企业同台竞技，促使企业不断提高产品质量和服务意识。

为平衡国有化运营和市场化竞争之间的关系，急需一套以目标为导向的计划管理体系，为国有企业经营发展指明方向，让国有企业科研生产经营计划与国家发展战略和市场管理目标相衔接，确保国有企业在完成国家政治任务中不落伍、市场化竞争中不掉队，保证国有企业完成国家赋予使命的同时，让企业在市场化竞争中立于不败之地。

（二）航空工业集团精细化考核对公司计划管理提出了新考验

随着航空工业集团"一厂一指标、一所一方案、一公司一重点"的靶向考核要求深入推进，考核任务已多角度、全方位涉及公司科研生产经营方方面面。为更好地完成国家和航空工业集团各项任务，将考核压力层层传导到公司各中层干部和各单位，让公司各中层干部和各单位紧密围绕上级考核要求，形成合力，思想统一、行动统一、步调统一，使公司科研生产经营活动形成整体一盘棋。因此，建立一套能准确传导考核压力的计划管理体系，是上级单位对企业精细化考核的必然要求。

（三）公司规划落地对计划管理提出了新要求

公司发展战略规划，是落实国家战略、航空工业集团战略的重要载体，是指导公司基业长青的指南针，是明确公司年度任务计划的行动指南。新时期国有企业因其特殊性，导致规划难以完全落地，一方面是领导层人员的更替等现实原因，导致对规划的理解产生偏差，致使执行过程存在偏差；另一方面缺乏有效的计划管理体系，规划无法在计划中得到体现，导致规划与计划出现两层皮现象。因此，构建一套行之有效的计划管理体系，将规划转化为公司的实际行动，保证企业发展的可持续性，是公司的当务之急。

建立一套以目标为导向的计划管理体系，主要实现以下目的：让国有企业在新时代国企改革大潮中不迷失自我，永葆党的先进性和纯洁性；让基层企业能将上级单位考核压力层层传导，进而形成企业合力；让企业自身眼光长远审视未来发展，眼睛向内紧盯各项年度目标，促进企业经营发展实现良性循环。

二、成果内涵

以目标为导向的计划管理体系的构建，主要解决国有企业面临的上述三大困境，具体内涵是：从国家及集团公司战略出发，以公司规划为导向，全面承接上级单位考核要求；以公司各专业计划为支撑，细化公司内部计划管理；以管理者标准作业为抓手，抓实计划执行；以信息化系统为载体，构建计划管理考核综合平台；以制度建设为保障，促进计划管理良性循环。

该体系是一个良性循环生态系统，如图1所示，围绕"战略牵引—规划引导—承接考核—计划分解—落实执行—科学管控—持续改善"的管理链条，自上而下渗透、自下而上支持，做到"计划有源头、执行有力度、结果有考核"。

三、成果措施

（一）以国家及航空工业集团战略、公司中长期规划为导向，明确年度目标

年度综合计划明确了经营目标，是战略规划和高质量发展落地的重要环节，是连接战略规划和日常工作的桥梁，是指导年度工作的具体行动方案。年度综合计划在战略实施过程中起着承上启下的重要作用，其实施逻辑如图2所示。

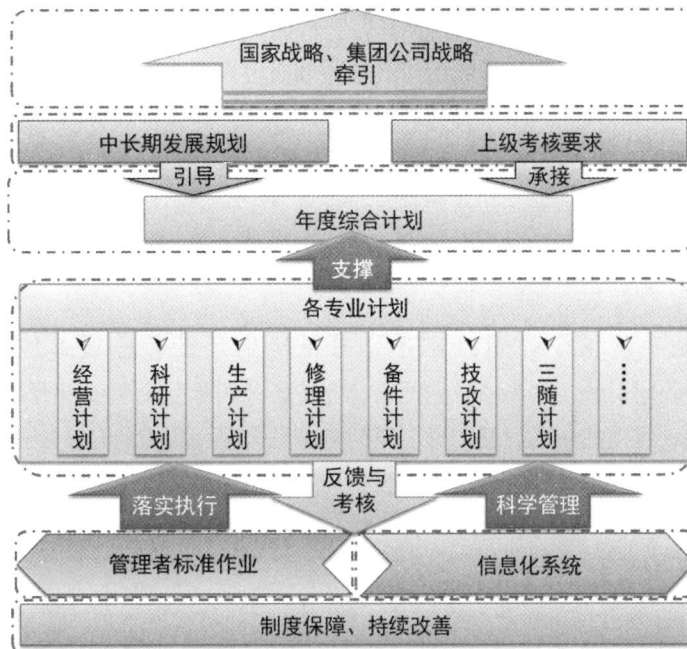

图1　计划管理体系运行逻辑图

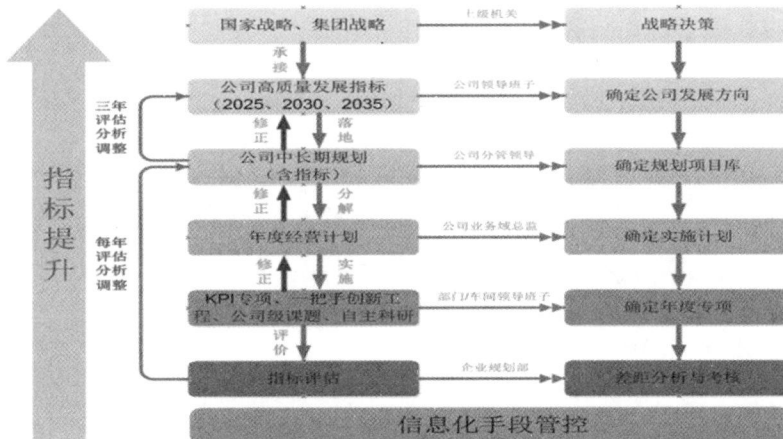

图2　实施逻辑图

具体做法如下。

1.承接国家及航空工业集团战略，建立公司高质量发展体系

依据国家、集团公司战略，对标世界一流，以全面建成世界一流航空企业为目标，分析确定了公司高质量发展的五大标志（即产品市场竞争能力强、核心业务能力强、主营业务收益结构合理、人才体系科学、企业文化先进），围绕高质量发展目标，建立了"五个维度、三级指标、量化评价"的高质量发展指标体系，设计完成121个细分可量化的指标，进一步明确了公司向世界一流和世界领先企业的发展方向。

2.结合高质量发展指标体系，规划重点工作和重点项目

结合高质量发展指标体系，公司聚焦核心主业，明确发展重点，对应指标逐项梳理相关工作，"有

所为，有所不为”，规划重点工作和重点项目，把公司的优势资源配置到集团战略方向，做强做优核心主业。

为促进公司规划项目落地，公司将规划的重点工作和重点项目作为年度经营计划开展实施的前置条件，不列入规划的工作任务和项目，不予实施和配置相应预算，确保发展方向无偏差。

3.根据重点工作，分解制定计划，目标明确，使规划落地

强化年度经营计划与规划的衔接，凸显规划对年度经营工作的引导作用，促进年度经营工作和规划的一致性。年度经营计划依据规划的重点工作和重点项目分解细化，明确年度经营目标，形成科学、专业和可行具体实施方案，保障战略规划落地。

（二）科学编制年度综合计划，指导公司科研生产经营各项工作

近年来，随着集团公司对公司的考核日趋严格、完善，公司承受的考核压力逐年上升。为全面承接集团等上级的考核要求，将考核压力层层传导，同时充分结合公司现有科研生产经营实际，提升公司基础能力水平，在紧密围绕公司中长期规划的同时，全面完成集团的各项考核目标，公司进一步规范了年度综合计划的编制流程，保证上级考核要求在公司科研生产中体现。

1.年度综合计划预案的编制

每年10月份，公司将根据科研生产经营现状，同时结合公司发展规划，启动下一年度综合计划预案的编制，经评审后形成公司年度综合计划预案，同时作为公司上报集团公司下一年度经营计划预案依据。

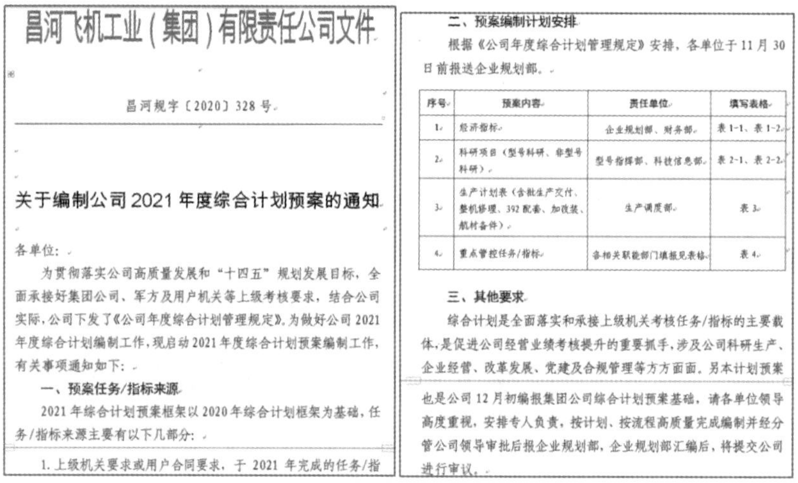
昌河飞机工业（集团）有限责任公司文件

昌河规字〔2020〕328号

关于编制公司2021年度综合计划预案的通知

各单位：

为贯彻落实公司高质量发展和“十四五”规划发展目标，全面承接好集团公司、军方及用户机关等上级考核要求，结合公司实际，公司下发了《公司年度综合计划管理规定》。为做好公司2021年度综合计划编制工作，现启动2021年度综合计划预案编制工作，有关事项通知如下：

一、预案任务/指标来源

2021年综合计划预案框架以2020年综合计划框架为基础，任务/指标来源主要有以下几部分：

1. 上级机关要求或用户合同要求，于2021年完成的任务/指

二、预案编制计划安排

根据《公司年度综合计划管理规定》安排，各单位于11月30日前报送企业规划部。

序号	预案内容	责任单位	填写表格
1	经济指标	企业规划部、财务部	表1-1、表1-2
2	科研项目（型号科研、非型号科研）	型号指挥部、科技信息部	表2-1、表2-2
3	生产计划表（含批生产交付、整机修理、392配套、加改装、航材备件）	生产调度部	表3
4	重点管控任务/指标	各相关职能部门填报见表格	表4

三、其他要求

综合计划是全面落实和承接上级机关考核任务/指标的主要载体，是促进公司经营业绩考核提升的重要抓手，涉及公司科研生产、企业经营、改革发展、党建及合规管理等方方面面。另本计划预案也是公司12月初编报集团公司综合计划预案基础，请各单位领导高度重视，安排专人负责，按计划、按流程高质量完成编制并经分管公司领导审批后报企业规划部，企业规划部汇编后，将提交公司进行审议。

图3　2021年综合计划预案编制图

2.年度综合计划预案的分解

为年度综合计划有效执行，将综合计划预案的各项任务/指标明确负责人，各任务/指标负责人需为任务/指标的实现制定详细工作计划，同时明确各计划责任人。对于科研项目，在完成科研项目的任务分解的同时，科研项目负责人还需组织完成科研项目年度和季度费用预算编制。分解后的任务/指标工作计划，由公司通过CPS系统下达年度综合计划刚性任务，对任务/指标负责人和责任人进行刚性考核。

3.年度综合计划的修正

集团公司综合计划正式下达后，将根据公司综合计划与集团公司综合计划任务/指标的对比，提出差异情况修正调整意见，与相关业务单位沟通，经主管领导和主要领导审核后，形成公司年度综合计

划，同时将各项任务/指标完善落实到各负责人和责任人。

年度综合计划编制流程如图4所示：。

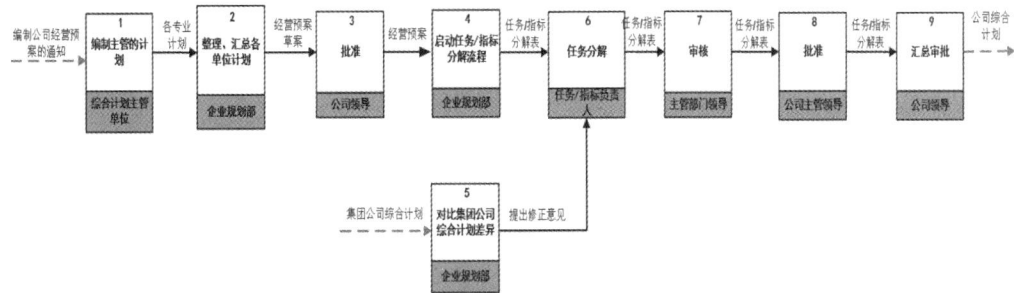

图4 年度综合计划编制流程图

（三）以各专业计划为基石，确保计划刚性落地

为强化公司综合计划的执行，公司根据各部门业务分工，将综合计划分解为各专业计划，并依托各专业计划的考核，促进综合计划刚性落地。

1.专业计划的分解

公司根据业务类型将综合计划分为：经营计划、型号科研计划、非型号科研计划、批生产计划（含零件加工计划、外协计划、采购计划、工装工具生产计划等）、加改装计划、备件计划、整机修理计划、技改计划、公司级课题计划、党群等业务计划等，同时明确了各计划的责任单位。具体详见如表1所示。

表1 计划类型与责任单位对应表

序号	计划类型	责任单位
1	经营	企业规划部、财务部
2	型号科研	型号指挥部
3	非型号科研	科技信息部
4	批生产（含零件加工、外协、采购等）	生产管理部
5	批产加改装	生产管理部
6	科研加改装	工程技术部
7	备件	客户保障总厂
8	整机修理	试飞维修总厂
9	技改	企业规划部
10	公司级课题	科技信息部
11	党群等业务	党委组织部、党委宣传部等

2.计划的考核

对部门的考核：公司年初根据综合计划任务/指标情况，针对各部门/车间（专业厂）制定了相应的KPI和KPI专项（目标KPI、过程KPI和专项KPI），明确各任务/指标完成的目标值，设定相应奖惩系数，年末根据任务/指标完成情况对责任单位进行奖惩。

对领导干部的考核：一方面领导干部的考核与部门最终考核结果相关联；另一方面为重点加强对领导干部的奖惩力度，任务/指标负责人和责任人的考核与集团公司对公司最终的考核结果相统一。即：对非主观原因造成扣分和获得额外加分的事项，公司给予专项奖惩；对因领导干部考核不重视、事后不协调，造成不必要扣分或排名降低，公司对领导干部加重处罚；对在集团公司考核中获得额外加分的单位（团队）和个人，公司按加分进行额外嘉奖。同时，对在集团公司考核所负责的指标排名靠前、表现突出的单位和个人，公司视情况给予奖励。

考核结果分析：公司根据集团公司经营业绩考核评价情况，梳理扣分内容，横向比较集团其他单位考核评价情况，组织召开专题回顾会，重点针对考核过程中出现的问题，查找和分析原因，明确责任人，制定措施和后续工作计划，并在下一年度考核中加重考核。

（四）以管理者标准作业为抓手，常态化管控各项计划执行

公司通过开展管理者标准作业，抓实过程执行中的落地环节，做到常态化管控。通过将周期性实施的管理工作按照必要的规范，确定实施范围，固化实施步骤和方式，明确实施效果，采用"点检"方式将该项管理工作的内容和要求纳入《点检表》，展示在单位管理看板或电子看板上，责任人按规范进行点检，选派督办人员进行督促和核查，并通过信息系统实施公布完成情况，让员工间相互了解并监督各项工作进展情况，做到规范化、程序化和科学化，并为管理改善提升提供良好的基础平台。

为加强各职责单位对各项计划常态化工作的重视，提升公司对各考核指标的管控能力，基于各部门/车间业务分工、流程及职责，建立了以各管理部门一把手为主责、计划主管部门抓总的管控体系。在明确各单位主责的基础上，对各任务/指标进行分级管理，对每年、每季度、每月甚至每周的工作进行定期自查，并将常态化工作的结果、成果等相关材料提交企业规划部存档，确保各项常态化计划的执行。同时，企业规划部对存在且暴露出问题的计划与主管部门及时沟通协调，力争解决；对未暴露问题的计划进行抽查、调研，预防其中存在的问题。

表2 管理者标准作业样表

序号	主要内容或工作流程	责任人	频率	时间段	考核级别	开始时间	结束时间
1	与防务科研三部至少沟通1次（不限形式），沟通上年度军品科研及配套考核评分评价情况	黄XX	1次/年	3月	公司级	2020-3-27	2020-3-31
2	与防务科研三部沟通当年度自管考核项目内容（一号文未列出具体自管项目，但最终考核会有具体自管项目）	黄XX	1次/年	3月	公司级	2020-3-27	2020-3-31
3	每季度常态化与防务科研三部至少对接一次（不限形式）	黄XX	1次/季度	3月	公司级	2020-3-27	2020-3-31
				6月	公司级	2020-6-1	2020-6-30
				9月	公司级	2020-9-1	2020-9-30
				12月	公司级	2020-12-1	2020-12-31

4	与民机产业部至少沟通1次（不限形式），沟通上年度民机科研及配套考核评分评价情况	李XX	1次/年	3月	公司级	2020-3-27	2020-3-31
5	与民机产业部沟通当年度自管考核项目内容（一号文未列出具体自管项目，但最终考核会有具体自管项目）	李XX	1次/年	3月	公司级	2020-3-27	2020-3-31
6	每季度常态化与民机产业部至少对接一次（不限形式）	杨XX	1次/季度	3月	公司级	2020-3-27	2020-3-31
7	与集团科技部至少沟通1次（不限形式），沟通上年度预研与技术攻关考核评分评价情况	杨XX	1次/年	3月	公司级	2020-3-27	2020-3-31
8	与集团科技部沟通，确定当年度预研与技术攻关考核项目内容	杨XX	1次/年	3月	公司级	2020-3-27	2020-3-31
9	每季度常态化与集团科技部至少对接一次（不限形式）	杨XX	1次/季度	3月	公司级	2020-3-27	2020-3-31

（五）以信息系统为载体，构建计划管理平台

随着信息技术的发展，信息化与管理越来越融合，信息管理正在从管理方式、组织模式、工作模式、时空观等方面颠覆传统管理理念。近年来，公司运用信息手段，围绕综合计划的执行，构建了综合计划管理系统、主计划系统、管理者标准作业系统、全面预算管理系统和任务管理系统，实现了综合计划的全过程管控，形成了以数据说话的奖惩模式，增强了相关单位工作的协同性。

综合计划管理系统是计划管理平台的龙头，主要围绕上级考核要求和自身发展的年度任务/指标需要，对年度任务指标进行分解和管控；主计划系统是计划管理平台的纽带，是判别各项计划分类的主要依据，促进各类计划在主管部门之间达成；管理者标准作业是计划管理平台的"清道夫"，定期、常态化提醒各任务/指标责任人及时完成各项事宜；全面预算管理系统为公司各项科研生产经营提供经费保障，是对计划管理的补充和完善，是公司调配资源的重要渠道；任务管理系统是各项计划达成的抓手，是对各项计划的再次细化，确保各项计划分阶段、分部门实现，促使各项计划高效完成。

1.综合计划管理系统

综合计划管控系统以集团公司经营业绩考核指标为导向，层层传导考核压力，系统主要包括任务/指标分解模块、进展情况汇报模块、电子看板推送模块等内容。

任务/指标分解模块：通过细化集团公司下的任务指标，将公司综合计划指标分解到公司副处级以上领导干部，要求所有指标均有领导干部承接。

进展情况汇报模块：将任务指标完成情况，按一定的报表格式，定期向公司主管领导汇报，及时评估和预警公司综合计划完成过程中的风险。

电子看板推送模块：为及时掌握公司综合计划完成情况，应对任务/指标完成过程中可能存在的风险，让公司主管领导及时了解所分管任务/指标完成情况，公司将综合计划完成情况定期推送到公司领导电子看板。

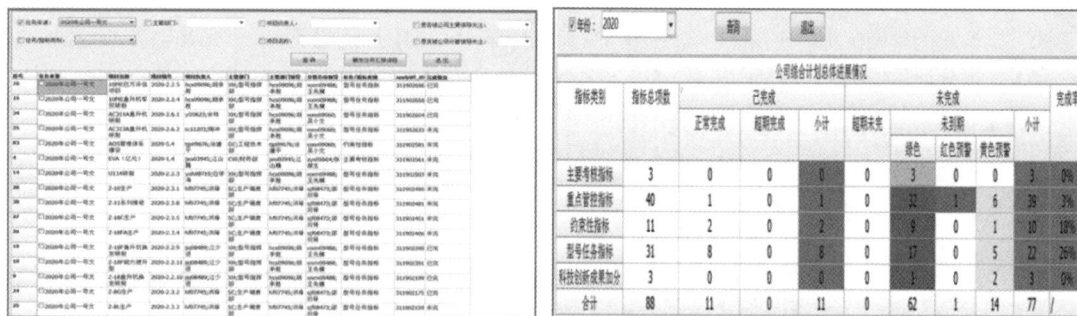

图5　综合计划管理系统

2.主计划系统

为加强各专业计划的管控，实现科研生产经营业务的统一协调，公司明确了各项业务活动须有工作令号，未有工作令号的业务活动财务部不予报账付款，生产零件不予计奖。为解决公司令号的下达和使用问题，公司开发了主计划系统。

主计划系统是公司各项科研生产活动的源头，是各单位开展工作的依据，是财务归集成本费用的台账。主计划系统主要包括令号申请模块、令号下达模块和令号关闭模块。

令号申请模块：为充分论证开展某项业务活动的科学性，申请单位需收集整理相关材料，并在令号申请模块中发起令号申请需求，经相关流程审核后，由企业规划部负责下令。

令号下达模块：企业规划部根据公司令号编制规则，在令号下达模块中下发工作令号。工作令号下达后，各单位将根据业务开展情况使用工作令号。

令号关闭模块：待业务开展完毕后，为防止该令号被重复使用，业务单位将在令号关闭模块将申请的进行令号关闭。令号关闭后，该令号将无法开展业务、无法归集费用。

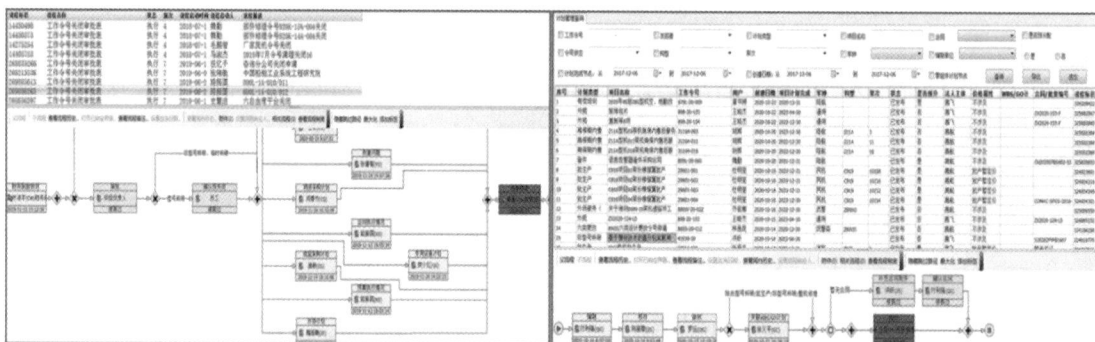

图6　主计划系统

3.管理者标准作业系统

通过管理者标准作业的推广应用，现已将大部分的计划管理工作纳入管理者标准作业系统中，分别形成了公司级、系统级、单位级、内部级四种级别的标准作业项目，其中公司级标准化作业主要有年度经营预案编制、年度排产工作会；系统级主要有季度月运营分析、月度统计报表上报、周生产计划上报等；单位级主要有月运营会、周领导班子例会等；内部级主要针对个人，主要有每天任务梳理、工作令号下达等。

通过管理者标准作业的实施，一方面使各级管理者的日常工作忙而不乱，驱动各级管理者按要求自主启动各项工作，保证工作不遗漏；另一方面有效保证了人员变更过程中基本工作的连续性，降低工作的波动性。

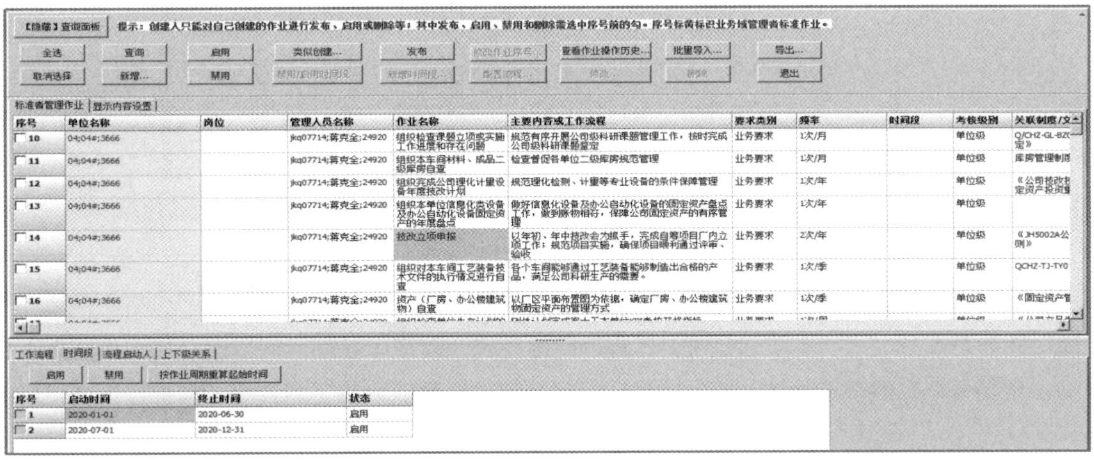

图7　管理者标准作业

4.全面预算管理系统

为促进公司年度综合计划顺利推进，实现业财的充分融合，使公司经营层动态掌握公司业务工作推进和财务经营状况，及时做出科学决策，公司开发了全面预算管理系统。该系统主要包括了预算编报模块、预算管控模块和预算调整模块。

预算编报模块：每年初，公司根据综合计划内容组织各单位编制全年预算，预算内容包括业务预算（如：销售费用、生产费用、采购费用等）、专项决策预算（如：科研费用、技改费用等）、财务预算（如：资金预算、报表预算等）。

预算管控模块：主要用于监控各单位预算执行情况，对预算执行率低和超出预算的单位进行风险预警。

预算调整模块：对于工作无法开展预算结余，以及超出预算内容的费用，公司将组织各单位进行分析总结，对客观原因造成的预算偏差，公司将对预算进行调整。

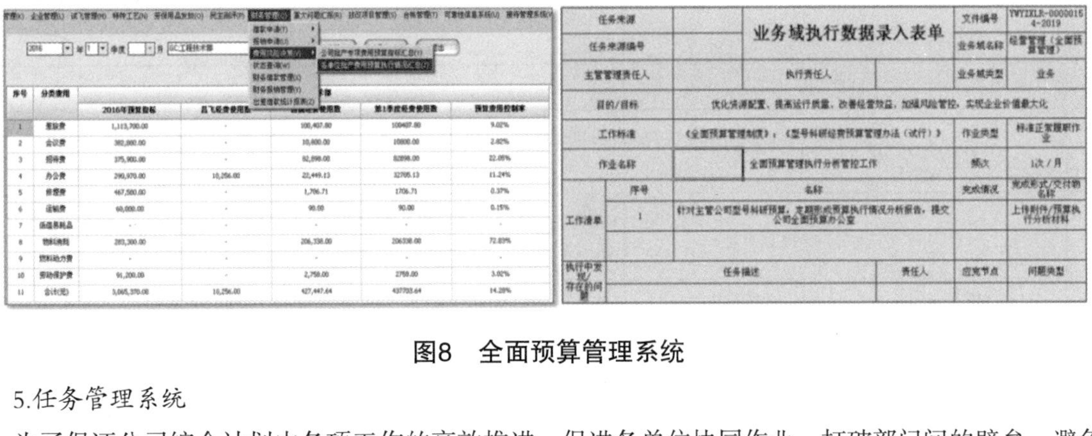

图8　全面预算管理系统

5.任务管理系统

为了保证公司综合计划中各项工作的高效推进，促进各单位协同作业，打破部门间的壁垒，避免工作出现空白。公司通过任务管理系统（如图7所示）的运用，将临时安排的各项任务纳入任务系统中进行管控，明确责任人和完成时间，并将完成情况纳入个人绩效考核中。

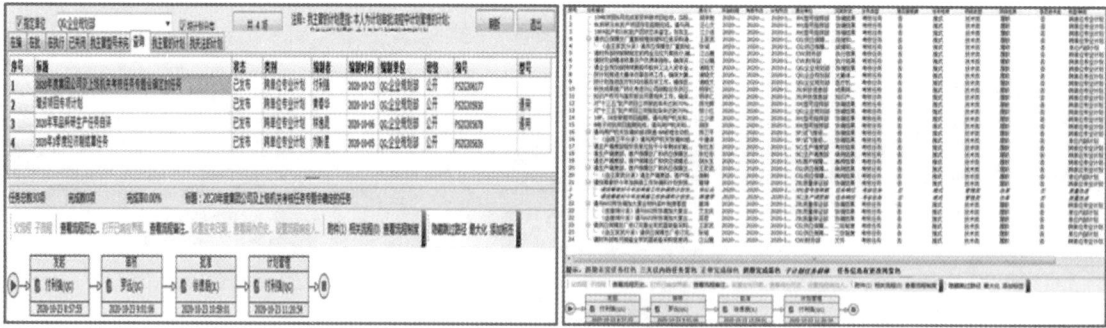

图9 任务管理系统

通过任务系统的应用，实现了公司内部跨部门的管理，改变了各部门间以前对待工作"靠人情、卖面子、现场督办"的管理模式，极大地提高了部门间的协同能力，公司各项工作推进速度比以前快一倍。

（六）以制度建设为保障，促进计划管理良性循环

为规范公司计划管理各项工作，固化实施流程和表单，让各项工作有法可依、有章可循，公司针对综合计划管理工作制定了相应的流程、制度。通过将每一项工作过程清晰明了地展现出来，让任何人都能一目了然地知道业务工作的过程，清晰地告诉业务管理人员，每一步该怎么做，做什么，做完之后提供给谁。并通过制度的细化，有效监控组织的运营状态和个人的工作状态，减少犯错的概率，减少甚至消除各业务相关部门壁垒间的责任空白。同时，通过对制度的优化和调整，不断完善在计划管理过程中存在的问题，促进计划管理良性循环。

通过对全公司的计划工作的梳理，共整理出主要的管理制度24项，涵盖了公司规划的编制和管理、计划管理、过程执行与管控、预算管理、统计管理、考核等各方面。

表3 主要制度及内容表

序号	制度名称	主要内容
一	公司规划方面	
1	中长期发展规划管理办法	明确公司中长期发展规划编制方式、规划调整程序等内容，为公司规划落地提供支撑
二	计划管理	
2	公司年度综合计划管理规定	明确公司综合计划编制、任务/指标分解、过程管控和考核方式等内容，为公司综合计划编制和执行提供制度保障
3	工作令号编号与管理规定	明确公司令号编制规则及各令号的使用方式，指导公司各专业计划按令号开展各项工作和费用归集等
4	公司年度科研生产计划编制管理规定	指导公司科研生产计划的编制工作，明确各阶段各单位职责等
5	公司刚性计划管理规定	明确刚性计划的编制原则和考核要求等
6	基于物资条码管理系统采购计划管理规定	明确物资条码管理系统采购的计划编制方式和各单位职责等
7	原材料采购计划管理规定	明确原材料采购计划编制方式和各单位职责等
8	物资采购计划管理规定	明确物资采购计划编制方式和各单位职责等
9	工装工具制造计划管理规定	明确工装工具制造计划编制方式和各单位职责等

三	过程执行与管控	
10	自主科研项目管理规定	明确各单位申请自主科研项目流程等
11	非型号科研项目执行实施细则	明确非型号科研项目执行流程和执行过程中各单位职责等
12	非型号科研项目管理规定	明确非型号科研项目各单位的管理职责和管理流程等
13	公司级科研课题管理规定	明确公司级课题立项、评审和完成等工作
14	公司产品应急生产管理规定	明确应急生产的各种情况和应急下各单位办事流程
四	预算管理	
15	江西昌河航空工业有限公司全面预算管理规定	明确公司预算编制方式、管理流程和填报要求等内容
16	昌河飞机工业（集团）有限责任公司全面预算管理规定	明确公司预算编制方式、管理流程和填报要求等内容
17	型号科研经费预算管理办法	明确公司型号科研项目经费预算编制职责和预算管理流程等内容
五	统计管理	
18	昌河飞机工业（集团）有限责任公司综合统计工作管理规定	明确各单位在公司综合统计工作中的职责和统计方式
19	江西昌河航空工业有限公司综合统计工作管理规定	明确各单位在公司综合统计工作中的职责和统计方式
六	考核	
20	公司临时生产任务计奖工时管理规定	明确临时生产任务计奖方式，为公司兑现奖励提供制度依据
21	公司生产进度奖考核管理规定	明确公司生产进度奖考核模式等
22	承接集团公司航空科研生产任务考核考核管理规定	明确公司承接集团公司航空科研生产任务考核管理要求，并对相关责任人提出奖惩意见
23	经济责任制考核结算工作管理实施办法	明确公司经济责任制考核职责，规范公司经济责任制考核工作
24	技改计划考核管理规定	规定公司技改计划考核要求，明确对未完成节点情况的处罚等

四、取得成效

以目标为导向的计划管理体系是在国企改革和集团公司提倡靶向考核的背景下开展的深入研究，主要立足于国有企业管理现状，将理论与实践进行了有机结合，在解决计划编制不科学、考核不重视等"老大难"问题的同时，抓住关键控制点，完善了公司内控制度及流程，有效防范了内部管理风险，增强了企业目标考核向心力，获得了一定的经济效益与管理效益。

（一）为国企计划管理提供复制推广范例

在党和国家统一决策部署下，国企改革已势在必行，以目标为导向的考核体系的构建，一方面让企业在激烈的全球化、市场化的竞争中，充分发挥优势，为我国社会主义经济建设增砖添瓦；另一方面为企业发展指明方向，让企业听党话、跟党走，确保企业在完成国家政治任务中"拿得出、顶得上"。昌飞公司以目标为导向的计划管理体系构建，为其他国有企业计划管理提供参考和借鉴，并逐步向其他企业推广、应用。

（二）圆满完成上级各项考核，排名逐步提升

昌飞公司通过以目标为导向的计划管理体系的实施，圆满完成了航空工业集团各项考核要求，打造

了一支精心策划、目标一致、密切配合、快速高效的计划管理队伍。以目标为导向助推价值创造，用圆满完成任务兑现企业承诺，极大提高了工作效率和客户满意度，为昌飞公司在集团考核排名逐年提升奠定基础。公司航空科研生产任务，2016年排名第十六，2017年排名第十三，2018年排名第十，2019年排名第六。经营业绩考核2016年以来在直升机板块均为第一。

（三）保障了企业的科研生产经营，实现可持续发展

通过以目标为导向的计划管理体系的实施和全体"昌飞人"的共同努力，公司从一个三线小厂华丽转身为一个现代化的直升机生产基地，直升机制造、研发水平显著提升，直升机产能和主营业务收入均实现"破百"，有力地保证了国家重大工程型号任务的圆满完成，实现企业可持续发展。

2016年以来，昌飞公司营业收入和利润等主要经营指标稳步提升，各项科研生产任务屡创历史新高。其中，2016年营业收入163.50亿元，利润5.57亿元；2017年营业收入164.18亿元，利润6.20亿元；2018年营业收入194.96亿元，利润6.8亿元；2019年营业收入202.76亿元，利润7.21亿元。2020年公司实现营业收入205.71亿元，利润7.99亿元，保持快速稳步增长势头。

（四）营造心齐向上的管理氛围，确保各项任务圆满完成

以目标为导向的计划管理体系的建立，让公司科研生产经营活动有了明确的目标，各部门、各领导干部和职工目标统一、方向明确、步调一致，部门间推诿扯皮的现象少了，协作增多了。公司上下思想已从传统的推式"要我做"已逐步转变为自我驱动式的"我要做"，方案优化、过程创新在每一项工作中得到体现，公司的凝聚力进一步增强，为公司的长远战略落地提供了有力的支撑。

【参考文献】

[1] 刘素梅.K公司计划管理改进策略研究[D].吉林:吉林大学,2019.

[2] 贾怡菁,金华,韩明龙.大型航运集团主数据管理体系规划[J].上海船舶运输科学研究所学报,2015,38(3).

[3] 段桂江,熊耀华.面向复杂产品多级研制体系的协同质量计划管理系统研究[J].中国机械工程,2010,21(17).

[4] 吴浪雄.项目分级计划管理解跨区域难题[J].城市开发,2010,2:50-51.

[5] 万立,杨勇,李斌.面向飞机制造企业的计划管理系统的设计[J].微计算机信息,2007,23(36):6-8.

成果创造人：徐德朋、杨慧、张钺

关于子企业完善法人治理结构与
加强董事会建设的研究报告

南航集团深化改革领导小组办公室

完善法人治理结构是实现企业治理能力和治理体系现代化的重要举措和目标，授权行权体系建设和专职外部董事管理是其中的两个核心环节。国有企业及所属各级子企业在上述两个环节目前普遍存在授不出、接不住、行不稳等问题，陷入"一管就死，一放就乱"的怪圈。为进一步推动国有企业形成灵活高效的市场化经营机制，对各项改革工作发挥牵引带动作用，本成果以某中央企业所属"双百企业"和"科改示范企业"等三家子企业为研究对象，分别以加强授权行权体系建设和优化子企业专职外部董事管理为切入点开展研究，形成了具体的完善措施和方案，并给出相关建议。具体报告如下。

一、现状和问题

本成果课题组访谈了中央企业总部职能部门及三家子企业相关负责人及各级管理人员共30人，收集并分析了中央企业关于财务/投资/组织人事等相关管理制度和三家子企业的公司章程、治理主体议事规则、中长期发展规划、年度工作计划、工作总结等材料，采用治理结构量化评估模型（95项指标）对其法人治理结构现状及运行情况进行评估。通过综合评估分析，三家子企业法人治理结构的焦点问题在于中央企业对所属子企业授放权不充分的"权力之争"，问题的实质在于中央企业是否愿意转变管控模式，子企业是否具备可有效行权的能力。

一是授不出，活力不足。决策权过多集中在中央企业。中央企业"越位""缺位""管得多""管得细"，子企业缺乏自主性。二是接不住，能力不足。子企业不具备行权条件和能力，对按照现代企业治理体系运转没有信心，内生动力不足。三是行不稳，支撑不足。董事履职支撑体系缺位。母子企业责任边界不清，重大事项名为子企业董事会决策，实为中央企业决策。典型问题是子企业专职外部董事履职的专业性、有效性和在授权清单范围内的独立性不足，导致子企业董事会流于形式，难以做实。

就典型问题来看，在董事结构方面，三家子企业外部董事以兼职为主，专职外部董事队伍有待进一步优化，外部董事履职时间、投入精力有待提高。在专职外部董事管理方面，一是目前专职外部董事薪酬管理沿用中央企业领导人员薪酬管理相关规定，尚未建立针对专职外部董事岗位特点的薪酬管理机制；二是专职外部董事以定性考核为主，尚未建立与任职企业经营业绩的联动机制；三是中央企业已建立管理人员追责机制，但针对专职外部董事的追责情形及机制有待明确；四是中央企业现行办法明确了董事履职支持部门及相关职能，但对专职外部董事履职服务支持管理有待进一步细化。在落实董事会职权方面，三家子企业的公司章程明确董事会拥有中长期规划决策权、经理层任免权、薪酬及考核权、职工薪酬分配权、重大财务决策权。但在议案审议过程中，专职外部董事须履行议案的中央企业内部决策程序，遵照中央企业总部职能部门意见在董事会发表意见和表决，其独立性和专业性有待进一步提高。

二、完善法人治理结构的思路和目标

（一）外部优秀实践

各中央企业和地方国企积极贯彻落实《国务院关于印发改革国有资本授权经营体制方案的通知》精神，加快探索更灵活的管控模式，促使企业真正成为"自主经营、自负盈亏、自担风险、自我约束、自我发展"的市场主体。主要举措包括：通过树章程、建清单，确保各项授权"授得出"；通过配齐建强董事会、完善董事履职配套机制，确保子企业"接得住、行得稳"。

1.确保国有股东各项授权"授得出"

（1）树章程。"双百企业"三峰环境、"科改示范企业"中国化学天辰、南网广东能源公司探索转变国有股东监管模式，从"管人管事管资产"的运营型管控模式向"管资本"的战略型或财务型管控模式转变。通过重新梳理公司章程，委派股权代表、董事，在股东（大）会、董事会行使职权，参与公司治理。

（2）建清单。中广核集团对于其全资或绝对控股子企业，建立授权表，明确股东会、董事会、经营层的权利范围，属于董事会权利清单内的事项，所有董事均独立发表意见，行使表决权利，表决意见无须提前上报集团职能部门。"双百企业"三峰环境实行负面清单管理模式，制定监管事项清单，明确11项在提交董事会审议前需由出资人行政审批事项，其他事项按公司章程、内部决策程序审批。

2.确保子企业对各项授放权"接得住，行得稳"

（1）配齐建强董事会。截至2019年末，82.49%的"双百企业"在本级层面设立了董事会，其中外部董事占多数的达到62.74%，并建立了战略委员会、审计委员会、提名委员会、薪酬与绩效委员会。

（2）完善董事履职管理配套机制，确保各项授放权行得稳。外部先进实践主要有三个方面。

一是拓宽选聘渠道。中国建材、中国建筑、中国诚通、中国化学集团等正在建立专职外部董事库；航天科技对专职外部董事进行分级管理，按照任职企业规模，分为一级专职外部董事、二级专职外部董事；"科改示范企业"哈玻院、北玻院、冠豪高新等探索市场化选聘专职外部董事。

二是构建市场化激励约束机制。中车对子企业进行分级管理，外部董事薪酬标准根据企业等级，参照集团总师或副总师标准；深投控结合企业负责人年度薪酬水平及企业难度系数确定专职外部董事薪酬水平；山东省国资委建立"基本薪酬＋绩效年薪＋任期激励"激励模式；天津市国资委将专职外部董事绩效年薪、任期激励与所属企业负责人考核系数挂钩，建立起专职外部董事收入水平能升能降的管理机制。

三是健全外部董事履职支持服务机制。航天科技建立董事履职管理办公室，牵头外部董事履职管理支持；中国建材、中国诚通等建立外部董事与集团沟通联络机制，规定外部董事需要定期汇报工作，建立年度和任期述职报告机制、任职企业重大突发事项报告机制、董事会会前和会后报告机制，保障股东知情权。

（二）思路和目标

综合外部优秀实践经验，结合企业实际，本成果形成了完善法人治理结构的主要思路：公司制改革是前提，要真正建立适应市场经济要求的市场化经营机制。加强子企业董事会建设是关键，要解决子企业董事会形同虚设、一把手说了算、董事不尽责等问题，实现董事会应建尽建，配齐建强。把加强党的领导和完善公司治理统一起来是重点，要坚持两个"一以贯之"，最终建立灵活高效的市场化经营机制，让子企业真正成为"自主经营、自负盈亏、自担风险、自我约束、自我发展"的市场主体。同时，针对三家子企业专职外部董事履职专业性、有效性和独立性不足的典型问题，本成果重点围绕专职外部董事的选聘、履职、考核、薪酬等方面制定了优化方案。

本成果将结合实际，制定工作计划，推动有关改革措施和方案的实施。下一步，将在实践过程中持续总结问题和经验，为完善中央企业所属其他子企业的法人治理结构打好基础。

三、完善法人治理结构的具体措施

（一）母公司：授得出

1.转方式

中央企业要从"管人管事管资产"的运营型管控模式向"管资本"的战略型或财务型管控模式转变。建议大力减少中央企业直接审批、事前备案的事项，严格控制中央企业通过行政审批方式处理子企业事务，杜绝以行政文件替代董事会决策等管理方式。

2.建清单

加快建立完善董事会决策清单、派出董事独立表决事项清单、面向各个层级的有效权责清单、三会一层一组织议事规则。建议中央企业按"一企一策"的方式，对所属子企业授放核心权利，并根据子企业发展期进行评估、优化调整。事先约定董事能具体表决的事项范围。明确董事的考核和追责制度，勉励董事尽职尽责。

3.树章程

树立全员照章程办事的意识。修订完善公司章程。建议中央企业对子企业实施清单管理，回归股东身份，将监管事项和权责依法纳入公司章程，严格依照公司章程行使权利、履行义务。

（二）子企业：接得住、行得稳

1.建立规范的董事会

根据子企业规模、业务范围、股权关系等构建规范的董事会、监事会，实现应建尽建。让外部董事占多数，避免决策层和经营层高度交叉，明确经营层职数及分工。完善"双向进入，交叉任职"的领导体制，健全党组织议事决策体制，落实党组织对子企业机构设置、人事安排等事项的决策权，对日常生产经营事项的把关权，对子企业运行过程中的程序、风险、结果的监督权。

2.选聘能够胜任履职的董监事

完善委派人员选拔的硬性标准。中央企业外派董监事应当了解和遵守国家、公司有关规定，具有人力、财务、法律等相关行业专长或相关知识，能忠实代表和维护中央企业的权益，实现董监事会"配齐建强"。

3.构建健全的专门委员会

构建战略委员会、审计委员会、提名委员会、薪酬与绩效委员会等专门委员会。

4.强化董监事的履职管理及考核激励体系

（1）完善报告制度。外派董事报告制度包括日常例会报告制度和重大事项报告制度。目前存在外派董监事汇报制度建设不到位，没有及时反馈派驻企业日常例会信息等问题，导致中央企业对被投资企业的重大事项、日常经营情况不清晰，给中央企业造成损失，影响后续战略发展定位。

（2）完善履职支撑考核体系。外派董事应切实维护集团权益，按出资者的意见行使权利，按制度规定执行请示报告程序，并将此项列入考核指标。中央企业根据子企业当年经济指标完成情况或重点工作完成情况对外派董事设计相应的特别激励约束制度。

（3）把控派出人员数量。适当控制外派董事一人兼任多家子企业相关职务的数量，保证其有足够时间和精力了解所派驻子企业经营状况，从而充分行使职权，正确决策。

（三）优化子企业专职外部董事管理

1.完善选聘管理

通过优化聘任条件、明确聘任程序、建立退出机制，建设一支高素质、专业化的子企业专职外部董事队伍。对行现行管理办法进行以下调整优化。

（1）优化聘任条件。提高入库学历门槛，明确企业经营管理或相关经济工作经验的年限要求。

（2）明确聘任程序。子企业专职外部董事按照该中央企业党组管理的职务进行管理，选聘具体程序按照中央企业《干部人事管理规定》执行。

（3）建立退出机制。如发生履职工作细则中关于失职、负有表决责任等相关情况的直接解聘，且终身不得再聘为董事。

2.建立履职工作细则

《子企业专职外部董事履职工作细则》通过明确履职服务部门、建立三大工作报告制度、调整履职程序、建立例会制度、成立决策咨询服务团队，实现中央企业对子企业专职外部董事的精准服务和精准支撑。对现行管理办法进行以下调整优化。

（1）明确履职服务部门。由一个职能部门统一负责子企业专职外部董事日常履职服务工作。

（2）建立三大工作报告制度。中央企业对子企业专职外部董事实行履职台账制度、重大突发事项专项报告制度和述职报告制度。履职台账由子企业的董事会办公室代为建立和记录。重大突发事项一事一报，及时报告中央企业。子企业专职外部董事每年1月提交本人上一年度述职报告，任期结束后提交任期述职报告。

（3）调整履职程序。子企业专职外部董事依据董事会议事规则，对授权自主决策的议案，在董事会及专门委员会上独立、专业、客观地发表意见。对未授权自主决策的议案，子企业在报董事会审核前，一并报中央企业总部有关职能部门履行议案审核程序，子企业专职外部董事按中央企业总部职能部门出具的议案表决意见表决。

（4）建立例会制度。中央企业建立子企业专职外部董事季度例会制度，听取其工作汇报和需协调解决事项，了解重要议案背景、董事会专门委员会审议情况、议案涉及事项的合规性等重要信息，组织讨论议案审议意见，提供相关风险提示及履职支撑。

（5）成立决策咨询服务团队。成立由总部各职能部门业务骨干组成的咨询服务团队，为子企业专职外部董事提供议案决策咨询服务。

3.优化考核管理

建立《子企业专职外部董事考核管理细则》，通过完善考核内容、明确考核等级和考核分工，实现中央企业对子企业专职外部董事的科学有效管控。对现行管理办法进行以下调整优化。

（1）实施任期制和契约化管理。由中央企业根据已确定的子企业经理层成员年度和任期业绩合同，确定子企业专职外部董事年度及任期考核指标值和签约周期，并签订聘任协议。

（2）完善考核内容。考核内容包括个人履职评价（权重40%）和子企业业绩（权重60%）两部分。其中个人履职评价（90%为定量指标）主要维度为勤勉程度和履职能力，企业业绩评价按照子企业经理层成员业绩合同，以经营业绩完成情况为计分主体，安全考核设置加权值。

（3）明确年度和任期考核等级。考核等级分为优秀、良好、基本称职、不称职。考核等级以个人年度/任期考核得分和子企业经营业绩为评级维度。

（4）明确考核分工。子企业专职外部董事年度个人履职考核评价的相关台账和数据由行政管理部提供，其中定性评价由相关总部职能部门、子企业董事长/监事会主席等共同参与。

4.优化薪酬管理

建立《子企业专职外部董事薪酬管理细则》，通过优化薪酬与激励模式，建立市场化激励机制，激发专职外部董事能力和动力。对现行管理办法进行以下调整优化。

（1）优化绩效年薪兑现模式。子企业专职外部董事绩效年薪＝绩效年薪基数×年度考核系数。年度考核系数根据年度考核结果确定。年度考核为优秀、良好、基本称职和不称职的，对应考核系数区间分别为1～1.2、0.7～1、0.6～0.7、0。

（2）实施任期激励。子企业专职外部董事任期激励由中央企业统一进行核算，任期考核后一次性兑现，总体任期激励水平不超过任期内年薪总额水平的30%。其中，任期激励＝任期激励额度×任期激励系数。任期激励额度原则上选取本人任期内绩效年薪平均数。任期激励系数根据任期考核结果确定。任期考核结果为优秀的，任期激励系数为1；任期考核结果为良好的，任期激励系数为个人任期考核得分除以100；任期考核结果为基本称职及不称职的，任期激励系数为0。

（四）开展治理结构量化评估

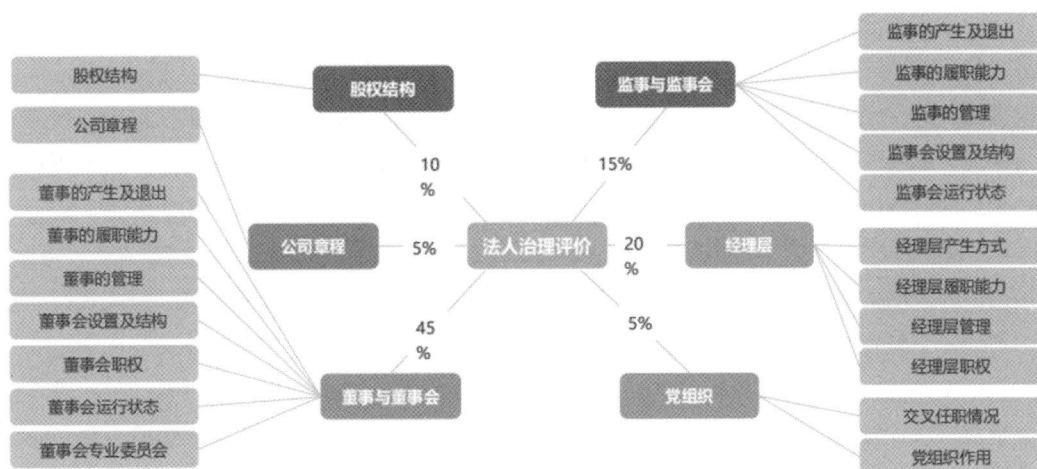

图1　治理结构量化评估体系

本成果从规范性和有效性出发，形成了包括6大因素、20个维度、95项指标的评估体系。通过综合评分全面衡量评估对象的法人治理结构现状，为中央企业、中央企业所属子企业等主体有针对性地完善法人治理结构、加强董事会建设、优化调整授权程度等提供参考。

治理水平	授权程度	授权说明	评估结果
良好（治理水平≥700分）	➤ 充分授权	依据《公司法》，股东会充分授予董事会职权	➤ 下属某上市公司718分
一般（700分＜治理水平≤300分）	➤ 部分授权	股东会对董事会授予一定的职权，董事会的职权范围小于充分授权董事会的职权	➤ 下属某混合企业578分
较差（治理水平＜300分）	➤ 有限授权	股东会对董事会授予有限的职权，董事会职权小于部分授权董事会的职权	

（左侧纵轴：高 → 低，授权程度）

图2　治理结构量化评估结果应用表

四、对完善法人治理结构的建议

结合前述研究分析，本成果建议中央企业以"双百企业"和"科改示范企业"三家子企业为对象，一是推动前述措施及方案的落实，二是解决好4个问题，从而进一步完善公司法人治理结构和加强董事会建设。关于4个问题及有关建议具体如下。

（一）如何破解子企业对中央企业管控依赖性

一是开展评估，差异化授权。建议搭建法人治理结构评价体系，评价的要素可包括：子企业发展阶段和所处业态，内部管理结构、制度体系、内控体系，董事会是否应建尽建、配齐配强、结构合理、履职到位，子企业发展意愿。中央企业应优先对评分较高的，管理制度相对健全、控制成本意识较强、预计授权后自我管理更好的子企业进行授权。二是严格执行清单，提高自主意识。中央企业严格执行授权清单的权责边界，子企业树立自主经营意识，提高自主经营能力，保证接得住上级授权。三是建立动态跟踪评估制度，做到收放自如。对授权后的子企业经营管理成效进行跟踪评价，若董事会履职效果不理想，中央企业随时收回授权。

（二）如何处理子企业董监事与总部机关的决策关系

一是树清单。明确董事会决策清单和外派董事独立表决事项清单。在权利清单、公司章程、各项管理制度中明确派出董监事、子企业董事会、总部机关的职责范围，明确各项专门委员会在子企业和中央企业之间的汇报路径。可以视汇报事项重要程度设立对应的表决权限和流程。若没有清单，建议设立专门为董监事提供决策信息支撑的部门。二是借力大监督体系。要充分发挥监事在混合所有制和股权多元化公司中更能代表小股东发表意见，有效进行监督的作用。一般来说，在董事会职权落实的前提下监事才能更好发挥作用。如果董事会职权尚未到位，可以配合巡视、审计等，形成大监督体系来发挥监事的作用。

（三）如何提高子企业经营层市场化程度

一是完善市场化选拔体系。逐步推进子企业经营层的市场化用工。可借鉴天津市国资委的做法，其下属7家一级企业在2019年推行职业经理人制度时，市委组织部要求原经营层全部"趴下"，所有经营层实行市场化选聘。二是设置刚性考核指标。除了子企业经济效益指标之外，可将国资委高度关注的劳动生产率、人均费用率、人均管理资产等硬性指标纳入其考核体系。三是加大兑现力度。将考核结果与职业发展硬挂钩，促使其主动承担职责。可借鉴山东省国资委的做法，对年底之前完不成任务的经营层，一把手直接免职，一级企业降为二级企业。

（四）如何加强子企业专职外部董事管理

一是明确任职资格。对市场化程度较高、需要拓展第三方业务的子企业，专职外部董事尤其需要有相关行业的专业背景。可借鉴中国联通的做法，引入通信领域资深专家作为外部董事。

二是加强履职能力。建立人才库，根据考核结果，将优秀的董事提拔到经营层或交流到其他子企业，促进内外流动；实施任期培训，及时讲解中央企业新出台的人力、财务、法规等政策，保证履职能力与水平；加快组建服务支撑团队；通过季度例会机制，及时发现和解决议案审议过程中存在的问题。

三是强化履职独立性。为避免子企业专职外部董事的薪酬考核与任职企业效益直接挂钩而削弱其表决独立性的问题，建议：一是建立年度和任期短中长期相结合的考核体系，注重中长期的考核，引导其更关注企业高质量发展；二是强化激励约束对等，推行薪酬追索扣回制度；三是加大监督管理，明确独立履职要求，规范履职行为，建立失职和表决责任清单，强化责任追究。

成果创造人：周俊宝

柳钢集团"十三五"期间
深化多元产业改革的实践研究

广西柳州钢铁集团有限公司

广西柳州钢铁集团有限公司（以下简称"柳钢集团"）位处我国泛珠三角、大西南与东盟经济圈黄金区位，是我国华南、西南地区乃至泛北部湾经济圈的特大型钢铁联合企业，拥有柳州本部、防城港钢铁基地和玉林中金不锈钢基地三大生产区域。为全球钢铁企业50强、中国企业500强企业，拥有员工25000人，资产总额近1000亿元。柳钢集团拥有2650m³高炉、150吨转炉、360m²烧结机、6m焦炉、1550mm和1250mm冷轧板带生产线、2032mm和1450mm热轧板带生产线、2800mm中厚板生产线、高速线材及连轧棒材生产线、连轧中型生产线等一批先进工艺装备，集成了以用户需求为导向的低成本、高效率、洁净钢生产服务平台。柳钢集团主导产品为冷轧卷板、热轧卷板、中厚板、带肋钢筋、高速线材、圆棒材、中型材等，已形成60多个系列、500多个品种。其中冷轧低碳钢带、集装箱用热连轧钢板和钢带、碳素结构钢和低合金结构钢热轧钢板、船用结构钢、钢筋混凝土用热轧带肋钢筋、管桩钢肋用热轧盘条等多个系列的产品荣获"国家冶金产品实物质量金杯奖""冶金行业品质卓越产品""全国用户满意产品"等荣誉称号。船用结构钢先后通过了中国、德国、英国、法国、挪威、日本、美国、韩国八个国家船级社的工厂认可。柳钢产品立足两广，辐射华东、华中、西南等国内市场，并出口东亚、南亚、欧洲、美洲、非洲等10多个国家和地区。产品广泛应用于汽车、家电、石油化工、机械制造、能源交通、船舶、桥梁建筑、金属制品、核电、电子仪表等行业。柳钢集团年营业收入超1000亿元，具备年产钢2300万吨综合生产能力。2020年克服了疫情影响、原燃料价格飞涨、下游行业需求释放缓慢等多重不利因素影响，实现营业收入1174亿元，利润52.51亿元，为国家及广西壮族自治区经济社会发展贡献了"柳钢力量"。

在钢铁生产领域之外，柳钢集团致力于发展"4＋X"特色多元产业体系，即以冶金全产业链和周边区域相关服务为业务重点，着重发展贸易与物流、能源与化工、环保与资源综合利用、服务业四大多元板块，培育发展钢材深加工、新材料、金融、信息化、工程建设、健康养老等若干新兴产业。柳钢集团坚持"做大做强多元产业"的战略部署，对多元产业坚持市场化改革的方向，"十三五"期末，多元产业营收超450亿元，呈现出钢铁主业与多元产业"两翼齐飞"的新格局。

一、改革成果实施背景

党的十九大以来，以习近平同志为核心的党中央站在国家发展全局的战略高度，对国有企业改革发展做了顶层部署，提出要"加快国有经济布局优化、结构调整，促进国有资产保值增值，推动国有资本做强做优做大。深化国有企业改革……培育具有全球竞争力的世界一流企业"。同时，习近平总书记在党的十九大报告中发出号召"支持传统产业优化升级，促进我国产业迈向全球价值链中高端，培育若干世界级先进制造业集群"。在此背景下，传统钢铁企业如何实现产业升级，提高企业的竞争力，是摆在柳钢集团面前的一个新课题。柳钢集团以对多元产业开展改革为切入点，开展了一系列的改革创新与实践，推动各项改革举措落地生效，有效地推进产业协同，推动多元板块升级优化，在市场经济下占有一席之地，确保多元产业和钢铁产业相辅相成，推动企业高质量稳健发展。

（一）发展多元产业抵御经济风险

钢铁产业是国民经济的重要基础原材料产业，投资拉动作用大、吸纳就业能力强、产业关联度高，为我国经济社会发展作出了重要贡献。但其发展受制于上游原材料的供应及价格，亦受制于房地产、机械制造、家电汽车工业、造船、基建等下游行业的发展需求。尽管目前钢铁行业需求短期内有所提高，但在当前经济下行的经济周期下，从长期来看，下游行业对钢材需求将持续降低，导致钢铁企业收益受损。且钢铁行业长期的粗放发展，导致钢铁产能过剩，钢铁企业产业结构、能源结构不尽合理，"一钢独大"现象突出。钢铁企业亟需通过调整产业结构以抵御经济周期波动带来的风险，突破"一钢独大"的困局，寻求发展机遇。

党的十九大报告对包括钢铁产业在内的传统产业提出了产业升级要求，强调"支持传统产业优化升级……培育若干世界级先进制造业集群"；对国有企业提出了优化产业经济布局的要求，强调"加快国有经济布局优化、结构调整……，推动国有资本做强做优做大"；鼓励"建立健全绿色低碳循环发展的经济体系"。这给予传统制造业钢铁行业以启发，通过利用钢铁生产链条的资源优势，调整产业布局，积极发展国家鼓励的，与钢铁生产相关的多元产业，通过多元产业辅助钢铁生产，构建绿色低碳循环的产业体系，抵御经济周期及"一钢独大"产业结构带来的经济风险，来助力钢铁行业升级转型。为此，如何发展非钢铁多元产业，如何提升现有多元产业竞争实力，成为钢铁企业需要思考的问题。对多元产业进行改革，为传统钢铁国有企业更好发展多元产业提供了思路。

（二）改革多元产业促进钢铁多元共同发展

钢铁行业进入微利时代，钢铁企业积极调整产业结构谋转型、求发展。由于钢铁产业涉及的领域十分广泛，因此围绕钢铁产业价值链多元化发展，对企业产品进行延伸，延伸钢铁产业链条，并为钢铁产业提供生产、技术、市场等支持，以提高企业竞争力，已成为钢铁行业共识。如沙钢集团围绕钢铁渣、含铁尘泥等钢铁固废资源开展下游固废资源加工产业已形成一定规模；宝武集团布局钢铁材料深加工领域，并进一步在钢材延伸加工、冶金化工产品生产、冶金固废处置利用、建筑工程、矿产资源贸易等领域深入发展，有力实现对钢铁产业链两端延伸。

对钢铁企业而言，延伸钢铁产业链条、进行多元化发展的过程，是利用自身钢铁产业资源、技术、市场等优势涉足多个非钢铁产业的过程。非钢多元产业的发展方向既不能偏离钢铁主业，又要有自身特色和优势，只有多元产业发展到一定规模，可以与钢铁产业在商业和技术上协同，才能支持钢铁产业高质量发展，进而促使钢铁与非钢铁产业共同健康快速发展。实现多元产业发展达到一定规模、有竞争力的，则是需要一系列的改革措施，将多元产业的各企业构建为具有合理的产业结构、清晰的投资规划、有活力的机制体制、科学系统的制度体系的现代企业。

（三）改革多元产业构筑"两翼齐飞"企业格局

近年来，柳钢集团积极落实国家钢铁工业布局调整，加快推进广西冶金产业"二次创业"，柳州、防城港、玉林"三足鼎立"的钢铁产业格局正式形成。同时按照"做优做精钢铁主业，做大做强多元产业"的发展思路，整合多元产业资源，形成了钢铁产业与多元产业"两翼齐飞"的新格局。

在钢铁产业改革多点突破、纵深推进，重要领域和关键环节改革取得突破性进展，进一步占领高端钢材产品市场的同时，柳钢集团多元产业尚呈现"小、散、乱"的发展态势。在"十二五"期间，纳入统计的18家多元企业中经营规模破亿元的仅有10家，多元产业缺乏明确统一制度统管，多元企业各自为政。当时柳钢集团虽提出了"依托柳钢走出去"的要求，但多元产业一直未能真正实现"走出去"，截至"十二五"期末，多元产业营收83.99亿元、利润负0.45亿元。

"十三五"期间，柳钢集团推行多元化发展战略，借助钢铁产业的资源和平台优势，强化顶层设计，突破体制机制束缚，助推多元产业全面提升经营管理水平，彻底释放多元产业发展活力，逐步打造形成了多元产业集群，多元产业营收五年内不断实现新突破，多元产业营业收入在集团中的占比从2016年的14.2%提高到2020年的40%，多元产业实现从"小、散、弱"到"强、优、专"的华丽转身，钢铁与多元"两翼齐飞"格局基本构建。

"十四五"期间，柳钢集团将秉承"三基四业五协同"的发展战略，围绕"123"经营目标，以"三力提升"为实施路径，力争在"十四五"期间跻身世界500强。这意味着柳钢集团不仅要继续做大钢铁产业、全面提升主业规模竞争力，更是要做强多元产业中的龙头产业，迅速提升多元产业市场竞争力。而做强多元产业，亟需继续深化多元产业改革，通过改革创新激发多元产业内生活力、释放内在动力，才能做大多元产业中的核心产业、做强战略产业、培育新兴产业，大幅提升相关多元产业保供能力和非相关多元产业外部市场竞争力。

二、改革成果主要内涵和措施

柳钢集团积极贯彻落实党中央国务院、自治区党委政府决策部署，深入学习习近平总书记关于国有企业改革发展和党的建设的重要论述，围绕"建一流集团、做世界强企、创领先价值、铸百年品牌"的企业发展愿景，坚持问题导向、补短强弱，坚持探索创新、综合施策，坚持依法合规、一企一策，打造成治理结构科学完善、经营机制灵活高效、党的领导坚强有力、创新能力和市场竞争力显著提升的钢铁企业。2020年以来，柳钢集团以做大钢铁产业、做强核心多元产业、协同创新发展为主要实施路径，在包括多元产业的集团上下围绕建设中国特色现代企业制度、推动产业布局优化和结构调整、提高企业活力和效率、健全市场化经营机制上重点发力，迅速提升多元产业市场竞争力，稳步提升多元企业经营管理软实力。

（一）改革的总体思路

柳钢集团以《中共中央国务院关于深化国有企业改革的指导意见》为指导，以"做优做精钢铁主业，做大做强多元产业"作为柳钢集团改革行动的标准。多元产业改革以集团的改革思路指导，将改革与发展融为一体，以改革促发展，围绕改革落地创效，不断深化管理体制机制创新。充分发挥柳钢集团产业基础优势，依托三基地，着重提升贸易与物流、能源与化工、环保与资源综合利用、服务业四大多元板块产业市场竞争力。构建多元产业改革顶层设计、强化战略体系，完善多元企业现代企业制度，优化产业结构布局，深化混合所有制改革，健全市场化经营机制，强化多元企业独立的市场主体地位。

（二）改革的具体内涵

（1）在多元企业中完善中国特色现代企业制度，深入推进公司治理体系和能力现代化。把党的领导融入公司治理各环节，充分发挥党组织在多元企业发展中的领导作用，准确界定企业党组织、董事会、监事会、经营层等治理主体的职责权限，加强董事会建设落实董事会职权，保障经理层依法行权履职，形成各司其职、各负其责、协调运转、有效制衡、有机统一的公司治理机制，构建中国特色现代国有企业制度。加大授权放权力度，推进责权利统一，切实提升多元企业市场主体地位。深入开展"全面对标找差、创建一流集团"管理提升行动，推进多元企业管理体系和管理能力现代化。

（2）调整优化集团本部与多元企业的关系，充分发挥柳钢集团产业基础优势，优化多元产业结构和布局。产业发展从供给侧和需求侧两端发力，积极发展循环经济产业、废钢加工产业，重点发展做好三大产业园建设，推进五大百亿多元产业的布局和提升，从而带动周边物流、商贸、商住及餐饮服务等多方服务业发展，促进钢铁产城融合发展，构建钢铁与多元协同发展产业体系。

（3）在多元企业中积极稳妥深化混合所有制改革。围绕完善治理、提高效率的要求，坚持按照"宜混则混""已混深混""员工参混"的方式，积极引入各类投资者实现股权多元化，在多元产业发展混合所有制经济，加快转换经营机制，放大国有资本功能，真正实现各种所有制资本取长补短、相互促进、共同发展。

（4）在多元企业中健全市场化经营机制，激发企业活力。切实强化多元企业市场主体地位、探索建立职业经理人制度，推行经理层成员任期制和契约化管理、全面推行公开招聘制度市场化用工、加强劳动合同管理、完善市场化薪酬分配机制、构建员工正常流动机制、探索开展多种方式的中长期激励，提高人员配置效率、实现员工能进能出，有效激发企业活力。

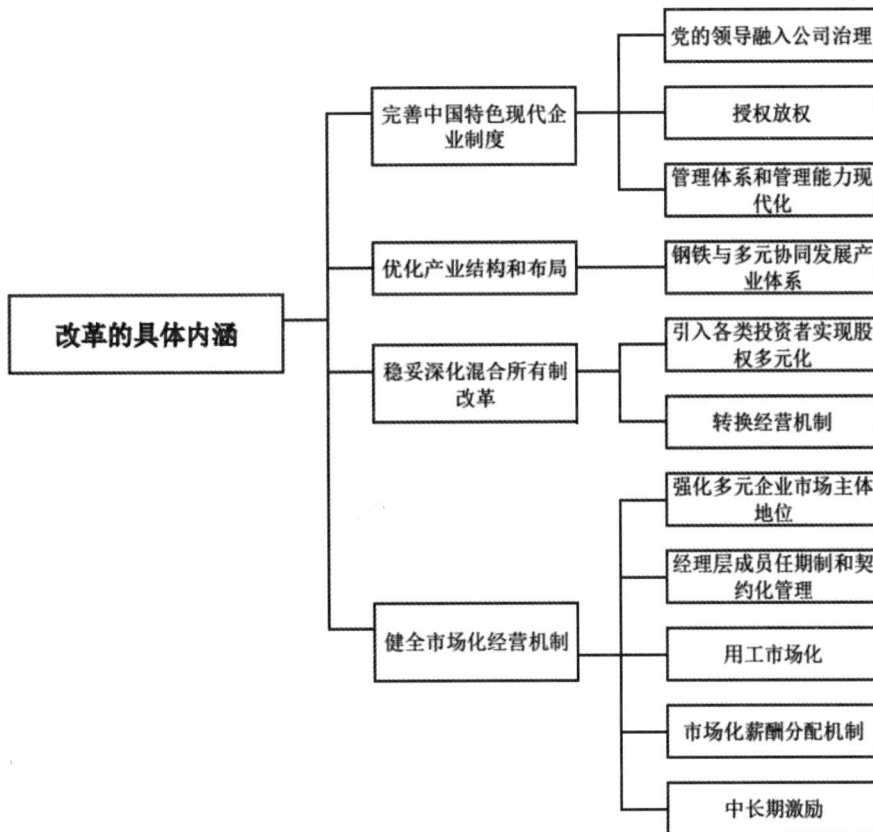

图1　柳钢多元产业改革具体内涵示意图

（三）实施的改革举措

1.加强国有企业党的领导和党的建设

一是组织成立防控工作领导小组，研究出台一系列防控文件，制定一系列专项措施，有效指导多元企业筑牢抗疫"防线"，肩负抗疫"重任"。二是强化党委核心引领作用，全力推进"党建入章程"，明确落实党组织在多元企业公司法人治理结构中的法定地位，发挥党的领导在多元企业的生产经营中把方向、管大局、保落实。三是根据党建工作顶层设计强化党组织标准化规范化建设，以"堡垒型党支部"建设提升企业管理效能。坚规范化、标准化建设党组织，围绕《柳钢党建工作考核评价细则》《柳钢基层党支部评星定级管理办法》等一系列制度文件部署年度工作，推动党建工作与多元企业战略发展同谋划、同发展。

2.明确改革方向，压实改革责任

"十二五"期末，柳钢集团作出深化改革的部署，提出通过公司制和股份制改革引导多元产业的集体企业、全民所有制企业改革，从而全面建立现代企业制度。同年，柳钢集团确立"做大做强多元产业"的发展目标，提出"依托柳钢走出去"的路径，首次将多元产业市场化改革提高到与钢铁主业发展同等重要的战略位置。"十三五"期初，柳钢集团实施机构改革，明确改革牵头部门，设立产业发展部统筹多元产业发展，彻底改变过去多个部门管理造成管理交叉或缺位现象，并将改革责任落实到部门、落实到岗位。

3.优化产权结构，形成市场化主体

一是优化产权结构。严格按产权关系压缩多元企业管理层级对多元企业股权进行优化，过去多元产业存在的5级、6级企业压缩控制在3级以内。二是整合内部资源。持续减少企业法人户数，坚持"板块化、专业化"原则整合内部资源形成产业发展合力，引导多元企业提升经营业绩。三是对口专项扶持。根据多元产业行业特性，将多元按与钢铁产业的紧密程度分类管理，分为强相关、不相关和弱相关，出台相应"一企一策"政策的改革授权，针对不同分类匹配"战略管控""运营管控"等不同管理模式，搭建"1+19"管理制度体系，改变过去"一抓就死、一放就乱"和"一刀切"的通病，彻底改变过去用管理生产单元的模式管独立法人企业。四是转变盈利模式。"十三五"期间，多元产业引入新发展经营理念，坚持"市场化、专业化、板块化"的发展理念，推动多元产业"走出去"面向市场，不断提升专业化水平。整合优化多元产业业务流程，减少或关闭不产生利润交易的环节或企业，减少企业税负，助推多元产业企业从"内养型"向"外向型"转变，实现真正的市场化。五是有效治理亏损企业。柳钢集团研究钻研自治区国资委下发的《自治区国资委关于开展亏损企业专项治理工作的通知》（桂国资财务监管〔2020〕4号），对亏损多元企业进行详细梳理并召开亏损企业专题治理会议，结合亏损多元企业实际情况制定扭亏、减亏工作方案，逐月跟进亏损企业经营情况，治理工作卓有成效。

4.全面深化改革，激发企业活力

一是开展市场化考核。通过组合考核激励手段，增加对外营收、对外利润提成奖，考核指标体现了市场化要求，从根本上激发了多元企业的活力。二是实施选人用人改革。柳钢集团改变过去由集团统一招聘员工的做法，将选人用人权下放到多元企业，由多元企业自主招聘员工，避免了母公司直接指派人员形成专业不对口岗位需求的现象。三是选聘职业经理人。通过市场化选聘职业经理人，改变柳钢集团任命多元企业经理层成员的做法，打破了过去人力资源管理固有的模式，引入更有活力的职业经理人。

5.严控企业风险，规范经营行为

一是统一规范经营管理。制定出台《多元企业管理办法》明确"授权与审批"事项，规范多元产业

企业的日常经营行为。二是统一资金管理。全面开展资金月计划和周计划，实行资金统一归口管理，保障资金高效运营和防控资金风险。三是定期督促检查。按照每季度督查一轮（次）的频率，对多元产业企业执行"三重一大"制度、招标采购、防范风险等情况进行督查。整合内部审计、监事、法务等力量加强风险管控，深入开展贸易、投资等重点领域的风险排查和专项整治，重点对多元企业的重大建设项目项目、大额设备物资采购开展专项审计，发现并及时有效堵塞生产经营漏洞，促使各多元企业修订完善风险防控有关制度。四是严格落实"离任必审"干部监管要求，对多元企业干部离任开展专项审计。五是强化法律风险管理，推进在重点多元企业设置总法律顾问机制，规范多元企业的依法合规经营；对重点业务的单位开展合同专项检查，针对检查发现的问题和风险，指导各责任单位落实整改，健全合同风险事前预防、事中控制机制，提升抗风险能力。

三、成果实施效果

柳钢集团通过"十三五"期间的精心培育，多元产业全面贯彻执行党的路线方针政策，贯彻落实技术创新、合作共享、绿色发展理念，现代企业制度持续优化，改革成果惠及职工，经营成绩连续实现突破，整体经济效益显著提升。

（一）党的路线方针政策全面落实

一是"标准化"党建提升生产经营指导质量。根据《柳钢基层党组织党建工作考核评价细则》，制度化开展年度党建工作考评和星级党支部复核工作，多元企业十一冶集团安装机械结构公司党支部荣获自治区国资委党工委第一批争先创优示范党支部，物流瑞中运公司党支部获市国资委系统第三批样板党支部。二是"品牌化"党建展现企业经营魅力。参考钢铁产业条线单位大力建设和升级完善"钢铁堡垒支部聚焦点""钢铁先锋党员淬炼线""行动学习实践中心"等品牌阵地，打造多元企业党建品牌展现企业经营魅力，如多元企业十一冶集团"四心四度四力"获评市国资委典型案例三等奖。

（二）技术创新成果大量涌现

"十三五"期间，多元产业发明专利10余项，如环保公司高炉除尘灰尾浆处理方法；实用新型专利20余项，如热焖渣人工打水降温防护装置等；各行业科技进步奖若干，如物流公司自主开展的多式联运示范工程项目获评中国物流与采购联合会2018年科技进步一等奖；现代化管理创新成果若干，如物流公司《"互联网＋高效物流"实现物流产业多维度延伸》项目获2020年广西企业管理现代化创新成果二等奖。

（三）合作共享发展理念不断强化

一是"十三五"期间在多元企业积极推动股权多元化实施混合所有制改革，引入非公资本与国有资本合作互补，如2017年柳钢集团与十一冶建设集团实施战略性重组，借助双方资源优势打通冶金建设和冶金生产链条；2020年收购民营企业柳州钢裕公司，布局废钢产业。二是厚植多元企业自身特色、形成自身优势，多元企业秉承开放共赢的理念，积极参与国内国际市场竞争，不断增强企业实力。如十一冶集团积极落实"走出去"拓展外部市政建设等业务，2019年当年新签合同超550项，合同金额超150亿元。企业经营规模较2017年增长31.09%，利润总额较2017年增长98.57%，有力落实了自治区国资委"1＋1>2"的重组部署，十一冶集团位列自治区工程建筑企业前2位。物流公司以"平台＋基地"互联网思维，打造现代物流发展典范，先后获得"国家4A级物流企业""中国智慧物流十大创新引领企业""物流云服务平台科技创新企业"等资质和荣誉，并当选中国物流与采购联合会理事单位。物流公司也在

"十三五"正式跨入自治区一流物流企业行列内。柳州强实公司积极主动维护两广市场，产品售价连年创两广区域历史新高。所有产品年外销率超100%，同时严控风险，每年货款回笼率均达到100%。目前，强实公司位列我国华南市场行业第1位。

（四）绿色发展理念不断贯彻

"十三五"期间，多元产业跟随钢铁产业绿色发展的步伐，大力推动节能减排新技术运用，绿色环保理念在各生产型企业得到了有效贯彻，绿色环保标准成为多元企业发展的首要标准。如新材料公司按新建项目坚守"超低排放"标准建设，选用国内成熟、先进的节能环保型双膛竖窑；项目配套的矿山采取全流程封闭、全部扬尘点进行集中收集除尘，原料采用喷雾抑尘的绿色矿山标准；开展二氧化碳回收生产轻质碳酸钙。如环保公司钢渣处理线、除尘灰处理生产线严格按照"超低排放"标准进行建设。钢渣处理由池焖全部技术改造为"有压热焖——辊压破碎"技术，其中在钢渣生产过程中就拥有7项获得认证的实用新型专利技术。"十三五"期间，环保公司实行绿色发展，变废为宝，每年处理钢渣约140万吨、除尘灰约60万吨，每年带来经济效益接近1亿元。

（五）现代企业制度持续优化

一是全面建成产权清晰、权责明确、管理科学的现代管理制度。截至2020年底，87家多元企业均完成国有产权登记；推动21家僵尸企业注销出清；稳步推进20家下属多元企业混合所有制改革；不断完善下属多元企业股权优化，完成在经营的6户企业注销、转让、减资退出；压缩企业管理层级，完成7户四级企业管理层级压缩；加快推进产业优化整合，完成新材料、环保板块多元企业重组，整合柳钢集团内部资源，助力百亿新材料产业的发展。二是深化三项制度改革，激发人力资源活力。三项制度改革取得新突破，全面开展劳务用工制度改革，规范劳动用工管理，完善绩效薪酬理制度和绩效薪资分配方案，强化人力资源的科学调配，发挥人力资源优化配置作用，激发人力资源活力和竞争力。落实公司财务分类管控要求，实施财务机构岗位优化，调整后机构数由53个精减至44个，提高管理效率。落实"总部机关化"问题专项整改。对柳钢集团组织机构职能进行了全面改革，各多元企业根据授权放权开展自主经营管理，法人治理结构进一步完善。三是成功完成扭亏4户多元企业的年度工作计划，有力保障国有资产长期健康发展。

（六）整体经济效益显著提升

2016年，多元产业回归市场公允后的平稳过渡期。2017年，多元产业突破利润6亿元、营收200亿元大关，产业发展转入快速通道，首次实现了效益和规模的飞跃。2018年，完成战略重组十一冶，多元产业当年利润站上7亿元关口，营收突破350亿元，多元产业完成跨越式发展。2019年，多元产业坚持"稳中有进"经营方针，有效避免经营大起大落，既稳住了市场，盈利水平又进了一步，利润迈上9亿元台阶，营收同比增长3.81%，达到376亿元。2020年，克服疫情不利影响，累计完成利润10.61亿元，累计完成营收突破400亿元大关，达465.85亿元。

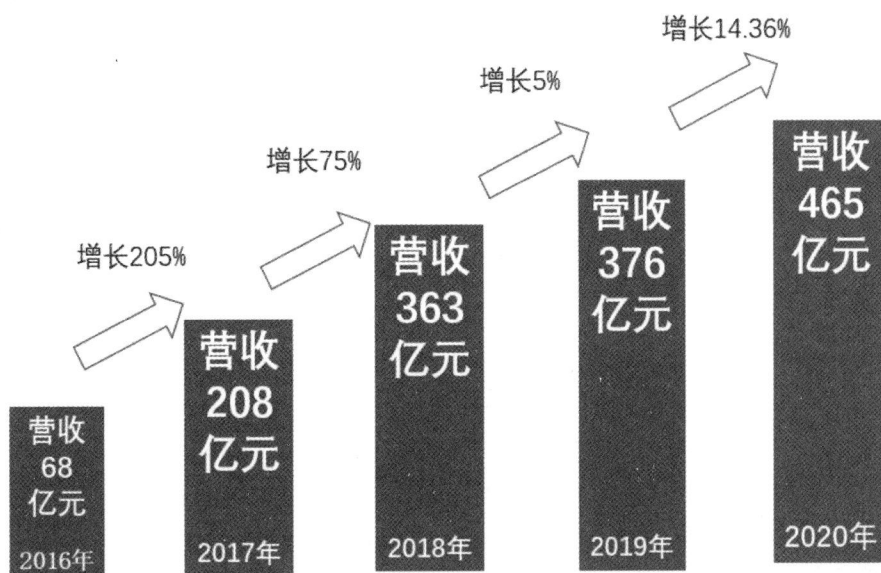

图2 柳钢多元产业2016-2020年营收走势情况

（七）改革成果惠及职工

多元产业职工收入从"十三五"期初人均年收入约7.5万元，到如今人均年收入超过13万元，同比增长超过70%。在总人工成本明细增加的情况下，多元产业仍实现了效益和规模的快速增长。

四、结语

在全面深化国有企业改革的浪潮中，柳钢集团将继续坚持以习近平新时代中国特色社会主义思想为指导，深入贯彻落实习近平总书记重要指示精神和党中央决策部署，以"建一流集团、做世界强企、创领先价值、铸百年品牌"发展愿景为指引，依托柳州、防城港、玉林三基地，具体实施好多元产业改革各项措施，做强龙头多元产业，迅速提升多元产业市场竞争力，协同创新发展，稳步提升企业经营管理软实力。

成果创造人：金闯、杨俊丹、唐瑜萍、刘鹏

基于COSO框架下国有大型工业企业
合同管理内部控制机制的研究

北京星航机电装备有限公司

北京星航机电装备有限公司（以下简称"北京星航"）是隶属于中国航天科工集团飞航技术研究院的国有大型工业企业，先后承担了国家多个重点防务产品的研制、生产任务，填补了我国国防装备领域的多项空白。随着国有经济布局调整和优化，在国有企业改革的大形势下，公司顺应国家发展大浪潮，完成国企改革。北京星航始终以习近平新时代中国特色社会主义思想为指导，贯彻执行党的路线方针政策，深化落实习近平总书记全面依法治国新理念新思路新战略，以"强内控、防风险、促发展"为管控目标，坚持依法治理、依法管理、依法经营共同推进，通过风险防控与管理效能相结合的方式，确保经营管理合法合规，保障公司可持续高质量发展。

一、合同管理内部控制的背景

（一）外部环境变化

目前，国际形势正处于前所未有之大变局，世界经济亦随之发生复杂深刻的变化。经济发展形势推动了市场经济结构性改革的进程，各产业竞争日益激烈，大型国有企业逐渐迈入国际市场舞台，成为市场交易主体，国内外市场开放程度的提高也就意味着企业将置身于一个充满风险的市场之中。面对复杂多变的国际形势和艰巨繁重的国内改革发展稳定任务，提升风险防控能力对于国有企业自身发展、社会发展、国家发展都具有十分重要的意义。为保证长效发展战略规划的有效落实、经营目标的顺利实现，北京星航深刻认识企业改革发展中面临的新情况、新问题、新挑战，准确定位自身在市场中的竞争角色，坚持底线思维，增强忧患意识，从风险管理需求出发，以内部控制作为切入点，切实提高风险防控能力，着力防范化解公司重大风险，促进企业新形势快速发展，推动国企提质增效。

（二）内部环境变化

随着世界经济发展的趋势以及我国市场经济的变化，市场经济主体的风险意识也逐步增强。企业作为市场经济的主体，存在和发展与市场竞争息息相关。虽然每个企业在规模、技术、经营模式、竞争优势等方面有所差异，但在利益保护方面，所有处于发展中的企业必须予以足够重视。合同作为市场经济的纽带，在现代企业发展中扮演着十分重要的角色。合同是企业保护财富、创造财富的基本法律形式，因此在企业运行中同样带来相应风险。企业的大部分经营过程是不断通过建立合同关系而产生的对外交易过程，企业发展的过程也是订立合同、履行合同的过程，若不谨慎对待合同管理工作，将会给企业造成巨大损失。因此，把企业合同风险控制在最小范围内或者从源头上予以消除已经成为企业发展的第一要务。由此可见，分析研究企业合同管理内部控制机制，完善相应的防控措施至关重要。

（三）合同内部控制的必要性

正如上所述，风险防控与合同管理是企业必须予以重点关注的问题。内部控制作为促进企业合法合规的重要管理机制，不仅为公司内各项工作的规范运行提供了合理保障，而且对促进公司经营发展起到了关键性作用。随着合作规模不断扩大，各类经济合同也进入了企业对外交易的舞台。由于经济合同种类多、数量大、范围广，使得合同管理责任增加的同时，管理难度亦随之增加，若内部控制方面存在缺陷，就会导致阻碍企业发展、客户利益受损、影响企业声誉等一系列难以承受的后果。规范经济合同管理，识别和控制企业所面临的风险，建立健全内部控制体系，才能有效地应对风险，实现企业利益的最大化。

2012年5月，国资委发布《关于加快构建中央企业内部控制体系有关事项的通知》，通知明确要求企业需按照国家规定逐步建立内部控制体系，同时着重强调全部中央企业争取在两年内建立起规范的内部控制实施体系，且须尽快落实执行。北京星航积极响应号召，完成体系构建。本成果基于COSO内部控制框架的角度来构建合同管理内部控制制度，对企业合同常见的风险点进行归纳总结，将COSO内部控制框架理论应用于企业实践，以风险管理为依托，明确合同管理从签订到执行完毕所有环节的程序要求，在相关法律法规规定的范围内进行内部控制体系的构建，保障其建立的内部控制体系的有效性和科学性。

二、COSO内部控制理论与管理流程分析

（一）COSO内部控制理论框架

建立并完善内部控制体系是企业管理工作的重要环节，是企业进行生产、经营的重要管理手段，也是提高企业管理水平的重要途径。内部控制是指企业为了确保大政方针的贯彻执行，实现经营管理目标，旨在于使各项业务形成相互联系、相互制约的有机整体，在企业内部采取的一系列约束、监督措施的总称。该理论最开始并不是在我国发展的，我国对其的研究与探索是建立在国外研究发展的基础之上。随着企业对内部控制重要性认识的不断提高，已经将内部控制的实践发展融合到风险管理与企业治理中，COSO内部控制框架报告也应运而生。COSO内部控制框架报告即《企业风险管理——整合框架》，是目前世界上关于企业风险管理涵盖范围最广、最全面的权威报告，已得到世界范围内许多国家的认可和沿用。

COSO内部控制框架报告就企业风险管理进行如下定义："企业风险管理是一个过程，受企业董事会、管理层和其他员工的影响，包括内部控制及其在战略和整个公司的应用，旨在为实现经营的效率和效果、财务报告的可靠性以及法规的遵循提供合理保证。"[1]由此可见，企业风险管理是由企业董事会、管理层、和其他员工共同参与的，用于识别可能对企业造成潜在影响的事项并在其风险偏好范围内进行多层面、流程化的企业风险管理过程。

2013年COSO委员会又发布了《COSO内部控制整合框架》，新的COSO框架保留了内部控制的核心定义及其五大要素，引入和更新实际案例，便于更好地应用于实际中。COSO风险管理框架把风险管理的要素分为五个：内部环境、风险评估、控制活动、信息与沟通和监督。其中，内部环境是其他所有风险管

---

①美国COSO.企业风险管理整合框架[M].大连：东北财经大学出版社，2005:6-17。

理要素的根本条件，为其他要素提供规则和结构。COSO风险管理框架各要素示意，见图1所示。

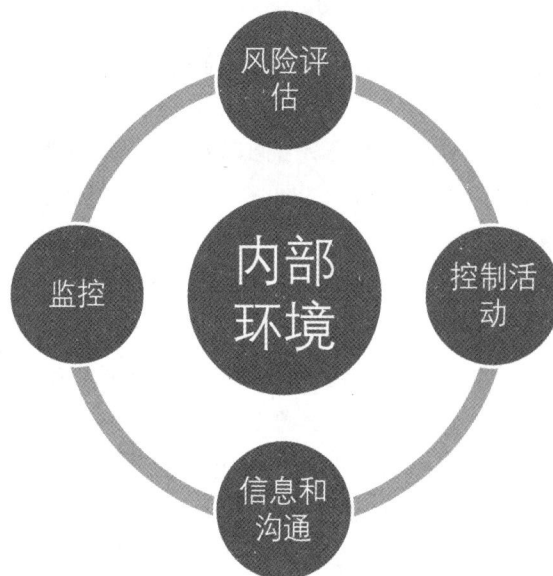

图1　COSO风险管理框架各要素示意图

（二）公司合同内部控制机制

1.常见合同风险及风险特点

在市场经济快速发展和完善的背景下，合同已然成为市场经济的重要依托。了解并熟悉合同风险，识别与控制风险，是企业适应市场化需求的必然措施。

（1）企业合同风险具有客观存在性

合同是企业的经营和发展的重要途径，因而只要企业有合同，就会存在相应的风险。该风险的存在不以人的意志为转移，只能在一定的时间和空间内改变风险存在和发生的条件，无法彻底消除。

（2）企业合同风险具有可预测性

合同是双方当事人意思自治的书面表现形式，其风险本质上是由于企业未按法定或者约定的内容行使权利、履行义务而带来的不利后果。因此在合同签订、履行过程中，企业可通过合作方某些行为预判可能产生的风险。

（3）企业合同风险具有可防可控性

不同于企业经营风险或者经济环境风险，合同风险具有强烈的可防可控性。合同的内容受法律和双方当事人意志的约束，合同风险发生的原因、造成的不利结果均具有法定性或约定性，通过预测风险，企业可采取应对措施。因此合同风险具有可控性。

2.合同管理内部控制目标

（1）控制目标

合同管理内部控制的目标是保证合同管理能有效开展，实现管控的计划目标，达到预计管理效果。合同从双方磋商到执行完毕，每一阶段均存在不同的风险。因此，严格把控合同全流程至关重要。公司建立了合理规范的合同管理流程，有效地实施了内部控制管理手段，避免公司合同产生相应的风险，保障经济合同能够顺利进行。

（2）合同管理内部控制关键环节与主要风险点

分析实践中企业间产生风险的原因，大部分矛盾都直接或间接由企业合同所引发。防控和规避企业合同风险，首先，需正确地认识并了解企业合同风险的表现形式。以企业合同风险产生的时间为基准进行划分，主要可以分为以下几种。

①合同准备阶段的风险

合同准备阶段的风险是指在合同准备期间，由于存在不当行为而带来的风险。常见于合同相对方的主体资格及履约能力方面。主要包括：没有调查对方的资信情况或者调查不充分，给予合作方过高评价；在谈判中，忽略了合同的核心条款或者做出不当让步；未充分调查对方代理权限，导致了主体资格有瑕疵的代理人签署合同等。

②合同签订阶段的风险

合同签订阶段的风险是指企业双方签订正式合同文本时，存在不当行为而导致的风险。常见于合同内容与形式方面。主要包括：在合同进行法律审核时，未注意到不明确、不完整、不合理的合同条款；为不符合管理程序的合同加盖公司合同印章；合同形式不齐备使合同具有隐藏的风险；因行为不当致使合同泄密等。

③合同履行阶段的风险

合同履行阶段的风险是指合同进入履行期，企业某一方或者双方未按照法定或约定的内容进行交易活动而产生的风险。主要包括：企业疏于合同管理，未及时监控合作方履约能力的变化或是发现合作方有违约的可能，未及时采取止损措施，导致不应有的经济损失；合同变更未经相应的管理程序，导致合同变更无效等。

④合同纠纷阶段的风险

合同纠纷阶段的风险是指在合同履行终止或者履行完毕时，在合同管理中出现的不当行为导致的风险。该类风险主要包括：未在法定或约定时间内进行催收、结算，导致纠纷超过诉讼时效，企业丧失胜诉权；合同归档保管过程中，合同丢失或泄密。

3.合同内部控制管理流程

合同管理信息化的推进能够更好地发挥管理的功能和价值。根据合同全流程掌握的需求，结合业务情况，公司已经建立自己的信息化合同管理系统，在系统内进行合同管理与预算管理、财务管理，将以上数据信息进行融合，在最大限度内避免因内部合同管理信息的延迟或错误引发的管理风险，提高财务结算效率，减少承办部门因合同项目涉及多部门而反复进行相同流程的情况，实现多种信息网络化、及时化和共享化的管控目标，以便管理层能够及时下达正确的决策。

针对所面临的风险进行归纳和分类，公司合同信息化管理流程也对应四个阶段：合同准备阶段、合同签订阶段、合同执行阶段、合同纠纷阶段。根据每阶段风险对其可能存在的风险点与相应的控制措施进行详细的分析与说明，最后构建了合同管理内部控制体系。

（1）合同准备阶段

合同准备阶段需要进行一系列的准备工作，但其中资信调查、三方比价、合同谈判、合同说明为必经程序，并要求对工作过程予以记录，形成书面材料后将电子版上传至合同管理系统中，纸质材料由承办部门留存，以备后续合同管理检查。同时应将以上材料在发起合同管理流程时一并上传至系统中，使流程审批者可以更加清晰、直观且全面地了解合同签订前的准备情况。准备阶段工作要求，如表1所示。

表1 准备阶段工作要求表

发展阶段	工作要求	材料名称	负责部门
合同准备阶段	合作方资质调查（如工商登记信息、营业资质、诉讼情况等企业信息）	资质调查表	合同承办部门
	货比三家	报价单/相应个的比价材料或过程	合同承办部门
	三家比价后与选中的合作方进行商务谈判	合同谈判纪要	合同承办部门、承办单位的主管部门
	对项目来源、风险情况及拟采取的应对措施等信息进行说明	合同说明	合同承办部门

（2）合同签订阶段

进入签订阶段的合同需要严格把控三方面：合同文本、合同审签单、合同审签流程。

合同文本方面。公司全面梳理现有合同文本，进行分类归纳后，结合公司业务实际需要，编写合同主要条款，形成固定的合同模版。对于收付款条件、交货日期、质保期、违约金等重点关注类条款，新修模版均予以明确规定，避免因合同多造成的杂乱无序的情况，保护公司利益最大化。

合同审签单方面。提出审批需求的承办单位必须在线上填写合同审签单，随合同文本共同接受审批。通过查看审签单，不仅可以使审批者对合同基本信息有着较为全面的认识，也可以掌握标的物数量、招标情况、完成时间、合同预期生产、收付款进度等情况，达到初步识别风险的目的。合同审签单要素，如图2所示。

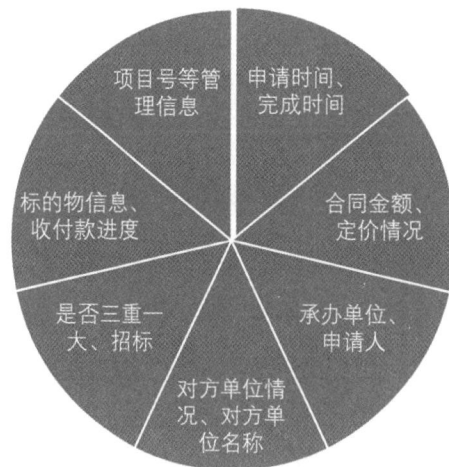

图2 合同审签单要素

合同审签流程方面。公司制度规定了部分经营活动可以不签订合同，具体内容详见图3。

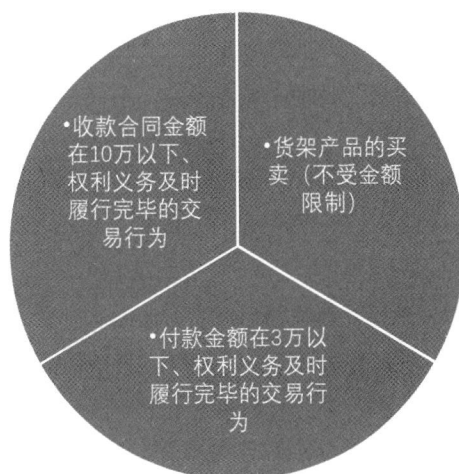

图3 公司制度规定可以不签订合同的情形

除以上公司制度明确可以不签订的情形，其他所有经营合同必须签订书面合同，提起线上审批。公司合同需经过逐级审批，每一流程的审批人同意后进入下一审核环节，最终董事长审批通过方可签订。合同审签流程，如图4所示，每一流程的执行角色及要求详见图5。

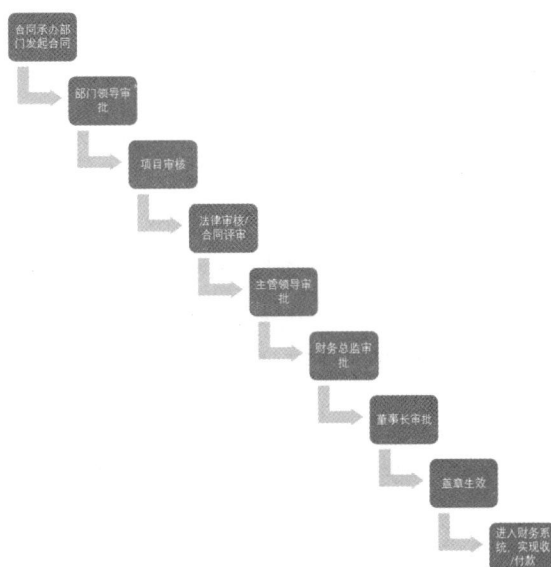

图4 合同审签流程图

特别说明：除"盖章生效"环节外，其余所有环节均可将合同退回至合同发起环节，以便发起者根据审核意见相应地修改合同。

严格控制"盖章生效"环节，合同文本必须经双方签字并加盖公章后，方可审核通过，进入财务系统中，进行相应的收/付款活动。未通过"盖章生效"环节的付款合同，合同数据（合同号、付款金额等信息）未传输到财务系统，无法实现付款行为。

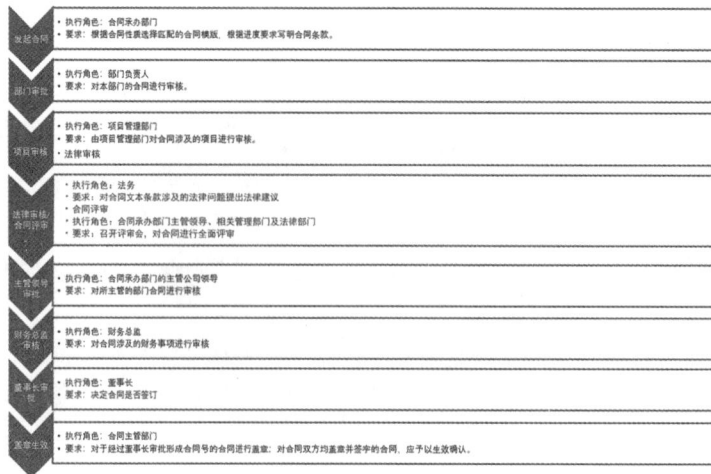

图5 执行角色及要求

特别说明：合同应进行"法律审核/合同评审"环节的影响因素是合同金额。公司规定，付款20万元以下、收款100万元以下的合同应进行法律审核，经法务审核后继续审批流程。对付款20万元以上、收款100万元以上的合同应进行合同评审，由合同主管部门组织会议，主管领导及相关部门组成评审组对生产进度、可行性进行分析论证，经评审组一致同通过后继续进行审批流程。

（3）合同履行阶段

对于已经生效的合同，公司推进"线上储存""线下归档"两种归档模式。"线上储存"要求承办部门将正式的合同文本（即合同双方签字并加盖公章的合同）、相关材料扫描上传至合同管理系统中，线上存储合同文本，督促合同承办部门将流程打结的同时也实现了合同档案电子化；"线下归档"要求承办部门将正式的合同文本、相关材料予以梳理并按照归档要求及时予以归档保存。

为全面掌握合同的发展趋势，将风险化解前置化，公司季度梳理合同签订、履行情况，跟踪履行进度，重点针对签订时间较长却未实际履行的合同开展专项清理，及时与业务部门沟通并分析未履行原因，针对不同类型的合同采取不同的应对措施，督促合同尽快完成闭环。季度合同履行情况报告主要内容，如表2所示。

表2 季度合同履行报告主要内容

合同季度报告		
	报告要求	主要内容
报告内容	签订情况	统计本季度合同签订情况
	数据对比	与同期环比，从合同数量、金额两方面分析上升或下降原因
	统计未履行合同数量、金额	筛选出已经生效却未按合同约定完成收、付款的合同
	季度监测进展情况	对未履行完毕的合同季度统计，分析所有合同在每季度的进展情况，分析进展原因
	后续建议	结合业务部门需要，提供法律指导
		对于合同的进展原因进行分析，总结优秀经验
		将合同未履行完毕的原因进行归纳分类，针对每一类合同提出促进履行的构思

（4）合同纠纷阶段

强化合同管理，重点关注签订时间超过3年的合同，若确定不再履行的合同应及时予以终止，防止因超过诉讼时效而导致公司处于被动局面或不利地位。对于已经产生纠纷的合同，公司根据不同情况进行分类处置，核查事实情况，梳理证据材料，分析诉讼或和解的策略，选择最有利的解决办法，以保护公司利益最大化的方式予以解决。

（5）其他方面

针对合同业务管理，公司建立了相关部门互相制约的配套机制。明确合同承办部门、主管部门、分管部门、涉及的相关部门的岗位职责。同时对盖章环节进行重点控制，合同主管部门建立统一合同台账，必须有相应的审批手续方可使用合同章，并及时登记合同相关信息，掌控合同发展的全流程。盖章时需登记的信息，如图6所示。

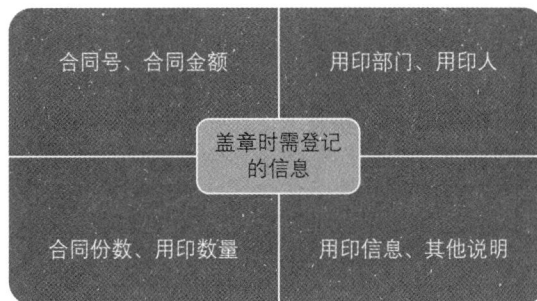

图6　盖章时需要登记的信息示意图

公司财务部门编制合同预算，审查合同收付款条件是否达成，办理经济业务合同的结算；审计部门参与合同项目的前中后期审计。同时完善各个分管部门的实施细则，简化各业务的合同管理流程，杜绝因逃避繁琐而私自拆分合同、事后合同等不规范的现象。

三、合同管理内部控制机制的完善建议

面对社会多元化经济的今天，合同管理内部控制对公司来说格外重要，虽然公司在合同管理内部控制上已经有一定的成果，但防控风险仍在路上。合同管理内部控制不是个别部门能够完成的工作，而是需要所有部门互相配合，互相监督的共同管理模式，在市场经济不断变化的今天，只有加强公司自身的管理并完善内部约束机制才能维护公司利益。

（一）培养合同风险防范意识

增强风险意识即是识别风险的理论基础，又是化解风险的前置条件。合同风险产生的主要原因在于企业缺乏合同风险防范意识。普通员工广泛培训，重点人员重点培训。企业应加大培训力度，提升员工的法律意识和风险防控意识。结合公司经营实际情况，制定专项培训方案，针对重点问题、难点问题予以专门指导；针对容易产生风险的岗位人员，企业应注重风险防范教育活动，定期开展风险讲座，着重培养风险意识，使重点岗位人员能够识别风险、分析风险，提升重点岗位人员的法律意识、风险意识、责任意识，从而能达到规避或减少风险的目的。

（二）进一步加强合同管理

公司应健全合同管理体系，围绕企业授权、合同文本审核、合同评审，合同章管理等方面，将公司合同管理流程予以规范化。公司应将合同风险纳入企业管理制度中，使公司合同管理的各项活动在法治

和规范的轨道上运转，做到合同管理有章可依、有据可循；建立完整的合同授权制度，由公司法定代表人根据企业合同签订情况亲自授权，明确授权范围、代理权限、代理年限；设置专职法律事务机构，引进专业法律人员对合同文本进行审核；签订合同时争取合同文本起草权；对于合作方出具的合同，必须经过法律部门审查方可签订；对于部分数额较大的合同，应有专业人员组成合同评审委员会，对于合同内容的可行性、文本的规范性、条款的准确性、风险的可控程序予以审议，通过审议方可审签合同。

（三）构建合同管理组织体系

真正地发挥合同风险防范作用，加强合同管理，则需要在立合同体系运行的基础上，进一步建立健全合同管理组织体系。推动健全合同管理体系，一方面可以进一步完善企业合同的管理机制，另一方面可以防范企业合同风险。具体来讲，合同管理并非合同管理组织体系，它是一项较为系统、包含多环节的动态管理过程。作为一项专业且综合的工作，既需要专业法律人士加以管理，又需要各部门配合。合同管理组织体系的设置应注意统一性与分工的科学性，由企业总法律顾问亲自管理、法律服务机构专职管理、各部门配合管理、具体承办人员精细管理，做到各个环节各尽其责。如此可做到合同管理组织体系高效运转，切实发挥防控风险的作用。

（四）健全风险管理及监督机构设置

完善合同管理内部控制机制的首要任务就是建立健全风险识别机制和风险评估体系，明确岗位职责，将风险管理工作融入生产经营的各个环节。及时收集风险信息、关注风险动态，确保信息沟通渠道畅通高效；实施独立的内部控制审计监督体系。在企业内部设置独立的审计机构是现代企业制度基本架构下所必须设立的组织机构，也是实施合同管理导向型的内部审计监督体系的载体。内部审计机构由具有掌握风险管理先进技术的专业技术人员组成，及时掌握并监督风险控制的动态及控制情况。明确合同内部控制与风险管理、审计管理的内在联系，界定合同内部控制的外延和范围，对保障公司自身合法权益不受侵害，促进企业良性发展均有重要意义。

四、结语

随着内外部环境的变化，公司对合同风险的防控意识也进一步增强，完善合同风险机制，有效地减少或规避合同风险是公司生产发展的必由之路。本文以COSO框架理论作为出发点，进而根据风险发生的时间对其进行划分，识别常见的合同风险。同时针对前文所提及风险，提出对应的控制流程，保障企业在追求经济效益最大的同时，将风险降到最低。最后结合现状提出完善措施，为推动公司经济高质量发展、为新时代开启新征程保驾护航。

【参考文献】

[1]樊行健,刘光忠.关于构建政府部门内部控制概念框架的若干思考[J].会计研究,2011(10):34-41.

[2]樊行健,肖光红.关于企业内部控制本质与概念的理论反思[J].会计研究,2014(2):4-11[1].

[3]姜红莉.对国有企业风险管理及其内部控制问题的探讨[J].财会学习,2019(21):255-256.

[4]覃卫国.多元化企业集团全面风险管理实践探讨[J].中外企业家,2019(16):153-155.

[5]张娜娜.国有企业混合所有制改革中的法律风险及其防范[J].企业改革与管理,2019(2):35-37.

[6]王喜灿,范斐.坚持底线思维 防范化解国企重大风险[J].人民论坛,2019(11):76-77.

[7]赵晶晶.拼多多平台发展SWOT分析及对策建议[J].经济管理文摘,2020(23):17-18.

[8]白华,高立.财务报告内部控制:一个悖论[J].会计研究,2011(3):68-75.

成果创造人：李瑞棠、安远丽

基于数字孪生的人力资源管理体系的构建与实践

深圳航天工业技术研究院有限公司

深圳航天工业技术研究院有限公司（简称"航天工研院"）位于深圳，是中国航天科工集团有限公司（简称"航天科工"）直属二级单位，注册资金10亿元。航天工研院扎根深圳近40年，是航天科工在深圳的桥头堡，承载国家战略、地方战略，依托深圳良好的市场环境和产业基础，直属企业17家，参股中兴通讯等20家企业，近三年资产及营收均超百亿元，2020年在深圳500强企业中排名77。是航天科工民用产业国际化经营主平台，是国家首批双创示范基地，是集科创服务、电力装备制造、环境科技、信息技术、国际化经营等产业于一体的多元化的大型国有企业。在深圳、成都等七地建立科创中心，运营空间近10万平方米，孵化团队400多个，荣获国家首批双创示范基地、工信部2018年制造业"双创"平台试点示范项目、国家中小企业公共服务示范平台等荣誉。近年来，航天工研院在发展数字经济、加快产业转型升级上下更大功夫，努力成为推动我国数字化智能化升级的排头兵，提出了打造国际一流的平台型智慧企业的战略目标。

一、实施背景

（一）拥抱数字经济时代，加快推动产业数字化智能化升级刻不容缓

当今世界，信息通信技术发展日新月异，数字经济已经全面融入社会生产生活，正在对经济发展、社会进步、国际政治经济格局等方面产生重大而深远的影响。牢牢把握当前机遇，大力推进信息通信技术和我国经济社会发展深度融合，以数字化智能化升级驱动社会主义现代化建设，对于实现"两个一百年"奋斗目标具有十分重大的意义。

加快数字化智能化升级是贯彻落实习近平总书记重要指示精神和党中央决策部署的必然要求。习近平总书记高度重视数字化智能化工作，早在2000年福建任职期间，就高瞻远瞩作出建设"数字福建"的重大决策。党的十九大上进一步提出建设网络强国、数字中国、智慧社会等战略目标，并多次就大数据、人工智能、区块链等前沿信息技术主持中央政治局集体学习，强调要加快传统产业数字化智能化，做大做强数字经济，引导数字经济和实体经济深度融合，推动经济高质量发展。

2020年，在新冠肺炎疫情防控中，数字化智能化优势凸显，在疫情监测分析、病毒溯源、防控纠治、物资调配、居民生活保障、企业复工复产等多个方面发挥了重要支撑作用。中央企业充分运用数字智能技术快速发现密接人员、开展疫情防控监测预警、调度医疗物资生产，显著提升了防控效率。以大数据、人工智能、云计算、移动互联网为代表的数字科技在疫情防控中发挥了重要作用，越来越多的企业开始"云办公""线上经营""智能化制造""无接触生产"，"互联网＋"数字经济的新模式新业态快速发展。这既是疫情倒逼加快数字化智能化转型的结果，也代表了未来新的生产力和新的发展方

向，必将成为我国深化供给侧结构性改革，以创新推进经济高质量发展的重要引擎，成为国家治理体系和治理能力现代化的重要途径。

（二）落实国家战略规划，充分彰显中央企业使命担当的引领带动作用

近年来，中央企业坚决贯彻习近平总书记重要指示精神和党中央决策部署，加快推动企业数字化智能化转型，积极参与人才强国、数字中国建设，落实国家重大发展战略，促进产业结构转型升级，为我国经济社会持续健康发展作出了重要贡献。面向未来，必须全面落实新发展理念，不断增强中央企业的竞争力、创新力、控制力、影响力、抗风险能力，努力在经济社会数字化智能化升级行动中走在前列、作出表率。

国资委印发了《关于加快推进国有企业数字化转型工作的通知》，将数字化转型作为央企改革发展的重点任务，中央企业积极响应国资委企业数字化转型部署，深入推进数字化、智能化转型升级，加速提升企业核心竞争力。智慧企业建设是贯彻落实党中央、国务院关于深化数字经济与实体经济融合发展、打造数字经济新优势等决策部署的重要体现，必须把握数字化转型的战略机遇，努力开创数字化转型新局面，加快形成更加适应数字经济、智慧社会需要的基础设施体系，切实提升对经济社会发展的基础保障能力。

航天工研院作为中国航天科工集团有限公司所属二级单位，深刻认识到数字化转型面向企业管理变革的紧迫性，紧紧围绕集团公司"创新驱动、质量制胜、人才强企、数字航天"四大战略，对标世界一流管理提升，牢牢把握发展主动权，在创新驱动发展中当好排头兵，在数字化转型中当好引领者，率先启动"数字工研院"建设，通过"识别矛盾、明确思路、规划路径"，以"产业""治理""人才"数字化入局开展，从顶层设计到产业载体，走出一条具有航天特色的数字化转型和创新发展之路。

（三）助力企业转型升级，实现人力资源驱动从业务需求到业务数字化转变

人力资源是企业发展的核心资源，数字技术的飞速发展拓展了人力资源管理的边界，数字化、平台化和去中心正在成为人力资源管理价值新的增长点。在数字化技术的支持下，人才能力、潜力和行为更易被量化和追踪，人力资源管理工作的自动化运行和战略决策的支撑能力不断提升。领先企业在人力资源管理领域上的数字化优秀实践，也开始让众多企业跃跃欲试，希望借助人力资源管理体系重塑和数字化转型实践来实现组织能力的升级。

随着航天工研院业务的变化，组织模式的快速转型，传统的人力资源模管理模式已经无法适应企业新的发展阶段，亟须重塑人力资源管理模式，及时作出决策，随时能跟得上企业的战略规划目标，在人才评价、人才选拔、干部配备等维度需要前瞻性规划，各类人才和业务数据打通并得到有效的管理、治理和运营，让员工行为可视化可衡量，最终实现全场景融合，提高组织能力建设智慧管理决策并改善员工体验。

面向未来，基于数字孪生的人力资源管理体系构建，从人力资源底层数据架构逻辑，打通各业务场景的数据，包括人员能力结果、学习行为、工作强度、工作行为等，通过交叉分析，形成新一代的人才数字画像。在数字化时代，员工画像是动态的、丰富的、灵活的。借助各类科学的评估工具和技术，企业可以对优秀的员工从能力到潜力全面科学评估量化，联动各类业务或绩效数据来丰满员工画像，应用于未来的人才或业务决策。

二、成果内涵

随着数字经济时代的迅猛发展，人力资源管理早已华丽变身，从手工、自我报告转向自动数据捕获和分析，并依据模型和计算，形成实时和连续的洞察能力，驱动企业发展战略与组织之间的紧密联系。在高效运转的现代化企业中，人力资源管理快速走向网络化、智能化和融合化方向，极大提升了企业管理效能。传统人力资源管理亟须从企业战略及产业发展的实际需求出发，进行人力资源体系数字化转型和供给侧改革，采用员工数字化管理的新理念。为此，航天工研院结合自身情况，以"数字孪生"理论为基础，管理创新与数字化工具建设相结合，构建数字员工平台。

图1　数字员工系统架构

航天工研院本次管理创新实践的主要创新点在于以下几个方面。

（一）数字孪生与人力资源相结合

自从手工业时代亚当·斯密提出劳动分工以来，个人的技能都按专业划分，带来了效率的提高。随着大工业时代、数字经济时代的发展，工作被分成不同模块和职能，人力资源管理的复杂程度越来越高。员工的属性从泰勒科学管理的"经济人"，即通过雇员与工人的工作关系协调最大化提升生产效率，逐步演变为行为科学管理的"社会人"，即人不仅仅具备业务行为属性，还具备自然行为属性，包含员工工作情绪等。德鲁克在行为科学管理的基础上，衍生出基于"知识人"的现代知识管理理论，提出"未来的典型企业以知识为基础，由各种各样的专家组成，基于大量信息自主决策和自我管理"，人力资源管理的复杂度越来越高，已经成为复杂的组织系统工程。

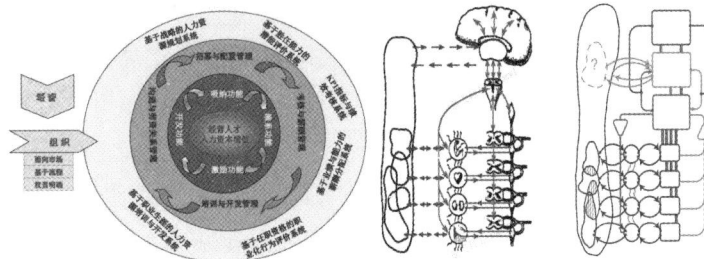

图2　人力资源管理体系可生存模型

随着数字经济时代的到来，处理复杂组织的系统工程逐步成为可能。在工程技术领域，"数字孪生"通过构建复杂系统工程的物理实体与其数字虚体之间精确映射，形成生产运营管理体系的赛博物理系统。航天工研院创造性地将数字孪生应用于人力资源管理领域，提炼出人力资源管理数字系统的三个基本功能：自感知、自生存、自决策。其中，自感知代表着人力资源信息化将物理世界的人力资源管理体系投射进数字世界，从员工业务行为、自然行为等多维度感知员工状态；自生存代表着人力资源管理数字化，通过对信息系统及数据解构，将传统人力资源信息系统组件化、数据化，提高数字员工平台在不同企业、不同行业领域的生存与生长能力。自决策代表着人力资源管理决策智能化，动态分析、实时预测员工行为特征，辅助人才的选用育留。

（二）管理理念与先进科技相结合

当前国内人力资源管理面临的最大问题是管理方法、思维方式还停留在人力资源管理职能角度，在战略目标与组织人员之间的联系、人才发展与提升、选用育留的科学性等方面探索还不足，对数字经济时代人力资源复杂系统带来了很大的挑战，甚至是危险。20世纪末期，数据模型逐步应用于人员选聘、岗位胜任力等方面，美国政府应用胜任力模型甄选驻外服务新闻官，斯班瑟夫妇建立了销售、技术研发、管理、服务、高管五大类岗位胜任力模型，埃森哲对人力资源数字化效益做出具体的统计，IBM通过人力资源数字化实现新经济增长、岗位配置优化、员工满意度等方面大幅提升。国内人力资源模型研究和应用还处于起步阶段，航天工研院数字员工将国有企业人力资源价值创造能力提升的管理理念与大数据、人工智能等先进技术相结合，发挥数字要素价值，使国有企业制度建设、系统建设与模型建设相辅相成，既刻画现实又预测未来。数字员工在管理理念上既与国有企业管理模式相符，也与通过模型驱动人力资源价值创造与增加的管理理念相符，加入数据分析、模型预测等功能，是国有企业人力资源数字化转型的典型范例。

（三）决策管理与量化分析相结合

管理就是决策，管理者要面对方方面面的抉择，不同的抉择有不同的结果，可信、详实、敏捷的信息支撑，是管理者精准高效决策的基础。当下人力资源管理的挑战是与战略的契合，战略决策实施真正落地的时候，需要组织中每个人所有的动作都与战略相关，人力资源和战略之间的联系越发紧密。航天工研院将决策管理与人力资源的量化分析相结合，构建数字员工平台，以管理者视角为核心进行系统建设，将人力资源作为企业核心要素量化分析，聚焦战略目标与组织人员的联系，重在通过人力资源数字孪生体对员工战略落实的核心技能、岗位要求、个人业务行为与自然行为进行分析刻画，对战略目标达成、人员岗位匹配、员工行为进行预测，为管理决策提供数据支撑。它将"人"的管理"场景化、数字化、可视化"，实现业务管理集成化、自动化和智能化的高效运作。

（四）内部创新与产业发展相结合

目前国外的研究除了继续构建特定职位的胜任力模型外，逐渐转移到企业的管理层面，同时将不同岗位胜任力模型的构建与企业内部人力资源管理相结合，用于提高员工满意度，提升招聘效率，提升企业竞争力。国内还处于人力资源基础管理信息化、部分胜任力模型的构建中，关注于人力资源相关业务的效率提升，在人力资源的数字化转型研究还处于起步阶段，对战略目标与组织人员的关系、人岗匹配等方面的研究还处于起步阶段。数字员工是航天工研院自主设计、自主研发一套系统，安全可控、配置性强，更关注于人力资源管理模型的构建，通过模型发挥人力资源效能。从产品设计到研发落地，均由航天工研院自有团队完成，是航天工研院数字化转型解决方案的精华。数字员工界面采用航天经典的蓝白色系，功能易于操作和推广。目前已在工研院本部及各所属单位实施，2021年将服务外部客户，强化航天工研院科创服务产业，形成千万级收入。

三、主要做法

航天工研院在人力资源管理创新方面遵循"战略导向＋系统构建"的整体思路，以"激活组织，赋能员工，人才强企"战略为指导，制度创新与数字化建设相结合，创造性地将数字孪生应用于人力资源管理领域。

航天工研院在制度创新层面，一是深入梳理了员工的岗位、职务、职级等信息，建立岗位职级标准体系并明确了各岗位的晋升通道；二是变革薪酬管理，增加收入合理差距，激发员工活力；三是加强员工工作数据的采集和分析，量化员工工作信息，发掘员工核心专长与技能，为人才"选、用、育、留"提供参考；四是完善组织数据指标，量化评价组织效能。

航天工研院在数字化建设层面，将数字孪生理论与人力资源管理相结合，实现运营提速、执行提效、创新提质的三层进阶。在数字孪生自感知阶段，以数字化为驱动源，实现业务流程的对接与整合，研发组织管理、员工管理、薪酬管理、干部管理、等多个功能板块，形成广泛和完整的知识体系，将现实中的人力资源管理业务投射进数字世界。在数字孪生自生存阶段，通过对信息系统及数据解构，将传统人力资源信息系统组件化、数据化，实现职务职级、岗位、员工标签、功能模块等方面的配置化，数据模型柔性构建与迭代，提高数字员工平台在不同企业、不同行业领域的生存与生长能力。在数字孪生自决策阶段，构建多个人力资源管理模型，并将模型汇聚于画像之中，量化分析人员工作活动，以数据驱动人力资源价值创造和企业治理能力提升，镜像指导实现世界人力资源管理。

具体做法如下：

（一）自感知：人力资源管理信息化—用数字世界映射现实世界

映射是人力资源管理数字孪生体3大基本功能中的第一个，其本质是通过建立物理对象的虚拟映射，实现人力资源管理的信息化。为此，数字员工搭建了核心人事、业务赋能和员工赋能等三大版块，将现实世界的人力资源管理业务镜像投射进数字世界。

1.构建数字孪生业务生态

核心人事、业务赋能、员工赋能是构成数字员工业务系统的主要板块，核心人事包含组织管理及员工管理模块，业务赋能包含薪酬管理、绩效管理、干部管理、培训管理等多个业务模块，员工赋能包含员工服务模块，三大板块形成数字孪生体的基本框架。其中，体现航天工研院管理创新的部分具体如下。

（1）构建岗位序列体系，为员工规划不同的发展方向

航天工研院基于自身人力资源情况，在组织管理中建立了包括管理序列、专业序列、技能序列、专务序列、科技委序列等5个岗位序列，使人力资源管理者及公司管理人员可在系统中对不同岗位进行归类管理。

（2）构建职级、职务、岗位体系，规范员工权责

航天工研院以岗位序列为框架，在其之上构建了完善的职级、职务和岗位体系。以管理序列为例，包含公司领导正职级、公司领导副职级、资深专务、总经理助理级、部门正职级、部门副职级、处室正职级、处室副职级等8个职级，董事长、总经理、副总经理、部长、副部长、处长、副处长等数十个职务及与之对应的数百个岗位。同时，数字员工中各岗位必须在"部门"层级下才可添加，以此确保各岗位有归属、可排序，既有利于规范员工权责，也使员工更清楚了解到自身在组织架构中的位置。

（3）构建薪酬体系，优化薪酬管理模式

航天工研院设计了科学的薪酬管理制度，将员工工龄、司龄、学历等特征与员工基本工资、岗位工资、谈判薪酬等固定工资相关联，将员工价值产出与绩效奖金、额外奖金、双薪工资、销售提成、加班工资、超额计件等浮动工资相关联，并优化了过节费、取暖费、交通补贴等津补贴和社保公积金、工会经费、个税、企业年金等的发放方式，以打破"平均主义"，增加员工的收入合理差距。

2.激活数字孪生业务生态

数字员工平台通过剖析原有人事管理系统实现数据同步和批量导入，经由人机交叉核对，快速形成员工基础信息数字表征；数字员工各业务模块在日常使用中积累了大量业务关联数据，形成人力资源业务数字表征；作为人力资源一体化管理系统，数字员工平台有效关联了数字工研院其他系统，从中获取相关数据，形成员工行为数字表征。所有数据汇聚于数字员工数据平台，完成虚拟映射，激活人力资源数字孪生体。

（二）自生存：人力资源管理数字化—数字员工平台可配置、可生长

人力资源管理数字孪生体要始终适应环境变化，进行自我调节与成长。即数字员工平台的配置化能力，将传统信息系统进行解构，提高平台在不同组织架构的企业的生存能力；人力资源管理模型的自生长能力，可以随着战略目标与组织结构调整，管理实践的深化而成长。

1.数字员工平台可配置

为将航天工研院人力资源管理体系推广到所属各单位推广，数字员工平台在基础人力资源管理模块设计坚持配置化的理念。一是支持为每个组织独立配置职务职级、岗位体系，同一个组织下岗位序列名称、序列编码不同，将不同岗位序列体系落地到系统中，可以根据企业业务变化快速调整公司组织岗位设计，时刻保持组织、部门岗位的规范灵活，坚持"以人为本"的原则，为员工规划不同的发展方向。二是构建了包含薪酬体系、薪酬档案、薪酬核算和奖金分配等四项内容的薪酬管理模块，以支持复杂薪酬体系管理，灵活配置多套薪酬规则和方案，支持自定义薪酬字段及计算公式，无缝集成所有关联数据，实现一键算薪。三是标签体系设计，根据企业特征自主定义标签，支持多重标签筛选，并可对员工进行标签对比，实现不同行业、不同领域的人才个性化特征描述，支持模型的高效构建与调整。

2.人力资源管理模型可生长

模型需要随着战略目标、组织结构的调整而不断迭代，不存在一个模型适应于全部企业、行业、岗位。航天工研院通过对国有企业管理模式的理论研究，结合自身实践，从业务行为、自然行为等角度构建员工、岗位、管理决策等方面的模型，具备一定的普适性。同时，数字员工平台支持模型指标的动态调整与指标权重的柔性配置，可以根据企业战略导向进行调整优化模型。随着数据量的持续增长，探索应用大数据分析、人工智能推荐技术等，通过企业经营管理成效预测管理模型的有效性，提高管理模型的成长能力。

（三）自决策：人力资源管理智能化—动态分析、实时预测员工行为特征

经过映射步骤生成人力资源数字孪生体后，数字员工平台便可通过对数据的处理，分析和提炼关键信息，更直观、全面地展示出组织人力资源管理的全貌，从而实现人力资源管理智能化。

1.人才盘点智能化

人才盘点作为企业管理人才的重要流程，可帮助管理者盘点企业内人才的优势、待发展的领域、可能的职业发展路径、职位空缺的风险，以及现在和未来继任者的管理。通过平台汇聚的大量员工静态及动态信息，数字化员工人才盘点，把员工能力透明化、数据化和结构化，大幅度提升了人才盘点的效率和准确性。具体功能如下：

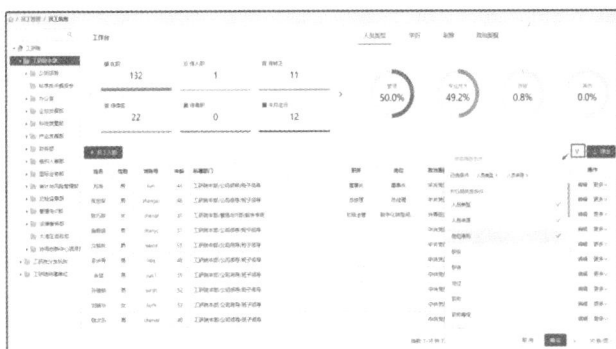

图3　人才盘点

（1）基础盘点

根据国有企业管理特点，航天工研院将人员类型、学历、职称、政治面貌作为最常使用的四个维度直接展示在数字员工平台首页，人力资源管理者可不做任何操作实时看到该四个维度之下的员工情况。

（2）组合盘点

针对不同的业务场景，数字员工设计了30余个维度的盘点指标，人力资源管理者可自由组合、选择指标，在对指标中的细节进行确认，开展人才盘点。维度不同下设标签也不同，每个维度包含2～10个标签，支持对标签单选或多选。按排列组合计算，此设计可快速支撑千万种人才盘点场景，并实时筛选出符合条件的员工。

2.员工画像智能化

员工画像是人才规划的重要环节，能对所有在岗员工进行精准描述，包括能够直接被观察到的显性特征（如性别、年龄、知识、历练等）和无法被直接观察到的隐性特征（如性格、学习力、动机等）。

数字员工平台结合航天工研院所处行业及企业自身特性需求，全面采集员工基础信息、工作信息、行为信息等，基于不同的群体特征构建动态标签体系及五大业务管理模型，由工作状态、人力素质和基本信息三大页面系统实时呈现最新画像数据，并持续迭代。

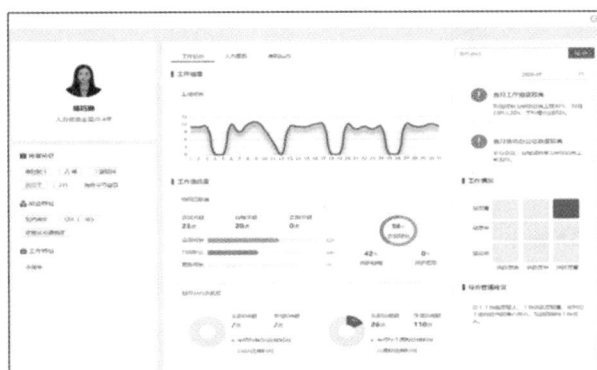

图4　员工画像—工作状态

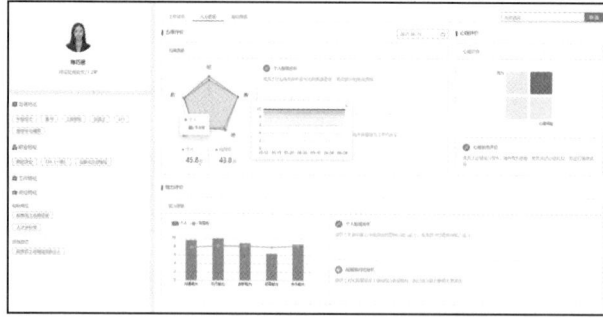

图5　员工画像—人力素质

（1）员工标签体系

标签是高度精练的特征标识，如年龄、性别、地域、兴趣等。为更好地发掘员工核心专长与技能，了解员工特点，数字员工建立起"分类—主题—关键词"的三层标签体系。建模时只需要构建最下层的标签，就能够映射到上面两级标签。数字员工标签体系包含25个模型，在数据字典中形成了5000多个数据指标，采集员工档案162个信息字段，充分利用背景特征、职业特征、工作特征、岗位特征等标签来刻画员工。

其中，背景特征包括属性（党员、年轻部长、年轻硕士、青年）、学校（清北复交、"985"、"211"、双一流、海外学习背景）、专业和工作（工龄较长、司龄较长、新员工）；职业特征包括公司（航天体系、事业单位、政府单位、世界500强、知名互联网企业）、证书、职称、技能；工作特征包括绩效（绩效突出、绩效落后）、考勤（迟到较多、早退较多、老黄牛、小黄牛、小蜜蜂、旷工、差旅较多）、流程（流程处理慢、流程处理快）。

图6　员工标签合集

结合航天工研院实际，数字员工平台采用了与之匹配的算法。以部分标签进行举例说明：在背景标签—属性中，年轻部长是指年龄小于40岁的部级干部，即年龄小于等于40岁的部长、副部长；年轻处长是指年龄小于35岁的处级干部，即年龄小于等于35岁的处长、副处长。在背景标签—学校中，则会计算员工经历的所有学校，国内院校标签优先级为清北复交＞"985"＞"211"＞双一流，有海外学习经历则打海外学习背景的标签。在工作特征—考勤中，上月迟到次数超过5次且在员工中次数为前20%则会被贴上"迟到较多"的标签；上月实际加班时长＞36小时则会被贴上"老黄牛"的标签。在工作特征—流程中，上月流程平均延迟时间（流程共计延迟时间/处理流程数）前20%则显示"流程处理慢"。标签体系的设置不仅考虑了员工的背景情况、工作情况，还充分考虑了员工职级因素，所有的对比均在同职级内进行，消除职级带来的工作差异。标签集合抽象出一个员工的信息全貌，各个维度之间相互联系，共同构成对员工的一个整体描述。

图7　多重标签筛选

图8　标签对比

（2）员工德能勤绩廉模型

2019年3月，中共中央印发了修订后的《党政领导干部选拔任用工作条例》（以下简称条例），条例中要求考察党政领导职务拟任人选，必须依据干部选拔任用条件和不同领导职务的职责要求，全面考察其"德、能、勤、绩、廉"。同时，《新录用公务员试用期管理办法（试行）》中规定新录用公务员试用期满，应当对其"德、能、勤、绩、廉"进行全面考核。因此在人力资源管理系统的建设中需满足考察党政领导职务拟任人选，必须依据干部选拔任用条件和不同领导职务的职责要求，全面考察其"德、能、勤、绩、廉"的管理需求。

航天工研院根据《全国组织、干部、人事管理信息数据元》《全国组织、干部、人事管理信息分类代码集》《全国党员信息采集与报送规范》（ZB207—2016）等相关标准，明确了数字员工平台采集的业务信息范围及数字名称，并形成标准化的采集数据表单。

其中，"德"分为政治品行和道德品行，政治品行包括理想信念（习近平新时代中国特色社会主义思想考核理论学习时长及测试分数）、对党忠诚（组织生活参与率、党员民主评议结果）、尊崇党章（按时缴纳党费情况）遵守政治纪律和政治规矩（季度员工违纪情况），道德品行则包括社会公德（被证明的好人好事、被证明的负面行为、发表报道或文章、考勤数据）和个人品德（可考证荣誉、正负面清单结果）。"能"分为教育经历和工作经历，教育经历主要是教育背景，包括院校、专业、学历、学位，工作经历主要是工作背景，包括工作履历（曾任职的公司、工龄）和项目经历（项目证书数量、项目证书级别及项目质量）。"勤"主要考察员工工作的主动性，包括日常表现（出勤率）和出勤表现（同考勤数据）。"绩"分为工作业绩、工作效率和工作效益，其中工作业绩又包括个人业绩和团队业绩，工作效率主要是日常工作完成及时性（流程中心工作数据），工作效益则主要是工作的附加价值（技术创新、管理创新、商业模式创新、流程中心的流程优化条目）。"廉"分为廉洁意识、廉洁行为和廉洁表现，廉洁意识包括作风优良（获得党群或纪检系统相关表彰、严格执行保密纪律），廉洁行为包括坚守防线（领导干部：党风廉政建设责任书签署；关键岗位人员：廉洁从业承诺书签署；领导干部：如实进行个人事项申请）和遵章守纪（遵守国家法律法规、遵守公司规章制度、遵守员工行为准则、无保障监督体系负面清单行为、先公后私），廉洁表现包括亮牌警示（警示情况、违规问题、违纪问题、违法问题）、巡视巡检反馈（情况通知说明书、立行立改通知书、个人说明及整改材料）和纪律检查建议书。

模型以员工信息数据收集为核心建设内容，运用大数据管理的思维和方法，按照员工成长轨迹设计考核要素，将"德、能、勤、绩、廉"等方面的信息进行个人账户式量化归集，并应用到员工管理工作中的运行机制，形成员工管理日常化、日常管理指标化、指标管理数字化、数字管理累积化、累积管理可比化、可比管理挂钩化、挂钩管理导向化的员工综合考核评价管理体系。

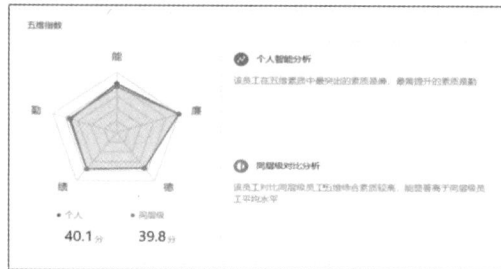

图9　德能勤绩廉模型

在员工数字画像中，管理人员可以看到该员工和同层级员工在某个维度的得分对比，也可以看到员工最近一个月得分的变化趋势，为干部选拔提供重要的参考。

（3）员工工作量质效模型

为持续提高航天工研院人力资源管理效能，以数据为依据驱动决策，切实了解航天工研院员工工作情况，数字员工平台以刻画员工工作本质为目标，从量质效三个维度建立了员工工作量质效指标模型。

员工工作被分为主要工作和综合工作，主要工作包括交流类、出差类、报告类、督办类、计划类及流程类工作；综合工作包括日常考勤、云桌面办公、日常打印等工作。

员工工作"量"旨在刻画员工工作的饱和度，通过数量量纲和时长量纲反映情况。

员工工作"质"旨在刻画员工工作的交付质量，通过驳回率、超时率、重复率、延期率等量纲反映情况。

员工工作"效"旨在刻画员工工作的效能，将员工工作的"量"和"质"进行月度或年度比较，综合反映员工工作的效能变化。

量质效模型按四级拆分指标，当前模型"量"的指标共计22个，"质"的指标共计19个，"效"的指标共计38个。其中，"量"作为一级指标，下面包括主要工作数量、主要工作时长和综合工作量等3个二级指标。"主要工作数量"作为二级指标，下面又包含了交流数量、出差数量、报告数量、督办工作数量、计划工作数量和流程工作数量等6个三级指标。"交流数量"作为三级指标，又包括会议数量、云信数量等四级指标。各级指标层层递进，通过数字员工平台统一计算加工，以数据画像方式全面反映员工工作的量质效情况，为人力资源管理者进行人力资源管理和公司管理人员进行决策提供数据参考。

（4）员工工作强度及活跃度模型

通用电气总裁杰克·韦尔奇曾说："衡量一个公司稳健性有三个指标，分别是现金流、客户忠诚度和员工敬业度。"敬业是一种与工作相关的积极、饱满的情绪和认知状态，它反映了员工在工作中的投入度。员工敬业度与组织经营绩效息息相关，它作为一项软性指标，可以有效地反映员工对公司的认可度、在工作中持续投入的意愿等。了解员工的敬业状态，可以帮助企业更好地预测经营效能。

为进一步提升组织效能与员工敬业水平，使其从滞后的员工满意度调查、员工敬业度调查、人效评估，变为实时分析、动态呈现，航天工研院特根据员工在岗工作时长、参会时长、流程处理速度和协同办公情况等多重数据在数字员工平台上构建了员工工作强度及活跃度模型。

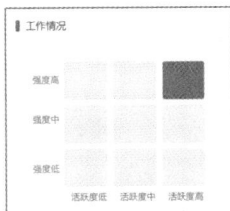

图10　工作强度及活跃度模型

员工工作强度主要包含在岗时长、加班时长等数据，员工工作活跃度主要包含会议、差旅、流程、办公等数据。工作强度和活跃度最终会以九宫格呈现，如果员工工作强度低，活跃度高，那么可能他工作效率比较高，但加班意愿低。以此类推，人力资源管理者及公司管理人员可以实时掌握每个员工的实际工作状态，为人岗匹配、职业规划、绩效考核等工作提供重要参考依据，用全新的数字化场景实现人才选用育留。

（5）员工能力指数模型

人员素质测评是对各类人员的素质进行科学的测量与评定的有效方式，是现代人力资源管理的一门新兴学科。它将应用教育测量学、现代心理学、行为科学、管理学及相关科学的研究成果与先进的计算机技术相结合，对人员的知识能力水平、个性特征、发展潜力等进行准确定位，提高管理效率与质量，从而达到"人尽其才"。

航天工研院结合自身实际，从学习潜能测试（GIA）、情商特质测评（TEIQ）、领导力高潜特质评估（HPTI）、工作行为风格测评（PPA）及360评估工具中提炼出5大指标，并通过数字员工平台的员工能力指数模型进行展示。

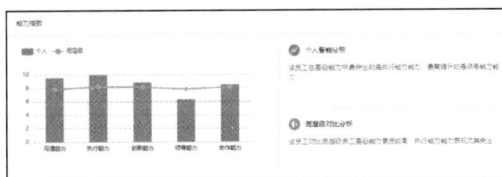

图11　员工能力指数模型

员工能力指数模型包含沟通能力、执行能力、创新能力、领导能力及合作能力，每个能力的得分都是员工通过问卷综合测评得出的结果，当中共涉及58个测评可得素质字段，经特定算法在各项能力评分当中呈现。以执行能力为例，对应11个测评可得素质字段，分别是：果断性、情绪管理、压力管理、冲动控制、情绪调节、适应性、危机处理、确保质量与准确性、决策、理解客户需求、目标达成；合作能力对应22个测评可得素质字段，分别是：适应性、情绪管理、情绪表达、情绪感知、快乐感、乐观、冲动控制、情绪调节、适应性、责任心、灵活性、竞争性、危机处理、确保质量与准确性、计划和问题解决、目标导向、沟通、发展他人、管理适应性、演示和交流、打开局面和沟通、交易达成、管理客户不合理要求。

（6）员工心理评价模型

当前，我国经济社会发展正处于一个新的历史起点上，"疫情"加速"数字中国"浪潮的到来，使得经济社会和国民的工作生活方式快速发生改变。随着企业体制改革深入推进，"数字航天"战略的提出，各种思潮对员工的思想观念带来巨大的冲击，为了减少员工心理问题，减轻变革阵痛，在人力资源管理中加强员工心理辅导必不可少。

图12　员工心理评价模型

因此，航天工研院正在数字员工平台搭建了员工心理评价模型，通过每月员工工作行为风格测评，得出《PPA—压力分析报告》，并将结果以模型的方式呈现，以便企业管理人员更清晰直观地了解员工心理状态。对于心理压力较大或心理风险较高的员工，管理人员可参考压力分析报告中的测评可得素质字段及细项得分开展重点辅导，再通过心理辅导反馈实现闭环，从而达到及时疏导员工心理压力、降低心理风险、优化企业氛围的目的。

3.岗位画像智能化

随着新时代国有企业高质量发展和航天工研院转型升级的需要，人才招聘需求与日俱增，仅依靠人力资源管理者及用人主管根据公司实际情况编写招聘要求和岗位说明再发布招聘公告的方式可谓收效甚微。究其根源，并不在于信息发布范围不广、求职者数量不够，而在于缺乏"人岗匹配、人尽其才、人事相宜"的有效手段。

构建岗位画像作为招聘的有效手段，可帮助企业了解所需要的人才特质，从而有针对性地确定招聘渠道，更加精准地找到高匹配度的候选人。

岗位画像是由企业招聘的显性的职位描述和隐性的内在潜质共同组成，包括关键岗位中从冰山上层的知识技能、能力到冰山下层的性格特质、驱动力、动机等一系列综合因素，在日常应用中具体可分为三层：第一层，表象层：需要明确他的性别、年龄、身高、体重、体型、肤色、穿着打扮等；第二层，行为习惯层：有什么爱好、习惯什么样的交流方式、经常出现的地方（线上和线下）、喜欢采用什么方式获得信息、喜欢和什么样的人交流等；第三层，心理需求层：个人发展的需求、可能的痛点等。根据以上的信息，就可以基本清晰描述出该岗位需要的人才的真实状况。

数字员工岗位画像将通过定性工作分析、面试数据验证、定量工作分析、绩效结果验证四个方面对岗位所需的人才进行全方位、多角度描述，将碎片化的岗位信息进行聚合，获得岗位高绩效所需的各项技能与要求做数据化展示，形成具体的岗位画像，从而帮助航天工研院解决岗位相关的五大问题：一是建立统一的岗位标准，完善组织建设，并避免产生不同的认知；二是便于管理者实时了解岗位的编制情况；三是让员工随时了解岗位具体要求，并根据自身实际情况进行匹配；四是建立岗位梯队建设，当岗位出现空缺，可以快速找到替补人才；五是将岗位画像和员工画像进行匹配，持续优化组织内的人才配置。

4.决策分析智能化

通过对现有的信息进行线上处理，展开分析，辅助企业人力资源管理决策，包含了员工绩效预测、人才流失预警、组织流动预测及组织经营预警等模块的内容。由于当前数字员工平台尚处于第二期（数字化阶段），所以此处仅对建设中的员工绩效预测和人才流失预警模块进行描述。

（1）员工绩效预测

绩效预测是组织对未来的绩效的估计。绩效是成绩与成效的综合，是一定时期内的工作行为、方式、结果及其产生的客观影响。在企业中，员工的绩效具体表现为完成工作的数量、质量、成本费用以及为企业作出的其他贡献等。实现员工绩效预测不仅有利于员工个人绩效的提高，也有利于组织经营目标的达成。

要实现单个员工绩效预测需要综合估计组织改进和变革的趋势，以及员工所在团队的整体绩效。为此，数字员工平台拟在组织画像模块建设团队绩效模型，应用角色轮盘图清晰分析团队的优势与劣势，对焦业务目标。结合员工工作状态心理评价、能力评价信息及计划管理系统的计划完成情况建立模型，作为员工绩效考核、晋升的重要参考，最大化个人效能。

（2）人才流失预警

人才流失是指在企业内，对经营发展具有重要作用，甚至是关键性作用的人才非单位意愿的流走，或失去其积极作用的现象。为了使员工健康发展，企业长久运营，必须建立人才流失预警，对有离职倾向或逐渐丧失工作积极性的员工做出标注。

数字员工平台根据员工工作强度及活跃度模型、员工心理评价模型结果及员工绩效预测结果建立人才流失预警红绿灯。其中，数据正常的人员为绿灯，工作强度和活跃度同比下降20%、且心理压力或心理风险较大的人员为黄灯，在满足黄灯条件的同时伴随心理风险增加、绩效预测明显下降的人员为红灯。管理人员可通过对黄灯人员进行心理辅导、绩效谈话和岗位调整，避免黄灯人员工作状态进一步恶化，最终发展为红灯人员，以增加组织人员和日常经营的稳定度。

四、实施效果

在已经到来的数字化浪潮中，数字化是现代化企业的必经之路，人才储备更是一个优质企业发展的基石，企业在人力资源管理方面需要从技术能力、管理能力等多方面共同考虑，尽早规划企业人力资源管理系统升级，优化企业人力结构，提升企业管理水平。

基于技术引领人力资源管理的思考，数字员工平台不仅可满足航天工研院自身人力资源管理使用，提高管理效率，节省人力成本，同时可作为人力资源数字化转型解决方案和央企典型案例，对外输出咨询服务和数字化系统。数字员工搭建智慧化的人事管理系统，以员工数据档案系统构建为基础，让管理者及HR快速了解员工的全面立体的人才信息及职业成长路径，同时将人才技能颗粒化至人才标签，提供岗位画像、人才搜索和智能推荐。人才分析模块，让管理者及HR随地看到团队动态数据，包括人才结构分布、年龄司龄结构分布、入离职流动状态及不同员工的能力对比，力图实现真正的智慧化人才管理，同时节约了大量HR线下计算整理数据的时间。员工管理数据库，将晋升、人才盘点、继任管理等人才管理活动系统化，减轻线下运营压力，提高数据准确性，同时联动全级次单位人才管理数据，实现日常数据监控分析，进一步实现智能化人才预测分析，为管理者提供客观的人才决策依据。人力资源管理数字化能够充分减少日常工作运营时间，运用大数据实现智能化工作，释放HR更多的工作时间，关注有价值的智慧输出，运用数字化工作为员工打造不断升级的个性化体验。

数字员工平台的实际效益，是用当前的实际总体收益，扣减已投入的总体成本。总体收益包括数字员工平台的销售收益、使用平台后的航天工研院人力资源管理费用节省收益，总体成本是平台研发成本及每年运维成本。

计算公式为：

$$\sum_{i=1}^{n}\frac{s(1+r)^{i-1}}{(1+q)^{i-1}} + \sum_{i=1}^{n}\frac{300(1+h)^{i-1}}{(1+q)^{i-1}} - (460 + \sum_{i=2}^{n}\frac{m}{(1+q)^{i-1}})$$

成本：产品研发成本共460万元，每年的维护成本m万；

市场收入：第1年销售收入s，以后每年以r增长率增长；

内部费用（收入）：第1年300万元，以后每年人力成本按照h自然增长。

航天工研院以所属单位南京航天数智科技有限公司为产业化推广主体，建立专业化销售、实施及运维队伍，根据目前市场竞品情况，每套系统价值约200万元，按第一年销售2套计算。根据航天工研院组织人事部实际工作情况，数字员工平台上线后全级次共节省人力10人，按人工总成本30万元一年计，共计300万元。考虑到每年销售增长和年度利率值，计算公式中各参数对应实际值如下：

s：第一年销售收入，确认为400万元

r：销售收入年增长率，预测数据为12%

h：人力成本增加率，预测数据为10%

q：货币贬值折现率，预测数据为8%

m：每年的运维成本，预测数据为15万元

取五年进行计算，数字员工平台五年总体收益为3200万元。

成果创造人：刘浩、陈巧琳、景军强

"一带一路"、国际化经营及在抗疫中实现新发展

构建业务链、产业链、价值链"三链合一"模式
推动海外投资高质量发展研究

中国电建集团海外投资有限公司

中国电建集团海外投资有限公司（简称"电建海投"）是世界500强中国电力建设集团有限公司（简称中国电建或集团）专业从事海外投资业务的法人主体，现在东南亚、澳洲、非洲等十多个国家和地区设有39个各层级公司、拥有12个投资项目，资产总额500余亿元，是中国境外电力能源绿地投资领先企业。公司自成立以来，相继荣获"全国五一劳动奖状、首都文明单位、中央企业先进基层党组织、中国企业文化建设标杆单位、全国模范职工之家、全国电力行业企业文化建设示范单位、国家优质投资项目奖、中国境外可持续基础设施项目奖、巴基斯坦政府杰出成就奖、老挝国家劳动勋章、老挝政府特殊贡献奖、尼泊尔优秀外商投资"等200余项集团及省部级以上荣誉和成果；公司一批员工先后荣获"国资委首届央企楷模、中央企业劳动模范、中央企业优秀共产党员、享受国务院特殊津贴专家、全国优秀企业家"等荣誉。

在践行国家"走出去"战略、参与"一带一路"建设中，电建海投贯彻新发展理念，创新实践提出业务链、产业链、价值链一体化的"三链合一"发展模式，形成资源整合、强强联合、文化融合、集群发展、共创价值的海外业务新机制，着力打造具有国际竞争力的一流投资公司，推动中国标准、技术、设备、文化"走出去"融入属地经济社会发展，为中国企业海外投资兴业提供了可借鉴的经验参考和案例样本。

一、实施"三链合一"管理模式的背景意义

（一）实施"三链合一"管理模式，是适应国际竞争、创建世界一流的客观要求

从企业微观层面来看，如何提升生产要素的价值和使用效率，是提升企业国际竞争力的重要方面。伴随着全球产业升级和中国发展方式的转变，基于生产要素低成本比较优势的中国对外直接投资模式正遭遇挑战，中国对外直接投资正处在转型升级关键期，对外直接投资目标和模式都将发生重大改变。中央企业作为国有企业的中流砥柱和开路先锋，始终践行国家"走出去"战略、参与"一带一路"建设的排头兵，是发挥"六个力量"作用的中坚骨干。面对新竞争形势、新业态模式、新发展格局，电建海投"三链合一"管理模式着眼于集团全球化战略引领，采用国际先进管理理念，紧抓生产经营要素管控，发挥特色文化内涵作用，不断提升企业自身在国内外市场配置资源、技术、人才的能力，积极拓展海外投资业务布局，加快推进优质项目投资开发，致力于打造具有国际竞争力的专业化海外投资公司，这也是企业适应国际竞争、创建世界一流的客观要求。

（二）实施"三链合一"管理模式，是发挥集团优势、实现集群发展的重要途径

"一带一路"沿线分布着众多新兴经济体和发展中国家，能源资源较为丰富，但经济水平和电力发展水平普遍较低，提升空间巨大。经过多年的发展，中国在电力建设行业领域积累了丰富经验，达到了行业领先的技术水平。中国电建长期深耕"水""电"核心业务领域，具有"懂水熟电、擅规划设计、长施工建设、能投资运营"的核心优势，是最早一批"走出去"承担国际工程的中央企业，海外业务占比近三分之一，其发展与"一带一路"倡议在战略布局、主营业务和国别市场方面具有高度契合性。电建海投作为中国电建专业海外投资业务平台，在集团统筹下发挥好投资平台的引领和带动作用，实施"三链合一"管理模式，旨在集成发挥中国电建投融资、设计、监理、施工、装备、运营、维护全产业链竞争优势，强化业务链管理，打通并加快推进产业链向价值链的转换，不断提升业务链、产业链的价值创造能力，以海外战略引领市场布局，以专业管理提升价值创造，以文化融合推进属地经营，实现集团系统子企业"编队出海"、集群发展、共创价值。

（三）实施"三链合一"管理模式，是打造专业团队、提高品牌价值的有效手段

中国企业海外投资兴业面临着多重竞争挑战，包括政治环境、宏观经济、文化差异、自然条件等因素带来的风险挑战。在传统海外电力投资开发过程中，规划、设计、监理、施工等往往以分开招标方式进行，各环节自成一体，容易造成资源分散和生产过程割裂，更容易导致各方往往只考虑自身利益，各自为战，对项目全生命周期价值造成一定的消极影响。打造一支品行优、语言好、素质高、能力强的专业化国际人才团队，构建一支目标一致、资源整合、团结协作的项目建设运维力量，有助于规避传统模式彼此孤立、相互消耗的弊端，优化配置资源。而电建海投生产经营具有涉及业务领域多、专业管理难度高、项目特许时限长、员工来源构成广、本土化经营任务重等特点，实施"三链合一"管理模式，将人才建设、价值创造贯穿业务链管理、产业链培育全过程，有利于加快推进本土化经营和属地化管理，不断增强企业的核心竞争力，进一步提高企业的品牌价值创造能力。

图1　业务链、产业链、价值链"三链合一"示意图

二、实施"三链合一"管理模式的路径举措

电建海投在海外投资兴业中，遵循海外投资规律，契合公司业务特点，适应国际竞争要求，聚焦集团利益最大化、价值创造最大化，积极推进体系变革、机制创新、管理升级，构建了业务链管理、产业

链协同、价值链贡献一体化运作机制，打造了具有国际竞争优势和鲜明海投特色的"三链合一"管理模式，为海外投资业务高质量发展提供了有力的体系支持和动能保障。

（一）做强业务链管理，精心打造"走出去"发展的核心竞争力

电建海投不断从发展战略、管理体系、业务流程、专业能力等方面深化改革、精准发力，全面梳理企业各项业务链条、各个管理要素并将其纳入业务链管理，推进组织、机制、管理全过程创新，通过实施"三四五六战略、三型海投、铁三角模式、五化建设、6655要素管控"等，持续做强企业内部业务链管理，精心打造"走出去"发展的核心竞争力。

"三四五六战略"明确业务链管理方向。战略赢是大赢，战略输则是大输。在推进改革发展中，电建海投始终注重顶层设计，突出战略引领。根据集团战略导向，电建海投在总结多年海外投资业务经验和深度研究市场的基础上，精心研究制订《中长期发展战略规划2016—2025年》，提出了"三四五六"战略，即坚定"三者定位"（公司致力于做海外清洁能源绿色环境的优质开发者、项目属地经济社会发展的重要贡献者、中外多元文化交流融合的积极推动者），打造"四大平台"（将公司打造为电建集团重要的海外投资平台、海外融资平台、海外资产运营管理平台、全产业链升级引领平台），落实"五大坚持"（坚持战略引领、坚持问题导向、坚持底线思维、坚持复盘理念、坚持管理创新），建设"六种能力"（公司着力建设投资开发、项目融资、建设管理、运营管理、资源整合、风险管控能力），以清晰的战略引领企业实现跨越式科学发展。

"三型海投"明确业务链管理目标。电建海投提出建设"效益型、品质型、活力型"海投的目标，旨在统一全员认识、思想、行动，实现业务链"创效益、提品质、增活力"，加快推进战略落地。建设"效益型海投"突出项目主线，坚持项目开发、建设、运营并重，全面建立现代项目管理体系，以项目开发求发展、以项目建设求质量、以项目运营求效益；建设"品质型海投"突出管理升级，以夯实基础、规范标准、优化流程、强化管理为重点，着力提升业务能力和管理绩效；建设"活力型海投"突出文化兴企，围绕打造优秀领导团队、专业骨干人才，积极培育特色"海文化"，进一步增强公司凝聚力、竞争力。

"铁三角模式"集成业务链管理优势。电建海投创新实践提出"铁三角"管理模式，将战略、文化和管理手段有机结合，发挥业务链最大管理优势和管理价值：靠战略引领发展，加强顶层设计，科学谋篇布局，最大化整合资源，有效聚焦市场并规避战略风险；靠文化凝聚人心，以"海文化"为核心，丰富发展包括"海、暖、新、益"多种文化元素在内的"1＋N"特色文化体系；靠管理提供保障，采用精细化、专业化管理工具和手段，对战略目标进行有效分解和实施，并建立以专业化管理能力为核心的决策、管理、执行三层能力模式，有效整合外部资源，推动海外投资高质量发展。

"五化建设"提升业务链管理质量。经过九年多的持续稳健发展，电建海投在组织架构、管理运行、市场营销、专业团队、风险防控等方面都已形成强有力的体系循环和能力支撑，为做强做优做大海外投资业务、打造具有国际竞争力的专业化公司奠定了坚实基础。通过"五化建设"即实施职能制度化，编印6本《管理手册》和420多项制度，发挥规范指导和刚性约束作用；实施业务流程化，制订130余项流程，每项业务都建立了一套横向对接、纵向畅通、系统规范的PDCA流程体系，确保各项工作环环紧扣、道道把关、全面闭合；实施工作标准化，通过定计划、定目标、分步骤推进，建立了覆盖业务链条各方的标准体系，实现靠标准管人、管财、管物、管事；实施管理信息化，构建一体化信息系统，促进信息共享和效率提升，实现不受时空限制的移动办公和在线管理模式；实施创新价值化，推动业务

与管理创新，获得发明创造及专利6项，有百余项创新成果获奖并实施见效。

"6655要素管控"强化业务链管理要素。电建海投围绕投资项目全生命周期管理，把投资项目生命周期划分为投资、融资、建设、运营四个阶段，结合自身海外电力能源投资实践，认真探索总结海外投资业务领域共性认识和规律遵循，形成了海外电力投资"6655核心要素"管控理念：即在项目开发阶段要关注"技术、消纳、土地、环评、回报、协议"六大要素，在项目融资阶段要关注"架构、保险、土地、成本、风险、协议"六大要素，在项目建设阶段要关注"进度、质量、安全、成本、环保"五大要素，在项目运营阶段要关注"电量、电费、安全、效益、责任"五大要素，这22个要素在海外电力投资项目各个阶段具有不同的内涵，是实现专业管控和投资目标的关键。通过强化这22个关键要素管理，抓好风险管控，确保海外投资项目全生命周期风险可控、效益可期。

（二）做优产业链协同，集成提升"走出去"发展的资源整合力

电建海投积极践行集团全球化战略，充分发挥投资引领和带动作用，以项目全生命周期规划打通整条产业链，集成中国电建全产业链一体化优势，将优势资源整合到共同方向，实现对项目全生命周期、全产业链掌控，带动集团系统单位编队出海、集群发展，把产业协同优势转化为国际竞争优势、规模发展优势，推动海外业务结构调整、产业升级，提升"走出去"发展的资源整合力。

"投建营一体化"模式集成发挥产业链优势。电建海投以投资为龙头，充分利用中国电建旗下资源优势，集成投资、规划、设计、施工、制造、安装、运营、维护等企业一体化"走出去"，以投资带动集团优质资源"编队出海"，通过高质量发展海外投资业务，协同拓展投融资、建设管理、运营管理主要业务，以投资拉动国际工程EPC业务发展，助力集团产业升级和向海外输出，以模式创新和管理提升带动集团系统子企业走出去、扎下根、能发展、可持续，形成产业集群"走出去"协同发展的国际经营格局。截至2020年底，电建海投成功带动中国电建集团各专业领域共32家成员子企业开展海外业务，其中有3家子企业为首次开展海外业务。

"四位一体"模式提升在建项目组织管控。电建海投以投资为引领，采用业主、设计、监理、施工"四位一体"建设管理组织管控机制，促进中国电建全产业链一体化"走出去"，为中国电建调结构促转型、产业链价值链一体化、国际业务优先发展积累宝贵经验。"四位一体"模式充分发挥项目各参建单位的专业优势，以合同约束为前提，以行政统筹为纽带，实现了资源共享、强强联合和集成管理，最大可能地优化设计和施工方案，实施精益管理，提高建设效率，降低经营成本，实现参建各方价值创造最大化。公司以"四位一体"模式投资开发的巴基斯坦卡西姆电站带动集团系统内10余家单位实现"编队出海"，在国际市场高举中国电建旗帜和"POWERCHINA"品牌，仅用32个月就实现了提前投产发电，比计划提前74天，取得可观效益。

"两位一体"模式提升运营项目组织管控。电建海投充分利用中国电建全产业链一体化优势，以委托运维合同为基础，按照权责明确、奖惩分明的原则，建立业主单位与委托运维单位联合管控的"两位一体"电力生产组织管控模式，以实现电站"安全、稳定、长期、连续"的管理目标。业主单位和委托运维单位在合同框架范围内，围绕提高运维质量和工作效率的共同目标，认真履职尽责。通过建立并实施评价、考核、奖惩激励机制，有效调动运维单位积极性，达到既实现公司良好发电效益，又带动集团系统子公司业务发展的双赢效果。公司目前所有电力运营项目均以"两位一体"模式运行，项目公司与运维单位职责清晰、流程畅通、合作紧密，有力保障了电站长周期稳定运行，公司年度累计发电量稳定提升到100亿千瓦时以上。2020年，公司年发电量达到124.81亿千瓦时，同比增长16%，提前7天完成年

度发电目标并创历史新高。

"介入式服务"增强全产业链管理张力。电建海投坚持"三分投、七分管"原则，通过介入式、下沉式管理，穿透全产业链合作单位，在合法合规、合情合理前提下，以合同为依据，在风险可控前提下，为合作伙伴在款项支付、资金支持、资源拓展等方面提供额外支持，帮助合作伙伴渡过难关、破解难题，增强全产业链合作张力，从而整体上推动项目顺利推进、稳健生产，取得投资项目最大价值。在印尼明古鲁项目建设过程中，面对项目总承包商在现场建设中遇到的难题，公司及时介入，帮助总承包商一起想办法、出对策，提供一系列政策和资金方面的支持，有力推动项目建设投产。孟加拉国巴瑞萨项目建设中，面对疫情与雨季施工的双重考验，公司牢牢把握工程建设主线，统筹推进疫情防控和项目建设，坚持开展"介入式、穿透式、下沉式"服务管理，通过优化过程管控、协调资源，想方设法帮助总包方完成场地准备、设备发运清关、签证办理等关键环节，确保了码头工程各项节点不断向前推进。通过实施"介入式服务"管理，全产业链合力显著增强，公司海外投资项目实现了不超工期、不超概算"两不超"和零安全事故、零质量事故、零环保投诉"三个零"的建设目标。

联合党组织为全产业链走出去提供组织保障。为充分发挥中国电建全产业链一体化优势，公司党委在4个在建及运营项目，成立了涵盖投建营产业链上多家集团子企业的联合党工委，确立"四个统一"工作机制，即统一组织活动、统一资源配置、统一品牌形象、统一载体标准，有效发挥了党组织的组织保障作用，凸现了集团编队出海优势，在推动项目攻坚克难、应对非传统安全、跨文化融合等方面发挥了重要的组织保障作用，"四个统一"党建工作经验在《国资工作交流》上刊载交流。卡西姆项目联合党工委组织开展"支部无事故、党员无三违"等安全主题活动，全程动态监控重大风险，助推安全生产，累计发电量超过300亿度，体现了"服务生产经营不偏离"的要求；针对非传统安全威胁和海外疫情，建立了项目联合党工委应急指挥机制，强化应急预案编制和演练，有效提高了项目应急处置能力，实现了防疫稳产的重要阶段性成果。南欧江项目联合党工委围绕度汛、投产发电等重要目标开展劳动竞赛，扎实统筹常态化疫情防控和项目生产建设，保障中老重大合作项目质量效益。南欧江一期项目3个电站累计发电量已突破60亿度大关，为老挝经济社会发展注入强劲动能。

（三）做大价值链贡献，全面激发"走出去"发展的价值创造力

电建海投始终坚持集团利益最大化、价值创造最大化原则，贯彻投资项目全生命周期理念，打通业务链、产业链向价值链转变的融合传导渠道，以做强公司内部业务链、做优集团系统产业链为基础，在各个业务链条、各项产业链条协作中促进价值创造，全面激发"走出去"发展的价值创造力。

推进业务链、产业链、价值链一体化发展，实现战略落地。电建海投认真践行集团战略导向，积极发挥投资主体作用，引领集团系统子企业集群"走出去"，进一步增强了集团一揽子解决"国际市场能源发展问题"的综合实力，打造了区域布局多元、综合回报稳定、投资风险可控的海外投资业务布局，构建了集团海外重要平台，持续推进集团国际工程承包与海外投资业务"双轮驱动、联翼发展"，为践行集团全球化发展战略、有效应对国际市场竞争作出了积极贡献。

做大业务链、产业链、价值链一体化贡献，确保综合回报。电建海投认真贯彻项目全生命周期理念，坚持以投资为引领，始终聚焦投资综合回报，持续做大业务链、产业链、价值链一体化贡献，企业经营业绩和质量效益显著提升，主要经济指标连续九年实现两位数增长，为中国电建积累了优质海外资产，成为集团持续发展的稳定动力源泉，为集团对冲逆周期市场风险做出了积极贡献，并成功带动集团系统各专业领域多家子企业开展海外业务取得显著成效。

增强业务链、产业链、价值链一体化能力，打造专业团队。电建海投始终坚持人才强企战略和"人力资源是第一资源"理念，围绕打造专业化国际团队，持续增强业务链、产业链、价值链一体化能力，经实践锻炼，一大批中青年人才骨干成长起来，核心培育形成了数百名海外投资市场开发、项目管理、融资、法务等专业人才，为集团打造了一支专业强、商务精、语言好、素质优的海外投资专业化人才团队，进一步增强了集团开展海外业务的人才竞争力。

发挥业务链、产业链、价值链一体化优势，提升属地经营。电建海投投资项目运营期长达20～40年，为实现长期稳定运营，公司深入实施属地化经营，在当地注册成立中外合资企业，建设现代化运营中心，发挥业务链、产业链、价值链一体化优势，规范运营管理；项目公司外籍员工占比30～70%，管理或技术岗位外籍员工占比超过18%，中高端人才本土化有效推进，成为集团海外投资项目运营期的重要骨干，为集团"走出去、扎下根、能发展、可持续"奠定了本土化力量。

三、实施"三链合一"管理模式的成效

电建海投实施"三链合一"管理模式，在推动电建集团国际业务优先发展、公司战略落地、深化管控体系建设等方面取得了积极成效。

一是推动了公司发展战略落地。"三链合一"管理模式的实施，使公司在战略定位、组织体系、项目管理、队伍建设、风险管控等多方面适应了国际竞争新形势，增强了公司国际竞争软实力，为公司海外投资兴业注入了内生动力，推动了公司海外投资战略落地，拓展了国际市场版图。

二是加速了公司持续稳健发展。公司发展基础不断夯实，发展动力不断增强，主要经济指标连续九年实现两位数增长。2020年，公司营业收入、利润、资产总额分别达到"十二五"期末的3.28倍、4.37倍、2.50倍，分别达到成立之初的85.45倍、96.89倍、8.84倍，五年来营收、利润、资产三项指标年均增长分别达到26.82%、34.29%、20.07%，增速可观。

三是深化了企业管理模式升级。"三链合一"管理模式涵盖了公司战略落地、资源整合、体系建设等多方面内容，是系统的而非分散的，是全面的而非孤立的。这在客观上推动了公司在商业模式、管理模式、运行机制等方面的创新、变革和升级。一是建立了完善的投资风险管控体系，有效规避投资风险；二是更加注重诚信经营、依法治企，确保公司在项目当地的依法经营；三是内部管理提档升级，在要素管理、标准化管理、履约管理和能力支撑体系建设等方面不断提升。

四是擦亮了中国企业国际品牌。在"三链合一"管理模式下，各参建单位、运维单位以项目效益最大化为目标，同心协力，认真履约，在进度、质量、安全、成本、环保、电量、电费、效益、责任等方面最大限度提升了项目价值，打造了卡西姆、南欧江等一批国际影响大、产业带动强的标志性项目，成为中资企业参与"一带一路"建设的标杆，得到国家有关部委、当地政府的高度肯定，在国际舞台上展现了中企海外投资新形象，体现了中国理念、中国智慧、中国担当，擦亮了中国企业国际品牌，提高了国家文化软实力。

四、实施"三链合一"管理模式的启示思考

电建海投坚持以国家"走出去"战略和中国电建全球化战略为引领，在大力推进海外投资业务发展中，不断创新优化商业模式，持续总结固化成果经验，形成了业务链、产业链、价值链"三链合一"管理模式，在海外业务拓展中取得了积极成效，为中国企业"走出去"、高质量共建"一带一路"带来了

启示思考。

一是坚持战略驱动。战略是发展之纲、战术是取胜之道，企业"走出去"发展必须重视业务链、产业链、价值链一体化的顶层设计和模式创新，要深度研判市场形势、长远谋划战略布局、有效推动战略落地；要加强集团系统战略协同，实现集团海外业务开发"一盘棋"；要做好对标、复盘和管理创新，吸收先进经验，形成案例指导，深化管理创新，以战略驱动和模式创新促进公司海外业务高质量发展。

二是突出核心能力。企业的根基是市场、发展的关键是能力。建筑类央企处于完全竞争行业和领域，既要以经营业绩、保值增值和市场竞争力为主要目标，同时还要兼顾服务国家战略，成为盈利央企、法制央企、责任央企和阳光央企；必须始终坚定不移围绕业务链、产业链、价值链一体化，打造企业的核心竞争能力，要在体制机制管理创新、放大价值创造能力上下功夫。

三是集成发挥优势。优秀的企业集团是集而团、团而强，能实现聚指成拳、整体价值最大化。要围绕业务链、产业链、价值链一体化运作，总结探索契合战略导向、发挥集团优势、适应国际竞争的市场策略和管理模式，强化要素管控、过程管控、效率管理，强化资源整合、强强联合、优势集合，用好现代管理工具，做好系统挖潜增效，打好"组合拳"和"整体战"，把集成优势转换为价值创造优势、效益贡献优势。

四是强化风险管控。企业无论选用何种商业模式、盈利模式，风险防范都是最重要的管控要素，要将风险管控贯穿业务链、产业链、价值链一体化全过程，落实项目全生命周期管理，积极推进法律、合规、内控、风险一体化管理体系建设，实施事前规范、事中监控、事后问责的全过程监管，把专项风险评估和法律审核覆盖到企业决策各环节，严防"黑天鹅"、杜绝"灰犀牛"，始终保持风险可控在控、企业持续健康发展的良好态势。

五是打造专业团队。企业经营方略确定后，人才团队是实现战略目标的关键。要实现业务链、产业链、价值链一体化优势，就必须从选、用、育、留等各个环节抓好专业化人才团队建设。要建立人尽其才、才尽其用、人岗匹配的选人用人机制，多措并举加强内培外训和分层培养，从中高端人才本土化推进海外分支机构人力资源配置属地化，建立科学考评机制和激励体系，激发人才团队活力、创造力。

六是推进文化融合。发挥好文化凝聚导向作用是属地经营的重要助力。由于集团系统子企业隶属统一品牌、管理模式趋同、文化相对认同，推进业务链、产业链、价值链一体化"走出去"，以共同承建项目、业务、市场、公共关系为链接载体和沟通纽带，协同做好社会责任、公益活动、品牌宣传等，更容易推进中外多元文化融合，实现以文化人、以文兴企，以跨文化融合推进企业本土化经营和属地化管理。

党的十九届五中全会提出构建"双循环"新发展格局和高质量共建"一带一路"，国有企业"走出去"发展面临着新的机遇与挑战，要坚持以国家战略为指引，发挥企业主体作用，遵循国际市场规律，在危机中育先机，于变局中开新局，争创优秀经营业绩，构建世界一流企业。

成果创造人：李胜会、谭毅、刘向晨

中材建设属地化经营助力国际化发展的
实践与探索

中材建设有限公司

中材建设有限公司（以下简称"中材建设"），隶属于中国建材集团旗下中国中材国际工程股份有限公司，成立于1959年，是一家集咨询、设计、供货、施工、运维于一体的国际工业工程公司，具有国家工程总承包一级资质、对外经营权和进出口权，是国家高新技术企业。

经过六十多年发展，中材建设已经成长为综合性国际工业工程承包商。六十年多来，公司在境内、外承建了约200多个水泥生产线项目，遍布亚洲、欧洲、非洲、美洲等全球50多个国家。在中国水泥工业建设史上，中材建设创造了业内多项第一，承建了中国第一条日产4000吨引进技术水泥生产线、第一条自行开发干法旋窑生产线、第一条中外合资水泥生产线、第一条日产万吨水泥生产线、第一个国内EPC总承包项目，也是第一家进入国际水泥工程总承包市场、第一家进入西方发达国家市场、第一家把中国大型水泥成套设备出口到欧洲的中国企业。中材建设是中国建材集团内实施"走出去"战略和EPC总承包模式的先行者，是率先进入国际水泥工程市场的开拓者和领先者。公司业务主要集中在海外，客户资源主要集中在拉法基豪瑞集团、海德堡水泥、西迈克斯等高端市场，是承建世界大型跨国水泥集团项目最多的中国工程企业。

公司通过"走出去、站稳脚、塑品牌、创一流"四步走国际化战略，积累了丰富的国际工程管理经验，从国际市场开拓到EPC项目实施，从区域化管理到属地化经营，建立了完整的EPC总承包业务功能体系和标准化、程序化、模块化的项目管理模式，锻造了一支适应海外市场环境和项目执行的人才队伍，在国际市场树立了良好的品牌形象。多年来保持持续稳定的发展态势，各主要指标在集团工程业务板块位居前列，连续多年获评"全国优秀施工企业""中国外贸出口先导指数（ELI）样本企业""工程建设诚信典型企业""中国建设工程鲁班奖""国家优质工程奖""全国建材企业管理现代化创新成果一等奖""建材行业优秀工程总承包项目奖""建材行业履行社会责任优秀企业案例"等。企业信用等级连续多年保持AAA级。

一、背景

2014年，国内水泥建设市场受产能过剩影响进入寒冬，国际市场在全球金融危机、欧债危机阴影笼罩下，伴随全球水泥产能合并重组浪潮快速萎缩，国际竞争迅速加剧。国内水泥产能严重过剩，世界经济波动、国际基建投资增长乏力、国际承包工程市场整体表现低迷、国际水泥工程项目碎片化和竞争白热化的常态。中材建设作为在国际水泥建设总承包领域充分市场化的专业工程公司，面临着严峻的形势考验。

（一）贯彻落实集团战略的需要

按照集团国际化战略和划分重点属地化经营区域、统一竞合及突出核心专长、适度多元化经营的决策部署，中材建设全面遵循集团战略、文化、方针、管理原则、经营措施，坚持"守土有责、守土尽责"，以属地化经营为载体，深耕境外优势区域和属地市场，巩固传统EPC优势，延伸产业链，提升国际化发展水平。

（二）适应市场环境变化的需要

近年来，国际水泥工程承包市场投资项目锐减、竞争异常激烈，整个水泥工程市场呈现以碎片化项目为主的新态势。中材建设传统国际水泥工程高端客户新开工项目数量断崖式下跌，多元化工程项目核心竞争力不强，作为专业化细分的工程总承包商，面临着巨大的市场压力。属地化经营紧贴市场、紧贴客户，将有效提升公司市场开拓能力和客户服务水平。

（三）企业转型升级发展的需要

由于国际市场环境、技术环境、商务环境越来越复杂，竞争格局日益激烈，传统管理经营模式已难以应对国际工程的多样化挑战。国外订单的断崖式下跌和企业自身可持续发展的矛盾日益加剧，企业转型迫在眉睫。实施国际市场属地化经营，加速培育属地化公司造血能力，是企业在海外谋生存、求发展的有效抓手，是维持可持续健康发展的必然选择。

二、属地化经营内涵

属地化经营是发达国家国际工程承包商的通行做法，已成为国内众多企业在海外降本增效、提升核心竞争力的关键要素，也是企业在国际市场做优、做大、做强的必由之路。近十年的创新管理和高速发展，中材建设从国内水泥建设市场的一支铁军逐渐蜕变为在国际水泥建设总承包领域与FLSMITH、FCB等欧洲传统知名公司展开全面竞争的中国公司领军者，其品牌在国际市场享有非常高的知名度。属地化经营能紧跟市场、紧贴客户，紧盯项目，充分利用属地资源，将有效提升公司市场开拓能力、客户服务水平，项目效率效益、业务发展路径。并将属地化经营与当地资源、发展急需进行紧密对接，用长期扎根思想进行业务结构的长期规划，实现系统布局、规模经营、集约管理，由"走出去"向"走进去"转变，由"走进去"向"可持续"转变。

（一）属地化经营布局

2017年中以来，公司在阿尔及利亚、尼日利亚区域化管理的基础上，深入调研，总结经验，结合在手项目进展情况、资源情况、地理分布和属地市场潜力，积极推进新竣工项目国家属地化转型经营。公司结合集团战略、市场环境变化、企业自身转型发展需要，进行适应性的国际化组织优化变革，在有条件有市场的国家将项目公司就地转型成立12家属地化经营机构开展属地化经营，执行项目的同时深耕、精耕海外区域市场。属地化公司位于市场开拓的最前沿，同驻在国市场保持良好的信息渠道，及时有效地获得项目信息和相关资源，同时辐射开拓驻在国周边市场。各属地化公司将"深耕海外市场重心前移""建设海外运维和服务平台""打造多个具有造血功能的独立经济体"等作为拓展海外市场的新经营思路，增强长期扎根海外的自主发展能力。

（二）属地化公司定位

属地化公司作为区域唯一代表，定位于经营单元和利润中心。管理人员转变思路，实现从管理到经营，聚焦市场，发力经营。做好属地市场商情调查，系统、准确地了解经营环境，以契合市场实际情况的方式进行市场开发和项目策划与运作。水泥工程＋：推进工程属地化服务业务，积极拓展属地化备品备件、维修、维护、生产线运营等业务。多元工程：推进工程业务多元化发展，如工业工程、工业配套工程、基础设施工程、民用工程等业务。产业发展：推动工程相关多元化投资，屋面系统、钢结构、硅酸钙板等小型轻量化建材投资。以创造价值为属地化公司经营的终极目标，打造亿元利润平台，成为公司可持续发展的新增长点。

（三）属地化经营目标

第一步"生存阶段"：了解当地法律法规，围绕公司的三足鼎立业务分析适应当地市场，探索经营渠道，调整经营策略，寻求发展机遇，生根属地市场。第二步"发展阶段"：借助当地主流媒体、展会和打造当地具有影响力的项目等模式提升属地化公司知名度，寻找市场突破口，占领市场份额，规划长远发展，培养当地管理人才，提高竞争创效，深耕属地市场。第三步"塑品牌阶段"：明确经营优势，提高核心竞争力，建立成熟的营销网络和产业链的全面延伸，进一步提升当地市场占有率和利润总额，打造优质的企业品牌，扎根属地市场。

三、创新点及重点举措

通过努力实践，阿尔及利亚区域市场成为中材建设业务开展的重点区域，效益在国内同行业间名列前茅，为中材建设的发展和转型探索出了成功经验，创新点及重点举措如下。

（一）以"属地化区域"为中心，组织精健化

1.优化区域顶层设计

2015年初，中材建设提出阿尔及利亚区域以当地公司为载体实施经营思路：就地转型，长期扎根、精耕细作，采用适合自身发展的经营策略，增强属地市场的竞争优势，扩大市场份额，提高竞争创效的能力。2017年5月，中国建材集团曹江林总经理在中材建设阿尔及利亚项目调研时指示"集团工程企业在有条件和市场前景良好的境外市场，要留下精干的经营管理人员、足够的启动资金、适量的工机具，就地转型开展属地化经营"。中材建设积极贯彻落实集团领导指示，结合企业发展实际，全面有序推进属地化经营战略，加快企业转型升级和高质量发展，同时就阿尔及利亚属地化经营的管理架构、远景、经营目标等进行了详细工作布置。

2.优化经营架构体系

组织架构是现代企业管理的基础，是企业内部分工和生产经营管理功能的具体表现，市场的竞争一定程度上就是企业效率的竞争，很大程度上取决于组织架构的合理性。根据公司业务调整及高质量发展需要，主动适应不断变化的内外部形势，强化顶层设计，加强适应性组织建设，对组织结构和功能体系进行创新性调整和持续性优化。

阿尔及利亚公司首要任务是规划其组织架构及管理体系。根据中材建设提出的将在阿尔及利亚部分项目纳入公司管理范畴的要求，积极推动组织整合，全面梳理制度及管控流程，融合统筹区域各项管理业务，并按照"一岗多能、人员精干"原则设置岗位，理顺管理架构。经过客观分析，阿尔及利亚公司决定成立行政部、物流部、采购部、财税劳资部等，在中材建设总部、阿尔及利亚区域公司及项目部三者之间建立工作流程和运行体系。行政部对内为项目部提供支持，对外统一发挥窗口作用；物流部统一操作境内物流工作，采购部统一实施大宗、特种采购，建立区域采购信息平台为项目采购提供指导；

统一调配区域内人力资源，指导项目外籍员工雇用，进一步加强阿尔及利亚公司"管理中心""运营中心"的工作职能。

3.锻造一流人才队伍

随着公司国际化、多元化、产业化的发展趋势，在优化员工成长体系方面，多措并举培养国际化复合型人才，依据"内挖外引"原则，强化人才队伍建设，发挥属地化人力资源优势，实现共同发展。

人力资源属地化有效减少了国际项目执行中市场准入的贸易壁垒，降低海外经营风险。尤其是雇用熟悉当地的高级人才，有利于企业在市场开发和项目实施过程中规避不必要的经营管理风险。

第一，统一认识、制定公司人力资源属地化的发展方向和目标。实施两步走，第一步是根据阿尔及利亚劳动资源现状，在已执行项目开展技术人员和劳工属地化，积累经验；第二步是重点引进高素质管理和经营人才，为公司、项目管理及市场开拓等积聚力量。逐渐从"中国人做管理，当地人做事务"向"当地人做管理，中国人做决策"的方向转变。

第二，建立健全属地化人力资源管理制度。结合阿尔及利亚实际情况和当地劳动法等法律，阿尔及利亚公司出台了属地化人员管理办法和各个工作岗位的作业指导书，有针对性地建立和完善当地雇员的招聘、试用、录用、使用、考勤、休假、岗位考核、奖惩及辞退制度，建立统一的当地员工劳务合同和岗位薪酬体系，规范权力责任，倡导多劳多得。

第三，实施培训计划，全面提高员工的素质和能力。制定合理的岗位员工培训计划，对员工轮流进行技能、知识提升等方面的培训，为属地化公司发展发挥更大的作用。提高当地人员的比例，以有效减少国际项目执行中市场准入的贸易壁垒，降低海外经营风险。尤其是雇用熟悉当地的高级人才，有利于企业在市场开发和项目实施过程中规避不必要的经营管理风险，增强企业对海外市场的有效渗透力。

（二）以"属地化资源"为中心，管理精细化

近年来，随着国内劳动力成本、原材料和国际航运价格的持续攀升，加之各国对外籍劳动力的严格限制，中国承包工程企业的利润空间受到空前挤压。属地化战略有效利用当地和国际资源，有效降低项目实施成本、提高企业竞争力，其中，资源属地化是国际工程企业属地化战略的关键。

1.实现管理属地化

中材建设就阿尔及利亚的公司功能建设，经过详细调研分析论证，将其定位为阿尔及利亚区域的管理中心和经营中心，由其统一协调阿尔及利亚境内的资源，为项目提供指导、支持、监督和管理，统筹阿尔及利亚市场开拓，落实产业投资前期工作。通过在事先、事中和事后细致、合理地计划、调配，根据区域内项目的不同周期、不同条件，合理、灵活地配置区域内的各项资源，提高资源的流通利用速度，进而提升资源创造效益和效率的能力。

属地化管理有助于资源集中、成本集约。相较于传统的单个项目生产管理模式，属地化管理可以实现区域内各项资源的集中管理调配，这种资源的集中管理调配不但适用于人力、物资、设备等实体资源，更适用于商务关系、能力经验等隐性资源。区域资源的集中管理调配可以在不同时期、不同条件下实现资源的动态优化配置，提高资源的流通使用效率，进而实现节约成本、提高效益的目标。

2.提高资源属地化

通过施工管理实践证明，分包属地化可以有效降低中方管理人员数量、规避阿尔及利亚劳工限制、降低施工成本。分包属地化充分结合项目的工程特点、所属国技术水平和劳动力技能逐步推进，最终实现项目顺利执行的目的。中材建设依据实地调研和前期项目的积累，充分发挥当地资源优势，在总承包

项目的注册、物流清关、土建设计、土建质量外控、土建施工等方面进行了属地化分包，取得了良好的经济效益和工期效果。基于阿尔及利亚公司属地化经营和长期合作的考虑，在分包属地化的实施过程中同时立足帮助当地分包商持续改进管理及技术水平，支撑其成长，使其适应工业总承包工程的施工要求也是分包属地化的一项重要工作。

国内物资设备采购海运周期长、到港清关时间长、应变性差，存在影响施工进度的风险，甚至出现综合价格高于当地的价格倒挂现象。任何一个国际化项目都离不开采购、供货属地化，但属地化范围的深度、广度取决于企业属地化经营水平，也直接对项目的成本、质量和进度造成直接影响。中材建设在阿尔及利亚主要将以下两个方面的工作作为抓手，持续不断提升采购、供货属地化水平。其一，在项目投标及实施阶段，依托由已执行项目采购数据汇集形成的公司区域采购平台，对属地化采购、设备租赁及供货进行评估、分析、价格比对，划分采购源地，包括周边国家的国际采购在内。其二，打造比斯卡拉产业园，投建钢结构制造厂，以钢结构、非标类设备制造和水泥厂维修改造为主营业务，为中材建设属地化经营和区域内项目的执行提供良好的供货保障。

3.推进技术属地化

在阿尔及利亚执行工业领域总承包工程，工艺上采用欧洲标准；土建工程执行阿尔及利亚标准，欧洲标准作为补充，标准从严。同时大型工业工程的土建设计需要通过阿尔及利亚CTC的审核，设计图纸提交的语言为法语。很多在阿中资企业都遇到过设计和技术风险，工期及经济损失巨大。中材建设依据多年的国际工程经验，通过以下三方面的技术属地化措施，很好地规避了技术风险。

一是在投标阶段与当地的技术专家合作，在其指导下制定技术标书，参与合同谈判，确保投标环节的技术准确性，以及合同中技术条款与投标书的一致性。二是聘请阿尔及利亚的土建设计专家作为顾问，与国内专家一同对合同技术条款进行审查分析，对设计团队进行培训，提前化解阿尔及利亚与欧标的识别风险。施工过程中，聘请当地工程师充实到施工管理团队中，提前识别技术风险，专业、高效地解决现场技术问题。三是与当地设计公司进行合作，对于重要车间，采取中方设计、阿方审核的协作方式；对于公用车间，采取双方共同确定设计参数和建立模型后阿方设计的分包方式。

（三）以"属地化发展"为中心，经营精益化

聚焦重点项目，深入扫描各属地化公司优势区域和责任区域工业工程项目，摸清摸准不同国家、不同客户、不同项目需求，提前锁定目标，套牢压实责任，以系统性解决方案精准对接，从被动式营销向主动式营销转变。聚焦重点客户，由属地化公司提供"点对点"优质服务，精心打造个性化解决方案，打造"海外运维服务平台"，建立"快速反应部队"，使客户离不开、脱不开。聚焦重点市场，传统水泥业务方面通过提供"水泥工程＋"增值服务创造、培育增量市场；多元工程业务方面利用属地客户资源优势，拓宽项目获取渠道，深耕市场；产业发展方面通过制订营销策略，构建中高端营销网络，实现规模化经营，占领市场。真正做到因地制宜有侧重、统筹协调有组织，增强长期扎根海外的自主发展能力。

1.业务结构属地化

属地化公司摆脱固有思维模式，秉持比同行"快半步"的观念推进业务结构调整持续优化，抓好在巩固传统EPC优势和以现有核心竞争力基础上，水泥客户深化、战略客户合作、属地客户拓展，向电力、能源、化工、冶炼行业渗透，做大多元工程，打造工业工程领域的竞争力体系。经过长期的市场分析、跟踪和准备，中材建设将相关多元业务拓展定位为油脂制取领域。依托公司在阿尔及利亚的多

年项目实施经验、市场品牌知名度，抓住业务同为建筑公司存在共同语言的特点，积极与业主沟通，联系和组织欧洲主机供货商、国内设计院所为项目各项前期工作提供支持，主动参与各类技术澄清，借此机会深度熟悉和掌握油脂制取领域相关专业技术和工程实施，最终以总承包方式中标6000T/D油脂制取项目。目前阿尔及利亚公司属地化市场开拓业务积极推进，签约了当地综合医院项目、塑料瓶厂项目、SOUK石膏厂项目等，并且正在跟踪的项目如牛皮纸厂总承包项目、三星炼油厂项目，Tebessa白水泥厂项目、奥兰糖厂扩能项目和Alger药厂项目等等。在基础设施建设和制造业领域需求较大的区域，充分利用自身资金资源基础和市场成长空间进行适度的产业化发展。在进入当地市场要秉承严谨、科学的态度做好深入的开发调研，针对市场环境的分析掌握做好有效的市场策略，鼓励营销模式创新，使属地化格局更加完善。目前阿尔及利亚区域拟投建年产6000吨钢结构制造厂，为做强产业发展奠定基础。

2.市场拓展属地化

市场拓展是公司在阿尔及利亚发展的首要工作，承载着中材建设在阿尔及利亚的希望和未来。中材建设之前采取总部市场部门直接对接具体客户的市场拓展渠道模式，这种模式对于新客户，尤其是初次进入水泥生产和多元化工程领域的制造商客户，缺乏有效的项目信息搜集渠道和跟踪途径。

阿尔及利亚公司与中材建设总部市场部就市场拓展工作进行了有效的沟通，确定分工，由阿尔及利亚公司市场部在当地建立营销渠道，利用属地化优势以发现新项目、寻找新客户、搜集项目及客户信息、配合投标、跟踪项目及投标进展等为主，中材建设市场部以指导项目投标前期工作和组织投标为主，两个市场部门各自发挥优势互补，形成高效、专业、低成本的市场拓展合作。

阿尔及利亚公司市场部通过市场顾问招聘、当地咨询公司合作、项目部参与等方式将市场拓展渠道拓宽至三个方面。一是项目部利用自身优势负责跟踪正在执行项目的客户项目信息及项目周边责任区市场拓展，对接公司市场部；二是当地咨询公司及市场顾问致力于各行业内非项目区域内的项目及客户信息搜集、跟踪，向公司市场部负责；三是公司市场部致力于市场参展和潜在项目的筛选、重点项目的跟踪和区域市场的统筹及协调工作，并向中材建设市场部负责。

3.品牌宣传属地化

工业总承包项目不同于传统的房建及公用建设项目，需要核心技术和装备做依托，才能在竞标中占有优势。在项目投标阶段，由市场部进行全面组织，吸纳公司及项目相关人员，组织成立投标小组，以发挥公司的商务、沟通优势和项目部的项目执行、专业优势。关于标书编制分属异地办公，统一审核原则，公司市场部统一负责招标单位关系协调、标书澄清等工作，并在最后完成投标和开标等竞标工作，整体竞标工作在高效、低成本下完成。

阿尔及利亚是一个相对比较封闭的国家，距离欧洲较近，工业发展方面对欧洲品牌认知度比较高。虽然包括央企在内的很多中国施工企业在当地从事建筑工程，但大多是从事房建及公共建设，很少有中资企业涉及工业工程领域，尤其是工业总承包工程领域，因此中国工业装备、技术及中资企业在阿尔及利亚工业领域的品牌认知度不高。

中材建设原来的品牌宣传都是由中材建设总部市场部门统一负责，通过全球性的展会、杂志或其他媒体展开，但对阿尔及利亚缺乏针对性。阿尔及利亚公司成立后，由公司市场部专门负责公司在阿尔及利亚的品牌宣传和推广工作。公司与当地广告公司合作，一方面通过当地报纸、电视台等媒体对竣工项目、中标项目的采访等方式宣传公司的品牌形象，提高品牌知名度；另一方面通过参加阿尔及利亚工业展览会、阿尔及利亚国际博览会等参展方式向工业领域客户展示中材建设的工程业绩和多元化的服务范围，有针对性地提高当地特定客户对公司品牌的认知度。

四、属地化经营战略实施效果

（一）绩效成绩突显贡献

阿尔及利亚是非洲第四大经济体，也是非洲内陆国土面积最大的国家，其工业建设工程一直被欧洲企业垄断。2014年在政府多元化经济发展战略的推动下，阿尔及利亚工业进入快速发展阶段，中材建设依托属地化经营的有利局面，与市场潜在客户积极沟通，从项目立项阶段开始为业主提供技术支持和工程咨询服务，凭借属地化经营的成本、工期优势和前期在当地市场树立的精品工程品牌效应，获得业主的青睐。从2014年至今，阿尔及利亚市场一共新建16条水泥生产线，新增产能1950万吨，中材建设成功中标其中7条生产线，市场占有率达到43%。

中材建设以拓荒者的姿态，通过属地化经营，带领中国企业在阿尔及利亚水泥建设市场与欧洲公司同台竞技，打破欧洲公司的垄断神话，带动了中国建材装备及技术在阿尔及利亚的出口。中材建设自2015年在阿尔及利亚实施属地化经营战略以来，累计签订项目10个。截至目前，阿尔及利亚区域有效签约合同额超过15亿美元，成为中国建材集团内有效合同体量和成长最快的单一国家市场。阿尔及利亚区域通过三年的属地化发展，项目成本管理水平不断提升，区域内项目平均毛利率超过25%，达到国内同行业先进水平，与欧洲主要竞争对手基本接近。区域属地化经营取得的丰硕成果和良好的经济效益支撑了中材建设近几年的高速发展和转型。

中材建设在阿尔及利亚区域签约并执行JEJEL油脂制取项目，在属地化经营方面迈出了关键一步、实现了质的突破。通过与在国际上拥有核心技术的装备公司和国内设计院所合作，使得对国际总承包工程企业尤为关键的国际资源整合能力迅速得到整体提升，这也是中材建设在国际工程总承包领域所展露的新的核心竞争力，有助于在更广泛的行业拓展相关多元项目，进而更好地拓宽业务范围。

（二）经营模式推广应用

阿尔及利亚属地化经营是中材建设在市场最艰难的寒冬所做出的战略转型选择，通过阿尔及利亚公司的发展表明这个战略是成功的，在主要经济体国家具有可复制性，中材建设对这种发展模式做出总结后，已开始向尼日利亚、赞比亚、俄罗斯、乌干达、肯尼亚、马来西亚、南非等项目属地国家积极推广应用，并也受到中国建材集团内兄弟公司的借鉴与推行。

同时，中材建设作为中国施工企业管理协会北非联络处的会长单位，将积极在协会内进行属地化经营模式的推广，助力中资企业在海外的属地化经营与高速发展。公司12家属地化公司积极开拓业务，以点带面，从线到面，辐射周边市场，逐步形成区域合作，使得属地公司的朋友圈越来越大，好伙伴越来越多，相互间的合作质量越来越高，发展前景越来越好。

中材建设遵循集团战略、文化、方针、管理原则和经营措施，大力推行国际属地化经营，坚持效益优先、效率优先，充分发挥自身技术、人才、管理等优势，整合当地资源，发挥属地化人力资源力量，高效发掘属地化市场潜能，通过授权、赋能、资源倾斜，营造良好的经营环境，深耕传统水泥市场，积极拓展多元业务市场，优化产业发展布局，夯实市场基础，打造具有造血功能的独立经济体，实现公司与属地区域的双赢，开创国际化发展新格局。

（三）助力打造品牌形象

2019年12月8日，2018—2019年度国家优质工程奖总结表彰大会在国家会议中心召开。公司阿尔及利亚BISKRA5000TPD水泥生产线总承包项目获评2018年度国家优质工程奖，中国建材赞比亚工业园项目和尼日利亚SOKOTO 3300TPD水泥生产线总承包项目同时荣获2019年度国家优质工程奖。阿尔及利亚

BC2×6000TPD总承包项目、尼日利亚EDO二线6000TPD水泥生产线总承包项目同时荣获2020—2021年度第一批国家优质工程奖。本次国家优质工程奖的获得,是对公司建设工程项目的再次肯定,公司将继续积极探索实现高质量发展的规律和途径,大力弘扬高质量发展的工匠精神,努力打造高质量发展的靓丽品牌。

阿尔及利亚属地化经营公司各项工作的有序开展与实施,以及在阿地区成功打造了BISKRA项目、BC项目等一系列标杆项目,公司良好的品牌形象及能力得到当地民众的广泛认可,阿尔及利亚国家电视台分别对阿尔及利亚BC水泥厂、阿尔及利亚公司进行采访报道,为属地化公司的宣传和推广起到了积极的推动作用。

五、展望与思考

伴随着国际化经营战略的实施,中材建设在品牌、管理、技术和服务等方面实现了国际化的高速发展。在新冠疫情冲击和全球化经济浪潮下,海外市场环境、技术环境、社会环境和商务环境越来越复杂,国际市场的竞争层次提高到了崭新的水平。中材建设围绕国有企业拓展海外市场融入"一带一路"倡议的主线,积极进行国际化经营转型升级探索和实践,设立属地化公司开展属地化经营管理,采用和探究适合其自身发展的属地化经营策略,充分利用当地有利资源,增强在属地市场的竞争优势,努力扩大市场份额;提高核心竞争力,塑造优质的企业品牌,应对全球化竞争和实现资源优化配置,进而进行全球布局,持续整合提升公司的属地经营能力、协同经营能力和高端经营能力,构筑互利共赢的产业链供应链合作体系,深化国际产能合作,确保公司高质量稳步发展。

成果创造人:董来苟、张思才、刘贞华、荣亚坤、成功、郭永生、彭露青

全面风险管控体系，为国际化油品贸易保驾护航

中国航油（新加坡）股份有限公司

国际油品贸易市场是全球能源体系的重要组成部分，对国际政治、经济等因素极其敏感。作为中国航空油料集团公司最早伸入国际市场的"贸易手臂"，中国航油（新加坡）股份有限公司（下简称"新加坡公司"或"公司"）在这一片充分开放、竞争激烈的战场上摸爬滚打二十余年。其间，有过辉煌的成绩，也有过惨痛的教训，新加坡公司始终不忘初心，砥砺前行，秉持"稳中求进"原则，不断强化"合规第一、风控至上"的经营理念，引进、借鉴和应用了国内外优秀企业先进的公司治理结构、风险管控理念和技术工具，结合自身中国央企背景和业务实际，逐渐探索出一套具有自己特色的全面风险管控体系。这一以"四重双线"的风险管理架构为核心，以企业风险与专项风险相结合的风险管理内容为主体，以"全员参与、全程管理"的风险管理文化为导向，以信息系统建设与专业队伍建设为保障支撑的风险管理体系，为新加坡公司在国际贸易的市场搏击中保驾护航。

一、中国航油新加坡公司简介及风险管理发展历程

（一）公司简介

新加坡公司于1993年5月26日在新加坡注册成立，2001年在新加坡证券交易所主板上市，是亚太地区最大的航油实货贸易商和中国最重要的航油进口商。

公司总部在新加坡，依托于中国市场，业务在全球主要航空枢纽如香港特区、洛杉矶及伦敦等不断拓展壮大。公司旗下包括三家全资子公司：中国航油（香港）有限公司、北美航油有限公司和中国航油（欧洲）有限公司，向位于亚太、北美、欧洲和中东的航空公司供应航油。公司也开展航油和其他油品的国际贸易。

同时，公司投资于与供应和贸易活动有协同性的油品相关业务，包括储罐、管线、机场加注设施，其资产业务支持全球一体化供应与贸易链，分布于多个业务版块，形成公司重要的一体化价值链。

（二）风险管理发展历程

中国航油新加坡公司现行的全面风险管控体系起步于2006年。在建立过程中，立足自身的同时也充分吸收了国际先进的风险管理理念与经验。

发展至今，中国航油新加坡公司的风险管理体系建设经历了四个阶段：

（1）2006—2007年是公司风险管理体系的初步建立阶段。在这一阶段，公司重点关注与贸易直接相关的市场风险和信用风险，梳理并制定相关制度要求，形成了新的风险管理框架，风险管理体系初步建立。

（2）2008年至2010年是公司贸易风险管控的正式施行阶段。在这一阶段，公司上线了覆盖全部业务流程的贸易与风控信息系统，实现了风险管理功能的信息化和自动化，提高了信息传递的效率，大大减少了人为错误，提升了风险管控的有效性。

（3）2011年至2017年是公司贸易风险管控的优化完善阶段。公司在实际操作中，不断总结经验，对风险管理的细节要求、流程及系统进行优化，贸易风险控制体系日臻完善。

（4）2018年至今是公司将风险管理从贸易风险聚焦扩展至全面风险管控的全面提升阶段。以成熟的贸易风险管理为基础，公司重新审视了风险管理框架，大力推进了企业风险管理建设，形成了企业风险与专项风险管理相结合的新主体，推动公司风险管理水平和层次的提升，使公司能够从战略的高度来发现、识别风险，并采取有效措施，把风险控制在公司能够承受的范围之内，为公司实现战略目标提供保证。

二、"四重双线"的风险管理架构

新加坡公司在风险管理架构上采取了四重管理、双线汇报的模式（如图1所示）。这一架构是新加坡公司综合了国内外公司的先进经验和公司自身的实际情况，逐步摸索，不断完善，建立起的一套成熟的风险管理架构，是公司全面风险管控体系的核心。

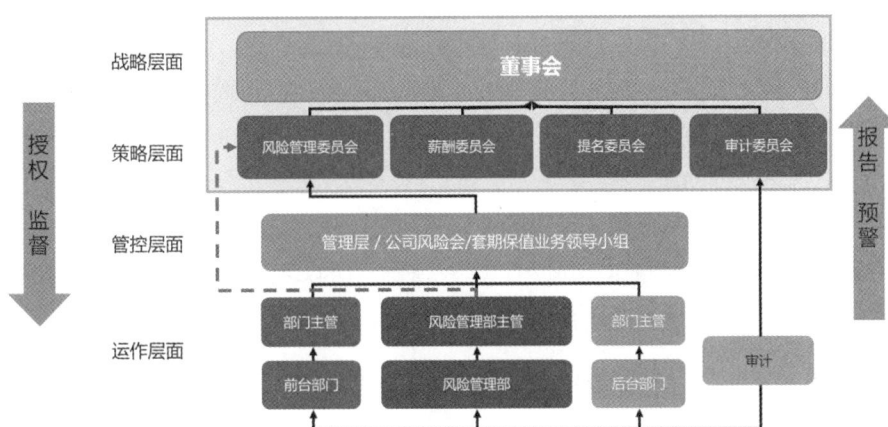

图1 "四重双线"风险管理架构

"四重双线"风险管理架构中的四重管理将风险管理工作按照层级划分为四个不同的层面，分别为战略层面、策略层面、管控层面和运作层面。

战略层面代表公司制定发展战略和规范公司治理的最高层面。在这一层面，公司董事会全面掌握和监督公司的风险状况，领导公司的风险管理工作，所有风险管理相关事项都将最终汇报给董事会，同时，所有风险管理的职责权限也由董事会层面向下授权。

策略层面是指董事会的下设专业委员会。在这一层面，公司董事会专门成立了风险管理委员会，负责监管战略风险管理问题。风险管理委员负责制定公司的风险管理框架、风险政策和风险偏好；负责各项相关风险的把关，对各类风险类型的限额进行审阅并提出意见，让董事会进行最终审批；同时审核批准公司计划开展的新业务。风险管理委员会通过月度报告和季度会议，对公司各项风险管理情况、数据指标及专项风险分析进行掌握和监控，以此来把控公司各类风险敞口和整体风险状况。

管控层面是公司日常运作的决策层面。这一层面由公司管理层与公司风险会（简称"CRM"）共同组成。公司管理层按照公司架构，对公司日常业务进行管理决策。而公司风险会则是在风险管理委员会授权之下，对风险相关事务进行专项管理，负责企业全面风险，包括市场、信用、运作、财务守规和信誉等各类风险管控措施的组织和实施。公司风险会由风险管理部主管担任主席，其他参与人员包括公司管理层和主要职能部门的主管，在必要时召集会议对公司经营过程中遇到的风险课题进行研究讨论。同时，该层面也包括按照业务实际情况成立的专项工作组，如套期保值业务领导小组等。

运作层面是公司日常运作的基础层面。这一层面由公司前、中、后台各个职能部门共同组成。在运作层面，公司运用了风险管理三道防线的概念，构建了立体、全面的风险防控机制。在这一机制当中，每个岗位的员工是岗位相关风险的第一责任人，由各岗位组成的职能部门则是本部门相关风险管理的第一道防线。风险管理部负责日常风险管理业务的执行，确保所有与风险相关的政策、流程和限额得到遵守和落实，是风险管理的第二道防线。审计部门通过定期审查，对各项制度、流程的运行情况进行检验，寻找日常运作中的薄弱环节，是风险管理的第三道防线。三道防线的建立提高了每名员工自身的风险防范意识，促进了公司"全员参与、全程管理"的风险管理文化，强化了公司的整体执行力和风险管理能力。

战略、策略、管控和运作四个层面对公司的风险管理工作进行了清晰的职责划分，但同时，各层面之间又通过自上而下的授权与监督，以及自下而上的报告与预警，形成了一个紧密协作的整体。

"四重双线"风险管理架构的另一个方面是"双线汇报"。这指的是在正常情况下，风险事项的汇报线由运作层面的风险管理部主管到管控层面的管理层和公司风险会，再到策略层面的风险管理委员会；同时，在必要时，例如管理层出现违法违规行为或是对一些风险事项漏报、瞒报时，风险管理部主管有权绕开管控层面，直接向风险管理委员会进行汇报。"双线汇报"的机制赋予了风险管理部在整个风险管控架构中更高的灵活性和独立性。

"四重双线"的风险管理架构实现了风险的分层管理，确保了公司风险管理职责的明确划分和有效执行，风险管理部同时对管理层和董事会风险管理委员会负责的双线汇报机制，保证了风险管理职能的独立性，有效降低了公司发生重大风险事件的可能。

三、企业风险与专项风险管理相结合的风险管理内容

全面的企业风险和各专项风险是中国航油新加坡公司全面风险管控体系的主要管理内容。

企业风险管理是对公司的一次定期全面体检，参照公司风险分类对公司风险状况进行全面梳理，并总结整理相应的风险缓解措施，为公司的风险情况提供一份全景图。而各专项风险的管理则是对公司每日运作中所面临风险的重点关注，包括但不限于对市场风险和信用风险等贸易风险的量化管理与实时监控，对高风险的衍生品业务的特别制度和严格管理、对日常操作风险和业务合规风险的高度关注和及时跟进等。

企业风险和专项风险管理相结合的风险管理内容既保证了公司风险管理工作的高度与广度，也突出了风险管控的重点，确保关键风险得到有效控制，有点有面，层次分明。

以下对企业风险和各专项风险的管理情况进行介绍。

（一）企业风险管理

企业风险管理是指将企业视为一个整体，综合性地分析评估企业所面临的各项不确定因素（即风险）及其可能导致的结果，以期将风险影响控制在企业预期可接受范围内的管理过程，从而促进和确保

企业整体利益的实现。

中国航油新加坡公司在实践中探索，建立了自己的企业风险管理流程与企业风险管理工具。

1.企业风险管理流程

公司的企业风险管理流程共包括八个环节：根据公司战略确定风险偏好、风险敞口辨别、敞口定性分析、敞口定量分析、风险应对措施制定、风险应对措施执行、风险敞口监控、管控效果回顾。

（1）根据公司战略确定风险偏好：公司根据自身的经营发展战略制定出具体的经营目标，并在经营目标的基础上分解出公司的风险偏好。风险偏好是对公司风险目标的细化和具体化，而根据细化目标的性质，风险偏好的每个单项可能为定性也可能为定量。例如：不出现任何损失超过XX万元的重大风险事件，不出现损害公司名誉的重大舆情等。

（2）风险敞口辨别：以风险偏好为基础，对公司经营活动的各个环节进行全面体检，逐个分析，识别潜在的各项风险，形成企业风险列表。具体实施过程中可以采取自上而下和自下而上两种形式。自上而下的形式是指参考既定的风险分类结构，对公司情况进行对照分析。而自下而上的形式是指由公司经营活动各个环节的员工从实际工作出发，提出所关心的风险问题，再统一分析处理。

（3）敞口定性分析：针对企业风险列表中的每一个风险项目，从该风险的固有风险隐患入手，分析相关风险事件发生的可能导火索，定性分析该风险可能造成的影响，再针对风险隐患、风险导火索或风险影响识别相应的风险应对措施。同时，识别风险项目的归属部门。

（4）敞口定量分析：针对企业风险列表中的每一个风险项目，评估其预计造成的财务损失严重程度和预计风险发生概率，两者相乘获得该项风险的风险值。将列表中的风险按照风险值排序，从而辨别高风险类别。

（5）风险应对措施制定：综合风险项目的定量和定性分析，制定相应的应对措施。应对措施分为四大类：风险避免（中止项目或业务）、风险转移（通过保险或其他手段转移相关风险）、风险降低（通过有效行动措施，降低风险损失的严重程度或风险发生概率）和风险保留（当风险较小，属于公司可接受范围或风险处理成本高于风险损失本身）。

（6）风险应对措施执行：主要针对应对措施为风险转移和风险降低的风险项目。由风险的归属部门执行上一环节制定的相应应对措施。通常，具体措施的执行会牵涉到归属部门之外的其他部门协同工作，须由风险归属部门协调统筹，确保措施执行的准确性与时效性。

（7）风险敞口监控：风险管理部门对各项风险的应对措施实施和风险敞口进行定期监控。在某一风险项目的敞口发生明显变化时（即预计损失严重程度或发生概率发生改变），需在企业风险列表中及时进行更新，必要时须重新评估。

（8）管控效果回顾：这一环节同样分为自上而下和自下而上两种形式。自上而下是指定期对整体企业风险管理流程进行回顾，寻找薄弱环节，改良管理流程。自下而上则是不定期的风险排查，对风险列表进行完善。

企业风险的管理是一个不断循环往复的过程，随着业务实际的变化，上述的管理流程也将不断重复，从而确保公司始终能够建立有效的企业风险管控机制。

2.企业风险管理工具

新加坡公司所使用的企业风险管理工具主要包括企业风险分类、企业风险列表、风险矩阵、关键风险指标等。

（1）企业风险分类：公司以国资委下发的风险分类为基本依据，结合公司的业务实际，归纳整理出三级风险分类，如表1所示。该风险分类用于企业风险管理中的风险敞口识别。而在公司的运行与发展过程中，新的风险类型也将得到及时的识别和补充。

表1　企业风险分类

第一级	第二级	第三级
战略风险	外部战略风险	政策风险
		宏观经济与政治风险
	内部战略风险	内部整合与协同风险
		业务结构和转型风险
		国际化经营风险
		企业文化风险
		战略管理风险
		投资风险
人力资源风险	人力资源风险	人力资源风险
经营风险	信用风险	信用风险
	市场/价格风险	市场/价格风险
	公司治理风险	公司治理风险
	操作风险	信息系统风险
		合同管理风险
		健康安全环保风险
	业务风险	质量风险
		采购风险
		衍生品业务风险
	声誉风险	公共关系风险
		品牌与声誉风险
	外部突发综合性事件	外部突发综合性事件
守规风险	关联交易风险	关联交易风险
	保密风险	保密风险
	廉洁风险	廉洁风险
财务风险	财务管理风险	财务管理风险
	现金流风险	现金流风险
	汇利率风险	汇利率风险

（2）企业风险列表：依照企业风险分类，每一个识别出的风险项目将作为第四级，归入对应的三级风险分类项下，形成企业风险列表。针对每一个四级风险项目，风险列表需列明该风险项目的风险描述、风险归属部门、无减缓措施的风险评估（影响力、可能性和风险值）、减缓措施、减缓措施归属部

门、有减缓措施的风险评估（影响力、可能性和风险值）以及该风险项目在整个风险列表的排序。企业风险列表作为公司风险状况的全景图，至少每半年进行一次回顾更新。

（3）风险矩阵：以风险影响力和发生可能性为坐标系的两轴，按照企业风险列表中单项风险评估的数值对应到相应的红绿灯矩阵当中，以形成对单项风险严重程度更为直观的感受。通常风险矩阵只会用于企业风险列表中的前五项。

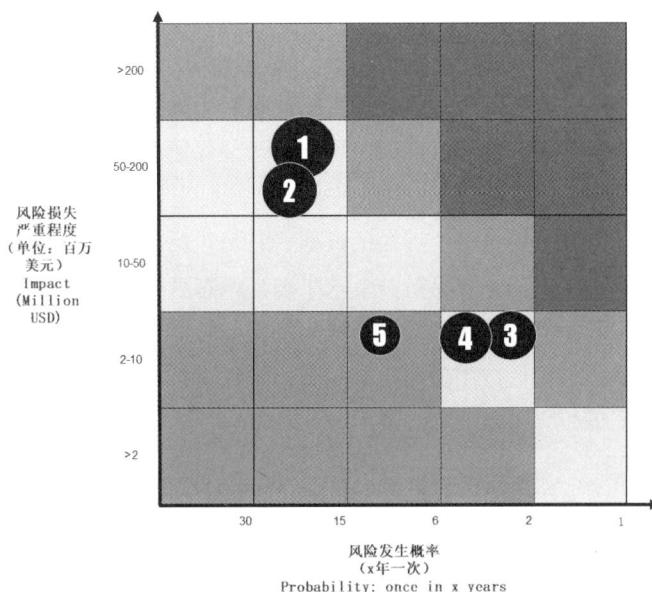

图2 风险矩阵示意图

（4）关键风险指标：关键风险指标是用于风险评估和监测的重要工具，针对特定的风险项目，识别出有意义的量化指标。这些指标的变化对关联风险项目的变化有指示作用，因此公司可以通过监控关键风险指标实现对特定风险项目的风险变化、控制环境的监控，并在此基础上进行进一步的量化分析。新加坡公司在2019年启动了关键风险指标体系的建设工作。目前已经建立起针对人力资源风险和信用风险的关键风险指标，计划逐步将范围扩大至信息技术风险、操作风险和市场风险等其他领域。

（二）市场风险管理

市场风险主要是指由公司所持有商品（"实货"或"衍生品工具"）价值/价格的变化可能会对公司的财务状况产生负面影响的风险。

国际贸易中的市场风险主要体现在三类贸易。一是单方向的油价投机，即对单纯油价进行交易，如对原油价格涨跌进行交易。这类贸易波动性很大，通常仅限于短期交易或是数量较小的商品持仓。二是价差交易，包括对同一种产品在不同时间的价差进行交易（即时间价差）、对同一种产品在不同地点的价差进行交易（即地区价差）和对两种不同产品在同一时间的价差进行交易（即产品价差或裂解价差）。三是套期保值，通过套保锁定现有的盈利或损失，降低甚至消除价格变动产生的市场风险。

新加坡公司根据自身的业务特点，总结出公司面临的市场风险主要包括敞口仓位中固有的价格风险、由不完全匹配锁价保值引起的替代品或相关性风险以及可能导致公司难以以公平的价格完成交易的市场流动性风险。

中国航油新加坡公司用于定量化管理市场风险的工具主要包括贸易限额管理、压力测试与场景分析和风险报告制度。

1.贸易限额管理

贸易限额管理是指通过制定一系列贸易相关的量化指标对其市场风险进行监控管理的过程，主要包括制定指标、限额设定及修订、限额监控与超限处理等环节。

指标制定：公司目前根据业务实际，制定了包括净敞口、管理层预警、止损限额、高峰落差预警、资金使用额、市场风险值等在内的若干限额指标。这些指标不仅体现在公司整体上，也运用于单个的贸易账户中，即公司既会制定整体的限额，也会给每个贸易账户制定相应的限额。

限额设定及修订：每年根据公司的风险偏好、贸易政策和市场状况的变化，公司的风险管理委员会会对每项指标的具体限额进行审阅和修订。同时，风险管理部保留在市场状况发生改变时提出临时限额建议的权力。

限额监控与超限处理：限额监控是一个持续的过程，它是包括前台贸易人员和中台风险管理人员等在内的所有相关部门人员的共同责任。贸易员被要求采取谨慎态度，尽量避免任何超限情况的发生，并在出现超限情况时，及时采取适当的补救行动。而风险管理部独立于前台，在每天的账户监控报表中体现各限额的使用，监督并确保贸易员按照公司批准的贸易限额进行贸易活动。公司也对各项限额指标出现超限时的呈报和应对提出了相应的要求。

2.压力测试和场景分析

在公司日常监控的各项风险指标中，包括一项较为特殊的指标——市场风险值。这是一种用来预测今后一段时间内公司整体持仓最大可能损失的技术。通常所用的置信度为95%，也就是20天中只有1天的盯市亏损会高于事先计算的市场风险值的情况。

使用市场风险值，能够用单一的数字向管理层呈现所承担的市场风险大小，同时在计算过程中兼顾了持仓总额（持仓数量×市场价格）、市场波动性及不同商品之间的相关性。市场风险值不仅可以用于预测，也可作为一个关键风险限额用来管理市场风险偏好。

然而由于其95%的置信度，无法体现一些极端情况对于公司的影响。因此，新加坡公司引入了压力测试和场景分析，对市场风险值进行了有效补充。

压力测试和场景分析是指以市场上已经发生过的极端事件或对未来发展趋势的极端预测为设定场景，来模拟和计算极端情况下公司的可能损失。例如近几年，公司使用过的压力测试场景包括新冠疫情大爆发等等。

3.风险报告制度

公司制定了严格的风险报告制度，明确要求了报告的频率。市场风险报告包括每日报告、月度报告、季度报告以及对特殊事件的专项报告。其中每日报告主要提供给管理层和各相关部门，用于日常监控。而月度和季度报告主要提供给董事会风险管理委员会。

在风险每日报告中，各个贸易账户的盯市盈亏、持仓量及持仓种类、账户市场风险值、流动资金的使用情况都一一呈现。限额监控同样包括在每日的报告当中。下图为公司航油业务贸易账户每日报告的样表示例。

Daily Risk and P&L Report - Jet Business (SG) 每日风险及盈亏报告 - 航油业务帐户					
Report COB: 报告至:		04-08-2021	2021年8月4日 Wednesday		
P&L Summary and Notes 盈亏摘要及注解 (USD 美元)					
CAOIL SG 中航油新加坡公司	Trade Book 帐户	YTD P&L 年盈亏	Daily Move 日盈亏	Weekly P&L 周盈亏	Monthly P&L 月盈亏
	Jet Business (SG)				
	Jet Commission				
	Jet Supply and Trading				
Daily Summary 每日摘要:					
Jet Supply and Trading Book:					
Daily P&L move mainly due to:					
航煤供应和贸易账户:					
日盈亏主要包含:					
Jet Supply & Trading 航煤供应和贸易	• MTM New deals and daily pricing 新交易盯市和本月每日计价				
	• MTM movement of previous holding positions 前日持有头寸的盯市变动				
	• Quantity update/actualization & buy/sell matching/scheduling 实货数量更新或买卖配对及调度				
	• Fee updates 费用更新				

图3 每日报告示例—业绩展示部分

Limit Minitoring (Jet Supply and Trading Book) 限额监控(航煤供应和贸易账户)			
Limit Description 限额描述	Jet Supply and Trading Book 航煤供应和贸易		
	Value 数值	Limit 限额	Utilization (%) 使用率
NET EXPOSURE 净敞口		BBL 桶	
MAT 管理层预警		USD 美元	
DFP 高峰落差预警		USD 美元	
FUND UTILIZATION 资金占用		USD 美元	
STOP LOSS 止损		USD 美元	
VAR 风险值		USD 美元	
MAX TERM CONTRACT DURATION - PHYSICAL FIXED PRICE 长期合同最长期限 - 现货固定价		MONTH 月	
MAX TERM CONTRACT DURATION - PHYSICAL FLOATING PRICE 长期合同最长期限 - 现货浮动价		MONTH 月	
PAPER MATURITY 纸货到期日限制		MONTH 月	
TANKAGE OPERATION LEASE 储罐租赁		MONTH 月 USD 美元	
FREIGHT SWAPS NET EXPOSURE 运费纸货净敞口		MT 吨	

图4 每日报告示例—限额监控部分

(三)衍生品业务风险管理

衍生品业务风险严格来说属于市场风险的范畴,然而由于其风险较高,新加坡公司对这一风险高度重视,将其从市场风险中独立出来,并将业务范围限制为套期保值,制定了专门的套期保值业务管理方案,对其进行专项管理。

1.套期保值原则

套期保值的目标在于降低或消除价格变动产生的市场风险。因此套利保值业务本身不会产生盈亏,只是通过套保可以锁定现有的盈利或损失,使得交易不再受市场涨跌影响。公司对套期保值业务规定了八大原则:一是仅限于从事套期保值业务,严禁任何形式的投机行为;二是所有金融衍生工具均纳入场内清算,不得在场外清算;三是以降低实货风险敞口为目的,遵守金融衍生工具与实货品种匹配、数量匹配、时间匹配、交易方向对冲的原则;四是仅限于经核准的金融衍生工具(包括两种金融衍生工具的价差)买卖操作;五是必须先有实货保值范围才可以使用金融衍生工具进行套期保值,套期保值业务按照贸易账户进行管理,单个贸易账户衍生业务年度保值规模不超过年度实货经营规模的80%,时点金融衍生工具净持仓规模不得超过对应实货风险敞口；六是套期保值对应关系的建立、调整和撤销应当符合生产经营的实际需要；七是不得使用公司外部账户开展金融衍生业务，不得接受外部单位/个人委托，使用公司的账户从事衍生品交易；八是严禁企业负责人直接操盘。

2.套保业务流程

公司详细规定了套保业务日常、月度、季度和年度的工作流程。

每年年初，公司由董事会层面审批当年的年度套期保值计划。而每个季度，内部审计部门需对套期保值业务开展情况进行专项审计，确保其符合相关要求。

每月，风险管理部门需对当月的衍生品业务开展情况、月度风险及盈亏情况和套期保值方案的执行情况编制月度报表，而财务部门则要核查业务数据和财务数据的匹配情况。

套期保值的日常工作主要涉及前台贸易部门（套保方案编制和申请、套保台账的登记和套保比例的计算）、中台风险管理部门（信息检查、授权、限额及比例监控、报表编制）和后台财务部门（保证金余额管理）。

3.授权管理

公司针对套期保值业务制定了审批权限表和交易权限申请书。

审批权限表针对不同产品和单笔金融衍生工具规模的审批权限做出了详细规定。

交易权限申请书由专设的套期保值业务领导小组审批签署，规定了被授权贸易员每日净交易量和可交易的套保工具品种，被授权人员只有在取得书面授权后方可进行授权范围内的操作。公司也对一些临时权限调整的审批要求进行了规定。但对于未经核准的新金融衍生工具，公司严格管理，需要履行严格的新产品审查与批准程序。

4.报告制度

套期保值业务的报告制度包括了对重要指标的每日监控和超限处理以及对特殊情况的上报要求，包括套期保值业务有关人员违反风险管理政策和风险管理工作程序、套期保值策略不符合相关规定以及套期保值业务出现或将出现相关法律风险等。

重要监控指标方面，除了市场风险本身规定的止损、管理层预警和高峰落差预警之外，套保业务新增了贸易员每日纸货净交易量和套保比率限额的监测，同时，也制定了针对单个策略组和单个账户的重大亏损标准。

Daily Paper Trading Volume 贸易员每日纸货净交易量			
Trader 贸易员	Volume 数量	Limit 限额	Utilization (%) 使用率
xxx		1,000,000 BBL 桶	
Hedging Ratio 套保比率			
Hedging Strategies 套保策略	Physical 实货	Derivative 衍生品	Hedging Ratio 套保比率
保值策略J01-供应中国境内航煤套期保值策略			BBL 桶 45.6%
保值策略J02-从中国境内采购航煤销往北美的跨区贸易套期保值策略			BBL 桶 23.5%
保值策略J03-从中国境内采购航煤销往欧洲的跨区贸易套期保值策略			BBL 桶 53.2%
保值策略J04-从中国境内采购航煤销往亚洲其他国家的套期保值策略			BBL 桶 8.8%
略J05-亚洲其他国家、中东采购航煤销往北美的跨区贸易套期保值策略			BBL 桶 0.0%
略J06-从亚洲其他国家、中东采购航煤销往欧洲的跨区贸易套期保值策略			BBL 桶 0.0%
保值策略J07-亚洲航煤库存套期保值策略			BBL 桶 73.2%
保值策略J12-其他航煤贸易套期保值策略			BBL 桶 40.5%

图5 每日报告示例 – 套期保值指标监控部分

（四）信用风险管理

信用风险是指因借方或贸易对家未能履行其某项义务而造成的风险。这种风险可以是未能提供承诺的货物或服务，拒绝提供承诺的贷款或未能按时如数付款或偿还欠款等。中国航油新加坡公司面临的信用风险主要体现在贸易业务中的履约风险（供应商未能如约提供油品导致公司预付款损失或进货成本提高）和违约风险（客户应收款严重逾期或无法收回）。

公司清楚地认识到信用风险是商业活动中所固有的一部分，信用风险管理的目的不在于消除信用风险，而是提高对其的认识并积极管理，在动用的信用风险资金上达到最大可能的回报并促进业务增长，在既定的风险偏好上，应用风险缓解技术，将商业活动利益最大化。

为实现此目的，公司的信用风险管理主要包括三大部分：交易前的交易对家管理，交易中的信用风险缓解和交易后的信用风险监测报告。

1.交易对家管理

中国航油新加坡公司的交易对家管理主要包括信用评级、限额管理和交易对家的动态管理。

公司规定信用评级是贸易活动的前提。专业的信用风险管理团队对每个贸易对家的财务状况和历史状况分别进行定性和定量的分析，从而确定每一个贸易对家的信用评级（从A1、A2到F共十个等级），再结合业务设定每个等级对应的信用限额，包括放账额度、付款条件等。下表为信用限额框架示例。

表2 信用限额框架示例

内部信用等级	穆迪信用评级	标准普尔信用评级	净值比率（百分比）	实货信用额度（百万美元）
A1	Aaa 至 Aa3	AAA 至 AA−	30	200
A2	A1 至 A3	A+ 至 A−	25	200
B1	Baa1	BBB+	20	130
B2	Baa2 和 Baa3	BBB 和 BBB−	15	130
C1	Ba1	BB+	10	60
C2	Ba2	BB	5	60
D1	Ba3	BB−	5	7.5
D2	B1	B+	5	5
E	B2 和 B3	B 和 B−	不适用	0.5（由信用保险或冲销全额覆盖）
F	C	C	不适用	0.2（由信用保险或冲销全额覆盖）

等级E：付款方式主要为信用证或货到付款，小额放账（最高50万美元）需要由信用保险或冲销全额覆盖。固定价交易是以信用证或现金抵押为基础进行，并在信用风险管理小组的审批权范围内

等级F：付款方式主要为信用证附加押金或提单日前预付款，小额放账（最高20万美元）需要由信用保险或冲销全额覆盖。固定价交易是以信用证或现金抵押为基础进行，并在信用风险管理小组的审批权范围内

审批权：
风险管理部主管：不超过2亿美元；信用风险管理小组：大于2亿美元但低于风险委员会所授予的最高额度；批准临时增加风险委员会所批额度20%的额外额度增加

在信用评级和限额管理的基础上，公司建立了交易对家的分级分类和动态管理机制，设立了非活跃交易对家清单和黑名单，并制定了定期的交易对家清理计划，在提高交易对家整体质量的同时提升了信用风险管理的效率。

2.信用风险缓解

在交易实施过程中，公司主要采取六大措施来降低信用风险的风险敞口或是风险发生概率，从而缓解信用风险，包括：要求贸易对家的现金抵押（预付款或保证金）、要求贸易对家提供母公司或第三方担保、使用信用证方式结算、改变交易结构（如买卖合同相抵）、无索赔权应收款贴现（将信用风险转移给银行）、购买信用保险等。

3.信用风险监测报告

公司通过量化的信用风险报告对信用风险进行监测，报告中使用的指标包括信用敞口、信用分布和预期信用损失。

单个对家的信用敞口为对其应收账款和未结算交易的盯市计算结果之和，而公司整体的信用敞口则受到各信用等级的违约概率、各信用等级的信用敞口和已计提的信用损失三个因素共同影响。信用分布则是对信用敞口中各个信用等级分布情况的汇总。

在信用敞口和信用等级分布的基础上，公司运用公式计算出预期信用损失来衡量和控制公司整体的信用风险状况。

利用信用管理系统，公司能够实时查看每个贸易对家的信用风险敞口与限额，并通过现有流程管控确保任何交易都在批复限额之内。当超出限额时，系统将会自动发出警告电邮。

（五）操作风险管理

操作风险主要来源于公司日常的经营当中，来源可能是内部的人员（因人为原因如误操作、技能缺乏等导致风险事件发生）、系统（信息系统故障、被攻击等导致运作中止的情形）、流程（流程设计不合理或执行出现错误）或是外部突发事件（外部不可控事件导致的操作风险如火灾、停电等）。

针对操作风险，新加坡公司主要通过提升内部控制和强化业务延续性管理来予以缓解。

1.提升内部控制

提升内部控制主要针对的是可能引发操作风险的内部因素，即人员、流程和系统。

对于人员的管理，公司在完善各项内控制度的基础上，充分激发公司员工的主观能动性，搭建以制度管理和约束为支撑，以风险管理文化为导向的综合管理体系。

对于流程的管理，公司制定了严格的标准化流程回顾与更新机制，明确各部门作为各自流程的归属部门，同时指定了跨部门流程的协调部门，确保流程制定合理、运行有效。

对于系统的管理，公司从2015年起进行了一系列的网络安全优化，在信息基础设施建设层面建立了一套较为全面、立体的防护体系。同时规范了信息技术管理规定，强化了业务流程、权限、数据等多方面管理，提升了公司信息系统的整体安全系数。

2.强化业务延续性管理

业务延续性管理主要针对的是可能引发操作风险的外部突发事件。

公司针对若干可能的情境，指派应急管理团队和指挥人员，制定详细而可行的业务延续性计划（即应急方案），从而提升公司对外部突发事件的应对和恢复能力。

业务延续性计划涉及公司多个部门，由指定部门统筹，每年进行回顾更新，并按照设定情境进行演练。在必要时，公司也会根据经营过程中发现的新问题、新挑战举行临时的专项演练。

（六）合规风险管理

在海外经营，新加坡公司面临多重的合规要求。一方面，公司必须遵守国内相关政府部门如国资委以及来自母公司的各项要求；另一方面，公司也必须遵守国际贸易的相关规则（如制裁、反洗钱等）以及公司所在地法规和上市规则的要求。

公司由专门的合规管理团队负责合规风险的管理，确保公司的经营行为符合各方面合规要求。具体包括对公司员工的专业培训、注重对相关规则的监控与应对等。

在专业培训方面，公司利用第三方网络平台，量身定做与公司业务相关的合规培训课程，推广和落实到所有公司员工，提升员工对有关反贿赂和反腐败、行为和道德、国际贸易制裁的相关知识的了解，确保公司全体上下统一认识，维护公司的良好形象。

而在国际贸易规则执行方面，公司在引入新的交易对家之前均会做详细的尽职调查，尤其关注反洗钱相关内容。同时，运用第三方提供的工具在日常业务中持续对贸易制裁情况进行及时监控，对于潜在风险给予及时警告，确保公司的正常贸易行为"不踩雷"。

四、"全员参与、全程管理"的风险管理文化

文化是企业内部最稳定而有力的影响因素之一，其对企业的经营业绩、内部治理和战略实现都发挥着至关重要的作用。风险文化是以企业文化为背景，在经营管理活动过程中逐步形成并为广大员工自觉遵守的风险管理理念、风险价值观念和风险管理行为规范。是企业文化的重要组成部分。

从管理学理论来看，管理主要依赖于两大要素：权力和文化。权力作为一种支配资源的力量，依靠的是一种硬性的制度约束，这种约束是一种被动的硬约束。文化则是一种规范指导能力，是软约束。如在一定的文化理念指导下的行为习惯，对企业成员素质的培养和良好的职业道德的形成具有潜移默化的巨大作用。文化的约束是一种发自内心的认同。因此只有将风险管理依托于一种文化，才能将高成本的硬性约束变为低成本的全员自觉。

在此理论基础上，新加坡公司的全面风险管控体系以"全员参与、全程管理"的风险管理文化为建设导向，以期用文化的力量去引导员工行为，提升全体员工的风险防范意识和风险管理技能，从而形成合力，提高公司整体风险管理水平。

公司的风险管理文化建设自上而下。从董事会和管理层开始，便大力倡导"合规第一，风控至上"的经营理念，将"风险管控服务于业务发展，业务发展服从于风险管控"作为平衡风险管控和业务发展的风控理念，营造了良好的风险管理氛围。

而在员工层面，公司通过专业培训和日常风险提示相结合的方式，牢固树立了公司上下的风险防范意识，也提高了全体员工的相关技能和水平。公司每年在制定培训计划中均会包含针对全体员工的风险管理专业培训，新员工入职时也会接受相关的知识技能培训。同时，公司也会结合热点风险事件如网络欺诈、合同伪造等不定期地向员工以邮件和公文形式发送风险提示，提高员工警惕性。

五、信息系统建设与专业队伍建设的风险管理保障

高效的信息系统和专业的人才队伍是新加坡公司全面风险管控体系能够顺利运行的保障。

公司建立了支持国际贸易前中后台的贸易与风险管理信息系统，实现了从交易达成、风险敞口计算、报告到财务结算覆盖业务流程的自动化、信息化，并与财务系统实现自动链接。所有贸易活动都将通过该信息系统进行记录，并自动生成贸易活动的相关数据，将风险管控做到制度、流程与系统的有效结合，实现了业务流程全覆盖、管理功能自动化的特点，降低了人为错误，大大提高了风险管控的有效

性。同时，公司有专门的信息技术人员负责系统的日常维护与升级开发，根据业务发展需求，不断新增系统功能，提高系统性能，为风险管控工作保驾护航。

在人才队伍方面，公司高度重视风险管理专业人才的引入和团队的建设，通过数年的努力，已经建立起一支专业、高效的风险管理团队。团队成员在信用、市场和企业风险管理方面拥有丰富经验，拥有诸如由全球金融风险专业人士协会(Global Association of Risk Professionals，GARP)颁发的能源风险管理师（ERP）、金融风险分析师（FRM）资质和特许金融分析师（CFA）等资质证书。

六、成效与外部认可

中国航油新加坡公司的全面风险管控体系确保了公司在风云变幻的国际贸易市场上的平顺经营和稳步发展，尤其是在2020年新冠疫情暴发这种极端不利的外部环境下，新加坡公司砥砺奋进，在不发生任何重大风险事件的情况下稳健经营。

公司的风险管理水平也得到了外部的权威认可。2019年，在第14届"新加坡企业大奖（SCA）"颁奖中公司荣获"最佳风险管理金奖"。该奖项是评委会基于所有新加坡上市公司的风险管理及可持续发展能力评选得出，代表风险管理领域的最高荣誉。新加坡公司是获得这一奖项的唯一中资公司。评委会充分肯定了新加坡公司在动荡多变的市场中，以前瞻性的思维，针对管理构架的持续改善和风险管控能力的不断加强所做出的工作和努力。

"新加坡企业大奖"自2006年推出，由新加坡特许会计师协会、新加坡董事协会及新加坡商业时报联合主办，新加坡会计与企业管制局及新加坡证券交易所协办，旨在表彰新加坡主板上市公司中在公司治理方面拥有突出表现的标杆企业。此前，新加坡公司也曾多次荣获"新加坡企业大奖"其他奖项，"最佳风险管理"是2019年"新加坡企业大奖"新设奖项。

2020年，公司为了进一步提升公司风险治理水平，聘请了普华永道风险服务公司对新加坡公司的风险治理结构和风险管理工作进行了系统性的评估。通过评估，公司的风险管控体系得到了普华永道的认可。他们认为，公司整体风险治理处于行业内较高水平，组织架构合理，规章制度完善，操作流程清晰，在企业风险、市场风险、信用风险及套期保值业务管理等各方面均采取了较为有效的、与公司规模和业务结构相适应的风险管控措施。

七、结语

我们深知，管理提升永无止境。风险管理工作更是一个不断学习、不断优化、不断追求的过程。中国航油新加坡公司始终秉持"学无止境"的态度，在风险管理工作中，不断从自身的发展过程总结经验教训，从其他优秀公司的做法中汲取养分，不断去寻找问题和薄弱环节，不断去完善风险管控体系的每个细节，充分发挥风险管理的作用，促进公司业绩健康发展，航行天下，共创未来，为世界加油！

成果创造人：王延军、许国宏、郑必然

国有境外船舶租赁企业以"双百行动"
综合改革提升发展动力的实践

中国船舶（香港）航运租赁有限公司

中国船舶（香港）航运租赁有限公司（以下简称"中国船舶租赁"）是中国船舶集团有限公司为应对全球航运与造船市场长期低迷、实施产融结合战略、带动船海产业转型发展而创建的大中华区首家船厂系租赁公司，于2012年6月在中国香港注册成立，聚焦发展船舶租赁业务。中国船舶租赁从零起步，发展成为全球最大的非银行系船舶租赁公司，于2019年6月登陆香港联交所主板上市。截至2020年底，中国船舶租赁资产规模258亿元，营业收入16.48亿元、利润总额10.03亿元，船队规模136艘，船舶资产规模位于业内前五。中国船舶租赁自创建以来，接连承接和自主投放了包括中国首制18000TEU超大型集装箱船、全球最大24100TEU超大型集装箱船、中国首制17.4万立方米LNG—FSRU（浮式液化天然气存储及再气化装置）、全球最大8.6万立方米双燃料VLGC（超大型液化石油气体运输船）、17.4万立方米LNG船（液化天然气运输船）等在内的一大批具有重要战略意义的船舶海工装备项目，帮助中国船舶集团打破韩国在多船型（特别是高技术高难度高附加值船型）设计建造的垄断地位，有力促进中国船舶科技从跟随走向引领，推动中国船舶工业转型升级。

一、以"双百行动"综合改革提升发展动力的实施背景

（一）推动中国船舶集团深化产融结合的战略需要

自2008年金融危机以来，全球航运与造船市场一直低位运行，据Clarkson的统计，全球活跃船厂数量已由2009年底的985家减少到2020年3月底的347家，全球造船产能利用率不足70%。2019年10月，原中国船舶工业集团和原中国船舶重工集团重组成立为中国船舶集团有限公司，是全球最大的造船集团，明确了要建设成为产业结构合理、质量效益领先、军工核心突出、国际竞争力强的世界一流船舶集团的战略目标。中国船舶集团确立了海洋防务装备产业、船舶海工装备产业、科技应用产业、船海服务业等四大产业方向，对于船海服务业的定位是延伸三大实业板块产业链价值链、有效提升其发展质量和市场竞争力。船舶租赁服务是船海服务业的重要组成部分，具有牵引带动船海产业稳定生产和转型升级的重要功能作用。面对全球船舶市场已有十多年的长期低迷，以及中国船舶集团重组成立后对船舶海工装备巨大的生产建造需求、产品结构优化调整要求和全产业链竞争力提升的需要，急需以深化产融结合破题，实行对船海服务业"战略＋财务"型管控的调整，做活做强做优市场主体。

（二）提升租赁企业服务主业能力和效果的必然选择

与银行系租赁公司以赚取利差为主要目的不同，船厂系租赁公司立足于产业使命，不断深化产融结

合，服务造船集团主业实业发展，将成熟的船舶产品和最新的船舶科技成果导入市场，是造船集团巩固和提升成熟主建船型市场地位、进入和布局高端高技术高附加值船型细分市场，促进产业转型升级的重要动力引擎。中国船舶租赁自创建以来，"服务主业"的能力和效果越来越突出，在市场竞争中专业优势逐步确立，运营管理体系逐步完善，特别是对中国船舶集团利润贡献、新造船订单承接、产品结构优化调整、"中船自主研发＋设计＋建造＋配套"的带动力方面具有重要作用。另一方面，船舶租赁市场竞争日益激烈，相对于大型银行系租赁公司低融资成本和拥有高品质客户群体的竞争优势，船厂系租赁企业发展基础不牢固。无论是基于集团战略需要，抑或是出于提升租赁企业综合竞争力的考量，必然要求进一步释放发展活力，充分发挥出租赁企业的专业优势，增强服务主业实业发展的能力和效果。

（三）有效解决租赁企业可持续发展问题的迫切需要

船舶资产价值大，且船舶租赁行业具有明显的重资产特征。伴随船舶租赁资产规模快速扩张，中国船舶租赁面临三个亟待解决的关键问题。一是资本瓶颈和治理弱化相互交织的问题。2016—2018年中国船舶租赁资产负债率高达80%以上，能够撬动的资本有限，资本瓶颈严重抑制了产融结合功能作用的有效发挥，难以承接足量新增船舶租赁项目，直接制约了企业可持续发展。二是船舶租赁业务强管控问题。在船舶租赁业务规模达到市场领先水平、业务模式较为成熟，中国船舶集团延续对船舶租赁业务实行运营型管控，且对不同的租赁业务模式缺乏统一认识，造成每一租赁项目均须由集团审批且审批周期较长，限制了租赁企业经营活力和专业优势发挥。三是企业发展与人员价值贡献长期不匹配和人才流失严重的问题。中国船舶租赁经营业绩表现明显领先同业，而薪酬水平位于市场同业50分位值以下，骨干人员持续流失，人员流失率居高不下。2018年以来，中国船舶租赁入选国资委"双百行动"综合改革试点企业名单，全面开展以改革提升发展动力。

二、以"双百行动"综合改革提升发展动力的主要措施

中国船舶租赁从"产融结合、服务主业"战略使命出发，以高质量发展为主题，以"双百行动"综合改革为手段，坚持市场化专业化导向，加强党的领导，统筹推进混合所有制改革、租赁业务管控制度调整优化、激励约束机制改革、用人机制改革等综合性改革，实现"发挥专业优势，完善管理体系，激发经营活力，增强发展动力"的目的，形成综合改革效应，推动高质量发展。

（一）以开展混合所有制改革为突破口，强化改革驱动

基于初创期发展的实际，中国船舶租赁以混合所有制改革为突破口，不仅在于解决困扰可持续发展的资本瓶颈问题，更在于发挥改革的综合效应，为市场化经营机制、激励约束机制、用人机制改革打下坚实基础。

一是登陆港交所主板IPO上市"增资本"。面对资本瓶颈严重制约公司可持续发展和战略使命的践行，2019年6月，中国船舶租赁登陆香港联交所主板上市，IPO发行15.34亿股（占总股份61.36亿股的25%），发售所得款项净额19.745亿港元，总股本由46亿港元增至66.14亿港元，资本实力显著增强，成为中国船舶集团旗下唯一的红筹上市公司。通过境外IPO上市，中国船舶租赁完成股权多元化，引入多家金融和能源行业领先企业，优化资本结构。股权融资募集资金用于船舶租赁业务资金投放和置换存量项目高息贷款，有效降低了资产负债率，中国船舶租赁业务发展再次步入快速通道。

中国船舶租赁实施高分红政策，2019—2020年现金分红比例达到50%左右，累计分红10.43亿港元，将经营成果价值回报投资人。为进一步增强"服务主业"能力，提升优秀上市公司所必要的资本运作

能力，中国船舶租赁主动开展资本运作，股权增发计划获得国资委批复，于2021年7月份增发12.27亿股（占总股份61.36亿股的20%），发行价1.41港元/股，较IPO发行价高5.2%，募资约17亿港元，进一步增强资本实力，引入新的长期战略投资人，股权结构更加多元化，中国船舶集团持有股份由75%下降至62.5%。

二是优化法人治理结构"转机制"。面对公司治理弱化虚化边缘化，中国船舶租赁根据中国香港上市规则，加强董事会建设，引入3名独立非执行董事，并由持股5%以上的新股东委派1名非执行董事，实现董事多元化。目前，中国船舶租赁董事会由7名董事组成，外部董事占多数。设立提名、薪酬、审计委员会，提名委员会由非执行董事占多数，薪酬委员会由独立非执行董事组成，审计委员会由非执行董事组成。另一方面，全面转入上市公司运营管理模式，接受中国香港联交所证券监管，完善内控管理体系，丰富对外信息披露、投资人关系管理、市值管理、资本运作等新的管理内容，管理规范化水平显著提升。通过混合所有制改革，中国船舶租赁完成"转机制"任务，结合中国香港上市公司经营独立性、财务独立性要求、国企"双百行动"综合改革落地要求以及国资背景在港上市公司最佳管理实践，为中国船舶租赁推进租赁业务管控制度优化、股权激励、职业经理人制度建设奠定了治理基础。

三是剥离代持金融资产"聚主业"。在发展初期，中国船舶租赁不仅定位于船舶租赁业务境外实体运营平台，也赋予境外持股平台的职责，并将注册资本金基本全部用于代持中船防务H股（3.46亿股）、天津银行H股（3.03亿股）、国银租赁H股（1.94亿股）和光大证券H股（602万股）。2018年9月，中国船舶租赁完成资产剥离，将代持资产以非公开协议转让方式转至中船国际控股有限公司。通过混合所有制改革，中国船舶租赁的战略定位更加清晰明确，聚焦发展船舶租赁业务，牵引带动集团公司船海产业高质量发展。

四是建立多元融资渠道"拓融资"。上市后，中国船舶租赁立即开展首次国际主体信用评级，于2019年9月获得惠誉"A"级展望为稳定、标准普尔"A"级展望为稳定的信用评级，跻身市场一流金融机构的评级等级行列。在此基础上，2020年2月，依靠自身信用首次独立境外发行8亿美元债，进一步拓展债权融资渠道，优化债务结构。通过良好的国际信用评级和多元的融资渠道，不断开拓与新的融资行合作，提升贷款议价能力，压降存量高息贷款利率。2018—2020年，中国船舶租赁计息负债平均成本从4.4%大幅压降至3%，处于同业较低水平。2021年7月，成功首次发行5亿美元绿色、蓝色债，进一步丰富融资渠道，降低融资成本。中国船舶租赁采取"组合拳"，以混合所有制改革丰富融资渠道，从而实现从单一的银行贷款融资拓展至股权融资、债权融资，持续提升企业核心竞争力。

（二）确立新的租赁业务管控制度，激活市场化经营机制

中国船舶租赁从业务实际出发，结合中国香港上市公司经营独立性的合规要求，优先解决船舶租赁业务发展最突出的强管控问题，推动制定和实施新的船舶租赁业务管控制度，提升项目全生命周期管理效率和经营活力。

一是推动集团调整优化船舶租赁业务管控制度。中国船舶租赁提出船海装备租赁业务分类授权方案，以资产负债率、净资产收益率为核心指标，将业务授权与租赁公司财务状况、业务风险控制挂钩，实施分类授权管理。2020年8月，中国船舶集团正式出台《船海装备租赁业务管理办法》，对融资租赁和经营租赁进行统一规范管理，对租赁企业年度风险评级划分等级，明确重要租赁项目和一般租赁项目标准，将船舶租赁业务由集团审批制调整为审批制和备案制相结合的管理方式，给予租赁业务市场主体充分的经营自主权。同时，明确船海装备租赁业务应由集团公司所属专业租赁公司开展，非租赁类成员

单位不得开展该类业务，实现船舶租赁业务专业化规范管理。

每年的风险等级评定中，若认定租赁企业经营运行风险较低，则授权自主审批成熟船型融资租赁项目和投/融资金额（项目金额）在3亿美元以下成熟船型的经营租赁项目，向集团备案即可；对于首制船型、特种船的租赁项目，以及项目金额3亿美元及以上的成熟船型经营租赁项目，由集团审批。若认定租赁企业经营运行风险较高，则3000万美元及以上的船舶租赁项目仍由集团审批。租赁企业资产负债率达到90%则限制开展新增船舶租赁业务。从原来3000万美元及以上的所有租赁项目均须上报集团审批，到实施新的船舶租赁业务管控制度，极大提升了市场主体的经营活力，满足了市场化船舶租赁项目管理需要，保证上市公司的经营独立性，也兼顾了集团对风险控制的要求。

二是把机制调整嵌入到公司治理环节。中国船舶租赁将新的船舶租赁业务管控制度纳入《"三重一大"事项决策规则》，明确支委会、总办会、董事会权责边界，充分授权经理层自主决策一般船舶租赁项目（成熟船型融资租赁项目和投/融资金额在3亿美元以下成熟船型的经营租赁项目），保障经理层经营自主权，如此确保改革成果真正落到实处，改革效果突出。船舶租赁业务审批的决策程序由"公司总办会—集团公司评审—集团公司审批—公司董事会审批通过后实施"，调整为在授权范围内，对于一般船舶租赁项目由公司总办会审议通过后即可实施，大大缩短了审批周期，有利于发挥市场主体专业优势，快速响应市场变化以及满足客户需求。新的船舶租赁业务管控制度实施一年以来，中国船舶租赁新签船舶订单达到最高值。

三是改革赋能竞争活力与优势。中国船舶租赁在大力争取直租、售后回租等融资租赁项目的同时，也作为实体船东，通过经营性租赁、合资、自主投资的方式主动创造订单，实施跨周期调控业务发展，也起到对航运市场有效需求的调节作用。在新的业务管控制度调整优化下，中国船舶租赁能够充分发挥自身专业优势，采取多种租赁方式，贯彻自身经营策略，而不再以是否锁定长租约作为必要条件，增强后期业务操作的灵活性。新的租赁业务管控制度调整优化，正值新冠疫情严重冲击全球航运市场的特殊时期，中国船舶租赁快速调整业务经营策略，大力度为集团带来新造船订单的同时，将二手船项目作为重要的业务选择实现快速创收创利，并作为扩展新造船业务渠道的重要补充，保障经营持续稳健。2020年，中国船舶租赁新签船舶31艘、合同金额11.22亿美元，新签额处于创建以来的高位，并新开发7家船东客户。

四是完善项目全生命周期管理。不同于船舶建造，船舶租赁一般具有10年或以上租约，需要长期运营保障资产质量和企业持续健康发展。随着在建船舶陆续完工交付并起租运营，中国船舶租赁进入到"新增项目投资与存量资产管理并重"的新阶段。新的船舶租赁业务管控制度取得在业务审批环节的重大突破，在充分授权的同时，也必然要求建立一套行之有效的项目全生命周期管理制度与运行机制，自觉强化尽职调查、风险防控、贷后资产管理与运营等，以支撑集团对船舶租赁业务管理要求。中国船舶租赁同步制定和优化《业务开发授信指引》《融资类业务管理办法》《股权投资类业务管理办法》《贷后管理办法》《存量项目运行风险管理办法》《信贷类资产准备金计提管理办法》等制度，明确贷前贷中贷后各环节日常管理工作。调整内部机构职能职责，专业部门专项管理业务开发、贷后资产管理、全面风险管控，对于突发风险事件和重点工作，加强协同、专项攻坚。

（三）建立中长期激励约束机制，实施增量激励

中国船舶租赁以市场化为导向，基于业绩薪酬双对标，建立中长期激励约束机制，实施超额利润奖励方案、股权激励方案等增量激励，强化业绩与薪酬和激励挂钩，实现员工与企业利益共享及风险共

担，稳定核心骨干人才，激发员工内在动力。

一是试点实施超额利润奖励方案。经过对业绩薪酬双对标充分调研论证，2018年12月，中国船舶租赁先行试点超额利润奖励的方案获得集团批准。方案基于"创造增量价值、聚焦骨干人才、体现风险共担"三个原则，设置"分档提取、重点倾斜、风险扣减、递延支付、奖励封顶、余额清零"六大机制，解决"企业经营动力不足、核心团队稳定、未来风险防控"三大核心问题。超额利润奖励激励设置了严格的解锁条件，要求在集团年度经营业绩考核为A级、利润总额同比增长20%以上、ROE（平均净资产回报率）不低于三年均值、不良资产率不超过3%等。对利润总额同比增长超出20%的部分，按一定比例计提超额利润，分期激励不超过在岗平均人数30%的核心骨干人员。激励约束机制改革取得较好的效果，实现了中国船舶租赁薪酬水平与经营业绩紧密联动，提高了骨干人才薪酬与业绩的匹配度，提升了骨干人才薪酬市场竞争力。员工流失率从2016—2018年的14～22%大幅降低到2019—2020年的7～9%。2018—2020年，中国船舶租赁全员劳动生产率由940.2万元/人持续提高到1707.05万元/人，大幅增长81.6%；人工成本利润率由1411%持续提高到1548%，大幅提高137个百分点，在领先同业的人力效能基础上实现了再提升。

二是推进实施股权激励方案。实施股权激励是稳定核心骨干团队、激发干事创业激情的现实需要，也是开展市值管理、提升投资人信心的重要举措。中国船舶租赁结合国资背景在港上市租赁企业的特征，以股票期权为激励工具，设置归母净利润增长率、净资产回报率、预期资产损失率等严格的行权条件，对平均在岗人数约30%的核心骨干人员进行股权激励，分三期授予股票总量不超过公司股本总额的10%。解锁行权条件中，不仅要达到设定的较高业绩目标，并要求不低于对标企业75分位值水平。将绩效考核与激励紧密挂钩，要求个人考核结果为良好或同类等级及以上（集团考核人员应达到B及以上），并设置不同考核等级的期权生效比例，对于考核未达到良好或B或同等级则不予生效。根据《关于进一步做好中央企业控股上市公司股权激励工作有关事项的通知》（国资发考分规〔2019〕102号）的规定"中小市值上市公司及科技创新型上市公司首次实施股权激励计划授予的权益数量占公司股本总额比重，最高可以由1%上浮至3%"，中国船舶租赁首次授予1.4354亿股，占总股本的2.34%，其中预留部分期权股份以备授予新引进的核心骨干人才。首次股票期权计划授予两名执行董事0.253亿股，占该公司首次授予股份的17.6%。2021年4月，中国船舶租赁股票期权激励计划方案获得国资委和中国船舶集团正式批复，将完成首次授予，激励高级管理人员和核心骨干员工。

三是健全完善人力资源管理体系。中长期激励约束机制改革的实施效果，依托于人力资源管理体系的成熟程度。中国船舶租赁推动股权激励方案的同时，着手同步构建相对市场化、较为完善的人力资源管理体系，全面梳理岗位、职级、薪酬管理、绩效管理等，选聘外部专业机构加强同业对标分析，明确岗位序列图谱、岗位说明书、岗位职级图谱，开展薪酬业绩对标、岗薪定位以及绩效考核与管理的再设计，细化制定《招聘录用管理办法》《员工培训管理办法》《岗位序列管理办法》《员工绩效考核管理办法》等制度。2021年，中国船舶租赁建立和实施公司—部门—员工KPI指标联动机制，KPI指标细化到个人，实施个性化考核，首次开展季度考核，将考核与薪酬和激励紧密挂钩，激发企业生机活力。

（四）推进试点职业经理人制度，完善市场化用人机制

中国船舶租赁聚焦发展船舶租赁业务，业务结构比较单一且充分参与国际竞争，同时作为中国香港上市公司，依法合规设立董事会并由外部董事占多数，中长期激励约束机制基本建立，运营管理体系较为健全，具备试点推行职业经理人制度的良好基础。在港上市后，中国船舶租赁立即酝酿启动推行职业

经理人制度，借鉴在港优秀上市同业的成熟制度和成功经验，为"二次创业"激发活力。按照"市场化选聘、契约化管理、差异化薪酬、市场化退出"原则，研究《职业经理人管理办法》《职业经理人管理分工》《职业经理人绩效管理办法》《职业经理人薪酬管理办法》《职业经理人选聘标准与流程》等配套制度，着手构建较为完善的职业经理人制度管理体系。2020年，中国船舶租赁主动要求成立公司党委和纪委，获得中国船舶集团党组同意，将于2021年组建完成，进一步为推行职业经理人制度奠定治理基础。2021年6月，中国船舶租赁试点推进职业经理人制度获得中国船舶集团批准，计划于2021年底前完成职业经理人制度设计、选聘职业经理人。

推行职业经理人制度的难点在于畅通人员身份转换通道以及明确集团公司、党委会、董事会、经理层等各层级治理主体权责。中国船舶租赁根据《"双百企业"推行职业经理人制度操作指引》（国企改办发〔2020〕2号）和集团公司有关制度规定，选聘外部专业机构，借鉴国资背景在港上市公司推行职业经理人制度的成功经验，研究确定推行职业经理人制度实施方案，计划在经理层中全面推行，推动市场化用人机制的实质性改革。中国船舶租赁将坚持党管干部与董事会依法选聘经营管理者相结合，进一步优化"三重一大"制度，明确党委会、董事会、经理层的管理权限，把推行职业经理人制度与董事会职权改革协同推进，争取董事会对职业经理人的选聘权、考核权、薪酬管理权，保障职业经理人充分的经营自主权，完成职业经理人顶层制度设计，建立涵盖职业经理人选聘、议价、考核、激励、约束、退出等一套完整完善的职业经理人管理制度和运行机制。由董事会授权董事长与职业经理人签订聘任合同、经营业绩责任书（年度和任期）等，职业经理人收入与效益和考核挂钩，逐步实现管理人员"能上能下"，薪酬"能增能减"。

三、以"双百行动"综合改革提升发展动力的实施效果

（一）促进了中国船舶集团服务型制造发展

中国船舶租赁以"双百行动"综合改革提升发展动力，有力贯彻了集团公司深化产融结合的战略意图，提升价值创造力。租赁企业经营活力的释放，加速船舶先进制造与金融租赁服务深度融合发展，进一步牵引整合船海装备研发、设计、建造、配套、服务全产业链资源，支撑主业实业降本提质增效和转型升级，加快推动船舶科技创新、船舶产品创新、模式创新、管理创新，推动造船集团从生产性制造为主转为"制造＋服务"的服务型制造，从提供产品向提供完整系统的综合解决方案转变，向产业链价值链中高端延伸，向高端化、智能化、绿色化、融合化方向发展。中国船舶租赁帮助集团内船厂新拓展战略性产品，例如，以经营性租赁方式帮助广船国际船厂首次承接建造6艘16000TEU超大型集装箱船（项目金额约7.5亿美元），迈入大型集装箱船建造领域；自主投资3艘17.4万立方米LNG运输船（项目金额约5.7亿美元），巩固集团公司在大型LNG船建造市场的竞争地位，推动"海上液化天然气（LNG）产业链提升"重大工程的实施；创造性地与集团内船厂一体推进荣盛集团10＋10＋10艘VLCC（超大型原油轮）的战略性合资项目；联合集团内科研院所、船厂共同开展全球首艘10万吨级智慧渔业大型养殖工船，并逐步批量投资建造，开辟海上"移动牧场"的工业化养殖新模式等。

（二）促进了船舶租赁业务发展再上新水平

中国船舶租赁以"双百行动"综合改革，建立相对市场化的经营机制，放大"懂船"的独特竞争优势和经营活力，服务主业能力和效果显著提升，促进了船舶租赁业务发展再上新水平。船舶租赁业务开拓始终是中国船舶租赁经营发展的首要任务。自"双百行动"综合改革实施以来，中国船舶租赁累计向

集团投放新造船订单70艘（合同金额39亿美元），包括3艘17.4万立方米LNG船、4艘8.6万立方米双燃料VLGC、2艘24100TEU超大型集装箱船、6艘16000TEU超大型集装箱船、4艘11万吨LRII成品油轮等高端高技术高附加值船舶以及引领集团高质量发展的战略性船舶。实施新的租赁业务管控制度，显著增强了船舶租赁业务的灵活性、包容性，更加适应市场变化和企业经营策略调整，面对新冠疫情等前所未有的风险挑战，中国船舶租赁2020年新签船舶31艘、合同金额11.22亿美元，2021年上半年更是抢抓全球航运市场企稳回升的良好势头，新签26艘船舶订单、合同金额16.5亿美元，同比增长219%，创历史最高水平。截至2021年6月底，中国船舶租赁船队规模已经达到160艘，其中起租运营116艘，在建44艘。治理结构持续优化，独立融资能力、资本运作能力等持续提升，项目全生命周期管理机制日益成熟，保障了船舶租赁业务持续健康发展。

（三）实现了发展质量和效益的显著提升

中国船舶租赁以"双百行动"综合改革提升发展动力，形成综合改革效应，最终实现发展质量和效益的显著提升。2018—2020年，中国船舶租赁利润总额由5.25亿元大幅增长91%跃升至10.03亿元，净利润由5.27亿元大幅增长87.9%跃升至9.9亿元，复合年均增长率分别达到24.1%、23.4%；ROE（平均净资产回报率）由11.5%持续提高至12.8%、ROA（平均总资产回报率）由2.3%持续大幅提高至3.8%，均处于市场同业75分位值水平以上；资产负债率由80.6%降至70.5%，大幅下降10.1个百分点；成本费用率由76.59%下降至54.04%，大幅压降22.55个百分点；营业收入利润率从29.6%持续提高至61%，增加31.4个百分点；股价从上市发行价1.34港元/股提高至1.48港元/股（2021年6月30收盘价），并趋于稳定，向价值回归，市净率位于中国香港上市同业公司前列。2021年上半年，中国船舶租赁净利润同比增长19%，随着下半年更多新造船投入运营、融资成本持续下降，业绩水平有望继续攀升。中国船舶租赁是459家"双百企业"中唯一的船舶租赁企业，以综合性改革提升发展动力，不仅推动了集团公司整体改革进程，为兄弟单位深化改革提供了改革样本，也对租赁企业追求可持续健康发展具有重要的借鉴意义，提供了可复制可推广的改革经验。

（四）推动形成了全面完善的运营管理体系

中国船舶租赁以"双百行动"综合改革提升发展动力，不仅是在于逐个单项改革措施的落实落地，更是将改革效果以管理体系的优化完善来加以固化和提升，转化为新的发展动力。开展混合所有制改革，登陆香港联交所主板IPO上市，确立上市公司管理模式，优化公司股权结构和治理结构，完善内部管理体系，延伸拓展多元融资渠道；调整优化船舶租赁业务管控制度，获得充分的自主经营权，带动项目前期尽职调查、全面风险防控、贷后资产管理与运营等管理工作的持续强化，提高项目全生命周期管理效率和水平；开展激励约束机制改革，激发人员活力，建立中长期激励约束机制，构建了涵盖岗位、职级、绩效考核、薪酬管理等较为完善的人力资源管理体系；开展用人机制改革，试点推进职业经理人制度，进一步完善公司治理，着手建立较为完善的职业经理人管理制度体系。通过"双百行动"综合改革，有力提升了管理规范化精细化水平，夯实了高质量发展基石。

成果创造人：钟坚、马云翔、胡凯、江涛、袁超、王磊

打造国际产业链高端化发展新格局

中国能源建设集团规划设计有限公司
中国电力工程顾问集团有限公司

中国能源建设集团规划设计有限公司（以下简称"规划设计集团"）是隶属于《财富》世界500强企业中国能源建设集团（股份）有限公司（以下简称"中国能建"）的二级央企集团，主要从事能源规划研究、咨询与工程勘察、设计、服务、工程总承包、投资经营等业务，下辖25家所属企业。其中，23家境内企业，包括8家工程设计综合甲级设计院，以及2家境外企业，即西班牙易安国际股份公司（EAI）和盖飒工程技术股份公司（GHESA）。2020年，新签合同额1280.87亿元，实现营业收入634.25亿元、利润总额32.8亿元；截至2020年末，总资产843.34亿元，在职职工19590人，其中国家级勘察设计大师13人。近三年来，累计获得各种科技类奖励337项，其中国家科技进步奖3项、中国电力科学技术奖28项、其他各类省部级科技奖54项；共获国家优质工程金奖30项，国家优质工程奖56项，电力优质工程奖36项，安装工程优质奖11项，其他各类省部级以上工程奖、质量奖100余项，被称为中国能源建设领域的国家队。

一、打造国际产业链高端化发展新格局的背景

（一）整合资源，落实中国能建国际业务发展战略的需要

中国能建作为我国能源建设航母企业和综合性特大型集团公司，积极响应国家共建"一带一路"号召，全力实施"国际业务优先发展"战略，努力实现国际业务发展新跨越。规划设计集团作为中国能建旗下特级核心子企业，责无旁贷地要在贯彻中国能建决策部署中发挥示范引领作用。但由于母子公司成立时间倒置等原因，规划设计集团在"走出去"过程中，存在所属企业各自为战、单打独斗、无法形成整体合力等问题，同时由于缺乏统一管控，出现国际市场重复布局、资源重复投入，甚至内部恶性竞争，最终影响集团整体利益。为更好落实中国能建"国际业务优先发展"战略，规划设计集团必须实施海外业务集团化运营，整合分散在所属企业的国际业务资源，发挥出整体规模和协同效应，彻底解决"大而不强、集而不团"问题，提升国际业务管控能力与决策水平。

（二）稳定经营，实现全球产业链高端化发展的需要

产业链高端化发展是现代大型工程公司持续稳定运营的重要保证。尽管规划设计集团明确了产业链一体化发展思路，但长期以来一直存在上游环节引领能力不足、商业模式单一、科技优势发挥不充分、全球资源整合能力较弱等国际业务痛点，致使产业链处于中下游，国际市场多为"借船出海""搭船出海"。为此，规划设计集团必须围绕产业链核心环节和关键领域，通过发展投融资、高端咨询等前端业

务，采用功能性并购、战略参股等方式，创新商业模式、盈利模式，在高端咨询引领、资本运作拉动、市场布局扎根、技术研发支撑、物资调配增效等方面精准发力，弥补产业链短板，深度融入全球创新链、产业链和价值链，打造国际市场核心竞争力。

（三）转型升级，提升全产业链一体化竞争能力的需要

当前，国际工程建设市场向全产业链一体化运营方向发展，对承包商投建营一体化综合实力提出更高要求，并且国际一流工程公司大多具备较强的全产业链一体化服务能力。但规划设计集团此前主要承接设计及总承包项目，对国际工程建设市场"微笑曲线"附加值较高的两端（投资融资、运营维护）介入不足、深层次参与不够，不具备全产业链一体化竞争能力优势。为此，规划设计集团制定了打造"三型两化"（科技型、创新型、平台型、多元化、国际化）世界一流跨国工程公司战略目标，提出从产业、技术、市场、资本、人才、风险等方面发力，将国际业务向附加值较高的产业链上下游两端延伸，提升规划、咨询、投融资、勘测设计、工程建设和运营维护全产业链一体化服务能力，推动公司整体向国际高端平台转型发展。

二、打造国际产业链高端化发展新格局的内涵

规划设计集团主动服务国家战略，落实中国能建"国际业务优先发展"部署，针对被动参与全球价值链、自主性差、可控性弱等问题，以实现产业链高端化发展为目标，采取集团化运作方式，以公司本部为主体，整合所属企业优势资源，构建"本部＋"横向一体化经营模式，最大程度发挥规模、协同和结构效应；将国际市场长期从事附加值较低的总承包业务，向产业链附加值较高的前、后两端延伸，打造纵向一体化全产业链服务能力。通过开展"一带一路"电力发展研究，建立全球技术研发体系、海外投融资体系，搭建海外营销协同平台、全球化采购网络，打造国际市场生态圈、强化全球资源整合、实施海外并购等一系列重大举措，强链、补链、延链、固链、控链，优化价值链条整合力，实现全球产业链布局、关键技术自主，以及核心价值链环节、全球资源配置、海外运营风险可控，有力推动规划设计集团由服务中国向服务全球转变，由"走出去"向"走进去"转变，由注重国际总承包项目规模增长向全球产业链中高端升级转变，大幅降低受制于他人或受国际环境变化的风险，大幅提升国际竞争力，国际业务规模和效益得到持续大幅增长。

（一）系统梳理全产业链业务市场

为构建高端化发展的全产业链一体化服务链条，规划设计集团充分发挥专业集成能力优势，系统分析梳理国际业务全产业链各阶段业务和相关客户市场（见图1）。

图1　全产业链业务市场分析图

国际业务全产业链条包括规划咨询、投资融资、设计施工、运营维护四个阶段，服务涉及政府与国际多边组织、金融机构、投资商、承包商等四类主要客户，相应可以形成十六个矩阵式典型业务市场领域。规划设计集团结合自身优势和实际情况，进一步细分出有能力从事的能源政策咨询、产业政策咨询、中长期能源规划等全球产业链60余项业务市场图谱，精准识别市场机会与利润空间，为全球客户提供全过程服务和综合一体化解决方案。

（二）明确产业链高端化发展的思路

在系统梳理全产业链业务市场的基础上，为持续打造集规划咨询、投融资、勘测设计、工程建设和运营维护业务于一体的全产业链自主可控能力，规划设计集团进一步明确构建自主可控产业链的思路，打造全产业链纵横一体化竞争力（见图2）。

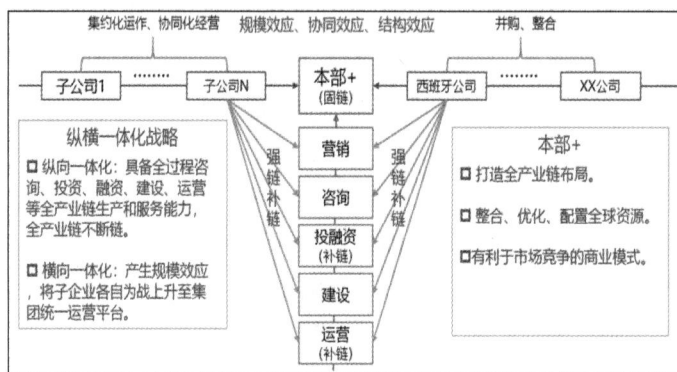

图2　自主可控产业链构建思路

国际业务纵横一体化思路主要是坚持集团化运作、协同化经营思路，围绕国际工程全产业链条，在本部层面整合、优化、配置内部优势资源，将所属企业各自为战上升至集团统一运营平台，形成集团优势互补、抱团出海、造船出海之势；针对产业链能力较弱环节，采取并购境外知名工程公司、整合全球优质资源、构建有利于国际市场竞争的商业模式等举措，让优势更优、短板补齐、弱项增强，推动规划设计集团从工程建设单要素优势向多要素集成优势转变，全方位提升各环节自主可控能力。

（三）确立打造产业链高端化发展的目标

充分发挥规划设计优势，建立国际能源高端智库，自主牵引国际业务发展；发挥规划设计集团优良资信优势，高效运作境外资本，实现项目构建自主；发挥特高压、超超临界火电等电力技术国际领先优势，主动抢占国际能源建设领域技术制高点和话语权，实现关键技术自主；发挥集团化规模优势，通过建立海外业务协同等平台以及全球化采购网络，实现境内外资源调配自主。

通过补强国际高端咨询和投融资业务，并购整合先进欧美企业，消除短板，实现全产业链核心环节可控；组建"走出去"产业联盟，打造国际市场生态圈，带动产业链上下游中国企业共同创造价值，实现产业链发展方向可控；建立以境外业务合规体系为重点的大风控、大监督机制，实现海外运营风险可控。

三、打造国际产业链高端化发展新格局的措施

（一）实行集团化管控，构筑国际业务运营管理的组织体系

1.建立全球业务集中管控组织，构建国际业务运营体系

按照国际业务集团化运营要求，规划设计集团推行"本部＋"业务模式，从市场部中拆分和新组建国际业务部，成立国际公司，将原分散在所属企业的国际市场信息研判、客户关系管理、业务布局与属地化经营、物资采购、技术研发等业务向上集约，强化资源共享、协同经营、风险管控，做大做强国际业务。

按照"平台型"企业建设要求，在集团层面构建国际业务运营平台（见图3），包括商务前台、赋能中台、治理后台，实现"前、中、后"台协同运作，强化平台化管控模式。

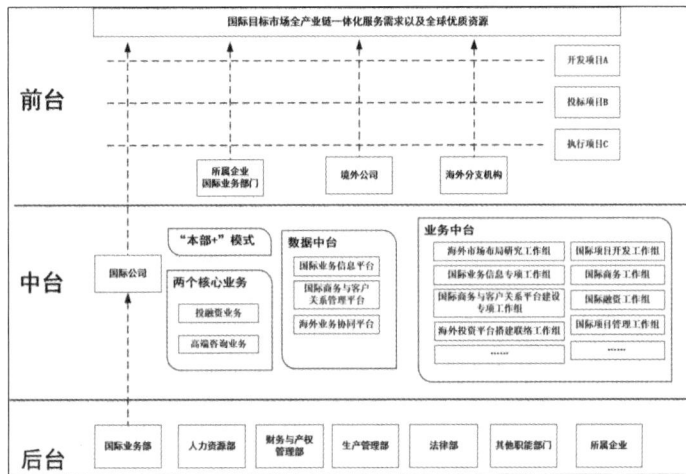

图3　国际业务运营平台架构

做精商务前台。前台具体包括所属企业国际业务部门、境外公司、海外分支机构，主要负责直接与客户接触，为客户提供服务。根据项目特点和运作阶段，采用矩阵式模式组建团队，直接面对客户开展国际业务市场开发和项目执行工作。

做厚赋能中台。中台依托国际公司业务平台，落实"本部＋"经营模式，聚焦高端咨询和投融资两项核心业务，构建功能性平台，成立专家工作组，将后台资源整合成标准化的功能服务模块，支撑前台满足客户差异化需求。

做强治理后台。后台包括本部职能部门以及所属企业技术、生产和管理部门等，依托后台建立内部资源配置体系、生产运营体系、支持保障体系和风险防控体系，助力中台不断增强资源整合能力。

2.培育国际化人才队伍，深入推进跨文化融合

规划设计集团规范岗位序列顶层设计，形成自上而下、层级统一、覆盖国内外市场开发、项目执行、行政管理、技术研发的员工职业发展通道。针对国际业务缺少商务、金融、法律等专业人才问题，建立全球化人才培训体系，系列化开展国际投融资、国际法规等专业培训，构建国际人才库，打造一支技术标准、国际商务、金融财会、法律内控等专业化国际业务团队。大胆选拔使用经过国际一线实践考验、业绩突出的优秀年轻干部，并完善灵活用工制度及国际化双轨制薪酬激励体系，激发员工投身国际化发展的活力与动力。制定重点人才工程和行动计划，健全国际化、属地化人才开发培养和交流机制，特别是将关键岗位、核心骨干、后备干部调配到海外机构挂职、交流、锻炼，拓宽国际视野、树立国际思维，培养了一支100余名复合型国际业务人才团队，满足跨国工程公司建设的人才需求。

3.开展海外属地化运作，推进低成本低风险经营

规划设计集团建立规范化的海外属地化经营机制，推动国际项目属地化、本土化运营管理，助力开

拓国际市场，控制国际项目风险，实现良好履约。

明确"一国一策"属地化管理思路，发挥境外机构资源整合能力，搭建属地化管理平台。突出抓好人力资源属地化，制定人才属地化计划，适时引进项目总会计师、律师、设计专家、施工专家、HSE专家等属地人员，部分境外项目员工属地化率达到70%，有效缓解与项目业主及相关单位信息传递不畅、沟通协调不足问题，并降低由于对当地法律法规及有关标准不熟悉等给项目执行带来的困扰和风险，提升工作效率和质量。

发挥属地化资源优势。分析属地资源利用的优劣势，确定国内外资源整合的思路和方案，在国际项目设计、施工和调试等执行阶段，注重引进属地化合作方，以最大限度利用所在地的人力、材料、机械、社会关系等各种资源，实现风险分担和成本降低。

（二）构建集团化运作平台，提升国际业务运营能力

1.搭建国际市场信息平台，主动寻求海外市场机会

规划设计集团搭建集团级国际市场信息平台，规范国际市场信息工作，建立信息情报收集、分析、共享与协同机制，强化全集团国际市场信息集中平台化管理，树立国际信息智库品牌。

成立海外区域市场业务布局专项工作组，研究构建海外国别市场评价模型，从宏观政治、社会经济、市场环境、市场空间和市场现状5个维度，共计23个指标筛选、收集133个国别相关信息，评估国别市场空间和未来发展方向，准确预判越南、印尼、泰国等国别市场新能源大规模发展趋势，及时调整国际市场开发资源，有效提升市场开发的针对性和效率，为主动超前布局全球市场提供理论支撑。

通过信息分析及时把握国际市场动向，实现信息与国际市场开发的深度链接，动态调整市场开发重点方向，提高资源配置效率，有效提升市场布局与市场开发的前瞻性、敏感性和准确性。

2.搭建国际商务与客户关系管理平台，提升业务管控能力

规划设计集团搭建集团级国际商务与客户关系管理平台，构建集团化国际业务数字化管控中枢，建成科学高效的全球决策中心和业务管控体系。

通过大数据分析，加强重点客户关系管理，与政府机构、国际投资集团、产业基金和金融机构等建立密切联系，强化高端经营，提高项目运作成功率。将各类业务数据实行平台化与集团化管理，使后方决策中心和资源调配中心实时掌握一线市场和项目执行信息，缩短汇报、决策路径。同时，将合规内控嵌入业务活动，通过管控数字化工作流，提升内控合规管理水平和风险规避、处置能力。

3.搭建海外营销协同平台，提升国际市场自主开拓能力

规划设计集团搭建集团级海外营销协同平台，根据国际市场信息平台的分析结果，整合覆盖全球100多个国别的海外区域市场营销网络资源，成立29个集团级的海外区域分支机构，任命区域驻外总代表，整合境内外资源自主开拓海外区域市场，有效利用海外分支机构深耕国别的属地资源优势，建立和维护集团统一管理的区域公共关系及市场营销渠道，实现集团化资源整合和区域市场开发利益最大化。

依托"本部＋"运营模式，充分发挥中国能建和规划设计集团两级集团整体品牌、资信和业绩优势，聚焦重点推进项目、高端咨询项目、投融资项目和其他需要公司平台进行资源整合的项目，通过国际公司业务平台整合集团资源，解决单个所属企业在境外面临的能力和资源不足问题，加大具有战略性意义和标志性作用的重大项目开发力度，成功签约越南大型海上风电项目、老挝电网项目等具有战略意义的项目，提升国际竞争力和影响力。

（三）强化高端产业链，提升国际业务价值创造能力

1.构建全球技术研发体系，抢占国际能源技术制高点

规划设计集团以现代知识管理理论为指导，构建面向竞争优势的集团级知识共享平台，汇集整理分散在所属企业的关键技术、科研成果、典型工程、国家标准、国际标准、国别标准、项目管理、知识产权等内容，建立知识的产生、沉淀、共享、交易、学习、应用、创新等全过程管理机制。

规划设计集团将技术优势和市场需求有机结合，汇聚中国科学院、工程院院士资源，成立院士专家工作站，加强前瞻性技术指导，并在集团层面组建了以市场为导向、以价值创造为目标的太阳能热发电、氢能、智能配电网等22个专项技术中心，构建全球顶级技术研发体系。瞄准中国电力设计最高水平，集中700余位专家全面总结现代电力工程勘察设计领域创新成果和新技术、新材料、新设备、新工艺，编纂出版了中国首部《电力工程设计手册》，全书共31册3000余万字，成功入选"十三五"国家重大出版规划项目并荣获国家出版基金资助，对占领世界电力工程设计制高点、话语权，实现关键技术自主可控以及推动我国电力技术"走出去"具有深远意义。

2.开展"一带一路"电力规划研究，助力高端咨询业务发展

规划设计集团坚持国际业务发展与国家战略、东道国战略紧密结合的思路，汇集210余名规划与国际业务专家，系统性地对"一带一路"沿线65个国家电力发展现状、电力政策和电价等方面进行深入分析研究，编制出版"一带一路"电力发展研究系列报告，报告共65本约225万字，为自主开发"一带一路"沿线国家市场以及开展规划咨询高端业务奠定良好知识储备。

规划咨询是工程建设全生命周期的"龙头"，规划设计集团发挥规划咨询优势，以及充分利用国家能源局设在公司的国家电力规划研究中心的高端咨询资源，在全球范围内为政府、国际组织、多边机构、金融机构、大型知名跨国开发商、产业基金提供综合性全过程咨询服务，如斯里兰卡电力规划、孟加拉国配网规划设计、老挝电力规划研究等高端咨询服务。依托咨询业务，占据产业链前端，引领带动国际中后端项目，提升国际目标市场客户锁定能力，主动创造市场、创造项目、创造价值。

3.构建海外投融资体系，产融结合推动项目落地

规划设计集团凭借良好资信优势，聚焦海外投融资能力提升，构建具有辐射力的国际投融资体系，打造符合国际业务发展战略定位的投融资平台，助力境外开发性建设、功能性并购、投资拉动工程总承包等业务的顺利落地。

首先，设立紫荆国际能源（香港）公司，构建集团级海外财资中心，推进国际项目投融资需求对接和业务协同。其次，搭建海外新能源基金，确定国内央企、民企投资公司和香港金融公司为海外新能源基金投资合作伙伴，商定四方出资股比和基金方案，共同推动海外清洁能源基金平台运作，撬动更高的杠杆，吸引更多社会资本，分散投资风险，滚动投资开发境外清洁能源项目。再次，加强与金融机构战略合作，与国家开发银行等政策性银行、建设银行等商业银行、中信保、MIGA等国内外知名金融机构密切合作，建立国际项目融资沟通对接机制，及时促进融资关闭和合同生效。

（四）整合全球技术等优质资源，提升产业链一体化服务能力

1.并购具有技术优势的境外企业，拓展欧美高端市场

为快速推动多元化扩张，助力欧美市场开发和业务布局优化，提高全球资源整合能力，规划设计集团以100%股权并购了西班牙两家知名老牌工程企业EAI和GHESA，并以建立规范的现代企业治理机制为目标，开展并购后整合工作。

西班牙公司是欧洲老牌工程设计企业，在能源（电力、核能）、建筑（博物馆、会议中心、酒店、医院）、市政、交通（机场、地铁、多式联运码头）、环保等领域成绩斐然，特别是在核聚变、光热发电、数字仿真、景观喷泉、巨型望远镜设计等方面优势明显，在国际工程设计领域具有良好的品牌声誉。通过充分整合西班牙公司与国内所属企业优势技术，在国际市场形成优势互补的多元化发展格局。

2.发起"走出去"产业联盟，构建国际市场生态圈

规划设计集团倡导通过产业联盟共同出海，成功发起和组建广东省"走出去"能源基础设施产业联盟与江苏电力企业走出去联盟，充分发挥规划咨询和设计集成资源优势，联合全产业链的规划设计、金融、科研、制造、工程等企业，通过资源共享、互惠互助，带动产业链上下游中国装备、产品、技术、标准、服务和文化"走出去"。

广东省"走出去"能源基础设施产业联盟由规划设计集团旗下广东院、中信保广东公司、华润电力、华为、中国银行广东公司等8家理事单位，30余家成员单位，10余家成套设备分会员单位组成。联盟整合粤港澳大湾区内能源基础设施产业标杆企业，成员经营领域涵盖能源上下游产业链，业务范围涉及电力、石化、交通、矿产、园区、金融、保险、通信、建筑、新能源、劳务输出等多个领域，海外业务范围遍布全球。通过汇集各会员单位市场信息、平台优势、技术优势、经验业绩等，形成海外能源基础设施市场开发合力，为客户提供一站式、全生命周期解决方案和优质服务。

江苏电力企业走出去联盟由规划设计集团旗下江苏院与中国信保江苏分公司牵头成立，涵盖了海外电力工程投资、咨询、装备、施工各环节的头部企业，包括国信集团、中材国际、南瑞、协鑫等知名企业作为核心会员，进出口银行、国开行、澳新银行、德意志银行等近四十家境内外主要银行，以及国际律所、外国贸促机构等众多支持单位。通过联盟组织的多种形式活动和核心成员企业高层对接，特别是金融机构对联盟合作项目给予绿色通道优先支持，成员企业融资能力得到极大提升。

3.建立全球供应链，整合境内外采购资源

规划设计集团从全球供应链视角进行通盘考虑，集团化系统管理，最大限度提高国际采购效率，降低采购成本。一是建立全球化采购网络。通过国内、国际询价，从全球市场获取并整合资源，与国际潜在的供应商和物流服务商建立伙伴关系，凭借品牌优势与全球供应商签订100余项框架协议，以优惠的价格采购符合国际标准的物资。二是实施集中化采购。针对同一国家或相邻国家之间项目设备材料，实行集中采购、统筹供应，打破项目之间的壁垒，畅通互转渠道，内部消化，不但节约采购成本，提高项目收益，也从整体上提高利润。三是规范境外工程项目采购行为，制定《境外工程项目采购指引》，从组织模式、采购计划、供应商、采购合同、货物物流、采购结算管理等方面，规范采购活动，持续提高采购效率，降低采购成本，提升采购对项目盈利贡献度。

（五）严控海外运营风险，确保国际业务稳健发展

1.建立境外合规管理体系，筑牢安全发展根基

合规制度方面，根据国家部委、多边开发银行、业务所在国等法律、法规和其他合规制度要求，制定国际业务《第三方尽职调查合规管理》《投标合规管理》《投融资合规管理》《采购合规管理》等8项核心合规制度，以及《合规审查实施细则》《合规风险评估实施细则》等10项合规保障制度，构建完整的国际业务合规制度体系。

组织机构方面，在已有合规、内控与风险管理委员会下设国际业务合规办公室，负责国际业务合规管理，开展合规审查、合规咨询、合规检查等工作，建立合规风险防控机制，将合规管理融入国际业务

经营全过程。

队伍建设方面，国际业务合规成员由兼职逐步专职化，并加大属地化合规资源的运用；推行境外项目法律顾问制度，实现风控合规人员派驻及属地化风控合规资源的常态应用，将风险防控管理关口前移、重心下移。

2.建立海外风险防控体系，提升风险抵御能力

坚持以风险管理为导向，以合规管理为重点，以内部控制为基础，以法律审核为保障，围绕政治、经济、社会、法律、环保、劳务、营商、融资、财税、安全十大领域，建立海外业务风险、合规、内控、法律"四位一体"风险防控体系，有效防控海外业务开展过程中的各类风险。

强化风险防控链条与国际市场开发同步延伸。将风险评估、合规审查、法律审核等风险防控措施融入业务流程，对海外各类风险实施管控；实行国际业务专项风险评估制度，以尽职调查、授权委托等为抓手，深度参与具体项目的开发；在项目合同谈判签约阶段，通过合同法律审查降低项目履约风险；在项目履约阶段，积极参与项目风险排查、变更索赔谈判、纠纷处理等事项，充分防控风险。

强化重点业务和关键环节风险控制。通过开展国别风险研究分析，编制越南、俄罗斯、西班牙等30余个重点国别风险研究报告，为降低境外经营风险提供支持。针对国际总承包项目风险防控，强化政策与法律风险、材料和人工价格上涨风险、外汇风险、项目建设条件风险等的识别、评估和应对工作。

强化国际投资、并购、担保等业务全流程、全生命周期风险管控。充分识别各类复杂交易模式风险，穿透式审查法律合规风险，对重大风险单独出具法律意见书，确保交易安全、风险可控，维护企业利益。通过列出风险清单，分析风险等级，细化防控措施，全面加强风险源头治理。

建立和完善境外风险防控三道防线。充分发挥业务部门、风控部门和审计监督部门作用，制定国际化业务"大监督"工作手册，构建各司其职、相互联动的风险防控工作机制，不断增强监督工作的穿透力和精准度。

3.建立境外应急处置体系，从容应对外部形势

规划设计集团借鉴我国企业"走出去"中的危机应急处置经验及教训，建立境外应急处置机制。一方面，密切关注国际重大政治经济形势走向，利用内外部专家及时作出判断，特别是针对热点境外地区紧急事态，及时向所属企业和境外人员发出预警，提前做好防范。另一方面，成立境外应急管理领导小组，制定《境外应急管理办法》和《境外突发涉外事件应急预案》，加强应急演练，确保关键时刻工作机制有效运转；同时，开展预防性教育，提升境外项目部和员工安防意识和自我保护能力，并与外交部、境外使领馆及当地政府、社区、安全机构保持定期联络沟通，切实降低危机发生概率和响应损失。

四、打造国际产业链高端化发展新格局的效果

（一）经营业绩大幅增长

2020年，在新冠肺炎疫情全球大流行，世界经济不稳定、不确定性因素增加的宏观环境下，规划设计集团国际业务经营业绩逆势增长，新签合同额达1280.87亿元，营业收入达634.25亿元，利润总额32.8亿元，分别同比增长23.5%、25.0%、9.0%；国际业务新签合同额为493.46亿元，同比增长50.37%。

尽管2020年西班牙新冠疫情较为严重，很多西班牙企业实行停薪留职，但规划设计集团协同西班牙公司全力推进并购整合工作，高效开展战略与业务协同，公司生产经营平稳有序。2020年，西班牙公司新签合同、营业收入、利润总额同比逆势上升28.30%、2.04%、20.2%，实现了并购整合的平稳过渡和

持续增长，为属地化发展夯实基础，成功迈入欧美高端市场。

（二）品牌知名度不断提高

2021年，规划设计集团位列美国《工程新闻记录》（ENR）全球150强设计公司第3位，较上年提升2位；位居ENR"中国工程设计企业60强"榜首，进入"中国承包商80强"，获评"最具效益承包商""最具国际拓展力工程设计企业"，连续三届获"全国文明单位"荣誉称号。

西班牙公司位列ENR2021年国际工程设计公司225强第107名，排名较上年提升5位，企业品牌和价值持续提升。

（三）良好履行央企社会责任

规划设计集团坚决贯彻落实中央"走出去"战略，积极践行共建"一带一路"倡议，以"本部＋"运营模式为基础，以技术优势为引领，成功签订了巴基斯坦炼油厂、印尼苏拉威西煤电、乌克兰生物质发电、尼泊尔水电、美国光热、白俄罗斯民建、越南光伏和海上风电等多个具有重大战略意义的总承包项目。

采用先进减排技术总承包建设的巴基斯坦重要民生工程、中巴经济走廊重要能源项目——中电胡布电厂2台660兆瓦超临界燃煤机组，顺利完成满负荷试验，具备商运条件，将满足当地400万家庭的用电需求，创造出近1万个就业岗位，并成功荣获IPMA（国际项目管理协会）国际卓越项目管理大奖，大幅提升了中国企业在国际工程市场品牌形象；参与建设的世界上输送距离最长的±800千伏特高压直流输电工程——巴西美丽山二期直流工程，在中国国家主席习近平和巴西总统博索纳罗的共同见证下，正式投入商业运行。规划设计集团履行了良好的央企社会责任，打造了高质量中国工程国际名片。

成果创造人：罗必雄、刘壮、顾军、陈长浩、左鹏、黄明亮、刘国芳、

蔡岭松、严军、杨帆、胡烨、张雅楠

海外电力投资企业建管体系构建与实践

中国电建集团海外投资有限公司

海外电力投资企业在开展境外电力投资业务过程中，境外电力投资业务建设阶段是投资业务中极其重要的环节，是决策开发阶段与运营阶段之间承前启后、决定运营阶段长期、安全、高效、稳定运行及投资收益的关键阶段，直接影响着企业投资业务的成败。

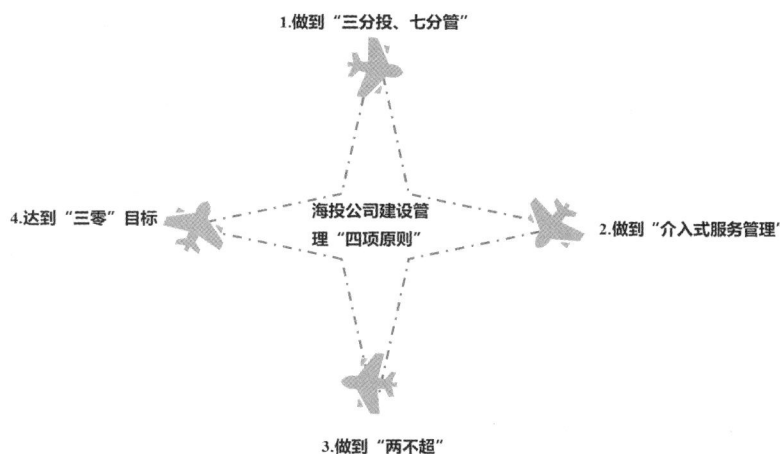

图1 海投公司建设"四原则"

海投公司自成立以来，在开展境外投资业务建设实践中，不断探索规律、认识规律、敬畏规律、遵循规律，按照海外投资规律办事，总结提炼形成宝贵的建设"四原则"（见图1）：一是做到"三分投、七分管"——投资项目要做到"三分投、七分管"，管理比投资还重要；二是做到"介入式服务管理"——项目管理要做到"介入式服务管理"；三是做到"两不超"——项目管理要做到"两不超"，即不超工期、不超概算；四是达到"三零"目标——项目管理要达到"三零"目标，即零质量事故、零安全事故和零环保投诉。同时，建设"四原则"引领的境外投资业务建设管理体系顺势而生，为投资业务优质建设提供强有力的保障支撑。

一、背景

（一）践行"一带一路"倡议，推进企业行稳致远

中国海外投资企业是对外经济合作的市场载体。企业要充分发挥市场载体作用，把自身发展战略主动融入"一带一路"倡议中，助力国家战略同各东道国发展战略深度对接。海外电力投资企业以境外投资业务为载体，将自身的投资、技术、管理、运行等优势在各东道国转化为持续市场机遇，通过高效的

电力投资业务建设管理，按期保质建成投运供电，以建成优质电力项目推进新业务开发，形成稳定的盈利、发展能力。海外投资企业在投资业务建设过程中应自觉履行社会责任，带动东道国就业、经济社会发展、与东道国共享巨惠和红利，凸显中国企业社会责任感。发挥投资合作广泛纽带桥梁作用，释放正面能量、展示中国正面形象，增进与各东道国人文交流与文明互鉴。

（二）按照国际惯例合规经营，助力精细建设管理

海外投资企业要基于审慎和理性，按照国际惯例，在合法合规的前提下开展投资业务建设管理工作。要全方位融入东道国，成为真正带动东道国社会、经济发展不可或缺的力量，形成有利于绿色、经济和社会三者和谐共存、良性循环发展局面。

随着全球化水平日益提高，各东道国法律法规等政策持续完善，东道国的监管、审查越来越规范、严格，如环保等，要求企业做到时时事事处处合法合规经营。企业要提早在东道国精准收集、掌握充足有价值信息，从属地化经营理念出发，充分利用东道国工程、环保、安全、法律、金融等属地化专业机构力量获得有深度、有价值支持，正确遵守、有效利用商业规则，为科学决策提供准确依据，提升精细化建设管理能力。

（三）打造投资业务优质建设，推进"中国全产业链"走出去

海外投资企业要通过先进的现代化项目管理方法和准则，着力自身科学高效投资业务建管体系构建，将每一项投资业务建成标杆工程，为企业未来投资收益夯实基础。海外电力投资企业通过境外投资业务推动"中国标准＋中国技术＋中国资金＋中国装备＋中国建设＋中国运行"全产业链（以下简称"中国全产业链"）"走出去"有得天独厚的优势，发挥中国全产业链优势由表及里、由局部到整体将投资业务建成优质工程、保障稳定运行，产生强大正向示范"马太效应"，在促进东道国、国际市场开拓的环境下，促进国内国际双循环相互促进新发展格局。

二、内涵

海投公司建设"四原则"引领的境外投资业务建管体系（以下简称"海投四原则建管体系"）的内涵：海投公司以建设"四原则"为引领，在开展境外投资业务建设管理中，遵循建设管理规律，着力增强建设管理的控制力、提升建设管理的软实力、拓展建设管理的影响力，形成科学、领先的境外投资业务建设管理体系，不断增强竞争力、创新力、控制力、影响力和抗风险能力，以实际行动践行人类命运共同体理念，推动新时代建设管理各项工作不断取得新提升、新成效，与中国全产业链参建各方"编队出海"，携手将每一个投资业务打造成优质典范，"投资一个，成功一个"，实现以优质建设管理促开发、保运营良性发展循环，为企业基业长青、长期可持续、高质量发展奠定坚实基础。

三、措施

（一）多措并举协同发力，做到"三分投、七分管"

1.坚持"五大坚持"理念，提升核心能力

海投公司以"坚持战略引领，坚持问题导向，坚持底线思维，坚持复盘理念，坚持管理创新"的"五大坚持"理念（见图2）推动企业高质量发展，促进建设管理提质增效。

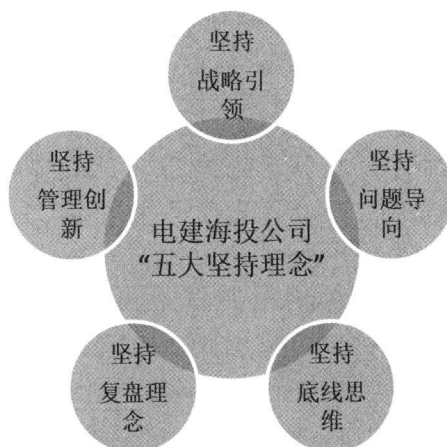

图2　海投公司"五大坚持"理念

坚持战略引领，做好投资项目建设管理顶层设计，明确项目建设目标、实施路径和具体举措，以战略驱动引领优质工程的打造；坚持问题导向，结合项目建设特点、重点、难点，以发现问题、解决问题为先导，制订对策、健全制度、优化流程、规范程序，制定行动方案和实施计划，提升建设风险管控能力，严格选择优秀的设计、监理、施工等参建各方，汇聚强大合力，在项目建设过程中以提高整体价值创造力为目标增强管理效果；坚持底线思维，增强忧患意识，有效防范和化解项目管理各种风险挑战，确定科学清晰的价值判断和评价标准，编制高质量项目概算，选择优秀参建各方，坚持按标准施工，始终将"进度、质量、安全、成本、环保"建设五大要素（以下简称"五大要素"）的风险防控摆在首位；坚持复盘理念，建立复盘工作机制，对标先进、科学分析，结合自身海外投资项目建设实践，"复盘"总结建设管理经验、管理模式，查找问题短板，固化经验成果，推广应用典型经验、规范做法、案例范本，持续提升管理水平和绩效；坚持管理创新，始终将创新贯穿于项目建设全过程，激发参建各方的积极性和主观能动性，攻坚克难，不断创新，并把创新成果转换为现实生产力、市场竞争力，实现以创新驱动建设管理升级。

2.顶层设计总揽全局，强化基础支撑

海投公司紧跟党中央制定的国家发展战略，持续优化顶层设计，自成立以来连续八年组织召开战略研讨会，围绕国家、中国电建战略导向，制订完善境外电力投资中长期战略规划，坚定推进战略落地，战略引领坚定有力。

投资业务建设管理顶层设计是圆满实现建设目标的灵魂，海投公司以实现企业价值最大化为目标，构建起结构合理、年富力强、有知识、懂业务、德才兼备的人才队伍，结合投资业务开发要求、经营模式、业务特点和规模大小等情况，坚持超前系统谋划，建立完善规章制度体系，强化基础支撑。海投公司形成两级顶层设计机制。

海投公司总部是项目战略方向顶层设计的主体，定规章、建平台、抓考核、做服务，谋规划、抓重大、抓基础，负责确定项目管理的市场定位、目标定位、功能定位、形象定位等一系列战略定位问题，为投资业务项目公司设立科学高效的组织机构，配置商务合同技术力量强、能攻坚克难的管理领导团队，加强宏观指导，并事前、事中、事后全过程"服务、指导、监管"项目公司组织机构、管理团队运作情况，在调整优化中确保管理体系高效运转，成为项目公司的服务中心、管控中心、资源中心。

在服从海投公司总部顶层设计前提下，项目公司是建设管理责任主体，也是项目管理实施顶层设计的主体，以项目建设实施方案为载体，基于项目所在国政治、经济、文化、社会、法律和自然等边界因素，再梳理、再调研、再认识，围绕关键线路和里程碑节点，合理配置资源，降低建设成本，结合项目特点、重点、难点再精准谋划，台账式、清单式分析评估项目重点、难点和风险点，前瞻性、针对性制定相应措施，未雨绸缪。

3.选择优秀的参建各方，强强联合、合作共赢

优秀的参建方须具备敏感地发现和迅速解决问题的能力。坚持选择优秀参建各方，尤其是优秀的承包方，为建设顺利实施奠定坚实基础，这是项目建设成功的关键。海投公司坚持选择优秀参建各方的"十大标准"：项目整体策划能力强、进度管理能力强、设计管控能力强、招标采购能力强、资源整合和保障能力强、质量安全环保管控能力强、总部对项目部支撑力度大、农民工工资支付及民营企业账款清理及时、应对复杂尤其是错综复杂情况高效、在项目所在国或国际市场类似工程经验丰富。

在参建各方履约过程中，参建各方全面合作，前瞻性、预见性地考虑可能问题，构建项目统一的目标系统、组织系统、管理规则、思想和价值观，遵守并执行统一的实施计划、管控体系和作业流程，实现合作共赢。统筹发展与安全，牢牢守住安全生产底线，海投公司及项目公司持续开展参建各方履约考核、评价、沟通、激励，促进参建各方履约能效的提升，以项目务期建运实现增值效应。

4."风险管控永远是第一位的"，切实有效化解风险

坚持"三分投资，七分管理，十分意识"，善于预见形势趋势和隐藏其中的风险挑战。在防范化解风险上抓住重点、突破难点、掌握主动，强化纵深防御体系建设，强化风险态势感知能力建设，杜绝"木桶原理"的短板、宽缝和底板漏洞等效应，为企业发展筑牢保障屏障。

不断完善建设重大经营风险防控责任体系，始终将风险防控摆在首要位置，盯紧重点区域、关键点位，落实重大经营风险管控责任，推行"清单式排查，细节化防控"举措，切实做到早发现、早预防、早化解，从源头上防范问题发生，实现本质安全的发展，比如在环保方面，严格执行国际惯例、东道国环保法律法规，按照我国、东道国、国际"就高原则"执行环保标准。深入开展投资业务风险预警分析，比如当前要持续高度关注新冠疫情引发的、可能引发的各类风险，尤其是防疫物资、生产资源的充足提前量配置。研判风险，弥补漏洞，充分估计可能遇到的艰难事、棘手事，把工作基点放在动态应对复杂情况、驾驭复杂局面上，严防出现"灰犀牛""黑天鹅"事件。不断健全完善"大合规"工作体系，注重运用法治思维和方法防范化解经营中的矛盾和问题。持续强化海外舆情风险防控，提升舆情管控意识和工作能力。

5.阶段交接承上启下，过程环环相扣

境外投资业务建设是个复杂、系统的过程中。不同阶段业务工作内容对专业团队要求不同，海投公司坚持"专业的人做专业的事"，不同阶段由不同专业团队完成专业使命，并将本阶段工作情况向下一个阶段专业团队进行准确交底、全面交接。其中，投资业务建设阶段发挥着关键的承上启下作用，在开始进入建设阶段时，投资开发阶段专业团队向建设阶段专业团队交接；在建设阶段完成时，建设阶段专业团队向运营阶段专业团队交接，无缝衔接、环环相扣，推进业务管理全过程连续、平稳、高效推进。

6.加快推动数字化转型，适应数字时代

随着国际政治经济形势的深刻变化和数字经济的快速发展，海投公司从技术、管理、数据三个方面，夯实"互联网＋"数字化转型基础，紧紧围绕工程建设数字化和工程建设业务数字化，自上而下地形成多层面、多平台的支持体系，提升精益化生产、数字化建造、现代化管理和智能化决策能力。培

育、构建面向数字时代的数字化新商业模式，形成数字化新发展优势。结合境外投资业务建设的实际，研发了海投公司招标管理系统（见图3）、海投公司项目管理信息化系统（PRP）（见图4），促进了管理效能的进一步提升，尤其是在全球新冠疫情影响下，发挥了巨大的作用。

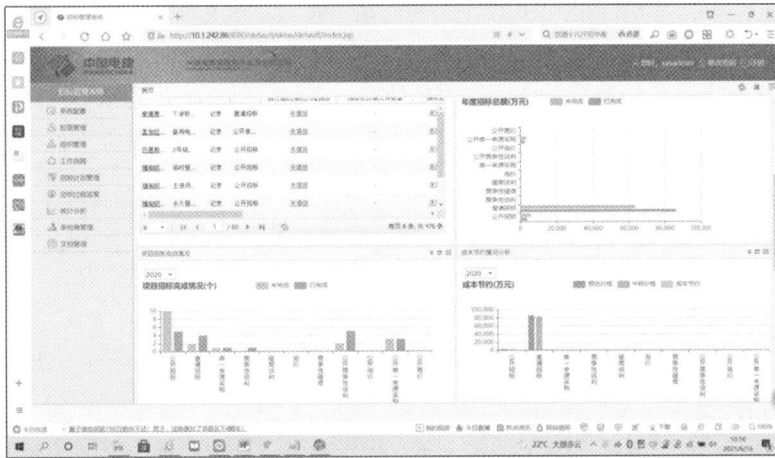

图3 海投公司招标管理系统

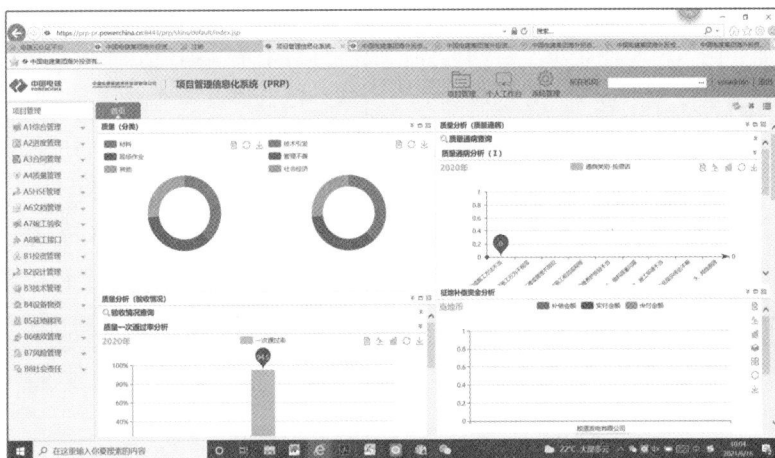

图4 海投公司项目管理信息化系统（PRP）

（二）数管齐下推进履约，做到"介入式服务管理"

1. "四位一体"组织管控，多维度构建共同体

通过对海投公司建设实践总结，提炼形成了"四位一体"建设组织管理模式。海投公司作为投资方主动引领，彰显了海投公司担当，建立业主（项目公司）、设计、监理、施工"四位一体"建设组织管控，以合同约束为前提，围绕工程建设目标，构建起责任、利益共同体，激发参建各方人员干事创业的热情，充分发挥各方优势、强势互补，狠抓"建设五大要素"管控，通过全过程精益管理和风险管控，提高工程质量效益，降低经营成本，提升投资业务全生命周期市场竞争力，强强联合、合作共赢，实现参建各方整体利益最大化和价值创造。

2. 聚焦"建设五大要素"管控，促进精益管理

海投公司在发展探索、实施、创新中，形成了境外投资业务建设进度、质量、安全、成本、环保

"五大要素"管控，抓住了"要素"即抓住了"关键"，"五大要素"管控要点包括：进度是建设管理的第一要素，紧紧围绕关键线路和里程碑节点，超前谋划，精心组织，确保资源到位、征地及时、送出工程匹配，强化目标意识，与时间赛跑，环环相扣、步步推进，确保实现项目建设目标。质量是建设管理的重要因素，严格执行质量标准和体系，狠抓质量管理，确保工程质量。安全是建设管理的核心要素，狠抓"安全第一，预防为主；以人为本，综合治理"，确保项目安全可控。成本是建设管理的关键要素，加强执行概算和合同履约管控，推动精细化管理，确保项目成本不超概算。环保是项目建设的重要因素，依法合规开展环境保护，增强环保意识，落实环保措施，确保履行好环保责任。在建设管理实际应用中取得了良好的效果。

3.相向而行协同履约，确保建设进展在控

在建设过程中，保持与参建各方对话合作主导面，维护互利共赢主基调，相向而行、凝聚共识，既确保各方通过合作扩大共同利益、又使项目提质增效。

建立与参建各方的高层协调机制。对于项目履约特别情况，启动海投公司与有关参建方总部级高层协调机制，通过邀请参建各方领导开展高层协调会、联合现场检查、联合工作组等方式，进行快速反应，为项目进展把脉、诊断、开方，对于超出参建各方现场项目部能力的问题，由相关参建方总部领导牵头，明确责任人及完成时间，其他各方领导全程跟踪，必要时请外脑支持，直到问题排除。

4.基于合同尊重事实，打造命运共同体

项目管理要遵循合同，但不能止步于合同边界，故步自封于条款约定。海投公司时刻统揽全局，高度重视设计、监理、施工以及供货等企业的履约能力，结合项目特点精准施策，适时在工程设计、设备采购、资源投入、资金计划、设备监造、仓储物流、施工安装、调试运行等方面提供介入式服务管理；帮助参建各方解决制约工作进展的矛盾和问题，牢牢掌握项目投资建设的主动权。

加强业务贯通和高效沟通，本着"充分信任、合作共赢、求同存异"的合作态度，通过增信释疑、对话沟通管控危机，化解双方管理理念中的矛盾分歧，在坚持底线原则前提下，以事实为基础，换位思考，灵活寻找双方能够接受的平衡点，及时协调解决制约项目建设进展的矛盾和问题，在互利共赢中促进参建各方履约，打造命运共同体。

（三）加强进度投资管控，做到"两不超"

1.加强进度计划管控，做到"不超工期"

坚持"以进度计划为抓手，以考核激励为促进，动态管控，全过程抓落实"的进度管控原则。业主方牵头组织设计方、监理方对施工方编制的进度计划进行审核、批准；施工方负责业主方审核批准的进度计划的执行；设计方负责按进度计划提前提供图纸和设计交底；监理方负责进度计划监督，对设计提供的图纸组织审图，对施工方的进度执行进行协调和监督。

从设计供图、设备采购监造发运、施工资源配置、技术方案、质量保证措施和安全保障措施、现场施工管理等方面对提出具体要求；对关键线路和重要工程节点要求施工方制订可行的施工组织措施；对存在进度风险的工程节点要求施工方倒排工期；围绕进度计划，以节点进度考核机制为抓手，督查现场施工进度，确保工程建设各项工作按计划实施和完成。

2.资源有限高敏感度，夯实目标资源基础

境外投资业务建设过程中，参建各方在精益化经营指导下，以资源有限为前提实现建设目标是必然常态。作为投资方及业主方，要充分利用中国全产业链基础优势，及时推动参建各方确保人、料、机、法、环等资源的组织提前，为实现建设目标创造条件。任何参建方面临影响项目进展重大风险时，都将是投资方或业主方面临的风险或问题，要站在建设整体进展的大局上考量参建各方面临的重大风险，开展"介入式、下沉式、穿透式"服务管理，实施积极应对措施，与参建各方守望相助、攻坚克难，实现项目建设既定目标。

3.着力履约问题解决，扎实推进建设进展

海投公司及各部门按照职责分工全力推进相关工作，与项目公司上下联动、同频共振，协调一切有效资源解决问题；加强法律指导，深入研究合同、标准、规则，采取积极措施，提高整体价值创造能力，为建设目标按期实现做好"服务、指导、监管"。

从根源上预防问题发生。建设初期，结合投资业务建设特点、重点、难点，严格优先选择中国优秀设计、监理、施工、供货等参建各方"抱团出海"，发挥参建各方的丰富经验，汇聚强大合力，以"庖丁解牛"精神，从点到面、由浅入深，提前分析研判问题，找准深层次问题，落实防范解决措施；建设过程中，以提高整体价值创造力为目标增强管理效果，强化项目公司、参建各方履约主体责任，以问题为着力点，参建各方瞄着问题去做、对着问题去改，在补短板、强弱项上持续精准发力。对重大问题，必要时发挥"外脑"、的作用，提高时效性、实效性，直到问题妥善解决。抓实抓细抓落实，建立并持续更新履约问题台账，工作内容明确、对应节点清晰、完成时限具体、办结标准清楚、具体责任到人、实行销号整改闭环，督促迅速行动、保持跟踪落实，确保整改到位、及时闭环。指导、监管项目公司及参建各方以合同为依据履约，确保不偏航、不脱轨。

4.全面投资成本管控，做到"不超概算"

建立以"执行概算管理为基础、合同管理为关键、过程监督为保障"的全面预算全过程成本管控体系，坚持以合同为依据，以进度、质量、安全、环保管理为支撑，以考核激励为抓手，严格变更和索赔管理，及时妥善解决承包商合理诉求，严控执行概算，做到不超设计概算的成本管控原则。

（1）合理编制设计概算。设计概算作为项目筹措建设资金和指导投资管理的依据，一经批准，原则上不得突破。设计概算应严格按照国家规定的编制深度、项目划分和费用构成进行编制，在充分考虑工程建设特点的基础上合理确定各部分投资。

（2）推行执行概算管理。执行概算作为项目造价控制目标和考核指标，应控制在批准的设计概算额度内，执行概算编制时应体现项目管理要求，结合项目实际情况，综合考虑实施中可能存在的风险。在项目实施过程中，做好工程建设过程中工程结算与执行概算的对比分析，加强执行概算的滚动实时管理，达成项目造价控制目标，做到不超概算。

（3）加强变更和索赔管理。工程变更必须履行相关审批手续后实施，明确结算原则及结算方式。重大设计变更，必须提前进行技术经济论证，形成专题报告，经审查报批后实施。"以合同为依据，以事实为基础"及时妥善解决索赔及各类合同争议问题，有效控制建设成本。

（4）加强资金使用计划管理。根据批准的施工进度网络计划及设备、材料供货计划，做好月、季、年度资金使用计划，合理均衡安排资金，必要时调整提款计划，提高资金利用率，减少建设期融资费用。

（四）规范质量安全环保，达到"三零"目标

1.精益质量管理，达到"零质量事故"

参建各方在业主的引领下，以高质量发展意识全面落实质量管理责任制，形成"业主全面负责、设

计科学严谨、施工与制造保证、监理与试验检（监）测保障、专家咨询把关、上级主管单位与当地政府监督"的全方位工程质量管控体系，细化事前控制，做到预警防范、准备到位；强化事中控制，做到规范纠偏、责任到位；重视事后控制，做到督促检查，落实到位。开展质量对标、新技术新工艺推广应用、重大问题专家咨询会诊，落实质量行为标准化、建立质量责任追溯制、健全质量管理岗位责任制、优化质量管理信息化等实现质量控制目标。

2.强化安全管理，达到"零安全事故"

与参建各方签订HSE责任目标协议，促进参建各方认真落实安全生产主体责任，确保安全费用投入到位，积极主动防控各类安全风险，持续提升"四位一体"安全组织管控体系的履责意识。采取强化安全检查与治理行动、安全教育主题活动、创建安全文明施工样板示范区和安全培训体验馆，推动青年安全生产示范岗，组织特种作业人员和安全三类人员"培训、考核、取证"一站化送培到现场服务，开展防洪度汛、消防与交通安全、非传统安全联合演练，推行安全标准化及编印安全文明施工标准手册等创新工作，落实安全检查制度和事故问责制度，加大安全生产投入和工程保险索赔工作，提倡安全文明施工，保证项目建设期本质安全。

3.绿色环保管理，达到"零环保投诉"

坚持"设计科学环保、施工措施到位、监督违章严罚"的环保管控原则。要求参建各方积极践行环保理念，按照项目有关协议、环评报告、东道国政府的要求、按照国际国内标准"就高原则"执行环保标准。加强项目现场排放控制和监管，树立环保警示教育标识，配备环境污染因素检测设备，编制《特定场所环境监测计划》，明确监测取样布点和监测频率，现场监理对各类污染物排放实时监控，及时监督整改发现的不符合项。共同参与"世界环境日"、植树节、节能减排宣传周、低碳日等活动，形成良好环保氛围。高度重视环保各项工作措施，与当地环保部门沟通合作，加强联系协调。严格遵守当地环保的法律法规，妥善处置废水废气废弃物和生活垃圾。自觉接受第三方环保监管，最大限度减少人为影响，保护当地环境，向社会及周边村民公示环境因素定期监测数据，开通违法违规行为投诉渠道，加大公众对项目环保的监督力度。

四、效果

海投四原则建管体系形成了鲜明的电建特色、电建风格、电建气派，是集体智慧的结晶，已成为海投公司跨越式、高质量发展的"助推器"、与东道国合作的新旗帜，电建特色投资业务的"金名片"，获得良好的效果（见图5）。

（一）投资业务市场布局持续优化

海投公司已在老挝、柬埔寨、尼泊尔、巴基斯坦、印尼、孟加拉国、澳大利亚等10多个国家开展投资业务，海投公司以优质建设管理标杆项目的示范效应，推动业务市场布局不断扩大，投资业务逐步从"水火并进"跨越到"水火风光并进"，10多个项目开发有序进行，增强了发展潜力、优化了资产组合、完善了市场布局。结合建设管理丰富经验，构建海投公司高效的评审决策程序，力争将每个投资业务打造成优质工程、标杆工程。柬埔寨甘在水电站、老挝南欧江六级水电站获得鲁班奖，巴基斯坦卡西姆项目获得中国电建优质工程奖、中国电力优质工程、国家优质工程奖，实现了将中国全产业链带出去，量质齐升。

（二）多个电力项目建设投产创效

海投公司围绕"两不超""三个零"目标扎实推进项目建设。"十三五"期间，海投公司新增运营装机263.04万千瓦，目前建设及运营装机总量413.45万千瓦，其中9个项目成功建成运营、3个项目建设稳步推进，年发电量历史性突破100亿千瓦时、年营业收入历史性突破100亿元大关，效益可观。2020年，海投公司上下一心、逆势攻坚，克服疫情影响顺利实现印尼明古鲁火电项目、澳大利亚牧牛山风项目进入COD、老挝南欧江二期水电项目"一年九投"等重大节点目标，实现了抗疫稳产的"双战双赢"。海投公司扎实推进重点项目建设，巴基斯坦卡西姆火电项目、老挝南欧江流域水电项目等国际影响大、产业带动强的标志性项目建成投产，得到国家有关部委、东道国政府的高度肯定，展现电建实力，打造中国样板。

（三）专业能力支撑保障提质升级

海投公司不断从治理结构、管理体系、业务流程、专业能力等方面深化改革、精准发力，持续提升治理体系和治理能力。依据战略落地，积极推进总部、项目公司两级组织体系建设，各专业管理体系流程完备、制度健全、运行高效，建设管理专业能力显著提升，专业管控支撑作用显著增强，海投公司连续6年在中国电建经营业绩考核中获得满分以上，建设管理中国电建管理评价考核指标多年连续名列前茅。

（四）党建铸魂文化赋能强基固本

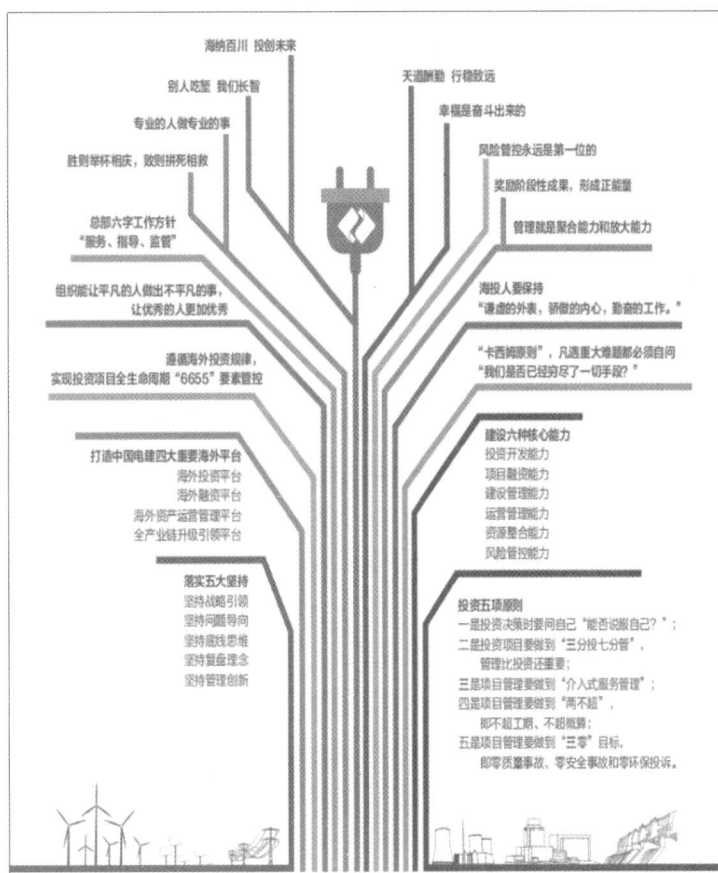

图5　海投公司语录树

海投公司党委认真贯彻新时代党的建设总要求，充分发挥领导作用，把方向、管大局、保落实，以高质量党建引领高质量发展。充分发挥党的思想、政治、组织优势，深入推动党建与生产融合。海投公司党委以高度的政治自觉，严格落实全面从严治党主体责任，为企业健康发展提供有力保障。海投公司在实践中总结形成18条"海投语录"（见图5），成为海投公司最鲜明的文化特征和行动指南。

（五）海投公司品牌形象显著提升

海投公司多层级、多平台、多渠道广泛开展对外交流，企业影响力和社会美誉度显著提升。人民日报、央视等中外国家级媒体330余次聚焦海投公司业务。基于建成投产效果良好的巴基斯坦卡西姆项目，海投公司应邀在首届中国巴基斯坦智库高端论坛、中国企业家年会、中国对外承包工程企业发展高层论坛等平台分享海投公司改革发展经验，促进交流，扩大了行业影响力。海投公司荣获"国家优质投资业务奖""巴基斯坦政府杰出成就奖""海外履责典范企业奖"等各类奖项荣誉220余项。

（六）中外优秀人才支撑深化巩固

海投公司深入实施人才强企战略，一大批中外融合、业绩突出、素质优良的国际化、复合型人才脱颖而出，打造了一支政治强、专业精、结构优、作风好的人才队伍。建立健全以平衡计分卡为核心的多维度、多要素全面绩效考核体系，有力推动战略落地。员工岗位胜任能力和综合素质不断提升，实现了员工人均年收入与企业发展协调增长，薪酬体系更加科学有效。选树了"全国优秀企业家、全国优秀施工企业家、享受国务院特殊津贴专家、国资委首届央企楷模、中央企业劳动模范、中央企业优秀共产党员"等一批先进典型。

（七）服务大局生动践行丝路精神

海投公司服从服务于国家发展，积极投身"一带一路"建设，以实际行动践行共商共建共享的丝路精神，展示了负责任的大国央企形象。海投公司主动对接东道国发展战略，促进产能合作，深化利益融合。海投公司深入实施属地化经营，与东道国股东合作，彰显"选择海投就是选择成功"成效。广泛开展社会责任履行，有力带动当地经济发展、民生改善；老挝南欧江、尼泊尔上马相迪项目履责实践入选《中央企业海外社会责任蓝皮书》。

（八）投资带动转型升级有力彰显

海投公司牢牢把握在中国电建业务转型升级中承载的职责与使命。以中国电建战略为先导，打造了区域布局多元、综合回报稳定、投资风险可控的境外投资业务布局，将每一个投资项目建成优质，成为落实中国电建国际业务优先发展战略、构建世界一流企业的有力支撑。目前，海投公司为中国电建在海外积累了将近500亿元的优质资产。同时，海投公司已累计带动各专业领域30多家企业开展海外业务，实现中国全产业链"走出去"，进一步增强了中国企业开展境外投资业务的竞争力。

（九）主要经营业绩指标连年跨越

海投公司紧紧围绕战略目标奋力推进高质量发展，生产经营业绩连年攀高。2020年，海投公司实现营业收入、利润、资产总额，分别达到"十二五"期末的3.28倍、4.37倍、2.50倍，增速可观，并于2019年提前一年完成"十三五"规划中营收和利润指标。截至2020年，多个项目相继成功建成、顺利投产，基于成功建设的基础，实现了增长动力转换。在疫情严重影响的不利条件下，建设管理逆势推进，来之不易，彰显了海投四原则建管体系的力量。

五、结束语

海投公司的实践证明，海投四原则建管体系为海投公司增优势、拓空间、破难题提供强大动力，顺应新时代发展新格局、适应全球化发展需要，以教科书式的方法论、实之又实的工作作风、细之又细的工作举措，坚持与时俱进、不断创新驱动和管理提升，能成功推进境外投资业务建设目标的有效实现，并为新境外投资业务开发良性拓展、运营期良好收益获得奠定坚实基础。

成果创造人：俞祥荣、付绍勇、刘新峰、李明、武夏宁、郭伟、葛玉萍、

袁莉、菅志刚、戴吉仙

华东医药以"世界一流"为目标的国际化经营

华东医药股份有限公司

华东医药股份有限公司（以下简称"华东医药"）创建于1993年，总部位于浙江杭州，于1999年12月在深圳证券交易所上市，员工人数超过10000人，历经20多年的发展，已发展成为集医药研发、生产、经销为一体的大型综合性医药上市公司。

华东医药业务覆盖医药全产业链，以医药工业为主导，同时拓展医药商业和医美产业。其中，医药工业深耕于专科、慢病用药及特殊用药领域的研发、生产和销售，位列全国第一梯队，核心全资子公司杭州中美华东制药有限公司（以下简称"中美华东"）拥有多个在国内具有市场优势的一线临床用药，同时通过自主开发、外部引进、项目合作等方式对创新药及高技术壁垒仿制药进行研发布局，逐步成为以科研开发与技术创新为主导的创新型国际化医药工业企业。医药商业连续多年位居中国医药商业企业十强，在浙江省内已实现全覆盖，并持续积极探索服务模式，从单纯的配送商向更具有行业专业性的综合服务商转变，立志成为受人尊敬的医药行业服务企业。医美业务聚焦于面部微整形和皮肤管理领域，控股子公司宁波公司在国内医美领域的市场占有率排名领先，全资子公司英国Sinclair公司作为华东医药全球化的医美运营平台，核心产品已在全球60多个国家和地区上市，华东医美将成为集医疗美容产品研发、生产、销售、服务于一体的全球领先、高端的国际医美企业。

创新转型是华东医药不变的主旋律，华东医药第一次转型耗时25载，在二次转型的关键时期，华东医药以"成为科研创新驱动的国际化品牌医药企业"为核心战略目标，坚定推进研发创新，加强海外合作及国际化产业布局，积极探索新运营模式，开拓全新的市场领域，在复杂多变的政策环境及经济环境中，保持华东医药经济效益连续稳健发展的趋势。

一、华东医药以"世界一流"为目标的国际化经营的背景

（一）中国医药行业融入国际化部署的必然选择

2017年中国加入ICH（国际人用药品注册技术协调会），意味着中国的药品监管部门、制药行业和研发机构将逐步转化和实施国际最高技术标准和指南，药政将全面接轨国际。在投资国际化、监管国际化、市场国际化、竞争国际化等趋势的驱动下，一方面使得中国医药企业积极投身于全球医药行业的竞争中，与国际的接轨；另一方面又是在鼓励和迫使中国的医药企业走创新之路，走国际化道路。

目前中国医药企业正逐步走向全球市场，创新全球化趋势已然成型，国际化是现阶段中国医药企业发展的主旋律，更是中国创新药发展下一阶段的主旋律。故此，加快研发创新，积极参与国际竞争，全面融入全球医药行业产业链，既是中国医药企业必须走的路，也是华东医药二次转型必须坚定的发展方向，更是华东医药深度融入中国医药行业国际化部署的必然选择。

（二）适应医药行业发展新趋势的时代要求

国际医药行业形势处在一个更新迭代的时期，国际创新药在中国加速审评和上市，专利到期药物大幅度降价以及成熟仿制药之间的价格竞争，在重塑医药行业的流通价值链，使医药行业进入整体增速放缓的新常态的同时，也促使医药行业未来更加规范化和集中化。对于中国医药行业来说，随着中国药审制度逐步与全球接轨，全球研发产业链开始往中国转移，产业链转移使得中国医药创新得到蓬勃发展的同时，也促进中国医药企业加快转型升级。

由巨大但竞争激烈的国内医药市场孵化出的本土企业，在技术水平与全球接轨后，国际化便是必然的趋势。创新驱动成长，本土走向国际，如此形势对华东医药在二次转型升级与国际化发展过程中确也是难得的机遇，在此背景下，坚持国际化布局经营也是华东医药面临的时代要求，更是大势所趋。

（三）推动华东医药创新转型升级的需要

随着中国医药行业创新研发步伐加快，中国医药企业以原料药、仿制药为主进行国际化布局的情况正在改变，在创新驱动下，中国医药企业逐渐转向高技术壁垒药物、生物药和创新药的研发。党的十九大以来，国家鼓励医药创新和国际竞争升级，国内仿制药市场已经由销售驱动转向成本驱动和市场准入驱动，创新药市场迎来新的发展机遇，而为平衡研发投入产出比，创新药全球上市将成为趋势。

仿制药的盛宴已然过去，创新药时代已经来临，在过去的二十余载，华东医药深耕专科、慢病及特殊用药领域，在各领域构筑了良好的品牌效应和雄厚的市场基础，市场占有率持续保持国产同类产品前列，已位列国内医药行业的第一梯队，但与国际药企巨头相比，仍有很大差距。因此，"成为科研创新驱动的国际化品牌医药企业"的战略目标要求华东医药快速推进创新研发，加速国际市场战略布局。基于此，华东医药在2020年确定了以国际化为核心的3i战略，即增长战略（Increase）、科研创新战略（Innovation）及国际化战略（International），助推华东医药成为一家受人尊敬的创新型国际医药名企。

二、华东医药以"世界一流"为目标的国际化经营的内涵和主要做法

随着国家产业持续升级及医改的不断深化，医药行业进入从高速增长换挡减速至慢增长阶段，医药新时代已确定来临。积极参与国际竞争，向创新药研发型企业转型，是中国医药企业高质量、可持续发展的必经之路，也是华东医药由仿制走向创新，由跟随走向引领的必然选择，更是华东医药筑造国际化品牌医药强企的重要经营战略。

基于此，华东医药结合外部形势及企业发展实际，制定了立足于医药健康产业，以医药工业为主导，同时拓展医药商业和医美业务的全新发展战略，秉承以科研为基础，以患者为中心的企业理念，致力于成为一家以科研创新驱动的国际化品牌医药强企。

华东医药聚焦核心治疗领域，继续深耕医药产业，以拓展国际市场为抓手，从研发、质量、医美、国际化运营、管理配套等方面采取了一系列创新举措，以实现"世界一流"的国际化经营医药强企的战略目标。主要措施如下：

（一）加速推进研发创新，加快研发管线布局，全面融入全球新药创新链

华东医药全速推进在研创新药、重点生物类似物品种临床研究进展，进一步优化研发流程，提升研发效率，推进研发内部订单制，在确保自有项目进度与质量的基础上，开放进取承接外部研发项目，增强研发组织的市场竞争力。持续加强和全球领先的生物医药研发公司合作，探索适合公司未来发展的创

新研发模式和搭建公司特有的核心技术平台；持续跟进并评估全球新药研发领域新靶点和前沿技术，通过“自主研发+外部引进”，进一步夯实创新产品管线。加快培育公司早期药物发现和临床前/转化医学的研发能力，不断优化和调整公司的整体研发体系架构，并通过高端研发人才的引进，完善创新项目研发的各功能模块，全力保障公司创新项目战略规划目标的实现。

1.聚焦核心治疗领域，从仿制走向创新，从跟随迈向引领

华东医药在未来的科研创新中将以满足临床需求为导向，在新药研发立项与决策中，将以创新性和差异化为标尺，立足于临床价值，临床药物经济学价值，产品的商业价值，着眼中长期的管线布局、坚持仿制药升级与创新药发展并重；仿制药研发以技术高，差异化，速度快，成本优为定位，创新药研发以起点高、赛道宽、靶点新，国际化为目标，将创新药作为构建未来核心竞争力的基础和方向。2020年华东医药聚焦并重点布局开发抗肿瘤、内分泌及自身免疫等重大疾病和慢病领域中具有突出临床价值的创新药和高技术壁垒仿制药，并密切跟踪国内外生物药、基因治疗、抗体药物等前沿领域的技术发展和研发动态。以科学务实的态度，结合自身能力和风险匹配度，从差异化创新起步，逐步向同类第一/同类最佳的突破性创新模式迈进，加快融入全球新药创新的创新链、价值链步伐，由中国新最终走向全球新，将华东医药创新水平不断提升到新高度。

2.持续加大研发投入，不断丰富产品管线

自2020年起，华东医药力争每年研发投入占医药工业销售收入的比例达到10%以上，为创新工作提供充足的物质保证。2020年医药工业研发费用14.44亿元，占医药工业营收比重13.06%。在加大投入的同时，不断提高研发资金的使用效率。华东医药通过自主立项及外部引进等方式，力争完成每年至少15个创新项目（包括药品、医疗器械等），其中不少于3个创新药的立项工作，使现有的每个产品线都有创新产品补充和引领，最终形成丰富的产品管线和良好的产品梯队，形成2022年开始持续有创新产品上市的良性发展节奏，努力实现2025年创新业务板块占整体工业营收30%的阶段性目标。

治疗领域	产品	靶点	技术平台	适应症	临床前 1期临床 2期临床 3期临床	地区权益	合作伙伴
肿瘤	迈华替尼	EGFR	小分子	非小细胞肺癌		大中华区	
	Mirvetuximab	FRa	ADC	卵巢癌		大中华区	immun-gen
	DR30303	CLDN18.2	单抗	胃癌；胰腺癌		全球	
	DR30318	CLDN18.2 x CD3	双抗	胃癌；胰腺癌		全球	
	DR30206	PDL1xVEGFxTGFb	三抗	实体瘤		全球	
糖尿病	TTP273	GLP-1	小分子	糖尿病		亚太	
	利拉鲁肽	GLP-1	生物类似物	糖尿病；减肥		全球	
	索马鲁肽	GLP-1	生物类似物	糖尿病；减肥		全球	
	DR10624	GLP-1xGIPxFGF21	融合蛋白	糖尿病；减肥；NASH		全球	
	DR10627	GLP-1 x GIP qd	多肽双激动剂	糖尿病；减肥		全球	
	DR10628	GLP-1 x GIP qw	多肽双激动剂	糖尿病；减肥		全球	
	门冬胰岛素	Insulin	生物类似物	糖尿病		全球	
	德古胰岛素	Insulin	生物类似物	糖尿病		全球	
免疫	乌司奴单抗	IL 12/23	生物类似物	银屑病；克罗恩病		大中华区	
	PRV-3279	CD32b x CD79b	双抗	红斑狼疮；免疫原性		大中华区	proventionbio
其他	DR30121	VEGF x Angiopoietin2	双抗	AMD; DMD		全球	

图1　华东医药现有创新产品管线

3.加快引进高层次人才，打造高水平科研团队

华东医药重点引进具有丰富从业经验的研发领军人才和高层次研发技术人才，强化内部研发体系和技术平台建设，积极推进国内及海外研发平台建设。2020年全年新引进海内外创新型研发人才47位，其中博士15名，硕士27名，已初步构建了一支有朝气的具有国际化理念、国际化视野和国际化管理能力的

创新团队，目前研发人员占比12.79%（占公司从事药品生产制造子公司人数的比重）。同时，华东医药建立核心专家顾问库，含统计、医学、注册等领域数十位业内资深专家；启动博士后流动站招募工作，先后与浙江大学及北京大学肾病研究所等国内一流院校达成博士后联合培养合作意向推进创新国际化战略真正落地。此外，华东医药创建了研发项目动态评估机制，同时通过成立外部专家学术委员会，协助进行研发及产品引进的决策和管理，确保科研创新工作的科学性、先进性、可行性。

4.深化内外部合作及产品引进，构建全球化研发战略协作生态圈

2020年，华东医药整合并对接外部优势资源和技术，践行自主研发＋合作委托开发＋产品授权引进（License-in）相结合的新药研发模式，跟踪国际上最新的药物作用机制和靶点以及临床应用研究进展，加快创新药布局和国内外内创新药项目的引进，推动优质创新项目的引进开发，与美国ImmunoGen、ProventionBi创新药研发公司、全球领先的英国人工智能药物发现Exscientia公司以及晶泰科技（XtalPi）开展抗肿瘤药物研发合作，不断丰富公司产品管线及完善创新产品中长期布局，已完成代谢、肾病等领域多个潜力创新药立项。同时也持续提升产品国际化运作能力，做好自身优势产品和先进技术及专利的对外授权。

华东医药经过多年发展，已具有独立的自主研发体系，成立了全球新药研发中心，与海内外著名院校、科研院所、创新研发公司、专业技术平台等机构进行新药研发项目合作，构建了以中美华东为中心的全球化研发战略协作生态圈。持续加大研发投入，不断丰富核心领域产品管线，重点布局抗肿瘤、内分泌及自身免疫三大核心领域内全球创新类产品，形成持续有创新产品临床推进和上市的良好发展态势，为中长期增长提供新动能。

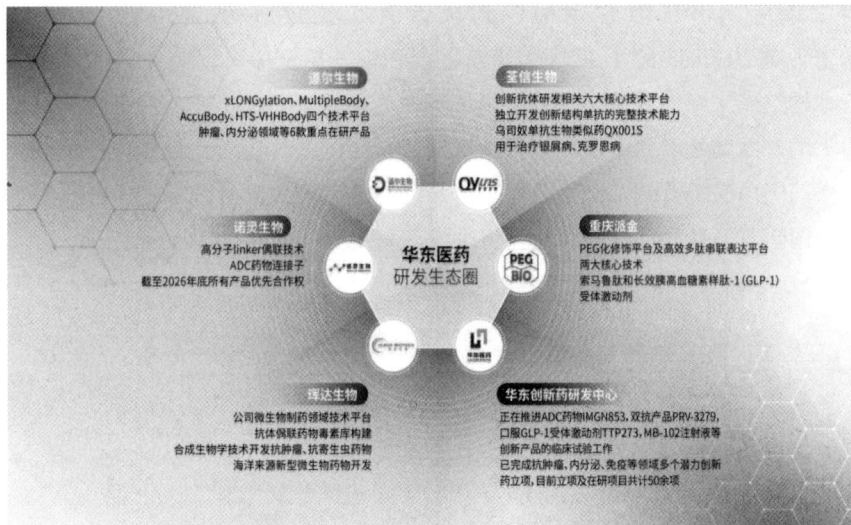

图2 华东医药研发生态圈

（二）质量至上，对标国际，质量管理水平迈上新台阶

华东医药以国际质量管理水平为目标，始终遵循"诚信高效、质量至上、接轨国际、创新卓越"的质量方针，积极开展国际注册，提升质量标准；质量系统持续完善质量管理体系，强化质量集团化管控，满足公司多元化生产模式下质量管控及新业务发展的需要；不断加强质量文化建设，增强员工质量安全意识；同时加大充实管理力量，加强药品全生命周期管理；全面推进质量管理转型升级，实现质量管理水平迈上新台阶。

1.不断完善质量管理体系，推进质量管理转型升级

华东医药坚守科学合规底线，在进一步加强集团化管理基础上，持续完善质量管理体系建设，提升国际化管理水平。2020年公司创新GMP常态化管理手段，执行飞检制度，优化公用系统管理模式，强化从研发至大生产的质量管理联动机制，从药品研发、生产、上市到上市后管理整个过程进行质量管控，针对薄弱管理环节建立常态化管理清单，切实建立质量管理规范、流程和标准，实现了规范化、精细化、个性化的管理。顺利完成各项一致性评价产品和新产品的注册现场核查、GMP符合性现场以及飞检工作。同时，展望世界开放视野，学习借鉴国内外新理念，不断突破创新工作思路；不断推进质量文化建设，筑牢科学合规底线；打造高水平人才培养体系，激发团队及员工活力；通过持续提质增效，提升公司产品竞争力，助推华东医药高质量发展。

2.持续提升质量标准，加快国际注册，加速国际化进程

华东医药以国际化质量水平为目标，持续提升质量标准，2020年完成奥利司他胶囊、盐酸吡格列酮片、吲哚布芬片的标准制定工作，积极跟进药典进度，积极参与注射用泮托拉唑钠冻干粉针USP药典标准制定工作。华东医药全资子公司中美华东阿卡波糖片继获得欧盟奥地利上市许可后，获得美国FDA批准，推动公司国际化质量管理水平上了一个新台阶，截至2021年1季度，华东医药所有在线原料药和主要制剂产品已通过美国FDA或欧盟认证等国际认证；阿卡波糖片、环孢素、吗替麦考酚酯胶囊、克拉霉素片、吡格列酮二甲双胍片等9个品种一致性评价过评，12个品种（含6个新分类报产品种）在审。华东医药在原料药国际化的基础上，加速制剂的国际化进程，目前已逐步形成国内领先，面向国际的制药工业体系。

（三）加速医美国际化运营布局，构筑医美发展新格局

华东医药医美业务以Sinclair为国际医美运营平台积极开拓全球市场业务，将华东医美打造成国际一流的医美企业，构筑未来新的发展空间。中国市场作为华东医药医美业务一个特殊市场，将科技含量高、市场潜力大的产品陆续引入中国，借助华东医药在中国的注册、营销实力稳步做大中国市场；在国际，依托华东医药国内医美营销基础以及医美行业的高速发展，助力国际优质产品的迅速落地和商业化，从而形成国内国际双循环联动发展并相互促进的新格局。

1.深耕医美产业，不断优化及完善医美产品管线

公司名称	公司简介	与本公司关系	相关主要产品	适应症	公司（或子公司）权益
英国Sinclair	全球化医美产品业务运营	全资子公司	胶原蛋白刺激剂(Ellansé®)	面部修复+填充	全球权益
			美容埋线(Silhouette®)	适用于中面部提拉手术，短暂固定并提拉脸颊下真皮位置	全球权益
瑞士Kylane	提供创新面部填充产品的生物科技公司	参股公司	MaiLi系列,含利多卡因成分的新型透明质酸	面部修复+填充	全球权益
			两款重点研发产品	面部和身体填充剂	全球权益
美国R2	医美领域冷冻祛斑和美白相关医疗器械及技术开发公司	参股公司	F1(Glacial Rx™)	消除皮肤的良性色素病变	中、日、韩等34个亚洲国家地区的独家分销权
			F2	全身美白	
			F0(Glacial Spa™)	全身美白	
韩国Jetema	医美生物制药与医美器械领域全品类研发公司	产品授权合作关系，无股权关系	Botulinum Toxin	除皱	中国独家代理权
西班牙High Tech	聚焦能量源型医美设备,集研发、生产及销售为一体	全资子公司	Cooltech	减脂	全球权益
			Cooltech Define		
			Crystile		
			Primelase	脱毛	
			Elysion		
			Define2.0	紧肤塑形	
			Define3.0		
			PrimelasePro		
			Titania		

图3 公司主要医美产品研发情况

医美业务是华东医药重点发展的核心业务领域之一。华东医药医美秉承"以求美者为中心,用做药人的专业和严谨服务广大求美者"的经营理念,聚焦于面部微整形和皮肤管理领域最新的产品和器械的研发、生产、销售、服务,充分整合全球医美资源,用制药人的科学严谨态度深耕医美产业,产品结构持续优化,医美国际化成果也在不断显现。自2018年成功收购英国Sinclair公司后,公司积极在全球范围内引进医美领域高科技新产品、新技术,打造高端、差异化的医美品牌和产品集群,截至目前已拥有差异化透明质酸钠全产品组合、胶原蛋白刺激剂、A型肉毒素、埋植线、能量源器械等多个非手术类主流医美产品。

2.加快开展国际医美新产品引进,推进医美板块国际化布局

2020年华东医药抓住国际医美行业在疫情期间的低潮机会,加快开展国际医美新产品的布局和引进。2020年,华东医药医美全球运营总部英国Sinclair与瑞士皮肤科制药公司高德美(Galderma)签订Sculptra(聚左旋乳酸微球)产品西欧地区市场经销权益出让达成协议;随后又与瑞士专业医美研发公司Kylane公司签署协议,获得MaiLi系列新型含利多卡因透明质酸填充物(玻尿酸)产品的全球独家许可(该产品已获欧盟批准上市);2020年8月,华东医药与韩国上市公司Jetema签署战略合作协议,获得其A型肉毒素产品在中国的独家代理权,进一步补充公司医美板块产品管线;同年10月,Sinclair与Kylane公司再次达成股权投资和产品合作开发的深度战略合作,获得Kylane公司在面部和身体填充剂领域两款重点研发产品的IP(知识产权)及其全球权益以及其他后续研发产品的优先谈判权;2021年2月,Sinclair收购西班牙能量源医美器械公司HighTech公司100%股权,布局冷冻减脂和脱毛等身体塑形及皮肤修复领域。

3.推进重点医美产品注册上市进程,加速国内外市场拓展

华东医药成立医美国际业务部,统筹负责医美业务的战略规划及日常运营管理。同时注册成立欣可丽美学(上海)医疗科技有限公司和瑞途(上海)医疗科技公司,作为未来产品上市后的运营平台。加速重点医美产品中国市场的注册上市进程,英国子公司Sinclair的重点产品注射用长效微球Ellansé®伊妍仕™已于2021年4月正式获得国内上市注册许可,预计将于2021年下半年在中国大陆上市销售;美国FDA批准的唯一一款用于中面部组织提拉的可吸收埋Silhouette®Instalift™,国内临床试验正在按计划顺利开展;引进美国R2公司的冷触美容仪Glacial™Spa(F0)正在积极筹备中国上市前的相关工作;冷冻祛斑医疗器械Glacial™Rx(F1)在有序推进中国的注册工作;采用OXIFREE™专利技术和工艺的新型高端含利多卡因玻尿酸填充剂MaiLi®系列产品将于2021年上半年在欧洲市场上市,并已启动中国市场注册工作;Sinclair新进收购的西班牙HighTech公司冷冻溶脂产品CooltechDefine已获得欧盟CE认证等。

华东医药已根据Ellansé和Glacial的上市进度积极充实团队力量,并启动上市前准备工作。控股子公司华东宁波公司2020年积极应对疫情带来的不利影响,多措并举稳定销售业绩,在后疫情时期特别启动了"2020伊婉Risingstarprogram领航者巡讲计划",推动下半年业绩逐步恢复。华东医药在杭州成立赛缪斯生物护肤研发中心,以赛缪斯定制护肤品牌为中心,打造基于皮肤基因定制化护肤的全新产品线。研发中心拥有基因检测实验室、化妆品配方研发实验室、原料研发实验室、体外细胞培养、微生物发酵、人体功效评估实验室等功能模块,打造了包括基因检测、产品开发、功效评估等方面的全流程研发体系,实现了定制护肤的一站式闭环开发。

(四)强化国际化业务开拓能力,全面提升国际化运营水平

在新的竞争形势、新的利益竞争格局下,华东医药面向国际市场,强化国际化业务开拓能力,通过

投资并购、布局医美、对外合作、拓展进出口业务等一系列创新举措，创造新的利润增长点，脱离以成本为核心的国内制剂市场，依托华东医药现有技术、软硬件基础，抓高技术壁垒的原料药、中间体、制剂出口，加速推进CMO/CDMO国际业务，提升国际化运营水平。

1.加强投资并购，强化国际合作，构建新的发展空间

华东医药积极推进国际化进程，通过收购医美领域英国Sinclair公司和西班牙HighTech公司股权，实现了医美销售网络全球布局；与美国R2、MediBeacon、ImmunoGen、ProventionBio以及瑞士Kylane、韩国LG、Jetema等公司开展战略及股权合作，补充并丰富国内外创新药及高端医美产品商业化开发权益；与Exscientia及晶泰科技就优质抗肿瘤靶点的新药发现建立合作开发伙伴关系，丰富核心领域的产品管线。

2.建立健全市场化供应生产运营体系，融入国际市场竞争

华东医药制造与CMC（包括子公司）中心改变原有内部配套的定位观念，对标国际，启动CMO/CDMO模式，探索从成本中心到利润中心的转变。积极面向国际市场，主动参与国际市场竞争，融入全球医药研发产业链。2020年在原料外销和国外客户定制CDMO业务方面取得了积极进展，为助推CMO/CDMO业务国际化水平不断提升打下坚实的基础。

2020年，华东医药生产系统克服疫情影响与市场不确定性，初建敏捷生产运营体系，根据市场的变化迅速整合生产资源，采取紧急复产、班次调整和产能扩充等措施，圆满完成部分产品的突增需求及紧急生产任务。对外推进委外业务，保障全年市场供应。全面落实成本控制行动计划，推进全价值链的成本管理，通过技术提升、精益管理、招采谈判、资产利用等多维度、多层面实现成本节降，努力提高人均劳效和生产效率。认真抓好EHS风险管控工作，践行"轻资产"的生产组织模式，成功开发多家合作生产企业，逐步形成开放的华东医药制造系统。

3.全面推进基础配套建设，助推产品国际进出口业务

为匹配华东医药国际化战略实施，继续优化"自建生产园区＋委外生产场地"相结合的生产布局，完善轻资产运营体系，制造全链条精益生产，加速推进产品出口业务拓展。2020年华东医药加速推进各生产园区建设。全资子公司江东公司二期项目按计划完成全部建设，预计在完成设备调试及认证后于2021年下半年正式投产；制剂国际化研发制造中心项目也已完成建设，预计2021年投入使用；完成集医药产业孵化区、医美商业区、健康馆及其他商业配套等功能于一体的生命科学产业园项目的立项、拿地、整体规划设计及开工建设准备工作，并已于2021年3月正式进入施工阶段。同时积极开发国际化物流采购供应商，实现采购能力的国际化接轨。华东医药充分利用华东医药的成本优势、规模优势、技术优势等核心竞争力加速推进原料、中间体、制剂进出口业务，不断拓展市场边际。

（五）创新管理机制，破除内部管理壁垒，激发组织活力

在国际化战略目标下，华东医药转变管理观念，以建立低成本、高效率的国际化运营体系为目标，创新管理机制，倡导价值文化和激励文化，持续提升人力资源管理水平，不断提升人力资源效能；坚持推进"集团化、合规化、信息化和国际化"财务规划总体目标，全力开展好激活组织、对标先进、降本增效、运营财务等工作，加强对外交流，提高工作标准和要求，大力提升财务系统运营管理水平，打造精干高效的财务管理团队。认真做好基于价值管理的预算体系的建设工作，全面参与运营，提供决策支持、推动效率提升，创造财务价值。继续推进信息化建设，实现华东医药运营效率和管理水平全面提升，突出内部管理优势。

1."拒绝平庸、追求卓越"，构建适配国际化运营的人力资源管理体系

2020年，华东医药持续提升人力资源管理水平，不断优化企业组织及人力配置，激励与增效并举，不断提升人力资源效能，逐步建立以"拒绝平庸、追求卓越"为目标的考核机制。不断优化人才结构，提高人才能力，完成创新药、国际医美、战略市场、投融资等领域高端人才引进66名，其中博士21位、国际人才12位。创新研发绩效管理模式，建立了适应公司研发实际情况的研发绩效考核管理机制，健全研发矩阵式管理模式，形成了适应三大研发中心的绩效考核与管理方案。进一步完善干部梯队建设，加强委派干部规范化、统一化管理，不断优化人才培养机制，实现人才的快速转化。

2.加强业财融合，持续深化财务组织架构改革

2020年，华东医药深入开展财务组织架构改革，形成以资金部、国际业务部、会计信息部和税务、信息等专业线为基础的本部财务架构，打通了资金管理在本部和中美、商业财务间的协同；以建立"3+X"财务分析团队，设置财务医美、研发和创新业务BP团队等方式，加强业财融合和整个财务体系在专业线纵深的持续投入，在财务资金精细管理与预算降本控费、财务信息系统建构和效率提升、财务内控与合规、投资并购和投后管理等方面开展工作，理顺了"一个总部，三个业务板块"的财务组织架构和集中统一管理体系，财务管理能力得到持续提升。

3.全面提升整体信息化能力，打造高效、标准、安全运营管理体系

2020年，华东医药继续加强信息化建设，大力推进信息化、智能化项目，对接国际标准化的管理体系，打造高效、标准、安全运营管理体系。生产系统按计划实施MES、SCADA、MRP、SRM、EHS及大气污染防治网格化监控预警决策支持等信息系统建设，加快机器代人步伐，生产自动化水平大幅提高；持续进行商务信息化管控升级，销售信息主数据的流向数据管理能力得到较大提升；中美工业集团ERP应用推广项目按照前期制定的计划全部完成上线验收，OA深化应用项目对中美华东、江东公司、股份公司、药服总公司等完成了进一步深入优化；完成商业公司中西药管理部及6家分、子公司ERP系统上线，并对参茸、器械、饮片业务板块及二期资金模块进行开发测试和切换，随着信息化系统的建设推进和不断应用，华东医药集团化、国际化、信息化运营管理能力将得到进一步提升。

三、华东医药以"世界一流"为目标的国际化经营的效果

（一）经营业绩稳健增长，股东回报稳定

2020年国内外经济因疫情受到了前所未有的冲击，华东医药更是承受着阿卡波糖失标、医改政策调整、疫情等方面的狙击。在如此前所未有的经营压力和发展压力下，华东医药始终坚定推进研发创新，加快海外合作及国际化布局，助推公司长期稳健发展。华东医药自上市21年以来经营业绩保持稳定，连续14年保持净资产收益率（ROE）在20%以上，在A股上市公司及医药行业内保持领先。上市21年来已累计分红17次，分红金额41.74亿元，远超IPO时募集到的2.5亿元资金，为股东带来持续稳定的投资回报。

因受新冠疫情及国家药品集采等因素叠加影响，2020年华东医药全年实现营业收入336.83亿元，同比下降4.97%；实现归属于上市公司股东的净利润28.20亿元，同比增长0.24%，实现归属于上市公司股东扣除非经营性净利润24.30亿元，同比下降5.62%。截至2020年底，公司资产总额242.01亿元，归属于母公司股东的净资产146.20亿元，资产负债率37.28%，净资产收益率（ROE）20.95%，连续14年保持在20%以上。

医药工业核心子公司中美华东积极克服全国药品集中采购影响，稳住了市场，稳住了发展，经营业绩在逆境中继续保持增长。报告期内实现营业收入110.40亿元，同比增长5.07%，实现净利润23.32亿元，同比增长6.13%，已连续20年保持增长。中美华东全年净资产收益率（ROE）35.53%，连续14年保持在35%以上。

（二）核心竞争力增强，行业影响力提升

华东医药多年来深耕专科、慢病及特殊用药领域，在慢性肾病、移植免疫、内分泌、消化系统、器官移植等多个治疗领域全面布局，更在糖尿病临床重要用药靶点形成了创新靶点和差异化仿制药产品管线全线布局。目前公司已有24个核心上市产品纳入《医保目录》（2020年版），增强了华东医药在专科、慢病、特殊领域及糖尿病治疗领域的整体竞争优势。另一方面，华东医药成立的全球新药研发中心，通过自主研发、外部合作和产品授权引进（License-in）全球创新类产品，重点布局抗肿瘤、内分泌及自身免疫三大核心领域，提升华东医药的创新能力，丰富核心领域产品管线，形成持续有创新产品临床推进和上市的良好发展态势，巩固华东医药国内行业领跑者地位。

2020年，华东医药加速产品国际化注册，目前，华东医药所有在线化学原料药全部获得美国FDA或欧盟等权威市场认证；注射用泮托拉唑钠冻干粉针获得美国FDA暂时批准；阿卡波糖片获得美国及欧盟奥地利市场准入，均成为国内医药企业首家。进一步提升华东医药在国际市场的影响力，助力华东医药深度融入全球研发产业链。

华东医药通过收购英国Sinclair公司战略性布局医美行业，短时间内高效完成了产品和业务整合，实现了"无创＋微创"的医美产业链全布局。依托英国Sinclair、西班牙HighTech公司、美国R2、瑞士Kylane四个全球化研发中心，以及荷兰、法国、美国、瑞士和保加利亚五个全球化生产基地，形成集研发、生产制造、市场营销于一体的国际化医美业务，搭建起全球化医美营销网络，医美营销网络已覆盖全球60多个国家和地区。控股子公司宁波公司拥有深耕中国医美市场多年的医美销售团队及广泛的医美机构覆盖，销售和推广能力突出，产品市场占有率连续多年在国内玻尿酸市场处于领先水平。

（三）勇担责任争做标杆，社会效益凸显

华东医药在以"世界一流"为目标的国际化运营管理工作的实施过程中，始终秉持着"济世、诚正、执着、务实"的核心价值观，实现了整个价值链体系上的互利共赢。

2020年，华东医药以各方面突出的表现，获2020年《财富》中国500强、证券时报第14届主板上市公司价值100强"、金融界2020"金智奖"医药生物产业"卓越经营奖"、2020中国化学制药行业工业企业综合实力百强、《21世纪经济报道》2020中国健康产业阳光奖—行业标杆企业奖、央广网第二届"最值得投资者信任的上市公司盘点—生物医药领域创新先锋"、2020年度浙江省高新技术企业生物与新医药技术领域十强、中国医药新冠疫情联防联控突出贡献企业等荣誉及奖项。

同时，华东医药始终秉承"服务大众健康"的企业使命，在疫情期间，分批捐赠价值超2000万元的百令胶囊等防疫物资以助力一线抗疫工作；华东医药赛氏团队积极开展移植患者配药保障工作，其中杭州中美华东医药有限公司湖北省、河南省及山东省药学服务公司在疫情隔离期间累计服务移植患者414名，有效保障移植患者的用药需求。另一方面，作为浙江省和杭州市的应急药械储备单位，华东医药积极投身疫情防控工作，执行省厅调拨令106份、配送令150多份及市级配送任务91批次，夜以继日，连续作战，为疫情防控提供可靠的物资保障，充分体现了华东医药的社会责任和担当。

过去的2020年是国内外经济承受巨大冲击的一年，亦是国内外医药行业更新迭代加速的一年，更是

华东医药全面实施战略转型升级和国际化布局的关键一年。回顾2020年，华东医药人迎难而上，以变应变，在不懈奋斗中创造出优秀的成绩，合力推动华东医药的稳健发展。展望未来，医药企业已然进入全面竞争的时代，华东医药将积极参与国内外竞争，全面融入全球医药行业产业链，并始终坚定"济世、诚正、执着、务实"的核心价值观，努力践行一个医药企业的责任与担当，在以"世界一流"为目标国际化经营道路中，创造华东医药发展新格局！

成果创造人：吕梁、李阅东、胡群彦

绩效管理及机制创新

探寻绩效考核的平衡艺术
——兵器工业集团20年差异化绩效考核探索实践

中国兵器工业集团人才研究中心

中国兵器工业集团有限公司（以下简称"兵器工业集团"）是我军机械化、信息化、智能化装备发展的骨干，是全军毁伤打击的核心支撑，是现代化新型陆军体系作战能力科研制造的主体，是"一带一路"建设和军民融合发展的主力。兵器工业集团始终坚持国家利益至上，将装备保障放在首要位置，是各大军工集团中唯一一家面向陆军、海军、空军、火箭军、战略支援部队以及武警公安提供武器装备和技术保障服务的企业集团，除了为陆军提供坦克装甲车辆、远程压制、防空反导等主战装备之外，还向各军兵种提供智能化弹药、光电信息、毁伤技术等战略性、基础性产品。主营业务涵盖军品、民品、战略资源、流通服务等。现有59家子集团和直管单位，主要分布在北京、陕西、内蒙古等29个省、市、自治区，在全球70余个国家和地区设立了100余家境外分子公司和代表处。

一、兵器工业集团绩效考核发展演变

一套科学、有效的绩效考核机制的形成，并不是一蹴而就的，而是一个循序渐进的过程。兵器工业集团从组建至今，走过了22年的历史。绩效考核经历了从无到有、从有到优的过程，绩效考核体系不断健全完善（如图1所示）。

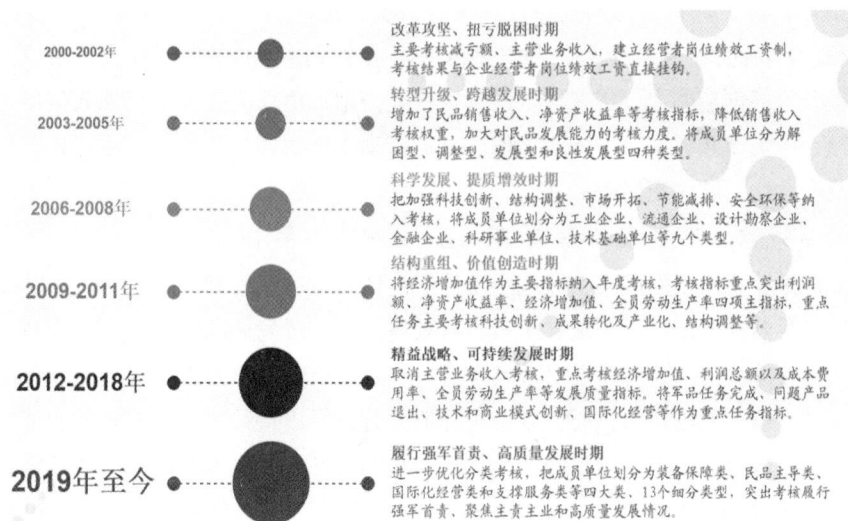

图1 兵器工业集绩效考核发展演变史

（一）改革攻坚、扭亏脱困时期（2000—2002年）

1999年7月成立之初，兵器工业集团主营业务收入不到300亿元，全系统补贴前亏损达20多亿元。面对这一困难局面，兵器工业集团提出"保军、转民、解困"的战略发展目标。这一时期，在所属企业中全面推行年度业绩考核，有针对性地将减亏额、主营业务收入作为主要考核指标。与此同时，建立经营者岗位绩效工资制，考核结果与企业经营者岗位绩效工资直接挂钩。通过建立针对性的业绩考核和薪酬激励机制，极大地激发和调动了各级企业的积极性。

（二）转型升级、跨越发展时期（2003—2005年）

初步走出困境后，兵器工业集团由求生存转向求发展。为了顺应中国加入WTO和全球经济一体化发展大势，兵器工业集团提出"建设有国际竞争力大公司""高科技现代化兵器工业"两大历史任务，推动传统兵器向现代化兵器的转型，对民品企业和产业进行结构调整。这一时期，增加了民品销售收入、净资产收益率等考核指标，降低销售收入考核权重，加大对民品发展能力的考核力度，鼓励民品实现跨越式发展。与此同时，初步探索分类考核评价机制，将成员单位分为解困型、调整型、发展型和良性发展型四种类型。

（三）科学发展、提质增效时期（2006—2008年）

2006年，兵器工业集团经营规模迈上1000亿元，进入全面建设高科技现代化兵器工业时期。为了适应这一战略，兵器工业集团对绩效考核机制进行调整优化。在业绩考核指标方面，把加强科技创新、结构调整、市场开拓、节能减排、安全环保等纳入企业领导班子的考核内容，突出提升发展能力，提高发展质量和效益，实现又好又快发展。在差异化分类考核方面，将成员单位划分为工业企业、流通企业、设计勘察企业、金融企业、科研事业单位、技术基础单位等九个类型，分类提出不同类型的考核重点，"量身定制"考核指标。全面推进考核全覆盖，实现从企业重要负责人到一线班组工人的考核全覆盖，先后制定《副职领导人员业绩考核评价办法》《总部部门和员工考核评价办法》等考核制度，实现了从企业重要负责人到一线班组工人的考核全覆盖。

（四）结构重组、价值创造时期（2009—2011年）

2009年，兵器工业集团确立了"技术创新、结构调整、基础管理"三条工作主线和"建设世界一流防务集团"的战略目标，加大结构调整与资源重组力度，推动解决全系统科研生产资源分散的问题，将原先直接管理的130多家企事业单位，调整重组为44家军民融合的子集团和直管单位。为适应重大结构调整变化，提升价值创造能力，实现科学发展，将经济增加值作为主要指标纳入年度考核，考核指标重点突出利润额、净资产收益率、经济增加值、全员劳动生产率四项主指标，重点任务主要考核科技创新、成果转化及产业化、结构调整等。

（五）精益战略、可持续发展时期（2012—2018年）

2013年，兵器工业集团全面启动实施基于全价值链体系化精益管理战略，首次将精益管理提升到战略层面，作为推动兵器提质增效、实现有质量、有效益、可持续发展的管理基石。为适应全面推进实施全价值链体系化精益管理战略，构建质量效益型可持续发展模式的新要求，兵器工业集团积极探索建立以战略任务为引领，以价值创造为核心，以市场环境为背景，以持续改善为追求的业绩考核模式。一方面，取消主营业务收入考核，重点考核经济增加值、利润总额以及成本费用率、全员劳动生产率、两金占用、现金流等发展质量指标。另一方面，将军品任务完成、问题产品退出、技术和商业模式创新、国际化经营等作为重点任务指标，强化目标管理，充分发挥业绩考核的引领作用。2015年，兵器工业集团充分吸收战略性绩效考核理论与实践成果，将成员单位划分为主要承担价值创造任务的单位、主要承担军品科研任务的单位和主要承担支撑服务任务的单位三大类、13个细分类型。"三分法"以成员单位最突出的承担任务性质为主要依据，突出不同单位的核心使命和功能定位，进一步完善差异化绩效考核。与此同时，兵器工业集团引入绩效目标对标管理，制定《绩效目标对标管理办法》，建立对标管理机制。

（六）履行强军首责、高质量发展时期（2019年至今）

当前，兵器工业集团的发展方针是以习近平新时代中国特色社会主义思想为指引，把贯彻落实党中央决策部署作为最高战略，以履行好强军首责、推动高质量发展为工作主线，努力建设具有全球竞争力的世界一流企业。履行强军首责必须要提高政治站位，强化科技创新，聚焦装备保障。兵器工业集团深刻认识到装备建设是国家战略工程、保装备就是保战斗力，在思想上要加快实现由军品经营向装备保障的重要转变。推动高质量发展必须要对标世界一流，实现可持续发展。这要求要坚持质量第一、质量立企，坚持聚焦主业、靠主业兴企，坚持依法治企、加强制度建设，坚持深化改革、增强发展活力，强化风险管控、实现持续健康发展，建设世界一流企业。从两者的关系来看，履行好强军首责并不意味着企业一定实现了高质量发展，推动高质量发展也不简单代表履行强军首责。比如，一些军工企业也许履行了强军首责，但因为管理落手、经营不善、风险频发等问题，离高质量发展还有较大差距。在新时代发展方针的引领下，绩效考核聚焦履行强军首责、推动高质量发展、加强党的建设，对标世界一流企业绩效管理实践，把子集团和直管单位划分为装备保障类、民品主导类、国际经营类和支撑服务类四大类，突出军品和民品考核的差异性、突出考核各单位核心使命和主责主业，推动履行强军首责和高质量发展实现协调统一。

二、新时期差异化绩效考核体系

（一）基本原则

根本政治原则。兵器工业集团把贯彻落实习近平总书记重要指示批示精神和党中央决策部署放在首位，增强"四个意识"，坚定"四个自信"，做到"两个维护"，持续完善业绩考核与薪酬管理体系，通过绩效考核引导、推动、激励、监督各单位贯彻落实好党中央各项决策部署，履行核心使命。

规划引领原则。绩效考核始终坚持集团公司服务发展方针和战略规划，聚焦主责主业和核心使命，全面履行强军首责，持续提升装备科研生产保障能力；落实兵器工业集团高质量发展指标体系和建设世界一流企业要求，牢固树立新发展理念，加快推动高质量发展。

分类考核原则。遵循差异化、精准化的考核理念，针对子集团和直管单位的核心使命、功能定位及发展实际，实施差异化绩效考核与激励，增强绩效考核与激励的针对性、有效性。

责权利统一原则。坚持激励与约束相统一，建立与绩效考核紧密挂钩、与承担风险和责任相匹配的薪酬机制，绩效增、薪酬增，绩效降、薪酬降。

持续改善原则。建立基于发展实际的目标管理、过程监控、结果应用、改进提升的绩效管理闭环，构建鼓励勇于担当、对标先进、追求卓越的激励机制，持续提升管理水平。

（二）处理好"四对关系"

1.处理好履行强军首责与推动高质量发展的关系

绩效考核是风向标，怎么处理"履行强军首责"与"推动高质量发展"这两者的关系非常关键。在集团公司新时代发展方针确立之初，一些成员单位不能正确认识两者的关系，总认为这两者是矛盾的。其实，恰恰相反，它们是相辅相成的。对于军品单位，履行好强军首责并不意味着一定实现了高质量发展，推动高质量发展也不简单代表履行强军首责，比如，一些单位也许履行了强军首责，但因为管理不善、经营不善等问题，离高质量发展还有较大差距。对于民品单位，要坚持在聚焦主责主业上下功夫，实现高质量发展。一些单位曾经因偏离主责主业，盲目地跟风"投资""布局"，给企业经营发展带来重大风险，付出巨大代价。因此，在新时期发展方针引领下，兵器工业集团绩效考核聚焦"履行强军首责"和"高质量发展"这两大方面，不同类型的单位在具体指标选择和权重配置上允许有一定差异，但绝不可偏废。

为了更好地推动高质量发展落地实施，兵器工业集团研究制定了符合兵器工业特点的高质量发展指标体系并推动应用。高质量发展指标体系涵盖有效供给能力、科技创新能力、跨国经营能力、高效运营能力、价值创造能力、风险防控能力、资本获利能力、绿色发展能力、社会贡献能力共9大能力、29个维度、79个具体指标。同时，为了加强指标体系的应用，从操作性、通用性、综合性角度出发，制定了高质量发展监测指标体系（如图2所示）。

图2　兵器工业集团高质量发展监测指标体系

实践也证明，履行强军首责和实现高质量发展这两者之间是相互促进、辩证统一的。比如2019年，某军品单位在高标准完成各项装备建设保障任务的同时，发展质量和经济效益也在创新高，主营业务收入、利润总额、经济增加值、劳产率等指标同比实现较大提升，成本费用率、存货、应收账款等指标均控制在年度计划之内，广大员工共享企业改革发展的成果，人均收入同比增长15%。

2.处理好共性和个性的关系

企业内部考核中，被考核对象往往有"不患寡而患不均"的顾虑。公平公正开展绩效考核至关重要。在构建绩效考核体系时，应处理好共性和个性之间的关系，不能过分追求共性而忽视差异性，也不能只关注差异性而忽视共性。考核指标必须要在一定范围内保持一致性，便于同一类型内不同单位之间在绩效考核上具有可比性。同时，在一致性的基础上要突出不同企业的个性特点，确保对每家单位重点任务和特殊事项进行个性化绩效考核。基于这一考虑，兵器工业集团在构建考核指标体系时，特别注重共性指标和个性指标之间的平衡。

在共性方面，所有类型单位的一级指标都是一样的，包括重点任务、经营指标和约束性考核情况，确保成员单位之间的整体可比性；同时每一大类单位均具有一定的共性考核指标，确保同一类单位之间的可比性，比如装备保障类的装备科研、重大专项和核心技术攻关、装备承制任务履约、重大装备服务保障、军工能力建设等；民品主导类的民品制造业收入、全员劳动生产率、行业市场地位、重点客户与供应商管理能力等。在个性方面，针对每一细分类型单位的具体特点，均设置了个性化指标，比如装备科研生产类企业中的新产品贡献率、装备测试类企业的客户满意率、贸易流通类的电子商务平台建设，国际经营类的军贸出口成交、军贸出口生效等，北斗产业类企业考核指标更为明确具体。考核指标体系对提高差异化绩效考核科学性、针对性具有重要意义。在确保绩效考核的客观公平的前提下，通过个性化指标，强化对不同单位重点工作任务和指标的考察，切实发挥绩效考核的督促和引导作用。

表1 兵器工业集团绩效考核的共性指标和个性指标

共性指标	一级指标：重点任务、经营指标、约束性考核情况
	装备保障类企业二级指标：装备科研、重大专项和核心技术攻关、装备承制任务履约、重大装备服务保障、军工能力建设等
	民品主导类企业二级指标：民品制造业收入、全员劳动生产率、行业市场地位、重点客户与供应商管理能力等
个性指标	装备科研生产类企业二级指标：新产品贡献率等
	装备测试类单位二级指标：客户满意率等
	贸易流通类企业二级指标：电子商务平台建设等
	国际经营类企业二级指标：军贸出口成交、军贸出口生效等

3.处理好全面和重点的关系

绩效考核强调精准性，关键绩效指标不能过多，如何实现绩效考核的全面性和针对性，关键要处理好全面和重点的关系。兵器工业集团绩效考核指标体系中经营指标和重点任务，涵盖了经济运行指标、人力资源指标、研发及技术创新指标、生产及保障服务指标、基础能力建设指标、质量安全环保指标、改革推进指标等诸多方面。另外，通过约束性考核中加强对保密管理、合规经营、党风廉政建设等方面的考核。兵器工业集团通过差异化设定不同一级指标的权重，突出对某一单位年度考核的重点，比如对于装备科研单位，重点任务指标占70%，而经营指标只占30%，而一些民品主导类单位，经营指标则占80%，重点任务只占20%。实践中，兵器工业集团的年度绩效考核由多部门协作完成。相关考核部门根据具体考核办法，也会对根据不同单位的不同特点，重点考核相关指标完成情况。比如军品科研单位考核中，装备研发部等部门重点关注装备科研、重大专项和核心技术攻关情况，装备保障部重点考核装备承制任务履约、重大装备服务保障情况；人力资源部重点关注科研开发人员占比情况，而质量安全环保监管部，重点考核质量损失率、产品一次交验合格率等指标。处理好全面和重点的关系，一方面通过考核督促引导企业实现全面健康发展；另一方面提高考核针对性，确保年度重点工作任务落地实施。

4.处理好正向和负向的关系

辩证地处理好激励与约束的关系，对于激励干部担当作为具有重要意义。兵器工业集团在绩效考核中，通过完善绩效考核计分办法、加大奖励力度，建立责任追究和考核容错机制，处理好正向与负向、激励与约束的关系。年度绩效考核得分采取初始积分和突出情形加减分相结合的方式。存在加分的突出情形的，最高可以加10分，主要是在履行强军首责、民品发展、国际化经营、科技创新驱动、深化改革、环境保护、重大风险方面及专项工作推进等重点工作中做出超值贡献以及党风廉政建设工作取得显著成效的情况，对于完成目标值达到行业或国际一流水平的，也可以直接加分。存在减分的突出情形的，最多可以减10分，主要是没有完成绩效考核责任书中约定的指标，视不同程度和影响给予扣分。同时，兵器工业集团通过引入约束性考核事项，加强对各单位保密管理、合规经营、安全生产、质量环保、党风廉政建设等方面考核。约束性考核事项只进行评价，视发生事项造成的影响程度给予直接扣分，造成特别重大负面影响和损失的最高可实行一票否决。

表2 兵器工业集团绩效考核加分减分事项

突出情形加分事项	在集团公司工作会报告、党建会报告中表扬表彰的事项；集团公司重要会议纪要、集团公司领导重要批示和督办快报中表扬表彰的事项；国家有关部委报表彰的事项等
约束性考核减分事项	失泄密等发生责任追究情形的、信访维稳工作未达到上级部门或集团公司有关要求并造成负面影响的、法律纠纷案件造成不良影响或国有资产损失的、因违反法律法规事项被司法、行政机关处罚的等

近年来，兵器工业集团进一步加大绩效考核奖励力度，完成专项考核内容，按照责任书的约定考核并兑现相应的一次性专项奖励，如果没有约定但实际完成的特定专项工作和临时性重点任务做出了超值贡献，也可以按照"一事一议"的原则给予奖励。对于领导人员任期考核，综合完成任期绩效考核目标任务情况、解决本单位历史遗留问题和重大难题以及对集团公司的贡献情况，给予一次性的任期奖励。建立责任终身追究机制，对于出现责任追究情况的，依法依规依纪追究责任。同时，建立完绩效考核容错机制，激发领导干部干事创业的积极性。

（三）做好"六个差异化"

1.分类的差异化

对于大型企业集团来讲，对所属企业进行差异化分类是开展绩效考核的基础。如何对企业进行分类，理论和实践做法各不相同。兵器工业集团在企业分类方面进行了诸多探索，随着企业的发展不断进行调整优化。差异化企业分类并不是绝对的，也不是一成不变的。新时期，在"履行强军首责、推动高质量发展，努力建设具有全球竞争力的世界一流企业"发展方针下，要求绩效考核必须要聚焦主责主业和核心使命，尤其是要对军品单位和民品单位进行区分考核。为此，兵器工业集团建立了"4+N"差异化企业分类（如图3所示）。所谓"4"，即把子集团和直管单位划分为装备保障类、民品主导类、国际经营类和支撑服务类四大类；所谓"N"，即对每一大类又细分为不同小类，并且根据实际情况保持动态调整。目前主要包括总体科研院所、火炸药行业、装备科研生产等16个细分行业。

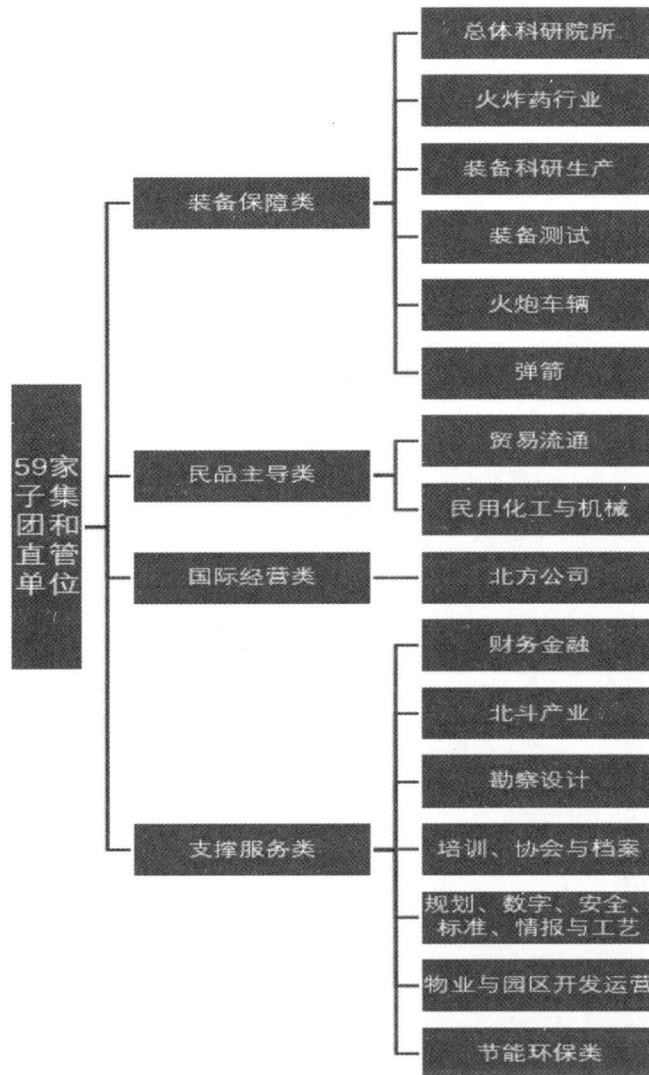

图3 兵器工业集团"4+N"差异化企业分类

2.指标的差异化

在差异化分类的基础上，兵器工业集团坚持"一企一策"原则差异化构建各单位绩效考核指标。绩效考核体系由一级指标和二级指标构成，一级指标均为经营指标、重点任务和约束性考核情况。二级指标根据考核单位的核心使命和当期发展任务，个性化确定年度指标。比如在经营指标方面，利润总额、净利润、应收账款、存货、增加值、经营活动现金净流量、全员劳动生产率等指标属于共性考核指标，所有单位均要考核。但是民品制造业收入指标则属于个性化指标，重点对军民融合类和民品主导类企业进行考核。在重点任务中，指标的差异化更为明显。比如在对某测试类单位的考核中，要求其合同履约率、客户满意率均要达到100%；北斗研究院作为国家北斗产业发展布局平台，对其考核紧紧围绕着北斗地基增强系统的发展规划和北斗应用实施情况；对于规划院、信息中心、人才学院等支撑服务单位，其重点任务指标明确到了工作具体事项，考核具有较强的针对性；有些企业属于军民融合类，在考核中要重点关注核心民品市场竞争力情况等。

3.权重的差异化

绩效考核权重配置不同，体现的考核侧重点和战略导向不同。兵器工业集团考核权重按细化类型经营指标与重点任务分3:7、6:4、7:3、8:2、4:6、2:8、5:5、0:10共8种固定配比方式。在装备保障类中，兵科院等总体科研院所类单位，重点任务指标占70%，经营指标占30%。导控所、动力院等装备科研生产类企业，重点任务占比40%，经营指标占60%。试验院这类装备测试类企业，核心使命是确保装备科研生产保障任务全面完成，重点考核装备科研试验测试、重大专项试验测试等，重点任务占70%，经营指标占30%。一机集团等装备生产类企业，经营指标考核占60%，重点任务占40%。在民品主导类中，凌云集团作为汽车零部件制造和塑料建材行业的大型企业集团，对其考核经营指标占80%，重点任务占20%。物资集团作为贸易流通类企业，对其考核经营指标占70%，重点任务占30%。北方公司作为国际经营类企业，军贸是企业核心使命，同时强调推动国际化经营高质量发展，对其考核经营指标占70%，重点任务占30%。在支撑服务类中，人才研究院、兵工学会、档案馆等作为以员工培训、学术交流及档案管理为主要业务的支撑单位，只考核其重点任务完成情况，不考核经营指标。规划院、信息中心等单位，重点考核其聚焦主责主业的支撑情况，重点任务占比70%，经营指标只占30%。

表3　兵器工业集团差异化考核权重配置

四大类	16个细分行业	经营指标权重	重点任务权重
装备保障类	总体科研院所	30%	70%
	火炸药行业	60%	40%
	装备科研生产	60%	40%
	装备测试	30%	70%
	火炮车辆	60%	40%
	弹箭类	60%	40%
民品主导类	贸易流通	70%	30%
	民用化工与机械	80%	20%
国际经营类	北方公司	70%	30%
支撑服务类	财务金融	40%	60%
	北斗产业	20%	80%
	勘察设计	50%	50%
	培训、协会与档案	0	100%
	规划与科研产技术支撑	30%	70%
	物业与园区开发运营	50%	50%
	节能环保	30%	70%

4.目标的差异化

对企业来讲，绩效目标的确定面临许多问题。比如，由于外部市场是不确定的，计划赶不上变化，所以如何确保绩效目标相对准确是一大难题，目标要么定得太高，不切实际，要么定得太低，激励效果不够。为了解决这一问题，兵器工业集团建立了绩效目标对标管理制度，一方面更加科学合理地确定目标，另一方面引导各单位主动与一流企业进行比较，促进各单位主动参与市场竞争和追赶先进。各单位结合实际情况，提出本单位标杆企业及绩效目标，报集团公司绩效管理部门审定。集团公司根据各单位确定的标杆企业和目标，制定年度或3年—5年的目标追赶计划，并将追赶计划纳入考核成员单位的战略规划、年度考核、专项考核和任期考核责任书中。2016年，为了进一步完善对标考核，构建"10K"绩效对标模型（如图4所示）。"10K"绩效对标模型以行业类型为基础，借鉴世界一流标杆企业九要素模型，建立了围绕直接创造价值和间接创造价值两大模块，涉及研发、采购、物流、生产、营销、战略、财务、质量、人力资源和基础管理等10个重要价值链环节，共计47项绩效指标，将全要素、全流程管理要素纳入业绩考核工作中。

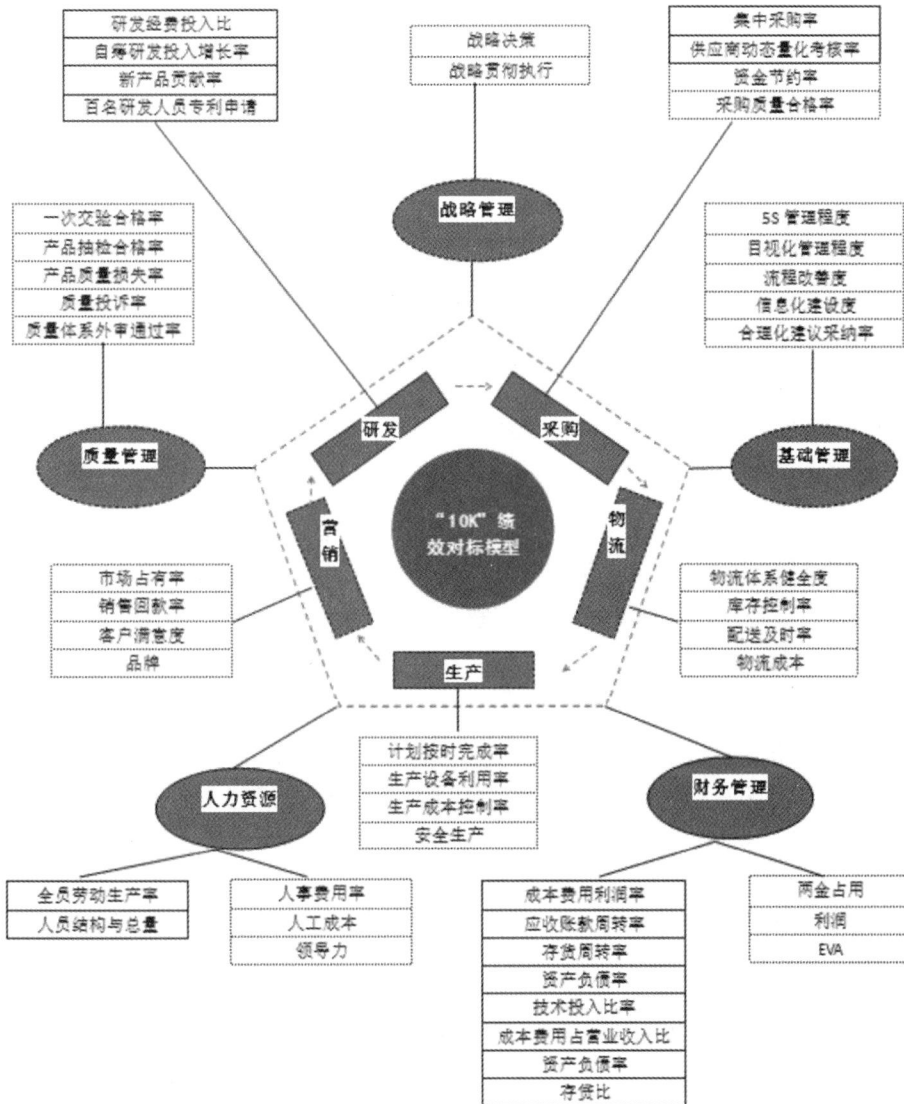

图4 兵器工业集团"10K"绩效对标模型

5.结果应用的差异化

为了更好地区分考核结果，兵器工业集团在2015年引入考核结果ABCD评级机制（如表4所示）。考核分级结果与领导人员绩效年薪的确定紧密相关。年度绩效考核结果为C级及以上的单位，绩效年薪公式计算为：绩效年薪＝基本年薪×（年度考核评价系数＋绩效年薪调节系数），其中年度绩效考核评价系数根据企业所属类型和不同考核评级结果进行确定。在2018年年薪兑现中，年薪增幅最高的达43.6%，年薪降幅最大的达到24.3%，真正体现"业绩长、薪酬升，业绩降、薪酬降"。兵器工业集团的绩效考核结果除了与领导人员薪酬挂钩外，还广泛应用在领导决策、领导班子建设、结构调整等方面，最大限度发挥绩效考核的作用。一是用在领导决策方面，考核结果力求客观合理反映经营成效和贡献，及时准确发现问题、揭示问题，为领导正确判断和科学决策提供依据。二是用在领导班子建设方面，根据年度和任期考核情况，对每个单位领导班子的经营效果和发展能力进行综合评价，反映领导班子的经营能力，为领导班子建设和推动干部"能上能下"提供依据。三是用在战略调整方面，在产业布局和结构调整中，绩效考核结果是一项非常重要的参考，集团公司会根据各单位近些年重要指标的考核情况，对相关单位管理层级和战略定位进行调整，如对三级、四级单位进行提级管理。

表4　兵器工业集团年度绩效考核结果ABCD评级机制

年度绩效考核得分	考核结果
年度绩效考核得分位列前20%，且未出现不能评为A级的事项	A级
年度绩效考核得分100分（含）以上，未进入A级	B级
年度绩效考核得分为80～100分以内的	C级
年度绩效考核得分80分以下，或出现约束性考核事项中一票否决的事项	D级

6.反馈意见的差异化

实践中，有些被考核单位不喜欢反馈，认为绩效反馈都是负面的，会想方设法逃避接受反馈，对绩效反馈存在一定误解。而绩效管理部门为了避免打击单位和领导干部的积极性，往往也不太重视绩效反馈。兵器工业集团将绩效反馈作为实现绩效持续改善、绩效闭环管理的重要环节。绩效管理部门每年会根据绩效考核结果，实事求是地及时对相关单位进行差异化绩效反馈。从正反两方面内容反馈意见，一方面对被考核单位取得的进步进行肯定，将被考核单位在经营指标和重点任务指标中的加分项列明，让各单位知晓本单位的工作亮点。另一方面，明确指出被考核单位的扣分项，让考核单位清楚认识到本单位的不足。同时选取对科研投入强度、成本费用率、利润率、劳动生产率等重点指标，与系统内外相关指标的平均水平和先进水平进行对标，让各单位清楚地认识到企业在行业内所处位置，明确自身差距所在，并针对性地提出进一步改善的建议。

三、取得的成效

（一）较好履行了军工核心使命

履行强军首责，必须要大力推进武器装备科技创新，服务国防和军队现代化建设。近年来，兵器工业集团坚持并不断强化绩效考核的创新驱动导向，加大对装备科研、重大专项和核心技术攻关的考核和激励力度，涌现了一大批创新成果。国庆七十周年阅兵，兵器工业集团自主创新研制生产的16型、140台（套）地面装备接受了检阅。陆军现役主战装备与世界军事强国已经没有代差，技术性能已经是世界先进水平。在装甲突击、远程压制、精准打击、防空反导、高效毁伤、光电夜视、网络信息等领域均具有一系列先进武器装备及核心技术，如99A坦克、15式轻型坦克、箱式火箭炮等。

（二）高质量发展不断取得突破

截至2020年，兵器工业集团主营业务收入4850亿元，比成立之初增加了4442亿元，增长率为1765%。

在利润方面，2002年实现盈利，2013年利润上百亿元，2020年利润196亿元。在全员劳动生产率方面，由2015年的20.02万元/人·年，增长到2020年的29.4万元/人·年。世界500强排名从2010年的348位上升到2020年的127位。自2004年国务院国资委实施中央企业负责人经营业绩考核以来，连续17年获得中央企业负责人经营业绩考核A级，是保持所有年度A级优秀业绩的8家中央企业之一。

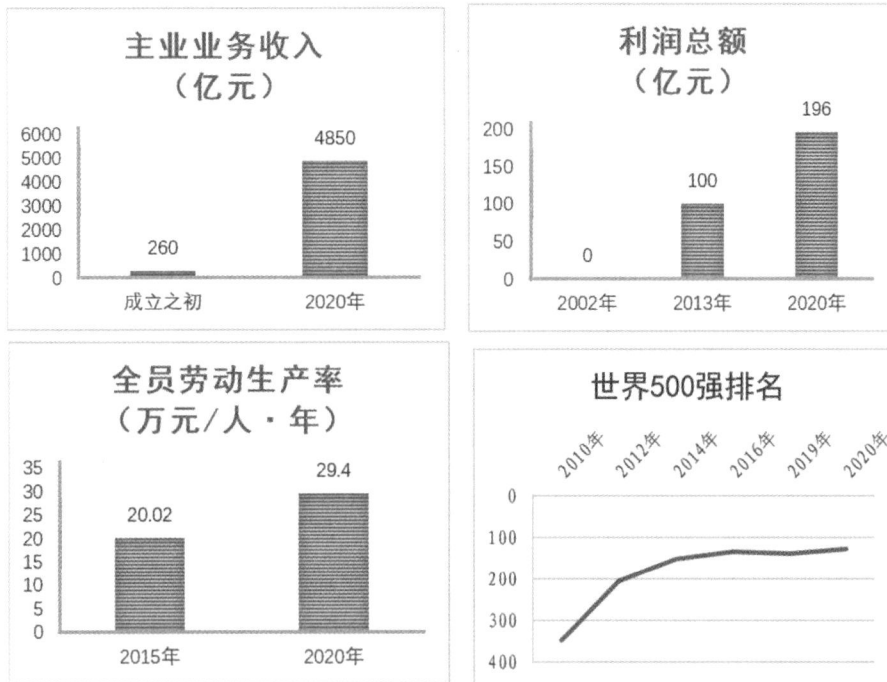

图5 兵器工业集团高质量发展变化情况

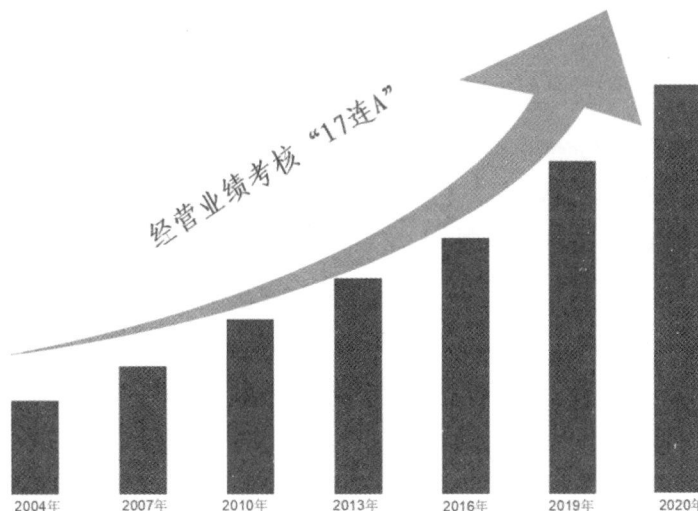

图6 连续17年获国资委经营业绩考核A级

（三）管理水平实现全面提升

兵器工业集团绩效考核除了关注重点任务和经济指标外，还不断加大对各单位管理能力的考核。比如将科研开发人员占比、人才队伍建设情况作为考核指标，督促引导企业进一步优化人才队伍结构。将事业单位改革、压缩管理层级、控制法人户数、民品"双降"、改革脱困等事项纳入考核指标中，推动企业深化改革，提质增效。在绩效考核中，还通过约束性考核事项，加大对保密管理、信访维稳、法律事务、财务管理、风险防控、合规经营、质量环保、安全生产等事项的考核，根据情形扣减分数甚至一票否决，督促引导企业保护国家秘密、维护社会稳定、坚持绿色发展、确保安全生产，实现经济效益和社会效益兼顾，管理水平全面提升。

四、经验和启示

（一）坚持绩效考核的战略导向

绩效管理核心是以战略为导向，强调绩效考核要服务发展战略。因此，绩效考核体系的构建关键是如何将企业得发展战略嵌入其中，提高绩效考核指标与战略的结合度和支持度。绩效考核体系在保持相对稳定的同时，要结合战略的发展变化进行优化调整。在坚持共性考核的同时，要注重考核的个性化，提高考核的针对性。战略目标的分解要兼顾短期效益和长期效益，引导企业树立正确的经营理念。综合利用好年度考核、专项考核、任期考核等。

（二）牢牢把握绩效考核的差异化

中央企业普遍体量大、成员单位多、涉足行业广，不同单位产权性质、功能定位、行业属性、发展阶段等方面存在差异，考核不可能"一把尺子量到底"。集团公司总部在制定绩效考核办法时，要树立差异化的理念。在企业分类、指标选择、考核权重、结果应用、绩效反馈等方面突出差异化，提高对考核对象的精准性、科学性。当然，在追求差异化的同时，也要保证考核公平性，考核指标一定是共性指标和个性指标相结合。

（三）建立绩效与薪酬的联动机制

绩效与薪酬紧密挂钩，是发挥绩效考核的战略引领作用和薪酬激励的杠杆撬动作用的关键。绩效考核的目标要坚持"志存高远"，通过考核激励激发企业和员工的潜能，实现"高目标、高工资，低目标、低工资"，将员工个人薪酬与企业效益、个人绩效紧密挂钩，建立培养"工资是挣出来"的理念。同时，应当统筹推进绩效和薪酬双对标，不能只关注一方面。中央企业在推进关键人才薪酬市场化和竞争力的过程中，应当要坚持业绩、薪酬双对标，分析业绩、薪酬等在市场上的水平，是否存在业绩和薪酬不匹配的情形，从而对薪酬进行优化调整。

成果创造人：李鹏、仲利华、谌飞、徐余庆、马骁、陈朋月

以市场化转型为核心
积极稳妥推进混合所有制改革

湖南航天有限责任公司

湖南航天有限责任公司（以下简称"湖南航天"）的前身"〇六八基地"成立于1970年，是周恩来总理亲自批准成立的军工科研生产三线基地，是中国航天科工集团有限公司（以下简称"航天科工"）所属二级单位，注册资本22.38亿元。作为传统型军工企业，湖南航天深入开展混合所有制改革，2017年纳入国家发改委混改试点名录，2018年完成国家"三供一业"移交、企业退休人员社会化移交试点工作，2019年完成混改实现了股权多元化，2021年完成骨干员工持股，航天科工占股67%，社会资本占股31.02%，骨干员工持股平台占股1.98%。

历经50余年砥砺奋进，湖南航天坚定"科技强军、航天报国"企业使命，从一个停缓建单位逐步形成航天装备、新材料、环境综合治理三大产业板块，主营产品范围覆盖型号装备及配套器件、浮空器、防护材料、磁性材料、高分子特种材料、轻质高强合金材料、新材料检测检验、环境治理工程等领域。湖南航天现有总资产114.4亿元，职工3200余人，拥有全资及控股子公司9家、参股公司5家、受托管理2家事业单位，地跨湖南、湖北、北京、广东等地，建有7大产业园区，拥有5个国家级、6个航天科工级、24个省部级创新平台的国有大型高新技术企业，3个市级技术中心和工业研究院，2个院士专家工作站，2个博士后工作站。公司先后荣获国家国防技术发明奖1项、技术进步奖2项，省部级技术发明奖2项、技术进步奖10项，为国防科技工业以及经济社会发展做出了应有的贡献。"十三五"期间，湖南航天盈利能力和价值创造能力持续增强，国有资本保值增值率保持在110%以上，为转入高质量发展阶段奠定坚实基础，展现出良好的发展态势。

一、实施背景

（一）混改是深化国企改革的主要途径

自2015年8月，党中央、国务院印发《关于深化国有企业改革的指导意见》（中发〔2015〕22号）以来，国家出台了一系列具体政策，形成了国企改革"1＋N"的政策体系，2020年6月，党中央、国务院印发《国企改革三年行动方案（2020—2022年）》提出要持续推进国企改革"1＋N"政策体系落实落地，不断推动国企改革走深走实，提升改革综合成效，按照完善治理、强化激励、突出主业、提高效率的要求，积极稳妥深化混合所有制改革，为国有企业深化混改提供了政策指导和依据。

（二）混改是落实航天科工党组决策的有力举措

在航天科工党组的大力支持下，湖南航天响应国家号召，积极申报各项改革试点，于2017年4月获得国家发改委批复（发改办经体〔2017〕666号），成为国家发改委第二批混改试点企业，于2018年8月进入国务院国资委双百行动名录（国资发研究〔2018〕70号）。航天科工党组高度重视湖南航天混改试点，将混改作为航天科工全面深化改革的重要突破口和湖南航天转型升级的重要战略机遇，党组领导多次批示要求将湖南航天混改工作作为航天科工当时最重要的改革任务全力推进，湖南航天党委将"完成混改，作为湖南航天2019年必须完成的政治任务"，确保混改试点工作早日取得成效，为军工企业混改创造经验。

（三）混改是实现公司高质量发展的必经之路

湖南航天混改前为航天科工全资子公司，经过51年发展，已形成航天装备、新材料、环境综合治理三大产业板块，但还是存在一些困难需要解决，一是湖南航天历史上经过停缓建、三线调迁、破产企业多、人员身份复杂，积累了较多的历史遗留问题，需要妥善处理、轻装上阵；二是湖南航天新成立企业前景看好，但业绩尚未显现，还需要持续投入；老的企业发展速度不快，需要转型升级与提质增效；快速发展的后劲不足，需要增强和优化资源；三是湖南航天体制机制创新不足，员工积极性不高的问题还是存在，需要摆脱僵化的体制机制，通过触动灵魂和利益的改革，奔跑起来，激发干部职工潜力活力，真正实现市场化转型。

这些困难，均不是企业自身能完全解决的，亟需外力的推动与改变而混改，就是再造湖南航天，保证持续健康、快速发展的动力之源。

二、内涵及主要举措

内涵：对标国内外先进行业，传统军工企业公司治理方面仍存在董事会作用得不到有效发挥、企业负担沉重、体制机制僵化等问题，面对现代企业公司管理要求，围绕强化公司市场主体地位，湖南航天以混合所有制改革为主线，以完善中国特色现代企业制度为方向，以国家战略为先导，聚焦主责主业，坚持强军首责，坚持和加强党的全面领导，坚持社会主义市场经济改革方向，将引资本和转机制相结合，实现股权多元化，完善法人治理结构、优化市场化薪酬分配机制、建立中长期激励约束机制，推动公司市场化转型，激发经营主体活力、创造力，提升公司整体价值创造能力、经营业绩和发展质量，把湖南航天打造成为具有核心竞争力的一流军工企业和践行强军首责的典范。

主要做法如下：

（一）分析国家政策和企业实际，确定混改实施路径和风险防控措施

1.确定混改实施路径

根据国家分类推进混改的指导意见，商业一类国有企业原则上都要实行公司制股份制改革，积极引入其他国有资本或各类非国有资本实现股权多元化，国有资本可以绝对控股、相对控股、也可以参股，并着力推进整体上市，稳妥推进混合所有制改革；商业二类国有企业要保持国有资本控股地位，同时要积极推进股权多元化改革，支持非国有资本参股；公益类国有企业，可以采取国有独资形式，具备条件的也可以推行投资主体多元化，还可以通过购买服务、特许经营、委托代理等方式，鼓励非国有企业参与经营，规范开展混合所有制改革，国有企业开展混改应认真分析政策，选择合适自身的实施路径。

湖南航天是军工商业二类国有企业，也是军工央企二级单位，需要保持国有资本的控股地位，坚持强军首责。湖南航天探索推进混改时，严格遵守国家相关政策要求，坚持以广大干部职工为中心的原则，尊重市场经济规律和企业发展规律，实事求是，解决历史遗留问题，确定混改资产边界，突出核心

竞争力，增强混改资产吸引力，消除投资人顾虑，合理体现公司资产价值，明确引资原则，坚持底线，不跨越红线，在履行军工事项审查的基础上，引入战略投资者。实现股权多元化后，在公司章程中增加军工特别条款，完善党委会、股东会、董事会、监事会、经营层的中国特色现代企业法人治理结构，进而深入推进企业市场化转型，提升企业发展质量和经营效率、效益。

2.确定混改风险防范措施

混改政策性强、涉及企业发展各个方面，存续时间长的国有企业混改涉及资产范围广、性质多样，如果混改方案考虑不周全、设计不合理，存在决策或执行不合规的风险、员工稳定风险和国有资产流失的风险；由于大部分国有企业混改不承诺业绩对赌、不承诺IPO时间表、不承诺保底退出，在社会资金紧张的当下，还存在引资不成功的风险等。因此，国有企业混改应充分识别风险，提前制定应对措施，规避化解风险，确保国有资产不受损失。

湖南航天提前制定应对措施，对混改范围内资产进行了全面彻底梳理清查，做到"应进尽进、应评尽评"，确保评估价格的合理性，避免国有资产的流失；加强产业发展规划论证，坚持强军首责，体现湖南航天的科研与技术实力，充分挖掘投资亮点；积极开展骨干员工持股，实现员工与企业利益共享、风险共担，提高投资者的吸引力度；加强混改舆论宣传，做好政策解读，正确引导舆论，使公司职工了解和支持改革，混改方案全票通过职工代表大会审议；按股权比例授予外部投资者董事会席位提名权、增加独立董事比例，公司重大事项事前沟通，增强互信，发挥各自优势，营造和谐的股东关系。

（二）积极开展研究论证，制定混改总体实施方案和挂牌方案

1.制定混改总体实施方案

国有企业混改包括引资本和转机制两个阶段，在引资本阶段需要确定混改资产范围、引资方案、产业论证方案，防范重大风险等，梳理可能影响混改引资本的重点、难点问题并提出可行的解决措施，在转机制阶段需要结合混改企业身份，认真研究各项国家改革政策，梳理改革目标，分阶段有序推进国家规定的各项改革试点举措。

湖南航天重点围绕"引入社会资本、转换经营机制、强化基业主业、调整三大结构、解决历史遗留问题、防范重大风险"等六个方面开展混改工作，研究制定了混改"1（1个混改方案）+8（历史遗留问题处理、土地盘活等8个专项方案）"总体实施方案，明确以航天装备产业为主、新材料和环境综合治理产业协同发展的"一主两翼"战略布局，将所属9家公司制企业纳入混改资产范围，受托管理的事业性质研究所待改制后适时注入湖南航天；充分发挥党委领导作用，把方向、管大局、促落实，严格执行"三重一大"决策制度，决策重大问题严格履行党委会前置程序；完成压减任务、剥离非主业企业、收购飞艇公司，完成土地处置、住房补贴计提、医疗机构改革、"三供一业"分离移交和退休人员社会化移交；推进骨干员工持股和股权激励；聘请律师事务所对混改总体实施方案及专项方案出具法律意见书，确保整个混改过程合法合规，经得起外部审计、上级检查和历史检验。

2.制定混改挂牌方案

国有企业混改关键在引入战略投资者，要科学制定混改挂牌方案，在引入战略投资者过程中坚持党的领导，明确意向投资者确认原则和条件，确定增资价格、增资规模、募集资金投向和意向投资者股权锁定方案，设计合理的混改增资后股权结构和公司治理结构，妥善处理好人力资源等相关情况。

湖南航天以习近平新时代中国特色社会主义思想为指导，把坚持党的领导和加强党的建设贯穿混合所有制改革全过程，按照不低于经航天科工备案的评估值在北京产权交易所公开挂牌，挂牌公告40

个工作日，公开征集不超过5家符合要求的意向投资者；新引入战略投资者合计持股比例为20%～33%（含骨干员工持股约2%），混改完成后，航天科工持股比例为67%～80%，保持绝对控股地位，引资规模约为72193.5625万～142232.0932万元；募集资金主要用于现有产业能力提升、新产业投入、补充流动资金等三个方面；混改增资后，新股东可提名2名董事、1名监事，湖南航天职工的劳动人事关系仍保持不变。

（三）引入协同性高的战略投资者，实现股权多元化

引入投资者时，湖南航天坚持"三协同"原则（"产业协同、资源协同、技术协同"），将"四引"方针（即"引机制、引资源、引智力、引资金"）贯穿始终，优先选择在行业处于领先地位，且能长期持有湖南航天股权的战略投资者。

1.加强认识和组织调度

湖南航天党委深入学习党中央、国务院关于国有企业改革的重大政策、部署，从思想上、行动上坚决与党中央高度保持一致，明确混改是实现公司转型升级、跨越发展的战略机遇，将混改定位为公司"百年大计"，将全面完成混改作为公司2019年的政治任务和头等大事。

进入混改引入战略投资者阶段，湖南航天召开了职工动员会，充分利用各种宣传介质，引导广大干部职工认识混改、支持混改；在湖南航天本级成立混改推进工作办公室，在湖南航天混改资产边界范围内的子公司建立混改工作专班，确保整个过程沟通有效、反应迅速；建立日报告、日调度、24小时反馈问题的工作机制；严格执行考核，湖南航天主要领导参加每日调度会，协调推动工作，督促各节点工作按时完成。同时，湖南航天下发做好混改工作通知，明确工作要求，建立奖惩机制，拿出一定金额的资金专门用于对部门及子公司混改专项工作的考核分配。

2.准确提炼投资亮点

确定混改审计、评估基准日后，湖南航天成立了商业计划书编写小组，耗时近1个月，组织二十余次的集中研讨和审核，紧紧围绕落实军工企业强军首责，提出"一主两翼"战略布局，全面梳理湖南航天产业发展现状，分析各产业板块主流产品的应用场景及未来市场空间，找准市场定位，同步做好投入产出分析，提炼出湖南航天"作为央企混改与双百行动双重试点，享有品牌效应与政策红利""作为国家混改试点中唯一的军工央企二级单位，投资标的稀缺""三大产业板块契合国家重点支持方向，市场前景广阔""科研成果丰硕，产业化布局已完成，投资机会显现"四大投资亮点，为合理估值提供准确的支撑，为引资引战奠定了良好的基础。

3.优选战略投资者

湖南航天策划项目推介方案，通过北京产权交易所向全国投资机构发出邀请函，来自全国各地的133家投资机构共计257人参加现场推介会，向市场传递混改项目信息。并通过推介会邀请投资者参加湖南航天集体尽职调查，在湖南航天上报增资方案前，10家投资者完成立项，7家投资者签订增资框架协议。

湖南航天混改项目正式在北京产权交易所挂牌后，航天科工领导多次带领湖南航天拜访投资者，湖南航天主要领导也前往北京、上海、广州、南京、南通等地拜访了12家投资者，锁定了6家战略投资者。确定领投机构，并接受其聘请的会计师事务所和律师事务所对湖南航天开展尽职调查，领投机构最终成为第一家完成决策并交纳保证金的战略投资者，增强了其他投资者信心，有效发挥风向标作用。

同时，湖南航天高度重视投资者内部决策阶段和签订增资合同阶段，确定重点投资机构具体负责人

及责任领导，24小时内反馈投资者关注问题，回应投资者的合理要求，始终坚持"不回购、不对赌、不保底"，不在增资协议中增加反稀释条款，明确投资者没有一票否决权，在不突破航天科工党组决策意见和挂牌方案的基础上，与投资者现场谈判8次，新增、修订和删除合同条款共计367处，既坚持红线底线，又回应投资人合理要求，投资人对湖南航天专业、务实、高效的作风，充分认可，进一步增强了投资人对湖南航天后续发展的信心。

（四）完善法人治理结构，为市场化转型提供治理能力基础

1.构建平衡各方利益的核心决策平台

根据中央企业混改和"双百行动"有关要求，混改企业要坚持以资本为纽带、以产权为基础完善治理结构，规范股东会、董事会、监事会、经理层和党组织的权责关系，依法确定非公资本股东提名和委派董事、监事规则，形成定位清晰、权责对等、运转协调、制衡有效的法人治理结构。

混改后，湖南航天着力完善法人治理结构、提升决策效率，按照中央企业公司章程指引修订公司章程，充分发挥章程在企业治理中的基础作用；新增股东4家，设立了股东会，制定《股东会议事规则》，落实股东会更换董事、监事（不含职工代表），批准公司财务预决算、利润分配方案等职权；董事人数由5人调升至9人，实现外部董事占多数，外部董事分别为投资者提名2名董事、航天科工提名2名兼职董事、新增1名独立董事，修订《董事会议事规则》，落实董事会重大决策、选人用人等权利；监事人数从3人调升至5人，其中投资者提名监事1人、航天科工提名兼职监事2人、职工监事2人，修订《监事会议事规则》，发挥监督作用；在公司章程中明确党组织的设置方式、职责定位和管理模式，修订《"三重一大"决策事项清单》，将公司党委讨论和决定程序作为董事会、经理层重大决策事项的前置程序。

2.优化董事会结构

根据国家改革政策要求，为加强董事会行权能力建设，规范董事会议事规则，董事会应设立专门委员会，为董事会决策提供咨询，其中薪酬与考核委员会、审计委员会应由外部董事组成。

湖南航天参照《上市公司治理准则》，混改后设立董事会战略与投资委员会、薪酬与考核委员会、审计与风险委员会、提名委员会4个专业机构，制定《董事会战略与投资委员会议事规则》等4项制度，支撑董事会行使战略规划、股权投资、薪酬考核、审计内控及提名管理等职权，其中战略与投资者委员会、提名委员会均由5名委员组成，外部董事占2名；薪酬与考核委员会委员和审计、风险委员会委员均由3名委员组成，委员全部为外部董事；经董事长提名，聘任了董事会秘书，负责公司信息披露、筹备"三会"，协调公司股东与实际控制人之间的关系等；设立董事会办公室、监事会办公室，分别处理董事会、监事会日常管理工作。

3.发挥中小股东参与公司治理作用

根据国家改革政策要求，混改企业国有股东根据法律法规和公司实际情况，与其他股东充分协商，合理制定章程条款，切实维护各方股东权利。充分发挥非公有资本股东的积极作用，促进非公有资本股东代表能够有效参与公司治理。

混改后，湖南航天召开董事会12次、股东会10次，充分与中小股东及其提名的董事、监事事前沟通，董事会审议并通过议案60项，股东会审议并通过议案28项；积极拜访中小股东，争取中小股东支持公司重大事项，充分利用中小股东"朋友圈"，加强业务合作，提高投后赋能实效。

（五）优化市场化薪酬分配机制，用市场化手段调整收入分配

1.优化子公司高管薪酬分配机制

根据国家改革政策要求，对公司经理层要实行与选任方式相匹配、与公司功能性质相适应、与经营业绩相挂钩的经理层差异化薪酬分配制度，真正实现业绩升、薪酬升，业绩降、薪酬降。

湖南航天建立对子公司以净利润和经营活动现金流为核心标准的业绩考核和管理者薪酬决定体系，对收入、两金、成本费用占比等航天科工特定考核项，作为特定扣减项，按照目标偏离度对年薪进行扣减，加大高管年薪水平与企业价值创造挂钩的力度，实现子公司高管年薪与湖南航天高管年薪脱钩。

2.优化职工薪酬分配机制

破除平均主义、"高水平大锅饭"，是当前深化国有企业改革的必然要求，通过推进职工分配制度改革，充分引导薪酬分配向"能担当者、高绩效者、干成事者"倾斜，可以保证职工在物质上得到应有回报、精神上得到有效激励，才能进一步激发职工的积极性、主动性和创造性，有效支撑企业高质量发展。

湖南航天建立健全按业绩贡献决定薪酬的分配机制，修订《薪酬管理办法》，规范职工薪酬管理，实行全员绩效考核，一岗一薪、易岗易薪，设置差异化的薪酬项目，职工年度薪酬总额标准根据本层级人员上年度平均薪酬、湖南航天领导年薪、子公司各层级人员平均薪酬水平、公司整体经营业绩情况和部门年度考核系数等确定，强化目标导向与责任落实，突出薪酬激励的及时性，相同职级管理人员之间薪酬差距最高达2.5倍。

（六）建立中长期激励约束机制，骨干员工与公司发展深入绑定

当前国有企业实施员工持股主要有以下2种路径：路径一：依据《关于国有控股混合所有制企业开展员工持股试点的意见》（国资发改革〔2016〕133号，以下简称"133号文"），混合所有制企业开展员工持股；路径二：依据《关于印发〈国有科技型企业股权和分红激励暂行办法〉的通知》（财资〔2016〕4号，以下简称"4号文"），科技型企业实施员工持股。根据"133号文""4号文"的规定，由于湖南航天是混合所有制企业选择了"133号文"实施骨干员工持股；而湖南航天大部分子公司属于科技型企业，则选择了"4号文"实施股权激励。

1.湖南航天推行骨干员工持股

骨干员工持股既是国有企业改革发展的切实需要，也是混改投资者高度关切的事项，湖南航天作为混改试点企业，依照国务院国资委对改革企业"试出边界"的总体要求，按照"133号文"制定骨干员工持股框架方案，获得国家发改委、国务院国资委同意后，在框架内容的基础上制定具体实施方案，并获得航天科工批准。通过骨干员工持股激励对公司经营业绩和持续发展有直接或较大影响的经营管理人员，充分激活干部职工干事创业热情。

湖南航天骨干员工持股实施方案坚持依法合规、公开透明；增量引入、利益绑定；以岗定股、动态调整等原则。依据员工岗位价值、业绩、能力水平，科学确定持股对象。充分尊重持股人员意愿及出资能力，合理确定各岗位出资额度。由持股平台向湖南航天一次性认缴并分期实缴，因岗位空缺、临近退休等情况后续实缴的，根据同期银行贷款利率计算资金成本。实缴出资后，持股平台与各股东同股同权。同时，为解决部分员工出资困难的问题，湖南航天积极对接金融机构为骨干员工提供融资方案，由员工持股平台与银行签订贷款协议，员工个人分期还本并提供连带责任保证。

2.湖南航天子公司推行股权激励

股权激励是建立健全入股员工与公司共享改革发展成果、共担市场竞争风险的机制，是促进公司持

续高质量发展，吸引和留住关键人才的手段，也是深化混改的重要措施。湖南航天克服子公司经营情况和资产收益水平不同的问题，结合子公司实际情况，按照"4号文"对符合条件的7家子公司实施股权激励计划，实现"能持尽持"。

通过前期内部调研论证，湖南航天制定符合子公司发展水平的激励方案，明确激励对象为与企业签订劳动合同的重要技术人员、技能人员和经营管理人员，激励对象不超过企业职工总人数的20%，原则上应当控制在30人以内，持股价格按经航天科工备案的资产评估结果确定股权激励每股价格，根据实际情况确定子公司主要领导出资额度。

（七）加强党建优化保障，深入推进市场化转型

1.加强党的领导和党的建设

湖南航天始终坚持两个"一以贯之"，通过混改，完善公司章程，将党建工作独立成章，实现党建工作要求进章程全覆盖，准确界定党委、董事会、监事会、经营层等治理主体的职责权限，严格落实党委研究讨论作为董事会、经营层决策重大问题的前置程序，将党的领导和党的建设融入公司治理；全级次上线"三重一大"决策和监管系统；开展集中整顿软弱涣散基层党组织专项工作，制定党员"政治生日"实施细则等各类制度10个，高质量完成年度发展党员计划，新建党员活动室34个，实现党支部全覆盖；提出围绕中心开展工作"12条要领""15个导向"，开展"冲刺一百天、打赢攻坚战""党员先锋岗"等主题活动，全力推动混合所有制改革落地落实。

2.加强组织领导和总体推进

湖南航天建立了改革工作机构和组织体系，充分发挥全面深化改革领导小组"头脑"作用和办公室协调推进作用，统筹协调推进市场化转型等综合改革重大事项，印发了《关于做好湖南航天有限责任公司"双百行动"改革转机制的通知》（湖航资〔2020〕155号），围绕工作台账任务，组织制定工作方案、明确时间节点，强化过程监督、检查，保障了改革工作按计划推进；组织子公司优化调整改革工作职责分工和人员配备，完善了改革工作组织管理体系，压紧压实子公司主体责任，落实"一把手"负责制。同时，为加快市场化转型步伐，湖南航天制定了《湖南航天完善法人治理结构推动公司管理市场化转型实施方案》，加快推进湖南航天市场化转型，并同步在子公司开展试点。

三、实施效果

混改任务的圆满完成，有效推动了公司高质量发展，提升了湖南航天企业活力和市场影响力，为湖南航天市场化转型提供了有力支撑，使湖南航天经营业绩实现快速增长，发展战略更加清晰，战略协同优势凸显，形成了可复制、可推广的改革经验。

（一）经营业绩高质量快速增长

混改后湖南航天转型发展成效明显，2020年，在新冠肺炎疫情不利影响和改革发展任务异常艰巨的多重压力下，湖南航天全年实现营业收入51.09亿元，同比增长29.51%；实现净利润3.16亿元，同比增长6.13%；营业收入与增资率从27.30%上升至29.53%；净资产收益率从6.37%上升至6.91%；资产负债率从58.83%下降至56.76%，并获航天科工2020年度经营业绩考核优秀单位。

（二）产业布局和产业结构持续优化

通过混改，湖南航天不断夯实原有产业基础，剥离医疗业务，有效打造"一主两翼"产业布局，基本形成"1（1个国内一流产业集群）＋4（4条关键核心领域现代产业链）＋N（N个新动能产业项

目）"产业结构，导弹武器系统"总体梦"取得重大突破。北京临近空间飞艇技术开发有限公司由中国航天系统工程有限公司并入湖南航天，进一步提升湖南航天临近空间与低空飞行器总体能力。2020年新材料产业规模提升至24.2亿元，持续巩固湖南航天作为航天科工新材料产业总体的地位。

（三）协同发展能力进一步提高

混改后，4家战略投资者全力支持湖南航天履行强军首责，有效支撑湖南航天解决转机制过程中的阶段问题；陪同湖南航天调研国家影响较大的重点实验室，推进完成国家重点攻关任务；协助湖南航天与金融机构开展融资等有关金融业务的合作；促进湖南航天与已投项目单位衔接市场；为湖南航天股改、上市和资源整合提供专业建议，有效赋予湖南航天"创新机制新动能、协同发展新势能、资本运作新效能、高端人才新聚能"。

（四）改革经验可借鉴、可复制和可推广

湖南航天作为第一家完成混改的军工二级单位，争当"强军首责的践行者、市场机制的探路者、跨越发展的推动者、经验模式的示范者、重大决策的执行者"，混改成效得到了多方肯定，作为国有企业改革典型成功案例，在北交所官网公开发布，在《国企改革简报》"双百行动"专刊上报国务院领导同志等，形成了可借鉴、可复制、可推广的改革经验。

成果创造人：焦继革、严波、陈哲、许岚、胡晓洪、程诗妍、谢金毅、

周晋田、周敏

构建国产商用飞机人才激励约束体系
——以中国商飞公司激励约束机制改革试点为例

中国商用飞机有限责任公司

为贯彻落实习近平总书记关于大飞机事业重要指示精神，按照国有企业改革三年行动计划要求，积极应对人才吸引、稳定和活力的挑战，着力抓好人才和机制两个关键点，实现更高质量的人才强企战略和高水平科技自立自强，公司坚持以习近平新时代中国特色社会主义思想为指导，立足于型号研制和经营发展实际，着力健全核心骨干人才激励保障机制，有序推进激励约束机制改革，努力构建国产商用飞机人才激励约束体系。

一、成果背景

（一）公司发展要求

中国商用飞机有限责任公司（以下简称"中国商飞公司"）2008年5月成立于上海，主要从事民用飞机及相关产品的科研、生产、试验试飞，以及民用飞机的销售与服务等，是实施国家大型飞机重大专项中大型客机项目的主体，也是统筹干线飞机和支线飞机发展、实现我国民用飞机产业化的主要载体。目前，C919已成功首飞，进入局方审定试飞阶段，力争2021年底前取证并交付首架。ARJ21机队规模达到45架，安全载客突破180万人次。CR929即将完成初步设计，转入详细设计阶段，力争2021年开工制造首架。

商用飞机人才具有稀缺性、竞争性、全球性和成长周期长的特点。经过十二年发展，公司人才总量从3800多人壮大到14400余人，形成了以吴光辉院士为代表的科技领军人才队伍，以C919大型客机首飞机长蔡俊为代表的试验试飞人才队伍，以"大国工匠"胡双钱、王伟为代表的技能人才队伍，以李东升、巴里为代表的海外人才队伍。公司技术人才超过7500人，其中型号总师、专业总师186人；项目管理人才近600人；累计引进海外人才172人，入选国家引才计划42人；35岁以下青年人才超过70%，博士硕士学历人才近50%，中高级职称人才约45%，整体呈现出年轻化、学历高、专业性强的特征。

随着C919飞机在2017年实现首飞，公司从初创期迈入成长期，型号研制和公司治理愈发重要，对人才的需求日益紧迫。特别是当今世界正经历百年未有之大变局，经济全球化遭遇逆流，世界进入动荡变革期。公司在发动机、机载系统、关键材料、生产装备、标准件、电子元器件等方面面临"卡脖子"风险，科技领域的竞争日益激烈，科技人才的激励更加不能忽视。要实现公司高水平科技自立自强，关键在于人才，必须要结合各类人才的特点来深入落实各项激励保障措施。比如，科技型人才独立完成工作的能力较强，能够按照企业战略方向的要求，利用自己独特的工作方式合理地安排进度[1]，就要强调事业激励、荣誉激励等。因此，构建全方位的国产商用飞机人才激励约束体系，有利于保障和支持各类人才充分发挥潜能、专心致志地工作。

（二）面临主要问题

中国商飞公司自2008年成立以来，始终坚持人才强企战略，持续推进薪酬激励改革。2012年初步建立了人力资源"三大体系"，2014年实现了公司"一套制度、统一管理"，2017年实现了"普涨工资"与"重点激励"相结合的目标。随着公司发展进入全面经营期，公司对各类人才的要求与日俱增，但在人才激励策略、方式和效果方面依然存在一定的问题，具体如下：

1.薪酬福利方面

一是工资总额核定方式不适应公司发展要求；二是个人收入与绩效考核关联度较低，激励效果不明显；三是中长期激励未落地，对核心骨干人才利益捆绑效应不强，激励不足。

2.职位职级方面

一是岗位价值不明确，考核激励的方向性不强；二是职业发展路径不清晰，人岗匹配标准不明确；三是各序列转换规则不完善。

3.绩效考核方面

一是员工个人表现与组织绩效关联度较低；二是考核结果区分度不足，强制分布无法落地；三是沟通机制不健全，绩效辅导作用发挥不明显。

（三）改革路径选择

中国商飞公司积极对标同行业先进企业的管理实践，借鉴人才激励理念与方法，比如波音员工AVTAR发展变革模型、双轨职业发展途径，空客项目能力双线管理，华为易岗模型、薪酬模型、员工TUP分红计划和ESOP饱和持股计划等，为后续深化激励方式改革提供了有效参考。同时，中国商飞公司因为承担着国家重大科技专项攻关任务，实现关键核心技术自主可控迫在眉睫，不能仅仅按照传统的、旧有的方式开展激励工作，必须要改革创新。大多数企业在遇到激励问题时，都会采取优化薪酬结构、加大培训力度、多元化晋升渠道、建立沟通反馈机制、完善津补贴制度等方式[2]，进一步形成激励合力，提高员工工作积极性和创造性。

基于公司35周岁以下青年员工占比大、研究生及以上高学历人才占比大的双重特点，需要系统应用马斯洛需求层次理论[3]、双因素理论[4]和人本管理思想[5]，才能实现激励的效果，因此，中国商飞公司在全公司范围内实施激励约束机制改革。激励约束机制改革具体包括人才培养、绩效考核、薪酬福利、职业发展等多方面措施，是一揽子的改革方案，需要稳步推行。2020年分别在所属单位客服公司和北研中心试点改革，效果很好，基本实现了"绩效考核方式更精准、员工收入差距拉大、中长期激励突破"的改革目标。2021年分别在所属其他10家单位全面推行，确保激励约束机制改革落实到位。

二、改革内涵

（一）改革意义

公司推行激励约束机制改革，一方面是为了整合完善现有的激励措施，形成激励合力，发挥激励效能，让肯干事、能干事的优秀人才得到相匹配的激励报酬，塑造"公平公正、多劳多得、奖优罚劣"的正向激励文化。另一方面，通过实行有针对性的激励改革措施，进一步丰富和健全人才激励手段，努力构建国产商用飞机人才激励约束体系，为大飞机事业蓬勃发展保驾护航。总体上看，本成果既要让优秀的人才得到应有的激励,避免"高水平大锅饭"等不公正现象,又要让一般的或较差的员工受到明显的约束,通过"负激励"的方式实现正向激励。

（二）基本原则

一是效率优先、公平公正。把效率放在优先位置,坚持改革方式、改革过程和改革成果的公平公正。

二是倾斜一线、倾斜优秀。向科研、型号一线岗位和表现优异的员工倾斜,保持核心骨干队伍的稳定性和竞争性。

三是精准科学、多劳多得。提高岗位分析、考核指标设计、考核方式和分配方式确定等各方面工作的精准性、科学性,创新考核机制,改革绩效工资分配导向,加大绩效工资调节力度,实现员工收入能增能减。

四是积极谋划、稳妥推进。运用底线思维,严格按照公司统一方案、统一要求开展改革工作,稳妥推进各项改革工作,支持大飞机事业安全发展高质量发展。

（三）主要特点

结合公司三项制度改革要求,围绕薪酬福利、职位职级、绩效考核三方面,建立更加成熟、更有活力、更长效的激励约束机制,实现收入能增能减、干部能上能下、员工能进能出的目标,为公司型号研制和经营发展保驾护航。改革呈现以下特点:

一是坚持全公司一盘棋,突出公司统筹策划、各单位严格执行。公司做好政策顶层设计,加强宣贯和指导。各单位及时处理改革问题,确保各项改革措施落地见效。

二是强化考核在绩效奖金分配中的应用。在保障员工基本收入水平的前提下,今后工资总额增量部分全部纳入绩效或奖励,通过考核兑现,拉开收入差距,促进多劳多得。

三是实现中长期激励政策的突破与落地。面向公司核心骨干人才,每年根据考核结果、贡献价值等系数核定奖励,达到一定期限、满足一定条件后"解锁"兑现。

四是形成国产商用飞机人才激励约束体系。激励约束机制改革的初衷是深化员工激励效果,突出核心骨干人才激励,通过一揽子的改革措施形成系统性的激励约束体系。

三、改革措施

（一）激励策略

根据不同层次、不同序列人才的特点和激励需求,为进一步提升激励力度和精准性,分别针对青年人才、成熟骨干、拔尖人才以及管理、项目、技术、技能序列人才,明确相应的激励策略。

1.各层次人才激励策略

针对不同层次人才特点,形成以下激励策略:

（1）对青年员工,突出福利激励,着重落实"五件实事",重点解决住房、落户、子女教育难题。

（2）对成熟骨干,突出岗位激励,采用重点培养、提供培训机会、优先晋级、荣誉表彰等激励方式。

（3）对拔尖人才,突出荣誉激励和中长期激励,并辅以相应的物质激励。

2.各序列人才激励策略

针对不同序列人才特点，形成以下激励策略：

（1）管理序列人才。为积极支援项目一线战场的人员发放"战场支援奖励"（项目职能绩效）。

（2）项目序列及从事项目的技术人才。为参与项目的人员发放"工时奖励"（项目绩效）。为在项目研制、试验试飞、运行保障等工作中勇立战功的人员发放"战功奖励"（项目专项奖）。为参加高寒、高温高湿、高原等特殊气象或恶劣环境条件下的人员发放"战场津贴"（特殊试验条件补助）。

（3）从事专业能力的技术人才。为在设计研发中承担"赋能、检查、改进"等工作且表现优异的设计流程组成员发放"流程奖励"（设计流程组奖励）。为项目、攻关、生产、运行提供积极支援的人员发放"战场奖励"（专业能力绩效）。

（4）从事攻关和预研的技术人才。通过"揭榜挂帅"机制，在原有薪酬水平的基础上，根据在攻关任务中的贡献价值，综合采用荣誉、岗位、物质相结合的激励方式进行奖励。

（5）技能序列人才。为参与项目团队的技能人员发放"工时奖励"（项目绩效）。为S7级及以上技能人员发放"工匠津贴"。对在飞机装配、工艺革新等制造工序中表现出色的技能人员，要加大培养力度、优先晋级、破格提拔。

表1　各层次各序列人才激励策略

类别	管理	项目＋技术（项目）	技术（攻关、预研、专业能力）	技能
拔尖人才	战场支援奖励（项目职能绩效） 总部部门：根据支持项目亮点工作情况确定 所属单位：按照一线项目奖励标准适当确定	以荣誉激励和中长期激励为主，辅以物质激励		
拔尖人才	战场支援奖励（项目职能绩效） 总部部门：根据支持项目亮点工作情况确定 所属单位：按照一线项目奖励标准适当确定	工时奖励（项目绩效） 战功奖励（公司特别奖） 战场津贴（特殊试验条件补助）	参与"揭榜挂帅"，综合采用荣誉、岗位和物质激励 流程奖励（设计流程组奖励） 战场奖励（专业能力绩效）	工时奖励（项目绩效） 工匠津贴（2000元/月） 岗位激励（加大培养、优先晋级、破格提拔）
成熟骨干	战场支援奖励（项目职能绩效） 总部部门：根据支持项目亮点工作情况确定 所属单位：按照一线项目奖励标准适当确定	突出岗位激励，重点培养、培训机会、优先晋级、荣誉表彰		
成熟骨干	战场支援奖励（项目职能绩效） 总部部门：根据支持项目亮点工作情况确定 所属单位：按照一线项目奖励标准适当确定	工时奖励（项目绩效） 战功奖励（公司特别奖） 战场津贴（特殊试验条件补助）	参与"揭榜挂帅"，综合采用荣誉、岗位和物质激励 流程奖励（设计流程组奖励） 战场奖励（专业能力绩效）	工时奖励（项目绩效） 工匠津贴（2000元/月） 岗位激励（加大培养、优先晋级、破格提拔）
青年人才	战场支援奖励（项目职能绩效） 总部部门：根据支持项目亮点工作情况确定 所属单位：按照一线项目奖励标准适当确定	突出福利激励，解决住房、落户、子女教育难题		
青年人才	战场支援奖励（项目职能绩效） 总部部门：根据支持项目亮点工作情况确定 所属单位：按照一线项目奖励标准适当确定	工时奖励（项目绩效） 战功奖励（公司特别奖） 战场津贴（特殊试验条件补助）	流程奖励（设计流程组奖励） 战场奖励（专业能力绩效）	工时奖励（项目绩效） 岗位激励（加大培养、优先晋级、破格提拔）

（二）具体措施

1.推行经理层成员任期制和契约化管理

按照"统一要求、统一管理、统筹推进"的工作部署，制定工作方案，编制《操作指引》和协议书模板；召开专题推进会，组织指导各单位推进任期制和契约化管理。一是明确3年任期，到期重聘，未续聘、自然免职（解聘）；强化刚性退出，明确70分/70%业绩底线，实行"三达标"考核机制（绩效考核、经营业绩考核、综合考核测评达标）。二是科学制定年度和任期契约目标；区分不同类型单位，实施"一企一策""一人一本"差异化考核；注重年度和任期目标的有机衔接。三是明确任期激励比例；增加个人经营业绩考核，明确与组织绩效考核关系，刚性兑现薪酬。

2.基于部门分类开展岗位价值评估

公司统一组织比选确定外部咨询机构进行合作，借助外部专业力量开展岗位价值评估。各单位组织实施，在外部专业力量的帮助下，按照专业方法进行评估，明确企业内岗位价值相对系数，形成岗位价值矩阵表。评估结果作为员工绩效工资兑现、职业发展及岗位资质管理的重要依据。

3.优化薪酬结构

通过普调工资、优化固浮比及完善津贴设置，实现员工收入能增能减。一是实行工资普调。以全口径工资（基本工资+绩效工资）为基数进行工资普调，按照各单位薪酬水平、市场化及属地化管理等情况确定差异化涨幅。二是优化薪酬固浮比。修订《公司员工薪酬福利管理办法》。通过逐年增量累加的方式，分序列、分岗位实现"6:4-5:5"的固浮比目标。严格依据考核结果兑现绩效工资，打破"假浮动"，以后工资总额、CPI调整等增量部分全额纳入绩效或奖励。三是完善部分津贴奖励设置。为勇立战功的人员发放"战功奖励"（项目专项奖），为支援一线战场的管理人员发放"战场支援奖励"（项目职能绩效），分别落实到相关管理制度中执行。

4.建立员工绩效与组织绩效强关联

根据公司"绩效硬约束、激励强挂钩"的绩效考核理念，量化绩效考核指标，突出工时导向。按照"责任层层落实、压力层层传递、激励层层连接"原则，实现组织绩效量化分解到部门，部门层层落实到人。形成"Σ个人工作业绩=公司目标实现"的"堆积效应"。员工个人KPI根据岗位不同，由业务上级综合差异化、个性化制定，侧重结果考核。包含任务绩效指标和专项绩效指标。任务绩效指标是指对员工岗位职责和工作计划进行考核的指标；专项绩效指标是指员工在特殊阶段需要完成的专项工作或承担公司特别关注的专项工作进行考核的指标。绩效考核指标对员工的行为具有导向作用，因此通过设定与企业的目标一致的考核指标，就可以将员工的行为引导到企业的目标上来[6]。

5.推行绩效工资包机制

修订《公司工资总额管理办法》。各单位围绕二级部门组织绩效考核结果、部门编制、人员结构、现有绩效水平等因素，设定科学合理的部门绩效工资包核算机制，形成绩效工资包实施方案并全面推行，探索实现部门业绩与单位业绩强挂钩、部门绩效与部门业绩强挂钩的"双挂钩"目标，形成"增人不增资、减人不减资"的工作机制。

6.规范激励约束管理方式

各单位根据公司激励约束矩阵，综合搭配运用好各项激励约束工具，落实好各项具体的激励约束措施。聚焦型号任务、坚持结果导向，激励资源向型号研制与科研攻关一线倾斜。

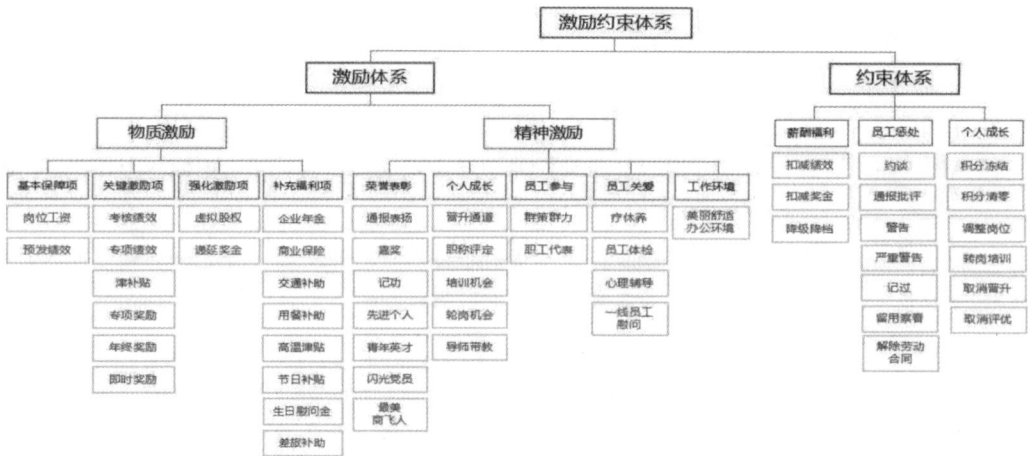

图1 公司激励约束管理管理手段

7.推行中长期激励计划

制定《公司中长期激励计划实施方案》。主要面向公司1000人左右的核心骨干人才，以工资总额和企业年金贡献缴费为主要资金，围绕年度考核结果、贡献价值、司龄等因素设定分配系数，在达到一定期限、满足一定条件后"解锁"兑现，将核心人才利益与公司发展紧密捆绑，实现"递延＋递增"的中长期激励目标。同时，公司研究科技创新激励保障机制，鼓励各单位实施科技型企业股权分红激励、科技成果转化收益风向以及超额利润分享和项目跟头等中长期激励政策，建立中长期激励体系，形成可持续的长期激励效果。

8.推进考核结果"361"强制分布

修订《公司员工绩效管理办法》。考核A档（优秀）比例为30%，考核B档（称职）比例为60%，考核C档（基本称职）和D档（不称职）比例为10%。对于实行考核结果"361"强制分布的单位，可适当提升优秀比例或给予一定额度的绩效奖励。同时加强考核结果应用，对于考核"A档"人员，予以相应激励；对于考核"C/D档"人员，根据不同情况采取调岗、再培训、评奖评优限制、晋升限制、降薪等方式进行约束，实现员工能进能出的动态管理机制，如表2所示。

表2 绩效考核结果受影响的情况

具体措施	前30%（A档）	中间60%（B档）	后10%（C/D档）			
			前5%	后5%		
				第一年	第二年	第三年
晋升	优先考虑	正常	无机会			解除劳动合同
考核积分	4分	2分	1分	0分		
带薪休假	额外增加1~2天	正常				
培训机会	全面提升：至少1次业务相关外派培训机会	专项提升：至少1次业务培训/作风锤炼培训机会	岗位辅导：进行岗位技能提升辅导	岗位再培训：重新进行岗位培训	转岗培训：调整至非核心岗位，并进行转岗培训	
评奖评优	优先考虑	正常	无机会			

职级薪档	正常	薪档降1档（现薪档为1的，考核积分清零）	职级降一级	解除劳动合同

9.健全技术和技能人才发展机制

一是细化技术人才发展机制方案，优化和拓宽技术人才发展路径，有序开展技术序列人员职级晋升工作，增强技术人才发展活力。二是推行"中国特色企业新型学徒制"，加快民机制造技能人才培养。组织所属单位发挥培养主体作用，面向技能岗位新招用和转岗等人员，推行培养和评价"双结合"、企业实训和院校培训"双基地""双导师"培养模式，积极争取相关职业培训补贴（学徒每人每年补贴5000元），并为S7级及以上技能人员发放2000元/月的"工匠津贴"，全力为公司型号研制提供人才保障和技能支撑。

四、改革成效

（一）建立国产商用飞机人才激励约束体系

本成果最大的贡献就在于明确了国产商用飞机人才激励体系，为今后出台和优化人才激励措施提供明确指引。中国商飞公司坚持"精神激励为主、物质激励为辅""突出核心骨干人才""效率优先、公平公正""正向激励和负向激励相结合"的基本原则，系统构建了"2+6+N"国产商用飞机人才激励体系。"2"代表2种激励形式，分别是精神激励和物质激励；"6"代表6种激励类别，分别是岗位激励、荣誉激励、绩效激励、重大节点激励、福利激励和中长期激励；"N"代表不定的具体的激励手段。如表3所示。

表3　国产商用飞机人才激励方式

项目	激励形式	激励类型	激励手段
人才激励方式	精神激励	岗位激励	（1）建立科学的职位职级体系； （2）打通职业发展通道； （3）开展岗位价值评估
		荣誉激励	（1）营造氛围、塑造环境、丰富荣誉体系； （2）树立典型、宣传榜样（个人和团队）
	物质激励	绩效激励	（1）绩效工资总额； （2）浮动收入占比； （3）绩效考核兑现
		重大节点激励	（1）明确奖励标准； （2）确定发放程序； （3）奖励即时性
		福利激励	（1）落实"五件事实"，解决住房、落户、子女教育难题
		中长期激励	（1）以绩效工资、项目专项奖作为出资，购买项目虚拟股获取收益，激励公司核心骨干人员； （2）科技型企业股权激励、分红激励3.超额利润共享、科技成果转化激励

（二）推动薪酬管理高质量发展

激励约束机制改革重在固本培基，有效提升各单位薪酬管理水平。岗位价值评估工作可以精准判别岗位之间的相对价值以及对企业有较大影响的高价值岗位，建立了"岗位价值—任职资格—职位职级—薪酬体系"联动机制，让人力资源管理的基础更加扎实。推行绩效工资包是进一步延伸公司精细化管理，以部门为单元合理切分绩效工资，形成部门绩效工资包，进一步提升部门绩效管理权限，实现绩效激励效用最大化。薪酬结构进一步优化，实现更加合理的薪酬固浮比，打破以往长期存在的"假浮动"问题，让绩效工资真正回归到考核兑现。考核分配方式寻求重大突破，北研中心在科研部门全面推广"工作积分制"，要求各部门在项目类、能力类、职能类和党建类的总体框架下，自主设计指标及指标分值，并通过累计积分实现员工业绩考核排名；同时北研中心开始探索"月度考核、月度分配"的考核模式，严格对照考核结果进行分配，体现绩效奖励及时性和有效性。

（三）实行绩效考核结果"361"强制分布

绩效考核结果不仅仅对考核优秀（A档）设置30%的比例限制，对考核基本称职（C档）和不称职（D档）也设置了10%的比例要求，呈现一定的正态分布，避免以往考核结果都处于A档或B档。2020年，客服公司和北研中心共有127人考核等次确定为基本称职或不称职，占比为9.1%，后续在兑现绩效奖金时均受到较大幅度的影响，真正实现了"奖优罚劣"的激励目标。后续经过跟踪了解，大多数分布在靠后10%及中间60%的职工均表现出明显的危机感和紧迫感，主动与部门负责人寻求交流和求助，从而让部门的整体氛围、绩效文化得到了显著优化。考核结果"361"强制分布的确是本成果中的重要一环，是深化三项制度改革的重要基础，绩效考核结果为实现"干部能上能下、员工能进能出、收入能增能减"奠定了扎实基础。

（四）实现员工收入差距合理拉开

加大绩效考核力度，薪酬固浮比基本上从8:2调整到5:5或6:4，避免"假浮动"的问题。设置绩效工资时，需要根据不同的情况进行适当的调配，提高绩效工资管理的整体效果，采取多样化的管理方案，保证绩效工资管理的质量与水平得到全面提升[7]。绩效工资分配与部门分类、岗位价值系数、绩效考核结果紧密挂钩，进一步加大浮动工资比重。绩效工资分配积极向型号研制、一线岗位等关键部门、关键岗位倾斜，向绩效表现优异的员工个人倾斜，增强工资弹性，有效激发员工干事创业活力。坚决破除"平均主义"和"大锅饭"现象，拉开员工收入差距，客服公司分配超越绩效时优秀员工高出平均水平58%，北研中心考核为基本称职员工绩效低于平均水平25%。

表4　客服公司超越绩效工资兑现系数表

部门分类	部门系数	岗位价值系数	绩效考核系数	绩效工资分配标准
8~9级中干	/	1.4/1.3/1.2	1.2/1/0.8/0.5/0	绩效分配＝绩效工资标准×部门系数×岗位价值系数×绩效考核系数
一类部门	1.1	1.2/1.1/1/0.9		
二类部门	1	1.1/1/0.9		

（五）调动员工工作积极性和主动性

通过一系列激励约束改革措施，有效提升了员工们工作的积极性和主动性，为大飞机事业提供坚强的人才保障。部门负责人持续加压，激发了责任感、积极性，可以充分利用绩效这个"关键工具"，对部门员工形成持续的促进和激励，进而形成企业干事创业的正向工作氛围。科研倾斜战略有序推进，北研中心鼓励职能人员融入科研、赋能项目，共有31人加入项目团队，科研项目负责人和职能部门负责人奖金分配占比为43%：57%。进一步留住和保障了高绩效员工，得到高绩效员工普遍拥护。客服公司通过问卷调研发现，本次改革员工接受程度达到81.4%，员工满意度达到74%，在全体干部职工支持的情况下，还需要进一步完善改进，才能真正地为公司、职工提供最舒适、最安心的工作环境。

五、结论

中国商飞公司始终以习近平新时代中国特色社会主义思想为指导，不忘初心、牢记使命，按照"坚定、理性、渐进、有效"的激励改革总基调，狠抓人才和机制两个关键点建设，持续推进激励约束机制改革，不断完善和丰富核心骨干人才激励措施，建立健全国产商用飞机人才激励体系。改革无法一蹴而就，激励不会一劳永逸，都需要坚持不懈、久久为功。公司将紧贴型号研制进展和经营管理实际，围绕物质激励和精神激励，按照国产商用飞机人才激励约束体系，多渠道、全方位深化落实各项激励措施，重点加强核心骨干人才激励，为奋力谱写新时代大飞机事业的新篇章作出积极贡献！

【参考文献】

[1]白贵玉,徐向艺,徐鹏.知识型员工非物质激励与创新绩效的关系[J].经济与管理研究,2016,37(5):121-128.

[2]李学尧.XS公司核心员工薪酬激励优化研究[D].河北工程大学,2021.

[3]单春林.基于马斯洛需求层次理论的激励路径实践[J].电子技术,2020,49(9):124-125.

[4]汪耀如,蒋崇文,赵琪,李璐阳,杨登.基于双因素理论的高端科技人才引进因素及对策——以宁波市科研院所为例[J].人才资源开发,2021(11):14-17.

[5]饶倩.浅析"以人为本"思想在现代企业管理中的应用[J].商业文化,2021(17):56-57.

[6] 张峰.国有企业薪酬制度中绩效工资设计理论研究[J].现代经济信息,2011(6):48+66.

[7]刘子逸.分析企业人力资源管理中的绩效考核与激励机制[J].企业科技与发展,2021(1):174-175+178.

成果创造人：沈大立、宁方明、武洋、江夏颖、陈志

基于员工发展的"岗位-培训-绩效"
一体化管理体系建设与实践

华能（广东）能源开发有限公司海门电厂

华能海门电厂位于广东省汕头市潮阳区海门镇，是南方电网首座单机容量达百万千瓦级的超超临界燃煤发电机组电厂，规划分两期建设6台国产百万千瓦机组，一期1、2号机组于2006年12月开工建设，分别于2009年6月和9月投产发电；3、4号机组2009年2月开工建设，2013年4月投入商业运营，各台机组三大主机均采用东方电气集团公司设备。2013年6月，华能海门电厂与汕头市投资控股集团有限公司合资成立华能汕头海门发电有限责任公司，共同经营电厂一期3、4号机组项目。2021年1月根据广东分公司"分改子"试点工作安排，注册成立华能（广东）能源开发有限公司海门电厂，受让原华能国际电力股份有限公司海门电厂全部权利和义务。

踏准新时代的步伐，海门电厂始终以习近平新时代中国特色社会主义思想为指引，坚定不移贯彻新发展理念，作为华能集团标杆电厂，始终积极践行集团公司"三型""三化"能源基地开发路径，以火力发电为主体，供热业务为辅助，全力推进二期5、6号机组建设，力争建成集团公司装机容量最大火力发电厂与南方电网最先进百万千瓦机组电厂，大力开拓光伏等新能源项目，积极向清洁高效综合能源服务企业转型发展。投产至2021年3月，累计发电量2015.78亿千瓦时，创下工业总产值708.56亿元，纳税64.22亿元，共获得国家专利68项，创造全国纪录10项，实施技术创新800余项，先后荣获"亚洲电力技术创新奖、全国五一劳动奖状、国家优质工程金质奖、国家优质工程设立30周年经典工程奖、全国文明单位、全国企业文化优秀成果二等奖、全国企业管理现代化创新成果一等奖、全国企业文化建设优秀单位、中国美丽电厂、中央企业先进基层党组织、国家能源科学进步二等奖、新中国70年企业文化建设研究优秀成果"等荣誉，为华能集团公司加快建设"三色三强三优"世界一流现代化清洁能源企业贡献力量。

为贯彻集团公司"三项制度"改革要求，落实海门电厂人才提质新突破工作要求，推动人才队伍建设，海门电厂通过构建基于员工发展的"岗位培训—绩效"一体化管理体系建设，实现岗位标准、培训提升、绩效管理三大人力资源业务模块之间的相互融合，夯实岗位基础，加强岗位人才培训培养，强化绩效管理正向激励导向，以提升员工能力水平，提升海门电厂经营管理效益，为华能海门电厂战略性人本管理体系建立奠定基础。

一、实施背景

（一）提高员工岗位能力，是贯彻落实人才强企战略的要求

党的十九大报告明确指出，要加快建设人才强国，实行更加积极、更加开放、更加有效的人才政

策。在海门电厂发展的关键时期，如何大力实施人才强企战略，加快建立健全国有企业集聚人才的体制机制，造就业务精湛、结构合理、专业配套、数量充足的人才队伍，是增强海门电厂高质量发展的关键。

目前存在部分培训内容针对性不强，且没有与工作岗位能力要求相结合，也没有与员工个人发展计划有机地结合等诸多问题。现场员工急需掌握的是如何解决现场作业中的具体问题，而当前的培训课程设计理论性、体系化强，无法满足实际工作需要。海门电厂需积极探索和开发先进的人才培养模式，坚持开展员工职业能力培训，不断提高员工岗位能力，为海门电厂发展提供有力的人才保证和智力支持，努力实现海门电厂发展与员工个人发展的协调统一。

（二）破解改革难题，是贯彻"三项制度"改革要求

2016年以来，中国华能集团有限公司按照国资委工作部署，研究制定了"1+6"三项制度改革框架体系，并积极推进落地实施，在完善领导人员选用机制、推进市场化选聘经理层、实施劳动用工集约化、推行市场化用工机制、健全完善工效联动机制、推进工资总额分类管理和科技企业中长期激励等方面取得一定成效，但与改革目标相比，仍存在差距，下一步深化改革的任务仍然非常艰巨。

根据国企改革三年行动方案部署，结合中央企业三项制度改革试评估情况，为进一步加大改革力度，提升改革成效，激发企业活力，集团公司加快推进三项制度改革工作的总体思路是：充分把握国企改革三年行动攻坚期，坚持以公司发展战略和"十四五"规划为指引，坚持市场化改革方向，坚持"效果决定用人、效率决定用工、效益决定薪酬"，紧紧围绕三项制度改革工作中存在的短板问题，以全面提升三项制度改革评估硬指标为主要目标，以着力破解管理人员"能下"、员工"能出"、收入"能减"等改革难题为工作方向，在更深层次、以更大力度推动三项制度改革工作取得实质性重大突破。

海门电厂贯彻落实集团公司"三项制度"改革要求，为全面打好提质增效攻坚战奠定坚实基础，建立岗位基础体系和培训体系，优化全员绩效管理体系，增强电厂发展战略执行力，为电厂持续发展注入生机和活力。

（三）随着海门电厂的发展，员工岗位工作发生变化

海门电厂建厂10余年，岗位工作标准持续沿用，随着电厂的不断发展和对岗位要求的不断提升，员工岗位工作内容和要求已经发生较大变化，需进一步进行全方位的沟通与定责。日常工作中，因岗位工作标准不清而造成的诸多问题一直存在，例如，部门员工之间的职责划分模糊、重叠、空白等情况，时有存在推诿扯皮现象；岗位对人员的要求不清晰，同一岗位的任职者水平差距大；岗位职责履职依赖个人经验与主观行为，缺乏经验标准化与优化。如何建立统一规范，实现岗位经验标准化，海门电厂需进一步梳理完善全厂的岗位工作标准。

（四）组织绩效运行良好，员工绩效需进一步优化实施

海门电厂一直以来积极开展绩效管理工作，当前组织绩效管理体系运行良好，广大员工普遍认可和接受，部分部门员工绩效在不断的摸索中优化完善，但仍存在一些问题：一是一般管理员工岗位差异大，绩效标准个性化特征明显，工作绩效标准设置较难量化，不易具体化；二是如何根据人员能力素质，在工作任务的可控和在控的前提下，更有效的调动员工积极性和主动性，发挥每个人的特长并培养人员，合理分工和调配岗位工作，并实现多劳多得、好劳好得；五是绩效管理与班组日常管理工作结合不紧密，未实现工作积分登记日清日结，工作积分不能全面反映员工实际工作情况。

如何强化部门和班组员工绩效管理，实现"多劳多得、少劳少得"目标；如何根据绩效评价结果进

行能力提升培训，是海门电厂需要持续深化的内容。

二、内涵和主要做法

（一）内涵

海门电厂贯彻落实集团公司"三项制度"改革要求，通过创新开发基于员工能力提升的岗位基础体系、以能力模型为核心的岗位培训体系和基于业绩提升的绩效管理体系优化三个方面内容，畅通员工发展通道，建立岗位能力评价与培养机制，坚持薪酬与效益挂钩，合理拉开收入差距，全面提升人力资源管理整体效能。项目以岗位基础体系为出发点，为培训体系和绩效管理提供基础标准，将培训培养成效纳入绩效管理评价，通过绩效评价结果挖掘员工业绩提升点，将岗位、培训、绩效相互融合，建立"岗位—培训—绩效"一体化管理体系，提升员工能力水平和企业管理效益。

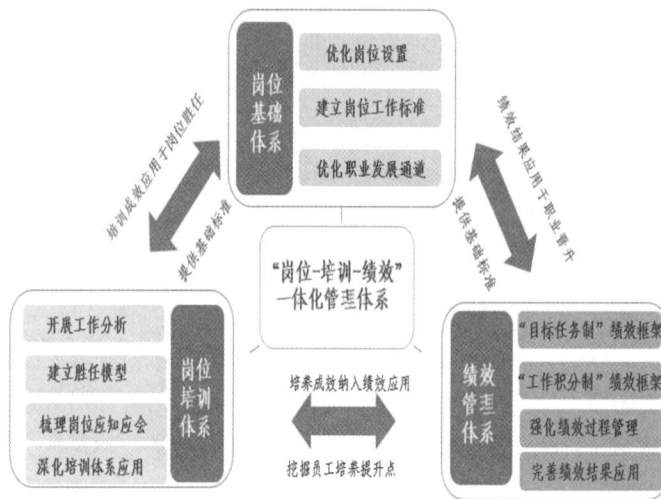

图1 "岗位—培训—绩效"一体化管理体系框架图

一是建立基于员工能力提升的岗位基础体系。通过优化岗位设置、建立岗位工作标准并优化职业发展通道，形成明确的工作标准和岗位晋升通道，严格控制管理人员职数和层级，为深化员工"能上能下、能进能出、能增能减"改革奠定基础。

二是构建以能力模型为核心的岗位培训体系。根据岗位工作标准进行工作分析，建立胜任模型、梳理岗位应知应会，深化培训体系应用，畅通员工晋升与退出渠道，让员工能够根据培训体系内容进行职业晋升规划并付诸努力，强化员工培训积极性，并将培训提升成效纳入绩效评价体系。

三是优化基于业绩提升的绩效管理体系。通过以全员绩效管理体系为依托，构建一般管理人员的"目标任务制"和班组员工的"工作积分制"绩效评价框架，明确绩效目标导向，通过绩效管理PDCA循环，强化绩效过程管理，深化开展绩效结果应用，促进能者上、优者奖、庸者下、劣者汰，以科学考评推动管理人员能上能下，促进收入能增能减，并根据员工绩效不足点有针对性地进行培养提升。

（二）主要做法

1.以能力提升为目标，建立岗位基础体系

（1）梳理组织框架与岗位定位，优化岗位设置

结合电厂实际工作及各部门的职责定位，从组织层面全面进行组织框架设计优化，并结合电厂各部

门内部岗位分工进行岗位设置优化。

通过资料分析、问卷收集和深度访谈等方式，全面收集领导及各部门负责人对岗位设置的建议和意见，并结合行业内电厂及上级海门电厂相关指引进行各部门岗位设置优化。其中，资料分析主要通过收集行业内电厂及上级单位相关文件、资料，进行数据对比分析整合，形成一定的岗位设置参考文件；问卷收集主要对全厂各部门进行部门内部岗位设置意见征集，了解各部门对部门定员和现有岗位设置的建议意见；在问卷收集的基础上通过对厂领导和各部门负责人进行深度访谈，领导层面调研主要了解海门电厂最新的战略发展方向和目标，了解对部门及岗位设置的期望和要求，各部门负责人层面调研主要通过面对面的方式深入了解当前部门岗位设置存在的问题及原因，以及未来部门的定位和岗位设置的主要考虑因素等内容。

结合调研情况和行业分析，并结合海门电厂实际情况，重新梳理确定各部门岗位设置，对非常设岗位进行了特殊处理，对当前还有在岗人员的非常设岗位暂时保留岗位，待目前在岗人员退休后不再设立该岗位。

（2）梳理岗位工作任务，形成岗位工作标准

从海门电厂的战略出发，进行部门使命及关键职责分析，确定岗位职责定位及主要职责模块，进行职责、任务分解，层层分解和梳理，最终形成岗位工作标准。

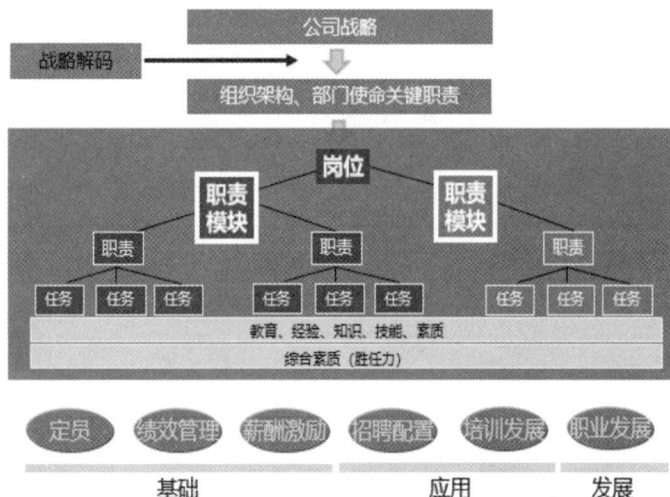

图2　岗位任务分解落实

岗位工作标准主要通过岗位基本信息、岗位使命价值、职责与任务、岗位工作涉及的规章制度、标准、规程、岗位工作联系、任职资格、工作环境、附则说明等部分进行内容梳理。

其中岗位使命价值，指本岗位设置的理由、目的和范围，是岗位存在的理由，反映岗位对组织的独特价值。职责与任务，包括职责模块、职责、工作任务、发生频率、时间要求和工作成果，为工作标准中的重点内容，职责模块是任职者为实现一定的组织职能或完成工作使命而进行的一个或一系列工作。职责模块是由一项或多项任务组成。职责是职责模块组合中的单项职责，一个职责模块可以对应一个或多个职责。任务是指工作中为了完成某项职责而进行的一系列活动。

通过多次培训辅导（集中辅导、分部门辅导、重点优化岗位一对一辅导）共梳理200余份工作标准形成定稿，通过对岗位工作标准的细化梳理，让员工明确岗位工作要求、工作重点，对自己的工作进行

复盘，对应去思考怎么更好地去完成本岗位工作。通过下上级针对工作标准的沟通，让部门负责人对员工工作的内容和要求达到共识，更好地去引导员工工作的方向和员工过程的把控，更好地达成部门的目标。从组织层面建立岗位的标准，为岗位新进人员提供明确的工作要求，为人力资源管理工作（人员规划、人岗匹配、招聘、培训、绩效管理等）提供基础信息。

（3）梳理员工职业发展通道，优化晋升管理制度

员工职业发展是以海门电厂业务发展需要和人才结构规划为前提、以岗位体系为基础、以员工能力和业绩贡献为依据、以尊重员工职业发展需求为指导的人才管理机制。明确海门电厂员工职业发展通道，拓展员工职业发展空间，激励员工持续提升能力，实现员工与海门电厂的共同发展。

通过建立"岗位职务通道为主、专业技术技能职务通道为辅"的双通道晋升机制，丰富员工职业发展道路，引导员工立足岗位，不断提高素质能力，创造业绩，实现职业发展。岗位职务通道与专业技术技能职务通道是员工职业发展的两条并行通道，二者互联互通，员工既可以在岗位职务通道或专业技术技能职务通道内纵向发展，也可以在两个通道间合理流动、交叉发展。岗位职务通道指员工通过岗位或行政职务调整实现岗位职责和权力的变化实现个人发展，主要采取岗位竞聘的选拔方式。在岗位内通过岗位层级发展晋升实现个人发展，主要采取认定和聘任的方式。海门电厂鼓励员工努力工作并提升自己的能力水平，在上级职位出现空缺时，考虑员工发展意愿，结合员工能力特点及海门电厂对人才的需求给予员工晋升机会。专业技术技能职务通道指员工提升专业能力和技术水平实现个人发展，海门电厂鼓励员工立足本岗专业，实现专业发展成才。

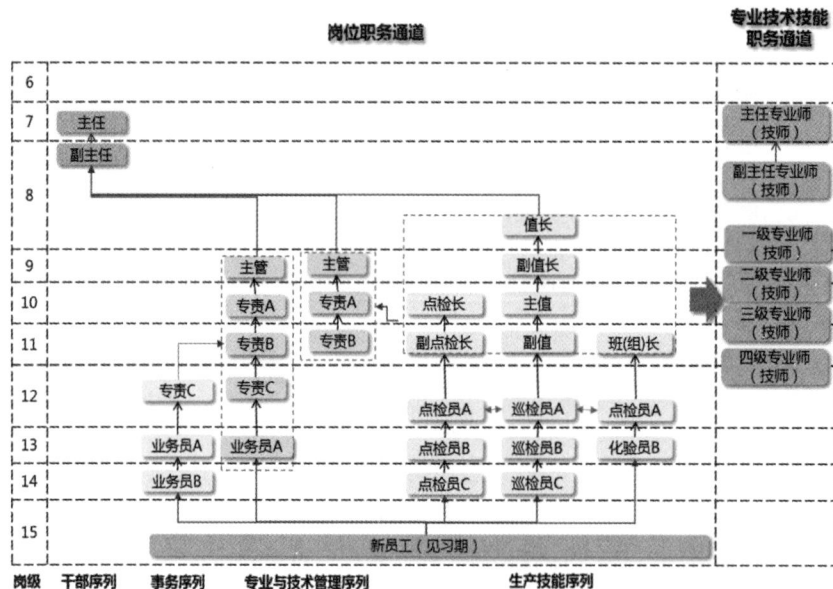

图3　员工职业发展通道

其中，一般员工岗位层级聘任资格条件主要结合不同序列岗位层级各等级设置思想素质、近三年绩效计分、学历、技能等级或职称、工作年限、业绩积分等聘任资格条件。岗位聘任方式采用认定制与聘任制两种方式。

专业与技术管理序列岗位层级任职资格条件						
岗位层级	聘任方式	思想素质	近三年绩效计分	技能等级或职称	工作年限	业绩积分
主管	聘任制	爱岗敬业，遵纪守法，诚实守信，团结协作，有进取精神和创新精神	计分不少于5分	高级技师或副高级职称	专责B岗位层级满3年或聘为二级专业师（技师）	积分不少于28分
专责A			计分不少于5分	技师或中级职称	专责B岗位层级满2年或聘为三级专业师（技师）	积分不少于18分
专责B	认定制		计分不少于4.5分	高级工或初级职称	工龄4年或下一级岗位层级满2年或聘为四级专业师（技师）	积分不少于8分
专责C			计分不少于2分	初级职称	工龄2年或下一级岗位层级满1年	积分不少于5分
业务员A		新员工转正定级				

图4　岗位任职资格条件（示例）

业绩积分标准主要从工作绩效、专业业绩、工作年限、知识技能、人才培养、项目创新、个人荣誉等7个方面进行积分核算。

表1　业绩积分表

序号	积分类别	积分项目	积分标准	说明
1	工作绩效	年度绩效	近三年年度绩效积分，年度绩效A计2分、年度绩效B计1.5分、年度绩效C计1分、年度绩效D计0分	近三年
			连续2年获得年度绩效A，额外加1分。连续3年获得年度绩效A，额外加2分	
2	专业业绩	重大工作承担	近三年内承担海门电厂层面重大工作任务，受到海门电厂级以上表扬通报等（以文件为准）	近三年
			国家级得8分	
			集团级得5分	
			分海门电厂级得1分	
			海门电厂级得0.5分	
		专业竞赛考试	各类竞赛调考、技术比武获奖(前三名含技术能手)情况加分：集团海门电厂级得6分、分海门电厂级得4分、海门电厂级得2分	截至目前获奖情况，团队奖得分减半
		学术专著/论文	论文被SCI收录，或由全国百佳图书出版单位出版独著专著，得8分	截至目前专著、论文出版情况，同一个内容只取最高得分
			论文被EI、SSCI收录，或由全国百佳图书出版单位出版合著专著，或由其他出版单位出版独著专著，得6分	
			在其他中文核心期刊发表论文，或由其他出版单位出版合著专著，得2分	
			在其他正式期刊发表论文（具有ISSN或CN号），得0.5分	

2	专业业绩	建章立制	承担集团海门电厂级发展或专业规划、重要管理制度或操作规程，制定并颁布实施的，主要负责人加6分、参与者加3分	近三年建章立制情况，同一个内容只取最高得分
			承担分海门电厂级发展或专业规划、重要管理制度或操作规程，制定并颁布实施的，主要负责人加3分、参与者加1.5分	
			承担海门电厂级发展或专业规划、重要管理制度或操作规程，制定并颁布实施的，主要负责人加2分、参与者加0.5分	
3	工作年限	工龄	工龄每年加0.1分	按截止日期前累计工龄计算
			在艰苦边远地区工作每满1年积0.5分（本项限额3分）	
4	知识技能	技能等级	高级技师，积4分	按已取得的各项证书的最高等级
			技师，积2分	
			高级工，积1分	
			中级工及以下，积0.5分	
		专业技术资格	教授级（正高级），积8分	
			高级职称（副高级），积4分	
			中级职称，积2分	
			初级职称（助理级），积1分	
		其他与专业相关的资格	注册会计师、注册安全师、法律职业资格、造价师、程序员等，积3分	
			技术监督、特种作业、特种设备操作等，积0.5分	
		学历	硕士及以上学位，积4分（在职减1分）	
			本科，积2分（在职减0.5分）	
			大学专科，积1分	
			中专及以下，积0.5分	
5	人才培养	授课培训	在分海门电厂及以上层面组织的培训活动中授课，1分/4学时	近三年授课情况
			在海门电厂层面组织的培训活动中授课，0.5分/4学时	最高限额5分
		师带徒	签订师徒合同，担任师傅且受到海门电厂师带徒活动表彰，师傅积1分/年·人	近三年师带徒情况
		编写教材	集团海门电厂级教材编写（主要负责人加4分、参与者加2分）	截至目前材料编写情况
			分海门电厂级教材编写（主要负责人加2分、参与者加1分）	
			海门电厂级教材编写（主要负责人加1分、参与者加0.5分）	
		课件制作	课件制作微课/PPT/Word或Excel文档，加0.5分	近三年

5	人才培养	担任评审员、命题专家、考评员	在分海门电厂及以上层面组织的活动担任评审员、命题专家、考评员，1分/天	近三年担任情况最高限额5分
			在海门电厂层面组织的活动担任评审员、命题专家、考评员，0.5分/天	
6	项目创新	科技成果管理创新技术创新软课题研究QC项目合理化建议	国家级奖项（一、二、三等奖，主要负责人加8分、参与者加4分）	近三年获奖情况同一个项目取最高奖项
			集团海门电厂级奖项（一、二、三等奖，主要负责人加4分、参与者加2分）	
			分海门电厂级奖项（一、二、三等奖，主要负责人加2分、参与者加1分）	
			海门电厂级奖项（一、二、三等奖，主要负责人加1分、参与者加0.5分）	
		专利	发明专利，主创8分/项、参与2分/项	截至目前专利授权情况
			实用新型专利、外观设计专利，主创2分/项、参与1分/项	
7	个人荣誉	综合类表彰	国家级得8分	截至目前荣誉称号
			集团海门电厂级得4分	
			分海门电厂级得2分	
			海门电厂级得1分	
		专业、专项工作类表彰	国家级得5分	
			集团海门电厂级得3分	
			分海门电厂级得2分	
			海门电厂级得1分	

2.以能力模型为核心，构建岗位培训体系

（1）开展工作分析，明确岗位工作要项

工作分析也称职务分析、岗位分析，把职工担任的每个工作职务的内容加以分析，确定该工作职务的固有性质和组织内职务之间的相互关系和特点，并确定操作人员在履行工作职务时应具备的工作能力和技能，依据企业岗位分类、岗位主要职责和工作任务，确定岗位业务工作域和工作要项。

结合岗位工作标准、岗位培训规范、调研访谈结果等材料，梳理关键任务。其具体步骤如下：第一步，逐层拆解出岗位的职能，进一步明确岗位工作任务模块；第二步，细化工作任务模块，形成具体化的岗位关键任务条目；第三步，对条目进行筛查，去除重复内容，形成变电运维岗位关键任务清单；第四步，在岗位关键任务清单基础上，进行部门职能与岗位职责的交叉检验，验证清单的全面性、准确性，并进行二次优化；第五步，整合逐层分解、细化成果，形成总表。

通过"鱼骨图"分析，对岗位工作进行分解，进行业务工作域和工作要项分解，梳理出需要做哪几方面的工作，这些工作包含哪些具体业务工作。以炉控专业为例，炉控岗位的主要工作内容，如图5所示，划分为5个工作域及其工作要项。工作域是指岗位主要的工作模块，而工作要项是指工作域内的主要工作任务。

（2）建立胜任模型，明确岗位能力要求

根据岗位工作要求，分析梳理胜任岗位工作应具备的基础素质、安全知识、基本知识、基本技能和专业能力，并进行整合提炼。

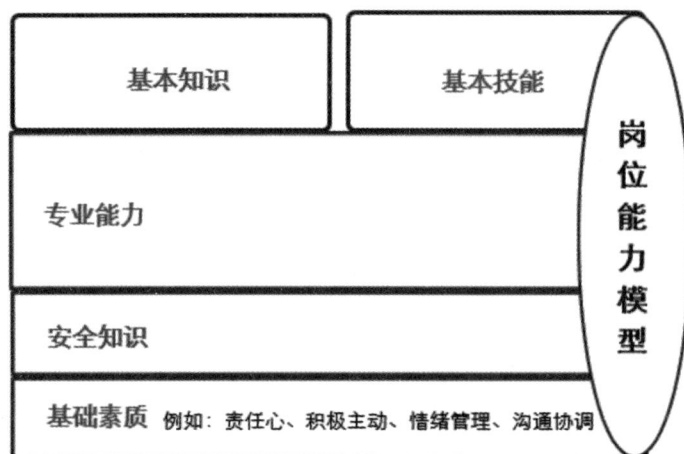

图5　岗位胜任模型（示例）

在胜任能力模型的构建过程中，以理论模型为基础。通过岗位工作分析，行为事件访谈（BEI）和小组讨论的方式得到各专业岗位员工胜任能力项集合。能力项具体获取方法如下。

资料分析：研读华能各专业技能人员岗位能力培训规范、华能海门电厂各专业操作规程、华能海门电厂各专业现场管理制定等资料，对资料中涉及的能力素质进行挖掘、提炼和归纳总结。

行为事件（BEI）访谈：BEI行为事件访谈是关于能力胜任模型（基础素质项）研究中一种重要的资料收集方式，是一种搜集被访者在代表性事件中具体行为和心理活动的详细信息的访谈方法。通过对所收集信息的对比分析，可以发现优秀群组者普遍具备而一般群组者普遍缺乏的个人条件——即基础素质。海门电厂通过对试点专业员工进行抽样访谈，共计访谈48人，其中，人力资源部2人，试点专业部门负责人6人，运行集控10人，检修电检8人，检修炉控8人，燃料电控6人，财预6人，纪审2人，通过对访谈材料的分析，从访谈事件中，提炼变电运维岗位员工对应的能力项。

专家小组讨论：各专业成立专家组进行胜任力模型讨论，专家小组根据各专业岗位工作分析，分解、判断胜任岗位职责所需的关键能力，经过多次集中讨论，结合工作实际从能力总指标库中直接挑选完成岗位任务应具备的能力。

通过资料分析、BEI访谈、专家小组讨论获得初始能力项集合。根据"完整性""针对性""可区分""可持续""可提升""可测评"六大原则进行进一步的梳理与萃取，得到各专业能力项集合。

（3）细化专业能力分级，梳理岗位应知应会

在岗位胜任模型的基础上，对每个专业能力项的工作进行分解，梳理每个能力项的工作项目。根据企业员工能力发展循序渐进、逐级提升的发展要求，在同一岗位上，不能要求新进人员、一般工作人员能胜任复杂的工作任务，例如，处理复杂的事故，大型施工项目组织等。所以在一个岗位上每一位员工扮演的角色是不同的，对能力要求也不一样，这就需要对员工的角色定位，进行能力分级。

能力分级标准将每个能力项对应的工作项目划分为3个层级。三级描述采用以下级别标准：

Ⅰ级：适用于辅助作业人员、新进人员。其行为表现是能够完成工作要项中的简单工作任务。

Ⅱ级：熟练作业人员。其行为表现是能够独立完成工作要项中的较复杂工作任务。

Ⅲ级：高级作业人员。其行为表现是在能够独立完成工作要项中的复杂工作任务，解释处理疑难问

题，组织指导工作。

对应员工的岗位角色，按胜任工作任务的难易程度进行定位，对能力项逐项分析，确定Ⅰ、Ⅱ、Ⅲ级能力要求。其中Ⅲ级涵盖Ⅰ、Ⅱ级内容，Ⅱ级涵盖Ⅰ级内容。

根据不同的能力分级要求，梳理对应掌握的知识点和技能点，形成岗位应知应会的内容，为人员的培养提供指导。

（4）深化培训体系应用，保障体系落地实施

通过岗位培训体系梳理，明确岗位（专业）所需的能力要素及其对应的知识和技能，并辅导配套培训资源盘点与开发规划，为员工岗位能力提升及后续运用提供条件和依据。海门电厂培训体系应用主要分为培训培养和岗位胜任及晋升两个方面。

一是用于员工的培训培养，员工自身对照不同层级的岗位要求及自身能力的不足点，自主制定学习提升计划；部门或班组坚持"干什么、缺什么、补什么"的原则，根据当前工作侧重点和员工能力薄弱点制定员工培训提升计划，根据培训提升计划盘点各专业现有培训资源，梳理课件等培训资源建设计划。同时加强培训计划管理，培训规划突出针对性与实用性，分轻重缓急、分层、分类实施。培训中心结合各专业制定的员工提升计划，将需要海门电厂协调培训资源的培训安排进行统一统筹，为专业培训提供强有力支撑，加强对各专业培训计划实施过程控制、检查、总结与效果评估等工作。通过开展专业培训应用分享会，现场介绍、演练，给各班组长及主管培训的同志提供了一个相互交流、学习、促进的平台，大家相互借鉴各专业培训的好经验、好做法，取长补短，互通有无，切实促进了培训工作。

二是作为岗位胜任及晋升的参考条件之一，并进行相应绩效激励。当员工能力满足岗位对应的能力要求，作为晋升的优先考量对象。不同的专业，根据实际内容和要求，制定不同岗位层级的胜任要求，当员工岗位能力达到上一级岗位相关要求时，在绩效奖金中给以相应的奖励。其中集控运行和电控专业已逐步根据培训体系的分级标准，根据不同能力的不同层级进行题库资源建设，用于岗位胜任和晋升的评价，为后期人才选拔或胜任评价提供明确的标准。

3.以业绩提升为导向，优化绩效管理体系

（1）构建一般管理员工"目标任务制"评价框架，明确目标管理导向

结合一般管理员工岗位差异大，员工工作绩效标准设置较难量化等特征，海门电厂制定一般管理员工（目标任务制员工）绩效评价指导框架，一般管理员工绩效评价框架由关键业绩指标、月度重点工作、基础履职和奖惩项四个部分组成。其中，关键业绩指标和月度重点工作主要根据部门组织绩效考评内容和当月部门重点工作贯穿落实和细化分解，部门指标能够落实到责任人的，则直接引用，若员工实际工作只影响某个部门指标的一部分，可对部门指标进行细化分解，部分职能管理部门员工也可能没有指标。重点工作是部门当月重点工作的分解或岗位职责中当月的重点工作；基础履职主要引用岗位工作标准的要求；奖惩项是对指标和重点工作以外内容的补充评价，主要从临时重要性工作、安全管理、部门提升性工作及相应岗位能力提升情况等方面考虑，以体现部门当前管理提升为导向进行设置。

一般管理员工绩效管理过程中，让员工实时参与绩效指标与工作目标分解过程，就绩效目标的制定，上下级充分讨论沟通，达成一致意见。绩效评价内容的制定促使员工对工作目标更加清晰明确，更加关注自己的岗位工作完成情况，实现绩效计划的过程管理、事前管理，提升员工对工作的可控和在控能力，为保障海门电厂整体发展战略目标的实现奠定坚实的基础和提供有力的支撑。

2020年7月，检修部、人资部、财务部根据一般管理员工绩效评价指导框架，率先进行了部门员工绩效管理体系优化，并于2020年8月开始试运行，截至2020年10月部分部门已进入正式运行状态。过程

中通过集中培训与分部门的辅导，加强部门负责人及员工对绩效管理的认知。12月，海门电厂开展一般管理员工绩效评价框架搭建的分享交流，邀请人资部、检修部绩效管理人员进行典型经验分享，让其他部门结合员工实际工作，优化各部门员工绩效评价体系，指导各部门员工绩效管理开展，推动绩效管理工作的有效执行。

（2）构建班组员工"工作积分制"评价框架，规范班组绩效管理工具

班组员工绩效管理指班组长对班员的管理。班组是电力企业最基层的细胞，结合班组工作的性质与特点，海门电厂在生产一线班组引入"工作积分制"模式，通过班组工作的量化和细化，导入工作积分的理念，为班组管理水平提升和整体技能水平提升奠定基础。同时，每个班组根据班组实际情况制定了班组绩效管理实施细则，以保障各班组绩效管理实施。

"工作积分制"主要包括工作任务指标、奖惩项两个部分。工作任务指标从班组工作出发对工作目标进行整理，明确班组工作任务的重点和难点，明确工作标准和要求，实现班组工作的可控和在控。工作质量主要从完成工作任务的及时性、准确性、规范性等方面进行指标提炼与整理。奖惩项主要对非作业的内容进行补充评价，并对岗位能力提升情况进行激励，体现班组管理的导向，规范班组员工日常行为和安全生产规范等内容。由于班组不同的管理侧重点，其奖惩项的具体条目也会有所差异。

基于工作积分制的班组绩效管理模式通过对班组工作目标的整理，是以绩效合约的方式明确班组工作任务及管理导向，以班组业绩提升、班组长管理能力提升以及班组成员技术力量提升为驱动，以班组工作短板与工作重点为抓手，将员工日常工作内容与班组发展、厂发展相结合，评估班组成员工作表现，体现班组成员工作绩效，其核心目的在于实现班组目标，解决问题，通过班组绩效管理工具，进行合理分工，调动员工工作积极性，关注员工工作能力的改善和提升。

2020年7月，机控班、电试班、燃料化验组、运行化学班、运行二值5个班组率先进行了班组员工绩效管理体系优化，并于2020年8月开始试运行，截至2020年10月部分班组已进入正式运行状态。

（3）建立绩效沟通与辅导常态机制，强化绩效过程管理

直接上级定期与员工开展绩效面谈，反馈考核结果，及时辅导员工查找问题，制定绩效改进计划，帮助员工持续提升绩效，建立绩效沟通与辅导常态机制。

员工绩效考评工作完全突破以往月末评估的方式，绩效经理人根据员工的日常表现进行实时记录，月末员工的绩效结果便自然而然形成。将日常员工工作中出现的问题及时记录，避免月末"回忆式"或"拍板式"的绩效评估模式。在该模式的引导下，人力资源部形成了特有的"日评价、周小结"方式，除了日常对员工表现及时记录外，利用部门周例会，将员工上周的绩效表现进行总结，起到工作不足及时提醒、及时改进的效用，绩效考评实时化、日常化为强化绩效管理的过程管控提供有力保障。

绩效管理不是管理者的个人游戏，而是要让每一位员工都参与其中，绩效评估的透明化让员工积极参与到绩效管理体系中，通过提高个人的绩效，进而提高整个组织的绩效，营造良好的绩效管理氛围。

（4）完善绩效结果相关应用，制定针对性的培养提升计划

绩效管理的结果应用不仅仅限于绩效奖金的分配，而是作为人力资源管理的重要依据，可结合绩效评价结果进行评优评先、发展晋升、培训提升等方面应用。

绩效评价结果是员工一定周期内工作完成情况的综合体现，海门电厂为了有效地促进员工个人职业发展，建立各部门员工绩效档案，进行员工绩效等级积分，员工按照年度绩效等级进行累积计分，A级计2分，B级计1.5分，C级计1分，D级计0分。将绩效评价结果与员工的岗位调整、评优评先、职务职级晋升、人才选拔、培训培养等全方位挂钩。

严格进行员工考核退出管理，年度绩效为D级的员工降低职员职级，取消专家人才称号；年度绩效为D级且上年为C级的员工予以降岗；连续两年绩效为D级的员工予以待岗，参加待岗学习培训，待岗期满考试不合格或重新上岗后当年绩效仍为D级的，依法解除劳动合同。首次订立固定期限劳动合同的员工，连续两年绩效为D级，到期后不再续订劳动合同。

各部门/班组根据员工整体绩效评价情况，深入分析员工绩效不足点，发现员工岗位能力的提升点并制定有针对性的培养提升计划。直接上级可针对每个员工的绩效表现，分析其岗位能力，并辅导员工制定个人提升改进计划。

三、实施成效

基于"三项制度改革"的"岗位—培训—绩效"一体化管理体系的构建和运行，夯实岗位基础体系，通过培训提升和绩效管理的相关促进，将岗位、培训、绩效人力资源的三大模块相互融合，形成了"想干活、会干活"的氛围导向，激发员工主动学习意识，提高员工能力。

按照"先试点，再推广，逐步深入"的原则，目前海门电厂已建立全厂的岗位工作标准，培训体系梳理已在运行集控、检修电检、检修炉控、燃料电控、财预、纪审进行试点专业应用，绩效管理体系优化通过检修部、人资部、财务部三个试点部门和机控班、电试班、燃料化验组、运行化学班、运行二值5个试点班组的实践应用，将逐步推广至全厂的所有部门和班组。

（一）实现岗位规范标准化，夯实人力资源管理基础

通过岗位基础体系的梳理，解决了因岗位工作标准不清而造成的诸多问题，避免了人员之间的职责划分模糊、重叠、空白等情况，同时通过岗位工作标准的梳理，下上级加强对工作内容的沟通，就员工工作的内容和要求达成共识，更好地去引导员工工作的方向和员工过程的把控，更好地达成组织的目标，岗位工作内容标准化与优化，让职责履职不再依赖个人经验与主观行为，员工更加明确岗位工作要求、工作重点，能更好地对自己的工作进行复盘，对应去思考怎么更好地去完成本岗位工作。建立岗位的标准，从个人"经验管理"到强化"职责管理"的转变，为岗位新进人员提供明确的工作要求，也为人力资源管理工作（人员规划、人岗匹配、招聘、培训、绩效管理等）提供基础信息。

（二）系统梳理岗位培养内容，强化员工培训的针对性

培训作为海门电厂的一项重要战略投资，各级培训组织管理部门或班组形成体系性的员工专业学习内容，结合当前员工岗位能力水平和现场工作侧重点，发现岗位能力差距，明确下一阶段培训需求重点，从而更好地设计培训内容，让员工的培训更具针对性和系统性，克服了传统培训缺乏需求分析、单一化、固定化和零散化的弊端。

员工可以对照岗位能力要求和应知应会内容对自身业务水平情况有一个客观的认识，能够在企业中找到合适的坐标。刺激岗位员工在自我认知上的觉醒，敢于考察和审视自己目前的能力水平，主动探索和挖掘自身能力素质中的优势，正视自身能力素质中的劣势，客观全面地认识自我，正确地评价自己，对自身能力提升提出建设性意见。

（三）强化培训体系应用，提升员工培训的积极性

通过强化岗位培训体系应用，作为岗位晋升的参考条件，促进员工自我学习提升的积极性，养成良好的自主学习习惯。同时当员工岗位能力获得提升，能够达到上一级岗位相关要求时，部门/班组在绩效奖金中给以相应的激励，不断激发员工学习主动性，形成良好的自我提升氛围。

（四）推动战略目标实现，提升精细化管理水平

绩效管理体系的优化，将海门电厂战略目标任务有效下达到员工，通过层层分解落实，形成了责任压力的层层传递，并与员工个人业绩有机地结合起来，员工工作目标的实现为海门电厂战略目标的实现奠定良好基础。

通过员工绩效评价框架制定，让员工的工作目标更加明确，员工变被动接受为主动作为，同时加强管理者和员工的沟通，用规划指导计划，用措施落实计划，加强重点工作、重要环节的策划和过程控制，把握关键细节，不断细化和量化管理，全程跟踪计划的执行，从而实现对工作的可控和在控。通过绩效目标制定，不断提高管理的科学性、前瞻性，实现管理的精细化、规范化。

（五）深化绩效结果应用，为人力资源体系应用提供保障

海门电厂始终坚持"人力资源是企业第一资源"的核心理念，通过深化绩效管理应用后，根据对员工的绩效评价情况，为员工薪酬分配、职位变动、评优评先、教育培训和职业生涯发展等都提供了科学和坚实的依据，逐步形成以绩效管理评价为核心的人力资源管理模式，尊重技术、尊重人才、爱惜人才，职工高度认同海门电厂理念，积极主动参与培训，优秀人才源源不断涌出，为海门电厂持续发展提供了坚强的人才支撑。清晰明确的绩效结果应用体系为高层识别人才提供协助，为员工的职业通道的拓展提供保障，为人员培养提供方向，为后续人力资源体系应用打下坚实基础。

（六）贯彻"三项制度"改革，破解"能下、能出、能减"改革难题

国有企业或多或少存在"干多干少、干好干坏一个样""分配不公""干部选拔凭印象""晋升全靠年限""管理人员能上不能下""企业员工培训靠感觉"等"老大难"问题。"岗位—培训—绩效"一体化管理体系建立后，完善了人力资源开发、培养、使用体系建设，逐步形成以绩效管理评价为核心的人力资源管理模式，破解管理人员"能下"、员工"能出"、收入"能减"等改革难题，在更深层次、以更大力度推动三项制度改革工作取得实质性重大突破，切实加强了人力资源治理体系和治理能力建设，提升了人力资源管理效能，建立健全与市场经济相适应、与企业功能定位相配套的战略性现代人力资源管理体系。

成果创造人：蔡国忠、张峰、姚永忠、李晓凤、林燕、李培鹏、张家宽、

杨萍、纪洁虹、陈博

增量绩效驱动的国防基础科研院所
核心能力体系构建

中国航空综合技术研究所

中国航空综合技术研究所（以下简称"综合所"）隶属于中国航空工业集团有限公司中国航空研究院，成立于1970年，是我国军工行业"军用标准规范研究"（唯一）及"机载设备综合环境试验及试验技术研究"保军单位，拥有60余项国际、国家、国防和航空领域标准质量关键业务资质和平台，总占地面积约12万平方米，员工1300余人，主要从事标准、质量、适航、检测等国防基础技术研究与应用。50多年来，综合所作为标准化与质量专业机构，建立起支持二代机、三代机、四代机的航空工业标准规范体系，持续推动航空装备质量提升，承担60余型航空装备研制生产、环境与可靠性鉴定试验，为航空装备研制和发展发挥基础性、共用性和整体作用，已发展成为一个中等规模、标准质量特色的国防基础科研和技术服务机构。

一、实施背景

（一）落实国家高质量发展要求

党的十九大提出中国经济由高速增长阶段转向高质量发展阶段，习近平总书记指出："推进国有企业改革要以增强企业活力、提高效率为中心，提高国企核心竞争力"，明确高质量发展的根本在于发展的活力、创新力和竞争力，对国有企事业单位提出了更高的发展要求。面对高质量发展新要求，传统国防基础科研院所普遍存在业务发展方式粗放、管理机制僵化、组织运行效率低下、人才激励手段不足等诸多问题，面临发展模式再认知、体制机制再创新、市场服务再定位、技术体系再塑造，归根到底，落实高质量发展要求，国防基础科研院所需要系统构建核心能力体系。

（二）支撑航空装备研制和产业发展的需要

到2035年，基本实现国防和军队现代化建设、实现航空强国是党中央和习近平总书记提出的战略要求。"十四五"航空工业将形成规模化的航空装备作战能力，解决装备"卡脖子"问题，迎来一批重大装备研制和产业发展新需求。装备新的研制生产需求对标准质量等基础共用技术提出了更高的要求，综合所现有标准质量技术服务水平和能力不能满足航空装备研制、技术进步和产业链自主的发展需求。尚未构筑起市场化的，贯通市场营销、产品研发、项目管理、技术创新、人才发展、服务保障等各领域、全流程的核心能力体系架构。

（三）探索国防基础科研院所可持续发展道路

当前及今后一段时期，是综合所迈向世界一流基础科研院所和技术服务提供商的关键时期。在内部管理运行机制、市场化运作等方面还存在明显不足，业务基础管理水平、项目综合管控能力、职能管理能力、运营质量和效率仍有差距。"一次投入、一次产出"的业务发展模式不能满足未来跨越式发展的需要，技术创新、服务产品和解决方案、数字化转型、人才发展等核心要素都需要系统性提升和重构。亟需面向未来，打造技术服务产品和解决方案，提升面向市场的核心竞争力，积极开展机制创新和实践，探索国防基础科研机构特色发展道路。综合所标准质量专业具有服务航空、服务国防的基础性与共用性作用，科研成果具有成果规范化、标准化、产品化的天然属性，数据技术、数字化技术、人工智能技术等前沿技术的布局牵引，均为探索"一次投入、多次产出"的可持续发展道路提供了坚实基础。

二、总体思路

综合所以航空报国、航空强国为初心使命，定位国防基础科研机构和高技术服务商的综合体，是航空先进标准质量解决方案的提供者，是航空战略科技力量的重要组成，为航空装备研制和产业发展发挥重要的基础性、共用性和整体性作用。为贯彻国家改革战略部署，落实集团战略规划，更好地完成使命，综合所秉承"不忘初心、牢记使命"的理念，提出"1234"总体发展思路：瞄准"一个愿景目标"—到2035年成为世界一流的标准与质量综合技术服务商；搭建"两个体系"—技术发展体系＋经营服务体系；提升"三种能力"—技术创新能力＋成果转化能力＋资源配置能力；夯实"四项基础"—人才队伍＋精益管理＋考核评价与薪酬体系＋党群工作与文化建设。

基于上述思路，综合所推进基于产品化、市场化的集成产品开发（IPD）及增量绩效管理改革，构建包含三个维度、六个体系的核心能力体系建设架构。包括：市场营销体系、项目/产品管理体系、技术开发体系、任职资格体系、绩效管理体系、党建文化六大体系，实现选择好客户、交付好产品、构建好技术、建立好机制、培养好人才的核心能力体系构建目标，如图1所示。

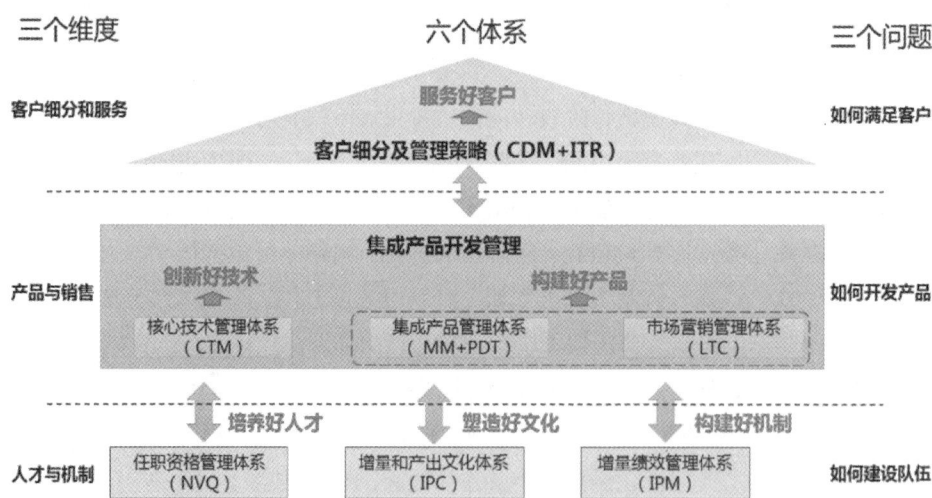

图1 增量绩效管理改革总体框架

三、主要做法

按照增量绩效管理改革总体框架，主要从市场营销、项目管理、技术体系、人才发展、绩效考核、党建等方面系统化改革，既相互支撑，又互相协同，共同构成综合所核心能力的有机整体。

（一）构建以客户为中心的组织架构和委员会决策机制

组织机构与决策机制是企业管理的基础，是资源配置和组织效能发挥的前提，是体系能力建设的起点。传统国防基础科研院所多年来，以自身专业发展为主导，强调技术推动，忽视以问题为导向的需求牵引。2017年，综合所针对几十个独立小业务单位分散等问题，合并同类项，整合成质量工程技术中心、标准化研究与发展中心、适航性技术研究与管理中心、标准件工程中心及华质卓越等五大板块。2018年，进一步聚焦主责主业，以客户为中心，按照产品化思路，构建产出委员会、技术发展委员会、战略绩效及运营管理委员会为主的组织与决策机构（如图2所示）。

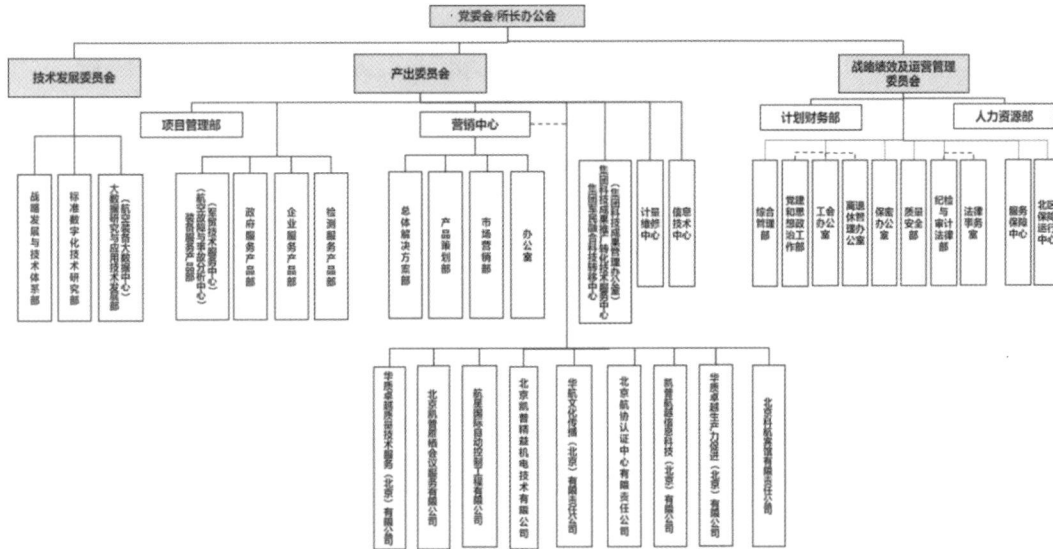

图2 以客户为中心的组织架构

产出委员会面向客户，对标准质量技术服务产品和解决方案负责；技术发展委员会对中长期技术发展规划和核心关键技术负责；战略绩效及运营管理委员会对运营管理负责。其中，产出委员会，突出市场与客户需求导向，按照"面向客户、面向产出、面向增量"的建设原则，按照集成产品开发（IPD）模式，下设营销中心，统一对外部客户沟通与营销；设立项目管理部，负责项目实施管理与推进；下设装备服务、政府服务、企业服务、检测服务等产品部，负责产品/项目实施。通过三个委员会分工协作，实现综合所客户关系、市场开拓、产品研发、技术发展、服务保障的体系化设计与高效运营能力和组织保障，支撑业务价值链的协同一致。

（二）打造基于产品化和市场化的增量绩效管理模式

1.重构技术服务产品集成开发流程

传统国防基础科研院所将国家科研经费作为主要收入来源，"一次投入、一次产出"，缺乏自我造血和可持续发展能力，基础科研院所产出成果的基础性、共用性作用发挥不充分，缺少服务行业、服务国防的共用产品。本质上是对技术研究和服务产品化认知缺位。综合所打破传统科研型思维窠臼，将标准质量技术服务内容进行市场化审视，以产品化思维对业务主流程重塑和细分。按集成产品开发（IPD）模式，构建包含规划状态、立项论证状态、实施及服务状态、问题解决状态4个状态，覆盖产品销售管理、型号/企业服务、产品开发和能力建设、国家投资项目管理4条业务流程的核心业务流程（如图3所示）。

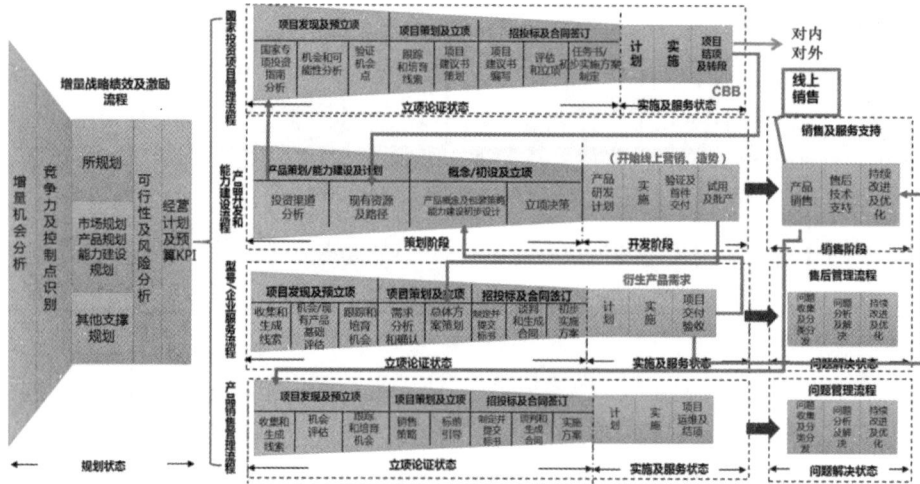

图3 技术服务产品集成开发流程

规划状态，进行增量路径设计、整体解决方案制定；立项论证状态，进行线索收集、机会识别、项目策划与营销立项、开展招投标并签订合同；实施及服务状态，进行多方案选择、制定实施计划、项目实施/运维和结项，并对项目计划、经费、绩效等全过程管理及关键资源协调；问题解决状态，进行客户关注的重大问题收集、分析、及时解决和持续改进。共同形成一套完整、规范的业务流程框架，实现面向客户需求，贯通技术服务产品全寿命周期的流程体系。

2.构建基于客户需求的市场营销体系

以客户需求为导向，是市场化竞争环境下国防基础科研机构转型的关键。面向客户、面向市场的转型，首先要对市场、客户、营销活动充分认知、分析与规划。综合所从顶层规划、过程策划、机制保障等维度建立适应市场需求的市场营销体系，形成贯通需求—线索—项目—新需求的营销闭环能力（如图4所示）。

图4 基于客户需求的敏捷营销体系

体系规划层：包括客户管理子体系、市场管理子体系和销售管理子体系，实现客户需求精准获取、市场体系化策划和销售科学化管理。

体系活动层：基于客户关系管理、需求管理、营销流程规划、产品开发及推广、营销及销售项目管理流程，定义关键活动，匹配岗位与职责，支撑营销目标的实现。

体系支撑层：推行支撑制度、考核评估机制、知识库和信息化建设，使营销体系流程化、制度化，可评估、可考核。

3.实施项目分段管理和"三个交付"机制

市场营销和项目管理分段，核心目的是专业化管理和运行，主要是解决内外部职能高度交叉，项目管理多、杂、散、乱等问题。

市场营销阶段：划分需求定义、总体方案定义、详细设计方案定义等营销阶段，设立总体方案评审关键里程碑；建立从线索识别、需求捕获到立项决策机制；明确产品与市场总师、项目总师的分工与职责；特别是在总体方案定义时，建立项目需求、功能需求映射，制定方案PBS/WBS，形成项目需求基线和分配基线。

项目实施阶段：强化"转阶段"评审，将关键技术风险在策划阶段充分显现并给出解决方案；合理配置资源，实现分阶段资源合理匹配和及时回收，避免资源闲置和浪费。内部采用市场化运作模式，一级市场是项目管理部为满足项目实施和内外交付的需要，评估和确定项目内部"价格"，参考任职资格要求选拔项目经理；二级市场是项目经理为达成项目目标，进行任务分解，从资源部门"聘用"技术、管理、市场等人员组成项目团队。实行项目经理责任制，施行项目全程决策权、考核权的强矩阵管理，如图5所示。

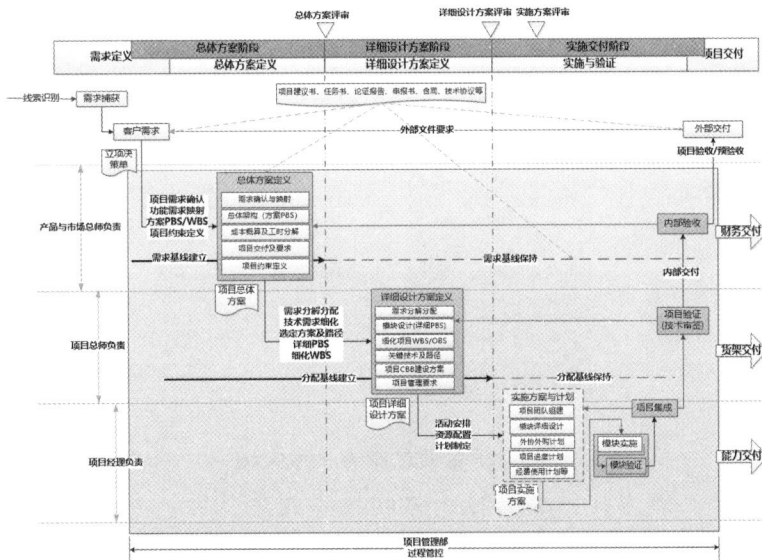

图5 项目分段管理流程

以专业技术、咨询、解决方案等形式提供综合服务，相比软硬件产品，存在复用度低、转化率低、组织成本高、价值增值受限等问题。建立包括财务交付、货架交付和能力交付的项目"三个交付"机制。（1）财务交付：面向客户的项目结果交付。（2）货架交付：项目的技术交付。即包括内部的知识技能库和CBB（Common Building Blocks，共用构建模块）交付及流程改进，还包括专利、软件著作权、科技成果等。（3）能力交付：在项目开展过程中人的能力提升交付。包括基于任职资格的项目关键业务活动中对于人员各种能力和经验的提升。项目分段管理和项目"三个交付"机制的实施，实现专业化营销、专业化项目管理、市场化资源配置和考核、项目成果模块化复用等组织核心能力，极大增强组织的可持续发展能力。

4.建设军民融合技术交易和成果转化平台

国防基础科研院所深入推动成果转化需要军、央、地之间以及国资和民企之间的有效协同。综合所搭建融融网，搭建装备制造业综合信息服务平台与科技成果转化通道，探索成果转化机制，实施成果的转化与推广。推动"民参军""军转民"双向精准对接转化。以军事需求和先进技术成果为抓手，充分发挥融融网平台优势，将民用先进技术成果向军方和军工单位进行推广、转化，形成基于需求的整体解决方案，深入推动"民参军"进程；依托集团科技成果转化办公室优势和定位，将相关国防科技成果转化应用于民用领域，推进"军转民"进程，扩宽工业领域市场。

对科技成果进行功能定性、指标定量及应用场景的挖掘和精加工，提升科技成果的丰富度及原有价值；同时，依据场景及功能要求对需求进行分解细化，提取出相关技术指标；结合成果和需求的挖掘分解，提高需求的精准匹配度，加快科技成果转化落地进程。搭建综合信息服务平台，实现供需双方精准对接。综合信息服务平台采用个性化推荐算法，基于用户、供需方和内容属性，用户与用户、供需方和内容之间的行为数据，构建底层数据仓储，从而实现前端先进科技成果向用户的个性化推荐，实现精准对接，（如图6所示）。

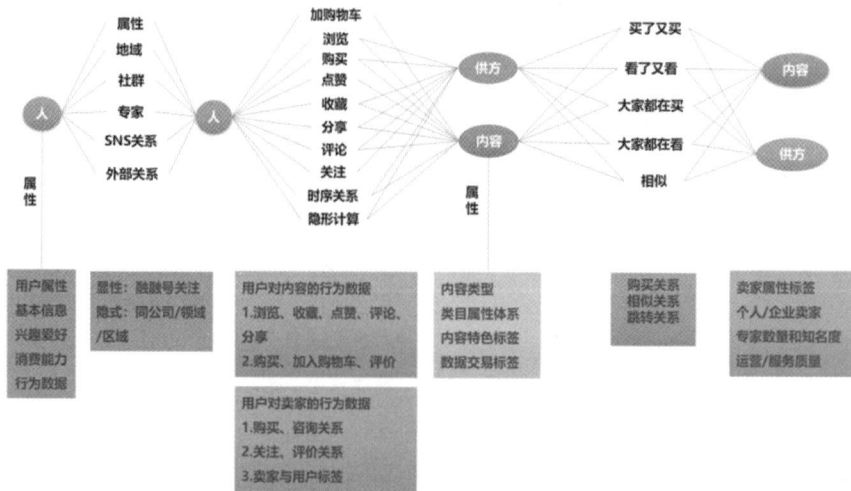

图6 综合信息服务平台架构

（三）构建技术、能力、产品三位一体的技术发展体系

1.建立顶层设计、协调发展的技术发展体系架构

传统国防基础科研院所更注重专业技术攻关与突破，容易忽略通过技术打造产品，以及市场价值再创造。基于市场化、产品化的增量绩效管理模式下，综合所面向市场，建立需求—产品—能力—技术的强映射关系，重塑技术体系、能力体系和产品体系，如图7所示。

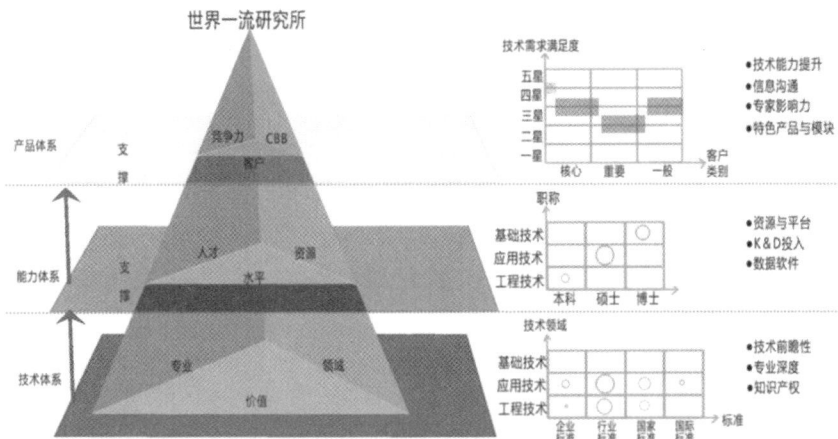

图7 技术发展体系基础架构

技术发展体系实现专业技术活动规范化、模块化、系列化，推动技术跨域集成应用，形成以软硬件设备设施、平台/系统、数据等为载体的能力集，支撑形成方法、解决方案、数据、软件等技术服务产品。技术体系在技术发展体系中起到基础支撑作用，是一个有机联系、高度耦合的技术空间域，从"专业、领域、价值、水平"四个视角分别展开，每个视角指向相应能力体系和产品体系，如图8所示。

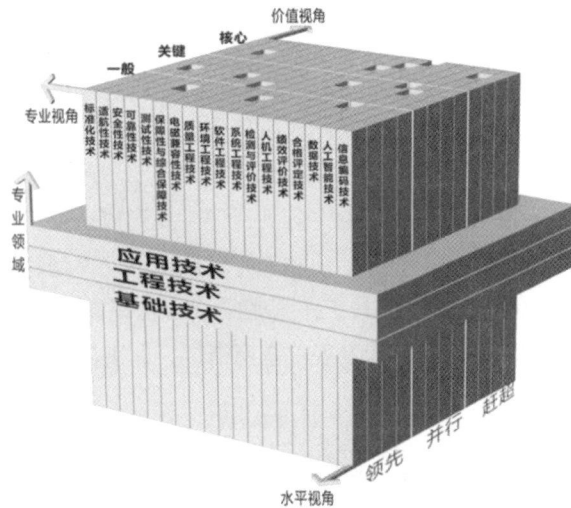

图8 多视角的技术体系架构模型

综合所技术发展体系形成覆盖标准化、质量、适航、宏观质量评价、大数据等18个专业技术集，包括标准数字化、基于MBSE的通用质量特性设计与分析、故障诊断与预测、基于场景的适航需求识别与分解、航空数据挖掘与可视化等30余项核心关键技术；装备标准体系效能评估能力、装备安全性/可靠性分析、仿真与验证能力基础机电产品检测、鉴定与评价能力等20余项能力集；机载产品柔性通用测试软件平台、通用质量特性集成设计平台、电子部件可靠性加速试验系统等10余项产品集。形成综合所市场化改革下的技术进步、能力培育与产品研发升级的基础。

2.基于特色实验室重构"0—1、1—10、10—100"技术价值链

解决"0—1"原始创新问题、"1—10"工程可行问题、"10—100"产业化发展问题是当前国防基

础科研院所同时取得技术成功和商业成功的关键所在。综合所整合原有散点式发展的20余个技术创新单元，构建面向航空装备研制和产业发展的需求工程实验室、装备标准化实验室、适航技术实验室、装备综合测试与试验技术实验室、产品可靠性与寿命设计分析与验证实验室、数字化实验室、保障技术实验室等12个特色实验室，重构"0—1、1—10、10—100"的标准质量核心技术价值链，使标准质量技术发展方向与模式更加明晰和聚焦。

针对"0—1"原始创新问题：结合航空装备数字化与智能化转型升级迫切需求，在大数据、人工智能等多领域布局新技术，开展标准数字化、基于多模态融合的深度迁移学习算法、AI算法与智能服务平台开发、数字环境孪生等技术研究与探索，实现传统专业与新兴技术的交叉融合，形成新的核心技术能力。

针对"1—10"工程应用问题：面向装备研制生产过程，将实验室突破的标准数字化离散与聚合、基于MBSE的通用质量特性设计与分析等关键技术开展型号应用，由原理可行向工程可行转化，形成稳健的技术服务能力。

针对"10—100"产业化发展问题：在可靠性鉴定试验、基础机电产品试验验证、元器件失效分析试验、工程设计软件工具（系统故障建模软件、保障性/测试性/安全性分析软件）等领域，将技术服务不断转化为产品，为多个客户复用，做大做强，实现产业化运营，形成新的经济增长极。

（四）建立跨序列、多通道的职业发展通路和人才地图

1.建立基于岗位管理和员工成长的任职资格体系

人才是保障航空装备高质量发展的动力源泉，是国防基础科研院所能力体系建设的基础与核心。以往基于责任、权限、任职条件的简单、静态岗位管理模式难以激发员工的积极性，综合所着眼于员工成长晋升对组织的核心能力根本价值，即员工的实际贡献价值度，系统优化任职资格认证条件。将历史贡献（业绩）、未来潜能（能力）和客观表现（关键业务活动），作为认证条件的关键核心，并细化为3大维度8类要求（见图9）。在此基础上设计、制定各类认证工具形成认证工具箱，供任职资格认证组合使用。不同的任职资格序列和级别，基于业务活动和能力，赋予不同类型和不同层次、量化程度的绩效要求。通过任职资格体系优化，将业务模型与工作紧密结合，实现岗位管理与业务价值链的全方位承接，使员工工作与战略落地、市场开拓、技术发展等全面衔接，促进员工和组织能力提升。

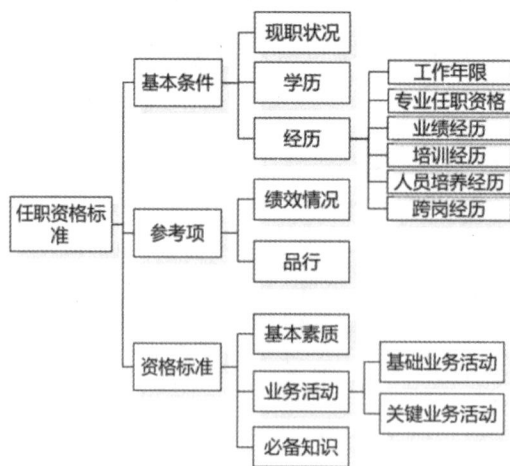

图9　任职资格标准关键要素

2.设计与岗位要求相匹配的职业发展通道

传统的国防基础科研院所岗位设置大多分为技术与管理两类，不利于充分发挥人才优势，培养复合型人才。综合所通过分析员工特质和成长特点，以岗位序列类型为基础，绘制包含全体员工在内的三大序列、11条发展通道（见图10）。职业发展通道以岗位序列承接不同业务岗位角色定位，明确序列间发展关系，特别是复合型成长岗位，将必经的岗位历练和成长路径科学设计、明确标识（如职能管理序列的高等级晋升必须经过业务一线历练经历等），成为可读性强的"地图指南"。通过设定人才地图实现员工成长与业务管理有效关联，形成最高8级的纵向发展层级，覆盖3大序列的横向发展通道，为员工创造职业发展的多通道发展路径，有利于形成技术与管理能力兼顾的复合型人才。

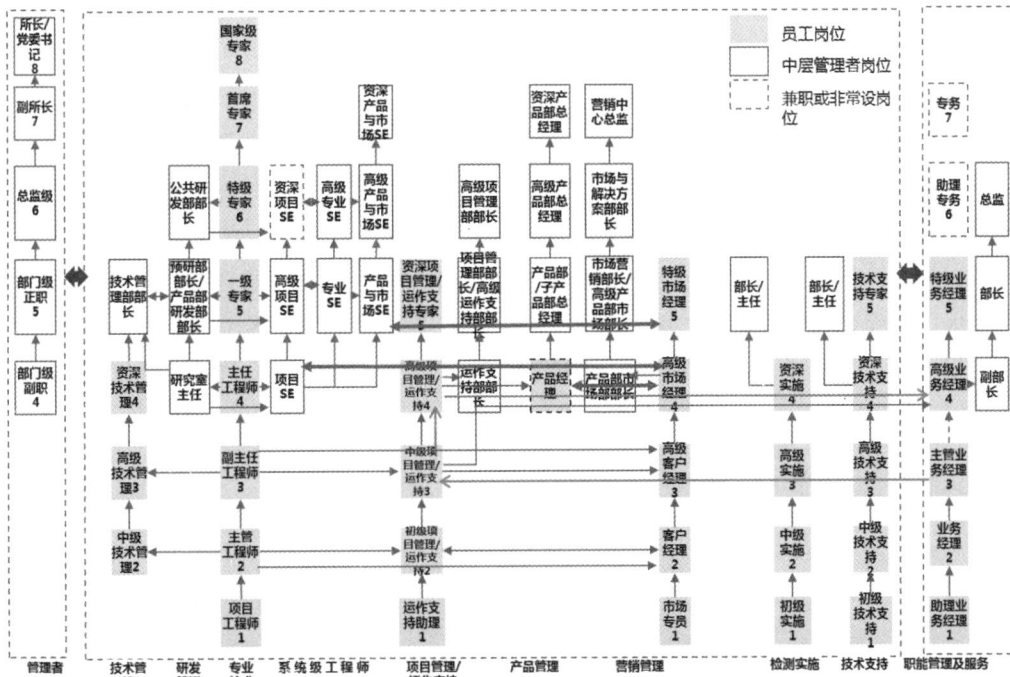

图10 与岗位要求匹配的职业发展通道

3.实施以增量绩效为核心的薪酬激励

国防基础科研院所一般以工作年限、岗位、职级等作为绩效管理基础，极大影响员工积极性与主动性。综合所基于量化绩效管理改革思路，体现多劳多得理念，创新性地提出科研人员项目工时核算机制。基于对项目分级管理基础上的WBS分解，将不同类型、不同级别的项目，通过WBS分解为若干任务包，根据任务包难度比对任职资格标准中的活动库给出该任务需要的任职资格级别，再按照工作量给出该任务的工时数量，基于各级别工时完成数量按照既定工时工资标准核定薪酬激励。工时核算与承接任务具体人员无关，仅考虑该任务需要哪一技术级别人员及工作时长。通过项目工时核算制，让员工更加透明、准确、直接地将个人努力与自身业绩紧密联系，看到收益。一方面调动员工的工作积极性，另一方面对各类科研项目的人工成本有更加及时、详尽的了解和控制，有利于提升组织的核心管理能力。

（五）探索基于"人性、党性、个性"的党建管理手段

1.基于"人性"和市场化手段的管理

"人性"是指把干事人的利益与做事收益挂钩，按市场化机制运行，才能最大化程度发挥个人价值

和积极性，使组织内多数人在努力为自己做事挣钱的同时促进组织目标实现。综合所对营销人员的考核上创新性的采取营销任务积分制的考核方式，以高质量达成年度经营指标为目标，对科研人员采用以项目为单位的工时核算机制，以工作量给出任务工时数，按既定工资标准核定薪酬。所有评价维度均采用数据量化，一方面激发员工的系统潜力，另一方面解决科研工作无法量化考核难题。

2.基于"党性"和组织化手段的管理

"党性"是党员的根本属性。只有抛开个人利益得失，强调对事业、对组织发展有利必须要做的事，才能激发党员、干部在改革调整过程中发现政策、办法中的漏洞，主动"补"漏洞而非利用漏洞为小集体甚至个人谋利益。通过党性教育、党业融合、基于党建的考核等，不断激发基层党支部活力和树立党员先锋模范作用，使党员干部知行合一，完全符合党的利益，推动组织能力体系建设和全面转型升级。

3.基于"个性"和行政化手段的管理

"个性"是指关键、重点岗位干部的个性化需求。关键岗位干部的岗位角色能力是否充分发挥，往往直接影响组织发展战略能否得到有效贯彻落实，只有重点解决关键岗位干部岗位角色能力不到位的问题，才能激发责任心和创造性，提升核心人员的全方位能力。综合所设计实施"543"和"555"专项人才培养计划，针对不同层次和年龄段的专业人才，因材施教。以"干部特训营"方式，选拔中层干部中的骨干和高潜力干部，以集体学习、集中研讨、头脑风暴、换位思考等方式，聚焦实际问题实践历练。既为组织发展的难题提供解决方案、凝聚改革共识，又对干部进行成长强化锻炼，为组织的发展积蓄更强大的人才储量。

四、改革实施和应用效果

5年来，通过增量绩效驱动的核心能力体系建设，综合所显著提升站位和行业影响力，取得重要发展机遇，技术创新多点突破，内部市场化改革取得初步成效，队伍活力得到激发，经营模式转型升级，初步实现个人与组织能力互生，经营质量和效益全面提升，在支撑航空主业发展和航空强国建设上，做出了突出贡献。

（一）升级贯通行业价值链的标准质量解决方案，支撑航空强国

作为总体技术支撑单位，提出贯通行业价值链的整体解决方案、体系架构和工作思路，有力支撑集团标准提升、质量提升和某专项工程。在现役飞机维修规程整改、型号研制评价模式创新、某重点直升机型号适航、飞机关键系统安全性分析、武器装备鉴定试验模式改革、机载成品鉴定定型等方面，支撑解决装备研制保障诸多问题。支撑国家某重大工程、某重大专项、军用标准体系、科工局某专项、某材料标准体系专项等国家重大工程和专项推进，促进国防科技创新。支撑全国标准化军民融合，建立装备制造业知识服务信息平台，成为国家质量基础设施（NQI）高端智库，支撑国家军民融合战略落地和质量强国建设。基本建成以标准、质量为核心的多专业、综合性技术集群和一批特色实验室，成为技术发展新引擎。标准质量的技术、方法、工具、软件服务产品等与航空装备研制生产融合发展，基于MBSE的通用质量特性设计与验证技术服务产品型号应用成效显著。产品结构与业务模式实现从"一次投入、一次产出"向"一次投入、多次产出"的根本性转变，标准质量对航空技术进步、产品研制和产业发展向战略性、整体性拓展，向牵引作用提升。

（二）实现航空主业结构性转变，经营质量和效益全面提升

实现主业结构性转变，经营质量和效益全面提升。2018—2020年，航空主业经营收入由4.4亿元增长至9.78亿元，从占比44%提高到75%；航空主业人均经营收入由76.6万元增长至131.4万元，平均增长率达31%；航空型号技术服务经营收入由3.3亿元增长至5.5亿元，增长67%。2020年，克服新冠疫情影响，实现营业收入106104万元、净利润7137万元、EVA2702万元，多项考核指标显著改善，内部经营管理持续优化，经营实现高质量、高效益，经营净现金同比改善，两金期末余额同比压降。

（三）人才和组织能力持续提升，可持续发展模式成效显著

通过推行基于产品化、市场化的IPD及增量绩效改革，建立市场营销体系、CBB及项目/产品管理体系、技术开发体系、增量绩效体系、任职资格体系。完成130多项制度的制修订，适应市场化的各项机制不断完善，资源调配能力、市场化激励水平不断提高。构建专家型、产出性和复合型多通道晋升路线，对人的表现评价转变为对事业贡献的评价，队伍活力激发，基本实现"干部能上能下、员工能进能出、工资能升能降"。人才队伍在总量基本稳定的情况下能力持续增长，百千万人才、政府特贴专家、集团首特一级专家3年来从10人提高到28人，增长180%；T4、T5级的技术专家，达到118人，增长80%；涌现一批支撑国家、国防和航空重点任务技术专家和管理人才，在国家、军工、集团及军方具有较强影响力和权威性。

成果创造人：赵波、孙东伟、任占勇

标准品牌建设及
精益管理、工匠精神

创新求变深化改革　创世界一流企业

双星集团有限责任公司

一个管理上了轨道的组织，常是一个令人觉得兴味索然的组织。在这样的组织里，所谓"引人注目"的事情大概就是为未来做决策，而不是轰轰烈烈地处理过去的问题。管理大师彼得·德鲁克[1]的这句话十分适用于现在的双星集团有限责任公司（以下简称"双星集团"或"双星"）。自2014年开启"二次创业"以来，双星集团历经变革，不断创新求变。

过去十年，堪称轮胎行业划时代变革的十年，市场需求下滑、产能过剩、品牌集中度低、技术创新能力弱、国外"双反"贸易摩擦，再加之国际天然橡胶价格更是经历几轮过山车，企业稍有不慎便会被卷入颓败的深渊。但在互联网的推动以及新技术的快速迭代下，整个行业正在形成一股智能制造风潮，从"汗水型"大步迈向"智慧型"。存活下来的大厂大都开始探索智能制造，轮胎企业推出的汽车后市场商业模式创新更是层出不穷。

在这种情况下，双星集团通过智慧转型，关闭了所有老工厂，淘汰了全部的落后产能，建成了全球轮胎行业第一个全流程"工业4.0"智能化工厂及"工业4.0"智能装备生产基地，全部步入"工业4.0"时代；改造组织流程体系，推行"市场细分化、组织平台化、经营单元化"的三化管理模式，构建以创客小微为驱动的活力体系；布局智能装备、工业机器人和废旧橡塑循环利用三大新产业，为未来发展埋下伏笔；并购韩国锦湖轮胎，晋级为中国规模最大的轮胎企业；启动青岛首家集团层面国企混改，引入三家战略投资者。业界惊叹双星的速度与激情，惊呼曾经"几乎被遗忘"的双星王者归来。

对双星而言，创业不是过去时，而是进行时，不断创新求变让百年双星仍生机盎然。2014年，在经营困境中辗转徘徊的双星开始二次创业，加速智慧转型。六年多的时间里，双星集团资产和收入都实现了5倍以上的增长，双星轮胎连续荣登"亚洲品牌500强"中国轮胎榜首。经过产业转行和市场磨砺的双星已经从一个几乎被遗忘的轮胎企业成长为一个有梦想的企业。

一、抢抓"工业4.0"，由"汗水型"转向"智慧型"

双星始建于1921年，前身是"维新制带厂"。1955年，被轻工业部正式命名为"国营青岛第九橡胶厂"，以生产胶鞋为主。1983年，"双星"商标获得国家工商总局注册批准。2002年，双星集团吸收合并青岛华青工业集团股份有限公司，开始涉足轮胎、机械制造行业。2005年，收购原十堰东风轮胎公司，开始生产轿车轮胎。2008年，鞋服产业全面改制后从集团分离，双星全面转行到轮胎产业。由于这些被收购的轮胎企业技术、产品、工艺、设备落后，导致双星长期在亏损边缘徘徊。

相对于企业内部的压力重重，外部环境更加雪上加霜，产业革命正山雨欲来。进入21世纪第二个十年，山东轮胎企业竞争日益加剧，许多设备老旧的工厂都面临着与日俱增的压力，每年都有老牌轮胎企业破产倒闭。第三次工业革命在多个行业的攻城略地，使得轮胎企业都把转型升级寄托于"工业4.0"赛道的变速超车，谁先破题谁就将取得卡位优势，实现"数字化重生"。

2013年，面对"到处流血"无法做新事情的困境，双星借力青岛正在推进的"腾空换鸟、凤凰涅槃"的环保搬迁，决定关掉旧工厂，建设"工业4.0"新工厂，并借此完成智慧化转型。2014年3月，双星开启"二次创业、创轮胎世界名牌"新征程，环保搬迁转型升级，绿色轮胎智能化示范基地项目在青岛西海岸新区董家口经济区奠基建设。

双星环保搬迁面临的压力是史无前例的，归纳起来主要三个：一是人的认识上的困难，观念不认同。当时双星很多产品有一定市场需求，设备也还能使用，老员工在观念上有抵触，但不转变将来肯定会没市场；二是关厂不能影响经营。搬迁和新建一个工厂至少需要一年半，如果停产，骨干员工会丢失，市场也会失去；三是建设4.0工厂是新挑战。要建全球第一个全流程轮胎工业4.0工厂，面临着工厂顶层设计没有成熟经验可以模仿、全流程智能化运送和装备以及人才资金等各方面困难。

为了解决这些困难，双星积极整合全球资源，聘请专家进行顶层设计，并在全球范围内寻找可供参观的"工业4.0"工厂进行学习。在搬迁过程中，通过租赁山东省内的两个经营不善进入破产、但设备还不错的工厂，实现了搬迁不停产、搬迁不减单。

两年后的2016年6月，双星轮胎全流程"工业4.0"智能化工厂一投产便惊动了业界，被行业专家评价为"三年超越三十年"。11种、300余台智能机器人在各个生产线上自动加工着产品，工人只需要根据APS高级排产系统排出的用户订单生产计划，进行关键工序的确认和调整，智能机器人便可完成工作。

从后来广为流传的两组数据和两句评价中可以看到双星这座工厂的业界影响力。一组数据为11种智能机器人中的80%是双星自主研发和生产的，将人工效率提高了3倍，产品不良率降低了80%以上；另一组数据是通过率先在全球轮胎行业建立了第一个全流程"工业4.0"智能化工厂和国际领先的轮胎实验室，双星淘汰了100%的落后产能。工厂采用的APS智能排产系统被专家称赞为"全球第二家将APS应用到实际生产中的轮胎企业""引领了世界轮胎智能制造的方向"。

在首个4.0工厂旗开得胜后，2018年双星又建成了第一个大规格乘用车胎"工业4.0"工厂。2019年东风轮胎又通过实施搬迁，建成了中国轮胎行业第一个"芯片轮胎""工业4.0"工厂。

到2019年，经过5年的辗转腾挪，双星的制造端全部实现了"工业4.0"的改造，堪称鸟枪换炮，一举成为国内最先进的轮胎制造企业之一，未来的一系列变革都是以此为基础。

二、摆脱陈旧观念束缚，创新模式和产品

德鲁克说过，企业机构的成果，是通过顾客产生的，企业付出的成本和努力，必须通过顾客购买其产品或服务，才能转变为收入和利润[2]。当前，几乎所有的世界一流企业都将用户利益至上作为自己的价值准则，并且通过一系列的组织和管理变革适应用户时代。更为紧迫的是，定制化的浪潮开始席卷一切，这在最大限度地倒逼企业用户服务水平的提升，没有用户认可的商品在未来甚至不会出现在制造端。对此，双星也有清晰地认识和预判，在生产进入"工业4.0"的同时，对企业文化和管理体系等进行了迭代。这些变革的目的只有一个，就是通过由内而外的变革，助力企业尽快完成转型升级。

（一）转变观念，增强企业新动能

如何从发现需求、满足需求到创造需求，从而引领市场，必须先转理念，所以双星提出了"第一、

开放、创新"的发展理念。以"第一"为使命，把"第一"作为一切工作追求的目标和出发点；以"开放"为路径，不断学习和借鉴国际先进的技术、经验和模式，与最优秀的公司合作，整合全球资源；以"创新"为己任，挑战不可能。

双星又提出"卓越、后我、拼搏"的企业精神，"迅速、创新、协同"的企业作风，"创造价值、分享价值"的价值观。"卓越"是追求极致，敢为人先。"后我"是成人达己，尽职尽责。"拼搏"是只争朝夕，努力奋进；"迅速"是迅速反应，日事日清，日清日高。对用户、对集团、对目标不讲条件。今天能办成的事今天办成，今天办不成的事今天创造条件明天办成。"创新"是挑战不可能。"协同"是把集团的利益放在首位，以集团和用户利益最大化为标准；双星的价值观也是是非观，告诉大家"什么是对的，什么是错的，什么该干，什么不该干"。在价值观层面，必须坚持"守住底线"和"用户永远是对的"，必须做到"公事、公正、公心"。通过文化宣贯和引导，推动干部员工从观念和作风上"找差关差"，不断提升自己的境界和学习能力，逐渐形成了健康、快速、发展的双星新文化。

通过思想和观念的转变，双星实现了解放思想、开拓创新，用新发展理念破除老观念，用改革创新增强新动能，用高质量发展开创新局面。

（二）创新管理模式，激发企业活力

"二次创业"以来，双星不仅从观念和文化上加速改革的步伐，更对企业的管理模式进行了颠覆式创新，率先推出"市场细分化、组织平台化、经营单元化"的三化管理模式，建立集团、业务单元、经营单元三级决策体系。同时不断优化用人制度，实行效酬合一和长效激励，激发员工活力和创造力。

以市场细分化为目标，坚持市场细分、用户细分、产品细分、渠道细分；以组织平台化为保障，建立适应信息化时代的开放组织和智能化的高效运营平台，让员工在平台上为目标服务，同时强化风险管控、强化资产监督；以经营单元化为核心，从细分的集群用户或需求出发，建立经营单元，经营单元之间全部按照市场化原则进行结算。所有经营单元在集团和业务单元的统一战略下，通过高速高效的运营平台协同创新、自主决策、自主用人、自主分配，创造价值和分享价值。

"三化管理模式"一经提出，便在原本相对保守的轮胎制造行业刮起一股新风，在激发企业内部创新活力的同时，开放的平台思维也让双星拥有了更多的跨界合作者。双星与韩国现代共同出资成立合资公司，大力发展轮胎、冷链、医疗等行业的智能物流业务，打造全球领先的工业智能物流品牌；与玉柴物流共同开发玉柴专属定制轮胎，挖掘原配车厂资源，建立直面用户的新零售渠道和服务模式，共同打造港口和公交专用轮胎第一品牌；与正兴车轮共同打造"前店后场"的轮辋与轮胎一站式服务智慧生态平台，为车"量脚定鞋"，创立行业"胎轮合一"新业态。

（三）创新高端、高差异化、高附加值产品

双星利用互联网整合全球资源，不断创新具有细分价值主张的高端、高差异化、高附加值产品。双星自主研发的百万公里里程的卡客车胎（可翻新），比传统的30万公里轮胎寿命提高两倍以上，不仅解决了用户频繁换胎浪费时间的问题，而且可以极大地降低用户的运营成本和安全风险。

面向国内零售市场重磅推出的高端安全轮胎品牌KUMKANG（金刚狼），独特的金刚胎体技术，采用新一代军工防弹衣材料，胎体强度大幅提升，使得抗撕裂性和抗撞击性都达到了较高水平，在行业三大主流媒体评测中连续斩获安全轮胎大奖。

双星高端卡客车轮胎品牌KINBLI(劲倍力)轮胎，应用了超耐磨专利配方、纳米材料、专利帘线、专利子口结构、低生热配方、升级花纹设计和加强了的胎体，轮胎整体性能大幅提升，产品具有高里程、

耐磨、耐偏磨的特点，真正做到专胎专用，拥有很高的市场占有率和良好的用户口碑。

双星通过颠覆式创新，超前开发TBR高性能"三劲"（劲龙、劲马、劲牛）产品，不仅更好地满足用户的需要，而且性能实现行业引领。此外，自主研发的"3A"（滚阻、噪音、湿滑都达到欧洲标签法A等）级轿车胎通过了德国TUV认证；低滚阻产品滚阻达到行业领先水平；新一代轿车防爆胎产品研发成功，更安全，更舒适；全球第一条大内径、高性能、高负载巨型矿山胎试制成功。

（四）创新"胎联网"模式，从"卖轮胎"到"卖公里数"

双星通过和利益相关方的合作打造了产品创新与营销创新的跨界"融合"，也创造了轮胎行业的生态平台系统，在此平台上，可以演绎更加精彩的故事。

利用多年来对轮胎行业物联网的探索和实践经验，双星成为行业内首家大规模实现"胎联网"商业化利用的企业。"胎联网"不仅是一项新技术，更是一种新模式和新产业。应用"胎联网"和智慧轮胎，不仅可以实现数据实时在线，还可以为用户正确选择轮胎和使用轮胎，在此基础上根据用户的使用特点，为用户设计和定制个性化需求的产品。同时实现由"卖轮胎"到"卖公里数"，再到卖汽车后市场所有产品，创造由"卖产品"到"卖服务"的全新模式和产业。

2021年3月，双星"基于5G的车路协同胎联网'智慧云'平台集成创新与融合应用"项目入选国家工信部"2020—2021年度物联网关键技术与平台创新类、集成创新与融合应用类项目"名单，成为轮胎行业唯一入选的项目。

双星胎联网"智慧云"平台基于物联网、人工智能、云计算和大数据等信息技术，搭建以轮胎数字化、资产化、服务化和5G特征为中心的"胎联网"生态体系，实现轮胎的全生命周期管理。该平台在应用过程中，可做到胎温、胎压、行驶路线、路况、载重、磨损数据的实时在线，并传输到双星"胎联网"系统，真正实现轮胎、车辆、物流车队、轮胎企业之间的信息链接。该平台还可以与车联网相关技术衔接，实现自动预警，让行驶更安全。同时，还可为大中型车队降低轮胎使用成本和油耗。目前，双星胎联网"智慧云"平台已在山东、陕西、河北等省市推广应用，并在全国40多个城市配套设立标准化轮胎服务站，为用户提供轮胎全流程专业化服务。通过"胎联网"的应用推广，预计未来五年内，将为1万家物流公司和2000万个汽车轮位提供服务。

三、控股锦湖轮胎，提高中国轮胎的国际竞争力

2016年下半年，韩国锦湖轮胎最大债权人股东出售所持股权的消息先是在轮胎行业发酵，后来引爆整个产业界和新闻界，备受关注。

2017年1月，双星凭借在中国市场的优势，以非价格因素而中标，并于3月签署了股权买卖协议。但最终由于韩国各界的强烈反应、锦湖商标和锦湖轮胎的业绩等原因，9月双方宣布无责任终止协议。正在很多人不断表示遗憾和惋惜的时候，2018年3月韩国媒体突然发布消息，以韩国产业银行为首的锦湖轮胎债权团宣布与双星达成一致，双星将以增资的方式，持有锦湖轮胎45%的股份，成为其控股股东。最终，2018年7月双星联合青岛国信、青岛城投，认购锦湖轮胎45%的股份，成为其控股股东。

双星控股韩国锦湖轮胎，不是财务并购，而是战略并购。对韩国锦湖轮胎，双星只管三件事：战略协同、核心层任免和激励机制，让锦湖人经营锦湖。并购后，双星改组了锦湖轮胎董事会，并确定了由CEO（首席执行官）在董事会领导下独立经营的治理架构。为促进双星与锦湖更好发挥协同效应，还成立了战略运营委员会、薪酬评价委员会和未来委员会。

战略协同就是双方要资源共享、相互促进。三年以来，在这样的战略布局下，双星与锦湖的战略协同步步推进。在这场跨越体量、国度、文化差异的融合中，双星与锦湖在品牌、产品、市场及生产等层面频频携手，双方的国际化布局也都在协同合作中焕然一新。锦湖轮胎重塑了新的内生动力。2019年8月，锦湖轮胎营业利润在连续十季度亏损之后首度转正。2021年，双星与锦湖共同投资约19亿元扩大锦湖轮胎越南工厂产能。

锦湖轮胎曾经名列全球轮胎行业前十，在全球有八个生产基地和五个研发中心，它的低滚阻轮胎、智慧轮胎和不充气轮胎在全球处于领先水平，也是包括宝马、奔驰、大众、奥迪等主流车厂在内的战略供货商之一。就中国市场而言，目前，锦湖轮胎在中国布局了上海销售总部，还分别在南京、天津、长春设立了三大工厂，年产能达到1900万条，约占锦湖轮胎全球产能的30%以上。近三年来，锦湖轮胎在中国的市场开拓稳步推进。在原厂配套市场层面，锦湖轮胎在一汽大众、现代、起亚、长城、吉利等车厂的供货份额不断提高，并成功开拓了上汽大众、上海汽车、上汽通用、奇瑞、广汽等新的配套汽车厂商。在替换市场层面，锦湖轮胎不断开发新渠道，在线下构筑了以上百家经销商和3000多家形象店、KP店为主的销售网络，在线上与京东、途虎、新康众进行了深度合作。

自2019年营业利润扭亏为盈，锦湖轮胎在经历2020年上半年的疫情冲击后，下半年重新起势，利润大幅增长。

2021年2月，双星携手锦湖轮胎和全国10家轮胎行业的领军经销商合资成立了星锦科技有限公司。合资公司将承接锦湖品牌卡客车胎及轿车胎全球高端品牌ZETUM（泽图）在中国市场的推广，锦湖轮胎在中国的品牌布局进一步提升。与此同时，双星也利用锦湖轮胎在韩国等市场的销售渠道，拓展双星卡客车轮胎市场份额，提升双星在国际市场的知名度。

四、布局新产业，加速智慧转型

"工业4.0"是一个生态系统，它需要信息通讯、数字控制、智能装备三大技术。数字控制和智能装备的很多技术都是双星原创，80%的智能装备都是双星自己做的，11种机器人中有9种都是双星自己研发和制造的。

2014年以来，双星先后与德国西门子、瑞典ABB、韩国现代、德国HF（原克虏伯）等全球最优秀的公司开展合作，加速轮胎智能制造装备研发，助力轮胎行业转型升级。通过技术创新和产业升级，还培育了智能装备、工业机器人和废旧橡塑循环利用三大新产业，拥有了颠覆性的新技术、新业态、新模式。

2018年12月，地处青岛高新区的星华机器人（智能装备）及软件控制技术产业化基地竣工投产。主要从事工业机器人、机械手、智能化传输和仓储装备及智能化工厂整体解决方案的研究、生产和服务。与ABB及国内外部分高校和科研机构等达成战略合作协议，并与韩国现代成立合资公司，共同开发满足橡胶、轮胎、机械加工、汽车等行业需要的机器人和智能化工厂整体解决方案，有力地支持了双星"工业4.0"工厂的建设。

双星深耕废旧橡塑循环利用智能装备的研发与制造，联合多所著名高校解决了全球废旧轮胎循环利用领域的17大关键共性技术难题，并在河南省汝南县建成了全球首个废旧轮胎循环利用"工业4.0"智能化工厂，可把废旧轮胎"变成"40%的初级油、30%的环保炭黑、20%的钢丝和10%左右可燃气，真正做到了"吃干榨净"，变"黑色污染"为"黑色黄金"。该技术和装备填补了全球空白，实现了废旧轮胎处理的"零污染、零残留、零排放"，成为2018年科技部重大科技专项该领域唯一中标企业，被专家称为"废旧轮胎利用领域的'高铁'项目"和"践行'两山'思想的典型实践"。

伴随着先进制造业和新兴产业的布局，双星的人力结构发生了翻天覆地的变化。双星过去主要做鞋，这种劳动密集型产业不需要太多的高层次人才。据统计，2014年之前，双星拥有全日制本科以上学历的员工还不到40人。2014年开始双星用三年时间，引进了1700多名本科以上的学生和人才，其中硕士和博士超过了300名，这些人才极大地帮助了双星，加快了由"汗水型"转向"智慧型"的速度，缩短了向世界一流企业迈进的时间。

智慧转型的双星载誉无数，成为五年来唯一一家被国家工信部授予"品牌培育""技术创新""质量标杆""智能制造""绿色制造""绿色产品""绿色供应链""服务转型"全产业链试点示范的企业，获得了中国轮胎行业历史上唯一一个"全国先进生产力典范企业奖"，被称为"中国轮胎智能制造的引领者"。

五、率先混改，激活企业发展潜力

2018年8月，国务院国企改革办启动国企改革专项工程"双百行动"，双星集团首批入选，成为当时青岛市唯一一家被国务院国资委列入国企改革"双百行动"计划的集团公司。2019年8月，青岛市发布的《推进国有企业改革攻势作战方案（2019—2022年）》指出，"支持双星集团等开展国企改革'双百行动'试点工作"；同月，青岛市国资委发布《青岛市国有企业混合所有制改革招商项目书》，向全球公开发布了109个拟混改项目，并出台了"市属企业混合所有制改革操作指引"，规范混改工作操作流程和决策程序。借助这一契机，2019年9月，双星正式启动集团层面混改工作。

2020年7月16日，双星集团完成混改，成为青岛市第一家完成集团层面混合所有制改革的国有企业。通过混改，引入启迪科技城集团有限公司、青岛西海岸新区融合控股集团有限公司、山东省鑫诚恒业集团有限公司三家具有支持双星快速发展所需关键资源的战略投资者，并实施员工持股，进一步提高企业的活力与效益。

混改后，双星集团股东中，青岛城投、启迪控股、西海岸融控三家企业其总资产均超过1000亿元，其中青岛城投资产超过2400亿元。它们将共同提供资源支持双星发展。其中，青岛城投战略参与投资奇瑞汽车，并为奇瑞和北汽等汽车企业在青岛落地发展提供支持和服务；启迪控股将双星定位为启迪在青岛的总部平台，将为双星引入启迪全球科技服务网络与资源。同时，通过组建"双星智库"，将启迪在云计算、大数据处理、工业互联网集成以及智能装备等领域的技术积累和运作经验赋能双星。西海岸融控在金融资本、战略新兴产业等方面有优势资源，可以为双星提供主机厂配套方面的资源支持。

双星混改的内涵是"四新"，即"新战略、新资源、新机制、新治理"。通过"三智一新"的新战略和战略投资者的新资源，建立起"国有体制、市场机制"的新模式和"利益共享、风险共担"的长效激励机制，不断完善相互制衡又快速有效并满足市场需要的法人治理结构，积极探索更加成熟、更加定型的中国特色现代企业制度，进一步提高国有企业活力与效率，尽快把双星打造成为科技、时代、智慧型和具有社会责任的世界一流企业。

新战略：紧紧围绕橡胶轮胎、人工智能及高端装备、循环利用及新材料三大主业和模式创新，实施智慧生态、智慧轮胎、智能装备、环保新材料的"三智一新"战略。

新资源：双星混改既坚持问题导向，又坚持战略导向，引进战略投资者，不仅引入资金，更重要的是引入支持双星实施新战略、打造千亿级企业的关键资源。

新机制：在引入战投的同时，开展员工持股，建立起"国有体制、市场机制"的新模式和"利益共享、风险共担"的长效激励机制，进一步提高国有企业活力和效率。

新治理：双星混改后，将继续以党建为统领，以"混"和"改"为手段，以做强做优做大为目标，强化股东会、放权董事会、完善监事会，不断完善相互制衡又快速有效并满足市场需要的法人治理结构，积极探索更加成熟、更加定型的中国特色现代企业制度。

2020年12月，双星被国务院国企改革办评为"双百企业"三项制度改革专项评估A级企业。作为青岛第一家集团层面混改的国有企业，双星为青岛新一轮国企改革开了个好头，为青岛乃至山东国企混改树立了样板。2021年7月，双星入选国务院国资委国有重点企业管理标杆创建行动"标杆企业"名单，成为橡胶行业唯一一家入选该名单的企业，也是青岛唯一一家获此殊荣的地方国企。双星集团混改有力地推动了青岛"推进国有企业改革攻势"落地，进一步增强了国有经济发展活力，为青岛加快建设开放、现代、活力、时尚的国际大都市贡献国企力量！

六、"三次创业"，百年双星新启航

战略大师加里·哈默曾说过，一个行业发展得越快，它的商业模式就会越早达到极限，所以，当下的成功抛物线经常是窄的尖峰状[3]。（管理P9）因此，为了保持企业永续的竞争力，企业应不断进行创新创业。2014年以来，双星提出"二次创业、创轮胎世界名牌"的目标，不仅关掉了所有老工厂，而且建成了全球轮胎行业第一个全流程"工业4.0"智能化工厂，培育了三个新产业，更关键的是收购了韩国锦湖轮胎。习近平总书记要求"理直气壮做强做优做大国有企业"，但依靠双星现有的条件和资源，是很难在短期内实现的，所以2020年1月16日，双星又提出"三次创业、创世界一流企业"的新目标。

双星将围绕橡胶轮胎、人工智能及高端装备、循环利用及新材料三大主业和模式创新，实施智慧生态、智慧轮胎、智能装备、环保新材料的"三智一新"战略，尽快打造成为科技、时代、智慧型和具有社会责任的世界一流企业。

智慧生态：不断优化和完善双星的"研发4.0"＋"工业4.0"＋"服务4.0"产业互联网平台，为整个行业的转型升级提供服务。

智慧轮胎：双星是中国首家实现"胎联网"商业化应用的企业。利用"胎联网"和智慧轮胎，不仅实现轮胎压力、温度、速度、磨损数据的实时在线，为用户正确选择轮胎和使用轮胎，而且可以根据用户的使用特点，为用户设计和定制个性化需求的产品，实现由卖轮胎到"卖公里数"，再到卖汽车后市场所有产品。

智能装备：利用双星的智能装备制造平台，发展城市建筑固废处理和智能矿山运输机器人等智能化装备。

环保新材料：利用双星的废旧橡塑循环利用技术和装备，开发更多的环保新材料，实现废旧橡塑处理的高质化应用。

"三智一新"意味着双星在未来可以赶上的风口越来越多。相对于八年前的双星，今天的双星更加开放、现代，甚至有着许多互联网的气息。

2020年，双星携手海尔卡奥斯、青岛科技大学推出了智慧轮胎全生命周期管理云平台，实现标准引领、基地引领、赋能引领。在研发制造端，三方联合构建研发与生产联动平台，将轮胎生产过程中遇到的难题及轮胎行业亟需破解的课题进行全球发布，在全行业内寻找解决方案，同时也利用双星在人工智能及高端装备制造领域的技术积累赋能行业发展。目前，双星人工智能及高端装备产业的赋能已经延伸至农业、家电、食品饮料、冷链仓储等领域；在供应端，双星还将携手卡奥斯不断优化供应商资源，将橡胶原材料、装备零部件等采购全球互联，构建全球采购平台；在供应链金融管理方面，为推进轮胎销售"卖公里数"，双星联合卡奥斯和青岛银行，推出"青银云租"物联网租赁新模式，推动行业从传统的买卖模式向轮胎共享租赁模式转变。

2021年以来，双星构建生态平台的动作频频。2月，双星携手锦湖轮胎和全国10家轮胎行业的领军经销商合资成立星锦科技有限公司，并与苏宁车管家共同打造集仓储、配送、体验、安装、服务为一体的新生态，直面车队、集团用户、C端用户提供服务，实现真正意义上的"线上线下无缝对接，路上路下无处不在"。新生态建成后，双星将有30个配送中心、2000个核心前置仓、30万家权威认证的安装和服务门店，实现由"卖轮胎"到"卖公里数"，再到卖汽车后市场所有产品。双星由"卖产品"到"卖服务"的模式将进一步升级、创新，迎来发展新机遇。

2021年是双星诞生100周年。百年征程波澜壮阔，百年初心历久弥坚。2021年1月16日，双星集团隆重举行"百年双星开启新纪元"启动仪式，"百年双星，志在远方、路在脚下"，"志"的体现是领先，"路"的里程碑是成果。双星用奋斗和创新赢得幸福、赢得尊重！站在"三次创业"与百年发展交汇的"十字路口"上，完成重塑的双星集团，正在向科技、时代、智慧型和具有社会责任的世界一流企业的梦想征程上劈波斩浪，扬帆远航。

【参考文献】

[1] 彼得·德鲁克.卓有成效的管理者[M].北京:机械工业出版社,2012:41.

[2] 彼得·德鲁克.卓有成效的管理者[M].北京:机械工业出版社,2012:13.

[3] 加里·哈默.管理大未来[M].北京:中信出版社,2008:9.

成果创造人：柴永森、张军华、郭林、李昆、邹阳

国企改革思维实证研究

国企改革思维实证研究课题组

一、国企改革思维的研究背景

伴随着国家改革开放的伟大历史进程，国有企业改革走过了四十多年的历程。党的十八大以来，随着国家全面深化改革的不断推进，国企改革正向纵深发展，特别是2020年中共中央、国务院发布的《国企改革三年行动方案》，为国企改革勾画出新的路线图，制定了明确时间表，标志着国企改革进入了高质量发展的新阶段。

在国企改革的进程中，一代又一代国企人面对改革的新形势、新任务，积极贯彻落实党中央、国务院关于国企改革的重大战略部署，主动适应社会主义市场经济体制要求，聚焦国企改革目标，大胆探索，勇于实践，持续推动一系列改革创新，不断做强做优做大，国企改革实现了从体制、机制、制度等全方位的历史性突破，国有经济竞争力、创新力、控制力、影响力、抗风险能力日益提升。与此同时，也积累了大量的先进经验和典型案例，涌现出一大批运用改革思维指导国企改革取得成就的国有企业，更形成了许多国企改革理论和实践的研究成果，为国企改革发展提供了弥足珍贵的精神财富。通过四十多年的国企改革实践，我们可以发现，国企改革走到今天，无不是遵循正确的改革路线，用客观、科学、理性的改革思维指导改革实践的结果。

党的十八大以来，习近平总书记运用辩证唯物主义和历史唯物主义的世界观和方法论推进改革，多次强调"改革思维"的重要性，2020年9月在全面深化改革第十五次会议上，习近平总书记再次指出："要善于运用改革思维和改革办法，统筹考虑短期应对和中长期发展，既要在战略上布好局，也要在关键处落好子"。习近平总书记关于"改革思维"的重要论述，既对国家在新发展阶段推进全面深化改革提出了新要求，也对国企改革和国企改革研究工作指明了新方向。

二、国企改革思维的主要内容

（一）国企改革思维的内涵与基本构成

所谓国企改革思维，就是运用辩证唯物主义、历史唯物主义的世界观方法论，以习近平新时代中国特色社会主义思想为指导，国企全面深化改革的理论与实践为基础，以推动国企改革为出发点，运用科学的思维方法对改革诸多问题进行科学思维，形成改革思路、改革办法的各种思维方法的总和。主要有五种思维，即历史思维、战略思维、辩证思维、创新思维和底线思维。

1.历史思维

就是在对国企改革问题进行思维时，运用历史眼光客观认识过去，分析改革得失，强化使命担当，把握前进方向，推进国企改革的思维意识过程。在国企改革的过程中，我们要提高历史思维能力，深刻总结和汲取国企发展改革的经验和教训，以对历史、企业和员工负责的态度，不忘国企初心，强化使命担当，再塑国企雄风。

2.战略思维

就是在对国企改革问题进行思维时，既要立足现在，更要着眼长远，要有清晰发展方向和发展愿景，高瞻远瞩、统揽全局，善于把握国企改革发展总体趋势和方向、道路的思维意识过程。习近平总书记在纪念改革开放四十周年纪念大会上说："方向决定前途，道路决定命运"。这既是对中国改革开放史的精准总结，也是对战略方向和道路重要性的深刻阐述。在国企改革的过程中，我们要提高战略思维能力，要始终站在国家全面深化改革的战略全局高度，通过对企业发展战略的重新审视，战略方向和道路的正确确立，确保企业做强做优做大。

3.辩证思维

就是在对国企改革问题进行思维时，承认矛盾、分析矛盾、解决矛盾，善于抓住关键、找准重点、洞察事物发展规律的思维意识过程。在国企改革过程中，我们要提高辩证思维能力，客观的而不是主观的、发展的而不是静止的、全面的而不是片面的、普遍联系的而不是孤立的观察、分析、解决国企改革面对的各种问题，运用辩证思维抓住国企改革的主要矛盾和矛盾的主要方面。

4.创新思维

就是在对国企改革问题进行思维时，破除迷信、超越陈规，寻求知难而进、因时制宜、开拓创新的思维意识过程。在国企改革过程中，我们要提高创新思维能力，从根本上打破故步自封的固有思维，大胆而又科学运用创新思维方法，对有利因素做加法，对不利因素做减法，对机会资源做乘法、对威胁因素做除法，进而达到用创新思维推进国企改革目的。

5.底线思维

就是在对国企改革问题进行思维时，坚持重大改革原则，守住防范改革风险的底线，客观的设定最低目标，立足最低点争取最大期望值的能力。国企在改革过程中，一定要坚持底线思维，居安思危，牢牢把握国企改革工作主动权，着力防范化解可能出现的重大风险，下好"先手棋"。一旦出现风险，也要迎难而上，主动出击，亮出制胜高招，化解风险。

国企改革思维的框架，如图1所示。

图1 国企改革思维框架图

通过框架图示我们可以看出，辩证唯物主义、历史唯物主义的世界观方法论、习近平新时代中国特色社会主义思想、国企全面深化改革的理论与实践是改革思维的基础要素，历史思维、战略思维、辩证思维、创新思维、底线思维是改革思维的五种思维要素。这五种思维从不同维度体现了改革思维的不同方面，既相对独立，又相互依存、相互转化、相互联系，统一于改革思维这个统一体中，构成了国企改革思维的科学思维体系架构。

（二）国企运用改革思维要坚持的基本原则

1.坚持整体性原则

国企改革是一项涉及方方面面的系统工程，所以运用改革思维就不能仅停留在单一的思维层面，必须用整体性的思维来解决改革面对的复杂问题；一个国企的改革又是由不同的问题构成，运用中，要在基于改革思维整体性的前提下，注重不同思维要素的原理和方法，整体而又科学的运用改革思维。

2.坚持有序性原则

改革思维具有有序性特征，是指国有企业的改革思维的有序性与国企运行客观规律之间的相关性。既要把握改革思维整体运动规律与企业发展整体运行规律的相关性，也要把握改革思维内不同层次运动规律与企业改革发展不同方面运行规律的相关性，进而达到科学有序运用改革思维的目的。

3.坚持问题导向原则

习近平总书记指出，"改革是由问题倒逼而产生，又在不断解决问题中得以深化。"问题导向就是面对问题时，正确运用改革思维，以解决问题为目标，把化解矛盾、破解难题作为国企改革的第一要务。

4.坚持因企制宜原则

改革思维既具有普遍性的特点，但每一个企业又面临着特殊性问题，即使是同一个企业也因所处时间、空间不同，所面临的问题也会不同，绝不能不能生搬硬套，应将改革思维原理和方法与企业特点结合起来运用，因企制宜。

（三）国企运用改革思维要树立的五个理念

国企和国企领导者在运用改革思维时，不仅要运用好整体改革思维指导整体改革，还要根据不同的改革问题，用好不同的改革思维理念，指导改革工作。

1.以历史思维强国企使命担当

历史思维可以让我们不忘初心，牢记使命、继往开来。国企只有坚持历史思维，才能守住初心，增强改革的使命与担当。

（1）运用历史思维指导国企改革的着眼点

①要善于把国企改革放在历史演进过程中去思考

尊历史方可创未来。国企改革既是一个现实问题，也是一个历史问题，要善于用历史的观点看问题，把国企改革放在国企改革发展的历史演进中去观察、分析，克服历史虚无主义，尊重历史，守住初心，立足现实，继往开来。

②以对历史、对企业、对员工负责的态度来谋划改革

态度正方能担大任。对于处于危难之时担当国企大任的领导者来说，要以对历史负责的态度，激发鼓舞员工改革的斗志和信心，维护员工利益，履行好企业经济、政治和社会责任。

③要对老国企创业奋斗历程心存敬畏

存敬畏才能凝共识。国企改革发展要注重历史思维，尤其是在老国企陷入困境之时，现任领导者不是一味否定，要善于用历史思维，对老国企所走过的创业、奋斗历程心存敬畏；也要着眼未来，怀有重整河山、让老国企焕发青春的信念，只有这样，才能取得老国企人的改革共识。

（2）运用历史思维推动国企改革的案例

山东能源肥城矿业集团始建于1958年，曾是全国煤矿质量标准化发源地。2012年起，由于受煤炭行业整体下滑等因素影响，效益逐年下滑，截至2015年底，该集团资产负债率高达150%，贷款总额达140亿，企业10多个月发不出工资，成了山东最大的"僵尸企业"，到了破产边缘。危难之际，集团领导者不是将企业职工推向社会，而是承认历史，接受现实，以对企业历史、职工、社会负责的态度，用改革重组的思路拯救企业。在改革重组中，他们采用三大策略进行破局。首先，优良资产剥离，将肥矿可持续经营的三家煤矿，50多亿优质资产剥离出来组建新的肥矿煤业公司；二是各类债务重组，肥矿新公司、老公司、主管单位按照5:3:2的比例进行债务重组；三是人员妥善安置，减少震荡。组建新公司后，1.4万名员工6000人需要分流，公司采取把思想工作做得更细一点，把就业渠道铺得更宽一点的工作思路，党员干部下沉一线对分流人员做疏导，解心结，送温暖，赢得了理解，化解了矛盾。同时争取相关机构25亿元贴息贷款作为解决职工分流专项资金，建立双创中心、组织招聘会等多条就业渠道解决分流员工再就业问题。经过10个月的努力，截至2016年11月底，肥矿集团全面完成资产、债务、人员改革重组，平稳无震荡，成为全国较大资产、较大债务困难国企改革重组的成功案例。

山能肥矿集团之所以能够取得改革成功，重要原因就是企业领导者坚持运用历史思维，以对历史、员工负责的态度，强化使命担当，用改革思路，推进企业改革和发展的结果。

2.以战略思维谋国企改革未来

战略思维可以让我们把控大势、找准方向、选对道路。国企只有坚持战略思维，才能谋划好国企改革未来。

（1）运用战略思维指导国企改革的着眼点

①要把握好国家发展改革的大势

大势明则改革顺。企业发展改革的局势，离不开国家发展改革的大势。企业只有顺势而为，主动融入国家发展大局，改革发展才能顺利进行。

②要选定好企业改革的战略方向

方向明则思路清。确定企业改革的战略方向，解决的是企业"做正确的事"的问题。国企在运用战略思维对企业改革未来进行谋划时，要在坚持社会主义市场经济改革的总方向基础上，找到符合企业自身发展特点的战略方向。

③要确定好企业改革的战略道路

道路通则改革成。方向确定了，道路不对，企业就无法实现预期的目的。如果说确定战略方向是解决"到哪去"的问题，那么确定正确的战略道路就是解决"怎么去"的问题。

（2）运用战略思维指导国企改革的案例

中新建材曾是一家以生产普通装饰材料为主的企业，在中央企业中名不见经传。2002年初，宋志平到中国新型建筑材料集团公司担任总经理，销售额20亿元，负债却高达30亿元，公司资不抵债，官司不断，数十家下属企业只有一两家盈利。面对困境，新班子反复研究中新建材的战略改革方向，通过深入分析认识到，随着城市化进程的加快，对包括水泥在内的建材物资需求势必大增，必然带来建材业发展的大趋势，要做大做强，必须从市场竞争激烈且进入门槛很低的普通装饰材料的制造业退出，深耕大水泥行业，同时带动新型建材等其他材料产业的发展。2003年4月，中新建材去掉"新型"二字，正式更名为"中国建筑材料集团公司"，从此翻开了战略转型、改革再出发的新篇章。在改革过程中，中国建材提出了企业战略发展的大、小两个方向，在大方向上，确定了"建立又强又优、具有国际竞争力的世界一流企业"；在小方向上，确立了"大水泥"战略，以水泥及相关建材产品为主业并实现快速发展。还确定了四条道路，走一条突出主业的专业化道路；走一条资本运营、联合重组、管理整合、集成创新的发展道路；走一条市场化运作和国际化合作的道路；走一条争取地方资源支持和为地方做贡献的道路。在战略方向的指引下，中国建材通过上市融资、积极探索混合所有制等一系列战略措施，使企业迈入高速发展的快车道。经过八年的奋斗，2011年以1100亿元销售额，首次跨入世界500强的大门，以后十年连续上榜，目前已经成为世界建材行业的龙头企业。

中国建材依靠战略思维谋划改革未来的实践，之所以取得成就，主要原因就是中国建材领导者以战略思维审时度势，把握国家发展大势，正确选择改革战略方向，确定战略道路的结果。

3.以辩证思维解国企改革矛盾

辩证思维可以让我们一分为二、抓住重点、解决矛盾。国企只有坚持辩证思维，才能解决改革中的各种矛盾。

（1）运用辩证思维指导国企改革的着眼点

①要善于用"两点论"认识国企改革问题

"两点论"是辩证法的主要方法，国企和国企领导者要善于运用一分为二的辩证思维方法，思考国企改革问题。既要有改革干事的热情，又要有善用改革思维指导改革的能力；既要有遵循国家大政方针的自觉，又要有因企制宜的改革举措；既要有确保国有资产保值增值的办法，也要有确保对员工激励措施行之有效的机制。

②要善于用"重点论"找到解决主要矛盾的办法

有重点方可抓矛盾。当今国企改革已经进入到新的历史时期，国企领导者要善于运用"重点论"找到国企改革的主要矛盾和矛盾的主要方面。当前国企领导要不断深入思考两个主要问题，一是如何才能激发人力资本发挥更大作用，让国企成为员工实现人生价值的好舞台；二是如何才能建立共享机制，让人力资本在一定程度上能够参与财富分配，让员工对未来生活充满希望。通过深度思考，牵住国企改革的"牛鼻子"。

③要善于探寻国企改革与发展的规律

寻规律方可超自我。一家企业的改革与发展既是独特的，也是有规律可循的。作为国企企业家，既要善于外部取经，还要善于从自身改革实践中总结经验，探寻规律。

（2）国企运用辩证思维推进改革的案例

万华化学集团股份有限公司前身是烟台合成革总厂，原为轻工部直属单位，始建于1978年，也是国家引进国外先进设备，建立的国内第一个聚氨酯合成革生产基地。进入20世纪90年代以来，面对市场竞争，企业由于机构臃肿，效率低下，连年亏损。1995年万华进行了首次改革，把"总厂"，改成了"集团有限公司"，企业虽从"工厂"改成了"公司"，但改革收效不大，又连续亏损3年，接近破产边缘。面对危局，万华领导们进行了深刻反思，他们认识到，万华的这次改革是只改了企业的名字，没有触及打破"铁饭碗"的思想和"大锅饭"的分配体制这一最深层的矛盾。为彻底解决这个主要矛盾，万华决策者提出"通过股份制改造，倒逼观念与机制转变"的改革思路。具体用了三个真招：第一招是制度改革到位。1998年12月，万华将集团下属三家分厂联合成立了烟台万华聚氨酯股份公司，将经营权、管理权充分下放，使股份公司真正成为符合现代企业制度的市场主体；第二招是奖励兑现到位。公司制定了相关的奖励办法，向一线研发人员倾斜。1999年，一套装置通过技改为公司创利1200万。按奖励办法要发放92万元奖金，在当时企业平均月工资不到500元情况下，全部奖给一线的10位研发人员。第三招是股权激励到位。2006年，实行骨干员工持股，受益于这次改革，十多年来，持股的骨干人员没一人离开，为技术创新和技术保密做出了贡献。在此基础上，万华加大科技创新投入，企业快速发展，目前已建成全球规模最大、技术领先的全球化运营的化工新材料公司。万华这家老国企依靠改革取得成果的案例，引起了党和国家的高度重视，2018年6月，习近平总书记来到万华，在视察结束时，他有感而发说："谁说国企搞不好？要搞好就一定要改革，报守残缺不行，改革能成功，就能变成现代企业"。这段话既是习近平总书记对万华经验的深刻总结，也是对国企改革规律的高度概括。

万华的改革说明，国企的改革，千改万改，最根本的是运用辩证思维，抓住了机制改革这个解决国企改革主要矛盾，牵住了改革的"牛鼻子"。正所谓：没有机制，神仙也做不好企业；有了机制，做企业不需要神仙。

4.以创新思维谋改革发展突破

创新思维可以让我们突破定式、超越陈规、开拓创新。国企只有坚持创新思维，才能谋划好改革发展突破的路径。在运用创新思维指导国企改革时，要善于将加减乘除四则运算的概念原理，大道至简的运用在思考改革创新问题上，既要推出单点突破的加、减、乘、除，也要谋划好系统创新的"四则运算"。

（1）运用创新思维指导国企改革的着眼点

①要勇于破除阻碍改革创新的固有思维

破固有方开新思路。企业和企业领导者要真正破除思想深处存在报守残缺、故步自封、迷信权威等阻碍创新的固有思维牢固树立开拓创新意识，努力提升系统性创新思维水平，进而提升改革攻坚能力。

②要对企业进行系统全面深入的分析

善分析方可找问题。在分析企业面临的改革问题时，要做到系统、全面、深入。一要善于发现改革有利因素，二要善于找到改革不利因素，三要敏于发现改革机会资源，四要深入寻找改革威胁。

③要具有系统化创新思维布局改革能力

善组合方可谋创新。熊彼特说：创新是生产要素的新组合。在运用创新思维时，既要善于单兵突进，更要系统谋划，打出创新"四则运算"的组合拳。一做加法，不断增加改革的有利因素；二做减法，不断减少改革的不利因素；三做乘法，不断聚合改革发展的机会资源；四做除法，破除阻碍威胁改革的障碍忧患。

（2）国企运用创新思维推进改革的案例

洛玻集团成立于1956年4月，是国家"一五"重点项目，是拥有A＋H股的上市公司。20世纪70年代，为打破英、美技术垄断，洛玻人研发出了我国第一条浮法玻璃生产线，成为与英、美并驾齐驱的世界三大浮法工艺之一。曾先后荣获"国家科学技术进步一等奖"等多项荣誉。20世纪末，由于不适应市场，连年亏损，濒临倒闭。2007年，中国建材集团心怀"国之大者"，对洛玻集团实施了战略性重组，进行了艰难的改革探索，2014年洛玻集团又整体划入中国建材旗下凯盛科技集团。进入凯盛科技集团后，新领导班子发扬洛玻集团"为国争光、艰苦奋斗、勇于创新"的精神，实事求是地剖析"老洛玻"故步自封、创新不足的教训，在此基础上，运用系统的创新思维谋划大手笔改革思路，用创新的"加减乘除四则运算"，将"老洛玻"逐渐改造成为"新洛玻"。一是新兴产业做加法，凯盛科技集团不断注入科技创新成果，将国内唯一能够生产0.12～1.1毫米全系列超薄浮法电子玻璃的战略性新兴企业——蚌埠中显材料有限公司等装入洛玻，后又新增了超薄玻璃和光伏玻璃生产线。二是落后产品做减法。淘汰7条传统浮法玻璃生产线，使洛玻集团成功转型为以新能源玻璃、信息显示玻璃、优质浮法玻璃为主导的新玻璃产业平台。三是谋划发展做乘法。稳步实施新发展规划，全力打造新风貌、新机制、新业绩、新动能的"新洛玻"。四是遗留问题做除法，处僵治困压减26家、扭亏2家，完成"三供一业"移交和棚户区改造、退休人员社会化移交。2019年洛玻集团上市公司实现了8年来的首次经营性盈利，2020年再上新台阶，实现营业收入37.12亿元，同比增长54.79%；归母利润同比增长15.47倍，创历史最好水平。

洛玻集团之所以实现"凤凰涅槃"，主要原因是赓续创新基因，运用系统的创新思维谋划改革思路，努力做好创新的"加减乘除"四则运算，进而将"老洛玻"改造成了"新洛玻"。

5.以底线思维控改革发展风险

底线思维可以让我们居安思危、主动研判、防控风险。国企只有坚持底线思维，才能把控改革发展中出现的各类风险。

（1）运用底线思维指导国企改革的着眼点

①坚持对国家、国企负责的底线不能松

讲政治方能守底线。国有企业是中国特色社会主义的重要物质基础和政治基础，是党执政兴国的重要支柱和依靠力量，是党领导的国家治理体系的重要组成部分，强调做强做优做大国有企业决不只是一个经济问题，更是一个重大的政治问题。

②坚持加强党的领导的底线不能松

强党建方能强底线。坚持党的领导、加强党的建设是国有企业的"根"和"魂"；我国国有企业具有中国特色的特殊属性，"特"就特在必须坚持中国共产党的领导，这是深化国有企业改革必须坚守的政治方向、政治原则。

③坚持依法治企、防范重大风险的底线不能松

守底线方可控风险。当前国企混改的任务异常艰巨，要坚持依法治企，坚持底线思维，既要防止"黑天鹅"，也要防止"灰犀牛"，要将底线思维融入企业改革过程中去，把好改革事前、事中和事后的风险防控关。

（2）国企底线失守的教训和运用底线思维化解风险推进改革的案例

恒丰银行2003年由烟台住房储蓄银行改制而来，是12家全国性股份制银行之一，最大股东曾是烟台国资委控股企业，也是唯一一家注册地在山东省的全国性商业银行。2014年和2017年，因前、后两任董事长被查判刑，引发负面舆情，企业陷入危局。

由于两任董事长毫无国有金融企业的经营底线，一方面喊着"改革创新"的口号，盲目发展，贷款大量涌向房地产等高风险行业，一方面以激励之名行贪污分钱之实，导致恒丰银行内部治理千疮百孔，乱账假账乱象重生，不良资产快速堆积。同业负债约30%，还有200多亿元二级资本债，有上千亿元的风险资产。如果处置不当，一旦形成集中挤兑，必将引发区域性、系统性的金融风险。

面对可能出现的各类风险，山东省主动承担属地责任，以改革的思路，提出"地方政府注资＋引战重组"的改革方案解决危机。具体采用了"三步走"策略：第一步（2017年11月至2018年6月）：维护稳定，加强党建维稳。组建临时党委，全面负责银行工作，随后选强配齐新的党委班子，运用底线思维，在稳定大局前提下化解风险，逐步实现了经营止血回稳、职工队伍稳定、社会舆情平稳。第二步（2018

年7月至2019年8月）：化解风险，改革思路解决问题。面对千亿不良资产，采取"剥离不良、引进战投、整体上市"的改革重组路径，获监管单位和国务院批准。第三步（2019年8月至2019年底）：改革重组，依法依规推进实施。与山东省资产管理公司协商达成一致，以799.58亿元价格一次性转让1438.89亿元不良资产，实现不良资产真实转让、洁净出表。引进中央汇金、山东国资投资公司作为战略投资方，8家老股东跟投，投资1000亿元。

恒丰银行党委还多次组织全员学习习近平总书记关于坚持底线思维着力防范化解重大风险的重要讲话精神，编写《恒丰银行严重违纪违法干部忏悔书选编》，警示员工提高政治站位，不触红线，守住底线。

经过三年努力，恒丰银行经营走上正轨，业务稳定发展，风险逐步化解，2020年累计实现营业收入208亿元，净利润达54亿元；拨备覆盖率由123%提高至150%以上，资本充足率等核心监管指标均达到监管要求。

恒丰银行之所以在短短的三年中化解危局，业务走上正轨，主要原因是在处置过程中，坚持党对金融机构的领导，解决党的领导弱化、党的建设缺失问题，化解了组织风险；坚持摸清损失底数，完成不良资产市场化剥离，化解了经济风险；坚持底线思维，防范挤兑，守住了不发生系统性金融风险的底线。

恒丰银行底线失守险些酿成金融风险的教训深刻，运用底线思维、改革思路化解系统性金融风险的做法，对国资、国企具有重要启示和借鉴意义。

三、结论与启示

综上所述，国企和国企领导者在谋划改革中，只有正确运用改革思维指导改革实践，坚持整体性、有序性、问题导向、因企制宜的原则，在解决具体问题时，坚持以历史思维强国企改革担当、以战略思维谋国企改革未来、以辩证思维解国企改革矛盾、以底线思维控国企改革风险的理念，才会在改革中取得事半功倍的效果，推动改革取得预期效果。

国企改革，是一个系统工程，国企在全面落实《国企改革三年行动方案》，推进今后改革的过程中，更要进一步坚持辩证唯物主义和历史唯物主义，运用改革思维的世界观和方法论指导改革发展问题。要用好历史思维，鉴往知来，将国企的改革与国企发展演变、改革经历有机结合起来，还可以选择善经营、会管理、有改革成就的老领导进入董事会，发挥他们的改革经验和智慧，完善董事会结构；用好战略思维，布局未来，要围绕国家十四五规划、碳达峰和碳中和目标思考企业改革战略，主动融入国家发展大局；要用好辩证思维，解决矛盾，进一步处理好企业改革与发展的关系，党管干部与契约化、职业经理人制度的关系，分配制度与共同富裕、共享改革成果的关系；要用好创新思维，超越自我。推动体制、制度、机制改革取得新突破，经营、管理、技术创新取得新成果；要用好底线思维，严控风险，建立改革风险预警机制，制定改革风控预案，彻底守住政治的高压线、经营的红线、风险的底线。

【参考文献】

[1]中共中央宣传部.《习近平新时代中国特色社会主义思想学习纲要》.北京:学习出版社,人民出版社.2019.

[2]宋志平.改革心路[M].北京：企业管理出版社,2018.

[3]人民网：郝鹏：深入实施国企改革三年行动推动国资国企高质量发展2021年01月25日,http://ccnews.people.com.cn/n1/2021/0125/c141677-32010844.html.

[4]中国企研官微：山东能源集团：传承红色基因,担当国企使命2021年8月10日.

[5]新华社:从万华改革之路看中国国企改革伟大实践,2019年05月29日,https://news.sina.com.cn/c/2019-05-30/doc-ihvhiqay2314561.shtml.

[6]烟台时刻万华集团董事长廖增太：改革创新担当打造世界一流企业,2019年06月11日,http://ytsk.jiaodong.net/system/2019/06/11/013885229.shtml?.

[7]天天化工网万华集团立足发展做好三件事推进改革http://pu.chem366.com/News/2019-11-06/1254336.

[8]宋志平.机制革命是推开国企改革的最后一扇门.《中国企业改革发展优秀成果》2019年（第三届）上卷.中国商务出版社.2019年.

[9]企业观察网：詹碧华——洛玻集团董事长李志铭：赓续创新基因肩负时代使命http://www.cneo.com.cn/article-5601-1.html.

[10]经济参考报：余孝忠,王阳.拯救"烂苹果"——改革重组恒丰银行对防范重大风险的警示http://www.jjckb.cn/2021-01/26/c_139697796.htm.

[11]澎湃号：中央深改委审议通过《国企改革三年行动方案（2020—2022年）》https://www.thepaper.cn/newsDetail_forward_8115629.

[12]新华网：国资委：全力实施国企改革三年行动方案.2020-01-13http://www.xinhuanet.com/money/2020-01/13/c_1125453690.htm.

成果创造人：刘秉君、杨建国、温亚震

国有汽车经销商集团高质量发展的路径探索

——以河北省国和投资集团有限公司汽车业务板块改革发展的实践为例

河北省国和投资集团有限公司

近年来，中国经济发展不断迈上新台阶，我国的经济实力、科技实力、综合国力也将更进一步，这对于全面建成小康社会，开启全面建设社会主义现代化国家新征程具有十分重要的意义。随着我国经济的增长，消费者可支配收入逐渐增加，国内汽车消费市场需求逐渐释放，汽车销售热度有所上升，机动车保有量增速也较为迅速，但随着汽车消费群体逐渐年轻化、消费模式逐渐多元化，汽车市场的格局也在不断发生变化。

在我国汽车消费市场规模稳步提升的趋势下，各类汽车经销商和服务商如雨后春笋般涌现，使得供需逐渐趋于饱和，各经销商间的竞争异常激烈和残酷，汽车销售和售后服务市场也出现不同程度的恶性竞争，全国各地汽车经销商部分主销车型裸车销售价远低于进价、盈利能力严重不足等情况已成为制约汽车经销商发展的常态。作为具有国有投资背景的汽车经销商集团如何才能在激烈的市场竞争中保持稳定持续的盈利能力、实现高质量的发展，这是我们一直探讨的主要课题。

一、国和投资集团及汽车业务板块基本情况

（一）国和投资集团的发展历程

河北省国和投资集团有限公司（以下简称"国和集团"）于2010年4月正式成立，是河北省人民政府国有资产监督管理委员会出资，整合原河北汽车（集团）有限责任公司的部分汽车经销企业组建的国有独资公司，总部设在石家庄，是河北省属国有企业，2014年并入开滦（集团）有限责任公司成为其重要子公司。

国和集团创立伊始，仅有整合的10家4S店开展汽车销售及服务业务，一直以汽车相关业务为根基，通过不断科学谋划，以践行"创新、协调、绿色、开放、共享"五大发展理念为统领，2013年起开始确立了"投资＋物流"的发展模式，以打造"实力国和、活力国和、魅力国和、和谐国和"为发展目标，大力推动转型升级、发展现代物流业、健全完善现代化管控体系、营造和谐的内外部环境，努力形成多点发力、多线增长、优势互补、多极支撑的新型现代产业体系，成为运营稳健、管理科学、业绩优良的一流综合型投资集团。经过10余年的发展，国和集团现主要业务涵盖汽车销售及服务、大宗商品国际国内贸易、医药健养、新能源、绿色生态农业、IT、酒店餐饮等领域，拥有控参股子公司69家，员工3000余人。营业规模也从2010年的29亿元增长到2020年的548亿元，利税连年大幅增长。先后被评为中国物

流与采购联合会"企业信用评价AAA级信用企业"、省政府"河北省'十二五'期间现代物流重点龙头企业"、河北省商业联合会"河北省流通产业AAAAA信用企业""河北省流通产业名牌企业"。国和集团党委先后荣获河北省创先争优先进基层党组织、河北省国资委系统企业红旗党委、河北省国资委系统文明单位称号。2013年以来，连续9年入围中国服务业500强，最高排名168位；2021年上榜中国企业500强，名列第471位。

（二）国和集团汽车业务板块介绍

1.汽车业务板块是国和集团各业态发展的基础

汽车业务板块一直是国和集团的核心业务板块，蕴藏着大量的优秀人才，号称河北汽车流通行业的"黄埔军校"，社会美誉度极高，同时也是国和集团经营利润的主要来源。国和集团成立以来首先在汽车销售、服务、平行进口车、汽车园区服务等领域投资，是河北省内唯一一家具有国资背景的汽车经销商集团，同时也是国内多个主流乘用车、商用车品牌的核心经销商。目前国和集团旗下拥有23家控股、参股的汽车4S店，托管了10家4S店，共经营着20余个汽车品牌，汽车业务板块员工2800余人，营销网络遍布河北全省，同时在河北省经营管理着7个汽车贸易园区，为超过近300家4S店和汽修企业提供服务，涵盖了国内几乎所有的汽车品牌。与此同时，一批优秀的经营管理人员脱颖而出，除汽车服务业之外，开展了已国内外大宗商品贸易为主的现代服务业，并呈现蓬勃发展的态势。

2.汽车板块业务创新的需求迫切

改革开放年来，中国的汽车产能由短缺变为过剩，汽车销售网络高速增长，全国4S店数量由2016年的27000余家扩大至2020年的近3万家，而全国乘用车销量却由2016年2438万辆下降至2020年的2017万辆，汽车经销商之间的竞争异常激烈和残酷，部分品牌的主销车型裸车销售价远低于进价已成为常态，出现了汽车销售价格恶性竞争的现象，售后服务利润补贴汽车销售成为常态，导致中国汽车经销商盈利能力总体不足。《2020年中国汽车销售渠道发展报告》显示，我国2020年共有3098家经销商闭店退网，仅有约38%经销商处于盈利状态。从整个行业来看，2020年中国汽车销量2527万辆，增速下降1.9%，根据中汽协预测，2021年中国汽车总销量将达到2630万辆，同比增长4%左右，虽然实现由降转增，但整个市场仍将面临全球疫情持续蔓延、全球汽车供应链不稳定因素增加等诸多挑战，市场竞争必然会进一步加剧。

我国近20年随着经济的飞速发展，无论是企业生产经营还是居民日常生活都开始离不开汽车。截至2021年9月，全国机动车保有量达3.9亿辆，其中汽车2.97亿辆；全国机动车驾驶人数量达4.76亿人，其中汽车驾驶人4.39亿人。围绕汽车使用的衍生需求在不断增加，汽车经销、维修保养、汽车保险、洗美改装、汽车越野、旅游服务等相关业态表现出了巨大的发展潜力。而对于像国和集团这样的经销商集团来说，实现4S店的高质量发展，必须在保持4S店传统的经营模式的前提下，顺应市场需求变化发展汽车相关衍生业务，并且随着新科技和新业态的不断涌现不断调整经营管理的思路，在集团层面要加强对各类资源的整合力度，改变各品牌4S店各自为战，集而不团的状况，激发各经营要素的活力，实现有效整合，发挥最大效用，将富积的资源优势转化为实实在在的经营优势是当务之急。从宏观角度来看，4S店要生存发展必须不断增强竞争力；在微观角度，4S店经营的底层逻辑是在供过于求、客户消费选择多元化的情况下只有通过服务水平的不断提升才能提高客户满意度并得到用户的认可和选择。通过多维度分析、搞清楚逻辑关系后，如何实现目标，就要求我们在重新认识并重新塑造4S店的经营模式和服务理念的前提下，不断探索提升4S店盈利能力，同时谋划好整个集团汽车业务板块的发展布局，才能保持集团的稳定、健康和高质量的发展。

二、国和集团推动汽车板块高质量发展的主要做法

为了推动汽车板块业务高质量发展，国和集团经过认真研究，提出了"3年双提升、5年上台阶"工作目标，用3年时间着力在4S店管理水平、强化管理创新和提升盈利能力上发力，之后用5年时间在汽车业务板块做好整体布局的经营思路。为了实现上述工作目标和经营思路，国和集团以"双提升"活动为抓手，以"六强"工作为支撑，有效促进了盈利能力和经营管理工作的整体提升，进而促进了汽车板块业务的高质量发展。

（一）强"双提升"活动，促盈利提升

4S店的经营模式是汽车合资企业直接从国外克隆到中国的经营模式，由于我国的文化传统和习惯与国外不同，在运行过程中，普遍存在优势发挥不够、操作规范性差等不利情况，造成的经营效果千差万别，直接表现为4S店经营水平和效益的高下。国和集团汽车业务板块在2016年至2018年的3年间，将"双提升"活动列为集团汽车板块的中心工作，活动分为两个阶段，即第一阶段用1年的时间通过提升经营场所管理水平的提升，实现销售服务水平和维修技术服务水平的"双提升"；第二阶段用2年时间通过提升销售服务水平和维修技术服务水平的提升，来达到企业管理水平和经济效益水平的"双提升"。

1.第一阶段主要开展了"五抓五促"工作

一是抓基础，促面貌。国和集团组织旗下各品牌4S店从学习主机厂的4S店运行管理规范开始，从细节着手，从物品的摆放、存储到日常的店面和物品的保洁、使用维护和更新都严格执行规范，逐步实现各种生产经营要素的有效规范运转、人、财、物流规范运转、注重过程管理，不断优化流程，打开了各店精细化管理的阀门，经营场所管理面貌明显改变。

二是抓对标，促规范。国和集团旗下各店的工作起步以后，组织各店观摩交流、互相学习借鉴，发现问题解决问题，鞭策后进、鼓励先进，比学赶超蔚然成风，通过分享先进的经营管理理念和经营管理中的"独门绝招"，取长补短，达到了为我所用、共同提高的目的。服务质量、服务水平在短时间内明显提高，在业内反响热烈，极大地提升了各店的信心，积极性和主动性空前高涨。通过经营场所管理规范的对标，国和集团每年评选树立经营场所规范化管理运营的标杆店5个，实现了现场管理水平的突破。

三是抓交流，促改进。开展"双提升"活动以来，国和集团共派出8名4S店总经理到上海交大参加为期一年的汽车售后EMBA专题培训，接触新的汽车服务理念、方法和新知识，广泛向汽车售后同行学习、交流，取得了真经，用于实践，有效了实现了活动档次的提升。与此同时，在一年中集团聘请专家、教授到公司开展专项培训交流20余次，组织各类人员外出交流学习10余次。培训后各店组织对标、提出改进措施、开阔了眼界、拓宽了思路、新举措层出不穷。

四是抓比武，促活力。国和集团始终以打造一支技艺精湛、业务过硬、经验丰富、作风扎实的"国和工匠"队伍为目标，在"双提升"活动中连续3年举办了以岗位练兵、技艺展示、经验交流为目的的系列技能大赛。通过举办4S店客服人员、续保人员、售后服务顾问和汽车维修工等岗位技能大比武等比赛，进一步激发了广大职工学技术、练技能、提素质的热情，"导师带徒"等活动也蓬勃开展起来，在短时间内为培养适应国和集团转型发展需要的技能人才打下良好基础。

五是抓规划，促固化。为巩固"双提升"活动和精细化管理成果，将精细化管理固化和发展成为可以传承的企业文化，不断巩固和提高4S店经营管理水平。国和集团整理研究总结"双提升"活动成果，制定了一系列4S店运营规范，实现了4S店业务流程的标准化、流程化和理论化；总结编印了《国和集团4S店运营规范汇编》两册，员工人手一套，要求员工保证按时保质保量地完成学习任务，并利用各种机会考试抽查学习效果，有力地将各项规范内化于心、外化于行，固化于制。运营规范范围涉及企业战略与文化构建、团队建设与培养、人力资源管理与绩效考核、财务管理与服务标准化体系、客服技巧、微营销和安全生产工作。这既是一套制度规定，也是一套员工培训教程，通过持续不断的组织学习既提高了员工的业务水平、提升了员工素养，又涵养了企业的精神家园、为更好地服务客户，做优做大做强国和集团汽车业务板块奠定了理论基础。

2.第二个阶段主要开展了"两抓两促"工作

一是抓考核，促管理水平提升。国和集团还定期组织旗下4S店总经理、销售经理、售后服务站长及中层一线管理岗位人员开展各类对标活动，推广有效的创新型举措、各项指标完成情况明显改善、绩效考核办法的精准度和激励作用也明显提高，达到了夯基础、提素质、补短板的效果，为经营质量的不断改善奠定了坚实的基础。

二是抓关键，促利润水平提升。这个阶段主要以优良的规范化、流程化、精细化经营管理环境为依托，开展经营活动，发展衍生业务，完善各店的业务链条、挖掘市场空间、提升盈利水平。通过对旗下各4S店利润目标完成率、售前目标完成率、汽车金融及融资租赁指标目标完成率、二手车置换指标目标完成率、维修目标完成率、创新项目与人才评分、客户资源服务管理7个大项、40余小项的关键KPI指标对标，查找店面经营管理中的漏洞和不足，提出改进措施并进行整改，一年中梳理出4S店的盈利点若干个，围绕盈利点制定措施、提升服务。通过努力，4S店的衍生业务全面开展起来，消费贷款渗透率、新车保险及续保率、送修率、配件周转率和控制库存系数等方面创造了许多先进经验和工作亮点；在解决二级经销商网络效益低、互联网集客能力差、汽车资源整合效率低和集约化经营等方面理念不断更新，增值业务不断增加，给各店带来了明显的经济效益；各项KPI指标普遍提升，例如，在销售经理、售后站长对标活动中，某4S店介绍了适应保险费率改革推出的玻璃及划痕服务项目，学习交流后迅速在各店推广，仅一家地处县级市的4S店每月就增加利润近20万元；仅保险业务集中管控一项每年为国和集团汽车业务板块增加纯收入在5000万元以上。

（二）强品牌结构，促品牌竞争力

面对当前汽车市场的严峻形势，国和集团认真研究汽车市场环境变化，结合现有汽车品牌市场形势及实际运营状况，遵循"宜进则进、宜退则退、宜改则改"的汽车品牌发展理念，积极进行调整，加大力度引进市场竞争力强的中高端汽车品牌。为了调动各级发展新汽车品牌的积极性，对于在品牌发展过程中有突出贡献的员工，制定了一系列奖励政策，也不乏创新举措，如对申请奔驰、宝马、奥迪等豪华品牌有突出贡献者给予丰厚的现金奖励或新公司的股权期权奖励；向在申请大众、本田、丰田等德日系合资品牌时有突出贡献者给予较丰厚的现金奖励；向在申请长城、长安、吉利等自主品牌时有突出贡献者给予一定的现金奖励等。

新增汽车品牌正视汽车服务业利润越来越薄、不适应重资产运营的现实，着眼于充分利用现有的场所设施和经营管理团队进行改造，以轻资产、少投入、多产出为标准，发挥了集团存量经营资产丰富的优势，实现了资产的优化配置和投资的高回报率。国和集团还创新地提出了低成本扩张和一店面多品牌经营模式、一团队多品牌经营模式，强有力地实现了汽车业务板块品牌结构的优化，实现了降本增效的目的，增强了国和集团整体汽车品牌竞争力和企业的可持续发展能力。国和集团与委托国和集团管理单位近5年来新增加了全国销量领先的东风本田、上汽大众、广汽三菱、上汽荣威、长安、吉利、一汽青岛解放等竞争力较强的汽车品牌共10余家4S店；将竞争力较低的猎豹汽车、长安福特等品牌退网，有效消除了亏损源，提高了低效、无效资产的经济效益。

（三）强县域服务，拓新发展空间

2020年，我国千人汽车保有量173辆，低于世界平均水平，而美国千人汽车保有量达到837辆，日本千人汽车保有量为590辆，德国千人汽车保有量为589辆，我国汽车保有量依然处于较低的水平，增长空间很大。大城市的汽车市场相对饱和，许多大中城市都出现汽车拥堵的问题，而三四线城市的汽车市场依然具有相当大的增长空间。未来汽车销售的主战场将向县域及广大乡村转移，农村市场将是未来汽车市场的主要增长点，这为发展县域汽车市场提供了新的机遇。国和集团顺势而为，近几年不断下沉销售服务渠道，在县域建立集汽车综合销售、综合维修、汽车保险、汽车金融、原厂和同质配件供应、精品养护品供应等为一体的县域汽车服务综合体30余家，并且还在不断拓展中。

县域汽车服务综合体突出高档绿色钣喷业务和精洗美容的引流作用，填补县域汽车后市场服务空白，并以其为载体引入厂家同质配件、车店网络管理系统、电动车等新能源汽车、资源车销售体系等产业链，适应了市场需求，提高了企业的可持续发展能力，充实丰富汽车发展业态，实现了集团内部资源共享、优势互补和抱团发展，提升了县域汽车服务综合体的服务能力和在县域当地的影响力。

国和集团发展县域汽车服务综合体，一是发展了新型产业，随着环保要求的逐渐提高以及新能源汽车技术的迅速发展，未来新能源汽车将逐步替代石化燃料汽车的趋势已逐渐明晰，而与石化燃料汽车"从城市向农村渗透"的发展模式不同，新能源汽车特别是电动汽车是"农村包围城市"的发展模式，县域市场是目前新能源汽车消费的主场；二是发展了综合业态，国内汽车销售市场中销售的利润贡献度正在不断下降，单纯依靠销售已不能满足企业未来发展的需要，国和县域汽车综合体是以汽车销售为主营业务，涵盖保险、金融、售后综合维修服务和二手车服务等多种业态并存的覆盖车辆全生命周期的新型汽车综合服务机构；三是解决县域事故车辆的送修难题，在县域建立汽车综合体，发展绿色钣喷等高科技业态，借助4S店的管理团队和维修技术，利用4S店原厂或同质配件与保险公司合作，既解决了保险公司县域事故车送修难的问题，同时也能为国和县域汽车综合体带来较为可观的经济效益；四是培养高素质的综合服务团队，建立县域汽车综合体既能突破"4S"心态，增强集团公司内部各品牌4S店的业务沟通与技术交流，培养综合销售和综合维修服务团队，又能为4S店的转型发展探索新途径，抓住未来多品牌综合经营以及"新能源"汽车非4S店经营模式转变的发展态势，做到未雨绸缪。

集团层面通过共享非管控资源，逐渐形成一套多品牌运营管理体系，充分发挥出多品牌运营的优势，实现了客户资源信息的共享、管理人员的共享、社会资源的共享和场地资源的共享，大大降低了积客成本、社会资源利用成本、人员工资、场地费用等成本。

（四）强服务转变，创服务品牌

当前市场形势下，除了一些豪华汽车品牌及少数合资、自主品牌外，多数品牌裸车销售价格远低于进价，汽车销售业务想要盈利已经非常困难，店面的利润来源主要依靠售后业务。但长期以来，4S店从业人员受汽车厂家的影响，大部分都重销售、轻服务，作为汽车品牌与用户之间联系的桥梁，汽车经销商的服务水平和质量直接影响用户的体验感和满意度。国和集团总结三年双提升的经验，经过提炼创建了"国和无忧"汽车服务品牌，用品牌引领，着眼未来，推动集团整体向服务型汽车经销商集团转变。

创建"国和无忧"服务品牌的宗旨是通过服务品牌的创建提升了市场差异化竞争优势，增加客户黏性、提升客户满意度，逐步培育了客户对国和集团旗下4S店独特服务的体验和认知。具体来讲，"国和无忧"服务品牌就是把对客户的服务延伸到客户从买车到用车到再卖旧换新的汽车全生命周期，给客户提供全方位管家式的服务，用"客户感受、创新服务、综合盈利"的核心理念引领集团的资源整合，把产品套餐、以打包分类、板块化的形式呈现给用户，从而使客户体会到服务的价值。

在销售业务方面，可以提供"保险无忧"服务，利用保险公司为4S店提供的保险打折优惠进行自店险种打包销售；在增值业务方面，可以提供"政策无忧"服务，店面提供新车保险、在用车延保、精品、定位产品及分期贷款服务，让用户花最少的钱享受最优质的服务；在售后业务方面，可以提供"保养无忧"服务，4S店根据实际情况推出保养预售包，价格及享受权益相比单次保养优势明显，同时可以绑定赠送在用车延保、车辆续保、加装配件、养护产品等相关业务，将客户牢牢锁定在4S店内；在客户服务方面，可以提供"服务无忧"服务，4S店根据实际情况实行多顾问交车模式，为用户后期使用中的再购、转介绍、事故出险、续保提供无忧服务。

"国和无忧"服务品牌彰显了客户服务的价值，与客户的付出相匹配，服务产品具有一定的稳定性和延续性，体现4S店对客户负责的精神，不同品牌的车型，确定的服务价格与车辆价格相匹配，同一品牌同一车型的服务价格在不同4S店之间基本相同，形成国和集团内部服务价格的集中统一，服务的内容简单明了、服务流程到位、服务责任明晰，实施效果明显。

（五）强营销创新，创立体营销模式

一是新媒体集客。近年来年受疫情影响，客户进店量断崖式下降，部分店面靠视频直播吸收了大量粉丝，积累了一定客户。国和集团迅速进行推广，邀请淘宝公司进行视频直播在线辅导，组织培养短视频团队进行粉丝积累，以及在多平台进行直播，开展短视频营销和直播活动吸粉效果明显，部分店面在厂家评级中拿到了很好的名次。

二是新媒体促牌。国和集团通过汽车之家、易车网、太平洋汽车网等网上平台的线索信息分析及论证，在原有单店与网络平台合作的基础上达成集团整体战略合作，还曾积极策划成功举办了八店联合网上开业宣传活动与惠民月宣传活动结合，借8家新品牌4S店集中开业的契机，充分利用合作媒体开展预热宣传、网络现场报道等宣传活动，进一步提高国和集团的知名度和美誉度。

三是抓垂直媒体运维培训。国和集团分期举办"提升4S店垂直媒体平台运维能力"专项培训班，进一步提升4S店垂直媒体平台灵活运用的能力，促进后台操作技巧以及智能产品、新型媒体产品的应用。

四是创公众号网上销售平台。国和集团创立微信公众平台"国和车市"，涵盖了国和集团旗下所有汽车品牌4S店及平行进口车公司的最新优惠促销信息和车型报价信息和服务项目信息，为各店及县域综合服务中心开展多品牌经营提供了信息沟通的渠道，极大地方便了客户对国和集团经营品牌和在售车型及价格、服务项目的了解，宣传服务效果显著。

五是建事故车外拓信息共享交流平台。国和集团组建了石家庄区域事故车外拓信息共享微信交流平台，收集事故车辆线索，增加了事故车辆进店量和事故车产值，营销效果显著，创收效果明显。

（六）强文化建设，培优良基因

企业文化建设是企业生存发展的重要软实力，是企业兴衰成败的重要因素。在市场竞争日益激烈的大环境下，要保证企业持续健康发展，文化建设至关重要，国和集团组建了国和商学院理论学习平台，

由国和商学院总院和各4S店分院组成。国和商学院理论学习平台分享了大量汽车销售服务及后市场服务的最新动态文章和介绍汽车及汽车服务业发展趋势的文章，进一步加强了员工的有效学习能力，在企业内部营造良好的学习氛围，通过开展有效的学习活动，起到了内聚人心、外塑形象，积极培塑企业文化的作用，培养了一批复合型人才，助推企业转型升级，让员工与集团共成长。目前平台已累计分享学习资料近千余篇，通过组织所属各公司的负责人及骨干员工利用平台加强业务知识和业务信息动态的学习，使4S店一线管理人员能够及时有效接触到汽车行业最新鲜的资讯和行业动态，为其工作提供知识储备和业务技能，培养造就出一大批优秀的管理和技术人才。

三、国和集团汽车板块高质量发展取得的主要成效

（一）运行质量明显提高

国和集团高质量发展的基因根植于汽车板块，近年来，国和集团通过"双提升"活动，不断加强汽车业务板块精细化管理，狠抓衍生业务、提升服务质量，不断创新管理方式方法，夯基础、提素质、补短板、促转型，汽车业务板块经济运行质量明显提高。

（二）经营管理水平明显提高

国和集团通过开展各类管理创新活动，经营管理水平明显提高，旗下的4S店从过去的"粗放式"管理模式逐步向"精细化"管理模式转变、从"销售型"逐渐向"服务型"4S店转变，建立健全了4S店管理体系，企业现代化管理水平不断提升，有力保障了汽车业务板块的稳健发展。

（三）业务指标显著提升

近年来，国和集团汽车业务板块近年来业务指标显著提升。2020年国和集团汽车业务板块4S店完成营业收入57.23亿元，较2015年的46.91亿元，增加10.32亿元，增长21.20%；其中销售收入54.26亿元，较2015年的43.69亿元，增加10.57亿元，增长24.19%；车贷渗透率由2015年的26%提升到61%，增长了35%；新保率由55%提升到71%，增长了16%；续保率由30%提升到59%，增长了29%；二手车置换率由2.3%提升到10.3%，增长了8%；售后服务业务的利润也逐年增加。

国和集团汽车业务板块的经济效益也呈现大幅增长趋势，2019年国和集团汽车业务板块利润较2015年增幅高达67%，经济效益增长明显。在整个汽车行业仅有约38%经销商处于盈利的情况下，国和集团经营管理的4S店保持了90%盈利的大好局面。国和集团2017年进入中国汽车经销商集团百强榜，排名96名、2018年名列第84名、2019年名列第74名、2020年名列第75名，国和集团也由一家急需脱困的老国企，成为实现了高质量发展的新国企。

（四）发展路径更加清晰

国和集团未来将继续立足汽车业务根基，以成为大型综合汽车服务商集团为目标，继续谋划改革创新发展，坚持不断通过开展企业管理和经济效益的提升活动，推动企业的更精细化、更数字化、更现代化管理，持续不断的优化汽车品牌结构和开拓新的业务领域、培育新的发展空间，持续不断的加强文化建设、增加增强品牌竞争力和公司的软实力，经营模式与时俱进，培育人才队伍、造就一支技术过硬的优秀团队、扩大和提高市场竞争优势，在确保企业盈利能力提升的前提下，实现企业的高质量发展。

国和集团还将积极谋划管理模式数字化改造，建立创新性综合汽车园区，大力发展综合、绿色、环保的汽修业务，吸引创新复合型人才，力争打造一个高质量发展的现代化大型服务型企业集团，取得更新的成就、创造更大的辉煌。

四、启示与思考

作为具有老国企历史的国有投资集团，在推动企业高质量发展方面，一要尊重历史。要以对历史负责的态度，让老国企重整河山，再创辉煌；二要勇于实践。要以全新的经营理念、管理手段促管理水平、利润水平双提升；三是要精于布局。要以战略视野谋篇布局，推动企业实现高质量发展。

成果创造人：刘汝东、谷俊柏、刘维思、朱成奎

联合装备企业集团改革创新转型升级
的探索与实践

中国联合装备集团有限公司

一、背景

中国联合装备集团有限公司（以下简称"中国联合装备"）是装备制造行业的大型国有企业，前身是原轻工业部机械局，有多家建于20世纪60、70年代的成员企业。1980年经国务院批准组建成为中国轻工业机械总公司，2005年并入中国建材集团。2012年改制成为中国联合装备集团有限公司。2017年整体划入中国建材集团科技板块的凯盛科技集团，成为中国建材集团三级公司。

在长期发展过程中，中国联合装备培养了一批业界知名的技术人才，开发出了一批具有市场竞争力的产品，形成了一定的市场信誉度和品牌忠诚度，但是近年与业内新兴优秀企业相比，存在战略不清、创新缺乏、机制落后、机构臃肿、装备陈旧、工资偏低、人才流失、人心涣散等问题，市场持续萎缩，经营越发困难，直至2016年亏损1.7亿元，58户法人中有26户亏损。

划入凯盛科技集团后，中国联合装备深刻理解"两个大局"带来的机遇和挑战，直面各种困难挑战，抓住国企改革三年行动的契机，践行中国建材集团"创新驱动""绿色发展""国际化"三大战略，不断形成发展优势，实现跨越式发展。党建工作、生产经营、转型升级、市场开拓、研发创新等各项事业有序推进、生机盎然，尤其是销售收入、利润总额等指标连续四年实现两位数增长，2021年上半年更是创造了历史同期最佳水平。

电线电缆（合肥神马）、液体食品（中辰轻机、南轻包装、重庆中轻）、制浆造纸（安阳机械、杭州机电院、西安院）、立体停车（唐山通宝）、洗选煤（唐山森普）、建材装备（北新机械）等六大类装备制造板块的技术水平和科技含量均处于行业领先地位，能够与长期占领中高端用户市场的国际同行进行有力竞争，市场占有率持续提升。

合肥神马在中国电线电缆装备制造以及陆地和海洋管道专用装备制造行业的产品种类、销量和技术水平等多项指标均领先，绞制、拉丝、硫化、连铸连轧、成缆等技术占据中国行业第一。中辰轻机、南轻包装是中国酒饮料装备行业的核心骨干企业，设计资质、加工手段、产品质量以及售后服务一直处于行业领先地位。重庆中轻啤酒饮料过滤技术国内领先，中国市场占有率保持在30%以上，被誉为"中国过滤设备专家"。安阳机械是制浆造纸装备的定点企业，现已发展出建材、日化、水处理、压力容器、风电等多种装备业务。杭州机电院、西安院2家国家级科研院所有制浆造纸装备等领域的设备研发、工程设计丰富经验。唐山中轻旗下的森普和通宝分别是所在细分行业的排头兵，唐山中轻自从股权重组唐山森普和唐山通宝几年来，合营业收入和实现利润均增长了10倍以上。北新机械专业提供纸面石膏板生产线、矿棉吸音板生产线等成套装备，以及钢桥制造、钢结构制造等项目。

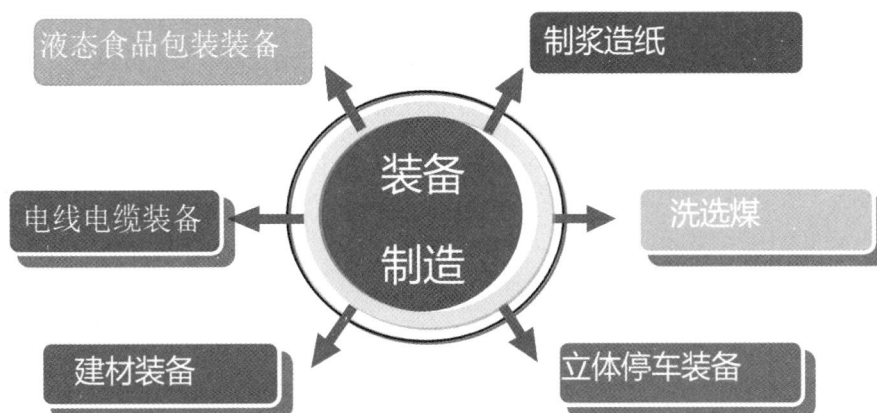

图1 六大主业板块

二、主要措施

（一）以战略定位带动全面发展

1.致力成为中国建材装备制造主力军

中国联合装备深刻认识构建新发展格局的历史意义，认真分析评估市场环境和行业形势，谋划和做好新时代的战略指引，找准在国家发展大局和中国建材、凯盛科技发展战略中的坐标方位。将主动对接中国建材集团、凯盛科技集团重大战略，作为重大责任，视为重大机遇。实施轻工领域工程化、三新（新玻璃、新材料、新能源）装备平台协同化、优势产品链上下游有限多元化策略，实现技术转型和产业升级。

中国联合装备大力支持南轻包装、安阳机械、杭州机电院等成员企业主动对接中国建材集团的材料装备、玻璃装备、智慧农业、风力发电、智能仓储等项目，建立全面、长期、紧密的合作，实现协同互利发展。把建设成一流先进装备制造企业集团作为新定位，充满信心致力成为中国建材装备制造业务的主力军。

南轻包装积极拓展建材新能源装备业务，创新开发国内首条光伏玻璃基板全自动包装线和智能立体仓储系统，中标中建材（合肥）新能源有限公司全自动包装线—智能立体库项目。该包装线和仓储系统均为光伏玻璃行业首创，其中重载四向车是国内首台套产品，是立体智能仓库在太阳能压延玻璃行业的首次应用。充分利用建筑物空间，实现货物的存储量最大化、高度自动化、物流高速化和信息一体化；自动化智能立体仓库系统完全由计算机操控，运用先进的集成化物流理念，采用一流的控制、总线、通讯和信息技术，可实现自动包装、入库、出库、调库、盘点、库存统计和报警、报表生成等功能。具有单库位载荷重，同等面积下库位数量多，库位深度长，库容利用率大，自动化程度高的特点。将极大地降低客户在光伏玻璃深加工成品包装和物流仓储方面的人力成本和管理成本，优化提升储运效率，带动整个光伏玻璃行业的产业升级。

安阳机械积极拓展市场潜力大的新产业，以应对传统业务萎缩的困境，配备精干的技术、质量和生产管理人员，建立有效的生产和质量保证体系，确保新项目成功。一是智慧农业玻璃温室钢结构项目。

技术骨干组成标准化编制小组，编制标准大纲，形成兼顾原材料采购、生产加工、表面处理、包装运输等方面的质量管控体系，提供成本控制技术参考，显著提高产品质量管控能力。二是风电塔架项目。保质保量完成生产基础上，帮助政府招商引资在豫北形成了完整的风电产业链，共享风电产业化利益。三是顺应环保要求，进入餐饮垃圾环保处理装备行业，总包了南通市50吨/天生活垃圾处理设备生产线，参与安阳市200吨/天生活垃圾处理线设备供货。日处理量6吨、10吨及15吨气化焚烧系统已在甘南及山西等地相继进入试运行。

杭州机电院发挥造纸装备制造与工程服务相结合的优势，成功中标南玻院中材科技膜材料（山东）有限公司滕州年产1000吨玻纤滤纸生产线总承包项目。玻纤滤纸过滤效率极高、化学性能稳定，广泛用于空气净化和节能保温。日用化工专业向新能源业务拓展，承接帕瓦公司新能源板块原料制备车间的设计，并将现有技术成功应用于医药化工以及环保三废处理等行业。食品包装专业向医药保健品行业拓展，成功承接了铁枫堂、耕盛堂等医药保健品公司项目。

图2　杭州院承建南玻院项目

2.对标一流企业，强化目标引领

各企业充分分析竞争环境、客户群体、技术趋势等，对照世界一流、行业先进、中国建材先进企业，全面有序开展对标一流管理提升行动。科学选取对标要素，制定投资回报、净资产收益率等管控指标，强化财务硬约束，提高资产效率效益。既注重量化指标对标，也注重管理理念、创新能力对标，把对标贯穿到生产经营全过程和各层级。通过强化精准对标、强化能力建设、强化体系建设，统筹推进各项目标任务，有效发现问题，找准短板差距，明确改进方向，并将通过加强自主创新投入、引进人才、行业并购、拓展产业链、成立子公司、深化股份制改革、扩建产能、实施品牌战略等一系列举措促进目标落地。

合肥神马定位国际一流线缆、管业装备综合服务商。市场调研认为"节能、环保、模块化、智能化"是线缆装备未来发展趋势，坚持线缆、管业装备为核心主业，重点提高线缆装备高端化、智能化，同时在（陆地）海洋油气管道成套装备、钢丝绳成套装备和智能成套装备等方面进一步加强市场开拓，解决卧式成缆机、同心式绞线机、线盘转运智能化系统等行业卡脖子技术。利用自身装备优势，通过

"智能＋制造＋服务"三维共振，延伸产业链条，扩大企业规模，提升经济效益。加大国际市场营销布局，探索和涉足海外成套工程业务，努力打造高端化、国际化、产业化的线缆、管业装备品牌优势，提升国际市场业务量，实现国内、国际均衡发展。

中辰轻机定位为全球化的受人尊敬的食品包装行业优秀供应商，致力于打造产品好、服务好、党建好、文化好、效益好、管理好、环境好、形象好的企业。分析PET瓶、易拉罐、玻璃瓶、饮料、烈酒、含奶制品等生产线装备，研究克朗斯、西得乐、KHS等国际顶级企业和达意隆、新美星、乐惠等国内三强的技术优势，提出着力发展冷热双灌技术、无菌灌装技术、高速封罐机。重点举措包括打造数字化、智能化制造车间，更新主要制造设备，提升先进设计软件和分析工具的应用水平，提升质量管理水平，为生产具有世界一流水平的包装设备，提供优质平台。分别在干包装设备、输送设备、流体设备、封罐机设备成立子公司或事业部，深入推进相关板块发展。近期先后推出12头高速易拉罐封罐机、60000罐/时高速啤酒灌装生产线、SCE061806吹灌旋三联机、YLGD2004易拉罐灌装封口机、YJL12U杀菌机、BG2000A精酿啤酒灌装四联机等新产品，打破国际巨头的垄断。

图3　中辰轻机吹灌旋一体机

西安院紧扣科技创新，充分利用传统装备机械优势，打造行业研发基地和技术中心。坚持"一中心、一融合、三辐射"发展思路，树立以西安院为母体多领域板块融合发展的"合作发展共同体"。辐射传统优势包装机械、造纸机械行业，做好智能化升级改造；辐射高精密加工板块，加大体量与质量的双突破；辐射军民融合和化工环保领域，做好产业转型，实现新增长点。坚持以高质量发展统揽全局，突出抓好科技资源培育产业发展，进一步集聚联合当地高校科研资源，加速推进具有高技术含量、高附加值的新产品开发。推动区域协同发展，加强与合资公司的互学互鉴、互联互通、互惠互利，推动经营管理、科技研发、人才培养等经营模式的对接互通，注重产业协同联动发展，形成开放、协作、共赢的发展新局面。进一步在多领域、多学科联合行业内外的优势创新资源，实现跨界创新、跨界发展。坚持"5＋6＋N"用人模式建设人才队伍，做到了"人才不为我所有，但为我所用"。先后与陕西科技大学签署校企人才合作基地、与西安工业大学签署校企人才交流合作基地、与长安大学签署校企战略合作框架协议，实现了校企人才交流、合作、互通。

杭州机电院立足装备制造，努力做大做强制浆造纸、日用化工、食品包装等现有业务，打造具有核心竞争力的一流轻工设备供应商和工程承包商。走工程化发展道路，通过改革完善管理体制和运行机制，加快装备研发制造和工程设计服务两大业务板块的建设，充分发挥制浆造纸国家工程实验室、工业产品质量控制和技术评价实验室、国家中小企业公共服务示范平台等国家级科研服务平台的作用，加快核心技术的研发和产业化推广。以核心技术装备研发和产业化促成设备成套和工程总承包项目的承接，同时又以工程项目的实施带动核心技术装备的研发和产业化推广，实现科研开发、装备制造、工程设计和工程总包"四位一体"协同发展的态势。

重庆中轻定位为中国建材集团西南地区智能装备研发中心与制造基地，以退市进园为基础，向三个方向发展。一是发扬过滤设备优势，拓展白酒、调味品、生物医药过滤领域，加快错流、陶瓷膜纤维膜等前沿无土过滤技术攻关。二是从丘陵微耕机和上海凯盛机器人智慧农业输送线入手，进入现代农业装备领域。三是做大新材料及工程服务业务，包括各种工业、建筑及装饰用铝型材的制作加工和表面处理。成立新材料与工程事业部，拓展铝合金材料的应用。充分利用建筑机电安装、建筑幕墙和建筑装修装饰工程及其施工许可证等多项总包资质，推进公司向工程化、多领域发展。

唐山中轻充分发挥参股公司混合所有制体制、机制优势，不断提升国有股东控制力和影响力，将旗下通宝公司打造成为业内技术精湛，品质一流、服务一流的专业化智能车库和车库静态交通管理的供应商、管理商和服务商；将旗下森普公司打造成为行业内最具竞争力的洁净煤装备成套方案提供商、洁净煤技术全流程专业服务的第一品牌。森普和通宝均成为国家级高新技术企业、河北省第一批工业设计中心企业、河北省"专精特新"中小企业，森普公司又入选专精特新"小巨人"企业。

（二）以创新驱动形成竞争优势

中国联合装备大力实施创新驱动战略，聚焦六大装备制造核心主业，努力突破核心技术瓶颈，切实提升自主创新能力，形成核心竞争力。创新商业模式，拓展服务领域，培育为客户提供"核心产品＋系统工程＋增值服务"系统解决方案的能力。加快内外部的科技创新资源的优化整合，形成基础研究和实用技术研发相结合。面向国家重大需求，在战略必争的技术领域强化布局，围绕重大科技难题和行业共性技术，加强与高校、研究所在产学研、人才培养、科技创新方面的合作，开展联合攻关，形成了一系列具有国际先进水平的高质量成果，一批制约行业发展的"卡脖子"问题被攻克，并成功进行产业化和商业化。

合肥神马与合肥工业大学共建的博士后科研工作站，针对线缆生产线转运机器人系统开展课题攻关，完成样机测试。与中国科学技术大学、上海电缆研究所开展智能化研究合作，成立了智能制造研究所。与中国工程院院士陈学东签订了共建院士工作站协议，围绕行业亟需解决的重大关键技术难题：海洋和陆地油气管道成套设备开展合作。以国家级企业技术中心为平台自主开发的卧式成缆机、全自动智能侧面上盘装置等高端智能成套装备，填补国内空白，技术达到国际先进水平。JGT100－6＋12＋18同心式绞线机列入2020年安徽省首台套重大技术装备。国内首台海洋立式成缆机，采用6.5米超大直径回转支撑轴承结构形式，单个电缆转盘直径达到10米，载重量达到1000吨，可以满足单根超长无接头海底电缆的生产，技术达到国际先进水平。一批高新技术、高附加值的管线装备出口世界68个国家。

图4 合肥神马绞盘型成缆机

唐山通宝引领立体停车设备这一朝阳行业的发展，通过智能制造系统、智能信息技术改变行业的设计、生产、管理和服务方式。加大"智能库"新产品研发力度，大轿厢式垂直升降类智能立体车库、新型垂直循环立体车库完成智能停车行业的推广及应用，累计车位近千个，同时拓展开发完成车库辅助收费系统和手机App预约系统。华北理工大学智能停车库项目属于行业首创，"多协同"模式明显提高工作效率、节省制造成本，具备极高的市场竞争力。2018年进军以色列立体车库市场，份额逐年扩大，为通宝设备开拓市场起到了很好宣传推广作用。这些成果应用显著提升了智能停车产品的科技化，增强了唐山通宝战略转型信心。唐山森普引领洗选煤行业发展，通过智能制造系统、智能信息技术改变行业的设计方式、生产方式、管理方式和服务方式，研制了目前世界上最大的沉降过滤式离心脱水机。

南轻包装与南京工业职业技术大学签订了校企战略合作协议，在南轻设立"南京工业职业技术大学教授（博士）工作站"和"南京工业职业技术大学就业基地"；与河海大学共建了江苏省风力发电结构工程研究中心；与江苏南高智能装备创新中心有限公司签署战略合作协议，在云平台，产线智能化，MES等方面合作开发适合流体包装行业、玻璃包装行业的产品。依托核心流体灌装技术，研制出国内首台套医用稀释剂灌装生产线，是医药试剂行业软袋大容量、高速灌装的重大技术突破，产品达到国际先进水平；搭建了"南轻生产线数字化管理系统"云平台，实现了对生产设备及能源的实时远程管控。2020年与迈瑞医疗成功签约国内首台套软包装回转灌装的设备，取得进入医药行业的"金色"通行证。

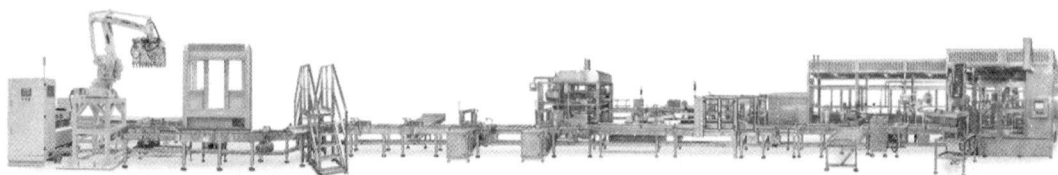

图5 南轻包装大容量医药试剂软袋自动灌装线

杭州机电院成功中标工信部2020年绿色制造系统解决方案供应商项目，并在一年内完成了项目合同要求的各项指标，顺利通过验收，集中体现造纸装备技术优势。多年来狠抓制浆造纸节能减排技术的研发工作，从备料、蒸煮、漂白、洗浆到特种纸机和涂布完成设备等，都取得了良好应用和效果。多年前意识到利用造纸法生产特种材料的技术将有很大发展空间，布局利用造纸机械的技术和人才优势，积极研发用于特种材料的设备技术，效果显著，为国产大飞机复合材料、高效玻纤滤材、超级电容器纸等先进材料的生产提供了关键生产设备，技术水平位居国内先进。充分依托制浆造纸国家工程实验室，研发中浓浆泵和混合器等多项先进技术，打破了国外公司垄断、价格高昂的局面。在浙江省科技项目资金支持下，自筹资金搭建起了试验平台，与浙江大学流体分析专家合作从理论上深入分析入手，对初步研发的结构进行大量试验和优化，终于解决了中浓泵的效率低扬程低等顽疾，达到国际先进水平，在多家国内大厂成功应用，带动中浓漂白成套设备销售，成功替代进口，经济效益良好。大力开发农业废弃物的综合利用，实现制浆造纸技术向相关行业拓展，与秸秆控股集团签订了战略合作框架协议，通过其国家秸秆产业技术创新战略联盟平台，充分发挥装备设计研发及工程结合的优势，已有多个项目投产，取得良好效益，得到用户好评。

西安院联合优势科技资源，针对重点和难点技术合作攻关，实现自动化包装产业转型升级。拓宽科技创新研发应用领域，软盒白酒装盒机、膜包机快速分道调整装置、新型特种玻璃纤维纸机机架、全自动快速纸箱包装机等新技术，明显提升了包装机械产品的易用性和通用性，使轻工产品向中高端方向发展。高速度全自动纸箱包装机项目具备行业领先水平。

（三）以基础管理提升质量效率

中国联合装备逐步建立现代企业制度，强化投资管理、债务管控、资金管理，做好全面预算指标管控，加强企业运行监测与分析，支撑企业绩效评价。建立目标考核警示提醒制度，强化考核评价职能，促使各企业切实负起经营的主体责任。依据月度、季度财务数据组织开展相关生产运营分析会，对照年度指标，重点关注各阶段数据反映出的问题并及时沟通、函询，分析原因加以解决，有效提升管理精细化程度。建立视频会议系统和统计云平台，促进了整体工作效率的提升。

各企业普遍加大了信息化投入，完成了"三重一大"系统和OA办公系统建设，人力资源信息系统数据全面更新，运用信息智能技术提升管理水平。积极推进数字化工具、智能化工具、移动办公等企业业务、管理的数字化转型，有效提高对客户的服务效率和质量。对产品的投标、设计、计划下达、材料采购、生产计划、工艺编排、过程控制、售后服务等生产经营全过程采取全过程质量控制，进行质量管理体系、环境管理体系、安全生产管理体系的标准化、流程化管理，材料、生产和管理成本降低，资金周转加快。积极推进集中采购，增强议价能力，提高了库存利用率，通过全面推广深化应用PDM/ERP，缩短了产品开发周期，提升了产品质量和采购的准确性、及时性，成本管控得到加强。深化内部组织机构改革，划小核算单位，精准成本核算。阿米巴经营管理趋于成熟，为经营管理决策提供数据决策依据。执行"低库存"生产模式，精密计划生产任务，坚决按照生产进度采购物资，降低大额物资库存占比。

安阳机械始终高度重视企业信息化建设，2000年起先后引进了计算机二维辅助绘图、三维辅助设计，有限元分析、工艺编制CAPP、压力容器强度计算软件，财务和采购进销存ERP管理系统，设计部子局域网安全管理系统，生产物联网系统，切实提升了工作效率和进度。2010年搬迁改造，实现网络全覆盖，厂区外围墙无死角全天候监控系统。为保证数据安全，一直坚持内外网物理隔断，设计子局域网不能接入互联网，内网安全管理软件与服务器系统双重认证，数据实时备份系统等措施确保公司产品数据安全。2017年引进北京数码大方科技股份有限公司CAXA 3D实体设计、CAXA CAD 电子图板、CAPP

工艺图表、PLM图文档等系列设计和图文档管理软件，产品设计数据全部在PLM图文档系统中进行，按照产品大类、年份及用户项目等进行分类管理，实现了产品数据集中管理、电子校对审核、数字签名、一键工程图打印、产品技术文件电子存档、标准化建设等。利用图文档系统，多盘式真空过滤机、螺旋输送机、压力容器（法兰、人孔、鞍座等）等产品实现了装配式设计模式，提高了设计效率和质量。成为CAXA河南区域示范性企业。

合肥神马从强化管理、提升效率出发，对管理机构及职能进行了大幅调整。组建运营管理中心为业务部门提供管理服务和流程保障。建立大项目管理负责制，对重大项目实行专人负责，跟踪落实，提高了多个海缆项目的整体效率。成立组装分厂，对优化后的两个分厂签订了目标考核责任书，自负盈亏，划小核算单位，促进分厂的精细管理和效益提升。设立智能制造事业部，面向未来市场，抢占智能制造制高点。组建对外合作部，将生产管理部门和装备制造分厂的零件外协进行整合，统一由对外合作部进行协作加工，外协更加集中和专业，降低了成本。以新产品研发为重点，调整技术中心内部结构，加大新品的研发和老产品的优化。合署企业管理部与信息化部，强化企业管理的信息化水平，以信息化促企业管理的不断提升和企业管理带动信息化的有效落地。严格按预算进行管控，对费用支出较大的部门，实施费用总额控制，纳入目标考核。创新营销工作方式，以重点客户为关注点，通过点对点服务，提供远程指导、技术支持等方式，开展远程业务技术洽谈、远程设备调试等，为客户提供了及时周到的服务，赢得了客户的认同和信任。通过"管理+IT"结合模式，在同行业率先实施三维可视化设计、有限元工程分析、机电一体化协同设计等先进设计工具方法，大大增强了企业研发水平和创新能力。

杭州机电院加快装备研发制造和工程设计咨询两大业务板块的建设和完善，促成设备成套和工程总承包项目的承接，同时整合《标准检测鉴定》杂志等行业服务功能，建设完善第三大业务板块，打造新的利润增长点。通过修订完善有关制度，为管理精细化提供制度保障。按照质量管理体系、环境管理体系和职业健康管理体系的要求，将标准化工作流程深入一线，提高工作效率。不断完善分配激励机制，制定项目超额利润分红激励制度，充分调动技术骨干积极性，促进技术创新。加快数字化、智能化工具的应用，建立全院范围内的企业邮件系统，并利用钉钉等数字化手段简化办事流程。在设计工作中使用3D Plant Design Seat、PDSOFT三维管道设计与管理系统、工艺自控流程图设计系统、管道应力分析软件AutoPSA9.3等先进的设计软件，增强设计研发能力。

重庆中轻重构组织职能设置，完善大部制管理，压缩生产管理层级和链条，强化销售、研发、生产、采购和质量服务与制衡管理模式；坚持以销售为龙头、财务为核心、技术和生产为基础，不断创新研发管理体系和激励机制，快速响应市场和用户的专业产品智能化需求。实施以"项目负责人"为核心的项目团队管理制度，以项目为绩效考核结算单元的项目考核制度。实施一专多能、差异化考核评价与激励政策，奖优罚劣。充分调动干部员工干事创业激情。持续加大科研投入，把企业的既有优势和市场发展方向紧密联系起来。结合修订公司"十四五"规划，梳理新产品开发与技术创新成果转化五年目标计划，瞄准行业发展前沿，制定酱油、食醋过滤设备开发计划。多种措施降低成本：优化产品结构及工艺，提高材料利用率和生产效率；严格实施物资采购招投标管理，加强合同过程评审；坚持封闭报价管理制度，全面优化供应链，加大物资集中采购力度，提高电子招标和上网采购比例。

西安院持续推进科研项目组长负责制，根据项目的行业和类型，采取自荐或推荐的形式，确定最佳项目负责人，从项目对接、技术论证、方案制定、研发设计、加工生产、安装调试等全流程进行跟踪和管理，有效提高了产品质量和加快了项目进度，不断增加客户满意度，落实项目的精细化管理，提升研发生产效能。

（四）以国际视野开拓全球市场

中国联合装备围绕"一带一路"倡议，完善海外业务全球布局规划，加强新兴市场开拓力度，国际化取得重大进展。加强市场分析研判，创新营销方式，积极培育新的稳定的业务增长点，借助凯盛科技成熟的国际工程业务渠道，在现有国际市场基础上努力拓展，坚定不移地"走出去"。以品质获得海外客户青睐，国际市场销售不断创历史新高。

杭州机电院加大成熟技术向东南亚、南亚推广的力度，全球首条甲酸法生物质精炼工艺和装备技术产业化生产线在印度ABRPL公司落地实施，合同额为1485万美元，这是全球业界第一个工业化应用项目。是国际市场开拓的新突破，对增强企业创新实力、装备水平有深远的影响。与印度企业合作，签订幅宽2000毫米，车速350米/分的特种牛皮纸造纸机合同，实现了南亚市场的重大突破。100吨/天湿浆板机在越南理文纸业成功投产。

安阳机械通过持续跟踪，与俄罗斯彼尔姆州签订日产100吨造纸酸法制浆项目总包协议，利用俄罗斯丰富的针叶木长纤维资源，制造纺织、医用浆粕。联合造纸专业国内优秀设计团队，完成项目设计，采用成熟的DDS超级间歇蒸煮、先进的双辊洗浆、漂白工艺。蒸发浓缩红液，使用干燥造粒技术，生产木质素磺酸盐，满足环保需要的同时资源化利用工业污染物，比国际同行运行成本低、耗气量低，更先进、适用。

重庆中轻与嘉士伯集团保持长期业务往来，产品符合《中国—东盟自由贸易区原产地规则》，通过嘉士伯（越南）公司申请获得东盟自由贸易区优惠原产地证明书（FORM E），降低了关税成本，提高了产品竞争力；保持与国内优秀总包公司密切合作伙伴关系，密切关注东南亚、中美洲、"一带一路"沿线国家市场需求动向，争取更多订单，扩大过滤装备出口业务。

三、取得成效

中国联合装备从一个发展举步维艰的状态，通过实施明确的战略规划，坚持改革升级总基调，多领域融合发展，技术创新不断突破，基础管理持续强化，发展活力日益增强。

（1）经济效益持续向好。2017年营业收入同比增长10%，首次实现经营性盈利；2018年营业收入同比增长14%，利润总额同比增长37%；2019年营业收入同比增长17%，利润总额同比增长65%；2020年实现营业收入同口径同比增长16%，实现利润总额同比增长95.05%，全级次36家企业首次全部盈利；2021上半年营业收入同比增长8.1%，利润总额同比增长79.7%。

表1　近年收入、利润增长表

时间	收入同比增长	利润同比增长
2017年	10%	首次实现经营性盈利
2018年	14%	37%
2019年	17%	65%
2020年	16%	95.05%
2021年1—6月	8.1%	79.7%

（2）高新技术企业、专利数量、主持参与制定国家标准数量不断创新高。目前累计拥有九家高新技术企业，占生产型企业的90%；拥有国家级重点实验室1个、国家级企业技术中心2个、省级企业技术

中心10个；截至2021年6月底，累计拥有有效专利480项，相比2019年增加170项。

（3）组织精健、管理精细、经营精益水平稳步提升。各企业结合实际精简管理机构，优化管理流程，提升职能管理的协同性，组织结构、管理层级不断优化。加大非主业企业压减力度，通过股权、资产转让等方式，逐步剥离，实现瘦身健体。信息化水平明显提高。

（4）"走出去"战略的深度广度不断提升，国际业务的出口合同额、出口地区均大幅增长，海外市场布局优化，业务遍及全球。

当前中国联合装备正站在一个新的关键节点上，创新转型发展任务艰巨。"十四五"期间将按照"创新、协调、绿色、开放、共享"的发展理念，坚定不移地实施高质量发展战略，有信心遵从中国建材集团的坚强领导，准确把握中国建材集团的"4335"指导原则（"4"是树立四个理念，即管好股权的理念、通过公司治理结构实施股权管理的理念、通过派出董监事实现股权管理的理念、资本流动和收益收缴的理念；"3"是建立三个闭环体系，即以薪酬为核心的激励约束机制闭环体系、投前投中投后的投资管理闭环体系、事前事中事后的综合监督管理闭环体系；"3"是三个继续坚决坚持，即改革的思路、创新的理念、市场化的原则；"5"是明确总部五大功能定位，即战略引领、资源配置、资本运作、风险防控、党的建设）。

中国联合装备将围绕"12663"工作设想，强化理论武装，提高政治站位，保持清醒头脑，全力推动开拓市场、创新驱动，实现业务转型，谋求异军突起。进一步做粗做长产业链，优化壮大六大业务板块，形成产业集群，促进共生集约发展。坚持不懈地推进现有产业信息化、绿色化、智能化。引进、嫁接高新技术，发挥优势，围绕集团新能源、新材料产业、培育新装备业务发展，提升向一流装备制造企业集团迈进步伐。

【参考文献】

[1]习近平.习近平谈治国理政[M].北京:外文出版社,2014.

[2]稻盛和夫.企业家精神[M].北京:机械工业出版社,2020.

[3]彼得·德鲁克.创新与企业家精神[M].北京:机械工业出版社,2015.

[4]杜国功.完善现代企业制度的思考[M].北京:经济参考报,2020-3-2.

成果创造人：卢党军、武文杰、张笑尘、赵娟、荀晓晋、吴鹏、陆漫远、苗红琳、张英、吴承明

湖南广电聚力建设主流新媒体集团

湖南广播影视集团有限公司

党的十九大以来，在习近平新时代中国特色社会主义思想指引下，湖南广电坚决贯彻落实党中央决策部署和湖南省委要求，加快媒体融合发展，推动改革创新，取得了重要进展和重大成果。远在2014—2015年，按照中央出台的《关于推动传统媒体和新兴媒体融合发展的指导意见》要求，湖南广电坚定推进"融合发展 以我为主"，形成了湖南卫视与芒果TV"一云多屏、两翼齐飞"的全媒体发展格局，建成了自主可控、传播力强的新型传播平台。2020年9月，中共中央办公厅、国务院办公厅出台《关于加快推进媒体深度融合发展的意见》，表明我国的媒体融合发展进入新阶段，要在重点领域和关键环节以更快的速度取得更大力度的突破。湖南广电深刻领会中央精神，贯彻新发展理念，主动对接"打造新型主流媒体"的国家战略，结合新的时代条件，提出"建设主流新媒体集团"的创新性战略构想，加速推动媒体融合的芒果模式向2.0版本迭代升级，一系列围绕"建设主流新媒体集团"的举措迅速实施，以互联网思维、全媒体视角谋划媒体发展。2020年以来，湖南广电收获了全国脱贫攻坚先进集体、全国抗击新冠肺炎疫情先进集体和全国脱贫攻坚奖组织创新奖三个重量级国家大奖，实现了省级广电影响力第一、品牌第一、市值第一的奋斗目标，"芒果千亿梦"照进现实，新媒体收入占总收入60%以上，主流新媒体集团已初具雏形，社会效益与经济效益双丰收，为国有文化企业的改革发展探索了新路径、新方法、新实践，为"十四五"时期的发展起好步、开好局。

一、建设主流新媒体集团的动力与意义

党的十八大以来，以习近平同志为核心的党中央高度重视传统媒体和新兴媒体的融合发展，发出了主力军全面挺进主战场的号令。无论是使命任务、战略机遇，还是市场环境、自身发展需要，都为本成果的实施提供了强大动力支撑，具有重要意义。

（一）主力军全面挺进主阵地的党媒使命使然

进入"十四五"，中华民族伟大复兴战略全局和世界百年未有之大变局这两个大局对视听行业的意义格外凸显。广电人要在时代的风云变幻中保持清醒，在斗争的惊涛骇浪中保持定力，坚定担当起党媒国企的职责使命。在互联网时代，线上与线下、虚拟与现实共同构成了日益复杂多元的舆论场，湖南广电作为身处其中的主流媒体，要想提升引领能力、牢牢把握正确舆论导向，就必须运用新技术新手段，推动媒体融合向纵深发展，建设主流新媒体集团，做大做强主流舆论，努力占领新的舆论场，不断扩大主流价值影响力版图，为实现"两个一百年"奋斗目标、实现中华民族伟大复兴的中国梦提供强大精神力量和舆论支持。

（二）行业急需迭代升级与重构的市场环境使然

传媒技术的变革带来传媒环境的急剧变化，技术进步推动传媒产业链整合不断加快，强内容、多渠道、多终端的媒体产品渗透率进一步增强，媒体渠道边界逐步消融。网络传输条件的改善与视频制播技术的不断进步，促使内容产品质量进一步提升，高清化、沉浸化的内容体验在提升用户黏性方面发挥着更大的作用，互动视频等全新内容形态不断涌现。特别是2020年以来，新冠疫情蔓延加剧世界格局演变，新一轮科技浪潮瞬息万变，产业调整力度加剧，长视频直面短视频入侵，传统媒体陷入被互联网主阵地边缘化的危机。为突破长视频增长的困境，必须要迭代、升级、重构，"建设主流新媒体集团"是直面行业变局、面向未来的前瞻行动。

（三）打造国有文化企业高质量发展新样式的内生动力使然

传统媒体转型升级的最大难点来自体制机制，以湖南广电来说，多年的改革创新带来了高速发展，但也存在资源分散、业务同质等问题，集团运营的集约化程度不高、决策运营的数字化程度较低，治理能力和治理水平亟待提高。为此，通过互联网基因改造，建设市场化程度高、运行高效、发展良性的主流新媒体集团，进一步探索国有文化企业经营管理模式的创新，从而推动湖南广电高质量可持续发展，尽快建成具有强大竞争力的新型主流媒体，提升国际影响力。

二、建设主流新媒体集团的原则、内涵与特征

集团公司（台）党委书记、董事长张华立在"2020中国新媒体大会"上，首次对"主流新媒体集团的建设"进行了系统思考与阐述。"建设主流新媒体集团"是湖南广电又一次重大的战略选择，是新时代对接国家战略的芒果实践，是具有湖南广电特色的广播电视媒体深度融合的创新探索。

（一）建设主流新媒体集团的主要原则

1.坚持党的全面领导

高举习近平新时代中国特色社会主义思想伟大旗帜，坚持党对国有文化企业的领导，严格落实意识形态责任制，把加强党对一切工作的领导贯穿集团公司发展全过程全方面，确保党的建设和企业发展同步谋划。

2.坚持社会效益第一

把握好国有文化企业的意识形态属性和产业属性，坚持把社会效益放在首位，坚持以人民为中心，大力弘扬和培育社会主义核心价值观，实现社会效益和经济效益有机统一，确保文化产业持续健康发展。

3.坚持深化改革

推进体制机制全方位改革，建立健全现代文化企业制度，使市场在资源配置中更好地发挥作用，加快推进供给侧结构性改革，加大内部业务和资产优化力度，以改革激发活力，为集团公司发展提供持续动力。

4.坚持高质量发展

贯彻新发展理念，推动高质量发展，统筹发展和安全，推动芒果生态各业务板块的连接、共生，不断孵化培育新业态，确保国有资产保值增值，牢牢树立国有文化企业标杆。

（二）主流新媒体集团的内涵与特征

"主流新媒体集团""新"的意义在于：不被传统媒体所定义，湖南广电要迅速迭代为真正的新媒

体；不被价值泛泛的新媒体所定义，湖南广电要成为具有党媒属性和市场影响力双重属性的主流新媒体；不被芒果超媒这一个新媒体平台所定义，湖南广电要建成整体组织形态、企业文化、生态价值都要实现互联网化重构的主流新媒体集团。

1."主流新媒体集团"的内涵应该包括

（1）自主自控，具有主流意识形态的高度站位；（2）拥有多个高度互联网化的新媒体平台；（3）拥有高度智能化的系统并匹配扁平化的灵巧组织；（4）拥有持续创新力的全维人才结构；（5）拥有全域的商业变现手段与持续增长的收入规模。

2.与此相匹配，七大主要特征构成了"主流新媒体集团"的基本面貌

（1）"守正创新的党媒属性"

意识形态属性是主流新媒体的本质属性，做大做强主流舆论，是湖南广电的使命。坚持将长视频特别是主流价值观长视频作为核心竞争力的内容战略，以一流传播效应创造一流社会效益，这是建设主流新媒体集团的核心要义。

（2）"矩阵传播的融合面貌"

调整新媒体渠道布局，建构主辅分明、层次清晰、开放多元的平台矩阵，提升具有主流媒体应有的强大传播力、引导力、影响力、公信力。

（3）"平台赋能的组织形态"

大力建设数据和数字资产，通过技术手段建立强大统一的业务平台，为经营资源的科学配置、高效使用提供支撑赋能系统，构建一云多屏、多元一体的扁平组织形态。

（4）"全媒时代的人才结构"

建立新型人才培养计划，巩固内容创意类人才的团队优势，吸纳软件工程、产品研发、内容运营、数据运维等新媒体新技术骨干人才，打造能参与新媒体头部竞争的全媒体人才队伍。

（5）"链路完善的产品集群"

加快新领域新业态品牌创建的谋划布局，通过一系列新产品的研发与运营，形成链路完整的产品集群，塑造全媒体知名品牌，丰富盈利模式。

（6）"前沿领先的应用技术"

新媒体的诞生和进化源于科技驱动。围绕智能影像视觉、光场技术、AR/VR、5G全息等重大核心技术展开研究，探索应用场景，转化研究成果，坚持把技术创新作为夯实数字经济、打造主流新媒体集团的新基石。

（7）"开放合作的运营生态"

完善互联网媒体生态系统和产业布局，加大对产业上下游生态链的延伸与掌控，开展战略型控股投资与生态布局型投资，建立覆盖从前端内容孵化到后端投资整合的资本服务链条。

三、建设主流新媒体集团的措施及效果

2020年以来，湖南广电聚力建设主流新媒体集团，补短板、强弱项，夯实内容、产品、技术、人才、资本等建设主流新媒体集团的关键要素和基石；调结构、建机制，进一步深化体制机制改革，使集团的组织形态、企业文化、生态价值进行互联网化重构，推动核心竞争力向新媒体新赛道全面转移，全面参与互联网市场的正面竞争，新组织、新内容、新业态、新系统、新技术、新激励，各项举措落实落

地，成效明显。

（一）保持战略定力　强化顶层设计与分层规划

科技的快速发展和行业的快速改变，使得企业愿景和战略迭代的速度越来越快。湖南广电围绕"建设主流新媒体集团"的战略目标，从未来视角和全局高度，对各方面各层次各要素统筹规划，加快构建新发展格局。

1.总体规划，长效推进

编制了《湖南广播影视集团（湖南广播电视台）"十四五"发展规划》，制定"建设主流新媒体集团"的发展目标、基本原则、主要任务、重点项目、主要措施、保障机制等，通过主流新媒体集团的建设，要让湖南广电成为主流舆论的引领者，精品IP的创新者，国有新媒体平台的领军者，互联网新产品的创造者，深入融合发展的价值实现者。

2.分层规划，强化落实

以集团公司（台）"十四五"规划为纲领，细化制定了《湖南广播影视集团（湖南广播电视台）媒体深度融合发展三年行动计划》，明确实施媒体深度融合发展的阶段目标、具体任务和保障体系，明细时间表、路线图，对未来三年的融合发展起到指导作用；制定《湖南广播影视集团（湖南广播电视台）节目生产基地技术规划》，以节目生产基地建设为契机，按照"IP化、云化、智能化"的理念，做好下一代技术体系的具体规划。

（二）彰显媒体责任　奏响主流舆论最强音

湖南广电坚定"党媒姓党"，绝对忠诚，始终坚持把社会效益放在首位，牢牢把握正确导向，切实履行媒体社会责任。集团公司（台）党委副书记、总经理、台长、总编辑龚政文在第九届中国网络视听大会上提出要以坚定正确的价值观构筑牢固底座。"党之所指，我之所向；国之大者，我之所为；民之所愿，我之所趋"，一系列主流内容创新为主流新媒体集团的主流长视频核心战略打造了核心竞争力。

1.发力芒果大片，壮大主流舆论

以党的旗帜为方向，以党的号召为使命，以宣传党和政府的政策主张为最重要任务，深入实施"头条工程"和"置顶工程"，把对习近平新时代中国特色社会主义思想的宣传作为重中之重。2020年9月习近平总书记考察湖南，湖南卫视连续7天开辟特别节目《牢记嘱托砥砺奋进》，展示湖南人民学习贯彻落实习近平总书记重要讲话精神的有力行动。积极探索新闻大片的创新路径，推出社会主义核心价值观五部曲。近6年来，湖南广电获得6个中国新闻奖一等奖，2020年以来，有8件作品获奖。《战旗美如画》《为和平而来》《千年学府其命惟新》《为有牺牲》等一系列芒果新闻大片，形成了主流宣传的"芒果大片现象"。

2.坚持精品创作，弘扬主流价值

为做好庆祝建党百年宣传，提早策划与布局，以湖南卫视、芒果TV为主平台，全媒体参与、全年度贯穿，奏响了一曲气势恢宏、激情澎湃的建党百年主题交响乐。一是品类众多。涵盖电影、电视剧、电视文艺晚会、纪录片、综艺节目、理论片、动画片、广播剧等10个门类，16个重点项目，形成了多声部合奏的宏大交响。二是主投主控。所有项目都由湖南广电主投主控，总投入达4个多亿。三是效果良好。《党史上的今天》已经成为"学习强国"等各大主流网站的热门节目，成为许多单位党史学习教育的必备教材；电视剧《理想照耀中国》全网话题量超200亿，收视多期站上第一；电视剧《百炼成钢》是同期唯一一部跨越百年党史的宏大作品，采取组歌式解构，推及全国观众规模1.86亿，激起观众强烈共鸣；晚会《百年正青春》半年筹备，千人登台，阵容壮观，实现了诸多文艺创新。四是年轻态传播。如综艺《28岁的你》采用"青春召集人和历史伟人"隔空对话的方式，以偶像致敬偶像；理论片《选择》打破理论节目固有范式，通过XR、AI、AR等技术手段穿越党史现场等。

3.坚守媒体责任，"战贫""战疫"同频共振

当新冠疫情汹涌来袭，湖南卫视以"四个第一"展示了芒果人的敏锐、速度、战斗力与影响力；当脱贫攻坚进入决胜阶段，湖南广电以新闻扶贫、综艺扶贫、直播带货、公益宣传等方式深度参与，其中湖南卫视携手芒果超媒建立"芒果扶贫云超市"，构建了大屏小屏、电视电商互动的立体多元传播体系，带动农产品销售近30亿元，以一流传播效应创造一流社会效益。2020年，湖南卫视荣获"全国抗击新冠肺炎疫情先进集体""全国脱贫攻坚奖·组织创新奖"；2021年湖南广播电视台荣获"全国脱贫攻坚先进集体"。三项国家级荣誉背后，代表着湖南广电对社会责任的孜孜追求，彰显了主流媒体坚持守正创新、坚守社会效益的使命担当。

4.坚守内容原创，布局全媒体影视全产业链

始终坚守内容原创的核心竞争力，深挖内容"护城河"。2020年以来，从脱贫攻坚"三部曲"《从十八洞出发》《大地颂歌》《江山如此多娇》到纪录片《中国》《中国出了个毛泽东》，从综艺节目《向往的生活》《舞蹈风暴》，到电视剧《巡回检查组》《以家人之名》《装台》、电影《半条棉被》、动漫《23号牛乃唐》等，精品品类不断拓展。大力实施芒果季风计划、潇影重振计划等，打造创作生态，激活文艺创作基因密码，推进电影电视剧的精品生产。通过建链强链补链，用多矩阵布局构建影视全产业链。

（三）打造融合生态 推进双平台深度融合

建设主流新媒体集团的重要举措是推动媒体深度融合。2020年以来，湖南广电面向互联网生态的超级接口已经打开，深度融合的生态已然形成。

1.完善深度融合的顶层设计

湖南卫视与芒果TV两个平台机制不匹配，通过构建决策纽带，以顶层设计保障双平台顺畅打通。芒果传媒、芒果超媒董事长由集团公司（台）党委书记、董事长兼任，集团公司（台）台长、总经理等部分党委成员进入芒果传媒或芒果超媒董事会，发挥前置决策作用，实现党委对新老媒体的统一领导。2020年成立中国（湖南）广播电视媒体融合发展创新中心，探索媒体深度融合的体制机制、产品形态与产业模式。

2.打造深度融合的内容生态

湖南卫视、芒果TV建立双平台共创共享机制，团队、人才、创意、项目、资金彼此开放，平等竞争，打破平台壁垒。特别是在综艺、剧场方面加速融合，实现优质资源共享。2021年一季度双平台共同运营播出芒果TV创制的《乘风破浪的姐姐2》和《妻子的浪漫旅行》，取得良好效果。双平台共同打造国内首个台网联动的周播剧场"芒果季风"，以"高创新、高品质、高稀缺"为标准，探索电视剧播出和制作新模式，树立行业新标准。2021年5月下旬，"芒果季风"剧场开篇之作《猎狼者》双平台首播，以高品质拿下省级卫视收视第一。双平台剧目采购、广告营销联动，剧场成本下降明显。在制作播出打通的前提下，广告营销全面融合，通过大小屏资源的统一售卖，商业价值实现了"1＋1＞2"的溢价增值。

3.建立深度融合的协同生态

围绕芒果生态做文章，地面频道加快媒体深度融合发展，打造优质电视＋互联网生态的孵化器。一

是地面频道主动融入芒果生态圈，深耕融媒主流内容的创新，同时深度对接芒果超媒小芒电商等新业态，切入垂直领域，探索商业变现多样性；二是建设专属垂类新媒体平台，实现大小屏融合发展，新媒体业态特征明显的频道先行先试，打造特点突出的媒体融合品牌。

（四）市场配置资源 做优两个上市公司

作为建设主流新媒体集团的资本引擎，湖南广电高度重视两家上市公司芒果超媒和电广传媒的市场化运作与市场资源的配置，双双多次入列"全国文化企业30强"。以管控资本、服务媒体融合战略为原则，湖南广电围绕核心主业建链强链，做强开放共赢的芒果生态，提升自主可控的资本运营能力。

1.芒果超媒：打造"平台＋内容＋资本"融媒新样态

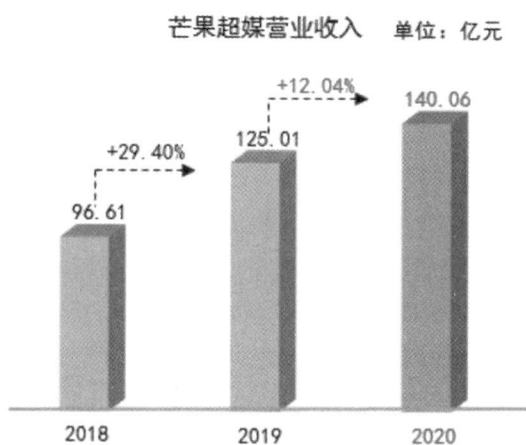

图1 芒果超媒营业收入

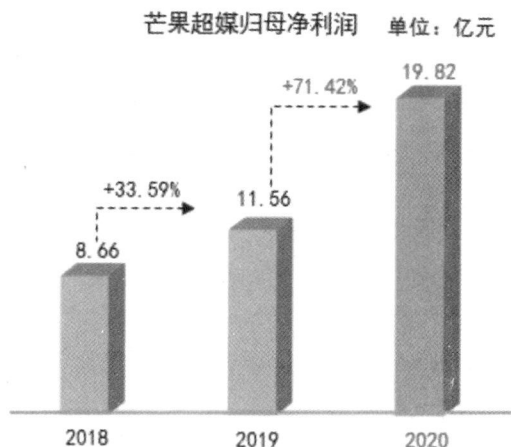

图2 芒果超媒归母利润

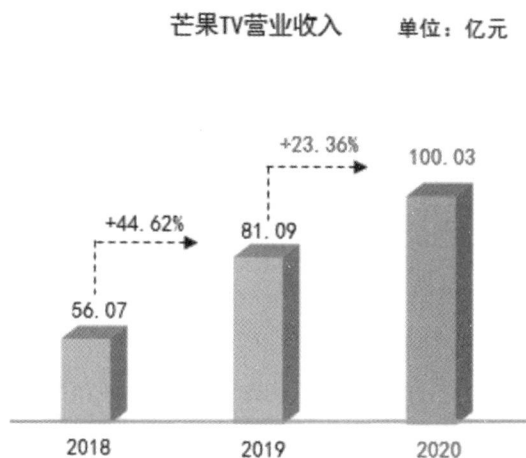

图3 芒果TV营业收入

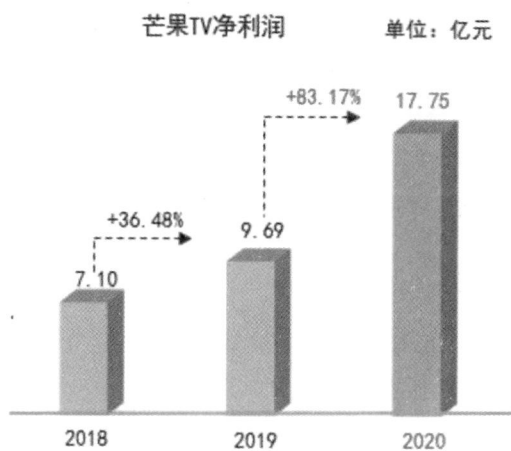

图4 芒果TV净利润

互联网领域的激烈竞争与资本市场相生相伴，市场化运作是芒果超媒有效掌握新媒体发展主动权的必由之路。2018年6月快乐购重大资产重组获得证监会审批通过，芒果TV与天娱传媒、芒果影视、芒果娱乐和芒果互娱整体打包注入快乐购，正式成为国内A股首家国有控股的视频平台，芒果超媒成军。2019年芒果超媒成功募集20亿元配套资金，引入中国移动作为战略投资者。2021年，芒果超媒拟通过非公开发行募资45亿元，为业务发展储备资金。

芒果超媒以芒果TV视听内容为核心，整合影视制作、艺人经纪、游戏电竞、电子商务等业务，打通上下游产业链，实现超常规发展。2020年6月1日，芒果超媒市值首次突破1000亿，最高突破1600亿，是国内文化传媒板块排名第一的国有上市公司。芒果超媒2020年营业收入为140.06亿元，同比增长12.04%；归母净利润19.82亿元，同比增长71.42%。其中芒果TV运营主体快乐阳光实现营业收入100.03亿元，同比增长23.36%，净利润17.75亿元，同比增长83.17%，芒果TV成为行业中唯一一家持续四年盈利的视频网站，2019年、2020年连续两年在中国互联网企业排行榜位列第20位。截至2020年底，芒果TV有效会员数达3613万，挺进国内互联网视频行业第一阵营。芒果超媒致力助推中华文化走出去，自有平台芒果TV国际App（MangoTV）用18种语言推荐100多部优质华语文化类纪录片。截至2020年底，海外业务服务覆盖全球超过195个国家和地区，海外用户数超过3000万，进一步扩大了国际影响力。

芒果超媒的发展得益于四个坚持：一是坚持价值观引领。肩负党媒国企的使命担当，做青年文化的引领者、青春平台的塑造者。二是坚持借力资本赋能。用市场化原则、资本化运作建设互联网平台，直接参与新媒体市场竞争，在良好的业绩支撑下，股价和市值稳步走高。三是坚持提升治理水平。高度重视公司治理，建设互信共赢的资本市场生态，健全内控制度，形成有效透明的治理格局。四是坚持开放共享的运营生态。打造了以马栏山为核心的内外双层生态圈，芒果生态内部高度协同，实现由产到销的闭环；外环联动顶级合作伙伴：内容领域有观达、颖立、华策等最为紧密的创作伙伴；渠道领域有华为、咪咕等强劲有力的合伙人；资本合作领域有中国移动、中国人寿等国企大咖。

芒果超媒的新媒体优势与运营模式，为湖南广电建设主流新媒体集团发挥了核心引擎作用，提供了宝贵的互联网经验，增强了集团公司的市场竞争力与造血能力。

2.电广传媒：实现"文旅＋投资"战略转型

电广传媒是中国最早以传媒概念登陆A股的上市公司，曾被誉为"中国传媒第一股"。为实现全产业链发展，2020年湖南广电确定了电广传媒"文旅＋投资"的发展思路，推动电广传媒除清历史包袱，实现战略转型升级，致力于打造省内乃至全国最大的文旅投资平台、中国创投行业标杆和大资管平台。

一是延伸产业链，打造领先的大资管平台。电广传媒旗下达晨财智目前管理基金规模达到350亿元，投资企业总数560多家，IPO上市突破100家，荣获"2020年中国创业投资机构100强"第4名，进入国内创投第一方阵。电广传媒将抓住注册制政策红利期，进一步巩固VC主业；充分发挥专业投资能力，发力大PE、并购、定增等创新业务，力求管理规模突破1000亿元。二是发展文旅核心产业，打造湖南广电产业"第三极"。电广传媒充分发挥创意优势，文旅核心产品的策划已经成型，储备了一批落地资源，圣爵菲斯大酒店业务长沙稳居第一，世界之窗在华侨城多个景区中盈利水平排名第二。电广传媒正整合集团公司大文旅板块业务，充分利用湖南广电品牌影响力和丰富的IP资源，推出芒果城、芒果乐园等一系列具有自主知识产权与核心竞争力的新产品，力争打造国内文旅产业第一品牌，将电广传媒发展成为继湖南卫视、芒果TV之后的湖南广电产业"第三极"。

（五）加快前瞻布局 构建互联网产品新集群

建设主流新媒体集团的核心创新就是及早介入未来业态，增加变现模式，打造第三增长曲线。2020年以来，湖南广电密切关注网络新应用新业态，加强关键核心技术和商业模式的创新，先后启动了5G智慧电台、5G高新视频多场景应用重点实验室、"小芒电商"等项目，勇闯新赛道，加快新领域新业态品牌布局。

1.打造内容独特、商品独特、运营独特的小芒电商

2020年，芒果TV仅用三个月时间推出了"小芒电商"，体现了小步快跑、夜以继日的互联网创业精神。依托湖南广电的长视频和艺人优势，小芒电商在独特内容、独特商品和独特运营三方面集中发力，稳步发展，正成为湖南广电互联网创新的聚光点，形成产业聚合力。芒果超媒以小芒电商的重大创新为引爆点，持续保持创新势头，不断实现营收、利润的新突破，继续扩大国资控股互联网视频行业第一的优势地位，将公司打造成为主流新媒体集团的坚强基座。此外，芒果TV还布局了实景娱乐、大芒计划、艺人经纪、音乐版权等多条赛道，不断升级芒果生态。

2.打造实体化、市场化运营的创新示范性5G重点实验室

在5G传播背景下，5G高新视频多场景应用国家新闻出版广电总局重点实验室是湖南广电面向未来传播形态的重要增长极，2021年实验室成立湖南芒果无际科技有限公司。融创中心、5G实验室、无际科技有限公司，一体化运营，实现体制机制的重大创新。实验室牢牢抓住"核心技术 爆款产品"，正联合中国移动、华为等搭建虚拟内容平台。未来，实验室将进一步聚合湖南广电的核心技术力量，全力攻关，努力探索打造拥有核心技术的新型互联网产品。

3.打造"千县千频""把党的声音送到田间地头"的5G智慧电台

在声屏领域，受到过习近平总书记亲自检阅的5G智慧电台，以5G通信技术为支撑，对现有的传统广播体系进行智能化、集约化改造，5分钟即可生成一套24小时安全播出的当地电台节目，为基层群众提供便捷有效的公共文化服务，助推县级融媒体中心发展，构建全场景、垂直化的智能音频生态体系，目前正朝着三年千频的目标迈进。

4.升级打造省内领先、全国独特的资讯App

集结全台新闻队伍，发力以中短视频为主的泛资讯类App"芒果新闻"，探索差异化竞争的新路，用互联网思维和市场化方式独立运营，在全媒体新闻制作、传播和运营上探索出独特的芒果模式，使湖南广电的新媒体布局更为合理。

通过搭建平台型公司、产品型公司、能力型公司，湖南广电正形成链路完整的产品集群。

（六）培育技术新基因 构建数字化平台与底座

湖南广电积极培育现代技术新基因，推动关键核心技术自主创新，致力于将大数据、人工智能等新技术融入平台管理、内容生产、传播、服务全过程。

1.搭建数字平台管理系统，实行国资信息化监管

借助集团整体数字化建设主导组织变革，构建流程高效、市场激活、敏捷运营、赋能管理的创新生态组织。推动企业资产财务、人力资源、产权管理、招标采购、版权管理、廉政风险、审计分析等集团管控信息系统的集成应用，逐步实现内控体系与业务信息系统互联互通、有机融合，探索利用大数据、云计算、人工智能等技术，实现内控体系实时监测、风险评估预警、监督评价、应急处置等在线监管功能，进一步提升信息化和智能化水平。

2.抢占新技术风口，夯实技术底座

在超高清视频、融合媒体制播平台建设、5G高新视频多场景应用，以及人工智能、大数据、云计算的应用等方面，积极争取参与行业国家标准的制定与竞争；围绕公有云的媒体应用、IP化解决方案、数据中心、硬件智能终端、CDN网络建设、超高清视频产业规划等领域进行深入研发和孵化；节目生产基地依托"IP化、云化、智能化"的建设理念，完善新型制作传播技术的标准与制定，确保主流新媒体

集团的播出平台和网络平台可管可控，建设可迭代持续发展的新型技术系统，构建集团的数字底座和技术矩阵，保障湖南广电在全媒体时代的可持续发展。

（七）激发人才活力　打造全媒体人才队伍

湖南广电以人才为核心，以人才为资本，不断优化人才结构，推进全媒体人才体系建设。一方面通过投资人力资本形成企业核心竞争力；另一方面人力作为资本要素参与了价值分配，形成了独特的马栏山创意人才生态圈。

（1）用市场办法向市场要人才。芒果TV上千人的技术产品团队来自一线互联网公司。

（2）探索内部人才流动机制。双平台管理人才实现相互流动的齿轮型配置，鼓励传统媒体人才向新媒体转移，芒果TV成为湖南卫视最好的人才转移承接平台，保证了马栏山原创人才没有流失。

（3）大力推行工作室制。截至目前，湖南卫视与芒果TV双平台共有44个节目制作工作室与团队，27个影视剧制作工作室与团队，最大限度激发创作活力。

（4）让年轻人永远有机会。湖南卫视与芒果TV双平台平均年龄33岁，通过"创新飙计划""芒果青年说"等活动，给予一线年轻人才展示平台，建立容错机制。

（5）打造员工职业双通道管理体系。让更多人才拥有专业化职业发展空间，打造高层次人才矩阵。2021年将推出"创新合伙人""双聘管理"等创新制度，给人才创造更多的创意空间。

（6）探索对核心骨干的激励机制。按市场化原则进行合理设计，对关键岗位关键人才在政策允许范围内获取相匹配的高薪酬回报，增强对优秀全媒体人才的吸引力，最大限度激发生产力。

湖南广电目前拥有5000多名一线内容制作人员、2000多名技术工程师、1000多经营管理人才，新型全媒体人才队伍的形成为主流新媒体集团的建设积累人才储备。

湖南广电坚持以习近平新时代中国特色社会主义思想为指导，探索出了一条既符合中央文化体制改革要求，又符合新时代"建设主流新媒体集团"发展的改革创新之路。在新征程上，湖南广电将认真学习贯彻习近平总书记"七一"重要讲话精神，从百年党史中汲取奋斗的力量，努力建成具有国际影响力的主流新媒体集团，为伟大时代书写社会主义文化强国的芒果答卷。

成果创造人：张华立、龚政文

推进精益生产　提升卓越运营

上海华谊（集团）公司

一、公司简介

上海华谊（集团）公司（简称"华谊集团"）是由上海市政府国有资产监督管理委员会授权，通过资产重组建立的大型化工企业集团，是中国石油化工联合会副会长单位、上海市化学化工学会会长单位、上海市化工行业协会会长单位、上海市新材料协会会长单位，是中国化工行业的领军企业。华谊集团秉承"绿色化工，美好生活"的理念，现已形成"绿色轮胎、能源化工、先进材料、精细化工、化工服务"五大核心业务，通过战略拓展、产业调整、创新转型，实现了优势集聚和链式发展，在上海以外的16个省市自治区拥有46余个工厂，并建成华谊泰国智能工厂，"一个华谊、全国业务、海外发展"的发展格局基本形成。

二、本成果的实施背景和实施取得的经济效益

华谊集团在"一个华谊、全国业务、海外发展"的布局中、在向全国各地三级企业管理延伸过程中发现，部分企业精益生产与运营理念落后，生产效率、企业效益明显落后行业平均水平，需要对其进行全方位的诊断分析和改进提升。

为帮助该类企业提高经济效益和竞争实力，2015年，华谊集团聘请世界著名咨询公司对下属企业上海华谊能源化工有限公司上海工厂试点精益生产卓越运营诊断评估咨询工作，当年即取得了1700万元的经济效益。

2016年，华谊集团又推行了对下属能化安徽工厂、双钱江苏工厂、氯碱华胜工厂等3家工厂的诊断评估工作，均取得了较好的经济效益，同时也培养了一批精益生产骨干队伍。

2017年，华谊集团把生产运营部改为卓越运营中心，同时并入了市场供应链中心的管理职能，开始由卓越运营中心组织集团内外专家自主开展精益生产卓越运营的诊断评估工作。截至2020年年底，华谊集团已经完成了18家主要工厂的精益生产诊断评估工作，已经完成了集团所有工厂卓越运营的全覆盖管理。

2020年，华谊集团又把卓越运营中心改为制造和数字化中心（简称"智造中心"），增加了数字化的职能，把数字化作为精益生产卓越运营的又一项重要工具。

2016—2020年，本成果通过精益生产卓越运营取得的效益分别为7.6亿元、6.9亿元、5.0亿元、5.2亿元、7.3亿元，5年累计已达到32亿元。华谊集团"十三五"期间共取得137亿元的利润总额，是

"十二五"期间利润总额的258%。

本成果不仅仅获得了一些经济效益，更是在华谊集团形成了非常成熟的9项管理程序、4项主要管理制度、20多项工具方法；编制了华谊集团《卓越运营精益生产管理手册》《降本增效管理手册》《技措技改项目管理手册》《数字化项目管理手册》《精益生产工具方法手册》《精益生产案例汇编》等；培养了一大批精益生产卓越运营专业人才；提升了精益生产卓越运营的理念；创建了集团管理部门"沉下去琢磨事解决之"的干事创业文化。

下面将按照本成果的管理体系、基础工具方法、华谊特色的精益生产工具方法、经典案例等四大方面进行简单介绍。

三、本成果的管理体系

（一）组织保障

集团成立精益生产与卓越运营领导班子，由行政、工会、财务、生产技术等领导组成，由集团总裁挂帅。集团分管生产副总裁牵头，集团智造中心具体负责，集团财务部负责效益核算，集团工会负责监督和奖励。各二级公司和三级工厂均成立相对应的领导小组和工作小组。

（二）专职推进

智造中心负责精益生产与卓越运营推进工作。每年年初与集团财务部根据集团年度预算中总生产成本确定集团精益生产目标，一般为总成本的3%；每年年初把精益生产目标分解到各企业，并与各企业一一沟通，确定精益生产项目、技措技改项目和工艺查定项目等。

（三）问题诊断

智造中心负责组织集团内外各领域的专家，应用精益生产与卓越运营的各种工具与方法，对目标企业进行全过程、全流程、全员的诊断评估，找出存在的各种问题，提出解决的方案/方法/设想等。

（四）措施细化

各企业根据诊断评估报告中提出的解决方案/方法/设想等，进行细化，采取达到解决方案的各项措施，并制定优化项目和后续改进项目等，利用技措技改措施、生产组织变革、技术研发进步、管理制度完善、员工教育培训、工艺指标控制精细化、设备装备低能化高效化等手段达到降低生产成本、提高经济效益的目标。

（五）过程管理

各企业每月上报精益生产完成情况和各项目具体指标的完成情况；每月技措技改项目计划执行情况、精益生产项目执行情况等；集团智造中心负责对发现的问题进行技术指导、资源解决；每月在集团总裁主持的生产经营专题会上，对重点企业存在的重点问题和采取的主要措施进行汇报。

（六）交流推广

集团分管副总裁定期主持召开精益生产推进会，各工厂在会上交流做法和体会。智造中心对各工厂采取的各种工具方法的措施进行分析评价，对可复制可推广的措施在集团内进行推广。

（七）成果鉴定

精益生产所取得的效益均以集团财务部核算的结果为准。

（八）考核激励

智造中心根据集团财务确认的精益生产绩效成果，对达到年初预定目标的工厂进行适当奖励（前三年由工会负责奖励）。对在精益生产过程中表现突出的个人和集体，作为三年一次评选先进工作者、优秀党员等重要条件之一。

（九）制度保障

根据精益生产与卓越运营推进实施情况，制定并完善了《卓越运营精益生产管理手册》等4项管理制度，为集团精益生产与卓越运营的持续推进提供制度保障。

四、本成果的基础工具方法

本成果主要使用的基础工具共10个，分别是（1）问题解决七步法；（2）金字塔原理；（3）价值流图；（4）七种浪费；（5）问题树；（6）帕累托分析；（7）鱼骨图；（8）五个为什么；（9）CPK分析；（10）回归分析。

（一）问题解决七步法

1.使用目的

将工作划分为可控部分；制定详细的工作计划；分析重要议题；汇总研究成果，建立论据。

2.使用方法

清楚地定义问题；将问题进行分解，形成议题；对每个议题进行分解，直至获得事实或分析支持。

（二）金字塔原理

1.使用目的

提高沟通的有效性，提高工作效率。

2.使用方法

自下而上，是提炼的过程，将事实或结论综合成更高一层的抽象概念；自上而下，是沟通的过程，金字塔呈现的是问答式的对话。

（三）价值流图

1.使用目的

全面了解生产系统各环节关系，各主要工序的现有状况，以及生产信息传递和物料流动；为研究生产系统和效益提升提供框架性思路。

2.使用方法

明了当前状况，提供整个流程的大局图；可视化地显示过程中非增值活动和现有主要问题点，暴露浪费的根源；可视化实施改进的重点，和相关各方对项目进行改善举措规划，统一工作重点。

（四）七种浪费

1.使用目的

树立对七种浪费的基本认识；让团队对生产现场有直接的认识；初步建立现场管理改善要点。

2.使用方法

组织团队对现场观察，并要求每位团队成员对发现的浪费进行记录和拍照；建立浪费改善跟踪，在一定时间回访和检查。

（五）问题树

1.使用目的

用于分析产生问题的原因并按照重要程度进行排序，以确定引发问题的主要因素，进而指导如何采取措施解决问题。

2.使用方法

收集问题原因和出现频次，绘制频次直方图。

（六）帕累托分析

1.使用目的

用于分析产生问题的原因并按照重要程度进行排序，以确定导致问题的主要因素，进而指导如何采取措施解决问题。

2.使用方法

收集问题原因和出现频次，绘制频次直方图。

（七）鱼骨图

1.使用目的

鱼骨图是一个非定量的工具，可以帮助我们找出引起问题潜在的根本原因。

2.使用方法

你需要从五个方面分析导致问题的原因，并进一步分析直至确定每个方面的根本原因，按照原因的结构绘制鱼骨图。

（八）五个为什么

1.使用目的

帮助企业找到问题的根本原因并采取行动防止问题再次发生。

2.使用方法

就是对一个问题点连续以五个"为什么"来自问，以追究其根本原因。提问的次数不限定于五个，可以扩展到更多个为什么，最终是要不断提问直到确定根本原因。

（九）CPK分析

1.使用目的

（1）建立连续流生产过程中的过程控制能力的分析方法。

（2）对过程中的关键控制点的控制情况予以关注。

（3）通过CPK的计算与分析，找出连续流中的薄弱环节。

（4）对薄弱的控制点改进和提高控制水平后，进行有效的评估。

（5）对CPK值较大的点，可以根据计算结果收窄控制上、下限范围。

2.使用方法

（1）选出全流程的关键控制点及控制指标。

（2）根据控制指标的上、下限，以及一定数量的实际控制指标值，计算该控制点的CPK值。

（3）根据控制点的CPK值，提高控制水平，并跟踪CPK保持持续改进。

（十）回归分析

1.使用目的

确定两种或两种以上变量间相互依赖的定量关系。在使用的过程中需要确定进行回归的自变量和因变量，根据变量需求进行线性或者非线性回归。根据自变量的个数可以分为一元回归和多元回归，根据自变量和因变量的关系类型可以分为线性回归和非线性回归。

2.使用方法

进行回归分析分为4个步骤：

（1）确定Y与X间的定量关系表达式即回归方程；

（2）对求得的回归方程的可信度进行检验；

（3）判断自变量X对因变量Y有无影响；

（4）利用所求得的回归方程进行预测和控制。

五、本成果具有华谊特色的精益生产工具方法

华谊集团精益生产诊断评估是对目标企业进行全方位、全流程、全过程、全员的诊断评估。主要涉及财务、人力优化、物耗能耗、生产组织、设备效率、设备故障、原辅料替代、库存管理和设计不合理等各个方面，所涉及的特色工具方法主要包含：财务分析、等经济线分析、产品优化模型、物耗桥分析、设备OEE分析、能耗桥分析、仓库管理分析、数字化评估等20多项。最后形成《XX公司精益生产诊断评估报告》，对发现的问题提出各种解决的方案、措施或设想。

（一）华谊集团精益生产诊断流程

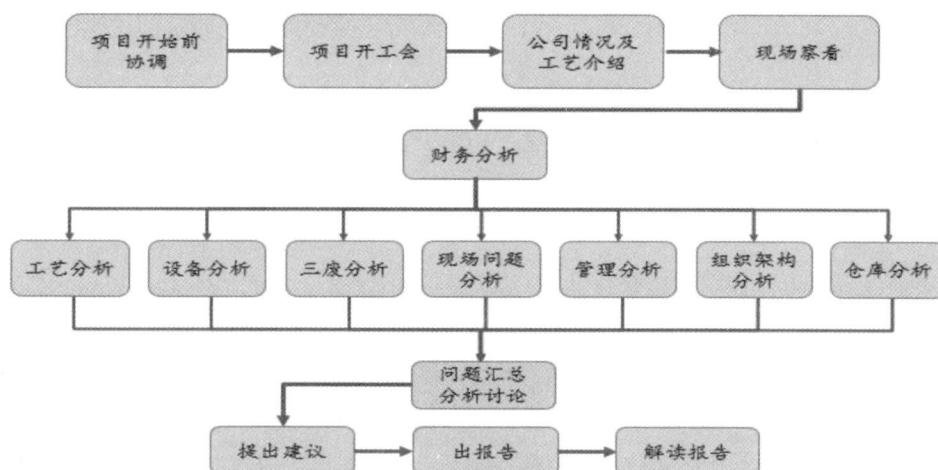

图1　华谊集团精益生产工作基本流程

（二）财务分析

直接进行财务分析的目的是能够全面了解该工厂的近几年的生产经营状况，能够总体了解该工厂在近几年的进步或退步或在行业内的地位，能够快速找到成本不合理之处。

通过成本分析，找到产品成本不合理之处，便于后续快速进行针对性分析，进而提出合理的改善建议，可有效地提高诊断工作效率。

通过对公司最近1~2年的产品产量、财务成本及三项费用的分析，计算出原辅料、制造费用、人工及能源的成本、占比及毛利边际，重点分析成本占比高的因素，进而进行针对性深入分析，提出改善建议。

（三）等经济线分析

等经济线是一种非常有效的解决产品生产优化的工具。对于生产多个产品的化工流程型生产装置，可根据不同产品的市场销售情况、销售价格，以及不同产品的产能和生产成本等，利用等经济线分析工

具，确定最佳的产品匹配生产方案。

从综合经济效益最佳出发，通过不同工况下的产出和消耗来计算生产的整体经济效益，并通过操控调整对最佳工况进行寻优，使公司效益最大化。

通过产品边利和消耗的价值损耗确定等经济线的斜率，收集相关的工况数据，绘制平均/最优/边界工况下的等经济线。根据工况实时寻优衡量考虑，计算优化带来的效益。

（四）产品优化模型

产品优化模型是等经济线分析的进阶工具，即以等经济线的数据为基础建立数学模型，使数据更加简单直观，并且可以根据趋势数据做出一些预测性的判断。

从综合经济效益考量出发，通过不同工况下的产出和消耗来计算生产的整体经济效益，并通过操控调整对最佳工况进行寻优，以最大化综合生产效益，并利用编制的数学模型，对未来产品分配方案进行预测性分析。

通过收集产品的产量、边际、边利等历史大数据，利用Excel的数学求解功能，编制数学模型。

（五）物耗桥分析

物耗桥分析是一种基于物料平衡、量化分析物料损耗的方法。

根据化学反应元素的物料平衡，通过跟踪物料在一系列物理和化学反应过程中的产出和过程损失，综合计算物料的利用率。

通过对全流程生产工序、生产设备的物耗实际情况进行分析，找出原料消耗和目标产品之间的差异情况，从而找出物耗损失的关键工序或关键设备，用科学分析的方法找出物耗损失的主要原因，然后针对性提出解决方案。

1.“进料”“产出”和“中间物耗”

进料（桥头）指的是实际投入的物料总量。生产的理论极限是过程中0损耗，所以一般将入料作为构建物耗桥的起点，也作为理想情况下的最大产出的计算输入。

产出（桥尾）指的是实际产出的产品总量。其中，理论产出和实际产出的差值即为生产过程中的总物耗。计算过程中仅物理分离情况下以质量计量，当有化学变化时以元素守恒换算。

物耗（桥身）在生产过程中的每一个环节都可能发生，需要系统地列出损耗的每个环节并量化其损耗程度，通过构建物耗桥识别物料损耗的来源并分析改善空间及方法。

2.构建物耗桥“五步法”

物耗桥分析诊断过程主要分为五步：

（1）系统界定。

（2）损失项明确。

（3）计算并搭桥。

（4）原因分析。

（5）错失计划。

3.界定系统及其边界

系统界定主要是确定物耗桥研究的系统/设备，界定相应系统边界，以及和其他相关物耗设备的相互影响关系，确定目前物耗数据可用程度，通过系统物料流程图给出具体的结果。

其中，选择边界的原则有如下5条：

（1）有明确的，可量化的输入及输出。

（2）边界数据计量准确且可获得。

（3）边界内工序具有独立性，其物耗不受边界外工序干扰。

（4）过程数据尽量完整准确。

（5）涵盖有较大物耗且原因尚不明朗的工序。

4.发掘所有潜在损耗

根据元素和质量守恒定律，根据PID图（管路和仪表流程图）和物料流程图，依据装置实际物料流程和各股物料组分并利用问题树分析出所有原料输入项和物耗输出项，初步确定各项损耗模式和计算模型，确定需要收集的数据项并开始收集。通过该步骤获得数据收集表，初步搭建数据计算分析表。

5.收集、分析并计算

（1）损失项：简洁明确地命名各项损失。

（2）损失量：单位时间内各项损失的数量（质量或元素）。

（3）损失比例：各项损失占总进料的比例。

（4）损失定义：对每项损失的文字描述，要说明造成损失的原因。

（5）当前计算方法：用文字描述计算各项损失量的公式，要求尽量详细，需将涉及的假设解释清楚。

（6）计算过程：将收集的数据带入计算公式。

（7）数据项：所需要收集的数据，要求描述清楚明确，包括时间段说明。

（8）数据来源：说明数据来源，有时需对数据项进行释义。

6.原因分析

原因分析重点关注较大的损失项，因为其相应的改进潜力也可能更大。配合工序图纸，通过问题树梳理造成各损失项的可能原因，并筛选出其中可能性较大的原因进一步分析排查。若发现问题确实存在，则将其作为改进杠杆。

7.提出工艺优化方案

通过物耗桥分析，往往可以发现很多问题，比如工艺指标控制不够精细、设备老化、非计划停车较多、产能不足损耗大、操作不合理不熟练、有非正常跑损等。可以根据分析结果提出工艺优化方案、针对性的改进措施。

（六）新技术攻关

强化技术创新，加快技术改造是实现更好生产的本质要求。在精益生产诊断评估工作中，发现主要是工艺技术落后的问题后，可以提出专题研究，进行技术攻关，在原有工艺流程没有较大改变的情况下，提升收率、降低物耗、能耗，提升企业竞争力。

（七）原辅料替代

原辅料替代是降低产品成本比较常用的工具之一。可通过化学反应方程式进行分析，寻找价廉、供应时间短、供应链简单、反应上能够同等发挥作用，工艺路线上也同样适合的又能保证产品质量的物质。如进口材料国产化等，来降低生产成本，提高经济效益。

通过对反应机理的分析等，通过对原辅材料的质量、品种、产地等分析，选择最经济的原辅材料，提高经济效益。

通过对产品和中间产品的产量分析，找出不同供应商提供产品的差异，从而优先选择合适的原材料供应商，为采购部门提供采购行动指南，为质检部门提供主要的分析指标。

（八）设计不合理的优化

在对企业的诊断中，经常会发现一些设计不合理的地方，这些不合理的地方可能是因为原设计工艺或者设备过于老旧，也有可能是因为原设计的选型不当或设计冗余过大，抑或是原设计违反设计守则、没有生产操作经验，不利于操作控制等等。对于化工装置，更多的设计不合理，往往是在非正常生产状态下，各种调节、调整的手段缺乏，使损失加大等。总之，利用诊断评估专业人员的经验，找到这些设计不合理的地方并进行优化，会对企业产生非常大的效益。

（九）技措技改管理

在精益生产理念的指引下，华谊集团下属各个工厂采取全体员工提交合理化建议、建议被采纳即可奖励等各种方式，使技措技改项目稳步推进。投入少收益多，物耗能耗下降明显。集团智造中心修订《技措技改项目管理手册》，变技改项目审批制为备案制，同时增加效果后评价措施；对可推广可复制的技改项目进行大力宣传、积极推广。据统计2017—2020年，华谊集团共实施的技措项目分别有295项、248项、359项、576项，投资总额约为15亿元，提高了装置的运行效率，降本增效成果显著。

（十）设备整体效率（OEE）分析

设备整体效率（OEE）是指通过衡量设备的可用率、性能和质量来综合计算设备综合使用效率。OEE可以用时间来表示，反映设备的有效利用时间；也可以用产量来表示，反映有效产出和各环节的产量损失。

通过了解整体设备效率，发现设备主要的效率漏损点，通过制定改善措施以支持业绩目标的实现。

评估设备的最大的生产能力（极限）；收集产量数据，生产情况日志，装置停车数据等；绘制OEE漏损图。

OEE分析的6步法：

（1）开展OEE初步估算：判断该一时期实际合格产量；判断工厂最大生产速度；计算排出间接因素后的计划生产时间；估算OEE。

（2）识别损耗来源：识别生产中所有可能的损耗来源；收集计算OEE的必要数据。

（3）建立假设和计算方法：制定简化的假设；明确简单的数学公式，对每种损耗的来源进行量化。

（4）计算OEE：计算每种类型的损耗；计算OEE。

（5）分析OEE结果：分析损耗的主要来源，梳理主要价值抓手。

（6）OEE分析成果应用：绘制OEE损失瀑布图；梳理每次负荷损失的根本原因；提出解决问题的方案。

（十一）设备价值曲线分析

为目标企业在项目建设、设备选型、设备采购时，摆脱唯低价中标的模式。将价值曲线应用于设备管理中，尽管可能会增加设备初期采购成本，但设备的综合质量较高，维护成本低，可以有效减少故障停车次数，提高生产运行效率和效益。

针对各目标企业在设备管理、维修、保养中的痛点和难点问题，引入设备全生命周期管理，综合考虑设备初期投入、运行维护、故障损失、易损件更换等经济性因素，分析设备整个生命周期的价值曲线和时效利润，从而对设备选型提供量化的参考意见。

（十二）排产计划分析

华谊集团旗下的轮胎、油墨、涂料、肥皂、医用粒料、汽车配件等离散型生产工厂，由于规格很多，经常需要在不同的规格型号中切换，除了采用一些机械手、机器人、EVG小车等提高侠侣、降低劳动强度外，更需要对各个工序的时间以秒进行计量，排出一个最佳的排产计划，达到提高产量、降低能耗的目的。

（十三）设备故障分析

通过对设备故障及检维修次数的统计，排序找出对产量影响最大的，对效益影响最大的故障，再使用故障树、鱼翅图等等方法做进一步分析，从而解决故障，提高效率。

（十四）有效工作时间分析

通过对各岗位人员实际工作时间的持续跟踪，对岗位人员进行有效工作时间的分析，如技术管理（或操作）时间、填表时间、统计时间、技术分析时间、审核批准核定等时间、吃饭休息时间的分析，确定有效工作时间、低效工作时间和无效工作时间的分析报告，消除冗员、提高效率等。

（十五）大机组动态监测系统建设

在对华谊集团近几年大型机组设备故障进行诊断分析后，提出了提高大型关键机组稳定运行、消灭非计划停车的目标。在全球调研的基础上，引进了大机组动态监测系统。这套系统具有自我学习、自我诊断的AI功能，能提前预测大型机组设备存在的缺陷，有些缺陷完全可以在非停车状态下进行解决。现华谊集团所有关键机组均安装了此套系统，已经避免了8次非计划停车事故，提高了关键机组运行稳定性，也保障了生产装置的稳定运行。

（十六）能效矩阵分析

能效矩阵是全部能源效用的能源流量化合并。了解整体能源成本，建立每一类能源的成本的透明度。对全厂所有的能源类型的购买、回收、支出、出售进行梳理，计算每种能源的费用。

（十七）能耗桥分析

能耗桥是消耗桥的一种，是利用柱状图或条形图展示理论能源消耗和实际能源消耗之间的能源损失明细，便于识别用能设备的能源损失点、快速制定节能措施的工具。

1.识别能量损失

通过分项叠加的形式打散并设定优先级，看出生产过程中哪些地方有较多的能量浪费，即成本优化空间，从而推动能耗改善的新思路。

2.能耗桥搭建五步法

搭建能耗桥一般要经过系统界定、损失项明确、数据分析、计算搭桥、制定措施五个步骤。

（1）系统界定。一是确定能耗桥研究的系统/设备；二是界定相应系统边界，以及和其他相关能耗设备的相互影响关系；三是确定目前能耗数据可用程度。掌握设备/系统基本信息、厂家交验能耗材料等。

（2）损失项明确。一是参考热平衡理论，利用访谈和问题树的方法分析出所有能量输入项和能耗输出项；二是初步确定各项损耗模式和计算模型；三是确定需要收集的数据项并开始收集，确定能耗桥全部内容、初步搭建数据计算分析计算表等。

（3）数据分析。一是根据收集到的数据进行合理性分析和初步计算；二是根据试算结果调整数据收集方法、计算方法和内容项以及补充收集数据。补充数据分析计算表、沟通计算结果并完善。

（4）计算搭桥。一是完成所有项计算；二是完成能耗桥构建，并确认合理性；三是确定各损失项的潜在改善潜力。完成能耗桥、计算分析表、数据收集机制。

（5）制定措施。一是根据改善潜力和执行难易优先排序短期和长期措施；二是明确措施改善杠杆和收益；三是制定相应计划，确定短期和长期改善举措、完成改善计划。

（十八）泵效率分析

通过计算泵系统效率，找出与实际工况下理论效率的差距，通过优化泵选型及泵维护，降低使用电费成本。

1.具体步骤

（1）收集泵效率计算相关数据，根据计算模型，计算泵实际效率。

（2）比较泵最佳设计效率与当前工况理论效率，确定泵选型。

（3）比较泵实际效率与当前工况理论效率，确定泵效率损失量。

（4）对泵效率损失较大的泵进行拆解分析与维修。

（5）维修后再次计算泵效率，确认维修效果。

2.注意事项

（1）理解泵性能曲线意义及效率计算公式。

（2）了解泵性能损失的因素和维修方法。

（3）了解阀门开度对泵效率的损失。

3.基础知识

水泵常见的性能曲线有三条，分别是流量和扬程曲线，流量和效率曲线，流量和输入功率的曲线，均是以流量为X轴，扬程、效率、输入功率为Y轴。

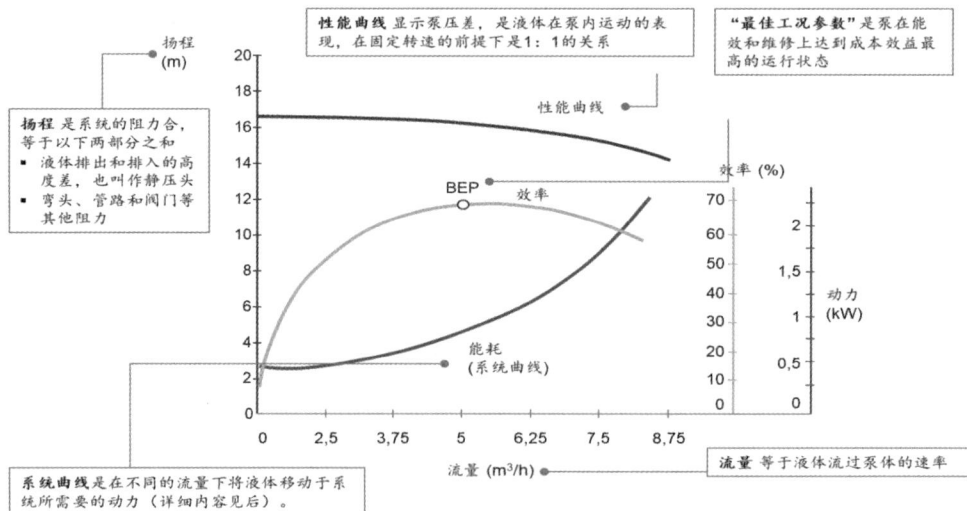

图2　泵的特性曲线

4.机会查找

（1）从泵和风机开始查。泵和风机是一般工厂中动力电的主要用户，占比可以达到70%甚至更高；相比于跑冒滴漏，泵和风机能效的损失不容易被发现，在缺乏专业知识的前提下很难发现。

（2）从大型泵或泵组开始查。根据马力和运行小时数对泵进行分组，以捕捉更大的节能机会和资本支出回报。

（3）从阀门、旁路开始查。检查是否有阀门没有完全打开，或者存在旁路流量，在DCS上快速检查，关闭的阀门或回流是泵过大或者效率低的标志。

（4）从工艺流量变化需要的变速控制系统查。查变速控制是否满足工艺需求，是否安装变频器了等。

（十九）仓库管理

仓库管理有三个方面，入库管理，库存管理和出库管理，优秀的仓库管理可以有效地提升工作效率和效益，同时可以库耗、降低占用流动资金等。

（二十）数字化评估

数字化评估分为对离散型工厂评估和流程型工厂评估。

1.离散型工厂评估

主要评估要素设备的CPS独立控制能力、要素设备之间的联动能力、机器与机器之间的信息交流与传递能力（M2M）以及DCS、PLC或SCADA的运行效能、协同分析与优化能力（MES）等。

2.流程型工厂评估

主要评估先进控制技术（APC）使用建设情况，RTO实施使用情况，PID回路整定情况，自控投用率情况，生产调度、应急指挥系统及智能巡检系统使用情况，利用大数据采购决策、预测性维护、延长设备寿命等情况。

同时从集成化、可视化等出发，建立MES、LIMS、物流管理系统及仓储管理系统，与现有生产的工艺和管理业务流程集成，实现生产各个管理环节和各工序间紧密衔接与集成，从全局角度实现整体监控和工厂数字化提升。

六、本成果的经典案例简介

本成果应用案例较多，主要包括对各相关工厂进行全方位、全流程、全过程、全员的精益生产诊断评估，以及各种分析工具的组合应用，下文进行简单介绍。

（1）通过物耗桥分析，找到了某光氯化反应转化率低的主要原因；通过工艺技术优化，找到了提高光绿化转化率的方法。目前转化率已经提高至98%以上，超过文献描述指标，副产品减少90%，后处理成本大大下降，取得了非常好的经济效益。

（2）通过产品等经济线分析，找到了不同产品不同价格时期的不同生产模型。

（3）通过原辅材料替代分析和试验，找到了涂料行业使用低价原料代替高价进口原料的方法。

（4）通过物耗桥分析，找到了性价比更好的锌粉供应商和电石供应商。

（5）通过设计不合理分析和能耗桥分析，找到了换热效果不佳是换热器设计问题，而不是换热器堵或冷媒不足等问题。

（6）通过设备故障树分析，找到了冷机、热机、挤出机三类设备故障的主要问题是冷机楼层设计被抬高、而热机并未相应抬高而造成的位差不足，从而导致冷机轴承损坏主要原因。

（7）通过OEE分析，找到了氧化铁生产的主要瓶颈。

（8）通过设备价值曲线和等经济线分析，找到了更换离子膜的最佳参数。

（9）通过回归分析，找到了更换催化剂的最佳参数点。

（10）通过Cpk分析，找到了控制煤浆浓度的最佳操作方法。

（11）通过排产计划优化，找到了订单与产能的最优匹配。

（12）通过工艺技术优化分析，找到了提升副产六氟丙烯产量的方法。

（13）通过仓库管理分析，找到了某公司原料库存管理中存在的采购问题、库存时间长、库耗高等问题。

（14）通过泵效率分析，找到了某公司循环水泵效率低下的主要原因。找到了某公司透平压缩机损耗大、效率低的坏习惯。

（15）通过有效工作时间分析，找到了减员增效的方向。

（16）通过帕累托分析，找到了某公司气化炉非计划停车的主要原因。

（17）通过设备故障分析和检维修费用分析，找到了设备故障原因和维修费用高的原因以及设备管理中的缺陷等。

成果创造人：王霞、陈耀、胡国伟

全面深化改革，提升经营质效
坚定不移打造世界一流工业互联网企业

航天云网科技发展有限责任公司

一、航天云网公司基本情况

航天云网科技发展有限责任公司（以下简称"航天云网公司"）是中国航天科工集团有限公司（以下简称"航天科工"）深入贯彻制造强国、网络强国等国家战略，依托完整雄厚的航天工业体系和新一代信息技术领域的尖端技术优势，整合航天科工及社会资源能力成立的工业互联网企业。

航天云网公司成立于2015年6月15日，注册资本196,141.38万元。作为航天科工工业互联网、智能化改造、新业态体系建设技术总体单位，航天云网公司打造了世界首批、中国首个具有自主知识产权的工业互联网平台——航天云网INDICS工业互联网平台。航天云网公司以"平台产品与服务、智能制造、工业大数据、信息技术应用创新"四大产业板块为核心业务，支撑企业数字化、智能化、网络化、云化转型升级。

2018年，航天云网公司入选国务院国资委首批"双百行动"改革企业，通过全面加强党的领导、党的建设，深化企业混合所有制发展，引入社会资本和专业能力，快速实现工业互联网核心领域能力建设。近年来，航天云网INDICS工业互联网平台成功获批工信部跨行业跨领域工业互联网平台，承担国家级双创示范基地建设、工业互联网创新工程、"互联网＋"重大工程、中央企业工业互联网融通平台、中德合作示范项目等一批国家重大工程建设。

目前，航天云网公司在国内已完成了长三角、京津冀、珠三角、川陕渝、东三省、中原、新疆地区等七大区域，15个省市布局，下设20家所属公司，拥有工业大数据应用技术国家工程实验室，获批四川工业云制造、重庆工业大数据、贵州工业信息安全等三个省级制造业创新中心，累计获得专利授权166项、软件著作权654项，有效发明专利51项；具备企业智能化改造、信息系统安全等级保护三级、信息系统集成、产品质量认证、互联网数据中心许可证/互联网接入服务许可证（IDC/ISP）、信息服务业务经营许可证（ICP）、工业互联网安全评估评测机构、工业互联网人才培养培训示范基地等75项专业资质能力。

二、航天云网公司深化国企改革主要做法

为全面贯彻落实党中央、国务院关于实施国企改革三年行动重大决策，以及航天科工改革工作部署，航天云网公司党委高度重视，紧抓"双百行动"综合试点契机，围绕各项改革任务目标要求，聚焦

高质量发展，深入推进综合改革，积极开展探索实践。公司成立以来，主要改革做法如下：

（一）全面加强党的建设，保障综合改革向纵深推进

一是始终坚持将政治建设摆在首位。航天云网公司党委通过深入学习贯彻习近平新时代中国特色社会主义思想，贯彻落实党的十九大和十九届二中、三中、四中、五中全会精神，坚持以新时代党的建设总要求，严格落实"四同步""四对接"要求，持续增强"四个意识"，坚定"四个自信"，坚决做到"两个维护"，提高政治判断力、政治领悟力、政治执行力，把握新发展阶段、贯彻新发展理念。构建适应新发展格局的政治能力、战略眼光、专业水平，做到敢于担当，善于担当。

二是持续深化党的组织建设。扎实推动党建工作要求写入公司章程，全级次单位落实党委（党总支）书记、董事长由一人担任。在新设公司过程中，均将党建工作要求纳入公司章程作为前提条件。严格落实基本组织、基本队伍、基本制度建设要求，确保党建工作责任制落实，实现所属公司党的组织全覆盖。

三是坚决落实党委会议前置决策要求。全级次企业将党组织研究讨论作为董事会、经理层决策重大问题的前置程序要求，选派党性意识强、工作经验丰富的领导干部进入子公司班子，并担任党支部书记，确保党组织前置程序在子公司有效落实，推动公司高质量发展。

四是建立"不忘初心、牢记使命"主题教育长效机制。集中整顿"软弱涣散"基层党组织，提升基层党组织战斗力。深入落实"两学一做"学习教育常态化制度化、"三会一课"要求。抓书记，抓考核，配齐基层党组织书记，落实党建工作责任。抓实党组织书记述职考核、党组织工作季度例会点评，将航天云网公司所属单位党建工作考核结果与党组织书记绩效薪酬及考核挂钩。

五是加强廉洁警示教育。落实全面从严治党"两个责任"，深化党风廉政责任制，建立健全责任体系并层层抓好落实。聚焦政治监督，狠抓责任落实；加强日常监督，着力抓早抓小；强化重点监督，紧盯"关键少数"；坚持严管与厚爱相结合，认真落实"三个区分开来"的要求。进一步健全完善容错纠错机制，旗帜鲜明地为敢于担当、踏实做事、不谋私利的干部撑腰鼓劲，最大限度调动领导干部干事创业的积极性。

（二）健全股权激励机制，有效推动公司与员工共同发展

航天云网公司通过建立以价值创造为导向的中长期激励机制，激发核心骨干员工活力。按照《国有科技型企业股权和分红激励暂行办法》（财资〔2016〕4号），于2018年9月首次实施股权激励计划，通过层层遴选，采用直接持股的方式，引入16名公司管理层领导及专业核心技术人员，共计出资1420万元。2020年12月，为进一步优化持股员工退出机制，航天云网公司通过设立持股平台，将股权激励模式由"直接持股"变更为"间接持股"。目前，公司正在策划新一轮员工持股，拟通过进一步扩大激励范围，实现将更多员工的个人利益与公司战略目标绑定，提高现有核心人才队伍稳定性，吸引外部高层次专业技术人才和复合型领军人才，促进公司高质量发展。

（三）持续优化股权结构，实现混合所有制经济发展

航天云网公司积极深入推进股权多元化和混合所有制改革，通过资本市场扩充资金实力，聚焦专业技术能力建设。积极引入社会资本，实现国有资本、非国有资本以及自然人股东共同持股的混合所有制发展模式。公司于2018年完成首轮股权融资，引入3名外部股东，实现融资5.5亿元。2021年，为进一步优化公司资本资产结构，瞄准国家建设工业互联网"新基建"战略部署，发挥资产运营对公司高质量发展的支撑作用，航天云网公司完成了新一轮股权融资，重点引入深创投、工银投资、招商局资本等具有

产业协同效应的战略投资人，实现募集资金总额26.32亿元，募集资金创集团公司内部、国内工业互联网领域单笔融资额最高纪录，为公司持续深化改革发展奠定基础，进一步巩固工业互联网领航者地位。

（四）健全法人治理结构，持续激发市场活力

航天云网公司高度重视现代企业治理，不断完善现代企业制度。在保障公司治理基础上，推动经营管理机制简化、审批链条优化，工作效率持续提升。

一是健全以公司章程为核心的企业制度体系。充分发挥公司章程在企业治理中的基础作用，依照法律法规和公司章程，严格规范股东会、董事会、经理层、监事会、党组织和职工代表大会的权责，建立健全派出董事、监事制度，以完善决策机制和制衡机制为重点，强化权利责任对等，保障有效履职，实现各负其责、规范运作、相互衔接、有效制衡。

二是落实股东会作为公司权力机构的职责。按照以管资本为主的要求，建立对董事会重大决策的合规性审查机制，制定监事会建设、责任追究等具体措施，对董事会、监事会以及董事、监事的履职情况进行评价和监督。

三是加强董事会建设，落实董事会决策机构职责。建立健全董事会提名委员会、薪酬与考核委员会、审计委员会等专门委员会，为董事会决策提供咨询。改进董事会和董事评价办法，完善年度和任期考核制度，逐步形成符合公司实际的考核评价体系及激励机制。开展董事任前和任期培训，做好董事派出和任期管理工作。保障董事会会议记录和提案资料的完整性，建立董事会决议跟踪落实以及后评估制度。

四是建立规范的经理层授权管理制度。对经理层成员实行与选任方式相匹配、与公司实际发展相适应、与经营业绩相挂钩的差异化薪酬分配制度，体现效率原则与公平原则，提升企业的市场化、现代化经营水平。

（五）健全职业经理人制度，探索完善市场化经营体系

航天云网公司深化人力资源制度改革，树立市场化选人用人导向，积极探索开展市场化选聘经理班子人员试点工作。通过加强制度建设，积极稳妥地推进职业经理人规范化管理，实现以党管人才为原则，市场化选聘和业绩考核为导向的职业经理人"契约化"管理。对选聘的职业经理人，实行目标考核的方法。在考核期开始前，明确考核期的整体目标及各阶段的分目标，双方确认，并签订绩效目标责任书，促进职业经理人了解考核期内的工作目标，将目标做好合理分解，达到过程充分控制，确保分解目标实现，最终达到整体目标实现的目的。通过各职能部门充分沟通配合，确保过程监督到位、服务管理到位、支撑支持到位，团结一心，协同努力，让既定目标及时实现。并做到考评考核公正公平，核算科学合理，分析详尽及时，为下一个考核期的目标责任书制定做充分的数据支撑。

（六）规范薪酬管理体系，不断强化绩效考核机制

以健全创新研发及激励机制为措施，引进高端技术人才。落实航天科工工资总额管理要求，持续健全完善与公司战略发展相适应的薪酬绩效体系，建立"基于实际绩效激励机制"和"三挂钩"工资总额分配机制并实施，持续加强工资总额分配激励作用。进一步规范薪酬绩效管理工作，根据职级体系和技术体系的更新迭代，从"粗放式"管理逐步转入"规范化"管理。为进一步加大以业绩为导向的激励、约束与分配机制，充分调动各类人员工作主动性、积极性和创造性，建立所属单位负责人年薪管理、所属单位领导班子测评、本部员工年度考核等制度和工作机制。加强员工关怀，规范员工福利管理，开展企业年金制度建设，不断激发全体员工的工作潜能。

（七）深化组织机构改革，提高经营管理质效

为抢抓数字经济产业发展新机遇，聚焦工业互联网主责主业，聚焦高质量发展，聚焦价值创造，强化平台生态构建和商业模式落地，稳步提升平台资源价值变现能力，航天云网公司持续完善组织机构改革，通过设立平台产业本部，精简优化管理结构，消除部门界面，理顺管理流程，提高管理效率，持续发挥"总体部"牵引作用，促进公司党委战略举措的落地执行，提升INDICS平台建设运营能力。通过探索开展"大区制"所属公司整合，强化平台生态体系构建，实现专业公司和区域公司协同发展。

三、航天云网公司取得的成效

航天云网公司自成立以来，通过六年改革探索实践，经营质量全面提升，持续巩固了工业互联网行业领航者地位，取得主要成效如下：

（一）经济规模高速增长，质量效益显著提升

公司成立以来到2020年底，主要经济指标持续保持快速增长，实现高质量发展新局面。资产总额复合增长率47.37%，营业收入复合增长率52.77%，利润总额复合增长率46.07%，经济增加值从复合增长率50.42%，经济规模快速增长，经营质量效益显著提升。

（二）领航者地位初步确立，战略目标基本实现

落实国家战略部署，依托"互联网＋"重大工程，建成航天云网INDICS工业互联网平台，成为世界首批、中国首个具有自主知识产权的工业互联网平台。聚焦应用场景，发布"一脑一舱两室两站一淘金"系统级工业应用等系列平台产品，构建CMSS云制造支持系统，汇聚航天航空、电子、机械、汽车、石化化工等多行业、多领域产业链资源，接入工业设备102.4万台（套），服务企业用户34.05万户，面向政府数字化治理和企业数字化转型需求，形成覆盖10大行业、84个行业/领域解决方案，有力支撑国家制造业转型升级。围绕工业互联网重点领域布局，在呼和浩特、常州、南昌投资建成三个自主可控数据中心。践行国家战略，履行央企责任，建成国家级双创示范基地、工业互联网创新发展工程、"互联网＋"重大工程等一批国家级重大工程，牵头建设中央企业工业互联网融通平台、国资布局产业链平台等国家级重点平台，成为国家工业互联网产业发展中坚力量。航天云网平台成功入选国家首批"跨行业跨领域"工业互联网平台，2020年综合排名第二位，被国际权威研究机构Forrester评为中国工业物联网软件平台领导者前两位，初步确立了航天云网国家工业互联网领航者地位。

（三）业务体系不断扩充，商业模式发展完善

航天云网公司自成立以来，通过六年改革探索实践，目前已经发展成为具备行业领先的跨行业跨领域系统工程服务能力、优异的制造技术与信息技术融合创新能力、安全可控的工业互联网服务能力、完善的平台生态与公共服务支撑能力、产教融合人才培养实践能力的工业互联网企业。航天云网公司坚持全产业链布局，初步形成平台产品与服务、智能制造、工业大数据、信息技术应用创新，以及产教融合五大产业发展方向，具体业务内容包括以下几个方面。

1.平台业务

航天云网公司构建了以INDICS＋CMSS平台级解决方案为基础，以区域云、行业云、园区云、企业云等平台系列产品为落地的产品与服务体系。打造以平台为基础的工业互联网网关、企业上云一体机等软硬件产品，打造云端应用开发工具、云端应用运行工具，形成可用好用的开发者社区。重点聚焦设备管理、生产过程管控、企业运营管理、资源配置协同、产品研发设计、金融等重点工业App应用领域，

打造"现象级"云化工业应用。持续优化迭代平台运营，为平台用户提供运营增值服务。

2.智能制造业务

持续在航空航天、机械制造、电子、汽车等重点行业领域深耕细作，聚焦设计研发、生产制造、物流仓储、经营管理、售后服务等关键环节，进一步优化智能制造解决方案与服务质量，推广已形成的行业解决方案和模式。为解决企业内部信息化和外部协同化问题，提供基于航天云网INDICS平台及企业自有信息化平台的智能化改造服务，推行工厂改造，实施生产装备智能化升级、工艺流程改造和基础数据共享，将企业各项制造业务及服务与云端联通，实现制造相关环节柔性化改造，实现企业全部经营活动的数字化、网络化、智能化。

3.工业大数据业务

航天云网公司充分整合平台数据资源以及外部数据资源渠道，以多源、高价值的数据源作为产业发展基础和价值源泉，以数据平台建设及关键技术研究作为实现大数据应用的手段和方法，构建完整的大数据产业体系。

4.信息技术应用创新业务

在现有硬件类、数据类、存储类、云计算类、安全类、应用类等六类产品的基础上，由"大而全"向"小而精"转变聚焦，重点推进边缘网关、上云一体机、数据库、虚拟智能化平台、云操作系统、PaaS平台等产品建设。推出一揽子安全解决方案，针对重点行业、核心企业持续开拓的电信、能源、军队、军工领域，根据行业龙头企业主营业务情况、信息化建设情况，结合其国产化替代需求，推出针对性的解决方案。

5.产教融合业务

基于工业互联网的产教融合新业务，培育新经济增长点，重点开展两方面的业务工作，一是与院校的战略合作，创新产业人才培养模式，构建以实训基地、示范产线、专业课程设计为一体的产教融合发展新模式，联合开展相关项目落地工作；二是开展基于航天云网平台的工业互联网人才培养服务业务，建设工业互联网人才能力评价中心，构建以产业需求为导向、以岗位能力为基础的人才评价体系，开展工业互联网产业人才培养课程体系及技术培训验证工作，在高等学校教育教学中进行推广应用，促进校企各类需求精准对接。

（四）平台体系逐步完善，生态建设初见成效

通过改革发展，航天云网公司坚持平台商品化、产品化、体系化发展，建成贵州、四川、内蒙古等22个省市的区域工业互联网平台，建成常州纺织云平台等13个行业工业互联网平台，建成四川南平智慧产业园云平台等国家级、省市级重点产业园区云平台，建成航天科工集团专有云平台等企业云平台，初步构建了以INDICS平台为基础，以区域云、行业云、园区云、企业云为支撑的工业互联网平台体系。坚持平台建设与运营并重，明确"平台＋产品＋服务"商业模式并推动落地，平台生态建设初见成效，引进部署17000余款工业App，汇聚开发者超2万户，构建了工业App开发者与工业企业用户双向迭代的双边生态；支持101种工业和通信协议兼容适配，汇集工业机理模型近40万个，为企业数字化、云化应用提供全面支撑。

（五）产业结构持续完善，发展基础逐步夯实

航天云网公司紧扣政府数字化治理、企业数字化转型需求，以平台建设运营为核心，形成了平台产品与服务、智能制造、工业大数据、信息技术应用创新四大产业发展方向，并培育形成产教融合等新经济增长点，产业结构不断完善，产业协同发展态势初步显现。平台产品与服务产业规模持续扩大，初步形成了以INDICS＋CMSS平台级解决方案，系统级工业应用、可剪裁、可私有化部署的云平台商业套件、智能边缘一体机为核心的产品体系。智能制造产业有力支撑公司经济规模快速增长，在航空航天、汽车制造、电子、装备制造等10个重点行业打造数字产线、数字车间、数字工厂等典型案例。工业大数据产业深耕能源、汽车等重点行业，已在石化、民航相关企业积累了典型案例。信息技术应用创新产业紧跟国家战略部署，打造航天超级服务器、航天超级数据库等自主可控产品体系和安全可控云解决方案，积极参与党政机关、重点行业数据库、服务器国产化替代。产教融合产业实现业务突破，获批工业互联网领域人才评价支撑机构资格、工业互联网领域人才能力提升机构资格，为业务拓展奠定基础。积极拓展国际化经营，"中德2＋2"智能制造国际合作项目在中德最高领导人见证下签约并列入政府双边合作框架，成为"中国制造2025"与"德国工业4.0"战略对接的重要组成。开展对欧高端合作，成功打造与国际知名企业、大学与机构的产学研国际合作格局。

（六）骨干创业热情高涨，研发能力不断增强

航天云网公司通过开展股权激励，持续发挥核心骨干在产品研发、市场拓展等方面作用，通过聚焦工业互联网关键技术产品，在INDICS平台建设、平台核心产品、CMSS层工业应用、信创产业核心产品等领域持续加大研发投入，初步形成了航天云网自有产品体系。有效集聚工业互联网产业创新资源，打造国家级创新平台，获批工业大数据应用技术国家工程实验室，是目前工业大数据领域国内唯一一家国家级重点实验室。获批四川工业云制造、重庆工业大数据、贵州工业信息安全等三个省级制造业创新中心，积极争创国家级创新中心。承担工业互联网创新发展工程15项，覆盖平台、网络、安全三大领域，涉及"双跨"及重点领域公共服务平台、标识解析、解决方案、区块链技术应用等多个方向，航天云网平台设备接入、安全保障、创新应用能力不断增强。突出标准引领，成功发布《智能制造服务平台制造资源/能力接入集成要求》国际标准，成为全球首个面向智能制造服务平台的国际标准，助力集团公司实现国际标准零突破；参与制定国家标准14项、产业联盟标准8项，有力争取了行业话语权。知识产权体系不断丰富，累计获得专利授权119项、软件著作权596项，有效发明专利27项；累计取得"工业互联网安全评估评测机构"、互联网数据中心许可证/互联网接入服务许可证（IDC/ISP）、信息服务业务经营许可证（ICP）、ISO27001信息安全体系、工业互联网平台可信服务评估、信息技术服务标准（ITSS）运维服务能力三级认证、私有云服务能力三级认证等关键核心资质共计71项，为业务发展提供有力支撑。

（七）区域布局落地扎根，协同发展雏形初显

紧抓国家推进工业互联网产业发展战略契机，通过收并购、兼并重组、新设公司等多措并举，设立了4家专业子公司、11家区域子公司、2家境外子公司，涵盖了平台建设及运营、工业大数据、信息技术应用创新等专业领域，国内覆盖京津冀、长三角、粤港澳、东北、西北、西南等主要经济区，初步形成了由专业子公司负责平台及核心产品建设运营、技术研发，区域子公司负责平台落地推广的协同发展模式。依托落地区域公司，支撑地方政府推动企业上云，助力区域产业数字化发展，在长三角、珠三角等重点区域，成功打造"五星上云""银企助"产业链金融等特色模式，助力企业数字化转型；在广东横沥、江西南康、江苏常州等产业聚集地，建设运营模具、家居、纺织等行业云平台，强化整合上下游产业链，实现产业集群数字化发展。积极推进国际化战略布局，在中国香港、在德国设立2家境外子公司，INDICS国际云平台在德国等国家实现落地。

（八）队伍建设稳步推进，人力资源质量提升

通过建立所属单位市场化选聘经理班子人员管理机制以及绩效激励机制，航天云网公司坚决贯彻落实党的干部路线方针政策，一是持续强化人才队伍建设，完善人力资源制度体系，强化经营业绩导向，修订所属单位负责人年薪管理办法，制定完善领导班子和领导人员综合考核评价办法，薪酬体系不断优化，职工收入得到提高。二是加强高层次人才引进，建立首席专家体系，建立员工"专业＋管理"双成长通道，教育培训体系不断完善。"十三五"期间，累计获评政府特殊津贴1人次、中国航天基金奖6人次、集团公司级专家3人次、集团公司级青年创新型人才8人次、集团公司创新团队6支，人才培养取得显著成绩。三是探索所属单位人员规模与投入产出效率挂钩工作机制，大幅提升全员劳动生产率及工资产出比。四是加强业务培训，线上线下相结合开展平台、大数据应用、市场管理等培训，有效提升岗位胜任能力。五是扎实推进领导干部队伍年轻化工作要求，领导干部队伍及人力资源结构显著优化。自航天云网公司成立至今，管理人员占比降低33%，专业技术人员占比提升26%，大学本科及以上人员占比提升5%。公司市场化选聘职业经理人队伍达到6人，占所属单位领导岗位人员数量的18.75%，初步形成了一支业务能力过硬、管理经验丰富的市场化经营管理人才队伍。

（九）资本结构优化突破，公司治理持续规范

航天云网公司紧抓国家首批国企改革"双百行动"试点单位改革契机，成功进行两轮股权融资，实现首轮融资额5.5亿元，新一轮融资额26.32亿元，持续提升公司在资本市场的影响力。通过股权融资，引入涵盖国有投资平台、产业基金等多个产业协同投资者，实现股权多元化及混合所有制经营模式，持续增强公司资金实力，加大各项产业研发投入，提高行业竞争力，有力支撑公司跨越式发展。同时，通过加强混合所有制改革，航天云网公司以"完善治理、强化激励、突出主业、提高效率"为原则，持续完善全级次法人治理结构，提升现代化治理能力，持续完善全级次股东大会、董事会、监事会制度，切实落实董事会权责，严格执行"三重一大"决策制度，建立健全相关规章制度，提升治理能力。

（十）规章制度有效运行，企业管理日趋规范

航天云网公司通过持续深化改革，加强规章制度建设体系，全级次600余项规章制度有效运行，高效精简组织模式初步建立。法治工作体系不断完善，法治建设第一责任人职责有效压实。审计监督作用有效发挥，内部控制和风险防范化解机制持续完善。财务信息化体系和风险导向的财务内控体系不断完善，业财融合不断深化，价值型财务管控体系初步建立。全级次"三重一大"决策和运行监管系统建设全面完成，督查督办管理得到加强，进一步精简工作流程，明确办理时限，工作效率大幅提升。经济运行目标责任制和协调机制作用有效发挥，全级次协同发展水平明显提升。精简会议数量，压缩会议规模，制定并落实"无会日"制度，大力精减公文，公文质量明显提升。加强档案管理，政务信息工作在航天科工名列前茅；连续3年获评航天科工机要密码管理优秀单位。

（十一）党的领导引领作用突出，监管体系日益完善

航天云网公司始终以党的建设为坚强保障。一是通过全面强化党的建设，扎实开展主题教育，使得全体党员学的深、悟得透、干得实，充分调动了领导干部干事创业的积极性。二是加强了基层党组织建设，全级次成立党组织32个，其中基层党委2个、基层党总支3个、基层党支部27个，党员占比达到24.7%。三是着力加强意识形态、新闻宣传工作，初步建立企业文化载体和宣传阵地，入选《人民日报》"改革开放40年"40个第一系列。四是深化巡察监督，发挥利剑作用，建立健全保障监督体系并有效运行，形成"大监督"格局，不断强化监督执纪问责，深化标本兼治，营造良好政治生态，为公司发展提供了强有力的政治保障和纪律保证。五是全级次党员思想作风得到较大转变，业务能力得到大幅提升。党务工作者及党员队伍建设进一步加强，设立21支公司级党员突击队，涌现出了一批先进党组织和优秀党员。持续、充分发挥党委领导作用，把方向、管大局、保落实，将航天云网公司打造成为党的领导坚强有力、治理结构科学完善、经营机制灵活高效、核心竞争力领先的工业互联网产业领航者。

"十四五"期间，航天云网公司将继续以习近平新时代中国特色社会主义思想为指引，全面贯彻党的十九大、十九届二中、三中、四中、五中全会和中央经济工作会议精神，适应国内国际双循环发展新格局，紧抓数字经济产业发展新机遇，落实国家"新基建"战略新要求，以打造国内领先、国际一流的工业互联网企业为目标，聚焦工业互联网主责主业，聚焦高质量发展，聚焦价值创造，以党的建设为统领，以科技创新为驱动，以平台建设运营为中心，以生态构建和商业模式落地为重点，大力提升产业化发展与协同发展能力，夯实高质量发展基础，开创"十四五"创新发展新局面。

成果创造人：於亮、王丽娜、贝宇红、汤滔、王男、温迪、钟楠、

刘珈延、林淮平

打造"中华料理尖牌"的探索与实践

杭州金羚羊企业咨询管理有限公司

一、产品创新

自嗨锅成立于2017年，产品正式上线于2018年元旦，是目前市场上快速崛起的新餐饮头部企业，已经实现了从"自嗨锅"到"自嗨锅出品"的跨越式转变，产品品类得到极大延伸，覆盖自热火锅、自热米饭、螺蛳粉等，满足消费者一日三餐的需求，并拓展到了下午茶、夜宵等丰富的场景。

公司定位：成为中华料理尖牌，打造中餐名片，将中华美食与文化推向世界。

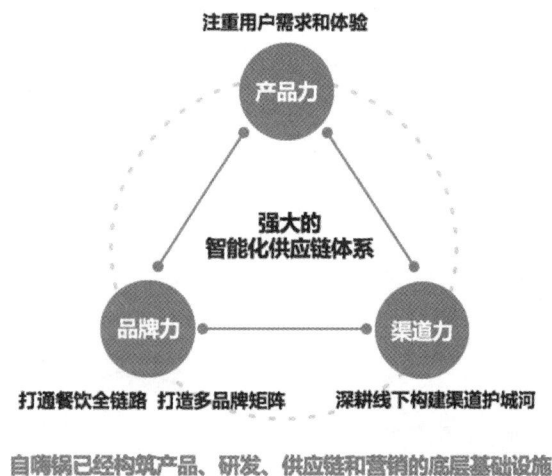

图1　自嗨锅已经构筑产品、研发、供应链和营销的底层基础设施

公司核心业务数据提炼：

（1）2020年方便速食品类新锐品牌排名第一；

（2）供应链累计投入近10亿，政府出土地、厂房，公司提供设备；

（3）累计推出产品数超过200个；

（4）自成立以来，公司连续三年的复合增长率都超过200%；

（5）线上电商渠道及线下流通、KA渠道已全面覆盖，目前线上、线下销售占比分别为6:4。

二、行业趋势分析

（一）技术创新与社会变革驱动餐饮习惯更替，即时餐饮的时代已经到来随着技术与社会因素的驱动，餐饮经历了农业时期、工业革命时期及目前的即时餐饮时期三个阶段。

（1）农业时期：主要是种植业与畜牧业的发展，食物还只是为了解决人们的饱腹问题，但原始的食物储存方法开始出现。

（2）工业革命时期：随着第一次工业革命的开始，真空包装、杀菌技术、冷藏技术开始诞生。第二次世界大战后，军需供给刺激民用食品开发，休闲食品、方便食品开始广泛流行。

（3）即时餐饮时期：随着智能制造的创新及应用，以及快节奏的社交网络，新一代零售化餐饮崛起。即时餐饮重新定义了5万亿餐饮市场。

（二）中国餐饮市场达万亿级，餐饮生活方式不断衍变并诞生行业巨头

传统餐饮市场规模巨大，其中，规模最大的为传统餐饮，达4.6万亿元，包括肯德基、麦当劳等高度标准化的西式快餐，以及真功夫、永和豆浆等传统中式快餐。另外，随着美团、饿了么等O2O外卖平台的崛起，这部分线上外卖的市场规模也达到了8100亿元。剩下的则为三全、湾仔码头、康师傅这一类的传统速食，这部分市场规模达4500亿元。

但是，随着人口结构的变化，独居人口比例提升，下厨的人数占比越来越低，快节奏的生活使得对烹饪的技能要求降低。与此同时，用户对食品的安全与健康，以及对食用的方便性及产品的品质要求都在提升。

随之而来的就是对传统餐饮生活方式的革新、替代和升级。

标准化、零售化是餐饮发展的必然趋势。即时包括了即食、即烹、即热、即配，让消费者随时随地地享受美食，实现"吃饭自由"。

（三）品类的拓展、场景的丰富，塑造新餐饮生活方式

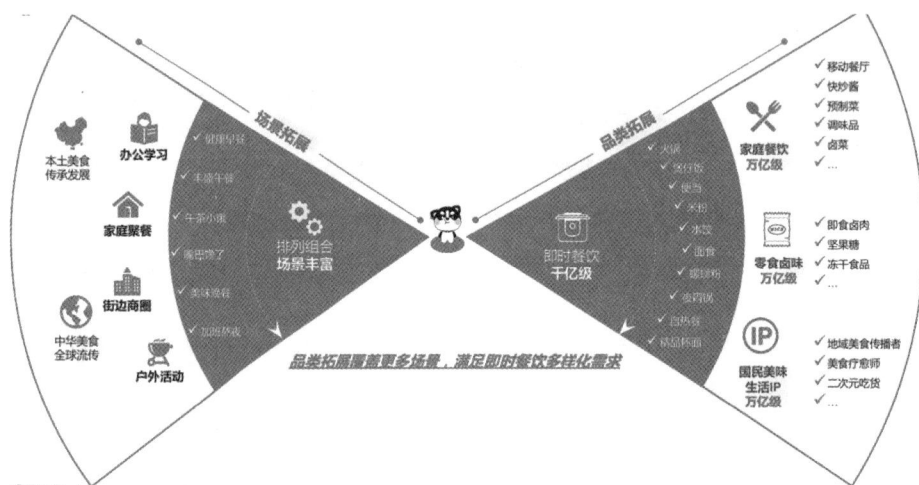

图2　品类拓展覆盖更多场景，满足即时餐饮多样化需求

通过品类的不断拓展，来覆盖包括办公学习、家庭聚餐、街边商圈及户外活动四大场景，并将场景不断延伸至健康早餐、丰盛午餐、精致下午茶、方便零食、美味晚餐及过瘾夜宵。品类从火锅、煲仔饭、便当、米粉、水饺、面食、螺蛳粉、夜宵锅、自热餐、精品杯面等家庭餐饮，向快炒酱、预制菜、调味品、卤菜、即食卤肉、冻干食品等方向延伸，塑造新餐饮生活方式。

（四）即时餐饮同时满足高品质、健康安全、性价比、便捷性的特点

新一代人群带来了新的生活方式。互联网催生了"懒""宅"一族，有67%的人认为传统的烹饪方式太麻烦；当前的生活节奏不断加快，中国人人均每周的工作时长达46小时，用户对便捷性的要求更高；追求生活品质，吃好更要好吃，有51%的用户愿意为优质产品支付更高的溢价；健康意识不断增强，有58%的人对健康饮食越来越有意识。

新的生活方式催生了新的多样化需求，用户更关注食品的高品质、健康安全、性价比及便捷性。

三、公司介绍

自嗨锅于2017年在杭州成立，由连续成功创业者蔡红亮先生创办。

蔡红亮先生是著名休闲食品品牌"百草味"的创始人，也是阿里巴巴智囊团成员，拥有20年成功创业经历，8年外资设备工程师的经验，具备完整的食品餐饮行业创业经历，稀缺的产品渠道、供应链、营销全经验，高瞻远瞩的战略思维和脚踏实地的实践能力。同时，蔡红亮先生也是资深的连锁门店管理专家和线上运营专家，曾带领百草味成为首家布局线上的休闲食品品牌，并成功实现线下门店的快速拓展。

经过2017年全年的市场调研、商业规划、产品研发和品牌策划，自嗨锅于12月底成功投产，最终在2018年1月横空出世，将自热火锅系列作为第一支品类投入市场，势必要打破常规，颠覆传统火锅形象。为特立独行、拒绝恪守常规的互联网原住民打造出有颜、有料、有趣、有味的自热锅系列（自热火锅、自热汤锅、自热干锅、自热煮锅等），同时帮助都市年轻人从厨房中解放出来。

公司以品牌带动线上线下渠道能力，占领消费者心智，拉动供应链建设。同时，不断在供应链端加强投入，围绕供应链升级，持续升级产品和商业模式，打造多品牌、多品类矩阵，已经成功从自嗨锅到"自嗨锅出品"，不断突破场景，提升市场空间。

（一）公司的产品优势

我们的产品以"好吃"为前提、"吃好"为标准、"方便"为诉求，打造健康美味饮食。

（1）"好吃"＝原料＋配方

①为保证口味的地道，公司特聘请重庆厨王王志忠先生为首席技术官，秘制独家火锅底料。

②食材方面，甄选生态原产地特色品质食材，如川西茂汶花椒、顶级牛油等。

（2）"吃好"＝料多＋工艺

①采用行业独有冻干技术，利用物理手段保存与还原食物本味，保持食物有机营养成分不流失。

②卤味炙烤技术，自主研发卤味产线，精准控制炙烤温度、流程与时间，保留肉质口感，解决保质期问题。

（3）"方便"＝放心＋安全

①全流程检测，安装工序智能追溯码，保证食品安全；用心包装，发热包精确配比，精准控制发热时长与温度。

②行业唯一铝制包装，加热无毒，保障消费者使用安全。

（二）公司的产品研发迭代能力强，持续推出多款爆品

公司自2018年以来，已累计上线产品超过200款，其中：

（1）核心单品麻辣牛肉自热火锅自2018年一季度上线以来，已经累计实现近3亿的销售额。

中国企业改革发展优秀成果2021（第五届）

（2）2019年二季度推出的菌菇牛肉煲仔饭，到目前的累计销售额也已经超过2亿。

（3）2020年一季度推出的夜宵锅，累计销售也近2亿。

（4）2021年8月，重磅推出子品牌"画面"，上线10天即累计售出72万盒，成为天猫方便面/拉面/面片类目的第一。

2021年，预计全年七大品类合计将新增产品数量250多个。

（三）打破用户圈层，覆盖地域广泛，成为消费者日常餐饮新选择

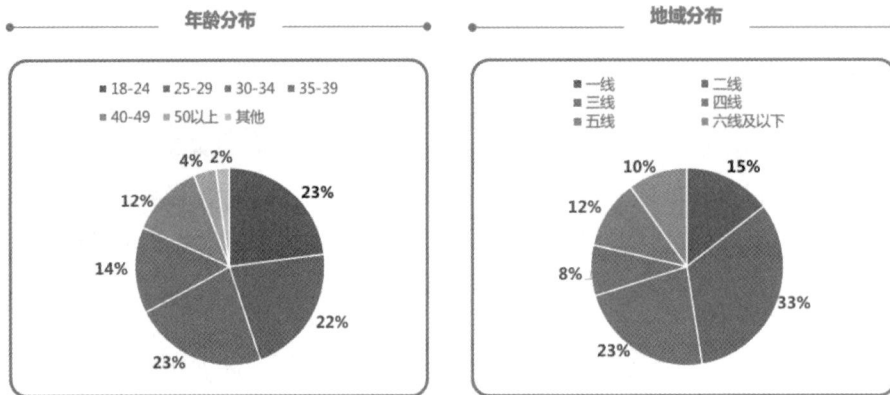

图3 自嗨锅用户的年龄和地域分布

用户方面，自嗨锅不断打破用户圈层，其中，18～34岁的目标人群占比68%。区域上，从一线到六线基本都有覆盖，三线及三线以下占比超过50%，成为消费者日常餐饮新选择。

数据统计来源：天猫达摩盘，品牌数据银行；统计范围：天猫旗舰店已购买用户；时间范围：截至2021.7.31。

（四）优秀的渠道力：线上线下相辅相成，构建全渠道互通场景

线上渠道：销售占比60%，2018年进入线上渠道。

线下渠道：满足消费者即时消费的需求，实物展示，刺激购买欲望，所见即所得。2018年11月进入线下，销售占比40%。覆盖全国290多个地级市，覆盖率达90%。入住全国10万家商超与便利店。

图4 自嗨锅线下渠道的铺市

－ 698 －

四、供应链介绍

（一）标准化模块的多样排列组合，高效率出品各类餐饮新选择

中餐根据不同地域口味、特色，不同价格需求与不同的用餐场景，产品复杂多样，众口难调，增加了产品开发难度与供应链生产难度，标准化模块的多样排列组合，高效率出品成为品牌新选择。

（1）自嗨锅产品解决四大场景：家、寝室办公室、野外户外、商场街边；

（2）从加热方式、主食材、价值食材、味觉料、包装、价格带六个维度来组合不同产品。

（二）甄选优价食材，自研配方配料，自设工艺流程，自创专有设备

1. 原材料采购

优选海内外生态原产地特色食材尊重味蕾，严选各地优质食材，让产品达到最佳口感，保留对各色美食最真实的记忆。

2. 配方配料

独家绝密自研配方，风味饱满度高不同纬度/产地/土壤的原料精准配比，辣度和香气最完美呈现。

3. 工艺专利

首创顶级工艺，最大程度美味还原采用健康工艺，利用物理而非化学添加手段，保存与还原食物本味。

4. 设备及自动化

自研独家生产设备，标准化程度高自研专用设备，长期积累行业独特经验自动化生产线，高效生产标准化产品未来实现无人工厂，大幅节约人力成本。

5. 包材及包装设计

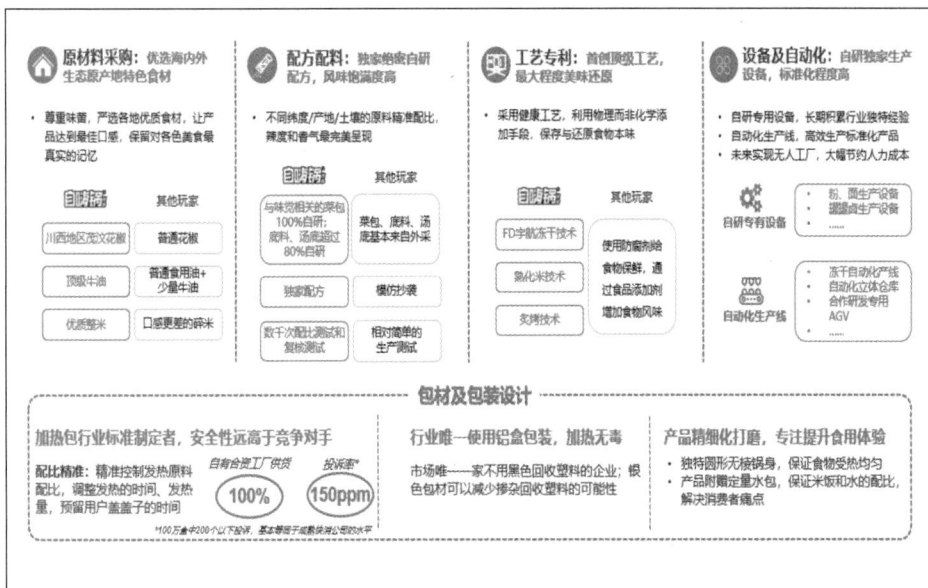

图5　自嗨锅产品全面的技术能力

（1）加热包行业标准制定者，安全性远高于竞争对手。

（2）配比精准：精准控制发热原料配比，调整发热的时间、发热量，预留用户盖盖子的时间。

（3）行业唯一使用铝盒包装，加热无毒。

（4）市场唯一一家不用黑色回收塑料的企业；银色包材可以减少掺杂回收塑料的可能性。

（5）产品精细化打磨，专注提升食用体验。

（6）独特圆形无棱锅身，保证食物受热均匀。

（7）产品附赠定量水包，保证米饭和水的配比，解决消费者痛点。

（三）业内率先打通供应链全链路，每年数亿元级别供应链投入

（1）不断迭代的设备。一代已研发完成，二代正在使用的，三代研发中不断迭代之后，效率和通用性会提高；目的是提高产能和效率，减少人的参与和管理成本减少人；终极目标：打造全自动智能设备，实现无灯生产。

（2）设备情况组装工厂设备类型：半自动、自动组装线、立体仓储货架、半自动发货线、AGV货舱；生产工厂设备类型：每个工厂都是独立的，每个工厂一个品类，设备根据工厂产品与工艺进行研发与设计；研发成果：与供应商合作研发，知识产权成果归自嗨锅；独立研发，承接技术保密。

（3）设备战略部。负责设备的创新性，设备工艺的研究，承接未来，不断摸索，是自嗨锅核心竞争力；角色分配：产品经理是设备战略部，工厂负责设备执行，承接保密。

（4）3年3亿元的自动化设备研发与投入，打造行业先进工艺设备。2020年9000万元，2021年1.1亿元，2022年1亿元。

（5）包装类设备投入：两片罐工厂、可降解包装研究等。

（6）为什么竞争对手做不出来我们的东西？每个工厂一个生产环节，一套生产设备。

不同设备解决不同工艺，与产品需求：

①炙烤的环节关键：没有相关设备，会烤焦，口味差。

②冻干设备：在原有行业冻干设备基础上，提高25%效率，在水分升华过程中，提高冻干速度。

③发热包设备：精准控制里面的配比，调整发热的时间、发热量、每包品质是标准的、一致的。

优质的食材产地，产量相对稳定，在规划生产时，通过设备工艺弥补，保证质量与营养、气味等流失问题，确保味觉的核心竞争力。

7.全品类供应链，超一流硬件投入，打造标准化新餐饮。自2019年10月开始，自嗨锅供应链经过几年时间打造已完成一期约23万平方米工厂建设，二期48万平方米工厂建设，两期政府资金投入逾15亿元以上，企业设备投资3亿元。

五、自嗨锅集团发展规划

（一）2018—2020年

（1）互联网餐饮开创者年销售额12亿元。

（2）推出自嗨锅大单品。

（3）开创自热火锅品类、引领新一代人群和消费习惯。

（二）2021—2025年

（1）打造中华餐饮标准化。

（2）年销售额200亿元。

（3）实现IPO。

（三）2026年—未来

（1）中华料理尖牌。

（2）年销售额1000亿元。

（3）引领消费时代浪潮，诞生世界级消费巨头。

（4）传承发展本土美食，向全世界输出中国美食文化。

（四）展望：中华餐饮标准化，走向全世界

协同海内外资源和市场，形成自嗨锅生态，结合国内资源与海外市场，做正餐的结构者、中华美食的传播者、新餐饮造物者、世界的厨房，使中华餐饮标准化，走向全世界。

成果创造人：蔡红亮、陆阳、刘铁楠

以12个核心要素为支撑的非常规能源企业价值体系构建

中石油煤层气有限责任公司

中联煤层气国家工程研究中心有限责任公司

中石油煤层气有限责任公司（以下简称"煤层气公司"），是中国石油天然气股份有限公司独资设立的从事煤层气业务的专业化子公司，成立于2008年9月，总部位于北京市，主要从事煤层气、致密气、页岩气等非常规天然气业务。工作区域横跨全国八大省区，规模生产区域主要位于晋陕两地的鄂尔多斯盆地东缘。中联煤层气国家工程研究中心有限责任公司（以下简称"工程中心"）于2006年由国家发展改革委批准组建，由中国石油天然气集团有限公司委托由煤层气公司管理，是国内唯一一家专门从事煤层气勘探开发利用技术研发和成果转化推广的国家创新平台。煤层气公司成立以来，率领工程中心秉承"奉献能源、创造和谐"的企业宗旨，发扬"爱国、创业、求实、奉献"的企业精神，牢记国内煤层气"业务技术主导者、标准规范制定者、业务发展领跑者"发展使命，传承弘扬"石油精神""大庆精神""铁人精神"，艰苦创业、砥砺奋进，栉风沐雨，推动了公司从无到有、从小到大，立足鄂尔多斯盆地东缘高效建成国家级煤层气产业示范基地，构建了集勘探、开发、生产、集输、销售于一体的产业化格局，初步形成了从煤层气"一气专攻"到煤层气、致密气、页岩气"三气并举"的良好局面，累计产气量破百亿立方米，年产量突破25亿立方米，油气当量超过200万吨，连续7年保持中国石油集团公司业绩考核"A"级单位，为保障清洁能源供应、保护生态环境、建设美丽中国贡献了煤层气力量。

一、实施背景

（一）构建价值体系是"双碳"目标下国有企业责无旁贷的使命担当

"双碳"目标是习近平生态文明思想和人类命运共同体理念的具体实践，党中央国务院推动"双碳"目标实现，极大程度上为煤层气产业发展和科技创新提供了重要契机和有效路径。开采利用煤层气是一项利国利民事业，具有三重"有利"属性，即有利于煤矿安全生产，减少煤矿瓦斯事故（见图1），与2007年相比，2020年全国煤矿瓦斯事故数下降97%、瓦斯事故死亡数下降97%、全国煤矿百万吨死亡率下降96%；有利于优化能源结构，补充清洁能源；有利于减少煤炭开采过程中的瓦斯排放，减少温室效应危害，是实现"2030年碳达峰、2060年碳中和"目标的重要突破口和中坚力量。

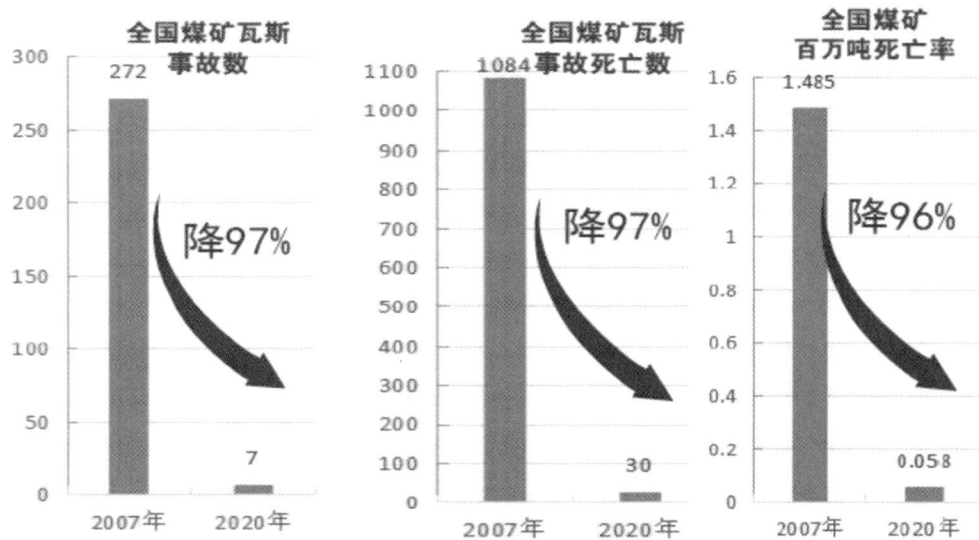

图1 煤层气对煤矿事故影响数据图

（二）构建价值体系是实现企业高质量发展的必然要求

坚定不移走高质量发展之路是党和国家赋予国有企业的重要使命。作为带头推进高质量发展的重要实践主体，国有企业必须牢记"在经济领域为党工作"，进一步树牢"四个意识"、坚定"四个自信"、做到"两个维护"，深刻学习领会习近平总书记关于高质量发展的重要论述，牢固树立新发展理念，以推动高质量发展为主题，以科学构建"价值体系"推进质量变革、效率变革、动力变革，使质量和效益成为衡量发展绩效的主要依据，使价值实现和价值增值成为评估企业成长的重要导向。非常规能源企业在构建"价值体系"过程中，必须牢固树立系统观念，围绕企业"价值"这一中心要素，厘清与之紧密关联的"储量、产量、成本、资产、市场、人才、队伍、科技创新、QHSE风险管控、党的建设、企业文化、大数据"等12个核心要素，并将之作为推动高质量发展重要衡量指标，着力构建各项要素彼此支撑、互为促进、共同提升的新发展格局。

（三）构建价值体系是提升企业治理能力的现实需要

国有企业治理体系和治理能力现代化是国家治理体系和治理能力现代化的微观系统和重要内容。推进国有企业治理体系和治理能力现代化，既是党中央的明确要求，也是新时代全面深化改革的客观要求，更是做强做优做大国有企业、实现国有资本保值增值的必然要求。中国石油集团公司2020年领导干部会议专题研究并明确了推进企业治理体系和治理能力现代化的总体思路总体目标，为构建非常规能源企业"价值体系"提供了重要遵循。非常规能源企业在构建企业"价值体系"过程中，必须按照"四个坚持"治企方略、"四化"治企准则，突出问题导向、目标导向、结果导向，以价值创造为主旨，全面评估12个核心要素的状态，系统分析每个核心要素及依次延伸的各层级，从而准确把握公司新的发展阶段面临的机遇和挑战，进一步聚焦主责主业抓重点、补短板、强弱项，不断增强企业竞争力、创新力、控制力、影响力、抗风险能力，持续提升公司治理体系和治理能力现代化水平。

（四）构建价值体系是企业党建和生产经营深度融合的生动实践

作为党领导下的国有企业，必须牢牢把握"党对国有企业的领导"这一重大政治原则，凝聚"用高质量党建引领高质量发展，用高质量发展检验高质量党建"的共识，推动党建工作与生产经营的深度融合。非常规能源企业在构建企业"价值体系"过程中，必须把准提高党的建设质量的"两性五力"，即坚持把党的政治建设与企业战略引领结合起来，把准方向性；把党的思想建设与"三观"培育结合起来，永葆先进性；把党的组织建设与企业人力资源管理结合起来，提升凝聚力；把党的作风建设与企业日常管理结合起来，提升战斗力；把党的纪律建设与干部管理结合起来，提升执行力；把党的制度建设与依法治企结合起来，提升约束力；把党风廉政建设工作和落实"四个清单"结合起来，提升免疫力。同时，积极营造价值创造、价值实现、价值增值的良好氛围，让"价值体系"充分融入以"责任心、真功夫、好习惯、好形象"为核心的企业文化体系，成为引导员工学习工作生活的行为规范。

二、主要做法

基于对决定企业"价值"中心要素的12个核心要素的系统研究，并对每个核心要素依次向下的重要要素、关键要素、主要要素和基本要素进行分层级指标体系研究和系统关联分析，确保各核心要素自身状态最佳且彼此协调，进而构建起各项要素指标整体向好、彼此协同的价值体系（见图2）。

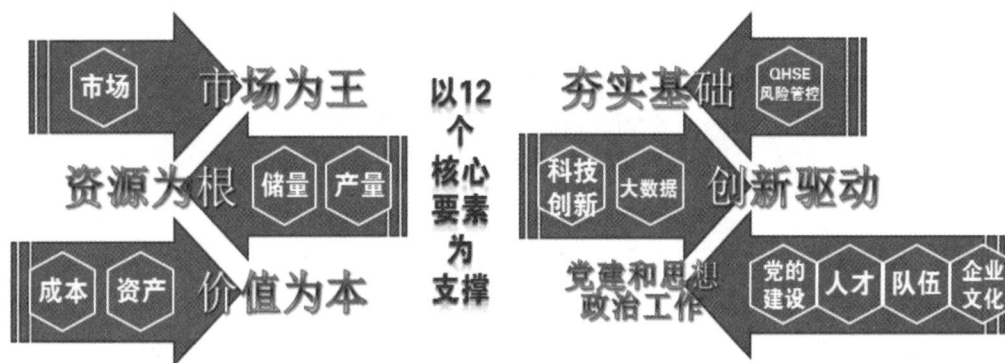

图2 煤层气公司价值体系架构图

（一）坚守"市场为王"定力，系统研究"市场"核心要素，做好市场营销文章

1.实施战略营销

坚持资源统一调配，严格执行计划，优先保供居民用气，建立上下游冬保沟通机制，多措并举保证冬保用气；稳定现有用户，积极拓展周边直供，持续扩大资源地和管道沿线用气市场；分门别类有序做好推价工作，持续扩大非居民用气占比，整体提升销售价格；加强多元化终端建设，探索与LNG市场价格挂钩的动态气源价格机制，实现公司效益最大化。2021年加权价格较2020年增加0.17元/立方米，提升比例超过11个百分点。

2.实施差异化营销

围绕"价值"这个中心，坚持"市场生产一体化"，以销定产、以产促销，优化市场格局、价格结构和产量结构，按照"春夏优建、夏秋稳投、冬春开满"的原则，遵循市场经济发展规律，优化生产运行和销售计划，调整原有"均衡"生产模式，打造"哑铃型"生产曲线（见图3），追求生产曲线与市场需求曲线、价格曲线、产建成本曲线的正相关，旺季多产多销、淡季保留产能、恢复地能、为旺季"蓄能"，实现产品到商品的价值最大化转换，达到钻建、投产、保供与价值实现的有机统一。预计2021年实现商品量25.4亿立方米，粗略计算，"哑铃型"生产模式较以往的"均衡"生产模式，可实现增收超4亿元。

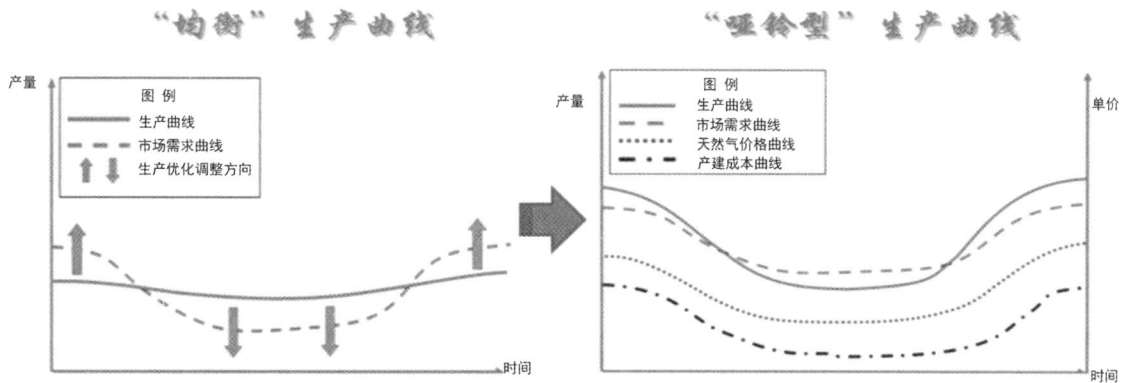

图3　"哑铃型"生产曲线调整图

3.实施"两种资源"利用营销

稳定现有气田集输管网及省内管网的外输运行，系统合理布局门站、管网，有效解决淡季销售难题；以管网下载气作为自产气的必要补充，增强冬季保供能力；推进气田与省级管网互联互通，有效调剂资源输配，扩大市场份额，实现销售增值。目前，已与国家管网建立了创新合作模式，实现了大宁—吉县区块上载西一线外输供气，开创了期货、竞拍、新区等销售业务，打开了销售战略新局面。

（二）坚守"资源为根"定力，系统分析"储量""产量"核心要素，做好硬增储、高效建产、长效稳产文章

1.做实"五有"硬增储

坚持勘探评价开发一体化，努力追求规模效益勘探，追求优质储量发现，追求对PD储量的贡献。聚焦资源、储量和价值，遵循"学习曲线"规律，做实五个"有"，即通过基础理论研究和三维地震，解决地质家脑海里资源"有没有"的推想；通过风险勘探，来寻找资源"或许有"的方位；通过预探，来打开资源"大概有"的天窗；通过评价，来进一步揭开资源"基本有"的面纱；通过开发，来打开资源"绝对有"的大门。本着"科学、规模、精细、效益"勘探的原则，着眼于整个矿权扎实做好基础地质理论研究，有针对性地加大高精三维地震和精细资料解释工作的力度，并优化完善勘探、评价工作整体部署的顶层设计，以指导优质储量的规模发现，为效益建产不断积厚资源基础。正确理解PD储量指标，像关注产量一样关注PD储量；加强对PD储量的研究，搞清楚"硬增储"的主要渠道；强化PD储量的经营理念，把PD储量与资产同等重视；研究建立PD储量细化单元动态评估软件，在合理合规的范围内对PD储量进行评估调控。

2.突出建产"高"与"效"

树立正确的高效建产理念，即在全生命周期内实现储量控制、动用程度最优化和投入产出回报积分值最大化。"高"主要体现在：项目全生命周期的寿命高；项目追求的EUR值高；方案设计优化及达产程度高；创新技术与实用技术配套应用水平高；项目钻建的质量、效率高；项目的生产方案与后续的稳产方案衔接契合度高等。"效"主要是指：项目全生命周期内的生产经营管理对EVA实现正拉动的效能最大化。实现高效建产的关键在于建前，在于方案优化设计的理念创新和技术应用创新。树立资产"轻优化"的理念，保持亿方产能的投资不断下降。强化气藏评价工作，有效确保新投区块产建成功率和储层钻遇率分别达到90%和85%以上，避免无效资产增量。在地层能量有效利用方面下功夫，合理驾驭地

层能量。持续优化气田开发工作制度，协调好产量与关联储量、能量的关系，注重管理提升与技术支撑的迭代效应，努力实现积分产量的最大化。

3.科学生产"稳"又"长"

确保稳产，必须具备两个基本条件：一是可动用的储量保障；二是动用储量的能量保障。当这两个条件发生减弱，区块产量就会出现递减，因此，控递减就要针对这两个基本条件下力气、做正功。一方面，在充分认识各类气田各阶段生产规律的基础上，加强气藏动态监测，加强精细地质研究，特别是储层的精准动态描述，以指导综合调整方案的编制，并严格执行；处理好地层能量的利用与采气速度之间的关系，进而控制好递减的节奏。另一方面，研究区块的整体部署，包括区块内潜力区的接替、井间接替、层间接替、增储接替，以及提高采收率、有效增加PD储量的技术接替等问题。

（三）坚守"价值为本"定力，系统研究"成本""资产"核心要素，做好提质增效文章

1.加大成本管控工作力度

坚持树立成本管控原则。加强业务协同，强化业务主导。完善储量、产量、投资、成本、效益联动机制，算好生产经营"一本账"；坚持量效兼顾，筑牢效益基础。紧紧围绕大力提升勘探开发力度，统筹处理好当前和长远、产量和效益的关系；实行倒逼机制，强化源头控制。对新建产能进行效益评价，倒算投资成本，优化方案设计，推进工程技术服务和价格市场化，确保了新建产能对成本效益的正向贡献；坚持创新驱动，持续深化改革。充分发挥科技创新的支撑引领作用，加大技术攻关，积极推进"油公司"体制改革，依靠创新实现将本增效。

强化完全成本管控力度。坚持始终强化折旧折耗管控措施，牢固树立PD资产化经营意识，加大低效无效资产处置力度及探井核销力度，严控各年度新增投资增加的资产，减少计提折旧折耗额，2021年钻完井、地面综合成本较2020年控降10%；坚持始终强化人工成本管控措施，优化人员结构，合理控制用工规模，严格人工成本日常管理；坚持始终强化基本运行费管控措施，树立源头控投降本意识和比对意识，强化对标分析，强化科技创新带动降本提效。

2.强化资产管理水平提升

始终狠抓源头，重视新增资产质量，以效益投资作为生产决策首要因素，努力优化投资结构，控制资产规模增长速度，强化地质综合研究，强化预探和风险勘探，努力寻找优质储量，确保投资支出对效益的正向拉动作用。

持续提高储量管理认识。建立大PD概念，计划、投资、开发和产建要紧密围绕PD储量，提高公司资产创效能力，建立由降低成本提高评估单元经济极限产量，提高证实储量，从而降低单位折耗的良性循环，推动公司高质量、可持续、稳健发展。

不断优化存量资产。积极研究股份公司资产管理要求，争取资产减值、资产报废等政策支持，实现资产轻量化目标，积极开展长停井、低产低效井措施治理研究，提高开井率，控制老井递减水平，盘活存量资产，积极开展低效闲置固定资产处置，提高资产质量和流动性。

抓实资产报废研究及后续管理。严把报废审核关，对于低效无效资产，应结合其经济价值与战略价值，充分论证后开展报废，严控5年内投产报废井和工程报废井的审核上报，对于已报废资产，按照管理标准及时做好后续清理工作，最大限度规避安全、环保及生产管理风险，消除潜在安全隐患。

（四）坚守"夯实基础"定力，系统研究"QHSE风险管控"核心要素，做好安全

环保、合规管理、深化改革文章

1.强化安全环保责任落实

按照"防治结合、综合治理、因地制宜、全面达标"的总体思路,开展环保治理工程,不断夯实质量管理基础,有序推动公司高质节能发展。一是强化安全管控。推动一岗双责常态化,全员建立了QHSE任务清单1085份,建立"安眼"系统、辞典式风险库和作业许可信息化系统,形成综合检查、专项检查、体系审核、日常巡查为主体的分级隐患排查机制;启动全员培训模式,实施领导干部"一对一"访谈培训、关键直线责任干部短板培训加实战指导等方式,管控能力效果稳步提升。二是强化生态环境保护。投入7247.9万元环保隐患治理专项投资,实现了采出水达标排放目标以及污染物削减目标;创建特色水处理系统,形成了"AOP高级氧化"等工艺技术系列,引领煤层气行业示范工程;多措并举打造绿色气田,忻州分公司保德北5亿方煤层气项目、临汾分公司大吉5—6井区致密气5亿立方米项目进入国家级绿色矿山名录。三是强化质量管控。强化源头管控,针对个性质量问题开展专项质量诊断分析,出台质量事故事件问责、考核指标保障措施,确保全过程质量监督有章可循。

2.构建"大合规"管理体系

建立与公司业务发展和经营管理相融合的"1+1+1+3"合规管理体系,即"根植一种合规管理文化,规划一条制度建设与执行主线,运用一类合规管理工具,构建风险防范、监督问责、评价改进三大机制"。一是开展常态化的制度宣贯与培训。采用"集中宣讲+自主学习""工作检查+培训宣贯"和"业务培训+制度解读"等多种方式,建立自上而下的分级分类的宣贯体系。二是完善合规管理制度体系。将依法合规要求与公司生产经营实际需求深度融合,健全完善了以合规管理制度为中心、合规管理手册为基础、重点领域合规管理准则和其他合规管理专项规定为支撑的合规管理制度体系。三是健全完善依法合规管控体系。强化合规风险识别、合规问题监督与整改,持续加强事前预防、事中控制、事后考核,推进风险防控全覆盖、无死角,形成了运用法治思想与合规思维抓生产、搞管理、促经营的新格局。四是有序推进关键环节合规治理。紧盯重点领域,加大建设项目全生命周期的合规管理以及承包商管控,运用好"长、短、灰、黑"4个名单,严把资质、队伍素质、设备等关口,从源头上消除承包商事故隐患。

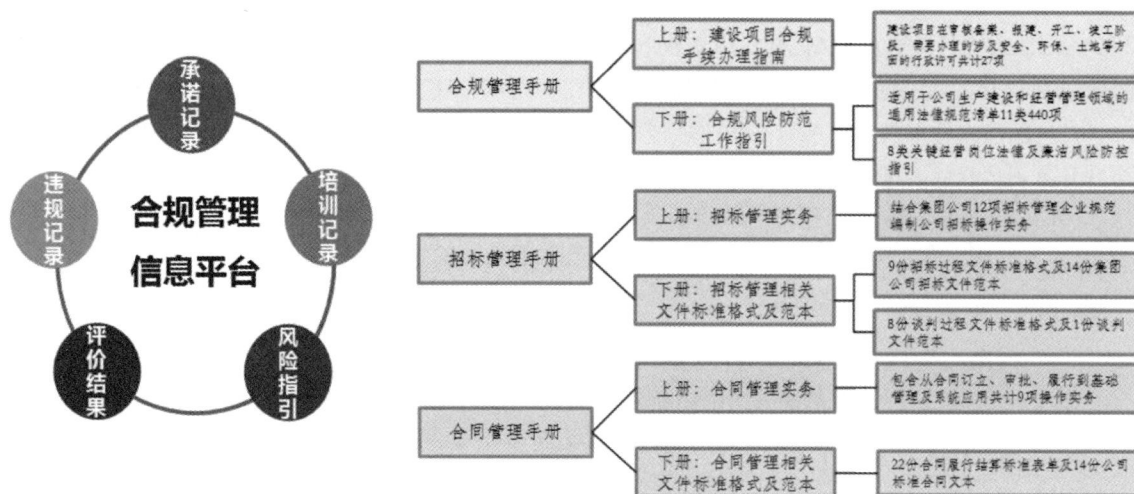

图4　合规管理工具

3.推进企业改革走实走深

煤层气公司坚持问题导向、目标导向、价值导向，强化战略思维、底线思维、经营思维，始终聚焦主责主业抓重点、补短板、强弱项，精心谋划并全力做好深化改革、提质增效、创新驱动、队伍建设等"十一篇文章"，持续提升公司治理体系和治理能力现代化水平，扎实推动公司迈向高质量发展。一是推进"油公司"模式改革。积极推进两级机关"大部门制"改革，精简撤并部门及内设机构，系统压减管理层级和机构人员，加大同质化业务整合和专业化重组力度；做强做优"两院一中心"，切实发挥国家工程中心"国家队"作用；统筹强化勘探开发核心职能，实现"业务健全、建管分开、管理日常"；全面搭建地质、工程、地面"三大技术体系"，不断增强基础创新能力和技术管理能力。二是做实合作项目和整合监督机构。把合作项目价值提升作为公司效益提升新的增长极，优化对外合作机构设置和职责划分；强化QHSE风险管控能力，实施监督一体化管理。三是强化职能发挥。统筹强化勘探开发核心职能，建立精干高效的勘探开发组织模式，做实勘探开发处对勘探评价、储量、地质、工程、地面、监测、井控、矿权及日常生产管理等职责的统筹管理，加强新能源业务组织管理协调；统筹开展产建职能优化，强化集中精力推进产能建设，做好"保增量"工作。四是坚持统筹推进，做好"三年行动"文章。明确改革目标任务，压实改革主体责任，强化过程督导协调，建立信息联络、分级审核、定期督导通报等工作机制，进一步提升改革工作实效。

（五）坚守"创新驱动"定力，系统研究"科技创新""大数据"核心要素，做好创新驱动文章

1.坚持创新驱动

创新是国家战略，也是公司构建高质量发展格局的一个重要价值板块，把创新摆在发展全局的核心位置，坚持创新是发展的第一驱动力，推进全方位系统创新，以创新求突破，实现发展方式转型、升级。一是完善创新链条。创新是从顶层设计到价值实现的完整链条，且是一个往复循环、螺旋上升的过程。创新过程包括定位、方向、目标、任务、保障、体制机制、评价、转化和价值实现；创新要素包括创新战略、团队、体系、资源保障、管理等方面；创新类别包括基础类、应用类、战略性研究；创新布局包括周密性和系统性考虑。"十三五"以来，承担国家重大科技专项项目2项、中石油集团公司重大科技专项3项；公司级科技项目累计实施30项，分公司级科研项目累计实施35余项。中央财政资金投入2.32亿元，集团公司投入1.56亿元，板块投入0.029亿元，自主筹集投入0.274亿元，示范工程等项目企业配套经费17.09亿元。二是落实创新路径。明确当前的技术难题和技术瓶颈、三年到五年内的技术需求、更长远的战略技术需求，搭建开放的虚拟项目池，涵盖不同层次、不同专业的技术问题，把有价值的项目升级为拟开展的攻关项目，构建"三个一代"创新格局。三是引领行业发展。煤层气公司作为中国首家同时承担国际标准化组织煤层气技术委员会（ISO/TC263）和能源行业煤层气标准化技术委员会（NEA/TC13）秘书处工作的石油企业，主导了国际国内煤层气领域标准化研究与管理，目前在已发布和在编的国际、行业标准中，煤层气公司牵头或参与编制的标准比例达78%。2015年，牵头发布了国际标准《煤层气含量测定方法》（ISO18871：2015）和《煤层气勘探开发术语定义》（ISO18875：2015），实现我国在煤层气国际标准制定方面"零的突破"。

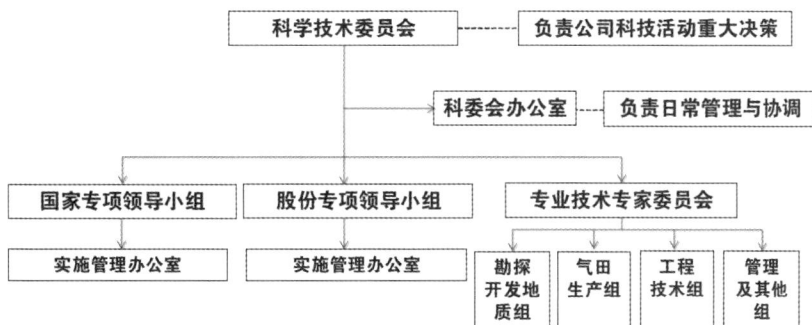

图5　创新管理体系架构

2.坚持智慧管理

大数据建设既要融合前沿知识，也要有长远认知。通过一体化系统建设，实现业务流程再造和价值链再造，追求价值最大化的概率最大化。一是明确战略目标。着眼于公司整体，服务于"数智化"气田的愿景和格局开展大数据建设，以业务为主导编制"数智化"气田顶层设计，以"感知、判断、决策、行动"一体化为目标，做到感知即判断、判断即决策，优化简化中间流程环节，变"串联式"为"迭代并联式"，充分体现智慧化管理。二是理清工作思路。当前感知、判断、决策、行动串联的业务流程，会出现职能交叉和重复、缺失和盲区，并行不够协调，配合滞后、低效，且集成度、共享度、系统性不够，出现很多数据孤岛，导致价值创造能力的损耗。大数据建设着力在五大价值板块先行一步，每个板块建设数个有高度技术含量的业务，并开展示范、推广、完善，充分体现业务流程再造和价值能力提升。

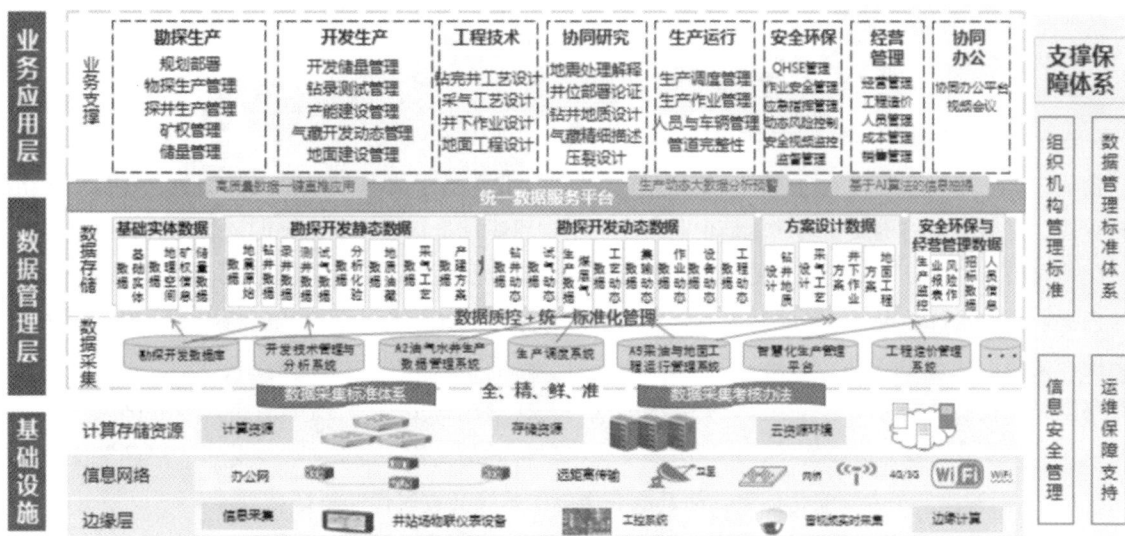

图6　大数据系统架构

（六）坚守"党建和思想政治工作"定力，系统研究"党的建设""人才""队伍""企业文化"核心要素，做好加强党的建设和队伍建设文章

1.坚持党建引领

始终将党的政治建设摆在首位，以党的建设引领公司发展，将党的领导融入公司治理，用高质量党建引领高质量发展。一是明确核心思想。把"以高质量党建引领高质量发展，用高质量发展检验高质量党建"作为党的建设核心思想，坚持党的领导，加强党的建设，坚持党要管党、从严治党，加强党风廉政建设，并贯穿企业经营发展全过程。以党建引领、保障、推动企业发展，把政治优势转化为竞争优势和发展优势。二是明确总体目标。打造党建与发展一体化格局，使党建目标与公司战略目标相统一、相融合。党委层面，把方向、管大局、促落实作用要显性化提升；支部层面，战斗堡垒作用要显性化提升；党员层面，先锋模范作用要显性化提升。三是明确路径措施。坚持习近平中国特色社会主义思想，结合企业实际实施五大工程，包括引领工程、铸魂工程、强基工程、聚力工程、融合工程，从而提升政治把控力、干部执行力、思想引领力、队伍凝聚力、发展推动力。

2.坚持人才强企

遵循人才成长规律，进一步强化人力资源管理功能，为人才队伍建设搭台子、压担子、铺路子，并针对企业人才发展建设需要，强化管控体系，实现管理序列和技术序列并驾齐驱，持续增强人才优势。一是强化人才队伍建设的着力点。激发人才活力是企业人才队伍建设的重要着力点，未来市场竞争本质是技术的竞争、文化的竞争、创新能力的竞争，根本是人才的竞争。在人才发展的竞争、人才作用发挥的竞争、人才生态网络链条的竞争中，重要的是一流人才、核心人才价值创造能力和影响力的竞争。通过精准滴灌对一流人才或有培养价值的重要人才个性化设计其成长通道，这部分人才具有不可替代性，决定了企业的定位、影响力以及发展的支撑力。二是打造人才队伍建设相应格局。实现人才队伍建设布局升级是迈向高质量发展战略实现进阶的需要。把人才队伍的积累优势、基础优势、党管人才的体制优势真正打造成人才优势，从而形成创新优势、科技优势、竞争优势、发展优势。打造"3+2+1"人才队伍架构格局。"3"是三大技术体系，"2"是营销队伍和大数据人工智能体系，"1"是合作和新兴业务。这个格局对应着5大价值板块，从体系的角度讲，是传统技术体系和新兴业务体系的有机结合。打造"5321"人才队伍分类格局。"5"是技术创新型人才，"3"是经营管理型人才，"2"是高技能操作类人才，"1"是市场营销及合作类人才。

3.坚持文化兴企

企业文化是一个企业传承的血脉，是企业整个发展历程和全生命周期的基点和底蕴，是员工队伍的精神家园，是凝聚力的重要基础，也是企业发展的精神旗帜，是核心竞争力中的软实力。具体来讲，企业文化是独特的、被员工共同认可的、共同的价值观念，以及引申出来的经营思想。一是明确企业文化核心内涵。深刻诠释"责任心、真功夫、好习惯、好形象"公司核心企业文化。特别是，以苦干实干、三老四严为核心的石油精神，与当前的党史教育明理、增信、崇德、力行是高度契合的。把当前的党史教育与继承弘扬石油精神相结合，形成凝聚力、战斗力，形成软实力。二是构建专项文化体系。从责任心文化、价值文化、绿色安全文化、廉洁合规文化、崇德诚信文化、创业创新文化、"三超"文化、核心文化8个方面构建公司专项文化体系，使其既有历史的延续又有时代的特征。

三、实施效果

（一）赢得了战略主动

以12个核心要素为关键点，精心编制"十四五"规划，形成了以1个总体规划和16个专项规划为主要内容的规划体系。以保矿权争主权为根本点，集中公司专家和科研力量，对所属24个矿权逐个进行把脉问诊，累计探明地质储量超5000亿立方米，获得SEC储量超600亿立方米，进一步夯实了硬增储稳上产的资源基础。以价值实现和增值为落脚点，科学统筹市场生产一体化，着力打造"哑铃型"生产曲线，市场营销管理体制进一步理顺，市场结构进一步优化，推价工作取得了较大的突破。

（二）提升了综合实力

以生产经营指标为目标点，持续优化组织运行，"十三五"期间累计实现产量103亿立方米、商品量98亿立方米，分别完成规划目标的107.5%和109.5%，年产气量突破25亿立方米，油气当量超过200万吨；累计实现营业收入102亿元，连续7年保持集团公司业绩考核"A"级单位；有序组织疫情期间复工生产，始终保持了"零疫情""零感染"，取得了疫情防控与生产经营工作的双胜利。

（三）增强了竞争实力

以科技攻关为突破点，荣获省部级及以上科技奖励16项，国家授权专利61项、计算机软件著作权登记14件，发表EI、中文核心论文60余篇；组织发布各类行业标准80余项，牵头起草的2项国际标准（《煤的比表面积测定方法》和《煤层气资源评价规范》）通过ISO/TC263委员会审查；以三大技术体系为支撑点，构建了2层7级450个专业技术序列岗位，有序推动70余名专业技术人才归位；以构建"三个一代"格局为创新点，科学谋划科技创新顶层设计，树立了"五主"创新理念，初步构建了"三个一代"创新格局，持续巩固了国家级科技创新平台建设，掌握一批核心技术；以三项制度改革为动力点，"大部制""三能机制"建设有序推进，同质化业务整合和专业化重组力度逐步加大，勘探开发等核心职能业务得以强化，薪酬激励效应明显提升。

（四）夯实了发展基础

以QHSE人的要素管理为发力点，强化"一转三严"，推动"四个延伸"，落实"四个转变"，筑牢"四个一样"安全文化，逐步推进了QHSE体系建设的本质提升；以合规管理为风险点，有序强化明规、修规、宣规、贯规，形成了"人人知规守规"的良好氛围，建立了市场"长、短、灰、黑"4个名单动态机制，有效激发了承包商优质主动服务意识。

（五）强化了智力支撑

以队伍建设为着力点，持续提升队伍素质，公司1人荣获全国"五一劳动奖章"，1人荣获"中央企业优秀共青团员"称号，1个集体、1名青年获集团公司团委表彰，2个集体、5名青年获集团公司直属团委表彰，5家单位工会组织荣获"集团公司直属工会模范、先进职工之家"称号；摘取中国石油2021年采气工（煤层气方向）行业技能对抗赛1金2银7铜，奖牌占总数的43%，取得团体第一名和团队一等奖的好成绩。

四、几点启示

（一）强化系统思维，切实做好能源保障工作

习近平总书记在胜利油田考察时强调"能源的饭碗必须端在自己手里"。闻令而动、坚定坚决、不折不扣把习近平总书记关于做好能源保障工作的部署要求落到实处，是国有油气生产企业必须扛起的重大政治责任，是对企业领导班子政治判断力、政治领悟力、政治执行力的重大考验，必须要从政治和全局的高度，深刻认识做好能源保障工作的极端重要性和现实紧迫性，以实际行动展现担当作为、践行"两个维护"，诠释绝对忠诚。做好能源保障工作，必须坚持"系统观念"，运用全要素迭代思维和关联思维进行系统的思考，加强能源保障工作的统筹协调，科学合理调配资源，充分考量短期和中长期的

有效衔接，全链条抓紧抓好能源安全稳定供应工作，既履行好"让千家万户温暖过冬"的郑重承诺，又有力推动能源行业的持续健康发展。

（二）坚守战略定力，助力国有企业高质量发展

习近平总书记在省部级主要领导干部研讨班上曾指出"全党要提高战略思维能力，不断增强工作的原则性、系统性、预见性、创造性，增强理论自信和战略定力"。这就要求我们，要深刻认识发展阶段转变带来的新挑战，增强机遇意识和风险意识，保持战略定力，认识和把握发展规律，树立底线思维，准确识变、科学应变、主动求变，善于在危机中育先机、于变局中开新局，抓住机遇，应对挑战，奋勇前进。站在"十四五"新开局的发展起点，立足"迈向高质量发展的初级阶段"这一新的历史定位，煤层气公司提出了实施"硬增储、稳生产、低成本、强党建"的根本战略和"重人才、重创新"的基本战略，坚守"市场为王、资源为根、价值为本、夯实基础、创新驱动、党建和思想政治工作"6个战略定力，培育"资源、市场、体制机制、技术、人才、文化"6个优势，努力推动公司从"生产型"向"经营型"和"创新型"转变，明确了到2025年具备"开启进入高质量发展新阶段"的基本条件，努力构建起以价值为中心的12个核心要素指标整体向好、彼此协同的新格局。

（三）突出价值导向，确保国有资产保值增值

习近平总书记在国有企业改革座谈会上指出"国有企业是壮大国家综合实力、保障人民共同利益的重要力量，必须理直气壮做强做优做大，不断增强活力、影响力、抗风险能力，实现国有资产保值增值"。作为国有油气生产企业，必须突出价值导向，把经济效益作为一切工作的中心，把创造价值、提升效益作为一切工作的出发点和落脚点，作为决策的首要依据，作为检验工作成果的首要标准，使之成为全体员工特别是领导干部的工作准则和行为习惯。只有坚定不移地坚持价值思维、突出价值导向，才能抓住主要矛盾，促进其他困难和问题的解决，发挥好经济发展的主力军、排头兵和突击队作用，履行好"做强做优做大国有资本"的经济责任，最大限度实现国有资本保值增值。

成果创造人：齐振林、马鹏飞、韩冰、徐立明、鹿倩、王平、郭旭、闫霞、彭宏钊、张凯伟、王虹雅、苏璟、邓钧耀、徐博瑞、杨光、张双源、王渊、董海超、解蓓、曹毅民、刘玲、王栋、胡唤雨

中国企业
改革发展优秀成果
—— 2021（第五届）下卷 ——

THE COLLECTION FOR ACHIEVEMENTS OF CHINA
ENTERPRISE REFORM AND DEVELOPMENT

中国企业改革与发展研究会 ◎ 编

中国商务出版社
CHINA COMMERCE AND TRADE PRESS

图书在版编目（CIP）数据

中国企业改革发展优秀成果. 2021 : 第五届 / 中国
企业改革与发展研究会编. -- 北京 : 中国商务出版社,
2021.12

ISBN 978-7-5103-4154-0

Ⅰ. ①中… Ⅱ. ①中… Ⅲ. ①企业管理—经济体制改
革—研究—中国—2021 Ⅳ. ①F279.21

中国版本图书馆CIP数据核字(2021)第241513号

中国企业改革发展优秀成果2021（第五届）

ZHONGGUO QIYE GAIGE FAZHAN YOUXIU CHENGGUO 2021（DIWUJIE）

中国企业改革与发展研究会　编

出版发行：中国商务出版社

社　　址：北京市东城区安定门外大街东后巷28号　　　　　邮　　编：100710

网　　址：http://www.cctpress.com

责任编辑：云天

电　　话：010-64212247（总编室）　　010-64515163（事业部）

　　　　　010-64208388（发行部）　　010-64515150（直　销）

印　　刷：北京蓝图印刷有限公司

开　　本：787毫米×1092毫米　1/16

印　　张：95.5

版　　次：2021年12月第1版　　印　　次：2021年12月第1次印刷

字　　数：2300千字　　　　　定　　价：398.00元（上、下卷）

科技创新、数智化转型、"双碳"目标及高质量可持续发展

多元化、多业态大型企业集团一体化集中智慧管理模式创新与实践

国家能源投资集团有限责任公司

一、企业简介

国家能源投资集团有限责任公司（简称国家能源集团）于2017年11月28日正式挂牌成立，是经党中央、国务院批准，由中国国电集团公司和神华集团有限责任公司联合重组而成的中央骨干能源企业，是国有资本投资公司改革、创建世界一流示范企业的试点企业，拥有煤炭、电力、运输、化工等全产业链业务，产业分布在全国31个省区市以及美国、加拿大等10多个国家和地区，是全球规模最大的煤炭生产公司、火力发电公司、风力发电公司和煤制油煤化工公司，2021年在世界500强排名第101位。

2020年，国家能源集团资产总额17881亿元，营业总收入5569亿元，净利润577亿元，煤炭产量5.3亿吨，电力总装机量2.57亿千瓦，发电量9828亿千瓦时，供热量4.47亿吉焦，火电总装机量1.91亿千瓦，风电总装机量4604万千瓦。

作为国务院国资委确定的第一批十家创建世界一流示范企业之一，国家能源集团是国资委深入贯彻党中央关于培育具有全球竞争力世界一流企业战略部署选取的"产业排头兵"。公司以"一个目标、三型五化、七个一流"战略指引未来发展之路，体现了集团践行新发展理念、建设现代化经济体系、服务"四个革命、一个合作"能源安全新战略、保障国家能源安全的责任使命，引领集团向着成为行业优秀企业、标杆企业的目标不断前行。

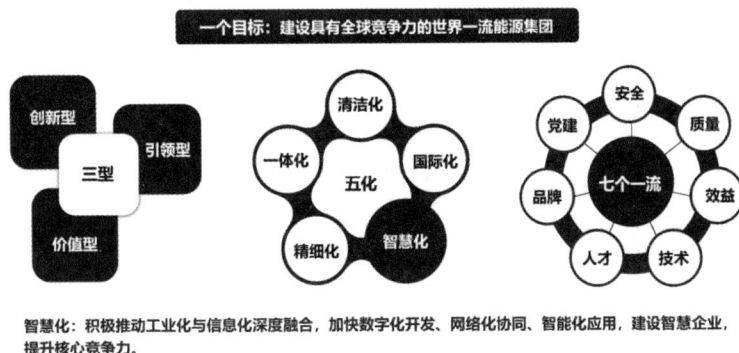

图1　国家能源集团集团发展战略

二、成果背景

（一）一体化集中管控，是适应信息化飞速发展的客观需要

《"十三五"国家信息化规划》指出，"十三五"时期是信息化引领全面创新构筑国家竞争新优势的重要战略机遇期，是我国从网络大国迈向网络强国，成长为全球互联网引领者的关键窗口期，是信息技术从跟跑并跑到并跑领跑、抢占战略制高点的激烈竞逐期，也是信息化与经济社会深度融合、新旧动能充分释放的协同迸发期，必须加强统筹谋划，主动顺应和引领新一轮信息革命浪潮。习近平同志在党的十九大报告中指出，要增强改革创新本领，善于结合实际创造性推动工作，善于运用互联网技术和信息化手段开展工作。信息化建设是适应新形势发展的必然趋势，对推动企业管理体制改革和提升管理能力将发挥积极作用，利用信息技术提高企业管理效率和管理水平，提升企业核心竞争力，已经成为国家和企业关注的热点。

按照中央关于加快信息化建设和推进转型升级、绿色发展、能源革命等战略部署，国家能源集团要落实建设具有全球竞争力的世界一流综合能源企业战略目标，就必须要推动产业信息化、数字化、智能化，利用互联网新技术新应用对煤电路港油化等传统产业进行全方位、全角度、全链条的改造，通过资产、业务、机构、管理、文化的全方位融合，推进规范管理、集约管控和业务变革。

（二）一体化集中管控，是建设世界一流能源企业的必然要求

在信息化飞速发展的环境中，一体化集中管控系统（ERP系统）无疑是顺应时代潮流的产物。ERP系统作为企业信息化架构中最基础和核心的系统，是企业顶层设计和战略目标实现的重要支撑和管控手段。建设一体化集中管控系统是集团公司规范基础业务、加强业务集中管控、防范重大风险、实现智能审计监督、加强内控管理等工作的有力抓手和必然选择。

在国家新能源战略指引下，国家能源集团当前和今后一个时期的发展指导思想明确提出要强化集中管控，充分应用信息化手段，打造具有国家能源集团特色的一体化集中管控系统，整合全集团资源，横向打通产业链，纵向强化业务能力。通过全过程监管，有效堵塞管理漏洞，提高管控效率，发挥规模效应，降低运营成本，充分利用信息技术打造具有全球竞争力的世界一流能源集团。

（三）一体化集中管控，是实现集团管理效率提升的现实需求

按照中央关于加快推进转型升级、绿色发展、能源革命等战略部署，集团要落实建设具有全球竞争力的世界一流综合能源企业战略目标，就必须要推动产业信息化、数字化、智能化，利用互联网新技术新应用对煤电路港油化等传统产业进行全方位、全角度、全链条的改造。2019年，集团将重点进行资产、业务、机构、管理、文化的全方位融合，推进规范管理、集约管控、业务变革，这更需要信息化的全面支撑。

在国家新能源战略指引下，国家能源集团面对日益变化的经济形势，集团当前和今后一个时期的发展指导思想明确提出防范化解重大风险的要求，要求强化集中管控，充分应用信息化手段，加强全过程监管，有效堵塞管理漏洞，提高管控效率，发挥规模效应，降低运营成本。正是充分认识到信息化建设的重要性，集团党组始终高度重视信息化建设。集团重组成立以来，集团领导要求"进一步深化实施投资、财务、燃料和物资四个集中管控""强化智慧企业建设""加强跨界的融合，在大数据、人工智能等方面实现深度融合，共同推进智能生产和智能运营的进程"。核心业务操作的规范化、标准化是强化管控和优化运营、进一步加强业务协同的重要基础，在全集团启动建设人资、设备、工程项目、物资、销售、燃料集中式一体化信息系统显得尤为重要。

（四）一体化集中管控，是实现集团资源价值提升的必经之路

在集团党组审议批准的《关于加强网络安全和信息化工作的指导意见》中，明确了集团信息化工作指导思想、工作原则和总体目标，要求进一步强化信息化工作的体制、机制和能力建设，强化统建系统建设，强化智慧企业建设，完善一体化经营管理平台。全面推广一体化集中管控系统中人力资源、财务管理、设备管理、工程项目管理、物资管理和燃料（销售）管理系统，搭建全集团的业务财务一体化信息管理与协同平台。依托一体化平台，在人力资源、财务处理、物资采购、客户服务、信息化运维等以信息处理为主要特征的共同事务方面，实现集团层面和行业板块层面的共享服务，实现资源整合基础上的价值创造。着力打造具有国家能源集团特色的信息平台，整合全集团资源，横向打通产业链，纵向强化业务能力，使得全集团整体利益最大化。

三、内涵

国家能源集团坚持以习近平新时代中国特色社会主义思想为指导，深入学习贯彻党的十九大精神，坚决贯彻落实党中央、国务院的决策部署，坚持创新驱动，建设智慧企业，打造具有全球竞争力的世界一流能源集团。

一体化集中管控系统实现了全集团业务数据信息的汇聚共享，通过规范业务流程标准，支撑业务决策分析，强化资源的协同效益，进一步提升"精细化"管控水平；通过将各业务领域的制度、流程、标准等固化到信息系统中，推动集团公司数字化转型，强化重点业务领域风险管控，提升企业治理效能；充分发挥了信息化系统统一管理、高效运营、信息共享、业务整合的战略性价值，实现复杂多元化、多业态大型集团企业的大集中管理模式的构建和推广应用。

四、实施措施

（一）项目概况

一体化项目以"统一规划、统一设计、统一建设、统一标准、统一投资、统一管理"和"集中设计、集中实施、集中管理、集中部署、集中运维"的"六统一、大集中"的集团系统管控原则为立足点，以国家能源集团决策、管控以及业务经营管理需求为出发点，推进集团一体化集中管控系统的建设，实现业务互连、数据互通、数据共享，形成集团统一的信息化工作平台，为集团发展提供更为有力的支撑。进一步提升煤炭、火电、新能源、水电、运输、化工、科技环保、金融各板块协同能力，加强集团层面和行业板块间在人力资源管理、财务管理、物资管理、燃料及销售管理、设备管理、项目管理业务的共享服务，推动组织结构、管理模式和业务流程的优化。

1.项目蓝图及架构

基于智慧企业和大数据的思想方法，吸取集团一体化集中管控系统建设的经验，采用紧耦合、一体化、各管理层级集中化的建设原则，形成统一的、集中的数据管理平台。系统采用全集团集中式部署，适应未来集团的组织变革。

2.实施范围

本次项目实施范围涉及国家能源集团总部及80家二级单位，1393家实施单位，产业涉及火电、水电、风电、新能源、煤炭、化工、科技环保、产业金融等八大板块，业务涵盖人资、财务、物资、燃料及销售、设备、项目等六大模块，区域分布在全国多个省、市、地区，最终用户人员数量超过10万。为

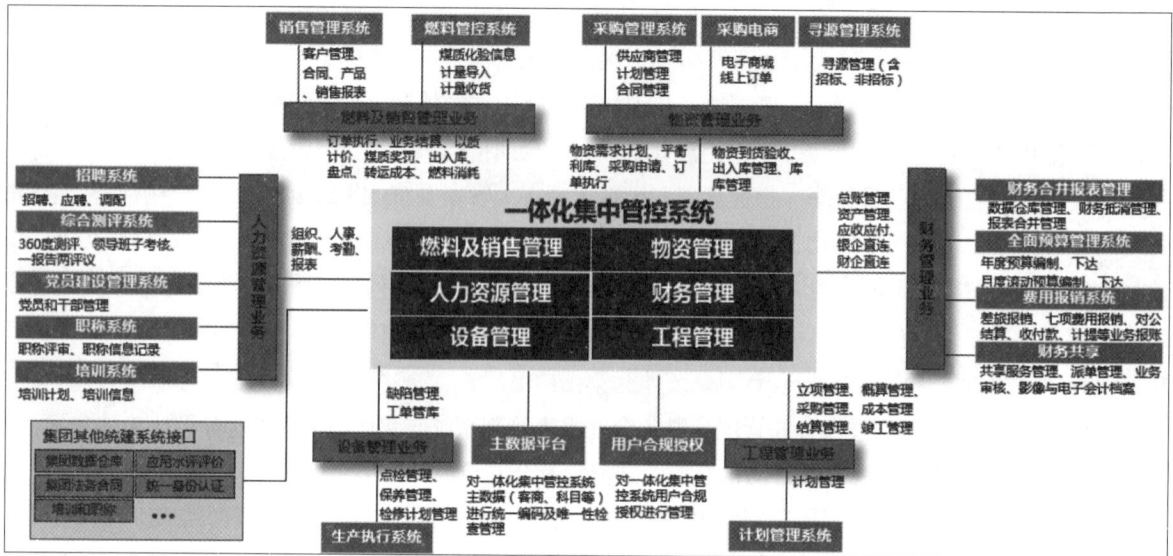

图2 一体化集中管控系统整体方案示意图

有效进行项目组织及管理，项目组制定了明确的、可行的实施计划，确保整个实施过程能够按照预计的时间表进行。项目采用集中实施，各单位由项目组统一协调，加强集团总部及各业务组的管理力度。

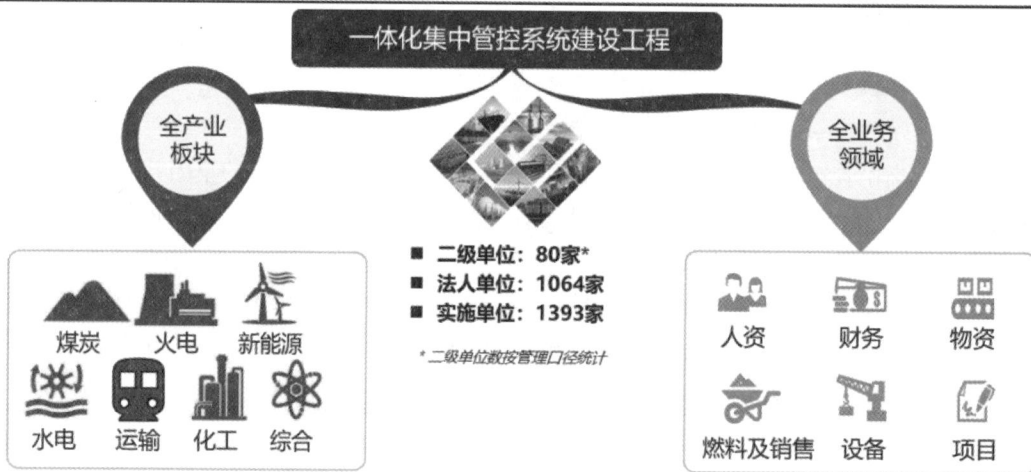

图3 一体化集中管控系统实施范围

3.各模块业务流程及功能

人力资源管理：基于人力资源业务标准的系统实施，将人力资源纳入集团统一平台管理，实现人力资源组织管理、人事管理、薪酬管理、考勤管理、报表管理一体化。具体包括统一组织架构管理属性、岗位管理属性、工种清单、职级体系；员工身份核实管理；员工从进入系统到退出系统的全周期管理、流程化管理；人工成本统一管控口径、总额横向纵向管控双模式；统一并规范工资项及薪资发放业务流程,按各单位的薪酬管理体系,实现全部单位的线上发薪并与财务自动集成过账,且员工可通过移动端自助查询工资结果;统一业务报表及统计报表格式、取值逻辑和统计项目,实现全集团范围内报表实时报送。

财务管理:实施ERP财务管理模块及财务合并报表管理系统;财务管理模块及财务合并报表管理系统将替代原国电侧现有的财务管理模块和合并报表系统;财务管理模块作为集团ERP系统中的一个功能子模块,包括总账管理、应收账款管理、应付账款管理、资产管理、成本中心会计、利润中心会计、内部订单管理及凭证协同管理等。利用集团ERP系统模块化集成功能,将业务处理有效集成,实现财务业务一体化,包括人资薪资业务集成、物资业务集成、燃料与销售业务集成、设备业务集成、项目业务集成及外围系统集成。财务合并报表管理系统作为集团ERP系统中的合并管理模块,包括财务数据仓库管理、财务抵消管理、财务报表合并管理,财务合并报表管理系统与集团ERP系统财务模块无缝集成,实现账级抵消,图形化、可视化、自动化监控合并流程及合并结果。

物资管理: 基于集团现有的物资管理系统解决方案,结合各企业的先进管理方式,借鉴各企业在用物资管理系统解决方案的优点亮点,实现国家能源集团物资管理标准化体系的搭建,建立统一的物资业务体系及模板,实现多个维度的采购管理、跟踪查询以及统计分析,实现生产物资、设备物资、项目物资等物资计划、采购和库存业务的全流程管理,实现与财务、设备、项目等模块集成,从而达到优化物资管理流程的目的。主要功能包括:主数据管理、需求计划管理、平衡利库管理、采购计划管理、采购订单管理、库存管理。

燃料及销售管理:实施销售管理系统(CRM)、电子商务平台(ATG)以及ERP销售管理模块,打通整个煤炭及油化品销售链条,基于集团现有的燃料、煤炭、煤化工解决方案,将集团相应板块业务纳入集团统一平台管理,满足集团集中管控要求。ERP销售管理模块实现燃料、煤炭、化产品量、质、价、结算的过程管理,主要功能包括:主数据管理、计划管理、采购管理、计量管理、库存管理、以质计价管理、煤质管理、销售管理、转运管理、销售结算管理。销售管理系统(CRM)实现客户、产品、价格、合同的规范化管理,主要功能包括:客户管理、产品管理、价格管理、合同管理、奖罚方案管理、优惠规则管理等。电子商务平台(ATG)实现交易公告、资源发布、交易、支付、合同达成的全线上化操作,主要包括:资讯管理、交易管理、支付和金融管理、商户管理、物流管理等。

设备管理:基于集团现有的设备管理解决方案,覆盖安全生产设备管理业务,实现设备维修管理、服务采购管理、大修技改预算控制管理。主要功能包括:设备主数据管理(设备台账管理、功能位置管理等);运行管理(运行日志管理、运行定期工作、运行台账管理等);缺陷管理;检修管理(检修工单管理、检修定期工作管理、设备异动管理等);安全票证管理(工作票、安全许可票、操作票、风险预控票等)、资产设备管理(设备租赁管理、设备调剂管理、设备拆件管理)等功能。

项目管理:基于集团现有项目管理解决方案,实现项目概算的事前管控、项目物资采购的全程跟踪、项目成本的实时归集,有效提高集团项目管控力度。涵盖的功能包括:主数据管理、项目立项管理、项目概算管理、项目采购管理、项目进度管理、项目成本管理、项目结算管理、项目竣工管理等功能。

(二)项目实施方法论

1.一体化项目实施方法论

一体化项目实施按照集团信息化"六统一、大集中"的建设原则,基于ERP系统建设的ASAP方法论，借鉴集团前期系统建设经验，结合本次项目目标，创新实施方法，采用"集中设计、统一标准、标准化实施"的方式开展项目实施工作，确保项目实施进度及质量。本次实施方法分为五个阶段，即项目准备阶段、集中设计阶段、系统实现及部署阶段、上线准备阶段、上线支持阶段。

项目准备阶段，通过确定项目章程，制定项目主计划，分配项目资源，确保人员到位，并召开项目启动会，标志项目实施工作正式启动。

集中设计阶段，采取集中办公方式，按照各业务领域及涉及产业板块制定业务标准，内容涵盖数据标准、业务规范、管控流程、系统实现、接口标准等内容，经内外部专家、关键用户共同讨论确定后正式发布，作为指导后续系统实现的基准。集中设计过程中，优先保证集团整体管控要求落地，涉及范围仅包括集团通用性需求，各实施单位个性化需求暂不纳入项目范围，突出统一标准的指导原则。

系统实现及部署阶段，坚持标准化实施，严格按照蓝图设计阶段发布的业务标准进行系统固化实现，并通过组织集中性测试保障系统的可用性。选取各子分公司关键用户参与用户接受测试，并接受集中式、封闭式培训后成为本单位范围内用户讲师，为系统后续上线支持奠定基础。

上线准备阶段，最终用户培训及考试充分利用互联网培训等形式，各子分公司关键用户作为用户讲师加强辅导，共同保障培训效果。上线切换静、动态数据收集按照子分公司为单位组织收集、确认，各子分公司关键用户负责本单位范围内所有的数据收集工作，经本单位相关业务负责人签字确认后正式提交集团项目组，保障收集进度及数据质量。

上线支持阶段，建立两层支持体系，保障业务顺畅开展，系统平稳运行。各子分公司要按照集团统建系统支持体系要求建立本单位的支持体系，负责本单位范围内用户及权限、问题、变更、IT及安全等管理工作，各单位关键用户属于现场关键支持力量。集团项目组采取远程集中支持为主、巡回现场支持为辅的方式开展系统支持，接收和解决各子分公司提报的问题，并及时总结共性需求及问题开展系统持续优化。

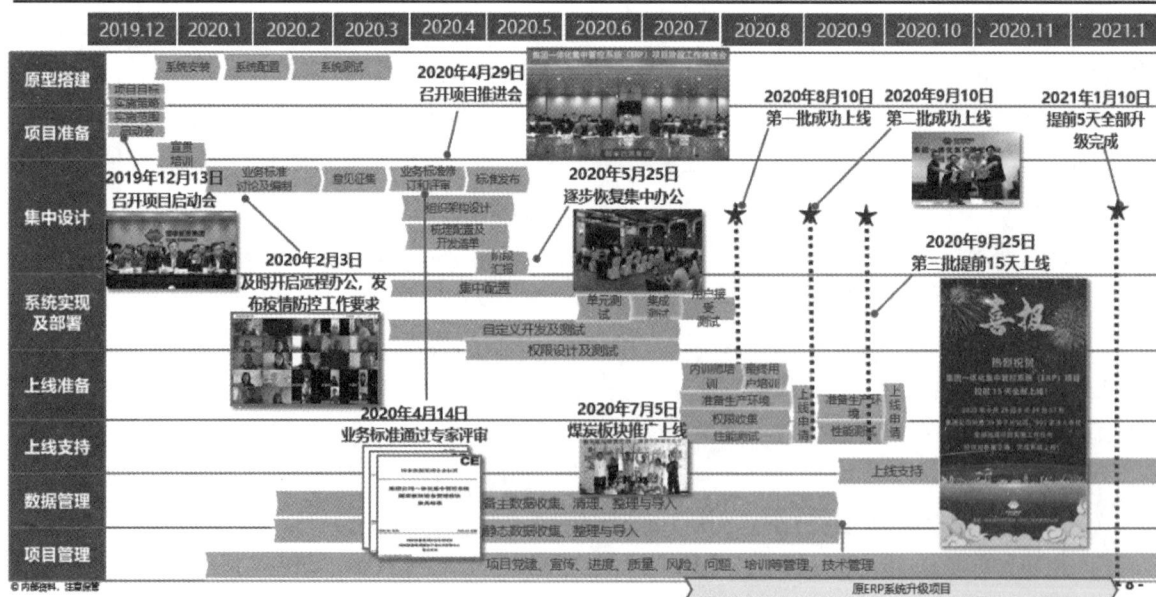

图4　一体化集中管控系统建设历程

2.项目实施创新

一体化项目采用创新实施方法，不是采用传统的全范围发散业务调研、根据调研结果梳理未来业务流程的方式，而是成立集团层面的各业务领域专家队伍及负责人，统一组织专家团队集中进行各业务领域业务范围、业务流程、业务管控规则等内容的制定，形成各业务领域业务标准。以业务标准作为系统实现的依据，将业务标准中的内容固化落实到系统中去，在有效确保项目进度及质量的前提下，有效提升各业务领域的业务规范度和管理水平。通过集中统一制定各业务领域业务标准的方式，有效提升了项目实施效率，避免实施过程中的各类风险。

创新的项目管理方式，将党建与项目建设相结合，成立项目临时党支部，以党建为引领、以宣传创价值、以文化聚人心，项目建设过程中开展特色鲜明、层次分明、形式新颖的宣贯与报道，充分发挥党员在项目建设攻坚战中的先锋模范带头作用，提升项目组的凝聚力和战斗力。

创新的项目评价及激励机制，基于"项目实施过程全覆盖，突出关键环节与重点工作"的原则建立项目过程评价指标，采用常规评价与即时评价相结合的方式针对实施范围内子分公司及基层单位开展评价，并及时公布评价结果及排名，营造比学赶超的氛围。基于"全面客观、实事求是、激励创新"的原则制定项目先进评选管理办法，注重长效激励与即时激励相结合，项目过程评价的结果作为项目先进评选的重要依据，通过表彰先进，树立典型，提高项目组全员的工作积极性，保障项目高效推进。

创新的项目管理工具，在项目过程中，开发工具跟踪项目进展，并在上线单位中举办"上线夺旗赛"活动，促进各单位工作积极性，有效督导各单位上线准备工作。

创新的培训及考核方式，通过利用集团融智在线学习平台，将项目中各阶段的培训、考试、竞赛等工作，从传统的线下模式转变为线上进行，有效提升培训效果、规范考试合规性。引入系统资格证、学习大排名等机制，确保培训工作全面性及严谨性。卓有成效的保障项目各阶段培训工作顺利开展。

创新的人才培养方式，在项目实施过程中，组建由各单位用户组成的内训师队伍，通过有效培养，一体化项目内训师在最终用户培训以及上线运维工作中，发挥巨大作用，也为集团后续信息化项目建立了人才储备库。

创新的项目沟通机制，充分利用互联网信息化手段进行文档分享和协作，利用小鱼易联工具进行远程会议办公和信息互联互通，保证工作效率和工作成果，为后续项目管理充分验证了多种工作沟通模式，促进项目工作平稳顺利开展。

五、成果成效

一体化项目建设，是落实国家能源集团"一个目标、三型五化、七个一流"发展战略的重要举措，是集团信息化、智慧化、队伍一流、技术一流的重要保障。既是提升集团精细化管控、巩固一体化运营优势的关键依靠，也是积极构建世界一流的智慧企业，实现向"能源＋智慧"新动能转换的必由路径。

通过一体化项目集各子项目实施，搭建"一体化"信息服务平台，贯通煤、电、路、港、航、化等全业务链，实现业务数据信息的汇聚共享，规范业务流程标准，支撑业务决策分析，强化资源的协同效益，进一步提升"精细化"管控水平，提高企业整体运营效能，最大化发挥"一体化"优势。集成好的经验做法，进一步深化企业改革，完善制度与管控体系建设，形成各业务板块的管理框架体系和模板，实现内部管控的规范化、精细化、标准化，把先进管理思想渗透到各子分公司和基层企业日常业务当中，将各业务领域的制度、流程、标准等固化到信息系统中，推动国家能源集团数字化转型，强化重点业务领域风险管控，提升企业治理效能，实现企业治理能力现代化。

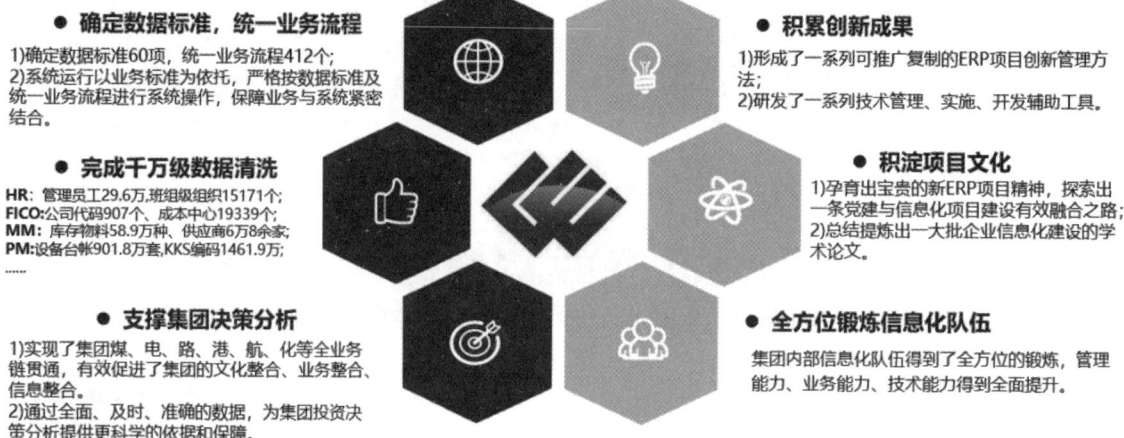

■ 一体化集中管控系统建设工程—项目总体成效

● 确定数据标准，统一业务流程
1)确定数据标准60项，统一业务流程412个；
2)系统运行以业务标准为依托，严格按数据标准及统一业务流程进行系统操作，保障业务与系统紧密结合。

● 完成千万级数据清洗
HR：管理员工29.6万，班组级组织15171个；
FICO：公司代码907个，成本中心19339个；
MM：库存物料58.9万种，供应商6万8余家；
PM：设备台帐901.8万套，KKS编码1461.9万；
……

● 支撑集团决策分析
1)实现了集团煤、电、路、港、航、化等全业务链贯通，有效促进了集团的文化整合、业务整合、信息整合。
2)通过全面、及时、准确的数据，为集团投资决策分析提供更科学的依据和保障。

● 积累创新成果
1)形成了一系列可推广复制的ERP项目创新管理方法；
2)研发了一系列技术管理、实施、开发辅助工具。

● 积淀项目文化
1)孕育出宝贵的新ERP项目精神，探索出一条党建与信息化项目建设有效融合之路；
2)总结提炼出一大批企业信息化建设的学术论文。

● 全方位锻炼信息化队伍
集团内部信息化队伍得到了全方位的锻炼，管理能力、业务能力、技术能力得到全面提升。

图5　一体化集中管控系统建设工程总体成效

（一）业务收益

通过一体化项目集管理，实现各业务领域日常业务进行全面覆盖，提升煤炭、火电、新能源、水电、运输、化工、科技环保、金融各产业协同能力。以业务标准为依托，严格按数据标准及统一业务流程进行系统操作，保障业务与系统紧密结合，并且通过岗位权限合规性检查等风险管控措施，规范业务合规性；实现业务互连、数据互通、数据共享，形成集团公司统一的信息化工作平台，为集团发展提供更为有力的支撑。

人力资源领域落实改革要求，形成规范的管控体系；财务领域搭建"1+6"架构，高质量实现无缝集成；物资领域打通集团物资供应链，提升集约化管理能力；销售领域以质计价，规范煤炭结算业务；燃料领域由粗放、分散型转变为精准、集约型管理；煤炭设备领域统一数据标准，实现全生命周期管理；电力设备领域提升集团"精细化"管控水平；项目管理领域实现全生命周期全面管控。

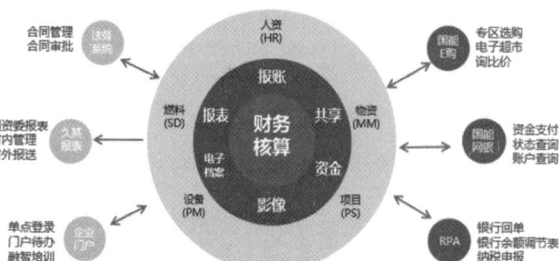

财务管理成效－搭建"1+6"架构，高质量实现无缝集成 　　国家能源集团 CHN ENERGY

■ 　财务模块以SAP S4 FICO为核心，包含报账系统、共享平台、资金系统等六个系统。财务模块的架构是1+6。外围与人资、物资、项目、设备、燃料五大模块集成，实现六大模块的无缝集成。与国能E购平台、国能网银系统、门户、RPA、久其报表和法务系统等其他外围系统集成。

■ 五大功能模块：实现业财紧密集成，强化账表一体化管理，统一会计科目体系，规范业务核算流程，实现合并报表由表合并到账合并的转变。

五大功能模块：

1、合并报表模块：实现全集团基于账的合并抵消，全集团一本账一套表。

2、财务核算模块：实现集团业财联动、高度集成，夯实一本账，支撑一套表。

3、财务共享模块：在集团财务共享流程框架内，实现报账业务流程规范化、集成化。

4、资金模块：实现资金业务与核算业务的一单到底，无缝集成。

5、集成模块：实现业务与财务实时集成、数据共享、协同的一体化管控模式。

图6　一体化集中管控系统财务管理建设成效

（二）管理收益

一体化集中管控系统的实施将集团内所有二级单位的管理系统纳入国家能源集团统一ERP系统中进行管理。系统的实施统一和规范了全集团核心业务流程，构建了扎实的企业管理基础，提高国家能源集团整体管理水平；实现集团内部全业务链的流程强化和数据集成，使财务与其他业务数据得到整合，支持国家能源集团进行科学化管理、专业化运营、协同化运作，为打造具有全球竞争力的世界一流能源集团提供信息化支撑，有力保障了集团公司战略发展目标的实现。

以人力资源管理为例，通过标准流程驱动，清晰有效地监督业务各环节执行情况，实现从集团总部、二级单位至末梢，上级对下级的人力资源的有效管控；上级部门可以通过ERP系统监控下级各层级单位组织、人事、薪酬方面的最新变动情况和运维情况；系统管控了各层级组织机构的新建、更名和撤销以及流程的流转规则，规范了架构设置要求，统一用工计划管控口径，控制员工总量。

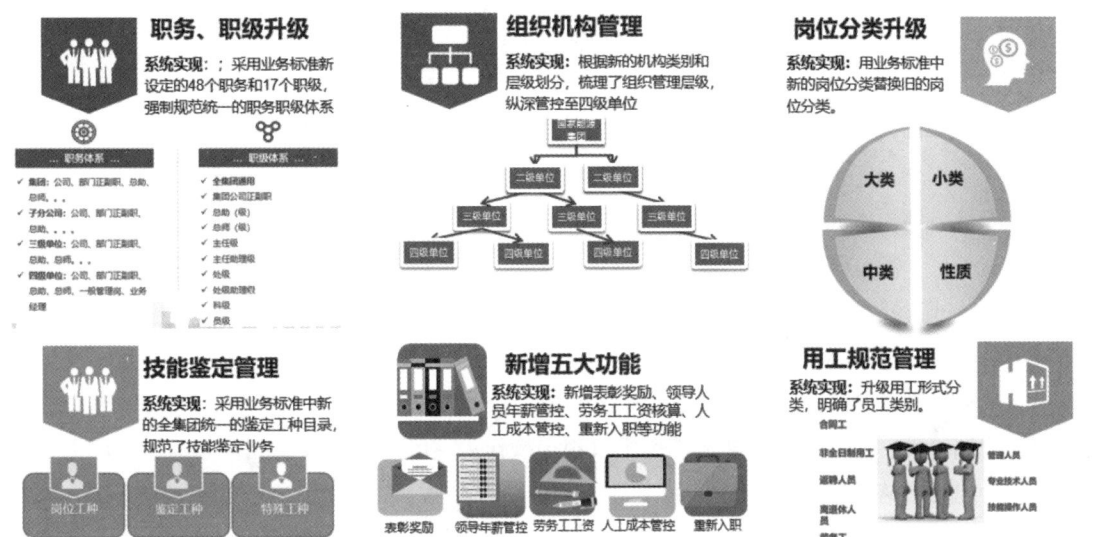

图7 一体化集中管控系统人力资源管理成效

以财务管理为例，在财务业务一体化基础上，实现全集团各层级数据的实时性、规范性与可追溯。财务凭证由业务操作根据财务设定规则产生，财务凭证在业务发生时同时产生，能够及时反映在总账和明细账中；此外，所有财务凭证自带业务信息，可以穿透追溯业务源头信息。

2021年集团电力体制改革，对涉及25家二级单位、143家三级单位的业务系统组织架构及业务流程进行了调整，具体涵盖公司更名、新增、管理权移交、股权移交等业务。

集团利用新ERP系统仅用27天完成此前需要3个月完成的工作，效率大幅提升的同时保证了平稳过渡。为集团加快区域电力体制改革，如期全面完成改革任务，奠定了坚实的基础。

高效支撑机构改革，实现平稳过度

国家能源集团 CHN ENERGY

- 2021年集团电力体制改革，对涉及25家二级单位（143家三级单位）的业务系统组织架构及业务流程进行了调整，具体涵盖公司更名、新增、管理权移交、股权移交等业务。
- 新ERP系统仅用27天完成此前需要3个月完成的工作，效率大幅提升的同时保证了平稳过度。为集团加快区域电力体制改革，如期全面完成改革任务，奠定了坚实的基础。

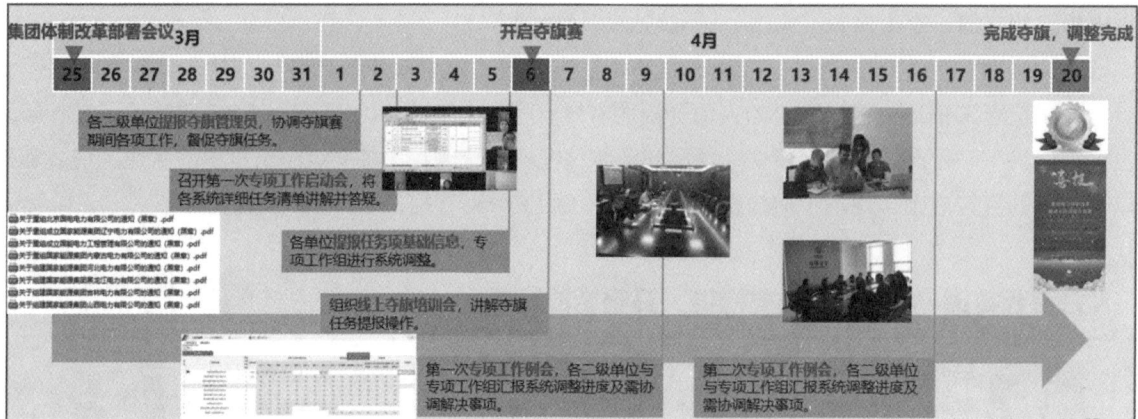

图8 一体化集中管控系统高效支撑机构改革

（三）技术收益

一体化项目采用创新的实施方法，从管理、实施、开发等方面研发了相应的工具，以标准化的方式开展具体实施工作，涵盖各个阶段，加速项目实施进度；实现自动化配置、代码生成、传输与数据校验及自助式授权等，提升实施效率，节省实施成本。

同时项目实施采用多租户方式部署数据库，通过云计算的应用降低硬件成本，采用创新的程序代码生成工具、数据搜索匹配工具和企业服务总线平台进行系统建设；采用微服务、分布式的技术架构，将设备管理、仓储管理、物料管理等业务模块中以现场操作为主的业务场景，在移动App中实现，并与手机操作系统功能紧密结合，实现ERP移动化，极大的方便基层员工的现场作业和离线数据填报，促进了ERP应用的技术创新。

（四）经济收益

通过一体化管控平台实施，可以企业决策管理层获取企业经营信息的时间大幅缩短，方便管理层辅助决策，准确掌握企业人员信息，提高人员管理效；采购计划及时处理，快速响应市场变化，保障企业生产运营所需的物资供应；项目进度管理水平有效提升，保障项目建设工作有序开展，降低项目延期风险，节省项目成本；设备缺陷消除效率明细提升，有效保障生产设备运行，提升企业生产能力；缺料导致生产停工现象大为减少，带来生产成本的降低。变革传统煤炭和化品销售和采购方式，通过在电子交易平台上利用挂牌、竞拍、在线支付等网络营销手段大幅节约交易时间和成本，促进降本增收。同时由于库存费用下降，劳力的节约，采购费用节省等一系列人、财、物的效应，同样必然会带动生产成本的降低。

（五）社会效益

国家能源集团作为集八大业务板块为一体的特大型综合能源企业，创新积累形成了非常有特色的管理模式。一体化系统实施将通过对现有产品技术进行分析研究，结合国家能源集团特色管理经验进行改造，形成具有国家能源集团特色的、自主可控的一体化管控平台，实现业务流与信息流融合，达到产业链全面协同，保障集团整体效益最大化，为国家做出更大贡献，带动社会经济发展。

随着一体化平台投入使用，将使整个企业的信息化水平上升到一个更高的层次，能更好地利用它做出正确的决策或作为优化的依据，从而使企业的生产经营管理科学化、合理化，促进先进管理手段的应用，更好地满足企业高速发展的需要。作为能源行业的领军企业，特色鲜明的一体化平台将为同类综合能源企业，特别是央企提供宝贵的经验和示范作用。

成果创造人：刘国跃、丁涛

新时代中央地勘企业投身"三个地球"建设研究与实践

中国煤炭地质总局

党的十八大以来，党中央高度重视产业现代化水平提升，习近平同志明确指出要深刻把握发展的阶段性新特征新要求，坚持把做实做强做优实体经济作为主攻方向，一手抓传统产业转型升级，一手抓战略性新兴产业发展壮大，加快构建并尽快形成新发展格局。以此为契机，中国煤炭地质总局高度归纳总结并提出了"透明地球""数字地球"和"美丽地球"的理念，即"以地质勘查技术为依托，全面加强地下空间探测，投身'透明地球'建设；以地理信息技术为依托，全面打造地质信息化产业平台，参与'数字地球'建设；以地灾治理、环境修复技术为依托，做生态文明建设的先行者，奉献'美丽地球'建设。"

近年来，总局围绕建设"透明地球""数字地球"和"美丽地球"（以下简称"三个地球"）理念，开展一系列研究与实践，构建了"三个地球"建设应用评价指标体系，形成了一套相对完善的创新成果。总局以此为指引，不断优化产业布局，加大资源勘查和新能源资源开发力度，围绕关键核心技术进行攻关，开展了青海木里矿区生态环境治理、杨伙盘煤矿智慧矿山建设等一系列工程实践，为地勘行业转型升级，探索特色能源矿产地勘发展之路提供了借鉴。

一、中央地勘企业投身"三个地球"建设的实施背景

（一）地质勘查行业使命任务获得拓展

2014年，习近平同志提出，要推动能源消费、能源供给、能源技术和能源体制四方面的"革命"。能源安全作为关系国家经济社会发展的全局性和战略性的问题，对国家的繁荣发展、人民生活的改善、社会的长治久安都至关重要。总局作为国内规模最大、业务范围最广、技术力量最强的综合性地质勘查与生态文明建设企业集团，肩负着为国家探查矿产资源，保障能源安全的重任，推动"三个地球"建设，是总局贯彻落实习近平同志关于能源"四个革命一个合作"重要指示精神的必由之路。同时，党的十八大以来，以习近平同志为核心的党中央高度重视生态文明建设工作，提出了创新、协调、绿色、开放和共享的新发展理念，2020年9月更是宣布了我国二氧化碳排放力争于2030年前达到峰值，努力争取2060年前实现碳中和的"双碳"目标，对于处于改革发展关键时期的地勘行业既是机遇又是挑战。为此，总局深入研究，提出了投身"三个地球"建设理念，是新时代地勘企业在新的政策背景下，运用数字化、信息化手段，开展业务领域拓展、达成产业结构优化升级、追求绿色低碳发展的高度概括与精炼，是地勘行业践行创新与绿色发展新理念的具体实践。

（二）地质勘查行业市场需求发生转变

地质勘查工作是一项先行性的基础工作，主要承担基础性、公益性、战略性地质找矿任务。而党的十八大以来，伴随着发展理念以及发展方式的转变，中国经济由高速增长进入中低速高质量发展的"新常态"，地质勘查市场需求也发生深刻转变，公益勘查、商业勘查、风险勘查等三个市场大有可为，资源勘查、民生地质、工程地质、矿山地质、土地修复、地灾治理、地理信息、地质数据服务、生态文明建设等持续增长，城市污水处理、废物综合利用、节能减排等"地质＋"市场充满机遇，乡村振兴、京津冀协同发展、长江经济带发展、黄河流域生态保护等国家重大战略也催生了一系列新的地质需求。同时，自然资源部于2021年5月出台的《关于地质勘查行业高质量发展指导意见》，从深化改革、促进发展，抓住机遇、加快发展，提升能力、高质量发展，加强监管与服务等方面为地质勘查行业高质量发展提供了方向、遵循与指引。以此为契机，地勘企业通过开展"三个地球"建设，着力于服务国家能源资源安全、生态文明建设、国家重大战略需求、乡村振兴、自然资源管理、地质灾害防治等领域，将在我国构建现代化经济体系，保障和促进经济高质量发展中发挥重要作用，最终助力企业实现高质量可持续发展。

（三）地质勘查行业转型发展必然要求

近年来，我国各行各业都实现了产业结构的调整、转型或升级，但由于政治、经济因素对能源结构调整的影响，我国短期内对矿产资源的需求量不断降低，而且各地勘单位产业结构相对单一，大部分国有地勘单位产业结构主要为传统地质勘查、地质灾害调查防治、工程勘察施工、测绘及土地调查等，同质竞争较为严重。同时，我国地质勘查投入自2012年持续下行，2020年全国地质勘查投入资金161.61亿元，同比减少6.1%，已不足2012年地勘资金投入的1/3。地勘投入的减少意味着地勘资金投入减少、地勘数量减少、地勘项目减少。事企混合的运行模式又导致考核机制不灵活、市场竞争意识薄弱、市场主体不清晰、企事业人员相互交叉和地勘单位的发展受到限制等种种问题。为了在危机中孕新机，于变局中开新局，各地勘单位围绕"创新、协调、绿色、开放和共享"的新发展理念，涉足地勘行业上下游的新能源资源勘查、民生地质、工程地质、矿山地质、土地修复、地灾治理、地理信息、地质数据服务、生态文明建设等，实施多元化发展，"三个地球"建设为摸索前行的新时代地勘企业转型升级提供了科学统一的目标方向。

二、中央地勘企业投身"三个地球"建设的内涵

建设"透明地球""数字地球"和"美丽地球"体系即以地质勘查技术为依托，全面加强地下空间探测，投身"透明地球"建设；以地理信息技术为依托，全面打造地质信息化产业平台，参与"数字地球"建设；以地灾治理、环境修复技术为依托，做生态文明建设的先行者，奉献"美丽地球"建设。具体来看，"透明地球"建设主要通过先进的勘查技术手段，以大数据和信息技术实现地质、矿产资源分布等勘察，实现地球内部结构的可视化，有利于解决由于地质体、地质结构和地质过程的极端复杂性、不可见性和数据采集的抽样方式不同导致出现的"结构信息不全、关系信息不全、参数信息不全、演化信息不全"等问题。"数字地球"建设主要通过开展"数字地球"建设，即以地理信息系统、遥感、全球定位系统、互联网等综合性信息化手段，把开展地质工作获得的资料数据，以及地球上一切的信息资料都通过地理坐标的形式表达出来，形成一个虚拟的地球信息系统，转变人们的生活形式与生产方式，扩大产业发展的空间，促进经济的可持续发展。而"美丽地球"建设的目标则是共同建设美丽地球家

园，是人类在认知和探索过程中对地球生存环境的一种美好愿景。2019年，习近平同志正式提出了"美丽地球"的理念，明确了立足美丽地球家园阐释的五个"追求"，进一步丰富了构建人类命运共同体的内涵。地勘企业通过提升优化地质勘查与生态修复工作手段和技术，最大限度地减少对生态的负面影响，实施地质勘查全过程环境影响最小化控制，积极参与我国生态文明建设，实现找矿和环保的双赢，共同建设清洁、美丽的地球家园。

"三个地球"建设旨在指导和引领煤炭（田）、化工地质行业乃至地勘行业进一步转型升级，拓展服务领域，推动地质勘查工作由矿产资源勘查向地、矿、山、水、林、田、湖、草、沙等自然资源综合评价与保护转变，由单要素调查向资源、环境、空间、灾害多要素综合调查转变，积极探索地质勘探与大数据、人工智能及金融资本等要素的结合，构建"地质＋"产业新格局，形成横纵联合的"大地质"全产业链、矿产资源全生命周期的产业新格局，为社会提供高质量、高水平的地质工作服务，最终实现走绿色发展之路。

通过践行"三个地球"战略愿景，总局能源矿产与战略矿产资源勘查成果丰硕，新型清洁能源资源勘查开发取得突破，科技创新成果丰硕，航空测绘科研成果打破国外技术垄断，有效保障了煤炭安全生产，积极参与生态文明建设，地灾治理与环境工程技术领跑国内领先。

三、中央地勘企业投身"三个地球"建设具体做法

（一）明确战略目标，提出建设"三个地球"战略愿景

总局在"11463"总体发展战略的基础上，经过产业布局研究及市场分析，坚持新发展理念，提出了"透明地球""数字地球"和"美丽地球"的理念。"三个地球"之间既有区别又相互联系、相互渗透。

从内容上，"透明地球"强调地球系统的整体性及各子系统之间的相互作用，它研究地球的四大圈层（大气圈、生物圈、水圈和岩石圈）及其三大过程（物理过程、化学过程和生物过程）的驱动机理和运行规律；"数字地球"强调对地球系统的观测、模拟和预测等；"美丽地球"则强调人地关系和可持续发展问题。

从学科上，"透明地球"依托地球科学与系统科学的交叉渗透，强调应用系统科学的观点来研究系统内（外）部的物质、能量的相互作用；"数字地球"依托地球科学与信息科学的深度融合，强调信息论、计算机理论和人工智能理论来研究各种与地球相关的信息观测、集成、反演和预测，以实现地球的数字化、可视化表达，以及多尺度、多分辨率动态交互；"美丽地球"则依托地球科学与社会科学的交叉渗透，强调利用社会学、哲学、生态文明理论等来研究人地关系，以实现可持续发展问题。

从方法论上，"透明地球"主要依托"地物化遥感钻"等手段获得地球系统各圈层相互作用的机理来实现；"数字地球"通过地球空间观测、表层监测和大陆深部探测等，并利用各类系统模型来实现对地球的观测和模拟；"美丽地球"则是在理解自然系统和人类活动相互作用的机理的基础上，在可持续发展观和生态文明理论的指导下，通过规范相应的人类活动来实现。

"三个地球"建设理念针对共同的研究对象，但各自突出某些工作方向，有不同的工作目标和方式方法，同时，又相互支撑与影响，形成一个相互勾连、蕴意丰满的指导思想布局。其中，"透明地球"侧重研究探索，它的直接目标是通过多理论研究，寻找地球多圈层的关系机理，了解地球系统形成、演化、内在关联的机制规律，让人像透过玻璃一样看见、勘探地球；它的对象是地球的物理规律性，它的

手段是研究、勘探；它的目的是以地球的规律性理论指导资源勘探、采矿、资源利用加工等。"数字地球"侧重信息挖掘与表达，它的直接目标是透过网络信息技术、大数据技术等构建虚拟地球，让人随时随地可以抓取地球的相关信息；它的对象是地球的数据信息，它的手段是建构、发现、表达。就地球研究与实践而言，"数字地球"更多带有工具、框架的性质，它的信息数据有赖于"透明地球"的研究、勘探才能获得、积累与验证。借助"数字地球"工具，"透明地球"的研究与勘探工作能够收到事半功倍的效果，即巧妙运用"数字地球"工具会让地球更加"透明"。而"美丽地球"侧重地球的修复、建设，它的直接目标是治理污染、环境保护、灾害预测防治，它的根本目标是营建、守护适合人类生存与可持续发展的家园；它的对象是地球本身，是地球的美、生态的平衡；它的手段是政治、经济、文化、社会和生态"五位一体"的文明建设。

总体来说，"美丽地球"的建设离不开"透明地球""数字地球"的科学理论、技术、数字框架，"美丽地球"建设的成效、方向甚至问题都受到后两者的影响；而"透明地球""数字地球"都以"美丽地球"为根本目标和基本的价值判据。"透明地球""美丽地球"激活了地勘行业的新事业方向和产业活力，使其担当了生态文明建设的历史使命。"数字地球""美丽地球"使得虚拟地球这个现代工具发挥更大的作用，而"美丽地球"又规范着"数字地球"，使其能够真正落地，"虚拟"而不假、"数字"而不空。

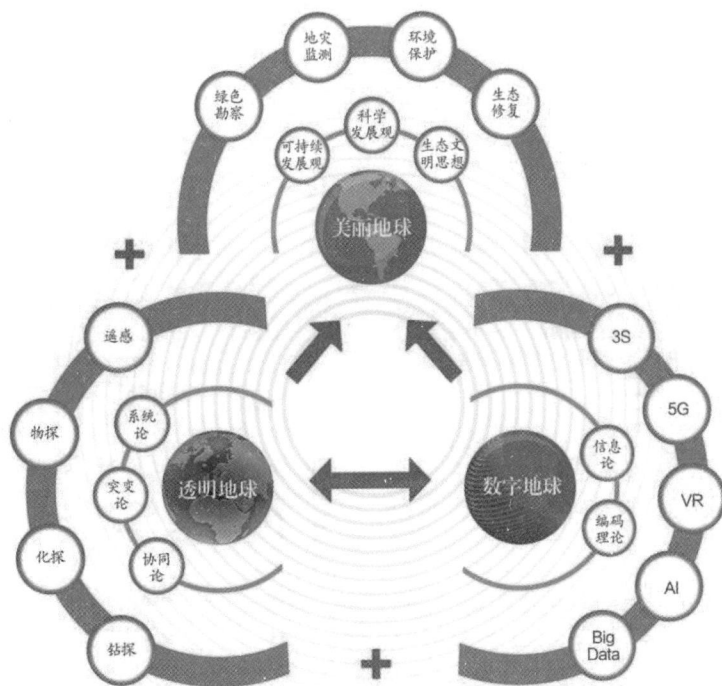

图1 "三个地球"相互作用框架

（二）加强能源资源矿产勘查，投身"透明地球"建设

本成果中的"透明地球"建设的目标是以地质大数据的载体，通过表达三维可视化、分析三维可视化、过程三维可视化，提高对地质现象、地质资源和地质环境的认知能力，最终达到三维可视化虚拟地壳的目标，为后续开展地质、资源和环境研究提供决策分析。

1.坚持主责主业，重点推进资源勘查产业转型

总局围绕国家经济结构调整以及"京津冀协同发展"战略、"西部大开发"战略、"一带一路"倡

议等推进实施带来的能源、矿产资源需求结构变化，着力于推动与地质找矿相关联的资源勘查传统主业向国家急需的新能源、新材料和战略性矿产资源领域转变；推动传统地质技术服务向矿山全生命周期地质技术服务、绿色矿山建设地质技术服务等领域转变。持续加强新能源资源开发，确保在保持国家规划矿区、空白区优质煤炭资源勘查工作的同时，立足优势，拓展领域，以煤层气、页岩气、地热等为重点，加大对洁净能源的研究、勘查与开发；以砂岩型铀矿、石墨、"三稀"等为重点，加大对国家战略性新兴矿产和紧缺矿产的研究、勘查与开发；以钾盐、萤石等化工矿产资源为重点，加大对非能源领域矿产资源的勘查与开发。积极拓展多元化服务领域，加快传统资源型地质地勘业务转型升级。

其中，在煤炭资源勘查与研究方面，总局不断探索研究绿色勘查与综合评价新理论，提出煤炭地质勘查科技创新的新方向和煤炭地质勘查队伍建设的新要求，构建煤矿开采全生命周期技术体系。承担的"国家大型煤炭基地开发潜力研究课题"调查分析了我国14个大型煤炭基地资源分布特征和资源勘查、开发现状，建立了集属性数据库、图形数据库、煤炭资源开发信息数据库于一体的全国煤炭资源开发潜力评价信息系统。组织实施的《西北地区煤与煤层气协同调查与开发的地质关键技术及应用》获得全国科技进步二等奖。

在清洁能源利用方面，开展"取热不取水"、深层干热岩钻探等技术研究，实现了中深层地热"取热不取水"关键技术的突破，在河北邯郸东部新城、陕煤建庄矿业等地成功运用，相比采用天然气锅炉大大减少了废气、二氧化硫、二氧化碳、氮氧化物及烟尘的排放，助力实现"碳达峰、碳中和"目标，为"绿水青山"建设做出了重要贡献。施工国内最深的干热岩勘探井，在超深高温硬度干热岩勘探方面取得突破。在贵州施工的煤层气项目获得西南地区直井单井日最高产气量和高产稳产时间的双突破。

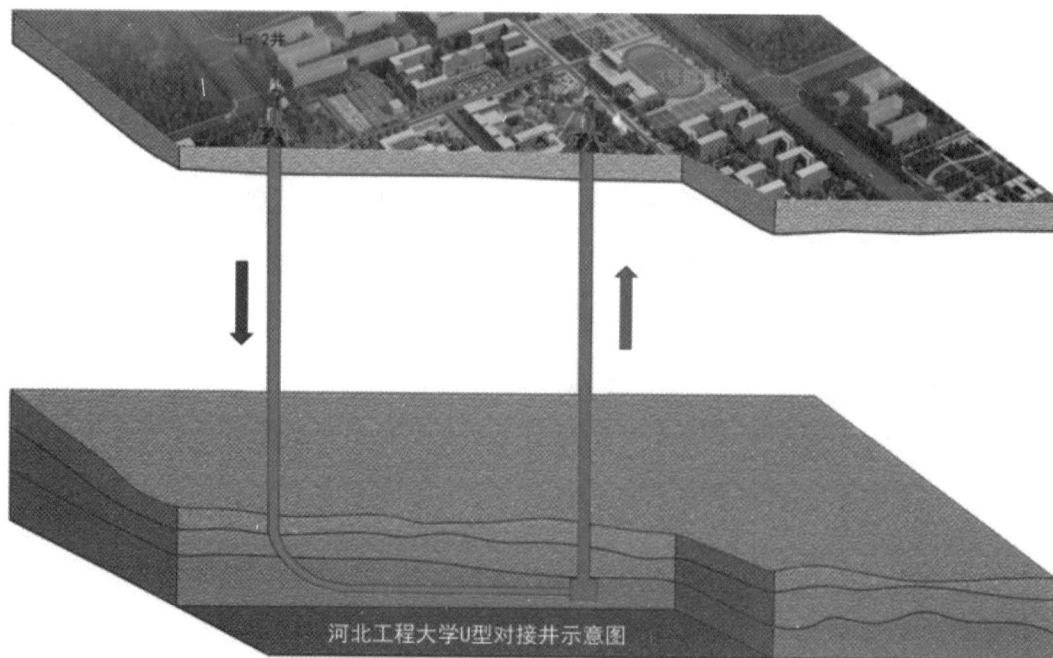

图2 "取热不取水"U型对接示意图

2.发挥物探专业优势，增强地面及地下探测施工能力

总局致力于发展地下工程建设产业，跟踪国家加大城市地下管廊建设的新机遇，开展地下空间地质

调查、地质监测、地下空间勘查施工等。加强城市地下管网的普查、探测、管线系统管理软件市场开发力度，不断推动由地下管线探测向管线检测、管线基础应用、智慧物联应用等拓展。大力发展岩土工程勘察、城市地质；地基与基础工程、地下综合管廊、地下综合体、海绵城市；道路病害探测与防治、城市塌陷探测与治理等业务，积极拓展以交通、隧道、水利、工业与民用建筑、市政工程、特色小镇建设等领域与地质相关的地下工程建设业务。积极融入智慧城市建设，把城市"透明地球"建设与"智慧城市"建设结合起来，开展面向智慧城市的地质时空大数据应用技术体系构建，形成城市地质工作融入智慧城市的整体解决方案。

其中，在地下工程方面，实施川藏铁路雅安至林芝段勘测项目、江苏省连云港新浦磷矿沉陷区治理项目、青岛中央广场地下空间工程等一系列重点工程，在地震勘探和电法勘探方面，通过资源整合，加强技术创新，发挥物探专业技术与人才优势，逐步由传统的煤田勘探向多种资源勘探和城市地质勘探、工程物探等领域扩展，地面及地下探测施工能力不断增强。创新研发大口径"S"型丛式定向井盐穴储气库井技术，攻克了多项钻井工艺与技术难题，开创了全国盐腔储气库大口径"S"型丛式定向井施工先例，为国家能源储备、调峰应急和保证"西气东输"工程对长三角地区的安全稳定供气供能发挥了积极作用。

图3 盐穴储气库垂直钻井示意图

3.加强深地探索，为中国地学的领先发展提供基础

开展地球深部探测，既是解决地学重大基础理论问题的需要，也是国家保证能源资源安全、扩展经济社会发展空间的重大需求。总局积极发挥专业优势，围绕天然气水合物勘查试采、深部地热和干热岩、深地探测、深海探测、深空对地观测等五大战略科技开展研究，承担了国家重点研发计划"深地资源勘查开采"重点专项项目，成功探测并绘出我国华东地区第一条霍洛维奇界面反射剖面，加深了对太平洋构造运动及华东地区地壳演化史的认识，对城市地下空间探测与规划，造山带地下结构和构造、侵蚀、沉积演化研究发挥积极作用，同时有助于研究地壳运动及演化、地球深部过程等一系列地学问题。为落实国家安全战略，确保国家能源资源安全，建立完善国家能源和矿产资源战略储备体系作出了贡献。

（三）拓展地理信息产业，投身"数字地球"建设

本成果中的"数字地球"建设目标是以地球空间信息为基础，以数字技术为实现手段，对全球变化的过程、规律、影响以及对策进行各种模拟和仿真，从宏观的角度加强土地资源和水资源的监测和保护，加强自然灾害特别是洪涝、地震等灾害的预测、监测和防御，对自然资源与经济发展，人口增长与社会发展等社会可持续发展问题进行综合分析预测，最终达到提高人类应付全球变化的能力、为人类社会及经济可持续发展提供高质量服务的目标。

1.深耕遥感市场，提升空间数据获取及处理能力

近年来，总局在精耕细作传统航测遥感、管道检测市场的同时，大力发展高分辨率高空卫星遥感、中空航空摄影测绘、低空无人机航空数据获取能力，丰富地面及室内光学、雷达、激光等多种影像数据获取方式，拓展测绘遥感数据应用服务产业链。结合国家重大战略实施，创新地理信息技术在环境监测、资源调查、信息化建设等方面的服务模式，形成从需求、设计、建设到运营全过程的地理信息应用服务体系。同时，总局积极促进地理信息软件技术与数据库、网格技术、云计算、物联网等通用信息技术融合，重点发展基于互联网、移动互联网等，适应云计算技术、时空技术、三维技术的地理信息系统软件产品，自主研发的基于"机载LiDAR点云的综合测图系统与应用"荣获中国测绘科技进步一等奖，成为行业内的领军产品，领航世界主流，打破了国外软件在LiDAR数据处理领域的长期垄断。在国内外首创"航空摄影质量自动检查系统"，目前已成为业界的主流产品，获得业内普遍好评，成果被中国科协收录于《2019前沿领域科技成果推介手册》，向全国推介。其中，包含的框幅式航空摄影质量自动检查系统，支持不同面阵数码相机的成果质量检查，包括飞行质量、影像质量各项指标的检查，以及自动拼接索引图等，依托并行处理技术，可对大数据量进行快速处理，具有强大的数据处理能力；低空摄影质量自动检查系统，支持无人机装载不同面阵数码相机的质量检查，包括飞行质量、影像质量各项指标的检查，以及自动生成拼接索引图等，采用多线程并行处理技术，可对大数据量进行自动快速处理。

图4　融合倾斜影像和LiDAR点云的三维重建

2.立足"智慧中国",推进地理信息系统软件研发与应用

总局积极研发与地理信息相关的智能化产品,大力推进地理信息在数字城市、智慧城市、智慧矿山建设中的应用;充分利用虚拟现实技术、多媒体技术等,推动数字地图、多媒体地图、三维立体地图、网络地图、城市街景地图等现代地图出版,为国民经济建设和社会发展提供高质量、多元化的数字产品。同时致力于促进地理信息软件技术与数据库、网格技术、云计算、物联网等通用信息技术融合,重点发展基于互联网、移动互联网等,适应云计算技术、时空技术、三维技术的地理信息系统软件产品;重点研发地理信息技术在国土、农业、规划、公安、应急、生态、统计等领域应用系统,促进地理信息与导航定位融合发展。结合国家重大战略实施,创新地理信息技术在环境监测、资源调查、信息化建设等方面的服务模式,形成从需求、设计、建设到运营全过程的地理信息应用服务体系。其中,独立开发的"智慧矿山系统",从杨伙盘煤矿全覆盖网络平台、生产自动化、安全监控、信息处理与管理等各方面进行统一规划设计,综合集成了安全、采掘、运输、监控、供电、排水、通风、污水处理、筛分、矿图等各个方面共30个子系统的各类信息,实现了所有信息的共享监测、分析、决策和智能化感知和控制。实现煤矿生产情况总览、采掘进度实时展示、综采工作面三机监控;液压支架压力监测、5条主运皮带监测控制、井底煤仓/地面煤仓仓位监测、井下水仓及水泵监测、地面及井下变电所、筛分车间、污水处理监测;安全监测监控系统、人员定位系统、通风信息管理等系统的集成。

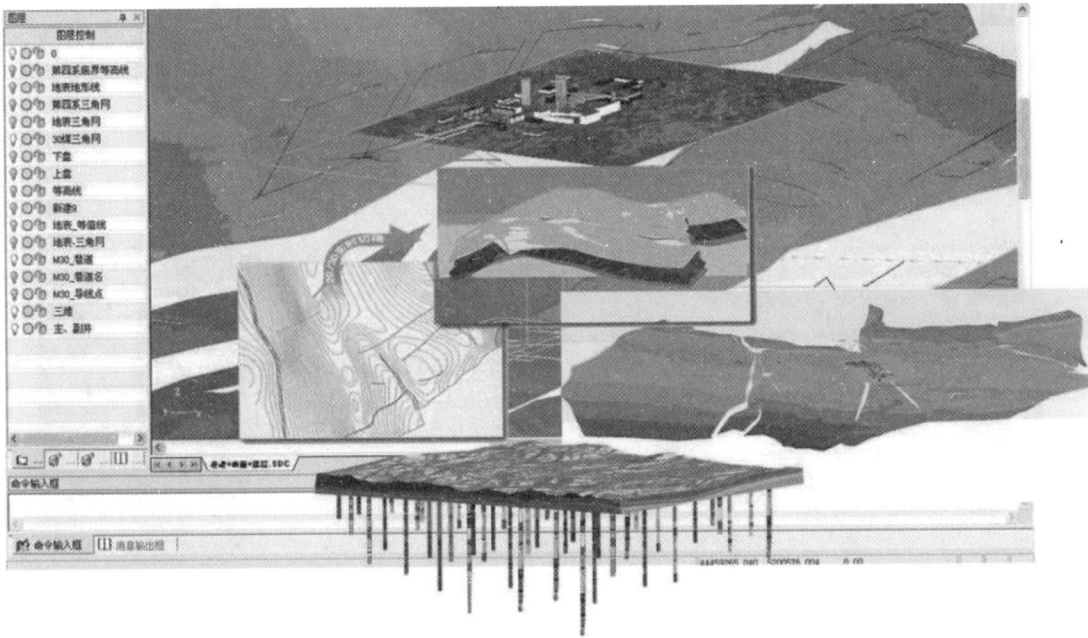

图5 杨伙盘煤矿智慧矿山系统工作界面

3.打造"中枢平台",提高地质大数据分析、应用能力

在基础地质、矿产地质、水文地质、工程地质、环境地质、灾害地质的调查勘查和相应的地质科学研究过程中,在能源、矿产的开发利用和环境、地灾的监测、防治过程中,以及航空、航天对地遥感观测活动中产生了大量海量、多维的数据,总局通过地球物理、地球化学、钻探测井、遥感遥测、传感监测等多种途径获取数据后,统一汇总到大数据中心开展分析研究,以提升相关数据在成矿预测、能源开发、地灾防治中的应用能力。为此,总局在西安组建了测绘地理信息行业内规模最大、处理能力最强的煤航大数据中心正式落成,该中心建筑面积共计2300平方米,由400台服务器组成,涵盖了矢量数据、

影像数据、数字地面模型、三维数据等多种类型，其中，三维模型处理能力较原来提升十余倍，极大提升工作效率，可服务于生态、农业、林业、煤炭、国土、水利、交通等多个行业，为生态环境监测、"智慧城市"建设、地质灾害监测预警等提供有力的数据和技术支撑。

（四）实施地灾治理与矿区生态修复，投身"美丽地球"建设

本成果中的"美丽地球"建设目标就是要坚持"绿色、协同、精准"的原则，既保证勘查的目标得以实现，最大限度减小（或消除）勘查手段对环境的负面效应，同时科学监测、预防、治理资源开发利用中的各类生态地质问题，最终达到资源开发利用与自然生态保护的和谐相处目标。

（1）致力于围绕煤炭安全绿色开采开展技术攻关，积极为构建"清洁、低碳、安全、高效"的现代能源体系提供支撑。加大高端装备的投入和科技研发，着力推进生态与环境产业科技创新，以科技研发推动产业发展。研究开发了解决煤炭开采导致地面塌陷的新型覆岩离层注浆技术，被业界专家认为是一场革命性、颠覆性创新，作为支撑矿山安全高效绿色开采的地质保障技术体系，不仅能有效解决地面沉降、塌陷及煤矿开采导致的土地被破坏等问题，还可以广泛应用于解放高速公路、铁路、输电设施等压覆下的煤炭资源，为国内领先综合性技术。

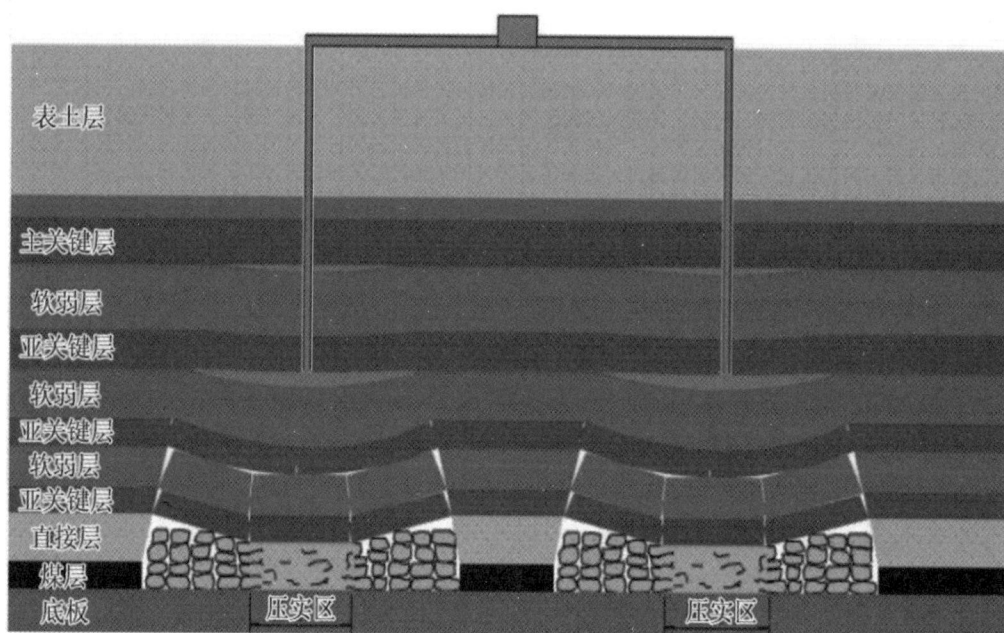

图6 覆岩离层注浆技术原理示意图

（2）致力于打造生态文明建设的国家队和主力军，总局以矿山修复、地灾治理为契机，秉着生态修复和利用并重的原则，按照山水林田湖草沙系统治理的理念，进行全域规划、全域整治，探索矿山修复、地灾治理与旅游、康养、地产、工业开发等结合的生态修复模式。在矿山治理中创造性地提出了"边开采、边治理、边返还（治理保证金）"的"三边"模式，采用企业垫资、项目建设、政府验收、业主付款的方式，解决了"先开采、后治理、再返还（治理保证金）"模式的弊端，成功承揽了包括浙江省规模最大的矿山复绿项目的多项矿山复绿工程，有效实现了政府、业主、企业的三方共赢。在全国多个地区开展废弃矿山生态环境修复治理，对因采煤、采矿造成的植被破坏、土地退化、粉尘污染、地质灾害频发等一系列生态环境问题进行治理，重塑了生态环境体系。依托在水上施工超大口径蓝藻治理深井的核心技术，相继在江苏太湖、安徽巢湖、云南星云湖承建9口蓝藻灭活深井施工，为我国湖泊蓝

藻污染治理工作做出了积极贡献。先后参与北川羌族自治县泥石流治理工程、三峡库区塌岸防护和滑坡治理等国家重点工程项目，在崩塌治理工程、滑坡治理工程、泥石流治理工程中展示出了强劲的技术实力。

图7 仁庄废弃露采矿山地质环境治理效果

2020年，总局深入贯彻落实习近平同志关于祁连山生态保护的重要指示批示精神，坚持"山水林田湖草是一个生命共同体"理念，承担了青海木里矿区治理工作，制订了"一坑一策、渣土回填、边坡稳定、水系连通、湿地再造、资源保护"的矿区生态环境综合治理方案，得到青海省委省政府的高度认可。项目期间，总局通过开启大兵团联合作战模式，协调系统内十一家单位共同攻坚克难，综合利用地质、水文、采矿、生态、地理信息等多学科技术手段，结合项目实际，不断完善健全各项管理制度，坚持科学治理，修复为主、整治为要。把生态修复融入自然的理念、技术、工艺、措施等贯穿于规划、设计、施工和管护维护的全过程，尽量减少人为干扰，努力恢复祁连山自然原貌。截至目前，第一阶段地貌重塑与边坡整形工程和第二阶段土壤重构与种草复绿核心工程已全面完成，种草面积共计20036.44亩。

（3）致力于以地勘技术优势保障人民生命安全，积极履行央企责任，参与数十起煤矿透水事故等抢险救援，营救被困人员186人，为国家和企业挽回数百亿元经济损失。下属"国家矿山应急救援大地特勘队"于2019年被明确为跨国（境）生产安全事故应急救援常备力量，承担跨国（境）救援能力建设工作。2020年以来，大地特勘队在茂华万通源煤业"11·11"透水事故抢险救援中，历时26小时钻进216米，3号钻孔成功透巷，救援任务顺利完成。在耒阳源江山煤矿"11·29"透水事故抢险救援中，用21小时完成323米的工作量，提前一天完成钻井救援施工任务。在山东笏山金矿"1·10"爆炸事故救援中，率先打通3号、4号生命通道，找到幸存的11名矿工，创下中国救援难度最大、速度最快、救人最多等多项纪录。在新疆昌吉丰源煤矿"4·10"透水事故中派遣专家组负责钻井方案的制定。

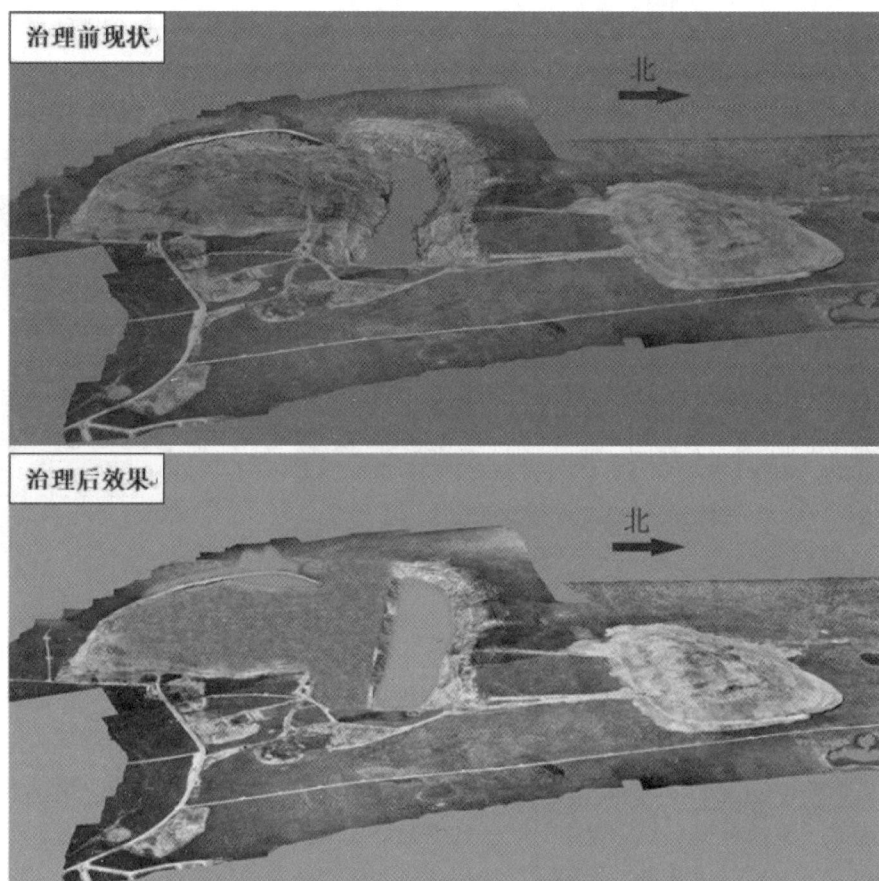

图8　木里矿区江仓 5 号井采坑治理前后三维对比图

图9　山东笏山金矿救援现场

图10　山东省委、省政府授予大地特勘队锦旗

（4）致力于服务水、土壤、空气污染治理工作。通过物理、化学以及微生物等方法将土壤中的重金属元素提取或将其"钝化"，使土壤得到净化。着力构建以测土配方精准施肥、生物饲料、生物肥料、智慧农业、田园综合体、农业生态产业园规划为核心的生态农业技术体系，拓展延伸现代农业地质技术服务领域，打造生态农业产业链，为现代农业和美丽乡村建设提供技术支撑。其中，以贵州鱼洞河流域环境治理项目为依托，通过"源头＋末端"的综合治理方法，对进入煤矿采空区的各种水源补给通道，采取不同的针对性措施对其进行截流、封堵，特别是采用采空区顶板区域治理技术切断进入采空区的导水通道，大幅度削减矿井水补给量及排泄量。充分利用废弃的矿井巷道，在其内部建设可渗透反应墙处理系统，在出水口附近建设盐碱水体的湿地处理系统，有效去除水中的酸及铁、锰等物质。通过层层系统治理，使水体净化达标排放，在国内首创形成一套系统的西南喀斯特地区水环境治理模式，成为国内水环境污染治理的样板工程。组织开展的长江中游磷、硫铁矿基地矿山地质环境评价项目，建立了硫铁矿山酸性水污染恢复治理模型，为长江中游地区生态评价与环境保护提供了重要支撑。山西废弃矿井综合治理项目中，在国内率先开展对汞（Hg）污染耕地调控工作。在湖北赤壁开展农村生活污水处理工作，可服务赤壁市34个自然行政村351个组约58137人。参与建设仁怀市万亩有机高粱示范基地土地整理工程，利用有机地块资源，提高土地有机轮作、间作、套作蔬菜种植，让土地得到合理利用，发挥土地价值；通过实行测土配方施肥，因地制宜合理增施有机肥、有机矿物肥等恢复地力，种植绿肥全覆盖，补充耕地养分，对土地进行整治，改善耕地条件，从而保证高粱产量质量，真正实现生态效益与经济效益的双赢。

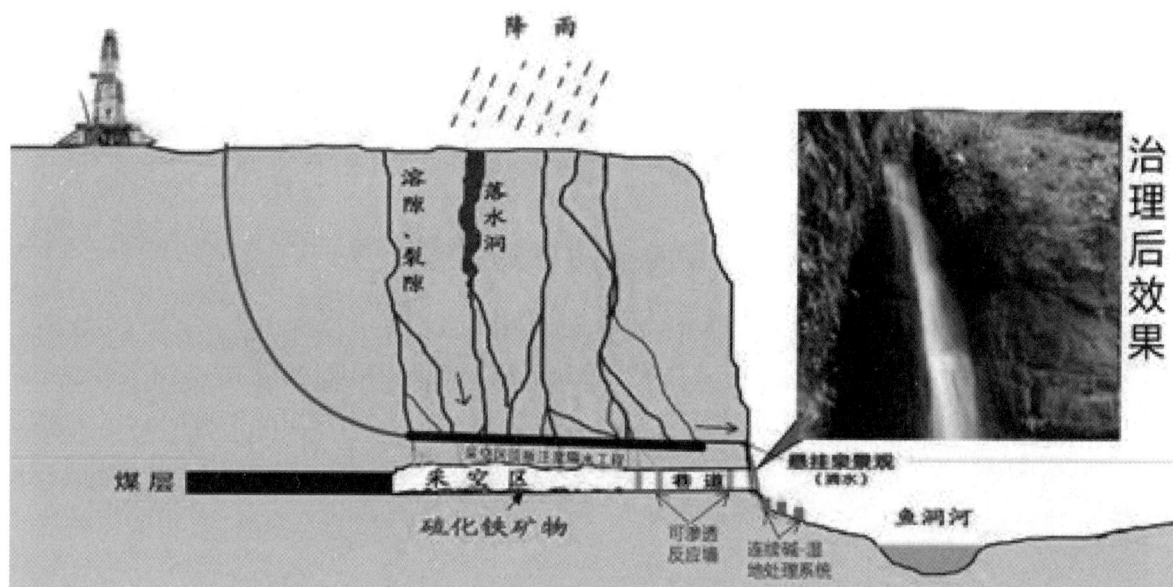

图11 鱼洞河流域生态治理示意图

（五）构建应用评价指标体系，为"三个地球"建设保驾护航

随着我国经济社会发展对能源、土地资源刚性需求的增加与生态环境要求越来越高、自然资源越来越少之间的矛盾冲突，科学获取与综合利用地质资源，实现社会可持续发展，成为"三个地球"建设的重要内容。建立一套系统的、合理的"三个地球"建设评价体系，不仅是地勘行业自身改革发展的要求，更是对社会、对未来发展的制度保障，是检验已有成果的标尺，是实现"创新、协调、绿色、开放、共享"五大发展理念，坚持"人与自然和谐共生"的必然要求。为此，总局遵循科学性、通用可比性、先进性、开放性等原则，基于煤炭地质勘查规范、煤炭煤层气地震勘探规范、煤田地质填图规程、遥感煤田地质填图规程、煤炭地质勘查钻孔质量评定等多项行业技术规范及国家、行业制定的相关标准和指导意见，构建了一套相对完善的评价指标体系。

1.评估的主要内容

"三个地球"建设应用评价指标体系评估的主要内容在于其经济效益、生态效益和社会效益等三个方面。其中，经济效益体现在：资源产出的增加，一方面提高了主体资源的保障水平，同时也支撑了经济值的增加；对污染土地的修复及地下采空空间的处理，提高了工业用地附加值；绿色勘查减少了资源开采与环境修复的资金投入；固废处理促进了再生资源的循环利用，带动了第三产业的扩展与效益增加等。生态效益体现在：对污染土壤的修复，有效催生林草木的覆盖，推动了物种多样性；对水污染的处理，提高了水质达标率与可利用空间，有效减轻水资源的紧缺；对关闭矿山的有效治理，减少了废气排放对空气的污染，消除了地面沉降隐患，保障了地形地貌的安全完整。社会效益体现在：从社会舆情方面看，绿色地质勘查与矿山建设，对环境影响降到了最底，减低了周围群众对恶劣环境的负面情绪；从居住环境看，对已受损害环境的修复，提高了公众对环境质量的满意度，增强了人文居住的适宜性；从安全角度看，采空区的地下治理，保障了地表层的稳定性，增强了地面附着物、铁路、水库等安全性；从文化建设层面看，对民众生态意识建立、文明知识普及以及参与生态环境建设与保护的积极性起到了引导作用；从制度建设方面看，推动了国家层面的环境等级标准制定、环境影响评价和环境监测机制的建立等。

2.评估的基本框架

"透明地球"的核心内容在于充分发掘地球资源禀赋与高效获得方式，用绿色发展理念与手段达到资源节约目的。主要关注点在于探究资源存量情况、资源合理利用情况和有效控制资源开发利用成本；"数字地球"的核心内容在于以经济高质量发展为前提，体现的是用现代信息技术与手段多维度来反映地球地质活动与环境的时空变化，构建海、空、地三维建模及信息储存运用，实现高效运用和管理的目的；"美丽地球"的核心内容在于实现经济社会可持续高质量发展的同时，恢复山水林田湖草的自然生态，确保自然生态环境的健康有序。同时，在如何实施生态文明建设的推进与标准化的制定中发挥作用，体现的是人与环境的共存关系，最终实现经济可续、环境友好，人与自然和谐共生的目的。（"三个地球"建设评估的基本框架如表1~4所示）

表1 "透明地球"建设评估的基本框架

一级指标	二级指标	三级指标	指标属性
透明地球	地质勘查	主体能源保障	正
		绿色勘查	正
		煤系气综合勘查	正
		煤水共探	正
		精准勘查	正
		勘查领域拓展	正
		安全保障	正
	煤炭开采	煤炭资源释放	正
		煤系气综合处理	正
		矿井水无公害处理	正
		采煤沉降	逆
		煤矸石处理	正
		煤炭、矸石自燃	逆
		煤炭分析测试	正
	煤系气伴生资源	地下水处理与利用	正
		瓦斯排放	逆
		煤系气综合开采	正
		煤中稀土提取	正

3.评估的方法运用

　　"三个地球"建设理论体系是经济社会发展的重要组成部分，承载着新时代煤炭地质人对"人与自然和谐共生"的重大理想追求，是落实党的十九大关于"山水林田湖草"及"两山"理论精神的具体实践，其评价主体涵盖政府、投资人、研究机构与受众群体。同时，"三个地球"建设理论体系涉及资源综合利用系统、环境保护系统、清洁生产系统、生态修复系统和信息收集处理系统，他们的侧重点各有不同，但彼此之间相互关联，互有渗透。"透明地球"着重于绿色开采与资源节约利用，体现的是过程与效能；"数字地球"着重于数据采集处理与高效运用，体现的是技术手段现代化；"美丽地球"着重于环境修复与生态文明建设，对前两者也具有约束与引导作用，注重结果的呈现。从经济效益、生态效益和社会效益三个方面对"三个地球"建设进行评估，需要用不同评估方式，有市场价格定位的可直接以经济价值来量化，即市场价值法。无法以市场价格来定量的，可用替代价格法、剩余价值法、重置成本法、机会成本法、生产率变动法、旅行成本法和条件价值法等间接市场价格来衡量，不同评价内容可用不同评估方法进行评估， 也可交叉综合使用。

表2　"数字地球"建设评估的基本框架

一级指标	二级指标	三级指标	指标属性
数字地球	地理信息	多维地球物理勘探	正
		卫星遥感	正
		航空摄影	正
		智能测量、测绘	正
		3S技术运用	正
		地质模型三维可视化	正
	智力支持系统	地勘大数据平台建设	正
		多元信息复合处理	正
		标准建设能力	正
		管理调控能力	正
		互联网应用	正
		云计算服务	正

表3 "美丽地球"建设评估的基本框架

一级指标	二级指标	三级指标	指标属性
美丽地球	环境保护	瓦斯排放	逆
		水体污染	逆
		土壤污染	逆
		煤炭自燃	逆
		采空区沉降	逆
		固废处理	正
	生态修复	地表及地下水清洁利用	正
		土壤、土地的修复	正
		气、固体废弃物再利用	正
		地下空间综合利用	正
		空气质量	正
		环境视觉效果	正

表4 "三个地球"建设评估的方法运用

	评价内容	评价方法
经济效益	资源综合开采节约效益	市场价值法、重置成本法、剩余价值法
	资源综合利用溢出效益	市场价值法、重置成本法、剩余价值法
	劳动力成本支出降低	市场价值法、生产率变动法
	产能释放经济增加值	市场价值法、重置成本法
	生态环境治理费用减少	市场价值法、替代价格法
	时间成本节省	市场价值法、替代价格法
	安全保障费用节约	市场价值法、替代价格法
	二次开采费用降低	市场价值法、替代价格法、剩余价值法

生态效益	地表及地下水的清洁利用	替代价格法、重置成本法、机会成本法
	土壤与土地的修复利用	替代价格法、重置成本法、机会成本法
	环境视觉效果的改善	旅行成本法、条件价值法
	空气质量给予民众的生活体验	旅行成本法、条件价值法
	气、固体废弃物的处理与再利用	市场价值法、替代价格法、剩余价值法
	地下空间的综合利用	市场价值法、重置成本法、剩余价值法
	生态链多元化的恢复	剩余价值法、旅行成本法、条件价值法
	生态产业链的发展	生产率变动法、成本核算法、替代价格法
社会效益	社会声誉的影响	条件价值法、旅行成本法
	生态安全的建设	替代价格法、生产率变动法
	文明新风尚的培育	条件价值法、旅行成本法
	信息资源的多云利用	机会成本法、生产率变动法
	法规制度的完善	条件价值法、机会成本法、生产率变动法
	理论研究的进步	条件价值法、机会成本法、生产率变动法
	发展思维的影响	条件价值法、机会成本法、生产率变动法
	技术装备的改造升级	替代价格法、机会成本法、生产率变动法

总体来看，总局构建的"三个地球"建设评估体系，受多方面不确定因素的影响。评价指标的选择、指标权重的确定、资源禀赋的区域差异、地区经济基础的不同、"三个地球"建设自身发展的不平衡性、与其他行业标准的兼容以及技术的局限性，都会在不同程度上影响其完整性、合理性和权威性，后期将在全行业的参与下不断调整与继续完善。

四、中央地勘企业投身"三个地球"建设的实施效果

（一）总体经济效益逐年增长

本成果实施以来，总局围绕"11463"总体发展战略和"三个地球"建设战略愿景，构建了以资源勘查、新能源开发、生态修复与环境治理、测绘地理信息、地下技术与工程及现代农业地质技术服务为六大核心主业，以类金融服务、建筑工程、加工制造、生物材料等为辅助产业的"6+1"产业布局，形成了横纵联合的地质全产业链、矿产资源全生命周期的产业新格局，经济效益显著提高，成为行业内高质量发展的领军者。2018年实现营业收入217.2亿元，同比增长18.1；利润总额4.65亿元，同比增长21.8%。2019年实现营业收入242亿元，同比增长11.5%；利润总额5.85亿元，同比增长18.4%。2020年实现营业收入270亿元，同比增长11.57%；实现利润6.9亿元，同比增长17.94%，经济发展逐步迈入健康可持续发展的轨道。在地勘行业形势日趋严峻的情况下，克服新型冠状肺炎疫情的影响，营业收入、利润总额增幅连续四年保持两位数增长。

（二）资源保障能力切实增强

本成果实施以来，总局累计提交地质报告千余份，为我国新发现并探明1000米以内浅煤炭资源储量1325亿吨；新发现26个煤田，其中8个为适宜建设开发的百亿吨级特大型煤田，承担了"国家大型煤炭基地开发潜力研究课题"，进一步摸清了我国煤炭资源赋存情况。探明磷矿、铁矿、岩盐、铅锌矿、叶蜡石矿、金、石英矿、锰矿等大量能源矿产与战略矿产，在内蒙古发现长度大于7.8公里，宽度大于2公里的超大型铀矿床，在青海等地发现了中大型铀矿带。在贵州开阳新发现超大型磷块岩矿床，资源量超8亿吨，为新中国成立后探获资源量最大的磷矿勘查成果，是目前国内唯一不经选矿即可直接用于生产高浓度复合肥的优质磷矿资源。在湖北远安发现特大型磷矿床，储量达4亿余吨。在内蒙古发现了厚度达米的纯岩盐资源，改变了内蒙古缺乏深海岩盐资源的状况。在福建探明资源量达4000万吨、我国最大的叶蜡石矿藏，储量占全国已探明储量的三分之一，为我国能源矿产、粮食矿产、新兴战略矿产安全提供了坚实保障。

（三）生态文明产业持续发展

本成果实施以来，总局依托专业技术优势，承揽了一批大中型生态文明建设工程项目，打响了"生态地勘央企铁军"品牌。其中，承揽的湖州市敢山煤矿废弃矿井调查与治理项目为地方政府新增1500亩建设用地；湖州市大煤山矿山环境恢复治理项目多次被作为国家级、省级矿山治理现场观摩项目；青海省木里矿区采坑、渣山一体化治理项目得到青海省委省政府的高度认可，渣土回填工作已全面完成。同时，着力推进生态与环境产业科技创新，以科技研发推动产业发展，研发的新型覆岩离层注浆技术有效解决煤炭开采导致的地面塌陷问题；自主设计制造的系统首台新型环保钻机填补了国内相关领域的空白；中深层地热"取热不取水"技术成为行业标杆；在江苏太湖、安徽巢湖、云南星云湖等地施工蓝藻灭活深井，为我国湖泊污染治理工作提供新路径。截至目前，生态文明产业收入已占全局收入近三分之一。

（四）科技创新能力实现跃升

本成果实施以来，总局围绕"三个地球"建设理论体系，提出了科技创新"对接战略方向、对接技术前沿、对接市场需求、对接现场生产"的"四个对接"科技立项原则，制定了"11410"科技工作总体思路，不断加大科技资金投入力度，集中优势力量攻克关键核心技术，探索研究绿色勘查与综合评价新理论，加快地质与生态文明建设领域技术研究，开拓新的服务领域，以科技为先导推动地勘行业工业化发展。截至目前，全局拥有8个省部级科技创新平台、3个院士工作站和2个博士后工作站；在西安建成我国测绘行业规模最大、处理能力最强的大数据中心，入选国资委"2020年度中央企业品牌建设典型案例"；在北京成立碳中和研究院，统筹研究低碳能源开发利用，攻关适应绿色低碳发展需求的新技术、新材料、新工艺；承担了10项国家级科技创新项目和国资委下达的2项"1025"工程项目。三年间全局获得专利授权1478项，支撑孵化高新技术企业42家；获得国家、省部级等各类科技奖励422项，1项成果获2018年度国家科技进步二等奖，成为助推行业科学进步的领跑者与排头兵，有力推动了我国煤炭地质科学的发展进步。

（五）党建与业务工作深度融合

本成果实施以来，总局围绕"三个地球"建设目标，持续推进党建与业务工作的深度融合。通过"支部建在项目上，党旗飘在工地上，党员冲锋在一线"特色党建品牌创建，采取"联、建、共、创"的形式，实现基层党组织全覆盖，充分发挥基层党组织战斗堡垒和党员先锋模范作用。坚持党管干部原则，大力选拔敢担当、善作为的优秀干部，加大党务、业务干部双向交流力度，建立了全局专业年轻人才库，打造出"会经营、懂管理的管理型，精技术、能创新的技术型，精技能、善操作的技能型"三支年轻人才队伍；取得工程、经济、会计系列的正高级职称评审权，打通了技术人员职业晋升通道。修订完善60余项党建制度，加强党建工作责任制考核，充分发挥考核评价"指挥棒"作用，将党建责任由"软任务"变为"硬指标"，实现党建工作和企业经营的有效结合，以高质量党建引领总局高质量发展。

成果创造人：赵平、张昊、赵彦雄、林中月、宋思哲、张卓、高天扬、曹正军、张宏、江涛、李培

能源革命背景下
能源央企区域性公司数字化转型路径与创新实践

华北电力大学

能源是国民经济的重要物质基础，是国家命运发展、社会生产技术和人民生活水平的重要标志。以习近平同志为核心的党中央明确指出要推进能源生产和消费革命，构建清洁低碳、安全高效的能源体系。中共中央、国务院、发改委、国家能源局多次出台文件指引能源行业发展，"十四五"规划更是明确提出了"推进能源革命，建设智慧能源系统"。

在以"双碳"为目标的能源革命中，必须深入调动企业、政府、用户等各个能源市场主体的主观能动性，其中能源央企在其中扮演着调整能源结构、建设能源市场的重要角色。在国资委管理的央企中，电力能源央企承担着电力市场改革、低碳能源替代等核心工作，而这些具体工作将由能源央企下属负责具体实施。在以"双碳"为目标的能源革命背景与企业经济效益双重需求的驱动下，各能源央企亟需数字化手段实现低碳减排、提质增效。因此迫切需要开展能源央企的数字化转型路径的研究与探索，通过数字化来变革企业组织架构，提升企业绩效水平，保障"双碳"目标的实施。

一、数字化转型背景

能源行业产生的碳排放占国家碳排放总量的比重超过90%，占温室气体排放总量的70%左右。2060年实现碳中和的目标对国家能源行业清洁低碳转型带了挑战，但也为能源工业数字化转型带来了机遇。

（一）国家能源战略的迫切需求

在构建以国内大循环为主体、国内国际双循环相互促进的新发展格局下，双碳目标是国家转变经济发展方式、注重经济质量提高的重要标志。国家高度重视能源行业的数字化转型发展，出台了相应的发展规划和行动意见对数字化转型予以支持。

表1 政策文件列表

颁布时间	颁布主体	政策	关键词
2015.7.4	国务院	《国务院关于积极推进"互联网＋行动的指导意见"》	"互联网＋"智慧能源
2016.2.29	国家发改委、国家能源局、工信部	《关于推进"互联网＋"智慧能源发展的指导意见》	互联网理念、先进信息技术与能源产业深度融合

2017.7.6	国家能源局	《国家能源局关于公布首批"互联网＋"智慧能源（能源互联网）示范项目的通知》	首批"互联网＋"智慧能源（能源互联网）示范项目共55个
2019.1.2	国家能源局综合司	《国家能源局综合司关于开展"互联网＋"智慧能源（能源互联网）示范项目验收工作的通知》	验收一批、推动一批、撤销一批
2020.6.22	国家能源局	《2020年能源工作指导意见》	继续做好"互联网＋"智慧能源试点验收工作
2020.9.21	国务院国资委办公厅	《关于加快推进国有企业数字化转型工作的通知》	打造能源类企业数字化转型示范
2020.10.29	中共中央	《中共中央关于制定国民经济和社会发展第十四个五年规划和二〇三五年远景目标的建议》	推进能源革命；建设智慧能源系统

（二）世界能源革命的蓬勃发展

美、日等国已经在其能源战略中提出了智能能源解决方案，并正在加速推广。北美和欧洲工业数字化总体规模增长放缓，亚太地区总体规模增长加快。在现有的能源行业的数字化市场中，亚洲市场占28.5%，已逐渐接近欧洲（30.8%）和北美（35.4%）的市场规模。在能源领域，数字化的大规模应用将使生产成本降低10%~20%，利用智能数字技术应对全球能源挑战已成为全球能源应用的发展趋势。

（三）能源市场发展的旺盛需求

从能源企业内外部环境与市场需求来看，数据作为一种关键生产要素，在存量优化、增量创新、公共服务方面发挥着重要作用。根据工业数字化产业联盟在2020年9月发布的《国家工业数字化发展成效评估报告》评估，工业数字化大型企业的融合应用普及率为86.1%，中型企业的融合应用普及率为68.7%，小微企业的融合应用普及率为51.8%。

（四）现数字化建设的内在矛盾

能源央企已经前期建设了大量的信息化系统，但是早期信息化建设由于缺乏统一规划，建设中分批建设、使用中分别运维，因此存在大量不平衡、不充分、不准确、不细致、不规范的问题。业务需求不容易准确把握和对接，信息系统整合任务重，新增系统与存量系统对接难度大，数据质量无保障，共享不顺畅，数字经济基础发展不平衡，上述问题亟需解决。

二、转型路径与进程

（一）立足能源战略，坚持创新驱动

能源央企肩负着保障国家能源安全的历史使命，因此能源央企必须要服务国家能源转型战略，整合资源，建设最具决策影响力的能源央企数字化转型平台。

能源央企数字化转型要深度融合云计算、大数据、人工智能、5G等新一代信息技术，通过汇聚能源行业安全、生产、经济、消费等数据，加快实现能源行业高价值数据的权威汇集、全面共享和深度应用，使能源从生产端到消费端整个链条得到有力数据支撑。

（二）确保全局统筹，基于核心需求

能源央企数字化转型的发展建设立足于当前现实基础，科学制定能源央企数字化转型平台发展计划，分阶段逐步实施，确保能源央企数字化转型平台发展建设的整体性、先进性及绿色集约性。要聚焦能源产业链各个细分领域，深入理解数字化转型的行业痛点，精准挖掘潜在数字化转型需求，将技术突破、模式创新与产业实际需求相结合，形成了一批面向特定场景、具有推广价值的能源央企数字化转型解决方案。

（三）统一数据规范，掌握核心科技

能源央企数字化转型的发展要着力构建统一智慧能源体系，着力构建统一完整的能源央企数字化转型平台与公平合理、安全可靠、共赢共享的能源生产、运行、消费、安全等数据治理标准，实现数字化转型平台数据资产共享交易和可持续发展。

能源央企数字化转型的发展必须要坚持网络安全可靠和关键设备自主可控，健全能源央企数字化转型的泛在安全防护体系，推动网络安全管理从"静态布防、边界监视"向"实时管控、纵深防御"的转变，实现"外部侵入有效阻断、外力干扰有效隔离、内部介入有效遏制、安全风险有效管控"的防控目标。

（四）培育数字经济，发展数据服务

能源央企数字化转型以数字基础设施为发展基石，以数据资源为核心要素，以网络安全为运行保障。同时，它提供了发展数字经济的重要平台。通过集合各领域数据资源，构建采集、存储、处理、共享、开放和交易于一体的数据生态体系，培育数字经济、创新数字治理、发展数字服务。

管理上，能源央企数字化转型管理了数据互通业务，搭建了新型企业数字化服务平台，建立了企业数字化治理体系。

技术上，实现系统数据安全接入的接入管理，以及提供以计算、通信、存储、人工智能技术、微服务开发架构等基础技术支撑的基础设施。

业务上，开展数据自助服务、数字资产管理、数据全景展示、数字协同、设备诊断、运营优化以及移动应用等各类数字业务，为综合能源服务平台等业务提供基础设施支撑。

生态上，为能源央企公司对外数字化业务提供统一接口；创造开放共生的能源行业技术生态和商业生态。

（五）促进数字流动，构建数据闭环

数字化转型是利用新一代信息技术，构建数据的采集、传输、存储、处理和反馈的闭环，打通不同层级与不同行业间的数据壁垒，提高行业整体的运行效率，构建全新的数字经济体系。其本质是通过促进数据的流动来提升产业的效率。

从传统信息技术承载的数字转变成"新一代IT技术"的数字，实现技术应用的升级；打通全方位、全过程、全领域的数据实时流动与共享，实现信息技术与业务管理的真正融合；适应互联网时代和智能时代的需要。在基于数字化实现精准运营的基础上，加快传统业态下的设计、研发、生产、运营、管理、商业等的变革与重构。数字化转型首先是IT系统快速迭代，提升业务敏捷；其次是优化生产过程，提高生产效率；最后是延伸产业链长度，扩展服务环节。

（六）构建数字协同，共享数据生态

数字化转型要构建公司的"数字大脑"，要集数据接入、数据治理、数据共享、数据资产、技术能力、知识挖掘、工作协同、自主创新、数字展示、移动应用于一体，要建立集能源央企战略、组织、制度、标准、平台、商业六位于一体的数字化管理架构，要统筹数字化建设、搭建数字化平台，打造数字化生态。

数字化转型对内实现"数据同源化、数字资产化、业务协同化、应用生态化"，构建数字协同生态圈；对外广泛连接内外部、上下游资源和需求，构建共生发展能源生态圈。构建数字化业务管理组织；打造数字化生态体系；建设数字化支撑平台；培养数字经济人才。

三、转型的实践与成效

数字化转型在多方面系统变革了能源央企的现有数据、技术、应用、人员、组织、业务、服务模式。数字化转型的实践与成效揭示了数字化转型的核心内生力——打通数据内生壁垒，赋能综合能源服务。能源央企的数字化转型拓展了能源服务的边界，引入了更多的市场主体参与到服务能源、建设能源、发展能源的潮流中，这是响应以习近平同志为核心的党中央关于能源革命一系列重要指示的核心举措，是建设一个"共享发展、共谋进步、共创未来"的新型能源市场的内在要求，是服务国家能源战略安全、推动世界能源技术创新的持续动力。

（一）数字电厂重构云边协同

云边协同数字电厂平台依托于大数据存储、高级计算和分析技术等信息科学前沿，重构了发电企业传统信息系统构架，是能源央企数字化转型变革能源业务与企业架构的具体表现形势。

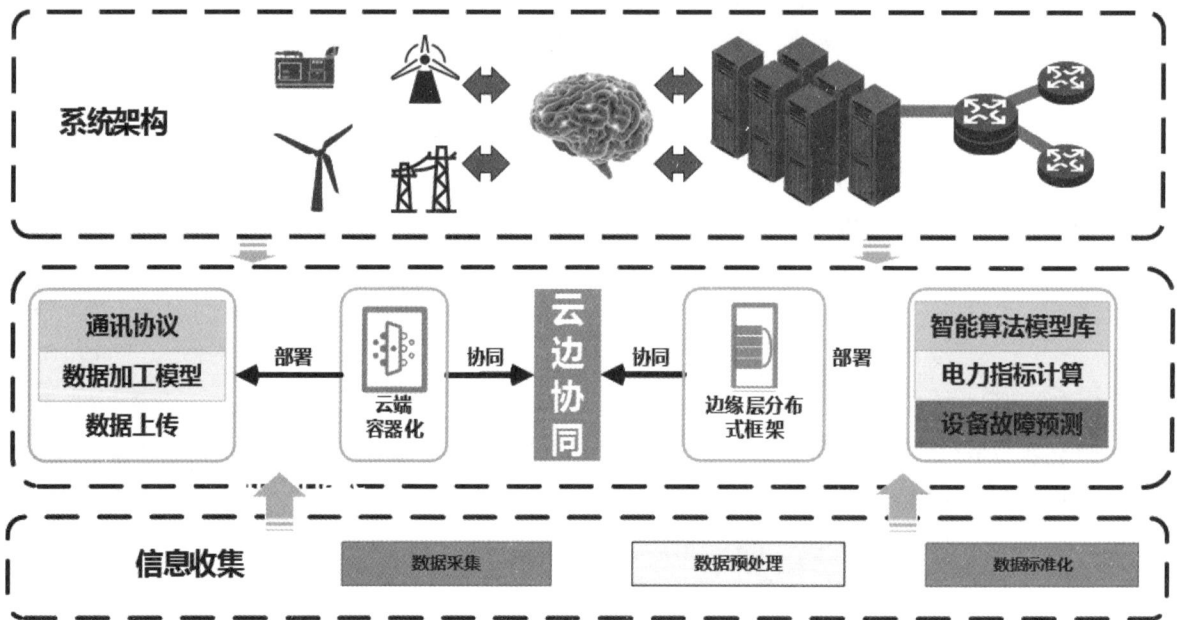

图1 系统平台架构

1.云端智慧分析，边缘高速接入

面向能源互联网的云边协同数字电厂平台应用通过容器化方式实现与云端互动，在云端实现了通信协议、数据加工模型的下载、设备实时数据的上传；边缘层提供工业数据采集、预处理、分析等功能，实现了双通道实时采集与时序数据管理；采取自研为主技术路线，依托分布式计算框架、计算资源，训练和建立智能算法模型库，进行计算电力指标、设备故障预测、诊断等操作；建立统一的安全管控规范和标准，并提供相应的可视化管理工具，形成弹性可扩展的大型发电集团边缘侧数据和应用平台；系统整体依托于边缘侧数据接入能力、中心侧智慧分析能力，融合数字电厂一线管理需求，为数字电厂边缘数据平台研究和应用提供了数字基础设施。

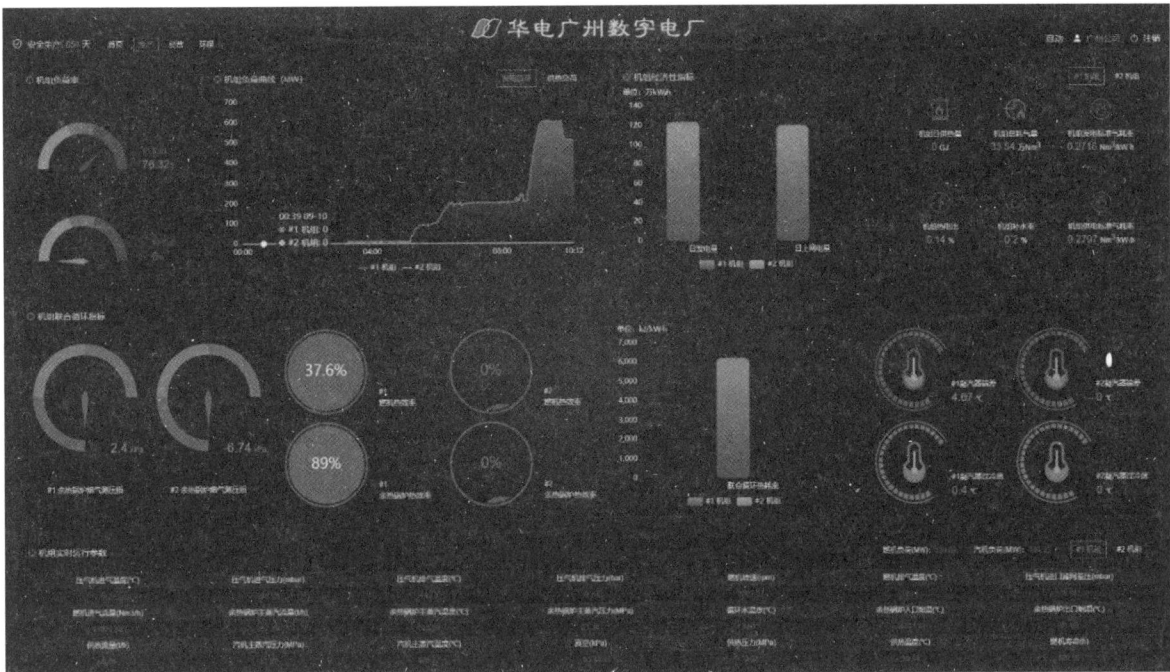

图2 系统示范应用界面

2.立足实际应用，创新前沿实践

结合发电企业实际应用背景，基于大数据技术研究开发了工业级统一数据应用平台，解决了电厂系统间的信息孤岛问题，为发电企业的生产、运营、管理提供了数据管控支撑。数字电厂统一数据平台，提供可视化界面用于大数据的查询、编辑、整合、清洗等数据操作；提供可视化数据开发平台用于模型建模、训练、保存、管理；提供了Fink、spark等分布式计算框架进行数据处理与计算；提供了统一的数据接口进行数据交换、传输。

通过使用该平台，电厂初步建成集统一数据采集、数据存储、数据运算、数据服务的信息平台，能够为数字电厂各智能应用系统提供安全、高效、可靠的数据支撑服务，为实现安全可控、网源协同、指标最佳、成本最优、供应灵活的数字电厂提供保障，有效提升企业内部管理水平与外部环境自适应能力，实现企业效益最大化目标。

3.状态实时监测，事故快速响应

数字电厂利用数据采集平台，通过可视化界面操作，实现了采集任务的在线配置和监控，包括数据接入部分和数据转发部分，满足了生产中数据接入的要求，为数据接入的稳定性和实时性提供保障，实现了电厂各系统的异源数据抽取、转换、加载，以及数据采集、存储、治理的全生命周期管控。

数字电厂使用了云边协同技术，实时监测各个机组的运行状态，针对突发安全事故，可以实时监测、实时响应、实时预警，提升了电厂的安全效益，有效地避免了安全事故发生所带来的政治、安全、经济等不良影响，每次事故发生后，可以快速定位事故发生原因与事故状态，较传统电厂，减少了22%停机时间，极大降低了安全隐患和安全事故的发生概率。

4.平台性能支撑，系统示范应用

数字电厂的数字化转型支撑平台满足了设备运行数据的采集与存储关键需求，数据读写2W条/秒；中间件吞吐量大于100Mb/秒；数据存储能力PB级以上；扫描速度单节点大于280MB/秒；单节点扫描速度千万条记录每秒；单节点吞吐量达到10万条记录每秒，该系统首年订单利润额预计372万元。目前华北电力大学协同其他单位已完成华电增城数字电厂的基本建设工作，已完成莱州数字电厂设计，古田溪、东风及光照电厂等正在项目实施建设阶段。基于云边协同技术的数字电厂在全国范围内的广泛示范应用为能源央企的数字化转型提供了案例研究与参考基础。

图3　边缘计算网关机

（二）华电福建构建数字应用

当能源系统面临"双碳"背景的能源革命时，华电福建借助数字化转型实现了提质增效，大幅提升人均生产水平，解决了发展新能源产业的技术人员供给不足的问题。华电可以快速将大量资深员工调整到新能源产业，单个员工的成本大于20万元/年，单个数字电厂的数字化转型可以优化100名以上人员投入其他业务板块，创造的生产价值每年大于2000万元。按照20年标准的基础设施寿命，持续经济效益水平大于2亿元。华电福建的数字化转型模式推广到整个发电系统，每年就可创造超过20亿元的经济产值与清洁能源。数字化转型不仅解放了生产力，华电福建的数字化转型创新了企业经济结构，借助开放的数字能力，华电福建得以开拓以源网荷储一体化为代表的综合能源服务业务，从发电企业转向综合能源服务企业奠定业务、数据、能力基础。

1.明确应用体系，演化组织管理

华电福建构建了综合能源业务数字化应用体系，支撑了综合能源业务生产管理，并为公司综合能源业务提供了决策指导等数字化分析能力，打造了公司综合能源业务数字化生态。构建了数字化应用标准化支撑平台，构建面向公司发电、综合能源业务人员的数字化分析应用标准化构建体系，为业务人员提供数字化分析应用自主构建能力。构建了公司本部侧与发电厂侧两级发电业务数字化应用体系，在公司本部侧构建了党建政工、综合管理、水电管理、火电管理、新能源管理、电力市场业务系统域，在电厂侧构建了生产、管理、分析决策业务系统域，支撑公司生产管理业务。

以移动优先原则，华电福建建设了涵盖公司综合信息发布、财务管理、人资管理的数字化系统。华电福建打通了各个环节的数据，使得数据作为生产要素可以自由流通。华电福建进行了数字化工程管理，利用区块链等新一代网络技术不可篡改、分布式记账的特征，进行项目全周期管理。负荷智能预

测，风险多维分析。

2.全域智能预测，全程风险分析

华电福建构建了基于数据驱动的人工智能负荷预测体系，利用大数据和深度学习技术，逐级提取地理、用户行为、历史负荷等信息特征；构建了适用于系统负荷全拓扑对象，覆盖中长期、日前、短期、超短期全周期，形成负荷预测曲线。从市场机构、市场行为、市场绩效等维度建立了符合福建电力市场运行监测分析的指标体系与计算模型，掌握市场运行动态和可能存在的风险。基于客户历史用电行为特征、用电需求、用电曲线等特点，采用现代统计分析方法及数据挖掘算法对用户进行了分析分类与画像。华电福建进行多时间尺度电力需求情况分析、用户价格承受能力分析、用户需求影响因素分析等市场分析，分析形成最优报价建议，为公司参与市场提供支撑。

华电福建通过对公司全域机组运行参数、生产经济情况和设备状态分析计算，为公司全域机组给出运行优化方案。应用智能化手段，基于将运行规程和电力安全规程建设电厂生产运行监控平台，由平台代替生产运行监管人员主动对运行中的温度、压力、液位、振动、电流、流量、流速、氧量、电导等各类参数。基于水利与电力行业相关标准规范以及智能水电厂防汛需求特征，结合水电厂防汛调度监视、决策、指挥的具体业务流程，分析防汛调度决策的具体业务特点并采用与之相适应的计算机技术，华电福建建立了以事前实时预测预警、事中联动应急响应、事后辅助评估总结为核心的水电厂全过程、全方位防汛调度信息系统。

3.机组状态演算，源网荷储一体

以公司全域新能源运行、预测数据和电力市场合同数据为基础，通过对公司全域机组运行状态进行计算，为公司全域新能源机组提供发电功率预测和调度运行决策。通过分级保存采集各机组运行数据、监控资料和功能，实现按月自动生成每台新能源机组运行报告功能；根据新能源机组历史运行数据，形成新能源机组运行和停机历史数据库；实现不同状态下实现风力发电机组运行参数的采集、分析与传输；通过可视化运行操控界面，为新能源场工作人员提供快捷的实时数据与历史数据查询服务。

考虑用户用能优化决策、园区多能流综合分析等，华电福建实现了用户（工业、园区、公共建筑、商业等）多能流系统及设备（如CCHP、直燃机、溴化锂制冷、燃气锅炉、储能、地源热泵、分布式电源、电动汽车等）、热网、气网等实时运行数据的采集和监视。基于移动互联网应用，面向公司综合能源运行、管理人员，以及综合能源系统用户提供系统多能源运行信息、调度评价及通知公告推送，园区内各种用户可以查看各能源的整体供需情况，进行实时运行、现货交易等信息的查看。

4.中心状态监控，共享开发生态

数据中心智能监控管理系统对数据中心实现远程集中监控管理，实时动态呈现设备告警信息及设备参数，快速定位出故障设备。提供了可视化的集成开发环境，满足数仓建模、数据查询、算法开发等快速开发需求；提供了多人在线协同开发、文件版本控制等功能；华电福建数字化转型支撑平台支持主流编程语言、开发模板共享及调用；华电福建数字中心支持对SQL的智能提示、动态语法检查等。

华电福建通过数字化转型系统构建电力数据资产商业模式，从原始电力数据所有权特征、电力数据商品典型应用场景、电力数据商品价值评估体系，系统研究了电力数据商品开发策略与价值评估体系；其次，进行电力数据标准化处理，以及基于信息提取、满足交易要求的金融服务类、设备升级研发类、电网企业运营优化类电力数据商品构建，提出电力数据资产商品构建关键技术；最后，根据电力数据商品化要求，提出基于知识图谱和机器学习的电力数据管理方法，揭示了数字化转型的核心目标——打通数据壁垒，赋能综合能源。

（三）冀北电力规划能源互联

冀北公司作为保障首都供电，为绿色冬奥提供电力基础供应的国有供电大型央企，利用数字化转型全方位保障冀北区域能源的接入、传输安全，在区域内为可再生能源消纳提供空间。同时，冀北公司借助数字化转型积极扩展综合能源服务，提升公司绩效水平与综合能源服务水平。

冀北电力数字化转型实现了服务能力、数据资产、人员组成的系统性变革，为应对能源交易的市场化奠定了充实基础。冀北电力借助于新型能源基础设施实现了安全的智能感知。智能感知提升了电网的安全稳定性，冀北电力可以有效避免因为电网故障导致的大面积断电事故。冀北电力系统在数字化转型后可以实现更加灵活的调度与检修，故障诊断和检测的效率提升30%以上，降低停电损失100万元以上。同时针对将来的电力交易市场化与综合能源服务这两大核心板块奠定了运营、支撑、服务、数据基础，推广到全国范围内，所带来的经济利润可达十亿元人民币。

1.业务深度融合，架构系统革新

冀北电力数字化转型与公司管理、业务、技术深度融合，实现了公司数字化运营，提升公司输配电、综合能源服务运营效率与服务质量，提升公司运行安全水平，提升公司服务范围内新能源等各类电力供需匹配与低碳发展能力。

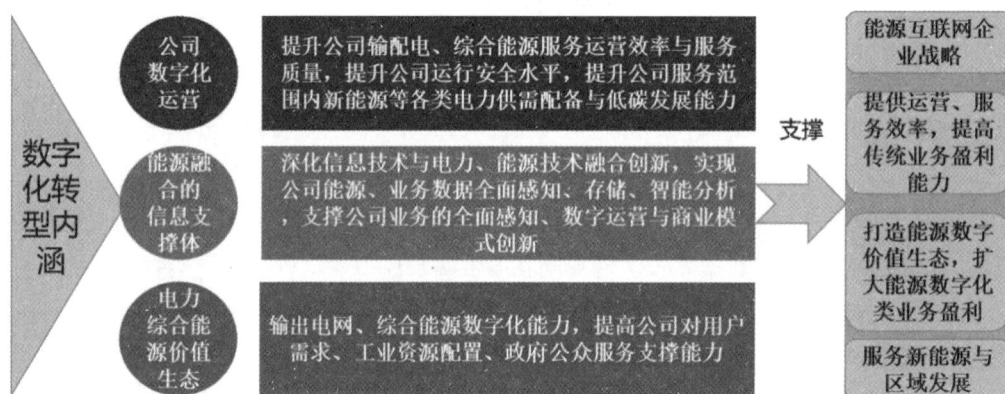

图4　冀北公司数字化转型内涵

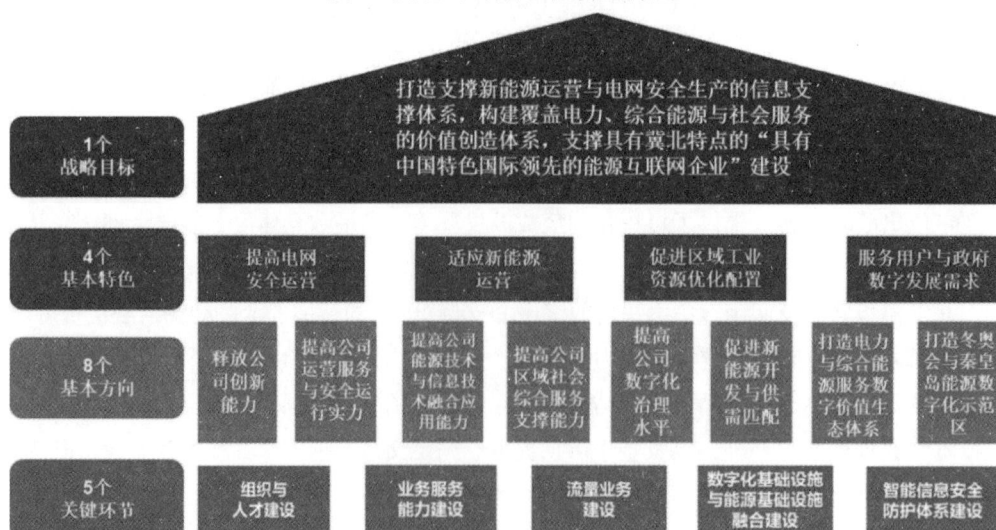

图5　冀北公司数字化转型特征

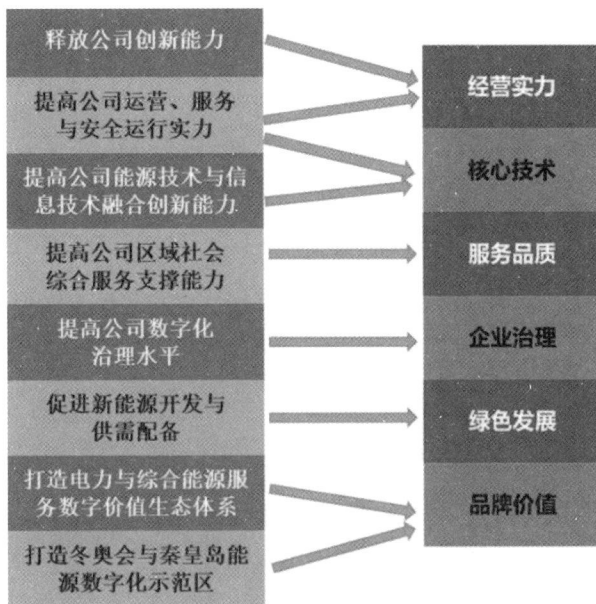

图6 公司数字化转型与国网公司"6个领先"关系

数字化转型支撑国网公司"6个领先"建设。数字化转型提高了冀北电力能源数据感知、传输与分析能力，提高了冀北电力能源系统资源运行调节能力与公司资源治理水平，提高了冀北电力能源系统网络化、智能化水平。数字化转型提高能源运营能力，支撑能源网架体系，构建信息支撑体系，打造价值创造体系。冀北公司数字化转型有效支撑了国网公司"国际领先"战略指标，并支撑"能源网架体系""信息支撑体系""价值创造体系"三大体系建设。

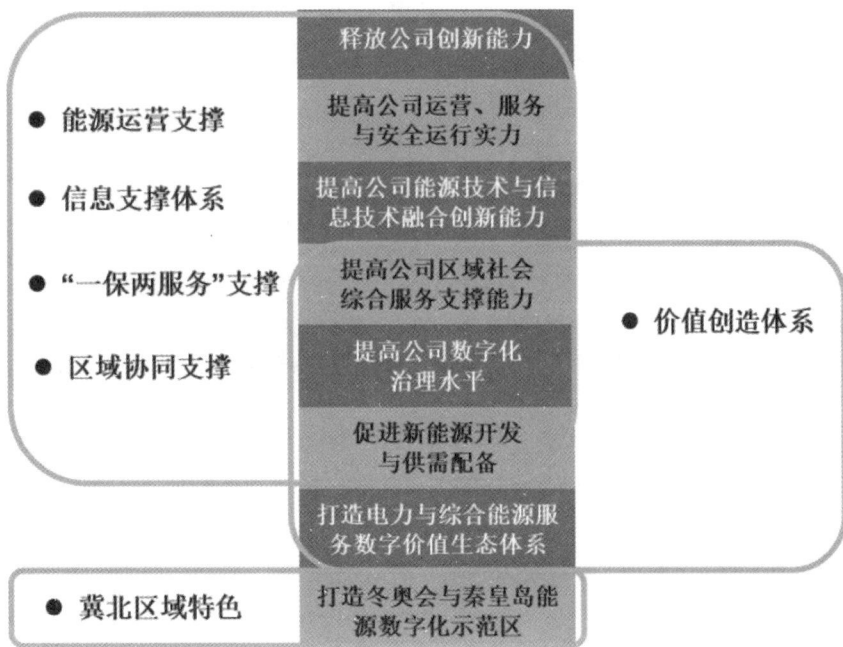

图7 数字化转型与国网公司"三大体系"和区域发展关系

　　冀北电力将公司数字化转型战略目标细分8大战略指标，同时结合公司现状及发展环境，进一步细分为26项具体指标。按照问题导向、目标导向、结果导向的原则，明确数字化转型战略在公司能源互联企业建设中的战略位置，推进公司数字化转型，将从组织与人才建设，数字化基础设施与能源基础设施融合建设，业务服务能力建设，流量业务建设，以及智能信息安全防护体系建设5项战略重点工程。同时，制定公司数字化转型的保障措施。

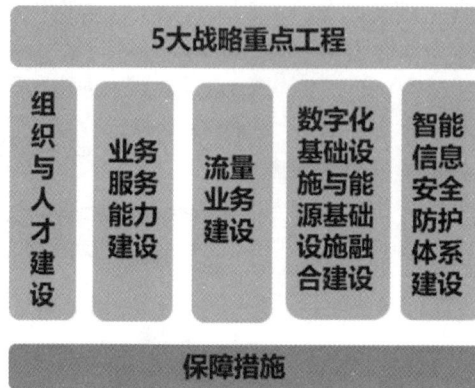

图8　冀北公司数字化转型战略重点工程

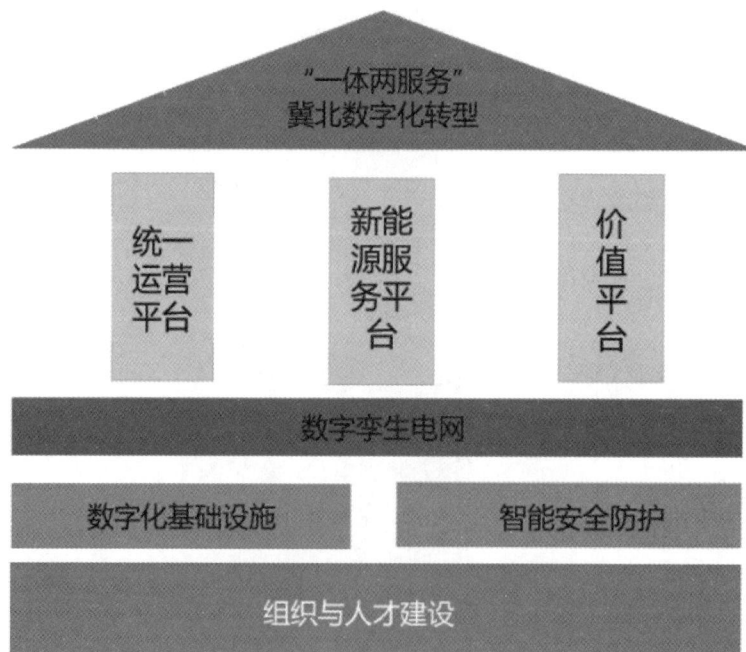

图9　冀北公司数字化转型战略全景

以张家口供电公司、秦皇岛能源互联网示范区为数字化公司数字化转型示范区,2021年冀北电力实现示范区域数字化转型建设,积累数字化转型建设经验,为全面实现具有冀北特色、重点领先的电网数字化建设奠定了坚实基础。冀北电力运营数字化实现了绿色生产与电网运营服务均等化,有效支撑了区域绿色生产生活。公司能源数字化创新能力突出,电网数字化建设与运营在国网公司及京津冀政府产生显著影响,建成公司电力与综合能源服务数字价值生态,全面开展能源数字化运营工作。

2.梯度人才培养,试点数字建设

冀北电力构建了数字化转型领导与创新实践的三级一体化体系,培养了公司数字化转型基础团队,建立了公司数字化文化,建立了适应公司数字化转型建设的专业工作标准和管理制度,推动了各项制度标准在各级单位及专业机构落地实施和全面应用。

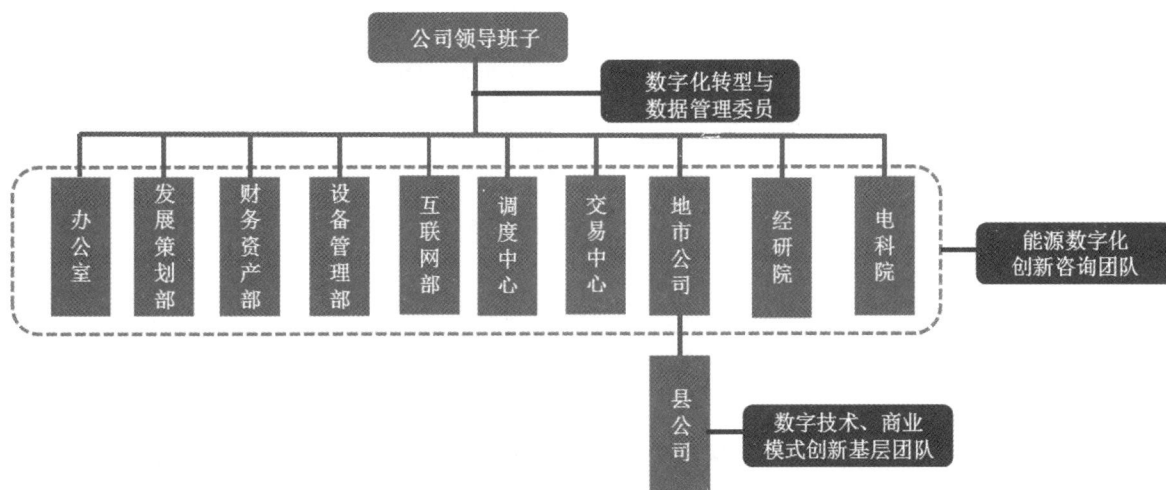

图10 公司数字化转型领导与创新实践的三级一体化体系

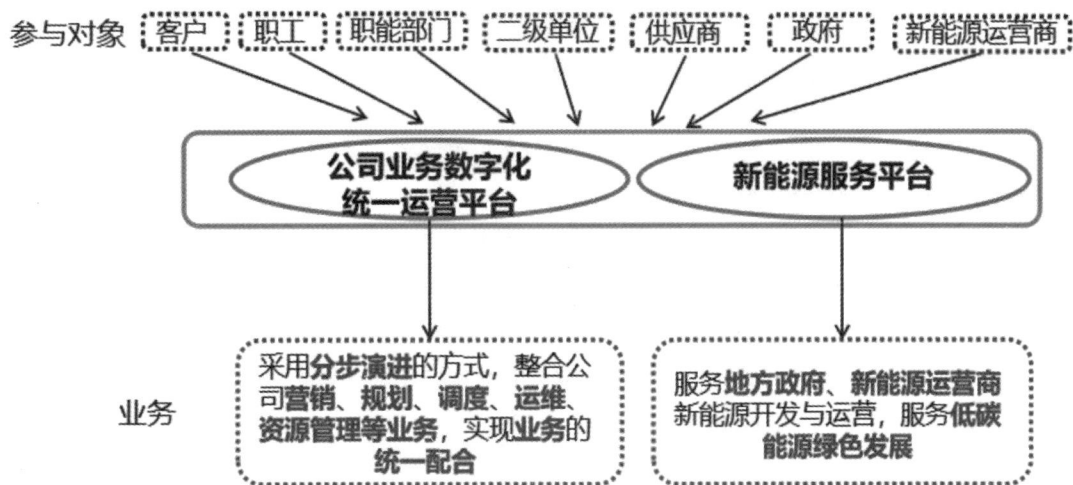

图11 业务服务能力运营模式

构建支撑公司业务数字化转型的数字孪生电网数字化基础,支撑业务服务数字化转型。冀北电力在张家口公司与秦皇岛能源互联网示范区开展了运营服务业务数字化试点,为电网系统的运营服务业务数字化建设与数字化转型提供了"试验田"与"播种机"。

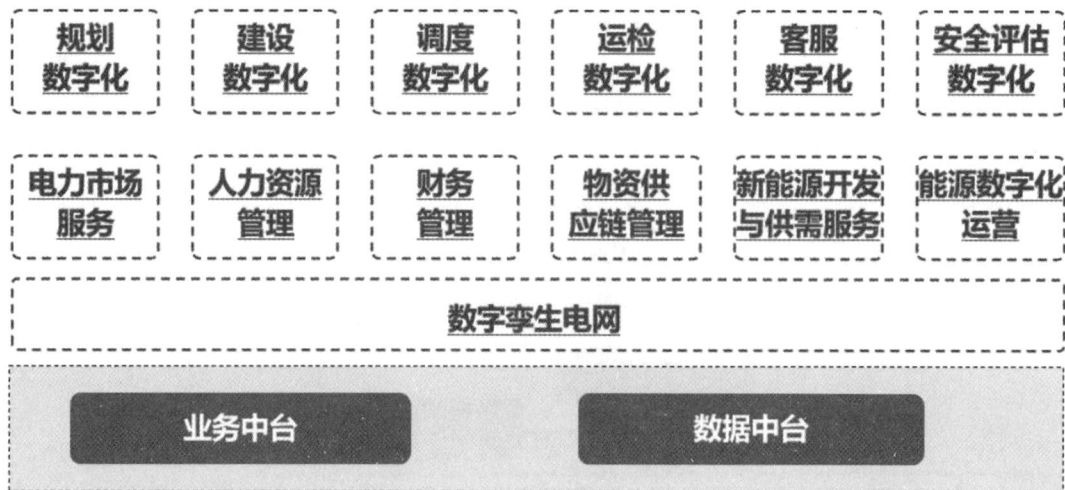

图12　业务服务能力应用架构

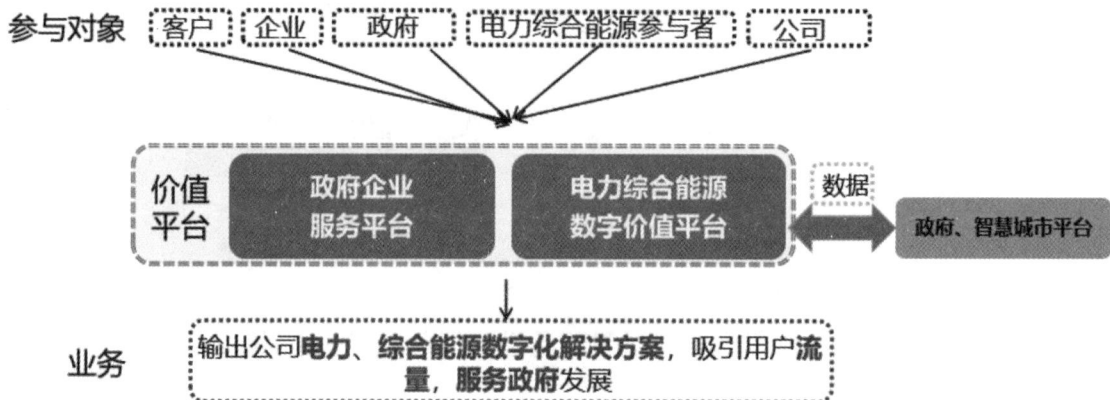

图13　流量业务运营模式

3.适合地方特色，强化系统服务

冀北电力构建了地方工业运行评价分析服务，基于工业电力运行数据安全使用机制，为工商业物资信息发布、工商业物资网上交易提供支撑服务。冀北电力发展了工商业用户的运营能力与信用状态评价分析体系，为银行金融机构提供工商业用户贷款评价分析服务。构建了省级电力综合能源数据商品运营窗口，以综合能源服务公司为主体，开展数据商品运营与数字化运营解决方案咨询与实施业务。

冀北电力为推进电力数据商品化落地，提供电力数据安全等级划分依据、使用运营认责与负面清单机制、脱密依据和安全访问使用策略，构建电力数据安全等级保护与安全使用机制。最后，冀北电力数据产品交易行为特征，以及电力数据资产商品的市场交易机制与交易模式，冀北电力构建了省级电力数据资产商品交易模式。

4.推进融合建设，守卫能源安全

在数字化基础设施与能源基础设施融合建设方面，根据现有数字化平台基础，冀北公司建设了与能源基础设施相融合的数字化平台基础设施,适应了公司电力能源生产、管理、服务等业务的数据采集、存储、分析以及业务系统运行需要。

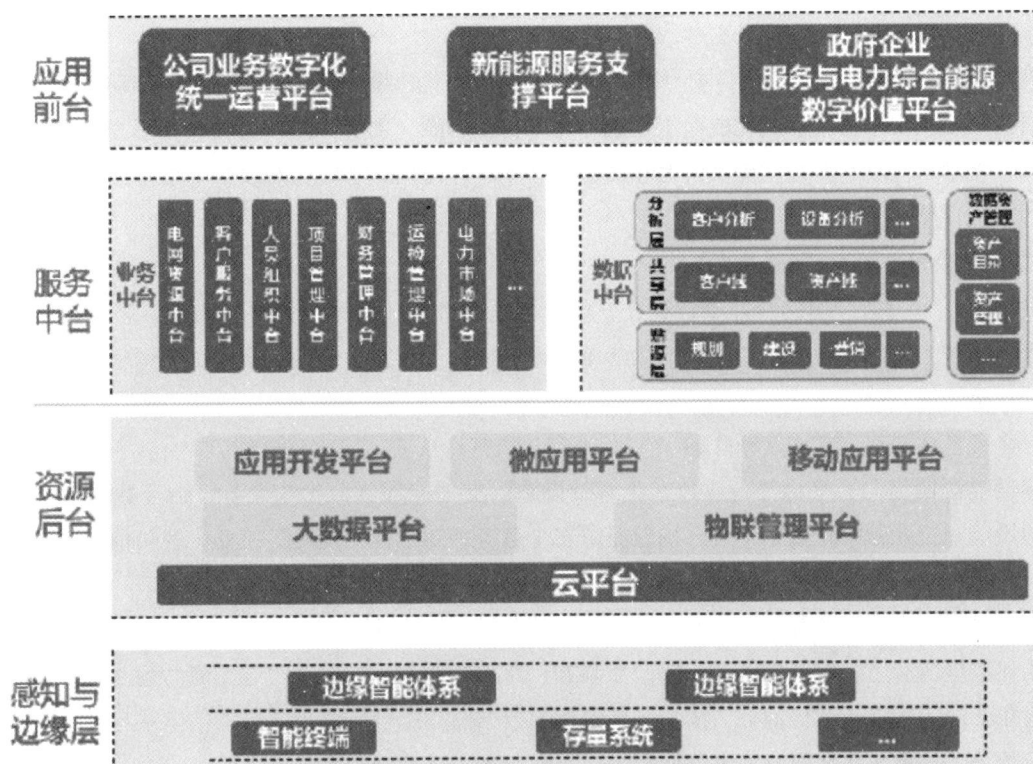

图14　数字化平台架构

基于公司现有云平台、企业平台、物联管理平台、移动应用平台基础上,冀北电力优化扩展公司物联管理平台、企业服务中台,有效支撑能源互联网设备广泛接入。面向公司电网控制、用户感知和设备感知,冀北电力构建了数字化电网感知应用体系,实现公司电网运行状态、能源电力用户用能信息、输配电基础设施信息的全场景感知。面向冀北公司本部、市供电公司,由公司互联网部牵头,公司各部门部以及地市公司配合,构建可信接入、数据安全、网络层防护以及基础设施安全防护体系。

四、转型长远规划与展望

(一)坚持原则

1.坚持党的领导,服务国家战略

巩固党委领导地位。从思想上、组织上、行动上动员能源央企各级党组织团结在党的领导下进行数字化转型。紧密围绕习近平同志提出的"四个革命、一个合作"的能源发展战略,认真落实《工业和信息化部办公厅关于推动工业数字化加快发展的通知》要求,大力配合国家"双碳"战略目标,服务国家能源安全大局。

2.顶层组织协调,基层单元建设

首先加强顶层组织协调,建立完善的公司数字化转型管理组织体系,成立战略实施领导小组和工作小组,将数字化战略融入企业发展战略中,加强对战略实施的组织领导。

其次强化基础单元建设，建立数字化转型建设咨询团队，加强数字化转型宣传与培训，协调部门资源。构建数字化转型创新团队，将数字化转型与公司实际业务充分结合，有效挖掘公司数字化转型建设需求。

3.强化交流合作，优化平台生态

大力推进政企合作，实现公司数字化转型与政府数字化建设的良好互动与双向推动，获取国家及各级政府的财政和资源支持。优化能源工业数字化平台生态圈，加快形成以开放、共享为主要特征的能源工业数字化平台发展新形态。提供云上开发、云上协作、知识共享环境的数据应用商店。

（二）整体规划

1.整合各方资源，创新跨越发展

发挥产、学、研、用的资源整合和互补效应，提供数字化转型建设科技力量。整合科技创新的资本、人力和技术资源，通过对供需两端的能源数据分析，为新能源消纳、用电负荷调整等重要问题提供数据分析与决策支持。

2.建设基础设施，突破数据壁垒

建设能源网络与云平台等行业数字化基础设施，支撑能源领域工业设备、行业数据、智能应用上云。建设能源工业数字化数据平台，构建能源安全态势感知平台，构建工控安全威胁情报库，为数据的开放、共享、交易、安全提供基础设施。

3.对接市场主体，交易数据资产

构建数据所有者、数据提供者、数据存储方、商品开发方、平台运营方、商品运营方等能源数据商品全链条参与方商业贡献价值评估体系，构建能源数据商品综合价值与效果评估体系与商品价值与合作运营价值评估体系。实现智慧能源数据资产、解决方案、技术服务等撮合交易。

（三）详细规划

1.数据动态展示，数字平台支撑

实现数据中心用户情况、市场拓展情况、业务开展情况以及与外部系统交互情况等应用与数据的全景展示。逐步沉淀提供数据服务支撑能力的数据平台，提供标准化业务支撑能力的业务平台，以及提供人工智能分析、算法、算力支撑的技术平台。

2.接入安全管理，态势动态感知

实现统一标准化接入与基础数据资源的标识管理，并进行通道安全监测，保障各业务系统交互规范性与安全性。实现对安全态势的动态感知、安全威胁的智能分析、响应措施的联动处置，筑牢数字中心安全防线。

3.基础设施建设，组织管理转型

建设能源央企级云平台、大数据平台、移动应用平台、可视化平台、人工智能平台、微服务平台，支撑数字中心人工智能分析扩展能力。建立能源央企数字化转型管理领导组织、能源央企数字化转型管理制度。

成果创造人：侯瑞、赵云灏、马玉寅、胡阳、李珊珊、汪鹏

搭建工业互联网赋能与服务平台（TCDRI IIESP）以全生命周期数字化服务推动水泥行业智能制造转型

天津水泥工业设计研究院有限公司

天津水泥工业设计研究院有限公司（以下简称"天津水泥院"）是中央企业中国建材集团有限公司旗下上市公司——中国中材国际工程股份有限公司的全资子公司。公司前身为成立于1953年的天津水泥工业设计研究院，是中国最早建立的主要大型国家骨干工业设计院之一，也是中国建材行业实力最雄厚的工程设计甲等资质设计院。经过60多年的传承创新、开拓进取，如今的天津水泥院已经发展成为一家实力雄厚的国际化工程公司，拥有集技术研发、工程设计与咨询、装备开发制造、设备成套供货、工程建设、工程监理、生产运营、备品备件服务于一体的水泥装备工程完整产业链，具有先进的水泥绿色制造技术、装备，能提供绿色制造的系统解决方案，并在国内外有多项成功的应用业绩。目前，公司拥有中国水泥工业最大的工程建设能力，是全球力量最强的水泥工业工程总承包商之一，是中国水泥工业实力最雄厚的技术与装备供应商。公司拥有工程设计甲级、工程咨询甲级、工程施工等资质，是中国机电产品进出口商会信用评价AAA级信用企业。

面对水泥行业发展的新态势，天津水泥院积极响应国家工信部《建材工业智能制造数字转型行动计划（2021—2023年）》（以下简称：《行动计划》），严格贯彻中国建材集团"高端化、智能化、绿色化、服务化"四化转型的发展战略，扎实推进"水泥工程＋"战略，围绕市场需求实现装备产业优化升级，打造"BIM＋智能化＋服务"的核心竞争力，以"新一代信息技术＋工业互联网"为技术支撑，自主研发工业互联网赋能与服务平台（TCDRI IIESP）及碳排放数字化综合服务平台，致力于为客户提供工厂全生命周期的数字化、智能化解决方案和服务，开启了水泥行业全产业链的智能制造转型升级的探索。

一、成果背景及行业需求

随着"第四次工业革命"的到来，以信息技术为核心的新一轮科技革命正在孕育兴起，数据正在成为一种新型战略资源。信息技术全球范围内不断颠覆传统设计、制造模式、生产组织方式和产业形态。中国的经济发展战略及全球市场发生的巨大变化都促使着传统工业设计、工程行业进入深化改革、转型升级的重要时期。

建材行业是国民经济和社会发展必不可少的支撑，也是战略性新兴产业和国防军工发展的重要保障。随着我国经济结构调整，近年来建材行业投资对国家经济增长的贡献度明显减弱，新的投资也在向新兴领域倾斜。尤其随着中国城镇化进程进入成熟期，房地产行业由增量时代逐步向存量时代转换，对建材行业增长的驱动和带动作用也开始明显减弱。建材行业以规模和数量增长为特征的粗放式发展方式，带来了产能过剩严重、资源环境压力大、产业集中度不高等问题，行业发展难以为继，转型升级势在必行。

目前建材行业数字化转型相对落后，智能制造仍处于探索期。党的十九大以来，国家一直在加大研发投入，加大创新力度，提高产品科技含量，提高产品的质量和服务，打造品牌，来赢得高端的需求。对于建材行业，传统设计及管理策略已经不能满足企业经营管理实现本质上的提升，利用数字化技术提高项目全生命周期管理水平，成为新环境下建材企业转型发展的新挑战。

2020年9月18日，工信部正式发布《建材工业智能制造数字化转型行动计划（2021—2023年）》，从建材工业信息化生态体系构建行动、建材工业智能制造技术创新行动、建材工业智能制造推广应用行动3方面，提出了10项重点任务，从国家、行业和企业3个层面出发，对建材工业智能制造数字转型进行全方位指导，促进建材行业数字化转型升级，加快迈向高质量发展。细分到水泥行业，《行动计划》明确提出以下几个要求。

（一）创新一批工业互联网场景

大力发展建材行业工业互联网创新应用平台，加快开发建材工业App，推动建材企业和设备上云上平台，实现制造资源和制造能力互联互通。其中包括：大数据、工业互联网、人工智能、建筑信息模型、数字孪生，等新一代信息通信技术融合场景方向。

（二）形成一批系统解决方案

针对建材细分行业特点，对于水泥行业要求：重点形成数字规划设计、智能工厂建设、窑炉优化控制、磨机一键启停、设备诊断运维、生产远程监控、智能质量控制、能耗水耗管理、安全环保管理，等集成系统解决方案。

（三）大力培育智能工厂和数字矿山

发挥智能制造标杆企业的示范引领作用，通过持续完善、迭代和提升，在行业内大规模复制推广。按照智能工厂建设规程和标准，培育一批集智能生产、智能运维和智能管理为一体的建材行业智能工厂，切实提高产品质量、运营效率、设备管理和安全环保水平。运用三维仿真、智能采选、自动配矿、无人驾驶、灾害监控等手段，实施机械化换人和自动化减人，打造一批安全、高效、绿色的数字矿山。

二、成果内容

（一）工业互联网赋能与服务平台（TCDRI IIESP）

针对《行动计划》要求创新一批工业互联网场景，天津水泥院以"新一代信息技术＋工业互联网"为技术支撑，自主研发TCDRI IIESP，率先在水泥行业推行"数字化、智能化、服务化"理念，致力于为客户提供工厂全流程、全生命周期的数字化、智能化解决方案和服务，推动企业高质量发展。

面对日益激烈的全球化竞争，工业互联网正在以泛在互联、全面感知、智能优化、安全稳固的全新工业生态、关键基础设施和新型应用模式，促使传统工业设计及工程管理，加快转型升级、新兴产业加速发展壮大。2020年，"加强新型基础设施建设"第一次写入政府工作报告，也将其上升到了国家战略层面。在新基建设中，工业互联网作为其重要组成部分，也将迎来前所未有的机遇。当前"工业互联网"已经第二次写入政府工作报告，并从"打造工业互联网平台"，提升为更加全面的"发展工业互联网",这也意味着国家对于工业互联网建设的推动和支持力度在不断加大。工业互联网企业应该从更高的层面着眼,从为单个企业赋能,上升到为整个产业赋能,为区域经济发展赋能,并将成效真正落到实处。与此同时,工业互联网企业也在积极探索推动工业互联网平台采集的大数据作为"动产"质押融资新模式。

建材行业供应链长、产业链复杂、小微企业众多、产能分散、产业数字化转型公共服务相对滞后,依托数字化技术建设工业互联网赋能与服务平台,推动新一代信息技术与制造业深度融合,构建全新的行业生态体系、延伸传统价值链,重塑产业结构和生产模式,改善供需错配等行业痛点,促进各类资源要素高效共享与优化,帮助企业在行业中获取国际化竞争主动权与主导权、抢占全球化规模化扩张的窗口期与机遇期。

天津水泥院TCDRI IIESP以"一硬一软一网一平台"为核心技术要素,以赋能能力和服务能力建设为核心,"以建促用、以用带推",建设和运营工业互联网赋能与服务平台。主要包含了以下内容。

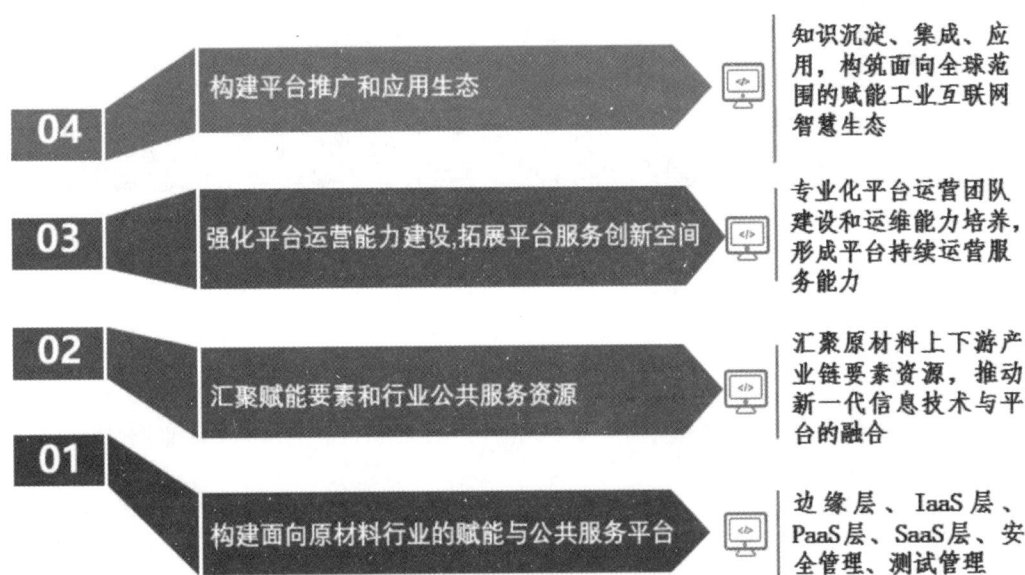

图1 成果内涵

1. 技术策略

TCDRI IIESP建设整体技术方案按照工业互联网平台四层构架为基础,并独立安全管理、测试管理子模块构成,具备工业互联网平台技术平台的全部能力和特征。

平台架构:TCDRI IIESP平台架构如图2所示,为标准的工业互联网平台四层架构,包括边缘层、IaaS层、PaaS层、SaaS层,以IOT驱动的业务价值链拉通,涉及研发设计、工程管理、生产管控、装备管理、质量管理、供应链管理、能源管理以及各方面的支持性活动。核心是将企业的所有资源,价值活动与企业的战略目标紧密连接起来,以价值增值为目的,形成简明而清晰的业务结构框架。

图2 IIESP平台架构

TCDRI IIESP采用混合云部署，主要的应用系统和部分算法分析库将部署在云上，核心算法库和机密数据将部署在公司局域网或工厂局域网。

TCDRI IIESP平台面向整个工业领域，基于同一个互联网平台，人、机、物互联互通，数据、技术、资源、服务互通共享，工厂、供应商、服务商、天津院等业务协同，共赢共利，如图3所示。

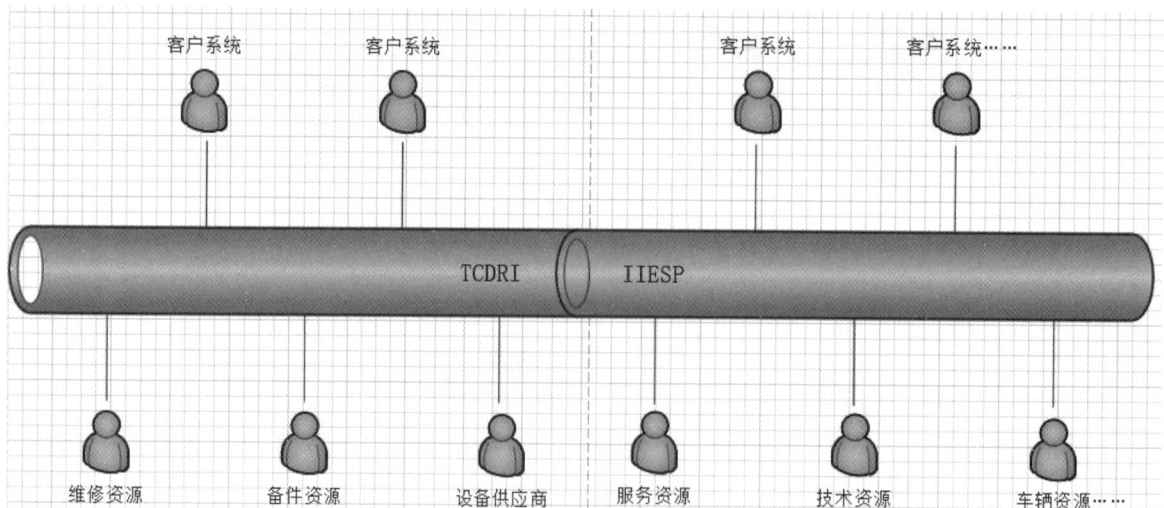

图3 IIESP协同模式示意

2. 技术创新

TCDRI IIESP在工业互联网的基础上叠加边缘计算、云计算、大数据、人工智能、微服务架构、工业App、采用神经网络多变量预测的智能控制等前沿技术，对数据价值进行挖掘、共享、管理。边缘计算技术用以提升工业互联网平台的数据采集、数据预处理、数据管理、边缘设备管理的范围和能力；云计算和大数据技术用以实现海量数据的存储、管理和计算；人工智能技术以提升工业数据挖掘、建模和分析的能力；采用神经网络的多变量预测控制以实现智能生产控制、数据采集、频谱分析；微服务架构和工业App技术能够驱动工业软件开发方式的不断变革，构建高效便捷的集成开发环境和运行环境，保证数据传输和共享的安全性，实现生产可追溯，通过数据闭环实现管理效率和生产效率提升。

（1）基于大数据和人工智能的工业机理模型挖掘算法

基于大数据和人工智能的工业机理模型挖掘算法，建立知识库、模型库和用例库，解决行业工业知识沉淀能力薄弱、传播与复用程度不足等问题，实现行业工业知识的高效提取、准确分析、快速沉淀与实时共享，实现对海量复杂工业数据的高效处理、准确挖掘与深入分析，结合知识图谱、语义计算、信息检索等技术对挖掘得到的工业机理进行建模和管理，构建知识库、模型库、用例库，实现旧知识的不断复用和新知识的持续产生，达到工业知识的快速积累和高效传播与复用的目的。

（2）基于微服务框架的软件架构体系的开发方案

研发基于微服务框架的软件架构体系的开发方案，实现面向行业工业App快速开发，解决行业管理软件云化缓慢等问题，同时建立微服务组件库，采用自主设计的工业App开发平台进行微服务的统一管理，并在此基础上构建微服务库，通过对微服务的调用、组合、封装和二次开发，实现行业工业App的快速开发。

（3）服务模式创新

平台坚持以用户体验为中心，将产品制造与用户联起来，让用户全流程参与需求交互、产品设计、生产制造、物流交付等产品全过程，在这种体系下用户"既是消费者也是设计者、生产者"，用户"个性化"与制造"规模化"之间的矛盾自然也迎刃而解。

（二）依托TCDRI IIESP平台的全生命周期数字服务

针对《行动计划》要求"形成一批系统解决方案"和"大力培育智能工厂和数字矿山"，天津水泥院基于移动互联网和数据可视化的技术，将数据以用户所需要的形式直观、简洁的展示，实现无处不在的业务透明化与信息化，塑造数据驱动型的建材行业综合服务体系，TCDRI IIESP在BIM云平台、MES系统、能源管理系统、智能危废处置工厂建设中积累了丰富经验。实现了生产车间数字化，质量控制自动化、生产控制智能化、厂区物流智能化、生产过程可视化、生产管理信息化、远程诊断专家化。

1. 智能施工建造：基于BIM技术的全生命周期工程管理

TCDRI IIESP在工程建设全生命周期管理上深度应用。将BIM技术与项目进度、成本、质量、安全、环保等管理要素紧密结合，实现了从工程设计、采购、物流、施工建设、安装调试、生产运营等环节的可视化和精细化管理，推动水泥工业设计及管理的数字化、绿色化转型。

技术上采用轻量化模型实现模型与工程管理业务数据的关联，实现了基于BIM的工程项目4D、5D管理。从而使得BIM技术从3D向4D、5D等更高维度发展，逐步优化工程项目进度、成本、质量等。技术人员结合项目的具体情况，可以编制更加准确的进度计划和资源配置。完成进度计划和资源配置后，软件可以进行整个项目施工过程的3D模拟，检查施工组织计划是否合理。

图4 模型示意

TCDRI IIESP基于BIM（建筑信息模型）技术进行工厂建造全业务链的数字化管理，实现全业务链一体化管控。为业主、设计、施工等参建方搭建云协同平台，实现设计、采购、物流、施工建造、安全数字化管理，基于BIM模型实时监控项目进度、质量、安全等情况，为管理决策提供支持。

（1）数字化设计：基于工业软件自动建模、自动出图，基于模型自动生成图纸、工程量，BIM模型进行碰撞检测，有效避免在传统施工过程中出现的各系统专业位置冲突导致拆除返工、洞口预留工作不精准、现场分包施工难协调等情况的发生，解决浪费大量材料、延误工期的问题。减少80%以上的施工图中的错漏，减少60%施工现场调节问题以及减少60%的技术返工，如图5所示。

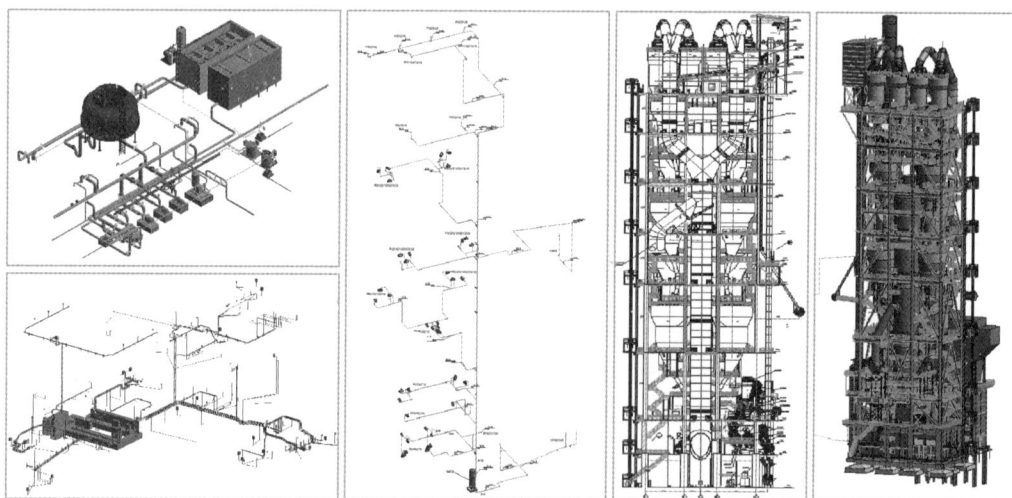

图5 全专业正向三维协同设计

（2）数字采购管理：基于统一管理平台，实现从采购需求、采购计划、招投标、合同签订到执行全过程的精细化管理，解决了采购环节多、链路复杂、透明度低、监管力度大、错发漏发以及供应商难以管控等工作痛点，如图6所示。

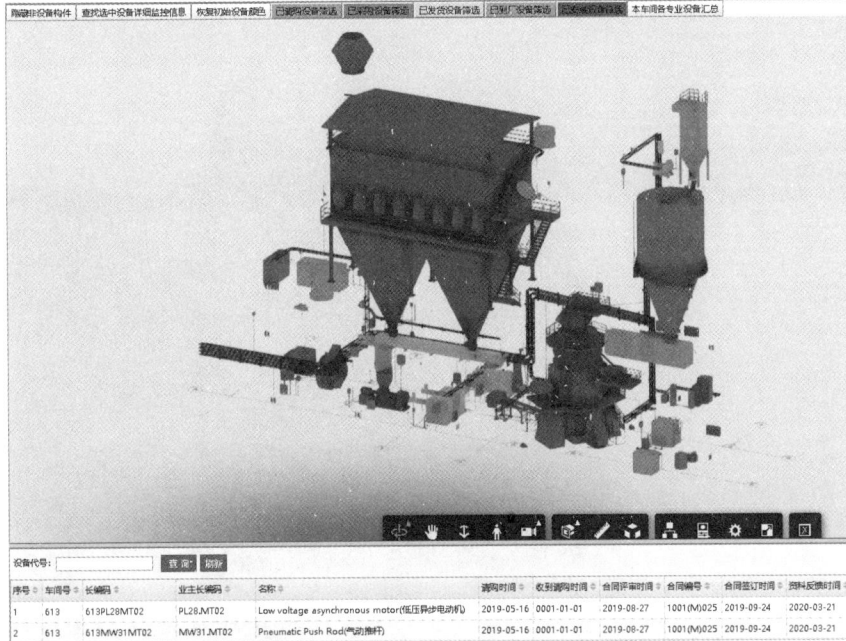

图6 数字采购管理

（3）数字物流管理：基于物联网技术，对物流全过程进行跟踪，发货包装可视化模拟、扫码装箱、物流发运到现场出入库通过云平台进行实时数据监控。有效避免了物流管理过程中错发、漏发以及中间过程丢件等情况。同时对物流发运过程中的关键指标比如控制体积容重比等进行预警，降低成本，如图7所示。

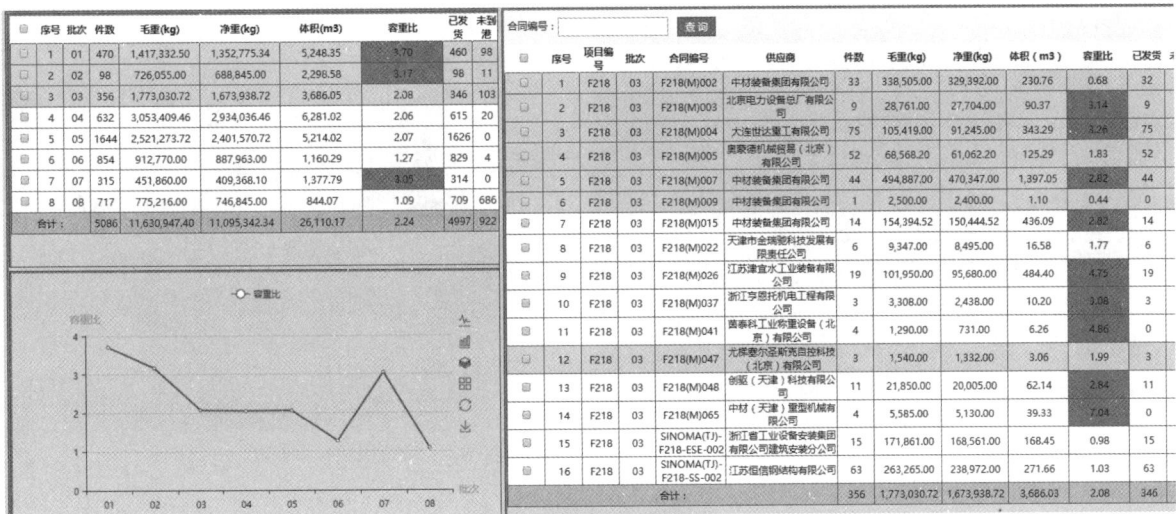

图7 数字物流管理

（4）数字施工管理：基于准确的三维设计模型，自动生成WBS任务分级，工程量自动统计，WBS任务、工程量和模型自动关联，基于模型和WBS进行项目精细化管理。通过BIM场地模拟，优化场地布置，确保施工过程中，所需材料、设备、人员等能够合理地搭配穿插。BIM模型与施工进度自动关联，根据总进度计划及各分项进度计划，进行三维施工模拟及计划的分析，对计划有冲突或者不合理情况及时调整计划时间，节省工期，如图8所示。

图8 数字施工管理

（5）可视化管理：基于云平台的多方协同以及"BIM＋物联网"技术应用，项目人员通过平台或者App端可进行项目进度、质量、安全等数据的反馈，实时查看项目进展情况，所有数据实时共享，提高项目建造各参与方的沟通及处理问题的效率，通过模型查看更直观，为管理决策提供更加直观的数据支持，如图9所示。

现场实际状态　　　　　　　　　　　平台模型状态监控

图9 可视化管理

（6）数字安全管理：安全业务移动化管理，扫码检查、作业审批、隐患整改等，提高工作效率和质量，在复杂项目现场环境下，智能抓取安全帽、安全带、烟火等违规现象，自动生成日报、周报统计数据，提高管理效率，如图10所示。

图10 数字安全管理

2. 智能原材料工厂：智能控制平台实现精细化管理

TCDRI IIESP在原材料工业工厂智能化上深度应用，通过基于原材料工业特性的智能控制平台来实现。其融合了先进的神经网络技术和滚动预测控制技术，通过建立多目标动态优化控制器，动态调整设定参数与偏置值，实现原材料行业的智能控制，具有显著的经济效益和环保效益，其具备以下特点：

（1）融合人工智能算法，实现关键参数在线精准软测量，对生料成分、熟料成分、强度等进行预测，及时调整工艺参数，提高生产产品质量。

（2）智能识别异常工况，实现生产线自适应控制：窑炉智能控制，使分解炉温度控制更加均匀，减少煤质成分变化和原料成分变化对分解炉出口温度波动的影响，使回转窑、分解炉的料、风、煤平衡稳定，减少气体排放。箅冷机智能控制，提高二、三次风温，增强熟料煅烧效率；粉磨智能控制，稳定出磨速度、细度，磨机产率最大化运行，实现磨机的自动、高效、高产、稳定运行，减少过粉磨现象，降低单位产品电耗。

（3）通过智能控制，提高单机产量，降低产品能耗，降低劳动强度，提高产品利润率，降低单位能耗5%以上。

（4）基于智能数据采集与频谱分析，实现关键装备的预测性维护。

芜湖南方项目水泥智能工厂方案的应用

TCDRI IIESP在芜湖南方项目水泥智能工厂中的应用主要包括现场自动化设备构建方案，智能自动寻优控制技术构建方案，以及MES生产管理信息化系统构建方案三大部分，构成现代智能化工厂模型，实现生产高度自动化、智能化，达到节能减排、减员增效、精细化生产管理、科学决策的目标。

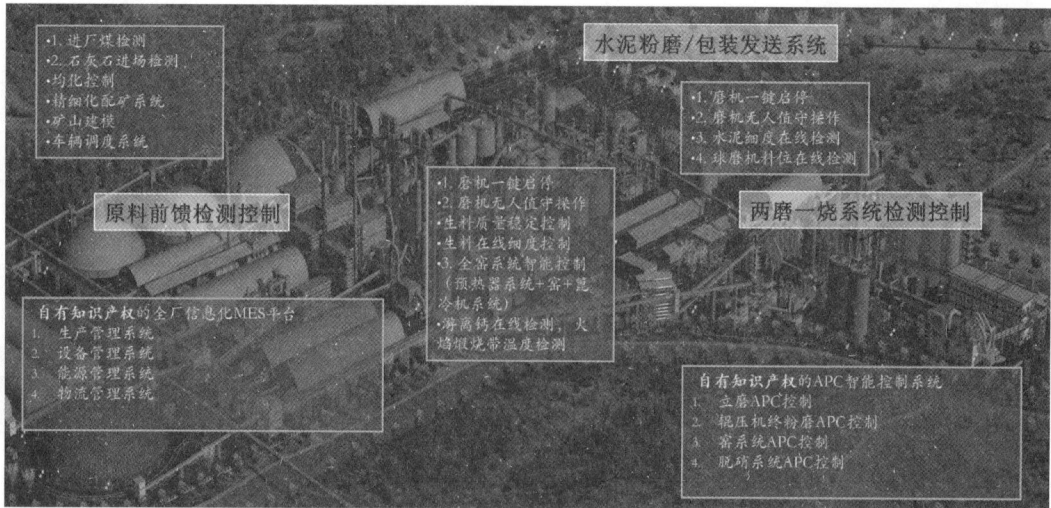

图11 水泥智能化应用

本方案满足ISA95国际标准构架，遵循工业4.0建设架构及适合国情的智能化建设需求，立足现状，统一规划，提供集智能检测、智能装备、智能控制、智能运营、智能管理和智能物流等技术于一体的综合性解决方案。以BIM设计实现设计、工程建设数字化，以自主知识产权的智能化控制技术（智能控制平台）实现生产过程控制高度自动化、智能化，以灵活扩展的生产信息化管控技术（MES平台）为核心实现生产运营数字化、供应链物流一体化管控，以在线设备状态监测为核心实现设备预知性维护，在五大维度的基础上，实现真正意义的水泥工业智能生产。

为了对比项目节能收益，芜湖南方项目截取了两个时间段：2019年5月25日到6月10日由人工手动操作生产线，2019年6月12日到6月26日由智能控制系统自动驾驶生产线，各项数据对比分析如下：

● 自动驾驶标准煤耗：减少0.67kg/t，下降0.64%；

● 自动驾驶电耗降低：降低0.27kW·h，下降1.24%；

● 自动驾驶余热发电：提升1.77%（5月与6月对比）；

● 游离钙合格率由96.6%提高到98.9%，标准偏差降低46.7%，3天熟料强度，增加0.45MPa。

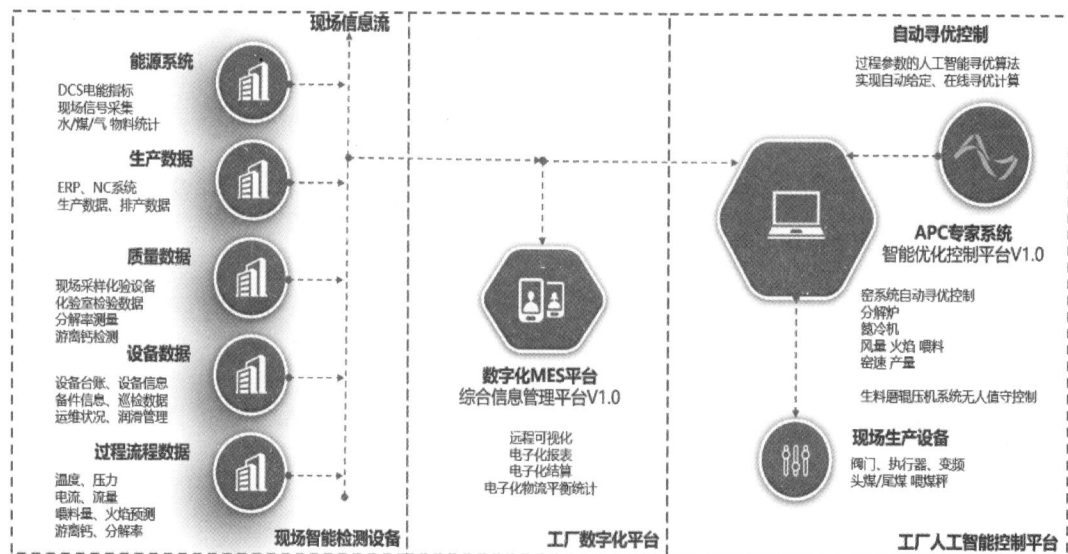

图12 芜湖南方智能工厂整体实施架构

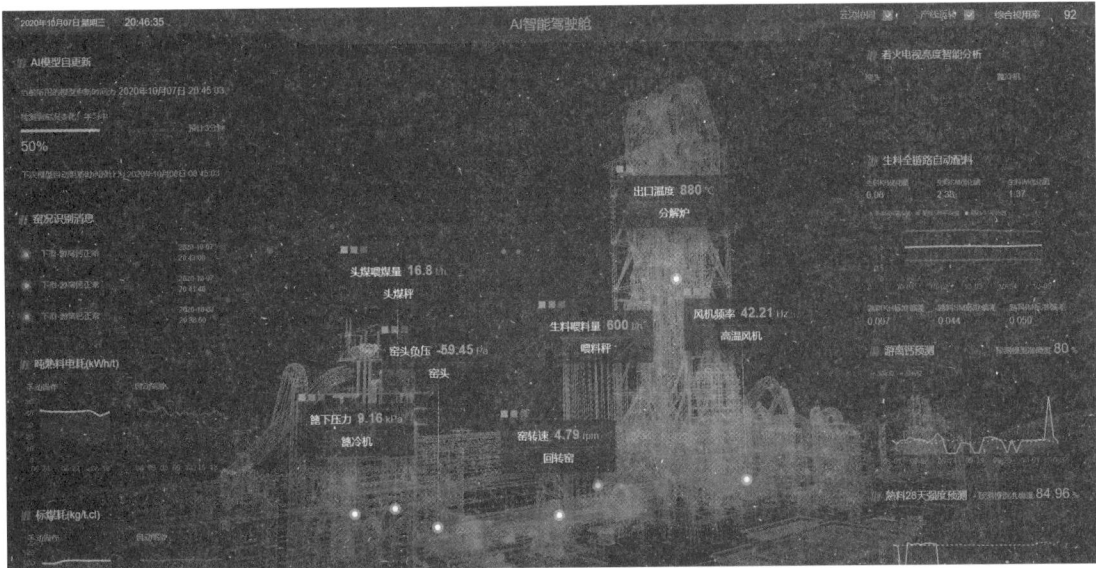

图13 芜湖南方智能工厂数字驾驶舱

项目完成后，减员增效方面：生产线定员47人（对标熟料线90人常规配置，减员43人），劳动效率大幅提升；降低劳动强度方面：系统最优参数运转率大于95%，劳动强度大幅降低；提高信息化、智能化程度方面：系统最优参数运转率大于95%，人为干预率大幅降低。

同时芜湖项目建立了智能3D交互式数据访问平台，提供水泥行业独家VR展示烧成系统。通过BIM数字化模型平台和设备状况，渲染工艺数字化三维模型。可通过Ipad Pro、VR数字眼镜实现对系统的交互式访问（放大缩小、旋转、数据查询等）。并且通过和MES系统的数据通道，可读取系统过程生产数据以及实时数据，部分设备零部件可实现在线拆解分析。

图14 水泥行业智能控制平台VR展示

3. 智能装备制造：TCDRI IIESP在离散制造业融合应用方案

依托TCDRI IIESP建设"离散制造业数字制造系统"，融合产品数据管理（PDM）、供应链管理（ERP）与生产排程（APS）、制造执行（MES）、信息采集（SCADA）和仓库管理（WMS）、客户关系管理

（CRM）等数字化、信息化管理系统的功能，实现市场营销、研发设计、采购管理、客户管理、安全管理、生产控制、设备监控、仓储物流、售后运维全过程管理的数字化。运用物联网技术，建立数据采集系统（SCADA），实现设备、人员、物料、产品等的唯一身份标识，各类设备状态、能耗、产能等信息实时采集。打造智慧营销、智慧仓储物流、智慧供应链体系，打通不同系统或功能模块的连接通道，实现数据互通共享。建立业务应用模型分析，利用大数据为生产决策、精益经营、设备维护、故障诊断提供科学预测。

上饶中材数字制造系统的应用

上饶中材机械有限公司（以下简称"上饶中材"）是天津水泥院全资下属子公司，核心产品为槽式输送机及其备件，槽式输送机整机在国内乃至全球排名第一，其中国内整机市场份额85%，备品备件市场份额60%。作为典型的、高度离散的机械设备制造企业，上饶中材面临着招工难、专业技能人才缺乏等问题，深切感知到市场需求和竞争形势的变化，数字化、智能化转型升级的必要性和迫切性。

天津水泥院依托于TCDRI IIESP建设"上饶中材数字制造系统""上饶中材数字制造系统"包括人力系统、营销管理、采购管理、研发设计、生产控制系统、仓储物流系统、设备监控系统、售后服务系统、安全管理、供应商管理和系统运维等功能模块，系统功能界面如图15所示，生产监控见图16，设备监控功能见图17，系统功能架构如图18所示。

当前"上饶中材数字制造系统"现已进入开发收尾阶段，研发设计、数字营销、人力系统、采购管理、供应商管理等功能模块已投入使用。围绕基于精益生产的功能区域优化、生产流程的再梳理及优化设计、设备自动化及数控化升级换代、智能物流、物联网应用、车间管理信息化等进行规划改造，目前主要加工设备已完成联网上云，部分实现与平台对接。

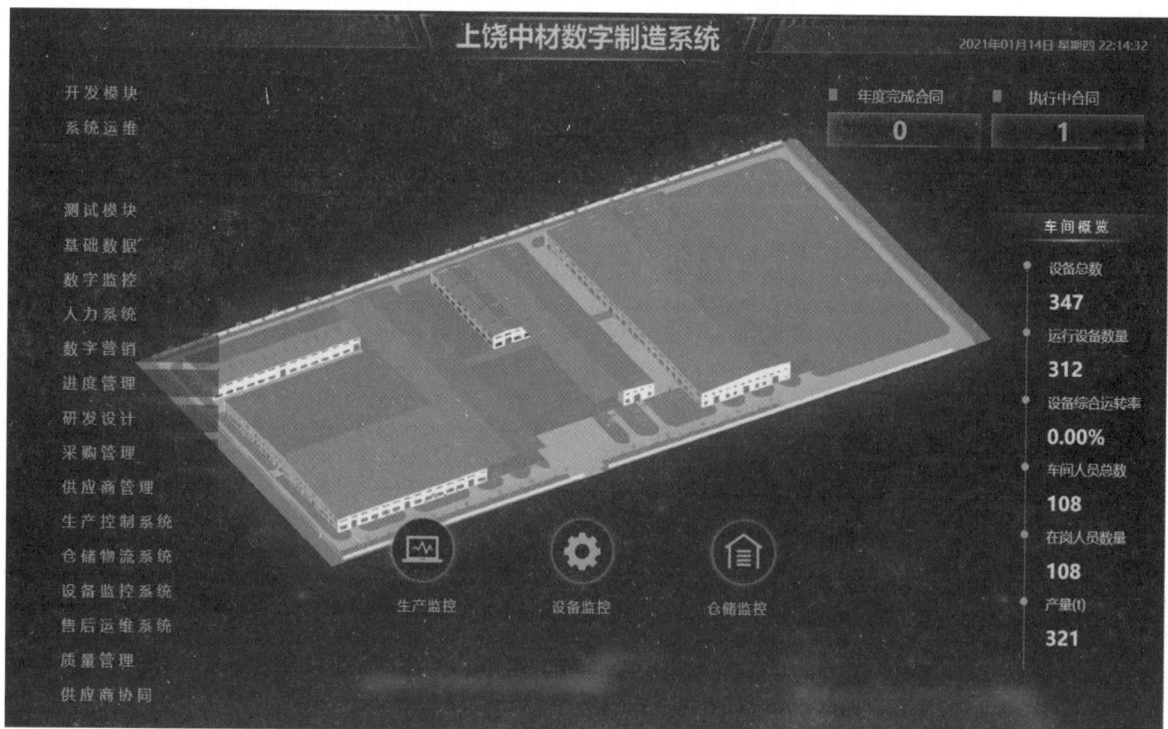

图15 上饶中材数字制造系统主界面

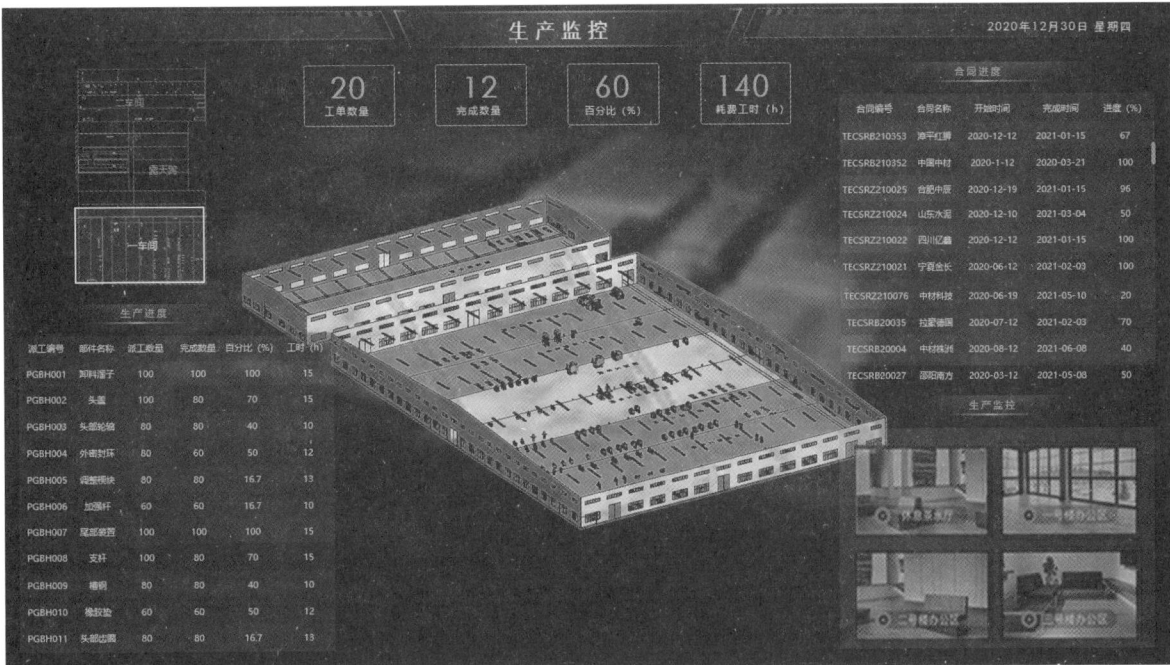

图16 生产监控

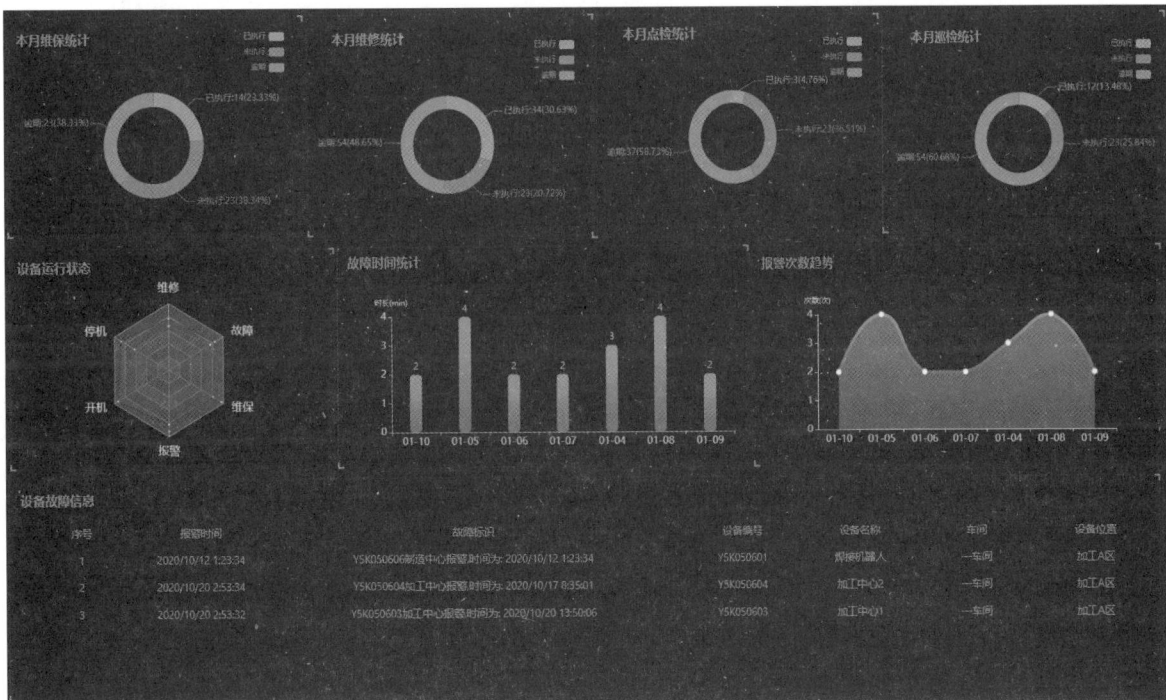

图17 设备监控平台

上饶中材首先根据工艺流程的需要，对各工艺体块进行高效组合，从而保证生产线布局合理，物流顺畅，工艺先进、可靠、适用。工艺技术方案由上饶中材自主开发设计，实现锻链、料槽、料斗、滚轮等主要备件生产的高度自动化生产，部分加工单元和生产线要实现无人化。主要加工工序引入单元化、自动化的先进制造设备，为智能化建设奠定技术基础。全厂共分为19个加工制造单元，其中主要包括：

锻链链板智能化加工：2019年，将原来多机流水线生产方式转变为多功能单机加工，机器人上下料，实现自动化生产。单套加工单元（如图19所示）年产各种锻造链板28万件，原来一条流水生产线需要4人完成的工作，现在仅用1人就可完成，大幅降低人工成本，解决了技术工人短缺问题；一次定位装夹完成4道工序加工，避免多次装夹，提高了产品的加工精度，大幅降低废品率；此外还节省工件多次倒运的费用、设备电耗以及管理成本等费用。生产工艺升级后既解决了链板的生产瓶颈，还实现了减员增效及提高产品质量的双目标。

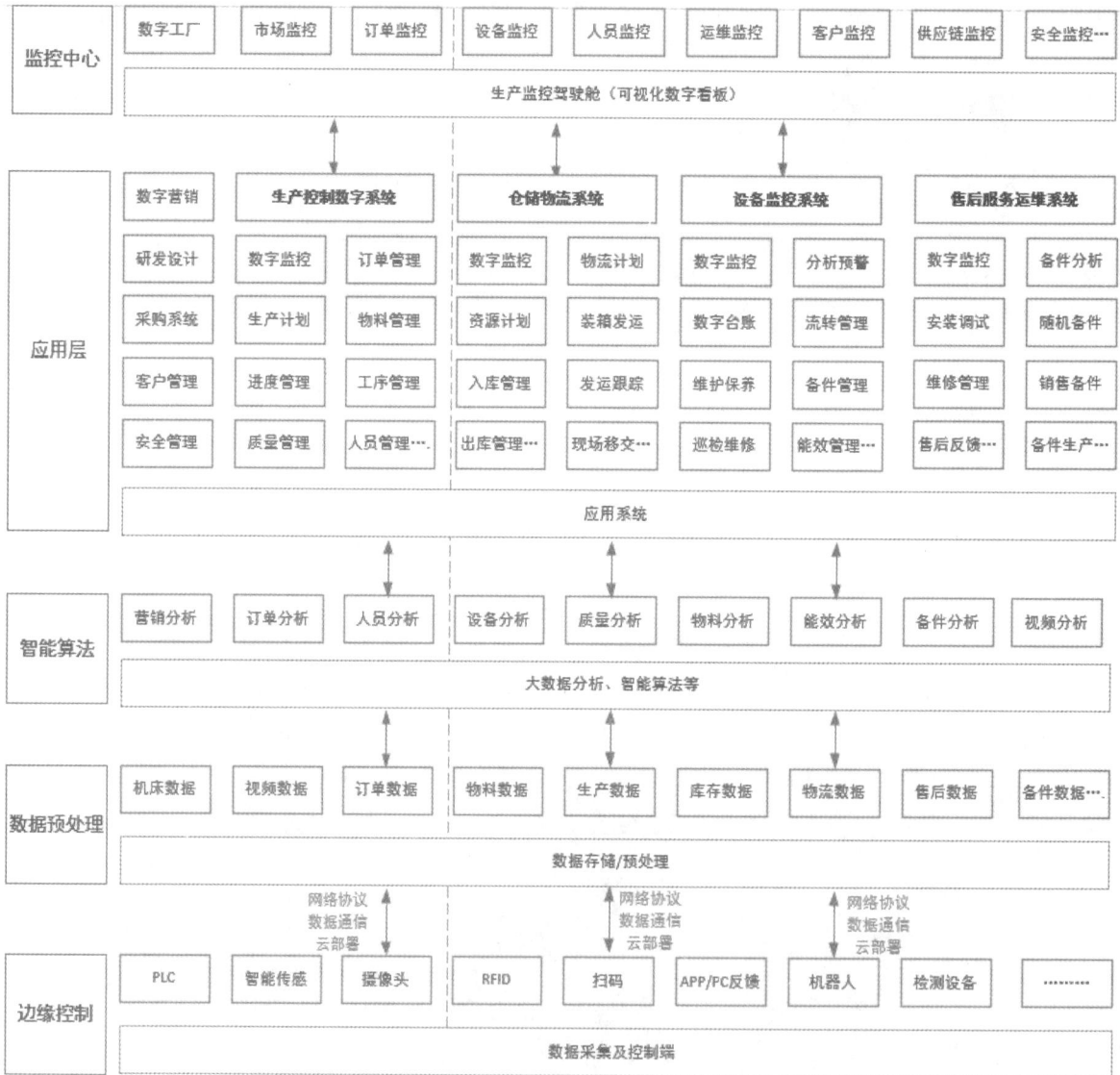

图18 上饶中材数字制造系统架构图

目前在开展对该项目的自动化进一步升级，链板由人工放料到输送线上改进为料筐来料，机器人利用3D视觉自动定位抓取工件到镗钻复合机床上料机器人取料处，上料机器人抓取上料，加工完成后把工件放置到打磨工位入料平台，打磨机器人自动打磨后放置于下料机器人取料平台，下料机器人摆筐。升级完成后可再减少用工2人，生产单元基本实现无人化。

图19 锻链链板自动加工单元

滚轮智能化加工：2021年，项目组将滚轮原来分散在多机、多人加工的生产方式转变为生产线（如图20所示）加工，机器人上下料，实现了智能化生产。滚轮智能化加工生产线主要由两台数控车床、一台中频火机床、一台工业机器人、一套自动化上下料装置、机器视觉等组成。料仓的上料、取料每班一次。生产线不仅能完成滚轮体的自动化精加工，并且能完成滚轮表面淬火，实现年产能12万件，解决滚轮加工的产能及效率问题。本生产线采用了机器视觉，机器人在抓取工件、摆放工件前依靠视觉技术自动定位，精确放置到位，生产节拍为2.5分钟/件，基本实现无人化。

图20 滚轮智能化加工生产线

料斗自动化焊接：料斗焊接是料斗底板机器人折弯和侧板激光切割的下道工序，由于前道工序的改革，满足了机器人自动焊接要求。2019年完成一套机器人焊接工作站（如图21所示），实现了柔性化生产，可完成12种主要规格料斗的免组对自动化焊接。机器人自动焊接省掉了焊接前的组对、点焊工序，一人即可完成以前需要多工种配合的工作，平均每班完成料斗焊接55件，每件节省人工成本8.5元，焊缝美观且低飞溅。机器人可以连续工作，如果3班作业可以完成原来8个人班组的单班工作量。本项目既减少了用工，减轻了劳动强度，提高了焊接效率，又提升了产品质量，改善了作业环境，达到了减员增效的目的。减少了用工，提高了作业安全和焊接效率，提升了产品质量，减轻了工人劳动强度，改善了作业环境。

图21 料斗机器人焊接单元

目前正计划在本项目的基础上，开展料斗全自动化机器人上下料焊接工艺的开发，实现机器人自动上料、组对点焊、焊接、自动下料。

"上饶中材数字制造系统"的应用解决了原来信息化基础比较薄弱、生产管理依赖人、设备没有联网、信息化、数字化程度不高、信息化管理应用面较窄的问题。覆盖全厂区、全业务流的数字化管理系统，实现对销售、采购、设计、生产、仓储物流、安全环保、售后服务、备品备件等全业务链数字化管控，对产品、设备、物料、人员、供应商等的实时监控、智能调控、精细化管理，全面提升效率、降低成本、增值服务。建立计算、网络、存储统一资源池的云数据中心。主要自动化设备、重点生产设备和高能耗设备利用信息采集系统接入设备管理系统，实现设备信息、加工信息、能源消耗信息实时采集，提高设备利用率，提升工作效率和管理水平，人工智能应用于产品质量检测，大数据分析为生产经营提供预测和决策支持，实现生产管理的数字化，制造过程的智能化。

（1）产品品质提升：主要加工件一次合格率由97%左右提升至99%以上，外观质量（链条、料槽、料斗等产品）明显提升，成为大型水泥集团信赖的免检产品。由于质量的提升，在市场上有更多的议价权。

（2）显著减少用工：减少用工数量17人，降低用工技能水平需求。由于设备操作简单，降低用工技能水平需求，从根本上解决了招聘技术工人难的问题。

（3）节省生产成本：明显提高生产效率、增加产能，易于实现倒班生产，年节约加工及外协成本的效益约为787万元/年。

（4）人均产能提升：生产效率提高，用工减少，主要加工工序人均产能提升至原来的2～4倍。

（5）资源配置优化：设计、工艺、制造、管理、出入库、物流等环节的集成优化，工作效率明显提升，运营成本降低，产品生产周期缩短，生产管理精细，有效降低库存。

（三）依托TCDRI IIESP可服务于建材行业的碳排放数字化综合服务平台

习近平同志提出"3060双碳"目标，为中国工业低碳转型按下了"快进键"。天津水泥院快速响应，自主开发了可服务于建材行业的碳排放数字化综合服务平台，包括工厂碳排放数字化评估平台和建材装备产品碳足迹数字化核算平台。

工厂碳排放数字化评估平台，实现了对工厂全生命周期碳排放的精细化计算和实时动态监控。作为一个工业互联网平台，可服务于各行业。目前，系统已在公司工程EPC、工厂运维、装备制造等业务全面应用，项目落地数量20余个。碳因子等基础数据量达2万余条，数字孪生模型量达100余个，模型元素量达20余万个。

建材装备产品碳足迹核算平台，将可配置的碳足迹核算算法模型与多端数据源相匹配，基于海量基础数据库，实现对建材装备产品材料生产、材料运输、生产制造、产品发运、安装调试、使用与维护、回收处理全生命周期各阶段的碳足迹核算。平台可提供推荐的核算方案以便用户使用，也可根据实际需求，应用内置的十余种核算模型，自定义系统边界、核算精度、核算阶段，甚至核算模型，生成自定义核算方案，平台可提供一键查看核算结果、生成核算报告，对比核算方案等功能。

图22　登录界面

建材行业的碳达峰、碳中和公共服务平台建设方案应用推广公共服务平台遵循边缘层、IaaS层、PaaS层、SaaS层及企业应用推广层的五层架构标准，重点围绕建材行业中企业碳达峰、碳中和技术方向不明，系统性不强、供需信息不对称等问题。研制碳达峰、碳中和公共服务平台方法和工具集，研制数字化管理、个性化定制、网络化协同、服务型制造等方面的新模式。

图23　平台主界面

图24　监控中心

HZHK7500t/d熟料生产线技改项目案例

该项目有主机设备18台，主要材料共有24种，总重量约6035吨，设备产品生命周期按50年，主机设备产品各阶段碳排放如表1、图26所示。

装备产品重量、加工电耗、出厂价格、能力与碳排放关系以及制造、运维阶段碳排放量数据分析见如图27~31所示。

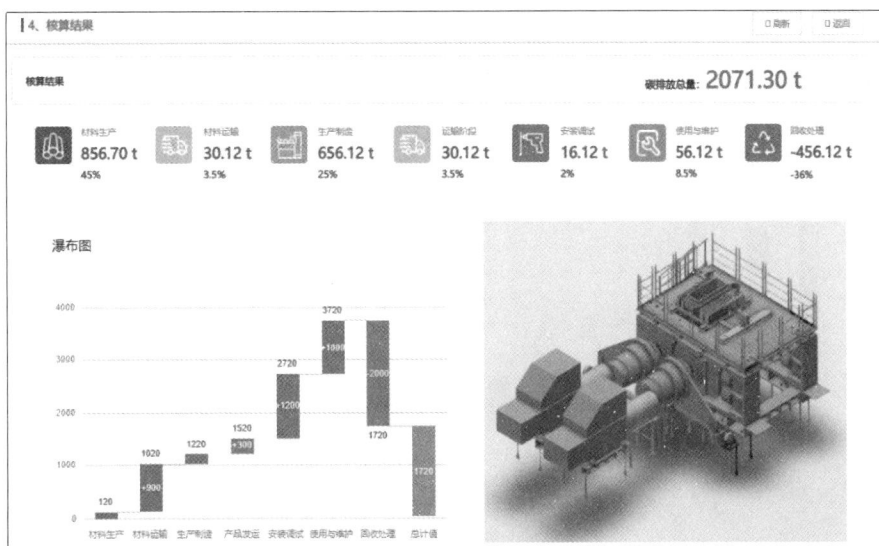

图25 核算结果

表1 HZHK项目主机设备碳排放量统计表

序号	设备名称	基本数据	单台设备各阶段碳排放						单台设备
		设备型号	设备原材料①	设备制造②		设备运输（加工厂至项目现场）③	设备安装④	设备维护（零部件更换）⑤	设备回收⑥	单台设备产品碳排放①+②（t）
				原材料进厂	加工制造					
1	回转窑	TKS- 5.5x78m	3360.00	3.12	1059	54.37	90.27	7518	-5351.34	4422
2	预热器	SPHS2x6-8400	2869.24	3.24	352	4.24	389.19	4097	-3182.43	3224
3	窑尾袋除尘器	TDM-(374/2x6+306/2x4)	1635.67	17.95	341	70.13	183.81	5654	-3537.66	1994
4	窑头袋收尘器	LCMG-II-1052-2X8	1265.01	3.07	104	6.20	116.23	2526	-1843.19	1373
5	步进式篦冷机	SCLW6-x11E-CM	1065.60	0.79	63	12.54	35.59	2016	-1866.88	1129
6	辊压机	TRP180-160	684.50	11.77	65	19.49	42.95	1597	-1341.88	762
7	石灰石堆取料机	YDQ1600/800/90	672.00	6.55	21	40.40	35.96	0	-451.74	699
8	选粉机	TASr-460	239.00	1.43	320	7.49	13.19	865	-477.45	561
9	煤磨袋除尘器	TDM(M)-126/2x8袋除尘器	437.59	4.29	88	4.29	43.25	1299	-818.39	530
10	磨煤机	BRM24.3M	467.75	0.85	10	29.88	12.17	359	-358.94	479
11	原煤翘头式取料机	QGQ150/32.5	360.00	3.51	11	21.65	19.26	0	-242.01	375
12	熟料槽式输送机	SCD1400	292.32	4.36	22	4.40	5.96	3690	-2289.59	318
13	辅料翘头式取料机	CGQ150/27	254.40	2.48	8	15.30	13.61	0	-171.02	265
14	辅料堆料机	CBD350/18.5	172.80	1.68	5	10.39	9.25	0	-116.16	180
15	原煤堆料机	CBD300/19.5	163.20	0.00	5	9.81	8.73	0	-109.71	168
16	地表给料机	DJG2500	134.88	1.86	11	2.15	1.73	1464	-944.02	147
17	反击式破碎机	LPF16.16	126.77	0.82	10	0.95	0.85	1856	-1315.43	137
18	波动辊式筛分机	WBF1554	86.52	0.51	6	0.66	2.42	735	-631.22	93

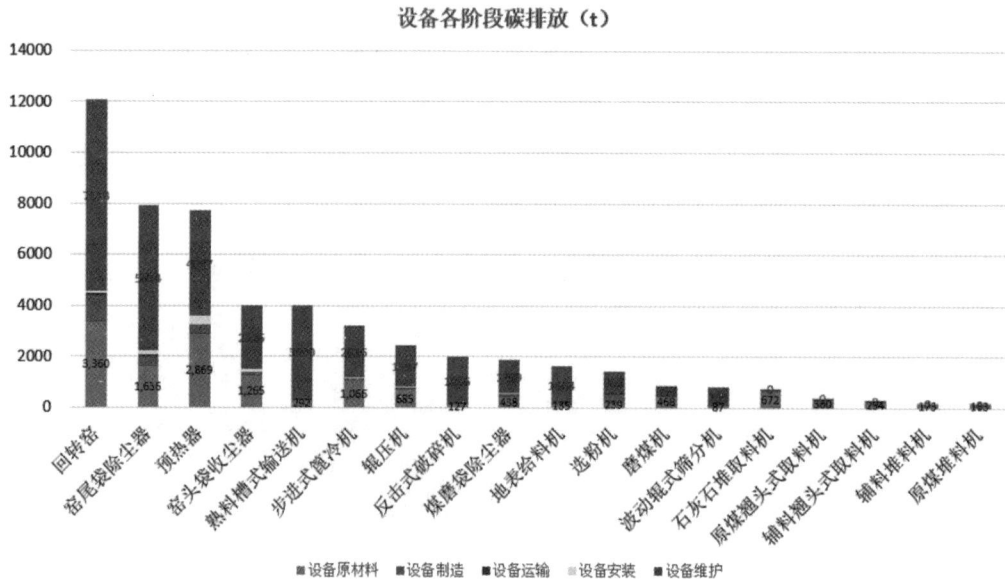

图26　HZHK项目主机设备碳排放量统计图

分析：

水泥厂主机设备全生命周期（设备原材料＋设备制造＋设备运输＋设备安装＋设备维护（零部件更换））碳排放最大的前五位设备依次是：回转窑、窑尾袋除尘器、预热器、窑头袋收尘器、熟料槽式输送机。

设备维护（零部件更换）碳排放最大的前五位设备依次是：回转窑、窑尾袋除尘器、预热器、熟料槽式输送机、窑头袋除尘器。

设备原材料碳排放最大的前五位设备依次是：回转窑、预热器、窑尾袋除尘器、窑头袋收尘器、步进式篦冷机。

设备制造碳排放最大的设备是回转窑，其他设备相对较小。

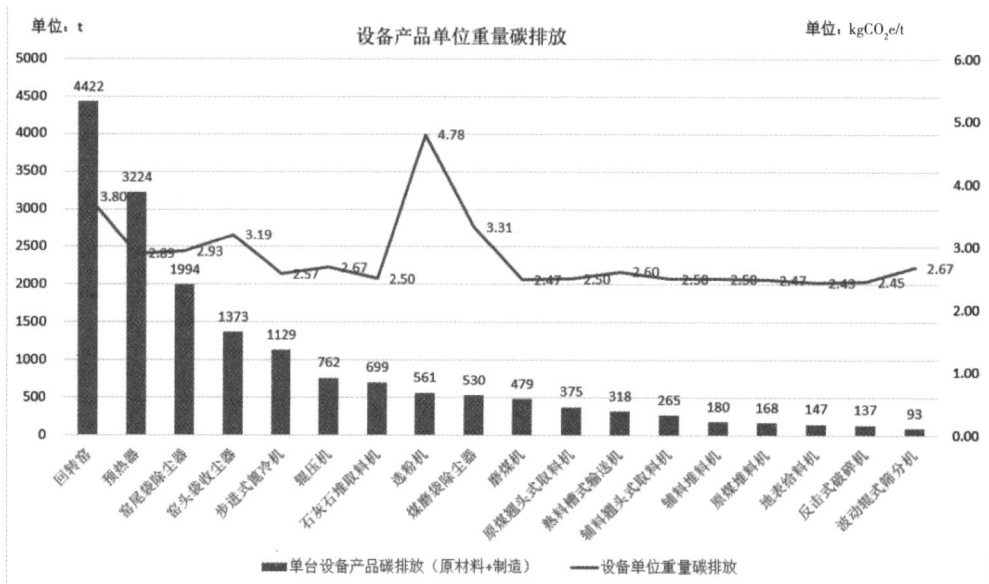

图27　装备产品单位重量碳排放

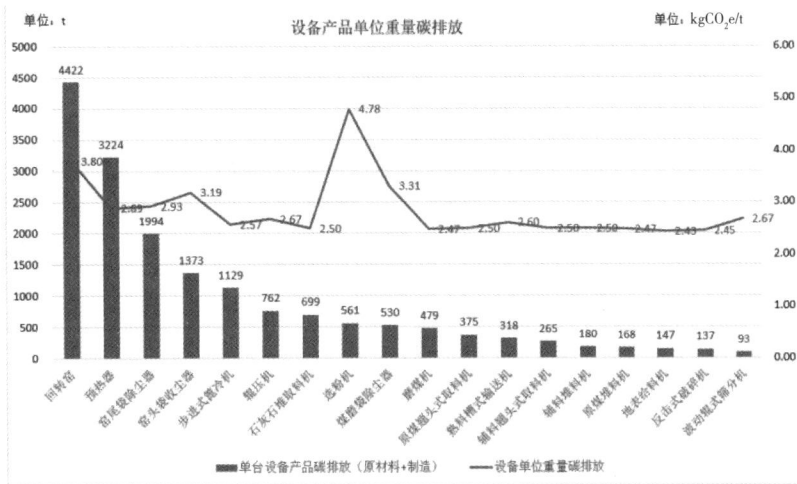

图28　装备产品单位重量碳排放

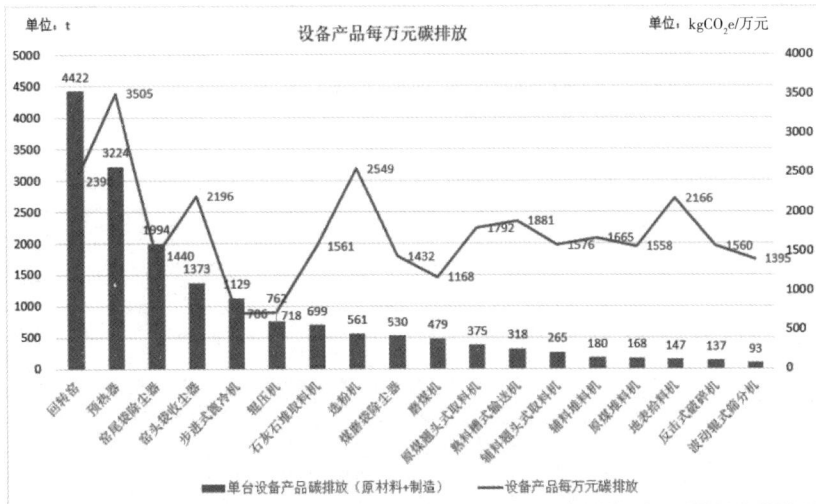

图29　装备产品单位价格碳排放

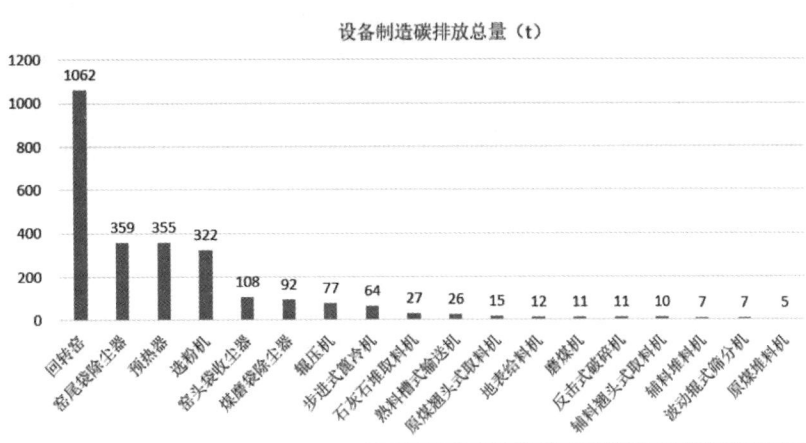

图30　装备产品制造阶段碳排放

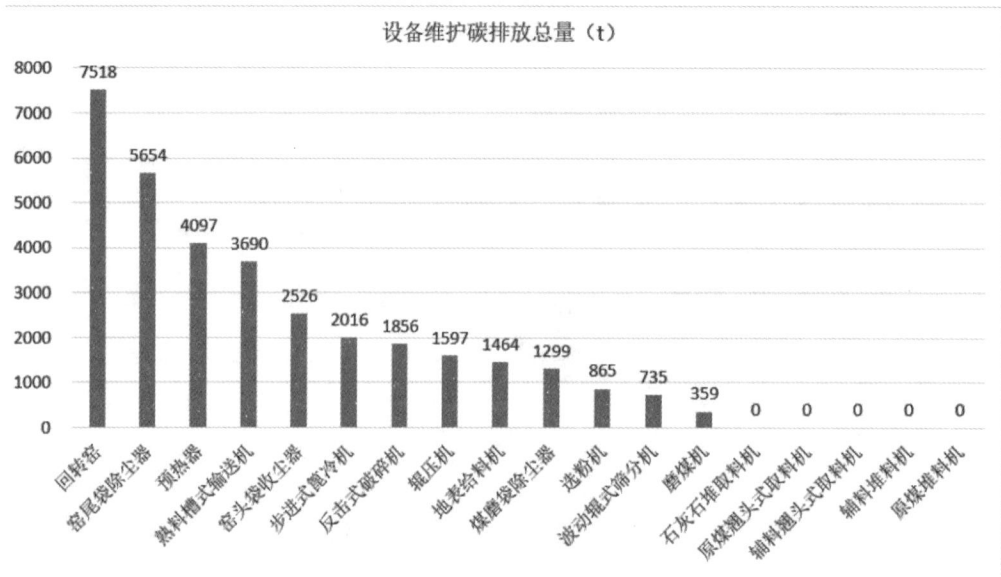

图31　装备产品维护阶段碳排放

平台基于设计运行指标，可一键生成工厂运行期间的碳足迹，实时采集生产运行数据，如产能、煤耗、电耗、余热发电等，实时计算、可视化监控工厂碳足迹状态。HZHK项目监控预警应用案例如图32所示。

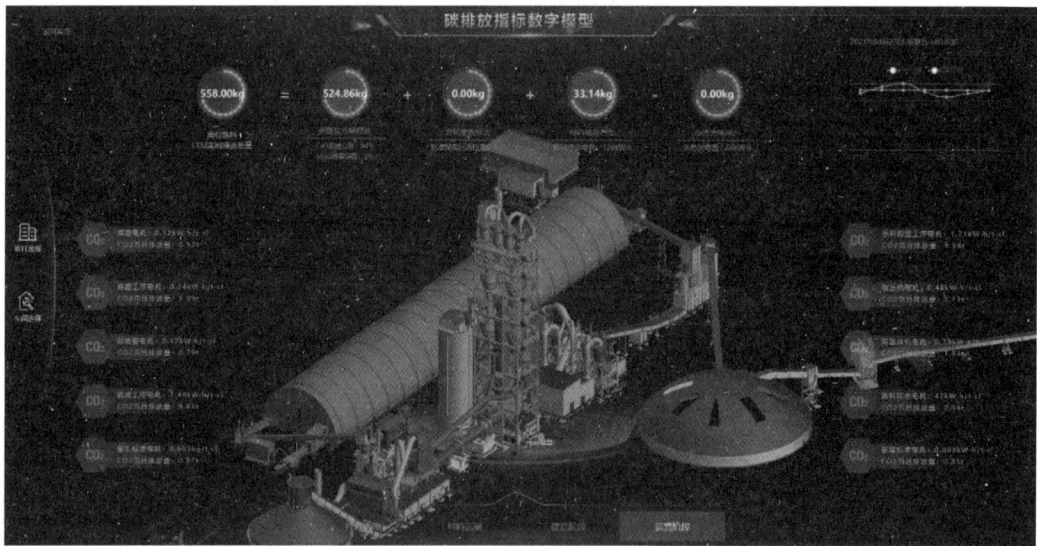

图32　HZHK项目监控预警应用案例

成果创造人：何小龙、彭明德、隋明洁、刘涛、胡亚东、常斌、孙利波

通信企业面向"以人民为中心"和提质增效的客户服务端到端数智化转型创新与实践

中国移动通信集团有限公司

中国移动通信集团广东有限公司

中国移动通信集团广东有限公司（简称广东移动）隶属于中国移动通信集团公司（简称中国移动）。中国移动在2021年《财富》世界500强企业中排行榜第56位，在中国500强排行中排名第15位。广东移动作为中国移动乃至我国信息通信行业规模最大的省级公司和广东省规模最大的通信运营商，主要在广东地区经营移动话音、数据、IP电话、多媒体和企业信息化等业务，并被国务院国资委评为全国标杆企业,连续多年荣获广东省纳税十强企业称号，为通信行业及地方经济发展做出了重大贡献。

国家"十四五"规划中明确指出"加快数字化发展，建设数字中国"的发展规划，为了响应国家对国有企业数字化转型工作要求，中国移动提出坚持"以人民为中心"，以"推进数智化转型，实现高质量发展"为主线，基于客户服务"大音平台"，围绕客户全生命周期6个环节，重点解决不精准、不智能、不便捷三大痛点，打造面向"以人民为中心"和通信企业提质增效的"服务天眼（EYE）"客户服务端到端管理体系。

客户服务端到端管理体系的核心，就是全面优化客户端、管理端和生产端的效能，缩短客户服务问题解决时长，提高主动发现问题能力，实现客户服务全方位可视（Everywhere）、全过程可控（Everycycle）、全员赋能可管（Everyone），为9亿客户提供优质、便捷、智慧服务，持续提升客户满意度，实现通信企业服务工作提质增效，助力公司高质量发展。

具体而言，在客户端，实现从客户提出服务诉求到服务闭环处理全过程可视化；在管理端，实现服务端到端服务全流程的各环节信息共享化、监控自动化；在生产端，实现从点对点的串行处理到多点对多点的并行处理的调度智能化，提升客户报障到一线维护人员处理的执行效率。

一、项目背景分析

（一）党的宗旨：坚持以人民为中心

党的十九届五中全会指出，明确提出了我国经济已经由高速增长阶段转向高质量发展阶段，国有企业要通过改革创新，走在高质量发展的前列。全面建设社会主义现代化国家，坚持把实现好、维护好、发展好最广大人民根本利益作为发展的出发点和落脚点。守初心，就是要牢记全心全意，为人民服务的根本宗旨，以坚定的理想信念坚守初心，牢记人民对美好生活的向往就是我们的奋斗目标。

（二）行业要求：向客户提供满意服务

中国移动董事长杨杰指出，服务是企业的生命线，着力构建"全方位、全过程、全员"的"三全"服务体系，要持续改善客户服务质量，积极应对新冠疫情的冲击和挑战，加速经济社会数字化转型，充分利用5G、云计算、大数据等信息技术优势，全力做好客户通信保障、服务保障和防控保障。

但是，2020年以来，广东移动近1.2亿客户中，每个月的服务问题、咨询、报障近200万人次，其中客户服务工单近60万，耗费了大量的人力物力处理单点问题，在问题标本兼治、服务质量提升等方面显得力不从心。如何快速进行服务问题溯源、预防问题发生、监控服务标准执行，如何推动客户服务从"事后补救"向"全程管理"转变，从"被动应对"向"主动引领"转变，从"问题处理"向"源头治理"转变，变得尤为重要！

（三）管理痛点：客户声音无法端到端传递和管控

服务转型是数字时代客户的需要，而当前端到端管理存在数据溯源慢、流程壁垒多、交互手段弱三大痛点。

（1）数据溯源慢，不精准。客户要求更好的服务体验，但无法快速解决客户问题；存在数据黑匣、数据孤岛，客户服务数据存放在业务、网络等多个部门多个系统，如，一个普通客户投诉的分析溯源往往需要耗时7天到21天。

（2）流程壁垒多，不智能。客户消费选择更加多元化，但无法实时保障客服感知；缺乏更主动和智能的服务预警、质检。如，每月客户不知情办理业务咨询超0.5万宗，装维不及时超2.2万宗，事前防控、事中管控智能化预警不足。

（3）交互手段弱，不便捷。科技进步带来客户行为变化，但电话等传统服务触点无法适应客户需求的升级；线上等便捷服务触点不够完善，很多服务述求不可视、不可催。如，目前10086语音热线人工依然为客户服务主要渠道，热线渠道服务占比高达84%。

二、成果主要内涵

落实中国移动集团公司要求，坚持党建引领，以客户为中心，深化"三全"服务体系，围绕提出服务诉求、受理需求、专业人员处理、结果反馈、客户用后评测、服务闭环等的客户响应全生命周期6个环节，重点实现服务数字化、智能化、线上化3个方面9大能力，强化"服务天眼"和"大音平台"的系统对接支撑，升级客户服务端到端管理体系。

以客户家庭宽带报障场景为例，在客户端，从客户报障到装维人员上门处理，双方通过短信、App等交互方式可以看到整个服务事件处理的全过程，客户可查、可催、可补充服务诉求；在管理端，报障处理各处理环节的工单量、及时率等关键指标监控实现了自动化、可视化，确保后台管理人员及时处理异常情况，智能调配装维人员，快速响应客户服务诉求；在生产端，过去服务端到端处理流程为点对点串行，从客户报障、客服人员预处理、中间多部门流转后才流转到一线维护人员上门处理，客户端到一线维护端之间最多可达17个流转环节，现在可以跳过中间所有环节，客户端到一线维护端之间0距离，第一时间将客户账号、故障情况、家庭地址等多个维度信息进行标准化、智能化处理后，直达同步至一线维护人员，帮助快速处理客户家宽故障。

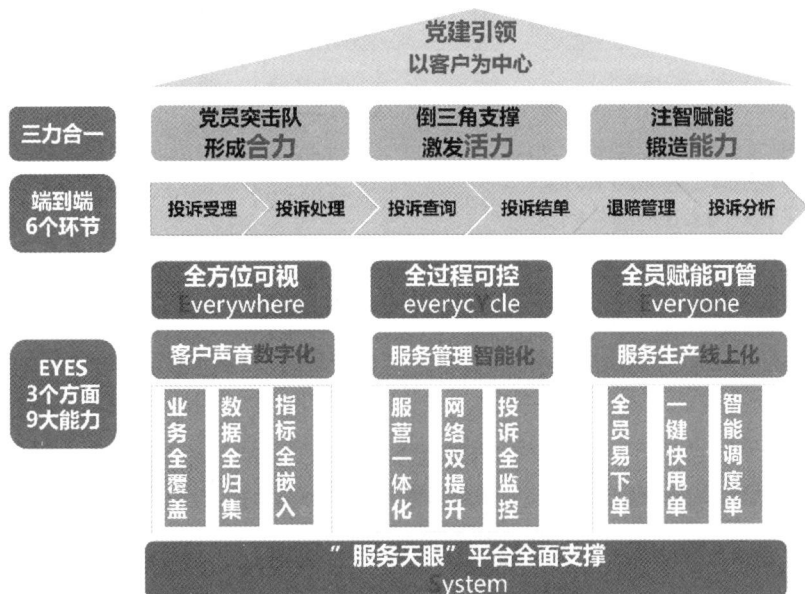

图1 "服务天眼"端到端服务质量管理体系

三、成果主要做法

广东移动以深化党业融合为引领，建立以公司领导小组为核心的三大管理思路，在"把方向、管大局、保落实"三个层面进行了深度融合。

在"把方向"层面，把握"以人民为中心"的政治方向，坚持"以客户为中心，以高质量服务为目标"的工作思路，组建专项推进工作组。

在"管大局"层面，中国移动统一部署启动了端到端服务过程质量管理体系建设工作，指导广东移动在制度、流程、系统等方面的工作。

在"保落实"层面，中国移动持续深入开展端到端管理体系优秀案例推广工作，将广东移动项目作为重点落地项目。

在明确管理思路后，广东移动以"全方位可视，全过程可控，全员赋能可管"为抓手，持续推进端到端服务过程质量管理体系建设工作。

（一）全方位可视：强化端到端服务指标管理体系建设

建立数据分层汇聚机制、全量指标分级监控：构建市场、政企、服务、网络和IT领域5大线条端到端质量管理体系，覆盖全量产品、全部场景，全部流程嵌入到系统中，实现业务全覆盖、数据全归集，指标全嵌入。

1.业务全覆盖管理

为解决涉及客户服务数据散落于企业内部不同系统、客户服务部门"数据孤岛""数据黑匣"问题，全量采集客户声音，梳理公司内部300＋个数据接口、10万＋个明细字段，接入BOM域（业务支撑域、网络管理域、办公管理域）CHBN（个人业务、家庭业务、集团业务、新兴）全业务，覆盖客户提出服务诉求到客户评价全过程，并从中筛选出客户提出服务诉求到客户评价全过程的12个系统113个接口，从以往从各个系统进行数据提取到分析报告至少需要2周以上，到实现端到端数据集成化，服务数据秒级同步，15分钟可以生成报表。

	网管域（O域）	业支域（B域）	管信域（M域）
个人(C)	网投系统 网络投诉类 2个	NGBOSS 个人业务类 6个 IOP 营销运营类 2个	PORTAL 1个 企信通 4个
家庭(H)	服开系统 服务流程类 8个 互感平台 设备监控类 1个	NGBOSS 家宽业务类 6个	和家亲 和目看家
政企(B)	服开系统 服务流程类 8个	ESOP 集团业务类 10个 企宽业务类 2个 IOT	泛DC运维 物联云平台 IDC运维 自研行业平台
增值(N)	EOMS 网络工单类 17个	NGBOSS 新业务类 1个	咪咕视频 咪咕阅读 咪咕音乐 咪咕影院
通用	EOMS 网络工单类 17个	BI 基础数据类 8个 精益平台 营销信息类 1个 IT工单系统 工单类 7个	NGCS 投诉工单 57个 NGCS 业务受理单 10个 PORTAL 1个 企信通 4个

图2 BOM域数据接入情况

2.数据全归集管理

打通各域数据流，数据统一平台归集，从接入层、汇聚层、承载层、应用层四个层面贯通端到端客户响应管理体系。方便一线、后台更快速、直观地掌握服务全生命周期，实时同步前台客服服务系统、后台网络支撑系统及IT系统各环节处理进度，涉及5大流程主环节，14项前端客户服务接入，8项后台处理过程，生成全量服务处理路径图，提供端到端可视可溯、前后台高效协同能力，实现数据可视化。

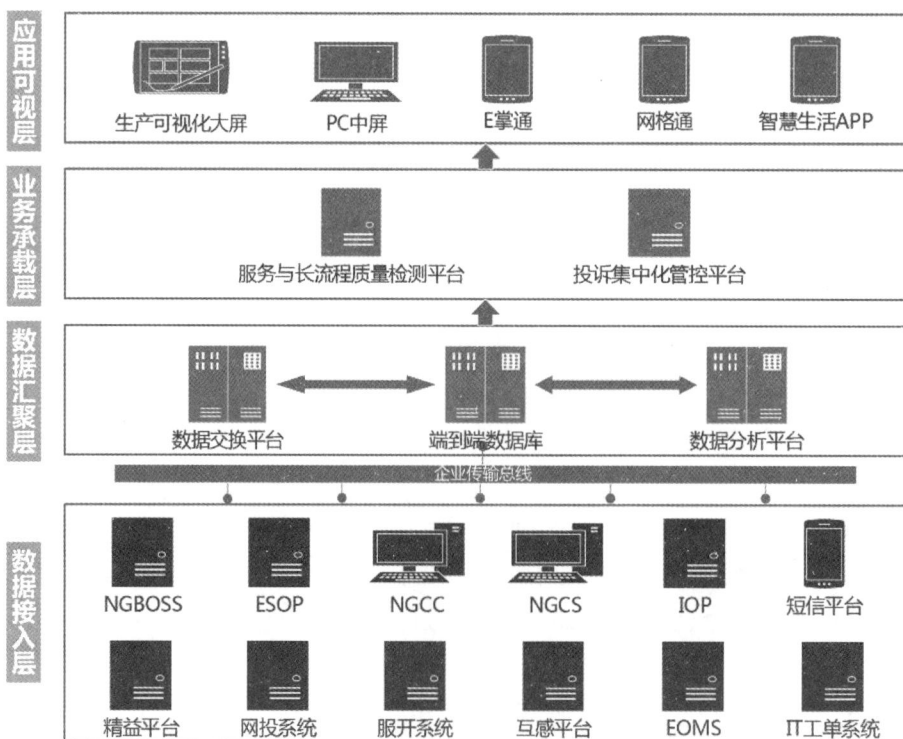

图3 端到端客户响应管理体系架构图

3.指标全嵌入管理

面向热线、互联网、营业厅、装维及客户经理5大触点,6大类560个客户数据与客户体验周期中的关键感知匹配,以影响客户感知的因素出发,初步梳理客户体验周期下的体验感知线,衔接生产过程,匹配关键过程管控指标KCI,进行相关性和可信度分析统计建立客户数据与满意度之间的二维相关系数矩阵,建立5项153个KQI指标,实现指标监控和流程可视。

热线	15秒接通率	一次解决率
	建单准确率	重复投诉率
互联网	接通率	智能应答解决率
	投诉处理及时率	……
营业厅	服务态度	咨询处理时长
	受理内容准确性	回复质量合格率
装维	转派及时率	回复及时率
	处理及时率	……
客户经理	及时率	业务受理准确性
	一次解决率	类别准确率

图4　5大触点指标体系

（二）全过程可控：升级端到端跨专业协同管理机制

有了服务数据全方位汇聚的坚实基础,广东移动通过对数据进行聚类分析,从客户声音海量数据中发掘钻矿,从中发现服务管理工作中的痛点和短板,在基础服务工作中,建立五单管控体系,通过五级预警监控体系监控工单闭环质量,通过建立客户权益保障监控预警体系保护客户权益阳光透明,并通过服务营销一体化,网络协同双提升等专项行动,建立"营销＋网络"全向跨专业高效协同机制。

1.建立基础服务五单管控体系

结合服务处理过程发现的痛点,梳理流程关键控制点,全网首创服务过程"五单管控机制",聚焦任务单、补救单、仲裁单、修复单、监督单五类工单,重点压降超长/重复工单,提升快速解决客户问题的能力。

在管控服务处理工作流程的基础上,同时将日常服务管理工作嵌入基础服务生产流,建立省市二级基础服务专班机制,针对前置风险评估、聚类预判问题、需求归口管理、省市支撑协同4大场景5个环节建立基础服务生产流。对于市场营销新需求,根据客群数及敏感事件库建立分层分级专班审批流程,涉及敏感需求进入专班评审机制,如不属于敏感需求,转交至市场部门协助评审,相关评审结果同步至一线客服界面执行。

2.建立五级预警监控体系

针对一线前台、二线综援、后台支撑3大角色、4类业务设置10项控制点，围绕时效性、完整性、真实性三类场景，对160万广义工单中超时重复工单、应下单未下单等问题预警，精准发现执行偏差。

（1）针对时效性，服务工单处理是客户服务的重点工作，工单处理及时率直接影响客户感知。工单处理监控采用人工监控手段，实时性较低，且耗费额外的人力工作。基于上述痛点，通过自主开发工单超时预警看板，实现工单自动获取、数据智能运算、超时提前预警的全流程智能监控能力。工单超时预警看板实现服务处理可视可管，通过建立预警标准，提前告警即将超时的工单，工单处理及时率同比上升3pp，同时协助管理人员加强工单质量管控，提升服务处理质量。

（2）针对完整性及真实性，根据在客服热线与客户交互的过程中，通过将服务录音转化成文本记录，进一步对服务内容及规范性进行监控。已上线8项场景的全量工单稽核，可实现按日监控热线话务，发现热线话务、服务工单的未解决问题，进一步对服务过程进行精细化管理，细化出升级服务工单、不满服务工单、敏感服务工单、重复服务工单、虚假归档等5大场景，进而提升客户服务问题解决质量，减少重复率。

3.建立客户权益保障监控预警体系

为了更好地维护客户的权益，在服务生产流及工单预警体系的能力基础上，建立客户不知情服务管控体系，确保客户消费阳光透明。

（1）1个全过程预警管控中心，生命周期100%"分级预警"

结合服务大数据制定12类服务标签，按敏感程度分层分级形成4种营销策略，对接IOP，前端将服务标签运用到营销案推广，对侵害客户利益不知情"0发生""0容忍"。

一是事前"系统内嵌侵害客户权益21条"前置化，实现预警在前，省市营销人员的业务批量办理前确认客户知情办理；二是事中"问题方案下架整改"自动化，实时及时补救，疑似不知情服务聚类TOP5营销方案自动下架、派单给到业务负责人整改；三是事后"日清日结"智能化，实现IT换人，基于天眼平台自动溯源、派单到省市对应部门，定责溯源工作预计减少近50人。

（2）1套全过程智能稽核管理模型，新增订购100%"全量稽核"

在客户服务工单基础上，基于"全订购＋全系统＋全界面"，对每日新增6000多万订单，从客户签名、上行短信、电话录音，电渠签名等4个维度智能稽核，实时预警和派单，派单完结596张，并更新输出有51类问题的问题库。

将不知情定制服务问题情况作为渠道健康度中的一个重要指标，在系统中多维度展示，可省维度，展示各地市得分情况；也可按地市维度，展示具体项目得分情况。

（3）1个全过程闭环督办管理体系，监督问责100%"一单到底"

基于"日清日结"和"全量稽核"的结果，在服务问题管控工作的基础上，加强服务线条、市场线条与巡察办进行深度协同合作，开展嵌入式廉洁风险防控的党业联动，构建不知情全过程数智化管控体系，实现不知情全过程精准预警、智能稽核和监督闭环对疑似不知情订购在不知情定制监督问责闭环管控模块中生成工单，覆盖四种形态、管理问责和党内问责各环节共计23个控制点，对责任单位、个人全面监控督办，快速解决问题，约谈工单完结12张。

4.建立"营销＋网络"全向协同管理机制

服务数据深度应用到业务生产过程中，提升市场营销精准度和改善客户网络感知，服务部门制定统一服务标准和集中监控机制，及时传递客户声音，实现服务质量智能管控向各专业领域全方位延伸、立体化渗透。常态化开展网络感知监测，根据客户行为、网络感知等5个维度232个指标，结合客户的业务域身份属性、满意度数据、陌生来电模型数据，建立了不满客户的群体特征模型，通过智能算法找到市场与网络的主要潜在不满客户，进行精准修复。

（1）服务营销一体化

通过对全渠道客户服务数据分析，在TOP10问题中，营销类占比超过40%，做好对目标客户的精准营销，对营销方案的服务问题异动监控，成为服务于营销结合的重点。针对精准营销方面，构建三大类300＋服营一体标签，54类服务标签嵌入IOP精准营销生产过程，剔除敏感客户提升营销精准度。根据客户产生的消费习惯，构建资费适配模型，一共推演生成201种适配套餐类型，并协同市场部每月对600万客户进行套餐适配归位，提高资费满意度。

同时，针对营销异动管控方面，营销活动上架时，聚类实时监控，累计服务工单量超100宗或进入TOP5立即下架抢救，经3次抢救无效，永久下架。

（2）网络协同双提升

运营商为客户提供的网络服务，从承载形态上可以分为无线网络及有线网络。

首先，针对无线网络，以预测潜在不满客户为基础，基于集团四轮十维网络质量评估体系，结合满意度及经分数据，从156个KQI因子中筛选12项关键影响力指标，输出不满倾向客户清单，单季度输出6.3万满意度质差小区清单。同时，将贬损客户的异动情况，结合小区不满客户密度，进行派单处理，实现精准优化切实落实感知提升闭环。

同时，对高价值客户的常驻VIP小区进行重点监控，对预警质差小区开展"119"灭火行动，先于客户发现问题、先于客户解决问题，一是通过搭建分场景监控模型，细分8类客户场景，针对不同场景制定对应监控体系与预警规则，通过机器学习方式对算法快速迭代；二是通过开展"119"灭火行动，按15分钟粒度5个级别进行预警，实现对客户感知下降问题的提前发现，从根源上扑灭客户问题"火势"，遏制"火势"蔓延。

其次，针对家庭宽带、专线等有线网络，围绕19个控制点构建五级预警体系，通过自动化数据分析和挖掘，输出潜在不满意家庭客客户修复目标号码，开展场景式常规关怀，推动客户感知各业务层面的持续优化，通过打通了市场—网络线、业务前台—后台的过程协同，形成网络、市场"双引擎"督办机制，让全公司一起做好客户服务工作。

控制点	控制点运算逻辑	五级预警	四级预警	三级预警	二级预警	一级预警
超时未预约	处在集中预约环节，不存在IVR拨打时间，当前时间-上门/集中预约到单时间	2小时	4小时	8小时	12小时	24小时
超时未过单	处在集中预约环节，IVR拨号时间和预约时间均不为空	即刻	2小时	4小时	6小时	8小时
履约提醒	处在外线施工环节/上门测试环节，客户预约上门时间-当前时间	2小时	--	--	--	--
逾期未上门	处在外线施工环节/上门测试环节，装维GPS轨迹未到达客户现场，当前时间-预约上门时间	即刻	2小时	4小时	6小时	8小时
超时未归档	没有上门测试回单时间：A：当前时间 - 客户预约上门时间 B：当前时间-派单时间	A：8小时	A：12小时	A：16小时	A：24小时 B：3天	A：48小时 B：7天
客户催办	客服系统同步客户催办信息的工单，当前时间-客户催办时间	即刻	8小时	12小时	1天	2天

图5 有线网络5级预警体系

（三）全员赋能可管：完善端到端生产管理体系建设

要实现全过程可控，将端到端的服务体系全面落地，重点是对服务过程的执行人员提供能力和工具，从后台管理人员到一线生产人员，通过将全员协同过程嵌入工单流，对服务各个环节提供数智化工具，打造智慧平台能力提供多屏联动，实现全员赋能可管。

1.全员协同管理提效

全量采集全渠道全业务服务工单，前端面向10086客服、互联网客服、客户、客户经理4类人群提供一键下单能力，后台进行对工单类型进行聚类分发、集中调度，整个服务生产流均通过工单驱动，全员以一张工单为主线进行协同工作，提升客户服务处理效能。

2.全员数智化管理赋能

在客户服务过程中，通过对客户、一线客服、后台支撑人员、满意度修复人员在服务事前事中事后提供数智化功能，使得管理动作更人性化、更智能化地被执行。

（1）自动诊断处理

面向客户便捷服务，通过自助服务工具提供光猫智能排障、客户一键报障、产品状态查询和专线链路告警等四大支撑能力，对比业内在多页面提供排障报障服务，提供自助服务工具，集成宽带全链路的全量系统数据，提供宽带客户线上排障工具，逐层监测客户的帐号、链路状态、链路信号问题，解决实现客户通过手机就可快速一键排障；若排障后，故障仍未能恢复，则为客户一键下单到后台，避免客户无法成功接入客服热线的难题，同时减少装维上门的成本，后台根据装修智能调度机制自动调度工单。

（2）AI智能问答

面向一线客服人员，在处理客户服务过程中，依托客户服务智慧平台，通过自主研发AI智维，基于Boss业务的AI智能问答，为客户提供自助业务咨询和问题智能修复的维护产品，顺应从手工运维方式转变到工具自动运维的发展趋势，打破传统的工单流派单方式，解除了一线时间和空间上的限制，实现一线通过手机随时随地咨询报障，达到分钟级的修复效率的效果。

（3）智能分单工具

面向后台人员，基于爬虫原理、中文分词和TF-IDF文本相似度计算，搭建历史工单检索、重复工单分析、人员技能匹配、工单均衡判断、工单指引推荐等功能，通过可配置界面实现个性派单，最终实现升投工单智能、精准、实时分派，打造"一键式、无人值守"的自动化智能分单。

根据人员技能，人员待办量，人员排班情况实现工单的智能、自动分派，确保工单分派及时性；通过日志输出，自动存储记录工单分派情况，实现工单处理量的自动通报；对工单数据进行自动归纳分析，实现聚类问题的自动告警推送。

（4）低满意度客户群自动修复

面向满意度修复人员，在客户服务的过程中，需要不定期对低满意度的客户群开展修复工作，并记录的外呼、赠费等相关修复信息。客户群修复伴随着大量的数据处理工作。项目团队依托自主研发能力，在客户服务智慧中台上开发低满意度客户群修复数据处理模块，使用IT能力自动化处理海量修复数据的匹配、分类、去重等操作，同时通过数据库对历史修复数据及操作日志进行详细存储。

客户群修复数据自动化处理能力减少人工重复性操作工作量，降低外包费用，同时程序化处理提高数据准确性，从而提升客户修复效率，对客户满意度提升有显著提效。

3.全员多屏联动提效

升级智慧平台支撑体系建设，面向市场线条、网络线条、政企线条前后台管理人员，网格、营业厅等一线人员，通过PC端和手机端联动，提供560＋服务BI报表，集中调度市场、网络资源，通过多屏互动，精准赋能全员。

四、创新点

（一）数据秒级同步，构建"2纵1横"分层多维管控体系

面向管理可视、客户可视、一线可视三大视角，建立分渠道、分业务、分场景、分环节的"2纵1横"分级管控体系。

一纵是指CHBN全量服务数据秒级同步，聚类四大渠道、CHBN四大业务，实现端到端服务过程集中管控。

二纵是指建立客户全生命周期视图，聚类客户4类触点服务数据，每个客户的历史接触记录可查可视。

一横是指前端收集14项客户声音，后端同步8项关键处理信息，客户服务工单端到端可视、分层分级预警。

（二）科技数智驱动，打造"1＋X"客户感知提升体系

以数字化转型为契机，加快数智能力新突破。内外兼优，对内面向生产经营打造数字化管控平台，全量真实传递客户声音，对外面向满意服务打造智能化服务应用生态圈，提供千人千面魅力服务。

基于1个平台，建立车间一体化闭环管理体系，将控制点嵌入生产流程，倒计时监控预警，倒逼内部快速解决，提升效能。

基于X项工具，覆盖3000万客户。一是提升客户在服务大厅驻留时长，加强服务变现，学习互联网标杆，广东移动智慧生活App上线超过40项自助服务工具，最大努力帮助客户解决问题；二是通过可视化、便捷化的优加服务体验，提升满意度。通过实现所有服务过程数据接入广东移动智慧生活App服务大厅（服务查询和网络报障），支撑客户自助报障，客户可随时查看全部服务处理情况，支持可查询、可跟踪、可催单。

（三）因地制宜试点，形成"1＋X"地市快速应用模式

2020年6月，通过在广州、深圳、东莞3个先进城市优先试点，发挥自身特点，截至2020年底，已带动全省所有市公司进行加速复制，支撑生产力管理，形成"1＋X"地市应用模式。

五、成果实施效益

（一）管理效益：集团及工信部高度评价

管理成果受到中国移动集团公司的高度赞扬，获得2020年中国移动服务管理最佳实践评选一等奖，受工信部下属机构肯定，先后发表论文《基于"大数据＋客户感知"的资费与网络满意度提升方案和实践》收录于《科学导报》《基于端到端服务质量管理体系的客户感知提升系统》收录于《信息通信技术与政策》。

（二）经济效益：降本增效、业绩增长

围绕"一张工单到底"，面向省市5类管理视角，上线事前预防、事中处理、事后督办三大流程，持续降低成本、提升效益。上线后，客户服务响应速度提升78%，一年共节约人工成本费用超1.5亿元，

可间接减少1.5亿元成本费用。同时广东移动2020年实现收入超800亿元。

（三）社会效益：客户满意度全面提升

结合落实"为群众办实事"，以广东移动智慧生活App的线上服务大厅为承载，上线包括服务查询、开户、补卡、网络报障、充值等超过40项自助服务，单月服务客户超6亿人次；客户提出服务诉求后100%通过短信关怀，通过短信、App等方式100%可查可催，家庭宽带等长流程业务办理时长缩短98%，手机上网和家宽客户满意度持续双提升。

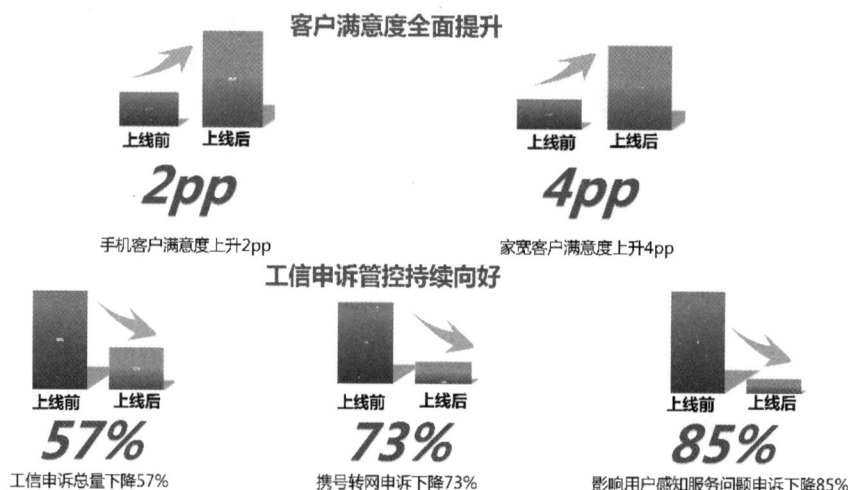

客户满意度全面提升

上线前 上线后 **2pp**
手机客户满意度上升2pp

上线前 上线后 **4pp**
家宽客户满意度上升4pp

工信申诉管控持续向好

上线前 上线后 **57%**
工信申诉总量下降57%

上线前 上线后 **73%**
携号转网申诉下降73%

上线前 上线后 **85%**
影响用户感知服务问题申诉下降85%

图6 社会效益提升成效

六、推广建议方案

（一）方案成熟："1＋n各省复制"和"1＋1统一规划

以中国移动"大音平台"为载体，广东移动提供"1＋n各省复制模式"或"1＋1统一规划模式"2套方案。

"1＋n模式"是各省份复制广东移动模式，个性化接入需求数据，实现数据集中。

"1＋1模式"是由中国移动集团公司接入各省的，实现全网数据统一。

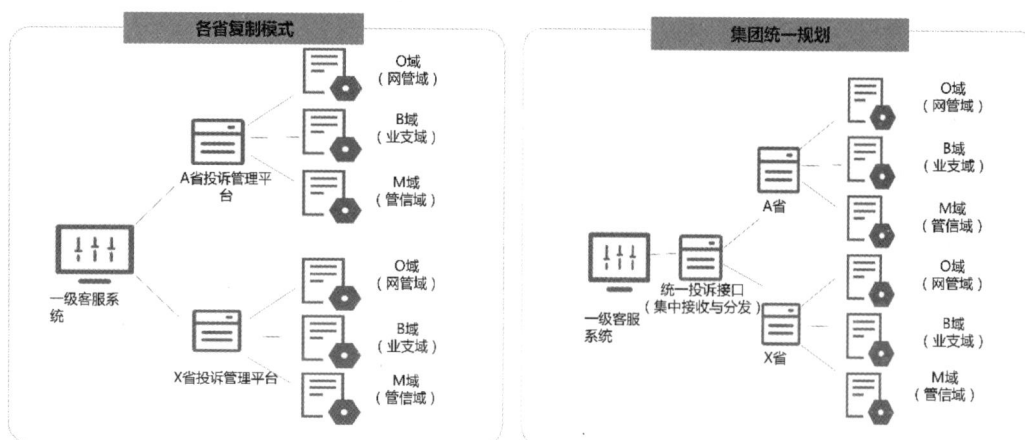

图7 全网复制模式

（二）可操作性强：兄弟公司"1234"快速复制

形成一套"1＋2＋3＋4"项目引入模式，一套大数据基底，二维数据矩阵，三项工作机制，四套标准体系：

一套大数据基底是打通全流程服务盲点，12个协同系统信息共享；

二维数据矩阵是海量关键数据为抓手，构建客户服务感知模型，端到端集成系统；

三项工作机制是装维集中调度机制、工单集中调度机制、双督办闭环机制；

四套标准体系是端到端稽核标准、超时监控标准、风险预警标准、关键控制点监控标准。

（三）推广0成本：一点创新、多点复制、服务全网

广东移动项目被中国移动列入2021年重点推广项目，目前已向四川移动、山东移动、天津移动、中国移动互联网公司等15个省公司/专业公司进行项目输出，包括项目方案、操作手册、系统规范、管理机制、制度模板等，提供针对性的技术咨询与支撑。

成果创造人：杨斌、姚琨、陶轶、魏明、赵芳、娄鹏、白秋富、

陈虎、刘以勇、张琳、刘志敏、何家恩、黄琦

建材行业碳减排技术路径研究

中国建材集团有限公司科技部

一、建材行业碳减排技术路径

（一）我国建材行业碳排放基本情况

我国已确定力争2035年前实现碳达峰，2060年前实现碳中和的目标。建材行业碳排放量占钢铁、化工、建材三类主要工业碳排放量35%，其主要碳排放来源于水泥生产，2020年水泥生产碳排放量为13.2亿吨，约占建材行业总碳排放量的80%。水泥生产的碳排放可分为燃料排放、生产过程排放和间接排放，各环节排放比例约为35%、60%、5%，其中，生产过程排放主要来源为水泥生产原料石灰石的分解。水泥生产的碳排放主要来源于熟料烧成阶段，因此，降低水泥生产碳排放的重点为降低熟料烧成的化石能源消耗、降低石灰石的用量。

（二）碳减排技术路径及减碳潜力分析

降低化石能源消耗的技术途径有提高能源效率技术、替代能源技术，降低石灰石用量的主要技术途径有原材料替代技术、新型低碳水泥熟料技术。上述四类技术部分已相对成熟，如高效冷却技术、高效粉磨技术和余热发电技术等；部分处于研发和示范阶段，如大比例替代燃料技术、高贝利特硅酸盐熟料生产应用技术、高贝利特硫（铁）铝酸熟料生产应用技术等；部分仍处于技术模型研发阶段，如新能源（包括绿氢、光伏、微波、红外等）煅烧水泥熟料技术。碳捕集、封存和利用技术（CCUS）是建材行业实现碳中和的"兜底"技术手段，而由于水泥生产碳排放的特点，现已基本成熟的后捕集方法相对成本较高，而与熟料煅烧过程结合的全氧燃烧后捕集技术被认为是最经济的碳捕集手段。此外，由于水泥基材料矿物组成的特性，二氧化碳可用于矿化养护、改性此类材料，建材产业有一定的碳吸收利用能力。初步预测，到2060年实现碳中和时，能效提升、替代燃料、替代原料、低碳水泥和CCUS技术降碳比例分别为3%、27%、4%、11%和55%。

1. 碳减排技术路径

（1）化石能源、原料替代技术

建材工业能源消耗品种主要是煤炭、电力、燃料油及少量的天然气、煤气、焦炭等。其中，煤炭作为所有化石能源中含碳量最高的一种，无论是作为能源被直接燃烧还是被用于原料、还原剂等非能源使用目的，都不可避免会产生大量二氧化碳。燃煤产生的二氧化碳排放总量大约占我国二氧化碳排放总量的85%以上。水泥行业是建材行业中的"碳排放大户"，也是全球二氧化碳排放的主要"贡献者"之一。

在环境条件许可和需要的情况下，水泥窑可实现利用废弃物、城市垃圾、替代燃料达到40%。据统计目前中国水泥行业的燃料主要为煤和天然气，采用替代燃料的时间短，燃料种类少，年替代量不足。在欧盟一些国家，水泥行业平均燃料替代率超过50%，荷兰高达98%。欧美水泥工业使用废旧轮胎，固体废弃物，屠宰业弃置的肉、骨头，废弃塑料，废机油及生物质燃料等。我国水泥工业的燃料替代主要是协同处置生活垃圾，其他生物质燃料如秸秆等仅有个别企业正在开展示范项目工作，预计未来将有相当的减排潜力。

建材行业碳排放主要源于燃料燃烧排放、过程排放和外购电力和热力排放。在水泥生产过程中，原材料碳酸盐分解产生的二氧化碳排放这种过程排放占到60%多。生产水泥熟料的原料主要为石灰石、黏土、铁矿石和泥灰岩等钙硅铝铁质矿物。当废弃物中的钙硅铝铁含量较高时（如矿渣、粉煤灰、煤矸石、炉渣、硅钙渣、磷渣、赤泥和电石渣等），一般作为替代原料从水泥窑的预热器、分解炉或窑尾入窑进行协同处置；当废弃物的热值较高时（如废旧轮胎、废纸、废木材、焦油和城市生活垃圾等），一般作为替代燃料从水泥回转窑的主燃烧器入窑加以回收利用。原燃料替代能够充分发挥建筑行业消纳废弃物的优势，进一步提升工业副产品在建筑材料领域的循环利用率和利废技术水平，替代和节约资源，降低CO_2等温室气体过程排放。着力推广水泥窑炉协同处置废弃物等技术，大幅度提高燃料替代率，可积极推进碳达峰和碳中和。欧洲水泥工业中替代燃料的使用率较高，2018年达到了43%，而全球水泥工业中替代燃料的使用比例仅为6%。我国采用替代燃料的时间短，燃料种类少，只有不到50余条水泥厂使用替代燃料，总体的燃料替代率不足2%。研究表明，水泥回转窑在协同处置工业和城市废弃物方面较其他工业窑炉有优势，尤其是水泥窑的碱性和氧化环境对替代燃料和原料中重金属离子的固化有正面作用。但是，替代燃料中氯离子（Cl^-）、硫酸根（SO_4^{2-}）、钠离子（Na^+）、钾离子（K^+）等离子对熟料烧成过程和熟料质量均有影响，因此，替代燃料组成及其预处理、熟料烧成工艺参数调整等方面的研究是提高替代燃料原料使用率的重要前提。

表1 原燃料替代技术

序号	技术名称
1	生物质材料预处理及水泥熟料—替代燃料的能质耦合技术
2	城市垃圾、废弃轮胎及其他可燃废弃物等预处理及调控技术
3	替代燃料生产熟料关键技术与应用
4	大掺量典型富钙固废替代石灰石煅烧高胶凝性熟料的关键技术
5	非传统硅铝质材料高性能低碳胶凝材料制备与应用关键技术

（2）能效提升

通过使用提高能效的技术，建材行业的能耗和电耗持续下降，CO_2排放也相应减少。主要建材行业水泥、玻璃等主要节能技术有：

水泥行业：截至2018年底，我国1681条熟料生产线中69.84%为2500t/d以上熟料产能生产线，提高单条熟料生产线产能可有效促进单位熟料能耗，降低熟料生产碳排放。近年来，低能耗烧成和新型粉磨技术的开发也对水泥生产能效提升起到积极的作用，如天津水泥工业设计研究院开发了六级组合重构预热预分解系统和生料辊压机终粉磨技术，并对供风系统和篦板结构进行了优化，实现了熟料标煤耗≤93kg/t。水泥熟料生产过程中的余热再回收利用是降低水泥生产综合能耗的有效手段，南京凯盛开能环保能源有限公司开发了智能控制的水泥窑余热发电系统，该系统使用后，吨水泥产品发电28.11kWh，同时实现了降低碳排放量的目标。我国水泥生产种能源效率正在逐步提升，如湖州槐坎南方7500t/d熟料新型干法水泥生产线，吨熟料综合电耗小于42kWh；在吨熟料余热发电量为29kWh的情况下，实现生产统计吨熟料标准煤耗为95kg。低能耗、超低排放、与环境相容的绿色生态理念，项目排放指标、能耗指标在全国乃至国际上均处于先进行列。我国熟料生产企业已基本全面配置，通过进一步提高能源回收利用率所起到的作用有限，如南方水泥吨熟料余热供电量已达32kWh/t.cl。但在如风能、太阳能利用方面，国内水泥企业也同样有较大的空间。国内太阳能年利用小时数为1000～1600h之间，按1300h计算，每1MW（占地约15亩）的太阳能光伏发电组件每年可以发电1300MWh，如年产200万吨水泥厂内建设分布式光伏发电项目，利用厂房办公楼屋顶、空闲地面、废弃矿山安装5组（约75亩）该太阳能光伏板，按照2020年电网排放因子0.53kg CO_2/kWh计算，年减少间接碳排放3445t，每吨水泥碳排放减少17.22kg CO_2/t。

充分利用余热及更低品位热源、风能、太阳能发电，到2030年基本实现水泥生产线（含熟料）零外购电，较2020年国内平均水平，吨水泥碳排放降低37.8kg；在此基础上，加强氢能等新型能源生产熟料的技术储备，结合玻璃、玻纤生产中电解氢技术基础和优势，进一步利用水泥企业周边风能、太阳能发电生产氢能，降低化石能源使用比例。以热耗100kg标煤每吨水泥熟料核算，使用氢气作为水泥生产的替代能源，吨熟料仅消耗约22kg氢气，可减少燃煤造成的碳排放约270kg/t水泥熟料。

根据国际和国内水泥工业技术的发展现状，目前可行的提高能效的30多种技术，其中包括熟料制备技术和节能粉磨系统技术，其中主要的节能技术和减排潜力如下：

表2　水泥行业主要减排技术

序号	技术名称	减排潜力	技术应用分析
1	辊压机生料终粉磨技术	3.40~5.62kg CO_2/tcl	根据调研集团生料制备粉磨平均电耗约15.74kWh/t，辊压机及外循环立磨粉磨技术电耗可达到13kWh/t，集团水泥企业生料粉磨平均节能潜力2.74kWh/t，生料粉磨节能产生的熟料降碳潜力2.54kg CO_2/tcl
2	外循环生料立磨粉磨技术	2.22kg CO_2/tcl	
3	高能效自适应烧成技术	15~21.6kg CO_2/tcl	适应与老线升级改造，熟料标煤耗可降到100kgce/tcl
4	新型水泥熟料冷却技术及装备	4.60~6.90kg CO_2/tcl	适用于水泥企业节能技术改造，熟料标煤耗降低2~4 kgce/tcl
5	钢渣立磨终粉磨技术	吨钢渣终粉磨碳排放量降低24kg CO_2/t钢渣	降低钢渣粉磨电耗，提高钢渣使用比例
6	水泥行业能源管理和控制系统	3.51~7.99 kg CO_2/tcl	少量水泥企业应用，吨熟料煤耗可降低1-3 kgce/tcl

玻璃行业：在平板玻璃行业3大主要碳排放类型中，化石燃料燃烧占整个碳排放的70%以上，因此节约能源、优化燃料结构、提高燃烧效率等是减少碳产生和排放的主要途径。主要有：

①通过能量转换实现节能能源：

如玻璃熔窑引入氧气燃烧系统，玻璃熔窑引入氧气燃烧系统分为全氧燃烧和富氧燃烧两种，富氧燃烧是通过提高助燃空气中的氧气比例强化燃烧，达到高效节能的目的；

优化燃料结构，燃料低碳化；

研究电力和化石燃料的最佳组合方案，使能源燃料的二氧化碳产生及排放达到最低。

②提高燃烧效率：

玻璃熔窑内保温及燃烧器改进：采用玻璃熔窑内保温技术及燃烧器改进技术，有利于节约能源，减少排放。

低温熔化技术：降低玻璃熔化温度的途径一般有两种：在不失去实用性的前提下，采用低温熔化玻璃的化学组成；开发尽可能多地使用碎玻璃的办法。

③采用配合料预热技术

配合料经预热后，可以大大降低熔化温度，减少燃料用量，燃烧生成的CO_2也随着减少。如以流化床预热或特殊预热器预热，则CO_2的排放量可降低15%以上。

（3）低碳水泥技术

采用低钙熟料技术进行矿物组成调整，减低高钙的硅酸三钙含量，提升低钙的硅酸二钙含量，将硅酸二钙的含量由约20%提升至40%，可少使用石灰石约100kg/tcl，可减排CO_2约40kg/tcl；在该熟料体系中引入无水硫铝酸钙及硫硅酸钙等更为低钙的矿物，可再少使用石灰石约300kg/tcl,可减排CO_2约120kg/tcl；以低碳熟料为胶凝组分，进行大掺量混合材设计，水泥的熟料系数可降低至0.5以下，单位水泥减排CO_2约300kg/t。1970年代硫铝酸盐水泥在中国工程中首次应用，由于其成本较高，一直只在特殊工程中使用。但是，硫铝酸盐生产中碳排放较硅酸盐水泥低，研究者和工业界仍将硫铝酸盐水泥作为未来低碳水泥的重要发展方向，尤其高贝利特硫铝酸盐水泥，则被视作有望取代或部分取代硅酸盐水泥熟料的胶凝材料体系。此外，高贝利特硅酸盐水泥熟料由于其烧成过程中低碳酸钙需求、低能耗和低烧成温度的特性，二氧化碳和氮氧化物排放也低于普通硅酸盐熟料，目前是低热水泥的研究方向之一。我国在硫铝酸盐水泥和低热硅酸盐水泥方面的研究和应用方面处于国际领先水平，成功研制了低热大坝水泥、低热微膨胀水泥、海工高抗蚀水泥等多个种类，并在国家重大工程中得到应用。

降低混凝土生产及服役过程中碳排放的方法主要有减少混凝土中熟料和胶凝材料使用量、利用固体废弃物等低环境负荷原材料、提升混凝土性能延长混凝土服役寿命和中和吸收二氧化碳等。研究者认为低碳混凝土包含高粉煤灰掺量混凝土（HVFAC）、超高性能混凝土（UHPC）、超高强混凝土（UHSC）、高强混凝土（HSC）、自密实混凝土（SCC）、轻质混凝土（LWC）和低聚物混凝土（GPC）。例如，高粉煤灰掺量混凝土（HVFAC）中粉煤灰掺量为胶凝材料用量的40%~50%，其主要缺点为早期强度较低，但新拌状态时工作性能、可泵性、抗开裂等方面均表现优异。超高性能混凝土（UHPC）抗压强度通常为120～200Mpa，最高可达800Mpa，抗拉强度为6~10Mpa，弹性模量为40~70GPa，国内桥梁工程中已有较多的应用。UHPC制备方面，提出了基于性能需求的UHPC纳观→微观→细观→宏观多尺度调控理论，构筑了强键合的流变调控聚合物外加剂、微纳米降粘功能材料、无机膨胀材料和有机减缩外加剂，形成了系列UHPC主动调控方法与功能化制备技术。UHPC结构性能和应用方面，建立了UHPC单、多轴本构模型，构建了UHPC构件的设计理论，研发了具有自重轻、装配率高、施工快捷、耐久性好、少维护、造价有竞争力等优点的3类UHPC装配式桥梁结构体系和可显著提升后浇节点区域施工效率和抗震性能的新型UHPC装配式建筑框架结构。

表3 低碳水泥技术

序号	技术名称
1	多矿相稳定共存的低钙高胶凝性熟料制备新工艺和新技术
2	低碳胶凝材料在高性能混凝土制备与应用高效利用关键技术
3	新型无钙负碳水泥科学基础与关键技术

（4）建材产业碳捕集封存和利用技术

目前CO_2捕集技术主要有吸收法、吸附法、膜分离法以及这些方法的组合等。吸收法分为物理吸收和化学吸收。物理吸收法通过物理溶解的作用，在加压或降温条件下实现 CO_2的捕捉，再通过降压或升温实现CO_2的释放，常用的化学吸收剂主要是烷基醇胺溶液和热钾碱溶液。

吸附法是利用吸附剂在不同条件下与气体相互作用的不同，来实现气体的捕集和释放。膜法CO_2捕集是利用膜两侧压力差作为推动力，根据各组分在膜中渗透速率的不同而实现气体分离的过程。随着材料科学的进步，膜材料的分离性能和稳定性不断提高，同时也开发出无机膜（如金属、沸石、碳膜等）和混合基质膜，拓宽了应用领域。相比于传统的CO_2捕集技术，膜分离法具有设备体积小、投资少、能耗低、易操作、易维护等优点，被认为是较有发展潜力的CO_2分离技术。

膜分离法的核心就是膜的选择问题，按照分离机理的不同，通常可以将膜分为吸收膜和分离膜。一般膜分离技术需要吸收膜和分离膜两者配合，共同完成。按照膜材料的不同，可以将膜分为无机膜、有机膜以及金属膜三类。无机膜具有较好的化学稳定性，耐高温和耐腐蚀且不易被微生物降解，比较长的寿命等优点，相对应的是其制造成本较高，且柔软性不够，需要特定的形状来满足需求。常见的无机膜有硅石、氧化铝膜、碳膜等。工业上多用有机膜来捕集分离CO_2，常见的有机膜有聚苯醚、醋酸纤维、聚砜醚等。有机膜除了具有良好的选择性，还具有良好的渗透性，这可以使得 CO_2 精准地从气体中分离出来，并渗透到膜的另一侧，达到富集的目的。但是有机膜存在一个致命的缺点，就是耐热性比较差，无法满足工业上温度的要求。所以当前研究的重点是要开发高效率、低成本的膜材料来满足工业上的需求。同时也有研究发现，可以将膜法和别的捕集 CO_2的方法结合起来，在一定程度上可以弥补两种方法捕集CO_2的缺陷，提出了四氢呋喃（THF）存在下基于水合物/膜混合法来捕集烟气中的二氧化碳，在三个水合物形成阶段，水合物相中的 CO_2含量超过98%。

建材行业典型窑炉二氧化碳捕集方法：工业窑炉烟气CO_2捕集主要有三种：燃烧前捕集、全氧燃烧和燃烧后捕集。燃烧前捕集并不适用于水泥工业，因为其工艺过程中碳酸盐分解是其CO_2排放的主要来源。燃烧后捕集不需对原有生产工艺改进，利用上述吸收法、吸附法、膜分离法等对CO_2进行捕集，各种捕集方法的优点和待解决问题如表4所示。

表4 二氧化碳后捕集的不同碳分离和提纯方法对比

方法	概述	优点	待解决问题
吸收法	吸收法分为物理吸收和化学吸收。物理吸收法通过物理溶解的作用，在加压或降温条件下实现CO_2的捕捉，再通过降压或升温实现CO_2的释放。化学吸收法则是利用CO_2酸性气体的特征，使用碱性溶液对其进行吸收，后续再通过加热等方法实现CO_2的释放	高CO_2回收率（$>90\%$） 高反应率 处理费用适中 最成熟	高能耗 装备腐蚀 吸收剂再生能耗高 低浓度CO_2吸收效率低 CO_2运输和贮存过程附加压力设备 吸收剂逃逸环境污染
吸附法	吸附法是利用吸附剂在不同条件下与气体相互作用的不同，来实现气体的捕集和释放。根据操作条件的不同，可以分为变温吸附（TSA）和变压吸附（PSA），工业中常使用变压吸附	高CO_2回收率（$>90\%$） 能耗低 低运行成本 适用于低浓度含CO_2气体 吸附过程可逆	流程设置复杂 特定烟气条件下吸附能力低 CO_2选择性相对低 烟气条件下压力降低 吸附剂需定期更换

低温分离	低温分离是在超低温环境下将CO$_2$从工业烟气中或空气中分离，该过程中也可将其他其他同时分离	产生液态CO$_2$ 无溶剂需求 易进行工业利用 已成熟技术 工业界CO$_2$捕集已应用十余年	制冷过程能耗高 仅适用于高浓度CO$_2$（>90%） 仅可在极低温度下进行 热交换设备表面固态CO$_2$沉积 烟气中水分去除
膜分离	膜法CO$_2$捕集是利用膜两侧压力差作为推动力，根据各组分在膜中渗透速率的不同而实现气体分离的过程	较高CO$_2$回收率（>80%） 能耗低 过程清洁、简单 工艺连续稳定 无废气产生	膜寿命；高压运行；高生产成本；高运行成本；CO$_2$捕集过程高能耗；膜堵塞；低通量、高压设备；低压、低浓度CO$_2$选择率；高流速工业烟气分离膜高比表面积需求；湿度对分离膜效率影响温度、压力对运行参数的影响
化学回路捕集	化学回路捕集需提前将空气中氧气分离，用于工业生产中燃烧，从而产生浓度较高的CO$_2$气体	高CO$_2$回收效率（80%） 无有害气体排放 运行成本低 低能耗	无大型示范应用 高耗损 建安成本高 需提前对空气中氧气分离和提纯
水合分离	水合分离为较新的CO$_2$分离技术，是将含有CO$_2$的工业尾气在高压状态下通入水中，与水发生反应生成水合物	能耗低 CO$_2$吸收能力强 清洁、环境友好 适用于H$_2$S和CO$_2$混合气体捕集	研究基础弱 低浓度CO$_2$气体吸收设备成本高

富氧燃烧技术是采用氧气浓度大于空气（~21%）的富氧气体代替常规空气进行燃烧的技术，主要形式有：①在窑头窑尾一次风中加入纯氧或高浓度氧气，使窑头窑尾一次风氧含量提高到28%~30%，加强燃烧；②将富氧空气喷入窑内缺氧区域，加强燃烧，控制火焰长度，稳定火焰形状；③富氧空气替代窑头窑尾送煤风。西方发达国家在20世纪80年代已经开发出了成熟的富氧燃烧技术，富氧助燃在水泥行业的应用可追溯到1920年，但由于经济性原因一直未能大规模的推广应用。国内外在金属冶炼、玻璃高温熔化炉、均热炉上都进行了大规模的应用，制氧系统电耗是富氧燃烧技术成本增加的主要因素。富氧燃烧的发展极致就是全氧或纯氧燃烧，也就是不使用常规空气作为燃料燃烧的助燃介质。全氧燃烧一般界定为用纯氧和出预热器的高浓度CO$_2$废气混合后形成的O$_2$/CO$_2$气体，再引入窑炉内作为助燃介质。

近年来，随着全球范围内气候变化问题的加剧，对化石燃料燃烧导致的温室气体排放的关注越来越多，世界各国各地区纷纷制定碳减排路线，出台碳减排相关政策法规。绝大部分氮气被取代的全氧燃烧技术被认为是目前实现水泥行业有效碳捕集的最经济的技术方案。利用95%浓度以上的纯氧和系统循环的高浓度CO$_2$烟气形成的O$_2$/CO$_2$气体作为助燃空气，实现燃料的燃烧并在预热器出口获得CO$_2$浓度在75%以上的烟气用于后续的CO$_2$捕集提纯及封存利用。随着碳排放政策越发严格，基于碳减排目标的全氧燃烧技术在水泥生产过程具有巨大的潜在市场应用前景。

二氧化碳矿化养护水泥混凝土：CO$_2$养护混凝土是指CO$_2$与新拌混凝土在成型后接触，使水泥熟料中的硅酸钙及少量水化产物与CO$_2$反应生成碳酸钙和硅胶的过程。混凝土在经过CO$_2$养护后能获得较高的早期强度，大大缩短混凝土养护时间，并且有较好的尺寸稳定性。养护后混凝土孔隙率降低，力学性能和耐久性也得到提升。混凝土预制块在制作时需要养护，传统的蒸汽养护能耗大，采用蒸汽养护一块普通混凝土试块需要2300KJ，养护一块轻质混凝土试块则需要2500KJ。并且养护过程中过大的温度梯度可能使试块形成裂缝，需要控制好升温和降温。而CO_2养护一个标准尺寸的混凝土所需要的能量为500KJ。在CO_2排放方面，蒸汽养护一个试块需要释放0.17kg CO_2，而CO_2养护则消耗0.465kgCO_2。

CO_2在混凝土中的扩散运输效率会直接影响CO_2养护过程，而CO_2浓度和压力是影响CO_2扩散和运输的主要因素。一般来说，CO_2的浓度越高，CO_2进入混凝土会更加容易，在相同养护时间内，混凝土的CO_2养护程度和抗压强度都会提高，但是提高CO_2浓度只加快混凝土早期CO_2的吸收，但对最终CO_2养护程度影响不大。

其他低碳建材：我国仅建筑垃圾每年产生15亿吨以上，从资源化利用来看，我国建筑垃圾总体资源化率不足5%，远低于欧美国家的90%和日韩的95%，处理方式仍处于粗放的填埋和堆放阶段。实现建筑垃圾资源化产业化，资源化利用率达到95%以上，生产出建筑垃圾再生骨料、再生砖、单排孔和三排孔再生砌块等新产品。我国市政污泥年总产量逐年增大，2020年我国市政污泥年产量达到6000万吨。将污泥焚烧后搜集的灰与粘土混合制砖，其中污泥灰的掺量可高达50%，砖的综合性能好，但没有利用污泥的热值；干化污泥制砖可以有效利用污泥的热值并提高污泥砖的保温性能，但目前也存在着深度脱水困难的问题。此外，装配式建筑能够大幅度降低模板、保温材料、建筑工程水电的耗费量，而且可以降低大部分的建筑垃圾排放量，节能减排的效果非常明显，大大降低了环境污染。低碳建材生产和应用方面，需推进建材制造业的绿色、低碳转型，开发工业尾矿、粉煤灰、煤矸石、化学副产石膏等的综合利用。采用钢渣、矾钛渣、粉煤灰、电石渣等工业固废全部或部分替代天然原料生产低碳建筑材料。利用新型墙材隧道窑协同处置建筑废弃物、淤泥和污泥等；开展赤泥、铬渣等大宗工业有害固废的无害化处置和综合利用，开展尾矿、粉煤灰、煤矸石、副产石膏、矿渣、电石渣等大宗工业固废的综合利用；在水泥、墙体材料和机制砂石等产品中提高消纳产业废弃物能力等。

2.减碳潜力分析

（1）低碳零碳燃料与原料替代

目前石灰石是水泥生产的主要原料，每生产一吨水泥熟料大约消耗1.3~1.4吨石灰石，在窑炉内高温分解产生的CO_2约占全部排放量的60%。一方面，通过产品创新，发展低碳水泥，研发新水泥产品例如镁–硅酸盐水泥、碱/聚合物水泥、火山灰水泥等，可以通过减少或消除所用矿物原料的碳含量而减少工艺排放。但受资源供应稀缺、水泥产品特性等因素影响，新型水泥产品可作为减排的补充。另一方面，很多工业固体废弃物如电石渣、钢渣、黄磷渣、粉煤灰、煤渣、铜渣、镁渣、硫酸渣、赤泥等其有效化学成分与水泥熟料的化学成分比较接近，具有作为水泥替代原料的可行性，资源化利用这些大宗固体废弃物，实现变废为宝。其中：2020年电石渣年产量约3733吨；预计2023年电石渣年替代率2.07%，2025—2060年替代率2.13~2.93%。

2020年钢渣年产量约1.38亿吨，水泥行业普遍用于水泥粉磨，也用于生料配料，理论掺加比例可达到6~10%，实际一般掺加比例在2~4%，限制钢渣利用的主要原因是生料粉磨电耗高和钢渣三价铬转换成六价铬造成浸出毒性高。可通过增加钢渣铬含量测试进行钢渣筛选调整配料及使用粗钢渣制备水泥等方式增加钢渣掺加量。

电石渣替代量及钢渣掺加比例如表5所示。

表5 电石渣、钢渣原料替代预测及减排效率

	2020年	2023年	2025年	2030年	2035年	2040年	2045年	2050年	2055年	2060年
基线情景熟料排放强度	0.86	0.86	0.86	0.86	0.86	0.86	0.86	0.86	0.86	0.86
电石渣										
电石渣吨熟料减排	0.481	0.481	0.481	0.481	0.481	0.481	0.481	0.481	0.481	0.481
电石渣熟料排放强度	0.379	0.379	0.379	0.379	0.379	0.379	0.379	0.379	0.379	0.379
预测产量替代率（%）	2.05%	2.07%	2.13%	2.18%	2.33%	2.48%	2.62%	2.74%	2.85%	2.93%
钢渣										
生料掺加比例（%）	0.2%	1.0%	1.5%	2.0%	2.5%	3.0%	3.5%	4.0%	4.5%	5%
折算熟料比例（%）	0.25%	1.25%	1.88%	2.50%	3.13%	3.75%	4.38%	5.00%	5.63%	6.25%
钢渣掺加量（亿t）	0.0393	0.1981	0.2827	0.3187	0.3653	0.4214	0.4524	0.4743	0.4880	0.5000
钢渣CaO含量	40.00%	40.00%	40.00%	40.00%	40.00%	40.00%	40.00%	40.00%	40.00%	40.00%
总减排量（tCO_2）	0.0123	0.0623	0.0889	0.1002	0.1148	0.1324	0.1422	0.1491	0.1534	0.1571
吨熟料排放强度降低（tCO_2/tcl）	0.0008	0.0039	0.0059	0.0079	0.0098	0.0118	0.0138	0.0157	0.0177	0.0196
电石渣＋钢渣										
减排情景熟料排放强度	0.8600	0.8567	0.8545	0.8523	0.8496	0.8469	0.8443	0.8417	0.8392	0.8369
基线熟料碳排放量（亿吨CO_2）	13.50	13.63	12.97	10.96	10.05	9.66	8.89	8.16	7.46	6.88
减排情景排放量（tCO_2）	13.50	13.58	12.89	10.86	9.93	9.52	8.73	7.98	7.28	6.70

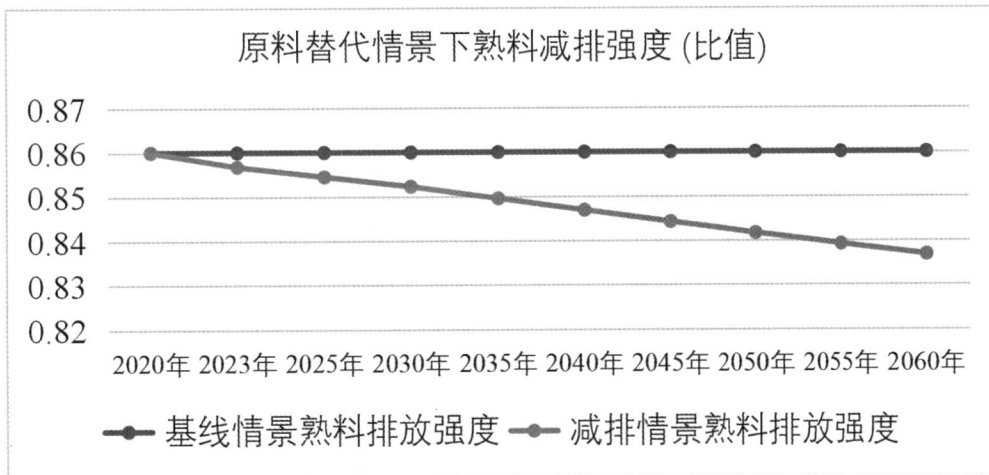

图1 原料替代情形下熟料减排强

燃料替代技术措施在欧美发达国家，从烧废轮胎开始已应用了30年以上，技术成熟可靠，替代燃料（各种废弃物）对煤的热量替代率TSR已达30%左右。美国和日本的较低，约15~20%，德国和荷兰的最高，分别为70%和90%。从TSR来看，这些发达国家正值扩大覆盖面和最后冲刺达到100%的阶段。

可燃废弃物的种类很多，例如废轮胎、废化工溶剂、废机油、动物骨肉、废塑料、废油墨、危废、废木质物、废棉织物、废家具、生活垃圾、市政污泥、废纸浆纸板等。现今我国业已在环保方面安全可

靠，在技术方面妥善地解决了生活垃圾、污泥、危废等的协同处置难题。今后在开拓废弃物应用种类方面的技术困难不会太大，应该可以较顺利的推进。水泥窑协同燃烧废弃物的经济效益也将会逐渐提升，水泥厂兼烧废弃物的积极性也会提高。加之政府技术政策激励措施的逐渐落实到位，我国水泥窑大面积推广协同处置废弃物技术的各方面主客观条件已经成熟。

我国随着人口增长以及城乡一体化脚步的加快，城镇人口越来越集中，生活垃圾量逐年上升。我国生活垃圾无害化处理的方式主要有三种：卫生填埋、焚烧和其他，目前仍以卫生填埋为主。与传统填埋、焚烧的处理方式相比，水泥窑协同处置废弃物的优势明显。和垃圾焚烧发电的原理相似，水泥窑协同处置固废也是利用高温处理垃圾，但和垃圾焚烧不同的是，水泥窑协同处置方式直接利用水泥生产线窑炉的高温，且温度远高于垃圾焚烧厂。对于垃圾处理，足够高的温度，便意味着足够大的优势。就水泥窑协同处置固废而言，其能够将固废垃圾充分稳定燃烧，固废垃圾中的重金属离子实现无废渣排放，二恶英等有毒有害有机物将被彻底分解或得到有效控制。

截至2019年年底，如我国最大的水泥企业中国建材所属水泥企业已建协同处置项目24个，在建项目1个，其中危险废物协同处置项目14个，生活垃圾处置项目5个，污泥处置项目5个，并有13个拟建项目。2019年共处置危险废物166.79万吨，处置生活垃圾185.98万吨，处置污泥122.74万吨。

我国水泥窑协同处置废弃物由于起步晚，技术、运营、监管等多方面的体系构建不是很健全，故而在发展过程中也面临着重重阻碍。并且餐余垃圾在我国生活垃圾中占比非常高，热值较低，生活垃圾中热值较高的为塑料、纸类和织物等，尤其是塑料，在生活垃圾中质量占比仅为12.1%，因此，目前垃圾种类繁多，回收利用效用不对等，垃圾分类就变得异常重要。

目前我国有部分城市已经开始了垃圾分类的试点，实行干湿分离。餐厨垃圾的分类收集将减少生活垃圾中餐厨垃圾的占比，生活垃圾的热值有望提高。借助于我国大力施行的垃圾分类措施，逐渐用有热值的垃圾或生物质燃料替代传统化石燃料。另外国家也在政策、资金等多方面进行扶持。

废弃物利用在我国有着政策利好、供应量相对持续、垃圾分类状况不断改善三方面支撑。在此情景下熟料的碳减排强度如图2所示。

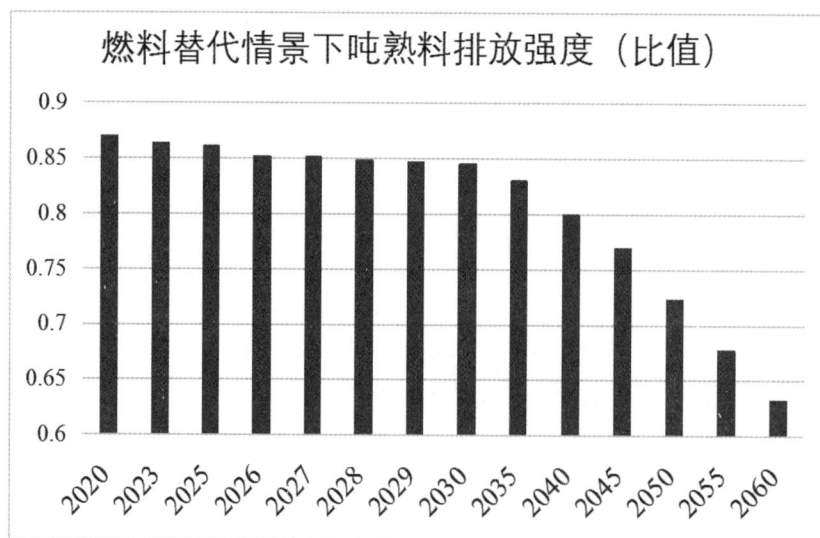

图2　燃料替代情境下熟料排放强度

（2）流程节能减排与提升能效

通过使用提高能效的技术，建材行业能耗和电耗水平持续下降，二氧化碳排放也相应减少。根据国际欧洲水泥研究院和国内水泥工业技术的发展现状，目前可行的提高能效技术有30多种，其中包括熟料制备技术和节能粉磨系统技术。

主要包括：熟料制备技术：①提高生料易烧性，如加入矿化剂等；②预分解技术替代长窑生产。提高能效的技术：①预热器改造，如低压降旋风筒；②高效熟料冷却技术；③预热回收技术；④增加预热器级数；⑤富氧燃烧技术；⑥生产自动化控制系统优化，提高窑产量；⑦燃烧器改造，如单通道改为多通道；⑧流化床水泥窑系统。节能粉磨系统技术：①带立磨和辊压机水泥粉磨系统；②高效选粉机；③球磨机运行参数优化；④原料组分分别粉磨；⑤先进粉磨技术。另外为降低电耗，可利用变频驱动技术等。通过调研水泥企业能耗现状及节能降耗目标，分析企业节能潜力。调研的100余家水泥企业结果显示，水泥企业2020年平均熟料综合煤耗107.28kgce/tcl，根据现有节能减排力度，预计2023年平均熟料综合煤耗103.19kgce/tcl，2025年熟料综合煤耗102.42 kgce/tcl。如《GB16780水泥单位产品能源消耗限额（报批稿）》正式实施，按照报批稿能耗限额标准要求熟料煤耗需低于109kgce/tcl，则水泥企业需要做节能技改降低煤耗。根据煤耗现状分析：

2023年前水泥企业熟料煤耗需通过技改或产能置换方式将熟料煤耗降到109kgce/tcl以下；

2025年煤耗普遍降到105kgce/tcl以下，平均煤耗达到101kgce/tcl；

2030年煤耗普遍降到103kgce/tcl，平均煤耗达到99kgce/tcl；

2060平均煤耗达到98kgce/tcl；

在此减排情景下，水泥熟料碳排放强度如图3所示。

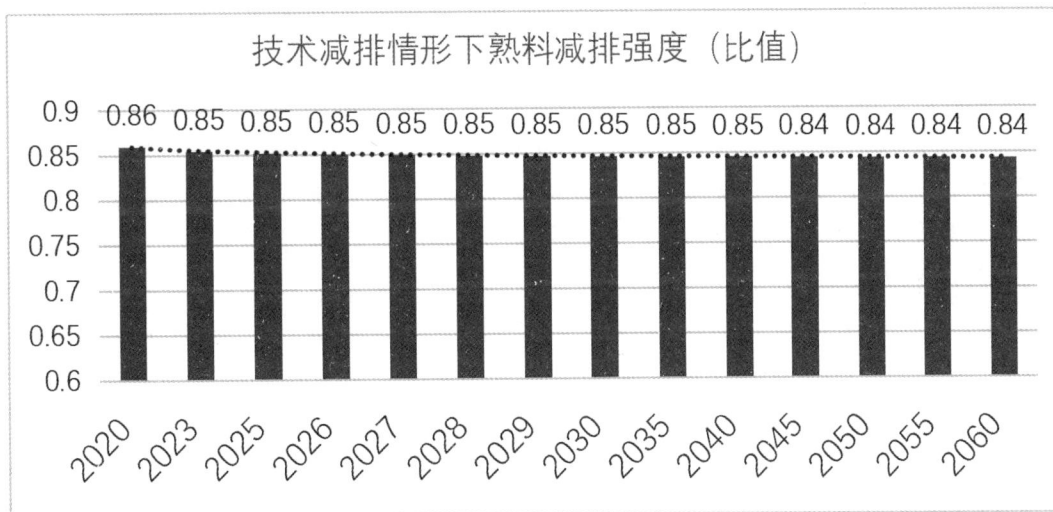

图3 技术减排情形下熟料减排强度

（3）低碳水泥

采用低碳熟料技术，单位产品熟料可减排CO_2约40kg CO_2/tcl，预计2023年低钙水泥替代率为1%，2025年达到2%，2030年达到5%，2050年达到25%。

在此情景下熟料的碳减排强度如图4所示。

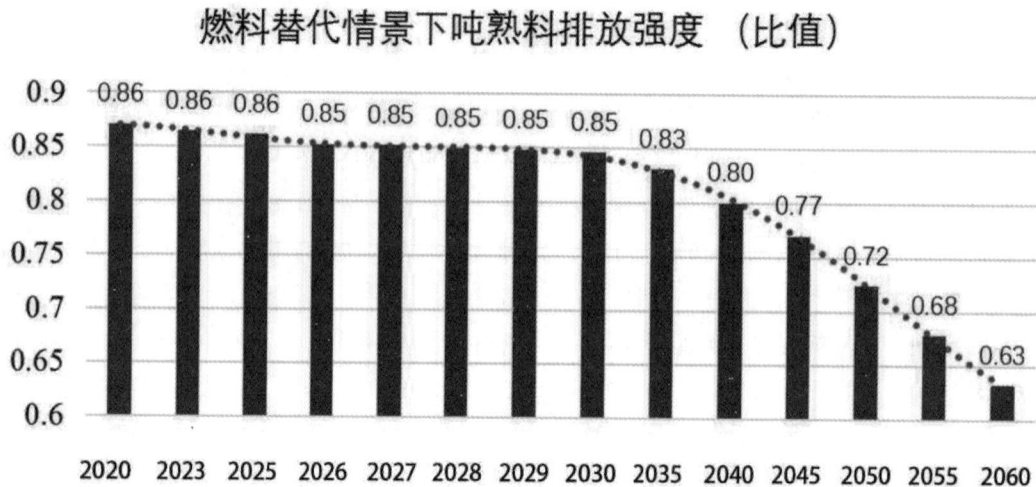

燃料替代情景下吨熟料排放强度（比值）

图4 低钙水泥替代情形下熟料减排强度

（4）末端综合利用

碳捕集、利用与封存（CCUS）

根据碳排放分析及减排路径分析的基础上，最多只能减少35%的排放量，其余的排放量，需进一步发展并使用碳捕集、利用与封存技术（CCUS），是实现水泥工业碳减排和碳中和的重要途径。

水泥工业的碳排放大约60%是来自其主要原料石灰石的分解，这是水泥工艺过程所固有的。鉴于水泥生产中熟料工艺排放的特点，在没有新兴技术大规模代替熟料的情况下，碳捕集、利用与封存（CCUS）将成为水泥行业实现碳中和的唯一选择。

水泥窑废气中CO_2的浓度高（23%），排放CO_2的数量又多。这对低碳转型来说，是一个缺点，但是如果我们能将这些较高浓度的CO_2捕集净化后利用起来，就能使这个缺点变成优点。这样水泥厂不仅能生产水泥，还能提供优质的CO_2可用于食品、干冰、电子、激光、医药、焊接等行业，为水泥企业创造一定经济效益，有利CCS的推广应用。

我国水泥工业在碳捕集技术方面起步较晚，除台湾水泥公司在花莲水泥厂进行的钙循环法半工业试验项目取得一定进展外，另一家水泥企业于2018年10月建成一套设计年产5万吨CO_2的CCS装置可以生产销售工业级和食品级两种纯度（99.9%和99.99%）的CO_2，虽然其尚未达到设计产能，但已实现了零的突破。

在前面讨论的原料替代、燃料替代、技术减排等综合减排情景基础上，加入CCUS技术，假设2030年CCUS普及率为1%，2060年达到普及率为100%，水泥熟料的基准碳排放强度、综合碳排放强度及碳中和减排强度如下所示：

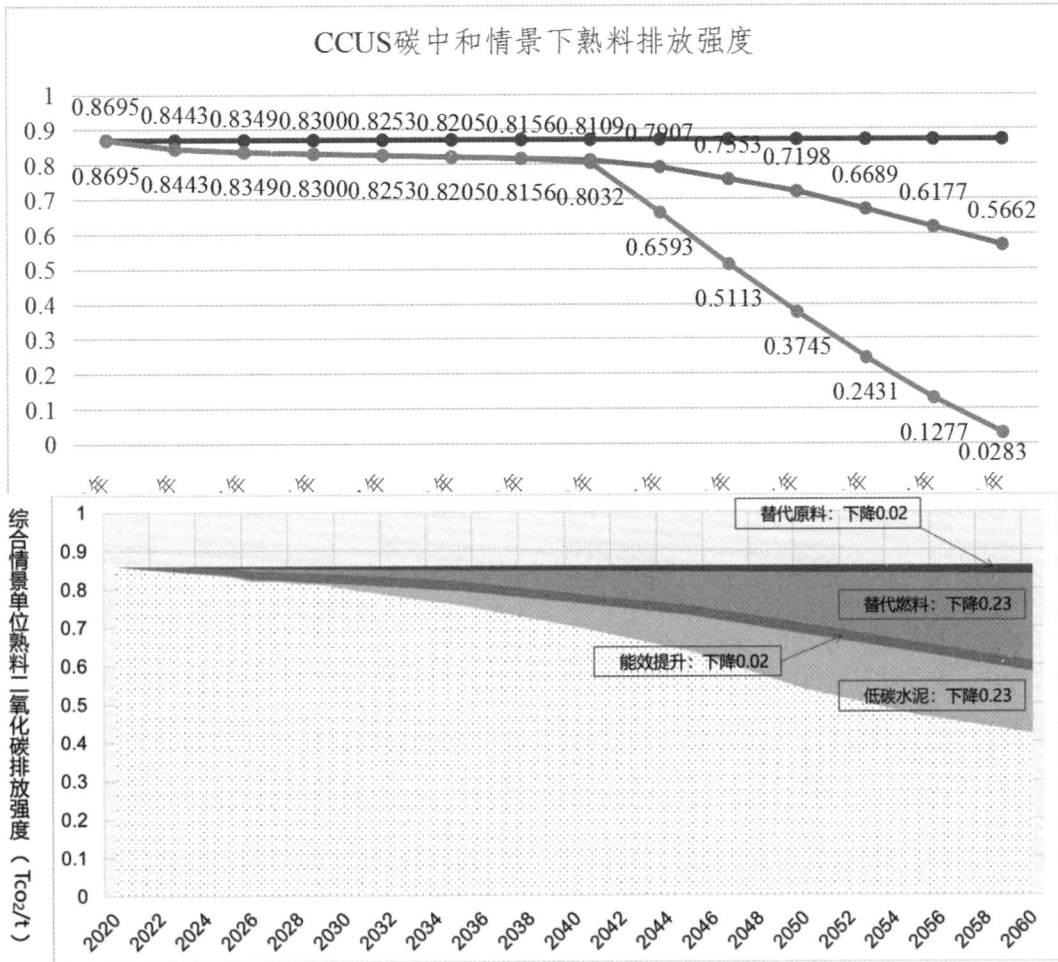

图5　CCUS碳中和情景下熟料排放强度

作为水泥熟料生产环节碳减排的"兜底"手段，CCS、CCUS将充当重要减排技术路径，为水泥企业实现碳中和提供近一半的减排份额。"十四五"期间，需开展二氧化碳捕集、利用与封存技术的试验示范，积累碳捕集技术的工程建设、成本核算、运营管理和产品应用等经验，为大规模推广应用提供基础。

2020—2030年，开展碳捕集、利用与封存相关的基础性研究就关键技术攻关，并进行碳捕集、利用与封存的示范应用，争取2030年集团内碳捕集率达到1%（年捕集量300万吨左右）。2030年后实现规模化应用，最终推动水泥生产工业碳中和。

其他补充途径

在全面现在CCUS的基础上，仍有少量无法捕集的排放量，若完全实现集团企业的碳中和，则需要以下几种途径予以补充：

①实施碳吸收碳固化项目。大力发展植树造林等基于自然的增加碳汇的方式或建材产品固碳技术吸收二氧化碳等方式；

②挖掘清洁能力利用空间。在原有排放企业的厂区空地或厂房顶上布置光伏或风力发电站，在有条件的地方开发生物质和地热等；

③倡导低碳绿色生活。集团内部践行绿色办公、低碳出行等低碳生活模式等。

（5）碳排放量预测和技术路径分析

水泥生产的碳排放可分为燃料排放、生产过程排放和间接排放，各环节排放比例约为35%、60%、5%，其中，生产过程排放主要来源为水泥生产原料石灰石的分解。水泥生产的碳排放主要来源于熟料烧成阶段，因此，降低水泥生产碳排放的重点为降低熟料烧成的化石能源消耗、降低石灰石的用量。降低化石能源消耗的技术途径有提高能源效率技术、替代能源技术，降低石灰石用量的主要技术途径有原材料替代技术、新型低碳水泥熟料技术。上述四类技术部分已相对成熟，如高效冷却技术、高效粉磨技术和余热发电技术等；部分处于研发和示范阶段，如大比例替代燃料技术、高贝利特硅酸盐熟料生产应用技术、高贝利特硫（铁）铝酸熟料生产应用技术等；部分仍处于技术模型研发阶段，如新能源（包括绿氢、光伏、微波、红外等）煅烧水泥熟料技术。碳捕集、封存和利用技术（CCUS）是建材行业实现碳中和的"兜底"技术手段，而由于水泥生产碳排放的特点，现已基本成熟的后捕集方法相对成本较高，而与熟料煅烧过程结合的全氧燃烧后捕集技术被认为是最经济的碳捕集手段。此外，由于水泥基材料矿物组成的特性，二氧化碳可用于矿化养护、改性此类材料，建材产业有一定的碳吸收利用能力。2025年之前，充分利用现有成熟技术，提升能效、原料替代率1%~3%，燃料替代率5%左右。到2030年，主要依靠原燃料替代（含氢能）、新型低碳水泥。2040年后，充分发挥CCUS作用（包含二氧化碳建材化利用），到2060年，实现CCUS利用率100%。经综合预测，到2060年实现碳中和时，能效提升、替代燃料、替代原料、低碳水泥和CCUS技术降碳比例分别为3%、27%、4%、19%和48%，如图6所示。

二、重点原材料行业碳达峰、碳中和公共服务平台

在建材行业碳减排技术路径分析的基础上，将减排技术分为成熟技术推广类、较成熟技术完善和推广类、已进入示范阶段技术类、已提出了技术原型类和颠覆性技术类，确定了近期和远期碳达峰依靠的技术路径和减排量预测，提出了远期碳中和技术路径和减排量预测。2025年之前，充分利用现有成熟技术，提升能效、原料替代率1%~3%，燃料替代率5%左右。到2030年，主要依靠原燃料替代（含氢能）、新型低碳水泥。2040年后，充分发挥CCUS作用，到2060年，实现CCUS利用率100%。

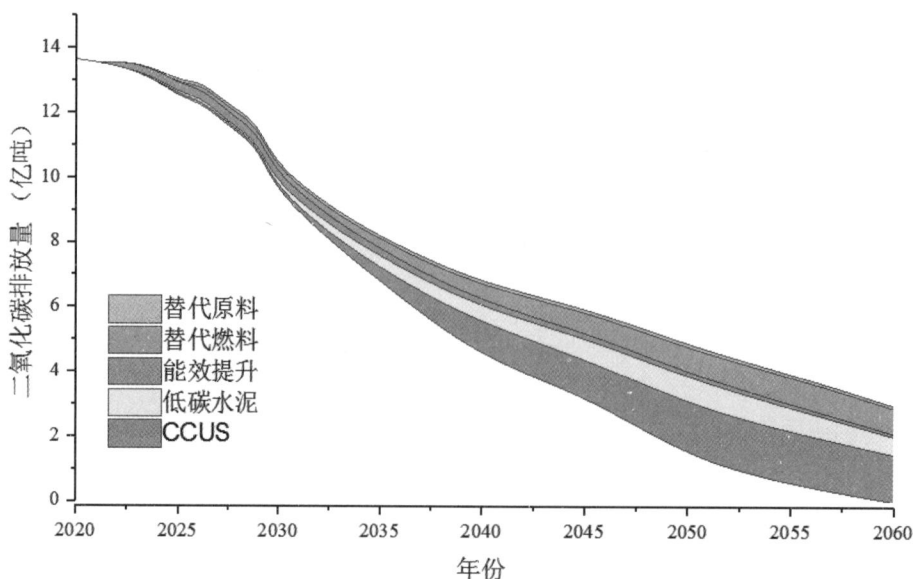

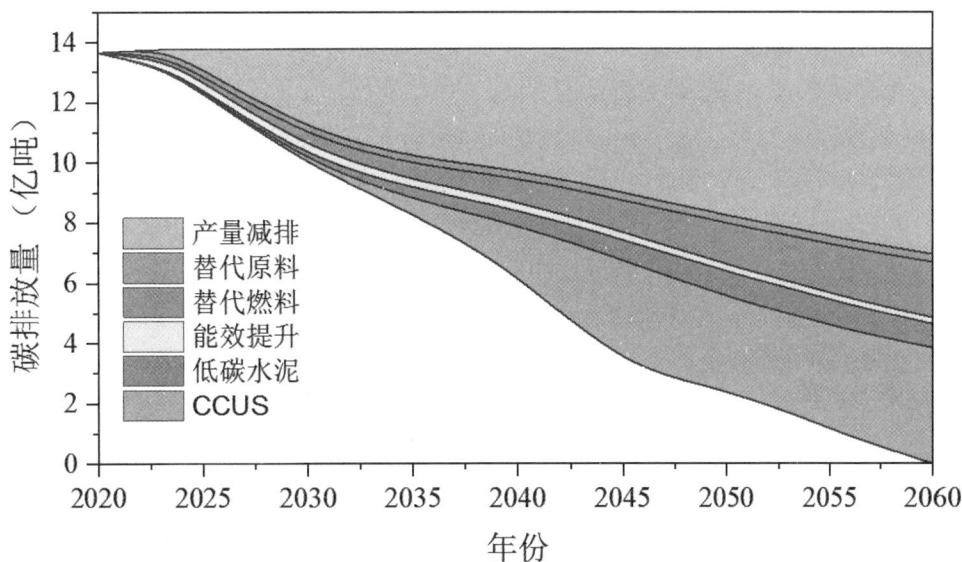

图6 综合情景下碳排放预测

（一）"双碳"公共服务平台建设的必要性

"碳达峰、碳中和"目标逐渐落地，在形成碳达峰、碳中和路线图后，问题逐步凸显出来。一是在单一行业内部能源效率的提升逐渐接近瓶颈、边际成本不断提升的情况下，跨行业协同成为未来节能减碳发展的趋势，实现碳达峰碳中和需要行业间实现工艺链互补和资源循环。比如钢铁行业产钢渣应用于水泥行业替代原料，化工行业碳捕集利用其他行业产二氧化碳、钢铁和水泥行业实现氢能替代燃料利用等，这些跨行业的技术协同应用，均需要行业间实现密集高效的技术交流和合作。建设集合水泥、钢铁、石化、化工和有色金属等重点原材料行业的公共服务平台，将有助于各行业的技术融合，在社会行业层面实现高质量碳达峰，高效率碳中和。二是碳达峰碳中和工作需要采取大量的节能降碳措施，每项措施都是对现有技术基础的改进甚至是现有技术体系的重构，而新的减排技术或新的工艺技术的推出，需要一个科学合理的验证试验过程，专业、综合地评估技术的适用性性和可靠性、经济性，这就需要建立相应的平台、建立技术检验检测的能力并形成一整套评价体系，为绿色低碳技术的推广应用保驾护航，为技术使用方提供投资决策依据。三是与世界先进水平相比，我国资源环境仍面临较大调整。而碳达峰碳中和要求产业深度融合，建立相应的综合性标准体系，引导和支撑绿色制造加快发展步伐成为必然，也是实现碳达峰、碳中和不可或缺的技术基础。四是在重点材料领域中，建材、钢铁、石化和有色是主要温室气体排放的行业，排放总量约占全国碳排放总量的40%。实现碳达峰和碳中和，这几个行业将是行业减排工作的重点关键行业。此外，这几个行业也面临淘汰落后产能，产业升级改造的需求，绿色低碳技术的研发和应用将是未来的主旋律。

因此，建立重点原材料行业碳达峰、碳中和公共服务平台，是实现双碳目标的重要手段。中国建材集团联合中国建材检验认证集团股份有限公司、中国石油化工股份有限公司、中国科学院过程工程研究所、冶金工业规划研究院、北京科技大学、中国建筑材料科学研究总院有限公司、合肥水泥研究设计院有限公司、天津水泥工业设计研究院有限公司、南方水泥有限公司、同济大学、中国标准化研究院、工业和信息化部国际经济技术合作中心、北京首钢股份有限公司、江阴兴澄特种钢铁有限公司、中国化工节能技术协会、湖南大学十余家企业、高校、研究院所，形成中国建材联合体，共同申报了工信部重点原材料行业碳达峰、碳中和公共服务平台。

（二）"双碳"公共服务平台建设内容

围绕碳达峰、碳中和目标，基于全生命周期和ATIC的方法学建立模型，在现有重点原材料行业国际领先的绿色低碳技术基础上，准确识别各行业绿色低碳技术路径及对应的验证方法，建设绿色低碳技术验证平台，服务全行业相关上下游企业绿色低碳材料、设备、技术、工艺、产品的联合开发和应用测试，有效支撑低碳水泥、氢燃料替代、高效CCUS等原材料行业关键共性低碳、零碳和负碳技术创新，可从全生命周期角度准确分析、评估相关技术及其应用项目的降碳效果。

（三）"双碳"公共服务平台定位

建设"六位一体"的重点原材料行业碳达峰、碳中和公共服务平台，包含绿色低碳技术验证平台；建立绿色低碳产品检验测认证平台及产品碳足迹核算、重点材料企业碳排放基础数据库；技术及产品碳排放指数发布国际、国内"双碳"标准体系建设和公共服务；"双碳"企业白名单发布；依托配套基金，实现"双碳"隐形冠军培育加速；提出"双碳"技改、资本、金融运营新模式。

1.绿色低碳技术验证平台

"碳达峰、碳中和"工作是一项长期的工作，需要采取大量的节能降碳措施，每项措施都是对现有技术基础的改进甚至是现有技术体系的重构，而新的减排技术或新的工艺技术的推出，需要一个科学合理的验证试验过程，专业、综合地评估技术的适用性性和可靠性、经济性，这就需要建立相应的平台、建立技术检验检测的能力并形成一整套评价体系，为绿色低碳技术的推广应用保驾护航，为技术使用方提供投资决策依据。

绿色低碳技术验证平台将围绕碳达峰、碳中和目标，建设成为服务全行业相关上下游企业绿色低碳材料、设备、技术、工艺、产品的联合开发和应用测试，有效支撑行业关键共性低碳、零碳和负碳技术创新，从全生命周期角度准确分析、评估相关技术及其应用项目的降碳效果。

平台围绕"碳达峰、碳中和"目标，基于全生命周期和ATIC的方法学建立模型，在现有重点原材料行业国际领先的绿色低碳技术基础上，准确识别各行业绿色低碳技术路径及对应的验证方法，建设绿色低碳技术验证平台，可服务全行业相关上下游企业绿色低碳材料、设备、技术、工艺、产品的联合开发和应用测试，有效支撑低碳水泥、氢燃料替代、高效CCUS等原材料行业关键共性低碳、零碳和负碳技术创新，可从全生命周期角度准确分析、评估相关技术及其应用项目的降碳效果。

2.建立绿色低碳产品检验测认证平台及产品碳足迹核算、重点材料企业碳排放基础数据库

基于生命周期全链条跟踪的智能化管控手段，构建"1＋5＋N"的"绿色低碳产品检验检测与碳足迹核算平台及数据库"，可通过信息平台汇集、分析、展示覆盖水泥、钢铁、石化、有色金属、化工等重点原材料全行业的重点产品的低碳数据，形成覆盖京津冀、长三角、粤港澳大湾区、西部地区的针对特种水泥、特种钢铁、生物质油品等20种关键材料、零部件、产品的碳足迹核算基础能力。

"绿色低碳产品检验检测与碳足迹核算平台及数据库"基于全生命周期思想，以服务重点原材料行业精准降碳与持续改进需求为目标，以"精准识别＋精准量化＋精准分析＋精准应用"为原则导向，采用"生命周期全链条跟踪＋一体化检验/监测/核算/分析服务"为手段，依托"标准库＋信息情报库＋生命周期评价方法学理论模型库＋大宗上游过程本土/国际二元基础数据库＋产品检验/检测管理中心＋产

品生命周期评价与碳足迹核算管理中心",发挥连接"原材料工业企业减碳量化需求——减碳技术工艺可行性验证需求——检验检测与碳足迹核算技术/资源/服务——下游应用端低碳材料选择需求"之间的桥梁纽带作用,开展全流程数据信息跟踪、汇集与分析,构建服务于重点原材料全行业"1+5+N"模式的"绿色低碳产品检验检测与碳足迹核算平台及数据库"(如图7所示)。

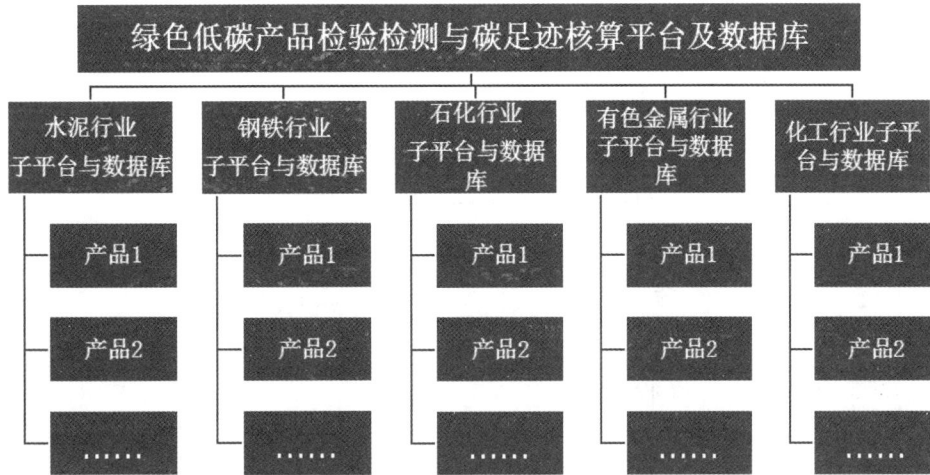

图7 绿色低碳产品检验检测与碳足迹核算平台及数据库

平台采用基于全生命周期全流程跟踪与智能管控手段,采用基于各工序过程、各工艺技术、各设备设施的在线采集与管理方式,与在线设计、供应、生产流程紧密交互关联,同时通过标准化实验室线下测试,实现线上线下相互验证协同管理,具体包括以下几个方面:

(1)针对生产环节实施"关键参数在线采集—关键参数在线监测—关键参数实验室标准化测试—二者交互验证";

(2)针对供应链环节实施"关键参数在线采集—关键参数在线监测—关键参数差异化数据采集—进行差别化供应商管理";

(3)针对产品实现环节实施"终端成品性能在线监测—终端成品性能实验室标准化测试—产品生命周期评价与碳足迹核算/分析—产品性能与产品碳足迹交互验证";

(4)针对下游应用端可结合具体细分的"行业差异、企业差异、产品差异、过程差异、技术差异、时空差异"等实现针对产品性能数据与碳足迹数据的"可视化查询、可差异化比选"。

基于上述覆盖全流程的一体化手段与模式,构建重点原材料行业绿色低碳产品"全流程检验检测+生命周期评价与碳足迹核算+产品性能与碳足迹交互验证"的综合性集成技术服务体系,形成重点原材料行业覆盖全生命周期、内置本土与国际二元数据、考虑时间和空间二维尺度、统筹体现"行业平均+企业细分差异+细分关键过程+细分减碳技术",且与国际标准化方法体系相互兼容协调的全生命周期碳排放基础数据库,为重点原材料行业相关低碳工艺、技术、装备、原材料,及产品的应用推广可行性评估提供依据,助力行业减碳精准施策,同时也为下游应用端实现协同减排奠定基础,从而带动全产业链低碳转型升级。

3.技术及产品碳排放指数发布国际、国内双碳标准体系建设和公共服务

结合绿色低碳技术验证、产品检验检测平台，建设技术验证、产品检验检测规范体系，在现行标准、规范、技术、管理体系要求基础上，形成相关低碳技术规范、产品规范，以及设计规范、验证规范、检验检测规范或评价规范。推动建材、化工、石化、钢铁、有色金属等重点行业及其他耗能行业绿色低碳标准检验规范体系的建设。

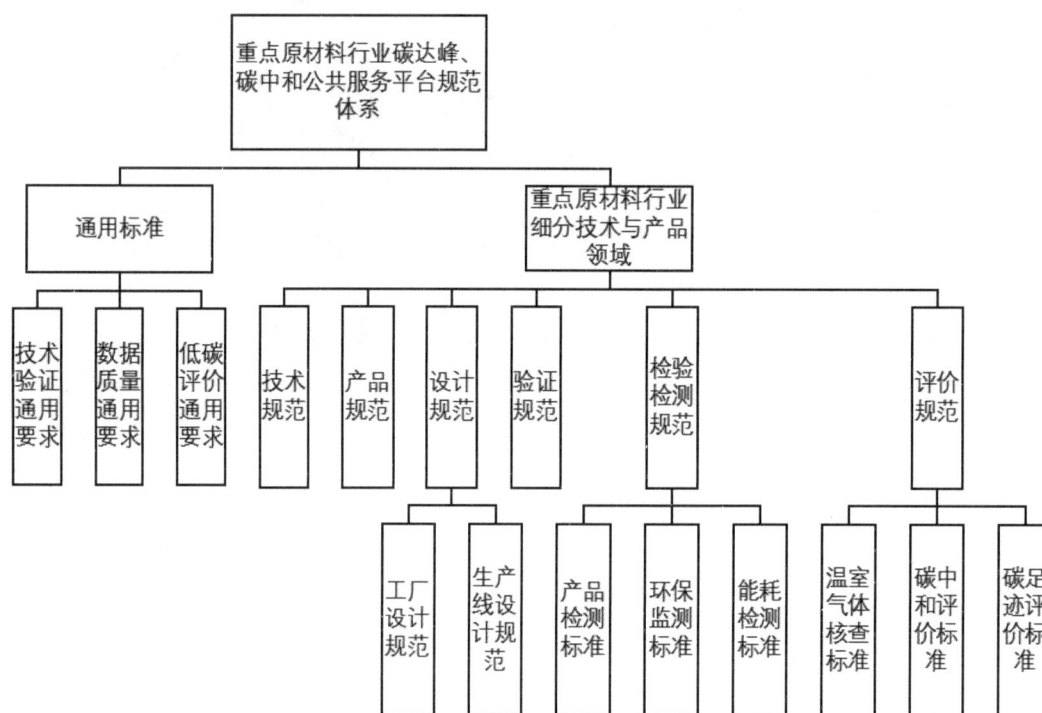

图8 重点原材料行业碳达峰、碳中和公共服务平台规范体系

（1）通过对各行业碳达峰、碳中和相关的既有标准梳理，平台建设期内计划完成标准草案8项。

——绿色低碳技术验证通用要求

——绿色低碳公共服务平台数据质量通用要求

——水泥行业绿色低碳技术验证规范

——钢铁行业绿色低碳技术验证规范

——石化行业绿色低碳技术验证规范

——水泥行业碳足迹评价技术规范

——钢铁行业碳足迹评价技术规范

——石化行业碳足迹评价技术规范

（2）推动企业结合自身碳资产情况，构建和完善碳排放管理体系制度，管理体系工作流程如下图所示。

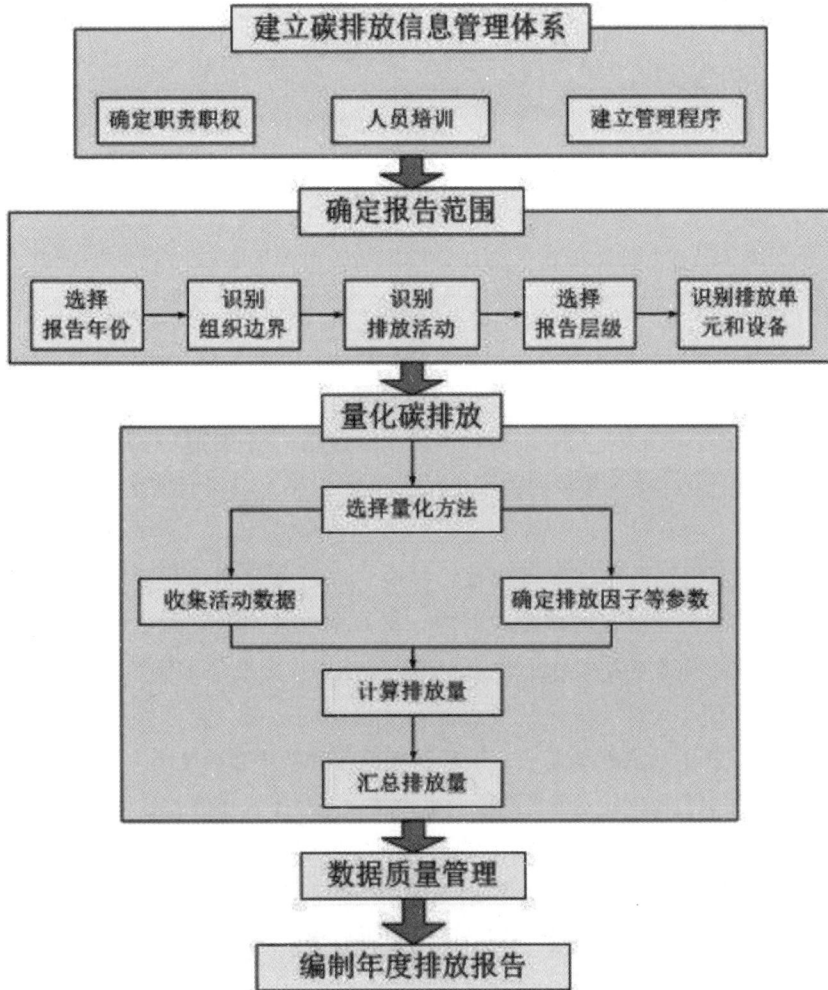

图9　碳排放管理体系的工作流程图

具体工作内容如下：

①编制企业碳排放管理规划。企业应研究分析国际碳市场发展形势和国内碳交易机制相关政策，跟踪国内碳交易试点的进展情况，在此基础上制定符合企业自身发展的碳管理战略、规章制度。如《企业低碳发展考核评价办法》《企业碳资产统计与报送制度及碳资产交易管理办法》等，并在实践过程中，探索制定低碳技术标准和研究碳减排方法。

②建立碳排放管理组织机构。机构职责主要有：研究制定碳管理相关制度和发展战略；加强外部沟通，积极与政府相关主管部门沟通，争取获得更多配额；开展企业碳盘查试点及普查管理工作，制定企业配额分配方案，研究碳资产管理模式；积极推进企业碳排放权的交易，密切跟踪国际和国内碳交易市场进展的情况；建立企业碳管理信息系统并维护运行。

③完善企业碳排放管理支持服务体系。碳排放管理系统的支持服务体系包括专业咨询机构、第三方核查机构、碳排放管理IT信息系统支持机构、专家咨询和专业培训服务等。

（3）数据质量管理要求

数据质量管理是指对数据从计划、获取、存储、共享、维护、应用、消亡生命周期的每个阶段里可能引发的各类数据质量问题，进行识别、度量、监控、预警等一系列管理活动，并通过改善和提高组织的管理水平使得数据质量获得进一步提高。数据质量管理是循环管理过程，其终极目标是通过可靠的数据提升数据在使用中的价值，并最终为企业赢得经济效益。

报告主体应建立企业温室气体年度报告的质量控制与质量保证制度，主要工作包括：建立企业温室气体量化和报告的规章制度，包括组织方式、负责机构、工作流程等；建立企业主要温室气体排放源一览表，确定合适的温室气体排放量化方法，形成文件并存档；为计算过程涉及的每项参数制定可行的监测计划；制定计量设备的定期校准检定计划，按照相关规程对所有计量设备定期进行校验、校准；制定数据缺失、生产活动或报告方法发生变化时的应对措施；建立文档管理规范，保存、维护有关温室气体年度报告的文档和数据记录；建立数据的内部审核和验证程序，确保活动水平数据的完整性和准确性等。

总的来说，企业应该根据温室气体排放报告制度，通过由易到难，逐步实施国家规定的制度方案，并根据自身现实基础，在给定的调整时间内，提高通过技术升级减少温室气体排放的能力。此外，企业应将自身的现实基础与国家规定的企业温室气体核算标准化工作紧密结合，配合国家标准化管理工作。

4.双碳企业白名单发布；依托配套基金，实现双碳隐形冠军培育加速

依据双碳公共服务的绿色低碳技术验证功能及平台建设过程中发布的《绿色低碳技术评价标准》，对企业的绿色低碳技术进行评价，发布"双碳企业白名单"。

对优秀的绿色低碳技术采取配套的资金技术支持，帮助企业专注所在领域、专业化经营战略、创新技术及市场导向。通过此项技术快速扩大领域范围内的占有率，成为细分领域的"专精特新"企业。

5.提出双碳技改、资本、金融运营新模式

（1）碳金融定义及来源

碳金融指金融化的碳市场。国内对碳金融的界定分为两个层次：侠义的碳金融，指企业间就政府分配的温室气体排放权进行市场交易所导致的金融活动；广义的碳金融，泛指服务于限制碳排放的所有金融活动，既包括碳排放碳排放权配额及其衍生品交易，也包括基于碳减排的直接投融资活动以及相关金融中介等服务。

短期来看，全国碳交易市场将以现货市场为主，即企业通过节能减排、工艺改进等措施降低碳排放量，少于国家免费分配的配额，将获得的富余配额投入碳交易市场交易获利，或将富余配额继续持有，以应对将来有可能出现配额不足需要进行购买履约的情况，为企业节省成本。

此外，在成熟的碳交易市场条件下，基础碳资产（即国家分配的配额）还可以进行托管、质押、回购等操作，成为企业的融资工具之一。

（2）碳金融实现方式

随着全国碳交易市场的进一步成熟和流动性的加强，以及CCER等抵消机制的引入，未来全国碳市场还将推出碳期货、碳期权、碳资产掉期、碳资产互换等金融衍生品交易，南方水泥可借助这些碳金融衍生工具实现碳资产的保值和增值。

表6　各种碳金融衍生品简介

碳期货	是一种约定日期和价格在未来交割相应碳资产的标准化合约，以规避碳资产的未来价格波动风险、实现套期保值
碳期权	也为一种标准化合约，是指能在未来特定的时间以特定的价格购买或出售特定数量的碳资产的权力
碳远期	一般是指通过场外（Over the Counter, OTC）进行交易的非标准化合约，约定未来特定时间以特定价格买卖特定数量的碳资产。CDM项目开发过程中的CER购买协议一般为碳远期合同
碳互换	碳互换也称碳掉期，包括碳资产的产品互换和期限互换两种形式。产品互换指两种不同碳资产之间的互换交易，比如碳配额与CCER的互换；期限互换也称碳掉期，指双方以固定价格确定某笔碳资产交易，并约定未来某个时间以当时的市场价格完成与固定价格交易对应的反向交易，最终只需对两次交易的价差进行现金结算。2015年，中国推出了首批碳排放场外掉期合约

成果创造人：郅晓、安晓鹏、闫浩春、刘佩成、刘韬、邓嫔

基于价值创造能力提升的航天制造企业
技术管理创新

北京航星机器制造有限公司

北京航星机器制造有限公司（以下简称"航星公司"）始建于1939年，隶属于中国航天科工集团第三研究院，是集军用航天高端装备研制、电子信息产业、安检装备产业、智能制造产业、高端材料及应用产业和现代服务业发展于一体的大型高科技企业。航星公司注册资本15亿元，属于国有独资有限责任公司，2020年底资产总额67.56亿元，净资产26.20亿元，营业收入71.02亿元，利润3.39亿元，在职职工1368人，其中本科及以上学历864人，博士27人，中级及以上专业技术职务人才561人，先后有3人次获得"全国劳动模范"和"五一劳动奖章"，1人获得中信航天防务人才奖，1人获得中华技能大奖，13人获得全国技术能手，14人享受国务院特殊津贴，77人获得国家、集团和院级技术能手、技能大奖。

经过多年发展，航星公司已从传统的产品结构单一的军工厂转型发展成为具有较强综合实力、竞争力的军民产业协同发展的高科技企业，形成了军品、民品与现代服务业三足鼎立协同发展的格局。民用产业方面：在安检装备研制生产、智能装备制造、电子信息产业、高端材料与应用产业方面具有特色优势技术和自主品牌产品。现代服务业方面：公司中关村雍和航星园是首批国家双创示范基地，此外还是中国—瑞典创新创业基地、北京市战略新兴产业转化基地等，品牌影响力和竞争优势日益凸显。

一、基于价值创造能力提升的航天制造企业技术管理创新的背景

（一）推进国防航天高端装备高效研制生产，履行强军首责的需求

航天制造技术是国防航天高端装备性能实现的重要手段和保证，它不仅决定着先进的设计能否变为具有威慑力的军用航天高端装备，而且还关系着装备研制生产的周期、质量和成本，对装备形成战斗力起着关键作用。"十三五"以来，航天高端装备研制和批产种类激增，新一代国防航天高端装备速度更快、射程更远、精度更准、毁伤更强、产品更迭速度更快，传统制造方法难以满足新材料、新结构的高性能、高精度制造需求。一方面急需开发新型制造技术，实现航天高端装备快速研制，满足快速更新换代的需求；另一方面也急需发展新一代低成本、高效制造技术，实现规模化生产，满足批量列装的需求。大力开展技术创新，突破高端装备研制批产瓶颈工艺，提高核心制造能力，是支撑国防航天高端装备发展，履行强军首责的关键。

（二）打造国家技术创新型驱动企业，实现制造强国的需求

党的十九大提出了加快建设制造强国，加快发展先进制造业，促进我国产业迈向全球价值链中高

端，培育若干世界先进制造业集群的明确要求。航星公司作为航天制造的骨干企业，必须扛起顶梁之责，肩负起实施制造强国的重要历史使命，以技术创新驱动企业发展，探索适应航天制造企业的创新道路，大力开展高端设备自主研发，做好成果孵化与转化应用，推动国家制造能力和高端设备制造水平提升，是建设制造强国的关键。

（三）实现核心关键技术自立自强，支撑企业高质量发展的需求

当今世界局势的深刻变化，航天是高技术集群产业，要肩负起引领国家高技术发展的历史重任，必须大力开展关键核心技术自主研发。航星公司作为航天工业先进制造领军单位，适应当今世界的局势和新的发展要求，加大关键技术攻关力度，提升企业核心技术水平，突破"卡脖子"技术难题，实现核心关键技术自立自强，是公司必须承担的光荣使命。同时也是保持经济高速增长，推动企业高质量发展的关键。

二、基于价值创造能力提升的航天制造企业技术管理创新的做法

航星公司始终以"科技强军、航天报国"为重要使命，坚持"科学技术是第一生产力"，以国家创新驱动发展战略为先导，不断加强自主研发和科技攻关力度，加强技术创新能力建设，加强新技术推广应用，并取得了显著成效。技术管理创新工作做法凝练为十八个字："强引领、搭平台、建机制、成体系、育人才、出成果"。

（一）树立航天工艺价值理念，强化价值创造能力提升引领

航星公司以理念创新为先导，提出了航天工艺工作的价值体系，建立了"两走出、五走入"的工作模式，明确了企业技术创新工作的具体路径。《人民周刊》对航星公司的创新模式进行了专题报道；《试论航天工艺工作价值体系》《搭建企业技术创新桥梁推动企业技术创新开展》两篇理念创新成果论文在《航天制造技术》杂志进行发表，并被多次转载。

1.航天工艺工作价值体系

航星公司从航天工业的性质、航天工艺工作的基本任务和航天工艺工作的发展历程三方面分析，提出航天工艺工作的价值及地位取决于对产品设计和科研生产过程顺利进行的支撑能力；取决于对产品质量的保证能力；取决于对产品加工制造过程中提高生产效率、降低制造成本、实现绿色制造的主导作用；取决于对国家安全、社会效益和企业发展的贡献。确立了保障新品研制、追求优质产品、提高加工效率、降低制造成本、推进绿色制造等5项内容，是航天工艺工作的核心价值内涵。工艺工作价值体系的构成，综合各方面因素可以定位为三方面9个要素（如图1所示）。其中，工艺工作核心价值内涵的5个要素是基础；国家安全、社会效益、企业发展通过5个基础要素实现，是价值体系中的价值表现形式；工艺技术创新开展的情况决定5个基础要素的水平，从而对价值体系中3个价值表现形式要素产生作用，是提升工艺工作价值的关键途径和重要抓手。

2."两走出、五走入"工作模式

以系统工程理论为指导，航星公司建立了"两走出、五走入"的工作模式，按照航天制造工艺工作价值体系的构成，走出对工艺工作有限和单纯的技术范畴，围绕产品能否制造出来、质量、效率、成本、绿色制造开展工作，推动航天高端装备及企业发展、社会效益提升，将工艺工作全面融入企业科研生产及经营过程，对夯实工艺工作价值基础，促进工艺工作发展具有重要意义。

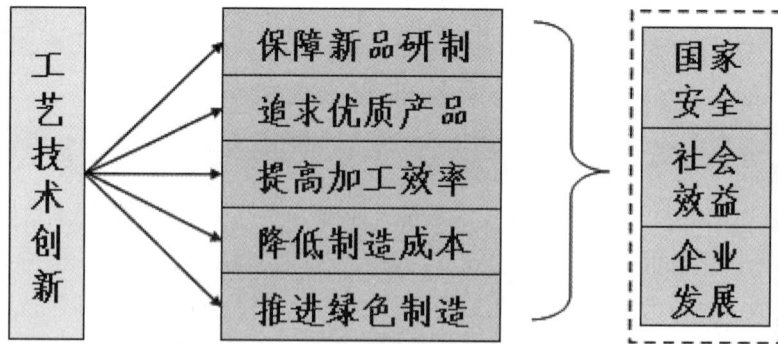

图1 航天工艺工作价值体系

（1）"两走出"

一是走出自身：工作策划、问题思考应跳出工艺工作自身的圈子，从企业经营发展全局的视角考虑，不能就工艺工作谈工艺工作。核心是应把如何突破企业的发展瓶颈、如何使企业创造更高效益作为工艺工作的根本出发点，把工艺工作作为企业发展的一个重要因素，从企业发展的顶层统揽和策划工艺工作。

二是走出技术：技术是工艺工作的主体，但不能把工艺技术作为工作目标。工艺工作面向的是产品制造和企业发展，任务是通过计划、组织及控制，合理利用企业及相关资源，以先进制造技术生产出符合设计要求、质量稳定和成本低的产品。工艺技术是实现产品制造和解决过程中问题的手段，不能把工艺工作局限在单纯技术的狭隘范畴、脱离企业科研生产及经营过程、企业发展盲目地搞技术工作，追求技术水平的提升。

（2）"五走入"

一是走入产品：产品是工艺工作的对象，专业技术发展以及日常工艺工作，都应围绕产品的加工制造来安排。产品是工艺工作的龙头，工艺工作要关注产品能否加工制造出来、质量是否稳定，及时组织开展工艺瓶颈攻关工作。

二是走入效益：工艺工作不能满足于把产品加工出来，还应关注产品的制造成本、效率，有组织地持续大力开展工艺优化工作，选用优质、价廉、高效的方案和方法进行加工制造，提升产品制造过程合理化水平、先进适用技术应用水平，增强企业获得效益的能力。

三是走入科研生产：工艺工作是企业科研生产策划及组织的重要基础，贯穿于企业科研生产的全过程，全面落实各环节工艺工作的职责，才能有效发挥好工艺工作的作用。要推进设计工艺并行工程，强化工艺与设计的结合；要强化工艺总方案等工艺策划工作，发挥好工艺总方案的指导作用；要及时做好科研生产的工艺技术准备，处理好现场技术问题，保证产品制造过程的顺利进行。

四是走入创新：按照工艺工作价值体系构成要素分析，工艺创新是提升工艺工作价值的核心工作，应予高度关注、重点加强，特别是创新机制的建立与资金投入。提升产品质量、生产效率，降低制造成本，推进绿色制造，先进适用的管理模式与技术的应用是重要途径，同时专业技术领域的拓展与制造能力的提升，还可以为企业带来新的任务，创造新的市场。

五是走入学习：知识与技能是创造价值的基石。应高度注重工艺人员知识与技能水平的提高，特别是技能水平的培养；应加强工艺人员创新思维、先进适用技术知识培训，并让工艺人员多走出去，开阔眼界，拓展思维；要让工艺人员参与生产现场实际操作，深入了解产品的具体加工过程，提升解决问题的工程能力。不能把工艺人员全部精力拴在重复编制工艺文件、处理现场问题等事务上。工艺人员要成为既具备理论知识、又具有操作技能的产品制造工程师，工程能力是衡量工艺人员水平的核心指标。

3.以价值创造能力提升企业创新能力

创新是工艺工作价值的增量动力，企业以企业创新能力与企业价值创造能力及获得的价值能力模型为指导，提升工艺工作的价值与地位。市场经济（竞争环境）下，企业创新能力与企业价值创造能力及获得的价值能力（市场竞争力）随时间的变换关系，可用下面函数表示（具体走势如图2、图3所示）：

$$y = (a-1)^n t^2 + bt + c \qquad （1）$$

$$\triangle y = (a-1)^n t + b \qquad （2）$$

式中：y—企业价值创造能力；$\triangle y$—企业价值创造能力增量；t—时间；a—企业创新能力指数（个体创新能力/平均创新能力），n、b、c为常数。n≥1，b≥0，c≥0。

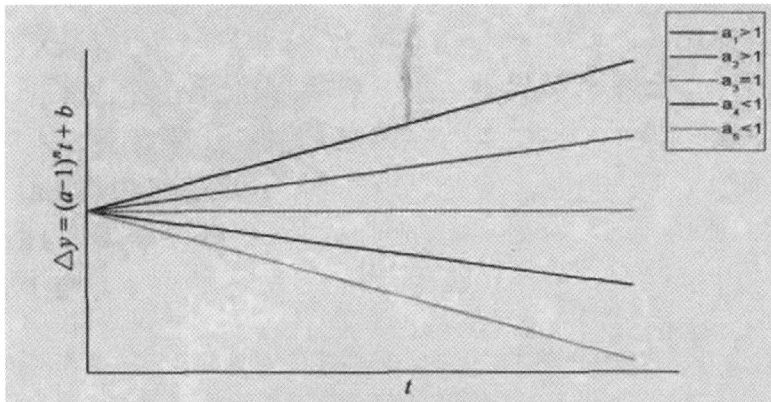

图2　企业创新能力指数与价值创造能力增量关系

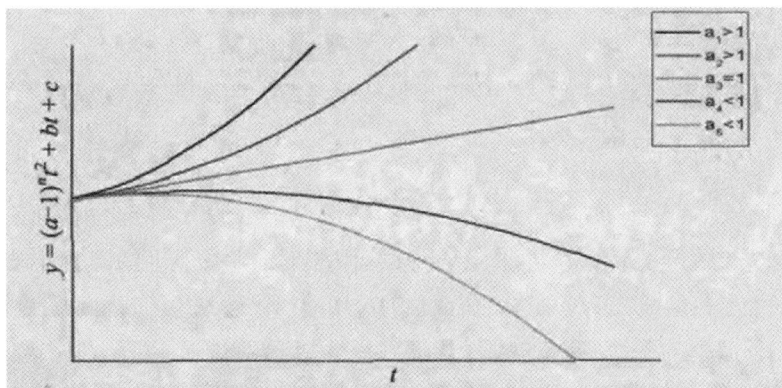

图3　企业创新能力指数与企业价值创造能力关系

由图2可看到：企业创新能力指数为1（平均值）时，企业价值创造能力保持恒定，不随时间变化；小于1时，价值创造能力随着时间的增加下降；大于1时，价值创造能力随着时间的增加上升，也就是说提升一项事物的价值创造能力，要求其创新能力超过所处环境创新能力的平均水平。由图3可看到：企业创新能力指数等于1时，企业所能获得的价值随时间的增加直线平稳上升；小于1时，随时间的增加呈曲线形加速下降；大于1时，随时间的增加呈曲线形加速上升。价值决定事物的地位，因此要使工艺工作的地位获得提升，不仅要全面做好工艺创新，还需要不断加大工艺工作的创新力度，使其创新能力高于所处环境的平均水平。站到企业技术创新的前沿，持续用技术进步推动制造能力与水平提升，为企业创造效益、拓展新的市场领域，使企业更好地发展，是提升工艺工作地位的必要前提，也是工艺工作的根本职责。在科研生产的各个环节，都应把全面组织好工艺优化、先进适用技术应用、新技术的研发，作为工艺工作的核心内容。工艺创新需要进一步解放思想，提升对工艺工作作用及价值的认识。

（二）搭建多层级创新平台，抢占未来发展先机

航星公司搭建了多层级创新平台，开展了一系列创新活动。创新平台是整合集聚科技资源、具有开放共享特征、支撑和服务于科学研究及技术开发活动的科技机构或组织，是开展科学研究、技术开发活动的物质基础和重要保障。航星公司统筹各方资源，建立了国家联合实验室、技术联盟、企业技术中心多维互补的体系化创新平台。公司与多所高校建立长效合作机制及联合实验室，与哈尔滨工业大学共建"金属精密热加工国防科技重点实验室"联合实验室，"先进焊接与连接国家重点实验室"联合实验室，与华泰诺安技术有限公司联合建立实验室，推动先进成果的引入转化；推动行业技术成果交流普及，形成联盟单位的合力发展；推进集团金属成形技术中心和集团装配工艺分中心建设，入选国家企业技术中心、北京市企业技术中心，推动先进技术成果在产品上的转化应用，推动企业核心竞争能力和行业影响力的提升。加入北京市东城科协，充分发挥科学技术是第一生产力的作用，开展各种群众性的科技活动，促进企业科技进步，促进科学技术的普及和推广，促进人才的成长和提高，推动企业发展。

依托于企业创新工作，航星公司以技术需求牵引建立多领域创新团队。团队内部要求业务方向完整，独立自主又相互沟通；老中青人员分布合理，传帮带效果显著，形成创新合力。近年来，建成2个集团级、6个院级和30余个企业级技术创新团队（主要创新团队如图4所示），保证了创新工作的实施和任务的完成。

（三）建立四类长效创新机制，保障技术管理创新

航星公司建立了完善的创新机制，建立适应创新发展的产学研合作、长效投入、科技成果转化、评价激励等机制，加快推进企业技术创新研究及产品研发工作的速度和质量，实现成果转化和产业化目标。

产学研合作机制：积极与产业链上下游企业建立战略合作伙伴关系，推动系统产品的升级完善，以集成创新优势打造利益生态圈；落实博士后工作站的创新载体作用，2018年起与哈尔滨工业大学共同培养博士后，推动公司先进成形技术发展，同时以产业联盟为载体，聚集行业的高端科研专家学者，将前瞻性研究与应用性研究有机结合，持续推进科研成果的应用和产业化，为创新驱动发展贡献力量。

长效投入机制：外部投入方面，积极申报上级课题，拓展课题申报渠道，争取上级经费，确保国有创新资金注入。内部投入方面，公司每年投入不低于5000万元用于科技创新，同时设立300万元公司探索性研发基金，并以不低于10%的比例每年递增，支撑自主创新工作的开展。

成果转化机制：建立了完善的科技成果转化机制及管理办法，加快转化热挤压等一系列国际先进技术成果，着力增强创新成果源头供给能力，对基础技术研究、应用研究、产业示范进行全链条、一体化

实施，完善了转化项目生成、评价机制，制定深化科技成果权属、转化收益分配等制度，激发成果转化主体活力，从而提升了成果转化的效率和成功率。

评价激励机制：建立了完善的科技创新激励机制，通过对科技创新工作的规范化管理，激励职工的创新积极性，按照"统筹分类、分级负责、程序规范、指导科学、监督有力、考核严格"的原则，设立"技术创新工作先进集体""技术创新工作先进个人""航星创新人物"等多项专项创新工作奖励，对认真履行岗位职责、积极开展技术创新、取得较大成绩、做出突出贡献的集体或个人进行奖励。

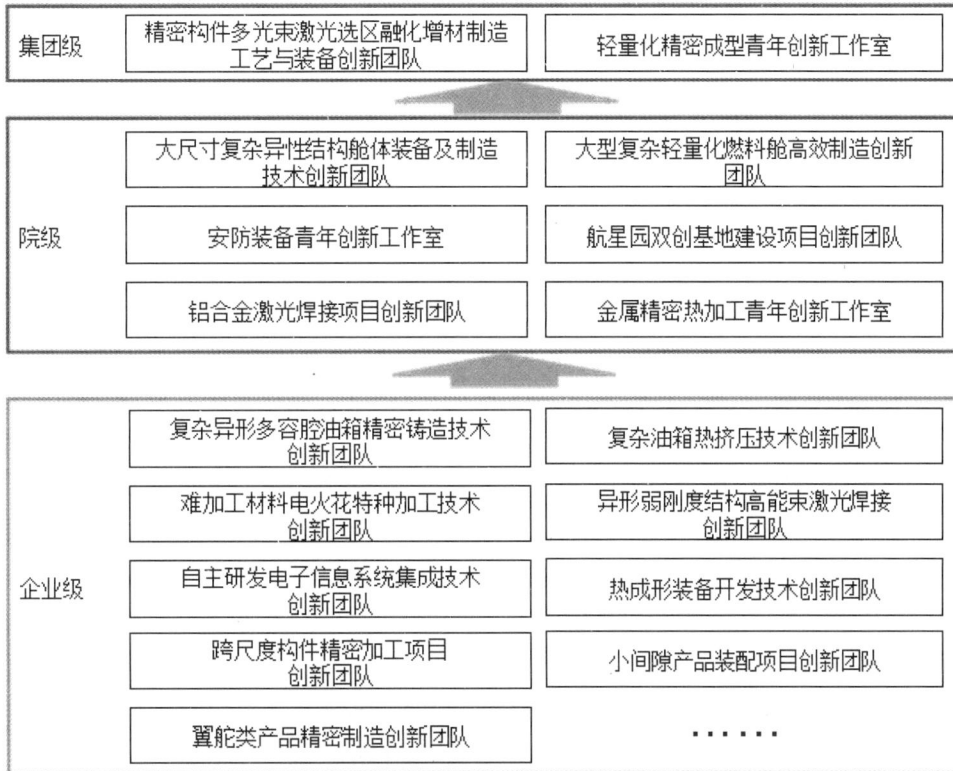

集团级	精密构件多光束激光选区融化增材制造工艺与装备创新团队	轻量化精密成型青年创新工作室

院级	大尺寸复杂异性结构舱体装备及制造技术创新团队	大型复杂轻量化燃料舱高效制造创新团队
	安防装备青年创新工作室	航星园双创基地建设项目创新团队
	铝合金激光焊接项目创新团队	金属精密热加工青年创新工作室

企业级	复杂异形多容腔油箱精密铸造技术创新团队	复杂油箱热挤压技术创新团队
	难加工材料电火花特种加工技术创新团队	异形弱刚度结构高能束激光焊接创新团队
	自主研发电子信息系统集成技术创新团队	热成形装备开发技术创新团队
	跨尺度构件精密加工项目创新团队	小间隙产品装配项目创新团队
	翼舵类产品精密制造创新团队	......

图4　航星公司主要创新团队

（四）构建先进工艺技术体系，明确重点发展方向

航星公司工艺技术以"差异化、核心化、高端化、优势化、产业化"为总体发展原则，以"一个完善、四类突破、五个提升、四个转型"思路构建工艺技术体系。

一个完善：顶层梳理构建航星公司工艺技术体系，久久为功，坚持一张蓝图绘到底，按年度动态完善发布体系支撑项目汇总，挂图作战，使体系建设全面落地。

突破四类技术：突破一批具有应用前景、符合公司技术发展方向的前沿技术；突破制约新产品研制的工艺瓶颈技术；突破和提升一批核心制造技术；突破和提升一批影响产品质量和效率的共性工艺技术。

提升五种能力：工艺技术创新能力、产品研制生产能力、数字化制造能力、可持续发展能力、成果培育转化能力。

实现"四个转型"：由传统工艺向先进适用和数字化制造工艺转型；由满足低速域为主向满足高速域为主的高端装备需求转型；由以常用金属材料为主向先进耐高温轻质合金与复合材料并重转型；产品由规则形状、分段结构制造向非规则形状、一体化结构制造转型。

通过多年工艺技术体系建设，编制了航天科工集团首个《核心技术与关键技术管理办法》，全面建立了覆盖全公司的工艺技术体系，涵盖了15个专业、27个技术门类、59个工艺技术重点发展方向。

（五）打造高素质人才队伍，涵养技术创新生态

航星公司坚持"人才驱动、创新推动，加速企业转型升级"的理念，以"高学识、高素质、高贡献、高待遇"人才建设战略为指导，建立和动态维护领军人才库、核心骨干人才库和后备人才库。着重做好三支队伍建设，一是领军型人才队伍的建设，并积极推荐进入各类上级专家组，引领创新方向、凝练队伍智慧、带领创新工作高效开展；二是核心骨干创新人才队伍的建设，制定核心骨干"点穴式"专项培养计划，确保创新工作的实施，创新任务的完成；三是后备创新人才队伍建设，为创新工作提供储备力量。

公司制定了"556"人才规划，即打造"50个博士、500个硕士、600个本科"的全方位创新和创业人才队伍，组建一支多学科的高素质创新团队。采取谈判工资制、提成、年薪制、博士公寓等措施吸引高端人才，激发技术人员创新创业活力，为企业聚集高端技术人才，形成了良好的创新文化与氛围。各级工艺师的分级设置制度，拓宽了专业技术人员的职业成长通道，各级创新人才快速成长，技术创新成为企业人才培养的重要通道。

领军型人才队伍的建设方面，企业定期组织开展"百千万人才工程""政府特殊津贴""集团级专家及学术技术带头人""高端复合型人才及民用产业人才"等各级各类高端专家人才选拔推荐工作，结合企业发展战略，突出顶层模范作用，建设具有行业龙头专家引领的高层次专家人才队伍，培养研究员十余人，集团级以上专家3人。2018年起与哈尔滨工业大学共同培养博士后，推动企业先进制造技术领军人才培养。

核心骨干创新人才队伍的建设方面，企业定期组织开展飞航英才接力计划人才选拔，为各级各类人才快速成长提供途径，通过项目制和导师制进行人才培养，鼓励各级人才立足岗位、勤学实干、促己成才，定期考核，为入选人员在专项能力培训、岗位技术交流、学术技术交流、在职学历提升、竞赛参赛推荐等方面提供便利通道。

后备人才队伍的建设方面，定期组织青年创新型优秀/拔尖后备人才选拔培养，选拔在技术研发、管理模式、经营方法等领域表现突出的人才，入选者由企业按月发放特殊奖励，符合一定条件的入选人员在特定时期，参加专业技术资格评审时，可获得政策倾斜，可直接作为国家"万人计划"青年拔尖人才支持计划的后备人选，并支持各类入选人才到国内外一流大学、科研机构参加教育培训。每年组织企业创新人物评选，对创新工作突出个人进行奖励，推动企业创新工作开展，激发员工创新工作积极性。

此外，在人才培养的过程中，逐渐形成了"三荣耀"企业创新文化，分别为"以争当创新人物为荣耀，以建立创新团队为荣耀，以开展创新活动为荣耀"，从以往要求员工开展工艺优化、技术创新转变为如今员工主动开展优化与创新，创建了良好的技术创新生态。

（六）拓展多渠道创新项目，形成高水平创新成果

航星公司积极拓展创新项目申报渠道，争取到国防科工局、工信部、军委科技委、军委装备发展部、科技部、航天科工集团以及航天科工三院等多渠道项目支持。

公司制定了项目成果的研发、改进、引进、应用、申报以及转让等全流程管理办法。将公司项目按不同的研发进度，分为萌芽、育苗和坐果三个阶段。萌芽阶段为项目研发起始阶段，旨在梳理项目核心关键技术以及可能形成的成果，制定项目研发方向与路径；育苗阶段为项目研发过程阶段，应加强技术创新驱动，开展核心关键技术攻关，不定期凝练技术成果，并根据实际的研究效果，不断改进完善；坐果阶段为项目研发结尾阶段，做好项目核心关键技术及成果的总结，并推广应用至其他项目并形成产业，完成成果的孵化工作。

公司航星园作为国家首批双创示范基地，青年双创策源地，也是公司成果孵化的重要部门，围绕可持续发展和创新领域，聚焦多边优势产业，积极推动项目进入科工集团"三期三池"，即"创意池、种子池、转化池"，加快项目成果孵化及产业化进程。此外公司还积极与先进成果提供方开展多维度合作，承办了首届"航天杯"清华校友三创大赛先进制造专题赛，使清华方优秀成果落地公司航星园，加速成果孵化，基于通过构建"连接—孵化—加速—辐射"服务体系，持续优化成果孵化器、加速器、产业园区相互接续的创新服务体系，为公司创新工作提供助力。

三、基于价值创造能力提升的航天制造企业技术管理创新的实施效果

（一）为国防建设做出了重大贡献，履行强军首责

"十三五"以来，航星公司坚持以航天高端装备技术发展需求为牵引，以提升军工核心制造能力及满足高端装备发展需求为目标，在航天科工集团发展战略下，进行技术创新发展统筹规划与实施。完成了数十种性能先进的航天高端装备结构件制造与总装任务，产品具备海陆空多发射平台、近中远程相匹配、不同飞行速度相结合、精确打击的能力，在主要国防高端装备总装生产方面，某些高端装备市场占有率达100%，持续为各军兵种提供稳定的产品生产和保障服务。突破了某系列型号油箱制造瓶颈，油箱产品合格率由不足30%提升至80%以上，生产能力提高3到5倍，保证了航天高端装备的批量列装，形成了战斗力；首次将挤压技术用于航天高端装备制造，制造成本降低55%，效率提升60%，提升了高效低成本规模化生产能力，实现了航天高端装备"供得上、用得起"。"十三五"以来，累计创造直接经济效益240亿元，间接经济效益600亿元。产品多次在重要军事演习和阅兵仪式上接受党和人民的检阅，多个型号产品出口国外，为我国国防建设和国际地位提升提供了重要支撑。

（二）技术创新能力大幅提升，支撑了制造强国发展

航星公司以制造强国战略第一个十年行动纲领为指导，提高制造业创新能力、推进信息化和工业化深度融合、强化工业基础能力、加强质量品牌建设、全面推行绿色制造、大力推动重点领域突破发展、推进制造业结构调整、发展服务型制造和生产性服务业、提高制造业发展水平。在国家8个核心制造技术领域，公司自主研发了高端设备53台套，包括国内首台套复杂构件用大台面三工位预成形装备和超高温成形装备，设备指标国际领先，获工信部颁发的首台套装备示范项目；建成了国内首条国产高档数控机床在带隔热层的大型复杂结构件加工的验证应用示范线；建成了航天领域首条基于AGV作为物料转移大型构件高敏捷柔性制造生产线、国内首台工业用套电弧熔丝增材制造系统并实现航天高端装备应用；研制出世界最大激光选区增材制造装备，实现大型构件激光选区熔化增材制造装备的自主研发；率先开展航天飞航领域构件加工数控系统换脑工程，打破国外技术垄断，提升国产数控系统应用水平和自主保障能力；以智能专项为契机，率先提出并开展建设一流自动化总装生产线，在自动化部装、柔性化总装、高速综合测量及智能物流等方面，填补多项行业空白，实现智能总装新模式应用；打造了国家级先

进制造综合创新示范基地，为我国高端装备实现自主研发提供了重要支撑，为我国实现制造强国提供了有力保障。

（三）实现了核心关键技术自立自强，推动了企业高质量发展

截至"十三五"期末，航星公司增材制造技术、激光焊接技术、热塑成形技术、热挤压技术、先进铸造技术、精密加工与装备技术、智能制造技术等领域技术水平国内领先，国际先进；信息化集成协同制造应用技术、智能危险品识别技术、双能物质识别技术、X射线探测器、液体电导率电磁检测技术、可见光成像技术、强磁检测技术国内先进，核心关键技术实现了自立自强。航星公司获批中国航天科工集团金属成形技术中心挂靠单位、中国智能制造常务理事单位、中国轻量化材料成形技术创新联盟常务理事单位、京津冀智能制造产业技术创新联盟副理事长单位、工业强基轻量化精密成形应用计划示范企业。获得省部级以上技术创新成果奖励50余项，其中国家科技进步特等奖2项，国防科学技术奖9项，国防管理创新奖1项，国家质量技术奖2项，中国机械工业奖1项，工信部首台套装备示范项目1项。各专业申请国内外专利600余项，授权近300项，获得中国专利银奖1项，牵头和参与制定航天标准7项。在多个上级创新项目领域立项150余项，获得批复经费7.8亿元。

依托上述技术优势，近年来公司在航天高端装备产业、电子信息产业、安检装备产业、智能制造产业和高端材料及应用产业领域，研发出10类共计200余型新产品，并打造了服务于国家大安全的"航天海鹰"品牌。自主研发的安检机、移动安检站等在国内同行业产品中脱颖而出，为边疆维稳，"一带一路"建设、核心区域和城市地铁等提供安全保障；自主研发的信息安全产品，为国防信息安全和国家经济建设提供了双重保障。公司航星园已入驻创业企业130余家，包括大数据、云计算、文化创意、移动医疗、新材料、科技服务等领域，入驻企业年营业收入300余亿元。2011年至2020年十年间，公司营业收入从11.90亿增长到71.02亿，国有净资产总额从15.82亿增长至26.20亿，真正实现了企业高质量发展。

成果创造人：张铁军、姚为、张建刚、韩维群、刘玉平、吴凯、

刘刚、刘国柱、王志敏、熊珍琦、张云鹏、段轶锋

军工总体部数字化科研生产管理体系建设

北京机电工程研究所

北京机电工程研究所（中国航天科工集团第三总体设计部，以下简称三部）成立于1960年，是我国军工领域重要的总体设计单位与产品研发基地，主要承担飞航高科技产品的总体设计、系统集成、试验验证及售后服务等任务。三部现有职工1600余人，高级职称以上技术人员超过40%，设有1个博士后工作站、8个硕士学位授予点，先后产生了5位中国工程院院士，150多名国家级、省部级专家及学术技术带头人。下设飞行器总体、导航制导与控制等28个特色专业，拥有复杂系统控制与智能协同技术国防科技重点实验室、国防科技工业海洋安全体系创新中心、航天科工集团公司水下武器装备及作战体系研究中心、作战任务规划技术与工程应用中心、环境与可靠性试验中心、1700万亿次高性能计算中心、虚拟样机中心等一批国内一流的研试平台。建部以来，三部秉承"国家利益高于一切"的核心价值观，走出了一条"仿制改型—自行设计—自主创新"的发展之路，先后研制出多型国家急需的飞航高科技产品，成功填补了我国装备体系的六大空白，为推动我国国防现代化建设做出了突出贡献。

建部60年来，三部秉承"国家利益高于一切"的核心价值观，走出了一条"仿制改型—自行设计—自主创新"的发展之路，先后研制出多型国家急需的飞航高科技产品，成功填补了我国装备体系的六大空白。自1985年以来，三部共获得国家级、省部级科学技术进步奖350余项（其中国家科学技术进步特等奖4项），被授予载人航天贡献奖、全国五一劳动奖状、全国文明单位、全国质量奖、国家级企业管理现代化创新成果一等奖等多项荣誉，为推动我国国防现代化建设做出了突出贡献。

一、实施背景

（一）满足飞航武器发展要求，适应新军事变革

"十三五"是实现具有中国特色军事变革的重要时期。随着大国之间战略博弈加剧，美国将我国作为首要战略对手和重要作战对象，我国周边安全风险陡增。为支撑我国战略地位提高，保卫和平发展环境，武器装备战略、战术双重作战能力的要求进一步提高，飞航武器装备发展逐步向体系化作战转变，向提升复杂战场环境下的实战能力转变，以及向以特定任务需求为牵引的作战能力快速形成转变。然而，三部所研制型号技术水平虽处于国内领先，但仍落后于世界先进水平，作为我国武器装备研制生产的主力军和中坚力量，三部要随时做好军事斗争准备，围绕打赢未来战争，抢占军事制高点，解决军队急需的作战问题，加速推进飞航武器装备科研生产管理体系转型，提升正向创新设计能力，促进装备准确、快速、高效研发和一次成功，全力支撑我军"能打仗、打胜仗"的强军要求。

（二）服务国家两化融合需求，推进数字化转型

党的十九大报告强调要"加快发展先进制造业，推动互联网、大数据、人工智能和实体经济深度融合"。《国务院"十三五"国家信息化规划》中提出"促进经济建设和国防建设融合发展，以信息化促进经济领域和国防领域技术、人才、资金等要素交流"的发展方向；《国务院关于深化"互联网＋先进制造业"发展工业互联网的指导意见》《工信部大数据产业发展规划（2016-2020）》等相关文件均体现了数据互联互通和共享利用推动企业创新发展的要求。对标相关要求和指导意见，三部科研生产管理模式较为传统和单一，数字化、网络化、智能化水平有待提升，与满足国防安全和全面建设现代化强国的国家战略需求仍有一定差距。作为飞航武器总体设计部，三部肩负科技强军、航天报国的神圣使命，必须坚定不移的响应国家号召，以信息技术为支撑培育新动能，创新研制迭代方式与科研生产管理模式，推动构建适应新时代具有航天科工特色的模型、数据和流程驱动的科研生产体系，推进数字化转型升级新部署。

（三）推动型号管理模式转变，提升核心竞争力

随着我国飞航武器装备发展，装备科研生产任务面临更加艰巨的挑战，装备/技术的复杂度和不确定性大幅增加，跨单位、跨领域之间集成和协同要求明显提高，一次成功、准时交付的要求更加严格，多品种、变批量、高质量与缩周期、降成本的矛盾更加突出。传统武器装备研制是以实物产品为主要载体的"设计—制造—试验"研制模式，在实物产品的制造、试验环节反复迭代，导致返工多、周期长、成本高等问题，重点研制型号平均研制周期5年以上，型号研发成本及单发导弹成本较高。因此，三部亟需构建数字化的飞航武器装备全生命周期科研生产管理模式，向"设计—虚拟试验—虚拟制造—实物制造"模式转变，促进在虚拟世界充分迭代，在实体世界一次实现，大幅度提升对军事需求的快速响应能力，为新型作战力量建设和新质作战能力生成作出更大贡献。

二、内涵与主要做法

面对难得的发展机遇，三部顺应信息经济时代发展趋势，贯彻落实国家、集团系列战略部署，以飞航武器装备发展新需求为牵引，以强化战略地位、拓展市场领域和提升创新能力为重点，以敏捷可信的协同工作平台和多方位考核评价体系为支撑，推进新一代信息技术在设计、试验、制造和经营管理活动中的深度应用，建设数字化科研生产管理体系，实现基于模型的数字化系统工程、全流程全要素的精益运营管控、高效资源服务保障，推动形成面向产品研制全生命周期、全流程的业务闭环和面向数据-信息—知识—智慧（DIKW）转换的认知闭环，促进武器装备科研生产管理向数字化、网络化、智能化转变，着力推动实现高质量发展，为我军建设成世界一流军队和支撑我国建成制造强国做出新贡献。

数字化科研生产管理体系内涵图如图1所示。

成果创新点主要为以下三个方面。

（一）数字模型贯穿飞航武器装备研制过程

在国内率先将MBSE方法引入导弹工业领域，作为集团公司首批MBSE先导单位，牵头制定集团MBSE标准，发布导弹武器系统通用数字化研制流程，明确全生命周期研制阶段中数字模型的构建、审查要求；面向装备全生命周期、全层级形成239个模型，构建数字化模型体系，建立总体部内、总体与分系统/总装厂协同建模与交付方式，最终作为实物产品的主要信息来源和依据。

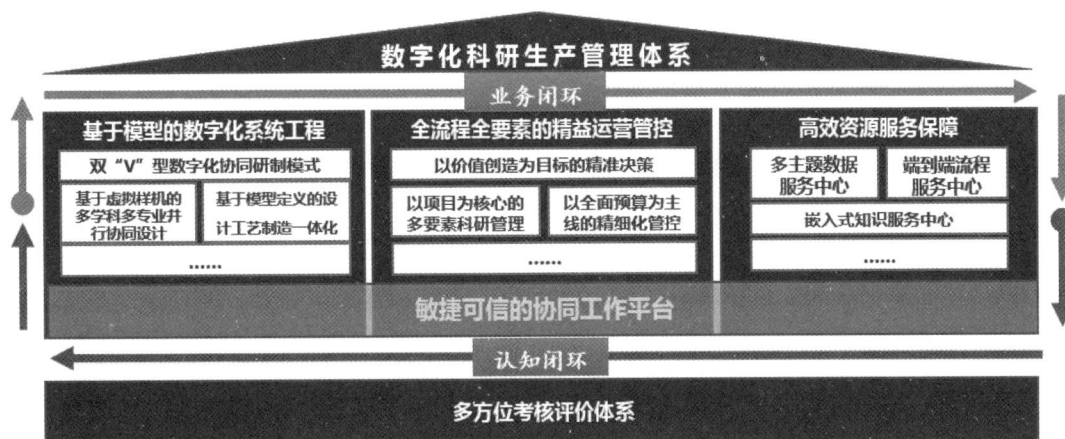

图1 数字化科研生产管理体系内涵图

（二）数据驱动全要素精细化管控

构建全生命周期数据体系，涵盖主数据、运营数据、产品数据、外部数据、基础数据等；将数据作为生产要素，驱动经营管控各个环节，打通资金信息流、设计研发信息流、生产制造信息流和物资信息流，促进流程驱动向数据驱动转变。

（三）智力资源与业务过程深入融合

围绕知识创造、共享、利用的活动过程，盘点三部全价值链、全业务域的知识，构建统一的专业知识体系，打破知识应用局限，形成长效的知识管理机制，变活已有知识，在研发过程中精准推送，初步实现智力资源与业务过程的深入融合，加速武器装备的创新研发。

主要做法包括以下几个方面。

（一）战略引领、专业主导，实现数字化系统工程落地

作为复杂武器装备产品研制单位，三部近年来一直采用系统工程思想作为顶层指导，以模型驱动产品研制为目标，通过管理机制创新、标准体系完善、数字化环境建设、型号与信息化深度融合等手段，重点构建一个模式、打通两项协同，以此为基础推动模型主导的数字化系统工程落地。

1.建立"双V"型数字化协同研制模式

数字化协同研制模式是通过构建数字化协同平台和虚拟样机在产品研制全生命周期中的融合应用，实现产品的数字化定义、数字化研制和数字化管理以及业务流程的再造，将传统的基于实物样机的独立、串行为主的研制方式，转变为基于虚拟样机、虚拟样机与实物样机有机结合的并行、协同的新型研制方式（如图2所示）。

在系统设计阶段，采用基于模型的系统工程（MBSE）方法，建立全系统功能样机、性能样机，以多学科多专业虚拟样机模型为主要工作对象，开展方案协同论证、体系/系统仿真验证、多学科协同仿真及虚实结合的试验验证，通过多次迭代的全虚拟研发，实现总体与分系统快速方案设计。

在产品实现阶段，以虚拟样机和物理样机相结合进行协同设计分析与验证，以设计BOM—工艺BOM—制造BOM—维护BOM为主干，全面贯通基于模型定义的设计/制造/综保一体化大回路流程，实现MBD模型在详细设计、工艺设计、生产制造、综合保障等关键环节的全过程应用。

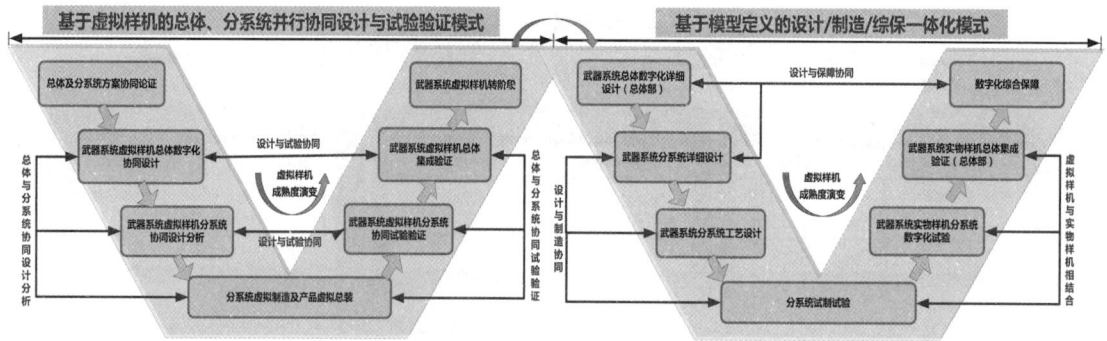

图2 "双V"型飞航武器产品研制模式

2.打造基于虚拟样机的多学科多专业并行协同设计

一是建立以数据、任务、流程为核心的总体多专业协同设计研发。通过将产品研发过程中积累的研发数据、任务、流程模板化，设计工具、知识服务化和共享化，在研制过程中提供全面正确的数据、知识与工具服务，并将数据、工具、知识嵌入研发流程，使设计师能够在统一的平台中开展快速设计分析、数据传递与协同研发，打通了专业间的数据流和工具流，规范了48项专业间数据接口，600余项协同流程，形成了覆盖武器装备全生命周期的协同研发模式，实现了数据共享与能力协同，有效提升了研发质量与效率。

二是构建数字化试验验证。以试验验证数据为核心，按照设备/单机、分系统、系统三个层级开展覆盖虚拟试验、半实物试验、实物试验三个过程的试验验证，在试验过程中，通过多源异构试验设备互联总线对试验数据进行自动化采集与管理，实现环境、仿真试验设备状态的实时监控、故障预警及统计分析；基于单向网闸打通内场、试验网、外场的试验数据采集通道，数据采集后可进行在线分发，总体与分系统能够跨单位开展遥测试验数据协同判读，解决试验数据直接入网和现场陪试的业务痛点，100多个型号和5T以上试验数据纳入系统中统一管理，1800余项试验任务实现设计与试验全过程协同，显著提高了试验效率。

3.推动基于模型定义的设计工艺制造一体化

一是以总体总装数字化协同为主线，在原有MBD应用基础上全面梳理数字化环境下设计制造协同模式，形成"1+6"的数字化协同流程，即"总体总装数字化协同"主流程以及"EBOM构建与下发""分系统模型交付""机电协同设计""结构设计与工艺审查""装配工艺仿真""总体与总装状态及信息反馈"六个子流程。

二是针对各子流程中的设计源头赋码、机电协同、E/PBOM协同、分系统模型交付、制造信息闭环反馈等关键环节，补充完善相应标准规范，发布《基于TC系统的结构EBOM应用要求》《基于NX的设备三维模型交付要求》《基于TC系统的电缆协同设计要求》《三院院级材料库、标准件库运维和应用规范》等院标，推动设计工艺制造一体化协同流程在型号中得到规范的应用。

三是基于型号试用情况，针对信息化环境开展建设与完善工作，补充电缆协同设计、设计资源库管理、总体总装更改闭环等功能，通过数字化手段提升总体总装协同能力。

（二）业务贯通、要素互联，实现精益运营管控

聚焦流程和数据，通过打造以项目为核心的多要素科研管理、构建以全面预算为主线的精细化管控、推进以价值创造为目标的精准决策，提升管理全要素横向集成、管理全过程纵向穿透的运营管控能力，支撑工程研制和管理业务协同应用。

1.打造以项目为核心的多要素科研管理

以项目管理为核心贯穿产品研制全过程，构建多级有效衔接的流程体系，建立基于WBS的多项目管理应用，实现多要素协同管理和多方位精细管控，业务与数据融合，有效提升科研生产管理效能。

一是构建多要素全方位的三级计划管理。通过工作分解结构（WBS）的逐层分解，建立产品全生命周期的工作计划，通过计划制定、任务执行、成果管理等各环节数据的关联，实现计划编制、执行、考核的闭环管理；通过人员、组织、计划、进度、质量、资源、交付物等管理要素的结合，支撑项目的风险管理和员工的绩效管理；同时，打造院、部、室三级计划协同管理模式，推动实现三部多项目及一本计划的全方位管理。

二是规范化项目管理过程。规范化项目管理业务流程维系机制和变更管控追溯机制；梳理预研、研制项目WBS业务分解规范，制订标准WBS及标准任务模板；建立试验、生产关键资源库，构建关键资源管理体系，明确资源管理模式；建立产品研制的标准交付目录文件体系，根据不同项目特点，对项目不同阶段、不同产品标准交付物进行定义，并分配至项目WBS，实现项目交付物质量管理。

2.构建以全面预算为主线的精细化管控

以三部整体经营分析与关键管控点为牵引，以集团与院业财一体化、财务共享标准规范为指导要求，以预算为主线打通全面预算、财务、物料、资产、合同、报销等跨业务协同资金流数据，构建"预算—过程控制—核算—决算报表"全周期业务闭环管控，打造数据关联、流程闭环、工作协同的全价值链业务精细化管控模式。

一是对标集团业财一体化相关规范，对三部业务管理现状及应用系统现状进行深入分析，结合企业自身管理特点，设计形成三部物资采购到付款、销售到收款、生产到成本、项目到核算四大标准业务应用场景，为后续企业资源计划管理深入建设提供思路。

二是依据集团、院主数据标准规范，开展三部主数据建设工作，制定《三部主数据管理程序》，实施主数据管理系统，实现主数据的统一管理、统一采集、统一分发，保证主数据的唯一性、准确性、权威性；同时依托企业服务总线，梳理和优化各业务系统间数据集成关系，为企业资源计划管理系统深化建设奠定基础。

三是推进全面预算管理制度建设，形成新形势、新状况下的动态完善和调整机制，初步建立集机构、制度、流程、数据为一体，全员、全过程、全方位的全面预算制度管理体系；优化预算编制内容，细分全面预算类别，细化业务预算、资本预算和财务预算编制依据及相关部门职责，并制定"自上而下与自下而上相结合"的预算编制过程，确保预算编制流程运行通畅。

四是企业资源计划管理系统建设，对全面预算、月度预算、财务、物料等模块进行功能完善，同时紧密集成三部财务管理与院财务共享中心的业务关系，贯通收付合同、采购、付款、生产、检验、发货、开票、到款等业务，实现项目全过程管控。

3.推进以价值创造为目标的精准决策

一是围绕质量管理体系、型号全生命周期质量数据资源，构建以型号质量管理和综合质量管理为核心的质量大数据平台。三部组织成立质量大数据专项工作领导小组，全方位梳理质量管理业务现状，对质量问题管理、质量管理体系、QA检查管理、外协产品验收信息管理等多个方面的工作现状及存在问题进行了深度剖析，构建了质量大数据平台总体架构，并分阶段逐步开展平台实施工作。通过平台建设，质量管理业务逐步覆盖全过程、全要素；通过建立数据分析模型，对数据进行统计、分析和展示（如图3所示），推动质量定性管理向数据驱动型定量管理的跨越，促进从事后分析向事前预警、事中控制转变，强化数据决策能力。

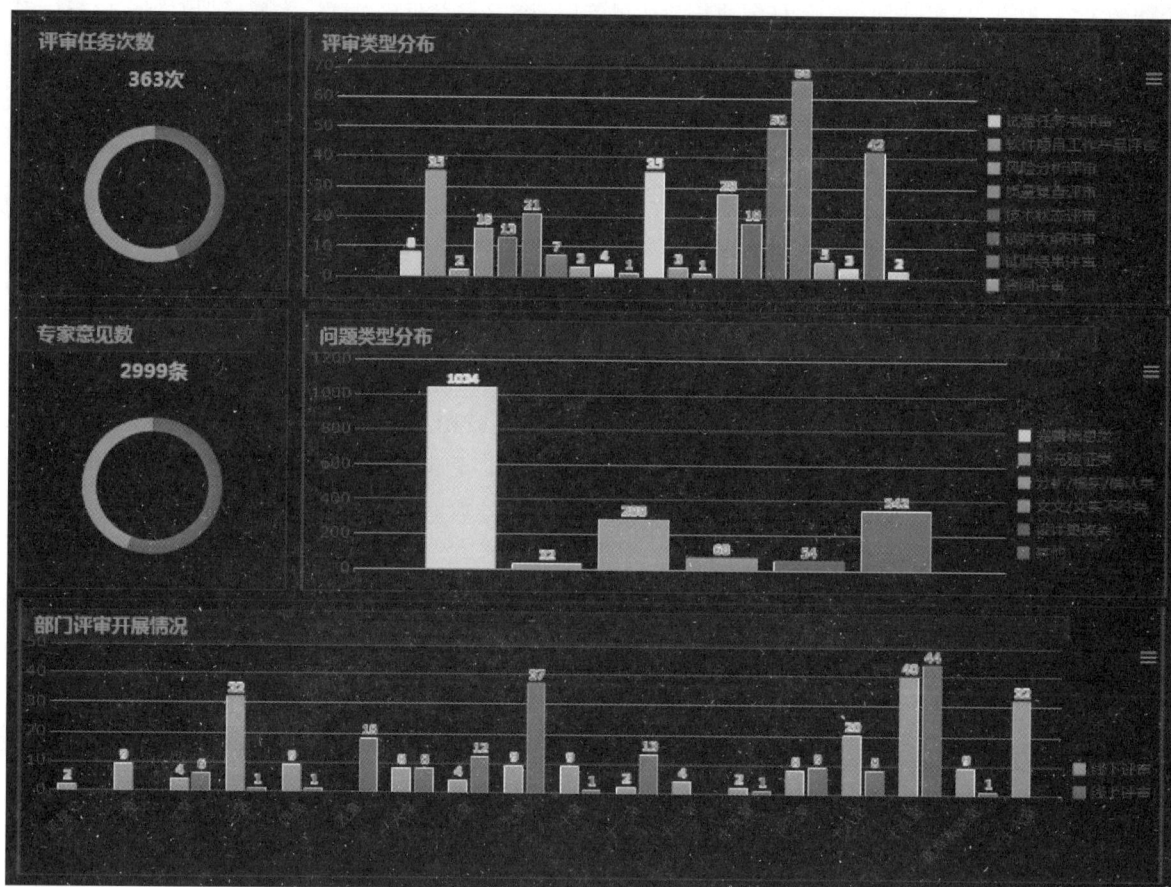

图3 质量大数据平台质量预评审统计视图

二是通过构建业务运营指标体系及对内外部数据的挖掘分析，对全面预算、经营发展、科研生产与质量、人力资源、党建及思想文化、安全管控、综合保证等不同业务运营主题建立数字画像。使用应用数据报表、统计报告、多维分析、数字仪表盘等技术，建立支撑业务数据与智能决策的可视化环境，通过数字看板对业务运营情况进行综合、全面、直观的展现，挖掘各主题内业务间潜在的关联关系及风险点，为科学决策提供数据基础，基本实现"用数字说话"，强化数据价值创造能力。人力资源主题画像如图4所示。

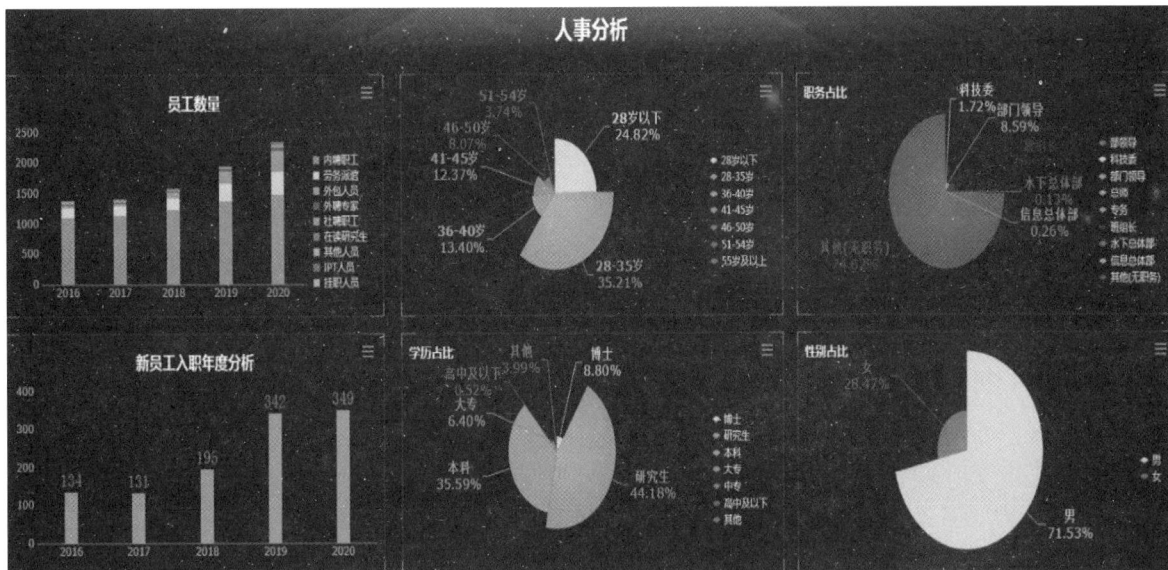

图4 人力资源主题画像

（三）夯实基础、共建共享，实现高效资源服务保障

构建规范一致的多主题数据服务中心、可视可控的端到端流程服务中心和面向应用场景的嵌入式知识服务中心，打造以数据、流程和知识为核心的稳健、高效的资源服务保障能力，有效支撑数字化产品研制与运营管控全过程。

1.构建规范一致的多主题数据服务中心

从整合数据资源角度，梳理、收集科研生产管理过程中各类数据资源，构建多主题数据服务中心，对来源于不同业务系统各大业务主题域的数据资源进行集中、集成，实现主题数据的统一管理，确保数据唯一性和规范性，为企业数据资产形成奠定基础。

一是建立配套的组织责任体系，明确各级角色和职责，制定数据管理各项管理办法、工作流程，保障数据服务中心建设、运行和持续管理有序开展。

二是开展以产品研制、运营管控为核心的主题域数据梳理工作。采用"业务需求牵引、业务人员主导、信息化配合"的思路进行主题数据梳理，梳理内容包括主题数据项梳理、主题数据源及信息系统现状梳理等工作，在运营管控方面，梳理形成一级主题9个，二级主题28个，三级主题118个及数据项2205个，为数据采集和存储奠定基础。

三是构建以数据仓库为核心的多主题数据服务中心，通过企业服务总线，支持基础数据的共享与交换，通过数据仓库对各大业务领域主题数据进行采集、处理和存储，建立主题数据资源库，形成数据资产。

2.构建可视可控的端到端流程服务中心

构建流程服务中心，对端到端流程进行固化和集中管理，统一各应用系统流程入口，建立可视化跟踪查询视图和流程绩效统计分析视图，提高流程执行和业务管理效率、增强监控监管能力，为企业流程优化和再造奠定基础。

一是制定流程服务中心建设总体思路。流程服务中心的建立按照"总体规划、先易后难、迭代推进"的总原则，分步推进，逐步完善；明确流程归口单位和关键用户，深入展开需求调研，从系统层面提取通用流程功能，从业务层面提取流程优化需求。

二是基于协同工作支撑平台自主开发流程服务中心应用。搭建流程统一入口和可视化跟踪查询功能，集成不同流程引擎的各类业务流程，并根据流程常用功能，丰富流程操作，为用户提供方便、快捷的使用体验，提升用户工作效率；研究流程绩效评估模型，从流程绩效、节点绩效、部门绩效、员工绩效等方面建立统计分析模型，通过对流程运行数据进行采集和分析，实现流程绩效管理，同时为流程持续优化和流程再造提供数据基础。

三是开展流程标准梳理工作，持续推动流程体系化建设。初步建立流程查询、业务申请等统一的接口标准和规范，为流程串联、端到端流程建设提供保障；同时开展统一流程建模规范、跨系统流程集成规范研究工作，正向推动流程管理及流程体系化建设。

3.构建面向应用场景的嵌入式知识服务中心

为了最大限度地发挥三部的人才优势、技术优势和产品优势，有效盘活各类知识资产，将知识和技术转化为生产力，三部围绕知识创造、共享、利用的活动过程，调研多部门、多角色知识资源应用需求，开展三部全价值链、全业务域的知识盘点，构建统一的专业知识体系。在此基础上，三部构建了面向应用场景的嵌入式知识服务中心，形成长效的知识采集与应用机制，实现知识与业务过程的深入融合，形成"知识关联流程，流程驱动研制，业务产生知识"的知识循环环境，促进型号研制向知识驱动的创新研制模式转变。

一是开展知识管理体系架构设计与系统建设。通过组织建立业务团队共创场域，对三部知识进行盘点和梳理，明确了14个知识分类维度，确定三部知识体系顶层架构，完成深阶知识体系定义和各部门的初步知识台账。在此基础上，三部构建了统一的知识管理系统。秉承边建设边使用、小步快跑多轮迭代、持续更新优化的原则，首轮建设知识门户、知识文库、知识问答、知识百科、专家网络、知识地图等模块，并按照知识管理运营管理机制，选定六个研究室和一个本部部门开展知识管理试运行工作，为员工提供初步知识共享和知识沉淀。

二是推动技术货架与产品货架建设。为有效提升成果型知识的利用价值，三部通过组织成立货架管理组织架构，明确技术货架与产品货架的准入原则，修订相关考核管理办法进行考评激励等措施，推动各专业对核心技术和成熟产品进行凝结、提炼、积累与共享，实现快速、低成本、高质量产品研发。基于现有专业技术体系，三部完成技术货架与产品货架的框架梳理，通过应用评价、季度考核浮动系数加分和年度优秀货架评奖等政策，深挖科研成果，持续丰富货架库，截至目前，已完成累计330项技术货架和164项产品货架审查及入库，大力促进了专业技术发展和型号间核心技术的借鉴。

三是基于用户应用场景构建嵌入式知识服务能力。针对型号研制过程中积累的成熟算法、工具软件、自研程序等知识，通过知识组件封装与集成技术，将这些知识封装为包含输入数据、执行程序、输出数据的软件服务，通过数据流和控制流定义各软件服务之间的执行顺序和数据传递关系，动态配置软件服务的可交互界面，形成操作简单、交互友好的各类应用App并在专业设计分析过程中共享应用。同时，通过应用App与协同研发流程关联融合，在协同任务执行时设计人员能够将任务的输入数据作为应用App的输入数据，快速驱动应用App进行计算分析，计算分析结果能够自动作为任务的输出数据，再按照协同流程中的数据传递关系在协同研发中实时传递，实现应用App驱动的快速研发。目前，已形成覆盖总体、控制、气动、动力等多个专业设计分析过程近90个应用App，通过应用App的共享及与流程集成应用，显著提升了型号专业的设计分析效率。

（四）面向应用、自主开发，构建敏捷可信的协同工作平台

为解决当前系统跳转频繁、集成复杂、应用体现不好等问题，三部转变建设"信息系统"思路为建设"业务系统"，利用微服务技术推动现有PM、PDM、ERP、MES、CRM等信息系统后台化，将其功能与业务通过服务化手段形成独立组件。在此基础上，针对不同用户角色打造可动态调整的数字化工作平台，支撑流程、知识、应用App驱动的高效、创新、协同研发模式。具体技术架构如图5所示。

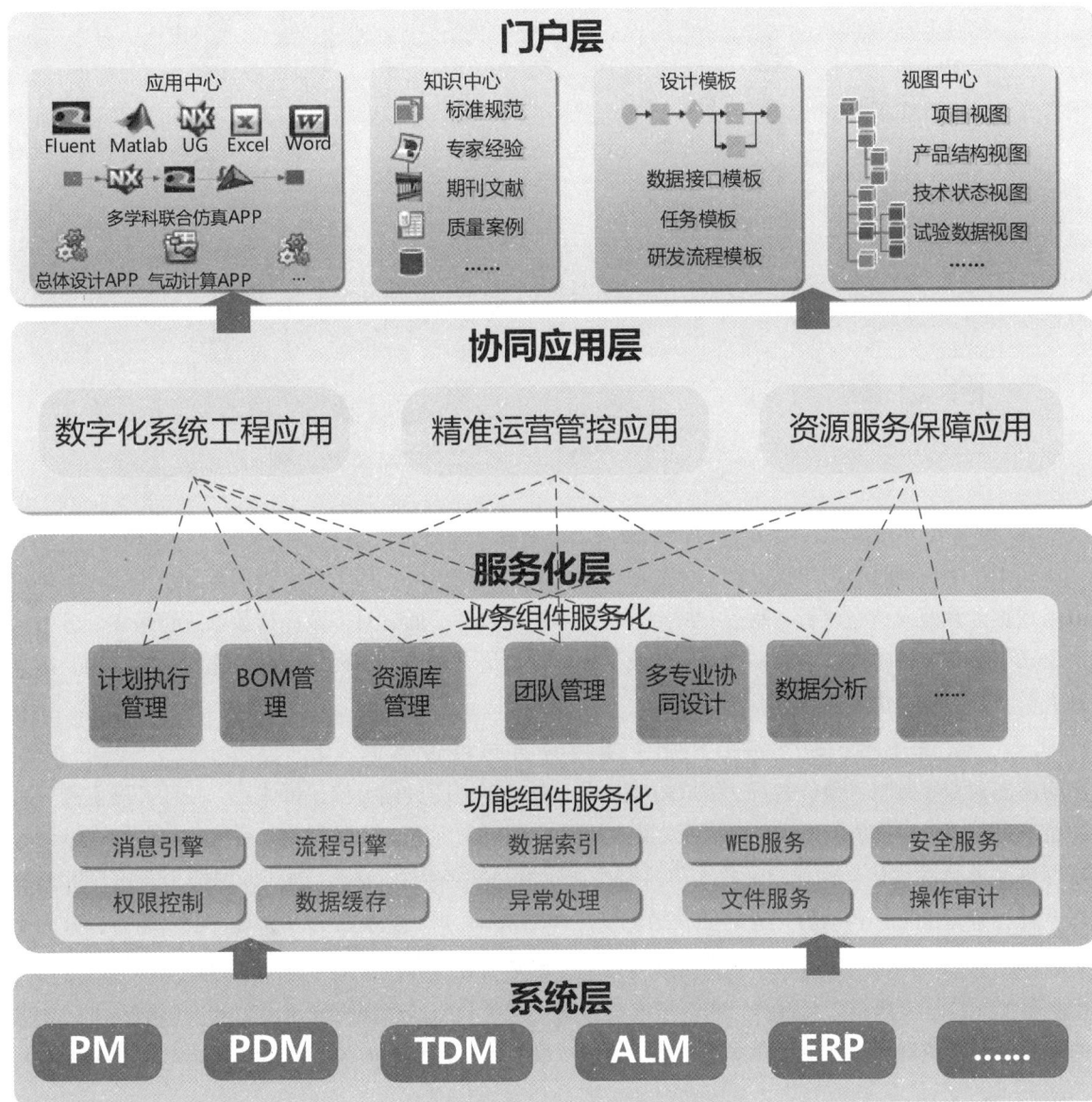

图5 协同工作平台技术架构

三部协同工作平台（如图6所示）以工作空间为线索，整合、集成40余个业务支撑系统的信息、数据和流程，通过任务中心、流程中心、应用中心、视图中心、知识中心、资源库、数字看板等多种应用视图，实现统一的信息服务、应用系统入口、应用信息展现和流程集成服务，提供有效沟通和协同办公环境，实现"一站式办公"。各类应用视图可由用户个性定制，为用户提供良好的办公体验及知识获取途径，支撑日常办公和协同研发。

图6 协同工作平台示意图

协同工作平台同时为用户提供跨系统数据检索引擎，实现集成三部工程、管理近20余个应用系统近百万条数据，涉及设计、分析、制造、试验、管理等多个领域，通过对多源异构数据进行采集、分析处理、语义解析和统一建模，形成基于语义的索引库并进行语义查询，实现知识的快速检索与应用，提升设计人员获取知识的快速性和准确性。

（五）价值导向、激发活力，制定多方位考核评价体系

构建涵盖型号研制、预研创新、领域拓展三类任务的多维度量化考核评价体系，持续开展监测分析和评价改进。建立以价值创造为导向、激发内生动力和活力、促进大力协同创新的"1+4"综合绩效考核指标体系并持续优化，构建职工收入与科研生产年度总任务和总目标、创新发展能力、市场开拓能力以及综合管理能力挂钩的行之有效的激励机制（如图7所示）。重点突出以价值贡献、能力提升为标准，即以科研生产任务、创新任务、创效任务增量为主要因素，综合考虑重点任务目标达成情况及其贡献度、科研生产任务质量、目标责任落实情况等因素，确定各研究室绩效增量。引导、激励、推动三部各研究室开展预研创新和领域拓展任务，建立产业和技术良性发展的正反馈机制，驱动企业持续发展。

三、实施效果

自实施本成果以来，三部管理运行效率有效提升，企业自主创新能力大幅提高，企业经济效益跃上新台阶，实施效果如下：

（一）飞航武器总体研发能力明显提升

该成果的实施促进了三部覆盖设计、试验、集成和保障全周期的飞航武器总体研发能力提升，强力支撑了武器装备的设计和研发。依照网络化、数字化、智能化和云化的思路，重点加强设计仿真、虚实

结合试验验证、智能化制造、基础配套等条件建设，形成了数字化的设计分析、综合管控、生产制造、试验验证、基础保障等新型能力，保障了国家重大工程和重点工程相关任务顺利完成，方案设计迭代周期明显缩短，设计制造验证基本实现一次成功。重点型号研发周期平均降至3年左右，主流产品方案迭代平均周期由6个月缩短至1个月，弹族化系列化发展产品平均缩短到1至2周，研制型号技术指标已达世界领先，大量关键技术取得突破，同时，在型号研制总量增加50%的情况下，质量问题数量得到有效控制。"十三五"以来，推动飞航武器装备领域实现342个项目立项，不断夯实该领域在国内的领先优势地位；水下作战装备领域实现33个项目立项，支撑水下领域不断拓展；信息装备领域实现64个项目立项，带动三院在信息装备领域实现全面突破。在庆祝中华人民共和国成立70周年阅兵仪式上，三部抓总研制的六型武器装备接受党和人民的检阅，扬国威、壮军威。

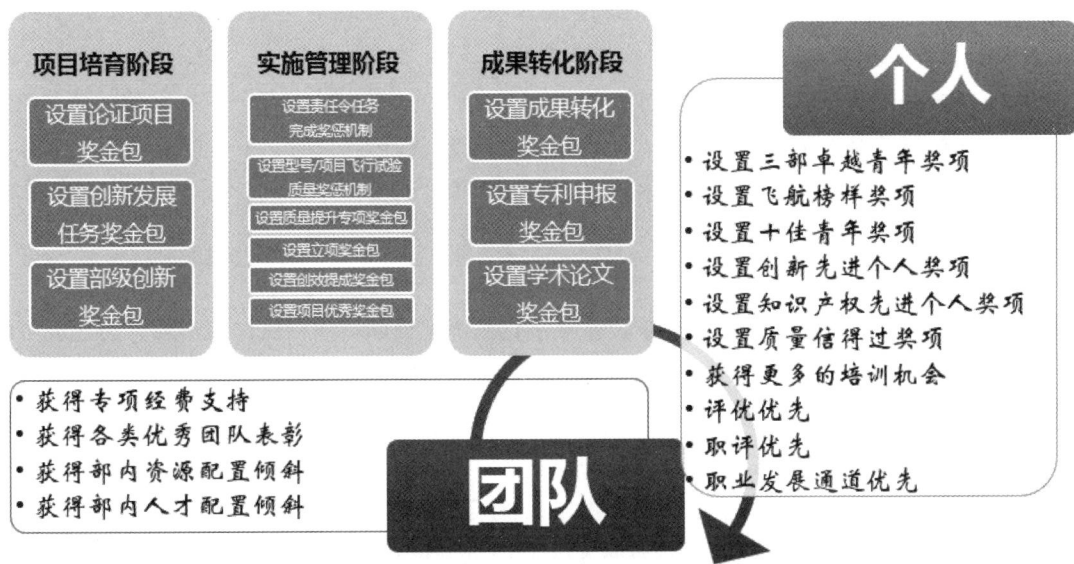

图7 多方位激励机制

（二）科研生产管理能力和企业经济效益跃上新台阶

该成果的实施初步促进了工程方法、管控过程、决策方式、工作模式四项转变。在工程研制方面，采用基于模型的系统工程（MBSE）方法，向具备"基于模型、知识驱动、虚实融合、数字孪生"等特征的新型研制模式转变，提高战略引领能力、快速响应能力、系统集成能力和持续验证能力。在经营管控方面，通过管理全要素横向集成、管理全过程纵向穿透，向"资源统筹、能力协同、敏捷反应、精益高效"的新型管控模式转变。在战略决策方面，对全面感知的数据进行综合分析与深度挖掘，形成"事前预警纠偏、事中监督管控、事后执纪问责"的全链条智能化监管控模式，向基于大数据的精准决策与前瞻预测转变。在工作模式方面，基于数据驱动的业务闭环、认知闭环以及二者之间的交互互动，将数据/信息/知识植入工作的每一个环节，减少业务人员的重复劳动，使其更专注于创新工作，向"自我学习、自我管理、主动作为、主动创新"的工作模式转变。上述四大转变有效克服了战略预判难、产品研制复杂、资源冲突和浪费等问题，在型号性能指标不断提高的情况下，型号研发成本及单发导弹成本并未显著增加，成本控制效果显著。"十三五"以来，三部经济规模和效益保持了持续快速发展，累计实现营业收入132.92亿元，是"十二五"的1.86倍；实现利润总额13.45亿元，是"十二五"的1.94倍；实现经济增加值（EVA）9.83亿元，是"十二五"的2倍，主要经济指标增速明显，经营指标全面实现，运行质量不断提高。

（三）企业自主创新能力和市场竞争力大幅提高

该成果的实施推动了涵盖产品数据、运营数据、基础数据及主数据、元数据等在内的数据体系构建，为推动数据资产化，提高企业全面感知、精准决策、敏捷反应、主动创新、自动适应和学习成长能力奠定了良好的基础。成果推动落实专业长板战略，围绕"系统总体设计"等20个专业领域，推动一批核心技术取得突破，强力支撑三部创新发展战略落地和转型升级。建成一种内外联动、协同开放的科技创新生态环境，推动以某军委科技委重大项目为代表的23个重大项目落地生根，项目获批经费10.13亿元，从数量和经费规模上均较"十二五"增长3倍以上，以此带动各大产业领域迅猛发展。三部成功申请成为国防科工局"复杂系统控制与智能协同技术重点实验室"的唯一主依托单位，"国防科技工业海洋安全体系创新中心"的依托单位，以及水下武器装备及作战体系研究中心、作战任务规划技术与工程应用中心、环境与可靠性试验中心、空间数据中心4个集团级专项技术创新研究中心的挂靠单位。近三年获得了国家科技进步特等奖1项、一等奖1项，国防科技进步特等奖1项、一等奖3项，其他省部级以上奖项22项，领域地位和研发实力得到大幅提升，增强三部对于经营环境与市场需求变化的自适应能力，提高企业市场竞争力。

（四）复杂装备数字化系统工程协同发展生态初步形成

该成果的实施进一步促进三部在复杂装备数字化系统工程领域的引领作用形成，为建成协同发展的良性生态奠定了坚实的基础。外部生态方面，随着国家新时代强军战略的加速推进，三部胸怀更加开放，朋友圈不断扩大，与各领域优势单位互联互通共谋发展，建成四个院士工作站和一个长江学者工作站，为相关技术领域的发展提供了良好的发展平台。内部生态方面，作为龙头单位，带动三院各分厂所、单位协同打造总体与分系统所、总体与总装厂间的模型传递、技术状态控制、试验数据远程在线判读、全三维下厂等设计/验证/制造协同，初步打通总体和分系统、总体和总装、跨单位跨部门、多学科多专业协同流程，推进产品全生命周期集成和协同应用，推动全院各厂所数字化科研生产管理体系建设与应用。

经过"十三五"期间的持续努力，三部数字化科研生产管理体系初步建成，科研生产成绩斐然，科技创新亮点纷呈，能力建设有力推进，产品研发、技术创新与经营管控能力显著提升，有力保障我国武器装备生产任务的顺利完成，支撑了新型装备和新质作战能力的形成。但同时也需认识到当前先进数字化研发模式应用仍不够深入，数据价值挖掘能力有待进一步提升。在即将到来的"十四五"期间，三部将紧扣国资委"国有企业数字化转型"要求，落实集团公司"数字航天"战略决策，强化模型主导、数据驱动的转型理念，推动信息化与科研生产及管理的深度融合，持续提升技术创新、商业模式创新和管理创新能力，为全面建成国际一流飞航技术总体设计部奠定坚实基础。

成果创造人：程进、刘鹏、柳琼俊、陈建江、杜庆胜、
王艳玲、张欣欣、孟令华、石学海

构建企业协同创新中心新模式　推动企业新旧动能转换

吉林大学
枣庄中联水泥有限公司

一、前言

创新驱动发展目前已经成为我国经济社会发展的大方针、主旋律，面对经济形势的日趋严峻、老龄社会的日趋明显、生态环境的日趋恶化、科技竞争的日趋激烈、国际形势的日趋复杂，只有坚持走技术创新发展之路，才能占领未来发展先机。随着中国市场经济的不断发展，水泥行业发展迈入新发展阶段，企业也面临新的任务，必须拿出更大的勇气、更多的举措破除创新障碍，转变创新模式，提高创新能力[1]。党的十九大报告明确提出：加快建设创新型国家。创新是引领发展的第一动力，是建设现代化经济体系的战略支撑。加强国家创新体系建设，强化战略科技力量，深化科技体制改革，建立以企业为主体、市场为导向、政产学研用深度融合的技术创新体系，加强对中小企业创新的支持，促进科技成果转化。倡导创新文化，强化知识产权创造、保护、运用。培养造就一大批具有国际水平的战略科技人才、科技领军人才、青年科技人才和高水平创新团队[2]。

随着技术创新复杂性的增强、创新速度的加快以及全球化的发展，当代创新模式已突破传统的线性和链式模式，呈现出非线性、多角色、网络化、开放性的特征，受到各国创新理论家和创新政策制定者的高度重视。继德国推出"德国工业4.0战略"、日本推出"战略创新创造计划"、美国推出"先进制造业国家战略计划"以来，英国印度等工业强国也相继推出了本国不同的创新战略。为了应对这一挑战，与国外水泥企业相抗衡，枣庄中联水泥有限公司构建企业协同创新中心新模式，增强自主创新能力，通过技术创新实现节能降耗、指标优化、技术进步，推动企业新旧动能转换。枣庄中联以协同创新中心为创新先导，充分利用国家重点实验室、国家级技术中心等创新平台，为科技人员搭建能够充分施展才能的舞台，同时完善激励机制，建立短期、长期相结合的人才激励机制，短期能够提供具有竞争优势薪酬，长期以股权激励等方式吸引、留住人才，深化技术总监制度，切实发挥技术人员的作用，解决企业实际技术需求。

二、性质、理念、载体、宗旨、内容、措施

（一）性质

企业协同创新中心新模式是指以企业协同创新中心为核心，将创新资源和要素有效汇聚，通过突破创新主体间的壁垒，充分释放彼此间"人才、资本、信息、技术"等创新要素活力而实现深度合作的创新模式。企业协同创新中心模式以知识增值为核心，企业与政府、知识生产机构中介机构等为了实现重

大科技创新而开展的大跨度整合，协同创新促进企业、大学、研究机构发挥各自的能力优势、整合互补性资源、实现各方的优势互补，加速技术推广应用和产业化，是科技创新的新范式。

（二）理念

创新性、协同性、高效性。

（三）载体

完善的科技创新机制是科技活动的保障，枣庄中联水泥有限公司要建立科学、完善、公开的项目考核评价机制，按照项目进度、质量、经费、技术水平、任务完成、产业化水平对项目承担企业与人员进行量化考核；完善项目管理机制，利用信息化手段提升科技创新工作的管理水平，建立高效研发、资源共享的科技研发体系；完善以公司投入为主的多元化科技投入机制，探索建立科技研发平台。

1.创新工作领导小组

公司成立创新工作领导小组，由总经理任组长，下设创新工作办公室。领导小组管理创新研究方向主要为三精管理、增节降管理、项目化管理、阿米巴管理与积分制管理。三精管理指组织精简化、管理精细化、经营精益化，要求落在实处。增节降管理主要应用于市场营销、生产经营、物资采购、商混骨料、行政综合等方面。项目化管理针对矩阵式管理事项、项目、技改、交叉业务和临时性等方面工作。推行项目化管理模式，要求过程管控和现场管理，强化执行力。创新工作办公室以阿米巴经营管理理念与积分制考核评价手段进行绩效管理考核评价。

2.政产学研用合作平台

在生产、经营、管理等环节中，企业应广泛嫁接内外资源、系统整合、均衡协调、灵活经营、激发活力、以协同创新模式，实现知识的分享与交流。由高校大学、研究机构、工程设计院、企业等协同合作；由行业协会、专业学会、高校大学前瞻性技术资源；由客户、高校大学、公司等提供资金资源。为切实提高创新能力，吸纳创新型人才，推动企业新旧动能转换，枣庄中联同哈尔滨工业大学、济南大学、枣庄学院等各大高校和政府研究院在学生教学实践、科研合作、资源共享等方面都有全面和深入的合作。其中，与济南大学合作较为密切，该校是山东省人民政府和教育部共建的综合性大学、山东省重点建设大学，具有学士、硕士、博士学位授予权。哈尔滨工业大学是由工业和信息化部直属的全国重点大学，入选"双一流"建设A类高校名单，是首批设有研究生院、拥有研究生自主划线资格的高校，首批学位授权自主审核单位。以枣庄中联企业协同创新中心为合作平台，能够实现企业与高校、政府长期合作，推动协同创新，为地方经济可持续发展做出重大贡献。2017年3月2日，济南大学—枣庄中联水泥有限公司实践教学基地签约挂牌仪式正式举行。双方以实践教学基地签约挂牌为契机，根据发展需要共商合作方案，在学生教学实践、科研合作、资源共享等方面有更加全面和深入的合作。

3.企业协同创新中心

公司构建企业协同创新中心，主任为分管生产技术的公司领导，副主任为各工程师，成员为各部门中层以上管理人员，协同创新中心负责生产部门创新的日常管理工作，并负责对创新项目进行立项（备案）、论证、审批、实施、验收（鉴定）、评审、公示等工作，带动员工全员创新。

枣庄中联企业协同创新中心前身为刘鑫创新工作室，该工作室成立于2011年10月，2015年2月被命名为山东省级"高技能人才创新工作室"。企业协同创新中心主任刘鑫同志，是公司设备保障部部长、高级技师，曾经连续二年荣获山东省建筑材料行业技术革新能手，2015年荣获"山东省首席技师"称号，研发的项目多次荣获国家级、省级、市级技术革新奖。企业协同创新中心有着明确的目标定位，其中最为重要的工作是组织开展技术攻关、技能培训、管理创新、科学研究、学习交流等活动，特别是针对企业的发展，推广先进适用技术，加快科技成果转化，最大限度地影响和带动广大员工提升技术、技能水平，培养企业发展所需的科技、生产、管理人才队伍。中心随着工程的不断发展进度，不断完善内部体系，整合项目创新工作，以创新工作室为载体，将项目所有技术创新工作纳入其中，并推陈出新，激发一线人员的创造能力，扩展基层参与人员数量，带动员工全员创新，切实解决施工中遇到的技术问题，为项目品质工程建设以及创优目标的实现贡献出力所能及的力量。

企业协同创新中心以刘鑫同志为带头人，围绕提升职工技术素质和创新能力，广泛开展技能培训、技术练兵和技能竞赛等活动，大力开展小发明、小创造、小革新、小设计、小建议"五小"活动，搭建了员工技能晋升平台，激发职工学习技能的积极性，取得了较好效果:获得国家级科技成果10余项，创造经济效益1000余万元，并有23项成果获得国家专利，累计共培养高级工460名、技师246名、高级技师39名、枣庄市首席技师6名、山东省首席技师2名、享受国务院政府津贴1名、山东省建材技术能手2名、枣庄市技术能手6名。

（四）宗旨

枣庄中联坚持改革开放正确方向，贯彻落实党的十一届三中全会以来的一系列改革开放战略部署，紧贴时代发展脉搏，勇立改革潮头，在技术骨干、领导干部的双重引领下，以企业协同创新中心为载体，为员工提供学习水泥制造相关技术、发挥创新能力的平台，创造条件让职工能大展才华、大显身手，在弘扬劳模精神、工匠精神的同时营造劳动光荣的社会风尚和精益求精的敬业风气。目前，枣庄中联以企业构建协同创新中心为创新先导，让一线优秀人才在各项创新实践活动中充分施展才能，并有效地直接作用于生产环节，形成了全方位、多层次的员工成长、企业创新的新格局，推动企业新旧动能转换。

（五）内容

开发应用于公司安全生产经营的新技术、新工艺、新产品、新材料，技术水平在国内领先，攻克实施后可产生显著效益的应用研究项目。

结合高、难、新的重大科技项目，开展科技攻关，解决技术难题，攻克能取得较好效益的科技项目。

引进设备、电气技术、自动化装备中，积极消化吸收，攻克能为我所用、有所创新发展的引进再创新项目。

在公司内推广新技术、新产品、新工艺、新材料的应用，攻克对解决技术难点、技术关键有较大创新的推广项目。

改进完善现有各种操作方法、软件、工艺、标准、规程、检验方法，攻克对公司高效生产、安全节能环保等方面有较大影响的软科学创新项目。

攻克对公司某领域（环节）中的生产工艺或操作方法有重大改进，局部改进设备和工艺装备，达到提高工效和节能降耗目的的技术革新项目。

推动政产学研用深度融合，与科研院校、政府等共同开发的新工艺、新技术、新产品等。

（六）政产学研用合作措施

1.合作流程

公司各单位提出政产学研用合作课题（项目）及意向合作单位；公司研究组织有关部门对政产学研用合作课题、合作单位进行考察，报公司领导审定；与政产学研用合作单位签订合作协议。协议内容包括：合作形式、合作双方权利、义务、资金预算、成果管理、薪酬等事项；聘用政产学研用合作课题组负责人、课题组成员，确定课题组工作地点等事宜；资金注入，课题组开始工作。

2.激励机制

公司建立政产学研用合作奖励机制，每年按科研量化考核办法规定奖励在政产学研用合作工作中做出贡献的人员。对确实有发展前景和操作性良好的项目和机构，公司将在资金、政策和设备上给予重点保证和倾斜。对于双方合作开发项目所获得的经济效益，根据双方合同约定对利益分成。公司将定期评选政产学研用合作工作先进集体和个人进行表彰。具体根据政产学研用合作考核情况提出建议，经公司评审、决定后，给予表彰和奖励。

3.约束机制

科技成果的对外转让工作，必须以公司名义对外签订技术转让合同，严禁以课题组或个人名义对外签订科技成果转让合同或协议。无法按照办法规定的原则继续开展活动的项目应当终止。政产学研用合作的终止，应当在理事会表决通过后10日内，报公司总经理审查同意。合作解散前，成立清算组，清理债权债务，处理剩余财产，完成清算工作。

（七）公司创新措施

1.立项及验收

（1）技术创新项目采用项目式管理方法，由个人提出，填写《枣庄中联水泥有限公司项目立项申请表》，表明项目实施的背景、创新内容、效益测算、投资预算、投资回收期、潜在风险等。

（2）提交的技术创新项目由部门进行审查，由各部门负责技术创新的工程师组织各专业评审专家进行充分论证，三分之二以上评审专家赞成，则确定项目立项，报分管领导批准实施。项目预算5万元以上的，需编制可行性研究报告表。

（3）技术创新项目立项后，由部门推荐，分管领导批准，确定项目负责人，项目负责人接到项目后，可根据需要在生产内部挑选人员（原则上不超过7人）成立项目组，确定实施时间及完成期限，按时实施。

（4）技术创新项目实施过程由各部门工程师负责过程管控，各车间负责创造便利条件，保证项目按期完成。

（5）创新项目完成1个月后，各项目负责人按规定填写《技术创新项目验收表》，并附上创新技术总结（包括实施背景、创新点、详细的创新内容、实际应用效果及推广情况、经济效益、社会效益等主要技术文件）后，报送至创新工作办公室，由创新工作办公室组织人员进行验收、汇总。

2.创新成果的申报及评比

（1）创新项目价值评估：项目验收半年后，项目负责人进行申报，报送至创新工作办公室，由创新工作办公室组织人员进行价值评估，作为奖励依据。

（2）技术创新成果申报每半年评比一次，即五月、十月上旬为申报材料时间，下旬为评选时间。

（3）创新工作办公室对创新成果进行分类汇总，组织专家评审，填写《创新成果登记表》，并将评审结果予以公示。

（4）申报创新成果奖，要严肃认真、实事求是，对弄虚作假或剽窃他人成果的，将撤销其奖励，追回奖金并按情节轻重给予处分或通报批评，并追究部门负责人责任。

（5）申报集团公司及以上级别的创新成果奖，在每年获得本公司创新奖的项目中选取，由创新工作办公室上报。

（6）创新项目不得重复申报，已获奖（包括题目不同，内容相似）的项目以后又有重大创新的，若再次申报，需提供详细的情况说明。

3.创新奖励办法及约束机制

（1）效益激励方案

经创新工作办公室评审，对公司产生经济和社会效益的各类创新成果，经报请公司领导同意，按以下方式进行奖励：

年创造经济效益1000元以上5000元以下的，公司发放荣誉奖章一枚，年度累计获得十枚以上者，授予"技术创新先进个人"荣誉称号；年创造经济效益5000元以上2万元以下的，授予"技术创新标兵"荣誉称号，给予奖励200元；年创造经济效益2万元以上10万元以下的，授予"技术创新先锋"荣誉称号，给予创造经济效益的1%成果共享激励；年创造经济效益10万元以上100万元以下的，授予"技术创新模范（二级）"荣誉称号，给予创造经济效益的1.5%成果共享激励；年创造经济效益100万元以上的，授予"技术创新模范（一级）"荣誉称号，给予创造经济效益的2%成果共享激励，最高不超过10万元；每个项目仅奖励一次，为一次性奖励，特殊情况，由公司领导层集体研究决定。

由个人提出建议，个人实施完成的，奖励归个人所有；由个人仅提出建议，由部门或团队完成实施的，个人奖励20%，项目负责人奖励20%，其余项目组成员分配60%；由个人提出建议，并参与部门或团队共同完成实施的，除个人奖励20%外，参与剩余60%奖励分配。班组或部门创新成果显著，经创新工作办公室评定，可授予"技术创新先进班组"或"技术创新先进集体"荣誉奖牌。

（2）获奖激励方案

专业论文奖：论文作者必须是公司在职专业技术人员并署名公司名称，论文应是与公司生产相关的理论、创新、管理；论文必须具有科学性、先进性和实用性；论文必须论点清楚，论据充分，引文可靠，研究方法严谨，同时论文作者必须是实际参与相关工作。发表于国家专业期刊中，奖励300元/篇；发表于省级专业期刊中，奖励200元/篇；发表于市级专业期刊或大专院校学报中，奖励100元/篇。

专利奖励：对获得国家实用新型专利的，每项奖励1000元；获得发明专利的，每项奖励5000元。

（3）附则

公司评定的各类获奖项目，当其后再获得国家、行业协会以及省部级和地市级、集团级奖励时，公司按照集团公司相关标准进行奖励。

凡获得公司创新成果奖励的人员，其获奖业绩记入个人档案，作为考核、晋升、评职、增薪、评定先进工作者或各级劳动模范的重要依据。凡是给公司带来一定的经济和社会效益或被评选上国家、省、市、行业协会、集团公司创新成果奖的项目，公司除根据相关规定给予奖励外，同时由创新工作办公室将全部资料给予整理汇编后，由公司按照年度装订成《枣庄中联知识产权和创新成果汇编》给予印刷出版，作为内部材料对外交流并永久存档。

（4）约束机制

技术创新项目实施后，如给生产带来负面影响，为公司造成损失者，视损失情况，分别对项目申请人、项目负责人、评审专家、部门负责人、部门工程师、分管领导处以100~2000元罚款。

三、创新成果

枣庄中联水泥有限公司坚持创新驱动发展，以企业协同创新中心新模式稳步推进了科技型企业建设新进程，提升了技改效益，营造了全员创新氛围，克服疫情冲击、材料涨价、大气严控等带来的困难和挑战，成果转化效果显著。目前已圆满完成各项工作任务，在高质量发展的进程中迈出坚实步伐。

（一）政产学研用合作成果

济南大学与枣庄中联签订合作协议，筹备共同完成"智能工厂计划"，目标集合校企智慧，通过设备自动化、设备联网、流程可视化及预防维护保养等步骤，实现企业向数字型、智能型、创新型企业转型。经过公司技术装备部、生产品质部、经营管理部等部门和高校发挥各位创新型人才的才智，通过不断协同努力，目前"中联水泥智能工厂"已实现监控大屏、GIS地图、设备监控、实时数据及曲线、WEB组态、故障管理、工单管理、数据报表、远程控制、远程编程、角色管理、人员管理、设备管理、SIM卡管理、空间管理、移动端监控等功能，通过自动收集、分析数据，达到了流程可视化、零停机时间、实时管理等优化生产的目的。该成果实现了数据驱动的优化、管理及决策，改变传统的生产、服务和经营模式，极大提高了员工产值和能源利用率，降低了货期和次品率。

枣庄中联与院校合作不断深入，在创新工作领导小组指导下，"十三五"期间企业协同创新中心与高校王孝红团队展开合作研发并积极应用了"水泥生产过程智能优化控制技术"这一适应水泥生产的集成控制自动化体系架构。该成果解决了异构数据采集、传输和融合的关键集成技术难题，对推动水泥行业转型升级、提升智能制造发展技术、提升降本增效具有重要意义。

（二）专利证书获取情况

枣庄中联水泥有限公司构建企业协同创新中心新模式，员工创造活力竞相迸发，聪明才智充分涌流，专利数量不断增加，专利质量不断提高。

表1　枣庄中联专利汇总表

序号	名　称	专利状态	授权/申请号	备注
1	电袋复合除尘器	已获证书	ZL201610017336.8	发明
2	一种低烧成温度、低能耗和高强度水泥熟料	已获证书	ZL201610012233.2	发明
3	电机轴承以及靠背轮拆卸工装	已获证书	ZL201920199274.6	实用新型
4	新型干法回转窑喷煤管高效定位仪器	已获证书	ZL201920199273.1	实用新型
5	一种单人拆卸抽承扒子	已获证书	ZL201920199252.X	实用新型
6	粉状物料搅拌器	受理中	202022404222.30	实用新型
7	粉状物料筛混器	受理中	202022404231.20	实用新型
8	新型干法回转窑喷煤管高效定位仪器	受理中	201910115700.80	发明
9	一种熟料破碎机	已获证书	ZL202022339095.3	实用新型
10	一种新型气瓶防震圈	已获证书	ZL202022344495.3	实用新型
11	一种出磨水泥料温控装置	已获证书	ZL202022339111.9	实用新型
12	一种水泥自动筛分混样机	受理中	202022423888.30	实用新型
13	一种坩埚架专用夹持工具	已获证书	ZL202022339054.4	实用新型
14	一种新型辊压机	已获证书	ZL202022419776.0	实用新型

15	一种水泥磨隔仓板篦缝清扫装置	已获证书	ZL202022489395.X	实用新型
16	一种角度可调的入料口	已获证书	ZL202022460362.2	实用新型
17	一种水泥装车系统	已获证书	ZL202022339093.4	实用新型
18	一种水泥余热发电循环水系统	已获证书	ZL202022490026.2	实用新型
19	一种移动式工具箱	已获证书	ZL202022339089.8	实用新型
20	一种熟料散装车辆整车装置	已获证书	ZL202022342377.9	实用新型
21	一种新型点火油枪	已获证书	ZL202022344491.5	实用新型
22	一种回转窑筒体热回收装置	已获证书	ZL202022392227.9	实用新型
23	一种燃烧器端面清理结焦装置	已获证书	ZL202022419766.7	实用新型

（三）技术革新获取情况

枣庄中联水泥有限公司不断弘扬改革创新精神，累计百余次获得中国建材集团技术革新奖、山东建材行业技术革新奖、全国建材行业技术革新奖。企业协同创新中心新模式释放全员活力，激发全员创作力，在技术革新方面枣庄中联取得新突破：在2020年集团技术革新评选活动中成功申报项目共计14个，在2021年集团技术革新奖评选活动中正在申报项目共计28个。

表2 枣庄中联2020年技术革新奖获奖情况汇总

序号	项目名称	类别	获奖情况
1	利用退役混凝土罐车改造矿山洒水车	技术改造类	二等奖
2	水泥窑脱硫技改项目	技术开发类	三等奖
3	一种电机轴承靠背轮拆卸装置	技艺工法类	三等奖
4	回转窑筒体热回收装置余热发电综合利用	技术改造类	三等奖
5	实验水泥自动筛分混样机	技艺工法类	三等奖
6	新型点火油枪的应用	技艺工法类	三等奖
7	单人拆卸轴承工具	技艺工法类	三等奖
8	荧光分析仪循环水外机的技改	技术改造类	二等奖
9	食堂智能消费通道管理系统	技术开发类	三等奖
10	HFCG辊压机冲料技改	技术开发类	三等奖
11	水泥磨隔仓板篦缝清扫装置	技术开发类	三等奖
12	利用2号生料磨系统生产超细石粉项目	技术改造类	三等奖
13	水泥磨隔仓板篦缝清扫装置	技术开发类	二等奖
14	混凝土专用复合掺合料的试生产及应用	技术开发类	三等奖

（四）经济成效与社会效益

公司构建企业协同创新中心新模式，在创新工作办公室正确指导下，各部门人员立足岗位，开拓创新，精益求精地完成工作，公司效益得到极大提高。目前公司共拥有3条新型干法水泥生产线，日产熟料10000吨，全资控股临沂沂东中联水泥有限公司，水泥生产规模达600万吨，同时下设三家混凝土分公司，年产混凝土315万方，年销售收入15亿元。公司先后荣获山东省富民兴鲁劳动奖状、山东省重合同守信用单位、山东省诚信单位等称号并且通过了ISO9001质量、ISO14001环境和GB/T28001职业健康安全管理体系及产品质量认证，生产的中联牌P.O 42.5R、P.O 42.5、P.C 32.5优质水泥，具有安定性好、凝结时间适中，早期、后期富余强度高、和易性、耐磨性、可塑性、均匀性优良，色泽美观、碱含量低等特点，实物质量优于国家标准，可适用于国防、交通、水利、工农业建设等复杂而质量要求较高的工程，畅销国内外，深受用户的好评。枣庄中联商混部在公司协同创新中心正确指导下，充分发挥政产学研用协同创新优势，以枣庄市市场为核心，不断攻关重点工程，不断开发周边市场，最终实现了商混销量的持续增长。截至2020年10月25日，商业混凝土部累计销量已突破80万方，与去年相比增加13%。

回顾历史，枣庄市水泥厂大多无法逃脱传统国有企业困境，随着市场不断的变化，企业生产设备老化，科技开发能力不足，最终可能走上了破产的道路，但是枣庄中联水泥有限公司为枣庄工业发展书写过浓重的一笔，将枣庄与优质环保水泥联系在一起，形成了枣庄品牌效应。2007年11月7日上午"中国水泥第一爆"在枣庄成功起爆，九条机立窑水泥生产线爆破拆除，拉开了枣庄水泥行业淘汰落后生产线的序幕。这一声巨响，是我国水泥工业先进工艺淘汰落后工艺的重要分水岭，是一个具有标志性的里程碑事件[3]。这充分体现了枣庄中联的创新精神。取得这一成就后，枣庄中联水泥并未停止对环保创新的探索，而是积极构建企业协同创新中心新模式。公司余热发电、电气工程、安全环保等各班组同高校密切合作，精益求精，协同创新，在废气处理、余热发电等方面取得新的突破。目前公司已成为枣庄地区环保生态型、规模最大的水泥生产企业，并先后荣获全国首批"绿色工厂""绿色矿山""全国安全生产标准一级化企业和水泥粉磨引领企业"等称号，年发电1.2亿度，节能减排、环保低碳，成为三季有花、四季常青的花园式工厂。

2020年，中国机械冶金职工技术协会评定刘鑫创新工作室为全国机械冶金建材行业"示范性创新工作室"，企业协同创新中心获得又一项殊荣。山东省人社厅公布2020年国家高技能人才振兴计划和高技能人才培养特色载体建设工程项目建设单位，枣庄中联水泥有限公司被认定为"齐鲁技能大师特色工作站项目建设单位"。枣庄中联以企业协同创新中心为创新先导，积极推广新技术、新产品、新工艺、新材料的应用，不断与各大高校等单位推进政产学研用协同创新，大力进行"电袋复合除尘器""低烧成温度、低能耗和高强度水泥熟料""新型水泥余热发电循环水系统"等创新发明和技改的推广应用，达到了减员增效的效果，经济效益和社会效益明显。

目前，已有十余家兄弟企业来公司交流学习，希望借鉴全员创新的协同创新中心新模式。这在行业内引起较大关注，证实企业协同创新中心新模式具有良好的推广前景和应用价值。

（五）未来发展

致知力行，继往开来，枣庄中联水泥有限公司从未停止创新的步伐，构建企业协同创新中心新模式，以企业协同创新中心为创新先导，技术人员凝心聚力、集思广益，正积极探索创新高质量发展新思路，认真解读工业和信息化部《关于印发钢铁水泥玻璃行业产能置换实施办法的通知》（工信部原[2017]337号）和《水泥玻璃行业产能置换实施办法操作问答》等要求，现拟定拆除现有2#熟料生产线（2000t/d）回转窑主体设备及窑头、窑尾余热锅炉，关停1#熟料生产线（2000t/d），通过产能置换，在原2#熟料生产线场地上建设1条4000t/d采用六级运行的旋风预热器带在线喷腾式分解炉的新型干法水泥熟料生产线；依托现有10MW发电机组、冷却塔、化水，配套设置窑头、窑尾余热锅炉，建设低温余热发电工程；拟对厂区现有仓储系统、物料转运系统、电气控制系统、消防控制系统、煤粉制备系统、生料均化及粉磨系统、空压系统、水泥粉磨系统、熟料及成品散装发运系统、智能工厂系统提升改造，配套建设脱硝、复合脱硫、除尘等环保工程[4]。项目不新增石灰石矿石消耗和劳动定员，坚持企业协同创新中心新模式，坚持"五项工程"统筹建设，切实加快企业转型升级新步伐，积极推进"产能置换"工程，实现技术结构升级。

未来，枣庄中联将继续构建企业协同创新中心新模式，以枣庄中联企业协同创新中心为合作平台，增强与高校、研究院、政府合作交流，充分发挥各位职工的才能，加快办理"矿山扩界"工程，保障企业持续发展；创新实施"智能工厂建设"工程，促进企业智能化升级；统筹规划"中联产业园"工程，打造建材产业新业基地；加快创新开展"商混搬迁"工程，增强核心竞争力。构建企业协同创新中心新模式，枣庄中联未来在取得保证良好经济效益的同时，可以更好地兼顾社会效益，依靠科技进步，同高校、研究院、政府一同加快环保科技创新，成为推动社会创新进步的坚实力量。

四、结束语

水泥行业需要诚信、竞争、共赢的市场生态，需要企业效益孕育于行业利益之中的文化生态，需要尊重人才、支持创新的科技生态，需要结构调整、机制创新的发展生态。技术发展日新月异，科技创新要持续为经济注入动力，需要科技人才保持知识的更新频率，从而延长人才的创新生命周期。企业、研究机构和高校应积极提供人才持续学习的机会，将基础理论学习和应用实践学习体系相结合，利用一流学术研究帮助创新人才维持理论前沿高度，并助力其将基础理论研究更好地应用到经济发展中。把更多科技创新成果转化为经济发展动力，才能更好推动我国经济高质量发展，为"十四五"时期经济社会发展提供强劲支撑[5]。

作为快速发展的中央企业，枣庄中联水泥有限公司将进一步推行协同创新模式，牢固树立和落实科学发展观，秉承"善用资源，服务建设"的核心理念，以创建资源节约型、环境友好型、创新绩效型、社会责任型水泥企业为目标，不断改进管理，提升绩效，积极推进水泥工业生态园建设，努力把公司打造成人与自然和谐相处的生态型现代化典范企业，用协同创新生产的凝聚力构筑更加绚丽多彩的丰碑，为人类社会创造新的美好家园。

【参考文献】

[1]孔祥忠.持续创新 推动水泥行业高质量可持续发展[J].中国建材,2021(03):52-53.

[2]何光明.牢固树立创新发展理念,加快科技创新步伐[C].首都科研院所企业文化建设协会.首都科研院所企业文化建设协会2017年度优秀论文集.首都科研院所企业文化建设协会:首都科研院所企业文化建设协会,2017:76-78.

[3]张英杰.枣庄启动"中国水泥第一爆"[N].大众日报,2007-11-09(01).

[4]原材料产业处.关于枣庄中联水泥有限公司4000t/d新型干法水泥熟料生产线技术改造产能基本情况公示[Z].济南:山东省工业和信息化厅,2021.

[5]张影.人民日报新论 科技创新是赢得未来的关键[N].人民日报,2020-10-09(05).

成果创造人：于光民、于潇、孙猛、陈玮、余红卫、刘鑫、祁广旺、杨名计、李理国

产业园区发展驱动与特色运营模式实践分析

上海国有资本运营研究院有限公司

随着我国工业化深入发展，产业园区作为通过产业集聚实现在一定范围基础设施共享以及相关产业配套共享的重要手段，已经成为各地发展产业的重要方式。经过多年发展，相关园区有效集聚相关产业服务地方产业的发展，为对方经济做出了非常重要的贡献。由于我国幅员辽阔、自然资源丰富多样、多种所有制经济各具特色，因此在不同区域由于历史因素、运作主体、产业结构、区位特征等要素差异，形成了丰富多样的运作模式。针对相关产业园区深入调研与数据分析，可以形成如下相关结论：相关园区发展的关键驱动要素可以总结为重点区域驱动型、科研院所驱动型、大型产业驱动型、产业升级驱动型四类，其中针对园区经营运作在公共服务、物业管理等基础业务上又有综合金融服务、商业改造服务、产业深度服务三类根据园区产业需求而形成不同的特色经营运作模式。

一、产业园区关键成功因素分析

（一）园区关键成功要素模型

产业园区由政府集中统一规划制定区域，并给予进驻企业一定优惠政策，区域内规定特定行业、形态的企业进驻，并由产业园区管委会或产业园区开发企业进行统一管理，向园区企业提供多方面的软硬件服务。由于产业园区实现了在一定区域特定产业内具有分工合作关系的不同规模等级企业的集聚，从而能够以更加高效的方式利用与发挥园区及其周边各类基础设施、产业配套的运作效率，有效降低包括物流、交易等各类企业运营成本，从而更好地推动相关产业的发展。产业园区借助于政策、基础设施、厂房办公楼等载体将产业、技术、资金、人才进行有效的整合，对国内相关产业园区，包含上市园区运营公司进行调研总结，得出产业园区包含的关键驱动要素如表1所示。

表1　关键成功要素释义

关键成功要素	释义
园区政策	园区可以采用的政策，与国家相关机构授权有密切关系
园区区位	园区所处地理位置，以及相关空间布局，按照相关区域GDP排名进行排序
产业基础	产业园区当前所处的产业基础情况
科技创新	产业园区推动科技创新能力
运作主体	园区运作主要机构，按照其对政策、产业等资源调动能力进行分类

围绕成功要素进一步细化，形成具体评价指标体系，如图1所示。

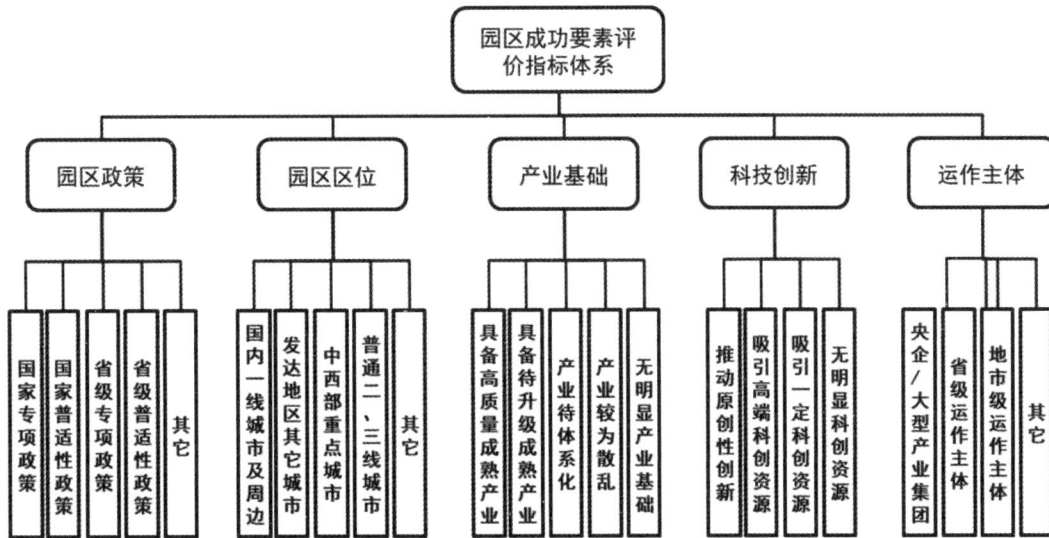

图1　园区成功要素评价指标体系

（二）国内产业园区发展模式

对国内各类园区按照模型进行综合评价，并对其中得分较高部分进行更进一步深入分析相关园区发展驱动要素。

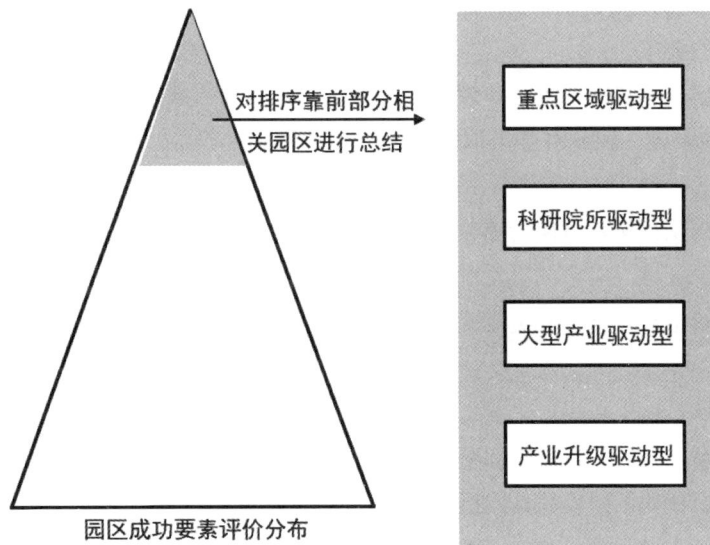

图2　园区发展驱动总结

根据不同园区具体驱动模式对高分部分进一步分类，可以得出以园区政策作为最主要成功要素的重点区域驱动型，以科技创新作为最主要成功要素的科研院所驱动型，以园区运作主体作为最主要成功要素的大型产业驱动型，以地方特色产业升级为主要目的的产业升级驱动型，四类模式。更具体一些，重点区域。

（三）四类模式分析

更进一步的将产业园区发展过程中产业基础要求、招商引资侧重点、科技创新开放度、园区培育周期四个重要问题对上述四类模式进行分析与对比，进一步明确各类模式异同。

表2　四类驱动模式对比

模式	产业基础要求	招商引资侧重点	科技创新开放度	园区培育周期
重点区域驱动型	较低	区域发展	较高	较长
科研院所驱动型	较高	产业发展	高	较长
大型产业驱动型	较低	产业发展	中等	较短
产业升级驱动型	高	区域发展	中等	较短

1.发展初始阶段产业基础要求

对于一个区域的区位要素、自然资源禀赋必然是产业园区建设开发必定考虑的因素，但是对于区域既有的产业基础不同驱动模式有着不同的要求。

产业升级驱动型，核心是推动既有产业的转型升级，必然要求当地产业具备一定的成熟度和规模，针对同质化竞争、产业附加值不高等问题，借助产业园的方式来推动相关产业更进一步的发展。

科研院所驱动型，核心优势在于科研院所在技术、人才方面强大的背书，除去部分已经孵化成功的企业之外，仍是以创业孵化或者科技成果转化为主。相关企业孵化、成果转化，如果相关区域拥有较好的产业基础，尤其是市场渠道更加畅通，能够大大地提高相关孵化项目成功概率。因此，该模式也对区域产业基础存在较高的要求。

大型产业驱动型，核心特征是能够实现一个较为完整产业链的导入，同时常常伴随有央企、大型民企、国际500强企业的进入，因此对于当地既有产业基础要求并不高，可以在某种程度上在部分区域导入原来并没有的产业。

重点区域驱动型，从案例就可以看出，对于重点区域常常是一张接近"白纸"但是又具有非常好区位乃至自然资源禀赋的区域，对于此类发展核心在于如何用好各类抓手，如政策、资金等，按照规划引导与集聚规划产业的落地与发展。此类模式对于产业基础要求是最低的，但是对于区域资源禀赋的要求却是最高的。

2.招商引资侧重点

招商引资是产业园区发展的重点，都要求围绕产业园区的发展要求与企业实际情况进行招商，但是四种驱动模式由于其内核的不同，在具体招商引资方面仍存在不同。

产业升级驱动型、重点区域驱动型，两者都是更加侧重推动区域发展，只是两者在具体操作方式上有所不同。重点区域驱动型更强调围绕根据区域优势制定的规划来开展招商工作，具备比较强的政策导向；产业升级驱动型更强调围绕区域已经形成的产业生态，在此基础上按照产城融合的思路不断完善，具备比较强的自发生态属性。

大型产业驱动型、科研院所驱动型，两者相对而言产业属性会更加明显，招商引资也对相关产业更具备吸引力。大型产业驱动型主要就是围绕自身产业链进行强链、补链，共同推动相关产业发展壮大为核心；科研院所驱动型一般创新孵化是其重点，因此围绕相关产业链的配套以及相关产业方向下的科技成果应用都具备更高的成功概率，从而实际招商引资不论是主观或客观因素都促使其形成侧重部分产业的特征。

3.科技创新开放度

科研院所驱动型，由于其驱动主体是科研院所，因此在科技创新上具有非常大的开放度，其主要是围绕若干个方向形成一系列的相关科研成果落地，其中也不乏相关科研成果落地过程中又出现新的创新与应用。

重点区域驱动型，早期相关重点区域发展以引进产业、建设开发为主线，随着我国经济实力的提升，相关区域发展对于科技创新的要求也越来越高。由于相关区域一方面具有来自国家层面的重点政策支撑，另一方面区域自身资源禀赋具有很强的优势，因此在科技创新方面也保持了较大开放度，以便将科技创新塑造成为相关区域发展的动力之一。

大型产业驱动型、产业升级驱动型，两者共同点在于科技创新以围绕着相关产业升级换代为主线，辅以其他类型的科技创新落地。两者差异在于，大型产业的科技创新具有研发周期长、研发门槛高、应用效益高的特征；产业升级的科技创新相对而言研发周期较短、研发门槛较低，相关产业应用落地见效快的特点。

4.园区培育周期

园区从一开始开发建设，走到相对成熟运营，时间周期短则3—5年，长则8—10年。不同的驱动模式，由于相关资源的成熟度存在差异，因此在园区培育周期上也存在差异。

大型产业驱动型、产业升级驱动型两者由于相关产业已经具备一定成熟度，因此在园区培育周期上相对较短。两者差异在于产业升级驱动型是在相关区域产业已经具备一定规模、成熟度的基础上开展园区建设开发；大型产业驱动型一方面是对相关产业的转型升级，另一方面是对相关产业的扩张，总体上已经具备较高成熟度。

科研院所驱动型、重点区域驱动型两者由于相关产业成熟度一般较低，因此园区培育周期上相对较长。两者差异在于科研院所驱动型是科技成果落地孵化，此项工作本身带有比较高的不确定性，因此整体园区产业具备较高成熟度需要较长时间；重点区域驱动型常常是对接近空白的区域进行一种高屋建瓴式的综合开发，一方面是对开发建设进行高标准高要求，另一方面对于导入产业必然包含对相关区域重点产业的培育孵化，因此总体上整体成型的时间周期相对也较长。

二、产业园区发展驱动典型模式案例分析

围绕四类基本发展驱动模式的产业园区，将国内在相关模式当中具备典型特征的案例进行分析，从而更加深入明确相关产业园区发展模式。

（一）重点区域驱动型

此类园区都与国家重要区域发展相关联，常常有直接来自国家层面的重大政策支撑，借助于相关政策的推动与催化，更好地发挥出相关区域在区位、产业等方面的优势，从而通过自身发展壮大有力支撑相关区域的发展。这其中最为典型和成熟的模式即为苏州工业园区的发展模式。

表3 苏州工业园区评价结果

园区政策	产业基础	科技创新	运作主体	园区区位
国家专项政策	高质量成熟产业	吸引高端科创资源	省级运作主体	国内一线城市及周边

苏州工业园区总体上经历两个大的发展阶段，在2000年之前，苏州工业园区核心力量在于大外资招商和大建设开发。在这一过程中，有来自中央部委对外资招商、开发建设直接的政策指导与支撑，也有苏州工业园区自主的艰苦奋斗与努力。1999年东南亚金融危机之后，苏州工业园区开始了在外资红利的基础上，对自主制造产业尤其是带有苏州地域特色的轻型乡镇工业开展培育。从2005年左右开始，确立了自主创新、发展科技，开始着手科技萌芽孵化，借助地方财力与相关政策红利积极引入各类科研院所，通过多年的努力实现从技术到产业的转化。

到2020年，苏州工业园区全年预计实现地区生产总值约2900亿元，同比增长约6%，为苏州市各区县最高。在保持总体规模快速增长的同时，苏州工业园区在转型创新中处于前列，仅2020年，园区新引进科技创新项目1086个，其中新兴产业占比82%；全年认定国家高企744家，有效期内国家高企1837家，增长31%；13家企业上榜中国潜在独角兽企业榜单，占江苏省一半；2630家企业入库国家级科技型中小企业，较去年翻番。

苏州工业园区成功在于以下几个方面：一是"坚持规划引领，一张蓝图绘到底"。在1994年苏州工业园区就通过借鉴新加坡和国际先进城市规划建设经验，用接近苏州市一年财政收入的高昂代价，编制了一份高标准的总体发展规划，并建立了一系列的刚性约束机制来保证规划实施始终如一，保证了园区25年发展建设的科学性和可持续性。二是在科学规划基础上，针对外部环境变化，已经积累的发展优势，对自身发展策略进行灵活调整，充分发挥自身的地理区位、发展红利、产业结构等方面优势，积极把握各类机遇集聚资源为自身不断积累发展潜力。三是保持开放的心态，积极创新探索。从2005—2006年科技萌芽培育开始，在近期苏州工业园区又积累了一大批准上市公司，随着产业发展又将有新一轮大的发展，而相关企业都是在这近十五年对科技成果落地转化当中积极探索形成的。这一探索，也构成了苏州工业园区新竞争优势与发展亮点。

类似发展模式包括张江高科、上海临港、西咸新区各组团等，由于发展时间长短不一，各自所处发展阶段、积累的核心优势各有差异，但是总体上离不开规划引领、积累优势，把握机遇、集聚资源，面向未来，创新探索这一总体路径。

（二）科研院所驱动型

此类园区以一个到多个科研院所为核心，以相关院所科技成果的产业化、市场化而形成相关园区。随着近年来国家对于科技创新的大力扶持，国内知名大学与科研院所分别围绕各自优势科研成果，积极整合各类资源形成相关园区。其中，以启迪控股依托清华大学已经形成了较为成熟的运作模式。

表4　启迪控股评价结果

园区政策	产业基础	科技创新	运作主体	园区区位
国家级普适政策/省级普适政策	高质量成熟产业	推动原创创新	省级运作主体	国内一线城市及周边

启迪控股股份有限公司（简称启迪控股）成立于2000年，其前身是1994年成立的清华科技园发展中心。公司旗下直接投资及控参股企业200多家，管理总资产超过300亿元人民币。目前，启迪控股已形成以科技园区开发运营为主的大型企业，依托清华大学强大的科研能力和师资力量，辅以发展教育培训、创新研究等产业，并于2011年获得科技部首批"现代服务业创新发展示范企业"。其开发运营的清华科技园获得"中国第一个A类大学科技园"，不仅在国内30多个城市布局战略，还率先以国内大学科技园身份在美国硅谷投资创建首个中美跨境孵化基地。

启迪控股的业务模式在发展中不断完善,从最初以科技园为主的"一主两翼"模式到2008年以地产、金融、传播等"多位一体"的业务架构;再发展至2013年"一主一院四大三小一上市"的现代科技服务业务格局。目前,启迪科技园已建成科技园区、科技地产、金融控股、科技实业、教育培训、文化传媒、创新研究的七大业务板块。

启迪控股形成了以清华科技园为核心,采用辐射发展战略,将北京清华科技园主园的开发运营模式复制到多个园区。清华科技园北京主院、昆山启迪科技园等都就是其自建自营科技园的典型代表。通过亲自建设、运营、管理清华科技园,打造出以创业孵化为特色的产业园,专攻国家战略支持的高新技术产业,获得开发运营科技园的相关经验以及摸索出相适应的开发模式,为合作开发和输出管理奠定基础。

创业孵化服务是启迪控股的特色服务,启迪控股为此专门成立启迪创业孵化公司,并以园区和孵化器为载体,以科技创新类研发机构、科技创新类创业企业、科技创新类大中型企业等为主要服务对象,已孵化培养上市企业上市8家。同时其在输出管理上形成了"园区建设+孵化器+风险投资+商业智慧分享"的轻资产输出运营模式,孵化器的品牌输出管理为其特色。依托启迪创业孵化器,成功孵化出数码视讯科技公司、海兰信数码科技、中文在线文化科技等企业,并将孵化器向管理输出、资源输出的方向发展。启迪控股正在打造"金融+孵化"的第四代孵化器,这就意味着在未来的孵化器输出管理中即将引入全金融服务,包括企业重组、收并购、IPO等金融资源,为企业孵化品牌输出时更注重"产业、金融、孵化加上市公司"的培养模式。启迪控股将重在为政府和企业打造纳米新材料、生物医药和移动互联网等主题的专业孵化器,围绕金融化、国际化、网络化和专业化孵化模式展开业务。

在国内各地依托不同的知名高校、科研院所形成了各具特点的产业园区,其显著的特征在于人才、技术高度集聚,成果、创新有效孵化,技术、管理对外输出。

（三）大型产业驱动型

大型产业尤其是一级或二级央企处于国内主导地位的相关竞争性产业,其核心的特征是相关产业链以一个大型主导产业和若干配套产业共同构成,而主导产业的在某些区域落地生根,必然带来相应配套产业一同落地发展。此类模式比较典型的是中电集团旗下的中电光谷。

表5　中电光谷评价结果

园区政策	产业基础	科技创新	运作主体	园区区位
国家级普适政策/省级普适政策	高质量成熟产业	吸引高端科创资源	央企/大型产业集团	发达地区其他城市/中西部重点城市

中电光谷联合控股有限公司（简称"中电光谷",股份代码：00798HK）组建于2004年,是香港联交所主板上市（2014年）的产业园区运营集团。第一大股东为中国电子信息产业集团（中央直接管理的国有特大型骨干企业,以下简称"中国电子"）。

中电光谷以中国电子网信产业资源为依托,以全生命周期园区运营服务为基础,积极响应"创新驱动、制造强国、区域经济协调、生态文明、文化强国"等国家战略,全力支撑中国电子集团信创产业生态和数字中国建设战略,坚持产业服务的战略方向,致力于推动构建"央企带动,大中小微企业联合创新"的产业体系;打造以产业集群化、服务智能化、投资网络化为特征的产业资源共享平台。

中电光谷业务模式特点在于"P+EPC+O"模式：以规划（P-Planning）为切入点,设计采购建造

（EPC-Engineering Procurement Construction）一体化交付为落脚点，以专业化的运营（O-Operations）来配合投资主体共同完成产业服务的工作，构成"三位一体"的责任主体架构。"P+EPC+O"是综合运营完整的一体化形态，以后期的招商和运营服务为终极目标来指导前期的规划咨询，通过项目规划、设计控制管理项目建造过程，达成运营服务目标。"P+EPC+O"模式有利于实现"以终为始"的战略思想和对结果负责的高标准的交付结构并达成"多规合一"的规划目标。

以中国电子西部智谷项目为例，该项目位于国家级咸阳高新区星火大道，总规划用地3200亩，其中先导区CEC·咸阳8.6代液晶面板生产线项目占地面积1200亩，已建成投产，发展区1000亩，预留控制区1000亩。西部智谷一期占地面积约17.31万平方米，总建筑面积18.8万平方米；二期占地面积约2.4万平方米，总建筑面积8.1万平方米；三期占地面积约17.1万平方米，总建筑面积约20.3万平方米。该项目由中电光谷与中国电子旗下二级企业联合开发，从而对该项目主导产业如8.6代液晶面板生产线投入进行了保障，同时依托中国电子雄厚产业资源，对于该项目其他主要入驻企业都可以在土地规划阶段进行前置沟通，保障了在项目进行"P"的可实现、可落地，也对项目后期"O"的主体在项目早期已经完成必要的顶层设计。该模式的优点在于对于园区企业与地方政府谈及具体园区落地具体事项，可以给予相关政府非常具体可预期的产业前景，并基于非常详实的园区前景形成双方非常细致完整的合作方案。

不仅央企，其他大型制造业尤其是在相关产业链处于关键地位的企业都存在类似的模式，借助于相关园区的运作实现产业发展与地方经济共赢，其特征可以总结为产业链系统导入、全周期园区运作、产业与政府共赢。

（四）产业升级驱动型

相关区域依托自身资源禀赋、产业基础已经形成一定体量的产业，但是相关产业具备"小、散、乱"的特征，内部市场存在较为严重的同质化竞争，借助于产业园区的形式一方面实现相关产业集聚，减少重复建设，另一方面，完善各类公共基础设施，强化产业服务，推动相关产业转型升级。现以浙江崧厦伞业工业园为例，进一步介绍。

表6　崧厦伞业小微工业园评价结果

园区政策	产业基础	科技创新	运作主体	园区区位
省级普适政策	具备待升级成熟产业	吸引一定科创资源	地市级运作主体	发达地区其他城市

崧厦，地处宁绍平原北部，位于杭州湾南岸，是虞北地区的中心城镇，总面积87.8平方千米（2017年），人口118550人（2017年），杭甬高速公路穿镇而过，是浙江省中心镇、百强乡镇。崧厦是全国闻名的"中国伞城"，现有制伞企业1400余家，伞业专业村18个，年产各类成品伞6亿把以上，产销量占全球三分之一，但是伞业小微企业众多、产业同质化、低价竞争激烈等问题，也成为发展的"痛点"。

在推动产业升级方面，在持续完善各类基础设施的基础上，针对产业链瓶颈和发展空间瓶颈，在现有伞具加工、组装的基础上，崧厦将伞业产业链向前后端延伸，形成前端有原材料、工艺技术、创意设计，后端涵盖质检、展示、公益、销售、质保的良好发展环境，着力打造智能制造、工业设计、文化旅游、总部服务四类新业态。例如积极发挥浙江工业大学上虞研究院、浙江天合雨具设计有限公司等科研机构作用，推进"伞业智创"计划，释放伞业科创服务中心"智创平台"倍增效应，构建区域智创体系。加速推进伞业小微企业创业园项目，满足创业型、成长型企业发展空间需求，孵化小微企业创业梦想。推进"互联网＋伞业"计划，大力培育友谊菲诺、天玮雨具等电商龙头企业，做优"中国伞具交易网"等线上平台，加快发展跨境电商业务，探索青年电商创业城发展模式。引入伞骨架生产项目，弥补崧厦伞骨架生产的短缺，进一步补齐补强产业链。

2020年崧厦伞业小微工业园被认定为浙江省省级小微企业园，园区已集聚了友谊菲诺、天玮雨具等多家龙头企业，拥有省级以上品牌12个，起草国家、行业标准12项，纳米伞、文艺伞、环保伞等新型伞品不断涌现。政府层面通过外引内育、举办节会等多种渠道，鼓励伞企与国内外知名企业加强交流合作，加快推动伞业产业国际化。

此类园区核心在于充分发挥产业园区对产业集聚、产业服务、产业升级、产业创新方面的优势与作用，有效的改善当地自身的产业结构，推动相关产业转型升级，其特征可以总结为园区建设推动产业集聚、按链招商完善产业链条、整合资源推动产业升级。

三、产业园区运作主体发展评价分析

（一）评价维度

基于国内产业园区四类发展模式分析，园区运作主体主要围绕经营管理、投融资、产业服务、创新价值、社会效应和绿色发展6个维度构建产业园区运作主体评价体系，如表7所示。

表7 产业园区运作主体发展评价维度

评价维度	评价内容
经营管理	反映园区平台主体经济效益和园区运营能力的最直接的指标，也是确定园区平台主体关键绩效的考核指标。
投融资	实现园区产业聚集、推动区域经济发展和整体营商环境改善的基础职能。
产业服务	判断园区特色经营运作的关键指标，有助于优化园区产业结构和空间布局，健全和完善配套产业体系。
创新价值	反映园区平台主体围绕园区主要产业展开的技术创新和应用创新，是评价园区平台主体由功能性平台逐步转型产业领域的重要指标。
社会效应	推动园区平台主体全面践行社会责任担当，提升园区企业品牌影响力的重要指标。
绿色发展	推动园区现代化环境安全的必然要求，安全生产、绿色发展是园区平台主体高质量发展的根本前提。

（二）评价体系

在综合考虑我国产业园区发展的内涵基础上，基于创新、协调、绿色、开放、共享发展理念，以科学分类为基础，以推进园区运作主体高质量发展为目的，构建园区运作主体发展评价体系，包含6个维度指标，23项可评价、可量化、可描述三级定量指标。相关产业园区运作主体发展评价指标如表8所示。

对相关产业园区运作主体进一步深入分析，尤其是对已上市产业园区运作主体按照该模型进行评价分析。

（三）总结分析

根据分析评价结果，可以发现对于园区运作主体来说随着运作质量提升，相关业务模式也逐步变得丰富起来，其中具备较强竞争优势的园区运作主体都具备一项乃至多项特色运营服务。

表8　产业园区运作主体发展评价指标体系

序号	评价维度	权重	二级指标	权重	三级指标
1	经营管理	30%	主体规模	10%	总资产
2					营业收入
3			盈利能力	11%	净资产收益率
4					成本费用利润率
5			营运能力	9%	经营性现金流
6					总资产周转率
7	投融资	19%	融资能力	9%	平均融资成本
8					筹资活动现金流入
9			偿债能力	5%	资产负债率
10					流动比率
11			投资能力	5%	投资收益
12	产业服务	20%	产业招商	10%	产业链聚集程度
13					入驻企业数量
14			空间运营	5%	运营（开发）面积
15			企业服务	5%	企业服务收入占比
16	创新价值	15%	科研投入	7%	科研公共平台数量
17					研发投入占总投资比重
18			科研成果	3%	科研成果转化数量
19			信息建设	5%	数字化程度
20	社会效应	8%	吸纳就业	3%	就业人员增长率
21					社会贡献率
22			社会影响	5%	品牌综合排名
23	绿色发展	8%	环境安全	8%	环境保护、安全生产评分

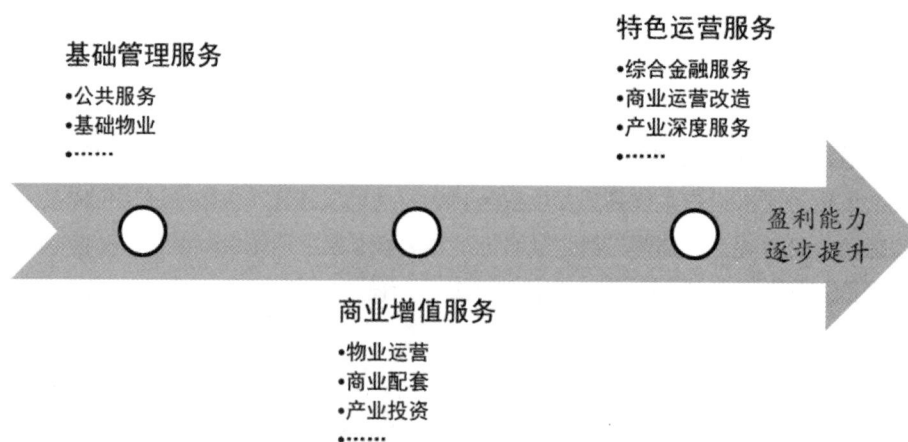

基础管理服务

•公共服务
•基础物业
•……

特色运营服务

•综合金融服务
•商业运营改造
•产业深度服务
•……

盈利能力
逐步提升

商业增值服务

•物业运营
•商业配套
•产业投资
•……

图3　园区运作主体业务模式升级

综合高质量发展园区运作主体业务构成，发现主要可以概括为综合金融服务、商业运营改造、产业深度服务三类。这三类业务模式按照初始产业要求、盈利能力大小、企业服务黏性三方面对三类特色经营运作模式进行进一步说明，以明确各自的优缺点。

表9 三类特色经营运作模式对比

模式	初始产业要求	主要盈利来源	企业服务黏性
综合金融服务	形成一定规模	服务费用	较低
商业运营改造	形成准生态	园区价值提升	较高
产业深度服务	无特殊要求	产业服务订单产业价值提升	很高

1.初始产业要求

综合金融服务要求园区内部企业的金融需求有一定的规模，在此基础上园区自身开展此项业务，而不是对接外部金融机构满足需求才是相对经济可行的。因此，一般园区内部企业发展形成一个较为健康的企业生态时，园区自身基于自身信誉、对园区企业了解程度开展综合金融服务才能收获比较好的效果。

商业改造运营是对既有园区进行的升级提升，该服务的前提是对入驻企业、拟入驻企业的个性化需求有比较深入的掌握，在此基础上对相关园区进行全方位的提升。因此，其核心在于园区企业生态已经或即将形成，相关的服务运作起到了一定的助力作用。

产业深度服务核心是对园区内部企业在自身生产运营的某个环节进行支撑，因此相关的服务内容是在产业一开始落地的时候就开始进行布局开展的。因此，相关的产业服务内容是对园区内部企业生态形成有非常重大的价值与作用。

2.盈利模式差异

综合金融服务既可以作为对于园区企业单项业务而开展，也可以作为将园区企业在发展过程中各类金融服务进行一定程度上打包，全面解决企业发展过程中各类资金需求。相关盈利模式以具体业务服务费用为主。

商业改造运营并不会因此单独付费，不论是承租运营还是受托运营其核心都是分享园区整体运作价值提升的一部分，更具体来说即相关的改造必然带来相关园区在运营方面的价值提升。具体盈利以相关园区价值提升分享为主。

产业深度服务一部分以相关产业服务机构的服务费用或订单为主，相关服务、订单都被入驻企业视为园区服务一部分，相关盈利空间并不高。另一部分是产业发展带来的园区价值提升，此部分更多以早期投资、园区整体价值提升等方面实现盈利，相对的此部分盈利空间相对较高。

3.企业服务黏性

产业深度服务由于是在某种意义上补充了入驻企业在早中期甚至永远无法完善的一部分必要运营环节，因此一旦形成合作关系，相关服务黏性非常高。即便是随着企业自身发展壮大，可以自建相关链条，鉴于双方之前深入合作存在较高替换成本，与之前产业深度服务平台的合作并不会因此中止，而是向着合作研发等方向持续合作。

商业改造运营由于是针对相关入驻企业需求进行了一定程度的个性化开发，因此相关深度个性化契合服务也具备较高的企业服务黏性。但是，如果出现相似的竞争对手出现，对于服务企业而言替换成本并不特别高。

综合金融服务由于提供的金融产品相对于而言较为标准化，市场上存在大量的提供类似产品的机构，同时相关地域限制也不高，因此入驻企业服务黏性主要来自园区运营企业根据自身园区入驻企业特点形成相对具有特色的金融产品在价格、服务等方面的竞争优势。

四、产业园区运作主体特色业务模式案例分析

现就相关特色运作模式选择相关典型案例进行进一步分析，以便对相关运作模式特点有更深入了解，从而更好地指导实践工作。

（一）综合金融服务

产业园区内部都或大或小的形成了一个企业生态，而企业生态当中最重要的一项就是为其提供资金支撑的综合金融服务。相关金融服务既有作为园区自身业务来开展服务，也有借助整合外部机构来开展服务，总体上是通过服务园区企业实现共赢。

1.苏州工业园区综合金融服务

2020年4月，园区一站式综合金融服务平台"园易融"上线，服务领域从"科技金融"全面拓展到了"普惠金融"，服务对象覆盖了全园区工商注册企业，服务供给从以银行为主的机构拓展到了股权机构、保险、担保、金融租赁等8个金融领域。提供"债权＋股权""线上＋线下"的一站式综合金融服务。通过连接资金需求侧和供给侧，平台为企业提供更多更便捷的线上金融服务选项，实现企业需求与金融机构服务在线高效精准对接。"园易融"平台汇聚了8大类金融服务机构，包括银行及科贷、租赁、保险、投资机构、担保、金融租赁、融资租赁等，首批注册机构30多家，汇集了近200位专业的金融服务顾问，实现融资需求在线实时对接、1个工作日内响应。企业还可在平台参与线上深度1V1专属融资对接会与各股权投资机构深入交流对接。同时，结合推进线下"百行千人进万企"活动，深化对接效率。当前，"园易融"已纳入园区一网通办。下一步平台将围绕智能化、开放化体系建设，依托政企数据和科技创新优势，加速"企业画像"功能开发，为金融机构制定智能化普惠金融方案提供参考，打造主动型金融服务新模式。

2.广州开发区控股全牌照综合金融服务

广州开发区控股拥有非常雄厚的金融资源，主体信用"AAA"等级，具有穆迪"Baa1"、惠誉"BBB＋"信用评级，拥有牌照齐全的金融全产业链。金融业务包括证券业务、投资基金、股权投资、融资担保、保险业务、融资租赁、小额贷款、股权交易、金融资产交易、知识产权交易等。其中，与其他园区综合金融服务具有明显的不同在于广州开发区控股了粤开证券，并将证券业务与园区运营服务进行有效结合。粤开证券成立于1988年，作为中国证券市场的首批证券公司之一，充分发挥全牌照和全国布局的优势，立足于粤港澳大湾区，为科技型创新型中小企业创造更优质的金融环境，推动区域经济高质量发展。而相关证券业务的开展，更是提升了园区为其内部企业对接资本市场的能力，从而打通了对园区企业投资孵化到上市退出的最后一环，也是对于股权投资而言最重要的一环。借助于对内部企业资本赋能能力，广州开发区控股为园区企业创造更大的价值，也为自身提供了新的业务亮点。

综合金融服务的核心布局理念在于围绕园区企业不同发展阶段、不同业务类型、不同周转周期的资金需求，提供从天使投资到上市资本运作全周期的金融服务，借助金融赋能实体经济，更好的支撑园区企业发展壮大，实现园区内部企业与园区运营机构的共同发展。

（二）商业改造运营

此类经营运作是一种轻资产模式，其核心是相关商业服务公司发挥自身在商业服务方面的优势采取

承租运营、受托运营等方式，发挥相关团队园区运作方面的专业优势，并以此形成一套可复制的运作模式，在全国范围选择合适的项目进行扩张，近期已经有至少两家类似公司登陆资本市场。

1.锦和商业（603682）

上海锦和商业经营管理股份有限公司（以下简称"锦和商业"）成立于2007年，是上海锦和集团旗下的四大板块业务之一，专业面向城市更新领域，致力于成为中国领先的商用物业全价值链集成服务商。通过对城市老旧物业、低效存量商用物业的重新市场定位、设计改造、招商运营管理提升物业价值，并在改善城市面貌的同时，挖掘建筑的历史文脉，推动文创产业的孵化发展。2020年4月21日锦和商业登陆资本市场。

锦和商业具有十多年的实践和经验积淀，其核心竞争优势为：建立起了一套成熟的全价值链管理体系，可以实现跨区域、跨城市的快速复制，有利于快速实现项目拓展。该全价值链管理体系包含了项目定位能力、项目设计与改造能力、招商能力、智慧化运营能力四部分核心能力。

项目定位能力：锦和商业已积累了丰富的园区、楼宇定位经验，对租赁市场的把握较为敏锐，从而能够准确地对新项目进行业态等定位。

项目设计与改造能力：在多年经验积累的基础上，锦和商业形成了一套完备的设计、改造工作流程和体系，建立了一支设计、改造经验丰富、专业技术实力较强的设计、改造、工程管理团队，为项目高效率、高质量、低成本设计、改造提供了保障。

招商能力：锦和商业拥有专业的招商团队，招商团队的核心成员均拥有丰富的物业租赁业务工作经验，特别是对文化创意产业客户的认知程度较高，能够准确把握此类客户的个性化需求，同时公司已经逐步建立了目标客户数据库，并与有实力的中介咨询机构建立了稳定的合作关系。

智慧化运营能力：锦和商业依托于自身多年的园区、楼宇运营管理经验，逐步建立起了智慧园区管理系统，实现了招商、运营管理的全流程智慧化，在提升管理效能、降低运营成本的同时，创新物业运营模式，构建全方位企业服务体系，不断提高入驻企业黏性。

经过多年的发展锦和商业打造出了园区、楼宇品牌"越界"和社区商业品牌"越都荟"，同时拥有该行业第一个上海市著名商标，被认定为上海市品牌培育示范企业，多个园区被评为"国家文化产业示范基地""国家级文化产业试验园区""上海市文化创意产业园区"，赢得了良好的品牌效应。

2.德必集团（300947）

上海德必文化创意产业发展（集团）股份有限公司（以下简称"德必集团"）作为文化创意产业园区的运营服务商，以服务中小微型文化创意企业和科技创新企业（以下简称"文科创企业"）、助力文化创意产业发展为使命，整合城市低效老旧的存量物业资源，通过定位、设计、改造提升其商业价值，实现产业业态集聚，最终促进园区运营服务商、园区所有权/经营权持有方和入驻的文科创企业的协同发展。

德必集团业务开展以创意设计为基础、以园区运营管理为依托，核心竞争力主要体现在创意设计能力和园区运营管理两个方面。

创意设计能力：德必集团始终以创意设计能力为核心，建造了一支高水平的创意设计团队，积累了丰富的园区设计、规划、改造案例经验，并在持续不断的项目实践和自我提炼中逐步淬炼出具有公司特色的"德必易园"系列、"德必WE"系列、"德必运动LOFT"系列园区品牌。

园区运营管理能力：德必集团依托于自主研发的智慧园区管理系统—wehome平台，基于移动互联网、物联网技术与云计算服务，创新出智慧园区管理系统、招商管理系统、园区运营服务管理系统，以及针对白领的平台级社群服务系统，在降低园区运营管理成本的同时，搭建起更加开放的社群环境。

德必集团作为国内成立较早的文化创意产业园区运营服务商，历经多年的专注和拓展，以独特的设计理念、优良的服务品质在市场上得到客户与合作伙伴的广泛认可，建立了"德必易园""德必WE""德必运动LOFT"等系列园区品牌，多个园区被评为"中国文化创意产业最具特色十大园区""中国文化创意产业十大新锐园区""中国文化创意产业十大先锋园区"，为公司赢得了良好的品牌效应。

商业改造运营的核心在于从拟入驻园区企业的实际需求出发，采取精细化的运作模式从定位、设计出发，对相关办公区域进行个性化、特色化的改造，从而有效的提升园区的运营品质，也为园区招商进一步打开空间。

（三）产业深度服务

产业园区必然会提供一定程度的产业服务，包括基础设施建设、公共服务、物业管理等，此类产业服务虽然是园区服务必须的部分，但是相关服务一方面缺少产业特征，不具备附加值，另一方面各个园区都具备类似功能，此类产业服务无法提升园区对产业吸引力，从而对园区招商提供有力的支撑。围绕此背景，部分园区已经根据其产业特点针对性地开展相应产业深度服务，从而构成其园区核心竞争能力。

1.苏州工业园区——纳米产业园

苏州工业园区纳米产业园由苏州纳米科技公司（以下简称纳米公司）负责运营，纳米公司围绕纳米产业特点，形成了一系列针对产业特点的深度服务内容。

中试平台：纳米公司填补产业创新链空白建设中国首个全开放、市场化和工业级MEMS产业中试平台——6英寸微纳机电制造（MEMS）中试平台，构建了"研发—中试—规模生产"完整的MEMS产品技术创新链，目前已累计导入产品近200种，涉及硅麦克风、压力传感器、微镜、喷墨头、温度传感器、气体传感器、RF-MEMS开关指纹识别等器件。截至2019年，相关平台累计客户69家，产品数量200个。相关中试平台有力的支撑起了园区内部企业的发展，例如园区入驻企业敏芯电子（2020年6月上市），在发展初期一直依托MEMS平台完成自身产品研发与生产，随着敏芯上市生产规模进一步扩大，敏芯电子离开MEMS平台着手自建生产线。

知识产权导航：以园区知识产权运营与服务中心为主题，重点围绕MEMS相关技术领域，形成大中小微企业、产业链上下游企业共同关注，积极合作的创新机制，重点布局和储备一批高价值专利，形成"专利池"，强化园区在MEMS产业领域的控制力。建立MEMS产业专利信息平台，导入国家相关数据库资源，发挥社会力量和联合第三方认证机构，建立专利价值评估机制，形成MEMS产业相关专利权威、客观评估机制，推动相关专利交易、标准制定工作。另一方面，针对企业以专利布局体系为抓手，将专利布局贯穿于企业技术研发、产品化和市场化的全流程，发挥专利布局对企业技术研发及创新的指引作用，制定适合企业的技术发展路线，促进企业建立核心关键技术创新策略和新技术成果的专利化；引导企业围绕竞争对手开展针对性专利布局，重点构建核心关键技术专利组合，优化企业专利攻防组合优选方案，提升企业风险防范和竞争能力。

借助于对纳米产业的深度服务，不仅有效地支撑了园区内部企业的发展壮大，更是助推了园区相关产业的快速成熟，当前纳米产业园将持续涌现一批创新含量高的上市公司，其中以工业园区为核心区的苏州纳米新材料集群也入选首批国家线制造业集群。

2.张江高科——国际医疗产业园

上海国际医学园区被誉为"张江药谷"，始建于2003年，是全国唯一一个部、市合作的园区。其中，入驻企业1200＋家，其中40家特大型企业，16家上市公司。可以看到，除去各类科研机构的入驻为园区持续提供科技创新源头之外，还有知名医院、监管机构等对于医疗领域创新至关重要的两个核心资源入驻，从而使得相关企业在内部开展创新可以以一种更加便捷、高效的方式开展。

表10 国际医学园区产业服务机构

入驻科研院所	上海医疗器械检测所 中科大药物创新研究院 复旦大学药学院 上海中医药大学 上海科技大学 中科院上海药物所 国家中药创新中心 国家基因组南方中心
入驻医院	上海市质子重离子医院 上海中医药大学附属曙光医院（东院） 复旦大学附属医院肿瘤医院（东院） 国家儿童医学中心（上海） 上海国际医学中心
行业监管相关机构与试点	国家新药安评中心 国家新药筛选中心国家化合物样品库 拥有药物上市许可持有人制度试点 医疗器械注册人制度等政策创新试点机会

依托相关入驻机构，形成对医疗产业全方位的产业服务，在形成医疗产业生态的基础上推动各类机构共同繁荣。

围绕全产业链为医疗产业提供深入高端的产业服务，吸引了众多国际知名医疗机构入驻，当前随着硬件设施的全面完成势必成为跻身世界前列的医疗产业园。

产业深度服务的核心在于依托产业园自身在政策、资源、资金等方面的优势，针对相关产业发展关键点进行有效布局与支持，从而提升园区对产业服务的能力，增强园区服务特色，推动园区构建产业引导与运营的能力。

（四）其他特色业务模式展望

国内经济不断发展与成熟，已经涌现出了不少成功运作的产业园区，随着技术发展与对科技创新力度的加强，产业园区随着技术发展、服务形态深入等方面不断挖掘新的特色服务从而有效提升产业园区盈利能力。

1.节能环保服务

相关产业园区都具备一定的环保服务，例如化工产业园区内部的污水处理厂等，但是相关服务的目标都是以入驻企业提供基础公共服务、满足法律法规底线要求为核心，相关业务模式运作缺少足够竞争力与迭代更新动力。同时，市场上涌现大量各类节能企业，能够针对企业实际生产运营过程进行针对性的节能改造从而达到节省企业生产制造成本的目标。

相关园区可以基于自身对内部园区在环保、节能等方面的专业管理经验，形成针对园区整体成熟的运营管理体系，从而达到为园区内企业在节能环保方面提供有价值服务。

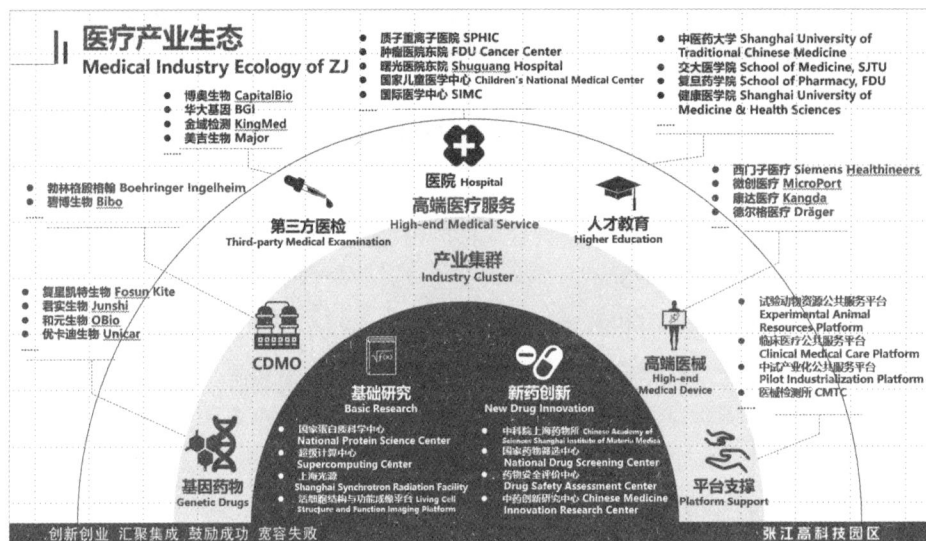

图4 国际医学园区整体产业生态

2.信息技术应用

随着各类信息技术发展，尤其是5G应用的发展。未来基于物联网技术的园区运营必然是未来园区精细化运作的核心，随着丰富、大量的园区运作数据涌现，相应的智能运用也将不断创新涌现。伴随着各类技术手段与园区运营的有效融合，园区运营、企业服务、园区招商也将以信息技术为核心支撑，同时也为园区当中如产业服务、产业投资、产业创新等内容注入新的支撑。例如，依托园区内部中小企业共性需求，如供应链、信息技术等方面的需求，以园区为单位将各类需求进行整合，从而为中小企业提供服务助推其提高效率的同时实现园区产业生态完善。

3.企业深度孵化

当前对于初创企业孵化方式也不断深入，从简单的提供资金，演化到在提供资金的基础上，给予战略指导与市场、人才等资源导入。随着企业发展加快，对于创新企业孵化已经出现针对企业发展全过程更深入的孵化模式，即对早期技术创新方向、企业产品打造基于市场深入理解优势给予指导，对企业发展过程给予资源整合、团队组建、发展方向全方位支撑，对于企业资金需求对接各类资源进行金融赋能，更进一步为企业对接各类市场资源，或者简单总结为"技术赋能、管理赋能、金融赋能、市场赋能"，借助于四大赋能能够极大的提高对相关企业孵化成功概率。

产业园区能够有效地推动科技创新、产业升级，随着我国经济多年发展，已经形成了四类带有我国经济特色的驱动模式。对于当前一个大型区域，可以根据其实际情况综合多种驱动模式实现更加有效的发展。各类特色运营模式都是在园区基础服务之上开展的价值提升服务，随着相关产业发展、新技术的不断应用，势必还将出现更多特色增值服务。

成果创造人：罗新宇、潘登、姚以立

科研院所产研融合的技术创新体系建设

中建材蚌埠玻璃工业设计研究院有限公司

中建材蚌埠玻璃工业设计研究院有限公司（以下简称"蚌埠院"）是1953年新中国第一批成立的全国综合性甲级科研设计单位，是国家高新技术企业。2000年加入中国建材集团有限公司（以下简称"中国建材集团"），并改制成立中国建材国际工程集团有限公司。2004年，蚌埠院将工程服务主营业务分离给中国建材工程集团有限公司，由此，蚌埠院成为存续企业。

在工程服务主业分离之前，蚌埠院拥有建筑材料行业、轻纺（日用硅酸盐）、建筑工程、环境污染治理专项工程的设计和工程总承包、工程咨询等甲级资质及对外经营权。主业分离之后，通过集成创新体系建设，蚌埠院聚焦玻璃新材料主业，业务涵盖显示材料、新能源材料、应用材料开展技术研发和产业孵化等多个领域。近年来，蚌埠院相继研发出30μm柔性可折叠玻璃、世界最薄的0.12mm超薄触控玻璃、中国首片8.5代液晶玻璃基板、中硼硅5.0药用玻璃管等产品，科技创新成果显著。2020年蚌埠院总资产146亿，营业收入38亿，利润总额1亿，蚌埠院的总资产、主营业务收入和利润总额比改制之初2000年分别增长68倍，66倍和757倍，科技研发投入年度增长率超过10%、科技成果转化率达到60%以上。

一、科研院所产研融合的技术创新体系建设的实施背景

（一）企业发展的战略选择

习近平同志在党的十九大报告中指出，"创新是引领发展的第一动力，是建设现代化经济体系的战略支撑。……强加基础研究……加强应用基础研究……加强国家创新体系建设……建立以企业为主体、市场为导向、产学研深度融合的技术创新体系。"中国工程院发表的《面向2035的新材料强国战略研究》中指出我国包括玻璃新材料在内的新材料产业存在"材料支撑保障力不强""创新链不通畅""新材料研发投入方式单一，投入不足且分散，原始创新能力弱""产业支撑体系不健全""未形成良好的产业发展生态"等核心问题。我国部分玻璃新材料研发成果达到国际先进水平，但是产业基础薄弱、智控装备、关键零部件和数字化技术成为产业化发展"瓶颈"，亟需整合科研、工程、装备和生产制造科研资源，真正形成高科技产业化运作能力。

蚌埠院围绕玻璃新材料主业，大力发展的信息显示材料、新能源材料、应用材料等产业，不仅是信息显示、新能源、半导体、航空航天、深海探测、生物医疗等战略性新兴产业不可或缺的关键功能材料，也是中国建材集团着力培育发展新材料产业中的重要组成部分，具有良好的发展环境与发展潜能。

（二）可持续发展的必然选择

2000年前后，国内行业科研院所大部分由事业单位转为企业，推向市场，自负盈亏。失去了国家拨款的科研院所一度举步维艰，相当一部分院所选择"研究开发＋技术转让"的发展模式，通过研究开发转让技术获取收益，勉强在市场中生存。但这种发展模式使得院所在企业化过程中，常常过于追求短期经济效益，难以持续开展核心技术研发，更难以实现创新成果的产业化、规模化，结果往往导致重经济效益和应用型研究、轻社会效益和基础研究的片面发展格局，使得科研院所逐步丧失传统的技术优势。

蚌埠院充分利用60多年的基础条件和优势，将发展的主业定位在擅长的技术领域，聚焦新玻璃、新材料、新能源和中央应用研究院的产业发展方向，通过技术集成创新，将产业化作为科研开发的主要目标，通过与中国建材国际工程的业务整合，打通新玻璃产业链，探索转制科研院所向科技型企业可持续发展的道路。

（三）人才激励的现实需要

在科技强国和材料强国战略部署下，蚌埠院心怀"国之大者"、打造"国之大材"，打造了由两院院士、海外高层次人才、百名博士组成的创新团队。蚌埠院不断探索运用中长期激励工具箱，企业负责人任期激励、项目分红激励、员工持股、科技成果转化专项奖励等。探索在科技人员中开展股权激励，核心科研人员（骨干）持股，根据贡献大小，实施相应比例的股权奖励，采用多形式的成果转化方式，激发各环节的转化活力，促进了各方结成紧密的利益共同体。

二、科研院所产研融合的技术创新体系建设的内涵和主要做法

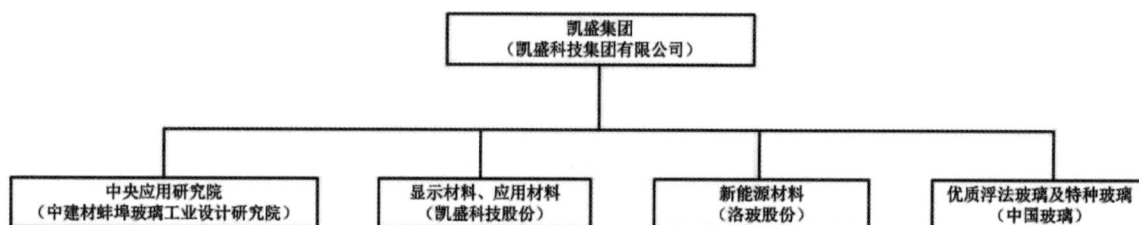

图1 凯盛科技集团"3＋1"战略布局

按照中国建材集团整体战略，凯盛科技集团有限公司（以下简称"凯盛科技集团"）的"3＋1"发展战略（如图1所示），蚌埠院确定了坚持围绕玻璃新材料"1个核心"，坚持自主创新、科技创新、研发高端产品的核心战略，重点发展信息显示和应用材料、新能源材料、特种玻璃"3个方向"，持续强化科研开发，做大做强中央应用研究院的战略思路，继续抢占产业科技高地，目前已经初步形成信息显示材料、新能源材料、应用材料"并驾齐驱"的良好产业发展格局，探索出了转制院所适应市场竞争的科技成果产业化发展道路。主要做法包括：

（一）"三子联动"建立一体化的科技成果转化链条

蚌埠院依据自身实际，利用中国建材集团的规模优势，围绕产业链、创新链布局，将成果转化的各个环节在集团内部实现一体化，形成了上游做研发、中游做中试、下游做产业的全链条成果转化模式。

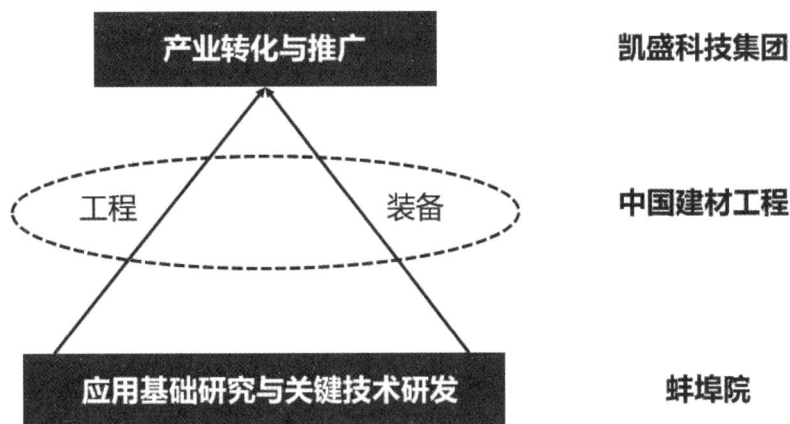

图2 蚌埠院科技成果产业化链条

1.上游做研发——以产业化为目标

有别于其他科研院所，蚌埠院所有的研发活动都是以产业化为目标。根据"做蛋糕理论"，不是有多少鸡蛋和面粉，再去做多大蛋糕，而是要做多大蛋糕，就去找多少鸡蛋和面粉，彻底打通科技成果落地"最后一公里"。

在研发平台方面，蚌埠院先后建设了浮法玻璃新技术国家重点实验室、玻璃工业节能技术国家地方联合工程研究中心、国家级博士后科研工作站、安徽省院士工作站、硅基材料安徽省实验室等18个国家级和省部级创新平台。其中，坐落于蚌埠院自主建设的产业孵化园区内的浮法玻璃新技术国家重点实验室，是我国玻璃领域多学科融合交叉的开发研究平台，具有高度的产业化特征，已成为蚌埠院的核心研发力量，实现了从研发到产业化的空间距离最小化。

在研发机构方面，先后组建了功能玻璃所、薄膜技术所、慕尼黑光伏研究中心、美国新能源材料研究中心等研发机构，同时推进下属各分子公司分支研发机构的建设，完善了研究开发体系。

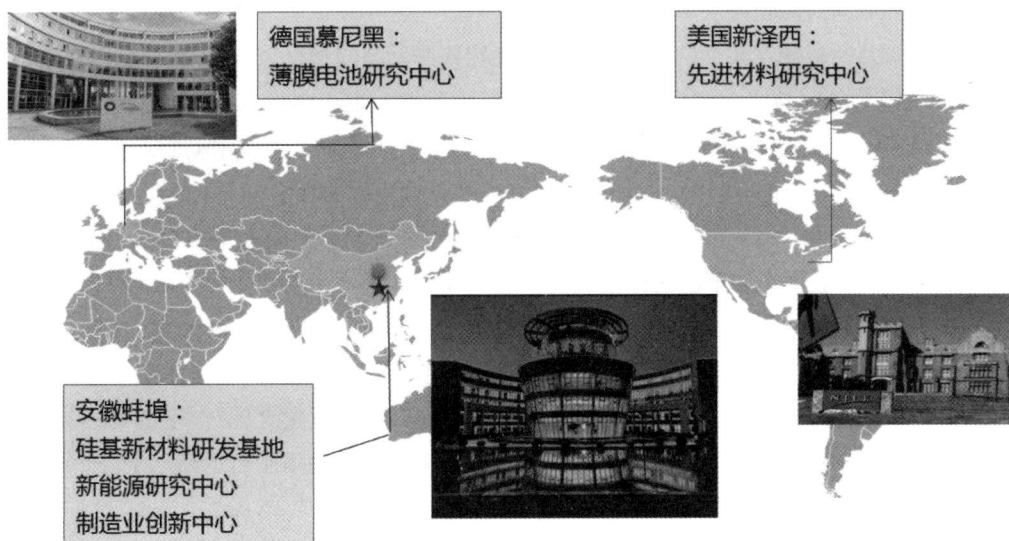

图3 海内外研发基地布局

在研发路径方面，蚌埠院以玻璃为主业，采用技术领先战略，开发具有高附加值的前沿技术，抢占市场先机，通过广泛募集研发经费、自有资金、政府补贴等各种资金，开展科技成果转化体系建设；以玻璃技术为基础，围绕产业化的目标开展课题立项，以自主研发为主，引进领先技术进行集成创新，联合攻关；针对产业化需求，开发配套装备、控制系统等产业化核心要素，延伸上下游产业链，从而保证企业技术和产品的双领先优势，确保产品具有广阔的市场前景。

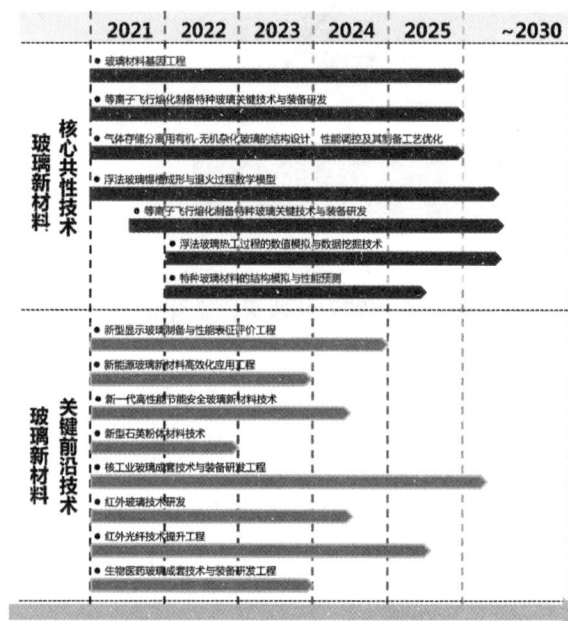

图4 玻璃新材料研发路线图

2.中游做中试——开发核心装备及系统

在中试方面，由中国建材集团所属工程公司负责产品中试和成果工程化。根据蚌埠院的产业布局，围绕成果产业化的需求进行生产工艺、配套装备、控制系统、生产线设计等产业化技术突破；将开发的技术进行计算机建模，通过软件模拟进行技术检验和改进；利用开发的成套技术和装备建成中试线，进行产业化试验，为成果产业化提供可靠技术方案。

针对我国高端浮法玻璃产品长期依赖进口以及能耗普遍偏高的状况，蚌埠院立项开发"浮法玻璃微缺陷控制与高效节能关键技术"，在充分发挥上游科研开发、集成创新以及中游中试、工程化的强大优势下，团队集中在关键技术研发和应用上进行攻关，最终形成了三大技术创新：一是通过研究新型浮法玻璃熔窑与玻璃液回流、熔化质量等变化规律关系，确定熔窑阶梯阶数以及与之相适应的熔窑整体结构和尺寸，成功开发"全等宽、宽窑池、台阶池底、窄长卡脖"的新结构玻璃熔窑，使每吨玻璃0.1~0.3mm微气泡数量下降到40个以内，玻璃质量达到国际先进水平，600t/d玻璃熔窑单位能耗下降到6182kJ/kg玻璃液，节能15%以上，实现了玻璃质量的全面提高和玻璃熔窑高效节能；二是通过集成玻璃熔窑新工艺及玻璃熔窑节能新技术的研究成果，成功投产了目前世界最大规模的1200t/d大型优质浮法玻璃生产线，使得熔窑能耗降至5200kJ/kg玻璃液，节能技术达到国际领先水平，产品质量更加稳定，实现了超大型高端浮法玻璃技术的持续创新；三是根据新玻璃熔窑的结构特征和实践经验，针对各种原料分解和溶解的温度不同的特点，开发"配合料快速同步熔化技术"，有效调整玻璃液温度场与流场，进一步实现玻璃质量提升。基于该技术的成套装备先后出口到美国、韩国、印度、伊朗、印度尼西亚等17个国家，在国内高端玻璃市场占有率达到80%以上。该研究成果获2013年度国家科技进步奖二等奖。

蚌埠院在超薄电子信息显示玻璃基板技术方面具有多年的技术储备，瞄准国内玻璃基板的厚度极限，由于开展的技术瞄准的是国内空白，无经验可以借鉴。在原有多年的玻璃生产线设计和建设的基础上，进行玻璃生产工艺、生产线设计以及控制系统等产业化技术突破，成功开发出"变量熔化、等梯度温降成形、空间立体网状退火"等关键技术与成套装备，攻克并解决了微波纹和翘曲控制等诸多难题，稳定量产了国内最薄0.12mmhm TFT-LCD超薄浮法电子玻璃基板，彻底改变了国内触控所需0.5mm及以下超薄玻璃依赖进口的局面，该研究成果获2016年国家科技进步二等奖。

通过多角度、全方位、贴近实际生产的系统性创新，不仅能够提升产业的科技含量，也缩短了产业化的时间，为打造整套科技成果转化体系奠定了基础。

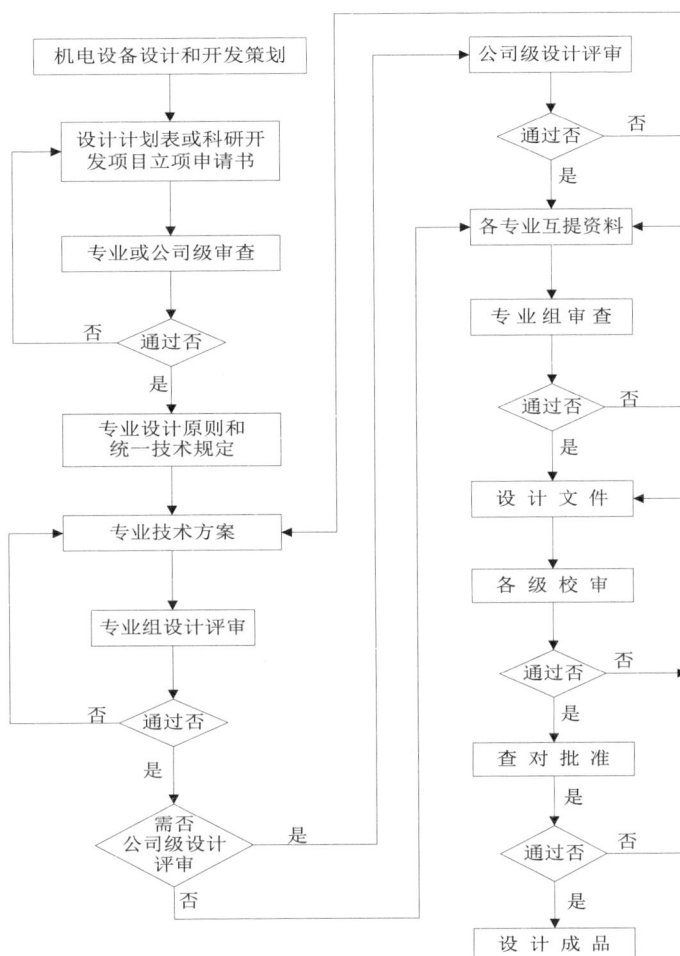

图5 设备设计和开发流程图

3.下游做产业——建立产业运营机制

蚌埠院以项目公司的形式对科技成果转化进行产业化运作，项目的建设由注册成立的独立经营、自负盈亏的经营实体负责。项目公司采用股份制合资经营，便于引进战略投资人。项目科研团队技术负责人整体负责产业化项目的建设和运营，院本部和产业化公司之间实施扁平化管理，院本部工作人员和相关技术人员进入产业化公司的董事会兼职，实现对公司有效管控，通过市场化方式聘请或选派专业的经营团队和核心技术人员，推进成果的产业化进程。

针对具体项目，由蚌埠院发起成立控股和参股的产业公司。依托蚌埠院产业化平台，3个"115团队"先后成立了安徽中创电子信息材料有限公司、安徽方兴光电新材料科技有限公司、安徽凯盛基础材料科技有限公司3家科技人员持股的混合所有制企业，采用混合所有制形式引入社会资本合作经营，对科技成果进行规模化和市场化运作，建立起多方投入、风险共担、利益共享的产业运营机制。

按照中国建材集团大力发展新材料产业的规划，为推进空心玻璃微珠研发成果的产业化，2016年7月，蚌埠院和研发团队持股的蚌埠飞扬企业运营管理有限公司合资成立了安徽凯盛基础材料科技有限公司（以下简称"凯盛基材"），主要从事高性能空心玻璃微珠研发、制造及销售，其中蚌埠院持股70%、研发团队持股30%，是中国建材集团实施国有企业混合所有制改革的试点企业之一。目前，凯盛基材用玻璃粉末法制造出来的空心玻璃微珠样品达到美国3M同类产品性能指标，处于国际先进水平，打破了国外对空心玻璃微珠的技术封锁。

为推进纳米钛酸钡、稀土抛光粉、稳定型氧化锆的产业化应用，2014年蚌埠院科研创新团队蚌埠中创投资有限责任公司与安徽方兴科技股份有限公司合资成立安徽中创电子信息材料有限公司，科研创新团队持股30%。2016年中创创新团队与省高新投、蚌埠市产业引导基金达成协议，2家各投入600万合计1200万，2019年安徽中创电子税收达到业绩奖励条件，2020年省高新投退出，2020年12月蚌埠市产业引导基金退出，两家企业投入1200万所持股权奖励中创创新团队，当前持股比例为创新团队持股37.43%，凯盛科技股份持股62.57%。

通过115创新团队的创新管理方式，安徽中创快速发展，成长为全国第二家、全球第三家采用水热法工艺工业化生产纳米钛酸钡的厂家，稀土抛光材料占据安徽省50%以上份额，稳定型氧化锆占据行业市场31%份额，位居行业第二位。公司连续4年销售收入和利润总额增长超20%。2020年受国内外疫情影响，经济形势极其严峻，及时调整公司市场战略、改变技术方向实现销售额和利润逆势增长，2020年实现销售收入4.4亿元，上缴税收800多万元，较上年同期增长幅度较大，企业上升势头强劲。为蚌埠市的经济建设、高质量发展、稳定就业和招商引资做出了较大贡献，获得"蚌埠市工业企业三十佳""淮上区纳税超千万元企业"荣誉称号。

（二）"打破藩篱"实现科技成果转化的深度协同

科技成果转化的难点在于研发、中试、产业化"三级跳"中各环节之间的协同对接，使下一个环节能够"接得住、用得了"。为共同推动成果转化，蚌埠院不断加强上下游各环节之间的深度纵向协同。

1.研发与中试的协同

充分考虑科研成果的工程化和可操作性，对负责中试的工程公司提出操作要求，工程公司据此不断完善核心设备和关键工艺。并对中试结果遇到的实际问题改进技术原型，实现双向良性促进。

以空心玻璃微珠的制备技术及其专用生产设备的研制开发为例，在实验室研发阶段前期物性、工艺参数探索的成果上，建设了小试线，探索设备、工艺的匹配性及产品的稳定性，逐步确定了玻璃粉末法制备空心玻璃微珠的工艺路径，建设了中试线，固化了关键设备选型、工艺参数设计及质量控制方案，具备了小批量的生产能力。同时，根据中试过程出现的问题的，持续进行过程的模拟、仿真及实践研究，指导了中试过程的开展。不断进行工艺参数改进，陆续研制出国家"863"项目三种型号的高性能空心玻璃微珠产品，经过测试全面完成各项指标，通过国家验收。

2.中试与产业化的协同

技术产品批量生产前，工程公司与产业公司紧密结合，将中试环节的关键科技人员与产业化过程中的核心技术人员组成项目团队，根据市场需求进行成果改进，降低科技成果转化面临的市场不确定性。

蚌埠院建设了国内第一条完全具有自主知识产权的超薄高铝盖板玻璃生产线，由于高铝盖板玻璃原材料难熔化、难澄清、高黏度、难成形的特殊性，加之生产工艺长期被国外封锁垄断和知识产权壁垒，无任何值得借鉴的经验可循，为产品的技术攻关研究带来了极大的困难。为解决各工序的重大质量和工艺技术问题，蚌埠院国家重点实验室功能玻璃所研发团队、工程公司核心工程设计人员与高铝公司技术团队联合成立了技术攻关小组，对料方调整、熔化、成形、退火、切裁、装载、包装等各个工序环节的数十个工艺与设备难题进行技术攻关研究，经历了无数次的调整、摸索、尝试和努力，不断降低能耗、提升品质、稳定运行，最终实现了平整度、厚薄差、表面缺陷等好转，为超薄高铝盖板玻璃的成功下线奠定了坚实的基础。2018年4月3日，项目产业化公司中建材（蚌埠）光电材料有限公司成功下线超薄高铝盖板玻璃。高铝盖板玻璃的成功量产将实现高端盖板玻璃的国产化，增强产品国际市场话语权，对完善我国光电显示产业链、促进我国光电显示产业健康发展有积极作用。

3.研发与产业化的协同

蚌埠院以产业化需求为目标，所有研发的技术、工艺、装备和系统，都需要在产业化过程中进行验证，在产业化过程中出现的问题，又会反馈到研发部门去，进行技术改进和更新。反过来，产业化过程中精细化的管理和技术、装备的创新，进一步促进技术的迭代提升，又为科研提供了实践的基地。以开发的0.12mm超薄电子信息显示玻璃生产线为例，研究开发初期设计目标厚度为0.33mm，通过技术攻关实现了设计厚度玻璃基板的成功量产，但是由于柔性显示技术的蓬勃发展以及玻璃在线切割、堆垛和包装中出现的玻璃易碎难题。问题反馈到研发部门后，通过反复试验，对装备和系统进行改进，再试验，再研发，如此反复，形成了良性循环，实现技术的迭代提升，先后突破0.3mm、0.25mm、0.2mm、0.15mm，并最终创造了0.12mm超薄浮法电子玻璃工业化稳定量产的世界纪录。

（三）"带土移植"架设连接科研与产业的桥梁

科技成果转化不畅的一个重要原因是科研人员没有直接参与转化，为解决这一难题，蚌埠院提出了"带土移植"模式，将成果转化所需的技术与人才移植到下一个转化环节，促进技术、人才、知识的流动，打造一个连接研发和产业的成果转化绿色通道。核心人才移植使蚌埠院具有研发经验的科研人才与产业公司具有运营经验的管理者汇聚到一起，实现了优势互补。

1.首席科学家指导产业化项目技术运营

蚌埠院在研发中实施首席科学家制。由中国工程院院士、国家海外高层次技术人才担任项目首席科学家，带领研发团队开展共性技术、关键技术应用基础研究以及核心装备、生产控制系统等成套装备的研究开发，并且参与成果转化的各个环节。

首席科学家徐根保博士，不仅在国家重点实验室带领团队承担了数个科研课题，后任铜钢镓硒产业化公司凯盛光伏材料有限公司总经理，2017年带领团队成功生产出我国首片铜钢镓硒薄膜太阳能电池模组；首席科学家潘锦功博士，任职碲化镉产业化公司成都中建材光电材料有限公司总经理，带领团队于2017年成功生产出世界首块大面积碲化镉薄膜太阳能发电玻璃；首席科学家夏申江博士带领团队2017年成功研制出CIGS薄膜太阳能电池背电极玻璃，并出口德、日等国，创造了我国同类产品首批出口德国的记录。安徽中创电子信息材料有限公司引进了曾就职于世界500强Hanwha Chemical Co.的Jin Soo,Baik，主要负责水热法合成钛酸钡粉体的研发，解决了产品分散性差、Ba/Ti摩尔比偏高等问题，开发出具有世界先进水平的钛酸钡粉体。

同时，蚌埠院指派技术专家指导后续环节的技术运营，一边培养下游企业的工程师掌握核心技术，一边带领一线员工制定工艺流程，形成大规模制造能力。进入下一环节的科研人员，身份可以继续保留在原单位，这为科技人员从事成果转化解除了后顾之忧。

2.核心技术骨干进入项目公司董事会

蚌埠院以项目公司的形式对科技成果转化进行产业化运作，项目的建设由注册成立的独立经营、自负盈亏的经营实体负责。项目公司采用股份制合资经营，便于引进战略投资人。蚌埠院本部指派技术负责人，整体负责产业化项目的建设和运营。院本部和产业化公司之间实施扁平化管理，院领导和相关技术人员进入产业化公司的董事会兼职，实现对公司有效管控。派出核心技术骨干进入产业公司董事会，在制度上保证了研发团队的自主决策权。

空心玻璃微珠项目"115"团队人员9人，2016年团队持股的蚌埠飞扬企业运营管理有限公司与蚌埠院合资成立了凯盛基材。团队领军人才王芸任凯盛基材的董事兼总经理，团队核心成员任技术、销售、生产副总经理，在团队带领下成功开发国内唯一具有自主知识产权的玻璃粉末法制备空心玻璃微珠工业化生产核心技术及关键装备，制订发布我国首部空心玻璃微珠行业标准。

安徽中创创新团队人员4人，均为该行业的领军人物。成立伊始，秉承"以创新求发展"的理念。高效的新产品开发团队是一个公司将创新思想、理念、客户需求转换成产品的关键实现者，新产品的开发需要许多人在不同的工作领域内应用不同的技术协作共进，团队领军人才王永和任安徽中创电子信息材料有限公司董事长，115创新团队的设立保证了团队成员的成功合作、目标一致、相互沟通、共同决策。

（四）"量体裁衣"实现成果转化各环节的股权激励

经过不断探索，蚌埠院推行了"公司控股、战略投资者参股、技术骨干持股"的激励方案。研发、中试、产业化三个环节的核心科技人员，按一定比例的现金入股，从而提高各方参与成果转化的积极性，实现风险共担、收益共享。通过对成果转化各环节实行股权激励，促进了各方结成紧密的利益共同体，尤其是解决了研发环节"有名无利"和中试环节"无名无利"的问题，加速了科技成果转化。

1.研发按劳分配、按知分配

蚌埠院建立了以人才资本价值实现为导向的分配激励机制。在研发过程中不论资排队，不限职务，分配与实际挂钩。对成绩显著的管理人员和科技人员，由上级部门予以表彰奖励，对有突出贡献的，给予重奖。同时鼓励研发技术人员申请专利，根据专利所产生的经济效益不同进行评奖，蚌埠院专利申请量逐年递增，有效地对既有核心技术和未来待发展方向的知识产权形成保护体系。

2.中试项目经理负责制

研发项目中试实行项目经理负责制，充分调动研发技术人员的工作积极性，高质量、高效率、高经济性地完成研发工作任务。在项目开发规定期限内能完成或提前完成全部开发要求或取得突破性、阶段性进展，给予项目团队和个人一定的奖励。

3.产业化股权激励

蚌埠院建立了科技成果转化收益分配和激励机制。以技术转让或者许可方式转化科技成果的，从技术转让或者许可所取得的净收入中提取不低于30%的比例用于奖励；采用股份形式实施技术成果转化的，技术成果作价出资设立公司或者开展股权投资时，可以从该科技成果入股时作价所得股份中提取30%用于奖励。

（1）科研成果产业化中的研发团队持股

空心玻璃微珠科研项目中推行股权激励计划，项目团队9名核心科研人员（骨干）实现全部持股。凯盛基材已建成国内首条年产5000吨玻璃粉法高性能空心玻璃微珠生产线，并于2016年成功实现超轻高强空心玻璃微珠的工业化量产，拥有数十种达国际一流水平的核心产品，相关产品成功应用于4500m级深海潜水器"海马号"，航天发动机、返回舱烧蚀材料，5G高频通讯覆铜板等领域，实现了深海探测固体浮力材料、航天烧蚀材料、高频高速电子通信低介电材料的关键原材料国产化，突破了超轻高强空心玻璃微珠在国内高端领域应用的"卡脖子"环节，推动了相关产业上下游的快速发展，彻底解决了超轻高强空心玻璃微珠完全依赖进口的国家级难题。2021年"超轻高强空心玻璃微珠制备技术及产业化"成果被授予安徽省科技进步一等奖。

（2）联合重组中的核心团队持股

中国建材集团大力发展新能源产业，为在太阳能光伏终端领域完成产业布局，抢占光伏市场，2010年，入股安徽天柱绿色能源科技有限公司（以下简称"安徽天柱"）。2011年10月蚌埠院增资，增资入股后蚌埠院持股72%，核心管理团队持股28%。2010年，蚌埠院入股之前，安徽天柱资产总额227万元、营业收入67万元，2011年入股当年资产总额、营业收入实现成倍增长，2016年产值突破亿元大关。安徽天柱依托蚌埠院资金、技术、管理优势，积极拓展光伏电站产业国内外市场、加大新能源研发，混合所有制的十年实现了质的飞跃。

三、科研院所产研融合的技术创新体系建设的实施效果

蚌埠院从一个发展举步维艰的存续企业，通过实施科研院所产研融合的技术创新体系建设，实现了跨越式发展，成为以技术和市场双引领的国家级领先型科研院所，走出了一条具有鲜明特色的转制科研院所发展道路。

1.科技创新成果显著

截至2020年，蚌埠院累计获得国家科技进步二等奖3项，中国工业大奖1项，省部级科技进步奖50余项；累计授权专利1700余件，其中国际专利197件，发明专利282件；主持或参与制定标准共计47项，其中国家标准14项，行业标准24项，内容涉及新兴产业的多个领域。

蚌埠院开发的光伏玻璃"宽液流成形"工艺技术，良品率、能耗等技术指标均优于国外水平，成果获2011年国家科技进步二等奖；开发的新型玻璃熔窑技术，解决了生产高品质浮法玻璃微缺陷控制的世界性难题，成果获2013年国家科技进步二等奖；成功开发出变量熔化、等梯度温降成形、空间立体网状退火等关键技术与成套装备，攻克并解决了微波纹和翘曲控制等诸多难题，成果获2016年国家科技进步二等奖和2018年中国工业大奖。蚌埠院通过多年来的集成创新，研发生产出中国首片8.5代TFT-LCD浮法玻璃基板、世界最薄0.12mm触控显示玻璃，通过集成吸收再转化，研发生产出世界最高光电转换率19.64%的300mm×300mm铜铟镓硒薄膜太阳能冠军模组、建成世界第一条1200mm×1600mm大面积碲化镉发电玻璃生产线，将中国玻璃成功缔造成为世界制造业的"中国名片"，助推中国玻璃产业在国际上由追赶型进入领跑型，得到习近平同志、李克强总理等党和国家领导人高度肯定。

图6 六年三获国家科技进步二等奖

2.科技成果转化效果明显

蚌埠院聚焦三大主业，以研发创新为核心，以打造"拳头"产品为抓手，延伸信息显示材料、新能源材料、应用材料产业链，推动玻璃新材料产业稳健高质量发展。

（1）信息显示产业链

蚌埠院是国内唯一一家掌握超薄触控玻璃、高强盖板玻璃、TFT-LCD玻璃基板三大主流显示玻璃基板核心技术的企业，创造了国内外显示玻璃基板领域多项第一：研发并量产0.12mm世界最薄的超薄触控玻璃，作为玻璃行业的唯一展品，在新中国成立70周年大型成就展上展示，获国家科技进步二等奖、2018年中国工业大奖、全国制造业单项冠军，目前全球市场占有率近30%。在国内率先开发出30μm柔性玻璃，成为目前全球唯一一家能够实现原片＋后加工全流程自主化开发30μm柔性玻璃的企业，技术水平达到国际领先。建成了国内首条4.5代TFT-LCD玻璃基板溢流下拉法生产线，国内市场占有率达到60%。主持承担的"十三五"国家重点专项8.5代TFT-LCD玻璃基板项目，实现我国高世代液晶玻璃基板零的突破，入选国资委"2019年十大创新工程"。

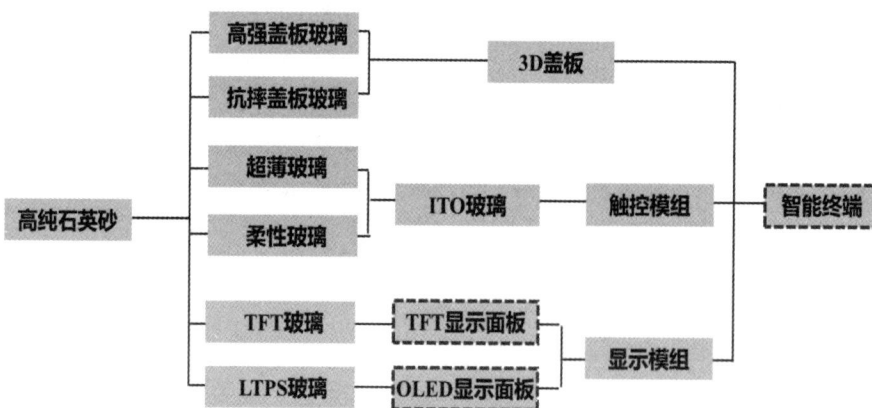

图7 信息显示产业链

（2）新能源产业链

蚌埠院主要开展太阳能光伏和光热发电所需的光伏盖板玻璃、光热玻璃、高应变点玻璃、薄膜太阳能电池等新能源材料技术研发与产业化，已完成从石英原料—新能源玻璃—薄膜电池—下游应用的全产业链构建。

新能源玻璃：自主开发的超白光伏玻璃核心技术与成套装备获2011年国家科技进步二等奖，开发的薄膜电池用高应变点玻璃核心技术与成套装备获2019年安徽省科学技术一等奖。采用自主知识产权技术在合肥建成投产世界最大"一窑五线"光伏玻璃生产线；在蚌埠建成投产国内唯一一条薄膜电池用高应变点玻璃生产线，产品成功出口德国、日本。依托蚌埠院的自主核心技术，目前凯盛集团超白光伏玻璃年产能达到7100万平方米，全球排名第三。

薄膜电池：蚌埠院是国内唯一一家同时掌握碲化镉（CdTe）薄膜电池与铜铟镓硒（CIGS）薄膜电池核心技术的企业，并成功实现了薄膜电池的产业化以及规模化示范应用，2017年中国首条具有国际先进水平的碲化镉（CdTe）薄膜电池工业4.0示范生产线正式投产，成功下线单片面积世界最大1.92平方米的碲化镉（CdTe）薄膜电池，同年我国首条自主技术CIGS薄膜电池生产线在蚌埠成功投产。

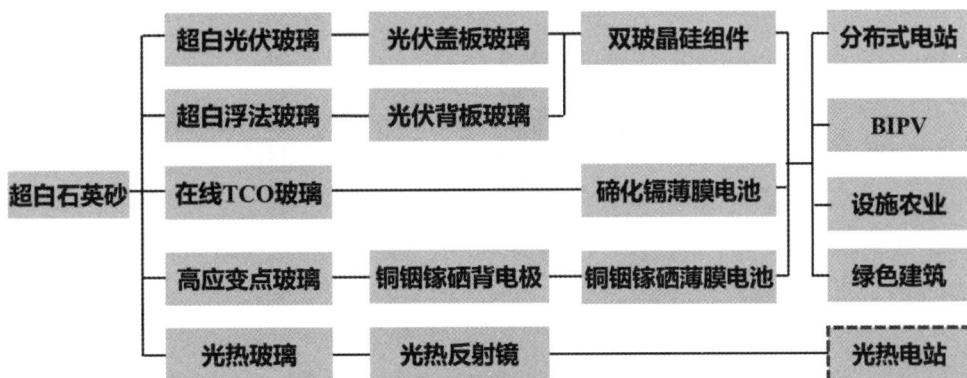

图8 新能源产业链

（3）应用新材料产业链

硅基资源大力开展技术创新与资源整合，承担了安徽省科技重大专项，建成国内首条TFT-LCD玻璃基板用高纯石英砂生产线，填补国内空白；开展硅基功能材料梯级加工关键技术研发，生产低铁石英砂、高纯超细球形硅微粉、电工电子级硅微粉等产品。依托蚌埠院技术的凯盛君恒成功生产中国首片高品质中性硼硅药用玻璃，是国内唯一采用国际先进"全氧燃烧"熔化技术和丹纳法成型工艺实现中性硼硅药用玻璃管量生产的企业，产品质量达国际一流水平，实现了我国中性硼硅药用玻璃产业的固链补链强链，2020年9月荣获"中国国际工业博览会大奖"。

通过科研院所融合的技术创新体系建设，蚌埠院走出了一条具有鲜明特色的转制科研院所发展道路，成为以技术和市场双引领的国家级领先型科研院所，实现了跨越式发展。2020年蚌埠院总资产146亿，营业收入38亿，总资产、主营业务收入和利润总额分别比改制之初2000年增长68倍，66倍和757倍，科技研发投入年度增长率超过10%、科技成果转化率达到60%以上。

蚌埠院科技成果转化体系建设走在了全国科研院所的前列，打通了科技成果产业化的"最后一公里"，实现了由单一科研院所向高科技企业集团的华丽转型，成就了"中国玻璃集大成者"的辉煌传奇。

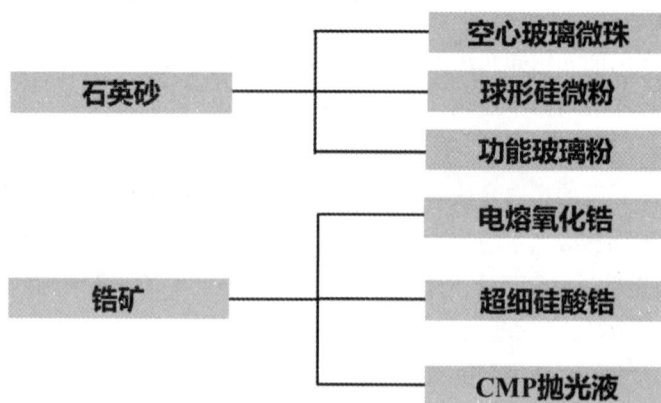

图9 应用材料产业链

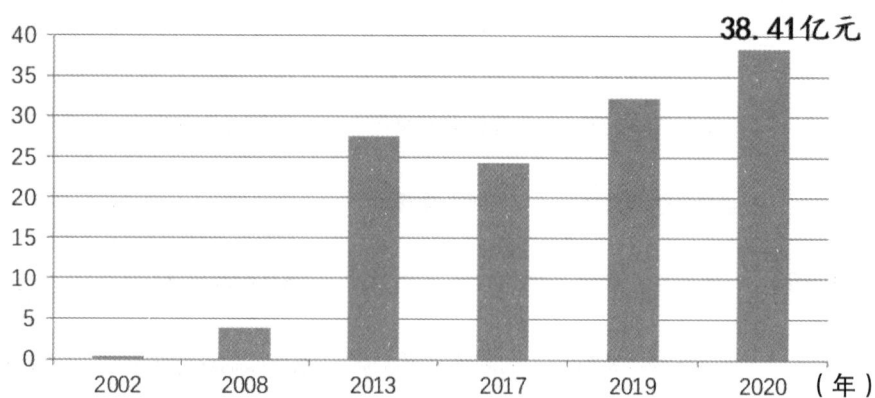

图10 蚌埠院合并营业收入增长表

成果创造人：彭寿、李志铭、陶立纲、夏宁、周鸣、官敏、

谢浏莎、钱学君、胡华波、王小飞、陶天训、余郦

海外电力投资企业构建复盘三体系促高质量发展路径

中国电建集团海外投资有限公司

中国电力建设集团有限公司（简称"中国电建"）是全球清洁低碳能源、水资源与环境建设等领域，全产业链集成的综合性建设投资集团，市场分布全球130多个国家和地区，是服务"一带一路"建设的龙头企业。中国电建集团海外投资有限公司（以下简称"电建海投"或"公司"）成立于2012年7月，是中国电建旗下专业从事海外投资业务市场开发、建设和运营的法人主体，是集团引领国际业务优先发展的重要平台与载体，截至2020年底，在老挝、柬埔寨、尼泊尔、巴基斯坦、孟加拉国、印尼、澳大利亚、波黑、刚果（金）、新加坡等国家，在中国香港地区拥有12个投产及在建项目，在建及运营电力项目总装机超过400万千瓦。

一、复盘三体系的创新背景

（一）应对国际形势，建设高质量海外投资平台的需要

当前新冠疫情蔓延，国际投资贸易格局深度调整，"一带一路"建设向纵深推进，海外电力投资由规模化向高质量转变，竞争日趋激烈，越来越多中国电力投资企业走出国门、融入世界，海外市场竞争日趋激烈。电建海投作为集团海外投资平台，面对新形势新要求，如何破解企业发展深层次矛盾和问题？如何探索海外投资规律？如何抓住重要战略机遇？成为建设海外投资高质量平台的问题。

在没有先例可借鉴的情况下，公司于2015年大力提倡复盘方法论，开展战略复盘、项目复盘、管理复盘，在实战中总结规律、积累经验、培育能力，通过复盘来自我学习，磨砺内功，价值创造，战略整合，不断打造海外投资升级版。

（二）坚持系统观念，提高核心竞争力的需要

习近平同志在党的十九届五中全会重要讲话中指出"系统观念"是具有基础性的思想和工作方法，全会首次将"坚持系统观念"作为"十四五"时期我国经济社会发展必须遵循的原则之一。系统观念就是把客观事物看作由各种要素基于一定关系组成的有机整体，立足整体视域把握事物发展规律、分析事物内在机理、处理事物发展矛盾。

企业核心竞争力是特有的、不易外泄的管理系统、目标和价值系统、结构系统、社会心理系统的有机结合。蕴藏在企业文化中，渗透在整个组织中，也是技术能力、组织能力和文化核心能力的有机组合，其规律客观存在，对于海外投资业务的开展具有普遍的支配作用。各国国情不同，电力发展阶段差异很大，具体项目情况更是千差万别，但都有基本规律可循，公司的海外电力投资业务从无到有，逐渐发展壮大，过程中积累了大量对投资规律的认识。

复盘就是一种系统的、有效的管理方法论，通过复盘总结海外电力投资的基本规律，并运用规律指导实践，从而避免被表象和无关要素影响判断，抓住关键成功要素，建设高质量、可持续、抗风险、价格合理、包容可及的投资项目提高企业核心竞争力。

（三）积累知识财富，提高企业可持续发展能力的需要

随着经济社会的大变革，世界经济正在由工业经济向知识经济和信息经济的转变，知识和代表实践中的经验教训开始成为企业最有价值的战略知识资产，如何更大限度地掌握、利用和创新知识成为衡量一个组织核心竞争力的关键，也是提高经营决策质量和管理效率的前提，知识是企业提高整体智商，提升竞争力的法宝。

知识分为显性知识和隐性知识，显性知识是规范的、系统的、可以形式化、制度化和用语言传递，易于沟通和分享；隐性知识是高度个性化，具有难于规范化、不易传递给他人的特点，但它是处理关键事物中最有价值的知识，与核心能力管理相关。复盘就是能将实践中的隐性知识显性化，提升知识的应用价值及创造能力。

二、复盘三体系的内涵及做法

内涵：坚持复盘理念，化理念为行动，辨识复盘价值，构建复盘三体系，即管理体系、方法体系和内容体系，将复盘方法论流程化、简单化、务实化，以组织的手段推进复盘、掌握复盘、开展复盘，形成"小事及时复盘、大事阶段性复盘、事后全面复盘"的工作习惯，通过复盘提炼海外投资经验，探索总结规律，反思不足，固化制度流程、操作指引、典型经验、案例范本，积累公司知识财富，持续提升管理绩效，把实践经验转化为生产力和竞争力。

主要做法如图1所示。

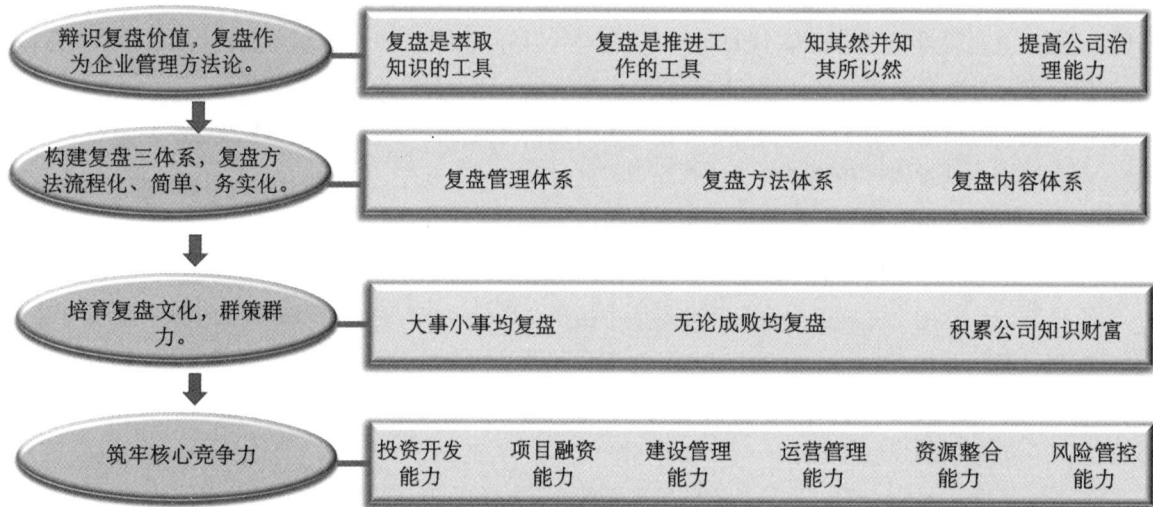

图1 复盘三体系模式

（一）辨识复盘价值，将复盘作为企业管理工具

在企业管理中，复盘本质是对实践的反思，"是将自己过去的思维和行为，经过结构化的回顾、反思、探究，将工作经验提炼、萃取，实现快速学习，优化弱项，强化强项，将失败转化为财富、成功转

化为能力的过程"

1.复盘是萃取知识，积累知识财富，提高公司治理能力的工具

从美国哲学家波兰尼、心理学家斯滕伯格尔、日本管理学家野中郁次研究的相关资料表明，显性知识和隐性知识共同构成了人类知识体系的"冰山"现象，20%是显性知识，80%是隐性知识，以经验教训、技能、阅历等隐藏在人的头脑中，广大员工通过实践造就了丰富的经验知识，都孤立地、零散地储备在头脑中，如不加以显性化、不被推广运用，均无价值。

通过复盘进行集体的结构化学习，相互激发，群策群力，贡献智慧，把隐形经验萃取提炼，固化为能够被认知的显性知识，避免离职、调动、淡忘导致经验损失，将复盘成果充实企业知识库，作为行动指南，推进工作，与时俱进不断复盘，持续更新和调整，夯实管理基础，提升管理水平，提高企业的治理能力。

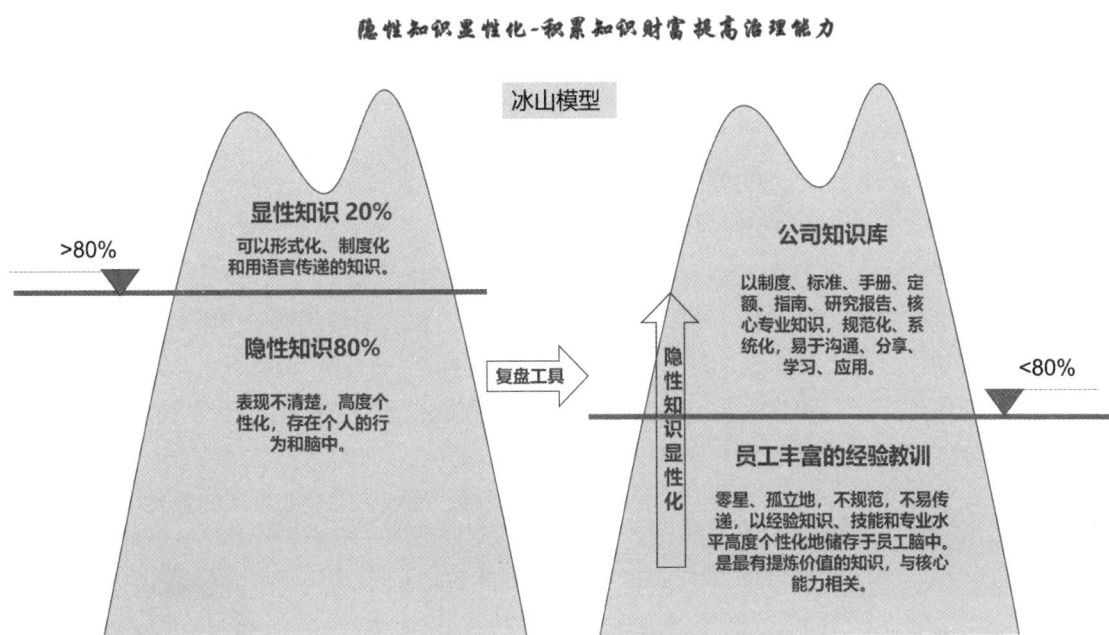

图2 复盘为积累知识财富的工具

2.复盘是推进工作，知其然并知其所以然的工具

PDCA戴明环（Plan，Do，Check、Action）被国内各大企业引入应用到各项管理活动中。将复盘嵌入PDCA戴明环，更有利于推进工作。阶段性工作或者重要环节结束后，及时复盘，检查实施效果，找出差异，成功纳入标准继续执行，不成功的进行反思，找出根因，制定纠偏计划，进行调整和优化，进入下一个循环，将工作落实推进到位。

多年来，公司在海外投资实践中摸爬滚打，无论成败均复盘，通过复盘弄清楚成功与失败靠的是事先的谋划还是运气？弄清楚成败的关键因素和规律，实现知其然知其所以然。摈弃偶然因素，寻求必然规律，固化值得坚持的做法，以期更大的成功。警示失败的教训，找出优化措施纠偏从而推进工作，避免犯重复性错误、少走弯路，失败变得有价值有意义。

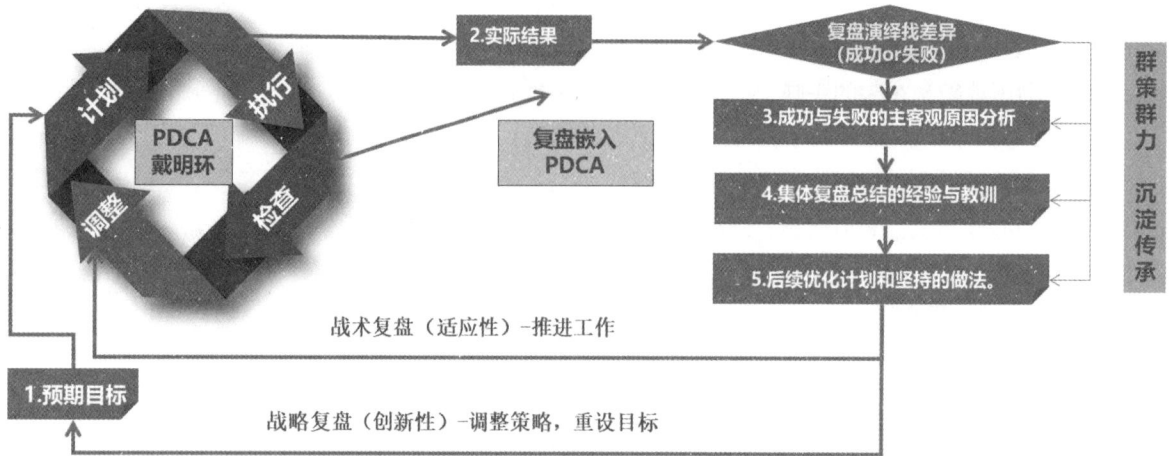

图3 复盘为推进工作的工具

（二）坚持管理创新，构建管理、方法、内容复盘三体系

1.落实五大坚持，打造学习型组织

公司以"五大坚持"管理理念为指引，坚持战略引领，坚持问题导向，坚持底线思维、坚持复盘理念，坚持管理创新，探索出融复盘、对标、创新为一体的"三融"管理创新工作体系，首先建立向自己学、向他人学、向过去学，向未来学的360度全方位的学习构架，打造学习型组织。其次，充分利用复盘、对标、管理创新三个既相互独立又相互关联方法论，复盘自我持续优化，实现管理提升；对标他人补齐短板，实现自我超越；健全管理创新机制，提高核心竞争力。殊途同归，通过分享、固化、警示等推广形式，制定独特的制度群，均产出有助提升管理的成果，形成推动企业发展的强劲动力。

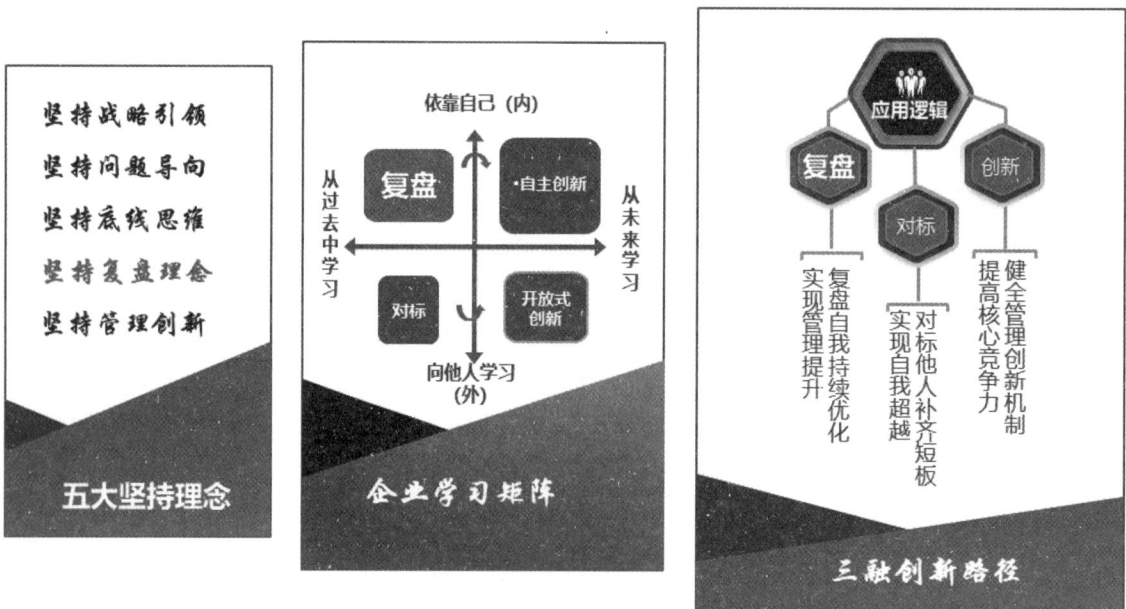

图4 企业学习型组织的打造

2.构建复盘三体系，健全复盘机制

创新复盘模式，探索管理系统化、流程规范化、过程开放化、结果价值化的复盘管理机制，制定有机构、有理念、有标准、有工具、有考核、有实践的复盘制度，最终建立一把手带头自上而下的复盘管理体系，融入先进管理工具和模型的复盘方法体系，围绕公司核心竞争力进行有效复盘的内容体系。

（三）坚持顶层设计，构建复盘管理体系，复盘理念流程化

管理体系也即通过细化复盘管理机制，本着价值性和系统思考的原则，构建职责与流程相结合的全过程管控体系，实现流程化。

首先围绕复盘价值性，从领导的支持度、员工参与的积极性、复盘的信心度、复盘频次、复盘的掌握度几个管理关键因素，进行系统思考，构建复盘管理体系。

其次进行立项、计划、实施、推广、提高质量的复盘全过程管理。领导小组统筹复盘，各主责部门适时复盘，归口管理部门实施全过程动态跟踪管理、引导、指导、督促工作，提高复盘质量和效果。

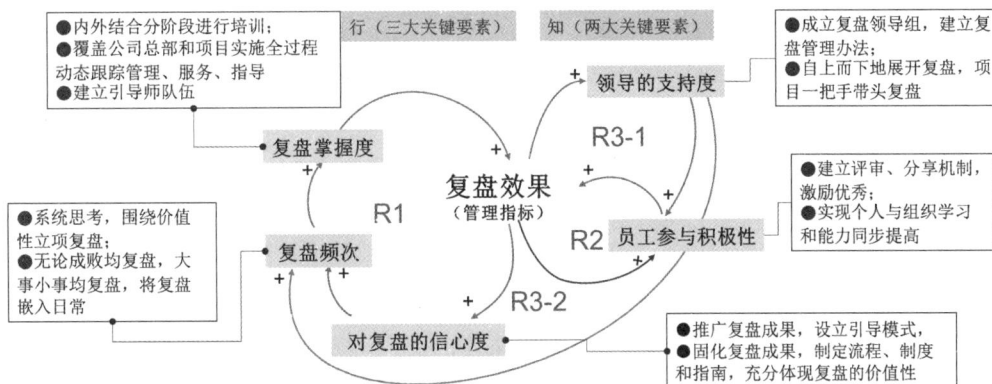

图5 复盘三体系之管理体系系统思考图

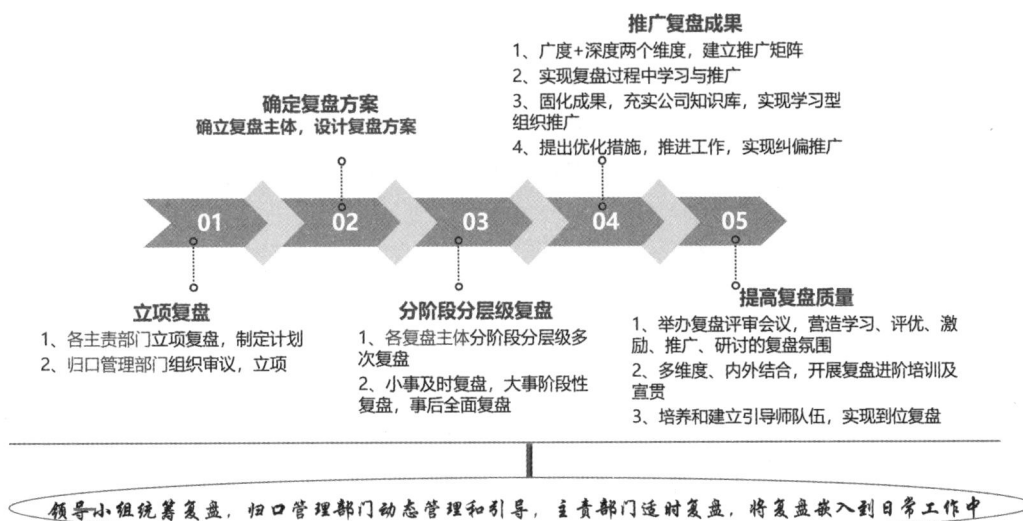

图6 复盘三体系之管理体系构建图

1.建立全过程复盘管理流程，落实复盘理念

立项复盘，确立复盘主体和复盘方案，以有效复盘和价值复盘为原则，分阶段分层级开展复盘，多维度进行复盘宣贯和培训，提高复盘能力，出具价值成果，建立激励机制，组织复盘案例评审与推广应用，不断地实践和沉淀，从而实现管理提升。

2.立项复盘议题，制定复盘方案

围绕战略和经营目标，以复盘价值性和实践性为标准，立项复盘议题，确定复盘计划，将复盘工作列入公司平衡计分卡任务，进行年终考核。制定复盘方案，确定内容、目标、主体（组成人员）、方式、进度计划等。

3.各复盘主体分阶段分层级复盘，推广复盘成果

复盘嵌入日常，针对公司业务范围广，海外投资项目周期长、主体多、时间长、工作任务重等特点，提倡多重迭代式的复盘形象，进行阶段分层级的复盘，项目一把手亲自参加、明确责任、积少成多，图难于易是项目复盘关键成功要素。最终实现在复盘过程中及时纠偏，制定改善措施，推进工作落实，沉淀知识进行传承，提升能力。

注重推广复盘成果，实现复盘的价值性。以业务培训、公司创新大会分享、复盘专题分享会、公司优秀复盘案例评审会集中汇报、印发手册、固化成制度等形式各样的手段将复盘成果进行过程推广，扩大范围推广等。

4.建立科学严谨的评审机制，推广复盘的价值性

建立评审激励机制，关注目标性、完整性、规范性、价值性制定严谨科学的复盘评审规则，举办公司优秀复盘案例评审会议，实行现场评审、现场公布、现场颁奖的方式。从总部到项目，从管理到业务，从领导到员工，群英荟萃，汇集在一起，通过集体汇报、现场评审、现场点评、集体学习、集体分享等方式，营造学习、评优、激励、推广、研讨的复盘氛围。

确定科学的评审标准，首创目标性、完整性、规范性、价值性四个评审指标。目标性标准要求目标清晰，符合SMZRT原则，达到预期目标，达成共识。完整性标准要求复盘底层逻辑清晰且科学系统，复盘四个步骤完整连续。规范性标准要求参与主体的合理性，有团队互动群策群力的过程，复盘工具运用合理，复盘方案可行，固化和推广成果，复盘报告符合规范。价值性标准要求复盘成果具有借鉴性和实践性。

建立公平合理的形审、初审和复审流程。归口管理部门进行形审，提出完善意见。各单位及分管领导组成初审专家组，确定复审入围名单。公司领导及高管组成复审专家组，召开公司复盘评审会，现场评审，通过集中汇报答辩形式确定等级。

5.多维度开展培训，提升复盘能力

外培内训相结合，多层级、多渠道、多维度开展复盘培训，全体员工掌握复盘工具，提高复盘频次，体现复盘的可推广和借鉴性，提高复盘的质量和成果的价值。

一是邀请知名专家邱昭良博士到公司开展进阶培训，集中培训植入理念，实战演练掌握方法，引导培训提升复盘效果。二是结合实际量身定制适用于初级、中级和高级阶段的复盘基本法，有针对性地在公司内部不间断滚动培训。三是深入到巴基斯坦卡西姆、尼泊尔上马相迪、老挝南欧江流域公司等海外项目，以启发的方式展开培训、引导。四是建立引导机制，培养并设立引导师队伍，增强团队互动和群策群力的过程，加大跨部门、跨单位的联合复盘，加强内外部协同推进。加大提炼萃取的深度，提升复盘能力。

（四）加强复盘价值性理念，创新复盘方法体系，复盘方法简单化

建立复盘方法体系，群策群力，以三阶段九步法的大流程统筹复盘，遵循复盘硬逻辑，以简易复盘四步走的小流程规范复盘，利用引导技术全程系统思考聚焦复盘，从浩瀚无边的管理工具选取有效复盘工具系统复盘，营造复盘核心软逻辑构建复盘文化，形成将经历转化为认识、认识转化为知识、知识转化为能力、能力转化为实践的提升路径。

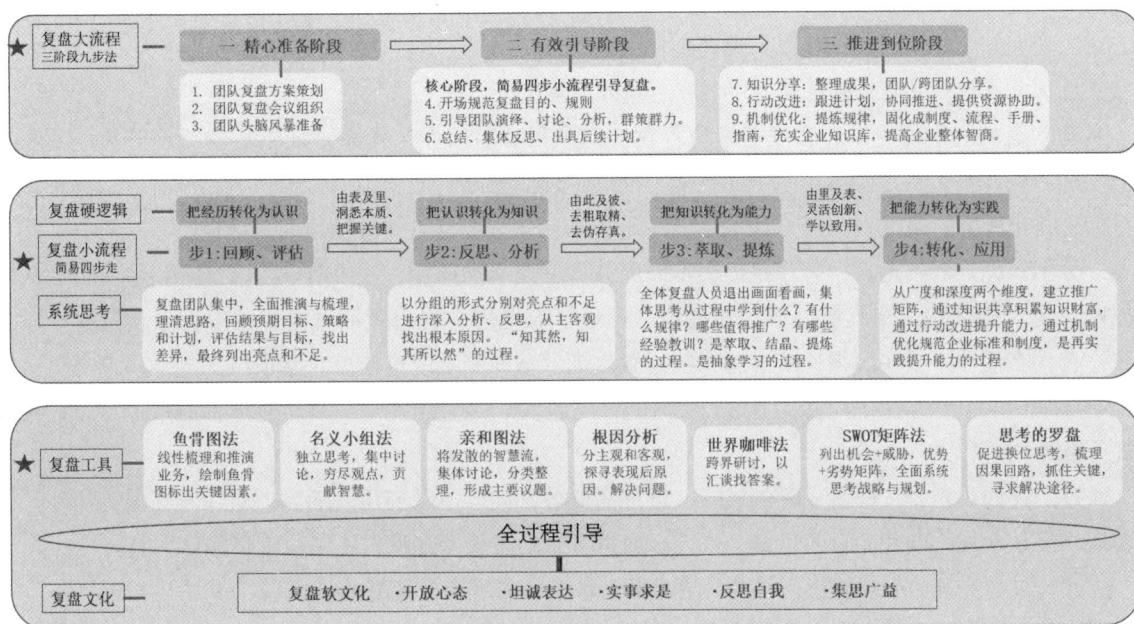

图7　复盘三体系之方法体系构建图

1.统筹复盘方案，构建复盘大流程，形成实践—复盘—实践管理提升路径

复盘主要以面对面、团队研讨、引导会议的方式进行，结合复盘机理和企业特质，提倡"三阶段九步法"。将实践通过演绎和梳理形成经验教训，将经验教训进行深度的反思和探究转化为达成共识的知识，将知识通过提炼和萃取，固化为规律和改进措施，形成理论指导意见和能力，通过推广和实践，再将理论转化为实践，周而复始，从而形成实践-复盘-实践的提升过程。

第一阶段是精心准备阶段，规划复盘方案。准备一为设计按照复盘的主题设定复盘议题，针对事件、工作、项目、战略等设计复盘方案，确定复盘目的、范围、人员和操作方式，选定复盘工具，开展个人复盘、团队复盘、项目复盘和经营战略复盘。准备二为复盘引导会议，设计会议引导方案，组织复盘引导会议确保复盘到位，保证复盘效果。准备三是做头脑风暴的准备，参会者会前思考准备，会议物料准备，会议的材料准备。

第二阶段为引导阶段，是核心阶段，提倡（30＋4＋4）的复盘引导会议，会前30分钟的复盘理念、手法和规则培训，4个小时集体回顾、演绎、业务梳理，4个小时集体评估、反思、总结等。开场领导讲话定基调，引导师讲解复盘目的、规则、程序和分工。强调复盘以学习分享和提炼推进为目的，过程要实事求是，对事不对人，不批评，不表扬，不自谦也不强调成绩，以开放的心态，聆听和探询，信任与支持，集思广益，群策群力。引导师保持中立主持会议，营造和护持良好的复盘场域，抓住关键充分利用引导技巧积极引导。参会者是复盘主力，需消除顾虑，抓紧时间多思考，贡献智慧。会议记录员全程

记录，及时留痕，抓住复盘最终成果与结论。此阶段抽丝剥茧的复盘引导，演绎、讨论、分析。最终现场提议应该固化的经验教训，值得坚持的做法，需警示的教训，下一步的改进计划和措施等。

第三阶段为推进到位阶段，复盘是以学习和推进工作为导向，将复盘的成果的落地实践，促进改进、创新和绩效，是复盘的最终目的，也是复盘的魅力所在。从广度（人员、团队、组织）和深度（知识共享、行动改进、机制优化）两个维度，建立复盘推广矩阵。一是知识共享，通过整理复盘结果，团队成员/跨团队分享及学习先进的经验，警示失败的教训。二是行动改进，跟进行动计划的实施，协调解决问题、提供资源协助，增加协同效益。三是机制优化，将固化的规律、制度、流程、手册、指南等，充实企业知识体系和制度体系，提高企业整体智商。

2.遵循复盘底层逻辑，规范复盘小流程，高效复盘

遵循复盘的底层硬逻辑，实现逻辑流程化，对项目和阶段性工作系统地不可跳跃地开展小流程复盘。一是回顾评估，复盘团队集中全面推演与梳理，理清思路，回顾预期目标、策略和计划，评估结果与目标，找出差异，最终列出亮点和不足。二是集体反思分析，将绩效和预期目标进行系统分析，找出差异，分别对亮点和不足从主客观找出根本原因并深度反思和探究，找出有学习意义和借鉴价值的战略或战术，是"知其然，知其所以然"的过程。三是萃取提炼，退出画面看画，集中思考从过程中学到什么？有什么规律？哪些值得推广？有哪些经验教训？从而制定改进措施，萃取结晶规律。四是转化应用，通过知识共享积累知识财富，通过行动改进提升能力，通过机制优化规范企业标准和制度，是再实践提升能力的过程。

通过上述四步走，"横看成岭侧成峰，远近高低各不同。不识庐山真面目，只缘身在此山中"。真正实现将复杂多样、杂乱无章的思维，进行全面思考、动态思考和深入思考，汇集集体智慧。

3.广泛汲取先进的管理模型，将其转变为复盘工具，实现高质量复盘

围绕复盘硬逻辑和软文化，聚焦业务梳理、系统思考、引导、头脑风暴等管理模型，将其转化为复盘工具，使复盘具有可操作性，复盘成果更具有价值性和实践性。公司共采用近20种复盘工具，并把其写入复盘指导意见中，用于规范公司的复盘。

使用频率比较高的几种方法，均达到预期目的，屡试不爽。公司投资开发板块常利用鱼骨图和清单列表法梳理海外投资项目的开发流程，演绎开发过程，从而固化各国别的项目开发关键节点；公司内部引导师常采用亲和图法，将集体发散的、大量的智慧流，分类整理，使得杂乱的思维流整理得更加有序，产出关键的议题。公司大型的跨部门跨板块的会议常用名义小组法和世界咖啡法，董事长总经理和公司各级员工共处一室，相互碰撞，激发出创新思维，首先利用名义小组法也称"团体列名法"，通过群策群力，实现结构化的头脑风暴，避免个别人控制会议。其次利用世界咖啡法通过集思广益，实现以会谈找答案的头脑风暴，汇集收集到不同的声音，有效达成共识，确保会议卓有成效。公司市场开发研讨会和国别市场研究，常利用SWOT矩阵法，列出机会＋威胁，优势＋劣势矩阵，将似乎独立的因素相互匹配综合分析，最终制定兼顾正面与负面的全貌图，得出积极的、重视发展、探索可能性的分析结果。公司项目建设和运营板块常用思考的罗盘进行系统思考，主要是把与一个问题相关的所有主要利益相关者都列出来，促进大家"换位思考"，并看到各种因果关系之间的相互关联，梳理出因果回路，以此作为辅助，找出问题的关键与根本原因，有利于问题的解决。公司各职能管理板块常用因果回路图进行系统思考，许多问题都是由多方面原因相互作用而形成，这些原因不是孤立的，而是有着许多复杂而微妙的相互影响，有因果互动，此时，鱼骨图、亲和图、脑图等线性思维存在一定的局限性，可用此

法，把握关键，用因果关系链的形式来描述系统的结构，表述系统的动态关系，看清系统一些关键要素及其连接，从而构建职能与流程紧密结合的制度和管理体系。

4.复盘底层逻辑和软文化相结合，从内心功法制定复盘规则，培育复盘文化

硬逻辑流程化是有效复盘的保证，软文化是高质量复盘的保证，如何激发群策群力，公司从内心功法制定复盘规则，营造适宜的复盘环境，一是基于人具备合作共事的能力，在合作中会变的富有创意和洞察力；二是基于人都需要不同角度、不同声音和不同心境的各种观点；三是热情邀请和仔细聆听，尊重每个人，足以擦出绝妙的点子，催生出集体见解，碰撞出创新思维，才能做决策。四是正能量能激发参与者打破中规中矩、充满能量、兴趣盎然、参与会谈，即使面对的是比较严肃的话题，也能积极贡献自己的观点，不再因为怕受到批评而显得无聊和无趣。复盘全程人人开放心态、坦承表达、忠于事实、反思自我、集思广益，全员群策群力、不表扬不批判、不怕揭伤疤，抓住关键环节及时决策纠偏。通过大量的复盘实践，久久为功，积沙成塔，培育良好的复盘文化氛围，丰富公司企业文化的内涵。

西班牙某开发项目复盘引导会议
-世界咖啡法&亲和图法-

优秀复盘案例分享会
-推广复盘案例-

巴基斯坦某项目运营期复盘引导会
-名义小组法&鱼骨图梳理业务-

公司8各部门跨团队业务系统复盘会议
-名义小组法&根因分析-

年度复盘会议
-领导带队参与-

年度优秀复盘案例评审会议
-答辩汇报-

图8 公司复盘过程场景图

（五）构建复盘内容体系，提升核心竞争能力，复盘内容务实化

建立复盘内容体系。公司各层级围绕核心复盘，纳众言、聚众智，开展战略复盘、管理复盘、6655要素复盘，以复盘促进核心竞争力即投资开发、项目融资、建设管理、运营管理、资源整合、风险管控的提升，以支撑发展目标的是吸纳和发展战略的落地。

1.坚持战略引领，进行独特的经营战略复盘

各层级定期召开公司战略务虚会、专项战略研讨会、部门务虚会等，促进战略协同，找准工作目标和方向，明确组织和职责边界，确保公司战略强有力落地实施。一是每年召开公司战略务虚会，公司领导班子、高管、各部门主要负责人参加会议，直面公司发展的问题和主要矛盾，研究公司面临形势

任务，总结工作亮点和不足，全面谋划公司战略发展，部署来年重点工作，为全面落地实施公司战略提供标航。二是适时开展新能源、风险管控、储能等专项战略务虚会。新能源战略研讨会，公司领导、各投资业务部门和部分项目公司领导参会，超前研判谋划公司新能源业务的发展方向和发展路径，在调整中推动战略执行。围绕公司新能源业务发展方向、发展模式、发展路径，结合海投业务实际进行深入思考，充分交流对新能源业务的认识理解，提出发展的意见建议，汇集形成行动纲领，进一步明确了公司新能源发展战略和发展路径，为下阶段新能源业务投资开发指明了方向。三是公司18个部门、16个实体子公司每年度均结合生产经营与企业管理实际，召开了各单位的战略研讨会，传达学习公司形势与战略研讨会精神，找准工作的目标和方向，结合公司与部门工作实际，制定出切实可行的工作计划，并将工作责任落实到人，分工细致明确，确保工作开展更加清晰顺畅。

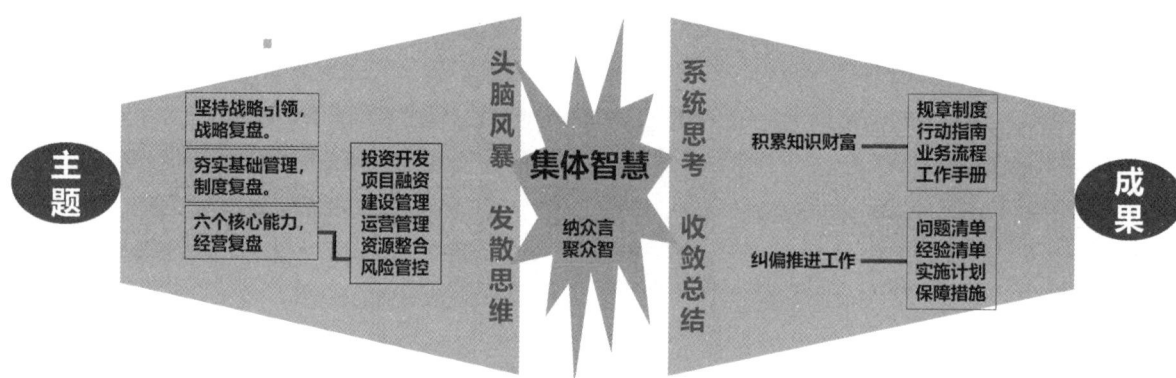

图9 复盘三体系之内容体系构建图

2.坚持管理复盘，夯实管理基础

一是开展年度战略落地实施复盘，提升企业管理质量与效率。公司坚持战略引领，全方位落实以平衡计分卡为核心的绩效考核体系，每年开展平衡计分卡复盘，不断地优化考核指标，改进考核流程，完善考核目标，修订平衡计分卡考核制度，最终实现更有效地落地实施公司战略目标。

二是开展企业管理制度复盘，构建海投公司制度体系，夯实管理基础，以制度为抓手，加强管控能力，规范制度流程，提升制度信息化水平，每年初公司各部门对各项现行制度进行全面复盘，梳理制度的制定及执行情况，通过管理复盘精确找出管理问题和难点所在，22个板块共400多项规章制度具备可行性、严谨性、权威性、稳定性。

三是开展职能管理专项复盘，包括行政办公管理、人资源管理、技术管理、财务资金管理、法律风控管理、机电物资管理、项目归口管理等总部管理复盘，以复盘规范流程、完善制度，为后续工作提供支持保障。技术管理部和办公室，对南俄5项目竣工验收及档案管理进行全面复盘，制定《竣工档案专项验收指南》《海外项目竣工验收指南》；机电物资部对南欧江一期项目物资采购运输进行复盘，固化《设备物资采购运输流程图》，完善《部门制度清单》；财务部、企业发展部跨部门组织产权管理复盘、竞争资讯系统开发与应用复盘，固化了《产权结构图、管理业务流程和系统流程》，完善了《竞争资讯系统管理制度》；安全环保部汛前安全生产检查事后即时复盘，梳理出《汛前安全生产综合检查履职清单》，这些复盘有效推动了公司管理提升。

◆开展制度复盘，梳理制度

◆开展管理复盘，总结规律，固化制度、流程和规范，并持续更新和优化

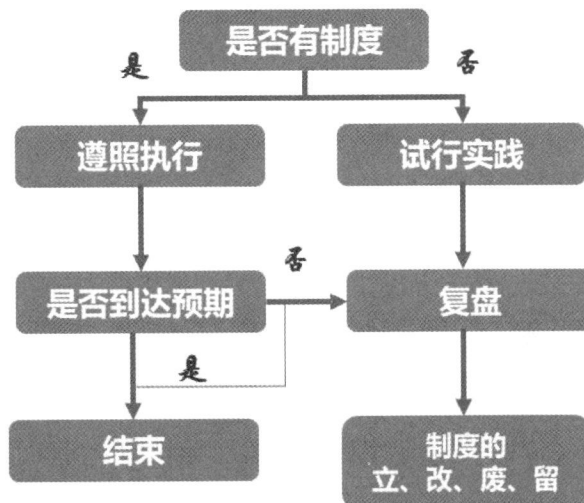

图10 基础管理复盘案例——制度立改废留复盘示意图

3.围绕核心竞争力，对海外全生命周期进行阶段复盘，寻求海外投资规律

围绕6655要素管理模式，对海外电力投资项目全生命周期的开发、融资、建设和运营等阶段进行全面的复盘，着力建设六种核心能力体系，以支撑发展目标的实践和发展战略的落地。

项目开发阶段。"千帆竞发 百舸争流"，投资开发团队跟踪和推进项目无数，无论项目是否成功落地，事中事后都由各级领导亲自带领市场开发、融资、法律风险等成员组成的开发团队开展复盘，对老挝巴莱、南欧江二期、澳大利亚牧牛山、惠灵顿、巴基斯坦卡西姆等20多个海外项目投资开发复盘，围绕项目开发的技术可行、电力消纳有效、土地可行合法、环评获批、投资回报合理、投资协议可控等6大要素进行复盘，找准关键和投资规律，固化海外投资项目开发流程、海外项目开发风险管控手册、各当地国国别市场研究报告、各海外市场开发工作手册、电力投资项目开发流程鱼骨图、出版发行书籍《"一带一路"倡议下的境外投资开发实务》等一系列的成果，为后续"一带一路"建设和发达国家的电力项目的投资开发提供借鉴和指导，整体提升投资开发能力、风险管控能力。

项目融资阶段。"兵马动粮草行"，公司融资团队在落地项目融资关键环节和融资关闭时均及时复盘，资金版块、投资版块、法律风险版块、各项目公司和各相关单位深度参与，围绕投融资构架合理、保险条件可行、土地用地合法、融资成本较低、融资风险可控、融资协议合理等6大要素进行复盘，过程中跨团队集体学习形成合力，固化融资协议谈判指南、项目公司治理机制梳理指南、项目融资协议执行指南、项目融资招标工作模板、各项目融资工作手册等10多项重要工作指引，充分体现复盘与创新相互促进的过程，同时提升项目融资能力。

项目建设阶段。"能谋善断、能征惯战"，公司项目建设团队，针对建设阶段参与建设主体多、时间紧、任务重等特点，采取分阶段、分层级的复盘方式，在项目建设里程碑节点、关键环节、重大单位及单体项目完毕、重大事项等进行项目公司的团队复盘，公司总部联合各项目公司和合作单位的跨团队复盘的方式，围绕项目进度、项目质量、项目安全、项目建设成本、项目环保责任等5大建设要素，进

行现场复盘、异地联合复盘，形成"四位一体"管控模式、各项目建设管理手册、海外投资项目建设设备物资采购运输流程、建设期各施工主体施工复盘报告、完工竣工验收手册等40多个成果，各项目相互借鉴学习，以规范和标准生产促高效建设管理，提高资源整合能力。

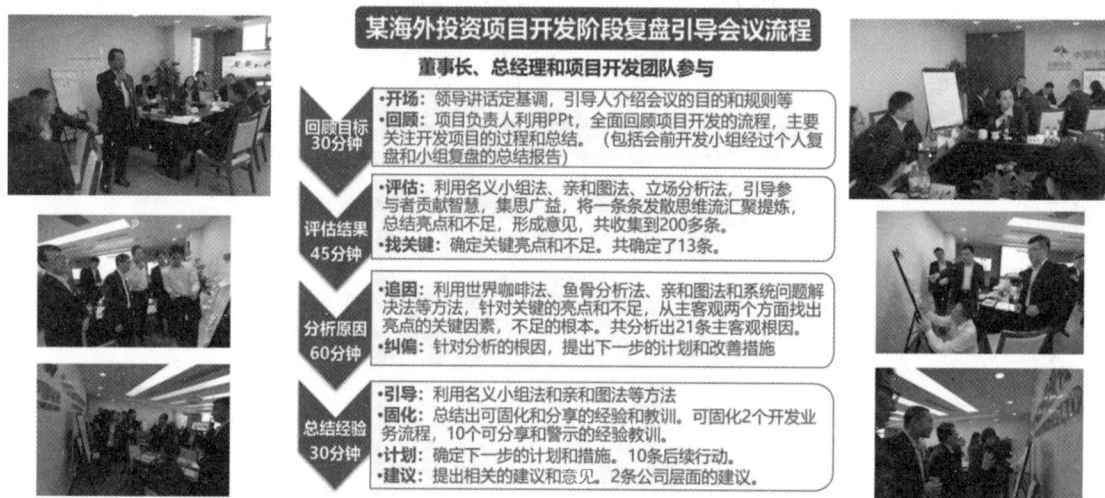

图11 遵循底层逻辑小流程复盘案例——XXX海外投资项目开发阶段复盘

项目运营阶段，"静心沉潜 精益精细"的运营团队，针对运营阶段运维时间长达20~30年、生产经营和营销任务重、常常出现孤岛现象等特点，采取专项工作复盘、年度复盘、美军现场ARR复盘推进工作等形式，由项目公司团队、公司总部联合各项目公司和合作单位，以现场复盘、异地联合的方式进行生产经营复盘，围绕确保上网电量、确保电费回收、确保安全生产、确保投资效益、确保社会责任等5大要素对生产筹备、生产经营、投资管控、运营维护、电力营销等进行复盘，形成"两位一体"管控模式、各项目主协议执行指导手册、各项目电力生产筹备工作手册、各项目电力营销手册、专项技改复盘报告等30多项成果，指导项目持续完善和实践促进生产经营，以规范和标准生产促高效管理，有效推动项目精益化、精细化管理，运营管理能力得到提高。

复盘三体系的实践，促进公司在战略管理、市场开发、项目建设、运营管理、设备物资、财务资金、信息化、安全管理、综合管理等业务板块提高管控能力，降低投资建设成本，主要经济指标连续8年实现两位数以上增长，为拥有70多个子企业的电建集团利润贡献超过10%。复盘体系的正常运转，夯实了电建海投公司可持续高质量发展的基础。

三、复盘三体系的实施效果

（一）公司经济效益显著，企业业绩持续提升

（二）公司管理效率和管理提升效果明显

坚持复盘理念深入人心，复盘已内化为海投员工的日常工作习惯、工作意识、工作思想，成为公司管理模式的重要标杆和企业文化的重要内容。公司共进行了100多项复盘，均提炼成为具有价值性的复盘报告推进固化形成制度流程、操作手册、工作指引、任务清单，提炼200多份创新成果，其中100多项管理创新成果获省部级及以上奖项，200多篇理论研究和实践经验文章在国家级杂志刊载交流。均构成公司宝贵的知识财富。

准备阶段三部曲

《巴基斯坦XXX项目运营阶段复盘-2019年度》

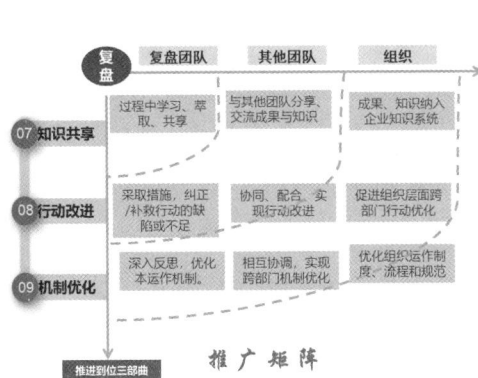

01 会议方案设计
- **主题**：卡西姆项目运营阶段复盘-2019年度
- **目的**：梳理业务、提亮点和不足、成败根因分析、确定行动计划和措施、分享经验教训、总结规律以固化流程、完善复盘报告。
- **参会人**：项目公司分管领导、项目公司全体人员、XX能源公司、XX港航公司共50多人。

02 会议组织
- **时间**：2019年12月17日早8:30-20:00
- **地点**：XXX
- **议程**：详见议程表
- **形式**：分组、研讨式会议

03 提前准备
- 项目公司承办并准备会场，企业发展部引导及指导复盘，参会人员分组。
- 项目组成员会前进行个人复盘，重点关注工作回顾和业务梳理，对项目有了很深的思考和认识！已经提前准备资料，在会议过程中贡献智慧！
- 参会人员熟悉项目。
- 列出输出物清单，准备会议材料和物料。

会前准备阶段输出物清单

资料1：会议通知

注意：分组必要，不随意　**资料2：参会人员名单及分组清单**

资料3：会议议程

注意：营造适宜氛围　**资料4：会场要求（会场布置、物料准备）**

注意：引导结构化地思考是关键　**资料5：参会人员会前头脑风暴备事项**

资料6：复盘会议引导方案PPT（引导人）

资料7：复盘项目PPT30分钟版（概况、回顾、总结、经验和教训分享等）-项目负责人

资料8：准备复盘过程互动表格有：复盘布画、记录表、引导表、问卷表等

其他相关资料......

有效引导三步曲

《巴基斯坦XXX项目运营阶段复盘-2019年度》

04 开场：定基调、定规则

05 结构化引导：群策群力（小流程）

06 结束：总结、达成共识

12月3日召开总体复盘引导会，分两个阶段进行：
1. 上午240分钟：
- 分煤炭采购和港航公司组成的煤炭原材料供应组、甘肃能源公司组成的运维组、生产和安全环保部组成的生产管理组、伊堡办和财务部的组成的商务经济组、综合和企业文化部组成的软实力文化组等5个业务组。
- 以"电量、电费、安全、效益、责任"五大要素为梳理节点（鱼骨），工作内容为鱼刺，绘出6个鱼骨业务流程图，5个板块小鱼骨图和1个公司大鱼骨图，清晰地展示项目运营关键节点和业务流程，体现了项目公司坚持战略引领，系统地推进生产经营的先进经验。
2. 下午240分钟：
- 跨界4个组进行系统思考，采用名义小组法、世界咖啡法等，聚焦主题，评估结果提取亮点和不足，根因分析、反思探究、总结提炼、知识积累和行动改进。

🕐 **上午240分钟** 💼 **下午240分钟**

推进到位三步曲

巴基斯坦XXX项目运营阶段复盘-2019年度

复盘	复盘团队	其他团队	组织
07 知识共享	过程中学习、萃取、共享	与其他团队分享、交流成果与知识	成果、知识纳入企业知识系统
08 行动改进	采取措施，纠正/补救行动的缺陷或不足	协同、配合、实现行动改进	促进组织层面跨部门行动优化
09 机制优化	深入反思、优化本运作机制。	相互协调，实现跨部门机制优化	优化组织运作制度、流程和规范

推进到位三部曲　推广矩阵

做法引导 ⇒ 过程中推广 / 扩展推广

1. 复盘过程中实现整个项目公司共同学习的过程；
2. 整理复盘结果，撰写复盘报告，分享成果，固化制度、流程，进入公司知识资产库，与孟加拉XX项目、印尼XXX项目等燃煤电站项目公司分享成果。
3. 通过培训、业务研讨、分享会等形式，在公司内推广复盘成果。
4. 参与总公司优秀复盘案例评选，集体汇报和推广复盘成果。
5. 制定改进措施和下一步行动计划，推动项目运营有序进展。
6. 跟进行动计划的实施，协调解决问题、提供资源协助
7. 总公司企业发展部定期公布复盘成果清单，有利于公司各层级及时检索。

图12　三阶段九步法复盘案例——巴基斯坦XX项目运营阶段复盘

公司管理成效突出，连续5年在集团子企业管理评价考核中名列前茅。战略、风险和信息化等3个重点管理领域，被推选为集团系统内标杆企业。近期，电建海投公司被评为国务院国资委管理标杆企业。

（三）公司业务布局不断拓展，提升国际竞争力，企业实现快速可持续发展

公司抢抓"一带一路"发展机遇，坚持新老国别并举，持续深耕老挝、柬埔寨等传统市场的同时，成功开辟了印尼、澳大利亚、孟加拉国、缅甸等新兴市场，成功进军发达国家高端电力市场。坚持水火风光并进，建设了卡西姆、南欧江等一大批国际影响大、产业带动强的标杆项目。

科学谋划海外投资战略蓝图，深化国别市场研究，市场布局不断扩大，打造多层次、多元化的市场开发网络，水火风光并进，实现九发电、两投产、多转让、多发债、多个项目竞标与储备。

人民日报、央视和澳大利亚等当地国的国家级媒体330余次聚焦卡西姆、牧牛山、南欧江等标杆项目进行大力的宣传报道，建立了良好的海外形象。坚持复盘成为企业提高核心竞争力、市场竞争能力的有力保障。

四、复盘管理的启示与建议

一是坚持战略引领，围绕企业的核心竞争力和生产经营开展复盘，坚持以解决问题，警示教训和优化推进工作为出发点，以总结提炼成功经验、探索规律性为着重点，实现复盘的价值性，充实公司的知识战略资产。

二是坚持上下联动，建立一把手带头的自上而下的复盘机制，充分激发基层一线的活力，挖掘基层的潜力、智慧和经验，树立创新思维，建立融复盘、对标和创新为一体的全方位的管理创新体系，复盘自我，对标他人，复盘和对标过程中不断创新，实现360度全方位管理提升。

三是坚持系统观念，将复盘作为"中国管理学"进行潜心研究，以国内管理名家邱昭良博士的复盘逻辑和知识萃取术为主线，辅以美国和日本等名家的引导技术、系统思考、头脑风暴等管理工具，聚合创新出具有可大范围推广、可借鉴复制、可产生较大价值性的电建海投复盘模式。

成果创造人：盛玉明、杜春国、高超、袁泉、杨玲、

齐晓凡、石雪杰、于波、费一鸣、潘姝月

特大型传统水泥制造企业集团的"优化升级"

南方水泥有限公司

南方水泥有限公司（以下称"南方水泥"）是世界五百强中央企业中国建材集团有限公司（下称中国建材）水泥业务板块的核心企业之一，2007年9月26日在上海浦东挂牌成立。自成立以来，南方水泥从零起步，稳步推动"联合重组、管理整合、优化升级"，取得了跨越式成长。截至2020年年底，公司下辖生产企业227家，员工2.3万人，拥有总资产近1000亿元，水泥产能1.4亿吨，商品混凝土（以下称"商混"）产能1.4亿方，骨料产能3500万吨，规模位居全国前列，市场范围覆盖浙江、上海、江苏、安徽、湖南、江西、福建、广西壮族自治区等省（市）。

习近平同志曾在南方水泥成立之初发来贺信，寄语南方水泥"早日实现战略整合的既定目标，为国有企业的改革发展不断探索新路，为促进区域合作、联动发展作出更大贡献"。南方水泥通过14年发展基本实现了这一构想。截至2020年年底，公司累计实现利润总额570亿元、社会贡献总额1508亿元，特别是"十三五"期间，公司围绕"集约化、绿色化、高端化、智能化"，成功探索产能过剩传统水泥制造业的优化升级新路，推动行业高质量发展。

一、特大型传统水泥制造企业集团"优化升级"实施背景

（一）化解水泥行业产能过剩矛盾，改善供给端生态的需要

我国是水泥生产和消费大国，产量占比接近全球60%，但供需不匹配、产能全局性过剩。尽管在2007年后行业内大企业大规模实施联合重组，优化行业组织结构，推动产能集中度从15%跃升至2020年的64%，但产能严重过剩矛盾未从根本上得到有效解决，行业产能利用率长期低于70%。

供大于求的市场环境下，水泥行业产品价格较大幅度偏离价值，东北三省、贵州省等区域市场常年深陷低价恶性竞争泥潭，企业大面积亏损，其他地区相较发达国家成熟市场价格也处于低位。要推动行业破解产能过剩困局，必须坚持限制新建项目、削减存量产能、有效控制产量，改善供给端生态，但这种促进行业健康发展的减量化思维，与企业追求做大做强的天然主观意愿相悖，在没有相关政策推动的情况下较难实施。如何以企业自发的力量改变市场环境，扭转产能过剩、低价竞争的局面，在合理价格水平上取得较好效益，成为亟待解决的问题。

（二）破解全产业链布局不合理困局，提升资源利用效率的需要

水泥产业链上游是石灰石等原材料，中游是熟料和水泥产品，下游是商混，其中还包括了骨料（商混重要原材料）和物流、环保业务。考虑到水泥产品的同质化和区域化两大特性，近资源端合理布局和产业链协同效应显得尤为重要。

过去十几年内，水泥企业一部分侧重于大力投资新建项目扩张产能、另一部分侧重于快速收购提升规模，主要追求粗放式增长，在产业布局优化和上下游联动发展等方面大手笔较少。南方水泥在5年左右时间成功联合重组东南经济区380余家企业，迅速成为产能规模破亿吨、位居行业前列的特大型水泥集团。但联合重组进入的绝大多数企业先天不足，单体规模偏小，上下游和资源端空间布局缺乏系统规划、较为分散，产业链没有有效联动。如何实现片区优化布局、上下游协同发展，全面提升资源利用率，是对南方水泥未来整合发展的一大考验。

（三）贯彻落实国家"双碳"目标，实现绿色发展的需要

党的十八大以来，国家提出加强生态文明建设的总体要求和供给侧结构性改革的政策指引。2021年的政府工作报告特别指出要扎实做好碳达峰、碳中和各项工作，并制定2030年前碳排放达峰行动方案，要求加快转变发展方式，持续推动绿色发展，大力发展节能环保产业和循环经济，倡导绿色低碳消费。

水泥行业为高能耗行业，也消耗一定的矿产资源，石灰石获取方式直接影响地质生态环境，生产环节中的烟灰、粉尘、二氧化硫及氮氧化物的排放量位居全国工业部门前列，且物流配送对公路运输造成很大压力。目前水泥行业已是国家从绿色环保、节能减排等领域重点关注和限制发展的行业，能源双控、停产整治甚至永久关停的案例屡见不鲜。综上所述，南方水泥面临着如何提高资源利用效率、实现绿色发展的挑战。

（四）探索传统制造工艺数字化路径，实现智能化发展的需要

与发达国家相比，国内水泥行业智能化程度不高，缺少信息化、数字化手段的集成运用，水泥劳动生产率不高、产品稳定性也有待提高。同时，目前国内大型水泥企业普遍面临着劳动力成本高居不下且逐年上升、技术型工人储备不足等一系列问题。

党的十九大报告明确提出"贯彻新发展理念，建设现代化经济体系"，加大技术创新力度，实现产业链从低端向高端发展，技术水平从中高端向高端迈进。《中国制造2025》指出要推进信息化和工业化深度融合，以智能制造为突破口，加快信息技术与制造技术、产品、装备融合创新，推广智能工厂和智能制造模式，全面提升企业研发、生产、管理和服务的智能化水平。南方水泥重组整合的380多家企业，初期普遍进入生产装备基础薄弱、数字化程度较低，智能化更是无从谈起，如何探索传统制造工艺数字化路径、实现智能化发展迫在眉睫。

二、特大型传统水泥制造企业集团"优化升级"的内涵和做法

水泥作为一种诞生近200年的基础材料，在漫长的发展阶段中生产工艺不断更新迭代，但未曾出现颠覆性创新。在南方水泥看来，在当前阶段要实现水泥传统制造企业的高质量发展，依然应在维持行业基本生产组织形式和运行模式的前提下进行持续优化改进提升。这种方式不同于既有的转型升级，而是一种"优化升级"新理念——在不进行颠覆性创新的前提下，持续优化产业布局、整合存量资源、改进工艺装备、实施节能减排、改善经营理念、提升管理水平、走"集约化、绿色化、高端化、智能化"路线，全面提升企业在市场、资源、装备、物流、人才、管理方面的综合竞争力。

南方水泥的优化升级经过长期的经营管理实践，形成了"三优化"（优化行业供需环境、优化企业经营模式、优化企业管理模式）和"三升级"（升级和谐治理能力、升级数字智能水平、升级行业发展理念）六方面做法，有效提升了南方水泥的综合竞争力和可持续盈利能力。

（一）通过产能减量置换，优化行业供需环境

从市场经济学角度出发，解决水泥行业产能过剩和无序竞争问题要靠市场供求机制发挥调节作用。当前，水泥市场整体需求处于平台期，有效减少市场供给（去产能、减产量）成为利用市场化、法治化手段推动水泥行业供给侧结构性改革、化解过剩产能并提升行业整体利润水平的有效手段。而南方水泥实现这一路径的方式是"产能减量置换"——自发淘汰落后产能和抵制新建项目，在局部区域市场减少供给、缓解供大于求的矛盾，推动行业价值理性回归。

多年来，南方水泥在中国建材的带领下，积极向政府部门建言献策，推动《水泥玻璃行业产能置换实施办法》（工信部原〔2017〕337号）和《水泥玻璃行业产能置换实施办法》（工信部原〔2021〕80号）等政策的出台，特别是2017年以来，新旧水泥熟料产能的置换比例从无明确限制条件增长为1.5:1至2:1。这一系列工作为水泥行业供给侧结构性改革奠定了政策基础。

在国家产业政策指引下。南方水泥实施了一批减量置换项目，在浙江、安徽、江苏等区域大幅削减水泥产能总量。如在浙江湖州地区，关停5条水泥熟料生产线合计18000t/d产能，以2.4:1的比例集中建设一条7500t/d水泥熟料生产线（湖州槐坎南方水泥有限公司3线），仅此一项即减少熟料年产能300万吨以上。同时推行大小窑对接，利用自身规模大、装备好的生产线的成本优势，协商将低成本熟料以略低于对方生产成本价的形式供给市场范围内的中小型生产线，促使其阶段性甚至永久性关停水泥窑只开启水泥磨，由此减少市场区域内熟料总产能。自2017年以来，南方水泥通过自主关停、大小窑对接和减量优化减少所在区域的熟料产能3271万吨/年，由此长三角熟料地区也成为全国唯一实现去产能目标的地区。南方水泥发挥央企引领作用，牵头落实国家产业政策，以大量实际行动减少产能，实现了区域市场供需环境的优化。

（二）通过产业链整合和布局调整，优化企业经营模式

传统水泥企业绝大部分聚焦水泥的生产制造和销售环节，鲜有大规模延伸水泥全产业链。南方水泥总结水泥重组经验，自2013年起在浙江杭州、湖州、嘉兴，江西南昌、九江，湖南长沙、常德等城市及周边地区围绕现有水泥企业有序重组整合商混企业，形成世界最大的1.4亿方产能；自2019年起进军骨料行业，以资源和市场为导向布局10个大型骨料基地；积极获取矿权，实现企业石灰石资源配套，平均服务年限超过20年；在核心市场布局并持续打造水运、公路运输、铁路运输、传送带运输网络。这一系列工作将版图扩张到矿山、水泥、商混、骨料、物流等水泥全产业链企业，在组织形式上率先成为行业特例。近年来，南方水泥又以产能减量优化为契机，充分整合和集中存量资源，创新水泥业务单一经营模式实施"水泥＋"战略，推进水泥全产业链联动协同发展。在此过程中，南方水泥将原有的企业系统规划、重新洗牌，在政府的支持下原地优化改造或就近搬迁合并。截至2020年年底，公司累计投资225.3亿元建设18个水泥重点优化升级项目，重点打造了一批矿山、熟料、水泥、商混、协同处置、皮带输送、物流码头一体化的全产业链环保建材产业园，大幅降低运营成本和环保压力，提升企业综合竞争力，改变了传统水泥企业的固有业态。

如在浙江湖州、安徽广德、江苏宜兴三省交汇处减量置换建成湖州槐坎南方水泥有限公司3线，并斥资9亿元将周围南方水泥其他8家所属企业通过世界最长（37.5km）全封闭"全电物流"输送带串联，上下整合矿山、熟料、水泥、商混及物流码头等业务，年运输熟料1800万吨，打造了具备规模、资源、装备、物流及市场优势的水泥全产业链企业集群。在皮带廊末端，南方水泥又在地方政府的支持下，全面关停淘汰长湖申沿线煤炭、熟料个体小码头，利用原先拆除淘汰码头岸线资源，投资3.1亿元建成全省内河最大散货环保型公用码头小浦南方，拥有一座10个500吨级散货泊位、年吞吐能力1125万吨。南方水泥分步推动粉磨产能向码头周边集聚整合，基于码头建设360万吨/年水泥粉磨产业基地，全面打造现代水泥粉磨、物流综合产业园。同时，在码头下游的入海口，南方水泥在嘉兴区域通过减量置换落后产能，建设年产能达680万吨的特大型的现代化水泥粉磨基地，配套建设12个300吨级泊位的内河码头、2个500吨级内河散装水泥发运系统和2个5000吨级外海码头，通过长湖申黄金水道运入熟料，粉磨后辐射沿海市场，实现海河联运。这一项目一举将12家企业（包括减量置换关停的3家）串联成一个联动的产业集群，堪称水泥行业发展史上前无古人的壮举。

再如，南方水泥在湖南临澧打造集"水泥、商混、骨料、高新材料纳米钙、PC构件"于一体的生产基地。项目分三期建设：第一期投资12亿元，已建成年产1000万吨骨料生产线，构建"5G"智慧矿山和数字化管控平台，实现产值4.9亿元，上缴税收1.02亿元，解决劳动就业300人。第二期将建设日产6000吨水泥熟料生产线；第三期将建设年产300万吨混凝土及30万吨的碳酸纳米钙，园区建成后可实现产值50亿元，税收5亿元，基本形成横跨水泥全产业链且向上探及石灰石矿高端产品（纳米钙）的绿色智能产业基地。

（三）通过精益生产和精简组织，优化企业管理模式

优化升级不仅仅是"硬件"（产业布局、工艺装备）的升级，也应包括"软件"（管理效率、组织效率）的升级。在打造产业集群的同时，南方水泥的优化升级注重先进管理理念的配套，聚焦人的主观能动性，调整组织模式以适配优化升级带来的新经营管理课题，形成全员参与、系统优化、持续改进的精益管理模式，坚持不懈优化生产流程、减少生产过程中的物资、物料和工时消耗，降低生产成本，提高品质和产出，持之以恒提高劳动生产率和成本竞争力。优化企业管理模式主要体现在生产管理（精益生产）和组织管理（机构精简、人员精干）两方面。

在优化生产管理方面，南方水泥基于高标准建设的优化升级项目，聚焦生产制造全过程精益化，推行标准化管理、对标管理和持续改善。标准化管理要求在生产现场对所有生产要素进行有效精准的管理。在具体操作中，一是推行生产标准化，即新建项目在同等条件下采用相同的机器和工具、采取一致的操作和方式，且一切流程均记录和张贴，最大程度提高效率、提升质量、保障安全；二是推行操作可视化，即要求新建项目随处以电子屏、流程图等视觉信息显示作为基本手段，通过信息的显现化让所有到岗人员明白无误地理解岗位要求，确保宣贯执行到位；三是推行环境整洁化，促使企业分类安排有用物品、清除不必要物品，保持现场清洁、工作环境有序稳定、人员自觉清洁整理和保持现场，大幅改善企业风貌。生产改善是指发挥全员力量对生产系统各个环节开展持续科学的优化改进，日常注重现场改善，倡导全体员工在各自的工作区域内进行小规模、持续、增值的改进，尽力排除任何一丝材料、人力、时间、空间、程序的浪费，并予以即时且精准的奖励。对标管理是指以先进企业为标杆，定期对比主要经济技术指标，找出差距、做出改进。除了对标行业先进之外，南方水泥主要在内部成员企业之间开展常态化对标，过程中各家企业的指标都透明公开，大家自发学习借鉴彼此的先进经验，形成"先进更先进、先进带后进、后进追先进"的氛围。总部则通过总结归纳，将好的经验方法模式化，使一些特色管理秘诀推广到更多企业，并辅以先进企业抽调的辅导员到后进企业去因地制宜复制先进管理理念、操作诀窍等，提升整体生产管理能力。

在优化组织管理方面，南方水泥主要开展企业管理合并、组织机构整合、人员精简精干。企业管理合并首先减少法人，对优化升级过程中产生的无实际资产、经营业务的法人直接清理注销，对层级复

杂的企业进行股权上移；对同一税务辖区的相邻成员企业适时开展吸收合并，因政府要求或特许经营权证等问题无法减少法人的，则在小片区内将部分企业车间化，由一套经营班子和中层分管多家合并的企业。机构整合落实在单个成员企业层面，根据更先进的生产条件匹配先进的组织形式，减少车间、工段和班组的管理层级，提高工作效率和劳动生产率，具体操作以"大部制"为基础，机构部门扁平化设置，整合并消除原有车间、工段，使生产部门简化为运行管理、维护管理、中控管理三个功能模块，并持续优化岗位。人员精简精干，即通过提升装备工艺、优化组织结构和岗位设置、培训提升人员素质等，使员工总量逐年减少，人员结构日趋合理，实现人工总成本可控、劳动生产率提高；南方水泥根据行业形势和竞争压力每年安排减员计划，一般设定在5~8%，而优化升级项目的定编则更为激进，通过岗位撤并、规范劳务工和"减人不减资"激励等手段，将主力5000t/d全能水泥企业定编压缩至180人以内，甚至涌现出了实际编制仅60人的7500t/d水泥熟料生产线（20年前的普遍水平为2000人，10年前的先进标准为300人），达到行业最先进水平。

（四）通过节能减排和打造绿色工厂，升级和谐治理能力

无论新发展理念、"两山"理论还是"双碳"目标，都是国家大力倡导的产业发展方向，也是水泥等传统制造行业发展的大势所趋、必行之举。水泥行业作为传统意义上高能耗、高污染的行业，企业常年面临能源双控、停产整治甚至永久关停的压力，形势倒逼南方水泥在优化升级推进中重视"与自然和谐共生企业"的打造，努力追求创新、协调、绿色发展。南方水泥对和谐治理能力的升级主要包括两个方面：一是全面提升节能减排水平，二是打造与绿水青山和谐共生的绿色工厂、美丽工厂、绿色矿山。

在节能减排方面，南方水泥积实施了一大批节能、环保技改项目：在近10年通过技术改造为全部水泥熟料生产线（95条）配套余热发电系统，以能源循环利用降低工厂20%左右的电耗；过去3年累计投入环保技术改造资金31亿元，重点实施脱硝、脱硫、粉尘治理、水循环等治理项目，年可节约标准煤8.4万吨，节电7170万度，减排氮氧化物10.7万吨、二氧化硫4.3万吨；形成"双碳"目标计划表，积极开发替代燃料和碳捕集技术；将全部117家商混企业打造成环保站，确保生产线全包裹，既美观又大幅降低粉尘排放；大力推广协同处置，通过水泥窑高温煅烧的形式为城市消纳无法通过填埋等方式处置的固废、危废，不产生有害残渣、气体，目前年可处置废弃物60万吨，为城市生态作出重要贡献。在一些重点项目中，如前文所述的湖州地区世界最长"熟料空中运输走廊"，是全国首个"全电物流"模式实现全封闭、全架空、耐高温、"零排放"运输的皮带廊，每天可减少水泥熟料运输车辆往返3600车次，全年可减少尾气排放21417吨，被国家交通运输部列为绿色示范项目；再如湖州槐坎南方水泥有限公司3线已经稳步达到熟料标准煤耗<94公斤/吨、熟料综合电耗<42度/吨、粉尘排放浓度<10mg/Nm³、氮氧化物排放浓度<100mg/Nm³、二氧化硫排放浓度<50mg/Nm³的设计要求，技术经济指标达到全球最先进水平，排放指标远低于全球最严格标准。

在打造绿色工厂方面，南方水泥实行"三步走"战略，循序渐进建立"整洁工厂""绿色工厂""美丽工厂"三级认证体系。整洁工厂是南方水泥对企业最基础的要求，不光暴露在外的办公、生产区域要做到全方位一尘不染，以往普遍脏乱差、极难清洁的点位如水泥磨坊、水泥库顶等也需要彻底治理"跑、冒、滴、漏"，做到干净整洁，目前南方水泥几乎全部企业都达到了整洁工厂标准。绿色工厂则对节能减排和厂区绿化有严苛的要求，节能减排包括了硬件设备综合评价和原料无害化、废物资源化、能源低碳化、生产洁净化等多个门类；厂区绿化则要求非硬化地面绿化率100%、道路、绿地可植

树区域植树率100%、养护管理常态化、植物配置四季分明，基本达到城市公园的建设标准。此外，南方水泥还对绿色工厂的内涵进行延伸，以"边开采、边治理、边返还"的作业方式打造绿色矿山，改变过去矿山作业"先开采、后治理、再返还"的习惯模式，大力开展对石灰石矿的环境治理；采矿过程严格遵循清洁生产的要求，矿区实现废水处理、循环利用，做到零排放。美丽工厂则是追求卓越的最高标准，要求企业不仅绿色整洁，更富有工业美学，成为城市景观。目前南方水泥所属长兴南方水泥有限公司以现代简约风格的外墙全包裹水泥窑预热器、水泥库等，并通过有设计感的灯火点缀，成为城市天际线的亮色；临澧南方新材料科技有限公司依山而建，气势恢宏，复绿完善，且运用大量青砖构建与生产线和谐的工业景观，成为当地著名工业参观点；大煤山矿对进矿道路、矿区节点进行美化设计，翻修道路，建筑凉亭，复绿后种植大批花木和果树，被评为"国家级绿色矿山"试点单位，成为当地地质景观。

（五）通过技术创新和数字赋能，升级智能制造水平

《中国制造2025》指出："到2025年，制造业整体素质大幅提升，创新能力显著增强，全员劳动生产率明显提高，两化（工业化和信息化）融合迈上新台阶。"鉴于南方水泥绝大部分新型干法生产线于2008年前建成投产，工艺陈旧、装备老化、数字化智能化水平低下，且缺乏集中统一的数字智能管控，从"传统干法"到"二代水泥"带头推动传统制造业升级智能制造水平，成为南方水泥一直以来努力的方向。南方水泥对应用数字化智能化技术的态度并非追求行业最顶尖，而是追求实效、稳步推进，一套体系只有论证成熟才上线试点，只有取得效益才有限推广。由此，南方水泥构建了"系统管控、业务支持"二位一体的智能制造管理体系。

系统管控层面，南方水泥对数字化智能化的升级侧重于集中管理，打通既有的总部、区域公司、成员企业三级架构超过200个运营主体，将非生产的数据全面归集和分析，总体可归纳为"一个平台，两个系统，三流合一，四控一体"：一个平台是指公司财务、业务、行政、人力平台均统一至财务业务一体化（ERP）平台，建立南方水泥具有全局性、可扩展的办公和业务协同架构，涵盖决策分析与企业门户；两个系统是指财务、业务系统二者相互紧密关联；三流合一是指信息化平台将资金流、信息流、业务流融为一体；四控一体是指用流程对业务、资金、财务、风险实施有效管控。

业务支持层面，南方水泥的信息化管理系统主要落脚在区域公司和企业。区域公司着重打造数据中心，归集并管控本区域全部企业的生产动态，并通过大数据分析，打通最优的生产组织路径并对全部生产线进行动态优化。试点企业在生产管控、物流体系等层面都植入了相关数字智能应用，如水泥企业目前主要应用了分全流程生产管控MES平台、全生命周期设备智能运维及健康管理平台、现场自动化检测仪器设备、粉磨智能控制系统、全窑系统自动寻优控制系统5大智能体系，让生产组织可视化、数字化，并逐步无人化、智能化，这套系统一经全面应用即可使企业劳动生产率产生质变，增幅普遍在100%以上。在矿山开采上，南方水泥还积极采用了数字矿山技术，即在统一的时间坐标和空间框架下，科学合理地组织各类矿山资源信息，进行全面、高效和有序的管理和整合。在以往的水泥矿山管理中，如何将异质的资源有效开采、配比以确保稳定生产一直是一大难题，数字矿山则通过对矿山数字化建模和虚拟化验证，确保了原料稳定，同时通过自动化开采在作业区实现无人化。这一系列工作，都是对升级智能制造水平做出的有效尝试。

（六）通过创新经营发展思路，升级行业发展理念

升级行业发展理念，既是南方水泥开展优化升级工作的思想基础，更是南方水泥优化升级方法论的

最后闭环。早在2012年水泥行业刚刚经历业绩的历史顶点并进入阶段性下行区间时，南方水泥就已意识到，仅靠提升经营管理水平无法维系自身的可持续高质量发展，这一问题只有通过不断发展才能彻底解决。由此南方水泥开始研究并推进优化升级工作，期间一度受困于两个问题：一是经济账不划算——比如因政府要求迁建的水泥项目，投资动辄以10亿元计，政府给予的搬迁政策远远无法覆盖成本，仅靠新项目同口径降本带来的收益在整个企业生命周期都无法收回投资。二是企业优化升级做到了自身能力范围内的极致，却产生不了预期的效益——往往投入大代价升级了一条行业内技术经济指标世界一流的生产线，却受困于区域市场的低迷，无法产生世界一流的效益。在漫长的探索中，南方水泥通过践行两个理念破题：

第一个理念：优化升级既要立足当前，更要着眼长远。企业的本质包括了实现经营利润的最大化，但远不止于此。对传统行业而言，做一个项目即便无法收回全部投资成本，也好于远期在政府对行业转型的要求下直接被淘汰后所有既有投入都变为沉没成本，同时失去了未来行业追随甚至引领行业发展带来的无限可能，资本密集型企业要避免承担这样巨大的风险。同时，南方水泥作为央企子公司，不仅担负经济责任，也担负政治责任与社会责任，政治责任包括国有资产的最大限度保值增值，社会责任则包括企业运营中所伴生的上缴税收行为与解决就业贡献，一切的大前提都在于企业的存续发展，这不仅仅是经济账可以涵盖的。优化升级还尽到了促进生态文明建设的责任，企业在此过程中实现节能减排、绿化美化，为城市带来风景，与自然和谐共生，其收益同样不可简单用数字来衡量。

第二个理念：优化升级既要立足企业自身，更要着眼行业整体。企业的优化升级，包括了产业布局、装备工艺、人员队伍、管理模式、内部协同、创新能力等的全方位升级，但这些并不足以左右企业最终经营成果，其根本原因在于行业发展不好的前提下即便企业做到了极致也无法得到合理收益。基于此，早在国家2015年提出供给侧结构性改革大政方针之前，南方水泥就做出了推动行业优化升级的决策。行业的优化升级，包括了行业的价值水平、供需关系、技术创新能力、全要素生产率等，而南方水泥通过前文所述的优化升级改造和理念创新，切实引领和推动了水泥行业的优化升级，促使市场供需趋于平衡、行业价值理性回归，各家企业共同迈向"集约化、绿色化、高端化、智能化"的远大目标，这也正是"行业利益高于企业利益、企业利益孕于行业利益之中"的诠释。

三、特大型传统水泥制造企业集团"优化升级"实施成效

党的十九大报告提出"深化供给侧结构性改革，加快发展先进制造业，支持传统产业优化升级"。南方水泥通过5年时间的"优化升级"创新实践，在"十三五"期间取得了跨越式发展：企业效益和综合竞争力显著提升；可持续发展能力稳步增强；有力促进了行业健康发展。

（一）提升企业效益和综合竞争力

一是盈利能力提升显著。自2017年全面推进优化升级工作以来，公司在2018—2020年连续三年利润总额过百亿，较"十二五"，利润总额、净利润、营业收入分别增长108.5%、70.7%和41.4%，年复合增长率分别为99.4%、90.9%和13.8%；资产负债率较"十二五"期末下降17.2个百分点，净资产收益率较"十二五"期末增长28.0个百分点，经营质量全面跃升。

二是成本指标不断进步。"十三五"期间，公司累计投入151亿元，全面推进技术改造和优化升级，完成12个重点优化升级项目和544个大型技术改造项目。在此期间可比熟料标准煤耗、综合电耗和粉磨工序电耗分别下降4.0kgce/t.cl、7.8kWh/t.cl和3.0kWh/t，熟料余热发电量上升1.3kWh/t.cl，水泥制造

成本相比重组初期同口径下降超过20元/吨，商混制造成本相比重组初期同口径下降超过15元/方，成本竞争力大幅提升。

三是组织优化取得成效。"十三五"期间，公司持续推进精简精干，法人户数压减32%，水泥全员劳动生产率提高74%，商混全员劳动生产率提高128%，组织竞争力大幅提升。

（二）推动企业高质量可持续发展

一是业务布局更趋合理，产业集群效应凸显。南方水泥"水泥＋"战略执行有力，产业链延伸布局和上下游联动发展成效显著，水泥、商混及骨料产能在局部区域形成合理配套，公司对市场终端的话语权大幅提升。尤其南方水泥目前在建的全产业链环保建材产业园，成为水泥工业"集约化、绿色化、高端化、智能化"的范例。

二是数字化、智能化成为企业快速发展的倍速器。南方水泥全部新建工厂均实现"两化融合"，建成数字化工厂，全套数字智能系统运行稳定高效，劳动生产率较改造前同口径提高100%以上。

三是绿色美丽工厂颠覆旧日洋灰厂固有印象。南方水泥建成了一批无烟、无尘、无废水、低噪音的花园式水泥工厂，成为当地"亮街、亮景、亮市"中的城乡新景观；推进绿色矿山创建与生态恢复治理，实现"边开采、边复绿、边治理"；企业环境和形象得到极大改善，良好的工作环境也使得员工幸福指数大幅上升。

（三）促进行业健康发展

一是理念认同度不断提升。中国建材南方水泥一直身体力行并广泛倡导"行业自律""错峰生产""限制新增""淘汰落后"等理念，主动发挥央企引领作用改善市场环境，促使所在行业价值逐年理性回升。事实证明了这是行业实现健康发展的必行之举，也促使广大同业企业不断加入进来，自发参与、共同维护行业健康发展。

二是行业生态日趋健康。经过南方水泥的一系列重组整合和优化升级，长三角地区水泥产能利用率大幅提升，由2007年的63%提高到2020年的95%，供需矛盾得到缓解，结构调整成效显著，逐步实现了健康发展。由此，南方水泥所在区域一改早年低价竞争的局面，成为全国水泥行业市场的风向标。

三是实现行业效益大幅提升。2007年，水泥行业作为建材行业最大的分支年利润仅有251亿元，且行业大部分地区处在亏损边缘。14年来，历经全球金融危机、需求进入平台期、新冠肺炎疫情等不利因素，在中国建材南方水泥等大型水泥企业的共同努力下，水泥行业运营情况稳步跑赢钢铁、煤炭等传统行业，南方水泥所在华东和中南地区也好于全国水平。到2020年，全行业年利润已高达1833亿元，增幅达630%，基本实现了健康发展。

成果创造人：曹江林、肖家祥、潘晓萍、贺誉、苏东方

省级电网企业数字化多维价值评价体系构建和应用

国网江苏省电力有限公司

国网江苏省电力有限公司（以下简称"国网江苏电力"）是国家电网有限公司（以下简称"国网公司"）系统规模最大的省级电网公司之一，现辖13个地级市、56个县（市）供电分公司和10余个科研、检修、施工等单位，职工近8万人，服务全省4600余万电力客户。拥有35千伏及以上变电站3200余座、输电线路突破10万公里。2020年，江苏全社会用电量6374亿千瓦时，公司售电量5529亿千瓦时，全省调度最高用电负荷1.15亿千瓦，成为国网公司系统首个用电负荷连续四年突破1亿千瓦的省级电网。公司实现营业收入3272.49亿元，资产总额3000.04亿元，业绩考核连续9年保持国网公司系统第一名。

一、应用背景

（一）顺应能源革命和数字经济融合发展的必然趋势

能源是国民经济和社会发展的重要基础，习近平同志2014年6月在中央财经工作领导小组会议上提出"四个革命、一个合作"（能源供给革命、能源消费革命、能源体制革命、能源技术革命、能源国际合作）的能源安全新战略，引领我国能源转型和能源行业发展进入新时代。随着数字经济与实体经济的紧密融合，"大云物移智链"等现代信息技术在电力行业广泛应用，加速了能源网络互联互通、能源产供储销体系重构、能源产业迭代升级的进程，电网企业的生产组织、管理关系出现新的变化，价值实现方式日益多元化，为电网企业效率提升、价值创造开辟了新的广阔空间。顺应这一趋势，电网企业必须加快数字化转型，推进能源流、业务流、价值流、数据流全面融合，提升投入产出效率和资产利用效能，加快培育新业态新模式，引领行业生态进化。

（二）保障江苏经济高质量发展的需要

作为江苏电网安全运行的保障者和服务江苏经济高质量发展的电力先行官，国网江苏电力需自觉践行"人民电业为人民"企业宗旨，围绕发展理念和核心能力升级、管控方式和经营模式变革等精准施策，持续提升能源资源配置效率和能效利用水平，在运营效率、经济效益、优质服务方面成为驻苏央企典范企业。这要求国网江苏电力深入探索全业务数字创新、流程精益和管理变革，促进各类资源在价值链上高效配置，推动思维方式、驱动要素、价值实现方式的迭代升级，在全省"争当表率、争做示范、走在前列"的进程中发挥更大作用。

（三）提升公司精益管理水平的有效手段

随着信息技术快速发展和深入应用，国网江苏电力经营数据海量增长，但是始终困扰着电网企业的一个管理难题是：企业对单个用户的投入算不出，单台设备和单个项目的产出算不准，末级组织的效益贡献算不清，收入成本主要是以市县公司为主体算统账，无法按照最小单元算细账，内部精益管理、外部市场拓展缺少准确数据的支撑。这些问题影响了公司资源高效配置、管理效率提高和能源生态圈构建连接，成为制约国网江苏电力数字化转型的"瓶颈"，因此，亟需通过深入挖掘数据价值，驱动经营管理精益化、智能化、智慧化，持续推进公司数字化转型，助力公司运营"质""效"双升，保障公司高质量发展。

二、主要做法

（一）明晰目标，科学推进多维价值评价体系构建和应用

1.清晰设定多维价值评价体系建设目标

国网江苏电力以数字化转型为目标创新开展多维价值评价体系构建和应用，着力推动业务协同、系统连接、流程贯通、数据聚合，对经营活动进行多视角、多属性数字描述与洞察分析，驱动管理理念变革和经营机制转变，持续提升企业价值创造能力。通过将价值信息沿电流传导方向、沿电网运行轨迹进行科学传导，在电网拓扑节点上聚合反映业财信息，全面实现最小单元投入产出的合理计算、精益反映、准确评价，多维度精准刻画各类经营管理对象和业务活动，驱动以"感知智能化、运营智慧化、发展生态化"为特征的数字化转型，为公司开展政策争取、精准营销、精益管理、精准激励等数字化转型发展奠定坚实基础。

2.科学规划多维价值评价体系建设路径

2018年以来，国网江苏电力遵循"顶层设计、共建共享、全面应用"的工作原则，以电网运营数据全面交互为基础，以"收入成本精准匹配"为核心，按照"一张网、一模型、三本账、一平台、多应用"的路径有序推动多维价值评价体系构建和应用。依托数据平台，聚合经营数据，打造经营孪生电网，数字化还原电网价值拓扑，精准匹配物理资产、电能流向、业务活动和价值信息；依托经营孪生电网，构建价值传导模型，沿电流方向将全级次成本逐级传导至终端用户，同时将客户收入反向归集到设备和组织；聚焦价值创造，精准匹配单个客户、设备和组织的收入、成本，创建投入产出"三本账"，满足电网全级次、多层级、多主体投入产出评价需求；基于大数据技术，搭建智慧运营平台，数字化展示各级主体经营质效，精准刻画电网运营情况。依托电网多维价值评价体系，国网江苏电力各层级单位、各业务部门紧密配合，创新开展多层次、多领域、多场景的"多维＋"应用，推动全业务精益运营、全要素精益管理，为电网发展注入数字化基因，助力国网公司"建设具有中国特色国际领先的能源互联网企业"战略目标在国网江苏电力率先实现。

3.全面强化多维价值评价体系建设保障

强化组织保障，营造数字化转型共建氛围。国网江苏电力成立了以董事长、总经理为组长的领导小组，设立各部门参与的业务、技术和数据工作小组，强化设计、开发、实施、应用全过程管控，保障了推进节奏和质量，省公司共召开50余次跨部门沟通会议、5次全公司视频推进会议，开展33次业务现场研讨、21次面向基层单位的培训宣贯；按"互联网"思维和客户需求导向，推动建立柔性组织工作机制，打破部门、层级"条块化"限制，组建"共享化"工作团队，推动形成数据上移、责权下沉、响应敏捷的组织方式和不断寻找非效率作业的员工行为习惯；通过组织各种形式的数据应用竞赛等活动，积极培育数据思维，形成用数据说话、用数据决策、用数据管理、用数据创新的数字文化氛围。

强化技术保障，构建高性能数据处理平台。国网江苏电力深度应用"大云物移智链"等新技术，率先投运云平台、物联平台、数据平台为代表的新一代基础设施，信息系统架构再升级，形成"微应用"（快速、灵活）＋"大平台"（整合、重用）＋"强后台"（强力、稳定）为特征的新体系，推动公司业务与技术深度结合能力、数据智能应用和价值创造能力的持续提升。

强化人才保障，积聚数字化转型智力支持。国网江苏电力高度重视数字化人才培养，持续完善数字化人才管理机制和激励机制，加大人工智能、大数据、物联网、计算机、通信等专业人才引进力度，建立与市场行情相匹配的薪酬激励机制，建设和培养适应公司数字化转型和发展要求的人才队伍。

（二）聚合经营数据，打造经营孪生电网

国网江苏电力依托数据平台，精准匹配物理资产、电能流向、业务活动和价值信息，将企业价值与设备资产、组织人员等信息在电网一张图上聚合反映，构建拓扑完整、数据集成、信息交互的经营孪生"一张网"。

1. 贯通信息链路，镜像还原电网拓扑架构图

国网江苏电力依托数据平台，以同期线损系统为基础，进一步贯通PMS、营销、用采、电能量、SAP等8个信息系统，在物理电网基础上，构建起包括主网侧输电线路和变电站、配网侧馈线和配变、终端用户的经营孪生电网，镜像还原电网拓扑架构图，有序连接公司4634万个用户、105万座变电站（包括配变）、5万条线路、96万个台区、1549个供电所、4500个班组。

依托物联平台，实现源头数据智能实时采集。运用先进通信技术，实时在线连接电力生产与消费各环节要素，以设备状态精准感知、客户行为敏捷感知、管理过程动态感知为重点，实现源头数据智能采集。如利用多表采集用能分析、电能质量智能监测等技术，敏捷感知客户行为，在客户用电信息采集、电动汽车智能充换电服务等环节扩大感知范围。

打通数据"断点"，实现业务在线自动处理。基于多维数据关系，组织全流程业务穿行诊断，识别流程和数据链路断点，坚持"企业级、紧耦合、高效率"理念，推进跨部门流程管理变革，贯通流程断点、填补管理空白，实现业务全流程在线自动处理；依托多维数据流带动建设、运行、营销等各业务环节高度协同，推动国网江苏电力由职能化管理向流程化管理转变；依托多维价值流推动员工、客户、供应商等全流程深度参与价值创造。

2. 汇聚海量数据，"颗粒化"聚合业财信息

围绕价值链，推动运营数据在线动态聚合。提升流程效率方面，基于价值链分析，着力识别流程冗余节点、实现流程效率最优。提升数据传递效率方面，着力厘清职责界面，优化上下游业务环节数据协同连接；坚持业务数据源头唯一自动采集、线上数据关系清晰明确；持续推动操作和管理分离，明晰流程定位，简化业务操作。强化价值风险管控方面，推动线下业务在线办（管）理，消除管理盲点和薄弱点；强化价值出口管控，优化物料领用管理，实现价值消耗追踪。围绕电网拓扑节点，国网江苏电力有效整合分散在各业务、各环节的设备、资产、项目、工单、电量、财务等各类信息320亿条（包括资产信息321万、设备信息110万、项目信息107万、工单信息74万、客户信息4000万、电量信息307亿、电费信息10亿、财务多维宽表3468万、凭证18316万），实现了对公司资源消耗过程的数字还原、动态更新、实时获取。

（三）围绕电网拓扑，构建价值传导模型

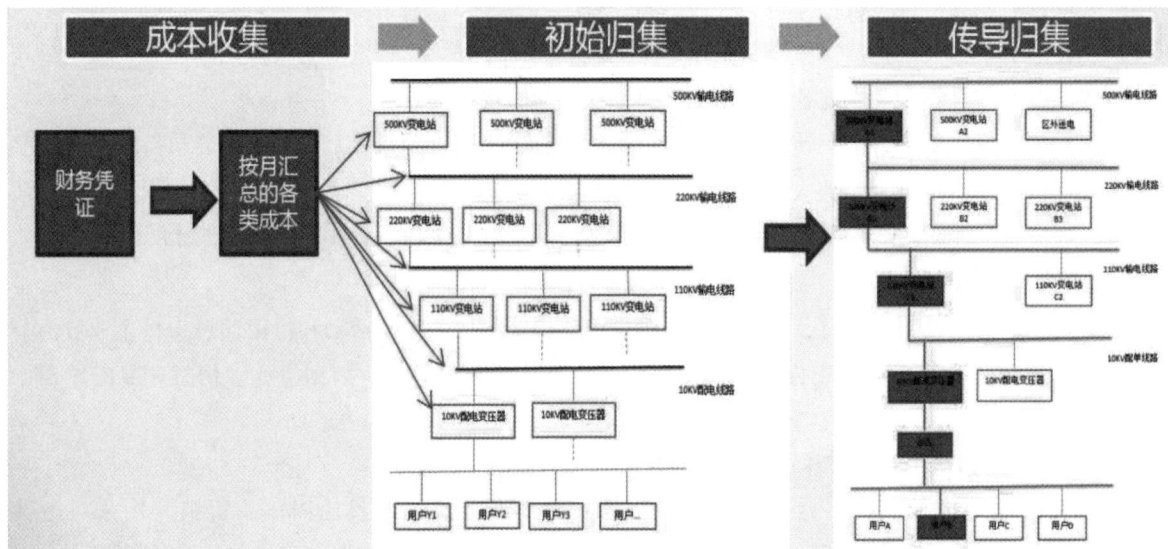

图1　成本传导示意图

国网江苏电力以全口径全级次价值传导为目标，通过构建价值传导模型，对客户、设备、组织的成本和收入进行量化归集与传导，在经营孪生电网中清晰反映每一个环节的上级公共成本投入、本级直接成本投入、本级产出效益，使得电网企业的每一分钱投入都能"算得清、算得准、看得见"，实现电网企业价值创造过程在虚拟世界中的镜像还原。

1.围绕资源耗费，汇集全级次全口径成本

突破核算主体限制，分层汇集省公司、各市县供电公司、各类支撑主体的全级次成本，完整汇集人工、购电、折旧、项目、费用等全口径成本。

2.区分成本特征，差别设置成本传导模型

依据业务活动属性，将全级次成本科学划分为拓扑相关成本（运行、检修活动成本）和拓扑不相关成本（营销、运营支持和管理活动成本）两类成本。对于拓扑相关成本，建立成本分级传导模型，按照数量、容量、电量、原值四类成本动因，将成本分层汇集、分级传导到末级客户，首先以500kV变电站为载体，汇集500kV及以上的购电、人工、折旧、项目等成本，依据拓扑结构和成本动因，将成本全量传导至下一级变电站（220kV变电站）；然后以220kV-35kV变电站为载体，接收上级传导的成本，再加上本级汇集的成本，依据拓扑结构和成本动因，将成本依次逐级全量传导至配变；最后以配变为载体，接收上一级变电站（35kV）传导的全口径成本，再加上本级汇集的全口径成本，依据台配关系成本动因，将成本全量传导至终端用户。对于拓扑不相关成本，建立直接分摊模型，按照客户数量和电量两类成本动因，将成本直接分摊到末级客户。通过汇集两条路径差别化的成本传导结果，以客户为核心，将全量成本沿着电网运行轨迹细化归集至每一个（类）客户，实现居民客户按台区、其他客户按户的成本精准计量。

3.建立价值回溯流程路径，反向归集客户收入

依据拓扑结构，结合户变关系、配台关系、线站关系、资产与设备主人、资产与组织对应关系等信

息，将终端客户产生的收入按照逆拓扑关系反向聚合到设备和组织。

（四）聚焦价值评价，创建投入产出"三本账"

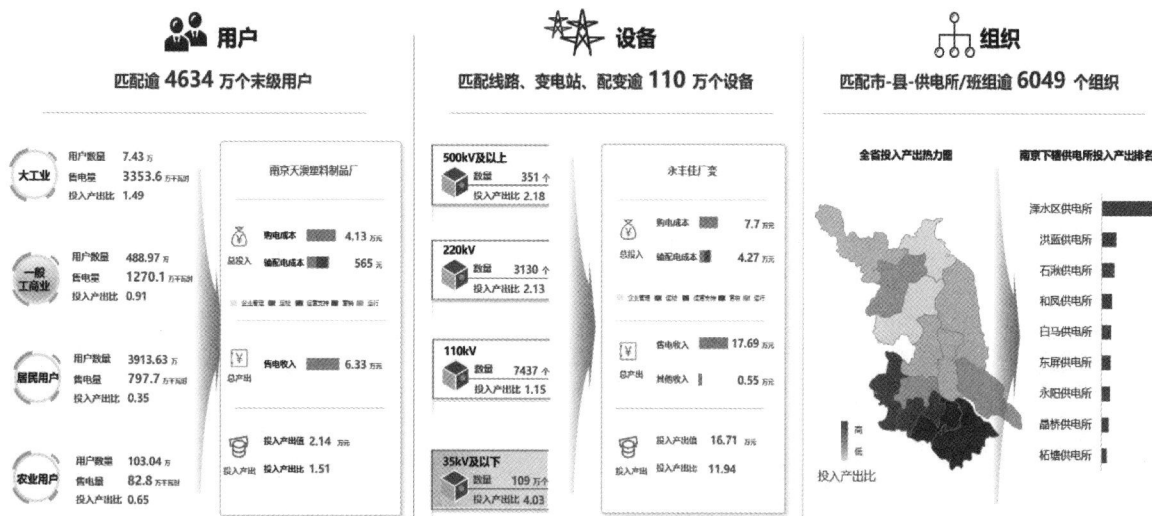

图2　投入产出"三本账"

通过划小管理单元，确定价值贡献评价单元，实现对核心管理对象的多维刻画和洞察分析，推动价值发现；通过电网拓扑潮流关系，将全量成本和收入归集到每一个价值创造单元，精准匹配成本投入和电费收入，突破性地实现各层级资产组合、运营组织和电网客户投入产出的科学计量、反映、评价，形成了以"三本账"为载体的全级次、可分层、可拓展的投入产出评价体系，据此对公司经营活动进行多层次、多视角、多属性、多节点的洞察和描述，聚焦最小经营要素开展一系列管理提升行动，实现数据赋能前端业务和末级组织。

1.划小管理单元，确定价值贡献评价最小单元

结合电网经营特性，以资源消耗和价值创造最小载体（包括每一个客户、每一个员工、每一台设备、每一项作业，以下简称四个一）划小价值管理单元，聚焦价值进行精准刻画和洞察分析。契合实际精准确定价值贡献评价最小单元，有效落实价值创造主体和责任，激发基层活力。一是聚焦市场响应能力。基于营配调财贯通电网一张拓扑图，将设备与客户组合形成"台区"，作为配电业务多维价值贡献评价的最小单元，开展台区投入产出的精准刻画和多维评价。二是聚焦公司经营活力。基于阿米巴经营理论，精准评价各供电所、班组等基层组织经营质效和价值贡献，有序推进精准激励考核，激发基层价值创造主动性。三是聚焦电网运营效率。结合电网运营全过程、各环节，以设备、作业资源消耗反映和评价为重点，以横向对标或国际对标等为手段，推动电网运营效率评价。

围绕"客户"，基于客户唯一标识（统一社会信用代码或身份证号码），精准记录（反映）服务客户成本消耗、各类用电用能收入、缴费习惯、信用记录等价值信息，并与业务记录融合连接，实现每一个（类）客户精准画像。围绕万度电营销成本、台区投入产出、市场化业务规模等开展数据分析，为挖掘客户价值潜力奠定基础。

围绕"设备"，基于电网资产统一身份编码（实物"ID"），贯通资产全寿命周期管理各业务环

节，融合设备资产管理信息标准，全面汇聚电网建设、电网运行、设备使用和运维作业信息，形成涵盖设备基础信息、故障记录、维修记录、全成本价值记录等在内的设备全寿命周期画像。围绕万元资产检修成本、检修业务外包效率等开展对比分析，为优化检修策略和设备选型奠定基础。

围绕"员工"，以员工编号为唯一标识，融合作业工时、作业量、薪酬、档案、商旅、培训等资源信息，通过数据积累，形成涵盖员工基础档案、员工效率、薪酬福利、差旅费用、培训经历等在内的员工全景画像。围绕各业务环节员工开支、差旅费开支水平等开展对比分析，为定位低效岗位、推动精准激励奠定基础。

围绕"作业"，运用作业成本管理方法，建立标准作业库，推行标准成本作业化改造，确定每项作业的标准成本，精准反映和衡量每一项作业料、工、费等投入效率，为识别低效作业、提高生产效率奠定基础。

2.创建客户一本账，全面感知客户经济价值

利用价值传导模型，科学计算每一个客户的成本投入，结合每一个客户的电费发行等收入，对4600余万个客户分区分类全视角开展价值贡献评价，全面感知客户经济价值，实现居民客户按台区、其他客户按户的价值精准反映。

3.创建设备一本账，有效支撑设备精益管理

结合户变关系、配台关系、线站关系等信息，将客户投入产出值逆拓扑关系反向聚合，以台区（配变）、中压线路、变电站等电网结点汇聚成本、收入信息，对110万余个设备效率效益进行多视角洞察评价，助力设备精益管理，实现对不同设备和设备组合的价值精准反映。

4.创建组织一本账，科学指导组织提质增效

结合资产与设备主人、资产与组织对应关系等信息，将客户投入产出和设备投入产出进一步聚合，量化反映6000余个基层组织业务策略优化创效情况，科学指导基层提质增效，实现对供电所、工区、班组等作业单元的价值精准反映。

（五）依托数据平台，搭建智慧运营平台

国网江苏电力依托数据平台，利用大数据和智能化工具，以价值传导评价模型为核心，搭建统一的智慧运营平台，实现海量数据的实时采集、在线聚合、敏捷输出、智能监控，立体展示各级各类客户、设备、组织的经营质效。

1.构建智能分析模型，高效开展数据处理

基于数据平台，构建智能拓扑分析模型，内置逻辑校验规则，自动判断拓扑构建准确性，实现电网运营精准刻画。基于内存计算技术，实现海量数据的并行处理，高效完成价值传导评价模型的运算。

2.动态多场景灵活展示，智能输出评价结果

基于数据平台运算结果，通过可视化平台，多场景灵活展示公司各层级设备、组织和客户的经营状况和创值能力。通过GIS地图、温场图、多维图表等，全方位、多视角展示总体评价结果的空间分布、发展趋势、横向对比。实现指标层层穿透、数据溯源，助力各层级管理者在线查短板、补弱项，推动价值精益管理。面向宏观决策、中观管理、微观应用等不同层次，以可视化方式敏捷输出数据分析结果和管理应用场景。动态呈现每一个环节的成本投入、每一项业务资源消耗情况、每一个最小单元的价值贡献、每一个价值洼地和低效环节，推动各业务条线、各层级组织全面应用、智慧决策、精益运营、精准发力。

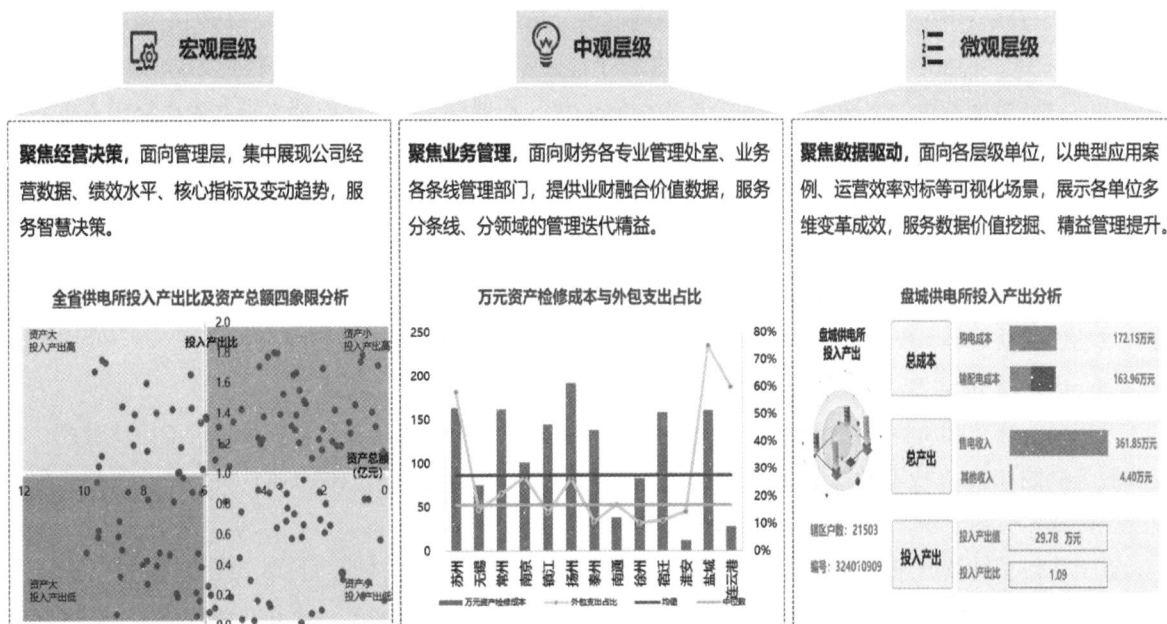

图3 智慧运营平台

（六）深化全面应用，统筹推进数字化转型升级

依托电网多维价值评价体系，国网江苏电力各层级单位、各业务部门紧密配合，常态开展多层次、多领域、多场景的"多维＋"共同行动，推动全业务精益运营、全要素精益管理。

1.协同开展精益管控行动，推动管理提质增效

在经营孪生电网构建过程中，国网江苏电力各个业务部门协同开展营配调财一致性、用户信息等数据治理，夯实精益管理基础；在线监控变电站异常线损，提升反窃查违准确性；开展重点用户投入产出分析，实施特定用户精准营销、增供扩销，提升精益管控水平；开展生产成本量化分析，在组织层面精准定位财务下达预算和实际投资需求之间的差异，提升未来成本投入的准确性，在线站层面精准定位同质线站差异化投入原因，优化完善成本标准定额，在设备层面开展设备全寿命周期画像，优化供应商选型，提升招标采购质量。

2.主动适应电力体制改革，有效应对外部监管

基于单个客户投入产出，国网江苏电力一是科学计算全省分行业、分电压等级、分用户类别的输配电成本和合理输配电价补偿水平，定量计量不同用户、不同电压等级间的交叉补贴，为持续理顺电价结构、公平电力负担作出了积极探索；二是开展两部制电价相关测算，初步计算结果显示容量电费定价偏低，电度电费定价偏高，为后期有序引导用户电价政策选择，合理开展固定成本投入提供了有益探索。

3.探索建立精准激励机制，激发全员经营活力

国网江苏电力各级主体积极开展内部模拟核算、最小单元运营绩效考核等行动，初步实现多维管理赋能末级组织，激发经营活力，推动管理自驱。国网常州公司在下属供电所开展三级内部模拟市场建设，基于供电所投入产出，融合专业管理指标，开展复合式质效评价，引导供电所主动优化预算资源配

置，提高项目储备申报的精准性、效益性。国网南通公司开展台区综合效能评价，从创值能力、运营效率、运行安全、电能质量和运行损耗五个维度构建台区综合效能评价体系,对整体能力较差或能力发展不均衡的台区精准施策。国网泰州公司全面施行农电台区管理权竞拍，在内部人力资源市场引入市场竞争机制，利用多维成果合理确定内部竞拍价格，开展"定价—竞拍—后评价"闭环管理机制。

三、应用效果

国网江苏电力通过构建多维价值评价体系，有效解决了网状经济中对最小单元价值贡献精准量化评价的难题，精益管理水平显著提升，价值创造能力持续增强，数字化转型实现突破。

（一）精益管理水平显著提升

管理薄弱环节和风险点大幅减少。通过流程的系统梳理和精益化改造，全面强化价值出口管控，物资和服务采购100%在线审批与记录，100%记录至实际消耗项目和部门，100%执行资金收支管控流程，提升全员成本管控意识，全面降低资金合规风险。

员工获得感持续增强。通过企业级流程变革，理清部门管理职责24类，下放"放管服"事项37项，推动296个线下操作在线化、简化业务操作240项，减少重复录入环节64个，业务处理自动化、智能化水平显著提升，有效减轻基层操作人员负担。持续推动数据上移、平台管理、责任下沉、权力下放，基层活力大大增强，员工干事创业热情高涨。

客户服务水平不断提升。推动出台《江苏省电力条例》配套政策和电力营商环境改善政策179项，畅通线上线下优质服务渠道，全面推广"三零三省"服务，电力营商环境不断改善，服务质量和效率显著提升，高低压平均接电时长分别压降至26.3个和2.9个工作日，客户万户投诉率下降至0.45，客户服务满意度稳居公共服务行业榜首。

（二）价值创造能力持续增强

经营管理全面改善。积极应对电量增速下滑、电价持续下调等严峻形势，及时优化经营策略，大力开展提质增效，2020年全年增加收益125亿元，有效对冲减利因素影响。

内部挖潜效果明显。优化购电策略，节省购电成本5亿元。实施经济调度，节约购电成本9.6亿元。推动出台电能替代政策106项，全年替代电量266亿千瓦时。关停、转公用自备电厂21家，增售电量16.6亿千瓦时。建成63家不停电作业中心，增售电量2.5亿千瓦时，同比增加30%。完成长期高损台区清零目标。加大违窃电查处力度，挽回经济损失3.71亿元。推动电能表"失准更换"纳入地方法规，减少购置成本10亿元。

（三）数字化转型实现突破

多维价值评价体系构建和应用成为公司数字化转型的一条重要主线，跨部门、跨专业、跨领域的一体化数据资源体系逐步形成。数字驱动生产经营、驱动管理决策、驱动业务创新的思维方式在国网江苏电力得到广泛认同，数字化企业特征逐步显现。

经营状态全景数字描述。按月采集电量、凭证等动态数据，共积累多维价值数据超过300亿条，国网江苏电力检修、运行、营销、运营支持、企业管理等业务活动规律得到精准数字描述。

运营数据全面连接。完成管理对象、数据载体、业务分类描述3大类58项企业级信息标准和管控机制设计，实现管理多视角融合和信息共享；优化电网检修、营销、基建、物资和服务采购等7大领域32项流程，贯通业务和信息断点1056个，覆盖业务场景90类，促进运营数据全面连接、跨领域深度融合。

数据驱动价值实践。数据在线顺畅流转驱动全价值链管理的广度、深度逐渐拓展，国网江苏电力通过"多维＋"行动，基层单位数据综合利用、部门横向协同、资源精准配置等价值实践场景达到上百个，有力驱动基层价值实践。

成果创造人：林汉银、王婷、任腾云、芮筠、方莉、杜洋、

张波、陆晓冬、刘宇辉、邵鑫、储飞飞

智能化改造和数字化转型的率先探索

波司登羽绒服装有限公司

一、成果背景

（一）企业情况简介

波司登集团始创于1976年，是中国规模最大、技术最先进的品牌羽绒服装企业，在全国拥有7大生产基地、4000多家门店。

波司登专注于羽绒服研发、设计、制作，45年来在羽绒、面料、工艺、版型等方面不断创新，旗下品牌包括"波司登""雪中飞""冰洁"等。截至2020年年底，波司登羽绒服连续26年中国市场销量领先，市场占有率24.19%，市场销售份额51.89%，产品畅销美国、法国、意大利等72个国家，赢得超2亿人次选择，羽绒服规模总量全球领先。

图1 波司登工业园区鸟瞰

羽绒服是"功能＋时尚"的产品，链接消费者的能力就是品牌力。波司登在纽约时装周、米兰时装周、伦敦时装周发布时尚大秀，"登峰系列"羽绒服获服装行业唯一"中国优秀工业设计奖"金奖。公司已建成国家级工业设计中心、国家级博士后科研工作站、CNAS认证实验室、IDFB认可实验室、省级企业技术中心、工程技术研究中心，拥有专利224项，参与23项国际标准、5项团体标准、12项国家标准、4项行业标准的制修订工作，承担IDFB中国理事单位、ISO/TC133秘书处、SAC/TC 219/SC1秘书处工作。波司登拥有中国世界名牌产品、中国工业大奖、中国纺织服装领军品牌、全国质量奖等殊荣，波司登品牌价值连续多年位列行业第一，推动羽绒服成为中国服装行业最具国际竞争力的品类之一。

图2 波司登"登峰系列"荣获2020年中国优秀工业设计奖金奖

面向未来，秉持"波司登温暖全世界"的初心使命，波司登将聚焦主航道，聚集主品牌，坚持品牌引领，发力数智经营，打造全球领先的羽绒服专家，致力于成为全球最受尊敬的时尚功能服饰集团。

（二）行业发展趋势

纺织行业是我国传统支柱产业、重要的民生产业。20世纪70年代，羽绒服进入中国市场，逐步成为消费者衣柜中不可或缺的一员。党的十九届五中全会作出"加快构建以国内大循环为主体、国内国际双循环相互促进的新发展格局"的重大部署，给纺织行业发展带来历史性机遇。气候因素以及新消费趋势则进一步推高了羽绒服的市场需求量，激发了内需市场消费潜力，羽绒服成为服装行业市场容量扩张最快的品类之一。据中国服装协会羽绒专业委员会预计，2022年中国羽绒服市场规模可达1622亿元。而据光大证券研究所预测，到2022年中高端市场规模将达到730亿元。

近年来，随着国家供给侧结构性改革和消费升级的大趋势，消费者在对服装的需求更趋向个性化，这对服装制造业从"期货式大规模生产"向"现货式敏捷制造"的生产组织模式转变提出了更高要求，纺织服装行业正从单机的智能化向系统的数字化、自动化、智能化发展。

1.移动社交成为新消费引擎

移动社交既可以积极地刺激用户消费需求，还可以运用社交平台的信息共享功能，通过用户的"口碑"形成裂变式的网络传播，熟人的体验式消费体验和传播能更有效地为商品做背书，增强用户的信任度和消费信心的同时不断提升购买频次和效率，使品牌与客户之间的沟通更有温度，建立起类似社交"好友"的紧密且直接的链接，更好地满足消费群体的个性化需求。

2.线上线下渠道融合

线上线下全渠道融合发展是必然趋势，服装行业的渠道不单局限于线上或者线下，而应该把渠道进行整合，启动线上线下融合共生的发展模式，打通线上线下消费者资源，提升品牌的全链路服务能力。

3.智能制造赋能产业升级

当前，新一轮科技革命和产业变革正在萌发，大数据的形成、计算能力的提升及网络设施的演进驱动人工智能发展进入新阶段，智能化、网络化成为技术和产业升级发展的重要方向。与此同时，服装行业智能制造逐步进入数字化、网络化升级改造阶段，进一步实现互联网、云技术、物联网、智能机器人等人工智能技术在生产营销各个关键环节的应用，缝制设备自动化智能化水平会明显提升；大数据＋AI算法的应用，预测消费需求，辅助创意、设计和产品开发；智能化橱窗和自动售货机用科技化加深与消费者的互动，让消费者获得更加立体的购物体验；服务机器人将开启智能购物新体验，虚拟试衣系统优化了线上购物体验。

4.智能物流挑战激增

据国家邮政局检测数据显示，2020年11月11日当天处理的快件就有6.57亿件，全年突破800亿件。新零售时代消费在线化趋势的日益深入，使得电子商务迎来新的发展高峰期，高质量、高时效、高精准的物流服务需求，对物流业而言是一个艰巨的挑战。

中国自动化、信息化起步晚于欧美发达国家，近几年国内装备行业发展迅猛，自动化、信息化水平大幅提升，但开发语言、开发平台、数据库等系统开发涉及的核心技术还掌握在欧美发达国家手上，几乎没有替代产品。大部分中小企业物流配送智能化水平较低，大型企业则多停留在自动化上，工业互联网互联互通推进不足，数据驱动下的服装产业面临整个供应链的效益提升和用户体验提升。发力智能制造，向科技要效益，已经成为中国纺织服装行业的共识。

（三）企业改革背景

波司登深耕羽绒服行业45年，始终不改登峰者本色，在消费者心中拥有良好的品质口碑，在中国市场"波司登"和"羽绒服"几乎可以划等号。但是，前些年也遭遇过品牌老化、传播声量不足、消费群体年龄偏大的问题。高峰时期，在全国市场拥有门店达13009家，市场下沉到乡镇一级，营收和利润却止步不前，一度面临着与时代消费者渐行渐远的严峻局面。2018年以来，波司登集团深挖"大品牌、好品质、羽绒服代名词"三大核心优势和品牌资产，回归创业之初品牌引领的发展模式，链接新时代的打法，聚焦主航道、聚焦主品牌，踏上"二次创业"的新征程。在企业转型过程中，云计算、5G等技术兴起，以移动化、社交化为特征的管理模式随之而起，一个全新的大数据应用时代已经来临。观念决定方向，思路决定出路。波司登认为唯有主动拥抱数字化变革，打通"人货场""产销存"的任督二脉，推动商品一体化，全国一盘货，打造"线下门店＋线上云店"的店铺增收模型，企业的经营才能得到全面优化，品牌运营才能回归商业本质、回归顾客价值，赢得参与未来竞争的核心竞争力。

2020年突然爆发的新冠疫情，加速中国经济社会数智化转型步伐。在疫情导致全国的门店几乎全部闭店歇业的危急时刻，波司登迅速调整销售策略，采取离店销售，进行线上直播引流，以线上交易和"无接触服务"开展销售活动，为消费者提供更安全、多样的消费体验。波司登把数智化转型作为企业"新基建"的核心发力点，与阿里云签署"数智化转型时尚先锋"战略合作，合力推进新零售能力建设、商品快反能力建设以及数据平台建设，聚焦"消费者洞察、营销洞察、商品洞察、商品运营"，在消费者研究、精准营销、商品一体化运营、导购运营等多领域进行创新与探索，构建以"消费者为中心"的全链路数智化升级能力。

图3　波司登与阿里云签署数智化转型时尚先锋战略合作

二、成果内涵

"二次创业"的波司登实现可持续增长，得益于品牌建设、渠道升级、数字化变革以及新零售运营等的深度发展。其中，推进数字化转型战略，是波司登在竞争激烈的全球市场中取得成功的基础。多年来，波司登一直在探索一条适合服装产业智能化改造和数字化转型的最优之路，通过理念创新、模式创新，撬动场景再造、业务再造、管理再造和服务再造。

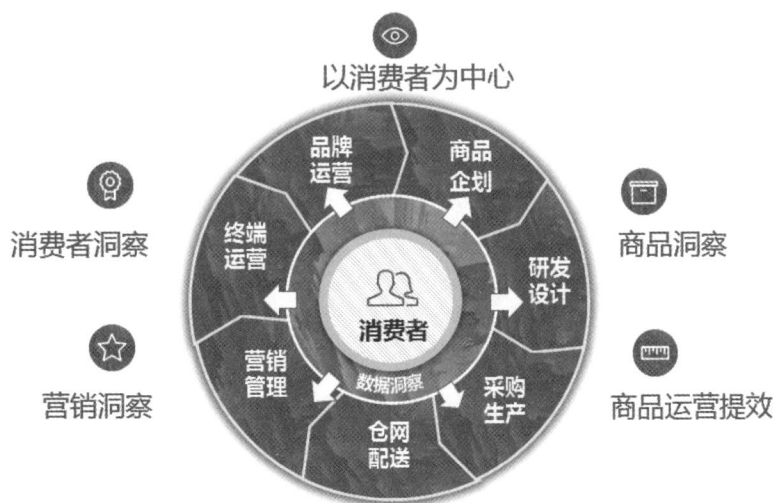

图4　以消费者为中心的波司登全链路数智化升级

波司登瞄准供应链与物联网深度集成的发展方向，紧扣关键环节，突出重点领域，推动智能装备升级、数字化接入、模式创新以及行业外部资源整合，全力打造一个更为智能的数字化配送中心，全面部署自动化作业流程，实现全流程信息互通、创新互融，推进两业之间的融合层次、融合深度和融合效果，从而构建起供应链的智慧能力、技术能力和服务能力。

（一）理念创新，两业联动，深度融合

由于羽绒服产品从原材料采集、生产制造到消费端整个流程中较多的时间处于物流环节，物流已从附属服务转变为提高制造企业市场竞争力的关键。因此，波司登成立了独立的科技公司，在专业化分工基础上形成"优势互补、你中有我、我中有你"的深度合作，着力推进物流业与制造业在供应链全链条上的战略合作、相互渗透、共同发展。目前，波司登科技公司服务全国所有线下直营、加盟门店及电商O2O业务，不仅负责商品的入存铺补退调及运输配送，更肩负着部分数据管理的责任，能够基于市场变化提前、有效配置商品资源，从而更快速、更精准响应消费者需求。服务对象不限于羽绒服主品牌波司登，同样覆盖雪中飞、冰洁等羽绒服子品牌，以及集团校服、女装等业务。

（二）模式创新，数改智转，分步迭代

企业数字化、智能化能力的迭代升级，是推动解决制约企业打造面向未来的核心竞争力的主要障碍和"中梗阻"的关键所在。波司登的智能化改造和数字化转型，立足业务发展需求，进行分步迭代升级。

第一阶段：培育探索，建立标准模块。20世纪90年代中后期，波司登启动信息化建设,将服装相关的面辅料、版型、工艺等产品标准数据化，2012年构建以ERP为核心的信息平台，将公司的管理制度和业务控制制度等融入其中，对有效管控全国营销系统和数千家终端门店起到了有力支撑。

第二阶段：智慧上云，应用系统增强。建立覆盖整个零售环节的数据化系统，上线云POS、渠道管理系统、iSCM门店拉补系统、CRM会员管理系统，2018年波司登"零售云平台"实现系统自动为经销商门店和直营门店补货，打通了线下门店和线上商品流转系统。

第三阶段：全域渗透，指向融通转化。加快人工智能、5G、大数据等新一代数字技术的支撑作用，智能制造深入发展，从前端销售、中端物流向后端制造全覆盖，推进供应链改造升级。

（三）率先探索，全链贯通，示范引领

数字化能力是企业创新发展的基础能力，也是面向未来最确定的趋势和机遇。波司登在智能化改造和数字化转型方面的率先探索，找准了服装行业"三高一低"（高毛利、高费用、高库存、低净利）的"痛点"，有效疏解与消费者真实需求动态及时匹配的"堵点"，在推进数字化、智能化全链路协同方面"亮点"频现，使企业在市场竞争中实现了差异化竞争。

后端生产，波司登拥有一流的智能制造工厂，是世界规模最大、技术最先进的羽绒服装生产自有基地，工厂年吞吐量近2000万件。

中端物流，波司登建成中国服装行业最先进的智能配送中心，更快、更精准地满足消费者需求，实现全国所有门店直接配送，以及从门店到工厂、到配送的互联互通。部署全球9大库区，不仅能够更快速地响应市场需求，还实现货品全国共享。

前端销售，推动供应链数字化创新，推动线上线下一体化运营，以直播、社群运营、离店销售等崭新模式，链接新时代消费人群，不断提高市场占有率，巩固市场领先地位，助力业绩增长。

波司登顺应供给侧改革和智能制造发展趋势，以数字化转型赋能价值成长，勇攀行业"数智"高地，持续提升品牌核心竞争力，有效增强了企业的盈利能力和抗风险能力。

三、重点措施

（一）融合共享，"全国一盘货"高效流通

2020年初，突如其来的新冠肺炎疫情扰乱了人们的生活。疫情就是命令，波司登智能配送中心迅速响应集团指令，凭借高度智能化的物流网络，全国9大分仓统一行动，克服人员调配、交通管控等多重困难，紧急调集15万件高品质羽绒服，就近快速驰援湖北武汉战疫工作者及全国各地最急需的地方。在2020年"双十一"购物节中，波司登全渠道销售额突破18亿元，订单的爆炸式增长没有让波司登手忙脚乱，所有订单实现下单当日全部就近发货。行动之快、规模之大、效率之高，在天猫平台25万个品牌中排在最前列。

这一切快速响应的背后，是智改数转提供的强有力支撑。早在20世纪90年代中后期，智能化改造和数字化转型已在波司登萌芽。1997年，波司登在每件衣服合格证上嵌入条形码，终端手工输入统计市场数据，建立起最初的数据中心，以数据为依据管控成本、控制库存。

2014年，"智改数转"浪潮在波司登掀起，那时物流系统是波司登运营体系中最薄弱的环节，公司决定从这里起步。当时，波司登在全国有108个市场仓库，让这些仓库里的货物快速流转起来，实现商品一体化运作是个高难度动作，但也是必须进行的一次彻底性变革。

改变物流系统，需要改变门店"进销存"模式，由传统批发模式向现代零售模式转型。公司围绕数字化、自动化、智能化发展趋势，提前预判商品一体化发展方向，前瞻性地科学规划全国物流网络，建设了服装行业最先进的智能配送中心。基于"全国一盘货、线线下融合共享"理念，在行业内首创以1套物流管理系统管控所有库存，搭建高度集成的、智能的、共享的供应链管理平台，采取"CDC直接分发至门店"的一级配送流程，实现全国所有门店及线上消费者的直接配送。

根据市场终端销售的数据反馈，旺季滚动下单，有效管控安全库存，快速精准送达用户，实现货品一体化运营、全国共享，高库存局面得到彻底改变：90%以上流程实现自动化，配送时效达标率约98%、正确率近100%；生产效率提升400%。同时，极大提升空间利用率，节约3万方平米土地资源。

（二）优质快反，推动供应体系全链协同

早在2010年起，波司登开始导入智能化生产，投入近亿元资金引进世界领先的智能化生产线。其后，广泛应用智能装备，"机器换人"，通过单件流、吊挂流、部件流智能化生产线的创建突破，生产制造、实验检测、物流配送等核心环节进装备数控化率超过90%。

走进波司登智能制造生产基地，智能化模板机前，工作人员有条不紊地将衣片固定在模板上，启动按钮，整个衣片便从自动缝纫机上驶过，线迹针距均匀标准。裁剪区、验片区、模板缝制区、特种工艺加工区等板块间分工明确，相互配合，极大提高了生产效率。自动剪裁，智能吊挂流水线，模板辅助生产……搭载一系列"黑科技"的羽绒服制作完成后，将在智能配送中心仓储区，由机器人"操作工"们自动导航运送到作业区接受拣货。

2019年开始，波司登积极面对数字化挑战，在数字化赋能下打造智能工厂，建设柔性供应链，提升商品快反能力，实现柔性快反、品质卓越、成本领先。公司独立研发了拥有自主知识产权的服装智能制造系统GiMS，搭建大数据中心，建设行业领先的智能工厂，实现订单接收、自动排版、自动铺布、自动裁剪、自动充绒、半自动缝纫、自动吊挂的生产流程，在全行业首创实现所有设备的互联互通并实时和市场信息链接，支持铺货、OEM、小单快返、个性化定制多种模式。

图5　波司登吊挂流水线

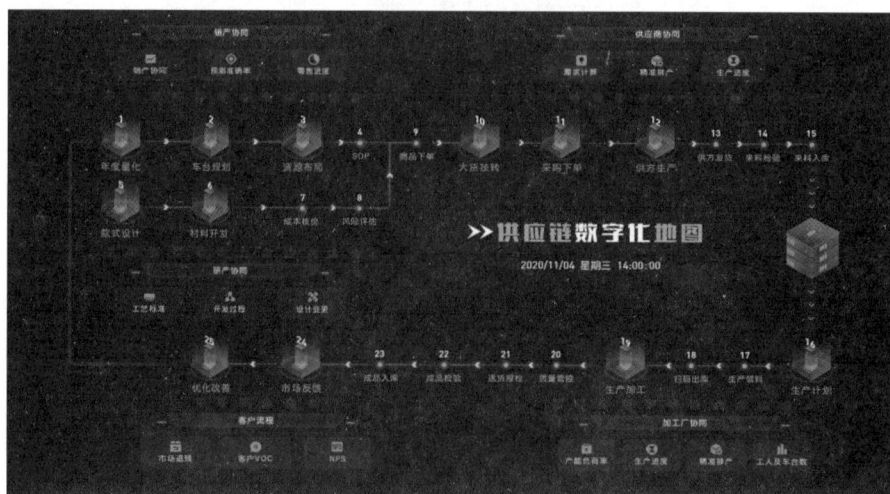

图6　波司登供应链数字化地图

通过与工厂及销售终端数据打通，波司登以"互联网＋大数据＋智能制造"打造行业领先的供应链体系，快速响应市场需求。行业首创的自动充绒、自动包装、自动模板等关键技术装备，可跨行业对标、部件化生产、部分流程无人化作业，实现行业内仅有的每日订单，每日补货。在羽绒服短暂的旺季销售中，将快反周期提升稳定在7~18天。

供应体系全链协同是数字化发展的必然趋势。波司登作为行业头部品牌，有责任为行业创新率先投入、大胆探索，目前正加快构建供应链上下游多方协同平台，打通前端销售、中端库存与后端供应链生产外包的流程，把数字化应用场景渗透拓展到服装生产工厂、原材料供应商、国家级实验室、专家级技术中心、产品研发中心、智慧门店及个人定制服务等业务领域，构建优质快反供应链协同管理体系，为自主服装品牌供应链变革探索创新路径。

图7 波司登＆江南大学校企合作共建LOT联合实验室

（三）精准服务，匹配需求撬动消费升级

数字化不仅仅是简单的技术变革，更是一场内在经营与管理革命。波司登以数字化营销赋能新零售，驱动品牌"内调外销"，实现线上线下全网全渠道融合，在消费者研究、精准营销、商品一体化运营、导购运营等多领域进行创新与探索，构建以消费者为中心的全链路数智化升级能力。

经历新冠肺炎疫情冲击后，波司登迅速调整经营战略，将数智化转型作为企业"新基建"的核心发力点。与阿里、腾讯等达成战略合作。通过消费者标签、商品标签、渠道标签体系的建设，整合企业内部及外部大数据，以大数据助力对消费者的洞察和研究，提升产品研发有效性和供应链快反能力；以大数据精准圈选目标人群，提供更精准的消费者互动和服务，实现市场精准营销、商渠精准匹配、商品智能运营。

波司登积极重构消费者关系，精准运营顾客，建设柔性供应链，提升商品快反能力，实现"线下门店＋线上云店"协同发展，实现产销到销产的双向互动：线下不断匹配战略升级渠道，全力拓展核心商圈内的购物中心、时尚百货等主流渠道，尝试拓客拉新、离店销售、社群营销等新零售手段，并重新打造门店形象，提高消费者体验；线上大力推动精准会员经营，导入粉丝种草、红人直播等新零售手法，用新打法多触点链接时代消费人群，赢得国内外主流消费者喜爱。

2020/2021财年，新增企业微信好友超930万人，微信公众号粉丝累计超670万人。波司登品牌天猫平台拥有注册会员超476万人，同比增长160%，其中30岁以下年轻消费者占比有明显增长达27.4%。会员复购销售金额占线下总销售金额达26.9%。强大的数字化运营能力，为波司登开展个性化定制提供了系统支撑。2019年以来，波司登定制云平台在全国400家门店推广应用个性定制项目，定制交货周期达到行业领先水平。

图8　波司登旗舰店加速数字化升级

图9　波司登助力中国第三十七次南极科学考察队执行任务

通过持续推进智改数转，波司登从根本上扭转和解决了服装行业供应与消费者真实需求不匹配、库存积压和结构性缺货等痛点问题，巩固了品牌升级和市场领先地位。

四、改革成效

通过开拓创新资源战略合作，推动企业智能化改造和数字化转型，波司登从根本上扭转和解决服装行业供应与消费者真实需求不匹配，造成库存积压和结构性缺货等痛点问题，交出了远超行业平均增长水平的亮眼"答卷"，引领示范带动作用突出。

（一）智改数转提质增效，巩固羽绒服专家地位

波司登品牌每一件羽绒服经过62位工艺师、150道工序和极端环境测试、单件全流程质量追溯，关键环节的质量提升到100%（充绒准确率、行线精准度），有力支撑品牌产品升级。波司登在中国羽绒服中高端市场一枝独秀，品牌客群向年轻化和一二线城市倾斜。

波司登连续5年营收、利润实现双位数增长，以领军者姿态提振行业市场信心。波司登羽绒服品牌认知度高达97%，名列2020年中国顾客满意度指数（C-CSI）羽绒服/棉衣满意度排行榜第1名。2021年首次入选英国知名的独立品牌评估机构Brand Finance（品牌金融）公布的"2021年全球最具价值服饰品牌排行榜50强（Brand Finance Apparel 50 2021）"，且是增速排名第三，增幅高达39%。

（二）大数据洞察高效协同，打造全链协同供应生态

全链协同的供应生态是数字化未来的必然。波司登致力于打造数智化大商品供应链服务平台，聚焦要务、攻坚突破，加速服装柔性化智能制造升级，引进先进的智能制造装备、自动化流水线，优化业务流程和制造工艺，自主研发服装智能制造系统，行业首创自动充绒、自动包装、自动模板等关键技术装备，实现跨行业对标、部件化生产、品类无障碍切换和部分流程无人化作业。供应链核心业务实现在线拉通、三屏联动和人机交互，实现行业内仅有的每日订单，每日补货。

通过十多年数字化发展的人才储备，独立研发了拥有自主知识产权的软件系统和大数据中心，建成行业最先进的智能配送中心，关键设备互联互通，市场实时数据自主分析、自主决策、自主执行，全国9大智能库区实时联动，线上线下融合共享，真正做到了"全国一盘货"，在快速精准送达用户、满足市场需求的同时，指引快速生产补货，实现了好卖的货不缺货、不好卖的货不生产，有效解决了传统服装企业"结构性缺货"的难题，疏通了与消费者真实需求动态匹配的"堵点"，品牌快反能力遥遥领先于行业水平，品牌库存实现动态平衡、安全可控。

图10 波司登智能物流中心，AGV仓储机器人"货到人"拣选

借助先进的数字技术，加快构建供应链上下游多方协同平台，把数字化应用场景渗透拓展到智能工厂、供方管理平台、国家级实验室、专家级技术中心、高端全检中心、智能原材料仓库及大店定制服务等多个业务领域。业务数字化价值链的打造，把线性序列的供应链条，改造成为开放互联的供应网络，形成供应链数字化作战支撑系统，实现产地可干预、质量可溯源、产量精准可控、质量透明可视，呈现出集智能技术研究、检测、制造、定制、仓储一体化的数字化场景，为自主服装品牌"走出去""走上

去"开拓了创新路径。

（三）开放创新数智经营，引领中国制造升级发展

波司登在全行业率先探索智能制造新模式，彻底扭转了服装行业供应与消费者真实需求不匹配，造成库存积压和结构性缺货等痛点问题，促进和引领中国羽绒工业以及企业所在地高端服装产业转型升级，为行业进步及区域经济高质量发展提供了示范案例。

波司登自主开发适合企业需求、服装行业应用的系统集成平台；联合开发智能化程度高、加工环保型好的设备装备，助力中国高品质羽绒制品加速替代国际先进产品，打造中国品牌"高品优质"的新名片。截至目前，本成果硕果累累，波司登获得国家级两化融合贯标示范企业、国家级互联网与工业整合创新试点企业、制造业"双创"平台试点示范项目、企业上云典型案例、轻工企业管理现代化创新成果一等奖、纺织行业智能制造试点示范企业、首批省工业互联网发展示范企业（五星级上云企业）、长三角G60科创走廊工业互联网标杆工厂、江苏省示范智能工厂、江苏省示范智能车间、首批"苏州制造"品牌认证企业等权威认定，对纺织服装行业向高质量发展转型具有重要借鉴意义，势必将推动"中国制造"向"中国智造"转型，为纺织服装行业领域物流业制造业深度融合创新发展积累经验、提供示范。

五、未来规划

"十四五"时期，是我国由全面建设小康社会向基本实现社会主义现代化迈进的关键时期，是"两个一百年"奋斗目标的历史交汇期，也是全面开启社会主义现代化强国建设新征程的重要机遇期。从纺织服装行业的角度，行业也已经确立了新的发展定位，即：国民经济与社会发展的支柱产业、解决民生与美化生活的基础产业、国际合作与融合发展的优势产业。

羽绒服，以防寒保暖和工艺复杂著称，全球市场上60%以上的羽绒服来自中国。作为世界上最大的羽绒及制品生产、出口和消费国，中国羽绒市场整体连续多年呈现"减量增质"趋势，市场整体向好，高品质羽绒服产品成为市场新需求。波司登在零售规模、产品力和品牌号召力上打磨多年，波司登与国际头部品牌相比毫不逊色，但在精准营销、品牌强化、服务品质等品牌附加值上依然需要继续锤炼。

在消费者端：运用大数据，识别、洞察、精准触达和服务消费者，基于消费者需求的数据分析，从中寻找规律，指导商品企划，使产品的设计开发更精准。此外，品牌与消费者沟通方式也在转变。波司登将从消费者认知的角度，制定精准的、有针对性的内容服务，从而提升消费者体验。

在商品/供应链端：供应链最大的痛点，是市场和消费者需求的不确定性，导致原材料采购、成衣生产、商品配置带来了同样的不确定因素，高库存、高脱销并存。波司登将从商品/供应链层面推动按需智能供货，定制化"商品＋内容＋服务"，实现产品智能生产与组合，实时查询线上线下的每一个单品、每一个库存，最快速度响应市场需求，做到库存最优、成本最低。

在经销商/零售商端：打通线上与线下场景，激活实体店，连接实体店终端和线上门店全渠道对接，创造用户新体验。

数智化转型的"未来已来"，真正的5G时代是万物互联的时代，是一切业务数据化、一切数据业务化的时代。从"全球热销"走向"全球领先"，波司登踔厉奋发、行稳致远，正在成为代表国家品牌实力的象征。波司登将根据国家发展规划做好企业的战略规划，根据产业经济发展推动企业转型升级，用穿越时代的视角看未来，把未来的资源融入当下，用未来的方法解决当下的问题，致力于打造"品牌引领、产品领先、渠道升级、优质快反"四项核心竞争力；在新时代"智改数转"的浪潮中，波司登将

推进实施数字化基础建设、全价值链数字化应用、数字驱动业务模式创新和数字化商业智能，打造数字化转型团队能力，实现从"数据治理思维"迈向"数字化管理决策思维"的新高度，实现全业务、全流程、全触点的全面数字化目标，真正成为数字化经营的企业，迈向全球领先的羽绒服专家新征程，为推动中国纺织服装行业高质量发展不懈奋斗！

成果创造人：高德康、梅冬、戴建国

南方电网公司构建能源生态系统的创新与实践

南方电网能源发展研究院有限责任公司

一、南方电网公司构建能源生态系统的实施背景

（一）服务和落实碳达峰碳中和战略目标的重要举措

随着我国2030年碳达峰、2060年碳中和国家战略目标的确定，能源低碳化转型加速发展。"十四五"规划明确提出要构建清洁低碳安全高效的能源体系，推动形成新时代可再生能源大规模、高比例、高质量、市场化发展的电力产供储销体系，构建以新能源为主体的新型电力系统。实现碳达峰、碳中和目标，能源是主战场、电力是主力军，需要充分发挥现代化电网核心平台作用，加快沿能源产业价值链延伸优化业务发展布局，发展能源生态，更好地满足人民追求美好生活的电力需要。

（二）建设具有全球竞争力世界一流企业的题中之义

党的十九大报告要求"深化国有企业改革，发展混合所有制经济，培育具有全球竞争力的世界一流企业"，要充分发挥市场在资源配置中的决定性作用，激发各类市场主体活力，培育更有活力、创造力和竞争力的市场主体。对标世界一流能源电力企业，提升产业价值链竞争地位，建设开放合作、互利共生的产业生态成为业内共识。公司应紧抓能源转型的发展机遇，聚焦能源电力产业升级方向，以生态思维引领企业未来，打造平台连接产业链上下游企业，聚合与协同商业伙伴，逐步构建以用户为核心，以自身为平台的能源生态系统。

（三）推动公司战略落地提升核心竞争力的关键路径

随着电力体制改革的纵深推进，输配电价监管政策趋严趋紧，增量配电业务改革提速扩围，深刻改变电力生产组织方式和电网企业盈利模式。公司提出"成为具有全球竞争力的世界一流企业"战略目标，明确加快向智能电网运营商、能源产业价值链整合商、能源生态系统服务商转型。如何基于南方电网发展优势构建能源生态系统成为公司战略落地的重要实践方向和发展命题，更成为把握新时代特征，提升核心竞争力的重要载体和实施路径。

综上，推进能源生态系统建设是公司落实党和国家重大战略部署，服务区域经济协调发展，加快建成具有全球竞争力的世界一流企业的必然要求。当前，公司能源生态系统建设仍处于探索阶段，存在缺少系统成熟的发展模式、运行效果、平台生态的市场营销效果不明显等问题。

二、南方电网公司构建能源生态系统的成果内涵

围绕公司转型能源生态系统服务商，助力建成具有全球竞争力的世界一流企业的战略目标，以"定

位—路径—行动"为总体建设思路，明确生态平台构建者、生态价值创造者、生态秩序维护者、生态创新引领者四个发展定位，坚持统一入口，筑牢基石；整合资源，有效赋能；全面服务，创造价值；高效治理、共生演化四个发展路径，以"整体谋划—系统推进—保障措施"体系化推进，具体开展筑能、赋能、产能、运能、创能五大专项行动，形成公司推进能源生态系统建设发展模式。

图1 推进能源生态系统建设发展模式图示

（一）"定位"：明确目标，找准定位

生态平台构建者——搭建能源生态系统整体架构和基础设施，建立统一能源生态入口，为各类用电用能服务提供平台媒介、基础空间和技术规则等，为参与生态的各类企业提供共享支持服务。

生态价值创造者——发挥连接各方的核心作用，大力整合能源产业价值链上用电用能产品和服务，通过自有资源提供优质、高效服务，同时整合外部市场主体为客户提供一站式用电用能及相关服务。

生态秩序维护者——依托行业影响力，从商业层面对各市场主体和利益相关方开展关系调节、争端处置，在更大范围内实现市场主体和利益相关方的沟通高效、信息对称、交易互信、利益平衡、互惠共生。

生态创新引领者——整合创新要素和资源，优化内部创新生态体系，联合各方主体，加速核心技术攻关，通过管理、服务和商业模式创新，为全行业提供最佳实践。

（二）"路径"：对内整合，向外贯通

统一入口，筑牢基石——建设全业务统一对外服务窗口，增强生态平台用户体验，为用户提供传统业务与增值业务等全业务一站式办理入口。

整合资源，有效赋能——整合内部优质人力资源、技术资源等，将内部积累的技术、数据、算法和数字化服务转化为产品组合与解决方案，为用户提供基础产品和增值服务。

全面服务，创造价值——从客户需求出发，连通众多能源生态系统参与方提供全业务、全流程、全方位的用电用能服务，共同创造价值。

高效运营，共生演化——围绕生态平台常态化开展运营活动，增加平台的活跃度和用户粘性；逐步制定公平、公正、公开的能源生态系统市场化运营规则。

（三）"行动"：一体化推进五项行动

筑能行动——打造统一能源生态平台。生态基石是能源生态系统成长的基础，通过统一能源生态平台入口，融汇能源产业价值链的信息流、资金流和业务流，提供覆盖能源生产、能源输送、能源消费、能源管理和能源咨询等全电力产业链各环节的生态入口和协作载体，降低能源全过程服务和管理成本，为能源生态提供共生土壤。

赋能行动——构建前中后台业务体系。生态赋能是能源生态系统成长的养分，是提升能源生态吸引力和竞争力的核心。传统业务架构模式无法满足能源生态系统建设需要，需要综合用户思维和产品思维，建设敏捷前台、高效中台、坚强后台一体化相互支撑提升的业务架构。根据用户需求快速调配内部后台的"资源池"，引入外部"后台"支持，建立市场化、高机动的资源调配能力，实现对人、财、物等关键性资源的精准快速调配。

产能行动——提升价值创造能力。价值创造服务是内外部各类市场主体满足客户用能、用电及其他服务需求的过程。价值创造过程需持续锻造优质产品和增值服务，坚持和生态主体利益分享，整合产业资源赋能生态伙伴，打造覆盖所有生态主体的价值网络，为生态伙伴提供多元化服务，逐步打造全业务、全流程的服务支持。

运营行动——构建市场化运营机制。良好的生态需要一套利于发展、永葆活力的运行机制，不断提升价值链各个环节之间的流动性和相关性。一是构建常态化的平台运营机制，包括产品分析、运营监控、用户分析等；二是通过制定准入准出机制、合规管理等构建开放共享、公正诚信、共商共建、互利共赢的平台秩序。

创能行动——构建创新生态体系。围绕能源生态平台构建高水平创新平台，依托生态赋能和各类生态服务，整合各层级创新组织和团队。联合国内外知名高校、研究机构、相关企业共同打造创新联合体，促进创新要素集聚，推动产学研深度融合、产业链融通创新，构建协同开放的创新生态。

三、南方电网公司构建能源生态系统的具体实践

（一）整体谋划：科学设计能源生态系统的发展模式

1.对标一流发展模式，精准定制发展策略

找到科学合理、适用实用的发展模式是电网企业发展能源生态的起点。首先，通过文献研究和先进企业对标分析，明确打造生态基石、加强生态赋能、提供生态服务、强化生态治理、创新生态体系的实施路径。其次，结合实际，针对业务协同与整合难、服务融合难、缺乏高效运行的市场化运营机制等问题制定应对措施。最后，构建形成以定位为导向，明确发展路径，以构建现代供电服务体系为抓手，落实专项行动的能源生态系统发展模式，整体谋划，系统推进，加快公司转型能源生态系统服务商。

2.全面开展顶层设计，推动业务同向发力

公司层面持续优化新兴业务发展顶层设计，明确各主体业务方向及业务边界，网级专业公司发挥专业资源优势，重点聚焦平台搭建和生态构建；省地企业发挥属地资源优势，重点聚焦市场拓展、项目运营，满足客户多样化需求。自2018年以来，南方电网公司围绕转型能源生态系统服务商，先后发布多份重要文件全面推动业务发展，具体包括《关于加快南方电网公司竞争性业务发展的意见》《公司关于加快发展新兴业务的指导意见》《全面提速南方电网公司充换电基础设施建设实施方案》等。

3.组建三级专项团队，上下贯通工作部署

组建包括领导小组、管控协调专班、专业管理小组的三级专项团队，成立客户服务、新兴业务、配网业务、数字化、综合业务等专业管理小组，共梳理十大任务类208条具体细项，以"三层同进、总分并用、一体实施"的管理方式推进任务建设。

（二）系统推进：以专项行动推进能源生态发展落地

1.筑能行动：打造统一能源生态平台

统一能源生态服务平台入口。公司以"南网在线"App为统一能源生态平台入口，将95598、实体营业厅、自助终端等渠道逐步全面接入"南网在线"，实现全渠道业务、数据互融互通；建设全业务统一对外服务窗口，为用户提供传统业务与增值业务等全业务一站式办理入口。

图2 统一能源生态服务平台入口图示

统一业务数据全流程管理。一是制定电网数据模型设计规范，统一了电网数据模型，规范了1.2万长库表，其中营销5268张库表，实现了数据间的无障碍交换。二是通过构建统一账户体系，实现了9000万用电客户和5500万互联网用户的打通。三是制定电能量统一接入标准，接入南方五省区9.8万座厂站、70.1万台专变、84.4万台公变以及9800万户电表，实现了电能量的统一采集。四是构建全景监控服务体系，实现对服务资源、数据资源的全面监控，实现对电网全业务、全流程监控。

2.赋能行动：打造前中后台业务架构

推动业务数据化，数据产品化，产品服务化。通过数字技术深度融入用户服务全业务、全流程，打造适合供电服务智慧化能力输出的产品，为个性化服务作出重要支撑，实现以数据流引领和优化能量流、业务流，推动全业务、全服务、全渠道贯通，提升客户体验。

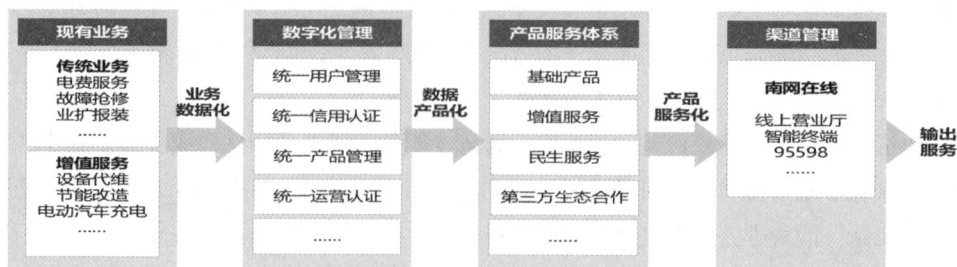

南网智库 行业智囊

图3 全业务、全服务、全渠道贯通图示

构建敏捷前台、高效中台、坚强后台的业务架构。前台聚焦需求管理，中台开展商机管理，后台服务跟进。客户通过"南网在线"一键提交增值服务需求，客户需求触发前台，由前台人员组织专业团队处理。前台触发中台，按照流程启动商机发布、供应商抢单、现场服务等一系列业务环节，实现跨专业、跨层级的资源配置。中台触发后台，后台对产品服务协调资源，保障业务顺利开展。

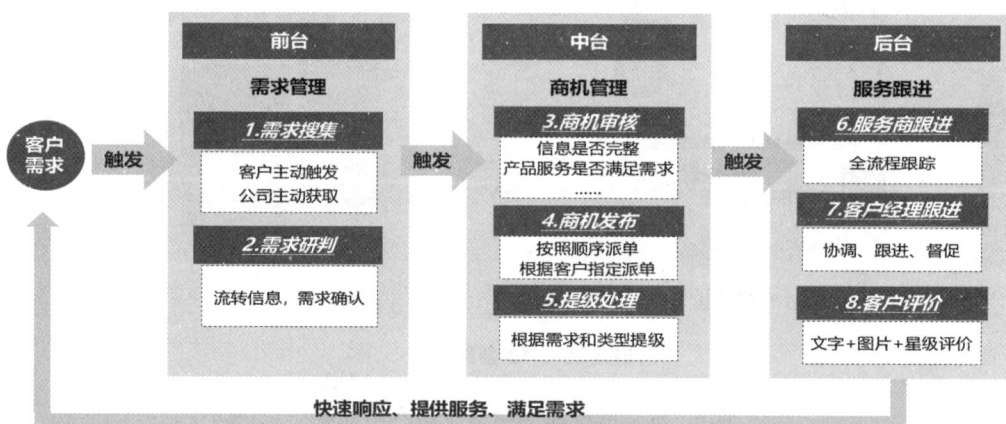

南网智库 行业智囊

图4 前中后台业务架构图示

3.产能行动：打造全方位产品服务体系

基于用户需求打造"基础服务＋增值服务"产品体系。从全客户视角出发，组织相关专家连续4天集中研讨互动，梳理10大核心业务场景，涵盖业扩报装、故障抢修、增值服务、扶贫商城、电动汽车、保险等，总结基础供电产品、增值业务服务、衍生数据产品、民生政务服务四大产品类别。每一配套相应的《产品宣传手册》《产品销售手册》和《产品技术手册》。

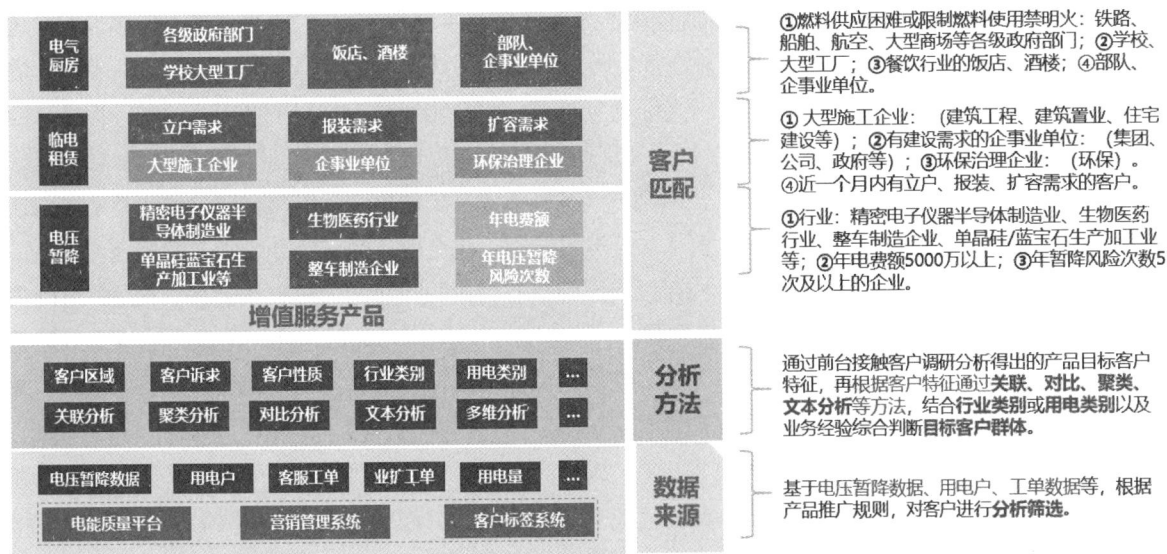

图5 用户画像实施精准营销图示

定制化推广营销,灵活输出服务套餐。一是通过用户画像实施精准营销,结合客户标签应用,借助产品运营策略开展用户画像,锚定目标客户,实现产品宣传推广精准营销。二是根据服务区域、服务能力、供应商情况制定推广营销计划;三是根据客户分群定位应用场景,对各项服务组合,将基础产品与增值产品深入融合,通过产品组建形成7项多元化服务套餐。

客户分群	套餐名称	服务产品	客户分群	套餐名称	服务产品
政企事业单位	电力安全综合解决方案	电能质量(基础)智慧运维 配电房7*24小时驻点值守	园区集群客户	工业园区专业电力管理方案	电能质量(基础)电力设备调试 故障抢修(基础)电力设备调试 智慧运维
	光充一体应用方案	电费服务(基础)光伏项目建设 电动汽车充电设施建设	高载能企业	设备能效改造综合方案	用电检查(基础)可靠供电服务(基础)电力设备调试
高新技术产业	配电设备一揽子服务方案	电能质量(基础)智慧运维 配电房7*24小时驻点值守		用电保障修复解决方案	故障抢修(基础)保供电 电力维修抢修 智慧运维
				综合能源整体服务方案	电费服务(基础)节能改造 综合能源供应

图6 客户分群套餐定制图示

构建"3链5E"生态服务,打造一站式能源生态服务。为加快提升能源生态服务能力,南方电网公司大力实践新技术与电网融合发展催生的新产品、新模式、新业态,发布《南方电网公司关于加快发展新兴业务的指导意见》全面布局新兴业务。围绕南网在线的"用户、产品、流量"三大运营项,完善公司互联网服务业务场景,规划、整合、发展全网增值产品,构建"3链5E"生态服务架构。一是打造国内服务最全的一站式用能服务解决方案平台(用能E),依托公司用电服务基础业务,围绕能源消费用户的用能全过程,联合行业头部企业,遴选公司现有相关产品,通过整合、引入、孵化,打造用户配电资产工程建设、设备运维、用能优化、共享电工以及分布式新能源建设运营、碳交易、智慧工程等能源服务产品矩阵。二是打造国内最专业的电工产品供应链平台(采购E),依托公司在供应链的核心企业地位和资源优势,围绕内外部用户的电工产品购销服务需求,联合行业头部企业,通过整合、集成内部业务和拓展建设对外业务，打造融通内外部价值链的电工产品供应链平台。三是打造南方区域最有特色的本地生活服务平台（生活E），以"差旅合规管控、员工差旅减负"为定位建设运营商旅通平台，进行"公私分离报销、差旅前后事权合一"等差旅流程变革，将商旅通作为公司公务出行的唯一途径。四是打造国内最有活力的能源产业金融服务平台（融通E），汇聚公司内外部金融单位的合规金融产品，建设金融产品总库，打通与电网管理平台、南网在线基础业务、各增值产品以及金融单位业务系统的连接，融合公司营销、供应链、增值业务、财务、金融等数据，将金融产品与业务场景深度融合，为上下游企业提供高效便捷的一站式金融服务，构建以南网为核心企业的互联网金融服务生态。五是打造国内最具价值的能源数据服务平台（数通E），依托公司数据资源，围绕用户数据使用需求，建设大数据服务交易与变现平台；通过与外部股权合作方式，获得数据征信持牌；组织能源生态圈各参与方建设、维护数据模型、算法、产品，丰富数据增值服务产品。

连接优质生态伙伴，打造南网生态服务品牌。以共商共建共享为原则，以优化增值业务产品体系和开展运营策略设计为抓手，开展平台运营和增值业务产品建设、运营，快速打造南网生态服务品牌。积极连接生态合作伙伴，对接产业上下游产业，加快建立"以电网企业为中心支撑、社会各界广泛参与"的能源命运共同体。一是与多家企业建立线上合作模式，通过商城进驻、合作推广等模式与外部企业合作。二是对接数字政府实现政务数据、民生服务互联互通、证照共享，落实"一次都不跑"和"一窗通办"。三是推动园区增值服务商机拓展及实践路径，拓展能源生态边界。根据园区客户画像筛选出35家园区，形成园区增值服务商机拓展的思路策略及实践路径。

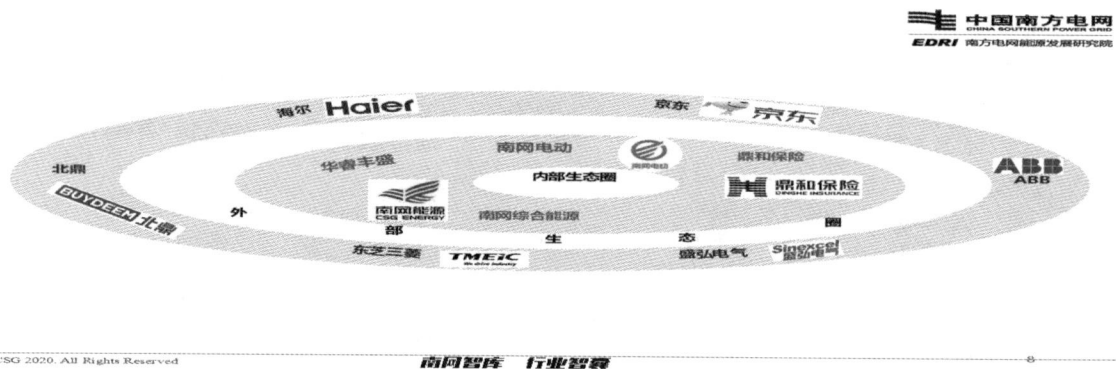

图7 连接内外部生态伙伴图示

以具体实施单位为例，广州供电局与南网能源公司成立联合工作组，共建现代供电服务体系。佛山供电局有效引导用户需求，邀请客户作为产品体验官，参与产品技术研发。深圳供电局与比亚迪合作，联合南网电动、鼎和保险提供集购车、保险、充电桩等服务的一揽子解决方案。云南电网以玉溪供电局为试点，按照客户用水用气用电"一件事一次办"的工作要求，开展"电水气"联合办理试点。海南电网与中国联通、中国移动公司签订海底光缆有偿使用及维护合作协议，与光大银行探索电力数据资产合作。

4.运营行动：构建科学生态运营机制

建立常态化的产品需求和运营监控机制，持续提升用户体验。定期开展平台的需求管理、功能监测、体验评估、版本管控，每周分析业务开展情况，形成南网在线运营分析报告；专人每日跟进增值服务需求工单闭环管理，印发了现代供电服务体系前中后台运作及客户增值需求闭环管理工作机制。

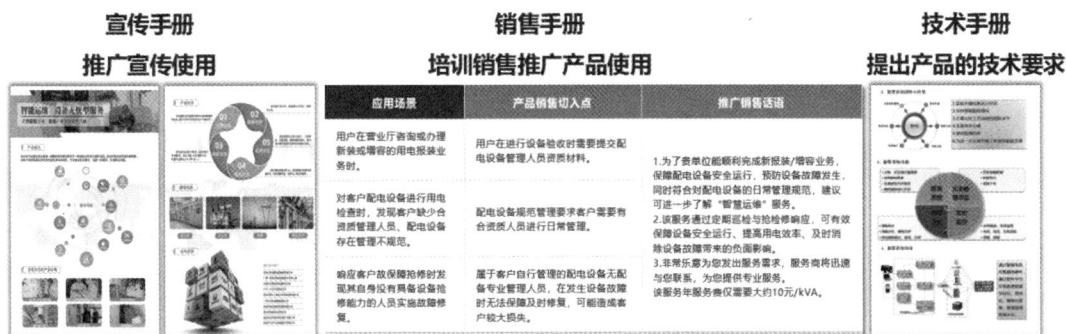

图8 产品宣传和销售手册图示

开展平台运营活动，增强平台活跃度和用户黏性。以积分为主要激励手段，紧扣节假日、时事热点等，建立营销活动方案库，策划开展拉新、促活、业务转化等丰富多彩的大型主题营销活动，支撑省地开展营销策划活动。开展品牌包装、广告投放、场景化推广等宣传活动，加大与外部互联网平台的流量合作，提升平台品牌辨识度，传递公司核心价值。

建立开放共享、公正诚信、共商共建、互利共赢的平台秩序。建立产品与服务的遴选、上架、运营、下架等业务的合规管理机制，确保产品和服务商户依法合规经营，明确生态主体的准入标准，为每个生态主体建立个体信息档案，明确基本责任义务与权利，加强信息治理、关系治理、协作治理和利益治理，以打造开放共享、公正诚信、共商共建、互利共赢的平台秩序。

5.创能行动：以创新引领生态发展升级

构建创新生态系统。吸纳优质初创公司进入能源生态系统，提升内外部企业对新兴领域和前沿技术的识别能力，为开拓新领域新业务提供支撑。通过举办创新大会、创新论坛等鼓励所有市场主体创新创业，搭建与外部初创机构及合作伙伴共同开展前沿研究的创新协作平台，召开创新成果发布会等营造创新氛围。

多维度推进创新孵化成长。统筹规划整体创新孵化工作，形成创新指南，规范创新过程管理。建立"众创—孵化—加速"机制，提供"开放空间＋技术平台＋孵化辅导＋资源对接＋基金投资＋市场推广"多层次创业服务，为内外部成长型创新项目搭建全生命周期孵化平台，健全配套孵化机制、资金支持等，打通创新项目或公司从新苗、孵化、加速到成长的全生命周期支持体系。推动能源生态系统系统内部的科技成果转化的评估、撮合等工作，推广科技成果新产品销售，组织开展知识产权评估、作价和价值转让等运营工作。

（三）保障支撑：推进能源生态规范化标准化发展

1.强化数字支撑，支撑传统服务转型升级

加快基础设施数字化转型。依托南网"公有云"，实现"电力＋算力"广泛延伸，推出智能电网相关商业产品和服务，打造集约高效、经济适用、绿色智能、安全可靠的现代基础设施体，依托数字孪生网，主动发现客户需求，更加紧密连接各类客户。

加速推动业务全方位、全过程数字化应用。围绕能源生态服务平台建设，加速推进企业管理数字化，建设智慧规划、智慧投资计划、智慧供应链、智慧基建、智慧安全生产、智慧应急智慧、智慧财务、智慧人资的动应用，打造数字企业。推进业务服务智慧化，基于VR虚拟现实交互技术，推动信息可视化和情景交互体验的智慧场景建设，实现超越现实的感官体验的全新服务。

2.优化组织架构，保障前中后台有效运行

构建省、地两级的中台联动协同机制。由地市级中台负责将用户需求转化为商机发布，跟进服务商进行平台抢单情况。省级中台负责商机工单的总体监控，避免"漏单"，同时对于地市无法满足的跨市服务需求进行提级处理，统筹、调度全省服务商开展跨地市服务。

优化服务前台岗位设置，快速响应客户需求。建立聚焦客户需求的协同联动模式、专职经理队伍。围绕客户需求和服务产品交付，建立横跨客户服务中心、区局等多个主体的协作团队，对用户多元化需求进行分析研判，捕捉市场化商机，建立协同联动模式，为用户提供优质体验的顾问式服务。

3.固化制度标准，保障规范有序进行

理顺基础产品和增值服务的流程规范。完成了基于生态平台的新版业务流程梳理，共涉及8个业务流程，44项流程节点。与此同时，对各项业务的范围、内容、程序和处理方法在信息系统中进行固化。

持续完善前中后台体系制度文件。编制形成前中后台运作工作机制、商机精细化全流程管理机制、产品孵化上线全生命周期管理、客户关系管理细则等制度文件。梳理产品体系构建及产品全过程合规风险，建立营销法规一体合规风险防控机制。

四、南方电网公司构建能源生态系统的三大创新

（一）理论创新

1.跨学科视角：体系化搭建能源生态系统的理论基石

本成果从"一个理论三个视角"出发，以生物生态学理论为基础，结合公司构建能源生态系统所处的外部环境、发展现状等，从能源系统视角、商业模式视角、平台型企业视角构建本研究理论基础，全面开展概念内涵文献研究，全方位理解能源生态系统的内涵与外延，提出能源生态系统是基于组织环境的以核心企业为主体来构造环境型组织，其中个体之间、个体与企业之间、企业之间、企业与环境之间进行物质、信息、价值交换循环的组织形态。

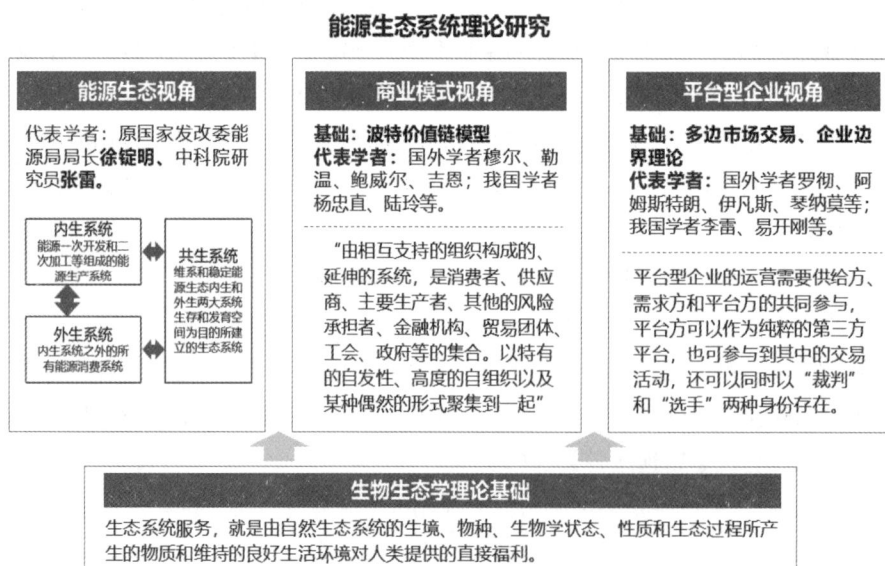

图9 能源生态系统理论基础和研究视角

2.生态位视角，构建生态定位和能源生态服务全景图

企业生态位理论认为，企业在生态系统中扮演着多重角色，核心企业为整个生态系统的主体提供交互场所，负责建立完善的沟通机制，交易机制，价值创造、传输、分享机制等。为找准电网企业在能源生态系统建设中的定位，结合公司战略目标和发展实际，找准公司转型能源生态系统服务商需做好四个定位：生态平台构建者、生态价值创造者、生态秩序维护者和生态创新引领者。在此基础上，结合生态位理论分析，绘制能源生态系统服务全景图，以此厘清发展能源生态的关键业务，找准着力点，为转型能源生态系统服务商打下基础。

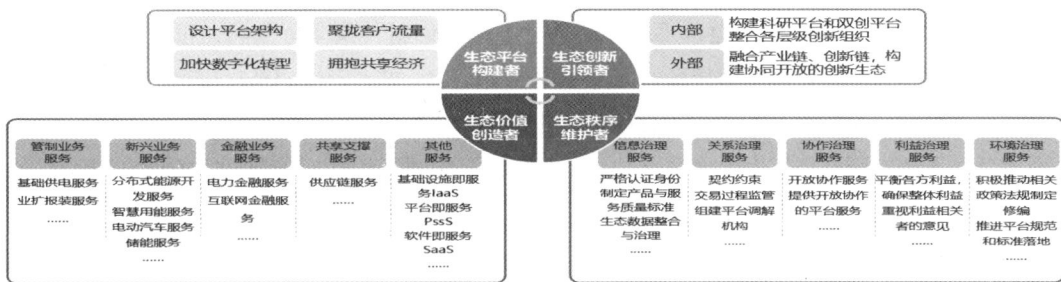

图10 能源生态系统服务全景图

3.能力观视角：提出基于核心能力的创新生态发展模型

以发展开放共享，互利共生能源生态系统为目标，以用户用能需求为导向，从企业核心能力构建视角分析开放式创新与核心资产保护之间的平衡与协同，通过强化焦点企业核心能力的专属性与不可模仿性，从而构建以核心企业为中心的创新生态。成果表明，基于核心能力的创新生态系统需横向上整合内部优质资源，增强业务高效协同，深化外部连接合作，纵向上贯通能源产业链上下游，以创新辐射带动能源产业发展新形态。

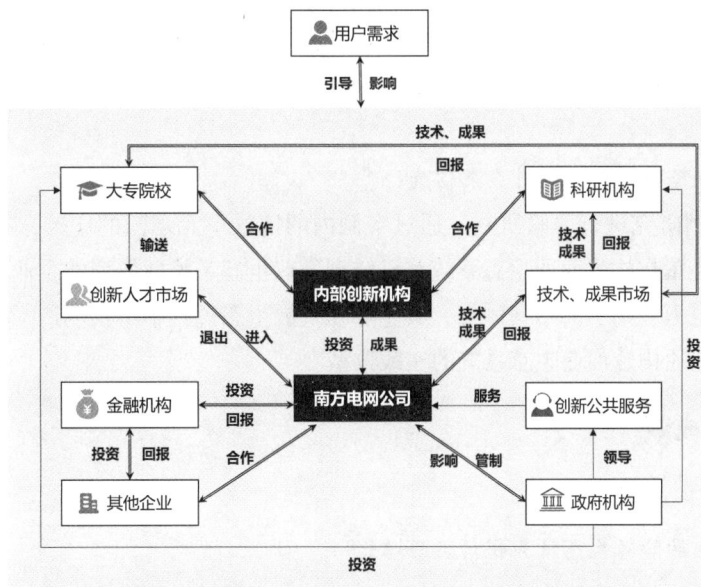

图11 基于核心能力的创新生态发展模型图

（二）实践创新

1.国内首创：提出电网企业构建能源生态系统的发展模式

基于世界一流企业对标结果，结合公司发展环境和发展实际，制定形成"明确定位—发展路径—专项行动"系统发展模式，在实施层面以"整体谋划—系统推进—保障措施"体系化推进，提出筑能、赋能、产能、运能、创能五大专项行动，形成公司推进能源生态系统建设发展模式，使电网企业作为连接电力行业上下游的纽带和平台作用落地至应用层面。

2.全国首家：以智慧新能源汽车为主题的能源生态体验厅

在研究成果基础上选取新能源汽车为主题打造示范项目，建成以智慧新能源汽车为主题的能源生态体验厅，打造集购车、保险、充电桩等为一体的生态圈，创新"购车更优惠，报装更便捷，使用更安全，保险更到位，充电更省钱"销售模式，为实现在全网乃至更大范围的推广应用打下良好基础。

3.推广性强：通过企业实践验证成果具有通用性和复用性

本项目成果和实施路径充分考虑国有企业实际情况，构建通用性实施框架、方法和路径，经过实践检验，具有较强的通用性。自成果应用以来，公司转型能源生态系统服务商成为全网上下的统一认识，有效提升新兴业务领域经济效益。公司围绕转型能源生态系统服务商，先后发布多份重要文件全面推动业务发展，具体包括《关于加快南方电网公司竞争性业务发展的意见》《公司关于加快发展新兴业务的指导意见》《全面提速南方电网公司充换电基础设施建设实施方案》等，为电网企业发展能源生态探索了新方法和新模式。

（三）方法创新

1.理论研究与案例研究紧密结合，迭代提升科学性合理性

为提升研究成果的科学性和合理性，在提出能源生态系统的发展模式后，理论研究与实践案例研究紧密结合，同步推进。通过以"南网在线""南网商城"为主的平台进行实践应用，实时掌握运营情况、建设成效和存在问题，及时调整与纠偏顶层设计，确保能源生态系统模型的科学性、合理性。

2.针对性开展对标一流，科学设计实施路径

全面对标国内外世界一流企业的先进经验和实践，包括西班牙电力、韩国电力、国家电网、华为、阿里巴巴、腾讯、联通等30余家企业。运用企业案例分析、举措对比分析、综合评价等方法，筛选与提炼公司转型能源生态系统服务商需打造生态基石、加强生态赋能、提供生态服务、强化生态治理、创新生态体系的实施路径。

3.跨案例研究关联验证，有效提升成果信度

研究选取典型案例研究进行关联研究，通过案例内的情景单元之间的比较，有效案例研究提升信度。案例选取的标准是正在构建商业生态系统和已转型商业生态系统服务商的企业，如阿里巴巴集团公司、西班牙伊贝德拉电力公司、海尔集团等，其企业在发展生态过程中不仅创造了较好的业绩，实现规模效益双增长，更是企业构建商业生态系统的实践典型。

五、成果主要成效

（一）经济增长效益

1.以新兴业务为主的能源生态服务利润显著增长

南方电网公司围绕构建能源生态系统大力拓展新兴业务，通过发挥能源电力行业枢纽作用联通能源

产业链上下游企业，着力发展能源生态系统服务。其中新兴业务利润占比是评价能源生态系统服务实施成效的关键部分。2019年新兴业务利润28.85亿元，同比增长14.2%；2020年新兴业务利润37.42亿元，同比增长29.4%。则各年度新兴业务新增利润如下：

2019年：28.85-25.30=3.55亿元

2020年：37.42-28.85=8.57亿元

2.以"南网在线""南网商城"为主的生态平台产生显著经济效益

"南网在线"创3915.91万元新增交易额收，有力推动增值服务实现零的突破。截至2021年6月25日，通过"南网在线"累计产生22167笔交易共3915.91万元新增交易额。累计下载用户量124万，办理业务10.5万宗，缴费47万笔，缴费金额22亿元；用户累计6215万人，平台年累计业务办理量272万宗。电动汽车充电业务通过"南网在线"累计3265单，成为增长潜力最大的增值业务。电动汽车充电服务业务呈现积极发展态势。截至2020年底，公司已累计建成充电桩4.2万根，南方五省区市场占有率22%；公司自营充电桩全年充电电量3.1亿度，南方五省区充电市场占比7.3%；"顺易充"平台注册用户71万、接入充电枪22万根，加盟运营商48家。

"南网商城"累计交易额超60亿元，有效整合上下游企业拓展生态边界。2018年以来，"南网商城"利用南方电网公司品牌优势，整合上下游供应链企业,打造性价比一流的电工装备商品交易平台,实现"需求计划管理–寻源采购管理–合同管理–履约管理–品控管理–仓储配送管理–供应商管理–逆向物流管理–供应链金融"全产业链整合,构建以电工装备商品交易为主的能源生态服务平台。2018年和2019年交易额达20亿元；2020年累计交易额超过60亿元。

3.以三大地市局为基层试点单位，为企业增收为社会降本

成果在南方电网公司推广以来，在广州供电局、深圳供电局、佛山供电局开展综合试点，产生显著经济效益。深圳供电局通过建立需求和商机的双向传递机制，大力推广增值服务、开拓市场，成效显著，2020年促成签约数175项，同比增长200%。广州供电局2020年实现营业收入567.23亿元（较成果应用前提升5.8%），新增利润26.39亿元。佛山供电局2020年实现营业收入395.86亿元（较成果应用前提升11.82%）。

（二）管理优化效益

创新产品服务体系，客户服务能力显著提升。打造"基础服务＋增值服务"产品体系，持续推动产品建设，开展产业金融共享、渔保姆、运维管家、生活商城、积分商城和商旅通等增值服务，针对不同类型用户的个性化需求，打造定制化基础＋增值服务组合套餐。

创新组织架构模式，生态赋能有效发挥作用。突破现有架构限制，构建起前中后台的组织架构，打造主动高效的一线客户服务团队，实现用户服务前端融合，快速响应客户需求。部分单位通过设立实体中台运营机构，负责商机审核发布、跟踪响应效率和服务进度、统筹协调个性化需求的产品研发，打通业务之间的协作通道。

推进技术融合升级，产品服务数字化智慧化发展。对内基于智慧决策能力，优化业务工单的自动填写、派单、分析、流转、审批、流程优化等；对外为每一位用户描绘全景画像，构建用户画像体系，提供精细化用能管理与个性化服务；搭建面向全体客户的场景应用，利用数字化工具逐步降低精准营销的边际成本。

夯实市场运营机制，推动生态平台有序发展。面向产品运营实施全程动态跟踪及闭环管理机制；面

向客户推荐适用产品和服务，建立各主体间灵活多样的利润共享和分配机制，加快形成共商共建共享的能源服务生态圈。

（三）社会服务效益

主动承担社会责任推动复工复产抗疫见成效。疫情期间公司发挥能源电力行业枢纽作用，构建开放共享、互利共生的能源生态平台，为联通能源产业链上下游企业提供了良好的沟通合作平台和渠道，出台供电服务保障六项举措，提供"欠费不停电""缓交电费"等服务，及时支付民营企业货款500多亿元，全面完成零拖欠、零新增的专项行动，减免、缓收中小微企业、个体工商户经营用房租金，支持实体经济发展。建立企业复工复产监测机制，用电力大数据为政府决策提供科学支撑。

南方电网区域内用电营商环境持续提升。围绕压减办电时间、简化办电流程、延伸投资界面、降低办电成本、提高供电可靠性、解决转供电问题等，做实做细"三零""三省"服务，加强政企协同联动、相互配合、信息共享，全面推广"南网在线"智慧营业厅，打造"基础性＋增值性"用电用能新业态。坚决落实国家降电价政策，为840余万用户减少用电成本约200亿元，有力助推五省区经济快速复苏。以持续优化用电营商环境助力高质量发展，客户平均停电时间（低压）下降15.4%，小微企业低压供电实现"零投资"，深圳、广州在中国营商环境"获得电力"评价中排名保持前列。

带动产业提升数字化智能化服务能力。公司坚持从智能营业厅向智慧营业厅发展，已初步实现智能营业厅。一是运用现代信息技术将业务从线下搬到线上，促进业务规范管理，提升运转效率。二是运用数字技术实现实时的全数据分析和移动应用，预测性、前瞻性地提供决策支持和商业洞察，提升敏捷响应和优化客户服务体验的能力。三是在数字化技术支持下，自动感知、自动诊断和自动作业。通过建设智能营业厅，以数字化、智能化手段提升服务水平，为产业数字化智能化服务转型提供实践样本，整体带动服务质量和体验。

成果创造人：薛武、蔡文璇、杨育鉴、胡志广、李海涛、刘杰、雷兵、彭玮麟、江雪菲、郭学敏、胡勇、周亮、姚文莹

建设项目审计数智化管理创新与实践

中国移动通信集团广东有限公司

2021年是"十四五"开局之年，"十四五"时期我国开启全面建设社会主义现代化国家的新征程。国家十九届五中全会提出：以推动高质量发展为主题，坚持创新驱动发展，全面塑造发展新优势。其中国家十四五规划和2035年愿景目标44次提到了"质量"或"效益"，81次提到了"创新"或"科技"。2021年中国移动通信集团公司工作会议上，杨杰董事长进行了题为《推进数智化转型加快高质量发展担当网络强国数智中国智慧社会主力军》的讲话，指导全集团在构筑创世界一流"力量大厦"继续拼搏奋进，勇担央企责任，加快转型升级，深化改革创新，强调"十四五"时期发展目标和2035年远景目标，应顺时应势把准"推进数智化转型、实现高质量发展"的主线，聚焦重点强化三转、三化、三融、三力"四个三"的战略内核，力争实现发展规模、结果调整、科创能力、运营效率、体制机制5个方面新突破。

在高质量发展的新时期，中国移动通信集团广东有限公司（以下简称广东移动）勇当排头兵，深入贯彻党和国家的重大方针政策，践行集团公司工作部署和要求，在重大工程投资建设项目领域，聚焦5G网络建设、云计算、数据中心等新基建项目，以新发展理念为引领，以技术创新为驱动，以信息网络为基础，面向高质量发展需要，加快建设数字转型、智能升级、融合创新等服务的基础设施。随着广东移动新基建项目快速发展，传统通信领域的建设项目并进开展，建设项目资金投入数额巨大、项目专业程度高、管理难度大，各种风险贯穿项目全过程。因此，针对建设项目配套的审计支持及服务更突显重要。建设项目审计作为通信网络及工程建设的必经环节，其实质量和效益在推动公司高质量发展中发挥着重要作用。

随着国家新基建战略的全面部署和实施，工程建设项目投资规模持续高位增长，与之对应的工程建设项目送审规模和数量也不断增加。广东移动每年建设项目审计数量维持在1.5万个以上，规模保持在每年10%以上的增长，且全年送审量极不平衡，下半年部分月份送审量甚至是上半年之和；同时，随着加快民营企业付款工作的推进、标准建设工期的实施，对审计时限提出了更高的要求和挑战。在海量且欠缺计划精准性的送审项目需求下，如何才能实现审计质量和效率的双提升，更高效更优质完成大规模突发审计任务，引发了企业内部建设项目审计人员的广泛思考。

在新形势新任务新起点上，建设项目审计要进一步提高政治站位，增强责任感和使命感，顺势而为，把握数智转型发展的新机遇和挑战，为推进稳投资、发展新基建、实现公司高质量发展做出贡献。在国家战略层面，习近平同志在中央审计委员会会议中作出重要指示：要善于运用新技术、新手段，坚持科技强审，加强审计信息化建设，积极推进大数据审计。在集团要求层面，集团公司董昕总经理要求：开发准确、高效、敏捷、易用的智能化审计产品，打造行业领先的审计信息化标杆。强化大数据、云计算、人工智能等信息技术与内部审计工作的深度融合，"远程＋现场"新模式充分运用，推动审计技术水平取得突破发展。立足广东移动内部审计部门的年度重点工作要求，2021年需着力抓好数字化审计能力构建工作，要进一步适应新形势要求，高度关注公司整体运行质量和效益存在的风险，聚焦转型发展风险，通过审计工作促进风险的及时防范和化解，全面提升风险防控实施能力。

新时期建设项目审计工作面临着外部环境催生的审计模式变革、建设前端管理不规范带来新挑战、自身管理短板有待补强等突出问题和挑战。通过数智化建设为审计转型赋能，无疑是撬动建设项目审计高质量发展的重要杠杆。本项目选取广东移动建设项目审计领域的信息化建设及数智化转型创新实践为对象，立足新时期企业高质量发展要求，探究适合于现状以及未来的数智化审计新模式，构建完整有效的建设项目审计数智化管理体系。项目成果系统性地指导广东移动省公司及下属21个地市分公司的建设项目审计数智化转型实践，从2018年9月至2021年6月，以全省统一使用的建设项目审计信息化系统为载体，覆盖广东移动全省内部审计人员、工程建设部门以及所有合作的外部审计中介机构（专业造价咨询企业、注册会计师事务所）三类用户，实现建设项目审计的融智、融合、融通，以高质量的审计工作推动公司各类通信工程及重大投资建设项目的高质量发展。

一、项目背景分析

（一）新时期建设项目审计数智化转型的外部环境

首先，国家"去定额化"给传统建设项目的造价审计工作带来前所未有的冲击：住建部《工程造价改革工作方案》（建办标[2020]38号）指出，逐步停止发布预算定额，取消最高投标限价按定额计价的规定，并已在北京、浙江、广东等地方进行工程造价改革试点，意味着后续工程项目"算量计价"逐步市场化，造价审计再无官方的固定统一的标准。"以审计结果作为建设项目合同结算的依据"的规定受到挑战：住建部《关于进一步加强房屋建筑和市政基础设施工程招标投标监管的指导意见（征求意见稿）》指出，为推动市场形成价格机制，"政府和国有投资工程不得以审计结论作为结算依据"，部分权威学者认为审计职能的发挥不应局限于为组织和企业带来多少审减效益，沦为减少工程款支付的划价工具，而是以审计价值再提升为核心，聚焦过程风险防控和化解，增强主动服务意识。实现从合规审计向增值审计转变、从传统审计向数智审计转变、从被动审计向主动服务转变，进而最大程度发挥建设项目审计服务企业高质量发展的应有价值。

其次，常态化新冠疫情防控形势倒逼审计模式的变革：疫情对建设项目审计现场勘查、各方会议对数等常规审计环节的实施均带来极大的困难，如何兼顾落实好疫情防控和审计任务双重工作，去年以来已引发了广泛思考和深入探索。常态化疫情防控的要求进一步加速建设项目审计工作远程化、数字化变革进程。

此外，随着国家新基建战略如火如荼开展，广东移动建设项目审计需更关注项目发展的质量和效益，运用全新的造价审计模式和服务理念，开展审计数智化转型赋能工程。

（二）新时期建设项目审计数智化转型的内生压力

广东移动建设项目审计处于建设项目全生命周期管理的末端环节，受前端建设管理不规范制约，审计职能发挥存在较大的阻力。一是建设前端取费标准约定不清晰制约后续造价审计实施：由于前端招投标文件、框架合同或取费汇编对取费标准约定不清晰，导致部分超长期历史项目一直"久审不下"。二是建设项目标准化工期考核管理的实施及进度管理"前松后紧"惯性依赖，对审计时效提出了更高的要求：根据广东移动《项目工程标准工期管理实施细则》的要求，各类项目结算和竣工决算审计期限大部分为3个月以内，而对于大型基建项目，多专业交叉计量复杂，非标定制产品询价流程长，耗时多，难以在标准或工期内完成审计工作。三是不均衡送审大大加剧审计工作压力：由于建设项目进度和验收进度受制约的影响因素较多，随机性较强，大量扎堆突发送审的情况普遍存在，经常造成审计人员闲置或审计资源捉襟见肘的两种极端情况，严重影响造价审计资源的优化配置和审计实施效率。

广东移动建设项目审计应针对性的探索如何将信息化、智能化技术运用到内部矛盾及压力问题解决上来。构建建设项目数智管理指标体系，推动前端建设规范管理及后端送审计划有序执行。

（三）新时期建设项目审计数智化转型的路径演进

广东移动建设项目审计系统性的信息化建设起步于2018年内部审计机构集中化改革。经过内审机构集中化改革，和集中化建设项目审计系统开发及推广应用，2020年已全面实现全省建设项目审计业务统一实施标准、统一作业流程、统一系统管理、统一数据采集。相对其他兄弟省份公司，广东移动内部审计集中化业务起步较晚，倒逼集中化信息建设与数智转型发展快速演进，不能通过渐进式改良保守推进，需要顺应集中化审计业务不断优化发展，对信息化系统持续高能改造升级的同时，契合5G新基建的发展要求不断加大数智化转型的投入、产出及应用。同时完成三个阶段的并行建设和发展：审计数字化—平台网络化—作业智能化。

在传统的信息化支撑系统基础上，进行建设项目审计"数智化转型"，当前面临着四大难点。

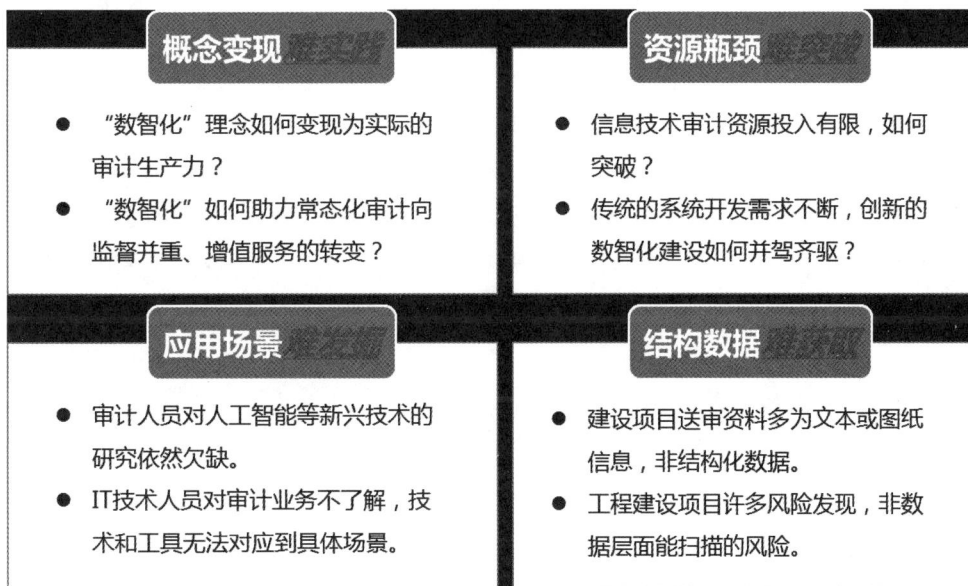

概念变现	资源瓶颈
• "数智化"理念如何变现为实际的审计生产力？ • "数智化"如何助力常态化审计向监督并重、增值服务的转变？	• 信息技术审计资源投入有限，如何突破？ • 传统的系统开发需求不断，创新的数智化建设如何并驾齐驱？
应用场景	结构数据
• 审计人员对人工智能等新兴技术的研究依然欠缺。 • IT技术人员对审计业务不了解，技术和工具无法对应到具体场景。	• 建设项目送审资料多为文本或图纸信息，非结构化数据。 • 工程建设项目许多风险发现，非数据层面能扫描的风险。

图1 "数智化转型"四大难点

1.概念变现难实践

数字化智能审计是一种新颖的模式与理念，而目前大部分企业仍采用传统审计模式和方法为主，从无到有，"数智化"理念如何变现为实际的审计生产力，在数字化智能化背景下的审计团队建设、管理体系构建、管理工具开发等方面仍处于初期摸索阶段，缺乏完善的管理体系指导和实践经验。同时，建设项目审计处于投资资金使用的末端管控环节，数智化建设如何通过末端审计提升增值服务，推动前端优化管理和提升建设效益，实现审计角色从事后"消防队长"向事中事前"风控顾问"的转变，仍缺乏针对性的解决方案。

2.资源瓶颈难突破

随着广东移动大力推进降本增效，审计领域的信息化建设资金投入有限，综合线条系统开发投资逐年压降，传统的系统开发需求仍持续增长不断，创新的数智化建设如何在双重压力下并驾齐驱地发展，需要更多的转变思维，探索多样化的方式方法，优化设计方案，突破资源局限。

3.应用场景难发掘

审计人员对人工智能等新兴技术的研究依然欠缺，而IT技术人员对审计业务又不了解，技术和工具难以对应到具体场景提出低投入、高产出、快速便捷的解决方案。建设项目审计具有很强专业性，同时数字化智能审计要求审计团队具备洞察海量数据背后信息的能力，而在大数据提取分析能力、智慧审计情景应用能力上存在有别于传统审计的思维模式，审计团队的专业能力及经验上的不足往往导致数字化智能审计开展效果不佳。如何提升审计人员综合能力，打造一支复合型高素质审计队伍又是摆在数智审计面前的一道难题。

4.结构数据难获取

在数智化转型发展中，数据就是第一生产要素和首要生产原料。与市场业务领域的系统应用不同，工程建设项目管理系统中的大部分审计关键资料，如合同文本、设计文件、竣工图纸等，为文本形式而非结构化数据。对于如何将大量文本形式的内容转化为结构化数据字段，需要借助各类智能识别技术和实现内部系统建数据互联互通、共认共享。而工程建设项目许多风险发现，非数据层面能扫描的风险，大部分仍需要依赖现场实地勘查审计的方式才能发现，如光缆实际布放长度、施工工艺不同影响定额套取，高估冒算大部分风险点等。需要针对远程勘查作业设计高效测量及数据录入的信息化工具。

综上所述，针对广东移动建设项目审计数智化转型的外部环境和内生压力，基于建设项目审计数智化转型的路径演进和所面临的难题，需构建完善有效的建设项目审计数智化管理体系，根据目前业务发展需求及内外部资源配置条件，系统性指导建设项目审计项目领域的数智化转型实践，并推进一系列数智化转型建设创新举措，为企业内部审计转型发展注智赋能，有效服务公司高质量发展大局。

二、成果内涵

广东移动以"强化数据基础"为驱动力，以"审计价值再提升"为牵引力，以"多元能力模块"为核心力的"三种合力"，构筑建设项目审计数智化管理体系。针对目前业务发展需求及内外部资源配置条件，系统性指导建设项目审计项目领域的数智化转型实践，推动生成一批形式多样、能力丰富的数智化产品，并有效应用。

（一）驱动力："强化数据基础"

在数智化建设发展方面，数据无疑是第一生产力和最重要的基础。建设项目审计领域的数智化建设必须先基于对工程建设项目结构化数据的有效提取和积累的基础上。具体实施步骤分为以下两部分。

1.建设项目审计系统数字化

对建设项目审计各类型审计业务（主要分为结算审计、决算审计、全程跟踪审计及审计质量监控）的送审资料类型进行解构和重新定义。

（1）对各类项目送审基础信息进行结构化字段设置，并固化为系统表单，在系统送审信息字段累计设置61个送审信息字段、34个合同/订单字段的固化。实现送审项目的基础信息100%结构化数据收集，支撑基础审计管理工作所需。

（2）对各类项目各类送审资料类型、内容进行细分和统一模板，针对无法直接采集结构化数据的审计资料（如设计或施工图纸、合同文本、工程签证单），细化资料类型的分类，在系统对应资料类型分类上传管理；对关键审计资料进行统一模板格式设定，如结算表、甲供物资平衡表、竣工决算报表等关键审计资料强制各项目在送审阶段必须使用标准模板编辑，为后续审计实施运用数智化识别技术解析、提取、分析数据提供可行性。

（3）基于送审资料的数据结构化，在审计系统送审阶段设置前置风险校验，采购供应链系统打通数据接口，送审合同基本信息从SCM系统自动同步，拒绝手工填写错误。同时自动剔除未审批生效和签署盖章归档的合同，杜绝无效合同送审。增加对超合同金额送审风险、同一工程内容重复送审或结算的风险、送审合同相关信息与实际签订合同不一致等风险的自动校验功能。

2. "建设＋审计"互联互通

实现建设项目实施全过程的管理系统与审计系统的互联互通，实现项目完工验收后一键送审。以单个建设项目为最大单元，共享其项下的采购合同、ERP订单、任务站点施工单、领料单等数据。

广东移动工程项目管理信息系统与建设项目审计系统实现互联互通，并于外围相关系统（采购、物流、财务等ERP系统）数据互通，强化数据接口的正向与反向利用，为后续数智化审计的建设提供基础。

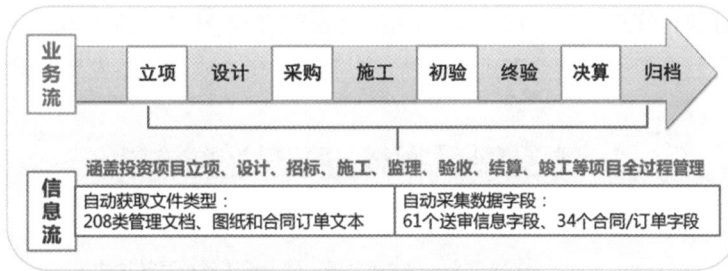

图2 数智化审计过程管理流程图

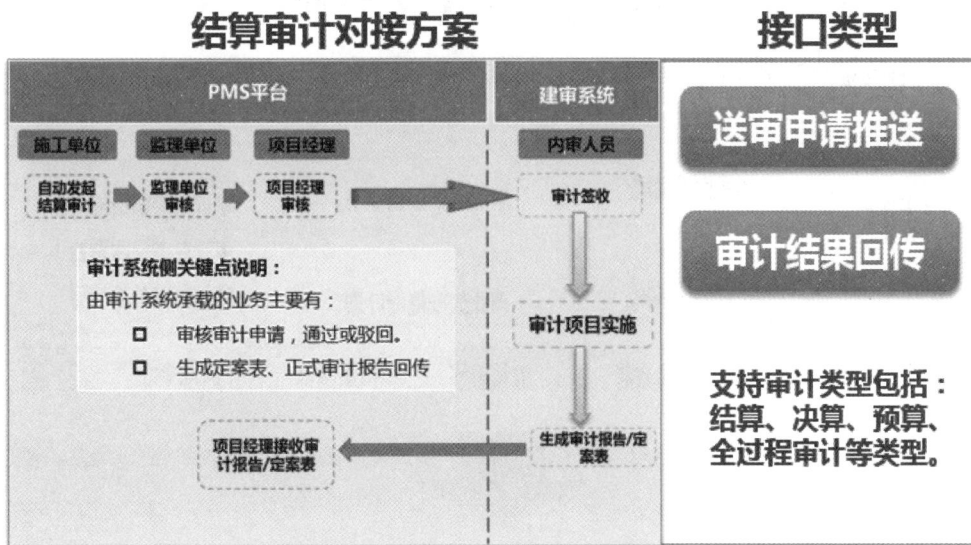

图3 PMS平台对接流程图

（1）正向接口利用

充分利用工程项目管理信息系统与建设项目审计系统对接后，从工程建设管理过程中直接提取并向审计系统开放的文件类型和数据字段，实现单个送审的建设项目业务侧文件和字段自动提取，海量采集，为数智化审计提供数据基础。

（2）反向接口利用

利用建设项目审计系统回传审计定案表数据、审计报告至工程项目管理信息系统，反向推动工程结算订单修改、ERP入账调整、项目关闭前的涉财报表调整，并设置跟踪监控。如：结算审计涉及审减施工款项，直接推送至财务ERP系统，直接禁止关联合同多支付款项。

（二）牵引力："审计价值再提升"

国际内部审计协会（Institute of Internal Auditors，简称IIA）对内部审计的定义："内部审计是一种独立、客观的确认和咨询活动，旨在增加价值和改善企业的运营。"这是IIA首次将"增加价值"一词列入内部审计基本职责。同时，根据哈佛商学院迈克尔·波特提出的价值链概念和竞争优势理论，现代企业活动的根本目的是追求企业价值增值，衡量一个内部管理职能部门是否有存在的必要的重要依据是其是否为能企业带来价值增值，因此，内部审计必须为企业增加价值服务。而由于传统的造价审计思维和模式更多是监督式审计和被动式审计，主动服务意识不足，审计价值显性化不够。特别是在国家新基建战略实施的新时期和高质量发展的大背景下，建设项目审计如何主动求变，探寻符合当前发展环境的新的审计模式，提升审计价值，是数智化建设需要重点思考的方向。

建设项目审计数智化管理应紧扣审计业务价值，围绕部门创建"一流内审"的规划要求，以"建设项目审计价值再提升"为牵引，推动审建协同融合，助力公司高质量转型发展和降本增效。

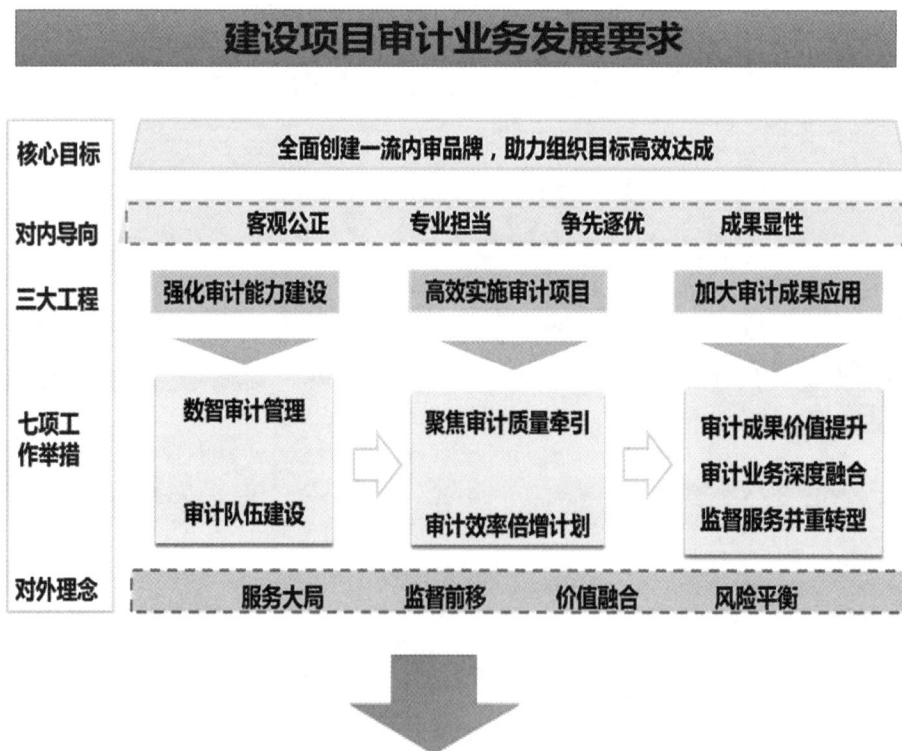

图4 建设项目审计业务发展要求

广东移动基于服务企业高质量发展大局，提出新时期建设项目审计业务发展具体要求，转化为对数智化配套建设支撑的具体要求，需抓好五个方面的工作。

1.业务全流程融智

基于审计业务全过程提供各环节各工作节点数智应用产品。

2.质量与时效提升

围绕建设项目审计两大业务价值核心持续提供数智化支撑。

3.指标与预警创新

行业首创,建立以精益管理、风险监测为导向的数据分析平台,实现管理通报动态实时出数,造价质量风险自动预警等。

4.服务形式多元化

提供前端送审咨询服务,从线下实体服务厅拓展至线上机器人云顾问服务。

5.加大成果利用转化

结合投资审计发现风险,进行审计模型开发,推进有价值的审计点持续产出风险检测结果。

（三）核心力："多元能力模块"

以"能力模块"建设为核心,制定"横向到边、纵向到底"的建设项目审计数智化建设管理体系,引导建设项目审计领域的数智化转型升级。

其包括:深化构建全流程服务与管理、AI工具应用、远程作业监控、审计指标预警、大数据基础5大能力模块以及22个子项工程,以数智建审提高审计服务与监督水平,助力廉洁防控及高效支撑。

图5 数智化配套建设支撑图

三、主要做法

（一）基于审计业务全流程服务与管理的数智能力改造

基于建设项目审计各类型及审前、审中、审后全流程信息化系统线上管理,在各环节嵌入数智能力改造。

1.项目送审和资料审核阶段

项目送审阶段：全面制定并完善投资审计全过程作业管理规范，建立审核标准化的管理体系。全省统一管理规范、统一审核标准及作业模板、统一送审及审计项目实施流程，并固化在系统中。以送审资料规范化、电子化为基础，实现对送审信息实现自动获取和检验。自动填写送审合同基本信息、自动拦截无效合同送审、智能探针杜绝重复送审风险。

资料预审阶段：固化送审资料清单和类型，表单式预设规则智能校验送审资料完整性、规范性。

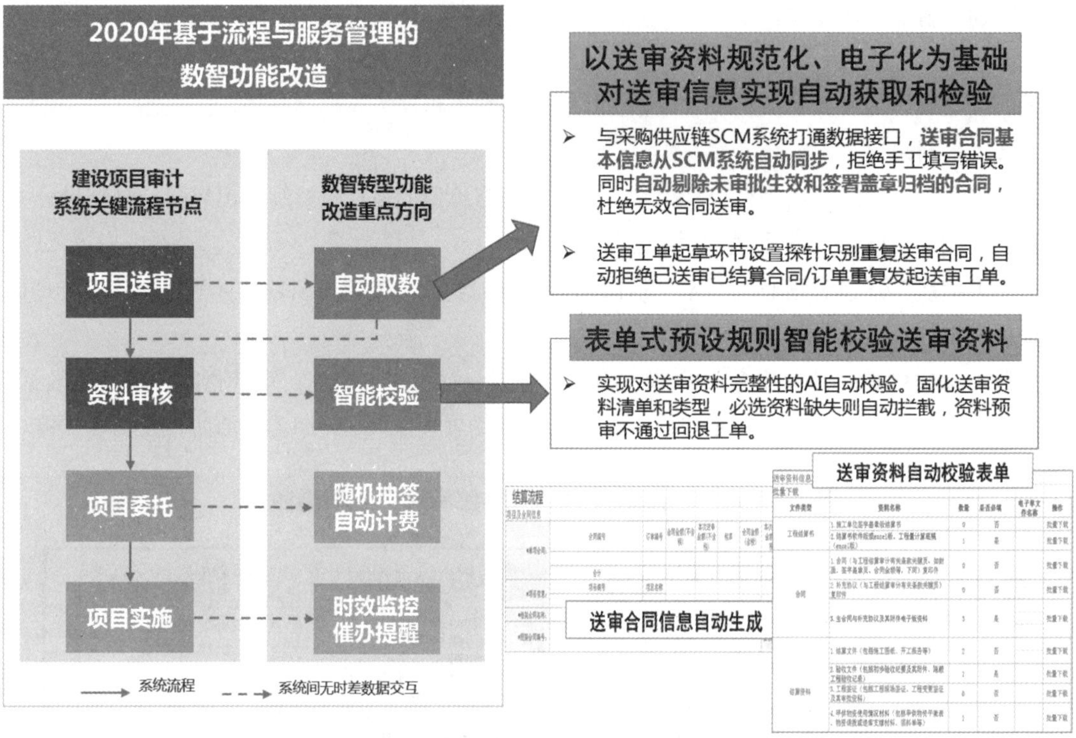

图6　投资审计全过程作业表单智能校验图

2.审计项目委托及费用管理

建设项目审计中介机构2020年开始集中采购后，针对内部管理提升进行系统功能改造，将集采执行过程中依靠人工管理的工作通过系统实现智能管控。

（1）减少人工干预审计中介委派，降低"协商审计"风险，基于项目委派廉洁风险管理要求实现自动随机抽签。如结算审计项目，涉及引入具有工程造价专业资质的审计中介机构进行工程量价的审核，内部审计人员通过系统自动随机抽签决定该项审计任务由框架合作内的哪家中介承接，不得人为指定及干预。

（2）每年数以万计的审计工单，对应的审计费核算和报账、中介机构合同额度管理等工作，需要消耗大量的人工管理成本。通过数智化改造，审计费通过系统预设的计费规则自动计算，自动累计扣减审计中介机构的合同额度，并嵌入工单对应的流程环节中，防止超合同委托审计任务，极大降低了内部审计人员对该项管理工作的投入时间。

3.项目实施进度管理

对审计各环节细化标准工作耗时，对应系统中各环节设置时效监控，实现超时预警并下发催办短信邮件，同时台账式自动统计各环节时效，每个工单进度和超时情况可视化实时查询。

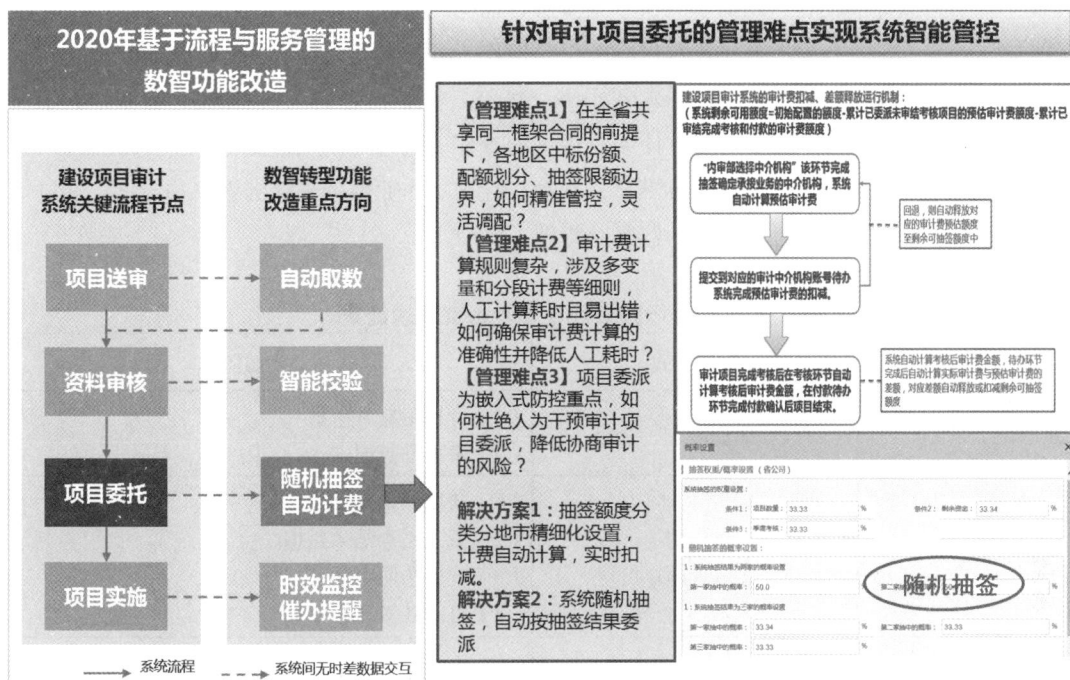

图7 投资审计全过程作业智能管控图

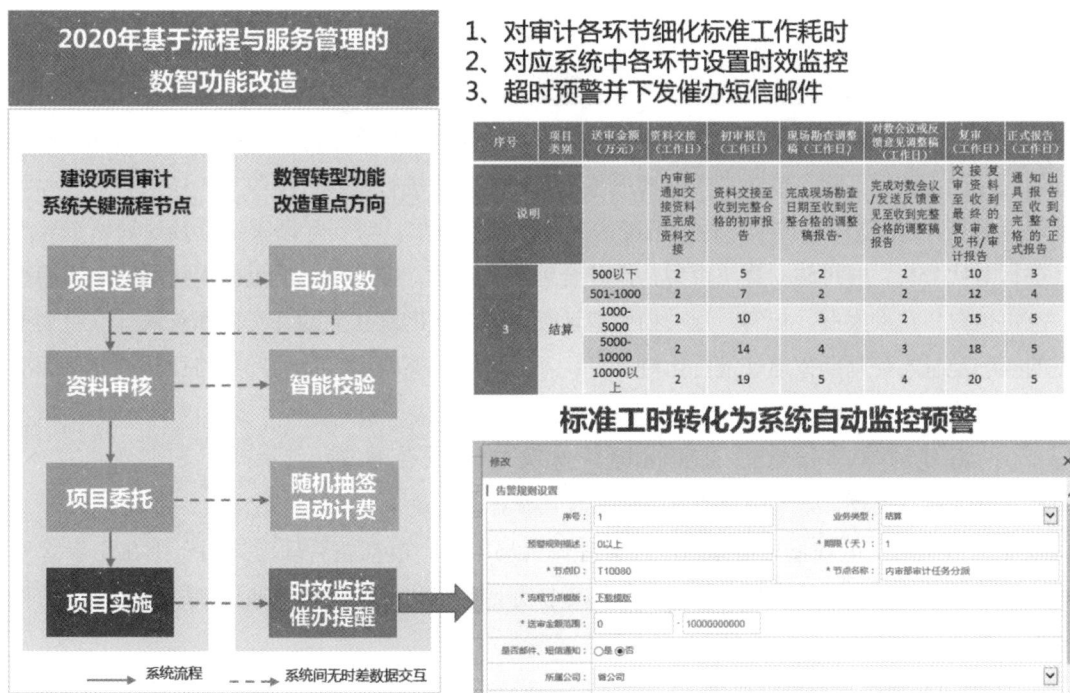

图8 投资审计全过程作业时效监控图

（二）全息化审计远程勘查作业数据采集和监控力升级

涉及工程造价审计的项目，均需要对送审站点进行抽样，进而实施现场勘察审计作业。通过现场勘察对各类施工站点实际工程量和施工用料进行测量，以作为项目核定总体施工造价的重要依据。因此，现场勘察在造价审计中发挥着关键性的影响和作用。基于广东移动现有的建设项目审计系统，依托全省手机办公客户端E掌通平台，实现结算审计项目现场勘查作业通过手机App实时完成。以实现以下管理目标：提高现场勘察数据录入实时性及标准化；提高审计现场作业数据采集的效率和质量；通过信息化手段加强对审计中介机构外出勘查作业的监督及管理。

表1 现场勘查作业及App实现功能表

审计作业阶段	实现方式	功能
现场勘查计划	PC端建审管理系统	（1）计划编制及审核 （2）发布勘查通知
现场勘查作业	App端 E掌通审计勘查模块	（1）获取勘查地址及定位 （2）录入勘查结果数据 （3）现场拍照上传证据 （4）自动计算差异率
现场勘查成果	PC端建审管理系统	（1）App端定位信息、数据、图片实时回传至管理系统并存档 （2）勘查成果作为后续报告出具的重要依据

同时，2020—2021年持续对结算审计项目现场勘查作业的"全息化"能力升级，包括：远程数据自动采集、平台一键发布勘查短信及邮件通知、审计中介机构出勤智能监控、勘查路径轨迹偏离智能分析。在自有审计人员资源有限的情况下，可以通过勘查App工具的使用和对App收集的数据进行分析，从而有效地监管审计外聘中介机构大量的现场勘察作业真实性，确保实际勘察的站点与内部审计人员抽样确定的目标站点相符。除了依靠常规的管理系统对勘察作业进行基础数据收集，还提升了远程监测技术和手段，基于GIS地理信息技术，通过精确的经纬度信息收集，对实际勘察定位及计划站点导入的位置信息进行对比分析。通过建立算法模型，设置合理偏离范围，准确筛选严重偏离计划的现场勘查实施项目，不再依赖传统勘察逐一核实、逐一拍照取证等方式验证勘察作业的真实性和有效性。对大批量勘察站点的实际地址与计划勘察地址进行比对分析，及时发现偏离既定目标的勘察路径轨迹，从而准确评价审计中介机构现场作业的有效性。

（三）搭建通信工程造价管理指标评价及自动预警机制

1.建立以"精益管理"为导向的投资审计数智化指标分析体系

突破唯"审减率"单一量化指标的审计管理评价局限性，以精益管理为导向，细化送审管理健康度、审计项目时效性、审计成果异动、中介机构考核等四类量化统计指标并通过地图可视化、通报数据自动化方式呈现。

（1）全省审计地图及数据可视化

针对全省21个地市及省本部预结算审计、竣工决算审计，实时统计送审工单总量、各地市审计成果、勘查任务数量及App应用情况等成果数据实时汇总统计，并通过地图及排名列表等进行可视化展示。

（2）送审管理健康度

◆ 2020年全息化改版升级的现场勘查App

图9 2020年全息化改版升级的现场勘查App

针对各建设部门送审前端计划管理不足，开发送审计划管理模块。定期导入送审计划明细，系统根据每季度实际送审工单自动匹配送审完成情况，计算各地区各送审部门的送审计划偏离程度，自动对各部门送审计划偏离情况进行通报。同时作为审计资源调配的依据，在送审高峰期及审计资源紧张的情况下，优先保障计划性强的部门。

（3）时效性监控指标

自动根据全省全量工单自动计算各中介机构、建设部门及内审部门不同工作环节的平均耗时统计及监控，细化每个工作职责和工作环节的时效管理，根据每个环节的标准工作时长与实际平均耗时计算差异，监控时效薄弱环节并提供通报数据实时导出的功能。

（4）审计成果异动

实时统计各地市各专业类型项目审计成果异动，并加强勘查App使用情况监控及差异率自动分析。对未正常使用App开展勘查的工单进行自动筛查统计，对勘查子项为零差异的工单及占比进行监控预警。

图10 以精益求精为导向的投资审计数智化指标分析体系

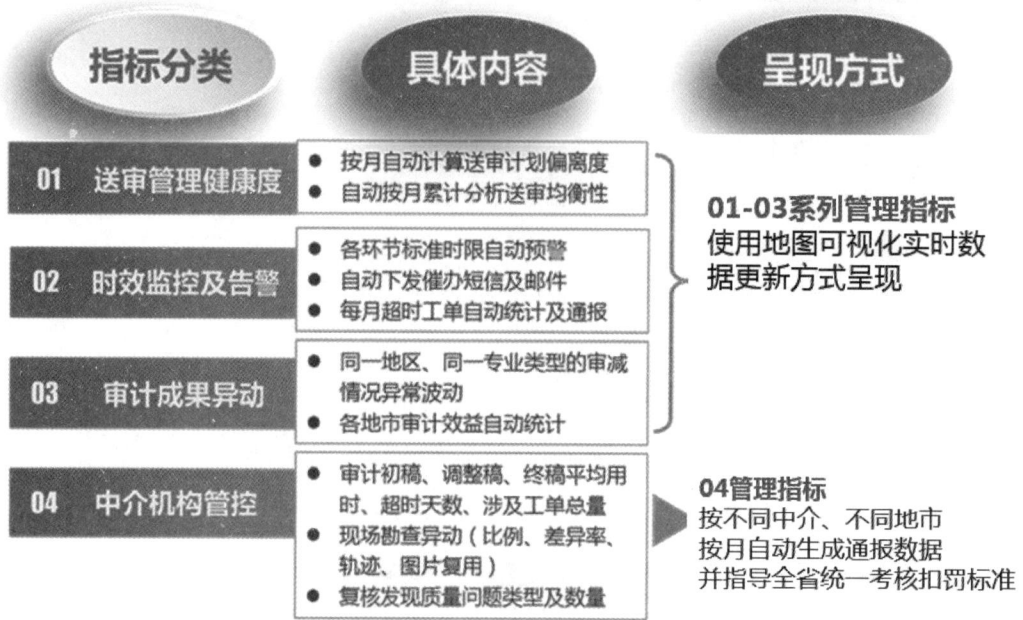

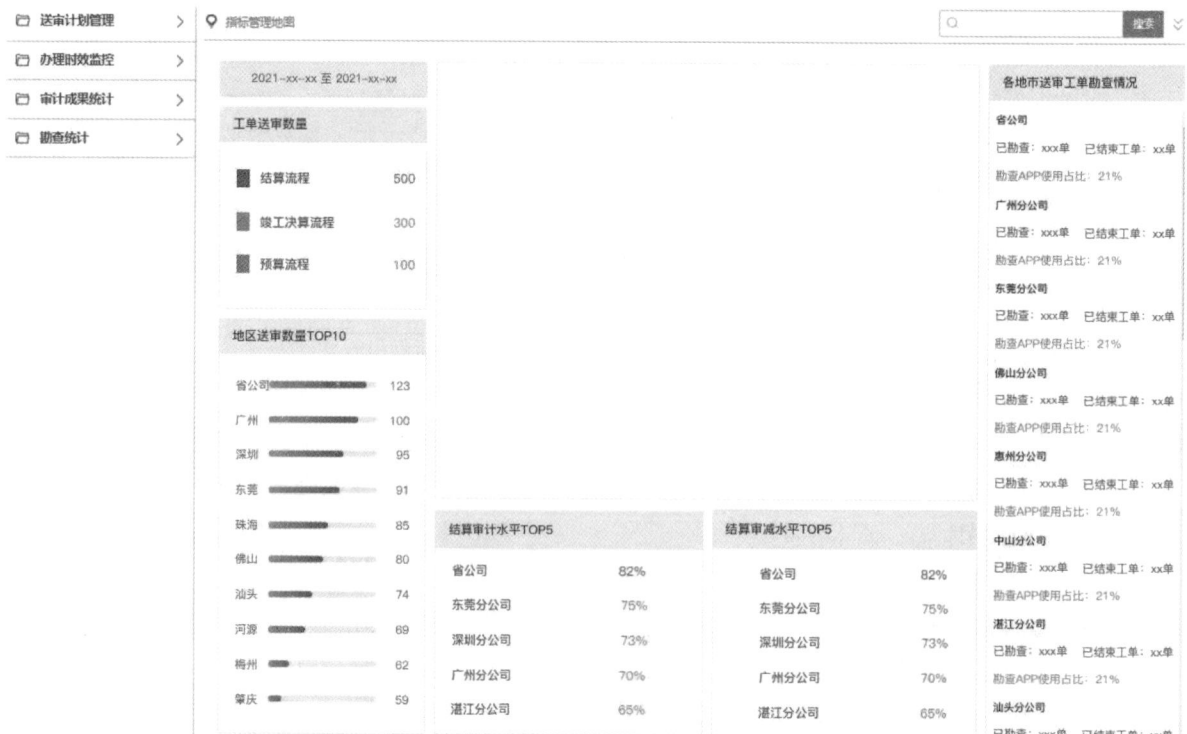

2.建立以"审计风险"为导向的投资审计数智化指标分析体系

以造价审计质量风险为导向，结合通信工程历史审计成果，细分不同工程建设专业类型，建立和健全广东移动通信工程建设项目造价审计专业指标管理体系，提升公司工程造价审计管控水平及效益。主要做法包括：按不同类型专业项目分类，基于建审系统分析全量历史工单数据，筛选及定义不同专业项目的指标，分专业、地区、时期统计单位平均造价参照值/区间，总结归纳变动因子及相关系数，形成体系化造价指标数据库并嵌入系统中对其他同类审计工单进行指标预警。

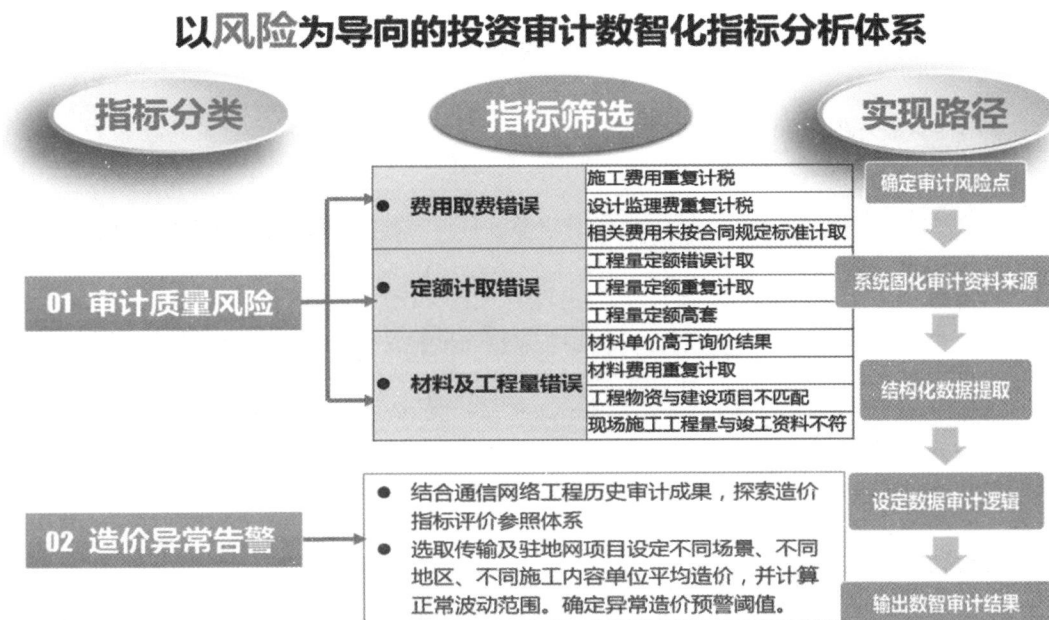

以风险为导向的投资审计数智化指标分析体系

指标分类　　**指标筛选**　　**实现路径**

01 审计质量风险	费用取费错误	施工费用重复计税
		设计监理费重复计税
		相关费用未按合同规定标准计取
	定额计取错误	工程量定额错误计取
		工程量定额重复计取
		工程量定额高套
	材料及工程量错误	材料单价高于询价结果
		材料费用重复计取
		工程物资与建设项目不匹配
		现场施工工程量与竣工资料不符

实现路径：确定审计风险点 → 系统固化审计资料来源 → 结构化数据提取 → 设定数据审计逻辑 → 输出数智审计结果

| 02 造价异常告警 | ● 结合通信网络工程历史审计成果，探索造价指标评价参照体系 |
| | ● 选取传输及驻地网项目设定不同场景、不同地区、不同施工内容单位平均造价，并计算正常波动范围，确定异常造价预警阈值。 |

图11 以风险为导向的投资审计数智化指标分析体系

（四）激励全员参与便捷高效智慧审计工具的自研自用

基于审计人员运用简易AI工具，解决实际审计生产问题。加大简易工具的普及和使用，激励员工在审计项目工作中改良工具及使用方法，鼓励以"微创新"撬动"大效用"。鼓励员工通过审计日常工作的小创新，积极参与在岗技术革新成果申报，解决实际生产中问题的同时获得荣誉激励。

1.RAP软件灵活妙用

具体应用场景：审计项目数据过程及成果数据录入集团系统归档，过程中的重复操作环节，使用"按键精灵"（简单易上手的RAP软件）录制脚本，运行自动输入数据的程序，实现机器替代人工完成重复机械化工作。

2.VBA智能校验技术助推提速增效

自行研发设计，基于Excel VBA自动化语言建立交互式智能AI小工具，解决正式竣工决算报表在审计审核阶段"多维度"核对耗时耗人力的问题，有效提升竣工决算审计时效。

灵感启发：游戏打怪的一个作弊小工具！

应用在员工日常工作中，可转化为解放双手的工作好帮手！

所有Ctrl C+ Ctrl V、点击鼠标或按键的重复性、机械性工作都可以使用精灵代劳！

技术实施方案和步骤

1 两大基础管理工作

- ✓ 对待录入数据进行结构化梳理；
- ✓ 对重复性工作总结和分类，并进行各环节工序分解、标准化作业流程。

2

- 安装并运行按键精灵程序
- 人工演示可重复的数据录入操作，并使用精灵录制对应的脚本
- 运行按键精灵生成的脚本
- 验证脚本是否成功记录整个操作过程，并设置循环方式
- 修改脚本中的延时动作，涉及需要等待系统页面跳转等操作，设置合理的延时时长
- 设置纠错语句，增加程序运行准确性

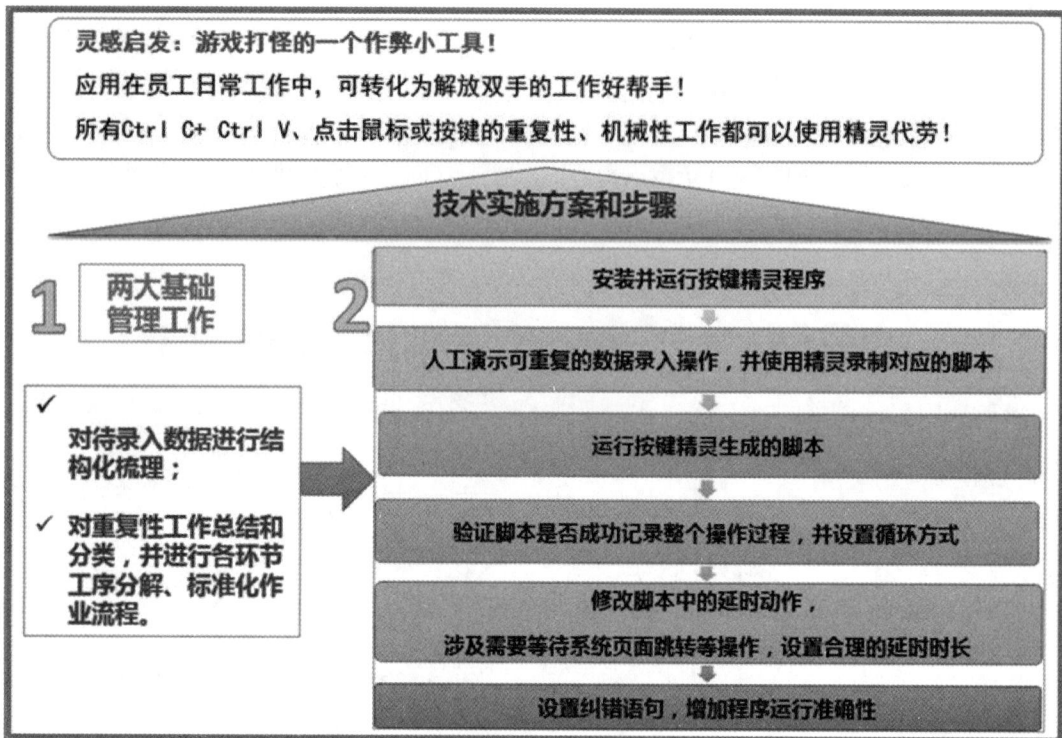

图12 RAP软件技术方案和步骤

◆ 应用场景

竣工决算审计对决算报表数据准确性的自动验证，各子表之间数据勾稽关系的自动审核和校验。

图1：集团公司与广东公司发布的正式竣工决算报表模板的封面、表一与表二。

◆ 技术方法

本项目主要就是使用VBA对Excel进行二次开发，使用自定义和扩展Excel的功能完成对目标表格数据的自动核对。主要步骤：

（1）VBA集成开发环境，进行程序设计和脚本、代码编写

（2）根据黑盒测试结果，不断优化和完善VBA脚本，输出校验结果。

◆ 荣誉奖项

广东公司在岗技术革新三等奖

◆ 产出效益

面对大量正式竣工决算报表和各种辅助报表，人工逐一字段使用VLOOKUP等函数进行核对，重复工作量巨大，时效低。

该工具的使用大量节约审计资源并自动发现156份正式竣工决算报表的数据不准确，涉及金额达到了5516.59万元。

图13 VBA智能校验技术

（五）先行先试填补通信行业工程造价软件应用的空白

造价软件的应用多年来集中在大型基建工程项目中，针对通信行业定额计价软件一直缺乏。广东移

动积极协同工信部定额中心开发的通信定额计价软件,填补通信行业定额计价软件应用的空白,努力推动实现通信工程"算量计价"的标准性、灵活性、可靠性和完整性。

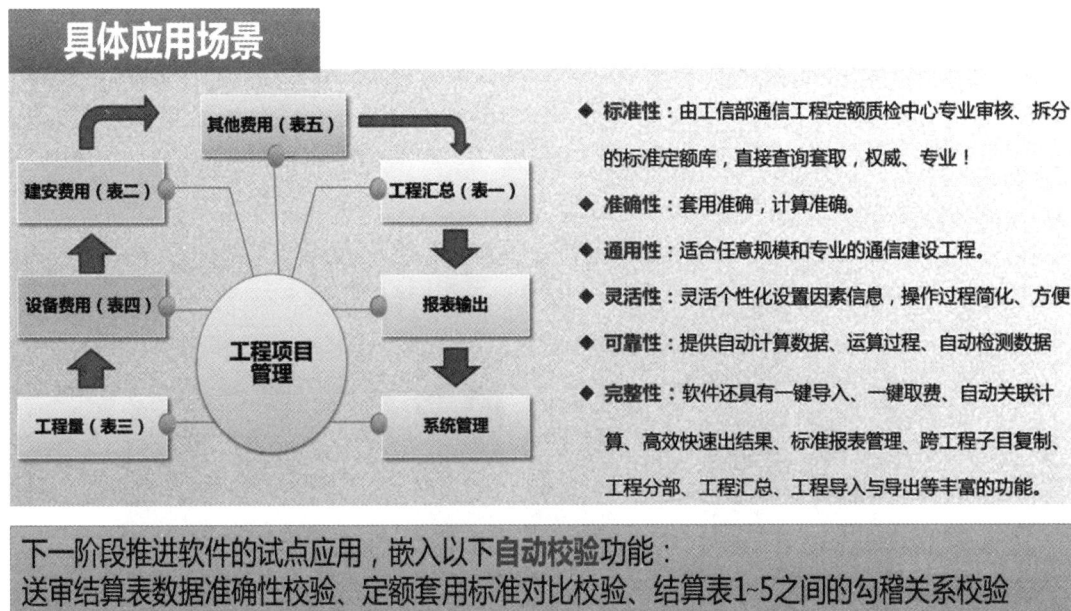

图14 通信定额计价软件

（六）开展人员能力提升工程，锻造复合型数智审计队伍

面向企业发展转型要求，抓好新时代审计队伍建设，打造一支高素质、专业化、数智化的"全科保健医生"队伍，铸牢内审质量良性发展、持续进步的坚固阶梯。

一方面，针对内部审计人员，构建四大能力提升体系。一是强化全流程风控能力。全建设流程穿越，通信和基建岗位动态对调，预算、结算、决算职责定期轮换；二是提升数字化审计能力。通过资格准入考试、定向培训、任务智能委派、勘察线上作业、风险大数据分析，实现从传统现场抽样审计能力向数字化信息技术能力转变；三是注重融合服务能力。开展审建融合，审计关口前移工作，实现向"监督＋服务"转型，内部联动协同，培养提升审计人员融合服务能力；四是激发团队合力。通过党建带团建，充分调动团队积极性，塑造争先创优审计氛围。

另一方面，针对外部中介单位，以质量为导向，刚柔并济，营造良好外部合作共赢生态，实施合作单位服务质量提升工程，并通过信息化系统提供辅助管理功能。一是合作单位定期轮换机制。服务区域划分片区管理，动态轮换，防范"协商审计"风险；二是突出考核和约谈牵引作用。以考核和约谈为抓手，倒逼合作单位主动提升服务水平；三是开展"以案示警"活动。典型质量案例入库，以点带面，增强质量风险防控能力；四是建立配额激励机制。通过全省配额资源统筹分配，最大程度激发合作单位的积极性；五是强化审计质量评估结果应用。针对审计质量复核以及评估发现的问题，严格按照采购合同规定，开展考核扣款以及相应问责处置，提升威慑性。

四、成果实施成效

服务企业高质量发展的建设项目审计数智化管理创新与实践，成功应对了国家新基建战略和企业转型发展带来的业务井喷式增量压力，审计效能和质量均得到了极大的提高。同时，在审计精细化管理、风险防控以及降本增效方面发挥了积极的作用。

（一）实现审计效率和效益双提升，"降本增效"显著

广东移动数智化审计管理创新，推动全年广东公司高效完成投资项目审计超过1.5万个，通过审计为公司直接节约投资资金4.63亿元。

1.审计效率持续提升

审计效率持续提升如图15所示。

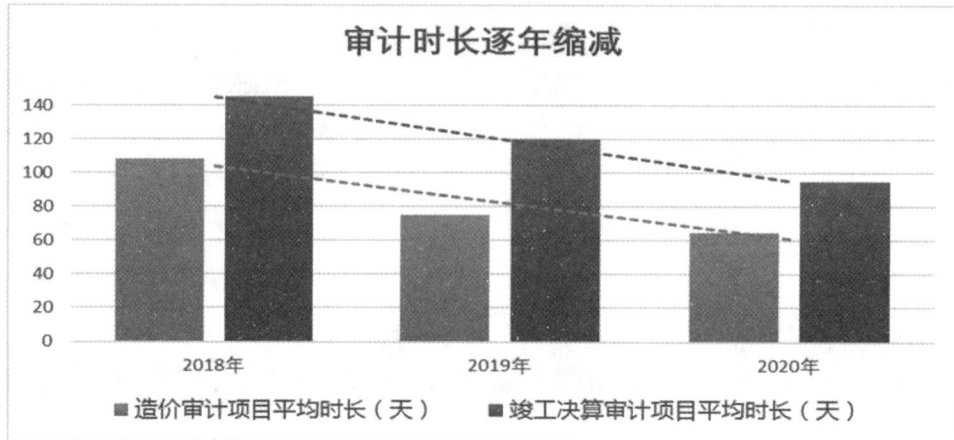

图15 审计效率提升图

2.审计质量显著提高

审前资料准确性提升，送审项目基本信息零错误，送审资料预审时间由3天缩减为1天，效率提升200%。

2020年，审中风险预警体系协助质量控制及复核管理预警风险904个，规范风险金额2038万元，并及时推动1007万元施工结算费用核准审减。

3.审计降本增效成果突出

推动2020年全年项目审减节约投资资金4.63亿元。促进建设部门优化取费标准和规范过程管理共13项，预计每年节约投资5650万元。推动完成4638个历史项目定案，清理完成率达96%。

4.人工作业时长大量缩减

为基础管理工作减负，免除审计人员人工计算复杂计费规则的审计费用，实现集采配额使用进度动态实时监控，方便灵活调配。减负40%以上计费及额度管理的工作量。智慧小工具代劳重复机械化工作，审计项目信息录入全年节约11880工时。AI工具稽核校验，节约审计资源，审计人员每份正式竣工决算报表的核查时间节约6.5个小时。

（二）审计预警监控能力升级，风险治理改善

通过审计智能化指标分析和预警及加强现场勘查作业的管控力度，累计发现并整改虚报工程量、取费错漏等质量问题347个，挽回金额1954万元，有效确保了审计质量。

1."协商审计"风险防控升级

系统按随机算法自动抽签委派审计任务，避免人工干预，杜绝倾向性选择有利于送审方的审计中介单位的行为。

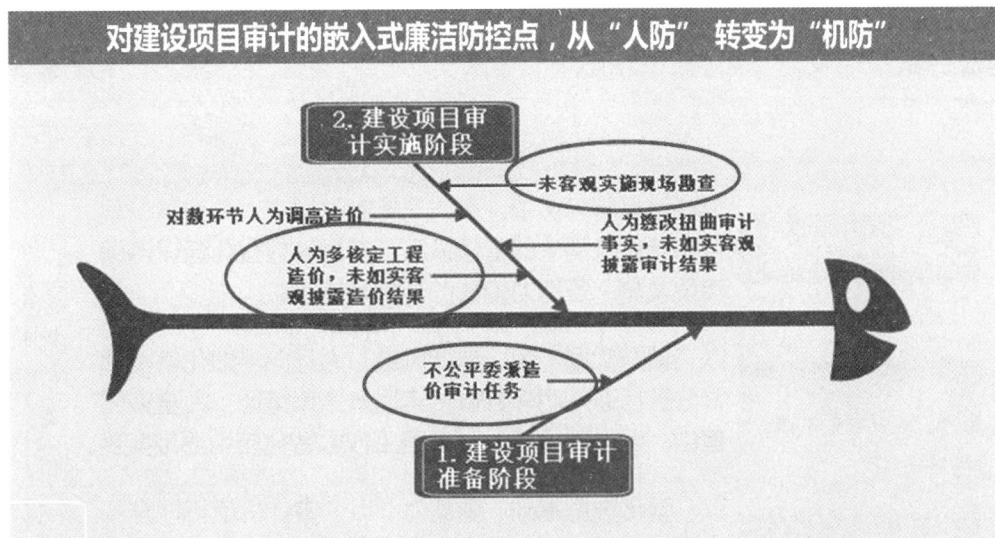

图16 审计预警监控图

审计结果同地区同类型专业异常波动自动预警,审计初稿及调整稿异常差异自动比对,大大降低徇私舞弊、人为扭曲审计事实的空间。

2.远程勘查监控能力提升

勘查时间、地点、轨迹实时全息化监控,确保审计中介机构在远程勘查点的审计作业真实有效。

勘查测量数据实时录入App,自动计算送审量与实际工作量差异率,防止二次篡改,并直接用于同类工程核减。

(三)促进建审深度联动融合,审计关口前移

打通了业务域和管理域的信息接口,实现信息共享互通和项目"一键送审",同时推动历史项目定案完成率达96.7%,保时保量完成公司"工程管理巩固行动"挑战目标。

利用互通的建设项目数据及各类工程管理文档,前置风险识别并进行管控,实现末端审计职能的同时,逐渐向防护、控制与决策支持等审计高价值服务职能转变。2020年至今,广东移动通过审建联动,累计促进全省共建部门优化取费标准13项,预计每年至少可节约投资7110万元。同时,通过审建联动排查,发现工程管理典型问题四大类,涉及管理不规范金额超过1.5亿元;通过联动整改和后续管理优化,至少可挽回损失金额4040.3万元。

(四)攻坚通信工程计价难题,化解共性风险

协同国家定额中心和广东省定额站,联合应用通信工程计价软件,批量解决墙壁光缆、调遣费计算基准等审计共性争议问题。

(五)提升审计团队数智化能力,优化人才结构

投资审计核心人员专业化比例达91.16%,拥有多名高级工程师、注册会计师、一级造价师、一级建造师等执业资格人员,并在国家核心期刊发表论文若干篇。通过在岗技术革新,鼓励审计人员自研自用,创造便捷、实用的智能审计工具,提升审计团队自有技术能力,内化为审计人员自有知识及技能,从而优化整个队伍的素质结构。

从推广价值看:本成果基于建设项目审计领域,以服务企业高质量发展为目标,构建了一套完整有效的审计数智化转型建设管理体系。指导同类审计业务和其他兄弟省份建审项目审计的数智化的应用场景挖掘、产品设计、开发应用等各项工作落地实施。为各类企业建设项目审计业务的数智化升级，以及在应用场景挖掘、产品设计、审计能力应用及推广等各方面提供可借鉴、可复制的具体方案、管理模式和实践经验。

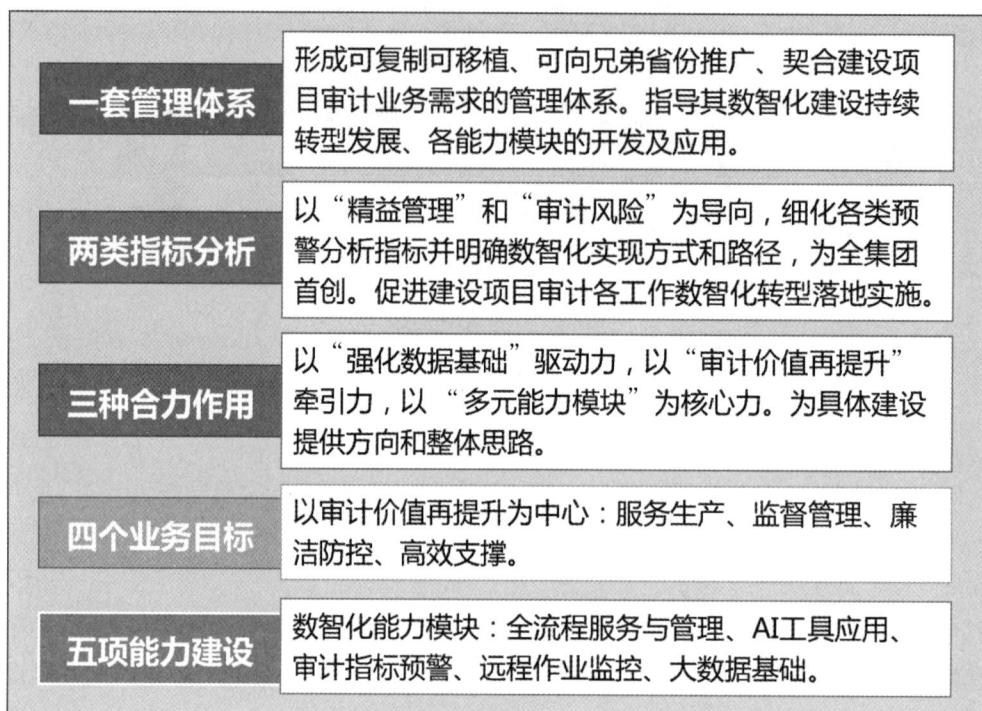

一套管理体系 形成可复制可移植、可向兄弟省份推广、契合建设项目审计业务需求的管理体系。指导其数智化建设持续转型发展、各能力模块的开发及应用。

两类指标分析 以"精益管理"和"审计风险"为导向，细化各类预警分析指标并明确数智化实现方式和路径，为全集团首创。促进建设项目审计各工作数智化转型落地实施。

三种合力作用 以"强化数据基础"驱动力，以"审计价值再提升"牵引力，以"多元能力模块"为核心力。为具体建设提供方向和整体思路。

四个业务目标 以审计价值再提升为中心：服务生产、监督管理、廉洁防控、高效支撑。

五项能力建设 数智化能力模块：全流程服务与管理、AI工具应用、审计指标预警、远程作业监控、大数据基础。

图17 成果推广亮点

成果创造人：朱国胜、许琦、黄邦夏、卓文婉、黄康强

开拓创新　共享协同
以数字驱动助力铁路运输企业改革转型

国能包神铁路集团有限责任公司

近年来，随着5G、人工智能、大数据等"新基建"广泛应用，互联网技术快速深入各产业领域，并成为企业实现数字化、网络化、智能化的重要支撑。在国企改革大背景下，传统产业寻求数字化赋能的需求愈加迫切，所带来的综合效益愈加明显。

国能包神铁路集团有限责任公司（以下简称"包神铁路集团"）是国家能源投资集团有限责任公司（以下简称"国家能源集团"）下属公司，负责包神线（1989年开通）、神朔线（1996年开通）、甘泉线（2015年开通）、塔韩线（2015年开通）4条铁路的运营管理，线路全长872公里。路网辐射"三西"煤炭核心产区，主要负责"三西"地区煤炭装车、运输及非煤产品运输业务，承担着国家能源集团75%以上的装车任务，从业人员近18000人。按照行业来看，包神铁路集团属于传统劳动密集型产业，服务国家和地方经济建设过程中包袱重、责任大；在国家能源集团内部来看，作为运输产业链上的关键，对煤炭安全保供的意义深远、作用突出；从发展的角度来看，"双碳"形势下，铁路受煤炭转型的影响非常大。因此，依托自身优势，聚力改革创新，深挖内在潜力，特别是增强数字化发展对传统行业的促进作用，企业才能适应未来的转型发展需要。

包神铁路集团时刻保持深化改革的责任感、紧迫感和使命感，利用"双百行动"和"国企改革三年行动"有利契机，将数字化转型与"十四五"发展战略相结合，树立"数字企业、智能生产、智慧管理"理念，扎实推进大数据、人工智能等先进信息技术与铁路运输生产深度融合，坚持四个导向（运营平台化、管理信息化、决策科学化、协同智慧化），建立一个平台（"全流程贯通、全专业衔接、全场景监控"的"智慧包神"平台），努力打造一个体系（"绿色、安全、高效、智慧、可持续"的现代重载运输体系），为全面建设具有核心竞争力的世界一流铁路运输企业提供了不竭动力。

一、聚焦新发展阶段，披荆斩棘，破除企业发展桎梏

纵观公司30年的发展史，包神铁路集团跨越式发展成效明显。起步发展阶段，纯粹的人扛肩挑生产模式彻底诠释了劳动密集型产业的落后情形，高强度的体力劳动成为每一名铁路职工的家常便饭。随着国家工业体系的完善，生产力逐步提高，经营效益飞速增长。同时，包神铁路集团也认识到，要解决落后生产力和生产关系的问题，必须持续加大科技创新投入，通过设备升级提高机械化运营水平，通过设备改造提高运输能力，通过信息化手段促进管理创新升级。经过几十年的发展，"铁镐、三齿耙、九齿叉"的时代已经一去不复返，换之而来的是电脑、网络和更加先进的系统平台。包神人筚路蓝缕，栉风

沐雨，汇聚集体智慧，使得生产运营管理实现了高程度机械化和初步信息化，产业创效和可持续发展能力持续增强，数字化越来越成为企业发展的核心驱动力，正在重新塑造运输行业生产模式。从改革形势和自身基础来看，既有现实困难，也有良好条件。

（一）自身条件为数字化转型带来了困难

对比其他制造业，包神铁路集团线路长、多工种、高强度的特点，造成了铁路运输企业传统经营模式的根深蒂固，受专业互通性小、生产模式固定的特殊性影响，科技创新的土壤还比较贫瘠，创新型科技人才培养也相对缓慢，在创建世界一流企业方面，距离智能化、数字化还有较大差距。整体来看，公司在数字化发展转型过程中，在思想意识、基础体系、核心技术、数据治理等方面还存在巨大压力。

一是理念变革难。改革推进首当其冲的是理念的革新，由数字化变革衍生的工作方式、流程及管理模式的变化必定会对习惯经验式粗放管理的铁路运输企业及员工产生巨大的冲击，内部稳定、管理协同、举措落实都将面临阻碍。若不更新观念、改变理念，产业数字化会被惯性拉回既定的轨道。只有自上而下形成转型共识，才能从根本上实现数字化转型。

二是数据采集难。包神铁路集团全线共有专用线74条，车站76个，桥隧涵2656座，供电变配电所59座，可支配机车共384台，设备设施分散，建设购置时间不同，维修养护专业性较强，检测手段不一致，数据标准不尽统一。数据采集主要依靠人工经验，采集方案及渠道纷杂，有效采集难度很高。

三是技术攻关难。包神铁路集团各线路地理位置差异较大，建设时间及标准不一。包神线为半自动闭塞电气化铁路，区间短、专用线毛细血管多、站内调车频繁；甘泉线为非电气化铁路，受国际形势及蒙古国政策影响，运输资源较为松闲；神朔铁路为全自动闭塞电气化铁路，地处山区、区间限制坡度大、桥梁隧道占比多。由于各线路性质、特点不同，构建智能化解决方案、实现精准装运预测决策分析及集运疏智能化技术攻关限制较多、困难较大。

四是投资成本高。企业数字化转型是一项庞大而复杂的工程。相比新型的互联网企业，作为传统行业的铁路运输企业资金投入需求更为巨大，从平台设计、智能应用的软件开发到硬件支撑、网络施工、系统运维，从基础设备更新到人员教育培训，贯穿公司经营管理的各个环节，全都需要持续不断的资金注入。科技投入具有资金成本高、回报周期长的特点，而数字化及科技创新投入想要预知成效是极为困难的。综合考虑企业安全生产压力及利润平衡点，数字化转型投入有时候不得不让位于日常生产经营，导致数字化转型投入较为不足。

五是数据治理难。随着产业数字化进程的不断加快，更高级别的智能数字化已成为企业改革的主旋律。现在的数字化措施需要将原有的信息系统中的分散数据信息进行整合融合，打破条块式系统模块壁垒，进行数据治理，挖掘数据价值。如何实现统一的数据标准，实现数字连通，破除数据融合限制，完成数据信息互联；如何在融合的基础上进行数据优化，为精准决策导航，为企业发展赋能，不断提高管理和运营水平，成为包神铁路集团必须破解的难题。

六是数据安全难。随着包神铁路数字化程度逐渐提高，数据库将会转变为公司生产运营的核心安全基础，透到生产运营各环节。前期数字化推进覆盖性不强，员工数据安全防范意识不强，可能因软件自身漏洞，用户错误操作，远程访问、文件下载、代理工具等功能的使用，增加数据安全风险，甚至出现钓鱼邮件、外部网络攻击等威胁，数据安全管理难度直线上升，数据安全保障工作显得尤为重要。

（二）国企改革为数字化发展创造了条件

包神铁路集团作为"双百企业"，在国企改革三年行动中努力成为排头兵和领头雁，体制机制的变革，以及思想障碍的破除，为数字化发展提供了组织保障和人才支撑，激发了内生活力，营造了良好的氛围。

一是依靠重组整合优化人才管理体系。包神铁路集团利用2019年底与原神朔铁路公司重组整合的机会，大力压缩职能部门和直属机构，高质量选拔机关人员，多维度配备专业化人才，加强了科技创新力量。选择学历高、专业素质好、创新能力强的人员，成立了设备监测站，开展智慧创新研究。从上至下营造出了鼓励创新、主动创新的氛围。

二是打通科技创新人才职业发展通道。人才保障是企业数字化转型的核心动能，拥有具有创新能力的专业技术人才是核心要素。包神铁路集团以建设具有创新力、竞争力的科技人才队伍为出发点，构建管理（M类）、专业技术（T类）、技能操作（S类）三大序列职级体系，并畅通各序列并行发展路径。在专业技术、技能操作序列的发展中，尤其重视科技创新人才的培养，为适应数字化转型发展储备了后备力量。目前，科技人才挑大梁、当主角的积极效应初步显现，2020年，完成专利申请44项，其中发明专利28项，专业技术人员参与22项；专业技术人员突飞猛进到298人，占比3.28%；3352人在技能操作通道上得到晋升，其中晋升到首席师的有5人。

三是通过契约化和任期制改革树立重视创新的导向。为推进改革见实效，包神铁路集团紧紧牵住经理层任期制和契约化管理这个"牛鼻子"，"自上而下"推行改革举措，将市场化经营的理念植入经理层管理当中，以"破"领导职务铁交椅，"立"市场规律管企业，为企业改革发展提供强有力的上层支撑。目前，公司和各子分公司、直属机构《经理层成员任期制和契约化管理办法》《岗位聘任协议书》《年度经营业绩责任书》和《任期经营业绩责任书》"一法三书"全部签订完成。将科技立项、发明创造、技术攻关作为"一法三书"的重要内容，并与领导人员综合评价硬挂钩。契约化和任期制从责任出发，根本上加强了对科技创新的重视，为数字化转型机制落地奠定了坚实基础。

二、聚焦新发展理念，拨云见日，开辟数字转型路径

虽然面对道道难关，包神铁路集团党委以高度的政治责任感、敏锐的市场意识，坚持以新发展理念为引领，坚定改革的决心和信心，大胆擘画改革蓝图。以智慧铁路建设为导向、以重载化为特色、以数字化转型为目标的改革策略，高屋建瓴、靶向精准，既符合国企改革的大形势，也为公司另辟蹊径，找到了科技创新、产业升级逆势图强的新的突破口。

一是树立平台化经营新理念。包神铁路集团是国家能源集团一体化运营源头，是国家能源集团保障国家能源稳定供应的关键，是建设大物流运输体系的基础。以拓展提升整体"集疏运"能力为核心，实现"智能化运营"，形成具有包神特色的智能"大脑"平台，是产业数字化、智能化发展的基础。包神铁路集团深刻认识到数据是贯彻平台化运营理念的重要支撑，是企业的重要资产，数据标准是企业数据资产管理的基石，并以国家能源集团"基石"项目为引领，完善数字基础设施、基础平台布局，加强数据、接口、功能体系三个方面的治理，确保数据资源和资产的完整性、准确性、有效性。双百改革以来，包神铁路集团科学统筹规划，做好顶层设计，全面梳理掌握原有信息化管理系统，摸清了数据资源现状，以智能"大脑"平台为依托，加强数据资产化管理，深挖数字延伸价值，以解决"有数不能用""有数不好用""有数不善用"为问题导向，细化制定了数据标准规范，优化完善了数据指标管控

体系，初步建立了数据资产管理机制，运营管控能力逐步增强，数据治理体系和治理能力现代化水平显著提高，打破了传统铁路运输企业发展僵局，助力公司实现数字化转型和可持续发展。

二是树立管理信息化新理念。包神铁路集团基于数字化平台的集成数据和接口标准，以现有的数据仓库为基础，完善数据源基础，全面集成业务数据、设备监控数据、气象等环境数据，实现数据集中统一管理，实现跨专业业务数据的统一采集、集中存储、交换共享、横纵贯通，推动数据管理由"分散孤立"向"集中统一"转变；建立安全可靠的数据交互权限管理，实现数据流动自由可控，解决了信息系统之间相对孤立，关联性、集成性、共享性不足的问题，打通了"数据流、业务流"交互通道，打破了"专业间、子分公司间"信息壁垒，推动数据信息由"人工交互"向"智能共享"的转变；创新建立生产运营指数，设立系统、科学的指标体系和算法模型，直观定量反映生产运营健康状态，实现运营现状可见、当前问题可知、发展趋势可判，推动统计分析由"人找数据"向"智慧分析"转变；最终实现管理信息化新理念与产业升级进程深度融合。

三是树立决策科学化新理念。包神铁路集团依托数据资源共享池，重点围绕智能应用进行数据模型探索、算法能力开发等功能研发，进一步扩充数据融合和知识库数据能力，将铁路行业的管理规定、技术标准、专家信息等作为知识资源库，存储于知识图谱和专家系统中，构建面向安全生产的智能化应用。集成车、机、工、电、供等专业的业务生产数据、监测数据，并包括ERP、OA等企业管理数据，实现跨专业领域的数据分析，实现公司级的生产运营成本分析、收益分析，为经营模型和运营模型优化提供综合性的分析指标，并对运能、运量进行分析预测和预警，为有效调整铁路运输企业的运力资源布局、制定运输生产计划提供决策支持。

四是树立协同智慧化新理念。包神铁路集团充分发挥统一建设铁路调度信息系统优势，提高公司整体调度指挥、现场作业效率，保障国家能源集团一体化运行。对各业务数据进行分类、梳理、入库，融合形成一个有机的、统一的数据中心框架，建立各项数据资源的全方位动态监控及应用体系。持续优化计划调度、机车调度、货运调度及货运营销、车站管理等7个模块，实现在公司全范围全模块高效运用。积极探索智能运输组织，智能综合调度，逐步实现调度计划智能编制，行调台阶段计划自动调整技术，调车计划编制和进路控制。建成面向运输生产全过程、高效协同智能运输组织与调度指挥体系，实现路网运力资源精细化运用，支撑重载运输组织效能进一步释放、效率进一步提升。

三、聚焦改革实效，攻坚克难，贡献智慧解决方案

包神铁路集团持续聚焦改革实效，攻坚克难，启动"智慧包神"项目，探索运营平台化、管理信息化、决策科学化、协同智慧化四效合一的信息化新模式，以数字化、智慧化赋能高质量发展，构建智能高效、安全稳定、绿色环保的铁路运输体系，以智能"大脑"平台为支撑，智能应用涵盖智能运输、智能装备、智能运维、智能管理四大领域，围绕运输组织、列车控制、检测监测、养护维修、安全监督、资产管理等业务方向，开展信息化、智能化设备研发和系统建设。

（一）探索平台化经营新模式

智能"大脑平台"作为"智慧包神"重载铁路技术体系的核心层，基于云平台部署架构设计，按照统一规划、统一标准、统一平台的原则，从部署资源、智能服务、数据资源等方面统一为各专业智能应用提供技术支撑。服务资源方面，平台提供了大数据服务、AI分析服务和时空分析服务，运用深度学习、数据挖掘、交互分析、机器学习、时空感知等技术，融合营销服务、运输生产、综合安全、经营管

理等领域业务知识，通过逻辑推理来帮助解决复杂的决策问题，形成了"智慧包神"重载铁路的智能中枢；数据资源方面，平台在汇集各专业数据的基础上，运用平台的服务资源，结合重载铁路实际业务规则、业务流程等需求，为智能应用层系统提供支撑。移动装备、固定设施、运营服务、基础数据、其他相关数据等主要业务领域都是智能"大脑"平台的核心价值体现。智能"大脑"平台是实现重载铁路运输生产全链条数据汇集、海量数据资产管理、数据价值深度挖掘和人工智能分析决策的前提，是智慧重载铁路的基础平台、赋能各项智能化应用的服务平台。

针对集团"基石"项目和生产管理的实际需求，大量视频终端正在集中部署，面对海量的监控视频，传统人工监控调看的方式无法实现全覆盖调看分析，针对这一实际问题，包神铁路集团提前介入，超前谋划，确定了视频云平台的建设重点，突出系统在实际应用场景中重点信息捕捉和智能分析预警的功能，提高系统对算法模型训练的标准，为实现视频信息全天候智能分析打好技术基础。

目前，Airflash 车地转储系统、智慧变电站、信号专家系统、基石配套项目、调度管理信息系统、工务智能运维系统平台、资产全景数智平台、视频云平台等8个系统平台，已经开始建设，平台运用及数据管理效果初步显现。一是建立数据资产体系。包神铁路集团率先在国家能源集团运输体系内建立了主数据标准和数据治理体系，以及数据治理平台和数据资产地图，对全部在用系统的原始数据进行了梳理。2021年5月完成了主数据标准及管理体系编制，制定了《主数据管理规范》《数据接入管理规范》《数据仓库接口技术规范》，规范涵盖重载铁路运输所有专业的8个一级分类，19个二级分类，共193种主数据标准，为数据治理和大数据应用提供了标准支撑。二是数据仓库正式上线。数据仓库的建成开启数据资产累积进程，形成了数据资产。搭建了数据仓库、数据治理平台和数据融合平台；接入15套业务系统数据；截至2021年6月底，数据仓库数据总计3.525亿行，存储总量102.07GB。三是奠定底层数据支撑基础。编制了相应数据的ETL流程，为基石项目、可视化系统等提供了数据支撑。2021年4月，数据仓库基础平台和"飞鸿数"大数据平台在数据中心"云平台"正式部署，接入神朔铁路营业线施工管理系统、机务运用安全管理系统等13个在用系统的基础数据，形成了包神铁路集团的第一批数据资产，目前数据存储总量101.02GB，共计3.482亿条。"智慧包神"的数据资源从此开启不断累加的进程，始于量变，蓄力质变。

（二）探索管理信息化新模式

包神铁路集团彻底转变生产力运用模式，突破铁路运输人力运用量大的固有思维，转变角度，尝试用信息化、智能化设备代替人工重复劳动，提高生产效率和安全保障。包神铁路集团经过不断探索，现已建成智能驾驶、4×N轴大功率交流传动电力机车组、智能电分相装置等一批科技装备成果，开启了铁路运输管理新模式。

1.智能驾驶赋能企业提质增效

"神华号"交流传动货运电力机车智能驾驶系统根据铁路调度部门对列车运行线路、运行时刻、临时限速等要求，首次实现了电力机车从出库到终点站的全场景自动化作业，包括远程自动唤醒/休眠、自动整备与出库、调车作业、自动化转线、自动联挂、自动重联编组、发车前列车检查试验，以及万吨重载列车正线自动化运行控制等作业，系统投入常态化使用后，显著提升了万吨重载列车运行的平稳性与运输效率，提升了能源利用效率，规范了重载列车的操纵作业，提升了电力机车的智能化水平。

截至2021年7月1日，智能驾驶全线安全运行里程343910公里，运行车次超1503列，包神铁路集团组织技术团队召开智能驾驶专题讨论会11次，优化软件36版，共解决问题336项，响应新需求139项，目前智能驾驶平均接管次数0.61次/趟。

首列智能驾驶万吨重载列车在神朔铁路成功开行，创造了七个"世界第一"，即首次在12‰长大上坡道线路上实现万吨重载列车自动驾驶；首次实现了网络模拟场景应用于机车自动唤醒等全过程交流机车作业自动化；首次实现了基于障碍物检测（双雷达＋视频识别）、调车信号防护的自动调车作业；首次基于北斗导航差分定位，实现机车精准控制；首次在机车上引入环境气象信息，对列车操纵提供参考和决策依据；首次在重载铁路设置异物入侵检测系统，解决司机瞭望困难导致的非预期事故发生；首次在重载铁路引入运营商网络，通过运营商构建的商业专网，实现车地信息传输，有效降低机车智能驾驶系统实施的通信成本。

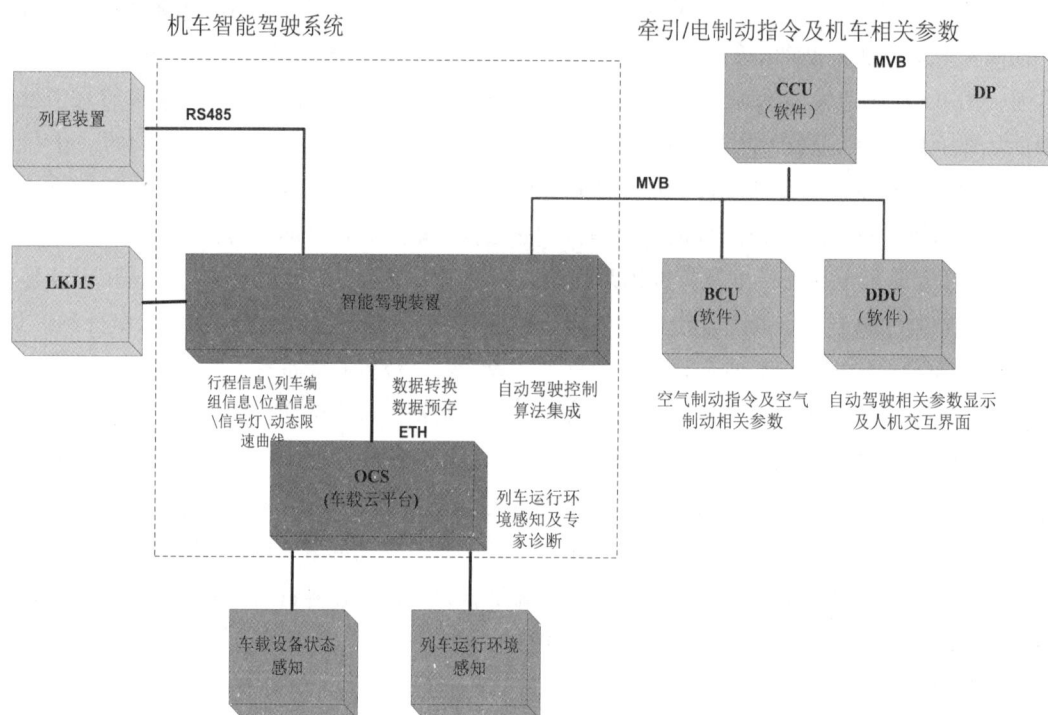

图1 机车智能驾驶系统方案拓扑

国内首列智能驾驶"3＋0"万吨重载列车在神朔线成功开行，标志着我国已经掌握了万吨重载列车的智能控制的核心技术，在货运重载列车控制领域已走在世界铁路发展的前沿，极大地推动了我国智慧铁路的建设，是我国现行万吨重载列车控制领域的一次系统性的技术革命，具有开天辟地的深远历史和现实意义，为未来我国重载万吨货运铁路智慧化发展指明了方向，为进一步推动落实习近平同志"四个革命、一个合作"能源安全新战略迈出了坚实的步伐。

智能驾驶全部投入后，产生巨大直接经济效益。机车的技术速度能提升8公里（由当前的50km/h提升至58km/h），运输效率提升16%，在同等运量条件下，每年可节省电费3200万元，如图2所示，并伴随产生众多间接经济效益。运输效率提升后，每年可多开3600列万吨，增加营业收入10.6亿元，增加利润3.6亿元。目前干线铁路、地铁均采用铁路专网进行通信，以城市轨道交通LTE网络为例，一公里造价上百万，建造与维护成本高昂。运营商网络与铁路专网存在重复投资、复用率不高等问题。本项目通过采用运营商专网通信，有效利用既有基站，大幅降低系统建设成本。同建设LTE相比，节省建设投资2.7亿元。

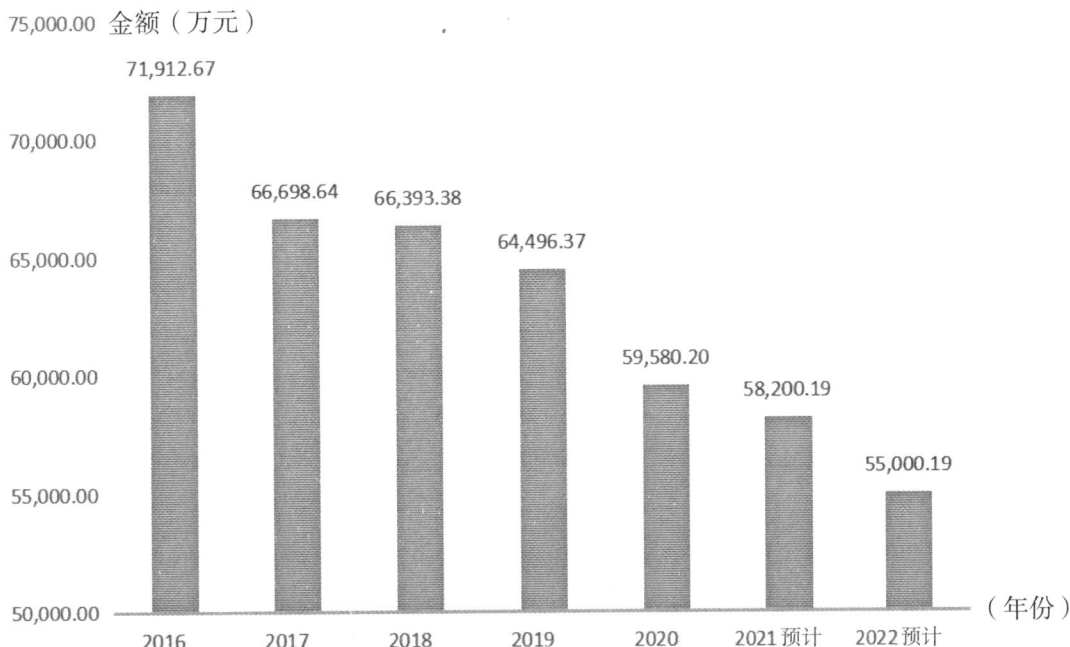

图2　包神铁路神朔线电费成本趋势图

2. "24轴"机车牵引万吨"效益"

为实现1台机车、1组乘务员牵引万吨列车的客观要求，从牵引定数的功率匹配、提高运输效率、降低营运成本的角度出发，包神铁路集团提出"24轴"技术概念和设计思路，并经过多次技术论证和专家评审，于2020年1月形成最终方案，机车采用6节编组，长达106米，最高运行时速120公里，具备在12‰的坡道上单机牵引万吨货物列车的能力，可拉动超过100节满载铁路货车，整列车绵延接近1.5公里。机车搭载可实现智能驾驶、智能运维的"智慧大脑"，具备自动唤醒、自动起车、机车状态智能感知、故障智能识别等功能，内部对牵引变流器、制动机等核心部件进行一系列技术创新，基于北斗导航差分定位更能实现机车精准控制，全车安全性与可靠性更高。

2020年7月29日，全球单机牵引功率最大，可灵活编组、智能驾驶的24轴电力机车成功下线，机车以单机功率28800千瓦时、牵引力2280千牛顿的超强动力，再次刷新轨道交通装备动力的世界纪录，填补了世界20轴、24轴大功率交流传动电力机车产品的空白。以16项技术创新成功刷新纪录，成为全球最大单机功率、全球最大单机牵引力、可灵活编组及智能驾驶的重载铁路"动力之王"，实现了运输能力的有效提高。神24机车通过牵引定数的优化配置及灵活编组的牵引模式，使包神铁路集团运输能力大幅度提高，结合目前神朔线运输能力估算，预计可提高运能约2500万吨/年。

与传统"3＋0、2＋1、2＋2"编组模式牵引万吨列车需要3、4组乘务员相比，神24机车只需配备1组乘务员，若神朔线全部运用神24机车，每年可节约人力成本约1.69亿元，大大降低了人力成本，如图3所示，人工成本利润率由1.26上升至1.63，如图4所示，有效解决了乘务员不足问题。神24机车上线运用后，省去机车编组环节，使运输组织变得更加简单、快捷，可大幅提升运输组织效率；神24机车可实现对万吨车体的直接连挂和摘挂，每列节约近40分钟编组时间，有效提高站场作业效率。

3. 智能电分相助力运营降本增效

重载铁路智能电分相装置通过电子开关快速切换可以实现给电分相中性段连续供电，使列车带电通

（亿元）

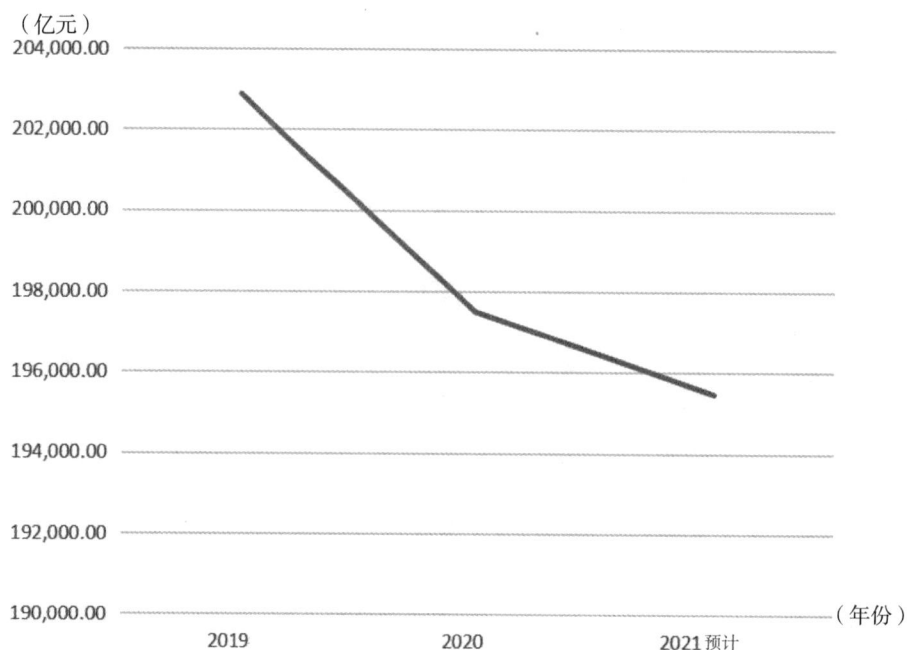

图3 包神铁路集团神朔线人工成本趋势图

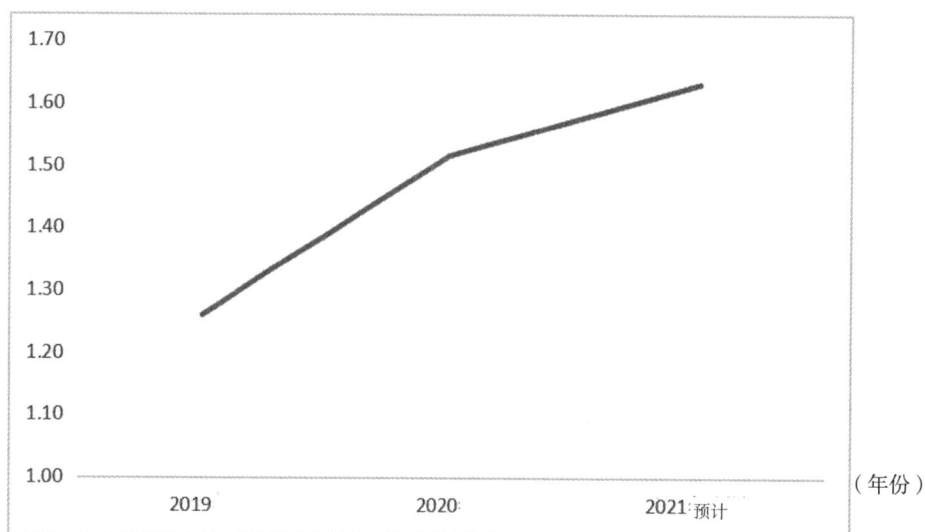

图4 包神铁路集团人工成本利润率趋势图

过电分相时不需断开主断路器就可以获得电能，因此列车几乎无牵引力和速度损失，从而解决了列车长大坡道过分相难题，提升了车网匹配性。

重载铁路智能电分相装置分别在神朔铁路桥头变电所、南梁变电所顺利开通，实现在该领域的全球首创，标志着我国自主研制的重载铁路牵引供电技术取得了重大突破，保证了列车通过不掉速，同时也实现了供电臂之间的绝缘，大大提升了运输效率。经过3年的不断调试和完善，供电设备故障率由56.7%下降到37.6%，如图5所示。

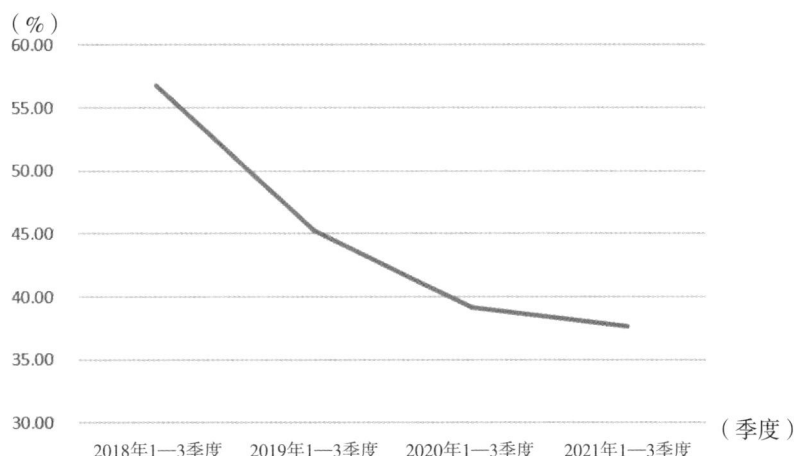

图5 包神铁路集团供电设备故障占比

电子开关自动带电过分相设备的成功研发，提高了在用的带电自动过分相设备的可靠性，降低了故障率和维护成本，促进了带电自动过分相技术的整体进步。目前，机械开关式地面自动过分相装置单套2年需更换4个断路器，维护费用较高，本项目电子开关使用寿命在15年以上，解决了断路器寿命短，更换频繁的问题，从而大大节约维护成本，每年可节约40万元。同时，有效解决了机械开关式地面自动过分相装置在断路器合、分闸时产生的过电压及涌流对设备损坏而造成的高故障率问题，以及影响机车正常运行的问题，从真正意义上减少了机车停运时间，节约了运输成本，如图6所示。

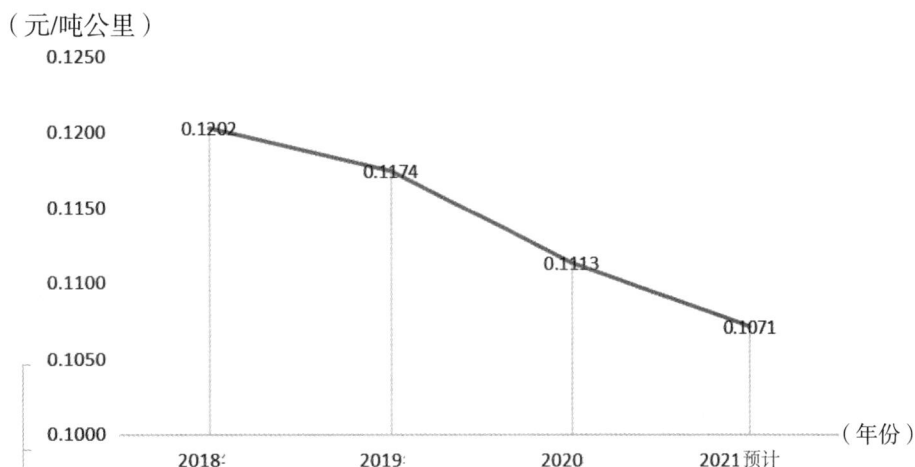

图6 包神铁路经营单位成本

按照每年减少半天停运时间计算，可增加运营收入约1000万元。该项技术还可以减小机车速度损失，提高线路运输效率。由于电子开关换相时间快，中性区断电死区时间仅30ms，对机车速度损失基本无影响。通过仿真及实际测试，平均每个分相区采用电子开关自动过分相电比机械开关过分相可以节约时间14s。全线贯通后，每天可以增开2列车，运量增加值约1万吨；每年可增加运力365万吨，增加收入13140万元。本项目的研究成果应用后每年可实现经济效益14180万元，取得巨大的经济社会效益。自2018年6月5日设备运行以来，累计通过列车93524列，即21822分钟，按10分钟开一列车，即可增开2182.2列；按万吨每列盈利36万元算，可增收7.85亿元，如图7所示。

（万元）

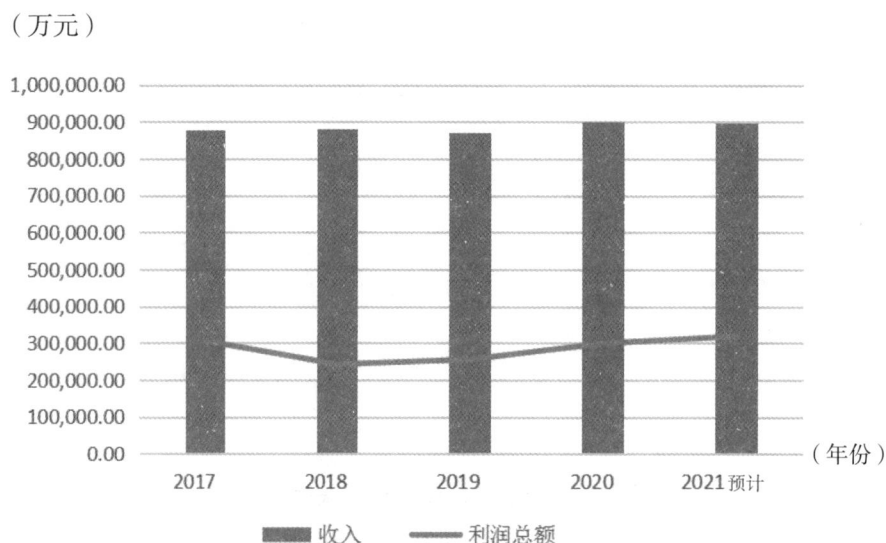

图7　包神集团神朔线收入利润总额

依托"智慧包神"的建设，包神铁路集团在科技创新的大道上勇往直前，科技赋能企业发展，实现提质增效，为实现创建世界一流专业化铁路运输企业的目标提供不竭动力。

（三）探索决策科学化新模式

包神铁路集团在以信息化、数字化助力生产运营的同时，出现线路延长、站点增多带来的整体管理的延时性。为更好地及时掌握各项管理信息，增强决策的合理性，开始搭建智慧包神管理驾驶舱项目。

智慧包神管理驾驶舱项目基于业务管理系统或大数据应用分析结果，集成融合调度通信平台、GIS平台、大数据平台等指定功能视图，针对运输安全生产管理指标体系，通过仪表盘、统计报表、指标图形等多种可视化形式，为管理者提供驾驶舱式的信息呈现服务。

智慧包神管理驾驶舱分为7套主题驾驶舱应用，涵盖了综合、机务、工务等各专业安全生产领域，可通过设备传感、全方位感知系统，实时获取设备运行数据；通过AR增强现实智能头盔，辅助实现智能化巡检；通过大数据分析及人工智能等技术，实现设备服役状态智能评估、智能分析；并通过可视化平台展现生产和经营管理的关键数据，实现全生命周期管理的智能维修辅助决策。彻底改变人工检查、手工分析的局面，实现设备运维从治"已病"到治"未病"，设备维护从"周期修"向"状态修"转变，实现了从生产技术智慧化向经营管理智慧化的延伸。

2021年上半年，以智慧包神管理驾驶舱为核心的智能大脑平台初步建成，基本实现了公司经营管理"一张图"的综合展示效果；导入数据标准模型193个，接入13个在用系统底层数据，形成了公司的第一批数据资产；实现了全系统数据的融合互通，打破了视频监控、视频会议、自动电话、数字调度通信等既有系统的信息互通壁垒，项目进入试运行阶段，财务效益、社会效益、管理效益初步显现，建设成果符合项目预期要求。

（四）探索协同智慧化新模式

在搭建平台，建强建牢信息、数据、运营基础的同时，探索协同智慧化的新出路。包神铁路集团从铁路运输计划环节入手，提升煤炭装车效率，降低车辆组合能耗，强化运输组织安全，增强系统信息传递，达到"1+1>2"的效果，建立协同智慧化管理新模式。

通过"智慧包神"建设，全力打造铁路运输指挥的"智慧大脑"和"中枢神经"，实现铁路运输和煤矿、销售、港口等单位互联互通、信息共享，达到"计划最优化、效率最大化"以及运行图兑现率98%的目标，彻底解决"车等煤、煤等车"的"老大难"问题；探索智慧车站结合智能驾驶技术，将实现货车装车时低速恒速运行，车辆前移的速度与漏斗装煤速度的无缝对接，每列万吨的装车时间可以节省20分钟，每天可多装煤4700吨，装车作业效率提升 8%；智能驾驶将实现自动唤醒、自动整备、自动调车、自动转场转线、自动挂车，达到省时、降耗、减人工的效果，经科学测算，在实现全部机车智能驾驶的基础上，运输效率可提升16%，每年可节省电费3200万元；作为铁路运输企业，防撞轧事故的发生始终是铁路安全管理的核心和关键，通过北斗地基增强系统建设，实现对生产场景、人员、设备、车辆的动态高精度管理，将人员、设备、车辆位置信息关联，设置预警半径，将预警信息推送给作业、司乘、管理人员，实现智能联控，安全关口前移，有效预防撞轧事故发生。

实施"智慧包神"建设项目3年来，包神铁路集团运输效能不断增强，安全管控水平迈上新的台阶。铁路货运量由3.15亿吨增加到3.23亿吨，提升了2.5%；实现智能驾驶的机车，较以往万吨每公里运行能耗下降5%（约7.8千瓦时）；设备故障率由0.411件/亿吨公里下降到0.293件/亿吨公里，下降了28.7%；截至2021年6月30日，公司实现连续安全生产无一般C类以上责任铁路交通事故8190天；实现无作业人员重伤及以上责任事故8193天。

四、聚焦交通强国，奋发有为，创建世界一流企业

党的十九届五中全会提出：坚持把发展经济着力点放在实体经济上，坚定不移建设制造强国、质量强国、网络强国、数字中国，加快发展现代服务业，统筹推进基础设施建设，加快建设交通强国，推进能源革命，加快数字化发展。随着行业变革的加速演进，面对日趋激烈的市场竞争形势，未来世界铁路重载智能化、数字化的速度必然会进一步加快。

新时代呼唤新担当，新时代需要新作为。作为国家能源集团装车量最大的铁路运输企业，具有"一带一路"意义的国际化铁路，包神铁路集团必将在运输领域扛起创建世界一流的重任。全体包神人将以交通强国战略为引领，以"智慧包神"建设为载体，深入贯彻国家能源集团"数字驱动转型发展、智慧引领国家能源"理念，进一步完善智慧包神建设规划，加快智慧包神建设速度。包神铁路集团将致力于进一步采用物联网、人工智能、云计算、大数据、GIS可视化等技术，结合铁路基础设备、设施，构建重载铁路数字化运维体系，探索"铁路+"的智慧化管理新模式，朝着对关键运输设备、生产作业、基础设施和自然灾害全面感知、状态监控预警、事故故障规律分析、作业过程安全管控、应急响应与处置、运营安全状态评价、集综合视频监控、运输设备安全监测、安全监督检查和应急救援指挥一体化的建设目标前进，以智慧包神的建设成果为助推一流铁路运输企业创建迈出坚实步伐。

未来的包神铁路集团，智能运输、精准运输、高效运输必将是发展的核心竞争力。智慧重载铁路技术体系和全生命周期一体化管理的高度智能化铁路系统所带来的综合效益，不仅仅是保障作业安全、提高运输效率、改善经营管理和提高服务质量，更为重要的是，凭借"保安、提效、降本、减人、可持续发展"方面的成效，使得企业在推动国家能源战略转型过程中具备了主动性，也必将会发挥更大作用。

红日初升，未来已来。872公里的"钢铁巨龙"，昼夜不息，万吨运煤专列从这里开往全国各地，书写的是今天的中国效率；32载奋斗历程，45亿吨煤炭输送成绩，汇聚的是18000多名包神人的心血和汗水；从重载1亿吨到重载3亿吨，从蒸汽机车到世界最大功率的"神24"上线运行，包神人的每一步都铿锵有力、踏石留痕，未来的包神铁路集团，在习近平新时代中国特色社会主义思想的指引下，必将取得创建世界一流企业新征程的最终胜利。

成果创造人：惠舒清、孙彬、周志成、刘朝晖、郭尽朝、姜大佐、

王龙江、杨彦妍、郭浩男、杨宁、张兰、姚广

以"云雀"协同平台推进军工院所数字化转型

北京电子工程总体研究所

一、前言

中国航天科工集团第二研究院第二总体设计部（以下简称"二部"）成立于1958年，是我国最早组建的地空导弹总体设计部，主要承担先进防御导弹武器系统的总体研发、设计、集成与试验、生产、保障等工作。建设有覆盖导弹武器系统研发的各类总体专业，其中武器系统总体、导弹总体、制导控制、指挥控制、精确制导、系统仿真等专业处于国内领先地位；拥有4个国家级创新平台、2个省部级创新平台。现有在职职工1700余人，其中，中国工程院院士1人、国家级专家13人。

作为我国先进防御导弹武器装备建设的摇篮和先进防御武器装备体系的开拓者、引领者和实践者，二部抓总研制了多种具有代表性的武器装备，多型装备已列装部队，为筑牢国家安全基石作出重要贡献。建部以来，荣获国家级科技进步奖24项（其中国家科技进步特等奖4项）、部委级科技进步奖379项。先后荣获全国质量奖、中国航天质量奖、国家级信息化和工业化深度融合示范企业、军工能力建设先进单位等荣誉。秉承"国家利益高于一切"的核心价值观，二部以"全局、奉献，求实、创新"的"总体精神"为指引，在国内率先开展智慧总体部建设，抢抓机遇推进转型升级，努力引领空天防御事业新发展。

二、实施背景

当今世界正处在从工业经济向数字经济转型过渡的大变革时代，新一代信息技术创新应用正引领新一轮产业变革，工业经济时代的产业运行体系正发生根本性变革，资源配置、创新协作、生产组织、商业运营等方式加快转变，全球经济正迈入体系重构、动力变革、范式迁移的新阶段。

习近平同志指出："要推动产业数字化，利用互联网新技术新应用对传统产业进行全方位、全角度、全链条的改造，提高全要素生产率，释放数字对经济发展的放大、叠加、倍增作用"。二部正是在数字经济的大变革时代下，开展数字化转型工作，目的是充分利用新一代信息技术，与总体部的设计与试验技术和管理技术相融合，推进技术创新和管理升级，从而形成新的产品、业务和商业模式，实现业务变革。然而，在推行数字化转型的过程中，遇到如下难点。

（一）数字化转型对研发流程变革的需求日益迫切，存在流程不畅和断点频出的困难

随着信息技术的不断进步，为更好满足顾客需要，二部业务流程再造的不断发展突破了传统的劳动

分工理论的思想体系，强调以"流程导向"替代现有的"职能导向"的企业组织形式，从根本上考虑和彻底地再设计企业的流程，使其在成本、质量、服务和速度等关键指标上取得显著提高。业务规模的不断扩大、管理过程的复杂交错，使得二部当前的"以职能为中心的管理模式，纵向职能为主、横向协调为辅"的管理原则，越来越难以适应企业的不断变革与快速发展，企业数字转型迫切需要实现企业以职能为中心向以流程为中心的管理方式转变，需要系统性建立研发架构。

图1 军工院所加快管理创新推进数字化转型

（二）数字化转型对资源高效利用的要求日益迫切，存在资源孤立和环境缺失的困难

随着军工企业从企业内部向企业之间的并行协同，提高设计、试验和管理等方面的资源利用绩效的要求越来越高，先进企业正在大力打造企业的智慧工作平台，重构资源共享的基础与生态。以知识资源的共享重用为例，BOEING公司开展了一系列知识管理工作，建立了一整套协同环境进行知识管理，确保关键知识能够在全生命周期活动中共享和应用。二部加速"数据→信息→知识→智慧"（DIKW）提取过程，在知识管理方面进行了初步实践，但缺少更系统的方法来捕获隐形和显性的知识，没有规划知识管理的路线图，不能通过智能知识库协同系统支撑多级机构以及合作伙伴之间保存、共享和转让知识。

（三）数字化转型对协同研发手段的要求日益迫切，存在模式不适和融合不足的困难

当前基于"设计—产品—试验"的武器系统协同设计模式是孤立的、串行的、手段单一的，一般为总体下任务书、分系统研制与调试、系统集成调试与验证、系统性能评估。此种工作模式下，系统性能评估往往滞后于分系统研制，使得问题常常暴露于研制后期，需要等到研制阶段后期才能评估产品性能，导致研制周期增长、成本增高。这种以任务书、产品交付为主要协同点的整体研发模式不能适应数字转型要求，产品及过程数据在组织内部、组织之间交互，以及全寿命周期应用存在诸多断点，设计、试验、生产、保障等信息尚未完全贯通，分系统集成协同不足，对总体的支撑能力不足。需要实现基于MBSE的研发，数字模型贯穿全生命周期应用。往上游延伸至产品需求论证、概念设计等环节，往下游

延伸至系统鉴定、综合保障和战训评估。

（四）数字化转型对网络信息安全的要求日益迫切，存在风险增加和红线不牢的困难

数字转型对协同方式提出更高的要求，装备研制各阶段高频次的协调沟通工作需要更充分的共享与协同，使得二部在协同过程中的文本、图片、文档、模型等各种信息数量剧增，且在协同过程中的流转更加活跃；相比与原有电话、邮件、线下会议等单点或线下沟通手段，跨计算机终端、即时通信的在线协同方式，使得文本、图片、文档、模型等各种信息快速传递，这也导致信息在共享过程中的知悉范围控制难度大幅增加；同时，为适应装备发展的新特点，通过跨单位协同、基于模型的深层次协同、打破信息和知识的数据孤岛以构建适应新要求的新型科研生产模式，对模型、数据基于流程驱动的协同过程中的安全可控也提出更高要求。考虑到信息的安全可控是军工院所的红线、底线，需要探索开发可确保信息安全可控的协同平台。

三、内涵和主要措施

本成果内涵如下：针对数字化转型在流程改进、资源共享、手段优化和保密红线等方面的推进难点，以协同设计流程的持续改进为主线，开展智慧总体论证、规划数字化行动路线图、打通流程、贯通数据；以协同设计模式和方法的研究为基础，推动建模仿真、知识图谱、云计算等信息技术在研发活动中的深度应用，构建模型驱动的协同研发模式，形成跨专业、跨单位的数字化协同设计、协同试验和协同仿真能力；以"云雀"协同平台的自主开发和深化运用为突破口，为设计师提供统一的数字化研发工作环境，实现知识共享，并保证设计过程和设计活动的可控性。

二部通过"云雀"协同平台的开发和运用，大力推进数字化科研生产体系建设，明确"建立集成产品和过程开发运行环境，为设计师提供统一的数字化研发平台，实现知识共享，并保证设计过程和设计活动的可控性"的具体要求。同时，以"云雀"协同平台推进军工院所数字化转型是一项长期工作，需要管理制度和技术规范的长期积累和实施，通过协同设计规范，将其理论、方法和工具固化到军工院所数字化转型中，形成长效机制，不断解决新矛盾和新问题。

二部坚持"云雀"协同平台的持续自主研发，以"云雀"平台支撑和推进管理变革、以管理变革完善和丰富"云雀"平台，实现了对科研生产与经营管理的高质量数字化转型。主要做法可以概述为"一三三"，即一个架构设计、三个管理推进和三个管理基础。

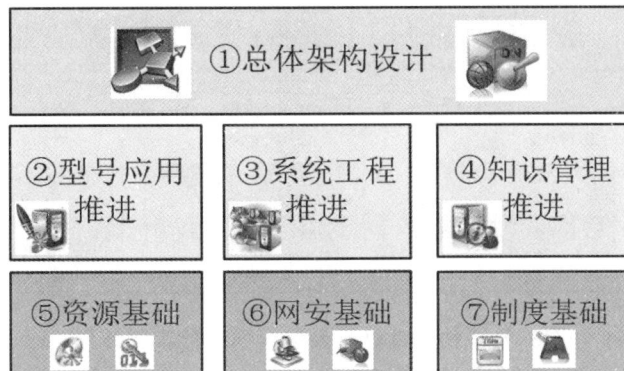

图2 通过"云雀"协同平台推进数字化转型的"一三三"总体架构

具体可以描述为：形成协同设计推进数字化转型的总体架构，在企业知识管理、型号基础管理、系统工程应用三个方面，分享协同平台数字化转型的成果，推进形成协同平台数字化转型的常态，推进创新协同平台数字化转型的模式；在基础资源管理、网络安全管理、激励机制管理三个方面，夯实协同平台数字化转型基础，筑牢协同平台数字化转型红线，固化协同平台数字化转型的长效机制。

（一）设计行动路线和工作模式，通过协同平台解决数字化转型的应用架构问题

1.以智慧总体部的智慧设计为目标，全方位开展协同设计的发展规划

二部提出"四个坚持"战略思路，其中，坚持智慧总体以协同设计为核心建设智慧总体部，并牵头集团公司智慧总体工作平台建设方案，提出智慧设计的系统建设架构，明确"三边"（边研究、边设计、边建设）建设原则，及时总结在建设、设计过程中具有示范作用、推广作用和普遍适用的协同设计模式、方法等成果，固化形成"云雀"协同平台架构。以总体与分系统协同设计流程为基础，基于知识和大数据，以各层次的工程样机为对象，在跨部所、分布式的协同仿真环境中，对武器系统功能、性能进行综合设计和验证，实现以全性能数字模型贯穿全生命周期研发与应用为核心，以知识驱动设计、大数据广泛运用为重要特征的新型智慧化研发模式。依托"云雀"协同平台实现，系统架构如下：

（1）建立一套工程主数据及基础库，分阶段实现基于文档、文本、数据/参数、模型的协同，协同模式支持总体与分系统协同。

（2）通过工具、知识的按需推送，将知识自动融合入研发流程，实现知识驱动的协同设计。

（3）建立装备产品的模型体系，开展研制全生命周期的数据分析，提高数字样机仿真的精度，提高设计质量，并为智慧试验奠定基础。

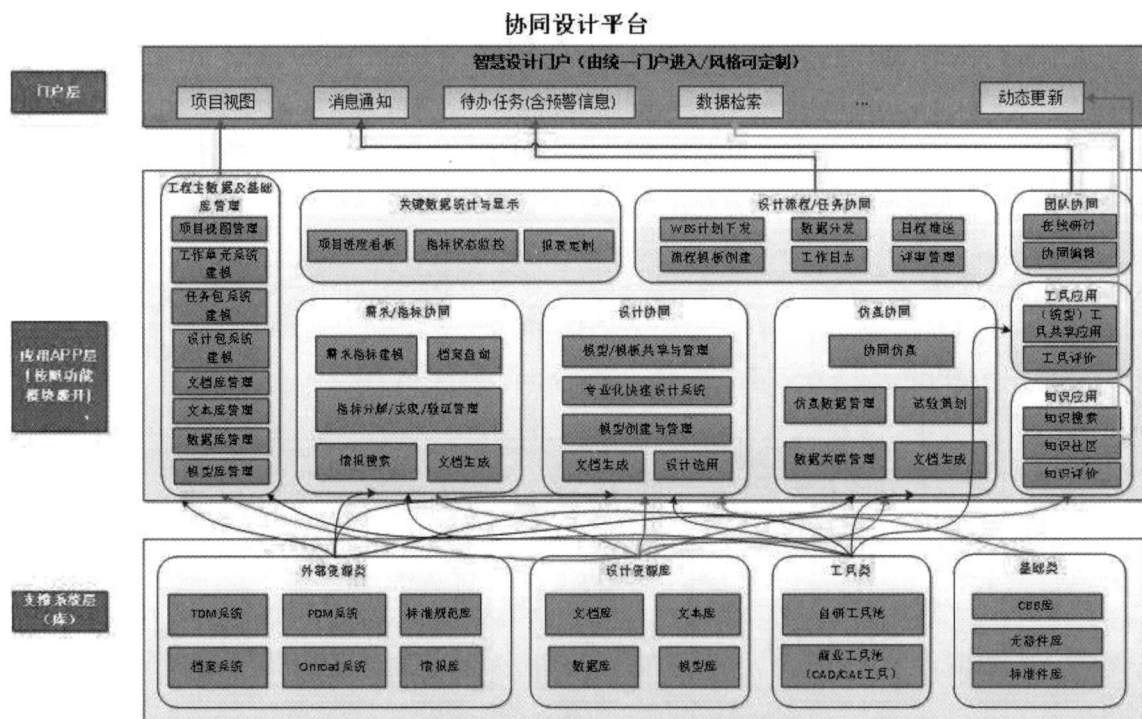

图3 形成协同设计平台架构推进数字化转型

2.围绕数字化应用行动，理清协同设计专业应用的行动路线

二部按照智慧总体部和数字化行动要求开展数字化科研生产体系建设发展路线规划研究。核心是推

动新一代信息技术在研发活动中的深度应用，构建模型驱动的协同研发模式，形成跨单位、跨专业基于知识的数字化协同设计能力。通过路线图，梳理在武器系统、各分系统、各专业中需要验证的功能、性能指标，围绕功能、性能指标，梳理各产品及专业开展的设计和验证任务，以及针对每个设计任务，所需要的工具资源、产生的模型资源以及目前的状态。以此为基础，形成相关内容以及时间节点要求。

路线图从两个维度展开，一个维度是数字化建设涉及的相关内容参考INCOSE（国际系统工程协会），数字化科研生产体系建设包括应用、管理和支持等三方面要素；另一个维度是路线图的周期范围。

3.依托"三合一"组织推进，打造协同设计的联合团队

为夯实数字化转型工作的组织形式，二部通过多轮分析认为，以智慧总体建设为主线任务，固定资产投资和信息化工作与其密切相关、不可分割，信息化工作是实现智慧研发、智慧试验和智慧管理的基础和重要保证，固定资产投资是从条件上支撑智慧总体部的落地。为此，通过设立智慧总体部"三合一"队伍，一方面支撑实现由粗放式发展向集约化发展方式转变，实现上核心、上水平、上标志、上能力。同时统筹基础能力建设、统筹信息化顶层架构、统筹优化人员队伍，充分融合、形成合力。

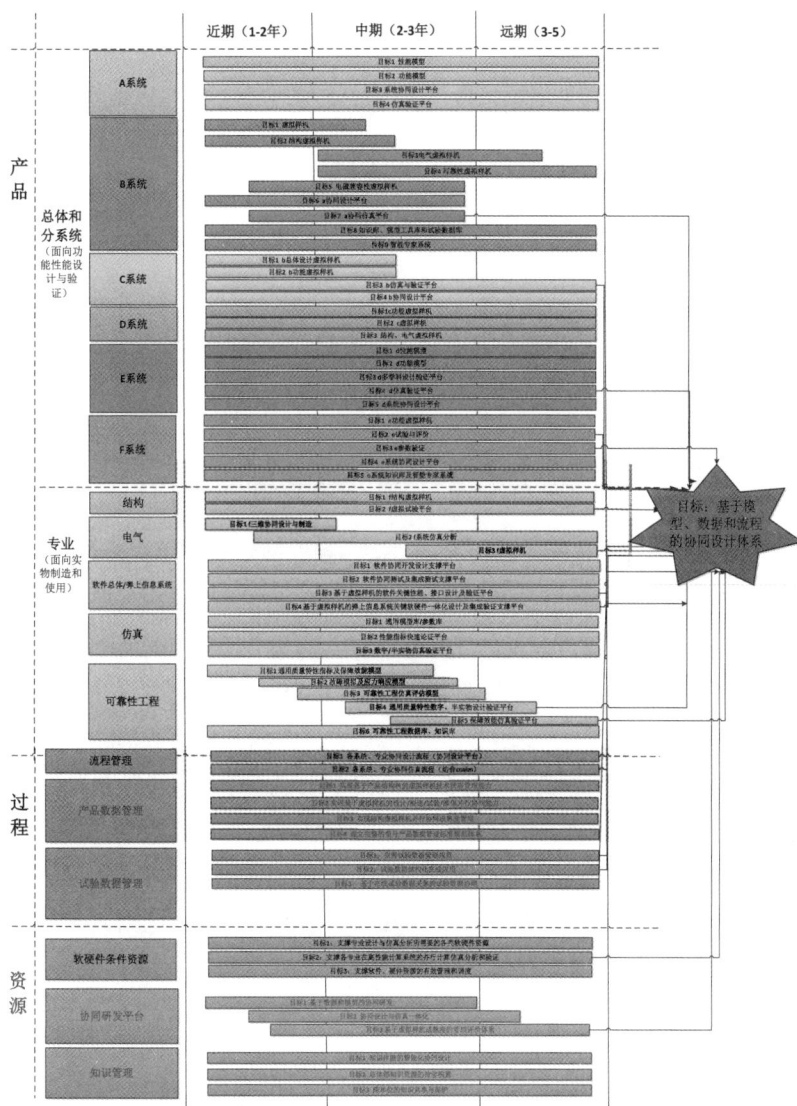

图4 管理和支撑"三要素"路线图架构

"三合一"队伍的组建加强了从事基础性工作的设计师对自身工作认同感和获得感，更好的促进了设计师从事基础性工作的积极性，最终实现企业的可持续发展。

（二）改进流程规范与运行方式，通过协同平台优化数字化转型的基础要素管理

1.通过归纳型号研发设计"六要素"实现研发设计经验在协同平台中的固化

二部型号研发设计过程已形成有一整套成熟的研发模式，积累了大量的型号和专业成果，但这些模式和成果尚未完全实现线上全贯通，在统一平台中运行。要将这些模式和成果进行信息化推广应用，首先，从这些成果中研究总结出型号普遍适用的规律和方法，即普遍适用于二部所有型号、适用于二部所有型号设计师、适用于二部所有专业、适用于二部所有设计过程及其过程信息；然后，将这些规律和方法进行信息化转化，使其可以有效地在"云雀"协同设计平台上运行和应用。

二部型号研发设计包含六要素：团队、产品、活动、数据、知识、资源。团队指型号研发设计团队；产品指型号武器系统及分系统、硬件和软件产品；活动指型号研发设计活动；数据指型号设计活动中产生和传递的文档、数据和模型；知识指型号设计活动中需要利用和产生的设计成果及外部知识成果等；资源指型号研发设计中需要的硬件资源（包括设备、设施、物资等）和软件资源（包括设计工具、设计平台等）。

2.通过基于"工作单元＋任务包＋设计包"的基本运行方式实现协同工作的规范性和全流程管理

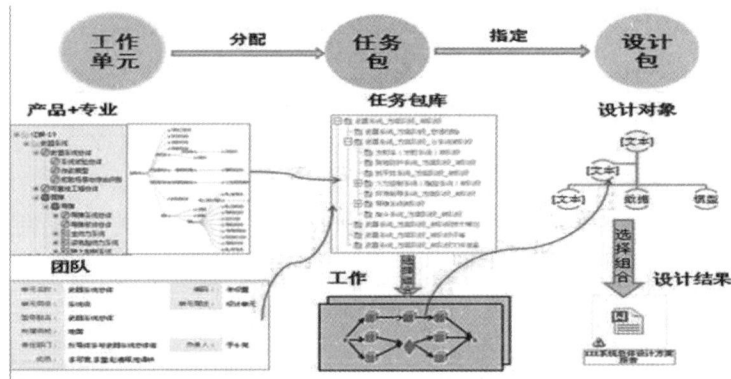

图5 基于"工作单元＋任务包＋设计包"的基本运行全流程管理

二部型号设计工作的组织模式是主要按照型号系统层次并兼顾型号产品层次进行组织，采用多层级研发团队进行型号研发设计的组织，型号组织模式中主要包含产品和团队两类要素，为此，引入"工作单元"的概念来描述型号研发设计中组织节点、组织结构和组织模式。引入"任务包"的概念来描述二部型号研发设计活动，引入"设计包"来定义二部型号设计中的文档、数据和模型，建立"基础库"来存储和管理型号研制的信息、知识和资源。形成"工作单元＋任务包＋设计包"的运行方式，以"工作单元"描述型号设计组织中的多级产品和团队信息，以"任务包"描述型号设计活动的过程，专业内集成度较高的任务可依据单个"任务包"既可开展，多专业交互的任务可将多个"任务包"进行自定义组合来开展；以"设计包"描述型号设计过程中传递的输入输出，并提供文档、文本、数据、模型基础库等研制资源。

3.基于"一个平台＋一个标准体系＋一套基础库"的基本实现方式，实现依托"云雀"协同平台提高总体、分系统、专业并行协同的效率

采用"一个平台＋一个标准体系＋一套基础库"实现型号研制的组织、过程和资源的数字化。设计师基于"一个平台＋一个标准体系＋一套基础库"搭建产品组成、型号团队和研制任务，这些数据均贯

入"云雀"协同平台，为设计师提供一个设计工作的综合环境，支持各类设计活动的控制，在设计过程中各类设计资源均在平台上进行管理和应用，支持重用。

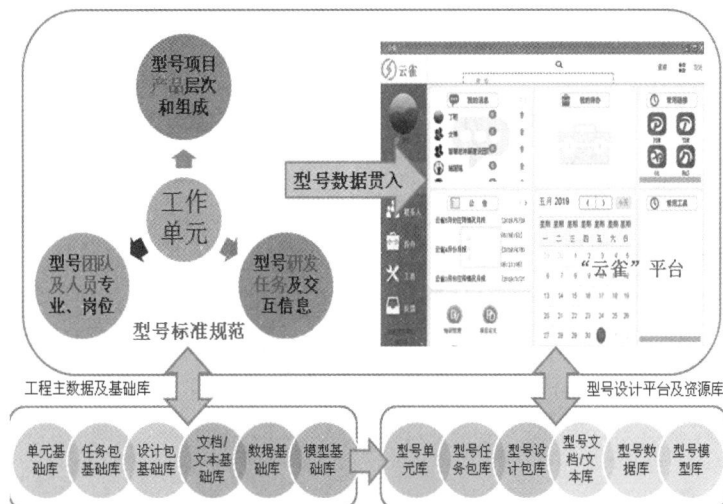

图6 基于"一个平台＋一个标准体系＋一套基础库"的数字化资源管理

以武器系统协同设计为例，主要技术指标、研制总体方案、综合保障要求等内容，均规范的存储在"云雀"协同平台中的设计包基础库中。这些设计包根据自身的特点，采用文本、数据、模型三种表现形式，在平台中分别存储为文档基础库、数据基础库和模型基础库。根据统一模型在专业系统间的流转和版本管理，实现基于模型驱动研发过程，实现各层级需求模型、功能模型、物理架构模型、行为模型的关联设计，最终实现"工程经验模板化、工具软件集成化、产品设计协同化"的研发模式，提高研制管理效率、资源利用效率、专业设计效率，提高工作规范性和质量。

（三）提升技术手段和抓总能力，通过协同平台提升数字化转型的系统工程水平

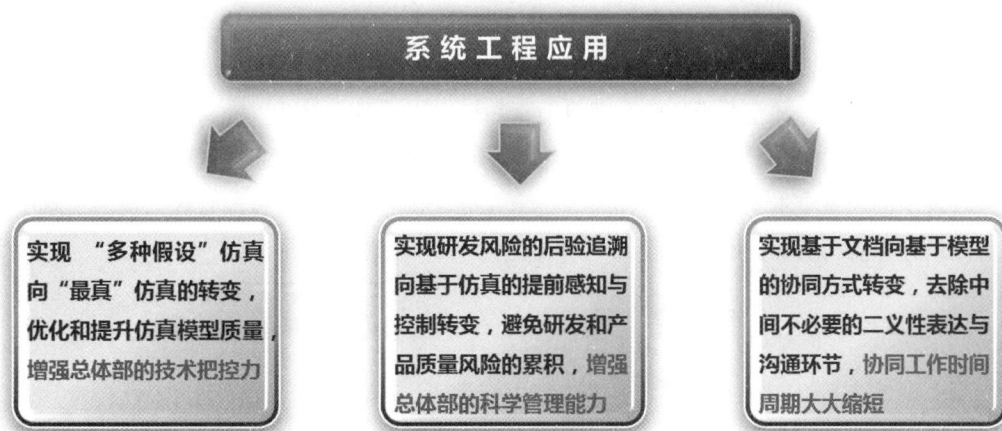

图7 系统工程应用方面创新协同平台数字化转型的模式

1.实现"多种假设"仿真向"最真"仿真的转变，优化和提升仿真模型质量，增强总体部的技术把控力

由于仿真模型分离于各厂所内部，总体部不具备其他厂所的设备级仿真模型，各厂所也不具备总体

部的系统级虚拟样机仿真模型，因此在武器系统研制中，总体部开展系统级虚拟样机仿真时所需的其他厂所模型，多采用简化模型或近似模型来替代，模型颗粒度大，导致系统级虚拟样机仿真置信度降低，无法充分支持总体系统的设计；各厂所在进行设备研制过程中，也无法直接获得总体部系统级虚拟样机的仿真结果，用于完善产品设计，不利于提高设备级产品质量。通过"云雀"跨部所仿真，将各部所最高颗粒度和置信度的系统和设备模型联通在一起，构建高逼真度的仿真系统，共同优化和提升仿真系统质量。在保障系统与设备设计的质量的同时，加强了总体部对各厂所的技术把控力。

2.实现研发风险的后验追溯向基于仿真的提前感知与控制转变，避免研发和产品质量风险的累积，增强总体部的科学管理能力

由于总体部的系统级虚拟样机仿真模型所包含的设备级仿真模型，分别由不同的厂所负责构建，而各分系统厂所在设备研制中后期，才向总体部提供系统级虚拟样机仿真所需的模型，导致总体部开展系统级虚拟样机仿真的时间相对于设计工作和设备生产滞后许多，因此在仿真中发现问题的风险成本较高。基于"云雀"跨部所仿真将总体部开展系统级虚拟样机仿真的时间前移，将设备研制风险暴露时间提前到设计阶段，能够避免上百万的设备研制问题损失，同时由于生产周期的缩短，可以有效降低人力成本。

3.实现基于文档向基于模型的协同方式转变，去除中间不必要的二义性表达与沟通环节，增强总体部与各厂所的协同手段

由于商秘保护等非技术因素，各部所提供总体部的设备仿真模型经过了简化，并以文字形式提供，总体部需要将文字形式的模型，转化为系统级虚拟样机的内部代码使用，总体部系统级虚拟样机仿真的结果也转换为设计要求提供给各厂所，用于完善设备设计。这一过程经过多部门传递，有冗余的转换工作，考虑到实际过程中的多次循环往复，生产效率难以提高。跨部所仿真缩减了许多不必要的传递与转换环节，以分系统厂所将设备精细模型转换为简化文档，总体所将简化文档转换为简化模型环节为例，在导引头设备研制过程中，不考虑后期设备改动，这一环节大约需耗费双方设计师1个月时间，跨部所仿真平台无须进行该环节工作，时间周期可以缩短1个月以上。

（四）促进经验共享和知识重用，通过协同平台分享数字化转型的企业知识成果

1.在知识管理组织上，由部门内割裂式管理转变为企业统一管理，增强知识共享广度

原先各个部门之间，甚至是设计师之间目前在知识应用上是相对独立的，知识的收集往往是个别部门、个别员工的职责，收集后也没有进行分享，致使很多有用的信息知识得不到及时的沟通，科研生产、经营管理中的大量宝贵知识仍存留在高级技术人员（技能人员）、资深管理人员的头脑中和办公机内，人员流动往往意味着知识的流失。

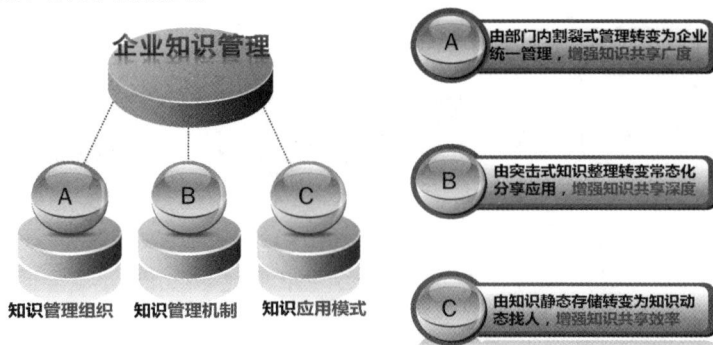

图8 知识管理方面基于协同平台实现知识重用的成果

制定二部知识管理方案，二部统一开展知识管理工作，将以前只在部门内、专业内固化的知识变为全二部共享，利用"云雀"平台作为统一入口，建立二部级—专业级—个人级多层级知识库，开展全员全级次的知识收集，知识管理与知识应用。

2.在知识管理机制上，由突击式知识整理转变常态化分享应用，增强知识共享深度

原先知识库建设和知识整理是突击式的，管理部门下指标，各专业室临时组织人员进行整理和上传，这样的知识管理方式与科研生产活动脱节，无法获取高质量知识，知识活动浮于表面。

利用协同平台，设计师的知识收集工作和日常的科研生产活动充分结合，协同研讨、协同设计中产生的文件，都能够经过统一加工，纳入知识图谱，作为知识资源进行分享；设计师也可以快捷地分享和评论知识，并定期开展线上知识评比，深入开展知识收集与应用。

3.在知识应用模式上，由知识静态存储转变为知识动态找人，增强知识共享效率

二部的知识静态存储在10余个管理系统中，且由各个部门分管，这类系统只承担数据存储职能，知识查询操作复杂；设计师在查找应用知识中，只能频繁登录各类系统分别查询，或者直接咨询个人，知识获取效率低。

以"云雀"协同平台为抓手，推进智能化知识应用方式：提供智能化统一搜索，设计师通过"云雀"统一搜索，快速查找所有知识库中的相关知识；在设计师工作台面也可以获取与当前设计任务最相关的工程报告、质量案例、标准规范，降低低层次问题发生的频率；实现"人—知—岗"精准培训，将与设计师岗位最相关的书籍和培训教材推荐给设计师学习；变人找静态知识为动态知识找人，提升知识获取效率。

（五）转变服务方式和应用手段，通过协同平台夯实数字化转型的基础资源环境

1.基础设施从分散重复使用向集中统筹服务转变

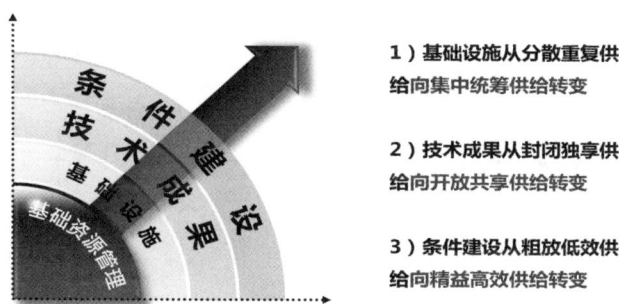

图9 资源管理方面基于协同平台实现资源共享的基础

二部已经建成600万亿次计算能力的高性能计算平台，在此基础上，二部针对商品化工具软件提供了三种自适应的作业模式：第一种是批作业模式，实现了动态分配作业运行的计算环境和软件环境，高效完成作业调度；第二种虚拟化应用模式，实现设计软件工具远程发布和使用，提高了为用户使用便捷性；第三种是协同仿真任务模式，支持全系统级设计仿真验证和分析工作。三种模式的实施解决了设计师本地安装专业设计分析软件的局限性，也避免了为每一个设计师重复提供高性能计算服务器、昂贵的商品化工具软件（License），支撑了对于计算资源协同的有序管理，使得内部计算成本大幅度降低，成本分配更加合理。

2.技术成果从封闭独享使用向开放共享服务转变

二部通过"云仿真"技术，建立了多个学科之间沟通融合的平台。"云仿真"平台已成为链接地面

试验和飞行试验的桥梁，解决了设计验证结果的自动共享问题，促进了设计余量的共同掌握。例如在某复合制导体制武器系统设计中，7个专业的设计师基于"云仿真"平台在线协同设计，并且能实时获取设计参数对总体性能指标的影响。在此基础上，二部围绕"云制导"技术，开展了云资源应用。由个人计算机、制导控制仿真软件、高性能计算机集群等组成的"云制导"平台，通过控制仿真软件实时调用高性能计算资源进行制导控制系统设计。目前二部已实现"云制导"模式在研和预研型号100%的应用，优化了成本管控手段的覆盖度。

3.条件建设从粗放低效使用向精益高效服务转变

通过"云雀"平台建立工具发布分享、逐级审批的机制，使得充分掌握基础资源的需求底子；通过对高性能计算环境中的设计仿真工具基于效用最大化与负载均衡原则进行管理，使得充分掌握基础资源的需求余量。资源协同是转型升级的基础，也是优化企业效益的核心。二部聚焦二部协同设计流程中的设计资源基础，提高设计资源的利用效率和应用水平，促进部门自研工具以及企业级工具最大化利用，同时为后继技改建设的建设方向、建设内容、建设数量等提供准确的数据支撑。

（六）落实网安要求和系统测评，通过协同平台筑牢数字化转型的保密工作红线

1.大胆构想，针对国密网环境下的在线协同研讨等场景提出协同平台建设需求

现有工作模式下协同论证周期长，沟通效率低。在系统论证阶段，需要对总体指标进行论证，总体论证非常注重追求速度和效率。传统的总体论证模式主要以会谈、电话、会议和文档的方式，线下组织和协调各专业室人员完成总体论证，沟通效率低，且效果也差强人意。基于上述问题，提出"云雀"协同设计平台协同研讨需求。考虑到安全保密是军工科研生产部门第一要务，受安全保密要求的限制，市面上的即时通信类软件会导致协同研讨过程中的涉密信息不可控，故当前在国密网环境中尚无即时通信工具，针对这一矛盾，将突破即时研讨安全保密技术作为"云雀"协同平台在线研讨功能设计开发过程中首先考虑的需求。

图10 网络安全管理筑牢协同平台数字化转型的红线

2.谨慎设计，制定符合要求的安全保密技术方案

针对"云雀"协同平台协同研讨的业务特点和安全保密风险，在符合涉密应用系统分级保护测评相关要求的基础上，在系统设计时针对群组管理和内容管理进行了安全保密功能设计。参照涉密会议管理规定，对不同密级的研讨群组限制群组人员数量，建立群组要执行审批流程，在研讨群组中发送文件要再次进行知悉范围的确定，在群组中发言、发送文件，及查看消息、查看文件等操作需要符合当前登录

人的密级要求，避免高密低传或扩大知悉范围，确保研讨过程中的信息及数据安全可控，并且用户在"云雀"协同平台中的所有研讨内容在后台都有记录与审计，上传的附件经过强制加密后存储，进一步保障了研讨信息的安全。方案经过多层级评审及迭代修改，并制定多层级多组织协同研讨制度，满足实际应用场景下对涉密信息的可管可控。

3.经历考验，实现涉密环境下的协同研讨

"云雀"协同平台按照安全保密方案完成群组安全管理、研讨内容安全管理的功能开发，于2019年11月通过信息系统安全测评，成为首个通过该类型信息系统测评的即时研讨产品，在符合安全保密要求下，率先实现创新、安全、高效的在线协同研讨、在线会议、协同文档编辑环境，支撑协同研讨的开展，从网络安全方面形成数字化转型。

（七）制定激励措施和管理要求，通过协同平台固化数字化转型的改进优化机制

1.创新手段，充分体现二部总体精神内涵及管理思路

以二部总体精神"全局""奉献""求实"和"创新"为导向设置"协同币"。

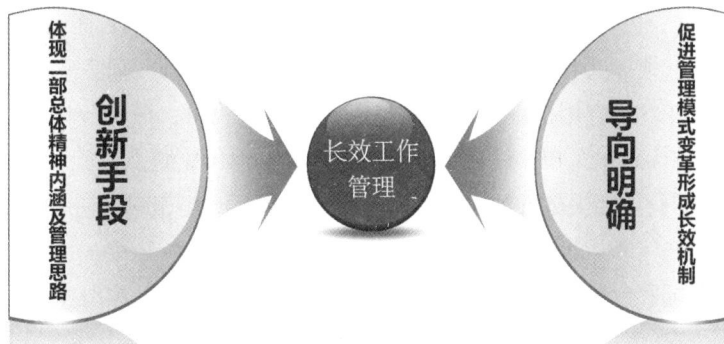

图11 长效工作管理固化协同平台数字化转型的机制

"全局"是总体精神的核心，是航天系统工程思维和方法的直接体现，也是黄纬禄"四共同"原则的集中反映。设置全局币，鼓励员工在"云雀"协同平台上以全局思维进行跨部门、跨专业的协同设计工作；"奉献"是总体人的可贵品质，是弘扬航天精神和发展航天事业的传承和要求。设置奉献币，奖励员工在"云雀"知识管理模块中分享奉献自己智力成果的活动，鼓励员工对"云雀"研发平台本身建设的支持和帮助。

"求实"是总体人的基本态度，是航天战线的优良传统，是航天精神、航天品质的体现。设置求实币，鼓励"云雀"协同平台日常实际使用活动；"创新"是总体部的生命线，是航天事业自力更生、自主创新史的继承和发扬，也是二院"有矛必有盾"精神禀赋的重要体现。设置创新币，主要鼓励在"云雀"协同平台上，上传、分享自主创新研发的二部级和研究室级专业工具。

图12 "全局""奉献""求实"和"创新"为导向设置"协同币"管理激励模式

2.导向明确，促进管理模式变革形成长效机制

根据"云雀"协同平台应用情况及时调整激励点，动态更新协同币奖励方案，不断迭代优化，使"云雀"协同平台使用成为常态，鼓励二部员工切实使用好该平台，以提高研发效率，促进管理上台阶。制定了"协同币"的激励和管理方法，以"面向全员、操作性强，结合实际、形式新颖，金额适当、及时兑现"为原则，奖励方案面向二部全体人员，具体并且可操作性强，切实能够起到激励作用；与二部实际情况充分结合，体现总体精神；奖励额度适当、可控，并能够及时兑现，充分激发全员参与的热情。鼓励全员广泛使用"云雀"平台开展协同研发、资源共享和知识创新等活动。

四、实施效果

二部作为军工院所，以"云雀"协同平台不断带动数字化转型，促进管理转型升级与企业核心能力的提升。

（一）形成了一套成果推进模式，已经推广覆盖集团范围

二部秉承"自主创新，安全可控"的建设理念，形成了基于用户思维、简约思维、原创思维、迭代思维、流量思维和平台思维等互联网思维的"云雀"研发模式，以及"研发一个、试点一个；成熟一个、推广一个"的设计开发与应用推广管理模式。以二部为试验田，深入分析和挖掘应用场景，设计和研发产品功能。以二院为种子用户，优化和完善产品功能。以国家重点实验室为窗口，在集团内外推广"云雀"产品。为军工行业相关软件的设计开发与推广提供了典型范例，一举入选了科技部和工信部优秀工业软件素材库。

当前，"云雀"协同平台在航天科工集团两网（国密网、商密网）全级次单位（集团、院级、所级）进行了推广应用，"云雀"协同研讨服务已经在航天科工集团商密网上线，直接支撑了商密网全级次5万多用户的在线应用，强力支撑了全集团云端协同能力的提升。并且面向国密网集团本部、一院、二院、三院、四院、六院、十院等单位进行了推广应用，大大提升了涉密条件下，科研生产业务的协同效率。

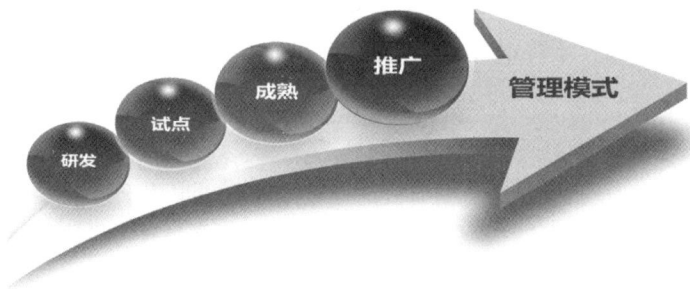

图13 研发一个、试点一个、成熟一个、推广一个的管理模式

（二）形成了一套网安管理方法，已经通过系统安全测评

在推进"云雀"平台研发管理过程中，二部形成了一套针对军工领域国密网环境下即时通信的安全保密管理方法，并利用软件平台进行了固化。形成建立群组的审批流程，创建群组需要经过审批，不同类型的群组（部门内、跨部门、跨单位）创建需要提交不同类型的人员组进行审批。部门内群组能够包括部门内人员，跨部门群组能够包括不同部门人员，跨单位群组能够包含跨单位人员。能够审批不同类型群组的人员由系统管理员进行配置。

尤其是，形成了应用"云雀"协同平台的多层级多组织协同研讨制度，针对不同密级的研讨群组限

制群组人员数量，在研讨群组中发送文件进行知悉范围确定的要求，在群组中发言、发送文件，及查看消息、查看文件等操作需要符合当前登录人的密级要求，避免高密低传或扩大知悉范围，确保研讨过程中的信息及数据安全可控。形成包含群组控制、密级匹配、信息流控制、标签控制、消息文件审计、加密存储传输的访问控制策略，为涉密环境下的即时通信软件提供安全保密设计标准。

（三）打造了一套协同研发平台，已经形成自主可控产品

目前，二部已经自主研制出一套复杂产品协同平台，实现了包括协同研讨、协同设计、协同仿真、工具管理和知识管理的五大用户功能的具有自主知识产权的研发平台，该平台已申报相关专利、软著并注册了商标。二部从数字化研发体系的顶层策划，逐步将协同设计理念引入到装备制造领域的设计环节，采用自研、自用、完善升级的协同研发平台建设应用模式，实现了该平台面向新型的产品研制模式，搭建网络化、服务化、协同化设计环境，支持"产品＋服务""多租户"的应用形式，实现了以流程为载体，数据为中心的专业、模型和工具的协同；运用云计算、云仿真等新技术，突破了以用户为中心，面向复杂产品研制过程的协同设计、云端协同服务技术，支撑复杂产品产业链协作的集团企业、中小企业智慧云设计、云仿真应用模式的实现。

图14　搭建网络化、服务化、协同化环境，支持"产品＋服务""多租户"的应用形式

该平台先后获得中央企业青年创新奖"金奖"，共青团中央第四届创青春"创新创业"大赛商工组铜奖，获得2017国际创新创业博览会金奖，2018北航北理国际创新创业大赛优秀项目奖、4项国家级、省部级双创大奖，获得集团科技创新和技术发明奖3项。

（四）形成了一批型号应用成果，已经产生型号应用绩效

一方面，以强化专业能力为基础，在主要专业领域强化供给共享能力。通过"云雀"平台与型号研制过程紧密耦合，整合数字化研发条件各类信息化手段、工具及资源库，形成设计师开展日常设计、仿真验证工作所使用的工具池；同时二部组织各研究室开展专业模板封装，完成"云雀"平台工具应用的开发集成，并在"云雀"平台上实现发布共享，实现主要专业领域数字化覆盖度达到100%的标准。以结构总体室和电气总体室为例，已经形成以机电协同为主线的全三维协同技术供给，构建涵盖结构、电缆、工艺信息的三维模型。以导弹总体室为例，气动专业生成方案效率由月压缩到周。

另一方面，以优化协同模式为目标，在系统总体层面提高供给优化能力。通过"云雀"平台与型号研制过程紧密耦合，在总体、结构、电气等各个专业实现集成优化，打通从方案快速设计→各分系统设计、分析→全系统协同仿真的数字化设计链路。以跨科室协同仿真为例，在某型号复合制导体制武器系统设计中，十余个科室的专业设计师基于多学科协同仿真系统在线协同设计，优化模型参数，实时获取

设计参数对总体性能指标的影响。这种应用模式使得总体设计师和分系统设计师能够更加及时、便捷地开展设计和仿真验证，大大提高了工作效率，节约了大量成本。

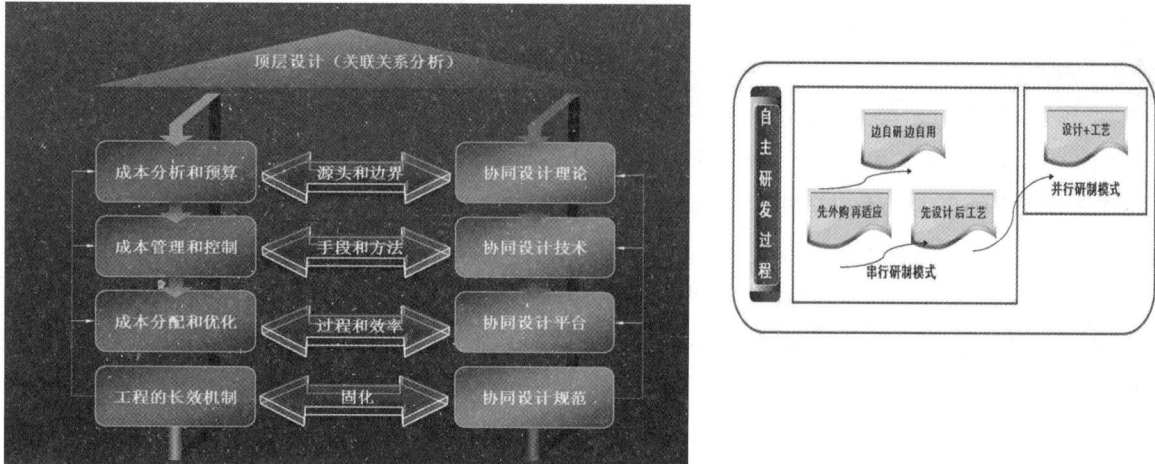

图15 在总体层面提高供给优化能力，在主要专业领域强化供给共享能力

以拓展外部协同为牵引，在武器系统层面促进供给融合能力。通过"云雀"平台与型号研制过程紧密耦合，在武器系统层面实现了目标特性等五大功能模块20余个子模块50余个模块的基础模型供给，通过目标运动参数、近百个系统级技术指标参数设计，完成设计计算和过程仿真。传统控制系统、雷达、导引头几个专业之间通常相互提供的是技术指标，相互之间只有对方的简化模型，通常要到半实物、实物试验才能发现问题，通过"云雀"平台统一关联不同专业模型，自动维护各个设计阶段、各类专业模型间的紧密关联，使得方案更改和模型协调工作量大为减少，从而使多学科关联融合成为可能，快速闭合设计方案，提高一次成功率。

（五）孵化了一批市场开拓项目，已经孵化军民融合项目

"云雀"平台因其安全保密特性、轻量化的平台架构、方便快捷的应用等优势，获得了航空、航天、航发等多家军工单位的青睐。"云雀"已经成为集团公司工业软件的重要组成部分，在军工部门、部队、政府有着非常广阔的应用前景与产业前景。同时依托"云雀"，围绕数字孪生、人工智能、大数据等新技术，整合了虚拟样机、信息化等方面的研究成果，逐步形成了在复杂装备数字化协同设计与仿真专业方向的整体解决方案和展示平台。在此基础上，孵化了一批市场拓展项目。在某数字化项目中，从众多竞争单位中脱颖而出，处于竞争领先位置，实现二部在该数字化领域项目突破。某智能化项目中，"十四五"规划也已经启动。与该系统总体的合作进入全面深化、持续的良性阶段。在某部项目中，已经完成仿真资源管理系统的初步设计。获某研究院协同制造平台的合作意向。

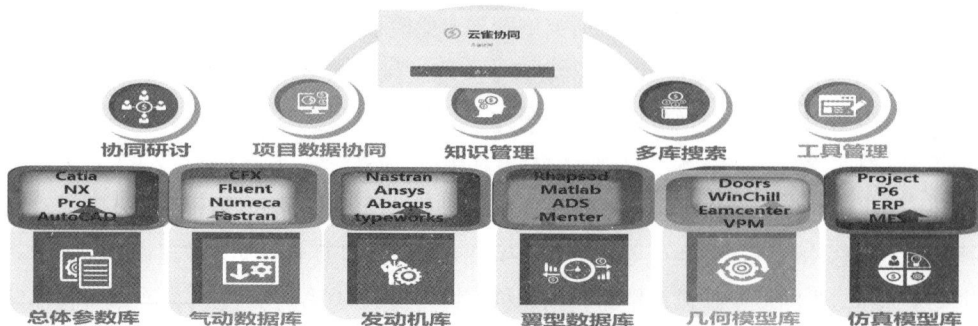

图16 市场开拓项目有着非常广阔的应用前景与产业前景

（六）培养了一批创新拔尖人才，已经打造核心骨干团队

"云雀"协同平台的建设与推广促进了骨干人才的快速成长。依托国家重点实验室、集团自主创新项目等推荐人工智能、智能制造领域创新型后备人才，培养了一支集团科技创新团队优秀团队、一支集团优秀管理创新团队。在技术研究方面，以建模仿真、大数据/人工智能技术为牵引，围绕平台建设的技术需求，坚持强化研发与技术应用，在实战中培养人才。与多个总体设计专业在人工智能应用、移动智能云、基于AI的部署与计划生成应用研究等方面开展合作，开展跨专业、跨部门导师带徒，开展基于"云雀"的需求分析与产品设计等。团队施国强、林廷宇等作为主要作者出版的专著《从计算机集成制造到智能制造》受到行业内广泛关注。近两年向集团输送了6名智能制造、人工智能、信息化及民用产业领域的集团级专家。新增集团科技委专业组专家2人，先后完成校企联合培养实习生16人。培养出一批包括全国青年岗位能手林廷宇、集团杰出青年周军华、集团拔尖创新后备人才林廷宇、集团优秀青年创新后备人才翟翔、中国仿真协会优秀科技工作者郭丽琴、中央企业青年创新奖金奖项目团队5名青年在内的优秀青年科技人才。

（七）支撑了一项国重创新领域，已经支撑国家课题争取

"云雀"协同设计平台作为国家重点实验室在智能虚拟样机领域的研究底盘，有力地支持了复杂产品智能制造系统技术国家重点实验室的科技供给，实现了与国家重点实验室创新平台的有机融合。

依托"云雀"协同设计平台的创新工作具体包括：支撑了以导弹研发的典型应用案例的实现和验证，目前已经作为多个国家重点研发计划项目的应用场景支持项目在激烈竞争中成功获批；带动了高校、企业等联盟单位在智能制造方向上开展协同创新，推动形成了仿真和智能制造两大政、产、学、研、用、金、介的生态圈；通过汉诺威国际工业博览会等窗口，在长三角等多个国家创新高地积极对外推广，起到了技术创新辐射的作用；作为复杂产品智能制造系统技术国家重点实验室主题开放日的亮点项目进行多次演示，面向中小学生以及社会各界积极承担相关专业技术方向科普的社会责任等。

成果创作人：张维刚、宋保华、施国强

复杂装备数字化协同生产管理的创新与实践

北京无线电测量研究所

中国航天科工集团第二研究院二十三所（以下简称"二十三所"）是中国航天科工集团有限公司（以下简称"航天科工"或"集团"）下属三级单位，是我国制导雷达研制的骨干研究所，以雷达系统工程及无线电电子技术为专长，主要从事制导雷达、情报警戒雷达、精密跟踪测量雷达、空基与天基雷达、空间探测雷达、气象雷达系统等复杂装备产品的研制和生产。经过60余年发展，以"大雷达、大系统、大数据"发展理念为指导，形成七大雷达领域，系列化、专业化雷达电子产业是中国航天科工集团第二研究院（以下简称"二院"）"1＋4＋N＋M"产业发展格局中重点发展的百亿产业之一。近年来，二十三所大力实施数字化协同生产管理创新变革，围绕雷达复杂装备关键环节发展核心技术能力，打造数字化、协同化新型创新性生产管理方法，以工艺流程与生产管理相融合为抓手，构建数字化拉动式生产管理业务、实施信息化生产协同管控流程，提炼数字化协同生产管理理念、模式和方法，构筑复杂装备先进制造与生产管理体系，为复杂装备实现跨越式发展提供了有益尝试，2020年营业收入突破80亿元，有力支撑了百亿产业目标的实现。

一、复杂装备数字化协同生产管理体系构建与实施的背景

（一）落实国家发展战略、践行强军首责的需要

2015年国务院印发"中国制造2025"，这是中国实施制造强国战略的第一个十年行动纲领，是我国实现制造大国向制造强国转变、中国制造向中国创造转变、中国速度向中国质量转变、中国产品向中国品牌转变的国家级战略。党的十九大报告中明确指出，要加快建设制造强国，加快发展先进制造业，推动互联网、大数据、人工智能和实体经济的深度融合。习近平同志在中部崛起的座谈会上强调，推动制造业高质量发展，主动融入新一轮科技和产业革命，加快数字化、网络化、智能化技术在各领域的应用，推动制造业发展质量变革、效率变革、动力变革。

二十三所是我国制导雷达研制生产的主力军，必须坚定不移地贯彻国家战略部署，构建数字化、协同化的生产管理体系，提升雷达智能化制造效能，着力提升制造基础能力和协同生产管理水平。

（二）践行集团公司数字航天战略、"1＋4＋N＋M"产业发展格局的需要

在中国航天科工2020年战略工作会暨战略管理委员会第十二次会议上，集团公司党组书记、董事长袁洁发表重要讲话，指出"十四五"期间集团公司要紧扣建设世界一流航天防务集团公司战略目标，突出"服务国家战略，服务国防建设，服务国计民生"的企业定位，以"信息化、社会化、市场化、国际化"为导向，以国家重大战略为统领，大力实施创新驱动发展战略、质量制胜战略、人才强企战略、数

字航天战略，不断增强集团公司的竞争力、创新力、控制力、影响力和抗风险能力。

二十三所始终以雷达产品研制生产为主责主业，但雷达产品是一种典型的复杂装备产品，具有生产周期长、管理难度大、生产组织复杂、工程变更频繁等特点，在传统生产管理模式下，依靠自动化设备改造、数字化系统软件实现智能化转型升级的做法困难重重，收效甚微，长期以来设计、工艺、采购、生产相互孤立的生产管理模式迫切需要转变。尤其是近十年来，二十三所承担的雷达生产任务数量呈爆炸式增长，多品种小批量生产任务持续增加，迫切需要通过构建数字化协同生产管理体系，向产品研发、生产工艺、供应链协同互补的发展模式转型，提升生产要素之间协同关联水平，切实推动高质量发展，践行集团公司发展战略与产业发展格局。

（三）提升核心生产能力、打造国际一流雷达与电子信息企业的需要

二十三所通过深入开展世界一流企业建设研究，深刻分析了新一轮工业革命和科技革命浪潮发展趋势，对标分析了国内外高水平雷达制造企业能力现状，研究确定了2025年建成国际一流的现代化雷达研究所，企业营业年收入超过200亿元的战略目标。

但是目前二十三所正处于经济体量快速增长的初期，在规模化、数字化、协同化生产领域还存在很多不足：一是生产组织方式难以适应发展需求，仍处于依靠传统的加班加点、堆人加设备的劳动密集型生产组织方式，生产效能发挥不充分；二是研产供协同不充分，需要进一步提高研发、采购、生产全链条数据的贯通与业务的协同，改善设计更改、物料等待、接口问题频繁现象；三是重设计、轻生产，生产业务研究不透彻，拆东墙补西墙现象时有发生，生产数据规范研究不足，生产系统协同机制不健全，沟通协作成本制约了生产效能的提升；四是"走出去"不充分，北京地区的发展成本、人力成本问题越来越显著，全生产环节牢牢把控的生产管理模式和理念制约了雷达产业的高质量发展，将部分生产环节代工的"走出去"战略势在必行。

构建复杂装备数字化协同生产管理体系，有利于打通设计端、工艺端、生产端、供应链等制造关键链路，有利于协同生产管理系统效能最大限度的发挥，逐步实现生产环节信息与业务整合，形成数字化、协同化、拉动式高效高质量制造体系，为打造国际一流雷达与电子信息企业、企业营业年收入超过200亿元的战略目标奠定坚实基础。

二、复杂装备数字化协同生产管理内涵与主要做法

二十三所贯彻落实国家发展战略、集团公司要求，针对生产/物料计划不统一、上下游生产计划不协调、产能不足、管理模式推进落实难等问题短板，明确了从顶层设计推动生产管理体系变革，按照生产管理理念创新、模式创新、方法创新的思路，从"重构业务岗位、发展协同代工、固化业务流程"三条主线设计数字化协同生产管理体系，以协同生产为核心目标，以生产业务流程重组为牵引，以OEM（Original Equipment Manufacturer）代工生产协同为助力，以生产管控平台协同与精准决策为手段，推进雷达复杂装备全生产环节、全生产要素的协同管控，建设拉动式生产管理主业务架构，实现物料齐套锁料与滚动计划管控、OEM代工管控、供应链资源保障，推动形成数字化协同生产管控平台，固化协同生产业务流程，促进雷达复杂装备生产管理向数字化、协同化、智能化转变，着力推动实现高质量、高效能发展，为复杂装备实现跨越式发展提供了有益尝试，为我军建设成世界一流军队和支撑我国建成制造强国做出新贡献。

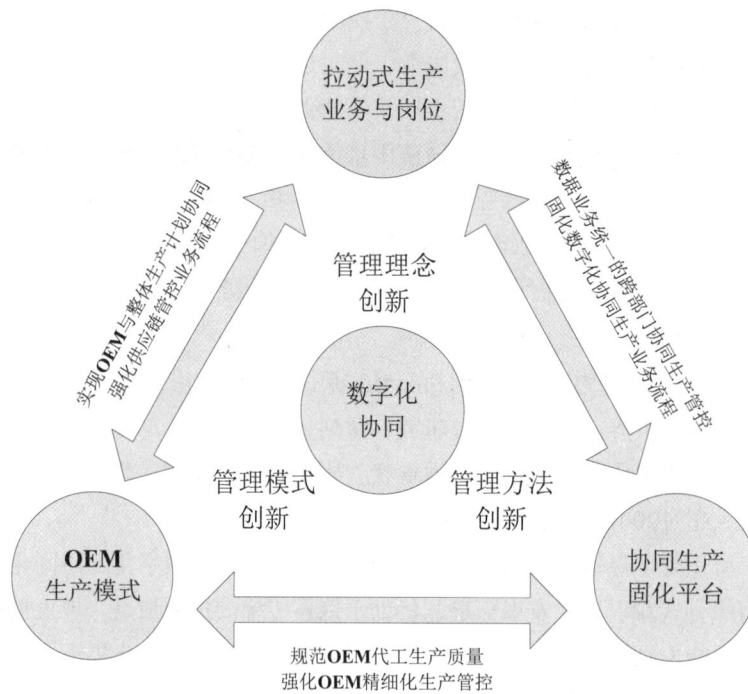

图1 复杂装备数字化协同生产管理体系内涵图

主要做法包括以下几个方面。

（一）顶层设计生产管理体系，确立数字化协同管控模式

1.依托产业战略定位确定生产管理体系构建方式

二十三所围绕集团公司赋予的战略定位，转变思想，推动数字化协同生产能力的提升，针对生产组织管理现状与发展目标，认真分析了生产管理系统在所内组织管理中的应用模式与价值，从系统层面改进、完善管理理念和构架，顶层设计了生产管理体系可生存系统模型，明确了复杂装备数字化协同生产管理的关键环节与管理重点。

第一，从本质上讲，二十三所生产管理体系是从产业发展的角度对企业生产组织活动架构的一种阐释，指导了企业生产管理组织环节的构建，规划了企业生产运营各环节的协同关系。

第二，从生产组织构成的角度分析，二十三所生产管理体系由生产战略管理层、生产组织管理层以及生产运转层组成，生产组织管理层结合战略管理层生产规划，细化生产任务，统筹管理生产运转层中所内生产、OEM代工、供应链生产、协同各环节生产信息，构建、管理生产数据链，共同支撑生产管理体系的构建。

第三，从动因角度分析，二十三所生产体系是在生产管理等一系列规章制度约束下，以实现战略规划和生产任务为导向，各类生产要素协同作用的结果。生产组织结构优化、制造工艺能力建设、各类生产要素协同贯通共同构成了生产体系变革创新的基本动因。

因此，二十三所从生产组织架构角度入手，以完善的组织、统一的业务、互联的数据、高效的反馈机制为目标，确定了构建数字化协同生产管理体系的发展方向。

2.岗位重组协同生产与采购计划

二十三所深度剖析了现有生产管理的不足，从生产任务输入、生产过程组织、供应链物料管控等多个角度，分析了生产过程的堵点、难度和痛点问题，深刻认识到计划不协同对生产有序进行的严重影响，转变思想，打破禁锢，推动生产管理岗位重组，推动各类生产要素协同贯通。

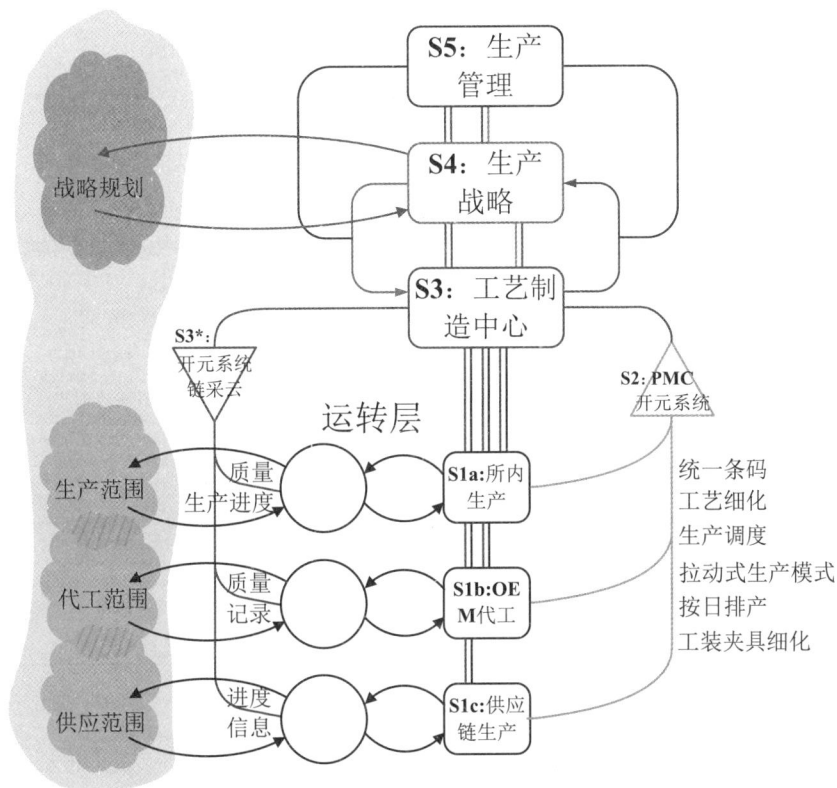

图2 二十三所生产管理体系可生存系统模型

二十三所建立以PMC为核心的新型生产管理模式，调整组织结构，设立PMC岗位，承上启下，向上对接计划处、科研处生产研制任务，向下统筹管理供应链、各生产部门采购与生产进度。通过PMC核心管理岗位的设立，科学分解前置计划、预警计划，实现计划同源分解，提高各类计划之间的匹配性，充分发挥生产计划牵引作用。

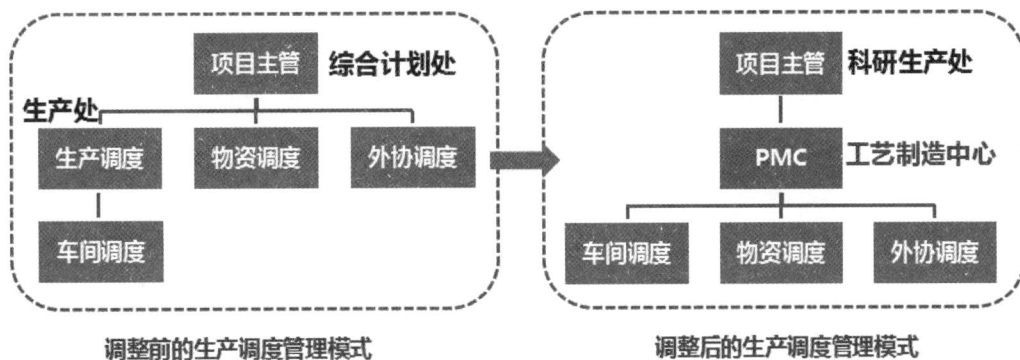

图3 以PMC为核心的新型生产管理模式

3.组建队伍协同设计与工艺融合

在生产要素协同的基础上，进一步向设计端延伸，构建设计工艺导入能力，建立以设计工艺导入为核心的管理模式，充分发挥技术优势，衔接设计和生产，强化新工艺应用，发展制造能力水平。

一是构建产品结构树建设与管理能力。建立以产品结构树前置为核心的接口管理模式，形成《二十三所产品结构树创建及维护规范》，提升产品结构树质量，实现了设计BOM、工艺BOM、制造BOM数据同源，衔接了设计与生产过程重要数据，为生产有序进行提供了数据保障。

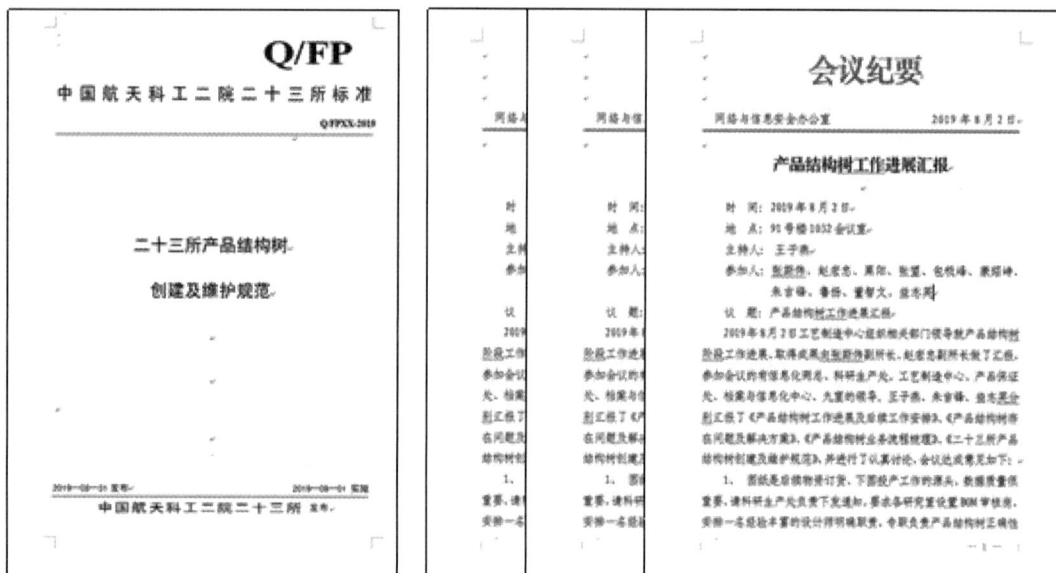

图4 产品结构树管理规范

二是组建微带片/印制板和大型结构件外协工艺师岗位。微带片/印制板需求量大、单片价值高、生产工艺复杂难度大，大型结构件加工难度高、接口协调多且复杂，现阶段产品交付质量、进度、成本矛盾突出，通过设立外协工艺师作为二十三所设计师与外协供方的桥梁，在分工定点前端识别设计、工艺风险，协调双方解决，压缩与供方技术对接周期，保证产品实现按时按质交付。并从前期外协工艺师岗位实施过程中吸取总结经验，不断调整优化并适时推广到其他品类外协产品当中。同时，由外协工艺师协同设计师管控产品工艺性，编制产品设计规范，提升产品可制造性。

三是组建元器件采购工程师队伍。加强"阻容、VPX连接器"等通用物料的认证建设工作，从设计研究室抽调专人组建成立元器件采购工程师队伍。编制元器件采购规范，协同设计研发选型。组织完成通用物料生产线质量认证，强化元器件统型管理。依托物料智选平台，从"需求、选型、供样、试用、认证、多配套"建立一套物料优选认证体系。持续优化元器件选用管理、优化供应商布局。实现供方积极参与研发、良性竞争、优势互补的局面，实现供应资源的合理配置。

（二）重组生产业务流程，构建拉动式生产业务架构

1.重构基于拉动式生产的业务主流程

二十三所在流程优化方面，以准时化拉动式生产理念为指导，从生产组织、工序分解、数字化制造三个维度重构了原有的生产业务流程。从设计源头推进基于BOM的设计工艺协同生产组织方式，实现采购订单自动分类与下发。通过将工序拆解细化，实现MES系统的按日排产与物料预齐套分析。一方面实现线上拉动缺料预警，另一方面实现物料按工序时间精准配送，减少库存周转周期。

通过基于工序的数字化智能生产线建设，实现物料、工具、辅料等按工序检索的数字化存储模式。利用条码信息化管理，实现生产线状态实时监控，产品精准追踪。通过扫码、拍照的方式，实现生产过程质量数据的快速精确采集与管理，为数据驱动的分析决策奠定基础。最终实现生产过程工序从串行到

并行、生产从被动接收到主动牵引,作业模式从单人工站式向流水协同式转变。

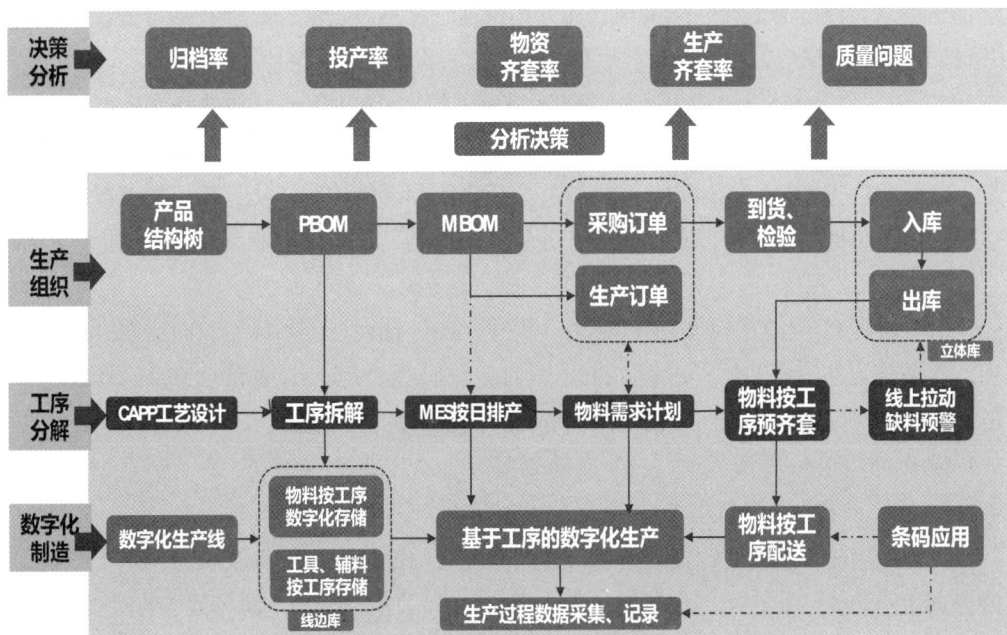

图5 准时化拉动式生产业务流程优化

2.构建齐套锁料与滚动计划业务的实施机制

一是明确齐套锁料业务定位。齐套分析与锁料是生产组织的基础,是生产阶段第一步,在拉动式生产业务流程中,生产物料依次进过的业务环节包括:齐套分析、锁料、出库、分拣配套、车间交接、组织生产。

二是制定齐套锁料基本原则,具体如下:

原则1:先投产、先齐套锁料(系统自动进行排序)、先安排生产,早投产是关键。

原则2:以工号为最小单元进行自动齐套分析与锁料。

原则3:正式生产任务投产2个月后自动加入齐套分析和锁料序列。

原则4:同一天投产的工号,按照下列顺序进行:三化→批产(含备件)→非批产。

原则5:齐套分析和锁料每周系统自动进行一次。

原则6:暂保留人工齐套分析和锁料功能,但权限严控,仅限用于特殊情况。

三是构建滚动计划管理业务。确定了当月计划不调整,滚动计划向后看三个月的生产计划管理方式,保障了生产线按节拍的稳定运行;建立了生产计划与考核计划的映射关系,推动了计划完工自动抓取,任务计划自动考核的管理机制,杜绝了生产计划与考核计划完成情况不匹配的问题;综合滚动计划与物料到料计划,构建了滚动计划缺料预警机制,实现了提前三个月的缺料预警和物料拉动管理。

构建齐套锁料与滚动计划业务实施机制,充分利用了物料管理的价值,加强了企业对生产计划的控制能力,将生产计划由无序变为有效,有效提升了企业核心竞争力。

3.强化供应链管控业务流程

二十三所复杂装备物料种类多,供应商多达近千家,核心供应商200余家,供应链管控至关重要。从核心供应商、核心产品、供应链与生产协同角度着手,强化供应链管控能力,为生产稳定运行奠定基础。

一是强化核心供应商的生产管控能力。加强供应链延伸管控手段，加强供应商订单下达管控，监管供应商反馈信息的及时性、有效性、严肃性，充分利用信息化手段，管控过程有据可依，实时透明，实现了200多家核心供方全面覆盖，大幅减少人工沟通成本，提升管控效能。

二是强化核心产品供应链管控能力。构建了天线座、转塔、T/R组件机加件等九大类重点物料产品分类，突出核心产品供应链管控地位，细化管控颗粒度，在计划交付时间反馈信息基础上，深入核心工序进度反馈，充分分解供应链管控风险；建立核心产品供应商评价体系，从订单反馈填报率、准时发货率、产品质量等多个维度综合评价，建立生产任务量倾斜机制，形成供应商良性竞争，提高产品质量和准交率。

三是强化供应链计划与生产计划的协同能力。构建供应链计划与生产计划双向反馈机制，建立物料周期知识库，提前规划外协外购生产任务，打通供应链反馈计划与生产计划信息壁垒，形成物料齐套锁料、供应链计划、生产计划匹配机制，提升供应链与所内生产的协同能力。

（三）强化OEM生产模式创新，推动协同产业生态良性发展

1.引导OEM生产模式助力产能提升

二十三所充分利用已掌握的关键核心技术，控制分配产销渠道，自主实践OEM代工生产模式，运用资本的手段推进生产产能转化扩充，在航天长峰、成都970厂等单位推动电源模块、T/R组件OEM代工生产，既充分利用代工厂实现产能快速提升，也大幅降低了产品的生产成本，提升了企业关键产品的核心生产能力。

2.规范OEM代工生产质量管控

为提高代工生产质量，二十三所编制了《OEM产品专业化管控方案》，从四个方面进行专线管控。

一是对于外购物料管控。二十三所成立专门的物料对接小组，所购物料全部当面完成清点交接，涉及重点供应商的物料统一采购，提供给代工厂商，非重点管控物料由二十三所确定采购厂家及价格，再由代工厂商进行采购。

二是对于外协物料管控。由二十三所确定生产厂家及价格，由代工厂商采购、检验。在首件生产前，二十三所工艺人员确认外协产品质量状况。

三是对于所供件管控。经二十三所验收合格后再提供给代工厂商使用。

四是对于生产工艺过程管控。二十三所为代工厂商提供设计图纸、工艺方案、调试细则、产品规范，代工厂商根据上述文件编制工艺文件、验收细则，用于指导调试和验收。

3.强化OEM精细化生产管控

一是统筹制定OEM生产计划。二十三所在综合生产计划的基础上，按照企业产能水平动态分配OEM代工产量，结合生产节拍和生产计划明确代工交付时间。

二是落细落小落实生产进度管控。二十三所将先进生产管控经验推广至OEM代工厂，复制、精简生产管控系统，实现代工厂工序级生产进度的数据同源与实时监控，偏离生产计划实时预警。

三是强化生产过程质量问题管控。细化生产过程记录信息，实现检验、调测试、质量问题和产品的唯一关联，形成生产过程质量数据包，生产过程质量数据备份留存，与产品实物一同交付。

（四）固化形成长效机制，持续提升数字化协同生产管控水平

1.打造以数据业务统一为核心的跨部门协同生产管理

跨部门协同生产管理可有效降低沟通成本、规范生产管理、提升生产管控能力、培养协同生产思

想，打破传统生产管理割据、生产进度难以协同的局面。二十三所认真梳理了总装、电装、机加、调试等生产业务特点，围绕主数据、主业务建设，成功打造了一批具有自主知识产权的协同生产管控平台，将数字化拉动式协同生产管理业务流程固化融入于生产管控平台，形成协同生产管控长效机制。

2.固化数字化协同生产业务流程

一是协同生产业务的固化。二十三所大力推进数字化拉动式协同生产业务流程固化，强化工艺分级精细化管理模式的落实到位，以生产业务和流程为导向，将业务流程固化于软件系统中，开展了BIRM CApp工艺设计系统建设与应用，实现以型号产品为核心的工艺数字化、可视化全流程管理，提高型号工艺设计、管理效率。建立厂所与供应商之间采购协同平台，开展BIRM链采云系统建设，实现物料从"发布采购订单"至"验收入库"采购全生命周期管控。实现供应商管理、询比价、协同管理、下厂验收、物流管理、质量问题跟踪、公告预警、报表统计等能力。加强供应商与采购方的互动沟通，提升对于供应商生产过程的管控能力，提升对于供应商的分析管控能力，建立采购物料全生命周期溯源体系。

二是协同售后管控的业务固化。二十三所装备服务保障工作在业务管理上存在保障模式传统单一、保障力量分散独立、保障决策缺少依据、保障管控不够规范、保障手段相对落后等问题，建设BIRM MRO系统，打造可视化、指标化的装备、任务、资源态势感知和辅助决策分析能力，形成多部门密切协作、多专业集成交互的业务机制，制定面向院所协同保障的业务体系和数据标准，推进二院保障模式的转型升级，显著提升保障效能、效率与效益，全面提升用户满意度、品牌知名度和市场竞争力。

3.推进以价值创造为主线的精准决策

一是围绕齐套预警的分析与决策。构建以总装工序为牵引，层层向上游拉动物料，形成工序级物料预齐套计划，结合齐套锁料计划与供应链反馈计划，构建工序级缺料预警，形成拉动式闭环管理链条，指导生产、物料计划的协调统一。

二是围绕生产进度的分析与决策。依据拉动式协同生产订单计划，全流程监控生产进度偏离情况，以生产计划偏差影响分析为核心，统筹上下游生产计划影响范围、物料供应影响范围、型号项目生产进度影响范围，建立生产进度偏离管控机制，打造生产进度动态协同精细化管控模式。

三是围绕质量管理体系的分析与决策。全方位对质量管理业务现状、质量问题管理、质量管理机制等多个方面开展深度分析，按协同生产、主数据主业务的模式优化了质量管理流程，构建了以生产质量管理和供应链质量管理为核心的质量管控平台，质量管理业务逐步覆盖生产全过程、全要素。

三、实施效果

通过复杂装备数字化协同生产管理体系的构建与实施，二十三所生产管理结构进一步优化，复杂装备规模化生产效益逐步显现，经营发展的质量和效益稳步提升，呈现出全面健康可持续的发展态势。

（一）复杂装备生产管理业务逐渐完善，生产协同能力显著增强

二十三所自2019年8月开始构建复杂装备数字化协同生产管理体系以来，打通了设计、生产、供应链等多个关键生产管理链路，形成了三方面的生产协同能力。在设计与生产协同方面，依托外协工艺师、元器件采购工程师岗位及管理机制，大幅降低设计产品更改频率和制造成本，从源头提升了产品的稳定性和可制造性。在生产与采购协同方面，通过生产计划与采购计划一体化改造，形成了数字化齐套锁料与滚动计划业务管理机制，使得复杂装备生产过程有状态可查、有计划可依。在生产与供应链协同方面，围绕供应链计划与生产计划协同，实现了核心供应商供货计划实时管控、核心产品外协关键工序

进度实时管控，大幅减少业务人员低价值工作强度，使其更专注于预警项、关重项物料管控，向高价值数据研判与挖掘的工作模式转变。上述三方面的生产协同能力有效克服了复杂装备设计更改频繁、物料齐套困难以及生产计划难以确定等问题，经过一年多该成果的实施，多链路衔接等待时间大幅消减，典型装备全生产周期由18个月压缩到12个月，数字化协同生产成效凸显。

（二）支撑百亿产业规划，生产能力和经济效益显著提升

数字化协同生产管理模式促进了二十三所生产效能的提升，强力支撑了复杂装备高质量快速规模化生产。该成果已经在战车脉动式总装生产线、组合柔性生产线、天线自动化装配生产线等8条生产线上全面应用，结合缺料预警管控的全面实施，批产项目物料齐套预警能力提升至3个月，库存周转率提升了30%，在某次紧急任务中，成功将关键装备某型号天线阵面总装环节由原7个月的装配周期缩短为2个月，保障了国家重大工程和重点工程相关任务顺利完成。在数字化协同生产理念的指导下，锻炼了一批具有协同思想理念的人才队伍，为生产能力的持续改进提供了不竭动力。数字化协同生产模式与方法的应用，使得二十三所年生产雷达数量增加至原来的1.5倍，生产能力提升了50%，年营业收入达到82亿元，均创历史新高，有力支撑了百亿产业目标的实现。

（三）落实国家重大战略部署，取得良好的社会效益与推广价值

二十三所着力构建数字化拉动式协同生产管理体系，是以中国制造2025和党的十九大报告精神为指引，加快发展先进制造业，推动先进技术与实体经济的深度融合的重要举措。二十三所深度参与低轨卫星星座虹云工程、海洋动力环境卫星星座海洋二号D卫星研制配套，得到了上级单位的高度评价；数字化协同生产管理成果与应用模式在院内二十五所、二零三所等单位推广应用；T/R组件、电源模块、电子组合等产品在航天长峰、成都九七零厂等OEM代工单位中实现推广应用，推动了5亿元规模化产业合作模式的推广落地，助力制造业发展质量变革、效率变革、动力变革，形成了更大规模的数字化协同生产能力，为贯彻落实国家发展战略、集团公司产业发展格局奠定了坚实基础。

成果创造人：张志衡、赵宏忠、康绍峥、卞玉柱、朱吉锋、

吉红伟、王小龙、范瑞成、张珣、宋德儒

军工企业基于"一核多维"高端芯片的创新改革成果

北京遥感设备研究所

一、实施背景

（一）是实现科技自立自强，保障国家安全的需要

作为全球最大的芯片进口国，我国长期以来在装备制造和消费电子等领域上采用的中高端芯片严重依赖进口，2020年我国集成电路进口总额为24207亿元，同比增长14.8%，芯片已连续多年超过石油成为我国第一大进口商品。以中兴、华为事件为标志，美国对我国实施的出口管制敲响了进口元器件全面禁运的警钟，芯片短缺俨然成为制约我国科技发展的"卡脖子"问题。芯片产业长期被国外厂商控制，暴露出我国高端芯片自主研发能力的欠缺及暗藏的巨大安全风险。

核心技术是国之重器。党的十九届五中全会明确提出，坚持创新在我国现代化建设全局中的核心地位，把科技自立自强作为国家发展的战略支撑。2020年底召开的中央经济工作会议把"强化国家战略科技力量"列为重点任务摆在首位。国资委提出要求，中央企业要坚决当好科技自立自强的国家队，把科技创新作为"头号任务"，努力打造原创技术策源地。

现代精确制导系统面临作战场景复杂化、任务多样化、作战密度饱和化、范围宽广化等越来越多的挑战。导引头是精导系统的核心设备，芯片作为导引头的核心元器件，是精导系统实现智能化的硬件载体。掌握芯片的自主研发能力，保持核心元器件的先进性是实现科技自立自强的迫切要求。智能、稳定、可控的高端芯片对国防科技的发展有着革命性的影响，是武器系统性能跨代升级的重要支撑。北遥所作为国内精确制导领域的骨干研究所，是航天科工集团工业基础能力提升体系高端芯片方向的牵头单位，肩负着技术创新和国防安全的双重使命。面对武器系统"缺芯卡脖"的问题和"智能可控"的需求，必须掌握关键技术自主研发能力，以技术创新推动装备体系效能提升，为实现科技自立自强和保障国家安全做出贡献。

（二）是落实强链补链要求，促进高质量发展的需要

随着移动互联网等数字化新业态的迅猛发展，全球集成电路产业也随之进入大爆发期，投资规模迅速攀升。国家先后颁布了《国家集成电路产业发展推进纲要》等一系列纲领性政策，配套发行了千亿规模的产业基金，引导大量社会资本参与到集成电路的行业发展上来。国资央企作为国家实施制造业强链补链行动和产业基础再造工程的主力军，须担负起做强做优做大国有企业责任，在补链上下更大功夫，在强链上形成更多独门绝技，促进产业生态融合畅通，推动产业体系融合发展。

北遥所在精导领域保持领先优势的同时，也长期存在着产业结构单一，产业链存在薄弱环节等突出

问题。各产业板块要素协同不足，新技术储备和产业化推广进程缓慢，产业链关键环节还有很大替代空间。导引头的集成化程度越来越高，芯片已成为精导产品价值链上利润最丰厚的一环，然而芯片研制作为精导产业链的重要一环却长期受制于人，深度融合总体系统需求的设计、进度、技术支持和服务保障的风险突出。随着越来越多传统军用行业开放或降低门槛，新业态竞争进一步加剧，"任务输入型"订单增速放缓后，要确保北遥所在竞争行列中走对路、不掉队，就要加大资源倾斜，聚焦关键技术突破和前沿技术储备。军用芯片每年有百亿级的替代空间，民用行业对芯片自主研发的诉求也愈发强烈，北遥所迫切需要以军需民用为牵引，锻造长板优势，补足薄弱环节，抢抓发展机遇，快速对接市场，推动企业高质量融合发展。

（三）是响应国资国企混改，激发微观主体活力的需要

党的十九大报告明确提出：深化国有企业改革，发展混合所有制经济，培育具有全球竞争力的一流企业。国企混合所有制改革的关键是以"混"促"改"，建立现代企业制度和科学合理的公司治理结构，激发和保护企业家精神、激发微观主体活力。芯片行业属于技术、人才、资金密集型的高度市场化竞争的行业，对芯片设计而言，人才的重要性更为凸显，资金投入和市场认可也必不可少。目前国内芯片行业的技术和管理人才均较为稀缺，培养、吸引、留住和用好高技术人才，不断激发人才活力、促进技术创新突破是产业发展的关键所在。

北遥所作为军工科研院所，如何结合自身实际，构建灵活的体制机制，响应国企混改要求，激发核心团队干事创业热情，实现高质量发展，是摆在面前亟需解决的课题。北遥所芯片核心团队虽然已经部分实现了市场化的薪酬体系，但距离市场上"年薪＋股权增值＋年度分红"的全方位激励机制仍有一定差距，微观主体活力有待进一步激发。同时，传统芯片研发在科研生产、经营管理、市场拓展等方面受所内军品惯性较强，计划经营与管控的色彩较重，离激发和保护企业家精神的要求还存在一定差距；团队尚未形成高度自治、无须扬鞭自奋蹄的经营发展意识。北遥所通过设立公司，探索员工持股制度的有效性，有利于构建人才与企业利益共同体的强激励、强约束机制，赋予团队高度自治权，激发创新主体在战略性新兴产业领域精耕细作的主动性，有效吸引和留住关键人才，提高企业内生发展活力。

二、成果内涵

北遥所实施基于"一核多维"的高端芯片成果转化管理，是围绕国家重大战略、发展战略性新兴产业做出的重要部署。针对装备制造中的"缺芯卡脖"问题、强链补链需求，人才流失风险、成果转化不足等痛点，北遥所坚持目标导向，狠抓目标与手段紧耦合关系，以掌握高端芯片核心技术为"一核"目标，以共性技术研发、治理型管控和资本化运营为"多维"手段，即搭建共性技术平台，采取基于共性基础技术的集成产品开发模式，解决多型产品技术供给；明确"一定要管""一定不管""充分放权"的三类权责利事项清单，为航天本色企业以"混"促"改"走向市场，勾画治理新格局；以中长期股权激励＋引资参股＋IP溢价＋先参后控的资本运营和"在职离岗"保障机制，建立混合所有制公司，激发微观主体活力。实现"四个转化"，即技术—产品—商品转化，计划型管理—治理型管控转化，专业团队—专家型管理人才—企业家转化，知识产权—资本溢价转化。初步打通技术链—创新链—应用链，实现高端人才管理—组织流程变革，努力成为原始创新和核心技术的需求提出者、创新组织者、技术供给者和市场应用者，切实推动企业高质量发展。

三、主要做法

（一）围绕核心技术，为高端芯片转化明确总体思路

技术创新是推动经济社会发展的重要动力，科技成果转化是技术创新的关键环节，是为提高生产力水平而对科技成果所进行的后续试验、开发、应用、推广直至形成新技术、新工艺、新材料、新产品，发展新产业等活动。科技成果转化是科技成果流动与演化的过程，科技成果转化管理既包含了对科技成果所有权和使用权"转移"的管理，也包括对科技成果不断具体化、产品化、商品化与产业化的过程管理。

近年来，北遥所通过详细的规划、论证，明确将培育和发展自主研发的高端芯片作为"3+N"大精导布局中的重要方向。北遥所具有企业和科研院所双重属性，在推动科技成果转化方面具有先天优势。一方面由军事需求牵引推动技术创新解决型号应用问题，另一方面由产业发展牵引推动科技成果转化解决企业产业方向问题。北遥所在内外部涵养形成了极其适合高端芯片转化的微生态，让书写在纸上的技术专利，停留在前人科研任务里的实践经验，保存在旧型号设计中的指标遗产活起来，具体化、产品化，以保障和替代传统弹上的进口芯片，从而练就突破"卡脖子"壁垒的"杀手锏"。北遥所从总体思路上明确了高端芯片转化管理的多维举措，即开发新产品，形成新治理、打造新动能。技术积累和不断创新是开发高端芯片产品的原始基础，芯片产品转化的试验、推广、应用需要专业骨干团队的新治理，新的治理格局又为高端芯片的商品化、市场化、系列化甚至规模化，培育和发展高端芯片产业做好了组织和机制准备；借力资本运营，为新技术新产品的迭代优化注入市场驱力，形成创新动力的正向循环。

（二）聚焦资源投入，为共性技术平台开辟多元应用

现代信息处理系统对于高集成化体系架构、专业化结构设计和精细化资源分配的高集成度芯片替代传统基于FPGA＋DSP架构的信号处理组合方案有着极高的需求。在技术需求的牵引下，北遥所为打破"孤岛式""烟囱式"的部门分工和技术壁垒，根据共性基础技术从开发到一般技术应用再到市场推广的三个阶段，立足型号研制实际，紧扣目标和过程关系，推进资源投入向研发过程倾斜。以共性技术平台为"一核"、以集成化开发、跨域多用途设计、线上交互、异地分工协同等"多维"举措解决核心技术、产品供给和研发过程管理问题。

1.整合专业方向，搭建共性技术平台，打造集成开发模式

北遥所导引头体制齐全、种类繁多，对芯片技术的需求也是五花八门，芯片设计在架构规划、功能模块设计与验证、系统集成、前后端设计与验证等各个环节中均需要不同能力的设计人员的通力合作。而在以型号任务为主的原部门下，研究人员依据型号模块功能的不同进行分配，呈现出专业方向和驱动力分散的问题。北遥所将原来分布在多个部门的数字方向和射频方向进行了全面整合。通过协调专业方向配置，成立专研机构，实现了对芯片研发团队的独立管理，推动了研发管理的扁平化，保障了研发经费投入，建立了以数字芯片和射频芯片技术为核心竞争力的大规模信息处理微系统技术平台。

在顶层产品规划上，芯片开发从定义阶段就参与到型号研制的论证规划中，梳理数十种型号产品对芯片的需求，聚焦当前技术、产品、成本方面的卡脖子问题，形成以毫米波/射频收发T/R芯片、毫米波/射频频率合成器芯片为代表的射频SoC系列化芯片产品和以数字"精导芯"为主线的信号处理SoC产品的研发布局。在中间层的具体芯片研发上，基于微系统技术平台开展系列化芯片的研发，抽取共性技术指标和共用电路模块，形成T/R、频率合成器等几大类芯片的基本架构和内核，在T/R芯片方面形成

X、Ku、K、Ka、W等不同波段，1/2/4/8/16等不同通道数，高功率、低噪声等不同特性的系列化产品；在频率合成器芯片方面则形成覆盖不同频段、适应不同分频比、不同输出通道数量等要求的系列化产品。在底层的电路单元设计上，针对重复利用率高的电路模块，提取各个电路的公共"因子"，将电路模块还原为最简底层单元，形成类似于代工厂PDK文件的共享单元库，在开展各类射频芯片研发过程中不再是直接采用PDK文件中的器件搭建，而是基于共享单元库的电路模块来搭建，极大简化设计过程并提高设计效率。此种集成化产品开发模式，通用性和个性化兼顾，每种新产品的开发都基于原有产品70%以上的已有模块来开展，极大减小了重复开发和验证工作，加速了产品开发周期。

2.开展领域专用—领域通用—民用领域系列化多元产品设计

以国内首次弹载芯片成功应用为支点，持续做优弹载领域专用研发平台，以雷达和通讯两大共性技术作为切入点，制定领域专用—领域通用—民用等产品演进路线。在满足目标型号基本要求基础上，根据不同功能、指标要求，尽最大可能加大设计余量，增强芯片指标的全面覆盖程度和工作模式的可选择性，提高芯片的配置灵活性。对特殊应用领域的特殊要求，在保持通用功能的基础上加强芯片应用的可扩展性。例如，多通道T/R芯片在面向高功率应用时，输出功率可能不足，则可基于芯片的扩展性功能，增加高功率放大器，形成T/R套片来实现相关指标。

面向安防、无人机、5G、卫星通信等应用领域，研制同军用领域具有相似属性的民用芯片，形成红外图像处理、防撞雷达、相控阵通讯、手机基站等多类新生产品线，实现从军用向民用、从芯片向系统的不断拓展。通过不断拓展民用应用领域，将优秀的产品需求和应用技巧复刻到主线产品上，促进主线产品和外延产品的相互完善。多款芯片已在民用领域得到了初步应用，进一步推进了军用、民用融合发展的远景目标。

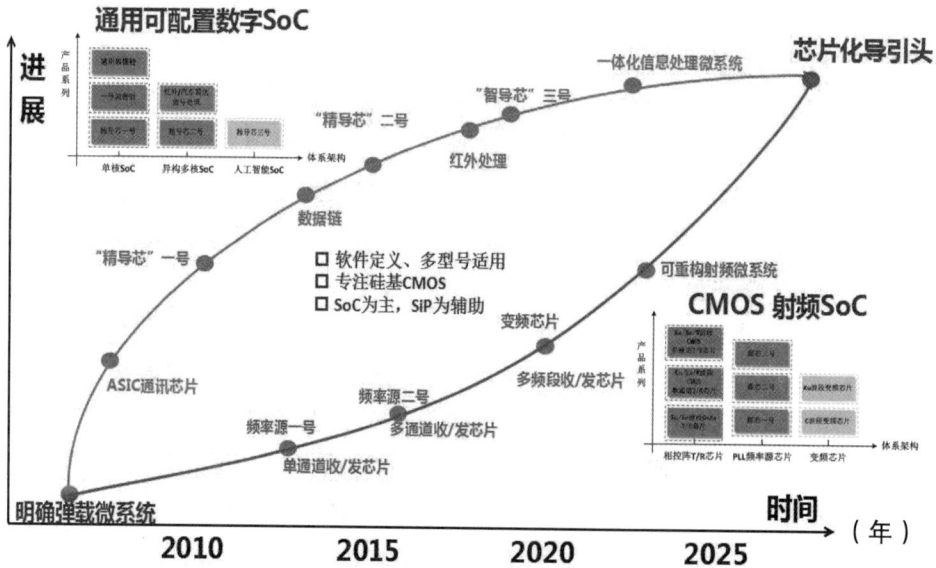

图1 弹载领域芯片发展规划

3.搭建数字化交互平台，异地分工协同，提升研发效率

在芯片团队内部搭建共有信息系统平台，平台上载包括项目资料、工艺文档、行业信息、文献资料、技术总结、会议纪要在内的各种项目资源等，通过推动信息系统互联和公共数据共享，所有团队成员均可高效获取所需的各类资源，避免重复性工作，促进芯片团队内部的高效学习共享，极大提升研发效率。上线和应用数字化任务交互平台，深度整合项目任务节点管理、OKR、网盘、在线沟通等需求，

从流程到目标到成果，做到信息实时共享和传递。任务在手机终端下达，交互时间由原来的1小时降低到1分钟内，缩短决策链条，驱动研发任务高效完成。

在异地研发配合上，北京研发团队负责需求分析、芯片定义、设计、所内对接和支持等工作。设立西安研发部负责芯片测试、应用开发以及模组设计工作。北京骨干人员协助西安完成建章立制和内控管理，西安研发部培养和授权专职负责人，综合管理市场与运营工作。西安研发团队保持与北京团队同频共振，定期召开视频会议，不定期召开项目例会，即时共享项目进度等信息，西安新入职员工需在北京完成培训，有紧急任务时北京派驻人员进行技术指导。通过异地分工布局，发挥区位人才和成本优势，以信息化智能交互平台完成协同研发，最大限度降本提质增效。

（三）理顺放管结合，为航天本色企业注入市场基因

芯片研发是技术、资本和人才高密集行业，传统体制下工作方式被动、流程冗余度高，协作性不足，竞争意识薄弱，市场策略简单，考核激励方式单一等掣肘新技术新产品的市场化发展。通过混改设立公司制企业（拓维公司）增强造血功能，在现有体制内形成一定"鲶鱼效应"，是实现企业高质量发展的有效路径。军工院所作为股东和"母体"，要解答好如何"真放"和"严管"，真正按照市场经济的要求，处理好"母体"与企业、"母体"与市场、企业与市场的关系，防止一管就死、一放就乱。北遥所在对拓维公司的管理上，科学合理界定与拓维公司的权责边界，以保障履行强军首责为"一核"，以放管结合，高度自治为手段，以"一定要管""一定不管""充分放权"的三类权责利事项清单为"多维"举措，一方面让企业摆脱体制机制约束，轻装上阵充分享受市场化红利；另一方面为企业把好航行之舵，确保企业发展方向正确、行稳致远。

1.坚守强军首责、确保行稳致远，北遥所一定要管

北遥所在设立拓维公司之初，即明确公司必须坚守强军首责，切实从基础器件和高端芯片方面为我军先进装备的研制提供支撑。北遥所与各股东达成一致意见，在公司章程中明确约定：公司应当根据北遥所的需要保障完成军品生产任务。与拓维公司的业务工作中，以强有力的产品需求和市场牵引，指导拓维公司的军品技术发展和研用循环，提升其产业体系化发展。拓维公司坚决履行公司章程中的强军首责要求，深耕军品市场资源，打造产品—营销—服务保障体系，形成"精导芯"三号智能芯片、宽带频率源芯片、射频收发芯片等系列化产品，支撑军品系统产品的有序发展。

北遥所持续优化管控模式，建立以党建覆盖为引领、以股权关系为基础、以派出董事为依托、以协同监督为保障的治理型管控。坚持以党建"强筋补钙"、筑牢思想根基，以航天精神涵养企业文化，由微系统研发中心党支部代管拓维公司党员，北遥所党委派驻专职党支部书记，实现党的组织覆盖和工作覆盖，切实发挥好党组织"把、管、保"作用；以股东角色和身份参与企业重大决策和经营管理，通过股东大会表决、派出两名董事（其中一名任董事长）和一名监事等方式行使股东权利，全面落实董事会经营决策、投资规划等职权，充分发挥董事会定战略、作决策、防风险的重要作用；建立了协同高效的监督体制，加强事中事后监管和评价，定期开展审计，指导公司合规管理、制度建设及风险防控，实现出资人监督、党内监督和审计监督有机融合，推动公司更高质量、更有效率、更可持续、更为安全的发展。

2.保障自主经营、布局资源配置，北遥所一定不管

北遥所依章程保障拓维公司自主经营权，对拓维公司的产品发展、营销方案及内部任务管理等完全放开，由骨干团队自行制定决策。芯片团队可根据市场需求及反馈，随时调整技术发展路线以适应市场

竞争和技术发展趋势；可依据战略考量和资源配置，自行决策产业资源布局；可立足发展需要，自行选择项目和合作伙伴开展商业合作。

在北遥所完全放开内部管理后，拓维公司结合市场需求和武器系统发展趋势,提前布局了具有新一代产品特征的优异化技术，聚焦硅基工艺产品，充分利用其高集成度和低功耗、低成本，可替代传统需要多颗芯片实现的分离方案，以单颗芯片实现多通道，集成度提高十倍，成本降低50%以上，目前已成为国内硅基TR芯片的领军力量。在频率源方面，基于硅基工艺实现19G宽带输出的单片集成，完成了传统需要3~6片分离和多工艺芯片的替代，功耗降低为原来的30%，实现国内该领域唯一解决方案，已获市场数十家客户的采购和使用。根据营销与产品紧耦合的特点，拓维团队在做好技术和产品外，加大对市场营销领域的资源投入，招聘专职的市场运营人员，对产品和市场界面进行划分。深耕传统优势的纵向军品市场，争取相关领域横向军品市场，突破广阔的民用市场。根据不同市场用户特点，科学深入分析用户需求，通过"专项专案"的产品设计，"一品一策"的项目推广，以军工研究所为主，国有军工企业为辅，民营企业为补充，以战略合作为依托，迅速建立市场基础和产品知名度。积极申报和高质量完成上级单位的预研、在研课题，快速增进了拓维美誉度，扩大了品牌影响力。

3.推动"以混促改"、变革人才体系，北遥所充分放权

北遥所在落实董事会职权的基础上，充分保障经理层行权履职，建成董事会向经理层授权的管理制度。同时提升授权放权的有效性和针对性，优化管资本的方式手段，定期评估。由以"混合"为主向以"改革"为主转变，把混资本和改机制更好地结合起来，带动公司治理、选人用人、激励约束等内部机制改革完善。

传统院所体制下的人事制度以团队的平衡稳定为主要考量，在人才的选用方式、梯次培养、考核评估、竞争意识、更新换代等方面尚有欠缺。北遥所充分尊重拓维对团队成员的选择权和决定权，由董事会授权公司制定人事制度，形成独立的人员选用、培养、任免、考评绩效体系。保障公司财务自治权，由公司推荐财务总监，制定财务制度，参考市场化水平进行企业的预算制定和决算处理。为破除以往考核的简单平均主义，激发员工的争先意识，拓维公司对于高技术人员密集的芯片研发团队的激励制定了精准量化的考评方法，科学有效体现出对最终成果的贡献度。通过制定行为锚定等级绩效评价方法，结合研制过程的关键事件对成果的定性贡献，将员工综合绩效按等级量化细化，考评维度、指标清晰，公平衡量员工实际业务能力和水平。同时，通过充分授权放权，完善公司治理、选人用人、激励约束等内部机制，推动贯彻了积极股东理念，实现多元化股东的有效制衡，激励战略投资者在创新经营模式、提升运营效率、增强发展活力等方面充分发挥积极作用。

（四）创新资本运营，为芯片成果转化打造政策特区

北遥所芯片设计虽具有一定的技术储备和市场基础，但要实现芯片产业的高效发展，仅依靠"所内循环"仍显乏力。专利、知识产权及既懂需求又懂设计的高技术人才是核心竞争力。依靠国内专业人才，将智力贡献与企业价值深度捆绑，"为我所用"和"为我所有"并举，更好激发和调动人才的积极性。北遥所为吸引、留住、用好高端芯片专业人才、培育核心技术的"产业高地"，以核心骨干股权激励为"一核"，以先参后控、IP溢价转化和双创政策等为"多维"举措，用足政策空间，化解机制障碍，充分吸收社会资本，以"市场之手"激励技术创新，强化企业家的创新主体地位，推动北遥所高端芯片产业进入外延发展快车道。

1.先参后控，灵活设计股权实施方案

依据《国有科技型企业股权和分红激励暂行办法》（财资〔2016〕4号）等相关文件要求，国有及

国有控股的科技型企业股权激励占比比例最高的为小微型企业，不超过30%；中型企业的股权激励总额不超过企业总股本的10%；大型企业的股权激励总额不超过企业总股本的5%。根据测算，北遥所将所内微系统中心公司化后，其营业收入将达到中型企业，对应股权激励比例不应超过10%，同时，创业团队对新公司的发展充满信心，其在更深程度上参与企业经营的意愿尤为强烈。如何在遵守现行监管政策的前提下，充分调动团队的积极性，平衡各方诉求，是北遥所科技成果转移分配以及产业化发展面临的新挑战。

经审慎决策，北遥所灵活设计了股权实施方案，以参股方式与核心创业团队、A基金、B基金共同现金出资设立拓维公司。其中，北遥所占股39.5%，核心创业团队占股35.5%，A基金占股10%，B基金占股15%；拓维公司发展运行成熟后，北遥所受让B基金的股权实现控股，将拓维公司纳入所内产业体系。据此方案，北遥所在落实现行政策的规定的前提下，极大地调动了创业团队的积极性；通过先参股、后控股的发展路径，在拓维公司创立初期给予团队更大的自主性，同时北遥所保留了适时启动控股的权力，充分考虑了北遥所的权益和发展诉求。

2.溢价转化，创新构建资本运营模式

根据《中央级事业单位国有资产管理暂行办法》，北遥所作为事业单位，一般性对外投资有800万元的规模限制。经测算，拓维公司前三年资金需求约为6000万元，仅靠北遥所、创业团队的出资难以满足。深入研究后，北遥所认识到对高投入、高风险的芯片产业发展来说，借力社会资本力量，以风险共担、利益共享的市场化机制运作，是解决拓维公司资金需求并降低投资风险的有效途径。经资产评估，结合现有技术成果、品牌和团队优势，设立公司之初估值为4.2亿元，拓维公司注册资本为2000万元，引入的A基金出资4200万元，仅占注册资本200万元，股权占比为10%。A基金以市场化溢价方式入资，解决了拓维公司的资金需求，降低了国资和核心创业团队出资压力。为支持拓维公司发展，按照普通许可方式，北遥所与拓维公司双向共同使用专利技术。双方协商约定，专利许可使用费按10年分期支付，按照50%计算，经专项审计后约为2150万元，前3年每年支付200万元，后7年每年支付300万元，最终许可使用费为2700万元，进一步实现科技成果溢价转化的效果。

3.在职离岗，有效稀释创新创业风险

芯片技术团队组建持股平台出资710万已达自身风险承受极限，为稀释创业压力，解决团队的后顾之忧，同时降低因创业失利而导致核心团队大面积流失的风险，经过与集团公司和二院积极汇报沟通，根据国务院《关于进一步做好新形势下就业创业工作的意见》（国发〔2015〕23号），鼓励高校、科研院所等事业单位专业技术人员在职创业、离岗创业；集团公司《促进专有云双创活动持续深入发展的有关工作要求》（天工技〔2016〕893号），鼓励所属单位创客积极参与创新创业，推动"在岗创新，在职创业"；北遥所获得了集团公司与二院的认可，批准核心团队成员（5人）"在职离岗"创业，赋予核心团队成员选择身份的权力，所里继续保留核心团队创业期间的基本福利待遇，为创业人员解除了后顾之忧，为开拓者保驾护航。

四、实施效果

（一）落实中央重大决策部署，践行国资央企使命担当

北遥所在数字芯片领域，发布了"精导芯"一号、二号、三号、数据链芯片产品，实现了高端处理芯片从单核到异构多核再到人工智能芯片的快速稳步发展；成功应用于多型导弹武器装备，有效解决了

对进口高端芯片的依赖问题，有效强化了北遥所供应链敏捷、稳健、安全可控的保障能力；在射频芯片领域，收发芯片在立足军用的基础上，成功应用于某无人机系列产品，完全替代同类进口产品；宽带频率源芯片，即电子系统的"心脏"，填补了国内19GHz宽带芯片的空白，一经推出，6个月内即实现50多家客户试用和20多家客户订单，有力满足了装备智能化发展及核心高端芯片自主研发的需求。承接科技部重点研发计划、军科委、装备发展部等20余项重点项目，产品支撑科工集团多家总体单位的系统需求，积极拓展横向军品市场，获得兵器集团、中电集团、核工业集团等单位的客户认可和应用；快速拓展民用领域，将芯片产品拓展到无人机、卫星通信、5G等相关领域，获得某重点大厂的认可和市场订单，芯片作为支撑北遥所"3＋N"大精导产业链的关键环节得到有效加强。北遥所坚定不移推进自主可控的高端芯片研发、转化和产业化，是贯彻落实国家创新与协同新发展理念，助力科技自立自强，支撑国家重大战略实现的具体体现，进一步巩固了和提高了行业地位，践行了国资央企的使命担当。

（二）打造成果转化、产业孵化高地，取得良好创新示范效益

北遥所实施基于"一核多维"的高端芯片成果转化管理，成立微系统研发中心，设立拓维公司，实现了北京、上海、西安等多地布局。以技术需求为牵引，以人才培养和激励为重点，打造了一支爱国奉献、勇于创新，具备完整芯片设计、验证、流片、应用能力的优秀人才队伍。在5年内流片20余次，形成成熟量产的数字及射频芯片产品十余款，所有数字芯片产品均实现一次流片成功，是集团科技委集成电路与芯片专业组的组长单位。拓维公司从成立之初的30余人快速增长到目前80余人，其中硕士、博士人数比例达到80%，人才集聚效应显现，团队平均收入水平较公司成立前提升20%以上，人员获得感有效增强。北遥所以此成功案例为牵引，成立产业孵化中心，定位为所内成果转化和产业孵化的政策特区，极大加快了从实验室样机到正式产品、商品的研发进程，进一步提升了北遥所的产业发展水平，目前已有光电事业部、5G通信导航事业部、3D打印事业部入驻中心，为进一步实现公司化、产业化做储备。北遥所对参股设立的拓维公司实施差异化管控取得良好效果，探索出了一种针对所属企业开展治理型管控的新模式，为后续孵化企业实行"一企一策"积累了宝贵的管理经验。北遥所成果实施基于"一核多维"的高端芯片成果转化管理，在所内形成了显著的"鲶鱼效应"，极大鼓舞了各团队投身产业化的热情，形成了巨大的创新示范效应，为进一步推进企业高质量发展积攒了强大动力。

（三）实现国有资产保值增值，获得显著经济社会效益

投资即盈利，超额实现营业收入与净利润。根据上级单位对北遥所参股设立拓维公司的批复，拓维公司成立第一年需要完成营业收入2875万元，净利润-4937万元。对于长期高投入、短期难盈利的集成电路行业，拓维公司实现成立即创造经济效益的佳绩，第一年实现营业收入6870万元，净利润1638万元，远超预期，为集团公司创新投融资模式及科研成果转化激励起到参考示范作用。估值大幅增加，市盈率远超同行业公司。拓维运营一年半，资本市场对公司整体的估值由成立初期的4.2亿元提升到10亿~12亿元，估值增加了140%~162.5%，市盈率约为62.5~75，短期内实现市场价值的大幅提升。参考目前同行业上市公司的估值和利润及对应的市盈率，对科创板半导体设计类公司和A股芯片设计类公司进行统计，详见下表。

北遥所芯片团队先后荣获"中央企业先进集体""北京青年榜样""集团公司青年创新工作室""集团公司创新团队""集团公司科学技术委员会优秀专业组"等20余项各类荣誉，形成了专利、论文等知识产权作品30余项，各类应用产品、需求证明10余项，在行业内外起到了巨大的创新引领作用，取得了良好的社会效益。

表1 芯片设计上市公司情况汇总表

序号	企业简称	股票代码	总市值（亿）	流通市值（亿）	市盈率	市盈率（扣除流动性折扣）
1	澜起科技	688008	981.8	365.2	92.01	36.804
2	华润微（IDM）	688396	859.8	176.1	105.15	42.06
3	寒武纪	688256	680.2	56.09	亏损	亏损
4	睿创微纳	688002	473.9	243.6	83.77	33.508
5	思瑞浦	688536	432	97.65	225.55	90.22
6	恒玄科技	688608	480.1	91.94	342.22	136.888
7	晶晨股份	688099	321.2	165.3	2564.88	1025.952
8	乐鑫科技	688018	110.4	61.23	76.82	30.728
9	仕佳光子	688313	102.7	9.29	260.48	104.192
10	晶丰明源	688368	120.7	29.68	227.66	91.064
11	芯朋微	688508	95.59	21.74	116.80	46.72
12	聚辰股份	688123	64.3	43.96	46.48	18.592
13	敏芯股份	688286	72.39	16.51	150.73	60.292
14	芯海科技	688595	64.05	13.04	75.96	30.384
15	明微电子	688699	45.21	10.28	55.26	22.104
16	力合微	688589	31.83	7.82	82.18	32.872
17	振芯科技（A股）	300101	112.3	111	237.67	95.068
18	天奥（A股）	002935	55.93	28.24	51.08	20.432

　　经分析，剔除异常情况，剩余14家科创板的平均市盈率为138.65%，2家A股芯片设计上市公司平均市盈率为144%。整体来看，半导体设计公司的平均市盈率为140倍左右，扣除60%流动性折扣后，平均市盈率约为56%，拓维公司市盈率为62.5～75%，高于行业平均水平12%～34%。实现国有资产保值增值，孕育巨大发展潜力，获得显著经济、社会效益。

成果创造人：曹哲、肖海潮、刘春利、刘志哲、李齐、曹小康、高腾腾、杨全义、郑茜、高航

军工制造企业战略驱动型产学研协同体系构建与实施

北京新风航天装备有限公司

北京新风航天装备有限公司（简称"二八三厂"）是我国空天防御产品总装厂和抓总单位，1983年成立，是北京市高新技术企业和国家重点保军单位，二八三厂始终坚持"科技强军，航天报国"的神圣使命，秉承"国家利益高于一切"的核心价值观，承担着国家多个系列型号产品研制、批生产任务。面对新阶段与新挑战，近年来公司响应党中央提出的实施"创新驱动"发展战略和航天科工集团公司的发展思路，建立了基于战略驱动的产学研体系，实现企校资源共享、人才技术双向输送，以持续激发组织创新活力，增强企业核心竞争力，加快推进企业市场化转型升级，推动战略目标的实现。

一、军工制造企业战略驱动型产学研体系构建与实施的背景

（一）响应国家深化科技体制改革、推动产学研深度融合号召的必然选择

党的十九大和十九届四中全会先后明确提出，要深化科技体制改革，建立以企业为主体、市场为导向、产学研深度融合的技术创新体系，加强对中小企业创新的支持，促进科技成果转化。产学研的深度融合，在宏观层面上有利于推动经济增长方式由要素驱动型向创新驱动转变，在微观层面上有利于企业、高校和科研院所等科研主体的深度融合，形成创新合力。并且，习近平同志同时还强调，国有企业要发挥带头作用，注重长期技术能力的培育，改变各种短视行为，加大研发投入，促进产品结构调整，增强企业的核心竞争力。

企业作为国有军工装备制造企业，肩负着维护国防安全、提供装备保障的神圣使命，应积极响应国家号召，以产学研深度融合为重要手段，发挥国有企业在融合过程中的主体作用，在充分发挥自身资源和能力优势的同时，不断吸收高校或科研院所的先进理论，促进企业与高校或科研院所在基础研究、应用研究、成果转化、人才培养等方面实现理论知识与创新资源的多维度共享，为建设航天智能制造体系、实现持续性的技术创新做出重要努力。

（二）集团促进融合创新、推动智能制造，实现高质量发展的重要手段

"十三五"期间，航天科工集团全面贯彻落实新发展理念，在加快集团公司的数字化和智能化建设方面做出了重要能力，并取得了不错的成果，科研生产的数字化支撑能力得到了大幅提升。但是，相比于国内外的领先企业，航天科工集团在数字化转型和智能化升级方面仍属于刚刚起步阶段，人员的思想意识、科研创新的自主可控程度、精细化管理水平等方面仍有较多不足，迫切需要进一步开展数字航天建设，支持航天产品研制与管理过程的数字化，增强航天防务产业的核心竞争力，实现集团公司高质量发展。

面对强国强军的时代要求和严峻的国家安全现状，企业围绕集团公司的"数字航天"战略，提出在"十四五"期间以"建成国际一流的防务装备制造商"为战略目标，将智能制造产业作为重要发展模块，加强创新驱动，运用先进技术实现制造能力的灵活配置和自主响应，以形成平时稳定生产、战时快速响应的生产制造模式。为打造智能制造核心能力，企业需要坚持协同开放共享，着力构建开放式科技创新体系，实现跨行业、跨领域、跨专业的合作交流，推动联合攻关与自主创新，以加强核心技术自主掌控和原始创新成果储备，提高创新成果的推广转化效率。因此，构建战略驱动型的产学研体系是军工制造企业促进融合创新、推动智能制造、实现高质量发展的重要手段。

（三）军工制造企业破解技术创新困境、提升核心竞争力的现实需要

在过去的五年时间里，企业在工艺数字化协同、数字化生产线建设、科研生产指挥与决策方面均有了较大改善，但在生产能力与创新能力方面依然存在重大问题。第一，生产能力与任务需求差距较大。生产能力还无法满足生产任务需求，生产场地、核心设备资源亟需补充，生产自动化程度与生产效率尚未达到一流军工企业的水平，需要发展智能制造，用人工智能技术提高生产能力和生产效率。第二，高端人才不足，创新能力不强。技术攻关难、先进设备资源和高端人才资源短缺，自主设计、研发力量薄弱，适应未来装备发展新领域以及支撑新产业拓展的技术积累和储备不足，无法完全依靠自身力量建立技术创新体系。

并且，在市场竞争压力下，仅凭企业独自创新很难在激烈的市场竞争中立于不败之地，必须寻求新的技术合作伙伴，而高校和科研机构作为创新的理论源头，具有与企业异质性的资源和能力，比如丰富的科技情报、图书资料和先进的实验设施以及经过技术鉴定的科研成果等。因此，企业期望通过构建产学研体系及持续性的实施，借助高校和科研院所的科研人才优势、先进理论研究等，在技术攻关上实现全面合作，发挥互补协同效应，研发出市场所需的产品和服务来应对市场需求的动态变化，提升企业整体竞争力。

二、军工制造企业战略驱动型产学研协同体系构建与实施的内涵和主要做法

（一）战略驱动型产学研协同体系的内涵

战略驱动型产学研协同体系的实质是以企业为中心，协同高校、技能学院、科研机构等为实现科技创新、管理创新而开展大跨度整合的技术、管理创新战略联盟组织形式，其动力形成的方向和目标是协同创新能力不断提升，最终获取联盟竞争优势。根据竞争优势理论，资源、能力是竞争优势的基础，建立以企业为中心的资源、能力为基础的核心能力是竞争优势的源泉。产学研协同创新基于多元主体优势资源互补与整合的本质便是彼此间核心能力的互补与融合。产学研协同创新的动力形成过程就是产学研各主体核心能力不断培育和提升并最终互补融合，提高整体协同创新能力、建立联盟竞争优势的过程。产学研各主体都具有自身的核心能力，企业的核心能力体现在技术、品牌、管理水平、市场洞察力等方面，能够引导高校的知识成果符合市场需求，高校和科研机构的核心能力主要体现在拥有丰富的基础资源，可以为企业创新提供强有力的技术支撑。在产学研核心能力的互补与融合过程中，创新资源和创新要素有效汇聚，通过突破各主体间壁垒，充分释放彼此间创新要素活力，以创造协同效应，获取竞争优势。产学研协同创新动力正是引发各主体之间相互资源和要素关系，不断激发协同行为的外部环境驱动力与内在行为激励力的相互作用机制。

（二）顶层设计

以企业战略作为牵引，分析企业核心需求，通过需求驱动和动能输入搭建战略驱动型产学研协同体系，并将产学研体系分为三种典型平台：一是管理提升平台。以战略为导向，借鉴院校人才培养的先进经验，进一步深化管理创新人才培育机制，通过理论与实践相结合的方式，实现产学研合作深化发展。二是技术创新平台。即通过产学研合作支持企业进行新技术的研究开发和应用，形成新产品或新工艺，产生经济效益。三是智能生产平台。搭建实训基地等方式支持高校人才培养，进行新品、民品的试制工作及新产品的研发工作。

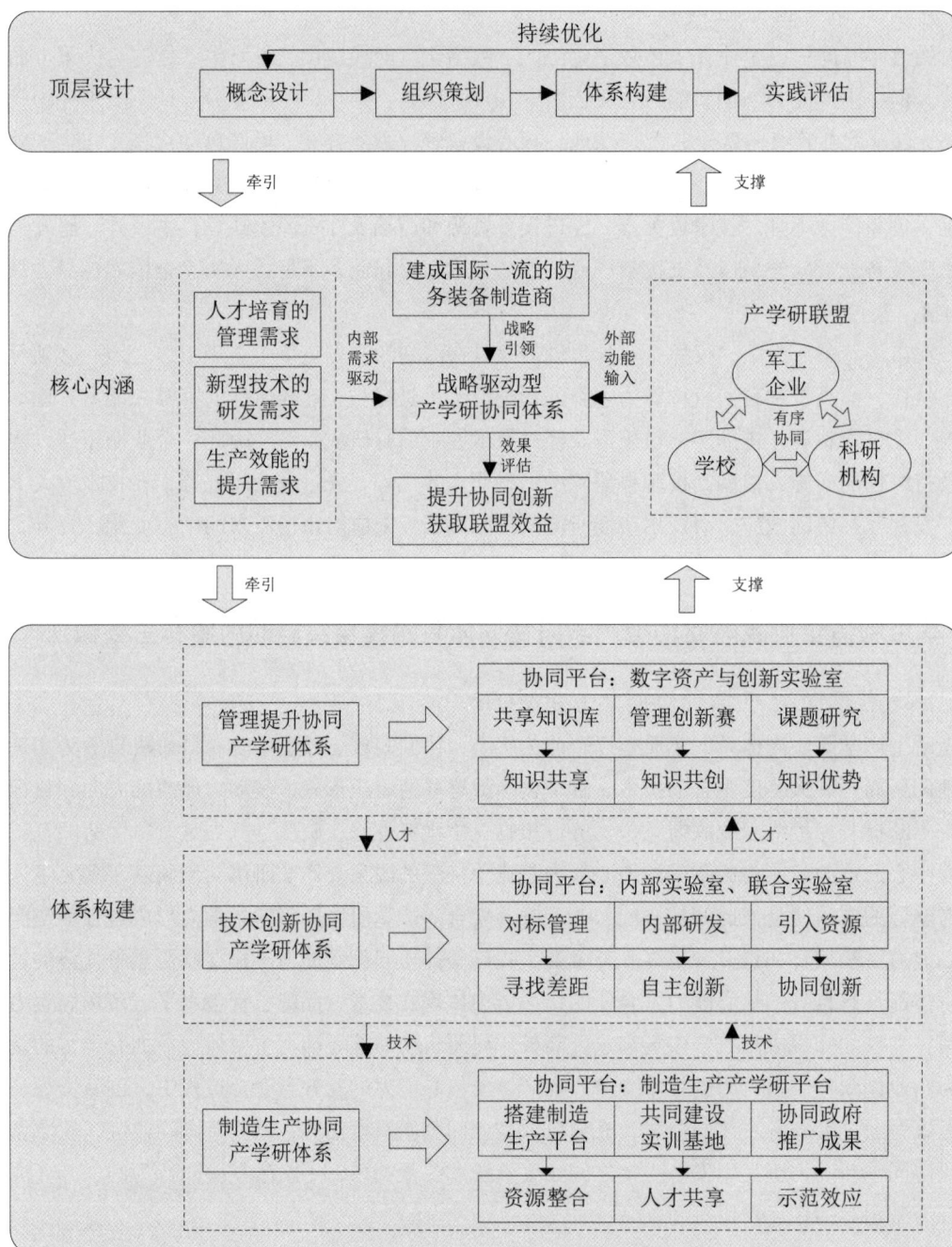

图1 战略驱动型产学研协同体系框架图

以企业战略作为牵引,分析企业核心需求,通过需求驱动和动能输入搭建战略驱动型产学研协同体系,并将产学研体系分为三种典型平台:一是管理提升平台。以战略为导向,借鉴院校人才培养的先进经验,进一步深化管理创新人才培育机制,通过理论与实践相结合的方式,实现产学研合作深化发展。二是技术创新平台。即通过产学研合作支持企业进行新技术的研究开发和应用,形成新产品或新工艺,产生经济效益。三是智能生产平台。搭建实训基地等方式支持高校人才培养,进行新品、民品的试制工作及新产品的研发工作。

(三)战略驱动型产学研体系的组织策划

为实现企业高质量发展战略目标,企业在战略规划中把握新时代发展要求,推进四大产业快速发展,在智能制造、保障装备研制生产、复合材料、特种环保等四个方面的技术达到行业领先水平,在智能装备研发与先进制造产业、服务保障产业、复合材料产业、特种环保装备产业四个产业方向上初步形成军民融合的发展格局,以技术进步为核心推进产业发展。

为充分打造企业"国之重器、民之卫士"的价值定位,依托企业战略,为发挥目标导向,深挖企业战略,全方位识别产学研年度目标,实施全面有效的产学研组织策划,从源头把控产学研的管控,促进产学研各项平台作用充分发挥。将战略充分解码,通过对外界环境、企业自身情况等各方面因素的有效评估,确定有效且可行的产学研领域目标。分层分解产学研目标,确保各层级目标有效下达。在年度计划及各项专题策划中,充分将产学研融入各项工作,如在企业级计划中设立技术创新模块计划、人才培养计划、科研生产计划以及各项产学研专题专项计划,全方位覆盖年度各项产学研工作任务,确保产学研各项任务全面实现。厂级目标建立的同时,设立专题计划,将计划进一步细化,用分层分级的计划管控方式,促进产学研目标的全面实现。对于年度重点的产学研计划,由厂领导挂帅,提高管理层级,提升计划推动力度,有效促进相关计划的高效完成。在产学研各平台任务推进过程中,注重全过程管控,没有过程管控的成果很大程度上是脱离目标存在的,为了进一步推进以战略为导向的产学研各项平台向目标稳步前进,强调关注过程赋能的产学研平台建设及成果应用,及时纠偏,将过程管控与成果应用有效结合,助推产学研各平台在以战略为导向的正确发展轨道上高效运行。

(四)管理提升协同产学研平台

构建以企业为主体、市场为导向、产学研用相结合的数据资产与运营体系,与北京交通大学联合成立数据资产与创新实验室。实验室从解决企业转型升级发展需求出发,重点围绕数据资产与创新领域案例开发、前沿课题研究、数据资产及创新智库建设等开展实验室运作,整合多方资源、优势互补、形成技术创新、商业模式创新、管理创新人才聚集效应,打造一流的数据资产及创新平台,实现从知识共享到知识创造,最后到知识优势形成的全流程。

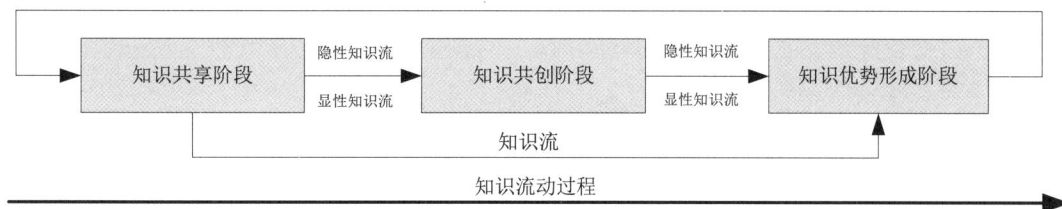

图2 管理提升协同产学研体系

1.建立共享知识库实现知识共享

在知识共享阶段,双方通过资源共享和定期组织知识交流会的方式实现知识共享。第一定期组织专项培训，例如财务知识培训、市场营销培训等，将高校的知识传递给企业职工，在理论层面不断完善员工的知识结构，紧跟时代发展。第二定期组织知识交流会，通过案例分析的方法，企业将典型的案例与高校分享，共同进行案例萃取、沙盒模拟，在过程中将理论与实践相结合。建立共享知识库，让双方的知识可以逐渐形成历史沉淀。

2.通过竞赛实现高效能的知识共创

（1）通过大赛进行知识创造，管理案例大赛提升系统思维能力

为提升企业经营质量，鼓励青年管理人员对企业经营管理现状进行深入分析，突出企业管理工作的战略导向、问题导向，企业每两年同北京交通大学举办一次管理案例分析大赛，鼓励青年管理人员及时发现问题、总经经验、创造性地解决问题，综合提高分析问题和解决问题的能力，为企业战略经营决策提供重要参考。

第二届"新风杯"管理创新案例大赛，以AI助手设计为主题，着重培养员工数字化创新能力。企业与高校共同设计数字化持续创新的体系，通过大赛去实践落地。

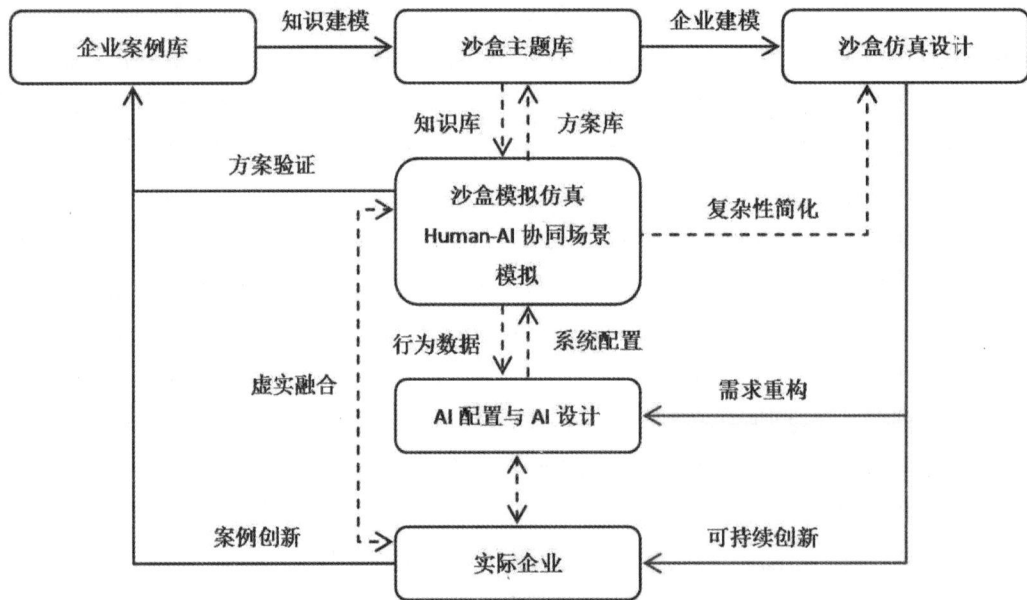

图3 数字化持续创新逻辑图

大赛分为四个赛段，阶梯型的设计每个赛段的目标，通过不同的方式进行引导，去提高业务人员需求重构能力。

表1 管理创新案例大赛赛段设计

赛段	业务人员认知目标	赛段设计	业务人员需求重构能力
1	数字化需求重构面对的挑战 数字化创新困境认知	问卷引导	复杂性和不确定性背景下，业务困境及数字化需求分析能力
2	数字化需求重构方向 数字化创新方向认知	虚拟仿真 经营游戏	转换业务视角至企业经营视角，可以初步构建场景与协同思维下的数字化需求
3	数字化需求重构目标 数字化创新目标认识	虚拟方针经营游戏中的AI配置	具备面向Human-AI协同场景的数字化需求分析能力，理解在数字化创新中的组织变革
4	数字化需求重构实现方式 数字化需求重构认知	AI助手设计	具备数字化需求重构及实现的能力

通过管理创新案例大赛从青年员工视角提出痛点、难点，并设计解决方案，通过仿真模拟平台进行验证，最终输出企业难点、痛点问题的智能化解决方案。在解决方案中优选紧迫度最高的，作为次年年度目标制定的输入。通过大赛形成了员工持续创新的闭环。

（2）商业策划大赛培养市场思维和团队协作能力

受企业性质和科研生产组织方式影响，企业现代化管理和市场营销理念相对薄弱，关注顾客与时长需求的全面性不足，对行业竞争对手的信息分析不够，产品的生命周期考量不到位，难以满足新时期军工企业管理要求。为促进企业从单纯的制造企业向"研发＋制造＋服务"转型，在标准化、规模化、精益制造的基础上实施更多有利于企业经营效益提升的举措，企业围绕企业发展愿景，针对现有项目或拟开展的项目，对项目的可行性进行科学有效论证，强化经营意识和风险管控意识，让创新行为、市场开拓行为更加贴近实际，提升产品和服务市场化的运营能力。

大赛分为三个赛道，围绕企业战略及核心能力建设展开。

表2　商业策划大赛赛道设计

序号	赛道类型	内容
赛道1	技术创新类	根据市场需求，基于研发人员创新能力可实现的新产品或新服务，推向目标市场。
赛道2	营销创新类	基于现有的成熟产品、服务、创意，设计新的营销模式，例如线上线下结合、直播等。
赛道3	生产制造类	根据拟申请投资的产线或者设备，进行分析，着重分析与现有条件相比，提升产能所带来的经济效益。

项目团队组建，每个项目团队相当于一个创业公司，根据创业公司的角色去进行组合。

表3　商业策划大赛团队组建

角色	目标
队长CEO首席执行官	负责项目的商业模式总体设计，包括产品的设计、定价、销售渠道、推广模式等。
组员COO首席运营官	负责项目的运营工作，根据市场环境分析，制定项目的长短期战略规划。
组员CTO首席技术官	负责项目的技术路径、技术架构设计等。
组员CFO首席财务官	负责项目的财务预测分析，包括成本投入与收入预测、融资规划等。
组员CFO首席财务官	负责项目的财务预测分析，包括成本投入与收入预测、融资规划等。
组员CMO首席市场官	负责项目竞争对手分析，同类竞品分析，市场规模预测，销售渠道等。

首次实现了厂内技术人员、管理人员、财务人员的跨界组合。来自各部门62只团队，300余人次参与，先后组织了3次专业培训、以色列创新创业分享会、商业模式画布交流会。借助商业创新与知识库小工具，帮助决赛队伍结构化思考商业模式，辅助撰写商业计划书。通过大赛，员工寻找了新商机，提出了新创意，表达了新概念，进一步升级了企业专业化人才队伍培养平台。

两个比赛的核心是通过与高校的合作组织比赛，引入新的方法及理念，高效率的实现知识共创，并将比赛成果应用到后续的管理提升和成果转化中。

3.通过管理创新成果提炼知识优势形成

邀请高校老师参与企业管理创新课题研究，鼓励高校老师将外部优秀企业的做法进行介绍，通过双方的适应性的调整形成适合企业发展的新做法。在做法成熟运行后，及时总结提炼形成管理创新成果，通过各类途径进行上报，在企业内部进行复制推广，利用管理创新完善管理规范，实现最有效率，服务于新技术、新产品的开发和产业化。在这个过程中逐渐形成知识优势，服务于企业的战略发展。

（五）技术创新协同产学研平台

着力构建多维共创的技术创新协同模式，促进首端研发的技术革新及能力提升。企业作为传统制造企业，虽然在生产制造方面具有较强的竞争优势，但在技术研发、设计开发方面经验积累较少，较成熟的科研院所相对优势存在先天不足。尽管近些年来企业加强了对技术创新、研发能力建设的投入，加大了培养军民融合产业销售人才方面的投入，但在培育能力和培养人才的速度方面同优秀企业之间还存在较大差距。

为了快速推进企业技术创新能力及研发人才培养能力的提升，加快推进企业四大产业快速发展，在智能制造、保障装备研制生产、复合材料、特种环保等四个产业方向上初步形成核心竞争力，企业充分利用产业链上下游的社会资源，将技术研发体系协同各方对资源协同发展，协调价值创造环节的不同工作，有利于企业快速补足短板。

形成了多维共创的技术创新协同模式，以上游资源为外部牵引、企业内部实验室为内部牵引，借助外部相关方的优势资源，三方位齐发力，打造优势互补、资源共享多维度技术创新协同体系，以合作创新为目的，以内部成员的共同利益为基础，以优势互补为前提，通过契约或隐形契约的合作模式而形成，从而实现各相关方的利益最大化、资源共享化、成果最优化，打造合作共赢的技术创新协同模式。

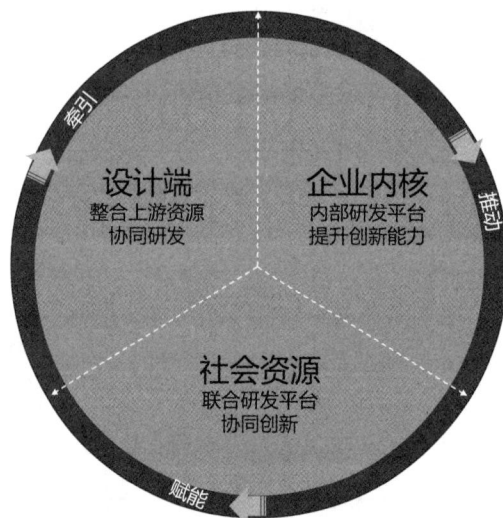

图4 技术创新协同产学研体系

1.携手兄弟单位，从设计端找准出发点，通过对标管理，牵引企业主体技术创新提升

对于传统制造企业来说，企业的价值创造取决于核心部件在产品中的关键程度以及相关技术含量的高低。企业对通过与二部、206所等研发单位合作，提高企业的技术水平，使核心部件在产品中的关键程度不断提升，谋求自身核心技术的主导地位。通过携手兄弟单位，从设计端找准出发点，将技术创新与产品研发需求引入生产流程，将生产情况反馈至技术创新与产品研发作为输入，使技术创新、产品研发与生产无缝对接、充分融合，不断促进企业主体技术创新与产品研发能力的快速发展。

在与兄弟单位的对标过程中，发现企业的技术创新能力较从事研发设计的兄弟单位存在一定的差距，企业作为产业链发展下游的总装制造企业，为促进企业转型升级，使企业实现可持续发展，实现"创一流"的战略目标，技术创新是绝对不能放弃的要地。

因此，企业对标洛克马丁公司的"臭鼬工作室"，在自主创新方面不断发力，创建了如数据资产实验室、3D打印实验室、超临界水氧化实验室、航天焊接实验室等系列创新实验室,组建成创新平台。

大力拓展技术创新能力,营造企业内部创新创效氛围。内部实验室研发平台一方面可有效承接上游资源的研发设计输入,将其快速转化为企业所用的技术要素,将创新研发融入生产全过程,另一方面可作为与外部相关方资源合作的有效载体,不断吸引外界相关方与企业的创新平台深入开展合作,为企业研发能力注入不竭动力。通过内部的实验室研发平台,持续推进企业在技术研发方面的改革创新,深入开展企业转型升级的各项关键举措,为企业创新发展凝聚新鲜活力。

2.引入社会研发资源,构建校—企联合实验室研发平台,合作共建协同技术创新

基于企业内部的技术创新实验室,在实验室不断发展的过程中,发现依靠企业自身的力量无法快速实现实验室技术创新能力的跨越式增长。根据企业战略发展需要,为了进一步提升企业自主研发能力,本着优势互补、互利共赢的原则,持续深化合作,基于共同发展需要,采取与研究所、高校成立联合实验室、与民营企业合作研发等方式,整合内外部优势技术资源协同研发,促进企业技术能力快速提升。

引入高校、研究机构的研发资源,构建校—企联合实验室研发平台,持续吸引社会上的高校、研究所等参与,建立起以企业为主体、市场为导向、产学研相结合的技术创新研发体系。通过协同技术研发,集聚各方优质人力资源进行合作,形成竞争合力。

近几年来,企业与四部成立了飞行器结构增材制造联合实验室,与长春理工大学成立了航天装备检测技术研究与应用联合实验室,与哈尔滨工业大学成立了人工电磁超材料等联合实验室,与北京航空航天大学成立了无人机系统实验及训练技术联合实验室,通过联合实施技术创新,在设计与生产制造方面发挥协同优势,先后攻克了多项关键技术。通过与合作相关方在产品结构功能一体化、新材料新工艺研发、基于增材制造的设计制造新体系等研究领域齐头并进,扎实做好各项研究工作,逐步从跟踪新技术转变为引领新技术,加速增材制造、人工电磁超材料、无人机系统等技术在航天产业中的推广应用,联合推进了航天装备领域相关技术的产业化发展,促进企业研发能力的提升、助力企业转型升级。

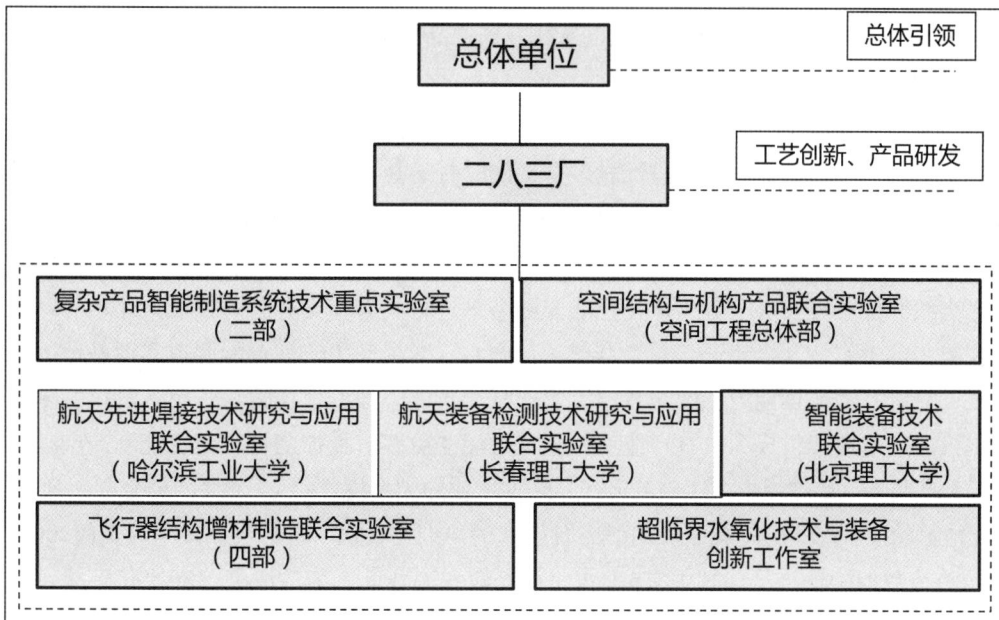

图5 校-企联合实验室研发平台

（六）制造生产协同产学研平台

1.基于企业核心战略目标，搭建制造生产产学研平台，共建生产实训基地，向智能工厂转型

二八三厂作为军工制造型企业，在新时期核心的战略需求仍然围绕生产开展，通过管理创新、研发能力的提升，作用于生产制造体系，进一步提升企业的生产效能，向智能工厂转型。搭建智能生产产学研协同平台，整合技能院校和社会资源，形成合力。技能学院依托企业的品牌与技术优势，以及行业领先地位，推进智能制造专业建设、形成领先优势；建设产、教、研、用一体的智能制造实训基地，践行"学校像工厂""上学即就业"的人才培养原则，建设全国领先的智能制造技术应用专业，提高院校知名度，提升社会服务水平。

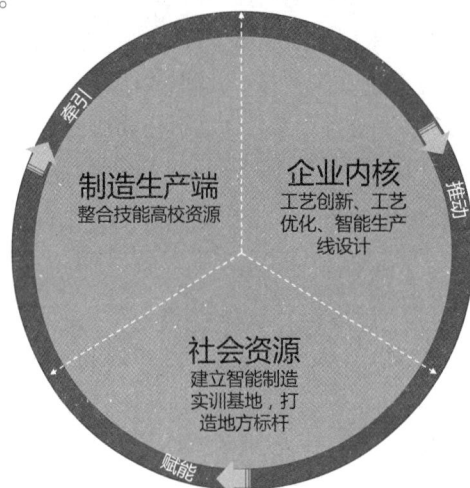

图6　制造生产协同产学研体系

企业通过与技能学院合作输出公司高技能人才能力，让更多优秀技术能手获得展示进阶的机会，而技能学院则可以为企业提供稳定的高技能、高素质人才供给渠道。同时，在技能学院场地共同建设产教融合生产型实训基地，可进行新品、民品的试制工作及新产品的研发工作，形成"学、研"能力，并推广航天文化、航天精神。

企业与技能学院共建示范生产线，旨在秉承"校企联合、优势互补、人才共享、协同创新"的原则，实现批生产零件降本增效，有效促进产教融合；同时打通技能人才培养与就业无缝衔接的通道，扩大新风航天的品牌影响力，创造更大的商业价值和社会效益。第一阶段，以三方合作建设"生产性智能制造实训基地"为突破口，由企业提供建设规划和工艺指导，建成具有承担企业实际生产任务能力的示范生产线和生产性实训平台，依托企业实际需求进行具有实操能力的技能人才培养。第二阶段，成立"技能大师工作室"，建设"校企合作示范中心"，提升生产性智能制造实训基地的工艺装备智能化水平，完善基地实训能力，参与竞赛，实现高端技能人才的市场输送。第三阶段，未来将逐渐扩大基地规模，将基地建设成为具有行业引领意义的涵盖更多机械加工领域的智能制造产教融合基地，并使得航天产品示范生产线成为实现航天产品降本增效的创新模式。

生产性智能制造实训基地建立以来，组织各种形式的培训30余次，生产实训参与人员超200名，共培养出40余名熟练数控操作人员，其中有5人次获得安徽省比赛前三名的成绩。2021年开展"明日之星"培养计划，主要以全国和世界级数控技能比赛和智能制造大赛牵引，加快培养高技能人才，为企业输送急需的各类技能人才。

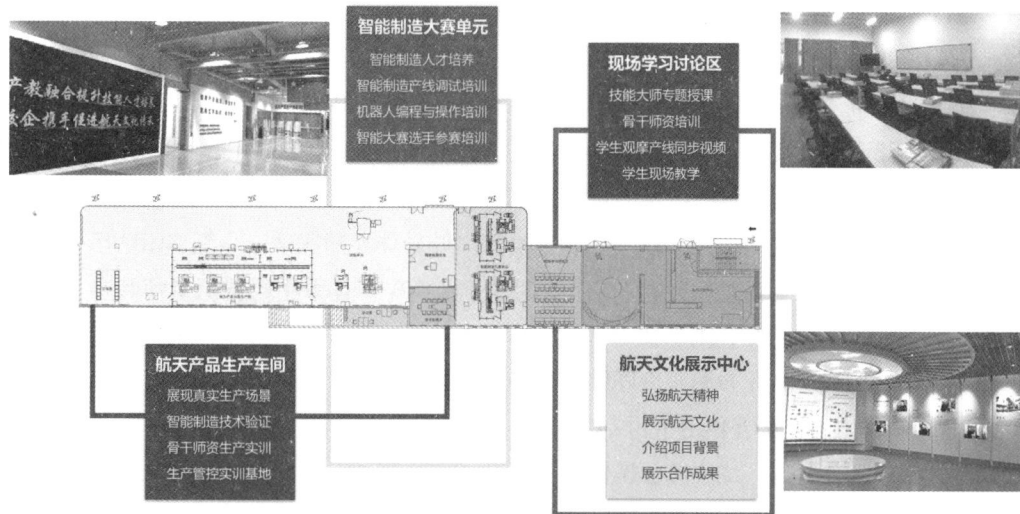

图7 实训基地建设情况

2.协同当地政府对"产学研"成果进行推广，吸引更多技能院校加入产学研体系，发挥联盟效益

凭借创新的理念和二八三技能大师们的专业支持，基地成为阜阳地区校企联合的示范项目，多次迎来各级领导和各行各业的来宾参观，参观者对本项目都表示了高度认可。基地的社会示范效应既提升了技能学院在职教领域的影响力，为学校吸引更多的资源和生源，也让更多的人了解到了企业技能人才的实力和航天企业精益求精的生产理念。

图8 国家人社部领导参观基地

（七）战略驱动型产学研体系的全过程检查

1.对照年初制定的计划开展过程检查，保证产学研体系的高效运转

人才培养、科技创新、生产效能提升是产学研体系的核心需求，对照年初制定的计划，按季度开展计划监控，根据计划进展情况，及时进行反馈及调整。年度综合计划中的计划有发展计划处进行管控，专题计划有责任部门进行管控。逐级分解，层层支撑以保证计划有效完成。

2.通过相关方需求与期望调查进行全方位评估，及时发现问题，树推优秀典型

每年年中针对产学研体系中的研究所、高校开展相关方需求与期望调查，检查年度内开展的合作是否符合双方战略合作目标，对企业产学研工作的建议等。企业各部门梳理与各研究所、高效合作形成的管理成果、技术成果、制造成果，通过价值链分析法，评估成果所创造的价值与企业战略关联的紧密度。通过双向的调查与评估，对产学研体系的运行进行过程检查。

针对个人，在每年重点管理、技能、技术大赛中设置厂外最佳导师奖项，一等奖团队厂外导师可以获得响应奖励称号。每年9月通过"企业导师"带徒活动，在产学研体系中，根据老师的参与企业重点难点项目程度，企业竞赛的活跃度，工艺技术创新支持度以及员工的评价，综合评选优秀研究所、高校老师，树推优秀典型，形成以企业为中心良好的产学研氛围，提升高校老师参与的价值感。

（八）战略驱动型产学研体系的持续改进提升

1.围绕战略契合和价值创造，持续动态优化

为更好地适应市场需求，加强管理提升协同、技术创新协同及智能生产协同三者之间的循环联动，夯实价值创造能力，推动战略实现，企业以"支撑战略、共生发展、共创价值"为原则，运用系统思维与价值创造相结合的管理创新理念及方法，对所构建的产学研体系中的主体间合作模式进行了改进，逐步深化企业同其他相关方的合作广度及深度，提高产业布局、组织机构创新、资源整合能力与企业战略的匹配程度，促进管理提升及技术创新的深层次发展，为智能生产的直接价值创造过程提供坚实保障，以实现企业战略驱动下的产、学、研的协同共赢及可持续发展，促进企业经济效益和社会效益的稳步提升。

2.优化主体合作模式，助力实现协同共赢

在产学研体系的构建初期，企业以"签订合作协议"的形式就单一类型的目标任务与高校及科研机构开展合作，在合同中对企业及外部方的合作要求、合作形式、合作内容、双方权利及责任进行明确规定，合同终止即代表双方合作结束。

之后，为提高校企的共同参与度及合作深度，基于校企资源共享、协同共赢的原则及共同发展的现实需要，企业引入高校及研究机构的技术、人才等优势异质资源，联合建立了实验室研发平台。在实验室研发平台，校企以市场为导向，共同开展多种类型的目标任务，在产品的设计、生产、制造、应用的全链条内开展合作，共同探索管理提升方法及技术创新思路，为实现智能生产协同保驾护航。

但是，由于所建立的各个实验室研发平台分散在各专业部门，缺少专职技术团队对技术创新进行统筹和攻关，企业技术整合能力不足，技术创新能力无法完全满足企业的战略发展需要。因此，为实现系统化管理及更高、更深层次的研究合作，企业以解决问题为导向，以提升技术创新能力和价值创造能力为目标，重新构建工艺创新体系，并在组织机构上设立了集工艺技术研究和管理于一体的工作机构——工艺研究所，承担企业工艺综合管理及工艺技术创新工作，负责制定工艺技术发展规划、工作计划及工艺管理规章制度，监督与考核企业工艺工作，持续论证并开展专业技术体系研究，为企业实现智能生产及提升装备制造能力提供制度保障和组织保障。

工艺研究所在整合优化现有的工艺师资源的基础上，设置总师办引领研发体系论证和专业领域技术研究，建立先进制造、智能制造和检测与控制三个研究室，提供专业技术研究支撑，按照顶层策划、专项技术、基础技术三分层级构建以专业技术团队推进技术创新的新模式，并确定智能装备、保障及测试设备、复合材料产品、特种环保装备四个产业方向，逐步形成项目与技术协同的产品研发体系。

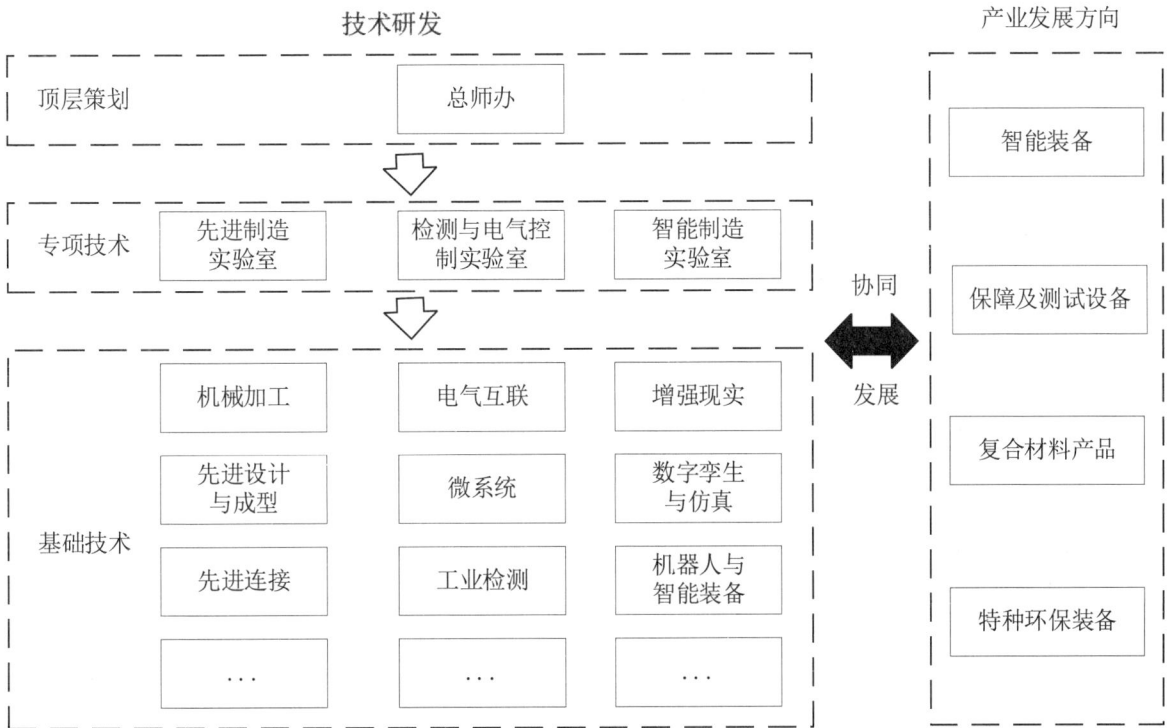

图9 工艺研究所产品研发体系

从签订合作协议到建立联合实验室研发平台，再到设立工艺研究所，企业、高校、科研机构间的合作模式逐步贴近企业战略要求，主体参与程度、资源共享程度、人才培养程度及创新成果实现的可能性均得到了有效提升，对各种优势资源进行最大限度的开发、整合、利用，逐步推动企业价值创造能力的提升及战略目标的实现。

三、军工制造企业战略驱动型产学研协同体系的实施效果

（一）打破技术"创新孤岛"，促进科技成果转化

通过构建战略驱动型产学研体系，企业在创新链与产业链的全链条各环节积极了开展不同类型的产学研合作，多渠道获取学研机构的异质性资源，打破了技术"创新孤岛"现象，促进科技创新协同，创新技术的自主可控能力得到有效增强。2020年，企业自主设计的头戴式语音增强降噪耳机、晓风正压防护头套、反"低慢小"无人机等，有效促进了企业的军民融合发展。

（二）持续推广合作模式，有效提升生产效率

在上述产学研合作模式成功后，企业秉承"资源共享、互惠互利、共同发展"的原则，与现有学研伙伴建立了长期稳定的合作关系，并不断提高合作的广度与深度，将外部高校或科研院所的资源优势逐步内化，打造独特竞争优势。

同时，鉴于此种与高校的合作模式可复制、可推广的特点，企业积极致力于寻找新的学研伙伴，以点带面、大范围推广产学研合作模式。目前，企业已与3所技能类合作院校达成战略合作，为企业智能制造和技术创新提供了源源不断的技术输出和人才输送，企业数字化生产建设取得了较大进步，提升了企业产能和生产效率，使企业在如今军品任务爆发式增长的时期，依然能够有效满足军品任务需求，企

业经济效益得到明显提高。

（三）发挥管理协同效应，促进精细精益管理

通过借鉴高校团队所掌握的先进的市场管理模式和管理经验，企业形成了以市场需求为出发点促进管理创新的企业管理模式，使企业管理更加市场化，进而在激烈的市场竞争中捕捉市场机遇，规避市场风险。

目前企业所形成的实现管理创新的手段主要有二：第一，举办管理创新案例大赛。从市场需求和市场特点出发，分析生产实践和管理现状中的企业痛点，创新管理模式和优化管理流程，促进企业管理精细化和精益化。例如，基于企业转型升级的需要和指标体系不健全、绩效管理流于形式的现状，构建了以战略为导向的全流程绩效管理模式，促进了绩效管理更加市场化和科学化，提高了绩效管理的效率和效果。第二，举办商业策划大赛。通过与高校合作，以竞赛的方式营造了市场营销的环境，改善了员工市场营销意识薄弱、市场技术匮乏的现象，系统地梳理了针对传统军工制造企业的市场营销流程，形成了系统化的市场营销管理办法。

（四）搭建人才培养平台，落实人才强企战略

在产学研联合过程中，企业与高校合作培养人才，搭建了较为完善的人才培养平台，为人才队伍的可持续发展做出了重要努力。

一方面，以"产"定标，以企业需求确定人才培养标准。通过与高校共建研究生基地、组织"岗前在校培训班"等形式，拓展了人才发现、人才培养和人才招聘渠道，招聘生源数量和质量得到有效提升，2020年共引进429人，其中硕士及以上学历59人，创历年新高。并且，这些形式从企业生产实践需求出发，将技能人才引进前置，订单式培养高素质、复合型人才，在降低人才培训成本的同时，有效提高了人岗匹配度，缓解了因科研生产任务带来的人员需求压力。另一方面，与"学、研"协同，以高专业水平提高人才质量。通过开展"以赛带培"、高校教师培训、企校共同开展课题项目等活动，前沿学术研究和科技创新理论不断被输送至企业员工头脑，有效促进了员工创新意识培养和创新积极性的提高，为实现智能制造和企业高质量发展提供了有力保障。

成果创造人：耿树庆、张伟、魏佳童、刘名洋、崔宁、张秀秀、

陈峰、郭远、于超跃、李靖、崔阳阳

基于"小核心，大联合"理念的海洋网信"产学研"平台构建

中电科海洋信息技术研究院有限公司

电子科学研究院（以下简称"电科院"）隶属于中国电子科技集团公司，于1984年，由时任电子工业部部长江泽民同志亲自规划和批准成立的。在电子工业、信息产业到网信事业的发展进程中，不断发展壮大，完成了空警2000、空警200、空警500等预警机装备的研制任务，实现了预警机装备谱系化发展，并承担了天地一体化信息网络国家科技重大专项、智慧海洋国家重大工程及国家大数据、应急管理、公共安全和社会治理领域等重大系统工程总体任务。目前电科院在职员工2000多人，拥有3位工程院院士，10位集团首席科学家、首席专家，博士400多人。获得国家最高科学技术奖1项，国家科技进步特等奖1项，国家科学技术进步奖7项，国防科技技术进步奖34项，省部级科学技术进步奖56项。

中电科海洋信息技术研究院有限公司（以下简称"海信院"）成立于2013年，中国电科响应国家海洋强国战略，主动谋划、积极布局海洋信息产业，成立了海南陵水海洋信息产业基地，注册资本8.86亿元，规划基础设施用地12.7万平方米。2019年3月，为积极参加海南自由贸易岛建设，加快推进网络信息体系下的海洋网络信息体系工作，做强做优做大海洋信息产业，在总结前期工作的基础上，集团公司在2019年第4次党组会上决定，将海信院整体并入电科院，成立电科院海南分院（海信院），负责海洋网络信息系统研发、集成及运营工作。海信院现有资产14亿元，年营收超过3.8亿元，目前员工人数110人。成立以来荣获第二届海南省专利金奖、第三届海南省专利金奖、中国电科集团科学技术奖一等奖、中国电科集团科学技术奖二等奖、海洋工程咨询协会颁发的海洋工程科学技术奖二等奖在内的科技成果6项。

一、本成果的实施背景

（一）积极响应国家海洋强国战略

走向蓝海，经略海洋，是中华民族伟大复兴的战略选择。党的十八大以来，习近平同志统筹国内国际两个大局，高度重视海洋事业发展，在党的十九大报告中明确要求："坚持陆海统筹，加快建设海洋强国。"面对当前海洋渔业、海洋交通运输、海洋矿业和海洋治理、海洋高端装备制造等涉海相关行业差异化应用需求，各涉海城市对涉海产业科技研发投入分散，科技研发内容互通不足，导致重复研发，科技贡献率低下，针对这一问题，国家对海洋网络信息体系的构建已经上升至国家战略高度。海信院作为中国电科响应国家海洋强国战略而成立的海洋信息研究院，应站在全球网络信息体系的高度，以海信院为核心点，率先建立海洋网络信息平台，通过海信院整合力量，率先创新海洋网信管理体制，通过联

合各涉海企业，将海洋网信建设扩展到整个海洋行业体系建设中来，将新一代信息技术与海洋环境、涉海装备和海洋生物能源等进行深度结合，构建以海洋网络基础设施为依托、整合各类信息资源的综合海洋信息体系，最终实现海洋信息透彻感知、通信、数据充分共享、应用服务智能，整体推动我国海洋经济的高质量发展。

（二）助力海南自贸港创新驱动

海南自由贸易港建设是习近平同志亲自谋划、亲自部署、亲自推动的重大国家战略，随着《海南自由贸易港建设总体方案》的出台落地，必将对构建我国改革开放新格局产生重大而深远影响。海南的经济建设要在旅游业和服务业外重点发展高新技术产业，就要根据海南特色，因地制宜，发挥资源优势。海南向海而生，是我国海洋面积最大的省份，而南海是中国唯一的深海区域，海南要响应习近平同志"向深海进军"的号召，大力发展深海科技已经是海南省的重点规划之一。但是海南目前在高新产业发展方面的优势薄弱，缺乏高新技术人才，缺少高校与科研院所的支撑，在资源匮乏的情况下，海信院要主动以自我为小核心，通过海南省的海试成本低，试验效率高等优势条件，利用中国电科资源优势，首先联合集团内部涉海相关研究院所，进而聚集全国涉海高校及企业，形成涉海企业的大联合，通过海信院小核心为这些涉海企业提供研发试验场及应用示范场景，从根本上解决技术、人才短缺的现状，保障了海洋网络信息管理体系建设，全面加强了海洋支撑保障能力建设，提高了海上信息服务能力以及海洋安全管控能力，切实履行好党中央赋予的重要使命，提升海南在国家战略格局中的地位和作用。

（三）通过完善内部创新机制提升市场竞争力

2013年中国电科响应国家海洋强国战略，主动谋划、积极布局海洋信息产业，成立了海信院谋划部署集团海洋电子信息产业布局，并在海南陵水清水湾建设海洋信息产业基地。目前虽然产业基地规模初现，蓝海示范系统建成验收并投入使用，但是截至目前来看服务效果尚不明显，与用户需求有一定的差距，海洋网信体系建设仍属于海信院的单打独斗，没有形成行业集群，由于海信院本身自主研发能力薄弱，市场拓展能力有限，整个海洋网络信息覆盖能力不足，导致整个产业基地未形成一个良性循环，效益多依托于项目且没有形成成果积累。要建立完整的海洋网络信息体系，就要打破企业内部科研及用人机制，建立全新的创新管理制度，通过新的管理制度，聚集全国优势海洋信息技术企业、完善海洋信息技术产业链，通过大联合来促进科技研发创新，通过横向对比来筛选出优势的海洋技术及海洋产品，助力海洋网信体系的建设，提升海信院在海洋网信产业的市场竞争力。

二、本成果的内涵和主要做法

为了提升科技研发力量，加强海洋网信技术全面创新，联合推动海洋渔业、海洋交通运输业、海洋油气、海洋治理、海洋装备等产业发展，解决目前海信院在庞大海洋产业体系中独木难支、孤掌难鸣的现状，建立以海信院联合实验室为小核心，以涉海相关高校企业为大联合的"产学研"平台，提升科研力量，促进海洋创新，做大做强海洋信息产业。通过组织机构调整，海信院建立公司二级部门联合实验室，并通过了实验室章程，由国内知名院士领衔，由各高校、研究所知名专家组成实验室委员会，联合全国优势单位，通过研究和建立技术示范项目，为大规模组网和探测打下坚实的基础。以联合实验室为核心，依托"王小谟院士工作站"、新型研发机构、双创中心等集科技研发、技术转移转化、成果产业化为一体的创新创业平台，拓展了对外合作窗口，为科技创新、市场拓展提供了对外合作平台；同时在联合实验室下成立不同技术领域的子实验室，以"智慧海洋"项目为牵引，推动与各涉海高校及科研院所的技术大联合,加强了科研团队建设和设备资源共享;由海信院牵头成立了国家产业联盟,加深相关涉海企业的深层次合作,形成了海洋网络信息产业的集群发展,明确了四大产业方向定位;制定相关人才、技术、产品、项目、企业、资金等引入及管理的相关制度,创新了企业规划及外部协同机制,提升了企业创新管理意识及创新能力,为企业取得良好的经济效益及社会效益。

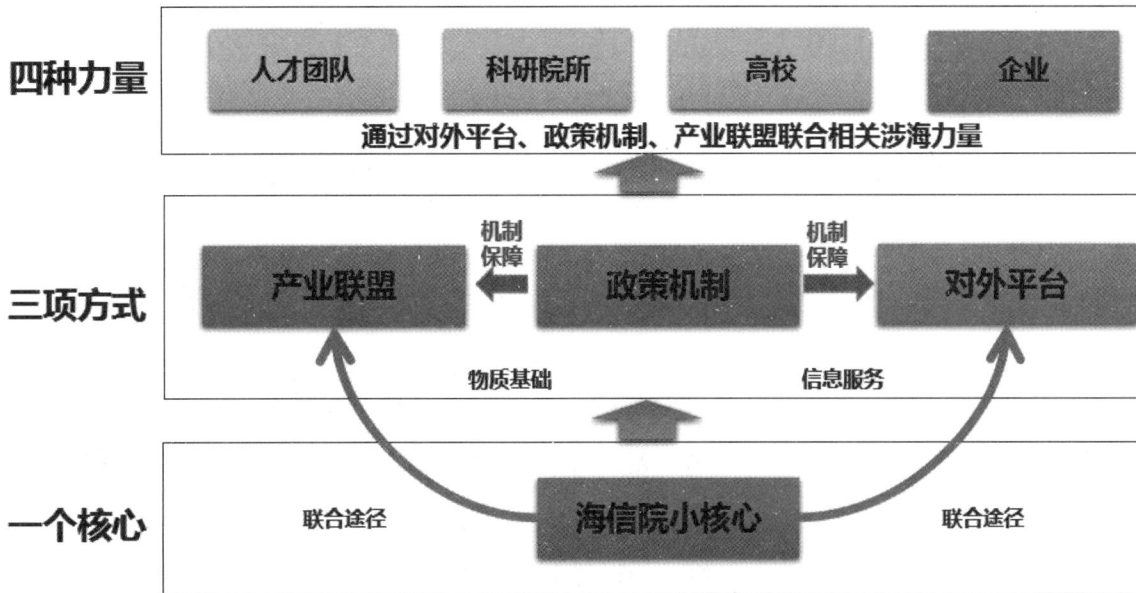

图1 "小核心、大联合"内涵图

主要做法包括以下几个方面。

(一)确定总体思路,构建"小核心大联合"整体框架

为摆脱海信院人才缺失、技术能力薄弱的自身短板,通过"小核心大联合"总体思路,建立海洋网信"产学研"平台的整体框架。通过建立公司二级部门联合实验室,以联合实验室为对外联合窗口,建立了三大联合路线,即平台线、技术线和产业线。通过申请成立各创新创业平台,来吸引各种资源,培育科技创新团队,完成成果转化工作;通过建立各技术方向实验室,攻克目前海洋科技存在的诸如能源、水下、通信等问题,推动与各涉海高校及科研院所的深度融合;成立海洋产业联盟,以海洋渔业、海洋交通运输、海洋治理及海洋矿业等主要产业为牵引,吸纳更多的涉海相关企业。建立了海信院相关创新激励制度,诸如《联合实验室"三引"制度》《创新基金项目管理办法》《蓝海积分激励实施细则》等相关创新制度,其中某些制度除适用内部员工外,也适用于外部企业及外部团队人才,对于我们从外部引入相关人才、技术、产品、项目、企业、资金等形成大联合提供了制度的支撑保障。梳理了目前海信院在海洋建设方面的相关优势,为各大单位及高校提供了联合服务实体,通过服务实体平台的建设,实现南海数据资源汇聚、打通信息交换共享脉络、开放数据挖掘创新平台、与各联合单位实现"数据核心,资源共享、安全共赢"。海信院牵头成立国家海洋产业联盟及海南省海洋产业联盟,联合上千家涉海企业,提升了海洋应用服务能力、打造海洋网信产业生态。

(二)重组内部资源,创建全新的组织架构

1.加强小核心队伍建设

海信院原有部门仅面向内部,分为内部的管理部门、研发部门及市场部门等,以现有部门来扩展联合路线比较分散,仅仅通过业务部门的项目合作与其他企业建立合作关系,并且这种合作关系并不长久，随着项目终止而终结。后来海信院重新梳理内部资源，建立了全新的组织机构，在管理部门、研发部门及市场部门以外建立了对外合作窗口的专属部门——联合实验室，为对外合作及外部力量大联合提供了组织及人员保障。联合实验室的工作职责包括但不仅限于以下三个方面：（1）院士工作站、新型研发机构、双创中心等创新创业平台的建设及运营管理；（2）科研资源的联合、新技术研究及新产品的开发，以技术交流合作的方式建立涉海人才队伍；（3）创新创业政策解析，创业项目孵化，科技成果管理，成果转化及产业化。

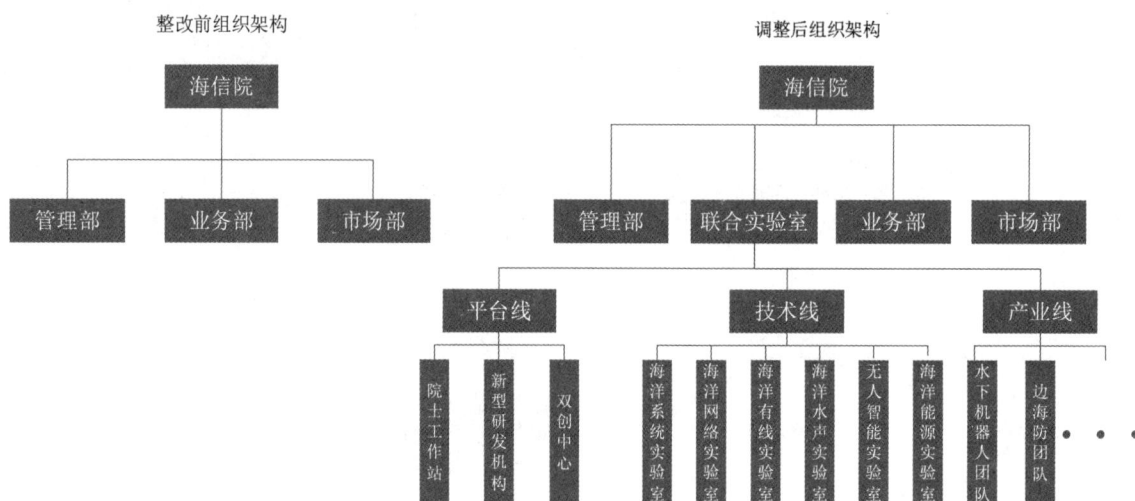

图2　组织架构调整前后对比分析图

2.推进创新创业平台建设

通过联合实验室建立平台线，对创新创业平台进行申报、建设和运营管理，已经申报成功进入运营管理的创新创业平台包括、院士工作站、新型研发机构、双创中心。

院士工作站建设以王小谟为首个引进院士，进行院士工作站的申报建设及实体运营。海信院与王小谟院士签订了建站合作协议，以海信院为依托单位申报海南省院士工作站，从先进海洋网络信息体系研究、先进海洋技术装备开发设计与应用等方面进行技术创新，获得了海南省科技厅正式授牌，并通过院士工作站申报了海南省院士创新平台科研专项，通过科研专项来吸引了院士团队核心人员，提升了海信院科研力量。

新型研发机构是海南省科技厅为贯彻落实新的《中华人民共和国促进科技成果转化法》，引导社会资源设立科技成果转化平台，推动企业引进科技成果进行转移转化，而设立的技术创新引导计划高新技术产业发展专项。新型研发机构的主要职能是专门从事技术研发、技术转移转化、成果产业化、提供投融资和孵化服务等创新创业活动，引进团队组织技术研发，转移转化研发成果，以"投资公司＋孵化器"等方式推动研发成果产业化。海信院申请并获批建设新型研发机构，已经取得政府支持经费700万元，支撑了水下仿生机器人、无人机激光无线充电、水下三维声呐团队等多个团队的技术研发，并将其科研成果通过项目应用的模式进行了转化。

双创中心是由集团开展的以"建平台、拓渠道、享资源、活成果、引人才、创机制"为主要建设内容的创新创业平台，海信院积极响应集团号召，建立了"中国电科（海南）海洋信息双创中心"，重点发挥双创中心在海内外优秀人才聚集、创新基础设施建设、推动产学研良性合作的作用，建设了包括蓝海慧创平台、产学研创新平台、公共科研服务平台和海洋信息技术培训交流中心以及海洋信息成果转化中心的三平台两中心。

3.组建涉海技术相关实验室

海信院组织机构调整，为联合力量做大事，成立了联合实验室，对接外部高校、科研院所，集聚了国内优势科研力量，加强统筹协调，形成联合技术攻关，在"智慧海洋联合实验室"下，根据专业方向不同，成立了六大专业实验室，分别为：智慧海洋系统实验室、智慧海洋网络实验室、智慧海洋有线实验室、智慧海洋水声实验室、智慧海洋无人智能实验室、智慧海洋能源实验室。

智慧海洋联合实验室以共同优质完成"南海智慧海洋建设示范项目"为切入，联合各高校及集团兄弟院所组建六大专业实验室，由中电科集团电子科学研究院牵头组建了智慧海洋系统实验室、由中国科学技术大学牵头组建了智慧海洋网络实验室、由中国电科23所、嘉兴学院牵头组建了智慧海洋有线实验室、由北京理工大学、哈尔滨工程大学、东南大学牵头组建了智慧海洋水声实验室、由上海大学牵头组建了智慧海洋无人智能实验室、由中国电科18所牵头组建了智慧海洋能源实验室。实验室制定了实验室章程，成立了理事会及技术咨询委员会。各实验室独立研究，定期联合讨论智慧海洋示范项目相关进展情况，并开展学术交流，凝聚和培养海洋相关科技人才，联合培养研究生。以海信院海洋产业基地为依托，共建全方位的优良科研环境，建设公共研发基础条件与平台。

4.精选项目进行产业孵化

依托于创新基金项目申报，来精选可以进行产业孵化的项目，联合实验室通过发布创新基金项目的指南、项目申报、组织评审会议，公布立项结果，项目经费管理，项目进度跟踪、记录，项目科研成果归档评估等一系列的工作，精选出能够进行孵化的项目。

目前联合实验室引入的"机器鱼"创新团队，依托于创新基金项目"仿生水下机器鱼"，水下机器鱼作为产品技术已趋于成熟，能够自主完成水下环境信息采集，水下探测等任务，在军事需求中及民用需求中均拥有十分广阔的前景。"机器鱼"创新团队目前已经获得中央企业熠星创新创业大赛荣获一等奖、海南省发明专利金奖、中国红星设计奖、中国台湾金点设计奖、德国IF设计奖、中国农业机器人创新大赛优秀奖等多项国内外奖项。机器鱼团队面对产品产业化，打造开放演进、研试用一体、多方联合的以机器鱼为代表性产品的智慧海洋信息系统产学研用体制，采用"V"型体系工程设计方法，将机器鱼分为产品基线、功能基线、技术基线、分配基线、生产实施、系统集成、技术认证、功能验证和应用确认九大过程阶段，边用边建，迭代演进，打造机器鱼生产线的数字化设计与仿真验证平台、认证平台、生产集成平台、试验平台和运维保障平台。通过产品基线进行应用需求的调研与输入，进而确定机器鱼的应用功能，通过功能分解确定技术实施路径，开展工程设计和生产实施。机器鱼生产完成后进行系统集成组装，对技术设计通过试验测试进行技术校核，对机器鱼各功能进行能力认证，最后通过实际应用场景对机器鱼进行整体应用测试，打造包含设计、认证、生产、集成试验和运维保障全生命周期的产业体系。

海信院核心团队深耕边海防领域，依托于创新基金项目"星影星图"，完成了智慧边海防信息化平台可行性研究报告与初步设计方案的编制工作，细化海防情报服务、海防指挥调度、智能执法取证、综合运维管控等分系统的设计，目前正在开展海防情报服务系统的软件开发工作，已完成前端交互、信息接口、数据库表的设计开发等工作。积极与广东省湛江市对接调研边海防需求，开展湛江市海防平台情报挖掘功能设计，计划完成海防情报服务与智能执法取证系统的软件开发与部分核心算法的集成验证工作，并在湛江HF办部署试用，逐步形成海信院边海防相关产业。

（三）分析内外部情况，建立全新机制体制

1.制定了对外联合的"三引"管理制度

以电科院海南分院（海信院）联合实验室为小核心，制定"引人、引物、引事"三引指南，通过"三引"制度指南，联合集团兄弟单位、各涉海高校及社会力量逐步形成人才、技术、产业的大联合，最终达到"一见五出"的效果。一见为见效益，五出为出思想、出技术、出产品、出成果、出人才。通过联合实验室的小核心，利用我们"三引"制度指南，从而全方面、立体化的形成涉海相关人才、技术、产业的大联合，为五出提供支撑，通过五出达到效益的飞跃式提升。

联合实验室建立小核心团队，从两个方面进行创新机制建立，一方面是引入自身研发的核心技术团队，攻关技术难题，建立海信院自身的创新机制体制；另一方面是通过与各高校合作，建立以项目为牵引的涉海人才团队。建立"引人"相关制度，通过不同渠道引入不同类型的人才，包括高层次候鸟人才、高层次专业技术人才、兼职技术人才、实习生等，通过给予不同的待遇，完成不同的任务目标，到达人才的全面大联合。

根据海信院联合实验室"引物"制度，引入海洋网信相关核心技术及有针对性的解决方案，与各大院所、高校、企业对接，进行技术大联合。通过涉海用户需求调研，由海信院领导负责从全局角度审核包括海洋渔业、海洋交通运输业、海洋治理、海洋矿业四大产业与企业整体目标和重点工作的契合程度；由联合实验室技术专家委员会专家负责从企业专业角度对海洋总体、海洋网络、水下有线、水下声学、无人智能、海洋能源六大技术进行技术成熟的判别；结合目前海南政策形势目的前瞻性，建立以科技创新技术研究成果为中心，以市场导向为基础的技术创新目标拉动机制，健全海洋网信技术体系。

通过"引事"制度中，引入国家、省部级重点研发项目或者其他资金资助的项目，获得相应资金支持，利用项目研发来达到产品积累的目的。建立以市场为主导的产品机制，完善的对应的产品管理机制，坚持高标准，全面对标优秀产品，确保在建立涉海产品库过程注重务实，坚持高站位，全局眼光把握重点产品，确保产品库产品贴合实际用户需求，将产品库建立作为考核企业和企业负责人的绩效指标，自上而下推动职工创新成果推广转化的效率和积极性。同时，建立完善的企业创新产品评估机制，把没有推广价值和实用价值以及重复创新的成果或者产品提前淘汰，提高产品库产品质量，为客户建立优质的产品服务体系。

2.出台了支持双创工作的配套政策

为实现海信院"筑海洋信息体系，创国际一流企业"的战略目标，创新打造蓝海信息网络，鼓励科研团队根据海信院战略目标进行创新项目研发，制定《中电科海洋信息技术研究院有限公司创新基金项目管理办法》，本办法适用于公司内部或外部相关创新团队申报的所有创新基金项目。创新基金项目分两类，一般类项目支持经费一般不超过30万元，执行时间1年以内，属于预研类项目，侧重基础和前沿研究，技术熟化度低，为后续产品装备研发和申报省部级科研专项打基础；重点研发项目支持经费大于30万，执行时间1~2年，侧重公司拟投入市场的产品和装备研发。在创新基金投入的情况下，支持创新团队引入社会资本的投入，拓宽创业投资资金供给渠道，引导社会资金支持创新创业。

3.明确了支持创新工作的保障机制

为鼓励和支持创新创业活动，海信院通过总经理办公会决策，明确前期每年投入不低于1000万专项支持双创活动。后续按营业额或利润额的适当比例投入到双创专项经费。推行双创股权激励机制。依据《中国电科国有科技型企业分红激励暂行办法》《中国电科中长期激励暂行办法》和《电科海洋信息技

术研究院有限公司蓝海积分激励实施细则》等激励机制，海信院按市场化原则，对作出突出贡献的科技人员和管理人员实施技术入股、股权、分红等多种形式的激励，制定了完善科研收入分配机制，推进实施绩效工资。

（四）梳理海洋产业基地内部资源，成立大联合服务实体

中电科中国电科海洋信息产业基地位于海南省陵水县国际信息产业园内，西距三亚市区38公里，东距海口市200公里；基地紧邻223国道，距海南环岛高速英州出口2km。基地由两个地块组成，总占地面积376亩。规划建筑面积12.7万平方米。重点建设"一场两站四中心"，一场：海洋电子信息系统总装集成试验场；两站：海洋试验站、陆上试验站；四中心：研发中心、体验中心、运营服务中心、培训中心。通过几年的建设，目前，濒海试验场、集成联试厂房、独立研发单元楼、运营中心、综合服务楼、培训交流中心均已经建设完成投入使用。通过梳理内部资源，形成了科研场所、仪器设备、试验环境、搭载服务、信息服务五个方面的实体形态，将这些资源对外开放，通过海洋产业服务平台，吸引更多合作企业，开展资源共享服务，为扩展涉海企业联合提供了有效支撑。

表1 中电科海洋信息产业基地资源及对外开放服务实体汇总表

序号	类别	细目	建设开放情况	开放程度
1	科研场所	研发中心	一期建设10栋，每栋500m²，地上3层，可对外开放条件。	★★★★★
		联试厂房	总建筑面积8800m²，包括总装调试区、联试区和配套附属用房。其中总装调试区3000m²，联试区4500m²，配套附属用房1300m²建筑长约176m，宽约45m，高度约为15.15m，地上两层，可对外开放条件	★★★★
		运营中心	运营中心总体建筑面积为10754.93m²，地上3层，局部4层，其中展示大厅可接待对外参观；指挥大厅占地2层共2000m²，划分为主指挥区、辅助指挥区、保障区三部分，辅助指挥区及保障区可对外开放	★★★
		培训中心	总建筑面积23908.64m²（地下1层3972.83m²，地上5层，局部6层，共19935.81m²），设有1个300人450m²多功能会议厅，1间多媒体教室，5间会议室，4间教室，另设有194间客房、餐厅、康体活动区等，可对外开放	★★★★★
2	仪器设备	机房服务器	主机房：55U机柜25个，可承载25*30台的2U服务器设备；网络机房：42U机柜20个，可承载20*25台的2U服务器设备；屏蔽机房：42U机柜22个，可承载22*25台的2U服务器设备。设计可承载存储能力500PB，可对外开放	★★★
3	试验环境	濒海试验站	濒海试验站建筑总面积2500m²，覆盖5m水深至70m水深，包括平台主体、栈桥、通信、交通设施、生活设施等。平台共分为3层，建筑总面积达1800余平方米，可对外开放	★★★★
		电科1号试验船	"电科1号"总长：89.16m，宽：18m，满载排水量：3156t，满载吃水：3.65m，航速：13节，续航力：5000海里，自持力：45昼夜，额定载员45人，具备完善的试验条件，可对外开放	★★★★

续表

4	搭载服务	锚泊浮台	目前完成并布放的浮台为5套，浮台高33.5m，平台直径17m，水上平台距离水面高度不小于10m，17级台风可生存；浮台设计预留搭载空间，可搭载各样传感、通信设备，搭载服务可对外开放	★★★★
		岛礁	目前完成建设投入使用的无人岛礁2套，装备同时可为多类任务载荷提供物理安装，为不同设备搭载提供服务，搭载服务可对外开放	★★★★
		岸岛	系统采用开放式系统架构、标准/通用接口协议，可根据需求搭载多种任务传感设备，按需接入不同的用户数据并进行态势生成及综合显示。搭载服务可对外开放	★★★★
		电科1号	甲板可搭载标准方舱8个，前甲板预装4个5m标准方舱，后甲板预留可放置4~6m标准方舱位置4个，均配备水电网络接口；罗经甲板上预留5个设备安装基座及10根鞭状天线安装基座，指挥室内预留了3个标准机柜的接口，高频室内预留了2个机柜，可加装各类标准机柜设备，具有搭载开放式任务电子系统、水声设备、无人艇和无人机等设备的能力。搭载服务可对外开放	★★★★
		仿生水下机器人	目前产品型号为FishBot-A300，尺寸：Φ200mm*2000mm，质量：50kg（载荷5kg），航速：额定航速4kn 最大潜深：300m，续航时间：720h， 通信方式：支持卫星、4G、WiFi，标配载荷：GPS、深度传感器、1080P彩色摄像机、定深悬浮系统、自动导航系统，可根据用户需求选搭载：侧扫声呐、USBL定位系统、水声通信、电导率传感器、PH值传感器，搭载服务可对外开放	★★★★
5	信息服务	岸基信息系统	可对外提供信息服务： 环境信息服务：气象、水文（温、盐、深、流） 电磁信息服务：全国电磁信息 遥感信息服务：覆盖全国海域 LET通信接入服务：15km 短波通信接入服务：300km	★★
		天基信息系统	可提供卫星数据实时共享服务，可在15min内完成卫星接入数据的综合处理	★★
		安全运营系统	可为军警民政用户提供安全可靠、开放共享的"感、传、用、管"一体化海洋信息服务，为海上信息组网服务提供自主运营平台与系统全为管控能力	★

注：开放程度说明：

★★★★★：对外公开开放，对所有入驻产业基地的企业、团队均可开放；

★★★★：对外对口开放，对海洋信息产业链上企业、团队开放；

★★★：对外行政开放，仅对军、警、政府及集团公司内部涉海研究院所开放；

★★：对外审批开放，对产业链上企业、团队或集团内部科研院所需求采取院审批开放；

★：对外保密开放，涉及国家秘密信息仅对相关涉密国家单位开放。

（五）聚集涉海优势产业，依托联盟加强产业联合

海信院牵头组建了海南省海洋产业联盟，并担任理事长单位；牵头组建了中国海洋信息产业发展联盟，根据《工业和信息化部办公厅关于支持成立国家海洋信息产业发展联盟的复函》（工厅电子〔2018〕149号），工业和信息化部支持由中国电子科技集团有限公司作为牵头单位，海信院担任联盟秘书长单位，联合相关部门、科研院所、骨干企业等单位筹备成立国家海洋信息产业发展联盟，同时联盟邀请国家机关及沿海省（市）地方政府相关主管部门作为指导单位成立指导委员会，汇聚各方力量，整合产业要素，加快技术创新，不断推动海洋强国建设取得实效。

联盟成立的目的是为深入贯彻落实"海洋强国""网络强国"等国家重大战略部署，推动我国海洋网络信息体系建设和海洋信息产业发展，秉承"开放、合作、共赢"的发展理念，以打造协同创新、互助共赢的产业生态为重点，联合各方优势力量，主动对接国家重大需求，合力共推行业重大公共服务平台和法规、标准建设，共破行业发展重大难题，共创产业发展重大机会，共促海洋信息产业健康可持续发展。

建立海洋信息产业军民贸交流及产业服务中心，通过海南省海洋产业联盟、国家海洋产业联盟，对接涉海相关企业，先期在南海典型区域开展区域应用示范建设，加强统筹协调，制定具体实施方案，强化应用导向，创新政策试点，破除数据开放共享体制机制障碍，形成可复制、可推广的海洋网信产业链运营模式。海洋网信产业链的形成要坚持多元化融资渠道，以国家引导，地方与企业投入相结合的方式，共同推动区域试点示范。海洋信息网络的跨越发展，是面向海洋信息产业生态的整体重塑，以新一代网络信息技术为抓手，通过体系的建设与运营，引领系统与网络的建设，带动电子装备的创新研发，将海洋渔业、海洋矿业、海洋交通、海洋治理等领域的装备和活动进行体系性整合，构建自主安全可控的海洋云环境，打造海洋网信产业体系，支撑海洋产业的爆炸式增长。此外，出台相关政策，允许具备推广转化条件的国有企业职工创新成果引入社会资本组建混合所有制公司，畅通职工成果转化、推广应用及产品产业化渠道。

三、本成果的实施效果

（一）优化了公司组织架构，打通了对外合作桥梁

通过本成果联合外部力量，通过院士工作站、新型研发机构及双创中心等创新创业平台，聚集创新科研力量，推动海洋科技创新。以"智慧海洋"项目为抓手，在海信院陵水基地组织召开了技术示范项目启动会。由王小谟院士、陆军院士牵头指导，聚焦六大海洋技术方向，联合全国海洋领域顶尖优势资源，通过与各高校或各兄弟单位合作落地10个启动项目，形成了以感知网、通信网、能源网为网络基础的技术体系架构，形成了包括水下通信组网、水下探测与通信、水下分布式传感、水下局域透明、水下目标探测与跟踪、多传感器多节点协同探测、低慢小目标探测、海上目标识别及跟踪、水声通信、跨介质通信、多信道组网通信、能源及多手段互补供电、供配电管理等核心技术体系。海南省科技厅支持建设的新型研发机构，通过创新基金项目管理办法，共支持公司内外部共计12个团队开展技术研究，形成了创新研发体系。对于联合服务实体，海上固定节点装备，如海上锚泊浮台、岛礁系统等；海上机动组网节点，如电科1号综合实验船、水下机器鱼等；海洋智能平台，包括智慧边海防系统、综合管控系统、目标智能监测系统、海上情报挖掘系统、智能海洋牧场原型系统等，已经服务用户包括海南省海

警、湛江市融办、陵水农业局、琼州海峡办等，形成了应用推广。通过技术联合攻关，海信院目前形成了自主知识产权，共申报专利74项，授权专利54项。其中1项为PCT国际专利（已获日本授权），软著著作权12项。其中，"一种仿生机器鱼"获得第二届海南省专利金奖，"海上监测浮台"获得了第三届海南省专利金奖，LH信息网络示范系统和海洋浮台信息系统获得中国电科科学技术奖一等奖；岸基信息系统获得中国电科科学技术奖二等奖；"电科1号"多功能电子信息试验船获得海洋工程咨询协会颁发的海洋工程科学技术奖二等奖。

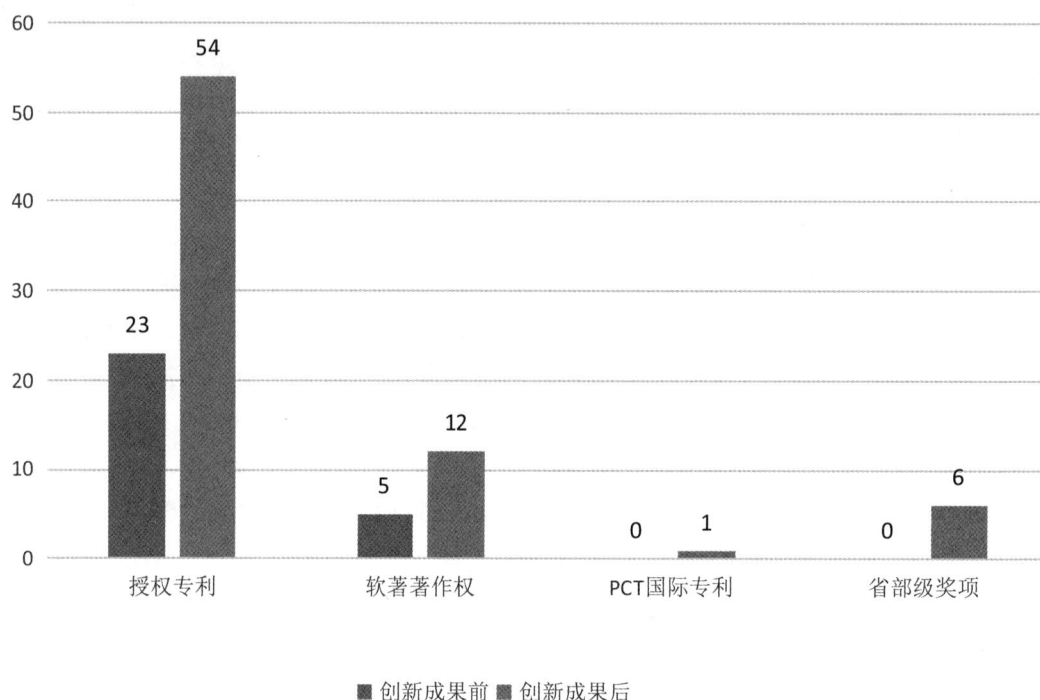

■ 创新成果前　■ 创新成果后

图3　创新成果实施前后对比图

（二）增加了对外合作力度，提升了企业市场竞争力

通过"小核心、大联合"理念，形成了对外合作模式，通过合作完成了一批项目，包括NH移动监测站建设项目、海南社会管理信息化平台岸线防护圈项目建设合同、海南航天发射无线电指挥控制中心、省无线电管理指挥控制中心等项目，签订的合同额近5000万元。通过新型研发机构支撑的创新团队，已经将创新成果以项目应用的方式进行了成果转化，应用的服务类项目包括三亚人工岛边界探查技术服务、海底管道监测服务、海底管道日常巡检、海底管道三维实时成像声呐检测等，成果转化产生的经济效益达到1900多万元。我们对外开放的服务实体，电科1号综合试验船、锚泊浮台、岛礁系统等搭载服务及试验服务已经开展多次，电科1号综合试验船正式运营至今，已累计航行超过500天，用船的服务合同费用达到2000多万元，通过展开多方位对外合作，提升了海信院的经济效益。

（三）形成了涉海企业大联合，实现了产业生态共赢

本成果推动了我国海洋信息化建设，引领了全国海洋信息产业创新发展，联合各方力量，着力解决制约海洋网信行业发展的瓶颈问题，推动了海洋信息基础设施和海洋电子信息产业发展，形成了战略协

同、互助共赢的产业生态。目前与各高校以项目合作形式吸引了两批研究生，一是以海上无线通信智能盲接收项目为切入点的嘉兴学院的硕士实习生团队；二是以水下通信技术研发为切入点的杭州电子科技大学硕士实习生团队，采用了"理论＋实践"教育模式，有针对性的培养人才，与各高校建立了人才培养机制。对于合作单位的涉海产业已经进行梳理，包括精海无人艇系列产品、水声通信释放节点、圆环探测阵、全海深声学释放器、甲板单元、自主型水下航行器、水声波形记录仪、油气探测装备、海洋拖曳型光纤检波系统、管道安全监测装备、海洋观察系列装备等产品，对其产品实行代理制度，拓展海洋信息产业链。依托国家海洋信息产业联盟、海南海洋产业联盟等行业组织举办海洋信息系统高峰论坛、海洋信息产业发展论坛等系列行业活动，将"海洋网络信息体系"面向海洋、网络信息及相关领域的院士专家、学者、技术和管理人员聚集起来，交流对"海洋网络信息体系"的各种观点、见解，深入探讨海洋网信体系发展，为加快全球海洋信息网络建设、促进海洋信息产业发展，搭建广泛、自由、开放的交流互动平台，产业联盟按照"开放平等、合作共赢"原则，积极吸引了行业企业、高校、科研院所、用户单位，以及管理研究、设计咨询、勘测施工、产业基金等单位，目前拥有150多家成员单位，在涉海产业方面形成了一定的影响力，对产业生态建设起到了促进作用。

成果创造人：王小漠、王多涛、王成才

航空工业平台智能化商品数据治理体系研究与实践
——大数据与人工智能助推数据资源价值转化

中航金网（北京）电子商务有限公司

当前，世界已进入到基于新一代数智化技术的平台的产业变革新发展阶段。随着"大数据时代"的到来，数据资源的获取能力以及数据资源价值转化能力，已经逐渐成为推动企业创新、经济发展、社会进步的新型驱动力，受到政府和各行各业的普遍重视。2020年4月，中共中央、国务院发布《关于构建更加完善的要素市场化配置体制机制的意见》，首次将数据作为新的核心要素，与土地、资本、劳动力、技术等传统要素一起，纳入市场化配置的生产要素之中。数据资源，已日益成为支撑经济发展的关键要素。为落实党中央、国务院关于推动新一代信息技术与制造业深度融合，打造数字经济新优势等决策部署，国务院国资委也下发《关于加快推进国有企业数字化转型工作的通知》，要求要"促进国有企业数字化、网络化、智能化发展，增强竞争力、创新力、控制力、影响力、抗风险能力，提升产业基础能力和产业链现代化水平，推动数字经济和实体经济融合发展"。从操作层面看，各央企纷纷布局，从构建企业物资集中采购平台入手，随着平台数据的积累，如何将平台商品数据的整理、价值发现、赋能以及治理，加快推进为生产链、供应链赋能的大数据信息化管理体系建设，已成为传统企业数字化转型发展的首要课题。

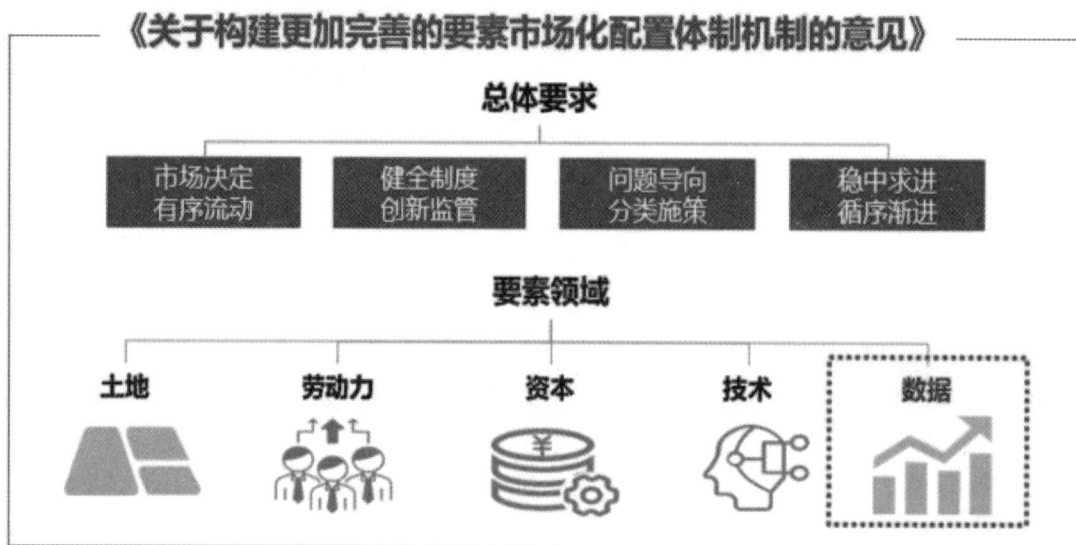

图1　数据在国家层面纳入市场化配置体制机制的核心要素

一、公司简介

中国航空工业集团有限公司（简称"航空工业"）是2008年11月由原中国航空工业第一、第二集团公司重组整合而成的中央管理的国有特大型企业，集团是国家航空工业的综合能力的提供者、防务力量的提供者、运输能力的提供者、科技能力的提供者，在60年发展历程中，集团肩负富国强军的重任，形成国内航空自主创新体系。在强力支撑中国和平发展的同时，集团还成功打入国际军贸主流市场，为世界和平提供有力保障。同时集团以通航运营发展为推手，以商业成功为目的，正在努力打造成为国内通航产业系统解决方案实践者、通航产业链健康快速发展的推动者、国家通航产业战略目标实现的贡献者。秉承技术同源、产业同根、价值同向的发展理念，积极探索制造业转型之路，中航集团深入推进工业化和信息化"两化融合"和智能制造，将航空高技术融入民用领域，并协调发展金融投资、工程建设、航空创意经济等现代服务业。目前集团在全国省区市拥有近200家子公司（分公司）、24家上市公司、33个科研院所、9个国家重点实验室、30个航空科技重点实验室、24个国家认定企业技术中心和32个省部级企业技术中心，为全国30余个省、直辖市、自治区以及亚太、欧美、和非洲180多个国家和地区的客户提供包括航空产品研发、制造、航空运输服务、新能源、重型机械、特种车辆以及电子信息产品在内的众多军民领域产品和服务。集团员工逾40万人。

中航金网的(北京)电子商务有限公司（以下简称"中航金网"）成立于2005年4月，隶属于中国航空工业集团有限公司。是航空工业集团的信息化和"数字航空"工程建设和支撑单位，业务涵盖航空工业电子采购平台、航空工业商密网云平台、航空工业商网办公综合平台等。2018年完成了增资和核心骨干股权激励，中航金网也是经国资委备案的国有科技型试点企业。中航金网以"航空报国、航空强国、数字生态、数智使能"为使命，致力于为国防军工用户提供IaaS高安全云基础设施、数字化PaaS能力平台与综合业务管理SaaS服务的一体化数字化能力解决方案和服务，满足军工企业在综合业务、科研生产、供应链管理等领域数字化转型需求。由中航金网建立的"航空工业电子采购平台"（以下简称"平台"），以服务于集团总部以及所属各级企业的供应链管理平台。前期以完成集团供应链管理的信息化、平台化为建设目标，从推进线上交易和平台管控开始起步，通过对采购业务流程的优化、规范，将集团各级企业的采购活动逐步推到线上，实现针对关键供应链的全生命周期实时、有效管控。目前，中航金网打造的平台已经全面覆盖了集团所属各级企业货物、服务、工程采购的所有活动，基本实现了前期的建设目标。

二、项目实施背景及目标

（一）集团战略发展有要求

为贯彻落实集团战略发展要求，进一步提升集团科技创新、管理创新能力，实现"国企三年行动方案"计划，推动航空工业加快实现高质量发展，中航集团提出要用开拓的思路解决问题，牢牢把握改革创新发展的主动权，打造具有"领先创新力、先进文化力、卓越竞争力"的世界一流航空企业集团的新发展模式。为实现这一战略目标，中航集团提出了要加快创新，推进数字化转型，建立自主可控、世界一流的航空工业现代供应链体系，助推航空强国核心目标的实现。

（二）中航金网规划有目标

为实现中航集团关于信息化建设的战略规划，作为集团信息化、数字化支撑平台，中航金网提出了要强化战略规划引领，夯实管理基础支撑战略和运营，充分发挥作为平台服务提供商作用，与各应用服务提供商更加紧密地合作，深入融合，共同为客户共创价值，要大力拓展平台功能建设新思路。在具体规划上，在"十四五"期间，平台将充分采用云计算、大数据、物联网、移动互联网、人工智能等先进网络信息技术，进一步提升平台的变化感知预警能力、信息共享传递能力、智能辅助决策能力以及平台运营团队的增值服务能力；在应用层面，逐步将财务、人力、绩效、采购等功能型应用实现共享。沿着"信息化、数字化、智能化"的建设路径，建立和完善数据治理模式。

（三）前期工作有基础

在此前的平台建设中，中航金网有一只专业化队伍，积累了平台建设的经验，形成了一定的数字化处理和转型的能力，在对下一步开展云计算、云服务能力、大数据能力、人工智能等能力给传统产业做转型赋能方面奠定了基础。从技术操作层面看，数据挖掘和深度运用，建立以价值为导向的数据治理能力是关键。平台投入运营以来，留存了产业上下游企业在商品发布、市场准入、需求寻源、比价交易、合同签订、订单执行等各个环节的大量数据，这些不断积累的行为数据，真实记录了资源与需求之间的关联关系、协作状况，极具开发利用价值。

（四）深度开发有空间

由于商品种类众多，各品类商品描述的内容和方法存在巨大差异，目前平台采用单一的数据表单（数据字段较少）对全品类商品进行描述，不满足对全品类商品进行精准描述的数据结构和字段列表要求。为此，构建自主、高效、可控的数据治理体系，实现数据资源向可变现的数据资产转化，通过数据与技术赋能，创新商品数据治理方式与路径，有效地解决数据治理难度高、投入大、周期长的痛点，探索出一种立足企业实际的数据治理方法成为当务之急。

三、项目的具体实施指导原则、目标和措施

（一）指导原则

采购管理提升为切入口，以客户导向、员工能动、生态共荣、数据驱动、实时感知和智能运营的六个特性为目标，通过提升平台功能，以梳理、发掘、整理、利用和对数据管理赋能，实现助推客户企业收入增长、成本降低、体验增强、质量提高、风险可控等各方面价值，实现更强的竞争优势，更高的经营绩效，更可持续的发展能力。

（二）关于采购管理提升建设目标和措施

明确采购管理提升工作的指导思想：聚焦主业、敏捷高效、阳光合规、创新突破，按照"集团抓总、主机牵头、平台支撑、体系保障"的原则实施分级管理。在采购管理体制机制、供应链管理、信息化平台建设等方面，大力推进规范化管理、阳光化采购、集约化运行；按照集团公司采购管理工作的总体思路，修订完善采购管理顶层制度；细化考核标准，提升电子采购平台采购率，持续推进阳光采购；推进社会化、标准化物资超市化采购，通过招标电商平台，对通用性强、用量大、标准化的工业品实时在线超市化采购。规范招标采购管理。细化电子招投标相关运行规则，实现招投标平台和招投标代理机构分离；突出市场化理念，积极探索"集中议价""统谈分采""网上竞价"和"招标竞争"运行机制，切实实现集约化管理以及推进废旧物资处置阳光化试点工作。

（三）实现路径

一是建设适合平台运营模式的智慧型商品数据治理体系，培育数字化、智能化、平台化的数据处理能力；二是建设一个涵盖全品类商品数据的审核体系，实现持续化的商品数据管控；三是在数据治理的基础上开展商品数据的应用，将平台不断获取的海量数据资源持续转化为可变现的数据资产，为集团采

购过程管理和供应链管理提升提供数据支持。

（四）平台数据资源现状分析及主要问题

1.前期成效与数据资源分析

平台前期建设过程中，为实现规范采购流程，提升协同效率，实施全流程信息化管控的建设目标，对采购供应链的业务流程、管控节点以及相关要素数据，按照互联网技术（IT）化、规范化和平台化的管控需要进行了全面的优化、治理。前期建设完成后，平台不仅实现了对采购供应链全生命周期的有效管控，同时，实时获取、积累了各类过程数据，数据质量也得到了有效保障，前期成效体现在以下两方面：

一是针对供应商信息和采购单位信息，建立了通过平台统一注册审核的管理机制，构建了统一数据库，并实现了信息的强制引用机制，确保数据一致。

二是针对订单、价格、交付、资金等要素信息，通过规范流程节点、统一数据结构、定义等手段，确保了数据的一致、完整及准确。

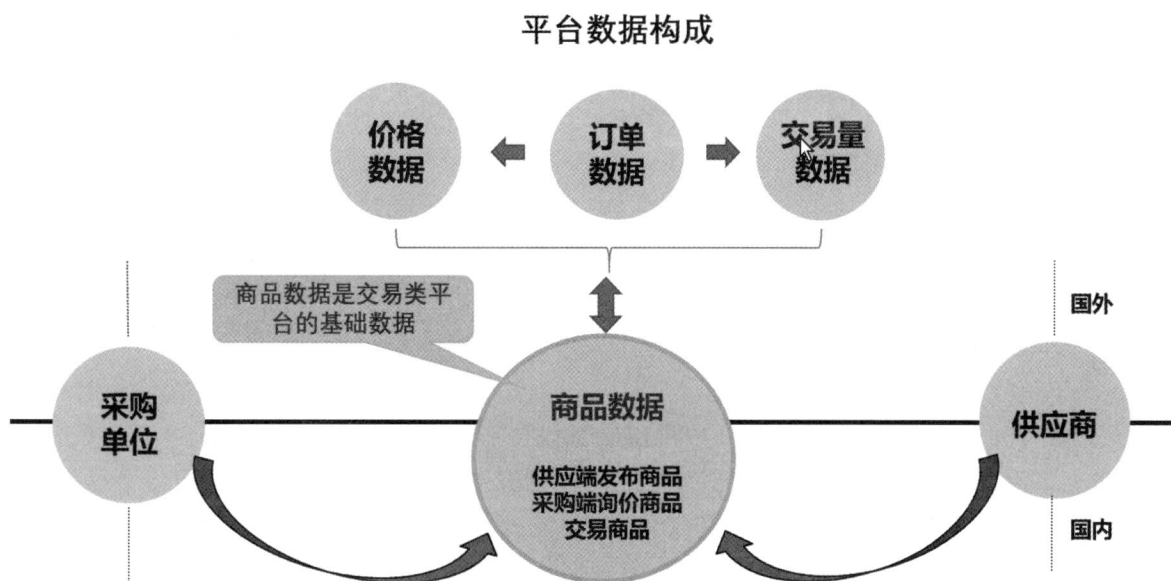

图2 平台数据构成

作为平台要素，数据是核心。在前期建设中沿着制造产业链，平台从最前端供应商的资源供给直至最终采购单位的产品产出，完整、准确地记录着每一个商品发布、每一次需求寻源、每一单销售报价、每一项订单签订、每一批商品交付、每一笔资金支付和每一张结算票据，这些不仅真实反映了上下游企业之间的供求关系和变化，也留存了宝贵的过程数据，蕴藏着十分丰富的潜在价值，当平台数据积累的时日越多，涵盖范围越广，则可以深度挖掘利用的潜在价值就越大。包括资源与需求之间潜在的供需关系及相关数据；基于全供应链、全方位且可进行归纳分析与比较借鉴的供应商信息、商品信息、需求信息、交易信息、价格信息、资金信息、物流信息等；全价值链风险管理所需要的数据；可供分享、挖掘的各类供求信息和潜在商机；感知差异、敏捷反应，实现数字化、智能化管控所需的知识和对标数据。这是平台的宝贵资源。

2.数据资源价值转化需要解决的主要问题

在2019年对中航集团的"两署审计"中，涉及采购问题数量居高不下，突出表现在管理不规范、成本意识不强、供应商管理不到位等问题。具体到供应链管理的核心要素管理方面，目前以人工治理为主的数据治理体系，也难以承载巨大数据量不断增加，陷入能力瓶颈。作为管理供应链中其他各类要素信息的基本载体，平台获取的商品数据，存在以下四类问题，直接导致了附着在每个商品之上的各类有价值数据资源，虽然汇聚在一起，却无法进行深度分析、比较，具体表现在以下方面：

（1）商品数据质量缺陷。平台积累的商品数据，普遍存在残缺、错误等质量问题，由于平台没有标准商品库数据的强制引用机制，技术上也不尽完善，使得数据辨识、清洗、完善存在缺陷，无法直接使用。

图3　平台商品数据质量现状

（2）商品信息一致性缺陷。由于第三方平台的运营服务要求平台必须同时支持不同企业用户采用自己的商品标识体系和编码。商品的数据定义、数据规范不统一，难以效法专业信息化管理系统和自营电商平台，通过建立统一的标准数据库和强制引用机制来保证商品数据的一致。

（3）商品重要定价信息获取和唯一性标识的需求匹配不足。唯一性标识是清晰描述可交易商品的信息集合，包括商品作为产品应该具有的最基本信息和作为商品进行交易而必须具有的相关信息。由于商品信息输入是典型的多源输入，众多的商品信息录入方在对商品的描述上存在信息构成不一致，信息排列无次序，信息格式不规范等问题。

（4）互联网技术支撑的数据治理体系存在能力缺乏。对于商品数据问题，必须通过数据辨识、清洗、完善才能满足对比、分析的需要，由于平台数据治理未能充分利用互联网技术，面对低质量、持续产生的海量待处理数据，基本依赖于人工处理的数据治理体系存在能力瓶颈；包括商品数据治理滞后于交易的实时需求，缺乏时效性缺乏具备丰富业务经验和相关专业知识的岗位人员；数据资源的价值转化成本过大；缺乏数据治理规范管理和质量控制手段和方法等。

如何解决对不断汇聚、积累的宝贵数据进行通过深度挖掘实现价值转化输出，将平台由只进不出的数据沼泽、数据黑洞，改造为数据发掘、实现价值转换平台，进行商品数据治理体系提升和改进尤为重要。

四、传统数据治理方式及对平台应用的限制

建设数据治理体系，有效管控要素数据的质量，是所有信息管理系统提升数据分析能力、数据增值服务能力以及基于数据的业务管控能力的关键。

传统的数据治理体系，需数据标准统一且与业务流程强耦合的数据治理模式，尽管也同样存在投入成本高和时效性问题，但由于强制引用机制可行、要素数据有限、标准化时效性的影响程度可被接受等原因，依然被广泛采用，治理效果也十分显著。以自营为主的B2C电商平台，数据资源得以更快速、更广泛、更深入的发掘、应用，数字驱动，数字数据资源的价值转化优势显著。但在企业内部异构信息管理系统上，以及类似本平台这样的第三方B2B平台，数据治理环境存在明显差异若直接采用这种传统的数据治理模式，虽然可以解决数据一致性和数据质量问题，但势必导致平台服务业态、业务流程的重大变更，对平台运营模式和管控模式产生颠覆性的影响，也会导致平台商品数据管理复杂度急剧攀升，进而影响供应链的稳健发展。

五、平台商品数据治理优化策略和解决方案

（一）基本原则和要求

商品数据治理体系的构建必须维护平台价值，适应本行业复杂供应链形态以及平台服务业态固有的多源异构数据环境，坚持需求导向的基本原则，应满足以下基本要求：支持多源异构的商品数据；支持多源、即时输入；对原始数据要有适当的容错空间和用户主导的纠错机制；平台数据治理与平台业务流程弱耦合；树立成本效益意识，有效管控数据治理体系的运行成本。

（二）总体优化思路

在保持服务业态和业务流程基本不变前提下，引入大数据、人工智能等先进网络信息技术，建设一个全面覆盖商品数据治理各个环节的信息系统（平台子系统），通过信息化、数字化、智能化基础能力建设，为商品数据治理的所有参与者赋能，并通过价值分享，构建一个知识驱动、技术赋能、自主学习、持续完善的数据治理生态体系。

（三）实施路径

商品数据治理体系建设分为商品数据治理信息系统建设和平台治理团队内控及质量管理体系建设两大部分。

六、平台商品数据治理信息系统建设情况

（一）明确系统建设目标

平台商品数据治理信息系统建设目标包括：

（1）建设统一的商品数据治理信息系统，实现商品数据、商品知识的汇聚、分享；实现所有参与者之间的互动与协同；

（2）覆盖商品数据治理全生命周期，实现对数据治理质量的有效管控；

（3）完善商品数据结构优化与定义，实现商品治理数字化，为数据挖掘与价值转化奠定基础；

（4）通过商品知识库以及标准商品数据库建设和动态更新迭代，实现人机双向赋能：包括，给系统（机器人）赋能，使系统具备商品辨识、差异分析和规范处置等数据治理能力，持续完善其自主学习

能力；给商品数据的提供者、治理者（自然人）赋能，通过人机对话、算法等形式，在数据治理的各个环节，提供场景化的辅助支持。

（二）系统治理架构

如图4所示，本文所述的商品数据治理优化策略与传统治理模式的最大差异，是在数据治理各环节全面引入了机器人辅助支持，在数据录入环节，通过系统辅助支持，大幅度提升商品数据的精准度与辨识度。

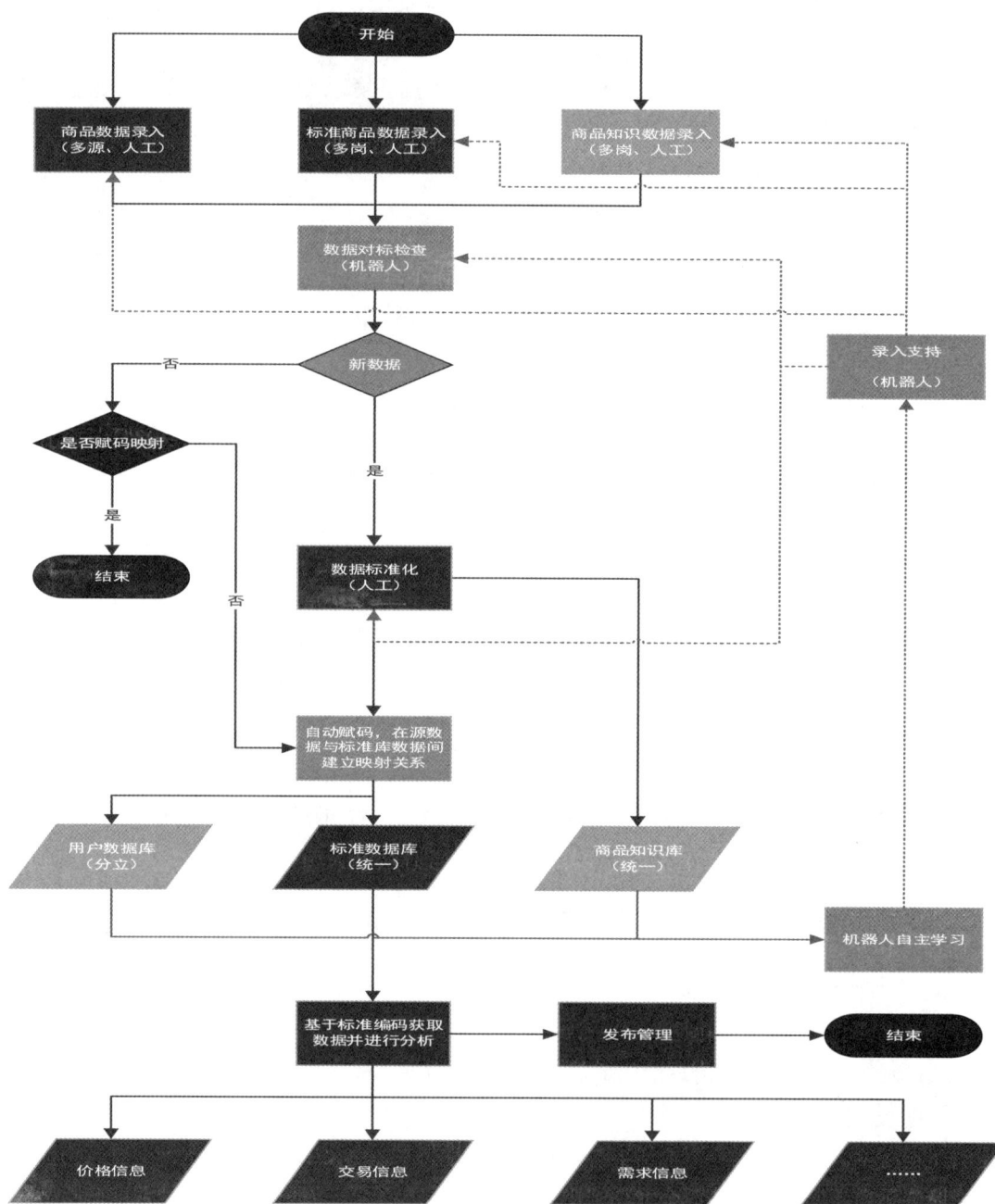

图4　系统基本架构

（三）系统重点建设和优化内容

1.商品数据结构化与数字化

商品数据的结构化、数字化，是本项目引入互联网技术的关键，也是实现人工智能的前提。首先全面梳理、优化各类商品的标识属性结构，满足信息获取、知识管理、行为识别、流程控制的需要。

商品属性结构

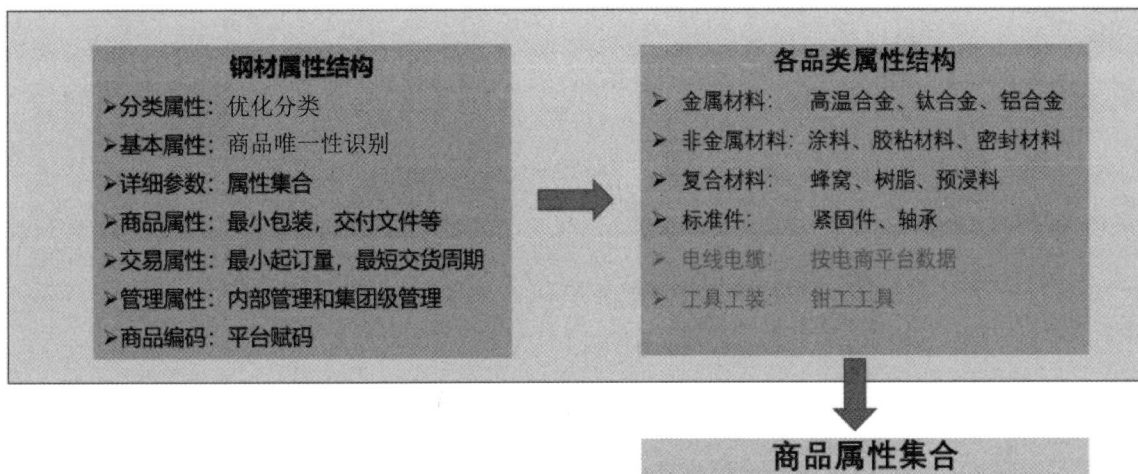

建设平台统一的商品知识库，承载并不断积累、更新商品相关专业知识，主要建设内容包括：第一，按照商品结构化属性数据，逐项建立商品知识库和规范数据；第二，商品知识库由数据治理岗位管理，可进行动态维护和实时更新，也可自动承接数据治理成果；第三，商品知识库通过下拉菜单、规范数据联想匹配等形式，提供用户引用。

3.标准商品数据库建设

建设标准商品数据库，并实现商品数字化标识，主要建设内容包括：第一，设立标准商品数据库及统一商品标识代码（无实意代码）；第二，标准商品库由数据治理岗位人员管理，可实现动态维护和实时更新；并可承接数据治理成果；第三，通过统一的商品标识代码，在标准数据库商品与多源异构数据之间建立一一对应的映射关系，解决商品的标识和数据一致性问题。

4.用户商品数据库建立

在满足"一物一码"唯一性标识的前提下，为每一个用户建立专属的商品数据库，主要包括：第一，全面支持不同分类标识体系的多源异构商品数据；第二，用户商品数据库的商品数据由系统从数据源自动获取、去重、累积，可自动与标准数据库之间通过统一的商品标识代码自动建立映射关系。

（1）建立数据源侧辅助支持系统。第一，建立用户商品数据库、平台标准商品库两套对标数据，供用户直接引用既有数据，或通过模糊匹配选用既有数据；第二，通过下拉菜单、人机对话，输出知识库规范数据，供用户选用；第三，建立用户主导的数据纠错机制，系统标识差异，并提供相应的规范数据。

（2）建立数据处置侧辅助支持系统。借助人工智能技术，对标既有数据和商品知识库进行差异检查，由系统自动赋码对商品数据进行处置，处置过程中产生的新增商品知识数据，自动更新商品知识库，提升平台处置能力，新的商品数据推送至相应岗位进行人工处置，精准定位并标示与对标既有数据、商品知识库规范数据的差异提示。

（3）建设数据治理工作平台。即建设统一的数据治理工作平台，将所有数据治理工作全部纳入工作平台进行全生命周期质量管理，实现数据归集和知识归集，工作平台提供岗位分工、权限、审批流程等配置功能，按照管理制度固化流程、规范，支持岗位互动、线上协同，实现成果分享、知识分享。

（4）数据挖掘和输出。基于统一标识代码，对数据资源进行深度挖掘、分析，并通过发布管理有效管控输出，通过建设商品管控中心，对输出数据挖掘成果，揭示供应链风险，实现供应链可视化调控以及持续完善，提升人工智能水平。

七、平台商品数据治理成效

本平台商品数据治理体系建成并投入使用以后，数据源商品数据的质量大幅度提升，人工处理的数据大幅度减少，数据治理质量等得到有效管控，数据治理成本大幅度下降，效率大幅度提升，数据资源转化成为现实可变现资产，且持续产生价值，全面实现了预定的目标。更为重要的是，通过信息化、数字化、智能化建设，不仅实现了预定目标，同时也构建起了一个知识驱动、技术赋能、持续完善的商品数据治理架构，以及一个供应商、采购单位、数据治理服务团队的全员参与，共建、共治、共享的绿色生态体系。

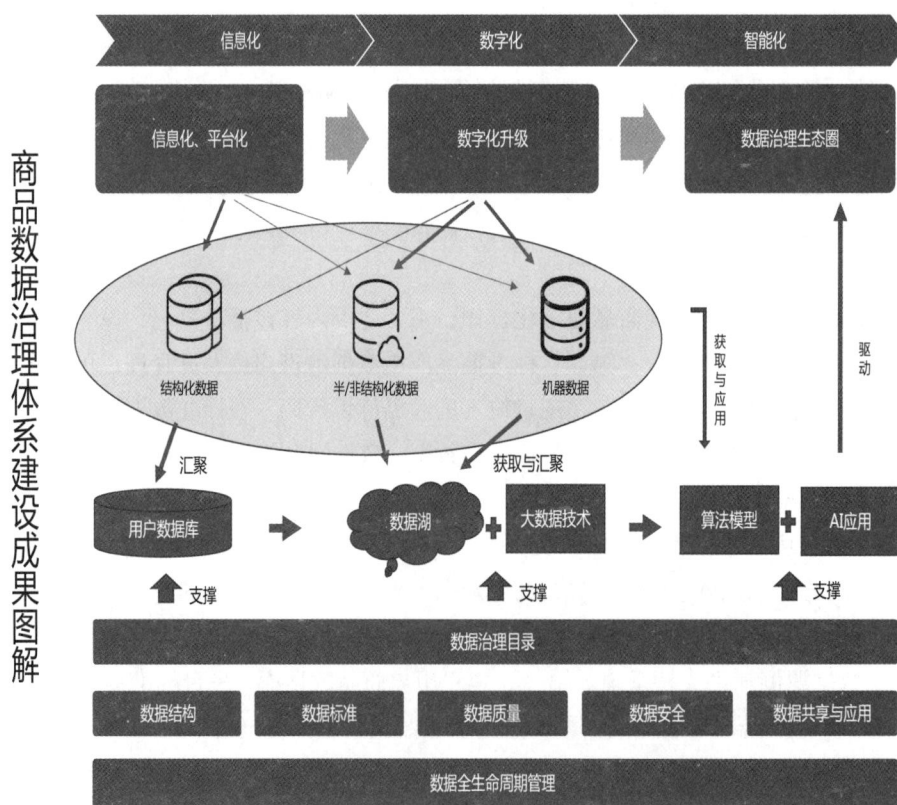

图6　商品数据治理体系建设成果

具体成果体现为：

（1）平台管理功能提升。对商品数据进行治理后，对普通交易的商品可以进行准确的描述和定位，平台对交易过程的管理得以实现。如：供应商报价异常警示系统在数据治理前，对于同一商品，不同采购单位的采购价格不同，有时差距较大。数据治理后，平台建立了供应商报价异常警示系统。平台提取供应商报价的商品和信息，与历史交易数据进行比对，对价格异常（溢价>15%）的报价，平台向采购单位（询价方）提出警示，提高了采购单位对最后的成交价格管控效率。在优秀供应商选择上，数据治理前，由于商品信息不规范，难以依据商品信息对供应商的交易业绩进行统计和评价。商品数据治理后，可以依据商品信息对供应商的交易业绩进行统计和排名，排名前5的供应商为优秀供应商。在询价环节，平台依据所询价的商品信息，向采购单位精准推荐优秀供应商。这项措施的实施有效地将交易向优秀供应商倾斜，减少了供应商数量，扩大了优秀供应商的市场份额，获得了买方（采购单位）和卖方（供应商）双方的赞誉。

（2）平台经营业绩提升。对商品数据进行治理后，平台的经营手段得到加大扩展，运营效益大幅提升。如之前集团下属采购单位间的多余物资调剂工作难度较大,效果不佳。数据治理前，由于商品信息描述不一致，需求与资源信息因而无法配对。数据治理后，平台对提取新的采购（询价单）商品信息由系统自动与多余物资信息进行比对，匹配一致时即刻启动多余物资调剂机制。多余物资调剂瓶颈的打通，不但使集团旗下各企业的冗余物资资源得以有效利用，平台还通过商品信息服务，获得了较好的经济收入。

（3）拓宽紧急需求解决方法。航空器的复杂性极高，在产品研制过程中时常会由于设计更改和工艺更改等原因，紧急需求物资的保障一直是各采购单位保障供应的难点。数据治理后，平台可以提取紧急采购（询价单）商品信息，由系统自动与平台历史交易信息进行比对，匹配一致时提取历史交易有关的信息（如采购单位、订单编号、采购数量、交付时间等）便于通过调剂来保障紧急需求的快速解决。

（4）降低原材料报废损失。由于减重和增强结构强度等需要，航空器制造业大量采用复合材料。复合材料的主要组成部分之一是（树脂）预浸布，一种通用但存储条件苛刻（-18℃以下，存储期短）的原材料。如果该材料的生产投入和储备节拍不协调时，容易造成因超期而报废。航空工业每年因超期而报废损失的金额巨大。数据治理后，预浸布存储单位可以将预警信息上传平台，由系统自动与平台历史交易的信息和后续新增的采购信息进行比对，匹配一致时提取有关的信息（如交易单位、订单编号、采购数量、交付时间等），便于企业间通过协商，使可能超期的预浸布得以在超期前投入生产，避免报废损失。

八、现有实践的思考

一是数字治理的目标要解决数字时代存在的信息碎片化、数据冗余失真、应用条块化、服务割裂化等问题，使得信息数据在集团、平台、采购单位及供应商之间能够畅通、有序、可靠地发挥作用，从而加强集团对各采购单位的采购过程管理、提升采购单位的采购效率、优化平台对采购过程的服务、增加交易各方的满意度。

二是数字治理的参与主体要更多元。平台管理与服务的参与方包括集团、平台、采购单位和多元供应商主体，而数字治理使得这四类主体在数据融合互通、业务协同方面实现更加有效地互动、互补、互联。如平台在数据治理的基础上，开发了信息协同系统，首次实现了全供应链各参与方（采购单位、供应商、服务商、运输公司、检测机构等）数据的互动、互补和互联。

三是数字治理要更注重协同共治。数字治理强调采用协同共治的方式，由平台协同采购企业、供应商和服务商，发挥市场导向活力，以满足用户需求为目标，形成线上线下、前端后端一体化协作的共治共理模式。在此次数字治理实践中，各主体各司其职，又互通协作，最终实现1＋1>2的效果。

四是数字治理的公共服务要更精准。数字技术的普遍应用，改变了过去公共资源传统粗放的服务模式，而是依托先进的数据统筹共享、平台资源集聚开放、新技术场景应用，使得为公众提供更精细化的服务成为可能。在此次数据治理过程中，平台针对小（数量小）散（分散广）类采购存在的问题，利用大数据分析，实施了以集中（线下）供应渠道和开设网上商店为标志的"线上采购专区"服务，助力采购单位实现低成本精准采购。

五是数字治理的监督评价要更开放。在此次数据治理过程中，平台针对目前采购单位对供应商评价局限在"一对一"模式的管理现状，开创了"供应商综合评价"管理模式。其核心是汇集各采购单位对供应商的"一对一"评价数据，结合平台累计的供应商交易和服务数据，按照固化的模型和算法，对供应商进行综合评价。

随着互联网、大数据、人工智能技术不断由低级到高级、由简单到复杂、由宏观至微观、由经验性向科学性发展，数字治理的技术载体将从数字平台发展至以"智慧大脑"为代表的智慧生态。智慧生态将不再仅仅是治理手段和方式的数字化、智能化，而是整个治理体系和运行机制的智慧化，也将成为未来智能社会的治理形态。智慧治理形态将成为数字治理演进的必然趋势。

成果创作人：付茂胜、王明磊、胡洋、谷雨、周立芳、

赵会芳、姜璎琦、左幸运、高林

基于"感知与进化"的工业数字化探索

中恒天越野汽车有限公司

中恒天越野汽车有限公司（以下简称中恒天越野）成立于2014年，是世界500强企业中国机械工业集团有限公司控股子公司，基地位于四川省雅安市，主要从事大型越野汽车及整车核心零部件的研发、制造与销售。

中恒天越野以"十年磨一剑"的精神，潜心研发大型越野汽车及核心零部件，以新营销思路开展产品销售与售后服务，现已投向市场的首款越野产品所配套的4.6L、5.6L自然吸气发动机是国内首款大排量自然吸气发动机，产品性能对标国际，并且通过了较市场同级产品更加严苛的道路试验，在军品、警用、特种车辆及大客户租赁以及销售过程中得到广泛好评。

近年来，在国有企业发展混合所有制经济改革及中央企业振兴中国机械工业使命的号召下，中恒天越野积极响应号召，坚持党的领导与企业现代化管理的不断融合；坚定不移地在创新经营机制转换的道路上探索，做到"宜改则改，稳妥推进"加快改革发展步伐，抓住新机遇取长补短，优势互补形成产业链、供应链之间的协同联合；围绕生产经营中心任务开展各项工作，积极调整以适应新定位，紧抓大型越野汽车"蓝海"的情况下，进一步探索、追求新技术的不断突破。通过技术创新、管理变革，逐渐开辟了适用于自身的发展模式，通过流程管理体系改革、数字化战略转型等多项举措，主动应对汽车行业时代发展的潮流及变革，不断提升企业运营效率，为客户提供更好的产品、更优的服务。

一、本成果的背景

（一）汽车行业快速发展的外部因素

受2020年新冠肺炎疫情的影响，全球经济形势严峻，国内工业发展放缓。在中共中央和各级党政机关的带领下，汽车产业迅速恢复，2020年我国汽车产业实现全年生产2522.5万辆，全年销售2531.1万辆，已十二年蝉联全球第一。

我国汽车工业经过近些年的快速发展，在以市场为主导的社会经济体制下，涌现出一批快速成长、快速发展的自主品牌企业，在产品设计研发、生产与销售等领域均快速提升，在多个细分车型销售榜占据榜首。自主汽车品牌已经可以与国际一线品牌分庭抗礼。同时消费者个性化需求及购买力提升，对汽车行业也提出更高的要求，如今，随着科技型企业的不断涌入，新生代车企以"科技"为依托快速崛起，采取信息技术的手段，包括5G、无人驾驶、大数据、云计算、增强现实（AR）、边缘计算等，应用于整车研发、量产、销售与服务等全产业链。

在行业深入学习贯彻近平同志重要指示精神，加快制造业数字化、网络化、智能化发展的情况下，国家相关部委及各级政府陆续出台各类政策推进汽车企业新兴技术应用：

（1）2021年7月12日国家十部门联合发布了《5G应用"扬帆"行动计划（2021—2023年）》（下简称计划），计划中指出，推进5G模组与AR/VR、远程操控设备、机器视觉、AGV等工业终端的深度融合，加快利用5G改造工业内网，形成信息技术网络与生产控制网络融合的网络部署模式；

（2）2021年1月，工业和信息化部印发《工业互联网创新发展行动计划（2021—2023年）》；

（3）2020年5月13日，工业和信息化部发布的《工业和信息化部关于工业大数据发展的指导意见》指导工业大数据发展；

（4）2019年雅安市政府建立了川西大数据中心，大力建设川西地区数字经济的"四中心一基地"，即大数据存储中心、算力中心、创新中心、交易中心和全国绿色数据中心基地。在"四中心一基地"基础上，紧紧围绕全市汽车及机械装备制造、先进材料、清洁能源、农产品深加工、现代服务业等优势特色产业，推动大数据与实体经济融合发展，建设工业互联网，形成"5+1"绿色产业体系。

结合政策与技术快速发展，汽车企业以追求整车研发周期缩短、生产效率提升、线上营销目标的实现以及C2M定制化生产为目标，利用新兴信息技术，使汽车产品的工业制造过程、整车品质均有了质的飞跃，在此新形势下，汽车产业的"数字化转型"正在促使整个汽车产业发生巨大变革。

（二）开展数字化转型的企业内部因素

中恒天越野自诞生以来就以"科技创新、制造强国"为目标，通过紧抓企业数字化转型带来的机遇，不断提升自身科技创新能力，自主研发并量产了国内首款大型越野汽车，其"智慧车机"系统为自主开发，并接入了北斗短电文，未来将利用信息技术及北斗系统能力加持，实现快速越野救援及越野风险主动预警功能。

在营销与制造领域，利用B2C营销系统、超级BOM等系统来支撑产品定制化设计。不断布局5G应用、人工智能、工业互联网、大数据，以智能化思维合作开发的制造执行系统（APS、LPS、LES、QMS、TMS等），接入AI平台，采用统一的核心算法，建立"工厂智慧大脑"，提升产品质量、加速产品交付、实现C2M个性化定制，全面支撑企业快速发展。

二、本成果的主要思路及实施方法

以提升企业竞争力、提高产品品质、满足用户需求为目标，在国家政策扶持、信息技术快速发展、工业产品能力提升等多种利好环境下，通过统一顶层设计、创新技术驱动、融合互通、迭代进化的理念，逐步拓展属于中恒天越野自身的数字化转型之路。

（一）高层参与的顶层设计

在规划设计之初，就成立由董事长挂帅的数字化转型小组，深入研究、探讨、规划先进技术，明确发展方向、建设目标及建设计划，推倒原有"烟囱式"的IT架构，重新定义IT发展策略，统筹设计数字化转型架构图（如图1所示），采用统一规划、分步实施的方式，建立了"3年一个跨越"的目标，分三个阶段逐步开展数字化转型（如图2所示）。

通过合作开发工厂核心制造系统，建设"数据感知、自主决策、行动统一、不断迭代"为目标的智慧生产系统，以工业加信息化融合为基础，大数据、人工智能为支撑，融入先进信息/数字化技术，贯穿业务全生命周期，利用大数据加人工智能驱动数字化工厂建设，推动工业数字化转型，实现企业数字化变革。

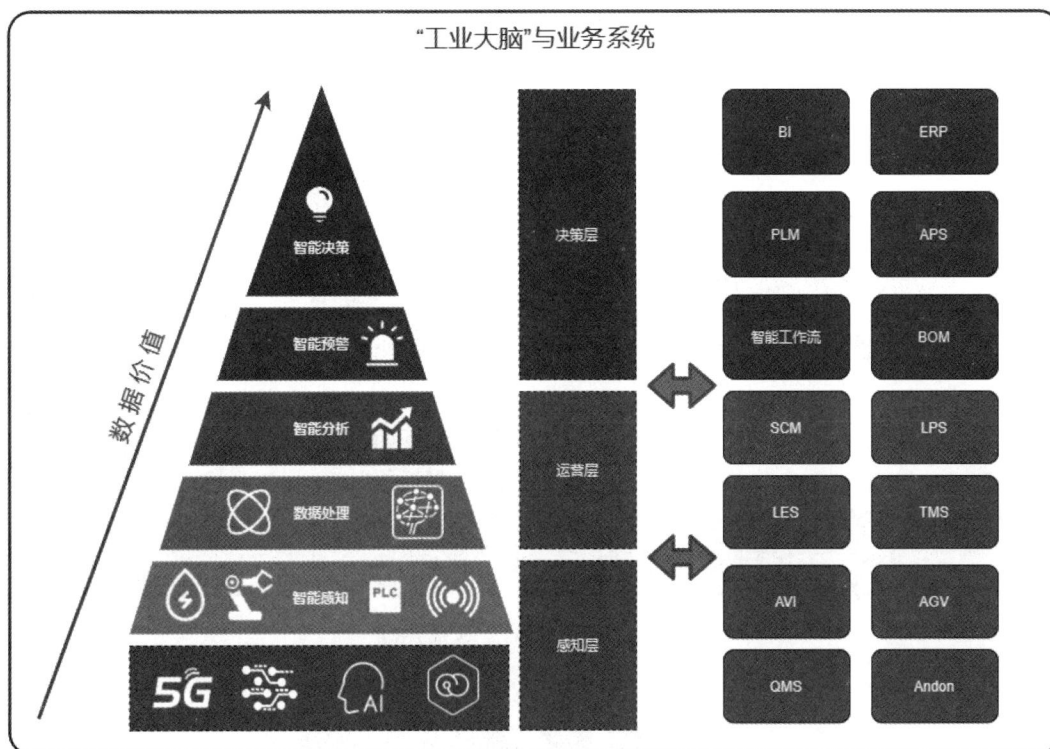

图1 数字化转型系统架构图

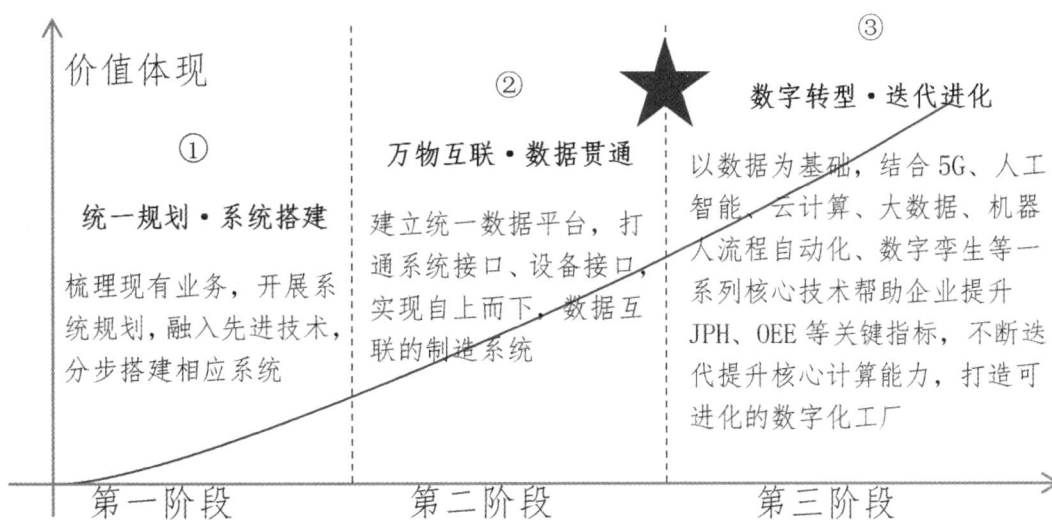

图2 数字化转型三个阶段

（二）融入数字化思维的企业流程管理体系实践

数字化转型是业务载体的转型，是在满足业务需求的基础上发挥更高价值，在信息化、数字化项目实施过程中，难点问题在于业务的不断变化、业务不清晰、IT人员了解业务周期长、时效慢，难以解决用户痛点、难以抓住用户关键需求，导致IT所做内容和业务诉求不一致；如何理清楚业务使业务与IT相结合，是中恒天越野面临的第一步。

中恒天越野快速转变观念，结合标杆企业、创新思路，推动融入数字化思维的流程管理体系建设，建立流程管理委员会（如图3所示）、流程与IT部，重建IT部门职能，全面负责企业流程管理体系搭建、业务流程梳理及IT规划，建立遵循PDCA循环的流程管理体系（如图4所示）、梳理《流程框架》、确立流程所有者及业务数字化负责人，分级分类地对管理企业所有流程的再梳理、持续优化与数字化转型。

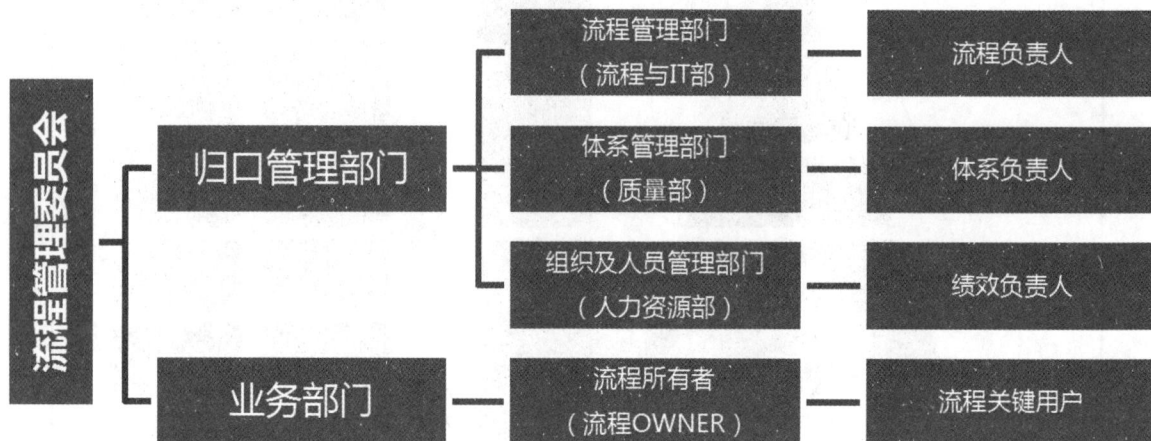

图3 流程管理委员会架构图

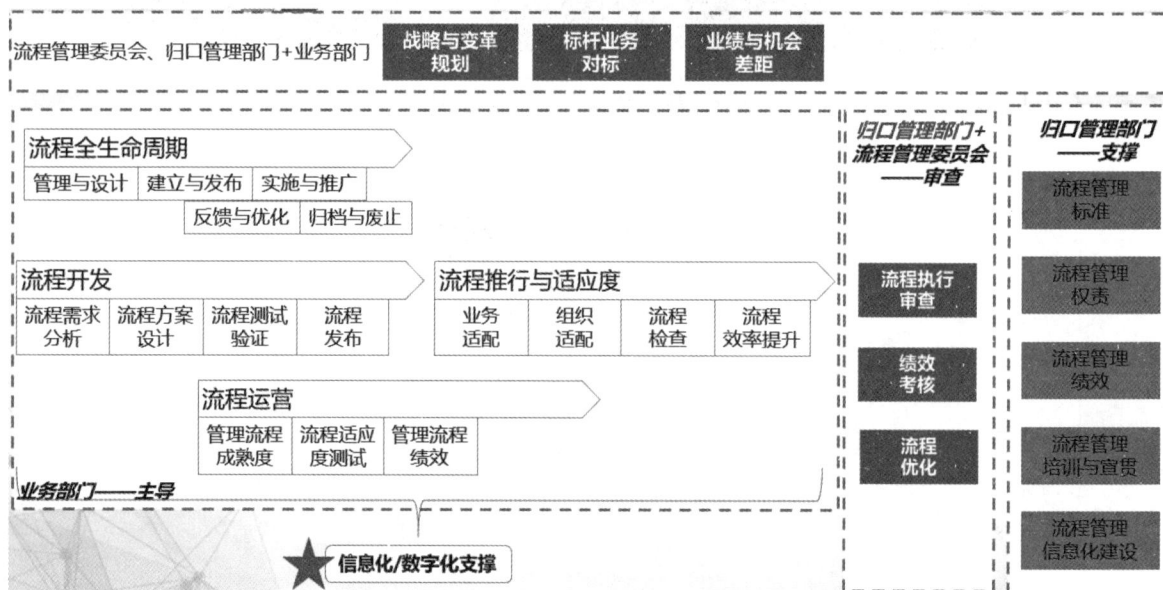

图4 流程管理体系示意图

在流程的全生命周期中融入信息化/数字化思维，从业务流程规划先行，标准化、统一化企业流程管理，到流程业务推进、信息化/数字化应用与部署等过程，建立"业务过程数字/信息化率"的关键指标，通过统一纽带连接业务与IT，让IT及数字化实施人员看得懂、摸得透业务，让系统更加可靠、精准的支撑业务发展，加速数字化转型。

在流程体系建设中，明确了对业务数据的流转处理，并标识了关键数据（富矿）、业务关键控制点（KCP），数据控制点（DCP）及业务系统关键功能、业务运行逻辑，通过标准化的《业务流程说明文档》，让业务人员可以清晰地明白如何规范地开展业务，IT人员快速了解业务过程、关键事项、指标及数据，在业务流程变动、流程运行效率等方面，提供全面的IT支撑。

经过流程管理体系与数字化思维融合的方式，从原有业务提需求，IT被动式转变为主动式，建立了一套可长期发展不断提升的管理体系。

（三）工业数字化转型的业务实践

1.基于万物互联的工业感知系统与信息系统

数据流贯穿整个业务流程，从营销系统（定制化订单）、超级BOM（配置BOM）、APS系统（排产）、SCM系统（采购订单）、LES系统（物料拉动）、LPS系统（生产执行）、QMS系统（质量）、TMS系统（运输）等全过程管理，信息系统串联形成网络化数字体系，数据互联互通、自上而下，利用BI系统汇集数据，开展数据治理，利用AI平台在智能排产、物料拉动、质量分析、视觉检测等多个领域实现人工智能应用（如图5所示）。

图5　AI平台与各系统关系

工业感知系统主要是通过系统终端、HMI（人机界面）、传感器、工业设备、质检设备、机运设备、工业机器人等一系列终端系统和工业设备，利用OT和IT技术实现数据互通和统一管理。

建立工业设备集群PMC系统（Production Monitor&Control）与整车下线检测系统、机运设备、检测设备、喷涂/焊接机器人等设备对接，通过数据交互以及指令下达，实现所有设备智能维保、异常感知、设备报警、监控。

利用RFID、钢码、二维码技术，通过AVI系统（Automatic Vehicle Identification）实现焊装、涂装、总装三个车间在制品的过程追溯，包括在线管理、过程追踪、识别与防错、栈道/队列管理，实现全过程可视化管理、数字化展示。

通过在水、电、风、气、等能源设备中增加传感器，接入能源管理平台，实现在线能源管理、能源预警、能源故障报警、能源分析等功能（如图6所示）。

图6　能源系统

将所有采集设备集合，数据统一汇总至BI平台内进行数据处理及数据分析，利用AI平台开展数据分析、数据重构、数据应用及AI算法能力提升。

2.智慧装备赋能数字化转型

目前智能穿戴设备的普及应用，以及设备能力不断提升，使得智能穿戴设备已经逐步在工业环境中应用，提升工作效率，随着人工智能的应用，使穿戴设备更具备操作便捷性。

通过智能眼镜获得实时图像（包括音频），利用AR技术和AI平台，实现人工智能加大数据分析的故障问题初步诊断，利用耳机对操作人员语言描述进行过程记录，并通过AI平台语音识别自动转换为维保报告。利用穿戴式扫码设备加穿戴式终端（智能手表和穿戴式打印机）快速、简便操作。

智能穿戴设备有利于减少操作浪费、便于操作并利用各类感官（视频图像、声音、扫码）设备进行数据采集（如图7所示）。使大数据和AI平台有了更好的发挥空间。

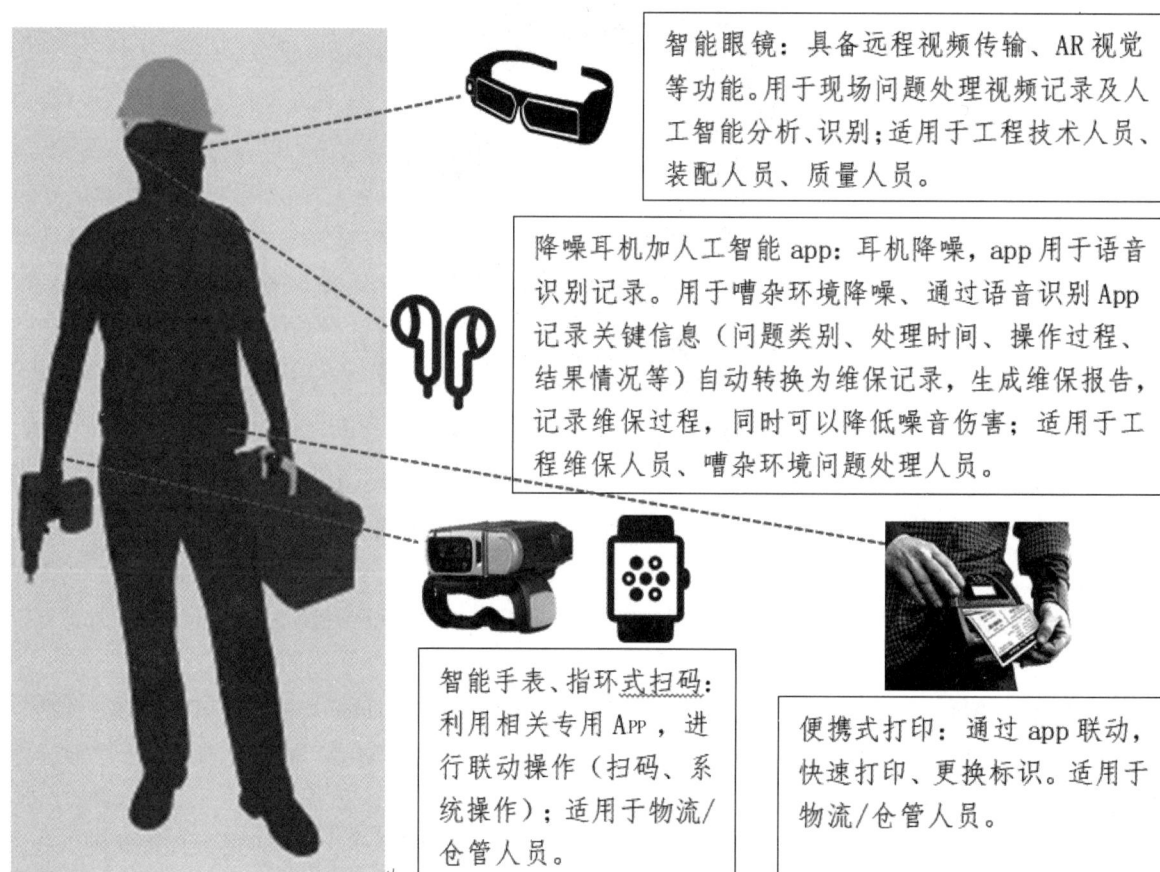

智能眼镜：具备远程视频传输、AR视觉等功能。用于现场问题处理视频记录及人工智能分析、识别；适用于工程技术人员、装配人员、质量人员。

降噪耳机加人工智能app：耳机降噪，app用于语音识别记录。用于嘈杂环境降噪、通过语音识别App记录关键信息（问题类别、处理时间、操作过程、结果情况等）自动转换为维保记录，生成维保报告，记录维保过程，同时可以降低噪音伤害；适用于工程维保人员、嘈杂环境问题处理人员。

智能手表、指环式扫码：利用相关专用App，进行联动操作（扫码、系统操作）；适用于物流/仓管人员。

便携式打印：通过app联动，快速打印、更换标识。适用于物流/仓管人员。

以上设备举例说明，均可独立运行

图7　智能穿戴设备示意图

3.数据中心及人工智能核心平台搭建

利用雅安市川西大数据产业园核心优势，搭建云服务和托管机房；并与联想集团战略合作，借助其强大的基础架构建设能力，全面支撑数字化转型，采用两地三中心架构，建设了两个高标准数据中心机房（主数据中心和灾备数据中心），实现了各分子公司数据互通、异地灾备，建设私有云平台，快速响应各业务系统需求。

主数据中心建立在生产基地内，用于部署企业核心业务系统。服务器全部虚拟化部署，实现计算资源按需分配、动态调整，提高硬件资源利用率、节约成本；同时叠加多集群部署，实现业务系统双活、多活，服务器硬件故障时业务系统自动漂移，规避宕机事件，提高业务系统安全性、稳定性，保障核心业务的正常运转。

灾备数据中心建立在生产基地之外的异地城市，与主数据中心同时运转，专用于数据备份。部署专业的数据备份设备，客户端覆盖各地分子公司，实现重要业务数据的定时备份，同步完成异地灾备，有效保障业务数据安全。

核心网络采用冗余热备方案建设，网络架构中的核心设备实施堆叠部署，实现多机热备，配合运维监控系统，故障时触发告警并自动完成切换，实现网络设备层面高可用，保障核心网络环境正常；通过在各公司与数据中心之间部署备份网络链路，实现网络链路层面高可用，保障业务系统持续正常访问。

搭建了智能运维平台，持续开展运维服务体系建设，将在线的硬件设备和业务系统纳入管控，实现监控告警、日志分析和运维审计等核心运维能力；引入ITIL理念，规范运维服务流程，提升公司的IT运维服务水平。

生产基地部署了"三网隔离"的网络结构。设备网采用环网结构，保证数据贯通、提高容错率。系统网和办公网采用星型结构，并实现无线全覆盖。通过搭建5G＋MEC企业专网，提供高带宽、低延时的可靠网络，5G网关与工业网关对接，实现数据本地分流，使5G网络在工业环境得到更广泛的应用，经过核心网络及数据中心的搭建，支撑万物互联，为搭建感知系统提供了可靠保障。

4.基于人工智能的视觉识别

通过部署AI一体机，建立超大算力AI人工智能平台，并利用自主学习、深度学习等AI训练方法，依托于大数据作为数据基础，不断提升人工智能算法能力及精准度。通过AI平台初步应用视觉质检、视觉识别等功能，利用视觉采集设备进行图像采集，人工智能进行图像识别、分析、运算，采用深度学习增强算法，不断提升图像质量、减少图像噪点、亮度均匀提升、精准识别图像信息，实现视觉识别及质检。

视觉识别主要应用于整车Audit评审、冲压车间冲压件评审及返修、油漆车身漆面返修、轮胎安装及仪表台安装等场景，可通过视觉进行定位、检测、识别、装配防错、过程记录等工作，减少人工操作错误，提高产品质量。

示例场景一：通过智能视觉识别实现对文字、标签信息的数据提取。

常规环境下，识别准确率较高（如图8所示），但由于工业环境复杂，存在位置偏离、污损、模糊（如图9所示）等一系列问题，经过不断的AI图像能力锻炼（降低噪点、提高图片质量），使得AI可应对多种复杂图片（如图10所示）。

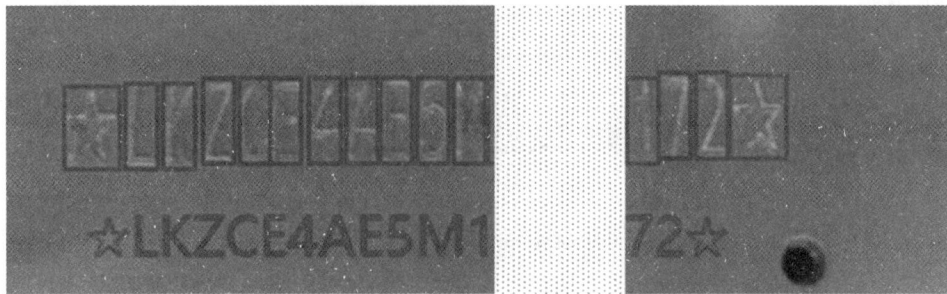

☆LKZCE4AE5M1____72☆

图8　常规识别整车VIN号

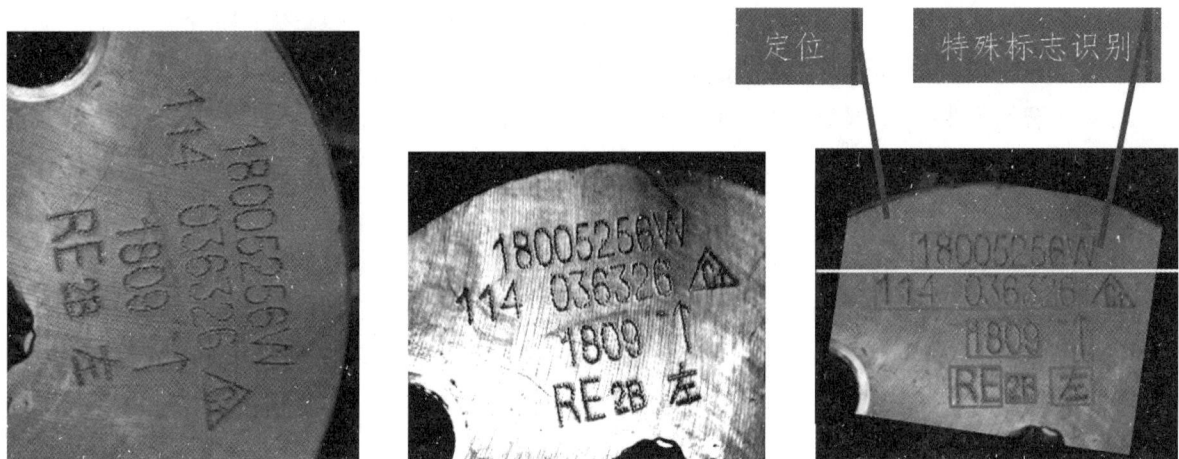

图9　复杂识别

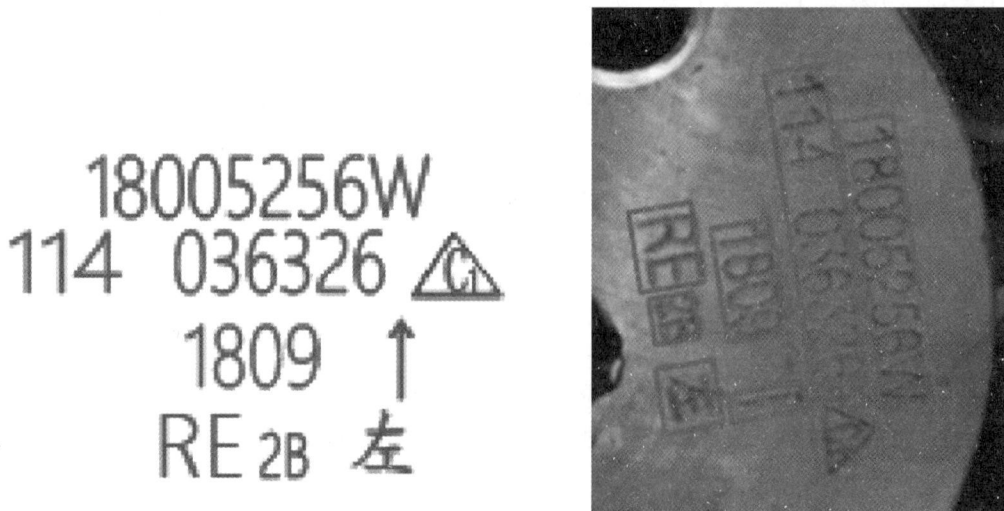

图10　结果输出

示例场景二：视觉识别实现涂装车间漆面Audit检查

利用工业相机采集图片或视频、通过OT与IT结合，接收传感器信号，控制终端设备及机运设备等，实现设备联动，采集完毕后通过人工智能进行图片、视频识别及问题分析，精准识别质量问题，提高工

作效率。（如图11、图12所示）

5.基于大数据思维的数据资产管理

问渠那得清如许，为有源头活水来，新时代的创新思路，业务过程数据就像源源不断的"活水"，是企业的核心资产，也是企业数字化转型的关键，合理利用数据，同时结合先进信息技术手段，建立统一管理的企业"数据矿池"，对企业运行各环节的数据进行采集、处理、分析、挖掘、应用，发挥数据价值，提高企业运营效率。

数据采集阶段：通过PMC对接所有工业设备，可兼容多种工业协议（Profinet、Porfibus等），完成关键数据采集，PMC平台可持续扩展，不断融入各类设备，建设万物互联的工业互联网。

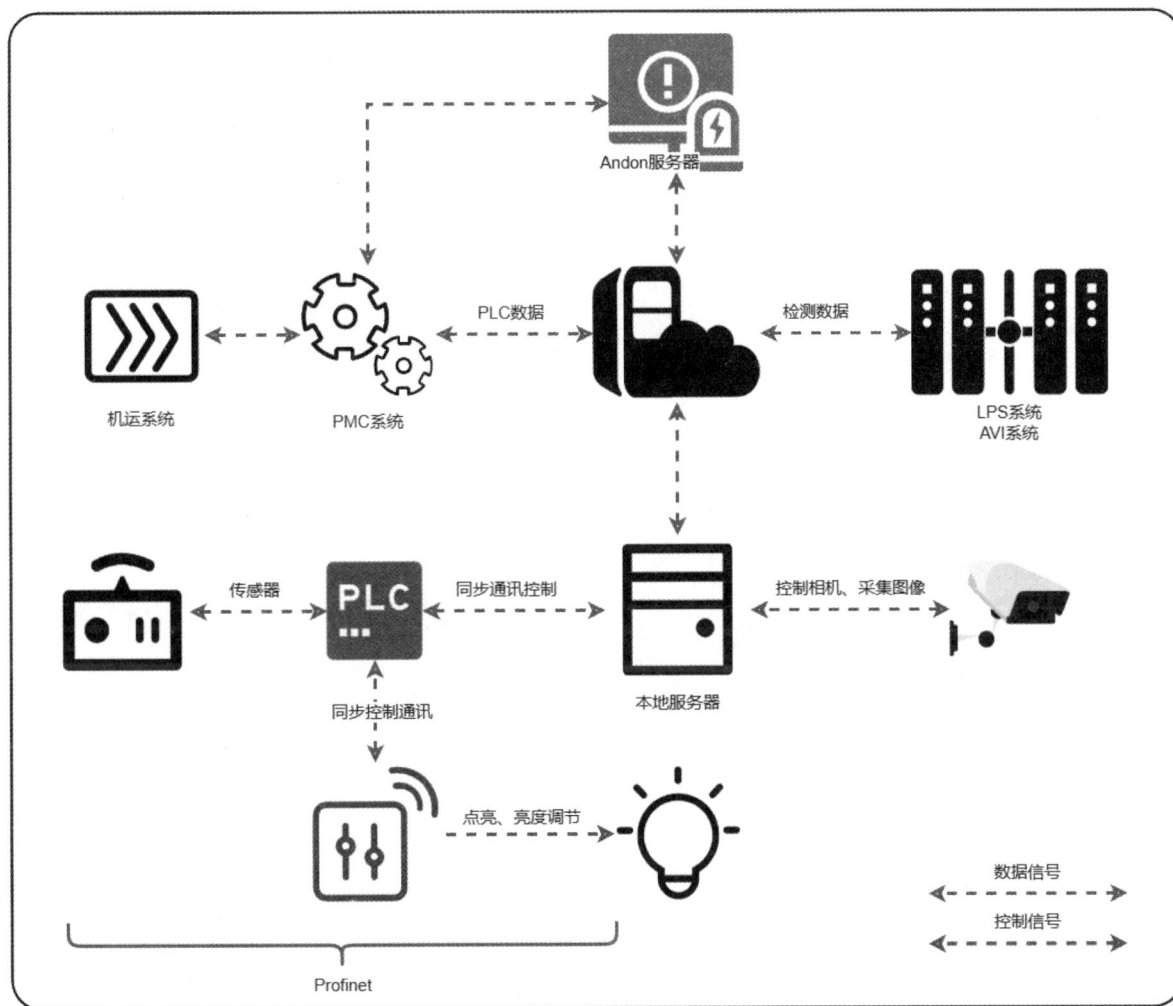

图11 视觉质检架构图

说明	图示
待检产品到达质检区	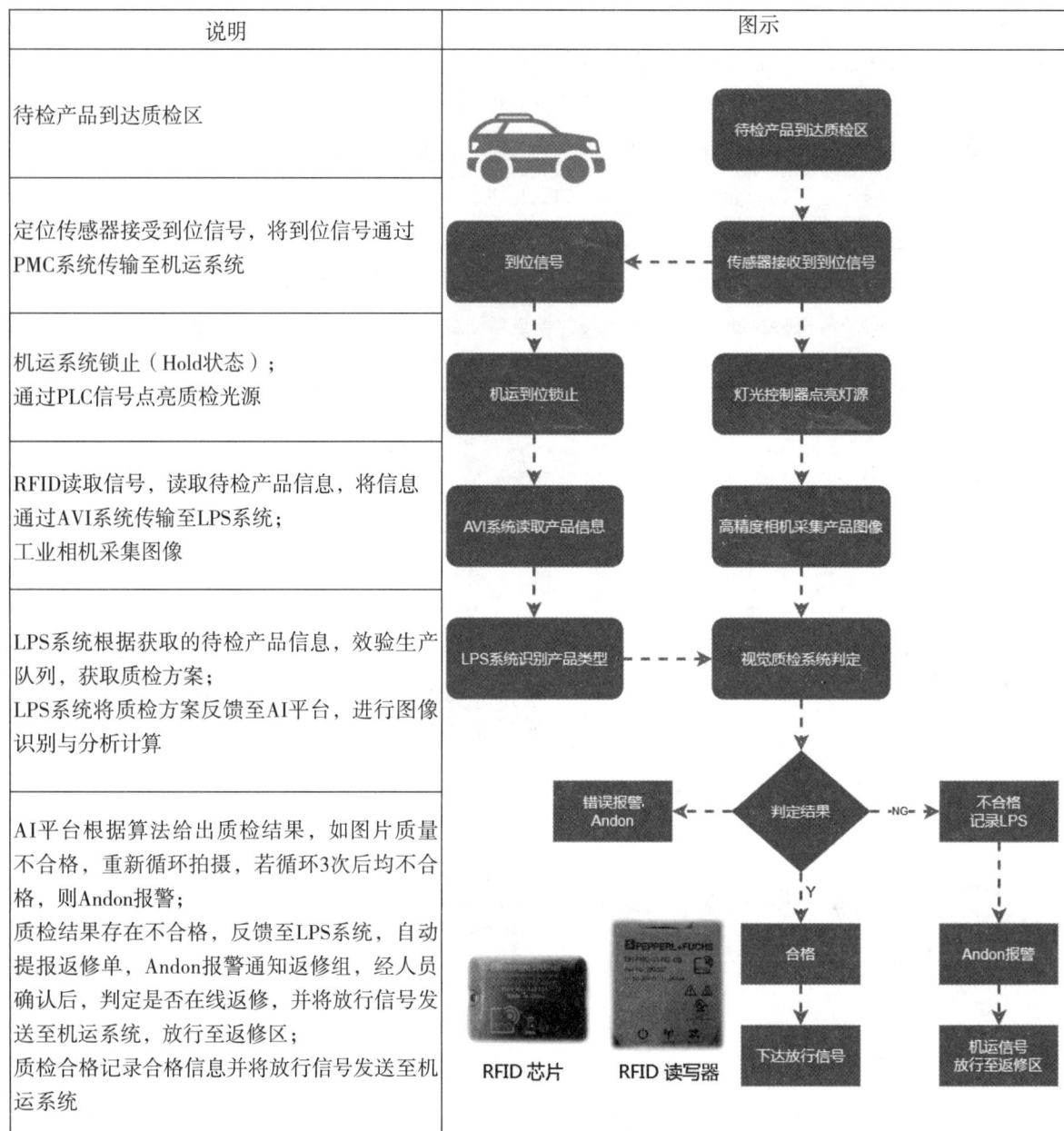
定位传感器接受到位信号，将到位信号通过PMC系统传输至机运系统	
机运系统锁止（Hold状态）； 通过PLC信号点亮质检光源	
RFID读取信号，读取待检产品信息，将信息通过AVI系统传输至LPS系统； 工业相机采集图像	
LPS系统根据获取的待检产品信息，效验生产队列，获取质检方案； LPS系统将质检方案反馈至AI平台，进行图像识别与分析计算	
AI平台根据算法给出质检结果，如图片质量不合格，重新循环拍摄，若循环3次后均不合格，则Andon报警； 质检结果存在不合格，反馈至LPS系统，自动提报返修单，Andon报警通知返修组，经人员确认后，判定是否在线返修，并将放行信号发送至机运系统，放行至返修区； 质检合格记录合格信息并将放行信号发送至机运系统	

图12 视觉质检作业流程图

数据处理阶段：数据处理主要是通过数据清洗、数据重排、数据标注等方法重构数据，中恒天越野汽车采用"云端高效、本地稳定、安全可控"的策略，以"双态IT"思维，将数据分为"敏态"和"稳态"（如图13所示），敏态主要针对销售、供应链、商业等高效率使用，保证效率；稳态主要针对研发数据、生产过程数据、设备数据等数据保证安全。

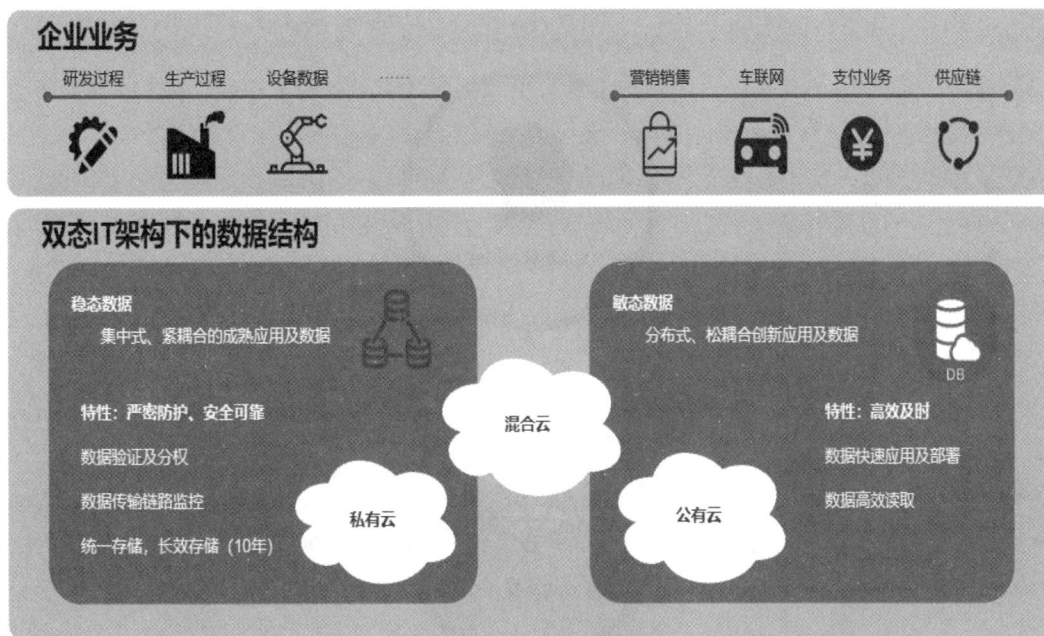

图13　双态数据示意图

敏态数据采用混合云、公有云的方式，使业务快速部署、应用，提高效率；稳态数据采用私有云、分布式存储、链路加密等方式，提高数据安全性及本地运行效率。

数据分析、挖掘及应用阶段：经过数据采集及汇总，对企业设备、生产、质量、物料、运营等数据开展数据分析及挖掘，并利用数据分析实现以下功能：

（1）结合销售数据、整车库存及零部件库存，利用APS系统，开展平准化排程，主动分析过程数据，各阶段数据汇入AI平台，利用人工智能算法，提升排程效率，实现自动排程、自动生产任务；

（2）开展设备主动预警、主动维保，利用流程自动化平台，自动发起维保计划、维保任务、配件下单、通知维保人员、效果验证的全流程闭环管理；

（3）物料库存数据分析结合LES系统，采用精益JIT理念，实现精准配送，降低库存；

（4）企业整体运营数据开展分析及预测，辅助企业管理者快速发现企业问题；

（5）通过BI系统梳理数据架构，重构数据结构，在"数据矿池"中深入挖掘富矿数据，持续挖掘贫矿数据，提高数据价值，将重构数据快速应用于企业业务过程，支撑业务快速发展，提高企业竞争力。

6.人工智能进化之路

经过"感知"系统和AI平台的搭建，建立了数据驱动，业务融合，流程化管理，无限扩容的核心生产业务系统，未来，将以AI平台为核心，"数据矿池"为基础，核心系统围绕运行的方式，以人工智能核心计算、终端设备模块化集中采集、AI自主决策、驱动流程自动化等思路，逐渐应用于企业各项业务（如图14所示）。

通过建立更好、更快、更大的模型结构，创立更多的模型，以及计算力（GPU、CPU、硬件加速、FPGA等）、算法（深度学习、机器学习等）、数据（数据集、结构化、数据模型）的不断提升，通过海量数据汇入，作为人工智能的基础，不断提升AI平台算法能力，实现可持续进化的AI平台。

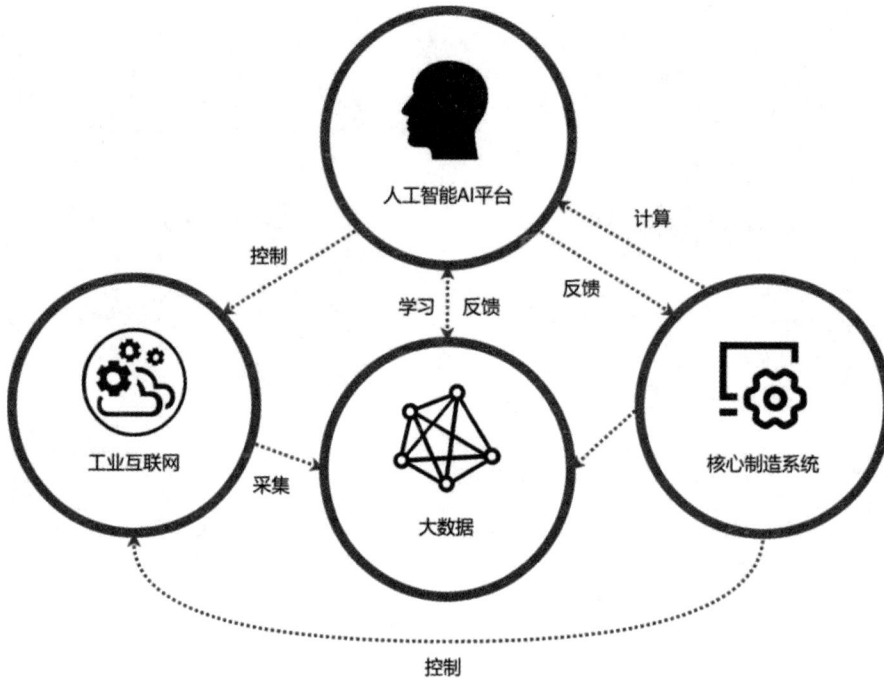

图14 核心技术关联示意图

三、成果实施效果

（一）管理效益

建立与企业业务流程紧密相连的数字化路径：中恒天越野的数字化转型之路，以战略发展引领（数字化战略）、通过管理体系变革（流程管理体系）、稳步数字化转型的方法（如图15所示），自上而下，融入业务，环环相扣。

已经形成从战略到业务到IT的贯通式结构，利用新兴技术快速转型，通过建立融合IT的流程管理体系，在流程规划、流程梳理、流程实施及流程优化等全生命周期、全业务链条的流程管理体系中，融入数字化思维，快速部署IT服务，利用数字化思维推进业务快速进步，提高数字化转型效率。

图15 数字化转型的关联图

（二）建立核心数据资产，支撑企业快速发展

建立工业大数据，实现数据的互联互通、统一管理，并深度挖掘数据价值，应用于企业业务运营中，建立各层级数据分析模型89个，实现9个系统数据接口，利用数据分析，提出15项业务改进方案，提前识别潜在问题、提前预防，极大程度降低企业运营风险。建立自2019年以来所有产品的整车全过程档案，追溯过程全透明。

（三）搭建可扩展可进化的智能工厂，实现降本增效

通过建立可扩展基础网络、计算、系统平台，融入大数据、人工智能等核心技术，构建"数据＋算力＋算法"的工业系统进化技术体系，全面整合APS系统、LPS系统、LES系统、QMS系统等核心业务系统，建立了中恒天越野的核心数字化平台，并逐步应用于企业各阶段，通过感知端的无限扩展、海量数据支持、AI算法、算力的不断提升，建立自主学习、持续迭代、可进化的"工厂大脑"，辅助企业运营决策、为业务系统提供可靠的人工智能保障，提高业务能力、加速企业发展。

依托于AI平台的不断进化，在视觉识别、增强现实AR、语音识别、生产计划排程、生产过程控制、质量提升、设备管理等多个业务维度，降低成本、提高效率。

经过视觉检测的应用，提高涂装漆面检测效率80%（原检测需要3个人5分钟完成，AI平台计算平均仅需1分钟）、总装装配质检的综合效率提升60%。通过AI平台WBS（焊装车间）、涂装换色缓冲区、PBS（总装车间）缓冲区实现无人化，缓冲区综合利用率提高25%。

（四）长期收益

通过近几年的基础搭建，中恒天越野基于人工智能的数字化平台已经初见雏形，并实现业务过程中的多维度数据集合与应用。通过与营销端数据的匹配，结合客户问题反馈，指导技术研发开展产品技术改进及质量提升。

四、小结

工业数字化转型的关键在于数据的全过程管理，包括数据采集及分析、处理，通过5G、工业互联网、智能穿戴设备等一系列互联互通技术和数据采集方法，实现万物互联、全业务数据感知；数据使用，利用数字化流程管理体系与业务结合，提高数据利用率及数据价值；数据安全，利用双态数据的策略，保证关键稳定数据的安全可靠。

数字化转型不是一蹴而就，也不是一时之需，是需要长期规范化开展的，通过建立标准化的管理体系、建设标准可扩展的IT基础架构、快速融入新兴技术等方面，以数据为核心，业务为载体，利用信息技术和数字化技术快速实现收益，从而使企业进入数字化建设的正轨，实现数字化转型。

成果创造人：尚强、金磊、姜艺红、董建农

基于物联网的智慧化货运停车系统方案研究与探讨

天津克运集运集团股份有限公司

自从改革开放以来，我国道路货运业取得蓬勃发展。2020年，中国1800多万的货运卡车司机完成了整个社会74%的货运量。但由于货运停车场功能单一、管理松散、安全和便利性等问题使得停车依然是货运司机面临的痛点问题。

本成果主要从客户和管理者的角度对智慧化货运停车系统方案进行了阐述和分析。从客户的角度来看，该系统可为用货运司机定制个性化停车服务，包括车位查询、预约停车、预约住宿、智能引导、路线规划等。客户使用系统将O2O商业模式引入到车位管理中，可进一步提高货运服务的整体效率，改善货运司机的工作休息条件。从管理者的角度来看，该系统可方便车场管理者对整个停车业务信息进行全面、系统的管理。根据系统的可视化、信息化等智慧化功能管理人员可对停车场实时信息、财务结算、运行情况等方面进行全面管理和分析，以提高货运停车场运营能力和效率。

此外，该智慧化货运停车系统与中国领先的物流科技与服务平台进行合作（该平台可实现千万级车载终端实时数据智能接入与快速分发，可对PB级海量停车数据分析、挖掘和治理，并拥有基于SVM的重载货车保险风险预测系统），以"智运开放平台"和"网络货运平台"业务为载体，突出"场景化解决方案"，有利于智慧车场监管与服务平台建设、管理、运营，同时发挥资源整合优势。

一、研究背景

交通运输是目前国民经济中基础性、先导性、战略性的产业，是重要的服务性行业。自从改革开放以来，我国道路货运业取得蓬勃发展。2020年，中国1800多万的货运卡车司机完成了整个社会74%的货运量，对交通运输和社会经济发展做出了重要的贡献。

货运停车场作为交通运输的重要组成部分，对整个货运系统的运行水平、服务能力、安全运营、绿色节能等方面有举足轻重的作用。但是，由于货运停车场基础设施不完善、功能单一、管理散乱、货物和车辆安全难以保证，货运停车业务面临信息孤岛、资源分布不均、缺乏统一信息平台、需求不明确、技术方案落后、停车运营管理弱等问题。以上问题使得广大的货运卡车司机面临经营负担较重、从业环境较差等问题。

为了维护广大货运司机的合法权益，改善从业环境，2021年交通运输部发布了《关于加强货车司机权益保障工作的意见》。其中，意见提出了要着力改善改善货车司机停车休息条件，弥补夜间服务区停车问题、规范网络货运以及减轻司机经营负担。依托互联网、5G、人工智能等先进信息技术，创新物流企业的经营和业务服务模式，将各种运输、仓储等物流资源在多元、稳定的平台上进行优化和整合，扩大资源配置范围和效率，提高资源配置的高质量发展。国务院总理李克强提出"互联网＋高效物流"

的发展思路以提高全社会物流质量、效率和安全水平。为促进货运停车场智慧化、科学化管理，促进城区城市交通顺畅，改善卡车司机从业环境，本成果以交通部《关于加强货车司机权益保障工作的意见》为指导，以提升停车产业信息化、标准化、组织化、智能化水平，实现停车产业的转型升级，为我国物流业提质增效提供有力支撑为目标。为贯彻落实《物流业发展中长期规划（2014—2020年）》《营造良好市场环境推动交通物流融合发展实施方案》，加快形成物畅其流、经济便捷的物流大通道，为国民经济和社会发展提供有力支撑，本成果提出了以物联网为基础的智慧化、高效化、便利化的货运停车系统方案[1]。

二、智慧化货运停车系统的特点

货运停车场一般设置于市郊结合部。此类停车场主要为大型货运司机提供停放、保养、分拣、装卸、配送等服务，并配合流通调配中心，可以方便货物装卸管理，减少货运车空驶概率，利于提高运输效率和保护环境。随着工业4.0革命浪潮的兴起，互联网、人工智能等高新技术获得长足发展。物流业是现代服务业重要组成部分，"互联网＋高效物流"的思想逐渐催生信息技术与物流行业深度融合[2][3]。其中，智慧化停车系统的发展成为一种趋势，也是"互联网＋高效物流"的思想的重要体现，具有以下显著特征。

（一）多效融合

高效便捷的智慧化货运停车系统可促进物流与制造、商贸、金融等业务的多效融合。推进互联网＋车货匹配、运力优化，实现车辆、网点、用户等精准衔接。系统提供多类型接入服务，支持不同厂商停车系统按照标准接口进入，提高系统的兼容性，降低停车服务改造成本，推进货运停车服务运行。智慧化货运停车方案以"一票到底"的联运服务为目标，推动仓储、配送资源在线开放和实时交易。系统支持涉车服务集成和融合，包括但不限于洗车、维修、保养、金融、保险等服务。智慧化停车场服务系统可将O2O商业模式引入到车位管理中，提高货运服务的整体效率，改善货运司机的工作休息条件[4][5]。

（二）数据整合

智慧化货运停车场管理系统的使用者包括但不限于货运司机、停车场经营者以及运输需求方，各方都可通过App、微信小程序等媒介查询、发布货运信息。平台可获得海量货运信息，并提供精准的数据分析，包括车位利用率、区域货运需求热力、用户停车需求和习惯等信息，为各方使用者提供经营预测、决策的依据。开放的API接口可用于第三方货运停车场的接入，以及平台标准的API接口调用，并赋予第三方功能、接口、报表、流程的个性化定制，实现集数据整合与分析的一体化、可拓展、可升级的停车系统，以提高货运停车场运营管理能力和效率。线上与线下的货运资源被有效整合，线上线下公路运输网络系统化发展，车货高效匹配，并持续拓展信用评价、交易结算、融资保险、全程监控等增值服务。同时，依托标准化的数据接口，实现开放、互通、多品牌共存的多渠共营的货运停车系统[6][7]。

（三）信息共享

货运停车场的本质为货运市场，是运输业务交易的重要组成部分。通过信息服务，将促进货源信息和车辆的有效集聚。在信息化平台下，空车配货时间相比与无信息平台的匹配效率大大提升。信息的时效性也是判断货运停车场智慧化水平的重要指标，一般而言，货运信息提供的及时性决定了信息价值的大小。以物联网为基础的智慧化货运停车平台可以整合周边物流中心、调度中心发布的海量需求数据，可以及时的为停车场司机提供空置车位以及货代信息，构建移动终端应用，打通线上线下服务渠道，行成路内路外诱导一体化、综合化的货运停车运维管理系统，实现接口开放、信息共享、互联互通的功能[2][7]。可以增加停车司机使用体验，强化司机与货运需求方的深度互动和无缝衔接[8]。

三、智慧化货运系统构建方案

传统货运停车面临信息孤岛、资源分布不均、缺乏统一信息平台、需求不明确、技术方案落后、停车运营管理弱等问题，归根结底是缺乏相应的信息技术以及行业的统一标准等所致。智慧化货运停车系统需要多系统、多模块相互协同才能形成完整的智慧化停车体系[9]。该系统可推动传统货运业务活动向信息化、数据化方向发展，可促进货运停车相关信息特别是零散货运信息的开放共享以及融合发展，可夯实"互联网＋"高效货运发展的信息基础，形成以互联网融合创新为基础的货运停车产业模式。该系统基于海量的大数据，可将数据转化为货运行业价值和社会价值。在助力货运业务降本增效，提升货运停车环境高质量发展的同时，将货运停车服务向"司机"聚焦，着力解决广大的货运卡车司机面临经营负担较重、从业环境较差等问题。该成果以大数据整合、分析为重要的依托，智慧化货运停车系统将成为货运车主和司机的重要管理终端，可搭建起货运司机与车主、停车场之间沟通协调的桥梁，打造成为包含停车、运输信息共享、住宿、加油、保险、金融服务等在内的货运超级入口。

总体而言，智慧化货运停车系统需要综合管理平台、智慧停车管理系统、缴费系统等多系统协同工作，以交通部《关于加强货车司机权益保障工作的意见》为指导，以提升停车产业信息化、标准化、组织化、智能化水平，实现停车产业的转型升级，为我国物流业提质增效提供有力支撑为目标，着力解决停车难、找车难，车场管理难等问题，总体方案如下。

（一）智慧化货运停车系统总体设计

智慧化停车系统并不是单纯依靠货运停车管理系统来实现，而是需要多个子系统相互协同。智慧化停车系统是基于物联网技术，结合云计算、大数据、场景金融、支付结算等技术手段形成一个系统工程。充分体现系统的开放性和独立性[10]。在具体设计和应用中，将注重关键技术的设计和应用，保证智慧货运停车管理系统运行的持续性和稳定性。该智慧化货运停车系统与中国领先的物流科技与服务平台进行合作（该平台可实现千万级车载终端实时数据智能接入与快速分发，可对PB级海量停车数据分析、挖掘和治理，并拥有基于SVM的重载货车保险风险预测系统），以"智运开放平台"和"网络货运平台"业务为载体，突出"场景化解决方案"，有利于智慧车场监管与服务平台建设、管理、运营，同时发挥资源整合优势。

智慧化货运停车系统由停车场外部管理系统、内部管理系统和客户信息管理系统三大模块组成。停车场外部管理系统依靠移动互联网技术、GPS导航技术、地图3D街景可视化技术为货运车主提供移动停车服务，包括车位查询、维修点运营情况、周边货运需求、餐饮住宿服务、一键导航等功能；停车场内部管理系统适用于车场管理者、安保人员巡检、车牌识别、停车即附带服务费用收缴，避免传统收费模式的漏洞。内部管理系统为车场运维人员提供可视化的运维平台，包含车主、车辆、货物以及货运需求等信息，系统覆盖支付宝、银联、微信等第三方支付平台，货车司机在场区可轻松完成线上交易[3][11]。客户信息管理系统为C端用户池，可通过数据分析对用户行为进行分析，并影响着货运停车的业务发展方向。停车场外部管理系统、内部管理系统和客户信息管理系统三大模块相互协同、无缝衔接，可实现停车场运营管理方、货运司机、货运需求方等不同群体之间的深度融合与协作。系统整体结构如图1所示。

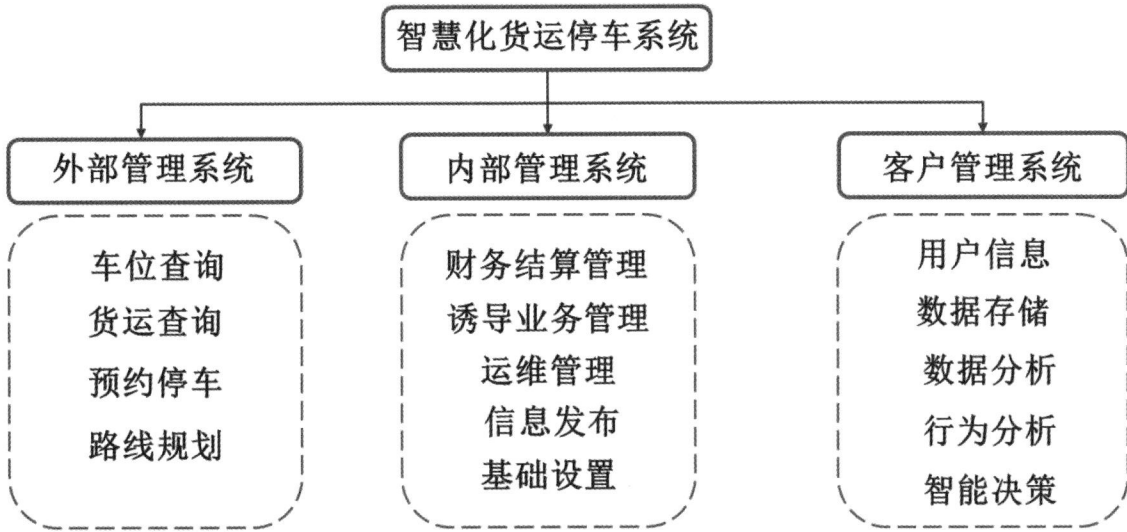

图1 系统整体结构

（二）智慧化货运停车客户使用系统

智慧化货运停车外部系统为货运司机使用的终端系统。通过开发智慧化货运停车App/小程序，以系统数据支持，为用货运司机定制个性化停车服务，包括车位查询、预约停车、预约住宿、智能引导、路线规划等。通过电子化、数据化方式采集货运停车活动的相关信息，实现应用电子面单、电子合同等数据化物流活动信息载体，为"互联网＋"货运停车系统发展创造基础条件，促进货运业务和停车交易传统模式革新。该系统可统筹利用货运数据资源，为货车司机优化配送路线和运力，并依据实时路况动态调整，可实现供应商、配送车辆、停车场、用户等各环节信息的精准对接，进而提升货运运输效率和运输环境。

智慧化货运停车客户使用系统依托车联网大数据与5G技术，结合不同的货运运输业务以及货运场景实际需求，在获得车主充分授权的前提下为货运司机提供车辆位置信息、货运信息共享、货运接单等功能，实现周边货运信息的数字化、可视化管理，帮助货运司机提高运输效率，降低运营成本。该系统与战略合作平台进行合作，可实现全国范围加油打折、金融授信用油及多元增值服务于一体，可提供金融授信、垫款加油及便捷开票等全方位加油服务。针对货运司机用油成本高、油品质量难识别、优惠幅度小等痛点，该系统可以联合石油企业发行可全国范围使用的加油专用卡，实现一张卡即可享受全国垫款加油、加油优惠、代开电子发票等服务。

智慧化货运停车外部系统如图2所示。货运车主通过App/

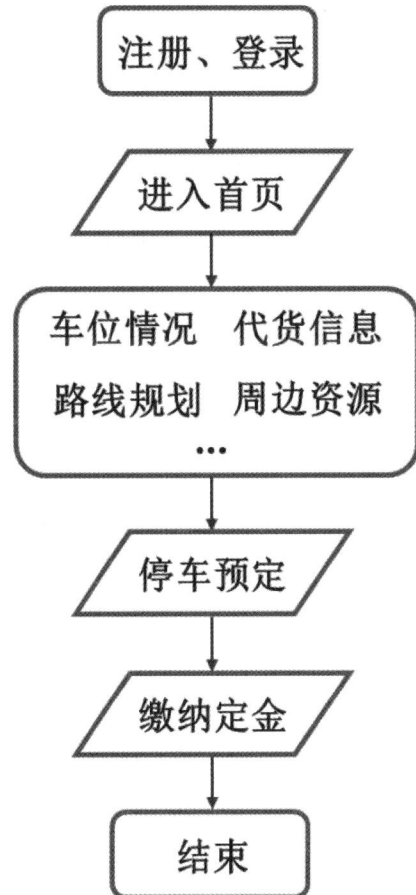

图2 系统外部结构

小程序可查找停车场和车位信息，终端支持一键导航，方便司机查询停车场内停车、住宿、餐饮、代运等相关信息和价格。用户端可以注册登记，终端首页实时展示停车场车位使用量、导流情况、代运货物信息等相关信息，以保证司机获得信息的时效性，方便货运司机及时调整货车路线、错峰停车，充分利用货运停车系统提供的周边货运资源，缓解信息孤岛问题[3][7]。

（三）智慧化货运停车内部管理系统

智慧化货运停车内部系统适用于车场管理者，应具有以下的功能：

（1）感知功能。货运停车场的管理设备众多，主要包括车位统计、车位引导、智能寻车、监控、智能通道闸等设备。停车内部系统可通过标准化接口与相关设备连接，实现系统对整个停车业务信息进行全面、系统的管理功能。智慧货运停车管理系统，可以满足多业务、多场景化的货运车辆停车管理需要，拥有先进的感应系统架构，可以实现货运停车场云端和本地化管理的个性化需要。

（2）数据整合、分析、交换功能。系统可根据数据访问的时效性要求对相关数据进行收集、并将数据进行分级存储，根据不同的场景需求，存储方式一般采用分布式存储、磁阵存储或者缓存存储；数据分析是整个智慧化货运停车系统业务运行的支撑，智慧化系统可根据业务场景的不同要，对海量的数据进行分析、处理。建立标准化的API开放接口，以满足第三方平台的接入需求，满足向通信运营商、互联网企业、导航服务商、金融服务商、餐饮住宿服务商等停车相关服务商开放应用，形成货运停车的闭环管理，建立开放、互通、多品牌共存的多渠共营的货运停车系统[12][13]。

（3）应用功能。在数据层提供基础服务的基础上，停车管理者可通过内部系统的应用层实现停车管理、运营管理、财务管理、运维管理等功能。通过停车管理者视窗，管理人员可对停车场实时信息、财务结算、运行情况等方面进行管理，相关数据可以图表化的形式进行展示[3][14][15]。决策者可以根据地图热力图、相关数据分析来评估停车场的整体运营情况，以便为决策者停供决策参考。

停车场内部管理系统可对整个停车业务信息进行全面、系统的管理，本成果适用于车场管理者。车场管理者可以根据本成果的可视化功能，对停车场中的车辆和货物进行实时监测，可在线安排安保人员进行巡检，对突发问题做到及时响应。本成果可覆盖支付宝、银联、微信等第三方支付平台，车场管理者在后台可以查看实时的交易数据和情况，并根据系统的智能化算法，对不合理的运营模型进行调整。通过北斗车联服务模块现可获得超过109万辆营运车辆数据。根据本成果聚合的停车监控、停车交易、停车运营、支付结算等数据，停车管理者可以根据相关数据，对停车场的整体运营情况进行评估和决策。通过完善信息交换开放标准体系，可促进本成果与北斗连车服务之间的物流信息和商业信息，以及与政府公共服务信息的开放对接，实现货运信息互联互通与充分共享。

智慧化货运停车内部系统如图3所示。

此外，C端用户是货运停车中重要的一环，C端用户池、用户行为分析影响着货运停车的业务方向[16]。因此，智慧化货运停车客户系统可以集中用户资源信息并进行数据分析，包含线上线下用户、活跃用户、停车行为分析、停车习惯等[17]。客户管理系统如图4所示。

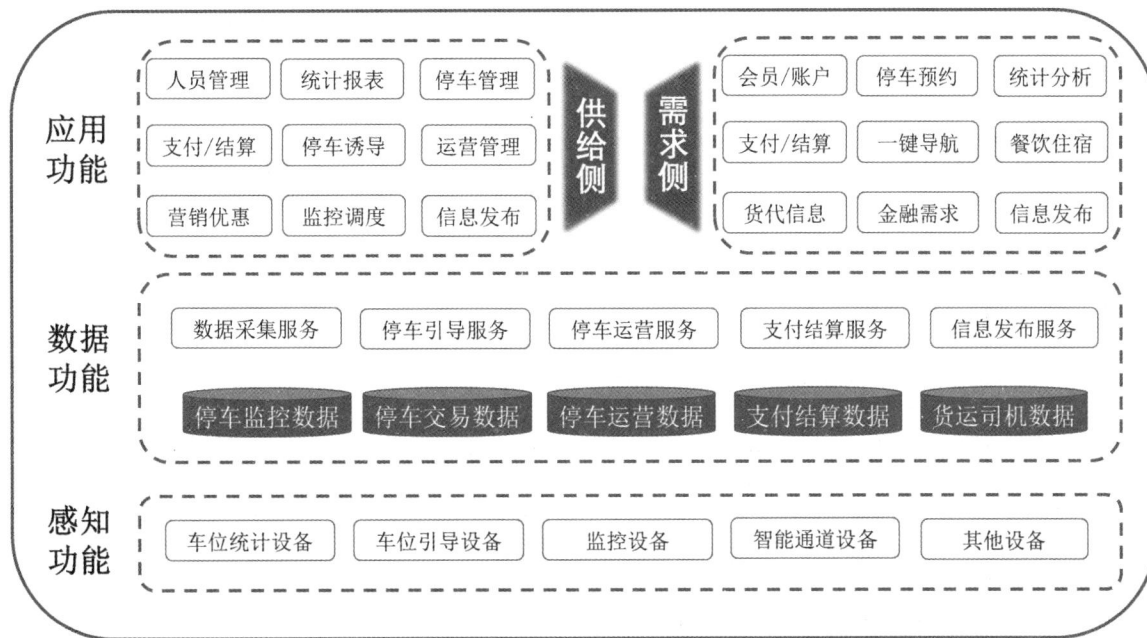

图3 系统内部结构

四、结语

智慧化货运停车的实现需要应用大量新技术，要以数据为支撑，才能打破货运停车管理系统信息孤岛，解决停车难、找车难、运营难、休息难等问题，缓解城市周边交通压力，提升停车服务水平。以"互联网"为基础的货运停车管理系统，采用"互联网＋高效物流"的发展思路，完善货运停车场基础设施，增强货运停车的管理能力，减轻货运司机的经营负担以及改善司机的从业环境。与传统停车管理系统相比，本文提出了多系统、多模块相互协作的智慧化停车方案，在停车管理系统运作的快捷性、客户管理的精准性、货运车主停车的方便性等方面具有显著优势，着力解决了货运停车面临的信息孤岛、资源分布不均、缺乏统一信息平台、需求不明确、运营管理弱等问题。

本文主要从客户和管理者的角度对智慧化货运停车系统方案进行了阐述和分析。从客户的角度来看，本成果可为用货运司机定制个性化停车服务，

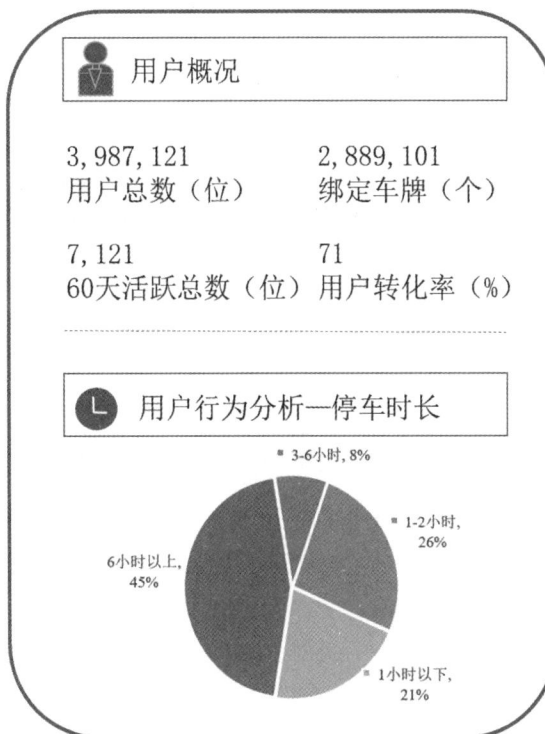

图4 客户管理系统

包括车位查询、预约停车、预约住宿、智能引导、路线规划等。客户使用系统将O2O商业模式引入到车位管理中，可进一步提高货运服务的整体效率，改善货运司机的工作休息条件。从管理者的角度来看，本成果可方便车场管理者对整个停车业务信息进行全面、系统的管理。根据系统的可视化、信息化等智

慧化功能管理人员可对停车场实时信息、财务结算、运行情况等方面进行全面管理和分析，以提高货运停车场运营能力和效率。智慧化货运停车场管理系统可赋予第三方功能、接口、报表、流程的个性化定制，实现集数据整合与分析的一体化、可拓展、可升级功能，并依托标准化的数据接口，实现开放、互通、多品牌共存的效果。

【参考文献】

[1]张春菊,李冠东,高飞,史超,朱少楠."互联网＋"城市智慧停车模式研究[J].测绘通报,2017(11):58-63.

[2]刘典,张飞舟.城市停车场实时车位获取与分配研究[J].计算机工程与应用2017,53(07):242-247.

[3]刘冠辰,王柏谊.货运智能停车场管理系统设计[J].物流技术,2017,36(02):75-77＋113.

[4]李克强主持召开国务院常务会议部署推进互联网＋物流http://www.cac.gov.cn/2016-07/20/c_1119252286.htm

[5]陈曦.应用高位视频人工智能技术 天津ETC停车实现"快停快走"[N].科技日报,2021-08-23(006).

[6]刘伟,黄瑞.北斗高精度定位技术在智能交通中的应用[J].集成电路应用,2021,38(07):81-83.

[7]赵磊.智慧停车管理系统的设计与应用[J].中国高新科技,2021(08):130-131.

[8]陈选滨.智慧停车未来在哪?[J].城市开发,2021(07):61-63.

[9]杨丽君,韩英杰.智慧停车场管理系统的设计与实现[J].科学技术创新,2021(07):95-96.

[10]李江涛.基于货运卡车轨迹大数据的货运OD信息提取方法研究[D].北京交通大学,2019.

[11]杨念念.城市货运交通管理政策研究[D].中国人民公安大学,2017.

[12]徐敏.物流中心停车场管理系统的设计与实现[D].广西大学,2016.

[13]杨洋.城市货运停车场停车需求与布局模型分析与应用[D].西南交通大学,2015.

[14]房涛,刘淑永,李良.港口城市货运停车场规划研究——以青岛市黄岛区为例[A].中国城市规划学会城市交通规划学术委员会.新型城镇化与交通发展——2013年中国城市交通规划年会暨第27次学术研讨会论文集[C].中国城市规划学会城市交通规划学术委员会:中国城市规划学会,2014:6.

[15]王贺杰.娄底市停车设施规划的研究[D].长沙理工大学,2012.

[16]刘志明,邵勇,贺娟.天津滨海新区中心城区大货车停车问题研究[A].中国城市规划学会、南京市政府.转型与重构——2011中国城市规划年会论文集[C].中国城市规划学会、南京市政府:中国城市规划学会,2011:6.

[17]姚志刚,王元庆,周伟.城市货运规划理论框架[J].综合运输,2005(04):68-70.

成果创造人：范金魁、赵元、范书成、郭昱良、许亚东

铁路装备制造企业以高质量发展为核心的转型升级实践

中车长江运输设备集团有限公司

中车长江运输设备集团有限公司（简称：中车长江集团或公司）成立于2018年5月，注册资本金56亿元，隶属于中国中车股份有限公司，是中国中车推动业务重组、持续深化改革的"先行者"和"试验田"，由长江公司、太原公司、西安公司、眉山公司和贵阳公司整合重组而成。重组后的中车长江集团总部位于湖北省武汉市，旗下拥有一级子公司7家、分公司1家；二级子公司14家（含控股、参股）、分公司7家。

中车长江集团致力于成为全球一流的物流装备系统供应商，是全球重要的铁路货车及关键零部件研发、制造、修理、销售与服务的企业，铁路货车产品种类涵盖铁路敞、平、棚、罐、漏斗车、铁路货车配件等12大系列；致力于提供冷运装备、联运装备、核心零部件等装备及系统解决方案；立足物流装备，向装备制造等配套服务的衍生领域拓展，满足客户的定制化、多样化需求，提供全方位全寿命周期服务。当前，中车长江集团提供的产品和服务已经遍布全球50多个国家和地区。

一、项目背景

（一）实施转型升级是主动应对市场波动的现实需要

从业务结构方面来看，中车长江集团主营业务为铁路运输装备，特别是铁路货车"一业独大"，其收入占比超过85%，而铁路货车属于买方市场，对国铁集团等大客户和运输政策依赖性强；从整个"十三五"时期的发展来看，铁路货车业务发展不均衡、波动较大，整体收入规模呈现倒"V"趋势，2015—2016年铁路货运量连续下滑，货车采购量跌入低谷、年均采购不足2万辆，内部各成员企业大面积亏损。2017—2019年抓住运输结构调整机遇和《打赢蓝天保卫战三年行动计划》《2018—2020年货运增量行动方案》等政策红利，呈现较大幅度增长，而2020年又逐步趋缓；从多元化发展来看，多元化产业结构尚未形成，新产业发展创新能力不足，速度和规模不够，业务多而不强，呈现局部性和零散性，未能形成支柱效应，公司抵御市场剧烈波动和经营风险的能力较弱，需要通过实施转型升级，通过调整优化业务结构，改变"一业独大"的局面，增强抵御市场波动的能力。

（二）实施转型升级是积极满足市场需要的必然要求

从国内市场来看，伴随着互联网、大数据、人工智能等新一代信息技术与先进制造技术的深度融合，以柔性制造、协同制造、绿色制造、服务型制造等为代表的新模式蓬勃发展，以国家能源集团为代表的大客户和自备车市场对智能互联、绿色环保、便捷高效的新产品需求不断出现，同时传统铁路运输装备按照重载、快捷、集装、专业运输需求进行升级也将创造一定市场增量；从国际市场来看，虽然受新冠疫情和贸易保护主义影响，国际化进程趋缓，但根据德国轨道交通权威咨询机构SCI Verkehr公司对疫情后全球铁路货车市场预测，"十四五"后期市场会有一定增长。同时，随着"一带一路"倡议的深化，沿线的亚、非、拉地区国家的交通基础设施建设仍处于起步阶段，对铁路建设和铁路运输装备需求非常迫切，中国政府也采取了一系列举措，指导和推动中央企业作为独立的市场主体，参与"一带一路"重点项目建设。

（三）实施转型升级是转换市场经营机制的重要举措

党的十八大以来，中车长江集团按照国资委国企改革"1+N"政策体系和中国中车"1+20"改革文件体系要求，各项改革工作取得了积极进展，但是主要改革为解决历史遗留问题、压缩管理层级和压减法人户数、处僵治困等影响公司健康发展的领域。对标民营企业和中车、行业内先进企业，一方面公司发展思维囿于传统铁路货车企业，思想解放不够，主动适应外部变化、主动变革观念有待进一步提升，市场化经营机制亟待完善与突破，特别是在法人治理结构、职业经理人的引入及管理、经理层市场化选聘和契约化管理、中长期激励机制等方面，差距较大；另一方面虽然科研课题多、立项多、方案多，但真正成为商品的少，批量生产的少，带来效益的少，亟需通过改变科技成果评价的激励机制，切实提高科技创新成果转化效率。

二、项目内涵和主要做法

中车长江集团的转型升级实践，经过3年多的探索，总体是以公司高质量发展和为客户提供价值为中心，按照"提升市场竞争力"的总目标，通过"四化"的路径即：通过多元化转型发展，增强抵御市场波动的能力；通过国际化转型发展，持续扩大市场开拓空间；通过市场化改革升级，促进转换市场经营空间；通过数字化升级，紧跟新兴市场的需求，持续调整优化产业结构、资源配置、组织架构，持续培育引进新兴产业发展、国际化经营、数字化升级所需的人才，持续保持理念创新、技术创新、管理创新，最终实现新兴产业占比持续提升、国际化保持中车前列、入选国资委"科改示范行动"企业名单、两化融合指数不断攀升的转型升级目标，为公司"十四五"时期的高质量发展奠定坚实基础。其核心内涵如图1所示。

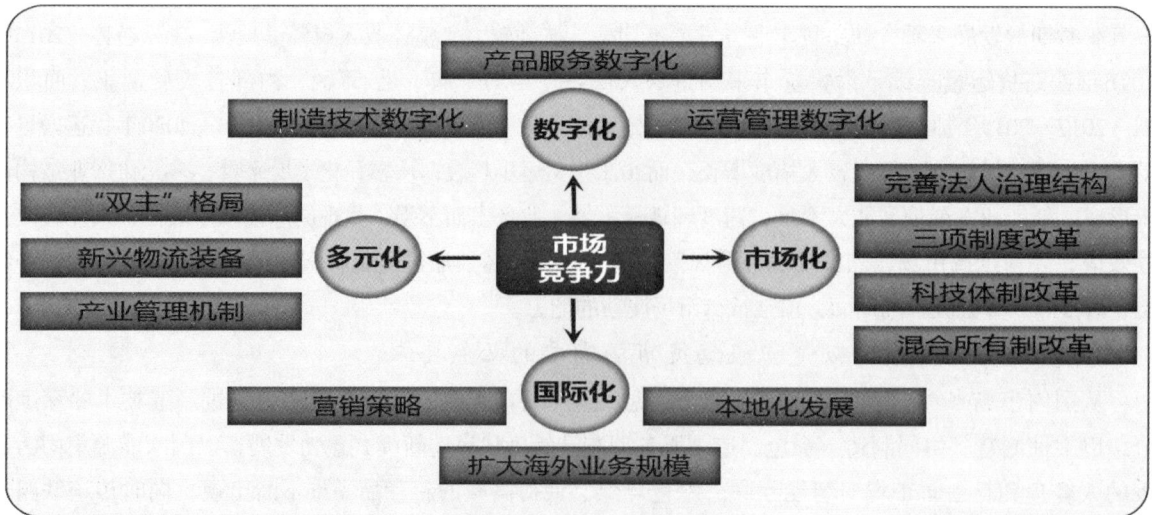

图1　中车长江集团以打造市场竞争力为目标的转型升级框架图

（一）推动多元化转型，增强抵御市场波动的能力

推动多元化转型，是在市场机制作用下公司谋求持续发展的一种手段，其目的是为了规避依靠单一业务的经营风险，充分挖掘利用企业经营资源的潜能，拓宽企业发展空间和领域，以便长期稳定地经营和追求最大经济效益。

1.构建"双主"产业新格局

将公司的愿景定位由"铁路运输装备"改变为"物流装备系统"，面向国内、国际交通运输领域，聚焦货物运输过程中装卸、转运效率不高的行业难点，基于货物运输全过程即：装货—短途运输—货场集中—铁路干线运输—货车分流—短途运输—卸货，不离开公司的技术和市场基础—铁路运输装备（铁路货车），构建高效转接（快装、快卸）和多式联运产业平台，同时按照使用功能和运用场景，配套建设相关联的子平台/系统/模块（如公铁一体化运输平台、智能化单元装卸系统、智能空轨集疏运系统等），发挥各成员企业地域优势，进行产品差异化配套，同时构建集中统一的信息、运维、分析、服务平台，通过资本合作的方式补齐产业链、供应链短板，加大技术研发和合作力度，布局新兴产业平台实现的技术支撑体系，最终确保实现端对端、高效率、高效益的目标。长江集团产业布局框架图如图2所示。

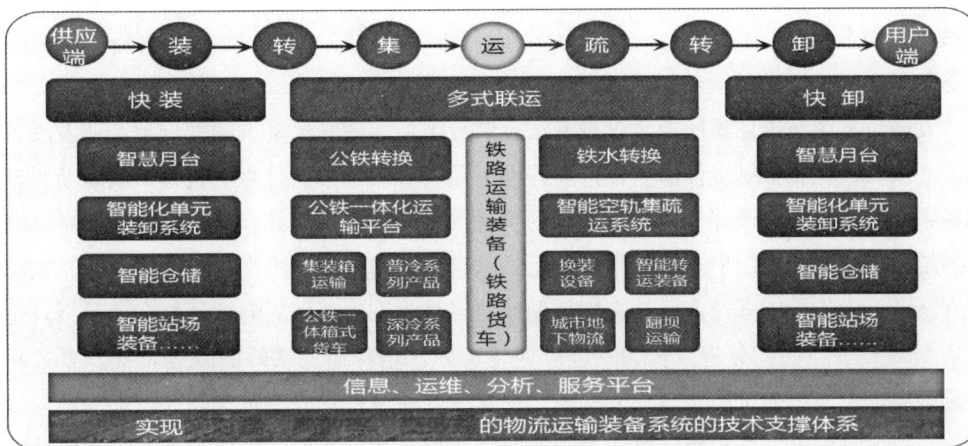

图2　长江集团产业布局框架图

在产业布局的框架下，保持战略聚焦，保持发展定力，确立铁路运输装备、新兴物流装备的"双主业"产业发展战略。立足于公司实际、行业方向、长远目标，以全球化视角、产业链维度，系统性地思考新兴物流装备的发展路径和措施，合理配置技术、人力、生产要素、资本资金等资源，形成以铁路运输装备产业和新兴物流装备产业（包括冷运装备产业集群、多式联运装备产业集群、基础设施等）为主体，向与"双主业"发展高度相关的物流贸易及服务、技术咨询与服务等现代服务业衍生，通过集群式、规模化发展形成竞争优势。

2.大力发展新兴物流装备产业

冷运装备产业集群。按照深冷、冷链装备产业化方向，聚焦节能、环保、绿色、轻量化及高可靠性冷运装备研制，车箱并举，目标为行业首选的冷运物流装备系统供应商；加强市场调研，深化推进与高等院校、科研单位、供应商等合作，开展关键技术研究，提高铁路冷链装备的研究水平，缩短研制周期，确保经济适应性强；着力加强市场营销体系建设，深化与用户之间的战略合作，常态化对接国铁

集团和中铁特货公司，持续探索融资租赁、合资并购等新合作模式；依托中车在海外的市场资源，加大海外市场开拓力度，建立稳定客户关系，力争市场开拓和产业化发展取得新突破。完善在职人员培训体系，积极开展职业培训，逐步形成高校、科研院所、行业协会和企业联合培养人才新模式，为实现产业化目标提供支撑。

多式联运装备产业集群。按照公铁联运装备、铁路智能站场装备、智能空轨集疏运系统产业化方向，聚焦铁路站场、物流园区、枢纽港口、内河翻坝等物流转运场景，建立满足多式联运、高效转接的产业化平台，形成总部搭建产业化平台—内外部行业公司合作开发—各成员企业专业化配套的发展机制，目标为引领行业的高端多式联运装备系统供应商；按照混合所有制改革思路，加快"产学研用"融合，深化与产业链、供应链端企业合作，推动多式联运装备产业化体制机制改革；深化与用户共建新的行业生态，突破传统营销模式，定制营销策略，运用多元化商业合作模式开展市场推广，促进成员企业形成市场联动机制；依托中车在海外的市场资源，加强海外市场研究，实现产业化发展跨越式突破。

基础设施与服务业。发挥成员企业地域优势，补齐物流装备系统产业发展过程中基础设施的短板，通过自建、合资合作等可行性路径，支撑"双主"战略落实；围绕后市场业务，从"双主"产业链延伸和技术升级两个维度，以物流服务、技术咨询与服务、数字化、经营性租赁等为重点，构建服务网络、平台和基地；聚焦主业实业拓展租赁市场，利用中车内部支撑和平台业务资源，创新合作模式，做好风险化解，带动做大做强主业。

3.建立健全新兴产业管理机制

研究制定并发布了《中车长江集团产业管理办法（试行）》，建立了基本制度规范产业发展管理，为有序、高效发展新兴产业提供制度保障。在产业管理层面明确"分类、分级"流程，实现新兴产业从项目寻找、调研、立项、培育、产业化等各个阶段的全过程管理，实现总部与所属企业发展新兴产业的目标同向、思想统一、步调协同。中车长江集团立足长远与当下两个发展维度，将发展"第二主业"划分为战略性新兴产业、成长性支撑产业、补充性辅助产业三个类别，其中战略性新兴产业是指具备一定发展基础，具有较好发展空间，有望成长为支柱产业（比如：培育初见成效的冷运装备、多式联运装备、智能化站场装备等），加大资源倾斜力度；成长性支撑产业是指具有一定成长性，能为产业结构调整、产业链优化、价值链提升发挥积极支撑作用的产业（比如：铁路零部件配套业务、大型钢结构、轨工配套业务以及物流装备租赁、维保等服务业务），以成员企业为主，总部建立平台共享机制和激励机制；补充性辅助产业是指利用既有资源，通过少投资（或不投资）即可在短期内实现效益的相关产业。

构建新兴产业发展联动与共享平台，建立了产业发展季度"简报"机制和年度集中研讨、评价机制，推动产业发展的内外对比和质量提升工作，为激发内生发展动力创造有利条件。推动实现产业发展信息互动、新兴产业项目立项前置评审等关键管理流程的信息化上线，固化管理流程，提升管理效率与质量。将新兴产业发展纳入中车长江集团总体绩效评价体系，突出评价侧重，各管理层级聚焦发展专项提升签署产业发展年度重点工作责任书，压实产业发展主体责任。经过近三年的探索与实践，中车长江集团在新兴产业管理上建立了比较系统的体系，各管理层级形成了基本的发展共识，同心力、向心力、凝聚力、协同力得到明显提升，取得比较显著的管理成效。

（二）推动国际化转型，持续扩大市场开拓的空间

积极应对经济全球化遭遇逆流的新态势，按照"走出去—走进去—走上去"的转型路径，通过整车、零部件及新兴物流装备的本地化经营、国际合作，促进公司从单一产品出口向"产品＋服务＋投

资+运营"的复合商业模式转型，提升公司国际化经营品质和海外市场综合竞争力，努力拓展国际市场空间。

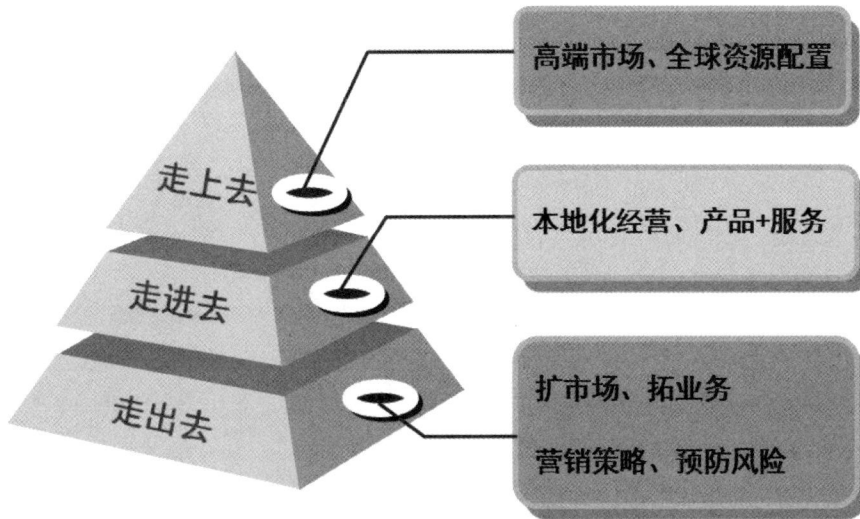

图3　长江集团国际化转型发展路径图

1.科学制定海外营销策略

结合市场具体情况和企业发展实际，积极响应国家"一带一路"倡议，形成"核心市场（澳洲、非洲、东南亚、南美、中东等）、重点关注市场（北美、中亚、南亚等）、关注市场（欧洲、独联体等）"三级区域开发策略，在此基础上合理配置资源，实施动态调整。

对核心市场采取的策略：在较为成熟的出口贸易基础上，推进国际合作，用好投资并购等资本手段，深入推进"五本模式"，开展本地化经营。以合资公司、子公司的方式设立制造维保基地，做好本地化制造和企业经营，树立本土化企业形象。

对重点关注市场采取的策略：进一步拓展出口贸易渠道，提升市场份额，攻克并巩固重点和关键客户。以分公司、代表处的方式设立分支机构，做好本地化服务和商业开拓，树立主流影响力的供应商形象。

对关注市场采取的策略：搜集市场信息，开发市场客户，实现销售订单，打开市场突破口，逐渐站稳脚跟，实现从无到有、从弱到强。高效优质地完成销售订单，做好树立有竞争力的供应商形象。

2.持续扩大海外业务规模

高度关注中资企业海外建设特别是"一带一路"建设项目，做好中资企业在海外投资总包项目的交通运输装备供应商。充分利用中车集团平台，借力中车国际公司和中车全球分支机构，拓宽业务来源，在重大项目上做好与主机企业的业务协同。

积极推进集团内部国际业务有效协作，调动各成员企业共享资源、共拓市场的积极性。如阿联酋石砟漏斗车项目，海外产业中心前台对接客户，牵引商务过程，太原公司在制造质量、成本管控、产品交付等方面无缝对接，成为营销平台与制造企业共享信息、共谋市场的示范性项目。海外产业中心与眉山公司海外部分享信息，共享资源，对市场开发起到了促进作用；建立海外电商平台并投入试运行，集中培训相关人员，进一步完善了与客户连接的渠道；整合国内外各方面资源，积极向境外推介现有的新兴产业项目，促进冷运装备、智能空轨集疏运系统等的境外销售。

3.推动海外业务本地化发展

发挥公司研发、新造、维保的系统资源优势，向下游延伸产业链。在单纯的产品销售之外，提供"维保＋运营"和融资租赁等价值链延伸服务，推动公司从铁路运输装备供应商向系统解决方案提供商转型，适应国际市场对各种产品、服务的"打包"需求。通过投资并购、合资合作等方式，加强海外产业布局，目前在海外共有5个海外分支机构，包括3家海外公司和3家办事机构，即中车长江澳洲技术服务有限公司（控股）、美国鼎点铁路车辆有限公司（参股）、中车长江车辆有限公司阿布扎比分公司、几内亚代表处、智利代表处，这些海外机构已成为公司深度接触客户、占领站稳市场的桥头堡。致力于维保业务的开拓，先后签约几内亚达圣维保0.8亿元，阿联酋二期维保9.98亿元，塞拉利昂维保0.57亿元，维保为期分别为5年、15年、3年，维保业务在给公司带来稳定的海外收入同时，还将长期绑定与客户合作关系。

（三）推动市场化改革，促进转换市场经营的机制

企业生存的土壤是市场，企业经营就是要不断适应市场，提供满足市场需要的产品或服务，从而实现经济效益和社会效益。"加快建立健全市场化经营机制，着力提高企业活力和效率"是国企改革的关键点，公司抓住政策窗口期，坚持走市场化改革之路，不断提升经营管理理念、提升产品和服务价值、提升市场竞争能力。

完善公司治理 体制机制	健全市场化 选人用人机制	强化市场化 激励约束机制	激发科技 创新动能	坚持党的领导 加强党的建设
■ 混合所有制改革 ■ （差异化监管模式） ■ 董事会建设 ■ 授权体系	■ 经理层任期契约化和职业经理人制度建设 ■ 市场化用工 ■ 科研核心骨干退休返聘	■ 短期激励：采用灵活高效工资总额管理机制 ■ 中长期激励：股权激励、分红激励、员工持股、超额利润分享、项目跟投等	■ 企业可重点开展以企业为主体，市场为导向，产学研相结合的技术创新的体系改革解决创新合力问题 ■ 三支人才队伍建设	■ 严格落实"四同步"、"四对接"要求 ■ 把方向、管大局、保落实 ■ 落实"三个区分开来"要求

图4　长江集团重点改革领域图示

1.逐步完善公司法人治理结构

完善中国特色现代国有企业制度，坚持把加强党的领导与完善公司治理统一起来，积极推进落实党建工作进章程，董事长、党委书记实行一肩挑；推动改变中车长江集团董事会组成结构，改革前9名董事会成员全部由中车长江集团高管和所属成员企业部分高管担任。为加强和改进董事会建设，充分发挥所属企业董事会作用，提高科学决策水平，共引入4名外部董事，中车长江集团内部仅董事长、党委书记，总经理，专职党委副书记等3名高管保留董事席位。改革后，外部董事席位超过本单位的董事席位，同时进一步优化公司章程和董事会、监事会、党委会、总经理办公会、职代会等机构议事规则，合理界定各治理主体的权利义务，希望逐步形成更加合规高效的决策与监督机制；同时，中车长江集团所属8家一级子公司董事会同步进行调整，选择政治站位高、工作履历丰富、综合素质好、决策能力强的干部跨单位担任外部董事，实现外部董事占多数，持续提升一级子公司的治理能力。

2.持续深化三项制度改革

创新"两制一契"管理（即聘任制、任期制、契约化），在既有经理层和中层干部中实施"两制一

契"管理。首先，按照领导班子及领导人员任期为三年的要求，逐步调整企业董事会任期与领导班子任期保持一致，新提拔（新交流）任职的领导人员任期与班子其他领导人员任期保持一致；其次，契约化的形式具体为《聘任协议书（或任职承诺书）》《年度目标责任书》以及配套的综合考核评价办法、薪酬管理办法；针对一般员工，中车长江集团将深化劳动用工制度改革，建立公司层面的用工调剂机制，协调各成员企业间形成规范、高效、责任明确的用工调剂机制，节约用工成本、降低劳务费用；同时，完善市场化用工机制，健全员工履约评价，根据人才盘点结果差异化实施解除合同、留岗查看和调薪调岗，畅通人员退出渠道。

在新兴产业公司试点推进市场化选聘职业经理人。在实施"科改示范行动"前，新兴产业项目团队的负责人多在总部中层干部中进行选拔，绩效考核体系比照总部部门执行，内生动力明显不足。实施"科改示范行动"后，首先在新兴产业项目团队进行全社会公开招聘职业经理人，薪酬总水平按照"业绩与薪酬双对标"原则，通过"阶段目标＋阶段评价＋阶段考核＋退出硬约束"的契约，建立职业经理人信誉档案，规范职业经理人管理，目前聘任的职业经理人均在新兴产业项目团队中发挥领军作用。

以效益为导向，围绕公司经营发展。在分析、评价的基础上，建立了工资总额与"营业收入、企业增加值、归属母公司净利润"挂钩的分配模式，充分发挥薪酬的杠杆作用；积极探索中长期激励路径，选择条件成熟的新兴产业项目作为试点，按照"风险共担、利益共享"原则，利润分享与公司业绩、个人绩效双挂钩，同时匹配超额利润分享、虚拟股权等中长期激励方式，激励约束并重；以"价值和贡献"为导向，针对核心技术、管理、技能人才，持续优化选拔和年度业绩评价，并根据考评结果兑现年度奖励。针对一些重大项目，项目团队签订的《项目计划实施责任书》为基础，按照年度经营利润预算目标的阶梯累进制给予项目实施主体提成奖励。

3.科技体制改革激发创新动能

针对科研创新成果转化不足、科技创新效率不高的突出问题。为改变科技创新评价导向，中车长江集团确立了基于"科改示范企业"的技术评价原则（如图5所示），形成与之相关的技术评价体系和相关规范，明确转化要求的数量和效率，采用定量和定性相结合的方式，设立创新资源、创新能力、创新绩效、创新管理、科技激励4个一级指标、18个二级指标及若干评价项目，其中创新绩效权重达60%，充分调动科技人员的积极性。

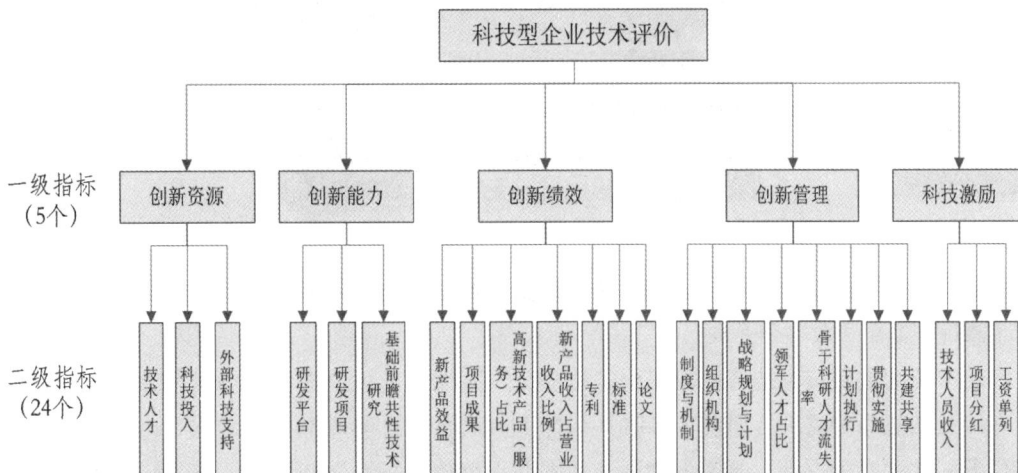

图5 中车长江集团科技型企业技术评价模型

整合公司内核心研发资源，成立科技开发分公司。对内以合同形式对各成员企业进行技术支持和成果转化；对外提供主营业务以外的产品研发及销售、技术咨询、技术服务、试验及检测等业务，逐步完善业务开展、激励和考核等内部配套制度体系。在新机制变革下，一系列既满足货物集装化运输、快捷运输，同时又代表行业技术发展方向的专业化运输、多式联运方面的技术如：40英尺LNG国标罐箱、发电箱、新型机械冷藏车、智能空轨集疏运系统等逐步实现成果转化。

重点针对产品模块化设计水平低、各成员企业研发数据管理完整性和系统性不够等突出问题。按照"技术集中研究，产品联合设计，能力共建共享"的思路，通过实施"打通—拓能—扩容"的三步走策略，开展一体化精益研发平台建设工作，规范统一研发数据的代码和格式，已创建1582种各级标准件、1.5万个标准件实例、252件客通件、338件货通件、900余件企业通用件，初步打通了数据"孤岛"和完成了型谱建设，为各子系统建设及实现研发高效协同打下坚实的基础。

4.创新实施混合所有制改革

按照"统筹策划、一类一策、稳步实施"的总体要求，统筹内外部资源和力量。一方面中车长江集团推动目前已经是股权多元化的2家企业（贵州汇通申发钢结构有限公司、眉山中车制动科技股份有限公司）进一步通过"混资本"达到"改机制"目标，同时积极探索中长期激励，鼓励做优做好；另一方面推动紧固连接系统（眉山紧固件公司）及减振系统（贵阳弹簧事业部）等2个成熟产业板块，通过混合所有制改革，引入战略投资者，实现产业做大做强；最后一方面以长江公司冷智装备和运智装备等2个分公司为载体，试点职业经理人和中长期激励等，通过新设混合所有制的独立法人实体，实现产业突破。

（四）推动数字化升级，紧跟新兴市场需求的方向

顺应新一轮科技革命和产业变革趋势，依托成熟的研发制造平台、丰富的产品应用数据、知名的中车品牌优势，结合精益管理理念和体系要求，以推进公司产品服务、制造技术、运营管理升级为主要任务，推动传统铁路运输装备智慧升级，拓展新兴物流装备市场，整合资源、重组要素，为用户提供系统解决方案，达到提高效率、提升质量、降低成本、提升能力的目标。

图6 中车长江集团数字化转型图示

1.推进产品服务数字化升级

推动传统的铁路运输装备向数字化、智能化、高端化升级，提升市场竞争力。为实现产品运行无人值守以及状态修等需求，研制了多款具有自主知识产权的车/箱载数据终端，内置大容量、长寿命、耐高低温一次性动力电池，具有低功耗、数据断点续传等特性，并预留北斗卫星短报文通信接口，较好地解决了铁路货车自身无电等、铁路运输信号盲区问题，从技术层面为产品的物联数据采集、传输

扫清障碍。

在新兴物流装备产业推进过程中，研制发电集装箱，可满足8个冷藏集装箱进行集中供电连续供电需求；研制新能源冷藏箱，实现远程对集装箱箱内温湿度实时监测以及对制冷机组的启停、温度调节控制；通过给LNG系列冷运装备产品加装防爆传感器，保障运输安全；研制智能空轨集疏运系统，应用无人驾驶、自导航全向车、货运动车自提升、自动着箱、防摇纠偏等智能化技术，基于AR/VR的现代物流规划工具开发及应用等，实现港口、铁路、公路等集装箱发散中心之间的有机衔接；研制多式联运换装及智能化装卸系统，采用无线遥感、机载传感、机器视觉、机器人等智能化技术，实现集装箱与货物的智能化、自动化快速换装，大幅提高装卸效率。

基于物联网、大数据等技术，建立起长江集团统一的物流装备服务平台，实现冷运装备、多式联运装备、铁路运输装备等联网的智能化产品的状态监测，为产品运行、维护等创新应用赋能。运用机器学习相关技术，初步建立起轴承和制动故障诊断与预测的基础算法模型，目前可识别18种故障类型的特征，识别故障的概率在98%以上，整体准确率在90%以上，为铁路货车状态修打下良好基础。

2. 推进制造技术数字化升级

基于精益生产理念，开展"数字产线/数字车间"建设，实现生产全过程数据的动态控制与调度，不断提升企业柔性化、准时化生产制造能力，进一步提高劳动效率，降低劳动强度，提升安全本质度，保障产品质量，实现制造技术升级。

开展智能化装备研发、工艺可靠性研究、标准执行规范管理、细化过程控制要素、规范产品制造工艺等工作，构建产线建设规范化体系，形成长江集团指导性文件。积极推进"以机带人"工程，在试点企业开展自动上下料、自动分拣、自动转运装备的数字化改造，以及中梁生产线、车轴加工线、转向架装配线等产线升级，试点成熟后再推广应用；建立起关键设备效能管理系统，对关键设备进行数字化改造，实时监测设备运行数据，实现了关键设备的效能的管理，提高设备的使用率，降低设备动能成本；实施生产制造执行系统，实现与ERP、PLM和设备等上下游系统集成，进一步提升生产节拍；充分应用RFID、二维码、设备数据自动采集等技术，提高数据采集效率与准确性。

3. 推进运营管理数字化升级

以数据管理和数据应用为抓手，完善运营管理数字化的规划、投资、建设、管理、运维体系，形成总部统筹规划、专业公司建设、企业共享服务的运行模式和工作机制；全面落实中车管控大数据平台、资产管理平台、协同办公平台建设要求，提升公司精细化管控能力和现代化治理水平；以精益管理为主攻方向，打造数字化精益企业，提升企业内部管理协同能力、数据分析能力和决策优化能力；建设中车长江运营管理系统，统筹打通发展规划—经营计划—全面预算—年度重点计划—绩效计划，构建以人力资源管理系统为基础的内部资源（人、资金、物资）调剂平台，提升资源利用效率。

三、项目实施效果

（一）产业结构逐步优化

从近三年经营情况看，中车长江集团产业发展持续向好，实现了经营业绩逐年提升。2020年，新兴产业板块并表营收实现43亿元，近五年年均复合增长率约为15%，新兴产业板块并表营收在中车长江集团总营收的占比达到35.2%，较2016年占比24%增长了11.2%。新兴产业板块规模集群效应不断显现，支柱性新兴产业集群达到2个，抵御市场波动的能力进一步增强，成为公司发展的重要支撑。

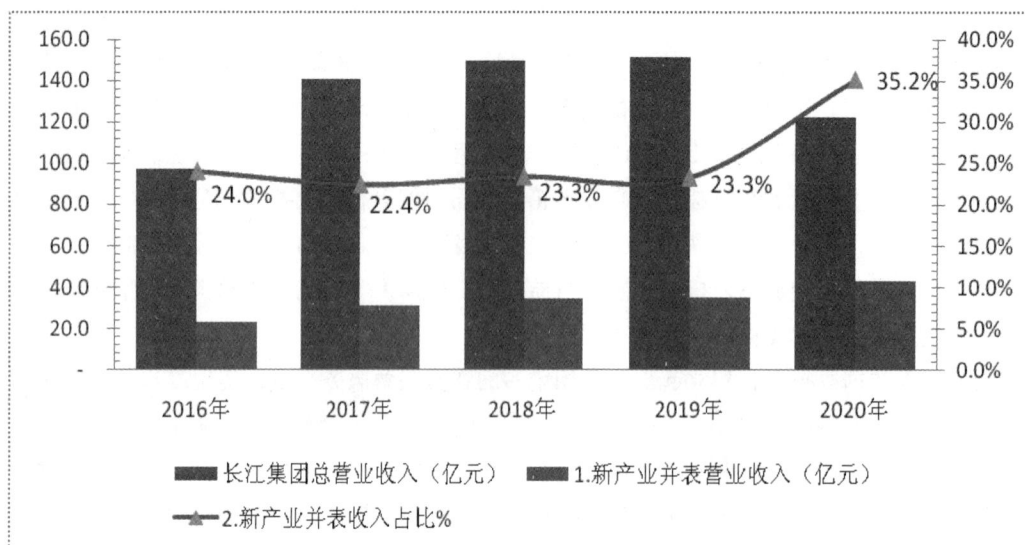

图7　中车长江集团新兴产业板块营收增长情况

从新兴产业培育情况看，冷运装备产品市场呈现明显增长，年产值接近1亿元，冷藏车、冷藏箱、LNG罐箱等产品的市场基础进一步夯实，部分产品实现批量供应，并取得海外销售突破。多式联运装备产业取得重大突破，全球首创的智能空轨集疏运系统正式落地青岛港前湾港区，可彻底解决传统地面车辆运输造成的港城拥堵、运输效率低、环境污染等问题，将减少占地面积约70%，降低运营成本约40%，提高运输效率50%以上。

（二）国际化发展成效显著

"十三五"时期累计新签订单约16亿美元，新造整车6200余辆，实现海外销售收入53亿元，为企业的可持续发展做出重要贡献。在"一带一路"沿线国家和地区实现埃及、韩国等5个新市场开拓，南美市场实现多个新客户开发，硫酸罐箱、LNG等新产业产品连续出口海外，紧固件、车轴、弹簧、制动系统等配件业务连创新高；澳洲公司经营效果显著，近三年经营收入均保持在亿元以上；阿布扎比公司业绩大幅增长，三年来实现了从50万元到7800万元的飞跃；智利代表处设立后对南美市场形成有效辐射；几内亚代表处对西北非市场的开拓形成有力支撑，实现了公司业务由单纯贸易模式向"制造＋维保"业务模式的转变。

海外业绩在中车集团内部连续三年名列前茅，2020年进入前三名，全年实现海外市场新签订单4.77亿美元。其中，中标签约阿联酋二期铁路货车项目和维保项目，合同总金额3.47亿美元，刷新了中国铁路货车装备制造业史上海外最大单笔签约纪录，央视等海内外媒体高度关注，极大地提升了公司海外品牌影响力；几内亚、阿联酋、塞拉利昂三个维保项目成功落地，尤其是阿联酋维保项目，是公司第一次完全按照国际标准提供维保业务的"交钥匙"工程，是长江集团践行中车国际化"五本"模式的成功实践。

（三）改革示范效应明显

推动货车企业重组整合，顺利完成项目结项验收，荣获中车"改革攻坚奖"，推进中车长江集团旗下长江公司的存续分立，压缩管理层级，提高管理效率；完善中国特色现代国有企业制度，坚持把加强党的领导与完善公司治理统一起来，积极推进落实党建工作进章程。以海外参股公司为主体，成立海外临时党支部，同步开展党的建设工作；通过多种途径探索股权多元化和混合所有制改革，目前中车长江集团旗下有4家混合所有制企业，其中境内企业2家，境内合资合作经营企业1家，境外股权投资企业1

家，目前4家企业总体运营平稳；各成员企业"三供一业"职能移交、中小学和职工医院分离移交、厂办大集体改革、市政设施和社区管理职能移交工作、退休人员社会化等工作已基本完成，历史遗留问题100%完成。

2020年初，中车长江集团克服疫情影响，入选国资委"科改示范行动"试点企业（全国共计209户），22条重大改革任务台账实施挂图作战，2020年度中车长江集团层面各项重点改革计划完成率100%；中车长江集团以"科改示范行动"为契机，推动市场化经营机制改革与提升自主创新能力有机融合，持续激发活力，以《机制改革增活力，科研创新提能力，中车长江集团产业转型升级取得明显成效》为题的改革经验，成功登上国资委《国企改革三年行动简报》，受到国资委和中车认可；以《构建"机制改革＋科技创新"双驱动打造制造型企业改革"样板"》为题的改革案例，成功入选国资委"科改示范行动"案例集。

（四）形成数字化长江品牌

围绕数字车间建设，各成员企业积极探索制造过程数字化转型，通过推动信息技术与生产制造过程的深度融合，提升生产制造管控水平。其中株辆公司以精益生产工位化管理为指引，在备料、台车车间试点实施生产制造执行系统（MES），通过生产过程全监控和智能化调度，实现生产环节与管理环节的互联互通。贵阳公司通过工艺装备改进提升、生产管理数字化、生产质量数字化、异常响应信息化等一系列改革措施，提供生产监控、协同制造、数据分析等一站式的解决方案，自主研发的"铁路货车造修智慧管理App应用解决方案"获得国家工信部"工业互联网App优秀解决方案""轨道交通行业两化融合创新实践优秀案例"，平均在修周期相对改革前缩短20%，平均异常响应时间由2017年的29.78分钟缩减2020年的7.62分钟，生产效率显著提升。

自主开发ERP实际成本物耗分析软件、费用报销管理系统，为企业的运营管控、生产管理、财务管理和"两金"压降提供决策支撑。利用物联网、云平台等技术，建立起物流装备运维服务公共平台，实现了对新能源冷藏箱、铁路LNG罐箱等产品的远程监控、故障报警等功能。充分运用无线自组网、货车自发电、故障监测等技术，打造了具有信息物理融合特征的长大重载列车无线ECP电空控制系统，实现了对车辆制动系统的智能监测。2020年末，中车长江集团两化融合指数达到72，所属眉山公司两化融合工作获得国家"突出贡献"荣誉。

成果创造人：李炯、蔡德权、佘银生、邓民轩、洪建斌、

刘志强、汪思军、彭蓓、罗磊

关于非经资产"兜得住 可持续"的实践
——老旧小区可持续发展路径探索

北京首都开发控股（集团）有限公司

一、非经资产概况

（一）非经资产定义

非经资产：是非经营性资产的简称。指企业资产中所列，国家划拨形成或企业投资形成，非用于企业生产经营的资产，包括职工住房及其配套的附属公用设施和商业配套设施等。已成为老旧小区的突出代表。

（二）"类非经"定义

"类非经"是相对市级平台目前接收的非经资产（即移交单位为市国资委所属国企，并取得50%财政补贴）而言，不能直接为主业经营服务的资产，称为"类非经"资产。"类非经"资产应同时具备以下条件：一是移交单位属于市管企业（包括金融类企业、文化类企业等）、区管企业、委办局、中央在京单位（包括部队、学校、医疗单位、部委等）等；二是即使没有50%的财政补贴，但移交单位可以补足资金；三是资产可以过户到首开集团名下。

（三）非经资产的管理历程

2007年，北京市为解决破产国有企业非经资产管理问题，由北京市房地集团有限公司为主体，承担了非经资产管理处置工作。

2016年9月30日，《国务院关于印发加快剥离国有企业办社会职能和历史遗留问题工作方案的通知》（国发〔2016〕19号）发布；同年，国务院办公厅转发国务院国资委、财政部《关于国有企业职工家属区"三供一业"分离移交工作指导意见的通知》（国办发〔2016〕45号）。

2016年12月28日，北京市政府专题会议对非经资产提出"兜得住、可持续"的要求。

2017年1月16日，北京市政府印发《北京市剥离国有企业办社会职能和解决历史遗留问题实施方案》（京政发〔2017〕7号），在全国率先提出组建全市统一的非经资产集中管理处置平台，负责对市属国有企业职工住房等非经资产实行专业化管理。

2019年后，这一任务交给由首开集团与房地集团合并而成的新首开集团。2019年起，市属国企首开集团成为全市3000多万平方米遍布北京市的非经小区的"大管家"，通过建管并重、精细治理、协同更新的实践，努力蹚出一条百姓有获得感、小区运营可持续、起到示范效应的路径。

截至2020年12月，非经平台已接收3010万平方米非经资产，94%以上属于老旧小区，其中27万平方米属于危旧楼。还包括18万平方米配套商业用房，150余万平方米地下室，近3000套未分配住宅及土地、车棚等附属空间。

（四）非经资产存在的问题

非经资产从各国有企业中剥离到平台，释放了各企业的活力，卸掉了包袱。但对平台来讲，接到了规模资产，实现专业化管理，同时也接到了各种矛盾，可持续成为平台建设的难点。主要体现在以下几个方面：

一是房屋老化严重。由于建成时间早，非经小区普遍存在维护结构保温性能差、渗水漏水多发；给排水、供暖管道锈蚀、堵塞；电梯、水泵、配电、消防等设备设施落后、老化；墙面、阳台、通廊钢窗等局部脱落、坠物；楼梯间、电梯厅等公共环境破旧、脏乱等建筑本身的问题，存在较大的消防、坠物等安全隐患。

二是配套设施不全。由于建设时期标准偏低、社会经济发展水平不高的原因，非经小区普遍存在停车位不足、安防监控措施缺乏、绿化景观面积偏小、无障碍和养老服务设施缺乏等问题，有的小区还存在没有接入市政燃气和热力没有实现一户一表的情况。老百姓对美好生活的向往与小区现状差距巨大。

三是物业管理缺位。20世纪90年代以来，城镇住房制度改革逐步推进，非经小区逐渐形成房改房、承租房、回迁房、商品房等多种房屋产权形式共存的局面，形成了较为复杂的所有权结构，产权界定模糊不清，有的产权单位已逐步灭失。造成小区普遍缺乏必要的物业管理服务，缺少必要的维护维修，有的小区甚至处于无人管理的状态。

四是居民花钱买服务意识普遍缺失。在过去企业办社会的习惯性思维下，居民多为企业职工，一切依赖企业的思想很难改观，而且非经小区都由企业买单，职工没有交费买服务的意识，更别说提高物业费了。于是，管理单位收入少就减人，减人就越发没有服务，进而百姓更加不满意，恶性循环……成为社会稳定和谐的主要障碍。

五是非经资产与商品房的区别。商品房是住房制度改革后的产物，基本是1999年9月1日以后的住宅，其房龄短，房屋状况较好，配套设施相对齐全，公维资金按规定上缴，天然具备房子"养老钱"；非经资产都是企业福利房，建筑年代最早20世纪50年代，房子"养老钱"普遍不足，而且房子维护都是企业负责，是沉重负担。非经资产移交平台后，每平方米350元的费用同时交给平台，平台承担起"可持续"打造的任务。

二、首开集团简介

北京首都开发控股（集团）有限公司，于2005年挂牌成立，是由城开集团、天鸿集团、房地集团合并重组而成的市属国有大型企业集团，资产总额超过3700亿元，自2018年起经营性年收入超千亿元，素有"一部首开史，半座北京城"的美誉。

"十四五"期间，国资委批复首开集团主业为：非经营性资产管理，房地产及物业经营管理和建筑工程，培育业务为"健康养老服务"。首开集团"十四五"规划定位：打造服务型、平台型企业，成为全国领先的非经营性资产管理处置平台。强化平台信息化管理，智慧化运营，生态化建设，金融化支持，形成"兜得住、管得好、可持续、有创新"的运营模式。

三、非经资产"兜得住、可持续"实践背景

（一）国家政策层面

一是将老旧小区综合整治上升到更高关注层面，不断提升城市环境质量和人民生活质量。

2020年7月20日，国务院办公厅印发了《关于全面推进城镇老旧小区改造工作的指导意见》提出加快改造城镇老旧小区是重大民生工程和发展工程。2020年新开工改造城镇老旧小区3.9万个，涉及居民700万户，到"十四五"期末，结合各地实际，力争基本完成2000年底前建成的需改造的城镇老旧小区改造任务。据测算，2000年底前建成需改造的城镇老旧小区有约30亿平方米之大的规模。老旧小区的可持续发展问题，成为城市建设、基层治理中不可回避的一个重要课题。

二是构建智慧物业管理服务平台。2020年12月，住房和城乡建设部等部门发布了《关于推动物业服务企业加快发展线上线下生活服务的意见》《关于加强和改进住宅物业管理工作的通知》，就加快推进智慧物业管理服务平台建设，实现居住社区生活服务线上线下融合，推动城市提质增效，明确提出构建智慧物业管理服务平台，推进物业管理智能化，融合线上线下服务，推动生活服务业发展等具体做法。

（二）北京市政策层面

北京市住房和城乡建设委员会等七个委办局联合印发《北京市2020年老旧小区综合整治工作方案》（京建发〔2020〕103号）要求：健全非经资产、"三供一业"物业管理机制，统筹开展非经资产老旧小区综合整治工作，将改造和引入物业管理同步实施；有序推进非经资产、"三供一业"物业管理，引导居民树立物业服务意识，逐步实现专业化、市场化物业管理。

北京市"十四五"规划明确，到期末力争基本完成全市2000年底前建成的需改造老旧小区的综合整治任务。北京市确保在改造工程进场前完成业委会或物管会的组建工作，完善物业管理制度，让老旧小区既改得好，也要运转得好。

北京"十四五"规划建议中写道：持续推进老旧小区、危旧楼房、棚户区改造，推广"劲松模式""首开经验"，引入社会资本参与。这是本市第一次将有关老旧小区改造的现实实践写入一份中长期规划之中。

四、坚持创新，打造平台型、服务型企业，积极实践非经"兜得住、可持续"

（一）新形势要求我们必须创新

党的十九届五中全会提出，加快构建以国内大循环为主体、国内国际双循环相互促进的新发展格局。面对新发展格局，只有坚持创新发展，才能在危机中育先机、于变局中开新局。

2020年5月1日，新修订的《北京市物业管理条例》发布实施。

2020年7月12日，中共北京市委办公厅北京市人民政府办公厅印发了《关于加强北京市物业管理工作提升物业服务水平三年行动计划（2020—2022年）》的通知。要求坚持以人民为中心的发展理念，完善物业管理体制机制，加强精细化管理，切实提升服务水平，持续改善人居环境，推进首都城市治理体系和治理能力现代化，不断增强人民群众获得感、幸福感、安全感。

（二）围绕"三创""三聚焦"创新探索非经新经验

1.创造小区新环境，做实可持续基础

根据北京市人民政府办公厅《关于印发老旧小区综合整治工作方案（2018—2020年）的通知》（京

政办发〔2018〕6号）精神，对所接管的老旧小区开展全面排查，摸清情况，建立台账，结合小区实际和居民意愿，积极争取和推动小区综合整治工作落地，实现小区硬件改变与环境品质提升。

在具备条件的非经小区，我们通过区企合作、多方共治、拆除重建、申请式退租等模式，以更大力度推动社区有机更新。以石景山区老山东里北社区为例，采取了与居民协商确定改造项目，区企共担改造费用，创造小区新环境的方式。朝阳区光华里5号、6号楼，作为全市首个危旧楼房改建试点项目，经历了80余次政策宣讲，小区物管帮助社区"一户一策"做工作，58户居民100%签约，成为区企合作推进城市更新的最新案例。通过环境、居住条件改善，获得居民认可，先尝后买。

2.创新小区物业服务模式，实现可持续

对原维修中心模式进行升级，建立"一个呼叫中心＋N个服务中心"的运营服务模式。呼叫中心统一一个电话，分配服务任务。每个服务中心形成规模相当的"小实体"，一个服务中心设立一名服务总监，管理成片划分的区域，集项目负责人、房管员职责于一身，负责派单、分配工作及员工收入，第一时间与用户沟通，答复业主关注的问题。

3.创收小区物业增值服务，保证可持续

增值服务在为企业提升利润率的同时，为业主提高物业价值，让业主获得更多的价值回报。一是不断树立并强化有人、有地盘、有设备设施就有机会赚钱的观念；二是坚持老旧小区服务收费原则，原来有的不收费，但现在有升级版，选择升级则需收费，原来没有，现在有了，这项服务同理收费；三是持续改造观念，抓住机会，大胆试错，以生存为根本，以获利为目标，以实干为方法，以发展为追求。

4.聚焦智慧平台打造

推进基于信息化、数字化、智能化的新型城市基础设施建设，对接新型基础设施建设，加快建设智慧物业管理服务平台，补齐居住社区服务短板，推动物业服务线上线下融合发展，满足居民多样化多层次生活服务需求，增强人民群众的获得感、幸福感、安全感，已成为迫切之需。我们建立并不断优化"老房管"智慧社区服务平台，改造集合了"物联网、大数据、云计算、人工智能"等高科技，给社区管理服务装上"大脑"，提升物业管理水平，增强市场拓展能力，打造术业专攻的物业企业。

5.聚焦服务生态建设

智慧社区生态圈已成为未来物业进化的方向。围绕智慧社区生态圈建设，一方面建立产品生态，解决所有围绕物业服务产生的刚性需求，用户需要什么就做什么。一方面建立关联点生态，强刚性需求付费后赠券，拉动次刚性需求，带动循环；另一方面靠手段工具、内在联系建立生态，建立企业盈利模式。

6.聚焦资本市场发展路径

物业行业处于高速发展时期，物业服务企业突破服务边界迈向多业态服务，智慧科技为社区的智能与效率、多元化经营的社区增值服务持续创收赋能，使得相关企业赢得了资本市场的青睐和高估值，物业行业的增长态势仍将在相当长的时期内持续，可借这个大势，以智能手段管理物业，挖潜创收，探索整合并购，向资本市场迈进。

（三）总结实践经验，凝练实践理论，更好指导实践

首开集团承担着数千万平方米非经营性资产老旧小区的管理，如何让老小区焕发新活力，让老百姓更舒心，也为企业转型升级探索一条新路径，是我们一直以来不断努力的方向。

针对北京市老旧小区可持续发展模式，深化了以下思考：

第一阶段：政府扶持为主。方法是推进"四个一点"，形成初步可持续。采取"产权单位担一点""政府资金奖一点""居民群众出一点""公共收益收一点""四个一点"资金筹集方式，推动老旧小区有机更新，实现初步的可持续。

第二阶段：政策助力物业提升为主。方法是建立新运营模式，实现造血可持续。物业公司提升做两方面的事：一是通过提升服务科技含量，实现流量变现；二是通过提升服务技能，实现增收。政府政策助力做两方面的事：一是通过挖掘社区资源，实现增收；二是通过居民和非居民购买服务，实现增收。

第三阶段：物业转型市场调节为主。方法是打造智慧社区服务生态，物业实现转型升级可持续。一是把"1＋N"模式真正落地，这个"N"既是服务中心，又是这个区域内的物业项目管理和收入支出的经营实体，形成类似于加油站组成的中石油、中石化，类似于海尔创客空间形成的海尔公司，甚至像众多淘宝店成就的淘宝网一样，以"服务中心"的形式去把"N"落地；二是搭建"老房管"智慧社区服务生态；三是继续完善"老房管"微信公众号、"老房管"App功能，发现刚需、提供服务；四是生态可持续分析。一方面我国人均GDP超过10000美元，人均可支配收入超过30000人民币。任何一项交易10%利润都是最低的，如果能够让住户每年每户在老房管消费10000元，那么可以有1000元收益。另一方面，非经住宅多数50平方米、60平方米一户，如果收2元/月平方米物业费，年户物业费1200元至1440元。社区早市数据显示每户每周消费100元是大概率的，还有入户维修、家政服务、助老服务收入。

五、对实际案例的思考及实践经验实践结果

老山东里北社区的实践。物业公司围绕"四有服务"提升服务考评标准，使"安全防范到位、绿化保洁优良、维修维护及时、停车管理有序"；建立"社区党委统一领导，专家学者助力引导，企业居民共同参与"的社区治理新模式；主动作为，与居民共商共建，为居民提供服务"先尝后买"；利用科技手段，提升服务技能，挖潜社区资源，花钱买服务入手，多措并举，增加物业收入，打造可持续运行模式。

（一）管理实践

一是在改造过程中，政府各相关部门、社区居委会和物业公司与居民要及时沟通。这项工作非常重要，尽管我们做的工作对居民是有利的也需要沟通，沟通要打出时间量，否则会影响计划实施进度。

二是在施划停车线前，要提前告知居民将车位清空，并有应急移车方案。停车位施划，一定会导致居民停车习惯的改变，要做好停车方案的制定、向居民的解释工作和停车秩序维护工作。

三是楼内线路，室外飞线规整会导致断网，居民必然会有意见。因此，我们要做到以下几个方面：第一，依靠区政府，统计运营商情况及合同期限等，做好线路商自认线路工作，统一规划。第二，对于无人认领的，断网后，由备用供应商接网，使其增加用户，原供应商缴费合同期未满的费用和整改线路需要的费用列入整改费用，不增加居民支出。第三，楼道内线槽尺寸、位置要有标准化要求。

四是坚持党建引领，物业到属地党组织报到，与城管、公安保持密切联系，共同做好小区各项治理工作。对于寻衅滋事、泄私愤、破坏公共财产、公共安全稳定的人员，紧紧依靠属地执法部门，严惩不贷。

五是花钱买服务意识的培养。第一，已经约定俗成的缴费项目必须缴清。第二，个性化需求一定是花钱买服务，物业公司提升服务质量，使居民的接受程度逐步提高。第三，服务整体提升后，满意度

升高，物业公司开通多种支付手段，适时推出"物业费"收缴。第四，针对"房改房不缴费"的政策瓶颈，通过提升住房品质，促进房产交易来解决。

六是关于社区闲置资源，服务于社区的工作。第一，原金宝山市场协调为停车场工作；第二，闲置锅炉房区域整合为社区服务用房工作；第三，紧紧依靠战略协议，双方主要领导进行协调，达到为小区服务目的，此为可持续并减少居民负担重中之重工作。

七是"非经移交"，应交未交的资产需移交双方领导定夺，是可持续并减少居民负担重中之重工作。

八是对社区内享受大物业服务单位收取大物业费，需政府政策支持。

九是停车管理差别定价的政策支持。第一，对固定车位有需求的居民要差别定价，用价格杠杆调配资源。第二，社会车辆执行商业停车定价。

（二）运营实践：

所谓"可持续"，就是物业要有足够的收入在支撑运营。试运行阶段该项目每年收入1094.61万元/年（如表1所示），支出1685.37万元/年（如表2所示），亏损590.76万元/年。

表1 现阶段小区总收入明细表

项目	居民收费收入（万元/年）	政府奖补资金（万元/年）	非经管理费（万元/年）	维修改造净收入（万元/年）	合计（万元/年）
金额	237.07	207.98	562.9	86.66	1094.61

通过建立新运营模式，开源增收：

一是通过提升服务科技含量增收节支。第一，通过小区门禁、电梯广告屏、道闸广告，收取费用，此项收益逐步提高收费标准，实现收益的可持续增长（200元/门禁·年×367个=7.34万元/年；3750元/梯·年×36部=13.5万元/年；1000元/道闸·年×11个=1.1万元/年。各项总计收入：21.94万元/年）。第二，通过"老房管"App和微信公众号实现收费、巡检、安防、考核、检查、统计等管理功能，改变现在的人工管理模式，通过引进扫地车等保洁设备，逐步减少人力投入，从而降低人工成本，实现收益的可持续增长。随着服务品质的稳步提升及科技手段的应用，预计从第三年开始每年可节约人员支出34.88万元（1162.82×3%=34.88万元）。第三，利用线上平台播放广告，实现线上流量变现，通过开办线下实体店，为住户提供线下体验机会，进一步了解并满足住户的多元化需求，实现收益的可持续增长。

二是通过提升服务技能实现增收。第一，改变现在的项目管理层级模式，逐步实现扁平化管理，减少管理层级和管理人员的人数，增加一线维修工的人数，并加大对他们的培训力度，增强专业技能，有更多的人去从事入户维修、入户家政等增值服务项目，实现收益的可持续增长（300元/户·年×6464户×50%=96.96万元/年）。第二，加大小区的建筑物和设备设施普查力度，通过改造施工工程，增加施工收入，实现收益的可持续增长（2元/m²×43.33万m²=86.66万元/年）。

三是通过挖掘社区资源实现增收。第一，挖掘社区商业资源，向管理服务范围内的非居民在政策范围内合理定价，收取物业费，实现收益的可持续增长（1.45元/m²×3.5万m²×12月=60.9万元/年。测算依据：根据《北京市普通居住小区物业管理服务收费暂行办法》（京价房字[1997]第196号）规定，产权人应缴纳绿化费0.55元/平方米·年；化粪池清掏费0.3元/平方米·年；管理费2.4元/平方米·年；小区共用设施维修费1.0元/平方米·年。根据小区秩序维护人员成本分摊测算，秩序维护费为：0.59/平方米·年。根据小区卫生保洁人员成本分摊测算，保洁费为：0.51/平方米·年。各项费用总计：1.45元/平方米·年）。　第二，现有社区资源的再利用，通过与政府各管理部门沟通协商，对自行车棚、废弃锅炉房、闲置地下室、原金宝山市场待开发地块儿等的开发利用，实现收益的可持续增长（17个车棚×3万元/年＋地下室、锅炉房49万元/年=100万元/年）。第三，装修垃圾及大件垃圾清运，要针对不同的住户差别定价，实现收益的可持续增长（5万元/年）。

四是通过居民和非居民购买服务实现增收。第一，现有居民缴费做到应收尽收，明确各项收费项目的内容、标准和收费对象，实现收益的可持续增长（预计增收20.49万元）。第二，进一步挖潜停车资源，对固定车位有需求的居民差别定价，用价格杠杆调配资源，同时通过建立体停车位、在原金宝山市场地块儿建临时停车位等办法，实现应停尽停。对非小区停车执行差别定价，通过调整小区停车费标准，实现收益的可持续增加（2500辆×1200元/年＋400辆×2000元/年–85万元/年=295万元/年）。

五是可以开展快递100米、社区早市等服务，满足百姓便利性需求，同时增加物业人员收入。

老山东里北社区新旧运营模式收支对比表（如表3所示）；老山小区现阶段收费情况统计表（如表4所示）；非经管理费明细表（如表5所示）；现有居民收费项目增收表（如表6所示）。

结论：五年分步实施，建立新运营模式，实现收益挖潜，每年收益预计可逐年增长5%，随着服务品质的稳步提升及科技手段的应用，第三年开始预计每年可节支3%，预计第五年完成可持续经营，政府补贴可一次性退出。

总之，老旧小区的可持续发展问题，关乎城市发展、民生未来，要"以做实平台为抓手、整合资源为发力点、协同发展为目标、平台收发为表现"，坚持"入口思维、平台思维、生态思维"，形成市场化长效服务管理机制，构建智慧社区服务生态，实现社区管理大数据资源合理转化。

首开集团作为首都国企，将把握机遇，乘势而上，践行国企担当，为北京的城市有机更新贡献更多国企智慧。通过推动物业服务向高品质和多样化升级，促进城市高质量发展，满足人民群众不断增长的对美好居住生活的需要，实现良性发展。

表2　老山项目整体成本测算表（四有服务后）

序号	费用明细	全年应付（万元）	备注
一	人工费	1224.62	
1	正式职工薪酬费用	672.68	
2	福利费（含体检费、防暑降温费）	15.54	
3	劳动保护费	4.20	
4	保安人员费用	316.80	
5	保洁人员费用	177.60	
6	绿化养护费	37.80	
二	共用部位及共用设施设备的日常运行及维护费用	69.50	
1	维修材料费	11.40	
2	电梯运行维保费	30.60	
3	弱电系统维保费	10.00	

4	避雷检测费	3.50	
5	器具检测费	2.50	
6	水质化验及水箱清洗费	2.00	
7	设备保养、维修费	3.50	
8	设备设施采购费	3.00	
9	其它费用（设备设施相关）	3.00	
三	物业管理区域安保相关费用	61.50	
1	消防系统维护费	20.00	
2	消防设备设施采购费	2.00	
3	灭火器检测费	6.00	
4	安防系统维保费	30.00	
5	安全防护用品	2.50	
6	其他费用（安保相关）	1.00	
四	物业管理区域保洁及绿化养护费用	62.49	
1	保洁用品费	10.00	
2	灭虫消杀费	10.00	
3	垃圾清运费	19.39	
4	化粪池清掏费	9.60	
5	其他费用	13.50	
五	能源费	146.99	
1	电费	120.00	
2	水费	24.00	
3	其他费用	2.99	
六	行政办公费	5.96	
1	电话费	0.96	
2	办公用品	2.00	
3	印刷标识费	2.00	
4	其他费用	1.00	
七	其他	14.31	
1	公共设施保险费	3.00	
2	其他	11.31	
八	管理费	100	
九	支出合计	1685.37	

表3 老山东里北社区新旧运营模式收支对比表

现阶段

收入					支出								收支差额
政府奖补资金	非经管理费	小区收费	维修改造项目净收入	合计	人工成本	设备设施运行维护费	安保费	保洁绿化养护费	能源费	行政办公及其他费用	管理费	合计	合计
207.98	562.90	237.07	86.66	1094.61	1224.62	69.50	61.50	62.49	146.99	20.27	100.00	1685.37	-590.76

新运营模式

收入									逐年增收收益	支出								收支差额	
政府奖补资金	非经管理费	小区收费	维修改造项目净收入（预计年增5%）	提升科技含量增收（年增收5%）	挖掘社区资源服务增收（年增收5%）	居民、非居民购买服务增收（年增收5%）	合计		逐年增收收益	人工成本（预计每年可减少3%）	设备设施运行维护费	安保费	保洁绿化养护费	能源费	行政办公及其他费用	管理费	合计	逐年节支	合计
207.98	562.90	237.07	86.66	21.94	183.62	165.90	315.49	1781.56		1224.62	69.50	61.50	62.49	146.99	20.27	100.00	1685.37		96.19
207.98	562.90	248.92	86.66	23.04	192.80	174.20	331.26	1827.76	46.20	1187.88	69.50	61.50	62.49	146.99	20.27	100.00	1648.63	-36.74	179.13
207.98	562.90	261.37	86.66	24.19	202.44	182.90	347.83	1876.27	48.51	1152.24	69.50	61.50	62.49	146.99	20.27	100.00	1612.99	-35.64	263.28
0.00	562.90	274.44	86.66	25.40	212.56	192.05	365.22	1719.23	50.94	1094.10	69.50	61.50	62.49	146.99	20.27	100.00	1554.85	-58.14	164.38

说明（现阶段）：
- 初步建立新运营模式，实现收益挖潜，但由于品质提升仍处于提升爬坡期，未进行人员节支
- 收益挖潜逐年提升，同时进行人员节支。（每年收益预计可逐年增长5%，同时，随着服务品质的稳步提升及其科技手段的应用，预计每年可节支3%）
- 收益挖潜逐年提升，同时进行人员节支。实现盈利267.62万元可在第五年撤出，政府补贴的207.98万元（每年收益预计可逐年增长5%，同时，随着服务品质的稳步提升及其科技手段的应用，预计每年可节支3%）
- 政府补贴撤出的情况下，收益稳步提升、人员定编的基础上，实现收益

表4　老山小区现阶段收费情况统计表

收费类型	收费标准	户数	全年应收（万元）	实收（万元）	收费率
二手房物业费	高塔 1.75 元/平方米；多层 0.64 元/平方米	1255	88.62	74.04	83.56%
集资房物业费	高塔 1.11 元/平方米；多层 0.52 元/平方米	80	3.55	2.65	74.93%
卫环费	7 元/月/户（卫生费 2 元/月/户；环境秩序维护费 5 元/月/户）	6372	53.52	35.79	66.87%
垃圾清运费	30 元/年/户	1335	4.01	1.97	49.13%
房租		16	1.80	1.39	77.22%
停车管理费	地上 1440 元/年 地下 1800 元/年	566	85.57	28.18	32.93%
合计			237.07	144.02	60.75%

表5　非经管理费明细表

地址	平房		多层		高层		合计	
	面积（万平方米）	非经管理费（万元）	面积（万平方米）	非经管理费（万元）	面积（万平方米）	非经管理费（万元）	总建筑面积（万平方米）	非经管理费（万元）
石景山老山小区	0.69	6.9	26.44	264.4	16.20	291.6	43.33	562.9

表6　现有居民收费项目增收表

收费类型	收费标准	未收户数	全年增收（万元）	备注
二手房物业费	高塔 1.75 元/平方米；多层 0.64 元/平方米		4.43	按现全年应收的5%测算
卫环费	7 元/月/户（卫生费 2 元/月/户；环境秩序维护费 5 元/月/户）	80	0.67	
垃圾清运费	30 元/年/户	5129	15.39	
合计			20.49	

成果创造人：李忠

深化三项制度改革，实现更高质量发展

中国化学工程集团有限公司

中国化学工程集团有限公司（以下简称"中国化学工程"）前身为原国家重工业部1953年成立的重工业设计院和建设公司。历经原燃化部、石化部和化工部领导，主要业务是设计、建造化工厂，将技术成果转化为现实生产力。70年来，在国内外建设了7万多套化工装置，为促进新中国化学工业体系建立、解决人民群众"吃饭穿衣"问题作出了贡献，是工业工程领域资质齐全、功能完备、业务链完整、技术密集的工程公司。中国化学工程积极践行"一带一路"倡议，作为最早"走出去"的中央企业，创造了多项国内"第一"。1984年承建孟加拉国吉大港化肥厂，是国内第一家通过招投标方式承包国际工程的企业；1993年总承包建设的印尼托拉萨电站是我国承建的第一个出口买方信贷工程项目；2006年投资建成的印尼巨港电站是我国第一个海外BOOT项目；2020年成功并网发电的印尼芝拉扎燃煤电站项目实现了国内首台1000MW等级超超临界发电机组出口海外。中国化学工程在美国《化学周刊》公布的最新一期全球油气行业工程建设公司排名第二位。

进入2013年以后，中国化学工程的发展陷入了困境。随着国际油价大幅下跌、国内煤化工和环保政策的重大调整，公司长期坚守的化工建筑市场急剧萎缩，生产经营状况持续恶化，中国化学工程新签合同额、营业收入、利润水平等主要指标大幅下滑，出现大面积亏损。同时，企业内部长期积累的一系列矛盾和问题凸显，国资委党委巡视、审计署审计、国务院派驻监事会检查反馈指出，企业生产经营举步维艰，资产规模小、质量不高，历史包袱沉重，领导班子结构老化，集团总部管控力低下，体制机制不灵活，党建工作不扎实等等，导致人心不稳，专业技术人员和管理骨干大量流失，干部员工对企业能否生存普遍持怀疑态度，独立发展的信心严重不足，寄希望于被其他央企兼并重组。在面临保生存促发展的关键时刻，国务院国资委党委在2017年加强了中国化学工程的领导班子建设。新一届领导班子坚持以习近平新时代中国特色社会主义思想为指导，坚决贯彻党中央、国务院决策部署，认真落实国资委工作要求，制定了"三年五年规划，十年三十年愿景目标"中长期发展战略，提出了聚焦主业实业，走专业化、相关多元化、国际化的发展道路，明确了建设研发、投资、建造、运营一体化的具有全球竞争力的世界一流工程公司的发展目标。中国化学工程以国资委党委巡视、审计署审计指出的问题为导向，倒逼改革，发展出题目，改革做文章，扎实推进三项制度改革，进一步激励干部担当作为，激发员工内生动力，提升组织运行效率，为集团公司改革发展和党建群团各项工作提供了坚强组织保障。通过抓改革、降成本、提效率，抓创新、促转型、谋发展等一系列举措，企业生产经营改革党建等各项工作逐步迈上高质量发展的快车道。

一、坚持战略引领，完善组织优化与调整机制，实现机构"能增能减"

（一）组织与战略适配

为确保组织机构建设能够满足集团公司"三年五年规划，十年三十年愿景目标"中长期发展战略落实落地需要，中国化学工程坚持改革导向，经过全面对标学习和充分调研论证，率先启动总部改革，明确打造战略控制型集团总部。根据"六个中心"（战略控制中心、价值服务中心、资源配置中心、投融资决策中心、绩效评价中心和风险控制中心）职能定位，不断完善组织机构设置，持续提升总部管控能力，先后设立党委宣传部、巡视办公室、纪委办公室、执纪审查室、机关党委、工会、团委等部门，夯实党建群团工作基础；设立运营管理部、重大项目协调管理委员会，强化项目管控，大力推进精细化管理，统筹推动重大项目落地；设立市场开发部（大客户部）、国际事业部、区域总部，统筹国际国内两个市场，有效提升市场营销能力；设立改革办公室突出改革职能，统筹推动企业深化改革任务落地落实；设立资产管理部、投资事业部，强化资产管理和投资职能。通过开展组织与战略适配，总部职能部门设置得到进一步优化，职能边界更加清晰，管控能力显著增强。

（二）压减机构人员

2018年以来，中国化学工程认真落实中央企业"总部机关化"问题专项整改工作要求，坚持精干高效的改革导向，先后聘请中智公司和国投人力开展管理咨询，制定并不断完善集团公司总部"三定"方案，减少部门4个，53个部门内设机构全部撤销，人员由近200人压减至158人，压减近15%以上。在做好集团公司总部改革工作的同时，同步推动改革向基层延伸，开展所属企业职能部门"三定"工作，通过"两上两下"、对标平均、比例控制等方式，不断优化二级企业管理部门职能，统一明确权责边界，按照各企业板块归属规范部门设置，打造集团总部与二级企业上下衔接、系统高效的管理体系，三年来累计撤销各类机构近100个，精简编制1500余人，通过细化管理岗位人均费用定额标准，带动管理费用大幅压减，进一步提升了职能部门的管控水平和运行效率。

二、坚持事业为上，完善干部选用与退出机制，实现管理人员"能上能下"

（一）推行管理人员选聘竞聘

中国化学工程党委坚持党管干部原则与市场化选人用人相结合，在传统地从后备队伍中考察提拔干部的基础上，引入竞争机制，创新内部公开选拔、外部公开招聘的干部选拔方式，增加市场化选聘比例，着力打造高素质专业化的干部人才队伍。公司专门制定公开选拔招聘方案，明确了相关工作程序，成立了由公司领导班子成员、高管以及外部专家组成的选聘领导小组，实行"一人一票"实名制打分，根据成绩排名确定考察人选，履行组织考察和"凡提四必"审查程序后再上会集体研究，公示结束后正式任用，明确任职试用期1年，确保干部选拔工作公平公开公正。2018年以来，中国化学工程通过公开选拔、公开招聘党委管理的干部93人，超过三年来提拔使用干部163人的一半以上，达到集团公司党委管理干部总数的36.6%；各所属企业参照集团做法，开选拔选聘干部760人，占所属企业管理干部总数30%以上，一批优秀年轻干部脱颖而出，走上领导岗位，为干部队伍注入了新鲜血液。三年来，集团党委管理的干部70后、80后占比已由20%提高到59%；平均年龄由53.2岁下降到48.5岁；研究生以上文化程度占比由28%提高到40%，干部队伍年龄结构、知识结构、专业结构更加科学合理。

（二）推动干部交流常态化

针对二级企业领导班子成员长期不交流，有多家二级单位正职15年未交流，时间最长的有超过20年未交流，还有个别班子不团结，未形成合力等问题，中国化学工程党委在对所属企业领导班子进行全面考察的基础上，研究制定了《所属企业领导人员交流任职薪酬福利管理办法》等相关制度规定，对交流到困难单位任职干部实行一年薪酬过渡期保护，推动管理人员交流任职常态化。2018年以来，已有102名干部实现了交流任职，占集团党委管理干部总数的40%，其中，纪委书记全部实现异地交流任职，总会计师全部实现委派任职；13家企业的21名正职实现异地任职，企业面貌焕然一新，呈现良好发展态势。制定《干部挂职锻炼管理办法》，累计选派34名干部开展挂职锻炼，着力补足总部干部基层经验短板，帮助基层干部转换管理视角，突出在急难险重任务中锤炼干部过硬本领，为内部困难企业提供人才支持，激发了干部队伍活力，改善了干部队伍结构。

（三）完善管理人员退出机制

建立健全职务职级管理体系，根据企业规模效益、功能定位等分类严格限定所属企业领导班子职数，班子职数由9~13人压减至5~9人，职数从329人减少至254人；对任前备案管理的总经理助理和三总师副职进行大幅度精简，由309人减少为95人。建立刚性退出机制，畅通管理人员"下"的渠道。坚持"能者上、平者让、庸者下"的原则，加强领导人员综合考核评价和日常监督管理。2018年以来，中国化学工程对巡视整改落实不力、连续两年未完成经营指标、慢作为的14名中层正职、12名副职干部做出免职、降职、责令辞职等处理。研究制定《非领导职务人员管理办法》，规定所属企业领导人员正职59岁、副职58岁原则上应退出现职岗位。近三年，共有67名集团公司党委管理的干部退出现职岗位转任非领导职务，从事外部董监事、项目总监等专项工作；共有385名所属企业中层干部退出现职，转任技术顾问、资深专家等非领导职务，干部"能上能下"的通道基本打开。

（四）全面实行经理层成员任期制和契约化管理

积极落实国企改革三年行动要求，强力推进经理层成员任期制和契约化管理工作，印发《经理层成员任期制和契约化管理办法（试行）》《关于大力推进经理层成员任期制和契约化管理的通知》，制订《所属企业经理层成员任期制和契约化管理操作指引》和经理层成员任期制和契约化管理方案、聘任协议、经营业绩责任书等模板，指导全级次企业在2021年7月底前完成经理层成员的契约签订工作。

（五）积极稳妥建立职业经理人制度

制定出台《混合所有制企业经理层市场选聘、契约化管理办法》《关于做好混改企业员工代表参与经理层成员市场化选聘与考核等相关工作的通知》等配套规定，为开展混改试点工作提供了制度依据。大力实施市场化选聘、契约化管理、差异化薪酬、市场化退出，建立职业经理人制度。2020年，中国化工程所属中化学交建、岩土公司、生态公司、国化和新等4家二级企业完成经理层市场化选聘工作，4家企业的总经理均由新聘任的职业经理人担任，9名原经理层成员落聘。其中生态公司公开选聘引入民营企业职业经理人团队，迅速为环保业务打开了良好的局面。2021年，中国化学工程所属华陆公司在完成混改后，积极推进职业经理人经理层成员市场化选聘工作，5名原经理层成员转换身份；赛鼎公司、东华公司、中化学交建等企业积极推进三级企业的职业经理人选聘工作。截至目前，中国化学工程所属6家二级企业、16家三级企业共选聘职业经理人68名，外部选聘32人、内部转身份36人，原经理层成员退出10人，2名职业经理人试用期考核不合格被解聘。在制度设计上强化对职业经理人的激励约束，组织职业经理人签好"三份协议"。内部人要转身份，内部人员竞聘职业经理人前，先承诺放弃原有身份。定指标要有挑战，科学设置"跑赢市场、行业领先"的考核指标，业绩不达标就解聘。干工作也要守廉洁，职业经理人更需签订廉洁承诺书。

三、坚持优胜劣汰，完善员工招聘与淘汰机制，实现员工"能进能出"

（一）全员公开招聘

为了满足中长期发展战略需要，加快企业转型升级步伐，中国化学工程研究制定《人才引进管理办法》，加大各方面人才市场化选聘力度。除国家政策性安置外，新进员工100%公开招聘，打造"中国化学校园行"校招品牌，近3年累计接收高校毕业生1万余人，社会招聘人员6300余人，有效补充人力资源需求。积极推动海外项目管理人员和劳务用工国际化、属地化招聘，聘用外籍管理人员1430人，劳务用工17000人，加快了向国际化工程公司转变的步伐。持续加大干部市场化选聘力度，所属中化学建投公司、南投公司、城投公司、国化投资公司、中东公司和泛非公司以及列入"双百行动"试点的重机公司等企业中的全部班子成员均通过市场化选聘方式产生。持续加强科技研发人才的市场化选聘工作，采用公开招聘、猎头推荐、以才引才的方式先后从德国巴斯夫、日本三菱化学、中科院引进职业经理人担任研究院副总经理和日本分院院长职务。

（二）员工竞聘上岗

中国化学工程总部严格落实"三定"方案，实行"三年一竞聘、起立再就位"。2018年3月，集团公司总部员工全体起立、全员竞聘上岗工作率先启动，面向基层、面向社会（主要是央企和国企）公开招聘86人，超过总部员工总数的50%以上，其中基层招聘36人，占总部员工人数的21.7%，社会招聘50人，占总部员工人数的30.1%。在总部机关的带动下，所属企业机关竞聘上岗工作全面推开，到2019年底，两级机关共竞聘上岗3782人，其中内部竞聘上岗2572人，外部公开招聘上岗1210人，落聘850余人，"上岗靠竞争"的机制逐步建立。2021年3月，集团公司总部再次带头开展全员竞聘上岗，新提拔任用中层管理人员10人，竞聘落选免职1人，员工职级晋升20人，降级2人，竞聘落选分流、解聘4人。所属二、三级企业再一次同步推开，2021年上半年，已有12家所属二级企业完成竞聘工作。

（三）打通员工退出通道

针对员工能进不能出的问题，中国化学工程制定内部退出工作岗位人员管理方案，通过强化员工业绩考核，以考核结果为基准，推动工作意愿不强、能力素质不达标的低效员工流动转岗或退出岗位。加强用工入口管理，加大新招聘员工试用期考核力度，对不能适应岗位需要的员工坚决予以辞退。三年来，牢牢把握新员工试用期考核、固定期劳动合同期满前考核、日常考核等关键节点，对试用期考核不合格、不胜任岗位要求的员工依法解除劳动合同。2018年以来，集团总部解除劳动合同员工10名，所属企业解除劳动合同1010名员工，分别占总部和所属企业在岗职工人数的6.9%和2.3%。同时，通过"骨干带头、企业参股"的方式积极推行核心作业层实体建设，骨干员工与所在企业解除劳动转身份，与其牵头组建的新设企业签订劳动合同。截至目前，所属相关企业已选派188名骨干牵头组建了29个核心作业层实体，带动形成8000人规模的核心劳务力量。

四、坚持效率优先，完善薪酬与业绩挂钩机制，实现收入"能高能低"

（一）完善集团总部薪酬考核体系

中国化学工程总部建立"PMP"付薪理念，根据员工岗位价值（Position）、劳动力市场价位（Market）、组织与个人绩效（Performance）确定员工薪酬。建立完善绩效薪酬体系，绩效薪酬是基本薪酬的2倍以上。开展岗位价值评估，采用因素计分法对总部的岗位价值进行评估，科学分层分级分档，实现"以岗定薪、一岗一薪、易岗易薪"，破除平均主义，解决薪酬分配内部公平性。开展外部市场薪酬水平对标，对标中央建筑企业薪酬水平，合理确定总部各层级岗位薪酬水平标准，提升薪酬外部竞争性和合理性，逐步建立与劳动力市场相适应的薪酬分配体系。实行全员绩效考核，强化绩效考核结果应用。建立健全按业绩贡献决定薪酬的分配机制，充分发挥绩效考核指挥棒的作用。员工绩效考核等级实行强制比例分布，考核等级为A的不超过25%，考核等级为C以下的不低于10%。季度绩效考核与季度绩效薪酬挂钩，考核结果为A和C的绩效薪酬差距最大能达到40%，考核为D的不得领取绩效薪酬。同职级中层干部年收入最大相差1.6倍；同职级员工收入最大相差1.7倍，进一步拉开薪酬差距，打破"高水平大锅饭"。

（二）优化所属企业薪酬考核体系

建立了由基本薪酬、绩效薪酬、特别奖惩、中长期激励构成的所属企业负责人薪酬体系，企业负责人薪酬与考核结果直接挂钩。坚持效益优先，加大对效益完成情况的考核与奖惩力度；注重发展质量，在"两利四率"的基础上，增加了净资产收益率、人均创利、总资产回报率等指标，建立"立足当前、兼顾历史、着眼未来"的考核目标核定机制，从建筑业央企较高值、集团同类企业平均值、企业近三年平均值三个维度，按3∶3∶4权重制定个性化考核指标。根据业绩考核结果，拉开企业主要负责人收入差距，实施党建考核奖励、新签合同额奖励、超额利润奖励、两金奖励和现金流奖励等特殊贡献奖励。近3年，所属企业负责人年度薪酬最高近230万元，最低仅为30多万元，最大相差近8倍，真正做到"收入比贡献"。

（三）建立多元化激励措施

建立健全多元化激励机制，研究制定了涵盖工程项目、市场营销、股权投资、研发项目、超额利润分享等各方面、各层级的激励政策，鼓励资本、技术、劳动、管理等要素参与分配。为了进一步增强科技经营能力和优化长效激励机制，中国化学工程2019年在所属东华科技采取限制性股票方式开展上市公司股权激励试点，共向168名业务骨干授予限制性股票，根据激励方案，东华科技共授予限制性股票1012.5万股，占计划公告时股本总额53524.14万股的1.89%，有效期72个月，规定2年锁定期，根据业绩考核4年分期解锁。为激发广大科技人员的创造性和积极性，中国化学工程在所属五环公司实施2019—2021年度科技型企业岗位分红激励试点。激励对象主要是在科技创新和成果转化过程中发挥重要作用的技术人员、企业生产经营工作的中、高级经营管理人员以及通过省、部级及以上人才计划引进的重要技术人才和经营管理人才。激励人数共284人，占企业在岗职工平均人数的1/4。中国化学工程所属华陆科技引入万华化学作为战略投资者进行混改后，员工持股比例为19%。大力推行员工跟投，中国化学工程所属天辰齐翔己二腈项目、所属华陆新材气凝胶项目员工分别跟投15%、16%。同时，中国化学工程制定出台了《关于加强集团公司科技创新体系建设和管理的指导意见》等相关制度，重点奖励研发团队、研发人员。加大科技成果转化激励力度，明确科技成果对外转让、许可5次以内按照净收入的15%对研发团队进行奖励；科技成果进行实业化推广后，允许技术核心团队跟投15%；科技成果转化成功投产后，5年内从税后净利润中提取15%进行奖励，跟投的核心团队人员可延迟5年退股，并根据实际情况延迟退休；因工艺技术优化改进增加的税后净利润提取15%进行奖励。

（四）积极探索改革国有企业工资决定机制

为建立健全与劳动力市场基本适应、与企业经济效益和劳动生产率挂钩的工资决定和正常增长机制，中国化学工程根据《关于改革国有企业工资决定机制的意见》《中央企业工资总额管理办法》及

《中央企业工资总额管理办法实施细则》，及时修订集团公司的《工资总额管理办法》、制定《工资总额备案制管理办法》，经国务院国资委批准，自2020年开始实行工资总额备案制管理。中国化学工程加强对所属企业工资总额的管理，合理增长、规范列支，不断提高工资总额管理的科学化、规范化水平。所属企业职工工资总额主要与企业营业收入、利润总额、资产使用效率、劳动生产率等反映经济效益和市场竞争能力的指标挂钩。职工工资水平根据企业经济效益和市场竞争力，与市场行业对标而科学合理确定。在所属企业层面，构建由工资效益联动、效率对标调节和工资水平调控等共同组成、协调运转的工资总额决定机制，坚持按劳分配原则，合理确定所属企业工资总额预算，坚持分类管理、精准施策、科学分配，效率优先，兼顾公平，在集团公司内部牢固树立了"工资总额是靠企业效益挣来的"理念。在工资效益联动机制方面，所属企业工资总额预算与利润总额、营业收入的增长以及资产使用效率情况挂钩，根据利润总额及营业收入年度预算增减变动情况，结合企业功能定位、经营业绩考核目标值的先进程度，分类分档合理确定工资总额预算水平。在效率对标调节机制方面，根据国资委定期发布的中央企业劳动生产率、人工成本投入产出效率等行业对标信息，开展人工成本对标，建立人工成本效率调节机制，合理调整与效益联动的年度工资总额预算水平。在工资水平调控机制方面，按照国家有关部门每年度发布的工资指导线、企业职工平均工资调控水平和工资增长调控目标，合理调控工资水平增长。工资总额管控水平不断提高，在经济效益增长和劳动生产率提高的同时实现劳动报酬同步提高，三年来，在企业规模迅速增长的同时，中国化学工程的人事费用率保持在6%~7%的合理区间内。

五、改革取得的成效

三年来，中国化学工程在深化三项制度改革方面做了大量工作，取得了明显成效，改革让中国化学工程发生了翻天覆地的变化。

（一）经营业绩再创历史新高

2017年，中国化学工程打赢了保生存促发展攻坚战，2018年继续保持强劲发展势头，2019年完成新签合同额3025亿元，与2016年相比增长320.1%，是历史最好水平的3倍，连续三年年均增长1000亿元以上；完成营业收入1109.6亿元，与2016年相比增长104.6%，较历史最好水平翻了一番；实现利润58.5亿元，与2016年相比增长158.8%，超过历史最好水平；主要经济指标增幅继续位列建筑业央企第一，超额完成国资委下达的年度目标任务。2020年，中国化学工程主要经济指标再创历史新高，新签合同是2016年的4.28倍，营业收入是2016年的2.23倍，利润总额是2016年的2.26倍，净利润是2016年的2.33倍，资产总额是2016年末的1.88倍；净资产收益率是2016年的1.3倍。2020年末的资产负债率为62.58%，在建筑业央企中保持最低。

（二）国际化经营硕果累累

中国化学工程积极践行"一带一路"倡议，海外营收占比逐年提升，集团公司国际化率从2016年的26.4%提升到2019年的32%以上，2020年受新冠肺炎疫情影响，中国化学工程的海外营收降幅较大。2019年中国化学工程完成海外新签合同额1562亿元，占比超过50%，国际化经营能力不断提升。2019年6月，在习近平主席和普京总统的共同见证下，俄罗斯纳霍德卡甲醇项目在克里姆林宫成功签约。同年10月份在波罗的海化工综合体项目上斩获"千亿大单"，合同额约120亿欧元，一举创造"全球最大乙烯一体化项目""全球石化领域单个合同额最大项目""中国企业'走出去'签订合同额最大项目"三项纪录。在促进一批重大国际项目签约落地的同时，有力推动了"中国标准""中国制造""中国装备"走出去。

（三）员工精神面貌焕然一新

中国化学工程坚持以人民为中心的理念，让职工共享发展成果，通过三年多的改革，人均创利从5.29万元提升到11.38万元，增幅151%；全员劳动生产率从19.87万元提升到33.68万元，增幅69.5%；在人均效率显著提升、企业发展质量显著提高的同时，中国化学工程在"十三五"期间实现了工资总额和职工平均工资的双翻番，员工的幸福感、获得感显著提升。

（四）党建工作迈上新台阶

中国化学工程坚持以高质量党建引领高质量发展，抓紧抓好中央部署的"三严三实""两学一做""不忘初心、牢记使命""党史学习教育"等系列重大主题教育。在定点帮扶的革命老区甘肃省华池县南梁干部学院设立中国化学党员教育基地，对2000多名党员领导干部进行集中轮训，实现"党建带扶贫、扶贫促党建"双促双进。先后开展了基层党组织建设"落实年""提升年""巩固年""创新年"主题活动，中国化学"不忘初心、牢记使命"主题教育受到中央督导组的充分肯定，有关经验和做法被中央党建领导小组《党建要报》刊登。全面落实全国国企党建会"30项重点任务"，党建工作不断迈上新台阶。中国化学工程的党建考核连续两年被国资委党委评为"A"级，纪检工作连续两年被驻委纪检监察组评为"优秀"。中国化学工程在2021年荣获全国五一劳动奖状。

改革只有进行时没有完成时。下一步，中国化学工程将按照《国企改革三年行动方案（2020—2022年）》的相关工作要求，继续深入推进三项制度改革，在细化量化深化科学化上实现新突破。进一步树立市场化的选人用人导向，在所属企业推进经理层任期制和契约化管理；在混改企业大力实施市场化选聘、契约化管理，建立职业经理人制度；持续优化两级机关部门设置，调整职能职责，开展岗位分析和评价，进一步做好定岗定编工作；完善员工绩效考核机制，坚决破除"高水平的大锅饭"；按照"两利四率"要求，调整完善所属企业业绩考核指标体系；推动超额利润分配等激励措施落实落地，充分调动干部员工干事创业的积极性主动性，进一步激发企业活力和发展动力，加快培育具有全球竞争力的世界一流工程公司。

成果创造人：戴和根、刘德辉、赵庆贺

坚持技术创新与机制创新双轮驱动构建"一核多元"高质量发展新格局

中国天辰工程有限公司

中国天辰工程有限公司（以下简称"天辰公司"）前身为化工部第一设计院，成立于1953年，现为中国化学工程股份有限公司全资子公司，注册资本25亿元，主营业务为EPC工程与化工新材料研发和生产，是中国化学工程集团的旗舰企业，连续多年入选全球国际工程设计公司225强。

在长期发展过程中，天辰公司将技术研发放到公司发展战略的突出位置，坚持技术创新与机制创新双轮驱动，持续构建以技术研发为"核"为"芯"、驱动科技、实业、工服等业务板块协同发展的"一核多元"高质量发展新格局，发展效益和质量显著提升。公司勇立改革潮头，2020年入选国务院"科改示范行动"，改革经验受到国资委和集团公司的肯定，发挥了科改示范企业领头雁作用。公司将以建设"具有全球竞争力的科技驱动型平台公司"为发展愿景，在构建新发展格局和全面建设社会主义现代化国家新征程中奋力谱写"一核多元"发展格局的新篇章。

一、成果背景

（一）新发展格局对发展动能和方式提出更高要求

我国经济自改革开放以来经历了一个较长时期的高速增长，增速超过世界经济增长平均水平，对全球GDP贡献率不断攀升，一跃成为世界第二大经济体。在21世纪的第二个十年，我国经济进入了"新常态"，由高速增长转为中高速增长，由投资驱动和要素驱动变为创新驱动。2020年国家进一步提出，构建以国内大循环为主体、国内国际双循环相互促进的新发展格局，要求把新发展理念贯穿发展全过程和各领域，切实转变发展方式，推动质量变革、效率变革、动力变革，实现更高质量、更有效率、更加公平、更可持续、更为安全的发展。

伴随着改革开放的浪潮，天辰公司也实现了突飞猛进的发展，并借助我国扩大对外开放的契机，走出国门，勇闯海外，将海外业务打造为新的增长极，不断刷新各项发展指标的记录。这种迅猛的增长态势有效支撑了公司在过去较长周期内的跨越式发展，也掩盖了公司在体制机制、发展动能等方面存在的部分缺陷。随着我国经济进入新常态，国家抓紧构建以国内大循环为主体、国内国际双循环相互促进的新发展格局，过往那种外部环境宽松、市场需求强劲的发展条件将难以为继，天辰公司有必要进行体制创新，向管理要效益，转变发展方式和发展动能，更好适应建设新发展格局、贯彻新发展理念的要求。

（二）百年未有之大变局强化了自主创新的重要地位

习近平同志深刻指出："当今世界正经历百年未有之大变局。"在世界大变局中，中国持续快速发展，中华民族伟大复兴不断前进，成为世界格局演变背后的主要推动力量，而世界面临百年未有之大变局，也给中华民族伟大复兴带来重大机遇。要把握世界百年未有之大变局与中华民族伟大复兴战略全局的辩证关系，在危机中育先机、于变局中开新局，就必须深刻认识到，自力更生是中华民族屹立于世界民族之林的奋斗基点，自主创新是我们攀登世界科技高峰的必由之路。因此十九届五中全会要求，坚持创新在我国现代化建设全局中的核心地位，把科技自立自强作为国家发展的战略支撑。

在建设创新型国家的征程中，国有企业肩负着自主创新国家队的重大使命。习近平同志深刻指出，国有企业，特别是中央所属国有企业，一定要加强自主创新能力，研发和掌握更多的国之重器。作为中国化学工程集团的旗舰企业，天辰公司秉承家国在胸的情怀，始终与国家和社会发展同频共振，在加快向创新驱动转变的过程中，同样有责任充分发挥自主创新国家队的作用，争当技术创新的"主力军"和"先锋队"，在解决"卡脖子"技术、攻克掌握关键核心技术方面发挥好作用，在科技自立自强的征程中扮演重要角色。

（三）改革与创新是沉淀在公司品牌中的显性文化基因

作为"共和国化工设计院长子"，伴随着改革与发展的时代主旋律，改革与创新成为天辰公司从建院之初即沉淀在品牌中的显性文化基因，催动着公司在时代的挑战和机遇中砥砺奋发，在创业与守业中不断前进。早在20世纪80年代，天辰公司就承接了国内首个以设计为主体的EPC工程总承包项目，在90年代初又进一步由设计院转制为国内第一家化学工程公司，完成了从设计院向工程公司的转变，开启了从纯设计业务向工程总承包业务的转型。进入21世纪后，公司又开始从以国内工程业务为主，向扬帆国际舞台建设国际型工程公司转型。在这种改革与创新的显性文化基因带动下，仅用了短短十余年时间，到2014年，天辰公司即成功跨越"百亿营收"的发展新台阶，并实现海外业务营收占比超过50%，项目分布遍及全球，涉及亚洲、欧洲、非洲、美洲等几十个国家，成功从设计院体制转型升级为大型国际综合型工程公司，并在境内外工程市场上形成了较强的核心竞争力。

时代的车轮滚滚向前，天辰公司改革创新的步伐也始终不曾停歇，坚定不移在转型升级道路上不断向前迈进。为了进一步增强企业竞争力、创新力、控制力、影响力和抗风险能力，天辰公司依托自身研发技术和工程转化能力，主动开始由单一工程业务向围绕工程主业形成上下游拓展的战略布局发展，打造"技术研发、工程建设、实业运营、市场服务"全业务链发展模式。

二、成果内涵

党的十九大鲜明提出，中国特色社会主义进入了新时代，这是我国发展新的历史方位。面对新形势和新变化，天辰公司秉持"不断挑战自我，始终领先一步"的发展观，加快转变发展方式和发展动能，以创新发展推动构建"一核多元"高质量发展新格局，驱动公司由单一工程业务转型升级为集成技术研发、EPC工程总承包、实业运营、国际贸易和投融资等五大能力的大型国际工程公司。

天辰公司的"一核多元"高质量发展新格局，就是将创新放在企业发展最突出的位置上，并上升到企业发展战略高度，不断强化技术研发"核""芯"地位，驱动科技、实业、工程服务等各业务板块协同发展。在长期实践中，天辰公司持续构建"一核多元"高质量发展新格局，积累形成了丰富的内涵。

科技板块是公司发展的核心引擎——包括引领公司发展的研发业务和作为公司发展根魂的工程业务。其中，研发承担工程市场延伸和开拓先锋作用，采取市场化运作，激发各方面潜力，使之成为持续创新的孵化器，有效发挥开放型的科技创新平台作用；工程坚持在化工传统主业和新材料产业领域深耕细作，在研发技术带动下综合多种创新手段，不断增强核心业务的资源配置效率、市场竞争能力和盈利能力。

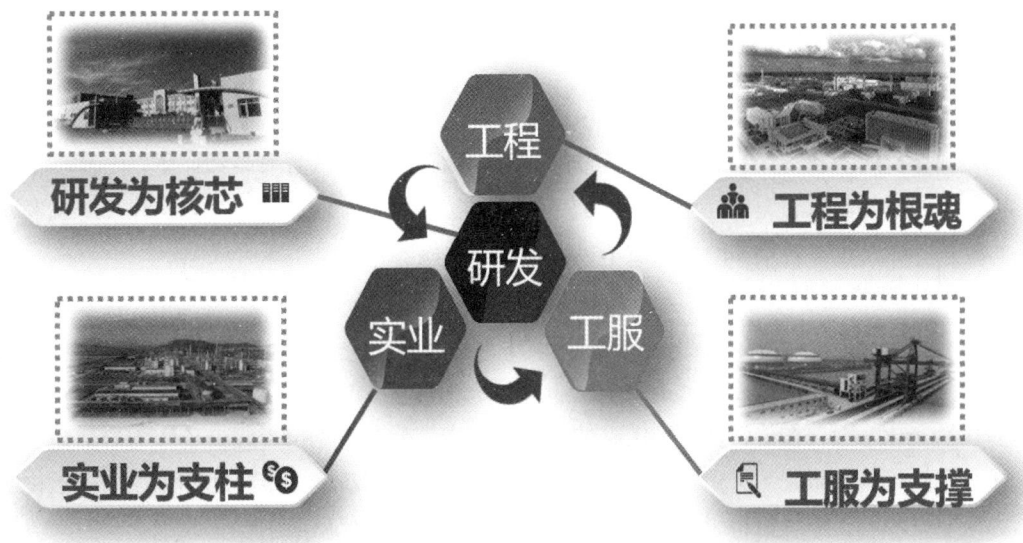

图1 天辰公司"一核多元"高质量发展新格局

实业板块是公司发展的重要支柱——依托已建成投入运行的己内酰胺工厂，利用自主技术在建的己二腈工厂以及未来其他新技术转化的产业，坚定迈向"创新驱动、实业兴企"的发展道路，与其他业务板块高效协调发展；积极以体制机制创新激发科研和实业的活力，充分发挥人才技术优势，推动研发科技成果直接转化为生产力；进一步发挥技术和资本撬动力量，围绕高温尼龙、特种工程塑料、己二腈等关键核心技术的成功开发，采用控股或参股方式建成高附加值的示范产业项目，向化工行业的高附加值产品领域拓展，努力打造企业转型升级和企业可持续发展的高效引擎。

工服板块是公司发展的重要支撑——包括工程贸易及其他相关服务类业务，利用公司全产业链协调发展的优势，以市场为先导，推动业务升级，建立完善市场化体制机制，提升市场竞争力，与科技、实业板块形成良好协同效应，为公司持续打造"一核多元"发展格局构建重要支撑点。

"一核多元"高质量发展新格局的丰富内涵，在天辰公司"十三五"的经营发展成果中得到了集中体现。"十三五"期间，天辰公司多项经济指标实现成倍增长，新签合同额、营业收入和利润总额到2020年底分别达到222亿元、152亿元和12亿元，相比"十三五"期初分别增长106%、111%和361%，其中工程、实业、贸易、研发等业务板块的营收增幅基本达到翻番乃至更高，有效实现了各板块的协同发展，圆满完成"十三五"收官。公司各项经营业绩在中国化学工程集团继续稳定保持排头兵位置，2020年公司资产总额迈上160亿元新台阶，净资产接近60亿元新大关，同比增长9.5%和3.4%，净利润达到10亿元新水平，同比增长8.4%，有效发挥了集团公司旗舰企业的作用，进一步彰显了"一核多元"高质量发展新格局的建设成效。

2020年公司成功入选国务院"科改示范行动"，这就为建设"一核多元"发展格局创造了新的历史机遇。公司将"一核多元"发展格局的构建融入"科改示范行动"中，坚持以改革推进高质量发展，以发展成果释放改革红利，实现了改革、发展、稳定的动态平衡与螺旋上升，受到了各级领导的关注与肯定。2020年8月，国务院改革办领导在调研中肯定了公司改革成绩；9月公司作为五家典型代表之一，在国资委"科改示范行动"杭州现场推进会上发言进行经验交流。2021年3月，国资委《国企改革三年行动简报》专题报道了公司改革发展经验；5月公司作为两家代表之一，在国资委"科改示范行动"专题培训班进行改革经验授课。

三、措施及效果

一万年太长久，只争朝夕。面对外部环境的复杂变化和震荡起伏，天辰公司没有等待停留，也没有放松懈怠，而是以时不我待、责无旁贷的使命感，以踏石留印、抓铁有痕的责任感，一步一个脚印，坚持机制创新和技术创新双轮驱动，坚定走"创新驱动、实业兴企"的道路，奋力构建"一核多元"高质量发展新格局，以实干实效推动一系列改革创新举措落地做实，取得了显著成绩。

（一）持续推动技术创新，提升发展质量与效益

1.以技术研发为"核"为"芯"，连续突破"卡脖子"技术

习近平同志强调，关键核心技术是要不来、买不来、讨不来的。天辰公司从建院之初就根植了改革与创新的显性文化基因，在建设创新型国家的伟大征程中，公司自觉担当起央企作为科技创新国家队的使命重任，坚持以技术研发为"核"为"芯"，持续强化原始创新能力，在2006年成立中国化学工程集团内第一家研发中心，陆续取得了博士后科研工作站、天津市绿色反应工程企业重点实验室等认证，并成为中国化学工程集团首个国家认证企业技术中心，承担了国家多套重大化工项目的技术引进工作，完成了一大批国家"863计划"、国家重大科技支撑计划等国家和省部级科技攻关课题，获得国家科技进步奖、省部级科技进步奖数十项，持有授权专利及专有技术近500项，多项获"中国专利优秀奖"，形成了过氧化氢直接氧化法制环氧丙烷技术、绿色己内酰胺技术、天然碱技术工艺路线、丁二烯法己二腈技术等一批拥有自主知识产权的国内外首创关键核心技术。

2010年天辰公司成为中国化学工程集团首家国家高新技术企业，进一步强化技术研发"核""芯"地位，激发科技创新动能，研发投入强度连续多年高于高新技术企业所要求的3%标准，研发投入费用逐年攀升，2020年跃升至2.6亿元，增长幅度超过18%，并以家国在胸的情怀，自觉将公司技术创新与国家战略需要、经济社会发展相结合，相继攻克了一批涉及国计民生的"卡脖子"先进工艺技术，其中丁二烯法己二腈工艺技术、过氧化氢法环氧丙烷技术打破国外公司技术垄断，绿色己内酰胺工艺投入市场后使得国内市场自给率由不足30%提高到90%以上，在壮大民族自主技术、建设创新型国家征程中有力展现了天辰作为。

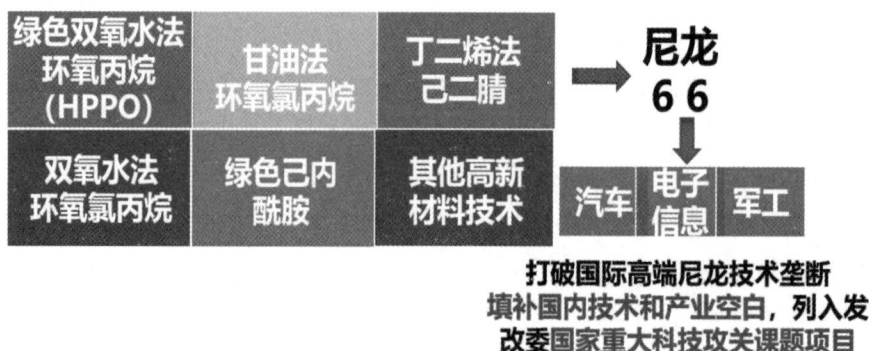

图2 天辰公司连续实现"卡脖子"技术突破

为了进一步强化技术研发"核""芯"地位，天辰公司在"十四五"发展规划中提出了"具有全球竞争力的科技驱动型创新平台公司"的发展愿景，并借助"科改示范行动"契机，提出建设开放式

科技创新平台。充分利用"科改示范行动"关于激发科技创新动能的相关政策，以"政策高地"优势汇聚市场人才资源与研发资源，加快建设开放式科技创新平台，打造"政策高地、人才高地、资源高地"的科技创新特区，以提升公司自主创新能力。开放式科技创新平台公司将以市场化的体制机制、"一题一策"的发展策略，形成科技组网，加速科技成果转移转化，引入科研机构、高校、企业等各方资源，汇集社会资本、外部技术、研发课题等各类要素，实现"科技引领，资源集聚"，重点解决制约国家、行业发展的"卡脖子技术"问题，带动行业升级和公司发展，建设具有全球竞争力的世界一流科技创新平台。

2.强化"产学研设"创新体系，推动产业科技深度融合

依托60多年工程经验和技术积累，天辰公司深入实施创新驱动发展战略，抓紧布局核心技术攻关，在构建"一核多元"高质量发展新格局的过程中走出了一条"产学研设"创新发展之路。天辰公司长期从事化工设计和工程总承包业务，具有国内广大科研院所欠缺的强大的工程设计能力、中试放大能力和工艺包编制能力，借助自身拥有的小试和中试基地，在研发过程中工程设计人员就提前介入，并对新技术开展工程化和产业化试验，极大提高了新技术流程的转化能力，形成了独特的"产学研"和"设"（工程化）模式，极大提高了科技成果转化率。2020年新增实施转化的专利和专有技术60多项，累计转化接近300项，占总量比重超过60%，其中己二腈属于列入国家发改委重大科技攻关课题项目的卡脖子技术，填补了国内和行业空白。

依托自主技术转化，公司持续推动"技术＋工程"和"技术＋实业"一体化发展，实现科技与产业深度融合，依靠技术创新拉动的产值连续多年占比超过60%，发展质量和效益得到了显著改善。

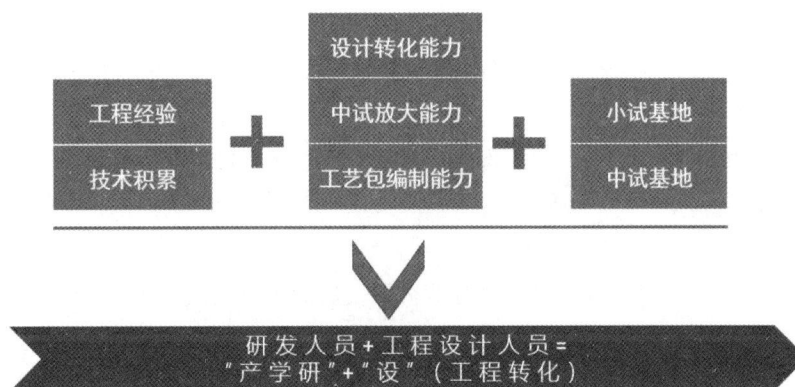

图3　天辰公司"产学研设"创新体系

在技术带动工程方面，天辰公司依托自主研发的技术成果，相较于传统的单一工程公司形成了独特优势，有效增强了在境内外工程市场的竞争力。

公司发挥自有研发技术的开路先锋作用，不断拓展工程业务市场版图，持续提升工程板块发展水平，所承担的工程项目不断创造世界纪录，先后建成土耳其卡赞250万吨/年的全球最大天然碱项目、新疆新天20亿立方米/年的全球最大煤制天然气项目、神华包头60万吨/年的全球最大煤制烯烃项目等，并多次获得国家优质工程金奖、全国质量奖卓越项目、工程总承包金钥匙奖等行业顶尖奖项。2020年公司在"ENR国际工程设计公司225强"中列第91位，在"境外工程总承包营业额排名"中列第11位，荣获"中国石化行业百佳供应商""'一带一路'领军企业""最具国际拓展力工程设计企业（第一名）"等一系列荣誉。

公司研发的绿色己内酰胺技术已经成为国内主流工艺技术，通过该项技术转让及相关催化剂销售，

已获得直接经济效益超过5亿元。通过该技术带动行业工程发展超过300亿元，先后转让产能近200万吨，国内市场占有率达到50%以上。

公司开发的先冷结晶提纯除杂质，再热结晶提纯产品的天然碱技术工艺路线，是世界上首创的天然碱工艺路线，由此带来土耳其卡赞天然碱项目EPC合同额5.8亿美元，同时土耳其卡赞项目业主将美国建设的天然碱项目也委托天辰，仅设计合同金额就高达6770万美元。

公司研发的国内首创过氧化氢法环氧丙烷技术（HPPO）已成功应用于10万吨/年HPPO工业化示范装置，并在2021年成功开车，此技术已直接获得新签工程合同额及配套催化剂销售额等经济效益约为1.4亿元。

在技术带动实业发展方面，天辰公司深度服务国家战略，依托"产学研设"技术成果转化体系，持续做大做强实业板块，坚持走"创新驱动、实业兴企"道路，在融入和服务新发展格局中展现天辰作为。

天辰公司依托自有绿色己内酰胺技术，与福建当地国企合作，在2014年投资建成福建天辰耀隆己内酰胺产业基地，成为公司首个"产学研设"示范实体及持续创新摇篮。该基地已建成30万吨/年的全球最大己内酰胺单线产能，截止到2020年底，实现营业收入220.54亿元，利润总额约18.24亿元，并成为全球最优产品质量的保持者，也是公司实业板块首个"百亿营收平台"，显著提升了公司的抗风险能力和多元化经营能力。

天辰齐翔公司作为己二腈项目的产业化载体，正在分二期建设100万吨/年尼龙新材料产业基地。一期项目预计2020年竣工，预计年营业收入和利润可达到100亿元和20亿元，将打造公司实业板块又一个"百亿营收平台"，并将打破国内己二腈自给率为零的严峻局面，为我国尼龙66及其下游的汽车、电子信息、纺织、军工等行业的发展提供坚强有力的保障，在壮大民族自主技术、建设创新型国家的奋斗征程中再谱天辰新篇。

春华秋实，硕果飘香，经过"十三五"时期的发展，实业板块已经成为天辰公司发展的重要支柱，营业收入和利润贡献度分别达到30%和40%。实践证明，"创新驱动、实业兴企"的道路不仅走得通，而且应该继续走下去。因此"十四五"期间，公司将以"科改示范行动"为契机，充分应用科技成果转化、创新动能激发等相关政策，把实业板块作为公司发展的重要支柱，加快迈向"创新驱动、实业兴企"的道路，围绕尼龙6、尼龙66和其他化工新材料等领域，抢先布局，提前卡位，打造"四个基地"产业布局，以更好顺应化工产业一体化、平台化、集聚化和高端化的发展趋势和市场需求，为"十四五"开好局、起好步，并储备长远发展资源，为实业板块高质量发展持续提供充足动力。预计到"十四五"末，实业板块的营收和利润总额贡献度将达到70%和80%，在建设"工业强国""实业强国"征程中展现天辰作为。

（二）系统实施机制创新，激发经营活力与动力

党的十九大站在新的历史起点上对国有企业改革发展作出重大部署，明确提出培育具有全球竞争力的世界一流企业，这就对国有企业管理体系和管理能力现代化水平提出了更高要求，尤其是进入到2020年，在新冠肺炎疫情冲击、全球经济普遍下滑等多重压力下，天辰公司也面临着合同额锐减、经营压力剧增等诸多问题，走到了一个企业发展的十字路口，更加深刻地体会到管理机制改革创新的必要性与迫切性。

因此公司将"科改示范行动"作为重大发展机遇，系统实施覆盖全层级和全领域的机制创新，全面

落实十九大提出的"质量变革、效率变革、动力变革"要求，深入推进市场化选人用人机制、生产经营一体化运营机制、市场化激励约束机制等改革，实现新突破，取得新进展，2021年成功入选国有重点企业管理标杆创建行动标杆企业，为构建"一核多元"高质量发展新格局提供了强有力的保障。

1. 自上而下、覆盖全员，市场化选人用人机制显著改善经营质量

机制创新的首要任务是充分调动员工的工作积极性和主观能动性，因此建立健全市场化选人用人机制首当其冲。以"科改示范行动"为契机，天辰公司经理层提高政治站位，率先垂范，以身作则，包括总经理在内的全部10位高管均在公司入选"科改示范行动"的当年即率先完成了任期制与契约化管理，签订岗位聘任协议及年度、三年任期业绩责任书，明确任期、职责范围、年度及任期绩效责任指标、考核内容与方式、薪酬兑现、退出机制等，实现公司经营业绩指标全部分解下达，强化刚性考核、刚性兑现。

图4 天辰公司经理层率先完成任期制与契约化管理

在公司经理层的带动下，改革迅速在中层干部中铺开，当年即有8位事业部负责人完成了任期制与契约化管理，一家下属子公司总经理实施了职业经理人的市场化选聘，实现选聘市场化、管理契约化、退出制度化。2021年一季度进一步实现公司所有二级部门正副职、分子公司班子成员共计120个中层管理岗位的任期制和契约化管理工作全覆盖。同时开展中层管理岗位价值评估，按照岗评结果确定六个岗位等级，充分拉开薪酬差距（最高值与最低值超过5倍），以年度业绩考核得分决定薪酬高低（总得分低于70分则绩效年薪直接为零并退出现岗），同时继续实行中层干部竞聘上岗，坚决形成能者上、庸者下、劣者汰的用人导向和工作环境，两年间通过竞聘上岗的中层干部达到51人，硕士及以上学历占比超过60%，干部平均年龄从47岁降至42岁，对于因违规违纪、履职不力、业绩较差、年龄较大等无法胜任工作岗位的及时进行调整，近三年共调整退出中层干部共25人，其中改任非领导职务19人，停职免职降岗6人，且力度不断加大，干部退出比例由2018年的4.3%上升到2020年的7.3%，上升了3个百分点，增幅高达70%，切实做到收入能增能减和岗位能上能下，极大激发了广大干部干事创业热情和动力。

领导干部的率先垂范，有效推动了员工层面的改革，补齐了市场化选人用人机制改革最大的那块拼图，让这场自上而下的改革最终实现了全员覆盖。公司建立健全以劳动合同管理为核心、以岗位管理为基础的市场化用工制度，充分发挥劳动合同对实现员工能进能出的重要作用，明确业绩指标等绩效要求以及续签、解除合同条件等条款，强化合同期满考核，对于不能胜任工作岗位的及时进行调整和清理，2020年度至今已与13名员工主动解除劳动合同。同时对职能管理部门岗位进行优化重组和定岗定

编，推行部门薪酬总额包干制，广泛实施公开竞聘上岗、全员绩效考核、考核不达标和不胜任退出等制度，实现缩编提效，累计缩减管理人员20%以上，管理部门员工占比控制在10%以内。

这场自上而下、覆盖全员的机制改革充分落实"质量变革"的要求，显著提升了公司经营效率，也推动公司人均效益指标跃入行业先进水平。2020年度公司净资产收益率达到16.3%，高出建筑业全行业平均水平10.1个百分点，人均利润和人工成本利润率领先于工程行业90%以上企业，人事费用率处于工程行业25%以下。

2.刚性兑现、市场导向，生产经营一体化机制持续增强内生动力

在全球经济下行加速、特别是新冠肺炎疫情对全球经济造成深远影响的新形势下，公司原有的工程项目运营体系已不能适应形势需要，并且导致经营压力和公司业绩指标无法有效分解和层层传递。公司强化市场导向，深入践行"动力变革"要求，对工程板块进行重塑性变革，按照"一三四五"的改革思路，快速实施了工程项目生产经营一体化运营机制改革。

重构一套新体系。将工程板块划分为"五大系统"，分别为：项目运营系统、项目支持系统、职能管理系统、项目服务系统和项目支撑系统。项目运营系统按照市场化的原则划分作业单元，将生产团队与经营团队统筹整合，实行事业部制管理，新成立煤化工事业部等8个实体化项目运营机构，负责工程项目自市场开拓、经营报价到项目实施等的全过程业务链。对事业部实行总经理负责制、"模拟法人"和"财务独立核算"运行机制，让事业部成为承接公司业绩指标的实体机构，并继续向下分解至具体人员，实现指标层层分解，压力层层传递和绩效层层考核，有效形成"全员经营"氛围，释放了经营效能，快速扭转业绩指标分解不到位、生产与经营脱节等低效能现象。2020年新签合同额跃上220亿元新台阶，同比增长24%，改革后不到4个月完成新签合同额110亿元，占到全年总量50%。

建立三个新机制。在业务部门实行员工与项目"双向选择"，项目可以自主选聘决定实施团队人选，设计、施工、采购等业务部门员工可以自主决定参与竞聘的项目，从而引导人才等生产要素按照"内部市场化"的方式在项目间进行有效配置，建立起人才合理流动的市场化选人用人机制。为解决高水平大锅饭等问题，2021年度在公司二级机构、生产与管理及业务岗位实施市场化的以人工时成本核定为基础、以岗位契约化管理为核心的绩效管理模式，按照消耗的标准人工时评定员工绩效，多劳多得，少劳少得，员工若未被项目聘任则只领取基本工资，切实将员工收入与工作量、工作成效相挂钩，建立起能力有效对价的市场化激励约束机制。以消耗的标准人工时为基础确定项目总成本，并通过项目与各参与部门的"工时内部结算"，将项目总成本合理分配至各参与部门，实现对于部门成本和项目成本的量化核定，为精细化管控工程项目各分项的构成价格提供了有力依据，建立起成本精细管控的工程项目价格形成机制。

实现四个提升和解决五方面问题。工程项目生产经营一体化运营机制改革有效实现了四个提升，即员工积极性提升、项目精细化管理水平提升、工程板块经济效益提升和安全文明生产水平提升，切实解决了困扰发展的五方面问题，即进度难以控制、材料成本管理混乱、收入分配不均、盈利水平偏低、管理水平参差不齐等影响市场竞争力的现象得到有效改善。2020年公司营业收入突破150亿元，同比增长7%，营收利润率达到8%以上，是建筑行业平均水平1.4倍，全员劳动生产率达110万元/人，是建筑行业平均水平2.6倍。

3.风险共担、利益共享，市场化激励约束机制大幅提升运作效率

习近平同志深刻指出，人才是第一资源。要通过行之有效的激励，增强员工的幸福感和获得感，员工才能对企业产生更强的归属感和凝聚感，第一资源的效用才能得到充分发挥。天辰公司充分借助"科

改示范行动"提供的激励政策工具包,建立起"风险共担、利益共享"的市场化激励约束机制,与员工形成发展共同体,推动"效率变革"实现新突破,取得了良好效果。

一是实施员工跟投计划。在承担国家卡脖子技术转化的己二腈项目中实施员工跟投,将项目建设、研发、生产运营的技术骨干和核心成员纳入跟投范围,跟投总金额达2.6亿元,建立起风险共担、利益共享机制,有力促进了工艺技术优化和建设速度提升,预计该项目将提前至今年年底竣工投产。

二是完善项目风险抵押激励约束机制。通过签订目标责任书,明确责任风险及奖励指标,自2019年实施以来收取风险抵押金2000余万元,涉及骨干员工300余人,并推广覆盖公司全部EPC项目。目前已兑现风险抵押奖励900余万元,涉及200余人,其中单个项目团队最高奖励达400万元,有效激发了团队干劲和责任意识,促进了项目安全质量和成本效益的有效管控,已实施风险抵押金制度的工程项目利润率高出过往项目平均水平2.24个百分点,增幅超过30%。

三是强化科技成果转化奖励激励。以课题进度核定奖金,并设立创新成果、成果转让、专利及专有技术等专项奖励,近5年奖励科技创新人员超过1.5亿元,2021年公司胜利召开第六次科学技术大会,发放科技创新专项奖励450万元,涉及300余人,其中单人最高奖励达100万元,有效激发了科技创新动能,研发速度明显加快,研究成果显著增加。2020年研发项目结题15项,新增授权专利39项,新增专有技术认证15项,较上一年增长50%、35%、400%。

图5 天辰公司在科技大会上颁发创新奖励

其作始也简,其将毕也必巨。一代又一代天辰人接续奋斗,将改革与创新接力棒不断向前传递的奋进历程,就是天辰公司从二十世纪末的单一设计院体制,飞跃向21世纪之初的大型国际型工程公司,飞跃向"十二五"的中国化学工程集团首家百亿营收平台,最终飞跃到现今"一核多元"高质量发展新格局的壮美画卷!

如日之升,如月之恒,天辰公司的改革与创新永远在路上。伴随着"十四五"的号角,站在"两个一百年"奋斗目标的伟大历史交汇点上,天辰公司又开始扬帆驶向"具有全球竞争力的科技驱动型创新平台公司"的发展愿景,"一核多元"高质量发展新格局也必将在全面建设社会主义现代化国家的新征程中再放异彩、再谱新篇!

成果创造人:袁学民、焦在月、王春光

科学谋划　精准施策
以改革促进企业高质量发展

哈尔滨飞机工业集团有限责任公司

一、成果背景

深化企业改革对增强国有企业活力和国有经济的控制力，提高资本使用效率，优化国有经济布局和结构，具有重大意义。哈尔滨飞机工业集团有限责任公司（以下简称"哈飞公司"）创建于1948年，是我国直升机、通用飞机、先进复合材料构件的主要研发制造基地。公司聚焦航空主业发展，形成军用直升机、民用直升机和固定翼飞机为代表的产品体系，构建起了一机多型、系列发展的产品格局。哈飞公司在中国航空工业集团（以下简称"航空工业"）的领导下，把落实习近平同志关于国有企业改革发展和党的建设重要论述贯穿于企业改革行动中，突出提高站位、把准方向，突出补短板、强弱项、锻长板，突出系统集成、协同高效，突出抓落实、见行动，坚持问题导向，坚定不移贯彻新发展理念，加快供给侧结构性改革，以"建设航空强国、创建世界一流"为主题，以建设"五个一流（一流经济效益、一流创新能力、一流运营管理、一流企业文化和一流人才队伍）"为主线，统筹推进以直升机为核心的五大产业协调发展，实现质量变革、效率变革、动力变革和高质量发展，不断推进企业改革深入发展。

二、内涵

哈飞公司改革成果的内涵是始终以习近平新时代中国特色社会主义思想为指导，全面贯彻党的十九大和十九届二中、三中、四中、五中全会以及中央经济工作会议精神，增强"四个意识"，坚定"四个自信"，做到"两个维护"，坚持和加强党的全面领导，坚持和完善基本经济制度，坚持社会主义市场经济改革方向。强化改革意识，以目标为引领，以问题为导向，通过完善中国特色现代企业制度、推进经济布局优化和结构调整、健全市场化经营机制、加强党的领导和党的建设，实现企业质量变革、效率变革、动力变革和高质量发展，努力把哈飞公司建设成为具有"领先创新力、先进文化力、卓越竞争力"的国内领先、国际知名的航空研发制造企业和航空服务运营商。

三、改革措施

（一）全面深化改革时期的改革措施

1.聚焦主业，多举措全面推进"瘦身健体"

公司按照中央关于国有企业主辅分离、辅业改制的相关政策和文件要求，对主辅业进行分离，由"航空、汽车、机电"三大块业务转化为全面聚焦以"航空"为主要业务的发展方式，对其余剥离的辅业采取"扶上马、送一程"，助力辅业成长。对不具备市场竞争优势的非主营业务和低效无效资产持续进行处置，提高资本运营效率。

在退休人员社会化方面，采取"前期多沟通＋后期多帮助"的人性化推进方式，前期组织广大退休职工通过"企业小助手、微信群、逐层传达、周边扩散"等多种渠道，学习国家和省市关于国有企业退休人员社会化管理的文件及国资委有关领导讲话，不断加深国有企业退休人员社会化管理的重要意义和必要性的认识，引导正确理解和支持国有企业退休人员社会化管理工作，后期在人员移交之后，仍然针对退休职工普遍关注的问题进行有效的沟通，做好退休人员社会化管理移交过渡期衔接工作，配合街道、社区做好人员管理、活动组织、特长人员推荐等企业退休人员的相关辅助工作。

2.领先开展"三供一业"移交

作为航空工业集团首批试点单位，哈飞公司率先开展了"三供一业"移交工作，成为国企中"三供一业"移交的先行者，主动作为，与集团公司和地方政府加强建立良好的沟通工作机制，根据不同的情况采取"分层、分级、分类"的"三分"法推进"三供一业"移交工作，圆满地完成了供热、供电、供水和物业管理的移交工作，剥离了企业办社会职能，减轻了企业负担。在此过程中，公司形成了宝贵的改革经验，哈飞公司"三供一业"的移交产生了推广示范效应，为其它国企提供了哈飞公司经验。

3.产业调整和结构布局

哈飞公司积极对标世界一流企业，开展适应未来发展方向的产业调整和结构布局，以军、民用直升机为核心主业，以军、民用固定翼飞机为重要主业，协同发展通用航空运营与服务。以科技创新、产品研发、生产与集成交付、维修与服务保障为发力点，为国内、国际市场和军用、民用客户供给一流航空产品与服务。利用京津冀区位优势，将平台能力向产品研发、客户化改装、运营支持等产业链两端延伸，探索民机发展新模式，形成面向科研院所、国际合作和资本市场的开放合作新格局。

4.推进三项制度改革

"三项制度"改革方面，哈飞公司建立和实施了市场化用工制度，持续提升高学历毕业生签约比例，降低管理人员比例，畅通员工退出通道；持续完善干部考核评价体系，树立领导干部干事担当、履职尽责的鲜明导向；建立市场化薪酬分配机制，实施效益联动的工资总额管理模式；实施"长、家、匠"管理办法，搭建骨干人才体系，客观评价骨干人才履职情况，激发骨干人才创新创业激情，解决科研生产和管理提升中的难题，坚持激励与约束并重原则，坚持公平公正公开原则，深入挖掘骨干人才潜能。

（二）改革三年行动中的措施

1.解决瓶颈问题，提出改革目标

公司以习近平同志的重要论述作为指导，以国企改革有关会议精神和上级政策文件为指南，以解决公司高质量发展中的瓶颈问题为目的，制定了企业改革的主要目标。

（1）形成产权明晰、权责明确、政企分开、管理科学的现代企业制度

对公司治理结构按照构建现代企业的相关要求进行顶层梳理和设计，确保各级企业建立与实际情况相适应的治理结构，明确各治理主体作用，厘清权责边界。对于发挥党委在公司治理中的作用，制定《党委前置研究重大经营管理事项讨论清单》，落实党委把方向、管大局、保落实的作用；对于明确股

东会在公司治理中的作用，修订完善《公司章程》，明确股东会权责；对明确董事会在公司治理中的作用，将完善《决策结构清单》和《董事会议事规则》，落实各级董事会应建尽建、配齐建强，发挥董事会定战略、做决策、防风险的作用，实现本公司及所属子企业董事会中外部董事占多数；对于明确经理层在公司治理中的作用，将健全董事会向经理层授权的管理制度，依据董事会授权对经理层实施任期制和契约化管理，修订《总经理办公会议事规则》，充分发挥经理层在公司治理、年度经营计划、利润分配等方面谋经营、抓落实、强管理的作用。

（2）形成更加合理、稳定的国有经济布局和产业结构

产业链、供应链方面，克服"疫情"及国际形势的不利影响，形成完善的应急体制机制，配套准时化率达到90%以上。产业结构调整方面，改变公司目前收入过多倚重军机，民机和服务保障业务对收入的整体贡献度不高，应对市场变化的抗风险能力偏弱的产业结构现状，着力发展军机、民机、无人机、维修及通航运营五大产业，实现主业均衡发展。提升自主创新能力方面，不断提高研发投入强度，开展核心技术的研究，开展"卡脖子"关键技术攻关，解决发展瓶颈问题。做强做精主业，积极开展"两非"企业（非主业、非优势企业）清退工作，提高资本运营效率；管理提升方面，加速"产业数字化"管理结构调整，建立基于数据的管理模式，企业数字化、网络化、智能化转型升级覆盖主价值链全过程。

（3）建成高效运营的市场化经营机制

建立和实施以劳动合同管理为关键、以岗位管理为基础的市场化用工制度；实现人员能上能下，员工能进能出，收入能增能减；全面推进全级次企业经理层成员任期制和契约化管理，坚持"1+1+2+3"（做实责任、精准考核、两个结合、三个对接）原则，突出"4"（质量效益、强军首责、创新驱动、聚焦主业）个导向将经理层成员经营业绩考核；建立市场化薪酬分配机制，实施效益联动的工资总额管理模式；建立灵活多样的人才激励机制，激发人才创新创造活力，增强企业发展动力。

2.加强组织领导，科学谋划实施

（1）明确改革分工，确保责任落实

哈飞公司由党委领导总体改革工作，指导监督各项改革工作实施。董事长、党委书记是改革工作的第一责任人，协调、解决改革工作中出现的各种重大问题，安排阶段性工作，根据需要召开会议，研究、审议改革相关事项。总经理、党委副书记抓好方案的落实落地，督导各项具体改革工作按计划推进。改革工作分管领导抓具体工作、抓落实，做好统筹协调。班子其他成员抓分管业务，主动联系负责的所属单位，各负其责，相互配合。由公司经营管理部作为改革牵头组织单位，对哈飞公司所属全级次企业的改革工作进行方案制定、任务下达、过程管控和阶段总结等方面的工作。各牵头部门/责任部门及所属单位负责本单位具体改革举措的实施。

（2）发挥党组织作用，全面领导改革工作

坚持和加强党的全面领导，发挥企业政治优势，发挥党组织对改革工作的全面领导作用，坚决落实总书记的重要批示指示，落实国有企业深化改革的各项部署，把党的领导融入公司治理各环节，把党的建设与生产经营深度融合，把改革内容纳入党建工作目标，把提高效益、增强竞争力、实现国有资产保值增值作为党建工作出发点，落实全面从严治党责任，做好国资委中央企业混合所有制企业党建工作指导意见的宣贯落实，发挥常态化巡视巡察整改落实机制的作用，促进改革举措顺利实施。

（3）组织学习培训，把握改革方向

哈飞公司把深入学习贯彻习近平新时代中国特色社会主义思想、习近平同志关于国有企业改革发展

和党的建设的重要论述作为企业改革的首要任务。通过学习研讨习近平同志对改革意义、改革目的、改革方向和改革方法论等做出的重要论述，将国资委和集团公司关于改革的指示精神和要求及时转化传达到基层单位，确保广大职工能够深刻领会习近平同志的改革精神，确保广大党员干部职工思想统一、领会要义、掌握要求，做到上下贯通，准确把握改革方向。

（4）开展专题研究，推进改革部署

结合公司中长期发展规划和改革工作实际，组织召开"完善中国特色现代企业制度、推进国有经济布局优化和结构调整、推进三项制度改革"三个专题的工作部署会议。形成专题研究报告，改革工作同步实施。公司对"加强公司所属全级次企业董事会建设工作"进行了专题工作布置，对公司完善中国特色现代企业制度工作着重进行了推动。

（5）实施考核评价，保障任务完成

对改革工作开展过程管控，建立了改革行动的考核评价机制，定期对改革工作的完成质量和完成效率进行检查、考核、评价和督导，对已到进度节点的举措进行检查，确认是否达到任务目标要求；对未到进度节点的举措了解掌握进展情况，协调公司资源促进任务实施，及时提出预警；对各单位改革相关工作及任务完成情况进行统计分析，定期编制发布改革简报；对所属子企业进行督导检查，确保改革深入实施，不留死角。对积极推进改革工作实施、取得较大成效、获得上级认可的单位，公司视贡献程度进行组织绩效奖励，对于改革工作推进不力的本部及所属单位予以组织绩效或经营业绩的处罚。

四、改革取得成果

哈飞公司深知改革能为企业带来持续的、领先的市场竞争优势以及内在发展动力。多年来，哈飞公司一直走在国企改革的前列。从1999年公司制改革到2004年中国香港上市，从2006年专业化整合到2019年转为集团直属业务单位，哈飞公司始终坚持迈开改革步伐，经过多次市场化运作和专业化调整，改革工作取得了较大成效，主要包括以下内容：

（一）公司治理取得初步成果

哈飞公司按照中央关于国有企业主辅分离、辅业改制的相关政策和文件要求，将10家子（分）公司进行改制，分流职工2300多人。对改制后的公司进行扶持，经过十余年市场的磨砺和锻炼，形成了"哈飞工业"等一批具有市场竞争活力的改制企业。哈飞公司所属公司本身也更加聚焦主业，目前航空产业收入占总收入比达到90%以上。与此同时，根据相关文件要求剥离辅业，精干主业，将企业所办6所中小学移交地方教育部门管理，企业更加聚焦主业，发展道路上"轻装"前进。

经过多年的公司治理，目前公司具有10家全级次企业，按照构建中国特色现代企业的相关要求结合实际业务情况建立了现代治理结构，明确了各治理主体的作用，厘清了各自的权责边界，形成了具有研发制造、服务维修、通航运营等全产业链发展的格局，为公司未来高质量发展奠定了基础，航空产业营业收入达到了企业改制前的3倍以上。

（二）实施授权放权，激发所属企业活力

为了赋予企业更多的自主权，促进激发微观主体活力与管住管好国有资本有机结合，按照国务院国资委国有产权管理授权放权要求，"因企制宜"，综合考虑所属企业的产业特点、功能定位、资产规模、管理成熟度等因素，合理设置授权放权事项清单，对重点领域进行有效管控的同时，对下属企业合理授权放权，对所属单位公司章程修订、增资扩股、现金增资、航空器进场交易、设备处置等事宜精简

合并审批、审核、备案事项，建立了及时响应、灵活高效、适应市场环境的管理机制，所属企业事项申请审批事项平均减少16%，办公效率获得提升，充分激发了所属企业的自主经营、市场化竞争的活力。

（三）对标世界一流，管理能力现代化水平得到提升

为了增强企业核心竞争力、加快培育世界一流企业，响应国务院国资委提出的国企对标世界一流管理提升要求，哈飞公司从现代企业制度的完善、经济布局优化和结构调整、健全市场化经营机制三个维度对标世界一流企业，发现了现代化管理方面、产业结构方面、创新能力方面、体制机制方面等制约公司未来发展的问题，形成了管理改革目标。

现代化管理提升方面，依托于AOS体系（航空工业AOS管理体系建设）建设来实现改善，完成了18个业务域的统筹规划，打通了95个主流程，推进了制度与流程体系的对接，形成与AOS相匹配的公司制度体系顶层框架，设计统一的文件架构和内容结构，全面提升了制度与流程的匹配度。

对于产业结构、创新能力、体制机制等方面的难题，通过助推改革行动的实施，来集中破解其中关键瓶颈问题。全面对照参与国内国际市场竞争要求，基于市场竞争要求制定公司战略规划，适配组织机构和规章制度。完善了公司战略绩效管理体系架构，制定了战略绩效管理制度，加强了目标导向作用；根据主价值链业务域的AOS流程优化结果适配组织机构，调整了职能分工，减少了管理层级，形成了扁平化的组织架构。

建立了公司风险管理三道防线职责清单，建立了合规风险识别机制、预警、应对机制，确定了公司合规管理的11个业务领域；形成合规管理规范，确定公司适用的法律法规、监管规定、体系文件、外部要求、用户需求等文件共计537份，改进制度14项。

（四）剥离企业办社会职能，减轻企业负担

2008年哈飞公司完成供水、供热和物业分离移交；2009年启动供电项目这一最艰难的分离移交工作，直至2016年10月，历时八年全面完成了"三供一业"、市政设施、社区管理职能移交、资产划转、资金清算和维修改造、管理服务衔接等所有任务，成为国企中"三供一业"移交的先行者，并且圆满地完成了供热、供电、供水和物业管理的移交工作，剥离了企业办社会职能，减轻了企业负担。2015年9月，鉴于哈飞公司在深化国企改革工作取得的成绩，航空工业在哈飞公司组织召开全集团所属相关单位推进"三供一业"分离移交工作经验交流会。2021年5月被航空工业授予剥离企业办社会职能和解决历史遗留问题改革先进工作单位荣誉称号。通过改革，减轻了企业负担、突出了哈飞公司主业发展、促进了地企合作共赢，对航空工业和地区企业改革工作任务的整体推动起到了突出的带动作用。为公司每年减少供水、供暖、排水等费用约4880万元。目前公司进一步开展了厂区供暖的移交，从而进一步减轻企业负担，促进公司聚焦主业，聚焦型号，让更多的资金和人员投入到科技创新和管理改善工作中。

（五）全面完成了退休人员移交社会化管理工作

全面完成了退休人员移交社会化管理工作。与地方政府签署了国有企业退休人员社会化管理资产移交协议，完成了8474名（天直、锦江各1人，哈飞公司通用6人，航空工业哈飞公司本部8466人）退休人员管理服务移交工作，完成了2处场所及13类268件活动设备设施移交属地政府，基本完成了移交管理工作，退休人员社会化管理退休人员管理服务移交完成率、人事档案移交完成率、党员组织关系转接率均达到100%，并实现了随退随转或常态化移交，退休人员移交社会化投诉率和上访率为0%。每年实现节约人工管理费、水电费、设备维修等费用110余万元。

（六）产业调整迈出重大步伐，结构布局更加优化

哈飞公司十分注重产业的调整和结构布局优化，很早就提出过"三个三分之一"（军机、民机、国

际合作）的构想。公司是国内最早一批拓展国际合作业务的企业之一，公司积极融入世界航空产业链，成为波音、空客、贝尔等世界知名航空企业的供应商，与巴航合资成立哈尔滨安博威公司生产ERJ145支线客机，与空客以对等份额合作研制AC352中型多用途直升机，与空客合资成立复合材料制造中心。推动Y12系列飞机专业化整合，哈飞公司通用实现独立运营。将民用直升机产业向天津转移，AC312E当年转产天直并实现首飞，逐步在天直开展以AC312E、AC332、AC352为代表的AC系列民用直升机科研生产。开放平房机场，开通省内短途客运航线，实现Y12系列飞机示范运营。公司产业布局和调整趋于更加均衡，增强了企业抵御市场风险的能力，逐步向打造成为直升机领域内集研发设计、生产制造、服务保障为一体的航空龙头企业迈进。

（七）扎实推进三项制度改革，增强企业发展动力

"三项制度"改革方面，建立和实施了以劳动合同管理为关键、以岗位管理为基础的市场化用工制度；实现人员能上能下，员工能进能出，收入能增能减；建立市场化薪酬分配机制，实施效益联动的工资总额管理模式；建立了灵活多样的人才激励机制，激发人才创新创造活力，增强企业发展动力。

1.实施综合考核评价，优化干部队伍结构

完善并印发了《公司领导干部综合考核评价办法》，强化考核结果的运用，对考核成绩靠后的、民主评议分数低的、慢作为得票率超过10%的干部进行专项考核，对确实存在问题的干部，提出降职或免职的处理意见，形成考核报告；2020年选拔了两名80后优秀年轻干部担任专业总师或专业副总师，专业总师、专业副总师队伍年龄结构得到进一步优化，队伍活力得到进一步增强；2020年选拔了9名90后优秀青年骨干进入干部队伍，优化了干部队伍年龄结构，提高了干部队伍航空院校全日制硕士研究生学历干部比例。

2.实施经理层成员任期制和契约化管理，激发创业热情

全面推进公司及所属单位经理层成员任期制和契约化管理，发挥经理层以上率下的示范带动效应，推动公司干部队伍不断强化岗位意识和契约精神，编发了《关于公司及所属子企业经理层成员实行任期制和契约化管理的实施方案》。2021年二季度组织32名航空工业哈飞公司及所属单位经理层成员完成了岗位聘任协议书和经营业绩责任书的签订。通过开展经理层成员经营业绩考核，实现考核结果与经理层成员综合考核评价、薪酬和调整使用挂钩。

3.改革薪酬管理机制，实现及时、即时激励

进一步强化了薪酬激励效能，实现绩效工资及时、即时激励。2021年上半年分别确定生产车间与部门绩效工资预算切块预控管理的原则及核算办法，根据公司全年生产任务预测核定各单位绩效工资总额切块预控额度，制定了《绩效工资预算切块（预控）实施方案》；2021年开展了核心骨干人才分类、分层的精细化市场对标工作，完成了公司各类人员与国资委薪酬数据对标，对公司核心岗位进行识别，完成了《对标核心岗位明细表》；在搜集市场薪酬数据方面，与翰威特公司和劳动工资研究所沟通洽谈交流，形成了《关于开展薪酬市场对标工作的情况报告》，积极寻求集团公司薪酬数据支持；实施效益联动的工资总额管理模式，强化了工资总额预算和决算管理，加大对所属单位工资总额的管控力度，实施工资总额考核发放；完成了所属管理单位2020年度工资总额清算，相关数据列入《2021年工资总额预算及使用方案》。

4.员工管理全面实现市场化

高质量完成人才引进工作，为公司高质量及创新驱动发展奠定人才基础。截至目前，2021年博士、硕士等高学历毕业生签约比例达到37%，较2020年增幅23%；构建管理类骨干人才评选机制，完成公司

骨干人才评选及履职考核的制度发布；实施市场化用工，强化劳动合同到期人员的履职考核管理，持续畅通人员退出通道，对考核不合格人员不予续签合同，2020年员工退出岗位3人，2021年1月至今退出岗位6人，2021年劳动合同到期人员履职考核结果为中且绩效考核末等的人员缩短劳动合同续签年限，由10年调整为续签3年。

（八）优化供应链、产业链管理

形成采购风险应对机制。哈飞公司积极克服疫情及国际形势的不利影响，对成品供应商配套情况进行风险分析，形成成品供应商采购的进口器件采购受限情况和国产化替代进展分析报告，掌握公司面临的各项境外采购风险，并采取积极应对措施；研究并完成了关键航电、机电成品的国产化替代实施方案。

形成供应商综合管控机制。识别外协管控风险，形成风险分析清单，制定应对措施，有效规避风险，提高外协产品交付进度，保持供应链稳固；按供应商能力分层分级开展精益管理、质量成本管理等培训，通过培训提升了供应商综合能力，为外协产品质量提供了保证；加强供应商质量过程监控，以供应商准入、过程监督、专项审核为抓手，组织办理新增供应商审批，组织参与外协供应商评审，从评审中发现问题并提出合理化建议，跟踪供应商整改闭环，确保供应商准入质量及合格供应商资格保持；完成《产品外协供应商综合绩效评价管理办法》升版，从产品质量、交付进度、服务水平、价格四个维度实施综合绩效评价，促进供应商综合能力提升；优化供应商能力建设，加大供应商资源储备，建立了玻璃钢制品、可剥垫片、弹簧、弯管等不发展专业供应商储备；强化了供应商计划考核，提高外协产品交付进度，外协产品交付准时率实现92%。

（九）优化调整自主创新能力取得新成果

积极提高自主创新能力，推进关键技术攻关，瞄准先进航空产品发展方向，新构型设计、总体优化设计、先进旋翼设计、减振降噪设计、航电系统开发、六性设计管控等核心技术能力不断得到增强；重量及成本管控、基于模型的系统设计等为代表的通用基础能力不断取得进步。

推进核心技术能力进步，以型号应用和技术发展为目标，以建立工艺研究组织机构为手段，依托"6+4+5"工艺技术创新体系，五个研究实验室围绕精准制造、智能制造、低成本制造、绿色制造等四个研究方向，在塑性成形及数控加工技术、复合材料成型技术、特种工艺控制技术、总部装配集成技术、试飞及测试技术、工装设计与装配集成技术等六个技术领域编制了相应的工艺技术提升计划，工艺技术体系逐渐由"任务—能力"型向"能力—创新"型转变；打造直升机部装数智化生产线、总装数字化生产线、电镀自动化生产线、金属件自动氧化处理生产线、复合材料构件智能机器人柔性涂装生产线、金属零件数字化机械加工智能生产线、直升机桨叶制造及修理智能生产线、橡皮囊精准成形单元、钣金数控下料单元等9条智能化生产线，有效推动了核心技术能力的进步。

积极参与黑龙江省重大科研项目、自然科学基金项目，深化基础研究、探索前沿技术，积极与南京航空航天大学等高校、民营企业、外部科研机构、其他军工单位加强产学研用合作，2021年6月，加入了《先进复合材料和装备创新联盟》，成为核心成员单位；积极开展多种形式的科技创新活动，以公司预研项目、创新基金项目为纽带，完成了1项技术合同，建立了3个创新联合团队，推动科技创新发展。

（十）积极推进混合所有制改革，将核心业务资产注入中航科工

为了积极落实集团公司资本化运作发展战略部署，积极构建国际、国内双循环，生产经营与资本运营双循环相互促进的新发展格局，加快航空产业快速发展，推动直升机业务整合，尽快实现航空强国梦，哈飞公司积极参与航空工业重大资本运作项目，推进了"1018"直升机资产重组项目，改善企业产

权属性，使产权更加优质，已顺利完成将与航空主业密切相关的资产注入中航科工。后续将积极推进中航科工IPO A股上市"1029"，为航空工业和哈飞公司未来实施产业布局、结构优化调整等发展战略奠定了基础。

（十一）全面从严治党责任得到有效落实

严格落实"三重一大"、廉洁风险防控等管理制度，进一步完善监督和廉控工作体系。截至2021年6月末，在严格落实"三重一大"、廉洁风险防控等管理制度方面，新建及修订《公司纪律教育、廉洁教育实施办法》《公司廉洁从业管理规定》《公司廉洁从业风险防控工作管理制度》等9项制度文件；开展"三重一大"专项监督检查，抽查53项决策事项，对3项偏离目标较大的决策事项开展后评估，提高了决策制度执行力度和实施效果；组织公司17个AOS业务域开展廉控专项工作，共识别基础风险点102个，制定防控措施190余项，明确重要风险点24个，制定了《公司廉洁从业风险防控目录指引》。

严格按照《二级单位纪检组向集团公司纪检监察组请示报告事项清单》要求向集团公司纪检监察组请示报告；制定了《所属单位纪委向哈飞公司纪委请示报告事项清单》，规范了所属单位纪委向航空工业哈飞公司纪委请示报告事项及方式；制定了《哈飞公司所属单位2020年纪检工作要点》，督促所属单位自主制定2021年度工作要点、落实纪检工作；督促班子成员落实全面从严治党责任，对班子成员日常履职尽责情况进行监督。

（十二）党的领导和党的建设水平得到提高

扎实开展基层党支部标准化规范化建设，印发了《航空工业哈飞公司实施党支部标准化规范化建设方案》，编制了《党支部标准化规范化建设及考核作业表》《党支部工作机制运行规范》《党支部组织生活重点工作参考范例》，在党组织书记例会上对上述内容进行解读和宣贯，同时将党支部标准化规范化建设纳入公司党建工作考核，通过绩效管控平台考核基层党支部标准化规范化建设日常情况，标准化、规范化建设覆盖了所有基层党支部，推进覆盖率达100%。

加强对混合所有制企业——哈尔滨哈飞公司空客复合材料制造中心有限公司党支部工作的检查考核，深入哈尔滨哈飞公司空客复合材料制造中心有限公司，按照党支部标准化规范化建设要求，调研指导其党组织工作情况，并指导哈尔滨哈飞公司空客复合材料制造中心有限公司党支部加强与哈飞公司空客党总支开展党建工作交流。

推动各家子企业建立全级次企业信息公开全覆盖的载体和渠道，明确牵头部门和责任人，当前10家全级次子企业中有8家实现了信息公开，建立了官方网站、两微一端等公开载体和渠道。

五、总结

经过多年来持续推进改革工作，哈飞公司取得了一定的改革成果，2020年净收入较2015年增长76.67%，EVA增长0.7亿元、增长了76%，总资产周转率0.46次/年、提高了9.5%,员工人数由"十三五"期间的7082人降至6521人，管理人员比例降至18.54%，辅助人员比例降至10.8%。

哈飞公司后续将在航空工业集团的领导下，在坚决完成国务院国资委改革任务及要求的同时，以改革促进哈飞公司"十四五"及2035年中长期核心竞争能力提升，以破解公司发展中瓶颈难题为导向，继续推进改革工作走向深入，努力把哈飞公司建设成为国内一流、国际知名的航空研发制造企业和服务运营商，有力支撑航空工业集团航空强国战略落地！

成果创造人：刁飞萌、谭飞、刘文鹏、孙大伟、李广伟

新型举国体制下军工科研院所科技创新体系重构

中国航空工业集团公司沈阳飞机设计研究所

中国航空工业集团公司沈阳飞机设计研究所（以下简称沈阳所）现隶属于中国航空工业集团有限公司，成立于1961年8月，是新中国成立后组建的第一个飞机设计研究所，主要从事战斗机的总体设计与研究工作。沈阳所科研实力雄厚，设有15个航空重点专业领域、130个二级专业方向，涵盖了飞机设计、试验验证和技术支持三大类，拥有空战系统、隐身技术、电磁环境效应、飞行器新概念结构等4个航空科技重点试验室，以及飞控、航电、无人机综合等25个国内领先的系统验证试验室。自建所以来，先后承担了空海军40余个航空重点型号研制任务，荣获国家和省部级以上成果奖达600余项，其中五型飞机荣获国家科技进步最高奖，三型飞机荣获国防科技工业金奖、银奖。在长期工程实践中，沈阳所也培养出了一支以两院院士顾诵芬，中国工程院院士管德、李明、杨凤田、孙聪，中国科学院院士李天等人为杰出代表的高素质航空科研设计队伍，对外输送了1000余名高层次科研和管理人才，被誉为中国"战斗机设计研究的基地，航空英才的摇篮"。

一、实施背景

（一）践行科技自立自强使命的必然要求

当前国际形势下大国博弈加剧，科技创新已成为国际战略博弈的主战场。党中央审时度势，提出"把科技自立自强作为国家发展的战略支撑"，要求"中央企业等国企要勇挑重担、敢打头阵，勇当原创技术策源地"，强调"强化国家战略科技力量，提升国家创新体系整体效能""完善关键核心技术攻关的新型举国体制"。作为军工科研院所，要坚决践行国家战略科技力量重要组成部分的使命定位，自觉履行高水平科技自立自强的责任担当，技术上以国家战略需求为导向，着力破解制约国家发展全局和长远利益的重大科技问题，加快建设原创技术策源地，加快突破关键核心技术；机制上要深刻剖析"卡脖子"问题背后，我们创新体系整体运行模式的系统性薄弱环节，加快探索新型举国体制下的科技攻关新范式，建立与使命要求相适应的科技创新体制机制，以体制机制改革的强劲"动能"提升科技创新能力的"势能"。

（二）贯彻国企深化改革要求的必由之路

国企改革三年行动方案是全面深化改革新阶段推出的重要纲领性文件，国资委全力推进改革方案落实落地，提出要"以提升自主创新能力增强发展新动能、以深化国资国企改革激发发展新活力、以高水平对外开放打造国际合作和竞争新优势"，要"加快建设世界一流企业，以创新发展引领世界一流，深化科技创新、制度创新、业态和模式创新，集中力量加快关键核心技术攻关，形成一批引领全球行业技术发展的领军企业"。军工科研院所处于产业链前端，肩负自身创新能力提升和行业技术发展领军的双重重任，要以提升产业链创新活力和核心竞争力为目标，加快建立与行业技术领军相适应的新型科技创新体系，推动行业内企业融通创新，提高科技产出效率，提升产业链供应链现代化水平，从而更好实现依靠创新驱动的内涵式增长。

（三）破解科研院所发展困局的必然选择

1.抢占科技创新先机亟需新型创新组织模式

新一轮科技革命和产业革命加速演进，从技术维度看，技术发展越来越呈现交叉、融合、渗透、扩散的鲜明特征，智能、5G等前沿创新不断涌现，各科研体系知识分享和跨界交流成为新常态，单打独斗式创新已经跟不上时代发展要求；从产品维度看，装备越来越呈现高复杂、大系统、多学科趋势，研制周期不断缩短，成本、不确定性和风险不断增加，创新也日益复杂，尤其是面向国家重大科技攻关项目，需要广泛汇聚不同组织的创新资源和要素，这就倒逼科研院所要加快探索建立适应新型举国体制的科技创新体系，汇聚创新合力。

2.激发内部创新活力亟需破除旧有体制束缚

军工科研院所沿袭了部分计划经济时代的管理模式，仍残留着体制机制僵化现象，制约创新发展。

一是技术向价值转化渠道不畅，创新投入不足。厂所分离的运营模式下，产品收益向创新源头反哺通道不健全，研究所创新投入严重依赖军方，技术—产品—收益的良性循环没有真正建立。

二是激励机制不健全，创新能动性不足。研究所往往注重显性成果，在职称、岗位、薪酬等评价激励模式上重设计、轻研究；预研成果应用到型号中，原创者没有得到有效激励，设计对研究人才虹吸明显；成果向产品转化激励不够，成果多被束之高阁，成果转化的最后一公里无人愿走、会走。

三是缺乏顶层抓总机构，创新合力不足。在各专业自主、群发式创新模式下，没有顶层统筹，导致创新战略方向不聚焦、专业之间不平衡、关键技术攻关不充分，交叉学科的技术攻关无人管、无人问。

四是行业牵引机制未建立，创新协同不足。行业各自为战，创新缺乏统一节奏，步调不统一，往往事后组合，融合不足。

3.汇聚高端创新人才亟需变革引育评用模式

军工科研院所是高科技人才密集型企业，随着科学技术的飞速发展，对高端人才的渴求更加迫切。但由于传统军工研究所人才培养体系不健全，引才聚才的制度优势和比较优势不够，造成高端人才供给不足。

一是人才引进渠道单一。人才引进相对封闭，往往专注于某一特定领域和院校，更多的是对应届生的吸收和培养，没有形成兼顾市场的稳定人才蓄水池；受事业单位体制和编制限制，人员进易出难，尤其沈阳所地域优势减弱，高端人才数量和质量难以满足创新发展需求。

二是人才成长通道不畅通。技术人才职业成长主要采用职称或者与职称挂钩的晋升方式，更加注重资历和经验，相比管理人员晋升渠道慢，科技人才的积极性和创造性调动不充分。

三是人才激励制度不健全。受制于工资总额、无法兼职取酬及股权激励等政策约束，智能、5G等新兴专业人才引进面临窘境，民营企业对人才"虹吸效应"明显，高端人才分流严重。

四是人才选拔机制有待进一步完善。基于行政的项目推进模式下，项目岗位评聘由行政决定，往往论资排辈，大量资源集中在少数领军人才身上，存在"只挂帅不出征"现象，人才梯队建立慢。

自立自强的使命要求、深化改革的战略部署、自身发展的内在需求，都要求军工科研院所主动承接、坚决贯彻、有效落实。军工科研院所要坚持战略导向、目标导向、问题导向相结合，加快构建适应新型举国体制下军工科研院所科技创新体系。

二、成果内涵及具体做法

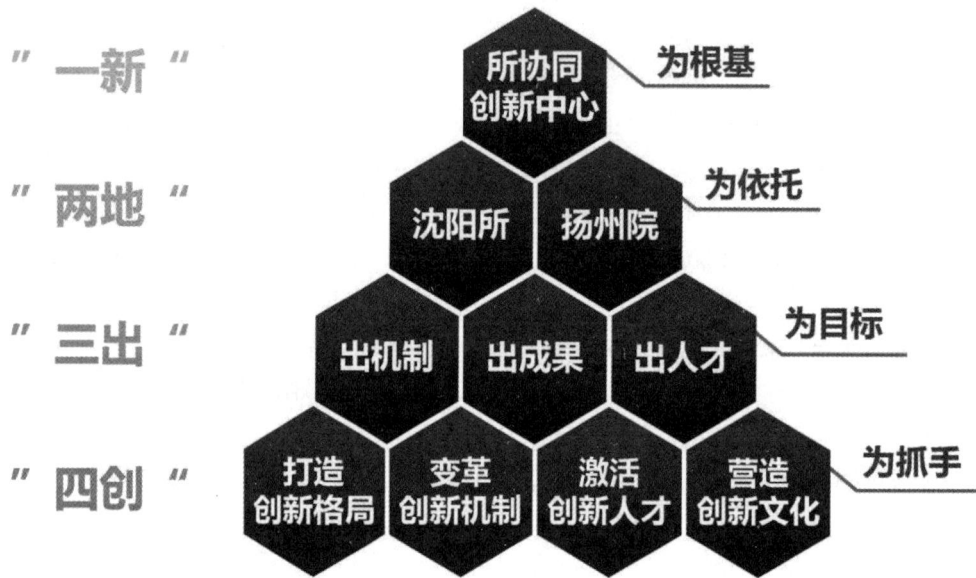

图1 "一新、两地、三出、四创"科技创新体系

新型举国体制下军工科研院所科技创新体系的深刻内涵是：以"一新"（所协同创新中心）为根基，组建所协同创新中心，擘画关键技术一张图，加强创新顶层管理和技术统筹；以"两地"（沈阳所本部和扬州院）为依托，破除地域和体制限制，成立扬州院，构建"北设计、南研究"创新发展架构，以南促北，南北共进，实现两地"一体贯通，增量互补"；以"三出"（出机制、出成果、出人才）为目标，依托创新平台优势，培育"能推广的机制、能转化的成果、能顶用的人才"；以"四创"（打造创新格局、变革创新机制、激发创新人才、营造创新文化）为抓手，集聚创新资源，激发原始创新活力，破解高端人才供给不足，构建"支撑主业、自主快速、长远可持续"的科技创新良性发展范式。具体做法如下：

（一）加强创新顶层统筹，夯实"一新"根基

1.组建所协同创新中心

坚持管理和技术创新双轮驱动，整合创新主体、优化组织架构，成立协同创新中心。协同创新中心为虚拟组织，下设创新发展办、创新总体部、扬州院、各部先研室、动态团队等部门和虚拟团队。

管理方面，创新发展办作为职能管理部门，组织制定科技创新发展规划，负责科技创新资源统筹和项目管理，探索更加灵活的管理机制。技术方面，创新总体部作为全所创新的总体部门，负责技术顶层抓总，以战略预研项目为抓手，牵引各专业技术发展，同时面向跨专业领域的交叉技术、新兴技术，发现新技术方向、催生新学科领域；扬州院发挥地域、机制、政策优势，侧重"新技术、新概念装备、新产品"的探索，重点开展技术成熟度5级以下前沿技术研究，与所本部优势互补；科研各部先研室承接创新总体部战略预研项目需求，面向专业领域侧重开展基础技术研究与探索；动态团队、创新单元等虚

拟团队，组织形式灵活，侧重于单项核心关键技术攻关。

协同创新中心下各组织机构分工明确、紧密衔接，构建了创新发展办管理牵头、创新总体部技术抓总、扬州院优势互补、各部先研室和外部组织广泛支撑的创新体系，打造了协同创新中心顶层统筹、创新主体高效联动的科技创新局面。

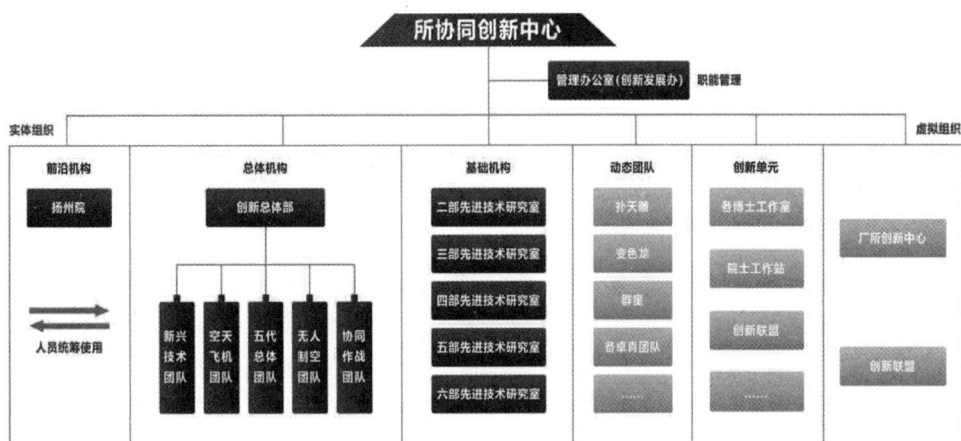

图2 所协同创新中心架构图

2.擘画关键技术"一张图"

面向研究所未来装备战略发展方向，制定关键技术"一张图"，形成以"重大方向为引领、核心关键技术为主干、基础共性技术为支撑"的核心关键技术谱系，梳理出142条核心技术、356条关键技术和117条一般技术。依托关键技术"一张图"，统筹全所项目申报和创新资源，把控技术攻关链条，形成创新合力；同时"一张图"面向行业开放、协同攻关、群策群力，加强技术储备，促进装备和技术在时域中的异步研发、同步工程，化解研制风险。

（二）破解地域体制束缚，筑牢"两地"依托

航空领域进入高速发展期，型号任务集中爆发，技术迭代持续加快，科技创新的需求空前迫切；随着东北地区发展放缓，高端人才、优势资源、产业配套大量南移，沈阳地区的创新支撑能力明显削弱；沈阳所的改革已经全面进入深水区，单一从内部推动改革的收效已不显著，机制创新的深度和广度难以催生适应高质量发展的创新生态。沈阳所创新需求和创新能力、创新机制之间的矛盾日益凸显。为解决这一难题，沈阳所在充分研究企业异地发展模式的经验和教训基础上，采用了"一体贯通，增量互补"的全新模式"走出去"，成立了扬州院。

扬州院定位于"创新人才支撑中心、前沿技术攻关中心、科技成果转化中心"，大力探索"1＋M＋N"（创新研究院＋创新联合体＋产业公司）的发展路径，充分利用东南沿海经济发达地区管理理念先进、高校人才资源密集、机制体制灵活、支持政策优厚等优势，以南促北，南北共进，依托"两地"促进研究所高质量发展。两年多来，扬州院围绕沈阳所未来装备发展的主方向，建立对抗博弈、认知智能、结构功能一体化等多个前沿技术领域，深入开展智能、协同等多项关键技术攻关，构建多场耦合方法等基础理论体系，承接科技创新项目90余项，同时政府对纵向项目科研经费给予1:1的配套资金支持，放大了创新资源优势，极大支撑了沈阳所未来航空装备的发展。

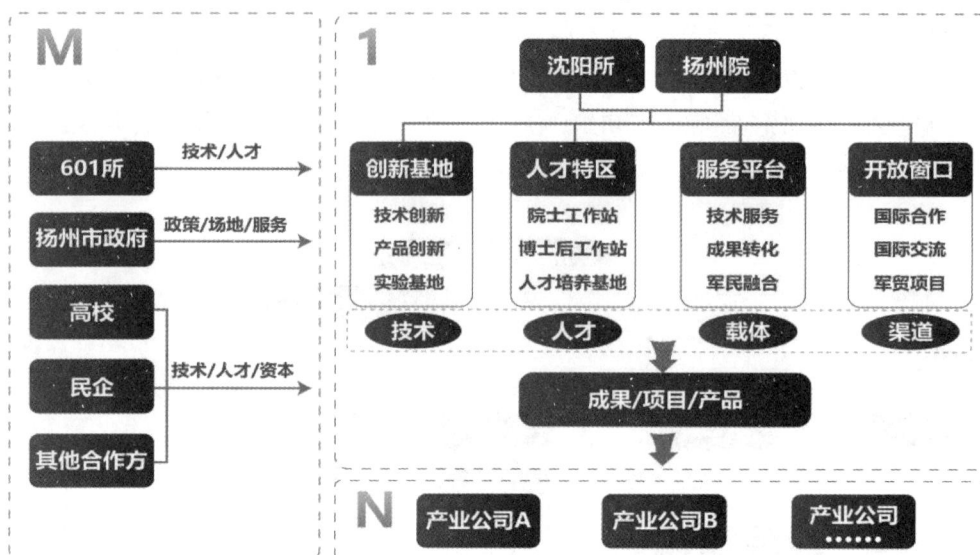

图3 扬州院"1＋M＋N"发展模式

（三）优化创新要素配置，打造"四创"抓手

1.打造创新格局，构建四个协同范式

（1）依托沈阳所扬州院，促进南北协同

沈阳所扬州院作为"创新型、平台化、市场化"的新型研发机构，与沈阳所本部在项目管理、研发手段上全面贯通，在人才结构、技术领域、产品发展、产业政策上形成优势互补，真正实现"异地不异心、互补不重叠、竞赛不竞争"，全力构建南北协同的发展格局。

在管理机制、手段建设、人才使用上全面拉通，搭建一体化的数字化研发平台，制定南北项目协同管理办法，建立短期集中、长期协同的工作模式，探索南北挂职、兼职取酬等机制，促进项目统一规划、统一考核、同工同酬、南北互评、成果共享，现已实现南北协同项目8项，累计2.2亿经费落户扬州。

（2）组建厂所协同创新中心，促进厂所协同

签订厂所战略合作协议，按照"一步规划、分步实施"的思路，规划厂所协同创新中心建设方案。第一阶段，采取"虚拟组织＋项目团队"的模式，成立基于厂所联合的协同创新中心，探索厂所协同创新模式；第二阶段，做实厂所协同创新中心，探索成立实体运行机构，深化厂所协同创新。

聚焦未来装备，瞄准支撑沈阳地区未来发展或具有重大经济附加值的战略项目，加大厂所联合自主创新投入，协同开展基础研究、工艺研究、背景预研和演示验证，促进关键技术成熟和型号立项。2年来累计自主投入超过亿元，先后完成三个验证机飞行试验，突破气动热预测和进气道起动等核心关键技术，促进该领域技术成熟和项目立项；同时自主投入提前开展某无人机研制，增强了用户信心，厂所协同推动实现装备立项。

聚焦快速研制，厂所提前开展新材料应用、新工艺研究、新技术储备、新设备验证等技术攻关，探索构建"基于国情、适应企情、协同高效、充满活力"的"中国臭鼬"厂所协同研发模式。围绕需求开发、方案设计、系统综合等14个维度，重点从研制流程优化、技术成果复用、价值链高效协同、快速协同试制、能力快速生成、数字化支撑等方面制定具体措施。通过某验证机型号，基于"工艺向前、设

计向后、试飞左移、体系统一、资源共享"原则，落地了"1+20"快速试制文件体系，优化了17项研制程序，完善了18项管理方法，畅通技术转化装备、产品反哺技术的通道，构建"需求牵引——创新研发——装备研制——成果转化"的装备研发闭合链条。

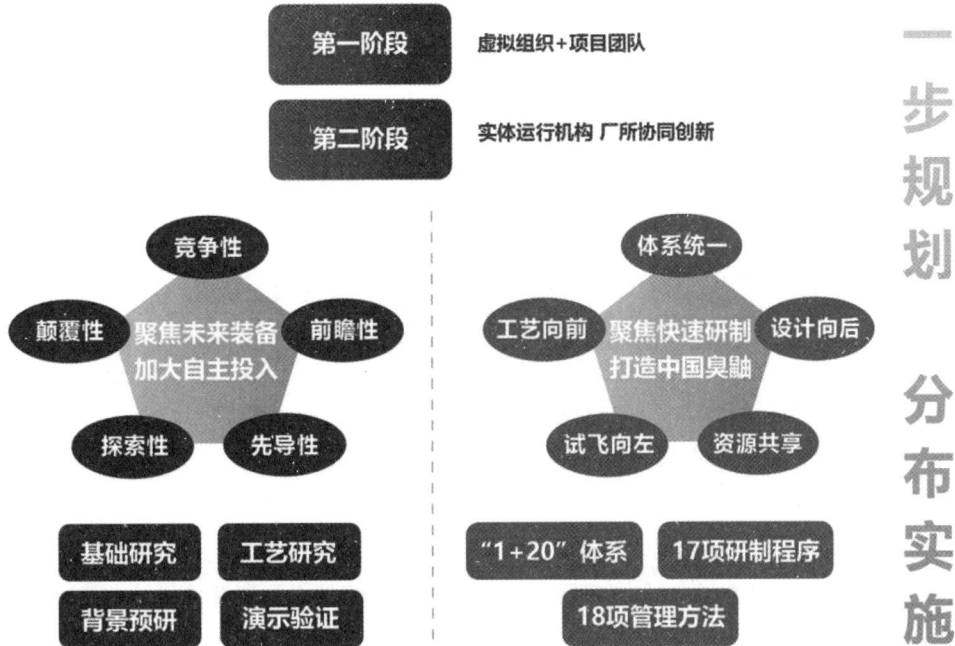

图4 厂所协同发展模式

（3）打造联合创新平台，促进行业协同

践行"创新策源、产业链长"的使命定位，面向未来装备研制，联合行业优势单位，建立联合探索、协同攻关机制，促进技术快速成熟，带动产业链共同提升。

加强战略合作，先后与西安航天动力所、吉大等27家单位签订战略合作协议；组建航空创新联盟（成员26家），依托项目联合申报、技术联合开发等，促进行业协同；做实"产学研用"模式，联合沈飞、大工、吉大等组建联合技术中心、联合实验室；创新联合设计模式，与中国航发涡轮院组建飞发一体化联合研究中心，打通飞发一体设计流程；与中国航发动力所和涡轮院、航天科技六院、航天科工301所等单位，组建飞发联合设计团队，打破传统双方以接口协调为主的设计模式，加速飞发融合设计；促进科技成果转化，与江苏新扬材料股份有限公司成立新概念飞行器联合快速试制中心。

（4）践行"小核心、大协作"，促进全国协同

深入探索全国协同发展模式，以关键技术"一张图"为抓手，在全国范围进行"发榜"，打造新型举国体制下的"全方位、深层次、广领域"的科技创新开放合作格局。

围绕未来飞机发展需求，发布37项技术需求，吸引军方、航空、航天、高校等全国近百家单位"揭榜挂帅"，完成50余次技术对接，其中14项正在协同攻关验证。围绕智能、协同等前沿技术领域，与清华大学、南京大学、阿里云、百度等十余家单位，共同组建了人机综合联合研究中心、人工智能联合研究中心，着力解决原始创新和科学问题，互惠互利、共享共荣。

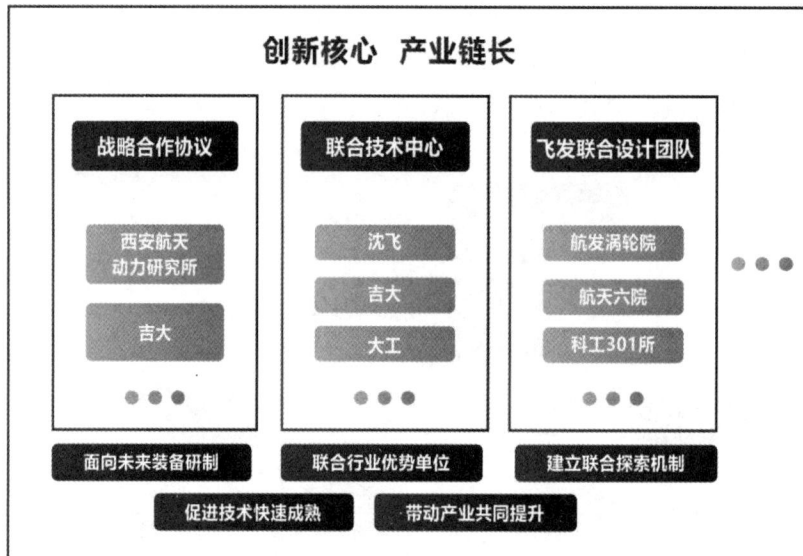

图5 行业协同发展模式

2.变革创新机制，激发原始创新活力

（1）精准细分预先研究类别，实施扁平化管理模式

近年来，由于国防武器装备研制需求快速增长，沈阳所的科研任务大幅增长，同期在研预研项目达到200余项，单体项目经费从几万元到亿元不等。为化解项目井喷带来的资源冲突，破解基于组织推进的项目管理模式带来的"利益分配不均""跨部门协调不顺""资源漏斗颈处堵塞严重"等问题，探索建立预研项目分类管理机制，力求"责、权、利"统一。

预研项目分类管理是按照对研究所战略发展贡献度和技术成熟，将预研项目划分为战略项目、重要项目和基础项目。

战略项目是指直接支撑研究所核心、关键技术体系，技术成熟度4级以上，能牵引未来重要型号立项和助推战略目标实现的预研项目。战略预研管理突出"统领性"，参照型号"强项目、弱组织"的矩阵式管理模式推进，即以任务为中心，推行项目责任人、"大项目办"、工作包、任务包纵向四层，管理、技术、质量横向三线，项目全要素管理的"四层、三线、全要素"项目管理模式，全力统筹优势资源，确保战略目标实现。

重要项目是指直接支撑所关键技术体系，技术成熟度3级以上，对未来型号有一定支撑作用，或具有重要产品转化价值的预研项目。重要预研管理突出"时间性"，即以考核节点为依据，督察项目执行情况。项目过程中，赋予项目负责人一定的自主权，如团队人员绩效工资分配、差旅支出、成果文件签署等。

基础项目是指战略预研项目和重要预研项目以外的其他预研项目。基础项目突出"预算性"，项目负责人按照合同经费规划全寿命周期支出，日常监督以及经费使用等管理由项目负责人所在的部门负责，沿袭基于组织的职能型管理模式。

（2）创新建立"生态圈"模式，加速核心技术攻关

面向"四性"技术和新兴产品研发项目，探索构建"创新生态圈"项目管理机制，简政放权、管理简化、经费自主，激发创新活力。

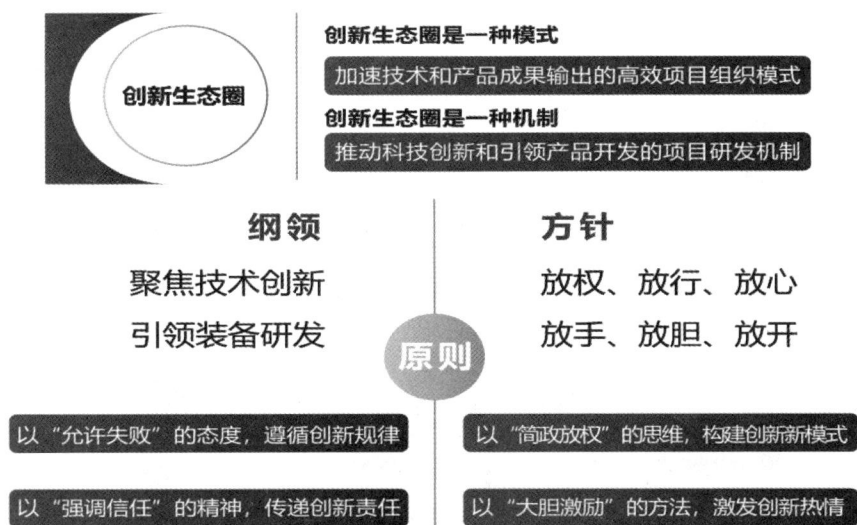

图6 创新生态圈管理模式

创新"生态圈"项目管理是以"聚焦技术创新、引领装备研发"为纲领，以"放权、放行、放心、放手、放胆、放开"为方针，给予项目负责人相对独立的行政管理权限，具有比照副所长的"签字"权利，如技术路线的决策权，直接接受项目考核、审计与验收；团队成员的聘用、绩效分配和考核；项目经费的使用权，负责差旅和会议支出的最终审批，并在授权金额范围内签署科研外协合同。项目团队是临时、动态研发团队，团队平均绩效达全所人均工资的2倍，并可参照实体部门，具有独立的评优评先推荐、成果专利申报的权利。

实施两年多来，"生态圈"模式极大激发了项目团队的热情，成功孵化出近10亿元金额的项目，另有三个重大项目陆续转化。

扬州院践行"生态圈"的管理理念，探索试行项目"后补助""对赌""揭榜""众筹""跟投"等新机制，累计发布项目15个，总经费超过6000万元。

（3）探索成果转化机制，打通创新应用最后一公里

所本部与扬州院联动构建科技成果转化体系，建立"定位、选择、获取、开发、保护、转化"的转化流程，促进技术与市场良性循环，扬州院围绕"科技成果转化中心"定位，着力打造拉通需求、供给和社会资源渠道的成果转化平台。

制定《创新成果应用转化管理办法》，针对六类成果（专业基础、管理建议、瓶颈攻关、装备研制、航空产品、对外输出），通过体系化设计、平台化支撑、精准化管理，使需求侧和供给侧充分对接，打通创新成果应用转化过程中各个环节，明确收益分配。打造"技术超市"，系统总结所关键技术体系，按技术成熟度和项目属性对关键技术进行"货架式"管理，实现从"技术掌握在个人手里"向"技术掌握在组织里"的转变，夯实现有技术体系基础，盘活现有技术资产，实现技术体系的全面升级。

图7 技术超市构架

扬州院与扬州市政府探索建立科技成果转化促进地方产业发展的互利共赢协作机制，目前已带动6家合作单位落户，实现3项航空科技成果本地转化。

3.激活创新人才，筑牢内生发展动力

沈阳所以"两高一新"（高层次、高质量、新生态）为人才发展目标，建设航空科技创新人才队伍，造就航空领军人才。

（1）破除事业单位体制传统思维，解放人才思想

认真落实国企改革三年行动方案，深化三项制度改革。一是封存事业单位岗位设置，不设置职场"保险箱"，营造干事创新氛围，为管理人员"能上能下"做好思想铺垫；二是冻结事业单位人员编制，新引进人才全面实行企业合同制，不招收抱有事业单位"铁饭碗"幻想的年轻人，为员工"能进能出"做好意识保障；三是封存事业单位工资，破除事业单位旱涝保收思想，为薪酬"能涨能降"做好观念引导。

（2）着力构建人才流动机制，释放人才活力

一是盘活人才源头。将人才引进责任与管理人员收入挂钩，落实人才梯队建设的领导责任；持续开展暑期开放日、飞鲨助学等活动，加强雇主品牌建设；依托扬州院破解地域吸引不足限制，两年来招聘博士是本部的三倍。二是激活人员出口。强化全员绩效考核，考核结果ABCD强制分布，评价为D的下调一档工资，两年为D须待岗或解除劳动关系。建立任职资格管理制度，明确各岗位核心能力要项，未达到任职要求而不予晋升。三是搞活内部人才循环。依托"三大中心"，促进科研人员在型号任务、预研课题、专业建设之间有效流动。

（3）打造联盟聚合外部人才，促进协同创新

一是探索建立产学研用的协同育人模式，依托与大工、吉大的联合技术中心，开展高层次人才定制培养、联合培养，探索打造高校人才联盟。二是创新人才引聚模式，引入业内专家、高校教授、企业骨干来所兼职，依托试验示范区组建专家智库指导、监督、评估项目工作。三是大力推举外部专家，开辟卓青人才绿色推荐渠道，成功推举东南大学1人、正在推举吉大和空军研究院各1人。

（4）大力培养创新型人才，打造创新人才高地

一是实行"启航、护航、领航"科技创新人才发展计划，选拔不同层次优秀创新人才进入"三航"人才队伍，有针对性予以激励和保障，着力造就一支具有科技创新前瞻思维、自主创新能力强、年龄层次搭配合理的科技创新核心人才队伍，同时明确"三航"人才考核内容，倒逼"三航"人才履职尽责。二是实施科技创新专家培养，针对科技创新骨干，推荐参加国内外的前沿技术论坛和高端专业技术培训，提供更多更广的深造机会。

（5）构建创新导向的激励机制，激发创新动力

一是以能力业绩为导向重构薪酬分配体系，封存事业单位工资，建立"能力＋业绩"的二元工资模式，科研人员固浮比降低至3.5∶6.5，能力工资与能力、绩效耦合，能增能减，绩效工资基于量化工作量发放，多劳多得。二是实施创新人才定向激励，以设立博士工作室、创新基金项目，自主申报课题，配备资金和团队。

4.营造创新文化，驱动创新生态发展

（1）对内搭建创新创效载体

以各类创新大赛等活动为依托，普及新兴技术，加速营造融合出新的创新文化。

开设"青年夜校""云"夜校，激发青年人才学习热情，借鉴专业课模式，聚焦技术应用，线上教学时长达6000小时，促进青年人从"要我学新技术"向"我要学新技术"转变。

举办模拟空战对抗大赛，提升员工对现代空战对抗的了解，增强对作战装备使用的认识，牢固树立"以作战为中心"设计思想。

举办人工智能大赛，提升设计师对智能创新实践的应用能力，培养引领发展的复合型人才，实现人工智能技术与所内各专业领域的融合应用与初步赋能。

（2）对外搭建技术交流平台

全力做好搭台子、邀专家、促交流、共进步，连续两年举办未来飞机高端论坛，从首届29家单位、100名专家迅速扩大到68家单位、300余位专家学者。

举办首届"神机妙算"全国算法挑战赛，吸引2000余支团队参赛，集智攻关，推动优秀算法成果与技术手段的融合出新。

（3）全面弘扬科学家精神

开展"三敢"（敢想、敢说、敢做）、"三严"（严明的纪律、严谨的态度、严格的要求）大讨论，树立科研民主氛围。鼓励技术负责人、特别是青年人揭榜挂帅，勇于承担关键技术攻关任务，树立起新时代科学家精神典范。设置飞鲨奖20万元、所长特别奖50万元，重奖创新卓越贡献人员，促进自主创新和萌芽孵化。

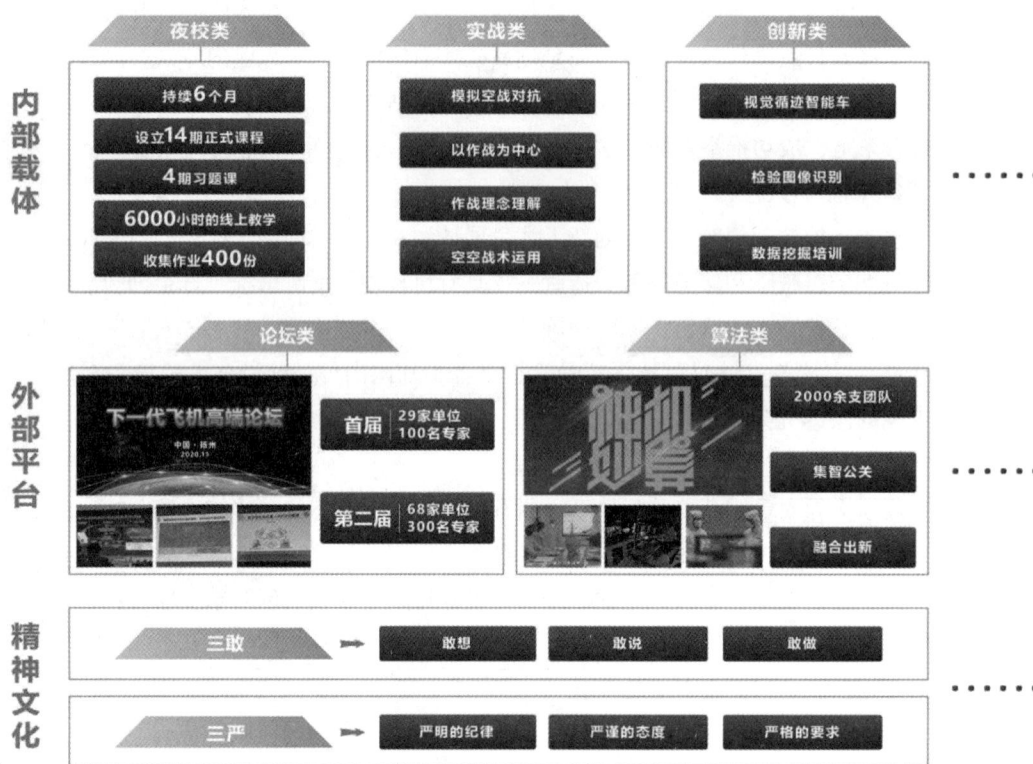

图8 创新文化载体

三、实施效果

（一）出机制，推动国防科技创新发展新实践

沈阳所以所协同创新中心为根基，开门创新、协同创新，初步构建了新型举国体制下的军工科研院所科技创新体系。

打造了一个全国协同的新品牌。"扬州论坛"已经深入人心，"以需求为导向、以应用促发展"的全国协同攻关机制逐步建立，牵引全国技术力量向科技制高点聚集。

构建了一个行业协同的新布局。建立与技术优势企业、高校点对点联合攻关网络，初步构建行业协同创新格局。

探索了一个厂所协同的新模式。稳步推进"中国臭鼬"建设，初步打通"技术到产品到效益"的良性发展循环，加速厂所一体化。

趟出了一条南北协同的新道路。借鉴创新"生态圈"经验，成功筹建扬州院，破除地域和体制限制，实现了与所本部"一体贯通，增量互补"。

推动了一批管理机制的新实践。成功推行了课题负责人制、后补助、包干、揭榜挂帅等创新项目管理机制，助力预研项目井喷发展，实现项目数量翻一番、经费体量翻两番，单体项目经费从亿级跃迁至十亿级。

改革效果也得到了上级机关的认可，先后获评军科委"试验示范区""创新工作站"，成为全国军工集团唯一一家"双创"平台单位。目前已有高校、军工集团、知名企业等70余家单位到沈阳所就机制体制改革、扬州院建设等内容进行调研，"扬州院"模式得到全行业认可。

（二）出成果，奠定未来航空装备发展新优势

聚焦科技自立自强，沈阳所按照"一代装备、一代技术、一代流程"的型号研制思路，体系布局，创新驱动，协同发力，各方面均取得重大阶段进展，科技创新的"供给力"不断涌现。

贡献了一批国防主战装备。沈阳所秉承基于能力、面向任务、应对威胁、构建体系的装备研制思路，承研空军海军、有人无人等领域10多个重点型号装备，填补了我国在舰载体系作战能力、无人作战能力等多方面能力空白。

突破了一批核心关键技术。面向未来装备构建关键技术体系，以重大项目为依托精准发力，成功突破固定翼舰载机、无人侦察、无人对地等核心关键技术体系；"高能、高智、高协同"战略预研体系有序落地，三大方向核心项目全部立项，有力支撑了航空武器装备自主、持续、创新、领先发展。

建立了一套适应新机研制的研发流程。国内首次在某装备研制全周期中引入MBSE，并在多个型号全面推广，基于MBSE建立了一套全生命周期数字化研发流程集、标准规范集和工具集，解决了装备研制干什么、如何干、怎么干的更快更好的问题，为未来装备研制提供了指南范本。MBSE实践成果也得到了军方机关和行业的认可，受邀对装发、联参5个军方部门，航天科技、中电等6个军工集团，2个学协会进行了培训交流，实践成果处于行业领先地位。

获得国家科技进步特等奖1项，近三年新增授权专利497项，与"十二五"同比增长100%。

（三）出人才，构建科技创新人才汇聚新模式

突破了事业单位"保险箱"和"铁饭碗"限制，初步建立了更加灵活的人才柔性汇聚模式。

建立了人才内循环，15%的科研人员实现了在型号任务、预研课题、专业建设之间有效流动，以人才流动促进内部知识沉淀，提升人才使用效率。打通了人才外循环，通过协同育人、灵活聚合、外部专家推举等系列措施，人才汇聚横向扩张，实现人才"不为我所有，但为我所用"，人才规模由2500人柔性汇聚至3000余人。拉通了人才南北循环，通过沈阳所本部与扬州院统筹规划，构建了创新人才储备、培养、使用的协同机制，依托扬州院区位优势，大量汇聚智能、协同等稀缺专业人才，引进博士24人，在人才结构上与所本部形成了有效互补，完成391人兼职取酬协议签订，累计发放兼职工资750万元。

近年来，沈阳所创新人才规模和质量不断提升，创新人才占比由不足10%增加至30%，现有院士2人，卓青3人，万人计划2人，国防科技创新团队2个，军科委/装发专家21人，集团专家69人。

成果创造人：刘志敏、左林玄、王战、林鹏、侯强、郑航、

王言伟、唐彦兵、徐港、张亮、赵业伟、白娜

中国航发商发改革创新驱发展，稳步推进求成效

中国航发商用航空发动机有限责任公司

中国航发商用航空发动机有限责任公司（以下简称"中国航发商发"）制定了"聚焦战略、筑牢底板、补齐短板"的改革思路，从点、线、面、体协同推进，秉承国际化、市场化、职业化的改革思路，全面推进深化改革：以国际化为目标，充分利用民机优势，获取资源推动产业发展；以市场化为手段，加强体系运营能力建设，构建核心竞争力；以职业化为抓手，打造高凝聚力、强竞争力的人才队伍，增强队伍活力。

一、基本情况

中国航发商发于2009年1月18日在中国上海成立，隶属于中国航空发动机集团有限公司，主要从事商用飞机动力装置及相关产品的设计、研制、生产、总装、试验、销售、维修、服务、技术开发和技术咨询等业务。

商用航空发动机产业是国家战略高地，被誉为"工业皇冠上的明珠"，具有投入大、研发周期长、投资回报高的特点。目前，中国航发商发由初创期向成长期迈进，还处在产品研发阶段，未进入市场，当前无主营收入，且产品研制、企业经营与产业发展态势发生重大转变，面临研发攻坚决胜期、资源投入高峰期、产品市场导入期"三期叠加"的严峻考验。资源条件不足、运营管理亟待加强、人才队伍薄弱、人员流失严重等短板问题促使中国航发商发寻求改革解决措施。

二、改革背景

2018年8月，国务院国资委发布了《国企改革"双百行动"工作方案》（国资发研究〔2018〕70号），标志着国企改革"双百行动"正式启动。"双百行动"是以习近平新时代中国特色社会主义思想为指引，在全国国企国资系统抓一批有代表性的基层企业，全面落实国企改革"1+N"政策体系，全面应用前期各项改革试点取得的经验成果，全面推动"双百企业"实施的综合性改革。

为探索商用航空发动机市场化道路、加快产品研制进程，经中国航发集团推荐，中国航发商发在2018年入选国资委"双百行动"企业名单，并以此为契机全力推动改革创新，取得一定初步成效。

三、主要做法

（一）注重系统谋划，统筹推进三项制度改革

一是夯实三定基础，开展基于项目矩阵式管理变革的组织机构优化。结合APQC、CBM等科学组织

分析管理工具,开展组织机构调整、职责优化和人员配置工作。构建矩阵式项目组织架构与运行机制,实现纵向职能组织和横向项目组织高效协同。试点推行"重量级团队、轻量化运行"模式。新成立以GE中国研发中心人才为主、RR和霍尼韦尔人才为辅的制造能力中心,相关机构和领导人员不按实体化组织机构和干部进行管理。结合公司实际开展三定工作,进行科学定岗定编定员,三定后商发总部人员对比2020年初精简14.4%,公司管理人员占比降至12.9%(其中领导干部占比降至3.38%),技术人员占比不断提高,各项指标持续优化。

二是突出三能机制,聚焦关键问题深入推进干部、人事、分配制度改革。在干部能上能下方面,坚持工作业绩与价值观并行考核,强化干部试用期考核、聘期考核和专项考核结果应用,2019年以来免职干部13人、IPT技术经理3人;注重干部队伍"继任者"培养,选拔并定制优秀年轻干部"一人一策"培养计划,2019年以来优秀年轻干部/优秀年轻项目"继任者"累计提拔率43%。目前,商发80后干部占比66.7%。在员工能进能出方面,通过契约化管理提高用工效率。深化"按需用工、灵活配置、优胜劣汰、进出畅通"的市场化用工模式。2019年实施岗位聘任制以来,共有305名高级专业技术人才签订了三年聘期目标责任书进行聘期考核。加强劳动合同到期、试用期人员考核,2019年以来商发主动解聘员工50人,其中试用期淘汰24人,绩效不佳淘汰26人。在薪酬能增能减方面,优化结构薪酬和奖励分配机制,将绩效奖金占比提高到40%左右,将绩效奖金与部门业绩和个人业绩强关联,按照"271"原则和"361"原则进行二次分配,实现绩效奖金与岗位、职级脱钩,做到"多劳多得、优劳优得"。建立市场对标的薪酬管理机制,确保薪酬增量向业务一线和核心骨干倾斜。探索中长期激励模式,做到高目标高激励。

三是抓实三项支撑,不断优化人力资源体系建设。能力体系方面。聚焦四支人才队伍发展规划,横向将职位体系划分为管理、项目、技术、技能四大类、11个序列、25个子序列,纵向拉伸各类职业发展通道晋升空间,打造"之"字形跨序列发展模式。建立差异化任职资格体系和标准,充分发挥职位职级体系牵引人才成长的作用,为员工有序流动、优化配置提供有力支撑。人才发展体系建设方面,基于关键人才队伍的识别和盘点,制定领军人才选拔配置总体思路和策略。聚焦关键核心群体,着力建设培训赋能体系。完善公司级、部门级两级培训管理机制,围绕关键人才能力提升,进一步挖掘内外部资源,支撑培训项目做实做精。开展了项目领导人员国际系统工程师认证培训、技术人才TRIZ创新方法培训和民机实训,有效增进骨干人员实践经验。不断提高员工队伍素质,确保"三能"机制公平运行。绩效管理体系建设方面,建立公司年度经营业绩考核目标与干部员工年度绩效考核目标联动的组织绩效考核体系,推动公司战略目标落地。在干部员工个人考核方面,实行工作业绩与价值观并行考核,干部考核按照半年、年度271原则强制分布,员工考核按照月度、半年、年度361原则强制分布。严格按照绩效考核结果进行薪酬分配和人员退出管理,及时奖优罚劣,确保支撑"三能"机制有效运行。

(二)完善市场化运营机制,构建核心竞争力

一是推动落实党的领导融入公司治理各环节。全面贯彻《中国共产党国有企业基层组织工作条例(试行)》中对党的领导与公司治理相融合的要求,严格落实国有企业重大经营管理事项必须经党委研究讨论后再由董事会或者经理层做出决定的要求。通过就党组织前置研究事项范围界定调研标杆企业(中国宝武),邀请总部各职能部门共同参与到《党委会、总办会、董事会、股东会决策清单》的修订过程中等方式,既结合外部先进经验做法,又综合考虑各块业务的外源性输入要求以及运行实际,动态更新了公司党委会、总经理办公会、董事会决策机制,加快形成各治理主体各司其职、协调运转、有效

制衡的顶层治理体系。

二是建立商用航空发动机供应商基础资源网络，初步形成资源生态系统。坚持"小核心、大协作、专业化、开放型"的原则，以项目研制需求为牵引，夯实管理基础，完善管理体系，搭建管理平台，加大供应商开拓和试制过程管控力度，积极构建商用航空发动机产业链与试制资源网络，逐步形成了商用航空发动机"一体、两翼、三大工程、一个基础"的产业演进发展的生态系统的基础。

三是探索创新机制，营造创新氛围。中国航发商发建立了由创新方法、创新机制、激励机制、创新文化构成的技术创新体系，形成了创新文化与氛围；认真研究TRIZ（发明问题解决理论）、技术成熟度工具等方法，创立了技术攻关悬赏机制、微创新、Program-Day（项目日）、种子基金、众创、狼团队等创新机制，打造了创新工作坊，以创新文化持续营造创新氛围，促进创新研究成果在项目中的转化利用。

（三）对标标杆企业，多措并举推进数字化转型

通过对标GE、罗罗等标杆企业数字化发展历程和典型实践，中国航发商发深刻认识到民用航空发动机数字化转型的本质特征是推进数字技术与业务深度融合发展，仅仅有数字技术不行，关键是对发动机业务场景的深刻理解，把握业务逻辑关系和"痛点"，获得可采用数字技术的专属应用，方能实现数字化使能业务创新升级。

中国航发商发对标集团公司AEOS建设要求，紧密围绕航空发动机研制和全业务领域发展需要，以"精益＋数字化"为抓手，以构建"数字商发"为目标，推动民用航空发动机产品研发领域全要素、全过程、全场景的全局连接，实现各类研制资源集成互联与智能运营，构建新一代数字技术支撑下的产品研发体系和精益管理体系，提升航空发动机企业管理、产品研发、产品供应的自主创新和协同发展能力，推动流程驱动向数据驱动转型、局部最优向全局优化转型，企业内部协同向全产业链协同转型发展，为加快民用航空发动机产品研发提供数字化基础保障。按照"坚持系统思维，强化顶层设计；立足数据思维，推动业务融合；坚持问题导向，解决瓶颈需求；加强自主可控，夯实安全基础"实施原则，植入并塑造流程再造和数字化转型文化建设，拉通管理及研发生产各大端到端流程，持续发力打通数字化应用最后一公里，推动末端业务系统向主干动脉系统集成和应用；开展数据治理和流程域评估，按照分层分级的原则逐步完善数字化转型的业务架构、应用架构、数据架构和技术架构；开展基于国产平台的软硬件测试，构建安全可控的数字化底座；通过云端App轻量化应为切入点改变内外部协作关系，试点5G、云计算等新一代数字技术与业务融合。通过一系列精益改进和数字化变革，最终走出一条企业转型升级和产品提质增效的发展之路。

（四）加强党的建设和党的领导，抓好全面从严治党，建立健全一体化风险防控监督体系

中国航发商发坚持以习近平新时代中国特色社会主义思想为指导，以高质量党建引领高质量发展为主线，通过"1-5-8-8-N"总体思路部署推进全年党建工作，切实将党建优势转化为公司产品研发与建设发展的坚强保证。

一是扎实开展党史学习教育。第一时间研究制定公司党史学习教育的工作方案，按照"12345"总体部署，定期召开专题部署会和工作推进会。面向不同群体精准推进带学促学，坚持领导班子带头学，坚持基层党支部书记系统学，坚持全体党员深入学，坚持广大群众跟进学。依托六大载体精准推进走心走新，坚持精读原文学，坚持专题集中学，坚持系列培训学，坚持深入宣讲学，坚持现场实地学，坚持

特色活动学。突出解决问题精准推进实事办实，组织各级党组织制定"我为群众办实事"项目289项，目前已完成52项。

二是精心组织庆祝中国共产党成立100周年活动。通过组织党史闯关答题健康跑、红歌合唱比赛、原创红歌录制、百人百天讲百年、走访慰问困难党员、集中收看中央庆祝建党100周年大会、召开公司庆祝建党100周年大会、组织学习领会习总书记"七一"重要讲话精神等，形成立体庆祝态势，引导广大干部职工学党史、知党情、感党恩、跟党走，在实践中锤炼"新时代航空发动机精神"，奋力跑出航空发动机自主研制的时代加速度。

三是推动基层党组织"政委"认真履行职责。从辅助部门招聘、新员工融入、薪酬福利政策支持、员工异动思想动态管理、员工稳定等多个方面进行规定，形成了"绩效拉动、目标牵引、价值导向"的良好"政委体系"生态，强化了基层"政委"实效，推进了党建工作责任制落实。

此外，中国航发商发整合纪检、审计、合规、内控、法律、质量等监督职能，建立了一体化风险防控监督体系。具体举措是：一是推进一体化风险防控监督机制。按照党委统一领导、权威高效、全面覆盖的风险防控总要求，优化风险防控协同工作组织架构，完善风险防控协同工作运行机制和工作规则。二是打造科研"蓝军"队伍。以科研"蓝军"为主体，以制度流程优化为切入点，开展"啄木鸟"行动。2020年，全年共完成"啄木鸟"行动三期，从流程设计到执行提出建议共计106项，采纳建议82项，后续专题研究建议12项。三是搭建可视化监督信息平台。聚焦公司重点工作，强化各类举措落实和问题整改，搭建了一体化监督信息平台，加强对习近平同志重要指示批示精神贯彻落实情况的全程监督，对各类监督检查发现问题的整改闭环情况进行展示，实现动态可视化跟踪管理，实现资源和成果共享。平台收集近三年巡视巡察、内部审计、内控评价、风险管理、质量管理体系内审等监督检查发现问题及其整改情况，每周动态更新各类措施和整改计划的完成情况率。

四、改革成效

（一）科研人才队伍更加稳定，整体敬业度大幅提升

中国航发商发通过全力推进"三项制度改革"，改变传统人力资源管理理念、管理模式和管理机制，将战略支撑、服务发展，实现人力资源价值最大化作为人力资源管理的使命，激活了员工内生动力，增强了员工获得感，促进了个人价值与组织价值双赢。经过两年多的改革实践与持续迭代，改革成效显著。员工敬业度水平由43.1%提升到57.3%；公司对员工的吸引力大幅度提升，员工主动离职率由2018年的9.47%大幅度下降至2020年的1.32%。劳动生产率由2018年41.57万元/人·年提升至2020年46.35万元/人·年，人才使用效率稳步提升。员工对薪酬、绩效、人才结构优化等制度整体满意，有效激励广大职工干事创业热情，达到了保留人才、激励核心和稳定队伍的目的。

（二）公司治理机制更加完善，规范治理主体权责边界

中国航发商发准确把握股东会发挥顶层指导作用、党组织发挥政治领导作用、董事会发挥战略决策作用、经理层发挥经营管理作用，持续优化"三重一大"事项决策运行机制，完善了公司党委前置研究讨论重大经营管理事项，动态更新了公司党委会、总办会、董事会决策清单，并相应优化了《党委会工作程序》《总经理办公会工作程序》，厘清了各治理主体权责边界，把加强党的领导和完善公司治理统一起来，力争以各司其职、协调运转、有效制衡的治理机制为公司发展提供战略保障。

优化后，中国航发商发形成了"人事任免""战略规划""基本制度""财务管理与资本运作"等

10个方面、136条事项决策清单及审批层级，分级确定了党委会、董事会、股东会审议/审定事项；严格落实了党委研究讨论作为董事会和经理办公会决策重大事项的前置程序，充分发挥了党组织"把方向、管大局、促落实"的重要作用。

（三）市场运营机制进一步优化，初步构建核心竞争能力

中国航发商发建立了供应商分类分级管控策略，加强供应链建设，与长三角地区的商用航空发动机优质试制资源深入合作，补足民机试制资源短板，建立完整、可靠、安全、可持续的商用航空发动机供应链。与10余家国外供应商组建了产业联盟，拓展了国外供应商资源，支撑了科研项目研制。

中国航发商发探索创新机制、营造创新氛围，促进创新成果转化。推广技术成熟度工具方法应用，推动8个技术攻关悬赏项目、38个微创新项目、17个Program-Day（项目日）项目、10个种子基金项目、5个狼团队项目的实施。

中国航发商发已制定创新中心初步组建方案，完成与工信部、集团和上海市的汇报与沟通，并于近期完成上报工信部工作。创新中心将发挥新型举国体制优势，充分利用国内外高校、科研院所优势资源，通过激励机制调动创新科研人员的积极性和主动性，通过激励机制调动创新科研人员的积极性和主动性，组织开展我国商用航空发动机研制的基础技术研究和关键技术攻关，对商用航空发动机技术能力形成有力补充，对商用航空发动机研发创新能力形成有力支撑，为型号研制奠定基础。

中国航发商发推进AEOS体系建设，业务流程迈向更高成熟度。组织召开市场客服体系、项目立项等10余场专题头脑风暴会，推进精益六西格玛绿带、黑带培训，开展体系及管理变革的"播种"活动；实施9个"深潜"和103个"速赢速效"项目，100%解决了头脑风暴会聚焦的核心问题。

（四）数字化转型赋能业务工作，核心能力和可持续发展能力稳步提升

数字化技术是产品快速研制的必备使能器，只有与产品研发业务深入融合才能价值最大化，并不断推动业务模式的创新演进和升级。商发公司在设计集成研发、仿真和分层验证、设计软件工程化改造、产品数据协同优化与MBD技术应用等方面加大数字技术使能力度，推动发动机产品研发从以往的局部协同到全局协同转型，从原来的经验型研发到预测性研发转型，工业软件研发从商业采购的开箱即用模式到自主研发模式转型，公司数字化核心能力和可持续发展能力得到持续加强和稳步提升。

通过引入先进研发理念和数字技术，建设一个面向产品设计的集成研发平台，实现对发动机设计流程、数据、工具软件及各种支撑系统进行有效集成，实现跨专业、跨部门的在线研发和协同研发，实现设计活动规范化、设计工具统一化，设计数据结构化，设计过程知识化，设计效率高效化；通过"小工具""小系统"支撑业务精细化管理，打通数字化技术应用"最后一公里"。在软件国产化道路上创新实践，首批启动20余项自主软件提升项目，如零部件多失效模式相对风险定量分析软件、概率损伤容限评估及蠕变寿命预测分析软件等，定制开发8款支持数字样机研发的小软件，提升几何数字样机构建效率和质量；推行产品数据协同优化与MBD技术应用，以成熟软件包PLM应用为骨干，集成需求、设计、制造、验证领域的产品级数据模型，支撑基于系统工程的民用航空发动机正向自主研发。重点针对项目产品数据外发、模型审签、构型管理等相关业务的需要，优化相应功能实现效率提升。

（五）党建责任更加夯实，风险防控全面加强

中国航发商发建立党建工作责任制考核评价制度，通过建立各党支部"一图三单"（组织功能图、计划过程总结单、程序清单、可视化清单）推进党建工作责任落实；编制公司党委党建责任执行手册，严格落实基层联系点和服务骨干专家制度；持续完善基层党支部相关"制度—程序文件—指导书"；按

季度召开党建工作例会和党支部书记例会，发现问题并及时整改。

中国航发商发全面加强风险防控工作，通过一系列的举措，建立了一体化监督体系，健全组织协调机制、完善了信息共享机制、夯实监督协同机制、强化人才保障机制，取得阶段性成果。主要是：一是强化机制建设，推进一体化风险防控。优化了风险防控协同工作组织架构，完善了风险防控协同工作运行机制和工作规则；成立关键领域风险防控IPT团队，对集中指向的监督领域，打破职能界限，发挥监督合力。二是强化能力建设，打造科研"蓝军"队伍。开展"啄木鸟"行动，组建了监督管理综合项目团队（IPT），发挥各专业的协同效应，初步建成一支科研"蓝军"队伍，形成"蓝军"组建方案。"啄木鸟"行动从科研项目管理、合同管理的职能管理到设计研发、制造试验一线，组织开展"攻防"对话，充分发挥了风险防控三道防线的合力，推进公司制度流程优化和管理改进，为公司规范管理、提升效能贡献了力量。三是强化闭环管理，搭建可视化监督信息平台。一体化监督信息平台的建立，使得协同监督的合力进一步增强，可视化的监督信息对责任部门形成倒逼机制。为贯彻落实全面从严治党向纵深发展，做好事前防范、事中监督、事后惩治，实现监督过程全覆盖贡献了力量。

成果创造人：辛田、储俊庚、李辉

基于WPS云平台实现管理数字化转型的创新实践

中国水利水电第十四工程局有限公司

以中国水电十四局为代表的建筑施工企业承担的工程项目分布点多、面广、线长，分支机构分布省内外、世界各地。同时配置的资源是流动的，工程项目的人员、机构、物资、设备等要在不同的地区、不同的类别的工程间流动施工。这就给企业管理带来诸多问题和挑战，如历史数据资料追溯难，远程办公实现难，业务数据协同性差、沟通成本高，任务执行缺乏有效安排、跟踪与落实措施等等。建筑施工企业依赖"感觉、智慧、经验"管理的传统管理方式已不适应当前靠效率竞争的时代，"数字"已成为支撑企业管理最关键的技术性手段。开展管理数字化转型的创新实践是建筑施工企业提升管理效率和市场竞争力重要手段和必然趋势。本成果是在总结分析建筑施工企业线下管理问题和企业现有信息管理系统不能满足企业个性化、多样化管理要求的基础上，以人力资源管理为例，利用WPS云平台实现管理数字化转型的创新实践。

一、创新成果背景

（一）软件正版化的政策要求

党的十八大提出要实施创新驱动发展战略，这是建设创新型国家的重要战略部署，其中实施知识产权战略、加强知识产权保护是重要一环。软件正版化作为中国实施知识产权战略的重要战略举措，对于提高公众著作权意识，促进软件产业发展，营造良好的国际舆论环境有着重要意义，也为我国转变经济发展方式、调整经济结构发挥着重要作用。国资委高度重视软件正版化工作，按照党中央、国务院的统一部署和安排，大力推进中央企业软件正版化工作，中国水利水电第十四局有限公司作为建筑施工骨干中央企业积极响应及认真部署，在满足工作及保密要求的前提下积极支持国产软件行业发展，经过慎重对比选择金山公司开发的WPS系列办公软件和WPS云平台来满足企业日常办公及管理升级需求。

（二）《数据安全法》保护企业数据资产

在全球数字化浪潮中，企业数据资产的地位越来越重要，建筑施工企业在生产经营过程中出现的各项管理数据资产在经验积累、经营结算、历史数据追溯方面会起到重大作用，2021年9月份即将颁布实施的国家《数据安全法》（草案）中第八条明确提出"开展数据活动，必须遵守法律、行政法规，尊重社会公德和伦理，遵守商业道德，诚实守信，履行数据安全保护义务，承担社会责任，不得危害国家安全、公共利益，不得损害公民、组织的合法权益。"企业可以依据法律规定并选择较大企业规模的数据云平台进行数据资产管理，企业的核心竞争力得到法律地位上的保护。

（三）企业的精确与高效率管理需求

（1）现代企业管理模式讲究组织扁平化管理，根据不同的管理角色定位，一些企业中的上级组织需要具备对下级组织"纵深"到底的精确管理能力，其中包括管理标准化、重点任务跟踪及日常的"飞行"监督检查管理等。建筑施工企业因建筑施工项目分散，因地域限制往往在精确管理方面力不从心。

（2）随着组织规模扩大、管理范围、内容及管理标准的日益升级迭代，管理性任务的工作量也日益增大，直接导致企业员工工作负担加大、工作疲于应付；又基于国有企业受制于工资总额上限管控，不能满足工作增量与收入增长的平衡发展，导致员工工作满意度持续下降。只有提高管理工作效率、压缩员工工作时间，才能提升员工工作幸福感与留存率。

（四）解决管理数字化的最后一公里

绝大部分企业为实现管理数字化升级均会定制开发属于自己的各专业信息化管理平台系统，下级组织会依据信息化管理平台系统的业务流程、权限等设置实施线上标准化操作，但在发展建设仍会暴露三个方面问题，一是平台建设不能满足个性化、多样化管理需要，在平台建成后原则上不再会有大规模的二次开发，但因实际管理需要还需要增加的其他模块就很难实现；二是平台建设成本居高不下，初次建成须动辄几十万元至几百万元，二次开发费用仍总体偏高，造成企业信息化成本开支巨大。三是信息化管理平台不是万能的，在企业定制化管理需要的数据是可以满足管理需要的，但日常办公所需仍在PC端处理，许多重要的业务资料仍处于不可监控或随着电脑报废而丢失。

（五）WPS云平台特点及费用成本

1.WPS云平台功能特点

WPS云平台可以实现多项传统线下管理中很难实现的管理功能，一是文档集中统一管理，在WPS云平台网页端登录后可以实现各地文档数据上传并集中管理，同时也可在网页端进行日常办公，省去线下电脑内存管理空间；二是高效多人在线协作，组织内部成员可依据任务分配同时完成，不受空间时间影响，也省去资料多次传输环节；三是全平台多端数据同步，随时随地办公，工作文档及数据在PC端、移动端、网页端等全平台自动同步，可随时随地处理工作；四是文档安全与权限管控，上传文档可根据管理权限设置为仅可查看、可下载、可编辑、可分享等颗粒度细分安全管控。远程就可以全面实现办公室办公环境。

2.费用成本性价比较高

企业商业版可以满足重视组织管理和安全需求，提供全方位信息化管理功能，满足日常办公需求，提供深度协作和团队管理需求及云协作服务，WPS Office正版授权，费用成本仅仅是信息化管理平台开发成本的几十甚至几百分之一。

二、传统线下管理主要问题

（一）历史数据资料追溯难

在日常部门管理中原岗位人员离职后容易出现部分电脑资料遗失；岗位新人又很难从原岗位人员电脑中比较精确找到目标资料；日常业务管理资料均以岗位人员的业务思路进行资料存档设计，缺乏顶层统一规范标准化资料归档。

（二）远程办公实现难

不在办公室期间若遇到非常紧急的工作的任务很难有效实现远程办公；若用某些云空间管理工具也很难实现全域办公，尤其在疫情期间企业员工很难真正实现远程办公，导致业务效率下降。

（三）业务数据协同性差，沟通成本高

传统管理方式中的部门内部跨岗位或跨部门业务数据交流，往往需要大量的人工沟通和多次数据传输、多次填报成本才能共同完成统一目标，若是周期重复性业务则会根据任务次数管理成本成倍增加，降低工作效率；同时在进行业务分析时，在缺少其他岗位数据支撑时数据分析有效性也会减弱。

（四）任务执行缺乏有效安排、跟踪与落实措施

执行力仍然是企业组织能力最直接的体现，而缺少显性化任务管理平台的企业中大多数上级对下级的任务管理仍以办公日志本记录及当面口头下达任务为主，安排后的上级领导因事情繁忙等原因很难跟踪任务进展情况，加之员工工作积极性不高、责任心差等因素容易造成任务延迟或遗忘，使组织目标的贯彻执行力缺乏可靠管理保障。

若用某些App或线上任务管理工具也很难满足自主灵活管理需求，需要根据不同的管理需求进行二次开发，并且增加一定的开发费用成本。

三、基于WPS云平台实现管理数字化转型实践的成果意义

（一）云平台助力基础管理模式升级

WPS云平台的应用是信息技术发展助力管理升级的经典体现，我部通过在事业部人力资源部及项目层级的人力资源管理业务系统的运用，已经成体系地实现了办公效率的提升、基层业务的精准管理、考核目标与结果的精细化、一定程度的自动化办公、业务管理模式的升级、历史管理数据的追溯、档案资料规范性的提高、管理工具的标准化及共享管理建设等重大基础性管理迭代升级意义，同时具备可复制的管理模式推广与大规模应用的可能性，在企业基础管理的各职能体系中有较为前瞻性的管理借鉴意义。

（二）云平台与业务需求结合，实现自主赋能建设

WPS云平台的应用在企业深远发展角度实现了信息互联与共享的管理平台建设，根据事业部人力资源部与项目层级的人力资源职能管理数据共享建设目标，分别完成了任务管理中心、制度管理中心、培训管理中心、休假管理中心、项目业务标准化工具操作中心等各项管理共享中心的自主轻开发，将事业部后方与前方项目的标准化管理资源进行赋能与共享，减少项目的人力资源管理业务管理成本，最终使后方职能管理部门赋能前方生产经营单位，以达到减少管理成本、解放组织生产力的服务目标。

其次在完全掌握人力资源管理相关数据的前提下，依据整体经营、财务相关业绩指标，通过人力资源管理仪表盘工具实现了对事业部人力资源管理相关数据的月度、年度整体监控，为决策层科学施策提供可参考的数据保障。

四、基于WPS云平台实现管理数字化转型创新实践工作思路

（一）实现管理精细化与服务生产，是管理数字化转型的核心价值体现

建筑施工企业管理数字化创新实践应结合项目分散的环境特点，重点突出管理精细化与服务生产这个主题，管理精细化重点要做足做好标准化建设与管理监控，其中标准化建设应包括制度标准化、工具标准化、流程标准化，使项目在内部管理成本投入大幅降低，将更多精力投入生产经营方面；第二管理监控应包括项目的日常业务管理监督与各阶段事业部整体及项目的管理投入与产出等各项关键指标监控，从而建立管理预警机制。

（二）管理思维的创新与综合运用，为管理数字化转型提供关键思路引领

在应用WPS云平台实现管理数字化创新实践过程中要着重重视以下四种管理思维的综合落地应用，一是互联共享思维应用，要通过WPS云平台工具打破传统线下业务数据的隔离屏障，将各地各项关键业务数据集中在一个平台，实现信息互联与数据共享；二是业务标准化思维应用，以业务标准化管理模式反向推动制度、工具、流程及资料管理的标准化，降低业务管理熵值，实现管理"一盘棋"目标；三是集成数据思维应用，集成数据分析思维作为系统化解决问题的思路引导，通过各个相关业务数据进行综合分析判断来寻找问题，再通过业务措施进行根本彻底解决；四是自动化办公思维应用，基于业务标准化推动办公自动化，进而提高工作效率，缩短基础业务办公时间，促进后方职能管理为前方生产服务。

（三）组织管理措施为管理数字化转型提供可靠保障

从工作实际问题和前瞻性管理角度出发，以360度调研为主要手段，明确管理应改进的方向与具体措施清单，在争取上级领导同意支持的前提下制定相关考核激励管理制度，以透明化、显性化的管理方式明确具体实施步骤、里程碑目标及考核奖惩方式。

通过部门各业务岗位、项目人力资源从业者的工作管理需求谈话调研及总体判断分析形成调研报告，并结合上述两方面管理需求来最终明确要解决的管理问题清单；再下发制度通知文件明确实施计划步骤及各节点实现目标，通过可视化的直播或录屏视频实操培训手段，实现各层级人力资源从业者的云平台与基本表格函数的基本操作培训，以实现补齐能力短板，提高整体应用能力目标。

在部门内部业务管理人员要建立服务项目基层的业务指导机制，通过定期项目业务问题集中分析反馈与定期业务网络培训，实现后方与前方项目更紧密的业务管理链接。

五、基于WPS云平台实现管理数字化转型实践的具体措施

（一）督导考核及平台保障

公司成立以副总经理为组长的WPS云平台软件推广领导小组及对应的工作小组，将云平台登陆及使用情况作为年度信息化管理评价考核重要依据，从组织督导与考核方面推动WPS云平台的落地应用。在事业部人力资源部负责人的推动下，事业部人力资源系统业务人员已经全部实现WPS软件正版化安装及平台登录管理。

公司与金山公司签订购买长期使用版权与专业化定制服务协议，使WPS云平台的大规模使用获得长期安全保障。

（二）战略目标任务共识与分解

通过人力资源系统人员内部视频沟通会议讨论，形成管理数字化转型必要性的共识，并依据各自管理角色定位确定了后方职能部门与前方项目各阶段任务明确时间表。

1.项目部计划任务

项目人力资源管理须按照事业部人力资源部制定的项目部人力资源管理标准化分类资料在节点时间前完成相应资料的线下归档工作，并将归档资料上传至WPS云平台，待人力资源部审核确定。

2.人力资源部计划任务

人力资源部根据管理角色定位则须做好以下四个方面，其一，资料归档标准化建设，首先要部门负责人与部门及项目业务人员充分沟通，通过应用MECE分析法将部门及项目人力资源管理数据文档资料做到各个业务资料相互独立、完全穷尽，不重叠、不遗漏的资料标准化分类管理的顶层设计；其二，部

门内部数据整理与分析，各个业务基础数据整理及分析阶段，做到只要有业务就有数据库，只要有数据库就有数据分析；各个基础业务具有互相关联及应用的，就要做好跨岗位业务的数据引用，以提高基础业务的数据分析有效性；基于完整的各基础业务分析数据建立人力资源管理关键指标监控体系工具，实现从高处"俯瞰"发现管理规律；其三，其他业务标准化建设，即包括部门及项目人力资源管理标准化各项操作工具、可以实现的标准化管理制度建设；其四为共享中心开发与建设，根据WPS云平台的共享管理功能并结合高效率办公原则及项目人力资源管理实际需要，确定共享中心建设项目。

（三）实施及结果呈现

1.标准化思维落地实施

（1）资料归档标准化

应用业务标准化思维及MECE分析法建设完成了部门业务资料归档标准化建设，归档形式主要以业务逻辑为主，命名形式主要以业务、时间等关键词进行标记，从管理大类细分至业务类再细分到周期业务。以人力资源管理中绩效管理为例，管理大类为绩效管理类，业务类为机关年度绩效考核管理，周期业务为2020年度考核、2021年度考核，以上述分类原则作为材料归档依据，可呈现清晰的资料归档逻辑。

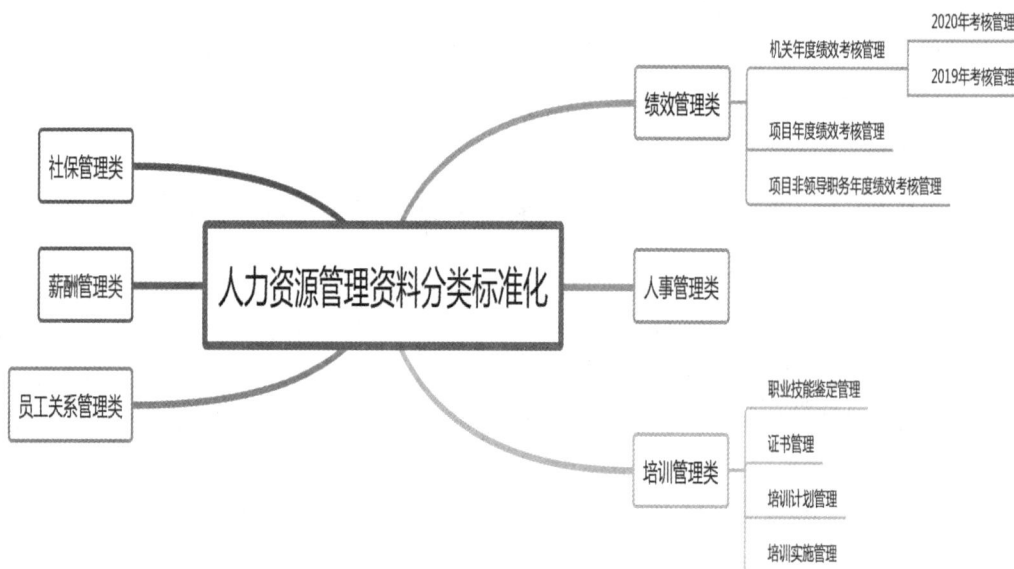

图1　人力资源部内部业务资料归档标准化模型

项目人力资源管理业务资料归档标准化建设则主要依据项目人力资源管理关键业务逻辑为主线，同样采取上述归档原则处理。

（2）制度标准化

应用业务标准化思维实现项目人力资源管理相关制度标准化建设，统一完成了项目人员进退场管理、休假管理、绩效考核管理、体检管理、人员调配管理、农民工进退场及工资发放管理等，使项目降低人力资源管理成本，将更多精力服务项目现场生产经营工作。

（3）工具标准化

应用业务标准化思维实现项目人力资源管理工具标准化建设，使项目人力资源管理工具统一化，减少因业务人员水平不同导致管理效果不统一的问题。

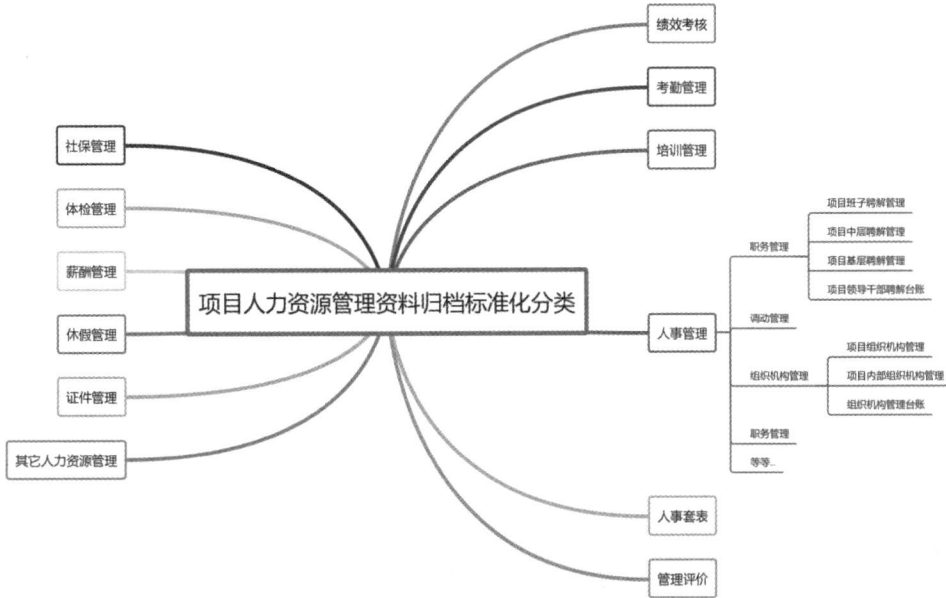

图2　项目人力资源管理业务资料归档标准化模型

表1　项目部人力资源管理标准化工具清单

序号	管理类别	工具名称	工具设计人员	使用用途
1	人事管理	员工职位等级变动审批名册	XXX	项目人员岗级调整上报
2	人事管理	XX项目部2021年XX月人力资源需求及分析表	XXX	项目部用工计划上报（要职工/派遣人员）
3	人事管理	机电安装事业部零星用工计划报告单	XXX	项目部用工计划上报（要零星劳务人员）
4	人事管理	干部提拔材料	XXX	项目部聘任中层领导上报
5	人事管理	退场材料	XXX	项目部人员退场时填报
6	劳务管理	合同续订、终止	XXX	项目部人员合同到期申请续订、终止上报
7	劳务管理	合同解除	XXX	项目部人员辞职上报
8	社保管理	月度社保缴费清册模板	XXX	用于编制事业部月度社保清册
9	劳务派遣管理	XXXX年劳务派遣人员工资数据汇总表	XXX	开劳务派遣人员工资发票
10	劳务派遣管理	劳务派遣员工学历认证表	XXX	认定劳务派遣员工的学历
11	培训管理	培训经费台账套表	XXX	项目部培训经费使用情况
12	培训管理	季度培训报表	XXX	项目部培训实施情况
13	培训管理	干部培训档案表	XXX	项目班子成员培训实施情况
14	考勤管理	项目部员工考勤表样表	XXX	项目员工日常考勤
15	薪酬管理	农民工工资发放情况季报表-xx项目部	XXX	项目部农民工工资保险数据上报
16	薪酬管理	工资表模板-机电安装事业部-20200121版本-添加工种	XXX	项目部员工工资数据上报
17	人事管理	项目人事管理统一用表-模板	XXX	项目部人力资源管理日常使用
18	人事管理	项目部日常干部考察数据库	XXX	项目部干部考察日常使用

（4）流程标准化

应用业务标准化思维通过业务标准化操作手册编写实现部门业务标准化操作建设，以达到巩固人力资源部组织业务能力的目的。

表2　XXX业务标准化操作手册

一、管理依据
二、质量目标
三、工作描述

四、工作步骤

流程序号	工作事项描述	对接部室	输出结果	WPS保存位置	重点环节（是/否）

五、重点环节管控

重点环节	典型问题	措施

2.互联共享思维落地

应用互联共享思维分别建设了任务管理共享中心、培训管理共享中心、管理制度共享中心、人力资源管理工具及操作中心、休假管理共享中心共五大共享管理中心。

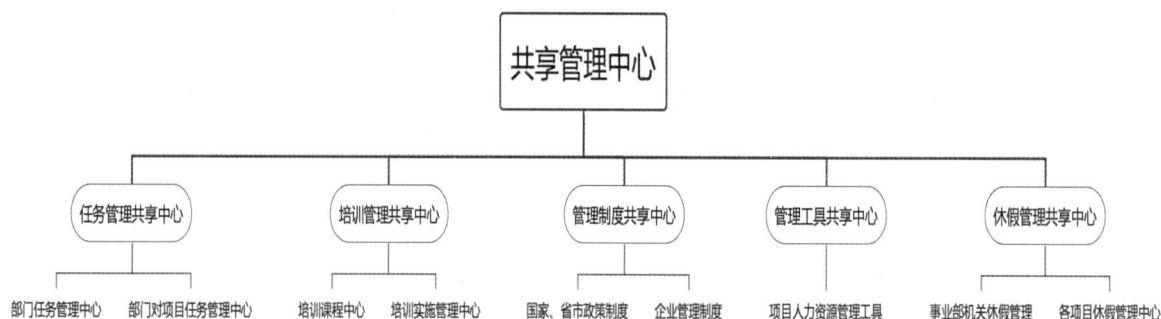

图3　共享管理中心管理体系

（1）任务管理共享中心

人力资源部应用互联共享思维自主开发完成了部门组织及个人OKR管理、部门日常任务管理及部门对项目部的日常任务管理建设。

①应用人力资源部的组织及个人OKR管理及部门日常任务管理工具彻底改变了传统任务管理模式，将任务线上化、显性化管理，实现了部门负责人对全部门人员年度重点任务和日常任务的全过程管理，其中的任务完成时间差为任务管理提供时间预警，下次工作改进建议为绩效面谈与绩效改进计划提供据

实依据。

同时此举还会促使员工养成自主任务管理的良好工作习惯，结合年度个人OKR目标与日常工作任务，统筹安排岗位重点与日常任务，为团队与个人工作目标提供技术管理工具保障。

表3 人力资源部部门组织及个人OKR管理中心

年度	部门	战略/关键目标	类别	指标描述	计划完成时间	完成情况	阶段结果1	主要责任	计划完成时间	完成情况	阶段结果2	主要责任	计划完成时间	完成情况	阶段结果3	主要责任	计划完成时间	完成情况	阶段结果4	主要责任	计划完成时间	完成情况	阶段结果5	主要责任	计划完成时间	完成情况
2021	人力资源部																									

②应用人力资源部对项目部的日常任务管理工具，实现了各项目的任务完成情况显性化管理，对各项任务完成及时性、完成质量进行逐一评定，实现了考核管理公开公正，为年度管理评价考核精细化提供数据依据。

其中资料上报收集链接可实现点击一键上传上报资料功能，减少了不必要的文件多次传输与接收。

（2）培训管理共享中心

应用互联共享思维完成培训管理共享中心建设，其中包括人力资源课程中心与培训实施管理中心建设，人力资源部将自主开发的人力资源管理业务视频课程、培训课件与自主测试试题放入课程中心，以实现人力资源部与项目部的课程共享，为岗位新员工提供学习智力支持；

人力资源部及各项目部依据管理权限及培训实施情况，自主填报培训实施管理情况表，表格自动汇总分析全事业部的培训项目经费使用情况、培训出席率、考试通过率等培训数据分析相关指标，同时也减去了传统培训管理项目所需填报的相关报表工作，使人力资源部实时精确掌控各项培训管理数据与情况。

表4　人力资源部部门日常任务管理中心

序号	工作任务项目	分版块	完成情况	任务安排人/评价人	工作质量要求	缓急程度		距完成时间差	资料上报收集链接	各项目部任务完成评价													下次工作改进建议	备注
						任务布置时间	任务要求完成时间			项目1	完成时间评价	完成质量评价	项目2	完成时间评价	完成质量评价	项目3	完成时间评价	完成质量评价	项目4	完成时间评价	完成质量评价			

（3）管理制度共享中心

人力资源部依据项目及部门的管理需求，全面整理目前执行的国家、地方、集团、公司及事业部的各项人力资源管理制度及重要通知文件，建立事业部人力资源管理制度清单，对部门及各项目部实施共享管理，提高了制度标准化推广效率。

（4）管理工具共享中心

人力资源部依据项目人力资源管理操作层面的实际问题，全面梳理并推行了标准化管理制度与工具，对标准化人力资源管理操作工具对项目部实施共享管理，对新组建项目提供可操作的管理工具，实现人力资源管理标准化工具建设。

（5）休假管理共享中心

人力资源部及各项目部依据管理权限及休假管理情况，自主填报休假管理情况表，使各项目部在进行项目间人员调动时可以查看调动人员本年度剩余休假天数，节省了项目间的沟通成本，使人力资源部实时精确掌控全事业部的休假管理数据与情况。

3.集成数据思维落地

集成数据思维是一种系统化发现问题的管理思维方法，管理者通过多维度数据分析及判断，能够使其在复杂条件情况下掌握问题主线或管理全貌，赋予有效的管理效能。下面以人力资源管理仪表盘和个人综合评价为例进行分析解释：

（1）人力资源管理仪表盘建设

仪表盘源于形象的汽车或飞机驾驶技术，操控者通过各项仪表盘指标数据来实时判断汽车速度、油量等车况。人力资源管理仪表盘等同于赋予管理者在办公室就可以了解各项关键管理指标数据的综合情况，使管理者了解组织关键管理全貌，发现组织潜在的经营及管理风险等。

在进行人力资源管理仪表盘建设中主要以事业部及各项目部的指标总量、效益对比及管理问题共三个维度指标进行综合分析，其一指标总量指标包含事业部及各项目部人力资源总体情况、人工费用成本情况、工资总额情况、劳动生产率；二是效益对比指标为各项目间的人均薪酬水平、人均利润、人均产值；三是管理问题指标为人力资源部对项目人力资源管理每月的问题分析与措施情况。

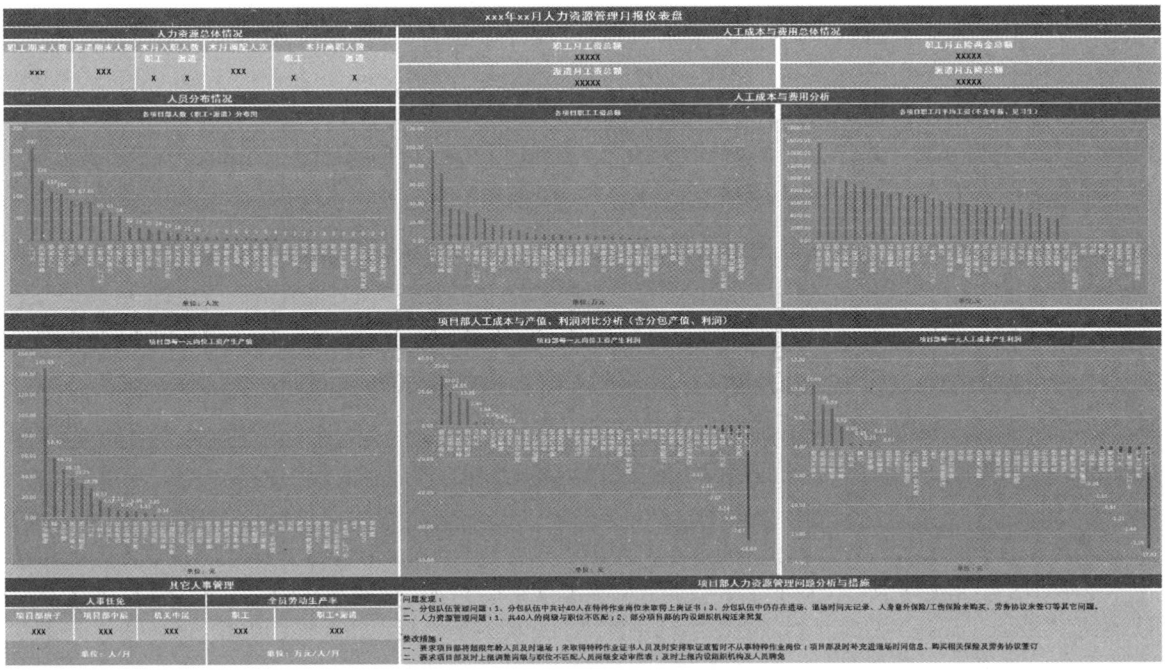

图4　人力资源管理月报仪表盘

（2）个人综合评价数据库建设

个人综合评价数据库的建设主要是为了解决多人直接横向对比的管理技术难题，通过运用基础业务的各项原始数据实现在一个平台多个维度对多人进行直接比较，尤其在人才盘点、干部考核提拔及薪酬调整等方面具有重要应用价值。

在个人综合评价数据库中主要包含：①人事基本数据，包含姓名、身份证号码（重要数据识别定位）、年龄、用工形式、专业划分、所在单位、学历、工龄、职务、职称、职业技能等级等基本情况；②薪酬数据，包含年度应发实发平均工资、组织内的薪酬分位值；③培训数据，包含年度培训次数、时长及培训投资费用；④各项干部考察评价数据，包含年度民主生活会评价、干部考察的业务及工作能力评价、工作业绩的履职及年度考核评价；⑤重要注册类证书数据，包含建造师类、造价类及安全类注册证书数据；⑥身体状态数据，此数据主要依据年度健康及职业健康体检及日常病假情况，再征得本人同意的前提下填写；⑦荣誉及负面评价数据，依据荣誉表彰及处罚等正式文件填写。上述七项数据均在完善的基础业务数据库中实现数据引用。

4.自动化办公思维落地

自动化办公思维的落地一定是在具有周期特性业务基础上予以实现，其中核心在于基础业务数据的动态更新，通过WPS云平台的跨业务的数据交流，实现对已固定的周期业务进行直接的数据引用，以实现自动化办公目的。

（1）内部跨业务数据共享与互联

在人力资源管理业务工作中，涉及多方面的跨业务数据交流，比如在各项基础业务中均须将员工花名册作为动态源数据后才能实现有效的业务数据，在实践中应将各业务数据流与动态关联实现清单化管理，以便全面掌握内部数据流。

（2）外部业务数据共享与互联

基于WPS云平台的使用范围推广后，人力资源部与其他职能部门会在一个平台上进行管理与操作，跨部门周期业务中可以实现他方需要的数据，我方可以进行跨部门共享，同时设置管理权限使其仅仅可以实现查看但不能编辑的管理功能，使共享数据更加安全可控。同时部门也将建立跨部门数据流与动态关联清单，以便全面掌握跨部门数据流。

5.基础业务数据分析建设

人力资源管理分为六大管理模块，每个模块又由多项业务组成，下面以其中三项基础业务数据分析为主要展示。

（1）离职情况业务数据分析

①组织发展影响维度

离职导致最直接结果便是影响组织未来发展，其中可从人力资源总量、优秀或骨干人才、执业资格证书（注册类证书）、专业技术职称、管理专业或工种及关键职务共六个维度分析来综合盘点离职员工对组织发展的影响受损情况。

②影响离职因素分析

以薪酬水平、休假情况、职业发展、工作状况、家庭情况等常见离职因素建立离职员工调研问卷，再以勾选离职因素选择次数及排列序号给予权重计算，综合判断年度员工离职影响因素。

（2）培训实施业务数据分析

基于WPS云平台建设的培训管理共享中心，人力资源部及各项目部都将各项培训实施情况相关数据录入培训实施情况表中，通过跨表数据关联实现每项培训的数据分析，其中包含培训费用、培训出席率、考试通过率、培训类别等维度，使人力资源部时刻掌控全局培训实施数据情况，还可实现对培训人员的精准化管理，以便为形成培训效果黑白名单机制提供数据支持。

（3）薪酬情况业务数据分析

①总体分析

以年度薪酬应发和实发进行分别统计数据为依据，按照薪酬总额、平均薪酬、薪酬分位值、薪酬区间人数分布共四个维度进行组织薪酬总体分析。

②分类分析

以年度薪酬应发和实发进行分别统计数据为依据，按照管理专业或工种、身份类别、人才类别划分、薪酬均衡指标、各项目薪酬对比共五个维度进行组织薪酬分类分析。

六、基于WPS云平台实现管理数字化转型的实践收益

（一）管理模式改造升级

1.精确的可视化任务跟踪与管控

团队管理者通过任务管理中心实现对部门及项目的任务跟踪管理,对重大任务进行有效分解及合理安排,促进任务有效落地;任务执行者可依据任务管理中心合理安排每日工作,做到时刻提醒任务进度,使任务管理链条显性化。

2.全天候的"飞行"检查

在项目人力资源管理资料真实有效的前提下,人力资源部可通过WPS云平台对项目人力资源管理业务标准化资料进行实时检查与指导,同时也解决了因项目撤销后的管理数据资料缺失难题。

3.精准任务考核,将绩效辅导日常化

在全面实施任务管理中心的条件下,管理者可依据任务完成及时性、完成质量情况对责任人进行透明化的日常考核及绩效评价,不定时对责任人进行绩效反馈与辅导,改变了通常年度或季度考核及绩效反馈辅导的绩效管理模式,实现了公平的绩效管理。

4.共享与标准的能力建设

基于WPS云平台的功能特点,我部构建了任务管理、培训管理、管理制度、管理工具及休假管理共享中心,将云平台效能发挥至最大,同时带来了管理共享与效率、管理标准与统一的管理能力升级。

（二）业务协同带来效率飞跃

将云平台的协同功能带入实际管理及业务场景,实现了协同办公和不同业务之间数据自动动态更新,减少了跨岗位、跨部门的文件多次传输、汇总及面对面的沟通成本,增加了业务数据管理可靠性,同时还可减少工作时间,提高员工工作满意度。

（三）可复制的管理模式

上述管理思维及工具具备管理的可复制性,可在任意单位或部门复制应用,在中小规模企业具备较为不错的实用价值。

七、结论

基于WPS云平台实现管理数字化应用场景的实践不是为了替代专业化管理平台系统,相反而是补充专业化管理平台系统在实践中缺失的数据保存、资料管理等管理职能。同时在云平台基础上实现的自主开发,也能大大节约企业信息化管理资金成本,实现信息化的个性化、多样化管理目标。

成果创造人：崔志森、陈光霞、麻岸泉、刘齐艳、施碧娟、马昆伦

把握产业变革机遇，技术与模式创新引领新能源汽车高质量发展

北京国家新能源汽车技术创新中心有限公司

国家新能源汽车技术创新中心（以下简称"国创中心"，依托建设单位为北京国家新能源汽车技术创新中心有限公司）是科技部推动建设的第二个国家技术创新中心，也是汽车行业首个国家技术创新中心，是北京市聚焦新能源汽车产业集中发力，抢占科技创新制高点的重大举措。

一、国家技术创新中心重要组成部分

2016年5月，习近平同志在全国科技创新大会上指出，支持依托企业建设国家技术创新中心。2017年11月，为贯彻落实习近平同志在全国科技创新大会上关于"支持依托企业建设国家技术创新中心"的重要指示精神，以及党的十九大关于"建立以企业为主体、市场为导向、产学研深度融合的技术创新体系"的重大决策部署，科技部制定了《国家技术创新中心建设工作指引》，布局推进国家技术创新中心建设。

2018年1月11日，国创中心获得科技部函复北京市《科技部关于支持建设国家新能源汽车技术创新中心的函》（国科函〔2018〕12号），2018年3月1日正式揭牌运营，是科技部推动建设的国家级技术创新中心，是首个以市场化资源配置为机制、以企业法人为主体的国家技术创新中心。

（一）核心定位

国创中心定位于国家战略科技力量的重要组成，以新能源智能汽车关键技术研发为核心使命，以平台型创新组织形态构建产业创新生态，以需求导向推动科技成果产业化，以市场化机制激发创新创造活力，立足北京、面向全国、辐射全球，打造成为国际一流的新能源智能汽车技术创新策源地，为区域和行业高质量发展提供战略支撑。

国创中心致力于科学创新到技术商品的中间转化，以突破新能源智能汽车"卡脖子"技术，打通创新链和产业链之间的绿色通道，推进跨领域、多行业深度融合，促进创新、开放、协同、共享的体制机制，凝聚与整合全球各类创新资源为己任，为我国汽车产业实现全面赶超，由汽车大国向汽车强国转变提供有力支撑。

（二）建设原则

（1）坚持国家站位，成为国家战略科技力量，积极承接国家任务，组织实施国家科技重大专项，攻克关键共性技术、聚焦关键"卡脖子"技术和布局重大科技问题，通过打造硬核技术创新能力助力高水平科技自立自强。

（2）坚持需求导向，以行业和企业发展需求为牵引，以产业化为根本目标，打造行业公共服务平台，开展市场化横向科研工作，推动社会科技成果转移转化，为行业发展提供源头技术供给。

（3）坚持开放共享，依托平台型创新组织建设，打造"政产学研用资创"协同的创新联合体，构建产业上中下游畅通的创新生态，提升区域创新体系整体效能，支持北京国际科技创新中心建设。

（4）坚持可持续发展，作为市场化企业主体，必须提高技术研发效率、加快技术成果周转、开拓技术经费来源，通过价值创造加快实现自我造血能力和可持续发展。

（5）坚持创新规律，紧紧围绕科研组织范式变革，充分发挥市场在创新资源配置中的决定性作用，创新科研组织模式和探索新型科研管理模式，实现最大程度激发创新创业活力。

（三）发展目标

国创中心确立了"一个中心""两个高地""三个平台"的战略目标。"一个中心"，即建设具有全球影响力的新能源汽车共性、前沿关键技术的集成创新中心；"两个高地"，即打造引领全球的新能源汽车研发、制造、服务的技术、标准、模式的输出高地，新能源汽车高端创新人才集聚高地；"三个平台"，即建设国际一流的新能源汽车科研成果转化与产业化平台，面向全球的新能源汽车学术交流、专业咨询、高端人才培养与交流平台，立足北京、面向全球地专注于新能源汽车科研转化的金融创投平台。

（四）体制机制建设

国创中心是北京市探索科技体制机制改革、聚集新能源汽车产业科研力量、抢占科技创新制高点的重大举措。国创中心不直接从事市场化的产品生产和销售，不与高校争学术之名、不与企业争产品之利。国创中心将研发作为产业、将技术作为产品，致力于源头技术创新、实验室成果中试熟化、应用技术开发升值，为中小企业群体提供技术支撑与科技服务，孵化衍生科技型企业，引领带动新能源汽车产业和地方实现创新发展。

（1）多主体的独立法人实体形式组织运营。国创中心是依托国有企业的国家研发平台，股东构成多样化，主要股东包括央企、地方国企、民企，以及外资企业，实现国有经济和其他所有制经济优势互补，增强国有经济竞争力、创新力、控制力、影响力、抗风险能力。设立战略指导委员会、技术专家委员会指导国创中心发展战略、技术规划战略，建立股东会、监事会、董事会、经营层的法人治理结构，实行董事会领导下的市场化机制的总经理负责制。

（2）国创中心建立了创新资源集聚、组织运行开放、治理结构多元的综合性产业技术创新平台，形成了独特的"同心圆"创新生态系统。"同心圆"三个层次中，核心层是国创中心；中间层是主体层，由政府、高校、科研院所及其他组织组成；最外层是政策引导和市场主导相结合的环境层。该系统在国创中心牵引下，通过政策链、创新链、资金链、人才链、技术链、服务链联结了不同创新主体（主体层）和外部环境（环境层），通过资源交换、知识传递和人才流动促进不同层次的相互作用，层层推进，实现集窗口、杠杆、桥梁作用于一体的创新功能。

（3）在人才队伍建设与激励方面，国创中心采用市场化机制，依据"发现人、吸引人、评价人、培养人、激励人、成就人"的原则，一方面，充分发挥事业留人的创新机制。针对有挑战的新能源汽车技术研发事业——对于有能力的研发人员、技术人员和管理人员等都是极具吸引力的，国创中心努力打造我国新能源汽车研发高地，全球新能源汽车研发、制造、服务的技术、标准、模式的输出高地，为人才能力发展创造一个最好的研发平台和发展空间，以此吸引人才、留住人才。另一方面，充分运用激励机制，以合理的激励机制回报人才，让人才体会到研发与创新的成就感。搭建短期与长期浮动激励相结合,现金与股权激励相结合的内外部激励体系,针对不同的创新项目、不同项目发展阶段采用差异化的长短期激励组合。设计实施三重激励措施，包括：保障性激励，解决基本物质需要；成果性激励，满足成就归属需求；效益性激励，促进个人价值转化。

二、科技创新自立自强，探索关键核心技术"卡脖子"的突破路径

习近平同志指出："构建新发展格局最本质的特征是实现高水平的自立自强，必须更强调自主创新。"2021年的《政府工作报告》提出："坚持创新在我国现代化建设全局中的核心地位，把科技自立自强作为国家发展的战略支撑。"加快科技自立自强，有助于打造更加安全稳定的供应链产业链，是确保国内大循环畅通的关键所在。

国创中心立足于新能源汽车领域国家重大战略部署和产业链中解决关键共性技术，坚持"研发做产业、技术为产品"，依托技术专家委员会顶级专家的技术规划，从"9＋4"业务布局（在智能网联、燃料电池、动力电池、电驱动、混合动力、电子电控、整车集成、轻量化、前瞻技术九个领域联合共建国内领先、世界一流的研发能力；为行业内提供"开放开源整车验证平台、前瞻技术检测评价平台、知识产权共享共用平台、孵化创投生态建设平台"的优质技术服务）、遴选出智能网联、电子电控、开源平台、车规芯片、燃料电池、混合动力六大高光技术领域到聚焦"零碳排放电动化技术、智能化核心元器件技术、开源平台数字化技术"三大技术领域，推动"科技自立自强"，打造世界级新能源汽车技术创新策源地。

（一）解决"卡脖子"问题方面

在车规芯片领域，牵头组织承担国家重大攻关专项课题，围绕我国车规芯片需求和瓶颈短板，建立符合我国国情的车规级芯片标准体系、搭建车规级芯片测试与认证平台，实现自主车规级芯片的整车集成和可靠性评价，推动自主芯片产业化应用；同时通过整合集成电路和新能源汽车两大产业，推动万亿级汽车电子产业能力提升；在汽车电子电控领域，主导开展新型电子电气架构、域控制器、智能网关等关键产业应用平台的研究和开发，为自主车规芯片上车保驾护航，助推国产半导体产业化验证和规模化商用。

（二）解决行业关键技术需求方面

动力系统领域，基于北汽新能源EU5整车开源平台开展国产碳化硅器件和功率模块上车搭载测试，解决行业自主IGBT及碳化硅器件上车问题，已搭载9款国产半导体器件；动力电池领域，开展高比能量固态电池关键技术开发及测试验证体系建设，完成复合固态锂离子电解质膜开发，在高镍–硅碳电池体系中测试验证达到国际先进水平；燃料电池领域，实现国产70MPa高压储氢瓶搭载应用，填补我国在全功率燃料电池乘用车整车集成开发以及动力系统与能量管理实时响应控制方面的技术空白；智能网联领域，主导推动L4级无人驾驶概念车在冬奥组委园区试运营，单车智能技术成功应用于封闭园区无人驾驶，推动自动驾驶技术的商业化落地。

（三）解决行业关键技术产业链对接方面

为应对汽车芯片"短缺"，由工信部电子信息司和装备工业一司主办，国创中心、中国汽车芯片产业创新战略联盟承办的汽车半导体供需对接专题研讨会暨《汽车半导体供需对接手册》发布活动在京举行。国创中心以加快解决汽车芯片领域关键技术"卡脖子"问题，打破国外技术封锁和垄断，实现我国

汽车芯片的国产化和自主化为目标,结合行业需求共同编制《汽车半导体供需对接手册》,广泛吸收了汽车产业和半导体产业的意见和建议,共征集85家企业的汽车半导体供需信息。《手册》收录了59家半导体企业的568款产品,覆盖计算芯片、控制芯片、功率芯片、通信芯片、传感芯片、信息安全芯片、电源芯片、驱动芯片、存储芯片、模拟芯片等10大类53小类产品,占汽车半导体66个小类的80%,其中已上车应用的产品合计246款,占收录产品总数的43%。《手册》还收录了26家汽车及零部件企业的1000条产品需求信息,来自一汽、上汽、北汽、比亚迪等14家整车企业和德赛西威、宁德时代等12家汽车零部件企业。共同加强对国内汽车领域关键半导体的梳理和研究,聚力汽车半导体供需对接生态平台建设,组织汽车企业和芯片企业开展深度走访对接和人才培训,建立汽车芯片产业供需资源对接线上平台,推进汽车半导体持续健康发展。

三、创新平台机制模式的探索之路,构建合作共赢的资源整合机制

作为国家研发平台,按照国家技术创新中心建设的创新政策要求,积极整合国内外新能源产业技术领域的各类资源,调动大学、科研院所及上下游、大中小各类企业的技术创新积极性,精准识别科学定义技术成果水平与增长值,锚定创新价值;搭建整车开源平台、测试评价平台、知识产权及创投孵化平台,协助、支持技术转移的各类创新团队减少人力成本,提高知识结构完整性;通过各细分行业领域创新拉力赛加速、合作研发项目、联合课题申报、实验室及中试线资源协同共享、与国内外知名高校联合人才培养、技术项目产业转化及地方落地资金、场地等支持、天使及早期创业投资等,集聚领域内高端人才,培养新能源汽车研发骨干人员队伍,引导产业技术创新投资方向,逐步建立新能源汽车产业关键共性技术研发攻关的创新生态系统。该生态系统可以有效地发挥政策引导和市场机制在促进新能源汽车产业技术研发与创新的双重优势。一方面突出市场导向作用,以企业在市场需求中提炼出来的技术研发需求为中心,基于新能源汽车市场发展与企业竞争进行技术研发项目设计与布局,在技术研发过程中充分吸纳企业对技术发展与研发方向的反馈信息并积极进行响应,充分发挥市场机制在创新资源配置中的决定性作用;另一方面突出政策引导,既保证新能源汽车产业发展符合国家产业布局,又充分利用政策带来的资金、人才、信息效应,与市场导向作用相结合,充分发挥出政策引导的潜力。

国创中心重点面向新能源汽车领域的工程研制阶段技术,通过系统开展早期技术搜寻与自主研发、技术攻关、应用示范、产业推广等工作,坚持产业主导、政府支持、行业参与及开放共享的基本思路,依托联合共建方的行业影响力、创新与产业资源,搭建"共商、共享、共用"行业创新平台,聚集科技成果、产业需求、资本、创新服务体系等资源,逐步形成突破产业创新链"达尔文死海"的中国特色解决方案,进而推动行业发展、产业区域集聚,是完善我国科技成果转化体系的有益补充与具体实践。

国创中心在合作地方建设研发、检测中心、技术转化中心和创新产业园等硬件设施,导入包括国际高校、科研机构、产业合作伙伴等合作创新机构相关可产业化技术项目和人才,配套拉力赛、基金和行业资源软件支持,加速创新技术产业转化、增强地方已有产业的技术竞争力并提高产值,引进先进技术落地地方,进而建成创新产业生态圈和各方创新资源的协同创新及产业转化平台,在较短时间内为地方培育新的产业增长极。

为构建合作共赢的资源整合机制,全方位、多维度调动合作伙伴积极性,第一,国创中心参与编制国家及地方政府的科技规划和产业规划,为产业链上下游提供较为全面和准确的前瞻战略参考,在该战略指引下国创中心所开展的科研项目和产业技术项目,对于合作伙伴的前瞻发展具有重要意义。

第二，国创中心是共性技术创新平台，专注于研发创新技术方案和支持创新成果推广应用，不从事具体产品开发，"不和高校争名、不与企业争利"，与产业链上下游没有竞争关系，最终通过合作伙伴成功而获益，彼此之间易于达成紧密合作。

第三，国创中心采取互利、共赢的合作机制，针对高风险、高投入的技术创新项目，以自身为支点协同产业链上下游共同攻关，与合作伙伴共同投入分摊成本与风险、共享知识产权与成果收益，大大降低了合作伙伴对于创新风险的担忧，提高了创新收益的稳定性。

第四，国创中心建立多元、跨界的合作体系，除技术创新合作外，还通过创新拉力赛技术孵化、测试评价业务共享、商业模式创新、产业项目落地、汽车芯片战略联盟、基金风险投资等多样化方式，与跨领域、跨行业的各方机构开展广泛合作，为合作伙伴带来多样化收益和发展空间。

国创中心与紫光集团等多家单位共同参与车规级芯片的标准制定，以标准为引领，带动汽车芯片设计、制造、封装测试及认证等关键环节全面提升；与交通部科研平台围绕智慧交通应用场景开展全方位合作，共同聚焦智慧物流、新能源智能汽车领域，加快推动共性前沿技术与交通运输深度融合，提高交通物流技术核心保障能力，充分运用前沿技术支撑智慧交通物流建设，推动行业相关标准体系建设；基于北汽蓝谷ARCFOX极狐αT打造开源整车验证平台升级版，北汽蓝谷将BE21平台面向全行业开放，进行新技术验证，共同推动新能源汽车产品品质提升；与国内外近十所知名高校开展产学研深度合作，围绕人力资源开发与利用、人才培养、技术开发与应用、软课题研究与应用、资源互补和共享等方面展开相关合作；与英国帝国理工大学共建在华第一个校级孵化器。国创中心聚焦新能源汽车各链条创新主体，初步形成国内外具有一定行业影响力的新能源汽车创新生态圈。

四、技术创新＋服务，探索建设具有行业影响力的第三方国家级平台

国创中心秉承"研发做产业、技术为产品"的理念，积极建设具有行业影响力的第三方平台，开展技术创新与服务，服务和支撑产业链上下游创新。

（一）建设涵盖整车设计、试验试制及体验、示范功能的开放开源整车验证平台

开放开源整车验证平台基于先进技术上车验证所需的工程需求，搭建工程实现环境，提供一个开放、安全、可拓展的整车软硬件开发验证平台，满足器件级、模块级、零部件级和总成级的不同层级创新成果上车搭载验证。面向新能源汽车行业创新创业活跃度高的技术领域，以服务技术上车技术转化为目标，开展了整车架构、三电控制系统、自动驾驶线控一体化底盘等系列开源子平台建设，打造行业首个"移动的验证平台"。

开放开源整车验证平台自2019年1月启动平台建设，围绕"评估验证""展示推广""集成创新""核心自研"和"车规芯片"五大方向展开业务布局，为汽车行业提供解决方案，服务涵盖新能源核心零部件、跨界融合技术、车规芯片、核心算法、自动驾驶等技术领域。2019年完成开源平台机舱空间、电池包搭载空间及自动驾驶传感器的主要布置规划，初步建立新技术、新产品结构匹配能力、总布置规范、支架设计规范等基础标准文件制定辅助新技术搭载布置，基本实现搭载开发流程化、标准化。2020年初完成三电控制系统开发及实车调试，实现了通信协议通用化、整车控制应用层软件模块化及接口标准化，具备了新技术、新产品整车控制匹配服务能力；完成线控底盘配置1车辆改制，满足了自动驾驶方案搭载需求，目前正进行自动驾驶方案搭载工作。

开放开源整车平台通过技术服务能力建设和核心关键零部件技术评估体系建立，服务于政、产、学、研、用、资、创的全创新生态链。目前已与北京航空航天大学达成技术转化战略合作意向，并开展

自动驾驶方案搭载验证，为高校基础研究、参加创新赛事提供基础开发平台；为零部件企业、创新创业团队技术评估、技术指导，正开展曼胡默尔空调过滤系统技术集成培育、新型动力换挡两档电驱动总成搭载验证、计算平台技术评估等多个服务项目；扶持国产车规芯片及核心元器件领域，已完成国产车规功率半导体首批搭载验证，进行高温高寒环境试验，系统验证了国产器件在实车的表现；现阶段完成基于北汽蓝谷ARCFOX极狐αT打造开源整车验证平台升级版，并在新能源智能汽车前瞻技术培育、评估、验证以及转化落地等领域展开合作，共同推进前瞻技术在汽车行业的搭载验证和推广落地，打通科技成果与产业应用的渠道，加速科技成果转化。

（二）新能源汽车第三方前沿技术检验评价平台

随着碳达峰、碳中和目标升级为国家战略，将推动经济社会发展全面绿色转型，发展新能源智能汽车不仅可以降低颗粒物排放量，也可以减少对进口石油的依赖。国创中心开展技术创新与服务，服务和支撑产业链上下游创新，通过引进国际创新资源，推动跨国创新合作交流，围绕新能源智能汽车及关键软硬件的研发验证需求，搭建了开放共享的新能源智能汽车前沿技术检验评价平台。前沿技术检验评价平台由先进整车性能试验室、整车能效开发试验室、半导体检测认证实验室、下一代汽车电子试验室等组成。

（1）先进整车性能试验室包括整车环境模拟试验室、线控底盘试验室和轻量化试验室等。整车环境模拟试验室由环境模拟试验舱、全光谱阳光模拟系统、四驱四电机底盘测功机、迎面风机等组成，能够实现环境温度、湿度、阳光辐射强度及角度、迎面风的模拟，可以实现约80%的热力学道路试验，显著提升项目开发效率，加快产品开发进程。可以完成涵盖包括轻型越野车（最大质量≤4.5T）在内的3大类车型的众多试验。试验室的各项技术参数均优于行业平均水平，处于国内领先地位；轻量化试验室可提高材料的测试验证效率，降低重复性研究工作浪费资源以及前瞻性布局新材料新结构的检测验证技术体系与标准等领域，填补了国内缺少国家级平台的空白。

（2）整车能效开发试验室是由国创中心联合德国西门子公司联合建设的国内第一个基于整车能效开发的试验室，可对整车在稳态和动态工况的能量流进行测试、仿真分析和优化；找出车辆不同系统和部件对车辆性能的影响和贡献量，为找到经济而又有效地提高车辆经济性的设计方案提供决策依据。整车能效开发试验室是目前国内唯一能比肩国际先进水平的新能源汽车能效分析测试平台，最低测试温度可达-40℃（国外对标-7℃），可同步进行不少于500项技术指标数据采集（国外对标约200项）。

（3）半导体检测认证实验室于2020年在科技部的支持下建立，实验室总面积约4000平方米。主要针对车规半导体开展检测认证服务，试验与测试能力可覆盖控制、通信等车规集成电路及车规功率器件、功率模块等产品，满足AEC-Q100、AEC-Q101、AQG-324及国创中心牵头制定的各项国内标准的试验要求，并可在标准基础上进行加严考核和极限摸底。实验室具备行业独有的从器件到模块、台架乃至整车的全链条检测验证能力，可为半导体企业及上下游产业链伙伴提供全方位的应用验证服务。

（4）下一代汽车电子试验室围绕汽车产业智能化升级的重大需求，突破汽车电子新型架构技术瓶颈，紧密联合企业，构建汽车行业公共研发平台，力求在新型电子电气架构及域控制器核心技术自主创新方面，为行业进步、企业产品创新提供有力支撑。

前沿技术检验评价平台可向新能源汽车整车企业、零部件企业、科技创新团队提供车辆性能测试验证、工程开发、新型电子电气仿真测试等共性关键技术的试验验证服务，也可协助政府相关部门开展产品对标测试、积累试验数据、数据分析挖掘、试验标准编制等工作。前沿技术检验评价平台的建设大幅度提升国创中心服务新能源汽车行业整车能耗技术开发核心竞争力，促进中国新能源汽车持续、快速、健康发展。

（三）建立共享共用共赢的知识产权合作机制

（1）打造知识产权及技术运营服务机制。围绕专利和技术，平台为汽车产业链上下游企业提供专利及技术许可、转让、股权投资/融资、产业转化等价值变现渠道，实现线上资源与线下资源的打通，同时为企业的技术开发等提供公开招商渠道及开展技术咨询服务。

（2）实施满足行业发展需求的业务模式。平台立足汽车行业发展需要，依托国创中心产业背景和专家资源，积极探索以专利为抓手，识别出一批应用前景广、技术先进的高价值技术，有针对性地开展技术推广工作。此外，在调研智能驾驶时代企业对开源系统沟通交流需求的同时积极探索建设相关技术沟通社区，加强行业的互动交流。

（3）搭建汽车产业专利资源检索数据库。数据库包含中、美、欧、日等全球105个国家或地区的汽车及相关产业4100万的专利数据，并根据全球数据公开情况进行月度更新。专利数据不仅包括国内外汽车产业专利数据，还包括汽车产业潜在需求的、跨领域的通信、云计算等技术领域的专利数据，包括华为、高通、谷歌、亚马逊等公司的全部专利数据。本数据库中的专利信息，包含19个国家代码化全文，14个国家小语种高品质英文翻译。专利检索数据库提供简单检索、表格检索、逻辑检索、表达式检索等多种检索方式，支持60余个检索项目，能够高效、经济的满足研发人员和专利工作人员的需要。

五、打造用户需求侧和产品应用端的集成创新服务机制

坚持开放、普适、车规级要求的原则，为国产零部件、跨界融合技术提供开放的整车集成验证环境，解决众多国产零部件企业和创新团队无资源和渠道对接主机厂验证其整车性能指标的现状，为其提供产品试错和技术改进的机会；为有量产前景的前瞻技术从整车角度为其提供结构布置规范及性能测试指标等服务，提供量产可行性分析，避免因技术研发团队专精不了解主机厂需求，导致错失进入主机厂供应链体系的机会；将前瞻技术集成验证成果反馈主机厂，为主机厂降低前期技术可行性验证的周期及成本的同时也帮助其推广应用。

（一）构建一站验证、行业通用的评测体系

打造新能源汽车、智能驾驶领域前瞻技术实车验证环境，实现创新零部件验证平台化，以测试验证、助研发创新，通过建立科学统一的评测标准，对先进技术进行先用、先测、先评，并经过权威第三方的分析指导后，实现快速改进优化；同时引入零部件和主机厂筛选评估，从而有机地把开发者、零部件供应商和汽车厂商在平台上融合起来，实现一站验证、行业通用，既帮助整车企业降低前瞻技术评价投入和风险，又助力创新企业压缩上车周期和成本。

国创中心开展的车规半导体测试认证业务，通过标准体系、测试平台和认证机制等相关技术研究与基础建设，联合国内主流SiC SBD器件、MOS器件和硅基IGBT模块研发企业开展面向汽车应用的首批车规级半导体性能与可靠性测试验证试验研究，并组建测试认证工作组，构建共性技术研究平台，现已完成超过100家单位的入组协议签订。为汽车行业选择自主产品提供技术数据支持和质量背书，从而打通自主半导体上车路径。

（二）服务"政产学研用资创"产业链伙伴，实现产业聚集

整合行业资源，促进整车厂、院所高校、创业团队、国外技术和零部件厂商在开源平台融合共建，实现集聚效应，加强新能源汽车全产业配套能力。

面向主机厂企业，开放开源整车验证平台通过技术筛选，可降低主机厂创新风险；技术预研服务，可缩短主机厂先期方案验证周期；共性基础技术需求整合、研发摊销等合作机制，则将降低主机厂研发成本。

面向零部件企业，为其提供开放的整车搭载验证环境和技术评估方案，输出技术评估报告，力争解决因缺乏技术认可和搭载渠道而无法进入整车企业供应链的尴尬局面。

面向新技术、新产品的创新创业团队，开放开源整车验证平台将为其提供搭载验证服务，加速新技术成果转化过程，满足创新创业者需求。同时，也可有效解决整车企业因担心泄漏商业和技术秘密，错过新技术新成果产业化的关键节点，导致在激烈的竞争形势下遭到淘汰的状况。

面向政府机构，作为开放式协同创新平台，将有效解决行业痛点，有利于前瞻技术筛选，降低成果产业化筛选成本，为支撑构建高精尖经济结构建设，实现产业集聚起到重要作用。

面向新能源汽车消费者，开源验证平台作为新能源汽车科普平台，可充分理解、传达、分析消费者诉求，加速满足市场需求。

从服务不同产业链方面来看，加速技术成果转化，已与一所北京重点高校达成技术转化战略合作意向，开展高校自动驾驶方案搭载验证，为高校基础研究、参加创新赛事提供基础开发平台；以搭载—验证—优化—培育的模式，为零部件企业、创新创业团队提供实车资源、技术评估、技术指导，目前已开展曼胡默尔空调过滤系统技术集成培育、新型动力换挡两档电驱动总成搭载验证、计算平台技术评估等多个服务项目，为创新成果的产业化提供依据；扶持国产车规芯片及核心元器件领域，已开展国产车规功率半导体首批搭载验证，进行高温高寒环境试验，系统验证了国产器件在实车的表现。

六、加快创新孵化平台和服务体系建设，培育优质产业资源，为新能源汽车行业注入源源不断的创新活力

国创中心为解决关键前瞻技术的研发成果转化和支持行业共性技术需求，重点解决一批新能源汽车重点共性技术问题，以更成熟完整的方式支持重点技术创新项目，通过内外孵化模式将列支孵化预算支持项目孵化加速业务开展，项目孵化以更成熟完整的方式支持重点技术创新项目，瞄准于早期技术项目，通过资金支持、技术辅导、合作项目、产业资源支持等方式，加速技术成果转化。

（一）推出新能源汽车技术创新拉力赛机制

2018年，为推动创新技术的产业化加速和发展，国创中心在全国首次提出了新能源汽车技术与产业加速计划，并从重点关注的领域里选取燃料电池作为首个发展计划，与佛山南海区创办新能源汽车技术（燃料电池）创新拉力赛。通过命题发布与搜寻解决方案，筛选了17个项目进入路演，最终有10个项目进入加速孵化。2019年，国创中心与淄博市政府合作，再次启动新能源汽车技术（轻量化）创新拉力赛，并给予赛事千万创新奖金的支持，在轻量化领域发掘先进技术，筛选优秀项目。2021年下半年，将于厦门市政府合作启动新能源汽车技术（先进电驱动）创新拉力赛。

新能源汽车技术创新拉力赛是国创中心创新生态的重要一环，这也是国创中心聚集多平台资源推动新能源汽车行业发展进行的有益尝试。通过聚集行业技术专家、产业企业、社会资本、项目人才等优势产业资源，梳理产业痛点、提出命题、征集解决方案，以路演方式筛选出入围方案，以应用验证性测试的形式验收其技术先进性和产业落地的可能性，并展开产业加速计划。拉力赛以技术创新企业或者创新团队、高校及科研创新机构、产业链企业、产业资本、VC、PE、相关政府部门为受众，定位于聚集共

性技术、挖掘产业痛点，推动行业创新，支持成果转化。

（二）发挥辐射带动效应，联合共建机构成为区域发展新动力

（1）淄博国创中心先进车用材料技术创新中心。国创中心与山东淄博联合共建，未来五年，淄博国创中心将形成3~5个国际材料研发机构全面合作和联合培养机制，建成国际级研发测试共性服务平台，吸引不少于10家国际先进材料项目、产业链相关企业或研发中心等落户淄博，服务当地企业不少于100家、全球企业不少于20家。双方发挥平台、技术、人才、应用等领域优势，共同探索新能源汽车轻量化发展新的路径，携手共建中国先进车用材料"轻"谷。

（2）厦门国创中心先进电驱动技术创新中心。未来5年将建设行业领先的电驱动领域的国际联合研发检测中心、技术转化中心，引进和培养国际一流水平的领军人才和创新团队，通过发挥国创中心国家级平台及厦门市上下游产业基础优势，有效聚集行业技术专家、产业企业、社会资本、项目人才等优势产业资源共同推动新能源汽车行业发展，构建世界级新能源汽车先进电驱动创新产业生态圈。

（3）国创中心还与西安经开区、宇电新能源汽车公司共建了"新能源汽车技术创新园与动力电池产业园项目"。该项目将助力国创中心加速新能源汽车动力电池技术布局，同时提升西安经开区在新能源汽车领域的核心技术创新能力和生产制造水平。

成果创造人：连庆锋、原诚寅、田雨时、张思遥、李春阳

数字化新型管理助推企业高质量发展

北京天地玛珂电液控制系统有限公司

一、数字化新型管理的实施背景

北京天地玛珂电液控制系统有限公司（以下简称"天玛公司"或"公司"）成立于2001年7月，注册资本6000万元，是中国煤炭科工集团有限公司（以下简称"中国煤科"）下属上市公司天地科技股份有限公司的控股子公司。天玛公司专业从事煤矿智能开采控制技术装备的研发、生产、销售与技术服务，主营产品SAC型液压支架电液控制系统、SAP型智能集成供液系统（含泵站）和SAM型综采自动化控制系统在技术、性能、质量、可靠性等方面均处于行业领导地位。

天玛公司实施数字化新型管理既是贯彻落实党中央国务院重大决策部署和习近平同志关于国有企业改革重要指示批示精神的重要举措，又是顺应外部环境驱动以及自身发展需要的必然选择，更是公司引领行业科技进步，打造世界一流的智能化技术、装备、服务一体化创新型企业的现实需要。

（一）实施数字化新型管理是深化国企改革的重要举措

党的十九大对深化国有企业改革进行了全面部署，并强调"加快建设制造强国,加快发展先进制造业,推动互联网、大数据、人工智能和实体经济深度融合"。党的十九届五中全会提出，"加快数字化发展""推动数字经济和实体经济深度融合"，数字产业化成为现代产业体系重要的组成部分，产业数字化则推动经济体系优化升级，加快推动数字经济与实体经济融合发展成为落实国企改革三年行动的重要抓手。

为贯彻落实习近平同志重要指示精神，国家和行业相继出台指导性文件，从顶层设计的角度明确了数字化和智能化改革方向。

国务院于2015年印发的《中国制造2025》提出，牢固树立创新、协调、绿色、开放、共享的新发展理念，以构建新型制造体系为目标，以推动制造业数字化、网络化、智能化发展为主线，坚持"企业主体、政府引导、创新驱动、示范引领、整体推进、重点突破"的原则，将制造业智能转型作为必须长期坚持的战略任务，分步骤持续推进[1]。

中共中央办公厅、国务院办公厅于2016年印发的《国家信息化发展战略纲要》要求，到2025年，建成国际领先的移动通信网络，根本改变核心关键技术受制于人的局面，实现技术先进、产业发达、应用领先、网络安全坚不可摧的战略目标[2]。

国家发改委、国家能源局等八部委于2020年联合印发的《关于加快煤矿智能化发展的指导意见》提出，以数字化、网络化、智能化为方向，探索建立国家级煤矿信息大数据分析与共享交换平台，同步推进网络安全和煤矿智能化发展，加快现代信息技术在煤炭工业领域的推广应用[3]。

国资委于2020年印发的《关于加快推进国有企业数字化转型工作的通知》提出，国有企业应提高认识，深刻理解数字化转型的重要意义；加强对标，着力夯实数字化转型基础；把握方向，加快推进产业数字化创新；技术赋能，全面推进数字产业化发展；突出重点，打造行业数字化转型示范样板；统筹部署，多措并举确保转型工作顺利实施[4]。

在市场环境方面，煤矿智能化当前处于从起步到加速的阶段，将打开煤机智能制造领域万亿级市场。目前年产60万吨以上在建及生产井工矿共1680座，工作面3300余个。使用电液控的矿井520余个，占比31%，使用电液控的工作面约800个，占比23%，建成智能工作面仅为300余个，市场潜力巨大。此外，国家劳动力人口占比下降，而煤矿业由于以往事故多发，招工难问题日益突出，煤炭智能开采能够极大提高劳动生产率，减少井下现场作业人员，在未来十年面临着前所未有的市场机遇，煤机智能装备将随之迎来一轮爆发式增长。

（二）公司的高质量发展需要依托数字化新型管理

数字技术发展、国家政策激励、市场需求激增等外部环境的持续变化，说明数字化和智能化已是行业发展大势所趋。公司近二十年的快速发展过程中，在取得巨大成就的同时，也认识到自身在以下方面存在持续提升的空间。

1.科研管理方面

（1）研发管控体系各部分相对独立，整体把控、资源调配、横纵向关联存在一定困难；

（2）技术升级跟不上用户需求变更速度，未能针对客户实际需求进行有效研发。

2.生产组织管理方面

（1）工序存在质量隐患，产品质量不稳定；

（2）生产柔性不足，无法应对多品种、小批量生产需求；

（3）供应链管理效率低下，影响及时交付。

3.信息化建设方面

（1）信息化系统的集成度有待提高；

（2）新冠疫情的突然爆发，暴露了以往工作方式灵活性不足的问题。

结合外部环境变化和自身发展需要，公司将数字化新型管理能力作为驱动力，充分发挥数字化智能化有力支撑管理体系和管理能力现代化的重要作用；持续改进管理决策，优化管理模式，提升管理效率，助力管理效能和经济效益双提升；围绕客户需求，打造数字化新型管理核心能力，巩固行业领先地位，实现价值效益；赋能企业提质增效，推动公司加快向一流数字化企业迈进，获得均衡、长远、高质量发展。

二、数字化新型管理的内涵

公司的数字化新型管理在企业价值链各项活动中实现了全面覆盖和综合应用。依据美国管理学家迈克尔·波特的"价值链"理论，公司将企业各项活动划分为基本活动和辅助活动。基本活动包括采购、生产、销售和服务，辅助活动包括技术产品研发、人力资源管理和企业基础设施（组织结构、文化、战略、财务、信息化系统及IT基础）[5]。

公司的数字化新型管理在研发和生产两项活动中的应用尤为突出。

在技术产品研发环节，公司启动了集成产品开发（IPD）体系建设，该体系的关注重点与加拿大罗伯特·库伯教授和埃尔库·克兰施米特教授的"新产品开发成功因素"理论中成功技术产品研发的"三个关键因素"高度一致，为优化提升公司在技术产品研发领域的管理理念与模式、保持核心竞争力提供有力支撑。

在生产制造环节，公司的数字化新型管理重点体现在智能工厂建设与精益管理两方面。公司将精益管理理论中两个重要原则，即变"成批移动"为"单件流动"、变"推动式生产"为"拉动式生产"进行实践，实现了提质增效降成本的目标。

三、数字化新型管理的做法

（一）数字化新型管理在企业全价值链的综合应用

公司统筹推进数字化新型管理，实现在企业价值链的全面覆盖和综合应用，重点包括战略规划、研发管理、智能制造与精益生产、供应链管理、信息化建设以及工作环境打造六个领域。依托数字化新型管理，公司实现了研发、采购、生产、销售、服务纵向集成，实物流、信息流、资金流、业务流横向集成，资源管理、业务管控有机统一，多维度高效协同的数字化运营。通过全流程和场景的数字化管理，实现内部效率提升和员工赋能；通过打通内外部数据，实现与合作伙伴的管理协同，打造共享共生的生态环境，创建以数字化驱动价值创造的经营管理模式。

1.将数字化管理纳入战略规划，提供组织保障

公司将数字化新型管理纳入企业战略发展规划，打造一把手工程，协调资源配置，系统性推进实施。

公司大力推进信息化和工业化深度融合，组织开展两化融合贯标认证项目并获得认证，制定发布两化融合方针、管理手册，以两化融合管理体系促进企业形成并完善数字化管理战略架构，建立数字化管理闭环机制，为打造数字化信息时代的可持续竞争优势提供坚实保障。

人力资源保障方面，公司长期实施人才强企战略，重视引进、培养高水平、创新型、数字化复合型人才，持续完善配套政策。通过名校招聘计划和导师制培训模式，打造管理、技术、业务、操作职业发展四通道等方式，持续优化"选育用留"管理体系，强化数字化管理意识，提升数字化管理能力，打造复合型数字化人才梯队，为数字化新型管理的持续深入打下良好基础。明确与数字化管理工作相关的资金预算，建立专项资金，保障数字化管理工作顺利开展。

2.推进产品创新数字化，构建一体化研发管理体系

技术产品研发属于企业价值链的辅助活动，自主研发创新能力是天玛公司的核心竞争力之一，公司的研发活动突出体现了数字化新型管理。

公司建立了煤炭智能化无人开采技术研发中心，具有多个模拟计算实验平台，进行大流量阀的模拟实验研究，具有国内最大压力和流量的高水基高压液压系统的测试系统，压力等级达40MPa，流量等级达2000L/min。

公司依托产品生命周期管理（PLM）产品开发创新平台进行产品技术创新，搭建了以知识管理为核心理念的知识产权管理平台，实现了创新知识传承和创新成果应用。

公司依托中国煤科，于2020年引进集成产品开发（IPD）体系，提升产品研发过程的数字化水平，实现统一平台、统一流程、一体化的数字化研发，促进整个科研体系的良性发展。该体系建设作为重点实施方案，将在第二部分"启动集成产品开发（IPD）体系建设"中进行详细阐述。

3.加强智能现场建设，推进生产运营智能化

公司以智能产品为主体，以数字化生产过程为主线，推进智能工厂建设与精益管理。在智能工厂建设方面，公司承接《中国制造2025》战略，积极推进智能制造，建设智能工厂，打造数字化车间，着力推进生产装备、生产线和生产车间的数字化、网络化和智能化改造，提高生产设备的数字化率、联网率和关键工艺及工序的数控化率，全面提升生产智能化水平。

公司承担并完成两个国家智能制造发展专项，建成加工中心柔性制造等两条智能加工生产线和电液控换向阀阀芯等七条自动化装配线。多个信息化系统在智能工厂中得到广泛应用与综合集成。具体情况将在第三部分"加快智能工厂建设与智能制造"中进一步展开讨论。

2014年，在通过6S管理获得初步成果和业务发展需要的双重推动下，天玛公司决定导入"精益生产"并实施"精益管理"，以"精益贯通、数字驱动、智能引领"为基本原则，以打造工位制、节拍化、连续流的精益产线，建立生产现场可视化、作业标准化、流程高效化、异常显现化的精益车间，建设准时化、自动化、柔性化、信息化、数字化、网络化的精益工厂为总体路径，全面推进精益管理工作。精益项目的开展详情将在第四部分"推进精益管理项目实施"中进行重点介绍。

4.实现供应链管理协同，推进产业体系生态化

销售服务与物资采购同为企业价值链中的基本活动，构成供应链的两端。数字化新型管理使两项活动产生协同效应，发挥更大的管理潜力。

在销售服务端，公司通过售后服务管理系统，以及正在建设的产品维修管理系统和客户关系管理系统（CRM），持续搭建从售前管理到售后服务的全流程体系，实现从订单到交付全流程的按需、精准服务，推进用户服务敏捷化。

在物资采购端，公司目前正在建设的供应商关系管理系统（SRM），将进一步规范采购寻源过程，以实现从计划、寻源、采购、收货到付款的全流程及关键节点控制，并实现供应商绩效评估等管理目的。

公司通过对供应链两端多个信息化系统的持续建设与优化，实现了供应链的业务协同，推动供应链上下游企业间数据贯通，将供应链向价值驱动型转化。通过对数据信息的分析，捕捉需求信号，对客户需求做出更快响应，为供应链和生产制造提供决策信息，改进供应网络的部署、物流和采购等工作，提升供应链资源配置和动态协调水平，优化整个供应生态系统[6]。

5.加强信息化系统建设，全面提升管理效率

公司已建成、推进中以及计划建设覆盖企业全价值链的数字化信息系统及项目共计20余个，包括研发管理（PLM、知识产权管理平台、IPD）、供应链管理（CRM、售后服务管理系统、设备维修管理系统、SRM）、生产制造（DNC、MES、SPC、QMS、APS、WMS）、综合业务管理（ERP、OA、HR）、数据及IT基础设施（大数据中心、数据仓库系统、BI商务智能系统、服务器机群、虚拟化系统、灾备系统）等，如图1所示。

通过信息化系统及项目的整体规划与持续建设，公司全面提升客户线、创新线、职能线三条业务流程的数字化水平，以信息化建设支撑业务数字化和管理数字化，推动研发能力、供应能力、生产能力、销售能力和运营能力全面提升，提高业务运营效率，促进集团管控、设计制造、产供销等关键环节集成，实现数字化综合管理。

6.建设数字化工作环境，提升安全管理水平

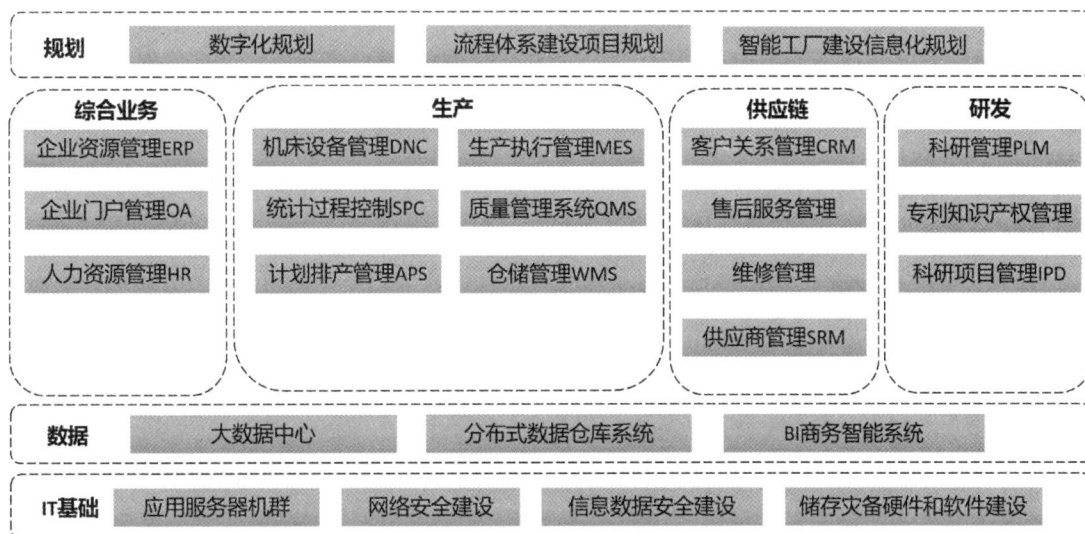

图1 天玛公司信息化系统及项目建设情况示意图

为提升企业运营效率，避免疫情期间聚集办公带来的防控风险，公司升级网络设备，实现多地办公区域WIFI全覆盖；利用OA协同办公平台，实现线上审批流程，目前已建立13个模块，共计195条审批流程；提升网信安全水平，开展攻防演练，强化安全检测评估，建全网络信息安全组织和运行管理体系；采购云视频会议系统，提升远程会议使用效果，通过数字化技术，实现远程员工和现场员工协同办公，以数字化手段为企业的高效运营提供坚实保障。

（二）启动集成产品开发（IPD）体系建设

依托中国煤科，公司于2020年引进集成产品开发（IPD）体系。作为先进、成熟的产品开发管理思想、模式和方法，IPD的重点关注领域与"新产品开发成功因素"理论高度一致，均突出和强调"关注客户需求、畅通沟通渠道、提升研发效率"三因素对于成功的技术产品开发具有决定性影响[7]。

在关注客户需求方面，公司IPD建设实施方案第一阶段的首要工作即为建立面向市场及客户需求的结构化开发流程架构及核心主价值流程。把握市场与客户需求，向客户传递价值。

在畅通沟通渠道方面，IPD强调跨部门团队合作，使研发成为一个整体，即建立跨部门团队结构及运作机制，使沟通渠道更加丰富、畅通，强化项目管理力度。

IPD注重研发效率的提升。通过结构化开发流程中使能流程及支撑流程的持续建设优化，各环节有序衔接，提升技术产品研发效率，实现项目管理与研发全流程的数字化管理。

公司IPD实施方案依托于中国煤科整体方案，着力构建一体化科研项目管控体系，为包括管理人员和技术人员在内的研发团队提供管理协同和技术协同的工作环境。IPD体系结构化产品开发流程架构如图2所示。

IPD实施方案的五年规划分为三个阶段（如图3所示）。第一阶段（2020年5月—2022年底）将初步建立系统的产品开发流程、IPD管理体系、研发项目管理及研发绩效与激励。第二阶段（2023年1月—2024年底）将重点强化需求管理，提升研发人员能力，全面推行流程，进入理性运作。第三阶段（2025年全年）着重加强产品规划能力，建立技术管理体系，持续提升功能领域能力，研发体系高效运作。

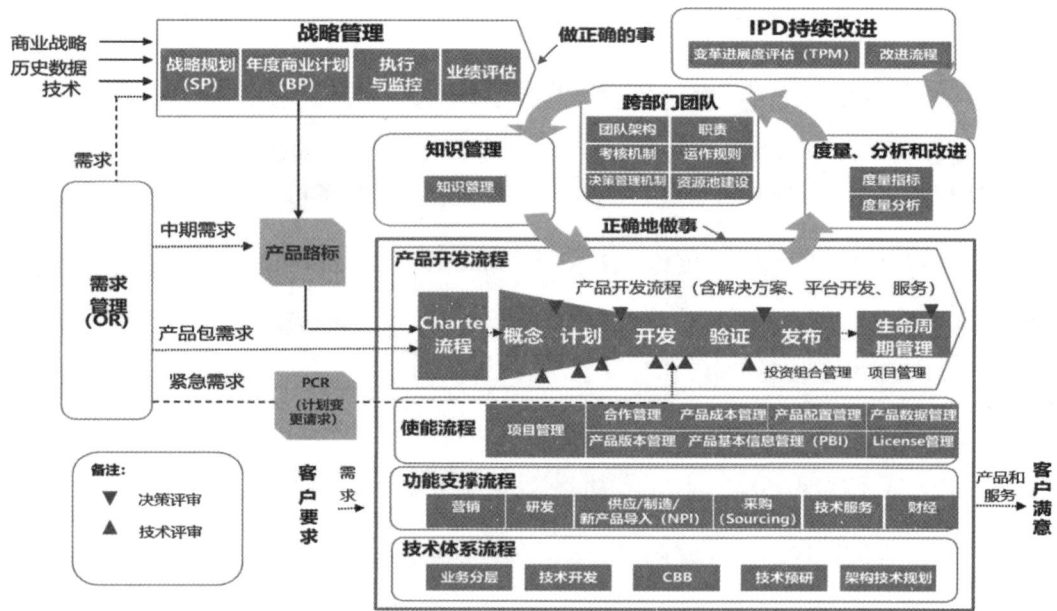

图2　IPD体系结构化产品开发流程架构

图3　IPD实施方案五年规划

公司将以IPD体系的研发思想为指导，构建与中国煤科一体化的科研项目管控体系，加强产品研发对产品的支撑和驱动，实现统一平台、统一流程、一体化研发，促进整个科研体系的良性发展。

（三）加快智能工厂建设与智能制造

公司以智能产品为主体，以数字化生产过程为主线，推进智能工厂建设与精益管理。

公司成立智能制造项目部，承担并圆满完成了国家智能制造装备发展专项"高压大流量液压阀柔性加工数字化车间"和"高压大流量液压阀柔性自动化装配线"。生产过程的数字化，实现了不同类型车间的生产过程透明可视化，质量跟踪可追溯，车间绩效图示化；分层次为不同岗位提供警报和监控，为各级管理层提供生产过程的分析、优化和控制工具。

柔性加工数字化车间拥有国内外最先进的数控装备。其中加工中心柔性制造系统，由三台卧式加工中心、机器人自动上下料系统、自动物流传输系统等组成，实现复杂结构、高强度、难加工材料全系列液压阀体的智能切换和柔性高效可靠加工。智能控制系统具有状态监控、系统诊断、调度控制等功能，实现无人操作连续生产；车削中心柔性制造系统，由一台双主轴车削中心、自动上料系统、自主研制的自动下料及清洗码放系统组成，实现阀芯零件连续送料、一次装夹自动加工成型、机器人下料码放的自动化集成，实现无人值守全自动连续生产。加工中心柔性制造系统和车削中心柔性制造系统如图4、图5所示。

图4　加工中心柔性制造系统

图5　车削中心柔性制造系统

　　柔性自动化装配生产线集成了机器人技术、智能视觉检测技术、自动拧紧技术、RFID技术等，实现了整体电液控换向阀柔性智能装配及一键换产，各工序配置的自动化在线检测功能；自主研制完成的液压阀芯全自动装配生产线，实现液压阀芯多工序自动装配、在线自动检测、机器人自动上下料等无人值守连续稳定生产；自主研制完成的液压阀高压球式涨堵智能装配工作站，融合四轴及六轴机器人技术、SCARA机器人技术、智能视觉定位技术以及智能压装技术，实现零部件的上下料、压装、检测及输送全过程自动化，无人值守一次完成四个面涨堵的智能装配，达到涨堵装配行业国际领先水平。整体电液控换向阀柔性智能装配线和液压阀高压球式涨堵智能装配工作站如图6、图7所示。

图6　整体电液控换向阀柔性智能装配线

图7　液压阀高压球式涨堵智能装配工作站

　　2014年，天玛公司实施了机床设备网络化管理系统（DNC），将机床进行联网管理，通过系统采集机床运行参数、状态，对设备运行效率、人员工作效率等进行统计分析，并通过信息发布屏进行显示，为生产车间、质量检验、工艺制造、物流储运、采购到货等业务提供了管理信息，及时通报和解决物料、设备、检测仪器等生产过程出现的问题，实现对生产现场的有效控制。

公司自主开发的生产制造执行系统（MES）对车间生产计划进行在线分解、下达、数据集成，实现了对生产环节的实时监控，同时与仓储管理、设备管理、生产设备和现场硬件等有机结合，实现了数据共享、实时采集、动态分析以及动态处理，提高预测、计划、生产调度方面的科学性、准确性和及时性，提高产品合格率和生产效率，实现生产全过程的信息采集及质量的全程追溯。

天玛公司的智能工厂实施生产全流程质量管控，精密检验设备和自主研制的自动化检测专机共计200余台，贯穿关键产品系统联调测试、生产过程在线检测和完工自动检测。正在建设的质量管理信息化平台（QMS），将实现检测数据自动采集、传输、存储和对关键产品的自动检测，建立检测数据库，实施数据库远程管理和计算机辅助分析应用，实现质量数据的实时查询及产品全生命周期质量追溯。自主开发的统计过程控制系统（SPC），对MES等系统产生的数据进行自动采集、存储，具有测量顺序防错和超差提示功能。

公司的智能工厂在自动化仓储物流方面建设有子仓库管理系统（WCS），包括自动化立体库及自动厢式回转库，实现了一键存取、身份识别、智能分配库位；正在建设的厂区仓库管理系统（WMS），将根据货物属性及存储区，统一调度管理各个子仓库管理系统，并通过与ERP管理系统进行集成，实现物料的自动化出入库管理、货位管理、自动生成报表等功能，提高物料存储效率和物料管理水平。自主研发的基于磁导航的潜伏式AGV输送小车及AGV智能调度系统，实现物料自动化配送，实时监控，实现了仓储–物流–生产工位的无缝对接，提高了物料配送效率和物流信息化水平，降低了人员投入。

综合集成的智能工厂信息化体系建设，实现了智能工厂内部数出一处、资源共享的闭环反馈机制，优化了车间资源配置，生产任务按计划完成率达95%以上，降低了车间物料在制库存，提高了设备利用率和准时交货率，促进了生产效能的大幅提升。

公司于2021年5月投产的"电磁先导阀自动装配生产线"，是目前公司智能制造车间中专机数量最多、控制节点最多、工艺最复杂、技术水平最高的一条生产线，在减少操作人员15人的情况下，每分钟下线一个电磁先导阀成品，大幅度提高了电磁先导阀的生产效率和产品质量。电磁先导阀自动装配线如图8所示。

图8 电磁先导阀自动装配线

通过建设具备拓展性、敏捷性、灵活性的智能工厂，天玛公司实现了从订单到工艺、生产、检测、仓储物流的高效数字化控制和管理模式。融合新一代信息技术与先进制造技术，由传统制造方式向自动化、智能化转变，提高了生产自动化、智能化和管理数字化水平。

（四）推进精益管理项目实施

2014年，天玛公司结合自身发展战略，确定了"精益立企、人人主动、全面覆盖"的精益推行方针，开启了向管理要效益的科学管理之路。精益项目分四阶段展开：精益现场改善、完整的价值流改善、精益企业变革、供应链同期化。

精益项目一期，天玛公司在生产系统导入了精益生产管理理念和方法，全员学习、消化、吸收、转化了大量精益改善创新工具，建立完善了生产管理创新体系，逐步对包括计划编制与下达、物料采购、内外部物流、加工与装配、产品检验等环节在内的全供应链环节进行精益改善，在效率、质量、安全、设备和信息化方面取得了一些成效。经过6个月的精益改善，精益项目一期纳入的10条生产线单件产品的生产效率平均提升约30%。

精益项目二期，天玛公司通过工艺攻关、精益改善、研制自动化产线，实现电液控换向阀阀芯生产线从传统手工组装、精益流水线组装、到全自动无人值守装配生产线，生产效率提高60%。公司结合精益推进，突破传统工艺束缚，不断改善生产工艺流程和工艺路线，平衡工艺节拍。2019年，工艺团队通过精益改善共实现改进30余项。比如进行一项装配工艺改进，效率提升3倍；完成23种产品包装改善，整体生产效率同比提高近9%，同时极大降低了劳动强度，真正实现工艺和精益共推进。目前公司已经围绕"精益现场改善"主题，完成前两期精益管理咨询项目。以"品质、安全、生产、成本、保全、环境、人事"七大任务为着眼点，通过在计划环节、采购环节、生产环节、质量检验环节落实全员精益工作，实现对"产量、质量、成本、交期、士气、安全"六大核心运营指标的精益改进，如图9所示。随着精益生产的深入，无纸化办公系统逐渐取代了企业内的各种单据，自动化的生产专机取代了手工操作，方便快捷的检验手段取代了繁琐复杂的验证过程，无论是信息流还是实物流，都传递得更加顺畅，生产能力不断加强，生产效率显著提高，经营效益明显改善。

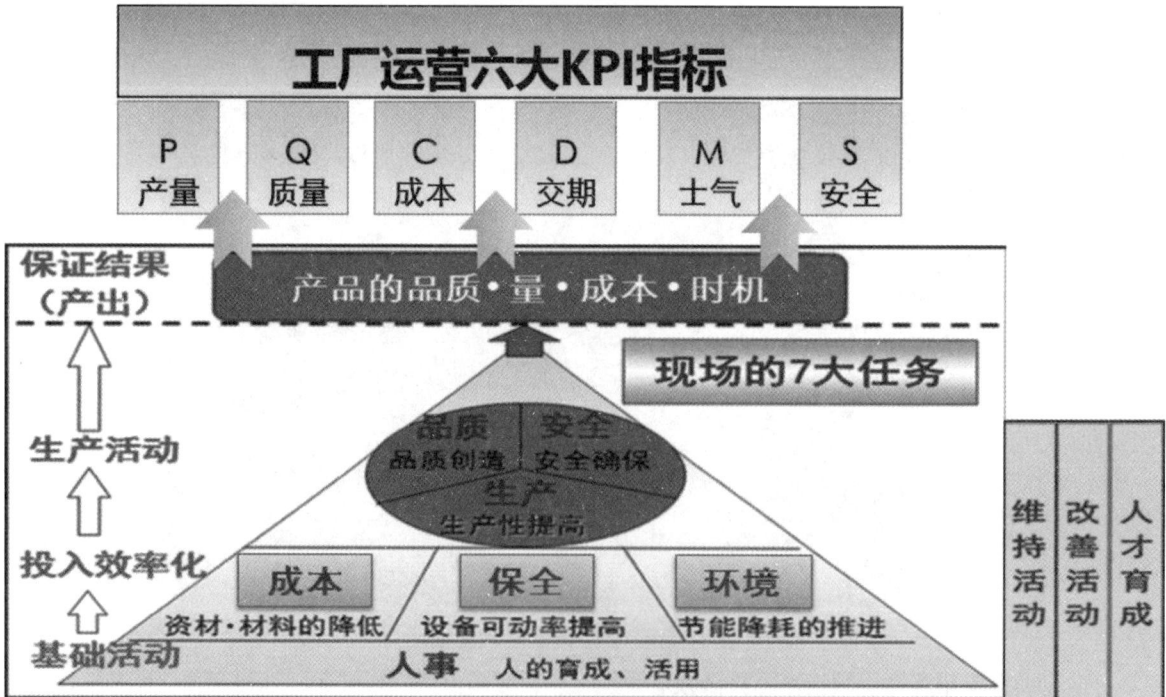

图9 天玛公司前两期精益管理咨询项目

天玛公司以生产现场为切入点,变"成批移动"为"单件流动",各工序有效衔接,前一工序完成后,在制品即可"流"到下一工序,生产周期大幅缩短,生产柔性显著提升,更好满足了市场的多变需求。以"单件流"理念为指导,公司建立了多条流水化生产线,大幅提高了生产作业的标准化程度,并通过MES、DNC等信息化系统的应用,实现了现场信息的精准采集,提高了全程控制能力。

另外,为激发全员参与热情,公司开展了包括创意功夫评选、QC小组、TPM在内的多项活动,并使之常态化,目前每年生产现场可实现百余种一线员工自发进行的各类改善,促进了产品优化和管理提升,多渠道、全方位支持创新工作,营造全员参与的精益文化氛围。

公司成立了以现场技术能手张革玉同志为核心的"张革玉工作室",集中资源,针对生产现场的各类重点、难点进行攻关。目前,"张革玉工作室"已完成包括"主阀体自动压堵机""隔爆电源箱铭牌压装专等机"在内的近20个项目改善,改善点平均生产效率提升90%以上。

天玛公司于2020年9月开展了以"生产运营全价值链精益管理"为主题的第三期精益管理项目,从计划、供应链、生产、研发四大模块出发,在前期精益管理工作的基础上,变"推动式生产"为"拉动式生产",由市场需求决定产品组装,进而拉动零部件加工,实现实物流和信息流的结合。通过构建产供销协同的拉动式计划体系、打造精益供应链等手段,加快整体生产运营水平的提升。截至2020年底,改进两个生产系统,优化三种产品的检验形式,消除线下检验环节。一线员工共完成100余项精益改善,装配类业务有效工时比相比2019年提升约6%,其中显示器、云台摄像仪生产线有效工时比提升30%以上,部分核心工序提升超过100%。

经过多年的精益管理和创新改善积累,公司的生产工作实现了从量变到质变的跃升,生产周期不断缩短,生产效率不断提升,产品质量稳步提高,应对风险和抗冲击能力大大增强,步步精益汇成高质量发展的稳健力量。

(五)数字化新型管理的主要创新点

通过以上论述,公司数字化新型管理的主要创新点可以归纳总结为以下三个方面。

1.统筹推进数字化新型管理,实现在企业价值链的全面覆盖和综合应用

统筹规划、研发、生产、供应链、信息化、流程、基建等管控条线,综合性、系统性地推进实施,公司实现了内部效率提升与员工赋能,推进产业链资源共享和业务协同,打造共享共生的生态环境。

2.以智能产品为主体,以数字化生产过程为主线,推进智能工厂建设与精益管理

公司以智能制造为主攻方向,加快建设推广智能工厂、数字化车间,持续推动生产装备、生产线和生产车间的数字化、网络化、智能化改造,提升生产智能化水平;打造精益产线,建立数字化车间,建设智能工厂,推进精益管理项目实施。

3.实现数据驱动和数据集成,打造闭环管理机制

以信息化系统建设为支撑,通过打造数据采集—数据建模—数据分析—数据反馈的闭环管理机制,为管理决策提供有力支撑;通过打通数据孤岛,提升企业内部数据流转效率,实现业务线与管理线的有效贯通;通过创建数据逻辑,多维度创造价值效益,优化和创新公司的价值体系。

四、数字化新型管理的成效

(一)经济效益

1.财务指标

公司数字化新型管理实施前后的财务指标，如表1所示。

表1 成果实施前后财务指标表

财务指标	实施前		实施后								
	2010年	2011年	2012年	2013年	2014年	2015年	2016年	2017年	2018年	2019年	2020年
营业收入（万元）	31521	32287	38083	40084	40479	40005	36509	43342	66611	103644	116265
利润总额（万元）	8481	8848	10865	10772	10774	5127	3337	4579	9713	20137	35611

2.效益额

对于数字化新型管理效益额的计算，主要涵盖了能够进行量化的三个方面，即智能制造、精益生产和信息化系统建设。效益额如表2所示。

表2 成果经济效益指标测算结果

序号	指标名称	计量单位	时 间	测算结果
1	申报前一年效益额	万元	2020年	5445
2	实施各年累计效益额	万元	2012年至2020年共9年	13193
3	平均年度效益额	万元	2012年至2020年共9年	1466
4	申报前一年效益贡献率	%	2020年	15.29

（二）社会效益

煤矿生产"少人则安、无人则安"，减少采煤工作面作业人员数量是减少人员伤亡、解决煤矿尘肺职业病、保障安全的重要手段。公司致力于无人化采煤事业，创新形成了基于透明工作面自适应型 "自主割煤为主＋远程干预为辅"的智能采煤新模式，采煤工作面的操作工人数量从之前的10人以上降低至1~2人，整体减少井下人员20%以上。目前，公司的技术和产品支持着全国80%的煤矿智能开采工作面的运行，将党中央"以人民为中心"发展理念、"把人民的生命安全和身体健康放在第一位"的思想在煤矿安全生产领域落实到位，担当央企责任。

五、数字化新型管理示范作用的探讨与展望

天玛公司持续深化改革，不断加快推进管理体系和管理能力现代化建设，在数字化新型管理实践中，通过多维度、综合性的数字化管理，实现了内部效率提升和员工赋能，形成了数字驱动、协同控制的创新管理体系，管理创新进一步助推企业科研创新，助力公司对智能化无人开采的核心技术问题进行攻关，以数字化管理驱动价值创造，推动行业技术突破，引领行业科技进步。同时，依据在智能控制和液压阀领域积累的技术优势，公司计划在高压智能储氢领域智能控制系统的传感器、智能控制和执行部件的控制阀（单向阀、截止阀、电磁阀、减压调节阀）技术方面开展技术研究和探索，形成整体控制系统，满足燃料电池系统氢气要求，为碳达峰、碳中和贡献力量。

智能化无人开采技术有效实现了煤矿开采"减人、提效、保安全"的宗旨，改善了煤矿劳动环境，降低了工人劳动强度，大幅度降低了尘肺病等职业伤害，为推动我国2030年重点煤矿区基本实现智能化无人采煤的发展战略提供了有力支撑。天玛公司将认真贯彻落实习近平新时代中国特色社会主义思想和"把人民群众的生命安全和身体健康放在首位"的精神，践行国家"制造强国"战略及中国煤

科"1245"总体发展思路，通过数字化新型管理实践，优化管理模式、改进管理决策，以管理提升推动技术攻关与高质量发展，做推动数字化升级的排头兵，以更强决心、更大力度、更深层次地推进公司深化改革攻坚突破、走深走实，为建设"世界一流的智能化技术、装备、服务一体化创新型企业"不懈努力，为实现中国梦的无人化采煤篇章继续奋斗！

【参考文献】

[1]国家制造强国建设战略咨询委员会,《中国制造2025蓝皮书（2016）》,北京:电子工业出版社,2016:P266-287.

[2]中共中央办公厅、国务院办公厅,《国家信息化发展战略纲要》,新华社,2021.7.25.

[3]国家发展改革委、国家能源局、应急部、国家煤矿安监局、工业和信息化部、财政部、科技部、教育部,《关于加快煤矿智能化发展的指导意见》（发改能源〔2020〕283号）,发展改革委网站,2021.7.25.

[4]国务院国资委办公厅,《关于加快推进国有企业数字化转型工作的通知》,国资委,2021.7.25.

[5][美]迈克尔·波特,《竞争优势》,北京:中信出版社,2014:P29-50.

[6]Patrick Gallagher,Hussain Mooraj,Tim Gaus，Adam Mussomeli,Stephen Laaper,《解放供应链》《2021年技术趋势（中文版）》,德勤洞见,2021:P47-92.

[7][加]罗伯特·G.库珀,《新产品开发流程管理:以市场为驱动（第5版）》,北京:电子工业出版社,2019:P24-46.

成果创造人：张良、王进军、张龙涛、邢世鸿、黄曾华、

田成金、张雷、李森、王昕、杨毅

大型调峰调频发电企业多厂站集约化、专业化管控模式研究与实践

南方电网调峰调频发电有限公司

党的十八大以来，以习近平同志为核心的党中央明确提出推进国家治理体系和治理能力现代化，党领导下的国有企业组织模式变革即是对上述国家战略的有力响应。作为国内最大的抽水蓄能电站专业运营公司之一，调峰调频公司滚动开发并管理广州、惠州、清远、深圳、琼中、梅州、阳江等多家抽水蓄能电站。广州抽水蓄能电站是我国自行设计和施工的第一座高水头、大容量抽水蓄能电站，最早引入法国电力（EDF）等国际先进运行管理模式，实现了无人值班、少人值守，培养了众多抽水蓄能技术和管理人才，被誉为抽水蓄能的黄埔军校。阳蓄电站是目前国内单机容量最大的抽水蓄能电站，装备技术水平在国内首屈一指，大国重器引领行业技术。从广蓄到阳蓄，调峰调频公司一直是抽水蓄能行业的标杆，在远景发展规划中，"十六五"末即2035年前，还将先后建成投产南宁、肇庆、惠州中洞等20个左右的抽水蓄能电站，抽水蓄能投运装机规模将达到3000万千瓦以上。在上述建设、运营过程中，公司逐步探索并建立起多领域的集约化、专业化管理模式，满足公司快速的抽水蓄能事业发展，也为建设以新能源为主体的新型电力系统发挥不可或缺的作用，更好地助力实现"碳达峰、碳中和"目标。

一、集约化、专业化管理模式建立的背景

（一）国家重大能源战略正不断加速变革

2014年6月13日，习近平同志在中央财经领导小组第六次会议上明确提出了"四个革命、一个合作"的重大能源战略思想。2020年10月14日，习近平同志在深圳经济特区建立40周年庆祝大会上也提到，推动创造型、引领型改革，增强自身竞争能力、风险防控能力。国家大力推进供给侧结构性改革及电力体制改革，形成电力市场更加开放、主体更加多元、竞争更加激烈、能源需求和商业模式更加多样的新格局。新的输配电价机制对公司经营管理带来严峻挑战，倒逼公司强化市场和服务意识，加快转型发展。南方地区抽水蓄能电站的发展，正是适应了我国能源转型升级阶段的清洁低碳、安全高效能源体系。"碳达峰、碳中和"目标的提出，可再生能源大规模开发利用，对电网调峰调频能力提出更多需求、更高要求，也对公司的管理智慧提出更大的挑战。推行集约化管理，能够增强组织活力和战斗力，提高公司运营效率，更好地应对行业市场化改革。

（二）公司内部高度融合，共建、共享、共治发展理念所趋

战略决定结构，结构传承战略，战略和组织能力是企业持续健康发展的两大关键因素。2019年以来，调峰调频公司就提出了必须牢牢把握南方电网向智能电网运营商、能源产业价值链整合商、能源生

态系统服务商转型的时代机遇,打造成为"电网调峰调频专业服务提供商",整合上下游产业资源。随着同质业务的快速扩张,公司不断地寻求一条可供复制的成熟的业务治理方法,并逐步形成了"共建、共享、共治"的发展理念。在传统管理模式与高质量发展的内在矛盾日渐凸显背景下,公司认真研判,主动谋划改革,承接南方电网公司"集约化、专业化、市场化、国际化、数字化"的战略路径,率先在安全生产领域推行集约化、专业化管理,实施同质业务专业运营,以应对公司高速扩张的生产业务需求,向管理要效益,实现资源优化配置,强化协同、提高效率、降本增效。

(三)加快建设具有全球竞争力的世界一流企业所需

公司在发展纲要中提出,要具备具有全球竞争力的世界一流调峰调频发电企业显著特征、在若干重要领域跻身世界一流行列。而过往的设备管理方式、检修策略、自主检修能力及员工技能水平等核心管理要素、运营水平已难以支撑。深化改革、推动变革是建设世界一流企业的题中之意。重塑组织机构,优化纵横分工,调整制度流程,培育人员能力,促进公司管理水平和能力提升,是顺应能源行业转型变革趋势,为公司创建具有全球竞争力的世界一流企业提供组织支撑和保障。

二、集约化、专业化管理模式的内涵

项目成果主要从提升资产管理能力、设备检修能力、技术创新能力、价值创造能力四个角度出发,通过资源集约化、业务专业化,探索出电网调峰调频电源发电资产维修管理体系和发展路径。围绕建立以技术精湛、管理精益、作风优良、业绩优秀的专业化分公司为目标,立足"资产管理者、检修实施者、技术创新者"的角色定位,通过"集约化、专业化"两条主要实施路径,实现设备可靠性和全员劳动生产率指标持续提升。

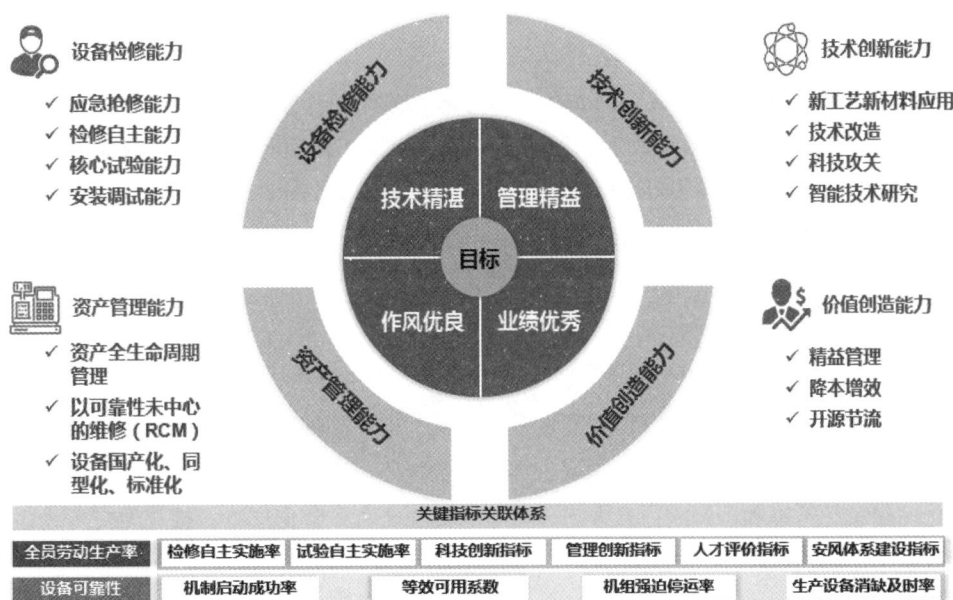

图1 目标及路径

(1)通过检修人员集约化推动减人增效。检修专业人员由各电厂统一调整至专业检修试验公司,专业检修试验公司履行公司所属各发电公司生产设备类资产维修管理者职责,以生产设备维护检修管理实施服务为其主营业务,各发电公司履行资产运营管理者职责,以电厂设备运行管理、水工水情管理实施为其主要业务。改革前每4台机组的检修人员平均约25名,5个东部在运电厂27台机组共需约169人;

改革后检修人员集中在修试公司，目前共139人。

（2）运用先进管理体系提升设备检修管理能力。推行RCM理念，逐步实现对全部设备的RCM分析。结合具体设备状态评价结果，进一步调整检修项目，减少过度检修，节约检修成本。制定检修周期优化机制，对标准检修项目周期进行调整，形成27台机组检修项目优化成果库。推进设备检修项目及成本标准化，形成检修标准化清单和标准项目清单，确保检修策划及实施做到应修必修、应试必试。

（3）培养高素质专业化人才做好支撑。通过集中维修，培养专业化人才队伍，形成专业化的技术能力，从而提高检修试验自主能力，降低对生产厂家的技术依赖，自主开展机组大修和核心电气试验，降低修理成本。打造智能化检修运维团队，从技术技能、RCM理念、项目管理（PMP）、安风体系审核等方面多措并举大力开展人才培养。

（4）推行资产全生命周期管理实现综合效益最优。修试公司作为统一的设备资产维修管理者，能够在资产全生命周期管理规划、可研、设计、建设、运营等各个阶段深入参与，从根本上打破原有的职能"分段式"资产管理模式，更好实现生产数据统一管理，设备信息、管理要求和管理数据有效的横向贯通，系统完善资产管理策略，达到资产全生命周期综合效益最优。

（5）统一检修制度和流程标准提升管理效能。构建全业务领域管理体系，形成覆盖全业务流程的业务指导书579份、作业指导书688份，逐渐摸索成一套统一的检修制度和流程标准及可复制的检修管理模式。建立安全生产业务领域项目经理负责制。运用PMP项目管理体系，有效提升项目管理水平。建立检修试验类安风体系，以五钻为目标全覆盖、无差别实施风险管控。构建网格化资产管理机制，优选资产管理者代表和技术监督负责人，构建以资产管理者代表和技术监督为核心的资产管理及监督体系。

（6）集中采购形成规模效益。与厂家签订统一技术服务合同，按目前市场价每年节约服务年费60万元以上。未来计划采用集中方式与其他设备厂家签订类似技术服务合同，形成大客户集团效益，将产生更大的集约效益。通过对生产工器具实施集中采购、集中管理，显著降低采购及维护成本。

（7）推进生产设备标准化改造节约成本。大力提升关键装备和技术自主可控水平，开展主设备改造及备品策略优化，不断降低运维成本。目前已完成了十项关键设备换型技改的需求分析。成功实施了蓄能电厂上位机、励磁系统、500kV电容式电压互感器等设备的国产化、同型化、标准化改造，其中500kV电容式电压互感器同一型号备品可在多个电厂互用。

三、主要做法

（一）总体思路和目标

围绕公司战略发展目标，落实公司高质量发展要求，进一步理顺业务，明晰权责，做优做强各专业分公司，深化安全生产集约化和专业化改革，进一步整合公司运维检修资源，提升资源利用效率，强化设备专业化、精益化运维和检修能力，强化公司运营核心能力，降低成本，提高全员劳动生产率，提高公司经营效益，全面建设世界一流调峰调频发电企业。

（二）改革策略

先后成立了一家专业信息通信管理分公司、两家区域专业检修试验分公司，对公司电站运营业务实施专业化管理，明确专业分公司及各发电公司的职责定位和核心业务。按照单一业务尽量减少管理主体，减少横向和纵向流程链条，减少沟通协调环节与职能交叉，优化调整各发电公司与专业分公司在设备运行、维护、检修的职责分工、管理界面，明晰其设备资产运行管理者及生产设备类资产维修管理者的定位和职责，强化其核心业务能力。

（三）实施资产全生命周期管理

按照专业分公司的定位，作为各发电公司的生产设备资产维修管理者，从根本上打破原有的职能"分段式"资产管理模式，同时生产数据实现统一管理，实现同一设备的信息、各项管理要求和管理数据有效的横向集成关联和贯通。专业分公司在资产全生命周期管理规划、可研、设计、建设、运营等各个阶段统一介入管理或实施。其具体工作主要体现在：规划计划阶段，参与设备选型，对设备可靠性、操作性、工艺性能等提出建议等。物资采购与供应阶段，参与技术规范编写或审核，参与设备招标方案编写或审核，参与评标、设备监造、到货验收等。工程建设阶段，负责设备安装和调试，参与验收工作。设备运维阶段，负责设备大修、小修、日常维护以及应急抢修等业务实施，编制维修报告，开展状态监测及评价、数据归档等工作；参与技改方案及技术规范编写，利用集中维修获取的经验、数据为技改决策提供技术支持。参与或负责技改项目的实施工作。设备退役报废阶段，利用专业知识，开展设备可靠性、使用寿命和资产净值评估，提出处置或再利用意见。

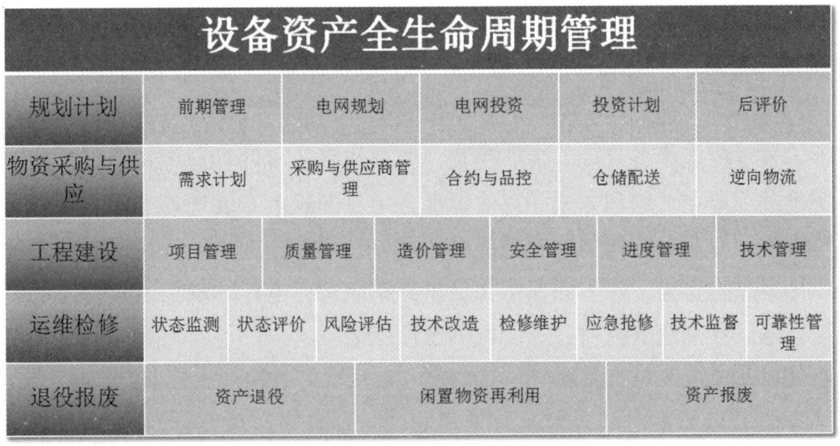

图2 专业分公司资产全生命周期管理业务框架

（四）提升设备检修管理能力

1.推行以可靠性为中心的维修理念（RCM）

专业分公司结合调峰调频公司规程与设备状态评价，充分发挥集中维修的"集约化、专业化"优势，逐步实现对全部设备的RCM（以可靠性为中心的维修）分析。制定检修周期优化机制，结合设备运行数据及历史缺陷情况开展RCM分析，梳理检修项目实施与缺陷发生的关系，从检修项目对应缺陷、项目开展对缺陷的作用、缺陷原因、缺陷影响、缺陷周期等方面进行分析，对标准检修项目周期进行调整，形成发电机组检修项目优化成果库。机组检修实施前，结合具体设备状态评价结果，进一步调整检修项目，减少过度检修，节约检修成本。

2.实施RCM分析，制定RCM检修策略

统一推进设备检修项目及成本标准化。应用标准化管理工具，按照统一的技术要求和标准，编制统一的、一体化的作业指导书，逐渐形成一套统一的检修制度和流程标准及可复制的检修管理模式。实现检修项目标准化，对检修项目的名称、类别、周期、技术要求等进行统一，形成检修标准化清单和标准项目清单，较好地解决多电厂检修项目清单名称不一致、项目颗粒度不一致、技术要求不一致等问题，确保检修策划及实施做到应修必修、应试必试，同时做到不应修则不修、不应试则不试。完成发电机、水轮机、出口母线等主设备8个系统RCM分析，制定并实施RCM维修体系建设规划。完成广蓄16个系统RCM回顾，将RCM分析成果在检修作业指导书中固化。

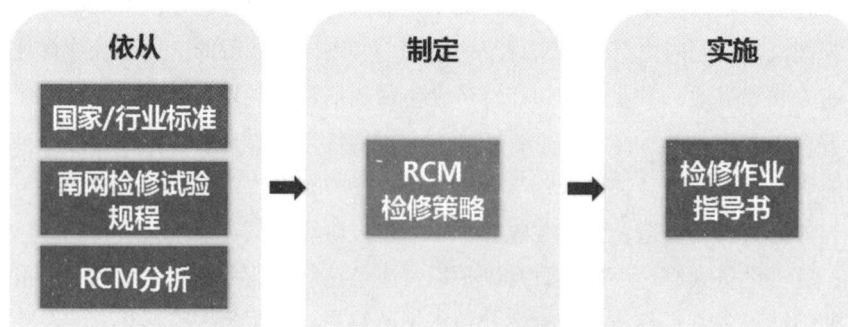

图3 设备检修策略制定

3.推进安全风险体系建设

基于专业分公司自身业务特点，建立检修试验类安风体系。专业分公司集约管辖多家电站设备资产，管辖设备原理性能不一，检修工作点多面广，面临风险复杂多样，因此需要严格落实安全生产责任，基于风险，持续改进，建立一套全新的安全风险管控机制。以项目经理负责制为抓手，提升现场安全生产管理水平。着重梳理设备管理、生产用具、应急与事故事件管理等10个项目部管理强相关单元、共35项要素，明确逐项检查目的和方式，有效督促各项目部规范开展现场工作。以五钻为目标全覆盖、无差别实施风险管控。专业分公司通过项目部的形式，在所有在运电厂及在建电厂全覆盖、无差别推行五钻目标的安风体系风险管控。一方面保持并促进高钻级运行电厂的现场风险管控水平，另一方面直接提升钻级较低运行电厂及在建电源项目的现场风险管控水平。

4.建立健全管理制度框架和业务流程

构建全业务领域管理体系。结合专业分公司资产管理者新定位，针对规划建设、安全生产、基建工程管理、物资管理等业务领域业务流程和管理制度进行全面梳理、再造、精简，形成覆盖全业务流程业务指导书和作业指导书。构建安全生产业务领域项目经理负责制，持续运用PMP项目管理体系及管理理念，围绕项目经理负责制建立"1＋N"安全生产管理制度体系。以项目部管理业务为核心，确定部门与人员安全生产职责，赋予项目经理对生产现场"人、财、物"各项资源调配权力和制度保障，切实提升项目管理水平。构建网格化资产管理机制，细分各电厂不同专业资产并与各班组人员进行匹配对应，优选资产管理者代表和技术监督负责人，构建以资产管理者代表和技术监督为核心的资产管理及监督体系。

5.建立并实施设备自主可控及标准化机制

制定生产设备选型决策分析机制。融入设备资产全生命周期及RCM管理理念，规范了生产设备选型分析决策流程。针对设备运维成本、备品备件管理、售后服务，分析设备自主可控的必要性；针对国内厂家技术能力及业绩、设备性能指标、安全性及经济性等方面，分析设备自主可控的可行性。进一步基于选型分析结果，研究各电厂设备自主可控与标准化的可行性。

应用选型分析机制开展主设备改造及备品策略优化，不断降低运维成本。目前已完成了十项关键设备及其换型技改的需求分析，形成专项分析报告。成功实施了广蓄电厂上位机、励磁系统、500kV电容式电压互感器等整套设备的自主可控改造，其中500kV电容式电压互感器同一型号备品可在广、惠、清三个电厂互用。

（五）培养高素质专业化人才

1.以需求为导向培养专业化人才

集中维修以来，专业分公司凝聚和培养各类人才，增强企业的核心竞争力。盘活和培养人才队伍，强化人才发展与生产业务对接、与公司效益对接、与战略对接，完成未来5年–10年人才培养规划编制，从技术技能、RCM理念、项目管理（PMP）、体系审核等方面多措并举大力开展人才培养；建立基于大数据以岗位胜任力为核心的人才评价及应用体系，将评价结果输出至人才的选拔、使用、培训、绩效考核等环节；实施"青马工程"，发现、培养、塑造一批"想干事、能干事、干成事"的青年人才。打破薪酬分配平均主义，修订员工绩效考核业务指导书，充分调动和激发员工干事创业的积极性和主动性。落实党委联系技术技能专家制度，积极搭建与利用创新工作室、实验室等发展平台，发挥技术技能发展通道的作用。

2.全面提高核心业务检修试验自主能力

专业分公司制定试验业务规划及实验室建设方案，开展资质能力（CNAS、承试）认证，打造覆盖电气、机械、化学等专业的试验团队，致力于不断提升核心试验能力（设备交接试验、整机调试）、关键设备状态评估及故障诊断能力，先后掌握GIS耐压试验、高压电缆及户外设备耐压等核心试验能力。目前，东部修试分公司基本具备了设备电气一次、机械、油化各类检修及试验项目的自主实施能力。此外积极拓展非股东业务，并向GE水电公司提供发电机诊断服务。

3.培育并提升科技创新能力

跨专业协同，科技项目攻关。统筹各专业协同开展科技创新，加快成果推广应用。集中维修后，专业分公司在专业化能力方面实现了大汇聚、大集中，尤其在科技创新方面具备了更多的基础和资源。如近年来重点推进广蓄机组出口开关/电气制动开关换型改造、发电机出口母线盘式绝缘子更换、高压充油电缆干式化改造等20余项技改攻坚项目。先后掌握油浸式变压器主变套管更换、500kV GIS断路器间隔M5大修、机组出口断路器等设备检修核心技术要领，突破了国外厂家的"卡脖子"技术垄断和封锁。自主实施500kV充油电缆终端高压锡焊接密封制作，填补了国内该领域的空白。同时将已有科技创新成果在各投运电厂推广应用，充分发挥科技创新成果价值。

开展智能技术研究。积极开展智能水电厂项目，打造智能化检修运维团队，突破传统电厂运行管理方式的束缚，探索以数字技术推动电厂改造升级，提升装备智能化水平。其中，智能作业环境监测、智能状态分析决策、智能违章识别、机组振动监测及数据分析等系统研究已经取得一定成效，提升了检修运维智能化水平。

（六）多措并举发挥集约化效益

1.实现人员集约化，提升资源效益

通过检修专业人员集约化管理，提高人力资源利用效率，节约人力成本。改革前每4台机组的检修人员平均约25名，5个东部在运电厂27台机组共需约169人；改革后检修人员集中在修试公司，目前共139人。

2.提高检修试验自主能力，降低外委成本

通过集中维修，培养专业化人才队伍，形成专业化的技术能力，从而提高检修试验自主能力，降低对生产厂家的技术依赖，自主开展机组大修和核心电气试验，降低修理成本。

实施集约化检修模式以来，修试公司采用自主方式开展机组大修（劳务人员协作），每台次机组大修可节省约250万元。修试公司目前核心试验可全部自主实施，包括：主设备电气试验279项、油化试验420项、机械试验44项，有效降低检修费用。

3.集中采购，降低厂家技术服务成本

通过实施集中采购，降低采购价格，有效降低外委费用。原来各电厂单独与厂家签订技术服务协议，每个协议要缴纳年费，现在由修试公司与各厂家统一签订技术服务合同，按目前市场价每年可节约服务年费60万元以上。未来计划采用集中方式与其他设备厂家签订类似技术服务合同，形成大客户集团效益，将产生更大的集约效益。

4.优化生产用具配置标准，降低采购及维护成本

集中维修前，为满足检修试验规程所规定的要求，各个电厂需配备多种仪器装备，购置成本凸显。实施集中维修后，通过对修试公司及各蓄能电厂仪器装置进行统筹管理、优化调配，在仪器装置紧缺时就近从电厂调配借用，有效满足了各蓄能电厂检修试验的仪器装置使用需求。同时生产工器具集中采购、集中管理，显著降低采购及维护成本。

四、集约化专业化管理提升的成效

通过实施"集约化、专业化"改革，公司既实现了人员精简、成本节约、利润增加，提升了管理效益，也有力推进了专业化人才队伍建设，进一步增强了自主检修能力和科技创新能力，提升了设备可靠性。经内部评估，自2014年实施改革以来，公司节约成本9523万元，全员劳动生产率由189.57万元/人·年（2014年）提升至224.94万元/人·年（2020年），增长18.66%。未来随着公司规模的不断增长，集约化、专业化改革的优势将愈发显著。

（一）生产指标稳步向好

机组检修质量持续提升，机组可靠性指标（机组启动成功率、机组强迫停运小时、机组非计划停运小时等）持续改善，历年安全生产指标均优于调峰调频公司下达的计划值。2014年—2019年，公司东部在运各电厂机组等效可用系数保持在80%以上；广蓄、惠蓄机组强迫停运率逐渐降低，2015年、2016年均低于1%，2017年至2019年均低于0.5%，清蓄、深蓄、海蓄等新投产电厂数值逐年下降。顺利完成各项抢修任务和缺陷消缺工作，重大和紧急缺陷消缺及时率均为100%。

（二）设备风险及安全风险管控水平进一步提高

事故事件等级与数量整体逐年下降。截至2021年3月30日，修试公司保持安全生产事故零记录，安全生产天数2428天。2018年荣获中国电力设备管理协会评选的"发电机大修质量奖"，同年，在安全生产风险管理体系评级中成为网公司首家通过体系四钻认证的检修试验类单位，且直至目前一直为"四钻一星"，有力保障了发电设备的安全稳定运行。

（三）成本管控效果明显

通过生产工器具集中采购集中管理，修试公司及五个蓄能电厂实际节省仪器装置购置费用约3100万元，通过统一采购减少技术服务年费342万元。成功实施蓄能电厂上位机、励磁系统、SFC、水轮机迷宫环等"三化"改造，节省成本约3100万元。实施在运电厂备品主变与新建项目主变通用化研究，节约一台主变备品采购费用约1500万元。自主开展机组大修和全厂停水检修，共开展四台次机组大修和两次停水检修，节约修理成本约1327万元。自主开展关键的设备试验项目，节约试验项目外委1133万元，且外委费用逐年降低。对比改革后（2015年—2019年）与改革前（2012年—2014年）全员劳动生产率，改革前全员劳动生产率平均值为266.72万元/人·年，改革后该指标平均值为316.12万元/人·年，提高了约18.52%，约53万元/人·年。特别是在新电站投产后的完成年度该指标大幅度提高，随着公司规模的不断增长，集约化改革的效益亦将愈发显著。

（四）自主检修试验能力大大提升

实施集约化检修模式以来，公司采用自主方式开展机组大修（劳务人员协作），每台次机组大修可节省约250万元。建立并完善了化学分析实验室（国家标准实验室）、电气实验室、金属实验室的建设，共有19项试验项目获得CNAS认证。目前核心试验可全部自主实施，包括：主设备电气试验279项、油化试验420项、机械试验44项，有效降低检修费用。先后掌握GIS耐压试验、高压电缆及户外设备耐压等核心试验能力。在完成公司范围内试验业务的同时，积极拓展非股东业务，目前已为知名跨国企业GE水电公司提供发电机诊断服务。

（五）核心竞争力不断增强

核心技术取得突破，先后掌握油浸式变压器主变套管更换、500kV GIS断路器间隔M5大修、机组出口断路器等设备检修核心技术要领，突破了国外厂家的"卡脖子"技术垄断和封锁。自主实施500kV充油电缆终端漏油修复作业，实现了国内首次高落差、高油压、高电压等级充油电缆终端漏油修复技术突破，填补了国内在该领域的空白。科技创新水平明显提升，完成科技项目14项、职创项目88项，获得专利授权79项，公开发表论文209篇，其中SCI收录4篇。共获得广东省科技进步二等奖1项，南方电网公司科技进步奖一等奖1项、三等奖1项等奖项。2016年、2017年修试公司连续两年被评为"南方电网公司科技创新先进集体"，主要负责和参编国家和行业标准8项。

（六）员工技能水平不断提升

国家重大技能竞赛斩获佳绩。在由来自国家电网、南方电网、六大发电集团（华能、华电、国投、国电投、大唐、三峡集团）和四家地方发电集团（浙江省能源集团、广东省能源集团、汉江水利水电集团、甘肃省电力工会）的37支代表队共196名参赛选手参加的全国电力行业大型水电厂水轮机检修工职业技能大赛中，修试公司参赛队获得团体第二名、团体二等奖、个人成绩全国第一名、第四名、个人一等奖并授予"全国电力行业领军人才"称号、个人二等奖并授予"全国电力行业技术能手"称号等优异成绩。技术技能人才不断充实。修试公司现有南网工匠1人、南网创客4人、技术技能专家40人、PMP项目管理资格认证13人、体系审核员53人、技师/高级技师27人、工程师/高级工程师112人。

五、改革经验和启示

调峰调频公司通过加强集约化、专业化能力建设，建立了一套功能定位明确、权责关系清晰、符合现代企业制度的管理模式，定位于投资决策、资源分配、利润统筹。专业分公司作为专业管理服务提供商，通过加强专业能力建设，打造核心竞争力，不断解放和激发内在活力和动力。专业化团队集中专业力量做专业的事业，管理层级精简，运作高效，全管理链条式的委托体现了责任清晰、全责对等的原则。公司组织模式的变革充分体现了"两个一以贯之"落实，党的领导融入公司治理各环节，促进党建工作与改革发展生产经营深度融合，切实将党建优势转化为发展优势。

当前，在"双碳"目标下，抽水蓄能业务将迎来大发展、大繁荣，调峰调频公司面临重大战略机遇，集约化、专业化的战略部署是适应抽蓄建设运行规模迅速扩大的关键一招，是构建以新能源为主体新型电力系统的有力支撑。推动更多领域、更大范围的集约化、专业化改革确有必要。本研究与实践项目建立了一套行之有效的电力资产"集约化、专业化"管理模式、管理方法及管理制度，为调峰调频公司适应新发展提供了原动力，也为适应抽水蓄能新的价格机制，"走出去"全面参与市场竞争、提升品牌影响力奠定坚实基础，项目成果可供国内电网公司、各发电集团参考并推广应用。

成果创造人：李定林、周建为、曾广移、李明、王喜志、
杨伟聪、李永兴、张明华、郭小涛

抢抓数字机遇，重塑业务价值以数字化转型
赋能企业高质量发展

中海石油炼化有限责任公司

一、前言

中海石油炼化有限责任公司（以下简称"中海炼化"）是中国海洋石油集团有限公司（以下简称"中国海油"）所属全资公司，是中国海油上下游一体化产业链的重要组成部分，全面负责中国海油炼油化工产业的建设与发展，业务包括石油炼制，石油化工产品生产、销售、储运，炼化科技研发，以及炼化工程设计。"十三五"期间，中海炼化累计加工原油近2亿吨，营业收入近万亿元，原油加工能力逾4000万吨。

在全球疫情席卷、原油价格震荡和产业链供应链遭受重挫的多重挑战下，炼化行业效益整体降幅较大[1]。中海炼化牢固树立新发展理念，以改革创新为根本动力，以企业数字化智能化升级转型为主线，进一步强化顶层设计和统筹规划，充分发挥信息化驱动引领作用，促进以数字化为支撑的管理变革，以数字化赋能业务发展，在炼化生产、销售、供应链、经营决策等业务领域取得显著成效，不断推动公司降本增效，挖掘价值增长点，为生产经营管理和产业转型升级注入新动力。2021年1—6月，中海炼化累计加工原油1717万吨，销售产品2737万吨，实现营业收入1025亿元，利润总额46.9亿元，上缴税费总额91.4亿元，节能量3万吨标准煤，主要污染物排放量保持下降趋势，实现了企业高质量发展。

二、背景

党的十八大以来，党和国家将网络安全和信息化上升到国家战略高度，国家"十四五"规划明确要大力发展数字经济，推动数字经济和实体经济深度融合[2]。习近平同志在全国网络安全和信息化工作会议上指出[3]，"要发展数字经济，加快推动数字产业化，依靠信息技术创新驱动，不断催生新产业新业态新模式，用新动能推动新发展。要推动产业数字化，利用互联网新技术新应用对传统产业进行全方位、全角度、全链条的改造，提高全要素生产率，释放数字对经济发展的放大、叠加、倍增作用。要推动互联网、大数据、人工智能和实体经济深度融合，加快制造业、农业、服务业数字化、网络化、智能化。"为顺应新一轮科技革命和产业变革趋势，加快推进新一代信息技术和传统产业融合发展指明了方向。

当前，国内炼化行业向高质量发展、高端化转型、绿色清洁生产的方向大步迈进。面对产能过剩、经济放缓、新冠疫情冲击、油价持续震荡的多重压力和挑战，中海炼化的生产经营形势非常严峻。数字

技术推动全球石化行业的自动化、信息化和智能化水平日益提升，在不断降本提质增效、苦练内功的同时，加快数字化转型，已成为突破产业和公司发展瓶颈的有效途径和必经之路。与此同时，《中国制造2025》《"互联网＋"行动计划》《新型基础设施建设行动计划》《关于加快国有企业数字化转型工作的通知》等一系列国家政策的出台，进一步明确数字化转型在国有企业改革发展和转型升级中的重要地位。

在新的历史方位下，中海炼化紧紧抓住产业数字化、数字产业化赋予的机遇，围绕中国海油建设中国特色国际一流能源公司的战略目标和"1534"总体发展思路，贯彻落实中国海油数字化转型目标和公司"十四五"业务发展战略，提出了"一个核心主旨、三大攻坚方向、两个关键支撑"的"132"数字化转型战略，在数字时代的新一轮竞争中以更强劲的动能快速发展。

三、成果内涵

（一）打造发展引擎，实现公司管理模式向现代化、数字化和智能化跨越

中海炼化以数字化转型作为高质量发展的重要引擎，明确公司数字化建设要以促进降本增效、推动业务转型升级和创新发展为目标，将信息技术作为重要的新型生产力，促进信息化和工业化融合发展；将数据作为新型生产资料，形成数据驱动公司发展的新模式，通过数字化转型极大提升了公司运营效率和价值创造水平。始终秉承"数字化建设必须站在产业价值和社会价值的高度"的思想，积极响应国家数字化转型号召，大力探索"云、大、物、移、智"等数字技术创新应用，重点打造智能工厂、智能销售和智能供应链，加强公司内外部的互动融合，为石化行业数字化变革积累了丰富的实战经验。

（二）突出顶层设计，数字化转型上升至公司发展战略高度

数字化转型是由新兴信息技术驱动而引发的组织架构、商业模式、企业文化等全方位的系统性变革，需通过加强战略性布局以应对其创新性、复杂性、长期性的基本特征。中海炼化将数字化转型上升至全公司、全员参与的战略变革，通过系统谋划，自上而下地开展数字化建设，将数字化理念渗透到公司业务领域各个方面。同时，打造系统性的数字化转型方案，将各单位散状的信息化尝试转变为由"本部统筹战略布局，下属单位因地制宜贯彻执行具体工作"的整体性数字化发展格局，上下一盘棋，实现数字化建设从0到1的根本性突破。

（三）破除信息孤岛，以数据为驱动开展创新应用

数字化转型的本质在于赋能业务变革，需要寻找数字化技术与业务的结合点，充分发挥数据要素的驱动作用，开展一系列数字化创新应用。中海炼化从业务视角出发，充分利用大数据技术盘活数据资产，推动公司本部与下属单位之间的数据贯通、资源共享和业务协同，打破原有封闭式、区域式、单向式管理壁垒。大力构建"数据驱动"的业务场景，在降本提质增效的同时不断挖掘新的价值增长点。

四、主要做法

（一）总体思路

中海炼化作为中国海油上中下游业务协同发展的重要组成部分，秉承"发挥在新一轮科技革命和产业变革浪潮中的引领作用，在数字化转型中始终坚持数据驱动、集成创新、合作共赢等理念"，紧跟《中国制造2025》《"互联网＋"行动计划》《新型基础设施建设行动计划》和《工业互联网发展行动计划》等国家政策，重点落实智能工厂、"互联网＋"营销体系、产业链协同和经营管理一

体化的建设，完善企业自身网络安全、数据治理和新型信息基础设施，推动助力公司高质量发展，制定"132"数字化转型战略，全力打造炼化产业数字化转型示范标杆。

1. 破局之道，以"132"战略作为数字化转型的行动纲领

中海炼化结合国家战略与中国海油发展要求，从自身改革发展需求出发，规划并执行"132"的数字化转型战略。"1"指围绕一个核心主旨，实现数据驱动，打造"智能+"炼化产业链，赋能炼化公司高质量发展；"3"指聚焦智能工厂、智能销售和智能供应链三大攻坚方向，对业务全流程进行数字化、智能化升级；"2"指坚持数字化基础性工作和数字化管理模式两项关键支撑，为企业在数字浪潮中的改革发展保驾护航。（如图1所示）

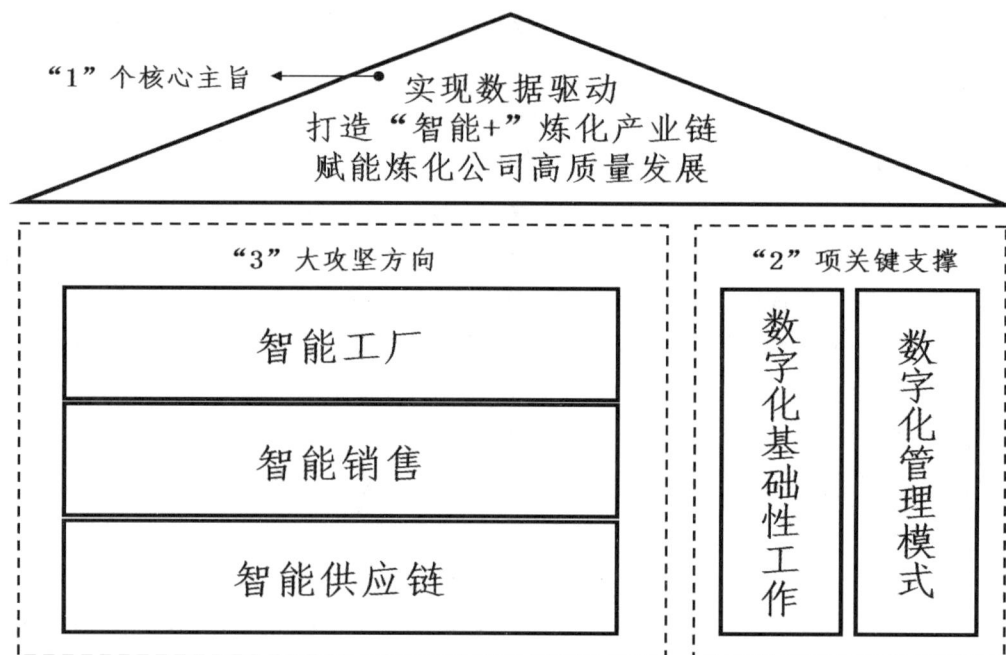

图1　中海炼化"132"数字化转型战略

2. 步步为营，坚持"三步走"的数字化转型实施策略

中海炼化坚持"乘东风、树目标、接地气、求实效"的数字化转型工作思路，分三个阶段，逐步实现"智能+"炼化产业链的建设目标。

第一步是"重点突破、以点带面"。细化和落实数字化转型示范工作方案，全面夯实数字化基础和升级管理模式，示范性铺开智能工厂、智能销售和智能供应链的建设，旨在通过数字化能力领先单位作为先驱者，点状突破，"以先富带动后富"提升全公司数字化能力。

第二步是"数字转型、全面升级"。以"智能决策、一体化管理"为目标，对智能工厂、智能销售和智能供应链建设持续下钻，拓宽辐射单位，推动中海炼化产业数字化的全面升级。

第三步是"智能+炼化、迈向卓越"。以全面完成数字化新业态下的生产、销售、供应链的业务转型为目标，全面实现公司业务的物联化、集成化、可视化、数据化和智能化，并持续优化已建成的数字化系统，确保"智能+"炼化的全面卓越运营。

（二）具体举措

1. 智能工厂

中海炼化深入落实发展工业互联网，推进智能制造等国家战略部署要求，全面融合"云、大、物、

智、移"等新兴技术,着力打造"设备物联化、业务在线化、运营数据化、决策智能化"的智能工厂。中海炼化智能工厂建设有三项重点突破,一是建设"5G+工业互联网平台"为核心的数字化体系,二是实现关键生产装置的智能化升级,三是构建数字化的众创生态,打造了具有中国海油特色的智能炼厂。

(1)搭体系

中海炼化以"5G+工业互联网平台"构建智能工厂的数字化体系,在所属惠州石化开展5G石化专网和典型场景的融合应用,获评"2021年广东省工业互联网应用的标杆示范项目"[4]。

中海炼化率先开展了内网5G网络化改造,建立了"700MHz & 2.6GHz & NB–IOT 5G融合组网和5G边缘计算"的总体架构,其低频率、高带宽的架构为业内5G部署的技术首创,成功解决业内5G架构面临传输速率和抗干扰互不兼容的挑战。

打造炼化企业生产的工业互联网平台,整合智能炼厂所需的新兴技术能力,实现工厂"人、机、料、法、环"的智能化感知互联、分析预测、协同优化、科学决策和精准执行。公司已在生产作业、生产协同、设备装置、安全环保、能源管理和经营决策等业务领域开展工业互联网应用,并取得良好成效。(如图2所示)

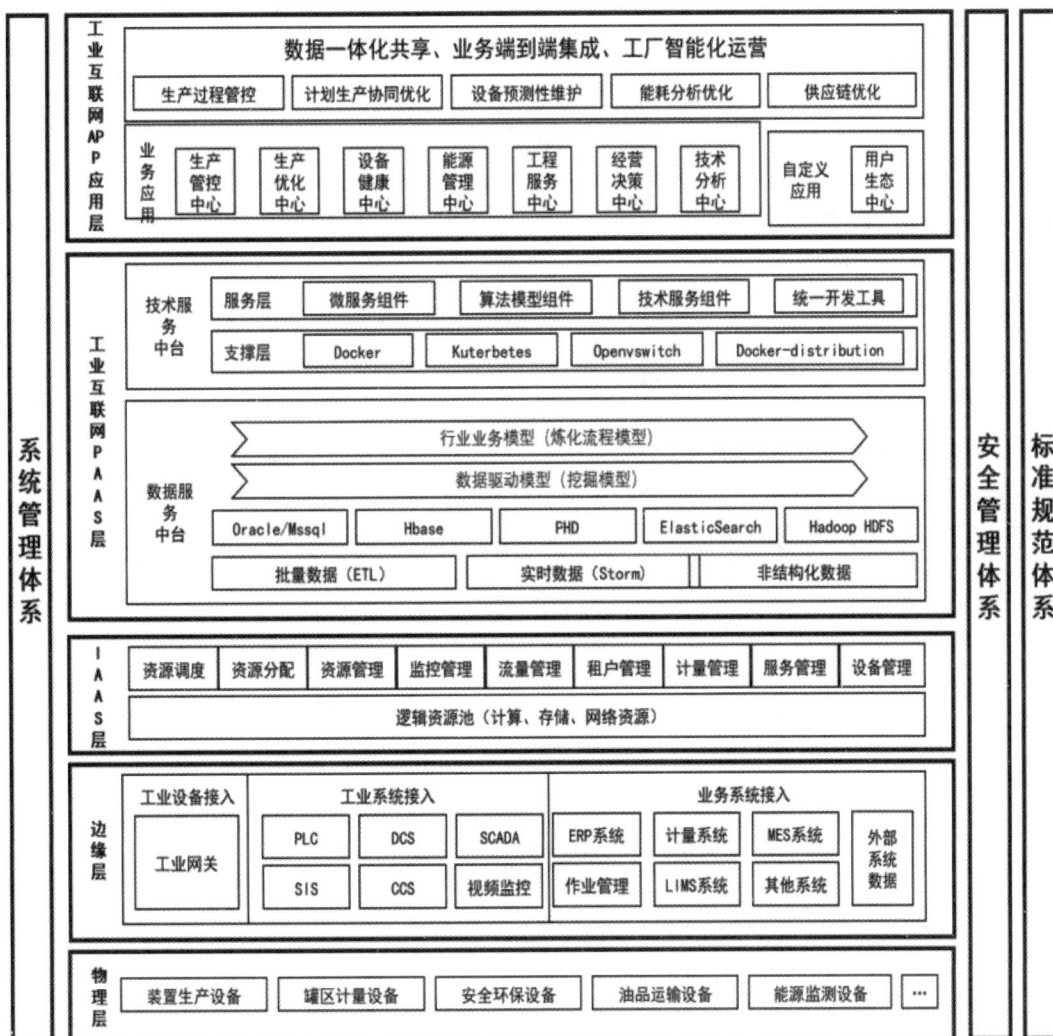

图2 "5G+工业互联网平台"总体架构

在生产作业管控方面，打造"多位一体"的智能化移动应用。将原本以人员经验为基础、以责任心为约束、作业情况事后统计的传统作业管理方式，转变为以工业互联网平台为核心、以智能设备为约束、生产作业实时协同的智能化生产管控模式，实现全员专业协同执行的生产作业管控。（如图3所示）

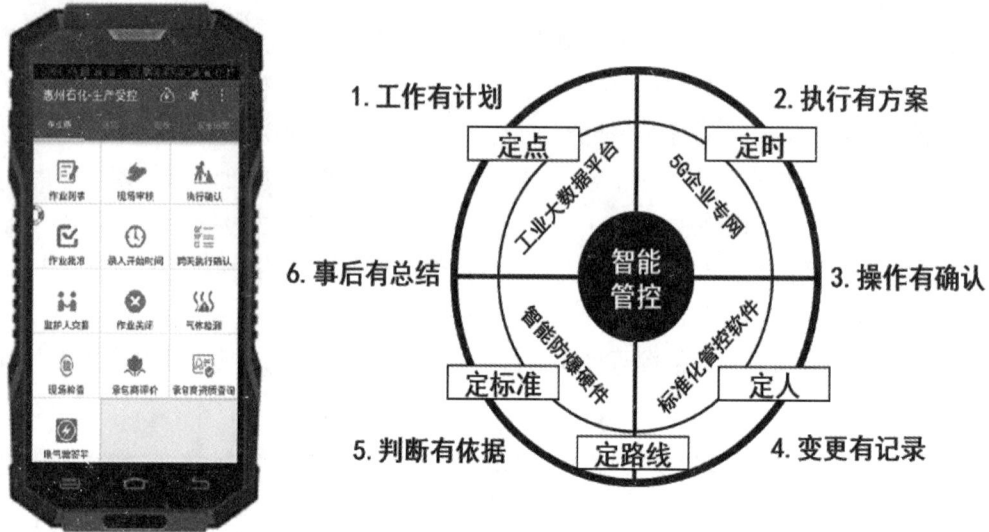

图3　生产作业管控

在生产协同方面，开展计划、调度、生产操作全流程协同优化，实现资源优化利用，装置优化运行，提升经济效益。（如图4所示）

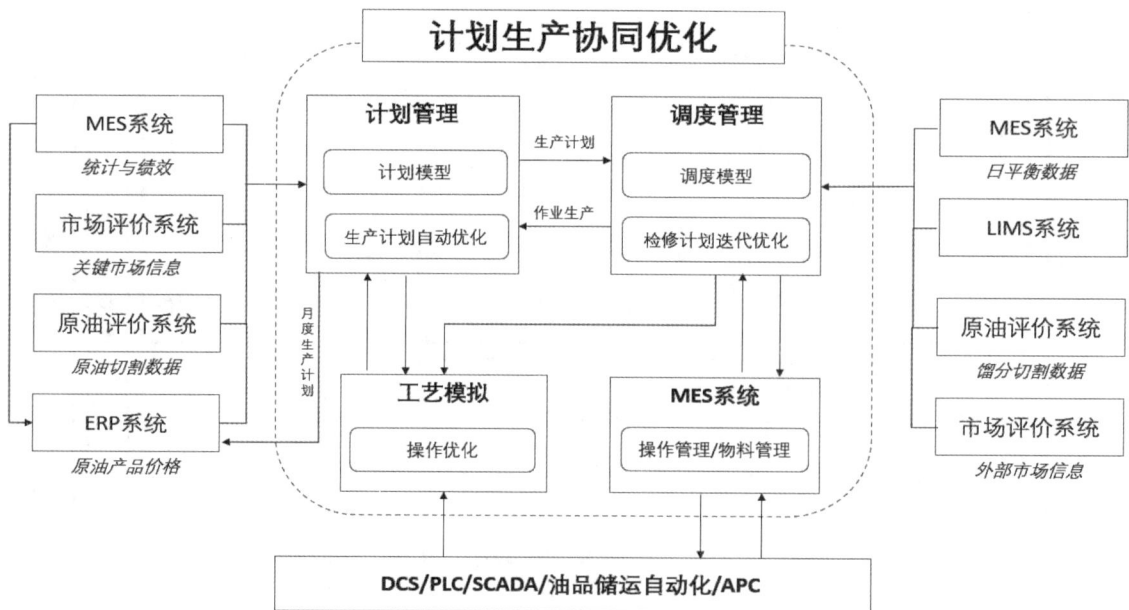

图4　生产协同

在设备管理方面，构建基于设备故障预测模型的设备完整性管理应用，集成大机组、机泵群、腐蚀监测并从管理、技术、经济、全生命周期共四大方面对设备运行状态进行实时监控、评估、预测和预警，辅助用户及时发现设备潜在的故障与隐患。（如图5所示）

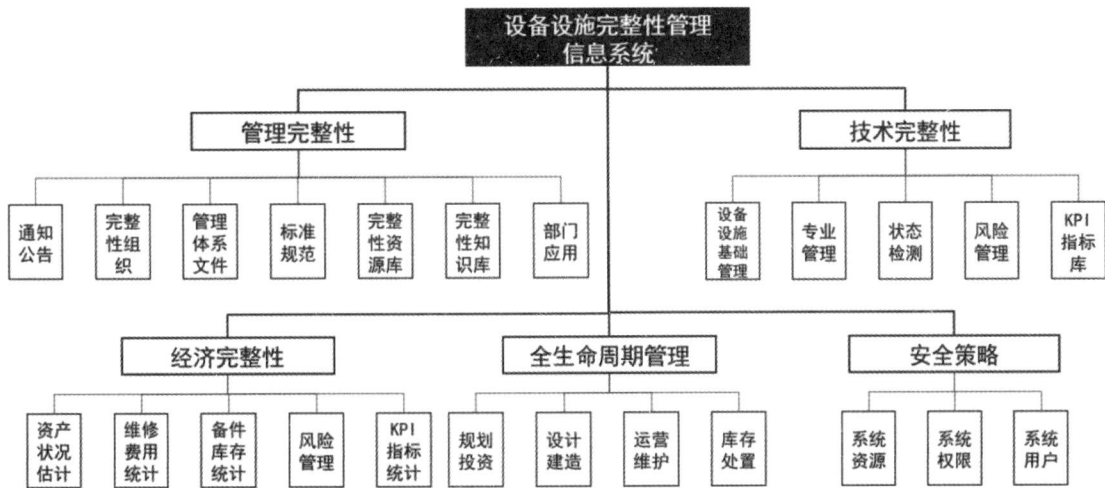

图5　设备管理

在能源管理方面，打造能源在线监控平台，覆盖全厂级、装置级、设备级的能源管理。根据回传的能耗数据，开展用能检查分析、节能达标监控、能耗数据上报等，并对碳排放量进行监控分析，帮助公司制定节能措施。（如图6所示）

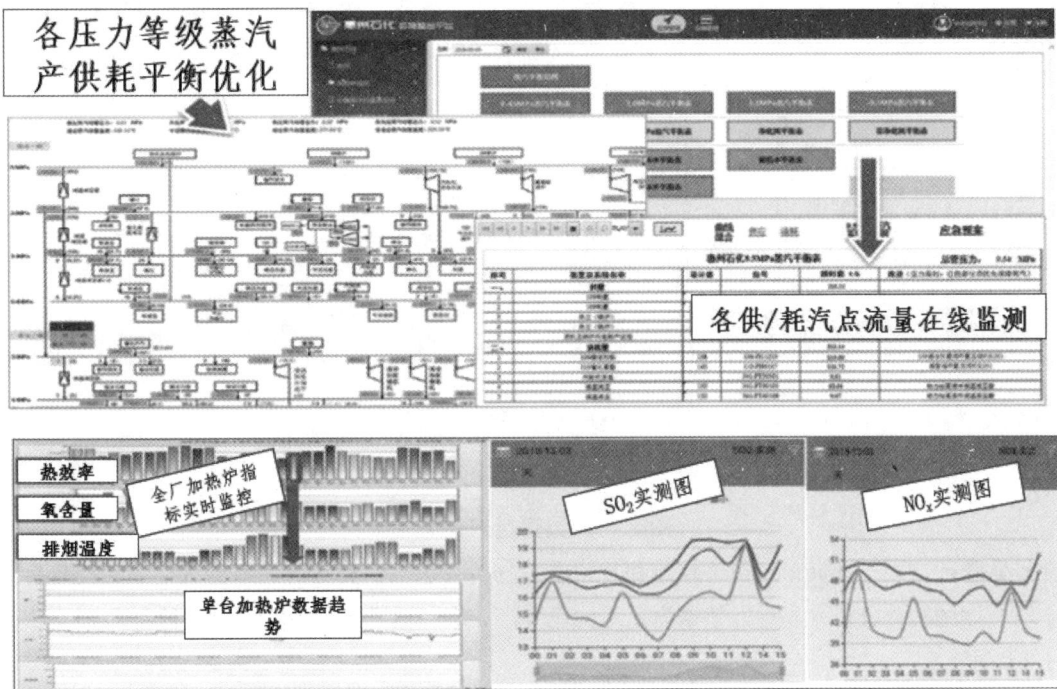

图6　能源在线监控平台

在安全环保方面，构建了环保排放智能监管应用，实现废气、废水排放全过程监控和跟踪溯源，提供环保数据在线诊断与排查处理闭环流程，支撑清洁化绿色生产。针对生产安全，开发人员行为安全智能分析应用，通过对人员生产操作的图像采集，利用智能分析算法模型和边缘智能分析系统对不安全行为进行有效监测和预警，提升工厂安全运营水平。另一方面，引入智能巡检机器人进行可视化巡检和智

能化分析，辅助作业人员高效巡视，目前已在隧道管廊场景实现应用。（如图7、图8所示）

图7　环境监测与溯源方案

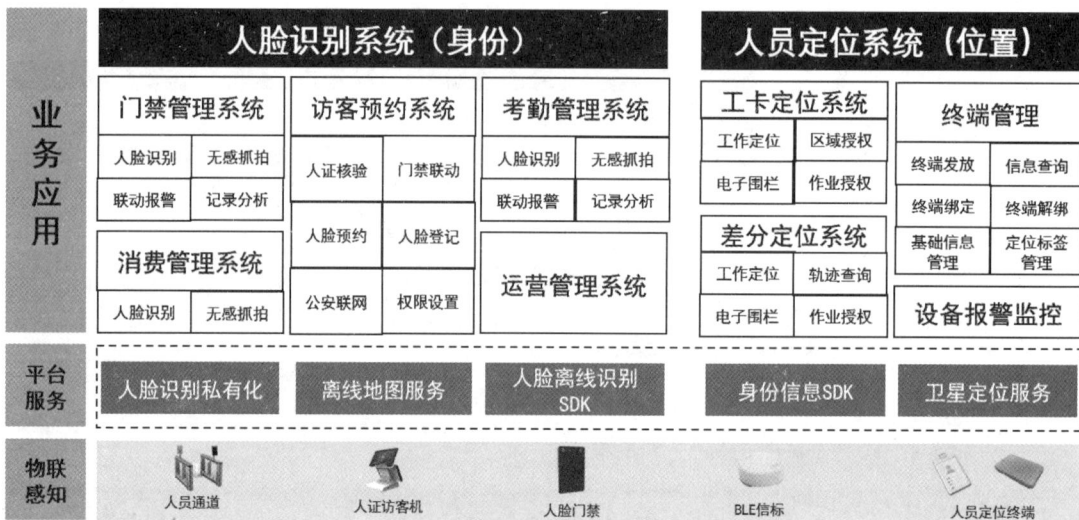

图8　人员安全监控方案

在经营管理方面，开展市场价格预测和日常经营分析，包括物料和产品市场价格的预测分析，和生产成本、利润的统计分析，实现以数据为抓手优化生产方案，提升炼化生产的经济效益。

（2）创技术

生产装置是工厂的根基，中海炼化应用实时优化（RTO）技术和先进过程控制（APC）技术升级生产装置，实现装置效益最大化和生产智能化。公司自主研发RTO非线性优化模型和基于APC的装置经验模型[5-6]，为关键技术国产化方面做出突出贡献，成为国内炼油装置实时优化技术发展的重要里程碑。

公司率先在重整和苯乙烯的装置上实现APC，将装置的控制由单回路转变为多变量，大幅提高装置的平稳性，为"卡边"优化、挖掘效益创造了条件。在此基础上，建立了国内首套连续重整装置的RTO系统，与APC系统进行闭环联动，克服了大量技术及应用难点，在操作优化和实时闭环投用方面取得了应用突破，创新性地通过数据校正技术降低了模型与装置间的偏差，以提高经济效益为目标、以产品合格和能耗最低为约束进行优化，实现了装置级规模化生产的经济效益最大化。通过应用RTO与APC，芳烃收率提高0.58%以上，芳烃转化率提高0.18%，经济效益增加1030余万元/年。（如图9所示）

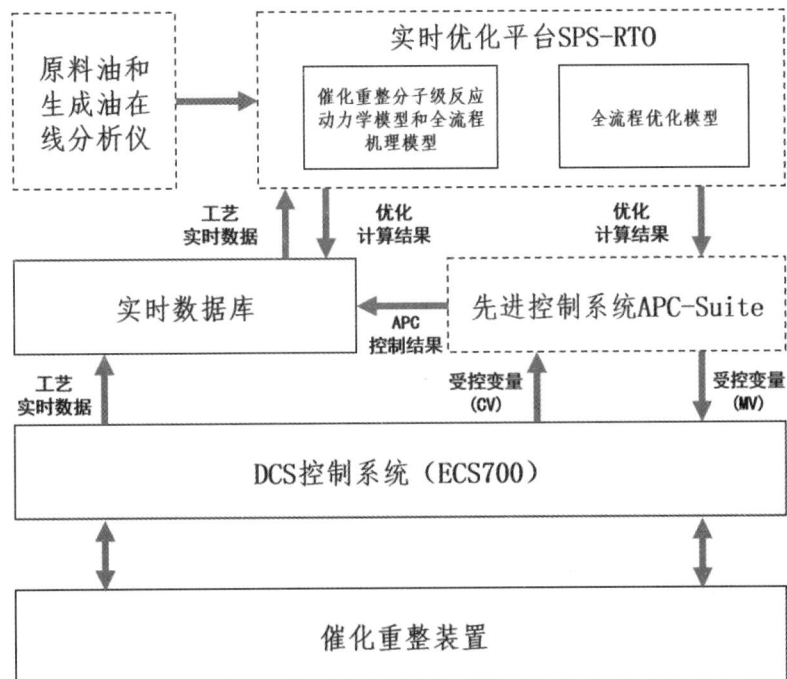

图9　RTO和APC的解决方案

（3）建生态

中海炼化依托工业互联网平台建立起开放共享、多方协同的数字化众创生态。基于工业互联网平台提供的统一数据资源、流程资源、算法资源和开发资源等服务组件，让用户以"托、拉、拽"方式自主开展无代码、敏捷化的工业应用开发，如监控和日志分析、统计看板、生产调度、值班交班，以及装置工艺参数预测预警等。数字化开放应用不仅提高了用户黏性，还有效促进公司全员参与数字化创新。

截至目前，中海炼化的智能工厂用户已经自行构建13类App、139类功能、812张报表，实现了对业务需求的敏捷开发和快速响应，进一步提升业务适用性。

2. 智能销售

中海炼化"十四五"销售体系建设正迈向"以客户为中心"、销售管理精细化、"互联网＋"营销转型的新台阶。销售数字化转型紧密围绕批发直销（To B）和零售（To C）的两大模式，通过电子商务发展推广和终端零售智能化升级的两个核心举措，实现销售要素数字化和销售运营智能化，打造中海炼化销售新业态。

（1）To B：以"业务＋电商"线上销售模式转型为突破，推动销售商业模式创新和管理模式变革

近年来，中海炼化积极响应"互联网＋"发展电子商务的国家号召，依托海油商城，从传统线下销售1.0向线上数字化营销2.0转型，实现"线上＋线下"相融合的销售体系。公司于2019年6月开展电商销售试点，在2020年6月完成所有产品、所有销售业务、所有销售单位的电商线上销售，覆盖华北、华东、华中和华南交易地区。自上线以来，中海炼化在海油商城的累计交易额接近3000亿元，交易量突破6000万吨，交易客户超过12000家。公司以电商发展为突破口，从商业模式和管理模式两方面进行销售

的数字化、智能化升级。

电商平台推动公司销售商业模式创新，从5×8小时线下销售转变为7×24小时线上销售。电商模式吸收了互联网思维利用线上多渠道获客的优势不断拓展市场，开辟了"竞价、团购、秒杀、议价购"等多元化创新销售模式。同时，电商模式秉持"以客户为中心"为客户提供一站式、自助化的服务，既提升了客户体验，也大幅降低了销售成本。截至目前，成品油销量同比增长10%，节省公司内部销售成本187万元。

电商平台以数据为抓手，实现批发直销的精细化管理。平台集成了从交易下单到财务记账的销售全流程，打通了市场、客户、支付、物流等环节的数据。销售侧数据可视化在支撑精准定价、成本利润精准控制等销售精细化决策的同时，可依托线上流程的风险管控，实现销售的闭环管理，有效防范经营风险。

（2）To C：打造智慧加油站，赋能新零售转型

中海炼化零售的数字化转型围绕"加油站消费场景"开展，具体覆盖客户引流、入口服务、前庭提升、非油提升、客服提升、出口服务、运营监管、业务拓展、罐区监测共九大场景，实现加油站营销服务和经营管控的双升级，提升加油站运营效率和效益，增强顾客消费体验。（如图10所示）

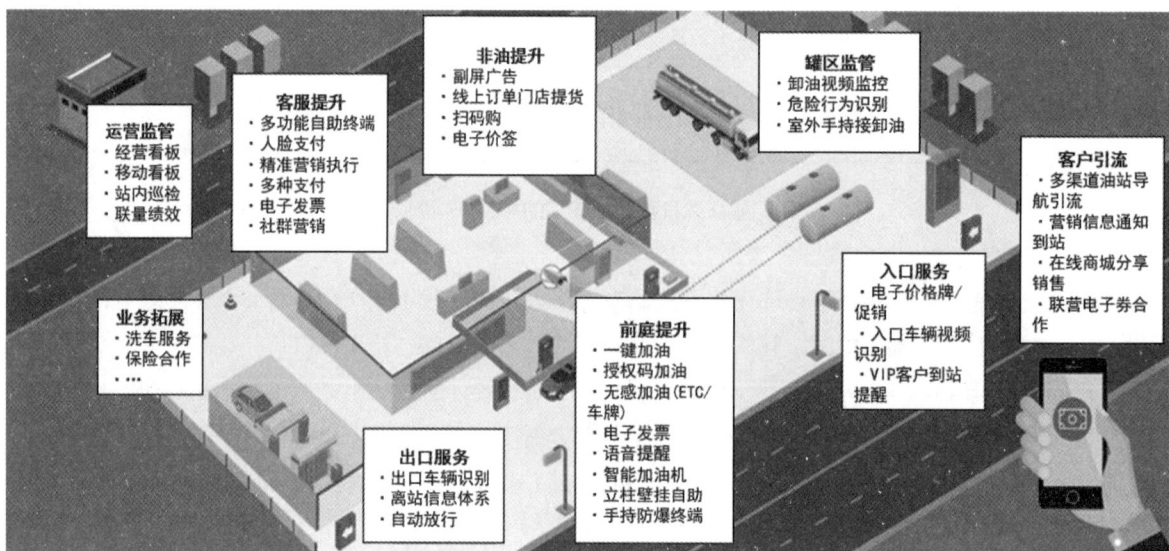

图10　智慧加油站场景

中海炼化率先提出"前台＋中台＋后台"架构设计理念，对加油站零售管理系统（以下简称"新零管"）进行"互联网化"改造，成功打造"行业领先、国内一流"的新零售系统。中台包含业务中台和数据分析平台，整合沉淀了零售终端业务运营能力，聚焦于提供业务场景频繁使用、对灵活度要求较高的功能，截至目前已完成12个共享服务中心的建设，覆盖支付、客户、商品、订单等多个领域；前台是基于中台能力构建的多元化零售业务应用，服务终端客户、内部员工、合作生态；后台则负责支撑经营管理，包括油品与非油品采购和财务管理、实体卡管理等，聚焦于HOS系统云化迁移和卡核心系统优化升级。（如图11所示）

图11 新零管系统架构

在新零管的基础上全面集成智慧设备，打造以营销服务和经营管控为着力点的智慧加油站，实现了人、车和设备的相互感知、联接和交互。经营管控中，构建了经营综合看板，对业务实时数据、现场违规行为、卸油全过程进行实时监测，并实现了根据车流/客流分析、油品/非油品销售分析来调整经营策略的领先经营模式。营销服务中，聚焦于打造油品的便捷支付和智慧生态圈。智慧加油站在业内率先结合北斗技术实现到站支付，结合ETC、车牌付等其他聚合支付方式，可为客户提供15秒内的无感支付消费体验，大幅提升支付效率。同时智慧加油站已接入智能洗车等第三方服务，并拟于未来不断扩大服务范围，构建"人·车·生活"的智慧生态圈。

3. 智能供应链

炼化产业的智能供应链聚焦在原油供应、生产、产品供应、销售的环节之间实现信息分享和互动协同。中海炼化从局部到整体逐步构建智能供应链，首先对供应链场景的数字化改造和智能化升级，夯实基础；其次构建局部供应链协同进行试点，目前已完成工厂层面的产销协同和全公司仓储物流一体化。

（1）供应链场景的智能化升级

供应链场景的智能化升级皆在以数字化技术优化供应链的运行效率和决策水平。中海炼化在原油供应和产品供应的两大供应环节，分别建设了全局资源优化模型系统，原油船期优化管理平台，以及智慧油库升级。

全局资源优化模型系统的建设，是指采用线性规划技术建立工厂模型和本部模型，通过月度原油资源优化配置测算，得到公司整体效益最优的原油配置方案。工厂模型包含其生产经营数据，覆盖原料采购、装置加工、油品调和、公用工程和产品销售各业务环节；本部模型是在工厂模型基础上建立，负责综合各炼厂生产加工情况、物料运输的能力及成本，统一优化炼厂之间的互供物料；并通过将本部原油资源与各单厂资源采购的原油进行关联，实现原油的集中管理和分配。基于全局资源优化模型系统，每年合理配置4000万吨原油，实现利润近亿元。

原油船期优化管理平台的建设，是指采用混合整数线性规划技术建立船期优化模型，通过采集各炼厂的配置需求、生产计划、库存以及原油运输等信息，并基于船期优化模型调整船期分布，实现均衡到港。自上线以来，降低一线人员工作难度的同时，大幅了减少了炼化公司整体船舶滞期时间，滞期费降低超过1000万元/年。

智慧油库的建设，是指在完善工业自动化和信息化基础上，重点打造高度集成、智能和安全的智慧油库管理平台。该平台高度集成仓储物流基地内各系统，实现数据的自动采集、集中监控和报表生成，并作为统一入口进行油库管理。智慧油库精准定位油品周转的每一个环节，降低了传统油库生产作业对人员的严重依赖，运力出库效率提升60%以上，车、人、单据一体化线上管控率达100%。同时，通过周转预测和运筹运算，利用可视化大数据分析提前预判补货需求并自动提交调配申请，自主完成销售发货及过账，将油库年周转率由16.3次提高至19.8次。

（2）工厂层面产销存协同

为实现炼化工厂的"低库存运行"建立了产销协同平台，贯通工厂端的生产、销售、库存三方数据进行工厂内部供应链闭环的精细化管理。生产数据和库存数据实时来源于工业互联网平台，销售数据来源于订单管理系统。通过三方数据的实时采集、实时分析，随时跟踪销售情况，以及当前生产计划下未来的库存变化情况，辅助人员开展"低库存运行"的生产经营决策，在一定程度上实现了"以销定产"。

自该平台上线以来，工厂的库存水平一直保持较低水平，有效改善长期以来供需不平衡的困境，缓解库存积压带来的经营成本，带来可观的经济效益。

（3）仓储物流一体化

为实现仓储物流的高效率运营，建立仓储物流一体化，将仓储、物流和电商之间全面打通，在线上和线下交易中大幅提升自提与配送服务质量。

中海炼化作为首家将油库与物流和电商平台直连的石化企业，以公司统一的物流系统作为中间桥梁，打通上下系统的衔接和物流相关数据的共享，依次实现生产企业库存、销售库存与物流系统的贯通，以及电商销售情况与物流系统的贯通，实现销售订单、物流运单、库存出货的一体化流程。

4. 数字化基础工作

中海炼化的数字化基础工作围绕数据治理、工控和网络安全、基础设施建设持续展开，通过夯实数字化基础能力，为全公司数字化转型提供基础保障。

在数据治理领域，公司紧扣业务数据化和基础数据库两大主题，皆在梳理数据资产。根据自身业务特点，编写了各炼厂统一的业务数据字段，实现原油、产品、装置等的数据化；并基于数据字段，建设了包括原油数据库、产品数据库、装置数据库、物性参数数据库、公用工程数据库和企业数据库在内的六大基础数据库，是向数字化智能化转型的关键突破。

公司建立了完备的信息安全体系，充分保障工控安全和网络安全，涵盖数据安全、服务器安全、办公网络安全、系统安全、工控安全、加油站网络安全六大领域，定期开展工控安全检查，配合新零管站级应用切换进行油站的安全防御升级。重点建设大数据综合安全管理平台，在厂区、企业内网部署流浪探针，实现基于安全大数据的态势感知，提升整体洞悉安全风险的能力。

公司建立了一系列基础设施提供技术支撑。在零售业务层面，建立业务平台和数据分析平台。在工厂层面，在工业互联网平台架构下建立云数据中心，为炼化生产提供包括计算、存储、网络资源在内的云服务；建立数据平台，连接数字技术与用户需求，为数据驱动的精细化管理提供坚实基础。

5. 数字化管理模式

中海炼化从数字化生态圈、公司本部、下属单位三个维度层层下钻，为公司管理注入数字化基因。引入内外部多方资源，构建数字化生态圈，由系统实施、运维支持、基础设施、信息安全以及外部咨询五大团队组成，各团队间通力合作，助力公司在工业互联网、云服务、大数据解决方案、移动技术、数字工厂和数字孪生解决方案中不断取得突破。

公司在数字化转型中贯彻"上下一体联动"的策略，贯彻中国海油数字化转型要求，并以智能工厂、智能销售、智能供应链建设支撑下游产业的数字化发展。秉持"因地制宜"的原则，规划并指导下属各生产、销售企业的数字化发展。所属惠州石化试点成立数字化卓越中心，培养懂IT、懂业务的复合型人才，实现IT与业务的深度融合。数字化卓越中心吸纳一线业务骨干与IT骨干，有针对性地开展技术培训，并鼓励业务与IT共同创新研发，形成了业务和IT的融合协作模式，为公司沉淀数字化复合型人才。

五、实施成效

（一）赋能一线员工，显著提升劳动生产率

劳动生产率的不断提升是企业高质量发展的前提。中海炼化在数字化转型中秉持"以人为本"的原则，通过数字化应用场景，不断减负一线员工，降本增效成效显著。打造业务全在线，建立全局资源优化系统、新零管系统、船期优化管理平台等各类信息系统，改变传统手工为主的工作模式，提升每个员工的工作体验与工作效率。在生产一线，利用新兴信息技术将生产过程可视化、智能化，员工逐渐从"操作者"转变为"监管者"。员工通过具备智能辅助决策功能的工业应用完成运营监控、应急指挥等日常工作，个人劳动生产率大幅提高。

（二）突破关键技术，打造行业示范标杆

创新是推动高质量发展的重要支撑。中海炼化在数字化转型中持续加大投入，取得丰硕成果并向全行业推广先进经验。在工厂层面，中海炼化已获得多项软件著作权和广东省工业互联网应用的标杆示范项目[4]，可指导业内其他炼厂的数字化转型。与此同时，中海炼化持续探索数字技术与传统炼化工艺的融合，在关键生产技术RTO的国产化方面取得重大突破。已就《一种重整装置的实时优化方法》[5]《一种连续重整催化剂结焦炭含量在线预测和优化方法》[6]两大核心发明提出专利申请。在销售层面，海油商城获评中国能源企业信息化管理创新奖，新零管系统"前台＋中台＋后台"的先进性架构为业内领先。在供应链层面，海油物流获评中国物流与采购联合会科技进步一等奖，智能油库获选广州市海珠区区长质量奖。

（三）践行"双碳"目标，引领可持续发展

绿色可持续发展是高质量发展的重要组成部分，也是企业履行社会责任、创造社会价值的必然要求。中海炼化在数字化转型中高度关注节能减排，以数字技术推动传统设备改造和节能环保，引领行业绿色生产。一方面通过对炼化工艺的升级，淘汰能耗、环保不达标的产能和设备；另一方面通过能源在线管控系统与环保监测预警系统的联动，开展能源结构优化，践行"双碳"目标。

（四）推动创新发展，拓宽成长空间

中海炼化通过数字化转型，持续提升管理效能，创新商业模式，不断拓宽企业成长的新空间。

1. 实现管理信息化，提升管理效能

开展经营分析、协同办公、资金管理等管理类信息化建设，实现业务流程再造，提升公司的管理效率。同时，产销存的协同优化，推动管理模式从粗放式向精细化转型，使炼化实业焕发全新生命力。

2. 创新商业模式，发展数字经济

大力发展"互联网＋"数字经济，积极探索新的商业模式，为业务发展注入全新动能。通过电子商务平台、客户关系管理、物流系统等建设，构建了以客户为中心的销售模式，在实现产品多渠道销售的同时，提升用户体验。

（五）挖掘数据价值，提高风控水平

防范和化解风险是公司高质量发展的底线。中海炼化把风险防控摆在突出位置，以数字化转型为抓手健全风险防控机制，持续提高公司风险化解能力。

1. 数据驱动经营决策，有效降低运营风险

中海炼化根据自身业务特点，以数字化转型推进落实降杠杆减负债工作。基于统一数据标准，全面采集公司的运营数据，实时了解下属各单位资产负债率和库存状态，及时识别风险采取对策。通过以数据为驱动的经营决策，生产单位和销售单位已分别实现长期"低库存运行"和"低负债运行"，带来显著经济效益。

2. 生产数据全面集成，切实保障安全生产

中海炼化基于自身行业特点，以数字化手段保障生产安全。伴随智能工厂和智慧油库的建立，对生产、运输、仓储等设备的数字化改造和智能化升级，实现生产数据的实时采集和统一监控，增强安全生产管控能力；同时，引入智能巡检机器人，对生产实行全方位、立体式、智能化的安全管控，进一步强化安全风险控制能力，有效遏制了安全事故的发生。

数字化转型不是一蹴而就的，需要在更加丰富的应用场景中实现从"量变"到"质变"的突破。数字赋能是产业、资本、技术、人才、数据多方融合共振的最终结果。中海炼化将持续抢抓数字机遇，重塑业务价值，为高质量发展开拓新空间。

【参考文献】

[1]中国石油和化学工业联合会信息与市场部.2020年中国石油和化学工业经济运行报告.现代化工,2021,41(03):251-253.

[2]中国共产党第十九届中央委员会第五次全体会议通过.中共中央关于制定国民经济和社会发展第十四个五年规划和二〇三五年远景目标的建议.http://www.gov.cn/zhengce/2020-11/03/content_5556991.htm.2021-08-11.

[3]新华社.习近平出席全国网络安全和信息化工作会议并发表重要讲话.http://www.gov.cn/xinwen/2018-04/21/content_5284783.htm.2021-08-11.

[4]惠州市工业和信息化局.关于惠州市2021年工业互联网标杆示范入库项目的公示.http://gxj.huizhou.gov.cn/hdjlpt/yjzj/answer/6339.2021-08-11.

[5]中海石油炼化有限责任公司,中海石油宁波大榭石化有限公司,浙江中控软件技术有限公司.一种重整装置的实时优化方法.北京市:CN113110060A,2021-07-13.

[6]中海石油宁波大榭石化有限公司.一种连续重整催化剂结焦炭含量在线预测和优化方法.浙江省:CN110931085A,2020-03-27.

成果创造人：孙大陆、王少飞、陈淳、刘学刚、武铁峰、

张大卫、付鸿儒、曹晓红、谢勇勇、王勇

创新驱动的绿色煤炭港口全流程智能化建设与管理实践

国能黄骅港务有限责任公司

一、创新驱动的煤炭港口全流程智能化建设与管理的背景

（一）时代发展的必然要求

港口是综合交通运输枢纽，也是经济社会发展的战略资源和重要支撑，党的十八大以来，习近平同志多次亲临港口视察，作出了"要志在万里，努力打造世界一流的智慧港口、绿色港口"等重要指示，对新时代港口发展指明了发展方向，提供了根本遵循。

交通部联合国家发展改革委、财政部、自然资源部、生态环境部、应急部、海关总署、市场监管总局和国家铁路集团联合印发了《关于建设世界一流港口的指导意见》，明确"到2025年，世界一流港口建设取得重要进展，主要港口绿色、智慧、安全发展实现重大突破"。

为深入贯彻习近平新时代中国特色社会主义思想和习近平同志关于港口发展的重要指示精神，贯彻落实《交通强国建设纲要》《关于建设世界一流港口的指导意见》，国家能源投资集团在科技创新发展规划提出加快绿色智能港口建设，不断提高港口运营管理能力和综合服务能力，打造一家具有标杆意义的全流程智能化控制和生态绿色的煤炭港口，在我国全面扩大开放、共建"一带一路"中发挥更大作用。

作为国家能源投资集团的主力煤炭下水港，国家西煤东运、北煤南运主通道，对应国家一流港口的要求，黄骅港在智能化方面存在明显差距。设备自动化程度低，仍以人工高强度作业为主；生产组织方式原始，依赖于调度人员的经验；环保管理偏粗放，众多抑尘措施难以形成合力。智能化理念在国内主要煤港发展缓慢，并无先例可遵循，同时煤炭港口作为小众行业，缺乏聚焦于此领域的专业科研机构进行相应的研究工作，对标国家一流港口建设要求，煤炭港口必须要以自身为主，走出一条创新之路。

（二）构建企业可持续发展能力的重要途径

黄骅港从建港以来，依靠后发优势，在效率、效益方面长期处于行业内处于头部区域，但随着国内发展格局的变化，能否继续长期保持领先成为黄骅港面临的严峻问题。

首先，煤炭行业发展进入缓慢期。2018年，全国煤炭消费量达到39.86亿吨，随着我国经济进入新常态，拉动我国煤炭需求的重工业行业投资规模建设相继进入高稳期和收缩期，对煤炭的需求相对较少，"十四五"时期，我国煤炭产量与消费量将继续呈现双低局面。

其次，国内煤炭运输业竞争日趋激烈。我国煤炭生产地与消费地的空间分离，形成了"北煤南运、西煤东送"的调运格局，北煤南运铁海联运是目前煤炭空间调运的主要形式，但随着浩吉铁路能力的逐

步形成，对于蒙西、陕西煤炭，通过铁路直达或者铁水中转的模式调入华中地区相比"海进江"更有优势，从而影响"铁海联运"总量水平和通道的分配。

再次，煤港间竞争加剧。北方沿海港口煤炭装船泊位主要集中在北方八港，包括秦皇岛港、唐山港、天津港、黄骅港、青岛港、日照港、连云港港、锦州港，合计泊位能力超过9亿吨，但2018年北方八港煤炭下水总量仅为8.06亿吨，泊位总体通过能力富余，八港间存在激烈竞争。

最后，黄骅港的竞争优势受到挑战。从黄骅港内部来看，其竞争优势来源于内部扁平化的高效管理与高素质的员工队伍。黄骅港正式员工不到900人，仅为国内同规模秦皇岛港的7%，职工平均年龄37.4岁，年龄增长带来的问题逐步显现。面向未来，高强度的生产与管理模式难以为继，亟需通过智能化手段的引入，在设备管控、生产管控与环境管控方面创新运作模式，为黄骅港发展注入新的动力。

在上述政策要求、市场要求与企业发展要求的背景下，必须从内部入手，站在可持续发展的角度上，依托创新，通过智能化手段，探索出一流煤炭港口的建设与管理方案。

二、创新驱动的煤炭港口全流程智能化建设与管理的主要做法

（一）强化调查研究，制定创新理念

调研行业先进实践，孵化智能化概念。煤炭港口作为小众行业，在国内主要集中于环渤海港口，国外集中于澳大利亚、南非等煤炭出口国。从智能化发展程度来看，国内处于起步阶段，煤港尚未形成完备的智能化概念；国外港口，依托于大型的矿业集团，部分澳大利亚港口的生产中已逐步引入智能化手段，用于提升生产与环保水平。黄骅港以行业先进实践为导向，多次组织管理与技术人员赴澳大利亚纽卡斯尔港进行调研交流，通过研究其智能化应用方向与成效，促使相关管理与技术人员能够从各自维度上展开思考，建立相应的智能化概念，充分激发广大职工干事创业的热情。

找准自身定位，明确创新理念。煤港运营有着其行业特性，通过十几年的建港创业，黄骅港积累了大量的管理与技术人才，对于自身运营特点与问题有着全面深刻的了解，进一步考虑到国内煤港智能化理念的较低发展水平，黄骅港明确了"以我为主，不断完善"的创新理念。以我为主，就是明确创新的主体是黄骅港，探索煤港智能化之路不等不靠，一方面根据煤港运营特性，形成整体解决方案框架，另一方面，能够对方案进行细化分解，拆解为具体的技术问题，根据自身能力特点，解决其中一部分，与煤港人员知识储备差异较大的部分交由外部科研机构处理；不断完善，不求一次性解决全部问题，而是根据问题间的交叉关系，循序渐进、层次分明的稳步推进。

（二）重构科研架构，理顺创新脉络

提高创新定位，建立顶层决策机构。成立由黄骅港主要领导为决策者的技术管理委员会，统筹创新管理工作，将创新升级为公司战略。技术管理委员会负责黄骅港的创新总体规划并指导重大创新项目及新技术的推广应用等工作。技术管理委员会下设专项课题组，选拔敢于创新、勇于担当的技术与管理人才，打造一流科研团队，对重大专项及技术难点进行研究攻关，以形成可落地的解决方案为课题组工作目标。

统筹科技与信息化两条线，强力推动成果落地。智能化技术是综合性技术，涉及信息化、自动控制技术、专业业务知识等领域，在传统划分中，一般倾向于科技业务与信息化业务分列，由不同部门负责，但由于实际运行中的交叉性，容易出现职责不清、步调不一致等问题。黄骅港创新组织架构设置，将由设备部门负责的科技业务转由信息中心负责，成立集科技与信息化于一体的科技信息中心，打造智

能化建设综合体。对专项课题组提交的解决方案，由科技信息中心统筹落地实施工作，提升成果转化效率与效果。

打造产学研平台，引智助推智能化建设。由于煤港小众特性，黄骅港确立了"以我为主"的科研理念，由黄骅港自主形成设计方案，并识别出方案中与港口知识结构不匹配的部分交由外部实施。为此，黄骅港积极打造科研平台，建立省级工程技术研究中心–河北省散料港口技术创新中心，以课题形式引入外部科研力量共同攻关，目前已与武汉理工大学、燕山大学等科研机构建立长期合作关系，共同推动煤炭港口智能化建设。

（三）构建专业化组织，推动科技创新有序开展

围绕全流程智能化建设，黄骅港成立了设备管控智能化、生产管控智能化、环保管控智能化三个专项课题组，从煤港智能化破局的三个方面展开研究攻关。

在设备管控智能化方面，以单体设备自动作业，设备间协同智能化运行为目标，重构煤炭港口运行模式。煤炭港口生产运行主要分为翻、堆、取、装四个环节，均由大型机械设备构成，设备虽然具有较高的额定工作效率，但设备自动化程度低，实际出力受限于操作人员熟练程度与劳动强度。随着人员年龄结构的攀升与当前环境下高强度工作用工吸引力的下降，生产运行的平稳性与未来可持续性均受到严重挑战。面向未来，这种粗放式的生产运行模式是必然不能长久的。因此，在设备管控方向，通过单体设备自动运行提升设备工作效率，降低人员劳动强度，通过设备间协同智能运行，进一步提高设备运行集成化程度，降低工序间衔接引发的生产延误。

在生产管控智能化方面，建立以数据分析、全局优化为特征的生产组织模式，提升港口能力上限。受限于生产运行模式，面对高离散型操作与运行的不可控，不得不将生产组织切分为较细的颗粒度，由每个调度人员负责整体生产计划与调度中的一部分，形成层级分明但又相互耦合的调度模式，这就不可避免地引发长周期计划与短周期调度间的不匹配、短周期调度与实时运行间的冲突，在实际运行中需要不断修正相应的生产方案，同时由于不同层级间的沟通协调的延误，造成一定程度的生产混乱与机会错失。虽然黄骅港的计划与调度人员积累了丰富的调度经验，但如何从经验角度的定性分析与决策提升至以目标为导向、定性且定量的分析决策，统筹资源分配，是黄骅港生产运营全方位提升的关键。

在环保管控智能化方面，改变以业务为主导的粗放式治理模式，建立以数据为主导的智能化治理模式。通过前期的技术创新，黄骅港陆续研发出了一系列的高效抑尘措施。通过本质长效抑尘系统，从源头上对煤炭含水率进行管控，大幅降低堆取环节的粉尘排放；通过堆场抑尘系统，均匀高效的补充煤垛水分，解决长时堆放以及冬季抑尘的问题；研发洗带装置，高效清洗回程皮带上的残余煤尘，避免二次污染的发生。但随之而来的一个问题是，如何从全局出发，统筹使用好这些好的措施，在用水、洒水、保煤质等多个角度上取得共赢的效果。因此，在环保管理方面亟需引入智能化环保理念，建立以数据为主导的全新治理模式。

通过成立专业化的研究机构、明确专项研究目标，黄骅港逐步推动了各项创新工作的有序开展，形成了具有鲜明行业特点的全流程智能化运行模式，在助力自身智能化转型的同时，为行业提供了一条创新发展之路。

（四）从设备入手，打造智能化运行模式

落后的生产运行方式一直是困扰煤炭港口的难题。港口主要生产设备中，除翻车机出厂时具备一定的自动化能力外，堆料机、取料机、装船机均为传统的手动操作方式，长期工作时，受限于人员熟练程

度与劳动强度，不可避免地带来生产效率的波动。与生产组织间的交互由于岗位繁多，也带来一定的组织效率低下。

为此，黄骅港从主要设备入手，广泛调研国内外智能化建设情况，并根据自身设备特点，制定了设备智能化两步走策略，力求实现全流程设备的自主运行，以技术进步推动生产运行模式变革，打造全新的煤炭港口智能化生产模式。

1.单体智能化系统

全流程设备的自主运行，首先需要各个设备具备自动化工作能力，能够脱离开操作人员的手动操作，通过接收指令去自动化运行。单体智能化系统，主要针对煤炭港口的堆场设备与装船设备，开展设备的自动化研究，使其满足上述要求。

按照煤炭港口的生产工艺，堆场是其运营核心。一方面要将火车上的煤炭按照煤种与垛位，堆放至相应的堆存空间；另一方面，要通过取料机，将堆场上的煤炭进行混配，装载至船舶。由此可见，堆场环节的畅通运行将大幅改善整体生产运行的绩效。为此，黄骅港首先从堆场入手，开展堆场中堆料机、取料机的自动化研究。

在对堆场智能化建设方案的调研中，主要有两种技术路线，一种是采用欧洲主要港口所采用的激光建模方案，通过安装在堆料机、取料机臂架两侧的激光扫描仪，利用大机在料堆上方往复行走的方式，建立起料堆模型，其优点是精度高，但无法应对恶劣天气，并且需要额外占用大机工作时间；另一种是澳大利亚港口所采用的PLC建模方式，即通过记录大机的位置与运行数据，通过模拟的方式建立起料堆模型，其优点是实时性强，但缺点是建模精度低且无法适配复杂的作业工艺。

黄骅港的生产运行特点是作业连续性强，设备使用率高，并且一年中大雾天气所占比例较高，同时不同于国外的单堆单放与单向取料模式，黄骅港作业中存在单个垛位多次堆取且取料方向不固定等情况。为此，通过专项研究和试验不断摸索改进，黄骅港开发出充分适应国内工况的数学建模方案。利用高性能服务器，结合雷达传感器与设备实时运行数据，通过三维算法实时进行料堆重构，使其不受恶劣天气影响，不额外占用设备工作时间，同时通过多种传感器相融合的技术方案优化设备控制策略，弥补模型精度带来的控制误差。

利用上述技术方案，黄骅港对全港27台堆场设备进行智能化改造，实现了堆场环节全天候且高效的自动化运行，使堆场用工降低50%，堆场效率提升10%。

在对堆场自动化建设的经验充分总结后，黄骅港开始进行装船机智能化改造。不同于堆场设备，装船机的作业对象是船舶。船舶船型多种多样，且其位置受到风浪、潮汐、缆绳松紧、船舶装载等多种因素的影响，对控制策略与精度均有着极高的要求。

为此，黄骅港在装船环节采用先远控再智能化的演进策略。通过装船机远程操控改造，先期将装船机操作员从现场撤离至集控室，做好应急操控与运行模式演变的准备，同时对装船机关键传感器进行升级换代，提升装船机整体运行平稳性。在此基础之上，开展装船机智能化研究。在码头装卸设备的智能化研究中，国内外主要采用的是船型扫描方案，但此方案主要适用于集装箱码头装卸设备，散货码头使用的装船机，其高度较低且存在明显遮挡，无法实现船舶大范围实时扫描。为此，黄骅港在充分调研了解相关领域技术后，决定采用"5G＋北斗＋船图"方案，构建智能化装船系统。

研发可放置于船舶甲板处的位姿测量装置。通过北斗定位与惯导、动态测量船舶位置与姿态，结合5G通信，将船舶位姿高实时性传送至装船机侧，利用船舶结构图纸配合坐标系转换算法，实时准确获取船舶舱口、舱盖等关键位置数据。再通过路径规划与轨迹控制等算法，实现了装船机的自动化运行。

通过实际运行效果的对比,自动装船的平整度要显著优于手工操作,因为自动装船可以根据船舶位置与高度变化实时调整大铲位置,落料点非常均匀。黄骅港也是世界上第一家实现自动装船的煤炭港口,填补了相关技术的空白。

通过堆料机、取料机、装船机智能化改造,黄骅港实现了全港主要设备的智能化运行,在大幅降低设备操作用工与劳动强度的同时,也为全港生产模式的变革提供了人才与技术上的准备。

2.协同智能化系统

主要设备自动化之后,虽然设备具备了脱离人而自动化运行的能力,但由于未打通生产组织与设备运行间的通道,各个自动化设备仍然需要依赖于操作人员控制、设定工艺参数、控制设备启停、协调上下游设备运行。为此,黄骅港展开了进一步思考,如何让生产管理人员的意图直接传送至设备,如何让设备间能够相互感知工作状态,进而促使设备间能够完全脱离开人工而自主工作。

在之前的作业模式中,虽然会通过生产指令的模式,对流程中涉及的设备与资源进行描述,但指令却属于无状态指令,即指令中不包含执行时间,指令间也不存在优先级概念,只是对设备是否可以工作进行相应限制。指令何时执行,由管理人员采用口头通知的方式协调各个设备操作员进行控制,指令间如何衔接只存在于管理人员的头脑中,而无法在系统中进行映射。这就造成整体生产运行无法脱离开高强度的人工交流与重复性的人工操作。坦率地讲,在设备实现自动化之前,这种模式具有一定的优势,在于其可以构建出标准化的生产运行方式,使得生产有据可依,并且能够屏蔽一定的安全隐患。

但主要设备自动化之后,这种模式反而对整体运行上限产生了严重的制约,设备虽可以自动完成动作,但设备间只知道作为一个集体去执行某项任务,却未约定何时去做,并且生产指令仅仅描述集体工作内容,与设备可执行的动作间并无具体对应关系,生产组织与生产运行之间产生了严重脱节。

为此,采用数字孪生技术,全面感知设备与资源状态,建立起全港生产运行环节在数字空间中的孪生体,在此之上,架设起全港生产运行控制大脑。采用指令集的设计理念,对生产指令的编排进行重新定义,生产指令批量编制,且指令间存在优先级约束,形成序列式的关系视图,同时结合序列次序与设备状态,按照设备功能,将生产指令分解为设备指令,即将一条包含多个设备的生产指令,由系统自动翻译为设备可执行的设备指令,通过孪生体下发至设备端,驱动设备运行,无须操作人员通过沟通协调来进行设备操控。显著提升设备运行的集成化程度与安全性,避免人为沟通带来的生产延误与信息误传,建立与设备智能化程度相匹配的设备协同运作模式,使黄骅港流程效率提升2%。

通过单体智能化与协同智能化,黄骅港以技术进步为推动力,层次鲜明的构建起全新的智能化生产运行模式,大幅度压缩了生产运行中的管理与协作层级,提升了生产运行的集成化程度,使得设备可以作为一个整体暴露在生产管理之中,变得可视可控,为整体生产管控的升级提供了数据与运行支撑。

（五）生产管控再升级,构建智能化调度模式

黄骅港现在的生产规模是通过多次扩建形成的。在当初规模较小时,可以说,生产组织效率非常高。但现在黄骅港的设计能力是1.78亿吨,可选流程有300多种、有60多种配煤方案,与之对应的堆存能力却只有460万吨,这就对周转率提出了非常高的要求,计划与调度人员面临着很大的压力,一旦有考虑不周的地方,就有可能造成火车进不来、船舶出不去。这种影响不仅仅是对黄骅港,对整个国家能源集团一体化运营以及南方沿海沿江地区电煤供应更是会产生严重影响。

为此,黄骅港在对自身生产管理业务充分梳理之后,从多个维度展开问题分析与解决方案制定。

1.问题定义

从煤炭港口生产管理特点出发，考虑火车卸煤、堆场场存、泊位分配、船舶需求及船舶优先级等方面，通过优化配煤港口的调度计划，以提高港口的吞吐量和服务水平。分析煤炭在配煤港口的"火车—堆场—泊位—船舶"多环节物流状态，并考虑配煤要求、船舶服务优先级等因素，构建配煤港口协同调度计划图。最后，从数学角度描述配煤港口的协同调度计划问题，建立模型并仿真分析。

 2.系统约束归纳

煤炭在港口的物流过程主要分为火车卸煤、堆场储煤、配煤取料三个主要环节。具体流程可以描述为：煤炭经铁路由火车运输到港口，通过翻车机将火车运载的煤炭卸到皮带运输机上，并运输到堆场区域，然后通过堆料机将煤炭堆放在条形堆场指定的垛位或通过皮带机将煤炭运输到煤炭筒仓中。煤炭会在堆场堆放一定周期，当港口业务部门接收到客户的订单需求后，根据所有的客户需求和即将进港煤炭的煤种和数情况以及现有场存情况，制定火车卸煤、配煤方案组合选择、泊位分配、取料装船等计划。最后，生产部门按照给定计划，进行火车卸煤和取料装船等作业。为了使用数学模型来清晰描述该问题，需进一步明确港口在卸车、靠泊取料和装船等作业环节的一些特殊要求与约束。

卸车的要求。由翻车机—皮带机—堆料机三者组成的卸料工艺中，翻车机组位置与皮带机位置一一对应，且固定的皮带机只对应相应的煤炭垛位。由此，对于大型输出型煤炭港口，翻车机的煤炭只能到达局部有限数量的垛位。

配煤的要求。根据船舶需求的合同煤种，港口仅能从合同煤种对应多种配煤方案中选择一种或多种配煤方案。所有配煤方案下的取料总数量不超过合同煤种的需求数量。

取料的约束。受制于堆场堆取料工艺的限制，只有同区域内的基础原煤之间才可以进行混配装船（一个区域可包含若干堆场）。混配装船时，需按照配煤方案下的基础原煤种类和比例进行取料。

堆场与泊位间的可达性约束。条形堆场由若干个垛位组成，垛位大小一定，用来堆放不固定种类的基础原煤。受到地理空间和设备工艺的限制，将堆场和泊位划分为不同区域。某区域堆场内堆放的煤炭只能被运输到此区域对应的若干泊位上。

船舶与泊位间的可达性约束。进港船舶只能选择满足条件的泊位进行停靠。船舶的长度需小于其分配泊位的长度，吃水深度不能超过其分配的泊位。

装船先后顺序的要求。港口根据船舶实际到港时间和签订的合同时间为船舶设置不同的服务优先级，火车载煤情况、现有煤炭场存和泊位资源需首先满足优先级高的船舶需求。

港口的煤炭物流过程主要涉及火车、基础原煤、垛位、堆场、区域、配煤方案、煤种、船舶及泊位等对象，对象之间紧密联系，关系复杂。不同于一般的煤炭装卸港口，配煤港口的协同调度计划问题有其独特性及复杂性。在配煤港口中，一艘船舶的需求为一种到三种合同煤种。而在船舶对基础原煤的需求又存在竞争的情况下，如若不能合理选择卸车、配煤取料和靠泊方案，就很容易造成靠泊的船无货可装，而堆场上又剩余很多本可用来混配装船的基础原煤，持续占用堆场空间的情况。因此，如何选择最佳的卸车、配煤取料和靠泊方案，最大限度满足船舶需求，在很大程度上影响着港口稀有资源的利用率，从而影响港口作业效率。

卸车、泊位分配、配煤、取料装船等是煤炭港口生产作业的关键环节。合理的卸车、配煤和取料装船计划可以更充分地利用煤炭现有场存，满足更多的船舶需求。在考虑船舶优先级顺序的条件下，合理的泊位分配则可以提高泊位利用率，缩短船舶等待时间。在其他条件一定情况下，只有几者协同计划，才可以最大化地利用煤炭资源，提高港口吞吐量，缩短船舶等待时间，提高港口的服务效率。

3.明确优化目标

考虑一定规划期的港口协同调度计划问题，以最大化港口吞吐量为目标，解决三个问题：

（1）在规划期内，有若干列载有不同煤种且型号不同的火车进港卸煤，考虑港方限制条件和装船备煤需求，为每列火车分配翻车机、并将煤炭选择流程卸至所需垛位。

（2）港口存在若干在泊船和预靠泊船（锚地），考虑船舶的需求、船舶服务优先级顺序及泊位物理性质，合理为预靠船分配泊位。

（3）堆场的煤炭种类繁多，按照船舶的需求，合理选择配煤方案组合，并计划船舶装船时取料垛位及取料数量。

通过以上的相关研究，黄骅港建立了覆盖全港的生产调度模型。运用运筹优化、大数据等人工智能技术，对全港计划调度环节进行智能化升级，形成了智能化的生产管控模式，在显著提升黄骅港生产组织效率的同时，从整体上大幅优化了黄骅港的生产组织流程。

（六）数据驱动，建设智能化环保治理模式

基于环境全面感知和智能环保模型的环境智慧化管理，形成了精准洒水抑尘、水资源科学管理的环保运行模式。

精准洒水抑尘是指洒水系统根据煤炭含水率预测模型、煤炭起尘含水率模型以及智慧洒水模型的计算结果对垛位进行科学精准洒水。不同季节、不同天气和不同煤种在作业时和非作业时对洒水量需求均不相同。依靠精智慧化建设成果，系统能够在煤炭将要起尘前对煤炭进行预防性补水，杜绝煤炭起尘，但又不会过度洒水，杜绝浪费水资源。同时，因为煤炭洒水分为堆场喷枪洒水和取料机臂架补水，智慧环保系统与生产作业控制系统对接，系统自动判断利用堆料机作业间隙对煤垛进行臂架补水，所以精准的洒水控制方式一方面大量节约了水资源；另一方面减少了堆料机补水控制不科学带来的单机动作电能消耗。

开展煤渣和粉尘的回收利用。经过生态湿地沉淀池分级沉淀后，回收水中的煤渣和粉尘形成沉淀层，沉淀池经过粉尘处理车间处理，通过渣浆泵压制成煤块实现再次销售，每吨收益30元左右，按年回收利用煤尘约1.8万吨计算，每年回收粉尘可为黄骅港增加收入约54万元。

智能调水首先实现了黄骅港40余处水泵站的远程集控，水系统管理部门不再需要耗费大量人力物力在各个泵站现场安排操作人员进行监护及操作。各泵站自动化运行，泵站间通过智能调水模型进行水资源科学调度，以优先使用污水处理站处理回收的中水为一等优先级、回收的船舶压舱水及雨水作为次等优先级作为生产洒水的主要用水来源，最后通过购买少量市政用水作为补充，多余的雨水及压舱水被提升泵站自动提升到湿地进行临时存储，生产洒水泵房在有水资源需求时可根据湿地水质、水位情况调用湿地水进行洒水。科学的水资源调度为黄骅港带来了优美环境的同时，也避免了含煤污水排海造成的环保问题，更是为黄骅港节约了大量的外购水资源。2020年，黄骅港水源回收利用量达到了总用水量的79%，工业用水基本实现自给自足，污水回收193万吨，雨水回收46万吨，压舱水回用148万吨，全年实现各类水源回收利用量388万方，节约用水成本超1855万元，循环经济效益凸显。

三、创新驱动的煤炭港口全流程智能化建设与管理的效果

（一）建成示范性智慧散货港口

黄骅港坚持创新驱动发展，通过管理与技术融合创新，取得了显著成绩。黄骅港自2015年形成现有

规模以来，在职工总人数未增加的基础上，已经连续4年吞吐量超2亿吨，与2015年1.15亿吞吐量相比，到2020年吞吐量提升74%，人均效益由13.4万吨提升到22.8万吨，提升70%，装船效率提升3.8%，卸车效率提升了12.2%，单船泊位停时缩短15.1%，切实通过坚持精干高效的管理理念来引领创新驱动，做到了用人少、效率高。

黄骅港在设备管控、生产管控、环保管控层面上不断创新，以提高企业效益和员工福祉为目标，致力于建设示范型智慧散货港口，建成了世界领先的全流程智能化运行煤炭港口，特别是智能装船的实现填补了散杂货自动化装船的技术空白，为行业带来了示范型效益。环保智能化的建设在给黄骅港带来优美环境的同时，也为散杂货港口在粉尘治理和水资源科学调度提供了优秀模板，港区达到了工业旅游环保要求，成为国内首家AAA级工业旅游景区。

（二）带来了可观的经济效益和社会效益

自实现设备管控智能化、生产管控智能化和环保管控智能化以来，研发成果为黄骅港带来了可观的经济效益和巨大的社会效益。

1.经济效益

全流程智能化投入运行后，设备生产效率提高7%，设备空转时间减少，相应的同等作业量下设备运行耗能也得到了减低。2018—2020年，累计新增收入5.45亿元，累计新增利润1.99亿元，累计节支2.16亿元。

据中国港口协会2020年统计数据显示：黄骅港劳动生产率553.8万元/人，人均利润175.9万元，营业利润率42.31%，三项指标在全国34家主要港口企业中均排名首位。在与国外先进散货港口纽卡斯尔港的对标中，人均净利润率约是纽卡斯尔港的3.5倍，净资产收益率是纽卡斯尔港的2.85倍。

粉尘处理车间通过对回收的煤泥及煤粉尘制饼进而实现二次销售。自2018年投入运行以来，实现了年回收1.8万吨的制饼能力，按每吨收益30元计算，年收益可达54万元。

自2019年水系统集控改造完成并实现智能调水至今，实现生产用水零外购，累积回收利用水资源893万立方米（2019年315万立方米，2020年388万立方米，2021年190万立方米），节约用水成本累积4400余万元。

智能洒水投入运行后，避免了过度洒水造成的水资源浪费以及堆料机臂架不科学洒水造成的电能损耗，节约了用水及用电成本。

2.社会效益

全流程设备的自动化作业模式实施后，职工从晃晃悠悠的司机室转向了宽敞明亮的集控室，作业环境显著改善，大大提升了职工的幸福感和获得感，深刻践行了"以人为本"的思想。

黄骅港每年接待参观交流300多次，参观路线及亮点均涵盖了全流程智能化及智慧环保的现场及集控中心，智慧化建设得到社会各界的广泛认可。

黄骅港受邀参加交通部组织的《2019绿色港口发展大会》并在会上介绍其绿色智慧发展经验。黄骅港在交通部针对港口建设的评价中安全绿色发展指标排名第一。

黄骅港在2019年被评为国家首个煤港AAA级工业旅游景区。

黄骅港以高效协同的全流程智能化成果及智慧环保建设为煤港提供了可复制推广的智慧化发展经验，为地方带来了影响力，体现了央企责任和担当。

（三）科技创新管理与实践得到了有关部门的肯定

黄骅港科技创新管理与实践成果不仅为黄骅港带来了丰富的收益，也得到了行业协会和地方的高度认可。

黄骅港智能堆场建设获得沧州市科技进步奖一等奖、国家能源集团科技进步奖一等奖、煤炭港口全流程智能化研究获得国家能源集团科技进步奖一等奖、煤炭港口全流程智能化关键技术及应用获得中国港口协会科技进步奖一等奖、全流程智能化研究创新团队获得中国港口协会科学技术奖创新团队一等奖。

黄骅港以创新驱动的煤炭港口全流程智能化建设与管理成果均立足自主研发，建成了具有设备协同智能化作业、环境质量智慧化治理的绿色、智慧、高效、平安港口，建设成果受到来港参观指导的各级领导及同行单位的高度认可。黄骅港在2018年河北省绿色港口建设现场推进会、2019年世界交通运输大会等重要会议上多次向业界分享黄骅港全流程智能化建设经验。

黄骅港全流程智能化建设具备了成果转化的能力，已经能够在散杂货港口自动化作业、智慧环保和科技创新等方面提供技术上、管理上的解决思路和实践经验。

成果创造人：李洪军、兰力、刘林、孔祥先、张英波、马海深、宋桂江、

潘攀、刘强、刘建、李刚、赵利军、王明乐、刘鑫、刘金光、

怀全、鲍建员、汪大春、郭超凤、陈致远、李娜

基于产业链协同创新驱动核心产品安全可控与产业化转型的产业改革发展体系的构建与实施

北京航天长峰股份有限公司

一、前言

北京航天长峰股份有限公司（简称"航天长峰"，证券代码：600855），是以中国航天高端技术和应用成果为基础，从事军民两用产品的高科技上市公司，是航天科工集团8家上市公司之一，大股东是中国航天科工集团第二研究院。

航天长峰旗下所属1家分公司、2家全资子公司、3家控股子公司，是航天二院资本运营主平台和信息技术及装备制造产业化发展主平台。2019年底，公司抓住电子信息、新兴战略产业带动下电源行业的发展机遇，依托航天朝阳电源、航天柏克组建"智能电源"产业板块。形成以大安全为主导业务的国内公共安全、智慧医疗、电子信息及智能电源为一体的产业发展格局。主营业务涉及平安城市、大型活动安保、应急维稳、国土安全、智能交通、公安警务信息化、智能楼宇、新能源电源、军工模块电源、红外光电、医疗器械、数字化一体手术室等多个业务领域，拥有完备的资质和丰富的业绩。航天长峰秉承中国航天在复杂大型系统的设计与实施方面深厚的系统工程理论与思想，依托雄厚的航天技术和国防装备研发力量，以二院"基础＋平台＋应用"的发展模式为导向，作为公共安全产业领域总设计、总承包单位，两次荣获中央、国务院共同表彰。是国内外具有较强影响力的集顶层设计咨询、大型系统集成、高端装备制造、综合运营服务为一体的上市企业集团。

二、实施背景

（一）打破海外强国技术垄断，实现核心产品自主可控的需要

近年来，中国国防科技工业及现代新型武器装备建设一直受到国家领导人的高度重视，相关投入保持快速增长，军工国产化率要求也不断提高。电源行业作为国内工业发展重要的基础行业，随着国家持续加强军工、航空航天、交通、通信、电子信息等产业领域建设，相关电源产品需求保持稳步增长。其中模块电源因体积小、可靠性高、使用方便等特点，广泛应用上述产业领域。但是在应用场景严酷的环境下，国外进口仍是主要解决途径，高功率密度模块电源市场一直被VICOR、LAMBDA等国外电源厂家占据主导地位。

"中国制造2025"突出强调电力电子技术国产化研究的重要性。面对我国对自主可控高端模块电源与日俱增的市场需求，与国内仅有少数领先电源企业正在逐渐完成在中端模块电源领域国产化的现实局

面。航天长峰作为以军工级与工业级集成一体化电源和模块电源为主营业务的军工央企，要在相关基础理论薄弱、关键技术尚未完全突破的情况下，完成国产化高端模块电源独立自主创造和生产，必须积极主动深化改革，紧抓时间窗口，坚持目标引领和问题导向，整合相关学科、专业领域中的各类资源，完善创新体制机制，进行开放式协同攻关，激发创新活力，充分发挥国有企业在构建关键核心技术攻关新型举国体制中的重要作用。

（二）落实转型升级发展战略，突破产品研发制造瓶颈的需要

作为中国航天事业的主力军之一，中国航天科工集团公司（以下简称"航天科工"或"集团公司"）在国防武器装备建设及军民融合发展等领域取得的成就举世瞩目，面对智能经济时代和新军事革命深入推进的发展新趋势，集团公司在"十三五"时期，提出"一主两翼三创新"的总体思路，形成转型升级发展战略。"十四五"时期确定"一个目标三步走"的战略目标和"一三四五五"的发展思路。明确了"谁拥有了更强大的有效整合内部与外部资源的能力，谁就拥有了更多的发展权和更大的市场话语权"。

航天长峰着眼全面实现"十三五"规划目标任务，确保"十四五"开好局、起好步，坚决贯彻落实集团公司以"三创新"为抓手，通过改革调整取得"三突破"的决策部署。作为专业集成电源与模块电源研制生产企业，瞄准100%国产化高功率密度、高效率、高可靠性的高端模块数字电源空白领域，通过打造极具黏性的价值共享的内外部协同创新平台，整合并促进全产业链资源优化配置，不断提升自主创新能力，改进生产工艺，优化生产流程，切实增强价值创造能力，满足内外部与日俱增的市场需求，强力推动产业技术变革和优化升级。

（三）增强企业核心竞争力，推动航天长峰高质量发展的需要

根据模块电源下游需求，预计未来几年我国电源市场销售规模将以8%~10%增速保持平稳发展态势，到2025年电源行业整体将突破5000亿元，其中，模块电源将达到136亿元。

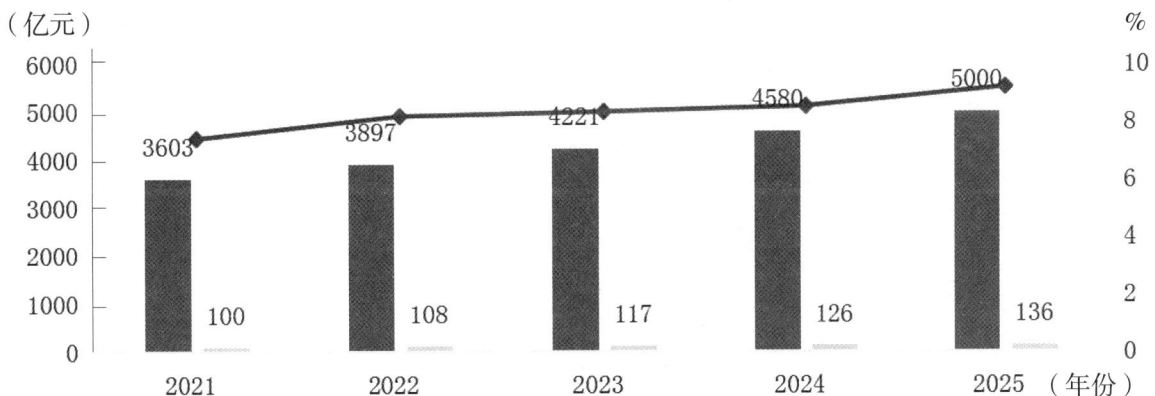

图1　2021—2025年中国电源及模块电源行业产值预测（亿元）

数据来源：中国电源协会，2020年5月。

航天长峰自2019年起，抓住电源产业发展机遇，优化公司产业布局，通过打造智能电源产业板块，落实关键核心技术自主可控，满足国民经济及国防工业各领域对高端电源的迫切需求，实现产业与资本的有效结合。公司深耕电源领域三十余载，作为航空航天及军工领域知名电源供应商，入选中国十大军工集团下属180余家科研院所的合格供应方名录，并多次获得优秀合格供方荣誉，全国共计100＋营销网点，行业地位全国领先。面对日益激烈的电源产业市场竞争环境，在快速迭代的产品管理模式下，智能电源产业存在自主研发能力、智能制造能力薄弱等问题，针对集团公司及二院各厂所巨大的电源市场需求，无法持续有效地提供高可靠性支撑，依靠传统生产要素投入获取经济高速增长的粗放型增长方式已经动力不足。航天长峰迫切需要通过改革，打破传统发展模式，重新组合智能电源产业产品开发、生产、营销环节的关键要素，推进航天长峰掌控核心竞争力，提高供给能力对需求的适配性，不断释放发展活力，为企业转型升级高质量发展提供重要支撑。

三、内涵和主要做法

为突破国产化高功率密度模块电源"卡脖子"技术瓶颈，打破海外强国对相关技术和产品的垄断，实现国产化高端模块电源独立自主研发和规模化生产，做强做优做大国有资本和国有企业，增强国有经济竞争力、创新力、控制力、影响力、抗风险能力。航天长峰深入贯彻国有企业改革"1＋N"政策体系，和中央企业改革三年行动战略部署，落实集团公司"一个目标三步走"的战略目标和"一三四五五"的发展思路。通过"基于产业链协同创新驱动核心产品安全可控与产业化转型的产业改革发展体系"构建与实施，着力疏通结构梗阻，建立内部开放，外部相互链接的价值共同体。优化产业布局，提高运行质量，打破现存传统价值链结构，针对特种行业对高端模块电源迫切需求，高效重组航天长峰智能电源产业产品研发、生产、营销环节的关键要素。促进资源要素高效流动和优化资源配置机制，推动产业链再造和价值链提升。

二院23所为代表航天系统单位的特种行业需求牵引和数字化生产工艺能力，华为公司为代表的行业龙头企业技术、工艺、供应链优质资源，西安交大为代表的高效技术研发优势。搭建极具黏性的价值共享平台"二院—华为智慧能源联合实验室"。对核心价值再挖掘、再交换、再分享，使航天长峰产业价值链模式，不断从线性、固化的供应链，向柔性的协同价值共同体不断转变。解决核心产品国产化技术瓶颈，打造二院强韧供应链体系，提升军用装备低成本、规模化、批生产能力，实现规模和盈利的倍速增长。在央企上市公司中做出表率，使"航天电源"品牌得到客户普遍认可，市场份额不断扩大，推动航天朝阳电源实现56%的利润增长幅度，显著增强企业核心竞争力，为我国高端模块电源迈向国产化进程，探索出一条可借鉴的改革发展路径。

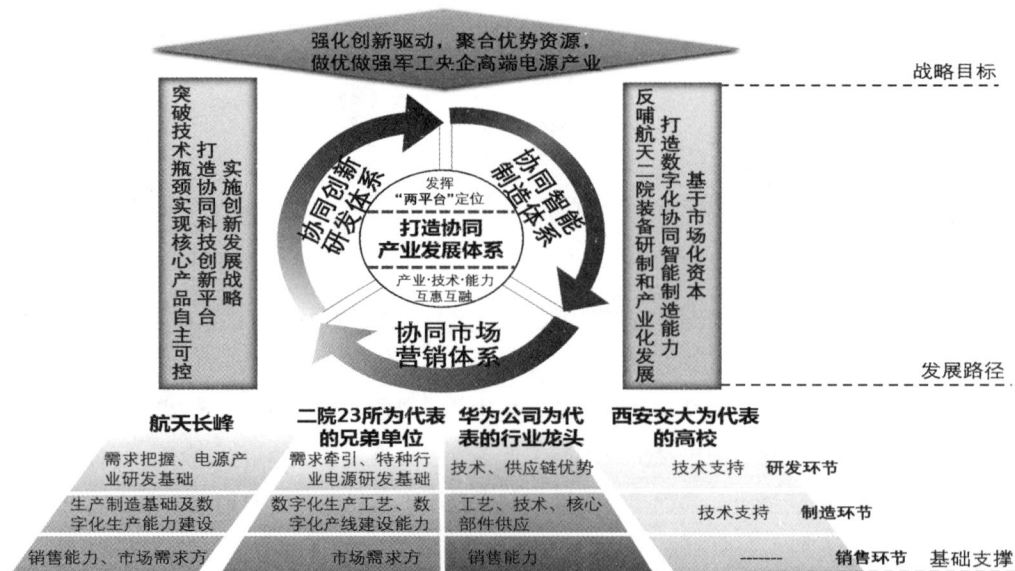

图2　基于产业链协同创新驱动核心产品安全可控与产业化转型的产业改革发展体系的构建与实施

（一）构建协同研发共创体系，实现关键产品自主可控

航天长峰作为以军工级与工业级集成一体化电源和模块电源为主营业务的军工央企，拥有完备的质量管理体系和研制、承制资质，具有丰富的研发设计经验和广泛深入的营销网络体系。面对国外高端模块电源产品依赖度过高，自身突破技术瓶颈和供应链瓶颈实现高端模块电源产品国产化能力不足，不利于高端模块国产化进程的迅速推进，不利于长峰电源产业板块高质量可持续发展的现状，航天长峰扭住新发展理念不放松，坚持以改革激发创新活力动力，通过深化改革创新体制机制，以创新为突破口，构建以目标市场需求为中心的协同研发共创体系，高效协同内外部资源打造协同研发创新平台，实现核心产品自主可控。

在产品研发环节，充分发挥航天长峰对于特种行业需求理解优势，协同华为公司数字能源产品线和以二院23所为代表的兄弟单位，组建"中国航天科工第二研究院—华为技术有限公司智慧能源联合实验室"实施高端模块电源开放式创新，在创新引领方面发挥军工央企上市公司排头兵的作用。运用长峰模块电源基础优势、华为公司技术和供应链优势、二院兄弟单位装备电源精准需求和技术优势，共同规划、研发、生产国产化高端模块电源产品，补足核心技术短板，开辟全新发展模式。

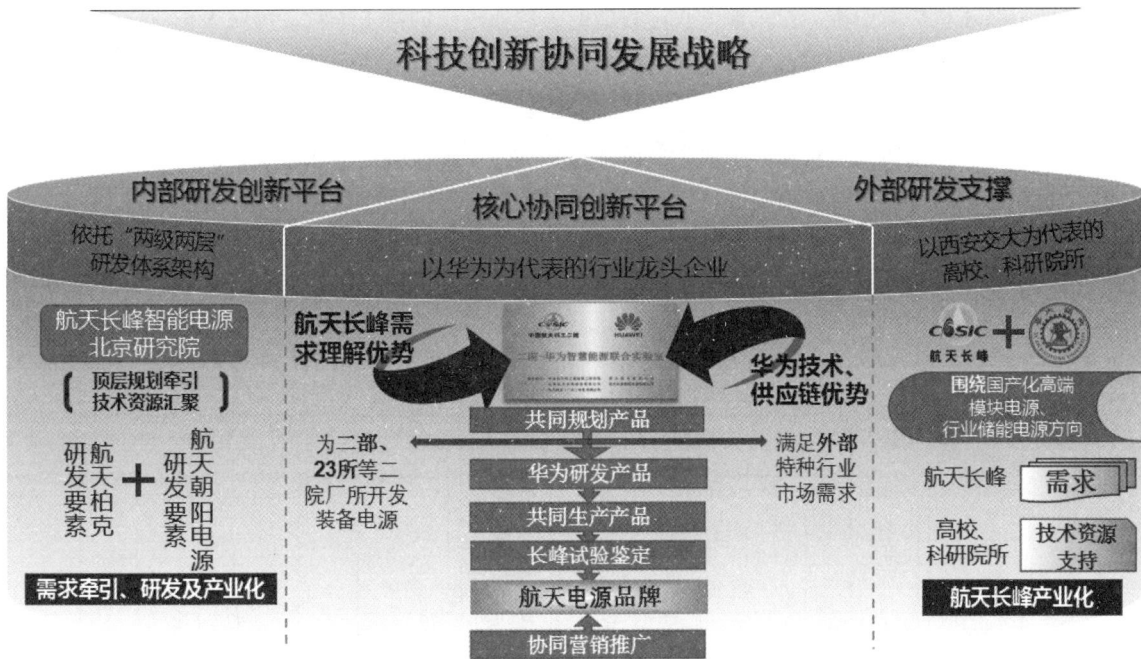

图3 航天长峰协同研发技术创新体系

1.坚持技术和市场双轮驱动，构建创新发展战略新格局

航天长峰始终坚持创新是引领发展的第一动力，深入贯彻落实科技创新发展战略。作为航天二院电源产业的重要力量，航天长峰紧密围绕"装备研制生产和产业化发展道路"高质量发展的要求，瞄准军工、航空、航天、铁路等特种行业目标市场用户，以产品需求为导向，以项目为依托，实施技术与市场双轮驱动。通过收集、整理、分析，提炼用户需求，聚焦目标用户亟需但市场空白的国产化高端模块电源，创新顾客价值主张，统筹制定高端模块电源产品开发方向、策划方案。充分发挥军工央企上市公司在创新引领方面的重要作用，把握创新主体和电源产业集群优势，以解决"卡脖子"问题，制定协同发展路径，指导产品研发、生产制造、市场开拓等工作的开展，逐步推进重点任务落地实施，构建创新发展战略新格局。

2.打造协同科技创新平台，优化完善科研创新组织体系

针对研发资源相对分散，智能电源产业科研创新平台不够完整，与当前发展规模及发展规划要求不匹配等问题，航天长峰整合智能电源产业创新资源，着力做好科技创新平台统筹规划和系统布局，为航天长峰智能电源产业技术发展提供坚实保障。

在总结电源研发实践经验基础上，航天长峰基于国企改革指导意见和三年行动方案，结合自身实际不断探索，纵深发力，积极主动推进科研体制与市场化改革，剖析制约高端国产化模块电源和储能电源为代表的电源产业发展的体制性、结构性问题，坚持目标导向和问题导向，奋力破除一切阻碍发展的机制障碍，创新研发运作模式，联合行业龙体企业华为公司、兄弟单位二院23所、高校西安交大共同构建以市场为导向的"两级两层"的电源科技创新组织架构。航天长峰为战略牵引科技创新主体，航天朝阳电源与公司研究院为技术引进、联合研发、成果转化主体，华为公司、23所、西安交大作为技术支持方，根据航天长峰战略与军工市场牵引，提供技术与关键元器件支持。通过不断完善科技创新体系建设，持续强化激励措施，努力营造科技创新环境，持续提升关键技术攻关能力。

（1）加强自身创新研发平台建设。搭建航天长峰智能电源（北京）研究院，以市场需求为导向，以掌握产业链技术优势为根本，作为航天长峰智能电源产业科技创新主平台，与航天柏克、航天朝阳电源在垂直领域现有的专业研发平台及十家非法人研发机构（其中六家为省部级研发创新平台）共同构成智能电源产业协同型科技创新平台新格局，制定协同研发实施计划，主平台发挥顶层规划牵引与技术资源汇聚协同作用，其他研发机构发挥专业平台需求引导和产业化作用，形成研发价值闭环，为核心技术研发提供保障，为后续积极争取集团级、省部级、国家级高层次科技创新平台奠定基础。

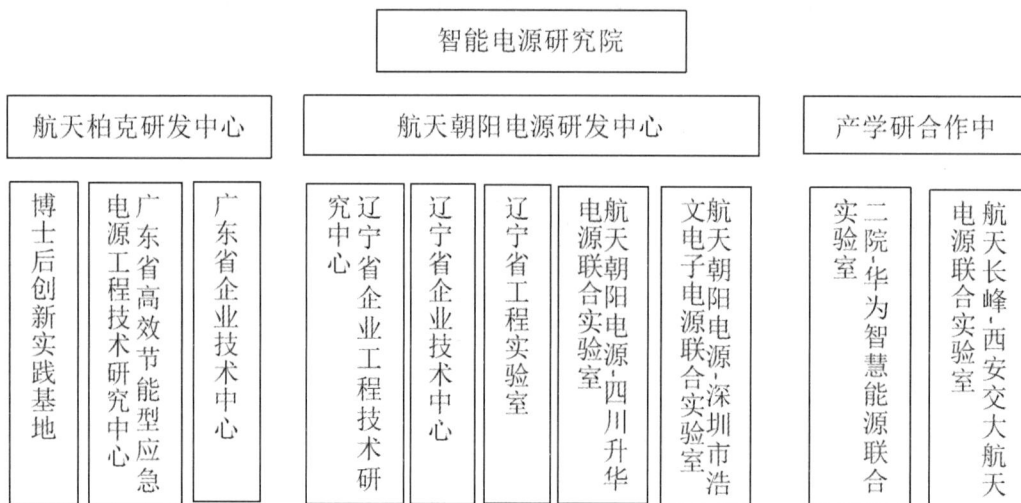

智能电源研究院

| 航天柏克研发中心 | 航天朝阳电源研发中心 | 产学研合作中 |

| 博士后创新实践基地 | 广东省高效节能型应急电源工程技术研究中心 | 广东省企业技术中心 | 究中心辽宁省企业工程技术研 | 辽宁省企业技术中心 | 辽宁省工程实验室 | 电源联合实验室航天朝阳电源·四川升华 | 文电子电源联合实验室航天朝阳电源·深圳市浩 | 实验室二院·华为智慧能源联合 | 电源联合实验室航天长峰·西安交大航天 |

图4　航天长峰研发平台架构图

（2）创建高水平科技创新平台。牵头组建"二院—华为智慧能源联合实验室"，充分结合二院智能电源产业23所等兄弟单位在航空航天及军工领域的资源优势，华为雄厚的芯片等核心半导体器件的研发设计能力和强大的供应链体系、数字能源产品线等尖端研发技术。聚焦军民两用领域特别是军工行业、垄断行业用户需求，打造全产业链产学研用共享平台，有效推动二院电源产业链创新体系建设。在华为布局的以其上游半导体器件（核心是电源芯片）为基础的国产电源产品生态链体系中抢占先机，占据市场主导地位，逐步实现航天长峰、二院范围、中国航天科工集团范围的电源国产化协同发展。

打造富有生命力的智能电源产业协同大生态，延伸自有产业资源，融合行业优质资源，整体提升二院智能电源产业核心技术突破能力，在高频高功率密度电源小型化、高可靠性数字电源系统集成化、模块电源标准及冗余设计等方面实现关键技术突破，不断推出科研成果。其中，智能电源产业研究院作为航天长峰智能电源产业研发创新主平台，统筹资源，密切跟踪市场最新需求和技术发展动态，联合二院-华为智慧能源联合实验室等研发机构，已开展5款国产化高功率密度电源模块产品的立项研发工作。航天长峰以体制机制改革创新为保证，坚持自主开发与引进消化吸收相结合，实现公司创新能力提升和创新产出价值增值。

（3）围绕重点研发方向组建创新联合体，打造协同创新体系。以工程应用和产业化需求为核心，围绕高端国产化模块电源和储能电源方向，加强与以西安交大为代表的高校、以二院23所为代表的科研院所、以华为为代表的行业龙头的技术交流，拓展科技创新合作。通过打造战略合作关系，为知识产权等技术资源共享，提供了可行性背景，充分发挥其基础性研究的优势，为航天长峰所用，形成优势互补。航天长峰现已与国内十余所高校及科研机构建立长期合作沟通机制，通过设立联合实验室、组建联合研发团队等方式集聚人才、技术、研发设施等各类创新资源，构建深度互信、融合发展的协同创新联合体，提升创新水平。

（二）构建协同智能制造共享体系，打造武器装备关键产品规模化生产能力

航天长峰围绕深化供给侧结构性改革、制造强国战略等国家重大部署，在产品制造环节，充分发挥央企国家队作用，把握上市公司产融结合平台优势，优化国有资本重点投资方向和领域，围绕增强产业链供应链国产化能力，瞄准智能制造，大力推动智能电源产业制造体系优化升级，锻造长板。积极落实集团公司"三类制造"战略部署，精准施策，改革生产方式、创新盈利模式，引入二院23所作为战略合作伙伴，构建由二院主要厂所组成的航天兄弟单位合作伙伴网络。利用资本市场募集产业发展资金，协同二院23所先进技术、工艺、制造能力，建设全自动高端模块电源生产线，打造航天长峰以自动化、数字化、柔性化、规模化为特点的全自动高端模块电源产线。大幅降低23所雷达电源成本，加速牵引厂所科技成果产业化，抢占数字化转型先机，为二院军用装备提供低成本、规模化、安全可控的上游专业配套能力，满足内外部与日俱增的市场需求，兼具柔性化生产华为公司模块电源产品，强力推动产业技术变革和优化升级，走出一条具有上市公司特色的资本运营和规模化生产的改革创新道路。

1.运用资本市场募集产业发展资金，协同资源提升制造水平

航天长峰深刻把握作为二院资本运营主平台和信息技术及装备制造产业化主平台的定位，创新融资方式，拓宽融资渠道。优化国有资本重点投资方向和领域，以非公开募集资金的方式引入社会资本，按照加快新一代信息技术与制造业深度融合的主线思路，以推进智能制造为主攻方向，深刻梳理智能电源产业内部发展与外部产业联盟协同需求，优化生产模式。通过汇集二院各厂所优势技术资源，尤其是23所高端模块电源产线技术、工艺、专业人员能力，建设以高功率密度模块电源研发能力升级及产业化为主要内容，新建EMC电磁兼容暗室、形成进厂检验及元器件筛选能力、新建电源模块全自动装配与测试生产线，进一步增强公司在模块电源板块的产能供给能力、产品工艺一致性与可靠性，满足战略合作伙伴—航天二院23所雷达电源的批量需求、公司协同研发平台产品生产验证需求与日益增长的外部模块电源市场需求。

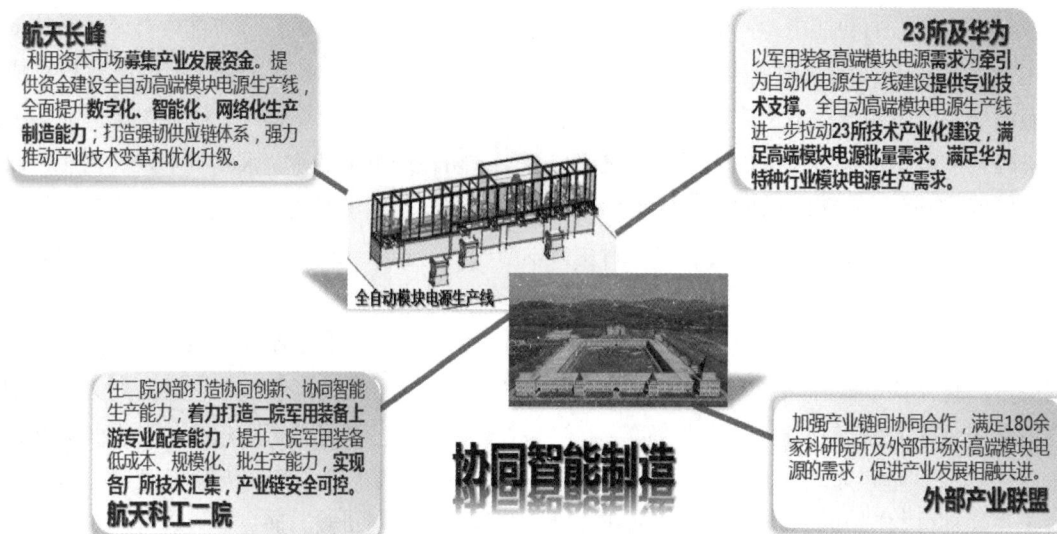

图5 航天长峰基于市场化资本打造数字化协同智能制造体系

2.摒弃"单兵作战"模式，协同兄弟单位抢占数字化转型先机

航天长峰现有一条原总装备部贯标DC/DC生产线，一条工业及民用SMT生产线。可实现年产5万块模块电源生产能力，手工可实现3万块模块电源生产能力。为提升智能电源产业产线自动化水平和规模化生产能力，兼具满足自身生产需要及国家型号配套电源需求，航天长峰发挥电源产业基础优势，协同二院相关单位电源配套需求及资源优势，建设集模块电源自动化装配与测试生产线、印制板组件数字化电装（SMT）生产线和印制板组件三防喷涂自动化生产线三条产线为一体的高端模块电源自动化组装生产线，建成无人值守的"黑灯工厂"，实现年产10万块高功率密度模块电源生产能力。

基于航天长峰现有生产制造基础，资本市场资金优势，23所主要提供技术、工艺及专业人员保障。双方以知识共享、科技成果产业化为主要合作模式，共同打造符合场景需求的数字化模块电源国产化供应链。其中，通过搭建电磁兼容实验室，大幅压缩产品交付时间，通过优化元器件检验流程，大大降低元器件的进厂检验周期和元器件筛选周期，元器件进厂检验时间可由原来的2至3天减少为1天，元器件筛选由原来的4至8周降低为1周。整条产线以精益思想为指导，通过集成生产任务管理、作业过程管理和制造资源管理等，搭建模块自动化装配与测试系统和MES系统，实现数据实时跟踪和监测，实现全线数字化、全工位自动化，极大降低人工成本和外协检验成本，每年可节省外协费用近800万元，生产资源得到高效配置。实现满足产品要求的基础上，大幅提高生产效率和产品一致性，提升航天长峰智能电源产业智能制造和规模化生产能力，有效增强模块电源产品的交付能力。

数字化协同制造共享体系推动航天长峰"传统制造"模式向"低成本规模化"智能制造新模式转变，推动"粗放管理"向"系统预防"的"零缺陷"质量管控新模式转变，全面实现智能电源产业资本与市场的协同效应，大幅加强航天长峰智能制造水平和规模化生产能力。有效解决23所产能供给不足，加速牵引厂所科技成果转化，降低雷达电源成本30%。反哺二院装备研制生产和产业化发展，为二院军用装备提供低成本、规模化、安全可控的上游专业配套能力，逐步培育100%国产化高端模块电源的应用生态。

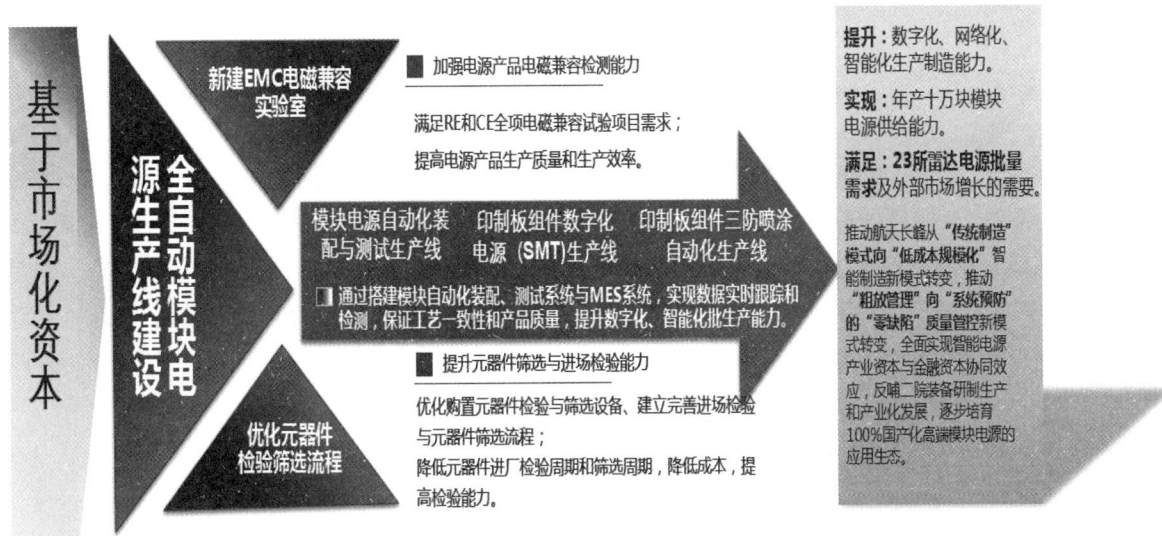

图6　航天长峰协同二院23所建设全自动产线案例

（三）构建协同营销共生体系，推进技术与市场循环联动

航天长峰紧紧围绕构建新发展格局，把握扩大内需战略基点，在产品销售环节，构建协同营销共生体系，加强产业链间协同合作，依托航天柏克与航天朝阳电源现有100＋营销网点、23所等兄弟单位市场需求、华为营销资源，打造协同营销平台。着力提升供给体系的创新力和关联性，充分挖掘特种行业及各类行业对高功率密度模块电源的应用需求，通过加强产业链间协同合作，创新盈利方式实现市场化能力提升，推进技术与市场循环联动。

2020年，中国电源产业呈现出稳步的发展态势，产值规模同比2019年增长5.21％，总产值达3355亿元。同时我国国防军费以每年7.4％速度逐年递增，有力带动电源产业在航空、航天等军工领域的发展，军品电源市场发展前景广阔。随着国民经济发展外部环境的恶化，国产化已经成为国内电源产业（特别是军工电源产业）发展的必然趋势。国内模块电源厂商将逐步占据原先由VICOR、LAMBDA、SYNQOR等国外高端模块电源厂商为主导的市场份额。

航天长峰作为航空航天及军工领域知名电源供应商，前期在军工集团、科研院所、部队、铁路、高校、大型国有企业等领域积累了丰富的客户资源。入选中国十大军工集团下属180余家科研院所的合格供应方名录，并多次获得优秀合格供方荣誉，在军工企业客户中享有较高的知名度与口碑，在国内行业中处于领先地位。经过多年在电源领域深耕，全国共建立100＋营销网点，覆盖大部分省市。同时在巴基斯坦、澳大利亚、南非设立代理商。各销售网点已充分掌握了项目市场推广及技术支持的必备技能，能以快速响应本地化服务，为客户提供个性化、全方位的售前、售中服务和售后保障，为后续高端电源市场化推广提供必要保障。

针对国产化高端模块电源发展机遇，航天长峰电源产业进一步发挥营销资源优势，打造写协同营销体系和机制。航天长峰以国产化高端模块电源作为智能电源产业协同营销体系建设的切入点，布局谋划航天、军工、兵器、铁路等特种行业高端模块电源装备产业。依托航天柏克、航天朝阳电源营销网络与行业龙头企业华为公司、科研院所院属兄弟单位及高校建立共生的联盟体系。

图7 航天长峰智能电源产业协同营销共生体系

1.内生拓展优化营销模式，打造市场协同共享体系

一是大力实施企业内部协同，拓展企业内部渠道融合新局面。航天长峰积极推动内部协同营销体系和机制，建立"总部＋省市营销中心"分布式营销机构，明确责任分工和职能，将各所属单位网络布局融会贯通。积极贯彻协同营销理念，强化信息共享，营销协同。

二是强化网络布局，推动服务差异化战略。围绕航天强国、制造强国、网络强国、数字中国等国家战略，充分融入国家空间布局战略和地方发展规划，实现技术和市场循环联动，打造发展新动能，推动"分散独立"发展模式向"集约集聚集群共同发展"模式转变。航天长峰打造重点销售区域中心，联合100＋营销网点属地化运营及合署办公，实现全员营销，协同化发展，降低运营成本。根据市场需求变化，通过进行销售区域中心开展差异化营销，锚定不同的目标客户群制定差异化营销策略，调整产品结构，形成多项标准化的细分市场解决方案，从而能够快速响应用户需求，及时形成用户满意的新的设计和实施方案。

2.外延融合发挥合作优势，打造多级协同营销生态体系

一是开展行业协同，建立行业协同营销生态体系。与华为公司为代表的行业内合作伙伴签订战略协议，形成合作伙伴生态联盟，建立协同创新联合体，联合各自优势资源，建立产学研用一体化的协同平台；挖掘合作供应商渠道优势，联合争取项目落地，协同重要合作伙伴共同提升企业实力。

二是充分发挥集团内部资源，开展系统内部协同营销能力建设。与二院23所为代表的集团内各兄弟单位发挥供应链牵引能力和市场优势，通过项目互为牵引，共享资源、共建渠道、共推产品、共拓业务等，充分发挥内部资源共享协同优势，在重大项目上，互动沟通，形成互利共赢局面，共同提升航天品牌价值。

四、实施效果

（一）革新科技创新模式，突破"卡脖子"核心技术瓶颈

航天长峰通过构建以市场为导向的智能电源产业开放创新协同研发体系，有效激发和增强智能电源产业变革性研发创新能力和水平。2020—2021年，航天长峰与华为公司协同合作，华为完成17款具备国产替代能力的高功率密度模块电源研发，航天长峰完成五款实现PWM数字控制、标准化模块设计、高功率密度、高可靠性国产化高精尖模块数字电源预研工作。全面提升我国特种行业高功率密度模块电源研发和把控能力，突破以美国Vicor、日本Lambda等企业的垄断，为加快实现关键技术自主可控进程，满足国民经济及国防工业各领域对高端模块电源的迫切需求做出突出贡献。

（二）推进智能制造建设，打造武器装备安全可控规模化生产能力

通过构建协同智能制造生产体系，利用资本市场募集资金，聚焦高端模块电源产品，建立全自动产线。全面提升航天长峰智能制造水平，改进生产工艺，优化生产方式，大幅加强公司在模块电源板块的产能供给能力，实现年产10万块高标准模块电源的规模化生产能力，2亿元的年均增量收入。强力推动23所科技成果转化，降低雷达电源成本达30%。着力打造二院军用装备上游低成本、规模化的专业配套能力，为实现产业链安全可靠，发挥上市公司特有的重要作用。

（三）优化产业布局结构，实现企业转型升级高质量发展

通过构建与实施"基于产业链协同创新驱动核心产品安全可控与产业化转型的产业改革发展体系"，重新组合航天长峰智能电源产业全产业链环节关键价值要素。优化产业布局，在具有战略性、前瞻性的国产化高端模块电源领域取得关键核心技术突破，实现自有产品占比大幅提升，2019—2021年硬件产品营收占比从23%提升至39%，改变利润持续走低的困境，提高国有资本配置和运行效率。2019—2021年间，通过本项目的构建与实施，推动航天朝阳电源实现56%的利润增长幅度，1.3亿元的营收增量，为持续打造高质量航天上市公司发挥重要作用。

成果创造人：金苍松、苏子华、赵志华、侯云龙、刘恺洁、高海燕、
刘建伟、黄抒敏、李军町、张大维、费博研

大型军工企业以业务深度融合为导向的数字化转型管理

中国电子科技集团公司第十四研究所

中国电子科技集团公司第十四研究所（以下简称"十四所"）始建于1949年，是中国雷达工业的发源地，国家预警探测技术的引领者，国家预警探测装备的主要承担者，是具有一定国际竞争能力的综合型电子信息工程研究所。现有职工9400余人，拥有业内领先的顶尖人才，其中中国工程院院士2名，国家及省部级专家150余名。十四所始终坚持强军首责，成功研制出我国第一部大型相控阵远程预警雷达、第一部机载脉冲多普勒火控雷达、第一部预警机雷达"空警2000"、第一部舰载多功能相控阵雷达"中华神盾"等一大批高端武器装备；先后在"两弹一星""载人航天""三峡工程""国庆阅兵"等诸多国家重点工程和重大活动中承担关键任务，受到中共中央、国务院、中央军委多次嘉奖，累计荣获国家级科技奖励60余项。十四所坚持推动探测感知领域创新链与民品产业链深度融合，依托军工科研优势打造了芯片和片上系统、民用雷达和系统、行业智慧化应用（智能制造、智慧轨道、智慧显示）等产业生态链。

一、大型军工企业以业务深度融合为导向的数字化转型管理的实施背景

（一）响应国家加快企业数字化转型促进实体经济发展的要求

党的十九大提出"推动互联网、大数据、人工智能和实体经济深度融合"，习近平同志指出："世界经济数字化转型是大势所趋！要鼓励创新，促进数字经济和实体经济深度融合"，这是新时代推进信息化与工业化深度融合的新要求和新部署。国家近几年也先后发布一系列推进企业数字化转型的政策。这些国家政策频出的背后，是国家希望以供给侧结构性改革为主线，结合实施"中国制造2025"和"互联网＋"，促进新一代信息技术与制造业的深度融合，推动数字化转型实现新旧动能转换、帮助企业实现转型升级。在数字化转型时代，每个行业最终都将处于数字风暴的中心地带。作为国家武器装备研制核心骨干企业，十四所迫切需要积极响应国家政策的要求，顺应数字经济时代发展趋势，推动企业数字化转型。

（二）顺应军工行业应用数字化技术提升装备研制能力的趋势

经过我国军工企业几十年的不懈努力，武器装备技术得到了快速提升，和国外相比许多领域由跟跑变为并跑甚至领跑。国际上武器装备技术竞争也变得日益激烈，各国军工企业都希望提升装备创新研制的能力。近几年来先进数字化技术特别是云计算、大数据、物联网以及人工智能技术的快速发展对武器装备创新研制能力提升带来颠覆性、革命性的影响。数字化已经不是选择，而是唯一出路。国内外各大军工企业已经纷纷开始依赖数字化样机、基于模型的系统工程（Model Based Systems Engineering，缩写

为MBSE）研发方式、工业互联网、基于大数据的智能决策管理等应用，加快向科技创新型数字化企业转型升级。在利用先进数字化技术提升武器装备研制能力行业趋势下，十四所迫切需要通过先进信息技术深入应用以及科研生产保障方式数字化变革，推动企业数字化转型，提高企业核心竞争力。

（三）满足十四所预警探测装备研制、保障数字化转型的需求

十四所作为我国预警探测系统及雷达装备的核心研发单位，装备任务特点从传统目标探测向隐身飞机等新型目标探测转变、从单一节点装备向分布式多节点协同转变、从雷达探测向多传感器融合转变。从单一功能向多功能一体化转变，太赫兹、量子探测等新技术获得突破，推动装备技术体制转变。装备体制和任务的转变对研制能力提出了新的需求，亟需提高雷达创新研制能力。十四所需要以大数据、人工智能、MBSE、数字化样机等技术和理念的深度应用为基础，以知识挖掘和应用为核心，紧密融合到企业经营管控业务过程中，融入产品全寿周期的研发、制造和保障阶段，实现"全数字、全互联、全智能"，全面提升装备研制能力。

二、大型军工企业以业务深度融合为导向的数字化转型管理的内涵与主要做法

面向国家加快数字化转型要求、军事装备创新研制要求以及十四所数字化转型的内在需求，针对如何开展数字化转型以实现业务提升的关键问题，十四所以业务深度融合为导向，提出并实施以总体规划为引领，研发、制造、保障的业务数字化转型为核心，持续改进为驱动，多维保障为支撑的数字化转型管理，如图1所示。通过架构引领、模型驱动、样机贯穿、工业互联、数据集成、虚实融合、保障预测等数字化实践，以及全程控制、持续改进、多维保障等管理驱动，全方位推进企业核心业务的数字化转型，显著增强了武器装备研发、制造、保障的数字化能力，并取得了很好的管理效益、经济效益和社会效益。

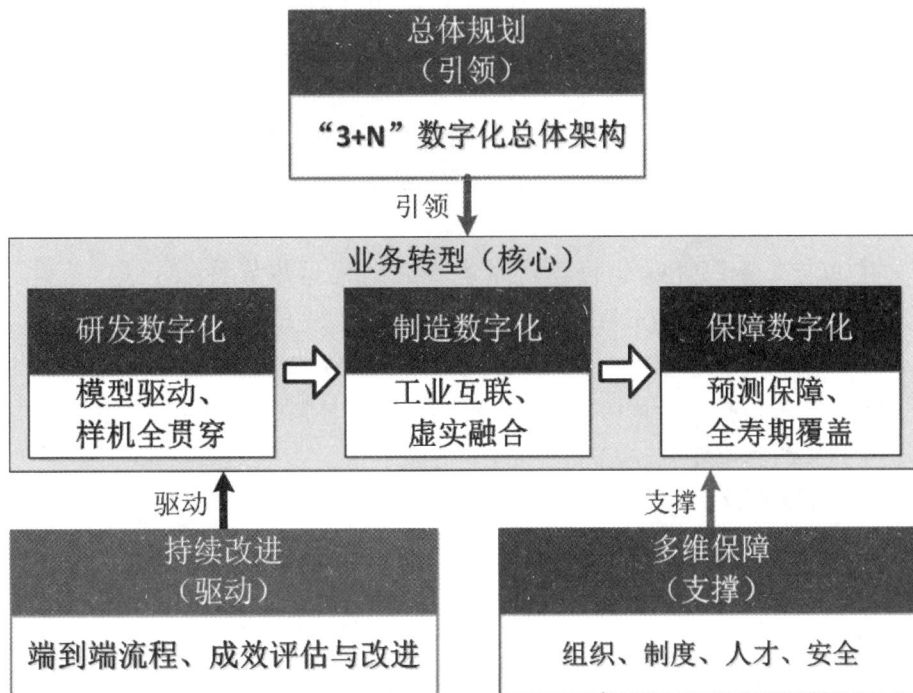

图1 以业务深度融合为导向的数字化转型管理架构图

主要做法包括以下几个方面。

（一）提出以核心业务转型为主线的数字化转型管理路线

1.面向企业战略目标，明确数字化转型的核心内容

企业的战略目标是数字化转型的目标，数字化转型要根据企业战略目标确定核心内容。十四所作为集研发、制造、保障于一体的综合性研究所，始终将业务转型作为企业发展的重中之重。"十二五"期间，开展包含"精益设计、精益制造、精益保障、精益管理"的精益研究所建设，实现全过程、全领域的流程规范和数据共享。"十三五"以来，面向建设世界一流创新型科技企业的战略目标，十四所开展智慧研究所建设，全面推动雷达装备研发、制造、保障业务向"数字化、网络化、智能化"的变革，由此确立研发、制造、保障的数字化转型是十四所数字化转型的核心内容。

2.围绕核心内容，形成数字化转型的管理路线

大型军工企业具有研产并重，产品研制阶段全、过程复杂，产品研发技术和信息技术结合紧密，研制组织方式复杂等特点，对业务的数字化转型提出了重大挑战。

首先，必须建立数字化总体架构，规划并形成核心业务转型的指导蓝图。企业数字化转型需要系统性的创新变革，需要通过总体架构指导业务转型的战略举措和方案落地。十四所研发、制造、保障各领域的业务运行方式、信息系统定位及边界、业务数据流转及应用、实施路线等均需要数字化总体架构予以明确。

其次，必须建立数字化转型的控制及改进机制，驱动核心业务转型目标的达成。数字化转型作为一项复杂的系统工程，各项子工程或项目能否高质量达成预期目标，直接关系到数字化转型的总体成效。十四所研发、制造、保障数字化转型工程复杂，需要高效的控制及改进机制以确保转型目标的达成。

最后，必须建立数字化转型的保障环境，支撑核心业务转型的顺利推进。数字化转型需要整个企业投入巨大的人力、物力、财力予以实施。十四所需要进行相应的组织机制变革，统筹全所资源并发挥各领域专家的人才优势。同时，十四所作为国防装备研制企业，必须将国家秘密的安全放在头等位置，加强数字安全风险管控。

综上，十四所形成"以核心业务转型为主线，建立数字化转型总体架构，开展研发、制造、保障三大核心业务的数字化转型，通过持续改进驱动转型目标的达成，并通过多维保障支撑转型顺利推进"的数字化转型管理路线。

（二）建立与业务深度融合的规划方法和数字化总体架构

数字化转型需要充分发挥架构引领作用。十四所借鉴开放小组架构框架（The Open Group Architecture Framework，TOGAF），并结合实际情况，形成一套与业务深度融合的企业架构规划方法；并聚焦装备研制核心业务，系统规划十四所面向数字化转型的数字化总体架构。

1.建立基于TOGAF理论的数字化架构规划方法

TOGAF提出一套流程化的架构开发方法，包括预备阶段、需求管理、架构愿景、业务架构、信息系统架构、技术架构、机会及解决方案、迁移规划、实施治理和架构变更十个阶段，并明确每个阶段的输入输出和具体任务。结合十四所实际情况，形成包含PEST分析、SWOT分析、TOGAF理论及架构模型的综合型架构规划方法，如图2所示。基于此规划方法，利用建模工具对架构愿景、业务架构、数据架构、应用架构、技术架构等进行建模，在模型基础上开展机会及解决方案分析，最终输出企业的数字化架构规划内容，包括愿景目标、总体架构、建设内容、实施路线以及保障措施五大部分。

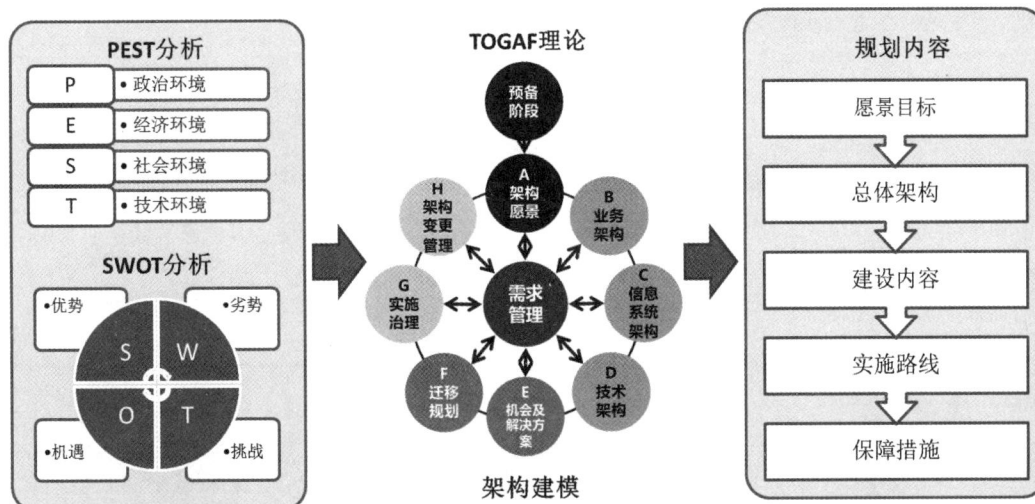

图2 综合型架构规划方法

十四所综合型架构规划方法有较好的优越性，模型化的架构有利于进行迭代和变更管理，建立总体架构动态更新机制，确保在一张蓝图绘到底的同时，又能根据内外部情况进行及时调整，切实有效指导数字化转型各项建设的开展。

2. 构建覆盖装备研制全过程的数字化总体架构

采用上述规划方法，十四所聚焦雷达装备研制核心业务，构建引领业务数字化转型的数字化总体架构。

首先，细分装备研制的三大核心业务。经过现状分析，十四所主要客户订单和对应的业务形态有三种，包括研制类、批产类、售后类。研制类业务包含设计、仿真、单件生产、调试以及质保期内的维护、维修等活动；批产类业务包含批量生产、调试以及质保期内的维护、维修活动；售后类业务包含备件生产以及质保期外的维护、维修活动。根据不同订单类型对应的业务活动跨度，十四所装备研制的全过程可划分为研发、制造、保障三大阶段。

然后，建立模型贯通的架构核心。根据雷达装备系统工程要求，研发、制造、保障三大业务阶段的人员、工具、资源、方法、环境均有明显区别，各自的管理方式、业务目标、支撑系统等也不尽相同，各阶段分别实现"从用户需求到设计定型""从客户订单到产品交付""从保障定义到能力形成"的业务价值提升。十四所据此将研发、制造、保障三大领域的架构规划显性区分，并构成数字化总体架构的三大核心。为解决三大核心业务领域之间融会贯通的问题，应用"模型驱动的系统工程"理论，将三大业务通过数字化模型进行横向贯穿，确保不同形态的业务活动和数据流前后双向全过程贯通，实现装备研制业务的整体价值提升。

最后，构建矩阵式数字化总体架构。创新性地将研发、制造、保障核心业务与人、财、物、计划、质量、成本等管理要素交叉形成业务矩阵，构建横向产品"3大核心业务域"与纵向管理"N维管理要素"有机融合的"3+N"数字化总体架构，如图3所示。

横向3域：建立核心的研发、制造、保障的数字化环境，对应模型驱动的智能研发、基于工业大数据的智能制造和装备全寿期智能保障三大数字化转型领域，实现装备研制全生命周期价值流贯通。

纵向N维：以大数据支持的企业战略管控为核心目标，从人力资源、财务、供应链、项目管理、成本分析等N个维度管理要素出发，构建端到端企业运营管理和工程项目管理流程，融入三大核心业务领域，实现上下穿透、全息感知、透明决策。

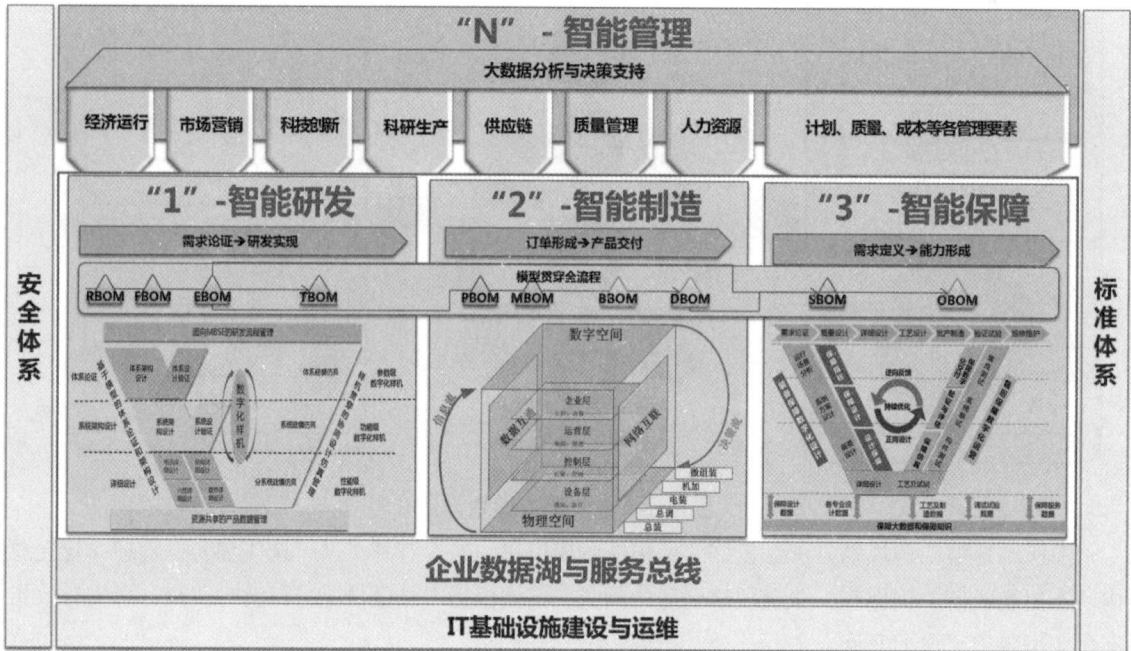

图3 十四所3＋N数字化总体架构

通过核心业务数字化平台和运营管理的全要素集成，辅以大数据支撑的知识工程和高安全可靠的IT基础设施，最终构成矩阵式、全融合的"3＋N"数字化总体框架，引领业务的数字化转型。

（三）构建模型驱动和样机全贯穿的装备研发数字化能力

为应对越来越高的装备研制要求，十四所构建模型驱动和样机全贯穿的装备研发数字化能力，如图4所示。通过在可视化作战场景中进行体系论证和需求分析，实现在各个层级之间的可追溯性；通过雷达系统架构设计系统开展正向设计，实现需求、功能、逻辑、物理模型的逐层分解和迭代映射；以协同仿真系统为载体开展统一数字化样机仿真，充分释放设计风险。装备研发数字化能力的构建，促进了十四所装备研发方式由经验设计向仿真设计、由分散设计向协同设计、由实物验证向虚拟验证、由知识封闭向知识共享转变，提高了装备研发的数字化水平，提升了装备研发的效率和质量。

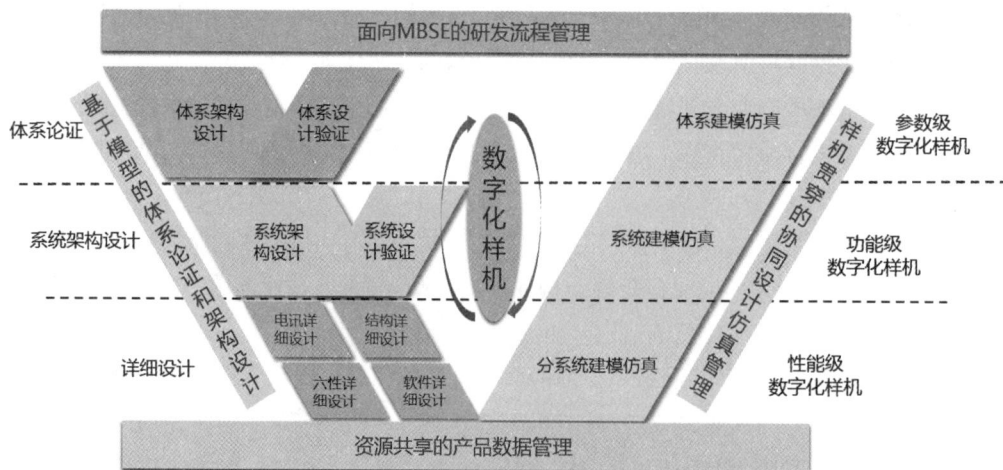

图4 模型驱动和样机全贯穿的装备研发总体框图

1.构建基于模型的体系论证和系统架构设计流程

借鉴系统工程国际委员会（INCOSE）倡导的MBSE理念，结合装备研发实际情况，形成一套适合军工企业基于模型的体系论证和总体架构设计方法，并在重大型号装备中应用。

构建各专业深度融合的装备架构设计方法：对作战场景进行可视化建模与分析，论证作战场景中各武器装备的协同匹配，从整体性能最优的角度来论证充分理解用户需求；承接用户需求，以模型的形式开展装备的总体需求分析、功能分解、指标分配、总体方案设计和动态验证，实现对雷达总体的自闭环；承接总体要求，以模型的形式协同开展工作，完成各分系统自身的需求分析、指标分配、电讯设计、软件设计、结构（热）设计和建模仿真等工作，并根据需要完成虚拟测试验证和半实物测试验证。

基于模型的体系论证和架构设计方法采用模型化设计，使得产品研制前期的验证成果能以更直观精确的方式向下游完整传递，便于设计追溯；对象化、结构化的模型便于跨专业协同从而规范电讯、结构、软件等各专业的设计工作；设计与验证融为一体，每层设计都得到充分验证，有效减少设计返工。

2.建立全过程样机贯穿的协同设计仿真管理机制

结合装备研制能力提升要求，构建数字化样机研发环境，包括参数级、功能级、性能级等3层级的数字化样机，建立一套涵盖体系、系统、分系统和模块的全过程样机贯穿的仿真管理机制，建设全过程样机贯穿的协同设计仿真管理平台，实现对各层级仿真流程和仿真知识的规范化管理，减少对实物试验的依赖，提升仿真效率。

数字化样机设计仿真工具的统型与流程管理将单个工具应用进行封装，结合具体的仿真业务，完成多工具流程的集成，实现不同学科之间的联合仿真；通过仿真模板管理，提供向导式的仿真设计流程，并绑定相关的仿真知识，实现对仿真过程的规范化控制和参数化设计；仿真数据管理将离散的过程数据和结果数据进行统一管理，与试验数据进行对比分析从而不断优化完善仿真模型，提高仿真置信度。

为更好地推广应用协同设计仿真，适应数字化样机建设所引发的研发管理流程变革及数字化特点，结合各专业特点，建立适合十四所实际情况的数字化样机构建标准体系，拟制、修订近30多个管理规定，主要包括结构/电讯/工艺相关工作流程、交付物、数据接口规范等相关标准。

3.建设全寿期设计资源共享的产品数据管理平台

为解决装备产品结构、设计模型、技术状态等全寿期设计资源贯通和共享问题，十四所建设统一的产品数据管理平台，通过基于多视图的产品结构数据组织模型和数据集成管理，对相关模型与数据对象的产生、映射、转换、交换、丰富、关联、发布、传递、使用、更改、废弃等全生命周期状态演变过程进行分析，形成面向装备产品全生命周期的技术状态控制中枢。

通过对装备全生命周期数据的分类、集成、存储和管理，形成包括功能BOM、设计BOM、软件BOM、工艺BOM、制造BOM、服务BOM在内的产品数据技术状态管理和控制，实现数据的关联更改和历程管理，确保产品各阶段装备设计数据的一致性与可追溯性。通过对共性产品数据的管理，规范和建立一套完整的三化知识、软件成果以及优选零部件的整理、分类、录入的机制和业务流程，以保证现有的设计知识和优选零件能够得以很好归类和重用，实现设计资源在全所范围内的共享。

（四）构建工业互联和虚实融合的装备制造数字化能力

为提升装备制造数字化能力，在工业生产的设备状态感知、设备控制、信息集成、信息建模、信息分析、决策优化等过程中，构建工业互联和虚实融合的生产制造能力，如图5所示，形成设备—设备、设备—系统、设备—系统—产品、企业—产品—用户的四大闭环。打造符合多品种、变批量、机电混装、调试复杂等军工装备特点，覆盖总装、总调、电装、机加、微组装等多种制造类型的装备制造数字化能力，推进制造方式由传统制造向基于工业互联的智能制造方式的转变，提升装备制造的数字化水平，降低生产成本和周期。

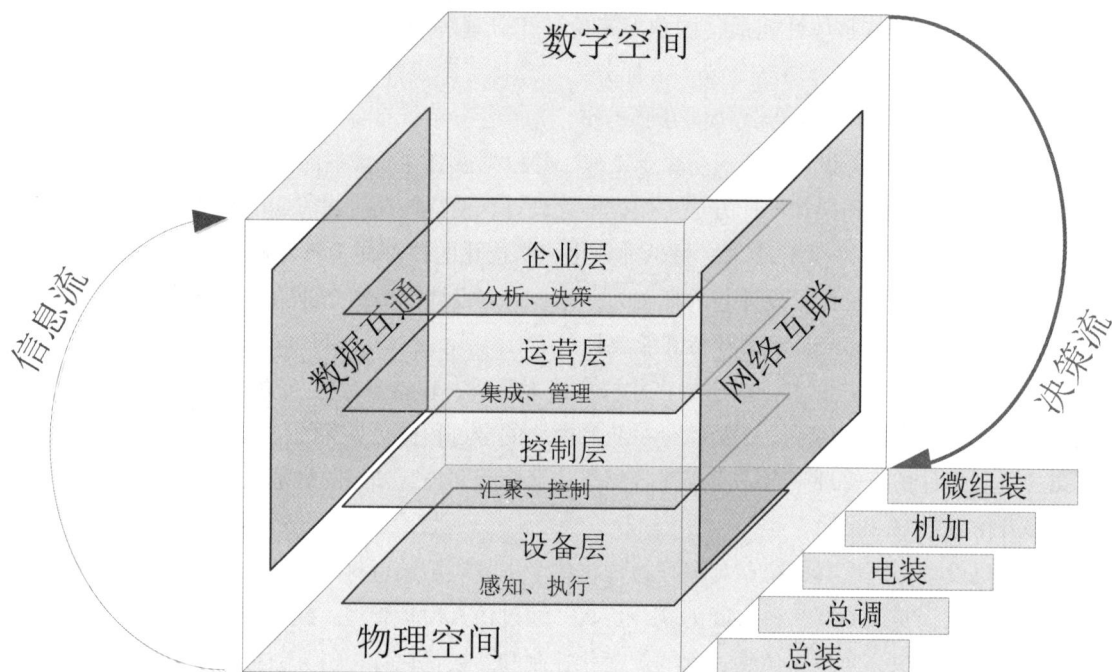

图5　工业互联和虚实融合的生产制造总体框图

1.打造基于工业互联的数据采集和全息感知能力

以加快新一代信息通信技术与制造业深度融合为主线，建设"工业互联、全息感知"的数字化世界，通过数字化、网络化及智能化的贯穿覆盖，打通产品项目管理与生产制造等全生命周期的各个环节，并向设计端和保障端进行价值的前后延伸，全面提升产品设计、生产和管理水平。实现业务与体系垂直贯通、资源与能力协同共享，形成智能制造的行业应用、安全保障和创新团队等新优势。

打造与各智能单元/智能产线的工业数据采集能力，远程控制生产线仓储设备、配送设备、装配设备及测试设备的具体工作，并可将智能单元/智能产线所采集的信息数据进行加工处理，把异构信息转换为标准格式的数据，并分布式的存储于工业物联网中。在此基础上，建立物理系统和仿真系统的混成模型，推动十四所生产制造由"实物经验方式"向"信息知识方式"的转变。

2.建设从生产要素到产品价值链的制造运营中枢

建立覆盖微组装、电装、机加工、总装、总调等多种制造类型的制造运营管理平台，打通工程数字化的端到端集成、计划到指令的数据链纵向集成、围绕产品价值链的企业间横向集成，形成从生产要素到产品价值链的制造运营中枢，并与工业现场形成"数字化双胞胎"，提升生产环节"人机料法环"的柔性配置和动态响应。

在制造体系的纵向进行生产控制指令和生产过程信息的上传下达，实现"任务—订单—工单—执行"的逐层分解及自动作业，完成制造体系的内部循环；在产品全生产周期的横向进行信息知识的前后贯通，以最实时准确的制造加工信息支撑智能研发的设计优化、智能验证的功能实现及智能保障的数据提供，形成"研发—试制—验证—保障"四位一体的循环。

3.构建虚实融合的可视化生产决策管理方式

打造虚实映射的可视化生产决策平台，通过建模仿真技术对物理世界进行数字化和虚拟化，将物理系统的状态数据反馈到虚拟空间，通过虚拟方式进行生产信息的监控，形成物理现实空间和数字赛博空间的虚实互动，推动物理实体与数字虚体之间数据双向动态交互，实现反馈式设计、迭代式创新和持续性优化。

建立智能车间数字孪生体系，实现雷达装配过程在线监控、实时预警，促进计划安排、资源配置、生产执行与调度的智能决策管理，满足雷达装备柔性、透明、均衡、高效、优质生产。

（五）构建覆盖全生命周期可预测的装备保障数字化能力

十四所构建覆盖全生命周期可预测的装备保障数字化能力，包括装备研发过程中与各专业功能设计紧密融合的装备保障数字化设计能力，和装备交付后的售后保障数字化运营能力，如图6所示。装备保障数字化设计能力主要面向战斗力生成，售后保障数字化运营能力主要面向战斗力保持。装备保障数字化能力的构建，打通了装备保障从战斗力生成到战斗力保持的全生命周期，从前端向后端实现了保障设计模型数据贯通，从后端向前端实现了保障维修维护数据反馈，推动了装备保障方式从传统的人工响应式保障向全生命周期可预测的精确保障转变。

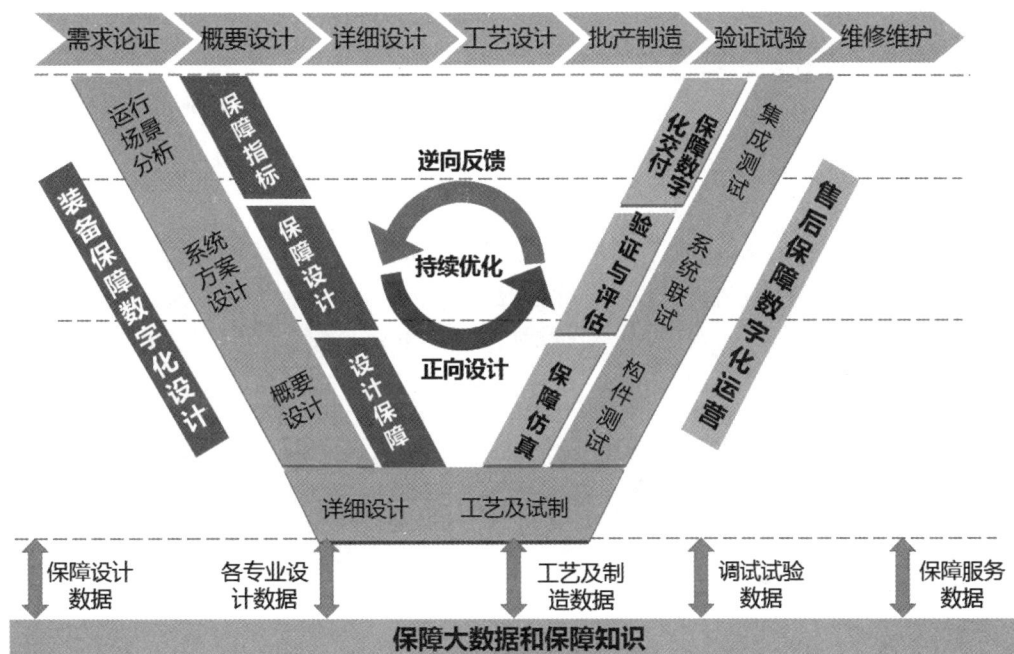

图6　覆盖全寿期的精确保障环境总体框图

1.健全与功能设计融合的保障数字化设计能力

针对可保障性、可维护性、安全性、环境适应性等六性设计与装备功能设计融合不紧密的问题，建立六性协同设计环境、交互式电子手册开发系统、装备健康管理设计工具等与装备功能设计紧密融合的平台，健全装备保障数字化设计体系，支撑装备保障数字化设计的推进和实现。

基于流程化、规范化的六性设计过程实现设计任务与六性工具和数据的集成，并与装备研发过程贯通，实现设计全过程中的六性指标追踪。其中保障性分析平台通过保障资源管理、维修保障分析、统计分析与报告等过程，科学地设计保障方案并规划保障资源，积累标准故障模式。保障性分析在建立雷达设计BOM的基础上，应用FMECA/RCMA/MTA/LORA等规范化的保障分析技术，输出包含保障分析报告、维修资源需求、备件需求等在内的综合保障规划。

2.打造面向战斗力保持的保障数字化运营能力

面向装备交付后服役全过程，建设售后服务管理系统以及属地化子系统，打造面向战斗力保持的售后保障的全过程、全要素数字化运营方式，提高精确保障能力，并促进设计持续改进。

全资可视化从装备、任务、资源、故障等维度准确掌握装备使用、维护和运行的状态信息，精细化监控任务资源及实施进度，从而制定针对性服务策略，合理安排装备维修维护计划和外场任务活动，提升装备的可用度和作战性能。单机履历管理建立装备出厂、交付、使用阶段全寿期台账信息，精细化管控每个可维护单元的状态及履历，为精确保障、快速响应和质量追溯提供准确数据。故障件返修过程建立故障件返厂维修的策划、实施、跟踪和控制的全过程监控，实现修理过程跨系统、跨部门协同。保障资源管理将各种任务所需保障资源与装备及任务实现实时关联，能够更好地进行保障资源的使用预测和优化管理。

产品故障数据管理系统统一管理贯穿装备全寿期的各类故障数据，在明确故障模式编码规则、故障模式层级架构组成以及故障数据来源的前提下，构建故障数据检索、查询数据下载分析、排故经验库维护扩充等功能，实现各故障数据与产品研发过程的快速对接，提升故障数据采集和知识服务效率，最终为产品设计与验证、测试与试验、试制、保障等业务流程各环节提供故障知识共享服务。

（六）建立推进数字化转型的全过程控制与持续改进方法

十四所为了确保数字化转型项目的顺利推进和数字化转型效果的持续改善，采用端到端流程和管理循环的理念，建立数字化转型的全过程控制与持续改进方法。

1.建立端到端推进流程，提高项目建设质量与效率

十四所建立从项目立项（Establish）到系统功能改进（Improve）的、面向业务数字化转型目标实现的、端到端数字化转型项目推进流程（以下简称为E2I）。

如图7所示，E2I主要由流程及控制点、角色与职责、评审与决策体系三个层面构成。在每一个工作环节，都通过E2I工作规范明确具体工作内容、角色职责、输入物、输出物、控制点签署要求。

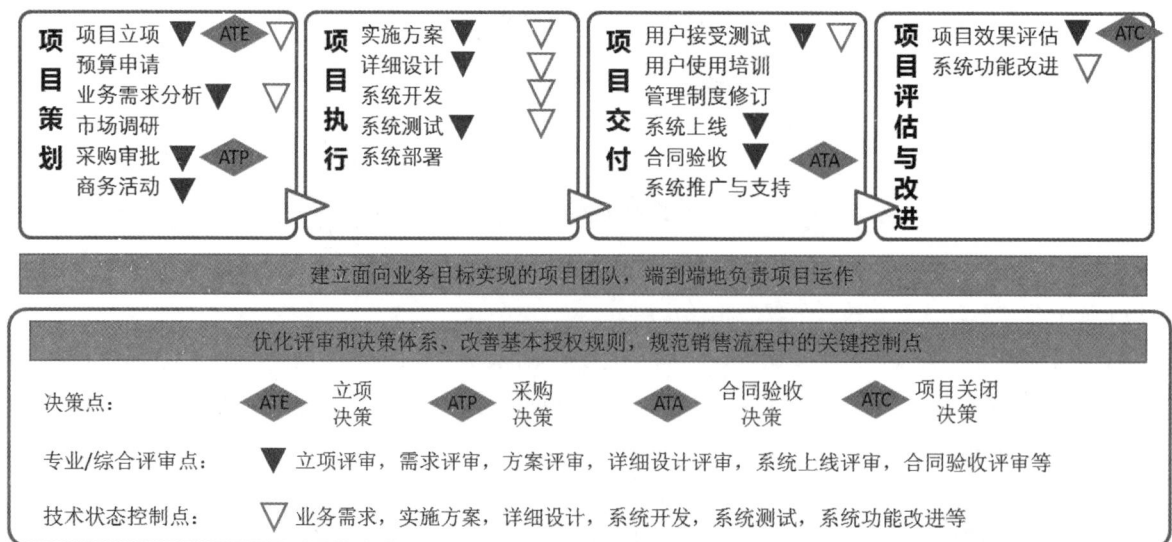

图7　数字化推进流程架构（E2I）

通过E2I的建立，优化项目推进过程中的不增值冗余环节，实现跨部门、跨岗位的"横向拉动"，有效控制项目建设中的各种风险，显著提升了项目质量，促成了业务数字化转型目标的达成。

2.建立评估与改进机制，持续提升数字化转型效果

十四所将数字化推进流程架构（E2I）与两化融合管理循环相结合，建立项目评估与改进机制。在项目效果评估阶段，十四所从基础建设、单项应用、综合集成、协同与创新、竞争力、经济和社会效益等几个视角对项目带来的数字化转型效果进行评估，并决策项目关闭或者继续进行功能改进；在改进阶段，针对评估结果指出的薄弱点进行专项优化；十四所最终根据项目效果评估及系统功能改进情况，决策是否设立新的项目以进入下一个E2I流程。在项目评估与改进机制的推动下，企业的数据、技术、组织、流程不断优化，实现了数字化转型效果的持续改进。

（七）建设保障数字化转型的组织、制度、人才与安全体系

十四所在数字化转型中，面对复杂的外部环境、强烈的内部转型需求、快速的技术变革趋势，围绕数字化转型组织、制度、人才、安全等要素，开展一把手工程、组织变革、敏捷型团队、全方位防护、全员参与等创新实践，为数字化转型提供有力保障。

1.建立面向业务的数字化转型组织与制度，统筹全所资源

十四所成立网络安全与信息化领导小组和工作小组，覆盖全所各部门，是数字化转型工作的所级组织。网信领导小组由所一把手任组长，主要负责数字化转型的政策制定、资源协调、规划指导、预算审批等。网信工作小组分为五个小组，各业务的主管部门作为工作小组的组长单位，负责各本领域的数字化转型需求决策与项目推进，对本领域的数字化、网络化、智能化水平负责。

十四所成立专注于企业数字化转型的软件公司、专注于智能制造解决方案的智能制造创新中心和专注于AI研究与应用的人工智能创新中心，推动面向数字化转型的企业组织与管理变革，统筹构建数字化新型能力，切实推动数字化转型工作。

十四所制定数字化转型系列管理制度19项。例如，数字化转型项目建设方面，通过制定《数字化转型规划与项目建设管理办法》，明确数字化转型项目决策机制，使得各部门的权责明晰，确保数字化转型中的资源投入。

十四所建立数字化转型奖惩机制，包括数字化绩效考核机制和数字化先进评选机制。每月进行考核并打分，每年进行先进集体和先进个人评选，进一步提升各部门对数字化转型工作的积极性。

2.组建动态的跨部门项目团队，发挥多专业人才资源优势

十四所在数字化转型项目立项阶段成立跨部门、多专业的弱矩阵式项目团队，关键角色及其隶属的职能部门如图8所示。各部门的分管领导（主要责任人）是固定的，确保各职能部门保持稳定的决策与投入；技术负责人和业务负责人负责具体工作，针对项目不同阶段的需求，团队成员动态调整，确保各专业能力互备。这种动态的跨部门项目团队，使得团队内横向沟通更加顺畅，具有不断适应挑战和自我调整能力，在应对复杂的数字化转型项目中体现出很大的优势。

3.建立安全保密运维一体化体系，加强数字安全风险管控

十四所制定"统筹规划、规范实施；过程控制、纵深防御；技术管理、互为补充；分级分域、网格防护"的信息安全方针，并围绕方针制定由1项策略、2项程序和25项具体操作规程构成的分层次的信息安全制度体系。

职能部门 团队角色	网信领导 小组	网信工作 小组组长 单位	开发实施 工作小组 组长单位	业务需求 部门	物资采购 部门
首席专家	□				
分管领导		□	□	□	
系统架构师			○		
技术负责人			○		
业务负责人				○	
资产主管			○		
采购主管					□
运维负责人			○		

□ 静态人员
○ 动态人员

图8　动态的跨部门项目团队

为适应各类数字化平台、新型IT基础设施的运维管理需求，参考ITIL、ISO9000、ISO27001等标准体系的要求，构建自动化的运维管控机制。整合运维支持链的资源，制定具体的运维操作管理办法，完善重要信息系统的应急预案和应急演练手册，建设自动化运维管控平台，有效保障数字化平台的高可用性，业务连续性由99%上升到99.9%。

为了保障数字化平台的安全高效运行，支撑云计算、大数据、人工智能等先进信息技术的深度应用，十四所围绕综合集成、信息安全、基础平台等方面构建新型的IT基础设施。在"综合集成"方面构建OLAP超融合数据湖平台及安全控制平台，着力构建面向订阅发布模型为场景的数据交换配置策略中间数据交换架构，支持离线数据分析和系统集成松耦合中间系统。在"信息安全"方面构建多维度、动态风险感知与防护大数据系统，并面向互联网构建态势感知系统。在"基础平台"方面建立双活存储系统、大数据管理分析平台、AI深度学习计算平台、高性能设计仿真计算资源共享平台等，进行软件定义网络的验证应用。

三、大型军工企业以业务深度融合为导向的数字化转型管理的实施效果

（一）促进了核心业务的数字化转型，装备研制及管理能力显著增强

企业研发、制造、保障核心业务向"数字、互联、智能"方向发展，促进了模型驱动和样机全贯穿的研发数字化转型、工业互联和虚实融合的制造数字化转型、覆盖全生命周期可预测的保障数字化转型。目前装备研制数字样机模型对设计、仿真、制造、检验、试验等全过程100%覆盖，三维工艺模型覆盖率92%，整机电讯模型仿真置信度98%，试验数据知识化超过90%。与"十二五"相比，科研生产管理业务流程时间平均下降35%，典型产品设计差错减少30%，实物验证数减少30%，台套交付准点率由80%提升到现在的93%，产品研制周期由原先的4~5年缩短到现在的2~3年。

（二）实现了国家预警探测装备的高效供给，企业经济效益持续增长

十四所承担了更多的国家高精尖装备研制任务，为国家提供了 80%以上的预警探测骨干装备，90%的国家大型骨干装备。从2017年到2020年，雷达装备台套年研制数量不断增长，企业营业收入由184.93亿元增长到211.88亿元，企业营业利润率由7.98%增长到8.79%。经测算，2017—2020年数字化转型整体

解决方案输出创造的直接经济收入超过13亿元。

（三）带动了军工电子行业数字化水平提升，创造了显著的社会效益

项目策划实施以来先后获得了多项国家、行业的相关荣誉，提升了企业影响力。近年来，先后荣获2016年、2017年度中国两化融合突出贡献领军人物奖，2017—2018年度军工行业信息化推进工作先进单位，2020年度国有企业数字化转型典型案例，2020年度全国智慧企业建设创新实践案例。2020年，本成果荣获第二十七届全国企业管理现代化创新成果一等奖。

十四所成立了专注于企业数字化转型的软件公司，将数字化转型管理经验提炼成可推广的商业解决方案。目前打造了全系列拥有自主知识产权的工业软件（取得软件著作权超过100项），形成了"3＋N"智慧企业整体解决方案，包含数字化产品协同环境、数字化制造环境、数字化保障研制环境、知识中心等。解决方案获得广泛推广，服务的重点企业超过200家，助力了中国商飞C919大型客机、大型客机CJ—1000A发动机、成飞新一代战斗机、航天运载火箭等多个国家重大型号的顺利推进。

成果创造人：胡明春、王建明、荆巍巍、章宏、倪菁、赵玉洁、

胡亮兵、陈学勤、石磊、章磊、田俊、张雷鸣

"数字海威"赋能工程项目管理

中交一公局海威工程建设有限公司

中交一公局海威工程建设有限公司（以下简称：海威公司）始建于1999年，现隶属于世界500强企业"中交集团"下设中交一公局集团有限公司。海威公司总部位于北京市通州区徐辛庄镇，注册资本60008万元。海威公司具有公路工程施工总承包特级资质、市政公用工程施工总承包一级资质等15项资质，现有职工1100余人，团队力量仍在不断地壮大中，人才体制机制建设不断创新。海威公司始终秉承"自强奋进，永争第一"的企业精神，坚持竞技于中国交通基础设施建设事业的大舞台。近年来，荣获"全国建筑业三优企业""全国建筑业优秀施工单位""全国公路建设市场诚信百佳企业""全国创建文明行业工作先进单位""北京市质量信得过单位""北京市政行业诚信企业"等多项荣誉称号。随着规模和体制的不断壮大，在延续和巩固传统市场的同时，海威公司勇于变革、敢于创新，在激烈的市场竞争中谋发展、寻突破，从公路、桥梁、铁路等传统施工领域进入到更具市场竞争力的市政工程、河湖整治、特色小镇、房建工程等基建行业，施工足迹遍布全国多个省市，参建了北京、上海、天津、重庆、河北、山西、安徽、辽宁、黑龙江、广西、河南、四川、西藏、云南、湖南、山东、浙江、江苏等地具有代表性的高速公路、市政道路、铁路工程、房建项目等的建设，并收获了多项殊荣。

一、本成果建设背景

随着中国经济的飞速发展，基建速度和规模也逐渐提升，但大部分建筑工程施工项目的管理还停留在较为落后的阶段，大量基础数据的整理、运算耗费了大量时间、人力，这时候信息化的重要性就逐步凸现出来。当前信息技术的飞速发展从经济效益、技术手段和工程应用等三个方面，对建筑工程施工项目信息化管理起了巨大的作用，使项目管理上了一个新的层次，特别是各类进度计划管理软件、工程资料软件等得到了一定程度的应用，集成化的施工项目信息化管理系统也已开始用在施工项目管理过程中。然而，由于施工项目管理模式的多样性、复杂性等原因，现有的施工项目信息化管理系统未能在施工项目管理中得到广泛推广，主要原因是软件开发者没有参加过工程项目的一线施工，对建筑工程施工项目需要做什么、相应的流程是什么了解得并不透彻，而从事一线施工管理的人员又很少会编程，因此从工程项目管理实际出发，建立一套适用于建筑工程施工项目实际的、可以使用移动设备随时随地办公的、功能多样的信息化管理系统是很有必要的。

二、本成果的主要做法

（一）业务创新点

（1）将项目数据库、各功能模块及展示窗口集成于一套系统中，告别了以往各部门、各功能模块应用不同系统"各自为政"却不能相互调用的境地。

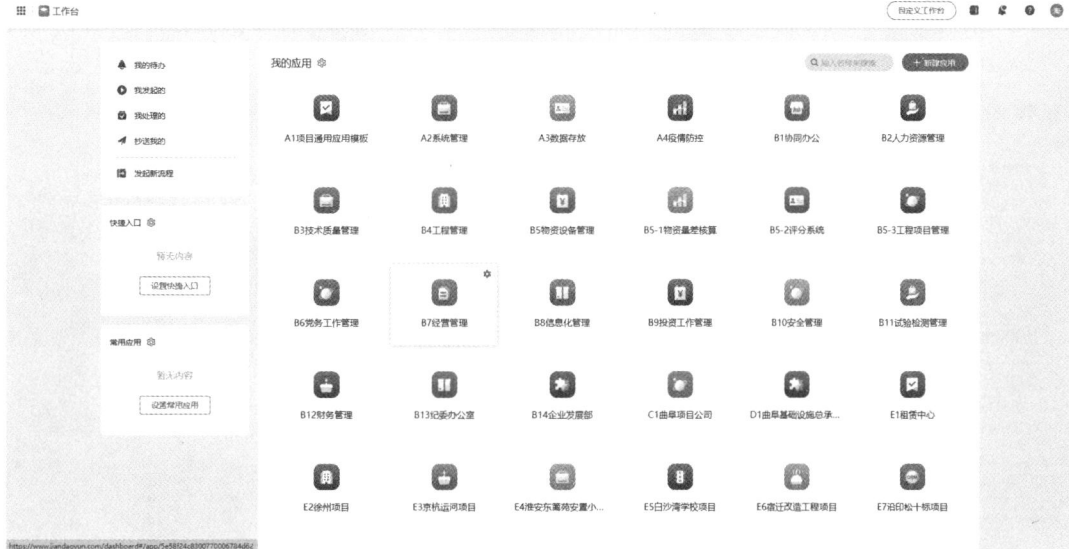

图1 "数字海威"部分功能模块

（2）通过具有高运算速度、高精确度等优势的简道云平台的大数据库、与课题研究人员对一线施工项目的实际管理经验深度融合所建立的施工项目信息化管理系统一定是最贴近施工实际、最容易推广的。

（3）以PC端＋移动设备端进行应用的施工项目信息化管理系统，摆脱了空间与时间的束缚，随时随地对项目进行管理。

（4）将部署在施工现场的硬件设备接入到系统中，丰富了施工过程管理的数据获取手段且提高了管理效率，减轻管理人员尤其是安全环保监督管理人员的工作负担。

（5）多平台联动机制：通过API接口的调用，实现本成果与MDS、地方业主单位的管控平台、地方政府的农民工工资监管平台等外部平台的数据共享，做到"一平台输入、多平台输出"的目的。节省项目管理人员重复录入工作且有效保证多平台数据的一致性。

（6）脱机运行功能：依托移动设备的内部缓存功能，可在无网络时脱机输入数据，联网后自动上传，避免发生因网络原因导致无法输入数据、处理工作等情况。

（二）技术先进性

（1）自主开发的辅助插件：包括但不限于施工作业人员档案管理插件、施工现场环境判断及分析插件、图灵识别触发指令插件等用以补充、完善简道云平台缺失的功能。

（2）自主研发的指令执行设备：包括但不限于用以执行图灵识别所触发的指令执行设备、现场监控识别所触发的警告设备等。

（3）系统的外部调用：通过预留多个API接入端口，依据所需数据、信息灵活调用外部网站、软件、设备所产生的数据，丰富系统功能、提高系统执行效率。

（4）将虚拟沙盘与三维投影应用至建筑工程施工项目的管理中。

（三）建设任务

1.基础信息数据库

基于简道云平台建立项目基础数据库并预留维护端口。库内数据主要为项目各项基础信息，包含项目各分部分项工程详细情况、工程量清单、所需材料明细、危险源清单、环境影响因素清单、质检资料、规范等，作为整个系统的数据支撑及后续处理的数据源。

图2　基础数据库部分数据

2.基础信息展示

应用BIM建模技术在系统首页搭建一张项目施工区域三维地图，并通过航拍、卫星、实地勘测等手段获取详细数据，搭建跟随项目施工进度实时更新状态、同步天气系统、接入现场实景的虚拟沙盘，且应用三维投影技术将三维沙盘以虚拟现实的形式展现在会议室、办公室等所需位置。将项目基础信息、各分部分项工程信息、危险源分布信息及动态更新的项目施工过程信息等以滑触展示的方式标注于沙盘上，沙盘将支持自由旋转、放大、缩小甚至截面透视功能并接入现场监控摄像头，可以实时掌控现场环境、项目进程、施工状态，方便管理者查看、分析。同时，沙盘将分区域标注分管的现场负责人及联系方式，有任何需要即可第一时间联系到区域分管责任人。

3.进度管控模块

本模块主要数据来源为现场负责人每日填报的施工日志，由系统的核验功能及预设工序、时间逻辑对现场负责人所填报日志的合规性、逻辑性进行审查核验。例如在填报分项工程进展时，必须符合施工工序逻辑，由系统的运算分析模块对施工日志进行数据提取、对比整合、运算分析，将实时进度更新在沙盘上并累加计算整体进度，也为后续的成本计算、质量管控等提供动态信息，同时将实际进度与项目计划进度相比对，对进度落后的分部分项工程提供预警信息。

图3 产值预警看板

4.质量管控模块

依据项目进度管控模块输出的项目进度数据即每日实际施工数据建立该模块，主要涵盖自动报检、质量问题的线上整改与回复、电子奖罚通知单及质量问题汇总分析等功能，将项目进度管控模块数据与质检资料、规范进行匹配比对，自动检查出不合规条目，如将实际钢筋间距与质检资料中的要求进行联动比对，自动判断出钢筋间距是否符合规范且附加照片作为依据和记录，并将整体分析结果应用于管理人员考核、协作队伍评价等工作中，以此对项目施工过程中的质量进行全方位把控。

5.成本管控模块

将现场施工过程中产生的实际数据与数据库中的基础数据、设计数据进行比对运算并对结果进行分析，生成各分部分项工程材料节超量报表、材料库存明细、返工损失明细等，输出的各项报表可直接用于计量工作。

具体分为在建项目日产值模块、协作队伍成本监控模块及已完工未入账管理模块。

在建项目日产值模块基于0#清单拆解的WBS工程量清单，由现场负责人选取对应分部分项工程数据并填写完成量，系统会根据清单明细自动挂接出材料型号、材料量等数据，并将数据以项目为单位进行汇总，生成在建项目产值日报。

协作队伍成本监控以产值日报的工程量为基础，结合分包清单价格计算得出协作队伍当日收入。同时根据现场实际人工数、机械台班数及投入材料量计算出当日队伍成本，两者相减得出当日队伍收入。

已完工未入账模块作为项目结算整治中的重要环节，对整合项目实际施工中产生的零散数据并进行运算分析，得出项目已完工未入账的金额、原因分析报表，督促各项目尽快落实相关工作。

6.安全管控模块

以施工作业人员进场实名制登记为先导，基于简道云平台及自主开发软件建立施工作业人员"一站式"进场管理模块，通过完善的流程设置、多设备的联合应用、充实的数据库实现施工作业人员进场工作前的流程式进场服务；以监控摄像头、无人机巡检、现场负责人手机巡检等方式结合项目安全管理人员的日常检查为过程管控手段，对施工现场进行全天候、全方位的施工过程安全管理；以问题汇总、原因分析为优化提升依据，对施工现场存在的问题进行汇总、对其产生的原因进行分析，确定下一阶段安全管理侧重点、优化下一阶段安全管理方式，同质量管控模块一样将考核结果纳入管理人员考核及协作队伍评价工作中。

7.环保管控模块

通过对接施工现场监控摄像头、空气质量检测仪、噪声检测仪、水质监测仪及巡飞无人机等硬件设备，将各设备数据汇总、分析后输出，对超标状态进行预警，必要时可触发相应应急动作。如监测到施工现场某一区域扬尘数据超标，可自动通知洒水车、雾炮机及清洁队立即对该区域进行清洁。

8.物资管理模块

物资管理分为物料收发、物料节超及固定资产管理三方面。

物料收发方面，"数字海威"系统通过API接口与MDS物料收发软硬件进行对接。收料时运输车过磅数据实时反馈到系统中，物料进入实体仓库，数据进入虚拟仓库；现场负责人根据需要领料时需填报领料单，虚拟仓库中数据匹配、核对完成后下指令到实际仓库并做出发料动作，以此做到施工现场物料收发全流程追溯、全过程监控。

物料节超方面，在领料时即根据MDS清单中工程量进行配比，减少超领现象；在物料使用过程中对数据进行全面采集，由系统实时分析，做到过程中节超管控；在部位施工完成后，计算分析形成节超报告，由现场负责人进行节超原因分析填报，做到事后管控。

固定资产方面，细分为固定资产申请、固定资产验收、固定资产调拨及固定资产报废几部分，所有步骤均在线上填报审批。在固定资产申请环节，系统会根据已录入的制度、人员类别进行标准匹配，限定人员可以申请的类别、额度，避免误填报；申请流程审批完成后自动进入资产验收环节。对购置的固定资产由主责部门、使用部门联合验收，核对资产类别、型号及额度，验收通过后系统自动生成一张包含该设备信息的二维码，将其粘贴于固定资产后该固定资产方可投入使用。当固定资产闲置时进入闲置仓库，有调拨需求时，由当前使用单位发起调拨申请，调入单位负责接受及验收。当该固定资产达到使用寿命无法使用时，进入报废流程，由当前使用单位发起报废申请，审批通过后该固定资产做报废处理。以此做好固定资产的全生命周期管控。

9.人力资源管理模块

不同于微信或手机通讯录，基于"钉钉"软件打造的"数字海威"将所有员工均纳入组织架构，组织内成员可直接发起电话、视频或会议，实现了更方便、更快速的沟通交流。

基于"钉钉"软件打造的"数字海威"考勤打卡分为前场打卡及后场打卡，根据人员性质设置不同考勤组。前场打卡通过手机定位实现，后场打卡通过连接钉钉考勤机实现。考勤机一般固定于办公楼门口，可以设置仅人脸打卡，避免员工代打卡、蓝牙远距离打卡等情况。

考勤机数据实时同步至"数字海威"系统，自动统计当日出勤情况，累加统计当月、季度、半年度及年度出勤情况、人均出勤率、人均请假时长等人事相关数据。

考勤情况按日汇总，以邮件形式发至制定管理人员企业邮箱中，可在"数字海威"中直接查看。

同时以项目管理人员档案为基础，通过系统调取档案中的员工生日定时推送祝福信息，调取员工学历、岗位、职业规划等信息并接入国家人事考试网，定时推送各项考试信息等方式实现员工关怀；依据员工履历、任职期间考核结果等生成报表以供领导做人员调动时参考；基于简道云平台搭建项目管理人员绩效考核功能，以量化数据为考核依据，做到对项目管理人员客观、公平，实现有迹可循、有据可依的绩效考核功能；通过上述功能的综合应用实现对项目管理人员的状态管控。

10、项目资料库

不同于前文提到的数据库，资料库内的信息主要为施工设计图、各相关标准、相关规范、相关法律法规及必要的教育、宣传手册等，供项目管理人员随时调取、查阅、学习。其中包含：

（1）图纸、方案类资料，即由项目工程部人员将项目的图纸、方案类资料上传至资料库并与公司数据建立联动，图纸变更情况、方案按清单进行建立、更新等动作均可受公司实时调控。

（2）标准、规范类资料，将相关标准、规范等上传至资料库中，既为质检资料提供理论支撑，也可供项目管理人员随时调用、查询、学习。

（3）公文类资料，包含项目各项会议的会议纪要、监理指令单、各项通知等公文类资料。

（4）宣传类资料，包含施工现场安全环保宣传教育手册、各设备操作手册、各活动影响资料等。

11.信息汇总及上层决策功能

将上述各模块输出的结果汇总至项目领导决策面板，根据数据的类型、数据的意义、数据侧重点划分为明细表、统计图等数据展示窗口，项目领导可通过该面板对整个项目进行整体把控和上层决策。

当本成果应用至公司下辖的所有在建项目时，该模块可为公司领导提供全项目信息，以供公司层面对下辖项目进行整体调控。

（四）各模块建设任务

1.施工过程输入模块

主要由施工日志填报模块、各部室动态数据输入模块构成，是整个系统动态更新的主要手段，由输入的数据和数据库中的基础数据进行分类运算，达到实时更新项目进度、统计各分部分项工程完成量、完成比例、产值、各材料消耗量等功能。

2.数据运算模块

该模块是整个系统的核心功能，通过在简道云平台的数据工厂及聚合表中预设逻辑关系、运算公式等部分对基础数据及各部室输入的动态数据进行匹配、汇总、运算，并将结果以数据流的形式输出。

3.数据输出模块

该模块作为数据处理结果的展示端，以数据运算模块输出的数据流为源，依据各部室需要建立相应仪表盘，包括但不限于施工进度明细表、材料消耗明细表、机械设备数量统计表、各分部分项工程进展形象图等。并预留简单清晰的数据接口，可由各部室根据需求自行调用。

4.流程管理模块

在传统的工程项目管理中，各项审批都是纸质单据上报、逐级签字审批来完成的，时效性难以保证且如果单据丢失，历史记录难以查找。因此在本信息化管理系统的建立中，流程审批也是一项重要的建设任务，通过简道云平台完善的审批机制和丰富的功能设置，可以将所有线下审批流程部署至线上进行流转，不但保证了审批时效性，同时所有历史数据均有迹可循、有据可查。

（五）硬件设备接入管理

由于本成果所需硬件设备均是为施工过程中的安全环保监督管理工作提供数据服务的，因此以安全环保监督管理模块为载体对硬件设备的接入做出说明。

1.基于身份核验设备的施工作业人员档案管理

工人进场前由班组长在系统中进行申报，拍照上传工人身份证即可自动识别工人身份信息且可自动获取工人健康码状态，补充填报其他信息即可完成实名制录入登记，并可实现与经营部、工程部、财务部、人事管理的多部门数据共享，极大地减轻了队伍班组长及各部门的工作量并提高了效率。在系统中申报个人信息后，安全部即可收到提醒，并随即使用身份信息核验设备对其进行身份核验；核验无误后应用教育终端对其进行入场前三级教育培训。系统可自动根据其工种信息支配教育终端选择相应的进场前安全教育课程并通过摄像头人脸实时比对，确保工人接受完整的入场前三级教育且留存教育记录。教育培训结束后系统将自动派发试卷要求工人进行考试，考试通过会自动生成工人的"一人一档"电子档案，随时可查可打印，并生成工人进场回执单，工人凭回执单到安全库房领取安全防护用品，实现工人进场前"一站式"服务。

2.施工过程中的信息化安全监管

在施工过程中，系统以监控摄像头、巡飞无人机为过程管控端、以自主开发的软件为数据处理端，以基于简道云平台建立的安全管理模块为数据分析、输出及智能反应端，实现施工现场作业人员在施工过程中安全防护用品佩戴监督、危险作业监督、专项教育培训、奖惩等功能。

3.施工过程中的信息化环保监管

通过对接施工现场监控摄像头、空气质量检测仪、噪声检测仪、水质监测仪及巡飞无人机等硬件设备，将各设备数据汇总、分析后输出，对超标状态进行预警，必要时可触发相应应急动作。如监测到施工现场某一区域扬尘数据超标，可自动通知洒水车、雾炮击及清洁队立即对该区域进行清洁。

（六）系统研发的技术路线

1.技术路线流程图

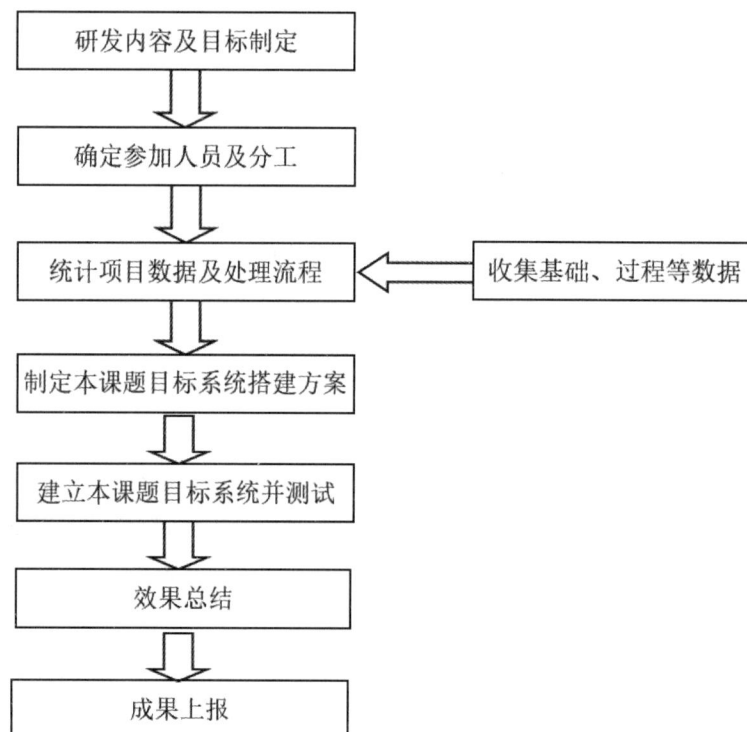

图4　技术路线流程图

2.技术路线说明

收集、调查、研究工程项目的基础资料、施工过程资料、现场已安装各项硬件资料，了解各部室每日所需信息及统计流程。

根据分析结果，确定系统中施工项目信息化管理系统开发及实施方案。

结合每日更新的数据及过程管理、现场管理的重点难点调整信息化管理系统侧重点。

施工过程中注意及时收集数据、施工影像资料，为后续系统测试提供支撑资料。

三、本成果在实际应用中取得的效益

（一）经济效益

（1）节约基础数据统计人员1人/2亿元产值以上（据调查，工程项目平均每1亿元产值需要1名基础数据统计人员，应用本成果可节约至少1人/2亿元产值）；

（2）节约基础数据统计人员工资6万元/年/2亿元产值以上（按人均工资5000元/月计算）；

（3）节约人事专员基础工作时间40小时/月/百人以上（根据调查统计的平均值得出）；

（4）提高项目进度、质量、成本管理效率100%以上（根据项目实际的进度、质量、成本管理的每条指令完成时间的平均计算得出）；

（5）提高项目安全、环保管理效率200%以上（根据项目实际的安全、环保管理的每条指令完成时间的平均计算得出）；

（6）节约各项目自主部署、学习信息化管理的时间及费用（每个项目至少一个月的时间及不少于3万元/年的费用）。

（二）实际效果

本成果设计应用方式为PC端＋移动设备端联动应用，故可将所有的信息维护、数据输入、结果调用等功能通过移动设备实现，做到随时随地进行工程施工管理，摆脱了办公室区域限制，具有较好的应用效果。

成果创造人：刘逸轩、孙亚刚、杨晓敏

5G智慧路灯杆及其综合管理系统
在实施"双碳"战略和新基建中的价值研究

厦门市致创能源技术有限公司

厦门市致创能源技术有限公司（以下简称"致创能源"）成立于2012年，是一家科技驱动型"物联网＋"智慧城市、智慧技术服务企业，研发推广电力用能领域信息化、自动化智慧控制与物联网硬件产品、软件平台、系统解决方案；目前成熟技术产品有5G智慧路灯杆及其综合管理系统、物联网智慧园区综合管理解决方案、物联网智慧景区综合解决方案、公共照明智慧节能系统等技术产品。公司始终秉承科技引领创新驱动的理念，潜心研发，在不同的发展时期都走在技术前沿。

一、5G智慧路灯杆及其综合管理系统的研发背景

（一）城市路灯照明现状

我国目前的路灯控制，还基本采用手动、光控、时控的控制方式，受季节、天气和人为因素影响，自动化管理水平低，难以做到根据环境因素实时控制，极易造成电能浪费。现有的照明设施管理工作主要采用人工巡查模式，不仅工作量大，还需要耗费大量的人力、物力和财力，而信息化管理手段的缺乏，也使得路灯管理人员很难做到对现有设备的运营情况的及时全面掌握，缺乏对运营分析决策的数据依据。

（二）新基建成为时代主题

2020年3月4日，在中共中央政治局常务委员会召开的会议上，决策层强调，要加快推进国家规划已明确的重大工程和基础设施建设，其中要加快5G网络、数据中心等新型基础设施建设进度。其中5G作为移动通信领域的重大变革点，是当前"新基建"的领衔领域，此前5G也已经被高层定调为"经济发展的新动能"。

（三）碳达峰、碳中和确定为中央经济工作八大重点任务之一

2020年12月，中央经济工作会议提出，我国二氧化碳排放力争2030年前达到峰值，力争2060年前实现碳中和。要抓紧制定2030年前碳排放达峰行动方案，支持有条件的地方率先达峰。要加快调整优化产业结构、能源结构，推动煤炭消费尽早达峰，大力发展新能源，加快建设全国用能权、碳排放权交易市场，完善能源消费双控制度。要继续打好污染防治攻坚战，实现减污降碳协同效应。要开展大规模国土绿化行动，提升生态系统碳汇能力。

致创能源超前研发的5G智慧路灯杆及其综合管理系统（以下简称"智慧路灯"），解决目前路灯照明存在的问题，助力中央实施"双碳"战略和推进新基建实施。

二、智慧路灯基本性能与建设意义

（一）基本情况

致创能源独立研发的智慧路灯，是一种集成各种信息设备技术创新复合应用的新型智慧城市基础设施建设产品，由硬件系统和软件平台共同构成，具备智慧照明、能效管理、WIFI热点、环境信息采集、安防及道路智慧监控、信息发布、应急可视报警以及电动汽车智能充电桩等多种功能；采用模块化结构设计，客户可根据不同需求和不同应用场合，选择不同功能模块，为业主以及其服务的最终使用者提供更好服务和基础设施。是路灯监控系统、能效系统管理系统、市政综合管理系统等产品的转型升级综合应用，开创城市运维服务新模式。

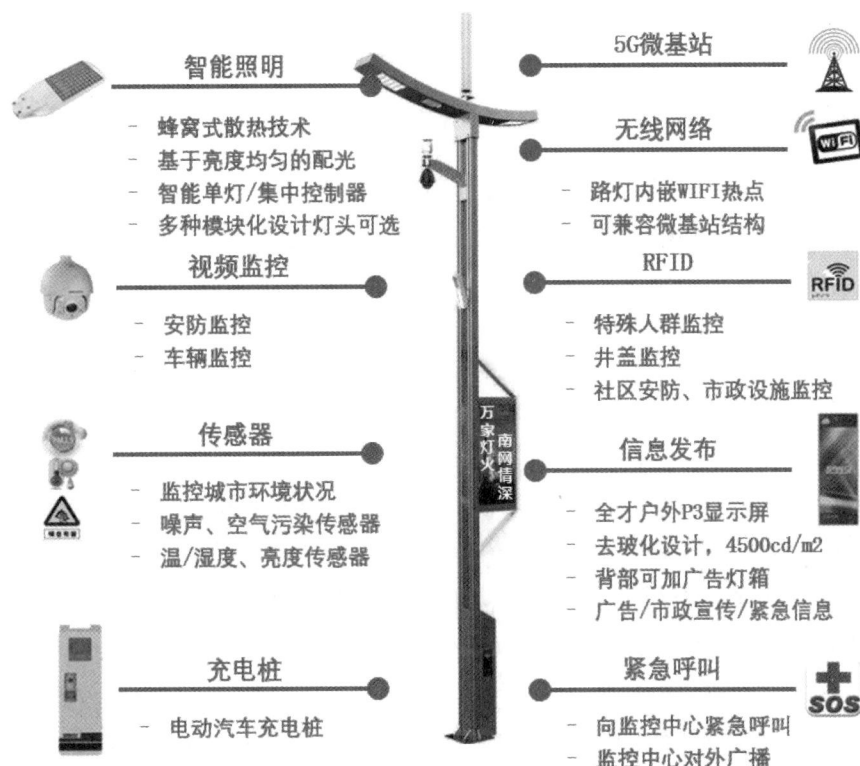

智能照明
- 蜂窝式散热技术
- 基于亮度均匀的配光
- 智能单灯/集中控制器
- 多种模块化设计灯头可选

视频监控
- 安防监控
- 车辆监控

传感器
- 监控城市环境状况
- 噪声、空气污染传感器
- 温/湿度、亮度传感器

充电桩
- 电动汽车充电桩

5G微基站

无线网络
- 路灯内嵌WIFI热点
- 可兼容微基站结构

RFID
- 特殊人群监控
- 井盖监控
- 社区安防、市政设施监控

信息发布
- 全才户外P3显示屏
- 去玻化设计，4500cd/m2
- 背部可加广告灯箱
- 广告/市政宣传/紧急信息

紧急呼叫
- 向监控中心紧急呼叫
- 监控中心对外广播

图1 智慧路灯基本功能示意图

（二）智慧路灯建设的意义

1.建立基础照明智慧管理体系

实现城市照明智能化、节能减排、市政设施资产精细化管理。

2.提升城市资源集约利用效率

集成各类基础设施，共用通道资源与建设资源，减少市政基础设施杆件建设，节约基建施工费用，集约化交通设施用地。

3.提高市政设施精细化管理水平

图2 智慧路灯的节能减排效益与资产精细化管理示意图

实现对基础设施智能化监测与控制，实现自动预警、自动预测、远程维护。降低市政设施维护成本，提高精细化管理水平。

4.提供5G智慧城市建设入口

路灯具备"有网、有点、有杆"三位一体的特点，符合5G建设需要覆盖大量微小基站的要求。同时可集约利用路灯杆体，减少重复投资。

5.建立城市治安管理体系

路灯搭载智能监控系统，可加载人脸识别、一键报警，语音对讲等功能模块，同时与公安、交警平台联网，实现城市安防管理。

6.提升城市处理突发事件能力

路灯作为城市无处不在的基础设施，可随时联通智慧路灯视频监控、LED屏、语音广播等功能，提供城市处突决策支持。

三、智慧路灯实施"双碳"战略的核心技术与价值

（一）技术概况

智慧路灯的核心技术"基于电力载波通信技术的SCADA智慧城市照明监控系统"是对电力线载波通信技术和节能型智能照明监控系统的有机融合，专门为大型的公共建筑和市政公共照明应用领域设计。系统包含了相应的软件和硬件设备，通过电力载波技术实现所有末端设备和传感器的数据采集，相较传统方式可节省大量的通讯线材和施工量，在工程量方面都具备实施过程的巨大优势；性能具有扩展性，可随时按需增加功能模块。

智慧路灯的应用，可根据用户需求量身定制方案，通过加载的路灯监控系统和能效管理系统，对灯具实施智能化策略管理，智能调光、智能化定时开关，节约大量电能，减少碳排放，降低电费支出。

（二）技术原理

智慧路灯采用了电力线通信（Power Line Communication，简称PLC）技术，数据采集与监视（Supervisory Control And Data Acquisition，简称SCADA）系统技术，以及路灯设备智能控制技术、云计算技术、大数据技术，通过改进传统电力线载波通信中使用的静态同步解码处理方式，采用致创能源自有发明专利技术"一种基于载波通信的动态调整位同步解码方法"，降低路灯通讯数据传输过程中的误码率，提高数据传输可靠性；采用了基于Hadoop的MapReduce大数据处理模型，具备很好的横向硬件扩展能力，保证了海量异构数据的存储能力，大幅度提高管理系统的并发处理能力，实现了"基于电力载波通信技术的SCADA智慧城市照明监控系统"，有效解决传统城市照明中存在的巡视监察效率低下、管理及数据信息等功能不全面、照明不智能、电力浪费等问题。

（三）关键技术

智慧路灯采用的关键技术如下。

（1）采用自有发明专利技术"动态调整位同步解码方法"改进传统电力线载波通信，并综合GPRS无线通信技术，可以在不增加通信网络成本的条件下远程对所有路灯照明设备单独控制，以实现节约电能和路灯故障自动检测的最佳照明监控方案。

PLC是指利用现有电力线，通过载波方式将模拟或数字信号进行高速传输的技术。最大特点是不需

要重新架设网络，只要有电线，就能进行数据传递。

图3为电力线载波通信的基本原理。

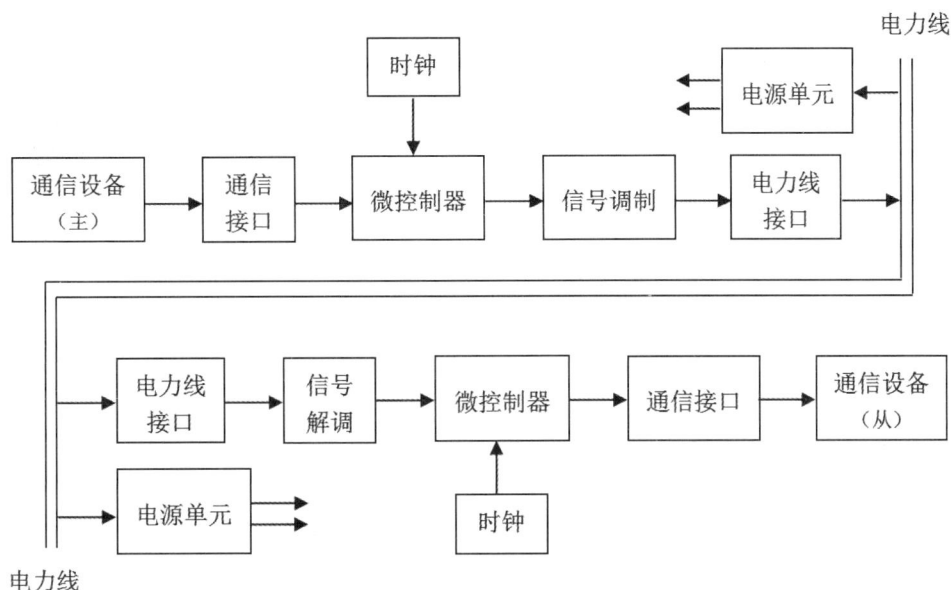

图3 电力线载波通信基本原理图

电力载波通信的重点在于将信号调制到电力线上，再通过电力线解调出来。由于电力线上的线路阻抗特性、负载大小、线路长短等因素会使得载波信号经过线路传输产生一定的衰减、畸变、振铃，从而造成在接收端（解调单元）的解调波形不规整，产生误差。传统技术在电力线载波通信技术中均以静态的方式进行位同步解码处理，本系统则采用最新技术，使用动态调整位同步解码方法，在通讯过程中，动态调整接收端接收的数据信号波形，使得数据发送端与数据接收端的数据信号波形同步，降低数据传输过程中的误码率，进一步提高数据传输的可靠性。

（2）路灯设备智能控制技术实现对范围内每个照明设备的控制和照明数据的采集。电力载波和GPRS的综合应用解决了通信的问题，对于照明设备的控制以及照明数据的采集还需要相应的控制器。针对城市照明的不同特点，本系统中配备单灯控制器、双灯控制器和远程照明控制终端。

其中的单灯控制器、双灯控制器置于每盏路灯照明设备处，通过优化设计，可以置入灯杆检修孔中。该控制器具有以下功能：

①控制功能：包含远程主站控制和现场手动控制，实现支路或单灯拉合闸控制；

②抄读功能：定时或实时抄收终端下挂支路及单灯控制器运行参数、工作状态；

③通讯功能：通过GPRS/CDMA通讯与系统主站进行远程实时通讯；支持本地串口、RS485通信；

④设置功能：通过物理按键及液晶屏操作，实现功能设置和调试，简化现场安装部署工作；

⑤数据存储功能：可存储不少于12个月的电量数据及其他故障、报警等信息；

⑥其他功能：定时校准、安全防护、系统升级等。

智慧路灯照明前端控制设备层示意图如图4所示。

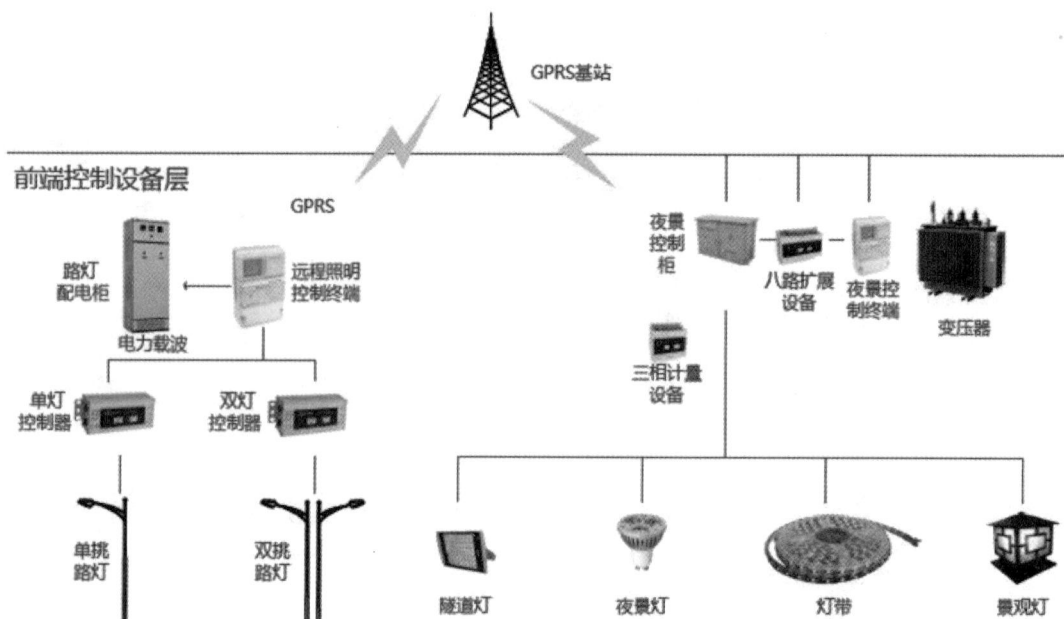

图4　照明前端控制设备层示意图

（3）采用SCADA数据采集与监视系统技术实现对照明系统的智慧监控，实现节能、安全及城市维护管理现代化和科学化。SCADA系统，即数据采集与监视控制系统，主要由远程终端设备、通信网络及控制中心三大部分组成是以计算机为基础的生产过程控制与调度管理自动化系统，多种信息化功能集成于智慧路灯杆，可以对现场的运行设备进行监视和控制，以实现数据采集、设备控制、参数调节以及各类信号报警等功能。

（4）融合物联网、大数据、云技术、移动互联网等多种新型技术。智慧路灯建立业务分析大数据，为决策提供依据：智慧路灯在未来将产生智慧城市所需的各种大数据，这些数据可与政府内部的交通系统、警务管理系统、财政管理系统和采购管理系统进行交互，为智慧城市的大数据应用提供多种数据支持。

智慧路灯在为城市提供绿色照明灯具改造同时，融合新型的物联网、大数据、云平台、移动互联网技术，为各地政府提供一个可收益、可落地、可执行的"城市绿色照明节电改造"＋"智慧照明运营服务"模式，切实做到科技创新改变生活。智慧路灯系统流程与整体构架如下：

数据信息→数据采集层→通信层→数据处理层→业务层→云平台→服务层，通过互联网络，数据信息精准传递到照明管理系统，实现智能控制。

（四）技术对比

以智慧路灯信息化智能管理代替传统人工控制，整合大数据、云技术、互联网＋等技术，对各种城市照明管理，包括路灯、景观灯等应用场景实现智能化管理，达到绿色节能、提升管理能力、安全防护的目的。

传统的手控、钟控或者光控照明方式都是固定时间让照明灯具常开工作，不会针对特定情况特定管理。智慧路灯监控系统和能效管理系统，可以应用到包括路灯、景观灯等各种照明设备，更重要的是通过灯控制、灯调光，采用能耗计量管理进行节能效果诊断，量化节能指标，以达到节能效果可视化。同时，丰富的智能策略控制，可以按照需要进行智能调控，减少光污染，减少碳排放量，减少电费支出，实现节能减排。

应用框架

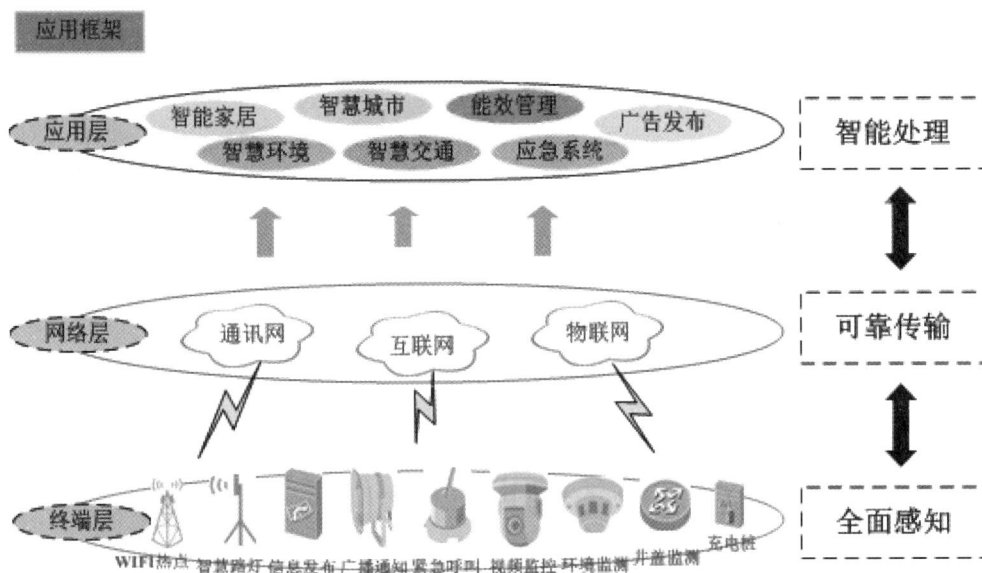

图5　智慧路灯系统构架示意图

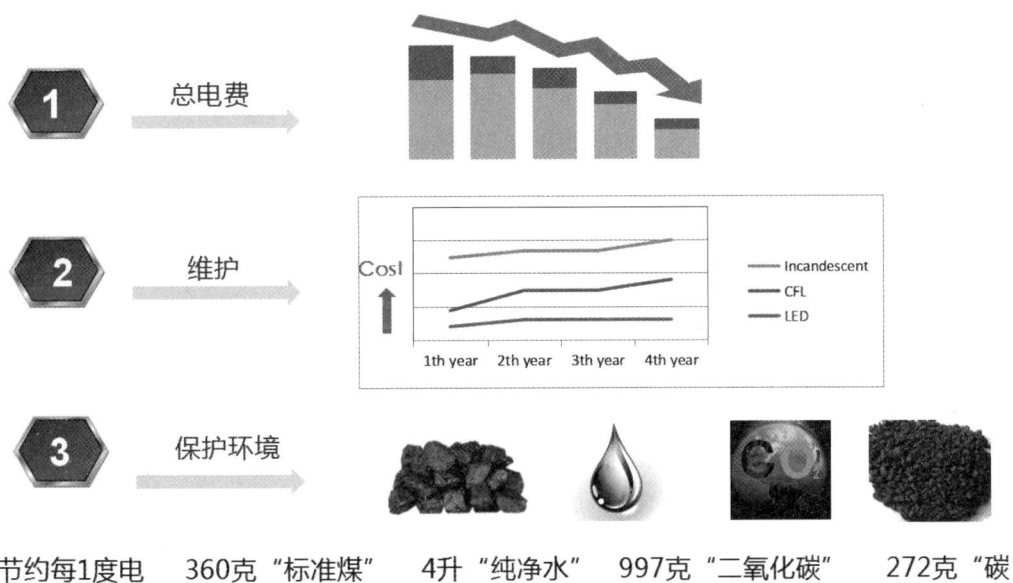

节约每1度电	360克"标准煤"	4升"纯净水"	997克"二氧化碳"	272克"碳

图6　每节约一度电减少的碳排放

通过统计数据对比,智慧路灯智慧监控系统和能效管理系统,可以在LED灯具照明节能的基础上,通过智能控制再增加约20%的节能效果,同时又具有安全防护,简单便捷,大大提升了城市照明的监控能力,真正做到智慧城市照明,推进"双碳"战略切实实施。

（五）技术先进性

1.理论创新

智慧路灯改进传统电力线载波通信中使用的静态同步解码处理方式，采用致创能源自有发明专利技术（专利号：201210423478.6）"一种基于载波通信的动态调整位同步解码方法"，降低路灯通讯数据传输过程中的误码率，提高数据传输可靠性。

传统的电力线载波通讯中的解码过程都是采用静态的方式进行位同步解码处理，由于线路阻抗的特性，线路负载大小及线路长短等因素的影响，载波信号经过线路传输会有一定的衰减、畸变或振铃效应，从而造成在接收端（载波解调单元）的解调波形为不规整波形，进而无法可靠、实时、透明地接收主机发送的信号。

智慧路灯采用一种基于电力载波通信的动态调整位同步解码方法，即在通讯过程中，动态调整接收端接收的数据信号波形，使得数据发送端与数据接收端的数据信号波形同步，降低数据传输过程中的误码率，进一步提高数据传输的可靠性。

2.技术创新

智慧路灯在基于电力线载波通信的基础上，采用SCADA监视控制与数据采集系统对照明系统进行监管，实现高效节能的城市智慧照明，直接减少碳排放。

传统城市照明是由路灯所在的每台变压器（配电箱）分散控制，控制方式采用手控或者钟控，存在多种问题。如：传统的手控或钟控不能高可靠性、高质量地保障路灯运行；由于没有通讯功能，操作结果无法监控，设备路灯是否工作正常无法得知，只有靠巡视、群众电话等手段了解工作异常的设备，亮灯率、故障率等数据无法统计；人工巡视工作量大；处理故障效率低；照明数据统计功能若采用"全夜灯"照明，造成无谓的电费控制，导致电力浪费。

智慧路灯采用了监视控制与数据采集的SCADA系统，SCADA系统是以计算机为基础的检测控制与调度管理自动化系统，能实现远程数据采集、设备控制、测量、参数调节以及信号报警等各项功能，已经广泛被应用于电力、水力、石油、化工、环保和市政等众多领域。

3.结构创新

智慧路灯采用单灯/双灯控制器和智能控制终端相结合的产品结构来实现SCADA系统中的RTU远程测控终端。

传统照明路灯等设备的控制都采用整体手控、钟控或者光控的方式，即一个开关只能控制一排灯的照明或者熄灭，不能实现单灯控制，不具备通信功能，不具备电能量采集分析功能，光控方式也很可能会因为实际的天气状况而不能考虑到实际道路车流量情况来照明，进而造成在没有车流量的情况下依然打开路灯而造成电力浪费，都不是最佳的智慧照明方案。

智慧路灯采用了单灯/双灯控制器和智能控制终端相结合的产品结构来实现SCADA系统中的RTU远程测控终端，各终端都具有独立的监控功能，在监控中心没有参加工作的情况下，也能进行自动控制和数据采集记录工作。

4.应用创新

（1）智慧路灯进行智能化管理，达到绿色、节能减排、提升管理能力、安全防护、安装简单、维护便捷等优势。

传统的手控、钟控或者光控照明方式都是固定时间让照明灯具常开工作，不会针对特定情况特定管理。智慧路灯在应用上可以用到包括路灯、景观灯等各种照明设备，更重要的是可以通过灯控制、灯调光，采用能耗计量管理进行节能效果诊断，量化节能指标，以达到节能效果可视化。同时，丰富的智能策略控制，可以按需要进行智能调控，减少光污染、减少碳排放量、减少电费支出，实现节能减排。

（2）智慧路灯相较传统照明控制系统而言，创新性地增加了智能能效分析功能、在线资产管理功能及路灯资产全生命周期管理功能。

（3）智慧路灯将大数据技术应用于管理系统中，打破原有城市照明管理中的信息孤岛问题，为管理者提供有力的决策依据。

系统采用大数据技术，能够为客户提供大数据在线计算、存储、备份等服务功能。可对远程控制终端抄送的各种路灯数据进行收集和自动分析，对异常数据可管理部门自动推送故障预警，对路灯大面积故障的发生达到防范效果。

基于地理、气候等大数据应用，可综合分析多种开关灯、调光策略，基于路灯进行各种大数据的挖掘，为路灯所有的日常管理，例如采购、检修、巡检、考核等业务提供基础决策支撑。

此外，智慧路灯可将其积累的所有数据与政府内部的交通系统、警务管理系统、财政管理系统和采购管理系统进行交互，为智慧城市的大数据应用提供多种数据支持。

（4）智慧路灯采用照明云平台架构，系统的每个节点均被部署在互联网的骨干数据中心，让用户使用更加安全、便捷。

云平台架构解决了传统物理服务器采购、搭建的麻烦，可根据用户的需要进行配置，并可灵活地进行业务规模调整，一旦增加管理规模也只需调整服务配置，简单便捷。此外，平台计费方式灵活，支持多种宽带运营商接入，无须客户再自己租赁宽带服务，提高了用户体验的满意度。

四、智慧路灯在加快推进新基建中的价值

（一）智慧路灯在新基建领域的功能顶层设计

智慧路灯是发力于科技端的创新产品，融合物联网、大数据、移动互联网、电力载波等技术于一体平台设计，涉及通信、电力、交通、数字、智慧城市管理等多个社会民生重点领域。智慧路灯的硬件主体灯杆是5G微基站的天然载体，助力5G网络覆盖，全面采集城市信息、推进智慧城市建设，实现网格化精细管理入口，提高管理水平，提升城市综合治理能力，成果在推进新基建中的主要价值体现在：

（1）路灯杆沿街道规律布局，契合5G密集组网的需求，是城市5G建设核心载体，促进数字经济发展；

（2）是安全、高效和谐、绿色的智慧城市建设入口的载体；

（3）随智慧路灯布局，视频监控网络覆盖城市，保障城市安全；

（4）车联网传感器最佳载体，实现车联网和无人驾驶，改善居民出行；

（5）城市多杆整治的应用解决方案，助力城市IP打造和形象提升；

（6）绿色节能，创造节能减环保的社会和经济效益。

适合在优先城市人流密集区应用，尤其在商业中心、旅游园区、城市街区枢纽要道等繁华地段。它还可以在智慧路灯需要精细化管理的园区、景区、游乐园、校园等场景应用。

（二）智慧路灯的技术顶层设计

1.助力5G发展

路灯杆沿街道布局，契合5G密集组网的需求。

2.技术融合

融合新型的物联网、大数据、云平台、移动互联网技术，独立开创新型的城市照明运维服务模式；

（1）物联网领域：包含传感采集、无线通信（蓝牙、WIFI、Zigbee、RF等）、载波通信、采集及传输。

（2）大数据领域：大数据存储、分析技术；数据图形及三维展示领域。

（3）移动互联网领域：手机 App应用技术、Html5技术、云计算技术。

（4）前置机通信技术、SCADA技术、WEB服务技术等。

3.多线程处理

采用最流行的Java语言开发，利用语言本身的多线程处理能力，结合线程池的任务调度特点，能充分、合理调配现有计算资源；

4.基于IaaS、SaaS、PaaS的技术研发与转型升级

为创建多业务模式提供便利，降低市政服务供给成本，减少内耗，服务更贴近用户。

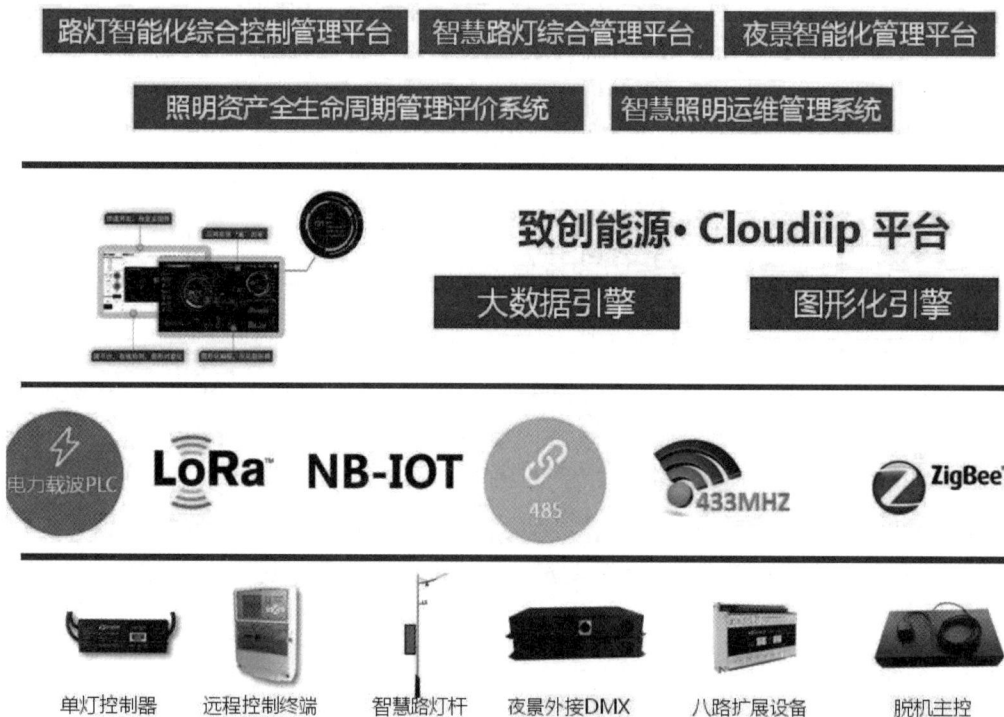

图7　智慧路灯管理系统架构

（1）通过国家级工业互联网平台Cloudiip开发的综合管理平台，具有工业互联网"智慧大脑"的"基因"，把智慧照明、5G基站、环境监测、夜景控制、安防及道路监控、信息发布、应急紧急呼叫报警、充电桩和智慧市政等多种数据进行高密度、高频度融合训练；

（2）通过海量的智慧照明项目历史数据，训练出一个"智慧照明大脑"，实现真正的智慧照明人工智能。它可以帮助业主实现人机交互、智慧决策、智慧预测。

（三）智慧路灯应用的顶层设计

1.基于互联网＋技术与大数据的监管业务

智慧路灯的监管业务模块，可针对异常数据向路灯管理部门自动推送故障预警，对路灯大面积故障的发生达到防范效果。而系统基于路灯进行的各种大数据的挖掘，可为路灯所的日常管理，例如采购、检修、巡检、考核等业务提供基础决策支撑。

此外，智慧路灯还可统计路灯资产的故障率，建立路灯资产情况大数据库，优化路灯设备供应商体系，利于往后的供应商选择。同时，将通过建设严格的智能设备接入标准，筛选出真正有实力的智能化厂商。

2.基于大数据的智能监控

可真正做到"系统平台统一、设备多样"，防止管理部门被特定厂商锁定，无法接入其他的路灯及智能化控制设备，同时避免日后采购一批路灯建设一套路灯系统、多套路灯管理系统并存的尴尬。

3.互联网＋的城市智慧化

智慧照明是未来城市物联网的重要信息采集，路灯智能物联管理平台的建设，是智慧城市的一个重要组成部分，实现城市及市政服务能力提升，是智慧城市的一个重要入口，可促进智慧市政和智慧城市在城市照明业务方面的落地。

4.智慧城市大数据系统服务平台

智慧路灯综合管理系统在未来将产生智慧城市所需的各种大数据，这些数据可与政府内部的交通系统、警务管理系统、财政管理系统和采购管理系统等进行交互，为智慧城市的大数据应用提供多种数据支持。

5.实现智慧城市以民为本的服务

智慧路灯，以人为本，实现民众智慧城市生活的需求，智慧控制，方便民众生活，节约电能，减少碳排放，实施"双碳"战略，为民众打造更便捷的生活。

（四）智慧路灯在促进新基建中的价值

随着各大运营商开始规模部署5G通信，5G商用时代即将到来。5G的技术特点需要大量密集的微基站，而路灯正好分布在城市的大街小巷且可集成多种传感设备。因此，智慧路灯必将成为5G微基站的重要搭载载体，促进新一代信息通信技术与新型智慧城市建设深度融合，实现互联互通，为提高城市智能化管理，加快反应速度提供手段。通过智慧路灯多杆合一减少重复建设，改善市容市貌，整合城市资源，改造提升通信、电力、交通、数字等多个社会民生重点行业，是智慧城市、科技发展的必然趋势。

五、智慧路灯的研究成果与市场化应用

（一）研究成果

致创能源研发智慧路灯，目前已经取证5项发明专利、13项实用新型专利、36项计算机软件著作权，并且通过了厦门市科技局科技成果转化项目认证，节能模块入选《国家重点节能技术推广目录（2017年本 节能部分）》，并且成果已经开始规模化应用。

科技成果转化项目证书

经评审"5G 智慧路灯杆及其综合管理系统"项目被认定为 2019 年度厦门市高新技术成果转化项目，特发此证。

完成单位：厦门市致创能源技术有限公司

编　　号：ZH2020170

发证机关：厦门市科学技术局

发证日期：2020 年 8 月 21 日

图8　智慧路灯的科技成果转化项目证书

图9　智慧路灯应用现场（游乐园，功能可横向拓展）

图10 智慧路灯管理平台（游乐园监控系统）

（二）市场化应用效益

1.经济效益

（1）智慧路灯照明智能控制二次节电率达20%，节能电能，减少碳排放；（2）节约市政设施建设重复投入，设施共享，实现共享经济；（3）实行资产管理：建立设备档案，对设备、运行、问题、维护等信息详细记录存储，对设备生命周期等记录在案，提升使用效率；（4）提升突发事件紧急处理效率，降低安全事故带来的损失；（5）大数据经济效益：数据资产的综合应用提质增效，带来智慧管理节约运维费用的经济效益；（6）获取实时精确数据流，为城市管理决策提供依据，附加经济效益巨大。

2.社会效益

（1）助力5G及其上下游产业链发展；（2）开创智慧城市运维管理新模式；（3）智慧化城市管理，市民生活科技含量更高、更便捷；（4）系统采集到的城市大数据会有更多应用，创造更高附加值；（5）推进智慧城市建设、促进城市物理网发展；（6）落实国家节能减排、智慧城市、物联网等产业发展政策。

智慧路灯创新与技术双驱动，引领行业技术前沿，契合中央加快 5G 网络和数据中心等新型基础设施建设决策，契合碳达峰碳中和发展战略，这意味着智慧路灯必将乘着国家层面政策导向的东风加速向千亿级市场迈进。

成果创造人：洪极慧、杨凤君、陈聪敏、邵勇民

国有煤炭企业生产经营协同管控平台的探索及实践

河南能源化工集团焦煤公司赵固二矿

一、生产经营协同管控平台探索及实践背景

近年来，我国煤炭行业的发展增速放缓，总体产能过剩、市场需求减少、煤炭价格下滑成为国内煤炭行业发展的新常态，造成大多数煤炭企业经营压力加大，企业经济效益大幅下降。集团公司在年度工作会议提出要适应经济发展新常态，坚持稳中求进工作总基调，继续围绕"保安全、保生存、保稳定"，紧扣"五转四建"工作目标，要更加注重质量效益提升，要求煤炭板块各生产单位要抓住行业结构调整的机遇，做优做精煤炭产业，找准企业发展新方向，主动转变发展观念，变压力为动力，确保国有资产的保值增值，为集团扭亏脱困贡献力量。

赵固二矿是集团公司下属焦煤公司的主力生产矿井，战线长，井下地质条件复杂，生产成本投入较大。为顺利摆脱困境，求得生存发展，只有从内部想办法、搞创新。作为国有煤炭企业，在矿井各项实际工作中，由于实时数据在管理业务中应用不足，造成信息资源难以共享、流程存在断点、跨专业协同效率低下，只有推进各专业的统筹协调和流程优化，从根本上提高经营的运行效率、管理水平和服务能力，才能实现跨部门、跨系统高效协同，打造一体化的数据整合平台，精简业务流程，进而推动跨专业横向协同，实现平台的有效互动和信息共享，切实提升集约管控能力，实现管理效率有效提升。

二、生产经营协同管控平台的内涵

赵固二矿构建了生产经营协同管控信息系统平台，通过应用大数据技术手段实现生产经营计划与考核管理的协同化，经营结算与考核管理的专业化，材料、设备、井下运输等各个成本要素的管控精细化，决策分析数据化及智能化。

该系统平台在经营管理相关子系统建立的基础上，按照自身经营管理模式建立四级市场化主体，分别为矿、科区、班组、岗位（个人）。纵向建立三级核算体系，即：矿对科区结算、科区对班组结算、班组对岗位（个人）结算。横向建立各类要素市场，主要包括产品、物资、设备租赁、井下物流等市场。并纳入专项考核管理模式，实现对各部门的考核管理。软件系统应能灵活拓展，对于各类要素市场均能够稳定拓展与支撑，做到纵向到底、横向到边，最终建立起矿井经营协同管控信息化管理体系，实现业务协同、数据共享，达到矿、科区、班组、岗位（个人）四级应用。

系统平台整体上由三部分构成：

（1）基础业务板块。它是系统运行的核心，主要用户为各基层单位主要业务人员（如：核算员、

材料员、经管部和要素市场考核员等）。该板块按照工作流程自动采集市场化相关的各项数据，进而实现了考核、结算的功能；

（2）经营考核及市场化管理分析板块。主要用户为矿领导、矿科室负责人，该板块的主要功能是调取业务板块的数据，通过图、表、报告、BI看板等方式全面分析各项经营数据；

（3）信息自动预警模块。该模块可按照设定的预警项目及预警阈值，对达到临界点的考核项目自动发送相关信息，以示预警。

三、生产经营协同管控平台探索及实践的主要做法

煤炭生产企业，其劳动密集型的特点在施行生产经营协同管控时，由于各级市场、价格、结算等体系的管理工作冗长繁重，原始数据采集工作量大、质量差等问题使得现有的管理手段只能是较高层次、事后反映型的，缺乏行之有效的、准确的、可靠的、快速的、低成本的管理工具。生产经营协同管控平台的实施，一方面，矿井能够实时对矿井层次、科区层次、班组层次、岗位层次的市场化工作运行情况实时跟踪，极大提高了矿井的信息管理水平。另一方面，实行生产经营协同管理后，强化了科区自主管理。另外，引入生产经营一体化管控体系，促进内部竞争，提高员工的工作积极性和创新意识。

赵固二矿按照"统筹谋划、分级负责、分步推进、深入实施"的原则，深入探索实施生产经营协同管控平台建设应用，该平台主要由各功能子系统组成（如图1所示），现有主要功能子系统有生产经营计划管理、生产经营目标考核、绩效考核、任务督办管理、内部市场化管理及"日清日结"管理、设备管理、物资管理、井下物流管理、大数据分析等，随着企业的发展逐步增加新的功能子系统以满足企业发展的需要，其主要做法如下。

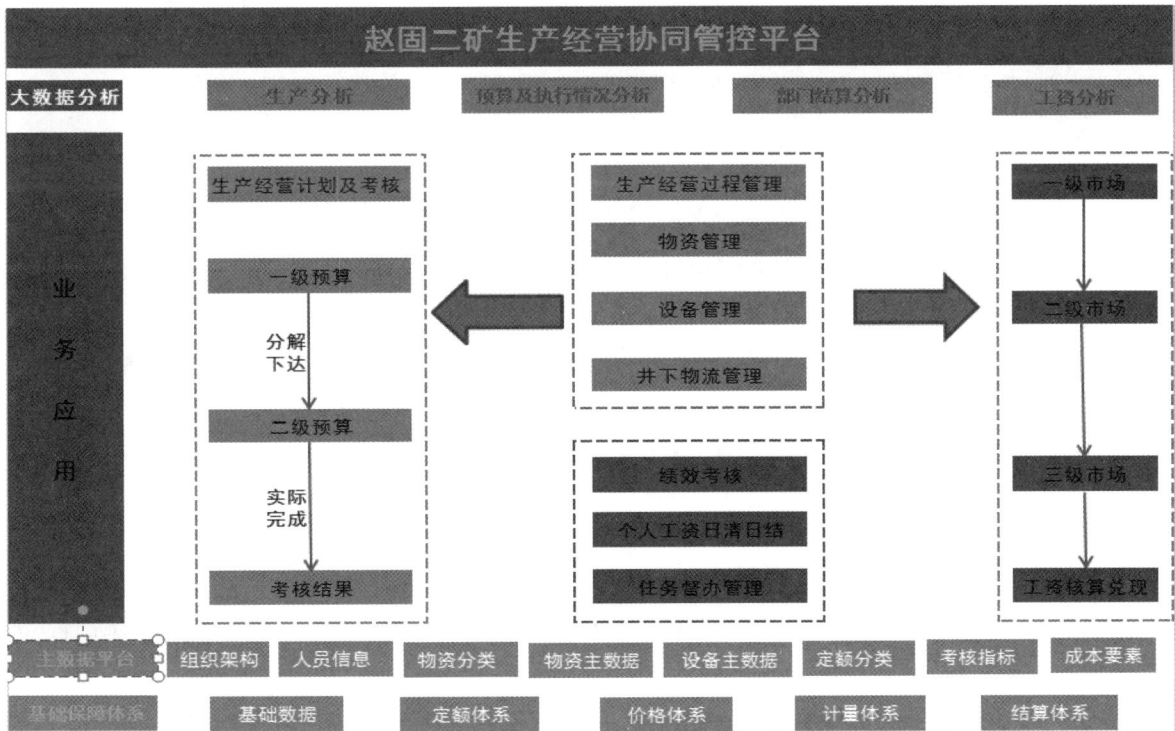

图1 赵固二矿生产经营协同管控平台

(一)立足企业实际，明确建设目标

通过该系统平台的实施应用，实现以下目标。

1.建立大数据平台

通过建立生产经营协同管控信息系统平台，将企业的预算数据、成本数据、生产数据、绩效数据、销售数据和其他数据在一个平台存储与展示，形成矿井的大数据分析平台。

2.实现各项数据自动计量结算

通过获取产量、电量等各类计量数据，自动根据前一天形成的结算数据调整形成当日结算表单，自动根据预算结算差额形成统计汇总查询。

3.实现"三智能"

即智能汇总、智能控制、智能共享。智能汇总，即每天形成的数据，能生成各种分析报表，实现对企业经营管理的决策支持；智能控制，即结算项目超过控制指标时，系统能自动预警，刚性控制或者柔性控制；智能共享，就是数据一次录入，能实现智能处理，系统共享。

4.实现"三全面"

就是全面覆盖所有单位，全面包括纵横结算体系，全面集成系统数据，实现经营管控全过程的闭环管理。

(二)聚焦内控主题，完善架构功能

依据矿井生产经营实际，探索搭建生产经营协同管控信息系统平台，实现业务协同、数据共享的统一平台，涉及生产、经营两层业务，利用大数据、技术，达到矿、区科、班组、岗位（个人）四级应用。

平台包含：生产经营计划管理、经营目标考核、绩效考核、任务督办管理、内部市场化管理及"日清日结"管理、设备管理、物资管理、井下物流管理、大数据分析等功能。

(三)分项精准实施，推动纵向深入

1.生产经营计划管理子系统

构建矿级生产经营计划管理功能，实现矿井生产及经营计划的编制和考核功能。

（1）实施流程

依据生产接替计划，结合生产实际，由各科室单位各自组织拟定生产计划，提交企管科组织上会讨论，确定生产计划方案。

经矿领导会审通过的生产计划，由企管科分发组织各成本管控科室对管控费用科目进行测算，主要涉及材料费、电费、租赁费、修理费、收入、成本、利润、煤质等费用测算。

由企管科汇总整理生产经营计划及成本测算数据，形成生产经营内部管控计划、建议计划、外部上报计划。

（2）生产计划管理板块

各类生产计划分为年度计划、月度计划等形式。首先生产技术主管部门制定各单位年度计划，并可逐月对年度计划按月进行分解，形成月度计划。主管部门将各区队各工作面的产量、进尺计划通过此模块进行填报并提交领导进行审核，审核无误后下达到各区队进行执行。

（3）经营计划管理

①预算管理

矿井将各单位年度指标预算和年度指标预算分解情况下达到各单位。各单位的指标项目是根据当年制定的指标版本中的指标来进行匹配。预算管理的主要业务模块有年度预算分解、年度预算下达、月度预算上报、月度预算调整、月度预算下达等。

将矿井下属各单位或部门的考核指标信息进行梳理，将各部门预算及考核所涉及的指标进行梳理形成指标库。

指标库构建后，可设置各部门当年度的指标版本，当年考核哪些指标就可以进行选择。设置好后的指标版本在年度、月度的预算、考核时自动调取该版本中的考核指标信息。

年度预算分解及下达：矿井给各下属部门在年初时将本年度的考核指标进行分解，形成年度预算。

月度预算上报及调整：矿井各下属部门填写月度指标的上报数据。此时即可从指标版本中匹配填报单位所考核的指标信息，并自动列出。

矿井指标填报的主管部门即可根据各部门填报的信息，综合考量数据是否需要调整，如需要调整，可使用预算调整模块。系统会记录每次的调整人、调整时间、调整量、调整原因。

月度预算下达：经过矿井相关主管部门审核后，各指标预算数据即可下达到矿井各下属部门。

通过建立生产经营预算模型，实现对生产经营各环节的模拟投入和产出进行对比分析，找出最优的生产经营方式，为决策者提供参考。

②考核管理

各部门在完成当月的生产经营活动后，就可以在考核管理中录入各单位或部门的指标完成情况，根据业务流程进行单据的传递及推进，矿井据实调整后形成考核结果。考核管理的主要业务模块包含月度考核数据填报、月度考核调整、月度考核兑现等。

月度考核填报：将矿井各部门考核数据进行填报，在填报时也会根据指标版本信息调取填报部门的指标信息。

月度考核调整：已经填报的考核数据如果需要修改，通过月度考核调整生成数据调整单据，通过领导的审核生效。

月度考核兑现：最终月度考核数据以及月度预算数据，按照矿井的考核办法进行考核兑现。

③成本管理

首先从财务部门获取到营业成本、期间费用等数据，使用统一模板导入系统中，完成数据的采集并进行分析。

其次，对于一些成本考核指标，通过系统自动将已填报数据进行汇总分析。

2.生产经营目标考核子系统

建立矿井生产经营指标考核体系，梳理各单位或部门的主要经营指标及费用指标并形成指标库。将部门的各项收支数据进行填报，系统支持考核数据的批量导入的功能，并可以根据考核主管部门的调整而灵活制作调整单。调整单可记录调整人、日期、调整量等数据，做到有据可查。最终形成各部门月度经营指标考核数据，结合预算数据，形成经营指标的月度、年度数据对比分析。

（1）实施流程：各指标承包科室编制经营考核结算表，将结果报送企管科。企管科负责经营考核结算数据的收集，并整理出各项超节。各个指标承包部门和基层区队整理分析节超原因。企管科对各业务科室提交的经营考核数据进行汇总，并编制单位的经营分析，交由相关领导审核。相关领导审核通过后交由企管科组织召开分析会，并制定管控措施。措施完善后交由各个指标承包部门、基层单位执行措施。

（2）指标体系：建立生产经营指标体系，形成完整的考核指标内容及相关考核公式的设置。

（3）指标调整：各项指标数据录入后的调整，采用调整单的形式进行数据的调整，调整单将记录调整人、日期、调整数据内容，做到数据的安全性和一致性。

（4）指标完成情况分析：对各部门的考核指标数据进行汇总，形成各部门综合数据展示，并对各项指标进行分析，包括环比分析、同比分析等。

3.绩效考核考核子系统

实现各部门的绩效考核管理，建立各部门绩效考核管理体系及相关业务内容。

（1）考核体系管理

根据矿井当前的各类考核管理所涵盖的内容，如生产任务考核、双基考核、安全生产标准化考核、市场化成本考核、绩效考核、契约化考核等考核项目。通过各相关职能业务部门的打分及奖罚录入，得到全矿各部门的考核结果汇总数据，最终结果运用到矿井生产经营协同管控信息系统平台结算过程中。具体业务流程如图2所示。

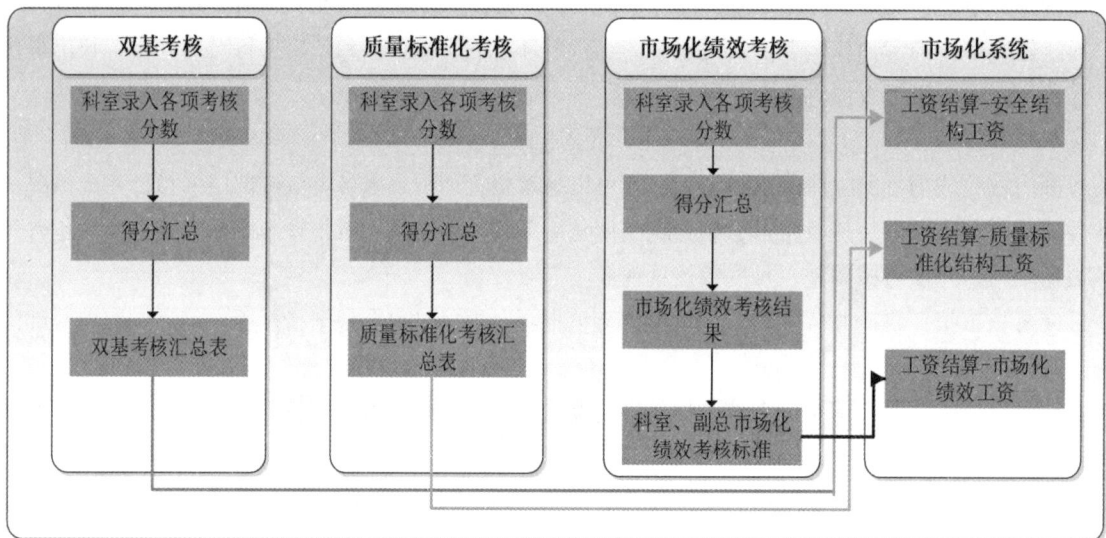

图2　考核体系具体业务流程图

①实施流程

按考核内容、考核职责分工，各单位进行项目打分。

考核主管部门进行数据整理汇总，得出考核结果。

考核结果反馈至各部门进行总结分析，同时应用到工资结算。

②考核标准的制定

将各部门的考核内容和考核标准（如完成生产任务所对应系数）在系统中进行维护，经过审核后，发布到各部门作为考核的唯一标准。

③考核打分

各业务职能部门按照考核办法对全矿各部门的考核项目进行打分，在系统实现时可将考核项目进行分配，由各负责科室进行打分。

④考核结果汇总分析及排名

各项考核分数汇总后形成各部门的考核结果。利用最终考核结果形成各部门考核评优排名及考核图形化、表格化分析。

4.任务督办子系统

建立矿级任务督办管理模块，实现各项任务综合管理的功能。

（1）实施流程

任务发起人下达任务，填写任务执行人、责任部门，要求完成时间等信息，提交由指定执行人执行。

任务执行人接收到任务单并执行，任务完成后，提交任务完成报告，若未完成，则提交任务未完成原因，任务发起人可以随时对任务完成情况进行跟踪。

借助任务的督办提醒功能，对于分派的各项工作，进行提前提醒，保证所有工作按照要求及时办理。

（2）任务制定及下达管理

制定工作任务的内容和目标以及计划完成时间和责任人。将制定好的工作任务下达到责任人，责任人根据任务完成情况录入完成内容及工作总结，还可上传成果资料等附件内容供查阅。任务完成后反馈到任务发起人处。任务发起人可以随时对任务完成情况进行跟踪。

（3）任务评价

对于完成的工作任务，任务发起人或职能业务科室可以对任务的完成情况及完成质量进行工作评价，督促相关责任人员及时处理并提高工作质量。

（4）任务提醒

对于分派的各项工作，可设置定时提醒，保证所有工作按照要求及时办理。

（5）任务执行情况分析

系统在月底会自动将所有任务的执行情况进行汇总统计。实现任务执行情况综合分析，可以把逾期任务数量，最长逾期时间、最高并发任务数量等信息进行展示，同时将任务执行情况在相关考核体系系统中进行结果兑现。

5.内部市场化结算及"日清日结"管理子系统

建立内部市场化结算及"日清日结"管理子版块，主要实现一、二、三级市场的预算和结算管理，也就是即矿对区队（车间）、区队（车间）对班组、班组对岗位的日清日结各项业务。

（1）一级市场

一级市场主要定位于矿层面，包括全矿各项成本费用指标的预算、矿对各科区的生产计划下达及工资结算情况。

①预算管理

以生产经营计划为中心，把生产经营计划中的各项指标层层分解，将各项费用指标延伸至人工、材料、设备等要素市场。将预算和市场化结合起来，有效地实现了降本增效的目的。此外，通过系统和管理的流程改进，实现了各项费用控制从事后考核向事中控制、事前预算的模式转变。

月度预算：在月度预算数据的填报之前，需要将可控成本费用进行统一编制，将各科区主要的成本项目进行梳理，整理出一套科区适用并能满足考核要求的预算体系。

将各项预算费用以科区为单位进行填报。涉及多种可控成本费用的预算数据。

月度预算调整：月度预算数据提交后，主管部门即可结合实际情况对预算数据进行调整，使预算数据尽可能地精确。

②定额管理

针对不同类型的一级市场主体，系统分别实现主体工程、单项工程及零星工程的全过程管理、一级市场的定额价格的电子化管理、收入的自动化结算管理。

③生产计划管理

做到从计划、到预算、到施工、到验收、到结算的全过程闭环管理。

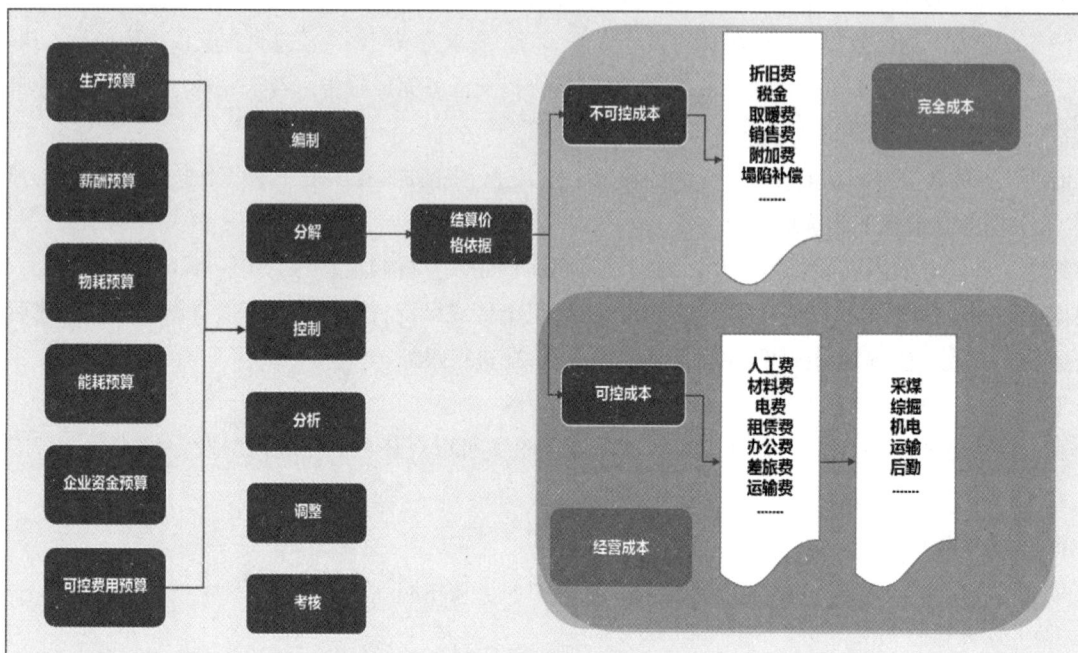

图3 预算编制

④结算管理

通过系统实现上级市场主体对下级市场主体间的结算。根据专业建立不同结算模型。主要包括：采煤专业结算、掘进专业结算、机电专业结算、运输专业结算、通风专业结算、其他专业结算、单项工程结算等。通过内部市场化管理子板块构建各专业的结算，实现自动结算，流程化审批。

其他专业及链式结算：其他专业的结算也同样按照采、掘、机、运、通各专业构建的思想进行设计。有定额的整理定额数据，没有定额的看是否挂靠产量、进尺，最终满足结算要求。

单项工程结算：一个单项工程提出后，由派工单位先做预算提交到主管单位审核下达并由施工单位录入资料，进行立项、预算和结算。若是标准单项工程，则可以直接调用系统中定额进行结算，若是非标准生产作业则用户可以按实现情况进行手动录入人工、材料的预算，并提交申请结算。

系统提供单项工程立项预算审批管理及单项工程验收结算业务管理。

单项工程管理严格执行"任务编制—人工、材料预算—施工—竣工验收—工程结算"程序，实现各类工程、各项工作从安排到完成、最终结算的全过程闭环管理，确保工程预算结算管理的及时性、准确性。

⑤成本要素考核奖罚

主要用于录入收支结算外的各种奖罚考核，其中包括个人奖罚和部门奖罚两种。奖罚可以自动调取各种信息，包括：部门名称、部门编码、职工编码等；系统还支持两种奖罚按照部门、项目等口径汇总，实现所有奖罚的规范化管理。

⑥工资结算

根据市场化结算收支结合考核奖罚结果系统自动汇总计算出科区各明细项目的收支考核情况，并计算出科区内部结算结果，再结合各要素市场考核兑现标准，生成科区工资明细，并汇总形成全矿工资汇总表。

（2）二级市场

主要定位在区队到班组的市场管理，以实际工作量及实际消耗为依据，结合当班发生的其他收支及奖罚计算班组当班收入。

预算管理：将区队的各项指标预算情况细分到各个班组，将预算的各项费用指标延伸到管理的最末端。

月度预算：预算反映了最基层班组的月度预算情况，仍然按照工作任务、生产任务和成本费用更进一步进行细化分解，如材料费、电费、修理费的预算下达到具体各个班组。

班清班结：三级市场主体是区队对班组的班清班结考核结算，将班组当班的收入及支出内容进行统计，收入主要是产品收入及零工等工作的收入数据，支出则是各项消耗，如材料、电费、维修费等，可通过建立消耗台账的模式进行明细数据的填报及汇总数据的统计。

（3）三级市场

主要定位在班组到岗位的结算管理，也是内部市场化管理考核结算的最小单元。

岗位工资分配：在对职工岗位的分配方面，对不同岗位的结算单价、奖罚标准和考核分配模式进行"三定"，将必要的考核结算标准全部写入定额表内，杜绝人为对收入的调整。为便于录入考核，将收入、成本、奖罚考核等均以表单的形式进行考核，同时，为了提高工作效率，系统自动调取当班职工列表，并根据相关的定额标准和实际考核情况完成对岗位的考核结算。在岗位工资的分配上，首先对各岗位的工序单价进行固化，考核人员根据个人所从事的岗位，自动调取所执行的工资分配所使用的单价，并结合出勤、产量及其他收入，最终按照经营结果系数得到职工收入，再减去职工的各项支出得到个人班清班结工资。

工资核算兑现：月末结算处理科区及个人的各项考核及奖罚，根据三、四级市场的结算结果进行二次分配，兑现员工的月度效益工资。

矿人力资源科下达工资总额，区队核算员在核算各项考核（含煤质考核）、奖罚后，按照管辅人员和日常打分职工两种不同的分配模式进行分配，先计算出工资平均数，管辅人员的工资按照系统的不同来进行分配。

（4）要素市场

建立各类要素市场，主要包括物资市场、电力市场、加工维修市场、设备租赁市场、矿车运输市场、内部交易市场、内部修理市场等。

通过建立与各要素市场相对应的信息化管理系统，如建立物资管理系统，实现物资市场中材料消耗费用的自动统计；建立设备管理系统，实现设备租赁市场的租赁费及设备维修费的统计；建立井下物流配送系统，实现矿车运输市场的运输费统计；建立内部交易系统，实现内部修理、内部交易、自主经营等费用的结算与统计及考核。各系统将要素市场考核数据自动传输到矿井生产经营协同管控信息系统平台中。

6.物资管理子系统

通过物资管理模块，实现物资计划管理、库存管理、物资领用申请、消耗管理、二级库管理、修旧利废管理及物资结算考核的全过程化管理。

当有物资入库时，在物资管理系统填写收货单，并登记发票信息。当发票确认稽核后，向系统传递物资的入库信息。同时，各单位的需求计划汇总及物资领用申请，由物资管理系统实现月度需求计划的填报、审批、汇总，以及物资领料申请的填报、审批、出库确认等操作，并向主数据平台发送需求计划汇总数据及物资领用出库信息。由系统进行读取汇总的需求计划和领料出库数据，从而方便采购和领料。

图4　物资系统功能架构图

领料自动进入到科区二级库，通过二级库材料的班组发放，将材料费进一步控制。对于可修旧利废的物资，系统提供了修旧利废管理等模块。月底，根据物资计划形成各科区的材料费用考核，自动汇总，作为月度考核结算的资料，并根据系统实际价形成财务账的出入库查询。

（1）物资需求计划及入库管理

由科区材料员根据生产计划申报材料需求计划，相关人员在网上进行审批、汇总后向系统传递需求计划汇总信息。

在物资系统中进行收货登记及收货确认。确认后的数据会通过主数据平台向系统传递入库数据信息，并通过库存查询可查到账面物资信息。

对于修旧利废物资单独建立旧品库，废旧物资经过回收并修复后进行入旧品库操作。

（2）物资出库管理

科区材料员在物资管理模块填报材料的领用申请，经过审批并由库管员确认出库后，可以同步向系统传递领用出库的物资数据。

修旧利废物资领用时根据该物资的交旧比率，需要先回收一定数量的旧物资（结合上次申请的该物资的数量自动计算应回收数量）。只有回收后才允许领用，提高了废旧物资的利用率。

（3）修旧利废管理

修旧利废管理包括物资的回收、修复入库、出库以及修旧物资查询、统计分析功能。系统对于可回收的废旧物资系统根据该材料的交旧比率，结合上次申请的该物资的数量自动计算应回收数量。提高了废旧物资的利用率。系统可以将实际交旧比例与交旧率对比，同时可以查看不同区队对于废旧物资回收的对比情况从而决定相应的奖罚措施。

（4）区队二级库管理

区队从矿仓库领用的材料自动进入区队二级库，系统可以记录矿级库和二级库的流转信息，二级库发放台账等。利用区队二级库对班组的发放材料的功能，便于统计各班组在各个工程或地点的材料消耗情况。

（5）闲置物资交易管理

闲置物资交易将各个基层部门作为主体，构建闲置物资交易平台。可以有效加快各部门自身积压材料、设备等资源的周转，并且能够以相对优惠的价格从内部单位购买到自己所需的材料、设备等资源。从而节省了生产成本和库存积压问题，有效降低生产运营成本。

（6）特殊物资材料管理

针对矿井部分特殊物资（如：单体柱租赁）建立相应的管理模块，实现特殊物资收、发、存、租动态管理，实现统计、汇总及报表、报告分析展示功能。

7.设备管理子系统

系统通过建立设备全生命周期管理子系统，实现设备及周转性材料的计划编制、审批、购置、到货、入库、领用、交接、调配、归还直到报废的基于全生命周期的动态跟踪管理。

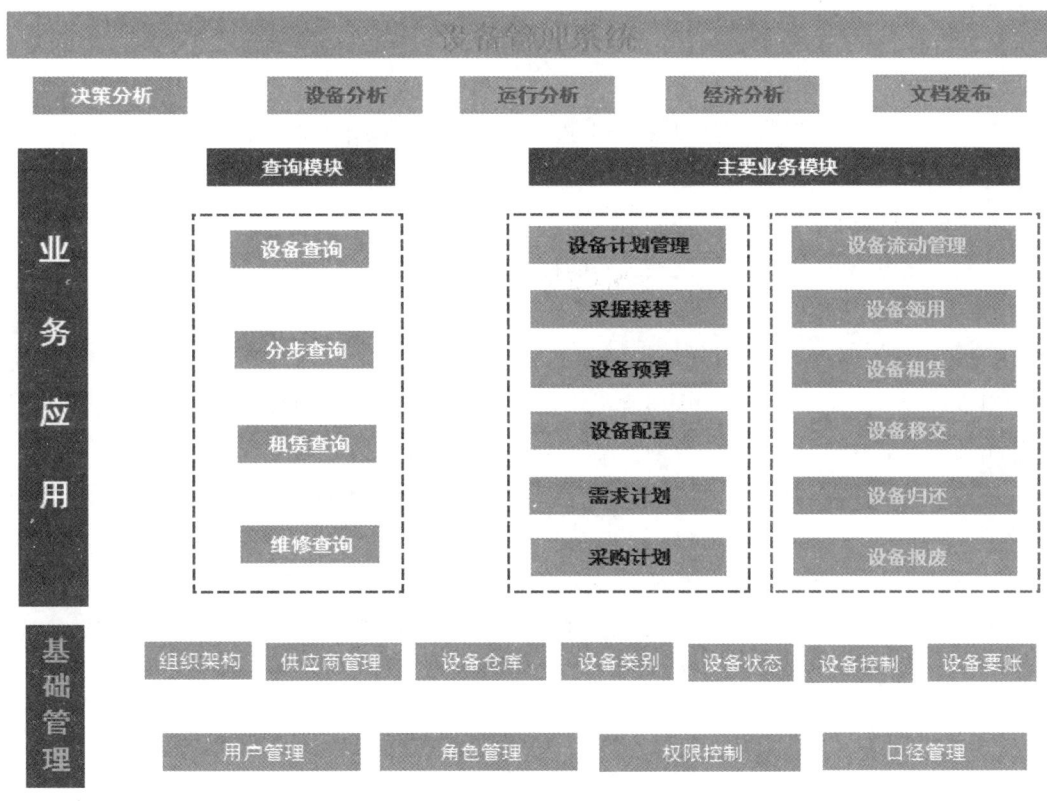

图5 设备管理系统功能架构图

（1）设备动态跟踪管理

各单位将需要购置的设备需求信息进行填报，申报的需求计划首先会和当前库存设备进行比对，如当前设备仍有库存，则系统给出提示，优先申领库存设备，中断本次购置计划的申请；提交的计划经矿井汇总并审核后，形成汇总计划，汇总计划将和采购计划进行联动。

（2）设备入库管理

到货登记：设备到货后，在系统中进行设备到货信息的登记。录入设备的基础入库信息。

设备验收：经验收合格符合入库的设备在此模块进行验收内容的登记，包含验收记录、验收人及合格数量等信息。

入库审批和打印：验收合格的设备，主管部门对设备数据信息进行审批，如果设备资料数据存在问题或者数据缺失，可退回单据由填报单位进行修改和补充，信息填报无问题即可进行入库确认。

（3）设备台账管理

设备台账管理包括设备基础信息和设备综合查询。设备台账信息分为静态部分和动态部分，在静态部分系统提供用户可以建立并查询设备档案，包括：设备的编码、名称、型号规格、供应厂商、生产厂家、设备原值、规定使用年限、机械和电气系数、技术参数、附属设备等信息，为管理者随时提供设备详细信息；在设备档案的动态部分，系统根据设备管理的相关业务自动详细记录了设备的当前状态信息和设备周转信息。

（4）设备动态流动管理

设备动态流动管理主要实现设备的领用、移交、调配、归还等功能，实现设备的现场动态考核取证以图片、文档等形式进行展现。

设备领用：使用单位发起设备申请、经主管部门审批、设备仓库进行确认出库并打印出库单，即完成设备的出库。

设备归还：设备使用完毕后应及时在网上进行设备的归还操作，通常设备升井后要进行设备的检修，只有完好的设备方能入库。因此通过系统归还的设备默认状态为"待修"状态，设备检修后，变更设备和仓库来完成状态为"完好"设备的入库。

设备移交：该模块可以完成区队之间设备的移交，办理移交后，设备的使用权自动归"移入部门"所有。

（5）设备租赁管理

设备租赁管理（包含单体柱管理）包含租赁业务管理、租赁费用结算。通过设备流动管理功能产生的设备使用及变动信息作为租赁费结算的依据。

在设备租赁管理中，租赁费结算采用超期罚款模式，通过设置每台设备免费使用时间，超期收取费用。

租赁费可以分类、分时、分单位统计、查询，每月租赁费用清单及设备租赁使用清单。

系统根据设备的租赁时间，自动计算设备租赁费用。生成租赁费用结算的相关统计报表，从而达到提升设备利用率、减少浪费的精细管理目标。

（6）设备统计分析

工作面档案设备查询：实现工作面所有设备的查询、统计、打印功能。

设备分布查询：可查询各矿、各部门使用设备的数量及地点分布情况，点击可查根据分类查询设备使用明细。具备按照单位、时间、地点、状态等分类查询、统计、编辑、打印功能。

租赁费用查询：实现按照单位、时间、地点等分类对租赁费用和修理费用分别实现查询、统计、编辑、打印功能，能够实现同比、环比分析。

设备综合统计分析：建立设备智能评价系统，能够对设备进行统计分析，可查询设备在某时间段内的维修次数、维修内容、维修费用等，相同型号的设备能够筛选出故障率低，维护次数少、维修费用低的生产厂家，为评价设备质量以及设备选型招标提供依据。

8.井下物流配送管理子系统

井下物流配送管理子系统通过矿车的申请、配送物资的申请、物料装车编组下井后，通过矿车的领用、归还和移交功能对非配送矿车进行流动管理，实现矿内全部矿车（包含非配送矿车）、全部配送物资的统一管理，月底对全矿矿车的使用情况进行统一考核与核算。

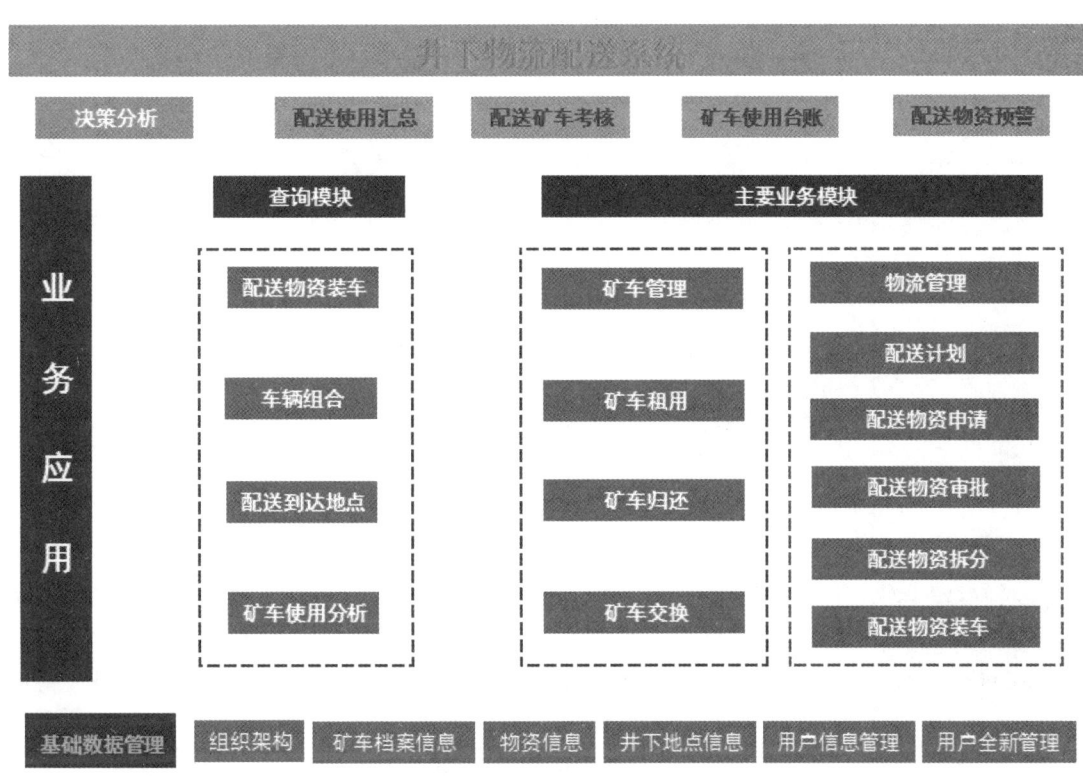

图6　井下物流配送系统功能架构

（1）矿车管理

矿车台账管理：实现矿车按照类型进行编码管理，每个矿车唯一编号。

矿车领用：主要用于非配送矿车的领用。使用单位生产中产生的矸石和废料需运出时，需要通过该模块进行矿车领用。

矿车归还：主要用于非配送矿车的归还。使用单位生产中产生的矸石和废料升井后，卸料完成后需要对车皮进行矿车归还操作。

（2）物资配送管理

物料申领部门通过系统进行入井物料申请出库，出库单据审批完成后传递到配送物料装车模块生成配送计划；业务人员对需要下井物料进行装车，将装车物料单据信息与矿车进行匹配，匹配完成后提交相关装车单据。

①配送计划

使用单位需提前对配送物资申请矿车配送计划，主要申请矿车的使用地点、使用类型、矿车使用数量和矿车型号，申请完毕后需提交到矿车管理部门进行审批。矿车管理部门对使用单位的配送计划进行审核，经审核完成后才可以使用矿车。根据矿内部管理制度，系统可以自行设置是否严格控制必须申请矿车后才能进行矿车配送与矿车领用。

②配送物料申请

用料单位提前一天将需要配送下井的物资进行申请出库，申请单包括领料部门、材料名称、数量、配送地点、配送时间等信息。经过相关人员审批确认后进行物资发放，确认发放的领料单会自定进入配送物料装车模块。

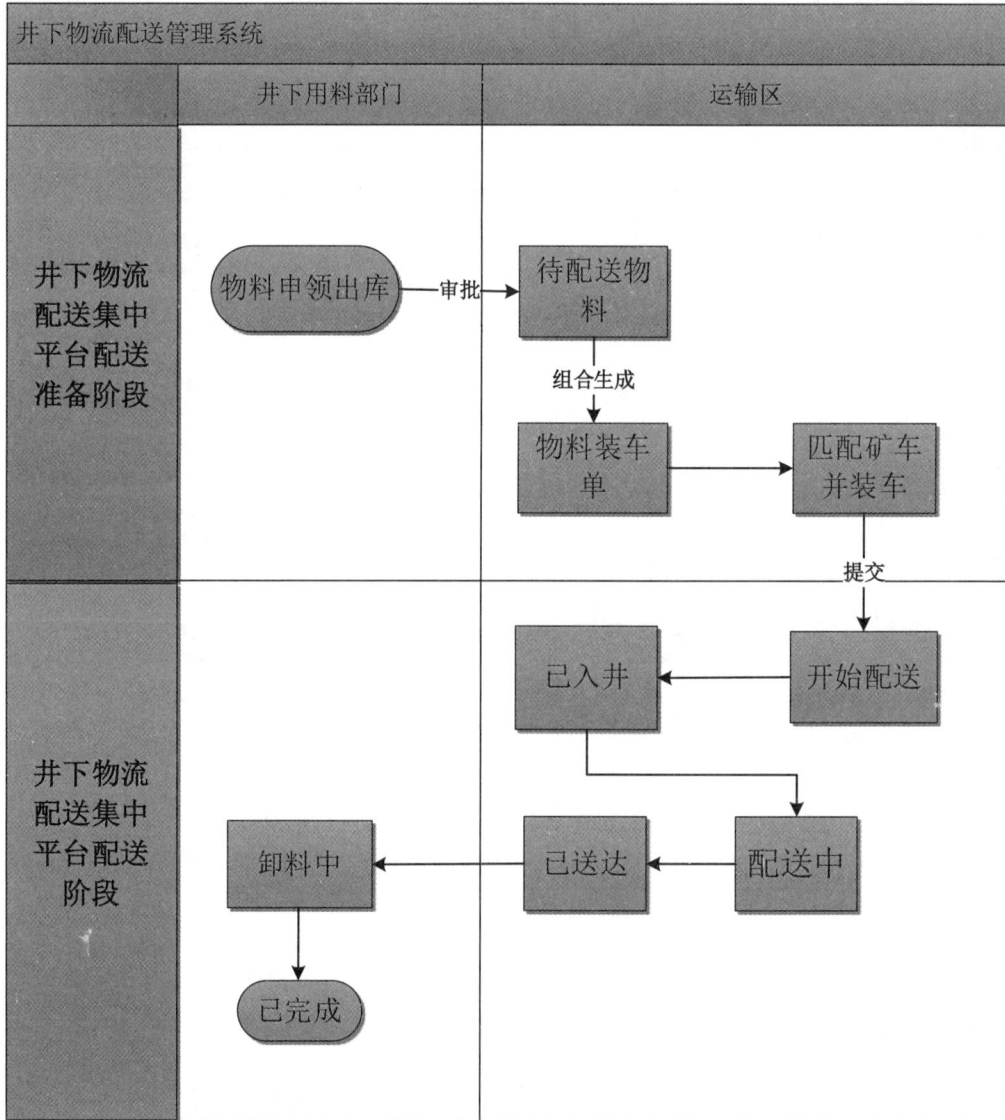

图7　井下物流配送流程图

③配送物料装车

配送物料装车时，选择已经确认发放的各单位的物料申请单据数据，然后选择矿车进行装车操作。

如果由于矿内空车数量不足，可以通过配送物资拆分功能对物资申请单进行拆分，完成后部分物资申请单进行配送物资装车。装车完成后并标记已经匹配的矿车信息（标记为重车），以便后续操作。

运输区队下料操作人员根据物料单据信息进行装车和通过单据匹配运料的矿车编号。同一个车皮只能装载一个单位的一种物资，不允许混装。

井下运输部门根据物料装车单据信息把料车运送到指定的井下车场（料车交接地点），通过人员定位系统中司机到达该地点自动确认收到物料。用料单位将料车自行运到使用地点，使用后空车再交还回交接地点，由井下运输部门把空车拉出井，或另作他用。

9.大数据平台分析子系统

目前煤炭企业的信息化建设的水平较低，企业的信息化资源还停留在满足传统的信息处理要求的水平上，绝大多数企业的数据存储容量在100T左右，数据还不能长期保存，信息孤岛情况严重。历史数据缺乏、仅靠实时数据就谈不上对数据分析处理，数据的价值就没有发挥作用。

大数据平台分析子系统针对目前煤炭企业在大数据浪潮下的信息化建设层面的不足，针对性地提出了利用大数据技术对安全、生产、经营系统各业务数据的数据进行分析，智能化的形成各类汇总统计，通过多口径的分析，为企业辅助决策管理的预警、预测和分析提供数据支持。

通过建立大数据分析平台，将矿井生产经营协同管控信息系统平台中的预算数据、人工费、材料成本、设备租赁成本、矿车运输成本、电力成本、产量、进尺、商品煤量、销售数据、绩效数据等在一个平台存储与展示，通过可视化分析及BI看板的形式进行灵活展现，为领导科学决策提供数据支撑。

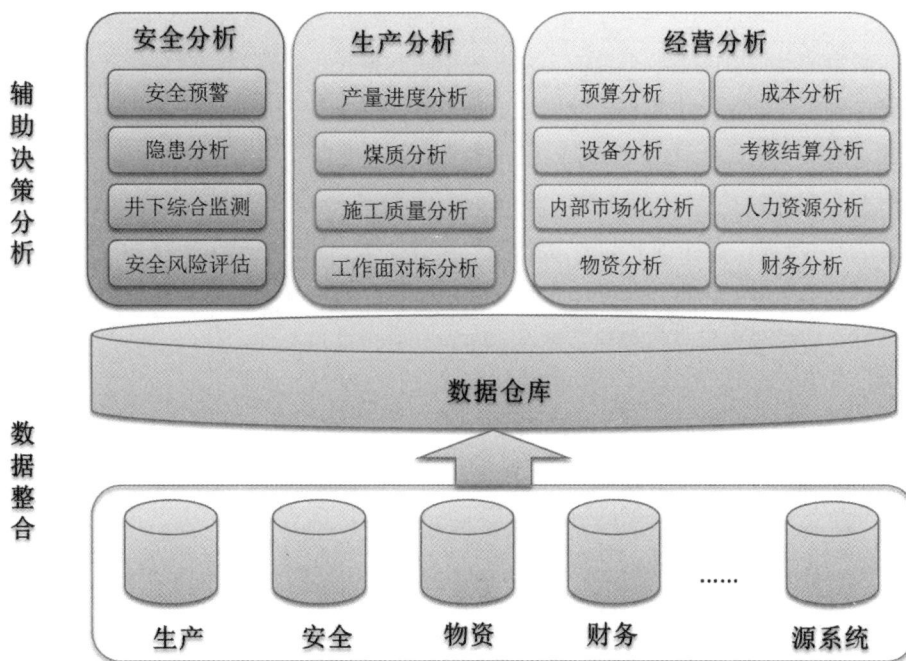

图8　大数据平台

（1）大数据BI看板

以生产经营协同管控信息系统平台作为基础，拓展其他数据源，建立大数据分析平台。以各类可视化图表的形式展示不同类型的数据，简洁清晰地展现领导关注的各类数据。

（2）经营管理多维分析

对企业数据进行深入挖掘，建立多维分析模型，对安全、成本、预算、产量、设备故障、库存、考核结算等方面进行多角度的分析，为企业提供一个高效、易用的多维分析平台。

（3）预警分析

利用商业智能预警分析为企业建立预警分析，包括安全预警分析、生产（产量和进尺）预警分析、经营预警分析等，实现企业数据价值提升，为高层领导科学决策提供支持。建立预警平台，该模块可按照设定的预警项目及预警阈值，对达到临界点的考核项目自动发送相关信息，以示预警。当领导关心的业务数据超过预警时，实时将预警信息发送给相关领导，使领导能够及时掌握产量、进尺、商品煤质量及本单位的生产情况等信息。

（4）设备运行监控

基于设备的全生命周期的管理，将设备各类数据的上传分析，结合设备当前的使用年限、保养次数，智能预测下期保养、维修时间。

（5）产品销售价格预测

根据往期（月、周）的原煤或商品煤售价进行分析和预测。

四、生产经营协同管控平台实施效果

赵固二矿生产经营协同管控平台的实施，应用大数据技术手段实现矿井生产经营协同化、业务管理专业化、成本管控精细化、决策分析数据化，进一步增强了各级管理人员和广大员工工作积极性、主动性和创造性，助推了企业经济运行质量的稳步提升。

1.降低了生产成本

通过该平台的实施，在企业内部建立各级必要的市场，把各基层单位作为市场主体和经营实体推向市场，使各单位之间形成供求、交易的关系。在市场机制的调控下，让各基层单位达到独立经营自主约束、自我管理；通过对班组进行材料、电力、人力等成本进行监控，并对不同班组间的成本消耗情况进行对比分析，能够充分激发各班组节约降耗的积极性和主动性，从而实现优化生产资源配置、降低生产成本、提高劳动生产率及提升经济效益的目的。

2.提高各层级经营管理水平

煤炭生产企业，其劳动密集型的特点在施行生产经营协同管控时，由于各级市场、价格、结算等体系的管理工作冗长繁重，原始数据采集工作量大、质量差等问题使得现有的管理手段只能是较高层次、事后反映型的，缺乏行之有效的、准确的、可靠的、快速的、低成本的管理工具。通过本系统平台的实施，一方面，能够实时对矿井层次、科区层次、班组层次、岗位层次的市场化工作运行情况实时跟踪，极大提高了矿井的信息管理水平。另一方面，实行生产经营协同管理后，科区各项费用节超与其工资挂钩，引导树立效益意识，变原来的被动管理为主动管理；科区结合经营管理的运作需要，制定科区内部价格目录、绩效考核、收入分配、安全生产标准化等相关管理制度并严格考核兑现，增加了经济分配透明度的同时，强化了科区自主管理。此外，引入生产经营一体化管控体系，促进内部竞争，提高员工的工作积极性和创新意识，在降低成本的要求下，员工会更多的对技术、管理有更多的思考，创新出更先进的技术及管理方法。

3.提升了科学决策水平，促进企业健康稳定发展

通过建立大数据分析平台模块，将分散在系统各业务中的数据进行集中提取、转换，再利用大数据分析平台的各类分析工具，实现对业务功能的预警提醒和数据分析预测功能。利用大数据分析功能还可实现全矿安全、生产、经营过程中的业务数据多维度分析，实现领导层清晰直观的了解企业运行情况，矿领导随时了解到各单位生产及经营中重点业务的完成情况，职工可对个人工资进行实时查询。大大促进了企业科学决策水平，为企业持续健康发展提供有效动力。

成果创造人：慕松利、何宏伟、朱鹏飞、赵启兴、贺伟锋、

张超伟、王璐、陈蔷、杜秀珍

财务法务管理、产融结合及风险管理

大型能源企业基于"1+3+N"构建全面风险
管理体系的实践

中国海洋石油集团有限公司

一、前言

中国海洋石油集团有限公司（以下简称"中国海油"）是我国最大的海上油气生产商。业务范围涵盖油气勘探开发、专业技术服务、炼化与销售、天然气及发电等。2020年，公司国内油气总产量超过6000万吨油当量，原油加工能力达到4300万吨/年，LNG进口量超过2800万吨，燃气发电装机超过800万千瓦，为国家贡献大量优质能源。

中国海油从对外合作起步，经过近40年的不懈努力，公司境外资产和业务遍及6大洲45个国家和地区，发展成为油气主业突出、产业链完整、规模实力较强的国际能源公司。公司保持高质量发展的态势得益于准确辨识风险、精准把握机遇，持续健全以风险管理为导向、嵌入合规要求的系统完备、科学规范、运行高效的中国特色现代国有企业管理制度体系。特别是2020年面对低油价和新冠肺炎疫情等重大风险挑战，中国海油全力应对，付出艰苦卓绝的努力，重大经营风险整体可控，治理效能大幅提升，发挥央企在推动经济高质量发展中的"稳定器""压舱石"的作用。中国海油连续17年获A级考评，其中2020年集团公司经营业绩考核和党建工作考核均获评A级，品牌知名度和美誉度明显提升。同时，在国务院国资委公布《国有重点企业管理标杆创建行动标杆企业、标杆项目和标杆模式名单》，中国海油"以战略为导向的风险管理体系"入选标杆项目。

二、中国海油"1+3+N"全面风险管理实施背景

习近平同志强调，深刻认识和准确把握外部环境的深刻变化和我国改革发展稳定面临的新情况新问题新挑战，坚持底线思维，增强忧患意识，提高防控能力，着力防范化解重大风险。

根据建设中国特色的国际一流能源公司的战略定位，中国海油以全面风险管理实践为核心对标内容，在全球范围内遴选16家大型综合油气公司和制造业公司作为对标对象，包括壳牌、BP、埃克森美孚、道达尔等，围绕风险偏好、管控架构、管理流程、管理工具四个维度进行对标分析；这些企业具有如下主要特点：一是构建以战略风险、运营风险和行为风险为内容的风险偏好体系；二是风险治理架构科学，建立风险内控卓越管理中心，强化风险集中管控和价值支撑；三是建立"政策—制度—程序"3个层级的内控制度体系，内控制度和流程框架标准化；四是风险管理的方法和工具全面、多样，定性与定量相结合；五是既注重风险带来的不确定性，也关注风险带来的机遇。

以对标世界一流为切入点，中国海油明确全面风险管理对标提升的总体思路是：坚决贯彻落实党和

国家防范化解重大风险的部署要求，围绕建设中国特色的国际一流能源公司的战略目标，建立与国际一流能源公司相匹配的全面风险管理体系。践行风险、效率与效益相平衡的内控建设原则，构建统筹协调、覆盖全面、传导有效的风险管理运行机制，不断完善以风险管理为导向的内控制度体系。基于总体实施思路，中国海油逐步建成"1＋3＋N"全面风险管理体系，包括一套治理机制、三道风控防线、N项风险管理领域的风险立体防控管理体系，着力防范化解各类风险，持续提升重点领域风险管理能力。

三、中国海油"1＋3＋N"全面风险管理内涵和主要做法

习近平同志指出，面对波谲云诡的国际形势、复杂敏感的周边环境、艰巨繁重的改革发展稳定任务，我们必须始终保持高度警惕，既要高度警惕"黑天鹅"事件，也要防范"灰犀牛"事件；既要有防范风险的先手，也要有应对和化解风险挑战的高招；既要打好防范和抵御风险的有准备之战，也要打好化险为夷、转危为机的战略主动战。

（一）中国海油"1＋3＋N"全面风险管理内涵

中国海油拥有中国海域对外合作开采海洋石油及天然气资源的专营权，肩负着国有企业的经济责任、政治责任和社会责任，身处风险密集、资金密集和技术密集的高风险、高投入行业，在对外合作的过程中汲取国际石油公司许多先进的管理经验，尤其是风险的防范和管控。经过近40年的改革与发展，逐步形成以效益、效率和风险平衡的风险管理核心理念，并实践到公司各项工程建设和生产经营活动中，有力地促进公司高速高效可持续发展。

1.中国海油"1＋3＋N"全面风险管理是践行集团公司"1534"总体发展战略的必然要求

风险管理覆盖企业所有的经营领域和管理活动，是企业管理的基础性系统工程。中国海油经历了油公司、专业公司和基地公司分离与重组，中海油、中海油服、海油工程、中海化学等主业资产先后重组上市，企业管理也经历从分散到高度集中，又走向集团化的过程。目前中国海油已发展成为一家集团化的跨国石油公司，所属27家二级公司，其中全资子公司20家，控股子公司7家（含5家上市公司）。不仅如此，所属天然气及发电集团、中海油能源发展股份公司等二级公司也已成为集团公司，这就对全集团管控和制度的系统性、科学性、规范性提出更高的要求。为实现中国特色国际一流能源公司的战略目标、加强集团管控能力，必须通过优化内控流程，健全符合企业特点的、基于效益、效率与风险平衡的制度体系，使制度贯穿于企业决策、管理和生产经营的全过程，实现全员参与、全过程控制和全方位监督，切实做到用制度管权、用制度管事、用制度管人，实现经营效益、管理效率和风险控制三者平衡，保证企业的可持续发展。

2.中国海油"1＋3＋N"全面风险管理是实现世界一流和高质量发展的现实需要

经过与ExxonMobil、Shell、BP等国际一流能源公司对标，并与风险管理成熟度评价模型比较，风险管理还有许多不足，经过系统分析，海洋石油工业除有陆上石油工业的许多共性外，还有特殊的高风险、高成本、高科技三个属性。中国海油按来源不同将风险分为内部风险和外部风险；按性质不同分为战略、运营、财务、市场和法律5大类风险和55子类风险。其中，特别重大的风险有：投资决策风险、储量风险、运营风险、金融风险和海外风险等。

投资决策风险：中国海油近年来投资额年均达上千亿元，涉及海上油气田开发、石油化工、天然气及发电、新能源和大型技术装备等领域，潜藏着巨大的投资风险。投资决策的科学性、准确性至关重要。

储量风险：油气储量是带动相关业务板块发展的龙头，是石油公司未来可持续发展的基础。近几年来，全球油气储量替代率有下降趋势，提高勘探成功率、寻找和增加新的储量成为保证企业发展的首要

任务。运营风险：主要包括项目建设风险、生产作业风险、油气价格风险、采购风险和道德风险等。在海上作业过程中，除面临石油行业固有的易燃易爆、溢油等健康安全环保风险外，还会遇到海域作业特有的冰和台风带来的自然环境风险。

金融风险：金融市场波动、制度不健全和操作不规范，容易带来金融业务上的风险。历次金融危机也都对企业造成不可估量的经济冲击。海外风险：中国海油实施"走出去"战略，必然会面临越来越多的地缘政治风险、汇率风险、文化风险和法律风险等风险。海外投资环境的特殊性和复杂性也增加了海外作业管理难度。

海洋石油工业固有的特点和产业领域的不断延伸决定了风险管理对中国海油可持续发展的重要意义。决策层深刻地认识到：在追求公司经营效益和管理效率的同时，要想缩短与世界先进管理水平的差距，真正能够沉着应对风险和危机，不仅在于在风险和危机来临之际采取哪些补救措施，更重要在于风险和危机来临之前做了哪些风险防控措施；健全风险管理体系是一项长期性和持久性的工作。

3.中国海油"1+3+N"全面风险管理是满足国际化经营和国内外监管的重要保障

中国海油积极实施国际化经营战略，不仅参与全球油气资源的勘探开发及其专业服务，还通过主业资产在境外上市来完善公司治理和提高国际化经营水平。海外业务范围现已覆盖40多个国家和地区，海外资产已占集团总资产的50%，已经进入跨国能源公司的行列。

在经济全球化迅速发展、投资经营日益国际化的今天，当遇到全球金融危机或经济危机时，哪个跨国公司都难以独善其身。中国海油在"走出去"的过程中，无时无刻不面对纷繁复杂的国际环境，诸如地缘政治因素导致的能源政策变动、国际公司间的博弈、石油价格大幅波动、资本市场巨幅震荡等各种复杂因素交织在一起，进一步增加了国际化经营风险。从国际趋势看，对内部控制体系和风险管理重要性的认识越来越得到普遍认同，相关法律法规的数量越来越多，体系结构日趋严密，国际资本市场的监管要求愈加严格。因此，中国海油要想在国际市场上占有一席之地，按计划实现国际一流能源公司的战略目标，必须以效益、效率和风险平衡的核心理念为指导，建立统一、规范和有效运行的全面风险管理体系，有效防范各类风险，提升科学管理水平，确保企业高速高效可持续发展。

（二）中国海油"1+3+N"全面风险管理主要做法

1.健全风控体制机制，搭建董事会为核心的组织体系

一是建立以董事会为核心的治理架构。中国海油党组坚持以习近平新时代中国特色社会主义思想为指导，贯彻落实党的十九届二中、三中、四中、五中全会精神，以及习近平同志"四个革命，一个合作"能源安全新战略，全力以赴保障国内油气增储上产。公司党组发挥把方向、管大局、促落实的领导作用，确保贯彻落实党的路线方针政策。按照"三大攻坚战"对防范化解重大风险的要求，突出战略引领，坚持问题导向，强化风险研判，加强对经济环境和油价敏感性的分析。中国海油董事会、管理层、职能部门积极履行风险管理、内控建设和合规管理职责，在管理层下设立法治建设暨内控合规与风险管理委员会，负责统筹推进法治建设、合规管理、风险管理和内控制度体系建设，建立健全各司其职、协同运作的风险管理，为公司的高质量发展提供重要保障。

二是构建分层分类分等级的风险管理机制。建立总部与所属单位两个层级风险评估与报告机制，组织重大风险分级排查和报告，按照风险等级（高、中、低）统筹资源、分配任务、加强应对，及时制订应对措施。战略层面，总部对年度排查的集团前5项重大风险，集中优势资源积极应对、密切跟踪监控应对。执行层面，所属单位对年度排查的本公司前5项重大风险进行管控。明确风险分类标准为：一级风险5项、二级风险55项、三级风险198项，每一项风险责任落实到人。

三是深化以风险管理为导向的内部控制机制。以"强内控、防风险、促合规"为目标，紧紧围绕公司战略，中国海油将风险管理理念、内控框架与公司治理和业务实际相融合，建立以风险管理为导向的16个较为完整、有效的内控制度体系。以基本制度、管理办法、操作细则三个层级为主线，聚焦公司治理体系和治理能力现代化，坚持融会贯通，推动党的领导、党的建设和纪检监察制度与公司内控制度体系的有机融合，避免两张皮。坚持系统集成，进一步强化管理制度化、制度流程化、流程信息化的内控理念，将风险管理和合规管理要求嵌入业务流程，形成全面、全员、全过程、全体系的风险防控机制。坚持改革创新，将改革创新和对标世界一流管理提升成果及时融入内控制度体系建设，加快创新动能制度供给，促进管理提升，实现运营全过程风险防控。

2.扎实筑牢"三道防线"，形成全面风险管理运行模式

中国海油持续开展以风险管理为导向的内控制度体系建设，健全由各业务单元、风险管理机构、监督机构构成的风险管理三道防线。

第一道防线：负责风险排查和防控工作。指管理层及下设的投资与预算管理委员会、重大经济活动风险控制委员会、全面预算管理委员会等机构，以及各业务部门和业务单元。第一道防线切实有效地在战略风险、运营风险、财务风险、法律风险排查与防控方面发挥作用，对宏观经济调整、国际化经营、国内增储上产、降本增效等方面产生的风险及时组织辨识、分析和报告，并积极采取有效的应对措施。如在工程建设领域，积极推动实施海上重大作业分级风险管控，按每项作业的环境条件、技术难度、作业规模、作业水深、项目大小等特点，将风险由大到小分为A、B、C三类，制定海上重大作业风险分级管控计划，确保工程建设优质高效安全，实现"降本增效"目标。

第二道防线：负责管理及监督风险防控的进展情况。指在法治建设暨内控合规与风险管理委员会领导下的风险管理办公室，牵头组织风险评估，建立风险季报、年报制度，健全总部及所属单位两级风险管理机制。围绕集团公司建设国际一流能源公司的战略目标，积极探索风险量化的工具与方法，建立重大风险的识别、报告和应对机制，及时组织推动重大风险识别评估与防范化解工作。

第三道防线：进行独立监察、审计并报告。在党组审计委员会和纪检监察组领导下的审计部及纪检、监察、巡视等，对董事会和高级管理层所关心的风险和控制的有效性，进行独立监察、审计并报告。中国海油通过内部常态化的监督，推动强化日常管控和提质增效，积极有效应对低油价风险和挑战，为公司合规运营和高质量发展贡献价值。

3.完善内控制度建设，持续加强授权放权管理

中国海油通过对标《民法典》更新集团公司内控制度，进一步加强制度合规管理；修订完善集团公司《权限手册》，出台《中国海油总部授权放权事项清单》，落实中央深化改革要求，加强授权放权管理。

一是对标《民法典》更新集团公司内控制度。贯彻落实董事长"将学习贯彻民法典、增强法治意识与推进公司治理体系和治理能力现代化结合，梳理完善相关规章制度，确保公司制度体系与《民法典》及有关法律法规同频共振，促进中国特色现代国有企业制度建设和依法依规治企水平迈上新台阶"要求，根据《民法典》对比分析现行制度，在外部专家对1260条《民法典》法条逐一筛查的基础上，公司组织完成17项制度修订，保证了内控制度的合规性。

二是修订完善《中国海油总部权限手册》。在原有2013年版《权限手册》的基础上，系统梳理集团公司总部现有权限，优化权责，科学设计，形成新版《中国海油总部权限手册》，包括16个子体系，83类业务，共393项权限。《权限手册》进一步明确审批事项的提交、审核和批准责任主体，审批事项的

办结时限，有效解决部分工作界面不清晰、管理职责不明确、汇报关系不畅通等问题；进一步厘清集团公司总部权责事项，规范集团公司主要业务的审批程序；压缩业务管理事项的管理流程，减少审核审批节点、缩减审批时限，明确审批事项的办结时限，提升管理效率。

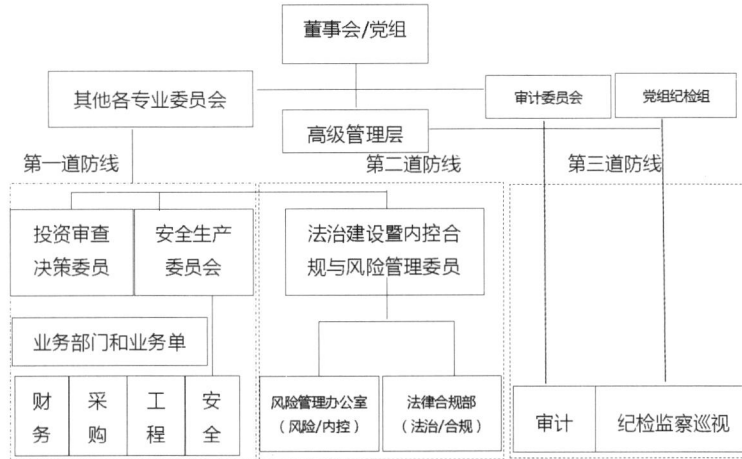

图1　三道防线协同运行模式

三是落实中央深化改革要求，加强授权放权。积极落实中央深化改革要求，系统梳理集团公司权限管理现状，制订授权放权工作方案，有计划、有步骤地对所属单位开展授权放权工作。出台集团公司《授权管理办法（试行）》。在梳理调研总部部门及所属单位权限管理现状的基础上，明确授权放权思路和授权管理的原则，规范运营授权管理权限和程序；选取试点单位，先行先试授权放权。试点选取相关所属单位，开展授权改革试点，科学评估后压缩总部管理事项。2020年4月29日，集团公司总部发布对海油发展的授权手册，明确该公司权限61项，其中19项为改革试点新增授权；总结授权试点经验，2020年6月1日印发《中国海油总部授权放权事项清单》，向所属单位授权放权68项，将属于具体生产经营审批事项放权给所属单位，压缩审批事项占所属单位向总部报批事项的25%。在授权放权的同时，明确总部放权后的事中事后监管措施。按照"授权与监管相结合、放活与管好相结合"要求，督促各所属单位扎实落实各项配套措施，完善相关制度，加强过程管控，确保"放得下、接得住、行得稳"。

4.加强重大风险评估，形成风险管控常态工作机制

中国海油通过及时排查新增重大风险，每月跟踪监测、分析评估应对情况，按季度提交报告，推动落实管理层批示和及时应对。从战略维稳、财务稳健、安全隐患零容忍、坚持合规底线、严控声誉风险5个方面明确风险偏好。将风险偏好分解落实至业务层面，通过自下而上和自上而下相结合的方法，形成110项风险预警指标。

一是健全重大风险评估、监测机制，做好风险评估应对。贯彻落实中央关于防范化解重大风险的决策部署，集团公司建立总部与所属单位两级风险评估、监测工作机制，分层级开展重大风险分级排查与报告，以风险管理季度、年度、专项报告为手段，构建有效的监控、预警和评估风险管理机制。2020年初，集团公司统筹组织总部业务部门及所属单位，排查的前5项重大风险是：油价下跌及持续低迷带来的风险、发生重大安全环保和质量事故的风险、国际化经营能力不强带来的风险、新冠疫情对生产经营影响的风险、境外投资工程建设项目风险。经过责任分解、协同应对，截至2020年12月31日，根据风险评估结果，5项重大风险已得到有效控制，其中2项高风险降为中风险，3项中风险呈下降趋势，风险总体可控在控。

二是建立重大风险事件报告机制，跟踪处置和应对进展。按照国资委17号令的要求，中国海油严格

执行重大风险事件报告制度，及时报告重大风险事件，建立与相关业务部门、单位的信息沟通机制，加强对事件后续进展情况的跟踪和监测，推动重大风险事件的及时处置和应对。

5.加强重点领域风控，融入业务运营管理流程

中国海油高度重视将风险管理融入业务运营管理，实现全产业链、全过程风险管控，尤其注重对投资、资金、工程、供应链管理等重点领域的风险防控，强化底线思维，切实有效防范化解重大风险。

一是深化重大投资决策风险评估机制。制定《重大投资项目可行性研究风险评估细则》，对投资主体在可研阶段的风险评估提出具体要求，指导项目建设单位加强投资前期论证和风险评估。风控机构将投资项目风险评审与专业的风险管理工作有机结合，参与重大投资项目可研阶段审查并揭示风险，探索投资项目风险量化研究，推进风控量化工具和决策模型逐步嵌入重点投资领域，选取重点产业类型研究投资风险评估模型，为提升投资项目可行性研究的质量提供支撑。

二是健全资金风险管控"一张网"。加强对金融衍生业务的集中管理，始终遵循套期保值的原则，在油价剧烈波动时期，利用油价套期保值锁定风险，平抑成本、合规操作。强化信用风险管控，利用专业系统对客户信用予以量化分析，合理选择银行保函等结算方式，实时监控应收账款回收情况，连续多年油气款安全收回。建设覆盖全集团的资金管理系统，与业务系统高度集成，支撑集团资金的集中管理，有效提升资金管理效率，降低资金风险。

三是做强工程安全和质量风险管控。以产能建设为目标，以工程建设能力提升为主线，以项目安全和质量为核心，做实工程项目分级管控。按照作业风险等级，建立重大作业分级管控模式（集团管控1级风险，所属单位管控2级风险，项目公司管控3级风险），制定有针对性的实施策略和资源保障措施，确保重点油气开发项目按期投产。中下游项目建立工程重大技术方案专题咨询听证制度，充分利用专家技术力量，辨识潜在风险，提出应对方案，保证项目安全实施。

四是强化供应链风险保障能力。实施体制变革，管理体制从"三级采办、两级集中"到"集团战略管控、两级集中采购、共享服务基层"转变，全集团采办节资率提高7.6个百分点，采办合同数量减少26%，审批环节减少31%，采办周期缩短13%。推进制度化建设，开展制度体系重构，落实集团公司"战略＋运营"管控模式要求，覆盖全面、体系精简、重点突出，为集中高效采购提供制度保障。需求计划管理从"一单一采""过程审批"向"一揽子""事前运筹"转变，采办效率和议价能力大幅提升。实现采办无纸化，建设近50个"电子评标室"，打通全流程在线运行，采办无纸化率达到98%。上述措施有效推动提质降本增效，助力桶油成本持续下降，为中国海油有效应对低油价风险做出重要贡献。

6.强化境外企业管控，规范境外日常运营业务领域

根据国家监管要求、所在国法律法规和中国海油的管理要求，中国海油涉及境外业务的所属单位已基本建立涵盖的内控制度体系，在业务运营过程中严格遵循内控制度规定。

一是建立投资管理制度体系和科学决策机制。基本建立一套符合政策监管要求和企业海外业务管理需要的，以集团公司《投资管理制度》为核心的投资管理制度体系，涵盖中国海油对境外投资管理的各项要求。根据国资委《中央企业境外投资监督管理办法》在管投向、管回报、管程序、管风险等方面的要求，中国海油认真履行境外投资项目决策主体、执行主体和责任主体的相应责任，通过制定境外投资项目负面清单、出台违规经营投资责任追究管理办法等，不断完善境外投资管理体系。投资决策机构主要包括集团公司党组、董事会、投资审查决策委员会。董事会是最高投资决策机构，批准规定额度及以上的投资；党组前置审查涉及国家宏观调控、国家发展战略、国家安全，或者具有较大政策、法律等风险的投资；投资审查决策委员会根据授权，审查、决策投资限额以上的重大投资。相关决策机构严格按照《"三重一大"决策管理办法》和《投资管理制度》规范履行境外投资决策程序。

二是加强海外油气资产并购及处置等重点领域的管控。明确职责权限、决策程序、流程，加强油气资产并购和处置管理，出台《油气资产并购及处置、海外勘探项目管理制度》《油气资产并购管理办法》《油气资产处置管理办法》和《并购管理委员会议事规则》。

三是加强对境外机构的内控监管。中国海油不断加强对涉及境外业务所属单位的内控监管，主要做法包括：监督境外机构及时落实国家监管要求和集团公司管理规定，持续完善境外机构内控制度。规范境外制度审核发布流程，从制度制定环节把控风险。如所属海油国际加强对境外机构制度的事前审核，形成审核与反馈机制；统一制度模板、制度命名和制度编码规则，加强制度合规管理等。通过定期的内部审计、内控监督评价、纪检、巡视巡察等监督形式，加强对境外机构内控制度建设和执行情况的监管，针对监督发现的问题，及时督促整改完善。

7.强化信息化管控，通过数字化赋能风控建设

一是明确信息化建设总体规划。深入贯彻习近平同志关于网络强国的重要思想，紧紧围绕建设中国特色国际一流能源公司的战略目标和"1534"总体发展思路，中国海油信息化建设坚持以核心业务为载体、以价值为导向，加快推进数字化转型。按照"一个平台、两套体系、三朵云、四项能力、五大提升"的总体蓝图，持续推进新一代信息数字技术与业务深度融合，推进业务数字化转型和智能化发展，为建设中国特色国际一流能源公司贡献数字化、信息化价值。

二是构建"四位一体"数字化风控信息平台。基于世界一流对标成果，推进风险管理预警、跟踪监测与内控管理的数字化信息系统实施方案的顶层设计，按照集中统一、分层管理、与业务相融合的原则，构建多场景广泛应用、多领域专家经验沉淀、多主题数据集聚、外部模型功能搭载的"四位一体"智能风控系统框架并推动实施。借助信息化手段和管理平台，加强风险信息的收集和共享，推进内控体系与业务系统互联互通、有机融合，实现内控流程实时监测、重点风险领域的监控及预警。

三是聚焦公司核心业务管理系统建设。中国海油已基本建成以ERP系统为核心，财务共享、采购、合同、人力资源、科技项目、审计等覆盖公司核心业务管理流程的经营管理信息系统，正在为集团管控、运营风险防范和共享服务提供信息化支持。按照国资委的统一部署，中国海油全力推进"三重一大"决策和运行监管系统在集团内全覆盖，已完成64家纳管单位的推广实施。2020年，在国资委发布的2次报送情况通报中，均名列前茅。上游及专业服务板块财务共享系统已投入运营，初步形成"一个总部＋四个区域分中心"的财务共享架构。集团公司资金管理系统在境内单位全部上线，实现线上资金管控功能全覆盖。采办信息系统已上线，为集团内外部10万余名用户提供合规、优质的采办供应链支持服务。

8.防范化解重大风险，守住不发生重大风险底线

一是积极应对油价下跌及持续低迷带来的风险。中国海油党组积极组织应对，成立低油价应对专项领导小组和办公室，落实各层级责任，统筹组织重大风险排查、评估与应对专项工作。持续加强跟踪研判，强化精益规范管理，制定应急预案应对油价波动，并纳入常态化管理。上游调整资本支出，稳步推进海外资产优化配置，狠抓降本增效，增加高效产量。下游及时调整产品及市场策略，降低成品油库存。根据市场情况及时调整成品油库存、出库、外采、销售策略。技术服务板块加强行业竞争分析和市场研判，提升市场竞争力；金融板块严控信用风险。金融板块业务加强资金集中管理，改进结算服务，提高资金归集力度，缓和对冲可能出现的存款下降与资金紧张。明确新能源发展目标，加快转型升级，高度关注能源新业态培育。关注产业的长期战略价值，布局市场前景广阔、技术相对可靠、与现有产业形成协同效应的领域。

二是化解新冠肺炎疫情带来的风险。严格按照国家部委的统一部署，贯彻"外防输入、内防反弹"

的疫情防控策略。成立以集团公司党组书记、董事长为组长的新型冠状病毒感染肺炎疫情防控工作领导小组，定期部署疫情防控工作。严格落实各单位、各部门疫情防控主体责任、主要负责人第一责任。疫情防控措施根据形势变化动态调整，适度收紧差旅管理，把干部员工感染风险降至最低。加强疫情防控工作监督检查，重点检查疫情防控"四方责任"的落实、防控要求宣贯和防控措施实施、健康监测管理制度落实、个人防护执行等情况。坚持人物同防，确保食品供应安全，切实防范可能导致疫情输入的风险。抓紧抓实境外疫情防控，坚决守住境外中方员工零感染的底线。按照疫苗注射周期，提前谋划、组织出境员工疫苗接种工作。及时掌握、动态更新外派人员情况，有针对性地制定轮换工作方案。及时做好各项工作预案，大力推动长期外派人员轮岗，确保生产经营和防疫防控各项工作有序运行。

四、中国海油"1＋3＋N"构建全面风险管理实施效果

（一）经营业绩屡创新高，保障公司高质量发展

紧紧围绕公司战略目标，中国海油持续优化全面风险管理体制机制，加强内控制度效能，有效支撑集团管控能力的提升，对促进公司高质量发展发挥有力的支持和保障作用。2020年，在油价低迷的情况下，中国海油实现"产能增、成本降、效益好"，奋力打赢低油价应对攻坚战，全年原油产量7721.3万吨，天然气产量268.4亿立方米，净产量超5000万桶，增产量和增幅均在三大石油公司中排名第一，累计实现降本增效120亿元。2021年上半年，公司发展质量进一步提高，全员劳动生产率340.5万元/人，资产负债率37.0%，营业收入利润率17.7%，位居央企前列。

（二）合规理念嵌入企业管控体系，夯实合规运营基础

深入贯彻落实全面依法治国基本方略，通过完善合规风险防范机制，规范和加强中国海油重大经营活动中的依法合规管理，扎实推进公司的治理体系和治理能力现代化，全力打造依法合规、诚信经营、治理完善的法治央企。倡导"合规是每个人的责任，合规从管理层做起""合规创造价值、合规始于行动"的合规理念和措施，出台合规管理规定、员工诚信合规手册等制度，通过正面引导与"负面清单"相结合的列举方式，明确经营活动中的行为准则与合规底线，为企业合规运营奠定坚实的基础。

（三）完善风险内控制度体系建设，强化安全生产基础

以"五查五严"专项行动和督查审核为手段，根据陵水17-2项目特点，量身定制试生产前安全检查工作方案。开展重大安全风险事项识别和管控，组织对集团公司8家大型油气储存基地开展安全风险深度评估。审慎稳妥做好涉美合规风险应对，逐步建立覆盖全集团的合规管理体系。以安全生产专项整治三年行动抓手，深入推进集团公司级隐患治理攻坚项目，持续做好常态化疫情防控工作，截至目前，在京员工总接种率90.3%，各二级单位在京员工接种率都高于85%，出海作业人员总接种率95.5%。

（四）发扬新时代的石油精神，企业美誉度稳步提升

公司在认真梳理海洋石油工业发展脉络的基础上，不断汇聚发展历程中积淀的优秀文化元素，将大庆精神、铁人精神为代表的石油文化与海洋石油工业实践相结合，锻造了新时期海油精神，形成了既葆有国有企业和石油行业精神内涵，又具有时代性、开放性、国际性的独特企业文化，公司的品牌形象不断提升。2020年，中国海油在《财富》杂志"世界500强企业"排名第64位，在《石油情报周刊》（PIW）评选的"世界最大50家石油公司"中排名第30位。公司主要经营业绩指标在央企位居前列，连续17年获评国务院国资委中央企业经营业绩考核A级。公司穆迪评级为A1，标普评级为A＋，展望均为稳定。

成果创造人：李勇、霍健、徐永昌、金波、田鹏、王琛、蒋廷瑞、关欣、时超、贺韵霏

基于"价值创造＋赋能"的产融结合实践与创新

中建材集团进出口有限公司

中建材集团进出口有限公司（简称"中建材进出口"）成立于1985年，是全球最大的综合性建材产业集团、世界500强企业中国建材集团（2021年位列第177位）旗下的全资二级集团型企业，是中国建材集团的创新平台、国际化平台和现代服务业平台。作为中国建材集团"国际化"版块成员单位，中建材进出口深度参与"走出去"及"一带一路"建设，进出口业务覆盖161个国家。截至2020年底，中建材进出口注册资本59.87亿元，合并口径37户子公司，其中13户海外子公司，员工3759人。2020年实现营业收入640.91亿元，占中国建材集团3940亿元总收入的16%；利润总额7.71亿元，2015—2020年复合增长率236.62%；息税前利润24.6亿元，2015—2020年复合增长率25.4%。中建材进出口是商务部、海关总署、税务总局、质检总局、外汇管理局等五部委确认的全国四家首批外贸综合服务试点企业之一，2020年位居中国建材服务业100强第5位，中国对外贸易500强企业第98位。

中建材进出口重点围绕建材主业，确定了"三大主业＋资产管理"的"3＋1"发展战略，致力于成为有行业影响力的供应链集成服务商。中建材进出口主营业务涉及企业数字化转型及智慧管理服务、现代供应链服务、国际化综合服务三大主线。其中：企业数字化转型及智慧管理服务主要聚焦为企业提供数字化转型所需的数字化、云平台等解决方案及相关产品分销和为境内外水泥等企业提供第三方生产管理、维修技改及备品备件供应等服务。现代供应链服务主要聚焦为水泥及钢材企业开展原燃材料供应、产品分销、物流配送等现代供应链服务和为其他企业开展现代供应链服务。国际化综合服务主要聚焦产品、技术、装备的进出口贸易及配套服务和为海外机构和海外业务提供仓储物流、市场拓展、品牌运营等增值服务。

多年来，中建材进出口致力于产融结合实践与创新推动"价值创造＋赋能"，助力经营发展和降本增效，在企业数字化转型及智慧管理服务板块涌现出了具有行业代表性的"中建信息—供应链金融平台"创新型数字化供应链金融服务平台；在现代供应链服务板块涌现出了具有较大发展潜力的"央材通"数字化平台型供应链金融创新实践。

一、中建材进出口开展产融结合实践与创新的背景

（一）产融结合是实现价值创造的有效途径

著名供应链管理大师Martin Christopher曾指出："21世纪的竞争不是企业和企业之间的竞争，而是供应链与供应链之间的竞争。"作为横跨产融两大领域的重要抓手，供应链金融帮助核心企业增强资金管理、通过供应链共享核心企业信用、发现中小企业信用，实现向中小企业信用赋能，并将信用转化为价值。作为实现价值创造的有效途径，供应链金融有效赋能产业合作伙伴，实现金融资源活水与实体经

济深度融合，推动整条供应链上所有企业共创价值。

（二）开展供应链金融创新是中央企业落实国家普惠金融战略、实现可持续发展的必然要求

2017年以来，党和政府高度重视产业链和供应链金融的发展。党的十九大报告首次提出"现代供应链"概念，供应链金融的发展被提到国家战略层面。同年，国务院印发《关于积极推进供应链创新与应用的指导意见》（下称《意见》）。《意见》鼓励商业银行、供应链核心企业等建立供应链金融服务平台，为供应链上下游中小微企业提供高效便捷的融资渠道。上述举措的出台为中央企业实施供应链金融提供了基本政策依据。

在紧跟国家普惠金融战略进程中，中央企业应充分发挥责任与担当，将金融创新与助力供给侧结构性改革、实现可持续发展的企业使命相结合。开展供应链金融创新是中央企业落实国家普惠金融战略、实现价值创造的必然要求。

（三）开展产融结合实践与创新顺应中建材进出口转型升级的现实需求

"十四五"期间，中建材进出口致力于围绕新型供应链、国际化以及信息化智能服务三条业务主线转型升级，初步确定了"3622"发展目标。为此，中建材进出口将依据国内外经济形势和自身实际状况扩大现有大宗商品、钢材、煤炭、网络产品、设备进口及原料等产品的业务，同时进行商业模式创新和经营方向调整，通过转型升级，利用跨境电商等平台向全供应链现代综合服务商的转变。同时，中建材进出口将在全球范围内搭建若干个区域中心，结合资源优势、业务优势扩大创新业务合作规模，与华为ICT产品及附加值较高的技术服务展开更深入的合作。依托集团及自身良好的信用和银企合作优势，中建材进出口将产业端的发展蓝图与金融深度融合，顺应了转型升级的现实需求。

（四）中建材进出口开展产融结合实践与创新具有现实优势

1.股东支持优势

中建材进出口成立以来，在资产划拨、资产注入等多方面得到了中国建材集团的大力支持。依托强大的控股股东支持，中建材进出口在充分调动中国建材集团内部资源，协调客户关系方面具有明显优势。

2.管理、内控及治理结构完善

中建材进出口严格按照公司法及相关法律法规的要求进行各项制度建设，建立并完善了股东、董事会、监事会相互制衡的法人治理结构：以董事会为决策中心，总经理负责日常运营管理，监事会依法进行监督，相关职能部门运行独立。中建材进出口内部治理结构较为完善，已经建立涵盖生产、经营、财务、销售等各个环节的内部控制制度，对于控制风险起到保障作用。

3.良好的企业资信能力和银企关系

中建材进出口凭借稳固的经营实力，在获得良好的经营业绩的同时也树立了良好的信用优势，与多家金融机构建立了稳固合作关系。截至2020年底，中建材进出口已同76家境内外金融机构建立了合作关系，通过多年耕耘积累了大量深厚的银企资源。

4.资金精益管理

作为资金密集型企业，中建材进出口近年来坚持"决策支持、控制风险、创造价值、创新赋能"十六字财务管理方针，积极开展资金精益管理，坚持风险防控并最大化降低财务成本。在实际工作中严格授信、融资、担保、关联借款和账户精细化管理，控融资、减担保、降成本、防风险，通过资金精益管理推动整体发展提质增效。

二、中建材进出口开展产融结合实践与创新的内涵

（一）理论依据：供应链金融与价值创造

供应链金融是一种集物流运作、商业运作和金融管理为一体的管理行为和过程，它将贸易中的买方、卖方、第三方物流及金融机构紧密联系在一起，实现了用供应链物流盘活资金、同时用资金拉动供应链物流的作用。供应链金融主要围绕核心企业来管理上下游中小企业的物流和资金流，是将单个企业的不可控风险转变为整个供应链企业的可控风险，综合获取各种信息，从而将风险降到最低的一种金融服务[1]。作为一个产融结合的生态系统，供应链金融将供应链中各成员高效联结在一起，最终实现了供应链的高效率运作和整个供应链财务成本最小化。

供应链金融是供应链管理的一个分支[2]。供应链管理（Supply Chain Management, SCM）由迈克尔·波特在1985年提出。美国供应链专业协会的定义为：供应链管理包括规划和管理供应链采购、转换（即加工生产）和所有物流活动，尤其是渠道成员（包括供应商、中间商、第三方提供商、客户）的协调和合作。从本质上讲，供应链管理是对企业内外供应和需求的全面整合和价值创造，推动供应链上所有企业共创价值[3]。

（二）实践内涵："价值创造＋赋能"

中建材进出口开展的产融结合实践与创新以风险控制为基，以信息为梁，以信用为柱，以自主研发为保障，以科技赋能为动力，以银企合作优势为纽带，促进金融资源与产业资产相融合，建设健康、和谐、安全的供应链服务平台，有效赋能产业合作伙伴，实现金融资源活水与实体经济深度融合，推动整条产业链上所有企业共创价值。

中建材进出口开展的产融结合实践与创新以整个产业链上下游企业的真实贸易为基础，将贸易行为所产生的未来现金流作为还款来源，优化供应链现金流，从而确保供应链整体效率的提高。

中建材进出口开展的产融结合实践与创新旨在防控风险、赋能业务、实现创新增值，充分发挥央企使命和担当，符合中国建材集团"善用资源、服务建设"核心价值理念。

三、中建材进出口基于"价值创造＋赋能"的产融结合实践与创新

中建材进出口基于"价值创造＋赋能"的产融结合实践与创新包括：一是企业数字化转型及智慧管理服务板块——具有行业代表性的"中建信息—供应链金融平台"创新型数字化供应链金融服务平台；二是现代供应链服务板块—具有较大发展潜力的"央材通"平台型数字化供应链金融创新实践。

（一）企业数字化转型及智慧管理服务板块："中建信息—供应链金融平台"创新型数字化供应链金融实践主要内容

1.基本情况

中建材信息技术股份有限公司（简称"中建信息"，证券代码：834082）是中建材进出口在企业数字化转型及智慧管理服务板块的代表企业，是民族企业华为公司企业业务全球最大的总经销商、核心合作伙伴。主营业务为华为及其他ICT产品增值分销、云产品及数字化服务、医疗产品销售、进口网络产品销售业务等。连续多年荣获华为"全球优秀总经销商""全国增值分销商十强"、微软"Top CSP Indirect Provider"大奖等多项重量级奖项并入选创新层挂牌企业。

中建信息致力于成为最值得信赖的企业ICT资源整合服务提供商，打造面向企业级ICT合作伙伴的生态服务平台。经过十余年精耕于ICT产品增值分销领域不断发展，依托中国建材集团和中建材进出口深厚的金融资源和银企关系，中建信息建立了稳固的下游渠道和客户优势、发展战略定位优势、企业资信与银企关系优势和人才和经营团队优势。

中建信息设立有专门开展供应链金融业务的渠道部门，并自主研发了创新型数字化供应链金融服务平台—"中建信息—供应链金融平台"。中建信息将供应链金融管理工具嵌入华为业务产业链条，借助强大的自主研发能力，基于真实贸易信息，将线下业务转移至线上，把好风控关，优中选优，依托中建信息、中建材进出口、中国建材集团多年良好的银企合作关系和信誉度，积极引入国有商业银行为下游华为二级分销商提供综合金融解决方案，为中小企业赋能，构建起金融机构、核心企业、中小企业信息共享、资源共享的和谐的产业生态。

2.商业模式与产业链交易运作流程

中建信息华为及其他ICT产品增值分销具体商业模式是：依靠客户经理与下游二级分销商或系统集成商签订商务销售合同，由客户提供授信审核资料，经过风险管理部门审核后，对客户进行授信，再经法务部门对销售合同审批完毕后，正式签署销售合同。收益来源包括价差收益、技术服务费。通过寻找和联系下游二级分销商和系统集成商，在有明确需求情况下，向华为及其他ICT厂商进行采购，为上下游之间提供物流、资金流和售前、售后技术服务的同时，赚取相应的购销差价以及增值分销带来的技术服务费（经过多年经营积累，中建信息已拥有超过万家渠道合作伙伴）。

以华为企业级增值分销业务为例，中建信息在引入供应链金融平台前，该模式下业务流、资金流、物流、信息流的一般运转过程为（如图1所示）：下游二级分销商向中建信息业务团队提供授信审核材料，经由中建信息风险管理部门和法务部门对授信材料和销售合同审核审批后，双方签订销售合同。根据合同对账期和付款方式的约定，在收到下游客户（部分）付款后，中建信息将采购需求与华为团队对接，签署商务合同并支付采购款，华为公司收款后完成产品交付。货物运输由中建信息自身物流团队负责。全流程订单信息、资金流通信息和物流信息构成产业链的信息流链条。

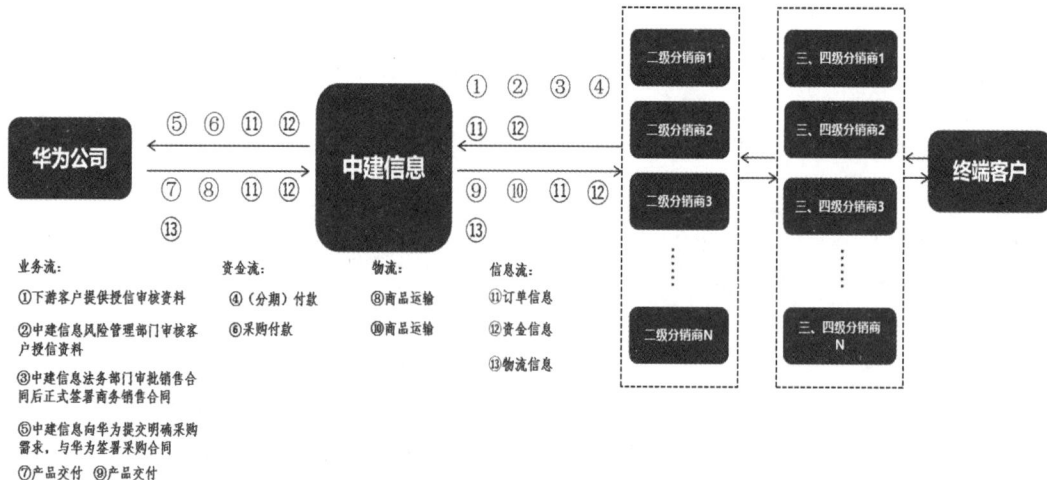

图1 中建信息华为企业业务产业链流程图（未引入供应链金融平台）

在该产业链条运作实务中可能存在以下关键事项：

一是资金密集、资金流动频繁，资金周转效率要求高。华为企业业务作为中建信息的核心业务，业务规模大，是中建信息主要的收入来源之一。中建信息与下游渠道商间往来众多，资金流动更是极为频繁。中建信息日均资金流量在千万元级以上，快速的业务运转对中建信息的资金周转速度和现金回款能力提出了很高要求。

二是上下游收付款账期可能存在错配，潜在财务成本可能增加。对中建信息而言，由于上游先行支付华为公司，当下游分销商根据合同选择分期付款或通过票据付款等非现金支付方式支付时，可能出现现金回款规模和资金周转效率下降，此时，为确保业务运转和资金链安全，在实际业务开展时增加有息负债的可能性加大，潜在的资金成本和财务费用支出增加，财务成本提高。

三是价值流失和发生风险的可能性加大。下游二级分销商中小微企业占比较高，当这些企业面临融资难、融资贵的问题时，往往不得不减少业务需求，进而放缓双方合作进度，形成产业链条上的价值流失。

为规避上述可能发生的情形，中建信息有效运用供应链金融管理工具，依托自身强有力的自主研发能力，持续推进自身增值分销业务数字化服务平台建设、优化平台功能并不断升级迭代，积极搭建创新型数字化供应链金融服务平台——"中建信息—供应链金融平台"，并作为供应链的组织者，坚持以客户为中心的管理理念，优中选优，优选合作伙伴，通过创新方式为平台引入外部资源以赋能下游合作伙伴。

3."中建信息—供应链金融平台"关键交易机制及创新性措施

（1）主要功能定位

该平台旨在借助自身科技平台与供应链金融相结合，提高中建信息日常业务开展的资金周转速度，解决上下游账期错配问题，提升现金回款效率，降低潜在财务成本支出，防控业务风险，进而有效促进新业务开展，形成业务发展良性循环，推动中建信息产业升级和市场竞争力进一步提高，同时带动上下游产业链发展，推动构建金融机构新的经济增长点，实现整体产业生态的价值创造和创新增值。

（2）主要交易结构设计

在业务链条中，通过引入国有商业银行的整体独立授信，下游二级分销商、中建信息风险管理部门、渠道部门、法务部门、财务部门、运营管理部门等全方位参与，多部门联动，通过本平台，从客户发起线上融资申请开始，全流程线上实施、信息互联，基于真实贸易背景和业务信息，形成业务闭环。具体交易结构设计详见图2。

（3）主要交易机制及创新措施

①真实贸易信息，银行——中建信息——下游二级分销商构成核心环节。

在中建信息华为企业级增值分销业务产业链条中，"中建信息—供应链金融平台"向银行提供的数据均为真实业务信息，据实反映了中建信息与二级渠道经销商间真实贸易情况，为全流程业务开展奠定基础。

②全流程线上实施，银行——中建信息——下游二级分销商信息互联。

"中建信息—供应链金融平台"是中建信息IT技术部自主研发的平台，通过与银行金融服务平台对接为业务顺利进行奠定基石。一方面，拟申请融资的二级分销商在"中建信息-供应链金融平台"注册并通过身份认证，自主进行融资信息填写，经过中建信息渠道和风险管控相关部门人员审核后，通过平台跳转至银行网银端进行融资申请，相应融资款项定向支付中建信息。在此过程中，分销商获得了较高的银行审核效率和授信额度。另一方面，"中建信息—供应链平台"实现三方信息互联：一是与中建信息ERP数字化系统信息挂钩，内部相关信息直接传输；二是与银行网银端信息连通，由"中建信息-供应链平台"一键跳转至银行网银端；三是与客户信息对接，客户线上化操作，信息直输银行。三方联动，效率整合。

③严格管控风险，优中选优，实现"企业＋银行"双重把关。

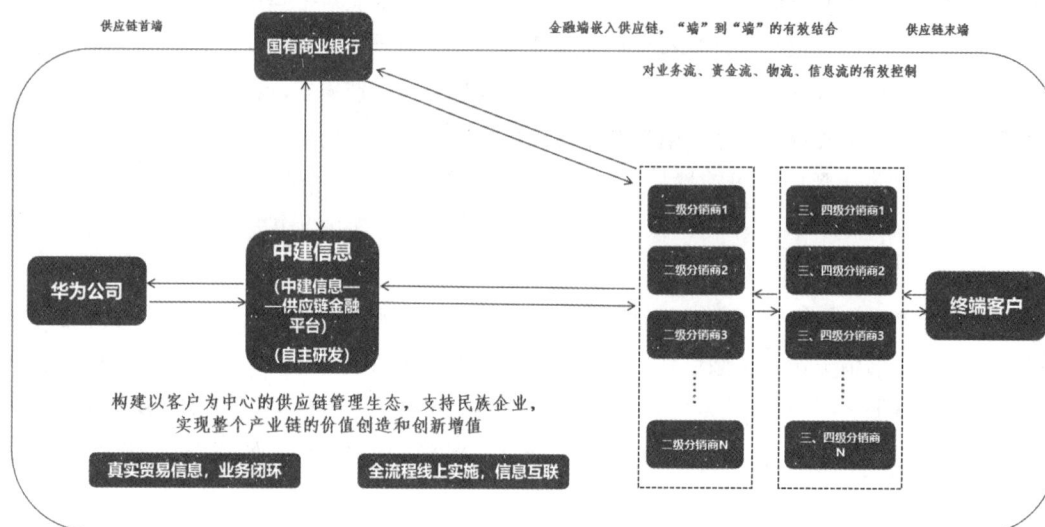

图2 中建信息供应链金融交易结构设计图——华为企业业务

中建信息拥有优良的风险控制能力，从组建开始就成立了风险管理部，并在业务发展过程中逐步摸索和建立了自己的风险控制体系，初步实现了客户信用管理的全流程管理，即实现了授信的前期管理，包括授信客户的调查，评估过程，评估结论；授信的中期管理，包括授信客户业务的合同执行，放货管理等；授信的后期管理，包括风险预警，应收账款跟踪管理、催收。通过对客户信用的全流程管理，使得业务风险得到较好把控。

在中建信息华为企业级增值分销业务产业链条中，中建信息会对下游分销商结合其历史业务信用情况、回款能力等多项指标进行内部评级，筛选资质优的客户或项目确定优选客户白名单、优质项目入库，全过程筛选标准十分严格、优中选优。通过平台与银行金融服务平台直连，将优中选优的下游客户资源提供给银行，银行利用风控模型依据客户真实贸易背景对线上申请融资的客户主体授信，快速实现线上化融资放款。

（二）现代供应链服务板块："央材通"数字化平台型供应链金融实践主要内容

1.基本情况

中建材大宗物联有限公司（简称"大宗物联"）是中建材进出口在现代供应链服务板块的核心成员企业，主营业务聚焦于大型建筑央企项目工程配送服务、钢材销售及分销业务，已成为中国建筑等多家工程建设集团和建筑工程企业长期合作的优质供应商。

大宗物联秉承中国建材集团"善用资源、服务建设"的核心发展理念，努力成为"一流的现代供应链服务商"。依靠多年耕耘于工程配送领域不断发展，大宗物联建立了稳固的品牌优势、采购渠道资源优势、终端客户优势、物流配送优势、项目管控经验优势和创新管理优势。

为做大做强主业，大宗物联顺应时代潮流，运用互联网技术创新升级，依托中国建材集团强大的产业优势，结合自身业务资源全力打造专业的数字化供应链服务平台——"央材通"。"央材通"是大宗物联紧跟中国建材集团转型创新经营理念，实现线下到线上、"互联网＋工程配送"的重要创新举措，对大宗物联未来经营发展有着重要战略意义。大宗物联期望打造成为一流的新型供应链服务商，实现央企建筑材料领域"互联互通"美好愿景。

2.商业模式及产业链交易运作流程

大宗物联主营业务是工程材料配送服务，该业务是典型的供应链服务模式，大宗物联作为工程材料配送供应链上的核心企业，建立标准管控体系，利用"央材通"平台，对配送供应链上的业务流、资金流、物流、单据流各个节点进行管理，实现信息化、数据化管控，为供应链上下游客户提供服务，使配送供应链稳定运行，满足终端客户需求。上游客户主要为工程材料厂商、电商平台、经销商，下游客户主要是大型央企、国企建筑工程公司。

大宗物联在工程配送业务发展过程中逐步建立了自己的物流服务网络，与业内具有"无车承运人"资质的运钢网签署战略合作协议，积极参与集团内协同项目"我找车"智慧物流平台，在大宗建材产品购销、物流服务等领域开展紧密合作，不断提升项目执行效率、降低运营成本、管控过程风险，实现物流资源的整合优化，为客户提供更便捷更优质的服务。"央材通"运用"中交兴路"定位技术定位送货车辆的运行轨迹，借助该技术可实时了解项目供货车辆的行驶时间及轨迹，有效规避虚假交易可能性并保障物权及债权。大宗物联还与其他通过资质认证的物流合作伙伴达成区域物流合作关系，实现全国范围内项目所在地就近车队服务工程配送，提高效率，降低成本。

在运营风控方面，大宗物联积极探索精细化管理，追求业务高质量发展，推动管理水平升级和管理创新，结合自身经营模式，聚焦工程项目流程推进风险管理，把控"物流""资金流""信息流"，在"控货权、控应收、控资金"三控原则上建立了"事前防范、事中控制、事后监督和纠正"三级风险管控模式，同时还建立了充分及时的信息沟通和反馈机制，结合年度、半年度、月度、周工作会议，流程节点相关部门定期沟通业务运行情况，进行风险分析和提示，及时发现问题，提出整改方案，消除风险隐患。通过良好的信息沟通及反馈，解决了风险识别、风险等级评估、处理方案讨论、措施落实的衔接问题，及时查找并弥补管理漏洞，实现风险动态管理。

在资金管控方面，大宗物联实行全面预算管理，所有业务款项收支均列入业务资金预算管理。业务部门每月底报送下月资金计划，每周五报送下周资金计划，财务部对资金预算执行情况进行跟踪监测，及时分析预算执行差异原因，及时采取相应解决措施，提高业务资金统筹及灵活运用，提高业务资金使用效率。

在授信管理方面，大宗物联根据建筑工程单位评估情况、项目合同额、供货分批情况、合同期限、市场价格等因素确定项目授信额度和授信期限，并遵循"总额控制、分类管理、动态调整"原则，合理运用资金，防范客户信用风险。

在项目服务方面，大宗物联秉承"专业的人做专业的事，专业的去做事"理念，锻炼了一支服务理念强、执行效率高、风险把控好的业务团队。业务团队不畏艰辛，深入项目一线实地考察和跟进送货情况，与工地现场及时沟通，出现问题隐患妥善解决，降低业务风险，提升服务质量，得到客户的一致好评。

3."央材通"关键交易机制及创新性措施

（1）主要功能定位

"央材通"是大宗物联紧跟中国建材集团转型创新经营理念，实现线下到线上、"互联网＋工程配送"的重要创新举措，对大宗物联未来经营发展有着的重要战略意义。通过建设"央材通"逐步实现由贸易差价的盈利模式转型到"贸易差价＋服务＋管理＋供应链金融"的综合盈利模式，有效结合配送供应链上的物流、信息流、资金流，提升管理效率，提高风控水平，对接供应链金融，为央企建筑工程公司提供全方位的材料供应服务。

（2）主要交易结构设计

"央材通"的主要交易结构如图3所示。

图3　"央材通"主要交易结构设计图

（3）主要交易机制及创新措施

"央材通"主要涵盖两大服务功能，分别为工程配送项目服务、供应链金融服务。工程配送项目服务提供建筑工程单位终端项目物资供应、集中市场货源、监控物流运输、结算对账等服务，将工程配送业务全流程放在数字化管理平台进行管理，实现信息快速发布，资源快速共享，将线下信息不集中导致的长流程业务以最高效、最安全、最低成本的方式在平台上呈现。供应链金融服务着力于构建与外部金融系统对接，通过平台读取相关信息供外部金融机构进行融资评估，为大宗物联和合作伙伴提供稳定的供应链金融服务，打通平台融资造血功能，实现业务快速发展。

第一、搭建标准化数字管理体系，实现业务全流程管控。"央材通"集合项目招投标、线上订单、物流查询、项目过程跟踪等供应链管理功能，从项目立项到项目结项，每一个项目在执行过程中的动作、数据输出均在平台上实时展示、预警、动态分析，全面提升平台对业务的管理水平。

第二、强强联合，加强与金融机构良性互动。"央材通"先后与30余家金融机构开展密切交流合作，包括光大银行供应链金融产品"1＋N线上保理"、中企云链"云信产品"等，拓宽产融结合渠道。

四、中建材进出口开展基于"价值创造＋赋能"的产融结合实践与创新实施效果

（一）财务成果

截至2020年底，中建信息实现营业收入205.34亿元，净利润3.32亿元，获得金融机构授信总额100余亿元。超过70家下游二级分销商获得银行资金支持，获得银行两年期的长账期资金支持，覆盖渠道项目长周期回款，大大提升中建信息回款效率。低成本，长周期，解决商务合同与实际项目账期可能不匹配的问题，帮助中建信息快速回款，推动渠道资金快速运转，进而推动新的业务发展。

截至2020年底，大宗物联实现营业收入95.17亿元，利润总额1.26亿元，获得金融机构授信总额30余亿元，获得融资的有效供应商客户100余个。

（二）实践价值

1.防控风险

中建信息借助自身多年积累的优良风险控制能力，将自身的风险控制经验和商业信用嵌入银行风险控制系统，以风险控制为基础，整个供应链金融操作风险可控，实现融资风控双保险。这种风控模式为中央企业开展供应链金融业务创新实践提供了新的标杆，有效维护整个供应链稳定与安全。

大宗物联通过客户注册、跟进、管理及产品无极传导的特性，进而建立全产业链资金流、信息流、物流"三流一体"的大数据模型，完善企业风控体系。

2.业务赋能

（1）中建信息借助自身科技技术优势，自主研发"中建信息—供应链金融平台"，线下业务转移至线上，全流程线上实施，做到当天融资当天放款，极大提升了业务执行效率，满足各主体业务需求。

（2）中建信息基于供应链金融的服务模式盘活资金，提高中建信息日常业务开展的资金周转速度，解决上下游账期错配问题，提升现金回款效率，优化资源配置，进而有效促进新业务开展，形成业务发展良性循环，推动中建信息产业升级和市场竞争力进一步提高。

（3）中建信息供应链金融综合解决方案不仅提高供应链链条的融资效率，而且推动下游华为二级分销商业务开展效率大幅提升。

（4）大宗物联通过"央材通"提升现金回款效率，优化资源配置，进而有效促进新业务开展，形成业务发展良性循环，推动产业升级和市场竞争力进一步提高。

3.创新增值

（1）产融结合，自主研发助力供应链金融升级，推动全链条创新增值，提升可持续发展能力

中建信息通过自身的技术优势实现业务在线，通过引入外部金融资源支持主业发展，二者在供应链金融场景中有效结合。作为一个产融结合的生态系统，中建信息通过该模式将供应链中各成员高效地联结在一起，为华为二级分销商提供金融资源活水，中建信息同时带动各级产业链支持民族企业，最终实现了全链条的创新增值，提升可持续发展能力。

大宗物联通过提升信息化水平，推进精细化管理，增强自身核心竞争力，通过发挥供应链金融服务优势，加强与金融机构的沟通合作，解决资金短缺限制业务发展瓶颈，实现高质量可持续发展。

（2）流程再造，以客户为中心，由"供应链融资"走向"供应链综合金融解决方案"

中建信息作为华为业务供应链生态的组织者，通过"中建信息—供应链平台"不仅仅传统的以银行为主体、核心企业单纯提交业务材料的供应链融资业务，而是将自身风控优势和科技创新优势嵌入链条，在金融资源、业务效率等多方面助力下游企业获得了综合性的金融解决方案。

（3）信息互联，科技赋能最大化助力降低链条信息不对称

全流程线上实施，银行—中建信息—下游二级分销商信息互联的"科技＋信息"互通模式将信息流有效整合，最大程度降低了产业链中的信息不对称。

（4）成本优势，依靠多年良好企业资质和银行信用，助力推动全链条成本降低

中建信息与金融机构强强联合，依靠多年良好企业资质和银行信用，助力下游企业成功获得低成本长账期独立授信，同时降低了自身降低潜在的财务成本支出，防控业务风险，推动实现了全链条成

本降低。

（三）社会效应

1.发挥核心企业作用，助力维护产业链、供应链安全稳定

中建信息与大宗物联开展的供应链金融实践有效发挥了核心企业在产业链、供应链中的引导作用，防控风险，整合优化，在构建新发展格局背景下，助力维护产业链、供应链的稳定与安全。

2.落实普惠金融政策，有效解决中小微企业"融资难""融资贵"问题

中建信息联合金融机构开展的供应链金融实践是落实李克强总理"提高普惠金融服务实体经济水平、有效缓解企业融资难融资贵问题"的具体体现。中建信息风险管控优势加科技创新优势与金融相融合，助力下游企业解决"融资难、融资贵"问题。

3.发挥央企责任担当，推动构筑全行业可持续发展的生态圈

中建信息与大宗物联的供应链金融实践践行了中建材进出口"创新、绩效、和谐、责任"的核心价值观，是中国建材集团"善用资源，服务建设"核心发展理念的重要体现。中建信息作为华为企业级增值分销供应链条的核心组织者，通过自身的努力和实践发挥了央企责任担当，保障了贸易链条上的资金顺畅流通，为推动建立可持续发展的行业生态圈贡献有益力量。

大宗物联通过建设"央材通"，整合上下游资源，发挥了建筑工程配送央企的责任担当。通过多方参与、高效协同、合作共赢的融通发展机制去推动工程材料配送服务行业创新和高质量发展，有效实现配送供应链上的物流、信息流、资金流的"三流合一"，从而提升管理效率，提高风险管理水平，对接供应链金融，为央企建筑工程公司提供全方位的材料供应服务，为整个行业赋能，构筑有利于全行业发展的生态圈。

4.疫情期间助力推动产业链复工复产和扩大内循环

新冠肺炎疫情期间，面对国内经济形势和市场环境变化，中建信息主动开启转型发展，与金融机构强强联合，积极创新平台型数据链场景，落地数字化场景融资业务，直接推动了产业链快速复工复产、提升了扩大内循环步伐。

【参考文献】

[1]宋华.供应链金融[M].北京:中国人民大学出版社,2016:35-49.

[2]孙雪峰.供应链金融:信用赋能未来[M].北京：机械工业出版社,2020:23-31.

[3]郑殿峰,齐宏.产业供应链金融:供应链金融的最终解决方案[M].北京:中国商业出版社,2019:3-33.

成果创造人：赵延敏、陈刚、陈卫东、王伟波、陈静、刘岳蕊、李日强

大智移云背景下对财务共享服务的探索与实践

大唐国际发电股份有限公司京津冀财务共享服务中心

一、绪论

（一）研究背景

"大智移云"时代最早由中国工程院院士、互联网专家邬贺铨院士在2013年8月中国互联网大会上提出，是指将大数据、云计算、物联网综合到一起的时代。云计算、大数据等信息技术交融渗透，不仅改变着人们的生活，掀起新一轮产业变革，也给财务部门带来了前所未有的机遇。作为企业重要的战略支撑组织，财务部门必须主动转型，从采集企业的"最小数据集"，转变为企业的"大数据集"，建立企业的数字神经网络，帮助企业用数据去管理，用数据去决策，用数据去创新。

作为五大发电集团之一，集团公司面临着规模庞大、经营地点分散，成员企业各自为战，数据分散、信息共享性差，监督控制不到位的困境。而传统的财务管理模式，财务人员的主要职能仅仅停留在财务核算、资金结算、报表编制等基础会计工作中。面对激烈的竞争环境，我们需要更多管理会计方面的支撑，需要高效的财务信息生成、即时的管理信息汇集、整合和集成平台，以支持集团公司的战略决策和经营管理，把传统的财务管理工作变成一种市场竞争力，加快形成高质量发展新动能，进一步聚焦核心管控职能，推动财务转型和财务管理模式变革，努力打造与世界一流能源企业相匹配的一流财务能力。

（二）内外部的环境及政策支持

1.外部环境影响

云计算、人工智能的影响。科技创新促进了网络智能化科技的蓬勃发展，使跨地区"财务共享"成为可能。利用"云计算""人工智能"实现"财务共享中心"系统的构建，通过重塑传统财务管理模式，将传统财务划分为战略财务、共享财务、业务财务三大模块，从而实现财务战略转型升级。

2.国家政策支持

（1）国家政策方向——信息化规范。财政部会计司2013年12月发布《企业会计信息化规范》（财会[2013]20号），明确提出："分公司、子公司数量多、分布广的大型企业、企业集团应当探索利用信息技术促进会计工作的集中，逐步建立财务共享中心。"管理会计体系建设。财政部2014年发布的《关于全面推进管理会计体系建设的指导意见》（财办会〔2014〕27号）中指出："力争通过5~10年左右的努力，中国特色管理会计理论体系基本形成、指引体系基本建成，信息化水平显著提高，管理会计咨询服务市场显著繁荣。

（2）国资委倡导。国资委2011年颁发的《关于加强中央企业财务信息化工作的通知》明确提出："具备条件的企业，应当在集团层面探索开展会计集中核算和共享会计服务。"国资委组织近30家大型央企围绕央企财务信息化建设和财务共享中心建立进行探讨。

（3）国家的重大战略部署。党的十九大作出建设网络强国、数字中国、智慧社会的重大战略决策，并对培育具有全球竞争力的世界一流企业提出明确要求。习近平同志高度重视发展数字经济，多次作出重要指示批示，强调要推动实体经济和数字经济融合发展。

3.内部的战略决策支持

集团公司作出加快推进数字化转型的战略部署。中国大唐坚持以习近平新时代中国特色社会主义思想为指导，顺应发展趋势，借鉴外部经验、立足企业实际，提出了"打造数字大唐，建设世界一流能源企业"的数字化愿景，成为"广泛数字感知、多元信息集成、开放运营协同、智慧资源配置"的智慧能源生产商，而财务共享中心的建立是以数字共享为出发点，聚焦核心管控职能，推动财务转型和财务管理模式变革，努力打造与世界一流能源企业相匹配的一流财务能力，加快形成高质量发展新动能。

二、传统分散财务管理存在的问题

（一）财务管理偏重于核算

在推行财务共享模式前，集团内各单位财务人员一方面要完成上级及公司安排的相关工作，不断获取最新的知识和政策，编制财务报表；另一方面本单位的报销、付款都在财务部组织完成，财务人员忙于日常核算付款工作，根本无法抽出时间和精力参与或者了解企业的生产经营，对企业中除了财务部门之外的各个部门业务状况难以充分掌握。所以，财务人员只能向管理者提供一组组繁杂的基础数据，却不能将数字背后所蕴藏的企业生产经营过程中存在的问题总结成报告反馈给管理者。这种偏重于核算的财务管理模式已经无法满足当今企业长远发展的战略需求，这种情形下事务性工作占据大量时间和精力，财务人员的工作效率难以提高。

（二）财务管理缺乏统一标准

集团内二级公司与基层公司拥有各自独立的财务部门，财务核算和财务处理标准不一致，而财务数据核算不精确，就会直接降低会计数据的可参考性，进而对集团公司发展战略的决策造成影响。

（三）财务管理缺乏全局性的监督与管控

共享中心成立前，集团公司内，二级企业本部设有财务部，负责本部的会计核算工作以及各基层企业的管理工作。各基层企业分别设置财务部门，负责管理本单位的财务人员和财务核算工作。但二级公司财务部对各基层企业的核算工作缺乏有效的审核与监督，交易处理透明度和信息质量难以得到可靠的保证；无法做到对各基层单位的会计信息与重大经营风险的有效把控；财务部门对业务前端的财务监督缺乏统一规范，监控力度不够，容易导致交易处理过程中出现徇私舞弊的风险。

（四）综合性管理人才及相应激励机制的缺失

由于日常工作量大且事务繁杂，财务人员工作的同时参加外部培训和继续深造的机会相对较少，并且缺少对自己职业生涯的清晰规划。另一方面，公司内部的培训形式和内容单一，不能有效提升财务人员的综合素质。而财务人员作为企业不可或缺的专业型人才，其水平高低正在逐渐影响着企业的长远发展。财务人员的综合素质决定了企业的战略定位和高度，企业想要获得长远的发展，应以人才为本，重视财务人才培养，以保证财务人员的综合能力与企业的发展战略目标相匹配。

三、财务共享的实施与建立

(一)财务共享的概念

财务共享服务中心(以下简称FSSC)是指将分散的财务人力资源进行整合,通过建立集中的财务团队为基层组织提供核算、控制等财务服务。财务共享中心不取代基层的财务组织,但是将大部分重复性的工作和少部分管理性工作进行集中,从而提升效率、降低综合成本。

该中心对所有成员单位采用统一的标准作业流程,废除冗余的步骤和流程,对"来料"进行加工,输出高质量的财务数据,并消除由于地域分散造成的"信息孤岛"。财务共享中心保证了数据逻辑的有序、财务信息的准确性和及时性,并且拥有对成员单位所有财务数据,对数据的汇总、分析不再费时费力,更容易做到跨地域、跨部门的数据挖掘和使用。

(二)京津冀财务共享服务中心的成立

京津冀财务共享服务中心成立于2019年4月8日,从项目立项到第一单线上业务完成,历经5个多月、163天的建设周期。目前涵盖用户57家,既涵盖水电、火电、风电、光伏的发电企业、又包括供热企业及专业公司,是集团公司规模最大、涵盖户数最多、涉及行业最广、包含财务系统模块最全的共享中心,也是真正跨区域的共享中心。

(三)财务共享服务系统业务架构

财务共享服务系统业务架构分为:集中会计核算、资金结算与支付、财务报表数据支撑三大部分,财务共享服务系统业务架构如图1所示。

图1 财务共享服务系统业务架构

集中会计核算。通过与前端物资、燃料等业务系统的对接,实现业务驱动财务,对燃料采购、物资采购、费用报销、税务核算、薪酬核算、应收款项、项目成本、总账等业务进行集中会计核算处理。

资金结算与支付。通过与资金计划、大唐网银等系统对接，实现采购结算支付、个人费用报销支付、薪酬支付及其他支付等业务的资金结算及支付。

财务报表数据支撑。通过与集团关联交易系统、合并报表系统的对接，实现财务报表的编制提供数据支撑。

（四）财务共享服务系统与其他系统的关系

在共享服务平台内通过影像扫描功能，将公司的员工报销、薪酬、燃料、物资、税务等核算业务传入共享服务平台进行处理，按照会计核算要求，生成财务共享业务处理申请，通过"派单"模式，传送到财务核算系统，其他系统平台与财务共享系统建立数据接口，通过安全网络链接与财务共享系统进行对接，支持财务共享服务系统与其他业务管理系统集成。比如燃料、物资系统的信息数据能够直接导入财务共享系统进行相关的结算，通过合同台账建立业务信息与财务核算的链接。整体业务架构设计分为决策支持层、管理控制层、业务处理层，财务共享服务系统位于业务处理层，业务架构如图2所示。

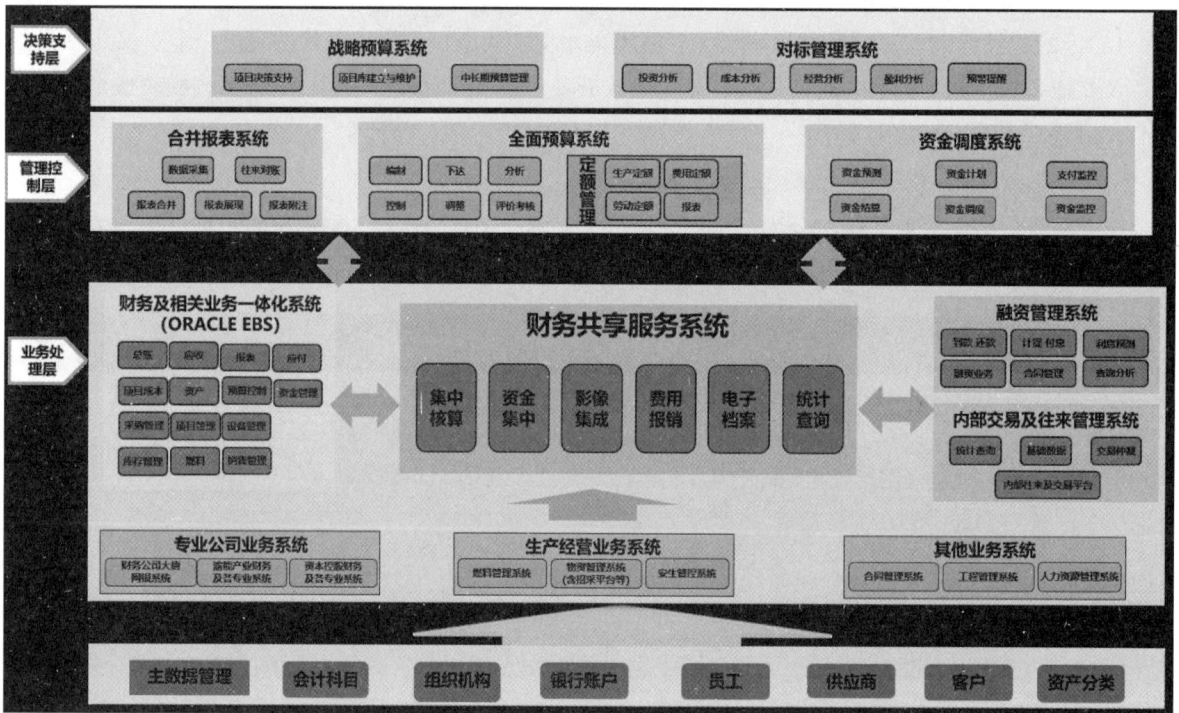

图2　整体业务架构

（五）财务共享服务的主要模块

财务共享服务系统的主要功能模块包括报账管理、合同结算、应收管理、薪酬核算、总账管理、移动App、预算控制、资金管理、影像及OCR识别、发票验证管理、任务池管理，财务共享看板如图3所示。

（六）财务共享中心的人员组织及架构

在人员及组织架构上，财务共享中心基于专业化分工理论，将职能分为运营管理、资金结算、会计核算三个组别，各组按照业务内容分别设置相应的业务操作岗和管理岗，实现了对同类单据的集中审核、同类工作的集中处理。其中，运营管理组设质量稽核岗、系统管理岗、综合管理岗；资金结算组设置资金审核岗与资金复核岗；会计核算组设费用核算岗、合同核算岗、总账报表岗，相应岗位工作根据财务共享中心运营期实际工作量进行动态管理。共享中心将不同财务组织中的工作人员集中到一起，实现业务集约化管理的同时，减少了岗位和人员的重复性如图4所示。

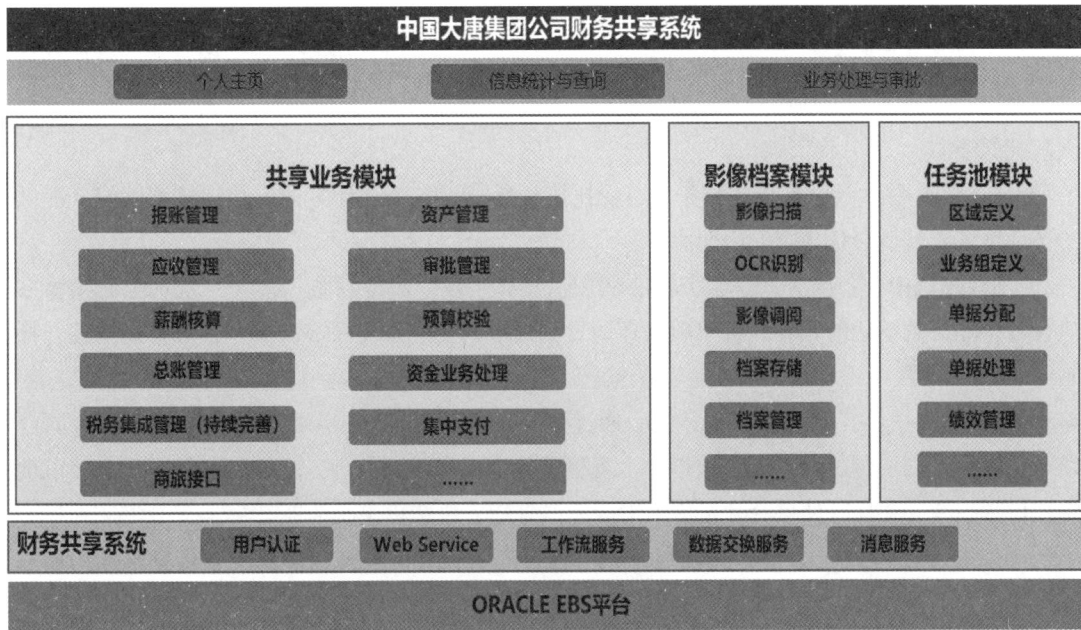

图3 财务共享服务系统的主要模块

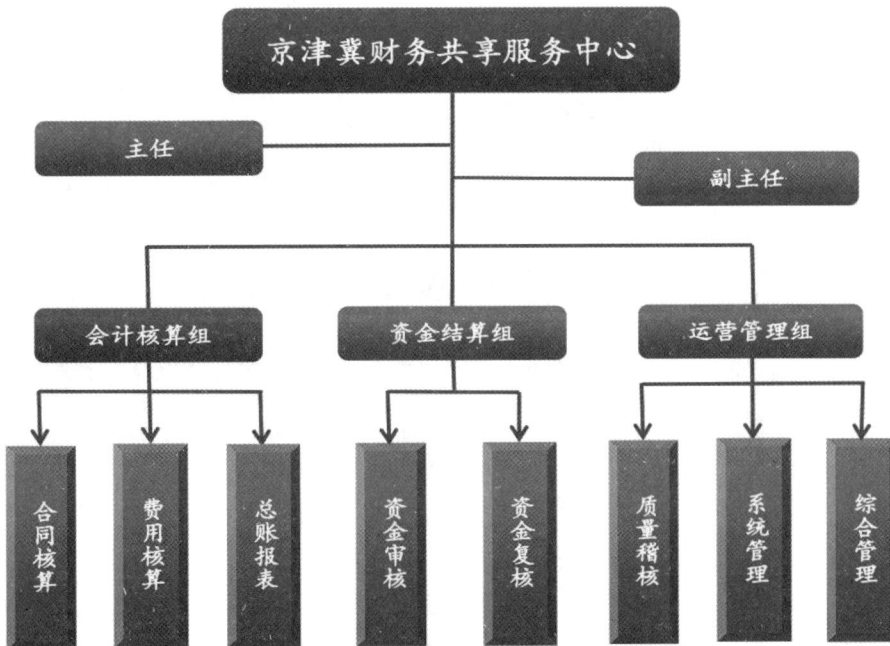

图4 人员组织及架构

（七）财务共享服务中心职能定位

集团公司财务共享服务中心定位于服务集团公司战略全局和建设世界一流能源企业总目标，以打造一流财务能力的标准来设计、建设和运营财务共享服务中心，重点突出会计服务和合规监督两项基础职能，充分发挥财务共享服务中心的规模效应、知识效应、管控效应和聚焦效应，为财务转型提供组织基础、管理基础、人员基础和数据基础，有效支持财务转型。

（八）财务共享服务中心建设目标

集团公司财务共享服务中心通过持续优化完善，逐步扩大共享内容和共享范围，努力打造会计核算中心、预算控制中心、支付结算中心、财务数据管理中心和会计人员培训中心五大职能，为企业财务转型提供基础保障。

（1）会计核算中心：财务共享服务中心受托执行所服务各个会计主体的会计核算职能，提供标准统一的会计服务，打造会计核算中心职能。

（2）预算控制中心：财务共享服务中心利用信息化手段，集成财务一体化系统和全面预算系统，受托执行各企业分解下达的预算，将单项预算前置到提单和业务发生环节，实现预算控制前移，打造预算控制中心。

（3）支付结算中心：财务共享服务中心通过银企直联系统与资金调度系统集成，实现合同台账、采购发票、资金计划、付款信息、付款指令、复核验证全流程线上处理，受托执行各企业提报审批的资金计划和付款指令，代理行使各会计主体出纳职能，打造支付结算中心职能。

（4）财务数据管理中心：财务共享服务中心通过提供标准的会计核算和资金结算服务，掌握受托企业财务基础大数据，通过构建数据模型进行数据挖掘，为管理财务和业务财务提供管理决策数据，打造财务数据处理中心职能。

（5）会计人员培训中心：财务共享服务中心经过职能重构，将基础性的财务会计职能进行专业化分工，通过多岗位轮岗，使财务人员得到全方位锻炼使用，为集团公司、二级企业和基层企业输送具备扎实基本功的会计人才，打造会计人员培训中心职能。

四、财务共享上线后的持续与有益探索

上线后，财务共享平台将企业的各项生产经营活动紧密连接，实现业务流、资金流、信息流三流的汇聚，使共享平台真正实现业财税数据的"共享"，企业得以回归以交易管理为核心的企业运营本质。全面上线后据统计，该中心日审单量达1600余笔，月审核量达35000余笔。尤其在2020年年末，单据量达到巅峰值，日审单量达2700余笔，月审核单量58000余笔。

为保证共享服务中心的高质量运营，该中心从以下几个方面进行了持续与有益探索。

（一）深化标准化管理，提升管理质量

为确保后续接收上线单位流程规范标准、有章可循，该中心制定了《京津冀财务共享中心上线接收管理办法》，扩大共享中心的服务和辐射范围，积极促进各单位财务转型。为真正实现审核标准统一，最大限度减少人为理解偏差，该中心着手编制操作及审核手册，全员参与结合京津冀所属单位实际情况和平时审核工作中发现的问题，对集团公司审核手册逐一进行梳理细化，固化流程，提升效率，目前已正式发布，统一了审核口径，做到了统一要求、标准操作。对于各单位业务处理存在分歧的情况，该中心组织专家讨论，实时研究并按照政策规定下发通知要求，比如下发了《关于规范个税手续费返还业务账务处理的通知》规范各单位账户处理问题。

（二）强化服务管理，构建高效服务型共享中心

根据各业务单位普遍存在的问题专门下发通知进行问题解答，开展共享中心满意度线上调查，征集

所属单位对共享平台系统优化及业务处理的意见建议，系统中各企业600余人参与调查并提出建设性意见、建议，按周实时收集核算组、资金组以及运营、运维问题集，按月形成问题库，积极与运维服务商沟通，提高解决问题的效率。除了线上解决，该中心不定期到业务单位进行现场调研，对日常审核的常见问题进行讲解说明，对于个别疑难问题，进行现场指导；对于日常退单，提供专门热线电话，耐心向业务单位提供咨询与指导。

（三）构建知识管理，保证与时俱进的学习力

该中心深知，财务共享对于财务部门是一次全新的转型，对于财务人员更是一次知识结构和业务层面的革新，鼓励职工持续保持学习状态，在丰富有关知识的基础上推动知识创新。建立"共享"知识库，将国家最新财政政策、法规、集团公司财务管理、共享中心相关制度、中级会计师、注册会计师等文档储存于内，每一位职工都可从共享知识库中获得所需知识。同时开展日常培训管理，由员工作为讲师，讲解制度、分享经验，通过知识测评，协助员工梳理自身知识，发现不足，更好地制定未来的学习管理计划。

（四）持续优化流程及系统运维，确保共享平台高效运行

根据业务及管控需求变化，在总结财务共享运营经验基础上，从流程框架、流程控制、流程绩效、流程岗位设置及流程信息化五方面对财务共享流程进行不断完善，保证流程效率及效果。专业的运维服务商负责对系统进行日常运维和优化升级，并安排专人现场办公，定期对系统优化的需求进行梳理，及时处理系统故障，保证各单位的业务需求。

（五）严格审核把关，强化管控职能

完善财务信息系统，优化退单率指标，每月多角度多维度进行退单统计通报，加强财务基础管理，全面提升会计信息质量。对退单原因进行明确说明，针对退单率较高的单位开展"开小灶"式审核，规范了业务单位科目核算错误、资金计划项使用错误、填写不规范、缺少相关手续、附件等问题。将审核出现的问题及时上传共享文件中，供其他审核人员备查了解。

（六）明确绩效管理，形成正向激励

建立公平合理、定性定量的绩效指标体系，明确绩效考核工作流程，进行正向激励，职工工资与绩效考核结果挂钩，充分调动职工干事创业的积极性。并积极规划职工职业发展通道，按照梯级成长原则，以年度绩效考核的结果作为员工轮岗及调级依据之一，着力提升职工履职能力，保障提供高水平高质量的财务共享服务。

五、财务共享实施后的前后对比

（一）监督管控职能得到有效发挥

共享中心严格落实对经济业务真实性、合理性及合法性的审核责任，严格落实上级公司《关于贯彻中央八项规定精神财务报销负面清单》的通知要求，对于涉及"二十八条规定""五条禁令"有关履职待遇、公务招待、交通出行等八个方面，在审核环节严格把关，将日常审核发现并成功拦截个别单位违反财务报销负面清单及会计基础工作的情况进行通报，要求各单位强化纪律规矩意识，严守八项规定红线。

（二）各单位业务处理标准得到了统一

共享平台上线后，对原分散在各地各单位自行处理的业务进行标准化，包括业务流程的统一、管理

制度的统一、数据口径的统一等。在流程整合的过程中同步明确每个岗位的操作细则，确保业务最终在任何岗位人员的操作都是标准化动作。流程的固化通过通知或者手册等专业文档共享，保证标准及时传递，加速了企业财务管理与信息数据的标准化。

（三）资金结算风险得到有效控制

财务共享中心利用信息互联科技，实现银企直连，下发了《关于进一步规范非银企直连业务的通知》，原则上不允许线下进行付款。如遇特殊情况需线下付款需履行严格的审批手续。财务共享平台对接全面预算管理系统和资金调度系统，多道关口对资金结算进行把控。单据提交环节进行科目预算、项目预算校验和事前控制，超预算单据拒绝提交审批，共享中心审核人员在导入单据时进行科目预算和项目预算校验，超预算单据不允许导入。通过共享系统对资金的流向和金额进行实时监控，让每一笔资金都在监管下使用，对企业资金的使用进行全方位监控，防范企业资金风险。

（四）信息传递无纸化，财务工作更加低碳可持续发展

随着时间累积和各单位规模的发展壮大，财务工作中累积了越来越多的纸质财务会计档案，不便于调阅。财务共平台上线后，大量数据上载到系统平台后，先全部存储到平台的数据库中，经过专业处理的数据达到要求后由专人进行整理分析，深层挖掘、提炼数据背后浓缩的经营信息，最终形成报告供企业决策参考。财务信息的无纸化办公，不仅降低成本，更实现了企业低碳可持续发展。

（五）为财务转型奠定了坚实基础

财务共享服务执行统一的标准，科学严谨的财务流程与规范，这样就使得所有进入共享平台的主数据具有统一性和规范性。大大地降低了财务人员加工数据的精力损耗，让他们有充足的时间和精力去对数据进行深层次的加工，分析，形成专业报告，为企业发展提供不源源不断的营养动力。

（六）财务人员得到有效激励，职业生涯得到有效规划

共享中心采取"正向激励、多劳多得"的原则，从定性与定量两个维度出发对员工开展绩效考评。定量指标涵盖工作量、工作实效、差错率、客户投诉率，定性指标涵盖工作态度、工作成效。职工工资直接与绩效考核相挂钩，调动了职工工作积极性。除此以外，对员工专业级别进行分类，如图5所示。通过多岗位轮岗，使财务人员得到全方位锻炼，实现了财务人才的培养和储备。

员工专业级别	
员工专业级别	胜任能力
初入级	新岗位学习并适应阶段
标准级	熟悉本岗位各项操作阶段
资深级	通过轮岗，熟悉两个岗位的操作
专家级	通过轮岗，熟悉三个岗位以上的操作

图5 员工专业级别

六、用户反馈及努力方向

上线一年后，为及时总结经验、弥补不足，进一步提升共享中心的服务质量和工作效率，提升用户的满意度，该中心对57家共享平台使用单位组织开展了调查问卷。其中671人参与了问卷调查，结果显示：对于财务共享中心服务的总体评价，44.14%的员工表示满意，27.62%的员工表示比较满意，如图6

所示。

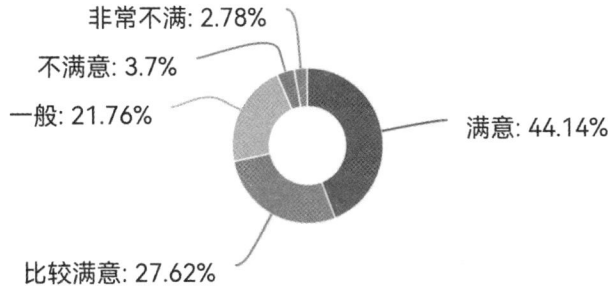

图6　总体评价满意度比例

对于共享中心业务处理效率、资金支付的及时性满意度调查中：45.83%的员工表示满意，26.39%的员工表示比较满意，如图7所示。

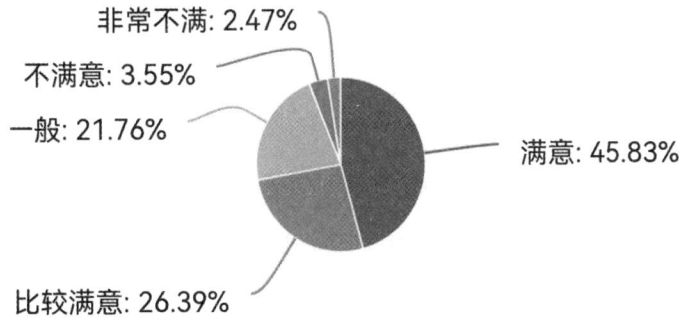

图7　业务处理满意度评价

对于在处理付款、入账等相关业务时，流程是否顺畅，标准是否统一，不同人员提供的解释是否一致的调查中，50.39%的员工表示流程非常顺畅，标准统一，提单经常一次性通过；40.9%的员工表示流程基本顺畅，有时需要1~2次返回重新提交审核，如图8所示。

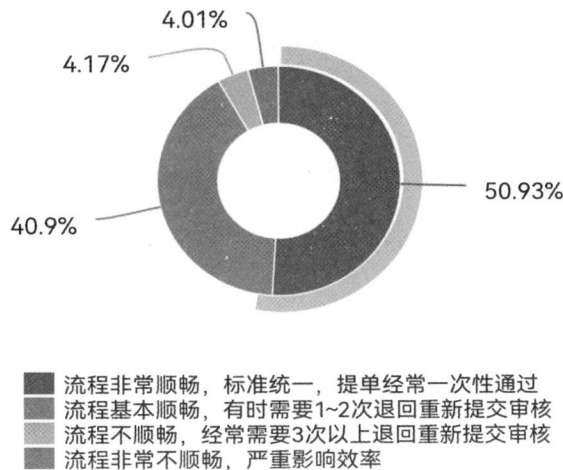

流程非常顺畅，标准统一，提单经常一次性通过
流程基本顺畅，有时需要1~2次退回重新提交审核
流程不顺畅，经常需要3次以上退回重新提交审核
流程非常不顺畅，严重影响效率

图8　流程满意度评价

对于用户咨询的问题，共享单位提供的相关解答是否满意的调查中，41.73%的员工表示非常满意，专业并主动，沟通一次就能及时协助解决，还会补充和解释；36.96%的员工表示满意，基本专业和主动，需要沟通多次才能解决，如图9所示。

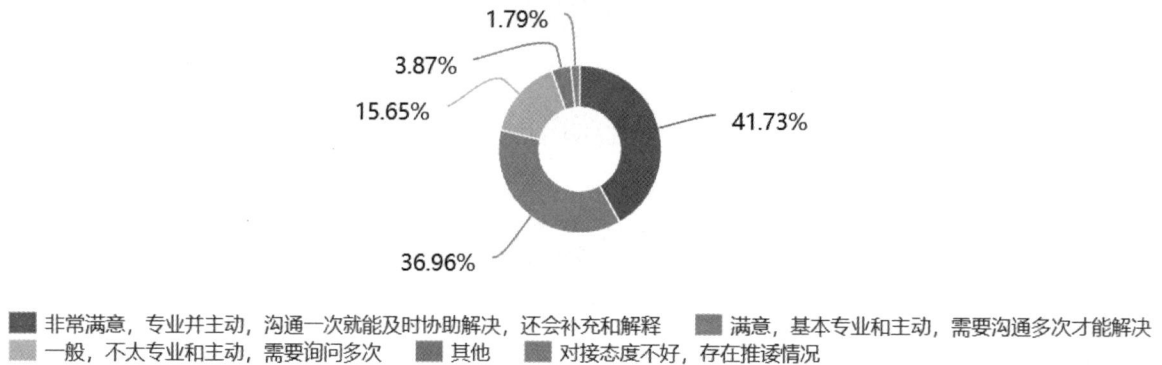

图9 咨询解答满意度比例

从日常收集及调查问卷中可以看出：建议、意见集中于优化系统运行、简化流程、提升管理三个方面。下阶段，共享中心将对以下工作进行重点改进。

（1）加强系统优化运行，给予用户更优的体验度。在运营中发现个别系统设置不合理、部分审批流程繁琐、部分操作界面不友好等问题。为了保障共享系统的顺利推广，并得到用户的积极认可接受，后续需与各上线单位反复沟通、测试、确认流程节点，针对个性化业务量身定制操作流程，协调开发单位持续优化系统操作设置，不断提高共享中心工作效率，满足用户需求。

（2）建立质量稽核体系，提升质量控制。建立"三纵三横"的质量稽核体系，其中"三纵"是指初级质量管理员检测、中级质量管理员复核、高级质量管理员日常抽检的垂直专业化稽核模式，"三横"是指质量自查、月度报告及统计数据信息质询、统一组织全面质量检查的平行一体化稽核体系，最终提升管理质量。

（3）深挖数据潜能，实现智慧发展。掌握用户企业财务基础大数据，通过构建数据模型进行数据挖掘，为管理财务和业务财务提供管理决策数据，打造财务数据处理中心。通过标准化工作和专业化岗位，培养新型财务复合型人才。通过持续创新财务管控体系，提高财务运转效率，在提升质量效益上取得新突破。

七、结论

本文以京津冀财务共享服务中心为研究对象，通过对财务管理中存在的问题进行分析，结合共享中心建设和运营的情况，对比财务共享建立前后财务管理上的差别，在此基础上提出企业财务共享中心的努力方向和未来展望。通过研究发现：

（1）财务共享中心的建设大大提高了公司财务管理效率。财务人员在日常工作中从繁杂的财务基础核算工作中释放出来，让这些财务人员有充足的精力去投入到更具有价值创造的业务活动中去，向企业经营管理活动的管理端和业务前端延伸。

（2）财务共享中心的建立推动企业财务管理转型。财务共享是企业财务集约化管理和财务管理流程再造，是一种企业 财务管理模式的创新，财务共享为财务转型提供了组织基础、管理基础和数据基础，有效地支持了财务管理转型。

（3）京津冀财务共享服务中心还需进一步推进财务转型。财务转型不是一蹴而就，一步到位的，随着信息技术水平的发展和应用，也将使现有转型得到进一步的优化和完善。通过财务转型工作，使财务管理扮演好企业价值的创业者角色。

八、未来展望

（1）共享中心将成为企业的大数据中心。作为企业的服务平台，各类业务数据汇总到财务共享服务中心，随着大量数据的汇集，数据的管理和分析工作变得格外重要，数据的价值正在成为企业成长的重要动力。大数据技术的发展，使财务共享服务中心可以对大量碎片化的数据进行有效管理，实时进行收集、整理、分析及报告，满足企业财务监控、财务规划以及战略决策的需要。

（2）财务共享服务更加"云化"。依托于云计算，财务共享服务中心能够为用户提供最佳的客户体验，也就是说：当任意一位用户需要相关财务信息时，可以在任意时间、任意地点、借助任意设备，提出需求。用户并不知道财务共享服务中心身在何处，也不知道内部处理流程，但是，只要输入他的请求，财务共享服务中心就可以为用户提供所要求的输出。

（3）财务共享服务不断向自动化、智能化发展。财务共享服务中心，是将财务的基础业务集中起来，不断进行专业化、标准化、流程化、自动化和智能化。对人工操作耗用极大的基础业务，如财务审核、交易处理、资金结算、对账等越来越多的工作将会被计算机替代，财务自动化程度将会越来越高。而图像识别、语音识别、自然语言处理、机器学习等人工智能技术的应用，将帮助财务共享服务中心更加智能化，自动完成由人工完成更多任务，极大提高财务在基础业务中的处理效率和处理能力。

大数据、云计算、智能机器人，这些高科技创新技术已经悄然到来，带给我们对财务未来场景的诸多思考和憧憬。我们需要全新的该中心全新的理念、开放的心态、创新的模式、与时俱进，积极迎来财务领域这场已经将到来的巨大变革。

【参考文献】

[1]陈虎,孙彦丛.财务共享服务（第二版）.中国财政出版传媒集团.中国财政经济出版社.2018.6.154-189.
[2]陈虎.财务就是IT-企业财务信息系统.中国财政出版传媒集团.中国财政经济出版社.2017.5.167-211.
[3]孟楠.财务共享与财务转型的关系研究.中国知网.2021.8.
[4]李闻一.财务共享服务中心建设的回顾-趋势与建议.中国知网.2021.8.
[5]李雅申.基于财务共享中心的集团企业资金管理研究.中国知网.2021.8.
[6]李菁菁.大智移云背景下企业财务共享中心建设研究.中国知网.2021.8.
[7]张敏济.基于大数据智能化的财务共享中心运营管理优化研究.中国知网.2021.8.
[8]钟瑞.集团公司财务共享中心的构建及未来发展研究.中国知网.2021.8.

成果创造人：郑冲、景爱华、赵昕、高远、赵蕾、荣杏、牛妞、
　　　　　　马丹红、张彬、赵榕、马素杰、杨素芳、王鹏、候文革、
　　　　　　田菲、朱琳、晋红媛、杨希泽、牛雷雨

创新运用互联网技术构建混凝土企业经营管理和
风险管理体系的探索与实践

南京中联混凝土有限公司

南京中联混凝土有限公司（下简称"南京中联"）成立于2012年，是世界500强企业———中国建材集团旗下中国联合水泥控股的核心企业，专业生产预拌混凝土和湿拌砂浆，注册资本8亿元人民币，总投资35亿元人民币，年销售收入45亿元。

南京中联是南京混凝土协会会长单位，江苏省建筑钢结构混凝土协会副会长单位，中国混凝土与水泥制品协会副理事长单位。作为全国规模最大的商品混凝土生产企业之一，在南京地区现有14个生产站点，40多条国内先进的预拌混凝土生产线，2座砂石料码头，年产能达2500万方，拥有各类型泵车131台，法规运输车800多辆，日混凝土保供能力达8万方。2020年混凝土生产量920万方，位居江苏省第一，南京区域占有率达22%，产品可辐射南京全市、镇江句容、安徽马鞍山等地。

自营运以来，南京中联参与了南京市全部重点工程的混凝土供应，作为主供应商参与了禄口机场T2航站楼、南京南站、青奥中心双塔楼、南京地铁、南京长江大桥修复工程等重特大项目，为城市建设做出积极贡献，成为混凝土行业的一面旗帜，连年被评为"南京市混凝土行业信用管理优秀企业"，先后被评为"中国混凝土行业优秀企业""中国混凝土行业绿色生产示范企业""中国混凝土百强企业""江苏省混凝土行业最佳企业"等。

一、成果背景

（一）行业转型升级需求

预拌混凝土行业自20世纪80年代以来，经过30余年的发展，其生产制备由粗放型转向集约型、工业化、商品化、专业化、产业化，经历了现场化、厂站化的过程，正逐步迈向绿色智能化的新阶段[1]。信息网络技术的广泛应用，可以实时感知、采集、监控生产过程中产生的大量数据，促进生产过程的无缝衔接和企业间的协同制造，实现生产系统的智能分析和决策优化，使智能制造、网络制造、柔性制造成为生产方式变革的方向[2]。目前，大型预拌混凝土企业已开展了智能化工厂制造的先行先试，已基本具备从"场地化"向"绿色智能工厂"转型的基础。

（二）企业高质量发展需求

2020年工业和信息化部办公厅印发《建材工业智能制造数字转型行动计划（2021—2023年）》。其中创新行动中提到要形成一批系统解决方案，混凝土及水泥制品行业重点形成制造执行管理、智能物流配送、在线质量监测的混凝土全产业链集成系统解决方案[3]，团标T/CBMF 89/T/CCPA16-2020预拌混凝土智能工厂评价要求《预拌混凝土智能工厂评价要求》的发布实施，描述了基础设施、生产执行、运营管理、决策分析的功能层级和以数据、业务、信息安全为主的架构设计，为混凝土行业的高质量发展指明了方向。南京中联作为第一批江苏省混凝土行业数字化转型试点企业之一，早在2016年就开启企业的信息化转型升级之路。通过微信客户端推出了具有行业创新意义的计划上报系统，解决了客户需求端海量的数据录入与处理。后又推出云商一键购、信息化管控平台等创新应用，在企业内部的数据串联方面进行了积极尝试。

企业的经营风险[1]是指企业在生产经营过程中，受到经营环境的变化的影响，以及经营管理工作上出现的失误和偏差，使得企业经营状况与预期的企业目标可能出现的偏差，进而影响企业的持续经营能力。按影响因素划分，混凝土企业的经营风险主要分为内外因素和外部因素两大类，其中，外部因素主要来源于企业相关方（供方、承包方和客户），包括合同执行、账款支付、纠纷处理等，内部因素主要来源于企业内部各职能部门以及生产站点，包括原料质量、生产控制、产品交付等。

二、成果内涵

南京中联基于企业互联网技术提升，将信息技术与风险管理融合，以产品全过程风险控制为核心，全面升级数字化管理手段，提升各个环节的信息采集、分析与处理能力，为管理层提供决策支持，进而实现组织更高效、优质运行的过程，是行业转型与企业新发展需求下的积极探索与实践。

通过对产品要素风险的识别与分析，可以明确关键环节、重点内容的风险控制范围，构建企业经营风险管控体系，显著提高企业风险控制能力，实现企业可持续发展能力的跨越发展，如表1所示。

表1 关键环节、控制内容与数字工具运用情况表

序号	类别	环节	控制内容	数字工具
1	客户	全过程	分级管理	CRM客户管理系统
			动态风险	
			生命周期数字档案	
2	产品	原材料管理	堆场管理、质量参数变化、运输过程	智慧码头系统
		生产	库存管理、参数控制、质量波动、绿色环保生产	生产预警系统 数据联网系统 AI孪生工厂
		运输	产品性能保持、车辆行为管理	在途管理系统 车辆行为分析 外场服务系统
		交付	现场服务过程	外场服务系统

三、主要措施

企业经营风险管控体系，关键在于设定、识别、监测并评审与产品风险有关的外部因素（相关方）和内部因素（职能部门与下属厂站），通过建立畅通的信息集成与交流平台，为管理者提供决策支持。在实施中，通过执行、检查、评估、反馈、改进的闭环机制，将各模块偏向性与体系整体性相结合，实现对经营风险的极大程度覆盖，最终实现全覆盖管理的过程，主要内容包括客户管理、生产控制、产品交付等，最终形成具备产品特征与行业特征的风险管控体系。

（一）精准分级，服务过程数字化，强化客户动态风险管理

客户是企业的核心资源，开展风险管理有助于企业构建良性的客户关系，制定有效的市场营销与服务策略。混凝土企业的客户管理手段相对单一，主要分散在营销机构或者业务员手中，存在信息化程度不高、数据更新不及时、缺乏有效分析工具等弊端，上述特征加剧了客户风险的发生概率以及影响程度。利用信息技术进行客户风险管理，可以有效改善行业痛点，通过分级调控、动态评估等方式加强客户关系，引入信息工具将服务对象数字化，强化客户全服务周期内的风险管理。

1.“3＋3”精准分类，合理化配置服务资源

“二八”营销法则中指出，企业80%的收入往往由20%的客户提供，于化琳[1]在客户分级评价指标研究中发现，对所有客户一视同仁，会造成资源配置的低效。因此基于数据分析的客户价值与客户分级的评价体系对于市场资源的配置优化具有促进效益，同时有针对性的为客户提供产品和服务，避开同质化价格竞争是一项基础性工作。

基于上述法则与行业特征，南京中联将客户划分为三类，即战略类、关注类和普通类，每一类分为三个等级，即A级、B级和C级，主要评级方式是将所有客户信息纳入了自主开发的CRM客户管理系统，包括基础信息（名称、地址、行业类别、联系信息等）和业务信息（合同数量及履行、纠纷处理、合同价格分析、应收账款分析等），为分级评价提供了必要的数据支撑。参考被广泛应用的RFM模型，即根据客户最近一次采购产品的时间，一个评级周期内采购的频率和采购额为三个主要指标建立评估模型，通过采购行为进行贡献价值分析，结合其他维度进行加权测算，最终确定客户类型与等级。

图1 客户分级

2.“内＋外”动态评估，实时掌握客户风险

保险行业[2]通常希望按照客户风险与贡献特征对保险客户评级管理，但是由于信息不对称、不完全以及保护客户隐私的要求，实践中无法直接向客户索取具有显著指向性的评级指标，混凝土行业的客户主体为施工企业，合同履约、货款支付情况受相关因素影响较大，南京中联通过“外部数据采集＋内部系统分析”，强化对客户动态风险的掌握。

利用第三方软件（例如企查查等）进行客户数据的实时更新，将其接入自主开发的CRM客户管理系统，进而实施风险评估。风险评估的内容包括企业自身风险（不良记录、诉讼纠纷、财务状况等）、企业关联风险和历史合作风险。风险评级的主要方式，是根据风险情况，建立权重分级标准，测算出风险等级（三级：红、黄、绿），为后续风险应对提供决策支持。

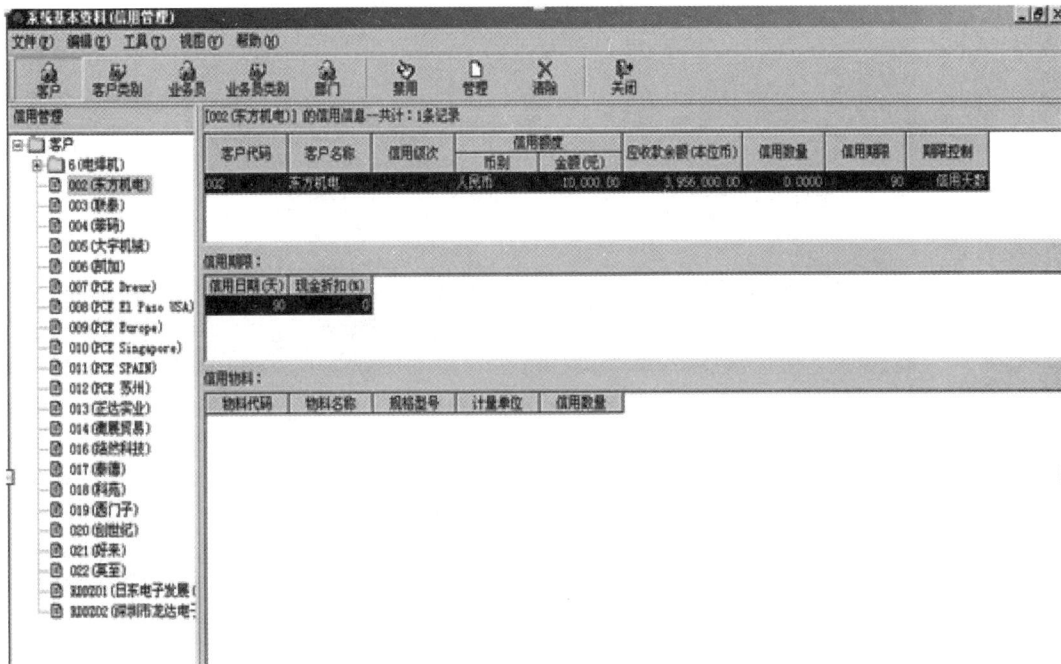

图2　信用分析

3.创新构建工程生命周期数字化档案

混凝土作为一种建筑产品不仅包括自身产品系统，还包括服务系统，其生产过程包括工厂制造和场地施工两部分。在实际应用中，并没有走完产品生命的全部，只是经历了生产、运输阶段的部分"真实"的一生，转而成为建筑产品的辅助产品，其完整的生命周期涵盖生产、运输、使用、寿命终止或拆除的过程。在上述涉及的每个阶段，均存在不同内容、不同侧重的风险点。

为了加强客户业务管理，掌握产品各阶段真实情况，南京中联建立了工程生命周期的数字化档案，涵盖合同签订、实施到完结阶段的所有数据信息，如表2所示。

表2　工厂生命周期数字化档案信息表

序号	阶段	类别	内容
1	合同签订	合同	合同编号、合同方量、结算类型、签订日期、客户名称、客户评级、项目地址、供应站点、工程名称、开工日期、完工日期、服务条款等
		产品	供应标号、产品技术指标、容重标准、争议处理、质量条款等
2	合同实施	合同	浇筑方量、计划方量、合同余量、运输车次、工程形象进度、价款浮动分析、授信金额、结算支付情况等
		产品	标号分布、泵送分析、强度数据、产品强度偏差分析、配合比信息、容重分析、电子校验单、原材料性能数据、不合格材料处理记录、控制性材料使用记录、产品出厂性能、产品交付状态、违规操作备案、不合格品处理与监测

工程生命周期数字化档案，是以业务流程可视化为手段，在关键环节对信息进行深入挖掘、整合与分析，进而实现风险评估与控制的数据系统，是企业向数字化升级的平台基础。

图3　工程数字化档案展示区

（二）关键要素识别，精细化管控生产过程风险

李文琼[8]在相关研究中指出，从产品质量安全风险预警角度来看，欧盟和美国均有规范的信息收集流程和风险预警信息发布机制，相对而言，我国产品质量安全监管在实践与研究方面均存在较大差距，尤其在混凝土领域，基于数据挖掘进行产品质量风险预警的研究并不多见。

南京中联针对影响产品生产质量的重点要素进行风险识别，主要包括堆场管理、材料品质、生产控制、出厂检测等流程，以源头控制为核心，强化数字挖掘与分析，构建的产品质量风险预警体系。

1.目标前移，打造数字码头管理系统

材料管理及质量监测是混凝土产品风险控制的核心，近年来，南京中联贯彻源头管控理念，以资源布点、渠道建设为核心，重新构建企业供应体系，先后与华新骨料、洞庭湖直采砂企、马钢南山矿、安徽亿瑞矿业等建立直供战略合作，不断提高原料规模化采购比例。

南京中联目前拥有三个规模化的长江货运码头，作为材料中转与储存的关键场所，这种大型堆场的管理一直是业界难题，也是风险控制的重点，其关键在于仓储可视化管理和发运管理，数据挖掘和分析的途径主要是各类型传感器与软件工具的适应性设计。

在仓储可视化管理上，通过均布式称量传感器，可以实时掌握堆场分布及库存情况；通过多点位皮带传感器，可以进行材料含水监测及波动分析；通过自动化检测设备，可以进行材料质量及异常分析。

在发运管理上，南京中联开发了智慧码头货运系统，对材料产地、规格、数量、质量指标、含水率、车号、运输人员进行了数据集成与实时查询；在材料进厂阶段，南京中联开发了无人值守过磅系统，可通过车牌自动识别材料信息，指示司机开往定点堆放区。

上述实施项目形成了码头—站点的串联发货体系，同时构建了材料数字化管理模式雏形，大幅提高了货运效率，降低人力资源成本。

2.阈值设定，构建生产预警系统

混凝土智慧工厂，是指从原材料入厂、生产及输送全过程实现信息化、智能化，包括原材料进场预约、智能称量与检测，生产废弃物零排放，并能消纳合格的固废原材料，可通过大数据实现混凝土配合比的智能优化，实现检测数据自动上传，物流配送与施工无缝融合，具有高效节能、绿色环保、环境舒

适等特征的预拌混凝土生产厂，目前，行业整体的智能化水平尚处于起步阶段。

图4 砂石骨料码头材料数据监测系统

图5 厂站无人值守智能地磅

南京中联围绕上述要求，通过高度集成的管控平台，利用各种信息采集设备和算法应用，实现了混凝土生产过程（上料、配料、搅拌、下料）的实时监测，主要包括库存预警、搅拌时长预警、配合比关键参数预警等。

库存预警，可根据不同站点不同生产线不同仓位设置不同警戒库存吨位进行补充提醒，例如某站点1#生产线水泥储料仓设置警戒吨位为200吨，当测量传感器反馈库存小于200吨时，会将库存不足信息发送至管控平台；搅拌预警，可根据不同产品标号设置最低的搅拌时长，可提高产品的均匀程度，例如C30混凝土最低搅拌时长30秒，低于最短限制时，系统将进行记录与提醒；配合比参数预警，主要是对影响产品性能的用水量进行严格监测，当实际用水大于警戒用水量时，系统自动推送预警信息至质量部门，后续通过留置产品和实体情况进行闭环管理。

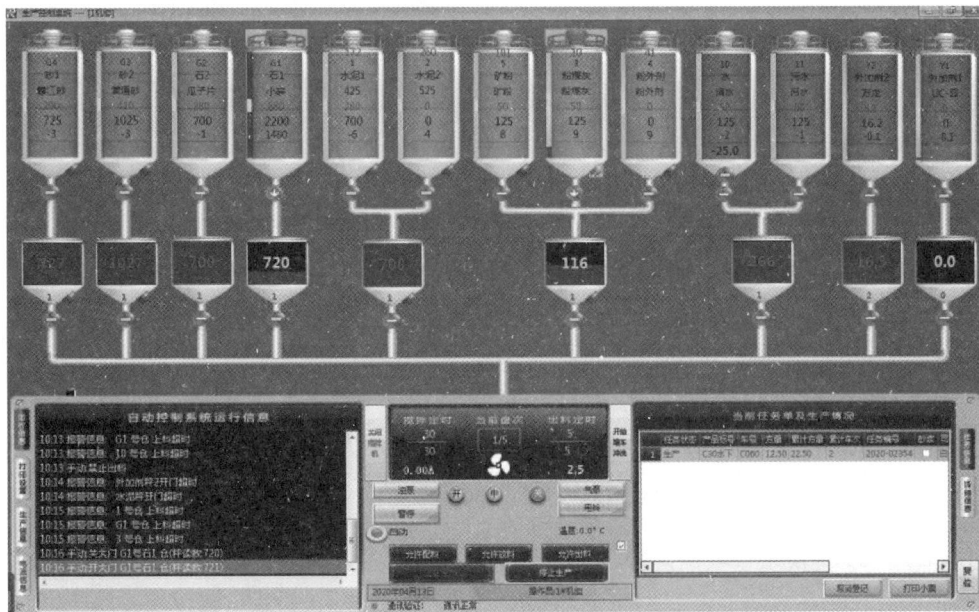

图6 生产预警管控平台

3.数据联网，强化生产波动分析

混凝土的产品特征决定了质量监测的滞后性，该部分监测对象主要是生产留样样品和产品交付终端——工程实体，传统的信息采集方式存在开放程度不足、及时性差的弊端。

南京中联开发的压力机联网系统，通过接入试验设备将下属生产站点所有样品的检测数据进行汇总分析，包括异常数值预警、产品波动分析、多站情况对比等内容，多项功能均根据采集模型进行图表形式的呈现，异常值接入预警平台系统自动推送至相关站点质量部门进行后续情况排查，实施闭环管理；在工程实体数据监测方面，可通过具备网络传输功能的检测设备实现数据回传并接入工程档案，通过管理数据的权限进行信息分享与保护。

图7　试块数据分析系统

4.环境监测，科学消解控制材料

在绿色生产方面，南京中联通过技术引进与自主改造，实现了生产站点的粉尘、污水、固废的零排放，相关情况如表3所示。

表3　控制性材料情况统计表

序号	类别	来源	监测指标	处理方法
1	粉尘	粉体输送过程、场地扬尘等	粉尘浓度PM2.5	多层次除尘系统
2	污水	雨水、洗车水、厂区清洁等	PH值、氯离子含量、浊度等	雨水回收再利用系统、污水处理系统
3	固废	拌合物浆体、结块、留样试块等	颗粒形貌、压碎值等	砂石分离机、小型鄂破设备

通过PM监测与多层次除尘系统进行粉尘控制，并全面接入政府环保部门的数据采集系统，控制环境数值超标风险；污水的消解方式主要是将其作为控制性材料添加进产品，通过雨水回收再利用系统和沉淀池对污水进行预处理以及PH值、氯离子含量、浊度等数值动态监测，并通过最大掺量控制确保污水对产品质量的波动影响最低；拌合物浆体主要通过砂石分离机、压滤机对拌合物进行浆骨分离，废弃结块。试块等通过小型破碎设备进行颗粒整形与回收利用，后续可接入控制性材料使用系统进行再生使用预测模型，实现精准量化。

图8　PM监测与降尘系统

5.AI应用，复刻还原孪生工厂

南京中联利用实景复制技术对生产站点进行了可视化升级，通过获取搅拌站的高精度三维模型，关联材料库存、机械设备、生产计划、车辆配置等多源信息，对数据进行聚类分析，实现了数字化孪生场景展示，使站点生产运营情况直观呈现，强化了管理人员的信息获取与感知能力，为各项决策提供准确及时的数据支撑，大幅提升管理效率。

图9　孪生工厂

（三）产品＋工具＋现场，多维度探索交付风险控制新方式

据统计，我国每年大约有30%的生鲜食品由于物流运输不当而导致不同程度的损坏，主要原因是配送过程中存在诸多潜在风险，如温度失控、车辆故障、包装不当等。

混凝土作为一种半成品，交付过程涉及运输及现场浇筑两个主要环节。混凝土产品性能的保持时长为3~4小时，按照平均运输耗时0.5~1小时测算，实际有效时长约为2~2.5小时。由于产品特征及技术手段等原因，混凝土行业对于运输过程的风险预测基本属于缺失状态。

另外，在产品进入实际交付阶段（工程浇筑）时，由于场地、人员、设备等因素干扰，存在产品性能状态监管不足、浇筑中断、突发事件处理不及时等质量风险，借助信息化手段解决上述问题，成为行业研究的热点。

1.以车为媒，引入在途实施管理技术

混凝土的在途管理一直以来是质量监管的盲区，南京中联尝试引入了美国基仕伯"Vevifi"混凝土在途实时管理技术。该技术创新性在于，在混凝土运输车上定制化传感器和设备工具，通过远程分析与控制软件可实现：

（1）实时报告每辆运输车的位置和状态；

（2）持续测量混凝土坍落度，取代了费时又不精准的人工测试；

（3）通过控制水和外加剂在运输途中的加入，实现运输车到达工地时混凝土坍落度符合入厂检验控制指标。

上述环节的数据监测及控制内容包含混凝土产品工作性能的主要参数（坍落度、流动度）以及设备参数（罐体转速、下料速度）等，性能分析与控制过程为全自动处理，本质上是一种工业互联网技术。

2.管控外延，侧重车辆行为预警分析

传统而言，对于外委车辆的行为管理往往依靠电话沟通等低效方式，而车载GPS系统只能反映位置信息，无法进行更为深入的行为分析，需要专职人员在线查看或者事后调查判断，客观上增加了人力消耗与工作难度。

南京中联通过集成管控平台进行车辆行为管理，包括超时卸料、异常停车、路线错误等内容，一旦发现车辆出现异常状态会自动触发预警，通知管理人员核实并闭环管理。

3.专业精准，创新成立外场服务团队

在现场交付环节，为了降低混凝土交付风险，南京中联通过建立一支高度信息化的保障团队，致力于为客户提供高效、精准、专业的混凝土现场服务。其主要工作是全面对接商品混凝土的交付验收以及现场浇筑供应的服务工作，包括服务工程项目、服务要求和内容，涵盖验收、现场布置检查、供应信息反馈、浇筑过程质量跟踪、现场安全管理以及售后回访等，对客户实施点对点贴心服务。

南京中联通过构建外场服务系统，实现对产品交付环节—浇筑现场的风险控制。该系统由采集工作站、外场记录仪和软件平台构成，采集工作站能将记录仪摄录的音像资料自动采集至本地存储，采集完毕后自动将记录仪中资料删除，对已拷贝音像资料做整理。提供本地查询、回放和远端查询、回放和管理，以及一些相关服务和操作，以上功能全部自动完成，无须专人操作，完全替代了数据管理员的所有工作，解放了人力，提高了工作效率和安全系数。外场记录仪是高度集成设备，该产品能够公正、客观地还原录制现场实景。设备支持数码照相、录像、录音、本地存储、红外夜视、4G无线传输等功能，体积小、重量轻、携带方便、单手一键式操作。软件平台通过高度集成，可以实现定位跟踪、远超图像、实时通信等功能，具备行业领先的风险监管与控制能力。

图10　外场服务保障系统

（四）运行机制

混凝土企业经营风险管控体系，遵循全面性、独立性原则，覆盖业务过程和各个操作环节，围绕内外部重点因素进行数据采集、评估、分析与处理，提高各模块风险控制参数与模型的匹配程度，构建具备产品特征与行业特征的风险管控体系。

1.体系架构

风险管控体系，是以客户为主体，产品为主线，对关键职能部门、关键环节统一进行风险目标设定、测量、评估的标准，涉及的主体部门包括信息化部、市场营销中心以及生产、质量部门，其中：信息化部负责需求调研、软件开发、模型测试、改进分析；市场营销中心负责客户对接、信息提供、过程跟踪、标准评价等；生产、质量、供应、服务部门负责设备改造、有效性评估、数据采集等。

该架构是基于产品导向进行的相关方风险要素管控体系，将公司内部相关部门的数据进行了统一整合与评价分析，为企业数字化管理转型升级提供刚性支撑。

2.信息工具

工欲善其事，必先利其器。南京中联自主开发与外部技术引进相结合的策略，打通企业各部门数据生态链，提高信息传递效率与准确度，全方位提升风险控制能力。

市场营销中心：通过高度集成的CRM客户管理平台，涵盖客户需求上报、实施、交付、结算等过程中关键指标采集与评估，建立起客户风险全面管理体系，逐步实现企业与客户之间的无限畅联。

生产、质量、供应、服务部门：以智能高效、绿色环保、创新方式为核心目标，推行环境监测、数据联网、无人过磅、远程影像等应用，提高对原材料、半成品、成品的数据采集、评估与处理能力，形成完善的产品质量风险管控体系。

3.关键指标

南京中联通过定期组织召开总经理办公会、生产经营分析会等，对关键指标进行测量与分析，根据内外部环境变化及时进行相应的调整，确保关键指标的及时性、有效性，主要包括：

（1）客户类：合同余量、授信额度、回款率、质量纠纷次数、满意度评价、投诉率等；

（2）产品类：出厂合格率、质量损失率、材料库存量、机台用水量、强度异常值、标准偏差值等；

（3）环境类：粉尘数值、废水PH值、噪声值、固废回收使用比例等。

四、实施效果

（一）管理提升

南京中联以提升数据挖掘能力为主要方法，建立预拌混凝土企业经营风险管控体系后，各部门协同与组织效率明显提升，在业务拓展、质量控制、智能制造、客户服务等多方面取得了良好成效，在相关部门的关键指标上均有较大程度地提升，具体数据如表4、表5、表6所示。

表4 营销部门的关键指标

编号	关键指标	单位	2019年	2020年	同比
1	销售总额	亿	47.0	49.4	+2.4
2	回款率	%	99.2	100.0	+0.8
3	对账率	%	99.8	100.0	+0.2

表5　生产、质量、信息化部门的关键指标

编号	关键指标	单位	2019年	2020年	同比
1	全员劳动生产率	万元/人	471.8	513.5	＋41.7
2	万元总产值综合能耗	吨/万元	0.052	0.047	－0.005
3	质量损失率	％	0.008	0.005	－0.003
4	专利申请量	个	0	8	＋8
5	软件著作权	个	4	6	＋2

表6　服务部门的关键指标

编号	关键指标	单位	2019年	2020年	同比
1	计划完成率	％	96.2	98.3	＋2.1
2	客户满意率	％	95.1	97.0	＋1.9
3	工地服务率	％	75.0	91.1	＋16.1

（二）经济效益

混凝土行业产能过剩，在激烈的市场竞争下，2019年，南京中联实现销售总额47.0亿元，利润2.3亿元，2020年，南京中联实现销售总额49.4亿元，同比增长5.1％，利润2.5亿元，同比增长8.7％。

（三）社会效益

作为第一批江苏省混凝土行业数字化转型升级省级试点单位，南京中联以客户为主体、产品为主线，对内外部重点因素进行风险控制，通过自主开发与本土化改造相结合的方式，利用各类型软件、工具，构建涵盖订单、生产、交付与服务等多流程的特色风险管控体系，精准定位、信息互通、密切协调。

图11　江苏省混凝土行业数字化转型升级省级试点单位

南京中联通过信息化工具的开发与应用，将内部生产系统、ERP系统、OA系统、CRM系统等模块的数据强力整合，实现了多平台业务数据融合与生产运营协同，全面提升企业经营风险的管控水平，为区域混凝土企业向工厂化制造、规模化发展、精细化控制、智能化制造、信息化管理方向升级起了表率作用。

五、进一步的思考和建议

商品混凝土企业正在经历传统行业向绿色智能化转型升级的推进期，混凝土作为一种特殊的产品，其全生命周期的风险控制愈发成为企业关注的焦点。目前，多数企业的智能制造水平尚处于单项应用的建设阶段，少数企业做到了不同模块之间的深度融合，但距离真正意义上的混凝土"智慧工厂"仍有很长的距离。

未来，随着大数据技术和人工智能技术的发展与使用，极大程度上可以提高企业风险控制的外延与内涵，例如原材料质量风险控制的前移、智能生产与调度、产品质量预测等功能应用，实现对产品关键环节、关键因素的精准测量与分析，进一步完善企业风险管理体系，实现科学高效的资源配置、市场营销、生产调度、过程控制及环境与安全保证，推动企业低碳、绿色、可持续发展。

【参考文献】

[1] 徐永模,庄剑英.预拌混凝土的发展:回顾与展望——以北京市预拌混凝土发展为例[J].混凝土世界,2019(06):28-34.

[2] 师海霞,斯仁东.预拌混凝土行业智能制造与绿色发展方向思考[J].混凝土世界,2017(11):80-84.

[3] 2020年度预拌混凝土行业发展报告[J].混凝土世界,2021(01):28-37.

[4] 李程程.企业经营风险内部控制研究[D].华中科技大学,2013.

[5] 于华玲.基于数据集成的客户分级评价指标研究[D].天津大学,2015.

[6] 刘晓葳.基于数据挖掘的保险客户风险—贡献评级管理[J].保险研究,2013(03):100-109.

[7] 杨倩苗.建筑产品的全生命周期环境影响定量评价[D].天津大学,2009.

[8] 李文琼.基于互联网的产品质量安全风险预警研究[D].中国矿业大学（北京）,2014.

[9] 周路.中国与加拿大两国农产品冷链物流的比较分析[J].对外经贸实务,2015(01):85-88.

成果创造人：王盛伟、熊巧林、雷素林、潘金敢、王子龙、陶涛、赵优俊

广西移动探索实践企业总法律顾问履职新模式

中国移动通信集团广西有限公司

中国移动是由国务院国资委管理的特大型国有企业，是全球网络最大、客户数量最多的世界级电信运营企业。中国移动通信集团广西有限公司（以下简称中国移动广西公司）是中国移动在广西设立的全资子公司。共设有14个地市分公司，并在全部县（区）域设立了县级分公司。公司紧密围绕自治区党委提出的把广西打造成"中国—东盟信息交流中心"战略思路，以"助力广西社会信息化发展，服务政府信息化工程，履行公司信息社会栋梁责任"为指导，充分发挥网络、服务、业务、技术等资源优势，借助信息通信主导运营商优势，着力打造无处不在、无所不能的数字生态系统，助力富裕文明和谐新广西建设。

中国移动广西公司围绕"法治建设是系统工程"的理念，不断探索实践，构建了在企业总法律顾问领导下的"五位一体"的高质量法治工作体系，从"坚持党的引领、明确责任体系、夯实管理体系、构建合规体系、打造文化体系"五个方面，形成了法治建设"五高"质量标准，打造了总法律顾问履职的"五五工作法"，为企业法治工作赋能，将以总法律顾问为核心的新时期企业法治建设工作引领到新的高度，为实现依法治企的目标打下了坚实基础。

一、中国移动广西公司总法律顾问制度建设与发展背景

（一）法治央企建设成为央企发展新目标

随着党的十八届四中全会通过《中共中央关于全面推进依法治国若干重大问题的决定》，正式确定和推进依法治国战略，强调法律在工作生产中的重要性，发挥法治的引领和规范作用。同时，国企改革力度进一步加大，国家加大放管服和优化营商环境力度，转变政府监管职能，要求不断完善企业治理机制，这些变化都对国有企业法治工作提出了新的要求。

2015年12月8日，国务院国资委发布《关于全面推进法治央企建设的意见》（国资发法规〔2015〕166号），规定了法治央企建设的指导思想、基本原则、总体目标。2017年7月20日，国务院国资委发布《中央企业主要负责人履行推进法治建设第一责任人职责规定》，明确中央企业主要负责人为"履行推进法治建设第一责任人"。2018年11月，国务院国资委印发《中央企业合规管理指引（试行）》（国资发法规〔2018〕106号），中央企业开始全面推进合规管理体系建设。2019年10月19日，国务院国资委又发布了《关于加强中央企业内部控制体系建设与监督工作的实施意见》，要求中央企业将风险管理和合规管理要求嵌入业务流程，促使企业依法合规开展各项经营活动。由此，在法治企业建设目标的引领下，以企业法律顾问制度为核心，以法律工作运行机制为基础的央企法治工作将迎来升级。

（二）完善总法律顾问制度是法治央企建设的关键要素

总法律顾问制度是现代企业制度中的重要组成部分。总法律顾问作为企业高级管理人员，全面领导企业法治工作，全面参与重大经营决策，统一协调处理经营管理中的法律事务，领导企业法律事务机构开展相关工作。

1.深化央企改革要求完善总法律顾问制度

我国总法律顾问制度是伴随国有企业改革、逐步恢复国有企业法律顾问制度而创立的，随着国有企业改革和发展不断向纵深发展，不断完善总法律顾问制度及总法律顾问履职体系成为必然要求。

2.法治央企建设要求完善总法律顾问制度

近年来国务院国资委出台的央企法治工作相关文件中，总法律顾问履职内容往往是核心与关键。在《关于全面推进法治央企建设的意见》中，明确要求在中央企业及其重要子企业全面推行总法律顾问制度；在《中央企业主要负责人履行推进法治建设第一责任人职责规定》中，规定中央企业主要负责人为"履行推进法治建设第一责任人"；在《中央企业合规管理指引（试行）》中，明确由中央企业相关负责人或总法律顾问担任合规管理负责人。

（三）"法治移动"建设规划

中国移动广西公司为贯彻中央全面依法治国战略和关于深化国有企业改革的部署，落实国资委关于全面推进法治央企建设、自治区党委关于全面推进广西法治建设和集团公司关于全面推进"法治移动"建设的有关要求，提升依法治企能力水平，保障和促进公司深化改革、健康发展，2016年提出全面推进建设"法治移动"的战略构想，并出台具体实施方案。

1.凝聚"法治移动"基本共识

建设"法治移动"，是落实依法治国基本方略的必然选择，是公司进一步深化改革的内在要求，更是提升公司核心竞争力、实现做大做优做强的现实需要。

2.明确"法治移动"总体目标

深入贯彻落实"全面依法治国"方略和国资委法治央企建设部署，紧密围绕公司改革发展中心任务和"大连接"战略规划，以打造"法治移动"为核心，致力于法治思维能力、依法治理能力、合规经营能力、规范管理能力和法律工作能力一体建设，力争到2020年实现公司法治水平在集团内领先，全面建成治理完善、经营合规、管理规范、守法诚信的法治企业。

3.制定"法治移动"实施措施

公司确定了"法治移动"建设的五项主要任务：一是强化法治思维能力建设；二是强化依法治理能力建设；三是强化合经营能力建设；四是强化规范管理能力建设；五是强化法律工作能力建设，并围绕上述任务进一步细化相应举措。

（四）"法治移动"对总法律顾问制度的规划要求

中国移动广西公司"法治移动"建设，强调要充分发挥"服务支撑、风险防范、合规指引"三大作用，着力"夯实第一责任人职责、提升依法合规经营意识、提升管理效能为基层减负"等六大任务，推动法治建设融入中心工作、融入业务需求、融入基层关切，为公司发展提供强有力的法律支撑。而要实现上述目标，离不开总法律顾问制度的建设。为此，公司围绕三个方面确定了深化总法律顾问制度建设的要求。

1.深化总法律顾问制度，持续提升总法律顾问履职能力和专职化水平

集团公司要求各单位总法律顾问在岗率达100%，法律部门负责人专职率达80%。中国移动广西公司积极探索总法律顾问履职模式，深化改革，确保符合集团公司关于总法律顾问在岗、法律部门负责人专职的要求。同时探索建立了副总法律顾问制度，设置了副总法律顾问，协助总法律顾问履职，以进一步增强总法律顾问履职能力。

2.加强法律顾问队伍建设，完善以总法律顾问制度为核心的企业法律顾问制度

通过对取得法律职业资格制定相应激励制度及保障措施、加强对企业法律顾问队伍的专业培训、探索建立公司律师制度等措施，建立与公司经营管理需求相适应的法律顾问队伍。力争2020年年底法律顾问持证上岗率达到80%以上，法律专职人员占公司职员比例达到3‰以上，早日赶超国际平均标准（法律专职人员占公司职员比例达7‰以上）。

3.强化"法治移动"建设领导责任，将法治建设成效纳入领导人员政绩考核体系

成立以主要负责人为第一责任人的"法治移动"建设领导机构，切实履行法治建设第一责任人职责，做到"重要工作亲自部署、重大问题亲自过问、重点环节亲自协调、重要任务亲自督办"，将第一责任人职责落实情况列入主要负责人年终述职报告。要求总法律顾问、高级法律顾问具备较高法治素养和专业水平，较强的政策理论水平，较优的组织协调能力，以保证总法律顾问制度切实实施，推动公司高级法律顾问制度不断完善。

二、"五五工作法"——总法律顾问履职体系创新成果

（一）全面升级总法律顾问定位

在开展"法治移动"建设过程中，如何准确理解总法律顾问在企业法治建设和法律工作中的定位，如何充分发挥总法律顾问的承上启下和组织协调作用，打造体现央企特点的总法律顾问履职体系，中国移动广西公司进行了深入研究思考，对总法律顾问在企业中的定位进行了全面升级。

1.总法律顾问系统引领企业法律工作

总法律顾问既需要关注企业具体法律事务，也需要做好法律工作的组织管理协调。只有将总法律顾问置于企业经营管理活动的顶端和前端，从战略的高度俯视关注整个企业的运作环境、运作态势、运作流程，关注法治企业建设的顶层设计，才能真正为企业发展保驾护航。

2.总法律顾问牵头开展法律机制建设

总法律顾问应当充分发挥专业管理职能，高度重视并牵头开展法律风险管理、合规管理等各项工作机制的建设。通过强化风险事前防范、事中控制和事后救济，完善和优化企业依法合规运行机制和操作规范，为企业可持续发展提供保障。

3.总法律顾问全面参与企业重大决策

总法律顾问应当作为重大决策的核心成员，融入企业经营管理，参与经营管理决策，从源头上控制法律风险。

4.总法律顾问监督企业依法合规经营管理

总法律顾问作为企业高级管理人员，不仅全面领导企业法律管理工作，还应对企业经营管理工作全过程进行审核监督，确保企业经营活动依法合规。

5.总法律顾问着力打造企业法治文化

总法律顾问应把企业法治文化作为法治企业建设的软实力之一，着力打造法治文化氛围，引导企业

全员树立法治思维。

6.企业应为总法律顾问履职提供坚实保障

企业应当从经营管理的战略高度，采取切实有效措施，保证总法律顾问参与重大经营决策的全过程，赋予总法律顾问对中层干部的考核权，保障企业依法治理工作的资源合理配置等，为总法律顾问履职提供充足保障。

（二）"五五工作法"理论体系

中国移动广西公司自2010年开始实施总法律顾问制度，经过多年探索和实践，在"如何构建高质量法治工作"这个重要命题上，创新性地提出了"五位一体"法治工作体系与"五高"质量标准，形成了总法律顾问履职的新模式——"五五工作法"。

具体来说，法治体系的"五位一体"包括：坚持党的引领、明确责任体系、夯实管理体系、构建合规体系、打造文化体系（如图1所示）。"五高"质量标准分别为政治标准、责任标准、管理标准、合规标准、文化标准（如图2所示）。

图1　"五位一体"法治工作体系

（资料来源：中国移动广西公司内部资料整理）

"五位一体"的高质量法治工作体系的顶层设计特色在于将企业法治工作融入企业发展战略、融入党建工作、融入管理模式、融入责任体制、融入企业文化建设中。其中，"五位"是基本路径，"一体"是总体构架，"高质量"是核心。高质量的法治建设要求高政治站位，坚持党的引领是根本；高质量的法治建设要求高层次引领，明确责任体系是保证；高质量的法治建设要求高水平管理，夯实管理体系是基础；高质量的法治建设要求高标准合规，构建合规体系是核心；高质量的法治建设要求高价值文化，打造文化体系是灵魂。只有高质量的"五位"，才能构建"一体化"的法治工作体系。

（三）"五五工作法"理论解读

1."高"政治站位——坚持党的领导

法治工作体系"五位一体"的第一个方面是坚持党的领导。法治工作需明确党的领导是国有企业的"根"和"魂"。强化法治工作，要把坚持党的领导、加强党的建设贯穿到法治工作全过程。其质量标准则是"高"政治站位的政治标准。坚持党建引领，坚持党对"法治移动"建设的领导，从全局和战略高度系统全面推进法治建设。

◆ 政治标准
——"高"政治站位
党建引领，坚持党对"法治移动"建设的领导，从全局和战略的高度推进法治建设。

◆ 责任标准
——"高"层次引领
"四个亲自"，发挥"关键少数"重要作用，落实主要负责人的第一责任、总法律顾问的直接责任、领导班子其他成员的分管领域法治建设责任。

◆ 文化标准
——"高"价值文化
价值增值，营造浓厚法治氛围，推动法治建设向"风险防范、价值增值"转型。

◆ 管理标准
——"高"水平管理
争先进位，纵向一体，横向协同，区市一体化构建有广西公司特色的"五位一体"法务管理体系。

◆ 合规标准——"高"标准合规
业法融合，注重重点领域合规风险防控，注重内部合规与外部监管的融合。

图2　"五高"质量标准

（资料来源：中国移动广西公司内部资料整理）

为达到这一标准，中国移动广西公司从四个方面入手：一是始终坚持党对法治建设的领导。扎实推动各级党委主要负责人、合规委员会在法治建设上履职担当、发挥作用、提高水平。将依法治企写入章程、年度法治工作、重大诉讼等重要法治事项提交党委会研究。二是高质量落实中央巡视整改。三是发挥"关键少数"重要作用。将"依法治企专题学习"和"提升合规管理能力"要求纳入党委中心组学习计划。每年举办两期党委中心组法律专题学习，将党员领导干部带头尊法、学法、讲法、守法作为法治建设的关键，坚持学用结合，以上率下。四是积极开展"党建和创"活动。与自治区国资委、司法厅、高级人民法院等单位开展外联互促，实现党建、法治和业务的"三赢"新局面。

2. "高"层次引领——明确责任体系

法治工作体系"五位一体"的第二个方面是明确责任体系。要求法治工作明确法治建设履职清单（如图3所示），推动法治建设职责落实。其质量标准则是"高"层次引领的责任标准，坚持"四个亲自"，即重要工作亲自部署、重大问题亲自过问、重点环节亲自协调、重要任务亲自督办。发挥"关键少数"重要作用，落实主要负责人的第一责任、总法律顾问的直接责任、领导班子其他成员的分管领域法治建设责任。

层级	"四个亲自"	尊法、学法	守法、用法
区公司	第一责任人	总法律顾问	领导班子其他成员
市公司	第一责任人	高级法律顾问	领导班子其他成员
县公司	第一责任人	/	领导班子其他成员

图3　"法治移动"建设责任主体履职清单

（资料来源：中国移动广西公司内部资料整理）

为此中国移动广西公司制定了《区市县三级"法治移动"建设责任主体履职清单》（如图3所示），涵盖了法治建设第一责任人、总法律顾问、领导班子其他成员的规定动作，实行清单式管理，形成责任清晰、任务明确、层层落实的法治工作格局。第一责任人履职清单根据"四个亲自"维度进行分类，明确区公司第一责任人规定动作14项、市公司第一责任人11项、县公司第一责任人6项。总法律顾问、领导班子其他成员根据"尊法、学法、守法、用法"的维度予以明确。

3. "高"水平管理——夯实管理体系

法治工作体系"五位一体"的第三个方面是夯实管理体系，所谓夯实管理体系，是指以总法律顾问为核心，以法律事务机构为支撑，以机制流程等为载体，优化和完善法律工作体系，提升法务管理效能。其质量标准则是"高"水平管理的管理标准，坚持争先进位，纵向一体，横向协同，区市一体化构建广西公司特色的"五位一体"法务管理体系（如图4所示）。

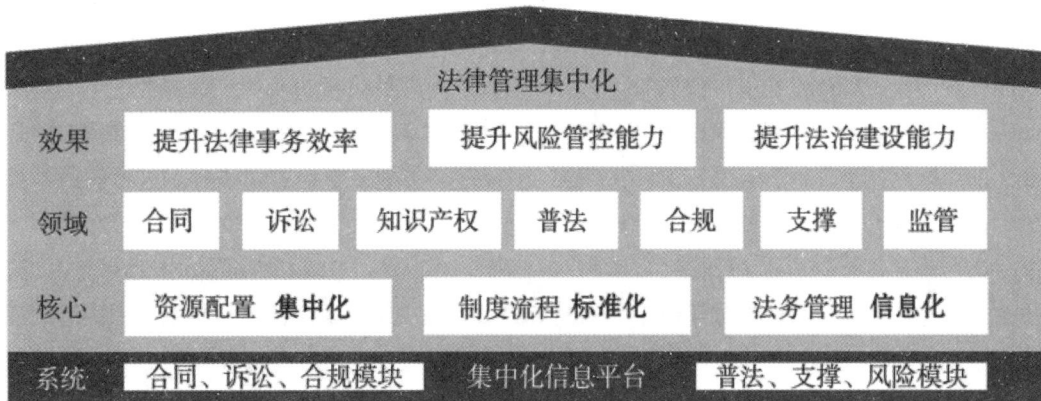

图4 "五位一体"法务管理体系

（资料来源：中国移动广西公司内部资料整理）

为达到这一标准，中国移动广西公司从2017年开始探索实施法务集中化管理模式。根据"先易后难""以点带面"的原则，聚焦"资源配置集中化、制度流程标准化、法务管理信息化"三大核心，依托集中化法务管理平台，先后在合同、诉讼、普法、合规、知识产权等领域逐步推行集中化管理，稳步有序地推进法务管理向"集中化、标准化、智能化"方向转型发展。

目前已实现全领域、全覆盖的集中化管理，实现法律工作效率、风险管控能力、法治建设能力的"三个提升"。围绕生产经营中心工作，公司转型升级，持续深化业务法律融合。坚持换位思考，从基层、业务角度考虑问题，提出业务部门"看得懂、做得到"的法律建议，使公司法治工作"从业务中来、到业务中去"，实现"法务赋能基层一线"。推进基层法治建设，建立基层法治考核评价体系、提升高级法律顾问履职能力。通过整合内外部法律资源，打造出一支"专业、团结、高效、担当"的专家型公司法务团队。现有集中化法务团队27人，持证上岗率85.19%，1人获评集团公司法律专家评审委员会委员，2人获评集团法律专家。

4. "高"标准合规——构建合规体系

法治工作体系"五位一体"的第四个方面是构建合规体系，要求建立并完善合规管理机制。其质量标准则是"高"标准合规的合规管理，坚持业务法律融合，注重重点领域合规风险防控，注重内部合规与外部监管融合（如表1所示）。

表1　内部合规与外部监管融合体系

线条	部门	区级监管单位	市级监管单位	县级监管单位
综合线	综合部……	区政府办公厅 区发改委……	市政府办公室 市发改委……	县政府办公室 县发改委……
市场线	市场部……	区市监局……	市市监局……	县市监局……
网络线	网络部	区工信厅 区生态环境厅	市通信管理局 市生态环境局	县经局 县生态环境局

（资料来源：中国移动广西公司内部资料整理）

中国移动广西公司充分发挥合规委员会对合规工作的牵头抓总作用，审议合规管理、合规风险预警两个年度报告；发挥"头雁效应"，公司一把手为《典型案例汇编》专门题写卷首语，推动全员依法合规意识提升；以"强内控、防风险、促合规"为目标，做好内部合规和外部监管的结合，梳理公司各部门对接的监管关系，构建区市县三级监管体系。在具体合规工作开展过程中，紧抓"三个聚焦"，即聚焦重大合规风险领域，主动做好风险防控及应对；聚焦基层一线，制作简明易用的合规指南，让基层员工"取之即用""用之能懂"，筑牢第一道防线；聚焦行政执法案件，指导各单位建立行政事件应对预案及流程，提升配合行政调查的能力。

5."高"价值文化——打造特色文化体系

法治工作体系"五位一体"的第五个方面是形成"六级一纵"的法治文化机制。中国移动广西公司作为中国移动"12345"法治宣教体系首批试点推广单位，注重以"分层分级，聚焦重点，精细群体，形成合力，务求实效"为原则，建立"六级一纵"的推广实施保障工作机制（如图5所示），做到强贯穿、全覆盖、能落地、有载体、见实效。其质量标准则是"高"价值文化的文化标准，坚持价值增值，营造浓厚法治氛围，推动法治建设向"风险防范、价值增值"转型。

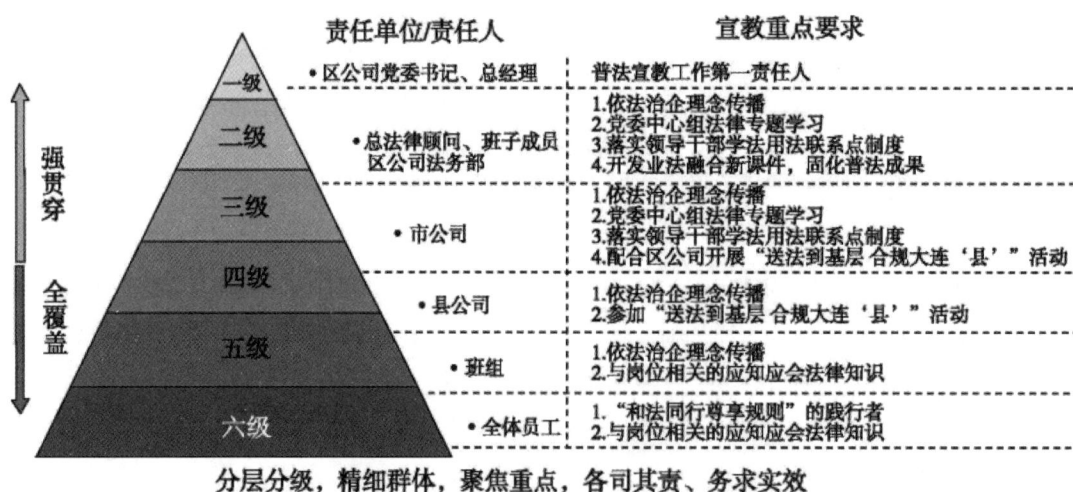

图5　"六级一纵"的法治文化机制

（资料来源：中国移动广西公司内部资料整理）

中国移动广西公司通过三个抓手做好体系的全面推广工作。一是把关键少数引领作为关键，将"担责任、强引领、有作为、积极履行法治宣教"作为第一责任人的职责；二是以法治文化理念认同作为初心，早部署、早行动，高质量推广"12345"法治宣教体系；三是将分级执行作为路径，金牌普法讲师团分赴全区14个地市开展"合规大连'县'"基层普法。与此同时，总法律顾问带头讲法，持续开展"普法六进"，即"进班子、进机关、进基层、进工地、进网格、进家庭"，建立了领导干部学法用法联系点制度、"桂小5说法"普法品牌、"桂移争锋"线上法律知识竞赛等普法特色阵地，对外输出企业法治建设品牌。

三、"五五工作法"的实施成效与展望

（一）成效

经过多年实践，"五五工作法"取得初步成效，为中国移动广西公司打造行业一流企业典范奠定了坚实的法治基础。具体来说，体现为"一个升级，两个融合，三个转变"。

1. "一个升级"

即从专项业务向全面覆盖、全员参与的全局性、战略性工作升级。通过法治体系的不断优化完善，法治企业建设已经逐渐凝聚为公司全员的共识，学法、知法、守法、用法不再是法律部门的专项业务，而变成所有业务领域、业务部门在经营管理过程中的制度要求和岗位自觉，依法合规已经成为与业务工作同等重要的战略考量因素。随着这种战略性升级的是法律专业机构和队伍的不断发展壮大、法律工作体系的日益优化完善、法律工作技术和工具的日臻精细，这也为法治企业建设提供了坚实有力的保障。

2. "两个融合"

一是法治工作与企业中心工作深度融合。在深化"三融三力"的推动下，公司极大提高了法治工作对经管活动尤其是公司中心工作和重点核心业务的支撑作用。如针对重大项目、高风险领域及时提出管理建议、风险预警和合规监管措施，探索构建三级监管责任体系，推动合规指引切实发挥作用。通过编制《电信设施维权"五步法"》《基层一线行政执法配合合规指引》《劳动用工、合同履行风险防控合规指引》等，及时指引合规路径，切实防范社会和公司高度关注的法律合规风险。二是法律管理与企业经营管理深度融合。通过在合同管理、资质授权管理等领域开展效能提升专项行动，不断提升管理效能，在资源配置有限的情况下，及时满足公司内外部法律服务方面的需求，在提高业务活动开展效率、节省管理成本的同时，也确保经营管理活动的依法合规。在优化电信资料查询方面，通过系统梳理查询工作的管理制度、流程和信息化系统，保障查询的规范性和安全性，提高查询的时效性，获得了良好的社会评价。

3. "三个转变"

一是从主要依靠总法律顾问向企业主要负责人切实履行第一责任人要求转变。尤其通过强化党组织对法律工作的领导，扎实推动各级党委主要负责人、合规委员会在法治建设上履职担当、发挥作用、提高水平。将依法治企写入章程、年度法治工作、重大诉讼等重大法治事项提交党委会研究；推进公司主要负责人切实履行法治建设第一责任人职责，做到"重要工作亲自部署、重大问题亲自过问、重点环节亲自协调、重要任务亲自督办"，将第一责任人职责落实情况列入主要负责人年终述职报告，构建起一把手负总责、各条线协同参与的法治工作新格局。二是从法律部门单兵作战向各部门协同推进转变。通过明确和落实法治企业建设过程中三道防线的职责，法律工作由单纯的法律部门专业事务转变为各部门全方位、一体化的协同作业模式，各部门在体系中根据职责、角色、定位、功能等分工，分别从事前、事中和事后全流程多角度各司其职，合力实现公司法治目标。三是从风险防范为主向风险防范、合规管理和价值增值一体化推进转变。随着法治企业建设的深化，法治企业的建设

目标和企业发展的战略目标已经逐步实现融合一致，法治工作不仅要防范风险，还要成为公司发展的助推剂和方向盘，为企业创造无形价值，同时，法治工作也要充分依托风险、合规、内控等企业管理体系，确保法治企业建设实现闭环。

中国移动广西公司的实践证明，完善总法律顾问履职体系是依法治企的重要内容。企业不仅要认真选配好总法律顾问，而且要切实发挥总法律顾问的作用，进而充分发挥总法律顾问制度的威力。中国移动广西公司的探索和实践，顺应了时代发展的要求，克服了具体工作中的困难，取得了可圈可点的成效，展示出了总法律顾问的履职新模式及总法律顾问制度的新模式。未来，中国移动广西公司会在"法治移动"的经验基础上，继续探索前进。

（二）展望

1.存在的不足

中国移动广西公司在"五五工作法"实践中，在总结成功经验的同时，也及时发现存在的不足。公司领导层清醒地认识到，距离法治建设的高质量目标仍存在一定差距，主要包括：一是法律支撑服务需进一步加强。法治工作需进一步把握产业跨界融合的变革趋势和监管政策的变化，主动支撑、提前支撑，进一步发挥保驾护航作用。二是依法合规意识需进一步强化。少数基层员工法律意识、合规意识有待提升，基层员工违纪违规甚至违法事件仍有发生，个别单位经合规风险提示后仍反复发生同质同类案件，合规经营意识有待进一步强化。三是法治队伍建设有待进一步强化。行业变革、外部监管、公司转型发展要求法治工作由事务型向管理型转变，以便更好地适配公司转型发展要求。

2.发展目标

在构建法治企业方面，中国移动广西公司将不断加大探索力度，从高、实、新、智方面实现四个规划目标。一是着眼于"高"，构建一流法治体系。一流的企业需要一流的法治，要进一步提高法治工作层次和站位，从公司治理体系与治理能力现代化的高度着手，探索构建公司现代化法治体系，打造具有广西公司特色的"法治移动"品牌，增强"法治移动"对外影响力。二是着眼于"实"，全面围绕"力量大厦"。法治工作归根结底要助力公司高质量发展，全面提升依法治企能力，持续服务改革转型，把为公司发展保驾护航作为工作导向和出发点，更好支撑重点领域业务发展与重大项目开展，服务公司战略落地。三是着眼于"新"，深挖法务服务价值。创新发展是法治工作持续进步的动力与加速器，要关注行业动态，应对新技术、新业态、新模式的新挑战，紧跟政策变化，前瞻性地对运营与变革中涉及的法律问题把好关，为公司合规运营护好航。四是着眼于"智"，提升法律服务效能。顺应"三融"体系构建，打造"智慧法务"，探索运用IT手段提升能力，拓宽服务领域与界面，深挖服务内容与价值，提升法律服务效能。让法务更加智慧，增强自我完善、自我革新、自我提高的能力，进一步提升法治工作核心价值。

3.具体计划

结合"五五工作法"的阶段推进成效和公司未来发展需要，中国移动广西公司也提出了具体工作计划。

一是加强党的领导，编制五年规划开新局谋新篇。把坚持党的领导、加强党的建设贯穿到法治工作全过程。根据国资委及集团公司要求，编制好中国移动广西公司"十四五"法治工作五年规划，描绘未来五年法治建设蓝图，明确工作目标、建设任务和具体举措，画出"时间表"和"路线图"。通过强化法治工作顶层设计，谋划更高水平法治建设。

二是压实主体责任，推动基层法治落地生根。随着"法治移动"建设向纵深发展，基层法治建设重要性进一步凸显。只有紧紧抓住各级党委、领导干部这个"关键少数",才能抓住基层治理的"牛鼻子"。通过进一步压实市公司党委法治建设主体责任,强化市、县公司法治建设第一责任人职责、深化法律顾问制度建设的"三个进一步",压实法治建设主体责任,推动法治建设在基层落地生根、开花结果。

三是整合法治资源,扩大"法治移动"对外影响力。以法治建设为媒介,"走出去"扩大法治移动"朋友圈",通过整合外部法治资源,进一步盘活法治建设内部动能,构建行业法治生态,打造法治建设双动能、双引擎,形成内外部相互促进的法治建设新格局,引领地方企业法治建设。

四是深化业法融合,锻造法治工作新能力新价值。紧紧围绕生产经营中心工作,持续深化业法融合,拓宽法治工作边界,突出价值创造功能,提高风险预警和合规指引能力,为公司发展保驾护航。

四、结语

中国移动广西公司通过"法治移动"建设,创新总法律顾问履职的"五五工作法",形成了法律工作的崭新局面,取得了良好成效,丰富了新时期国有企业法律工作的理论研究成果,为进一步深化总法律顾问制度奠定了良好基础。这些成功经验主要是抓住了三个关键:一是公司领导层和管理层这个"关键少数",做到法治建设上行下率,依法治企从我做起,为法治企业建设提供强有力的支持和保障,才能盘活整个法律工作的局面,这也是法治企业顶层设计需要重点解决的问题。二是法律与业务的融合这个"关键环节",实现法律人员熟悉业务,业务人员熟悉法律,法律工作与业务工作摆脱"两张皮"现象,充分实现法律为业务服务的价值。三是塑造法治文化这个"关键内核",使依法合规成为企业全员的自觉习惯和价值认同,从而夯实法治建设的文化基础,从而提升企业的社会形象。事实证明,开展企业法治工作,要深刻理解法治建设内涵,精准把握其运行规律,紧密依托企业党组织和领导层的有力领导。要推动国有企业法律工作迈向新高度,须坚持以总法律顾问履职体系建设为主线,以各项经营管理活动为中心,加大创新力度、实施深度和辐射广度。

风物长宜放眼量。在百年未有之大变局中,站在"十四五"规划的新起点,中国移动广西公司将持续秉持"创新驱动发展"的理念,在推进公司治理体系和治理能力现代化、"法治央企"和"法治移动"建设进程中,不断深化完善总法律顾问"五五工作法"履职体系,通过制度创新塑造发展新优势,为公司创建世界一流企业筑牢法治根基,和法同行,行稳致远!

成果创造人:何玲、伍剑威、杨海波

注:本成果收录于《中国企业法务观察》第六辑

大型化工企业集团推行精益思想指导下的"算账文化"的探索与实践

潞安化工集团有限公司

潞安化工集团公司是山西省委省政府以潞安集团煤化一体产业为主体，专业化重组省属企业化工类资产和配套原料煤矿，组建而成的全省规模最大、实力最强的化工企业集团和全省唯一的国有化工产业运营平台。2020年8月7日注册成立，注册资本200亿元；11月26日正式揭牌；12月30日完成潞安集团和晋通公司相关股权、资产的无偿划转；2021年4月12日与华阳新材料科技集团签订协议，完成华阳集团7家子公司管理权的移交，正在加速推进资产移交划转工作。重组后，潞安化工集团资产总额3363.52亿元，所属各级子公司178家，在册职工12万人。拥有潞安环能、阳煤化工2家上市公司，山西省唯一的国家煤基合成工程技术研究中心，2家国家级技术中心、2个博士后科研工作站、1家产业技术研究总院，以及12家国家高新技术企业。"十四五"时期，集团公司致力打造山西化工转型发展蹚新路的旗舰劲旅；着眼长远，集团公司致力于全面建设创新驱动的世界一流化工集团。

党的十九大报告指出，促进国有资产保值增值，推动国有资本做强做优做大。习近平同志更是高度重视国有企业改革发展，多次强调要"理直气壮""坚定不移"把"国有企业做强做优做大"。做强做优做大，是国有企业肩负的重要使命，而良好的经济效益是国有企业做强做优做大的基本前提。2020年以来，潞安化工集团坚持以习近平新时代中国特色社会主义思想为指导，认真贯彻习近平同志视察山西重要讲话重要指示，按照山西省委"四位四高两同步"总体思路和要求，全面开启精益思想指导下的"算账文化"，以"价值"为根，以精益思想指导下的数智化管理为长远目标，贯通落实"两个18字"要求，构建了自上而下的"算账"机制，建树了"价值成就你我"核心价值观，全面开创了建设创新驱动的世界一流化工集团新局面。

一、大型化工企业集团推行精益思想指导下的"算账文化"的实施背景

（一）推行精益思想指导下的"算账文化"是贯彻落实习近平同志重要指示精神、履行国企责任的战略举措

习近平同志指出，"国有企业是中国特色社会主义的重要物质基础和政治基础""国有企业是壮大国家综合实力、保障人民共同利益的重要力量，必须理直气壮做强做优做大"，强调国有企业必须具备"六种力量"，强调做到"两个维护"首先要种好自己的"责任田"。潞安化工集团作为省属国有企业，实施精益管理，推行"算账文化"，不断创造"真金白银"的效益，并持续做强做优做大，实现国有资产保值增值，是职责所在、使命所系，是履行政治责任、社会责任的必要物质基础，也是

落实习近平同志重要指示精神，发挥国企"六种力量"，践行"两个维护"的重要举措。

（二）推行精益思想指导下的"算账文化"是贯彻落实省委省政府专业化战略重组决策部署的重要抓手

习近平同志视察山西作出"在转型发展上率先蹚出一条新路来"的重要指示。省委省政府把转型发展蹚新路作为工作指南和逻辑起点，全面实施"四为四高两同步"总体思路和要求，特别是坚持市场化、法治化价值取向，开启新一轮省属国企专业化战略重组。潞安化工集团作为全省唯一的国有化工产业运营平台，承担着"通过专业化重组，提高省属国有企业对化工资产的管理和运营水平，进而提高存量化工资产质量、提升存量化工企业的效率和效益"的重任。贯彻落实省委省政府决策部署，勇担"转型发展蹚新路"历史使命，就必须坚持以效益为中心，树立"以真金白银论英雄"的鲜明导向，推动企业高效率、高效益、高质量发展。

（三）推行精益思想指导下的"算账文化"是集团打造化工转型发展蹚新路的旗舰劲旅的必然选择

省委省政府高度重视全省化工领域专业化战略重组，明确提出"180怎么办""化工产业链怎么串""如何培育新材料和精细化工"三个重大战略性问题，为潞安化工的转型发展指明了方向、注入了信心。而转型成功与否，效益是关键衡量指标之一。回归企业的本质，构建以"市场为导向、以效益为中心"的管理模式，算好"投入—产出"账，保证转型出效益，是潞安化工集团打造化工转型发展蹚新路的旗舰劲旅的必然选择。同时，潞安化工集团脱胎于传统煤矿企业集团，管理基础仍然薄弱，化工人才相对匮乏，自上而下的生产者思维较为严重，很难一步跨越至精益管理的高级管理阶段，由此，精益思想指导下的"算账文化"理所当然成为当前优化管理的最佳选择。

二、大型化工企业集团推行精益思想指导下的"算账文化"的基本内涵

推行精益思想指导下的"算账文化"，短期来讲，要建立以市场为导向、以效益为中心、全方位、全要素、全员化的"算账"文化管理体系；长期来讲，要构建起"精益管理＋数字化"为核心的现代管理体系。潞安化工集团坚持"四个一"原则，推动"算账文化"往深里走、往实里走，由"强制执行"向"自觉行动"转变、由"物理反应"向"化学反应"转变、由"局部量变"向"整体质变"转变，实现标准化、规范化、体系化，为迈向"精益思想指导下的数字化管理"的高级管理目标打下了坚实基础。

锚定一个"效益公式"。追求效益最大化是"算账文化"的核心，是企业可持续发展的底层逻辑。要坚持投入产出最大化的效益准则，锚定"利润＝收入－支出"的效益公式，既算"支出账"，又算"收入账"，关注"单位成本"，关注销售收入，实现"投入—产出"效益最大化。

用好一组"运算法则"。以"利润＝收入－支出"为基础，科学运用"加减乘除"四则运算法则。"加"，就是要增加产业耦合速度、增加高端产品种类、增加产品市场份额、增加整体销售收入；"减"，就是要实现落后产能减、无谓损耗减、生产成本减、不确定因素减；"乘"，就是依托技术创新、资本赋能，力争实现总体效益的指数级增长；"除"，就是要对标省国资运营公司下发的"经营业绩考核指标"，锚定资产负债率、资产证券化率、全员劳动生产率等关键指标，以实际工作促进分子、分母的动态调整，实现相关指标的持续优化。

把握一个"关键导向"。实施精益思想指导下的"算账文化"，要牢牢把握问题导向。通过"盘清

账"，盘出问题；通过横向对标、纵向对标"找差距"，找出问题。坚持以问题为出发点，有什么问题就综合研判什么问题、综合解决什么问题，什么问题突出就集中整治什么问题，把发现和解决问题作为打开工作局面的突破口。

坚持一组"算账底线"。对于国有企业来讲，价值体现为客户价值、股东价值、员工价值、社会价值等。客户价值是基础，要以客户为中心，为客户创造价值；股东价值追求的是利润的可持续增长；员工价值是"以人民为中心"发展理念的内在要求；社会价值需要更为长远地考虑新发展理念等价值观。推行精益思想指导下的"算账文化"，必须坚守"安全工作不走样、产品质量不下降、职工生活水平有提升、企业可持续发展有保障"的算账底线。

三、大型化工企业集团推行精益思想指导下的"算账文化"的主要做法

潞安化工集团公司坚持以"价值、价值流、流动、拉动、尽善尽美"精益原则为指导，着眼"两级三层双维度"，从"思想"和"执行"两个层面，贯通落实讲政治、观念新、认识清、站位准、作风硬、干劲足、盘清账、责任明、找差距、激励干、强执行、增效益"两个18字"要求，全面推行精益思想指导下的"算账文化"。特别是，成立精益管理部，重塑管理流程，规范管理制度，推动思想观念转变、能力素质提升和方式方法改进，持续提升企业综合管理效能。

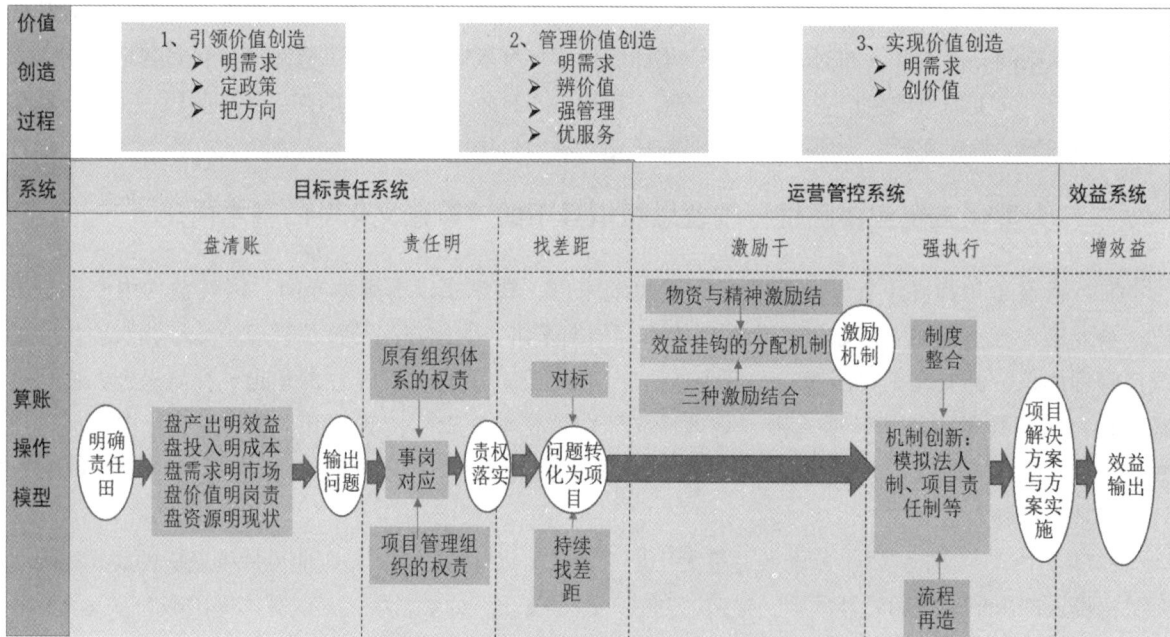

图1 潞安化工集团公司"算账文化"管理体系图

（一）聚焦"盘清账"，明确盘账的主体、重点、方法和内容，摸清家底掌握实情促发展

"盘清账"是基础，核心是要"摸清家底"。潞安化工集团坚持以价值为"根"，以"投入—产出"为纲，"大账""小账"一起盘，进一步明确盘账的主体、盘账的重点、盘账的方法、盘账的主要内容，真正摸清家底明确责任田。

1.明确"盘清账"的主体

高标准推进"六定"改革，形成"集团总部—事业部—子分公司"三级架构，集团总部为战略管控中心、事业部为利润中心、各级子分公司为成本控制中心。在此基础上，进一步明确"两级三层"作为盘账工作的主体，每一级的高层为引领价值创造的主体，每一级的中层为管理价值创造的主体，每一级的基层为实现价值创造的主体。其中，"两级"，即"集团—事业部—生产经营单位"为一级，"生产经营单位—科室—队组"为一级；"三层"，即每一级的高层、中层和基层。

2.突出"盘清账"的重点

牢牢把握问题导向，坚持以问题为出发点，进一步盘清制约公司高质量转型发展的瓶颈、短板和问题。比如，产业结构亟待调整升级、专业化管理基础薄弱、干部能力素质有待提升、高端核心人才缺乏、融合发展任重道远等。在此基础上，综合研判问题，提出解决方案，精准施策破题解题，把发现和解决问题作为打开局面的突破口，增强工作的主动性和针对性。

3.把握"盘清账"的方法

充分运用云计算、大数据、物联网、移动互联网、5G通信、人工智能、区块链等数字与智能技术，加快云数据中心建设；推进信息化资源整合，构建跨产业、跨专业、跨部门的数字管控平台，实现绩效管理、人力资源、财务等各业务系统纵向贯通、横向集成；推进数字经济和实体经济融合，推动企业经营模式、管理模式、商业模式的数字化转型，以"数据思维"提升"盘清账"的管理手段，赋能企业发展。

4.厘清"盘清账"的主要内容

从集团层面来讲，要盘清经济责任、政治责任、社会责任。从各单位、各部门、各层级来讲，立足自身岗位职责，盘清手中资源，盘清肩上责任，盘清当下状态，盘清存在问题，盘清客户需求，盘清贡献价值等。立足岗位掌握"尽可能多的数据"，并根据这些数据指导行动、做出判断、解决问题，并根据企业不同阶段的不同需求，随时随地调整自己的"算法"，以找准自己的作用点、作用方向和作用大小。

（二）聚焦"责任明"，进一步完善制度、理顺流程，确保各责任主体全力种好"责任田"

"责任明"是分工，核心是"人账对应"。要坚持"制度""流程"一起上，"两级三层"都要明确职能定位，明确具体职责，让每一笔"账"都与具体的"人"相匹配，让每一件"事"都有具体"责任人"，让人和事联系起来、钱和人对应起来、投入和产出明晰起来，让每项资源投入是否创造价值一目了然。

1.持续优化完善企业组织架构

推进"六定"改革机制化、常态化，按照市场化改革方向，进一步明晰总部定位，建立"集团总部、事业部、子分公司"三级架构权责清单，厘清职责边界，优化集团管控模式。实施董事、监事任期制、经理层成员聘任制和员工合同制改革和组织"扁平化""项目制"管理。加强集团法人治理结构建设，建立健全子公司法人治理结构，厘清各治理主体权责边界，完善各级各治理主体议事决策事项清单，形成各司其职、各负其责、协调运转、有效制衡的法人治理体系。规范董事会制度体系建设与运行机制，建立健全董事决策责任追究追溯机制，强化对子公司董事会及董事的考核和管理，建设规范、高效、协同的战略型、决策型董事会。

2.推行授权、行权、问责制

探索开展董事会授权放权改革，董事会要在履行好中长期决策权、经理层成员选聘权、业绩考核权、薪酬管理权、职工工资分配管理权、重大财务事项管理权等权力的基础上，加大授权放权力度，用好"一事一项"授权，将责任重心下移，使最明白业务的基层主管承担责任，确保相关权力"放得下""授得准"；推动经理层依法行权履职，将生产经营计划、技改等30多个重大事项授权经理层研究决策，有效激发经理层管理活力。同时，加强企业行权能力建设，建立满足内控要求的分权制衡机制，在流程中明确行权并承担责任，确保"接得住"；建立科学合理的授权体系和严格的干部行权监管体系，完善监督监管机制，通过问责制追溯行权，促使干部在行使权利中尽责，确保"管得好"。

3.提升管理的系统性

坚持"流程围绕价值调整、工作围绕价值优化、业绩围绕价值评价"，持续提升企业创造价值的整体能力。全面推进整章建制工作，梳理制度目录清单106项，持续推进制度建设，形成规范化的制度体系，以新制度、新机制推动管理流程优化重塑。编制完善《集团算账文化实施指南（试行）》，全面实施预算管理，完善绩效考核体系，健全市场化薪酬分配机制，打通"全面预算→绩效考核→薪酬分配"一体化运行机制，全面增强企业的内部管控能力。集团各级、各部门结合改革要求、结合自身职能，持续提升业务管理的标准化、流程化、体系化水平，不断提升集团整体管理成熟度，最终靠组织的自身"机能"实现价值创造过程的"自动运行"。

（三）聚焦"找差距"，纵向对标看改进、横向对标找差距，针对问题强整改促提升

"找差距"是手段，核心是"全面对标"

要坚持"横向""纵向"一起找，"两级三层"向内要进行队组对标、科室对标、业务单元间对标，向外要与先进单位先进要素对标，在对标中发现问题、查找不足，采取针对性措施，实现持续改进。

1.坚持纵向对标看改进

设定总体目标，并分解为一个个时间段的目标。每到一个时间段，检验自己是否达到了目标、比之前改进了多少，不断形成正向的积累效应。特别是党员领导干部，要有"回头看"的勇气，要有"自我否定"的魄力，真正在实践中、岗位上"担当作为"。

2.坚持横向对标找差距

对标国际国内一流企业，实施对标管理提升行动计划。首先要坚持高标准选标，管理上必须在行业内处于领先地位；技术上必须能引领产业发展；煤炭板块在成本和工效方面，要与全国同类型矿井的平均先进水平对标，实现成本控制和效率提升；化工板块要和万华、恒逸、华鲁恒升等先进企业对标。其次要全方位、全要素对标，做到能对则对、能对尽对，既要综合对标，又要单项对标。最后要树立标杆，各板块定期选树好本板块内的先进标杆单位，动态管控，不断拉高标杆，推动板块管理持续提升。同时，对内也要"树标杆，争先锋"，进行队组对标、科室对标、业务单元间对标，在对标中发现问题、查找不足，采取针对性措施，推动持续改进，并在不断改进中趋于"尽善尽美"。

（四）聚焦"激励干"，坚持物质激励和精神激励一起用，建立管理价值创造长效激励机制

"激励干"是要求，核心是"奖优罚劣"。"两级三层"都要找准比较"原点"，引进"平均先进定额"等可量化、可执行的管理指标体系，通过在"算账文化"上持续发力，提升价值创造的"加速度"，并按照资源投入的差别性结果，及时合理的奖惩兑现。

1.重塑绩效考核体系

创新绩效考核。突出"以真金白银论英雄"鲜明导向，坚持激励与约束并重，总部部门、共享服务中心和事业部、多元板块分别实行"3＋1考核"和"四维立体考核"，建立权重符合企业特性、目标符合企业实际、操作简便高效的绩效考核办法。深化契约化管理。坚持"一企一策"，聚焦质量和效益，强化资本回报，加大经济增加值、营业收入利润率等效益指标权重，实行分档管理，形成经营目标责任落实体系，鼓励"跳起来摘桃子"。加大绩效考核力度。建立月度考核、季度调查、年度兑现的考核机制，考核结果应用实行"两挂钩""两影响"，刚性考核，严格兑现。

2.完善市场化薪酬分配机制

制定精益化薪酬运行管理办法，推动绩效考核与薪酬分配深度融合、高效联动，建立差异化薪酬总额决定机制。健全按价值创造、业绩贡献决定薪酬的分配机制，实行全员化薪酬考核，一岗一薪、易岗易薪；完善中高级管理人员"基薪＋绩效薪＋专项激励＋津贴"的特色薪酬模式；探索市场化选聘人员协议薪酬制。统筹运用项目工资、经营业绩比例提成、超额利润分享、经营业绩对赌等激励政策，强化业绩考核和激励水平"双对标"，实现激励与约束相统一。

3.坚持日常激励、项目激励与特别激励相融合

坚持"五个鼓励""五个倾斜"，实施精准激励。加强"降本增效、减员增效、提效增效"增量激励，设立薪酬与考核委员会激励基金，对敢于负责、勇于担当、善于作为、实绩突出的干部，给予更大力度的物质激励和精神激励。开展薪酬特区试点改革。对于按日常运营方式落实、推进的，纳入单位、部门综合考核激励范畴；对于采取项目负责制、模拟法人制方式的，实施项目推进与结果评价的考核体系；对于工作中涌现出的特殊贡献者、特殊工作事项，给予重点、特殊激励。

4.坚持物质激励与精神激励相结合、正向激励与负向约束相结合

建立完善多元化激励机制，推行即时激励、专项奖、中期激励、股权激励等，实现精准激励、持续激励。在强化物质激励的同时，探索文化激励、目标激励、战略激励等精神激励，以文化凝聚人，以战略目标激励人，通过强化职业自豪感、使命感，引领企业员工以崇高的责任感、卓越的理念、科学的管理促进企业的高质量发展。同时，要打破传统"胡萝卜＋大棒"激励模式，突出正向激励保障和负向惩戒约束，让干得好的干部"上"得服众，让干不好的干部"下"的服气。

（五）聚焦"强执行"，创新执行方法、提升执行效果，保障各项措施落实落地

"强执行"是关键，核心是"问题攻坚"。"两级三层"都要针对在盘账、明责、对标中发现的问题，不断"强执行"，成为解决问题的高手、落实执行的能手，不断为企业创造价值，最终实现"价值成就你我"。

1.落实"131"工作法，强化"干前算定政策，干中算看变化，干后算要结果"

各级干部"针对1个问题，至少要提供3套解决方案，提出1个倾向性的意见和建议"，要将"131"工作法作为各级干部的工作规范和行为习惯，不断提高工作效能。同时，要强化过程管理，事前，通过现状把握，制定针对性、有效性的措施；事中，下足功夫，并根据变化情况实施动态调整；事后，及时开展"结果评价"或"后评价"，一方面，对项目的决策者、实施者形成压力，增强相关人员的责任心；另一方面，及时发现项目运营后存在的问题，查找影响收益的因素，通过信息反馈和及时整改，不断提高投资收益。

2.打造精益管理干部人才队伍

多维度对各单位"一把手"进行深度扫描、精准"画像"，开展精益管理专家辅导、百日计划、"一事一表"改进行动，分四个阶段举办党史学习教育暨精益管理培训班，与华为公司合作举办变革转型提升班，打造"懂政策、善经营、精专业、会管理"的中高层干部队伍。同时，强化政策研究，建立政策落实评价体系，引导全体干部员工学习政策、对接政策、研究政策，争取把"政策红利"释放到极致。比如，科学技术研究院、市场技术部立足本职工作，把握加计扣除优惠政策、高新技术企业优惠政策机遇，今年以来为集团争取加计扣除政策和高新技术企业税收优惠政策补贴1.65亿元。

3.打破部门和批量传统生产管理模式

创新工作机制，积极推进"工作项目化、项目清单化、清单责任化、责任链条化"，打破部门壁垒约束，改变传统管理模式、改变批量生产传统、改变传统组织构架，围绕客户需求和价值创造，形成一个又一个的具体问题。在形成问题的基础上，征求解决问题的意见和建议，组织涉及的部门和人员组成综合小组、开展综合研判、形成综合方案，并组织有效资源进行综合解决，把一个又一个的问题，转化为一个又一个项目，组织一场又一场攻关，实现一个又一个突破，杜绝"左手出成绩、右手出问题"。

4.加强"13710"督查催办体系建设

全面深化"13710"工作机制，"1"即当天要研究部署；"3"即3天内要向上级部门反馈办理情况；"7"即一般性问题原则上7天内要落实解决；"1"即重大问题包括一些复杂问题要在1个月内落实解决，确实解决不了的，要拿出解决的时间节点和方案；"0"即所有事项都要跟踪到底、销号清零，事事有着落，件件有结果。建立分级督办、协同联动、穿透监管、高效运行的工作体系，推行线下线上相结合的运行模式，对省国资委、省国资运营公司等上级部门交办、集团总经理办公会交办、集团领导调度会专题会安排、集团领导在相关文件上的批示等重点工作事项，以任务化、项目化、工程化、方案化、清单化的方式狠抓执行，确保条条落实、件件落地、事事见效。

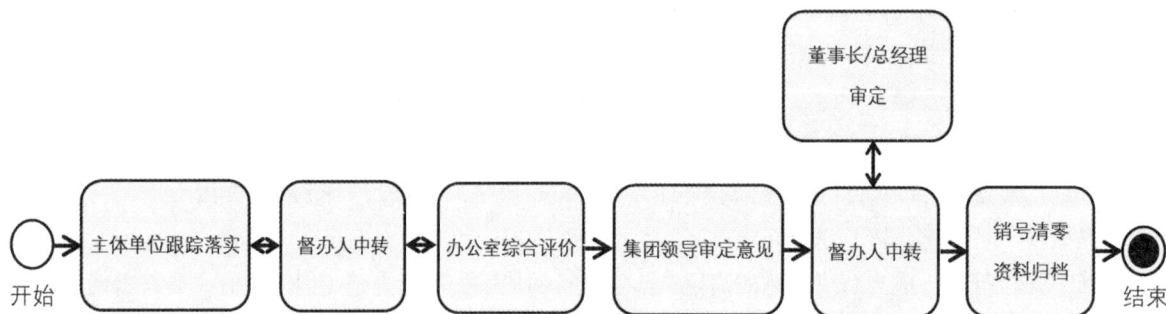

图2　潞安化工集团公司"13710"督查催办工作流程图

（六）聚焦"增效益"，既要"多打粮食"又要"强身健体"，确保企业整体价值最大化

"增效益"是目的，关键是"价值提升"。实施精益思想指导下的"算账文化"，重点在于履行国企经济责任、政治责任、社会责任，兼顾"当前"和"长远"，既要"多打粮食"，也要"强身健体"。

1.要"多打粮食"，实现财务指标"增效益"

坚持以真金白银论英雄，扎实推进"降本增效、减员增效、提效增效"专项行动。推进降本增效。树立"一切成本皆可控""一切成本皆可降"的理念，持续过"紧日子"，通过严控投资、优化工艺流程、减少不必要费用支出、降低财务费用、优化供应链管理等措施，全力压降吨煤成本、化工产品材料成本、投资成本、综合融资成本等；推进大宗物资、备品备件的集中仓储管理和统一调配，实现采购优质优价和全生命周期总成本最低。推进减员增效。通过各级机关定员定岗定编、自然减员、智能化减人、清退吃空饷人员、专业化队伍集中管理等措施，不断优化人员结构，全年同口径完成从业人员减员目标。推进提效增效。强化"市场就是战场"意识，把拓市场作为生命工程来抓，全力提升各产业板块盈利能力。推进大营销布局，建立产供销、人财物一体化运营模式，实现营销效益最大化。构建统一市场战略、统一采购供应、统一资金管控、统一生产调度、统一销售网络、统一品牌融合的"六统一"管控模式，提升化工板块整体竞争力。

2.要"强身健体"，实现非财务指标"增效益"

立足国有企业政治责任和社会责任的高度，做有利于企业长远发展的事，增强抗风险能力和可持续发展能力。坚持"加强党的领导"和"完善公司治理"相统一，以高质量党建引领高质量发展；坚持"精益化"和"数字化"相结合，持续提升管理水平和运营质效；坚持"补短板"和"锻长板"相协同，纵深推进"国企改革三年行动"；坚持"战略重组"和"资本运作"相并重，多维赋能产业高质量发展；坚持"防风险"和"保稳定"相统筹，主动出击严守转型"底线红线"。各单位、各部门结合自身的职责，找准定位、履责尽责、强身健体，为公司持续稳定健康发展做出自己应有的贡献。

四、大型化工企业集团推行精益思想指导下的"算账文化"的主要成效

潞安化工集团积极履行国企经济责任、政治责任和社会责任，围绕种好"责任田"，建树"价值成就你我"核心理念，从精益思想指导下的"算账文化"入手，培育经营意识，提升管理水平，企业核心竞争力和综合实力显著提升，为建设创新驱动的世界一流化工集团打下了坚实基础。

（一）现代产业体系基本形成

集团产业领域涵盖"化工、煤炭、现代金融、物流贸易、工程建筑、技术服务"等六大产业板块，经过盘整重组，形成了集化工技术研发、产品营销、工程总包、化工装备制造、运维服务、资本运营等于一体的相对完整的产业链。为加快提升企业的综合竞争力，公司立足高端聚焦发展，进一步明确了"一核两翼、以化统煤、煤化一体、技融双驱"具有竞争力的现代产业体系构架。其中："一核两翼"，就是构建以化工为核心，以新材料、清洁能源为两翼的产业布局；"以化统煤"，就是充分发挥煤炭的原料保障和效益支撑作用，为全面转型赢得时间和空间；"煤化一体"，就是积极把握"双碳"政策带来的行业发展机遇，长期坚持"煤化一体"发展，引领带动全省化工转型发展蹚新路；"技融双驱"，就是依靠技术创新和资本运作，推动企业的快速成长、全面转型。

（二）企业经营质效稳健提升

克服疫情不利影响，全面开启精益思想指导下的"算账文化"，企业呈现出高质量发展的良好态势，打造化工转型发展蹚新路的旗舰劲旅取得良好开局。2020年，主要经济指标稳中向好，全年（同口径）实现营业收入1617亿元，利润总额12.82亿元，增加值305亿元，上缴税费111亿元，稳居省属企业第一方阵。2021年以来，抢抓市场机遇，狠抓对标提升，持续降本增效，1-6月，各项经济指标保持持续稳定健康增长，营业收入1036.20亿元，利润总额25.88亿元，增加值163.32亿元，上缴税费82.72亿元，上半年圆满完成时间任务"双过半"目标。同时，坚持向市场要效益，抓住大宗商品价格上涨的有利时机，安全高效组织生产，全面提升了煤炭、化工等产业板块的经营绩效。目前，在中国煤炭企

业50强中排名第11位，在中国煤炭企业煤炭产量千万吨以上企业中排名第7位。

（三）经营管理水平持续提升

积极向内部管理要效益，构建了"预算管理→精益运营→绩效考核→薪酬分配"的全员化落实、全层级协同、全流程贯通的精益管理体系，全面增强企业内部管控能力，创造了实实在在的经济效益。2020年全年享受各类财政补贴、减税降费10.07亿元，其中争取研发费加计扣除和高新技术企业优惠政策实现税收减免1.63亿元。2户企业列入省战略性新兴产业企业目录，享受终端电价优惠政策。2021年上半年，创新生产经营一体化调度会机制，实现了经营成果"日清日报"；创新实施党建调度、安全环保、经营分析、绩效考核"四个调度会"，持续解决好党建引领、守住底线、多打粮食、奖惩分明"四类问题"；剔除大宗商品价格上涨等市场因素，实际原煤成本较年初降低17.3元/吨；出台"增量激励"政策，煤炭价格、发运总量创历史新高，实现营销收益最大化；坚持向政策要效益，获得加计扣除政策和高新技术企业税收优惠政策补贴1.65亿元，企业整体价值持续提升。

（四）深化企业改革成效显著

推进"六定"机制化、常态化，搭建了"集团总部—事业部—子分公司"三级管理架构，集团总部实现由运营型管理向"党建引领、战略决策、资本运营、管控服务"转变；大力推进"腾笼换鸟"，已完成协鑫准东、潞光发电、金源煤层气等6个项目转让，转让金额21.11亿元，集团层面年度收益匹配度195.7%；开展止损挽损攻坚，2021年1-7月，止损挽损75.49亿元，盘活资金3.4亿元；加快出清僵尸企业，2021年1-7月，共压减法人单位6户。把握相关政策，积极与晋通公司等平台公司对接，加快实施低效无效不良资产的清理退出，有序推进沉淀资产的统筹盘活，切实降低企业运行成本；实施资本运作，最大限度确保企业资产保值升值。潞安出资8.33亿元参股凯赛生物，全部变现后取得收益总计可达65亿元，是投资前的8倍。

（五）风险防控能力持续增强

把风险防控工作放在重中之重的位置来抓，居安思危、居危思危，坚持"防风险"和"保稳定"相统筹，主动出击严守转型"底线红线"。确立了安全、环保、资金、稳定"四条底线红线"，建立了"四线八块"管理工作机制，分管领导牵头包"块"，实现风险管控全覆盖。在安全工作上，形成全方位覆盖、全责任链条、全过程管控、全员化执行的大安全管理体系，保持了企业安全稳定发展的良好态势。在环保安全上，加强顶层设计，坚持统筹兼顾，科学研制企业"双碳"治理工作规划，明确"双碳"治理行动大纲。同时，针对流动性偏紧的问题，出台压实资金风险防控的主体责任、加强经营积累、多措并举增加融资、资金支付量入为出从严从紧等系列举措，确保不发生重大资金风险。

通过推行精益思想指导下的"算账文化"，潞安化工集团公司上下坚持"流程围绕价值调整、工作围绕价值优化、业绩围绕价值评价"，构建了以"两级、三层、双维度"为核心的"算账文化"工作机制，搭建了"集团引领价值创造、业务部门管理价值创造、基层单位实现价值创造"的价值创造体系，形成了全员、全过程、全层级、全链条的"算账理念"，营造了时时、处处、人人算账的"算账生态""价值成就你我"的核心价值观深入人心，"懂政策、善经营、精专业"的中高级管理人员队伍不断壮大，为集团"在转型发展上率先蹚出一条新路来"奠定了坚实基础、创造了良好条件。

成果创造人：王志清、马军祥、王强、崔树江、毛永红、郭成刚、

武鹏、张路刚、常跃刚、田文香、王伟、张宇鹏

大型产业集团"1＋N"产融服务平台建设的
创新实践与研究

中国建材集团财务有限公司

中国建材集团（以下简称"集团"）是全球最大的综合性建材产业集团、世界领先的新材料开发商和综合服务商，是国资委混合所有制经济试点企业、央企董事会行使三项职权试点企业、中央企业兼并重组试点企业、国有资本投资公司试点企业。集团旗下有2家H股上市公司，12家A股上市公司，股权结构多样，法人单位数量约1400个。

中国建材集团财务有限公司（以下简称"财务公司"）是集团下属财务公司，办公住所位于北京，是由原中国银行业监督管理委员会批准成立，以加强集团资金集中管理和提高集团资金使用效率为目的，为集团各成员单位提供财务管理服务的全国性非银行金融机构。财务公司的主要业务包括：自营贷款、票据承兑、票据贴现、保函业务、保理及融资租赁等信贷类业务、本外币存款业务、日常支付结算业务、即期结售汇、财务顾问、有价证券投资（固定收益类）、服务成员单位搭建资金结算中心实现资金归集、征信系统查询等。

财务公司结合集团成员单位分布广、级次长、混合所有制多，资金分散、归集度低，带息负债高、上市公司受限资金比重高等问题，创造性地搭建了中国建材"1＋N"产融服务平台。经实践证明，截至目前，平台的搭建有效提高了集团资金的整体使用效率和效益，置换集团外部带息负债百亿元，降低集团资产负债率约0.5个百分点，为集团增利节费2.5亿元以上；集团"资金归集平台、资金结算平台、金融服务平台和资金监控平台"建设取得成效；为成员单位创造了价值，助力集团高质量转型发展。

一、成果背景

财务公司的概念分为广义上的财务公司和狭义上的财务公司。谭德彬[1]认为广义的财务公司按其资本结构可以分为企业附属型财务公司（Captive Finance Company）和公众型财务公司（Non-captive Finance Company），而狭义的财务公司则专指企业附属型财务公司。Murfin等[2]将企业附属型财务公司定义成为企业集团产品提供零售和批发融资的全资子公司，且其大部分资产是向零售客户提供的长期担保贷款。企业附属型财务公司由大企业集团出资设立，根据不同的业务范围又可分为主要为企业集团内部成员单位服务的内源型财务公司（Internal Finance Company）和服务对象不局限于企业集团内部成员单位的外源型财务公司（External Finance Company）。根据在《企业集团财务公司管理办法》（银监会令〔2004〕5号）中的定位，我国的财务公司属于企业附属型财务公司中的内源型财务公司。

财务公司自成立以来按照国务院国资委和中国银保监会关于央企财务公司职能定位的要求，围绕集团战略发展，贯彻执行"依托集团、服务集团、规范经营、稳健发展"的经营理念，通过吸收成员单位存款搭建集团资金池，提高资金归集度，运用非银行金融机构的牌照资质，为成员单位提供金融产品和服务，最终提高集团整体资金使用效率和使用效益。

过去几年中，财务公司原有核心业务系统在很大程度上支撑了公司资金归集、资金支付结算和贷款等传统的金融服务。但是，在技术更新、业务创新和发展、支持集团产业转型升级、科技风险治理等方面，原有核心业务系统存在不支持IPv6协议，功能模块耦合度高、开放性不够，为风险管理和内部控制提供决策信息和数据分析发挥的作用有限等问题，很难对即将开展的业务及时有效地进行支撑，具体背景如下。

（一）坚持创新驱动发展，推动经济体系优化升级

中国共产党第十九届中央委员会第五次全体会议在北京举行，会议审议通过了《中共中央关于制定国民经济和社会发展第十四个五年规划和二零三五年远景目标的建议》。《建议》指出，要坚持创新驱动发展，全面塑造发展新优势；要加快发展现代产业体系，推动经济体系优化升级。具体措施包括强化企业创新主体地位；发挥大企业引领支撑作用，推动产业链上中下游、大中小企业融通创新；推动全产业链优化升级，推动传统产业高端化、智能化、绿色化；加快第五代移动通信、工业互联网、大数据中心等建设，发展数字经济，推进数字产业化和产业数字化；等等。财务公司需要统筹规划新核心系统来推动数字经济和实体经济深度融合，以数据资源整合为导向、以金融科技创新为依托，围绕集团产业链打造产融生态圈，共享数据价值的综合溢出效应。

（二）深入贯彻新发展理念，推动高质量发展

深入学习贯彻习近平新时代中国特色社会主义思想，准确把握新发展阶段，深入贯彻新发展理念，加快构建新发展格局，推动"十四五"时期高质量发展。财务公司需要统筹规划新核心系统来将创新、协调、绿色、开放、共享的新发展理念贯穿于产融服务的全过程和各环节。

（三）贯彻落实"IPv4改造为IPv6"的行动部署计划

中共中央办公厅、国务院办公厅印发《推进互联网协议第六版（IPv6）规模部署行动计划》、工业和信息化部关于贯彻落实《推进互联网协议第六版（IPv6）规模部署行动计划》的通知（工信部通信〔2018〕77号）、7月6日，国资委召开中央企业IPv6规模部署应用工作推进视频会议，深入学习贯彻习近平同志网络强国战略思想，认真贯彻落实中办国办印发的《推进互联网协议第六版（IPv6）规模部署行动计划》要求，加快推进中央企业IPv6部署应用工作为贯彻落实中办国办、工信部、国资委"IPv4改造为IPv6"的行动部署计划，加快网络基础设施和应用基础设施的升级步伐，使财务公司新一代系统适应下一代互联网的需要。财务公司需要统筹规划新核心系统来满足IPv6升级改造的要求。

（四）顺应监管新常态，加强科技风险治理

随着"严监管""强监管"成为新常态，财务公司原有核心业务系统为风险管理和内部控制提供决策信息和数据分析发挥的作用有限，系统对于业务开展、决策分析、风险管理的支持力度有待加强。财务公司需要统筹规划新核心系统来加强对资金风险、操作风险的管控，自动监测风险指标，提高监管报送工作的质量和效率，满足各监管机构对财务公司的业务监管要求；同时，提供多维度、可视化的统计查询功能，为领导决策提供支持，最终实现信息系统对业务开展、决策分析、风险管理的良好支撑。

（五）充分发挥金融牌照作用，结合发展拓展业务范围

充分发挥金融牌照作用，结合集团发展要求拓展业务范围，支持集团从高速度增长迈入高质量发展的新阶段；积极对接各成员单位并为其提供个性化综合产融服务，为与成员单位未来的合作拓展空间，扩大资金池规模，提升集团的资金使用效率及效益。

基于上述背景，财务公司借鉴金融科技的创新理念，统筹规划并建设了中国建材"1+N"产融服务平台，以满足创新驱动发展、推进数字产业化和产业数字化的要求，满足国家对IPv6升级改造的要求，满足自身、集团以及成员单位未来的业务发展要求。

二、成果内涵

本成果为中国建材"1+N"产融服务平台。其中，"1+N"中的"1"指本成果，"N"则指企业的众多资金、金融、产融业务场景。财务公司通过建设本成果强化各业务场景的产融数据建模，深入挖掘产融数据价值，提升产融数据洞察能力，通过智慧产融来突破服务与效率瓶颈，释放业务与管理潜能，助力集团实现产业升级、高质量发展。

本成果运用人工智能、大数据、云计算等金融科技手段，采用"小核心、大外围"的先进理念，结合多场景资金应用及个性化产融服务需求，提供了"一站式"资金管理与产融共享服务。本成果的功能涵盖多维账户管理、一键收付、自动结算、智慧信贷、动态投资管理、智能融资管控、实时数据监测、自助移动办公等场景化、差异化、多元化、智能化、精细化的收、付、投、融金融产品和服务，同时支持业财一体化，体现了金融服务实体经济发展的能力。

本成果构建了多级次、多币种的资金管理与智慧金融服务体系，以此提高资金的使用效率，强化资金的集聚效益，促进金融资源的优化配置。根据不同的业务场景，本成果创新金融产品与服务，并推动金融服务向主动化、个性化、智慧化、轻型化发展，提升客户体验和金融运营效率，打造对内聚+合产品与服务、对外连接合作机构与客户的综合性平台。本成果实现了金融数据全级次、多口径、穿透式地汇总、查询、统计、分析，加强了跨层级、跨部门、跨地区的金融数据资源融合应用，充分发挥了金融大数据的集聚和增值作用，拓展了数字金融服务能力和服务效率，借助金融科技提升金融监管效能。

本成果以集团经营管理各环节与资金、金融业务的衔接与融合为切入点，提供多种产融服务协同，全面打通业务流、资金流和信息流，实现金融科技与生产经营的深度融合。同时，依托智慧产融，财务公司努力构建以实体产业发展为核心，以金融业务创新为纽带，连通实体产业与金融市场，连通集团内单位与产业链上下游的产业金融生态链，实现金融资源、资金资源、信息资源、项目资源、服务资源、管理资源等不同层次的统筹协调、交互合作，让智慧产融更加积极地赋能集团发展，助力产业升级，服务实体经济。

三、成果措施

本成果全面支持IPv6协议栈，且采用包括前、中、后台的分布式业务架构，前台通过多渠道为成员单位进行服务；中台在后台业务系统之上将共性的服务能力进行整合与输出；后台是根据业务发展需要建设而成的多个业务系统。

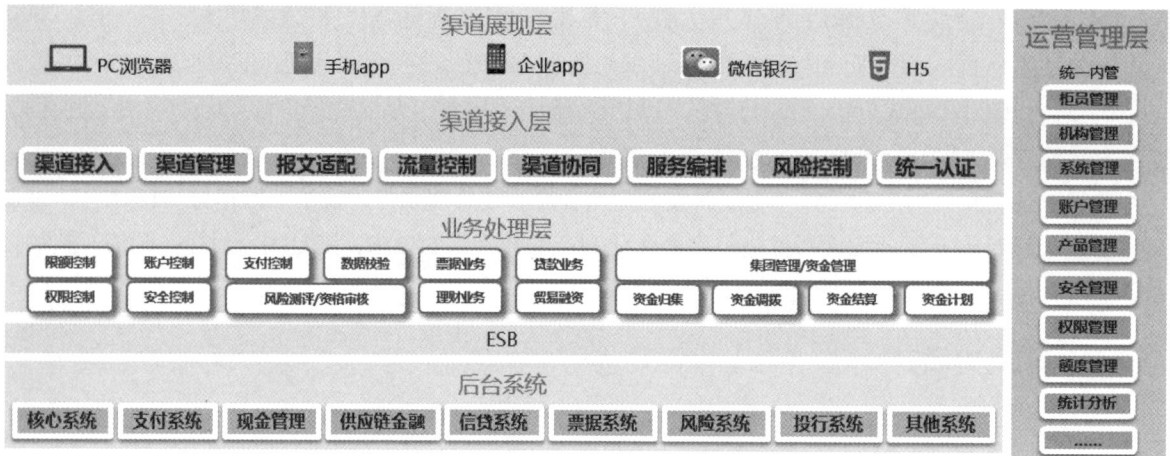

图1　本成果采用分布式业务架构

同时，本成果的设计、构建思路以企业的资金、金融、产融业务场景为导向。为了强化各业务场景的产融建模，更好地将系统先进性与成员单位的个性化产融服务需求相结合，财务公司提出了产融新服务三步走战略，包括"资金服务共享""产融服务协同""数据应用创新"。

（一）资金服务共享

财务公司以超级网银为切入点，通过建设本成果为成员单位提供一个"一站式"资金管理与金融服务共享平台，并推动资金及金融服务向主动化、个性化、智慧化、轻型化、综合化发展。

1.超级网银奠定创新服务基础

超级网银是本成果的核心创新功能之一，成员单位可以直接通过超级网银管理所有银行账户、完成各类支付结算、进行多维资金查询。

超级网银功能支持构建不同类型、多层级的一体化账户管理体系。通过灵活、可自定义的管理模式对成员单位境内外、多币种、各类性质的银行账户、财务公司账户、结算中心账户进行统一多维度管理，满足集团及成员单位个性化的资金可视和账户管理需求。

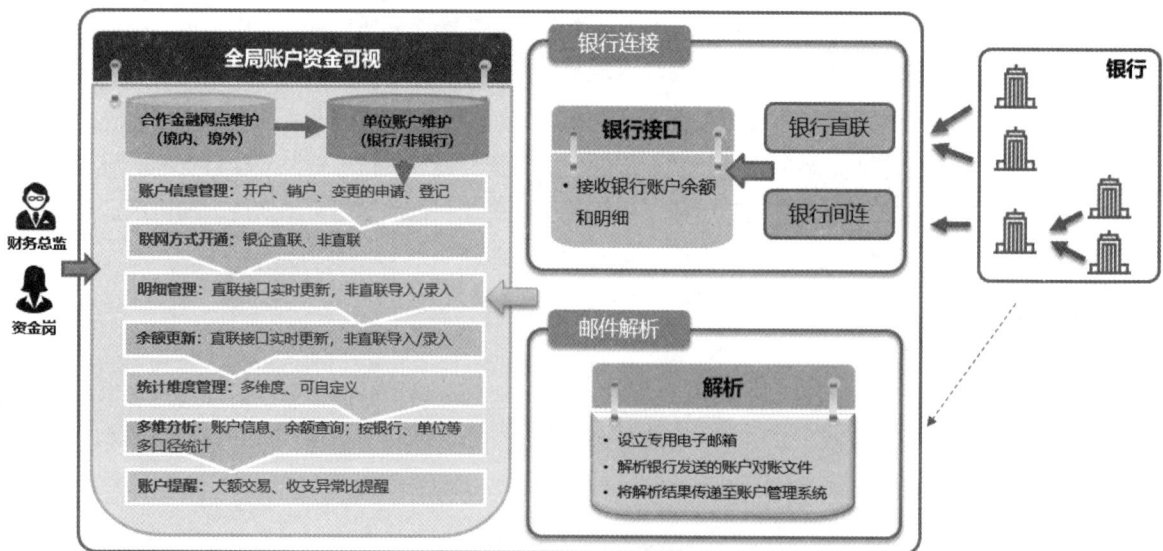

图2　超级网银支持全生命周期账户管理

超级网银功能支持构建本、外币一体化的收、支结算体系。成员单位可在超级网银的付款页面选择所有已授权的本单位银行账户/财务公司账户/结算中心账户进行支付，无须再一一切换多家银行网银；同时，超级网银支持成员单位进行银行转账、内部转账、支票、现金、票据、国内信用证、国际业务、混合支付、工资发放、费用报销等收、付款业务，达到加强资金集中力度，促进资金支付结算的目的。

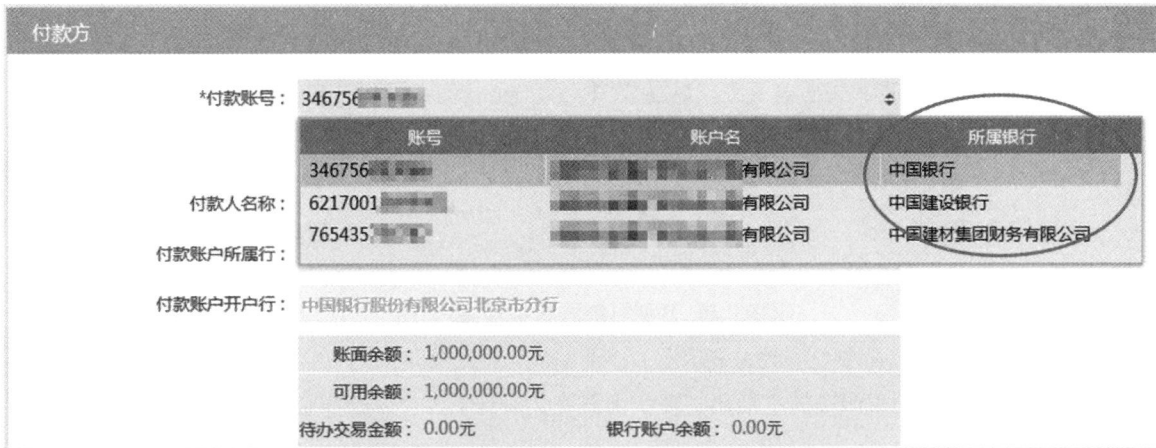

图3 超级网银支持统一入口支付结算

超级网银功能支持成员单位查询整体账户及资金分布情况。支持资金信息可视，能够依照资金管理的层级权限查看账户归属、账户余额及账户的发生额明细；支持资金多维分析，能够从多个维度查看资金情况，从而进行资金调配和管控。

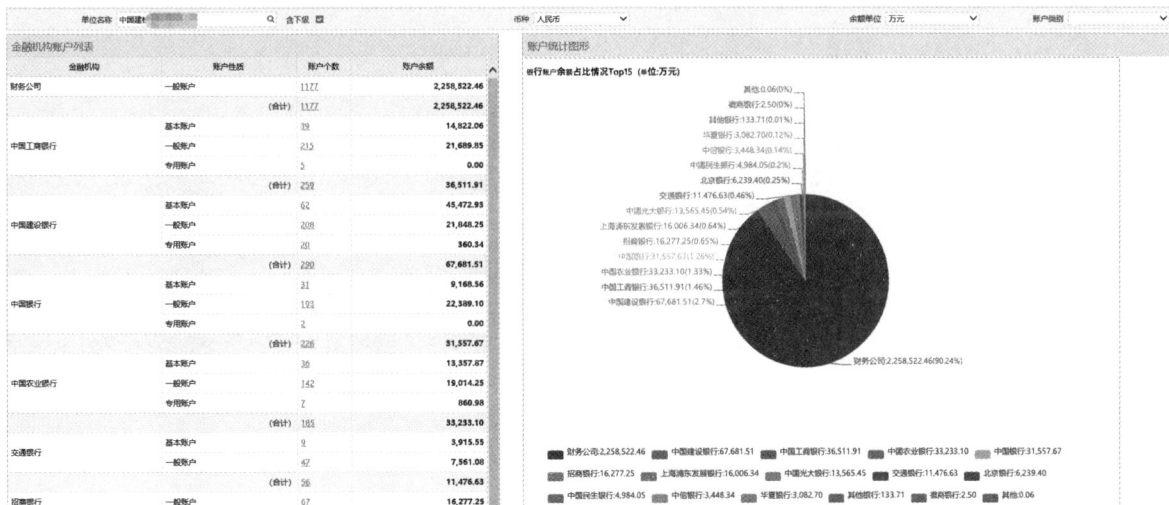

图4 超级网银[按银行统计账户]页面截图

图5 超级网银[余额看板]页面截图

超级网银功能支持成员单位移动App办公。移动App办公可及时提醒资金的变动情况，满足成员单位的移动办公需求，推动了服务的主动化、轻型化发展，提升了客户体验和金融运营效率。

图6 超级网银移动App页面截图

2.结算中心形成资金管理体系

在打造超级网银服务成员单位的基础上，财务公司还为集团多家二级单位建设结算中心，构建了上下一体、多级次虚拟资金池的资金集中体系。依托本成果，财务公司将各成员单位分散、独立的资金池变成资金一体化服务体系中的内部资金池，形成多级单位上下一体化的流动性联动机制，解决成员单位流动性管理的互联互通，以此提高资金的使用效率，强化资金集聚效益，促进金融资源的优化配置，最终实现整体效益的最佳。

本成果可支撑结算中心的全资金业务，覆盖资金的收、付、投、融等各个环节。

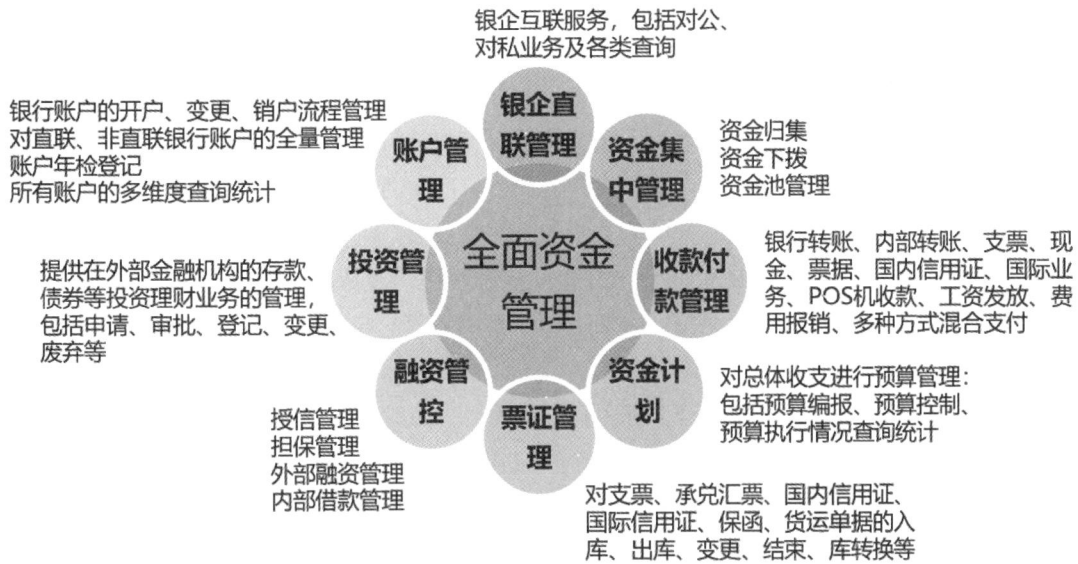

图7 支持结算中心进行全面资金管理

同时，以财务公司核心金融业务为基础，本成果可结合各结算中心及成员单位的业务特点和个性化需求，定制不同的结算中心管理模式，包括资金管控模式、流程设置、额度分配、结算工具、利率定价等，为每家结算中心及成员单位提供精准的差异化服务，为本成果适用于结算中心和成员单位的多场景资金应用及提供一体化业财服务打下了良好的基础。

3.金融手段支持实体经济发展

财务公司践行金融服务实体经济理念，依托本成果不断创新业务品种，协同内外部金融资源，以融促产，提高服务集团主业力度。

例如，财务公司利用在银行的同业授信，为氮化物公司办理首笔代开国际信用证业务，对助力成员单位攻坚克难，攻关"卡脖子"项目，保障关键设备引进，具有十分重要的意义，也是财务公司国际业务领域和同业银行合作的一次重要突破。财务公司为凯盛君恒发放流动资金贷款，助力凯盛君恒经营发展，为其"卡脖子"项目顺利孵化以及中央企业精准扶贫任务的精确落实进行充分保障。财务公司为中建信息发放流动资金贷款，为中建信息打造自身的数字化服务平台、助力集团及成员单位的数字化、智能化转型带来充分的保障，间接却有力地支持了华为的业务。财务公司为中材叶片开立电子承兑汇票，为中材叶片设备升级、技术进步，风电叶片大型化、轻量化、智能化趋势发展提供有力支持，助力以清洁能源推动绿色低碳发展。同时，财务公司与多家银行合作为成员单位提供银团贷款业务，促进融资快速落地，以低利率参团带动融资利率下行，为增强服务实体效能提供有力支持。

4."四最""四免"提升综合服务水平

发挥"四最"作用，积极降低集团外部带息负债。财务公司针对成员单位存续的外部贷款利率较高的情况进行专项分析，有针对性地提出置换高利率贷款解决方案。按照"存款利率最高，贷款利率最优，放款速度最快，综合服务最好"的经营方针，提供差异化精准服务。2021年上半年财务公司日均存款同比增长38.6%；日均贷款同比增长54.13%。置换集团外部带息负债，降低集团资产负债率约0.5个百分点，为成员单位节约财务费用约1.2亿元。

发挥"四免"作用，助力集团数字化转型服务建设。依托本成果，财务公司为成员单位提供免系统建设费、免升级费、免年运维费、免结算手续费的"四免"服务。

（1）免系统建设费。成员单位自建资金系统，按照行业平均标准估算，在服务器、安全设备、网络产品、银企直联、软件产品、一体化对接、个性化需求开发，以及机房建设、人员成本等方面的总投入约为400万元。本成果则会免费提供给成员单位使用，可解决成员单位系统重复投入的问题。

（2）免升级费。针对成员单位的升级需求，财务公司可提供本成果的免费升级服务，并在升级过程中最大限度地减少成员单位工作量，实现系统升级的平稳过渡。

（3）免运维费。本成果由财务公司负担每年的运维费用，包括系统产品年维护费、驻场人员费用、支撑平台运维费、支撑软件（数据库、中间件等）运维费等。与成员单位自建资金系统相比，上述费用均可节约。

（4）免结算手续费。财务公司充分发挥内部银行优势，为成员单位降本节费，成员单位通过财务公司开展的支付结算业务，不收取任何结算费用。

（二）产融服务协同

财务公司以成员单位经营管理各环节与资金、金融业务的衔接与融合为切入点，通过建设本成果为成员单位提供包含多种产融服务协同的共享云平台，构建业、财、资、税一体化的共享生态体系。

1.接口平台助力业财业务衔接

本成果的标准接口平台可与成员单位的生产系统、业务系统、财务核算系统等进行无缝对接，与成员单位的多场景资金应用相适用，并通过业财一体化，实现金融科技与生产经营的深度融合。

标准接口平台支持基础数据、收款、付款、预算、存款、贷款、票据、融资、资金业务凭证等多类业务与ERP系统的信息传递，可全面打通信息流，提升业务的自动化处理程度，减少业务人员工作量。

2.招采场景实现产融服务落地

结合成员单位的实际需求，本成果提供采购招标业务等多场景产融综合服务。本成果的招采场景服务支持全流程在线高效协同，多层次降本增效，支持对接企业ERP、金融服务、电商、物流等平台，真正实现了业财一体化，做到了商流、物流、资金流、信息流四流合一，为成员单位提供深度产融生态协同服务。本成果的招采场景服务已在中材水泥试点上线，努力打造出水泥行业业财一体化产融服务标杆，并计划逐步在集团水泥行业推广。

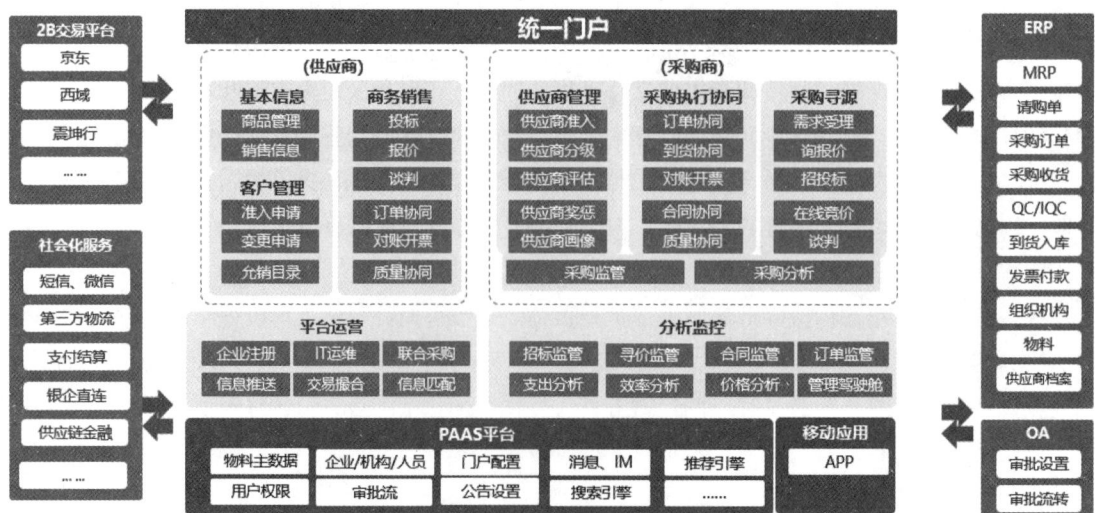

图8　招采场景产融服务功能

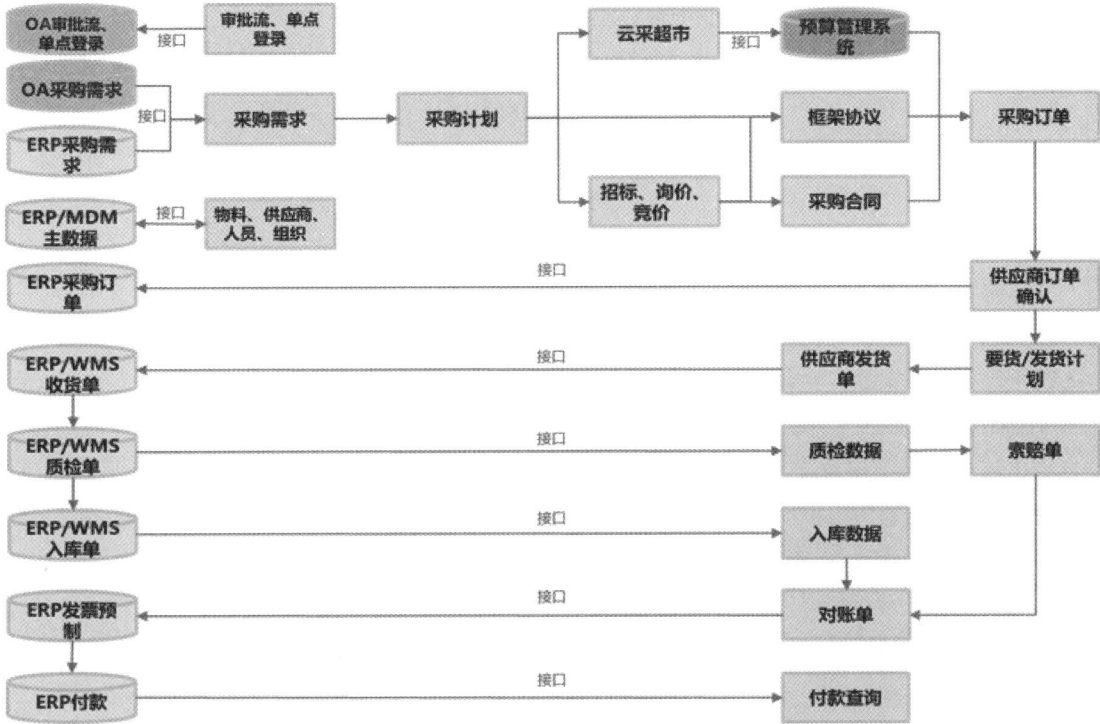

图9　招采场景系统集成架构

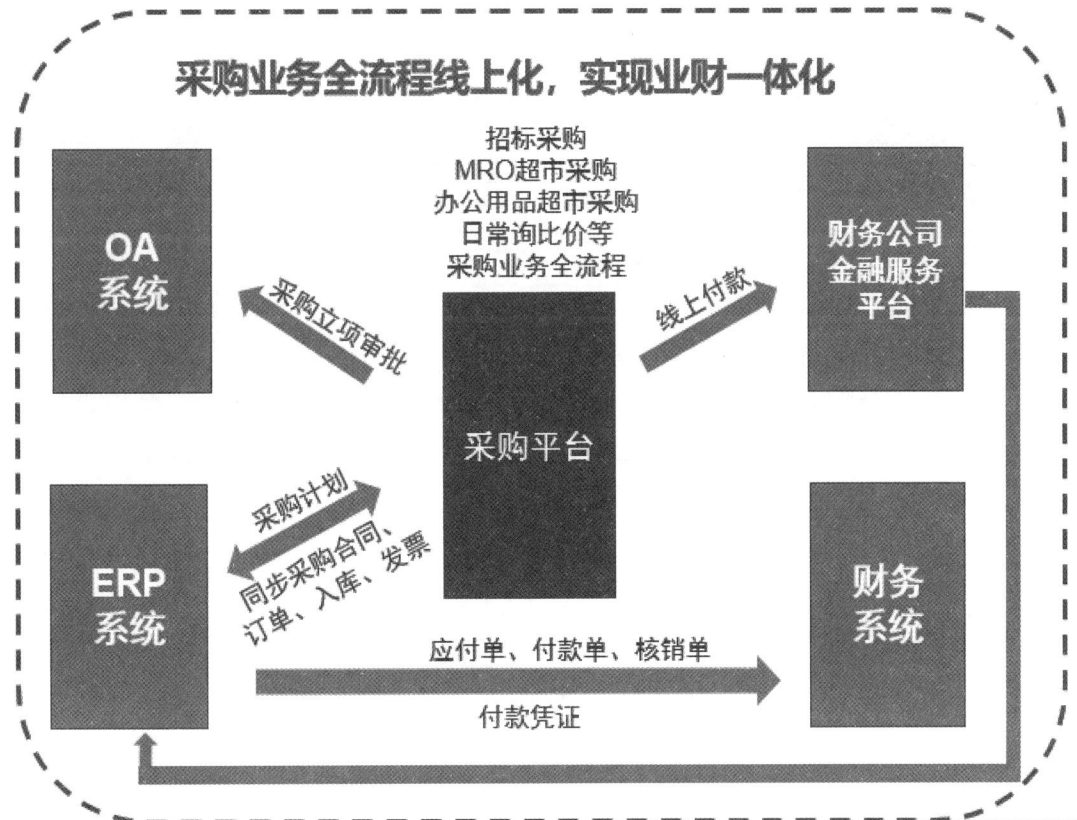

图10　招采场景业财一体化架构

同时，本成果贯标《2019水泥工业物资分类与代码标准》，助力成员单位建设主数据标准。本成果根据建材联合会制定的水泥行标38个大类、349个中类、2589个小类，对现有1.6万条水泥行业物料代码进行了梳理、清洗与编制，规范数据标准，加强数据治理，确保数据同源，打通数据壁垒，激活数据价值。本成果建立数据字典，以水泥行标为基础，明确数据编码规范，按照数据标准规范要求，对单位、人员、供应商、客户、物资分类、物资代码、资产、账户等主数据实施统一编码，为采购、生产、销售等业务系统和资金核算等财务系统联通和业财数据贯通奠定基础，为高效分析决策提供结构化数据支撑。这不仅为数据分析及数字风控提供了基础支撑，也为建材行业产融数据资产数据标准的制定打下了基础。本成果的产融综合服务场景体现了金融服务实体经济发展的能力，以融促产助力集团的高质量发展。

3.信证业务创新支付结算服务

为了解决集团产业链上下游企业结算方式单一、票据拆分难、转让难、融资难等问题，财务公司将通过本成果提供基于信用及交易的电子债券信用凭证进行支付结算，降低融资成本，为集团成员单位提供价值贡献，降两金、压负债，助力集团优化资产负债结构。通过交易信用与传统主体信用结合的模式，提供产融数字金融服务，沉淀金融及业务交易数据，积累集团数字金融资产。

（三）数据应用创新

财务公司以归口整合成员单位的全口径产融数据为切入点，通过建设本成果为成员单位提供能够快速采集、存储、分析数据的产融数据平台，并以数据服务的形式对外提供业务支撑。

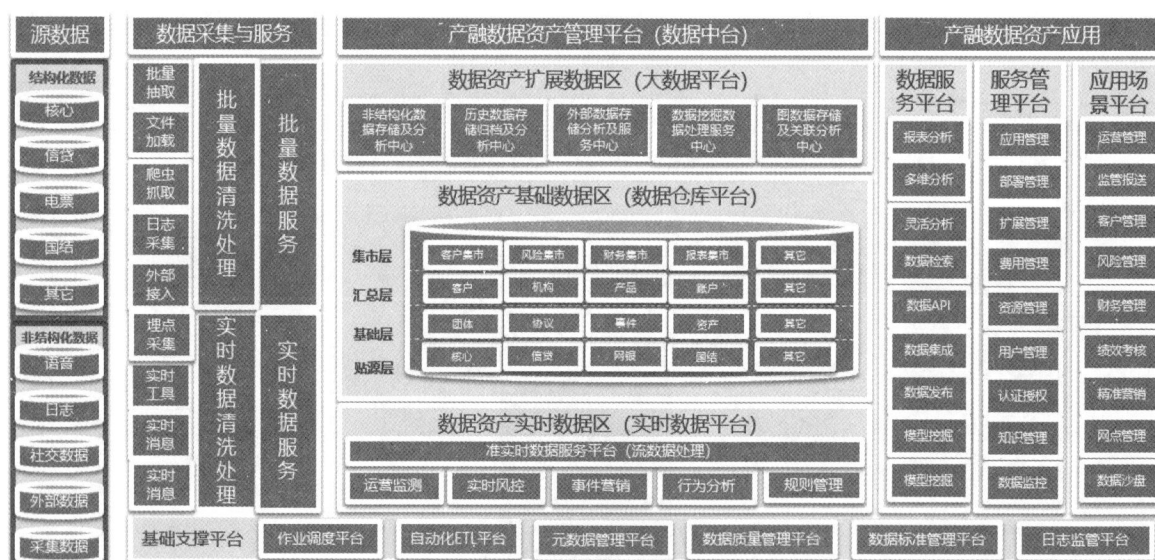

图11　产融数据平台架构

本成果整体数据架构的设计将保障所有产融业务信息均能实时得到反馈并及时处理，数据信息上下一致且完整统一。同时，系统架构支持多渠道协同办公及打通业务间流程，形成业务网、数据网，能够智能出具各类报表，为领导决策提供有力支持。

本成果支持信息实时查询，满足产融业务查询要求。支持成员单位实现产融数据全级次、多口径、穿透式地汇总、查询、统计、分析，加强跨层级、跨部门、跨地区的产融数据资源融合应用，充分发挥出产融大数据的集聚和增值作用，拓展数字金融服务能力和服务效率，杜绝盲区，防范资金风险。

通过数据应用创新，本成果持续提升业务自动化水平及工作效率。智能报表功能支持快速并灵活地自定义出具各类统计报表。客户管理功能不仅将丰富、多维的客户信息实际运用到业务处理过程中，还通过对客户信息的收集、整合、分析、建模更好地为客户提供精准服务及差异化服务。风险监控功能采用数据仓库技术集中、规范化管理业务数据，能够快速响应监管机构的监管要求变化。其中，对信用风险、流动性风险、经营风险等，系统可以进行实时测算并做出预警提示；对MPA宏观审慎资本充足率及银监局监管评级，系统可以进行结果预测，以便业务人员尽快调整风险防范措施；根据财务公司的业务开展情况，系统还可以模拟流动性风险压力测试情景，防范流动性风险的发生。本成果为财务公司进行风险管理和内部控制提供了决策支撑和数据分析基础，并实现了风险指标的自动化监测，做到了风险的可防可控。

四、成果效果

本成果具有新颖性、先进性和实用性等特点。一是行业适用跨度大，水泥、玻璃纤维、风电叶片、新材料、国际工程等集团所涉及行业的产融业务场景均能应用；二是服务范围分布广，集团成员单位覆盖率达到70%，遍布全国各地；三是股权结构对接模式全，已服务14家上市公司，可支持H股、A股、新三板等股权结构下多种资金池；四是产业触达程度深，可惠及集团产业链的上下游客户。

（一）本成果推广情况

本成果自上线至今，多家成员单位已顺利上线，集团成员单位覆盖率达到70%，节约系统重复建设费约5000万元，为成员单位每年节约升级费、运维费、结算手续费千万元以上。成员单位已发生支付结算业务超15万笔，完成支付结算金额近万亿，结算资金收益平均提高约20%以上。与此同时，在本成果的助力下，财务公司的资金归集度实现了翻倍增长，日均存款增长10%以上，结算笔数增长20%以上，切实提高了集团资金的整体使用效率及效益，真正做到了与集团及成员单位合作共赢。

在集团二级单位结算中心建设方面，自2020年中材水泥、地勘中心成为第一批上线单位以来，中联水泥、中材国际、中建材进出口、凯盛集团、建材总院、天山股份也先后完成了结算中心系统上线。截至目前，各结算中心已成功开展资金归集、收付款、内部结算、内部存款、票据管理、资金计划、融资管控等业务，覆盖资金的收、付、投、融等各个环节，增强了结算中心的资金管理能力，提高了资金的使用效率及效益，促进了金融资源的优化配置。后续将与中联同力材料、中材科技等单位结算中心一一对接，进一步提高集团的资金归集度及整体效益。

未来，财务公司将进一步拓展与成员单位的合作空间，结合集团发展战略，不断强化服务意识，积极发挥功能作用，借助创新服务提升全口径资金集中度，不断提升资金管理信息化水平，为成员单位提供优质服务，为集团加强资金管理、提高资金使用效率及效益、降低资产负债率和财务费用发挥作用，基于本成果助力集团高质量发展，加快建设具有全球竞争力的世界一流综合性建材和新材料产业投资集团。

（二）本成果应用效果

通过本成果的实施，财务公司提升了自身专业化服务水平，为成员单位提供了多层次的综合性产融服务，建立起了集团内部灵活、高效、安全的资金调度体系，保障了资金流动的畅通，提高了集团资金的使用效率及效益，降低了总体资金成本，确保了资金安全，实现了资金流动性、效益性、安全性的统一。具体表现在以下方面：

财务公司结合"一企一策"为成员单位提供本成果，有针对性地提供产融服务解决方案，满足成员单位的个性化产融服务需求，助力企业发展。

项目建设情况

资金结算中心系统项目于2019年4月正式启动，开始进行需求调研相关工作；

2019年4月，正式确认《中材水泥结算中心业务需求调研报告》；

2019年7月，正式确认《中材水泥资金管理系统业务解决方案》；

2019年12月，完成系统操作培训；

2019年12月至2020年5月（期间赶上新冠疫情），中材水泥结算中心同财务公司对资金结算中心系统中的模块进行全面梳理及功能测试；

2020年5月，中材水泥结算中心与财务公司配合完成了资金结算中心接口的相关测试；

2020年6月，资金结算中心系统正式上线运行。

项目应用情况

项目正式上线后，结算中心及各成员企业的业务人员无需在NC系统中重复录入结算中心发生的业务凭证，系统自动出具凭证；结算中心系统每天定时上收成员企业内部账户资金至结算中心，各成员企业的存款及贷款利息计算均可通过结算中心系统自动生成，减轻了业务人员的手工工作量，为成员企业带来了便捷、贴心的人性化服务；业务人员能够在资金结算中心系统中直接查询到成员企业财务公司账户及联网账户的账户余额和收支变动，这极大地提升了系统的一体化水平和自动化水平。

另一方面，财务公司充分发挥内部银行优势，对中材水泥结算中心及其成员企业通过财务公司开展的支付结算业务不收取任何结算费用，为结算中心及成员企业降本节费；财务公司还为企业的沉淀资金定制了协定利率，提高企业资金收益，实现了与企业的合作共赢。

评价及意见

为最终实现"看得见、管得住、用得上"的资金管理目标，经过长达一年的方案设计、系统搭建、环境测试等基础工作，中材水泥于2020年6月正式上线了以财务公司"1+N"共享资金服务系统为平台的资金结算中心，将纳入结算中心的成员企业财务公司SR收入账户资金，每日固定时间自动零余额上收至中材水泥财务公司账户进行管理。资金服务系统可实现总部对纳入结算中

心成员企业联网银行账户资金的实时查询，为中材水泥资金集中管理提供了技术保障，有效防范了资金风险，进一步提高了资金的统筹使用效益。

中材水泥有限责任公司（盖章）

图12 中材水泥结算中心应用本成果反馈

项目建设情况

项目于2019年4月正式启动，确定项目的时间表；

2019年8月，地勘中心与财务公司正式签订《财企合作协议》；

2019年9月，逐项梳理结算中心业务需求，签订了《需求调研报告》和《业务解决方案》；

2020年3-6月，完成了三次系统测试，完成了《测试报告》；

2020年7月1日，项目正式上线运行。

项目应用情况

项目正式上线后，地勘中心资金管理进一步加强，资金集中度较结算中心搭建前提高14个百分点；通过优化资金结构，增加资金收益130万元；实现内部资金融通，弥补各单位资金调转困难出现的暂时短缺，已向所属4家成员单位提供内部借款共3100万元。

另一方面，财务公司充分发挥内部银行优势，对地勘中心结算中心及其下属单位通过财务公司开展的支付结算业务不收取任何结算费用，为成员单位降本节费；提供高于银行的存款利率，为成员单位的结算沉淀资金执行协定利率，提高成员单位的资金收益。

评价及意见

该项目有助于提升地勘中心整体的资金管理水平，提高资金集中度以及资金使用效率；同时财务公司能够将市场化的服务手段与系统建设结合起来，为成员单位带来优质的金融服务。

中国建筑材料工业地质勘查中心（盖章）

图13 地勘中心结算中心应用本成果反馈

财务公司通过"四免一提高"为成员单位提供免系统建设费、免升级费、免年运维费、免结算手续费、提高结算资金存款利率等服务，助力成员单位降本增效，增加与客户的黏度，实现合作共赢。

通过本成果实现业财资税一体化，为成员单位提供增值服务，支持成员单位业务的纵深发展，促进产融结合、以融促产，助推产业升级。同时，本成果可与结算中心、成员单位的ERP系统进行有效对接，实现多个信息系统的协同运行，促进成员单位的信息化建设。

本成果可充分发挥内源融资作用，实现内部资金供需对接，调剂余缺，提高集团资金使用效率，降低集团整体运营成本。同时，通过外部金融服务内部化，可为集团及成员单位节约财务费用和结算费用，提高资金收益。

本成果的建设借助金融科技手段创新财务公司的业务和服务，通过科技促进产融业务发展。

本成果践行创新、协调、绿色、开放、共享的新发展理念，推进集团、成员单位、财务公司的高速发展，为集团的高端化、智能化、绿色化、国际化管理发挥作用，大大提升了集团的核心竞争力。

（三）本成果经济效益

1.2020年新增利润

依托本成果，各成员单位在2020年1月至12月，人民币日均余额为88.61亿元，其中人民币活期存款日均余额为61.55亿元，财务公司为各成员单位的结算资金执行协定利率（1.72%），高于银行活期利率（0.35%）4.91倍，故2020年为各成员单位至少提高资金收益0.84亿元。

2.2021年新增利润

依托本成果，各成员单位在2021年1月至6月，人民币日均余额为102.76亿元，其中人民币活期存款日均余额为58.56亿元，财务公司为各成员单位的结算资金执行协定利率（1.72%），高于银行活期利率（0.35%）4.91倍，故2021年为各成员单位至少提高资金收益0.80亿元。

3.2020年节支总额

（1）系统重复建设费

2020年，中材水泥、地勘中心、中联水泥、中材国际的系统均已成功上线，为成员单位节约系统重复建设费约为0.16亿元。

（2）系统升级及运维费

按照行业平均标准估算，系统升级费一般为项目投入金额的30%，系统运维费一般为项目投入金额的10%，则2020年为成员单位节约系统升级及运维费约为523.28万元。（系统上线第一年免运维费。）

（3）结算手续费

2020年，各成员单位通过本成果开展支付结算业务共54112笔，交易金额共2,198.06亿元，节约结算手续费约439.61万元，则2020年节支总额约为0.26亿元。

4.2021年节支总额

（1）系统重复建设费

2021年，中建材进出口、凯盛集团、建材总院、天山股份的系统均已成功上线，中联同力材料、中材科技等6家单位的系统建设中，为成员单位节约系统重复建设费约为3600万元。

（2）系统升级及运维费

按照行业平均标准估算，系统升级费一般为项目投入金额的30%，系统运维费一般为项目投入金额的10%，则2021年为成员单位节约系统升级及运维费约为697.68万元。

（3）结算手续费

2021年1—6月，各成员单位通过本成果开展支付结算业务共48120笔，交易金额共1,505.11亿元，节约结算手续费约301.04万元。则2021年节支总额约为0.46亿元。

（四）本成果社会效益

本成果的社会效益主要体现在以下几个方面：

提高成员单位的信息化管理水平，特别是资金管理信息化水平，通过系统平台的建设及应用传播先进的资金管理理念、技术、方法和手段，创新管理模式，支持成员单位业务纵深发展，帮助成员单位及时识别和规避金融、资金风险，提高成员单位的抗风险能力，这在当前经济调整时期尤其重要。

财务公司依托集团，充分发挥自身优势，金融服务功能不断强化，服务成员单位、服务企业集团、服务产业链、服务国家发展战略的综合服务功能基本呈现，有效保障了集团资金的运转通畅和安全，助力集团高质量转型发展。同时，大型企业集团资金运转通畅和安全，在一定程度上也保障了国家经济运行的稳定和安全，关系到社会的安宁与和谐。

助力集团、成员单位、财务公司的快速发展，促进集团成员单位产融结合、以融促产，助推产业升级，提升了集团的核心竞争力。

本成果不仅服务于集团成员单位，也带动了相关产业链上下游的发展，提升和扩大了产业层次，提高了社会就业率，促进社会稳定与发展。

五、进一步的研究和思考

（一）加快司库管理体系建设

2021年，国资委就全面推进中央企业加快司库管理体系建设给出了指导意见，要求大型企业集团依托财务公司等内部财务管理机构，以资金集中和资金流动性管理为重点，以提高资金运营效率、降低资金成本、管控资金风险为导向，以规范化、专业化运营为手段，以网络信息系统为平台，对所拥有和控制的金融资源进行统筹调度和高效配置，全面提升财务管理精益化、集约化、智能化水平。

本成果的基础与核心即为资金服务共享，本成果的设计思路是以企业的资金、金融、产融业务场景为导向，构建上下一体、多级次虚拟资金池的资金集中体系，构建不同类型、多层级的一体化账户管理体系，构建本、外币一体化的收支结算体系，构建多维度、市场化的综合定价体系，建立信息实时查询系统满足资金查询、防范风险的要求，同时通过加强新技术运用，持续提升业务自动化水平及资金运营效率，完全符合国家加快司库管理体系建设的指导意见。在此基础上，财务公司将在集团整体战略框架下，根据行业特点梳理司库治理机制，优化司库管理体系，完善本成果的建设，积极拓展风险智能预警、供应链金融服务等管理功能，并进一步扩展境外银行账户、资金的纳入范围，实现境内外全覆盖一体化管理，提升金融资源全球配置和调度的能力。

（二）探索产融协同模式创新

持续对本成果的多场景服务进行优化升级，进一步利用云计算、大数据、人工智能、区块链、5G及物联网等技术创新产融产品及服务，帮助企业在智能分析、智能算法推荐、供应商风险评价、需求预测、市场行情波动预测等场景精细化管理。同时，依托本成果加强跨界合作创新，与集团内外部生态合作伙伴共同探索，制定行业产融服务标准，形成融合共生、互补互利的合作模式和商业模式，以"平台＋生态"的新型云服务模式为产业链提供创新产融服务，实践产业链的协同发展模式，提升产融服务实体经济发展的能力。

（三）深挖产融数据资产价值

数据作为一种新的生产要素，在企业构筑竞争优势的过程中起着重要作用，企业应将数据作为一种战略资产进行管理，而数据的分析应用一定是业务、数据、技术的融合。深化数据资源的开发利用，应坚持从业务场景出发，将本成果各业务场景中产生的数据有效地沉淀、挖掘，实现数据"存、通、用"的闭环，使其在业务交易和场景中发挥出智能决策和优化的作用，提升业务价值，反哺产融服务模式和商业模式创新，拓展数字产融服务能力，扩展数字产融业务规模，真正发挥产融数据资产的价值，实现产业整合盈利、资源盈利和跨界盈利。

【参考文献】

[1] 谭德彬. 我国财务公司资金使用效率实证研究[D]. 西南财经大学, 2013.

[2] Murfin J, Pratt R. Who finances durable goods and why it matters: Captive finance and the coase conjecture[J]. Journal of Finance, 2018, 2-5.

成果创造人：刘成、黄书寒、王晓丹、徐达飞、李兆康、

李腾、殷衍昕、杨青、汪允杰、孟祥俊

标准化在企业风控管理中的应用

——以大唐宁德发电公司为例

福建大唐国际宁德发电有限责任公司

一、标准化风控管理成果背景介绍

推动经济高质量发展，坚决打好以防范化解重大风险为首的"三大攻坚战"，均是党的十九大作出的重大战略部署。党的十九届五中全会综合考虑未来一个时期国内外发展趋势和我国发展条件，紧扣我国社会主要矛盾，锚定2035年远景目标，系统擘画了"十四五"时期经济社会发展蓝图，为国企和能源电力行业改革发展提出新要求。

企业推动和实现高质量发展已成为必然，也是企业生存发展的必由之路。各级企业为实现高质量发展，除了适应国家产业政策和市场环境、充分利用外部资源外，更重要的是通过企业自身改革创新、提升经营管理水平、制定并实施企业标准来实现，而提升管理一个重要并且有效途径就是做好企业全面风险管理和内部控制工作。

近年来，国内外企业都非常重视内控风险管理，特别是上市公司、金融行业等，都在积极探索如何做好内控风险管理，做了很多研究，如与法务相融合、与规定相融合、与审计相融合、与纪检监察相融合等，均取得了一定效果。

本成果以大唐宁德发电公司为例，利用企业标准化管理原理，对照企业标准化工作基本原则、工作流程和要求，助力企业实现内控体系建设与风险管理，进行一种全新模式的尝试、研究探索，并实现具体实践应用。

二、标准化风控管理成果涉及主要管理理论

标准化风控管理主要涉及标准化管理、风险管理、内部控制管理等管理理论，下面分别做简单介绍。

（一）企业做好风控管理的重要性

1.风控管理具有强大科学理论基础

所谓风控管理指将全面风险管理和内部控制两者有机融合的管理方法。风控管理是在控制论、信息论、系统论的理论基础上建立起来的，并依据经济控制的基本方式进行的一种科学、合理的管理工具，企业通过风控管理能够完善并提升企业管理，助力企业实现高质量发展。

2.风控管理定期给企业进行全面"体检"

风控管理体系的建立，是企业全面、系统梳理各业务活动及管理的过程，成为企业标准制定和实施

的载体，能够全面识别和评估风险，给企业进行一次全面定期"体检"，针对风险和缺陷，第一时间采取措施，最终消除企业原生设计缺陷。

企业定期组织开展风险评估和内控评价，可以实时发现识别企业发展过程中存在风险和管理中存在的缺陷漏洞，提出应对措施，持续跟踪改进，实现对新生风险和缺陷的动态管理。

3.风控管理促进企业管理提升

风控管理文化融入企业全体员工中，使员工在各业务环节时刻保持风险防范意识，可以有效避免陷入风险，为企业实现依法合规提供保障，促进员工和业务部门自觉优化企业管理流程，提升业务处理效率，使企业管理进入良性循环。

综上，在经济全球化、市场竞争和变化激烈背景下，企业做好风控管理能够避免发生系统性风险，确保企业生存同时，还能优化企业管理，促进标准化管理，整合企业资源，提高企业竞争力，助推企业实现高质量发展。

（二）标准化在企业管理中的成熟应用

1.标准化管理的概念

标准化是指在既定范围内获得最佳秩序，促进共同效益，对现实问题或潜在问题确立共同使用和重复使用的条款以及编制、发布和应用文件的活动[1]。

企业标准化管理一般从企业标准制定到标准实施、监督评价、反馈整个过程进行的计划、组织、指挥、协调和监督工作[2]，涵盖人、财、事、物等因素全过程管理。

2.企业标准化工作原则

企业标准化工作的基本原则是需求导向、合规性、系统性、适用性、效能型、全员参与、持续改进。企业标准化工作一般遵循"策划-实施-检查-处置"的PDCA循环管理方法，即设计与构建、运行实施、监督评价、不断改进的一个循环过程[3]。

3.标准化管理在企业中应用情况

现阶段，在国民经济的各个领域中，凡具有多次重复使用和需要制定标准的具体产品，以及各种定额、规划、要求、方法、概念等，都可成为标准化对象，都可以实施标准化管理。具体体现为企业标准体系，以技术标准为主体，包括管理标准和工作标准，涉及企业生命周期的各个阶段。

当前，无论是国内还是国际上，标准化管理在各行各业均是基础管理手段，为做好企业管理默默贡献力量。

（三）标准化管理与风控管理深度融合

标准化管理在企业管理中已经过较长时间时间运用，理论体系已经完备成熟，企业内控体系建设与风险管理，基本上与标准化管理的原理、工作原则、工作流程和要求等存在异曲同工之妙，均是促进企业管理很好的抓手，使得两者融合借鉴成为可能。

三、标准化风控管理成果模型的构架

为了简化工作，充分利用企业现有资源，提升工作效率，在原有企业标准化管理基础上，探索内控体系建设与实施风险管理，反过来促进企业标准化管理，其基本思路和构架为"建立风控管理体系-实施风控管理工作-风控管理监督评价-完善改进风控管理"的标准化循环过程，各环节如下所述。如果是信息化程度较高的企业，可以将模型直接嵌入到信息化系统中，实现全流程信息化管控，标准化优势将得到更好体现，可大大提高效率和效果。

（一）利用标准化建立风控管理体系

一是企业层面成立风控管理专门组织机构，明确风控管理职责权限，实现风控管理人员标准化。可以充分利用现有在职人员兼职完成风控日常工作，不必要额外单独聘用新员工。

二是制定印发风控管理制度，确保风控管理有据可依，实现风控管理制度标准化。可以有几种模式可供选择，一种是单独编制印发风控管理制度，一种是把所有风控管理要求嵌入到各项业务制度具体条款中，另外可以两者相结合。

（二）利用标准化实施风控管理工作

根据风控管理制度要求，统一制定公司级和业务部门级的风险评估、内控评价标准化流程，需包含定期和专项风险评估、内控评价，并组织实施。

一是每年由企业按照公司级风险评估、内控评价标准化流程，统一组织开展年度风险评估和内控评价。

二是各业务部门按照部门级风险评估、内控评价标准化流程，定期开展风险评估、内控评价。

三是按照专项风险评估和内控评价标准化流程，组织开展专项风险评估和内控评价。

（三）利用标准化实现风控管理监督评价

一是由风控管理部门对各业务部门风控管理工作落实执行情况，按照标准化流程，进行跟踪监督，纳入月度业绩考核。

二是上级公司对口部门或政府行业监管部门，对风控标准化管理进行指导监督评价。

三是内外部审计机构对风控管理工作的监督评价。

（四）利用标准化完善改进风控管理

通过实时收集标准化风控管理中遇到的问题，建立标准化风控风控管理问题库，制定详细改进措施，明确责任人和完成时限，不断改进标准化风控管理工作。

一是收集业务部门风控工作中遇到的问题，同步改进公司风控管理工作。

二是对年度风险评估和内控评价、专项风险评估等提出的业务问题，进行整改完善部门业务流程和制度，改进风控管理。

三是对内外部审计机构开展风控专项审计提出问题，进行整改，提升风控管理水平。

四、标准化风控管理成果的具体应用

下面以大唐宁德发电公司为例，分别从公司整体和各业务领域两个层面，介绍其利用标准化管理，助力企业做好风控管理工作的具体探索和实践应用，即本成果的具体运用情况。

（一）公司整体层面风控标准化管理

公司整体层面风控标准化管理由公司层面牵头实施，涵盖了"建立风控管理体系—实施风控管理工作—风控管理监督评价—完善改进风控管理"整个标准化循环流程，并作为各业务领域风控标准化管理的范本。

1.成立风控管理组织机构，制定风控标准化管理制度

管理体系的建立健全是企业风控管理的基础，需要在企业追求高质量发展初期完成，在实施过程中根据业务变化不断更新和完善。宁德发电公司风控管理体系按照高质量发展要求已经建立，并在实践中

不断健全和完善。

成立专门组织机构，明确风控管理职责权限。形成管理体系第一要素是人和组织，这是基础，如何把人高效组合聚集起来是追求高质量发展必须考虑的。宁德发电公司除了在计划营销部门新设立一名风控管理主管，由该部门和风控主管岗负责组织实施公司风控管理事务外，公司其他部门充分利用现有的部门及岗位人员配置，即各部门负责人为本部门风控管理负责人，部门内推选出一名成员作为本部门风控管理联系人，部门其他所有成员积极参与配合，并明确各部门职责权限，部门级风控管理组织就此形成。公司领导班子全部作为风控管理领导小组成员，并由一名领导牵头负责公司风控管理工作，明确风控领导小组职责权限。

修编印发管理制度，确保风控管理有据可依。宁德发电公司选择单独编制标准化风控管理制度模式，并考虑各业务流程制度中加入风控管理要求。依据国资委印发的《中央企业全面风险管理指引》和财政部等五部委联合印发的《企业内部控制基本规范》及其配套指引，以及集团公司风控相关制度，结合公司实际业务，先后修编印发公司《全面风险管理办法》《内部控制管理办法》《内部控制评价管理办法》《内部控制管理手册》等制度规范。上述制度规范不是简单对于公司如何开展风控管理进行明确规定，而是通过公司各部门共同努力，在全面梳理公司所有业务流程基础上，对各业务流程按照企业内部控制和风险管理要求，详细列明了需要遵循的规章制度（如果没有的立即进行修编补充完善或者参照上级公司制度执行）、业务操作流程和对应职责部门、可能存在的风险和应对措施、经营管理活动中存在缺陷漏洞及整改等，为进一步提升公司各项经营管理水平提供制度基础和流程指导，为公司高质量发展夯实管理基础。

上述组织机构成员和职责、管理制度均以公司正式文件形式印发实施，为实现风控标准化管理提供制度基础，为实现风控管理流程标准化提供依据。

2.开展年度全面风险标准化评估和内控标准化自评价

根据国资委和大唐集团管理要求，按照公司风控管理制度标准化流程，每年年初组织开展当年全面风险评估和上年度内控自评价工作。主要标准化步骤为收集内外部风险信息，确定年度风险管控目标和内控缺陷认定标准、制定工作方案，实施全面风险评估和内部控制自评价，根据结果制定风险防控措施和内控缺陷整改计划，出具风控管理工作报告并分解至各业务部门。上述工作均按照标准化模板，绝大部分工作在信息系统中完成。

（1）年度风险评估

①制定评估方案

在制定评估方案前，先回顾上年度风险管理情况，再对当前公司所有业务活动进行梳理，根据内外部环境变化和上级公司要求，理清公司业务存在哪些变化，列出需要重点关注业务流程和领域，整理出年度风险防控目标及指标体系参考表，制定出年度重大风险判断标准，评估正式开始前需要导入全面风险管理信息系统平台。

完成上述准备工作后，开始制定评估方案。宁德发电公司年度全面风险管理评估方案包含工作目标、职责范围、主要工作任务、其他事项及主要附件，最终以通知形势下发至各部门执行。

其中主要工作任务包含上年度风险管理总结回顾、风险评估及制定风险管理策略和防范化解方案、年度全面风险管理工作安排、报告及分解落实。

②开展风险评估

年度评估所有操作均在全面风险管理信息系统平台完成，包括审批在内全部实现无纸化。根据评估方案职责分工，各部门按步骤完成各项工作。

设定风险防控目标，修订风险评估标准。各部门充分考虑内外部环境变化，按照公司高质量发展要求，聚焦年度业绩考核和建设区域一流能源企业的"两个目标"，结合全面计划和全面预算编制工作，使用对标思维，设定年度各自业务领域内各项风险的防控目标和指标，明确风险承受度，修订风险评估标准。

自评风险等级，并制定风险管理策略和防范化解方案。各部门结合公司近期生产经营变化，准确辨识对各类目标可能产生重大、重要影响的关键风险源及成因，分析发生可能性和影响程度，对照风险评估标准，重新评定本部门年度重大和重要风险，并梳理总结风险防控现状，重新制定或修订风险管理策略和防范化解方案。

确定公司级重大风险。公司风险管理部门根据各业务部门提供的自评结果，汇总分析提出公司级待定重大风险清单，经逐级审议后，最终由公司党委会审定。最终审定的重大风险如与自评结果存在差异，相关部门需补充提供评估分析基础资料，制定防控措施。

报告及分解落实。公司风险管理部门根据上述工作开展情况及工作成果，编制公司年度全面风险管理报告，经公司党委会审议批准后，按要求报送上级公司，并同步上传全面风险管理信息系统。同时，在风险管理系统，根据审定的评估结果，将风险防控目标及措施发布分解落实到相关责任部门。

③落实风险防控措施

公司各部门严格落实执行已制定的风险防控措施，加强年度风险防控过程中的分析跟踪，发现偏差或过程中实际业务发生变化，及时调整措施，确保全年风险可控在控。

（2）年度内控评价

年度内控评价和风险评估流程基本相同，含制定评价方案、开展内控评价、缺陷整改和跟踪改进。通过开展内控评价，以实现全面检查并客观评价公司年度内部控制有效性，真实、准确、完整地揭示并准确认定设计和执行缺陷，同时兼顾上年度集团公司级重点关注缺陷，以及其他内外部审计和检查揭示的主要问题，开展现场测试，认定内控缺陷，制定缺陷整改计划并组织开展缺陷整改,按时报告年度内部控制评价报告，持续跟踪整改进度与开展补充测试。具体过程不再详述。

3.跟踪监督年度风险防控措施执行及内控缺陷整改

将年度全面风险评估和内控自评价结果分解至各业务部门，各业务部门落实制定的风险防控措施，按照整改计划完成内控缺陷整改，风控管理办公室按季度进行跟踪监督检查，对执行过程中遇到问题进行统一协调，提出处理措施和考评意见，必要时组织开展专项评估，由人事部门纳入业绩考核。此外，内外部审计机构对领导人经济责任审计、风控专项审计等，实现第三方对公司风控标准化管理工作的监督评价把关。

4.不断完善和改进公司风控标准化管理工作

从公司实施年度全面风险标准化评估和内控标准化自评价、年度风险防控措施执行及内控缺陷整改、内外部审计机构对风控方面的审计监督评价等，获取风控标准化管理工作需要完善的方面，根据职责分工，完善风控管理制度、业务流程，并根据相关改进内容修正或嵌入到现有信息化系统中，实现风控管理标准化、标准制度化、制度流程化、流程信息化。

5.其他标准化风控管理事项

主要包含标准化风控管理文化培育，以及职工在标准化风控管理方面教育培训。

（1）培育企业标准化风控管理文化

通过风控管理体系建立与健全，开展风险评估和内控评价，基本上实现将风险管理理念融入并贯穿到企业生产经营管理中。同时，公司上下重视制度建设，强调制度执行刚性，要求员工在业务办理中做到依法合规，为公司风控管理文化培育奠定基础。

（2）对职工进行企业标准化风控管理培训

公司通过组织各级人员参加上级公司、行业协会和公司内部组织的风控管理知识培训，将风控管理知识纳入岗前培训内容，组织编写风控管理专业知识测试题库并组织考试，通过多种途径和形式，加强对员工风控管理知识的培训，使员工树立正确的风险管理理念，增强风控管理意识，将风控管理意识转化为员工共同认识和自觉行动，提高了员工的"险商"，使风控文化渗透于员工头脑中、落实在行动上、见效于企业效益上。

（二）各业务领域层面风控标准化管理

各业务领域风控管理参照公司层面风控标准化管理构架模型，基本由各业务部门自行实施完成，公司风控管理办公室和上级公司对口管理部门进行指导监督检查评价，形成闭环管理。目前主要应用于公司安全生产、燃料管理、财务管理、机组能耗管理、网络安全管理、疫情防控等具体业务中，这些业务是公司历年年度风险重点防控事项，涵盖了公司生产经营主要业务流程。

1.安全生产风控标准化管理

由公司安全监察部牵头组织实施，公司层面成立了安全生产委员会，明确安全生产组织机构成员及职责，制定印发了《安全风险控制评估工作管理办法》《安全风险提示和风险防范专项方案》等安全生产风控标准化管理制度，每年对照评估标准定期组织开展安全风险控制评估内审，出具评审报告，对查评问题和上级公司出具的安全风险提示函中问题进行整改，同步完善和改进安全生产风控标准化管理工作。

2.燃料风控标准化管理

由公司燃料管理部牵头组织实施，公司层面成立了燃料标准化管理评价领导小组，明确燃料管理组织机构成员及职责，制定印发了《燃料全流程风险防控管理办法》等燃料风控标准化管理制度，每年对照集团公司《火力发电企业燃料标准化管理评价办法》及评价表，组织开展燃料标准化管理评价，揭示燃料管理中存在风险问题，出具评价报告，对查评问题进行整改，同步完善和改进燃料风控标准化管理工作。

3.财务风控标准化管理

由公司财务管理部牵头组织实施，公司层面成立了预算和资金管理委员会，明确财务管理组织机构成员及职责，制定印发了《财务内部牵制管理办法》《会计轮岗管理制度》等财务风控标准化管理制度，做好财务风控标准化管理，每年由外部第三方审计机构，组织开展年度财务报告审计，涵盖内部控制专项审计，揭示财务管理中存在风险问题，出具审计报告，对审计问题进行整改，同步完善和改进财务风控标准化管理工作。

4.机组能耗风控标准化管理

由公司发电部牵头组织实施，公司层面成立了节能领导小组，明确机组能耗等节能管理组织机构成员及职责，制定印发了《节能技术监控管理办法》《节能降耗奖惩管理办法》等机组能耗风控标准化管理制度，按月定期组织开展节能技术监控分析，出具专项分析报告，年度开展109项能耗指标自查，制定优化运行技术诊断问题整改实施计划，对影响机组能耗问题进行整改，同步完善和改进机组能耗风控标准化管理工作。2020年还单独开展了机组能耗专项风险评估，出具评估报告，根据评估结果，制定印发了《机组能耗风险管理手册》，进一步完善了机组能耗风控标准化管理工作。

5.网络安全风控标准化管理

由公司信息中心牵头组织实施，公司层面成立了网络安全和信息化领导小组，明确网络安全组织机构成员及职责，制定印发了《信息网络风险管理办法》等网络安全风控标准化管理制度，每年开展网络安全检查，出具检查报告，对检查问题进行整改，对照上级公司出具网络信息安全与动态预警，同步完善和改进网络安全风控标准化管理工作。

6.疫情防控风控标准化管理

由公司安全监察部牵头组织实施，公司层面成立了疫情防控领导小组，明确疫情防控组织机构成员及职责，制定印发了《常态化疫情防控工作方案》《疫情防控期间员工管理办法》等疫情风险防控标准化管理制度，设立了疫情防控督察工作组，对各部门疫情防控措施执行情况进行监督检查，出具督查通报，堵塞疫情防控中工作漏洞，同步完善和改进疫情防控标准化管理工作。

五、标准化风控管理成果实施效果

（一）本成果实施效果

本成果利用企业标准化管理原理，对照企业标准化工作基本原则、工作流程和要求，助力企业实现内控体系建设与风险管理，进行一种全新模式的尝试、研究探索，并在宁电发电公司具体实践应用两年多。

通过有效开展标准化风控管理，宁德发电公司近两年未发生重大风险事件和内控缺陷，一般缺陷大幅降少，全面促进宁德发电公司规范管理，增加企业经济效益，实现宁德发电公司净利润三年连续增长，其中：2018年为1.67亿元，2019年为3.30亿元，2020年为4.77亿元。近三年连续被评为集团公司"一流企业"，荣获集团公司"文明单位"称号、福建省省总工会直属企业工委"工人先锋号"、电力行业"技能人才培育突出贡献奖"等荣誉。

1.企业管理更加规范高效

通过标准化风控管理，大唐宁德发电公司不断提升内部管理，促进企业管理更加规范高效。一是制度体系更加完善，近两年，共新立制度83项、修订279项、废止54项，确保制度科学、有效、适用。二是基层减负成效显著，结合上级公司简政放权措施，五类事项得到精简，会议文件数量2020年同比下降40.3%、46.8%，落实"整治形式主义、官僚主义突出问题"实施方案，形成了"定了就干、马山就办"的良好作风。三是全面抓好依法治企，严格落实集团公司对法制建设提出要求，近两年，公司重要规章制度、经济合同和重要决策的法律审核率均为100%；公司煤炭贸易纠纷案件，在福建省高级人民法院二审获得胜诉。

2.风险防控能力有效提升

通过标准化风控管理，大唐宁德发电公司全面加强风险防控，风险防控能力有效提升。一是按照部门职责分工，编制《内控管理手册》，对公司全部业务流程进行梳理，促进内部控制与日常业务深度有机融合。二是下好先手棋，开展年度和专项风险评估，确定年度风险防控目标，找出年度风险点，制定防控策略和措施，跟踪监督防控措施执行情况，实现风险可控在控。三是积极开展内控评价，堵塞管理漏洞，及时制住出血点，近两年，发现缺陷50余项，并全部完成整改。

3.安全生产持续平稳有序

通过标准化风控管理，大唐宁德发电公司全面筑牢安全防线，安全生产保持平稳有序。一是安全生产持续稳定，贯彻落实习近平同志关于安全生产重要论述，坚持依法治安、以制严安、以严保安，公司安全生产平稳有序，先后圆满完成庆祝新中国成立70周年、每年全国"两会"、十九届四中、五中全会等政治保电任务，公司荣获2020年度福建省安康杯竞赛先进单位。二是疫情防控实现"双零"目标，严格落实政府和上级公司防疫要求，印发疫情防控工作方案和应急预案，做好防疫物资保障，严防外来输入，在宁德大型企业中率先开展疫苗接种，一直保持着"双零"目标。三是设备治理成效明显，近两年先后开展设备专项治理30余项，消除了2号机汽轮机中压缸隔板变形等重大隐患，解决了4号机过热器异种钢接头老化等问题，完成了2号机组凝泵变频器和4号机组DCS升级改造等，仅2020年全年消除缺陷3568项，消缺率达到91.77%，同比上升了2.31%，提升机组安全性和稳定性。

4.公司经营局面持续向好

通过标准化风控管理，大唐宁德发电公司多措并举增收节支，经营局面持续向好。一是电量争抢屡创佳绩，发扬"三千精神"，协调电网调度，攻坚机组检修，2019年全年发电利用小时超区域统调公用煤机平均71小时，4月份当月发电量创近8年来同期最优值；2020年坚持"抢在先、发在先"，全年三公电量超区域五大集团平均0.31%，市场电量超装机占比0.52%，市场电价区域五大集团排名第一，实现"量价皆优"。二是煤价降控取得实效，紧贴市场、紧盯政策，科学管控调运计划，提高接卸效率，科学做好配煤掺烧，连续两年入厂标单区域排名第二，2019年实现集团公司沿海四厂排名第一，滞期费在集团公司沿海电厂对标中持续保持领先，2019年和2020年掺烧比例高达75%和69%。三是创利增效成果显著，积极拓宽融资渠道，多措并举降低融资成本，积极争取各类政策奖励，近两年，共争取政策奖励合计约8757万元，节约降低财务费用合计约7147万元。

（二）目前已取得的研究成果

本研究成果，目前已发表相关论文两篇。一篇题为为《风控管理在企业追求高质量发展中的应用》，发表于《中国内部审计》（2020年第6期，总第252期）。另一篇题为《标准化管理在发电企业疫情防控中的实践》，发表于《中国电力企业管理》（2020年第2期，总第589期）。

六、结束语

风控管理涉及企业各个层次、单元和岗位，嵌入企业每一项业务流程，贯穿于企业生产经营管理的全过程，针对不同企业或同一企业不同发展阶段，风控管理会呈现不同形式，具有不同具体内容，但有一点可以肯定的是企业要实现高质量发展，风控管理是必须面临且必须做好的课题。

针对企业面临发展形势，本成果借助标准化管理手段，为企业深入贯彻新发展理念、统筹好发展和安全、提升管理效能、防范化解风险挑战、做好风控管理工作，提供了一种很好的思路，已在集团系统内其他多家单位推广实施和具体应用，均取得一定成效，可供不同行业企业管理者们参考借鉴。

【参考文献】

[1]GB/T20000.1-2014.标准化工作指南第1部分:标准化和相关活动的通用术语[S].北京:中国国家标准化管理委员会.2014:1-1.

[2]冯艳英,郝素利,丁日佳.企业标准化管理模式及运行机制研究[J].中国科技论坛,2014,6月:77-78.

[3]GB/T35778-2017.企业标准化工作 指南 [S].北京:中国国家标准化管理委员会.2017:2-2.

成果创造人：兰演明、王卫华、马作森

以融入经济业务维护企业利益为核心的
合同法律风险管理体系构建与实施

原子高科股份有限公司

原子高科股份有限公司（以下简称：原子高科），隶属于中国核工业集团有限公司核技术应用产业平台，是中国同辐股份有限公司的控股企业，共计在职员工1000余人。原子高科致力于核技术应用的产业化，是一家集核技术应用产品的研发、生产、销售、服务为一体的高新技术企业，产品覆盖放射性药品、放射源、放射性医疗器械、放射性标记化合物、示踪剂、核医学服务等多个领域。原子高科以"国际核药发展的引领者"为目标，不断改革创新，强化核心竞争力，做大做强做优放射性药物产业。

为了实现做大做强做优的战略目标，原子高科积极采取系列措施为发展加速度。截至2020年底，原子高科总资产29.82亿元，相比2019年底总资产21.72亿元，同比增长37.28%。机遇与挑战同在，收益与风险并存，在各项经济指标快速提升的同时，各类经济业务的法律风险也日益凸显，法律纠纷的数量与种类增多。而合同作为从事经营活动、开展对外业务、与第三方建立民事法律关系的重要手段，既是企业财富的载体，也是法律风险的源头，是企业生产经营和管理的核心。新时代新发展对原子高科合同法律风险管理提出了新的要求与挑战，迫切需要建立一个以融入经济业务维护企业利益为核心的合同法律风险管理体系。

一、实施背景

（一）原子高科面临的法律环境及监管政策变化

1.政治定位提高

习近平同志指出，法律是治国之重器，法治是国家治理体系和治理能力的重要依托。党的十九大将全面依法治国确立为新时代坚持和发展中国特色社会主义的基本方略，国有企业特别是中央企业，是党和国家治理体系的重要组成部分。党中央有要求，中央企业要带头。对作为中央企业的原子高科而言，贯彻落实全面依法治国首要的就是要推进全面依法治企。

2.法律法规变革

经过四年的酝酿，《药品管理法》于2019年8月审议通过，并于2019年12月1日开始施行，在全国范围内正式确立了药品上市许可持有人制度。相继陆续出台了新修订的《药品注册管理办法》（2020年7月1日起施行）《药品生产监督管理办法》（2020年7月1日起施行）等一系列配套规定，进一步从具体操作环节明确和细化了药品上市许可持有人制度内容。2020年5月，历时五年多的《中华人民共和国民法典》修成正果，并于2021年1月1日起正式施行，《合同法》等九部法律同时废止。这是中国的第一部以法典命名的法律，也是一次重大的立法变革，囊括内容庞杂，号称社会生活的"百科全书"。

原子高科作为放射性药品研发、生产、销售、服务型企业，《药品管理法》及其配套法规规章的出台，给其生产经营等方方面面都带来了巨大变化，迫使其进行管理体系的变革。《民法典》的出台及《合同法》的废止等，也给合同管理带来了新的挑战。

3.监管要求变化

国务院、国资委及中核集团等上级监管部门高度重视法治建设及风险管理，相继出台了《关于全面推进法治央企建设的意见》《关于加强市管企业法务和内控工作，提高重大风险防控能力的若干意见》《关于进一步推进法律风险防控关口前移的通知》等一系列管理规定，将法律风险控制提到了前所未有的高度。在上级各项监管规定的指引下，原子高科的合同法律风险管理体系亟待建立。

（二）原子高科加速发展的内生动力及迫切需要

1.本部激增的合同数量与传统合同管理模式不匹配之间的矛盾

从2018年起，原子高科施行弯道超车式发展策略，全方位开展对外合作，开始自主研发、合作开发、技术引进、收并购、投资设立子公司、拓宽业务范围、进军核医学整体服务领域。高度的市场化程度、频繁的经济活动以及复杂的业务类型，导致合同数量庞大且合同类别多样化。

从下表可以看出，从2018年起，原子高科的合同数量出现大幅度增长，且连续三年保持近50%的增长率，到2020年底，已达近2000份（如图1所示）。然而传统的合同管理模式只适应几百份合同审核量，且审核的合同类型单一，远远无法满足原子高科如此庞大而又复杂的合同管理需求，导致合同法律风险增大。

年份	本部合同数量	在建子公司合同数量
2015年	622	0
2016年	802	0
2017年	686	0
2018年	1031	26
2019年	1456	397
2020年	1995	583

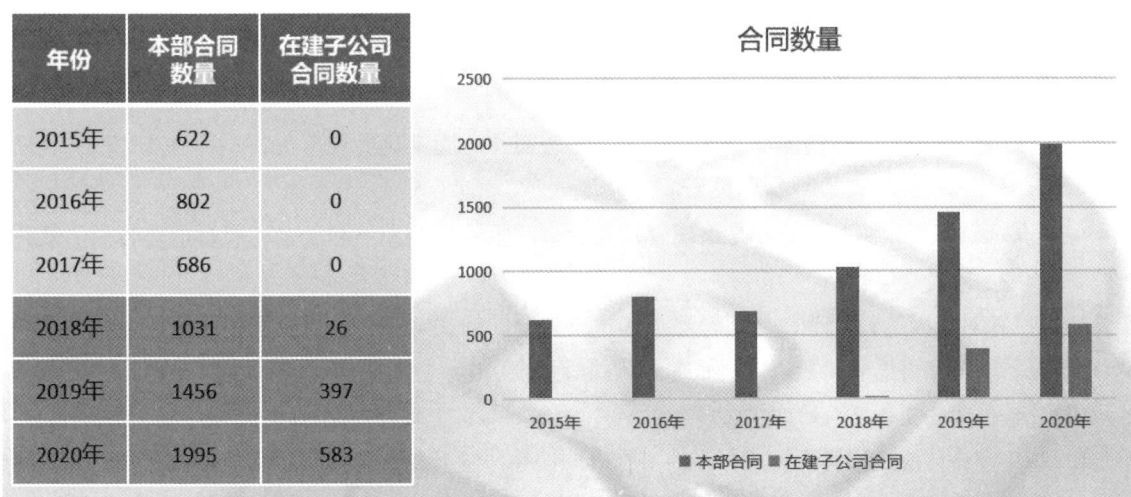

图1 合同数量

2.在建子公司日益增长的合同管理需求与管理空缺之间的矛盾

由于放射性药品半衰期短的特性，为了抢占国内市场，不断扩大生产规模，原子高科在全国主要城市布点，近三年共建设了24家医药中心。但放射性产品的监管要求较高，除了厂房建设外，还需要进行环评、取证等系列步骤，因此子公司在投产运营之前一般需要三年以上的建设期。为了降低成本，在建设期的子公司规模小，人力资源匮乏，无专职人员人对其合同进行管理。

在建子公司虽然没有运营，不存在对外销售合同，但其工程类的建设施工、物资采购、维修、服务等合同数量不低，且如图1所示亦呈现阶梯式上升态势。同时，建设期的子公司合同种类与原子高科本部差异较大（如图2所示），大多为建设工程施工合同、大型设备采购合同、工程监理设计咨询类合同。这类合同金额较大，动辄上千万，合同文本较为复杂，且出现法律纠纷的几率较高。但由于缺乏管理人员及管理体系，导致子公司的合同法律风险问题突出。

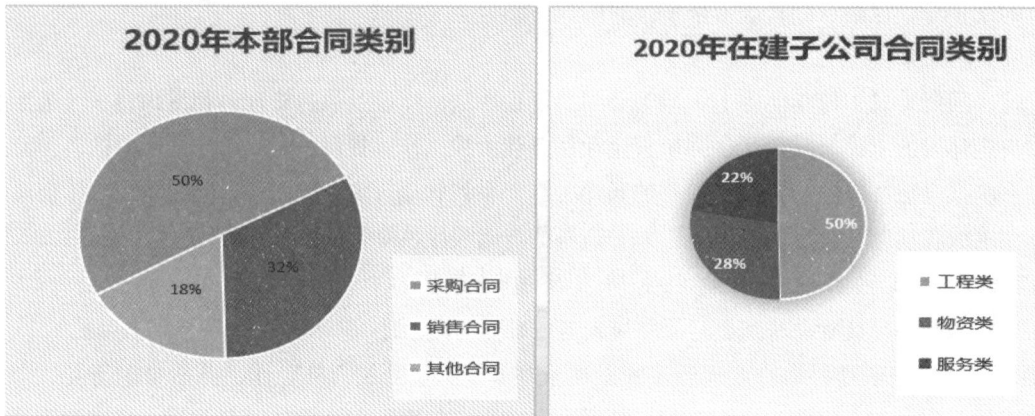

图2　合同类型

（三）传统合同管理模式的弊端及产生的法律纠纷

1.传统合同管理模式的弊端

一直以来，原子高科采用传统的线下合同管理模式，且仅仅针对合同签订环节进行审核把关。通过调研发现，传统的线下合同管理模式存在以下五个方面的弊端：

（1）合同文本以对方提供为主，合同版本五花八门，文本质量较低且权利义务不对等，不利于公司权益的保护；

（2）合同审批流程复杂，审批时间长，效率低，不符合竞争市场的发展需要；

（3）线下操作，人为控制流程，导致流程无法透明化、固定化、规范化，不符合现代信息化企业的发展要求；

（4）以纸质文档存储归档，容易出现管理难、查阅难的问题，不利于合同履行的监督及后续纠纷处理；

（5）仅针对合同签订环节，合同管理工作主要为合同的文本审核，在合同签订完成后，缺少对合同执行情况的联合动态监管，难以及时跟踪合同执行进度。

2.传统合同管理模式产生的法律纠纷

自2018年起，传统合同管理模式存在的潜在合同法律风险开始逐渐浮出水面，形成各类法律纠纷。根据统计结果，截至2020年底，3年内共发生了29起法律纠纷案件。相比往年年均不到一件的纠纷量来讲，其风险不言而喻，已经不得不引起公司的高度重视。

法务部对这29起合同法律纠纷案件进行统计分析，发现合同法律纠纷复杂多样，涉及多种合同类型。纠纷涉及合同金额累计高达近1.96亿元，如若处理不当，不仅会给原子高科造成严重的经济损失，更会影响原子高科的商业信誉和品牌形象，不利于公司日后各项对外经济业务的开展。

二、成果内涵

（一）理论核心

以融入经济业务维护企业利益为核心的合同法律风险管理体系是指将合同管理与经济业务相结合，

在合同谈判、起草、审批、订立、履行监督、纠纷处理、价值评估等各环节中，主动融入相应的经济业务中，了解业务实质，以维护企业利益、促进国有资产保值增值、降低资产损失为目标，采取相应法律措施，对合同管理各环节的法律风险进行全方位的防控，形成一个完整全面的合同法律风险管理体系（如图3所示）。

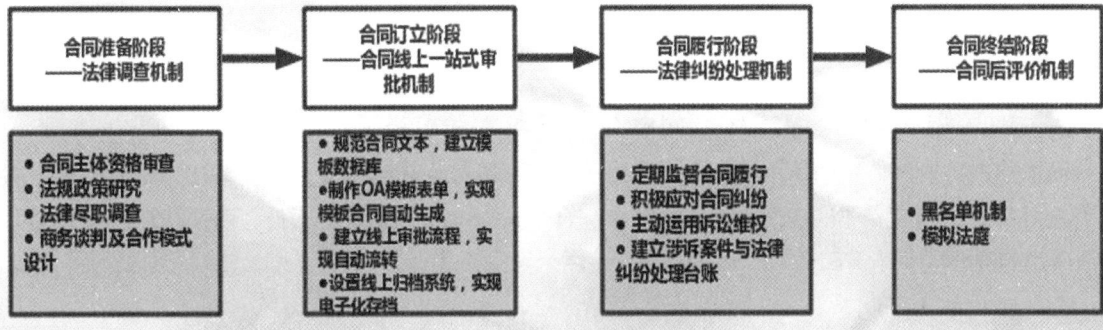

图3 体系架构及流程图

该体系辩证分析了合同法律风险管理与公司经济业务发展之间的关系，提出了"合同管理不单纯是一个法律行为，更应该是一个商业行为"的理念，杜绝合同管理和经济业务"两张皮"现象。

一方面强调，法务人员要了解经济业务。推动法务与业务深度融合，围绕中心任务，服务发展大局，以维护企业利益为核心，是建立以融入经济业务维护企业利益为核心的合同法律风险管理体系的关键所在。一旦合同管理与经济业务相脱离，无法抓到业务本质，也就无法发现真正存在的法律风险。

另一方面强调，业务人员也需要懂法。"合同法律风险管理不仅仅是法务人员的事情，也是全体业务人员的职责。"只有各个业务部门协同配合、共同参与，才能筑牢合同法律风险防控网。提升业务人员的合同法律风险识别和应对能力，实现人人懂法、人人守法、人人用法，才能真正发挥合同法律风险管理的工作实效。

（二）体系机制创新

以融入经济业务维护企业利益为核心的合同法律风险管理体系探究了新的合同法律风险防控模式，弥补以往只重视合同订立阶段法律风险的不足，提升了合同风险管理的层次与高度，同时将在建子公司的合同管理及纠纷处理指导纳入体系之中，填补了在建子公司合同法律风险管理的空白，最终实现以合同为依托，对公司经营管理事项的全方面把控。

在合同准备阶段，建立了法律调查机制，为业务发展提供法律咨询与支持，尤其是促进了立法的修改与完善，为增资协议的签订扫清法律障碍。在合同订立阶段，建立了合同线上一站式审批机制，在信息化办公平台上实现合同自动生成、自动流转审批、电子化归档的全过程。在合同履行阶段，建立法律纠纷处理机制，定期跟踪合同执行进展，监督合同履行过程中的异常事项。在合同终结阶段，建立合同后评价机制，总结合同管理中的经验教训，通过模拟法庭的形式提示合同管理风险点，普及合同法律风险防控措施，提升全体员工的风险防控意识与能力。

（三）做法创新

转变工作作风，化被动等待为主动出击。面对长期难啃的硬骨头，敢于克难攻坚，迎难而上，主动运用法律武器，通过法律途径维权，处理公司长年遗留的难点痛点问题，极大提升了公司的法律维权意识与侵权应对能力，实现合同风险全周期管控。坚持有为才有位，在管理过程中不仅能够发现问题，提示风险，更要能够提出合法可行的方案，提高解决问题的能力，充分发挥法务为业务保驾护航的作用。

创新工作方法，打破传统思维，多角度多维度思考问题，寻求最优化的解决思路，处理历史遗留问题。面对诉讼时效超期的问题，通过商务谈判方式巧妙接续时效；面对代购代销业务的资金风险问题，设计债权债务转让模式，以未到期债权消除了现实债务；面对金额较小的案件，法务人员自行代理，节省了律师费用，实现降本增效。

三、主要做法

（一）合同法律风险管理体系的机构设置与人才配备

合同法律风险管理体系的落地首先需要有组织机构保障与人才队伍支撑。在2019年之前，原子高科并没有法务部，也没有专业的法律人员，只是在综合部设有一名兼职法务人员，合同法律风险管理的机构和人才基础薄弱。

1.组织机构保障

2018年11月9日，原子高科成立原子高科法治建设工作领导小组及办公室，加快推进了依法治企工作进程。对标中核集团对企业法治机构设立情况的要求，2019年5月，原子高科召开董事会，正式设立法务部，与企业管理部合署办公，为合同管理与风险管理提供了机构保障。

2.人才队伍支撑

2019年6月，原子高科董事会正式聘任杨桂梅担任总法律顾问，全面负责公司法治工作的开展。同期，招聘了一名法律专业人员。至此，法务战线共有一名总法律顾问、一名法务部经理、两名法务专员，法律人才队伍初步形成。同时，利用外部律师资源，聘请张党路律师团队担任公司的常年法律顾问，参与重大合同审核、重要商务谈判及公司章程修改等，为公司重大决策提供法律意见。

至此，原子高科合同法律风险防控工作有领导、有组织、有人才的格局初步形成，无论从人才支撑、组织保障还是顶层支持的角度，都开启了合同法律风险管理体系建设的新局面（如图4所示）。

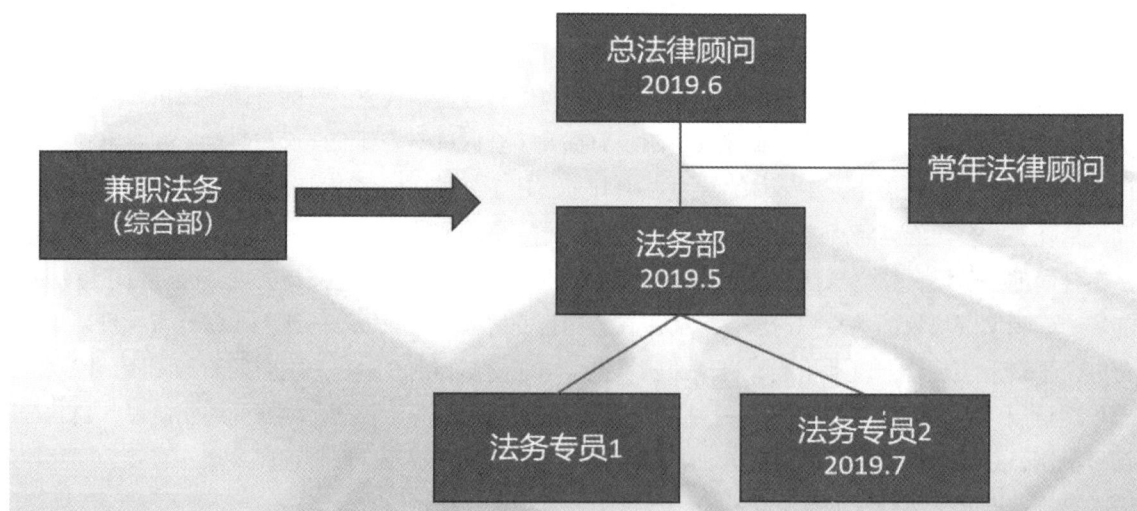

图4　机构设置与人才配备

（二）合同法律风险管理体系的制度建设

法务部成立以后，首先根据部门设置与职责调整，修订了《原子高科股份有限公司合同管理办法》，将在建子公司的合同管理纳入其中，为合同法律风险管理体系的搭建提供基础制度模型。

随后，根据合同法律风险管理体系涉及的法律事务，法务部又相继制定了《原子高科股份有限公司关于企业单位主要负责人履行推进法治建设第一责任人职责实施意见》《原子高科股份有限公司法律事务管理办法》《原子高科股份有限公司法律纠纷案件管理办法》《原子高科股份有限公司法律服务机构选聘和管理办法》等一系列配套制度。至此，原子高科基本建立了适应合同法律风险管理的制度体系。

（三）合同法律风险管理体系的运行机制

1.合同准备阶段——法律调查机制

以融入经济业务维护企业利益为核心的合同法律风险管理体系，不是以合同诞生为起点，而是以经济活动的开始为出发点。在经济活动正式启动之后、合同订立之前，法务人员即介入其中，了解经济业务的背景情况、实质内容及根本目的，进行主体资格审查、相关法律法规研究等法律调查工作，确保经济业务能够合法合规地推进下去。对于一些重大项目，还需要进行法律尽职调查，组织商务谈判，设计合作模式，在法律调查充分的情况下，才能开展后续的合同签订工作。

设立法律调查机制是推进法律风险防控关口前移的重要途径，能够更大程度保护公司利益，赢得商业先机和合同起草的主动权，有效防范在之后的合同签订及履行过程中出现法律纠纷的风险。

2.合同订立阶段——本部及在建子公司合同线上一站式审批机制

合同订立是合同正式成立的环节，也是一直以来受到普遍关注的阶段。然而传统的线下审批流程已经不适应经济业务高速发展所带来合同量激增的新变化。因此，需要建立一个线上一站式审批流程，通过信息化手段实现合同订立阶段的合同法律风险管理。

合同线上"一站式"审批机制涵盖了原子高科本部及在建子公司的合同审批流程，将在建子公司的合同管理也纳入其中，弥补了在建子公司合同法律风险管理的空缺。同时由本部法务部协助审核，降低了在建期子公司的运营人工成本。

3.合同履行阶段——本部及在建子公司法律纠纷处理机制

合同签署只是合同正式成立的开端，在合同的履行过程中的监督是防控合同法律风险最重要也是最有效的环节。

针对合同履行问题，在合同线上"一站式"管理模块运行的基础之上，以合同为抓手，对本部及在建子公司的合同履行情况进行动态监管。由合同执行部门作为合同动态监督的主责部门（投资部门作为在建子公司合同动态监督的主责部门），法务部定期组织合同履行风险排查，定期跟踪合同执行进展。一旦发现履行异常事项，及时向法务部报告。法务部应收到纠纷处理申请后，及时开展调查，出具法律分析意见，形成法律纠纷处置应对方案。同时，建立涉诉案件与法律纠纷处理台账，做好相应的跟踪统计，形成纠纷案件的闭环管理，尽可能避免诉讼程序，为公司避免或减少损失。

4.合同终结阶段——合同后评价机制

合同终止的方式有很多，例如正常履行完毕、合同解除、债务抵消、免除等，不管哪种方式，合同终结后便相当于走完了它的"一生"。

但是，合同终结并不等于合同管理的终结，仍需要回头看，建立合同后评价机制，从合同准备、合同签订、合同履行中出现的各种问题中总结经验教训，提升全体业务人员的法律风险识别和应对能力，不断完善合同法律风险管理机制。

（四）合同法律风险管理体系的运行流程及具体措施

1.法规政策研究

合同签订必然需要以法律为准绳，符合法规政策的要求。因此，在进行业务谈判之前，了解相关领域的法律规定，进行相关政策解读，是合同签订之前必不可少的一个风险控制措施。

对于法规政策的研究，一方面是被动输入，即了解监管部门的现行管理规定与要求，确保合同签署的合法合规性；另一方面是主动输出，在经济活动面临法律阻碍时，如何发挥法务人员的主动性与创造性，善于思考，敢于突破，促进立法的发展与完善，为经济业务实施打通法律途径，是进行法规政策研究最为重要的意义所在。

2.合同主体资格审查

合同主体合格是合同得到法律充分保护的必备条件之一，也是商务活动的基本要求。主体资格瑕疵大多是无法弥补的法律风险源。在商业交易中，合同主体错误可能导致签订的合同无效或效力待定。履约信用差的合同主体不认真履行合同义务，会产生大量的合同违约。而合同主体存在歇业、吊销、破产、合并、注销等问题，会给合同履行带来较大的不确定性。

因此，控制合同主体风险是控制合同法律风险的第一道防线。在签订合同之前，法务人员有必要对合同主体进行资格审查与背景调查，确定其是否为适格的合同签约主体。

3.法律尽职调查

法律尽职调查是对相关法律事务具有法律意义的背景资料进行应有的调查，包括历史沿革、股权结构、三会治理、主要资产、重大债权债务、主营业务、关联交易、财税状况、合规情况、诉讼仲裁及行政处罚等，使相关法律事务的处理建立在客观、全面的信息基础之上，以确保相关法律事务的处理能够达到预期的结果，而不因相关信息在真实性、完整性、全面性、合法性等方面的原因影响预期目标的实现。

近几年来，随着原子高科医药中心全国布点进程加快，经济业务不断扩张，收并购需求增多，法律尽职调查的作用也日益凸显。在收购项目中，法务人员全程参与项目前期工作，围绕标的公司自身运营的法律问题以及交易涉及的法律问题，开展法律尽职调查，出具尽调报告、法律意见书及总法独立意见，为收并购业务的开展提供法律咨询。针对标的公司存在的税务、社保等瑕疵问题，设计承诺函、配偶同意函，针对关键技术人员，起草权利转让确认书，在前端采取措施防控收购可能产生的法律风险，为后续收购项目的顺利实施提供法律支撑与保障。

4.商务谈判及合作模式设计

合同签署前进行经济业务的商务谈判，是双方充分表达交易目的、达成合意的必经过程。一般常规业务只需要采购部门和需求部门参与磋商，只通过简单文件询价即可。但是对于金额较大、较为复杂的经济业务或重大合作项目，法务人员在商务谈判中的席位便不可或缺，不仅能够在谈判过程中捍卫公司的权益，为公司争取最大利益，同时也能在合同起草上争取主动权，从而有效防控合同法律风险。

首先，根据公司采购管理办法规定，对于需要进行竞争性谈判或招投标的项目，法务人员会在合同签订前的采购活动即介入，包括对竞争性文件及招标文件进行法律审核，确保采购文件内容已经充分反映出公司的采购需求；在采购竞谈或者开标现场，参与文件评审及谈判问答环节，在前期把控交易模式、技术要求与商务要求，确保后续签订的合同能够真实表达出采购需求。

其次，对于一些重大合作项目，法务人员会在项目立项之初加入项目小组，成为商务谈判的一员。

例如，在中韩技术引进与合作项目中，除了邮件往来沟通外，公司前后组织了6次项目内部讨论会、3次与韩方的线上正式谈判会。作为原子高科首个技术引进项目，法务人员参与历次商务谈判，把控技术进出口风险，出具法律意见书，设计技术引进的合作模式，起草商务谈判要点，为后续交易协议的顺利签署、促成中韩合作发挥了重要作用。

5.建立线上审批模块，实现合同一站式签订

（1）规范合同文本，建立模板数据库

经过对公司生产部门、职能部门等合同需求部门进行的为期半年的需求调研，秉持精简实用原则，结合公司业务特征，量身定制了21份合同模板，共分为采购类、服务类、工程类、医药中心投资类、战略合作类、通用模板类、销售类七大类，建立了标准合同模板数据库，解决了合同文本规范化的问题。

（2）建立本部及在建子公司合同线上审批流程，实现自动流转

分别制作本部及在建子公司的合同审批表单，根据合同管理办法及授权管理体系，建立两条合同线上审批流程，从而解决了合同审批流程规范化的问题。经办人提交合同后，流程自动流转，审批通过后系统将自动通知经办人用印。线上审批流程可以实现审批过程步步留痕，满足可查询、可追溯、可视化的要求。同时，每个审批节点都有时间限制，加快了审批速度，提高了合同审核效率。

（3）设置线上归档系统，实现电子化存档

设置线上归档模块，经办人需将已签字盖章的合同扫描上传OA，提交后系统会自动生成合同归档编号，并在线上形成合同归档数据库。通过搜寻相关合同信息，可直接搜索并下载已签订的合同，查找合同快捷、准确、方便。同时，线上归档模块还可以根据需要，自行选择名目，一秒导出合同台账，为合同的后续管理与履行监督提供了极大便利与信息化支持。

6.主动运用诉讼维权

由于原子高科以往合同法律风险管理力量薄弱，合同履行情况缺少监督，存在部分合同尚未履行完毕，历史遗留欠款尚未追回，严重侵害了公司利益。时间一久，又没有相应的组织机构和管理体系去督促解决，导致这些问题一直处于搁置状态，无人问津。

为了维护公司利益，解决历史遗留问题，避免经济损失，同时降低财务账面上的应收账款，促进"两金压降"，法务部会同财务部门与市场部门，主动开展合同排查工作，对原子高科应收账款进行梳理，对于长期欠款、侵犯公司利益的行为，主动采取措施，通过法律途径进行追讨，化被动等待为主动出击，极大提升原子高科的法律维权意识与侵权应对能力。

截至目前，法务部共处理了五起诉讼仲裁案件，涉案金额共计913万元。其中4起均为原子高科主动起诉，利用法律武器维权的案件。同时，将这4起诉讼案件列入"领导重点关注督办事项"，制定任务进度计划，按照时间节点全力推进事项处理，运用法律武器维护公司的最大利益。通过法务部及各相关部门的协同配合与共同努力，最终这4起纠纷案件均获得了胜诉，原子高科的诉讼请求得到了人民法院的全部支持。

7.组织模拟法庭

合同法律风险管理不仅仅是法务人员的工作，更需要全体业务人员的共同参与。一个公司，如果只有法务人员懂法，那这个公司的合同法律风险管理体系永远只是摆设，无法真正发挥防控风险作用。因此，提升业务人员的合同法律风险识别和应对能力，实现人人懂法、人人守法、人人用法，是建立以融入经济业务维护企业利益为核心的合同法律风险管理体系的关键所在。

为了营造良好的法治环境，普及基本合同法律知识，法务部精心编写剧本，梳理在合同全生命周期

管理过程中发现的风险点，及时总结经验教训，撰写分析报告，在此基础上结合纠纷案件的司法审判思路和合同实际履行过程中的具体问题，将近年来所积累的风险防控注意点糅和到一个案件故事里。通过模拟法庭的形式，邀请公司员工进行角色演绎，情景再现从合同准备、合同签订、合同履行、纠纷产生、案件处理直至法院判决的全过程，让所有部门职员仿佛身临其境般地了解到法院审判的流程与规则，感受到法律的权威性与严肃性。

四、实施效果

（一）维护公司权益，挽回经济损失

以融入经济业务维护企业利益为核心的合同法律风险管理体系打破了以往被动应对风险的传统，主动对合同的各个环节采取监督措施，发现合同谈判、签订、履行、终结阶段存在的各类风险，及时解决问题。不仅解决了现在发生的合同法律问题，还可以追溯以往的历史遗留问题。不仅被动应对风险，更能主动作为，运用法律武器维护公司利益。

体系运行两年以来，法务部协助追回款项共计704.935万元，确认债权共计383.73万元，消除债务共计342.7万元，共产生直接经济效益1431.365万元。间接经济效益无法直接用数字计量，在于合同签订前端消除潜在法律风险、合同签订中端过程监督确保合规、合同履行后端及时介入解决法律纠纷、合同终结总结经验教训避免重复发生，少走弯路，降低经济业务成本。初步统计，通过合同法律风险管理，成功解决合同纠纷29起，涉案金额约1.96亿元，避免了合同法律风险所造成的巨额经济损失。

（二）规范本部及在建子公司合同全生命周期管理，实现合同法律风险全面防控

以融入经济业务维护企业利益为核心的合同法律风险管理体系探究了新的合同法律风险防控模式，弥补了以往只重视合同订立阶段法律风险的不足，提升了合同风险管理的层次与高度。将在建子公司的合同管理及纠纷处理指导纳入体系之中，填补了在建子公司合同法律风险管理的空白。通过对合同的全生命周期管理，分析合同各生命阶段存在的主要风险点，并在每个阶段分别对其采取相应的风险防控措施，以达到合同法律风险点全覆盖的目的。

在合同准备阶段，建立了法律调查机制，为业务发展提供法律咨询与支持。在合同订立阶段，建立了本部及在建子公司合同线上一站式审批机制，改变了传统线下纸质审批模式，提高了合同审批的效率和质量。在合同履行阶段，建立本部及在建子公司法律纠纷处理机制，定期跟踪合同执行进展，监督合同履行过程中的异常事项。针对潜在法律纠纷事项，法务部及时介入分析，为公司挽回损失；面对侵犯原子高科权益的行为，主动运用诉讼维权。在合同终结阶段，建立合同后评价机制，总结合同管理中的经验教训，不断完善防控机制及措施，实现管理提升。

（三）围绕中心服务大局，推动法务与业务深度融合

以融入经济业务维护企业利益为核心的合同法律风险管理体系，将合同管理与经济业务相结合，在合同谈判、起草、审批、订立、履行监督、纠纷处理、价值评估等各环节中，主动融入相应的经济业务中，了解业务实质，从合同背后的经济业务中分析法律风险，采取相应措施对症下药。

该体系的运行改变了以往法务人员只管合同文本审核而忽视业务背景的情况，杜绝了合同管理与经济业务两张皮的现象，加强了法务与人力、财务、采购、市场、生产、研发、投资等部门的沟通交流，形成法务与业务的良性互动，从而真正发挥出法治工作服务发展大局、保驾护航的作用。

（四）营造良好法治氛围，提升全体员工合同法律风险防控能力

通过合同法律风险管理体系的运行，在合同终结阶段，法务部对已执行终结或合同法律风险处理完毕的合同进行分析，总结公司管理中的痛点难点，归纳经验教训，提示原子高科公司领导及员工今后工作中的注意点，生产经营中的风险点，为领导决策提供了有力支撑，提升公司维权意识与能力，进而防止重复性发生的风险事件，提升公司整体的合同法律风险防控水平。

通过模拟法庭等多种普法宣传方式，增强了职工法治素养，提高了全体法律风险意识，为进一步依法治企、合规经营打造了良好的法治氛围。业务人员对待合同，不再是完成签署后便束之高阁，而是把合同当作管理规则，在合同全生命周期的管理过程中寻找风险点、盈利点和服务增长点。原子高科作为放射性药品生产经营企业，正在向优化产品结构、降低工艺成本、提升产品质量等方面发力，以保证为客户带去最优化的产品和服务，从而树立高科口碑，形成公司品牌效应，为维护老客户、吸引新客户做积淀。

成果创造人：杨桂梅、张丹丹、孙萌萌、伍杰、宋璨、高海蒂、刘安泽

准能集团关于数智化财务管控模式的探索

国能准能集团有限责任公司

一、财务机器人概述

（一）财务机器人的定义和作用

机器人是一种先进的人工智能技术，在财务数字化建设领域有着广泛的应用价值。财务机器人在实际的应用管理过程中，主要是建立在机器人流程自动化的基础上，技术人员利用RPA自动化操作软件，按照事先预定好的设计程序和现有系统进行有效的交互处理，完成事先预定好的财务管理工作任务。另外财务机器人还可以有效模拟日常的键盘鼠标等操作，自动化的执行一些重复性的工作流程，大大降低了人力成本投入。企业财务管理工作开展期间，通过不间断的应用财务机器人，其作用是多方面的，一方面利用财务机器人可以有效代替人力完成更多重复性的工作，降低人力成本投入，提高人力资源的利用效率，节约人力成本，让企业的财务管理人员能够担任更有价值更大难度的工作，发挥出人才的应用价值。另一方面通过利用财务机器人，可以在短时间内完成耗时量较高的财务管理工作，提高各项财务管理工作的处理效率，保证数据处理的精确性、科学性和准确性。最后一个方面，利用财务机器人开展财务管理和财务数据处理，能够有效降低人为处理过程中的差错和误差，保障财务数据的安全性、科学性，防止关键信息泄露。

（二）关于财务机器人和财务人员的分析

财务机器人的出现并在财务管理工作中的进一步推广和应用，在一定程度上对企业的财务基础工作人员造成了一定的威胁，在没有出现财务机器人之前，企业财务管理过程中一些简单但是重复性相对较高，繁重的财务数据核对以及收集工作都是由企业财务管理人员来完成，同时还包括了人工操作、各项财务管理、平台流程控制报告生成、数据核对以及资料检索等各项内容。而在财务机器人应用之后，上述各个流程都能够完成自动化的操作，因此财务机器人在企业当中的深入应用，会给基层地区的很多财务工作人员构成一定的威胁。但这种威胁有时也能转变成一种驱动力，要求财务管理人员在日常工作当中能够更加主动地开展学习，更新自身的知识结构，提升自身的知识层面，最终更好地适应智能时代的财务管理要求，从事更加高科技难度更大的财务管理工作。另外财务管理人员和财务机器人相比具有多方面的优势，例如财务管理人员具有个性化的思维分析决策能力和综合判断能力，这些都是财务机器人所不能够取代的，从这个角度来看财务机器人对财务人员起到了一定的辅助和补充作用，并不能完全替代人工财务管理工作。

（三）财务机器人的演进过程

财务机器人的研发和有效应用根本目的是为了提高企业财务管理工作效率和管理工作质量，降低工作人员的负担，提高人力资源的利用效率，减轻人力资源的工作强度，同时缓解在人工操作过程中所存在的各种误差和不当之处。另外财务机器人的演进过程实际上是科学技术发展的一个集中体现。财务机器人最早出现于国际四大会计律师事务所，在整个财务管理行业掀起了巨大的热潮。一个占据一平方米左右的财务机器人，虽然不能够运动，能够在短短的几十分钟甚至几分钟的时间内成人工操作一小时以上的日常工作，同时还不用休息，可以全天候的操作，在此背景下有不少从事财务会计工作人员开始感到焦虑，觉得自己的工作很快会被财务机器人所替代。随着科学技术的进一步发展，财务机器人领域也得到了进一步的拓展。并且很多研究学者都看出，在财务管理工作开展过程中，通过应用财务机器人，仅能够处理一些简单重复性较强的财务管理工作，并不能够完全取代人脑，更不会造成一个学科的消失。但随着人工智能技术应用，实现从传统的手动操作动脑向着全程无纸化操作转变，实现对数据的精确分析和高效处理。财务机器人，作为财务管理人员的一种重要的辅助工具，可以帮助工作人员更加高效地完成财务管理工作，提高信息处理的精确性和合理性。

二、准能集团财务机器人项目建设实施步骤

为践行集团公司"一个目标，三型五化，七个一流"发展战略，适应科技进步带来的企业自动化、智能化和数字化转型趋势。准能集团紧跟国家能源集团统一部署规划，按照集团公司财务机器人实施技术路线和系统集成综合体方案，以财务机器人的优势和特点为基础，结合准能集团实际情况，开发完成12个财务机器人，并全部进入运行阶段，其中：3个为集团统建财务机器人，9个为准能公司自建财务机器人。准能集团按照《国家能源集团——财务机器人验收标准》相关要求，已完成财务机器人内部验收工作，所有财务机器人均已达到验收标准，具体情况介绍如下：为加快完善会计集中核算、资金集中结算、账户集中管理的"三集"新模式，准能集团基于ERP系统、共享中心、报账平台等业务实际，从财务人员全业务流程操作实际出发，结合RPA技术特点，细化财务标准化管控颗粒度，开发了适应于自身实际需求的财务机器人家园。

（一）项目准备阶段

首先，前期准备阶段。从2020年4月中旬开始，组织相关人员对财务机器人技术进行全面了解，梳理了准能集团财务机器人应用场景，与潜在供应商洽谈，形成了《准能集团财务机器人应用需求报告》初稿；其次，现场调研。从2020年9月中旬开始，到物资供应中心、内部结算中心、机关财务等单位进行调研，了解各单位业务需求，根据财务机器人应用前提及场景，结合财务工作中的业务痛点，梳理出准能集团财务机器人应用的12项需求，形成12个财务机器人的调研报告。

（二）技术交付阶段

2021年4月末，所有机器人均完成内部验收，准能集团正式进入财务机器人时代。

1.银行回单自动回挂机器人

2020年12月基于第三代技术开发完毕，实现网银回单自动匹配，海量回单信息"秒挂"上传影像系统。2020年12月在内部结算中心部署了三个机器人。2021年1月新ERP上线后，机器人内核由三代升级为四代，将回单机器人按流程拆分为三个子机器人，分别为："网银回单采集子机器人""报账制单子机器人""影像上传子机器人"。

2.银行存款余额调节表自动编制

2020年12月基于第三代技术开发完毕，解决了月底众多银行余额调节表的编制工作给财务人员造成的巨大压力。2020年12月在内部结算中心部署三个机器人。2021年1月新ERP上线后，机器人内核由三

代升级为四代，大大提升了机器人的执行效率。

3.纳税自动申报机器人

2020年12月基于第四代技术开发完毕，实现申报数据100%准确填写保存，最后由财务人员做最终检查，核对无误、点击上报。2020年12月在生产财务部署了三个机器人。2021年2月由于税务系统的变化，资产负债表、利润表、现金流量表由原来的一键导入改为逐项填写，机器人模拟人的操作，实现申报数据100%准确填写。

4.个税申报机器人

2020年12月基于第三代技术开发完毕，机器人彻底替代了手工将个人所得税申报上传到个税申报系统的整个过程。2020年12月在生产财务部署了三个机器人。2021年3月新增了全年一次性奖金收入、内退一次性补偿金、年金领取、解除劳动合同一次性补偿金等内容模块，实现了个税申报的全面性。

5.财务报表自动化机器人

2020年12月基于第三代技术开发完毕，使用财务报表自动化机器人执行刷表的全部流程，将财务人员从刷表的工作中释放出来。2021年1月新ERP上线后，机器人内核由三代升级为四代。2020年12月在生产财务安装部署三个机器人试运行。2021年3月在准能集团全部安装部署，共计21家单位29个机器人。

6.费用标准智能审核机器人

2020年12月基于第三代技术开发完毕，将公司标准及合同实际标准嵌入机器人内，通过导入车辆维修费用明细，机器人自动匹配车辆型号、核对标准，直接输出审核结果，供财务人员查阅。2020年12月在机关财务安装部署三个机器人试运行。2021年2月机器人内核由三代升级为四代。2021年3月在准能集团全部安装部署，共计19家单位29个机器人。

7.网银自动制单机器人

2020年12月基于第四代技术开发完毕，实现了自动登录报账系统下载付款信息，机器人对数据进行整理编号，登录网银系统进行付款信息录入，同时机器人会对每笔付款信息进行复核，防止资金重复录入，点击保存由资金稽核岗复核。2020年12月在机关财务安装部署一个机器人试运行。2021年3月准能集团全部安装部署，共计19家单位23个机器人。

8.凭证打印自动匹配机器人

2020年12月基于第四代技术开发完毕，实现自动对ERP凭证与共享平台凭证进行匹配，将单据总览导出，实现线下自动匹配、排序，生成以凭证号命名的PDF文件并一键自动打印。2020年12月在内部结算中心安装部署一个机器人试运行。2021年1月新ERP上线后，对机器人进行了优化。2021年3月新增了转账业务类的凭证打印功能。2021年3月在内部结算中心部署4个机器人。

9.往来账款自动询证机器人

2020年12月基于第四代技术开发完毕，实现自动获取供应商询证信息，将余额导入固定模板，机器人登录邮箱自动将询证模板发送对方指定邮箱。2021年3月在生产财务安装部署三个机器人试运行。

10.供应商自动清账机器人

2021年1月ERP系统升级后基于第四代技术开发完毕，实现自动对当月有发生额的供应商进行梳理，进入供应商清账事务代码，对供应商往来项采用标准清账法逐项清理。2021年2月在生产财务安装部署三个机器人试运行。2021年3月已全部安装部署，共21家单位29个机器人。

11.资金归集机器人

2021年2月基于第四代技术开发完毕，实现多家单位的多笔资金归集业务在报账系统自动进行单据提报，并且将提报生成的单据编号与银行流水的数据相关联。2021年3月在内部结算中心安装部署三个机器人。

12.共享制证薪资发放机器人

2021年4月基于第四代技术开发完毕，实现了对薪资发放的多项内容进行复核，避免了人工审核存在漏审、误审等情况发生。2021年4月在共享中心安装部署一个机器人。

三、准能集团财务机器人项目建设成果

（一）财务机器人部署范围

1.准能集团财务机器人安装部署

准能集团财务机器人已在全公司范围内全部部署完毕，实现了财务机器人部署全覆盖。目前使用财务机器人（RPA）的单位共计22家，使用机器人共130个，涉及12大类，具体为：银行余额调节表机器人4个，财务报表自动化机器人29个，银行回单自动回挂机器人4个，税务申报机器人4个，网银自动制单机器人23个，费用标准智能审核机器人23个，供应商自动清账机器人29个，凭证打印自动匹配机器人4个，资金归集机器人3个，共享制证薪资发放机器人1个，个税申报机器人3个，往来账款自动询证机器人3个。具体明细如表1所示。

表1 准能集团财务机器人安装部署表

编号	单位	刷表机器人	纳税申报机器人	网银付款制单机器人	维修费用审核机器人	供应商自动清账	余额调节表机器人	银行回单回挂机器人	凭证打印自动匹配机器人	资金归集机器人	共享制证薪资发放机器人	个税申报机器人	往来账款询证机器人	合计
1	生产财务	3	3	0	0	3	0	0	0	0	0	3	3	15
2	内部结算中心	3	0	0	0	3	3	3	3	3	0	0	0	18
3	质检公司	1	1	1	1	1	1	1	1	0	0	0	0	8
4	机关财务	3	0	3	3	3	0	0	0	0	0	0	0	12
5	黑矿	1	0	1	1	1	0	0	0	0	0	0	0	4
6	维修中心	1	0	1	1	1	0	0	0	0	0	0	0	4
7	选煤厂	1	0	1	1	1	0	0	0	0	0	0	0	4
8	炸药厂	1	0	1	1	1	0	0	0	0	0	0	0	4
9	生产服务中心	2	0	2	2	2	0	0	0	0	0	0	0	8
10	事业公司	1	0	1	1	1	0	0	0	0	0	0	0	4
11	行政处	1	0	1	1	1	0	0	0	0	0	0	0	4
12	社保处	1	0	1	1	1	0	0	0	0	0	0	0	4
13	供电公司	1	0	1	1	1	0	0	0	0	0	0	0	4
14	煤销公司	1	0	1	1	1	0	0	0	0	0	0	0	4
15	供应处	2	0	2	2	2	0	0	0	0	0	0	0	8
16	矸电	1	0	1	1	1	0	0	0	0	0	0	0	4
17	氧化铝	1	0	1	1	1	0	0	0	0	0	0	0	4
18	哈矿	1	0	1	1	1	0	0	0	0	0	0	0	4
19	哈素选煤厂	1	0	1	1	1	0	0	0	0	0	0	0	4
20	哈素维修中心	1	0	1	1	1	0	0	0	0	0	0	0	4
21	肖家公司	1	0	1	1	1	0	0	0	0	0	0	0	4
22	共享中心	0	0	0	0	0	0	0	0	0	1	0	0	1
23	合计	29	4	23	23	29	4	4	4	3	1	3	3	130

2.银行回单自动回挂机器人部署

准能集团已经部署实施银行回单自动回挂机器人及银行余额调节表机器人，共涉及准能集团全部银行账户。

（二）财务机器人操作流程与成果介绍

准能集团财务机器人基于ERP系统、报账平台、共享中心等业务实际，逐步构建全流程财务机器人家园，旨在充分解放财务人员，释放财务创新功能，促进业财深度融合，推动财务数字化、智能化转型升级。

1.银行回单自动回挂机器人

（1）操作流程。通过登录网银系统下载回单数据（交易流水、电子回单），自动获取凭证编号关键字段，登录报账系统单据查询查找付款凭证，自动匹配电子回单，"秒挂"上传影像系统。

（2）机器人特点

①批量下载。实现批量下载银行回单文件、明细，自动识别报账系统凭证编号。

②数据存储。机器人自动下载网银流水明细，自动存储到准能集团数据库，一方面便于历史数据的存储，支持历史回单、明细、回溯、追踪等数据查询功能；另一方面机器人存储的网银流水信息为银行余额调节表机器人提供了基础数据，避免了人工干预，提高了银行余额调节表机器人的运行效率及安全性。

③"秒挂"上传。通过与集团报账系统深度关联，基础架构深度融合，信息传递后台执行，上传速度大幅提升，实现了电子回单的快速上传。

（3）成果介绍

①由于回单回挂涉及电子回单与报销单据的一一匹配，且需要上传影像系统涉及的业务量巨大，过去使用手工方式难以实现回单的回挂，现在使用机器人一分钟能完成200笔的回单下载，10秒完成影像上传，大幅度提高了工作效率。

②数据匹配精准无误，系统操作高效快捷，极大地释放了财务人员工作压力，同时也支持多账户管理操作，满足了企业依法合规经营的要求。

2.银行余额调节表机器人

（1）操作流程

银行回单回挂机器人下载网银流水信息，储存到本地数据库，银行余额调节表机器人登录ERP系统下载银行日记账，从数据库调取网银流水明细自动比对，生成银行余额调节表。

（2）机器人特点

①全面覆盖。全面囊括准能集团所有银行账号，涉及建设银行、工商银行、中国银行及财务公司在内的全部22个银行账号。

②效率提升。机器人高效自动编制，全天运行，传统使用手工编制银行余额调节表需要4小时，现在使用机器人实现秒级比对，一秒可以对比上千笔记录，提升了95%的工作效率。

③结果精准。自动生成标准调节表样式，正确率100%。

（3）成果介绍

银行余额调节表机器人运行特点为全封闭流程运行，银行流水及企业明细账的获取都不需要人工干预，一方面提高了机器人的自动化程度，提升运行效率；另一方面保证了运算结果的可靠性，不存在人为修改影响余额调节表的可能性，大幅提高了依法合规水平，保证了财务数据的真实性，效率由4小时提升至1分钟。

3.纳税申报机器人

（1）操作流程

机器人登录准能集团自建税务管理系统，获取报税数据，对数据进行分类、整理和存储，登录国家税务局网站填报纳税申报表。

（2）机器人特点

①精准填报。机器人按照设置好的填报路径，精准执行填报程序，一次性填报完成，大幅提升了数据的填报质量。

②分税种填报。将机器人填报工作按税种进行区分，可实现分税种的单次录入，也可实现全税种的批量录入，使税种申报更加灵活，填报效率更加高效。

（3）成果介绍

纳税申报机器人大幅提升了税务申报的效率。首先，借助准能集团税务管理系统，使得数据的获取更加高效；其次，机器人填报大幅提升了填报效率，之前手工填报大致需要两天时间，现在机器人填报可在10分钟之内全部完成，效率得到了大幅提升且填报准确性也得到了保证。

4.费用标准智能审核机器人

（1）操作流程

通过导入机动车辆维修明细表（统一模板），机器人自动匹配车辆型号，核对配件费、工时费是否符合公司标准及单位标准，财务人员直接查看校验结果，极大提高了维修费用审核的准确性、及时性，同时也减轻了财务人员的工作负担，提高工作效率，为核算财务向管理财务转型提供了支撑。

（2）机器人特点

①业财联动。首先由业务部门关键用户将需要报销的发票销货清单导入费用标准智能审核机器人，校验结果合格后，通过报账系统提交报销单据，财务人员通过查看机器人校验结果，审核报销单据。

②智能审核。使用自动查找匹配及相似度算法等高技术手段，提高了审核的准确性。

③智能查询。支持多维度智能查询，机器人对查询结果智能分类（符合标准、不符合、未匹配、相似度），财务人员可以对不同结果分类查询，用以指导、规范业务前端，提高操作流程的标准化程度，降低退单率，提升依法合规经营水平。

（3）成果介绍

费用标准智能审核机器人实现了费用标准的自动化比对，大幅提升工作效率的同时减轻了财务人员的工作负担，此外机器人智能审核保证了数据比对的准确性，达到了100%比对和100%准确，确保了财务审核的依法合规。

5.网银自动制单机器人

（1）操作流程

网银自动制单机器人自动登录报账系统下载付款信息，机器人对数据进行整理编号，登录网银系统进行付款信息录入，同时机器人会对每笔付款信息进行复核，防止资金重复录入，点击保存由资金稽核岗复核。

（2）机器人特点

①财务转型：机器人自动制单代替了出纳岗主要工作，准能集团所有网银制单工作全部由机器人统一完成，节省了全公司16个二级单位出纳岗的主要工作，将出纳从低价值工作中解脱出来，投身于更高价值的分析工作，助推核算财务向管理财务转型升级。

②资金安全：资金安全无小事，为了牢固树立资金安全的"归零意识"，网银制单机器人使用自动识别技术，对每一条付款信息实行全流程跟踪管理，对数据进行整理命名，每次网银录入之前都要自动校验，录入成功的信息不会重复录入，同时建立数据库，保证了资金支付的安全性。

（3）优化升级

为进一步提高网银自动制单机器人的稳定性，保证填报质量减少退单率，对如下五个方面进行优化：

①系统升级。使用最新的四代开发技术，重写了网银自动制单机器人，大幅提升了机器人的稳定性，同时机器人提高了操作速度；机器人定位更加准确，运算更加高效；机器人运行期间，人为触碰

鼠标也不会影响正常工作；机器人可以在电脑锁屏的情况下正常运行，防止恶意干预操作，增加了安全性。

②多条付款。日常办理差旅费结算中，存在一条付款单据中包含多个付款信息的情况，针对这种场景对机器人进行优化，实现了所有付款信息均能够录入网银系统。

③制单数量。考虑机器人上线后可能面临的大量待办事项，遇报账系统崩溃导致机器人停滞等情况，增加制单数量选择功能，结合实际设置待办处理条数为自定义数量的输入框，每次可处理1~1000笔待办，避免机器人单次录入海量数据引起的效率下降。

④精准制单。自动制单机器人有公司代码和员工编号识别功能，可防止机器人串户录单和重复录单。

⑤其他。通过四代技术，使用开发者模式，开发批量下载功能，大幅提升工作效率。在实际操作中，报账系统中的收款名称中间会存在空格，机器人录单会保存空格，网银系统不识别导致付款失败，通过修改逻辑解决了这个问题。

（4）成果介绍

机器人自动制单代替了出纳岗主要工作，准能集团所有网银制单工作全部由机器人统一制单，节省了准能集团16个二级单位出纳岗的主要工作，将出纳从低价值工作中解脱出来，投身于更高价值的分析工作，助推业务财务向战略财务转型。运行一次需要5~10分钟（视报账及网银系统速度），单次运行最多可录入1000笔凭证，效率提升50倍。

6.财务报表自动化机器人

（1）操作流程

报表出具的全流程操作交给财务报表自动化机器人，输入工号和密码后，机器人可以自动执行报表出具的全部流程，待校验结果出具后通过手机短信等方式提醒财务人员，财务人员可以节省刷表的时间去处理其他事务，解放财务人员的同时大大提高了报表出具效率。

（2）机器人特点

①虚拟技术：使用虚拟机技术，一台电脑可同时打开三个页面，进行相同流程操作，使得机器人的实际部署数量增加两个，现在生产财务一台电脑可同时运行准能、哈尔乌素、准资三个公司的跑链工作，较以往减少了两台电脑投入。

②分段运行：将刷表流程进行分拆，创建跑链、收数、刷表三个子模块，支持分段运行。

③自动运行：月底各单位制证完成，需要财务部随时启动跑链工作，使用定时跑链任务，自动执行数据加载，省去人工手动参与环节。

④高效操作：无间断监控运行结果，无缝衔接每次操作，使得刷表执行速度更快，大幅提高刷表频率。

⑤结果反馈：任务执行完成后，机器人自动以短信、邮件等方式将运行结果实时通知。

（3）成果介绍

①使用机器人可以替代准能集团财务人员24小时执行数据链加载的工作，一方面释放财务人员精力，节约人力资源；另一方面及时执行数据加载，提高报表出具效率，保证报表质量。

②正常情况下，单体公司月底需要执行两次刷表流程，每次执行时间在0.5~1小时之间，月底准能集团出具39套报表，已全部部署机器人自动刷表，提升了60%的工作效率。

7.凭证打印自动匹配机器人

（1）操作流程

机器人自动对ERP凭证与共享平台凭证进行匹配，将单据总览导出，实现线下自动匹配、排序，生成以凭证号命名的PDF文件，财务人员可执行自动打印。

（2）机器人特点

①能够自动打印凭证以及该凭证对应的审批单和回单文件，并且自动编排，顺序打印，目前已支持收款、付款及转账类型的凭证，支持全影像打印、高速打印机打印。

②高效、方便，一分钟打印20笔凭证，并且按顺序打印，方便订装。

（3）成果介绍

内部结算中心人员过去3~4人每天专门执行凭证打印的工作，现在使用机器人自动匹配，批量打印，极大地减少了工作量，提高了工作效率，提升了依法合规经营水平。

8.个税申报机器人

（1）操作流程

个税申报机器人按照单位顺序在个税系统导入个税申报表，将系统确认金额导出，在进入ERP系统查询当月应交个税金额，两者进行比对，并将比对结果进行反馈，通知财务人员。

（2）机器人特点及成果介绍

每月按照单位顺序在个税系统导入个税申报表，将系统确认金额导出，自动验证报税金额，填写个税申报验算表，自动错误提醒，减轻了财务人员工作负担，提高了个税申报的工作效率。

9.供应商自动清账机器人

（1）操作流程

开发供应商自动清账机器人，模拟财务人员操作，对当月有发生额的供应商进行梳理，进入供应商清账的事务代码，对供应商往来项采用标准清账法逐项清理，替代财务人员手工操作。

（2）机器人特点

①清账精准。ERP系统中同一供应商使用唯一的供应商编码，清理供应商往来账时需要精准区分公司范围、利润中心、合同编码等信息，机器人按照精准操作，大大提高了清账准确性，防止人为操作可能出现的往来账款清错、不匹配等情况。

②释放精力。使用机器人清理往来账款，可大幅减少财务人员工作强度，使财务人员投身更高价值的工作中。

（3）成果介绍

传统财务人员手工清理一家供应商往来账，视往来账款数据量大小，平均用时在4分钟左右，使用机器人处理每条数据，用时大约在20秒左右，较之前手工操作，效率大幅提升。

10.往来账款自动询证机器人

（1）操作流程

开发往来账款自动询证机器人，获取供应商询证信息，将余额导入固定模板，机器人登录邮箱自动将询证模板发送对方指定邮箱，最后将发送信息进行反馈。

（2）机器人特点及成果介绍

机器人自动整理询证函，批量发送询证信息，视批量执行的数据量大小，机器人每次执行全流程询证需要5秒钟，传统人工执行一个往来询证操作需要3~5分钟左右，效率较人工操作得到极大的提升。

机器人精准执行，批量操作，避免了人工操作可能将金额填写错误等情况发生。

（3）操作流程

共享制证薪资发放机器人在报账系统自动下载相关文件并解析，准确无误地获取数据进行对比。审核无误后开始填写制证信息，最后点击保存、通过，完成制证。

11.共享制证薪资发放机器人

（1）操作流程

共享制证薪资发放机器人在报账系统自动下载相关文件并解析，准确无误地获取数据进行对比。审核无误后开始填写制证信息，最后点击保存、通过，完成制证。

（2）机器人特点及成果介绍

机器人自动下载影像系统中的PDF文件，自动解析数据进行核验，一秒生成比对结果，省去了之前人工校验金额、付款账户、供应商、利润中心等信息，极大地提高工作效率。

校验完成后机器人精准且快速地填写制证信息，不存在金额、利润中心、上划下拨等信息填写错误，避免了人为操作失误。

12.资金归集机器人

（1）操作流程

资金归集机器人自动登录报账系统填写公司、利润中心、单据类型、部门、摘要、附件等基本信息，自动点击明细信息中的"上载"按钮完成导入明细信息的操作，并且自动选择财务复核审批人完成提报单据。

（2）机器人特点

①内部结算中心每天都有多家单位的多笔资金归集业务需要提报，业务单一，重复性较高。机器人自动登录报账系统进行资金归集业务单据提报，提升了业务员的工作效率和工作质量。

②填写完成后机器人自动对数据进行整理和汇总生成导入模板，并且自动导入到报账系统中进行提交，选择财务复核审批人完成单据的提报，实现全流程自动化。

（3）成果介绍

资金归集机器人每日根据银行流水笔数、金额自动在报账系统中提报单据，减少人为操作失误，确保银行账和企业账每日相符，保障资金安全，夯实财务基础工作。

四、准能集团财务机器人安全管理介绍

为提高财务机器人整体安全防护水平，确保财务机器人安全、稳定、可靠运行和信息内容的保密性、完整性、可控性，降低安全风险，准能集团在财务机器人安全管理做了如下工作：

一是规范财务机器人物理安全访问、逻辑安全访问以及建立机器人运行监控机制。对财务机器人终端实施单独部署，利用防火墙、路由器等网络设备的安全功能，定期进行漏洞扫描、入侵检测、远程访问安全检查。对机器人管理员账号的新增、变更、删除须经公司财务部审批并备案。对机器人运行加强管控，对运行过程实现操作日志记录、运行录屏及其关键操作截图，规避在有人值守模式下未按既定要求自启动机器人，满足机器人运行结果安全审计要求。

二是加强数据安全管理，加强特权用户（系统管理员、服务器管理员、数据库管理员、网络管理员等）定期对服务器访问日志、数据库备份、网络访问日志进行备份。禁止将财务机器人运行流程、重要配置等信息携带外出、打印、复印后经其他媒介发送。

三是充分利用第三方安全监测公司专业技术，拟定财务机器人安全检测内容，每年对财务机器人安全管理策略进行监测，并且出具检测报告。

四是建立财务机器人检查清单与报告工作机制，定期举行财务机器人运行"回头看"工作，财务部

根据检查清单内容对实施单位逐项进行检查，并形成检查报告给出调整要求，实施单位依据检查报告进行自我调整，以此往返形成安全管理工作正循环。

五、准能集团财务机器人发展趋势

财务标准化是制约财务机器人部署的关键因素，财务机器人适合的流程必须是有一定规则的且明确的，如果一个流程毫无规则、散乱，需要人为进行主观判断操作，那它本身不适合财务机器人，因为机器人做不到主观判断。基于财务机器人的特点，准能集团下一步财务机器人建设有以下几个方面：首先，将继续细化财务标准化管控颗粒度，推进业财深度融合，加强财务标准化流程体系的建设与应用，为下一阶段扩大财务机器人规模提供坚实的保障；其次，继续扩大财务机器人应用场景，替代大量重复、低价值的手工操作。赋予机器人更多判断条件，使机器人逐步由自动化向智能化转型，探索机器人应用场景下的自动审核财务工作模式变革，助推准能集团财务转型。

六、结语

综上所述，随着我国信息化不断向前推进和发展，各项信息技术在各个领域的应用深度和应用范围也在不断地拓展和加深。财务机器人作为大数据技术、智能化技术和现代信息技术应用大背景下的时代产物，通过将其用到企业财务管理工作当中，能够为企业财务决策顺利开展，提供相应的技术支撑。因此就需要我们充分认识到财务机器人在未来企业财务管理工作的重要作用，不断加强网络技术建设，确保财务机器人能够发挥其应有的职能作用，真正为企业财务工作的高效开展奠定坚实基础。

【参考文献】

[1]马莉娟,沈娜娜,陈刚.RPA在电网行业财务领域的应用探索[J].科技与创新,2018,0(22):16-20.

[2]戚蓓蓓.基于人工智能视角的财务机器人流程自动化应用探析[J].财务与会计,2018,0(17):58-59.

[3]田高良,陈虎,赵猗旎[2],贝成成.财务机器人的选择和实施方法探究[J].财会月刊,2019,0(19):9-14.

[4]杜鑫.基于财务共享的企业集团资金集中管理问题及建议[J].财讯,2019,0(10):108-108.

[5]苗华丽.财务机器人在企业中的应用探讨[J].中国市场,2019,0(31):193-194.

[6]韩向东,余红燕.智能财务的探索与实践——智能财务的探索与实践[J].财务与会计,2018,0(17):10-13.

[7]黄山.简述财务共享服务中心建设与管理会计体系构建——以A公司为例[J].财经界,2020(24):101-102.

[8]李雁君,郭伟.施工企业建立财务共享中心后如何加强资金管理[J].财经界,2020(22):136-137.

[9]吴静.浅谈财务共享中心管理模式的优越性及风险控制[J].现代经济信息,2020(9):75-76.

[10]候艳霞.财务共享中心下的共享财务管理分析[J].财会学习,2020(25):68-69.

[11]靳新媛,张雪梅.结构洞理论下企业集团财务共享中心信息传递机制探究[J].财会月刊,2020(17):26-32.

[12]郑芳,何娜,刘岩.跨国企业财务共享服务中心的核算质量监控浅析——以Z集团财务共享服务中心为例[J].当代会计,2020(16):63-65.

[13]曾琴.探究财务共享中心模式下实现财务人员价值和企业效益最大化路径[J].交通财会,2020(10):46-48.

成果创造人：陈来源、沈光江、贾铁军、武国平、霍文、于树斌、王程、

田治强、刘昭武、宋梅、贾娟、刘辉、刘恩佑、张宇峰、仝玲、

倪艺轩、赵士博、李沛敏、王尚荣、高振兴、郭艳峰、

张彩霞、及时雨、贺冰艺、田丰、王柄印、刘立松

新发展格局下电网企业供应链金融探索与实践

南方电网能源发展研究院有限责任公司

一、绪论

（一）研究背景

输配电价改革以来，传统输配电业务的盈利空间不断缩小。为了培育新的效益增长点，南方电网公司（以下简称"南方电网"）立足电网主业，探索审慎规范开展金融业务。

供应链金融是我国金融服务实体经济，解决中小企业融资难、融资贵问题的重要抓手。新发展格局下，国家出台了多项政策鼓励核心企业发展供应链金融业务。立足产业供应链大力发展供应链金融，服务实体经济，符合金融监管导向，有利于解决上下游企业融资难题，是电网企业金融业务发展的主要方向之一。

金融业科技发展日新月异，区块链等新技术能够有效优化业务流程、降低运营成本、提升协同效率，"供应链金融＋金融科技"的业务模式能够为供应链金融提供强大赋能。

故开展本研究，有机结合理论、政策、行业发展趋势和电网企业发展实际，提出电网企业供应链金融顶层设计和实践路径。

（二）研究目的

本研究以南方电网为典型示例，提出新发展格局下电网企业供应链金融发展路径，具有以下目的：

（1）为电网上下游中小微企业提供高效便捷的融资渠道，畅通实体经济资金循环，服务新发展格局。

（2）应用"金融＋科技"为上下游赋能，支持供应链产业链稳定发展和优化升级，提升整体运行效率。

（3）产融结合创新盈利模式，开拓新的效益增长点，助力电网企业高质量发展。

（三）研究内容

1.供应链金融、金融科技理论和政策研究

研究供应链金融和金融科技的基础理论，分析供应链金融和金融科技的发展趋势特点，展望基于金融科技和互联网的供应链金融发展前景，为制定更符合电网企业发展需求和发展特点的供应链金融创新发展策略奠定基础。

2.供应链金融实践案例经验借鉴

选取海尔集团等典型企业，重点研究其供应链金融运作特点以及金融科技应用情况，为电网企业发展供应链金融提供经验借鉴。

3.供应链金融发展布局研究

分析电网企业内外部环境，拆解供应链结构，发现供应链各环节衍生出来的金融服务需求，提出电网企业供应链金融发展布局。

4.供应链金融科技赋能研究

依托区块链、大数据与人工智能以及物联网技术，解决商业保理等典型供应链金融业务中存在的信息不对称等问题，打造业务更高效、信息更透明、风险更可控的供应链金融服务。

5.供应链金融生态构建研究

从业务协同、渠道协同、数据共享、技术共享等方面，提出供应链金融生态系统的构建思路研究按照"发展布局—科技赋能—生态构建"的主体逻辑开展，技术路线如图1所示。

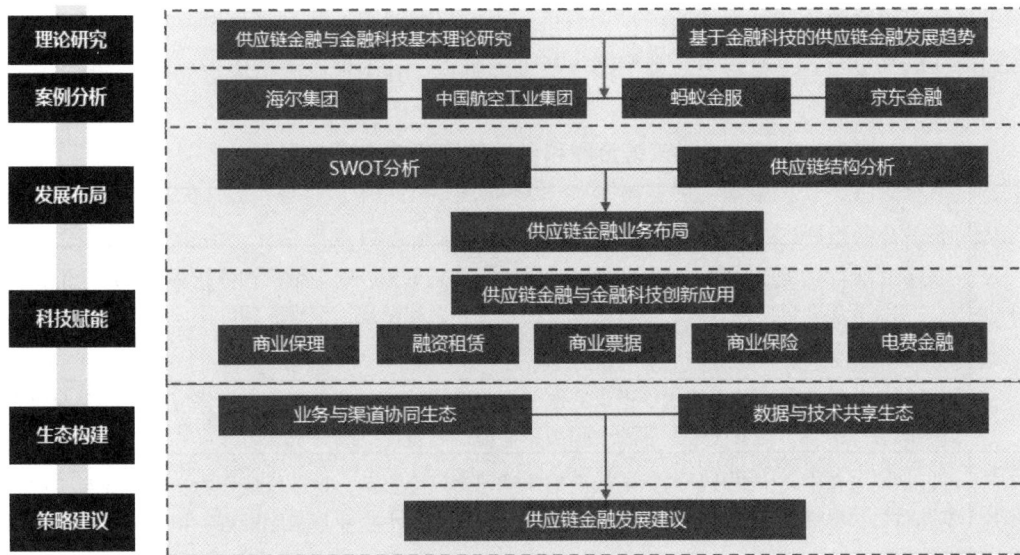

图1 研究技术路线图

二、理论和政策研究

（一）基础理论

1.供应链金融基础理论

供应链金融是有别于传统信贷的融资模式。传统的信贷融资模式下，金融机构主要是根据融资企业的历史财务信息以及抵押物来提供授信，而供应链金融模式下，资金提供方转为对产业链上企业的交易状态进行综合评价，针对单笔或者多笔交易提供融资服务。

狭义的供应链金融就是利用供应链上下游企业之间的债权、物权进行融资，主要包括商业保理、商业票据等业务。广义的供应链金融是为供应链上下游企业提供综合金融服务，最大程度优化整个供应链的资金配置，典型业务包括融资租赁、商业保险等。商业保理是以债权人转让其应收账款为前提，集应收账款催收、管理、坏账担保及融资于一体的综合性金融服务。商业票据是指信用机构按一定的方式和要求为票据的设立、转移和偿付而进行的日常营业性的业务活动，其相关服务集中体现在票据池业务中。融资租赁是指出租人根据承租人的请求，出资向供货商购买承租人选定的设备，并向承租人收取一定的租金。商业保险的含义广泛，包括人身保险、财产保险等，在供应链金融场景中，商业保险主要用于增信和释放保证资金。

2.金融科技基础理论

在云计算、物联网、移动互联网、大数据、智能技术和区块链等新一代信息技术的应用下，金融业务和科技开始深度融合。这一融合不仅仅是技术层面的应用，更是对整个金融系统运作过程的重新构建，金融科技带来了新的产品和商业模式，从而创造出更多价值。

金融科技的关键技术包括云计算、物联网、区块链、大数据和人工智能。其中云计算技术提供了硬件基础和保障，物联网技术能够智能化识别、定位、跟踪、监控和管理货物，区块链技术具有分布式数据存储、点对点传输、共识机制、加密算法、不可篡改等特点，大数据和人工智能技术提升可用数据量级及分析能力。

（二）政策梳理

近年来，国家和地区层面政策不断细化，对供应链金融发展从各个层面进行了规范和引领，赋能供应链金融的区块链技术等金融科技也得到了中央的高度重视，其中重要政策内容如表1所示。

表1 供应链金融和金融科技领域政策文件

时间	政策精神
2017年3月	国务院办公厅《关于金融支持制造强国建设的指导意见》鼓励金融机构依托制造业产业链核心企业，积极开展仓单质押贷款、应收账款质押贷款、票据贴现、保理、国际国内信用证等各种形式的产业链金融业务，有效满足产业链上下游企业的融资需求
2017年10月	国务院办公厅签发《关于积极推进供应链创新与应用的指导意见》，鼓励供应链核心企业建立供应链金融服务平台，为供应链上下游中小微企业提供高效便捷的融资渠道
2019年10月	习近平同志在中共中央政治局第十八次集体学习会议上强调，把区块链作为核心企业自主创新的重要突破口；要推动区块链和实体经济深度融合，解决中小企业贷款融资难、银行风控难、部门监管难等问题
2020年9月	中国人民银行等八部委印发《关于规范发展供应链金融 支持供应链产业链稳定循环和优化升级的意见》，鼓励核心企业通过应收账款融资服务平台进行确权，为中小微企业应收账款融资提供便利，降低中小微企业成本

（三）金融科技赋能供应链金融的方式

对于供应链金融而言，云计算是基础、区块链技术深度嵌入、物联网技术是重要数据源、大数据和人工智能技术是关键。云计算提供了基础算力。物联网主要是通过传感技术、导航技术和定位技术等方式，在仓储和货运环节来实现相关环节和物品的数据可追踪。大数据、人工智能对供应链金融的风控和决策提供重要支撑，大数据建模可对借款企业的资质事先筛查和精准画像。区块链技术具有分布式数据存储、点对点传输、共识机制、加密算法等特点，为供应链金融核心企业应付账款的快速确权提供了便利。

三、典型企业供应链金融领先实践

选取国家电投、中航工业、海尔集团等供应链核心企业及京东金融、蚂蚁金服等金融科技领先企业，分析其在供应链金融业务发展实践中的可借鉴要素。

（一）数据资源为供应链金融发展提供支撑

发展供应链金融的主要风险在于与上下游企业的信息不对称。核心企业运用好真实贸易信息等数据资源，可以使供应链金融业务风险可控。例如国家电投和中航工业的应收账款债权的电子凭证开立、持有、拆分、流转、融资、清分等全过程均在其线上完成，业务建立在真实贸易背景之上，能够有效控制风险；海尔集团数万家经销商在线上平台发起在线融资申请，实现对订单、物流、资金等动态全流程监控。

（二）运用金融科技手段提升供应链金融效率

云计算、大数据、人工智能、区块链、物联网等技术能够为供应链金融赋能，提升供应链金融运转效率。例如，京东金融和蚂蚁金服等企业利用大数据、人工智能、云计算等信息技术，应用信息技术手段自动完成供应链金融业务涉及的审核、支付、清算和对账等流程，极大地提高了供应链金融的运营效率。

（三）多方合作有助于培育供应链金融生态

核心企业利用自身优势，与外部机构合作，构造出互补共生的供应链金融生态。例如，国家电投和海尔集团分别与平安银行合作搭建供应链金融系统，对其上下游中小企业提供融资支持，实现多方共赢。京东金融供应链金融平台推动商家、银行、物流、仓储高效协作，构建了供应链金融生态系统，形成良性循环。

四、供应链金融发展布局研究

（一）现状分析

南方电网积极响应国家号召，发展供应链金融业务。各金融专业子公司围绕产业链供应链积极开展商业保理、融资租赁、商业票据、商业保险等业务，已具备一定规模。

1.资源优势

一是产业链核心地位优势。处于能源电力产业链、供应链的核心地位，对上下游具有强大影响力，业务资源丰富，能够构建良好的供应链金融生态。二是资信优势。信誉良好，资信等级高，获取外部融资成本较低。三是数据优势。掌握着海量的电力生产数据、客户数据、业务数据等多类型真实数据，既可作为大数据分析精准营销的基础，又可作为客户征信的重要分析依据，能够有效降低风险。四是资金管理能力优势。自有资金较为充裕，现金流量大，积累了资金管理经验。五是金融板块基础优势。内部金融企业已具备一定基础，已积累对上下游提供金融服务的经验，拓展供应链金融条件成熟。

2.存在问题

一是业务顶层设计尚不完善，协同效应未能充分发挥。供应链金融业务缺少统一顶层设计，各部门和单位在供应链金融业务中的职能定位不够明确、职能边界不够清晰，业务收益共享机制尚未构建。二是业务数字化水平有待提升，数据资源共享力度不足。丰富的数据资源未有效整合利用，产业与金融、金融与金融业务之间存在数据壁垒，各类信息和数据分散在各业务条线的多个系统中且相互独立，存在"信息孤岛"，部分业务数字化水平较低。三是核心企业优势作用未能充分体现，供应链金融服务体系尚未构建。各成员单位作为产业链核心企业的优势作用未能充分发挥，对供应链上下游企业的带动作用未能充分体现，尚未构建统一完备、互利共赢的供应链金融服务体系。四是金融产品不够丰富，科技赋能产品创新力度不够。未充分运用先进技术开展需求分析及产品创新，金融产品供给及金融服务渠道还不够丰富，科技赋能金融产品创新及服务业态变革的力度有待加强。

（二）供应链结构分析

电网企业供应链结构如图2所示。

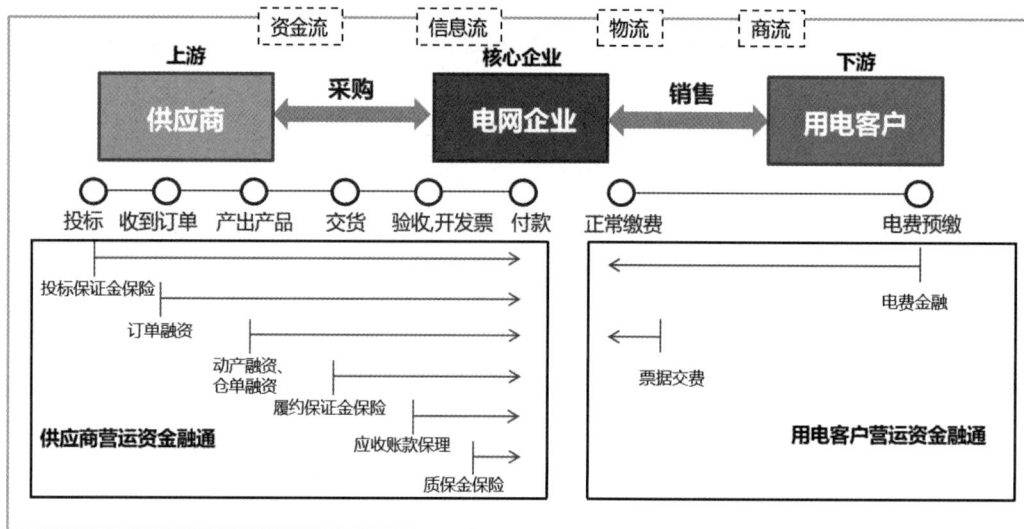

图2　电网企业供应链结构

上游供应商主要包括发电厂商和设备厂商。对于设备厂商而言，供应链交易过程主要包括投标、收到订单、产出产品、交货、验收并开具发票、付款等环节；对于发电厂商而言，由电力商品即发即用、不可储存等性质，以及电网运行安全等条件约束，供应链交易过程较为简单，主要是根据事先安排的发电合同和调度计划进行交易，包含开具发票和付款两个环节。

对应以上拆解的供应链上游的每个环节，供应商均会产生相应融资需求，包括投标、交货、付款等阶段利用保证金保险释放资金占用，在订单、产品、验收等阶段利用交易凭证进行融资。

下游主要是广大用电客户，从交易金额上来看是以企业客户为主。其融资需求主要可以通过协助提供电费贷款、票据贴现缴费等实现。

（三）供应链金融业务和平台布局

综合资源优势和存在问题，未来发展供应链金融业务，首先需要整合金融业务发展需求，做强、做优现有金融平台，利用科技创新和产品创新提升金融板块效益。同时，要坚持金融服务实体经济，沿能源产业链上下游开展相关业务，发挥电力产业链核心企业优势，加强风险管控能力；充分发挥资金管理优势，将隐性优质信用资源转化为显性金融收益。

电网企业供应链金融业务布局和平台如图3、图4所示。

在上游供应商方面，开展传统的商业保理、融资租赁、商业票据、商业保险业务。在下游客户方面，则结合电网业务特点开展电费金融业务。各省级电网公司是供应链上主要核心企业，负责驱动供应链资金流动和提供核心信用。

在资产端，以上游物资采购和下游电力销售为基础资产。在资金端，以系统内金融机构起步，逐步引入商业银行、机构投资者甚至个人投资者。通过建立统一的供应链金融平台，整合营销、物资、财务、票据、资金等多个系统，实现融资需求与供给之间的高效匹配。

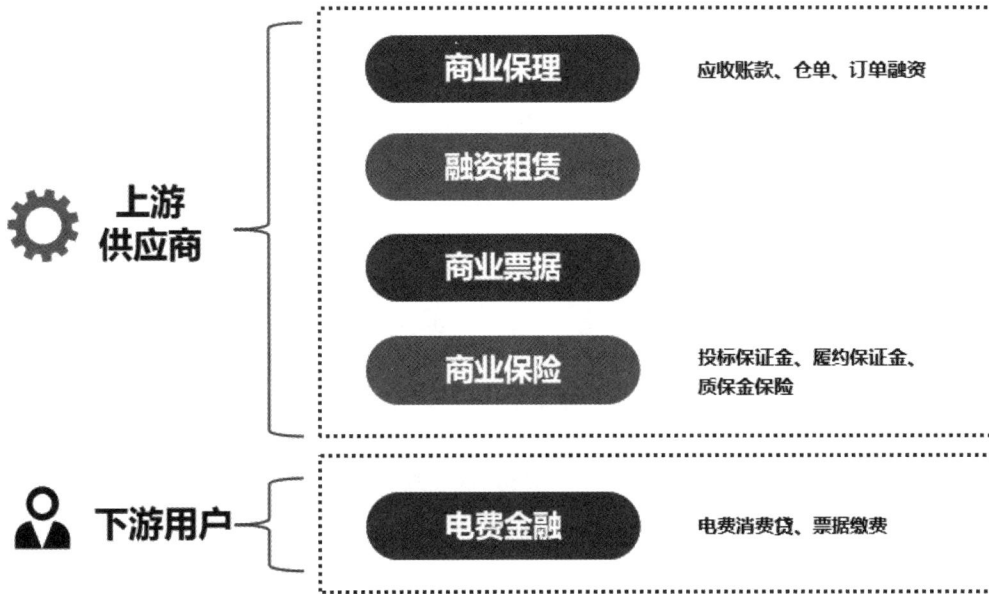

图3 电网企业供应链金融业务布局

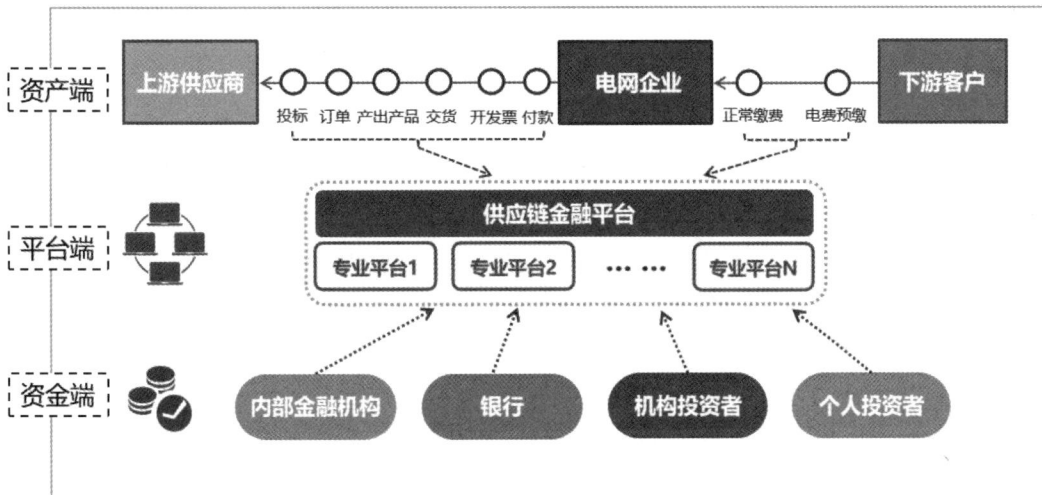

图4 电网企业供应链金融平台布局

五、供应链金融科技赋能研究

科技赋能供应链金融的整体思路是以云计算为底层技术，根据区块链、大数据、人工智能和物联网等技术的特点，分别将这些技术应用于商业保理、融资租赁、商业票据、商业保险和电费金融等业务。例如区块链具有可追溯、难篡改的特点，可以将之应用于商业票据业务，实现交易记录不可篡改，确保票据真实性。物联网具有远程跟踪、识别、监控的特点，将之应用于贸易融资，可以通过跟踪货物的实时情况核查贸易背景的真实性。如图5所示。

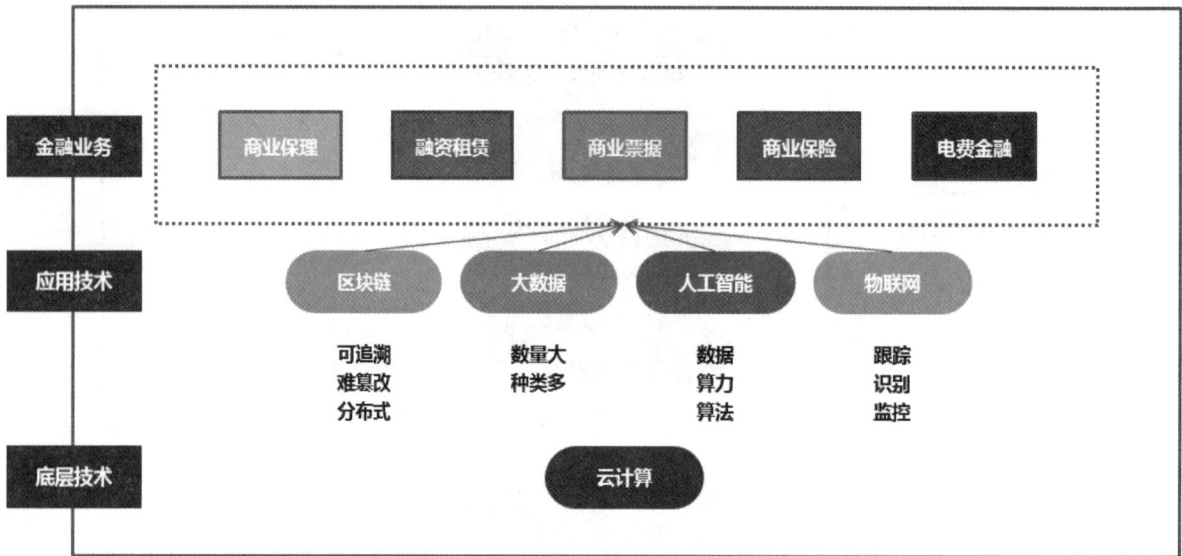

图5 供应链金融与金融科技融合发展全景

（一）商业保理

1.现有商业保理模式及面临问题

（1）应收账款回款风险加大。随着经济的放缓，产能过剩问题日益突出。在此背景下，供应商面临的回款压力加大，销售商面临的市场环境更加不确定，从而进一步加大了应收账款的回款风险。

（2）核心企业信用无法有效传导。传统保理中，核心企业信用在绝大多数情况下只能传递到一级供应商，多级供应商无法借助核心企业信用进行贷款，核心企业的良好资信无法传递给有更多融资需求的中小企业。

（3）应收账款真实性确认难度大。商业保理业务最大的风险就是这些应收账款的真实性。现阶段，国内信用体系建设依然存在短板，这制约了商业保理业务的拓展。由于担心中小企业信用不足，国内商业保理公司开展业务谨慎。

（4）客户审查等业务开展成本较高。传统的线下尽职调查等工作方法耗费成本较大，导致大量金额小的应收账款保理业务开展不具有良好经济性。

（5）债权确权时点较为滞后。在现行财务制度下，核心企业债权确认通常要等待业务、财务审批流程完成，这导致了应收账款确权周期较长，而应收账款保理操作空间较小。

2.金融科技赋能下的商业保理创新

（1）基于数据进行业务决策，降低保理业务风险。通过基于数据的归集、整理和分析，可将保理融资业务决策过程转变成为建立在完整数据支持的、基于客观事实的决策。

（2）精确定位目标客户，建立针对性风险模型。基于用电和交易数据，保理商可快速获得高价值信息，进而集中锁定特定客户群，有针对性地批量获客。在数据支持下建立特定的风险评估模型，更有助于对业务整体风险的防控。

（3）盘活小额应收账款保理服务。借助数据信息系统，大幅成本优化客户授信审查、业务真实性判断、风险分析、监测预警等环节，并依靠系统简化操作环节，提高业务的标准化、自动化程度，盘活小、快、频应收账款保理服务，开创保理业务蓝海。

（4）利用区块链技术实现信用流转。区块链在商业保理业务中发挥两个作用，首先是核心企业确权过程，包括整个票据真实有效性的核对与确认；其次是证明债权凭证流转的真实有效性，保证债权凭证本身不能造假，实现信用打通，进而解决二级及以后供应商的授信融资困境。

（5）利用物联网技术对货物进行有效监控。仓单项下的实物由于物联网技术的推行变得特定化，且仓单与实物二者间可以创立起一种实时的、动态的关系。仓单还可以通过绑定实物的三维坐标，令仓单具备独一性和排他性，以便改善目前仓单中存有的重复开单或者是虚开仓单等现象。

（二）融资租赁

1.现有融资租赁模式及面临问题

（1）融资租赁企业需要承担债权和物权的双重信用风险。融资租赁业务是"三方、两合同"的交叉法律关系，融资租赁特殊的业务形式分离了所有权和使用权，融资租赁业务的租赁物大多为大型设备商品，设备昂贵，维修复杂，一旦出现风险，造成的损失和后果极为严重。

（2）外部信息获取成本高、效率低。融资租赁公司需要确认供应商、承租人不存在违约和欺诈，并需要对租赁物实施监管。需要花费大量的时间收集和分析相关信息，存在着成本高、效率低的问题。

2.金融科技赋能下的融资租赁创新

（1）追溯设备质量，将质量控制深入生产环节。利用物联网和信息加密等技术等为每个设备建立唯一的数字条码，通过监管生产过程中的流通信息，对所有设备进行监督管理和控制。

（2）追踪监控租赁物，实现资产动态监管。利用无线传感采集租赁物的位置、环境、使用状态等信息，感测设备是否处于正常状态或最佳状态，同时也可感测周围环境是否存在腐蚀、损坏设备的风险，实现对租赁物的生产状态、设备状态的实时监控。

（3）应用多种数据，加强风险管理。实现数据的采集量化、处理融合和传输应用，提前检测设备使用中的风险并采取应对措施。通过引入内外部数据，实现客户风险信息收集、预测、分析、预警、监控等功能。

（三）商业票据

1.现有商业票据模式及面临问题

（1）限于风控规定只能开展一手票据业务。财务公司的风控要求较高，要求对每一手贸易背景都核查清楚，且银保监会加强对财务公司票据开立和贴现的监管，因此还无法开展多手票据的相关业务。

（2）定价机制不够灵活。基于电网企业优质资信，社会金融机构往往对电网企业开具票据的贴现利率有所下调，财务公司应尽快制定灵活的定价机制以应对市场竞争。

（3）难以有效服务中小企业。碍于中小企业资产规模小、现金流不稳定、担保和抵押机制不健全等不利因素，财务公司难以为中小企业开立银行承兑汇票。

2.金融科技赋能下的商业票据创新

（1）利用大数据风控技术为中小企业提供更全面的信用特征刻画。大数据风控能够基于财务表现、供应链特征等多维度数据信息进行综合建模评估，建立对中小企业的精准用户画像，由此识别出规模小、暂时业绩一般，但有潜力的中小企业，为其开展票据融资业务提供信用和担保依据。

（2）利用区块链技术降低中小企业承兑汇票融资的违约追溯风险。区块链技术应用于票据交易中，可以实现交易的不可篡改和可追溯本源，从而极大地压缩了违法违规交易的生存空间。

（3）利用人工智能技术推动中小企业票据工具和模式创新。借助大数据建模技术开展票据产品定价，丰富中小企业票据融资的工具种类，推动票据市场活跃度提升，进一步改善中小企业的票据融资效率。

（四）商业保险

1.现有商业保险模式及面临问题

（1）产品定价能力需要进一步提升。产品定价是保险业务的重要工作之一，现有定价方式的灵活性还不足，定价量化因素不够全面。

（2）道德风险问题依然存在。例如，部分工程建设者由于购买了质保金保险，可能对工程质量的把控有所降低，从而造成安全隐患。

（3）理赔程序较为繁琐。理赔定损环节、单据核验环节等的自动化程度都较低，在人工核查环节需要消耗大量时间，这将降低客户体验，同时增加运营成本。

2.金融科技赋能下的商业保险创新

（1）利用大数据和人工智能提升风险定价能力。大数据和人工智能能够为保险公司提供实时、动态的数据反馈，将定价过程从基于历史数据转变为在历史数据、实时数据和预测性行为数据的基础上对被保险人的风险状况进行更全面的洞察，准确评估其风险状况。

（2）利用人工智能和物联网提高业务流程的自动化程度。运用物联网技术可实现对标的物的智能识别、定位和状态评估，人工智能则能辅助识别风险，这样就会减少核保员因知识或偏见而错误判断风险的程度，实现承保、理赔的自动化。

（3）利用区块链智能合约提升理赔工作效率。应用区块链技术可提升数据透明度和交换效率，并通过智能合约的自动执行提升理赔核算工作效率。

（五）电费金融

1.现有下游企业融资面临问题

（1）难以达到银行放贷准入门槛。小微企业普遍存在抗风险能力弱、财务不透明、缺乏合格抵押品等问题，按照银行传统的信贷业务标准和要求，众多小微企业难以达到银行放贷准入门槛。

（2）融资审批时间长、手续复杂。出于成本和风险考虑，银行贷款需要协议面签、柜面审核、提供抵押物等多重程序，往往需要几天乃至几十天的审批时间。

（3）融资成本较为高昂。从社会抽样调查的结果看，大型银行普惠型贷款利率在5%左右，地方银行小微企业贷款利率在7%左右，小贷公司、民间借贷利率可达到20%。整体而言，中小微企业融资成本较为高昂。

2.金融科技赋能下的电费金融创新

（1）合作推出线上电费贷款，优化电力缴费渠道。与银行合作推出线上电费贷款产品。电网企业提供前端的获客引流以及数据支持，由合作银行进行放款。用电企业只需正常缴纳电费满2年且记录良好，即可申请实现线上自助办理、无须抵押担保、资金迅速到账。

（2）电力大数据给企业"画像"，辅助贷中授信和贷后管理。将企业历史用电、交费记录信息等电力大数据作为贷款依据之一，运用于银行授信业务中。银行结合电力数据和企业工商、征信等大数据，对企业用电行为"画像"，评估企业经营情况。

六、供应链金融生态构建研究

（一）业务和渠道协同生态

1.协同组合各项金融服务开展业务创新

以融资租赁和商业保理业务为例，二者融合形成融资租赁保理业务。融资租赁公司与承租人形成了合同租赁关系，商业保理公司则可以协同开展售后回租保理融资。通过业务协同，各金融业务单位可避免重复开发客户，降低运营成本，提高服务效率。

2.借助电网增值业务产品体系推广供应链金融业务

电网企业增值业务主要包括综合能源、能效服务、电能替代、电动汽车服务等，金融业务机构可在此基础上进一步提供金融增值服务。例如融资租赁公司可对一些大型设备的采购者提供融资租赁服务，保险公司则可对一些分布式光伏、储能、风电等设备提供保险服务，保理公司则可对相关企业提供保理服务。

3.利用"前中后台"业务架构开展业务联动

利用前台部门的线上线下营业厅和网格化经理队伍等营销资源，多渠道分类别收集用户需求，全面掌握用户需求和行为模式，力争为用户提供定制化金融服务。利用中台部门根据前台传递的客户需求，基于后台的数据与算法支撑，研究建立客户画像，进行商机转化，为客户提供定制化解决方案。利用后台部门开展运营策略设计，为前台和中台提供技术支撑和管理支撑。

（二）数据与技术共享生态

1.利用统一底层技术打通数据

将供应链金融业务平台接入统一云平台，整合优化各业务板块的业务数据，实现各板块业务数据的互联互通，打破数据壁垒。利用平台拥有的开放、共享的人工智能基础技术和强大的云计算能力，提高对供应链金融业务的运维、运营及管控能力。

2.将供应链金融服务嵌入已有线上服务平台

依托互联网客户服务平台，将供应链金融业务与电子商城、商旅通、电动汽车运营、综合能源服务等"互联网＋"业务对接，实现能源产业上下游各种生产要素统一整合。

3.广泛连接内外部资源

对接国资国企在线监管系统以及各省"数字政府"平台，实现资源整合、数据融合及业务贯通，广泛连接内外部资源和需求，促进形成供应链金融生态圈。

七、供应链金融发展建议

（一）精准对接中小企业融资需求

重点关注供应链上下游中小企业，将应收账款融资等供应链金融服务通过单据拆分流转至多级供应商，扩展核心企业信用。解决中小企业"融资难、融资贵"问题，带动能源产业链良性发展，彰显中央企业社会责任。

（二）发挥核心企业积极作用

核心企业要主动在上下游企业增信、应收账款确权、账户变更等业务办理环节创造有利工作条件，优化资金计划管理，利用商业信用创造效益，通过债务确权、票据支付等手段为供应链金融业务创造空间。

（三）丰富供应链金融产品体系

摸清用户需求，加快产品创新，完善内部金融产品供给。连接外部资源，优势互补、互利合作，提供覆盖供应链全流程的金融服务，满足不同场景的客户需求。

（四）充分运用金融科技赋能

以科技手段赋能供应链金融，以互联网思维开展业务，丰富金融服务渠道，提升金融服务质量与效率。贯通业务、资金、物资等不同类型数据，打造统一供应链金融平台，在供应链金融业务全过程推行数字化转型。利用区块链等金融科技解决传统供应链金融信息不对称等问题，降低供应链金融运营成本。

（五）建立协同发展生态

强化产融结合、融融协同。加强金融业务同电网主业之间协同，在电网增值业务的基础上，进一步提供供应链金融增值服务。融合多种金融业务协同开展创新，如将融资租赁与商业保理、商业保险相结合，丰富业务场景。利用"前中后台"架构开展业务联动，利用前台部门的线上线下营业厅、客户经理等营销资源，多渠道收集用户需求，利用中台建立用户画像和业务策略，利用后台技术和管理支撑，为用户提供定制化金融服务。

（六）加强金融风险管控

细化完善供应链金融业务管理机制与管理流程，健全相关风险管理制度和内控体系，确保业务依法合规稳健开展。严格客户准入标准，优先选择合作基础和履约记录良好、发展实力较强的上下游企业开展供应链金融业务，切实防范业务风险。

（七）建立市场化激励机制

完善激励约束机制，完善市场业绩导向的激励机制，建立合作共享机制，调动各方参与供应链金融业务的工作积极性。探索市场化选人用人机制，推进经理层市场化选聘工作，拓宽高端金融人才引进渠道。加快建立市场化薪酬管理体系，合理区分股东利润和市场化利润，落实差异化的薪酬激励措施。在条件成熟的企业探索开展员工持股、超额利润分享等中长期激励措施。

八、应用效果

本成果全面梳理了电网企业供应链金融业务和产品，支持印发了《南方电网公司加快推进供应链金融业务工作方案》（南方电网新兴〔2021〕1号），推动成立了南方电网供应链金融业务领导小组及专项工作组。本成果提出和设计的保证金保险、订单融资、电费融资等供应链金融产品已经陆续落地推广。南方电网依托核心企业资信优势，为供应链上下游企业提供增信、应收账款管理、融资等综合金融服务，助力供应商改善现金流、优化融资渠道，2021年上半年完成供应链金融业务规模94亿元。

本成果提出了科技赋能供应链金融的策略路径，助力供应链金融数字化转型。南方电网已全面建成供应链金融服务平台"南网融e"，上线电费融资等16款产品；基于区块链技术的应收账款电子凭证多级流转系统"南网e链"已成功上线，首期在全国最大省级电网广东电网公司试点应用，供应链金融的数字化和智能化水平正加速提升。

本成果建立了"解构供应链环节-分析资金流动方向—明确各方金融需求—设计供应链金融业务布局"研究框架，能够为电网企业及其他相关行业企业开展供应链金融研究提供参考，具有较好的理论创新价值。

本成果对于电网企业供应链金融进行了开创性探索与实践，服务电力行业供应链产业链稳定发展，助力新发展格局下经济良性循环，支持中小企业实体经济，履行央企社会责任，产生了显著的经济效益、行业效益和社会效益。

【参考文献】

[1]胡跃飞,黄少卿.供应链金融:背景、创新与概念界定[J].财经问题研究,2009(08):76-82.

[2]辛玉红,李小莉.供应链金融的理论综述[J].武汉金融,2013(004):35-37.

[3]宋华,陈思洁.供应链金融的演进与互联网供应链金融:一个理论框架[J].中国人民大学学报,2016,30(005):95-104.

[4]杨斌,朱未名,赵海英.供应商主导型的供应链金融模式研究[J].金融研究,2016(012):175-190.

[5]朱凤涛,李仕明,杜义飞.关于价值链、产业链和供应链的研究辨识[J].管理学家(学术版),2008(4):373-380.

[6]肖燕飞,钟文彬.关于物联网优化供应链金融服务的思考[J].商业经济研究,2012(032):74-75.

[7]谢世清,何彬.国际供应链金融三种典型模式分析[J].经济理论与经济管理,2013,V33(004):80-86.

[8]史金召,郭菊娥.互联网视角下的供应链金融模式发展与国内实践研究[J].西安交通大学学报(社会科学版),2015(4):10-16.

[9]罗亮.基于区块链的供应链金融创新[J].银行家,2019,No.214(08):48-50.

[10]周雪林.基于区块链技术的供应链金融发展研究[J].特区经济,2020(8).

[11]夏泰凤.基于中小企业融资视角的供应链金融研究[D].浙江大学,2011.

[12]郭菊娥.区块链技术驱动供应链金融发展创新研究[J].西安交通大学学报(社会科学版),2020(3):46-54.

[13]宋华.数字平台赋能的供应链金融模式创新[J].金融会计,2020(8).

[14]李唯滨,丹茹霞,李美慧.平安协同海尔供应链金融模式运用[J].财务管理研究,2020,No.5(02):14-28.

[15]张浩.基于产业核心企业信用多级流转的供应链金融模式创新——以A集团"航信"为例[J].财经界,2020,No.539(02):43-44.

[16]于译博,樊懋,李文森,等.基于交易大数据的平台型企业金融业务研究——以蚂蚁金服,苏宁金融,京东金融为例[J].科技视界,2020(006):203-206.

[17]李培阳.平安银行橙e平台"互联网＋供应链金融"运作模式及风险控制案例分析[D].广东财经大学,2016.

[18]宋华.智慧供应链金融[M].北京:中国人民大学出版社,2019.

[19]中国互联网金融协会金融科技发展与研究委员会.全球视野下中国金融科技应用与发展[M].北京:中国金融出版社,2020.

[20]高源.互联网背景下供应链金融模式研究[D].浙江大学,2017.

[21]张正平,马彦贵.我国区块链＋供应链金融的发展:模式、挑战与对策[J].金融发展研究,2020(8):48-54.

[22]王进博.物联网金融发展现状与安全问题分析[J].现代经济信息,2018(015):306-307.

成果创造人：才华、宁晓龙、陈洋、王威、胡璨、林蔚颖、

谢骏骐、吴鸿亮、王玲、刘本杰、彭道鑫、江雪菲

新时代企业党的建设与企业文化建设

中粮集团以混合所有制改革为突破口
深化国企改革的创新及实践

中粮集团有限公司

中粮集团有限公司（以下简称中粮集团）是立足中国的国际一流粮食企业，是全球布局、全产业链、拥有最大市场和发展潜力的农业及粮油食品企业，是集贸易、加工、销售、研发于一体的投资控股公司，致力于打造具有全球竞争力的世界一流大粮商。历经70余年发展，中粮集团在中国市场上占据领先优势，业务遍及全球140多个国家和地区，聚焦粮、油、糖、棉核心主业，在全球粮食主产区和主销售区布局仓储、物流设施，不断加强全球粮油领域上游掌控能力、物流保障能力、综合加工能力和市场覆盖能力，国内外布局持续完善，市场地位更加牢固，保障国家粮食安全作用进一步突出。

作为首批国有资本投资公司试点企业，中粮集团坚持以习近平新时代中国特色社会主义思想为指引，坚决贯彻落实党中央国务院关于国家粮食安全和国资国企改革发展的决策部署，以服务国家粮食安全战略为中心，坚持聚焦主责主业，以市场化、系统化、科学化思维推进国有资本投资公司改革，把混合所有制改革作为突破口，积极探索，稳妥推进，开展一系列改革创新与实践，撬动社会资本，推动国有资本做强做优做大，取得了显著成效。

图1　中粮集团是保障国家粮食安全的中坚力量

一、中粮集团深化国企改革的初心使命——着力混改重点突破

改革开放以来，随着以公有制为主体多种所有制经济的蓬勃发展，党中央逐渐把混合所有制改革作为国企改革的重要突破口。党的十八届三中全会作出深化发展混合所有制经济的决定，将混合所有制作为基本经济制度的重要实现形式，国企改革进入深水区。党的十九大报告进一步指出，发展混合所有制经济是深化国有企业改革的重要举措，也是培育具有全球竞争力的世界一流企业的重要路径。因此，国有企业加快推进混合所有制改革，发展混合所有制经济，提升企业活力和市场竞争力，增强国有经济的控制力和影响力，是现阶段国有企业改革发展最重要的课题之一。

新时代混合所有制改革的内涵更为丰富

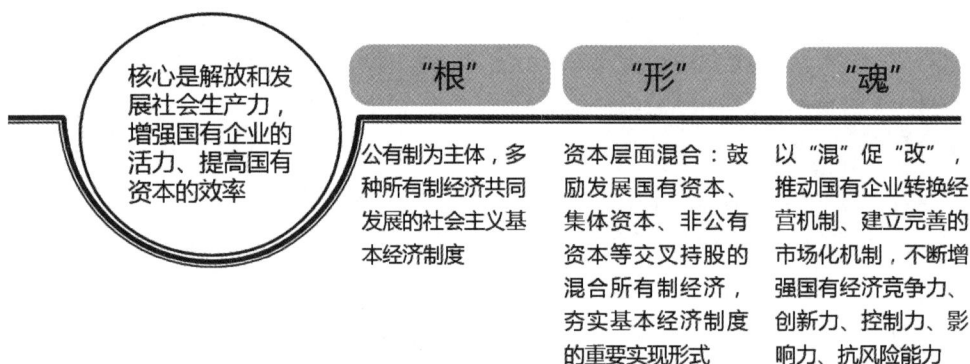

图2　新时代混合所有制改革的内涵

中粮集团作为国内最大的农粮央企，旗下米、面、油、糖、肉、奶、酒、茶等业务均面临充分竞争的市场格局，既要与本土民营企业竞争，还要与实力雄厚的国际粮商和食品巨头在同一赛道角逐。中粮集团以混改作为突破口，按照完善治理、强化激励、突出主业、提高效率的要求，有计划有步骤地重点在17家二级专业化公司实施混合所有制改革或股权多元化，一方面引入社会资本，壮大企业资本实力，另一方面引入战略投资者，进一步完善公司治理和市场化经营管理机制，补齐产业发展短板的关键要素，以改革引领发展、以改革释放活力，探索化解国有企业在充分竞争行业生存发展、做强做大的问题，走出了一条以改革促高质量发展的道路。2020年，中粮集团营业收入超过5300亿元，资产总额6698亿元，利润总额首次突破200亿元，全球农产品加工能力约8000万吨，较2015年提升60%以上。全球农产品经营量超过1.6亿吨，较2015年接近翻番，业绩实现超同期、超历史、超预期。

二、中粮集团深化国企改革的创新与实践——因企施策统筹推进

中粮集团在推进混合所有制改革过程中坚持因企施策，突出企业的个性化改革需求，同时以提高国有资本配置和运行效率整体统筹。对于涉及国家粮食安全的农粮业务，集团保持绝对控股；对于市场充分竞争的食品等业务，集团适度降低持股比例，引入社会资本共谋发展，提升产业竞争力。

（一）清晰明确的混改战略——中粮国际战略引领模式

党的十八大以来，以习近平同志为核心的党中央高度重视我国在新形势、新格局下的粮食安全问题，要求在国内保障谷物基本自给的前提下，充分利用国际国内两个市场、两种资源确保国家粮食安

全。根据习近平同志提出的"要借鉴国际大粮商的做法，到全球各地粮仓和主产区去建仓储物流设施，人家生产我们采购，掌控了粮源就掌控了贸易，就掌控了定价权，要有打造我们自己的国际大粮商的信心"重要指示精神，中粮集团坚定执行国际化战略，发挥农业"走出去"领军作用，联合全球知名投资机构，通过海外并购打造国际化大粮商。

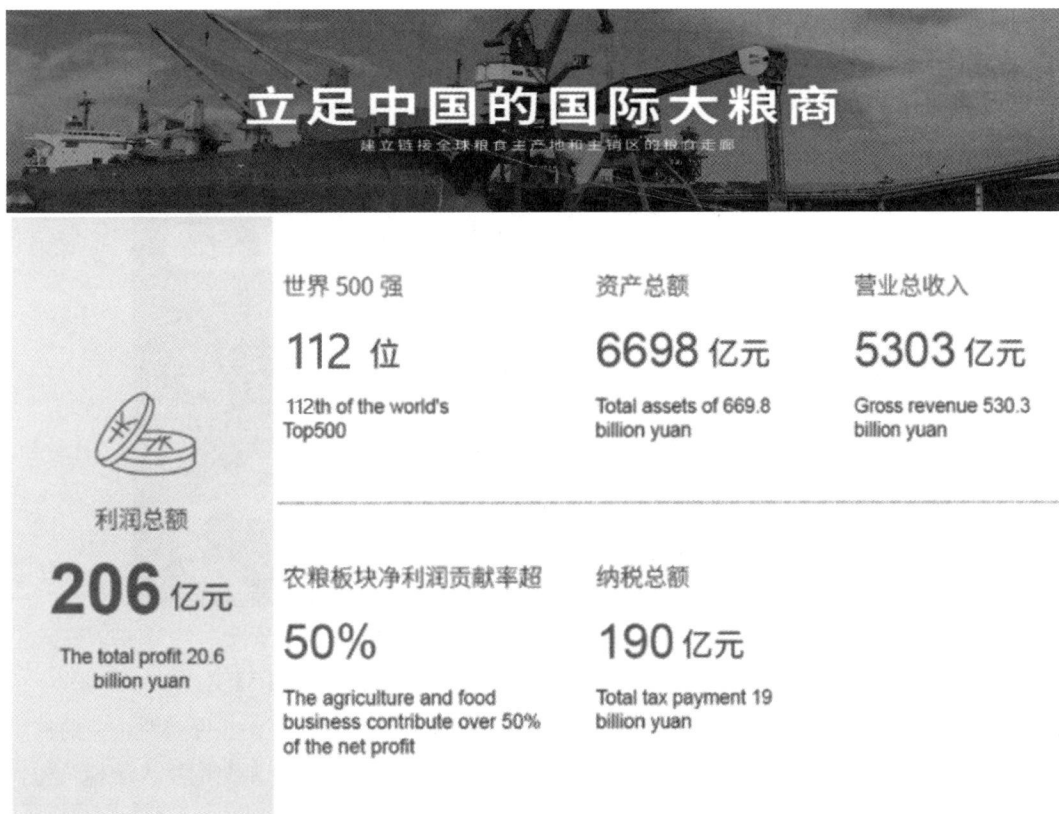

图3　中粮集团2020年度社会责任报告

2014年，中粮集团审慎选择了中投、厚朴基金、淡马锡、国际金融公司、渣打银行等五家全球知名投资机构，共同组建中粮集团海外农粮业务的管控平台——中粮国际，于2014—2017年分步完成对来宝农业和尼德拉两家中型跨国粮商的全资收购，建立了全球战略资产网络，资产布局深入南北美洲、欧洲和大洋洲等产区腹地，并在巴西桑托斯、阿根廷罗萨里奥、美国圣路易斯、罗马尼亚康斯坦察、澳大利亚肯布拉等全球重要粮食出口和内陆物流节点拥有中转基地，打入了世界粮油行业的中心地带，具备了与老牌国际粮商同台竞技的基础，树立起国际化大粮商的行业地位。2020年，中粮国际收入达330亿美元，农产品交易量1.3亿吨，同50多个国家开展业务，当地农户可通过中粮国际特有的渠道，直接进入不断增长的中国市场。

（二）引入优势互补的战略投资者——中粮家佳康产业引领模式

中粮集团把科学遴选外部投资者作为混改的核心要素，明确引入既能协同，又能互补的长期战略合作伙伴，给投资者"画好像"，设定投资业绩、产业经验、投后管理能力、股东背景、综合实力和市场口碑等六大维度，引入高匹配度、高认同感、高协同性的战略投资者，实现战略上契合、文化上融合、资源上整合，形成利益共同体，注重国有股东与战略投资者在要素和市场资源等方面的优势互补，不仅引资，同时引智，实现"1＋1>2"，促进业务持续快速健康发展。

中粮集团早期作为国家肉食唯一外贸渠道，承担了供港和出口创汇的职责。90年代外贸放开后，中粮从维护食品安全的责任出发保留了肉食业务，逐步从贸易向实业转型。在打造全产业链规模化养殖道路上，需要进行大规模投资，提升团队管理水平，中粮决定对其开展混改。在2011年首轮引战中选择了具有丰富养殖经验的日本三菱商事等三家战略投资者，为企业发展引进了先进生产技术。在2014年第二轮引战中选择具有全球资源网络和优秀投后管理能力的KKR、霸菱等四家全球领先产业基金，深度参与企业运营，设计KPI改革目标，制定9大类数据跟踪体系，混改后，公司运营指标显著改善，养殖效率明显提升。2016年，中粮家佳康在中国香港挂牌上市，募集资金超过16亿元人民币。2020年，中粮家佳康实现营收189亿元，净利润29亿元，均较上市前增长2倍。

图4　中粮家佳康"引领行业安全标准，保障国民肉食安全"

（三）科学合理设计股权架构——中国茶叶引战＋员工持股模式

中粮集团对于市场充分竞争的食品等业务，持股比例可降低至50%以下，在保持对企业的控制力的同时，促进其他股东发挥积极作用，共同参与公司治理，从而形成更加多元制衡的法人治理结构，科学合理的股权架构和公司治理结构能够进一步促进企业的高质量发展。

中粮集团下属中国茶叶于2017年入选为国资委首批十家员工持股及混合所有制改革试点企业，公司以国资委要求为指引，坚持增量引入、利益绑定原则，科学设计了"出售老股＋增资"的交易路径，形成"一股领先＋高度分散＋激励股份"的混改方案，通过精心遴选和"反向尽职调查"，最终选择在资本运作方面具备丰富经验的厚朴基金、具备制茶技术的日本三井物产、具备农业产业整合经验的中信农业产业基金等五家外部战略投资者，为后续企业上市、打造产品核心竞争力、茶产业整合等提前布局。混改后，中粮集团持股比例由全资降为40%，员工持股平台持股15%，引入外部投资的同时保持第一大股东地位，中粮与员工持股平台为一致行动人，保证国有资本相对控股，放大了国有资本功能。

中国茶叶按照国资委"与投资者同权同价""员工入股资金自筹"等要求实施员工持股。在持股范围上，以总部领导班子为核心，以职能部门干部、业务单位经营班子、业务骨干为半径，推进关键技术岗位、管理岗位和业务岗位人员广泛持股；在持股形式上，设立四家有限合伙制员工持股平台，持股员工全部以增资方式入股；在动态管理上，设置动态调整机制，分为一般性退出和惩罚性退出，通过业绩至上、非固化的激励机制，将持股奖励与已持股人和非持股人的业绩表现实施动态关联，有效调动了员工的活力。2020年，在茶叶行业内销市场出现负增长的环境下，中国茶叶逆势而上，营收较混改前增长58%，利润总额增长超过4倍，业务增速显著高于行业平均水平。

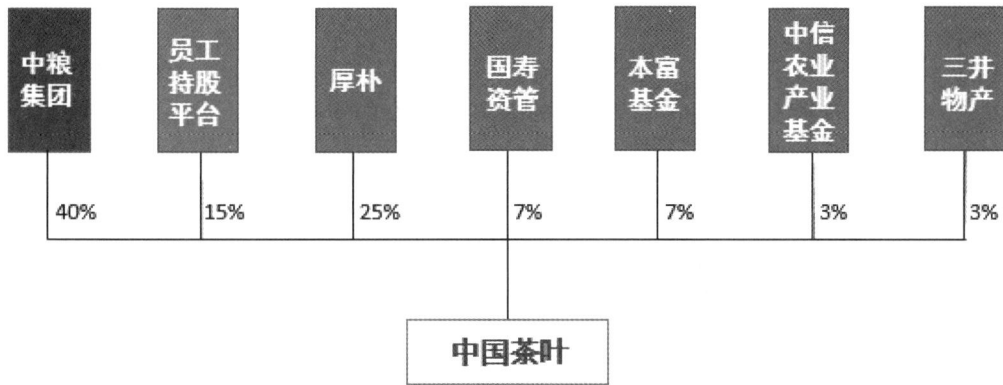

图5　中国茶叶混改及员工持股后股权架构

（四）市场化手段合理定价——中粮资本混改＋上市模式

定价问题是引入战略投资者过程中最核心、最敏感的问题，也是监管机构和混改企业最关注的问题，定价过低可能被质疑国有资产流失，定价过高则可能导致优质投资者望而却步，使混改效果大打折扣。对于定价的过程，应遵循"先保障投资者质量优先，再保证价格优先"的原则，以非公开谈判和公开市场竞价相结合的方式，确保以防止国有资产流失为重点目标的合理定价。

中粮集团下属中粮资本于2017年入选为发改委第二批混改试点，明确了"混改＋上市"的实施方案，确定了战略协同、优势互补、财务实力、品牌影响力等投资人选择标准，经过三轮路演锁定投资人范围。在挂牌期间对意向投资者开展反向尽职调查，最终通过产权交易所公开挂牌、竞争性谈判方式择优引进不同领域有独特优势的首农、温氏、弘毅、雾繁等七家战略投资者，保证了投资者的质量。

在定价方面，中粮资本以较净资产1.46倍溢价引入战略投资者，对应市盈率高达17倍，高于同类央企上市并引战的溢价水平。为推进上市，混改后中粮持股比例仍为64.5%，达到绝对控股地位，保证国有股东利益最大化。混改后，中粮资本于2018年对上市公司中原特钢实施资产重组，于2019年成功亮相A股市场。自混改上市以来，中粮集团持有中粮资本的权益增长97亿元，国有资本实现大幅增值。2020年，中粮资本业绩创历史新高，实现营收135亿元，较上市前增长40%，净利润16亿元，较上市前增长1.1倍。

（五）参股民营企业完善产业布局——蒙牛乳业反向混改模式

"一杯牛奶，强壮一个民族"。奶类食品被营养学家誉为最接近完善的食品，乳品行业是关系我国居民营养健康的重要产业。中粮集团在事关国计民生的粮油食品领域，长期承担着稳定市场、保障供应的重要职责。发生在2008年的乳品行业"三聚氰胺事件"，使中粮坚定了进入乳品产业，保障我国居民乳品安全的决心。中粮集团积极把握市场机遇，入股民营企业蒙牛乳业，成为其第一大股东，进一步拓展了中粮的产业布局，以较低成本、高起点进入乳品行业。

2009年，中粮联手厚朴基金投资61亿港元收购蒙牛20%股权，成为其第一大股东，实现乳品业务高起点开局。2011年，中粮进一步增持蒙牛，将持股比例大幅提升至28%。2012年，蒙牛引入欧洲乳业巨头Arla，成为继中粮之后第二大战略股东，Arla为蒙牛引进丹麦牧场管理体系和其独有的质量管理体系，使蒙牛在奶源管理、质量可追溯及产品研发等各方面取得了实质性提升，快速实现与国际乳业先进管理水平接轨。2013年，蒙牛再次引入世界最大酸奶制造商法国达能，充分发挥了蒙牛和达能的品牌互补效益，将达能拥有的世界先进研发技术，品牌管理和市场推广的全链条国际乳业管理经验，与蒙牛在中国乳品市场的领导地位和分销实力有效结合，最大程度彰显了协同效益。

图6　战略股东促进蒙牛海内外资源联动，业绩提升

入股蒙牛实现了中粮集团的实力和信誉优势与蒙牛在乳品行业的品牌优势和营销经验的强强联合和优势互补，实现了国有资产的保值增值。2020年，蒙牛乳业实现营收763亿元，较2016年增长60%，净利润42亿元，较2016年增长近2倍，股价较2016年翻4倍。

图7　蒙牛乳业品牌主张"营养你的要强"

（六）混改与资本运作相结合——大悦城重组＋引战模式

中粮集团作为国资委确认少数以房地产为主业的中央企业之一，旗下曾拥有中粮地产和大悦城两大上市平台。中粮地产以住宅开发为主，大悦城以商业地产开发为主，二者在部分城市存在同质化问题。为贯彻国家对央企"做强做优做大"的发展方针，中粮地产于2019年通过发行股份方式收购大悦城64.18%股权，完成两家上市公司的资产重组，形成"A控红筹"的股权架构，并更名为大悦城控股。重组完成后，大悦城控股成为中粮旗下涵盖住宅地产和商业地产的唯一专业化平台，形成"双轮双核"发展模式，以"持有＋销售"双轮驱动，以"产品＋服务"双核赋能，创造新的价值增长点。重组实现了两个平台统一发声，同时兼顾内地与香港两类资本市场的优势，增强了企业竞争力。

为放大国有资本功能，大悦城控股在重组同时实施上市公司"二次混改"，引入认同公司发展战略、有共同价值观、具备长期利益绑定意愿的太平人寿和工银瑞信两家战略投资人，中粮对大悦城的持股比例降至70%以下，实现募集资金超过24亿元，优化了股权结构，同时引入战略股东董事，促进公司进一步强化了市场化资本运作机制和现代化企业管理机制，推动了国有资产增值，优化了资产和业务结构，激发了企业内在活力。2020年，大悦城实现营收384亿元，较重组前增长1.7倍，总资产1998亿元，较重组前增长1.2倍。

三、中粮集团深化国企改革取得的主要成效——壮大资本激发活力

截至目前,中粮集团所属17家二级专业化公司已有14家通过不同形式引入外部资本完成混合所有制改革或实现股权多元化。中粮集团旗下拥有6家境内上市公司及9家香港上市公司。经过近年来的混合所有制改革,放大国有资本的同时,公司治理结构不断完善,企业竞争力和活力不断提升。

(一)坚持两个一以贯之,党的领导党的建设进一步加强

中粮集团坚持把政治建设摆在首位,为混合所有制企业发展增强向心力。把学习贯彻习近平同志重要指示批示精神和党中央重大决策部署作为首要政治任务,推动各级党组织成为宣传党的主张、贯彻党的决定、团结动员群众、推动改革发展的坚强战斗堡垒,自觉听党话、跟党走,不断增强"四个意识",坚定"四个自信",做到"两个维护"。中粮国际认真贯彻落实习近平同志关于"把中国人的饭碗牢牢端在自己手中"重要指示精神,不断加强海外粮源掌控能力。蒙牛乳业认真贯彻落实习近平同志在视察蒙牛时提出的"奶以安为要"重要指示精神,全面推进高质量发展,助力国家奶业振兴。中粮可口可乐积极投身脱贫攻坚,帮助四川省石渠县实现脱贫摘帽。

中粮集团坚持加强党的建设与深化混合所有制改革同步谋划,为混合所有制企业发展增强组织力。在引入战略合作者时,把同步建立党的组织、开展党的工作作为必要前提,推动党的建设与企业改革在体制机制、章程制定、工作实践上有效对接,全面落实"四同步""四对接"要求。在混改工作中,集团党组坚持把关定向,对专业化公司混改项目进行前置研究,充分讨论,做到"立项把关、方案把关、投资人遴选把关",确保混改工作符合党的路线方针政策和国家的法律法规,符合集团战略发展要求,有利于国有资本保值增值,有利于提高业务竞争力,有利于放大国有资本功能。

(二)大力引入社会资本,放大国有资本功能,实现国有资本做强做优做大

自2014年成为国有资本投资公司试点以来,中粮集团以混合所有制改革作为突破口,有计划有步骤地在专业化公司层面实施混合所有制改革,将其打造成为自主经营、自负盈亏、自担风险的市场竞争主体。中粮集团旗下中粮国际、中粮家佳康、中国茶叶等八家专业化公司陆续完成混合所有制改革,引入超过30家市场化投资人,获得约330亿元外部资本及9亿元员工出资。截至"十三五"期末,中粮集团营业收入较2015年增长31%,总资产增长46%,利润总额增长5倍,其中农粮核心主业利润首次突破100亿元,超同期、超预算、超历史,国有资本保值增值水平显著提高。

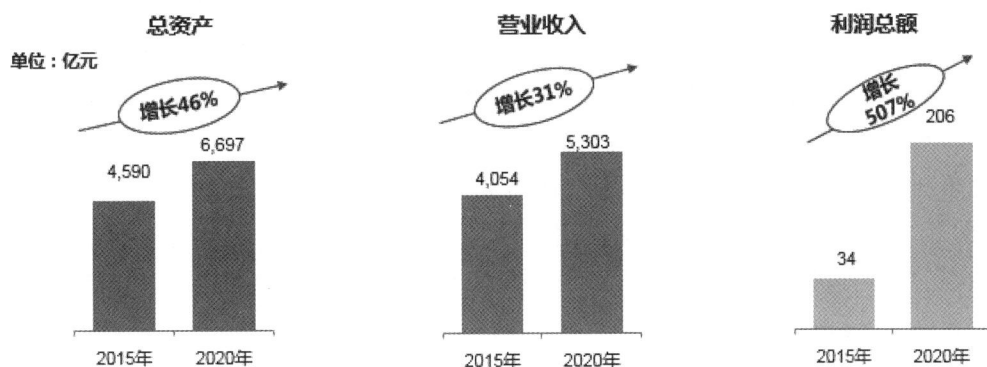

图8 中粮集团"十三五"经营成效显著

（三）构建差异化授权放权体系，探索实施"两大两小"分类管控，推动企业管理能力和管理效率提升

在推动混合所有制改革的过程中，中粮集团持续优化管控体系，按照明确定位、放管结合、分类管理、持续优化的原则，出台总部权责清单，厘清总部和专业化公司权责边界，探索实施"两大两小"差异化管控。"两大"是将中粮集团下属17家专业化公司分为并表和非并表两大类，以此为基础实施分类管控；"两小"是针对并表企业中的中国茶叶、非并表企业中的蒙牛乳业实施更加灵活的管控方式。

中粮集团针对并表企业的管控事项为167项，针对非并表企业加大授权放权力度，明确管控原则和底线要求，架好框、划好线，管控事项为131项，授权非并表企业董事会对具体经营管理事项进行决策。对于并表的中国茶叶，实施混改后中粮持股比例降为40%，集团对其管理以并表企业管控为基础，同时在投资管理方面参照非并表企业探索实施授权试点，集团仅审批年度投资计划，具体投资项目由其董事会审批。对于董事会运作更加成熟的非并表企业蒙牛乳业，中粮集团对其管控事项精简至78项，通过派出董事在蒙牛董事会发挥作用，逐步构建起差异化的管控体系。

（四）深度转换经营机制，完善公司治理结构，提高国有资本运行效率

中粮集团持续完善混改企业的法人治理结构，把加强党的领导和完善公司治理相统一，充分发挥党组领导核心作用、董事会决策作用、监事会监督作用、经理层经营管理作用，实现规范的公司治理，增强国有经济活力、控制力、影响力和抗风险能力，实现各种所有制资本取长补短、相互促进、共同发展，夯实社会主义基本经济制度的微观基础。

中粮集团下属二级混合所有制的专业化公司均组建了外部董事占多数的多元化董事会，持股5%以上的战略投资人均委派董事参与公司治理。中国茶叶混改后，建立了以党委会为前置审批机构、以董事会为决策主体、以总经理办公会为经营主体的现代企业法人治理结构。九名董事中，中粮委派三人、战略投资人委派三人、独立董事三人，多元化董事会结构能够拓展专业视角、汲取多方资源进行科学决策。蒙牛乳业作为国资参股的混合所有制企业，董事会由九名董事组成，中粮推荐及委派三人，民营资本委派两人，独立董事四人，中粮不参与蒙牛经营管理，仅通过股东代表及派出董事在股东会、董事会上发表意见，充分代表了大股东、战略投资人、创始团队的多方利益诉求，既体现了大股东的相对影响力和控制力，又保障了战略投资人的话语权，同时通过独立董事的专业视角，实现对企业经营管理决策的监督制衡，有效促进了国有资本和非国有资本的兼容发展。

（五）深入推进选人用人市场化改革，激发企业经营活力

中粮集团从推进选人用人市场化机制改革入手，真刀真枪深入改革。制订出台推进领导人员能上能下、任期目标责任制、职业经理人管理等"7+1"制度体系，使能上能下、能进能出、能增能减成为常态，中粮没有"铁饭碗"，坚决不搞"高级大锅饭"成为铁规和共识。

中粮集团对所有领导人员全面实施任期制和契约化管理，统一签订任期目标责任书，立下军令状、明确责权利，真正树立起"有为才有位"的鲜明导向，实现对各级领导班子全覆盖。探索在非绝对控股企业或非核心主业推行职业经理人制度，先后对混合所有制企业蒙牛乳业、中国茶叶等单位总经理岗位开展市场化选聘，对标市场制定业绩指标，按照市场标准核定薪酬待遇，坚持能者上、庸者下，真正做到"不兜底"，打破国企干部"终身制"，强化了全体经理人的市场意识和契约意识，进一步激发了广大干部员工的积极性、主动性和创造性，对完善公司法人治理结构、推进现代企业制度建设起到了积极作用。

（六）推行多元化激励机制，激发团队干事创业的动力

中粮集团坚持以业绩为导向，持续优化激励机制，突出奖优罚劣，破除平均主义，真正让那些为企业贡献价值、得到市场认可的人获得荣誉、得到奖励，充分调动广大干部员工干事创业的积极性、主动性和创造性。

中粮集团持续创新考核激励机制。坚持对标行业和市场，建立"一岗一薪、易岗易薪"的市场化薪酬体系，提高与企业效益和实际贡献挂钩的浮动工资比重，严格根据年度业绩结果兑现奖金，真正做到能增能减。2013—2018年探索实施超额利润分享机制，激励各公司努力提升经营业绩，先后有10家专业化公司获得超额利润分享奖励，集团整体经营业绩实现了大幅提升。2019年开始，中粮在业务模式清晰、管控关系明确、发展目标具有挑战性的10家专业化公司试点实施三年任期激励。其中8家为混合所有制企业，构建起年度考核与任期考核相结合、短期激励与中长期激励相结合，高目标与强约束相结合的新型考核激励机制。同时，统筹运用各类中长期激励政策，有3家上市公司正在实施股票期权和限制性股票激励，4家专业化公司开展员工持股，共涉及关键岗位领导人员和骨干员工1300余人，通过风险共担、收益共享，有效激发了团队干事创业的动力。

中粮集团以混合所有制改革为突破口推动国企改革的创新与实践取得了一系列成果和显著成效。作为粮食行业的国家队，中粮集团在几十年的发展过程中始终胸怀"国之大者"，以"忠于国计，良于民生"为社会责任理念，积极推进企业体制机制改革，在推进混改方面驶入"快车道"，在健全现代企业制度、优化资源配置、完善产业布局、创新体制机制等方面取得了积极成效。面向"十四五"规划，中粮集团将紧扣"市场化、国际化、防风险、高质量"这一主线，坚守初心使命，把握新机遇，迎接新挑战，求真务实，奋勇开拓，向着打造具有全球竞争力的世界一流大粮商目标坚实迈进。

成果创造人：吕军、栾日成

"一带一路"倡议下中央企业高质量海外党建工作创新路径研究

中国航油集团国际控股有限公司

一、引言

（一）研究背景

党的十九大提出"不断提高党的建设质量"。这是以习近平同志为核心的党中央根据国内外发展大势作出的重要论断，是推进党的建设新的伟大工程的迫切任务。国有企业是中国特色社会主义的重要物质基础和政治基础。习近平同志关于国有企业改革发展和党的建设的重要论述，是开创国有企业改革发展和党的建设新局面的强大思想武器和行动指南。

2013年，习近平同志提出共建"一带一路"倡议。共建"一带一路"成为我国参与全球开放合作、改善全球经济治理体系、推动构建人类命运共同体的中国方案。截至2020年10月，中方已与138个国家、31个国际组织签署201份共建"一带一路"合作文件。

一流企业需要一流党建，一流党建引领一流企业。在承前启后、继往开来的社会主义新时代，在"一带一路"的伟大事业中，中央企业坚定不移坚持党的领导，加快建设世界一流企业。中央企业改革发展和党的建设全部实践证明：党建工作做实就是生产力，做强就是战斗力，做细就是凝聚力。如何做好海外党建工作，把企业党组织的政治优势转化为企业核心竞争力，成为"一带一路"建设进程中的重要课题。

国资委党委要求，要不断提高中央企业党的建设质量，为建设具有全球竞争力的世界一流企业提供坚强保证。推进新时代中央企业海外党建高质量发展，迫切需要紧扣"时代特征、中国特色、央企特点"，在"高质量"上下功夫。

1.央企高质量海外党建必须体现时代特征

放眼今天的世界，国际形势正发生百年未有之大变局；立足今天的中国，中国特色社会主义进入新时代。我国正处在从大国走向强国的关键期，时代呼唤海外党建工作要主动适应新时代变迁，充分体现时代特征。

2.央企高质量海外党建必须坚持中国特色

中央企业具有鲜明的政治属性。习近平同志两个"一以贯之"的重要论述，为央企做强做优做大指明了方向。党建工作是央企深化改革的动力引擎，更是凸显制度优越性最需保持的"中国特色"。

3.央企高质量海外党建必须紧扣央企特点

中央企业海外党建面临分布范围广、组织层级多等特征。开展央企海外党建必须紧扣企业不同阶段、不同地域等特点，通过融入业务发展、加强制度供给和明确保障机制，充分发挥党组织的政治引领作用。

（二）研究价值

做强做优做大国有企业是重大经济问题，也是重大政治问题。高质量海外党建是推动央企高质量发展的必然选择；是推进央企改革，实现"三个有利于"的必然选择；是央企树立品牌形象，代表中国与世界对话的必然选择；是央企作为实践载体、为海外党建理论创新提供强大支撑的必然选择。

本课题的研究思路是围绕"中央企业高质量海外党建创新路径"这一命题，全面系统梳理央企海外党建发展历程、发展经验、发展模式和规律性特征,从经验总结、理论创新、实践进步、政策建议四个层面，系统性地对新时代中央企业高质量海外党建基本内涵进行定义，提出评价标准，并以中国航油"党建领航365"海外党建工作实践，验证高质量海外党建路径创新的实用性和可行性，最终首创性地凝练出高质量海外党建创新路径GUIDE基本要素，这是本课题的创新之处，也是亮点所在。

本课题的研究目的是通过对中央企业海外党建全周期、广视角、深层次的研究，推动央企海外党建向更加科学、更有效率、更高质量的方向发展，助力更多中央企业乃至中国企业健步走向世界，这也是本课题的价值所在。

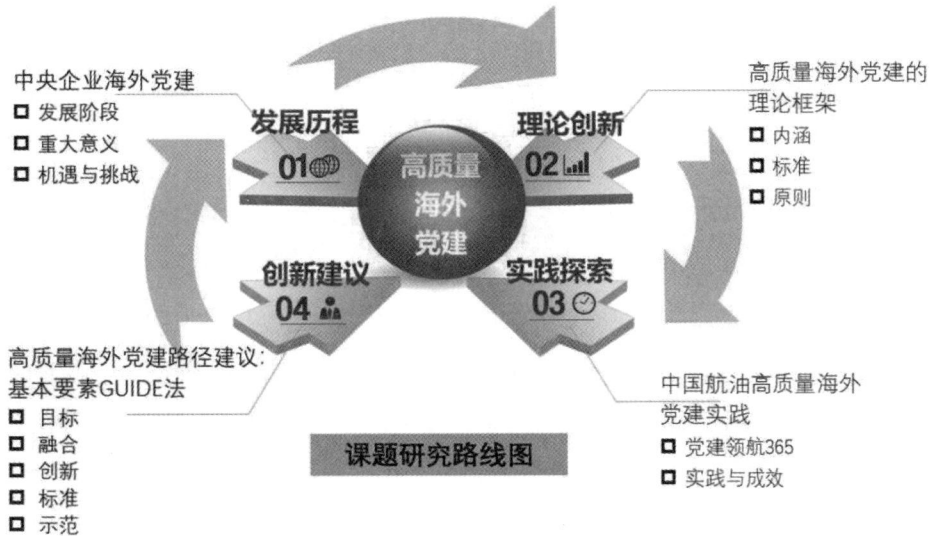

图1　课题研究路线图

二、新时代引领新课题：中央企业海外党建发展机遇与挑战

改革开放以来，中央企业海外发展取得了举世瞩目的成就。央企海外党建也从无到有、从弱到强，在保持企业鲜亮底色、激发员工精神动力、带领企业应对重大危机、战胜重大挑战方面发挥了关键作用。

（一）回顾与展望：中央企业海外党建发展历程

第一阶段：中央企业海外党建起步期（改革开放初期到20世纪末）

这一阶段，改革开放成为基本国策，中央企业开始走出国门，开启了海外党组织从无到有的历史。央企海外党建工作呈现出规模小、人员少、时间短、管理弱的特点，党员的组织关系基本在国内党组织，海外党建缺乏基本的组织覆盖和政策指导。

第二阶段：中央企业海外党建快速发展期（2000—2016年）

2000年，"走出去"国家战略正式提出；2001年，中国加入世界贸易组织；2013年，提出共建"一带一路"倡议，央企海外业务快速发展。与此同时，海外党建工作按下了规范化、特色化、品牌化发展的"快进键"，在完善组织设置、开展党员教育管理、发挥党员先锋模范作用等方面成效显著，企业的社会担当、国际担当在党建引领下有力彰显。

第三阶段：中央企业海外党建高质量发展期（2016年国有企业党建工作会议以来）

随着中央企业不断走出去，海外党建工作的重要性与日俱增。央企要自觉做高质量海外党建实践的拓荒者和建设者，主动做高质量海外党建经验的总结者和传递者，积极做高质量海外党建理论的实践载体和创新平台。

（二）机遇与挑战：新时代中央企业海外党建面临三大机遇和三大挑战

在建设具有全球竞争力的世界一流企业的征程中，中央企业必须抓住机遇，应对挑战。

1. 新时代央企高质量海外党建迎来三大历史性机遇

政策环境上，全面从严治党为高质量海外党建提供政策环境和理论依据。全面从严治党是党中央的重大战略部署，是"四个全面"战略布局的重要组成部分。习近平同志指出，要推动全面从严治党向基层延伸。海外党建作为基层党建的重要阵地，更要确保高质量全面覆盖。发展需求上，海外投资稳步增长为高质量海外党建发展提供广阔空间。目前，中国仍是发展中国家中最大的吸收外资和对外投资国，中国企业，尤其是中央企业海外投资增长势头强劲稳定。这一快速发展背景，意味着央企"走出去"的步伐会继续加快，高质量海外发展迫切需要高质量海外党建的保驾护航。内部管理上，央企参与海外市场竞争需要"红色引擎"助力加油。海外竞争要求企业能够形成强大合力并转化为发展动力，海外党建必将以中国制度的优越性，成为助力企业发展的"红色引擎"，将央企的政治优势全面转化为市场竞争的软实力。

2. 新时代央企高质量海外党建必须应对三大挑战

理论创新上，基础理论研究不足对高质量海外党建实践提出挑战。一直以来，对海外党建的研究关注不足，通常是企业以自身为实践主体进行的探索和经验总结，海外党建缺乏系统的成熟的理论指导。实践探索上，海外多元制约对高质量海外党建实践创新提出挑战。受不同国家和地区政治、经济、法律、文化等多元因素影响，一些国家明令禁止政党活动，一些国家对政党活动诸多限制，中央要求海外党建要在坚持"五不公开"（即党组织机构、党内职务、党员身份、党内活动、党内文件均不公开）的基础上开展，国内常规的党建方式难以充分发挥作用。管理方式上，信息技术的迅猛发展对海外党建管理方式提出挑战。在信息技术不断升级的今天，海外党建需要更加关注新的信息获取方式和表现形式对党员思想、行为模式的影响。通过建立境内外统一的党建管理系统完善党员日常教育学习、效果评估、信息反馈等党建基础管理工作。

三、新思想构建新理论：新时代中央企业高质量海外党建的内涵与理论构建

近年来，各中央企业都主动作为，积极探索海外党建工作的有效方式。中石化建立"一个导向""五个融合""矩阵式发力"海外党建模式；中国电力从"政治引领、企业发展、党建规划、全面监督、文化建设"五方面谋划党建布局；中国能源打造海外党的领导"强化"、党建"中心化"、党建

作用"显化"、从严治党"实化"新形态；中国能建提炼出"旗帜、正心、立业、扬名、履责"五大经验；中国铁建实施"五化五实"海外党建工作方法……

但是课题组也发现，海外党建研究主要以实践性探索和经验性总结为主，系统化、结构化的理论研究较少。文献研究也佐证了这一结论。关键词共现分析表明，央企海外党建文献自2005年开始增加，总量偏少且主要集中在海外机构设置、基层党组织管理及党员廉洁教育等实践环节。

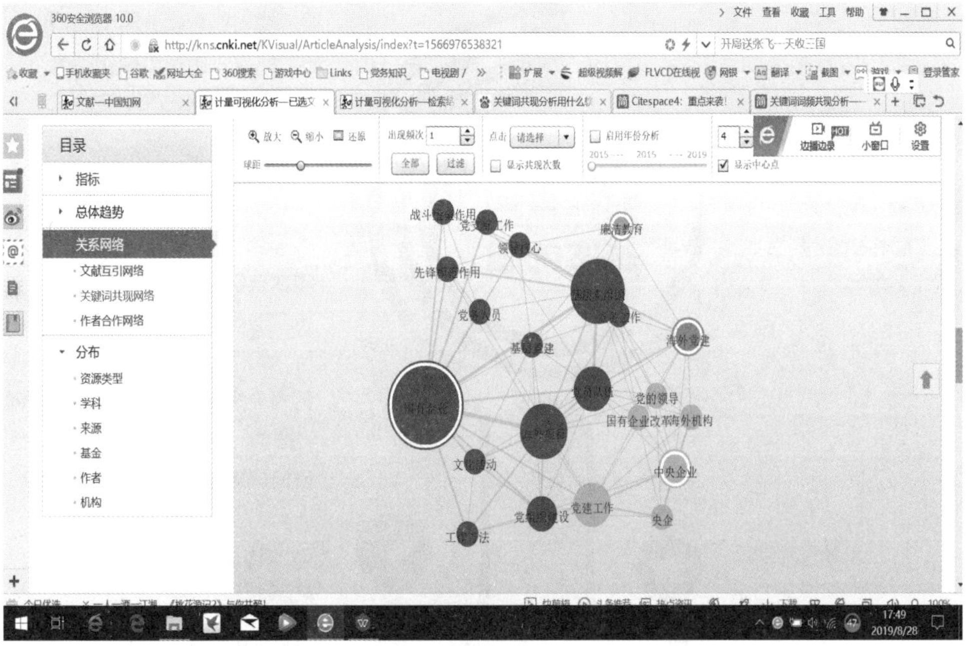

图2　海外党建文献研究关键词共现图

通过个案研究和文献研究，基于理论现状和现实需求，课题组尝试系统性地对中央企业高质量海外党建理论体系进行构架，从而引发对央企海外党建理论的更多关注和深入研究。

（一）中央企业高质量海外党建内涵体系设想

习近平党建思想是适应新时代发展而形成的中国化马克思主义党建理论体系。坚持和加强党的全面领导，是习近平党建思想的灵魂。习近平同志指出，坚持党的领导、加强党的建设，是国有企业的"根"和"魂"，是我国国有企业的独特优势。中国特色现代国有企业制度，"特"就特在把党的领导融入公司治理各环节，把企业党组织内嵌到公司治理结构之中。中央企业必须坚决贯彻党的十九大部署，按照习近平同志关于提高党建质量的重要论述，切实发挥党的领导作用，用高质量党建引领企业高质量发展。

课题组在习近平党建思想指导下，按照国资委党委对中央企业党建工作的要求，系统研究、高度凝练中央企业海外党建指导原则、基本方向、发展目标及其内在逻辑关系，将中央企业高质量海外党建的内涵定义为：以习近平新时代中国特色社会主义思想和党的十九大精神为指导，坚持党对国有企业的全面领导和建立中国特色现代国有企业制度的国企改革方向，充分发挥中央企业党委（党组）领导作用、党支部战斗堡垒作用和党员先锋模范作用，以党的治理逻辑促进企业内部治理优化，将党的政治领导力、思想引领力、群众组织力、社会号召力有效转化为中央企业高质量海外发展的核心竞争力，为实现"建设具有全球竞争力的世界一流企业"目标保驾护航。

其中，坚持习近平新时代中国特色社会主义思想和党的十九大精神是中央企业高质量海外党建的基本指导原则。中央企业高质量海外党建必须与以习近平同志为核心的党中央保持一致，坚决执行党中央决策部署，积极响应共建"一带一路"倡议，把党的领导、党的建设融入资本全过程各方面，确保中央企业海外发展始终服从服务于党和人民利益，在服务国家发展大局中彰显央企的政治本色和责任担当。

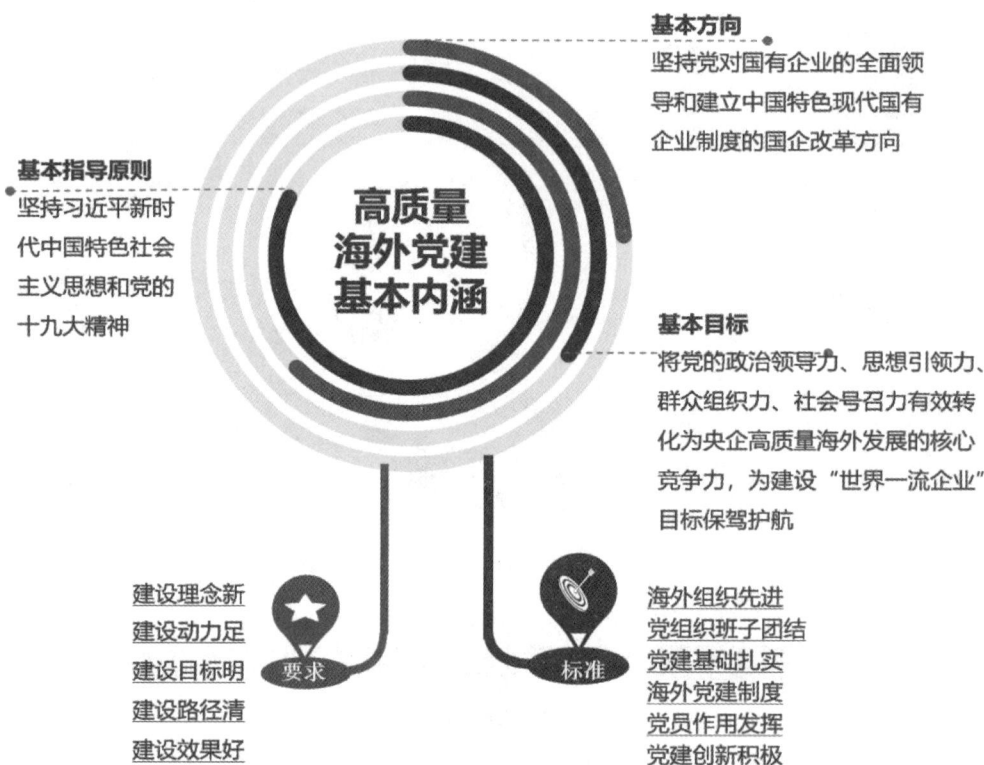

图3　中央企业高质量海外党建理论框架

坚持党对国有企业的全面领导和建立中国特色现代国有企业制度的国企改革方向是中央企业高质量海外党建的基本方向。习近平同志关于国有企业的两个"一以贯之"，是党在探索社会主义市场经济规律中的伟大创造。中央企业要加强科学谋划、顶层设计，把党的领导纳入企业改革发展全过程，用党的治理逻辑推动形成具有中国特色的现代企业公司治理机制。

将党的政治领导力、思想引领力、群众组织力、社会号召力有效转化为中央企业高质量海外发展的核心竞争力，为建设"具有全球竞争力的世界一流企业"目标保驾护航，是中央企业高质量海外党建的基本目标。

（二）中央企业高质量海外党建"新、足、明、清、好"五大发展要求

一是建设理念新，就是要把"创新、协调、绿色、开放、共享"新发展理念能动地融入各项工作，发挥党的领导在中央企业的核心优势，构建党建引领企业海外发展的良性机制；二是建设动力足，就是要以习近平新时代中国特色社会主义思想为引领，不断增强党的政治领导力、思想引领力、群众组织力、社会号召力，确保我们党永葆旺盛生命力和强大战斗力；三是建设目标明，就是在制定企业战略目标时同步制定党建工作目标，要结合实际，统筹考虑，明确党建考核的硬指标，打造世界一流企业；四是建设路径清，就是要坚持海外党建高质量发展，始终把党的政治建设摆在首位，坚持稳中求进，坚持融合式发展，坚持问题导向，注重工作方式方法；五是建设效果好，就是要看服务"走出去"战略和"

一带一路"倡议是否到位，看党的制度建设和执行是否符合高质量要求，看企业核心优势是否得到最大限度发挥，看职工是否有获得感和幸福感。

（三）中央企业高质量海外党建"一二三四"工作思路

"一"是聚焦一面旗帜：高举一面旗帜，坚持中国共产党的领导、坚持习近平新时代中国特色社会主义思想、坚持海外党建高质量建设不动摇。

"二"是坚持双轮驱动：坚持海外党建工作和海外生产经营"双轮驱动"，把党组织的政治优势充分转化为企业发展优势，实现党的建设与企业发展双赢。

"三"是打造三个融合：坚持"以党建促融合，以融合促发展"，把党建工作与企业发展目标紧密融合，与生产经营紧密融合，与干部绩效考核紧密融合。

"四"是突出四个重点：重点聚焦党建工作中心、重点打造党建工作格局、重点开拓党建工作路径、重点创新党建工作方法。

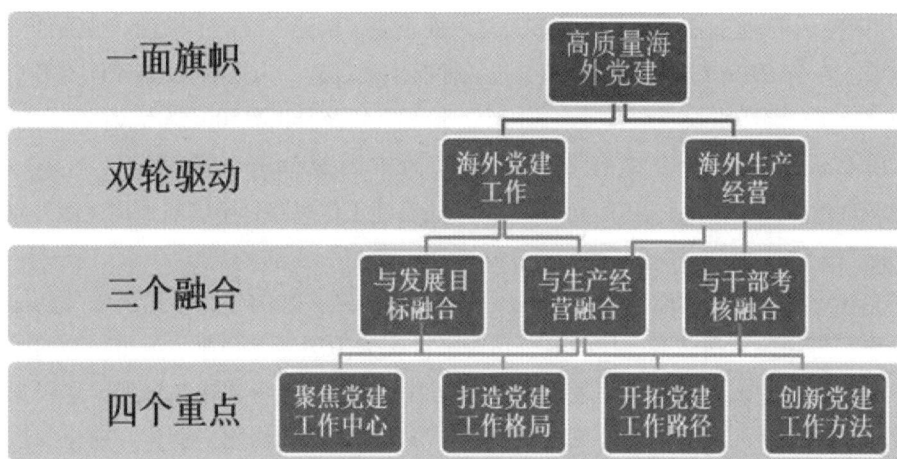

图4 中央企业高质量海外党建"一二三四"工作思路

（四）中央企业高质量海外党建"六维"评价标准

习近平同志指出："标准决定质量，有什么样的标准就有什么样的质量，只有高标准才有高质量。"课题组按照内在逻辑统一、考评指向一致、指标分解严谨、考核方式简单的原则，提出中央企业高质量海外党建六维评价标准，具体包括：海外党组织先进不先进、党组织班子团结不团结、海外党建基础扎实不扎实、海外党建制度完备不完备、党员作用发挥充分不充分、海外党建创新积极不积极，确保党建工作与业务工作"焦点"重合，实现"正向"带动。

海外党组织先进不先进是海外党组织政治引领力的重要体现。中央企业海外党建只有坚持正确的政治方向，才能站在服务中国特色社会主义发展的政治高度，统领海外发展全局，协调各方利益，推进企业沿着正确方向发展。

党组织班子团结不团结是海外基层组织核心凝聚力的重要体现。重视和加强党组织班子建设，是我们党长期革命和建设经验的总结。班子建设的核心是充分考虑企业发展目标和各方利益，用集体决策和集体协商，统一思想形成合力，保证企业发展不动摇、不停滞。

海外党建基础扎实不扎实是组织覆盖力的重要体现。基础建设是海外党建一切工作的先决条件。海外党建基础扎实不扎实，就是要看是否做到"队伍走到哪里，党组织就建到哪里，活动就开展到哪里"，强化党组织在海外机构的全覆盖。

海外党建制度完备不完备是执行约束力的重要体现。制度建设贯穿全面从严治党全过程。海外党建要建立健全规则体系，扎紧制度的笼子，注重形成常态长效，成为约束党员行为、优化内部发展环境的制度保障。

党员作用发挥充分不充分是海外基层组织社会动员力的重要体现。历史经验证明，强大的组织动员力有力推动了中国现代化进程。党组织和党员作用的发挥是党的社会号召力、社会动员力实现最直接的途径，也是党组织政治功能实现的基本遵循。

四、新思路谋划新作为：中国航油高质量海外党建工作实践

（一）中国航油集团海外业务发展概况

中国航油秉承"竭诚服务全球民航客户，保障国家航油供应安全"的使命，从20世纪90年代率先走出国门，第一批践行"走出去"战略，到"亚洲最大、行业领先"地位形成，再到全面参与国家"一带一路"建设。目前，中国航油控股、参股20多家海内外企业，构建了成熟的航油、成品油销售网络和油品物流配送体系。在全国236个机场、海外57个机场拥有供油设施，为全球400多家航空客户提供航油加注服务，其中"一带一路"沿线国家机场达到19个，连续九年跻身世界500强。

（二）顶层设计："两个先行"引领新时代中国航油海外党建

"海外发展党建先行，党建发展理念先行"的海外党建工作思路是中国航油构建海外党建工作体系的重要理论支撑和工作依据。

海外发展党建先行，是中国航油海外发展沉重经验的总结。2004年，中国航油（新加坡）股份有限公司向新加坡高等法院申请破产保护，该公司曾经被视为中国国有企业"走出去"的明星。中航油新加坡事件不是个例，它反映或者代表了相当一部分央企在海外业务快速拓展期，忽视党的建设，造成重大事项决策机制失灵，党的纪律监督覆盖不全和海外党建工作淡化、弱化、虚化和边缘化问题。痛定思痛的中国航油在积极处理、妥善解决新加坡公司问题的同时，提出"海外发展党建先行"，通过充分发挥党的领导作用，确保企业在"走出去"同时，在决策机制、运行机制、用人机制上步子更稳，风险更小。

党建发展理念先行，是中国航油长期党建经验的总结。中国航油不断加强党建基础理论和政策研究，先后开展了《发挥党建优势为海外发展提供坚强政治保证研究》《"一带一路"廉洁风险国别研究》等专项课题研究。2018年，中国航油发布了《中国航油党建全面质量提升发展纲要》，创建了中国航油海外"党建领航365"工作体系。该体系体现了在党的领导下，中国航油365天，天天持续供油的深刻内涵，通过实践不断磨砺，成为具有中国航油特点的党建品牌。

（三）工作方法：中国航油"党建领航365"海外党建工作体系的构建

"党建领航365"具体包括：围绕"党建领航"这个核心，"实施三大工程""加强六大建设""开展五项行动"。

1."党建领航365"——"实施三大工程"

一是责任落实工程。通过同步落实党建责任制，有效形成责任明确、齐抓共管、上下一致、效能突出的海外党建工作体系。包括明确海外党建工作责任、制定考核清单和党组织书记述职等；二是素质提升工程。通过推进党员领导干部和党务干部教育培训工作科学化、经常化、制度化、规范化建设，提升各级人员尤其是海外党组织负责人抓党建的能力；三是智慧党建工程。利用新媒体和大数据平台，以

"党建＋"推动党建传统优势与信息技术高度融合，使党员学习、信息传递、日常管理更具科学性和可靠性。

2."党建领航365"——"加强六大建设"

加强政治建设，铸牢忠诚之魂。中国航油以政治建设为统领，把讲政治贯穿于海外工作，从思路谋划、任务部署到工作落实各个环节，涵养政治生态，厚培政治文化，铸牢海外党建队伍"忠诚之魂"。

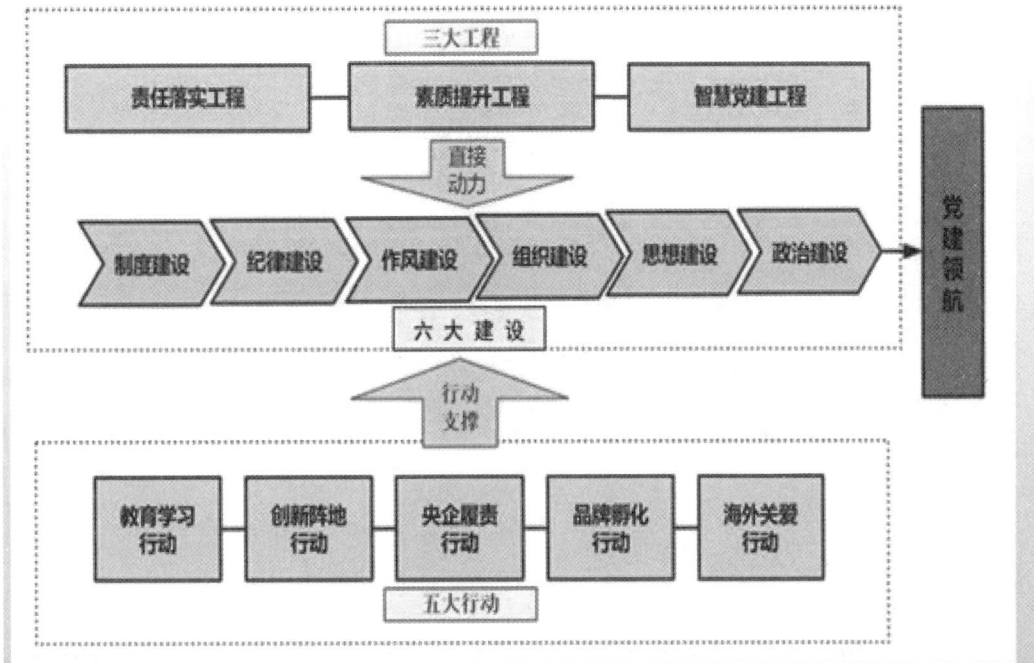

图5 "党建领航365"海外党建工作体系

加强思想建设，深植信念之根。突出"学懂"为根本，学习贯彻习近平新时代中国特色社会主义思想，坚定理想信念。突出"弄通"为关键，引导党员干部主动运用习近平新时代中国特色社会主义思想，研究工作、指导实践。突出"做实"为目标，主动将党的建设成果运用到航油贸易合作模式创新，海外机场供油、员工队伍建设中。

加强组织建设，夯实强基之本。主动接受所在地领事馆和国内党委的双重领导，探索与驻地中国企业合作开展党建，形成"条主责、块双重，纵合力、横联通"的"纵合横通"机制。强化海外党支部的战斗堡垒作用，健全组织体系，发挥教育党员、管理党员、凝聚群众、服务群众的重要职责。

加强作风建设，锻造铁军之风。通过"文字、标识、旗帜、着装"的"四统一"树立航油品牌形象，塑造"有责任、有定力、有纪律、有担当、有作为"的"五有"国际铁军精神。开展海外业务服务质量提升，聚焦保障质量、业务拓展、队伍建设等方面。

加强纪律建设，绷紧规矩之弦。把党规党纪和工作纪律教育作为海外员工培训的必修课，推动纪律教育全覆盖。加强执纪监督，在"风险防控"上下功夫。加大对海外重大决策、重大投资和选人用人的监督。

加强制度建设，立牢治党之本。制定海外党建工作"路线图""任务书"，出台《海外党建工作指导意见》和《海外党建工作手册》，明确运行机制、总体要求和重点任务。建立"管考评、促提升"的党建考核制度，海外党建工作由"软任务"变成"硬指标"。

3."党建领航365"——"开展五项行动"

开展教育学习行动。着力抓好"四项教育"，即：深入进行党员党性教育、经常开展驻在国形势教育、适应海外项目特点的主题教育以及员工素质教育。同时，海外党组织主动与驻外领使馆、中资机构联系，参加各种文化交流。

开展创新阵地行动。建立与领事馆党组织的"纵向联动机制"，与其他中资企业党组织的"横向联通机制"，打造"纵合横通"海外党建创新阵地，优势互补形成合力；邀请外籍工程师交流经验，提高海外项目适应力；建立与国内外主流媒体沟通机制，讲好"中国故事"，展示"中国形象"。

开展央企履责行动。通过开展文化交流，参与社会公益和应急救援等活动，履行中央企业责任，让中国航油走进当地群众，走进当地社会、树立中央企业国际形象。

开展"三育"品牌孵化行动。通过"孵育创新工作站和先进党组织、创育技术标兵和党建品牌、培育业务带头和党建骨干"，提升党建与业务工作融合，孵化党建品牌和优秀个体，充分发挥"头雁"示范引领作用。

开展海外"三心"关爱行动。设立困难员工帮扶基金，深入实施暖心行动；改善员工生活条件，深入实施凝心行动；建立海外员工健康档案、SOS联系卡，组织心理健康培训，深入实施关心行动。

（四）实施效果：中国航油"党建领航365"海外党建的实施成效

1.海外党建基础更扎实，党的领导作用更充分

中国航油所有海外公司和代表处都成立党工委、党支部或临时党支部、联合党支部，实现党组织海外全覆盖。同时，海外公司制定《"三重一大"民主决策实施办法》，明确规定了党组织决策事项清单和决策重大问题的前置地位。

2.安全纳入党建硬指标，安全管理有创新

中国航油始终坚持"安全第一"，建立"境外安全管理平台"，将安全纳入党建考核，打造"窗口工程""精品工程"和"示范工程"，保持零事故、零污染、零投诉的安全责任记录，多次获得机场管理当局颁发的"零人员伤害奖""安全业绩奖"。

3.党建业务更融合，国际化战略科学发展

2019年，中国航油发布《深化改革加快发展战略规划纲要》，明确提出以党的建设统领各项事业的发展，其中包括了五年党建规划。同时，通过"百名国际化人才培养计划"和"专才特聘机制"，打造国际化人才队伍。

4.文化建设成果丰硕，党建引领企业价值追求

通过"党建引领＋文化铺路＋服务为民"的企业文化塑造，中国航油涌现出以"最美民航人吴志梁"，"刘永清劳模创新工作室"等一大批新时代航油铁军代表，"务实、创新、责任、和谐"的企业价值观深入人心。

5.党建活动更丰富，激发海外员工国家荣誉感

中国航油海外公司在国家重大节日组织升国旗、唱国歌，开展"共筑中国梦——海外职工寄语"等爱国活动。积极打造家文化，对中外员工都以"家"人对待，为中外员工送关怀。2018年，中国航油获得"金蜜蜂优秀企业社会责任报告领袖型企业奖"。

五、新模式提供新选择：基于"GUIDE"关键要素的中央企业高质量海外党建路径创新

新时代，中央企业海外党建在"量变"到"质变"的高质量发展转型中，亟需找到新的突破口。本课题在理论层面研究和中央企业实践成效的基础上，探索高质量海外党建路径创新的关键要素。通过对关键要素的把握，指导企业采取更加精准、更加主动的措施，提升海外党建工作质量。课题组首创性地凝练出"中央企业高质量海外党建路径创新GUIDE关键要素法"。

GUIDE这一英文单词，中文释义为：引领；为……引路。课题组赋予其两层含义：第一，党的领导引领中央企业海外发展；第二，探索中央企业海外党建创新之路。同时，组成单词的五个字母分别代表目标、融合、创新、标准和示范五大关键要素。

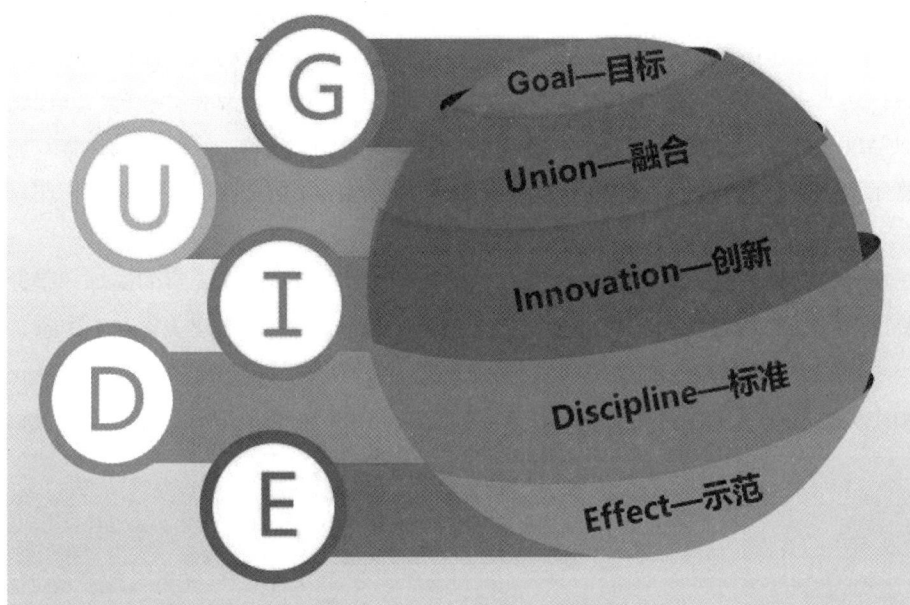

图6　GUIDE五大关键要素

（一）G（Goal）明确目标——以战略性思维推动海外党建顶层设计

海外党建工作必须纳入企业战略发展的整体布局，在坚持央企根本属性和发展定位基础上，始终高举党的旗帜，把坚持党的领导融入企业国际化发展战略中，把加强党的建设融入央企海外运营全过程，务必使党组织与其他业务主体在各司其职、分工合作的基础上，实现企业运营效能最大化、社会效益最大化、海外影响力最大化。

（二）U（Union）融合互促——以党建撬动资源整合形成企业海外发展新动力

以共同愿景为着眼点，打破海外地域、层级、隶属关系壁垒，把不同领域行业或同一行业上下游的海外党组织有机联结起来，带头带动实现资源的系统整合，形成党组织引领、多类型单位组织参与的多元联合海外党建体系，打造类型丰富的海外党建联合体，为世界贡献更多的央企智慧、央企方案和央企力量。

（三）I（Innovation）创新动能——以解决问题为导向促进海外党建能力提升

海外党建工作必须坚持问题导向，在解决问题中求得突破。要在坚持党的领导不动摇基础上，聚焦

海外党建突出问题，勇于创新、善谋良策、善解难题。通过改革创新全面深化，进一步理顺管理体制，使海外发展运行机制更高效，激励方式更科学，风险管控更完善。海外基层党组织要锻炼在复杂环境下解决问题的能力，通过创新思路、创新方法解决海外发展中遇到的困难，提升在海外发展决策过程中的科学指导地位。

（四）D（Discipline）标准先行——以规范化为抓手打造海外党建"基本面"

"欲筑室者，先治其基"。规范化是高质量海外党建工作的基础。除了要把握好不同国家法律和社会风俗的要求和限制，中央企业要坚持境内、境外党建整体布局，既要统筹党建工作标准，还要协调推进海外党建工作创新，建强海外各级党组织。重点提高海外党建三方面的标准建设：一是海外干部选拔有标准；二是海外党建工作制度有标准；三是海外党建活动载体有标准。通过对器物、制度、人三方面的规范化要求，实现"内部目标明确、外在表现一致"，夯实党建基础。

（五）E（Effect）示范效应——"以点促线带面"确保海外党建整体提升

在抓党建的具体工作中要善用杠杆效应，以"小"切入实现"大"功能。品牌建设是实现海外党建示范效应的最佳切入点。海外党建的"以点促线带面"，即集中优势资源和管理合力，探索符合实际的路径方法，以品牌建设成果方式进行经验总结；再通过激励和保障机制，层层推进品牌效应外溢，促使海外党建品牌示范效应全面铺开，带动一批先进典型；通过善用党建文化的传播扩散作用，讲述"身边人、身边事"，撬动全体海外党员不忘初心、牢记使命的工作热情全面开花结果。

"GUIDE法"是对高质量海外党建路径创新过程中，规律性和共同性元素的提炼，是针对中央企业海外党建面临的普遍性问题提出的基本解决思路。通过抓住高质量海外党建关键基本要素，使海外党建基础更加牢固、亮点更加突出、机制更加完善、评价更加科学、作风更加优良，让党建真正成为"红色引擎"，助力中央企业在国际竞争中全面胜出，为中央企业海外党建提供新思路、新方法、新贡献。

成果创造人：曹永晖、陈智、冯海、周莹、丁煜玥、吴冰寒

高质量党建，促进高质量发展

万达集团党委

党的十九大报告明确提出："不断提高党的建设质量，把党建设成为始终走在时代前列、人民衷心拥护，勇于自我革命，经得起各种风浪考验，朝气蓬勃的马克思主义执政党。"民营经济作为中国特色社会主义市场经济的重要组成部分，严格落实中央精神，理直气壮抓党建，抓好党建促发展，是新时代赋予民营企业的重大政治使命。关于如何高质量抓好民企党建工作，以习近平同志为核心的党中央自十八大以来，已多次作出重要指示，把构建亲清新型政商关系，促进非公有制经济健康发展，非公有制经济人士健康成长摆上重要战略位置。习近平同志关于"两个健康"的重要论述，科学回答了民企党建最紧要，最现实的重大理论和实践问题，为各民营企业深入探索新时代条件下的党建规律指出了光明前景。

近年来，万达集团党委严格落实中央精神，结合企业实际，求真务实，开拓创新，把构建亲清政商关系、促进"两个健康"等一系列要求融入企业经营管理之中，逐步形成了"讲政治、讲实效、讲创新、讲责任"的民企党建新模式，促进企业高质量发展。

一、讲政治，拥护党的领导

"党的政治建设是党的根本性建设，决定党的建设方向和效果。保证全党服从中央，坚持党中央权威和集中统一领导，是党的政治建设的首要任务。"党的十八大以来，万达集团党委坚持把党的政治建设摆在首位，努力将政治建设做实、做深，引导广大党员和职工爱党爱国，保证集团始终坚定政治立场，党委充分发挥好政治核心与政治引领作用。

（一）坚定政治立场，永远跟党走

万达党委要求全体员工在政治立场、方向、原则、道路上同党中央保持高度一致。王健林董事长发自内心感谢党和政府，始终强调"没有中国共产党就没有改革开放，没有改革开放就没有民营企业，更没有万达的今天。"2012年作为全国民营企业先进党组织代表受到习近平同志接见后，董事长更加重视党建。在企业发展上坚决贯彻落实党和国家改革开放政策，带领万达争做实业报国的典范；在党的建设上要求集团总裁级领导必须是党员，在实际工作中不断提高政治判断力、政治领悟力、政治执行力，增强对党的领导的政治认同、思想认同、理论认同和情感认同。

（二）发挥政治核心作用，增强凝聚力

发挥好政治核心作用，关键在于找到有效的路径，否则，极易流于空谈。针对这一现状，万达党委经多年探索，将政治核心作用发挥体现在四个方面：一是宣传思想，用党的理论武装头脑，指导实践，推动工作。党的十九大以后，万达集团第一时间请来中央党校教授，全面解读习近平新时代中国特色

社会主义思想，贯彻落实党的十九大精神。二是组织建设，长期坚持"企业发展到哪里，党组织就建到哪里，党的工作就开展到哪里"。截至2020年底，集团党委下辖8个分党委、8个党总支，460个党支部，其中属地化178家。实现党的组织和工作全覆盖。三是发展党员，在党员队伍建设上强调优先从"高职位、高学历、高素质"人才中发展党员。目前全集团党员总数10096名，平均年龄34.5岁，大专以上学历89.85%。四是维护稳定。积极反映群众诉求，畅通和拓宽表达渠道，依法维护职工群众合法权益，协调各方利益关系，及时化解矛盾纠纷，构建和谐劳动关系，促进企业和社会稳定。

图1　万达集团第一时间学习党的十九大精神

（三）发挥政治引领作用，提高战斗力

政治引领作用的发挥，同样需要分解细化。万达党委将这一职能具体落实在四项工作上，一是组织保障，万达党委按照现代企业制度要求，科学构造并不断完善公司法人治理结构，实施"双向进入、交叉任职"，党委主要领导担任集团董事，参与"三重一大"决策，确保政治方向。二是贯彻政策，始终坚定不移执行中央有关政策，做改革开放的实践者与探索者。三是引领方向，习近平同志指出："人民对美好生活的向往，就是我们的奋斗目标。"为落实好这一指示，万达集团结合实际，将遍布全国的万达广场定位由"城市中心"调整为"生活中心"，立志成为人民美好生活的创造者、引领者。四是促进发展，围绕经营，集团党委进一步找准了自己的工作切入点，重点做好六个角色：发展方向上当"向导"、重大决策上当"参谋"、业务经营上当"推手"、凝聚员工上当"旗帜"、内部管理上当"后盾"、文化建设上当"先锋"。

二、讲实效，促进健康发展

促进企业健康发展与员工健康成长，既是民企党建的重要目标，也是保持民企党建生命力的有效保证。万达根据《中国共产党章程》《中国共产党支部工作条例》《关于加强和改进非公有制企业党的建设工作的意见（试行）》等中央有关政策法规，结合企业经营实际，在保证充分发挥政治功能的基础上，将党组织的业务职能细化为六条，确保发挥作用，取得实效。

（一）促进企业发展

发展是企业生存的第一要务，围绕发展，万达党委重点开展了以下工作：

一是助力经营发展。2021年4—7月，与万达电影联合开展"红色观影经营竞赛"活动，万达院线38个区域669家影城参加，包场观影达120.8万人次，实现总票房收入3367.5万元。"五一"期间，集团党委、大连万达影城联合大连市总工会举办为期一个月的市民观影活动，为院线新增8.3万观影人次257万元票房，助推经开店和高新店两家万达影城分别创造全国影院观影人次第9名和第11名的新纪录。

图2　万达电影红色观影经营竞赛

二是发挥基层作用。2020年投资集团广泛开展"党员引领　全员冲刺"主题活动，通过观看红色影片《金刚川》，激发员工"坚定信念、敢于突破、勇者无畏、指标必达"的拼搏精神，坚决完成全年经营指标，助力经营发展。西安城市公司党支部设立党建宣传室，积极开展全体党员宣誓、党性教育、民主生活会、政企共建、定点帮扶、企业团建等各种活动，员工获得感和幸福感不断增强，促进公司经营稳定发展。2019年全面超额完成年度销售指标1.2亿元，实现质量安全双发展，经营党建双飞跃。

图3　万达投资集团红色观影《金刚川》主题活动

（二）弘扬清风正气

加强作风建设，保持党同人民群众的血肉联系，是企业党建的基本工作，万达党委主要突出了两项任务。

一是加强日常教育。例如深入开展"不忘初心、牢记使命"主题教育。结合企业实际制定《任务清单》，明确工作任务和目标。在充分学习与调研基础上，集团党委书记分别与总部、各产业集团领导进行谈心谈话，进行对照查摆，积极倡导讲真话、办实事、全力以赴、降本增效，一起过紧日子，共同把企业经营好；下发资料1000册，组织党员认真学习习总书记讲话精神；深化"学习强国"平台应用，学员总数超过5100人；督促各支部持续开展教育，对照中央要求，找出差距，制定措施，进行整改；加强党务工作者队伍建设，分批次参加专业党务培训。大连市委常委、组织部部长王炳森通过检查，对集团主题教育活动的有效开展给予了充分肯定。

二是树立先进典型。集团党委每年进行"两优一先"评比表彰，各系统分党委则每月通报，鼓励先进，鞭策落后。创先争优，党员引领在万达蔚然成风。商管集团安监中心党支部发扬党员任劳任怨精神，每个节假日全体牺牲休息时间，奔赴各地广场开展现场突击检查，确保广场安全。工作期间不让门店接送、每餐吃员工食堂；共产党员柏雪峰，十八年如一日，无私照顾因车祸而瘫痪的同事王大明，使其恢复了生活的勇气，感受到了人间的温情，被评为"感动大连人物"；2020年新冠肺炎疫情期间，武汉城市公司赵刚，带领12名同事承担起4个老旧小区的封闭隔离工作，冒着大雨连续奋战10小时；原丹寨万达小镇总经理马永东，牺牲整个春节假期全身心投入到疫情防控中；荆门万达广场叶玮，为了保证商场能正常运营，每天坚持步行4小时上下班；日照万达广场物业部徐彬、徐凯、乔楠，春节坚守岗位，每天穿着厚重的防护服，一站就是8小时……

图4　武汉万达瑞华酒店接待援鄂医疗队

（三）坚决抵制腐败

针对腐败问题，万达党委长期坚持无禁区、全覆盖、零容忍、重遏制、强高压、长震慑，强化不敢腐的震慑，扎牢不能腐的笼子，增强不想腐的自觉，通过不懈努力，使集团保持了良好的风气，形成了廉洁从业的良好氛围。

一是王健林董事长全力支持反腐倡廉工作。在万达，无论什么级别干部，无论贡献有多大，只要碰触腐败红线，一律"零容忍"，坚决一查到底，绝不手软。对贪腐者除了解除劳动关系，在全集团进行审计通报以外，还在集团官网开设"除名查询"功能，供用人单位查询，同时对个别严重危害集团利益的行为，坚决移交司法处理。

二是构建了立体监督体系。群众监督举报质量越来越高，已成为万达反腐的生力军和新常态。审计监督开发了大数据平台，实现了不同产业集团、不同系统之间的数据互联；集团监督重心上移，主要面向集团总部、各产业集团的高管人员；各产业集团成立内控部，周周核心，月月通报，警钟长鸣，强势威慑。一体推进不敢腐、不能腐、不想腐的体制机制。

三是堵塞管理漏洞，实现效益更大化。在审计过程中重点关注内部控制，监督和评价控制系统是否有漏洞，是否有效运行，进而透过现象深入分析产生的原因，提出合理建议。

（四）树立社会形象

构建亲清政商关系，开展丰富多彩的党建活动，树立良好社会形象，一直是万达党建的鲜明特点之一。近些年来，更是亮点频出，精彩纷呈。

一是构建亲清政商关系，保证企业又红又专。加强与中央各大部委的汇报与联络，在新冠肺炎疫情防控、庆祝国庆71周年、建党100周年活动策划等重要工作中得到上级的支持、肯定与指导。与北京CBD党工委开展深度合作，依托CBD白领驿站，输出万达党性教育片《旗帜》、绿色骑行等项目，扩大对外影响；加入CBD党建联盟工会联谊会、巾帼精英会、新社会阶层联谊会和青年联谊会，并成功举办两期交流活动；积极参加CBD党建论坛并进行典型经验介绍，得到北京市委组织部、市属大型国企、民企党委、人民网充分认可。长期与大连市有关部门联络，抓好有关政策要求的贯彻落实。6月7日，集团党委作为唯一一家非公企业代表，参加大连市委组织部、大连党建研究会组织的庆祝建党百年党建研讨会并进行经验介绍。与会领导一致评价万达党建做得十分精彩，政治站位高，创新重实效，值得全市非公企业学习借鉴。

图5　在北京CBD总部企业党建论坛作典型发言

二是建立党建共享中心，加强党性教育。党的十九大以后，为全面学习习近平新时代中国特色社会主义思想，贯彻落实党的十九大精神，加强党的建设，万达党委在大连市委组织部、西岗区委领导下，共同建设"大连万达党建共享中心"。通过VR体验飞夺泸定桥、裸眼3D展示五大科技成果、人机互动进行党建知识竞赛、观看专题党性教育片《旗帜》、移动滑屏展示最新党建成果、党建培训提升政治素养等丰富多彩的活动，继承革命传统，增强党性意识，激发爱国情怀，铸牢理想信念。自2019年7月开放以来，接待各类参观、考察、培训700多场6万人次。成功举办中央巡回督导组督导会、2019夏季达沃斯杰出青年领袖"感知万达行"、辽宁省委巡视组主题党日等重大活动，形成天天爆满，应接不暇的盛况。来访嘉宾纷纷称赞共享中心建设创意最新颖，形式最丰富，技术最先进，内容最完备，令人震撼，大开眼界，是他们所见过的全国最好的党建共享中心之一……目前已有33家企事业单位与中心形成党建联盟，18家单位组织在中心挂牌，得到全国各地党建领导、部门、单位的高度赞扬，成为大连市"不忘初心、牢记使命"主题教育重要基地、市民营企业家教育实践基地和领导干部廉政教育基地、大连市"红色之行"精品路线。

图6　大连万达党建共享中心

2020年7月，集团党委在北京建成北京CBD总部党建共享中心。集合红色观影、党课培训、团建活动、展览展示、互动体验、绿色骑行等功能，以高科技手段，创新党建活动方式。开放以来，已接待国家人社部、北京CBD党工委、中信集团、人民网等内外单位各类参观培训、共建活动150多批3000多人次，成为集团业务活动首选地和CBD地区重要党建阵地，受到北京市委组织部的重视和认可。

三是开展大型党建活动，弘扬爱党爱国正能量。2019年、2020年连续两年开展国庆系列主题活动，发动全国31个省份200多个城市的336座万达广场，特别推出"我爱你中国""歌唱家乡 祝福祖国"国庆大型红色主题活动，超百万民众参与，弘扬爱党爱国正能量。新华社连发3篇图文通稿进行报道；央视播报万达国庆活动节目23条次，《新闻联播》播出3条次，万达国庆活动全网总传播量超过2000篇次，活动在中央有关部委引起巨大反响，中共中央办公厅、中组部、国务院国资委、全国工商联纷纷给予高度评价。

图7　2019年、2020年国庆系列主题活动

2021年，恰逢建党百年，集团党委以"永远跟党走，奋进新时代"为主题，开展了一系列庆祝活动。联合各地政府组织全国381家万达广场唱响《唱支山歌给党听》。商管员工、商户、顾客等20多万人直接参与，全国数十家核心媒体共传播转载1300多篇次，集团官微、官网、视频号总传播量超过3000万。在嘉兴南湖召开庆祝建党百年暨"两优一先"表彰大会，215名新党员庄严宣誓，聆听"红船精神"党课，重走中共"一大"线路，参观南湖革命纪念馆和嘉兴党群服务中心，激发敢为人先的创新精神；在嘉兴南湖万达广场建设声、光、电、触相结合的"百年红船映初心"党建互动体验长廊，打造红色地标，对企业展示墙、外广场、客服台、办公区入口、会议室等区域实施升级改造，优化商圈功能。制作专题献礼片《唱支山歌给党听》短视频。自6月15日至7月15日在全国万达院线676家影城5875块银幕作为片花在映前播放，累计75万场次，观看1200多万人次。此外，还开展了党史学习教育，全国460个党支部学习累计1000多场次；举办"永远跟党走"主题征文活动，收到各类文章371篇；开展"万名党员送祝福"，近2万人参加；组织19家广场举办百年党史展，在"七一"活动期间出街展示。本次活动共向23个中央有关部门进行汇报，得到了各部委领导充分认可，社会反响良好，党员党性全面增强。

（五）团结关爱员工

中央明确要求，非公经济党组织要"密切联系群众，注重人文关怀和心理疏导，主动关心、热忱服务党员和职工群众，帮助解决实际困难，把广大职工群众团结在党组织周围。"万达党委不仅有效落实，而且注重长远，形成体系，大大增强了员工的凝聚力与战斗力。

一是员工待遇一流。万达员工收入水平对应所在行业，在中国企业中排在前列。集团人力资源部每两年还要进行一次收入调查，根据调查结果进行工资调整，始终保证万达员工收入全国领先。同时，严格按照国家要求正常缴纳五险一金，从不克扣。

二是高度重视培训。集团出资7亿多元建成了中国一流的万达学院和万达党校，每年安排大量培训。通过不断探索实践，形成了健全实用的培训体系：在政治培训上，有积极分子培训、党员培训、党务工作者培训、主题实践四大系列，在岗位技能培训上，有入职培训、制度培训、知识技能培训三大系列。

图8 建党百年红歌快闪

图9 "七一"表彰大会、重走一大路

三是提高幸福指数。多年来坚持实行带薪休假制度；每年给员工做一次体检，免费为总部员工办健身卡；为保证饮食质量和食品安全，在北京投资5亿元成立有机农业公司，生产绿色食品专供总部餐厅。出台规定要求所有基层公司自办员工食堂，一律不准外包；为让员工分享发展成果，实行优秀员工度假制度，给予优秀员工及其家人报销两人往返机票，免费入住各地万达酒店度假。此外，每年还举办各种丰富多彩的文体活动，保证员工的身心健康。

图10　党建互动文化展

图11　《唱支山歌给党听》献礼片

图12　百年党史展

四是帮扶困难员工。王大明是原万达酒业的员工，2001年因车祸导致高位截瘫，完全丧失生活自理能力，多年来由其母亲照顾。王健林董事长得知后，专门给王大明赠送了一套住房，集团工会20多年来坚持对其实施帮扶，每月给予5000元的补贴，保证了母子的正常生活。同时，还积极向大连市总工会、狮子会、红十字会等机构申请相应补助。2013年2月份，上海宝山万达广场停车场收费员戴海亮的孩子被医院诊断为恶性脑瘤，得知此消息后，集团工会立即捐助5万元，并号召总部员工积极捐助，短短3天时间，捐款额便达到23万元。当集团将28万元的款项送到戴海军手上时，他感动地流动下了眼泪，深有感慨地说道：工作在万达这个大家庭，真好！

（六）加强自身建设

完善组织设置，健全工作制度，推进学习型党组织建设，是开展好党建工作的基本保障。万达党委自成立以来，就不断加强自身建设，促进党建管理日益规范高效。

一是明确党建工作定位。鲜明提出，万达党建的使命是"助力经营，服务发展，树立形象，弘扬正气"。

二是建立完善规章制度。创新非公企业党建管理模式，创立"13551"党建管理体系。即坚持"务实有用"这一个工作方针，充分发挥党委政治核心、政治引领、公益慈善三个作用，实行上级党组织、党委、分党委、党支部、党员五级推动机制，打造信息管理、宣传报道、业务交流、教育培训、智能办公五大平台，实现"双强六好"的党建目标。

三是规范内部运行机制。形成每年有规划、每季有总结、每月有计划、每周有碰头的工作机制。建立其中，月度会形成个人述职、成长分享、领导点评、奖罚兑现和工作要求规范内容。坚持狠抓执行、狠抓情商、狠抓纪律、狠抓考核，确保工作任务顺利完成。

四是狠抓党务队伍建设。高标准选拔党组织负责人。各分党委、党总支原则上由单位一把手担任书记，主管干部考核高管担任副书记；党支部书记由入司满一年、综合素质高的基层单位一把手或副职担任。明确"人品正、能力强、作风好、情商高、业绩优、形象佳"六条党务人员标准；完善员工绩效考核办法，形成业绩、能力、态度全方位考核体系；倡导工作中坚持战略思维、坚持调查研究、坚持辩证分析、坚持根本立场、坚持实事求是、坚持创新驱动、坚持抓铁有痕；制定员工形象礼仪规范，要求形象上衣着整洁，举止文明，富有品味，礼仪上谈吐高雅，不卑不亢，注重修养。

三、讲创新，不断实现突破

习近平同志说"企业持续发展之基、市场制胜之道在于创新。"立足新的时代，万达党委通过四个方面，狠抓民企党建创新。

（一）管理创新

要求党建工作不能务虚空谈，而要努力创造价值、创新方法、创立形象，打造精品。没有价值的事，不做；没有创新的方法，不用；没有创立新的形象，不要！

（二）组织创新

积极探索商圈党建新模式。在全国21个区域45家万达广场完成商圈党建工作，通过建设党群服务中心、打造党建文化展示墙、推荐"诚信经营示范店"、评比"党员先锋岗"、建立政府联席会议机制等手段，提升商圈活力，密切政企关系，树立企业形象，推动商业复苏。其中，曲靖万达广场党支部联合200多家广场商户，创建了全市首个商圈红色驿站——万达小站，搭建"党建＋发展""党建＋服务"平台；常德万达广场商圈统一管理6个支部的75名党员，强化政企联动，在疫情后复工复产的关键时刻发挥出巨大作用.此外，拉萨城关、常德武陵、蚌埠蚌山、铜陵铜官等4家广场于2021年度均被评为省级优秀商圈，成为当地党建标杆。

图13　商圈党建

（三）活动创新

集团党委明确要求，万达党建活动既要强调政治性、思想性，也要注重时代性、新颖性，一定要接地气，让员工喜闻乐见，不能搞成形式主义。为了加强党性教育，集团党委通过剪辑176部红色经典电影，制作了时长15分钟的电教片《旗帜》，以大家熟悉的刘胡兰、董存瑞、雷锋、焦裕禄等历史人物，展示革命、建设、改革、复兴不同历史时期共产党员的光辉形象和坚强党性，使大家在轻松观影中受到灵魂的震撼与党性的教育。此外，诸如"飞夺泸定桥"VR体验、绿色骑行、党建知识互动答题、重大科技成果裸眼3D展等活动，也无不体现出接地气、受欢迎的特点。

（四）宣传创新

积极构建多元化宣传体系，形成"九个一"宣传格局。即建设一个党建基地，集中展示集团经营、党建方面取得的巨大成就；拍摄并每年更新一部党建纪实片《党旗在万达飘扬》，全面介绍集团党建新情况，彰显对经营发展的促进作用；在中国企业中首开先河，创新制作党员形象宣传片《放飞梦想，圆梦万达》，以全新手段展示万达党员风采；拍摄党员典型微电影——"万达魂"系列，目前已完成《火凤凰》《光影梦》《正青春》等，以新方式诠释万达党员的奋斗与成功，光荣与梦想；创作先进党支部微电影——"万达先锋"系列，目前已完成《我用青春写奇迹》《唯有用心》等；设计一部党建体系宣传片：将13551党建体系拍摄制作成三维立体动画与实景相结合的宣传介绍片，让外界对万达党建有更直观、全面、深入的认识；每年树立一批优秀共产党员典型：深入基层挖掘立足岗位创新发展、真抓实干、建功立业，能够全面体现万达党员风采的优秀党员代表；出版一本《万达先锋》书籍：从基层挖掘选取先进典型，编撰《万达先锋》，在集团内外广泛宣传；建设一批规范的党支部：努力做到制度建设完善、活动开展丰富、党建场所标准，目前全国标准党支部已达上百家。

四、讲责任，积极回报社会

胸怀"国之大者"，坚持致富思源、富而思进，认真履行社会责任，大力构建和谐劳动关系，积极参与精准扶贫和公益慈善事业，是民营企业家国情怀的最好体现，也是万达集团长期坚持的企业宗旨。

（一）全力以赴脱贫攻坚

万达集团全面贯彻落实习近平同志指示，把脱贫攻坚当成新时代民营企业的历史使命，抓实抓好。2014年底开始选择对口帮扶国家级贫困县贵州省丹寨县，在全国首创"企业包县、整县脱贫"的精准扶贫模式，总投入23亿元，采用长、中、短期结合，教育、产业、基金并举的创新方式，捐建产业扶贫基金、旅游小镇、扶贫茶园、职业技术学院等扶贫项目，带动丹寨面貌深刻改变。项目先后于2016年和2018年荣获国家脱贫攻坚奖表彰，入选联合国开发计划署"全球最佳减贫案例""世界旅游联盟旅游扶贫优秀案例"。2021年2月，全国脱贫攻坚总结表彰大会在北京人民大会堂隆重举行，万达集团荣获中共中央、国务院颁发的"全国脱贫攻坚先进集体"荣誉称号，万达集团董事长王健林出席表彰大会。万达丹寨扶贫成为全国社会扶贫和全国旅游扶贫的典范。

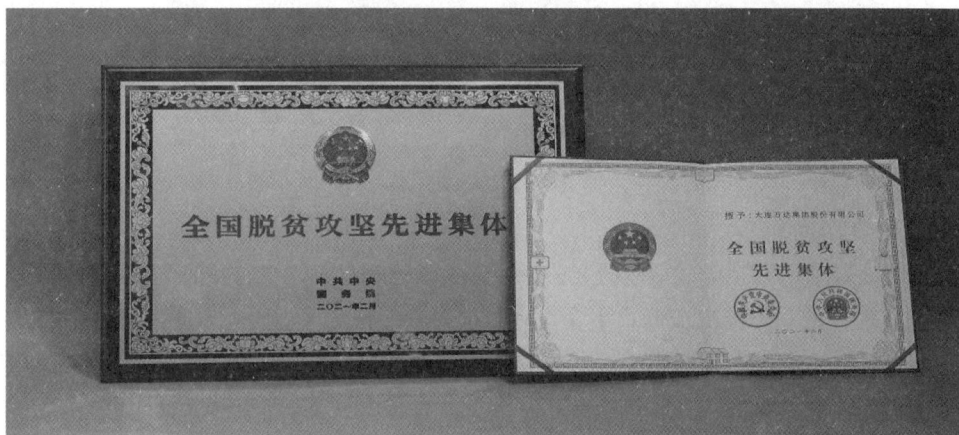

图14　荣获中共中央、国务院颁发的"全国脱贫攻坚先进集体"荣誉称号

（二）扎实做好"六稳"落实"六保"

2020年，万达集团全年新开业45个万达广场、74家万达影城、14家万达酒店，累计为社会创造服务业就业超过15.4万人，其中大学生超7.8万人，占全国去年新增就业总数的1.3%。截至2020年底，全国开业的368座万达广场创造就业岗位总量超过151.1万个，其中大学生69.1万人，连续12年成为中国新增就业最多的企业。万达为全国"六稳""六保"做出中国企业最大的贡献。

（三）积极开展疫情防控

2020年新冠肺炎疫情暴发后，万达集团坚定不移贯彻习近平同志重要讲话精神，严格落实企业疫情防控责任。王健林董事长自大年初一开始就放弃休假，亲自部署疫情防控工作。向武汉市慈善总会捐赠人民币1000万元；免除全国323座万达广场所有商户租金及物业费40亿元；党委发布《共抗疫情倡议书》，动员广大党员群众坚守一线，积极抗疫；发起捐款，广大党员及员工纷纷响应，短短三小时内就筹资2400多万元，导致中华慈善网因万达员工捐款而陷入瘫痪状态；发布《致全体党员的信》，号召持续抗疫、积极复工；组织各单位积极与属地上级党组织沟通对接，落实各项部署，助力区域防控。

图15　《新闻联播》报道万达疫情期间减免租金40亿元

（四）多年坚持慈善义工

30年来，万达坚持"共创财富，公益社会"企业使命，公益捐款累计超过66亿元，成为中国民营企业中慈善捐赠额最大的企业之一。"中华慈善奖"是中国公益慈善领域中的最高政府奖，一共颁发十一届，万达集团和王健林董事长共荣获十届。

"万达义工"是全国最早的企业义工组织，成立于1994年。目前在全国有1000多个义工分站，10万多名成员，分布在全国200多个城市。万达员工人人都是义工，每人每年至少做一次义工，累计义工活动人次超过100万。

（五）绿建节能全国领先

2020年为万达绿建节能第二个五年规划的收官年，5年累计节电1.5亿度，相当于减少碳排放15万吨。截至2020年底，万达累计获国家绿建认证862项，其中设计标识538项，运行标识232项，在全国企业中排名第一并遥遥领先。

通过"四讲"党建模式的有效开展，万达党建工作质量全面提升，经营发展质量稳步提高。目前，已发展成为以现代服务业为主的大型企业集团，拥有万达商业、万达文化、万达投资三大产业集团，员工总数超过10万人。截至2021年10月底，已开业万达广场400座，影城751家，酒店79家，儿童乐园326家。党建工作得到党和国家的高度认可。王健林光荣当选中共十七大代表、全国政协常委、全国工商联副主席。先后荣获首届"中国光彩人物"奖、全国"五一劳动奖章"、中华慈善总会荣誉会长、"优秀中国特色社会主义事业建设者""中国光彩事业突出贡献奖""全国抗震救灾模范""为建设小康社会作贡献先进个人""全国社会扶贫先进个人"等上百个荣誉称号。万达集团先后被国家各部委评为"全国就业与社会保障先进非公企业""全国企业文化建设先进单位""全国企业文化建设百佳单位"。集团党委多次被评为"全国创先争优先进基层党组织""全国双强百佳党组织""全国党建理论创新单位""全国企业党建创新先进单位""全国非公有制企业最佳案例奖单位""全国企业党建工作先进单位"。新华社、中央电视台、人民网、人民论坛等22家中央媒体报道了万达集团党建先进经验。

图16　全国非公有制企业双强百佳党组织

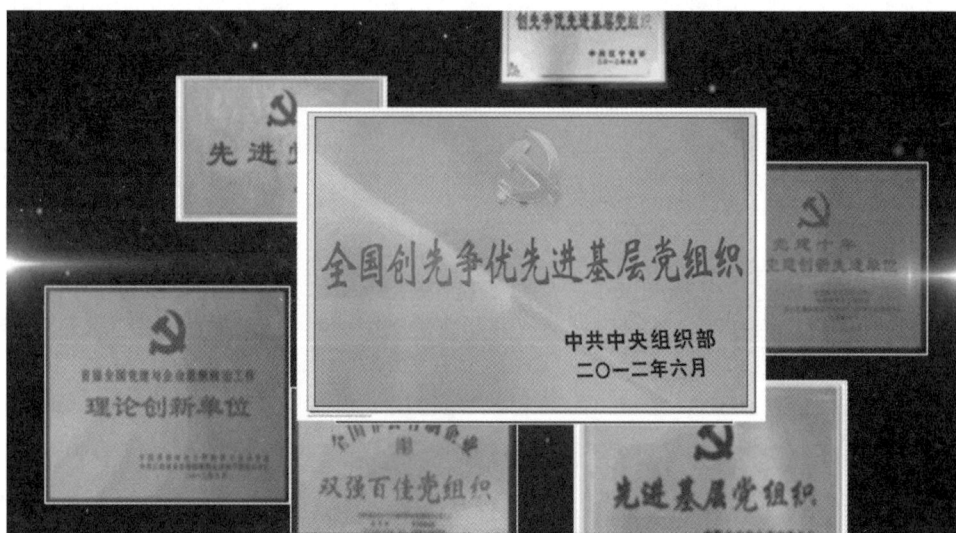

图17　全国创先争优先进基层党组织

　　面向未来，万达党委将高举习近平新时代中国特色社会主义思想伟大旗帜，永远跟党走，奋进新时代，为实现中华民族伟大复兴的中国梦做出新的更大贡献！

成果创造人：张万红、杨丰铭、刘栋栋

依托数字阅读平台打造智慧党建新模式
以"红色引擎"有效助力学习型社会建设

掌阅科技股份有限公司

党的十八大以来，以习近平同志为核心的党中央高度重视学习型社会、数字中国建设。习近平同志强调要"建设'人人皆学、处处能学、时时可学'的学习型社会"[1]，强调要"坚持以人民为中心的发展思想，推进'互联网＋教育''互联网＋文化'等"[2]。党中央、国务院先后就此作出一系列战略部署，党的十八大报告指出要"完善终身教育体系，建设学习型社会[3]""十四五"规划提出，要"加快建设数字经济、数字社会、数字政府，以数字化转型整体驱动生产方式、生活方式和治理方式变革。[4]"

2021年是中国共产党成立100周年，是"十四五"开局之年。站在是"两个一百年"奋斗目标的历史交汇点，习近平同志在"七一"重要讲话中强调，以史为鉴、开创未来，必须不断推进党的建设新的伟大工程，确保党在新时代坚持和发展中国特色社会主义的历史进程中始终成为坚强领导核心！[5]

推进党的建设伟大工程，就要不断提高党的建设质量，不断加强理论学习、强化理论武装。持续深化、更好开展党建学习，对于提升党的建设质量，推动习近平新时代中国特色社会主义思想深入人心，为实现中华民族伟大复兴的中国梦凝心聚力具有重要的理论意义和现实意义。也正因此，推进高质量的党建学习已经成为当前提升党的建设质量极为重要和紧迫的课题。

作为数字阅读领域重要的非公有制企业和北京市委宣传部指定的当代马克思主义读书活动试点单位之一，掌阅科技股份有限公司（以下简称掌阅科技）坚持党建引领和技术创新，践行国家"学习型社会"和"数字中国"战略部署要求，全面践行企业使命和社会责任，持续依托自身数字阅读平台软硬件优势，以加强自身党建工作、宣传阐释重要思想、构建学习交流平台、助力学习型社会建设为目标，积极研发打造出以"掌阅精选"为代表的智慧党建数字学习平台，锚定强化思想引领、推进科学理论"筑魂"工程，加强非公党建、筑牢党的长久执政之基这个总方向、大使命，为党建学习提供了更为便捷优质的数字化学习平台，积极助力有关部门、机构和企业等开展党建学习交流，将党建学习变得更加"有料"、更加"有趣"、更加"有效"，为推动建设学习型社会作出积极贡献，汇聚起全面建设学习大国的磅礴力量。

一、"掌阅精选"智慧党建数字学习平台介绍

掌阅科技是中国版权协会、中国音像与数字出版协会、中国出版协会常务理事单位，入选国家新闻出版广电总局首批新闻出版业科技与标准重点实验室以及多个年度"全国文化企业30强"提名企

业。2019年，掌阅科技入选了中宣部、科技部认定的国家文化和科技融合示范基地。掌阅科技长期专注于党建数字化学习平台的研发和建设，利用公司数字阅读优势，通过"线上线下"双线融合的学习模式，确立了"对内强党性，对外正导向"的工作理念和"党建带团建"的工作思路，切实以政治建设为统领，强化思想引领，持续增强企业内部的凝聚力和向心力，先后荣获"北京市党建示范单位""北京市优秀党建活动品牌""全国五四红旗团支部"等荣誉。

"掌阅精选"智慧党建数字学习平台，即是掌阅科技在总结自身党建工作经验的基础上，研发的专注为政企单位提供党建学习等数字阅读服务的智慧学习平台，依托掌阅产品和内容优势搭建数字图书馆，并通过阅读服务帮助职工养成阅读习惯，提升职工知识能力和文化素养，助力机构打造"学习型组织"，推动学习型社会和学习大国建设。

（一）当前加强党建学习面临的新形势

加强党建学习、提升政治素养是做好党建工作、提升党的建设质量的重中之重。要加强新时期党建工作，必须把握好当前开展党建学习面临的新形势和新特征。

1.百年党史为奋进新时代新征程注入了磅礴伟力

胸怀千秋伟业，恰是百年风华。一百年来，中国共产党带领中华民族和中国人民以"为有牺牲多壮志，敢教日月换新天"的大无畏气概，书写了中华民族几千年历史上最恢宏的史诗。这一百年来开辟的伟大道路、创造的伟大事业、取得的伟大成就，必将载入中华民族发展史册、人类文明发展史册！学习好一百年来铸就的伟大精神，学习好中国共产党带领人民开展社会主义革命、建设、改革取得的宝贵经验，对于激励和引领全党、全军、全国各族人民赓续红色血脉、永葆红色初心，感悟思想伟力、开展党史学习教育，踏上全面建设社会主义现代化强国，为实现中华民族伟大复兴的中国梦矢志奋斗具有极其重大的现实意义和深远的历史意义。

2.传统党建学习的方式渠道效果需要进一步创新

在移动互联网时代，传统的党建学习教育模式暴露了一定的短板，学习形式单一，教育手段静态较多，缺乏活力和趣味，集中授课依赖于课堂的形式，学习时间、地点受限，不灵活，使得当前党建学习普遍面临学习方式较为单一、学习渠道不够丰富、学习内容不好量化、学习效果难以评估、学习交流不够便捷等诸多急需下大气力解决的"堵点""痛点"和"难点"。

3.非公有制企业党建工作力度广度深度有待加强

习近平同志指出，"非公有制企业仍属于党建工作新领域，新情况新问题多，工作基础薄弱，需要下大力气来抓。"[6]截至2021年6月，中国共产党党员总数为9514.8万名，比上年净增323.4万名。党的基层组织486.4万个，比上年增加18.2万个[7]。其中，非公有制企业党组织数量占全国党组织数量近一半，成为中国基层党组织建设的重要组成部分。由此来看，加强非公有制企业党的建设，关系到巩固党长期执政的基础，关系到党自身建设的质量，关系到党和人民事业的兴旺发达，必须作为一项重要的工作来抓实抓好抓到位。

4.数字阅读为新时期开展党建工作提供了便利条件

在立足新发展阶段、贯彻新发展理念、构建新发展格局、推动高质量发展的当下，更好地开展党建学习显得尤为重要，在移动互联网时代，数字化阅读和新媒体呈现方式已经为全社会所接受，数字化学习平台为新时期加强和改进党建学习，推动党建工作与时俱进、开拓创新提供了互联网平台和技术手段，通过在线学习平台开展党建学习教育，在学习时间的安排上更为自由灵活，在学习内容的选择上更为便捷丰富，在学习交流的渠道上更为多样有效，在学习成效的体现上更为全面宽泛。同时，推进全民阅读、建设"数字中国"和学习型社会的时代需求和机构阅读服务的现实需要，也为推动党建学习高质量和阅读数字化转型提出了更直接、更实际、更全面的要求。

图1　"掌阅精选"智慧党建数字学习平台部分合作出版单位

（二）"掌阅精选"智慧党建数字学习平台建设的意义

1.聚合丰富内容，让各类党建学习资源触手可及

"掌阅精选"智慧党建数字学习平台从50多万册书库中精选出超过20万册优质的电子书和有声书等电子图书资源，以党建学习内容为引领，同时汇集了包括中信出版社、人民出版社、高等教育出版社、北京大学出版社、上海译文出版社、中国作家出版集团、电子工业出版社、清华大学出版社等近千家出版单位的数字图书，覆盖社科、经管、时政、科技、军事等21大主流图书分类，细分为政治、文学、法律、经济、历史、医学、艺术等60个分类，可以满足不同机构的阅读需求。近3年新书占比高达40%，所有图书均来源于出版单位，全部经过版权方正版授权

掌阅科技还围绕重大节日、重大事件、重要节点和重要社会热点，以现实题材创作为着力点，积极参与重大主题文艺创作，积累了一批主题突出、特色鲜明，兼具文学性和思想性的优秀网络原创作品，诞生了一批优秀现实主义题材力作，并挖掘培养了一批积极传播正能量的优秀网络作家。

需要特别强调的是，2018年9月，掌阅科技正式上线"新时代、新经典——学习习近平新时代中国特色社会主义思想重点电子书专栏"，覆盖16家出版单位出版的111种学习习近平新时代中国特色社会主义思想重点电子书，分设习近平著作、讲话单行本、论述摘编、重要读本、思想研究、语言典故、工作经历等多个专题，内容涵盖经济、政治、文化、社会、生态文明、党建、国防、外交等各个领域，系统阐述了习近平新时代中国特色社会主义思想体系，所有图书均获中宣部官方正版授权，成为数字化党建学习平台建设的重磅优势图书资源。

2.创新呈现形式，让党建学习质量和效率极大提升

依托掌阅精选超过10万集有声资源，超20万册电子图书资源，550本名家解读，36种大咖课程和统一的App、阅读器等阅读工具，机构用户可以有效利用碎片化时间，逐字逐句还原纸书，深度剖析书籍精华内容，系统学习专业知识。同时，"掌阅精选"智慧党建学习平台支持个体阅读和团队协同阅读，职工热读书籍，榜单呈现；书籍分类展现，便捷查看……在"掌阅精选"数字化学习平台上，团队共读、阅读打卡、阅读社区、IM即时通信等功能，让机构用户群体能随时实现在线学习心得的分享和交流，便捷的互动交流，成为提升党建学习质量和效率的一大助力。

图2 "掌阅精选"智慧党建数字学习平台部分图书资源展示

3.丰富渠道来源，让党建学习难度和成本大大降低

传统的党建学习，主要依托纸质书籍和分散的网络图文视听资源，经常受制于来源单一、携带不便、渠道分散、不成体系、碎片阅读等因素，直接影响学习体验和效果。"掌阅精选"将党建学习的电子书籍和有声资源等数字化归纳集成到统一的阅读平台，依托自主研发的掌阅精选App、iReader电子阅读器、数字借阅一体机等，让无论是个人还是机构用户，都能随时随地、方便快捷地实现党建学习，不再受时间和空间的限制，实现线上阅读、随时阅读、高效阅读，极大丰富了党建学习的内容和形式，提升了党建学习的整体效果。

4.契合政策导向，为学习型社会建设提供有效助力

作为数字出版重要的细分领域，数字阅读因呈现形式具有快速便捷、覆盖面广、成本相对较低等不可替代的优势，逐渐成为深受读者喜爱的主流新型阅读方式和生活方式，也成为推广全民阅读、促进新经济发展的重要力量。建设"掌阅精选"智慧党建数字学习平台，符合移动互联网时代推动党建学习的新形势，不仅能满足网民对学习型社会建设提出的更高要求，也能全方位为加速提升数字阅读的覆盖面和服务面提供了难得的契机，对于讴歌新时代、弘扬主旋律，推动建设学习型社会和学习大国具有重大的战略意义。

5.迎合发展需求，为机构更高质量发展提供良好契机

近年来，政府机关、高校、事业单位、大中型企业等"学习型组织"建设如火如荼开展，借助数字阅读技术的快速发展，"掌阅精选"智慧党建数字学习平台通过为各类政府部门和企事业单位等组织机构提供定制化的完整数字阅读解决方案、建设机构专属职工数字图书馆，可以有效助力这些机构职工养

成良好阅读习惯、促进职工之间的阅读交流和互动、提升知识能力和文化素养的新需求，提升员工整体素养，打造"学习型组织"，推动各类组织机构实现更高效率的学习、更高质量发展。

二、"掌阅精选"智慧党建数字学习平台建设主要举措

（一）明确目标定位，汇集智慧党建数字学习资源矩阵

"掌阅精选"具体服务目标定位在三个层面，分别为企业版（适用于国有企业、民营企业、外资企业等主体）、市政版（适用于政府机关、公检法、银行、医院、公共图书馆等单位）、高校版（适用于高等学校及小、初、高学校等机构）三个领域提供机构阅读服务。目前已经集成智慧党建、数字图书馆、电子阅览室、有声图书馆为一体，已经形成了"党建学习内容＋出版内容"、覆盖图文、有声、视频等形式的阅读矩阵，在党建学习领域具有极大的平台优势和资源优势。其中，"掌阅精选"最重要的应用场景之一便是为政企单位党员党建在线学习打造智慧党建学习平台。同时，平台还可以实现职工进行线上阅读学习、线下电子阅览室建设、政企单位职工有声阅读服务等。

（二）聚焦两个阵地，建设党建数字学习强大内容支撑

在平台建设过程中，掌阅科技牢牢把握政治导向和内容导向，从两个方面共同发力。一是强化党建引领，着力打造宣传习近平新时代中国特色社会主义的重要阵地。掌阅是《习近平谈治国理政》（第一卷）中、英文版的全球发售四大平台之一，并率先上线了习近平同志《摆脱贫困》的英文版、法文版；2018年9月上线"学习习近平新时代中国特色社会主义思想"重点电子书专栏，先后上线包括《习近平谈治国理政》《习近平在正定》《习近平讲故事》《习近平谈"一带一路"》《习近平同志系列重要讲话读本》《习近平在庆祝中华人民共和国成立70周年大会上的重要讲话》《决胜全面建成小康社会夺取新时代中国特色社会主义伟大胜利——在中国共产党第十九次全国代表大会上的报告》等系列重要的数字阅读资源，成为向世界宣扬中国道路，展现中国自信的文化窗口。二是全面提质创新，充分发挥海量图书资源阅读优势。掌阅科技目前已经与国内外千余家版权方达成合作，内容资源丰富多样，涵盖图书、原创、有声、漫画、杂志等20余万册图书资源，涵盖文学、小说、历史、社科、心理、经管、外语、哲学、政治、军事、建筑、法律、国学经典、掌阅公版等共60个图书类别，可以满足不同客户的需求。

尤其是在2020年新冠肺炎疫情期间，掌阅科技积极投身疫情防控，第一时间在线上进行防疫科普，引导读者进行科学防护，专栏浏览量近570万，专栏电子书、有声书及精品课累计触达1.6亿人次，免费向武汉用户提供100万份月卡VIP，让优秀的文学作品陪伴大家共克时艰，为疫情防控作出积极贡献。

（三）加大技术创新，打造数字阅读独特软硬件优势

平台软硬件产品技术的创新，为智慧党建数字学习平台建设提供了坚实的基础。深厚强大的知识产权创新和技术积累，成为"掌阅精选"智慧党建数字学习平台建设顺利推进的坚强保障。在软件方面，作为电子书籍制作核心技术，掌阅科技深入研究电子书自动化排版工具，在拼音排版、目录识别、图片碎片合成等方面实现了关键技术的突破，提高了排版技术的自动化程度和准确率，极大提升了用户的阅读体验和阅读质量。在硬件方面，近年来掌阅主要研发了便携式的iReader电子书阅读器和适用于办公场所使用的数字借阅一体机等产品。iReader电子书具有轻薄、便捷携带以及无线传书等功能，新款机型还支持手写、投屏、录音、绘画、阅读、听书等多种功能，能够满足多种多样的使用需求，其中"电子书阅读器手写铅笔笔迹的绘制方法及电子书阅读器"获得了第二十二届中国专利优秀奖。数字借阅一体

机拥有43寸高清触摸屏，预置终端软件并内置内容资源的同时在云端拥有海量数字知识资源，能够以手机App、微信扫码等方式进行阅读，还能实现机构Logo、通知公告、运营位、机构服务功能等基本信息的展示，新书上架、热度榜、推荐榜等书单信息，阅读书目、阅读时长等数据一目了然，适用于培训中心大厅、线下图书馆、办公大厅等多种场所，也是各企业单位展示党建学习成果的靓丽风景线。在知识产权方面，围绕精细化推荐技术、真人仿真TTS朗读、管理后台、仿真翻页、智能排版引擎、多格式阅读、跨终端适配等数字阅读的各个维度，掌阅科技目前已获得授权专利近300件，登记软件著作权超过100件，注册国内外商标800余件。随着创新驱动观念的增强以及知识产权保护的实践，掌阅在重点项目中逐渐积累出一批高质量的授权专利。公司目前已对30余项核心技术进行了国际专利申请，通过合理的海外专利布局策略，在国外市场占据一席之地。

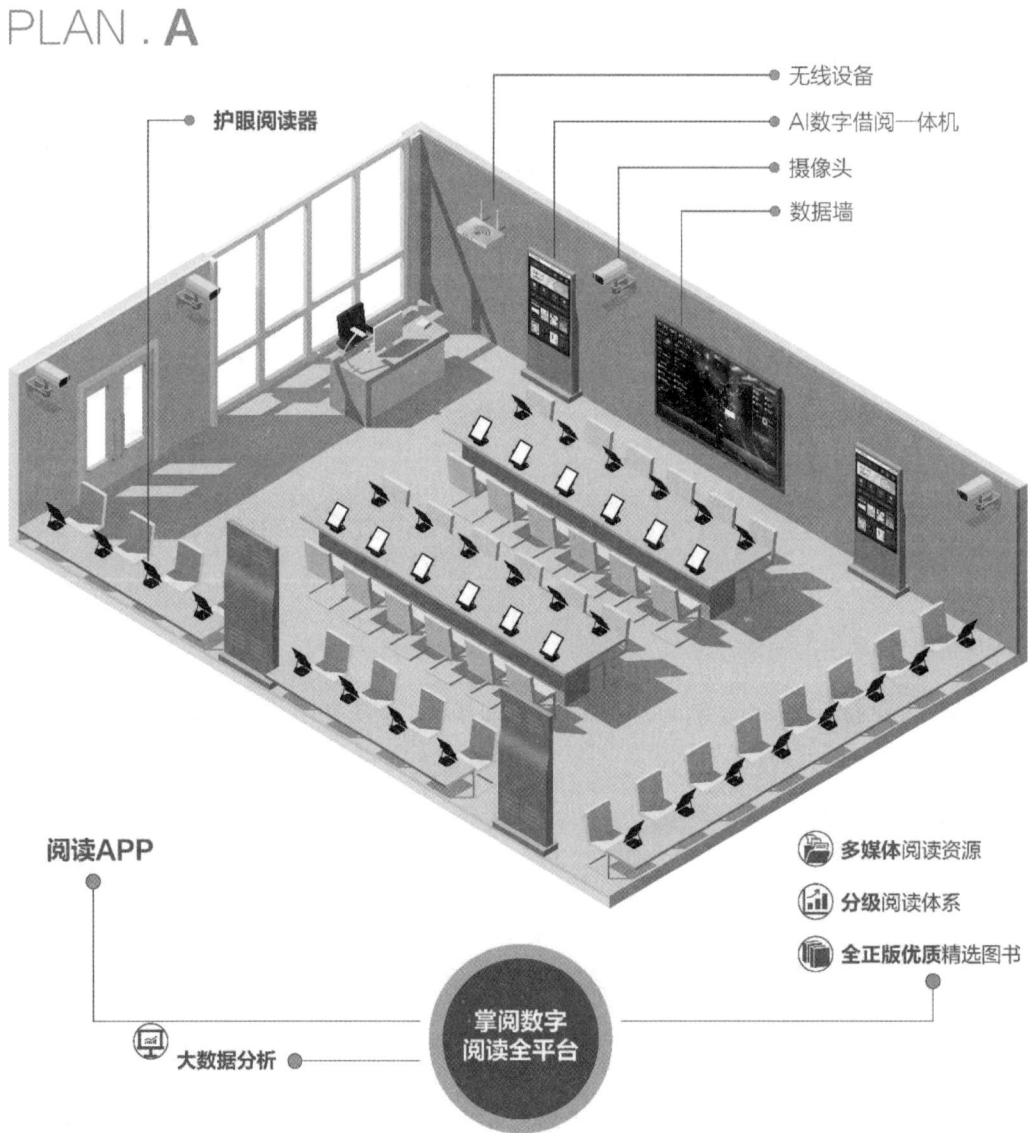

图3　掌阅数字阅读全平台模式A

PLAN . B

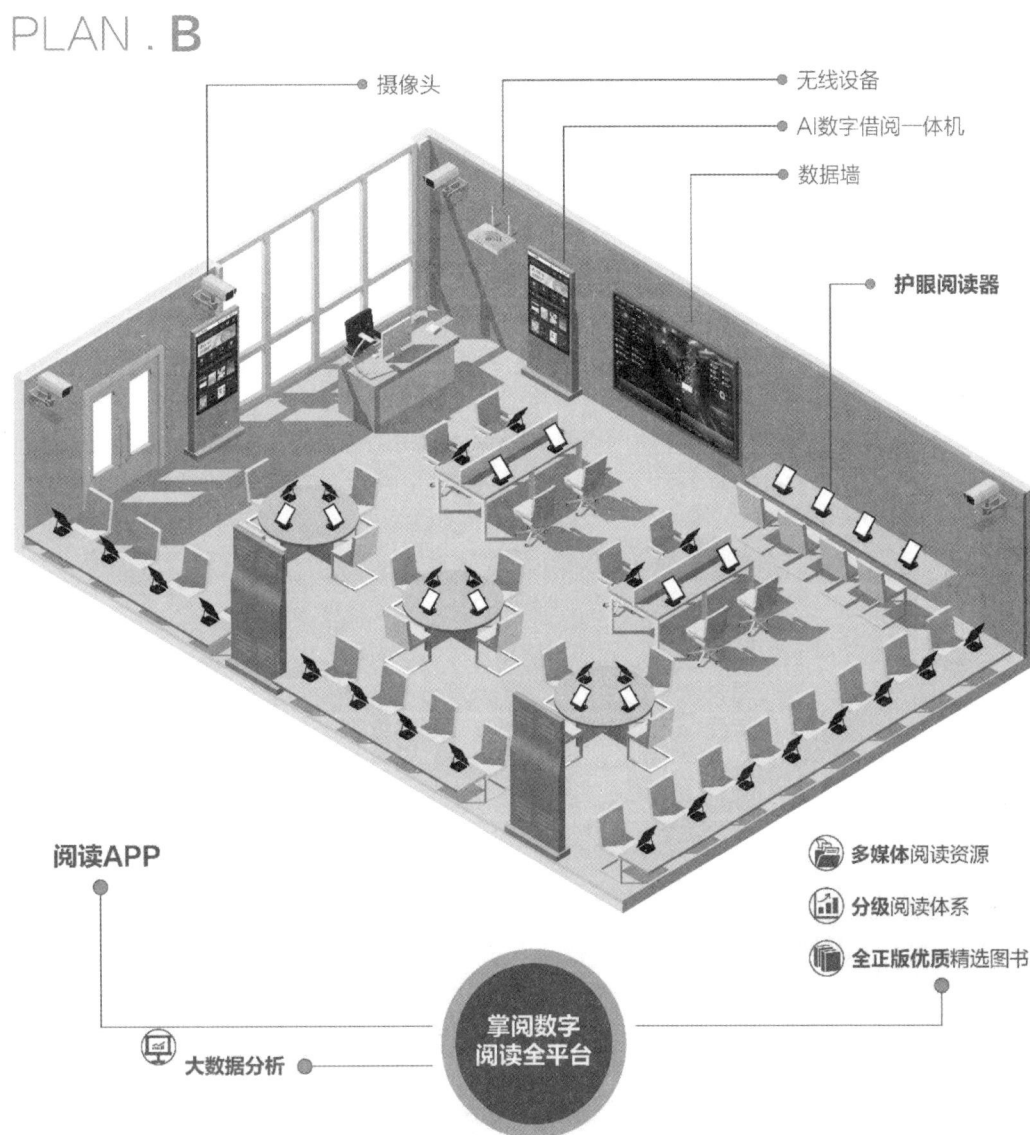

摄像头
无线设备
AI数字借阅一体机
数据墙
护眼阅读器
阅读APP
多媒体阅读资源
分级阅读体系
全正版优质精选图书
大数据分析
掌阅数字阅读全平台

图4 掌阅数字阅读全平台模式B

（四）强化特色服务，多样化支持助推学习效能提升

在平台建设过程中，"掌阅精选"在书库搭建、后台管理、运维支持、售后服务方面形成了一系列完善的特色服务举措，能以多样化方式有效支撑用户阅读效能提升。在运营上，"掌阅精选"为机构用户提供内容运营和活动运营。在内容运营上，阅读报告可以为机构提供季度/年度阅读报告，职工阶段学习情况总结；主题书单，可以根据时政热点和机构特点，提供每月四期主题书单。在活动运营上，可以提供线上读书会、阅读之星、阅读打卡、读书测评以及线下活动支持等。机构可以组织发起活动/领导推荐书籍，职工线上共读交流，线下颁奖；每月评选"阅读之星"，对阅读排名靠前的职工进行表彰，强化阅读氛围，促进职工学习；通过读书任务拆解成阅读习惯。在服务流程上，有完整的服务搭建和售后支持。在搭建书库方面，由内容团队协助选择书单，支持机构后台自选书籍，搭建数字书库。在运营支持方面，可以根据客户需求，开展阅读服务支持，1V1售后服务，比如阅读活动策划、产

品使用培训、阅读报告输出等。在搭建平台方面，可以根据机构需求，由技术人员搭建阅读平台，支持SDK、H5、PC的接入方式，用户端支持手机端、电脑端、阅读器看书。

（五）优化后台管理，高效优质管理让学习随时"在线"

高效的后台管理，让"掌阅精选"有效支撑了用户阅读的强大需求，保证学习随时"在线"不"掉线"。管理后台提供了整套的系统管理能力，包括了书库管理、书城管理、人员管理和数据管理等功能，机构能够实现便捷的基础信息管理、图书馆书籍管理、阅读数据查看、活动配置和发起、用户录入及管理、图书馆自定义配置，可以快速发起各类阅读活动，实时掌握职工阅读数据，追踪学习效果。在人员管理上，支持人员添加和删除，支持批量导入职工信息，可按照公司、部门等维度进行分组；在阅读数据上，可查看阅读人数、阅读时长及书籍阅读排名等信息，数据支持导出。用数据说话，用效果说话，全面支撑机构阅读高质量开展。

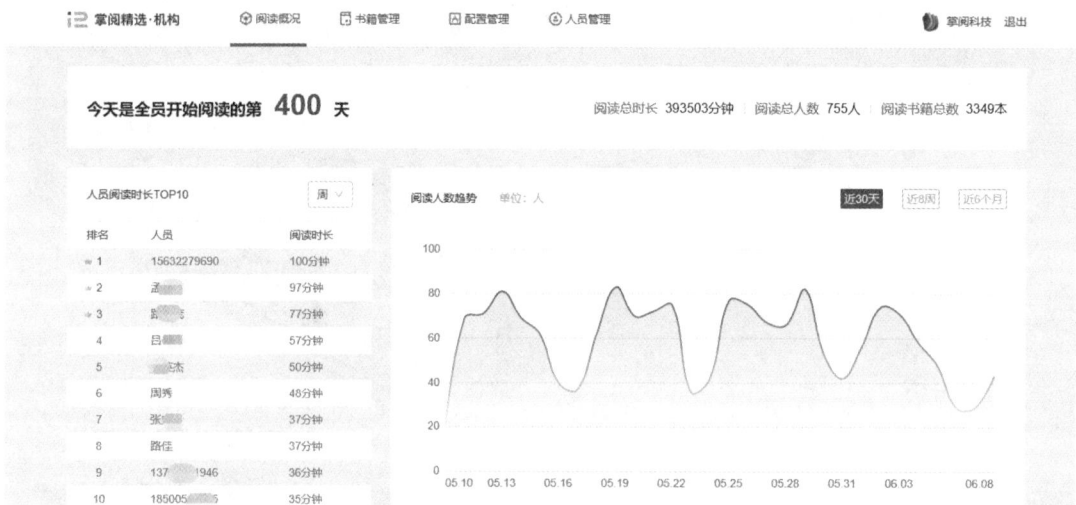

图5　"掌阅精选"智慧党建数字学习平台管理后台图例1

图6　"掌阅精选"智慧党建数字学习平台管理后台图例2

三、"掌阅精选"智慧党建数字学习平台建设成果

（一）"掌阅精选"智慧党建数字学习平台的实践应用

作为一家互联网文化科技企业，掌阅的主营业务为数字阅读服务及增值服务业务，包括软件和硬件两条产品主线，掌阅一直重视技术创新，在研发方面整体形成了以排版技术为基础、App功能为主线、大数据挖掘为热点、前后台技术并举、软硬件产品结合、技术创新与商业创新共进的布局形态，不断追求品质卓越的阅读体验。

在智慧党建数字学习平台建设引领下，掌阅科技全方位加强内容建设，为相关合作机构提供了卓有成效的机构阅读服务。截至目前，掌阅精选智慧党建数字学习已经为包括全国政协、北京市政协、上海市政协、常州市政协等政府相关部门，北京市朝阳区统计局工会、深圳市福田区总工会、天津市蓟州区总工会、中移铁通广西工会、奥林巴斯工会、北京CBD工会等工会组织，首都图书馆、山东省图书馆、山西省图书馆、南京市图书馆、郑州市图书馆、贵阳市图书馆、中山市图书馆等公共图书馆单位，中国光大银行总行、中国工商银行深圳分行、北京现代汽车金融、申万宏源、浪潮、中国电建华东院、印象笔记、中国华冶、先融期货、牡丹集团等企业，朝阳区文旅局、北京血液中心、重庆渝北消防队等事业单位，国际关系学院、内蒙古医科大学、唐山师范学院、河北北方学院等高校组织，河北省、黑龙江省、广西壮族自治区、海南省澄迈县、河北景县等地的有关农家书屋项目以及中央党校、人民出版社、党建出版社等机构达成合作，为各相关组织提供定制式机构阅读服务，推动各类组织机构更高质量开展党建学习，全面赋能组织机构发展和成长。

1000+机构的共同选择

网上"全国政协书院"、中央党校图书和文化馆、黑龙江省农家书屋等

图7 "掌阅精选"智慧党建数字学习平台部分合作机构展示

1.有关政府部门合作案例

2020年4月23日，在"世界读书日"当天，为鼓励广大政协委员多读书、读好书、善读书，全国政协委员读书活动启动，并在委员移动履职平台设立"全国政协书院"，接入掌阅精选H5，通过读书学

习增长知识、增加智慧，建设书香政协，更好地参政议政[8]。一方面，利用政协书院平台可以不断形成高质量的学思成果，并积极探讨转化为推动各项工作的意见建议，进而不断推进着国家治理体系和治理能力的现代化建设；另一方面，党建学习可以与网上政协书院有机融合，如在2021年读书活动中设立了"中共党史学习"读书群，以《中国共产党简史》等为基本读本，通过线上辅导讲座等方式提高学习质量，也掀起了委员学党史的新热潮。2020年9月10日，掌阅精选H5正式接入北京市政协委员履职平台App，并组建了读书交流群，为北京市政协提供阅读软件和阅读内容。

在决战脱贫攻坚和决胜全面小康以及推进乡村振兴的过程中，掌阅科技积极投身农家书屋建设，开展数字扶贫、学习扶贫。以吉林省农家书屋建设项目为例，数字农家书屋的建设解决了原来线下农家书屋覆盖不全面、管理不到位、知晓度利用率不高、资源更新极慢、难以满足个性化需求等难题，将原有农家书屋纳入数字化平台，形成农家书屋一张网，实现统一管理，数字农家书屋平台实现了全省统一的阅读出口，兼容多种形式的终端，可以多场景利用数字农家书屋，为农民提供图书、音频、视频等多形态的内容服务，符合农民的阅读需求。把丰富的农业科技等信息资源，以最快速度、最便捷方式送至农民面前，对提高农民文化素养、帮助农民掌握农业科技信息，为推进当地的脱贫攻坚、推进乡风文明建设、实现乡村振兴提供了极大的文化和数字助力。

2.有关企事业单位合作案例

以北京市统计局工会项目为例，在通过接入"掌阅精选"App引入掌阅精选电子书屋后，工会组织可以在线上组织大家学习党建类书籍，更有效加强党建学习，引导会员提升政治素养，养成良好的阅读习惯，进一步提升工会组织的凝聚力，提高会员综合素质。尤其是在新冠肺炎疫情期间，可以更好地服务全体会员，满足会员的个性化阅读需求，电子书屋中的精选图书可以供会员随时随地免费听读，主题书单及热点书单、动态书库、畅销书小说每周都会进行更新。同时，电子书屋还可以为工会组织进行宣传推文及通知发布、学习之星PK赛及荐书达人评选等互动性活动。再比如，面对中国华冶科工集团有限公司图书资源有限、覆盖率低、无法跟踪员工阅读情况等三大难题，掌阅精选机构服务深入摸底，并根据实际调研情况有针对性地解决问题，上线了实现全员覆盖的"华冶书城"，定期为华冶举行阅读活动，引导企业员工形成读书学习的良好习惯。

3.有关金融机构及非公有制企业案例

2020年8月1日，通过App以及H5两种方式，掌阅精选正式接入中国光大银行职工书屋，为光大银行全面提升员工的学习热情和综合知识水平，打造学习型组织，同时为打造世界一流财富管理银行提供有力的文化保障。掌阅精品电子书、有声书和解读书以持续更新的方式，为光大银行全员提供每周热点阅读专题及主题书单。同时，掌阅科技还对光大银行开展上线宣传、荐书达人、阅读之星、阅读报告、读后感投票等活动提供了服务支持。

（二）平台建设初步实现四个方面目标成效

通过持续不懈的努力，从当下看，"掌阅精选"智慧党建数字学习平台建设已经取得了积极且明显的成效，初步实现了四个方面的目标。

1.为掌阅科技加强自身党的建设创造了重要手段

掌阅科技通过始终突出抓好、抓牢、抓实党建这个公司发展的"红色引擎"，推动党建工作与业务工作以及公司的经营管理同频共振、互融共进，强化阵地意识、主责意识，以党建促业务，以业务强党建，掌阅科技确保经营管理始终在党的坚强领导下推进发展，使得党建和企业发展相得益彰、相互促进。

图8　"掌阅精选"智慧党建线下智能图书馆图例

作为一家非公文化企业，掌阅科技具有党员年轻化、工作强度较大、思维活跃度高等典型特点，要加强对这些青年的思想政治引领，为其补精神之钙，固思想之源，就不能照搬原来的模式，而是需要通过充分利用碎片化时间以及增强思想教育的吸引力等方面入手。经过多方走访取经，不断探索，掌阅科技党支部最终确定了"线上线下"双线融合的学习模式，以"两学一做""不忘初心、牢记使命"主题教育以及党史学习教育为重点，集中力量，充分发挥公司数字阅读技术、资源、版权优势，贴近青年，打造出一款适合非公有制企业党员在线阅读的掌阅党员图书馆App，并配备对应的线下专家解读和主题党日活动，将个人碎片化学习与集体交流相结合，自学与专家答疑解惑相照应，双管齐下，让理论学习既有深度又有活力、有趣味，真正让"有意义"的事情变得更加"有意思"。

数字化的党建学习平台能够督促党员在线进行理论学习和互动交流，做到学习时间可量化、学习过程可互动、学习效果可评估，目的在于提升思想教育效率，让理论学习有深度而又有活力，真正让青年爱上阅读马克思主义著作。这也是掌阅科技作为北京市委宣传部指定的"当代马克思主义读书活动"试点单位之一，做出的有益尝试。App在栏目的设置上，通过与技术、运营、版权等部门多方沟通，从党支部及党员的实际需求出发，设置"党员共读""专家解读""每日金句"和"优秀党建案例"等栏目；在内容的配置上，上线了48本市委宣传部指定的马克思主义经典论著，以及"新时代新经典——学习习近平新时代中国特色社会主义思想"重点电子书专栏。此外，App还配备了200本互联网、经管、文学等类型的畅销书。以上栏目设置和内容配置涵盖面广，内容优质，契合互联网青年的学习成长需求，真正筑牢了思想教育"主阵地"，让思想教育"实"起来，该App一经试用，便获得了掌阅科技党员的一致好评。

2.为宣传阐释习近平同志重要思想打造了重要阵地

习近平同志强调："没有理想信念，理想信念不坚定，精神上就会'缺钙'，就会得'软骨病'，要练就'金刚不坏之身'，必须用科学理论武装头脑，不断培植我们的精神家园。"[9]加强习近平同志重要讲话和指示批示等的学习，是我们筑牢信仰之基、补足精神之钙、把稳思想之舵的重要法宝，是我们加强党建工作的根本遵循和行动指南。

当前，我国已经成长为数字世界网民人数最多、联网区域最广的经济体，虚拟空间的"网络中国"迸发出磅礴的现实伟力，推动着中国经济社会的发展。而推动这一群体树立正确的价值观、人生观、世界观，以党建统筹指导互联网建设，引领互联网领域思潮发展，阅读经典书籍能起到重要的作用。在推进智慧党建数字学习平台的建设过程中，掌阅科技始终致力于此，并真正打造了一个宣传习近平新时代中国特色社会主义思想的重要阵地，真正做到以科学的理论进行引领，以科学的方式进行教育，引导全社会通过加深理论武装，坚定做习近平新时代中国特色社会主义的坚定信仰者、忠实践行者和有力传播者，真正为坚定中国特色社会主义道路自信、理论自信、制度自信、文化自信作出了积极贡献。

3.为助力非公有制企业开展党建学习探索了重要平台

市场监管总局最新发布的数据显示，截至2021年6月，我国共有企业4600万户，个体工商户9800万户[10]。非公有制企业的数量和作用决定了非公有制企业党建工作在整个党建工作中越来越重要，必须以更大的工作力度扎扎实实抓好。在"掌阅精选"与非公有制企业深度合作的过程中可以看到，智慧党建数字学习平台为非公有制企业加强党建学习，帮助企业职工提高政治站位，深刻认识到中国共产党为什么能、马克思主义为什么行、中国特色社会主义为什么好，进一步加深爱党护党的政治自觉，坚定听党话跟党走的政治信念起到了关键的重要作用，体现在进一步统一思想、统一意志、统一行动，讲正气、走正道上，能够切实推动企业和职工守法诚信经营，树立正确的价值观，把党建工作作为自身事业的基础来抓，不断让党的组织和政治优势转化为自身发展优势，实现党的建设与自身发展的双赢格局，树立企业发展的"金字招牌"，为全面建设社会主义现代化强国，实现中华民族伟大复兴的中国梦贡献力量。

4.为党建数字化转型和建设学习大国提供了重要助力

2021年《政府工作报告》提出，"推进城乡公共文化服务体系一体建设，创新实施文化惠民工程，倡导全民阅读。"[11]这是"全民阅读"连续第8次被写入《政府工作报告》。在建设智慧党建数字学习平台的过程中，掌阅科技始终坚定政治站位，把好思想关、导向关、内容关、服务关，对于平台读物的选取和呈现，做到在把关上严之又严、在内容上优中选优、在技术上慎之又慎，真正依托优质数字阅读资源，把智慧党建学习平台打造成各机构和个人用户理论武装的重要法宝、思想提升的主要渠道、学习交流的优质平台，真正把"掌阅精选"打造成为一个推进党建数字化转型、推动全民阅读和书香中国建设的重要渠道，为推进学习型社会和学习大国建设已经、并将持续提供重要助力，为把握新发展阶段、贯彻新发展理念、构建新发展格局，推动经济社会高质量发展营造良好的思想氛围和文化氛围。

（三）"掌阅精选"智慧党建数字学习平台的发展规划

《2020年度中国数字阅读报告》显示，2020年中国数字阅读产业规模达351.6亿元，增长率达21.8%。全国数字阅读用户规模达4.94亿，比2019年增长5.56%，人均电子书阅读量9.1本，人均有声书阅读量6.3本[12]。在今后的建设研发中，"掌阅精选"智慧党建数字学习平台将始终坚守掌阅科技"做全球最专业的阅读平台"的发展愿景，以"让阅读的价值无处不在"为企业使命，坚持技术与内容双驱动，不断创新文化全场景沉浸体验生态，通过新技术、新产品、新业态，持续丰富内容形态、提升供给品质、巩固技术优势、优化使命体验、强化运营能力、拓展服务维度、深挖数据资源、创新管理模式，以融合发展为路径，进一步将内容资源、大数据采集与人工智能技术相融合，加强感知、分析、控制、决策和管理等方面的突破和创新，延伸管理链条、融合发展领域，为加强党建学习、推进全民阅读、助力乡村振兴、建设学习大国营造良好社会氛围。

四、智慧党建数字学习平台建设中的思考和建议

（一）互联网平台已经成为加强党建工作的重要阵地

最新数据显示，截至2021年6月，我国网民数量已经超过10亿人[13]。庞大的网民群体，既为开展党建学习带来了新的挑战，也提供了新的重要机遇。数据显示，2019年中国数字化阅读方式接触率已提升至79.3%[14]。推动党建学习与信息技术充分结合，是落实中央要求的重要举措，是顺应时代发展的必然选择，是提升党建工作质量的有效途径。在新的形势下，掌阅科技将始终聚焦互联网平台，聚焦党建引领，依托自身数字阅读优势，有效利用先进的网络技术手段，持续深化建设数字化党建学习新载体、党员学习培训的新课堂、基层党组织建设的新阵地，把握新时期党建工作的发展趋势，潜心实践好党中央有关"创新基层党建工作，夯实党执政的组织基础"的重要要求。

（二）加强党建学习比以往任何时候都更加重要和紧迫

全面推进党的建设新的伟大工程，是中国特色社会主义伟大事业不断开创新局面的关键所在。站在"两个一百年"奋斗目标的历史交汇点，面对新的世情国情，在这个承上启下的重要节点上，不忘初心、牢记使命，开拓进取、攻坚克难，我们前所未有地更加需要加强党的建设，增强全党、全社会、全民族的凝聚力、战斗力。尤其是在网络和移动互联网快速普及的当下，更加需要我们在习近平新时代中国特色社会主义思想指引下，持续深化理论学习、强化理论武装，持续适应新技术新形势，解决新问题新情况，始终增强"四个意识"、坚定"四个自信"、做到"两个维护"，持续运用网络技术和数字学习内容为党建工作服务，开辟教育、学习新阵地，做到思想更加统一、步调更加一致，为实现中华民族伟大复兴的中国梦凝聚力量。

（三）数字化党建学习急需加强优质内容供给和阅读生态构建

5G的推广普及，将加速推进媒体融合，信息传播将以更高效的传播速度呈现更丰富的元素，读者对数字内容的多样化也将提出更高要求。在科技助力下，全息、全场景的阅读模式将成为数字阅读未来的主流发展趋势。高质量的数字阅读，有赖于优质内容作品（文化）与先进数字技术（科技）的有机结合，对于优质阅读内容和良性阅读生态的需求更为迫切。掌阅科技将充分发挥"互联网＋文化＋阅读"的优势，落实内容"精品化"策略，形成集内容生产、数字分发、阅读硬件、IP衍生为一体的阅读生态，推动数字阅读技术及服务朝着精细化、智能化方向演进，提升阅读体验，助力我国公共文化服务体系建设。

（四）数字阅读的高质量发展还需相关政策大力扶持

当前，国内数字阅读产业迅猛发展、方兴未艾，但要推进数字阅读的长期高质量、可持续发展，还需要从推动落实文化领域的简政放权，完善文化市场监管体制和知识产权保护体系，建立统一、开放、竞争有序的行业市场体系，让企业在公平的市场环境中焕发新的生机和活力；加大产业投资力度，壮大经营主体；加速数字阅读与传统出版的融合，为企业搭建沟通交流的平台；加快数字阅读企业走出去，鼓励和引导企业进行海外产品研发推广，提供税收财政优惠政策等方面持续强化政策投入。掌阅科技也将始终注重经济效益与社会效益双赢，为高品质文化作品提供优质产销平台，为中国数字阅读产业发展、全民阅读风气营造，打造海外中华文化第一阅读平台恪尽心力。

【参考文献】

[1]中国共产党新闻网.习近平讲故事:人人皆学　处处能学　时时可学.http://cpc.people.com.cn/n1/2018/0710/c64094-30136407.html.2015年5月.

[2]中国政府网.习近平主持中共中央政治局第二次集体学习并讲话.http://www.gov.cn/xinwen/2017-12/09/content_5245520.htm.2017年12月.

[3]中国文明网.党的十八大报告（全文）
http://www.wenming.cn/xxph/sy/xy18d/201211/t20121119_940452.shtml.2012年11月.

[4]中国政府网.中华人民共和国国民经济和社会发展第十四个五年规划和2035年远景目标纲要.http://www.gov.cn/xinwen/2021-03/13/content_5592681.htm.2021年3月.

[5]新华社.习近平:在庆祝中国共产党成立100周年大会上的讲话.https://baijiahao.baidu.com/s?id=1704064181237550214&wfr=spider&for=pc.2021年7月.

[6]人民日报.全国非公有制企业党建工作会议在京召开.https://news.ifeng.com/c/7fbjBdujMpU.2012年3月.

[7]中共中央组织部.中国共产党党内统计公报.https://www.12371.cn/2021/06/30/ARTI1625021390886720.shtml.2021年6月.

[8]证券日报.全国政协推动委员读书常态化　掌阅科技助力"书香社会"建设.https://baijiahao.baidu.com/s?id=1693921294581888005&wfr=spider&for=pc.2021年3月.

[9]中国共产党新闻网.理想信念　精神缺钙的"千金方".http://dangjian.people.com.cn/n/2015/0401/c117092-26784629.html.2015年4月.

[10]中新经纬.国家市场监管总局:我国市场主体数量快速增加到1.46亿户.https://www.163.com/dy/article/GJ7PS2QC0519C6T9.html.2021年9月.

[11]澎湃新闻.2021年政府工作报告（全文）.https://www.thepaper.cn/newsDetail_forward_11700632.2021年3月.

[12]国家新闻出版署.《2020年度中国数字阅读报告》发布.http://www.nppa.gov.cn/nppa/contents/280/75940.shtml.2021年4月.

[13]中国互联网络信息中心.CNNIC报告：我国网民超10亿　中老年占比近3成.http://www.cinic.org.cn/hy/tx/1147340.html?from=singlemessage.2021年8月.

[14]中商情报网.2020年中国数字阅读市场现状及发展前景预测分析.https://www.163.com/dy/article/FM3QH5PV051481OF.html.2020年9月.

成果创造人：吴迪、陈超、王丽楠

新时代优秀企业文化助力企业高质量发展研究

中国建材集团有限公司党委宣传部

习近平同志在党的十九大报告中指出：文化是一个国家、一个民族的灵魂。文化兴国运兴，文化强民族强。坚定中国特色社会主义道路自信、理论自信、制度自信，说到底是要坚定文化自信。文化自信是更基本、更深沉、更持久的力量。企业文化建设是中国特色社会主义文化建设的有机组成部分，加强新时代国有企业文化建设，要以习近平新时代中国特色社会主义思想为指导，认真贯彻全国宣传思想工作会议精神，坚持以文化人、以文兴企，不断提升文化软实力，充分发挥企业文化铸魂、聚力、塑形、育人的作用，努力为国资国企改革发展提供精神动力和文化支撑。

一、优秀企业文化对企业高质量发展的重要意义

恩格斯曾指出："必须先研究事物，尔后才能研究过程。"只有先理清楚事物的内涵，才能更好地去研究事物的整个发展过程。因此，理清企业文化和高质量发展的理论内涵有助于理解优秀企业文化对企业高质量发展的重要意义，也是开展优秀企业文化助力高质量发展探究的重要前提。

（一）企业文化内涵

企业文化，也可以称为企业哲学，源于美国英文"Corporate Cultures"一词，是20世纪80年代初美国一些管理学家在比较美、日两国企业竞争力的基础上提出来的，是一种文化和经济结合的产物。

《辞海》对企业文化的诠释是："企业文化是指企业在生产经营实践中形成的具有本企业特征的一种基本精神和凝聚力，以及为全体员工所认同并遵守的价值观念和行为准则。"这就告诉我们，企业文化是企业的一种基本精神、价值观念、行为准则和凝聚力；企业文化在企业生产经营的实践中形成，是从文化角度对本企业历史的总结和凝练；企业文化具有本企业独有的特征，没有鲜明的特征，就不是真正的企业文化；企业文化常常带有企业领导人的一些人格特点，并为全体员工所认同并遵守。此外，企业文化也应该具有正义性和宗教性，它解决的是员工的心理问题——我们这一群人，从哪儿来，到哪儿去，在一起干什么。

（二）高质量发展内涵

党的十九届五中全会明确将高质量发展作为十四五时期经济社会发展的重要指导思想之一，指出，要坚定不移贯彻创新、协调、绿色、开放、共享的新发展理念，以推动高质量发展为主题。这意味着高质量发展已经上升为全党的意志，并成为推动我国实现质量强国和建设社会主义现代化强国的理论支撑。

1.高质量发展

关于高质量发展，习近平同志指出，高质量发展不仅仅指的是我国经济方面的高质量发展，也表现在我国文化、社会、生态等方方面面，不仅是针对我国经济建设提出高质量要求，也是对我国经济社会发展方方面面的要求。这就为我们深刻理解高质量发展指明了方向。

2.企业高质量发展

2021年8月颁布的《企业高质量发展评价指标》指出，企业在经营发展中，遵循创新、协调、绿色、开放、共享的发展理念，以创新为动力，有效地利用国内国际两种资源两个市场，积极推动质量变革、效率变革、动力变革，促进产品和服务的不断改进，提升核心竞争力和品牌影响力，实现业务运营高效率、高效益、高增长，同时坚持全面发展、节能环保和保护生态的原则，促进社会公平正义，从而达到企业的可持续发展。由此可知，企业高质量发展不仅仅是利润的增长，更加体现在创新能力一流、财务绩效卓越、产品服务一流、资产配置高效、管理机制有效、内部控制完善、社会环境和谐。其中，企业文化建设、补齐软实力短板更应摆在突出的位置。

（三）企业文化与企业高质量发展的关系

企业以人为本，人以文化为本。优秀的企业文化是企业高质量发展之魂，它传承着企业的价值取向和行为标准，凝聚着企业的共同信念和整体合力，激励着员工的事业追求和工作激情，推动着企业的兴盛发展。用优秀的企业文化培育全体员工的基本职业素养，激发员工的创造力，是实现企业持续健康发展的根本保证。同时，高质量发展又进一步推动企业文化的升级完善，形成企业文化与企业高质量发展的良性循环。

第一，优秀的企业文化对内统一思想，提升生产力；对外塑造品牌，增强影响力。企业经营表现出来的是生产、销售、服务等各个环节，影响经营的是作为个体的企业各级领导人员和员工，而影响企业各级领导人员和员工的是企业价值观念。这些价值观念会产生向心力、亲和力、凝聚力和驱动力。

第二，优秀的企业文化会增强员工对企业的认同感。这种身份和认同感会提升员工的自豪感，进而转化为员工的生产力。好的企业文化必然会在社会中形成一定的影响力，这会给每位员工带来许多无形的益处。

第三，优秀的企业文化在某种程度上也决定了企业的发展方向和道路。方向决定道路，道路决定命运。企业文化，尤其是企业核心价值观能够为企业提供具有长远意义的、更大范围的正确方向，为企业在市场竞争中基本竞争战略和政策的制定提供依据。

二、中国建材集团企业文化建设的实践探索

企业文化并非凭空产生，是在企业创业和发展的实践中培育形成的。而且，优秀的企业文化形成后，并不能自然而然地传承下去，要靠一代代优秀企业家团结带领广大员工，在不断遇到的市场竞争风险和考验中，胜不骄败不馁，在继承优秀企业文化基因中不断开拓创新，实现企业持续高质量发展。

中国建材集团历来重视企业文化建设，贯彻"五项服务""四化融合"，做实企业文化理念层、制度层、行为层、形象层，做到内化于心、外化于行，创新文化传播方式，打造建材企业独特的文化品牌，持续提升企业软实力和影响力，推动企业高质量发展。

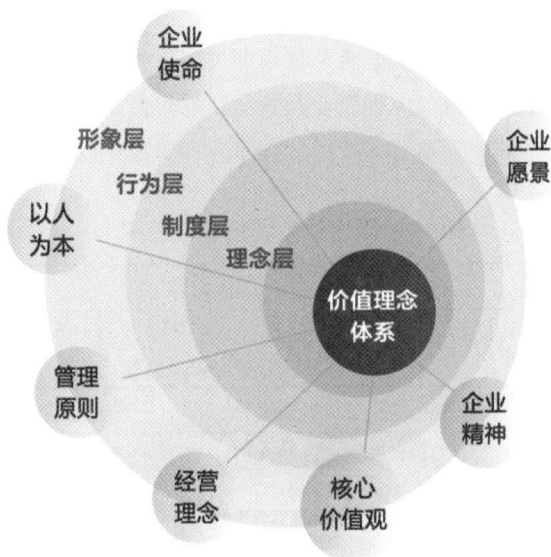

图1 中国建材集团价值理念体系

（一）构建了新时代具有建材特色的企业文化体系，明确发展导向

企业文化价值理念体系是集团面向未来发展的系统思考，运用企业文化管理，目的就是要形成企业共识，让员工和企业、顾客和企业达成共识，为持续发展奠定深厚基础。中国建材集团结合战略规划，明确了"从哪儿来，到哪儿去，在一起干什么"的企业哲学思考。

1. 核心理念："善用资源、服务建设"

企业的核心理念，是企业文化的核心构成，是企业生命中最深层、最本原、最朴素的动力，特定的理念影响着人们的思维方式、行为方式、生产生活方式和未来发展前景。中国建材集团结合企业发展历程和建材行业的特点提出的核心理念是"善用资源、服务建设"。具体内容如表1所示。

表1 中国建材集团核心理念

核心理念	具体内涵
善用资源	坚持高质量发展理念，可持续发展理念，与自然和谐相处，推进绿色技术创新，推广绿色清洁生产，提高资源能源综合利用率，努力实现碳达峰、碳中和
服务建设	服务科技强国建设，攻破"卡脖子"技术 服务国家工程建设，支持经济社会发展 服务建材工业建设，推动行业转型升级 服务美丽中国建设，强化生态环境保护 服务"一带一路"建设，共建和谐绿色家园

2. 企业使命：材料创造美好世界

中国建材集团的使命是"材料创造美好世界"。具体来说：作为材料研发者、制造商和服务商，致力于高端、智能、环保、安全，提供高质量产品和高品质服务，推动经济社会更好发展，丰富人民美好生活需要。

3. 核心价值观："创新、绩效、和谐、责任"

企业核心价值观作为企业文化的核心，是企业在长期发展历程中形成的基本理念和指导思想，是企业哲学中起主导性作用的重要组成部分，体现企业及其员工的价值取向，是奠定企业发展的基石。中国建材集团的核心价值观是创新、绩效、和谐、责任。具体内容如表2所示。

表2　中国建材集团核心价值观

核心价值观	具体内容
创新	尊重创新规律，创造创新环境，坚持战略理性和经济理性的平衡统一，推动科技、机制、管理、商业模式同步创新
绩效	以优异业绩回报股东和投资者，以高质量产品服务客户、回馈社会
和谐	追求在社会大系统中的充分和谐。与自然和谐，力求善用资源；与社会和谐，尽己所能回报社会；与竞争者和谐，追求多赢共赢；与员工和谐，让员工快乐工作，幸福生活
责任	带头执行党和国家的路线方针政策，积极承担央企的经济责任、政治责任、社会责任和国家责任

4. 行为准则："敬畏、感恩、谦恭、得体"

企业行为准则是企业理念中对企业及员工进行总体约束的标准原则，这是企业自律的重要体现，也体现了企业的形象。中国建材集团在长期实践中形成了"敬畏、感恩、谦恭、得体"的行为准则。具体内容如表3所示。

表3　中国建材集团行为准则

行为准则	具体内容
敬畏	做事：守规矩，遵法纪，有底线 做人：君子怀刑，如履薄冰，在一定的原则下讲话，在一定的规则内行事 对人：感谢他人、社会给予的关心、爱护和信任，并以感恩之心予以回报
感恩	对工作：不畏艰险、扎扎实实、勤勉尽责，以出色业绩回报企业 对社会：积极履行社会责任，做合格的世界公民
谦恭	对人：虚心学习他人长处，不骄傲，不自满，不张扬，不说过头话，不做过头事 对企业：自制自律、平等互爱、诚实守信，将共赢的文化、谦恭的境界真正引入市场竞争
得体	举手投足要代表央企，说话办事三思而后行，不得体的话不说，不得体的事不做

（二）形成了五项服务

优秀的企业文化对企业是企业战略实施的保证，是顺畅经营的基础，在一定程度上决定着企业的发展和未来。中国建材集团将企业文化服务集团执行国家战略及对外交流、服务集团发展战略、服务集团履行责任及创建世界一流企业的目标、服务集团改革创新、服务集团宣传和品牌建设。通过"五项服务"，使企业文化真正落地，推动企业的高质量发展。

（三）提出了"四化"融合

经过长期实践，集团将党建文化、企业文化、安全环保文化、廉洁文化融合在一起。尤其是探索将党建文化与企业文化深度融合，以党建文化引领企业文化健康发展，推动党建与经营深度融合，以高质量党建推动企业高质量发展。

（四）探索运用了五种传播方式，使企业文化真正落实落地

列宁曾经指出："工人本来也不可能有社会民主主义的意识。这种意识只能从外面灌输进去。"列宁的灌输论为我们探索企业文化的宣贯提供了重要指导。集团综合探索运用了视觉传播、听觉传播、纸媒传播、网络传播和创新传播这五种传播方式，使企业文化的宣贯深入每个员工内心。

特别是广泛学习研探新时代企业文化传播新理念、新方法、新技术。将互联网、新媒体等作为企业文化建设的重要工具和渠道，积极落实好网络意识形态工作责任制，全力挺进网络主战场，逐步构建起"一网一微三账号"新媒体矩阵，每年推送图文视频等内容4000余条；把握传播规律，提升叙事技巧，设立新材料故事、小料科普等精彩栏目，打造了建材独特的工业气派，受到广泛关注。还通过工业大片、短视频平台、活动直播、线上线下联动、工业遗存、企业开放日、文创集市、主播义卖、企业卡通、文化中心、创作活动等多种平台和传播方式开展企业文化宣贯工作，使之充满活力、喜闻乐见、润物无声。

（五）打造了具有新时代中国建材特色的品牌活动和文化阵地

集团用好"党建书屋""善用资源开放活动""善用文化中心""善建公益""善健活动中心"等阵地平台，让职工思想上解惑、精神上解忧、文化上解渴、心理上解压，形成蓬勃向上的新风尚。"善用文化中心"已建成30多家，涌现出一批书法家、画家、篆刻家，内因外联，宣传了企业，充实了员工。"善用资源"开放日活动从第一届37家企业扩大到第二届93家企业自愿参与，架起沟通社会的桥梁。"善建公益"基金广泛展开定点扶贫、援疆援藏、救灾救急、职工帮扶等系列公益活动，助力共同富裕，展现了央企本色。

总之，中国建材集团的文化是以人为本的文化，是团结融合的文化，是积极上进的文化，是重视绩效的文化，是讲求责任的文化。这套文化来源于企业的实践，来源于企业领导团队多年以来孜孜不倦的学习，来源于企业的广大员工对企业的挚爱和维护。要坚持推动企业文化的持续升华，让优秀的企业文化贯穿企业发展的始终。

三、企业文化建设面临的挑战及原因分析

为了对中国建材集团在企业文化建设中存在问题和原因分析进行深入研究，通过设计符合企业实际特点的问卷，按照企业规模通过内部宣传系统和官微全集团发布不记名抽样问卷调查。收回30550份问卷，梳理1份总报告和10份二级公司分析报告发文反馈。

问卷结果整体看62%表示"完全认同"集团文化体系，32%"基本认同"，2%和4%表示"基本不认同"和"完全不认同"。根据问卷调查并结合企业实际，集团主要面临以下挑战：

（一）个别企业需要加大对集团统一大文化的重视

近些年通过联合重组进入中国建材集团的个别企业还未完全融入集团的企业文化体系之中，对集团统一的大文化重视程度不够。如果重组企业在文化上不能统一，各唱各的调、各吹各的号，那么随着企业的发展壮大，企业也会越发的危险。因此，需要加大对个别企业的定向交流沟通，用集团的大文化统一所属单位、企业的小文化，打造集团文化领导力，增强集团的凝聚力和归属感。

（二）多元化背景下的员工价值观需要统一

在中国建材集团不断联合重组、发展壮大的过程中，加入了大量新的领导人员和员工，他们的专业能力和认知背景呈现多元化特征，相当一部分学历高、年轻化、思想活跃，对于中国建材集团的具体特

征的认识、企业文化认同度等方面还存在较大差距，如何凝聚共识、统一思想，成为企业文化工作的重要内容。

（三）青年员工的能力成长需要企业的持续关注

入职一年后的员工对企业文化的认同度有所降低，对集团的忠诚度和自豪感也有所降低，这需要引起集团上下的高度重视。青年员工是集团的未来，如果青年员工对职业发展感到迷茫、对企业文化的认同度持续下降，企业发展就没有未来。中国建材集团一直坚持以人为本的文化理念，打造学习型、成长型组织，企业要把更多精力放到青年员工的培养上来，持续关注青年员工的成长。

总之，通过问卷调查来看，集团企业文化建设工作整体较好，员工对现有企业文化体系有一定了解，企业文化认同度较高，员工骄傲感、归属感较高，并愿意积极参与企业文化实践。不过，对于不同性别、年龄、文化水平、工作年限、岗位类型、岗位级别的员工，对企业文化的了解程度、认同程度表现参差不齐，二级企业、三级企业的企业文化工作进程也存在明显差异，企业文化建设还有很大的提升空间。

四、新时代加强优秀企业文化建设，助力企业高质量发展

习近平同志强调："文化兴国运兴，文化强民族强。没有高度的文化自信，没有文化的繁荣兴盛，就没有中华民族伟大复兴。"文化强国战略重要性不言而喻。中国建材集团作为引领全球建材行业的知名企业，更要抓住这一历史机遇期，顺应新时代、新阶段的大势，进一步提升文化建设站位，全面践行文化自信，全力以赴把自身文化做优做强，让企业文化熠熠生辉，助力企业高质量发展。

（一）点燃红色引擎，坚持文化定江山

习近平同志在庆祝中国共产党成立100周年大会上的重要讲话中指出："我们要继续弘扬光荣传统、赓续红色血脉，永远把伟大建党精神继承下去、发扬光大！"人无精神不立，国无精神不强，党无精神不兴，企业无精神则不长久。这里的精神就相当于企业文化。高质量党建引领作用是企业高质量发展之根，优秀的企业文化是企业高质量发展之魂，二者共同作用于企业高质量发展之中。

坚持党的建设与企业文化融合，可以将文化自信融入党建工作中，并且结合理论自信、制度自信来促进企业长期稳定发展。通过党建来引领企业文化建设，可以在党建工作中探索企业文化建设的策略，并且实现党建工作与企业文化之间的相互促进，从而为企业发展提供更加强劲的动力。

中国建材集团是在老一辈无产阶级革命家直接关怀下成长起来的，拥有红色基因的企业。比如，建于1922年的中国耀华玻璃集团，毛泽东同志曾亲自批示派苏联专家帮助治理玻璃气泡质量问题，保障了全国基本建设工程的进度；起源于抗战时期民族工业发展需要嘉华特种水泥，由胡叔潜、胡子昂等一批爱国志士商议建厂，为巩固抗战大后方作出了卓越的贡献，为新中国的开创与建设立下了不朽之功；永登祁连山水泥是中国西北第一座现代化水泥厂，它的建成对改变我国基础工业布局发挥了积极作用，其中永登祁连山水泥历史文化展馆被国务院国资委命名首批100个中央企业爱国主义教育基地。红色基因是实现国有企业高质量发展的强大引擎，发挥红色基因在国有企业高质量发展中的作用就是要坚持党的领导、加强党的建设。集团党委始终努力将党建、企业、廉洁、安全环保文化"四化合一"，为企业发展注入源源不断的活力和动力。作为中国建材行业的领军者，中国建材集团通过继承发扬老一辈革命家的思想，充分发挥红色基因的独特优势，积极将红色基因的优势转化为政治优势、发展优势、组织优势、文化优势，引领企业改革发展，使集团走出一条具有中国建材特色的新时代国有企业改革发展的成功之路。

（二）打造企业文化领导力，建立自上而下的文化体系

美国奥格斯堡学院的Peter J. Stark博士认为，21世纪多元文化领导力是将所有的知识集合在一起，是一种与集体的互动，创建环境，引导他人思考并不断地改进。他所强调的文化领导力是通过集体影响他人，让他人主动不断地改进自己的不足。从这个意义上来说，领导力是使员工不断地、由心而发地去为企业创造价值的关键驱动要素。这里的要素，与员工的认同感、主动性和成就动机等内心活动有关，有别于企业的有形资产和品牌、专利等可标价的无形资产，是一种触及员工心灵，只能感知，而无法量化的隐形因素。从这个角度理解，领导力和组织的文化、战略、执行力、领导者的个人魅力、远瞻力、影响力、鼓动力等都密切相关。

中国建材集团打造文化领导力在秉承传统、立足现在、展望未来的基础上，通过构建符合实际的具有建材特色的新时代组织文化，以科学的愿景吸引人，以正确的思想影响人，以优秀的人格激励人，以完善的制度塑造人。

（三）坚持以人为本的文化理念

做企业实际上还是做人的工作，马克思主义明确指出，生产力包括劳动者、劳动对象、科学技术和管理四项要素。在生产力诸要素中，最基本的要素就是劳动者。企业管理应该加强对员工的关注，使他们能够通过工作融入企业组织和社会之中，获得相应的社会身份和社会地位。当前，集团加强员工、人才队伍建设，应该坚持以人为本的文化理念，健全以"人"为核心内容的工作机制。

要注重用企业文化体系凝聚员工，激发和保护企业家精神。要通过大事业引导员工自身的事业，实现企业价值与个人价值的有机统一。给每一位员工提供广阔的发展空间和人生舞台。企业要鼓励员工把自己造就成有用之才，并为每一个员工成才创造条件。通过改革，调动和激发广大员工成长为企业人才，成为企业事业发展"主心骨""领头雁""拉车人"，推动党中央、国资委和集团的各项重大决策部署得到不折不扣的落实。

（四）进一步弘扬创新文化，在继承优秀企业基因基础上不断推陈出新

习近平同志强调："创新是引领发展的第一动力。抓创新就是抓发展，谋创新就是谋未来。"创新具有丰富的内涵，不仅仅体现在技术上，对于企业来说，要想让创新真正落地，企业文化创新同样重要。

创新文化是阳光雨露，一旦形成，就会对各类创新群体产生影响，触发他们的创意并进而形成创新活动。有些企业对创新创意重视不够，从根源上说就是缺少创新文化。中国建材集团一直秉持创新理念，营造有利于创新的文化氛围，培植创新领军人才和创新团队成长的良好环境。

创新文化的培育需要营造一套尊重创新、崇尚创新、宽容失败、容错纠错的文化；营造一片能够激发创新热情、鼓励创新实践和提高创新回报的土壤。集团通过搭建事业平台、人生舞台，给予年轻人才更多的自由和空间。另一方面，创新是个试错的过程，企业要有包容心、宽容度和承受力，对于创新过程中的过失和失败，给予一定的宽容。

（五）树立良好的国际品牌形象，提升企业国际形象

大国崛起需要中国企业主动发声，企业海外经营也需要做好宣传，提升企业国际形象。中国建材集团是参与"一带一路"建设的先遣队，是中宣部确定的18家重点外宣央企之一。集团稳妥运维100多个英文网站和海外社交媒体账号，积极宣贯为当地发展作贡献、与当地企业合作、与当地居民友好相处合作共赢"三原则"，组织"善用文化之旅"，在中外文化交流互鉴中增强员工自豪感。当前，世界新冠肺炎疫情形势依然比较严峻，集团海外企业组织丰富多彩的文体活动和心理疏导工作，安排慰问国内家

属，消除员工后顾之忧。

（六）打造新时代建材特色企业文化的落实落地

企业文化本质上是行动文化，离开实际行动谈企业文化建设，很大程度上会流于空谈、流于形式。因此，企业文化必须十分重视"外化于行"，真正落实落地。

首先，关键在于企业各级领导人员作出表率。一方面，企业文化是企业的集体人格，是全体员工的共同信奉和共同价值观念；另一方面，企业的各级领导人员，在企业文化建设中处于主导地位，他们的言行举止，集中反映了企业文化的走向，因此，企业文化常常带有企业领导人的一些人格特点。从这个意义上来说，企业文化可以说是企业家文化。

其次，更加注重传播的有效性。企业文化需要通俗易懂的解说传播，一方面通过文创集市、"善用资源日"开放活动，打破壁垒，让公众走进中国建材，更深入更全面更真实地了解建材历史、领略建材文化、认识建材理念，增进公众对建材企业的认知认同，树立良好的社会形象。另一方面，通过发现、编撰企业英雄故事和平凡员工的感人故事，以及"善用文化中心"，营造追求真善美的浓厚氛围。

第三，进一步加强先进制度文化建设。企业党委要积极引导、支持董事会和经理层推进现代企业制度文化建设，以先进的制度文化促进企业制度建设。制度文化是与时俱进的，现代企业制度文化必须与客户至上文化、数字文化等相结合。同时，要站在执政党基层组织的立场上，以对国有企业高质量发展高度负责的态度，与影响、甚至阻碍企业制度建设的行为做斗争。

第四，持续开展、探索良好的行为习惯养成活动。行为习惯是文化的重要体现，包括工作习惯和生活习惯。从实际情况来看，员工的行为习惯直接影响到遵守企业制度的质量，员工良好行为习惯的养成，事关企业培养一支什么样的队伍、建成一个什么样的企业。一方面，对于良好的工作习惯，要坚持不懈、齐抓共管，各级领导人员和管理者起到带头作用；另一方面，发挥工会、团委、妇联、侨联等群团组织作用，通过丰富多彩的职工活动，打造健康文明、昂扬向上、全员参与的职工文化，进而服务社会。

结语

近年来，中国建材集团坚持以习近平新时代中国特色社会主义思想为指导，围绕打造具有中国建材特色的优秀企业文化助力高质量发展，做出了许多有益探索，点燃了红色引擎、打造了企业文化领导力、建立了共同愿景、树立了良好的国际形象、实现了持续做强做优做大。中国建材集团的这些实践不仅是企业自身积累的宝贵财富和未来发展的根基，也为新时代条件下中国企业打造软实力、实现高质量发展提供了借鉴。未来，希望越来越多的企业更加重视优秀企业文化的建设，更加积极地探索企业文化建设的新方法新举措，以优秀企业文化助力建设具有全球竞争力的世界一流企业，也为实现中华民族伟大复兴的中国梦贡献力量！

【参考文献】

[1] 马克思、恩格斯.马克思恩格斯选集:第4卷[M].北京:人民出版社，2012.

[2] 列宁.列宁选集:第一卷[M].北京:人民出版社,2012.

[3] 习近平.习近平谈治国理政第二卷[M].北京:外文出版社,2017.

[4] 习近平.习近平谈治国理政第三卷[M].北京:外文出版社,2020.

[5] 辞海 [M].上海:上海辞书出版社,2009.

成果创造人：张静、江秀龙、姚桂艳、史娅茹、王璐璞、吴奇

以智慧集群平台建设赋能国企党建数字化转型的
探索与实践

朱珊珊

当今世界已进入数字化时代，以大数据为代表的新一代信息技术的迅速发展，正日益深刻地改变着党的建设的环境和条件。将大数据技术应用到国企党建工作中，运用数字化、网络化、智能化手段开展工作，既是数字化时代党建工作改革创新的客观要求，也是扩大党在网络空间号召力和凝聚力的必然要求。国网山西省电力公司党委主动适应新时代国企党建工作发展的趋势和方向，将党建数字化转型作为"一号工程"，积极引入"智慧党建＋数字党建"理念推动公司党建工作创新，倾力打造了集党员学习教育、信息管理、便民服务、助力发展为一体、横跨"屏网端"到"号P圈"的多层级、立体化"山西电力'1＋N'智慧党建云集群平台"，打破了传统党建的时空瓶颈，实现了党建工作的数字化呈现，为更好地唱响党建主旋律、发出党建好声音、传播党建正能量提供了新的方法和模式。

一、推动党建数字化转型的背景动因

党的十九届五中全会围绕"三新"发展要求（把握新发展阶段，贯彻新发展理念，构建新发展格局），提出了推动数字经济发展、建立现代产业体系的发展规划。我们党作为一个先进的政党，应积极顺应时代发展潮流，主动迎接大数据时代的变化，在推进大数据技术与党建工作深度融合的同时，开创新时代党建工作的新模式。国有企业作为党执政兴国的重要支柱和依靠力量，企业党的建设是党的建设新的伟大工程的重要组成部分。在国家实施大数据战略和加快建设数字中国的背景下，积极探索数字化、网络化条件下开展党建工作的新载体、新路数，以党建数字化转型为目标积极打造"数字化＋党建"工作模式，不仅是新时代推动国企党建数字化创新的一项紧迫任务，也是数字化网络空间下加强党建数字化智能化转型升级的新要求、新课题。

（一）党建数字化转型是顺应数字化时代发展要求，打造数字经济新优势的迫切需要

当今世界处于百年未有之大变局，以数字化、网络化、智能化为特征的新一代信息技术日益创新突破，推动全社会进入了数字化时代。随着数字经济的蓬勃发展，大数据的概念和成果向各行各业延伸拓展的步伐明显加快。我们党作为执政党，党建工作作为提升党的执政能力的必要手段，自然也应引领时代发展、与时代同行。党建数字化，不仅有助于赋予企业基层党建新的活力，也有助于促进企业基层党建更加贴近广大党员职工，更加促进党建工作实效性的提升。积极顺应数字化时代发展潮流，推动"数字化党建"转型发展既是国企党的建设工作适应新时代发展变化的必然选择，也是提升党建科学化水

平，促进党建信息化发展，不断推进党的建设新的伟大工程的迫切要求。

（二）党建数字化转型是应对网络空间迅猛发展，优化提升传统党建方式的必要之举

5G时代，党建工作正在经历着一场全新的智能变革。随着公司党员中网民、"数字原住民"比重持续攀升，党员工作生活信息化、网络化、数据化持续加深，大量企业干部职工集中在网上活动，网络的受众已突破地域、年龄、职业等因素限制，向更广泛的范围延伸，网络社交逐渐成为一种生活方式、一种工作习惯、一种沟通常态。传统的党建方式对党员，特别是年轻一代党员的吸引力和凝聚力在不断下降。传统组织生活方式已难以满足和适应党员群众信息化生活的进程，迫切需要突破传统党建的路径依赖和惯性思维，在企业基层党建工作中引入"数字化＋"元素，搭建党组织与党员、党员与党员、党员与群众之间的线上桥梁，使国企基层党建依托互联网、大数据等新一代信息技术突破时空限制、信息获取便利等优点，实现手段方式内容的全面创新。

（三）党建数字化转型是补齐基层党建短板问题，提升国企党建质效的重要手段

目前，传统的直线层级党建工作组织结构在很多场合、很多时候，已经不能适应党建工作的需要，影响了党组织活动的开展和作用的发挥。特别是随着近年来，公司经营规模和业务领域的扩展，党员流动变快，思想更为活跃，传统的党建工作形式已经难以满足党员干部的口味需求。数字技术发展一步，党建创新就应该跟进一步。通过"数字化"方式让公司党建工作联上"智慧云端"，构建功能完善、形式活跃、效能提升、场景丰富的党建智慧云集群平台，全面开启公司数字化＋党建的全新党建模式,使公司党建工作既延续优良传统，又革故鼎新；既具有数字化时代属性，又符合无界限、全天候的建设要求，在推动企业基层党建工作与时俱进、高质量发展中发挥积极作用，既具有深远的现实意义，也具有重要的应用价值。

二、以智慧云集群平台建设赋能党建数字化转型的核心内容与实践路径

国网山西省电力公司党委紧跟国家数字化转型步伐，制订"党建专业数字化转型"三年行动方案，按照"三年三步走"工作思路，以"智慧党建＋数字党建"为转型目标，以现代科技手段为依托，全面推进党建专业"数字化转型"，倾力打造了"1＋N"智慧党建云集群平台，平台充分融合了大数据、移动互联网、人工智能等新兴技术，构建了数据共享、平台共建、协同发展的企业党建数字化应用生态，为公司各级党组织和广大党员干部获取党建资源及服务提供了不同的线上便捷途径，使"党建＋数字化"赋能企业发展的融合党建模式成为有特色、具价值、接地气的数字党建创新示范品牌和"强根固魂"利器，为E时代国企党建提供了生动实践。

（一）以智慧云集群平台建设为主要内容的党建数字化转型核心内涵

构建"1＋N"智慧党建云集群平台："1"指一系统，即国网山西电力党建信息化网站系统，"N"指多平台，即国网山西党建App移动端、抖音平台、"青春晋电"微信公众号、党员教育云展馆等。其中：党建信息化系统PC端网站主要面向各级党组织和广大党务干部，突出党建业务管理和考核监督；移动端App直接面向公司系统全体党员，突出学习教育、交流服务；抖音、公众号、微信圈、党员教育云展馆则突出对内对外宣传展示。智慧党建云集群平台是集"宣传资讯、业务管理、学习教育、交流服务、统计分析、考核监督"六大功能于一体，横跨"屏网端"到"号P圈"，纵贯公司省市县三层党委、党总支、党支部、党小组、党员五类用户综合管理的立体式、矩阵式、全覆盖型党建集

群平台。平台采用"数字化＋党建"的思维模式，将繁复、低效、重复的线下党建工作转化为标准、高效、简洁的线上流程，是公司党建工作实现信息数字化与手段科技化的重要表现形式，体现了公司党建工作的突出需求，为公司党建量化管理和党建决策提供了强大数据支撑。

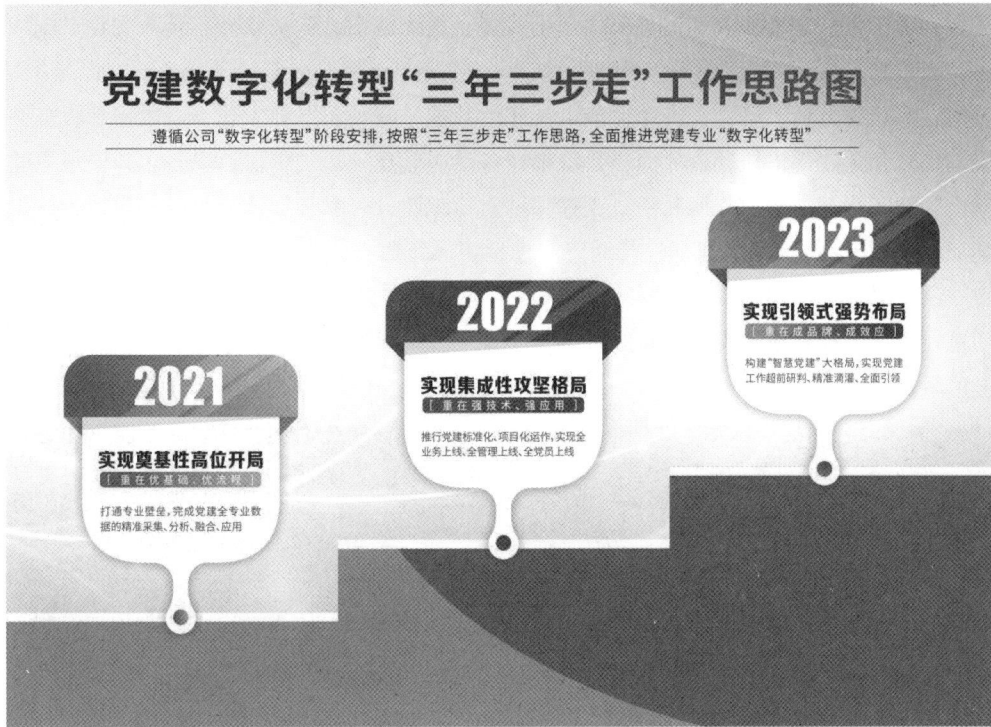

图1 公司党建数字化转型三年行动计划目标导向图

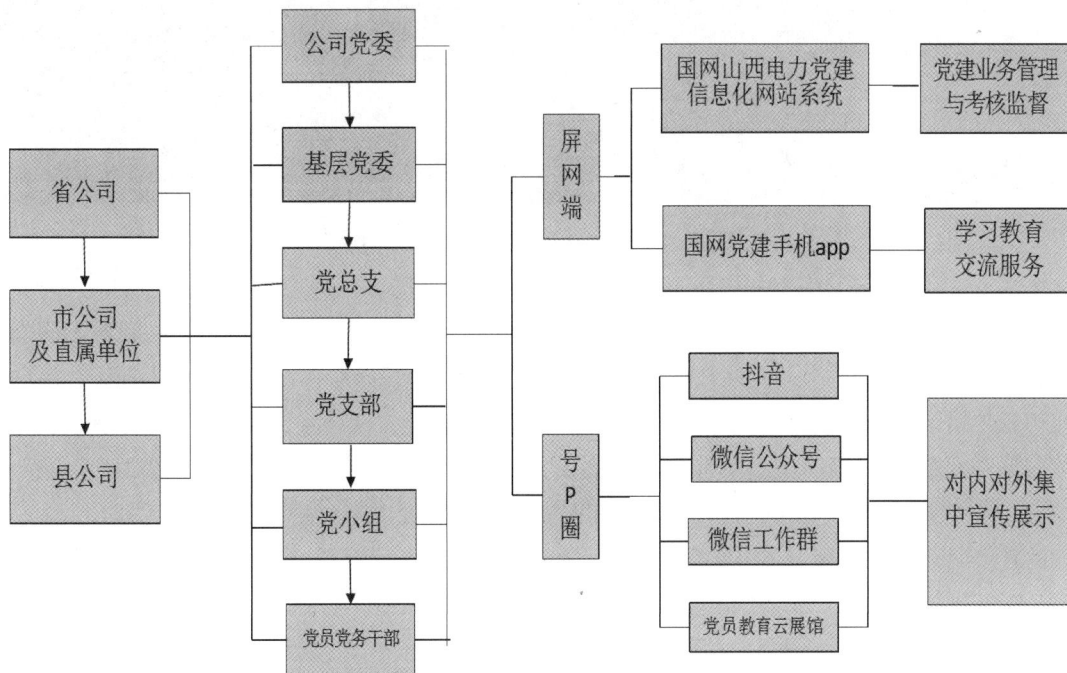

图2 以"1＋N智慧云集群平台"建设为主要内容的党建数字化转型内涵示意图

（二）以智慧云集群平台建设赋能党建数字化转型的实践路径

1.党建数据"云"采集，打造智能分析"数据湖"

公司党委依托党建信息化管理系统，深度挖掘公司党建大数据，通过多维度、多渠道积极拓展党建工作信息源、数据源，全息全量抓取和汇集公司理论武装、组织建设、党员管理、企业文化、统战团青等全专业口径实时数据，再运用大数据分析和展示技术，将党建各专业的线上行为进行"横到边、纵到底"的数据识别、汇总、分析、整合，进而形成可视化的数据"驾驶舱"和党建全景数据看板，并通过所属二级党组织书记和党建部主任办公界面，自动推送各单位党建工作"画像信息"，为公司党建管理和组织决策提供了切实有效的数据依据和信息支撑。针对组织建设、党员管理、思想文化、团青工作、重点工作、亮旗工程等6个方面30项指标进行动态监控，将异常数据在党建预警监控平台中报警，使各级党组织问题"一目了然"。开发异常业务诊断分析、反查异常数据明细等功能，真正以数据指标为抓手，提升问题发现和督促整改的及时性和高效性，实现了公司党建数据的全景式归集、流程全链条再造、服务全方位触达。

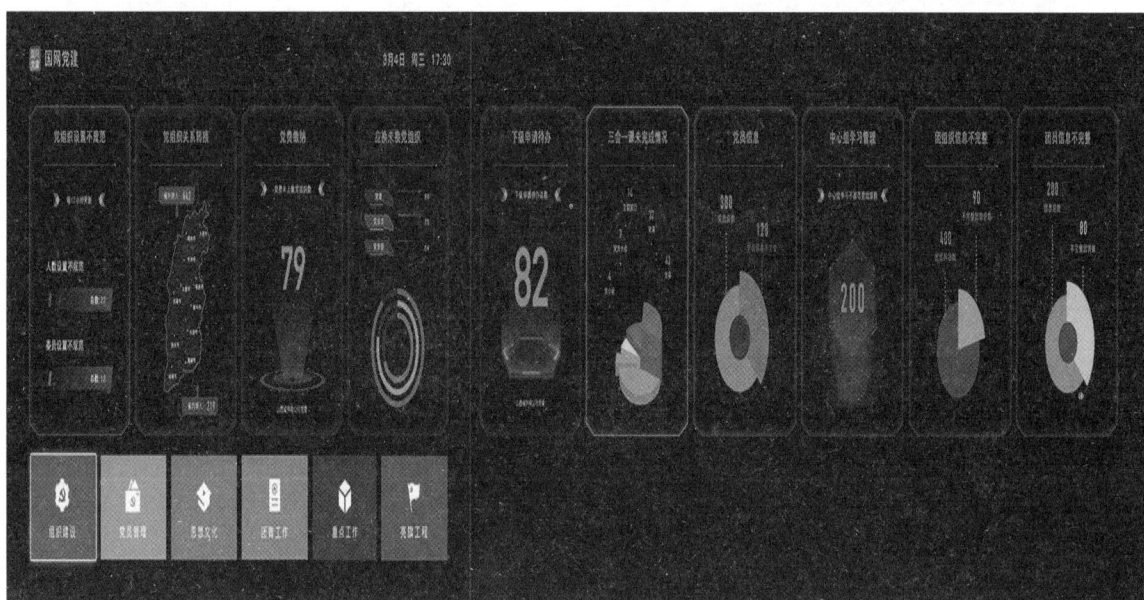

图3　党建预警监控系统智能分析图

2.亮点成效"云"展示，打造宣传工作"样板房"

公司党委积极探索党建宣传新路子，一改以往"单兵作战"、分散宣传的模式，针对不同受众群体，创新"屏网端＋号P圈"的党建宣传矩阵式新模式，形成公司融媒体党建宣传自上而下、纵向联动的主流声音传播矩阵和层层传导、全面覆盖的传播渠道。一是抢占网络宣传新高地。紧紧围绕公司推进"一体四翼"发展布局、喜迎建党百年、深化"基层党建创新拓展年"、开展"亮旗提质再登高"主题实践活动等开展主题宣传，综合运用网言网语和图表、H5、音视频等多媒体手段制作专题10余个，营造了强大的宣传舆论声势,实现了公司党委声音全覆盖。二是坚持内容为王。把原创作为核心竞争力，重点加强对公司基层党建原创工作动态信息和个人原创作品的推送比重。先后推出"百团百秒讲四史""第一书记""电力脱贫攻坚"等栏目，策划"寻红色足迹 忆百年峥嵘""转型学习大讨论"等内容，充分激发了公司广大党员干部的创作热情，形成一批阅读量大、好评度高、正能量足的具有国网山西公司特色的品牌栏目。

图4 公司各级党组织精心打造的主题宣传栏目

三是打造党建特色精品。2021年7月，河南局部地区爆发的洪灾牵动了十四亿国人的心。危难关头，公司抢险援救队逆行而上、迅速赶赴灾区一线开展抢险救灾。公司微信公众号、抖音平台陆续以滚动发布的形式推送"晋豫同舟 守望相助"抗洪保电抖音系列视频，多时段、多层面转发、发布，向社会公众集中宣传展示公司在抢险救灾工作中涌现出的人物典型和先进事迹，受到了网友和媒体的点赞好评，使党建宣传工作更加深入人心，不断提高了公司党建新媒体传播的到达率、转评率、点赞率。

3.学习教育"云"链接，打造党员教育"加油站"

公司党委积极打破党员干部学习教育传统模式，应用多媒体智慧云平台，对公司党员干部进行"全覆盖"学习教育，让党员足不出户就能享受灵活多样的学习方式和学习内容，不断提高了公司党员教育学习的针对性和实效性。一是构建党员"一站式"学习平台。国网党建App作为公司党员干部理论教育、党性教育的在线学习主阵地之一，集成了海量视音频、图文信息、微动漫、H5课件、AI智能党课、党建云图书馆、党建工作动态等信息资料，利用灵活丰富的新媒体表达方式和传播优势，满足了公司党员"随时学、掌上学、特色学、互动学"的需求。平台还引进嵌入多项成熟的信息化产品，引入了中宣部"学习强国"等优质权威平台学习资料，开设了"电子书屋"，提供各类图书报刊在线浏览，第一时间上线《党史学习教育》《实体经济与企业高质量发展》等学习专题，满足党员差异化的学习需求，使公司广大党员干部职工能够"一站知晓天下事"。二是打造党员红色教育数字展厅。公司党委精心打造了面积达240平方米的数字化智慧党员教育中心，运用5G＋360°全景VR技术、3D建模、环绕音效等场景设置，将初心使命、红色之旅、光辉历程、伟大复兴、亮旗攻坚、筑梦登高等6个板块内容移植到线上展示宣传，党员可以通过全方位沉浸式、交互式体验学习，足不出户瞻仰各个革命历史展馆，学习习近平同志系列讲话精神，感受革命战斗场景，观看经典红色老电影。VR技术让历史书本中的图画和文字"活起来"，为党员提供了深度沉浸、丰富优质的党建学习体验，使党员更加深切感悟党的艰辛历程，锤炼党性提高素养。

4.党建业务"云"协同，打造党务管理"新引擎"

公司党建信息化综合管理系统采用云服务技术架构进行整体设计开发，以"建、联、管、用、考"为目的，将公司党组织建到了网上、党员连在了线上、党建业务聚进了平台，实现了公司903个党组织、15480名党员的互联互通和线上线下无障碍信息共享与办公协同，为公司党建精准化"滴灌"式智能管控提供了强大智力支撑。一是最大范围延伸管理服务触角。党建信息化系统设计了电脑端和手机端两个使用端口。电脑端重在数据集成与上下联系，主要面向公司各级党组织和党务干部，可开展组织管理等12个维度58项管理工作；微信端面向全体党员，具有"三会一课"、党费交纳等功能。分类端口的创新设计兼顾了党建工作功能多样性与操作便捷性的特点，助力公司"指尖党务管理"工作实现了全天候、实时化、全覆盖。二是构建多维立体党建指挥平台。通过搭建公司党建工作全局可视化指挥平台，实时筛选、甄别、智能分析公司党组织工作落实情况和党员动态变化情况，超前发现基层党建工作中存在的问题，并进行实时感知和分析预警，全方位摸清公司党情底数，有效破解了党建垂管难题。三是多层级开展党建工作动态跟踪管理。推行"党委—党总支—党支部—党小组—党员"五层级党建数据集成管理新模式，全流程在线开展党务工作，实现了党组织和党员干部信息、党务活动全程"电子留痕"，组织动态一目了然、党建信息一键查询、党务管理一点即通、党员服务一线相连，有效破解了传统党建管理渠道分散、数据割裂、统计复杂的难题，极大减轻了党务干部的工作负担，提高了工作效率。

图5　公司党员干部利用多媒体智慧平台进行学习教育

5.党员干部"云"培育，打造成长成才"高速路"

党员干部是干事创业的带头人，也是党建数字化转型突破的决定因素。公司党委制订了高素质、专业化党员干部队伍和人才培育目标。一是加强党建数字化业务应用培训。从强化党员干部工作"闭环意识"，补齐"观念短板""技术短板""能力短板"入手，设计开发党建信息化实操课程，组织业务应用培训，实施大数据青年人才托举工程，带动各级党员干部积极转变思路、勤用数据分析、会用数据管理、善用数据决策。二是以数字党建助力党员干部评价。依托公司党建信息化系统，从党的创新理论学习、政策理论水平、支部作用发挥、组织协调能力、群众工作本领、工作培训经历等方面，对党组织书记、党员干部履职轮训情况进行全要素采集、全周期跟踪、全链条管理。打通干部数据、党员数据库以及多领域绩效评价数据，实现党组织、党员的信息资源与行为轨迹跨领域、跨部门共建共享、互联互通。三是开展党员干部精准画像，利用数字技术探索"数字党建＋干部管理"功能，构建"支部头雁＋党员干部"精准画像系统，为全方位评价党组织书记、党员干部实绩、及时发现、评价和培养干部人才、科学开展干部选拔任用、考核激励等工作提供了辅助参考和研判依据。

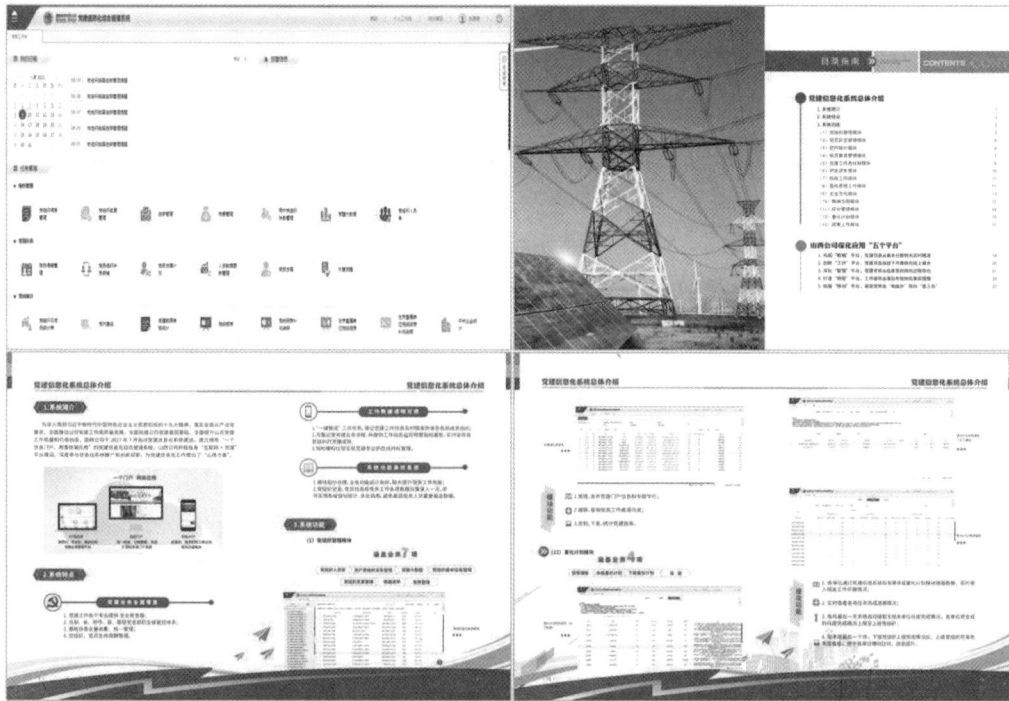

图6　党建信息化管理系统实现党组织党员全方位在线管控

6.党建工作"云"量化，打造工作考核"天平秤"

公司党委将党建工作考核评价作为贯彻落实党建工作责任制的有效载体和党建工作正向激励的重要手段。一是建立党建工作考评机制。制定《公司2021年党建工作量化计划管理任务清单》，按照"落实任务—实时监督—常态考核"步骤要求，从八个方面细化分解党建工作、量化计划管理任务32项，并全部纳入公司党建信息化管理系统考核。将考核指标量化为具体技术标准，全部配置到智慧党建系统平台中，利用信息化手段分阶段自动抓取相关数据信息，作为对各级党组织和党员干部考核的重要依据。二是利用数字党建压实党建主体责任。在党建工作量化清单中明确党建量化考核任务要求、规定量化考核统计方式、限定量化考核统计周期，基层党组织对应量化指标，进行线上提报，完成任务后拍照上传，系统将对填报情况、完成质量、工作实效等情况自动进行汇总、计分、存档，实时进行动态排名，对未达到完成标准和逾期未填报的考核对象进行预警。考核结果与党组织负责人奖惩挂钩，并作为基层党组织评先评优的重要依据。三是科技赋能提升量化考核质效。公司党委通过推行"线上＋线下月度检查反馈、季度分析评价、年度考核打分"党建工作考评机制，实施下级党组织党建工作量化考核任务驱动、能力驱动、数据驱动，有效推动了各级党组织党务干部履职尽责。在量化考核过程中，通过对下级党组织党建工作进行即时评估、综合分析、督促指导、压实责任，确保了公司党建工作落地有目标、推进有措施、考评有依据。

三、以智慧云集群平台建设赋能党建数字化转型的亮点成效

国网山西省电力公司智慧云集群平台是数字化思维技术与党建工作的一次深度融合。平台自应用以来，受到了公司各级党组织和党员的普遍欢迎，逐步成为基层党组织的"好管家"、党务工作者的　"好助手"、广大党员履职尽责的"好向导"、企业文化宣传展示的"好驿站"、干部成长成才的"好平台"。相较于传统的党建工作模式，智慧党建云平台实现了对公司党建工作的整合，理顺了党建活动流

程，提高了党建工作质量，并呈现了以下新特点、新变化：

（一）实现了党建内容"可视化"

公司智慧党建云平台容纳多种信息资源呈现形式，能够运用先进的大数据、云计算技术，建构起公司党组织、党员管理"神经中枢"，为各级党组织了解掌握公司党务工作进展、过程效果成效，实施精准研判、对症施策提供了第一手的鲜活资料。此外，平台通过3D柱状图、饼图、列表将海量数据进行自动分析整理、归类统计，一键更新、全网显示，突出解决了过去党员信息更新滞后、组织关系转接耗时、党员基数摸底不清等问题，使公司党委运用信息数据指导党建工作更加便捷，党建工作的积极性、互动性、实效性显著提升。

（二）实现了党建工作"移动化"

公司智慧党建云平台打破了地域、时间、空间限制。拓宽了信息交流渠道、改变了党建工作模式，实现了信息传递更直接、互动交流更及时，使党建工作更"接地气"。公司广大党员干部可以不受时间、地点的束缚，有效利用移动互联特点，随时、随地、随身登录公司党建App或微信公众号、小程序，手机交党费、查资料、看新闻、参加考试、跟踪活动动态等，大大提高了党建工作效率。智慧党建云平台还打破了传统党建工作中单向沟通的局限，让党员体会到了互动性交流的便捷，实现了党组织和党员干部之间"亲密""即时""微距"的接触。

（三）实现了文化宣传"情景化"

公司党委打造推出的"国网山西电力"抖音公众号，给党建与新媒体融合开启了绿色通道。其"声画结合"的特点强化了党建宣传的感染力和传播效果，使基层党建工作趣味性和党员教育内容的丰富性不断增强。同时，抖音短视频与App、微信等静态传播形式不同，其短小精悍，主题聚而精、切入点小而巧、架构简而清的特点、满足了公司广大党员群众多样化的审美诉求和阅读习惯，为公司党建宣传及新媒体的应用提供了新的契机。

（四）实现了党务管理"智能化"

公司智慧党建云平台所体现出的网络信息巨容优势为开展党务管理、信息传播、数据收集提供了高集约的便捷化体验。智慧党建平台的创设破解了过往公司党务管理数据上线难、资源协同难、服务精准难等难点、痛点问题，极大地优化了党建工作流程，规范了党建工作机制，提高了党建工作效率。公司党建智能化外溢辐射效应的充分发挥，也有效防范了公司"文山会海"等官僚主义和形式主义问题，切实减轻了党务干部的工作负担，受到了广泛欢迎，取得了显著成效。

（五）实现了预警考核"精准化"

公司党建数字化"预警"监控和量化考核平台既是"紧箍咒""考核单"又是"流程表""任务书"，打通了公司党建线上数据和线下数据一体化壁垒，解决了以往多头考核、重复考核、考核标准不一致等党建工作管控难点、痛点问题，实现了公司党组织和党员干部考评"一把尺子量到底"精准识别、远程化管控，使公司党建工作考核督导由事后考核转向为事前提醒，带动了公司党建垂直管理手段和效率的提升和强化。

（六）实现了工作平台"多样化"

集"网、端、微、视、屏"党建综合管理、党员学习教育、互动交流、督查考核、工作宣传等功能于一体的公司"1+N"高效智慧党建工作平台，将分散的党建管理系统、视频音频公众号、党员教育中心、手机党建平台等资源载体进行优化整合、互联互通，实现了公司党建工作统一安排，多平台不同展现，使公司各级党组织开展党建工作有了线上线下更为多样化的途径选择，真正打通了服务基层群众的"最后一公里"，让公司党建工作的影响力无处不在、无时不有。

四、推动党建数字化转型的经验与启示

（一）强化"数字化＋党建"思维是推动党建数字化转型的前提基础

在大数据、云计算、移动互联网等新兴技术方兴未艾的今天，企业党建工作正在经历一场全新的智能变革。"数字化＋党建"作为全新的党建模式，适应了移动智能时代党员干部的思维习惯、话语环境、心理需求，也反映了党建工作过不了网络关，就很难过得了时代关的命题。党建数字化改革固然离不开新科技、新技术，但前提是思维方式的转变，转得好不好、快不快，直接决定了党建数字化改革的进度和成效。公司广大党员干部要转变思维惯性，深刻把握数字化变革"风向标"，认同并推动党建数字化创新发展，强化"数字化＋党建"思维，不仅是成为一个合格党员干部的标配，也是促进党建数字化改革破题的关键。

（二）促进数字党建与业务工作统筹融合是推动党建数字化转型的重要目标

当前，数字化、信息化已成为促进企业各项工作的重要工具，"数字党建＋业务工作"不是简单相加，需要运用"数字化＋党建"模式，积极适应企业生产经营中心工作信息化发展的要求，推动党建与业务工作深度融合，发挥"1＋1>2"的作用。应跳出传统党建"框框"，结合互联网行业特点，进一步拓展"数字化＋党建"与业务工作平台形式和领域的融合，充分用好"线上线下"两条线，不仅要把党组织建在"网"上，更要把党员聚在"线"上，促进党建与业务工作"线上""线下"资源共享、优势互补、协调发展和全面融合。

（三）注重专业人才培养是推动党建数字化转型的根本保障

党建数字化转型具有很强的专业性，无论是智慧党建云平台的构建，还是党建活动的设计以及党组织、党员数据的统计分析都离不开人才的支撑。加强企业智慧党建人才建设，打造一支既懂信息技术、又懂党建业务"又红又专"的网络技术专业化复合型人才队伍成为当务之急。国企各级党组织要加强对党建信息化人才的培养，通过多方式多途径加强对基层专业化党建数字人才队伍的专业培训，解决部分党员干部由于知识储备不足，不敢用网、不会用网、不善用网的问题，努力打造一支在数字化党建转型领域业务熟、技术精、素质高的年轻化复合型人才队伍，推动党建数字化改革从量变走向质变。

成果创造人：朱珊珊　国网山西省电力公司

央企"网上党校"建设的实践与探索

——以国家能源集团"网上党校"建设为例

中共国家能源集团党校（培训中心、党建研究所）

央企党校作为培训轮训央企党员领导干部的主渠道、主阵地，在坚持党的领导、加强党的建设中发挥着重要作用。近年来，随着人工智能、大数据等技术的逐步升级，后疫情时代员工线下学习培训受限，央企学习数字化的变革步伐正在加快。国家能源集团党校积极进取，开拓创新，努力探索办好央企党校的发展之路，围绕"一个目标、三型五化、七个一流"发展战略，聚焦主责主业，加快构建统一开放、内容丰富、精准智慧、运行高效的在线教育培训体系，创建网上党校，实行双轮联协学习模式，融合线上教育与线下教育，形成党员教育平台矩阵，助力党的声音直达基层，党员教育思想引领力、理论传播力、社会影响力不断增强，更好地为党的建设筑基、为企业发展助力、为人才成长赋能。

一、建设央企"网上党校"是新时代党建工作的必然选择

（一）构建"大党建"格局的要求

2021年是中国共产党成立100周年、全国国企党建会召开五周年，也是"十四五"规划开局之年。5月27日，中央企业党的建设工作座谈会召开，中共中央政治局委员、中央书记处书记，中央组织部部长陈希出席会议，并在讲话中指出，"坚持党的领导、加强党的建设是国有企业的独特优势、光荣传统、力量所在。"国家能源集团党校全面贯彻新时代党的建设总要求和新时代党的组织路线，深入落实全国国企党建会议精神，认真落实"中央企业党建创新拓展年"工作要求，着力构建大党建工作格局，持续推进党建工作理念创新、机制创新和方式创新。

（二）党员学习教育全覆盖的要求

党在十八大以来，党中央始终把党员教育工作摆在重要位置，习近平同志亲自主持中央政治局集体学习，亲自部署在全党开展党的群众路线教育实践活动、"三严三实"专题教育、"两学一做"学习教育、"不忘初心、牢记使命"主题教育和党史学习教育，亲自主持审议党的历史上第一部关于党员教育工作的基础主干法规《中国共产党党员教育管理工作条例》，亲自批准实施两轮全国党员教育培训工作五年规划，经常深入基层一线调研指导党员教育工作，还先后在不同场合作出一系列重要论述，为推进新时代党员教育事业发展提供了科学指南，国家能源集团党校在做强做优实体党校的同时建设网上党校，实现优势互补，有效解决党员分布点多、线长、面广，学习不易集中等问题。

（三）国有企业数字化转型的需要

新一轮科技革命和产业变革正在迅猛发展，全球经济正处在一个前所未有的变轨期。央企需充分发

挥国有经济主导作用，主动把握和引领新一代信息技术变革趋势，引领和带动我国经济在这轮转型变革中占据国际竞争制高点。国务院国资委2020年颁布了《关于加快推进国有企业数字化转型工作的通知》，为加快推进国有企业数字化转型工作提供了指引。4月25日，国务院国资委在第四届数字中国建设峰会上举办国有企业数字化转型论坛。国务院国资委党委委员、副主任翁杰明指出，要认真学习贯彻习近平同志重要指示批示精神，深入贯彻落实党中央、国务院决策部署，立足新发展阶段，贯彻新发展理念，构建新发展格局，从国资国企发展全局出发，更加坚定、更加全面、更加深入地推进国有企业数字化转型，积极探索数字化转型新路径，坚持生态赋能，共建协同创新平台，充分释放数字化转型新动能，加快建设世界一流企业。

（四）当前疫情形势下学习的需要

在新冠肺炎疫情全球爆发后，线下集中培训被迫叫停，教育部陆续出台"停课不停学"系列文件，指导各地稳妥有序开展在线教育。这次大规模在线教育是前所未有的信息化教学社会实验，有效抵御了疫情给教育系统带来的冲击，充分体现了中国特色社会主义教育制度的巨大优越性。央企教育培训工作也在疫情常态化防控下得到了井喷式发展，线下培训项目转战线上进行，深远地改变了人们的学习习惯，在线教育成为央企培训教育工作的有机组成部分。国家能源集团党校积极构建"实体党校＋网上党校"相结合的党员教育新格局，打造"人人皆学、时时能学、处处可学"的生态化学习新体系，实现后疫情时代培训教育工作的无缝衔接。

（五）集团智慧化学习发展的需要

在线学习新模式为集团改革发展提供了有力的智慧支撑，充分发挥了各项优势。一是解决培训需求与培训供给不平衡不充分的矛盾，为集团提供大型专业岗位标准化学习与考试。线上培训既满足组织人才培养需求，又满足员工个人成长需求；既满足发达地区党组管理干部的培训需求，又满足偏远地区一线员工的学习需求。能兼顾个性化学习与规模化学习的优势。二是将企业的隐性知识显性化，沉淀企业的核心知识，提升企业竞争力。利用好本成果优势，萃取员工智慧，总结传承企业优秀的管理经验和工作实践，发挥传帮带精神，为企业知识传承和知识沉淀打通路径，避免因为人才的流失而使企业的核心知识与技术流失。三是整合各行业板块的培训资源，统筹全集团在线培训。坚持"共建、共创、共享"的总分院建设模式，充分发挥集团各子分公司培训中心的资源优势、行业优势、技术优势，将培训资源整合起来，并统筹利用，避免资源重复建设的浪费；并充分调动各分院的自主性与积极性，建设具有行业板块特色的知识产品与学习资源，对于推动国家能源集团企业改革发展和在线教育革新具有积极意义。

二、央企"网上党校"建设模式介绍

（一）探索

国家能源集团在2018年重组后，产业分布更广，员工分布全国各地，还有很多企业分布在偏远山区，培训学习的时间与资金成本都很高。如何满足33万员工的学习需求，国家能源集团党校经过深入调研、评估，结合实际情况，顺应时代发展趋势，战略性地提出建设生态化在线学习体系，构建面授教学与在线学习相结合的混合式培训模式，打通员工教育培训"最后一公里"。

（二）初创

国家能源集团党校在技术上创新性地采用SaaS模式，利用SaaS速度更快、成本更低的特点，开辟了在线平台建设新路径，当年就通过在线教育、专题学习、直播培训、互动、线下培训辅助等功能，面向重点子分公司举办了8期在线学习班，开展了一系列卓有成效的在线运营活动，形成了一定范围的平台影响力，实现了集团在线教育零的突破。2020年4月平台完成内网化升级，实现与集团ERP和统一身份认证系统对接，与智慧党建平台学分互认，联通企业内部数据资产，构建知识大中台。

（三）发展

2021年，国家能源集团党校坚持以习近平新时代中国特色社会主义思想为指导，以建设大党建、大培训体系为方向指引，充分应用互联网、大数据、人工智能等现代信息技术，依托融智学习平台，加快构建统一开放、内容丰富、精准智慧、运行高效的在线教育培训体系。提出了"建设一个平台、分设两种场景、支持三个体系、创建四项机制"为总体思路。"一个平台"即融智学习平台，作为国家能源集团唯一的在线学习平台，发挥示范引领作用；"两种场景"即同步建设网上党校和网上学院，突出"党校姓党"，对学习内容差异化配置，提高学习的针对性、精准性；"三个体系"即大党建、大培训、大平台，统筹规划，把网上党校和网上学院作为三个体系的重要组成部分；"四项机制"即建设专业化、资源生态化、数据中台化、学习智慧化，为建设高质量的在线学习平台提供重要机制保障。目标是建设一流央企示范在线学习教育平台，把"网上党校"建设成集团公司党员干部理论教育、党性教育的在线学习主阵地，建设成集团公司战略宣贯、干部专业能力培训等的在线学习平台和知识管理平台。

三、央企"网上党校"建设模式实践

（一）聚焦"大党建"格局，构建培训大中台

国家能源集团有85家二级单位，内部自建多个培训管理与在线学习平台，呈孤立的烟囱式架构，培训资源流动性差，协同效率低，学习数据分散，难以统一管理。按照集团"大党建"建设理念，全局谋划、统建"网上党校"，通过打通平台壁垒，充分发挥大数据资产价值，实现数据互通、资源共享。

实施"大中台"战略，驱动党校数字化转型。结合《关于加快推进国有企业数字化转型的通知》的要求，落实当前国有企业数字化转型的任务，党校实施"大中台"战略，依托数字中台技术的驱动，通过构建数据资产化、数据业务化的理念，建设业务中台和数据中台，将教学教务管理系统、在线学习系统、线下培训系统等进行中台化管理，实现业务交互、数据连通。

建立业务中台，联动培训资源与业务能力。业务中台整合集团内部所有学习平台的资源，创建"课程中心""师资中心""运营服务中心"和"培训项目中心"等业务组件，提供多场景业务共享服务，承载在线培训业务逻辑、沉淀培训数据、产生培训价值，提取可复用的能力和可共享的资源，满足不同业务线的共性培训需求，统一标准、统一规范、统一出口。

建立数据中台，利用数据能力提升学习能力。数据中台将集团内部分裂的员工学习数据进行汇聚、治理、建模加工，形成统一的智能化数据服务，满足平台数据分析和应用需求，消除数据孤岛，实现数据资产化。与集团"智慧党建"平台互联互通，消除党员数据信息壁垒，绘制党员干部立体画像，实现数据驱动下的党员教育；与集团"人力资源数据系统"互联互通，动态分析员工成长路径与学习偏好，

通过大数据分析和智能推送技术，实现员工的"千人千面、一岗一策"精准化培养。此外，数据的互联互通，对于实现员工的学习全流程、终身化管理，及个人学习力评价有积极意义。

（二）聚焦"三支队伍"，构建党员"五力学习模型"

国家能源集团网上党校以"党委领导力、支部战斗力、干部执行力"为引领，瞄准党组织书记、党务干部、党员"三支队伍"，细分党支部书记、入党积极分子等"十类角色"，构建涵盖政治能力、理论素养、廉洁自律、领导力（战斗力、执行力）、党建业务融合五种能力要求的党员"五力学习模型"。通过大数据分析进行角色画像，绘制学习图谱，为集团10.6万党员智能推送学习课程，实现"人、岗、课"相匹配的全覆盖"滴灌"式培训。

1.构建路径

提炼五种学习力，构筑多岗位立体式学习模型。深刻领会《中国共产党党员教育管理工作条例》《中共中央关于加强党的政治建设的意见》《2019—2023年全国党员教育培训工作规划》等对新时代党员教育工作的要求，结合国家能源集团"三力"建设要求，针对三支队伍、十种角色，提炼出三项共性能力：政治能力、理论素养、廉洁自律；两项差异性能力：党委领导力（支部战斗力、干部执行力）、党建业务融合能力。通过对不同角色的能力要求做二级分解，立足党员教育培训工作，挖掘能力提升的内驱力，将能力要求转化为学习要求，通过课程标签，智能匹配学习任务，构筑多岗位立体式学习模型。

绘制党员画像，对标"五力学习模型"。运用大数据分析技术，分析党员干部的"三龄两历"信息，画出对党员的知识储备、能力素质、经历成长以及发展走势进行全方位、多角度的数据整合，按岗位绘制出不同画像，对标"五力学习模型"，动态输出培养方案。

实现智能推送，全面提升党员干部的能力。利用大数据智能分析技术，跟踪党员岗位变动和学习行为偏好，运用协同过滤、矩阵分解等不同场景的算法组合，完成学习内容的智能推送。既满足组织培养要求，又满足个人成长需求。

2.主要特征

政治能力建设是党员"五力学习模型"的基石。"政治能力"作为党员的核心能力，是党员画像的底色，是党员"五力学习模型"的基石。用党的科学理论武装头脑，强化政治引领，把增强"四个意识"、坚定"四个自信"、做到"两个维护"作为学习教育的首要任务，通过绘制学习图谱，分阶段为党员同志推送学习内容，在学习中进一步提高党员的政治判断力、政治领悟力、政治执行力。

"三力"建设是党员"五力学习模型"的灵魂。党员画像以"五力学习模型"为参照物，是立体的、生动的、有灵魂的画像，既具有中央相关条例、准则要求下的共性特征，又彰显国家能源集团企业发展的个性特征；本成果创新性的将"三力"建设融入党员"五力学习模型"中，绘制在党员学习图谱上，结合企业实践案例的学习，将政治能力转化为工作实践能力，不断推进党建与生产经营的有机融合。

学习力成长是党员"五力学习模型"的标尺。通过党员画像雷达图，观测党员学习力成长路径，用学习力动态观测法替代传统的企业常用的能力测评法，从学习力提升的角度规避"能力短板"带来的负面导向，以正向激励的方式激发党员的主观学习能动性，正确认识自我学习偏好。

（三）聚焦"七个基本任务"，构建内容标签体系

国家能源集团网上党校课程内容紧紧围绕习近平新时代中国特色社会主义思想这个党员教育管理的首要政治任务，突出七个方面基本任务，即加强政治理论教育、政治政治教育和政治训练、强化党章党规党纪教育、加强党的宗旨教育、进行革命传统教育、开展形势政策教育、注重知识技能教育，为党员全面学、系统学、贯通学、深入学、跟进学提供了学习保障。

突出基本任务，实现目录标签化管理。国家能源集团网上党校统筹把握组织要求、事业要求、个人要求，将存量课程根据国家能源集团党建工作特色，构建了三级目录八个维度的标签体系，按照基本学习任务建设八个一级目录：习近平新时代中国特色社会主义思想、政治理论、党性修养、党章党规党纪、反腐倡廉、四史教育、重要会议精神、国企党建，涵盖党员教育全部内容。同时对每门课程从八个维度进行标签设置，结合当前形势任务，选取内容中的热点名词，对党建课程进行标签体系化设计，探索内容深度搜索引擎，实现对海量课程的系统管理和智能识别，建设权威性、高质量、智能化的党建精品课程库。

强化内容审核，课程内容审核制度化。国家能源集团网上党校依托中央党校国资委分校，同时与高校马克思主义学院建立深度合作，聚合党内和社会优质资源，严格选课流程，层层把关，实行政治审核一票否决制，坚持用高端师资，选精品课程，为学员提供原汁原味的课程内容，解读中央最新政策，筑牢政治思想教育的阵地。

突出主题特色，构建宽领域学习专区。国家能源集团网上党校围绕建设学习型党组织这一主题，积极构建图、文、声并茂的立体式、宽领域网上学习平台。课程内容进行体系化设计，脉络清晰，更利于提高学习效果。根据形势政策解读的需要，及时设立学习贯彻习近平同志七一重要讲话精神专区、党史学习教育专区、反腐倡廉专区、党务问答专区、国企党建专区、国企发展专区、国企改革专区、学习贯彻十九届五中全会精神专区、《习近平谈治国理政（第三卷）》专区等学习专区，通过体系化学习内容引导学员不断提高思想觉悟和政治理论水平。

（四）聚焦"方式创新"，构建在线培训体系

国家能源集团网上党校构建在线培训体系，聚焦五大核心功能模块：课程中心、在线培训、直播、专区、考试。其中，课程中心通过数千门在线课程，着力构建"党的理论教育和党性教育-专业化能力培训-知识培训"庞大的三级知识网络，形式包括文档、图片、视频、小动画、H5等，全面实现对课程体系的数字化管理，优质资源得以沉淀共享，知识碎片得以系统整理，并通过对后台课程学习数据的多维度分析，为在线培训班级的课程配置提供依据，大幅提升在线课程学习的针对性和有效性。

在线培训班级在设计方面甄选了知名高校和专业机构的优质课程，让学员可以方便地接触到国内外顶级高校教授的先进理念，同时在线培训班级创建学习小组体系，设置公正清晰的积分规则，充分调动各组组长及组员的学习积极性。培训期间，组长于学习小组群中发布各项通知，组员之间互相提醒，在线研讨积极踊跃，学习蔚然成风。在线培训体系的建立，突破了时空限制，以借力"互联网＋"模式，促进了党员综合素质水平快速提升，在集团党建类在线培训中反响热烈。

平台通过直播功能，开展了"庆祝建党100周年系列直播九讲"活动，邀请知名专家学者对党史学习教育专题进行深度讲解，师资阵容强大，内容精彩全面。同时，直播讲座结束后，讲座直播视频回传至专区，更大规模、更加高效地形成知识沉淀，助力广大学员随时随地进行学习，深入消化吸收所学知

识,不断回顾和复习,成功营造党史学习教育的积极氛围。

平台通过专区功能,打造个性化界面,聚合相关主题学习课程内容,获得了广大学员的支持和好评,学习人数再创新高。

考试功能实现考试便捷快速开展与广覆盖,如在线培训班结业考试、党建知识竞赛活动开展等,保障平台考试需求规模全覆盖,提高平台知晓率,为全集团党建考试数据管理提供支持。

（五）聚焦"知识分享",构建党务知识管理平台

国家能源集团网上党校在应用场景的规划中,通过"纷享号"沉淀知识管理,提升党建工作活力。实现上下联通、立体互动。学员可把所思、所悟、所得发到平台上与他人共享,把学习和交流从"点"延伸到"面",起到观点展示、思想碰撞、促进提高的作用;也可以就工作业务中的难题和痛点进行公开讨论,相互提出意见建议,形成积极向上、公开透明的舆论环境。与此同时,通过建设网上党校、融智学院等多场景学习场所,实现线上定制课程、社区分享讨论、系统积分考核的学习闭环,将党建宣传和学习教育融入碎片化空间,丰富了党建空间的内容效果。

在话题广场功能中,学员可以分享知识、经验和见解,建立问题页面,进行提问和回答,通过点赞量、收藏量、分享量、职业经历、擅长技能等数据积累,形成个人知识储备库。平台邀请集团内训师作为话题广场的党建专家,开展线上答疑、线上直播等活动,助力广大基层党员理论素养和党性修养提升。同时,平台设有学员讨论区,针对不同培训项目和党建话题,在平台上的话题广场建立各项目的"话题圈子"。学员通过话题广场谈所思、所想,大家畅所欲言,超越了时空的限制,也不受权威的影响,真正实现了平等对话,互动交流,进一步深化了培训实效。

平台系统规划党建微课体系,通过在线培训项目鼓励学员结合工作实际,把在线研讨过程中发现的问题和解决方案制作成微课,以微课形式展示学习成果,于线上结业式进行成果汇报,分享党建智慧及经验,真正把学习的成果转化为规划工作的思路、破解难题的措施、推动发展的动力,形成真学善学、学以致用的好风气,进一步提升学习效果,达到学用结合、学用相长。培训项目结束后,优质微课上传到融智学习平台,充分利用互联网优势,使更多的基层党员有机会互相学习借鉴,更大规模地加强基层党员间的互动交流,有效形成知识沉淀。

同时,平台筛选适合对外发布的学员优秀党建微课作品,组织参加外部"联盟杯"微课大赛、《培训》杂志举办的全国企业微课大赛等,助力激活集团各子分公司的党建内训师队伍,赋能党建微课开发,培养一批具备从梳理—萃取—开发的党建微课开发人才,挖掘集团各子分公司当前的党建知识,有效进行组织经验的萃取,促进内部党建知识的盘活和传承。

（六）聚焦"党业融合",助力集团战略落地

国家能源集团网上党校发挥平台和载体作用,探索运用党建+培训、党建+战略、党建+创新、党建+业务、党建+协作五种模式,深化党业融合,助力集团战略落地。

（1）党建+培训。国家能源集团网上党校按照培训对象建立三个体系的培训计划,"党支部书记示范培训班""党务业务人员培训班""党员发展对象示范培训培训班",协助子分公司举办党建类委托培训班,有效延伸了党员教育的内涵和外延,使党员教育培训工作的内容更加丰富饱满,有效推进了党建工作和培训业务的深度融合。

（2）党建+战略。国家能源集团网上党校紧贴集团战略,积极深入组织举办"安全一流""QC小组优秀成果评选"等培训活动，录制"碳中和愿景下能源转型战略系列课程""集团一体化运营""集团战略之清洁化与清洁能源技术展望"等精品课程，丰富各层级和专业人群的学习体验，助力集团战略宣贯落地。

（3）党建+创新。国家能源集团网上党校利用国内前沿创新领域资源，设计推出了"创新思维"系列培训项目，针对高层管理者、中层管理者、基层负责人、首席师和科技工作者五类培训对象，分别设置战略创新、管理创新、运营创新、技术创新和科技创新五个方向的学习班，课程设计创新理论、创新视野、创新能力三个模块。力图全方位、多角度培养学员创新思维，为各级干部员工实干创新赋能，为集团公司创新驱动发展助力。

（4）党建+业务。国家能源集团网上党校利用平台功能优势，全力支撑国家能源集团一体化集中管控系统建设项目培训与考试活动，化工过程安全业务培训。累计组织83个培训班，72场竞赛，发布665门专项课程，满足了54家二级单位、累计超过11万人的培训学习，最高单日登录人数达4万人，最高访问量达17万人次。

（5）党建+协作。国家能源集团网上党校发挥培训业务引领作用，创新开发平台总分院架构模式，让在线学习平台覆盖到集团各级单位。平台通过总分院架构实现了培训资源、师资资源、活动资源共享，聚焦主业，萃取实践经验，从学习内容上，打通行业壁垒，纵向协作，实现集团各层级各业务领域互连、互通、互鉴。

（七）聚焦"技术优化"，不断完善平台功能

国家能源集团网上党校高度重视信息化发展对党的建设的影响，不断探索运用"互联网+"思维创新平台工作、完善平台功能，充分运用信息技术改进党员教育管理、加强党组织建设。通过学员信息管理、在线培训班工作管理和综合积分管理等功能建设，形成以积分制为核心、分层分级、一体化贯通的党建管理新模式。

运用视频压缩技术，增强学员学习体验。国家能源集团"网上党校"拥有约4000GB历史数据，包括pdf、图片、视频等多种格式。系统提供图像文字识别功能接口，调取数据压缩平台图像文字识别、视频字幕识别功能接口，提取文字内容，形成文本数据以及文本坐标信息，并以txt、doc、xml格式和文件流形式返回，实现根据业务需求生成结构化数据，方便了学员学习在线课程。

跨越数据鸿沟，提升组织管理效率。国家能源集团网上党校在现有数据资源基础上，积极探索数据共享功能，打通集团ERP系统和MDM数据库，实现共建共享、互联互通。随着数据共享的顺畅实现，进一步凸显了"网上党校"作为党建工作综合管理基础性平台、大数据中心的作用，进一步挖掘了"网上党校"对提高在线培训班组织治理水平的赋能潜力，实现了以信息化促进标准化、以标准化促进规范化。在线培训班的标准化、规范化水平不断提升。

构建多维雷达图，助力党员学习评价。国家能源集团网上党校基于平台积累的数十万条党建数据和党员信息，运用大数据评价模型为各级党组织、领导班子和党员干部进行"立体画像""精准画像"，形成"全息图""全身像"，为全方位评价党员干部学习效率、及时发现干部所需知识、科学开展课程引入工作提供精准的数据支撑，助力各级党组织进一步提升党员干部学习效率。

划分管理权限，压实党建主体责任。国家能源集团网上党校建立纵线权限管理，通过在线优化平台各角色管理权限，对书记、委员、党务干部等不同岗位决策合理赋权，明确职责要求，提高管理效率，

利用信息化手段督促党建主体责任落实，并对落实情况进行全流程把控。平台各角色有了明确的管理权限划分，误操作现象显著减少，在线学习意识显著增强。

四、央企"网上党校"建设模式成果

（一）学习数据

截至目前，学习总时长累计达600万小时，登录总人数累计达22万人，课程资源合计7287门，共52家子分公司分院进驻，完成线上培训班288个，开展直播375场，在线考试1881场，累计试题数量29万题。其中，平台党史类在线课程资源累计学习时长184.8万小时，累计学习总人次193.7万人，人均学习时长累计508.8小时，课程评价均分高达9.89分。开展网络直播，打造党史"云课堂"。聘请北京大学、中国人民大学马克思主义学院知名教授、中央电视台特约评论员等高端师资，组织举办9期党史教育学习系列直播，参与学习人次达19.7万人。

（二）获得荣誉

融智学习平台建设项目获得"2020年度全国电力行业企业文化建设优秀成果"荣誉、"2020年度国家能源集团奖励基金项目"二等奖、中欧商业在线"2020—2021年TOP20数字化学习最佳企业实践奖"评选中"企业数字化学习卓越奖""最佳数字化学习项目奖"和"最佳数字化学习架构师"三个奖项。

（三）品牌效应

国家能源集团党校坚持"党校姓党"，突出党的理论教育、党性教育和政治能力提升，坚持党对企业的全面领导。受疫情影响，通过网上党校对党员教育的时空领域进行了拓展，面向各级党员领导干部开展政治建设在线轮训和思想建设专题在线培训，按照中央和集团党组统一部署，在线组织开展党的最新理论成果及中央重要会议精神宣贯轮训，确保党建培训内容更加丰富完善，保证思想理论的不断传播和学习，坚守党校品牌效应的政治性。

国家能源集团党校通过平台深入贯彻落实集团公司"一个目标、三型五化、七个一流"总体发展战略，深刻践行"四个革命、一个合作"能源安全新战略，助力集团公司加快推进国有资本投资公司改革试点，建设具有全球竞争力的世界一流能源集团，实现了更广泛的集团战略推广与文化宣传，充分发挥出网络培训平台的品牌效应与价值，成为集团战略宣传主阵地，突显党校品牌效应的先进性。

国家能源集团党校通过打造面向企业内部的专业培训学习平台，实现在线培训发展，助力人才快速成长，丰富优质教育资源，提高信息化运用水平，发挥规模效应，推进知识普及，提高学习效能，紧跟时代发展，打造在线学习生态系统。并通过盘点平台现有条件和资源，组建优质在线课程内容，推出"参天系列""融智学习日""国家能源大讲堂"等系列精品学习活动，进一步加强品牌建设，丰富学习内容，统筹内部管理，及时宣传报道，满足集团员工的动态化工作学习需求，持续推动学习型组织建设，全方位体现党校品牌效应的创新性。

五、央企"网上党校"发展前景探索

国家能源集团党校基于对央企"网上党校"的探索和实践，结合当前信息技术的发展趋势，坚定未来"网上党校"必然向智慧化程度更高的方向发展。总体方向是以习近平新时代中国特色社会主义思想为指导，深入贯彻党的十九大和十九届历次全会精神，牢固树立新发展理念，坚持高质量发展，深入贯彻习总书记关于党校办学治校系列重要指示精神，围绕集团发展战略，对接集团"十四五"指导方针和主要目标，践行"为企业发展助力，为人才成长赋能"的使命，贯彻"大党建、大培训、大平台"思路，贯彻建设能源行业一流党校、企业大学和引领央企党建研究的高端智库的战略部署，立足面向全体党员的理论学习阵地、思想聚合平台，加强国内外智慧学习新技术研究，引入云计算、大数据、物联网、人工智能等技术，聚焦智慧学习目标，将"网上党校"从智慧学习平台（ILP）升级为智慧知识平台（IKP）再到智慧人才发展平台（ITDP）。

实现以智慧化为中心，从学习、内容和管理等方面提升平台的智慧化程度，以提供更个性化和智能化的学习体验为核心，打造集成智能推荐、智能助手、智能标签、智能搜索、智能阅卷、智能客服等综合智慧化能力的智能学习平台；实现以学员学习为中心，建立数据中台，打通各信息系统，形成数据资产，从而帮助培训管理者从经验主义走向科学决策、帮助组织者在自上而下的培训组织中快速落实应学尽学、帮助学员在自下而上的自主学习中走向精准化、智慧化。以大规模的知识创造、智能化分发和运营为核心，着力提高平台社交属性，实施智能问答、纷享号、打赏、付费订阅等，配套相关机制和运营策略，促进内部知识繁荣；实现以人才发展为中心，打通集团人才发展相关的各信息系统，以智能化的人才培养为核心，根据组织所需人才情况，提前培养和储备具有相关知识的人才，实现组织人才结构的及时调整和最优配置，从而支持集团发展战略，为组织乃至为供应链和能源行业持续提供关键人才。

成果创造人：周忠科、许婉卿、孙文、沈丽、杨艳成、

赵霞、高华、陈宇航、康来松

践行宣传思想工作使命任务　充分发挥国有企业政治优势

王广珍

　　宣传思想工作是我们党的优良传统和政治优势，也是国有企业的一个重要优势。中国特色社会主义进入新时代，企业改革发展进入了新阶段，宣传思想工作如何打造新优势发挥新作用？

　　2018年召开的全国宣传思想工作会议上，习近平同志强调指出，宣传思想工作要"自觉承担起举旗帜、聚民心、育新人、兴文化、展形象的使命任务。"2019年印发的《中国共产党宣传工作条例》，明确提出了我们党宣传思想工作的根本任务——高举中国特色社会主义伟大旗帜，巩固马克思主义在意识形态领域的指导地位，巩固全党全国人民团结奋斗的共同思想基础，建设具有强大凝聚力和引领力的社会主义意识形态，建设具有强大生命力和创造力的社会主义精神文明，建设具有强大感召力和影响力的中华文化软实力。

　　国有企业是中国特色社会主义的重要物质基础和政治基础，要真正成为党和国家最可信赖的依靠力量，成为坚决贯彻执行党中央决策部署的重要力量，成为贯彻新发展理念、全面深化改革的重要力量，成为实施"走出去"战略、"一带一路"倡议等的重要力量，成为壮大综合国力、促进经济社会发展、保障和改善民生的重要力量，成为我们党赢得具有许多新的历史特点的伟大斗争胜利的重要力量，宣传思想工作必须要有新作为，必须承担起举旗帜、聚民心、育新人、兴文化、展形象的使命任务。

一、承担"举旗帜"使命任务，坚持用习近平新时代中国特色社会主义思想武装党员干部、教育员工群众

　　旗帜就是方向。毛泽东同志说，"主义譬如一面旗子，旗子立起了，大家才有所指望，才知所趋赴。"党自成立之日起，就对"举什么旗、走什么路"进行了艰难的探索。延安时期，以毛泽东同志为主要代表的中国共产党人，把马克思主义基本原理同中国革命具体实际结合起来，形成了毛泽东思想这面伟大旗帜，引领中国革命不断走向新的胜利；党的十一届三中全会以后，我们党把马克思主义基本原理同中国改革开放的具体实际结合起来，创立了邓小平理论，形成了"三个代表"重要思想、科学发展观，成功开辟了中国特色社会主义道路；党的十八大以来，我们党围绕"新时代坚持和发展什么样的中国特色社会主义、怎样坚持和发展中国特色社会主义"重大时代课题进行艰辛探索，形成了习近平新时代中国特色社会主义思想；党的十九大将习近平新时代中国特色社会主义思想确立为我们党必须长期坚持的指导思想，这就是我们要高高举起的旗帜。

承担起"举旗帜"的使命任务，企业各级党委（党组）中心组应坚定政治方向，持续深入做好理论武装工作。一是坚持学习党的理论，解决好学什么的问题。组织全体党员干部认真学习马克思列宁主义、毛泽东思想、邓小平理论、"三个代表"重要思想、科学发展观，坚持用习近平新时代中国特色社会主义思想武装头脑、指导实践、推动工作，不断提高马克思主义思想觉悟和理论水平，系统掌握马克思主义基本原理，学会用马克思主义立场、观点、方法观察问题、分析问题、解决问题，特别是要聚焦现实问题，不断深化对现代企业经营管理规律、国有企业改革发展规律的认识，确保企业改革发展的正确方向。二是坚持学深悟透，解决好怎么学的问题。党的十九大报告明确提出"用新时代中国特色社会主义思想武装全党"的要求，落实好这一要求，必须坚持全面系统学，原原本本地仔细研读，深刻认识和领会其时代意义、理论意义、实践意义、世界意义，深刻理解其核心要义、精神实质、丰富内涵、实践要求。必须健全学习制度及落实机制，利用自主学习、研讨学习、理论中心组学习，座谈交流等方式，读原著、学原文、悟原理，持续在学懂弄通做实上下功夫，着力往深里走、往实里走、往心里走，切实做到学思用贯通、知信行统一，做到真学、真懂、真信、真用，不断坚定对马克思主义的信仰，对中国特色社会主义的信念，对实现中华民族伟大复兴中国梦的信心。三是坚持理论联系实际，解决好怎么用的问题。坚持问题导向是马克思主义的鲜明特点。习近平新时代中国特色社会主义思想提供了一整套对理论与实践、历史与现实、当前与未来等重大命题进行审视的宽广视角和科学方法。学习这一重要思想，发扬理论联系实际的马克思主义学风，充分运用新理念、新论断破解改革发展难题，推动工作发展。善于发掘和总结习近平新时代中国特色社会主义思想应用于企业改革发展的典型案例和重要经验，使深刻的理论融入生动的实践。

近年来，中国建材集团党委坚持把学懂弄通做实习近平新时代中国特色社会主义思想作为首要政治任务，及时跟进学习习总书记发表的最新重要讲话和指示批示精神，形成党委中心组领学、领导干部讲学、支部书记集中培训、党员人人参学的大学习、大宣讲的思想武装工作格局。通过组织领导干部轮训班、习近平新时代中国特色社会主义思想培训班、基层党组织书记业务提升培训班等，集团广大基层党组织和党员干部的政治素质显著提高。充分利用报刊、网站、官微、宣传栏等载体，开辟十九大精神学习"小黑板"、宣传"小广播"，组织网络答题、诗词征集、理论征文等活动，营造浓厚的学习氛围。各级党委班子成员定期到联系点、基层支部、境内外项目现场讲授专题党课，推动学习宣贯工作进基层、进一线、进班组。通过学习教育，进一步增强了同以习近平同志为核心的党中央保持高度一致的自觉性和坚定性，进一步增强了做强做优做大国有资本、培育世界一流企业的责任感和使命感。

近年来，中国建材集团党委坚持新发展理念，认真落实中央企业和地方国资委负责人等重要会议精神，坚持改革是发展之策、创新是动力之源、质量是立身之本、效益是经营之道，持续推动集团高质量发展。面向未来，着眼打造"世界一流"企业，集团党委确定了高质量发展"三步走"目标，即到2020年，实现营业收入5000亿元，利润200亿元，基本建成具有全球竞争力的世界一流企业；到2035年，实现营业收入6000亿元，利润500亿元，全面建成具有全球竞争力的世界一流企业；到2050年，实现营业收入超万亿，利润总额上千亿，成为超世界一流、受世界尊敬的伟大企业。明确了"五项战略举措"，即做强主业、瘦身健体、强化管理、创新转型、机制革命，使全体干部员工明确了奋斗方向，增强了发展信心。

二、承担"聚民心"使命任务，牢牢把握正确舆论导向、做大做强主流思想舆论

人民是历史的创造者，是决定党和国家前途命运的根本力量。习近平同志强调，"问题是时代的声音，人心是最大的政治""人心向背关系党的生死存亡。党只有始终与人民心连心、同呼吸、共命运，始终依靠人民推动历史前进，才能做到坚如磐石"。保持和最广大的人民群众保持的密切联系，是我们党的最大政治优势。群众路线是我们党的生命线和根本工作路线，坚持一切为了群众，一切依靠群众，从群众中来，到群众中去，把党的正确主张变为群众的自觉行动。中国特色社会主义进入新时代，我们党提出了"以人民为中心"的发展思想，把人民对美好生活的向往作为我们的奋斗目标。着力民众的思想引领、需求引导，着力"培育自尊自信、理性平和、积极向上的社会心态"，着力构建公共安全体系、社会治安防控体系、社会心理服务体系、社区治理体系，打造共建共治共享的社会治理格局。

毛泽东同志曾经说过，"群众知道了真理，有了共同的目的，就会齐心来做。这和打仗一样，要打好仗，不光要干部齐心，还要战士齐心""群众齐心了，一切事情就好办了""唤起工农千百万，同心干""像石榴子一样紧紧抱在一起"，党领导下的宣传思想工作，目的不仅要让干部齐心，更要让群众齐心。

国有企业宣传思想工作要担起凝聚人心的使命，必须坚持"以人民为中心"的工作导向，深入细致地做好群众的思想政治工作，入情入理地向群众讲清党的路线方针政策，诚心诚意地听取群众意见建议，凝聚力量、群策群力。一是牢牢把握正确舆论导向，面对"两个一百年"的奋斗目标，面对打好"三大攻坚战"、推动高质量发展的历史实践，应始终坚持团结稳定鼓劲、正面宣传为主的方针，唱响主旋律，壮大正能量，客观分析国内外政治、经济形势，吃透"上情"掌握"下情"，全面深入准确阐释宣传党和国家政策，把党的理论路线和方针政策变成员工群众的实际行动。

结合实际宣讲企业长远发展规划、近期与远期工作目标和各项工作举措，围绕企业改革、发展中心任务提升形势任务教育的有效性，把干部员工的士气鼓舞起来、精神振奋起来，形成一个团结、稳定、鼓劲的良好氛围。二是切实解决员工群众思想问题，要紧紧抓住教育、医疗、住房等与群众利益密切相关的领域，针对群众切身利益问题，既要解决实际问题也要解决思想问题，更好强信心、聚民心、暖人心、筑同心。三是运用大众化的语言，喜闻乐见的话语方式，把握好时度效，构建网上网下同心圆，宣传科学理论，阐述方针政策，传播主流价值，旗帜鲜明坚持正确政治方向、舆论导向、价值取向，用新时代中国特色社会主义思想凝聚共识，巩固团结奋斗的共同思想基础。

面对新形势新任务，中国建材集团党委结合企业实际，开展形势任务教育、群众性教育活动，及时开展有针对的思想工作，理顺情绪、化解矛盾；加强正面宣传，结合纪念改革开放40周年、"一带一路"倡议提出五周年、"两材重组"两周年等，在央视《财经人物周刊》《大国重器》《走遍中国》《经济半小时》等栏目和新华社、人民日报等媒体，开展集团改革创新、转型升级、精准扶贫、绿色发展等主题报道。在中央和经济类重要媒体刊发文章报道，在财经、行业媒体上刊登文章。集团超薄电子玻璃、碳纤维、玻璃纤维、海外工程、新型建材等创新成果，成功亮相"伟大的变革——庆祝改革开放40周年大型展览"。在《央视》展播集团大型纪录片"我们一起走过——致敬改革开放40周年"，激发了全体员工自豪感。建强内部宣传体系，打造"一微一网一刊一动态"宣传阵地。利用集团官微新媒体全年推送各类微信，官微小料卡通形象入驻北京欢乐谷。发挥集团官网优势，积极向国资委网站报送

《国资工作交流》，主办的《中国建材通讯》杂志，刊登企业管理实践、党建经验等近500篇。

三、承担"育新人"使命任务，加强精神文明建设、培育和践行社会主义核心价值观

马克思主义认为，人的本质是"在每个时代历史地发生了变化的"。建设什么样的社会、实现什么样的目标，就必然要求培养与之相符合的时代新人。党的十九大提出，中国特色社会主义进入新时代，要以培养担当民族复兴大任的时代新人为着眼点，强化教育引导、实践养成、制度保障，发挥社会主义核心价值观对国民教育、精神文明创建、精神文化产品创作生产传播的引领作用，把社会主义核心价值观融入社会发展各方面，转化为人们的情感认同和行为习惯。

实现中华民族伟大复兴，最核心的问题还是"人"，最重要的任务就是培养担当民族复兴大任的时代新人。我们党自成立之日起，就坚持用宣传思想工作来教育人、改造人、培养人，为中国革命和社会主义建设，提供了强大的精神动力和智力支持。党的十九大描绘了实现中华民族伟大复兴的路线图，既明确了实现"第一个百年"目标的战略重点，又对实现"第二个百年"目标进行了战略规划。到2035年基本实现社会主义现代化，到2050年，建成社会主义现代化强国。实现"两个一百年"奋斗目标和中华民族伟大复兴中国梦，只有培养一大批思想水平、政治觉悟、道德品质、文化素养、精神状态等各方面与新时代要求相符合的时代新人，我们才能更好进行具有许多新的历史特点的伟大斗争，才能始终坚持和发展中国特色社会主义，才能实现中华民族伟大复兴的中国梦。

国有企业作为培养担当民族复兴大任时代新人的重要阵地，需要站在实现中华民族伟大复兴的全局和战略高度，站在党和中国特色社会主义事业后继有人的高度，坚持以马克思主义为指导，大力培育和弘扬社会主义核心价值观，深入和广泛开展以"中国梦"为主题的中国特色社会主义宣传教育活动，引导广大员工群众提高思想觉悟、道德水准、文明素养，筑牢共同奋斗的思想基础、强化价值引领、提升素质本领，让广大员工群众自觉把个人的理想追求融入国家和企业的事业中，为国家富强、企业发展而矢志奋斗，勇做走在时代前列的奋进者、开拓者，书写无愧于时代的精彩人生。

一是要抓住理想信念这个总开关。历史和实践反复证明，一个政党有了远大理想和崇高追求，就会坚强有力，无坚不摧，无往不胜，就能经受一次次挫折而又一次次奋起；一名干部有了坚定的理想信念，站位就高了，心胸就开阔了，就能坚持正确政治方向，做到"风雨不动安如山"。共产党人如果没有信仰、没有理想，或信仰、理想不坚定，精神上就会"缺钙"，就会得"软骨病"，就必然导致政治上变质、经济上贪婪、道德上堕落、生活上腐化，本事再大也不可能担当起肩负的责任。因此，企业各级党组织通过加强理想信念教育，不断提高广大员工群众的思想认识和精神境界，坚持正确政治方向，在胜利和顺境时不骄傲不急躁，在困难和逆境时不消沉不动摇，经受住各种风险和困难考验，自觉抵御各种腐朽思想的侵蚀，永葆共产党人政治本色。

二是要抓住青年这个关键主体。青年是社会上最富活力、最具创造性的群体，青年一代有理想、有担当，国家就有前途，民族就有希望。实现中华民族伟大复兴的中国梦，青年是最重要的创造者、实践者和见证者。青年正处于价值观形成和确定的关键时期，要把实现中华民族伟大复兴的理想和责任、把社会主义核心价值观的要求、把做事做人的基本道理融入企业宣传思想工作中，引导青年扣好人生第一粒扣子，教育广大青年坚定理想信念、练就过硬本领、勇于创新创造、矢志艰苦奋斗、锤炼高尚品格，

在弘扬和践行社会主义核心价值观中勤学、修德、明辨、笃实，爱国、励志、求真、力行，用一生来践行跟党走的理想追求。同时，加强青年干部培养，给他们压担子搭梯子，让其快速成长。

三是抓住习惯养成这个重要方法。马克思主义认为，人是一切社会关系的总和，人创造环境，环境也创造人，好的社会风尚能春风化雨、润物无声地熏陶人、感染人、引导人，起到成风化人的积极作用。宣传思想工作要注重"润物细无声"的效果，重视潜移默化的隐性教育。在党领导人民进行革命、建设、改革的各个时期，涌现了无数先进模范，他们身上汇聚了感人的力量，影响了一代又一代人见贤思齐、向上向善、建功立业。要充分发挥榜样的力量，开展好向劳模先进学习宣传活动，让先进人物的事迹走进员工群众心里，增强争当先进意识。深化群众性精神文明创建活动，开展移风易俗、弘扬时代新风行动，推进诚信建设，强化社会责任意识、规则意识、奉献意识，让社会主义核心价值观在人们的心灵里植根生长。

中国建材集团党委坚持弘扬社会主义核心价值观，引导干部员工践行"创新、绩效、和谐、责任"核心价值、"敬畏、感恩、谦恭、得体"行为准则，培育保护环境、热心公益、关心员工和世界公民企业品格；坚持把群团建设作为培育新人的重要载体，定期召开集团党委常委会研究群团。组织召开集团第一次团员代表大会，成立集团团委。推进"智慧团建"系统创建，开展马广超爱心团队公益活动，举办"青春央企""弘扬改革精神"等主题读书会活动。利用各种途径促进青年成长成才，落实中央《关于适应新时代要求大力发现培养选拔优秀年轻干部的意见》，积极选送优秀年轻干部参加中组部、国资委及相关机构组织培训。依托中央党校（国家行政学院）举办中青年干部培训班，组织青年领导人员参加陈春花在线视频课程《管理者的50堂必修课》，积极推进干部年轻化，选派优秀年轻干部深入艰苦地区历练，为建设一流企业做好人才储备。

四、承担"兴文化"使命任务，发展社会主义先进文化、打造特色企业文化

文化是一个国家、一个民族的灵魂。文化兴国运兴，文化强民族强。没有高度的文化自信，没有文化的繁荣兴盛，就没有中华民族伟大复兴。

伟大事业需要伟大精神。习近平同志强调："我们要建设的社会主义现代化强国，不仅要在物质上强，更要在精神上强。"只有精神上强，才能为实现"两个一百年"奋斗目标、实现中华民族伟大复兴的中国梦提供强大的精神动力。文化是民族生存和发展的重要力量。"坚持文化自信是更基础、更广泛、更深厚的自信，是更基本、更深沉、更持久的力量。"中华文明是世界上唯一没有中断、发展至今的文明，培育了中华民族共同的情感和价值、共同的理想和精神，需要我们要很好传承和弘扬，让国家和民族的精神大厦巍然耸立。同时，当今世界正经历百年未有之大变局，尤其是随着新冠肺炎疫情在全球蔓延，一些国家单边主义、保护主义、霸凌主义和抹黑政治盛行。全球治理赤字、信任赤字、和平赤字、发展赤字增多，世界面临的不稳定性不确定性更加突出。中华优秀传统文化蕴含的思想观念、人文精神、道德规范，不仅是我们中国人思想和精神的内核，对解决人类问题也有重要价值，要求我们把中华优秀传统文化的精神标识提炼出来、展示出来，把中华优秀传统文化中具有当代价值、世界意义的文化精髓提炼出来、展示出来，不断提升中华文化影响力，使其同世界各国优秀文化一道造福人类。

国有企业要承提起"兴文化"使命任务，发展社会主义先进文化、打造特色企业文化，一是坚持以传统文化为根。继承中华传统文化，企业文化是其中一个很好的载体和途径。要坚持继承创新，在融合

过程中创新，在吸收国内外优化企业文化的同时，继承自己的优秀传统文化，如"以人为本"的民本思想、"刚健进取"的民族精神、"和谐合作"的思想方法、"崇德重义"的企业伦理等等。二是坚持以社会主义核心价值观为本。社会主义核心价值观是社会主义核心价值体系的内核，体现社会主义核心价值体系的根本性质和基本特征，反映社会主义核心价值体系的丰富内涵和实践要求。企业要在努力提高企业经济效益的同时，要更加注重企业的政治效益和社会效益，更多地履行国有企业的社会责任。要充分发挥社会主义核心价值观对企业文化的引领作用，把社会主义核心价值观融入企业发展的各方面，转化为企业职工的情感认同和行为习惯，引导职工群众自觉成为具有正确世界观、人生观、价值观的社会主义建设者，自觉地把自己的发展与企业的发展和国家的命运紧密联系起来，爱岗敬业，甘于奉献，立足本职岗位，以功成不必在我、建功必须有我的主人翁精神，扎扎实实地尽责履职，让社会主义核心价值观在企业落地生根。三是坚持以满足员工的文化需求为宗。党的十九大报告指出："中国特色社会主义新时代的主要矛盾是人民日益增长的美好生活需要和不平衡不充分的发展之间矛盾。"在国有企业，企业文化建设应该满足员工多方位、多层次的精神需求，善于应用新媒体，不断创新文化建设形式，丰富文化活动载体，重视企业宣贯及落地，加强员工对文化内涵的理解和感受，使企业文化真正深入人心，成为企业发展的原动力。

中国建材集团党委坚持用先进文化凝聚人心，坚持以文化促进融合、推动整合，积极宣扬集团战略、文化、方针、管理原则、经营措施，践行"创新、绩效、和谐、责任"企业核心价值观和"敬畏、感恩、谦恭、得体"行为准则，引导干部做到"四个精心"、争做"五有干部"。两材重组中，集团干部员工展现了高度的责任感和大局观，大家同心同德，团结一心，两股绳拧成一股绳，两家人成为一家人，这与集团团结向上、包容和谐的企业文化密不可分。坚持培育优秀的企业品格，注重培育"保护环境、热心公益、关心员工、做世界公民"企业品格，站在道德高地上做企业。在激活内部机制上，坚持"企业是人、企业靠人、企业为人"的以人为本思想，打造了"三宽三力"的人文环境。在参与"一带一路"建设中，秉持为当地经济做贡献，与当地企业合作，为当地人民做好事"三原则"，赢得了驻在国的广泛赞誉。集团可持续发展报告连续多年获评社科院五星级评级，社会责任发展指数位列中国企业300强第6位。坚持营造浓厚党建文化氛围，集团党委提出营造党建文化、企业文化、环保安全文化、廉洁文化"四化融合"的浓厚氛围，新建党支部活动室、党员活动室766个，在建"党建书屋""党建书架"近200个。各级企业利用网站、公众号、报刊、展厅展板等，党建文化进办公区、厂区和车间班组，形成了央企独特鲜明、振奋人心的党建文化氛围。

五、承担"展形象"使命任务，讲好央企故事、传播好央企声音

当今世界的竞争不仅体现在硬实力上，同时也体现在软实力上。随着中国日益走近世界舞台中央，中国与世界的联系愈加紧密，在这一进程中一些别有用心的国家大肆散布"中国威胁论""中国崩溃论"，从政治、经济、文化各个角度诋毁中国，向世界展现真实、立体、全面的中国，是宣传思想战线义不容辞的责任。

展形象，讲好中国故事，一是要传播好中国成功经验，特别是改革开放以来，尤其是党的十八大以来我国在经济社会发展、在生态文明建设、在脱贫攻坚领域等诸多方面取得的举世瞩目、彪炳史册的巨大成就，为世界各国提供借鉴。二是要展现中国的责任和担当，把中国抗击自然灾害、流行病的智慧和

经验与世界深入分享，让世界将从中客观公正全面读懂中国。三是要提高宣传的创造性，深入研究和把握国际舆论形势与特点，做到心中有数、有的放矢，主动调研、主动布局、主动回应、主动传播，将宣传工作做在前头，尤其要适应新媒体平台呈现的数量大、时速快、回应多、层次广的特点，打造复合型宣传队伍。

国有企业作为党和国家事业发展不可或缺的重要力量，新中国成立70年来，为我国经济社会发展、科技进步、国防建设、民生改善作出了历史性贡献。2018年，国有企业实现增加值12.4万亿元，占全国GDP比重的14.3%；2013—2018年，国有企业上缴税金19.6万亿元，占全国税收收入的24.9%，真正成为国民经济的"顶梁柱"。国有企业特别是中央企业贡献了高速铁路、载人航天、核电技术、北斗导航、特高压输电等一件件大国重器，突显了国有企业"集中力量办大事"优势。在保障国计民生方面，党的十八大以来，仅中央企业就无偿投入帮扶资金110多亿元、贫困地区产业投资基金规模达154亿元、国家扶贫开发工作重点县结对帮扶276个，真正成为社会稳定的"压舱石"。

中央企业所处行业涉及国家安全、国民经济命脉的各个关键领域，与社会公众工作生活联系密切，社会和舆论关注度高。做好新闻宣传和舆论引导工作，讲好中央企业故事，关乎企业形象、关乎企业和谐发展。讲好央企故事、传播好央企声音有助于形成推动企业改革发展的合力，有利于提升企业的竞争力和影响力。

一是要聚焦国有企业的独特鲜明的政治文化优势，聚焦国有企业改革发展的生动实践，聚焦国有企业干部员工团结奋进的精神风貌，加强正面宣传，扩大对外宣传，强化舆论引导，提振精气神、凝聚正能量，提高企业外知名度和美誉度。二是适应"四全媒体"时代信息无处不在、无所不及、无人不用的舆论生态和媒体格局变化，把握媒体融合发展趋势，以互联网思维优化资源配置，把更多优质内容、先进技术、专业人才、项目资金向互联网主阵地汇集、向移动端倾斜，让分散在网下的力量尽快进军网上、深入网上，做大做强网络平台，占领新兴传播阵地，推动媒体融合发展，破除部门藩篱、强化内部联动，通过流程优化、平台再造，实现各种媒介资源、生产要素有效整合，实现信息内容、技术应用、平台终端、管理手段共融互通，通过内部、横向、纵向等多层次的融合推进，形成正面引导和社会良性互动的网络舆论引导工作新格局。三是要建设高素质的专业新闻舆论宣传人才队伍，注重选拔和培养能力与技能兼备的优秀宣传工作人员，不断增强脚力、眼力、脑力、笔力，提高把握正确方向导向的能力、巩固壮大主流思想文化的能力、强化意识形态阵地管理的能力、加强网上舆论宣传和斗争的能力、处理复杂问题和突发事件的能力，讲述好被国际社会所信服的中央企业故事。

中国建材集团党委通过组织开展丰富多彩的国企开放日活动，邀请清华大学、北京工业大学等高校开展开放教学，邀请国内外知名专家讲学，开展学术研讨交流活动。围绕庆祝中华人民共和国成立70周年，组织"逐梦新时代、歌唱我的祖国"、开展"我和我的祖国"快闪等活动，制作推送与共和国共成长之《世界之最》《中国第一》《丰碑项目》等短视频。开设"环保在建材"栏目，央视生态纪录片《美丽中国》（第二集），报道了集团在水泥行业节能减排和智能制造方面取得的成效，展示了中央国有企业的良好形象。成立集团和成员企业外宣工作领导小组，建立总部外宣工作办公室，明确工作定位、工作职责、工作流程，进一步强化组织领导。建立"六个一"外宣工作机制，制定外宣工作舆论引导预案，定期与境外媒体和智库并保持良好沟通联系。完善重要子企业、重点境外分支机构、重点境外项目的外宣团队和岗位。健全舆情监测分析处置机制，修订集团《舆情及新媒体管理办法》和《外宣工作舆论引导预案》，加强舆情监测研判，做好舆情风险点排查、分析、预警，全力做好全国两会期间、新中国成立70周年国庆期间等舆情监测引导工作，确保了无重大负面舆情事故。

【参考文献】

[1]习近平谈治国理政.第二卷.《外文出版社》2017.
[2]甘霖.自觉承担起使命任务.《求是》2018/17.
[3]梁佩韵,唐淑楠.主义譬如一面旗子.《求是网》2020/7.
[4]闫鸣,韩亚栋.掌握学习方法，强化理论武装.《中国纪检监察报》2019/5.
[5]党的群众路线基本观点.《中国共产党新闻网》2013/8.
[6]王艳玲.培养担当民族复兴大任的时代新人.《求是》2018/17.
[7]苗国厚,杜岑怡.宣传思想工作"育新人"的内在要义.《人民论坛》2018/10.
[8]肖伟光,曹原.从三个维度深刻阐释文化自信.《中国纪检监察报》2020/9.
[9]新时代企业文化建设的方向与路径.《光明网》2019/8.

成果创造人：王广珍　中国建材集团有限公司

中铁十七局创新"价值文化"引领高质量发展的
实践与思考

中铁十七局集团有限公司

国务院国资委《国有企业改革三年行动方案》提出，要进一步推动国有经济布局优化和结构调整，提高国有企业的活力和效率，做强做优做大国有资本和国有企业，增强国有经济的竞争力、创新力、控制力、影响力、抗风险能力。落实国企改革三年行动，是国有企业贯彻习近平新时代中国特色社会主义思想，适应新发展阶段、践行新发展理念、构建新发展格局，加快推进高质量发展的重要战略部署。

在企业改革中，决定变革能否成功的要素主要来自三个方面：基于战略基础的组织管控模式、人力资源体系和企业文化，其中，企业文化处于龙头地位。国有企业与时俱进地推动文化创新，构建与新发展阶段形势相匹配、与高质量发展要求相适应、与国际化竞争需求相符合、与新时代国有企业使命相一致的文化"软实力"，是实施国有企业三年改革行动、推动国有企业高质量发展的重要内容。

《国企改革三年行动方案》明确要求：国有企业必须发挥经济功能，创造市场价值，更好为党和人民服务。企业价值理论认为：企业的意义在于创造价值而非创造交易，企业的使命就是为股东、客户和内外部利益相关者创造价值。作为国有企业，促进国有资产保值增值、巩固党的执政基础，是为股东创造价值的体现；贯彻落实国家战略、发挥创新引领作用，是为客户创造价值的体现；服务保障社会民生，带动产业链、供应链升级，是为利益相关者创造价值的体现。提高国有企业价值创造能力，是国企改革的重要目标，也是高质量发展的必然要求。因此，构建基于国有企业历史使命和行动价值的"价值文化"，为新时代国有企业文化创新提供了全新视角和探索方向，具有重要的理论和实践意义。

一、背景意义

中国特色社会主义进入了新时代，国有企业面临的市场环境、竞争格局、监管标准、客户需求等与日俱新，传统的国企文化已经难以适应高质量发展要求，推动国有企业文化创新势在必行。

（一）文化创新是建设中国特色现代国有企业制度的内在要求

习近平同志指出，坚持党对国有企业的领导是重大的政治原则，必须一以贯之；建立现代企业制度是国有企业的改革方向，也必须一以贯之。当前，世界正处在百年未有之大变局，国内外形势日趋复杂，新领域、新业态、新变革层出不穷，国有企业面临着一系列新思维与旧理念、新制度与旧传统、新模式与旧机制、新风尚与旧文化的激烈碰撞。这种形势下，国有企业需要与时俱进地塑造先进文化，坚持和加强党的领导，统一思想、凝聚共识，激发全体干部职工干事创业的奉献精神；坚持转变发展方式、构建竞争优势，持续做强做优做大，在新时代赋予国有企业新的活力和内涵，使国有企业成为中国特色社会主义的重要物质基础和政治基础，成为党执政兴国的重要支柱和依靠力量。

（二）高质量发展是新时代国有企业推动文化创新的目标导向

中国经济经过30多年的快速发展，已经站在了后工业化时代的分水岭上，GDP增长减速，政府投资缩减，人口红利衰减，要素驱动、投资驱动的传统发展方式难以为继，亟需向创新驱动的新型发展方式转变。

党的十九大以来，党中央明确了"坚持走高质量发展道路"的工作方针，指明了国有企业发展的目标、方向和路径。立足高质量发展的目标要求，国有企业必须构筑适应新发展阶段、落实新发展理念、融入新发展格局的新型企业文化，有效应对宏观环境条件变化对自身战略、资源、能力和人才队伍等提出的新要求，打造决胜市场竞争的文化"软实力"，为高质量发展提供强大的精神动能和文化环境，实现更高标准、更高水平、更高层次的发展。

（三）"价值文化"是以文化创新推动高质量发展的生动实践

基于经济学中的企业价值理论和铁道兵的文化历史传承，中铁十七局塑造了具有自身特色的"价值文化"，并在国有企业语境下，诠释和实践了"以客户为中心、以价值创造者为本"的丰富文化内涵。"以客户为中心"就是对照"国企改革三年行动"要求，围绕创造和提升企业市场价值的目标任务，将传统"教育引导员工"的内向型文化，转变为"吸引感召客户"的外向型文化，以高品质的产品和服务构建核心竞争力、推动高质量发展。"以价值创造者为本"就是落实"国企改革三年行动"精神，围绕"提高效率、激发活力"的目标，通过深化"三项制度"改革，将传统的计划性、平均式分配模式转变为竞争性、激励性分配方式，形成干事创业、活力迸发的优良文化氛围。"价值文化"的重塑，有效调动和激发了十七局改革发展的内生动力，使企业发展质量、品牌形象、管理水平、精神风貌等焕然一新，为国有企业文化创新提供了生动的探索实践。

二、具体实践

中铁十七局集团公司前身为中国人民解放军铁道兵第七师，成军最早可追溯到1938年。1984年1月集体转工，2001年9月建立现代企业制度，现为国务院国资委直属特大型央企、世界500强和全球最大工程承包商之一的中国铁建股份公司的全资子公司。集团拥有铁路、公路、建筑、市政施工总承包"六特六甲"及其他高等级资质共185项，主营业务覆盖"投、建、营"全产业链，市场范围辐射全国各省市及海外20多个国家，是中国建筑业具有较强竞争力、影响力的大型综合建筑产业集团。

改工以来，十七局先后修建铁路8500多公里，高速公路和高等级公路6500多公里，以及50多个大中型城市的地铁、轻轨、市政、房建、机场、环境治理等项目，修建了中国第一条沙漠铁路——包兰铁路，第一条跨海铁路——鹰厦铁路，第一段盐桥路基——青藏铁路察尔汗盐湖路基，第一条重载铁路——大秦铁路，第一条高速铁路——京沪高铁，第一条高速公路——沈大高速公路。集团投资业务覆盖华北、西北、东北、西南、东南等地区，现有在建及运营投融资项目46个，累计投资规模1011.6亿元。同时，集团在亚、非、拉等地区的20多个国家承建了铁路、公路、水利、房建、通信及清洁能源等工程100余项，合同总额超过300亿元，习近平同志亲自为集团承建的巴基斯坦国会大厦光伏项目揭牌。集团及所属单位先后多次获得"全国优秀施工企业""全国工程建设质量管理优秀企业""全国文明单位""中国优秀诚信企业"等荣誉称号。

80多年来，十七局（铁七师）的文化始终与使命和战略紧密相融，随着时代发展而不断革新，在不同的历史阶段呈现出不同的时代特点。大体上可以分为三个阶段，如图1所示。

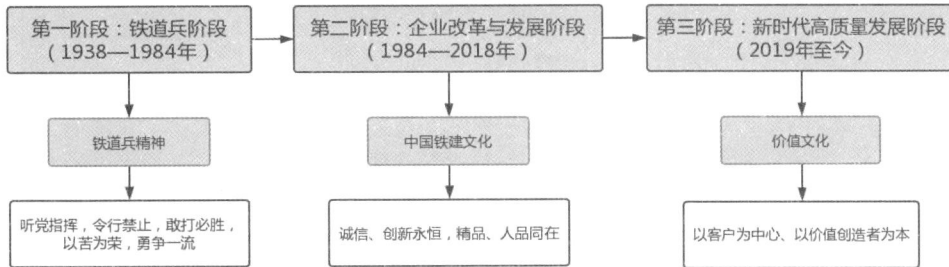

```
┌─────────────────┐      ┌──────────────────┐      ┌──────────────────┐
│第一阶段：铁道兵阶段 │ ───→ │第二阶段：企业改革与发展阶段│ ───→ │第三阶段：新时代高质量发展阶段│
│（1938—1984年）  │      │（1984—2018年）   │      │（2019年至今）    │
└────────┬────────┘      └────────┬─────────┘      └────────┬─────────┘
         ↓                        ↓                         ↓
   ┌──────────┐            ┌──────────┐              ┌──────────┐
   │ 铁道兵精神 │            │ 中国铁建文化│              │  价值文化 │
   └────┬─────┘            └────┬─────┘              └────┬─────┘
        ↓                       ↓                         ↓
┌──────────────────┐    ┌────────────────────┐    ┌──────────────────────┐
│听党指挥，令行禁止，敢打必胜，│    │诚信、创新永恒，精品、人品同在│    │以客户为中心、以价值创造者为本│
│以苦为荣，勇争一流  │    └────────────────────┘    └──────────────────────┘
└──────────────────┘
```

图1　十七局文化的演进与变革

第一阶段，铁道兵阶段（1938—1984年），铁七师与兄弟部队共同形成了以"铁道兵精神"为代表的军旅文化。

图2　在隧道中掘进的铁道兵

第二阶段，企业改革与发展阶段（1984—2018年），中铁十七局践行"诚信创新永恒，精品人品同在"的中国铁建文化。

第三阶段，新时代高质量发展阶段（2019年至今），中铁十七局构筑了"以客户为中心、以价值创造者为本"的"价值文化"。

图3 铁七师集体转业为铁道部第十七工程局

进入新时代，随着经济发展方式由要素驱动、投资驱动向创新驱动转变，规模速度型的粗放模式已经难以为继，十七局原有的基于低价放量、原地扩张的价值导向、管理方式和作风文化等不能适应高质量发展要求，企业发展阶段性地遇到了困难。2019年以来，十七局新任党委领导班子以习近平新时代中国特色社会主义思想为指导，以"国有企业改革三年行动"要求为遵循，以企业价值理论为依据，以实现高质量发展为目标，以铁道兵精神和中国铁建文化为基因，构建了适应高质量发展新要求、行业市场新标准、企业治理新方式、职工福祉新诉求的"价值文化"。

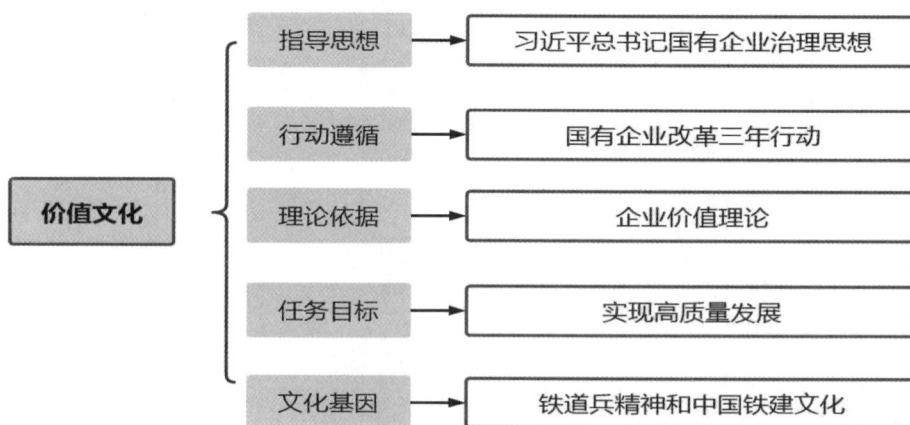

图4 价值文化的根源

"价值文化"在企业生产经营管理活动中体现为价值创造、价值管理、价值评价、价值保障、价值共创、价值共享、价值传播等7个方面的具体实践：

（1）价值创造——坚持做强做优做大企业、促进国有资产保值增值，是"价值文化"的根本目标。"价值文化"要求企业不断提高价值创造能力、实现高质量发展，增强国有经济的竞争力、创新力、控制力、影响力、抗风险能力。十七局坚持与行业先进对标对表，提出"一年夯实基础、两年巩固提高、三年全面发展、五年赶超先进"的"十四五"战略规划，大力拓展勘察设计、投融资、运营管理等价值链高端业务，运用PPP、EPC等新商业模式拓展客户需求，向投资商、运营商、总承包商升级，推动高质量发展迈上新台阶。

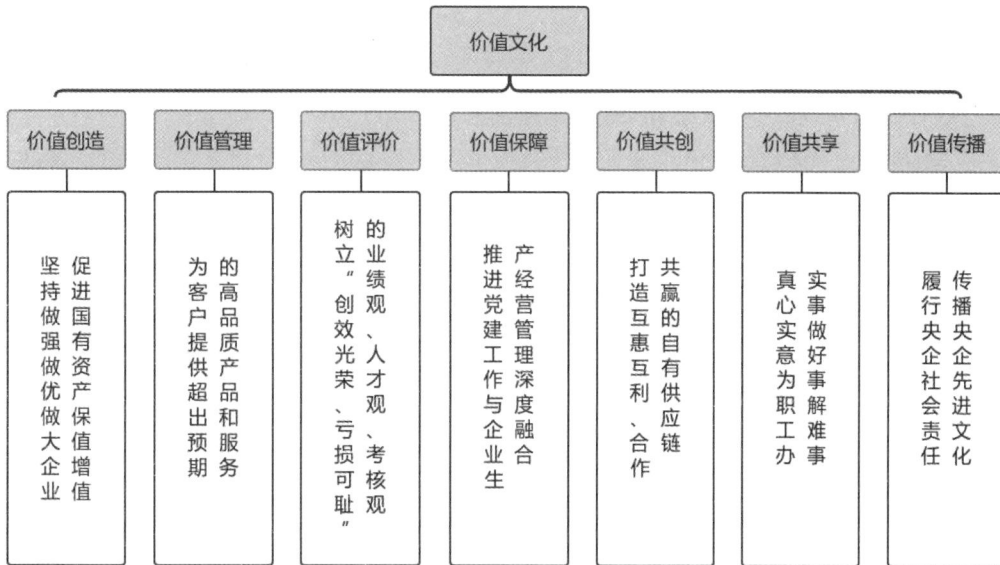

图5　价值文化的实践

（2）价值管理——为客户提供超出预期的高品质产品和服务，是"价值文化"的行为遵循。"价值文化"要求企业持续增加和改进自身的价值驱动因素，提高产品和服务的层次和品质，为客户创造更多更好的价值。十七局基于项目管理的要素控制理论，提出"三新"管理理念，即：以新理念破除工期依托型，以新标准破除质量依赖型，以新方法破除效益等待型，通过工期自主、制式生产、大成本管控等系列措施，提高项目标准化、精细化管理水平，构建成本优势、质量优势、品牌优势，赢得了客户的广泛认可。

（3）价值评价——树立"创效光荣、亏损可耻"的业绩观、人才观、考核观，是"价值文化"的实践基础。"价值文化"要求国有企业以"价值创造"为追求，突出创效创誉在选人用人、绩效考核、薪酬分配等方面的核心地位。十七局持续深化"三项制度"改革，从总部、子分公司、区域指挥部和工程项目四个层面重构以"盈亏""增长"为核心的绩效考核体系，大力压减分流不创造价值、只消耗资源的冗余机构和人员；坚持将业绩作为提拔使用干部的第一标准，表彰奖励创效创誉的单位和人员，严肃追究亏损单位责任人责任，营造"盈利光荣、亏损可耻"的优良文化氛围。

（4）价值保障——推进党建工作与企业生产经营管理深度融合，是"价值文化"的政治保证。"价值文化"要求企业党组织充分发挥"把方向、管大局、促落实"的政治核心作用，紧密围绕中心任务开展党建工作，创造价值、彰显价值。十七局结合新时代国有企业党建的新任务、新特点、新要求，积极创新党建工作的实施路径和形式载体，从政策上、制度上和措施上，确保党建与生产经营管理中心工作一体推进、同向发力，使党建工作成为助推高质量发展的强力引擎。

（5）价值共创——打造互惠互利、合作共赢的自有供应链，是"价值文化"的内在要求。"价值文化"要求企业将供应链合作伙伴作为自身的重要力量构成和竞争力来源，实现价值共创、共享、共赢。十七局制定实施分包商信用评价、优惠政策及评优表彰制度，着力构建长期稳定、互惠互利的合作关系，充分利用优质的社会资源和科学的行业分工提高劳动生产率，降低供应链成本，增强市场竞争力。

（6）价值共享——真心实意为职工办实事做好事解难事，是"价值文化"的行动宗旨。"价值文化"要求企业坚持价值共建共享，在价值创造中不断给予职工价值分享和回馈。十七局千方百计为广大干部职工，特别是青年职工搭建干事创业、成长进步的舞台，打造想干事、能干事、干成事的干部人才队伍。针对关系职工群众切身利益的突出问题，健全工作机制和保障措施，从党、政、工、团各方面扎实推动民生工程落实落地，不断满足职工对美好生活的向往。

（7）价值传播——履行央企社会责任、传播央企先进文化，是"价值文化"的社会实践。"价值文化"要求国有企业始终心系"国之大者"、担当"大国重器"，在解决发展不平衡、不充分矛盾，维护社会稳定和国计民生中发挥主力军作用。十七局始终牢记国有企业的初心使命，在服务保障社会民生和应对重大风险事件中主动作为，以实际行动彰显了新时代的央企实力、央企担当、央企作为。

三、取得成效

"价值文化"作为引领十七局高质量发展的行动遵循和精神动能，与生产经营、改革发展、队伍建设、党建工作、社会责任等工作深度融合，取得了良好的实践成效。

（一）加快转型升级，高质量发展取得新成就

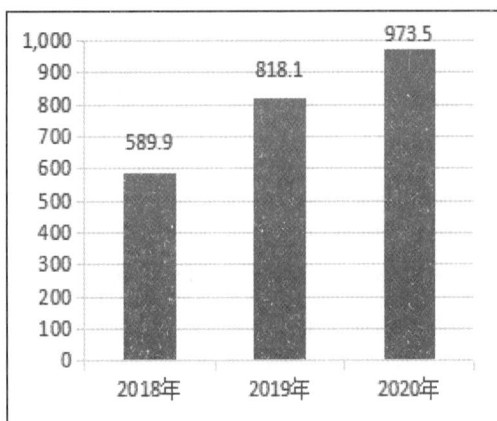

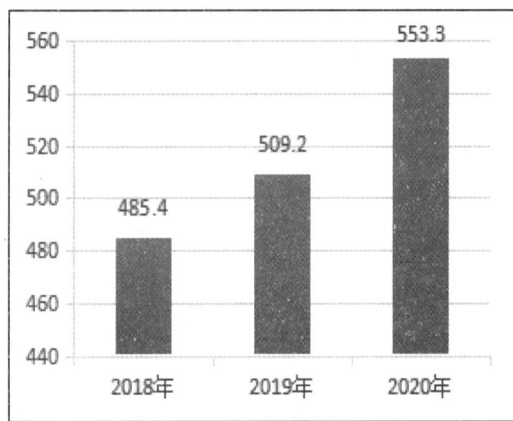

图6　2018—2020年新签合同（单位：亿元）　图7　2018—2020年完成产值（单位：亿元）

十七局积极推动"出城"向"进城"转型发展，城市建设业务占比超过70%，有效打破了铁路传统市场"一家独大"局面，产业结构持续优化；积极推动施工承包向"投建营"一体化转变，投融资、总承包、物贸物流等新兴板块保持50%以上快速增长。2020年，企业新签合同额973.5亿元，刷新历史纪录；实现净利润较2019年增长127%，经营性现金流同比增加29亿元。2021年上半年，企业新签合同、营业收入、净利润等指标再创同期最好水平，发展稳中有进、进中向好，综合实力和市场竞争力持续增强。

（二）坚持品质创优，品牌信誉迈出新步伐

十七局以"三新"管理理念为指导，推动在建项目标准化、精细化管理，履约创誉取得良好成效。2020年以来，20个历史遗留风险关注项目实现出清，13个重点铁路项目按期优质竣工并交付运营，大瑞、大临、玉磨等国铁集团"三大重难点工程"实现实质性突破，中兰铁路项目将业主规定的48.5个

月工期缩短至24个月，实现了为客户创造价值和实现企业自身价值的统一。2020年，集团及所属单位在11个省份获得13项公路信评AA级，3家单位获得全国公路信评AA级，6项工程分获詹天佑奖、国家优质工程奖。

图8　中兰铁路项目将军庙特大桥

（三）提升管理水平，供应链建设迈上新台阶

十七局围绕自有供应链建设，制定出台分包商年度考核、信用评价等系列管理制度，推行"集群式＋制式"的标准化、集约化管理模式，实现区域内劳务统一选用、物资统一采购、设备统一调度、管理统一协调，为降低成本、提高生产率发挥了积极作用。2020年，全集团项目综合收益率5.29%，较上年同比增长1.24个百分点，人均完成产值增长43.3万元，项目临建费用超支率从40%降至19%，间接费率从5.29%降至3.65%，创效创誉成果丰硕。

（四）深化企业改革，"三项制度"激发新动力

十七局贯彻落实《国有企业改革三年行动方案》，推进企业"三项制度"改革，将两级机关及附属机构从2018年的1918人压降至1151人，部门从292个压降至204个；裁撤30余家非生产性机构及僵尸企业，整合房地产公司、抢险救援队等小单位，促进所属单位轻装上阵、加快发展。改革以来，企业管理费用从2018年的10亿元下降至2020年的6.6亿元，从高居中国铁建系统首位降至较低水平，员工的成本意识和创效活力明显增强。

（五）整治管理乱象，治亏攻坚实现新突破

十七局针对历史亏损项目，全面开展"治乱追损、项目减亏、计价清理、五项锁定"等专项活动，着力整治项目管理不担当、不作为、乱作为造成效益流失等乱象。2020年，"治乱追损"追回及减少亏损11亿元，"项目减亏"核减风险资产34.3亿元，"计价清理"实现收尾项目结算收入24.5亿元，"五项锁定"减少潜在效益流失1.4亿元。2021年上半年，各项治理活动持续纵深推进，阶段性实现减亏20.6亿元，有效缓解了资金压力、改善了经济质量。

（六）推动提质增效，扭亏脱困走出新路径

十七局提出"提升经济质量20项专项工作"方案，针对影响和制约企业创效能力的计价支付、工期管控、停工待料、消缺费用、农民工实名制等关键问题，逐一制定具体的、可操作性强的管理措施。2020年，集团所属13家子公司上交货币资金9.17亿元，增长9.4%；11家单位有息负债进入下行通道，8家单位经营性现金流由负转正，7家单位"两金"总额实现压降。2019年以前长期亏损的6家单位中，2家实现当年扭亏为盈、4家亏损大幅减少，2021年预计所有单位基本实现当年盈利。

（七）激励干事创业，选人用人形成新风尚

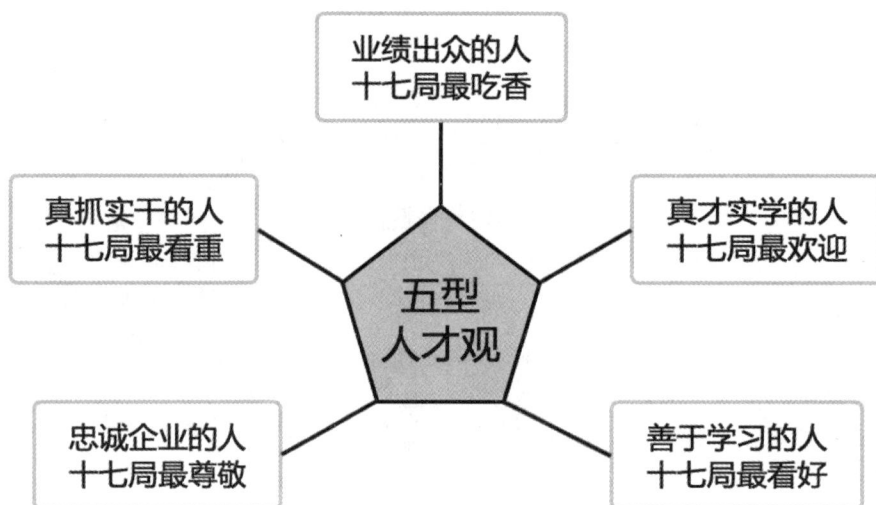

图9 "五型人才观"

十七局提出"五型人才观"，将选人用人、表彰奖励向为企业做出突出贡献的人员倾斜，对优秀干部打破任职年限、专业限制等大胆提拔任用。2020年以来，先后按规定考察提拔任用事业心强、业绩突出的中青年干部63人，表彰重奖60余名经营功臣、创效项目经理和企业优秀管理者。同时，对13名不担当、不作为及失职、渎职的副处级以上干部予以降职、免职处理，形成了"能上能下、能进能出、能增能减"的用人生态。

（八）建强政治核心，党建工作开创新局面

十七局党委坚持将政治建设摆在首位，坚持和加强党对企业的全面领导，深入开展"不忘初心、牢记使命"主题教育和党史学习教育，引领全体党员树牢"四个意识"，坚定"四个自信"，坚决做到"两个维护"。根据中国特色现代国有企业制度建设相关要求，及时修订完善公司章程，将党建工作内嵌于法人治理结构，健全完善《党委会议事规则》《"三重一大"决策制度实施细则》等制度，建立领导班子月度交班会机制，所属三级单位全部上线运行"三重一大"管理系统，为党组织履行职能提供了制度保障。坚决落实"两个责任"，对违规违纪的465名责任人分别给予党、政纪处分，保持了全面从严治党的高压态势。

（九）保障中心工作，党建融合创造新价值

十七局党委结合新时代国企党建工作的新任务新特点，推动党的建设与生产经营管理深度融合：修订《党建责任制考核办法》，将生产经营业绩作为评价党组织工作成效的重要依据；出台《党内表彰规定》，将党内评先评优向创效创誉业绩突出的单位和个人倾斜；落实党组织书记述职评议制度，将评议结果与绩效考核、干部选用相挂钩；出台《领导班子作风建设"五项要求"》，以上率下整肃作风问题、净化政治生态；创新"党建联盟"工作模式，指导企业各级党组织与驻地政府、业主等党组织共建党建工作平台，联合开展主题党日、学习交流等活动，带动了区域和项目滚动发展，目前已在20多家单位和300多个项目推广应用。

（十）实施人才强企，队伍建设焕发新活力

十七局充分激发一线技术人员价值创造的动力活力，出台《工程技术专家选拔任用管理暂行办法》《首席专家工作室管理暂行办法》等制度，26名技术干部被评为桥隧、轨道等领域专家，打通了专业技术人才的成长晋升通道；建立总部直通基层的"导师带徒"机制，近3年新入职员工实现全覆盖，并对带徒业绩突出的导师给予表彰奖励；在各单位广泛开展职业技能大赛、岗位比武、技能评聘、"十七局工匠"评选等，激励技术工人立足岗位、钻研业务，为企业做贡献。

（十一）持续共建共享，实事惠民结出新成果

十七局制定和实施基层职工工资、社保兑现专项督查，专业技术人才薪酬保障及在岗问效，农民工实名制等工作机制，将职工、农民工权益保障情况与各单位年度绩效考核和主管领导薪酬兑现挂钩，有效保障职工权益，维护队伍稳定。2019年以来，职工人均年收入增长超过15%，扶危济困、金秋助学、送温暖、送清凉和"17聚"爱心基金等保障体系覆盖全体员工及家属；建立职工心理帮扶疏导机制，开展"校企共建"协调职工子女入学，举办青年婚恋交友及"工地婚礼"等活动，增强了职工的获得感、幸福感、归属感。

（十二）扛起社会责任，履责担当彰显新作为

十七局积极担当央企社会责任，青年干部刘印洲响应中央号召，主动申请到青海省甘德县协隆村任驻村第一书记，带领牧民脱贫致富，个人获评"全国脱贫攻坚先进个人"，先进事迹先后被中央电视台等主流媒体报道。新冠疫情暴发以来，十七局党委组织集团中心医院160余名医护人员请战，8人奔赴武汉方舱医院、太原第四人民医院抗疫一线，22人远赴尼日利亚驰援中国铁建海外防疫工作，7人分别获得"中央企业抗疫先进个人"及省、市荣誉表彰。2021年7月，河南地区遭受重大洪涝灾害，十七局在第一时间派遣国家级抢险救援队参与抗洪抢险，经过十多天连续奋战，成功排除多处险情，受到了当地政府和人民群众的高度称赞。

三、思考启示

实践证明，"价值文化"为十七局推动高质量发展提供了强大的内生动力，也为新时代国有企业推动文化创新，适应新发展阶段、贯彻新发展理念、融入新发展格局，实现做强做优做大目标带来了一系列思考和启示。

（一）国有企业文化创新必须坚持正确的政治方向

坚持和加强党对国有企业的全面领导，是国有企业根本的政治方向，也是国有企业文化创新的政治方向，必须毫不动摇地坚持。"价值文化"立足于"做强做优做大国有企业、促进国有资产保值增值"的国企使命，是推动国有企业高质量发展的思想保证和精神动力。在新时代高质量发展的征程中，国有企业必须坚持以习近平新时代中国特色社会主义思想为指导，坚持和加强党的领导，坚持走高质量发展道路，通过企业文化创新，更新理念、升级管理、再造流程、提升形象，教育引导广大干部职工思想同频、目标同向、步伐一致，建立与高质量发展要求相适应、相融合的新时代国有企业文化，汇聚"听党话、跟党走"的强大动力。

（二）国有企业文化创新必须牢记初心、担当使命

国有企业是党在经济领域的主力军，国有企业的发展史，就是忠诚于党、强企报国的奋斗史、创业

史。从承担政府职能的计划经济时代，到投身竞争浪潮的市场经济时期，国有企业始终秉持"国之大者"，担当社会主义经济的支柱地位，维护国民经济的安全稳定，始终成为党和人民最可靠、最值得信赖的"大国重器"。在全面建设社会主义现代化强国的历史进程中，国有企业使命光荣、责任重大，绝不能忘记走过的路、不能忘记为什么出发。为此，国有企业必须将文化建设推向一个新的更高层次，把勇于担当、为国为民的形象在全社会树立起来，让忠诚奉献、强企报国的理念辐射全体员工，将"国企精神"深度融入中国特色社会主义先进文化体系，成为中国共产党精神谱系的重要组成部分。

（三）国有企业文化创新必须坚持以问题为导向

坚持问题导向，是习近平新时代中国特色社会主义思想的鲜明特征。"价值文化"强调的"以客户为中心、以价值创造者为本"，目的在于解决传统国有企业计划经济色彩浓厚、市场意识淡薄，"大锅饭"式分配占据主流、员工激励不足等深层次问题和矛盾，激发企业发展的动力和活力。在新时代高质量发展的征程中，国有企业必须坚持以问题为导向，从企业急需解决、职工最为关切的问题入手，引导市场和客户认同企业的产品和服务，引导全体员工将思想和行动统一到高质量发展的奋斗目标上来。

（四）国有企业文化创新必须坚持与战略愿景相结合

企业文化与企业的战略愿景相辅相成，紧跟国家战略导向、融入社会经济发展，是国有企业天然的竞争优势。"价值文化"体现了国企文化与国家战略的融合：推动"进城经营"，是国家推动新型城镇化建设的根本要求；向价值链高端转型升级，是高质量发展的实现路径；建立"价值引领、业绩导向"的人才观，是对"国企改革三年行动"的有力落实。在新时代高质量发展的征程中，国有企业必须围绕国家战略和企业愿景，建设具有时代特点、符合经济规律、适应市场需求的企业文化，以文化指引、保障和推动"十四五"战略规划目标的实现，真正做到"文化建企""文化强企"。

（五）国有企业文化创新必须面向市场、面向客户

市场和客户是企业的发展之基，建设能够有效吸引和维护客户的外向型文化，对实现高质量发展至关重要。国有企业的传统客户大多是政府及其他国企，但随着中国特色社会主义市场经济体制的健全完善和混合所有制改革的积极稳妥推进，国有企业将更多面临开放性市场竞争和民营企业客户。在新时代高质量发展的征程中，国有企业必须转变不利于市场经营、商业竞争的旧思维、旧观念，改变封闭保守、内卷内耗、停滞不前的落后文化，建立适应现代化市场竞争、商务经营、客户维护和企业治理的，为高质量发展提供软实力支撑的先进文化体系，以企业文化成就市场口碑和品牌形象。

（六）国有企业文化创新必须坚持以职工为中心

不断满足广大职工对美好生活的向往，是国有企业的宗旨，也是国有企业文化建设和创新的重要原则。在新时代高质量发展的征程中，国有企业必须坚持"以人民为中心"的发展观，始终心系职工、关爱职工，为职工办实事、做好事、解难事，推动企业发展成果更多更好地惠及全体职工。在先进文化的滋养和引领下，激发职工价值创造的热情和活力，满足职工对待遇、保障、健康、生活等方面的追求，实现企业高质量发展与员工高品质生活的同步建设、同步实现。

党的十九大明确了国有企业建设具有全球竞争力的世界一流企业的目标。一流企业需要一流文化的引领，只有一流文化才能造就一流企业，这是新时代国有企业的历史使命。面对企业文化创新的这一重大课题，国有企业要与时俱进地加强研究和实践，不断创造适应新发展阶段、践行新发展理念、融入新发展格局的新的文化成果，在推动企业高质量发展中壮大党执政兴国的"六种力量"。

成果创造人：陈宏伟、武宝君、周娟

紧抓思想建党理论强党　锻造世界一流矿业企业

中国中铁资源集团有限公司党委

进入后高铁时代，中国中铁党委敏锐地研判到，铁路工程建设企业将面临日益增多的困难与挑战。认真贯彻落实习近平同志关于"利用国际国内两个市场、两种资源"的思想和"三个转变"的理念，中国中铁党委作出了"走出去"的重大战略决策。

按照中国中铁党委的决策部署，作为二级单位的中铁资源集团有限公司应运而生，各路人马迅速汇集，迈向进军国际市场的新征程。然而，长期奋战于国内工程项目的企业转战海外极其艰难，一方面是发达国家工程量较小、壁垒多多；另一方面，欠发达国家基础设施建设尽管严重滞后，但上马新项目的资金又十分短缺，况且，政局动荡、换届频繁、安全事件多发，中铁资源集团"走出去"的这条路充满困难、风险与挑战。

面对艰难险阻，在中国中铁党委坚强领导和大力支持下，中铁资源集团党委坚持问题导向，围绕思想建党、理论强党，始终把党中央关于扩大对外开放、提升对外开放水平和"一带一路"建设倡议作为加强党的思想建设的重要内容，把党的创新理论——习近平新时代中国特色社会主义思想特别是经济思想和"三个转变"理念贯穿到党建工作和生产经营的全过程与各环节，着力提高两级领导班子成员的决策能力和专业能力，不断创新提升"基建投资与矿产资源开发联动"模式的新内涵新方法，开拓了企业发展的新天地，打造出多方共赢的新格局，为"一带一路"项目投资与运营管理提供了良好范例。同时，坚持党的领导，加强党的建设，着力提高党的建设质量，创新海外党建工作方式，为锻造世界一流矿业企业提供了政治保障和强力支撑。

一、企业发展充满挑战，党建工作难度加大

中铁资源集团是中国中铁矿产资源板块的唯一承载主体，肩负着中国中铁后高铁时代转型发展的重任。必须充分发挥中国中铁品牌优势和综合优势，顺应国家"走出去"发展战略，还必须扎实推进"三个转变"，大力开拓海外市场，在助推中国中铁主业发展壮大的同时谋求自身的快速发展。在此过程中，有机遇更有严峻的挑战。

（一）公司海外发展难题多

走向国际建设工程市场首先碰到的难题，就是发达国家的工程量非但不大，还设有一系列的壁垒，限制中国企业的进入与发展。对此有着清醒认识的中铁资源集团，很快将主攻点转向了基础设施建设严重滞后、而矿产资源丰富的欠发达国家和地区。但是，这些国家又存在物资匮乏、交通不便、经济落后等难以解决的问题。特别是非洲，各种传染病多，社会治安差，当地人员技术水平低，在项目实施方面存在很多难点。比较突出的是，面临艰巨的建设任务、复杂的专业分工以及巨大的时空跨距，基本的生

产生活物资和设备都需要从国内采购，运输距离长、运输方式复杂，运输周期难以完全控制。同时，恶劣的治安环境影响员工的安全与稳定，矿山开采冶炼易滋生地质灾害、安全环保风险；当地员工技术水平低和属地化要求高的矛盾突出，培训和管理成本高企；受当地法律和社会风气的影响，罢工行为时有发生，直接影响企业的稳定运营。从国内转战国外、从铁路建设转向矿产资源开发，中铁资源集团进军海外市场，既要过难关又要涉险滩。

（二）企业党建工作难度大

新形势下，国有企业党的建设要坚持服务生产经营不偏离。中铁资源集团进军国际市场碰到的难题难点，大大增加了企业党建工作的难度。

1.以少带多难

国有企业党的建设，首要一条就是坚持党的领导，发挥企业党组织的领导核心和政治核心作用，保证党和国家方针政策、重大部署在国有企业贯彻执行。同时，团结带领广大干部职工苦干实干。然而，现实问题是，中铁资源集团外籍员工多、中方员工少。境外单位近3800名员工中，外籍员工为3200多人，中方员工只有500多人，其中，共产党员只有170多人。如何以少带多？党建工作存在很大的难度。

图1 境外员工比例图

2.党建公开难

中铁资源集团的主要业务和项目都在海外。受所在国政治、法律、宗教、文化等因素限制，非但党组织不能公开进行活动，而且党员身份、党员干部的党内职务、党组织活动等也不能公开。针对这种情况，如何把党建工作落实到位？是一个很大的挑战。

3.工作协调难

在一些海外项目和工程建设中，除了外方股东，还有国内的其他投资方，围绕具体项目推进的合作与协作单位也多。如何协调一致、迅速跟进项目抓好党建工作，其难度也很大。

针对一系列难题难点，缓解消除由此带来的矛盾挑战，要求中铁资源集团党委在党建创新上进一步增强紧迫感、提升责任感。

二、突出党的建设重点，切实做到五大提升

企业发展中的难题难点和党建工作中的痛点，就是全面提高党的建设质量的着力点。对此，中铁资源集团党委紧抓思想建党、理论强党，在抓好学习贯彻习近平新时代中国特色社会主义思想和党史学习教育的同时，重点用习近平经济思想和"三个转变"理念武装头脑。同时，找准切入点，把牢牢抓住"关键少数"作为重中之重，以"关键少数"带动"绝大多数"，在"五个带头、五个坚决"上实现新提高，在"五个坚持、五个提升"上见实效。

（一）抓住"关键少数"，示范带动"绝大多数"

领导干部是思想建党和理论强党的"关键少数"。习近平同志要求党的领导干部"必须带头做共产主义远大理想和中国特色社会主义共同理想的坚定信仰者和忠实实践者，始终坚定中国特色社会主义道路自信、理论自信、制度自信、文化自信，以此来增强政治鉴别力和政治敏锐性，以此来提高抵御各种风险挑战的能力，以实际行动让广大党员和群众感受到理想信念的强大力量"。

深刻领会习近平同志这一重要指示要求，中铁资源集团党委突出"关键少数"，狠抓领导班子的理论武装，始终坚持用党的创新理论——当代中国马克思主义——习近平新时代中国特色社会主义思想特别是习近平经济思想和"三个转变"理念武装头脑、指导实践、推动工作。

（1）坚持把学习习近平新时代中国特色社会主义思想特别是经济思想作为"第一议题"。2020年以来，先后组织"第一议题"学习17次、党委中心组学习12次，集中学习近平同志重要讲话精神、重要指示批示50多项。同时，把包括"第一议题"在内的有效做法固化下来，形成制度。通过持续开展大学习，中铁资源集团广大党员干部深刻领会其中的核心要义、精神实质、丰富内涵，深刻领会贯穿其中的马克思主义的立场、观点、方法，不断提高思想理论水平和辨别是非能力。

（2）坚持把习近平新时代中国特色社会主义思想特别是经济思想作为做好中心工作的根本遵循，作为推动发展、解决问题的"金钥匙"。紧密联系企业实际，自觉把工作和职责摆进去，自觉地进行对标对表，学在深处、谋在远处、干在实处，表现出较高的政治站位。中铁资源集团党委明确要求，集团公司两级党委理论中心组成员是"关键少数"，其中，两级领导班子成员为关键中的关键。"关键少数"人员要带头全面深入学习贯彻习近平经济思想，积极参与集团党委组织的各类学习活动；两级领导班子成员要坚持定期开展学习研讨，结合实际撰写学习调研报告。"关键少数"要坚持全面系统学、及时跟进学，深刻领会习近平新时代中国特色社会主义思想特别是经济思想的实践要求。结合新时代新实践，有针对性地重点学习，多思多想、学深悟透，知其然又知其所以然，推动学习往深里走、往实里走、往心里走，在解放思想中统一思想，在深化认识中提高认识。

（3）坚持以上率下，示范带头。在上面要求人、在后面推动人，都不如在前面带动人管用。中铁资源集团党委要求各级领导干部扛起主体责任，以"关键少数"示范带动"绝大多数"。集团全体党员和干部主动学习习近平经济思想，积极参与各单位组织的习近平经济思想学习培训和专题辅导；党员干部结合各自思想和工作实际，在组织生活会或党支部"三会一课"上汇报学习习近平经济思想的体会和收获。集团公司全体党员和干部抓住学习重点，注重拓展学习领域，在重点学习党的创新理论的同时，学习党的路线方针政策和国家法律法规，学习经济、政治、历史、文化、社会、科技、军事、外交等各方面的知识，不断提高自己的知识化、专业化水平。坚持求真理、明事理，不断增强"四个意识"、坚持"四个自信"、做到"两个维护"，筑牢信仰之基、补足精神之钙、把稳思想之舵，使自己跟上党中央要求、跟上时代前进步伐、跟上事业发展需要。

（二）在"五个带头、五个坚决"上实现新提高

中铁资源集团党委进一步学习贯彻习近平同志对国有企业领导人员提出的"二十字"要求，教育培养广大党员领导干部努力做到"对党忠诚、勇于创新、治企有方、兴企有为、清正廉洁"，在"五个带头、五个坚决"上实现新提高。

1.带头讲政治，坚决做到对党忠诚

习近平同志强调，国有企业领导人员必须增强党的意识，牢记自己的第一职责是为党工作，牢固树立政治意识、大局意识、核心意识、看齐意识，自觉向党中央看齐，向党的理论和路线方针政策看齐，党的号召坚决响应，党的要求坚决落实，党提倡的坚决拥护，党反对的坚决杜绝，把爱党、忧党、兴党、护党落实到经营管理各项工作中。中铁资源集团党委要求各级党员领导干部，要始终做到心中有党，坚定理想信念，坚持党对国有企业的领导，坚决贯彻党中央决策部署，把对党忠诚作为首要的政治品质，把讲政治作为第一要求，坚持正确政治方向，不断提高政治判断力、政治领悟力、政治执行力，确保各项工作沿着正确的方向前进。

图2　中铁资源集团丰富多彩的党建主题活动

2.带头谋发展，坚决做到勇于创新

习近平同志多次强调，以经济建设为中心是兴国之要，发展是党执政兴国的第一要务，是解决我国一切问题的基础和关键。作为中国中铁旗下负责矿山资源开发的党员领导干部，要把发展的基点放在创新上，加快形成以创新为主要引领的管理体系和管控模式。同时，要聚焦科技创新发力，强化以采选冶为核心的全产业链科技力量，不断提高科技自立自强能力；要创新思路，结合企业实际逐步拓展战略性矿产，适时实施重大技术改造升级工程，锻造产业链供应链长板，为支撑高质量发展提供源源不竭的动力。

3.带头开新局，坚决做到治企有方

习近平同志深刻指出："当今世界正经历百年未有之大变局。"这是我们党立足中华民族伟大复兴战略全局，科学认识全球发展大势、深刻洞察世界格局变化而作出的重大判断，对于指导我们开启全面建设社会主义现代化国家新征程、夺取新时代中国特色社会主义新胜利，具有重大而深远的意义。深入领会这一重大判断的深刻内涵，中铁资源集团党委要求各级党员领导干部，要做到学以致用、以用促学、用之见效，努力把学习习近平经济思想的成果，体现在治理企业的战略方略中、推动经济社会发展的生动实践中，体现在全面深化改革、奋力攻坚克难的工作实绩上。

4.带头勇担当，坚决做到兴企有为

习近平同志指出，改革推进到今天，比认识更重要的是决心，比方法更关键的是担当。总书记强调，有多大担当才能干多大事业，尽多大责任才会有多大成就。中铁资源集团党委将习近平同志重要讲话和重要指示作为履行使命、勇于担当的根本遵循，要求各级党员领导干部要有搞好国有企业的精气神，坚持有利于国有资产保值增值、有利于提高国有经济竞争力、有利于放大国有资本功能的方针，推动企业深化改革、提高经营管理水平、加强国有资产监管，在坚定不移把国有企业做强做优做大中展示作为。

5.带头守底线，坚决做到清正廉洁

习近平同志指出，干部廉洁自律的关键在于守住底线。只要能守住做人、处事、用权、交友的底线，就能守住党和人民交给自己的政治责任，守住自己的政治生命线，守住正确的人生价值观。贯彻落实这一要求，中铁资源集团所有领导干部把反腐倡廉当作政治必修课来认真对待，深刻领会总书记的重要讲话精神，谨慎用权，严守底线，公私分明，诚实守信，带头做政治上的明白人、经济上的清白人、工作上的正派人，做国有资产的忠诚卫士。

（三）在"五个坚持、五个提升"上见实效

中铁资源集团党委牢牢抓住"关键少数"，组织各级领导干部深入学习宣传贯彻习近平新时代中国特色社会主义思想特别是习近平经济思想，深刻领会、准确把握核心要义，深入贯彻新发展理念，在"五个坚持、五个提升"上见实效。

1.坚持创新发展，提升核心竞争力

坚持以习近平经济思想为引领，从技术创新、管理创新、商业模式创新等方面着力提升核心竞争力。在技术创新方面，深入学习贯彻习近平同志关于"三个转变"的要求，致力提高主力矿山科技应用水平，从提升有色金属产品加工水平、提高矿山工程建设速度和服务质量以及建立以中铁资源集团及其所属企业命名的品牌产品等方面落实"三个转变"要求，即："推动中国制造向中国创造转变、中国速度向中国质量转变、中国产品向中国品牌转变"；在管理创新方面，发挥中国中铁的品牌优势和组织优势，加强区域统筹协调，有效整合内外部资源，提升经营管理效率；在商业模式创新方面，进一步发挥和丰富"基建投资与矿产资源开发联动"模式，与"一带一路"沿线国家和地区扩大合作领域，提升合作效率，共享合作成果。

图3 "三个转变"具体内涵图

2.坚持协调发展，提升政治执行力

新时代我国社会主要矛盾已经转化为人民日益增长的美好生活需要和不平衡不充分的发展之间的矛盾。破解"社会主要矛盾"成为新时代区域协调发展战略的基本出发点。落实协调发展要求，就要结合中铁资源集团国内产业分布实际，积极参与新一轮东北振兴战略、西部大开发战略以及京津冀协同发展战略，以协调发展理念为指导，围绕产业升级、管理变革、绿色环保、文明创建等进行一系列有益实践，努力实现生产更加环保、风险更加可控、服务更加全面、纳税更加规范，以强大的政治执行力为地方经济协调发展贡献中铁资源集团的力量。

3.坚持绿色发展，提升资源开发力

贯彻"绿水青山就是金山银山、保护生态环境就是保护生产力、改善生态环境就是发展生产力"的发展理念，始终把绿色发展作为企业的生命线，把绿色发展能力作为资源开发的核心能力，积极推进智

能矿山、数字工厂、人工智能、大数据、物联网、工业机器人、5G通信等新技术应用，进一步提高矿山开采、生产加工等重要环节的绿色技术水平，全面打造"本质安全、智能智慧、绿色生态、社区和谐、效益领先"的"国际一流矿业集团"。

4.坚持开放发展，提升央企担当力

深刻领会党中央提出构建新发展格局的战略考量和历史意义，把思想和行动统一到党中央决策部署上来，加强政治担当，扛起央企责任，服务支撑好国家重大战略；把积极参与构建新发展格局、主动参与共建"一带一路"、推动互利共赢以及构建人类命运共同体作为谋划推进中铁资源集团各项工作的方位和坐标，以高质量发展的更大成效，为中国中铁乃至国家经济发展大局作出新的更大贡献。

5.坚持共享发展，提升企业凝聚力

坚持以人为本，把创新发展、协调发展、绿色发展、开放发展的合规律性与共享发展的合目的性有机统一起来，使新发展理念成为引领发展实践、开创美好未来的一面旗帜。作为国际化运营的矿业集团，坚持共享发展，还要坚持国际化视野、属地化思维和共同发展意识，把发展成果与项目所在国家和地区共享，与相互合作的股东共享，与中方员工、外方员工共享，与当地社会、社区居民共享，把员工利益、企业效益和社会公益有机结合起来，坚持以人为本，以奋斗者为中心，切实把员工对美好生活的向往作为推进企业高质量发展的根本目标和核心任务，担当政治责任，履行社会责任，建设物质富裕、精神富有的幸福企业，持续提升企业凝聚力。

三、狠抓海外党建创新，深入推进五个到位

习近平同志指出，坚持建强国有企业基层党组织不放松，确保企业发展到哪里、党的建设就跟进到哪里、党支部的战斗堡垒作用就体现在哪里，为做强做优做大国有企业提供坚强组织保证。作为践行"走出去"战略的一支重要力量和"一带一路"倡议的重要参与者，中铁资源集团在跨国经营中坚持党的领导、加强党的建设，针对"境外企业多、合资企业多、合作对象多元、员工文化多元"的特点，大胆探索、勇于创新，创造性地实施了"五不公开五个到位"党建工作法，开创了海外党建工作新局面，把政治优势转化为竞争优势，促进了企业高质量发展。

图4 中铁资源集团境外党建"五不公开五个到位"工作法

（一）坚持党的组织不公开领导到位

尊重所在国法律法规和宗教文化习俗，党的组织不公开进行活动，但中铁资源集团党委在境外公司坚持"三个融入"，做到领导到位。

（1）融入公司治理。境外公司组建时同步成立党工委，党的组织覆盖公司所有部门、生产单位和参建单位。境外公司中方领导人员，财务、商务、文化等关键部门人员原则上必须是党员。

（2）融入领导体制。坚持内外有别，两条线运作。对内，建立健全了党工委和纪工委；对外，党工委、纪工委委员分别通过法定程序进入董事会和经理委员会；企业文化部作为履行党群工作职能的主责部门，形成了专兼职相结合的党群干部队伍。

（3）融入决策程序。建立和完善《党工委会议事规则》《贯彻落实"三重一大"决策制度实施办法》等制度，重大问题决策通过党工委会形成一致意见后，由中方股东代表或董事会、经委会成员在股东会、董事会以及经委会上按党工委决议发表意见，依法合理维护中方权益；重要事项由党工委会前置做出决议，用党组织的凝聚力和号召力推动落实；在中方中层及以上干部任免时，由党工委进行考察谈话并上会讨论，落实"党管干部"原则，做到了"上股东会、董事会议题必上经委会，上经委会议题必上党工委会"。

（二）坚持党内职务不公开责任到位

根据规定，在国外工作的党员干部在党内的职务不能向所在国公开，为此，中铁资源集团海外党组织从三个方面加强了责任落实。

（1）落实职责。建立公司党工委、各个党支部以及域内参建单位党组织为架构的党建责任体系，全面落实企业党建思想政治工作和党风廉政建设责任；建立党建工作责任制，对公司所有部门和单位进行责任全覆盖；明确建设海外项目坚强战斗堡垒的党建目标，重点加强对海外党员干部的思想教育，充分发挥基层党组织的战斗堡垒作用。

（2）加强监督。落实党建主体责任和监督责任，对中方中层以上干部通过领导班子民主生活会、开展述职述廉、民主测评、诫勉谈话等多种形式加强内部监督；纪检组织积极协助党工委落实全面从严治党主体责任，认真落实监督责任。通过定期沟通交流、列席会议、听取汇报、专项检查等方式，加强对公司领导干部关键少数的日常监督；紧盯"三重一大"、招标采购、干部任用等关键领域开展监督执纪问责。

（3）纳入考核。每月开展一次综合大检查，每周开展一次员工行为规范抽查，每年与各单位、各支部签订一次党建工作和党风廉政建设责任状，每年利用党内民主生活会广泛征求员工对公司、公司党工委以及领导人员的意见和建议，实行党风廉政建设评先评优一票否决制，对于检查和考核中发现的问题严肃进行问责整改。

（三）坚持党内活动不公开落实到位

在一些国家，法律明文规定禁止政党活动。中铁资源集团的海外党组织，特别是基层党支部采取了一些"两全之策"，既不违背当地法律法规和风俗习惯，又保证党建活动如期开展。在这方面，境外党组织进行了积极探索。

（1）创新思路。落实一岗双责：自上而下建立了党建工作责任体系，对中方领导人员落实一岗双责和党风廉政建设责任制进行了分工。体现同频共振：公司党工委紧紧围绕企业生产经营策划党建主题活动，根据每年不同的工作目标和重点策划了"挖潜增收、降本增效""管理提升年"等党建主题活动，促进了企业生产经营目标的顺利实现。

（2）创新载体。深入开展"做好中国人，共圆资源梦"主题活动，把做好中国人与争当合格共产党员结合起来，把实现"中国梦"和推进"资源梦"结合起来，把丰富党建主题和践行企业核心理念结合起来，把社会主义核心价值观中公民层面的基本要求和公司核心价值观有机结合起来，教育引导全体员工讲合作，做爱国团结的资源人；讲奋斗，做敬业进取的资源人；讲规矩，做诚信守法的资源人；讲共享，做友善高尚的资源人。

（3）创新方法。根据非洲的实际，以企业文化建设作为推进海外党建的切入点和契合点，把当地员工纪念"6.30独立日"活动和中方党员纪念建党周年活动结合起来，每年在"七一"前夕举行升中刚两国国旗仪式，一项活动、两个主题，体现了党建和文化活动的高度融合；将党的建设向合作单位延伸，推行区域党建、文化共建，纳入共建内容，签订共建合同，定期检查考核，把与参建单位原先单一的"合同关系"提升为"合同＋党的建设＋企业文化建设"三位一体关系，不仅促进了各项工作的顺利进行，而且把从严治党要求落到了所有参建的中资企业。

（四）坚持党员身份不公开作用到位

在国外工作，党员不能亮明身份。面对这样的限制，中铁资源集团党委要求，虽然党员身份不能公开，但是党员的作用必须发挥到位。所属海外党组织教育引导全体党员切实发挥主心骨作用、发挥领头羊作用、发挥生力军作用，实现了党建工作引领项目建设稳步推进。境外党组织围绕生产经营中心，大力开展"决战决胜保目标"劳动竞赛活动，调动和激发了广大党员干部的工作积极性和热情，切实发挥了先锋模范作用。

（1）强化组织保工期。党员干部认真钻研技术，优化设计方案，对合同履约关键环节实行动态化过程管控。通过增加资源配置、强化物资设备供应、优化施工组织、克服施工干扰等手段，实现主辅工程同步有序和统筹推进。

（2）强化工序保质量。以争创"鲁班奖"为目标，党员干部带领广大员工优化工艺流程，建立管理体系，充分发挥参与建设的各方作用，全过程做好质量管控，对于持续两年时间的碾压混凝土关键工序，做到二十四小时紧盯现场，确保万无一失。

（3）提前谋划保稳定。面对政局动荡、政府换届、社会治安恶化等多重不利局面，境外公司广大党员干部发挥先锋模范作用，确保各项对外工作取得积极成效。特别是为确保涉及6000余人规模移民搬迁的第一手资料准确，党员干部顶着赤道的烈日、忍受着热带雨林的蚊虫叮咬，深入现场清点每一栋房屋、每一块木薯地、每一棵芒果树，圆满完成了任务。

（五）坚持党内文件不公开教育到位

虽然党内文件在国外现场不准公开，但中铁资源集团海外项目党组织结合实际，创新方式加强学习宣传，把上级党组织的要求和精神原原本本地传达到了全体党员。

（1）转变学习方式。针对党员干部长年工作在国内国外不同地方、难以线下聚齐的实际情况，通过国内外同步视频会议方式召开党工委会、党工委中心组（扩大）会和支部党员大会。各基层党支部在开展"三会一课"和组织党员、入党积极分子培训时，把视频会议、微信语音和电话通信结合起来，保证了教育全覆盖，提高了学习效率。

（2）拓展宣传阵地。近年来，海外党组织大力拓展互联网交流阵地、新闻媒体宣传阵地、讲堂展板教育阵地，为所有党员配置了电子书，建立起网络图书馆，开播了内部电视频道，把日常党内文件、学习内容通过网络图书馆发放并开展教育。

（3）举办道德讲堂。坚持把"道德讲堂"作为培育社会主义核心价值观和推进企业精神文明建设的有效途径，利用业余时间举办道德讲堂、法律讲堂、廉政讲堂、安全讲堂，组织员工观看各种理论知识讲座，把学理论、学党纪和学语言、学业务、学公司规章制度结合起来。

四、创建独特经营模式，打造多赢的新格局

在"学以致用、以用促学、用之见效"导向引领下，中铁资源集团党委深入探索、不断丰富"基建投资与矿产资源开发联动"的内涵，打造出独具特色的海外项目经营管理模式，由此既获得了公路、水电站、体育场等重大建设工程，又以较低成本获取了大量优质的矿产资源，有力支撑了企业快速发展。

（一）基建投资与矿产资源开发联动

基础设施建设投资与矿产资源开发联动的出发点和着眼点是有效解决业主方无力偿还工程项目建设投资，而另辟蹊径探索的经营模式，能够实现工程建设与矿产资源开发的双赢局面。针对非洲国家政府迫切希望建设大量基础设施、无力支付建设资金而矿产资源丰富的现实，中国中铁与相关国家签署了矿产资源开发和基础设施建设投资一揽子合作协议，形成了矿产资源开发与基础设施建设投资联动经营模式。通过该模式，中铁资源集团以较低成本获取了世界级特大型矿产资源，并为中国中铁获取了数十亿美元的基础设施建设合同。

（二）创新投资方式，保障投资安全与可持续

中铁资源集团将矿业项目与基建项目有机结合，以采矿权保障投资安全；以矿产资源开发所产生的收益支持基础设施投资，保障基础设施建设资金来源，增强了投资的可持续性。2019年2月，某项目所在国政党更迭，中铁资源集团合作项目由于能持续提供基础设施建设所需资金受到了新政府的高度认可，原有优惠政策全面延续，产值效益屡创新高，经受住了政局变化的考验。

（三）坚持法治思维和合规底线，依法开展国际化经营

贯彻"开放、绿色、廉洁"理念，坚守中央企业法治思维和合规底线，严格按照我国相关法律法规、所在国法律和国际规则开展境外业务；本着互利共赢、共同发展的理念开展务实谈判，提请项目所在国国民议会和参议院以法律形式确认了对合作项目的优惠政策，降低了投资风险，增强了项目的稳定性和可持续性。

（四）注重协同与管理，运营好投资项目

加强与项目所在地政府的沟通协作，取得政府部门的关心支持；尊重并发挥外方股东作用，合理管控分歧；发挥中方企业在管理和技术方面的优势，降低运营成本，提高企业效益；合理分配企业收益，维护互利共赢的合作氛围；坚守安全环保与职业健康红线，保障项目持续健康运行。

（五）履行社会责任，构建人类命运共同体

全面贯彻落实习近平同志关于"共商、共建、共享"的全球治理理念、构建"人类命运共同体"的重要思想和"成为共建'一带一路'的形象大使"的要求，提高人员属地化比例，让外方人员深度参与项目建设与运营管理、分享项目投资和企业发展红利；加强对外方员工的人文关怀，保护其合法权益，促进劳资关系和谐；开展各种形式的社会公益活动，加强与社区居民的文化交流，让社区居民共享投资与发展成果；主动与各类国际组织和媒体联系沟通，充分展示项目投资建设成就和对当地社会经济发展所做贡献，合理回应各方关切，树立中方企业负责任的国际形象。

中铁资源集团以基建投资与矿产资源开发联动经营模式为主要手段，辅以收购并购等方式，积极布局优质矿产资源，打造了一个多赢新格局：企业快速发展、效益大幅增长，助推中国中铁主业不断壮大，促进我国重要矿产资源紧缺状况有效改善，增进资源所在国家经济发展和民生福祉，创建了"一带一路"项目投资与运营管理的成功范例。

（1）用13年时间走过了其他矿业企业几十年才能走完的发展之路；中铁资源集团2017年实现净利润6.28亿元，2020年实现净利润22.74亿元，2021年上半年实现净利润14.7亿元。作为二级子公司，以中国中铁0.4%的员工、1.5%的产值创造了近10%的净利润。

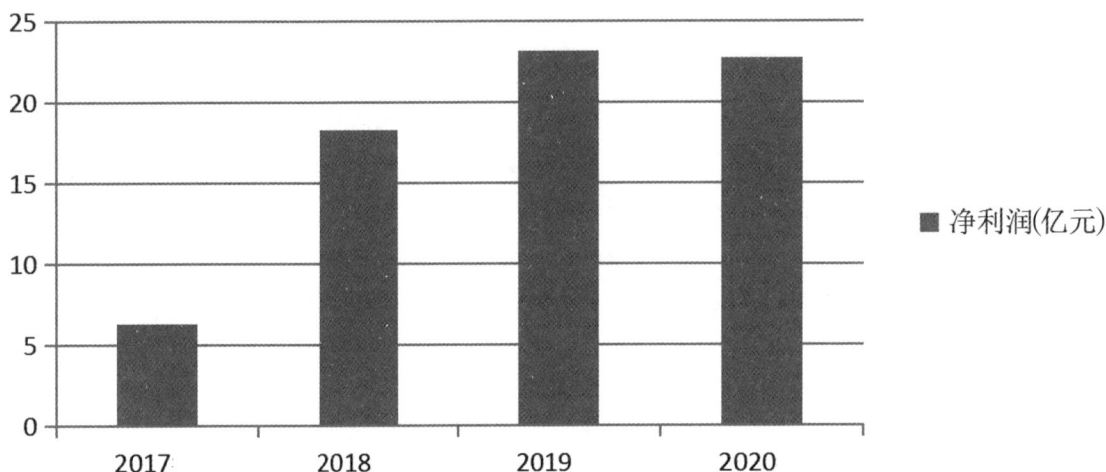

图5　中铁资源集团近年来净利润

（2）获取我国紧缺的有色金属资源，目前中铁资源集团在境外保有铜资源量829万吨、钴64万吨、铅锌101万吨，在国内同行业中铜储量居第4位、钴储量居第2位，是我国境外铜钴资源保有量最多的企业之一。

（3）获得布桑加水电站等海外较大工程30余项，壮大了中国中铁主营业务。

（4）累计投资数10亿美元，建设道路工程480公里、建筑物10平方米，直接间接解决当地就业1万多人，为驻在国经济社会发展和"一带一路"建设作出重要贡献，树立起负责任的中企形象，被国际社会称赞为"中非友好合作的成功典范"。

（5）带动了中国制造、中国标准和中国产能的集成输出。所投资的矿产资源开发与基建投资项目全部采用中国标准设计建造，所需物资设备和技术服务绝大部分由中方供应，带动了中国制造、中国标准和中国产能的集成输出。

将矿山资源开发与工程建设投资紧密结合的独特模式，实现了两者的相互促进与滚动发展，具有商业模式稳健、互惠共赢性强、项目体量大、投资风险小、可持续性强、国际形象好等特点，为"一带一路"项目投资与运营管理提供了良好范例，具有在"一带一路"沿线国家和地区复制和推广的价值。

成果创造人：蒲青松、张瑞刚、陈振华

企业党建是看得见的生产力

——华侨城在海南自由贸易港的"天涯模式、马岭实践"

海南华侨城全域旅游发展有限公司

党的十九大以来，党中央对国有企业党建工作提出了更高要求，明确提出要坚持党建工作与生产经营深度融合，以企业改革发展成果检验党组织的工作成效。在企业基层组织推进党建工作与生产经营深度融合是一项系统工程，关键在于牢固树立党建经营同频共振、工作深度融合的互融思想，坚持目标同向、部署同步、工作同力，才能真正把这项工作做细做深、做实做强，充分体现"央企姓党"这一根本属性。

《中国共产党国有企业基层组织工作条例（试行）》中明确指出，国有企业党组织工作要坚持党建工作与生产经营深度融合，以企业改革发展成果检验党组织工作成效。国有企业抓好党建工作，不能就党建论党建，避免出现党建工作与生产经营"两张皮"，这就要求基层党组织必须转变思路，积极创新，找准与业务工作的结合点，推动党建与生产经营深度融合，实现党建引领发展，发展促进党建。

为深入学习习近平新时代中国特色社会主义思想，全面贯彻党的十九大和十九届二中、三中、四中、五中全会精神和"创新、协调、绿色、开放、共享"五大发展理念，海南华侨城全域旅游发展有限公司（以下简称"全域旅游公司"）积极践行乡村振兴、海南自贸港建设、文旅融合、新型城镇化等国家战略，深刻把握企业所处地的战略优势、资源优势和地理优势，夯实组织基础，拓宽组织覆盖面，延展党建工作触角，始终坚持党建工作与生产经营目标同向、部署同步、工作同力，立足全域旅游、根植乡村振兴，创新打造"五共五力"党建品牌，在海南自由贸易港探索出了共建互融的美丽乡村党建工作模式——"天涯模式、马岭实践"，有力地破解了基层党建工作难题，从实践角度探索出一条党建与业务深度融合的好路子，为国企党建创新理论提供了实践支撑。

一、"天涯模式、马岭实践"简介

（一）华侨城集团简介

华侨城集团有限公司，是国务院国资委直接管理的大型中央企业，1985年诞生于改革开放的前沿阵地——深圳，是国家首批文化产业示范基地、全国文化企业30强、中国旅游集团20强，连续11年获得国务院国资委年度业绩考核A级评价。从1989年建成中国首座主题公园"锦绣中华"至今，华侨城始终以市场为导向，积极响应和践行文旅融合、新型城镇化、乡村振兴等国家战略，不断创新旅游产品，从静态微缩、互动体验、生态度假、都市娱乐，到特色小镇和美丽乡村建设，华侨城实现了产品从单一到混合形式的演变，强化了集群优势。目前集团在全国运营和管理景区近80家，位列全球主题公园集团第

三、亚洲第一。

（二）海南华侨城全域旅游发展有限公司简介

海南华侨城全域旅游发展有限公司是华侨城集团"乡村振兴"和"全域旅游"项目开发建设运营全流程的专业公司，成立于2017年3月16日，位于海南省三亚市天涯区马岭社区，现有正式员工85人，其中党员26人。公司秉承华侨城集团独特的创想文化基因，聚焦华侨城的品牌优势、平台优势和资本优势，依托海南自贸港建设良好契机，深耕海南全域旅游，完善美丽乡村开发建设运营能力，着力打造了三亚中廖村、天涯小镇、南山村、文门村等一批美丽乡村和特色小镇，构建全域旅游民宿、电商业务发展体系，并通过"智慧输出"撬动乡村振兴业务发展，朝着助力海南成为国际消费中心核心功能区和引领区的目标，以及助力华侨城集团成为"中国文化产业的领跑者、中国新型城镇化的引领者、中国全域旅游的示范者"的目标坚实迈进。

（二）天涯小镇项目简介

天涯小镇项目位于三亚市天涯区马岭社区，总占地面积约2平方公里，总户数约1358户，总人口约6064人，毗邻天涯海角、南山文化旅游区、西岛、三亚新机场，拥有空港、高铁、有轨电车、水上巴士的交通便利，串联上千万游客存量市场。马岭社区有近400年历史，是一个具有东方特色的地中海风情旅居目的地，不仅有国内唯一的"黄、黑、青、白、红"五龙社区主题街区，保留着舞龙、赛龙舟等传统文化，同时在风貌上以地中海蓝白风情为主色调，被称为"三亚的圣托里尼"。2017年4月，全域旅游公司入驻三亚市天涯区马岭社区；2020年5月25日，公司与马岭社区居委会签订《马岭社区产业运营同创》合作协议，托管马岭社区20年管理权，为打造国家级滨海风情小镇，带领马岭社区居民转产就业、共同创业，实现共同富裕，为探索打造可复制的乡村产业振兴新模式奠定基础。

（三）"天涯模式、马岭实践"简介

4年以来，全域旅游公司将党建工作要求融入项目生产经营的各个层面中去，夯实党建与生产经营深度融合的牢固根基，以"党建共建为引领、社区治理为抓手、产业振兴为根本"为发展理念，以最具东方特色的地中海风情旅居目的地、中国美好生活示范小镇为定位，以"社区治理、产业升级、资源获取、产业导入、资产运营、综合发展"六大步骤为发展路径，创新性打造"智慧撬动＋智慧输出＋平台化运营"的天涯小镇开发经营模式，实现具有"社区治理有效、乡风文明友善，产业转型升级"特点的"新时代、新乡村、新社民"生活实践地的建设。通过华侨城在海南自由贸易港的"天涯模式、马岭实践"，建设传播华侨城声音、讲好华侨城故事的载体，切实将党建成果转化为看得见的生产力，以企业改革发展成果检验党组织的全部工作和战斗力，以高质量党建引领高质量发展。

二、"天涯模式、马岭实践"的背景和意义

（一）提升国有企业党建工作水平的现实需要

党的十八大以来，党中央明确提出坚持党的领导、加强党的建设是国有企业的"根"和"魂"，是国有企业的独特优势。全域旅游公司支部深刻把握新时代国有企业党建工作新要求，全面贯彻落实党中央和上级党组织的决策部署，充分运用好"抓党建、强党建"重要法宝，创新国有企业党建工作理念，有效搭建党组织和党员作用发挥载体，推动国有企业党建工作要求在全域旅游公司基层落实、落细、落到实处，进一步实现党的基层组织建设全面进步、全面过硬。

（二）破解国有企业党建工作难点的迫切需要

习近平同志指出，国有企业是中国特色社会主义的重要物质基础和政治基础，是我们党执政兴国的重要支柱和依靠力量。这就要求国有企业坚持加强党的领导，推动党的建设与改革发展同频共振，为做强做优做大国有企业筑牢根基、厚植优势。近年来，在国家实施乡村振兴战略和国有企业改革的大背景下，全域旅游公司支部充分发挥文旅领域龙头优势，积极探索解决党建与业务融合瓶颈性问题的有效措施，强化党建引领，发挥党建和业务叠加优势，促进文化旅游、城乡发展有机融合，逐步实现了发展模式、产业组合、盈利模式的创新升级，旅游产品从单一到混合形式的演变，有力提升企业发展活力和品牌影响力。

（三）彰显国有企业责任使命担当的内在需要

党的十九大报告提出"实施乡村振兴战略"。党的十九届五中全会通过的《中共中央关于制定国民经济和社会发展第十四个五年规划和二〇三五年远景目标的建议》明确提出，完善新型城镇化战略，推进以人为核心的新型城镇化。习近平同志在庆祝海南建省办经济特区30周年大会上郑重宣布，党中央决定支持海南全岛建设自由贸易试验区。国有企业作为新时代使命担当的先锋队，必须提高政治站位，服务国家重大战略，强化社会责任，充分发挥主力军的重要作用，当好落实创新、协调、绿色、开放、共享发展理念的"排头兵"，坚决打好打赢精准脱贫攻坚战，使全面建成小康社会得到人民认可、经得起历史检验。华侨城集团作为文旅产业领跑者，创造性地提出了"文化＋旅游＋城镇化"创新发展模式，以落地"旅游＋城镇化"为目标，在海南省锐意进取、全面布局。全域旅游公司作为华侨城集团核心战略的有力执行者，把企业发展与国有企业履行政治责任、经济责任、社会责任结合起来，把业务发展与乡村振兴、绿色发展、生态文明建设结合起来，把企业发展优势与海南的资源、区位、政策优势结合起来，依托海南区域生态文化资源打造全域旅游，培植因地制宜的文旅产业，实现向产业经济的发展转变，培育区域"造血"功能，以此助力脱贫攻坚、打造产业并做到以人为本，推动城乡融合发展的同时为民众带来经济效益，积极带动城镇化战略突破落地。

三、"天涯模式、马岭实践"的具体举措及成效

全域旅游公司立足于"创想美好生活引领者"企业角色定位，以"智慧输出＋智慧撬动＋平台化运营"为策略，在实践中采用与社区全方位、全产业链、全生命周期的共存机制，通过党建共建、项目赋能、整合社会资源、搭建各类平台实现价值塑造，承接政府社区服务职能、协助政府优化营商环境，引入"人才、资本、智力、流量"，持续推动社区"宜业、宜居、宜乐、宜游"功能落地，打造出"五共五力"党建品牌，着力推进党建共建、产业共创、社区共治、文化共融、堡垒共筑，有效提升组织战斗力、发展推动力、社会影响力、品牌传播力、党员凝聚力，将党建工作要求融入项目生产经营的各个层面中去，助推马岭社区实现老渔村的"新活力"。

（一）党建"共"建，提升组织战斗"力"

全域旅游公司积极探索新形势下美丽乡村建设中政企、社企党建融合发展的新思路、新途径、新方法，创新提出"政府主导、社区联动、央企参与"的党建共建模式，通过多层次"支部联建"、多渠道"党员联手"、多途径"专业联动"，全面促进健康和谐的政企关系，有效助力天涯小镇项目推进开发，2020年，支部总结提炼的《"党建＋旅游＋扶贫＋文化＋生态"——党组织发挥战斗堡垒作用创新案例》，被收录至中国社会科学院国有经济研究智库（中国社会科学院、国务院国资委联合组建）成果——《国有企业党建蓝皮书：国有企业党建发展报告（2020）》。

1.党建引领企业发展

全域旅游公司深刻把握新时代国有企业的发展定位，推进党建工作入章程，明确支部参与研究讨论企业经营管理重大事项的前置程序，通过定期召开支委会、党员大会等讨论发展思路，严格落实党中央精神和国家重大战略部署，同步谋划党建工作与企业发展，同步研究旅游规划方案；通过召开党员扩大会议暨形势任务教育大会，认清形势、明确方向，坚定党员干部为企业打造核心竞争力的信念。

2.拓宽党建工作领域

全域旅游公司支部紧密结合创先争优和基层组织建设的要求，主动融入红塘湾湾区区域化党建工作，不断拓展党建工作领域，作为成员单位积极参与筹建三亚市红塘湾湾区大党委，包括了红塘湾湾区6个村（社区）、10个国企、10个机关事业单位和6个两新组织共计32个支部、1300多名党员，支部委员李敏担任红塘湾湾区大党委副书记，参与构建"以政府机关党组织为主体、驻区单位党组织共建"的城市基层党建工作联建共建协调机制，实现基层党建工作"全覆盖、新跃升、无缝隙、立体化"，为大党委内32家支部实现"资源共享、优势互补、共建共融、和谐发展"提供平台。

3.共建党建活动阵地

全域旅游公司支部与三亚市天涯区委组织部、宣传部、红塘湾湾区委员会共建天涯小镇党群服务站、新时代文明实践点。天涯小镇党群服务站是三亚市首个特色小镇领域的党群服务站，站内建筑面积约800平方米，内设党建工作服务站、党组织生活馆、党建文化展示厅、自贸港人才交流中心、图书阅览室、绘画室等。同时，大力开展新时代文明实践活动，以志愿服务为载体，积极践行"我为群众办实事"，围绕政策咨询、教育服务、文化服务、科技科普服务等方面落实为民惠民举措，联合举办了党史学习教育微党课、"翰墨书盛世 丹青颂党恩"庆百年华诞百幅美术书法作品巡回展等活动。通过党建带团建促社建，推动党群服务圈与旅游生活圈融合发展，努力打造成为三亚市党员教育"必达地"、游客网红"打卡点"、党群体验"新品牌"，着力构建"党建＋企业＋全域旅游"共建共治共享的基层治理格局。

（二）产业"共"创，提升发展推动"力"

作为中国城乡融合与美丽乡村建设的引领者，全域旅游公司按照国家乡村振兴的战略部署，深入贯彻华侨城集团"文化＋旅游＋城镇化"战略，以"智慧输出"和"智慧撬动"探索去投资商和开发商的思维在实践中与社区全方位、全产业链、全生命周期性的共存机制，通过搭建各类平台、整合社会资源，承接地方政府属地治理的部分公共服务职能，协助政府优化营商环境，积极探索美丽乡村新型业态的投融资与盈利的新模式，助推乡村振兴事业蓬勃发展。

1.推进产业升级

在天涯小镇项目建设和运营中，始终遵循"土地伦理法则""乡村生存的自然法则"及"地域发展的文化脉络"美丽乡村建设三大法则，坚定龙头企业带动、集体经济组织和专业机构参与及公共平台支撑的多元化发展模式，引导天涯区政府投入4.39亿元开展社区立面改造工程，投资改造天涯小镇游客中心，推出西海岸旅游休闲集散服务中心、天涯全域旅游资源整合推售中心、天涯小镇社区业态运营招商中心等功能区，为社区打造亮丽名片，获取"千万级游客"引流渠道；成立婚尚旅拍产业基地、投资并参与运营桨板俱乐部；建立天涯小镇智能景区导览地图，搭建天涯小镇"生活服务平台"，为社区居民提供一揽子生活服务平台，为创客提供一站式孵化平台，为游客提供全方位休闲度假、生活服务平台。全域旅游公司已成功将天涯小镇打造成产业升级样板示范区，促进了天涯社区产业融合发展，实现了区域经济良性增长。

2.推进运营同创

作为会长单位，牵头成立三亚市天涯区旅游协会，充分整合区域资源，共联动55家民宿、50余家餐厅和咖啡厅等产业同盟共同发展，绘制社区智能景区导览地图，为游客提供全方位休闲度假、生活服务平台，满足"吃、住、行、游、购、娱"旅游六大要素需求，直接或间接带动社会资本投资天涯小镇6000万元以上。在丰富天涯小镇业态的同时，有力促进当地农民增产增收。2021年一季度，酒店、民宿入住率同比2020年一季度增幅300%。游客结构持续优化，主力客群由"50后""60后"转向"90后"及"00后"，客单价同比提高120%。村民年均收入由2018年的3.8万元上升到了2020年的4.8万元，外出务工村民回流人数达120人。

3.牵手友好小镇

创新运营和营销理念，推行华侨城集团"战区"间全域旅游协同发展有益尝试，围绕"遇见时光、天涯相逢"概念，推动天涯小镇与沙家浜时光小镇建立"友好小镇"，探索文旅进程的新路径、新模式、新动能。双方携手展开全方位合作，构建项目线上、线下全方位合作平台，共建联络工作组，建立长期的互动学习、交流机制，积极探索拓展合作领域、提升合作层次、增加合作内容，开展定期或不定期的互访、交流、考察等活动，在项目运营、党建联建、品牌营销、招商引资、客户服务、健康养老等方面优势互补充分联动，探索构建"同一个华侨城，体验不同的小镇生活"的生活方式。

4.总结经验成果

全域旅游公司积极探索美丽乡村标准化建设及其开发运营模式，将原有创新发展模式与"文化生活方式＋战略性新兴产业共享平台＋城乡融合"的开发建设相结合，打造"一镇一品""一村一品"品牌，摸索出一条华侨城独有的、本土化、特色化的"美丽乡村"开发建设路径，创新实践"文旅融合＋美丽乡村""产业扶贫＋乡村振兴"等模式，提出美丽乡村建设运营标准，树立美丽乡村建设运营的行业标杆，对美丽乡村建设工作进行了阶段性的总结和梳理，深度提炼出《华侨城美丽乡村实践》一书，该书为全国美丽乡村建设提供华侨城鲜活案例和示范性经验借鉴，更好助力乡村振兴战略实施，同时也为向华侨城其他战区乃至全国范围进行智慧输出赋能奠定基石。

（三）社区"共"治，提升社会影响"力"

开展社区治理是天涯小镇产业振兴的基础，是实现乡风文明的重要抓手。绿水青山就是金山银山，社区治理让乡风更文明、环境更美丽、精神更丰盛、社区更和谐。

1.建立社区共治机制

全域旅游公司支部与三亚市生态环境局机关党支部、天涯区马岭社区党总支共同签署了基层党组织共建协议，制定了《党建引领深度融合共进方案》，组建"共建马岭党员突击队"。三方以共进方案为指引，马岭社区治理及环境保护主题沙龙、"禁塑"主题公益宣传、沙滩净化、街区整治和环保知识竞赛等活动，切实发挥基层党组织的领导核心作用，天涯小镇也获评"三亚市生态环保宣传教育基地"。

2.创新社区治理方式

公司将社区治理与产业兴旺相结合，活用旧城改造死角导入婚尚产业，将社区旧改遗留的一个个"疮疤"变废为宝改造为婚拍、旅拍基地，对海滩通道阶梯、滨海房屋外立面、公共空间等进行美化、艺术化处理，提升天涯小镇人居环境和社区治理效果，增加群众幸福感。同时，在天涯书屋设立"青年之家"，承办"天涯区青年思想汇"系列活动，将各种环保公益知识、跨界前沿思想第一时间赋能当地青年及创业者，提高环保意识和创新能力，推动公益事业和绿色经济发展，提升华侨城品牌与形象，助力企业经营长远发展。

3.推进精神文明创建

公司联合马岭社区开展"孝善之家""社区治理星级文明户"等评选活动，举办国庆中秋双节居民联欢晚会，开展社区治理"百日冲刺"攻坚行动，居民精神风貌明显提升，人居环境持续改善，初步形成守法知耻、诚信明理、勤劳节俭、互助友善、崇德孝仁的良好街区生态，营造出社企合作文明和谐的良好氛围。此外，支部创新在天涯小镇开办"新时代讲习所""学习强国"室，组织企业党员职工和新兴职业农民深入学习习近平新时代中国特色社会主义思想，开展形式多样的教育实践活动，让他们更真切地领悟思想，更好地用于指导企业经营和生产生活实践。

（四）文化"共"融，提升品牌传播"力"

全域旅游公司坚持以习近平新时代中国特色社会主义思想为引领，充分挖掘渔村文化传统，立足乡村振兴，结合海南自由贸易港建设和休闲渔业发展契机，推动渔村文化创造性转化、创新性发展，促进优秀乡土文化在新时代焕发蓬勃生机。

1.加强本土文化挖掘

全域旅游公司以在地的"五龙"文化为精髓，扶持成立"五龙文化协会"，重现端午龙舟赛、五龙牌坊点睛等传统民俗活动，结合时尚元素包装、提升、打造新的"五龙舟"桨板项目，设计符合本地"五龙"文化的IP并运用新媒体广泛推广，使其文化精髓在新时代焕发出强大的生命力和经济价值。

2.打造特色文化名片

在充分挖掘本土文化的基础上，将华侨城文化基因与当地特有文化元素深度融合，加强对当地非遗文化和传统民族民俗文化的传承保护，打造特色乡村文化产业名片，以文化赋能美丽乡村，以文化产业发展反哺美丽乡村建设。

3.建立文化IP体系

建立海南华侨城"全域旅游IP矩阵"体系，打造"大力神""敖小戊"等IP形象9款，打造"浪在天涯"系列特色文创产品，将普通民居精心打造成为"天涯一卷书爱情旅行主题书店"等文化场所，丰富了美丽乡村的文化元素与产品业态。

（五）堡垒"共"筑，提升党员凝聚"力"

为助力"天涯模式，马岭实践"快速推进，为美丽乡村发展提供有力支撑，着力把支部建在项目上、让党旗飘扬在一线，全域旅游公司在天涯小镇建设全域旅游总部基地，总建筑面积1747平方米，集党建引领、特色办公、优质生活和乡创孵化为一体，充分融合圣托里尼风情的天涯小镇元素，推进党支部向经营项目靠拢、向生产一线前移、贴近美丽乡村一线，推动总部基地成为党性锻炼之"炉"、凝聚人心之"桥"、展示作为之"窗"。2021年，全域旅游公司党支部成功创建华侨城集团第二批基层示范党支部和华侨城华南集团第二批示范党支部，荣获华侨城华南集团2019—2020年度先进基层党组织。

1.打造活动阵地

因地制宜、特色鲜明地打造了党员活动阵地，集开展活动、党员学习、教育培训、会议研讨、阅读交流等多种功能于一身，成为支部多层次多角度组织开展各项活动的前沿阵地和全体干部职工的精神家园。在总部基地打造党建文化墙、设置党史学习长廊，从党的历届全国代表大会来回顾百年党史，让全体党员在潜移默化中学习党史，做到学史明理、学史增信、学史崇德、学史力行，建立了党员教育学习、展示支部形象的重要窗口和平台，切实让党员干部"抬头受教育，低头思感悟"，创建了宣传党建文化、树立良好形象的重要窗口和文化阵地。同时，在天涯小镇开办"新时代讲习所""学习强国"

室，组织企业党员职工和新兴职业农民深入学习习近平新时代中国特色社会主义思想，开展形式多样的教育实践活动，让他们更真切地领悟思想，更好地用于指导企业经营和生产生活实践。

2.开展"我为群众办实事"活动

主动了解群众意愿，解决群众最关心、最直接、最现实的利益问题，让广大群众切身感受到党史学习教育和"我为群众办实事"实践活动带来的新作为、新气象。考虑到总部基地附近就餐不便、品质较低，以及总部基地离市区较远的情况。在党支部的领导下，公司在总部基地开设员工食堂，以相对低廉的价格提供了种类丰盛、营养丰富的午餐，解决了员工的用餐难题、保障了员工的身心健康。并租用了一栋民房，将其改造成为员工宿舍，购置了崭新的家具，为员工提供了"家"的温暖。既实现了经营业态与办公场地有机融合，又解决了员工的"急、难、怨、盼"问题，让员工深刻感受到了党组织的温暖和关怀，有力增强了团队的凝聚力、向心力。

3.创办校招生实训基地

以"华侨城'天涯模式'实践大讲堂"为载体，探索校招生"海潮"实训模式，创办天涯小镇"兵将计划"校招生实训基地，积累基地建设与管理的经验，聚焦公司基层一线岗位培养核心人才，帮助校招生快速转变角色，实现人才培养目标，从基层一线培养和储备公司后备力量，为公司美丽乡村持续发展做好人才保障。此外，积极引进天涯区团委"青年志愿者服务站"落户天涯小镇，建立志愿者线上运营平台为青年志愿者搭建更广阔的志愿服务平台，定期组织青年志愿者活动；在天涯一卷书书店设立"青年之家"，承办"天涯区青年思想汇"系列活动，将各种环保公益知识、跨界前沿思想第一时间赋能当地青年及创业者，提高环保意识和创新能力，推动公益事业和绿色经济发展，提升华侨城品牌与形象，助力企业经营长远发展。

在"天涯模式、马岭实践"中，通过一系列扎实有效的举措，取得了明显成效：天涯小镇获评中国文旅行业振兴发展大会"2020中国最具人气文旅目的地奖"、安仁论坛第二届"小镇美学榜样"、第六届中国文旅产业巅峰大会暨首届中国文旅夜游经济峰会"金峰奖"（最佳文旅目的地振兴示范奖）、"蓝丝带海洋保护科普教育基地""科普教育基地"等殊荣；天涯小镇多次得到央视经济频道、新闻频道《朝闻天下》《新闻直播间》《第一时间》《经济新闻联播》等栏目和人民网、凤凰网等国家级媒体的重点报道，引起国内媒体的广泛关注。

四、"天涯模式、马岭实践"的几点思考

"天涯模式、马岭实践"是全域旅游公司党建与生产经营深度融合发展的探索成果，是全域旅游公司践行"党建是看得见的生产力"，把党建工作成效转化为公司的发展活力和竞争实力的有力举措。综观"天涯模式、马岭实践"，党建共建引领下的"智慧撬动＋智慧输出＋平台化"和"央企＋社区＋专业运营机构"运营同创虽然只是一个模式的创新，却有许多新的含义。

（一）党建共建可助推资源高效整合

当前国际国内经济形势严峻，马岭社区又面临渔业的深度整顿，渔船等主要生产工具的丧失使居民们有迫切的转型需求，党建共建创新有利于快速树立华侨城勇于响应国家重要决策部署、护航"六稳"、落实"六保"的央企形象，助力马岭社区转产就业工作，为顺利地实现当地资源的高效整合、促成社区及村民主动迎合项目赋能，为打造"人文内涵丰富、社区风貌秀美、产城融合发展、社会和谐稳定、百姓幸福安康"的"新马岭社区"奠定了广泛的群众基础。

（二）党建共建可推动地方高质量发展

要避免政村企在发展中党员脱离群众，切实发挥党的领导核心作用，要善于找到一个能使党组织和广大党员与群众连接在一起的载体。党组织存在于地方政府、央企、行业协会、合作社之中，通过党建共建的模式推动地方发展，可有效地形成党组织为核心的社会凝聚力，有利于党组织正确地处理和协调各种机构与个体的关系。充分发挥党组织的引导服务作用，把党的组织优势与社区、行业协会的资本市场优势及专业机构的智力优势有机结合起来，从而实现党建和企业壮大与富民的相融互动，有力地推动地方高质量快速发展。

（三）党建共建能探索公共服务转型中央企角色的新定位

以党建共建战斗堡垒为阵地，承接地方政府属地治理的部分公共服务职能，立足于"创想美好生活引领者"企业角色定位，以"智慧输出"和"智慧撬动"去探索投资商和开发商的思维在实践中与社区全方位、全产业链、全生命周期性的共存机制，通过搭建各类平台、整合社会资源，协助政府优化营商环境，引入"人才、资本、智力、流量"，持续优化提升社区"宜业、宜居、宜乐、宜游"功能落地，助推马岭社区实现老渔村的"新活力"，在改革发展中彰显央企担当，做出央企贡献。

面对乡村振兴战略和海南自贸港建设的历史重任，全域旅游公司锚定"深度融合、同频共振"这一目标任务，以推动企业高质量发展为主线，把党的领导、党的建设融入企业改革发展全过程、各方面，在天涯小镇以"党建共建为引领、社区治理为抓手、产业振兴为根本"，在天涯小镇项目一线建立基层党建战斗堡垒阵地，以社区集体经济振兴、企业高质量发展为目标，落地华侨城在海南自由贸易港的"天涯模式、马岭实践"，一个崭新的天涯小镇已渐渐呈现——她是华侨城以智慧撬动，带动乡村振兴的"天涯模式"，是以党建共建为抓手，实现社区治理提升的"马岭实践"。

成果创造人：马超骏、李敏、范增友

航空国企多维架构"内嵌式"党建模式应用与实践

航空工业庆安集团有限公司

坚持党的领导，加强党的建设，既是航空国企的光荣传统，更是其发展前进的"根与魂"。在中国特色社会主义进入新时代，在"十三五"顺利收官、"十四五"正式开启的背景下，如何与时俱进加强企业党的建设，如何运用党建更好推动企业发展，如何吸引培养更多的年轻优秀党员，这些都是包括航空工业庆安集团有限公司（以下简称"庆安公司"）在内的航空国企需要去思考、去解决的严峻的现实问题。

一、航空国企多维架构"内嵌式"党建模式应用与实践的背景

（一）现实背景

中国特色社会主义进入新时代，我国经济发展进入新的周期阶段，国企改革进入深水攻坚期，为保证国企改革始终保持正确方向、企业发展不偏离航向，防范企业经营治理进程中出现的系统性风险，实现国企高质量发展的目标，必须坚持全面从严治党，加强党的组织力建设，在推动国有企业高速发展和高质量发展的进程中一定要有新作为。因而，国企党建是关乎如何加强我们党执政兴国的重要支柱和依靠力量的重要"时代命题"。

2016年10月，习近平同志在全国国有企业党的建设工作会议上强调，"中国特色社会现代国有企业制度，'特'就特在把党的领导融入公司治理各环节，把企业党组织内嵌到公司治理结构之中。"自此，"融入"与"内嵌"成为解决国企党的领导弱化、虚化、淡化、边缘化问题和党建与业务"两张皮"问题的重要创新途径。针对企业"成为世界一流航空作动系统和机载武器发射系统供应商"目标，庆安公司坚持"党建领航不偏离"，通过多年党建工作探索实践，正在尝试建设基于5大要素、5大机制、1个管理闭环的多维架构"内嵌式"党建模式，构建全面立体化的党建工作体系，把提高企业效益、增强企业竞争力、实现国有资产保值增值作为党建工作的出发点和落脚点，把党的领导融入公司治理各环节，把企业党组织内嵌到公司治理结构中，通过"内嵌式"党建模式实现党建和业务工作同向、同行、同频，切实提高员工的企业归属感和价值创造力。

（二）现实困境

全面从严治党新形势下，特别是全国国有企业党的建设工作会议后，在如何落实两个"一以贯之"方面，国有企业进行了一系列改革，伴随党建工作进章程，"一肩挑"等重要举措，国有企业坚持党的领导、加强党的建设得到巩固提升。但围绕全面从严治党向基层延伸，"将国有企业党建工作的政治优势转化为企业核心竞争力"这一关键要求，存在的多方面问题给国企党建开展带来不小挑战。

1.思想认识"差距化"

坚持党的领导、加强党的建设，是国有企业的光荣传统，是国有企业的 "根"与"魂"，是国有企业的独特优势。但在企业实际工作中，围绕这项关键任务，有时了为了保产品节点、保生产交付，一些党员干部"生产忙了忘党建"，忽略党建工作提高企业效益、增强企业竞争实力、实现国有资产保值增值、推动企业高质量发展的重要作用。党建工作和科研经营生产本是相辅相成的有机整体，但在现实中融合度不够、契合度缺乏，以至于出现在思想认识上"各说各的话"、在工作部署上"各定各的调"、在工作落实上"各干各的事"等现象。

2.组织保障"片面化"

按照全面从严治党要求，国有企业严格落实党建工作责任制，认真开展 "一岗双责"，实现各级领导班子"双向进入、交叉任职"。但在具体工作中，特别是在企业分厂和子公司的科研生产经营实际工作开展中，分厂所领导特别是基层车间班组负责人，重业务轻党建现象比较明显，参加业务培训多，参加党建培训少，推动业务工作多，推动党建工作少，对党建工作的顶层设计、重点难点和标准要求掌握不够，指导性不强，对"一岗双责"是实现双融入的重要方法和途径的认识不够；企业党委建立的"党委抓总、党委书记及班子成员抓具体、党建部门抓效果、基层支部抓落实"的深度融合长效机制效果不是很突出；国有企业各级党务人员现阶段能力素质对标要求还有一定差距。

3.载体创新"狭隘化"

随着党的建设、党的领导在国有企业的巩固，党建与科研经营生产工作逐步从"两张皮"问题，过渡到有效融合度不够的问题。在企业不断发展的新时期，在"十三五"目标冲刺阶段，针对"党建引领发展"这个主题，有效融合现阶段的主要载体还是以传统的"三会一课"为主，如何变革创新融合的思维方法、举措途径、评估评价，如何通过载体效果达到高质量党建引领高质量发展的长远发展目标，如何将融合不够转化为党建与科研生产经营"一体两面"，是现阶段企业内嵌式党建工作需要深入思考的重要问题。

二、航空国企多维架构"内嵌式"党建模式应用与实践的概念及重要内涵

（一）"内嵌式"党建概念

将"内嵌"一词用于国企党建领域，源于习近平同志对全国国有企业党建工作的重要指示，即"把党的领导融入公司治理各环节，把企业党组织内嵌到公司治理结构之中。"这一重大指示为国企党建与国有企业发展指明了新方向。国有企业内嵌式党建理论中的"内嵌"，实质是通过将党组织建设过程、制度规则和目标嵌入企业整体治理结构和生产经营中，使党组织和党建目标主动回应治理结构性变化和生产经营活动。内嵌式党建强调的是组织结构上的有机融入和渗透，强调通过服务的方式使党的政治领导和组织引领的效果最大化。因此，内嵌式党建打造的是扁平式组织、参与式领导和嵌入式服务。它为党建工作提供了一种横向、平等、网状式管理服务的新模式，使党建工作方式发生重大转变。

（二）探索"内嵌式"党建模式的重要内涵

1.有利于完善中国特色现代国有企业制度

现代企业制度是西方国家为适应社会化生产和商品经济的要求，经过数百年的实践探索和不断改进，创造出的一种人类文明进步的共同成果。习近平新时代国有企业党建理论将党的领导与现代企业制度紧密结合，形成了中国特色现代国有企业制度，一方面保留了现代企业制度的特征，做到了"产权清

晰、权责明确、政企分开、管理科学"；另一方面符合了中国特色社会主义的特征，在企业治理结构上，中国特色现代企业制度在股东大会、董事会、监事会、经理层构成的"三会一层"的基础上内嵌入党委会，形成"四会一层"。此外基层党组织可以自下而上对各部门管理者等形成监督，党组织内部形成党内监督，建立网状监督机制，有效防止贪污腐败和违法违纪事件的发生。

2.有利于坚持和加强党对国有企业的全面领导

党的全面领导的本质是党中央对事关党和国家全局的各项工作实行集中统一的领导，意味着党对一切工作的领导。坚持和加强党的全面领导既要把握党组织体系的内部关系，又要把握党组织与一切工作的关系。国有企业是落实党的全面领导的关键地带和重要领域，完善国有企业党建工作有利于坚持和加强党的全面领导。党的十九大以来，以习近平同志为核心的党中央对国企党建工作提出新要求，在党的领导体制和领导方式上，要求政治领导、思想领导、组织领导有机统一；在党组织的发展定位上，要求组织层层内嵌入国有企业，将党的领导贯穿于国有企业的各个环节，将党的建设融入企业治理的各个方面，充分发挥党组织作用；在组织自身建设上，要求党要管党，全面从严治党，这一系列国企党建新要求，强化了国企党建工作的责任和意识，巩固了中国共产党在国有企业的领导地位，加强了党在国有企业的领导。

3.有利于做强做优做大国有企业

国有企业党组织始终把提高国企效率、国企竞争力、国有资产保值增值等作为国企党建工作的出发点和落脚点，发挥国企党组织的政治优势，有助于实现与市场调节机制的优势互补，使企业既能依靠市场经济运行规律进一步发展自己，又能借助企业的国有制经济特征解决企业在管理和生产经营上的难题。"内嵌式"党建模式是国有企业发展的新动力，具体表现为：一是为国企发展提供管理动力。通过内嵌式管理，把关企业"关键少数"，落实"两个责任"，打造高质量党建工作，进而提高企业管理者的意识形态和行为规范；二是为企业管理员工提供思想支撑。党的建设与企业文化建设相互内嵌融入，共同作为管理员工的思想动力，解决了市场经济体制下，追求经济利益和短期效益的思想弊端，使国企员工拥有共同的思想信仰，形成企业发展强大凝聚力。

三、航空国企多维架构"内嵌式"党建模式应用与实践的做法

（一）多维"内嵌式"党建模式具体架构

庆安公司党委积极探索"内嵌式"党建工作，搭建符合企业特色的以内嵌要素、机制体系、管理系统三个部分为主要内容的多维"内嵌式"党建架构。内嵌要素是内嵌式党建工作的核心内容，解决的是"内嵌什么"的问题。机制体系是内嵌式党建工作运行架构，解决的是"如何保障内嵌效果"的问题。管理系统是内嵌式党建工作的运行保障，解决的是"如何长效运行"的问题。这三个部分层层递进，层层包含，共同构建出庆安多维"内嵌式"党建内容框架。

1.内嵌"5大要素"

内嵌要素是内嵌式党建工作的核心内容，解决的是"内嵌什么"的问题。"5大要素"指国企党建

中的"目标、组织、人才、载体、文化"这五个并列要素。5要素中的"目标"指党建的大方向；"组织"指党建的基本组织形式；"人才"指党建的中坚力量；"载体"指党建的各项活动；"文化"指党建的内在生命力。五个要素相互影响、相互交融，构成了国企党建的"五环系统"。

图1　庆安"5＋5＋1内嵌式"党建架构

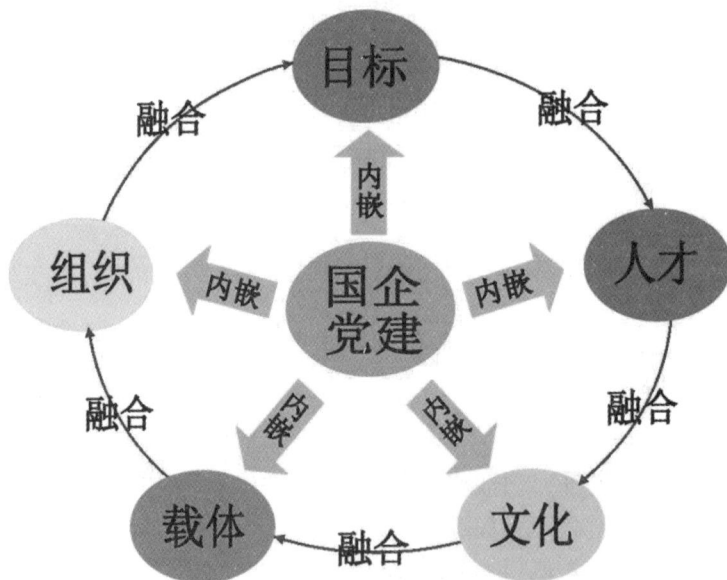

图2　"5大要素"运行示意图

（1）"目标内嵌"，坚持党的领导，推动实现企业做强做优做大。目标是航向，决定未来的发展高度。国有企业要想在中国特色社会主义市场经济体制下发展壮大，更好地服务国民经济，首先在目标制定上要明确坚持党的领导不动摇，突出国有企业的使命担当，在国企旗帜方向、道路走向的问题上坚持贯彻执行两个"一以贯之"重要论断。其次要在企业发展上有全局意识，提前规划、提前布局，强化高速度向高质量转化的发展思路，把国有企业作为市场经济的"红色引擎"。

（2）"组织内嵌"，层层压实管党治党主体责任，完善企业管理制度体系。企业成立党建工作领导小组，认真履行抓党建主体责任，发挥"支部建在连上"光荣传统，强化知责明责意识，制定党的建设责任清单，发布年度党建工作要点，搭建党建信息化管理平台等，在组织上夯实基层基础练好基本功，推进党建专业化管理。

（3）"人才内嵌"，突出"精英团队效应"，有效将党的人才资源优势转化为服务企业发展优势。高度重视人才的吸收引进和内部培养，将人才作为未来企业竞争的"战略资源"。在企业内推动形成"党员带动职工进步、职工督促党员争优"的生动局面，吸纳在企业现场生产、综合管理、科技研发等各个环节的优秀榜样人物，成为企业发展前行的中坚力量。

（4）"载体内嵌"，有效发挥党工团合力，推进企业员工归属感和凝聚力。坚持航空特色，以满足企业的工作需求、精神文明需求为目标，抓住重大纪念活动时间节点，开展一系列活动，在活动的过程中加强思想引领、文化认同，在载体上融合党工团合力，激发群团活力，营造企业良好氛围。

（5）"文化内嵌"，以党建旗帜领航企业文化建设，共同打造具有自身特色的企业文化。突出航空人的"航空报国"精神，塑造航空文化品牌，营造浓厚文化氛围，努力做到以文化人、以文动人、以文育人，将党建文化树立为旗帜，打造具有包容性、亲和力、创新性的具有高度黏性的国企航空文化。

2.构建"5大机制"

机制体系是内嵌式党建工作运行架构，解决的是"如何保障内嵌效果"的问题。"5大机制"包含牵头引领的领导机制、层层落实的责任机制、聚焦内容的实施机制、科学可控的考评机制、供给多元的激励机制。

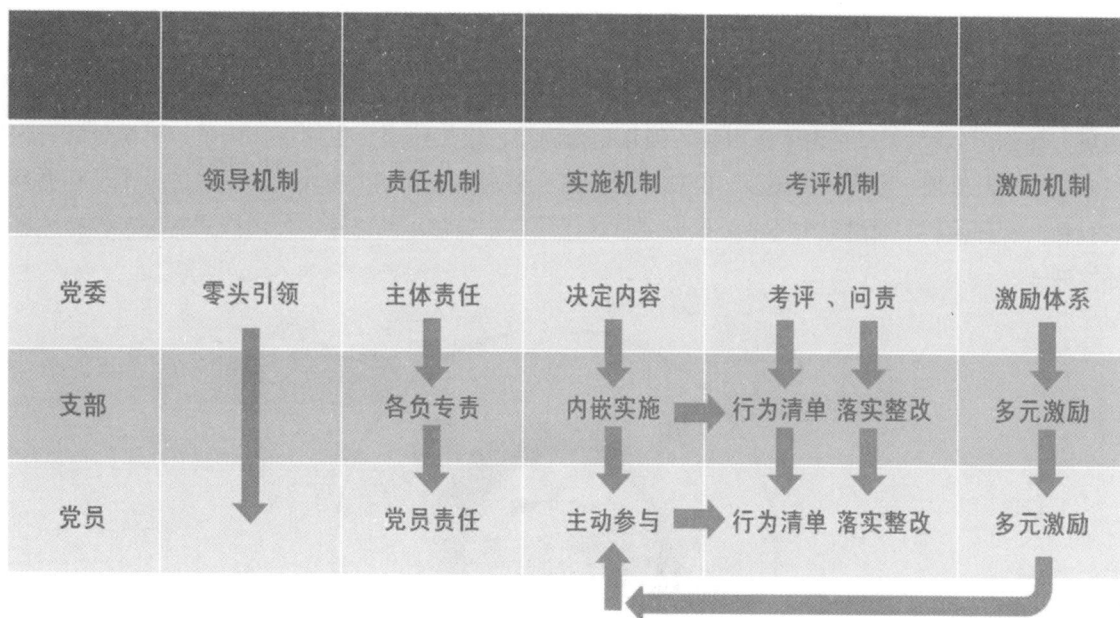

图3 "5大机制"运行示意图

（1）领导机制是体系的方向盘。党委履行主体责任，落实执行压力，保证其他机制自上而下运行，形成上行下效。领导机制起到转化党的领导意志的作用，在企业实际操作中具体体现在转化党委领导意志，体现在与党委有关内容和责任人/责任部门信息中。一方面，党委通过决策传达，对工作进行实际领导；另一方面，对公司党委需要全面负责的工作，直接实施全面领导。

（2）责任机制是体系的主架构，其他机制依托责任机制推进工作。责任机制对党委、支部、党员三个层级实施全覆盖和责任到岗，为其他机制工作开展提供核心抓手。责任机制是党建工作的主轴，是党建工作责任制的延伸，体现在责任人/责任部门信息中。分为责任部门（主责部门）、直接责任人（负责岗位）、直接责任领导（岗位所属支部的书记）、全面责任领导（党委书记）等。这些责任点位，构成了嵌入工作的抓手网络，并通过领导责任制，由上自下、层层分清事权，层层落实到人。

（3）实施机制是体系的操作器。实施机制决定了内嵌式党建工作在各个环节的内容分工。实施机制提供工作内容，让内嵌式党建工作可操作化。实施机制直接对应可内嵌的具体环节，做到"全内嵌"，梳理出党委、支部、党员三个级别参与的相关具体工作。内嵌措施是内嵌到具体工作的党建内容，行为动作清单是内嵌措施的痕迹管理，包括会议记录、会议纪要、新闻报道、通知等。

（4）考评体制是体系的打分表。考评体制不仅进行事后考评，还要在考评结果出来后对责任缺位人员实施问责惩罚。考评机制评价党建工作的效果，考评与"党员一票否决制"等已出台的相关考评办法实施对接，内含问责制。

（5）激励机制是体系的动力源。激励机制对考评结果为"优秀"的员工进行奖励。以多元化奖励形式激发员工干事创业热情。在当前党委履行主体责任的背景下，以现有党建工作责任制为基础平台，自上而下，层层压实。激励机制与考评机制合并。考评、问责、激励构成量化评价、赏罚分明的刚性规则体系，发挥强制性作用。

"5大机制"环环相扣、互为支撑，融嵌于企业治理结构之中。通过党委牵头引领，把关企业重要治理环节和治理领域，通过落实主体责任，把关党委履职情况，使各支部各负专责、党员承担党员责任，从个人到组织都能紧扣企业治理，将党组织建设与企业发展融为一体。

3.打造"1个闭环"

管理系统是"内嵌式"党建工作的运行保障，解决的是"如何长效运行"的问题。党建工作的"1个闭环"（如图4所示），是由牵头引领、强化党委领导，层层传递、主体责任体系，科学分解、内嵌党建内容，痕迹管理、考评问责整改，奖惩分明、多元奖励供给等五个板块共同组成的一个动态循环、长效长新的管理闭环。通过五个环节，形成项目迭代效应，通过不断修正，使内嵌式党建工作持续良性循环发展。

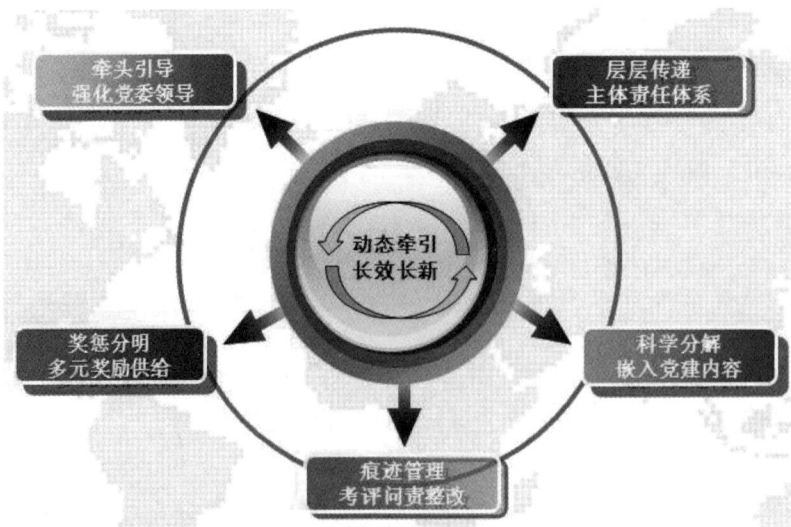

图4　闭环管理体系图

（1）牵头引领、强化党委领导是闭环管理的前提。党委书记认真履行第一责任人责任，各班子成员领导认真履行"一岗双责"、所分管领域主体责任，亲自部署重要工作，把关重点环节、关注重大问题、处理重要事件，形成齐抓共管合力，进一步对企业发展的大方向、公司治理各环节起到引领作用。

（2）层层传递、主体责任体系是闭环管理的关键。通过夯实基础，建立责任清单、压实责任，确保各环节顺利进行，既能严肃党内政治生活，又能保障主体责任落实。通过建立党委联系点制度、支部共建等活动，加强对基层党组织的党建检查和业务指导，实现组织意愿的层层传递。

（3）科学分解、内嵌党建内容是闭环管理的核心。开展"党建＋"系列活动，重点围绕"党建引领、攻坚克难"主题，以"认领一项难点、解决一个问题、提出一个方法"为主线，开展党员攻关竞赛、党员承诺践诺、党员先锋队示范岗评选等行动，发挥"党建引领"促进企业发展，开展党建与生产经营深度全方位融合内嵌的内嵌式党建工作，抓住具体内嵌要点，进行五大要素嵌入。

（4）痕迹管理、考评问责整改是闭环管理的保障。加强党建考评，制定下发党建工作责任制实施办法，将各类考评进行优化，将党建工作纳入各部门绩效考核，实现党建工作责任和企业业务责任的双向考评，将党建考核作为"首要否决项"，建立"党建工作责任制部署＋签订责任书＋检查通报＋考评打分"闭环管理模式。

（5）奖惩分明、多元奖励供给是闭环管理的动力。以能力和绩效为标准，拓展员工职业晋升通道，优异者优先推荐入党；坚持优胜劣汰，以考核标准进行岗位职级调整；以法律为准绳，贯彻落实规章制度。

（二）多维架构"内嵌式"党建模式现实转化

航空工业庆安是专业从事飞机作动系统、机载武器发射系统、货运系统和制冷系统科研生产的大型企业。庆安党委现有直属党组织40个，其中二级党委4个、党总支7个、党支部29个，所属党支部共计96个，党员2967名。近年来，庆安党委以"务实求效"为总基调，牢固树立"抓基层 强基础"的鲜明导向，紧紧抓住基层党支部这个根本点推行"价值党建"，在"实"上持续发力，在抓基础强根基上锲而不舍，与时俱进探索"5＋5＋1内嵌式"党建工作新方法新模式，以新时代党的建设新成效促进企业科研生产经营工作高效开展。

1.在目标上，确定"四性"方向，切实提高政治站位，筑牢新时代发展的思想根基

（1）确定价值取向导向性。多维架构"内嵌式"党建工作涵盖了党的思想、组织、作风、制度、反腐倡廉和纯洁性建设。庆安公司党委在制定考核标准时，抓住关键、突出重点、分清主次，把握"跳一跳够得到"的标准，强化企业党建工作价值取向。

（2）确立指标设置科学性。在考核指标的设置上，把正向指标和负向指标相结合，既设置了加分因素，也设置了减分因素；把软性任务与硬性任务相结合，既考核规定动作，也考核自选动作；把定性考核与定量考核相结合，把定性工作科学量化，转化为可计算的数字指标。

内嵌点名称	内嵌措施的可操作性（P）P=(P1＋P2＋P3)/3			重要性	重要值（N）定量结果打分占60%	重要程度（R）定性打分结果占40%	综合评分	确定重要等级
	实施难度（P1）	可检测程度（P2）	结果运用（P3）		重要值（N）=可操作性（P）*重要性（C）			
业务考评环节的党建嵌入	1	2	2	3	5	4	4.6	C

图5　"重要等级评分计算表"图例

（3）确立考核运行合理化。庆安公司坚持动态考核与静态考核相结合，综合运用党支部自查、日常督查、季度联系点检查、年终考评等考核结果，实现全过程、全方位考核。采取听、看、评等多种形式进行考核，力求全面、真实反映基层党组织党建工作开展情况。

（4）确立结果运用实效性。认真落实奖惩措施，鼓励先进、鞭策后进，按照精神鼓励与物质鼓励相结合的原则，对考核成绩突出的党组织和个人，采取通报表彰、授予荣誉称号、颁发奖金等形式予以奖励，强化党建工作考评的目标激励、责任激励和效果激励的导向作用。

2.在组织上，聚焦"三个"着力，夯实基层基础练好基本功，推进党建规范化管理

（1）着力实现党的组织和党的工作全覆盖。按照"四同步、四对接"要求，明确党组织设置方式、职责定位和管理模式，党的组织机构、党务人员配备和工作制度实现全覆盖。开展"基层党组织设置专项整治"活动，按照有利于加强党的领导、有利于开展党的工作、有利于充分发挥党组织作用的"三个有利于"原则，深入开展整治，实现了党组织由有形覆盖向有效覆盖的切实转变。

（2）着力推动党建工作有序有力开展。强化规划引领，研究制定公司党建"十四五"规划，将党建工作与AOS管理体系相内嵌，制定党建工作控制程序和流程图，促进党建工作程序化、标准化。深入推进党建工作制度体系化，从领导作用、基本组织、基本队伍、战斗堡垒作用和先锋模范作用4个维度22项指标强化制度体系建设。标准化设计党建工作记录本，每年统一更新编印"四大本"（党委/党总支、党支部、党小组工作记录本和党员学习记录本），以工作日历的形式，对"三会一课"等基本制度进行提醒和纪实，使党支部工作有据可依、有章可循。

图6　庆安党建工作记录"四大本"

（3）着力保障党支部高效运转。加强业务干部和党务干部双向交流，党支部工作经费、党员教育培训经费保障到位、使用规范。大力支持基层党组织建立党员标准化活动室8个，突出鲜明的党建元素和党支部特点，创新设立党建工作成效展示区，凝聚人心，打造党员的红色家园。利用互联网资源，积极开展开放式、互动式党内互动，充分利用园区网、"学习强国"等数字化平台，组织党员干部开展网上学习交流，促进党支部工作更具针对性、实效性和时代性。

3.在人才上，对标"三个"带领，培养各领域党员优秀队伍，带动员工成长成才

（1）构建党支部带领车间。通过党支部特色分类管理与车间"比学赶帮超"各项竞赛内嵌结合，把车间带成先进。坚持职责一体，抓好党支部和车间管理人员的搭配融合；坚持中心一致，指导和要求基层党支部内嵌融入车间的难点重点。庆安党委近年组织开展了"党员攻关竞赛"活动，由党委统筹组织生产、科研、质量、技术等职能部门汇总企业年度生产任务难点和瓶颈问题以及拉条挂账中急需解决的问题，同时组织各分厂所梳理本单位影响年度生产任务的项目，合理设置考核内容与权重，对车间党政工作"同步考核、双向结合"，定期对标考核、评价激励，在明差距、知不足、共奋进中推动支部建设和车间管理水平大幅提升，提高党组织在职工中的公信力、影响力和号召力。

（2）构建党小组带领班组。通过党小组工作评价与班组建设结合，把班组带成优秀。每个党小组合理配置党员数量，车间干部合理分配到不同党小组。工作上"优势互补"，坚持把党内学习教育、评比评议和班组管理工作内嵌结合，使党内活动与班组工作有机结合、互促共进。管理上"内嵌融入"，建立党小组工作与班组建设结合的工作机制，设立民主管理、基础管理、质量安全和学习创新班组四大员，在班组安全环保、生产操作、设备维护、产品质量和落实党内工作等方面规范党小组与班组工作的内容。

（3）构建党员带领职工。通过党员管理与全员绩效考核结合，把职工带成人才。使职工思想过硬，坚持利用组织生活会、民主评议党员等方式，组织党员骨干先学精神、先懂政策、先明形势，使党员成为支持拥护改革、推进提质增效的先行军。使职工技能一流，突出发挥优秀党员、"大师工作室"作用，大力组织"党员带徒弟""一刻钟党课"等活动，以党员争优秀带动职工争先进，促进全员技能水平整体提升。使职工业绩优秀，建立完善党员管理与全员绩效考核挂钩，以科学管理来运行，以"人（人才）财（经费）物（资源）时（时间）"为保障，以过程监管与综合考评为考核，推动形成"党员带动职工进步、职工督促党员争优"的生动局面。

4.在载体上，围绕"六好"目标，梳理党建工作责任清单，促进企业党建高效高质开展

（1）抓"三参一满意"，促"领导班子好"。"三参"指基层部门"三重一大"决策参与率、理论学习参与率、民主（组织）生活会参与率；"一满意"指基层领导班子民主测评满意率。通过"三参一满意"硬指标设置，明确了基层领导班子参与党建工作的行为规范，发挥了企业党组织的领导核心和政治核心作用，保证了党和国家方针、政策、重大部署在国有企业的贯彻与执行。

（2）抓"三行一工程"，促"思想引领好"。"三行"指"不忘初心、牢记使命"主题教育常态化制度化执行情况、基层党组织标准化建设执行情况、党支部组织生活制度尤其是"三会一课"执行情况；"一工程"指实施"党建信息化工程"。通过"三行一工程"固化党建工作关键业务流程，设置节点、频次、时间等技术手段，对基层党组织和党建工作实施多层级穿透式管理。

（3）抓"四提一特色"，促"队伍建设好"。"四提"指抓文化建设提升素质、抓岗位练兵提升能力、抓遵纪守法提倡文明、抓青年培养提供舞台；"一特色"指各党支部结合本党支部具体情况开展的"一支部一特色"活动，通过特色活动的开展，促进党员作用发挥。通过"四提一特色"，推进党建

工作品牌化塑造，为基层党建搭建平台。

（4）抓"三制一公开"，促"工作机制好"。"三制"指庆安公司党委从党组织规范建设、党建带团建和党群工作三个方面制定的一系列制度；"一公开"指厂务公开。通过"三制一公开"，认真落实职工知情权、参与权、表达权与监督权，充分调动全体职工工作积极性、主动性和创造性。

（5）抓"四责一宣传"，促"工作业绩好"。"四责"指庆安公司党委在生产经营中的职工队伍和谐稳定、企业安全生产、公司经营业绩、培塑先进典型四项责任；"一宣传"指要求基层党组织将选树的典型、发生的重大新闻及时宣传报道，扩大社会影响力。通过"四责一宣传"，充分发挥先进典型的示范表率作用，助推企业高效发展。

（6）抓"两风一处置"，促"职工反映好"。"两风"指党风廉政建设和群众工作作风；"一处置"指舆情处置。通过"两风一处置"，引导党员干部廉洁自律，深入了解职工思想动态，多做得人心、暖人心、稳人心工作。

5.在文化上，提升"五个"力量，培育航空报国精神，增强企业软实力

（1）持续提升文化向心力。大力宣传弘扬航空报国精神是庆安落实新时代航空工业集团战略，持续提升文化向心力，打造先进文化力的重要环节。庆安公司党委牢牢抓住航空报国精神这一航空人实质精神内涵，切实做好航空报国精神宣贯工作，通过在分场所、厂区主干道文化长廊设计制作文化宣传展板，引导各单位、子公司采用集中学习、党政主要领导专题宣讲、专题研讨等形式，推动航空报国精神进车间、进班组，将航空报国精神内嵌融入员工血液，熔于事业。

（2）持续提升文化管控力。庆安从质量、环境和职业健康安全管理理念及运行模式中得到了启示，运用企业文化理论和ISO 9000标准科学的质量管理模式，对企业文化建设实施系统化、标准化、过程化管理的企业文化管理模式，同时发布《管理手册》和《程序文件》，确立相关标准和流程，将企业文化理念细化、分解、渗透、内嵌到企业运行和管理的各个业务、流程中去，成为具体行为指标，提高企业文化管理的效率。

（3）持续提升文化塑造力。庆安公司积极承接航空工业集团文化建设要求，下发了《公司落实航空工业集团文化建设规划（2018—2020）》，对重点工作进行细化分解，落实责任，同时扎实开集团文化系列活动，持续推进集团专项文化建设。庆安深入扎实推进子文化建设，通过多种载体平台大力宣贯子文化内涵及诠释，结合形式多样、内容丰富的专题活动，对质量文化、型号文化、预研文化等文化理念进行深度传播，并不断完善丰富子文化内容和内涵，充分发挥子文化之间的协同作用及对航空报国精神等核心文化理念的支撑作用。

（4）持续提升文化传播力。庆安结合自身现有媒体条件，直接面对一线员工，坚持多平台同时发声，增强宣传效果，深度挖掘科研生产经营过程中"航空报国"的典型故事、先进人物和精神成果，激发广大职工劳动热情和创作热情，讲好"航空报国"故事，积极营造出践行"航空报国"精神的浓厚氛围，尤其是拍摄制作了一批有深度、有内涵、催人泪下、感染力强的影视作品，在广大干部职工中引起了强烈反响，不断汇集正能量，凝心聚力。

（5）持续提升文化品牌力。庆安公司通过参加航展、航空赛事、博览会等"重量级"活动，将企业价值理念融入产品和服务，提高产品和服务的文化附加值，提升品牌价值和影响力。庆安近年来在行业内外积极开展交流活动，初步建立了庆安文化品牌，庆安"作动系统"文化普遍被行业内单位知晓。

四、航空国企多维架构"内嵌式"党建模式应用与实践的效果

庆安公司党委在实践中不断摸索、提炼和总结，通过内嵌目标、组织、人才、载体、文化"5大要素"，构建领导机制、责任机制、实施机制、考评机制、激励机制"5大机制"，打造管理"1个闭环"，构建全面立体化的党建工作新方式，提高了企业效益、增强了企业竞争力、实现了企业资产保值增值。庆安党委先后荣获航空工业先进基层党组织、陕西省创先争优先进基层党组织、陕西国防科技工业系统先进基层党组织等多项荣誉称号。2019年，被国资委党委评为"中央企业先进基层党组织"，是航空工业集团下属三家获奖成员单位中唯一一家企业。

发展是硬道理，是企业的终极目标。无论是科研经营工作还是党建工作的成效，最终都要落实在促进企业发展这个终极目标上来。因此，基于多维架构的"内嵌式"党建模式，将党建工作与企业各项业务内嵌，做到你中有我我中有你，探索一条符合企业发展实际的二者相融合的道路，既是发挥党组织的政治优势，推动国有企业改革发展的重要措施，也是加强和改进党的建设，推动从严治党在基层落实，保障国有企业健康发展的必然选择。我们必须进一步打破惯性思维、跳出固有思想、经验圈子，继续加大探索和研究，加强学习和借鉴，持续创新完善党建工作新模式，切实履行航空国企使命责任。

成果创造人：安刚、刘萍、李耕耘

践行"以人民为中心"发展理念走好神东"网上群众路线"的探索实践

国能神东煤炭集团有限责任公司

2011年，国能神东煤炭集团董事长信箱开通运行。到2021年，已经稳定高效运行10年时间。10年匆匆，却也漫长。10年来，累计收到员工来信超过140000封，回复办理128800余封，回复率超过92%。收到意见建议30000多封，每天接收信件40封左右，每天访问量超过3000人次，超过60%涉及员工切身利益的信件得到解决或答复。在公司举办"我心中十大工作亮点"网络评选中，连续三年位居榜首（从第四年开始不参加评选）。自开通运行来一直是广大职工最关注、最支持、最信任的解决员工关切的渠道，员工亲切称呼董事长信箱为"董哥""有困难找董哥"这句话已深入广大职工群众内心。实践证明，"董事长信箱"成长到现在已不仅仅是一个信箱，成为神东在企业改革创新方面的一面旗帜，成为神东践行"以人民为中心"发展理念的重要举措。

一、开通背景

神东煤炭集团地处晋陕蒙三省区交汇处，管理范围延伸到三省区，煤炭产能超过2亿吨，员工数量高峰期超过5万人。矿区地理位置偏、管理范围广、人员结构杂、地域文化异等客观因素加大了企业管理难度，同时由于地处偏僻，员工可依托的社会资源缺乏，工作生活中需要依靠企业解决的实际问题增加，亟需一种快捷高效的沟通渠道，以保障公司安全高效运行与健康和谐发展。借助"互联网＋"理念和互联网技术的快速发展，结合公司实际情况，董事长信箱于2011年10月10日应时而生。

董事长信箱的开通具有特殊的历史背景。最初，作为矿区四公司整合后员工表达诉求和疏导舆情的通道，发挥了干群交流沟通桥梁的作用。近年，随着董事长信箱在企业党的建设、改革创新、政策宣贯、管理提升等方面发挥的作用越来越明显，公司着力推进信箱管理运行模式转型，通过两次系统功能升级和运行机制改革完善，确立了"以服务员工为中心"的理念和"网上民生、网上民主和网上群众路线"三个定位。实践证明，董事长信箱的生命力根植于广大员工群众，信箱能够发展壮大源于不断适应公司发展需要和解决员工合理诉求，不断创新管理运行模式和坚守为员工办实事、解难事的初心。当前，国家能源集团开启了创建世界一流企业的新征程，神东董事长信箱面临进一步实践"互联网＋管理"新课题，探索创建国有企业民主管理创新品牌的新目标。

二、功能特点

（一）功能齐全、制度完善

董事长信箱系统经过两次改版升级，目前在线运行的是第三版系统，信箱系统拥有信件管理、信件分类查询、系统配置、业务流程设置等4大类功能和30个功能子模块，实现了来信与回复内容展示、信件办理流程环节跟踪、优秀信件评选、跟帖评论、热点信件跟踪反馈等同时为方便员工来信，开通了手机短信写信功能，具备了网络政务平台的基本功能。

公司设置了董事长信箱日常管理机构，机关各部门、基层各单位均设置信箱管理员。为规范管理运行董事长信箱，董事长办公室先后制定了"信箱管理五项制度"，分别是：《董事长信箱管理运行规定》《董事长信箱来信分类分级办理办法》《董事长信箱信件回复落实实施细则》《董事长信箱优秀信件评选奖励办法》《董事长信箱信件办理考核办法》，对来信的发布转办、回复办理、考核奖惩，以及优秀信件评选进行了明确规定，并与企业管理融合，每季度组织信箱管理运行考核，纳入公司"一领三创"绩效考核中予以兑现。

经过十年的运行实践，董事长信箱逐步形成了"五项运行机制"：一是来信周梳理汇报机制；二是热点问题跟踪报道机制；三是重点信件督办落实机制；四是优秀信件评选奖励机制；五是信件办理考核机制。

（二）公开透明、有效监督

按照《董事长信箱管理运行规定》公开发布的信件，从发布、转办、回复、落实都在信箱系统中予以公开。信箱管理员收到来信后，将来信转到相关部门、单位和分管领导办理，转办时间、转办部门等每一个办理环节都是公开透明的，包括信件回复内容也是公开发布。同时，来信内容、回复内容公开接受员工点赞/反对评价和跟帖评论。正是因为坚持公开透明地运行原则，董事长信箱才能获得广大员工的认可。

（三）回复及时、限期办理

按照《董事长信箱管理运行规定》，对信件的回复办理严格执行时限要求。一般咨询类等即时办理的信件，要求1个工作日内回复；需要一个部门（单位）办理的信件，要求3工作日内予以回复；需要跨部门办理或经公司会议研究的信件，要求7个工作日内予以回复。不能按时回复的，要提交延迟回复申请，说明原因和预计办理的时间。

信件回复有五个渠道：一是通过信箱界面公开发布回复；二是热点信件每季度组织一次集中解答会；三是员工普遍关注的问题组织部门专题访谈或者组织单位召开集中解答会；四是注册写信的给予一对一回复；五是不公开发布的信件由单位负责做出解释说明。信箱开通以来，基本做到事事有回音，件件有着落，信件能够及时办理，树立了信箱的公信力，保证了信箱的生命力。

三、发展历程

（一）信箱开通初期，畅通诉求通道，缓解舆情压力

董事长信箱开通运行得到了广大员工的认可和积极响应，连续三年在公司组织的年度员工心中"十大亮点工作"网络评选中名列十大亮点工作之首。信箱的开通运行为员工提供了表达诉求、反映问题的有效渠道，取得了明显效果。

1.为员工办实事、解难事

基层员工把董事长信箱称为"董哥"，有问题找"董哥"。信箱提高了员工的生活品质和幸福指数，提升了员工参与企业管理的积极性，让员工有了主人翁的感觉，有效地维护了员工的切身利益。开

通运行以来，累计解决员工关注的各类问题10大类，涉及员工利益的问题8万余条。包括：员工薪酬福利方面、职称评聘方面、职业健康、公司医保移交和报销问题、公寓分配与收费方面、子女上学方面、休班休假方面、劳保用品采购发放、后勤餐饮方面、班中餐提高标准、通勤车发放等。

2.网络舆情、信访量明显降低

董事长信箱是公司政策解读宣传、思想建设的有效阵地。员工从来信回复中了解了国家和公司的相关政策，对公司的重大举措的认知度和支持率明显提高，消除了员工因不了解而产生的疑问，类似百度贴吧等外部媒体的注册人数、发帖跟帖量明显减少，不良舆情由原来每月10条以上减少到0；通过问卷调查，50%的员工遇到问题首选给董事长信箱写信。通过信箱对各类问题的及时回复和解决落实，消除了员工的不良情绪，信箱开通后全公司整体信访批次下降了56.3%；信访人次下降了51.5%，信访量得到了有效控制。

3.为公司决策提供参考信息

以前查找问题靠管理层跑现场，受时间、区域等限制，一个人能发现的问题很有限。而通过董事长信箱，广大员工成为管理的眼睛，利用员工的智慧，大家共同发现问题，管理层带着问题去现场，提升了问题的解决效率。如招聘考试的问题、住宅分配的问题、职称聘任的问题、公寓转租的问题等无法靠管理部门实时监督的问题，通过信箱依靠广大员工都是实时发现，让管理更精细、更有效。信箱好比公司管理层的"眼睛"，监督视线延伸到了公司各个角落，形成了360度、全方位零死角大监督系统。

（二）推进转型发展，建设"网上民生、网上民主管理和网上群众路线"平台

1.建设"网上民生"工程

董事长信箱确立了"以服务员工为中心"的工作理念，着力推进解决落实员工关注的热点问题，把解决落实员工来信作为落实公司网上民生工程举措，并在公司内网开通中"民声·回复"专栏，及时发布热点问题解决落实进展。为了促进热点问题的解决落实，董事长办公室先后制定了信箱工作五项机制，包括：热点问题周汇报机制、热点问题跟踪报道机制、热点问题督办机制、热点问题落实清单机制（销号管理）、信箱信件办理考核机制，进一步促进了员工关注热点问题的解决落实。

近年来，随着矿区生活条件的改善，公司相继实施了"十项民生工程"，包括：交通、宜居、饮水、绿化亮化、教育、人才培养、医疗保障、便民和扶贫等等，这些民生问题都是员工多年来在信箱中集中反映的热点问题。其中：劳保用品管理、带家公寓维修、老旧住宅改造、职工子女入园上学等等，这些涉及员工切身利益的民生问题在信箱的帮助下得到了有效的解决和纳包括薪酬福利方面、职称评聘方面、医疗与养老保险方面、职业健康防治、住宅分配与公寓收费、子女上学教育、员工休班休假、劳保用品发放、后勤餐饮、班中餐提高标准、通勤车发放等8万多条来信。

2.推进网上民主管理

企业传统民主管理渠道，如：合理化建议信箱、投诉箱、监督箱、职工代表提案征集等这些管理措施，曾经发挥了很好的作用。但是，随着社会发展和市场经济的繁荣，传统的企业民主管理工作组织开展遇到了困难，发挥的作用越来越弱，无法适应市场经济环境下企业的发展要求。借助互联网技术开通运行董事长信箱，为职工主动参与企业管理创建了新平台，增强了员工"想为公司说话"的意识，激发了主人翁责任感，信箱开通运行以来，各类意见建议占到总来信量的15%，这些"金点子"聚集起来，变成公司决策依据或管理措施，为公司科学决策、制度制定、管理改进等提供了重要信息，给公司带来了理念、体制、机制、制度、方法等方面的新思考；信箱也促进了厂务公开常态化、具体化和规范化，保证基层群众知情权、参与权、监督权等民主权利，最大限度地维护和落实职工切身利益。员工发现企

业各环节、各角落存在的问题，随时通过信箱反映到公司管理层，在信箱上把问题"晒一晒"，形成了"倒逼机制"，有效助推了基层民主管理水平的提升。

3.促进干部作风转变

与传统民主监督相比，董事长信箱运用网络平台，尝试公众监督，授予了群众优先于干部的话语机制，员工群众可匿名对各级领导干部行为、作风、权利运用等直接向董事长信箱反映。比如在选人用人、评先树优、人财物管理、招投标、干部作风、廉洁自律等方面，只要有员工反映，就责成单位调查核实，及时反馈调查结果。过去，在干部队伍监督和管理方面存在"同级不想监督、下级不敢监督、群众无法监督"的现象，基层领导只重视上级领导的意见。现在员工满意不满意、员工同意不同意成为领导干部做事的重要标准。董事长信箱开通运行以来，由基层举报调查处理基层领导干部达10余起。在公司践行党的群众路线教育实践活动中，董事长信箱成为加强党的建设、践行党的宗旨的重要载体，成为公司加强党风廉政建设、促进干部作风转变、推进和谐企业建设的重要抓手，成为公司领导干部密切联系群众的连心桥，打通了各级领导干部联系群众的"最后一公里"。

四、取得成绩

董事长信箱开通运行以来，得到了行业内外、两级公司干部职工的充分肯定和社会主流媒体的点赞关注。

2012年7月11日，时任神华集团党组成员、纪检组长、工会主席孙文健来公司调研"董事长信箱"运行情况，对信箱给予充分肯定，并责成集团党建工作部对神东董事长信箱进行了专题调研。

2014年5月11日，神华集团党组书记、董事长张玉卓在神东调研期间，对神东董事长信箱给予很高评价，鼓励神东要把董事长信箱办成倾听员工意见建议和诉求的一面镜子，及时解决问题的好渠道，提高管理的新平台，能及时了解员工群众的所思、所想、所需、所求，切实帮助他们解决实际困难。

2015年8月12日，全国总工会中国能源化学工会主席王俊治来公司调研"董事长信箱"运行情况，王俊治对神东"董事长信箱"运行的成绩给予肯定，他指出，神东董事长信箱的开通带动了企业的民主管理工作，加强了基层的民主政治建设，对构建企业的和谐劳动关系，确保职工队伍的稳定，促进企业的持续健康发展发挥了积极的作用。

2016年1月，神东董事长信箱案例被全国能源化工协会列入行业内"带动民主管理、加强基层民主政治建设、构建企业和谐劳动关系、确保职工队伍的稳定、促进企业的持续健康发展"的典型案例并进行交流学习。

信箱的运行得到了各大媒体和学术界的广泛关注。2013年9月，董事长信箱被新华社编入中央内参；2014年10月5日，中央电视台新闻联播播出了"搭建沟通平台、倾听员工心声——神东煤炭公司开通董事长信箱"节目；新华网陕西、内蒙古两省区多家媒体多次对信箱运行进行了报道。2016年1月董事长信箱作为管理案例获得了全国百优案例并列入案例库。2016年6月董事长信箱案例在国家级核心期刊《企业管理》中被刊登。

五、信箱稳定高效运行的思考

1.准确定位是基础

一是把信箱建成员工表达诉求、反映问题的快速通道，员工办实事解难事的平台。信箱是员工的发言席、办事处、大管家。二是把信箱建成员工参与企业管理的重要渠道，员工建言献策的意见箱、智慧库，信箱成为企业实施人本管理、民主管理、促进管理改进、提升管理水平的重要管理工具。三是把信箱建成全员监督网络、民主监督、网络监督、群众监督的重要手段，信箱成为群众监督网、民主监督员。四是把信箱成为加强党的建设、践行党的宗旨的重要载体，是各级领导干部密切联系群众的桥梁和纽带，是加强党风廉政建设、促进干部作风转变、推进和谐企业建设的重要抓手。五是把信箱建成神东文化、神东精神的宣传窗口，员工精神风貌、文化素养和新思想、新思路、新理念的展示台。把信箱建设成为传承和弘扬神东文化的主阵地。

2.领导重视是关键

一是公司成立董事长信箱管理部门，配备4名专职信箱管理员（目前是3人），其他各单位、各部门均设兼职信箱管理员。二是信箱重要信件，董事长亲自批示；热点焦点问题，公司不定期组织热点问题协调解决会专题落实。先后组织过19次集中解答会，与员工代表面对面现场交流，解决和解释了员工普遍关注的热点问题360多个；各业务部门单位组织30多次集中解答与访谈，人力资源部、矿业服务公司、检测公司等单位还组织了20多次新闻访谈。三是建立信件办理五项机制。包括：信箱来信周汇报机制；热点信件跟踪报道机制；信件办理督查与考核机制；热点问题解决落实反馈机制；合理化建议评选奖励机制。

3.解决问题是信箱生命力所在

员工最关注的是结果，关心的是自己提出的诉求是否得到解决。如果在政策制度范围内能解决却没有解决，员工就会对信箱失去信心；如果员工反映基层干部违规问题没有得到纠正，就会会挫伤员工反映情况的积极性。公司董事长信箱从开通之初，就把办实事解难事作为重点，着力解决员工提出的各类诉求。信箱运行以来，超过60%的涉及员工切身利益的信件得到解决或答复，一件件问题的解决，一封封信件的认真回复落实，在员工心目树立起了"信箱能办事、办成事"的权威性，因而维护了信箱的公信力，信箱才能持续稳定运行。

六、信箱成为公司践行党的群众路线重要载体

2016年4月，习近平同志主持召开网络安全和信息化工作座谈会并发表重要讲话时指出，各级党政机关和领导干部要学会通过走网络群众路线，经常上网看看，了解群众所思所愿，收集好想法好建议，积极回应网民关切、解疑释惑。网络日益成为宣传群众、动员群众的重要阵地；网络日益成为联系群众、服务群众的重要载体。党的群众路线只有与现代网络技术有机融合，才能发挥"传统＋科技"的最大优势。

董事长信箱是公司践行党的群众路线的重要载体，也是企业探索构建解决、反馈员工关心关注的长效机制。董事长信箱每日访问量、点击率都在3000次以上，通过信箱听民声、解民忧；通过信箱汇民意、聚民心，信箱日益成为干群双向互动交流的桥梁、企业服务员工的平台，员工参与企业治理的创新模式，在公司践行党的群众路线具体实践中，发挥了重要作用，打通密切联系群众的"最后一公里"。

通过信箱开展的公开征集聚焦反"四风"群众意见建议活动。在董事长信箱公开征集了群众意见建议，由各级党组织征求意见，组织网上无记名调查和深入一线走访调研，共查摆出各类四风问题及意见建议1249条，其中，领导班子在四风方面的问题及意见建议127条。从查摆剖析的情况看，四风问题在公司党员干部队伍中也不同程度存在，有的还比较严重，有的问题发生在部门、发生在基层，但风源在上面，公司领导班子负有主要责任。通过贯彻中央"开门搞活动"部署，走群众路线，充分动员和依靠

员工群众，大力开展反对形式主义、官僚主义、享乐主义、奢靡之风，建立了董事长信箱运行全面纳入职能管理、党组织保驾护航、群众监督评价的长效机制，充分发挥董事长信箱在践行党的群众路线、密切联系群众，有效解决"四风"问题的重要作用。

更为重要的是，在"董事长信箱"引领下，神东各基层矿井、单位也积极呼应，纷纷开设"矿长信箱""主任信箱"等"直通车"，力争员工诉求尽可能解决在基层，服务意识、服务效率大大增强，干部作风显著转变。广大员工群众的企业主人公意识和民主意识因此更加增强，当家作主地位进一步得到强化，整个矿区的民主、政治、精神风貌焕然一新。

七、信箱成为公司管理提升的推推器

国有企业要以现代企业制度为依据，建立健全企业民主管理、民主监督机制，从而使企业的管理更加的民主化，确保企业发展及职工的合法权益得到保障。

董事长信箱运行10年来，给公司带来了管理理念、体制机制、制度方法等方面的新思考。通过董事长信箱认真收集整理员工反映的涉及企业管理方面的来信，为决策制定、制度修改、流程优化等环节提供的有力参考和依据，进一步助推了公司整体管理水平的提升。企业管理中两项重要内容是决策和执行，决策是否正确、是否符合实际；执行是否到位、决策在执行过程中是否存在层层衰减现象。董事长信箱在企业决策和执行过程中很好地发挥了"回音壁"的作用。一是基层员工通过董事长信箱及时有效地反馈决策执行过程中遇到问题和建议，通过解决具体问题的方式参与企业管理，增强了员工的主人翁意识，进一步引导员工理性建言、统一认识、凝聚力量、推动发展；二是发挥董事长信箱督察督办抓手作用，着力解决工作落实不到位，执行力层层衰减的问题，有力促进了各级领导工作作风和思想观念转变，促进了管理水平和执行力提升。董事长信箱成为公司启民智、倡民主的管理平台。

十年来，董事长信箱针对基层反映企业管理方面热点问题，包括在管理机制完善、制度落实执行、企业深化改革等方面的问题，通过举办"董事长信箱管理热点面对面"专题访谈，加强公司政策、制度宣贯力度，统一思想，为企业深化改革顺利推进广开言路。近年来，员工通过董事长信箱对公司修旧利废工作、高端设备开发、电气防爆标准制定、不安全行为检查考核、班组建设、基层支部党建、内业资料管理等提出的合理化建议得到了公司领导的高度重视，也促进了《神东煤炭集团修旧利废管理工作专项提升方案》《神东煤炭集团电气设备防爆检查标准》《神东煤炭集团作业场所职业危害防治管理办法》相关制度出台，以及优化合并公司检查考核工作以及为基层减负等各类政策的出台。大部分优秀信件的意见和建议均融入公司管理架构中，形成了集思广益、群策群力的效应。

八、信箱对国有企业实施民主管理、民主监督的启发

党的十八大明确指出，当前我国必须加大对民主政治建设力度，从而推动全面小康社会的建成。习近平同志在十九大报告中指出：要改进党的领导方式和执政方式，保证党领导人民有效治理国家，扩大人民有序政治参与，保证人民依法实行民主选举、民主协商、民主决策、民主管理、民主监督。习近平同志在庆祝中国共产党建党100周年大会上重要讲话中强调："江山就是人民、人民就是江山，打江山、守江山，守的是人民的心。"百年奋斗历程充分证明，中国共产党根基在人民、血脉在人民、力量在人民。新的征程上，我们必须紧紧依靠人民创造历史，坚持全心全意为人民服务的根本宗旨，站稳人民立场，贯彻党的群众路线，尊重人民首创精神，为全面建设现代化国家凝聚起亿万人民团结奋进的磅

磅力量；要践行以人民为中心的发展思想，发展全过程人民民主，维护社会公平正义……

经过10年实践表明，董事长信箱搭建了职工反映问题、表达诉求的便捷通道，构建了企业政策宣传、高效办事的服务平台，成为干部职工交流沟通的桥梁和纽带。在激发员工主人翁责任心、全心全意依靠职工办企业方面；在推进企业民主管理，创建干部职工共同参与企业治理和构建全员监督机制方面做了有益探索和实践。

1.促进企业民主管理

"人民群众的智慧是无穷的"，是推动企业发展的根本力量和决定性因素。企业的内生动力、创造活力以及核心竞争力归根到底来源于职工群众。只有群策群力，才能形成强大智慧；只有全心全意依靠职工办企业，才能迸发出企业发展的强大动力。

企业民主管理必须注重民主与管理相融合，将企业的利益和职工利益统一起来，只有这样才能有利于企业内部合力的形成，有利于企业的发展壮大。企业民主管理能够促进企业决策民主、利益关系公平公正、职工团结和谐，从企业内部构建和谐发展的强大内生动力。董事长信箱的开通为公司民主管理提供了便捷通道，员工通过写信提出意见建议，直接参与到企业的管理中，信箱的开通增强了员工"想为公司说话"的意识，激发了主人翁责任感，为职工"参政议政"创建了新通道。通过信箱使厂务公开实现了常态化、具体化、规范化，保证基层群众依法行使知情权、参与权、监督权等民主权利，最大限度地让职工满意，维护和落实职工民主权利。坚持全心全意依靠职工办企业，不仅是贯彻党的群众路线的必然要求和具体体现，而且是国有企业的鲜明特色和独特优势，是深化改革、转型发展的内在迫切需要和根本保证。

2.强化企业民主监督

"人民群众的眼睛是雪亮的"，干部作风的转变离不开广大群众监督促进，职工群众最了解真实情况，让群众来监督最有效。董事长信箱为公司实施民主监督创造了规范有序的平台，与传统民主监督相比，董事长信箱运用网络平台，尝试公众匿名监督举报，授予了群众优先于干部的话语机制，员工群众匿名对各级领导干部的行为作风、权力运用等直接向董事长信箱反映。比如选人用人、评先树优、人财物管理、招投标、干部作风、廉洁自律等问题，通过信箱使厂务公开实现了常态化、具体化、规范化，保证基层群众依法行使知情权、参与权、监督权等民主权利，最大限度地让职工满意，维护和落实职工民主权利，员工满意不满意、员工同意不同意作为领导干部做事的重要标准。通过董事长信箱实行职工群众监督机制，实现全员监督、无死角、全覆盖。在监督范围上，从公司领导到每位员工；在监督内容上，从公司主要决策到区队班组管理，甚至每个部门、每个工作岗位都要在员工的监督之下。打破了以往"同级不想监督、下级不敢监督、群众无法监督"的弊端。

九、信箱今后发展的方向

坚持"以服务员工为中心"工作理念（服务员工就是推进企业发展的理念）。持续完善员工关注热点问题解决机制，切实为员工解难纾困，把解决落实具体问题融入企业管理、促进管理改进提升；持续发挥好董事长信箱网上民生工程、网络民主管理和网上群众路线三个示范作用，努力探索国有企业实施民主管理的新渠道、新经验。

1.建立董事长信箱与矿（处）长信箱协同工作机制

推进董事长信箱与基层矿（处）长信箱"两箱融合"，提升解决问题的效率，构建公司自上而下的信箱管理矩阵。

目前公司董事长信箱与基层矿（处）长信箱没有建立联合工作机制，存在"两张皮"现象，员工同一个问题分别在两个信箱中反映，造成重复工作，给基层管理员增加了管理负担。此外，部分基层单位要求员工有问题先在矿长信箱反映，不能直接在董事长信箱写信，甚至出台一些处罚措施限制员工直接在董事长信箱反映问题，但是员工在矿长信箱反映的问题经常石沉大海、不了了之。因为建立公司董事长信箱与基层矿（处）信箱联合工作机制可以避免以上两个问题。

2.建立基层一线区队"信箱联络员"制度

信箱的生命力源于员工的大力支持，基层员工是董事长信箱的群众基础，董事长信箱不仅要联系基层，更要扎根一线。目前，董事长信箱管理只延伸到各二级单位党政办信箱管理员和分管领导，真正的基层区队一线没有信箱管理员或联络员。基层员工受立场角度和文化知识水平的限制，很多来信反映的问题存在片面性，尤其是涉及基层管理方面的信件，经基层单位核实调查存在很多不实信息，这样就造成员工来信投诉（举报）—核实调查—否定来信—员工再来信质疑等循环，不仅无法解决问题，还导致管理资源浪费。

建立董事长信箱区队联络员制度，不仅可以实现董事长信箱深入基层、扎根一线的，目标，同时有利于基层问题的合理、规范上报，方便公司与基层区队一线直接沟通核实，避免问题层层传递、政策层层传达带来的不实影响。

3.拓展信箱交流宣传渠道

目前，董事长信箱仅限于在连接内部局域网的电脑端使用，导致基层很多员工无法及时有效反映问题。借助移动端开展信箱管理运行工作，可以打破信箱使用场所的局限性，员工可随时随地写信看信，了解公司各项政策制度，跟踪热点问题落实进展等。

移动端信箱基础功能介绍：

浏览信件：员工可通过移动端信箱浏览信件，方便及时了解来信的回复与办理进展。

写信功能：员工登录后，可通过董事长信箱移动端写信，提交信件后直接转入董事长信箱电脑端办理。

制度查阅：员工可通过移动端信箱查阅涉及员工切身利益的公司制度，更好地了解公司政策信息。

热点集中回复：董事长信箱督办落实员工关注热点问题，通过移动端信箱推送集中回复内容。

4.打造企地互联互通互助网络平台

近年来，公司积极贯彻落实国家政策要求，剥离企业社会职能，移交企业生活区三供一业等管理设施，为职工工作生活带来诸多不便。神东公司地处晋陕蒙交汇处，远离周边城区，地理位置和人文环境特殊。多年来，企业与当地社会互通互融，生活场所互利共享的模式很难短时间改变，职工生活中遇到困难，第一时间还是希望通过公司解决，导致职工群众与地方管理机构沟通不畅。

通过董事长信箱网络平台可以解决职工—企业—政府沟通问题。以董事长信箱为沟通平台，企地相关部门联合建立为民服务网络平台。职工群众日常工作生活中遇到困难，例如：户籍迁移、子女上学、物业服务等问题，通过董事长信箱反映，企地联合解决落实，既提高了联合办理效率，又增进了企地互信，为构建和谐企地建设做出贡献。

成果创造人：李新华、王国青、梁作文

资产公司推动参股公司党建工作的探索与实践

航天科工资产管理有限公司

一、成果背景

随着市场经济不断完善，混合所有制企业在国民经济中发挥越来越大作用。习近平同志指出，"要积极发展混合所有制经济，强调国有资本、集体资本、非公有资本等交叉持股、相互融合的混合所有制经济，是基本经济制度的重要实现形式，有利于国有资本放大功能、保值增值、提高竞争力。这是新形势下坚持公有制主体地位，增强国有经济活力、控制力、影响力的一个有效途径和必然选择"。国有资本参股投资并对其经营决策具有重要影响力的企业，是混合所有制经济的重要组成部分，也是国有资本保值增值，扩大国有资本影响力的重要途径。

2016年10月10—11日，习近平同志在国有企业党建工作会上发表重要讲话，提出"两个一以贯之"的要求。坚持党对国有企业的领导是重大政治原则，必须一以贯之；建立现代企业制度是国有企业改革的方向，也必须一以贯之。国有企业是中国特色社会主义的重要物质基础和政治基础，是我们党执政兴国的重要支柱和依靠力量。坚持党的领导、加强党的建设，是我国国有企业的光荣传统，是国有企业的"根"和"魂"，是我国国有企业的独特优势。党对国有企业的领导是政治领导、思想领导、组织领导的有机统一。

2019年12月30日，中共中央发布《中国共产党国有企业基层组织工作条例（试行）》。国有企业党组织工作应当遵循以下原则：坚持加强党的领导和完善公司治理相统一，把党的领导融入公司治理各环节；坚持党建工作与生产经营深度融合，以企业改革发展成果检验党组织工作成效；坚持党管干部、党管人才，培养高素质专业化企业领导人员队伍和人才队伍；坚持抓基层打基础，突出党支部建设，增强基层党组织生机活力；坚持全心全意依靠工人阶级，体现企业职工群众主人翁地位，巩固党执政的阶级基础。

党的十九届五中全会对国资国企工作作出了战略谋划，提出了"三个深化""三个加快"和"一个健全""一个推进"的系统性要求。习近平同志2020年三次主持召开中央深改委会议，先后审阅通过了三个重要文件，2020年6月30日审议《国企改革三年行动方案（2020—2022年）》。11月2日审议《关于新时代推进国有经济布局优化和结构调整的意见》。12月30日审议《关于中央企业党的领导融入公司治理的若干意见（试行）》。

国资委党委书记郝鹏同志在2020年地方国资委负责人会议暨地方国有企业改革领导小组办公室主任会议上的讲话指出，要坚持党的领导与公司治理有机统一、党管干部党管人才与市场化选人用人有机统一、党组织设置与企业组织架构运行有机统一、思想政治工作和企业文化建设有机统一、党内监督与出资人监督和企业内部监督有机统一、党建责任与经营责任有机统一，把国资国企党建优势转化为治理优势、竞争优势、发展优势。

资产航天科工资产管理有限公司（以下简称资产公司或公司）是中国航天科工集团有限公司所属二级单位。公司业务体系涵盖股权投资、基金管理、产权经纪及证券投资。资产公司控股管理公司1家，参股管理的公司主要有10家，这10家参股公司都是非并表公司。尽管资产公司为参股出资方，但对这些公司的发起设立、经营发展具有重大影响力。资产公司参股管理的公司属于参股管理的混合所有制企业范畴，由于没有财务并表，所以不同于国有控股企业。

资产公司本身由航天科工集团公司及其各二级单位联合出资成立，既是央企类企业，又属于混合所有制企业。资产公司参股管理的10家单位，资产公司作为第一大出资方，联合地方政府、地方国有企业、银行等方面共同出资成立。这些参股公司既要坚持社会主义性质，体现所有权属性，又要坚持市场化运营，保护各出资方的利益。资产公司与各出资方进行充分民主协商，对这些参股公司既要强调党的领导，把握好政治方向和战略方向，紧紧围绕集团公司主责主业开展经营和投资，服务国防建设，服务国家战略，服务国计民生，又要做好航天文化和航天精神的融合，取得文化上的高度认同，自觉自愿接受党的领导。

当前，资产公司对参股管理公司的党建工作面临着一些主要问题。一是"是否管"的问题，这10家公司都是非并表单位，他们是否需要建立党组织，资产公司党委是否应该管理这些党组织，和地方党组织的分工界面在哪儿，如何与其他出资方协调。二是"如何管"的问题，这10家参股公司不是国有控股企业，不能完全适用《中国共产党国有企业基层组织工作条例（试行）》，要求大同存小异，抓住关键核心，逐步推进实施。三是"管的怎么样"的问题，党建工作如何才是管理到位，如何评判管理的成效。资产公司党委在集团公司党组的领导下，在深化改革过程中，坚持党的领导、加强党的建设，勇于改革创新，不断探索加强和改进混合所有制企业党建工作，在党建助推企业高质量发展上取得了一定成效，走出了一条符合实情、富有特色的实践之路。

二、主要措施

（一）坚持落实"两个一以贯之"的要求，全面坚持党的领导、加强党的建设

资产公司党委与各参股公司的出资方进行了充分协调沟通，在加强参股公司党委的管理上达成一致意见。资产公司坚决贯彻落实新时代党的建设总要求和新时代党的组织路线，创新党建工作载体和党建工作方法，将参股公司党组织全部纳入党建工作管理范围，坚持"投资业务发展到哪里、党的建设就跟进到哪里、党组织的战斗堡垒作用就体现在哪里"，不断加强对参股公司党的建设。

1.坚持"四同步""四对接"

在公司设立及收并购过程中，坚持"四同步""四对接"，坚持党的建设同步谋划，党的组织及工作机构同步设置，党组织负责人及党务工作人员同步配备，党的工作同步开展，实现体制对接、机制对接、制度对接和工作对接。

2.坚持"应建必建"

资产公司参股管理的公司有10家，其中符合党组织设置条件的有8家。坚持"应建必建"，对于符合《中国共产党章程》关于成立党组织条件（有正式党员3人以上）的单位全部成立党组织。几年来，通过不断努力，共设立党委2个，党支部6个。资产公司党委管理党员150名，其中参股公司党员104名，占比70%。

表1 资产公司参股公司党组织基本情况

序号	单位名称	党组织名称	现有党员人数	党组织成立时间	最近党组织换届时间	党组织委员数量	所含党支部数量	隶属的地方党组织名称
1	南京基金公司	党委	25	2019年5月	——	党委委员5名，其中党委书记1名，副书记1名；纪委委员3名，其中纪委书记1名	3	南京市工业和信息化局党委
2	山西航天公司	党委	47	2003年7月	2021年6月	党委委员5名，其中党委书记1名，副书记1名；纪委委员3名，其中纪委书记1名	4	山西省直机关工委
3	北京基金公司	党支部	11	2015年11月	2018年11月	党支部委员5名，其中党支部书记1名，副书记1名	1	资产公司党委
4	天津基金公司	党支部	5	2019年12月	——	党支部委员3名，其中党支部书记1名	1	资产公司党委
5	长江航天基金公司	党支部	3	2018年8月	——	——	1	武汉市东西湖区金银湖街道两新组织综合党委
6	光电子基金公司	党支部	3	2018年12月	——	——	1	武汉市未来办综合党委
7	成都基金公司	党支部	3	2019年2月	——	——	1	成都市武侯区玉林街道黉门街社区党委
8	天惠基金公司	党支部	5	2020年7月	——	——	1	湖南航天党委
9	湖南环保基金公司	——	1	未成立党支部	——	——	0	——
10	广东航天基金公司	——	1	未成立党支部	——	——	0	——

3.坚持"党建进章程"和党组织对"三重一大"事项的前置研究

公司党委坚持贯彻"两个一以贯之"要求，对2个党委全面实现党建工作要求写入公司章程，写明党组织的职责权限、机构设置、运行机制、基础保障等重要事项，明确党组织研究讨论是董事会、经理层决策重大问题的前置程序，落实党组织在公司治理结构中的法定地位。6个党支部有2个党支部已经实现将党建工作要求写入公司章程，4个党支部正在逐步推进此项工作。各党支部全面实施党支部对企业重大事项进行集体研究把关。

4.坚持"两个1%"配备

企业党组织工作经费,按照企业上年度职工工资总额1%的比例安排,由企业纳入年度预算,确保经费保障。党务人员的人数配备,占公司员工总数的1%,确保人力资源保障。各参股公司党组织设立党群部门或专门负责人员。

表2 资产公司参股公司落实"两个一以贯之"情况

序号	党组织名称	党建进章程情况	三重一大前置程序执行情况	组织工作经费落实1%情况	党务人员配备1%情况
1	南京基金公司党委	已进章程	实现"三重一大"决策的党委会前置研究	符合	符合
2	山西航天公司党委	已进章程	实现"三重一大"决策的党委会前置研究	符合	符合
3	北京基金党支部	已进章程	正在实施党支部对企业重大事项进行集体研究把关	符合	符合
4	天津基金党支部	正在推进	正在实施党支部对企业重大事项进行集体研究把关	符合	符合
5	长江航天基金党支部	正在推进	正在实施党支部对企业重大事项进行集体研究把关	符合	符合
6	光电子基金党支部	正在推进	正在实施党支部对企业重大事项进行集体研究把关	符合	符合
7	成都基金党支部	正在推进	正在实施党支部对企业重大事项进行集体研究把关	符合	符合
8	天惠基金党支部	已进章程	正在实施党支部对企业重大事项进行集体研究把关	符合	符合
9	湖南环保基金公司	——	——	——	——
10	广东航天基金公司	——	——	——	——

5.明确资产公司党委与地方党委管理的分工界面

资产公司党委坚持与地方党委进行沟通协调,共同协商党组织的成立、换届选举等工作。在党组织书记、党委委员、纪委委员及党支部委员的人选方面,侧重以资产公司党委为主。季度党组织书记例会和点评,侧重以资产公司党委为主。在党员发展、党费收缴和管理方面,侧重以地方党委为主。在"三会一课"、月度主题党日、党内专题活动、民主生活会及组织生活会、党务人员及党员培训、"两优一先"评选表彰、党建考核和党组织书记述职评议方面,资产公司党委和地方党委共同部署,确保各项党建工作扎实推进。

表3　资产公司党委和地方党委管理权限

序号	事项	资产公司党委管理权限	地方党委管理权限
1	党组织成立及换届	共同协商	共同协商
2	党组织书记及其他委员人选	以资产公司党委为主	——
3	季度党组织书记例会	以资产公司党委为主	——
4	党费收缴	——	以地方党委为主
5	党员发展	——	以地方党委为主
6	日常"三会一课"及月度主题党日活动	共同部署	共同部署
7	党内专题活动	共同部署	共同部署
8	党建考核、党组织书记述职评议	共同部署	共同部署
9	党务人员及党员培训	共同部署	共同部署
10	"两优一先"评选表彰	共同部署	共同部署
11	民主生活会/组织生活会	共同部署	共同部署

（二）坚持"双向进入、交叉任职"，在选人用人上强化党组织的领导和把关作用

用人权是中国共产党最重要的执政权之一。在混合所有制企业中，用人权也是各出资方最关注的控制权。国有资本控股的混合所有制企业需按照中央组织部、国务院国资委党委下发的《关于加强和改进中央企业党建工作的意见》，坚持和完善"双向进入、交叉任职"的企业领导体制。

1. "选优配强"党组织书记

资产公司党委着力选优配强各参股管理公司党组织书记。党组织书记是基层党组织具体工作的负责人、带头人，是联系普通党员和上级党组织的纽带和桥梁。牢牢扭住党组织书记这个关键是抓好党支部建设的必然要求。董事长一般由出资方推荐，如果该董事长是党员，并且适合担任党组织书记，董事长和党组织书记就由一人担任。党员总经理担任副书记。在企业发展中发挥党组织书记的作用，团结带领职工群众积极投身企业改革发展。

2. 坚持党管干部原则

资产公司党委将各参股管理公司的四类领导干部纳入直接管理范畴。资产公司党委直接任命的领导干部，资产公司党委推荐的董事层级人员、总经理、副总经理和总会计师，资产公司党委外派的领导干部，资产公司党委任命的党委书记、纪委书记和党委副书记等四类领导干部，在干部任用上执行"凡提四必"要求，定期进行个人事项核查，实施业绩考核。对参股公司经营层高管聘用采取延伸考察的方

式，保证党对干部人事工作的领导权和对重要干部的管理权。在推行参股公司经理层成员聘任制和契约化管理、探索职业经理人制度等改革过程中，坚持把党管干部原则和发挥市场机制作用结合起来，打造能领导企业更好地适应社会主义市场经济的高素质人才队伍，不断提高企业的竞争力和引领力。

3.对派出董事、监事严格把关

资产公司出台的《航天科工资产管理有限公司派出董事、监事和股东代表管理办法》对派出董事、监事人选作出了详细规定，并在程序上明确了人选建议提出后需报资产公司党委会决策。同时，《航天科工资产管理有限公司股权投资基金业务管理办法》规定，资产公司负责组织对参股公司的党建工作和由公司提名或委派的高级管理人员履职情况进行考核评价，确保相关人员具备与岗位要求相适应的职业操守和专业胜任能力，进一步落实党管干部和人才原则，加强了对参股公司的监督管理。

表4　资产公司参股公司落实"双向进入、交叉任职"情况

序号	党组织名称	党组织书记姓名	职务	其他人员任职情况	"双向进入、交叉任职"情况
1	南京基金党委	赵孝金	南京基金党委书记、董事长	周宁任党委副书记、总经理；罗雪刚任纪委书记	符合
2	山西航天党委	景建凯	山西航天党委书记、董事长	宋丽任党委副书记、总经理；杨晋玺任纪委书记	符合
3	北京基金党支部	柳郁	北京基金党支部书记、董事长	王茜是致公党党员，任总经理	符合
4	天津基金党支部	任胜君	天津基金党支部书记、董事长	总经理空缺	符合
5	长江航天基金党支部	陈立洲	长江航天基金党支部书记、长江航天基金公司董事长兼光电子基金公司董事长	李运生是党员，任总经理	符合
6	光电子基金党支部	肖志红	光电子基金党支部书记、代理总经理	——	符合
7	成都基金党支部	付强	成都基金党支部书记、副总经理	刘辰是党员，任董事长，组织关系在资产公司本部；马加暾是民建党，任总经理	符合
8	天惠基金党支部	廖丰湘	湖南天惠基金党支部书记、副董事长	宋道学是党员，任总经理；董事长是出资方人员担任，但是不参加具体实际工作	符合
9	湖南环保基金公司	——	——	李在峰是党员，任董事长，组织关系在本部	——
10	广东航天基金公司	——	——	刘辰是党员，任董事长，组织关系在资产公司本部	——

（三）加强计划管理，建设党建管理的有效抓手

资产公司党委探索参股公司的党建管理的新思路、新方法，积极寻求更加有力的抓手和管理工作，注重推动党建的计划管理新模式。以党建工作计划为抓手，逐步建设"五年有规划、每年有策划、每季有分解、每月有滚动"的计划管理体系。全面总结"十三五"党的建设工作经验和教训，制定《"十四五"党的建设和企业文化建设规划》。每年年初开展党建工作策划，编制党建年度工作要点，实施党建策划评审，形成年度党建工作计划。坚持季度党组织书记例会，全面点评各级党组织党建工作，部署安排下季度党建工作，形成党建工作的季度分解计划。制定每个月的滚动党建工作计划，作为例行工作的提醒，确保不忘事，不遗漏。通过党建工作计划管理，形成了一个有效、有力的抓手。同时要求各参股公司既要做好各项规定性动作，又要根据公司自身实际，开展个性化党建活动。充分考虑地方党组织要求，考虑各出资方利益诉求，考虑产业链上下游，开展各种类型的共建共商活动。

表5　资产公司2021年二季度党建工作计划（示例）

序号	主要内容	计划时间	责任单位
1	聚焦职工群众急难愁盼问题，分级建立"我为群众办实事"台账，每月1日、15日报送资产公司	每月15日、30日前	各级党组织
2	征文活动，要求每个党组织至少一篇。请各级党组织在4月28日前报送征文	4月28日	各级党组织
3	报送红旗渠精神学习体会书面材料	4月30日	本部各党支部、北京基金党支部、天津基金党支部
4	十九届五中全会精神专题培训班，每名学员需要完成一篇书面学习材料（学习体会），由各党支部汇总后统一在4月30日前报送党群人事部备查	4月30日	各级党组织
5	报送党史学习教育工作方案	5月10日	南京基金党委、山西航天党委
6	针对《榜样5》，请各级党组织做好组织收看，5月15日前将组织收看情况报送党群人事部	5月15日	各级党组织
7	各基层党组织需要在5月25日前完成学习研讨	5月25日	各级党组织
8	本部两名入党积极分子（王玮、南婧）应在5月份完成发展工作，正在参加4月21日至23日的入党积极分子培训，请财务部党支部、资产运营部党支部做好党员发展工作	5月30日	财务部党支部、资产运营部党支部
9	报送上半年意识形态报告	6月25日前	南京基金党委、山西航天党委
10	山西航天党委需要在6月份完成换届选举工作	6月30日	山西航天党委

表6　资产公司2021年月度党建工作计划（示例）

序号	主要项目	1月	2月	3月	4月
1	主题党日活动	主题党日活动，每月相对固定一天，有主题	主题党日活动，每月相对固定一天，有主题	主题党日活动，每月相对固定一天，有主题	主题党日活动，每月相对固定一天，有主题
2	支委会	每月一次支委会	每月一次支委会	每月一次支委会	每月一次支委会
3	党小组会	每月至少一次党小组会	每月至少一次党小组会	每月至少一次党小组会	每月至少一次党小组会
4	党员大会			每季度至少一次党员大会	
5	三会一课记录本	每月及时记录	每月及时记录	每月及时记录	每月及时记录
6	智慧党建平台	随时动态更新	随时动态更新	随时动态更新	随时动态更新
7	党费收缴	每月收取党员党费一次	每月收取党员党费一次	每月收取党员党费一次	每月收取党员党费一次。每季度上缴公司党委党费专用账户一次
8	宣传工作	总结与展望	工作会	"3.5"雷锋日	"4.24"航天日
9	意识形态工作	汇报职工思想动态	汇报职工思想动态	汇报职工思想动态	汇报职工思想动态
10	"两学一做"学习研讨			开展第一次学习研讨	
11	组织生活会			组织生活会每年一次	
12	"双评"工作			"双评"每年一次	

（四）开展季度量化评分，打通党建管理的"最后一公里"

资产公司党委以党建工作考核评价为主要依托，逐渐规范完善了参股公司党组织书记抓党建述职评议、党建工作季度量化考核等内容，建立了适合参股公司企业特点的党建工作制度。2019年修订了《航天科工资产管理有限公司党建工作考核评价办法》，将办法适用范围修改为资产公司党委批复、管理的党组织，这就涵盖了所有参股管理的公司党组织，有效推动基层党建工作提质增效，强化管党治党政治责任。考核是党建责任落实的关键，发挥考核指挥棒作用是推动工作落实的有力抓手。促进党组织作用发挥，促进党委发挥领导作用、党支部发挥战斗堡垒作用、党员发挥先锋模范作用，是开展党建考核的一个重要着力点。

1.开展季度量化评分

从《航天科工资产管理有限公司党建工作考核评价办法》中的《党建工作量化考核细则》内，提取重要的考核项目进行评分。这些项目有季度例行的项目，也有当季度特殊项目。党委中心组学习情况、三会一课情况、月度主题党日活动、党费收缴、季度内的"4111"及"4221"所要求的学习研讨、意识形态、宣传工作、纪检工作、工会、共青团工作、创新开展情况等，每一项给予10~20分值。根据季度重点党建工作，对这些项目进行适度增减。比如在一季度增加民主生活会（组织生活会）、民主评议。在二季度增加"两优一先"评选表彰等。在四季度增加党建总结和策划、党员发展计划等。从流程上，基层党组织先进行自我评分，查找不足。然后，业务部门根据掌握的信息进行评分。

表7 资产公司2021年一季度党建工作量化评分（示例）

党组织	1党委中心组学习	2三会一课	3民主（组织）生活会	4党史教育	5宣传	6意识形态	7党费收缴	8党员发展	基本项目得分	基本项目折算得分	9为民办实事	10工会	11青年工作	12创新	核算得分	本次排名
标准分	15	15	25	15	10	5	5	5	95	100					9~12项为加分项	
南京基金党委	15	15	25	15	10	5	5	5	95	100	0.5	1.5	2.5	0.5	105	1
山西航天党委	14	14	24	15	10	5	5	5	92	96.84	1	1	1.5	0	100.34	5
深圳亚派党支部		12	24	15	7	5	5	5	73	91.25	0.5	1.5	0	0	93.25	15
北京基金党支部		13	25	15	10	5	5	5	78	97.5	0.5	0.5	1	0.5	100	7
长江航天基金党支部		15	25	15	10	5	5	5	80	100	0.5	1	0	0	101.5	3
光电子基金党支部		13	25	13	8	5	5	5	74	92.5	1	0	0	0	93.5	14
成都基金党支部		13	25	15	10	5	5	5	78	97.5	0	0	0	0	97.5	11
天津基金党支部		13	24	14	7	5	5	5	73	91.25	1.5	0	0.5	0.5	93.75	13
天惠基金党支部		13	24	15	10	5	5	5	77	96.25	0	0	0	0	96.25	12
投资部党支部		13	25	15	10	5	5	5	78	97.5	0	0	1	0	98.5	10
资产运营部党支部		13	25	14	10	5	5	5	77	96.25	0.5	1.5	1.5	0.5	100.25	6
综合计划部党支部		13	25	15	10	5	5	5	78	97.5	2.5	0.5	1	0	101.5	3
财务部党支部		13	25	15	10	5	5	5	78	97.5	0	0.5	1	0	99	8
党群人事部党支部		13	25	15	10	5	5	5	78	97.5	0.5	0	1	0	99	8
纪检法审部党支部		13	25	15	10	5	5	5	78	97.5	2	1	1	0.5	102	2

表8　资产公司2021年一季度内的第4项党史教育的评分（示例）

党组织	基本情况					分项得分（自评）			自评总分	资产公司打分
	召开党史教育动员会时间	是否有党史教育工作方案	开展党史学习教育情况	参加一季度理论考试党员人数	一季度理论考试完成时间	是否按要求开展党史教育（5分）	考试是否全体党员参加（5分）	考试是否按时完成（5分）		
	填写时间	填写是否	填写内容	填写人数	填写时间	填写得分	填写得分	填写得分	填写得分	
南京基金党委	3月15日	是	制定党史教育工作方案，开展理论考试	25	4月5日	5	5	5	15	15
山西航天党委	2月18日	是	1.组织各支部全体党员观看《榜样5》；2.组织班子成员、支部书记参加资产公司组织的十九届五中全会的培训；3.组织各支部党员学党史1921年–1949年阶段；4.参加省直工委、资产公司推荐"两优一先"工作	47	4月7日	5	5	5	15	15

2.抓好党组织书记述职评议

资产公司党委按年度开展基层党组织书记抓党建工作述职评议工作，把参股公司党组织一并纳入考评范围。各党组织书记从抓基层党建工作情况、当前面临的形势任务和存在的突出问题、下一步工作目标等方面认真严肃述职。资产公司领导和综合、党群、人事、纪检部门负责人进行现场提问并进行测评打分，参加述职的党组织书记进行互评打分。资产公司党委书记结合平时了解掌握情况，对各单位党组织书记抓基层党建工作进行现场点评，进一步压实了管党治党政治责任。

3.形成党建考核结论

年初组织党建现场考核，对照新修订的资产公司党建考核办法，从多个维度进行考核。党建考核评价总分=基础分〔基层党组织"自身建设"情况考核分（现场考核评价×80%＋业务部门评分×20%）×60%＋基层党组织"发挥作用"情况评价分（组织认可度测评分×50%＋群众满意度测评分×50%）×40%〕＋创新进步加分。四个季度量化评分的总分将作为年度党建考核内业务部门的评分。开展多层次评分考核是一项重要创新举措，进一步健全和完善了体现时代精神、具有企业特色、符合行业领域要求的资产公司党建工作体系，对参股管理公司经营发展和改革稳定产生了明显推动作用。

（五）大力弘扬航天精神，在企业文化建设上发挥党组织的主导和引领作用

强化文化融合，做强主流思想，能有效增强参股公司党建工作的凝聚力、向心力。坚持用社会主义核心价值观引领企业文化建设，推进文化"融合"，才能更好地推动国有企业文化体系、民营企业文化模式、社会投资者文化因素等交相融合、取长补短，促进企业发展。通过企业文化有效融合，培养企业共同价值观念，赢得不同投资主体或不同文化背景人员的认可。

资产公司党委和各参股公司党组织坚持"举旗帜、聚民心、育新人、兴文化、展形象"的使命任务，不断加强宣传教育和思想政治工作，弘扬正能量，巩固壮大主流思想舆论。以党务干部培训、纪念"中国航天日"等活动为契机，大力弘扬航天三大精神和探月精神，培育践行社会主义核心价值观，立足航天，面向市场，传承航天基因，坚持航天品牌和精神，内聚人心，外树形象，增强职工对航天的归属感和认同感、自豪感和荣誉感、使命感和责任感。不断加强舆论引领，鼓励各参股公司在资产公司网站、《航天资产》内刊、微信公众号等宣传阵地投稿发声，不断引导广大党员干部群众认同、宣传、践行党所倡导的主流价值观。加强形势任务宣传教育，向各管理公司发放各类战略名词解释和政策宣传教育手册，召开全级次形势任务教育会议，及时宣贯中央和集团公司各项决策部署。组织开展丰富多彩的企业文化活动，塑造积极向上的企业精神，树立高尚的职业道德，促使企业文化内化于心、固化于制、外化于行。把职工群众团结在党组织周围，积极引导不同投资者和管理人追求共同的价值观和奋斗目标，形成推动企业健康发展的强大凝聚力。

三、实施效果

一是聚焦主责主业，加强政治建设。各参股公司坚持党的领导，以党的理论滋养初心、引领使命，在践行"两个维护"上坚决做到旗帜鲜明、立场坚定、行动自觉。坚决扛起"科技强军、航天报国"历史使命和时代重任，聚焦主责主业，发挥资产公司功能性作用，担负起新时代军工央企重要政治责任。各参股公司牵引社会资本助力集团公司内部产业单位新设、增资、收并购等工作。截至2021年二季度，参股公司管理基金已投金额共计61.77亿元，其中投向集团内公司29.30亿元。

二是党的建设优势更好地转化为创新优势、发展优势、竞争优势。资产公司在产业培育和财务回报上取得了双丰收，在市场上的活跃度和品牌价值不断提升。资产公司入选中央融办金融服务提供商，荣获北京产权交易所"金交易奖"，上海联合产权交易所"产权交易组织金奖""产权交易创新奖"。创业邦研究中心发布的2019年度CVC系列榜单中，航天资产（由资产公司和各参股公司组成）入选两大重磅榜单："2019中国最活跃CVC TOP50"及"2019中国最活跃制造业CVC TOP5"。北京基金公司连续两年荣获"金牛高端制造领域投资机构"奖。北京基金公司所投航天宏图、锦州神工、首都在线项目首发上市，成都基金公司所投5家单位通过IPO。

三是各基层党组织建设进一步加强。资产公司及各参股公司党组织深化党建工作责任制，全面提高党的建设质量，初步打造了党建计划管理体系、考核评价体系、制度保障体系和责任落实体系，进一步强化了政治功能和组织功能。坚持"一个支部一座堡垒、一名党员一面旗帜"，创新开展党建工作。弘扬"支部建在连上"优良传统，开展党员亮身份活动和党员突击队等活动，结合重点项目建立多支党员突击队。疫情防控中，各级党组织和全体党员积极发挥作用。组建了疫情防控和复工复产2支党员突击队和5支青年突击队，战斗在疫情防控与复工复产一线。广大党员响应党中央号召开展捐款活动，京区67名党员自愿捐款14000余元。长江航天基金党支部购买了214套防水防溅包脚隔离防护服，及时送到了武汉市东西湖区金银湖街道办事处。天惠基金党支部第一时间响应向湖南省公益基金会捐赠50万元。

四是各单位涌现出了多个先进典型。2020年1人荣获集团公司优秀共产党员，1人荣获集团公司优秀党务工作者，1人荣获集团公司疫情防控优秀共产党员，1人荣获集团公司思想政治工作先进个人。1个党组织荣获践行航天精神先进集体，1人荣获践行航天精神先进个人。公司双创基金团队荣获集团公司2019年度"青年文明号"称号。公司涌现出了多名志愿者。光电子基金公司桂中宇是基金公司的救援互助组组长，在武汉街头作为志愿者联络医疗防护物资进行采购和发放，从2020年春节直到武汉封城解除。

资产公司持续推动参股公司党建工作的探索和实践，取得了一些成绩，积累了宝贵的经验，有力推动了基层党组织全面进步过硬，促进了党建与业务的深度融合。加强参股公司党建工作，坚持以高质量党建引领高质量发展不动摇，坚持依托党建工作的突出优势，充分发挥党建引领推动作用，真正将党建工作的"软实力"转化为企业发展的"硬支撑"，一定能走出一条更有效率、更具活力的企业改革治理新路。

成果创造人：卢克南、高蕾、李登龙